J. von Staudingers
Kommentar zum Bürgerlichen Gesetzbuch
mit Einführungsgesetz und Nebengesetzen
Buch 5 · Erbrecht
§§ 1967–2063
(Rechtsstellung des Erben)

Kommentatorinnen und Kommentatoren

Dr. Karl-Dieter Albrecht
Vorsitzender Richter am Bayerischen Verwaltungsgerichtshof, München

Dr. Christoph Althammer
Professor an der Universität Konstanz

Dr. Georg Annuß
Rechtsanwalt in München, Privatdozent an der Universität Regensburg

Dr. Christian Armbrüster
Professor an der Freien Universität Berlin

Dr. Martin Avenarius
Professor an der Universität zu Köln

Dr. Wolfgang Baumann
Notar in Wuppertal, Professor an der Bergischen Universität Wuppertal

Dr. Winfried Bausback
Professor a. D. an der Bergischen Universität Wuppertal, Mitglied des Bayerischen Landtags

Dr. Roland Michael Beckmann
Professor an der Universität des Saarlandes, Saarbrücken

Dr. Detlev W. Belling, M.C.L.
Professor an der Universität Potsdam

Dr. Andreas Bergmann
Professor an der Universität Bayreuth

Dr. Werner Bienwald
Professor an der Evangelischen Fachhochschule Hannover, Rechtsanwalt in Oldenburg

Dr. Claudia Bittner, LL.M.
Privatdozentin an der Universität Freiburg i. Br., Richterin am Sozialgericht Frankfurt a. M.

Dr. Dieter Blumenwitz †
Professor an der Universität Würzburg

Dr. Reinhard Bork
Professor an der Universität Hamburg

Dr. Elmar Bund †
Professor an der Universität Freiburg i. Br.

Dr. Jan Busche
Professor an der Universität Düsseldorf

Dr. Georg Caspers
Professor an der Universität Erlangen-Nürnberg

Dr. Tiziana Chiusi
Professorin an der Universität des Saarlandes, Saarbrücken

Dr. Michael Coester, LL.M.
Professor an der Universität München

Dr. Dagmar Coester-Waltjen, LL.M.
Professorin an der Universität Göttingen, Direktorin des Lichtenberg-Kollegs, Göttingen

Dr. Heinrich Dörner
Professor an der Universität Münster

Dr. Christina Eberl-Borges
Professorin an der Universität Siegen

Dr. Dr. h. c. Werner F. Ebke, LL.M.
Professor an der Universität Heidelberg

Dr. Jörn Eckert †
Professor an der Universität zu Kiel, Richter am Schleswig-Holsteinischen Oberlandesgericht in Schleswig

Dr. Volker Emmerich
Professor an der Universität Bayreuth, Richter am Oberlandesgericht Nürnberg a. D.

Dipl.-Kfm. Dr. Norbert Engel
Ministerialdirigent im Thüringer Landtag, Erfurt

Dr. Helmut Engler
Professor an der Universität Freiburg i. Br., Minister in Baden-Württemberg a. D.

Dr. Cornelia Feldmann
Rechtsanwältin in Freiburg i. Br.

Dr. Karl-Heinz Fezer
Professor an der Universität Konstanz, Honorarprofessor an der Universität Leipzig, Richter am Oberlandesgericht Stuttgart

Dr. Philipp S. Fischinger, LL.M.
Akad. Rat z. A. an der Universität Regensburg

Dr. Johann Frank
Notar in Amberg

Dr. Rainer Frank
Professor an der Universität Freiburg i. Br.

Dr. Robert Freitag
Professor an der Universität Hamburg

Dr. Bernhard Großfeld, LL.M.
Professor an der Universität Münster

Dr. Beate Gsell
Professorin an der Universität Augsburg

Dr. Karl-Heinz Gursky
Professor an der Universität Osnabrück

Dr. Martin Gutzeit
Privatdozent an der Universität München

Dr. Ulrich Haas
Professor an der Universität Zürich

Norbert Habermann
Weiterer aufsichtsführender Richter bei dem Amtsgericht Offenbach

Dr. Stefan Habermeier
Professor an der Universität Greifswald

Dr. Martin Häublein
Professor an der Universität Innsbruck

Dr. Johannes Hager
Professor an der Universität München

Dr. Rainer Hausmann
Professor an der Universität Konstanz

Dr. Jan von Hein
Professor an der Universität Trier

Dr. Tobias Helms
Professor an der Universität Marburg

Dr. Dr. h. c. mult. Dieter Henrich
Professor an der Universität Regensburg

Dr. Reinhard Hepting
Professor an der Universität Mainz

Christian Hertel, LL.M.
Notar in Weilheim i. OB.

Dr. Stephanie Herzog
Rechtsanwältin in Würselen

Joseph Hönle
Notar in Tittmoning

Dr. Bernd von Hoffmann
Professor an der Universität Trier

Dr. Heinrich Honsell
Professor an der Universität Zürich, Honorarprofessor an der Universität Salzburg

Dr. Norbert Horn
Professor an der Universität zu Köln, Vorstand des Arbitration Documentation and Information Center e.V., Köln

Dr. Peter Huber, LL.M.
Professor an der Universität Mainz

Dr. Rainer Hüttemann
Professor an der Universität Bonn

Dr. Florian Jacoby
Professor an der Universität Bielefeld

Dr. Rainer Jagmann
Vorsitzender Richter am Oberlandesgericht Karlsruhe

Dr. Ulrich von Jeinsen
Rechtsanwalt und Notar in Hannover

Dr. Joachim Jickeli
Professor an der Universität zu Kiel

Dr. Dagmar Kaiser
Professorin an der Universität Mainz

Dr. Bernd Kannowski
Professor an der Universität Freiburg i. Br.

Dr. Rainer Kanzleiter
Notar in Neu-Ulm, Professor an der Universität Augsburg

Dr. Sibylle Kessal-Wulf
Richterin am Bundesgerichtshof, Karlsruhe

Dr. Fabian Klinck
Professor an der Universität Bochum

Dr. Frank Klinkhammer
Richter am Bundesgerichtshof, Karlsruhe

Dr. Hans-Georg Knothe
Professor an der Universität Greifswald

Dr. Jürgen Kohler
Professor an der Universität Greifswald

Dr. Stefan Koos
Professor an der Universität der Bundeswehr München

Dr. Heinrich Kreuzer
Notar in München

Dr. Jan Kropholler †
Professor an der Universität Hamburg, Wiss. Referent am Max-Planck-Institut für Ausländisches und Internationales Privatrecht, Hamburg

Dr. Hans-Dieter Kutter
Notar in Nürnberg

Dr. Gerd-Hinrich Langhein
Notar in Hamburg

Dr. Martin Löhnig
Professor an der Universität Regensburg

Dr. Dr. h. c. Manfred Löwisch
Professor an der Universität Freiburg i. Br., Rechtsanwalt in Stuttgart, vorm. Richter am Oberlandesgericht Karlsruhe

Dr. Dirk Looschelders
Professor an der Universität Düsseldorf

Dr. Stephan Lorenz
Professor an der Universität München

Dr. Peter Mader
Professor an der Universität Salzburg

Dr. Ulrich Magnus
Professor an der Universität Hamburg, Richter am Hanseatischen Oberlandesgericht zu Hamburg

Dr. Peter Mankowski
Professor an der Universität Hamburg

Dr. Heinz-Peter Mansel
Professor an der Universität zu Köln

Dr. Peter Marburger
Professor an der Universität Trier

Dr. Wolfgang Marotzke
Professor an der Universität Tübingen

Dr. Dr. Dr. h. c. mult. Michael Martinek, M.C.J.
Professor an der Universität des Saarlandes, Saarbrücken, Honorarprofessor an der Universität Johannesburg, Südafrika

Dr. Annemarie Matusche-Beckmann
Professorin an der Universität des Saarlandes, Saarbrücken

Dr. Jörg Mayer
Notar in Simbach am Inn

Dr. Dr. Detlef Merten
Professor an der Deutschen Hochschule für Verwaltungswissenschaften Speyer

Dr. Rudolf Meyer-Pritzl
Professor an der Universität zu Kiel, Richter am Schleswig-Holsteinischen Oberlandesgericht in Schleswig

Dr. Peter O. Mülbert
Professor an der Universität Mainz

Dr. Daniela Neumann
Justiziarin des Erzbistums Köln

Dr. Dirk Neumann
Vizepräsident des Bundesarbeitsgerichts a. D., Kassel, Präsident des Landesarbeitsgerichts Chemnitz a. D.

Dr. Ulrich Noack
Professor an der Universität Düsseldorf

Dr. Hans-Heinrich Nöll
Rechtsanwalt in Hamburg

Dr. Jürgen Oechsler
Professor an der Universität Mainz

Dr. Hartmut Oetker
Professor an der Universität zu Kiel, Richter am Thüringer Oberlandesgericht Jena

Wolfgang Olshausen
Notar in Rain am Lech

Dr. Dirk Olzen
Professor an der Universität Düsseldorf

Dr. Gerhard Otte
Professor an der Universität Bielefeld

Dr. Hansjörg Otto
Professor an der Universität Göttingen

Dr. Holger Peres
Rechtsanwalt in München

Dr. Lore Maria Peschel-Gutzeit
Rechtsanwältin in Berlin, Senatorin für Justiz a. D. in Hamburg und Berlin, Vorsitzende Richterin am Hanseatischen Oberlandesgericht zu Hamburg i. R.

Dr. Frank Peters
Professor an der Universität Hamburg, Richter am Hanseatischen Oberlandesgericht zu Hamburg a. D.

Dr. Axel Pfeifer
Notar in Hamburg

Dr. Jörg Pirrung
Richter am Gericht erster Instanz der Europäischen Gemeinschaften i. R., Professor an der Universität Trier

Dr. Ulrich Preis
Professor an der Universität zu Köln

Dr. Manfred Rapp
Notar in Landsberg am Lech

Dr. Thomas Rauscher
Professor an der Universität Leipzig, Dipl. Math.

Dr. Peter Rawert, LL.M.
Notar in Hamburg, Professor an der Universität Kiel

Eckhard Rehme
Vorsitzender Richter am Oberlandesgericht Oldenburg

Dr. Wolfgang Reimann
Notar in Passau, Professor an der Universität Regensburg

Dr. Tilman Repgen
Professor an der Universität Hamburg

Dr. Dieter Reuter
Professor an der Universität zu Kiel, Richter am Schleswig-Holsteinischen Oberlandesgericht in Schleswig a. D.

Dr. Reinhard Richardi
Professor an der Universität Regensburg, Präsident des Kirchlichen Arbeitsgerichtshofs für die Bistümer im Bereich der DBK, Bonn

Dr. Volker Rieble
Professor an der Universität München,
Direktor des Zentrums für Arbeitsbeziehungen und Arbeitsrecht

Dr. Anne Röthel
Professorin an der Bucerius Law School,
Hamburg

Dr. Christian Rolfs
Professor an der Universität zu Köln

Dr. Herbert Roth
Professor an der Universität Regensburg

Dr. Rolf Sack
Professor an der Universität Mannheim

Dr. Ludwig Salgo
Professor an der Fachhochschule Frankfurt
a. M., Apl. Professor an der Universität
Frankfurt a. M.

Dr. Renate Schaub, LL.M.
Professorin an der Universität Bochum

Dr. Martin Josef Schermaier
Professor an der Universität Bonn

Dr. Gottfried Schiemann
Professor an der Universität Tübingen

Dr. Eberhard Schilken
Professor an der Universität Bonn

Dr. Peter Schlosser
Professor an der Universität München

Dr. Dr. h. c. mult. Karsten Schmidt
Vizepräsident der Bucerius Law School,
Hamburg

Dr. Martin Schmidt-Kessel
Professor an der Universität Bayreuth

Dr. Günther Schotten
Notar in Köln, Professor
an der Universität Bielefeld

Dr. Robert Schumacher, LL.M.
Notar in Aachen

Dr. Roland Schwarze
Professor an der Universität Hannover

Dr. Hans Hermann Seiler
Professor an der Universität Hamburg

Dr. Reinhard Singer
Professor an der Humboldt-Universität
Berlin, vorm. Richter am Oberlandesgericht Rostock

Dr. Dr. h. c. Ulrich Spellenberg
Professor an der Universität Bayreuth

Dr. Sebastian Spiegelberger
Notar in Rosenheim

Dr. Ansgar Staudinger
Professor an der Universität Bielefeld

Dr. Malte Stieper
Akademischer Rat an der Universität
zu Kiel

Dr. Markus Stoffels
Professor an der Universität Osnabrück

Dr. Hans-Wolfgang Strätz
Professor an der Universität Konstanz

Dr. Dr. h. c. Fritz Sturm
Professor an der Universität Lausanne

Dr. Gudrun Sturm
Assessorin, Wiss. Mitarbeiterin

Burkhard Thiele
Präsident des Oberlandesgerichts Rostock

Dr. Karsten Thorn
Professor an der Bucerius Law School,
Hamburg

Dr. Gregor Thüsing, LL.M.
Professor an der Universität Bonn

Dr. Barbara Veit
Professorin an der Universität Göttingen

Dr. Bea Verschraegen, LL.M.
Professorin an der Universität Wien

Dr. Klaus Vieweg
Professor an der Universität Erlangen-Nürnberg

Dr. Markus Voltz
Notar in Lahr

Dr. Reinhard Voppel
Rechtsanwalt in Köln

Dr. Günter Weick
Professor an der Universität Gießen

Gerd Weinreich
Vorsitzender Richter am Oberlandesgericht Oldenburg

Dr. Birgit Weitemeyer
Professorin an der Bucerius Law School,
Hamburg

Dr. Olaf Werner
Professor an der Universität Jena, Richter
am Thüringer Oberlandesgericht Jena a. D.

Dr. Daniel Wiegand, LL.M.
Rechtsanwalt in München

Dr. Wolfgang Wiegand
Professor an der Universität Bern

Dr. Susanne Wimmer-Leonhardt
Bürgermeisterin der Stadt Kaiserslautern,
Privatdozentin an der Universität
des Saarlandes

Dr. Peter Winkler von Mohrenfels
Professor an der Universität Rostock,
Richter am Oberlandesgericht Rostock

Dr. Hans Wolfsteiner
Notar a. D., Rechtsanwalt in München

Heinz Wöstmann
Richter am Bundesgerichtshof, Karlsruhe

Dr. Eduard Wufka †
Notar in Starnberg

Dr. Michael Wurm
Richter am Bundesgerichtshof, Karlsruhe

Redaktorinnen und Redaktoren

Dr. Christian Baldus

Dr. Dr. h. c. mult. Christian von Bar, FBA

Dr. Michael Coester, LL.M.

Dr. Heinrich Dörner

Dr. Helmut Engler

Dr. Karl-Heinz Gursky

Norbert Habermann

Dr. Johannes Hager

Dr. Dr. h. c. mult. Dieter Henrich

Dr. Bernd von Hoffmann

Dr. Norbert Horn

Dr. Jan Kropholler †

Dr. Dr. h. c. Manfred Löwisch

Dr. Ulrich Magnus

Dr. Peter Mankowski

Dr. Peter Marburger

Dr. Dr. Dr. h. c. mult. Michael Martinek, M.C.J.

Dr. Jörg Mayer

Dr. Gerhard Otte

Dr. Lore Maria Peschel-Gutzeit

Dr. Manfred Rapp

Dr. Peter Rawert, LL.M.

Dr. Dieter Reuter

Dr. Herbert Roth

Dr. Wolfgang Wiegand

J. von Staudingers
Kommentar zum Bürgerlichen Gesetzbuch mit Einführungsgesetz und Nebengesetzen

Buch 5
Erbrecht
§§ 1967–2063
(Rechtsstellung des Erben)

Neubearbeitung 2010
von
Karl-Heinz Gursky
Wolfgang Marotzke
Olaf Werner

Redaktor
Gerhard Otte

Sellier – de Gruyter · Berlin

Die Kommentatorinnen und Kommentatoren

Neubearbeitung 2010
§§ 1967–2017: Wolfgang Marotzke
§§ 2018–2031: Karl-Heinz Gursky
§§ 2032–2057a: Olaf Werner
§§ 2058–2063: Wolfgang Marotzke

Neubearbeitung 2002
§§ 1967–2017: Wolfgang Marotzke
§§ 2018–2031: Karl-Heinz Gursky
§§ 2032–2057a: Olaf Werner
§§ 2058–2063: Wolfgang Marotzke

Dreizehnte Bearbeitung 1996
§§ 1967–2017: Wolfgang Marotzke
§§ 2018–2031: Karl-Heinz Gursky
§§ 2032–2057a: Olaf Werner
§§ 2058–2063: Wolfgang Marotzke

12. Auflage
§§ 1967–2017: Wolfgang Marotzke (1981)
§§ 2018–2031: Karl-Heinz Gursky (1978)
§§ 2032–2057a: Olaf Werner (1978)
§§ 2058–2063: Wolfgang Marotzke (1986)

11. Auflage
§§ 1967–2063: Professor Dr. Heinrich Lehmann (1954)

Sachregister

Rechtsanwältin Dr. Martina Schulz, Pohlheim

Zitierweise

Staudinger/Marotzke (2010) Vorbem 1 zu §§ 1967 ff
Staudinger/Gurky (2010) § 2018 Rn 1

Zitiert wird nach Paragraph bzw Artikel und Randnummer.

Hinweise

Das Abkürzungsverzeichnis befindet sich auf www.staudingerbgb.de.

Der Stand der Bearbeitung ist jeweils mit Monat und Jahr auf den linken Seiten unten angegeben.

Am Ende eines jeden Bandes befindet sich eine Übersicht über den aktuellen Stand des „Gesamtwerk Staudinger".

Die Deutsche Nationalbibliothek verzeichnet diese Publikation in der Deutschen Nationalbibliografie; detaillierte bibliografische Daten sind im Internet über http://dnb.d-nb.de abrufbar.

ISBN 978-3-8059-1093-4

© Copyright 2010 by Dr. Arthur L. Sellier & Co. – Walter de Gruyter GmbH & Co. KG, Berlin. – Printed in Germany.

Dieses Werk einschließlich aller seiner Teile ist urheberrechtlich geschützt. Jede Verwertung außerhalb der engen Grenzen des Urheberrechtsgesetzes ist ohne Zustimmung des Verlages unzulässig und strafbar. Das gilt insbesondere für Vervielfältigungen, Übersetzungen, Mikroverfilmungen und die Einspeicherung und Verarbeitung in elektronischen Systemen.

Satz: fidus Publikations-Service, Nördlingen.

Druck: H. Heenemann GmbH & Co., Berlin.

Bindearbeiten: Buchbinderei Bruno Helm, Berlin.

Umschlaggestaltung: Bib Wies, München.

♾ Gedruckt auf säurefreiem Papier, das die DIN ISO 9706 über Haltbarkeit erfüllt.

Inhaltsübersicht

	Seite*
Allgemeines Schrifttum	IX

Buch 5 · Erbrecht

Abschnitt 2 · Rechtliche Stellung des Erben	
Titel 2 · Haftung des Erben für die Nachlassverbindlichkeiten	1
Untertitel 1 · Nachlassverbindlichkeiten	31
Untertitel 2 · Aufgebot der Nachlassgläubiger	93
Untertitel 3 · Beschränkung der Haftung des Erben	125
Untertitel 4 · Inventarerrichtung; Unbeschränkte Haftung des Erben	321
Untertitel 5 · Aufschiebende Einreden	419
Titel 3 · Erbschaftsanspruch	435
Titel 4 · Mehrheit von Erben	
Untertitel 1 · Rechtsverhältnis der Erben untereinander	567
Untertitel 2 · Rechtsverhältnis zwischen den Erben und den Nachlassgläubigern	774
Sachregister	867

---

* Zitiert wird nicht nach Seiten, sondern nach Paragraph bzw Artikel und Randnummer; siehe dazu auch S VI.

Allgemeines Schrifttum

Das Sonderschrifttum ist zu Beginn der einzelnen Kommentierungen bzw in Fußnoten innerhalb der Kommentierung aufgeführt.

Alternativkommentar zum Bürgerlichen Gesetzbuch, Bd 6: Erbrecht (1990)
Anwaltkommentar, Bd 5: Erbrecht, hrsg v Kroiss, Ann und J Mayer (2. Aufl 2008; 3. Aufl s NomosKommentar)
Bamberger/Roth, Kommentar zum Bürgerlichen Gesetzbuch, Bd 3 (2. Aufl 2008)
Baumgärtel/Laumen/Prütting, Handbuch der Beweislast, Bürgerliches Gesetzbuch Erbrecht (3. Aufl 2009), bearb v Schmitz
Beck'sches Notarhandbuch (5. Aufl 2009)
Brox/Walker, Erbrecht (23. Aufl 2009)
Damrau (Hrsg), Praxiskommentar Erbrecht (2004)
Dernburg, Das bürgerliche Recht des Deutschen Reichs und Preußens, 5. Bd (3. Aufl 1911), bearb v Engelmann
Deutscher Erbrechtskommentar, hrsg v d Deutschen Gesellschaft für Erbrechtskunde (2003)
Ebenroth, Erbrecht (1992)
Erman, Handkommentar zum Bürgerlichen Gesetzbuch, 2. Bd (12. Aufl 2008), darin Erbrecht bearb v Schlüter und M Schmidt
Esch/Baumann/Schulze zur Wiesche, Handbuch der Vermögensnachfolge (7. Aufl 2009)
Ferid/Firsching/Dörner/Hausmann, Internationales Erbrecht (Loseblattsammlung Stand 2010)
Firsching/Graf, Nachlaßrecht (9. Aufl 2008)
Frieser (Hrsg), Fachanwaltskommentar Erbrecht (2. Aufl 2008)
Groll, Praxis-Handbuch Erbrechtsberatung (3. Aufl 2009)
Handbuch Pflichtteilsrecht (2. Aufl 2010), bearb v J Mayer, Süss, Tanck, Bittler und Wälzholz
Handkommentar Bürgerliches Gesetzbuch (6. Aufl 2009), darin Erbrecht bearb v Hoeren
Hausmann/Hohloch (Hrsg), Handbuch des Erbrechts (2008)
Jakobs/Schubert, Die Beratung des Bürgerlichen Gesetzbuchs in systematischer Zusammenstellung der unveröffentlichten Quellen, Erbrecht, 1. u 2. Teilband (2002)
Jauernig, Bürgerliches Gesetzbuch mit Erläuterungen (13. Aufl 2009), darin Erbrecht bearb v Stürner
John, Grundzüge des Erbrechts (1981)
JurisPraxiskommentar-BGB, Erbrecht (4. Aufl 2009)
Kipp/Coing, Erbrecht (14. Aufl 1990)
Kompaktkommentar Erbrecht s Frieser
Lange/Kuchinke, Lehrbuch des Erbrechts (5. Aufl 2001)
Langenfeld, Testamentsgestaltung (3. Aufl 2002)
Lange/Wulff/Lüdtke-Handjery, Höfeordnung (10. Aufl 2001)
Leipold, Erbrecht (18. Aufl 2010)
vLübtow, Erbrecht, 2 Bde (1971)
Meincke, Erbschaftsteuer- und Schenkungsteuergesetz (15. Aufl 2009)
Michalski, BGB-Erbrecht (3. Aufl 2006)
Münchener Kommentar zum Bürgerlichen Gesetzbuch, Bd 9: Erbrecht (5. Aufl 2010)
Nieder/Kössinger, Handbuch der Testamentsgestaltung (3. Aufl 2008)
NomosKommentar BGB, Bd 5: Erbrecht, hrsg v Kroiss, Ann und J Mayer (3. Aufl 2010)
Palandt, Bürgerliches Gesetzbuch (69. Aufl 2010), darin Erbrecht bearb v Edenhofer
Planck, Kommentar zum Bürgerlichen Gesetzbuch, V. Bd (4. Aufl 1930), bearb v Ebbecke, Flad, Greiff und Strecker
Prütting/Wegen/Weinreich, BGB (4. Aufl 2009)
Reichsgerichtsrätekommentar, BGB-RGRK, Das bürgerliche Gesetzbuch mit besonderer Berücksichtigung der Rechtsprechung des

Allgemeines Schrifttum

Reichsgerichts und des Bundesgerichtshofes, Kommentar hrsg v Mitgliedern des Bundesgerichtshofes, Bd V (12. Aufl 1974 f), bearb v Johannsen und Kregel

Reimann/Bengel/J Mayer, Testament und Erbvertrag (5. Aufl 2006)

Schlüter, Erbrecht (16. Aufl 2007)

Soergel, Bürgerliches Gesetzbuch, Bd 21–23 (13. Aufl 2002/2003)

Stobbe, Handbuch des Deutschen Privatrechts, Bd. 5 (2. Aufl 1885)

Strohal, Das deutsche Erbrecht, 2 Bde (3. Aufl 1903 f)

Wöhrmann, Landwirtschaftserbrecht (9. Aufl 2008).

Titel 2
Haftung des Erben für die Nachlassverbindlichkeiten

Vorbemerkungen zu §§ 1967–2017

Schrifttum

BARELLA, Die Haftung des Erben für die Nachlaßschulden (Möglichkeiten der Haftungsbeschränkung), Betrieb 1959, Beil 6 (zu Heft 23)
BARTELMANN, Die Haftung für die Nachlaßschulden im Falle des Verkaufs der Erbschaft (Diss Rostock 1935)
BARTHOLOMEYCZIK, Die Regelung der Erbenhaftung, Erwerb, Sicherung und Abwicklung der Erbschaft, JbAkDR 1939/1940, 82–95
BAUER, Die Haftung des Erben (1961)
BEHR, Vollstreckungsmöglichkeiten des Nachlaßgläubigers, JurBüro 1996, 120
BINDER, Rechtsstellung des Erben nach dem deutschen bürgerlichen Gesetzbuch II (1903) 19–250, III (1905) 272–355
BINGNER, Bemerkungen zu dem zweiten Entwurfe eines bürgerlichen Gesetzbuchs für das deutsche Reich, SächsArch 5 (1895) 593, 595 ff
ders, Bemerkungen zu dem definitiven Entwurfe eines bürgerlichen Gesetzbuchs für das deutsche Reich, SächsArch 6 (1896) 1, 15 ff
BLEY/MOHRBUTTER, Vergleichsordnung, Erl zu § 113 VerglO (4. Aufl 1980)
BÖHM, Haftung für Nachlaßverbindlichkeiten nach BGB, Gruchot 42 (1898) 455–484, 683–710
BOEHMER, Erbfolge und Erbenhaftung (1927)
ders, Der Übergang des Pflichtlebens des Erblassers auf den Erben, in: RG-FS III (1929) 216
ders, Eintritt des Erben in pflichtbelastete Rechtslagen des Erblassers, JW 1938, 2634
BÖRNER, Das System der Erbenhaftung, JuS 1968, 53–58, 108–114
BORCHERDT, Die Haftung des Erben für die Nachlaßverbindlichkeiten, AcP 94 (1903) 197
vBRESKA, Die Nachlaßverbindlichkeiten des Erben (1913)
BÜCKLEIN, Die Inventarerrichtung im Erbrecht (1936)

BUSCH, Die Haftung des Erben (2008)
DAUNER-LIEB, Zwangsvollstreckung bzw Nachlaßverwaltung und Nachlaßkonkurs, in: FS Gaul (1997) 93
dies, Unternehmen in Sondervermögen (1998)
DOVE, Gutachten über die zweckmäßigste Regelung des Inventarrechts und die im Entwurf des Bürgerlichen Gesetzbuches versuchte Gestaltung derselben, 20. Deutscher Juristentag I (1889) 88
ECCIUS, Haftung der Erben für Nachlaßverbindlichkeiten, Gruchot 43 (1899) 603–641 und 801–831
EHRENKÖNIG, Die Erbenhaftung – ein Vorschlag zur Neuregelung (1991) (dazu SCHUBERT FamRZ 1992, 762)
ENDRISS, Der Miterbe als Nachlassgläubiger (2003)
ENNEPER, Die Reform der Erbenhaftung im Erbrechtsausschuß der Akademie für Deutsches Recht (1993)
GRAF, Möglichkeiten der Haftungsbeschränkung für Nachlassverbindlichkeiten, ZEV 2000, 125
GRÜNDER, Die materiellen Voraussetzungen und die prozessuale Geltendmachung der beschränkten Haftung des Alleinerben im Vergleich mit der des Miterben (Diss Heidelberg 1912)
HAGEN, Die Haftung für Nachlaßverbindlichkeiten, JherJb 42 (1901) 43
M HARDER/MÜLLER-FREIENFELS, Grundzüge der Erbenhaftung, JuS 1980, 876
HELLMANN KritV 39, 242 (zu STROHAL, Das deutsche Erbrecht nach dem bürgerlichen Gesetzbuche vom 18. August 1896)
HOEPFNER, Grundzüge der Erbenhaftung, Jura 1982, 169

HÖVER, Zur Schuldenhaftung des Erben, DFG 1938, 4–7, 21–24
JAEGER, Erbenhaftung und Nachlaßkonkurs (1898)
ders, Kommentar zur Konkursordnung II 2 (8. Aufl 1973) Erl zu §§ 214–235 KO, bearbeitet von WEBER
JOACHIM, Die Haftung des Erben für Nachlassverbindlichkeiten (2. Aufl 2006)
JOHANNSEN, Die Rechtsprechung des BGH auf dem Gebiet des Erbrechts, 9. Teil, WM 1972, 914, 919; 1977, 270 f; 1979, 598 f; 1982 Sonderbeilage 2, 5 f; 1985 Sonderbeilage 1, 4 f
JUNGFER, Die Erbenhaftung im Rahmen des Problems „Schuld und Haftung" (Diss Breslau 1916)
KESSLER, Die Rechtsprechung des Bundesgerichtshofs zum Erbrecht, DRiZ 1969, 278
KLOOK, Die überschuldete Erbschaft. Der Erbe als Berechtigter und als Treuhänder der Nachlaßgläubiger (1998)
KÖNIG, Nachlaßverbindlichkeiten im Verhältnis von Vorerben und Nacherben, MecklZ 52, 189–196, 225–233, 269–279
KOPP, Probleme der Nachlaßabwicklung bei kollisionsrechtlicher Nachlaßspaltung – Haftung für Nachlaßverbindlichkeiten (1997)
KRAUTWIG, Die Erbenhaftung und die Möglichkeiten ihrer Beschränkung, MittRhNotK 67, 178
KRETZSCHMAR, Die Haftung des Erben für die Nachlaßverbindlichkeiten, ZBlFG 9 (1908/1909) 49
ders, Die Haftung der Miterben für die Nachlaßverbindlichkeiten unter besonderer Berücksichtigung der Beweislast dabei, ZBlFG 15 (1914/1915) 325
LANGE, Die Regelung der Erbenhaftung (3. Denkschr d ErbrA d AkDR 1939)
ders, Die Neugestaltung des deutschen Erbrechts, DR 1942, 1713, 1719
LANGENBAHN, Schulden geerbt – was nun? Hinweise für die Praxis der Schuldnerberatung, ZVI 2009, 480
MAROTZKE, Die Stellung der Nachlassgläubiger in der Eigeninsolvenz des Erben, in: FS Otte (2005) 223
MARTIN, Die Haftung des Erben für die Nachlaßverbindlichkeiten (1909)

MEYER, Praktische Streifzüge auf dem Gebiet der Erbenhaftung (1904)
ders, Ist zu tadeln, daß ein ausdrücklicher Ausspruch im BGB darüber, ob grundsätzlich der Erbe unbeschränkt oder beschränkt für die Nachlaßverbindlichkeiten hafte, fehlt? SeuffBl 70 (1905) 79
MOLITOR, Vereinbarungen über die Erbenhaftung, JherJb 69 (1920) 283
MÜNCHMEYER, Haftung des Erben und Miterben für die Nachlaßverbindlichkeiten (1899)
MUNK, Die zweckmäßigste Regelung des Inventarrechts mit Bezug auf den Entwurf eines bürgerlichen Gesetzbuches für das Deutsche Reich nebst einem Gegenentwurf, 20. Deutscher Juristentag I (1889) 30
MUSCHELER, Die Haftungsordnung der Testamentsvollstreckung (1994); zitiert: ohne Buchtitel
ders, Universalsukzession und Vonselbsterwerb (2002); zitiert: „Universalsukzession"
NOACK, Vollstreckung gegen Erben, JR 1969, 8
OLSEN, Die Erbenhaftung, Jura 2001, 520
OTTE, Die Verjährung erbrechtlicher Ansprüche, ZGS 2010, 157
PAECH, Die Haftung für Nachlaßverbindlichkeiten bei Vereinigung mehrerer Erbteile in einer Hand (Diss Königsberg 1906)
PFLAUM, Die unbeschränkte Haftung des Erben, DJZ 1900, 67
PLANCK, Die Haftung des Erben für die Nachlaßverbindlichkeiten, DJZ 1899, 365
RAAPE, Das Haftungsgestaltungsrecht des Erben, JherJb 72 (1922) 293
RIESENFELD, Die Erbenhaftung nach dem Bürgerlichen Gesetzbuch (1916; sehr ausführlich, in 2 Bänden)
RUDORFF, Beschränkte Haftung von Erben, Abkömmlingen, Vermächtnisnehmern und Ehegatten, Gruchot 51 (1907) 574
RÜGER, Aus dem Erbrechte des Deutschen Bürgerlichen Gesetzbuchs, SächsArch 9 (1899) 401, 471–484
SCHLOSSER (Hrsg), Die Informationsbeschaffung für den Zivilprozeß. Die verfahrensmäßige Behandlung von Nachlässen, ausländisches Recht und Internationales Zivilprozeßrecht (1996)

Titel 2
Haftung des Erben für die Nachlassverbindlichkeiten

SCHMIDT-KESSEL, Was ist Nachlass?, WM 2003, 2086

SCHMIDT-RIMPLER, Eigentum und Dienstbarkeit …, zugleich ein Beitrag zur Lehre von der Konfusion dinglicher Rechte nebst einem Exkurs über die Erbenhaftung (Diss Halle/Saale 1911)

K SCHMIDT, Zum Prozeßrecht der beschränkten Erbenhaftung, JR 1989, 45

SCHÖLLER, Die Haftung des Erben für die Nachlaßverbindlichkeiten und für Schadensersatz bei der Liquidation des Nachlasses nach dem Bürgerlichen Gesetzbuche, SeuffBl 64 (1899) 387

SCHREIBER, Schuld und Haftung als Begriffe der privatrechtlichen Dogmatik (1914)

SCHWEDLER, Das Erlöschen der Schuldverhältnisse durch Vereinigung von Recht und Verbindlichkeit nach bürgerlichem Recht (Halle/Saale 1897)

SIBER, Haftung für Nachlaßschulden nach geltendem und künftigem Recht (Schrift der AkDR 1937)

SINGER, Die Haftung des Erben für Nachlaßverbindlichkeiten nach dem BGB und Nebengesetzen, SeuffBl 64 (1899) 321

WENDT, Die Haftung des Erben für die Nachlaßverbindlichkeiten, AcP 86 (1896) 353

WILKE, Die Haftung des Erben für die Nachlaßverbindlichkeiten (1898)

WINDEL, Über die Modi der Nachfolge in das Vermögen einer natürlichen Person beim Todesfall (1998)

ZEHNER, Versicherungssumme und Nachlaßinteressenten, AcP 153 (1954) 424

ZILLMANN, Die Haftung der Erben im internationalen Privatrecht. Eine rechtsvergleichende Untersuchung zum deutschen und französischen Recht (1998).

Systematische Übersicht

I.	Gliederung des zweiten Titels	1
II.	Anderweitige gesetzliche Ergänzungen und Abwandlungen	2
III.	Entsprechende Anwendung von Vorschriften dieses Titels	3
IV.	Geschichtlicher Rückblick und Auslandsberührung	4
V.	Grundsätzliche Gestaltung der Erbenhaftung im BGB	
1.	Allgemeines	5
2.	Persönliche Schuld und auf den Nachlass beschränkbare Haftung des Erben	7
3.	Grundsatz der unbeschränkten, aber beschränkbaren Erbenhaftung	9
VI.	Die gesetzlichen Modalitäten der Erbenhaftung im Einzelnen	
1.	Haftung vor der Erbschaftsannahme	10
2.	Aufschiebende Einreden (Orientierungsphase)	11
3.	Möglichkeiten der Haftungsbeschränkung	12
4.	Verlust des Haftungsbeschränkungsrechts	14
5.	Vereinbarungen über die Erbenhaftung	16
6.	Prozessuale Geltendmachung des Haftungsbeschränkungsrechts	19
7.	Rechtsbehelfe der Nachlassgläubiger	40
8.	Typische Fallgestaltungen	41
9.	Der Erbe als Nachlassgläubiger	43
10.	Die Haftung von Mit-, Vor- und Nacherben	44
11.	Die Haftung für öffentlich-rechtliche Verbindlichkeiten	45
VII.	Rechtspolitische Würdigung und Reformvorschläge	46
VIII.	Regelung der Erbenhaftung im Recht der ehemaligen DDR	52
IX.	Übergangsrecht in der ehemaligen DDR	57

Vorbem zu §§ 1967–2017

Buch 5
Abschnitt 2 · Rechtliche Stellung des Erben

Alphabetische Übersicht

Absonderung des Nachlasses vom Erbenvermögen	40
Annahme der Erbschaft	10 f, 40
Aufgebot der Nachlassgläubiger	11 f
Auflagen	13
Aufschiebende Einreden	11, 37
Auskunftspflichten	8
Berufung zu mehreren Erbteilen	2
Beschränkung	
– der Haftung	8 ff
– der Schuld	8
Beschränkungsmöglichkeiten	10 ff
Bürgschaft	2
DDR	47, 52 ff
Dürftigkeit des Nachlasses	13
Eidesstattliche Versicherung	14, 38, 40
Eigenverwaltung	34
Einreden des Erben	
– aufschiebende	11, 37
– haftungsbeschränkende	8, 13, 36
– ungeteilter Nachlass	9, 13
Erbschaftskauf	2
Erbteile, Berufung zu mehreren	2
Feststellungsurteil und Beschränkungsvorbehalt	24
Fiskus als gesetzlicher Erbe	2, 22
Geltendmachung	
– des Haftungsbeschränkungsrechts vgl „Haftungsbeschränkungsrecht"	
– der Nachlassverbindlichkeiten vgl „Klage"	
Gerichtsstand	7
Geschäftsschulden	2
gesetzliche Erbfolge	2
gewillkürte Erbfolge	2
Grundpfandrechte	2
Grundstück, Zwangsversteigerung	11, 12
Grundurteil und Beschränkungsvorbehalt	24
Gütergemeinschaft	2, 3
Haftung	
– Beginn	10 f
– Begriff	5 ff
– Beschränkbarkeit	8 ff
– sog „unbeschränkte"	9
– von vornherein beschränkte	9 aE
Haftungsbeschränkungsrecht	10 ff
– Ausgestaltung	10 ff
– Durchsetzung	
– – im Erkenntnisverfahren	19 ff
– – in der Zwangsvollstreckung	38 ff
– Verlust	14, 19
– Verwirkung	14, 16
– Verzicht	16
– Vorbehalt im Urteil	14, 18 ff, 38
Handelsgeschäft	2
Hoferbe	2
Hypothek	2
Insolvenztabelle	29
Inventar	14, 40
Klage gegen den Erben	10, 19 ff
– gegen Nachlasspfleger	20, 22
– gegen Nachlassverwalter	20, 22
– während des Nachlassinsolvenzverfahrens	29 ff
– während des Nachlassvergleichsverfahrens	34
– während der Nachlassverwaltung	28
Konfusion	43
Kostenfestsetzungsbeschluss	21
Leistungsklage	7
vgl auch „Klage"	
Mehrere Erben	9, 13, 15, 44
Mehrere Erbteile	2
Nacherbe	45
Nachlassgläubiger	
– ausgeschlossene	12
– Rechtsbehelfe der	40
– säumige	13
Nachlassinsolvenzverfahren	11 f, 29 ff, 40 ff
– Absonderung des Nachlasses	40
– Antragspflicht des Erben	11 f
– Beschränkung der Haftung durch	12, 40
– Geltendmachung der Nachlassverbindlichkeiten im	29 ff

März 2010

Titel 2
Haftung des Erben für die Nachlassverbindlichkeiten

Vorbem zu §§ 1967–2017

1

Nachlasssicherung	40
Nachlassverbindlichkeiten	
– Begriff vgl § 1967	
– Geltendmachung	7, 40
vgl auch „Klage"	
Nachlassvergleichsverfahren	34
Nachlassverwaltung	12, 28, 40, 43
Pfandrecht	2
Prozesskosten	19, 21, 33
Rechtsanwalt, Haftung	19
Rechtspolitisches	46 ff
Revisionsinstanz	20
Säumige Nachlassgläubiger	13
Schuld und Haftung	5 ff
Überschuldung des Nachlasses	11
„Unbeschränkte" Haftung	9, 14 f
Unterhalt der Mutter	2
Vereinbarungen über Haftung	16 ff, 35
Verjährung	2
Vermächtnis	13
Vermögensbegriff	5
Vermögensverzeichnis	38, 40
Verurteilung	
– des Erben	18 ff
– des Erblassers	21
– des Fiskus	22
– des Nachlassinsolvenzverwalters	22
– des Nachlasspflegers	20, 22
– des Nachlassverwalters	20
– des Testamentsvollstreckers	22
– zur Abgabe einer Willenserklärung	39
Verzicht auf beschränkte Haftung	14
Vorbehalt im Urteil	14, 18 ff, 38
Vorerbe	45
Vorläufiger Erbe	2
Vormerkung	2
Willenserklärung, Verurteilung zur Abgabe	39
Zahlungsunfähigkeit	22, 40
Zwangsversteigerung eines Nachlassgrundstücks	11 f
Zwangsvollstreckung	
– aus Insolvenztabelle	29
– aus Urteil vgl „Verurteilung"	
– bei beschränkter Haftung	38 f
– vor Erbschaftsannahme	10

I. Gliederung des zweiten Titels

Wie der ganze zweite Abschnitt des Fünften Buches (Rechtliche Stellung des Erben, **1**
§§ 1942–2063) gilt auch der zweite Titel desselben sowohl für den kraft Gesetzes als
auch für den durch Verfügung von Todes wegen berufenen Erben. Der zweite Titel
gliedert sich in fünf Untertitel:

Untertitel 1, §§ 1967–1969, spricht zunächst die *„Haftung"* des Erben für die *„Nachlassverbindlichkeiten"* grundsätzlich aus (§ 1967), legt dann deren *Begriff* fest und
ordnet damit zusammenhängende Fragen.

Untertitel 2, §§ 1970–1974, bringt Bestimmungen über das *Aufgebot der Nachlassgläubiger,* das dem Erben Aufschluss über den Stand des Nachlasses geben, seine
Entschließungen ermöglichen und ihn gegen unbekannte Gläubiger sichern soll
(§ 1973). Auch ohne Aufgebot schützt § 1974 den Erben vor gewissen *säumigen
Gläubigern.*

Untertitel 3, §§ 1975–1992, ordnet die Voraussetzungen, unter denen die *Beschränkung der Haftung des Erben* herbeigeführt werden kann (Nachlassverwaltung, Nachlassinsolvenzverfahren [vormals: Nachlasskonkurs], Unzulänglichkeitseinrede bei
dürftigem oder durch Vermächtnisse bzw Auflagen überschwertem Nachlass).

Wolfgang Marotzke

Untertitel 4, §§ 1993–2013, regelt die *Inventarerrichtung*, die von den Nachlassgläubigern zwecks Klarstellung des aktiven Nachlassbestandes verlangt werden kann. An gewisse Verletzungen der Inventarpflicht knüpft das Gesetz die endgültig *unbeschränkte Haftung* des Erben (vgl §§ 1994 Abs 1 S 2, 2005, 2006 Abs 3, 2013).

Untertitel 5, §§ 2014–2017, gibt dem noch nicht unbeschränkbar haftenden Erben während einer angemessenen *Schonfrist,* auch noch nach Annahme der Erbschaft, gewisse *„aufschiebende Einreden"*, um den Nachlass in Ruhe sichten zu können.

II. Anderweitige gesetzliche Ergänzungen und Abwandlungen

2 Die Vorschriften des zweiten Titels werden ergänzt und abgewandelt

1. im **BGB** durch

a) § 211 hinsichtlich der Ablaufhemmung der Verjährung (s hierzu und zur Aufhebung des § 197 Abs 1 Nr 2 die Hinweise bei § 1967 Rn 2),

b) § 1629a bei *Minderjährigkeit* des Erben,

c) §§ 2058–2063 für den Fall der *Erbenmehrheit* (vgl auch § 2007 zur Haftung des zu *mehreren Erbteilen* berufenen Allein- oder Miterben),

d) §§ 2143–2146 hinsichtlich der Haftung von *Vor-* und *Nacherben,*

e) §§ 1432, 1437, 1439, 1459, 1461, 1455 Nr 1, 3 hinsichtlich der Haftung in Gütergemeinschaft lebender *Ehegatten* für die Verbindlichkeiten eines zum Gesamtgut gehörenden Nachlasses (vgl dazu § 2008 Rn 2),

f) §§ 1942 Abs 2, 1966, 2011 für den Fall, dass der *Fiskus gesetzlicher Erbe* ist (vgl auch § 780 Abs 2 ZPO),

g) § 1958 hinsichtlich des Erben, der das *Ausschlagungsrecht* noch hat,

h) §§ 2382–2385 hinsichtlich der Haftung für Nachlassverbindlichkeiten in den Fällen des Erbschaftskaufs und der in § 2385 bezeichneten anderen auf *Veräußerung der Erbschaft* gerichteten Verträge, ferner §§ 2036 und 2037 hinsichtlich der Haftung des Käufers eines Miterbenanteils im Falle der Ausübung des Vorkaufsrechts der anderen Miterben gem § 2035,

i) § 1963 hinsichtlich des Unterhaltsanspruchs der *Mutter,* die zZ des Erbfalls die Geburt *eines Erben* zu erwarten hat,

k) § 884 hinsichtlich der unbeschränkten Haftung des Erben, soweit ein Anspruch gegen den Erblasser durch *Vormerkung* im Grundbuch gem § 883 gesichert ist; vgl auch die ähnlichen Bestimmungen in §§ 1137 Abs 1 S 2, 1211 Abs 1 S 2 *(Hypothek, Pfandrecht)* sowie § 1971 Rn 1 ff, Vorbem 2 zu § 1975, § 1990 Rn 25, § 2016 Rn 4 f; vgl ferner § 768 Abs 1 S 2, der klarstellt, dass sich der *Bürge* nach dem Tod des

Hauptschuldners nicht darauf berufen kann, dass der Erbe für die Hauptverbindlichkeit nur beschränkt hafte,

2. in § 15 **HöfeO** hinsichtlich der Haftung des Hoferben und deren Verhältnis zur Haftung der übrigen Erben (vgl auch § 16 Abs 2 **GrdstVG** bei gerichtlicher Zuweisung eines landwirtschaftlichen Betriebes an einen Miterben),

3. im **HGB** hinsichtlich der Haftung des Erben, der ein zum Nachlass gehörendes Handelsgeschäft fortführt (§ 27), und hinsichtlich der Haftung des Erben eines Teilhabers einer OHG für die Geschäftsschulden (§ 139; vgl hierzu STAUDINGER/MAROTZKE [2008] § 1922 Rn 174, 196, 218, ferner unten § 1967 Rn 57 ff sowie die Kommentare zum HGB),

4. in der **ZPO** hinsichtlich des *Gerichtsstandes* (§§ 27, 28), hinsichtlich der *Haftung* des Erben *vor der Annahme* der Erbschaft (§§ 239 Abs 5, 246, 778, 779), hinsichtlich der prozessualen *Geltendmachung von Haftungsbeschränkungen* einschl der durch §§ 2014, 2015 BGB gewährten aufschiebenden Einreden (§§ 305, 780–785; vgl auch §§ 265 AO, 8 Abs 2 JBeitrO).

5. in § 23a Abs 1 Nr 2, Abs 2 Nr 2 **GVG nF** und §§ 342 ff **FamFG (jeweils in Kraft seit 1.9.2009)** hinsichtlich der Zuständigkeit des Nachlassgerichts und hinsichtlich des gerichtlichen Verfahrens bei der Sicherung des Nachlasses (§ 1960 BGB), bei der Nachlasspflegschaft (§§ 1960, 1961 BGB), bei der Nachlassverwaltung (§§ 1975, 1981 ff BGB), bei Entscheidungen im Zusammenhang mit Anträgen auf Bestimmung oder Verlängerung einer Inventarfrist (§§ 1994 ff BGB), bei der Abnahme der eidesstattlichen Versicherung des § 2006 BGB,

6. in § 23a Abs 1 Nr 2, Abs 2 Nr 7 **GVG nF** und §§ 454 ff **FamFG** hinsichtlich des Aufgebots der Nachlassgläubiger (§§ 1970 ff BGB) und der diesbezüglichen Zuständigkeit des Amtsgerichts, „dem die Angelegenheiten des Nachlassgerichts obliegen" (§ 454 Abs 2 FamFG),

7. in §§ 315 ff **InsO** hinsichtlich des Nachlassinsolvenzverfahrens (s auch § 1975 Rn 1–10, 28 ff),

8. in §§ 175 ff **ZVG** hinsichtlich des dort unter gewissen Voraussetzungen anerkannten Rechts des Erben und anderer Personen, die Zwangsversteigerung eines zum Nachlass gehörigen Grundstücks zu beantragen, wenn ein Nachlassgläubiger für seine Forderung ein Recht auf Befriedigung aus diesem Grundstück hat (dazu Vorbem 12 und § 1971 Rn 5).

9. Erwähnenswert sind ferner §§ 459c Abs 3, 465 Abs 3 *StPO*, § 101 *OWiG*, §§ 45, 265 *AO*, § 6 *KostO*, §§ 102, 103 Abs 2 *SGB XII*, 34 Abs 2 *SGB II*, § 57 Abs 2 *SGB I*, § 5 Abs 5 *KonsularG*.

III. Entsprechende Anwendung von Vorschriften dieses Titels

Entsprechende Anwendung finden die Vorschriften über die Haftung des Erben für die Nachlassverbindlichkeiten nach **§ 1489 Abs 2** auf die *Haftung des überlebenden*

Ehegatten für die Gesamtgutsverbindlichkeiten der fortgesetzten Gütergemeinschaft, soweit ihn die persönliche Haftung nur infolge des Eintritts der fortgesetzten Gütergemeinschaft trifft.

Nur einzelne Vorschriften dieses Titels (§§ 1990, 1991) finden entsprechende Anwendung in den Fällen der §§ **1480, 1504, 2036, 2037, 2145 Abs 2**; auf § 1992 verweist § **2187 Abs 3**.

Dem Gesetzgeber wurde in der 13. Bearbeitung dieses Kommentars (ebenfalls Vorbem 3 zu §§ 1967 ff) empfohlen, die in §§ 1990, 1991 vorgesehenen und einige der in §§ 1993 ff (bes in §§ 1994, 2005, 2006, 2009) statuierten Rechtsfolgen auch auf den Fall zu übertragen, dass ein **Minderjähriger** von seinem gesetzlichen Vertreter über Gebühr mit Schulden belastet und in diesem bedauernswerten Zustand mit Vollendung des 18. Lebensjahres „in die Volljährigkeit entlassen" wird. An die Stelle des „Nachlasses" und der Haftungsbeschränkung auf ihn sollten nach diesem Vorschlag das zZ des Volljährigwerdens vorhandene Vermögen und die Haftungsbeschränkung auf dieses treten (vgl auch § 1997 Rn 5 sowie zu anderen Lösungsansätzen sowie zu den verfassungsrechtlichen Aspekten STAUDINGER/COESTER [2007] § 1629a Rn 1 ff; STAUDINGER/ENGLER [2004] § 1822 Rn 53 ff, 63). Diesem Gesetzgebungsvorschlag entspricht im Wesentlichen der zum 1.1. 1999 eingefügte § **1629a**. Von einer Bezugnahme auf §§ 1993 ff sieht diese Vorschrift allerdings ab (zu den Gründen vgl BT-Drucks 13/5624 S 9 f; kritisch hierzu MUSCHELER WM 1998, 2271, 2276 Fn 54 und MAROTZKE AcP 199 [1999] 615, 626 f). Zu kritisieren ist auch der völlige Verzicht auf Parallelvorschriften zu §§ 1981 Abs 2, 1980 BGB und §§ 315 ff InsO (vgl REUTER AcP 192 [1992] 108, 134 ff; DAUNER-LIEB ZIP 1996, 1818, 1821 ff; MUSCHELER WM 1998, 2271, 2276 f; MAROTZKE AcP 199 [1999] 615, 627).

IV. Geschichtlicher Rückblick und Auslandsberührung

4 Vgl einerseits STAUDINGER/BOEHMER[11] § 1922 Rn 70, 98 ff, 107, 110, 115–120, 126; KIPP/COING § 92 II, III, V; andererseits STAUDINGER/DÖRNER (2007) EGBGB Art 25 Rn 225 f, 904 ff; STAUDINGER/MAROTZKE § 1975 Rn 50 ff; LANGE/KUCHINKE § 46 II; ZILLMANN, Die Haftung der Erben im internationalen Erbrecht. Eine rechtsvergleichende Untersuchung zum deutschen und französischen Recht (1998); SCHLOSSER (Hrsg), Die Informationsbeschaffung für den Zivilprozess. Die verfahrensmäßige Behandlung von Nachlässen, ausländisches Recht und Internationales Zivilprozessrecht (1996), S 207 ff (Länderbericht Frankreich, verfasst von LAGARDE), 241 ff (Darstellung des angloamerikanischen und internationalen Zivilverfahrensrechts, verfasst von SCHACK), 267 ff (Italien und Österreich, verfasst von PADOVINI).

V. Grundsätzliche Gestaltung der Erbenhaftung im BGB

1. Allgemeines

5 Gem § 1922 geht mit dem Tod einer Person „deren Vermögen (Erbschaft) als Ganzes" auf den oder die Erben über. Gem § 1967 Abs 1 „haftet" der Erbe für die Nachlassverbindlichkeiten. Die alte Streitfrage, ob sich die Haftung bzgl der vom *Erblasser* herrührenden Schulden (vgl § 1967 Abs 2) schon aus § 1922 ergibt, weil im Sinne dieser Rechtsnorm auch die Verbindlichkeiten zum „Vermögen" gehören, oder ob die Schulden als auf dem Vermögen ruhende Lasten (also nicht als Bestandteile des Vermögens) erst durch § 1967 Abs 1 dem Erben auferlegt werden, ist zwar theoretisch hochinteressant, aber praktisch ohne Bedeutung (vgl Prot V 650; STAUDINGER/LEHMANN[11] § 1922 Rn 71; aM MUSCHELER Jura 1999, 234, 236 f; ders, Universalsukzession [2002] 11 ff). Gleichwohl ist die von BOEHMER in der 11. Aufl dieses Kommentars (Einl 26 zu § 28 und § 1922 Rn 80) getroffene Feststellung zutreffend, dass das Vermögen des Schuldners zwar die „Haftung", nicht aber auch die persönliche „Schuld" in sich schließen und mit sich tragen könne (aM MUSCHELER Jura 1999, 234, 237; ders, Universalsukzession [2002] 12 f). Inzwischen ist die Entwicklung noch einen Schritt weiter gegangen: Indem er den fast hundert Jahre in Kraft gewesenen § 419 zum 1. 1. 1999 aufhob (Art 33 Nr 16 und Art 110 Abs 1 EGInsO), hat nun *sogar der Gesetzgeber selbst* sich konkludent zu der Möglichkeit bekannt, das Vermögen einer Person von deren Verbindlichkeiten abzukoppeln. Eine solche Abtrennung wird jedoch bei der auf § 1922 beruhenden *gesetzlichen* Vermögensübernahme dadurch verhindert, dass § 1967 ausdrücklich auch eine *Haftung* des Erben normiert. Nach dem Außerkrafttreten des § 419 wird stärker als zuvor Bedarf für eine *analoge* Anwendung der §§ 1967, 1990, 1991 bestehen (dazu schon frühzeitig MAROTZKE ZHR 156 [1992] 17, 22 [in Fn 16], 26 ff; vgl auch § 2060 Rn 36).

In Vorbem 5 wurde eine **Unterscheidung zwischen Haftung und Schuld** gemacht. **6** Damit hat es folgende Bewandtnis (vgl STAUDINGER/BOEHMER[11] § 1922 Rn 79, 83): Jede normale Verbindlichkeit setzt sich aus den Elementen „Schuld" und „Haftung" zusammen. Während man unter Schuld das „Leistensollen" als Willensgebundenheit der *Person* des Schuldners zu einem Tun, Unterlassen oder Dulden versteht, meint man mit Haftung die Unterworfenheit des *Vermögens* des Schuldners unter das Zugriffsrecht des Gläubigers. Da diese Haftung im geschichtlichen Entwicklungsgang an die Stelle der ursprünglichen Verhaftung der Schuldner*person* getreten ist, wird sie noch heute als „persönliche Haftung" im Gegensatz zu der auf ein Sondervermögen oder auf einzelne Gegenstände „beschränkten Haftung" oder „Sachhaftung" bezeichnet. In der „Schuld" sind wiederum zwei Bestandteile enthalten: die eigentliche (aktuelle oder primäre) Erfüllungspflicht und die nur eventuellen (sekundären) Einstandspflichten, die erst dann aktuell werden, wenn Leistungsstörungen eintreten, und die dem Ausgleich im Wege des Schadensersatzes, der Mängelbeseitigung, der Nachlieferung, der Zahlung von Verzugszinsen usw dienen. Vgl zu alldem STAUDINGER/BOEHMER[11] Einl K 1 ff zu § 241 und STAUDINGER/OLZEN (2005) Einl 235 ff zu §§ 241 ff (jeweils mit vielen weiteren Nachweisen).

2. Persönliche Schuld und auf den Nachlass beschränkbare Haftung des Erben

Indem das Gesetz dem Erben in § 1967 Abs 1 die *Haftung* für die Nachlassverbind- **7** lichkeiten auferlegt, will es zugleich sagen, dass der Erbe auch *persönlicher Schuldner* wird (Mot V 604; STAUDINGER/BOEHMER[11] Einl 26 zu § 28 und aaO § 1922 Rn 122, 197 ff; M HARDER/MÜLLER-FREIENFELS JuS 1980, 876; MUSCHELER, Universalsukzession [2002] 12 f; ders Jura 1999, 234, 237 [der dies freilich schon dem § 1922 Abs 1 entnehmen will]). **Der Erbe erwirbt also nicht nur das gesamte Vermögen des Erblassers (§ 1922) einschl der Passiva, sondern – und darin lag selbst während der Geltungszeit des § 419 (s Vorbem 5) ein wesentlicher Unterschied zur Vermögensübernahme unter Lebenden – er tritt auch als ansprechbares Rechts- und Pflichtsubjekt in allen einer Vererbung zugänglichen Belangen voll an die Stelle der durch Tod „erloschenen" Rechtsperson des Erblassers** (ähnlich BOEHMER, in: RG-FS III [1929] 216; SCHLÜTER¹² § 6 II 2 b [der einschlägige Abschnitt fehlt bei SCHLÜTER¹⁶]; vgl auch §§ 547, 548 S 1 des österreichischen ABGB*; gegen eine mystische Übersteigerung dieser an sich durchaus hilfreichen Vorstellung STAUDINGER/BOEHMER¹¹ § 1922 Rn 101, 102, 246; MUSCHELER Jura 1999, 234, 243 f und speziell für Österreich SCHWIND, im FS Kralik [1986] 515 ff). **Die Nachlassgläubiger können den Erben nicht lediglich auf Duldung der Zwangsvollstreckung in das Vermögen, sondern wie zuvor den Erblasser unmittelbar auf die primär geschuldete Leistung verklagen** (zum Gerichtsstand vgl §§ 27, 28 ZPO).

8 § 1967 Abs 1 legt dem Erben die „Haftung" für die Nachlassverbindlichkeiten (zunächst) uneingeschränkt auf. Jeder Erbe hat jedoch das Recht, seine **Haftung auf den Nachlass zu beschränken** (vgl Rn 9 ff sowie zur Frage eines entspr Haftungsbeschränkungsrechts der Mitglieder einer als Erbin eingesetzten **GbR**, **OHG** oder **KG** die Ausführungen bei STAUDINGER/ OTTE [2008] § 1923 Rn 29 ff sowie erg OTTE, in: FS H P Westermann [2008] 535, 544 ff). Die Ausübung des Haftungsbeschränkungsrechts hat aber nicht zur Folge, dass sich die persönliche Schuld, die den Erben bzgl der Nachlassverbindlichkeiten trifft (vgl Rn 7), von der Person „Erbe" auf den Vermögenswert „Nachlass" verlagert (diese Wirkung hat nicht einmal § 1984 Abs 1 S 3, da der Nachlassverwalter iSd § 278 gesetzlicher Vertreter des Erben ist). *Die persönliche Schuld des Erben verengt sich* aber derart, dass er ihre Erfüllung aus dem Eigenvermögen im Wege der Einrede (vgl §§ 781, 784 Abs 1 ZPO, §§ 1973, 1974, 1989, 1990, 1992 BGB) verweigern kann, solange die Beschränkung seiner Haftung auf den Nachlass besteht (zu den Auswirkungen der Haftungsbeschränkung auf den Schuldumfang vgl einerseits JAN SCHRÖDER JZ 1978, 379, 381 ff [einigen seiner Thesen ist freilich zu widersprechen; s § 1967 Rn 11] und andererseits ROTH, Die Einrede des Bürgerlichen Rechts [1988] 59, 65 ff [der zu Unrecht jeden Einfluss auf die *Schuld* des Erben leugnet]). In diesem Sinne vermag die Beschränkung der Haftung auf den Nachlass dem Erben zu echten, materiellen Einrederechten zu verhelfen, verbunden allerdings mit der – in den Fällen der §§ 1973 (Abs 2 S 2), 1974, 1989, 1992 S 2 durch Wertzahlung abwendbaren – Pflicht, den Nachlass „zum Zwecke der Befriedigung des Gläubigers im Wege der Zwangsvollstreckung" bzw (vgl § 1975) an einen Nachlass- oder Nachlassinsolvenzverwalter herauszugeben. Abgesehen von solchen Besonderheiten ist aber der Umfang dessen, was der Erbe den Nachlassgläubigern „schuldet", unabhängig von der Zusatzfrage zu beurteilen, ob der Erbe für die Schuld mit seinem gesamten Vermögen oder nur mit dem Nachlass „haftet" (vgl STAUDINGER/BOEHMER¹¹ § 1922 Rn 81). Evident wird dies bei bloßen Auskunftspflichten (zur Vererblichkeit s § 1967 Rn 10), da diese selbst von einem vermögenslosen Schuldner erfüllt werden können (vgl BOEHMER, in: RG-FS III 216, 253). Bei Verbindlichkeiten, die wie diese auf andere Weise als durch Aufwendung von Vermögenswerten zu erfüllen sind, kann die Frage, ob der Erbe die Berichtigung aus seinem nicht zum Nachlass gehörenden Vermögen verweigern kann (ob er in diesem Sinne beschränkt haftet), sinnvoll nicht erörtert werden (vgl zu solch einer Problematik BVerwGE 64, 105, 115).

---

* § 547: „Der Erbe stellt, sobald er die Erbschaft angenommen hat, in Rücksicht auf dieselbe den Erblasser vor. Beide werden in Beziehung auf einen Dritten für eine Person gehalten. Vor der Annahme des Erben wird die Verlassenschaft nur so betrachtet, als wenn sie noch von dem Verstorbenen besessen würde."
§ 548 S 1: „Verbindlichkeiten, die der Erblasser aus seinem Vermögen zu leisten gehabt hätte, übernimmt sein Erbe."

3. Grundsatz der unbeschränkten, aber beschränkbaren Erbenhaftung

Nach der **Denkschr** (722) beruhen die Vorschriften des BGB über die Erbenhaftung auf dem **Grundgedanken**, „dass die Nachlassgläubiger an sich nur ein Recht auf Befriedigung aus dem Nachlasse haben und dass der Erbe gegen die Gefahr, mit seinem eigenen Vermögen für die Verbindlichkeiten eines überschuldeten Nachlasses zu haften, thunlichst geschützt werden muss". Deshalb habe die Bestimmung, nach der der Erbe für die Nachlassverbindlichkeiten haftet (§ 1967 Abs 1), „zunächst nur eine Haftung mit dem Nachlass im Auge". In diese Betrachtungsweise scheint sich auf den ersten Blick gut einzufügen, dass die §§ 1993 ff unter der Überschrift „Inventarerrichtung, unbeschränkte Haftung des Erben" die sog „unbeschränkte" Haftung als besondere Folge der Inventaruntreue oder ähnlicher Verfehlungen (§§ 1994 Abs 1 S 2, 2005 Abs 1, 2006 Abs 3), also als **Ausnahmeerscheinung** anordnen. Diese Formulierungen sind jedoch **missverständlich**. Denn aus § 1975 und § 2013 Abs 1 S 1 ergibt sich, dass das Gesetz mit „unbeschränkter" Haftung die „nicht mehr beschränkbare" Haftung meint, dass also der Verlust des Rechts zur Haftungsbeschränkung die wahre Ausnahme darstellt, während der Grundsatz dahingehend lautet, dass der Erbe für Nachlassverbindlichkeiten zunächst unbeschränkt haftet, er diese Haftung aber auf den Nachlass beschränken kann (heute ganz hM; zu früher vertretenen divergierenden Ansichten s STAUDINGER/LEHMANN[11] Vorbem 8). Nur bei dürftigen (§ 1990) oder durch Vermächtnisse und Auflagen überschuldeten (§ 1992) Nachlässen wird der vom Gesetzgeber gewollte Grundsatz der *beschränkten* Erbenhaftung auch formell durchgehalten, da hier der Erbe die haftungsbeschränkende Einrede (die als solche aber der Geltendmachung bedarf) *ohne weiteres* zusammen mit der Erbschaft erwirbt (wenn auch nicht notwendigerweise gleichzeitig; man denke zB an den erst nachträglich dürftig gewordenen Nachlass). *Miterben* haften bis zur Nachlassteilung ohnehin nur beschränkt, § 2059. Im Gegensatz zum BGB hatte sich das ZGB der ehemaligen *DDR* zu dem Grundsatz der von vornherein beschränkten Erbenhaftung bekannt (s Vorbem 52). *Für manche Verbindlichkeiten haftet der Erbe aber auch nach dem Recht der Bundesrepublik Deutschland von vornherein nur mit dem Nachlass bzw bis zur Höhe seines Wertes* (vgl zB §§ 102 Abs 2 S 2, 103 Abs 2 S 2 SGB XII; dazu STAUDINGER/MAROTZKE [2008] § 1922 Rn 364; §§ 5 Abs 5, 6 Abs 2 S 1 KonsularG).

VI. Die gesetzlichen Modalitäten der Erbenhaftung im Einzelnen

1. Haftung vor der Erbschaftsannahme

Vor der Annahme der Erbschaft kann ein Anspruch, der sich gegen den Nachlass richtet, gegen den Erben gerichtlich nicht geltend gemacht werden (vgl § 1958, aber auch §§ 1960 Abs 3, 1961, 2213 Abs 2 BGB sowie § 239 Abs 5 ZPO, aber auch § 246 ZPO).

Vollstreckung in den Nachlass ist nach Maßgabe der §§ 778 Abs 1, 779 ZPO zulässig.

2. Aufschiebende Einreden (Orientierungsphase)

Nach Annahme der Erbschaft (aber auch schon vorher; vgl STAUDINGER/MAROTZKE

[2008] § 1958 Rn 1 und unten Vorbem 1 zu § 2014) hat der Erbe gewisse aufschiebende Einreden, die ihm Zeit zur Orientierung geben sollen:

a) die **Dreimonatseinrede** des § 2014,

b) die **Einrede des schwebenden Aufgebotsverfahrens,** § 2015, wenn der Antrag auf Erlass des Aufgebots der Nachlassgläubiger innerhalb eines Jahres nach Erbschaftsannahme gestellt und zugelassen ist.

Solange dem Erben diese Einreden zustehen, kann er die Berichtigung von Nachlassverbindlichkeiten verweigern und verlangen, dass eine etwaige Zwangsvollstreckung auf Maßnahmen beschränkt wird, die zur Vollziehung eines Arrestes zulässig sind (§ 782 ZPO; vgl auch § 783 ZPO bzgl der Eigengläubiger). Doch gehen diese Einreden nach § 2016 Abs 1 verloren, wenn der Erbe unbeschränkbar haftend geworden ist; denn wenn er mit seinem ganzen Vermögen haftet, braucht er keine Zeit mehr, um sich über den Stand des Nachlasses zu unterrichten und für ein Mittel der Haftungsbeschränkung zu entscheiden.

Zur *Bedeutung des Aufgebotsverfahrens* als Mittel zur Orientierung über den Schuldenstand vgl § 1970 Rn 1 ff, §§ 1972, 1973. Wenn der Erbe Grund hat, das Vorhandensein unbekannter Nachlassgläubiger anzunehmen, sollte er das Aufgebotsverfahren schon im Hinblick auf §§ 1979, 1980 Abs 2 beantragen. Gem § 1980 ist ein Erbe, dessen Haftung sich nach § 1975 auf den Nachlass beschränkt (arg § 2013 Abs 1 S 1), den Nachlassgläubigern *unbeschränkt* für den Schaden verantwortlich, der daraus entsteht, dass er im Fall erkennbarer Zahlungsunfähigkeit oder Überschuldung des Nachlasses nicht unverzüglich ein Nachlassinsolvenzverfahren beantragt hat.

Zweckverwandt mit dem Recht zur Beantragung des Aufgebots der Nachlassgläubiger ist die in § 175 ZVG jedem nicht unbeschränkbar haftenden Erben, der die Erbschaft angenommen hat, und jedem, der das Aufgebot der Nachlassgläubiger beantragen kann (§ 455 FamFG), gewährte Befugnis, die *Zwangsversteigerung eines Nachlassgrundstücks* zu beantragen, sofern ein Nachlassgläubiger für seine Forderung ein Recht auf Befriedigung aus diesem Grundstück hat. Diese Befugnis dient dazu, dem Erben die Feststellung zu ermöglichen, ob und in welcher Höhe der Nachlassgläubiger Befriedigung aus dem Grundstück erhält und er, der Erbe, mit der Geltendmachung der persönlichen Forderung zu rechnen hat (Einzelheiten bei § 1971 Rn 5).

3. Möglichkeiten der Haftungsbeschränkung

12 Der Erbe kann seine Haftung auf den Nachlass beschränken, indem er

a) gewisse Maßregeln trifft:

aa) die Anordnung der *Nachlassverwaltung* oder die Eröffnung des *Nachlassinsolvenzverfahrens* beantragt (zur Antrags*pflicht* vgl § 1980) und erreicht (§§ 1975, 1989; s § 1975 Rn 1 ff, 9, 49 mwNw) oder

bb) die Nachlassgläubiger im *Aufgebotsverfahren* zur Anmeldung ihrer Forderungen auffordern lässt (§§ 1970 ff), wodurch er sich einerseits Aufklärung über die Nachlassverbindlichkeiten und andererseits gegenüber den Nachlassgläubigern, die im Aufgebotsverfahren ausgeschlossen werden, die haftungsbeschränkende Einrede des § 1973 verschafft.

cc) Hat ein Nachlassgläubiger für seine Forderung ein Recht auf Befriedigung aus einem *Nachlassgrundstück,* so kann der Erbe nach der Annahme der Erbschaft die Zwangsversteigerung des Grundstücks beantragen, § 175 Abs 1 S 1 ZVG. Unter den zusätzlichen Voraussetzungen des § 179 ZVG führt dies dazu, dass dem Gläubiger die Befriedigung nicht nur aus dem Eigenvermögen des Erben, sondern auch aus dem übrigen Nachlass verweigert werden kann (s § 1971 Rn 5).

dd) *Keine Haftungsbeschränkung* hat die *Inventarerrichtung* zur Folge. Dennoch besteht ein Zusammenhang mit dem Haftungsbeschränkungsrecht (vgl Vorbem 7 zu § 1975).

Der Erbe kann seine Haftung uU auch schon dadurch beschränken, dass er **13**

b)   sich auf gewisse Tatsachen beruft, zB

aa)   darauf, dass der *Nachlass dürftig* ist, dh den Kosten einer Nachlassverwaltung oder eines Nachlassinsolvenzverfahrens nicht entspricht, § 1990 Abs 1. In diesem Fall kann der Erbe die Befriedigung eines Nachlassgläubigers verweigern, soweit der Nachlass nicht ausreicht. Der Erbe ist dann jedoch verpflichtet, den Nachlass zum Zwecke der Befriedigung des Gläubigers im Wege der Zwangsvollstreckung herauszugeben. Beruht die Überschuldung des Nachlasses auf *Vermächtnissen* und *Auflagen,* so ist der Erbe gem § 1992 auch bei Nichtvorliegen der Voraussetzungen des § 1990 berechtigt, die Berichtigung dieser Verbindlichkeiten nach den Vorschriften der §§ 1990, 1991 zu bewirken.

bb)   oder auf die *5-jährige Säumnis eines Nachlassgläubigers,* falls dessen Forderung ihm nicht vorher bekannt geworden oder im Aufgebotsverfahren angemeldet worden ist, § 1974.

cc)   Ein *Miterbe* kann seine Haftung für die Nachlassverbindlichkeiten durch Berufung auf die *Einrede des ungeteilten Nachlasses* beschränken, § 2059 Abs 1. Diese Einrede entfällt mit der Teilung des Nachlasses.

4.   Verlust des Haftungsbeschränkungsrechts

Der Erbe verliert sein Haftungsbeschränkungsrecht **14**

a)   *allen* Gläubigern gegenüber durch Versäumung der Inventarfrist (§ 1994 Abs 1 S 2 mit Sonderregelung in § 2005 Abs 1 S 2 [s dort Rn 7]) und durch absichtlich herbeigeführte erhebliche Unvollständigkeit des Inventars oder Aufnahme einer nicht bestehenden Nachlassverbindlichkeit in dieses bei Benachteiligungsabsicht (§ 2005 Abs 1 S 1);

b) *einzelnen* Gläubigern gegenüber durch Verweigerung der das Inventar bekräftigenden eidesstattlichen Versicherung gem § 2006 Abs 3;

c) *einzelnen* Gläubigern gegenüber, wenn sie den Erben erfolgreich verklagt haben und er sich die Beschränkung seiner Haftung nicht im Urteil vorbehalten ließ (§ 780 Abs 1 ZPO);

d) *allen oder einzelnen* Gläubigern gegenüber durch Verzicht auf das Haftungsbeschränkungsrecht (vgl Vorbem 16 f).

15 e) Die **Konsequenzen** der unbeschränkbar gewordenen Erbenhaftung sind in der Kommentierung des § 2013 zusammengefasst. Speziell für *Miterben* vgl § 2059 Abs 1 S 2 und § 2059 Rn 4 ff, § 2063 Rn 4 ff, § 2013 Rn 12.

16 5. Vereinbarungen über die Erbenhaftung*

Im Rahmen der allgemeinen Vertragsfreiheit sind Vereinbarungen über die Erbenhaftung grundsätzlich zulässig (RGZ 146, 343, 346). **Der Erbe kann auf die Beschränkung bzw die Beschränkbarkeit seiner Haftung verzichten** (nicht hingegen der Nachlasspfleger, § 2012 Abs 1 S 3). Die Streitfrage, ob es dazu eines Vertrages bedarf, wird mit PLANCK/FLAD (Vorbem 6 c zu § 1993) zu verneinen sein (aM BGB-RGRK/JOHANNSEN Vorbem 21). Denn wenn der Erbe sich seines Haftungsbeschränkungsrechts schon dadurch einseitig begeben kann, dass er eine *unerlaubte* Handlung iS des § 2005 Abs 1 S 1 begeht, dann muss ihm dies erst recht im Wege des einseitigen Verzichts möglich sein (andere Begr bei PLANCK/FLAD aaO). Allein die Tatsache, dass der Erbe einen Nachlassgläubiger nicht sofort darauf hinweist, dass er seine Haftung zu beschränken gedenkt, bedeutet aber weder einen Verzicht auf diese Möglichkeit, noch kann sie dazu führen, dass die spätere Ausübung des Beschränkungsrechts als unzulässige Rechtsausübung zu werten ist (OLG Celle NdsRpfl 1962, 232). Erlässt ein Nachlassgläubiger dem Erben einen Teil der Schuld und bewilligt er ihm wegen des Restes Ratenzahlung, dann geht die beiderseitige Absicht im allgemeinen dahin, den Nachlassgläubiger, der sich mit der reduzierten Forderung zufrieden gibt und diese sogar stundet, insoweit möglichst sicher zu stellen. In solch einem Fall liegt die Annahme nahe, dass der Erbe auf das Recht, die Haftung auf den Nachlass zu beschränken, konkludent verzichtet habe (BGH NJW 1992, 2694). Gleiches gilt, wenn der Erbe einem Vermächtnisnehmer verspricht, anstelle eines testamentarisch vermachten Wohnrechts eine Kapitalbetragsabfindung sowie eine näher konkretisierte Rente zu erbringen und dabei keinen Vorbehalt hinsichtlich der Leistungsfähigkeit erklärt (OLG Oldenburg FamRZ 2007, 504 ff = NJW-RR 2007, 876 ff), oder wenn ein Prozessbevollmächtigter des Erben gegenüber einem Vermächtnisnehmer erklärt, dass der Vermächtnisanspruch „völlig unstreitig sei und dass überhaupt kein Risiko zu sehen sei, warum dieser Anspruch nicht erfüllt werden solle" (vgl die Sachverhaltsschilderung in OLG München ZEV 1998, 100). Das RG hat entschieden, dass eine Beschränkung der Erbenhaftung auch dann nicht mehr geltend gemacht werden könne, wenn sich die streitenden Parteien aus Rücksicht aufeinander jahrelang die Inven-

---

* Vgl MOLITOR, Vereinbarungen über die Erbenhaftung, JherJb 69 (1920) 283; RAAPE, Das Haftungsgestaltungsrecht des Erben, JherJb 72 (1922) 293, 318 f; REICHEL, Gewillkürte Haftungsbeschränkung, in: Züricher FS G Cohn (1915) 205, 229 ff.

tarerrichtung gegenseitig erspart hätten und nunmehr eine Nachprüfung der Vollständigkeit des Inventars und seiner Wertermittlung für den Nachlassgläubiger nicht mehr möglich sei (RG HRR 1939 Nr 369 = DR 1939, 381 = SeuffA 93 [1939] 114 f).

Der Erbe kann seine Haftung durch Vereinbarung mit allen oder einzelnen Gläubigern beschränken (vgl PLANCK/FLAD Vorbem 7 zu § 1967; MOLITOR, RAAPE und REICHEL je aaO). Der darin liegende „Verzicht" des Gläubigers auf sein Zugriffsrecht kann dieses auch dann noch vernichten, wenn der Erbe sein Recht zur Haftungsbeschränkung bereits verloren hat (aM STAUDINGER/LEHMANN[11] Vorbem 22: dann komme nur eine schuldrechtliche Verpflichtung zur Nichtausübung des Zugriffs in Betracht). Denn nach dem Gesetz (zB §§ 1994 Abs 1 S 2, 2005 Abs 1, vgl auch § 2006 Abs 3) kann nur das Recht zur *einseitigen* Haftungsbeschränkung verloren gehen, während durch *Vertrag* sowohl die Schuld als auch – und dies erst recht – die Haftung für sie weiterhin verringert werden kann. Das nach § 2013 Abs 1 S 1 HS 2 verloren gegangene Recht, die Nachlassverwaltung zu beantragen, können die Nachlassgläubiger dem Erben allerdings auch durch Vereinbarung der beschränkten Haftung nicht wieder verschaffen (STAUDINGER/LEHMANN[11] aaO; RAAPE JherJb 72 [1922] 293, 318 f); Entsprechendes galt für das nach § 113 Abs 1 Nr 3 VerglO verloren gegangene (und seit dem 1. 1. 1999 schon wegen Art 103 EGInsO nicht mehr bestehende) Recht zur Beantragung eines Nachlassvergleichsverfahrens. Jedoch kann dem Erben durch Vereinbarung mit den Nachlassgläubigern die Aufgabe übertragen werden, den Nachlass anstelle eines Nachlassverwalters oder Insolvenzverwalters selbst abzuwickeln (vgl MOLITOR JherJb 69 [1920] 283, 291 III; zur davon zu unterscheidenden Eigenverwaltung nach §§ 270 ff InsO s § 1975 Rn 9 f und § 2013 Rn 4, 10). Mehrere Erben müssen vor der Erbteilung gemeinschaftlich handeln (MOLITOR 310 VIII).

Bei der Verurteilung eines Erben, der seine Haftung durch Vertrag auf den Nachlass beschränkt hat, muss zum Ausdruck gebracht werden, dass die Beschränkung der Haftung bereits eingetreten ist (str; vgl Vorbem 35). Wird der Vertrag erst nach dem in § 767 Abs 2 ZPO bezeichneten Zeitpunkt geschlossen, kann der verurteilte Erbe die vereinbarte Haftungsbeschränkung abweichend von § 780 Abs 1 ZPO auch dann noch analog §§ 781, 785 ZPO durch Vollstreckungsgegenklage geltend machen, wenn ihm die Beschränkung seiner Haftung im Urteil nicht vorbehalten ist (vgl MOLITOR JherJb 69 [1920] 283, 289 f, 310).

6. Prozessuale Geltendmachung des Haftungsbeschränkungsrechts

a) Wird der Erbe wegen einer Nachlassverbindlichkeit verklagt, so muss er darauf achten, dass er nicht ohne **Haftungsbeschränkungsvorbehalt** verurteilt wird (vgl auch Vorbem 38 und § 1990 Rn 11 ff). Erfolgt seine Verurteilung ohne diesen Vorbehalt (oder schließt er einen diesen Vorbehalt nicht enthaltenden **Prozessvergleich**; vgl BGH NJW 1991, 2839 f), so verliert er das Recht, seine Haftung für den festgestellten Anspruch auf den Nachlass zu beschränken oder sich insoweit auf eine bereits eingetretene Haftungsbeschränkung zu berufen (§ 780 Abs 1 ZPO). Anders nur, wenn es ihm gelingt, den Vorbehalt noch nachträglich zu erlangen (was nur durch Einlegung des zulässigen Rechtsmittels [jedoch problematisch seit Inkrafttreten des neuen § 531 Abs 2 ZPO; vgl OLG Hamm MDR 2006, 695], durch die Rüge der Nichtgewährung rechtlichen Gehörs gem § 321a ZPO oder durch Antrag auf Urteilsergänzung gem § 321 ZPO, nicht hingegen nach § 319 ZPO geschehen kann; vgl BVerwG NJW 1956,

805). Das Prozessgericht spricht den Haftungsvorbehalt nicht von Amts wegen aus, sondern nur, wenn er sich auf sein Beschränkungsrecht beruft (dann aber auch ohne förmlichen Antrag; vgl BGH NJW 1983, 2378, 2379 mwNw; AG Tempelhof-Kreuzberg DAVorm 1972, 20; OLG Hamm JurBüro 1995, 557 = OLG-Report Hamm 1995, 36; OLG Celle FamRZ 2010, 1273 f). Übergeht der Tatrichter das von dem Erben geltend gemachte Haftungsbeschränkungsrecht, so kann der Erbe dies im Rechtsmittelverfahren rügen. Jedoch kann das mit einer Revision des Erben befasste Gericht den Vorbehalt auch ohne besondere Rüge nachholen (BGH aaO). Beruht das Fehlen des Vorbehalts lediglich auf einem Versehen des Gerichts, kann er durch Urteilsergänzung gem § 321 ZPO nachgeholt werden (OLG Koblenz ZEV 1997, 253, 254; MünchKommZPO/K Schmidt³ § 780 Rn 19 mwNw). Ein Rechtsanwalt macht sich gegenüber seinem wegen einer Nachlassverbindlichkeit in Anspruch genommenen Mandanten schadensersatzpflichtig, wenn er pflichtwidrig versäumt, den Vorbehalt der beschränkten Erbenhaftung in den Titel aufnehmen zu lassen (ausführlich BGH NJW 1992, 2694 ff zur Schadensberechnung und BGH NJW 2002, 1414 ff = ZEV 2002, 162 ff zur Verjährung des Ersatzanspruchs). Mit Erklärungen, denen sich der sachlich gebotene Vorbehalt des Beschränkungsrechts allenfalls durch Auslegung ermitteln lässt (wie zB in dem vom OLG Celle FamRZ 2010, 1273 f entschiedenen Fall), genügt der Rechtsanwalt der ihm gegenüber dem Mandanten obliegenden Verpflichtung nicht. Der Rechtsanwalt muss den für seinen Mandanten sicheren Weg wählen und darf sich nicht darauf verlassen, dass das Gericht durch Auslegung oder Aufklärung die Zielrichtung seiner Verteidigung ermittelt (OLG Hamm JurBüro 1995, 557 = OLG-Report Hamm 1995, 36). Für die *Prozesskosten* kann dem Erben die Beschränkung seiner Haftung grundsätzlich nicht vorbehalten werden (vgl § 1967 Rn 47, 20).

20 Der Erbe muss sein **Haftungsbeschränkungsrecht** grundsätzlich in den Tatsachenrechtszügen geltend machen (und zwar möglichst bereits in erster Instanz; vgl § 531 Abs 2 ZPO nF sowie OLG Hamm MDR 2006, 695; BGH ErbR 2010, 228 ff = ZEV 2010, 314 ff m Anm Joachim), **nicht erst vor dem Revisionsgericht** (BGH LM Nr 5 zu § 780 ZPO = NJW 1962, 1250 f; BGH WM 1976, 1086 f = Betrieb 1976, 2302; Johannsen WM 1972, 914, 920 f [jeweils auch zu Ausnahmen]). Stirbt ein zur Leistung Verurteilter jedoch erst nach Einlegung der Revision und beruft sich sein Erbe nach Aufnahme des Rechtsstreits auf die beschränkte Erbenhaftung, so ist ihm bei Zurückweisung der Revision die Beschränkung seiner Haftung – ohne Entscheidung über die Begründetheit der Einrede – im Revisionsurteil vorzubehalten (BGHZ 17, 69, 73 f = LM Nr 3 zu § 21 RNotO m zust Anm v Pagendarm). Entsprechendes gilt, wenn der Nachlassgläubiger gegen einen Nachlasspfleger oder -verwalter geklagt hat und die Pflegschaft während des Revisionsverfahrens aufgehoben wird (arg § 780 Abs 2 ZPO; vgl RG DR 1944, 292, 294; BGH LM Nr 5 zu § 780 ZPO = NJW 1962, 1250). Eine Revision ist jedoch unzulässig, wenn ein Erbe nach einer noch vom Erblasser eingelegten Revision lediglich den Antrag auf Vorbehalt der beschränkten Erbenhaftung stellt (BGHZ 54, 204 ff = LM Nr 6 zu § 780 ZPO m Anm v Mattern). Zumindest in diesem Fall kann der Erbe die Beschränkung seiner Haftung auch ohne solch einen Vorbehalt geltend machen (BGHZ 54, 204, 207 mwNw; vgl aber auch BGHZ 17, 69, 73 f); § 780 Abs 1 ZPO steht nicht entgegen (s Rn 21).

21 Da § 780 Abs 1 ZPO schon dem Wortlaut nach nur den Fall betrifft, dass der *Erbe* verurteilt worden ist, besagt die Vorschrift nicht, dass der Erbe ein **gegen den Erblasser ergangenes und zZ des Erbfalls noch nicht rechtskräftiges Urteil** anfechten müsse, um die Möglichkeit zu erhalten, die beschränkte Haftung geltend zu machen (so aber STAUDINGER/LEHMANN[11] Vorbem 13 [5 b] m unzutreffender Berufung auf RGZ 59, 301 = SeuffA 60 [1905] Nr 247 [dort war Versäumnisurteil gegen die *Erben* ergangen]; richtig hingegen OLG Celle NJW-RR 1988, 133 f). Auch nach dem Erbfall kann es wegen §§ 86, 246 ZPO zu einer wirksamen Verurteilung des Erblassers kommen (vgl STAUDINGER/MAROTZKE [2008] § 1922 Rn 332 ff und unten § 1967 Rn 20 aE). Ergeht aufgrund eines Urteils, das noch gegen den vor dem Verkündungstermin gestorbenen Erblasser ergangen ist, ein Kostenfestsetzungsbeschluss gegen die Erben, so können diese ihr Recht zur Haftungsbeschränkung auch dann geltend machen, wenn dies im Kostenfestsetzungsbeschluss nicht vorbehalten ist (OLG Celle NJW-RR 1988, 133 f; ebenso OLG Hamm AnwBl 1982, 385 = MDR 1982, 855 = Rpfleger 1982, 354 zu einem Fall, wo der Erblasser *nach* der Urteilsverkündung gestorben war). Denn im Kostenfestsetzungsbeschluss kann der Vorbehalt der beschränkten Erbenhaftung nur ausgesprochen werden, wenn dies auch in dem zugrundeliegenden Urteil geschehen ist (vgl OLG Celle aaO und § 1967 Rn 20); zur Überprüfung anderer als kostenrechtlicher Fragen ist das Kostenfestsetzungsverfahren nicht bestimmt (OLG München JurBüro 1994, 112; DAMRAU ZEV 1999, 234). Zur Frage des Urteilsvorbehalts, wenn das Verfahren gegen den Erblasser nach dessen Verurteilung gem § 246 ZPO ausgesetzt und von der anderen Partei gegen den Erben gem § 239 Abs 2 ZPO vor dem Gericht dieser Instanz vor Einlegung eines Rechtsmittels weiterbetrieben wird, vgl OLG Düsseldorf NJW 1970, 1689 f; OLG Schleswig OLGZ 1993, 230 f.

22 Der Beschränkungsvorbehalt ist nach § 780 Abs 2 ZPO nicht erforderlich, wenn der **Fiskus** als gesetzlicher Erbe verurteilt wird oder wenn das Urteil über eine Nachlassverbindlichkeit gegen einen **Nachlassverwalter** oder einen anderen **Nachlasspfleger** oder gegen einen **Testamentsvollstrecker**, dem die Verwaltung des Nachlasses zusteht, erlassen wird. Entsprechendes gilt, wenn das Urteil gegen einen **Nachlassinsolvenzverwalter** ergangen ist (zB wegen einer Masseverbindlichkeit; vgl MünchKommZPO/K SCHMIDT[3] § 780 Rn 9 aE).

23 Bei der **Verurteilung eines Nichterben zur Befreiung von einer Verbindlichkeit**, zu deren Berichtigung der nunmehrige Kläger (der Erbe) unter Vorbehalt der erbrechtlichen Haftungsbeschränkung selbst verurteilt worden war, erübrigt sich ein erneuter Hinweis auf die beschränkte Erbenhaftung (BGH WM 1958, 258, 260).

24 Die Beschränkung bzw Beschränkbarkeit der Erbenhaftung gehört zum Grund des Anspruchs (RGZ 61, 293, 294). Fehlt im **Grundurteil** ein entsprechender Vorbehalt, so kann der Erbe sein Beschränkungsrecht im Höheverfahren nicht mehr geltend machen (OLG Köln VersR 1968, 380 f; a M WIECZOREK/SCHÜTZE/PAULUS[3] ZPO § 780 Rn 30; differenzierend SchlHOLG SchlHAnz 1969, 231 f). Dem entspricht es, dass der Erbe sich den Vorbehalt der beschränkten Haftung auch in einem **Feststellungsurteil** machen lassen kann und dann auch muss (vgl WIECZOREK/SCHÜTZE/PAULUS[3] ZPO § 780 Rn 5; OLG Bamberg ZEV 1996, 463 ff m Anm CHR WOLF; unentschieden BGH ZEV 1996, 465; aM KG DAR 1971, 19 [weil ein Feststellungsurteil nicht vollstreckt werden könne]; STEIN/JONAS/MÜNZBERG[22] ZPO § 780 Rn 4; MünchKommZPO/K SCHMIDT[3] § 780 Rn 3 Fn 4).

25 Begehrt der wegen einer Nachlassverbindlichkeit verklagte Erbe den **Beschränkungsvorbehalt** des § 780 ZPO, so hat das Gericht dem grundsätzlich zu entsprechen (vgl Mot V 668 [zur „Abzugseinrede" des E I] und § 305 ZPO für den Fall der Geltendmachung der aufschiebenden Einreden aus §§ 2014, 2015). Eine **Ausnahme** wird man aber für den Fall anerkennen müssen, dass bereits das eigene Vorbringen des Erben oder der von diesem nicht bestrittene Vortrag des Gläubigers ergibt, dass der Erbe zumindest ihm gegenüber das Recht zur Beschränkung seiner Haftung verloren hat. Denn dann ist der Rechtsstreit auch hinsichtlich der Haftungsbeschränkung entscheidungsreif, und entscheidungsreife Fragen sind nach dem Rechtsgedanken des § 300 ZPO sofort zu entscheiden (vgl auch KARSTEN SCHMIDT JR 1989, 45, 46 bei Fn 15; SOERGEL/STEIN Vorbem 13 zu § 1967). Die §§ 305, 780, 781 ZPO wollen das Gericht nicht *zwingen*, die Frage der Haftungsbeschränkung in die Zwangsvollstreckung zu verweisen (amtl Begr zu §§ 644, 645 des CPO-Entwurfs 416 = HAHN, Die gesammten Materialien zu den Reichs-Justizgesetzen II 1 [1880] 443 f). Man wird es dem Gläubiger sogar gestatten müssen, im Streitfall durch den *Nachweis* der bereits unbeschränkbar gewordenen Erbenhaftung dafür zu sorgen, dass der Erbe ohne den von ihm erstrebten Vorbehalt verurteilt wird (str; dazu eingehend § 1990 Rn 12). Entscheidet das Gericht sachlich über das Bestehen oder Nichtbestehen der Haftungsbeschränkung bzw des Haftungsbeschränkungsrechts, so ist diese Entscheidung auch für spätere Prozesse – abgesehen von nachträglich eintretenden Umständen – rechtskraftfähig (BGH LM Nr 1 zu § 1975 Bl 1 R = NJW 1954, 635 f). Ob eine sachliche Entscheidung vorliegt, ist notfalls durch Auslegung zu ermitteln (BGH aaO; RG DJZ 1907 Sp 881; vgl auch KGBl 1912, 117 f).

26 Die Aufnahme des Beschränkungsvorbehalts (§§ 305, 780 ZPO) setzt nicht voraus, dass der Erbe seine Haftung bereits beschränkt *hat*. Das Prozessgericht darf dem Erben den Vorbehalt also nicht mit der Begründung verweigern, dass er noch kein Haftungsbeschränkungsmittel ergriffen habe (vgl BGH NJW 1991, 2839, 2840 unter I 2 b bb).

27 Im Urteil sollte sich der Erbe die Beschränkung seiner Haftung grundsätzlich *allgemein* vorbehalten lassen. Ein Vorbehalt, der auf ein bestimmtes Haftungsbeschränkungsmittel beschränkt ist (zB auf die Einrede des § 1992), schneidet dem Erben die Möglichkeit ab, seine Haftung für den im Urteil festgestellten Anspruch auf andere Weise zu beschränken (BGH LM Nr 1 zu § 1975 Bl 1 R = NJW 1954, 635 f).

28 **Haftet der Erbe dem Kläger bereits zZ des Prozesses nur noch mit dem Nachlass**, so ist zu unterscheiden:

Beruht die Haftungsbeschränkung darauf, dass **Nachlassverwaltung** angeordnet ist (§ 1975), so darf der Erbe wegen eines aus dem Nachlass zu befriedigenden Anspruchs überhaupt nicht verurteilt werden (vgl § 1984 Abs 1 S 3 und dort Rn 23, 24). Dieser Klageabweisungsgrund ist nicht nur auf Einrede, sondern von Amts wegen zu beachten (OLG Posen OLGE 2 [1900], 160 f).

29 Für den Fall des **Nachlassinsolvenzverfahrens**, das nach § 1975 gleichfalls haftungsbeschränkend wirkt, existiert eine dem § 1984 Abs 1 S 3 entsprechende Vorschrift nicht (vgl jedoch BGH FamRZ 2008, 1749 zur Frage der Unterbrechung des Verfahrens der Nichtzulassungsbeschwerde gegen ein Berufungsurteil, mit dem ein ausländisches Urteil für vollstreckbar erklärt worden ist, das auf Zahlung aus einem Nachlass gerichtet ist, über den im Inland ein Nachlassinsolvenzverfahren eröffnet wurde). Jedoch ist in § 87 InsO bestimmt, dass Insolvenzgläubiger ihre Forderungen „nur nach den Vorschriften über das Insolvenzverfahren verfolgen" können (vgl auch § 86 InsO bzgl der Ansprüche auf Aussonderung, abgesonderte Befriedigung sowie hinsichtlich der Masseverbindlichkeiten). Sie werden also ihre Ansprüche gem §§ 174 ff InsO *zur Tabelle anmelden* und am insolvenzrechtlichen Feststellungs- und Verteilungsverfahren teilnehmen. Insolvenzgläubiger, deren Forderungen festgestellt und nicht vom Schuldner (Erben) im Prüfungstermin bestritten worden sind, können aus der Eintragung in die Tabelle wie aus einem vollstreckbaren Urteil die Zwangsvollstreckung gegen den Schuldner (Erben) betreiben (§§ 201 Abs 2, 202 InsO). Bzgl der Vollstreckung in den *Nachlass* gilt dies jedoch erst ab Aufhebung des Insolvenzverfahrens; vorher steht § 89 InsO entgegen. Der Sperrwirkung des § 89 InsO unterliegt im *Nachlass*insolvenzverfahren aber nur die Zwangsvollstreckung in den Nachlass, nicht hingegen der Vollstreckungszugriff auf das sonstige Vermögen des Erben (KUHN/UHLENBRUCK[11] KO § 14 Rn 8; JAEGER/WEBER[8] KO § 214 Rn 10; OLG München InVo 1996, 14 f [noch zur KO]; UHLENBRUCK/UHLENBRUCK[13] InsO § 89 Rn 27; GERHARDT, in: GOTTWALD [Hrsg], Insolvenzrechts-Handbuch[3] § 33 Rn 13; KÜBLER/PRÜTTING/BORK/LÜKE, InsO [Dezember 2009] § 89 Rn 15; vgl auch HK-InsO/MAROTZKE[5] § 325 Rn 7; **aM** MünchKommInsO/SIEGMANN[2] § 325 Rn 10 f). Auch § 93 InsO, der die Geltendmachung der persönlichen Haftung von Gesellschaftern für die Verbindlichkeiten einer insolventen Gesellschaft beim Insolvenzverwalter monopolisiert, darf im Insolvenzverfahren über einen *Nachlass* nicht analog angewandt werden (ebenso selbst für den Fall, dass der Erbe sein Haftungsbeschränkungsrecht gem § 1994 Abs 1 Satz 2 oder § 2005 Abs 1 verloren hat: BRINKMANN, Die Bedeutung der §§ 92, 93 InsO für den Umfang der Insolvenz- und Sanierungsmasse [2001] 192 ff; vgl auch MESSINK, Die unternehmenstragende Erbengemeinschaft in der Insolvenz [2007] 70 ff, 83, 123; **aM** OEPEN, Massefremde Masse [1999] Rn 277 f; ROTH ZInsO 2010, 118, 122). Gleiches gilt in Bezug auf den rechtsähnlichen **§ 334 Abs 1 InsO**. Weder durch § 89 InsO noch durch § 93 InsO oder § 334 Abs 1 InsO ist ein Nachlassgläubiger folglich gehindert, schon vor Beendigung des Nachlassinsolvenzverfahrens in das Eigenvermögen des Erben zu vollstrecken. Selbst eine gem § 1975 eingetretene Haftungsbeschränkung hindert eine solche Vollstreckung nicht, solange der Erbe keine Einwendungen erhebt (vgl §§ 781, 785 ZPO). Dass die Eintragung in die für das Nachlassinsolvenzverfahren geführte Tabelle einen Vollstreckungstitel nur gegen den *Nachlass* gewähren könne (MünchKomm/KÜPPER § 1989 Rn 8), ist nicht anzunehmen (wie hier RIESENFELD II 205 f; JAEGER/WEBER[8] KO § 214 Rn 12; missverständlich STAUDINGER/LEHMANN[11] § 1989 Rn 4 und BGB-RGRK/JOHANNSEN § 1989 Rn 6), da es nach **§ 201 Abs 2 InsO** auch vom Verhalten des Erben abhängt, ob aus dem Tabelleneintrag ein Vollstreckungstitel wird. Die weitere Streitfrage, ob die vollstreckbare Ausfertigung des Tabelleneintrags bereits vor Aufhebung des Verfahrens erteilt werden kann (vgl JAEGER/WEBER[8] KO § 164 Rn 7 b; KUHN/UHLENBRUCK[11] KO § 164 Rn 3 a; HANSENS JurBüro 1985, 499 ff; HK-InsO/DEPRÉ[5] § 202 Rn 1; MünchKommInsO/HINTZEN[2] § 201 Rn 26), ist mE aufgrund teleologischer Reduktion des § 201 Abs 2 S 3 InsO im Sonderfall des *Nachlass*insolvenzverfahrens – und hier zumindest bei bereits unbeschränkbar gewordener Erbenhaftung – zu bejahen. Auch bei der Vollstreckung aus der im Nachlassinsolvenzverfahren zustande gekommenen Tabelle bleiben die gem § 1975 eingetretene und die sich gem § 1989 anschließende Haftungsbeschränkung wegen § 781 ZPO unberücksichtigt, bis der Erbe Einwendungen erhebt (RIESENFELD aaO; wohl auch STAUDINGER/LEHMANN[11], BGB-RGRK/JOHANNSEN und MünchKomm/KÜPPER je aaO). Dies alles bedeutet aber nicht, dass sich der Erbe bereits in der Nachlassinsolvenztabelle den in § 780 ZPO erwähnten Vorbehalt machen lassen müsste, um später Einwendungen erheben zu können (zutreffend RIESENFELD II 206 f; JAEGER/WEBER[8] KO § 214 Rn 12; STAUDINGER/LEHMANN[11], BGB-RGRK/JOHANNSEN und MünchKomm/KÜPPER je aaO). Denn zum einen ist der Tabelleneintrag kein wirkliches „Urteil" gegen den Erben (wie in § 780 Abs 1 ZPO vorausgesetzt), und zum anderen geht es im Nachlassinsolvenzverfahren nur um die Befriedigung aus dem Nachlass, nicht hingegen um die Inanspruchnahme auch des sonstigen Erbenvermögens, so dass sich gegen die Notwendigkeit eines Beschränkungsvorbehalts auch der Rechtsgedanke des § 780 Abs 2 ZPO anführen lässt.

30 Ein Nachlassgläubiger, der im Nachlassinsolvenzverfahren einen gegen den Erben vollstreckbaren (Vorbem 29) Tabelleneintrag erlangt hat, ist mangels Rechtsschutzbedürfnisses nicht berechtigt, gegen den Erben auf Leistung zu klagen. Unter der Voraussetzung, dass der Gläubiger im Nachlassinsolvenzverfahren bereits eine Abschlagszahlung entgegengenommen hat (s unten), gilt dies auch, wenn seine Forderung mit einem nach § 41, § 45 oder § 46 InsO abgewandelten Inhalt vollstreckbar geworden ist. Unzutreffend wäre die Annahme, dass es dem Gläubiger hier gestattet sein müsse, eine ihm unangenehme Forderungsumwandlung durch nachträglichen Verzicht auf die Möglichkeit des § 201 Abs 2 InsO zu vermeiden (so aber KUHN/UHLENBRUCK[11] KO § 164 Rn 2 mwNw; HÄSEMEYER, Insolvenzrecht [4. Aufl 2007] Rn 25.14 f, 25.22, der bei Rn 25.18 ff auch eine auf das Insolvenzverfahren *beschränkte* Forderungsanmeldung als zulässig erachtet) und bei vorhandenem Rechtsschutzinteresse – zB weil ihm der Erbe wegen § 1994 Abs 1 S 2, § 2005 Abs 1 oder § 2006 Abs 3 trotz des Nachlassinsolvenzverfahrens auch mit dem Eigenvermögen haftet oder weil sich abzeichnet, dass der Nachlass durch die Befriedigung der am Nachlassinsolvenzverfahren teilnehmenden Gläubiger wider Erwarten (vgl § 320 InsO) nicht erschöpft wird – gegen den Erben auf Erbringung der ursprünglich geschuldeten Leistung zu klagen: Spätestens mit der Feststellung der Forderung zur Insolvenztabelle und dem Empfang von Abschlagzahlungen muss der Gläubiger an die durch seine Forderungsanmeldung gewählte Inhaltsänderung (§§ 41, 45, 46 InsO) gebunden sein (vgl JAEGER/WEBER[8] KO § 164 Rn 11 f; JAEGER/HENCKEL[9] KO § 17 Rn 161; MAROTZKE, Gegenseitige Verträge im neuen Insolvenzrecht [3. Aufl 2001] Rn 5.94 Fn 329).

31 Folgt man der in Vorbem 29 vertretenen Ansicht, dass bereits *während* des Nachlassinsolvenzverfahrens aus der Tabelle in das Eigenvermögen des Erben vollstreckt werden kann, so besteht auch für die Klage eines Nachlassgläubigers, dem der Erbe *unbeschränkbar* haftend geworden ist, kein Rechtsschutzbedürfnis, sobald der Gläubiger für seine Forderung einen nach § 201 Abs 2 InsO vollstreckbaren Tabelleneintrag erlangt hat. Insoweit bedarf also die Ansicht, dass ein Nachlassgläubiger, dem der Erbe nachweislich unbeschränkbar haftend geworden sei, auch während des Nachlassinsolvenzverfahrens gegen den Erben auf Leistung klagen könne (STAUDINGER/LEHMANN[11] § 2013 Rn 10; PLANCK/FLAD § 1975 Anm 4; JAEGER LZ 1913, 694 – jeweils noch zum *Nachlasskonkurs*), einer Einschränkung: Diese Klagemöglichkeit besteht nur, wenn der Gläubiger entweder auf die Teilnahme am Nachlassinsolvenzverfahren verzichtet oder aber zwar teilnimmt, jedoch eine auch gegen den Erben wirksame Feststellung seiner Forderung nicht erlangt, etwa weil der Erbe die Forderung im Prüfungstermin bestreitet (vgl §§ 201 Abs 2, 178 Abs 1 S 2, 184 InsO). Die in Vorbem 33 angesprochene Abweichung des § 87 InsO vom Vorbild des § 12 KO steht einer solchen Klage nicht entgegen (vgl den Schlusssatz der Vorbem 33).

32 Ob unter den in Vorbem 31 genannten Voraussetzungen auch ein Gläubiger, dem der Erbe nur *beschränkt* haftet (§ 1975), während des Nachlassinsolvenzverfahrens gegen den Erben auf Leistung klagen kann, ist zweifelhaft. Das RG (JW 1913, 752 = Gruchot 57 [1913] 1014 = LZ 1913, 691 ff m abl Anm v JAEGER) bejahte dies mit gewissen Einschränkungen anhand eines noch anhand der KO (also ohne § 87 InsO, s Vorbem

33!) zu beurteilenden Falles, in dem trotz § 215 KO (jetzt § 320 InsO) feststand, dass nach Aufhebung des Verfahrens noch ein Nachlassüberschuss vorhanden sein würde. Entgegen JAEGER aaO und MünchKommInsO/SIEGMANN[2] § 325 Rn 10 ist dem für diesen Fall zuzustimmen. Das Gesetz selbst gibt in § 184 InsO (vormals § 144 Abs 2 KO) dem Gedanken Raum, dass Insolvenzgläubiger, die keine gegen den Schuldner vollstreckbare Feststellung ihrer Forderung erlangen (weil dieser im Prüfungstermin bestreitet, s § 201 Abs 2 InsO), gegen den Schuldner persönlich prozessieren können. Das muss auch während eines *Nachlass*insolvenzverfahrens gelten (ebenso anscheinend BGH ZIP 2004, 2345, 2346 = ZInsO 2005, 95, 96 = NJW-RR 2005, 241 f – jedoch nur für den Fall, dass der Erbe der zur Tabelle angemeldeten Forderung widerspricht). Die von JAEGER/WEBER[8] (KO § 230 Rn 3) vorgeschlagene Analogie zu § 1984 Abs 1 S 3, die der Zulässigkeit einer solchen Klage entgegenstehen würde (s oben Vorbem 28), scheitert daran, dass ein gegen den Insolvenzverwalter ergangenes Feststellungsurteil (§ 146 KO/§§ 179 ff InsO) gegen den Erben nicht vollstreckt werden kann, wenn dieser die Forderung im Prüfungstermin bestritten hat (vgl §§ 147, 144 Abs 2, 164 Abs 2 KO/§§ 183, 184, 201 Abs 2 InsO). Auch § 87 InsO sollte man im *Nachlass*insolvenzverfahren nicht derart streng anwenden, dass eine Klageerhebung gegen den Erben von vornherein ausscheidet (vgl Vorbem 33). *Der Erbe verliert für die Dauer des Nachlassinsolvenzverfahrens weder das passive Prozessführungsrecht noch die Passivlegitimation hinsichtlich der Nachlassverbindlichkeiten* (insoweit zutreffend RG und JAEGER je aaO [beide noch auf Grundlage der KO]; **aM** für den beschränkt haftenden Erben STAUDINGER/LEHMANN[11] Vorbem 5 c zu § 1975 und 2013 Rn 10; PLANCK/FLAD § 1975 Anm 4; SOERGEL/STEIN Vorbem 5 zu § 1967; JAEGER/WEBER[8] aaO; SCHLÜTER Rn 1142 ff, bes Rn 1150; wohl auch E I § 2110 [dazu Mot V 623 f; Prot V 765]). Deshalb wird man einem Nachlassgläubiger, der auf die Teilnahme am Nachlassinsolvenzverfahren verzichtet (vgl JAEGER/HENCKEL[9] KO § 12 Rn 3; OLG München InVo 1996, 14 f; BSG NZI 2001, 502, 503 rSp – jeweils noch zur KO; einen solchen Verzicht als nach neuem Recht nicht ausreichend erachtend hingegen BGH ZIP 2004, 2345, 2346 = ZInsO 2005, 95, 96 = NZI 2005, 108, 109 = NJW-RR 2005, 241 f) oder einen gegen den Erben vollstreckbaren (§ 201 Abs 2 InsO) Eintrag in die Tabelle nicht erlangt, das Recht, gegen den Erben unmittelbar auf Leistung zu klagen, nicht ohne weiteres, sondern nur dann versagen dürfen, wenn aus einem stattgebenden Urteil gegen den Willen des Erben (§ 781 ZPO) niemals vollstreckt werden könnte. Ein solcher Fall, in dem das Rechtsschutzbedürfnis zu verneinen wäre (vgl Urteilsanm JAEGER LZ 1913, 693 f), ist anzunehmen, wenn sich der verklagte Erbe auf die Beschränkung seiner Haftung – §§ 1975, 1989 – beruft (arg § 780 Abs 1 ZPO) und der Nachlassgläubiger dann nicht entweder nachweist, dass der Erbe ihm gegenüber schon unbeschränkbar haftend geworden ist, oder glaubhaft macht, dass selbst bei beschränkter Erbenhaftung noch eine Vollstreckungsmöglichkeit bleibt, weil der Nachlass durch das Nachlassinsolvenzverfahren wider Erwarten (vgl § 320 InsO) nicht restlos aufgezehrt werden kann. (Zu einem etwas anderen Ergebnis käme man auf der Grundlage der in BGH FamRZ 1984, 473 = WM 1984, 426 f [vgl auch BGH NJW 1978, 2031, 2032; 1996, 2035, 2037] vertretenen Ansicht, dass das Rechtsschutzbedürfnis für eine Leistungsklage nicht dadurch ausgeschlossen werde, dass „der Schuldner vermögenslos ist und der klagende Gläubiger keine Aussicht auf Befriedigung hat".) Die vom RG aaO anhand eines Falles mit beschränkter Erbenhaftung vorgenommene Einschränkung, dass die während des Nachlasskonkurses gegen den Erben erhobene Klage nur auf *Leistung nach Beendigung des Nachlasskonkurses* gerichtet sein dürfe, ist für den Fall nachweislich *un*beschränkbar gewordener Erbenhaftung abzulehnen. Denn der Vollstreckung in das Eigenvermögen steht § 14 KO/§ 89 InsO nicht entgegen, wenn lediglich über dem *Nachlass* ein Insolvenzverfahren schwebt (vgl Kuhn/Uhlenbruck[11] KO § 14 Rn 8; Jaeger/Weber[8] KO § 214 Rn 10; Gerhardt, in: Gottwald [Hrsg], Insolvenzrechts-Handbuch [3. Aufl 2006] § 33 Rn 13; Kübler/Prütting/Bork/Lüke, InsO [Dezember 2009] § 89 Rn 15; MünchKommInsO/Breuer[2] § 89 Rn 20; FK-InsO/App[5] § 89 Rn 8a).

33 In der Rspr ist die Ansicht vertreten worden, während des Nachlasskonkurses stehe der *Festsetzung von Prozesskosten* gegen den Erben auch bei dessen *unbeschränkter* Haftung § 12 KO entgegen (KG Rpfleger 1976, 187 [vgl dazu auch § 1967 Rn 47]). Dem ist nicht zu folgen. Denn § 12 KO regelt nur die Befriedigung „aus der Konkursmasse", und auf diese sind die Gläubiger des *unbeschränkt* haftenden Erben im Nachlasskonkurs gerade *nicht* beschränkt (s Vorbem 32 aE). Die Worte „aus der Insolvenzmasse" fehlen freilich in § 87 InsO, der am 1. 1. 1999 an die Stelle des § 12 KO getreten ist. Jedoch wird der Gesetzgeber bei dieser abweichenden Formulierung kaum an den Sonderfall gedacht haben, dass es sich um ein *Nachlass*insolvenzverfahren handelt *und* die Haftung des Erben möglicherweise eine *unbeschränkte* ist (vgl Begr zu § 98 RegE/§ 87 InsO in BT-Drucks 12/2443 S 137). Damit stellt sich die Frage einer teleologischen Reduktion des § 87 InsO (vgl Vorbem 29 ff).

34 **Während eines Nachlassvergleichsverfahrens**, das einen **vor dem 1. 1. 1999** gestellten Eröffnungsantrag voraussetzte (Art 103 EGInsO) und gem § 113 Abs 1 Nr 4 VerglO „in Ansehung der Haftung des Erben für die Nachlaßverbindlichkeiten ... wie der Nachlaßkonkurs" (also haftungsbeschränkend) wirkte, konnten die Nachlassgläubiger gegen den Erben ohne weiteres auf Leistung klagen. Das war in Satz 1 der zur Mäßigung anhaltenden Kostenregelung des § 49 VerglO konkludent vorausgesetzt und verstand sich nahezu von selbst, da der Nachlass im Nachlassvergleichsverfahren *vom Erben persönlich* verwaltet wurde (Staudinger/Marotzke [1996] § 1975 Rn 4) und das Nachlassvergleichsverfahren der *Abwendung (iS von Vermeidung)* eines Nachlasskonkursverfahrens diente. Dass das Prozessgericht dem Erben die durch das Nachlassvergleichsverfahren bewirkte Haftungsbeschränkung im Verurteilungsfall nicht – wie sonst – nur auf Einrede, sondern von Amts wegen auszusprechen hatte (so Staudinger/Lehmann[11] Vorbem 8 zu § 1975; MünchKomm/Siegmann[3] § 1975 Rn 6; Soergel/Stein[12] § 1975 Rn 11; AK-BGB/Teubner § 1975 Rn 47; Siber, Haftung für Nachlaßschulden 35 f; Bley/Mohrbutter VerglO § 113 Rn 26; vgl auch Erman/Schlüter[9] Vorbem 13 zu § 1975; **aM** wohl Kipp/Coing § 101 II), war gesetzlich nicht bestimmt und folgte insbes nicht aus § 113 Abs 1 Nr 4 VerglO.

Auch die am 1. 1. 1999 in Kraft getretene InsO kennt die Möglichkeit der Eigenverwaltung der Masse (im Nachlassinsolvenzverfahren: des Nachlasses) **durch den Schuldner (Erben) persönlich**. Voraussetzung ist ein die Eigenverwaltung anordnender Gerichtsbeschluss nach § 270 oder § 271 InsO. Jedoch gelten auch nach Anordnung der Eigenverwaltung die §§ 86 ff, 174 ff, 201 ff InsO. Eine Vorschrift, die wie der oben erwähnte § 49 Satz 1 VerglO konkludent voraussetzt, dass ein Insolvenzgläubiger den Schuldner auch noch nach Verfahrenseröffnung „auf Leistung" verklagen kann, ist in der InsO nicht enthalten. Auch dient die Anordnung der Eigenverwaltung nach der InsO im Unterschied zum Vergleichsverfahren nach der VerglO nicht der „Abwendung", sondern der **Durchführung** eines (bereits eröffneten!) Insolvenzverfahrens. Ob und ggfls unter welchen Voraussetzungen die Nachlassgläubiger während eines schwebenden Nachlassinsolvenzverfahrens den Erben persönlich auf Leistung verklagen können, richtet sich deshalb auch im Fall einer gem § 270 oder § 271 InsO angeordneten Eigenverwaltung nicht nach den Grundsätzen des früheren Vergleichsrechts, sondern nach den in Vorbem 29 ff entwickelten Grundsätzen.

Hat der Erbe seine Haftung durch Vertrag mit dem Gläubiger **auf den Nachlass** 35 **beschränkt** (vgl Vorbem 17 f), so muss bei seiner Verurteilung zum Ausdruck gebracht werden, dass die Beschränkung der Haftung auf den Nachlass bereits eingetreten ist (vgl BGH LM Nr 3 zu § 780 ZPO; aM REICHEL, in: FS Cohn [1915] 230). Bezeichnet die Vereinbarung die einzelnen Gegenstände, mit denen der Erbe haften soll, so ist in der Verurteilung des Erben auszusprechen, dass er für die Schuld nur mit diesen Gegenständen haftet (BGH aaO). Abgesehen von diesem Sonderfall kommt eine Verurteilung des Erben unter Beschränkung der Zwangsvollstreckung auf *bestimmte* Gegenstände jedoch nur selten in Betracht (vgl § 1990 Rn 14). Auch wenn die Haftungsbeschränkung auf Vertrag beruht, ist es grundsätzlich Sache des Erben, die Zwangsvollstreckung in nicht zum Nachlass gehörige Gegenstände gem §§ 781–785 ZPO abzuwehren.

Zur prozessualen Behandlung der **haftungsbeschränkenden Einreden** aus §§ 1973, 36 1974, 1989, 1990–1992, 2059 Abs 1 vgl § 1973 Rn 27–30, § 1990 Rn 11 ff, § 2059 Rn 11 ff.

Zur prozessualen Behandlung der **aufschiebenden Einreden** aus §§ 2014, 2015 vgl 37 § 305 ZPO und § 2014 Rn 13 ff.

b) **Bei der Zwangsvollstreckung gegen den Erben des Schuldners bleibt die Be-** 38 **schränkung der Haftung unberücksichtigt** (vgl zB OLG Frankfurt NJW-RR 1998, 160), **bis der Erbe Einwendungen erhebt (§ 781 ZPO).** Diese in den §§ 782–784 ZPO näher bezeichneten Einwendungen werden gem § 785 ZPO nach den Vorschriften der §§ 767, 769, 770 ZPO über die Vollstreckungsgegenklage erledigt. Auf den ersten Blick erscheint dies ungereimt, da *vor* dem Erbfall nicht die Vollstreckungsgegenklage, sondern die Drittwiderspruchsklage nach § 771 ZPO der richtige Weg wäre, um vollstreckende Gläubiger des späteren Erblassers auf *dessen* Vermögen (den späteren Nachlass) zu beschränken. Beerbt ein potenzieller Drittwiderspruchskläger den Vollstreckungsschuldner und haftet er dem vollstreckenden Gläubiger deshalb gem § 1967 auch selbst, so steht ihm – wenn der Titel gegen ihn umgeschrieben oder ihm gegenüber ein neuer Vollstreckungstitel erwirkt wurde – plötzlich nicht mehr die Drittwiderspruchsklage, sondern „nur" das Verfahren der Vollstreckungsgegenklage zur Verfügung (§ 785 ZPO). Zur Rechtfertigung dieser gesetzgeberischen Entscheidung lässt sich anführen, dass der Erbe nach Entstehung eines gegen ihn selbst gerichteten Vollstreckungstitels nicht mehr „Dritter" iSd § 771 ZPO ist und dass er mit seiner Behauptung, dass der von der Vollstreckungsmaßnahme betroffene Gegenstand zu seinem Eigenvermögen gehöre, jetzt nur noch dann gehört wird, wenn er zugleich die – sicherlich eine „Einwendung gegen den festgestellten Anspruch" (§ 767 ZPO) darstellende – Behauptung aufstellt, dass sich seine Haftung auf den Nachlass beschränkt habe (nicht dieser Zusammenhang, sondern die Unterschiedlichkeit der nach § 785 ZPO verfolgbaren Klageziele wird hervorgehoben von KARSTEN SCHMIDT JR 1989, 45, 47 f; vgl zur dogmatischen Einordnung auch DAUNER-LIEB, in: FS Gaul [1997] 93, 100 f; dies, Unternehmen in Sondervermögen [1998] 81 ff). § 780 Abs 1 ZPO ergänzt die Präklusionsvorschrift des § 767 Abs 2 ZPO dahingehend, dass der als Erbe des Schuldners verurteilte Beklagte die Beschränkung seiner Haftung nur geltend machen kann, wenn sie ihm im Urteil vorbehalten ist. Die §§ 780 ff ZPO finden auf sämtliche Nachlassverbindlichkeiten Anwendung. Sie gelten auch für die sog Erbfallschulden (zB solche aus Pflichtteilsrechten, Vermächtnissen und Auflagen); dass der Erblasser selbst niemals Schuldner dieser seinen Erben als solchen (§ 1967 Abs 2) treffenden Verbindlichkeiten war, steht trotz des Wortlauts von § 780 Abs 1 und § 781 ZPO nicht entgegen (RG WarnR 1913 Nr 377). Zur Bedeutung des § 780 ZPO bereits für das Erkenntnisverfahren s Vorbem 18 ff.

Zur prozessualen Behandlung der Einwendungen, die der Erbe nach den §§ 781–785 ZPO (vgl auch §§ 265 AO, 8 Abs 2 JBeitrO) gegen **die Zwangsvollstreckung erheben kann**, wird auf die Kommentierungen der §§ 780–785 ZPO sowie die Hinweise zu den einzelnen Haftungsbeschränkungsmitteln (zB § 1973 Rn 29; § 1984 Rn 24 ff, 28; § 1990 Rn 24 ff; § 2014 Rn 13; § 2059 Rn 26 ff) verwiesen.

Ein vom Erben auf Antrag eines Nachlassgläubigers vorzulegendes Vermögensverzeichnis iSd § 807 ZPO und die diesbezügliche eidesstattliche Versicherung (§ 900 ZPO) müssen sich, solange der Erbe seine Haftung nicht auf den Nachlass beschränkt hat, auch auf das Eigenvermögen des Erben erstrecken (LG Lübeck NJW-RR 2009, 1163 f; s auch § 1990 Rn 34).

39 **Ist der Erbe zur Abgabe einer Willenserklärung verurteilt**, so gilt die Erklärung als abgegeben, sobald das Urteil Rechtskraft erlangt hat (§ 894 Abs 1 S 1 ZPO). Nach hM soll dies jedoch nicht gelten, wenn der Erbe unter dem Vorbehalt der Beschränkung seiner Haftung verurteilt worden ist (RGZ 49, 415 ff; RG BayZ 1920, 303; RG Gruchot 56 [1912] 1005 ff; STAUDINGER/LEHMANN[11] Vorbem 13; PLANCK/FLAD Vorbem 12 zu § 1975; BGB-RGRK/JOHANNSEN § 1975 Rn 10; MünchKomm/KÜPPER § 1967 Rn 29; SOERGEL/STEIN Vorbem 14 zu § 1967; ebenso KG OLGE 11 [1905] 117 für den Fall, dass das Urteil noch gegen den Erblasser ergangen war und nach dessen Tod rechtskräftig wird). Dann soll die Abgabe der Willenserklärung nach § 888 ZPO erzwungen werden müssen, wogegen der Erbe ggf nach §§ 781 ff ZPO Einwendungen erheben könne (hierzu krit LANGE/KUCHINKE § 49 Fn 26; KARSTEN SCHMIDT JR 1989, 45, 46 f).

7. Rechtsbehelfe der Nachlassgläubiger

40 Die Nachlassgläubiger brauchen die Schritte des Erben nicht tatenlos abzuwarten, sondern können Druck auf ihn ausüben, um die Befriedigung ihrer Ansprüche zu sichern.

a) Schon bevor der Erbe die Erbschaft angenommen hat, können sie eine bereits gegen den Erblasser begonnene Zwangsvollstreckung gem § 779 ZPO fortsetzen, bei Bedarf sichernde Maßnahmen des Nachlassgerichts nach § 1960 anregen oder gem § 1961 die Bestellung eines Nachlasspflegers beantragen, um ihre noch nicht titulierten Forderungen diesem gegenüber gerichtlich geltend zu machen.

b) Sobald der Erbe die Erbschaft angenommen hat (§ 1958), können sie gegen ihn auf Leistung klagen (zum Gerichtsstand vgl §§ 27, 28 ZPO).

c) Jeder Nachlassgläubiger kann ferner gem § 1994 beantragen, dass das Nachlassgericht dem Erben eine Frist zur Errichtung eines *Nachlassinventars* bestimmt, durch das der Bestand des Aktivnachlasses in seiner ursprünglichen Gestalt erfasst wird (§ 2001). Die Frist kann schon vor Annahme der Erbschaft bestimmt werden, beginnt dann aber erst mit der Annahme zu laufen (§ 1995 Abs 2). Bei Versäumung der Frist verliert der Erbe sein Haftungsbeschränkungsrecht (§ 1994 Abs 1 S 2 mit Sonderregelung in § 2005 Abs 1 S 2; vgl dort Rn 7). Ebenso im Fall der Inventaruntreue (§ 2005 Abs 1 S 1) oder der Verweigerung der Bekräftigung des Inventars durch eidesstattliche Versicherung (vgl § 2006 Abs 3, der den Verlust des Haftungsbeschränkungsrechts jedoch nur im Verhältnis zu einem einzelnen Gläubiger ausspricht). Vom Inventar iSd §§ 1993 ff zu unterscheiden sind das Vermögensverzeichnis und die eidesstattliche Versicherung der §§ 807, 900 ZPO (s dazu Vorbem 38 aE); diese setzen voraus, dass die Forderung des antragstellenden Gläubigers bereits tituliert ist.

d) Jeder Nachlassgläubiger (auch der nach § 1973 oder § 1974 ausgeschlossene) kann – selbst bei unbeschränkbar gewordener Erbenhaftung (§ 2013 Abs 1) – die Anordnung einer *Nachlassverwaltung* beantragen. Er muss dies innerhalb einer Ausschlussfrist von zwei Jahren seit Annahme der Erbschaft tun (§ 1981 Abs 2 S 2) und seine Forderung und deren Gefährdung glaubhaft machen (§ 1981 Abs 2 S 1). Die Anordnung kann abgelehnt werden, wenn eine den Kosten entsprechende Masse nicht vorhanden ist (§§ 1982, 1990). Die Ablehnung unterbleibt, wenn der Gläubiger einen zur Deckung der Verfahrenskosten ausreichenden Geldbetrag vorschießt (§ 1982 Rn 4).

e) Jeder Nachlassgläubiger (§ 317 Abs 1 InsO) kann auch bei unbeschränkbar gewordener Erbenhaftung und sogar schon vor Annahme der Erbschaft (aber nicht mehr nach Ablauf von zwei Jahren seit Annahme derselben, § 319 InsO) die Eröffnung des *Nachlassinsolvenzverfahrens* beantragen; diese setzt voraus, dass der Nachlass zahlungsunfähig oder überschuldet ist (§ 320 S 1 InsO; „drohende" Zahlungsunfähigkeit genügt nur in den Fällen des § 320 S 2 InsO).

Zu d) und e): Sowohl die Nachlassverwaltung als auch das Nachlassinsolvenzverfahren führen zu einer mehr oder weniger (s Vorbem 34) intensiven *Absonderung des Nachlasses vom Eigenvermögen des Erben* (vgl § 1975 Rn 1 ff) und schaffen damit den passenden Rahmen für eine Beschränkung der Erbenhaftung auf den Nachlass. Die haftungsbeschränkende Wirkung (§ 1975) der Nachlassverwaltung oder des Nachlassinsolvenzverfahrens hängt also nicht davon ab, dass diese Verfahren auf Antrag gerade des Erben eröffnet wurden. Durch Herbeiführung einer Nachlassverwaltung oder eines Nachlassinsolvenzverfahrens können die Nachlassgläubiger auch die *Eigengläubiger des Erben am Zugriff auf den Nachlass hindern* (vgl § 1975 Rn 2). Soweit der Erbe bereits unbeschränkbar haftet, kann sich die Sonderungswirkung der Nachlassverwaltung oder des Nachlassinsolvenzverfahrens nur zugunsten der Nachlassgläubiger und nicht mehr auch zugunsten des Erben auswirken.

8. Typische Fallgestaltungen

Die tatsächliche Gestaltung der Fälle hängt, nach erfolgter Annahme der Erbschaft und von den aufschiebenden Einreden der §§ 2014, 2015 einmal abgesehen, weitgehend vom Verhalten des Erben selbst ab:

Entweder der Erbe wird keinerlei Maßregeln ergreifen, die ihn vor einer Inanspruchnahme auch seines Eigenvermögens schützen. Vielleicht will er die Schulden des Erblassers zahlen oder hält er Schutzmaßregeln nach Lage der Sache für unnötig. Dann zahlt er freiwillig oder lässt sich verurteilen und erhebt gegen die Vollstreckung keine Einwendungen. Eine Beschränkung seiner Haftung kommt dann erst in Frage, wenn er den Nachlass gem § 1979 durch Selbstliquidierung aufgebraucht hat. Treten jetzt noch Nachlassgläubiger auf, die nicht nach § 1973 im Aufgebotsverfahren ausgeschlossen sind oder nach § 1974 ausgeschlossenen Gläubigern gleichstehen, so kann der Erbe, da der Nachlass die Kosten eines Nachlassinsolvenzverfahrens nun nicht mehr zu decken vermag, die Unzulänglichkeitseinrede nach §§ 1990, 1991 erheben, wird freilich dann den Nachlassgläubigern nach §§ 1978–1980 verantwortlich (was wiederum zum Ausschluss des § 1990 führen kann; vgl dort Rn 7).

42 *Oder* der Erbe will von vornherein seine Haftung auf den Nachlass beschränken. Dann wird er innerhalb eines Jahres nach Erbschaftsannahme (und zwar wegen § 1980 Abs 2 möglichst bald) das Aufgebot der Nachlassgläubiger beantragen (§§ 1970 ff, 2015). Weiterhin wird er, spätestens nach erfolgter Fristsetzung (§ 1994), ein Inventar errichten (vgl §§ 1994 Abs 1 S 2, 2005, 2006 Abs 3, 2009, 2013). Gegenüber jeder Klage eines Nachlassgläubigers wird er sich die Beschränkung seiner Haftung im Urteil vorbehalten lassen (§ 780 ZPO). Kommt es dann zur Vollstreckung und ist inzwischen eine Nachlassverwaltung angeordnet oder ein Nachlassinsolvenzverfahren eröffnet, so macht er von den §§ 781, 784, 785 ZPO Gebrauch. Sind die Voraussetzungen eines der §§ 1990, 1992, 1973, 1974, 1989 gegeben, so erhebt er iS dieser Vorschriften Einwendungen nach §§ 781, 785 ZPO.

9. Der Erbe als Nachlassgläubiger

43 Wenn der Erbe selbst Gläubiger irgendwelcher Nachlassverbindlichkeiten ist, so erlöschen diese spätestens mit dem endgültigen Erbschaftserwerb (vgl STAUDINGER/MAROTZKE [2008] § 1922 Rn 72 f, 81 ff sowie zu Ausnahmen von diesem Grundsatz § 1967 Rn 13). Doch leben die erloschenen Rechtsverhältnisse unter gewissen Umständen wieder auf, so namentlich in den Fällen der Nachlassverwaltung und des Nachlassinsolvenzverfahrens (§ 1976), und zwar selbst dann, wenn der Erbe unbeschränkt haftet (Gegenschluss aus § 2013 Abs 1 S 1). Vgl auch §§ 1991 Abs 2, 2143, 2175, 2377. Auch im Nachlassinsolvenzverfahren kann der Erbe die ihm gegen den Erblasser zustehenden Ansprüche geltend machen (§ 326 Abs 1 InsO).

10. Die Haftung von Mit-, Vor- und Nacherben

44 Für den Fall, dass *mehrere* Erben vorhanden sind, werden die §§ 1967 ff ergänzt und modifiziert durch §§ 2058–2063. Die Haftung von *Vor- und Nacherben* richtet sich nach §§ 2143–2146 und, soweit diese nichts anderes bestimmen, ebenfalls nach §§ 1967 ff. Wenn *mehrere* Vor- und/oder Nacherben vorhanden sind, müssen außerdem die §§ 2058 ff berücksichtigt werden.

11. Haftung für öffentlich-rechtliche Verbindlichkeiten

45 Soweit eine Haftung für **öffentlich-rechtliche** Verbindlichkeiten des Erblassers in Betracht kommt (dazu STAUDINGER/MAROTZKE [2008] § 1922 Rn 351 ff), kann der Erbe uU durch behördlichen Leistungsbescheid in Anspruch genommen werden (§ 1922 Rn 362, 368, 370). Zu der Frage, wie in solchen Fällen das Haftungsbeschränkungsrecht verfahrensmäßig zu berücksichtigen ist, vgl App DStR 1987, 152 (zu § 69 AO); Staudinger/Marotzke (2008) § 1922 Rn 370 und unten § 1990 Rn 15.

VII. Rechtspolitische Würdigung und Reformvorschläge*

Erbrechtlichem Kontinuitätsdenken entspricht eine auf die Nachlassgegenstände beschränkte Haftung mehr als eine grundsätzlich unbeschränkte (vgl Siber, Haftung für Nachlaßschulden 11). Es wäre nicht einzusehen, wenn die Nachlassgläubiger infolge des Erbfalls auf mehr Vermögen zugreifen könnten, als sie beim Erblasser vorgefunden hätten. **46**

Andererseits darf die Lage der Nachlassgläubiger durch den Erbfall nicht verschlechtert werden. Das wäre der Fall, wenn man dem Erben die beschränkte Haftung schlechthin, trotz der Verschmelzung des Nachlasses mit seinem Eigenvermögen, zubilligen würde. Dann wären die Gläubiger vor die unlösbare Aufgabe gestellt, jedem einzelnen Nachlassgegenstand nachzuspüren.

Deshalb wird man dem Erben die Geltendmachung der gegenständlich beschränkten Haftung nur unter gewissen Voraussetzungen zugestehen dürfen, sei es, dass man ihn gegenüber einem Vollstreckungszugriff in sein Eigenvermögen mit der Beweislast für die Zugehörigkeit eines Gegenstandes zu diesem Eigenvermögen beschwert (vgl § 1990 Rn 11), ihm strenge Verwaltungspflichten auferlegt (§ 1978) oder die Haftungsbeschränkung mit der Inventarerrichtung verkoppelt, von ihr abhängig macht, oder die beschränkte Haftung durch Verwirkungsmöglichkeit – insbes Versäumung der Inventarfrist oder Inventaruntreue (§§ 1994 Abs 1 S 2, 2005, 2006 Abs 3) – verschärft.

Ein Gesetzesentwurf von Siber, der vom Grundsatz der *beschränkten* Haftung ausging (Siber, Haftung für Nachlaßschulden 137; vgl auch 3. Denkschr d ErbrA d AkDR 225, 228), wollte eine Klärung der Nachlassverhältnisse durch ein vom Erben freiwillig oder auf Antrag eines Nachlassgläubigers errichtetes Nachlassverzeichnis herbeiführen; den säumigen oder ungetreuen Erben wollte Siber durch Verwirkung der beschränkten Haftung bestrafen. Ähnlich verfuhr später das ZGB der **DDR** (vgl Vorbem 52, 54). **47**

Das BGB hingegen versucht, auf den Erben einen stärkeren Druck auszuüben, indem es ihn zunächst mit der *unbeschränkten* Haftung belastet (§ 1967 Abs 1) und den Eintritt der Haftungsbeschränkung grundsätzlich (aber: Vorbem 13, 34; **48**

---

* **Schrifttum:** Staudinger/Boehmer[11] § 1922 Rn 247–253; Staudinger/Lehmann[11] Vorbem 23 zu § 1967; Ehrenkönig, Die Erbenhaftung – ein Vorschlag zur Neuregelung (1991); Enneper, Die Reform der Erbenhaftung im Erbrechtsausschuß der Akademie für Deutsches Recht (1993); Höver, Zur Schuldenhaftung des Erben, DFG 1938, 4–7, 21–24; Lange, Die Neugestaltung des deutschen Erbrechts, DR 1942, 1713, 1719; Siber, Haftung für Nachlaßschulden nach geltendem und künftigem Recht (1937, mit einem Gesetzentwurf [vgl 136 ff]); 3. Denkschr d ErbrA d AkDR (1939, gleichfalls mit Gesetzesvorschlägen [vgl 126 ff, 225 ff]); Wacker, Der Erbrechtsausschuß der Akademie für Deutsches Recht und dessen Entwurf eines Erbgesetzes (1997) 97 ff, 251 ff.

§ 1975 Rn 9 f; § 2000 Rn 2) davon abhängig macht, dass der Erbe (oder ein Gläubiger) eine Fremdverwaltung des ererbten Vermögens im Wege der Nachlassverwaltung oder eines Nachlassinsolvenzverfahrens tatsächlich herbeiführt (§ 1975), also ggf auch den *ausreichenden* Nachlass einem fremden Verwalter ausliefert. Das BGB ist so sehr von dem Bestreben einer *tatsächlichen* Nachlassabsonderung durchdrungen, dass es der Inventarerrichtung als bloßer *papierner* Sonderung keine haftungsbeschränkende Wirkung zuerkennt (hiergegen de lege ferenda MünchKomm/SIEGMANN³ Vorbem 4 zu § 1993; zurückhaltender jedoch MünchKomm/SIEGMANN⁴ § 1993 Rn 1 und MünchKomm/KÜPPER § 1993 Rn 1; zum Standpunkt anderer europäischer Rechtsordnungen vgl unten § 1993 Rn 2 mwNw). Jedoch knüpft es an die Versäumung der Inventarfrist und die ungetreue Errichtung den endgültigen Verlust des Haftungsbeschränkungsrechts (§§ 1994 Abs 1 S 2, 2005 Abs 1, vgl auch § 2006 Abs 3).

49 **Stellungnahme**: Da bei *dürftigem* Nachlass sowohl nach SIBER (s Vorbem 47) als auch nach dem BGB (s § 1990) zunächst nur eine *beschränkte* Haftung in Betracht kommt, wird man die rechtspolitische Entscheidung zwischen den beiden Lösungsmodellen davon abhängig machen müssen, welche Lösung bei einem *erheblichen* Nachlass idR den bestmöglichen Ausgleich zwischen Gläubiger- und Erbenbelangen bringt. Das dürfte die SIBERsche Lösung sein:

Das BGB *überschätzt* den Wert der Nachlassverwaltung und des Nachlassinsolvenzverfahrens, die trotz der Übertragung der Verfügungsmacht auf einen amtlich bestellten Verwalter die tatsächliche Absonderung des Nachlasses vom Erbeneigenvermögen nicht immer hinreichend sicherstellen (s § 2000 Rn 2) und die auch Verfügungen eines unredlichen Erben nicht völlig ausschließen können.

Auf der anderen Seite *unterschätzt* es die Bedeutung des Nachlassverzeichnisses (vgl § 2000 Rn 2, § 1973 Rn 10), dessen Errichtung für den redlichen Erben eine starke Bindung bedeutet. Da der unredliche Erbe auch durch die Bestellung eines amtlichen Verwalters nicht zuverlässig gehindert werden kann, den Nachlass beiseite zu schaffen, scheint es für den Normalfall gerechter, dem Erben die beschränkte Haftung *von vornherein* zuzubilligen und es den Gläubigern zu überlassen, den Erben unter Bedrohung mit dem Verlust der Haftungsbeschränkung (§§ 1994 Abs 1 S 2, 2005 Abs 1, 2006 Abs 3) zur rechtzeitigen und redlichen Errichtung eines Nachlassinventars anzuhalten.

Zu kritisieren ist auch die übergroße *Kompliziertheit* der Regelungen des BGB, die insbesondere bei der Haftung von *Miterben* (§§ 2058 ff) die Frage nach der Beherrschbarkeit bzw Schadensgeneigtheit des zerbrechlichen Haftungsbeschränkungsinstrumentariums aufkommen lässt (vgl § 2058 Rn 20, 35 ff, § 2059 Rn 2 f, 30 ff, 44 ff, 81, § 2060 Rn 1 ff, § 2062 Rn 16 ff, 25 ff und als abschreckendes Beispiel den Fall BGH LM § 2058 Nr 8 m Anm MAROTZKE).

50 Die Vertreter der grundsätzlichen Lösung des BGB (s Vorbem 48 ff) haben das Prinzip der unbeschränkten aber beschränkbaren Erbenhaftung unter Berücksichtigung der von SIBER erhobenen Einwände in einem eigens ausgearbeiteten Vorschlag, dem sog **Breslauer Entwurf**, zu verbessern versucht. Der Breslauer Entwurf, der im Wesentlichen ein Werk von KARPE ist (vgl S VI f der 3. Denkschr d ErbrA d AkDR), erblickt eine solche Verbesserung hauptsächlich in der empfohlenen Gleichstellung der Errichtung des Nachlassverzeichnisses mit der amtlichen Nachlasssonderung, wenn es binnen sechs Monaten seit Annahme der Erbschaft errichtet wird. Der Breslauer Entwurf schlägt auch insofern Verbesserungen des BGB vor, als er in Übereinstimmung mit den SIBERschen Vorschlägen den Nachlassgläubigern in allen Fällen ein Vorzugsrecht gegenüber den Eigengläubigern des Erben einräumt, während sie nach geltendem Recht ein solches Vorzugsrecht nur bei Anordnung der Fremdverwaltung haben (vgl § 1967 Rn 4, 41), und indem er dem Erben den Vorbehalt der beschränkten Haftung (§ 780 ZPO) von Amts wegen zubilligt.

Das BGB könnte sowohl nach dem Breslauer Entwurf wie nach dem SIBERschen Entwurf erhebliche Verbesserungen erfahren. Die Unterschiede zwischen den beiden Entwürfen fallen praktisch nicht sehr ins Gewicht (vgl auch WACKER, Der Erbrechtsausschuß der Akademie für Deutsches Recht und dessen Entwurf eines Erbgesetzes [1997] 97 ff, 251 ff). Für SIBER spricht, dass er den redlichen Erben besser stellt und ihn nicht zwingt, den zureichenden Nachlass einem fremden Verwalter auszuliefern, um die Wohltat der beschränkten Haftung zu erlangen; für den Breslauer Entwurf, dass er die ordnungsmäßige Abwicklung aufgrund des Inventars fördert. Den Bedenken von DAUNER-LIEB 71 f könnte durch Beibehaltung der auch bei bereits eingetretener Haftungsbeschränkung äußerst sinnvollen §§ 1976 ff BGB (einschließlich § 1980, jedoch mit Ausnahme des § 1981 Abs 2 S 2) und der §§ 315 ff InsO, jedoch mit Ausnahme des § 319 InsO, Rechnung getragen werden (MAROTZKE AcP 199 [1999] 615, 625 ff).

Nicht empfehlenswert sind mE das Regelungsmodell von EHRENKÖNIG, Die Erbenhaftung – ein Vorschlag zur Neuregelung (1991) (vgl dazu SCHUBERT FamRZ 1992, 762) und die sich auf die §§ 2058 ff beschränkenden Änderungsvorschläge von ANN (dazu Vorbem 14 ff zu §§ 2058 ff).

VIII. Regelung der Erbenhaftung im Recht der ehemaligen DDR*

Nach dem ZGB der ehemaligen DDR hatte der Erbe Nachlassverbindlichkeiten anders als nach BGB **von vornherein „nur mit dem Nachlaß" zu erfüllen**, § 409 ZGB. „Der Ehegatte, unterhaltsberechtigte Nachkommen und Eltern des Erblassers haben Pflichtteilsansprüche, Vermächtnisse und Auflagen nur mit dem Teil des Nachlasses zu erfüllen, der ihren Pflichtteilsanspruch übersteigt", § 411 Abs 1 ZGB. Bestattungskosten, die Kosten des Nachlassverfahrens und etwaige Kreditzinsen hatte der Erbe hingegen „ohne Beschränkung auf den Nachlaß zu zahlen", § 411 Abs 2 und 3 ZGB.

Für die Berichtigung der Nachlassverbindlichkeiten schrieb § 410 Abs 1 ZGB folgende **Rangfolge** vor: 1. Bestattungskosten, 2. Kosten des Nachlassverfahrens, 3. Zahlungsverpflichtungen des Erblassers einschl der Erstattung von Aufwendungen für die Betreuung des Erblassers, 4. familienrechtliche Ausgleichsansprüche, 5. Pflichtteilsansprüche, 6. Vermächtnisse und Auflagen. „Reicht der Nachlaß nicht aus, alle Verbindlichkeiten einer Ranggruppe zu begleichen, werden die Forderungen innerhalb dieser Gruppe im Verhältnis ihrer Höhe beglichen, soweit nicht für einzelne Gläubiger, insbesondere für Gläubiger eingetragener *Rechte an Grund-*

---

* **Schrifttum:** MAMPEL, Das Erbrecht im neuen Zivilrecht der DDR, NJW 1976, 593, 601; MEINCKE, Das neue Erbrecht der DDR, JR 1976, 9, 12, 50.

stücken und Gebäuden, durch Rechtsvorschriften vorgesehen ist, daß ihre Forderungen bevorrechtigt zu begleichen sind", § 410 Abs 2 ZGB.

54 **Ausnahmsweise hatte der Erbe** auch andere als die in § 411 Abs 2 und 3 ZGB genannten Nachlassverbindlichkeiten **ohne Beschränkung auf den Nachlass zu erfüllen**; nämlich dann, wenn er die Pflicht zur Errichtung eines ordnungsgemäßen *Nachlassverzeichnisses* schuldhaft verletzte, §§ 411 Abs 4, 418 ZGB. Diese Vorschriften ähnelten denen des BGB über das Inventar (Näheres bei § 1993 Rn 30 ff).

55 Das Recht der DDR kannte auch das Institut der **Nachlassverwaltung**, vgl §§ 420–422 ZGB, § 33 Abs 2 NotariatsG, § 53 NotariatsverfahrensO, § 26 GrundbuchverfahrensO. Eine Vorschrift, nach der sich bei Anordnung der Nachlassverwaltung die Haftung des Erben auf den Nachlass beschränkt (vgl § 1975 BGB), fehlte hingegen: Nach § 409 ZGB haftete der Erbe ja von vornherein nur mit dem Nachlass.

56 Die Haftung von **Miterben** war in § 412 ZGB geregelt. Einige dieser Regelungen sind besser gelungen als die ihnen entsprechenden Bestimmungen des BGB. Sie sollten als alternative Lösungsmodelle in Erinnerung bleiben und werden deshalb bei § 2058 Rn 101 ff weiterhin kommentiert.

IX. Übergangsrecht in der ehemaligen DDR

57 Auch für die Erbenhaftung gilt Art 235 § 1 Abs 1 EGBGB: Das bisherige Recht bleibt maßgebend, wenn der Erblasser vor dem Wirksamwerden des Beitritts der DDR zur BRD, also vor dem 3. 10. 1990, gestorben ist (STAUDINGER/RAUSCHER [2003] EGBGB Art 235 § 1 Rn 1, 7, 31 ff). Unabhängig von der Frage des anwendbaren materiellen Rechts ist zu beachten, dass in den sog „neuen" Bundesländern (ehem DDR) bis Ende 1998 (Art 103 EGInsO) ein eigenes Insolvenzrecht galt, das in der GesO geregelt und auch auf Nachlässe anwendbar war (s § 1975 Rn 3 und STAUDINGER/MAROTZKE [1996] Vorbem 5 zu §§ 1975 ff).

Untertitel 1
Nachlassverbindlichkeiten

§ 1967
Erbenhaftung, Nachlassverbindlichkeiten

(1) Der Erbe haftet für die Nachlassverbindlichkeiten.

(2) Zu den Nachlassverbindlichkeiten gehören außer den vom Erblasser herrührenden Schulden die den Erben als solchen treffenden Verbindlichkeiten, insbesondere die Verbindlichkeiten aus Pflichtteilsrechten, Vermächtnissen und Auflagen.

Materialien: E I §§ 2051 S 1, 2092 Abs 2; II § 1843; III § 1943; Mot V 525–530, 602–604; Prot V 649 f, 731, 740; Denkschr 722 ff; JAKOBS/SCHUBERT ER I 289 ff, 318 ff.

Schrifttum

APP, Die Dürftigkeitseinrede des Erben bei Steuerschulden, DStR 1985, 31
ders, Beschränkung der Geschäftsführerhaftung nach dem Tod des Geschäftsführers, DStR 1987, 152
BAER, Nachlaßverbindlichkeit oder Eigenverbindlichkeit des Erben?, SeuffBl 75 (1910) 352 (zu dem Fall, daß der Erblasser Mieter oder Pächter war)
BALDUS, Der „erbrechtliche Anspruch": mortuus, redivivus, sempiternus? – Zu System und Analogie nach der Erbrechtsreform von 2009, ErbR 2010, 106
BALZER-WEHR, Bereicherungs- und Erstattungsansprüche gegen Erben (Diss Erlangen-Nürnberg 1998)
BARTHOLOMEYCZIK, Die Haftung des Erben für die neuen Geschäftsverbindlichkeiten, DGWR 1938, 321
BEUTHIEN, Die Miterbenprokura, in: FS Robert Fischer (1979) 1
BOEHMER, Der Übergang des Pflichtlebens des Erblassers auf den Erben, RG-FS III (1929) 216
ders, Eintritt des Erben in pflichtbelastete Rechtslagen des Erblassers, JW 1938, 2634
BÖHM, Darlehen bei Tod des Darlehensnehmers, ZEV 2002, 337

BREHM, Nachfolge in dingliche Unterlassungspflichten?, JZ 1972, 225
BUCHNER, Die Kommanditistenhaftung bei Rechtsnachfolge in Gesellschaftsanteile (zu BGHZ 101, 123), DNotZ 1988, 467
DAUNER-LIEB, Unternehmen in Sondervermögen (1998)
DEINERT, Betreuervergütung und Staatsregreß nach dem Tod des Betreuten, FamRZ 2002, 374
DIETZEL, Untergang statt Fortbestand – Zur Abgrenzung der unvererblichen Rechtsbeziehungen im Schuldrecht (1991)
EBERL-BORGES, Die Tierhalterhaftung des Diebes, des Erben und des Minderjährigen, VersR 1996, 1070
ECCIUS, Verbindlichkeiten aus Rechtsgeschäften des Erben in Verwaltung des Nachlasses, Gruchot 51 (1907) 564; 52 (1908) 810
EMMERICH, Die Haftung des Gesellschaftererben nach § 139 HGB, ZHR 1986, 193
A ERNST, Haftung des Erben für neue Geschäftsverbindlichkeiten (1994)
W-H FRIEDRICH, Die Haftung des endgültigen Erben und des „Zwischenerben" bei Fortführung eines einzelkaufmännischen Unternehmens (1990)
GOLMANN, Inwieweit haftet der Erbe, wenn

derselbe ein zu einem Nachlasse gehörendes Handelsgeschäft fortführt, für die früheren Geschäftsverbindlichkeiten?, in: FS Richard Wilke (1900) 117

HAMBITZER, Zur Bindungswirkung von Unterhaltsvereinbarungen gemäß § 1586b BGB gegenüber den Erben, FamRZ 2001, 201

HEILEMANN, Nachlaßerbenschulden (Diss Marburg 1939)

HEINZE, Rechtsnachfolge in Unterlassen (1974) 167 ff, 252 ff

HEITMANN, Die Rechtsnachfolge in verwaltungsrechtliche Berechtigungen und Verpflichtungen einer Zivilperson von Todes wegen (Diss Münster 1970)

HENRICH, Zur Qualifikation von Unterhaltsansprüchen gegen den Nachlaß, in: FS Gernhuber (1993) 667

HERFS, Haftung des Erben als Nachfolger eines Kommanditisten, Betrieb 1991, 1317

ders, Haftung des Erben als Nachfolger eines Komplementärs bei Umwandlung des Komplementäranteils in einen Kommanditanteil, Betrieb 1991, 2121

HOPPE, Haftungsfalle für Erben von GbR-Anteilen?, ZEV 2004, 226

HUECK, Schuldenhaftung bei Vererbung eines Handelsgeschäfts, ZfHK 108 (1941) 1

JOHANNSEN, Die Nachfolge in kaufmännische Unternehmen und Beteiligungen an Personengesellschaften beim Tode ihres Inhabers, FamRZ 1980, 1074

KICK, Die Haftung des Erben eines Personenhandelsgesellschafters (1997)

KIENAST, Der Tod des ausgleichungspflichtigen Ehegatten im schuldrechtlichen Versorgungsausgleich (Diss Göttingen 1982)

KRESS, Die Erbengemeinschaft nach dem Bürgerlichen Gesetzbuche für das Deutsche Reich (1903) 140–175

KRETZSCHMAR, Die Gestaltung der Haftung des Erben, wenn der Erblasser Einzelkaufmann war oder einer offenen Handelsgesellschaft oder einer Kommanditgesellschaft als Teilhaber angehörte, ZBlFG 17 (1916/17) 1

LITTIG/MAYER, Sozialhilferegreß gegenüber Erben und Beschenkten (1999) 111

MAENNER, Die Haftung aus Rechtsgeschäften des Erben, LZ 1922, 282

MAROTZKE, Die insolvente GmbH im Erbgang, ErbR 2010, 115

MARTIN, Nachlaßverbindlichkeit oder Eigenverbindlichkeit des Erben?, SeuffBl 75 (1910) 463 (Entgegnung zu BAER aaO)

MUSCHELER, Die Haftungsordnung der Testamentsvollstreckung (1994)

NIEDENFÜHR, Haftung des Erben für Wohngeld, NZM 2000, 641 (dazu G SIEGMANN NZM 2000, 995)

OFFERMANN, Die Haftung des Erben eines offenen Handelsgesellschafters (1937)

OTTE, Die Verjährung erbrechtlicher Ansprüche, ZGS 2010, 157

RADDATZ, Die Nachlaßzugehörigkeit vererbter Personengesellschaftsanteile (1991) 47 ff

REBMANN, Der Eintritt des Erben in pflichtbelastete Rechtspositionen (2004)

REUTER, Die handelsrechtliche Erbenhaftung (§ 27 HGB), ZHR 135 (1971) 511

ROESSINK, Die passive Vererblichkeit des Unterhaltsanspruchs des geschiedenen Ehegatten gem § 1586b BGB (Diss Köln 1990)

dies, Zur Berechtigung der Erbenhaftung für den Geschiedenenunterhalt gem § 1586b BGB, FamRZ 1990, 924

SASSENRATH, Die Umwandlung von Komplementär- in Kommanditbeteiligungen (1988) 23 ff, 156

ders, Die Kommanditistenhaftung des ehemaligen Komplementärs und seiner Rechtsnachfolger, BB 1990, 1209, 1211 ff

SCHAUB, Die Rechtsnachfolge von Todes wegen im Handelsregister bei Einzelunternehmen und Personenhandelsgesellschaften, ZEV 1994, 71

SCHEYE, Verbindlichkeiten aus Rechtsgeschäften des Erben in Verwaltung des Nachlasses, Gruchot 52 (1908) 806

SCHILLING, Zur Haftung des Erben nach §§ 139, 176 II, 15 I, 128 HGB, ZGR 1978, 172

SCHINDLER, Probleme der Vererblichkeit der Unterhaltspflicht nach § 1586b Abs 1 Satz 3 BGB, FamRZ 2004, 1527

K SCHMIDT, Kommanditisteneinlage und Haftsumme des Gesellschaftererben – Scheinprobleme, Probleme und Problemlösungen zu § 139 HGB –, ZGR 1989, 445

ders, Handelsrechtliche Erbenhaftung als

Bestandteil des Unternehmensrechts, ZHR 157 (1993) 600
SCHÖNERT, Grenzen der Beschränkbarkeit der Erbenhaftung auf den Nachlass, BWNotZ 2008, 81
SCHÖRNIG, Die Bedeutung des § 139 HGB bei der Gesellschafternachfolge, ZEV 2001, 129
J SCHRÖDER, Zum Übergang inhaltlich variabler Verpflichtungen auf den Erben, JZ 1978, 379
SCHULZE-OSTERLOH (Hrsg), Rechtsnachfolge im Steuerrecht (1987)
SCHWARTMANN/VOGELHEIM, Die Beschränkung der öffentlichen Altlastenhaftung des Erben, ZEV 2001, 101
dieselben, Die bodenschutzrechtliche Zustandshaftung für geerbte Grundstücke, ZEV 2001, 343
G SIEGMANN, Nochmals: Haftung des Erben für Wohngeld, NZM 2000, 995

M SIEGMANN, Neues zur Haftung des Erben für nachlaßbezogene Einkommensteuerschulden, ZEV 1999, 52
G und M SIEGMANN, Einkommensteuerschuld und Erbenhaftung, StVj 1993, 337
SOBICH, Erbengemeinschaft und Handelsgeschäft – zur Zulässigkeit der Geschäftsfortführung (Diss Kiel 1975) 44 ff
WEIMAR, Der Kredit bei Tod des Darlehensnehmers (1980, Sparkassenheft 67)
WINDEL, Über die Modi der Nachfolge in das Vermögen einer natürlichen Person beim Todesfall (1998)
ZAHN, Die Haftung aus Rechtsgeschäften des Erben und Verwaltung des Nachlasses (Diss Göttingen 1910)
ZIMMERMANN, Der Tod des Betreuten, ZEV 2004, 453.
Vgl außerdem das Schrifttum vor den Vorbem zum II. Titel.

Systematische Übersicht

I. Allgemeines
1. Haftung „des" Erben — 1
2. Persönliche Schuld und gegenständlich beschränkbare Haftung — 1
   a) Schuld und Haftung — 1
   b) Verjährung — 2
3. Begriff der Nachlassverbindlichkeit — 3
4. Die Haftung für Eigenverbindlichkeiten und für gemischte Nachlass-Erbenschulden — 4

II. Die „vom Erblasser herrührenden" Schulden (Erblasserschulden)
1. Vererblichkeit — 8
2. Das „Herrühren" der Schuld vom Erblasser — 19

III. Die den Erben „als solchen" treffenden Verbindlichkeiten — 30
1. Unmittelbare Erbfallschulden — 31

2. Begründung und Entstehung neuer Nachlassverbindlichkeiten nach dem Erbfall — 37
   a) Gesetzlich geregelte Fälle von Nachlasskosten- und Erbschaftsverwaltungsschulden — 37
   b) Begründung neuer Nachlassverbindlichkeiten durch den oder die Erben — 39
   aa) Grundsätzliches — 39
   bb) Besonderheiten bei vorläufigen Erben, Vorerben und Miterben? — 48
   cc) Beispiele aus der Rspr — 50
   c) Sonstige Belastungen des Nachlasses mit neuen Verbindlichkeiten (aus GoA und § 812) — 51

IV. Vom Erben zu vertretende Leistungsstörungen — 53

V. Geschäftsschulden — 57

Alphabetische Übersicht

Abfindungsvertrag nach HöfeO — 9
Abwickler — 38
Alleinerbe, Haftung des — 1

Altenteilsrechte — 31
Altlasten — 31, 36

Anerkenntnis einer Nachlassverbindlichkeit	
– durch Erben	45 f
– durch Testamentsvollstrecker	38 aE
Aufbaudarlehn, Rückzahlung	16
Aufgebot, Kosten	38
Auflagen	31, 32
Ausbildungsbeihilfe der Abkömmlinge	31
Auskunftpflichten	9, 10
Ausschlagung der Erbschaft	7, 48, 54, 60
Bauordnungpflichten	17
Beerdigungskosten	9, 31, 38
Bereicherung, ungerechtfertigte	9, 15, 52
– vgl auch „enttäuschte Erberwartung"	
Betreuervergütung	9
Billigkeitshaftung (§ 829)	21
Bodenschutz	31, 36
Bürgschaft	26
Darlehen	9
Dauerschuldverhältnisse	24 ff
deliktische Haftung	9, 21 ff
Dienstleistungspflichten	8
Direktanspruch gegen Haftpflichtversicherer	13, 21
Dreißigster	31
Ehe, vermögensrechtliche Folgen	8 f
Eigenverbindlichkeit	4
enttäuschte Erberwartung	52
Erbe	1
Erbenermittler	43, 51
Erbenschuld	4
Erbensucher	43, 51
Erbfallschulden	30 ff
Erblasserschulden	8 ff
Erbschaftsbesitzer	9
Erbschaftsteuer	33 ff
Erbschaftsverwaltungsschulden	30, 37 f
Erbverzicht	9
Erstattungsansprüche	15
Gebäudeeinsturz	23
Gefahrenquellen, Haftung für	21 ff
Gefährdungshaftung	23
Geschäftsschulden	57 ff
Gesellschaftsschulden	61 ff
Gesellschaftsvermögen, Entnahmen aus	9
GmbH	72
Grundpfandrecht	36
Grundstück	21 ff, 36
Haftpflichtversicherung	13, 21
Haftung und Schuld	1
Haftungsbeschränkung	
– Allgemeines	**Vorbem 1967–2017** 7–39
– bei Geschäftsschulden	57 ff, 59, 61 ff
– durch Vereinbarung	40, 44, **Vorbem 1967–2017** 16 f
Handelsgeschäft, Fortführung	28, 58 ff, 66
Handelsregister	12, 59, 63, 70 ff
Herausgabepflicht	9
„Herrühren" vom Erblasser	19 ff
Hypothek	36
Insolvenz	6 f, 40, 72
Inventarerrichtung, Kosten	37 f
Kanzleiabwickler	38
Kommanditgesellschaft	66 ff
Konfusion	13
Konkurrenzverbote	11
Konsularbeamte, Hilfeleistung durch	16
Kontokorrent	27
Kontovollmacht	29
Kosten vgl „Nachlasskostenschulden" und „Prozesskosten"	
Kraftfahrzeughaftpflicht	13, 21, 23
Lastenausgleich	15 f
Lebensgemeinschaft	19
Lebenspartnerschaft	8 f
Leistungsstörungen	53 ff
Masseverbindlichkeiten	38, 52
Mietverträge	24 f, 48 aE
Miterbe	1, 35, 49 f
Mitteilungspflichten (§ 21 WpHG)	10
Nacherbe	1
Nachlasserbenschuld	5 ff
Nachlasskostenschulden	30, 37 f
Nachlasspflegschaft, Kosten	37 f
Nachlassverbindlichkeit	
– Anerkenntnis	38, 45 f
– Begriff	3, 30
– Begründung neuer	28 f, 37 ff, 60

– – durch Bevollmächtigten des Erblassers 20, 28 f
– – durch Dritte 28, 51
– – durch Nachlasspfleger uä 37 f
– – durch Prozessführung 20, 46 f
– – durch Rechtsgeschäfte des Erben 29, 39 ff, 60
– Verletzung 53 ff
Nachlassverwaltung, Kosten 37 f
Nichteheliche Lebensgemeinschaft 19

Offene Handelsgesellschaft (OHG) 61 f
Öffentlich-rechtliche Pflichten 12, 14 ff

Pacht 24
Pflegschaft, Kosten 37 f
Pflichtteil 31 f
– Verzicht auf 9
Pflichtverletzungen vgl „Leistungsstörungen"
Prokura 28
Prozesskosten 8 f, 18, 20, 47, 56
Prozesskostenhilfe 47

Reallast 36
Rechtsanwalt 38
Renten, zuviel gezahlte 15, 52
Rückgriff des Sozialversicherers 9
Ruhegehalt, zuviel gezahltes 15

Schenkungen 8, 19
Schuld und Haftung 1, 11
Soforthilfeabgabe 16
Sozialhilfe 16, 31
Sozialversicherer, Rückgriff des 9

Steuern 16, 19, 33 ff
Strafsachen 18
Testamentsvollstrecker 23, 38, 52, 55
Testamentsvollstreckung, Kosten 37 f
Tierhalterhaftung 23

Unerlaubte Handlungen 9, 21 ff
Ungerechtfertigte Bereicherung 9, 15, 52
Unterhaltspflichten 8, 9, 31
Unterlassungspflichten 10 f, 18, 21 f

„Variable" Verpflichtungen 11
Vererblichkeit von Schulden 8 ff
– „unfertige" Schulden 19 ff
Vergütung für Betreuer 9
Verjährung 2
Vermächtnisse 31 f
Vermögensabgabe 16
Versicherung 9, 13, 21
Versorgungsausgleich 9
(Nicht) vertretbare Leistungen 10
Vollmacht des Erblassers 20 aE, 28 f
Voraus des Ehegatten 31
Vorerbe 1, 9, 34, 48
Vorteilsausgleichung nach § 17 GrdstVG 9

Willenserklärung, Verpflichtung zur Abgabe 10, **Vorbem 1967–2017** 39
Wohnraummiete 25
Wohnungseigentümer, Haftung für Wohngeld 36

Zugewinnausgleich 9
Zwangsgelder 16

I. Allgemeines

1. Haftung „des" Erben

Die §§ 1967–2017 regeln die Haftung *des* Erben für die Nachlassverbindlichkeiten. **1**
Sie haben also in erster Linie den Fall im Auge, dass nur *ein* Erbe vorhanden ist. Für
den viel häufigeren Fall des Vorhandenseins *mehrerer* Erben werden diese Vorschriften modifiziert durch die §§ 2058–2063 BGB, 15 HöfeO, 16 Abs 2 GrdstVG. Die
§§ 2144–2146 enthalten besondere Vorschriften über die Haftung von Vor- und
Nacherben. Eine Übersicht über weitere Ergänzungen der Vorschriften des 2. Titels
enthält die Vorbem 2.

2. Persönliche Schuld und gegenständlich beschränkbare Haftung

a) Schuld und Haftung

Gem **Abs 1** „haftet" der Erbe für die Nachlassverbindlichkeiten. Dabei ist vorausgesetzt, dass er auch „persönlicher Schuldner" wird, die Nachlassgläubiger gegen ihn also nicht nur auf Duldung der Zwangsvollstreckung, sondern unmittelbar auf Leistung klagen können (vgl Vorbem 7 f).

§ 1967 Abs 1 erlegt dem Erben die Haftung für die Nachlassverbindlichkeiten (zunächst) uneingeschränkt auf. Obwohl der Erbe persönlicher Schuldner aller Nachlassverbindlichkeiten wird, kann er seine Haftung (genauer: sein Einstehenmüssen mit dem Vermögen) auf den Nachlass beschränken (vgl § 1975 und oben Vorbem 6 ff).

b) Verjährung

2 Die Verjährung eines Anspruchs, der zu einem Nachlass gehört oder sich gegen einen Nachlass richtet, tritt nicht vor dem Ablauf von sechs Monaten nach dem Zeitpunkt ein, in dem die Erbschaft von dem Erben angenommen oder das Nachlassinsolvenzverfahren eröffnet wird oder von dem an der Anspruch von einem oder gegen einen Vertreter geltend gemacht werden kann (**§ 211 S 1**). Ist die Verjährungsfrist kürzer als sechs Monate, so tritt der für die Verjährung bestimmte Zeitraum an die Stelle der sechs Monate (**§ 211 S 2**). Die Länge der Verjährungsfrist richtet sich nach den Verjährungsvorschriften, die für den Anspruch als solchen gelten (zB §§ 195, 197, 199, 438). **Der Umstand, dass die primäre Anspruchsgrundlage nach dem Tod des ursprünglichen Schuldners mit § 1967 kombiniert werden muss, macht aus dem Anspruch des Gläubigers keinen „erbrechtlichen" iS des § 197 Abs 1 Nr 2, der für familien- und erbrechtliche Ansprüche eine dreißigjährige Verjährungsfrist vorsah** (vgl zu dieser am 1.1. 2002 in Kraft getretenen und mit Wirkung ab 1.1. 2010 wieder aufgehobenen Sondervorschrift BGH NJW 2007, 2174 f m Anm ZIMMER = FamRZ 2007, 1097 f = WM 2007, 1225 ff = ZEV 2007, 322 f; STAUDINGER/MAROTZKE [2008 bzw 2010] § 1959 Rn 28, § 1978 Rn 42, § 1980 Rn 21 sowie STAUDINGER/PETERS/JACOBY [2009] § 197 Rn 20 f und STAUDINGER/OTTE [2008] Einl 137 zum ErbR; STAUDINGER/OTTE [2008] § 2174 Rn 16 ff, 30a ff, § 2179 Rn 2, § 2183 Rn 4, § 2184 Rn 7a, § 2185 Rn 9, § 2194 Rn 14a, § 2196 Rn 5a; OLG Karlsruhe ZEV 2006, 317 f m Anm BALDUS/ROLAND; OLG Oldenburg NJW 2009, 3586 = ZEV 2009, 563 f m Anm SCHINDLER [dazu § 2058 Rn 78 f, 86]; ROLAND, Die Verjährung im Erbrecht [2008] Rn 11 ff)). **Nachdem § 197 Abs 1 Nr 2 mit Wirkung ab 1.1. 2010 aufgehoben wurde** (mit Folgeänderungen bzw -ergänzungen ua in §§ 197 Abs 1 Nr 1, 199 Abs 3a, 4 und Übergangsregelung in Art 229 § 21 EGBGB), **wird sich die Diskussion künftig vor allem auf den neuen § 199 Abs 3a konzentrieren müssen**, der für die – sich jetzt idR nach §§ 195, 199 Abs 1 (aber: §§ 197 Abs 1 Nr 1, 2332) richtende – Verjährung von Ansprüchen, die auf einem Erbfall beruhen oder deren Geltendmachung die Kenntnis einer Verfügung von Todes wegen voraussetzt, eine „ohne Rücksicht auf die Kenntnis oder grob fahrlässige Unkenntnis" eingreifende **Höchst**frist von 30 Jahren „von der Entstehung des Anspruchs an" vorsieht (dazu OTTE, Die Verjährung erbrechtlicher Ansprüche, ZGS 2010, 157 ff; STAUDINGER/PETERS/JACOBY [2009] § 197 Rn 20 f und § 199 Rn 99 ff sowie die teils noch zum früheren, teils bereits zum neuen Recht geschriebenen Ausführungen von STAUDINGER/OTTE [2008] Einl 137 ff zum ErbR; STAUDINGER/MAROTZKE [2008] § 1922 Rn 113, § 1958 Rn 5, 12, § 1959 Rn 28, § 1960 Rn 62; STAUDINGER/MAROTZKE [2010] § 1973 Rn 7, § 1974 Rn 3, § 1976 Rn 1, § 1977 Rn 14, § 1989 Rn 24, § 1990 Rn 39, § 2014 Rn 10). Ob die Lehre vom „erbrechtlichen" Anspruch auch noch nach dem Wegfall ihrer normativen Grundlage (§ 197

Abs 1 Nr 2 aF) Erkenntnisgewinn verspricht (vgl BALDUS ErbR 2010, 106, 108), erscheint zweifelhaft.

3. Begriff der Nachlassverbindlichkeit

Abs 2 definiert den Begriff der Nachlassverbindlichkeit und unterteilt die in Frage kommenden Schulden in

a) *die vom Erblasser herrührenden* (dazu Rn 8–29) und

b) *die den Erben als solchen treffenden* (dazu Rn 30–52).

In gewissen Grenzen können auch *nach* dem Tod des Erblassers noch Nachlassverbindlichkeiten begründet werden (vgl Rn 28 f, 37 ff).

4. Die Haftung für Eigenverbindlichkeiten und für gemischte Nachlass-Erbenschulden

a) Eine Verbindlichkeit des Erben, die nicht Nachlassverbindlichkeit ist, nennt man **Eigenverbindlichkeit** oder **Erbenschuld** (obwohl der Erbe persönlicher Schuldner auch der „Nachlass"verbindlichkeiten ist; vgl Vorbem 7). Auf solche Verbindlichkeiten finden die Vorschriften über Nachlassverbindlichkeiten keine Anwendung. Zwar können auch die Eigengläubiger des Erben auf den Nachlass zugreifen (insoweit besteht eine Haftung des Nachlasses für die Erbenverbindlichkeiten!), dies gilt jedoch nicht während einer Nachlassverwaltung (vgl § 1984 Abs 2 BGB und § 784 Abs 2 ZPO) oder eines Nachlassinsolvenzverfahrens (vgl § 1975 Rn 2, 5 ff). Gewisse Einschränkungen des Zugriffs auf den Nachlass ergeben sich für die Eigengläubiger des Erben während der ersten Zeit nach dem Erbfall auch aus § 783 ZPO.

b) Es gibt **Mischformen von Nachlass- und Eigenverbindlichkeiten** des Erben, die sog **Nachlasserbenschulden** (vgl Rn 21, 24, 33, 42, 47, 51, 53, 54, 58, 60, 61, 64; FRIEDRICH 112 ff; ASTRID ERNST 7 ff, 13 ff; **aM** mit beachtlichen Gründen DAUNER-LIEB, s unten Rn 42 f). Von reinen Nachlassverbindlichkeiten unterscheiden sie sich nicht nur dadurch, dass der Erbe seine Haftung idR (vgl aber Rn 40, 43, 45) nicht auf den Nachlass beschränken kann (unbeschränkbar kann seine Haftung auch bzgl reiner Nachlassverbindlichkeiten werden; vgl Vorbem 14), sondern vor allem dadurch, dass der Erbe für sie nicht nur als Gesamtrechtsnachfolger des Erblassers, sondern auch unabhängig von seiner Erbenstellung haftet (Beispiel: ein nach dem Erbfall entstandener Schaden lässt sich auf eine unerlaubte Handlung sowohl des Erblassers als auch des Erben zurückführen; s Rn 21).

Soweit eine Nachlasserbenschuld *Nachlassverbindlichkeit* ist, finden auf sie sämtliche Vorschriften über Nachlassverbindlichkeiten Anwendung. Als Nachlassgläubiger kann der Gläubiger einer Nachlasserbenschuld zB eine Nachlassverwaltung oder ein Nachlassinsolvenzverfahren beantragen (§ 1981 Abs 2 BGB, § 317 InsO) und an diesen Sonderbefriedigungsverfahren teilnehmen (§ 1984 BGB, § 325 InsO). Im Fall nicht rechtzeitiger Anmeldung seiner Forderung im Aufgebotsverfahren wird der Nachlasserbengläubiger den anderen Nachlassgläubigern hinsichtlich der Befriedigung aus dem *Nachlass* gem § 1973 Abs 1 BGB, § 327 Abs 3 InsO nachgesetzt (vgl

STAUDINGER/BOEHMER[11] § 1922 Rn 214). Anwendbar ist auch die Zuständigkeitsvorschrift des § 28 ZPO (vgl OLG Schleswig NJW-RR 2008, 96 f m Anm KLINGER/ROTH NJW-Spezial 2007, 535).

7 Soweit er *Erbengläubiger* (iS von *Eigen*gläubiger des Erben) ist, kann dem Gläubiger einer Nachlasserbenschuld die Haftung des nicht zum Nachlass gehörenden Erbenvermögens weder durch Haftungsbeschränkung nach §§ 1975, 1990 noch durch Ausschluss im Aufgebotsverfahren (§ 1973) entzogen werden (vgl STAUDINGER/BOEHMER[11] § 1922 Rn 214; OVG Münster NVwZ-RR 2001, 596, 597; unrichtig BGHZ 71, 180, 187 f = NJW 1978, 1385 f ad II 1, wo eine auf den Nachlass beschränkbare Bereicherungsschuld als Nachlasserbenschuld bezeichnet wird [dazu auch Rn 52 und § 2058 Rn 43]). Im *Nachlass*insolvenzverfahren unterliegt der Nachlass*erben*gläubiger den in §§ 87 ff InsO angesprochenen Beschränkungen nur, soweit er aus dem *Nachlass* befriedigt werden will, nicht hingegen, soweit sich seine Forderung gegen das Eigenvermögen des Erben richtet (vgl OLG München InVo 1996, 14 f; weitere Einzelheiten zu § 87 InsO in Vorbem 29, 32 f zu §§ 1967 ff). Eine entsprechende Differenzierung ist im Zusammenhang mit § 1984 Abs 1 S 3 vorzunehmen (§ 1984 Rn 23 f). Nachlasserbenschulden begründen, da die beinhaltete Haftung auch des Eigenvermögens des Erben sogar einen rückwirkenden Wegfall seiner Erbenstellung (zB durch Erbausschlagung) überdauern würde, eine gewissermaßen „gesamtschuldnerische" (vgl RGZ 90, 91, 93; kritisch FRIEDRICH 121; A ERNST 11 f, 33 f; ERMAN/SCHLÜTER Rn 9) Haftung des Erben „als Person und Inhaber *seines* Vermögens" sowie des (jeweiligen!) Erben „als Subjekt des Nachlasses", die es rechtfertigt, den Gläubiger für den Fall, dass sowohl über das Vermögen des Erben als auch über den Nachlass ein Insolvenzverfahren eröffnet ist, hinsichtlich der Befriedigung aus dem Eigenvermögen des Erben nicht dem Ausfallgrundsatz der §§ 331, 52 S 2 InsO zu unterstellen (so aber ERMAN/SCHLÜTER Rn 9; A ERNST 32 ff), sondern ihm gem § 43 InsO das Recht zuzugestehen, bis zu seiner vollen Befriedigung in jedem Verfahren den Betrag geltend zu machen, den er zZ der Eröffnung des Verfahrens zu fordern hatte (vgl JAEGER/WEBER[8] KO § 234 Rn 11 mwNw; sachlich übereinstimmend HÄSEMEYER, Insolvenzrecht [4. Aufl 2007] Rn 33. 33; BRAUN/BAUCH[4] InsO § 331 Rn 5; MünchKommInsO/SIEGMANN[2] § 331 Rn 5; UHLENBRUCK/LÜER[13] InsO § 331 Rn 8; wohl auch RIERING, in: NERLICH/RÖMERMANN InsO [März 2009] § 331 Rn 8; FK-InsO/SCHALLENBERG/RAFIQPOOR[5] § 331 Rn 10 f).

II. Die „vom Erblasser herrührenden" Schulden (Erblasserschulden)

1. Vererblichkeit

8 Für die Schulden des Erblassers haftet der Erbe selbstverständlich nur, soweit sie überhaupt vererblich sind. **Die an die Person des Erblassers gebundenen Verbindlichkeiten erlöschen mit seinem Tod**; so im Zweifel die aus dem **schenkweisen Versprechen** einer in wiederkehrenden Leistungen bestehenden Unterstützung (§ 520) und die zur Leistung von **Diensten** (§ 613 S 1). Vgl zum Einfluss des Todes auf **Dienst-, Arbeits-, Geschäftsbesorgungs- und ähnliche Verträge** auch STAUDINGER/MAROTZKE (2008) § 1922 Rn 276 f. Gesetzliche **Unterhaltsansprüche zwischen Verwandten** erlöschen mit dem Tod des Berechtigten oder des Verpflichteten, soweit sie nicht auf Erfüllung oder Schadenersatz wegen Nichterfüllung für die Vergangenheit oder auf solche im Voraus zu bewirkende Leistungen gerichtet sind, die zZ des Erbfalls fällig sind (§ 1615 Abs 1 mit einer die Beerdigungskosten betreffenden Sondervorschrift in Abs 2). Gleiches gilt wegen §§ 1360a Abs 3, 1615 BGB, 5 S 2 LPartG für die **zwischen**

Ehegatten bzw Lebenspartnern bestehende Verpflichtung zum „Familienunterhalt" gem § 1360 BGB bzw § 5 S 1 LPartG (vgl aber AG Detmold FamRZ 1998, 1538: *keine Vererblichkeit des Anspruchs auf Rückzahlung eines nach § 1360a Abs 4 gewährten Prozesskostenvorschusses*) sowie wegen § 1361 Abs 4 S 3 und S 4 BGB bzw § 12 LPartG hinsichtlich des Unterhalts *getrenntlebender* Ehegatten bzw Lebenspartner. Grundsätzlich vererblich ist hingegen gem § 1586b BGB bzw § 16 S 2 LPartG eine *nacheheliche bzw nachpartnerschaftliche* Unterhaltspflicht (vgl OLG Koblenz NJW-RR 2010, 303 f [Verpflichtung des Erben zur Erfüllung einer unselbständigen Unterhaltsvereinbarung]; BERGSCHNEIDER FamRZ 2003, 1049 ff; DRESSLER NJW 2003, 2430 ff; SCHINDLER FamRZ 2004, 1527 ff sowie speziell zur Anwendbarkeit des § 1579 Nr 7 BGH FamRZ 2003, 521 f = ZEV 2003, 244 f und BGHZ 157, 395 ff = NJW 2004, 1326 f = FamRZ 2004, 614 ff m Anm BÜTTNER; speziell zur Titelumschreibung BGHZ 160, 186 ff = NJW 2004, 2896 f; OLG Koblenz FamRZ 2004, 557 f), was von manchen als unangemessen kritisiert wird (vgl ROESSINK FamRZ 1990, 924 ff und in: Die passive Vererblichkeit des Unterhaltsanspruchs des geschiedenen Ehegatten gem § 1586b BGB [Diss Köln 1990]; vgl auch STAUDINGER/BAUMANN[12] § 1586b Rn 7 f sowie zur Frage eines Auskunftsanspruchs des unterhaltsberechtigten geschiedenen Ehegatten AG Bad Homburg FamRZ 2007, 1771). Eine wichtige Grundsatzentscheidung zu § 1586b Abs 1 S 3 enthält BGHZ 146, 114 ff (= NJW 2001, 828 ff = ZEV 2001, 113 ff m Anm FRENZ = LM H 5/2001 § 1586b BGB Nr 1 m Anm WAX; fortgeführt durch BGH NJW 2007, 3207 f = FamRZ 2007, 1800 f = ZEV 2007, 584 ff m Anm KLINGELHÖFFER). Für Altfälle vgl die Kommentierungen des – am 1. 7. 1977 durch § 1586b BGB ersetzten – § 70 EheG (dazu AG Köln NJW-RR 1992, 327; STAUDINGER/ BAUMANN[12] § 1586b Rn 1 ff). Manche **ausländische Rechtsordnungen** gehen bei der Gewährung von Unterhaltsansprüchen gegen den Nachlass andere Wege (vgl hierzu und zu den kollisionsrechtlichen Problemen HENRICH FS Gernhuber [1993] 667 ff). Zur Bindung des Erben an Unterhalts**vereinbarungen** vgl HAMBITZER FamRZ 2001, 201 ff; OLG Koblenz NJW 2003, 439 ff = FamRZ 2003, 261 ff = ZEV 2003, 111 ff m Anm KLINGELHÖFFER; BGHZ 160, 186, 189 f (Bindung an Prozessvergleich); OLG Zweibrücken FamRZ 2007, 1192 ff (von einer einzelnen Miterbin erhobene und iE erfolgreiche Abänderungswiderklage in Bezug auf vor dem Erbfall geschlossenen Prozessvergleich).

Verbindlichkeiten, die zu vermögensbezogenen Leistungen verpflichten, sind im Zweifel vererblich (vgl DIETZEL 20 ff). Zu den **vererblichen** Verbindlichkeiten gehören **Schadensersatzpflichten** aus unerlaubtem oder gefährlichem Verhalten (vgl auch Rn 21 ff sowie zum Rückgriff des Sozialversicherungsträgers BGH NJW 1985, 1958 f: nach dieser sehr erbenfreundlichen Entscheidung ist der Rückgriff uU auch dann ausgeschlossen, wenn der Geschädigte nicht mit dem Erblasser, sondern mit dem Erben in häuslicher Gemeinschaft lebte; s ferner LG Kiel NJW-RR 1998, 1184: ein Versicherer, der nach Ersatz eines Kaskoschadens den nicht in häuslicher Gemeinschaft mit dem Versicherungsnehmer lebenden Vater des Versicherungsnehmers als Schädiger in Regress nehme, könne die nach dem Tod des Schädigers noch offenen Teile der Regressforderung auch dann nicht vom Versicherungsnehmer verlangen, wenn dieser seinen Vater beerbt habe), **Darlehensschulden** (vgl WEIMAR, Der Kredit bei Tod des Darlehnsnehmers [1980]; BÖHM ZEV 2002, 337 ff; OLG Celle ZEV 2001, 22 ff [dazu auch Rn 13]; einschränkend § 18 Abs 5 c BAföG und SG Dortmund NZA 1992, 720: nach diesem Gerichtsurteil soll die Verpflichtung, ein als Darlehen gewährtes *Unterhaltsgeld* zurückzuzahlen, wegen § 10 Abs 3 S 6 HS 1 AFuU [= Anordnung des Verwaltungsrats der Bundesanstalt für Arbeit über die individuelle Förderung der beruflichen Fortbildung und Umschulung v 23. 3. 1976 idF der 18. Änderungsanordnung v 9. 3. 1990 – heute wohl nicht mehr aktuell] nicht auf den Erben übergehen), gemeinsam mit dem Besitz (§ 857) die **auf § 985 beruhende Herausgabepflicht** (zur Entstehung einer parallelen Eigenverbindlichkeit bei Besitzergreifung sowie zur „verschärften" Haftung aus § 990s STAUDINGER/MAROTZKE [2008] § 1922 Rn 253 ff, 260 mwNw; GURSKY JR 1986, 225, 226 f; REBMANN 68 ff, 80, 250 f), die **Herausgabe- und Auskunftspflicht des Erbschaftsbesitzers** (vgl BGH NJW 1985, 3068 ff; STAUDINGER/GURSKY § 2018 Rn 8, 18, 21 f, § 2027 Rn 4; speziell zur „verschärften" Haftung aus § 2024 GURSKY JR 1986, 225, 226 f), die auf § 2130 beruhende **Herausgabe- und Schadensersatzpflicht des Vorerben** (OLG Frankfurt FamRZ 1995, 446; STAUDINGER/AVENARIUS [2003] § 2130 Rn 12), die Pflicht zur **Herausgabe einer ungerechtfertigten Bereicherung** (vgl STAUDINGER/MAROTZKE [2008] § 1922 Rn 273 f; BOEHMER RG-FS III [1929] 216, 278; GURSKY JR 1986, 225, 226 f [speziell zum Übergang der „verschärften" Bereicherungshaftung]; LANGE/KUCHINKE § 47 II 1 b; J SCHRÖDER JZ 1978, 379, 383; ferner unten Rn 52), die Pflicht zur **Rückgewähr eines** nach § 1360a Abs 4 BGB bzw § 5 S 2 LPartG gezahlten **Prozesskostenvorschusses** (aM AG Detmold FamRZ 1998, 1538; zu den Voraussetzungen einer solchen Rückgewährpflicht vgl STAUDINGER/VOPPEL [2007] § 1360a Rn 87 ff), die auf Vertrag beruhende Verpflichtung zur **Rückerstattung von Zuvielzahlungen einer kommunalen Zusatzversorgungskasse** (BGH NJW-RR 1992, 25 f), die Pflicht zur **Vorteilsausgleichung nach § 17 GrdstVG** (vgl dessen Abs 2 S 1), die auf § 1908i Abs 1 S 1 iVm § 1836 beruhende Verpflichtung zur Bezahlung einer **Betreuervergütung***, die **Unterhaltspflicht nach Art 12 § 10 Abs 1 S 2 NEhelG iVm § 1712 aF** (BGH NJW 1975, 1123 f = FamRZ 1975, 410, 411; an letzterer Stelle vollständiger und mit wertvollen Anmerkungen der Redaktion), **die Verpflichtung zum Versorgungsausgleich innerhalb der Grenzen des § 31 VersAusglG** (zum früheren Recht vgl STAUDINGER/REHME [2004] § 1587e Rn 3 ff, 28 ff; OLG Brandenburg FamRZ 2002, 756 f [jeweils bzgl des „dinglichen" Versorgungsausgleichs] und – auch zur damaligen Rechtslage beim „schuldrechtlichen" Versorgungsausgleich – STAUDINGER/MAROTZKE [2008] § 1922 Rn 153; STAUDINGER/REHME [2004] § 1587k Rn 8, 1587m Rn 1, 6 ff; s auch OLG Frankfurt FamRZ 1995, 299 und OLG Brandenburg NJW-RR 2002, 217 [zur Frage einer Anwendbarkeit des § 1587c]) oder zum **Ausgleich des Zugewinns** (arg § 1371 Abs 2 und 3 [ggf iVm § 6 LPartG]; vgl STAUDINGER/THIELE [2007] § 1371 Rn 67; BGH NJW 2004, 1321 f [Abschn 2a] = FamRZ 2004, 527 m Anm KOCH;

---

* Zur Problematik der Vergütungsfähigkeit von nach dem Tod des Betreuten erbrachten **Abwicklungs- und sonstigen Tätigkeiten des Betreuers** vgl STAUDINGER/MAROTZKE (2008) § 1922 Rn 158; LG Koblenz FamRZ 2004, 221 f; LG Wuppertal und LG Stendal (jeweils mit Anm BIENWALD in FamRZ 2006, 1063 f); OLG München FamRZ 2006, 1787 f = NJW-RR 2006, 1517 f mwNw.

Von vornherein nur beschränkt haftet der Erbe des Betreuten gem §§ 1908i Abs 1 S 1, 1836e Abs 1 S 3 BGB iVm § 92c Abs 3 und 4 BSHG (inzwischen ersetzt durch § 102 Abs 3 und 4 SGB XII) **für Rückgriffsansprüche der Staatskasse**; vgl dazu BayObLG FamRZ 2003, 1129 f = NJW-RR 2003, 1305 f (gegen *voreiligen* Zugriff auf die Staatskasse); OLG Jena FGPrax 2001, 22 f; BayObLG NJW-RR 2002, 1229 f = FamRZ 2002, 699 f m Anm BIENWALD; OLG Düsseldorf FGPrax 2002, 219 f = FamRZ 2002, 1659; OLG Düsseldorf NJW-RR 2002, 1660 = FamRZ 2002, 1658 f; OLG Frankfurt FGPrax 2003, 267 f (kein Regressanspruch des Staates gegen Bezugsberechtigten aus Lebensversicherung); OLG Frankfurt NJW 2004, 373 f (die in § 1836e Abs 1 S 3 vorgesehene Haftungsbeschränkung gelte nicht nur im Fall des Regresses der Staatskasse, sondern auch „bei der Prüfung der Festsetzung unmittelbar gegen die Erben"); BayObLG FamRZ 2005, 1590 ff = NJW-RR 2005, 1315 ff = FGPrax 2005, 120 ff; OLG München NJW-RR 2005, 1531 ff = FamRZ 2006, 508 ff; OLG Jena FGPrax 2006, 70 ff = FamRZ 2006, 645 f (Festsetzung der gem § 1836e der Staatskasse zu erstattenden Beträge gegenüber Nachlasspfleger als Vertreter unbekannter Erben); LG Koblenz FamRZ 2007, 2008; LG Koblenz FamRZ 2009, 1710 ff; DEINERT FamRZ 2002, 374 ff; STAUDINGER/BIENWALD (2004) § 1836e Rn 3, 19 ff; STAUDINGER/BIENWALD (2006) § 1908i Rn 260, 270.

Titel 2 · Haftung des Erben für die Nachlassverbindlichkeiten § **1967**
Untertitel 1 · Nachlassverbindlichkeiten **10**

BFH NJW 1993, 2461 f und zur Vererblichkeit der Ausgleichs*forderung* § 1378 Abs 3 S 1, ggf iVm § 6 LPartG) nebst flankierender **Auskunftspflicht aus** § **1379** (OLG Saarbrücken NJW-RR 2010, 85 f). Zur Vererblichkeit der Pflicht zur **Abfindungsergänzung nach** § **13 HöfeO** vgl STAUDINGER/MAROTZKE (2008) § 1922 Rn 235. Vererblich sind auch **Verbindlichkeiten eines Arbeitgebers aus Versorgungszusagen**, selbst wenn die aus ihnen resultierenden Ansprüche zZ des Erbfalls noch nicht fällig, sondern von einer aufschiebenden Bedingung abhängig sind (BAGE 64, 62, 67 = AP 7 BetrAVG Nr 56 Bl 970 m Anm REICHOLD). Die Verpflichtung eines Gesellschafters, unzulässige **Entnahmen aus dem Gesellschaftsvermögen** zurückzuzahlen, geht grundsätzlich auch dann auf seine Erben über, wenn der Gesellschaftsanteil des Erblassers nur auf einen von ihnen übergegangen ist (BGHZ 68, 225, 239 f) oder der Erblasser mit dem Tod aus der Gesellschaft ausscheidet und ein Abfindungsanspruch durch den Gesellschaftsvertrag ausgeschlossen ist (BGH LM Nr 3 zu § 115 HGB). Entsprechendes gilt für eine noch unerfüllte **Einlagepflicht** des Erblassers (OLG Köln ZEV 1997, 210 ff [dazu M SIEGMANN ZEV 1997, 182 ff]; vgl zur Einlagepflicht auch unten Rn 69). Dass eine durch Vertrag begründete Verbindlichkeit *erst nach dem Tod des Verpflichteten zu erfüllen* ist, steht ihrer Vererblichkeit nicht entgegen (OLG Zweibrücken MDR 1992, 160; vgl auch OLG München NJW-RR 2005, 1531 ff = FamRZ 2006, 508 ff). **Wer vom Erblasser durch rechtswidrige Drohung oder arglistige Täuschung zum Abschluss eines Erb- und Pflichtteilsverzichtsvertrages bestimmt wurde, verliert sein Anfechtungsrecht (§ 123) nicht automatisch im Zeitpunkt des Erbfalls** (vgl STAUDINGER/FERID/CIESLAR[12] Einl 28 zu §§ 2346 ff; LEIPOLD Rn 554 und 563; H P WESTERMANN, in: FS Kellermann [1991] 505, 522; MANKOWSKI ZEV 1998, 33 f; QUANTIUS, Die Aufhebung des Erbverzichts [2001] S 60 ff, bes Fn 59, 80, sowie die uU ebenfalls zum rückwirkenden Wegfall von Erbenstellungen führenden §§ 1953, 1954, 2078 ff, 2344; offen gelassen von BGH NJW 1999, 789). **Die Gegenansicht** (OLG Koblenz NJW-RR 1993, 708, 709; OLG Schleswig NJW-RR 1997, 1092, 1093; OLG Düsseldorf FamRZ 1998, 704, 705; BayObLG NJW-RR 2006, 136 ff = FamRZ 2006, 1631 ff = ZEV 2006, 209 ff [m krit Anm LEIPOLD]; STAUDINGER/SCHOTTEN [2010] Einl 22 zu §§ 2346 ff, § 2346 Rn 106, 179; LANGE/KUCHINKE § 7 IV 3; PENTZ MDR 1999, 785 ff mwNw) gelangt konsequent zu einem schuldrechtlichen Ausgleichsanspruch des Verzichtenden, der vom Erben als Nachlassverbindlichkeit zu erfüllen ist (so mit unterschiedlichen Begründungen OLG Koblenz aaO; STAUDINGER/SCHOTTEN [2010] § 2346 Rn 109; LANGE/KUCHINKE aaO; PENTZ aaO).

Da der Erbe nicht nur das Vermögen des Erblassers einschl der Passiva übernimmt, **10** sondern nahezu die gesamte seinen Gläubigern verpflichtete Rechtsstellung des Erblassers fortsetzt (vgl Vorbem 7), können auch solche **Verbindlichkeiten** vererblich sein, **die sich auf durch Dritte (mit Ausnahme eines Gesamtrechtsnachfolgers) nicht ausführbare oder auf nichtvermögenswerte Leistungen richten** (vgl BOEHMER in RG-FS III [1929] 216, 251, 253; STAUDINGER/BOEHMER[11] § 1922 Rn 81, 122, 197 ff; DIETZEL 20 ff; aM hinsichtlich der auf nichtvermögenswerte Leistungen gerichteten Verbindlichkeiten noch E I 2051 S 1; KG JW 1926, 1675; KG JW 1931, 2998 f [dazu Rn 12]). Vererblich ist zB die Verpflichtung zur Abgabe einer **Willenserklärung** (RG Gruchot 56 [1912] 1005; vgl auch Vorbem 39) oder zur **Auskunftserteilung** (vgl STAUDINGER/MAROTZKE [2008] § 1922 Rn 156, 276 aE; DIETZEL 170 ff, 175 ff; RG HRR 1933 Nr 569 = DRiZ 1932 Nr 784 = WarnR 24 [1932] Nr 196; BGH NJW 1985, 3068 ff; OLG München NJW-RR 1987, 649 f = Rpfleger 1987, 109 = MDR 1987, 416 [eidesstattliche Versicherung]; BGHZ 104, 369 ff = ZIP 1988, 1058 ff = EWiR § 259 BGB 1/1988, 867 m krit Kurzkommentar KELLER [eidesstattliche Versicherung]; OLG Saarbrücken NJW-RR 2010, 85 f [Vererblichkeit der Auskunftspflicht aus § 1379]; Königlich Preußisches Obertribunal Striethorsts Archiv 80 [1871] 253, 255 ff [Vererblichkeit der auf damaligem § 29 Nr 3 pr AGO beruhenden

Verpflichtung, ein Nachlassinventar herauszugeben und dieses oder ein bereits vom ersten Erben herausgegebenes Inventar eidlich zu erhärten; zustimmend RG JW 1894, 211 Nr 67]; Th Wolff KO² § 3 Anm 5 aE; vgl auch Planck/vUnzner⁴ § 1421 Anm 30; Sarres ZEV 2008, 512, 513 f und – speziell in Bezug auf **Mitteilungspflichten nach § 21 WpHG** – Widder BB 2005, 1979 ff [der die Vererblichkeit allzu pauschal verneint]). Auch **Unterlassungspflichten** kommen für eine Vererbung in Betracht (vgl Rn 11, 18, 21; OLG Hamm FamRZ 1995, 700 [dazu auch Rn 53]; Staudinger/Marotzke [2008] § 1922 Rn 271 f; Gaa AcP 161, 433 ff; J Schröder JZ 1978, 379 ff; Kuhnke JW 1933, 2872 [zur *Verletzung* ererbter Unterlassungspflichten; dazu auch unten Rn 53]).

11 Mit der Vererbung von Verbindlichkeiten, die den Schuldner verpflichten, mit allen Gegenständen einer bestimmten Gattung, die jetzt und in Zukunft seiner Verfügung unterliegen, in bestimmter Weise zu verfahren, befasst sich unter dem Titel „Zum **Übergang inhaltlich variabler Verpflichtungen** auf den Erben" J Schröder in JZ 1978, 379–385. Beispiele für „inhaltlich variable" Verpflichtungen sind *Konkurrenzverbote,* denen der Erblasser mit allen seinen Betrieben unterlag, *Stimmrechtsbindungen,* die sich auf den jeweiligen Aktienbestand des Erblassers beziehen, oder *die Pflicht zur Ablieferung der gesamten Produktion* eines bestimmten Erzeugnisses an den Gläubiger (J Schröder JZ 1978, 379 und für Stimmrechtsbindungen nochmals in ZGR 1978, 578, 595 ff). Soweit diese Verbindlichkeiten vererblich sind (dazu Staudinger/Marotzke [2008] § 1922 Rn 271 f; Schröder JZ 1978, 379, 380), wird man annehmen müssen, dass sich der Umfang der primären Schuld durch den Übergang auf den Erben nicht erweitert (etwa dergestalt, dass dieser vor Beschränkung seiner Haftung dem Konkurrenzverbot auch mit seinen eigenen, nicht mit Mitteln des Nachlasses erworbenen Betrieben unterläge; so aber Schröder JZ 1978, 379, 381 ff für den Fall, dass nur *eine* Person Erbe ist; wie hier hingegen Kipp JW 1926, 1809 f; MünchKomm/Küpper Rn 40; Soergel/Stein § 1922 Rn 44). Dass der Erbe für die Nachlassverbindlichkeiten gem § 1967 grundsätzlich auch mit dem Eigenvermögen einstehen muss (zB bei Verletzung des Wettbewerbsverbots), besagt nicht, dass sich auch der Umfang der primären Schuld (im Beispiel: mit *welchen* Betrieben dem Gläubiger keine Konkurrenz gemacht werden darf) nicht mehr nach den Verhältnissen des Erblassers, sondern nach denen seines Erben richtet (MünchKomm/Leipold § 1922 Rn 38; **aM** J Schröder aaO; vgl auch Vorbem 8 aE).

12 Vererblich ist auch die Pflicht des Gesellschafters einer OHG, sein Ausscheiden aus der Gesellschaft zur Eintragung ins **Handelsregister** anzumelden (Schäfer, in: GroßkommHGB⁵ § 143 Rn 16; vgl auch Baumbach/Hopt³⁴ HGB § 143 Rn 2 f; KG HRR 1935, 1055; MünchKommHGB/K Schmidt² § 143 Rn 10; Kick 39 ff; **aM** KG JW 1931, 2998 f [m krit Anm Endemann] und BayObLG Betrieb 1979, 86 aE [das aber eine Anmeldpflicht derjenigen Erben, die von der Nachfolge in die Gesellschaft ausgeschlossen und deshalb nicht schon nach § 143 Abs 1, 2 HGB anmeldepflichtig sind, aus § 143 Abs 3 HGB herleiten will; iE ebenso KG OLGZ 1991, 261, 263 f]; ausführlich zu registerrechtlichen Fragen im Zusammenhang mit der Gesellschafter-Erbfolge Sassenrath, Die Umwandlung von Komplementär- in Kommanditbeteiligungen [1988] 175 ff, 178 ff, 182 ff, 187 ff, 190 ff, 202 ff, 209 ff, 228). Entsprechendes gilt für die Pflicht zur Anmeldung des Erlöschens einer Firma (Burgard, in: GroßkommHGB⁵ § 31 Rn 36; *gegen* Vererblichkeit KG JW aaO; KG JW 1926, 1675 m zust Anm v Bondi; Baumbach/Hopt³⁴ HGB § 31 Rn 8; MünchKommHGB/Krafka² § 31 Rn 16; Schlegelberger/Hildebrandt⁵ HGB § 31 Rn 12). In beiden Fällen stehen weder der öffentlich-rechtliche (dazu Rn 14 ff) noch der nichtvermögensrechtliche Charakter (s oben Rn 10) der Anmeldpflicht ihrer Vererbung entgegen. Entscheidend *für* die Vererblichkeit spricht, dass der Erbe grundsätzlich die gesamte pflichtbelastete Rechtsstellung des Erblassers fortsetzt (vgl Vorbem 7). Zumindest aber treffen den Erben im Fall der Nichtanmeldung die gleichen *Folgen aus § 15 HGB,* denen sonst der Erblasser ausgesetzt gewesen wäre (WÜRDINGER, in: GroßkommHGB³ § 31 Anm 6; vgl auch STAUDINGER/BOEHMER¹¹ § 1922 Rn 196). Der Erbe eines ausgeschiedenen OHG-Gesellschafters haftet also uU auch für erst nach dem Erbfall entstehende *Gesellschaftsschulden* (SCHÄFER, in: GroßkommHGB⁵ § 143 Rn 31; MünchKommHGB/K SCHMIDT² § 143 Rn 21; ENDEMANN in einer Anm zu KG JW 1931, 2998 f; wohl auch WÜRDINGER, in: GroßkommHGB³ aaO; **aM** das KG aaO und SOERGEL/SCHIPPEL¹⁰ Rn 2 jeweils für den Fall, dass der Erblasser bereits zu Lebzeiten als Gesellschafter ausgeschieden war). Wenn der Erbe infolge des Erbfalls selbst Gesellschafter wird, ist er schon als solcher nach § 143 HGB zur Anmeldung des Ausscheidens des Erblassers verpflichtet (BGHZ 66, 98, 102 f; vgl auch Rn 63). Ist Testamentsvollstreckung angeordnet und erstreckt sich diese auf einen zum Nachlass gehörenden Kommanditanteil, so hat der *Testamentsvollstrecker* den durch die Anteilsvererbung eingetretenen Gesellschafterwechsel zum Handelsregister anzumelden; eine entsprechende Verpflichtung des *Erben* soll nach Ansicht des BGH in diesem Fall nicht bestehen (BGHZ 108, 187, 190 gegen MAROTZKE EWiR § 2205 1/1989, 471, 472; vgl zu diesen Fragen auch WEIDLICH, Die Testamentsvollstreckung im Recht der Personengesellschaften [1993] 89 f). Weitere Kasuistik zum Thema **Unternehmenserbrecht und Handelsregister** erörtern KRUG ZEV 2001, 51 ff und KG FGPrax 2007, 91 ff = ZEV 2007, 497 f. **Die Haftung für Geschäftsschulden** ist weiter unten bei Rn 57 ff dargestellt.

Verbindlichkeiten des Erblassers gegenüber dem Erben erlöschen durch die infolge des Anfalls der Erbschaft bewirkte Vereinigung von Recht und Verbindlichkeit (anders bei Erbenmehrheit [vgl BVerwG WM 1969, 673, 674 und STAUDINGER/WERNER Vorbem 1 zu §§ 2032–2057a] oder Testamentsvollstreckung [BGHZ 48, 214, 218 ff]; **aM** MUSCHELER 274 ff; selbst beim Alleinerben unter besonderen Umständen vom Fortbestehen ausgehend OLG Celle ZEV 2001, 22 ff [Nichtannahmebeschluss des BGH v 26. 9. 2001 – IV ZR 46/01]). Sie leben aber wieder auf, falls später eine Nachlassverwaltung angeordnet oder ein Nachlassinsolvenzverfahren eröffnet wird (vgl § 1976 Rn 1). Auch erstreckt sich das beim Erbfall eintretende Erlöschen eines dem Erben gegen den Erblasser zustehenden Schadensersatzanspruchs nicht auf einen dem Ausgleich desselben Schadens dienenden Direktanspruch gegen einen Haftpflichtversicherer (s Rn 21). Wird ein Steuerpflichtiger mit seinem Ehegatten zusammen veranlagt, so erlischt bei seinem Tod die Einkommensteuerschuld zur Hälfte, wenn gem § 1936 der Fiskus gesetzlicher Erbe wird (BFHE 212, 388 ff = NJW-RR 2006, 1232 ff). **13**

Öffentlich-rechtliche Verbindlichkeiten sind vererblich, soweit sie nicht ausnahmsweise (vgl BVerwGE 125, 325, 326 f = JZ 2006, 1124, 1126 f m Anm OSSENBÜHL = NVwZ 2006, 928, 930 f) höchstpersönlicher Natur sind oder ihr Übergang auf den Erben gesetzlich ausgeschlossen ist (BVerwG NJW 1963, 1075 f; 2002, 1892; BSGE 24, 190, 193 = NJW 1966, 1239 f; KUNK SozSich 1966, 199 f; vgl zu diesem Thema STAUDINGER/MAROTZKE [2008] § 1922 Rn 351 ff). Zu Recht spricht das BVerwG in seinem Urteil vom 16. 3. 2006 (BVerwGE 125, 325, 326 f = JZ 2006, 1124, 1125 f [m Anm OSSENBÜHL] = NVwZ 2006, 928, 930 [Rn 19]) von einem „allgemeinen Grundsatz des Verwaltungsrechts, dass sachbezogene Verhaltenspflichten den zivilrechtlichen Bestimmungen des Erbrechts und des Umwandlungsrechts folgend rechtsnachfolgefähig sind", und dass „die Gesamtrechtsnachfolge in öffentlich-rechtliche Pflichten, deren Konkretisierung durch einen Verwaltungsakt noch aussteht, ... der Rechtsordnung keineswegs fremd" sei (auch nicht im **Polizeirecht**; vgl Rn 26 ff der Urteilsgründe). **14**

15 Vererblich sind zB **öffentlich-rechtliche Erstattungspflichten**. Ob eine gegenüber staatlichen Einrichtungen bestehende Erstattungspflicht privat- oder öffentlich-rechtlicher Natur ist und wie sie gegenüber dem Erben durchgesetzt werden kann, ist in vielen Fällen streitig (vgl STAUDINGER/MAROTZKE [2008] § 1922 Rn 360 ff, 368 einerseits und SOERGEL/STEIN[13] § 1967 Rn 13 andererseits). Noch immer aktuell: die Rückzahlungspflicht von Erben gem **§ 349 Abs 5 S 1 LAG** (vgl BVerwG NJW 2002, 3189 f; BVerfG WM 2006, 2019 f [zur Rückzahlungspflicht eines sonstigen Rechtsnachfolgers iSd § 349 Abs 5 S 2 LAG]; STAUDINGER/MAROTZKE [2008] in der Fn zu § 1922 Rn 377).

16 Vererblich sind auch **Steuerschulden** mit Ausnahme von Zwangsgeldern, jedoch einschließlich etwaiger Hinterziehungszinsen (vgl STAUDINGER/MAROTZKE [2008] § 1922 Rn 370 f sowie speziell zur beschränkten bzw unbeschränkten Haftung des Erben für „nachlassbezogene" Einkommensteuerschulden M SIEGMANN ZEV 1999, 52 ff; BFHE 186, 328 ff = BStBl II 1998, 705 ff = BB 1998, 2195 ff = ZEV 1998, 441 ff [zu diesem Urteil auch Rn 19, 36]), **Soforthilfeabgabeschulden** (OLG Hamburg NJW 1952, 228), **Erschließungsbeitragsschulden** (OVG Bremen NVwZ 1985, 917) sowie die Vermögensabgabeschuld beim **Lastenausgleich** (vgl §§ 67–69 LAG [heute kaum noch von Bedeutung]; BGHZ 14, 368, 370; BayObLGZ 1956, 225, 231; BFH NJW 1965, 1736 [ua zur Geltendmachung im Nachlasskonkurs]; BFH NJW 1960, 1975 [zur Anwendbarkeit des § 2060, vgl STAUDINGER/MAROTZKE [1996] § 2060 Rn 37]; zur Beschränkung der Haftung für die Vermögensabgabe vgl die Sonderbestimmungen des § 69 LAG; s ferner §§ 70, 71 LAG zur Kürzung von Vermächtnissen und Auflagen sowie zur Mithaftung von Vermächtnisnehmern und Auflagebegünstigten; allgemein zur Erbenhaftung für die Vermögensabgabe HENSE DNotZ 1953, 79, 84 f; BACHELIN DNotZ 1955, 565, 578 ff; HAEGELE JustABlBW 1961, 23, 25 mwNw; vELM Betrieb 1963 Beil 21). Vererblich ist die infolge schuldhafter Verletzung des **Fehlbelegungsverbots (§ 4, Abs 2–5, Abs 7 WoBindG)** durch den Hauseigentümer begründete Pflichtigkeit des Verfügungsberechtigten, mit Geldleistungen nach § 25 Abs 1 WoBindG belastet zu werden (BVerwGE 64, 105, 108 ff; vgl zu dieser Entscheidung auch Rn 19 und Vorbem 8 aE). Entsprechendes gilt für die Pflicht, den Verstoß gegen das Fehlbelegungsverbot zu beseitigen (BVerwGE 64, 105, 113–115 [auch zu den Grenzen ererbter „Verstoßbeseitigungspflichten"]). Vererblich sind ferner die rechtzeitig vor dem Erbfall durch Leistungsbescheid festgesetzte (§ 4 Abs 2 AFWoG) Verpflichtung des Wohnungsinhabers zur Zahlung der auf die Zeit bis zu seinem Tod entfallenden (§ 7 Abs 1 Nr 2 AFWoG) **Fehlbelegungsabgabe** nach dem AFWoG v 22. 12. 1981 (BGBl I 1542; neu gefasst am 13. 9. 2001, BGBl I 2414; missverständlich AK-BGB/TEUBNER Vorbem 107), die Verpflichtung zur **Rückzahlung eines Aufbaudarlehens** nach dem LAG (BVerwG NJW 1963, 1075 f [auch zur Anwendung des § 1990]) und die Ersatzpflicht für die Kosten der **Sozialhilfe** (für sie haftet der Erbe aber von vornherein nur mit dem Nachlasswert; vgl STAUDINGER/MAROTZKE [2008] § 1922 Rn 364; unten Rn 31 sowie zur Haftung von *Miterben* unten § 2058 Rn 52]; Entsprechendes gilt gem §§ 5 Abs 5, 6 Abs 2 S 1 KonsG bzgl der Ersatzpflicht für Hilfeleistungen durch Konsularbeamte). Vererblich sind auch die Pflicht zur Rückzahlung unberechtigt empfangener Sozialhilfe und eine etwaige Verpflichtung zum Ersatz der Aufwendungen einer „erweiterten" Sozialhilfe nach § 19 Abs 5 S 1 SGB XII (Näheres bei STAUDINGER/MAROTZKE [2008] § 1922 Rn 362–364; vgl auch LITTIG/MAYER Rn 189; der Fall des Vorhandenseins *mehrerer* Erben ist thematisiert bei § 1922 Rn 363).

Gem § 57 Abs 2 SGB I haftet für bestimmte Verbindlichkeiten des Verstorbenen gegenüber dem Leistungsträger nicht der Erbe, sondern ein **Sonderrechtsnachfolger** (dazu STAUDINGER/MAROTZKE [2008] § 1922 Rn 356 f, 362; BochKomm/HEINZE SGB-AT § 57 Rn 11 ff; SCHMELING MDR 1976, 807, 811).

Zur Pflichtnachfolge im Bauordnungsrecht vgl BVerwG DÖV 1971, 640 ff = NJW **17** 1971, 1624 f (besprochen v MARTENS JuS 1972, 190) sowie „erst recht" das bereits bei Rn 14 erwähnte Urteil BVerwGE 125, 325 ff. Vgl **zu weiteren Spezialproblemen** die Titel des bei STAUDINGER/MAROTZKE (2008) § 1922 Rn 351 angeführten Schrifttums (insb DIETLEIN, Nachfolge im Öffentlichen Recht [1999] 224 ff).

Nicht vererblich sind **Geldstrafen** und **Geldbußen**; sie dürfen in den Nachlass nicht **18** vollstreckt werden (§§ 459c Abs 3 StPO, 101 OWiG; vgl auch § 45 Abs 1 S 2 AO). Vererblich sind aber „die gegen den Erblasser erkannten Nebenfolgen einer Straftat oder Ordnungswidrigkeit, die zu einer Geldzahlung verpflichten". § 226 Abs 2 Nr 2 KO, dem diese Formulierung entnommen ist, setzte die Vererblichkeit konkludent voraus. Dass eine vergleichbare Formulierung nicht auch in der InsO zu finden ist, ändert nichts an ihrer Richtigkeit, sondern ist damit zu erklären, dass § 226 Abs 2 Nr 2 KO nur für den *Nachlasskonkurs* galt, während der an seine Stelle getretene § 39 Abs 1 Nr 3 InsO für *jedes* Insolvenzverfahren gilt und deshalb *weiter* gefasst werden musste als sein nur innerhalb der Vererblichkeitsgrenzen relevantes Vorbild (vgl BT-Drucks 12/2443, 123, 232 [Begründung zu §§ 46, 370 RegE/§§ 39, 327 InsO]). Stirbt ein in einer Strafsache Verurteilter vor Rechtskraft des Urteils, so haftet sein Nachlass nicht für die Kosten (§ 465 Abs 3 StPO). Für die Kosten aus Zivilprozessen gilt dies jedoch nicht (vgl Rn 20). Stirbt der Schuldner eines Unterlassungsanspruchs während des Vollstreckungsverfahrens, so sind gegen den Erben keine **Ordnungsmittel iSd § 890 ZPO** festzusetzen; vielmehr hat sich die Hauptsache erledigt, so dass nach § 91a ZPO nur noch über die Kosten zu entscheiden ist (OLG Hamm MDR 1986, 156: zust BROX/ WALKER[8], Zwangsvollstreckungsrecht Rn 1106). Weitere Einzelheiten zur **Nachfolge in prozessuale Rechtslagen** sind nachzulesen bei STAUDINGER/MAROTZKE (2008) § 1922 Rn 329 ff.

2. Das „Herrühren" der Schuld vom Erblasser

Vom Erblasser „herrührende" Schulden iS des Abs 2 sind nicht nur solche, die schon **19** zu Lebzeiten des Erblassers gegen diesen hätten durchgesetzt werden können. Es genügt, dass der Verpflichtungs*grund* in der Person des Erblassers gegeben bzw durch den Erblasser gesetzt war, mag auch die Verpflichtung selbst erst nach seinem Tod durch Eintritt weiterer Voraussetzungen wie zB einer aufschiebenden Bedingung, eines Anfangstermins oder eines Schadens aus einer vom Erblasser begangenen unerlaubten Handlung (vgl Rn 21 ff) oder Vertragsverletzung in Kraft treten (BGH WM 1968, 37, 38; 1976, 808). **Der Erbe tritt nicht nur in bereits „fertige" Verpflichtungen, sondern auch in „pflichtbelastete Rechtslagen" des Erblassers ein** (dazu ausführlich BOEHMER JW 1938, 2634 ff; ders, in: STAUDINGER[11] § 1922 Rn 213 ff; STAUDINGER/MAROTZKE [2008] § 1922 Rn 252 ff, 260 f, 266, 274, 303 ff, 329 ff; GURSKY, Nachträglicher guter Glaube, JR 1986, 225, 226 f; WERKMÜLLER, Haftungsbeschränkung und Schadensersatz beim Tod des Verkäufers im schwebenden M & A-Prozess, ZEV 2007, 16 ff; vgl auch die bei Rn 16 und in Vorbem 8 erwähnte Entscheidung BVerwGE 64, 105, 108 ff [Vererbung öffentlich-rechtlicher Pflichtigkeiten und auf vorangegangenem Tun beruhender „Verstoßbeseitigungspflichten"]; BVerwGE 125, 325, 326 = JZ 2006, 1124, 1125 ff m Anm OSSENBÜHL = NVwZ 2006, 928, 930 f [dazu bereits Rn 14], die bei STAUDINGER/MAROTZKE [2008] § 1922 Rn 301 erwähnte Entscheidung BGH NJW 1991, 2558 [Rückforderungsanspruch des Schenkers bei Verarmung nach Tod des Beschenkten]; eher zurückhaltend hingegen LG Aachen NJW-RR 1988, 450 f [besonders unter 8.]: für Aufwendungen des Partners einer nichtehelichen Lebensgemeinschaft in das Hausgrundstück des anderen Partners bestehe nach dem Tod des letzteren idR kein Ersatzanspruch gegen den Nachlass). Dieser Aspekt ist auch bei **Steuerschulden** von Interesse: Hatte der Erblasser durch eine Rechtshandlung einen Geschehensablauf in Gang gesetzt, kraft dessen es nach dem Erbfall „zwangsläufig, ohne irgendein Handeln des Erben" zu einem Güteraustausch (im konkreten Fall: Veräußerungsgewinn anstelle einer Schiffspart) gekommen ist, den „weder Erbe noch Nachlasskonkursverwalter durch eigenes Handeln verhindern konnten", so ist die sich auf diesen Veräußerungsgewinn beziehende Einkommensteuerschuld eine Nachlassverbindlichkeit iS des § 1967 Abs 2 BGB, für die der Erbe seine Haftung „gemäß § 1975 BGB auf den Nachlass beschränken kann" (so die mE zutreffenden Teile des amtlichen Leitsatzes zu BFHE 186, 328 ff = BStBl II 1998, 705 ff = BB 1998, 2195 ff = ZEV 1998, 441 ff [wenig glücklich ist hingegen die vom BFH vorgenommene dogmatische Einordnung als „Erbfallschuld in der Form der Nachlassverwaltungskostenschuld"]; vgl zur Abgrenzung auch Rn 33 ff).

20 **Nehmen die Erben einen vom Erblasser geführten Rechtsstreit auf** und unterliegen sie, so ist die Verpflichtung zur Erstattung der bis zu ihrem Eintritt in den Rechtsstreit angefallenen **Prozesskosten** (reine) Nachlassverbindlichkeit trotz des Umstands, dass das über die Kostentragung entscheidende Urteil erst nach dem Tod des Erblassers ergeht (LG Naumburg HRR 1937 Nr 700; OLG Düsseldorf FamRZ 2010, 496, 498; vgl auch JOHANNSEN WM 1972, 914, 920 [gegen den Erben aufgenommener Prozess]; KG OLGE 20 [1910] 301 f; RG JW 1912, 46 = Recht 1911 Nr 3923; BGHZ 54, 204, 207 aE; DAMRAU ZEV 1999, 234; wegen der durch den *Erben* oder durch einen *Nachlasspfleger* veranlassten Prozesskosten s unten Rn 47).

Ist dem Erben in dem der **Kostenfestsetzung** zugrunde liegenden Titel die Beschränkung seiner Haftung nicht oder nur in einer sich nicht auch auf die Kostenentscheidung erstreckenden Weise (Rn 47) vorbehalten worden, so kann der Vorbehalt auch in den Kostenfestsetzungsbeschluss nicht aufgenommen werden (KG MDR 1976, 584 f; BGH FamRZ 2004, 441; vgl auch OLG Stuttgart JurBüro 1976, 675 = JustABlBW 1976, 362; OLG Hamm AnwaltsBl 1982, 385 = MDR 1982, 855 = Rpfleger 1982, 354; OLG Celle NJW-RR 1988, 133, 134; OLG Koblenz ZEV 1997, 253 f; LG Leipzig ZEV 1999, 234 m Anm DAMRAU; s erg Vorbem 21 zu §§ 1967 ff). Umgekehrt ist ein im Urteil enthaltener Vorbehalt der beschränkten Erbenhaftung, wenn er sich ausnahmsweise (Rn 47) auf die Kostenentscheidung erstreckt, im Kostenfestsetzungsbeschluss unverändert zu übernehmen (vgl KG NJW 1964, 1330 [später leider „schlimmverbessert" durch KG MDR 1981, 851 f]; **aM** wohl OLG Frankfurt Rpfleger 1977, 372 f zu einem Fall des inzwischen aufgehobenen § 419). Über den Einwand des unter Vorbehalt der beschränkten Haftung verurteilten Erben, dass er für die Gerichtskosten nur beschränkt hafte, ist nicht im Erinnerungsverfahren, sondern im Wege der Klage nach § 8 Abs 2 JBeitrO iVm §§ 781, 785, 767 ZPO zu entscheiden (KG Rpfleger 1964, 385 f; OLG München JurBüro 1994, 112).

Nicht jede nach dem Tod eines Beklagten ergehende Verurteilung ist übrigens eine Verurteilung seines *Erben:* Da die in § 239 ZPO vorgesehene Unterbrechung des Verfahrens gem § 246 ZPO nicht eintritt, wenn der Erblasser durch einen Prozessbevollmächtigten (dessen Vollmacht nach § 86 ZPO fortgilt) vertreten ist, **kann eine Verurteilung des Erblassers auch noch nach dem Erbfall erfolgen** (vgl Vorbem 21 und

STAUDINGER/MAROTZKE [2008] § 1922 Rn 332). Geschieht dies (zB weil der Erbe den Prozess nicht aufnimmt und der Kläger nicht gegen ihn umstellt), so ist die Pflicht zur Erstattung der Prozesskosten eine „vom Erblasser herrührende Schuld" (vgl auch Rn 28), die den Erben lediglich „als solchen" trifft. Der Erbe kann seine Haftung auf den Nachlass beschränken. Da das Urteil nicht gegen ihn, sondern gegen den Erblasser ergangen ist, ist § 780 Abs 1 ZPO nicht anzuwenden (vgl Vorbem 21).

Verpflichtungen aus **unerlaubten Handlungen** (§§ 823 ff) können auch dann iS des § 1967 Abs 2 vom Erblasser herrühren, wenn Rechtsgutsverletzung und Schaden erst nach dem Erbfall eintreten. Entscheidend ist, ob Rechtsgutsverletzung und Schaden durch ein die objektiven und subjektiven Tatbestandsmerkmale der Anspruchsnorm erfüllendes Verhalten des Erblassers verursacht worden sind. Ist das der Fall, so handelt es sich bei der Verpflichtung zum Schadensersatz um eine Nachlassverbindlichkeit (RG HRR 1942 Nr 522; LG Freiburg JW 1938, 1819; BOEHMER JW 1938, 2634 ff; OLG Hamm MDR 1995, 695 = NVZ 1995, 276 f = VersR 1995, 454 f; OLG Celle OLGR Celle 2006, 548 ff [Absturz eines Flugzeuges wg Verschuldens des Fluglehrers, Haftung der Erben]; SOERGEL/STEIN Rn 3; zu einem Freistellungsanspruch des verstorbenen Schädigers gegen Dritte vgl BGH NJW 2005, 981 ff = ZIP 2005, 345 ff [auch zur Haftungsbeschränkung auf den Nachlass]). Auch für die Entstehung eines Direktanspruchs (§ 115 Abs 1 S 1 Nr 1 VVG iVm § 3a PflVG) gegen den Haftpflichtversicherer des Erblassers reicht es deshalb aus, dass der Erblasser die im Haftpflichttatbestand vorausgesetzte Handlung zu Lebzeiten zurechenbar verwirklicht hat. Wird zB der Versicherungsnehmer als Fahrer seines Kraftfahrzeugs bei einem von ihm verschuldeten Unfall getötet, so entsteht der Direktanspruch des verletzten Beifahrers gegen den Haftpflichtversicherer selbst dann, wenn die Verletzungen des Beifahrers erst Sekundenbruchteile nach dem Tod des Fahrers eintreten (vgl OLG Hamm aaO, das hiervon zu Recht auch für den Fall keine Ausnahme macht, dass der Beifahrer Alleinerbe des Fahrers wird). Hinsichtlich der **Billigkeitshaftung nach § 829** hat der BGH entschieden, dass eine solche nach dem Tod des Schädigers selbst dann denkbar sei (und gem § 1967 den Erben treffe), wenn sie vorher wegen der eigenen Unterhaltsbedürfnisse des Schädigers, die bei dessen Tod natürlich entfallen, nicht bestanden habe (BGHZ 76, 279, 287 f). Hat sich der Erbe iS von § 830 an der unerlaubten Handlung des Erblassers beteiligt, so haftet er nicht nur nach § 1967, sondern gem § 840 auch unmittelbar persönlich und insoweit unbeschränkbar (Nachlasserbenschuld; vgl Rn 5 ff). Zur Rechtsnachfolge in auf unmittelbarer oder analoger Anwendung des § 1004 beruhende **Unterlassungs- und Störungsbeseitigungspflichten** vgl STAUDINGER/GURSKY (2006) § 1004 Rn 132 ff, 198 f, 206 (ebenfalls einschlägig: BGH NJW-RR 2006, 1378, 1379 [keine Passivvererblichkeit einer vom Erblasser persönlich ausgehenden Wiederholungsgefahr]; BGH NJW 2008, 301 f [Übertragung dieses Gedankens auf den Fall der „Verschmelzung" einer wettbewerbswidrig handelnden GmbH auf einen übernehmenden Rechtsträger]; BREHM, Nachfolge in dingliche Unterlassungspflichten?, JZ 1972, 225 ff; HEINZE, Rechtsnachfolge in Unterlassen [1974] 167 ff, 252 ff; ELKE HERRMANN, Der Störer nach § 1004 BGB [1987] 118 ff; SCHLABACH/SIMON NVwZ 1992, 143, 144 f; zur Rechtsnachfolge in *sonstige* Unterlassungspflichten oben Rn 10 f, 18). Eine Vererbung auf vorangegangenem Tun beruhender **öffentlich-rechtlicher „Verstoßbeseitigungspflichten"** wird zu Recht als möglich erachtet (BVerwGE 64, 105, 113 ff; s auch Rn 16, 19). In schwierige Probleme führt die **öffentlich-rechtliche Altlastenhaftung** des Erben nach dem Bundes-Bodenschutzgesetz (vgl SCHWARTMANN/VOGELHEIM ZEV 2001, 101 ff, 343 ff; s auch unten Rn 36).

22 Solange dem Erben **die Fortsetzung einer deliktischen Unterlassung des Erblassers** (zB mangelnde Instandhaltung einer Treppe im Hause des Erblassers) nicht zugerechnet werden kann, weil er den gefährlichen Zustand weder kannte noch kennen konnte, wird man das Verhalten des Erblassers als alleinige, über seinen Tod hinauswirkende Ursache behandeln und eine reine Nachlassverbindlichkeit annehmen müssen (vgl LG Freiburg JW 1938, 1819 und direkt dazu BOEHMER JW 1938, 2634, 2641: der Kläger war nach dem Erbfall auf einer Haustreppe zu Fall gekommen, deren ordnungswidrigen Zustand der Erblasser schuldhaft hatte bestehen lassen, während die Erben von diesem Zustand keine Kenntnis hatten und haben konnten).

23 Wie das vorangegangene Beispiel zeigt, können sich Nachlassverbindlichkeiten auch aus der **Haftung für** zum Nachlass gehörende **Gefahrenquellen** ergeben (vgl STAUDINGER/BOEHMER[11] § 1922 Rn 194; BOEHMER JW 1938, 2634, 2638 f; WEIMAR MDR 1971, 369; HELDRICH/EIDENMÜLLER, Erbrecht [4. Aufl 2001] 25 ff; EBERL-BORGES VersR 1996, 1070, 1072 f, 1075 f sowie REBMANN, Der Eintritt des Erben in pflichtbelastete Rechtspositionen [2004] 33 ff, 250 f). So wenn nach dem Erbfall ein zum Nachlass gehörendes **Tier** einen Schaden anrichtet (§ 833), ein geerbtes **Gebäude** einstürzt (§ 836) oder es bei einer Fahrt mit einem geerbten **Kraftfahrzeug** zu einem Verkehrsunfall kommt (§§ 7 ff StVG). Ebenfalls hierher gehört der Fall, dass beim Betrieb eines geerbten **Luftfahrzeugs** ein Schaden verursacht wird (§§ 33 ff LuftVG). Da die §§ 833 und 836 keine reine Gefährdungshaftung, sondern eine Haftung für vermutetes *Verschulden* statuieren (§§ 833 S 2, 836 Abs 1 S 2), folgt aus ihnen dann keine „vom Erblasser herrührende" Verbindlichkeit, wenn für diesen der – zB von einem Nachlassverwalter geführte (vgl § 1984 Abs 1 S 3) – Exkulpationsbeweis gelingt. Zu beachten ist ferner, dass die §§ 7 StVG, 33 Abs 1 und Abs 2 S 2, 3 LuftVG, 833 BGB eine Haftpflicht nur demjenigen auferlegen, der zZ des schädigenden Ereignisses „Halter" des Kraftfahrzeugs, Luftfahrzeugs bzw des Tieres war (vgl hingegen § 836 Abs 2 über die Haftung auch des *früheren* „Eigenbesitzers" [§ 836 Abs 3] eines einstürzenden Gebäudes und § 33 Abs 2 S 1 LuftVG über die Haftung eines eigenmächtigen Dritten), und dass der Erbe, zumal wenn er von Anfall und Zusammensetzung der Erbschaft zunächst nichts weiß, nicht sofort neuer „Halter" wird (WEIMAR MDR 1971, 369; KLOOK 104 f; REBMANN 33 ff, 250 f; aM EBERL-BORGES VersR 1996, 1070, 1072 f, 1075; STAUDINGER/BELLING/EBERL-BORGES [2008] § 833 Rn 112; vgl ferner die sich auf § 836 [Gebäudeeinsturz] beziehenden Bemerkungen in Prot V 651 f, 653 f und BGH LM Nr 6 zu § 836: der in § 836 Abs 3 vorausgesetzte *Eigenbesitz* könne auch von einem völlig ahnungslosen Erben gem § 857 erworben werden [aber auch mit der Folge des Entstehens einer *Eigen*verbindlichkeit aus § 836? s dazu den Schlusssatz dieser Rn!]). Um die für die Übergangszeit drohende Haftungslücke zu vermeiden, wird man **die „verantwortungsbelastete" Stellung des Erblassers als „Halter"** des Kraftfahrzeugs, des Luftfahrzeugs oder des Tieres als fortbestehend fingieren müssen, bis der Erbe (oder ein Dritter) durch die eigene Person die Beziehung zu dem Kraftfahrzeug, Luftfahrzeug oder Tier herstellt, die ihn im Rechtssinne zum „Halter" macht (ähnlich WEIMAR aaO; vgl auch KLOOK 104 f; REBMANN 39 ff). Bis zu diesem Zeitpunkt (BGB-RGRK/JOHANNSEN Rn 5; etwas großzügiger JAEGER/WEBER[8] KO §§ 226, 227 Rn 19, 20 und wohl auch STAUDINGER/BOEHMER[11] § 1922 Rn 194 [im Zusammenhang mit einem Hinweis auf § 1978]) können somit noch „vom Erblasser herrührende" Ersatzpflichten aus §§ 7 StVG, 833 BGB entstehen, die den Erben „als solchen" treffen (BOEHMER spricht von „zwischen zwei Rechtsleben" entstehenden Verbindlichkeiten; vgl RG-FS III [1929] 216, 261 ff; JW 1938, 2634; STAUDINGER/BOEHMER[11] § 1922 Rn 213, 215). Sie sind reine Nachlassverbindlichkeiten (KLOOK 104 f; EBERL-BORGES VersR 1996, 1070, 1073 [l Sp], 1075 [ad IV 3]; iE nicht anders wohl auch STAUDINGER/EBERL-BORGES [2008] § 833 Rn 112: „Ersatz aus dem Nachlass"). Hat sich freilich daneben auch der Erbe haftbar gemacht (zB nach § 18 StVG als Führer eines ihm noch vom Erblasser leihweise überlassenen Kraftfahrzeugs), so handelt es sich um Nachlasserbenschulden (dazu Rn 5 ff). Sobald der Erbe selbst „Halter" des geerbten Fahrzeuges oder Tieres geworden ist (idR ab Annahme der Erbschaft und Besitzergreifung), besteht aber kein Grund mehr, die Haltereigenschaft des Erblassers nachwirken zu lassen (REBMANN 39 ff, 42 f; aM MünchKomm/KÜPPER Rn 19 für den Sonderfall des nur „bis zur Nachlassabwicklung" und in diesem Sinne „vorübergehend" vollzogenen Eintritts in die Haltereigenschaft). Für von nun an entstehende Schäden haftet der Erbe also nicht „als solcher" (auch der Scheinerbe kann „Halter" sein!), sondern als jemand, der „sich" das geerbte Fahrzeug oder Tier tatsächlich hält (nicht ausreichend dafür ist jedoch Besitzergreifung durch Testamentsvollstrecker, Nachlassverwalter oder Nachlassinsolvenzverwalter; vgl STAUDINGER/BOEHMER[11] § 1922 Rn 194 mwNw; MUSCHELER 245 f; REBMANN 41 f). Erst jetzt entstehende Ansprüche aus §§ 7 StVG, 33 LuftVG, 833 BGB sind also nicht Nachlass-, sondern reine Eigenverbindlichkeiten des Erben (ebenso MünchKomm/KÜPPER Rn 19 und MünchKommInsO/SIEGMANN[2] § 325 Rn 7, der allerdings in dem bereits erwähnten Sonderfall der nur „vorübergehenden" Haltereigenschaft des Erben die Entstehung von „Nachlasserbenschulden" in Betracht zieht).

Eine Eigenverbindlichkeit des Erben aus § 833 oder § 836 **kommt aber nicht in Betracht, solange der Erbe von dem nach § 857 auf ihn übergegangenen „Eigenbesitz"** (§ 836 Abs 3) **keine Kenntnis erlangt** (vgl die ähnlichen Überlegungen bei Rn 22 und STAUDINGER/MAROTZKE [2008] § 1922 Rn 252 ff; auf tatsächliche und willentliche Besitzergreifung des Erben wird abgestellt bei STAUDINGER/BOEHMER[11] § 1922 Rn 194 und REBMANN 33 ff, 250 f; noch anders wohl BGH LM Nr 6 zu § 836: bereits ab Kenntnis vom *Erbfall* treffe den Erben eine Erkundigungs- und Verkehrssicherungspflicht; vgl auch ELKE HERRMANN, Der Störer nach § 1004 BGB [1987] 208 ff, 272 ff, bes 275, 279, 369 f, 557, 568) **oder wenn ihm für seine Person der in §§ 833 S 2, 836 Abs 1 S 2 zugelassene Exkulpationsbeweis gelingt** (dazu Prot V 651 f; BGH LM Nr 6 zu § 836 sowie zu den Informations- und Sicherungspflichten des Erben STAUDINGER/BELLING/ERBEL-BORGES [2008] § 836 Rn 63 ff).

Verbindlichkeiten aus einem **Dauerschuldverhältnis**, welches vom Erblasser eingegangen war und dessen Tod überdauert hat (dazu STAUDINGER/MAROTZKE [2008] § 1922 Rn 276 ff, bes Rn 284 ff), rühren iS des Abs 2 auch insoweit vom Erblasser her, als sie nach dem Termin entstehen, zu dem der Erbe den Vertrag frühestmöglich hätte kündigen können (**aM** OETKER, Das Dauerschuldverhältnis und seine Beendigung [1994] 638 f).

Zur Frage eines **Vertragsauflösungs- oder Vertragsanpassungsrechts des Erben** oder des anderen Vertragsteils in gesetzlich nicht ausdrücklich geregelten Fällen vgl das bei STAUDINGER/MAROTZKE (2008) § 1922 Rn 284 angeführte Schrifttum; HÜFFER ZHR 147 (1983) 355 ff und MUSCHELER, Die Haftungsordnung der Testamentsvollstreckung (1994) 159 ff. Für Ansprüche auf Nutzungsentschädigung, die ihren Grund in einer **Beendigung eines Miet- oder Pachtverhältnisses** aus Anlass des Todes des Mieters oder Pächters haben, haftet „jedenfalls der Nachlass" (so BGH NJW 1989, 2133, 2134 unter Offenlassung der Frage, „inwieweit und mit welcher zeitlichen Begrenzung Forderungen gegen Erben aus zunächst fortgesetzten Dauerschuldverhältnissen Nachlassverbindlichkeiten, Eigenschulden der Erben oder beides ... sind").

Wenn der **Erbe eines Mieters** nach §§ 1922, 1967 in den Mietvertrag einrückt (was bei der Wohnraummiete nur in den Fällen des § 564 S 1 möglich ist) und diesen nicht nach § 580 bzw § 564 S 2 kündigt, sind also auch die auf die Zeit nach dem frühestmöglichen Kündigungstermin entfallenden Mietzinsansprüche Nachlassverbindlichkeiten (vgl MARTIN SeuffBl 1910, 463; gemischte Nachlass*erben*schulden [vgl Rn 5 ff] nehmen an: STAUDINGER/LEHMANN[11] Rn 29; BAER SeuffBl 1910, 352; PLANCK/FLAD Anm 6 a; ERMAN/SCHLÜTER Rn 9; MünchKomm/KÜPPER Rn 20; mit Einschränkungen auch SOERGEL/STEIN Rn 2, 11; JAEGER/WEBER[8] KO §§ 226, 227 Rn 17; FRIEDRICH 119; für „reine Erbenschulden": BELLINGER, Die Erbfolge und die Sondererbfolge in das Mietverhältnis [Diss Köln 1967] 28; BOEHMER, Erbfolge und Erbenhaftung 121 f; im Grundsatz auch OETKER aaO 638; differenzierend LG Wuppertal MDR 1997, 34: bei bewusstem Unterlassen der Kündigung zwecks Nachlassabwicklung handele es sich um Nachlasserbenschulden, andernfalls um reine Nachlassverbindlichkeiten; die Frage wegen der Besonderheiten des konkreten Falles offen lassend KG NJW 2006, 2561 f). Ist der Erbe hingegen nicht nur kraft Universalsukzession „als solcher" in den Mietvertrag eingetreten, sondern hat er auch selbst mit dem Vermieter kontrahiert (wozu ihn dieser uU durch Ausübung des auch ihm nach § 580 bzw § 564 S 2 zustehenden Kündigungsrechts nötigen kann), so sind die künftigen Mietzinsansprüche idR reine Eigenverbindlichkeiten des Erben (vgl MARTIN und BELLINGER [soeben erwähnt]; zumindest ähnlich MünchKomm/KÜPPER Rn 20; MünchKommInsO/SIEGMANN[2] § 325 Rn 7; KÜBLER/PRÜTTING/BORK/KEMPER [Dez 2009] § 325 Rn 3; die Annahme von STAUDINGER/LEHMANN[11] Rn 29, es handele sich um *Nachlass*erbenschulden, trifft nur unter der Voraussetzung zu, dass die Fortsetzung des Mietverhältnisses im Rahmen ordnungsmäßiger Verwaltung des Nachlasses lag; vgl unten Rn 41–43 und JAEGER/WEBER[8] KO §§ 226, 227 Rn 17, 20). Ein persönlicher Eintritt des Erben in den Vertrag kann auch durch schlüssiges Verhalten geschehen, zB durch den vom Vermieter akzeptierten Einzug des Erben in die zuvor vom Erblasser gemietete Wohnung (nicht aber allein in dem Unterlassen der Kündigung; vgl LG Wuppertal MDR 1997, 34; MARTIN SeuffBl 1910, 463; SOERGEL/SCHIPPEL[10] Rn 8; **aM** STAUDINGER/LEHMANN[11] Rn 29; STAUDINGER/BOEHMER[11] § 1922 Rn 215, 219; BELLINGER, BAER und OETKER jeweils aaO und wohl auch OLG Düsseldorf DWW 1994, 48 ff = ZMR 1994, 114 f). Unterlässt es der Erbe, das Mietverhältnis „als Erbe", also mit Wirkung für und gegen den Nachlass, zu kündigen, so haftet er den übrigen Nachlassgläubigern uU gem § 1978 wegen der von ihm nicht verhinderten Belastung des Nachlasses mit neuen Schulden. Der Ersatzanspruch der Nachlassgläubiger setzt jedoch voraus, dass der Erbe ihnen gegenüber verpflichtet war, das Mietverhältnis mit Wirkung für den Nachlass zu beenden. Daran fehlt es, solange der Fortbestand des Mietverhältnisses auch in ihrem Interesse liegt, zB weil die Mieträume der Aufbewahrung wertvoller Nachlassgegenstände dienen.

War der Erblasser Mieter von *Wohnraum,* so sind die erst nach seinem Tod entstehenden Mietzinsansprüche jedenfalls dann keine Nachlassverbindlichkeiten, wenn es auf Grund des § 563 oder des § 563a zu einer sofortigen, automatischen und nicht durch Erklärung nach § 563 Abs 3 ungeschehen gemachten Fortsetzung des Mietverhältnisses durch Familienangehörige des Erblassers kommt (ebenso wohl STAUDINGER/ROLFS [2006] § 563 Rn 31, § 563b Rn 4). Entsprechendes gilt, wenn die Person, die Erbe ist, das Mietverhältnis nicht in ihrer Eigenschaft als Erbe (§§ 1922, 1967, 564 S 1; vgl STAUDINGER/SONNENSCHEIN [1997] § 569a aF Rn 45, 62 ff), sondern als Familienangehöriger des Erblassers nach § 563 oder § 563a fortsetzt. Zur Haftung für die bis zum Tod des Erblassers entstandenen Mietrückstände vgl § 563b.

25 Befand sich der **Erblasser in der Rolle des Vermieters oder Verpächters**, so ist der

Erbfall für keine Vertragspartei gesetzlicher Kündigungsgrund (s STAUDINGER/MAROTZKE [2008] § 1922 Rn 283). Der Erbe hat den Vertrag als Nachlassverbindlichkeit zu erfüllen. Das gilt auch, wenn dem Erblasser an dem vermieteten Gegenstand nur ein Nießbrauch zustand; der Erbe kann den Mietvertrag in diesem Fall nicht analog § 1056 Abs 2 vorzeitig kündigen (BGHZ 109, 111, 117 f; STAUDINGER/FRANK [2009] § 1056 Rn 22; **aM** STAUDINGER/PROMBERGER[12] § 1056 Rn 25; vgl ergänzend STAUDINGER/MAROTZKE [2008] § 1922 Rn 238, 283). Zur *einkommensteuerrechtlichen* Behandlung von Einkünften aus einem ererbten Miet- oder Pachtverhältnis vgl G und M SIEGMANN StVj 1993, 337, 348.

Der Erbe eines Bürgen haftet aus der **Bürgschaft** auch dann, wenn die gesicherte 26 Forderung erst nach dem Erbfall entsteht (OLG Frankfurt OLGZ 1971, 46 f; vgl auch RG JW 1911, 447 f aE). Zu der Frage, ob der Bürgenerbe vor der weiteren Kreditgewährung auf sein Recht, die Bürgschaftsverpflichtung zu kündigen, aufmerksam gemacht werden muss, vgl BGH WM 1976, 808. Der Fall, dass der Gläubiger und der Bürge den Hauptschuldner beerben, stand in RGZ 76, 45 ff zur Entscheidung an. Zur Berücksichtigung von Bürgschaftsverbindlichkeiten bei der Berechnung des Nachlasswertes vgl OLG Köln ZEV 2004, 155 ff.

Der Erbe haftet auch für eine Verbindlichkeit des Erblassers, die eigentlich durch 27 Aufnahme in ein **Kontokorrent** und nachfolgendes Saldoanerkenntnis als Einzelforderung erloschen ist (BGH WM 1964, 881 f).

Zu den „vom Erblasser herrührenden Schulden" zählen auch **Verbindlichkeiten, die** 28 **erst nach dem Erbfall im Namen des Erblassers kraft einer von diesem über den Tod hinaus erteilten Vollmacht**, zB einer Prokura (vgl § 52 Abs 3 HGB), **begründet wurden** (vTUHR, Der Allgemeine Teil des Deutschen Bürgerlichen Rechts II 2 [1918] § 85 Fn 158). Man könnte zwar meinen, hier handele es sich nicht ohne weiteres um Nachlassverbindlichkeiten (vgl etwa BEUTHIEN, Die Miterbenprokura, in: FS Fischer [1979] 1, 14 f; MUSCHELER 384 f; STAUDINGER/SCHILKEN [2009] § 168 Rn 31), da die Person, von der die Vollmacht herrührt, nach dem Erbfall nicht mehr existiert (so dass sie selbst keine Nachlassverbindlichkeiten mehr begründen kann), und da die Person, die als Erbe an ihre Stelle tritt (auch bzgl der Vollmacht; vgl STAUDINGER/SCHILKEN [2009] § 168 Rn 31, 34 f und STAUDINGER/BOEHMER[11] § 1922 Rn 224–226), echte Nachlassverbindlichkeiten nur im Rahmen ordnungsmäßiger Verwaltung des Nachlasses begründen kann (vgl Rn 41–43). Diesem Einwand wäre aber zu entgegnen, dass es im Ergebnis keinen Unterschied machen darf, ob der vom Erblasser über den Tod hinaus Bevollmächtigte von der Vollmacht vor oder nach dem – ihm und dem anderen Teil vielleicht noch gar nicht bekannten – Erbfall Gebrauch gemacht hat. Da die *vor* dem Tod des Vollmachtgebers in dessen Namen eingegangene Verbindlichkeit unzweifelhaft Nachlassverbindlichkeit ist, muss Gleiches auch für die *nach* dem Erbfall begründete Schuld anerkannt werden (**aM** STAUDINGER/SCHILKEN [2009] § 168 Rn 31 trotz der dort vertretenen Prämisse, dass sich die Vertretungsmacht „nur auf den Nachlass" beziehe [was mE ohne weiteres zu § 1967 führt!]). In beiden Fällen beruht die Fremdwirkung des Vertreterhandelns übereinstimmend auf dem Handeln im Namen des Erblassers und auf der „vom Erblasser herrührenden" Vollmacht. Handelt es sich bei der Vollmacht um eine **Prokura**, so ergibt sich ein weiteres Argument für die hier vertretene Ansicht aus § 52 Abs 3 HGB. Nach dieser Bestimmung erlischt beim Tod des Geschäftsinhabers nicht eine von ihm erteilte Prokura. Die fortbestehende Prokura wäre jedoch unzulässig entwertet, wenn man annehmen wollte, dass der Prokurist nach dem Tod des Prinzipals Nachlassverbindlichkeiten nur in den – dem Geschäftspartner nicht immer erkennbaren – Grenzen ordnungsmäßiger Verwaltung des Nachlasses begründen könne. BEUTHIEN (aaO 10 ff, 18) nimmt freilich an, dass die aufgrund einer nach dem Tod des Erblassers in dessen Namen und Vollmacht eingegangene Verbindlichkeit grundsätzlich (zumindest auch) Eigenverbindlichkeit des Erben sei, für die dieser seine Haftung nicht beschränken könne (ebenso BGHZ 30, 391, 396 [Verbindlichkeiten aus Geschäften eines Prokuristen]; SOERGEL/STEIN Rn 5). Dagegen spricht, dass der vom Erblasser über den Tod hinaus Bevollmächtigte den (von ihm verschiedenen) Erben nur „als solchen" vertreten (STAUDINGER/MAROTZKE [2008] § 1922 Rn 321 mwNw auch zur Gegensansicht) und folglich dessen Eigenvermögen nicht weitergehend als wie für Nachlassverbindlichkeiten verpflichten kann (iE ebenso STAUDINGER/SCHILKEN [2009] § 168 Rn 31 [der aber anscheinend *jede* Mithaftung des Erbeneigenvermögens bestreiten will]; vTUHR aaO; KLEINSCHMIDT, Die über den Tod hinaus erteilte Vollmacht [Diss Frankfurt a M 1928] 89 f; LEHMANN/HÜBNER, Allgemeiner Teil des Bürgerlichen Gesetzbuches [16. Aufl 1966] 36 V 7; StudienKomm/HADDING § 168 Anm III 2 [jedoch nur in der 1. Aufl 1975]; HELDRICH JherJb 79 [1928/29] 315, 316; ENNECCERUS/NIPPERDEY, Allgemeiner Teil des Bürgerlichen Rechts, 2. Hlbd [14. Aufl 1955] § 186 V 3, 807; MUSCHELER 377 ff; RAUSCHER AcP 195 [1995] 295, 301; FREY, Rechtsnachfolge in Vollmachtnehmer- und Vollmachtgeberstellungen [1997] 162 ff, 220; vgl auch FLUME BGB AT II [4. Aufl 1992] § 51, 5a S 849; WINDEL, Über die Modi der Nachfolge in das Vermögen einer natürlichen Person beim Todesfall [1998] 256 ff; **aM** SOERGEL/STEIN Rn 5, weil die hier vertretene Ansicht zu einer „nicht vertretbaren ... Perpetuierung der Haftungsbeschränkungsmöglichkeit" führe). Die Gegenansicht (SOERGEL/STEIN Rn 5; REITHMANN BB 1984, 1394, 1397 f) würde zu einer Gefährdung des Eigenvermögens des Erben führen, die sich nach Art der juristischen Anknüpfung nicht mit der auch einem Erben zustehenden Privatautonomie vertragen würde. Nach dem Veranlassungsprinzip macht es einen großen Unterschied, ob *der Erbe selbst* eine Vollmacht erteilt hat (wozu er nicht verpflichtet ist) oder ob er lediglich dafür haften soll, dass jemand nach dem Erbfall im Namen und mit Vollmacht des *Erblassers* Verträge schließt (**aM** MünchKomm/LEIPOLD § 1922 Rn 47: die vom Erblasser erteilte Vollmacht wirke „wie eine von den Erben erteilte Vertretungsmacht" fort). Im zweiten Fall ist lediglich eine *erbrechtlich beschränkbare* Haftung zu rechtfertigen. Nur wenn der Erbe es trotz bereits bestehender Verhinderungsmöglichkeit wissentlich duldet, dass der Vertreter weiterhin im Namen des Erblassers auftritt und dem Geschäftspartner das Bestehen erbrechtlicher Haftungsbeschränkungsmöglichkeiten verschweigt, kommt eine *unbeschränkbare* Haftung auch des Eigenvermögens in Betracht (ähnlich FREY aaO 167 ff, der jedoch *ohne weiteres* auf den Zeitpunkt der ersten Widerrufsmöglichkeit abstellt). Entgegen BEUTHIEN (aaO 11, 18 und Fn 42) ist deshalb auch nicht anzunehmen, dass ein noch vom Erblasser bestellter *Prokurist* dadurch, dass er das Handelsgeschäft ohne Zustimmung der Erben fortführt, deren unbeschränkte Haftung für die früheren Geschäftsverbindlichkeiten nach § 27 Abs 1 HGB auslöse (wie hier MUSCHELER 383; WINDEL 258; zweifelnd auch schon BGHZ 30, 391, 396 f). Hat der Erbe der Geschäftsfortführung aber zugestimmt, so haftet er wegen § 27 HGB auch für diejenigen Geschäftsschulden persönlich und unbeschränkbar, die aufgrund der noch „vom Erblasser herrührenden" Prokura begründet worden sind oder künftig begründet werden, sofern nicht ausnahmsweise eine Haftungsbeschränkung auf den Nachlass vereinbart ist (vgl zu § 27 HGB auch unten Rn 58 ff).

29 Kein Erlöschensgrund für eine über den Tod hinaus erteilte Vollmacht ist darin zu sehen, **dass der Bevollmächtigte alleiniger Erbe des Vollmachtgebers wird** (LEONHARD

JherJb 86 [1936/37] 1, 30 f; vgl auch STAUDINGER/MAROTZKE [2008] § 1922 Rn 323; MünchKomm/ SCHRAMM § 168 Fn 38; FLUME BGB AT II [4. Aufl 1992] § 51, 5b S 851 f; LG Darmstadt NJW-RR 1997, 1337 = WM 1996, 1857; **aM** BEUTHIEN aaO 6 f; vgl auch STAUDINGER/BOEHMER[11] § 1922 Rn 225; STAUDINGER/DILCHER[12] § 168 Rn 31, STAUDINGER/AVENARIUS [2003] § 2112 Rn 33; STAUDINGER/REIMANN [2003] Vorbem 70 zu §§ 2197 ff): Wenn es jemandem, der nicht Erbe wird, auch nach dem Erbfall möglich ist, aufgrund der „vom Erblasser herrührenden" Vollmacht (also nicht nur in den Grenzen „ordnungsmäßiger Nachlassverwaltung" [dazu Rn 42, 43, 51]) neue Nachlassverbindlichkeiten zu begründen, dann muss dies auch solch einem Bevollmächtigten möglich sein, der das Glück gehabt hat, den Vollmachtgeber zu beerben (sobald er erfahren hat, dass er Alleinerbe des Vollmachtgebers geworden ist, bzw sobald er die Erbschaft angenommen hat, wird er jedoch nur selten gem § 164 besonders zum Ausdruck bringen, dass er den Vollmachtgeber bzw dessen Erben nur „als solchen" verpflichten wolle). In beiden Fällen können die bisherigen Nachlassgläubiger einer für sie nachteiligen (vgl Rn 41) Belastung des Nachlasses mit neuen Verbindlichkeiten vorbeugen, indem sie die Anordnung einer Nachlassverwaltung beantragen und – um ganz sicher zu gehen – einen Widerruf der Vollmacht durch den Nachlassverwalter anregen (vgl § 1984 Rn 4 und § 1985 Rn 24). Der Erbe kann sich ihnen gegenüber durch ungerechtfertigte Begründung neuer Nachlassverbindlichkeiten nach § 1978 haftbar machen (sofern nicht die Entstehung einer *Nachlass*verbindlichkeit ohnehin nach den Grundsätzen des Vollmachtsmissbrauchs verneint werden muss, etwa in den Fällen kollusiven Zusammenwirkens des Vertragspartners mit dem Erben). Verfügt der Erbe unter Bezugnahme auf eine über den Tod des Erblassers hinausreichende Kontovollmacht und unter Offenlegung des Todesfalls über eine dem Erblasser eingeräumte Kreditlinie, so begründet er idR nicht nur eine Nachlassverbindlichkeit, sondern eine Nachlass*erben*schuld iS des bei Rn 5 ff Ausgeführten (iE ebenso LG Darmstadt NJW-RR 1997, 1337 = WM 1996, 1857; vgl auch STAUDINGER/MAROTZKE [2008] § 1922 Rn 323). Dies folgt jedoch nicht daraus, dass dem *Erben* eine postume Vertretung des *Erblassers* (STAUDINGER/MAROTZKE [2008] § 1922 Rn 321 ff) nicht möglich wäre, sondern daraus, dass der Erbe seinen etwaigen Willen, für die Rückzahlung des von ihm selbst in Anspruch genommenen Kredits nicht auch mit dem Eigenvermögen einstehen zu wollen, allein durch die Berufung auf die Kontovollmacht des Erblassers nicht deutlich genug zum Ausdruck bringt.

III. Die den Erben „als solchen" treffenden Verbindlichkeiten

Zu den Nachlassverbindlichkeiten zählt § 1967 Abs 2 neben den vom Erblasser herrührenden Schulden (Rn 3) die „den Erben als solchen treffenden" Verbindlichkeiten. Diese Bezeichnung ist sprachlich wenig glücklich, da auch die „vom Erblasser herrührenden" Schulden den Erben als solchen treffen (JAEGER/WEBER[8] KO §§ 226, 227 Rn 5). Gemeint sind, wie die beispielhafte Aufzählung des Abs 2 zeigt, in erster Linie die unmittelbar durch den Erbfall ausgelösten Schulden (**Erbfallschulden**; dazu Rn 31 ff). Außerdem zählt man zu den „den Erben als solchen treffenden" Verbindlichkeiten etliche erst nach dem Erbfall entstehende **Nachlasskosten-** und **Erbschaftsverwaltungsschulden** (dazu Rn 37–51). Obwohl der Erblasser niemals selbst Schuldner der nicht von ihm „herrührenden", sondern den Erben lediglich „als solchen" treffenden Nachlassverbindlichkeiten war, finden auch auf sie die §§ 780–785 ZPO Anwendung (vgl RG WarnR 1913 Nr 377), soweit es sich nicht zugleich um Eigenverbindlichkeiten ohne Möglichkeit der Haftungsbeschränkung handelt (vgl

Rn 4 ff und die Beispiele bei Rn 40 ff; verkannt wird dies in BayObLGZ 1999, 323 ff ad II 2a = FamRZ 2000, 909 ff = NZM 2000, 41 ff = Rpfleger 2000, 67 ff = ZEV 2000, 151 ff m Anm Marotzke; vgl zu der zitierten Entscheidung des BayObLG auch Münzberg Rpfleger 2000, 216 f; Niedenführ NZM 2000, 641 ff; G Siegmann NZM 2000, 995 ff; Staudinger/Marotzke [2008] § 1922 Rn 162). Für das Nachlassinsolvenzverfahren weisen die §§ 324, 327 Abs 1 und 2 InsO einigen der Verbindlichkeiten, die den Erben „als solchen" treffen, einen besonderen (guten oder schlechten) Rang zu. Vgl ferner die bei Rn 32, 38 zitierten Vorschriften.

1. Unmittelbare Erbfallschulden

31 Nach der **beispielhaften Aufzählung in Abs 2** treffen den Erben „als solchen" insbesondere die Verbindlichkeiten aus Pflichtteilsrechten (§§ 2303 ff, 2317), Vermächtnissen (§§ 2147 ff, 2174) und Auflagen (§§ 2192 ff). Nachlassverbindlichkeiten sind auch die Verbindlichkeiten aus Vorausvermächtnissen (§ 2150; vgl RGZ 93, 196 f) und vermächtnisähnlichen Ansprüchen (Voraus des Ehegatten, § 1932; Dreißigster, § 1969; Anspruch der Abkömmlinge auf Ausbildungsbeihilfe nach § 1371 Abs 4, ggf iVm § 6 LPartG; letzteres str, vgl Staudinger/B Thiele [2007] § 1371 Rn 123 ff und ergänzend Staudinger/Marotzke § 2058 Rn 24 ff). **Ferner** die Verpflichtung zur Tragung der Kosten der Beerdigung des Erblassers (§§ 1968 BGB, 324 Abs 1 Nr 2 InsO), zur Unterhaltsgewährung an die werdende Mutter (Staudinger/Marotzke [2008] § 1963 Rn 9, Staudinger/Avenarius [2003] § 2141 Rn 3) und Verbindlichkeiten aus Altenteilen (BGHZ 8, 213, 217). Die aus § 102 SGB XII (vormals § 92c BSHG) folgende Ersatzpflicht für die Kosten der Sozialhilfe (dazu OVG Münster NJW 2002, 695 ff; OVG Koblenz NVwZ 2002, 1009 f; BVerwGE 118, 313 ff = NJW 2003, 3792; BayVGH FamRZ 2004, 489 ff; Littig/Mayer Rn 188 ff sowie Staudinger/Marotzke [2008] § 1922 Rn 364) trifft den Erben als solchen und ist Nachlassverbindlichkeit (für welche allerdings die Haftung des Erben in Abs 2 und 3 besonders – zT abweichend vom BGB – geregelt ist). Als noch unmittelbar durch den Erbfall veranlasst können auch etliche der bei Rn 37, 38 genannten Nachlassverbindlichkeiten angesehen werden.

32 Die Haftung für die in Abs 2 erwähnten Verbindlichkeiten aus *Pflichtteilsrechten*, *Vermächtnissen* und *Auflagen* ist in mancherlei Hinsicht besonders geregelt (vgl §§ 1972, 1973 Abs 1 S 2, 1974 Abs 2, 1980 Abs 1 S 3, 1991 Abs 4, 1992, 2060 Nr 1 HS 2 BGB, §§ 322, 327, 328 Abs 1 InsO und § 5 AnfG). Speziell für Vermächtnisse hat der BGH (NJW 1993, 850 = WuB IV A § 1990 BGB 1.1994, 99 m Anm Lange) klargestellt, dass sich der Erbe seiner Haftung idR nicht nach den Grundsätzen über den Wegfall der Geschäftsgrundlage entziehen kann. Wenn der Erbe die Erbschaft annehme, unterwerfe er sich dem Willen des Erblassers und habe deshalb dessen rechtsverbindliche Anordnungen grundsätzlich bis zur völligen Ausschöpfung des Nachlasses zu erfüllen.

33 Obwohl auch die **Erbschaftsteuer** den Erben lediglich „als solchen" trifft (vgl §§ 1 Abs 1 Nr 1, 3 Abs 1 Nr 1 ErbStG), handelt es sich nicht um eine normale Nachlassverbindlichkeit, sondern in erster Linie um eine persönliche Verpflichtung des Erben (RG RStBl 1944, 131, 132; Jaeger/Weber[8] KO §§ 226, 227 Rn 12; BGB-RGRK/Johannsen Rn 16; OLG Düsseldorf FamRZ 1999, 1465; **aM** BFH NJW 1993, 350 rSp = BFHE 168, 206, 210 = BStBl II 1992, 781, 783; OLG Naumburg ZEV 2007, 381, 383 [es handele sich um eine Nachlassverbindlichkeit iSd § 1967 Abs 2]), für die er ohne die Möglichkeit, die Haftung gem §§ 1975 ff auf den Nachlass zu beschränken, einzustehen hat (vgl RG aaO; Rebmann 126 ff, 132 ff, 146 ff, 186,

251 f [mit ausgewogenen Vorschlägen zur Milderung von Härten, die sich aus dem **Stichtagsprinzip** ergeben können]; MEINCKE ErbStG[15] § 20 Rn 12; PETZOLDT ErbStG[2] § 20 Anm 2; **aM** GEBEL, in: TROLL/GEBEL/JÜLICHER, ErbStG [Nov 1999] § 20 Rn 50; wohl auch RIERING, in: NERLICH/RÖMERMANN [März 2009] InsO § 325 Rn 7) und die weder bei der Pflichtteilsberechnung zu berücksichtigen (s OLG Düsseldorf aaO; STAUDINGER/HAAS [2006] § 2311 Rn 46) noch bei der Feststellung des kostenrechtlichen Nachlasswertes gem § 107 Abs 2 S 1 KostO abzuziehen ist (OLG Hamm OLGZ 1990, 393 ff = MDR 1990, 1014 f; **aM** OLG Köln ZEV 2001, 406 f = MDR 2001, 1320 f). Gem § 20 Abs 3 ErbStG haftet bis zur Auseinandersetzung (§ 2042 BGB) auch der Nachlass für die Steuer der am Erbfall Beteiligten (also nicht nur für die Erbschaftsteuerschuld der Erben, sondern auch für diejenige der übrigen Beteiligten, zB eines Vermächtnisnehmers); das wird manchmal übersehen (zB vom OLG Düsseldorf aaO). Für die aus dem Nachlass zu entrichtenden Steuern haben die Erben wie für Nachlassverbindlichkeiten einzustehen (§ 45 Abs 2 S 1 AO). Jedoch bleiben Vorschriften, durch die eine steuerrechtliche Haftung der Erben begründet wird, unberührt (§ 45 Abs 2 S 2 AO). Eine solche Vorschrift ist § 20 Abs 1 ErbStG bzgl der den Erben persönlich treffenden Erbschaftsteuerschuld. Zwischen dieser Eigenverbindlichkeit des Erben und der *Mit*haftung des Nachlasses besteht eine Art von Gesamtschuld (bzw Gesamthaftung), die die Anwendung des § 43 InsO (vormals § 68 KO) rechtfertigt (JAEGER/WEBER[8] KO §§ 226, 227 Rn 12; MünchKommInsO/SIEGMANN[2] § 325 Rn 7). Unrichtig ist die mitunter anzutreffende Behauptung, dass die Erbschaftsteuer im Nachlasskonkurs (jetzt: Nachlassinsolvenzverfahren) wegen § 215 KO (jetzt: § 320 InsO) keine Rolle spiele (hiergegen bereits MICHEL KTS 1968, 18 ad I [ein noch unter dem alten ErbStG, der alten AO und dem alten Insolvenzrecht geschriebener Aufsatz über „Die Erbschaftsteuer im Nachlaßkonkurs und -vergleich"]).

34 Ein *Vorerbe* hat die durch die Erbschaft veranlasste Steuer aus den Mitteln der Vorerbschaft zu entrichten (§ 20 Abs 4 ErbStG). Das kann leicht, darf aber nicht (vgl MEINCKE ErbStG[15] § 20 Rn 14; BFH BStBl II 1972, 462, 464) dahin missverstanden werden, dass der Vorerbe für seine Erbschaftsteuerschuld nicht auch mit dem Eigenvermögen hafte (vgl ergänzend STAUDINGER/AVENARIUS [2003] Vorbem 5 zu §§ 2144 ff).

35 Sind *mehrere Erben* vorhanden, so wird jeder einzeln bzgl des Wertes zur Erbschaftsteuer veranlagt, der auf ihn entfallen würde, wenn die Erbengemeinschaft am Todestag aufgelöst worden wäre (vgl § 39 Abs 2 Nr 2 AO und SEGEBRECHT, Besteuerung der Erben und Erbengemeinschaften [5. Aufl 1982] 69 ff; MEINCKE ErbStG[15] § 3 Rn 18 aE; GEBEL, in: TROLL/GEBEL/JÜLICHER, ErbStG [Okt 2005] § 3 Rn 108 ff). Dennoch haften die Miterben für die von jedem Beteiligten zu entrichtende Erbschaftsteuer bis zur Auseinandersetzung als Gesamtschuldner (vgl § 2058 iVm §§ 45 Abs 2 AO, 20 Abs 3 ErbStG). Gem § 2059 Abs 1 kann jeder Miterbe die Berichtigung derjenigen Erbschaftsteuerschulden, die ihn nicht gem § 20 Abs 1 ErbStG persönlich (vgl Rn 33) treffen, sondern für die er gem §§ 20 Abs 3 ErbStG, 45 Abs 2 AO, 2058 BGB lediglich *mithaftet*, aus dem Vermögen verweigern, das er außer seinem Anteil am Nachlass hat (dies wird anscheinend übersehen von MEINCKE ErbStG[15] § 20 Rn 12). Bei einer Mehrheit von Erben, denen ein zum Nachlass gehörendes Grundstück zuzurechnen ist, ist der Grundstückswert gegenüber allen Miterben gesondert und einheitlich festzustellen (BFH Betrieb 2004, 857 f).

36 **Realsteuern und Gebühren, die auf Nachlassgegenständen lasten** und die der Erbe als derjenige schuldet, dem der belastete Gegenstand zugerechnet ist (vgl zB §§ 10

Abs 1 GrStG, 39 AO), sind Eigenverbindlichkeiten des Erben (STAUDINGER/BOEHMER[11] § 1922 Rn 211; ebenso OVG Münster NVwZ-RR 2001, 596 f; VG Braunschweig NJW 2001, 3281 f = ZEV 2001, 442 f m Anm PABST [Abfallentsorgungsgebühren, Abwassergebühren, Straßenreinigungsgebühren, Grundsteuern]). Zugleich handelt es sich aber um Nachlassverbindlichkeiten (iE wie hier VG Braunschweig NJW 2001, 3281, 3282 betr Straßenausbaubeiträge; unentschieden das OVG Münster aaO), die als solche zB im Nachlassinsolvenzverfahren geltend gemacht werden können (vgl § 325 InsO). „Reine" Nachlassverbindlichkeiten sind diese Abgaben nur, soweit sie *ausschließlich* vom Erblasser herrühren (zur Vererblichkeit s Rn 16) und nicht auch darauf beruhen, dass der Steuergegenstand seit dem Erbfall dem Erben zuzurechnen ist. Eine entsprechende Differenzierung ist beim Erben eines **Wohnungseigentümers** hinsichtlich des geschuldeten **Wohngeldes** geboten (MAROTZKE ZEV 2000, 153 ff [intelligent kritisiert und zT abgelehnt von REBMANN 188 ff, 223 ff, 245 ff, 253 – eine sehr gehaltvolle und lesenswerte Erörterung der in diesem Zusammenhang auftretenden Probleme!]; G SIEGMANN NZM 2000, 995 ff; vgl auch STAUDINGER/BUB [2005] WEG § 28 Rn 174; STAUDINGER/MAROTZKE [2008] § 1922 Rn 162 mwNw). Einzelheiten zur Grundsteuer bei TROLL, Nachlaß und Erbe im Steuerrecht (2. Aufl 1978) 285 ff. Nicht vom Erblasser in personam, sondern von dem in seinem Nachlass enthaltenen Grundstück „rührt her" **die gegenüber einem Grundpfandgläubiger bestehende Verpflichtung zur Duldung der Zwangsvollstreckung** gem § 1147. Den Erben trifft diese Verpflichtung nicht „als solchen" (also nicht als *Gesamt*rechtsnachfolger des Erblassers), sondern nur in seiner (auch durch *Einzel*rechtsnachfolge erwerbbaren) Eigenschaft als neuer Grundstückseigentümer. Es handelt sich deshalb nicht um eine Nachlass-, sondern um eine Eigenverbindlichkeit des Erben (zust REBMANN 89 ff, 100, 121 f, 251; vgl auch § 2058 Rn 70). § 1971 steht dieser Beurteilung nicht entgegen, sondern spricht insoweit nur Selbstverständliches aus (REBMANN 90 ff, 95 f). Da aber immerhin das mit der Verbindlichkeit belastete *Grundstück* zum Nachlass gehört, kann der Grundpfandgläubiger sein dingliches Recht auch dann verfolgen, wenn „normale" Eigengläubiger durch die bei Rn 4 erwähnten Bestimmungen am Zugriff gehindert wären (ausf REBMANN 81 ff, 96 ff, 100). Ähnliches gilt – im Unterschied zu den sie begleitenden bzw durch sie dinglich gesicherten persönlichen Ansprüchen – für **Reallasten** iSd §§ 1105 ff (Näheres bei REBMANN 105 ff, 122, 251 f) sowie für **öffentliche Grundstückslasten** iS des § 10 Abs 1 Nr 3 ZVG (insoweit missverständlich die vorhin zitierte Entscheidung des VG Braunschweig). Dieser Aspekt kann zB im Zusammenhang mit der Haftung nach dem Bundes-**Bodenschutzgesetz** Bedeutung erlangen (vgl § 25 Abs 6 BBodSchG und die Literaturhinweise bei Rn 21 aE). Weitere Sonderfälle sind behandelt bei STAUDINGER/MAROTZKE (2008) § 1922 Rn 162, 237, 241–243, 246 aE, 266, § 1961 Rn 6.

Der BFH hat entschieden, dass Einkünfte, die nach dem Erbfall aus dem Nachlass erzielt werden, auch dann dem Erben persönlich zuzurechnen seien, wenn sie im Zuge einer Nachlassverwaltung (§§ 1981 ff) erwirtschaftet werden. Bei der auf diese Einkünfte entfallenden **Einkommensteuer** handele es sich um eine Eigenverbindlichkeit des Erben, auf die die erbrechtlichen Beschränkungsmittel nicht anwendbar seien (BFHE 168, 206, 211 f = BStBl II 1992, 781, 784 = NJW 1993, 350 f = DStR 1992, 1724; dazu DEPPING DStR 1993, 1246 f). G und M SIEGMANN (StVj 1993, 337 ff) haben dieser Entscheidung des BFH mit guten Gründen widersprochen und für die Annahme einer reinen Nachlassverbindlichkeit plädiert (vgl auch REBMANN 150 ff, 168 f, 251). Inzwischen hat auch der BFH starke Zweifel an dieser Rspr geäußert (BFHE 186, 328, 336 ff = BStBl II 1998, 705, 709 = BB 1998, 2195, 2197 f = ZEV 1998, 441, 443 f; dazu M SIEGMANN ZEV 1999, 52 ff; REBMANN 158 ff; s auch oben Rn 16, 19).

2. Begründung und Entstehung neuer Nachlassverbindlichkeiten nach dem Erbfall

a) Gesetzlich geregelte Fälle von Nachlasskosten- und Erbschaftsverwaltungsschulden

Gem § 6 S 1 KostO haften für die **Kosten**, die durch die Eröffnung einer Verfügung von Todes wegen, die Sicherung des Nachlasses (vgl § 1960 und unten Rn 38), die Errichtung eines Nachlassinventars (§ 1993 Rn 22 f), eine Nachlasspflegschaft (§§ 1960, 1961), eine Nachlassverwaltung (§§ 1975, 1981 ff) oder eine Pflegschaft für einen Nacherben (§ 1913 S 2) entstehen, „nur die Erben, und zwar nach den Vorschriften des BGB über Nachlassverbindlichkeiten" (vgl auch OLG Düsseldorf Rpfleger 1968, 98). Gleiches gilt für die Kosten, die durch die Entgegennahme von Erklärungen über die Annahme, Ablehnung oder Kündigung des Amtes als Testamentsvollstrecker entstehen (§ 6 S 2 KostO). Die Gerichtsgebühr für die Erteilung eines (gemeinschaftlichen) Erbscheins soll nach OLG Stuttgart (JustABlBW 1978, 76) aber nicht als Nachlassverbindlichkeit zu qualifizieren sein. 37

Als Masseverbindlichkeiten im Nachlassinsolvenzverfahren und damit zugleich als Nachlassverbindlichkeiten (§ 325 InsO) erkennt § 324 Abs 1 InsO (ebenso zuvor § 224 Abs 1 KO) an: 38

(1) die dem Erben nach den §§ 1978, 1979 BGB aus dem Nachlass zu ersetzenden **Aufwendungen** (für diese haftet selbstverständlich nur der Nachlass und entgegen § 1967 Abs 1 nicht der Erbe, der hier ja nicht verpflichtet, sondern anspruchsberechtigt ist),

(2) die vom Erben nach § 1968 zu tragenden **Beerdigungskosten**,

(3) die im Fall der **Todeserklärung** des Erblassers dem Nachlass zur Last fallenden Kosten des Verfahrens (vgl §§ 34 Abs 2, 40 VerschG),

(4) die **Kosten** der *Eröffnung einer Verfügung von Todes wegen,* der gerichtlichen *Sicherung des Nachlasses,* einer *Nachlasspflegschaft,* des *Aufgebots* der Nachlassgläubiger und der *Inventarerrichtung* (vgl auch § 6 KostO und oben Rn 37),

(5) die **Verbindlichkeiten aus den von einem Nachlasspfleger (oder Nachlassverwalter, § 1975) oder einem Testamentsvollstrecker** (innerhalb der Grenzen ihrer Befugnisse; vgl Mot V 630; RGZ 60, 30, 32; BGHZ 51, 125, 128; §§ 2206 ff) **vorgenommenen Rechtsgeschäften** (vgl auch RG aaO zu den Kosten eines wegen solcher Verbindlichkeiten geführten Prozesses; ferner BGHZ 94, 312, 314 bzgl etwaiger durch Leistung an einen Nachlasspfleger entstandener Bereicherungsansprüche gegen den Nachlass sowie § 55 Abs 2 und Abs 1 Nr 1 InsO zu Verbindlichkeiten aus Rechtshandlungen eines vorläufigen bzw endgültigen **Nachlassinsolvenzverwalters**),

(6) die **Verbindlichkeiten**, welche für den Erben **gegenüber einem Nachlasspfleger**, einem **Testamentsvollstrecker** oder einem **Erben**, der die Erbschaft ausgeschlagen hat, **aus der Geschäftsführung** dieser Personen entstanden sind, soweit die Nachlassgläubiger verpflichtet sein würden, wenn die bezeichneten Personen die Geschäfte für sie zu besorgen gehabt hätten.

Wie bereits diese Ziff 6 des § 324 Abs 1 InsO zeigt, zählen zu den Nachlassverbindlichkeiten auch die **Ersatz- und Vergütungsansprüche, die den mit der Verwaltung des Nachlasses betrauten Personen** (Nachlasspfleger, Nachlassverwalter, Nachlassinsolvenzverwalter, Testamentsvollstrecker) **aus ihrer Geschäftsführung erwachsen** (vgl HÖRLE ZBlFG 9 [1908/09] 750, 762). Das OLG Braunschweig (OLGE 26 [1913] 289 f) hat den Vergütungsanspruch eines Nachtwächters, der von einem Dritten aufgrund einer vom Nachlassgericht nach § 1960 Abs 1 erteilten Ermächtigung angestellt worden war, als Nachlassverbindlichkeit anerkannt. Analog § 324 Abs 1 Nr 6 InsO ist als Masseverbindlichkeit im Insolvenzverfahren über den Nachlass eines Rechtsanwalts auch der Vergütungsanspruch des nach dem Erbfall bestellten Kanzleiabwicklers anzusehen (LG Hamburg NJW 1994, 1883 f; für analoge Anwendung von § 324 Abs 1 Nr 5 InsO OLG Köln ZInsO 2009, 2253 f = ZIP 2009, 2395, 2396).

Ein **Testamentsvollstrecker** kann eine Pflichtteilsforderung ohne den Willen des Erben nicht mit Wirkung gegen diesen rechtsgeschäftlich anerkennen (BGHZ 51, 125 ff; zu Anerkenntnissen des Erben s unten Rn 45). Soweit sich aus §§ 2206 Abs 1 S 2, 2207, 2209 S 2 nichts anderes ergibt, kann ein Testamentsvollstrecker Verbindlichkeiten für den Nachlass nur eingehen, soweit das zur ordnungsmäßigen Verwaltung erforderlich ist, § 2206 Abs 1 S 1. Ist diese Voraussetzung nicht erfüllt, so kann nach hM dennoch eine wirksame Nachlassverbindlichkeit zustande kommen, wenn der Vertragspartner bei Vertragsschluss ohne Fahrlässigkeit annimmt, dass der Vertrag zur ordnungsmäßigen Verwaltung des Nachlasses erforderlich sei (BGH NJW 1983, 40, 41; vgl auch STAUDINGER/REIMANN [2003] § 2206 Rn 11 f). Nachlassverbindlichkeit ist auch eine etwaige Haftung des Erben für eine vom Testamentsvollstrecker zu verantwortende culpa in contrahendo (§§ 280 Abs 1, 311 Abs 2) oder für eine vom Testamentsvollstrecker verursachte Leistungsstörung im Rahmen einer bestehenden Nachlassverbindlichkeit (vgl zu diesen Fragen die ausführliche, auch den Gesichtspunkt einer Eigenhaftung des Testamentsvollstreckers einbeziehende Darstellung von MUSCHELER 195 ff; s ferner unten Rn 55). Soweit der Erbe analog § 31 für Delikte des Testamentsvollstreckers haftet (dazu MUSCHELER 234 ff, 243 f), handelt es sich ebenfalls nicht um Eigenverbindlichkeiten des Erben, sondern um Nachlassverbindlichkeiten (zutr MUSCHELER 245 f).

Durch **genehmigungspflichtige, aber nicht genehmigte Geschäfte des Pflegers eines Erben** können Nachlassverbindlichkeiten nicht begründet werden (OLG Hamburg NJW 1952, 938 f = MDR 1952, 548 f). Das gilt auch für den Bereicherungsanspruch auf Rückgewähr der von dem Vertragspartner bereits bewirkten Gegenleistung (OLG Hamburg aaO), falls diese nicht unmittelbar in den Nachlass – zB auf ein zum Nachlass gehöriges Konto – erbracht wurde (vgl Rn 52).

b) Begründung neuer Nachlassverbindlichkeiten durch den oder die Erben
aa) Grundsätzliches

39 In § 324 Abs 1 Nr 5 InsO ist zutreffend vorausgesetzt, dass ein **Nachlasspfleger bzw -verwalter** (§ 1975) durch Abschluss von Verträgen neue Nachlassverbindlichkeiten begründen kann. Da **auch der Erbe selbst** bis zur Annahme der Erbschaft berechtigt und nach der Annahme sogar verpflichtet ist, den Nachlass zu verwalten (vgl § 1978 Rn 9), stellt sich die Frage, ob auch **er** den Nachlass über den spezialgesetzlich abgesteckten Rahmen (dazu Rn 37 f) hinaus mit neuen Verbindlichkeiten belasten kann.

In Verträgen, die er mit oder ohne Bezug auf den Nachlass schließt, kann der Erbe **40**
wirksam vereinbaren, dass er für die Erfüllung nicht mit seinem Eigenvermögen, sondern nur mit dem Nachlass haftet (vgl Mot V 603; RGZ 90, 91, 93; STAUDINGER/AVENARIUS [2003] Vorbem 14 zu §§ 2144 ff). Im Zweifel wird jedoch anzunehmen sein, dass der Erbe für von ihm eingegangene Verbindlichkeiten ohne Beschränkung auf das geerbte (oder: das nicht geerbte) Vermögen haften soll (vgl Mot aaO; BGH BB 1968, 769 f; RGZ 146, 343, 345 f; FRIEDRICH 155 f; DAUNER-LIEB 137 ff, 168 ff, 388 f, 396 ff, 407 f; s auch RGZ 90, 91, 93, 95, 98, wo das RG aber für von einem Vorerben in Verwaltung des Nachlasses eingegangene Verbindlichkeiten der Annahme einer Haftungsbeschränkung auf das Eigenvermögen zuneigt [96 f mit Nachweisen zum Meinungsstand; anders nun BGHZ 32, 60, 64]). **Eine Vereinbarung des Inhalts, dass der Erbe für einen von ihm geschlossenen Vertrag nur mit dem Nachlass oder nur entsprechend den Vorschriften über Nachlassverbindlichkeiten einzustehen habe** (eine solche Vereinbarung kann nach RGZ 90, 91, 93; 146, 343, 346 zB dadurch zustande kommen, dass der Erbe beim Vertragsschluss unwidersprochen erklärt, im Namen oder in Vertretung des Nachlasses oder – bedenklich! – für den Nachlass zu handeln; zum Vertragsschluss unter der Firma des Erblassers vgl OLG Hamburg SeuffA 65 [1910] Nr 135; BGH BB 1968, 769 f; FRIEDRICH 155 f; DAUNER-LIEB 169 ff, 402 f, 491 ff), **hat nicht ohne weiteres zur Folge, dass der Vertragspartner Nachlassgläubiger iS der §§ 1967 ff wird** (vgl RGZ 146, 343, 346; RG JW 1938, 2811 = WarnR 1938 Nr 143 sowie unten Rn 43 [dort auch zum *Einfluss des Nichtentstehens einer Nachlassverbindlichkeit auf die Wirksamkeit der Haftungsbeschränkungsvereinbarung*]). Denn die vom *Erben* begründeten Verbindlichkeiten rühren weder vom Erblasser her (außer wenn der Erbe aufgrund einer vom Erblasser erteilten Vollmacht in dessen Namen handelt, s Rn 29), noch kann man (außer vielleicht in den bei Rn 42 angesprochenen Fällen; vgl BGHZ 32, 60, 65) sagen, dass sie den Erben „als solchen" treffen: Sie treffen den Erben aufgrund des *von ihm selbst* geschlossenen Vertrages.

Die in § 1967 Abs 2 gegebene Definition der Nachlassverbindlichkeiten darf nicht **41**
beliebig erweitert werden, da es zu einer Benachteiligung der „Alt"-Nachlassgläubiger führen könnte, wenn man dem Erben über den gesetzlich abgesteckten Rahmen (Rn 37 f) hinaus die Möglichkeit einräumte, neue Nachlassverbindlichkeiten zu begründen, die im Nachlassinsolvenzverfahren uU auf Kosten von „Alt"-Nachlassgläubigern wie zB der ohnehin schon rangschlechten (§ 327 Abs 1 InsO) Pflichtteils-, Vermächtnis- und Auflageberechtigten befriedigt würden. Das Recht, eine Nachlassverwaltung oder ein Nachlassinsolvenzverfahren zu beantragen (§ 1981 Abs 2 BGB, §§ 317, 319 InsO), ist den „echten" Nachlassgläubigern ua zu dem Zweck gewährt, die *Eigengläubiger des Erben am Zugriff auf den Nachlass zu hindern* (vgl §§ 1977 Abs 2, 1984 Abs 2 BGB, § 784 Abs 2 ZPO, §§ 325, 321, 88 f InsO; s auch Prot V 765 und Begr zur KO-Novelle 48 = HAHN, Die gesammten Materialien zu den Reichs-Justizgesetzen VII [1898] 252). Diesem Schutzgedanken liefe es zuwider, wenn der Erbe den Kreis der Nachlassgläubiger beliebig vergrößern (so aber BGB-RGRK/JOHANNSEN Rn 12, 13 aE bzgl des endgültigen Erben) und damit zugleich die auf jeden von ihnen entfallende Haftungsquote des Nachlasses verkleinern könnte (vgl auch RGZ 62, 38, 41, 42; JAEGER/WEBER[8] KO §§ 226, 227 Rn 20; KRESS, Erbengemeinschaft 20, 23; RADDATZ 48 f; A ERNST 15 f; DAUNER-LIEB 119 f; kritisch FRIEDRICH 138 ff).

Verbindlichkeiten, die der Erbe durch eigene Rechtshandlungen begründet, sind **42**
deshalb als Nachlassverbindlichkeiten nur anzuerkennen, wenn sich der Erbe gem § 1978 Abs 3 mit **Vorrang** gegenüber den übrigen Nachlassgläubigern (§ 324 Abs 1 Nr 1 InsO) am Nachlass schadlos halten könnte, falls er diese Schulden aus seinem

Eigenvermögen berichtigt hätte. Dementsprechend führt das RG in seiner grundlegenden Entscheidung **RGZ 90, 91, 94 f** (für den Vorerben) zutreffend aus:

„Soweit aber der Erbe ersatzberechtigt ist, hat er für den Fall, daß die Verbindlichkeit von ihm noch nicht berichtigt ist, nach § 257 BGB ein Recht auf Befreiung von der Verbindlichkeit. Er kann zu diesem Zwecke, wenn nicht die Schuld nachträglich von ihm getilgt und hierdurch ein Ersatzanspruch von ihm erworben wird, die Berichtigung der Verbindlichkeit im Verfahren der Nachlaßverwaltung oder des Nachlaßkonkurses verlangen, und es ist nur folgerichtig und als im Sinne der gesetzlichen Vorschriften liegend anzuerkennen, daß in diesem Verfahren auch der Gläubiger selbst ein Recht auf Berichtigung hat."

Indem das RG dem Vertragspartner des Erben für den Fall, dass dieser gem § 257 iVm §§ 1978 Abs 3, 683, 670 Schuldbefreiung aus dem Nachlass verlangen könnte, einen *eigenen* Anspruch gegen den Nachlass gewährt, schließt es aus § 1978 Abs 3 BGB iVm § 324 Abs 1 Nr 1 InsO (damals noch § 224 Abs 1 Nr 1 KO) auf den Willen des Gesetzes, dass der Erbe den Nachlass in den Grenzen einer ordnungsmäßigen Verwaltung verpflichten können solle (so auch PLANCK/FLAD Anm 6 [S 135]; KRESS, Erbengemeinschaft 20 f und dort Fn 34). Dem Vertragspartner des Erben wird auf diese Weise erspart, sich den gegen den Nachlass gerichteten Schuldbefreiungsanspruch des Erben pfänden und überweisen zu lassen (vgl ERMAN/SCHLÜTER Rn 9; ASTRID ERNST 19 f, 24 f; **gegen** die Gewährung eines Direktanspruchs MAENNER LZ 1922, 282 ff; ECCIUS Gruchot 51 [1907] 564 ff; 52, 810 ff [gegen ihn SCHEYE Gruchot 52 [1908] 806 ff]; DAUNER-LIEB 129 ff [ua wegen der auch schon von SOBICH 99 f angesprochenen Gefahr des Verlusts von Aufrechnungsmöglichkeiten]; JACOBY aaO). Eine zusätzliche Rechtfertigung für die Gewährung eines Direktanspruchs gegen den Nachlass dürfte in § 324 Abs 1 Nr 5 InsO liegen. Da diese Vorschrift die Verbindlichkeiten aus Rechtsgeschäften eines Nachlasspflegers zu den Nachlassverbindlichkeiten (Masseverbindlichkeiten) zählt, erscheint es vertretbar, auch solche Schulden als Nachlassverbindlichkeiten (wenn auch idR nicht zugleich als Masseverbindlichkeiten; vgl JAEGER/WEBER[8] KO § 224 Rn 2; RIERING, in: NERLICH/ RÖMERMANN [März 2009] InsO § 324 Rn 5, § 325 Rn 8; **aM** KRESS 24) anzuerkennen, die ein nicht durch einen Nachlasspfleger vertretener Erbe in einer gegenüber den übrigen Nachlassgläubigern durch § 1978 Abs 1, 3 gerechtfertigten Weise *selbst* begründet hat (**aM** und deshalb für Abschaffung der Figur der Nachlasserbenschuld DAUNER-LIEB 129 ff, 147, 558; JACOBY, Das private Amt [2007] 71 ff). **Dementsprechend** (vgl § 1978 Abs 3, §§ 683, 670 sowie die Parallele des Nachlasspflegers) **sind vom Erben selbst begründete Schulden idR dann (auch) Nachlassverbindlichkeiten, wenn sie „vom Standpunkt eines sorgfältigen Verwalters in ordnungsmäßiger Verwaltung des Nachlasses eingegangen" sind** (grundlegend RGZ 90, 91, 95 mwNw und ihm folgend eine st Rspr und hM, zB STAUDINGER/ AVENARIUS [2003] Vorbem 6 ff zu §§ 2144 ff; BGHZ 32, 60, 64 = NJW 1960, 959, 961 f; BGH NJW 1978, 1385, 1386 [vgl hierzu noch Rn 52 und § 2058 Rn 21]; BGH FamRZ 2009, 1520). **Nicht erforderlich ist, dass der Erbe die Verpflichtung ausdrücklich „für den Nachlass" übernommen oder dem Geschäftsgegner die Beziehung zum Nachlass erkennbar gemacht hat** (RGZ 90, 91, 95, 98 [wegen der – in RGZ 62, 38, 43 f noch abgelehnten – Herleitung der maßgeblichen Kriterien aus § 1978 Abs 3]; STAUDINGER/AVENARIUS [2003] Vorbem 9 zu §§ 2144 ff; SOERGEL/STEIN Rn 8; ASTRID ERNST 23 f; **aM** HERZFELDER JW 1926, 1544 ff; s ferner MUSCHELER 204, 272 und § 1985 Rn 7 zu der Frage, ob dies auch gilt, wenn statt des Erben ein **Testamentsvollstrecker oder Nachlassverwalter** kontrahiert hat). Soweit nicht zumindest konkludent (Rn 40) etwas anderes vereinbart ist, haftet der Erbe für die von ihm rechtsgeschäftlich begründeten Nachlassverbindlichkeiten nicht nur „als solcher", sondern unbeschränkbar auch als Inhaber seines Eigenvermögens (RGZ 146, 343, 345 f; BGH BB 1968, 769 f; **aM** BINDER JW 1927, 1196, 1198). In diesem Fall handelt es sich um Nachlasserbenschulden (dazu Rn 5–7).

Außerhalb der Grenzen einer ordnungsmäßigen Verwaltung kann der Erbe eine **43** rechtsgeschäftliche Verbindlichkeit auch durch ausdrückliche Vereinbarung nicht als *Nachlassverbindlichkeit* begründen (RG JW 1938, 2822 = WarnR 1938 Nr 143 [für den Vorerben]; vgl auch JAEGER/WEBER[8] KO §§ 226, 227 Rn 20; KRESS, Erbengemeinschaft 23; A ERNST 24 ff, 34; DAUNER-LIEB 144, 147, 379 ff, 410 f, 445, 448 ff, 454 ff, 458 [die dies jedoch auch *innerhalb* der o g Grenzen ablehnt]; großzügiger, weil auf das Kriterium der Ordnungsmäßigkeit der Verwaltung verzichtend, noch RGZ 62, 38, 43 f [vertragliches Anerkenntnis einer Nachlassverbindlichkeit]; hinsichtlich des endgültigen Erben **gegenteiliger Ansicht** BGB-RGRK/JOHANNSEN Rn 12, 13 aE; zu der etwas weiter gehenden Verpflichtungsmacht des *Testamentsvollstreckers* s oben Rn 38; zu Honorarvereinbarungen mit gewerblichen „**Erbensuchern**" unten Rn 51). Ein fehlgeschlagener diesbezüglicher Versuch führt analog § 179 zu einer persönlichen Haftung des Erben mit dem Eigenvermögen auch dann, wenn bei Vertragsschluss eine Haftungsbeschränkung auf den Nachlass vereinbart wurde (BARTELMANN, Die Haftung für die Nachlaßschulden im Falle des Verkaufs der Erbschaft [Diss Rostock 1935] 6; vgl auch ASTRID ERNST 34; DAUNER-LIEB 128, 139, 142, 144, 168, 390, 558; MAROTZKE AcP 199 [1999] 615, 618 ff; G SIEGMANN NZM 2000, 995, 996 r Sp). War der Nachlass zZ des Vertragsschlusses bereits **überschuldet**, so kommt als Grundlage einer persönlichen Haftung des Erben auch eine analoge Anwendung der in BGHZ 126, 181, 192 ff vertretenen neuen Auslegung – inzwischen als § 15a Abs 1 InsO neu verorteten – des § 64 Abs 1 GmbHG in Betracht (MAROTZKE AcP 199 [1999] 615, 620; vgl auch den mit § 64 Abs 1 GmbHG aF bzw § 15a Abs 1 InsO zweckverwandten und deshalb ähnlich auslegbaren § 1980 BGB; ferner unten § 1980 Rn 17). Analog § 1979 und im Hinblick auf § 1980 wird anzunehmen sein, dass die Nachlassgläubiger die Eingehung neuer Verbindlichkeiten durch den Erben außer in Fällen echter Notgeschäftsführung nur dann „als für Rechnung des Nachlasses erfolgt" gelten lassen müssen, wenn der Erbe den Umständen nach annehmen durfte, dass der Nachlass *auch noch nach dieser zusätzlichen Belastung* ausreichen werde, um *alle* Nachlassverbindlichkeiten zu berichtigen (vgl MAROTZKE AcP 199 [1999] 615, 624 mit Fn 7).

Eine Vereinbarung, nach der der Erbe nur mit seinem Eigenvermögen haften soll, **44** schließt die Annahme einer Nachlassverbindlichkeit selbst bei Vorliegen der in Rn 42 genannten objektiven Voraussetzungen aus (vgl RGZ 90, 91, 96 f mwNw bzgl der von einem Vorerben in Verwaltung des Nachlasses eingegangenen Verbindlichkeit; ASTRID ERNST 31; STAUDINGER/AVENARIUS [2003] Vorbem 14 aE zu §§ 2144 ff). Eine die Haftung des Erben auf sein Eigenvermögen beschränkende Vereinbarung wird man im Zweifel so auszulegen haben, dass ihretwegen auch der Schuldbefreiungsanspruch nicht gepfändet werden darf, den der Erbe evtl gem §§ 257, 1978 Abs 3 gegen den Nachlass erwirbt (zu Unrecht leugnen RGZ 90, 91, 94 f und BOEHMER, in: RG-FS III [1929] 216, 266 – nicht aber JAEGER/WEBER[8] KO § 224 Rn 2 – die Möglichkeit eines Anspruchs auf Befreiung von einer in Verwaltung des Nachlasses lediglich mit dem Eigenvermögen eingegangenen Verbindlichkeit).

Das rechtsgeschäftliche **Anerkenntnis einer Nachlassverbindlichkeit** (dazu auch STAU- **45** DINGER/AVENARIUS [2003] Vorbem 11 zu §§ 2144 ff) durch den Erben macht diesen, falls er die Schuld erkennbar „als Nachlassverbindlichkeit" anerkannt hat, im Zweifel „wie" für Nachlassverbindlichkeiten haftbar, also mit der Möglichkeit einer Beschränkung der Haftung auf den Nachlass. Eine echte *Nachlass*verbindlichkeit wird durch das Anerkenntnis aber nur begründet, wenn der Erbe es in ordnungsmäßiger Verwaltung des Nachlasses – zB im Rahmen eines per saldo günstigen Vergleichs (vgl etwa RGZ 81, 364, 366 f [allerdings zu § 2113 Abs 2; s STAUDINGER/AVENARIUS (2003) § 2113 Rn 81]) – abgegeben hat (auf das Erfordernis der Ordnungsmäßigkeit verzichten zu Unrecht HERZFELDER JW 1926, 1544, 1545 f und RGZ 62, 38, 43 [zu § 226 Abs 1 KO, heute § 325 InsO]; inzwischen aber wohl überholt durch RGZ 90, 91, 95 [dazu Rn 42], RG JW 1938, 2822 = WarnR 1938 Nr 143 [dazu Rn 43]). Ist das nicht der Fall (vgl BGHZ 51, 125 ff bzgl des von einem Testamentsvollstrecker abgegebenen Anerkenntnisses), so kann der Gläubiger das Anerkenntnis weder im Nachlassinsolvenzverfahren (arg § 327 Abs 1 InsO) noch gegenüber einem Nachlassverwalter geltend machen (vgl §§ 1984 Abs 2, 1985 Abs 1 BGB, § 784 Abs 2 ZPO). Es begründet dann eine Verbindlichkeit nicht (auch) des Nachlasses, sondern nur des anerkennenden Erben (**aM** STAUDINGER/LEHMANN[11] Rn 26), also eine reine Eigenverbindlichkeit (vgl Rn 4), die zwar – nach dem Grundsatz der Vertragsfreiheit – den erbrechtlichen Beschränkungsmöglichkeiten unterstellt sein kann (so im Zweifel bei Anerkennung „als Nachlassverbindlichkeit"), nicht aber zB auf einen Nacherben übergeht (zu dessen Lasten wirkt ein vom Vorerben abgegebenes Anerkenntnis nur, wenn es in ordnungsmäßiger Verwaltung des Nachlasses abgegeben wurde; vgl Rn 43, 48, aber auch BGH NJW 1973, 1690, 1691 m Anm WALTJEN NJW 1973, 2061 f: ob ein in dem Anerkenntnis enthaltener *Einredeverzicht* auch zu Lasten des Nacherben wirke, richte sich allein nach den §§ 2112–2115 [mE unzutreffend, weil auf den Ausschluss von *Einwendungen* – keine Verfügung! – nicht übertragbar und somit zu einer hier unangemessenen Differenzierung zwischen Einrede- und Einwendungsausschluss führend]). **War das Anerkenntnis einer Schuld als Nachlassverbindlichkeit kein Akt ordnungsmäßiger Verwaltung** des Nachlasses und deshalb nicht geeignet, neben dem Erben auch den Nachlass zu verpflichten, so kann sich der Gläubiger, soweit er auf das Anerkenntnis angewiesen ist (etwa weil die anerkannte Nachlassverbindlichkeit nicht besteht oder nicht nachzuweisen ist), nach Eröffnung eines Nachlassinsolvenzverfahrens oder Anordnung einer Nachlassverwaltung hinsichtlich des *Nachlasses* nur noch an das halten, was nach Verfahrensende übrig bleibt (vgl Rn 41 zur Rechtfertigung dieses Ergebnisses im Hinblick auf das Haftungsinteresse der Nachlassgläubiger). Er kann zB den Anspruch des Erben gegen den Nachlassverwalter auf Herausgabe des nach Beendigung der Nachlassverwaltung verbliebenen Restes pfänden (vgl § 1984 Rn 27). *Bis* zur Eröffnung eines derartigen Verfahrens kann der Gläubiger idR aber auch dann auf den (gesamten) Nachlass zugreifen, wenn das Anerkenntnis, auf das er diesen Zugriff stützt, nur eine *Eigen*verbindlichkeit des Erben begründet (vgl Rn 4).

46 Das Vorstehende gilt entsprechend, **wenn der Erbe** eine Nachlassverbindlichkeit **im Prozess anerkennt**. Nur wenn das Anerkenntnis ein Akt ordnungsmäßiger Verwaltung des Nachlasses ist, kann eine ihm entsprechende Verurteilung (§ 307 ZPO) des Erben eine echte Nachlassverbindlichkeit begründen. Abgesehen von dieser auf ein Anerkenntnis oder einen inhaltsgleichen Vergleich anwendbaren Schutzüberlegung müssen sich die übrigen Nachlassgläubiger aber wohl damit abfinden, im Nachlassinsolvenzverfahren auch mit solchen Gläubigern konkurrieren zu müssen, die die Feststellung ihres Anspruchs gegen den Nachlass nur *infolge nachlässiger Prozessführung des Erben* erlangen konnten (ECCIUS Gruchot 51 [1907] 564, 572 ff; zur Frage einer Bindung des *Nacherben* an die Prozessführung des Vorerben vgl STAUDINGER/AVENARIUS [2003] Vorbem 16 f zu §§ 2144 ff). Notfalls müssen sie den Erben deswegen gem § 1978 Abs 1 in Regress nehmen (ECCIUS 573).

Sind dem Erben nach §§ 91 ff ZPO die **Kosten eines** von ihm selbst geführten **47**
Rechtsstreits auferlegt, so haftet er dafür persönlich und unbeschränkbar selbst dann, wenn er wegen einer Nachlassverbindlichkeit unter dem Vorbehalt der beschränkten Haftung verurteilt wurde (RG HRR 1930 Nr 455; RG JW 1912, 46 Nr 47; OLG Düsseldorf FamRZ 2010, 496, 498; OLG Naumburg HRR 1937 Nr 700; OLG Jena SeuffA 66 [1911] Nr 139; OLG Stuttgart WürttJb 24 [1912] 298, 305; OLG Köln NJW 1952, 1145; OLG München JurBüro 1994, 112; OLG Koblenz ZEV 1997, 253 f; MünchKomm/Küpper Rn 37; **aM** Binder II 47; Cosack II 150 III 2 bα). Denn die Prozesskosten beruhen auf Rechtshandlungen des Erben, der, weil der Nachlass nun ihm gehört, den Rechtsstreit auch im eigenen Interesse führt. Wenn der Erbe kein Prozess(kosten)risiko eingehen will, mag er auf die Chance eines Prozessgewinns verzichten, also zur Klageerhebung keine Veranlassung geben und eine dennoch eingeklagte Nachlassverbindlichkeit sofort – jedoch unter dem Vorbehalt der beschränkten Haftung, §§ 305, 780 ZPO – anerkennen (vgl § 93 ZPO; § 2014 Rn 14; § 1990 Rn 21; MünchKomm/Küpper Rn 37; OLG Jena aaO; KG OLGE [1917/II] 35, 127; OLG Köln NJW 1952, 1145, 1146 aE; OLG München JurBüro 1995, 659; Damrau ZEV 1999, 234). Wird die gegen den Erben gerichtete Klage eines Nachlassgläubigers erst nach Einreichung aber noch vor Zustellung dadurch unzulässig, dass über den Nachlass ein Insolvenzverfahren eröffnet wird, so hat der Erbe ohne Möglichkeit der Haftungsbeschränkung die Kosten des Rechtsstreits zu tragen, wenn er den Kläger nach Ankündigung der Klageerhebung nicht darüber informiert hat, dass und wann er bereits Antrag auf Eröffnung des Nachlassinsolvenzverfahren gestellt hatte (OLG Karlsruhe NJW-RR 2007, 1166 f). Nach hM sind vom Erben veranlasste oder nicht verhinderte Prozesskosten nicht nur Eigenverbindlichkeiten des Erben, sondern zugleich Nachlassverbindlichkeiten (KGJ 42 [1912] A 99, 102 = OLGE 26 [1913/I] 292, 293; Strohal II § 70 I 2 c; Riering, in: Nerlich/Römermann [März 2009] InsO § 325 Rn 8; **aM** wohl Stein/Jonas/Leipold[22] ZPO § 326 Rn 6). Dem ist nur insoweit zuzustimmen, als sich die Prozessführung des Erben (trotz seiner Niederlage!) im Rahmen ordnungsmäßiger Verwaltung des Nachlasses hielt (s oben Rn 41 ff; Jaeger/Weber[8] KO §§ 226, 227 Rn 18, 20) und er somit gem § 257 iVm §§ 1978 Abs 3, 670 Schuldbefreiung aus dem Nachlass verlangen könnte (ebenso wohl Staudinger/Lehmann[11] Rn 30, wo aber das Kriterium der ordnungsmäßigen Verwaltung zu Unrecht auch mit der persönlichen Haftung des Erben in Zusammenhang gebracht wird). Reine Nachlassverbindlichkeiten sind selbstverständlich alle Prozesskostenerstattungsansprüche, die bereits gegen den Erblasser entstanden sind (vgl Rn 20, auch Vorbem 21 [nach dem Tod erfolgte Verurteilung des Erblassers]), und solche aus einem von einem Nachlasspfleger geführten Rechtsstreit (KG OLGE 34 [1917/I] 274 f; **aM** KG Rpfleger 1976, 187 f im Schlusssatz [vgl dazu noch Vorbem 33]; Damrau ZEV 1999, 234). Reine Nachlassverbindlichkeiten sind deshalb auch solche Prozesskosten, die dem Erben, der die geltend gemachte Nachlassverbindlichkeit nach Übernahme des Rechtsstreits von einem Nachlasspfleger unter dem Vorbehalt der beschränkten Haftung sofort anerkennt (§ 93 ZPO), nur deshalb auferlegt werden, weil der *Nachlasspfleger* zur Klageerhebung Veranlassung gegeben hat (**aM** anscheinend OLG Köln NJW 1952, 1145, 1146 aE). Auch für Prozesskosten, die dem Erben lediglich deshalb auferlegt werden, weil er ein noch vom Erblasser eingelegtes Rechtsmittel sofort zurücknimmt, kann er den Haftungsvorbehalt des § 780 ZPO verlangen (so wohl Mattern aE seiner Anm zu BGH LM Nr 6 zu § 780 ZPO; **aM** RG Recht 1930 Nr 156). Zu den Fortwirkungsgrenzen einer dem Erblasser bewilligten Prozesskostenhilfe vgl Staudinger/Marotzke (2008) § 1922 Rn 338; zur Behandlung des Haftungsbeschränkungsrechts im Kostenfestsetzungsverfahren s oben Rn 20 und Vorbem 21 zu §§ 1967 ff.

bb) Besonderheiten bei vorläufigen Erben, Vorerben und Miterben?

48 Analog den bei Rn 42, 43 dargelegten Grundsätzen kommen als Nachlassverbindlichkeiten auch die von einem **vorläufigen Erben**, der die Erbschaft später ausschlägt, sowie die von einem **Vorerben** in ordnungsgemäßer Verwaltung des Nachlasses eingegangenen Verpflichtungen in Betracht (wie hier BAMBERGER/ROTH/LOHMANN Rn 18; vgl bzgl des *Vorerben* auch STAUDINGER/AVENARIUS [2003] Vorbem 6 ff zu §§ 2144 ff, aber auch oben Rn 45 sowie STAUDINGER/AVENARIUS [2003] § 2113 Rn 54 und Vorbem 7 zu §§ 2144 ff; RGZ 90, 91, 95 f; RG JW 1938, 2822 = WarnR 1938 Nr 143; BGHZ 32, 60, 64 = NJW 1960, 959, 961 f; BGHZ 110, 176, 179 ff = NJW 1990, 1237 f; BGH NJW 1993, 1582 f [dieselbe Sache!]; BGH FamRZ 2009, 1520 und – für nach Eintritt des Nacherbfalls vom insoweit gutgläubigen Vorerben geschlossene Verträge – STAUDINGER/AVENARIUS [2003] § 2140 Rn 5, 9; bzgl der durch einen *vorläufigen* Erben begründeten Verbindlichkeiten wird der hier vertretenen Ansicht mit ausführlicher Begründung widersprochen von FRIEDRICH 200 ff; zustimmend jedoch STAUDINGER/AVENARIUS [2003] Vorbem 9 zu §§ 2144 ff; vgl zu weiteren Aspekten des Themas auch § 1959 Rn 12). Soweit diese Personen im Nachlassinsolvenzverfahren als *Massegläubiger* Schuldbefreiung aus dem Nachlass verlangen könnten (vgl § 257 iVm §§ 1959 Abs 1, 683, 670 BGB sowie § 324 Abs 1 Nr 6 InsO bzgl des vorläufigen Erben, der ausgeschlagen hat, und § 257 iVm §§ 1978 Abs 3, 683, 670 BGB sowie §§ 324 Abs 1 Nr 1, 329 InsO bzgl des Vorerben auch für den Fall des Eintritts der Nacherbfolge), beeinträchtigt die Anerkennung eines gegen den Nachlass gerichteten Direktanspruchs des Gläubigers weder das Interesse der bisherigen Nachlassgläubiger, nicht mit neu hinzukommenden konkurrieren zu müssen (dazu Rn 41 f), noch das Interesse des endgültigen Erben, einen möglichst schuldenfreien Nachlass zu erhalten. Wie die §§ 1959 Abs 2, 2120, 2130 zeigen, muss der endgültige Erbe bzw der Nacherbe gewisse *Verfügungen*, die der vorläufige Erbe vor seiner Erbschaftsausschlagung oder der Vorerbe vor Eintritt des Nacherbfalls getätigt hat, gegen sich gelten lassen. Mit Recht hebt RGZ 90, 91, 96 die verfügungs*ähnliche* Wirkung hervor, die die Belastung des Nachlasses mit neuen Verbindlichkeiten hat (vgl auch BINDER II 36 f; STAUDINGER/AVENARIUS [2003] Vorbem 6, 8 zu §§ 2144 ff). Dennoch bestehen Unterschiede: Aus den §§ 1959 Abs 1, 683, 670 BGB, 324 Abs 1 Nr 6 InsO ergibt sich, dass für die Frage, inwieweit der vorläufige Erbe den Nachlass mit Wirkung auch über die Erbausschlagung hinaus mit neuen Verbindlichkeiten belasten kann, nicht der vergleichsweise strenge Maßstab des sich auf „Verfügungen" beziehenden § 1959 Abs 2 heranzuziehen ist (so aber BERTZEL AcP 158, 107, 116–119; SIBER, Erbrecht mit Berücksichtigung des Erbschaftsteuerrechts [1928] 112; vLÜBTOW II 750 f; BERGER, Die Erstattung der Beerdigungskosten [Diss Köln 1968] 63–66), sondern dass es genügt, wenn die Verbindlichkeiten in ordnungsmäßiger (also nicht unbedingt dringlicher iSd § 1959 Abs 2) Verwaltung des Nachlasses begründet wurden (iE ebenso BGB-RGRK/JOHANNSEN § 1959 Rn 7; wohl auch STAUDINGER/LEHMANN[11] Rn 13 [mit nicht einschlägigen Nachweisen]; ERMAN/SCHLÜTER Rn 7; KIPP/COING[14] § 93 II 3 e; STAUDINGER/AVENARIUS [2003] Vorbem 9 aE zu §§ 2144 ff; vgl ferner BGHZ 32, 60, 64, wo jedoch unklar bleibt, ob der BGH mit der Erwähnung des „vorläufigen" Erben auch den meint, der später ausschlägt; aM JAEGER/WEBER[8] KO § 224 Rn 6 und – allerdings mit Hinweis auf die Möglichkeit einer selbstständigen *handelsrechtlichen* Haftung des endgültigen Erben nach § 27 HGB – FRIEDRICH 200 ff: ein vorläufiger Erbe könne den Nachlass über die Erbausschlagung hinaus überhaupt nicht verpflichten). Insbesondere beim Vorerben soll aber nach RGZ 90, 91, 96 f darauf zu achten sein, ob er die Verbindlichkeit nicht lediglich als eigene unter Ausschluss der Haftung des Nachlasses übernommen hat (so auch BGHZ 110, 176, 180 = NJW 1990, 1237, 1238; vgl jedoch BGHZ 32, 60, 64: „im Regelfall Nachlaßverbindlichkeiten"). Hat der Vorerbe eine Nachlassverbindlichkeit begründet, so kann der Nacherbe wegen § 2115 S 2 gegen eine

Zwangsvollstreckung, die der Gläubiger vor Eintritt der Nacherbfolge in den Nachlass betreibt, nicht gem § 773 ZPO intervenieren (RGZ 90, 91, 95 f; BGHZ 110, 176, 179 ff = NJW 1990, 1237 f; vgl auch das in derselben Sache ergangene Urteil BGH NJW 1993, 1582 f). Vgl erg STAUDINGER/AVENARIUS (2003) Vorbem 15 zu §§ 2144 ff und – zur Frage der Bindung des Nacherben an eine Prozessführung des Vorerben – Vorbem 16 f zu §§ 2144 ff.

Für *Miet- und Pachtverträge*, die der *Vorerbe* über ein zur Erbschaft gehörendes Grundstück oder eingetragenes Schiff geschlossen hat, enthält § 2135 besondere Bestimmungen, die unabhängig davon gelten, ob eine echte „Nachlass"verbindlichkeit begründet wurde. Vgl auch § 1959 Rn 12 für den Fall, dass ein *vorläufiger* Erbe vermietet oder verpachtet hat (ausf OTTE, in: GedSchr Sonnenschein [2003] 181, 188 f).

Auch ein einzelner Miterbe kann durch den Abschluss von Verträgen, die der ordnungsgemäßen Verwaltung des Nachlasses dienen, **Nachlassverbindlichkeiten begründen** (§ 2058 Rn 42). Das gilt auch, soweit dem Handelnden das Notgeschäftsführungsrecht aus § 2038 Abs 1 S 2 HS 2 nicht zusteht, er die übrigen also nicht gesetzlich vertritt (sehr str: vgl die Nachweise bei § 2058 Rn 42). Denn für seinen Anspruch, im Nachlassinsolvenzverfahren mit Mitteln des Nachlasses von einer evtl mitbegründeten Haftung auch des Eigenvermögens befreit zu werden (§§ 1978 Abs 3, 683, 670, 257 BGB, § 324 Abs 1 Nr 1 InsO), stellt § 1978 nur darauf ab, ob die Geschäftsführung den *Nachlassgläubigern* gegenüber gerechtfertigt war. Die übrigen Miterben müssen sich ohnehin damit abfinden, dass der Nachlass für von einem einzelnen Miterben eingegangene Verbindlichkeiten nach Maßgabe des § 1978 Abs 3 in Anspruch genommen werden kann. Folglich müssen sie sich auch damit abfinden, dass dem Vertragspartner des im Interesse des Nachlasses tätig gewordenen einzelnen Miterben analog dem bei Rn 42, 43 Gesagten ein Direktanspruch gegen den Nachlass gewährt wird (für den sie unbeschränkt aber beschränkbar mithaften; §§ 2058, 2059 Abs 1, 1975 ff). Dafür spricht auch, dass sie gem § 2038 Abs 1 S 2 HS 1 verpflichtet sind, an Maßregeln mitzuwirken, die zur ordnungsmäßigen Verwaltung des Nachlasses erforderlich sind (ein analoges Argument aus §§ 2120, 2130 führt RGZ 90, 91, 96 bzgl des Nacherben an; andeutungsweise aufgenommen wird es auch in BGHZ 110, 176, 179, 181 = NJW 1990, 1237, 1238). Schließen Miterben einen Vertrag, der *keine* Maßnahme ordnungsgemäßer Verwaltung iSd § 1978 Abs 3 darstellt, so entsteht aber auch dann keine echte *Nachlassverbindlichkeit* iSd §§ 1967 ff, 2058 ff BGB, §§ 317, 325 InsO, wenn sämtliche Erben gemeinschaftlich und unter ausdrücklicher Beschränkung ihrer Haftung auf den Nachlass kontrahiert haben (insoweit zutr DAUNER-LIEB 454 ff, 458, 460 ff, 511 ff mwNw auch zur Gegenansicht; vgl erg oben Rn 42 f). In solchen Fällen handelt es sich um reine *Eigenverbindlichkeiten* der Miterben bzw ihrer Gemeinschaft (sofern man die letztere abweichend von der bisher herrschenden Dogmatik als rechtsfähig anerkennt; vgl hierzu und zur Frage einer Einstandspflicht der *Mitglieder* dieser Gemeinschaft analog § 179 BGB [s oben Rn 43] oder analog § 128 HGB DAUNER-LIEB 35 f, 128, 389 ff, 393, 398, 459 ff, 464 ff, 479 f, 482, 488 ff, 490 ff, 511 f, 518 f, 562 f; MAROTZKE AcP 199 [1999] 615, 617 ff).

cc) Beispiele aus der Rspr: Inspruchnahme von Krediten durch Vorerben (RGZ 90, 91; 146, 343); Kreditaufnahme durch Vorerben; für die Anerkennung als Nachlassverbindlichkeit komme es darauf an, ob die tatsächliche Inanspruchnahme des vereinbarten Bankkredits sich im Rahmen einer ordnungsmäßigen Verwaltung gehalten habe (RG JW 1938, 2822, 2823 = WarnR 1938 Nr 143); **Aufnahme eines Bankkredits durch Vorerben** (BGHZ 110, 176 ff = NJW 1990, 1237 ff; vgl auch das in derselben Angelegenheit ergangene Urteil BGH NJW 1993, 1582 f); **Verkauf von Nachlassgegenständen** (RGZ 112, 129); **Einräumung eines erst nach dem Ableben des befreiten Vorerben fälligen Ankaufsrechts durch diesen** (OLG Oldenburg NJW 1994, 2772); **Inventaraufnahme** (KGJ 42 [1912] A 99 = OLGE 26 [1913/I] 292; vgl auch § 1993 Rn 22, 23); **Fortführung eines Handelsgeschäfts durch Vorerben** (BGHZ 32, 60, 64, 66 f); **Akzeptierung von Prolongationswechseln durch Erben eines Handelsgeschäfts** (BGH BB 1968, 769; vgl auch OLG Frankfurt WM 1965, 659 f); **Fortführung eines Handwerksbetriebes** (BGH BB 1975, 1319; BGH LM Nr 2 zu § 2032 = NJW 1962, 2196, 2197 f); **Bewirtschaftung eines den Nachlass bildenden Landgutes durch unfähigen Vorerben** (BGH LM Nr 4 zu § 1967 = MDR 1973, 749 f; vgl auch STAUDINGER/AVENARIUS [2003] Vorbem 10 zu §§ 2144 ff); **Haftung des Käufers eines Miterbenanteils für Ansprüche eines anderen Miterben gegen die Erbengemeinschaft aus einem zwischen den Miterben vor dem Erbteilsverkauf geschlossenen Auseinandersetzungsvertrag** (BGHZ 38, 187, 193 f = LM Nr 1 zu § 2382 m Anm MATTERN); **Beerdigungskosten, Bürgschaft** (JOHANNSEN WM 1977, 270). Wird durch den Abriss eines Hauses, das auf einem einer Erbengemeinschaft gehörenden Grundstück stand, eine Grenzeinrichtung (§ 921) in ihrer Funktionsfähigkeit für das Nachbargrundstück beeinträchtigt, so soll die Erbengemeinschaft jedenfalls dann als Störer iSd § 1004 anzusehen sein, wenn der Abriss von einem Miterben veranlasst worden ist, dem das Grundstück zur alleinigen Benutzung überlassen war (BGH NJW 1989, 2541 f). Diese Rechtsansicht erscheint vertretbar, führt jedoch nicht zu der vom BGH (aaO) befürworteten Anwendung des § 2058 auf die Störungsbeseitigungspflicht. Denn diese Pflicht trifft die Erben nicht „als solche", sondern in ihrer Eigenschaft als Grundstückseigentümer. Eine andere Beurteilung kommt nur in Betracht, wenn sich *der erfolgte Abriss des geerbten Hauses* (nicht: die erst noch durchzuführende Beseitigung der dadurch verursachten Beeinträchtigung des Nachbargrundstückes) als Maßnahme einer ordnungsgemäßen Verwaltung des Nachlasses (Rn 49) darstellt.

c)   Sonstige Belastungen des Nachlasses mit neuen Verbindlichkeiten (aus GoA und § 812)

51   **Hat ein Dritter (zB Verwandter oder Freund) in berechtigter Geschäftsführung ohne Auftrag Verwaltungsgeschäfte für den Erben erledigt**, so ist sein Aufwendungsersatzanspruch (§§ 683, 670) gegen den Erben nicht nur Erben-, sondern auch Nachlassverbindlichkeit (vgl STAUDINGER/LEHMANN[11] Rn 25; STAUDINGER/BOEHMER[11] § 1922 Rn 215; BOEHMER, Erbfolge und Erbenhaftung 120), soweit die Nachlassgläubiger ersatzpflichtig wären, wenn der Dritte das Geschäft für *sie* zu besorgen gehabt hätte. Das folgt aus einer analogen Anwendung des § 324 Abs 1 Nr 6 InsO. Diese Vorschrift betrifft den Ersatzanspruch eines vorläufigen Erben, der die Erbschaft ausgeschlagen hat. Soweit § 324 Abs 1 Nr 6 InsO dem vorläufigen Erben, der die Erbschaft ausgeschlagen hat und dessen bisherige Erbenstellung deshalb durch § 1953 rückwirkend hinwegfingiert wird, einen Ersatzanspruch gegen den Nachlass gewährt, muss auch jeder Dritte durch auftragslose Geschäftsführung Ersatzansprüche gegen den Nachlass erwerben können (**aM** wohl FRIEDRICH 208). Gleiches gilt für den Aufwendungsersatzanspruch, den ein einzelner **Miterbe** aus berechtigter Notgeschäftsführung, § 2038 Abs 1 S 2 HS 2, erwirbt (**aM** WERNECKE AcP 193 [1993] 240, 249 ff, 262, die im Wege der „Analogie" aber gleichwohl zur Anwendung einzelner erbrechtlicher Haftungsvorschriften gelangt, und ENDRISS, Der Miterbe als Nachlassgläubiger [2003] 60 ff, 64, 104 ff). Wer gewerblich als **„Erbensucher"** unbekannte Erben ermittelt, hat gegen diese, sofern es nicht zu einer Honorarvereinbarung kommt (vgl zB LG Darmstadt NJW-RR 2001, 1015 f), Vergütungsansprüche weder aus Geschäftsführung ohne Auftrag noch aus ungerechtfertigter Bereicherung (BGH NJW 2000, 72 f = ZEV 2000, 33 f = JZ 2000, 521 ff m Anm Schulze; BGH FamRZ 2006, 775 f = NJW-RR 2006, 656 = ZEV 2006, 321 – hier mit ausdrücklicher Inkaufnahme der Unterschiede zum französischen und österreichischen Recht). Eine Honorarvereinbarung wird den Voraussetzungen, unter denen der Erbe neue Nachlassverbindlichkeiten begründen kann (Rn 40 ff), nur selten genügen (vgl aber immerhin oben Rn 38 [soweit zu § 324 Abs 1 Nr 6 InsO] iVm den ersten drei Sätzen bei Staudinger/Marotzke [2000] § 1960 Rn 39).

Den Erben „als solchen" trifft auch die Pflicht zur **Rückgewähr einer erst nach dem** **52** **Erbfall eingetretenen ungerechtfertigten Bereicherung**, falls diese Bereicherung sich im Nachlass niederschlägt (also jedem beliebigen Inhaber des Nachlasses zustatten käme) und nicht auf einer Leistung (§ 812 Abs 1 S 1) beruht, die zwecks Erfüllung eines nicht zum Nachlass gehörenden Anspruchs an den Erben persönlich erbracht wurde (eine Einschränkung, die sich jedenfalls prima facie aus dem bereicherungsrechtlichen Vorrang des Leistungsverhältnisses ergibt; dazu Staudinger/Lorenz [2007] § 812 Rn 32, 36 ff). Nachlassverbindlichkeit ist zB der Anspruch auf Rückgewähr einer nicht geschuldeten Leistung, die nach dem Tod des mit ihr Bedachten auf dessen noch zum Nachlass gehörendes Konto überwiesen wurde (Balzer-Wehr, Bereicherungs- und Erstattungsansprüche gegen Erben [Diss Erlangen-Nürnberg 1998] 127 ff; **aM** zumindest für Rentenüberzahlungen Soergel/Stein Rn 13: Erbenschuld). Das gilt unabhängig von dem Streit über die Rechtsnatur des Erstattungsanspruchs (dazu Staudinger/Marotzke [2008] § 1922 Rn 362) auch für die Verpflichtung zur *Rückgewähr von Rentenzahlungen*, die nach dem Tod des „Berechtigten" auf dessen noch zum Nachlass gehörendes Konto erfolgt sind (AG Kassel NJW-RR 1992, 585 f; BSG NZI 2001, 502 ff [Vorinstanz: BayLSG NZS 2000, 419 f]; Balzer-Wehr 129, 199 ff; MünchKomm/Küpper Rn 13 ff, 22 [an letzterer Stelle auch Ausführungen zur verschärften Haftung des Erben bei Verletzung von Anzeigepflichten]; vgl auch BGHZ 71, 180, 187 f = NJW 1978, 1385 f [ad II 1], wo jedoch zu Unrecht eine – wenn auch auf den Nachlass beschränkbare [inkonsequent! vgl die Vorgenannten und oben Rn 7] – Nachlass*erben*schuld angenommen wurde, weil die Erben das Erblasserkonto „in ordnungsmäßiger Verwaltung des Nachlasses … fortgeführt" hatten [dazu § 2058 Rn 21]; s ferner OVG Münster NJW 1985, 2438: derartige Verbindlichkeiten entstünden „in der Person des Erben als solchen", und BGHZ 73, 202, 204 ff = NJW 1979, 763 f: keine Anwendung des § 814 allein deshalb, weil der Erbe den Tod des Rentenberechtigten angezeigt hatte; s zu diesem Urteil auch Staudinger/Marotzke [2008] § 1922 Rn 362 – in der dortigen Fn auch Hinweise zur **Rücküberweisungspflicht bzw Haftung der Bank**). Dort, wo KG FamRZ 1977, 349 f eine Nachlassverbindlichkeit *verneint* hat, war das Konto des Erblassers möglicherweise *nicht* in den Nachlass gelangt (vgl KG aaO 349 aE/350). Auch ist stets zu prüfen, ob ein Konto, welches ursprünglich zum Nachlass gehörte, später aus dem Nachlass ausgeschieden und in das Eigenvermögen des Erben übergegangen ist (vgl BGH ZIP 1995, 1886 ff = NJW 1996, 190 f ad II 2 a; Balzer-Wehr 136 f). Denn die Rückforderung einer weder an den Erben „als solchen" erbrachten noch tatsächlich in den Nachlass gelangten Leistung ist nicht allein deshalb Nachlassverbindlichkeit, weil der vermeintliche Anspruch, der durch die Leistung erfüllt werden sollte, im Fall seines Bestehens zum Nachlass gehört hätte (vgl KG aaO [Rentenzahlungen] und OLG Hamburg NJW 1952, 938 f = MDR 1952, 548 f; dort hatte der Pfleger eines Erben [also kein Nachlasspfleger] ohne die erforderliche vormundschaftsgerichtliche Genehmigung ein Nachlassgrundstück verkauft und – wiederum ohne die insoweit erforderliche Genehmigung – den Kaufpreis angenommen). Anders jedoch, wenn die zu kondizierende Leistung wirklich in den Nachlass gelangt ist (vgl RG JW 1927, 1196, 1197 f m Anm v Binder [wiederum ein unwirksamer Grundstücksverkauf durch Miterben]; zur Anwendbarkeit des § 2058 s dort Rn 21).

Fordert und erhält ein **Nachlasspfleger** (§ 1960) eine dem Erben nicht zustehende Leistung, so ist die Rückgewährpflicht Nachlassverbindlichkeit (vgl BGHZ 94, 312, 315 f, wo die Rückgewährpflicht sogar als *Masseverbindlichkeit* iSd § 224 Abs 1 Nr 5 KO [jetzt § 324 Abs 1 Nr 5 InsO] eingeordnet wurde; gegen diese insolvenzrechtliche Bevorzugung MUSCHELER 142 ff; dem BGH zustimmend hingegen BSG NZI 2001, 502, 503 ad B 2 b [Vorinstanz: BayLSG NZS 2000, 419 f]). Entsprechendes gilt für Zahlungen an einen **Testamentsvollstrecker** bei Fehlen des angenommenen rechtlichen Grundes (BayObLG Rpfleger 1990, 421 f = FamRZ 1990, 1124 ff – auch zum Akteneinsichtsrecht des Bereicherungsgläubigers) oder wenn ein **Nachlassverwalter** ohne die erforderliche nachlassgerichtliche Genehmigung ein Darlehen aufgenommen und ausgezahlt erhalten hat (BGH ZEV 2000, 155, 157; s auch § 1985 Rn 33).

Selbstverständlich haftet der Erbe auch für **Bereicherungsansprüche, die bereits gegen den Erblasser begründet waren** (s oben Rn 9). Gleiches gilt in Bezug auf öffentlich-rechtliche Erstattungsansprüche (vgl STAUDINGER/MAROTZKE [2008] § 1922 Rn 360 ff, 368). Zu den „vom Erblasser herrührenden Schulden" gehört auch ein auf § 812 Abs 1 S 2 Alt 2 gestützter, auf Rückforderung von an den Erblasser erbrachten Leistungen gerichteter *Bereicherungsanspruch wegen enttäuschter Erberwartung;* ein solcher Anspruch ist, sollte er nach Lage des Falles wirklich bestehen (dazu OLG Karlsruhe ZEV 2002, 196 f; strenger HAAS/HOLLA ZEV 2002, 169 ff), auch bei der Pflichtteilsberechnung zu berücksichtigen (zutr HAAS/HOLLA ZEV 2002, 169, 172; **aM** das OLG Karlsruhe aaO).

IV. Vom Erben zu vertretende Leistungsstörungen

1. Verletzt der Erbe schuldhaft seine Pflicht zur ordnungsgemäßen Erfüllung einer Nachlassverbindlichkeit (vgl auch § 2058 Rn 45 ff), so haftet er dem Gläubiger für daraus entstehende Schadensersatzansprüche (zB §§ 280 ff) persönlich und unbeschränkbar (vgl RGZ 92, 341, 343 bzgl vertragswidriger Verfügungen; zu Besonderheiten des Bereicherungsrechts s STAUDINGER/MAROTZKE [2008] § 1922 Rn 274, zu dem sehr speziellen Thema „Haftungsbeschränkung und Schadensersatz beim Tod des Verkäufers im schwebenden M&A-Prozess" s WERKMÜLLER ZEV 2007, 16 ff). Denn infolge des Anfalls der Erbschaft ist er – trotz der ihm zur Verfügung stehenden Haftungsbeschränkungsmittel – persönlicher Schuldner aller Nachlassverbindlichkeiten geworden (vgl Vorbem 6–8). Das Recht, die Haftung auf den Nachlass zu beschränken, würde überdehnt, wenn man es dem Erben auch wegen der Folgen von ihm selbst zu vertretender Pflichtverletzungen gewähren würde. *Obwohl der Ersatzanspruch des Nachlassgläubigers die Rechtsnatur der verletzten Schuld als reiner Nachlassverbindlichkeit teilt* (KIPP[8] § 73 aE; STROHAL II 70 I 2 d; KUHNKE, Die Verletzung ererbter Unterlassungspflichten [auch über Vertragsstrafen] JW 1933, 2872 ff bei Fn 10; für reine *Erbenschuld* hingegen BINDER II 47 f; wohl auch RGZ 92, 341, 343 f [dagegen spricht aber die bei § 2058 Rn 47 vorgeschlagene Analogie zu § 31]; OLG Hamm FamRZ 1995, 700 f [dazu auch Rn 10]; für gemischte *Nachlasserbenschulden* [dazu Rn 5 ff] STAUDINGER/ LEHMANN[11] Rn 6; STAUDINGER/BOEHMER[11] § 1922 Rn 215, 219; FRIEDRICH 118; MICHALSKI Rn 910; wohl auch PLANCK/FLAD Anm 6 c; MünchKomm/KÜPPER Rn 18; KIPP/COING[14] § 93 Fn 15; differenzierend LANGE/KUCHINKE § 47 II 1 c; zu dem Sonderfall der Verletzung einer *Nachlasserbenschuld* iS der Ausführungen bei Rn 42 ff vgl STAUDINGER/AVENARIUS [2003] Vorbem 12 zu

§§ 2144 ff), *kann er also unbeschränkbar auch gegen das Eigenvermögen des Erben verfolgt werden* (der insoweit zB die Ausschlusseinrede des § 1973 nicht mehr erwerben kann; iE ebenso RG aaO). Dass der Erbe persönlicher Schuldner des Ersatzanspruchs ist, spricht nicht für die Annahme einer gemischten Nachlasserbenschuld in dem in Rn 5 ff definierten Sinne, weil der Erbe auch bzgl der reinen Nachlassverbindlichkeiten persönlicher Schuldner ist (vgl Vorbem 7). Der Ersatzanspruch des Gläubigers der vom Erben nicht oder nicht ordnungsgemäß erfüllten Nachlassverbindlichkeit ist also wie diese reine Nachlassschuld, für die dem Erben jedoch *wegen der von ihm selbst zu vertretenden Pflichtverletzung* das Haftungsbeschränkungsrecht ausnahmsweise nicht zusteht. Im Insolvenzverfahren gelten demnach die §§ 331, 52 InsO und nicht etwa der auf gemischte Nachlasserbenschulden entsprechend anwendbare § 43 InsO. Anders nur, wenn und soweit sich der Erbe außerdem nach § 823 oder § 826 verantwortlich gemacht hat, da dann eine neben die Nachlassverbindlichkeit tretende echte Eigenverbindlichkeit des Erben vorliegt.

Sowohl der Nachlass als auch das sonstige Vermögen des Erben werden von der **54** Haftung für die Pflichtverletzung (§ 280 Abs 1) frei, wenn der Erbe die Erbschaftsannahme bzw die ihr gleichstehende Versäumung der Ausschlagungsfrist wirksam anficht. Denn in solch einem Fall gilt der Anfall der Erbschaft an ihn und damit zugleich sein Eintritt in die nicht (ordnungsgemäß) erfüllte Nachlassverbindlichkeit als nicht erfolgt (§§ 1956, 1957 Abs 1, 1953 Abs 1). Entsprechendes gilt, wenn der Erbe die Erbschaft ausschlägt; jedoch wird eine schuldhafte Nicht- oder Schlechterfüllung von Nachlassverbindlichkeiten vor der Erbschaftsannahme wegen §§ 1958, 2014 ff selten vorkommen (zu denken ist jedoch an den Fall einer Pflichtverletzung durch zweckvereitelndes positives Tun). Soweit die persönliche Haftung des Erben sich auch aus § 823 oder § 826 begründen lässt, überdauert sie selbstverständlich eine Erbausschlagung.

Die Haftung für durch einen **Testamentsvollstrecker** (vgl MUSCHELER 174, 205 ff), **Nach- 55 lasspfleger** (vgl HÖRLE ZBlFG 9 [1908/09] 751, 762 f) oder **Nachlassverwalter** bewirkte Leistungsstörungen trifft wegen § 278 S 1 stets den Erben „als solchen" (§ 1967 Abs 2), dh mit der Möglichkeit, seine Haftung auf den Nachlass zu beschränken.

2. Zur Haftung für **Prozesskosten**, die dem wegen einer Nachlassverbindlichkeit **56** verurteilten Erben auferlegt worden sind, vgl Rn 47. Der prozessuale Kostenerstattungsanspruch ist keine Erweiterung der eingeklagten Nachlassverbindlichkeit in dem bei Rn 53 dargelegten Sinne, sondern eine in §§ 91 ff ZPO erschöpfend geregelte Folge der Prozessführung und des Unterliegens im Prozess (KGJ 42 [1912] A 99, 102 = OLGE 26 [1913/I] 292, 293; OLG Köln NJW 1952, 1145, 1146; vgl auch BGH FamRZ 2004, 441).

V. Geschäftsschulden

Gehört zum Nachlass ein Handelsgeschäft (s STAUDINGER/MAROTZKE [2008] § 1922 Rn 104, **57** 218 ff), so haftet der Erbe für die Geschäftsverbindlichkeiten des Erblassers zunächst nur nach den allgemeinen Regeln über Nachlassverbindlichkeiten.

Eine Fortführung des Handelsgeschäfts durch den Erben über die – idR drei Monate 58 betragende – Frist des § 27 Abs 2 HGB hinaus ändert zwar nichts an der Zugehörigkeit des Unternehmens zum Nachlass (vgl STAUDINGER/MAROTZKE [2008] § 1922 Rn 104; aM ASTRID ERNST 99 ff, 107 f, 141). Jedoch finden *von nun an* auf die Haftung für die früheren Geschäftsverbindlichkeiten die Vorschriften des § 25 HGB entspr Anwendung (§ 27 Abs 1 HGB). Ist also die Geschäftsfortführung **unter der bisherigen Firma** (vgl BGH NJW 2006, 1001 f = ZInsO 2006, 268 f) mit oder ohne Beifügung eines das Nachfolgeverhältnis andeutenden Zusatzes erfolgt, so haftet der Erbe „unbeschränkt" (vgl § 27 Abs 2 S 1 HGB) für alle Geschäftsverbindlichkeiten des früheren Inhabers (§ 25 Abs 1 S 1 HGB; zur Anwendung der Vorschrift auf **minderjährige Erben** vgl die bei STAUDINGER/MAROTZKE [2008] § 1922 Rn 218 Genannten; STAUDINGER/ENGLER [2004] § 1822 Rn 52 ff). Dieser Haftungsgrund tritt neben den erbrechtlichen aus § 1967 und trifft den Erben nicht „als solchen" sondern als jemanden, der ein von einem anderen erworbenes Handelsgeschäft unter der bisherigen Firma fortgeführt hat. Sobald der Erbe nicht nur gem § 1967, sondern auch gem §§ 27, 25 HGB für die Geschäftsschulden des Erblassers haftet, kann er seine Haftung nicht mehr auf den Nachlass beschränken (vgl auch § 27 Abs 2 S 1 HGB: „unbeschränkte Haftung") und somit auch den Urteilsvorbehalt des § 780 ZPO nicht mehr verlangen (RGZ 88, 218 ff). Ist sowohl über das Vermögen des Erben als auch über den Nachlass ein Insolvenzverfahren eröffnet, so unterliegt die Geltendmachung der aus § 27 Abs 1 HGB folgenden Haftung auch des Eigenvermögens des Erben nicht dem – ja nur die *erbrechtliche* Haftung betreffenden (RGZ 74, 231, 234) – Ausfallgrundsatz der §§ 331, 52 InsO (zutr PAGENSTECHER/GRIMM, Der Konkurs [4. Aufl 1968] § 65 Fn 28; HÄSEMEYER, Insolvenzrecht [4. Aufl 2007] Rn 33.33 mit Fn 92; MünchKommInsO/SIEGMANN[2] § 331 Rn 5; aM JAEGER/WEBER[8] KO § 234 Rn 11; KUHN/UHLENBRUCK[11] KO § 234 Rn 3; UHLENBRUCK/LÜER[13] InsO § 331 Rn 5; ERMAN/SCHLÜTER Rn 12; RIERING, in: NERLICH/RÖMERMANN [März 2009] InsO § 331 Rn 5). Der Fall ist so zu behandeln, wie wenn der Erbe das Handelsgeschäft unter *Lebenden* erworben hätte (das folgt aus der Verweisung des § 27 Abs 1 HGB auf § 25 HGB) und anschließend sowohl über sein Vermögen als auch über dasjenige des gem § 26 HGB weiterhaftenden Veräußerers ein Insolvenzverfahren eröffnet worden wäre: einschlägig ist also § 43 InsO.

59 Durch den Anfall der Erbschaft erwirbt der Erbe zu seinem Eigenvermögen das gesamte Vermögen (nicht nur das Geschäftsvermögen) des bisherigen Geschäftsinhabers hinzu. Diese Vereinigung beider Vermögensmassen und der sich auf diese beziehenden Rechtszuständigkeiten in der Hand des Erben rechtfertigt die Annahme, dass es zur **Abwendung der bei Fristablauf drohenden unbeschränkten Haftung aus §§ 27, 25 Abs 1 S 1 HGB** einer „Vereinbarung" des Erben mit dem *Erblasser* (vgl § 25 Abs 2 HGB), also zB eines die Haftung aus §§ 25, 27 HGB ausschließenden Erbvertrages, nicht bedarf. Zu der in § 27 HGB vorgesehenen „entsprechenden" Anwendung des § 25 HGB (also auch des Abs 2; aM MünchKommHGB/LIEB[2] § 27 Rn 50 mwNw) genügt es, dass *der Erbe selbst* (s § 1976 Rn 7) als verfügungsberechtigter Inhaber *beider* Vermögensmassen vor Ablauf der in § 27 Abs 2 HGB bestimmten Frist den Entschluss fasst und in der durch § 25 Abs 2 HGB bestimmten Form kundtut, dass er für die von dem Erblasser herrührenden Geschäftsverbindlichkeiten nicht gem §§ 25, 27 HGB „aus Geschäftsfortführung", sondern nur gem §§ 1967, 1970 ff, 1975 ff „als Erbe" haften wolle (vgl zu diesem Sonderfall auch MünchKomm/KÜPPER Rn 42 f; SOERGEL/STEIN Vorbem 19; BAMBERGER/ROTH/LOHMANN Rn 21; SCHAUB ZEV 1994, 71, 73; KG DR 1940, 2007; A ERNST 104; FRIEDRICH 57 ff, 90 f, 254; MICHALSKI Rn 912; ERMAN/SCHLÜTER Rn 11; HUECK ZHR 108, 1, 6 ff; NOLTE, in: Zweite FS Nipperdey [1965] I, 667, 675 ff; SÄCKER ZGR 1973, 261, 265 Fn 17; BURGARD, in: GroßkommHGB[5] § 27 Rn 49 ff; **gegen** jede Anwendung des § 25

Abs 2 HGB im Rahmen des § 27: REUTER ZHR 135 [1971] 511 ff; K SCHMIDT ZHR 157 [1993] 600, 615; SCHLEGELBERGER/HILDEBRANDT/STECKHAN HGB⁵ § 27 Rn 14; MünchKommHGB/LIEB² § 27 Rn 50 mwNw). Vgl zu diesen handelsrechtlichen Spezialfragen die ausführlichen Erläuterungen der §§ 25, 27 HGB in den einschlägigen Kommentaren.

Für **Geschäftsschulden, die ein Vorerbe oder ein vorläufiger Erbe begründet hat**, kann **60** der Nacherbe bzw der endgültige Erbe uU sowohl aufgrund des § 1967 (vgl aber für die zweite Fallgruppe Rn 48) als auch nach §§ 25, 27 HGB haftbar werden (BGHZ 32, 60, 63 ff). Dass die Eingehung im Rahmen ordnungsgemäßer Verwaltung des Nachlasses lag, ist für die handelsrechtliche Haftung nicht erforderlich (BGHZ 32, 60, 66 f). Anders jedoch bzgl der erbrechtlichen Haftung (BGHZ 32, 60, 64 mwNw, 66 f; vgl dazu Rn 41–43). Soweit nichts anderes vereinbart ist (s oben Rn 40, 43 und OLG Hamburg SeuffA 65 [1910] Nr 135; BGH BB 1968, 769 f), haftet der Erbe für die im Betrieb des ihm hinterlassenen einzelkaufmännischen Unternehmens von ihm selbst begründeten Verbindlichkeiten nicht nur mit dem Nachlass, sondern unbeschränkbar auch mit seinem Eigenvermögen. Wurden die Verbindlichkeiten im Rahmen ordnungsgemäßer Verwaltung des Nachlasses begründet (was durch Eingehung vertretbarer **unternehmerischer Risiken** nicht notwendig ausgeschlossen wird; vgl A ERNST 55 ff), so kann der Erbe im Verhältnis zu den Nachlassgläubigern nach Maßgabe des bei § 1978 Rn 26 Ausgeführten Schuldbefreiung oder Aufwendungsersatz aus dem Nachlass verlangen (als *unangemessen* bewertet dies vor allem im Hinblick auf § 324 Abs 1 Nr 1 InsO DAUNER-LIEB 107, 154 f, 166 f, 185–224, 302 ff, 500 f, 511, 513 ff, 517 f, 558, 563 [jedoch ohne Berücksichtigung des Umstands, dass die „Ordnungsgemäßheit" der Geschäftsfortführung gerade in der Krise oft an § 1980 scheitern wird; vgl zu diesem Gesichtspunkt SOBICH 94, 103 f; MAROTZKE AcP 199 (1999) 615, 623 ff]; s erg STAUDINGER/MAROTZKE § 1978 Rn 12, 26). Nur soweit der Erbe den Nachlassgläubigern gegenüber gem § 1978 berechtigt war, den Nachlass mit den von ihm neu eingegangenen Verpflichtungen zu belasten (was ua voraussetzt, dass das vom Erben fortgeführte Unternehmen überhaupt noch zum „Nachlass" gehörte [s dazu die Hinweise bei Rn 58 und STAUDINGER/MAROTZKE (2008) § 1922 Rn 104, 218]), wird man diese Schulden zugleich als echte *Nachlass*verbindlichkeiten ansehen dürfen (vgl Rn 41–43; iE ähnlich BGHZ 32, 60, 64; A ERNST 55 ff, 135 ff; RADDATZ 48 ff [dazu auch Rn 65]; SOERGEL/STEIN Rn 13; ERMAN/SCHLÜTER Rn 12; ohne diese Einschränkung STAUDINGER/LEHMANN¹¹ Rn 32; ders im 4. Abs seiner Vorbem 19 und – mit beachtlichen Argumenten – FRIEDRICH 135 ff, 153 f, 168, 174, 255 [dazu krit DAUNER-LIEB 164 ff]). Andernfalls werden die „echten" Nachlassgläubiger berechtigt sein, die Neugläubiger durch Herbeiführung einer Nachlassverwaltung oder eines Nachlassinsolvenzverfahrens am Zugriff auf den Nachlass zu hindern (vgl Rn 41 ff).

Die Haftung des Erben des Gesellschafters einer OHG oder einer KG wird ua dadurch **61** beeinflusst, ob die Gesellschaft durch den Erbfall „aufgelöst" oder ob sie – mit dem Erben oder ohne ihn – „fortgesetzt" wird (vgl zu diesen Vorfragen §§ 131 Abs 3 S 1 Nr 1, 139, 161 Abs 2, 177 HGB und STAUDINGER/MAROTZKE [2008] § 1922 Rn 169 ff [bes Rn 169, 172 ff, 193 ff]).

Zur Haftung im Fall der Auflösung vgl SCHÄFER, in: GroßkommHGB⁵ § 131 Rn 76 ff, **62** 98; BAUMBACH/HOPT HGB³⁴ § 131 Rn 75; KOLLER, in: KOLLER/ROTH/MORCK HGB⁶ § 131 Rn 20; SASSENRATH, Die Umwandlung von Komplementär- in Kommanditbeteiligungen (1988) 197 f, 199 ff; KICK 69 f, 94 ff; BGH NJW 1995, 3314 f (dazu auch Rn 69 aE) und hinsichtlich eines Teilaspekts unten Rn 66. Zu beachten ist, dass das seit dem 1. 7. 1998 geltende Recht die Auflösung der Gesellschaft nicht mehr als (abdingbare) normale gesetzliche Folge des Erbfalls behandelt, sondern dass die Auflösung, sofern als automatische Folge des Erbfalls tatsächlich gewünscht, im Gesellschaftsvertrag besonders geregelt sein muss (vgl STAUDINGER/MAROTZKE [2008] § 1922 Rn 172).

63 **Ist im Gesellschaftsvertrag einer OHG oder KG bestimmt, dass beim Tod eines Gesellschafters die Gesellschaft mit den Erben fortgesetzt werden soll**, so führt der Tod eines persönlich haftenden Gesellschafters entgegen §§ 131 Abs 3 S 1 Nr 1, 161 Abs 2 HGB nicht zum Ausscheiden aus der Gesellschaft (beim Tod eines Kommanditisten gilt dies wegen § 177 HGB auch ohne eine solche Vereinbarung). Jedoch kann sich jeder Erbe nach Maßgabe des **§ 139 HGB** mehr oder weniger weit aus der Gesellschaft zurückziehen (zur Frage einer analogen Anwendbarkeit des § 139 HGB auf den Erben des Gesellschafters einer **GbR** oder eines Kommanditisten vgl STAUDINGER/MAROTZKE [2008] § 1922 Rn 168, 196). Scheidet der Erbe innerhalb der in § 139 Abs 3 HGB bestimmten Frist aus der Gesellschaft aus oder wird innerhalb dieser Frist die Gesellschaft aufgelöst oder dem Erben die Stellung eines Kommanditisten eingeräumt (was hinsichtlich der Haftung für die *danach* entstehenden Gesellschaftsschulden zu unterschiedlichen, im folgenden nur anzudeutenden Konsequenzen führen kann), so haftet er „für die *bis dahin* entstandenen Gesellschaftsschulden *nur* nach Maßgabe der die Haftung des Erben für die Nachlassverbindlichkeiten betreffenden Vorschriften des bürgerlichen Rechts" (so ausdrücklich und mE völlig eindeutig § 139 Abs 4 HGB; zu abweichenden Interpretationsvorschlägen unten Rn 68). Das durch § 139 Abs 4 HGB vermittelte Recht, die Haftung nach erbrechtlichen Grundsätzen auf den Nachlass zu beschränken, ist keine „in das Handelsregister einzutragende Tatsache" iS von § 15 HGB (BGHZ 55, 267, 272 = JR 1971, 419 ff mit zust Anm SCHWERDTNER; ebenso SASSENRATH, Die Umwandlung von Komplementär- in Kommanditbeteiligungen [1988] 178 ff mwNw auch zu abweichenden Ansichten).

64 Liegen die Voraussetzungen des § 139 Abs 4 HGB *nicht* vor, wird die gem §§ 1967, 1975 ff auf den Nachlass beschränkbare Haftung des Erben für die Geschäftsschulden überlagert von einer sich aus § 130 HGB ergebenden unbeschränkbaren Haftung (vgl Abs 2 S 1 des dem § 139 Abs 4 HGB rechtsähnlichen § 27 HGB sowie BGH NJW 1982, 45 f und ULMER, in: GroßkommHGB³ § 139 Anm 151 mwNw auch zur Gegenansicht; hierauf lediglich verweisend SCHÄFER, in: GroßkommHGB⁵ § 139 Rn 123 Fn 322). *Bis* sich entscheidet, ob die Voraussetzungen des § 139 Abs 4 HGB erfüllt werden (was innerhalb der Frist des Abs 3 geschehen muss), haftet der Erbe für die Gesellschaftsschulden jedoch nur mit den erbrechtlichen Beschränkungsmöglichkeiten (SCHÄFER, in: GroßkommHGB⁵ § 139 Rn 120–122; MUSCHELER 491 Fn 24; KICK 79; vgl auch SASSENRATH 163 ff, 171 f, 178). Da diese Haftung den Gesellschaftererben lediglich „als solchen" trifft, handelt es sich um echte Nachlassverbindlichkeiten (BGHZ 55, 267, 274), die auch im Nachlassinsolvenzverfahren geltend gemacht werden können (vgl § 325 InsO; unklar JAEGER/WEBER⁸ KO §§ 226, 227 Rn 17). Daran ändert sich nichts, wenn der Erbe, weil die Voraussetzungen des § 139 Abs 4 HGB nicht erfüllt werden, bei Fristablauf außerdem noch nach § 130 HGB persönlich haftbar wird (**aM** MUSCHELER 537 mit zwei besonders gelagerten Beispielsfällen). Da dann jedoch mit der rein erbrechtlichen Haftung eine persönliche Haftung nach § 130 HGB zusammentrifft, handelt es sich nun nicht mehr um „reine" Nachlassverbindlichkeiten, sondern um Nachlass*erben*schulden im Sinne des bei Rn 5 ff Ausgeführten.

Nicht Nachlasserbenschuld, sondern *reine Eigenverbindlichkeit* des Erben ist jedoch **65** dessen Haftung für eine Gesellschaftsschuld, die erst *nach* Ablauf der in § 139 Abs 3 HGB bezeichneten Frist entsteht (anders aber wohl, wenn noch mindestens ein weiterer Erbe vorhanden ist und die Frist in Bezug auf diesen Miterben im Zeitpunkt der Schuldbegründung noch nicht abgelaufen war*). Auf erst nach Fristablauf entstehende Verbindlichkeiten ist § 139 Abs 4 HGB schon dem Wortlaut nach nicht anwendbar. Der Gedanke, unter dem Gesichtspunkt der ordnungsgemäßen *Verwaltung des Nachlasses* (vgl Rn 41 ff, 60) zu einer Nachlasserbenschuld zu gelangen, dürfte idR daran scheitern, dass zum „Nachlass" zwar der ererbte Gesellschafts*anteil* (STAUDINGER/MAROTZKE [2008] § 1922 Rn 102 ff, 186 ff, 198), nicht aber die Gesellschaft selbst oder ihr Vermögen gehört (gegen Annahme einer Nachlasserbenschuld iE auch JAEGER/ WEBER[8] KO §§ 226, 227 Rn 17; ULMER NJW 1984, 1496, 1499; MUSCHELER 485; RADDATZ 47 ff; MünchKomm/SIEGMANN[3] Rn 65 [weggelassen in der 4. Aufl]; vgl auch KICK 77 f).

Die Rechtsfolge des § 139 Abs 4 HGB, dass der Erbe für die „bis dahin" entstan- **66** denen Gesellschaftsschulden nur nach Erbrecht haftet, gilt auch und mE sogar erst recht, **wenn die Gesellschaft nicht erst innerhalb der Dreimonatsfrist des § 139 Abs 3 HGB, sondern schon vorher** (zB aufgrund gesellschaftsvertraglicher Vereinbarung [s Rn 62] **unmittelbar im Zeitpunkt des Erbfalls) aufgelöst** wird (vgl SASSENRATH 197 f, 199 ff; KICK 28 ff [die den Schlüssel zur Lösung in dem Begriff „Eintritt iSv § 130 HGB" sieht]). Entsprechend verfährt die hM hinsichtlich etwaiger **während der Liquidationsphase entstehender neuer Verbindlichkeiten der Gesellschaft** (vgl RGZ 72, 119, 121 f [bezüglich des Erben des einzigen persönlich haftenden Gesellschafters einer KG]; KICK 31). Das erscheint vertretbar, sollte jedoch mit der die Wechselbeziehung zwischen § 139 Abs 4 HGB einerseits und § 130 HGB andererseits widerspiegelnden Einschränkung versehen werden, dass Verbindlichkeiten, die daraus resultieren, dass die eigentlich zu liquidierende Gesellschaft länger als drei Monate (arg § 139 Abs 4 HGB; elastischer KICK 30 f, 33 ff) gemeinsam mit dem Erben unter Vernachlässigung des Liquidationszwecks „fortgeführt" wird, zu einer erbrechtlich nicht beschränkbaren persönlichen Haftung des Gesellschaftererben nach § 130 HGB führen und auch *daneben* nicht zugleich Nachlassverbindlichkeiten sind (Rn 65). Ein Erbe, der zunächst in die Rechtsstellung eines Komplementärs eintritt und später das Handelsgeschäft als Einzelkaufmann fortführt, haftet für die während dieser Zeit begründeten Geschäftsverbindlichkeiten nach Maßgabe der Grundsätze über die Firmenfortführung auch dann persönlich, wenn die weitere Geschäftstätigkeit lediglich der Abwicklung diente (OLG München NJW-RR 1996, 228 f).

Besondere Haftungsprobleme können sich ergeben, **wenn die Gesellschaft aus nur** **67** **zwei Mitgliedern besteht** und einer von ihnen den anderen beerbt (vgl BGHZ 113, 132 ff = JR 1991, 455 ff m Anm FRANK/MÜLLER-DIETZ = JZ 1991, 731 ff m Anm K SCHMIDT; zum Ganzen auch LIEB ZGR 1991, 572 ff; MAROTZKE ZHR 1992, 17 ff; A ERNST 115 f [Fn 15], 130 [Fn 10]).

Wird dem Erben innerhalb der Frist des § 139 Abs 3 HGB die Stellung eines Kom- **68** **manditisten eingeräumt,** so haftet er für die „bis dahin" entstandenen Geschäfts-

---

* Die alternative Denkmöglichkeit, hier statt des gesamten Nachlasses nur den Erbteil dieses einen Miterben „mitzubelasten", sollte wegen der bei § 2058 Rn 24 ff erwähnten Folgeprobleme außer Acht gelassen werden (so auch MUSCHELER 485 f; **aM** LIEBSCH ZHR 116 [1954] 128, 183).

schulden **nur** nach erbrechtlichen Grundsätzen (so ausdrücklich und eindeutig § 139 Abs 4 HGB; aM Schäfer, in: GroßkommHGB⁵ § 139 Rn 125; MünchKommHGB/K Schmidt² § 139 Rn 101, 110 f; Heymann/Emmerich² HGB § 139 Rn 52a; K Schmidt ZGR 1989, 445, 448; Sassenrath 172 ff, 181 f; Kick 72 ff: **auch** unmittelbar nach § 173 HGB), also zwar ohne die (wegen § 128 HGB ja auch dem Erblasser verwehrt gewesene) Beschränkung auf den Betrag der evtl noch rückständigen Einlage, jedoch mit der Möglichkeit, seine Haftung gem §§ 1975 ff auf den Nachlass zu beschränken. *§ 139 Abs 4 HGB verdrängt insoweit § 173 HGB* (Liebisch ZHR 116, 128, 160 ff; Muscheler 492 ff; Heymann/Horn² HGB § 173 Rn 8; Banck, Vor- und Nacherbfolge im Gesellschaftsrecht [Diss Kiel 1983] 125, 130 ff, 134; aM Schäfer, K Schmidt, Emmerich, Sassenrath und Kick jeweils aaO), aus dem sonst bis zur Höhe der etwa noch rückständigen Einlage auch für die Altschulden eine *nicht* auf den Nachlass beschränkbare Haftung des Erben *als Kommanditist* folgen würde. Gegenüber der hier vertretenen Ansicht ist eingewendet worden, dass es im Gestaltungsermessen des Gesetzgebers liege, auch im Anwendungsbereich des § 139 Abs 4 HGB (vgl MünchKommHGB/K Schmidt² § 139 Rn 111, 112) eine auf die Einlage beschränkte Kommanditistenhaftung anzuordnen und dieser das zusätzliche Privileg der erbrechtlichen Beschränkbarkeit abzusprechen (MünchKommHGB/K Schmidt² § 173 Rn 44). Dieser Einwand mag de lege ferenda diskutabel sein (aber auch bei sehr hoher unerfüllter Hafteinlage?). De lege lata jedoch geht er fehl, weil und soweit der Gesetzgeber eine über die erbrechtliche Haftung hinausgehende handelsrechtliche Einstandspflicht durch § 139 Abs 4 HGB ausdrücklich („nur") ausgeschlossen und damit den Besonderheiten des vorausgegangenen *erbrechtlichen* Anteilsübergangs angemessen Rechnung getragen hat. Die in der gegenwärtigen Fassung des § 139 Abs 4 HGB zum Ausdruck kommende Lösung ist sachgerecht (aM Kick 73 f). Sie erleichtert dem Erben die Entscheidung, Gesellschafter zu bleiben, und verhindert damit tendenziell die Entstehung von Abfindungsansprüchen, an denen die Gesellschaft uU „ausbluten" würde.

69 Der sich aus dem Wort „nur" ergebende und auch sachlich gerechtfertigte (Rn 68) Vorrang des § 139 Abs 4 HGB gegenüber § 173 HGB besteht auch und mE sogar erst recht in dem noch stärker erbrechtlich geprägten Fall, dass der **Gesellschaftsanteil schon zZ des Anfalls an den Erben Kommanditanteil** war, sei es, dass der Anteil eines persönlich haftenden Gesellschafters nur „bei gleichzeitiger Umwandlung in einen Kommanditanteil" vererblich gestellt wurde (vgl zB BGHZ 66, 98 ff; 101, 123, 125 = NJW 1987, 3184 f), oder sei es, dass bereits der Erblasser Kommanditist war (s zu beiden Fällen auch unten Rn 71): Hier wie dort haftet der Erbe für die *vor* dem Erwerb der Kommanditistenstellung entstandenen Gesellschaftsschulden *nur* nach §§ 1967 ff, dh nur in gleichem Maße wie der Erblasser (der im ersten Falle nach § 128, im zweiten uU nach §§ 171 ff HGB haften würde) und beschränkbar auf dessen Nachlass (sehr str; wie hier Muscheler 496 f; Adel ZEV 1994, 183 f; Banck [oben Rn 68] 129 ff; Kick 175 f [die § 173 HGB auf den Eintritt kraft Erbrechts nicht anwenden will] und zumindest für den zweiten Fall auch RGZ 171, 328, 332 [ohne Begründung]; Bandasch/Feddersen HGB [4. Aufl 1989] § 177 Rn 2; Heymann/Horn² HGB § 173 Rn 8; Schlegelberger/Gessler⁴ HGB § 177 Rn 5 mwNw; ähnlich Adel DStR 1994, 1580, 1583 [will zwar § 173 HGB anwenden, aber ebenso auch § 139 Abs 4 HGB analog]; **aM** jedoch Lange/Kuchinke § 47 VI 2 b; MünchKommHGB/K Schmidt² § 139 Rn 101, 110 ff, § 173 Rn 44; Staudinger/Lehmann¹¹ Vorbem 19 mwNw; unklar RGZ 123, 366, 370). Erbrechtlich nicht beschränkbar ist nach einem Urteil des OLG Hamburg die (nach Maßgabe des bei § 1922 Rn 196 Ausgeführten allerdings abwendbare) Verpflichtung des in die Gesellschaft einrückenden Erben einer Kommanditbeteiligung zur Leistung der vom

Erblasser nicht erbrachten Haftsumme (OLG Hamburg NJW-RR 1994, 809, 810 f = ZIP 1994, 297, 299 = ZEV 1994, 182 f; ebenso K Schmidt ZGR 1989, 445, 458 [aber nur nach Ablauf einer Dreimonatsfrist in „Gesamtanalogie zu §§ 27, 139 HGB", was mE ein erster Schritt in Richtung auf den bei Staudinger/Marotzke ⟨2008⟩ § 1922 Rn 196 gemachten Vorschlag sein könnte; vgl auch die in eine ähnliche Richtung weisenden Ausführungen von H Westermann, Personengesellschaftsrecht ⟨4. Aufl 1979⟩ Rn 493, 932]; mit guten Gründen aM Muscheler 494 f, 503, 537 f; vgl auch Adel ZEV 1994, 183 f; Windel 135 f). Der BGH hat das Urteil des OLG Hamburg aufgehoben und will jedenfalls dann, wenn die Gesellschaft vor dem Erbfall aufgelöst wurde (zB gem §§ 131 Abs 1 Nr 3, 161 Abs 2 HGB), die erbrechtlichen Beschränkungsmöglichkeiten gewähren (BGH NJW 1995, 3314 f = ZIP 1995, 1752 = GmbH-Rdsch 1996, 55 f = MittBayNot 1996, 47 f; dazu Reimann EWiR § 173 HGB 1/1996, 127 f; vgl auch Staudinger/Marotzke [2008] § 1922 Rn 196 aE und allgemein zur Vererblichkeit der Einlagepflicht oben [§ 1967] Rn 9).

Für Verbindlichkeiten der Gesellschaft, die nicht „bis dahin" (vgl § 139 Abs 4 HGB und oben Rn 63, 68 f), sondern **erst nach Erlangung der Kommanditistenstellung entstanden sind**, haftet der Erbe eines persönlich haftenden Gesellschafters nur dann (auch) nach erbrechtlichen Grundsätzen, wenn das Ausscheiden des Erblassers durch Tod weder im Handelsregister eingetragen noch dem Gläubiger bekannt geworden ist (§ 15 Abs 1 HGB; zu einer weiteren Ausnahme bei Erbenmehrheit s oben Rn 65 mit Fn). In diesem Fall kann der Erbe dem Nachlassgläubiger nicht entgegenhalten, dass der Erblasser, für dessen Schulden er gem § 1967 haftet, bei Entstehung der Geschäftsverbindlichkeit nicht mehr persönlich (§ 128 HGB) haftender Gesellschafter, sondern bereits gestorben war (vgl BGHZ 66, 98, 102 f zu einem Fall, wo dem Erben der Gesellschaftsanteil „bei gleichzeitiger Umwandlung in einen Kommanditanteil" angefallen war; s auch Rn 2, 69). Auch diese durch § 139 Abs 4 („bis dahin") iVm § 15 Abs 1 HGB ermöglichte erbrechtliche (insoweit also § 128 statt §§ 171 ff HGB!) Haftung für erst *nach* Einräumung der Kommanditistenstellung entstandene Geschäftsschulden kann der Erbe nach allgemeinen erbrechtlichen Grundsätzen auf den Nachlass beschränken (BGH aaO). **70**

Unabhängig von diesem erbrechtlichen Haftungsgrund kann der Erbe des persönlich haftenden Gesellschafters für die nach Erlangung der Kommanditistenstellung entstehenden Gesellschaftsschulden **nach Maßgabe der §§ 171, 172 HGB auch persönlich haftbar** sein (dazu Muscheler 498 f), also einerseits ohne Möglichkeit einer Haftungsbeschränkung auf den Nachlass, andererseits aber nur, soweit die Kommanditeinlage noch nicht geleistet ist (§ 171 Abs 1 HGB [s aber § 139 Abs 1 HGB über die Anerkennung der Einlage des Erblassers]) bzw als nicht geleistet „gilt" (§ 172 Abs 4 HGB). Sehr umstritten ist, ob und mit welchen Besonderheiten auf diesen Fall **§ 176 Abs 2 HGB** Anwendung findet, wonach jemand, der als Kommanditist in eine bestehende Handelsgesellschaft eintritt, für die zwischen seinem Eintritt und dessen Eintragung in das Handelsregister begründeten Gesellschaftsschulden uU ohne die sich aus §§ 171, 172 HGB ergebenden Haftungsbeschränkungen einstehen muss (vgl hierzu BGHZ 66, 98, 100 ff; BGH NJW 1983, 2258, 2259 m Anm K Schmidt; MünchKomm/Siegmann[3] Rn 68 [weggelassen in der 4. Aufl]; Muscheler 499 ff; Schäfer, in: GroßkommHGB[5] § 139 Rn 130; Sassenrath 182 ff). ME ist die Anwendbarkeit des § 176 Abs 2 HGB zu bejahen (so im Grundsatz auch der BGH aaO; **aM** MünchKommHGB/ K Schmidt[2] § 176 Rn 24; Muscheler 502) mit der Maßgabe, dass als Zeitpunkt des „Eintritts" in die Gesellschaft nicht der des Erbfalls oder der Erbschaftsannahme, **71**

sondern derjenige anzunehmen ist, in welchem die geerbte Mitgliedschaft als persönlich haftender Gesellschafter durch Rechtsgeschäft in die eines Kommanditisten umgewandelt wurde. Liegt dieser Zeitpunkt noch innerhalb der Dreimonatsfrist des § 139 Abs 3 HGB, so sollte man den Erben für die von nun an bis zur Registereintragung begründeten Verbindlichkeiten nur dann nach § 176 HGB haften lassen, wenn er es versäumt, die Registereintragung „unverzüglich" zu veranlassen (vgl MünchKomm/Siegmann[3] Rn 68 [weggelassen in der 4. Aufl]; Sassenrath 184 ff; Schilling ZGR 1978, 173, 175 f, 178; Schäfer, in: GroßkommHGB[5] § 139 Rn 130; Emmerich ZHR 150 [1986] 193, 213; Kick 81 f [mit zT erheblichen Unterschieden im Detail]; *ohne diese Einschränkung* plädieren für volle Anwendung des § 176 Abs 2 HGB: Düringer/Hachenburg/Flechtheim HGB[3] § 139 Rn 32; Schlegelberger/Gessler[4] HGB § 139 Rn 57; aM Schlegelberger/K Schmidt[5] HGB § 139 Rn 127 ff). **War bereits der Erblasser Kommanditist** und der Betrag seiner Einlage im Handelsregister eingetragen, so führt auch § 176 Abs 2 HGB nicht zu einer Haftung des Erben (vgl BGHZ 108, 187, 197 = NJW 1989, 3152, 3155; Staudinger/Lehmann[11] Vorbem 19; MünchKomm/Siegmann[3] Rn 71; Wiedemann Gesellschaftsrecht II [2004] 479 f; Muscheler 501; Kick 177 f; MünchKommHGB/K Schmidt[2] § 176 Rn 23; aM Düringer/Hachenburg/Flechtheim HGB[3] § 177 Anm 4). Anders jedoch, wenn die KG als solche oder der – rechtsgeschäftliche – Eintritt des Erblassers als Kommanditist noch nicht eingetragen war. Das Haftungsrisiko aus § 176 HGB, welches in diesem Fall bereits den Erblasser traf, geht auf den Erben über und bleibt bis zur Eintragung bestehen (BGHZ 108, 187, 197 = NJW 1989, 3152, 3155; Raddatz 168; MünchKommHGB/K Schmidt[2] § 176 Rn 23, 27; vgl auch oben Rn 12; aM Muscheler 502). Jedoch kann der Erbe seine Haftung aus solch einem „geerbten Risiko" nach allgemeinen Grundsätzen (zB §§ 1975 ff) auf den Nachlass beschränken (s auch Rn 9, 23, 70 aE). Dies gilt aber wohl nur, wenn er innerhalb einer gewissen „Schonfrist" (vgl BGH NJW 1983, 2258, 2259), für deren Bemessung sich eine Analogie zu der Dreimonatsfrist des § 139 Abs 3 HGB anbietet (s oben Rn 69 und MünchKommHGB/K Schmidt[2] § 139 Rn 64; aM Kick 34 [dort allerdings etwas anderer Fall], 173), die noch fehlende Handelsregistereintragung durch Anmeldung beantragt und dann stets unverzüglich alles ihm Mögliche (s dazu in etwas anderem Zusammenhang BGHZ 55, 267, 273 f) und Zumutbare unternimmt, um die erstrebte Eintragung herbeizuführen. Andernfalls haftet der Erbe aufgrund *eigenen* Unterlassens (s unten und Rn 53) ohne erbrechtliche Beschränkungsmöglichkeit nach § 176 Abs 2 HGB (jedoch ist mit BGHZ 66, 98, 101 f eine Ausnahme für den Fall zu machen, dass der Erbe der Gesellschaft schon vor dem Erbfall als eingetragener Kommanditist angehörte). Mit dieser Maßgabe ist § 176 Abs 2 HGB auch auf den Fall anzuwenden, dass der Gesellschaftsanteil eines persönlich haftenden Gesellschafters unter gleichzeitiger Umwandlung in einen Kommanditanteil vererbt wurde (andeutend in diesem Sinne BGHZ 66, 98, 100 f; vgl auch MünchKomm/Siegmann[3] Rn 68, 71; Schilling ZGR 1978, 173, 175 f, 178 und vor allem Sassenrath 184 ff, 191 ff, der als einziger der hier Genannten auch ausdrücklich für die Gewährung der oben erwähnten dreimonatigen Schonfrist plädiert). Das für die Gegenansicht angeführte Argument, die Nachfolge von Todes wegen sei kein „Eintritt" iS des § 176 Abs 2 HGB (MünchKommHGB/K Schmidt[2] § 176 Rn 22 ff; Raddatz 168 f; Kick 29 ff [zu § 130 HGB], 177 f [zu § 176 Abs 2 HGB]), verliert mit Ablauf der analog § 139 Abs 3 HGB zu bemessenden Schonfrist seine Überzeugungskraft. Für den Erben eines persönlich haftenden Gesellschafters, dessen Gesellschaftsanteil *nicht* in einen Kommanditanteil verwandelt wurde, ergibt dies ein zur Anwendung des § 130 HGB (s Rn 64) führender Gegenschluss aus § 139 Abs 4 HGB. § 130 HGB setzt wie § 176 Abs 2 HGB den „Eintritt" in eine bereits bestehende Gesellschaft voraus. Unter denselben Voraussetzungen, unter denen ein Gegenschluss aus § 139

Abs 4 HGB den Weg zu § 130 HGB freigibt und somit ein „Eintritt" iS dieser Bestimmung bzw ein dem Eintritt gleichwertiger Tatbestand (in diesem Sinne zB auch K Schmidt ZGR 1989, 445, 447) als gegeben erachtet wird, muss deshalb auch der Weg zu dem (idR weniger gefährlichen) § 176 Abs 2 HGB offen stehen.

Wird eine überschuldete oder zahlungsunfähige GmbH infolge des Erbfalls führungslos 72 (weil der Erblasser nicht nur Gesellschafter, sondern auch alleiniger Geschäftsführer war), so kann der Erbe als Nachfolger in den Geschäftsanteil des Erblassers gem § 15a Abs 3 InsO verpflichtet sein, die Eröffnung des Insolvenzverfahrens über das Vermögen der Gesellschaft zu beantragen. Diese Antragspflicht und die im Fall ihrer Verletzung drohenden Schadensersatzpflichten (zu beiden Aspekten ausf Marotzke ErbR 2010, 115 ff) sind Eigenverbindlichkeiten des Erben, bezüglich deren er seine Haftung nicht einseitig beschränken kann. Außerdem droht dem Erben persönliche Bestrafung gem § 15a Abs 4, 5 InsO.

Zur Vererblichkeit der Pflicht, bestimmte Umstände zur Eintragung ins **Handels-** 73 **register** anzumelden, s oben Rn 12.

§ 1968
Beerdigungskosten

Der Erbe trägt die Kosten der Beerdigung des Erblassers.

Materialien: E I § 2055; II § 1844; III § 1944; Mot V 535 f, 631 f; Prot V 654; Jakobs/Schubert ER I 663, 723.

Neufassung seit 1.1.1999: Das Wort „standesmäßigen" wurde gestrichen (Art 33 Nr 31 EGInsO). Vgl dazu Rn 2.

Schrifttum

Berger, Die Erstattung der Beerdigungskosten (Diss Köln 1968)
vBlume, Fragen des Totenrechts, AcP 112 (1914) 367
Damrau, Grabpflegekosten sind Nachlassverbindlichkeiten, ZEV 2004, 456
Fritz, Fragen zum Bestattungsrecht, BWNotZ 1992, 137, 139 ff
Gaedke/Diefenbach, Handbuch des Friedhofs- und Bestattungsrechts (9. Aufl 2004) 112 ff
Märker, Grabpflegekosten als Nachlaßverbindlichkeiten?, MDR 1992, 217
W Müller, Die Grabpflege im Zivil- und Steuerrecht, DStZ 1999, 905
ders, Die Kosten der Bestattung im Zivil- und Steuerrecht, DStZ 2000, 329

Stelkens/Cohrs, Bestattungspflicht und Bestattungskostenpflicht: Ordnungs- und Sozialhilfebehörden im Spannungsverhältnis zwischen „postmortalem Persönlichkeitsrecht" des Verstorbenen und allgemeiner Handlungsfreiheit seiner Hinterbliebenen in Zeiten knapper Kassen, NVwZ 2002, 917
Weimar, Aufwendungen für Trauerkleidung als Beerdigungskosten, MDR 1967, 980
Widmann, Zur Bedeutung des § 1968 BGB als Anspruchsgrundlage, FamRZ 1988, 351
ders, Testamentserklärungen und Bestattungsanordnungen in Bestattungsvorsorgeverträgen, FamRZ 2001, 74.

I. Allgemeines

1 Das Recht und die Pflicht, für die Beerdigung des Verstorbenen zu sorgen, haben nicht dessen Erben als solche (BGHZ 61, 238), sondern idR die nächsten Familienangehörigen des Erblassers (vgl STAUDINGER/MAROTZKE [2008] § 1922 Rn 117 ff). § 1968 besagt zu dieser Frage nichts. Er beschränkt sich darauf, dem Erben die Pflicht zur Tragung der Beerdigungs**kosten** aufzuerlegen. Diese Pflicht besteht gegenüber demjenigen, der die Beerdigung vorgenommen hat (Mot V 535; vgl auch Rn 13 ff). Für diesen ist § 1968 **Anspruchsgrundlage** (BERGER 1–14). Als eine den Erben „als solchen" treffende Verbindlichkeit ist die Pflicht zur Tragung der Beerdigungskosten **Nachlassverbindlichkeit** gem § 1967 Abs 2 (vgl Mot V 535 f; KG Rpfleger 1980, 79 [zu § 107 Abs 2 S 1 KostO]; OVG Münster NJW 1998, 2154 f = FamRZ 1998, 1058 f [zu dem bei Rn 20 erwähnten, inzwischen in § 74 SGB XII überführten § 15 BSHG]; s auch BERGER 15: „reine" Nachlassverbindlichkeit). Im Nachlassinsolvenzverfahren hat sie eine bevorzugte Stellung als Masseverbindlichkeit (§ 324 Abs 1 Nr 2 InsO).

II. Die zu ersetzenden Bestattungskosten

2 Nach der ursprünglichen Fassung des § 1968 hatte der Erbe die Kosten einer *standesmäßigen* Beerdigung des Erblassers zu tragen. Das Wort „standesmäßigen" wurde durch Art 33 Nr 31 EGInsO mit Wirkung zum 1.1.1999 gestrichen. Jedoch wollte der Gesetzgeber den § 1968 nicht inhaltlich ändern, sondern lediglich an die Formulierung der §§ 844 Abs 1, 1615 Abs 2, 1615m BGB, § 324 Abs 1 Nr 2 InsO anpassen (vgl BT-Drucks 12/3803, 79). Der Erbe hat also auch weiterhin nicht schlechthin alle Beerdigungskosten zu tragen, sondern nur die **notwendigen und angemessenen** (ERMAN/SCHLÜTER Rn 5; MünchKomm/KÜPPER Rn 4; Wigo MÜLLER DStZ 2000, 329, 330). Begleicht der Erbe über dieses Maß hinausgehende Beerdigungskosten aus dem Nachlass, ist er den Nachlassgläubigern unter den Voraussetzungen der §§ 1978 Abs 1, 1991 Abs 1 zum Ersatz verpflichtet (MünchKomm/KÜPPER Rn 4; STAUDINGER/LEHMANN[11] Rn 7; BGB-RGRK/JOHANNSEN Rn 3; JAEGER/WEBER[8] KO § 224 Rn 5).

3 Angemessen ist eine Beerdigung, wenn ihre Ausrichtung der Lebensstellung des Verstorbenen entspricht (vgl Mot V 535 und § 1610 Abs 1). Der Erbe muss also über das unbedingt Notwendige hinaus (vgl dazu OLG Düsseldorf MDR 1961, 940 f) die Kosten für all das auf sich nehmen, was nach den in den Kreisen des Erblassers herrschenden Auffassungen und Gebräuchen zu einer würdigen und angemessenen Bestattung gehört (RGZ 139, 393, 395; BGHZ 61, 238, 239). An dem hierzu Erforderlichen findet die Verpflichtung des Erben aber auch ihre Grenze; er ist nicht verpflichtet, schlechthin alle Kosten zu tragen, die für die nach Bestimmung der Angehörigen (Rn 1) vorgenommene Bestattung des Erblassers aufgewandt wurden (BGH aaO). Eine relativ aufwendige Bestattungsart wird sich also nicht allein damit rechtfertigen lassen, dass sich der Verstorbene „im Familienkreise einer besonderen Wertschätzung erfreute" (SCHULTZE VersR 1956, 631 gegen OLG Karlsruhe VersR 1956, 542 f [teurer Grabstein]). Überhaupt kommt es bei der Feststellung des Angemessenen allein auf die Lebensstellung des Verstorbenen und nicht (auch) auf diejenige der Hinterbliebenen an (BERGER 43 Fn 60). Deshalb kann zwar die Leistungsfähigkeit des Nachlasses mit in Betracht gezogen werden (jedoch nicht iS einer absoluten Obergrenze; s OLG Hamm NJW-RR 1994, 155 und – mit etwas weit gehenden Formulierungen – OLG Düsseldorf ZEV 1994, 372 f = NJW-RR 1995, 1161 f), nicht aber diejenige der Erben (vgl OLG Karlsruhe MDR 1970, 48 f;

aM anscheinend RGZ 139, 393, 398; BGHZ 32, 72, 73), zumal diese ihre Haftung auf den Nachlass beschränken können (§§ 1975 ff). Anerkannt ist, dass bei der Art und Weise der Bestattung der erkennbare, wenn auch formlos ausgedrückte Wille des Verstorbenen zu berücksichtigen ist (RGZ 154, 269, 270 [nicht zu den Kosten]) und dass zu einer angemessenen Beerdigung idR auch die Respektierung des Wunsches des an einem entfernteren Ort Verstorbenen gehört, nach dem Tod auf einem gemeinsamen Begräbnisplatz mit den Seinen vereint zu sein (vgl OLG Stettin OLGE 24 [1912/I] 63 f [Überführung der zu beerdigenden Leiche von Hamburg nach Stettin]; OLG Karlsruhe NJW 1954, 720 f [Exhumierung, Überführung und endgültige Beisetzung der Leiche]; s erg Rn 5). Auch muss, soweit es an einer Willensäußerung des Verstorbenen fehlt, der Totensorgeberechtigte (STAUDINGER/MAROTZKE [2008] § 1922 Rn 117 ff) auf einen ihm durch § 1968 eröffneten finanziellen Gesamtrahmen vertrauen können, innerhalb dessen er ohne finanzielle Nachteile eigene Schwerpunkte setzen darf (zB einerseits ungewöhnlich reichhaltiger Blumenschmuck, andererseits sehr bescheidener Grabstein; vgl OLG Hamm NJW-RR 1994, 155, das zutreffend für eine Gesamtschau und gegen eine atomisierende Detailbetrachtung plädiert).

Unter § 1968 fallen auch die Kosten einer vom Erblasser oder seinen Angehörigen gewünschten *Feuerbestattung*. Da § 1 des G über die Feuerbestattung v 15. 5. 1934 (RGBl I 380; dazu MASSFELLER DJ 1934, 766 ff; RGZ 154, 269 ff) die Feuerbestattung der Erdbestattung grundsätzlich gleichgestellt hat und die an die Stelle des FeuerbestattungsG getretenen Bestattungsgesetze der Länder (vgl STAUDINGER/MAROTZKE [2008] § 1922 Rn 119) insoweit keine wesentlichen Änderungen gebracht haben, steht die Feuerbestattung auch im Rahmen des § 1968 einer „Beerdigung" gleich. Selbst wenn die Kosten einer angemessenen (Rn 3) Feuerbestattung höher sind als die einer Beerdigung, hat der Erbe sie zu tragen (SOERGEL/STEIN Rn 4; BGB-RGRK/JOHANNSEN Rn 2; PLANCK/FLAD Anm 2a m älteren Nachweisen auch zur Gegenansicht; JAEGER/WEBER[8] KO § 224 Rn 4). § 6 FeuerbestattungsG traf nur für den Fall eine Sonderbestimmung, dass die Bestattungskosten der öffentlichen Fürsorge zur Last fielen (vgl § 15 BSHG, inzwischen ersetzt durch § 74 SGB XII). **4**

Zu den Kosten einer *angemessenen* (Rn 3) Beerdigung sind je nach den Umständen zu rechnen: **5**

die Kosten des *Transports* der Leiche (uU auch zu einem entfernteren Ort; vgl OLG Stettin OLGE 24 [1912/I] 63 f; BGHZ 32, 72, 75 f; LG Gießen DAR 1984, 151; FG Düsseldorf ZEV 2001, 516; LG Münster NJW-RR 2008, 597 f; OLG Bremen NJW-RR 2008, 765, 766) und der Herrichtung des *Grabes*. Nicht aber die (Mehr-)Kosten eines Doppelgrabes, da § 1968 nur von der Beerdigung „des Erblassers" spricht (BGHZ 61, 238, 240 m Anm v KREFT LM Nr 2 zu § 844 Abs 1; iE ebenso OLG Düsseldorf MDR 1973, 671; OLG Saarbrücken FamRZ 2010, 1192 ff; vgl aber auch OLG München NJW 1968, 252 bzgl eines auch für die Angehörigen bestimmten großen Grabsteins, sowie unten Rn 23). Zu einer Beerdigung gehört auch die Erstausschmückung des Grabes mit Blumen, Kränzen etc (OLG Köln VersR 1956, 647 f; OLG München NJW 1974, 703 f; OLG Düsseldorf ZEV 1994, 372 f = NJW-RR 1995, 1161 f). Auch die Kosten eines den Verhältnissen des Erblassers angemessenen Grabsteins oder -denkmals hat der Erbe zu tragen (RGZ 139, 393 ff; OLG Karlsruhe VersR 1956, 542 [wo freilich die Angemessenheit auch nach der „besonderen Wertschätzung" beurteilt wurde; hiergegen zu Recht SCHULTZE VersR 1956, 631]; vgl auch § 10 Abs 5 Nr 3 ErbStG; OLG Celle RdL 1968, 74 [Grabstein als Teil der im Übergabe- und Altenteilsvertrage versprochenen „freien und standesgemäßen Beerdigung"]). Jedoch fallen dem Erben die Kosten der Instandhaltung und Pflege der Grabstätte und des Grabdenkmals nicht zur Last (trotz § 10 Abs 5 Nr 3 ErbStG), da der Beerdigungsakt mit der Herrichtung einer zur Daueruinrichtung bestimmten und geeigneten Grabstätte seinen Abschluss findet (BGHZ 61, 238, 239; OLG Oldenburg FamRZ 1992, 987; OLG Schleswig FamRZ 2010, 1194, 1195 = ZEV 2010, 196 ff m zust Anm SCHREIBER; MünchKomm/KÜPPER Rn 4; SOERGEL/STEIN Rn 5; aM LANGE/KUCHINKE § 47 III 2 b α Fn 59 [Grabpflegekosten für ca 1 Jahr seien noch vom Erben zu tragen]; WIGO MÜLLER DStZ 1999, 905, 908; 2000, 329, 330; DAMRAU ZEV 2004, 456; AG Neuruppin ZEV 2007, 597 f). Für die Kosten der Grabpflege haftet der Erbe nur, wenn der Erblasser eine entsprechende Verbindlichkeit schon zu Lebzeiten begründet oder durch Vermächtnis oder Auflage dem Erben auferlegt hat (vgl MÄRKER MDR 1992, 217; OLG Schleswig FamRZ 2010, 1194, 1195 = ZEV 2010, 196, 198; unten Rn 11 sowie die einen sittenwidrig teuren und langfristigen Grabpflegevertrag des Erblassers betreffende Entscheidung LG München I NJW-RR 1989, 197 f).

6 Der Erbe hat auch die *Unkosten* zu ersetzen, die den Angehörigen des Erblassers, jedenfalls soweit sie öffentlich-rechtlich zu dessen Bestattung verpflichtet sind (vgl OLG Karlsruhe MDR 1970, 48 f), *bei der Vorbereitung und Durchführung der Beerdigung* entstehen (vgl BGHZ 32, 72, 75 f; OLG Karlsruhe aaO [Reisekosten]; OLG Hamm DAR 1956, 217, 218 [Verdienstausfall für den Beerdigungs- und einen Vorbereitungstag]).

Die Kosten einer *Exhumierung,* Überführung und endgültigen Beisetzung der Leiche hat der Erbe nur dann zu tragen, wenn für die Umbettung ausreichende Gründe vorliegen (vgl OLG Karlsruhe NJW 1954, 720 f; OLG München NJW 1974, 703, 704; die zu § 844 ergangene Entscheidung RGZ 66, 306, 308 f sowie STAUDINGER/MAROTZKE [2008] § 1922 Rn 124 ff).

7 Zu den vom Erben zu ersetzenden Beerdigungskosten zählen auch die Kosten, die nötig sind, um der Bestattung einen den Verhältnissen des Erblassers entsprechenden *gesellschaftlichen Rahmen* zu geben, also die Kosten der landesüblichen kirchlichen und bürgerlichen Leichenfeierlichkeiten (RGZ 139, 393, 395), uU auch des sog Leichenmahls (vgl OLG Kiel JW 1931, 668; LG Karlsruhe VersR 1957, 725 [auch zur Trauerkleidung und zum Verschenken von Fotografien des Getöteten]; AG Grimma NJW-RR 1997, 1027; OVG Koblenz FEVS 52 [2001] 573, 576; aM JAEGER/WEBER[8] KO § 224 Rn 4). Der christlichen Trauerfeier entspricht bei Angehörigen des islamischen Glaubens die rituelle Waschung der Leiche (vgl das zu § 15 BSHG [§ 74 SGB XII] ergangene Urteil VG Berlin NVwZ 1994, 617). Heikel ist die Frage, ob und in welchem Umfang der Erbe auch die Kosten der Beschaffung von *Trauerkleidung* für Angehörige und Hausangestellte des Erblassers tragen muss (vgl WEIMAR MDR 1967, 980 f; KG OLGE 14 [1907/I] 290 [„unbedenklich" bzgl der Witwe; im konkreten Fall auch bzgl der Tochter des Erblassers]; KG OLGE 43 [1924] 389 = JW 1922, 1685 [grundsätzlich nicht]; OLG Köln VersR 1956, 646 f Nr 769 [nicht ohne weiteres für Geschwister des Erblassers]; OLG Karlsruhe VersR 1956, 542 f [zu § 844 Abs 1: auch bei Anschaffung eines „blauen" Anzugs keine Vorteilsausgleichung; hierzu zust BÖHMER VersR 1956, 595 und abl Anm SCHULTZE VersR 1956, 631; vgl zur Vorteilsausgleichung auch OLG Köln VersR 1956, 646 f Nr 767 m Anm v PIKART; OLG Hamm DAR 1956, 217 – jeweils zu § 844 Abs 1]). Mit Recht hebt BERGER 40 hervor, dass das Tragen schwarzer Kleidungsstücke ein persönliches Zeichen der Anteilnahme und der Trauer um den Verstorbenen sein soll und es somit widersprüchlich wäre, wenn das Vermögen des Verstorbenen ohne weiteres die Auslagen dafür zu tragen hätte. Deshalb will BERGER die Kosten für die Anschaffung von Trauerkleidung nur in eng begrenzten Ausnahmefällen unter § 1968 fassen, so zB wenn eine wirtschaftliche Notlage des Angehörigen dessen Teilnahme an der Bestattung sonst gefährden würde (ähnlich BGHZ 32, 72, 74 bzgl der Reisekosten). In diesen Fällen wird man dem Angehörigen aber zumuten können, sich die Trauerkleidung für den Tag der Beerdigungsfeierlichkeiten zu mieten. Falls das nicht möglich sein sollte, wird man dem Erstattungsberechtigten den nach der Beerdigung verbleibenden Gebrauchswert der Kleidungsstücke abziehen müssen (vgl BERGER 41; ähnlich ERMAN/SCHLÜTER Rn 5; SOERGEL/STEIN Rn 4; noch strenger gegen jede Ersatzfähigkeit der Kosten für Trauerkleidung OVG Koblenz FEVS 52 [2001] 573, 576; JAEGER/WEBER[8] KO § 224 Rn 4; LANGE/KUCHINKE § 47 III 2 b α Fn 57; MünchKomm/KÜPPER Rn 4; für volle Erstattungsfähigkeit hingegen PALANDT/EDENHOFER Rn 3).

Reisekosten, die ein Angehöriger des Verstorbenen aufwendet, um an der Beerdigung teilnehmen zu können, braucht der Erbe normalerweise nicht zu tragen (BGHZ 32, 72 ff; OVG Koblenz FEVS 52 [2001] 573, 576 = NVwZ 2002, 1009, 1010; BERGER 39 ff); Gleiches gilt für einen etwaigen Verdienstausfall (OVG Koblenz aaO). Dass die Reise im konkreten Fall auch zur Regelung des *Nachlasses* erforderlich war, eröffnet schon thematisch nicht den Anwendungsbereich des § 1968 (aM WIGO MÜLLER DStZ 2000, 329, 330). Unter § 1968 fallen jedoch die Reisekosten, die Angehörige zwecks Erfüllung ihrer öffentlich-rechtlichen Bestattungspflicht aufwenden (OLG Karlsruhe MDR 1970, 48 f; vgl auch BGHZ 32, 72, 75 f), wobei die Leistungsfähigkeit des Nachlasses zu berücksichtigen ist (OLG Karlsruhe aaO; LG Berlin VersR 1964, 1259 f). 8

Zu tragen hat der Erbe auch die Kosten der üblichen *Todesanzeigen* und der sog *Danksagungen* (KG JW 1922, 1685; OLG Kiel JW 1931, 668; OVG Koblenz FEVS 52 [2001] 573, 576). 9

III. Auch wenn eine Beisetzung des Erblassers nicht erfolgen kann, können aus Anlass des Todes Kosten entstehen, die in analoger Anwendung des § 1968 dem Erben zur Last fallen. Das gilt zB für die Kosten der Todesanzeige, eines Gedenksteins oder einer Gedenkfeierlichkeit (vgl BGB-RGRK/JOHANNSEN Rn 2). Die Kosten der *Todeserklärung* eines Verschollenen sind Nachlassverbindlichkeiten gem § 34 Abs 2 VerschG und § 324 Abs 1 Nr 3 InsO. 10

IV. Der Erblasser kann **Anordnungen** über seine Bestattung auch in der Form einer **Auflage** (§§ 1940, 2192 ff) treffen und dadurch den Erben oder einen Vermächtnisnehmer verpflichten, seinen Leichnam in einer bestimmten Art und Weise zu bestatten (vgl Mot V 289 f; vBLUME AcP 112 [1914] 367, 407 ff). Die Wirksamkeit einer solchen Auflage setzt aber voraus, dass die Verpflichtung einer Person auferlegt wird, der die Verfügung über den Leichnam zusteht (nicht etwa folgt aus einem Vermächtnis an die Wohngemeinde mit der Auflage, das Begräbnis auszurichten, ohne weiteres ein Recht der Gemeinde, gegen den Willen der hinterbliebenen Familienangehörigen Ort und Art der Bestattung zu bestimmen; vgl RGZ 154, 269, 271). Ist der Beschwerte nicht verfügungsberechtigt, so kann die Auflage eine erbrechtliche Wirkung nur in dem Sinne entfalten, dass sie den Beschwerten konkludent auch zur Tragung der Kosten verpflichtet (vBLUME AcP 112 [1914] 367, 408). Ist der Erbe beschwert, kann der Bestattungsberechtigte also von ihm Ersatz der Kosten für die vom Erblasser gewünschte Bestattungsart verlangen. Das wird bedeutsam, wenn der Erblasser eine Bestattung anordnet, deren Kosten das Maß dessen, was der Erbe schon nach § 1968 zu finanzieren hat (Rn 2 ff), übersteigen. Die Anordnung wirkt 11 dann wie ein *Vermächtnis* zugunsten des Bestattungsberechtigten (vgl vBlume AcP 112 [1914] 367, 408 f, der allerdings das Maß des „Angemessenen" nach heutigem Verständnis – Rn 2 ff – zu eng fasst; MünchKomm/Küpper Rn 8; Fritz BWNotZ 1992, 137, 139; Widmann FamRZ 1988, 351, 352).

12 V. Vereinbarungen des Erben mit den bestattungsberechtigten Hinterbliebenen über die Art der Bestattung sind zulässig (vgl RG DJZ 1904, 265; OLG Posen SeuffA 67 [1912] Nr 172; KG OLGE 22 [1911/I] 180; Staudinger/Marotzke [2008] § 1922 Rn 129). Wenn sich der Erbe aber zur Tragung der Kosten für eine unverhältnismäßig teure Beerdigung verpflichtet, ist das allein seine Sache und begründet keine Nachlassverbindlichkeit (vgl Berger 54 f). Denn Nachlassverbindlichkeiten kann der Erbe nur im Rahmen ordnungsmäßiger Verwaltung des Nachlasses begründen (§ 1967 Rn 39 ff). Hinsichtlich der Kosten einer „angemessenen" (Rn 2 ff) Beerdigung ist § 1968 aber auch dann anwendbar, wenn sich der Erbe persönlich zur Übernahme von Mehrkosten verpflichtet hat (vgl auch Berger aaO).

VI. Anspruchsberechtigte

13 Nach Mot V 535 besteht die Pflicht zur Tragung der Beerdigungskosten gegenüber demjenigen, der die Beerdigung vorgenommen hat. Es sind mehrere Fallgestaltungen zu unterscheiden (vgl auch Fritz BWNotZ 1992, 137, 141 ff):

1. Beauftragt der Erbe ein Bestattungsunternehmen, so haftet er aus diesem Vertrag grundsätzlich unbeschränkbar auch mit seinem Eigenvermögen (KG OLGE 24 [1912/I] 81). Selbstverständlich kann eine Haftungsbeschränkung auf den Nachlass vereinbart werden. Eine derartige Vereinbarung ist aber im Zweifel nicht anzunehmen (§ 1967 Rn 40, 42; Berger 54), vor allem dann nicht, wenn die vom Erben bestellte Beerdigung in keinem Verhältnis zu den Mitteln des Nachlasses steht (vgl OLG Hamburg Recht 1910 Nr 2575). Der vertragliche Vergütungsanspruch des Bestattungsunternehmers gegen den Erben trifft diesen nicht „als solchen", ist also nicht nach § 1967 Abs 2 Nachlassverbindlichkeit, sondern reine (wenn auch uU kraft besonderer Vereinbarung auf den Nachlass beschränkte) Eigenverbindlichkeit des Erben. Soweit der bei der Bestattung betriebene Aufwand den Verhältnissen des Erblassers entspricht, konkurriert mit dem vertraglichen Vergütungsanspruch gegen den Erben „als Auftraggeber" der Anspruch aus § 1968 gegen den Erben „als solchen (iE für Nachlasserbenschuld auch Staudinger/Lehmann[11] Rn 7; KG OLGE 24 [1912/I] 81; Berger 52; Strohal II § 70 S 178; Jaeger/Weber[8] KO § 224 Rn 5; Kress, Erbengemeinschaft 23 [Nachlassverbindlichkeit auch dann, wenn nur ein einzelner Miterbe kontrahiert hat]). Das ist wichtig im Fall eines Nachlassinsolvenzverfahrens, da hier nur echte *Nachlass*gläubiger teilnehmen können (§ 325 InsO). Zu einer teleologischen Reduktion des § 1968 dahingehend, dass dieser Anspruch dem nicht zustehe, der die Beerdigung aufgrund einer rechtsgeschäftlichen Verpflichtung besorge (insbes nicht dem Beerdigungsunternehmer), besteht kein Grund (**aM** Palandt/Keidel[42] Anm 1a und – mit Ausnahme des Falles, dass der Bestattungsauftrag von einem Alleinerben erteilt wurde – Berger 20 ff, 52, 123; Strohal II § 70 Fn 13; Jaeger/Weber[8] KO § 224 Rn 6). Solch eine Einschränkung des § 1968 hätte uU auch die unerwünschte Konsequenz, dass der von einem einzelnen Miterben beauftragte Bestattungsunternehmer keinen Kostenersatzanspruch gegen den Nachlass erwürbe (so in der Tat Jaeger/Weber aaO und Berger 66 ff, 72 f, der dem nur mit einem legislatorischen Vorschlag [74 ff] abhelfen zu können glaubt). Eine Inanspruchnahme des von den Erben beauftragten Bestatters für die Friedhofsgebühren ist idR unzulässig (VG Hannover NVwZ-RR 1994, 356).

2. Wird das Bestattungsunternehmen von einem Nichterben beauftragt (zB von 14 einem zur Totenfürsorge verpflichteten, aber nicht erbberechtigten Verwandten des Erblassers; vgl STAUDINGER/MAROTZKE [2008] § 1922 Rn 118 ff), so kann dieser von dem Erben gem § 1968 Schuldbefreiung bzw Ersatz des bereits gezahlten Entgelts verlangen. Solange der Bestattungsunternehmer die vereinbarte Vergütung noch nicht erhalten hat, kann auch er gem § 1968 gegen den Nachlass vorgehen (**aM** BERGER 20 ff, 123; STROHAL II § 70 Fn 13; PALANDT/EDENHOFER Rn 2; MünchKomm/KÜPPER Rn 3; SOERGEL/ STEIN Rn 3; LANGE/KUCHINKE § 47 III 2 b α [Fn 64]; FRITZ BWNotZ 1992, 137, 142; JAEGER/WEBER[8] KO § 224 Rn 6). Eine unerträgliche „Vervielfältigung" des Anspruchs aus § 1968 ergibt sich daraus nicht (**aM** BERGER 21), da der Ersatzanspruch des Beerdigungsunternehmers bei Erfüllung des Schuldbefreiungsanspruchs seines Auftraggebers automatisch erlischt. Auch mit der bei Rn 24 behandelten Problematik hat die hier vertretene Ansicht nichts zu tun (**aM** WIDMANN FamRZ 2001, 1489).

3. Beauftragt ein Nachlasspfleger oder ein Testamentsvollstrecker das Bestattungs- 15 **unternehmen**, so entsteht von vornherein nur eine Nachlassverbindlichkeit. Denn Verpflichtungen aus Rechtsgeschäften eines Nachlasspflegers oder Testamentsvollstreckers treffen den Erben lediglich „als solchen".

4. Der Anspruch aus § 1968 kann auch dem Erben selbst zustehen (BERGER 14, 35). 16

So kann ein *Miterbe,* der die Bestattung auf eigene Kosten besorgt hat, seinen Ersatzanspruch aus § 1968 gegen die übrigen Miterben geltend machen, wobei er sich jedoch entsprechend den für sog „Miterbengläubiger" geltenden Grundsätzen (§ 2058 Rn 92 ff) einen seiner Haftung im Innenverhältnis entsprechenden Abzug gefallen lassen muss.

Auch einem *Alleinerben,* der die Beerdigung auf Kosten seines Eigenvermögens 17 besorgt und sein Haftungsbeschränkungsrecht noch nicht verloren hat (letztere Voraussetzung folgt aus einer Analogie zu §§ 2013 Abs 1 S 1, 1978 Abs 3), kann der Anspruch aus § 1968 zustehen (vgl auch § 326 Abs 2 InsO). Selbstverständlich kann er diesen Anspruch nicht gegen sich selbst, sondern nur gegen einen Nachlassverwalter oder gem § 324 Abs 1 Nr 2 InsO gegen einen Nachlassinsolvenzverwalter geltend machen (vgl BERGER 35). In den Fällen der §§ 1990, 1992 wird er diesen Anspruch analog § 1991 Abs 1 wie einen (in gewisser Weise rechtsähnlichen, vgl BERGER 89 ff) Aufwendungsersatzanspruch aus § 1978 Abs 3 geltend machen können.

5. Hat der Erbe eine Verbindlichkeit aus § 1968 erfüllt, so tritt er, soweit nicht die 18 Erfüllung nach § 1979 als für Rechnung des Nachlasses erfolgt gilt, im Nachlassinsolvenzverfahren an die Stelle des Gläubigers, es sei denn, dass er für die Nachlassverbindlichkeiten unbeschränkt haftet (§ 326 Abs 2 InsO). In nahezu jedem Fall sind also die Ersatzansprüche des Erben, der die Kosten der Beerdigung des Erblassers aus seinem Eigenvermögen getragen hat, im Nachlassinsolvenzverfahren **Masseverbindlichkeiten** nach § 324 InsO: nämlich entweder unmittelbar nach § 324 Abs 1 Nr 2 InsO (wenn der Erbe die Beerdigung auf Kosten seines Eigenvermögens selbst besorgt hat) oder nach § 324 Abs 1 Nr 1 InsO (wenn der Erbe einen gegen ihn gerichteten Anspruch aus § 1968 mit Mitteln seines Eigenvermögens erfüllt hat und die Nachlassgläubiger das gem § 1979 gegen sich gelten lassen müssen) oder nach § 326 Abs 2 iVm § 324 Abs 1 Nr 2 InsO (wenn der Erbe eine ihm nach § 1968 obliegende Kostentragungspflicht mit Mitteln seines Eigenvermögens erfüllt hat, ohne dass die Voraussetzungen des § 1979 gegeben waren, und er nicht unbeschränkt haftet).

VII. Anspruchsgegner

19 Der Anspruch aus § 1968 richtet sich gegen den *Erben*, bei Erbenmehrheit gegen die einzelnen *Miterben* als Gesamtschuldner (§§ 2058, 421; vgl auch OVG Münster NJW 1998, 2154 ff = FamRZ 1998, 1058 ff). Da die Kostentragungspflicht aus § 1968 Nachlassverbindlichkeit ist (Rn 1), wird man auch den Ersatzanspruch, den § 844 Abs 1 dem zur Tragung der Beerdigungskosten Verpflichteten gegenüber demjenigen gewährt, der den Tod des Erblassers schuldhaft verursacht hat, zum Nachlass rechnen müssen. Miterben, die den Nachlass noch nicht geteilt haben, steht der Anspruch aus § 844 Abs 1 also gemeinschaftlich zu (iE ebenso BGH NJW 1962, 791, 793; vgl zu diesem Urteil auch § 2058 Rn 48).

Auch der *Nacherbe* haftet für die Kosten der Beerdigung des Erblassers. Für die Kosten der Beerdigung des *Vorerben* haftet nicht der Nacherbe als solcher (OLG Celle HRR 1941 Nr 127), sondern die – mit diesem uU allerdings identische – Person, die den Vorerben beerbt (vgl STAUDINGER/AVENARIUS [2003] Vorbem 3 zu §§ 2144 ff).

VIII. Andere Verpflichtete

20 Soweit die Bezahlung der Beerdigungskosten vom Erben nicht zu erlangen ist, haften die *Unterhaltspflichtigen* des Erblassers (vgl §§ 1615 Abs 2 [dazu LG Münster NJW-RR 2008, 597 f], 1615m, n, 1360a Abs 3, 1361 Abs 4 S 4 BGB und §§ 5, 12 Abs 2 S 2 LPartG). Vgl auch § 528 Abs 1 S 3 für den Tod des bedürftigen *Schenkers*. Nach AG Neustadt (FamRZ 1995, 731) ist der geschiedene Ehegatte dessen, der die Beerdigung des gemeinsamen Kindes besorgt hat, aus GoA zum anteiligen Ersatz der Kosten verpflichtet.

Nach § 74 SGB XII (vormals § 15 BSHG) sind die „erforderlichen" Kosten einer Bestattung vom *Sozialhilfeträger* zu übernehmen, soweit dem hierzu Verpflichteten nicht zugemutet werden kann, sie zu tragen (dazu BERGER 116–122, die Kommentare zu § 74 SGB XII sowie das sehr lesenswerte Urteil OVG Münster NJW 1998, 2154 ff = FamRZ 1998, 1058 ff; s auch BVerwGE 114, 57 ff = ZEV 2001, 447 f = NVwZ 2001, 927 f).

Muss die Bestattung eines Seemanns außerhalb des Geltungsbereichs des Grundgesetzes vorgenommen werden, so trägt der *Reeder* die Kosten (§ 75 Abs 2 SeemannsG). Entsprechendes gilt gem § 78 Abs 1 SeemannsG für die Kosten der Bestattung des Kapitäns.

Da die Pflicht, für die Bestattung des Verstorbenen zu sorgen, nicht die Erben als solche, sondern die nächsten Familienangehörigen trifft (Rn 1), kann es vorkommen, dass ein Familienangehöriger, der nicht zugleich Erbe ist, von der zuständigen

Behörde zu Recht auf Erstattung der **Kosten einer Ersatzvornahme** in Anspruch genommen wird (vgl STELKENS/COHRS NVwZ 2002, 917, 921 ff; OVG Münster NVwZ 2002, 996 ff; OVG Lüneburg FamRZ 2004, 458; STAUDINGER/MAROTZKE [2008] § 1922 Rn 123). Dann muss der Angehörige zwar zahlen, hat aber im Umfang des § 1968, also nicht auch hinsichtlich etwaiger Mehrkosten der behördlichen Ersatzvornahme, einen Rückgriffsanspruch gegen den oder die Erben.

Der wegen Tötung des Erblassers zum *Schadensersatz* Verpflichtete (§ 844 Abs 1 BGB, § 7 Abs 1 S 2 ProdHaftG, § 5 Abs 1 S 2 HaftpflG, § 10 Abs 1 S 2 StVG, § 35 Abs 1 S 2 LuftVG, § 28 Abs 1 S 2 AtomG) hat die Beerdigungskosten dem zu ihrer Tragung Verpflichteten, also namentlich dem bzw den (Rn 19) Erben, zu ersetzen. Dem Dienstherrn eines getöteten Beamten steht nach § 76 BBG (s auch § 110 LBG-BW) in Höhe des nach § 18 BeamtVG zu zahlenden *Sterbegeldes* der Rückgriff auf den Anspruch gegen den Schädiger auf Ersatz der Beerdigungskosten zu (vgl BGH NJW 1977, 802 f = FamRZ 1977, 246 – im Kontext der damaligen §§ 87a, 122 BBG). Die Witwe eines Beamten braucht sich das nach dessen Tod empfangene Sterbegeld nicht auf ihren Anspruch aus § 1968 anrechnen zu lassen (OLG Oldenburg MDR 1990, 1015). Gleiches gilt für die nach § 41 BAT ebenfalls sterbegeldberechtigte Witwe eines Angestellten im öffentlichen Dienst (vgl die allerdings nicht zu § 1968, sondern zu § 844 ergangene Entscheidung BGH NJW 1978, 536 f). 21

Wer, ohne Erbe zu sein, als naher Angehöriger eines infolge Unfalls Verstorbenen im Rahmen seiner Verpflichtung zur Totenfürsorge die Beerdigungskosten getragen hat, kann einen Erstattungsanspruch nicht nur gegen die Erben, sondern aus dem Gesichtspunkt der Geschäftsführung ohne Auftrag auch gegen den *Unfallschädiger* geltend machen (OLG Saarbrücken VersR 1964, 1257; KG VersR 1979, 379; LG Mannheim NZV 2007, 367; vgl auch OLG Kiel HRR 1931 Nr 666).

Der *Hofübernehmer* ist dem Erben gegenüber auch dann verpflichtet, die Beerdigungskosten für den Übergeber und dessen Ehegatten (Lebenspartner) zu tragen, wenn zwar der Übergabevertrag eine dahingehende ausdrückliche Bestimmung nicht enthält, der Hof jedoch das Hauptvermögen des Übergebers darstellt und das Altenteil die vollständige Versorgung des Übergebers und seines Ehegatten (Lebenspartners) sichern soll (vgl OLG Schleswig RdL 1963, 154). Zu einer im Übergabe- und Altenteilsvertrag versprochenen „freien und standesmäßigen Beerdigung" gehört grundsätzlich auch die Setzung eines den wirtschaftlichen Verhältnissen des Hofes entsprechenden Grabsteins (OLG Celle RdL 1968, 74 [auch zur Frage der Verwirkung]; zur einkommensteuerrechtlichen Behandlung vgl BFH ZEV 2006, 321 ff m Anm SCHÖNFELDER). 22

Die vertraglich übernommene Pflicht, die Beerdigungskosten für zwei miteinander Verheiratete zu tragen, hat im allgemeinen zur Folge, dass bereits beim Tod des Erstversterbenden die Kosten für ein *Doppelgrab* mit entsprechendem Grabmal fällig werden (AG Kleve NJW-RR 1987, 1413 f). 23

IX. Keine unmittelbare Haftung des Erblasser-Bankkontos

Die Ausführungen zur Aktivlegitimation des Bestattungsunternehmers (Rn 13 f) dürfen nicht auf die Bank übertragen werden, bei der der Erblasser sein Konto oder Sparguthaben hatte. Der kontoführenden Bank steht auch dann kein Anspruch aus 24

§ 1968 zu, wenn sie dem Totensorgeberechtigten oder dem Bestattungsunternehmer die unmittelbare Erfüllung aus dem Erblasserkonto zugesagt hat. Ohne Auftrag des Erblassers oder des Erben ist die Bank nicht berechtigt, einem Nichterben, der die Beerdigung veranlasst, die Bestattungskosten aus dem Guthaben des Erblassers zu ersetzen (LG Itzehoe FamRZ 2001, 1486 f; OLG Saarbrücken FamRZ 2001, 1487 ff m Anm WIDMANN; PALANDT/EDENHOFER Rn 1; vgl auch LG Bonn ZEV 2009, 580 ff = ErbR 2010, 22 ff m zust Anm SACHS; **aM** PALANDT/SPRAU § 683 Rn 6; GÖSSMANN, in: SCHIMANSKY/BUNTE/LWOWSKI [Hrsg], Bankrechtshandbuch [3. Aufl 2007] § 30 Rn 32; differenzierend JACOBY WM 2003, 368, 376). Der Anspruchsinhaber muss also notfalls einen Vollstreckungstitel gegen den Erben erwirken; dann kann er sich die Rechte aus dem Bankkonto pfänden und zur Einziehung überweisen lassen. Im Nachlassinsolvenzverfahren (dazu auch Rn 13, 18) gehört die Guthabenforderung gegen die Bank zur Insolvenzmasse.

§ 1969
Dreißigster

(1) Der Erbe ist verpflichtet, Familienangehörigen des Erblassers, die zur Zeit des Todes des Erblassers zu dessen Hausstand gehört und von ihm Unterhalt bezogen haben, in den ersten dreißig Tagen nach dem Eintritt des Erbfalls in demselben Umfang, wie der Erblasser es getan hat, Unterhalt zu gewähren und die Benutzung der Wohnung und der Haushaltsgegenstände zu gestatten. Der Erblasser kann durch letztwillige Verfügung eine abweichende Anordnung treffen.

(2) Die Vorschriften über Vermächtnisse finden entsprechende Anwendung.

Materialien: Mot V 534 f; Prot V 654–657; KommBer 2099 f; JAKOBS/SCHUBERT ER I 297 ff.

Schrifttum

M HARDER, Gibt es gesetzliche Vermächtnisse?, NJW 1988, 2716
HOMEYER, Der Dreißigste (1864)
MEYER, Konkurs- und anfechtungsrechtliche Fragen aus der Praxis, JW 1904, 27
RIESENFELD, Die Erbenhaftung I (1916) 14–18
SCHIFFNER, Pflichtteil, Erbenausgleich und die sonstigen gesetzlichen Vermächtnisse (1897) 147–150
SCHWABE, Hausfriedensbruch des Erben in der Wohnung des Erblassers?, DJZ 1909, 143
STOBBE, Deutsches Privatrecht V (2. Aufl 1885) 23 f.

I. Allgemeines

1. Der sog Dreißigste ist eine alte deutsche Einrichtung (vgl KIPP/COING[13] Anh zu § 5), die sich im Gebiet des sächsischen Rechts und einiger anderer Rechte erhalten hat (vgl Mot V 534 mwNw; STOBBE § 281 II 23–25; HOMEYER aaO). Darauf fußend will § 1969 den Familienangehörigen des Erblassers, die zZ seines Todes seinem Hausstand angehört und von ihm Unterhalt bezogen haben, für die ersten dreißig Tage nach dem Erbfall den Fortbezug des Unterhalts sowie die Fortdauer der Benutzung der Wohnung und der Haushaltsgegenstände sichern, um ihnen so die nötige Zeit für eine Umstellung der bisherigen Lebensführung zu gewähren.

2. Die Bestimmung fehlte in den **Entwürfen zum BGB** und auch noch in der Reichstagsvorlage, weil man meinte, dass das Institut des Dreißigsten zwar gewisse Rücksichten der Humanität und der Billigkeit für sich habe, aber im Zusammenhang mit wirtschaftlichen Zuständen stehe, die gegenwärtig nicht mehr oder nicht in gleichem Maße wie früher zuträfen (vgl Mot V 534). In der II. Komm wurde lt Prot V 654 f eine Vielzahl von Anträgen gestellt, die das Institut in der einen oder der anderen Form erhalten wollten; sie wurden aber wiederum mangels Bedürfnisses abgelehnt. Erst von der Reichstagskommission wurde die Bestimmung gegen den Wunsch der Regierung gebilligt (KommBer 2099 f).

3. **Der Grundgedanke des Dreißigsten**, der ein Ausfluss des durch die Hausgemeinschaft begründeten besonderen Treueverhältnisses ist, **hat bis heute nichts von seiner Überzeugungskraft verloren** (vgl 2. Denkschr d ErbrA d AkDR 108; MünchKomm/Küpper Rn 1; Lange/Kuchinke § 15 IV Fn 64). Eine billigenswerte **Weiterentwicklung** für den Fall, dass der Erblasser Mieter von Wohnraum war, enthalten die §§ 563 bis 563b über den *Eintritt von Familienangehörigen* des Erblassers *in das Mietverhältnis* (vgl die Erl zu diesen Vorschriften und unten Rn 10). Auch dem *Sozialrecht* ist die Idee einer Sonderrechtsnachfolge von Familienangehörigen nicht fremd (s Staudinger/Marotzke [2008] § 1922 Rn 356).

II. Die anspruchsberechtigten Personen

1. Anspruchsberechtigt sind nur **Familienangehörige** des Erblassers, nicht hingegen solche Personen, die sich lediglich auf Grund vertraglicher Beziehungen in dessen Haushalt aufgehalten haben (KommBer 2099), wie zB Hausangestellte, Hauslehrer, Erzieherinnen, Hausdamen „mit Familienanschluss" (BGB-RGRK/Johannsen Rn 2). Bei diesen richtet sich die Lösung des Verhältnisses allein nach dem Inhalt des zugrunde liegenden Vertrages (KommBer aaO).

Im Übrigen ist, von § 11 Abs 1 LPartG einmal abgesehen (s aE dieser Rn), der Begriff der Familienangehörigkeit gesetzlich nicht näher definiert. **Im Hinblick auf den Zweck und die kurze Dauer des Anspruchs braucht der Begriff nicht besonders eng gesehen zu werden** (vgl im Zusammenhang mit § 563 Abs 2 S 3 auch Staudinger/Rolfs [2006] § 563 Rn 21 ff; bei § 1969 darf der Begriff eher noch weiter interpretiert werden, dazu LG Kassel JR 1961, 221, 222).

Zu den Familienangehörigen gehört zweifellos der **Ehegatte**. Dies gilt auch, wenn die Eheleute getrennt leben, doch fehlt es dann für den Überlebenden an der Tatbestandsvoraussetzung der Zugehörigkeit zum Hausstand des Erblassers (dazu Rn 5), so dass ein Anspruch aus § 1969 nicht bestehen kann (so auch Palandt/Edenhofer Rn 1 aE; AK-BGB/Teubner Rn 4, die aber zu Unrecht Soergel/Stein Rn 2 als abweichend angeben, weil sie übersehen, dass Stein dem überlebenden Ehegatten den Anspruch nicht im Fall des *Getrenntlebens* zubilligt, sondern *nach Stellung des Scheidungsantrags*). Sollten die Ehegatten nach Einreichung eines Scheidungsantrags weiter zusammengelebt haben, so sind alle Tatbestandsvoraussetzungen des § 1969 erfüllt, und da für eine teleologische Reduktion der Norm kein Anlass besteht (denn der bei Rn 1 genannte Zweck trifft auch hier zu), ist der Anspruch des Ehegatten zu bejahen, selbst im Fall des § 1933 (SOERGEL/STEIN Rn 2; ERMAN/SCHLÜTER Rn 2).

Zu den Familienangehörigen gehören auch **Verwandte** und **Verschwägerte** des Erblassers, des weiteren **sonstige Personen**, die wegen ihrer persönlichen (also nicht überwiegend wirtschaftlichen oder dienstvertraglichen) Beziehungen zum Erblasser in dessen Familiengemeinschaft (also nicht lediglich Hausgemeinschaft) aufgenommen worden sind (vgl MÜLLER-FREIENFELS JuS 1967, 124, 127). Familienangehörige des Erblasser sind zB dessen Stief- und Pflegekinder, in seltenen Ausnahmefällen (großzügiger BGB-RGRK/JOHANNSEN Rn 2; ERMAN/SCHLÜTER Rn 2; SOERGEL/STEIN Rn 2; Münch-Komm/KÜPPER Rn 2) auch Freunde und dgl (für Freunde ganz ablehnend RIESENFELD I 14; LANGE/KUCHINKE § 15 IV). Auch wer mit dem Erblasser in **nichtehelicher Lebensgemeinschaft** (zum Begriff vgl BGHZ 121, 116, 122 ff = BGH NJW 1993, 999, 1001 im Anschluss an BVerfGE 87, 234, 264 f = NJW 1993, 643, 645; s auch STAUDINGER/SONNENSCHEIN [1997] § 569a Rn 29 ff; inzwischen Entschärfung der dort erörterten mietrechtlichen Problematik durch § 563 Abs 2 S 4; s STAUDINGER/ROLFS [2006] § 563 Rn 25 ff) gewohnt hat, gehört zum Kreis der Anspruchsberechtigten (OLG Düsseldorf NJW 1983, 1566; STRÄTZ FamRZ 1980, 301, 308; LIEB Gutachten zum 57. DJT 1988 Bd 1 A 93 f; SCHWENZER JZ 1988, 781, 787; MünchKomm/KÜPPER Rn 2; SOERGEL/STEIN Rn 2; ERMAN/SCHLÜTER Rn 2; LANGE/KUCHINKE § 15 IV; DE WITT/HUFFMANN, Nichteheliche Lebensgemeinschaft Rn 413; vgl auch BGH aaO [zur vergleichbaren Frage bei § 569a/nunmehr § 563]; aM STEINERT NJW 1986, 683, 686; BOSCH FamRZ 1983, 274; KIPP/COING § 5 Anhang; BGB-RGRK/JOHANNSEN Rn 2; JAUERNIG/STÜRNER Rn 1). Der Anspruch ist auch dann nicht notwendig ausgeschlossen, wenn einer oder beide Partner noch anderweitig verheiratet bzw iS des LPartG mit einer dritten Person rechtlich verbunden waren (SOERGEL/STEIN Rn 2; HUFFMANN, Die Erfassung der Familie im Zivilrecht [1990] 280; vgl auch STAUDINGER/OTTE [2003] Vorbem 148 ff, 153, 164 ff zu §§ 2064 ff, dessen auf den Einzelfall abstellende Ausführungen zur Frage einer Sittenwidrigkeit nicht den äußerst kurzfristigen Anspruch aus § 1969, sondern das sehr viel weiter gehende sog Mätressentestament betreffen). Jedoch wird es hier entscheidend auf die Umstände des Einzelfalls ankommen. OLG München HRR 1940 Nr 354 zählte eine „Ehebrecherin", die mit dem Erblasser in häuslicher Gemeinschaft gelebt hatte, nicht zu seinen Familienangehörigen.

Ob **gleichgeschlechtliche Partner** „Familienangehörige" sind, war vor Schaffung des Lebenspartnerschaftsgesetzes v 16. 2. 2001 (BGBl I 226) streitig. Das Problem wurde vor allem im Rahmen des früheren § 569a (heute §§ 563, 563a) diskutiert (für eine analoge Anwendung des damligen § 569a auf gleichgeschlechtliche Partner AG Berlin-Wedding NJW-RR 1994, 524; LG Hannover NJW-RR 1993, 1103; dagegen LG Kiel NJW-RR 1999, 808 und konkludent auch BGHZ 121, 116, 124 = NJW 1993, 999, 1001 r Sp; s auch STAUDINGER/SONNENSCHEIN [1997] § 569a Rn 29 ff). Für Lebenspartner *iSd Lebenspartnerschaftsgesetzes* ist die Familienangehörigkeit nunmehr gesetzlich festgestellt (§ 11 Abs 1 LPartG; vgl auch § 563 Abs 1 S 2 BGB). Da infolge dieser neuen Gesetzeslage kein fundamentaler *juristischer* Unterschied mehr besteht zwischen gleich- und verschiedengeschlechtlichen Lebensgemeinschaften, sollte man diese auch *außerhalb* der Institute Ehe bzw Lebenspartnerschaft weitgehend gleich behandeln und im Ergebnis ohne Ansehung des Geschlechts *jeden* dauerhaften, nicht notwendig *juristisch* verbundenen Partner des Erblassers als Familienangehörigen iSv § 1969 ansehen. Der Umstand, dass der Gesetzgeber dem § 1969 keine dem § 563 Abs 2 S 4 entsprechende

Klarstellung (dazu STAUDINGER/ROLFS [2006] § 563 Rn 25 ff) angefügt hat, zwingt mE nicht zu einer abweichenden Beurteilung.

2. Der Familienangehörige muss *zZ des Todes* des Erblassers zu seinem Hausstand gehört haben. Vorübergehende Anwesenheit kann diese Zugehörigkeit nicht begründen; es muss ein auf längere Dauer berechnetes räumliches Zusammenleben vorliegen. Umgekehrt hebt eine vorübergehende Abwesenheit (zu Studienzwecken oder auf Reisen) die Zugehörigkeit zum gemeinsamen Hausstand nicht auf. Als nicht lediglich vorübergehend wird in diesem Sinne die Trennung in Scheidung lebender Ehegatten anzusehen sein (vgl KISSEL, Ehe und Ehescheidung I [1977] 103). Ob ein *eigener* Hausstand auch bei Personen anzunehmen ist, die mit ihren Angehörigen im Hausstand eines Dritten, zB ihres Arbeitgebers, oder in einer Pension leben, kann nur nach Lage des Einzelfalles entschieden werden (PLANCK/FLAD Anm 2 c). Ebenso ist Tatfrage, ob eine abgesonderte Wohnung (wie zB bei Auszüglern) die Gemeinsamkeit des Hausstandes ausschließt.

3. Der Familienangehörige muss vom Erblasser **Unterhalt** bezogen haben. Gleichgültig ist, ob der Erblasser zur Unterhaltsgewährung *verpflichtet* war.

III. Inhalt, Umfang und Dauer des Anspruchs

1. Der Erbe hat dem Berechtigten **in demselben Umfang, wie der Erblasser es getan hat**, in den ersten dreißig Tagen nach dem Eintritt des Erbfalls *Unterhalt* zu gewähren und die Benutzung der *Wohnung* und der *Haushaltsgegenstände* zu gestatten.

2. Für die **Berechnung der Frist sind** die §§ 187 Abs 1, 188 Abs 1 maßgebend. Der Todestag wird also nicht mitgezählt.

Bei einer *Todeserklärung* entfällt der Anspruch, da die dreißigtägige Frist von dem als Todeszeitpunkt geltenden Tage (§ 9 VerschG) nicht gewahrt und gem § 1613 Unterhalt für die Vergangenheit nicht verlangt werden kann. § 1974 Abs 1 S 2 ist auf den Lauf der Dreißigtagefrist des § 1969 nicht entspr anwendbar (BGB-RGRK/JOHANNSEN Rn 5).

3. **Unterhalt** muss der Erbe den in § 1969 genannten Personen „in demselben Umfange" gewähren, wie der Erblasser es getan hat. Entscheidend ist also die tatsächliche Übung, nicht der Maßstab des § 1610 (PLANCK/FLAD Anm 3; BGB-RGRK/JOHANNSEN Rn 6; MünchKomm/KÜPPER Rn 3). IdR wird der Unterhalt nicht nur „in demselben Umfange", wie der Erblasser es getan hat, sondern auch „in der gleichen Art" zu gewähren sein (BGB-RGRK/JOHANNSEN Rn 6; **aM** RIESENFELD I 15). Wird der Hausstand fortgeführt, so ist der Unterhalt grundsätzlich in Natur zu gewähren (SOERGEL/STEIN Rn 3; MünchKomm/KÜPPER Rn 3; ERMAN/SCHLÜTER Rn 1; BGB-RGRK/JOHANNSEN Rn 6; vgl aber auch RIESENFELD aaO). Der Anspruch endigt mit dem *freiwilligen* Ausscheiden des Berechtigten aus dem Haushalt (SCHIFFNER 150; ERMAN/SCHLÜTER Rn 1 aE; BGB-RGRK/JOHANNSEN Rn 6); es besteht also kein Anspruch auf Abgeltung für die noch verbliebene Zeit (MünchKomm/KÜPPER Rn 3). Löst der Erbe den Haushalt innerhalb der Dreißigtagefrist ohne Zustimmung des Berechtigten auf, so verletzt er dessen Anspruch aus § 1969. Der Berechtigte kann sich durch Erwirkung einer einstweiligen Verfügung zur Wehr setzen (LANGE/KUCHINKE § 15 IV; MünchKomm/KÜPPER Rn 3 Fn 10; s auch unten Rn 11). Ob er nach § 859 zur Selbsthilfe berechtigt ist, hängt von seiner besitzrechtlichen Stellung ab (dazu Rn 11). Da der Berechtigte einen Anspruch für dreißig Tage hat, braucht er einem Räumungsbegehren des Erben während dieser Zeit nicht zu entsprechen. Wird er dennoch vorzeitig hinausgesetzt, so ist sein Unterhaltsanspruch aus § 1969 für die restliche Zeit in *Geld* zu erfüllen (STAUDINGER/LEHMANN[11] Rn 8; BGB-RGRK/JOHANNSEN Rn 6; MünchKomm/KÜPPER Rn 3; SOERGEL/STEIN Rn 3; **aM** – Unterhalt in Natur – ERMAN/SCHLÜTER Rn 1). Schadensersatz kann der Berechtigte unter den Voraussetzungen der §§ 280 ff verlangen (vgl LANGE/KUCHINKE § 15 IV; ERMAN/SCHLÜTER Rn 1; SOERGEL/STEIN Rn 3; zur grundsätzlichen Anwendbarkeit der §§ 280 ff auf Vermächtnisse s STAUDINGER/OTTE [2003] § 2174 Rn 29 ff).

10 4. Auch die **Benutzung der Wohnung und der Haushaltsgegenstände** hat der Erbe gem § 1969 in demselben Umfange zu gestatten, wie der Erblasser es getan hat.

War der Erblasser nicht der Eigentümer, sondern Mieter der von ihm und seinen Angehörigen bewohnten Räume, so sind die 1964 in das BGB eingefügten §§ 569a, 569b bzw die am 1.9.2001 an deren Stelle getretenen §§ 563 bis 564 zu beachten. Nach § 563 Abs 1 nF tritt der Ehegatte (S 1) oder Lebenspartner (S 2), der mit dem Mieter einen gemeinsamen Haushalt führt, mit dem Tod des Mieters automatisch in das Mietverhältnis ein. Entsprechendes ordnet § 563 Abs 2 *unter bestimmten Voraussetzungen (zB Nichteintritt des Ehegatten)* in bezug auf Kinder, andere Familienangehörige und sonstige Personen an, die mit dem Mieter einen auf Dauer angelegten gemeinsamen Haushalt führen. Sind mehrere Personen iS des § 563 gemeinsam Mieter, so wird das Mietverhältnis beim Tod eines Mieters mit den überlebenden Mietern fortgesetzt (§ 563a Abs 1). Falls der überlebende und das Mietverhältnis fortsetzende Ehegatte, Lebenspartner oder sonstige Berechtigte nicht zugleich Erbe des verstorbenen Mieters ist, wäre den nicht in das Mietverhältnis eintretenden übrigen Familienangehörigen des Erblassers mit einem gegen den *Erben* (§ 1969) gerichteten Anspruch auf Gestattung der weiteren Wohnungsbenutzung wenig gedient. Man wird diesen Anspruch in solchen Fällen deshalb auch gegen den das Mietverhältnis nach § 563 oder § 563a fortsetzenden Ehegatten, Lebenspartner oder sonstigen Angehörigen des Erblassers gewähren müssen (zustimmend SOERGEL/STEIN Rn 5). Das gilt selbstverständlich nur bzgl der Gestattung der Wohnungsbenutzung, nicht hingegen auch für die sonstige Unterhaltsgewährung. Soweit Familienangehörige, die eigentlich nach § 1969 die Gestattung der Weiterbenutzung der Wohnung vom Erben verlangen könnten, selbst gem § 563 bzw § 563a Abs 1 Nachmieter des Erblassers werden, bedürfen sie, was die Gestattung der weiteren Wohnungsbenutzung angeht, nicht des Anspruchs aus § 1969 gegen den Erben, da sie diesen ja ohnehin von der Rechtsnachfolge in das Mietverhältnis verdrängen.

IV. Rechtsnatur und Geltendmachung des Anspruchs

11 1. § 1969 gewährt kein dingliches Nutzungsrecht an der Wohnung und den Haushaltsgegenständen des Erblassers, sondern nur ein **vermächtnisähnliches Forderungsrecht** gegen den Erben (Abs 2 iVm § 2174). Wie Ansprüche aus Vermächtnissen ist auch der aus § 1969 eine **Nachlassverbindlichkeit** iS von § 1967 Abs 2. Der Erbe kann also seine Haftung nach allgemeinen Grundsätzen (Vorbem 12 ff zu § 1967) auf den Nachlass beschränken. Wegen der dringlichen und nur vorübergehenden Natur des

Anspruchs stehen dem Erben die aufschiebenden Einreden der §§ 2014, 2015 jedoch nicht zu (PLANCK/FLAD Anm 4 f; SOERGEL/STEIN Rn 1; KRETZSCHMAR § 72 A III 3 c τ). Bevor der Erbe die Erbschaft angenommen hat, kann der Anspruch gegen ihn gerichtlich nicht geltend gemacht werden (§ 1958). Bis zur Erbschaftsannahme ist also notfalls ein Nachlasspfleger nach § 1961 zu bestellen. Bei Erfüllungsverweigerung ist auf Antrag Rechtsschutz durch einstweilige Verfügung zu gewähren (RIESENFELD I 17; PLANCK/FLAD Anm 4 a; s auch Rn 9). Ob die Berechtigten hinsichtlich der Wohnung und der Haushaltsgegenstände Besitzschutz (§§ 858 ff) genießen, hängt wegen des durch § 857 bewirkten automatischen Einrückens des *Erben* in besitzrechtliche Positionen des *Erblassers* davon ab, ob sie (also nicht oder jedenfalls nicht allein der Erblasser) zZ des Erbfalls im Besitzstande waren (KIPP § 73 Fn 4; **aM** DERNBURG V § 152 III 2), also zumindest Mitbesitz (vgl jedoch § 866) hatten. Nicht selten – zB bei Kindern, nicht jedoch hinsichtlich des Ehegatten oder eines vergleichbar selbständigen sonstigen Lebensgefährten (s STAUDINGER/BUND [2007] § 855 Rn 20, § 858 Rn 44, § 866 Rn 10, 12) – wird diese Annahme an § 855 scheitern (PLANCK/FLAD Anm 4 a; RIESENFELD I 17 f). Der Erbe oder Miterbe, der die Wohnung betritt, begeht damit keinen Hausfriedensbruch (SCHWABE DJZ 1909, 143). Anders jedoch uU in den Fällen der §§ 563 Abs 1 und 2, 563a Abs 1 (vgl auch Rn 10).

2. Gem Abs 2 finden auf den Dreißigsten **die Vorschriften über Vermächtnisse entsprechende Anwendung.** Der Anspruch wird also durch das Aufgebot der Nachlassgläubiger nicht betroffen (§ 1972). Auch im Rahmen der §§ 1973 Abs 1 S 2, 1974 Abs 2 steht der Dreißigste einem Vermächtnis gleich (PLANCK/FLAD Anm 4 a; **aM** STAUDINGER/LEHMANN[11] Rn 6 wegen der zeitlichen Beschränkung des Anspruchs; vgl auch MünchKomm/KÜPPER Rn 4). Die abweichende Ansicht beruht anscheinend auf der Vorstellung, diese Vorschriften gewährten dem Erben das Recht, die Berichtigung von Vermächtnissen bis zur Befriedigung der ausgeschlossenen Gläubiger hinauszuschieben. Diese Vorstellung ist unzutreffend (vgl § 1973 Rn 12). § 1973 Abs 1 S 2 enthält lediglich eine *Einschränkung* des dem Erben gegenüber den ausgeschlossenen Gläubigern durch § 1973 Abs 1 S 1 gewährten Leistungsverweigerungsrechts und *begründet* nicht etwa eine Einrede gegen Vermächtnisansprüche (die ja vom Aufgebot gar nicht betroffen werden, § 1972). Anwendbar auf den Anspruch aus § 1969 sind auch die §§ 1980 Abs 1 S 3, 1991 Abs 4, 1992 BGB, §§ 322, 327 Abs 1 Nr 2 InsO und § 5 AnfG (**aM** M HARDER NJW 1988, 2716, 2717 hinsichtlich des dem heutigen § 327 Abs 1 Nr 2 InsO entsprechenden § 226 Abs 2 Nr 5 KO).

Trotz Abs 2 ist ein Erwerb nach § 1969 *erbschaftsteuerfrei* (§ 13 Abs 1 Nr 4 ErbStG).

Auch im Rahmen des § 1371 Abs 2 steht der Dreißigste einem Vermächtnis nicht gleich (VOLSHAUSEN, Die Konkurrenz von Güterrecht und Erbrecht bei Auflösung der Zugewinngemeinschaft ... [Diss Kiel 1968] 152 ff).

3. Als gesetzlicher Unterhaltsanspruch ist der Dreißigste grundsätzlich **weder übertragbar noch pfändbar** (vgl §§ 399, 400 BGB, §§ 851, 850b Abs 1 Nr 2 und Abs 2 ZPO). Gegen den Anspruch kann weder **aufgerechnet** (§ 394) noch ein **Zurückbehaltungsrecht** geltend gemacht werden (DÜTZ NJW 1967, 1105, 1107). Nach BGB-RGRK/JOHANNSEN Rn 6 soll der Anspruch aber im Rahmen der in BGHZ 4, 153; 5, 342; 13, 360 dargelegten Grundsätze **übertragbar** sein. Das wird jedoch allenfalls dann in Betracht kommen, wenn der Anspruch ausnahmsweise (vgl Rn 9) nicht in Natur, sondern in Geld zu erfüllen ist.

14 Eine analoge Anwendung der Vorschriften über die Unterhaltspflicht von Verwandten ist nur zT möglich. Anwendbar ist **§ 1613** (kein Anspruch für die Vergangenheit), nicht hingegen § 1614 (kein Verzicht für die Zukunft) im Hinblick auf die Ausschlagbarkeit (Abs 2 iVm § 2176) des Anspruchs (PLANCK/FLAD Anm 4 b; PALANDT/EDENHOFER Rn 2; MünchKomm/KÜPPER Rn 4; **aM** BGB-RGRK/JOHANNSEN Rn 6). **§ 1612 Abs 1** (Geldrente) wird durch die Sonderregelung in § 1969 verdrängt; Gleiches gilt für die **§§ 1602, 1603**.

V. Abweichende Anordnungen des Erblassers

15 Der Anspruch kann vom Erblasser mittels letztwilliger Verfügung *entzogen* oder nach Inhalt und Umfang abweichend vom Gesetz bestimmt werden (Abs 1 S 2). Möglich sind sowohl *Verringerungen* als auch *Erweiterungen*.

Bei einer *Erweiterung* liegt ein gewöhnliches Vermächtnis (§ 1939) vor, ebenso wenn der Anspruch bestätigt wird. Der Erblasser kann auch anstelle des oder der Erben eine andere Person, etwa einen einzelnen Erben oder Vermächtnisnehmer, mit einer entsprechenden Verpflichtung beschweren, § 2147. Ebenso kann er den Anspruch mit einem Vorrang ausstatten, § 2189. Als Vermächtnis (§ 2278 Abs 2) kann die Bestätigung oder Vergrößerung auch vertragsmäßig durch Erbvertrag erfolgen. Die *nicht* als Vermächtnis zu qualifizierende Entziehung oder Verringerung kann aber auch im Erbvertrag nicht vertragsmäßig, sondern nur einseitig angeordnet werden, §§ 2278 Abs 2, 2299.

Untertitel 2
Aufgebot der Nachlassgläubiger

Vorbemerkungen zu §§ 1970–1974

Schrifttum

ENGLÄNDER, Das Aufgebot der Nachlaßgläubiger (Diss Leipzig 1906)
KLINGER/RUBY, Das Aufgebot der Nachlassgläubiger – eine unbekannte Haftungsfalle!, NJW-Spezial 2005, 61
KRETZSCHMAR, Zur Auslegung des § 1973 BGB, SeuffBl 73 (1908) 777
MUHR, Das Aufgebotsverfahren in der notariellen Praxis, MittRhNotK 1965, 148
RIESENFELD, Die Erbenhaftung II (1916) 258–378
ROTH, Die Einrede des Bürgerlichen Rechts (1988) 59 ff, 166 f, 321
SCHENK, Die Wirkung des nach Aufgebot der Nachlaßgläubiger ergangenen Ausschlußurteils (Diss Berlin 1907)
SINGER, Die Haftung des Erben für die Nachlaßverbindlichkeiten nach dem BGB und Nebengesetzen, SeuffBl 64 (1899) 321, 327 f.

Die §§ 1970–1974 befassen sich mit zwei verschiedenen Fällen der **Haftungsbeschränkung gegenüber einzelnen Nachlassgläubigern**: Ausschluss des Gläubigers im Aufgebotsverfahren (§ 1973), Geltendmachung der Forderung gegenüber dem Erben später als fünf Jahre nach dem Erbfall (§ 1974). Das diese beiden Tatbestände verbindende Element ist nicht – wie die Überschrift zu §§ 1970–1974 nahelegt – das Aufgebot (ein solches ist in § 1974 nicht vorausgesetzt), sondern der Gedanke, dass das Interesse des Erben, sein Eigenvermögen vor dem Zugriff unbekannter Nachlassgläubiger zu bewahren, unter bestimmten Voraussetzungen besonderen Schutz verdient. **1**

Zugunsten des **Miterben** werden die §§ 1973, 1974 ergänzt und modifiziert durch § 2060 Nr 1 und 2; zu weiteren Besonderheiten bei Erbenmehrheit vgl § 2045 (Aufschub der Auseinandersetzung) und § 2061 (Zulässigkeit des Privataufgebots). **2**

§ 1970
Anmeldung der Forderungen

Die Nachlassgläubiger können im Wege des Aufgebotsverfahrens zur Anmeldung ihrer Forderungen aufgefordert werden.

Materialien: E I § 2120 Abs 1; II § 1845; III § 1945; Mot V 644 f; Prot V 743, 774–777; Denkschr 725; JAKOBS/SCHUBERT ER I 300, 366 ff.

Systematische Übersicht

I. Allgemeines
1. Zweck des Aufgebotsverfahrens 1
2. Regelungsorte, neues Recht 2
3. Verfahren und Kosten 3

II. Der Antrag
1. Antragsberechtigte 4
2. Das dem Antrag beizufügende Gläubigerverzeichnis 10
3. Haftung bei Unterlassen des Antrags 12

III. Die vom Aufgebot (nicht) betroffenen Nachlassgläubiger 13

IV. Materiellrechtliche Folgen des Aufgebotsverfahrens 22

V. Auslandsberührung 23

I. Allgemeines

1. 1. Das Institut des erbschaftlichen Gläubigeraufgebotes ist dem preußischen Recht des 19. Jahrhunderts entlehnt (Mot V 643). Es **bezweckt**, dem Erben zu ermöglichen, sich Kenntnis von dem Schuldenstand des Nachlasses und damit eine Grundlage für die Entscheidung zu verschaffen, ob er zu den in § 1975 genannten Mitteln der Haftungsbeschränkung greifen soll (Mot aaO). Auch wenn der Erbe schließlich keines dieser Mittel einsetzt, bewahrt ihn das Aufgebot schneller als § 1974 vor der Gefahr, dass unbekannte Nachlassgläubiger auf sein Eigenvermögen zugreifen, wenn der Nachlass zu ihrer Befriedigung nicht ausreicht (§ 1973). Ferner kann das Aufgebot dem Erben die Errichtung des Inventars erleichtern (in diesem sind gem § 2001 Abs 1 auch die Verbindlichkeiten anzugeben) und dem Nachlasspfleger, Nachlassverwalter oder Testamentsvollstrecker die notwendigen Unterlagen zur Verteilung der Masse in die Hand geben.

2. 2. Das **BGB** beschränkt sich darauf, in § 1970 die grundsätzliche Zulässigkeit des Aufgebots der Nachlassgläubiger auszusprechen und in den §§ 1971–1973 die materiellrechtliche Seite zu regeln. **Die näheren Verfahrensvorschriften befanden sich bisher in §§ 946–959 und §§ 989–1000 ZPO.** Das hat sich mit Inkrafttreten des FamFG am 1. 9. 2009 grundlegend geändert: Das Verfahren in Aufgebotssachen wurde mit Wirkung ab 1. 9. 2009 der *freiwilligen* Gerichtsbarkeit zugeordnet (§ 23a Abs 2 Nr 7 GVG nF) und ist deshalb von nun an nicht mehr in der ZPO, sondern im FamFG (§§ 433 ff, 454 ff) geregelt. Die vorliegende Kommentierung beschränkt sich auf die Darstellung und Erläuterung des des **neuen** Rechts (zum *bisherigen* Recht vgl die früheren Bearbeitungen dieses Kommentars).

3. 3. **Das Aufgebotsverfahren erstrebt den Erlass eines Ausschließungsbeschlusses (§§ 439 ff, 460 Abs 1 S 1 FamFG), durch welchen das Zugriffsrecht der Gläubiger, die sich nicht melden, beschränkt wird.** Als Rechtsnachteil, den das Verfahren den sich nicht meldenden Gläubigern bringt, ist gem § 458 Abs 1 FamFG in dem Aufgebot anzudrohen, dass sie – unbeschadet des Rechts, vor den Verbindlichkeiten aus Pflichtteilsrechten, Erbersatzansprüchen (s § 1973 Rn 12), Vermächtnissen und Auflagen berücksichtigt zu werden – von dem Erben nur insoweit Befriedigung verlangen können, als sich nach Befriedigung der nicht ausgeschlossenen Gläubiger ein Überschuss ergibt (§ 1973 BGB). Sind *mehrere* Erben vorhanden, so ist den Nachlassgläubigern, die sich nicht melden, außerdem anzudrohen, dass jeder Erbe nach der Teilung des Nachlasses nur für den seinem Erbteil entsprechenden Teil der Verbindlichkeit haftet (§ 2060 Nr 1 BGB, § 460 Abs 1 S 2 FamFG). Der gerichtliche Ausschließungsbeschluss unterliegt der Beschwerde gem §§ 58 ff, 439 Abs 3 FamFG und wird erst mit Rechtskraft wirksam (§ 439 Abs 2 FamFG).

Sachlich und örtlich zuständig ist das Amtsgericht, dem (gem §§ 23a Abs 1 Nr 2, Abs 2 Nr 2 GVG, 343 FamFG) die Obliegenheiten des Nachlassgerichts obliegen (§§ 23a Abs 1 Nr 2, Abs 2 Nr 7 GVG, § 454 Abs 2 S 1 FamFG). Sind diese Angelegenheiten einer anderen Behörde als einem Amtsgericht übertragen, so ist das Amtsgericht zuständig, in dessen Bezirk die Nachlassbehörde ihren Sitz hat (§ 454 Abs 2 S 2 FamFG). Die funktionelle Zuständigkeit wird in § 3 Nr 1c RpflG in vollem Umfang dem Rechtspfleger zugewiesen. Die Aufgebots*frist,* die nach § 437 FamFG mindestens sechs Wochen betragen muss, soll gem § 458 Abs 2 FamFG höchstens sechs Monate betragen. Das Aufgebot ist durch Aushang an der Gerichtstafel und durch einmalige Veröffentlichung im elektronischen Bundesanzeiger öffentlich bekannt zu machen (§ 435 Abs 1 S 1 FamFG); den mit Wohnort bekannten Gläubigern soll es von Amts wegen zugestellt werden (bisher § 994 Abs 2 ZPO/nunmehr iE ebenso § 15 FamFG iVm der Einzelbegründung zu § 458 Abs 2 RegE FamFG, BT-Drucks 16/6308, 296). Anstelle des Aushangs an der Gerichtstafel kann die öffentliche Bekanntmachung des Aufgebots in einem elektronischen Informations- und Kommunikationssystem erfolgen, das im Gericht öffentlich zugänglich ist (§ 435 Abs 1 S 2 FamFG). Die *Anmeldung einer Forderung* hat gem § 459 FamFG die Angabe ihres Gegenstandes und Grundes zu enthalten; urkundliche Beweisstücke sind in Urschrift oder Abschrift beizufügen. Gem § 459 Abs 2 FamFG hat das Gericht die Einsicht der Anmeldungen jedem zu gestatten, der ein rechtliches Interesse glaubhaft macht.

Gem § 457 Abs 1 FamFG soll das Aufgebot nicht erlassen werden, wenn ein *Nachlassinsolvenzverfahren* beantragt ist; neben dem Nachlassinsolvenzverfahren ist für das Gläubigeraufgebot nach § 1970 kein Raum (vgl §§ 28 ff, 151, 154, 177 InsO). Durch die Eröffnung des Nachlassinsolvenzverfahrens wird das Aufgebotsverfahren beendet (§ 457 Abs 2 FamFG); eine Zwangsversteigerung geht dagegen weiter (§ 178 Abs 2 ZVG). Dass das Aufgebotsverfahren wegen § 2015 Abs 2 aF einzustellen sei, wenn der Erbe den Aufgebotstermin versäumt (STAUDINGER/LEHMANN[11] Vorbem 3), war bereits nach bisherigem Recht nicht anzunehmen (vgl § 954 ZPO und zum Verhältnis beider Vorschriften zueinander s STAUDINGR/MAROTZKE [2002] § 2015 Rn 5). Nach neuem Recht ist die Frage gegenstandslos, da ein Aufgebotstermin gesetzlich nicht mehr vorgesehen ist (vgl die Einzelbegründungen zu § 434 Abs 2 S 2 Nr 2 RegE FamFG in BT-Drucks 16/6308, 294 f).

Die **Kosten** des Aufgebotsverfahrens – das Doppelte der vollen Gebühr nach § 32 KostO – fallen gem § 2 Nr 1 KostO dem Antragsteller zur Last (vgl HARTMANN, Kostengesetze[39] § 128d Rn 1, 2 und 4; BORK/JACOBY/SCHWAB/DUTTA FamFG § 433 Rn 25). Sie sind Nachlassverbindlichkeiten und im Nachlassinsolvenzverfahren Masseverbindlichkeiten (§ 324 Abs 1 Nr 4 InsO).

II. Der Antrag

1. Das Aufgebotsverfahren setzt einen Antrag voraus (§ 434 FamFG). Dieser kann schriftlich oder zu Protokoll der Geschäftsstelle gestellt werden (§ 25 Abs 1 RegE FamFG).

Antragsberechtigt sind:

- jeder *Erbe,* sofern er nicht für die Nachlassverbindlichkeiten unbeschränkbar haftet (§ 455 Abs 1 FamFG),

- ein *Nachlasspfleger* (auch ein *Nachlassverwalter,* s Rn 8) und ein *Testamentsvollstrecker,* wenn ihnen die Verwaltung des Nachlasses zusteht (§ 455 Abs 2 FamFG).

Zur Rechtslage bei Erbenmehrheit, Nacherbfolge, Gütergemeinschaft und Erbschaftskauf s §§ 460 ff FamFG.

Ein Erbe oder ein Testamentsvollstrecker kann den Antrag erst nach der Annahme der Erbschaft stellen (§ 455 Abs 3 FamFG).

Das Antragsrecht ist nicht befristet. Ein später als ein Jahr nach Erbschaftsannahme gestellter Antrag führt jedoch nicht zu der Einrede des § 2015.

5 **a)** **Dem unbeschränkbar haftenden Alleinerben** entzieht § 455 Abs 1 FamFG das Antragsrecht (vgl aber § 460 Abs 2 FamFG, § 2060 Nr 1 BGB sowie § 2013 Rn 3 für den Fall, dass Miterben vorhanden sind), weil für ihn der Zweck des Aufgebotsverfahrens, dem Erben zu ermöglichen, in sicherer Kenntnis des Schuldenstandes über die Frage einer Haftungsbeschränkung zu entscheiden, nicht mehr erreicht werden kann (amtl Begr zu § 991 ZPO [ab 1. 9. 2009: § 455 FamFG] bei Hahn, Die gesammten Materialien zu den Reichs-Justizgesetzen VIII, 178 f). Dem unbeschränkbar haftenden Erben könnte das Aufgebotsverfahren auch die Ausschlusswirkung des § 1973 nicht mehr bescheren (§ 2013 Abs 1 S 1; vgl aber auch dort Rn 3 für den Fall einer Erbenmehrheit). Zu den prozessualen Konsequenzen s unten Rn 9.

6 **b)** Ist der Erbe nur gegenüber **einzelnen** Nachlassgläubigern unbeschränkt haftbar geworden – zB nach § 2006 Abs 3 oder wegen § 780 ZPO oder durch Vertrag –, so kann der Zweck des Aufgebotsverfahrens noch erreicht werden. Deshalb behält der Erbe das Antragsrecht (amtl Begr zu § 991 ZPO [ab 1. 9. 2009: § 455 FamFG] bei Hahn S 179). Dass der Erbe sich nach § 2063 Abs 2 seinen Miterben oder als Nacherbe nach § 2144 Abs 3 einem Vorerben gegenüber noch auf ein Beschränkungsrecht berufen kann, soll nach Prot V 776 nicht genügen, um ihm das Antragsrecht zu erhalten. Bzgl des *Mit*erben vgl jedoch § 2013 Rn 3 sowie den erst nach dieser Äußerung der Prot geschaffenen § 997 Abs 2 ZPO (ab 1. 9. 2009: § 460 Abs 2 FamFG) und Rn 4 ff der Kommentierung des ebenfalls erst später formulierten § 2059 Abs 1 S 2 BGB.

7 **c)** § 455 Abs 2 FamFG gewährt dem **Nachlasspfleger** und dem **Testamentsvollstrecker**, wenn ihnen die Verwaltung des Nachlasses zusteht, das Antragsrecht, weil beide seiner bedürfen, „um ihre Aufgabe sachgemäß erfüllen zu können" (amtl Begr zu § 991 ZPO/künftig § 455 FamFG bei Hahn [s Rn 5] 179; konkreter oben Rn 1). Zu dieser Aufgabe gehört sicher nicht, das der Verwaltung dieser Personen gar nicht unterliegende Eigenvermögen des Erben vor dem Zugriff der Nachlassgläubiger zu

schützen. Da die Antragsrechte des Nachlasspflegers und des Testamentsvollstreckers folglich anders motiviert sind als das des Erben, wird man sie im Gegensatz zu dem des Erben auch dann noch anerkennen müssen, wenn der Erbe bereits unbeschränkbar haftet (OLG Colmar OLGE 19 [1909/II] 164; Planck/Flad Anm 1; Kipp/Coing § 95 IV; Lange/Kuchinke § 48 IV 3 a; MünchKomm/Küpper Rn 3 [und § 2016 Rn 1]; AK-BGB/Teubner Rn 9 [und § 2016 Rn 3]; Palandt/Edenhofer Rn 6 [und § 2016 Rn 1]; Erman/Schlüter Vorbem 5 [und § 2016 Rn 1]; aM Strohal II § 75 Fn 2; BGB-RGRK/Johannsen Rn 8; Soergel/Stein Rn 1 [und § 2016 Rn 1]; Stein/Jonas/Schlosser[22] ZPO § 991 Rn 4). Hierfür spricht auch, dass § 455 FamFG die unbeschränkbare Haftung durchaus thematisiert, für diesen Fall aber nur dem *Erben* das Antragsrecht versagt (Abs 1). Allerdings schließt § 2013 Abs 1 den § 1973 aus. Dieser Ausschluss kann jedoch nach seinem Sinn und Zweck nur greifen, soweit die Berufung auf § 1973 der unbeschränkbar gewordenen Haftung des Erben zuwiderliefe. Da § 1973 nicht nur das Eigenvermögen des Erben vor dem Zugriff der ausgeschlossenen Nachlassgläubiger schützt, sondern auch deren Recht auf Befriedigung aus dem Nachlass (auf diesen bezieht sich das Wort „Überschuss" in § 1973 Abs 2 BGB und § 458 Abs 1 HS 1 FamFG; s auch Riesenfeld II 265) in einer mit § 327 Abs 3 InsO korrespondierenden Weise zurücksetzt, verbleibt selbst bei bereits unbeschränkbar gewordener Erbenhaftung eine dieser Situation nicht widersprechende Rechtsfolge aus § 1973, die den auf Antrag eines Nachlasspflegers oder Testamentsvollstreckers aufgebotenen Nachlassgläubigern ohne Verstoß gegen Sinn und Zweck des § 2013 Abs 1 angedroht werden kann (und analog § 458 Abs 1 HS 1 FamFG angedroht werden muss): dass sie, wenn sie sich nicht melden, vorbehaltlich des Rechts, den Erben persönlich in Anspruch zu nehmen, *aus dem Nachlass* (zu weit geht in diesem Fall die in § 458 Abs 1 HS 1 FamFG verwendete Formulierung „von dem Erben") erst hinter den nicht ausgeschlossenen Gläubigern, jedoch vor Verbindlichkeiten aus Pflichtteilsrechten, Vermächtnissen und Auflagen, Befriedigung verlangen können (vgl Staudinger/Lehmann[11] Rn 3; Planck/Flad Anm 1; Erman/Schlüter Vorbem 5; Riesenfeld II 265, 267; OLG Colmar OLGE 19 [1909/II] 164). Die Kritik, die BGB-RGRK/Johannsen Rn 8 an dieser Auffassung übt, verkennt, dass solch eine Androhung keinen anderen, sondern nur einen minderen als den in § 1973 BGB und § 458 Abs 1 FamFG definierten Rechtsnachteil beinhaltet und somit vom Gesetz gedeckt ist.

Dass ein nach *§§ 1960, 1961* bestellter Nachlasspfleger den Nachlass eines bereits **8** unbeschränkbar haftenden Erben verwaltet, wird kaum vorkommen. Jedoch ist auch ein nach *§§ 1981 ff* bestellter **Nachlassverwalter** als Nachlass*pfleger* anzusehen (amtl Begr zu § 991 ZPO [künftig § 455 FamFG] bei Hahn aaO unter Hinweis auf § 1975 BGB, ebenso OLG Colmar OLGE 19 [1909/II] 164; MünchKomm/Küpper § 1970 Rn 3); § 455 Abs 2 FamFG erwähnt deshalb ausdrücklich – aber lediglich klarstellend – auch ihn als Antragsberechtigten. Zur Haftung des Nachlassverwalters bei Unterlassen des Aufgebotsantrags s Rn 12.

d) **Verliert der Erbe das Recht, seine Haftung zu beschränken, vor oder während des** **9** **schwebenden Aufgebotsverfahrens gegenüber allen Nachlassgläubigern** und erlässt das Gericht, weil es davon keine Kenntnis erhält, gleichwohl den Ausschließungsbeschluss, so kommt diesem die in § 1973 beschriebene Ausschlusswirkung nicht zu (§ 2013 Abs 1 S 1); anwendbar ist jedoch ab Rechtskrafteintritt (§ 439 Abs 2 FamFG) der § 327 Abs 3 InsO (vgl Rn 7, 21).

Erfährt das Gericht vor Erlass des Ausschließungsbeschlusses vom Verlust des Haftungsbeschränkungsrechts, so muss es das Verfahren unter Zurückweisung des gem § 434 Abs 1 FamFG erforderlichen Antrags (§ 455 Abs 1 HS 2 FamFG) einstellen (PLANCK/FLAD Anm 1; ERMAN/SCHLÜTER Rn 2 aE; STEIN/JONAS/SCHLOSSER[22] ZPO § 991 Rn 2); dies gilt nicht, wenn der Antrag statt vom Erben von einem Nachlasspfleger oder einem Testamentsvollstrecker gestellt ist und man diesen Personen das Antragsrecht auch bei bereits unbeschränkbar gewordener Erbenhaftung zubilligt (s oben Rn 7).

Besonderheiten gelten auch, wenn der Antrag von einem *Miterben* gestellt wurde (s § 2013 Rn 3).

10 2. Nach § 456 FamFG ist dem Antrag ein **Verzeichnis der bekannten Nachlassgläubiger** mit Angabe ihres Wohnortes beizufügen. Dagegen ist die vorherige Errichtung eines Inventars, also eines Verzeichnisses der Nachlassgegenstände und Nachlassverbindlichkeiten (§ 2001), nicht vorgeschrieben (was aber E I § 2120 Abs 2 entspr § 5 des pr G v 1879 vorsah). Da die Inventarerrichtung nach BGB keine Vorbedingung der beschränkten Haftung ist, konnte man sie auch nicht für eine Vorbereitungshandlung zur Voraussetzung machen (Prot V 776).

11 Hat der Erbe einen ihm bekannten Gläubiger schuldhaft (§§ 276, 280 Abs 1 S 2) nicht in dem Verzeichnis aufgeführt und versäumt der Gläubiger infolge der ihm gegenüber unterlassenen Zustellung des Aufgebots (§ 15 Abs 1 und 2 FamFG) die Anmeldung, so ist der Erbe gem § 280 Abs 1 zum Schadensersatz verpflichtet und deshalb durch § 249 Abs 1 gehindert, sich gegenüber diesem Gläubiger auf die Ausschlusswirkung zu berufen (PLANCK/FLAD Anm 2; KIPP/COING § 95 III 6; MünchKomm/KÜPPER Rn 4 Fn 12; vgl auch KG DJZ 1905, 652 [zur Haftung des Nachlassverwalters]). Eine Anfechtung des Ausschließungsbeschlusses mit der Begründung, dass dem Aufgebotsantrag ein unvollständiges oder überhaupt kein Verzeichnis der bekannten Gläubiger beigefügt war, ist im Gesetz (früher § 957 ZPO/nunmehr §§ 58 ff, 439 Abs 3 FamFG und §§ 48 Abs 2, 439 Abs 4 S 2 FamFG; s zum neuen Recht auch BT-Drucks 16/6308, 295 rSp – zu § 439 FamFG) nicht vorgesehen und deshalb nicht möglich (ebenso zum früheren Recht STEIN/JONAS/SCHLOSSER[22] ZPO § 992 Rn 1). In Betracht kommt jedoch ein Wiedereinsetzungsantrag innerhalb der zeitlichen Grenze des § 439 Abs 4 S 1 FamFG.

12 3. **Durch Unterlassen des Aufgebotsantrags** können sich der Erbe und der Nachlassverwalter (§ 1985 Abs 2) den Nachlassgläubigern gegenüber **schadensersatzpflichtig** machen (§ 1980 Abs 1 S 2, Abs 2 S 2; bzgl des Nachlassverwalters ausdrücklich die amtl Begr zu § 991 Abs 2 ZPO bei HAHN [s Rn 5] 179); nicht hingegen der nach § 1960 oder § 1961 bestellte Nachlasspfleger, da auf diesen § 1985 Abs 2 keine Anwendung findet (str; s STAUDINGER/MAROTZKE [2008] § 1960 Rn 53 f).

III. Die vom Aufgebot betroffenen Nachlassgläubiger

13 **Die Aufforderung richtet sich grundsätzlich an alle Nachlassgläubiger**, nicht bloß an die unbekannten (s aber Rn 11), sondern auch an die dem Erben bekannten (OLG Hamburg OLGE 18 [1909/I] 324 f = Recht 1909 Nr 2126), auch an die, deren Ansprüche bereits rechtshängig sind (Mot V 647), die bereits ein rechtskräftiges Urteil oder einen sonstigen Vollstreckungstitel gegen den Erben erlangt haben (Rn 20), auch an die in dem nach § 456 FamFG einzureichenden Verzeichnis oder einem schon errichteten Inventar aufgeführten Gläubiger, nicht bloß an die Gläubiger aus Erblasser-, sondern auch an solche aus Erbfallschulden (vgl zu diesen Begriffen § 1967 Rn 8, 30); auch an die Gläubiger nicht fälliger oder bedingter Forderungen wie zB der Rückgriffsforderung eines Bürgen; endlich auch an die Gläubiger von Forderungen, deren Entwicklung aus einem bereits bestehenden Haftungsgrund sich vorhersehen lässt.

Nicht betroffen werden von dem Aufgebot:

1. **die Eigengläubiger** des Erben (RGZ 92, 341, 344 [vgl hierzu noch § 1967 Rn 53]), **14**

2. **die in §§ 1971 und 1972 aufgezählten Gruppen** von Gläubigern. **15**

3. Nicht betroffen wird **der Alleinerbe, der das Aufgebot selbst beantragt hat.** Die **16** Mot (V 648) begründen dies mit der Überlegung, dass es mit der Stellung des Erben als Antragsteller unvereinbar wäre, wenn er sich selbst mit dem in § 458 Abs 1 FamFG bezeichneten Rechtsnachteil bedrohen ließe. Außerdem ist darauf hinzuweisen, dass die Ansprüche des Alleinerben gegen den Erblasser durch Konfusion erloschen sind (s STAUDINGER/MAROTZKE [2008] § 1922 Rn 73).

Denkbar sind freilich Fälle, in denen diese beiden Gesichtspunkte aufgrund der tatsächlichen Gegebenheiten nicht eingreifen (vgl hinsichtlich der Konfusion STAUDINGER/MAROTZKE [2008] § 1922 Rn 73, 84, ferner § 1967 Rn 13, § 1976 Rn 1), so zB wenn das Aufgebotsverfahren von einem Nachlassverwalter oder verwaltenden Testamentsvollstrecker beantragt worden ist und die Nachlassverwaltung oder Testamentsvollstreckung zZ des Ausschließungsbeschlusses noch besteht: hier wird auch der Alleinerbe vom Aufgebot betroffen, soweit er zugleich Nachlassgläubiger ist (PLANCK/FLAD Vorbem 3 a zu §§ 1971, 1972; STROHAL II § 75 II 7; MünchKomm/KÜPPER § 1972 Rn 7; wohl auch BGB-RGRK/JOHANNSEN Rn 2).

Auch bei der **Miterbengemeinschaft** bleibt der Nachlass bis zur Teilung als gesamt- **17** händerisch gebundenes Sondervermögen vom Eigenvermögen jedes einzelnen Miterben getrennt; ein Erlöschen von Recht und Verbindlichkeit durch Konfusion tritt nicht ein (BVerwG WM 1969, 673, 674). Deshalb können Miterben, sofern sie zugleich Nachlassgläubiger sind, vom Aufgebot auch dann betroffen sein, wenn einer von ihnen das Verfahren betreibt (BGB-RGRK/JOHANNSEN Rn 3; PALANDT/EDENHOFER Rn 2; ERMAN/SCHLÜTER Rn 3; MünchKomm/KÜPPER § 1972 Rn 7; LANGE/KUCHINKE § 48 IV 2 a aE; **aM** PLANCK/FLAD Vorbem 3 a zu §§ 1971, 1972 und STROHAL II § 75 Fn 11 [beide mit der schon in tatsächlicher Hinsicht unzutreffenden Begründung, die Beziehungen unter den Miterben würden diesen regelmäßig die Kenntnis der jedem gegen den Nachlass zustehenden Forderungen vermitteln, so dass der Rechtsgedanke des § 1972 eingreife]).

Sogar der Miterbe, der das Aufgebot selbst beantragt hat, wird – soweit er Nachlass- **18** gläubiger ist – davon betroffen (ebenso anscheinend PALANDT/EDENHOFER Rn 2; **aM** STAUDINGER/LEHMANN[11] Rn 12; ERMAN/SCHLÜTER Rn 3; MünchKomm/KÜPPER § 1972 Rn 7; LANGE/KUCHINKE § 48 IV 2 a aE; ENDRISS Der Miterbe als Nachlassgläubiger [2003] 95 ff, 185). Hierfür spricht nicht nur, dass eine gesetzliche Ausnahmevorschrift fehlt, sondern ferner, dass der von einem Miterben gestellte Aufgebotsantrag gem § 460 Abs 1 S 1 FamFG auch den übrigen Erben zustatten kommt und dass diese ein Interesse daran haben, sich gegenüber *jedem* ausgeschlossenen Nachlassgläubiger auf § 1973 berufen zu können (insoweit besteht also eine andere Situation als beim antragstellenden *Alleinerben;* s Rn 16). Insbesondere bei großen und unübersichtlichen Erbengemeinschaften, bei denen vielleicht sogar die Erbberechtigung Einzelner streitig ist, macht es wenig Sinn, in Ansehung des § 1973 zwischen erbberechtigten und nicht erbberechtigten Nachlassgläubigern zu unterscheiden.

19 4. Nicht betroffen werden **Gläubiger, deren Forderungen erst nach der öffentlichen Bekanntmachung des Aufgebots**, die die Aufgebotsfrist in Lauf setzt (§§ 435, 437, 458 Abs 2 FamFG), **dem Grunde nach entstanden sind.** Ihnen kann die Anmeldung innerhalb der laufenden Frist nicht zugemutet werden (BGB-RGRK/JOHANNSEN Rn 2; ERMAN/SCHLÜTER Rn 1; MünchKomm/KÜPPER § 1972 Rn 7; STEIN/JONAS/SCHLOSSER[22] ZPO § 989 Rn 2; vgl auch STROHAL II § 75 II 3 und Fn 7; aM PLANCK/FLAD Vorbem 3 c zu §§ 1971, 1972). Gleiches gilt für Forderungen aus Rechtsgeschäften, die nach Erlass des Aufgebots mit einem *Nachlasspfleger* oder einem verwaltenden *Testamentsvollstrecker* abgeschlossen wurden (PALANDT/EDENHOFER Rn 2; MünchKomm/KÜPPER § 1972 Rn 7; ERMAN/ SCHLÜTER Rn 3; STROHAL II § 75 II 4; aM STAUDINGER/LEHMANN[11] Rn 15 im Anschluss an PLANCK/FLAD Vorbem 4 zu §§ 1971, 1972).

20 5. **Forderungen, die gegenüber dem Antragsteller vor Erlass des Ausschließungsbeschlusses rechtskräftig zuerkannt worden sind**, sollen nach STROHAL (II § 75 II 5) aus Billigkeitsgründen von der Anmeldepflicht befreit sein. Dagegen mit Recht PLANCK/ FLAD (Vorbem 4 zu §§ 1971, 1972), weil eine gesetzliche Grundlage fehle (ablehnend auch MünchKomm/KÜPPER § 1972 Rn 7). Wer als Nachlassgläubiger klagt, berühmt sich eines Anspruchs und mag diesen dann auch im Aufgebotsverfahren anmelden (anders nur, wenn der Anspruch dem Grunde nach erst während des Laufs der Aufgebotsfrist entstanden ist, s Rn 19).

21 6. **Nachlassgläubiger, denen der Erbe unbeschränkbar haftend geworden ist** (vgl Vorbem 14 zu §§ 1967 ff), sollen nach STAUDINGER/LEHMANN[11] Rn 10 vom Aufgebot grds nicht betroffen sein. Jedoch erkannte auch LEHMANN an, dass diese Gläubiger ihre Forderungen in zwei Fällen anmelden müssen:

a) *bei Erbenmehrheit,* wenn nicht *alle* Miterben unbeschränkbar haften, da dem Gläubiger gegenüber den noch beschränkbar haftenden Miterben sein Befriedigungsrecht ungeschmälert erhalten bleiben muss (ebenso STROHAL II § 75, 236; MünchKomm/KÜPPER § 1972 Rn 7; STEIN/JONAS/SCHLOSSER[22] ZPO § 989 Rn 2);

b) wenn das Aufgebotsverfahren von einem *Nachlassverwalter* oder *Testamentsvollstrecker* betrieben wird, um durch die Anmeldung das Recht auf Befriedigung aus dem *Nachlass* ungeschmälert zu wahren und insoweit die Zurücksetzung hinter die nicht ausgeschlossenen Gläubiger zu vermeiden (ebenso PLANCK/FLAD Vorbem 3 b ß zu §§ 1971, 1972; MünchKomm/KÜPPER § 1972 Rn 7; STEIN/JONAS/SCHLOSSER[22] ZPO § 989 Rn 2; vgl ergänzend oben Rn 7).

c) *Aber auch wenn der Ausschließungsbeschluss auf Antrag eines allgemein unbeschränkbar haftend gewordenen Alleinerben und folglich zu Unrecht ergangen ist* (Rn 9), werden die Nachlassgläubiger betroffen, soweit es um ihre Zurücksetzung bei der Befriedigung aus dem *Nachlass* geht (§ 327 Abs 3 InsO; vernachlässigt wird dieser

Aspekt von STAUDINGER/LEHMANN[11] Rn 10; PLANCK/FLAD aaO; MünchKomm/KÜPPER § 1972 Rn 7).

IV. Die materiellrechtlichen Folgen des Aufgebotsverfahrens

Neben den in **§ 1973 BGB** und **§§ 327 Abs 3 (führt u a zu § 225), 328 Abs 2 InsO** 22 normierten Wirkungen, die mit Rechtskraft des Ausschließungsbeschlusses eintreten (§ 439 Abs 2 FamFG), zeitigt das Aufgebotsverfahren folgende materiellrechtliche Wirkungen:

1. Hat der Erbe den Antrag auf Erlass des Aufgebots innerhalb eines Jahres nach Annahme der Erbschaft gestellt und ist der Antrag zugelassen, so ist der Erbe gem § **2015** berechtigt, die Berichtigung einer Nachlassverbindlichkeit bis zur Beendigung des Aufgebotsverfahrens zu verweigern *(Aufgebotseinrede)*; das gilt nicht bzw nur mit Einschränkungen in Fällen des § 2016.

2. Nach § **2045** kann jeder *Miterbe* verlangen, dass die Auseinandersetzung des Nachlasses bis zur Beendigung des Aufgebotsverfahrens verschoben werde, wenn der Antrag auf dessen Einleitung schon gestellt ist oder unverzüglich gestellt wird.

3. Nach § **2060 Nr 1** haftet jeder *Miterbe* nach der Teilung des Nachlasses nur noch für den seinem Erbteil entsprechenden Teil einer Nachlassverbindlichkeit, wenn ihr Gläubiger im Aufgebotsverfahren ausgeschlossen ist. Das Aufgebot erstreckt sich insoweit auch auf die im § 1972 bezeichneten Gläubiger und auf die Gläubiger, denen der Miterbe unbeschränkt haftet.

V. Auslandsberührung

Die Frage, ob bei deutschem Erbstatut einem ausländischen Aufgebotsverfahren die 23 Wirkung einer Zurücksetzung der ausgeschlossenen Gläubiger zuerkannt werden kann, wird erörtert von PINCKERNELLE/SPREEN DNotZ 1967, 195, 217. Für denkbar halten PINCKERNELLE/SPREEN, dass ein deutsches Gericht bei Geltung fremden Erbrechts ein Verfahren zum Aufgebot der Nachlassgläubiger durchführt. Nachdem das Aufgebotsverfahren mit Wirkung ab 1. 9. 2009 aus der streitigen in die freiwillige Gerichtsbarkeit überführt worden ist (s § 23a Abs 2 Nr 7 GVG, §§ 433 ff, 454 ff FamFG), ist die internationale Zuständigkeit deutscher Gerichte bereits dann zu bejahen, wenn ein deutsches Gericht *örtlich* zuständig ist (vgl § 105 FamFG, der zugleich eine Absage an die bis dahin praktizierte Gleichlauftheorie [§ 1975 Rn 50 ff] enthält).

§ 1971
Nicht betroffene Gläubiger

Pfandgläubiger und Gläubiger, die im Insolvenzverfahren den Pfandgläubigern gleichstehen, sowie Gläubiger, die bei der Zwangsvollstreckung in das unbewegliche Vermögen ein Recht auf Befriedigung aus diesem Vermögen haben, werden, soweit es sich um die Befriedigung aus den ihnen haftenden Gegenständen handelt, durch das Aufgebot nicht betroffen. Das Gleiche gilt von Gläubigern, deren Ansprüche

durch eine Vormerkung gesichert sind oder denen im Insolvenzverfahren ein Aussonderungsrecht zusteht, in Ansehung des Gegenstands ihres Rechts.

Materialien: E I § 2125; II § 1847; III § 1946; Mot V 648; Prot V 743, 777–780; Denkschr 725; Jakobs/Schubert ER I 300, 371 ff.

Neufassung seit 1. 1. 1999: Die Worte „Konkurse" in Satz 1 und „Konkurs" in Satz 2 wurden jeweils durch das Wort „Insolvenzverfahren" ersetzt (Art 33 Nr 32 EGInsO).

I. Allgemeines

1 **Die §§ 1971, 1972 nennen einige Gruppen von Nachlassgläubigern, die vom Aufgebot nicht betroffen werden.** Die Aufzählung ist nicht erschöpfend (zu weiteren Fällen s § 1970 Rn 14 ff; § 1972 Rn 8).

2 § 1971 bringt den Grundsatz zum Tragen, dass „das Aufgebotsverfahren nur das Recht betrifft, aus dem Nachlass als einem Vermögens*ganzen* Befriedigung zu suchen, also das rein obligatorische Gläubigerrecht. Das dingliche Recht, aus bestimmten Nachlassgegenständen Befriedigung zu suchen, mag es accessorischer oder selbständiger Natur sein, darf nicht von dem Aufgebote betroffen werden" (Mot V 648; vgl auch Denkschr 725). Dementsprechend nimmt § 1971 dingliche und ihnen gleichgestellte Rechte vom Aufgebotsverfahren aus, soweit es sich um den besonderen Gegenstand dieser Rechte handelt, nicht hingegen, soweit darüber hinaus gegen den Erben persönliche Ansprüche geltend gemacht werden können (zB bei der Hypothek die persönliche Forderung); diese müssen angemeldet werden, wenn sie von dem Ausschließungsbeschluss nicht betroffen werden sollen (MünchKomm/Küpper § 1972 Rn 3). Die Anmeldung der persönlichen Forderung ist vor allem dann zu empfehlen, wenn der Gläubiger sein Sicherungsrecht erst nach dem Erbfall im Wege der Zwangsvollstreckung, Arrestvollziehung oder einstweiligen Verfügung erlangt hat (§§ 88, 321 InsO).

II. Die vom Aufgebot nicht betroffenen Gläubiger

3 Unberührt vom Aufgebotsverfahren bleiben gem § 1971 – vorbehaltlich der soeben erwähnten Einschränkungen – folgende Gläubigergruppen:

1. Pfandgläubiger und Gläubiger, die ihnen im Insolvenzverfahren gleichstehen (vgl § 51 InsO). Zu diesen gehören die Staatskassen nicht schlechthin (RGZ 64, 244, 248), sondern nur Bund, Länder, Gemeinden und Gemeindeverbände, soweit ihnen zoll- und steuerpflichtige Sachen nach gesetzlichen Vorschriften als Sicherheit für öffentliche Abgaben dienen (§ 51 Nr 4 InsO).

2. Realberechtigte (vgl § 10 ZVG und unten Rn 5);

3. Gläubiger, deren Ansprüche durch eine **Vormerkung** gesichert sind (vgl auch § 884);

4. Gläubiger, denen im Insolvenzverfahren ein **Aussonderungsrecht** zusteht. Dingliche und persönliche Ansprüche auf Herausgabe eines nicht zum Nachlass gehörenden Gegenstandes (§ 47 InsO) werden also vom Aufgebot nicht betroffen (PLANCK/FLAD Anm 1 e). Während jedoch der erwähnte § 47 InsO auf die „außerhalb des Insolvenzverfahrens" geltenden Gesetze (Anspruchsgrundlagen) verweist, setzt das Ersatzaussonderungsrecht aus § 48 InsO voraus, dass wirklich ein Insolvenzverfahren eröffnet wurde; über diese Voraussetzung hilft § 1971 S 2 nicht hinweg (vgl KRETZSCHMAR LZ 1915, 1461 f [Urteilsanmerkung]; KIPP/COING § 95 II 2 Fn 3 und HENCKEL JuS 1985, 836, 839 f Fn 20).

III. Unanwendbarkeit der §§ 2014, 2015

Weder während des Aufgebotsverfahrens noch vorher oder nachher kann der Erbe **4** den nach § 1971 bevorrechtigten Gläubigern die Befriedigung aus den ihnen haftenden Gegenständen mit den **aufschiebenden Einreden** aus § 2014 und § 2015 verweigern (§ 2016 Abs 2).

Nun sind aber **Zwangsvollstreckungen und Arreste in den Nachlass** auch während der in den §§ 2014, 2015 bestimmten Fristen, also auch während des Aufgebotsverfahrens, zulässig. Deshalb gibt § 2016 Abs 2 dem Erben das Recht, die aufschiebenden Einreden der §§ 2014, 2015 und die Beschränkung der Haftung nach § 782 ZPO dann geltend zu machen, wenn die gem § 1971 vom Aufgebotsverfahren nicht betroffenen Gläubiger ihre Sicherungsrechte erst *nach dem Erbfall auf prozessualem Wege* erlangt haben. Gegenüber einer auf Grund einer *Bewilligung des Erben* erlangten Vormerkung ist ihm die Einrede idR (§ 2016 Rn 5) versagt.

IV. Zwangsversteigerung nach § 175 ZVG

Gegenüber Nachlassgläubigern, die für ihre persönliche Forderung ein Recht auf **5** Befriedigung aus einem Nachlassgrundstück haben, werden die Vorschriften des BGB ergänzt durch § 175 ZVG. Da der Erbe ihnen gegenüber den Umfang seiner Haftung erst beurteilen kann, wenn feststeht, in welcher Höhe der betreffende Gläubiger aus dem Grundstück befriedigt wird und inwieweit er ausfällt, gibt § 175 Abs 1 S 1 ZVG dem Erben das Recht, nach Annahme der Erbschaft die Zwangsversteigerung des Grundstücks zu beantragen. Jeder Nachlassgläubiger, der ein vom Erben anerkanntes Recht auf Befriedigung aus dem Grundstück hat, kann verlangen, dass bei der Feststellung des geringsten Gebots (§ 44 ZVG) nur die seinem Recht vorgehenden Rechte berücksichtigt werden, §§ 174, 176 ZVG. Sieht er davon ab und wird sein Recht in das geringste Gebot aufgenommen (Folge: § 52 Abs 1 S 1 ZVG), so kann ihm die Befriedigung aus dem übrigen Nachlass (und selbstverständlich auch aus dem Eigenvermögen des Erben) verweigert werden (vgl § 179 ZVG und Anm III dazu bei REINHARD/MÜLLER, ZVG [3./4. Aufl 1931]). Der Gläubiger muss sich also entscheiden, ob er sich mit seinem dinglichen Recht begnügt (§§ 52 Abs 1, 179 ZVG) oder ob er auf dessen Grundlage Befriedigung aus dem Grundstück suchen und seinen Ausfall (§ 52 Abs 1 S 2 ZVG) feststellen will, um dann seine persönliche Ausfallforderung, die nicht unter § 1971 fällt (Rn 2), gegen den übrigen Nachlass und/oder das Eigenvermögen des Erben zu verfolgen.

§ 175 ZVG findet nach seinem zweiten Absatz keine Anwendung, wenn der Nachlassgläubiger im Aufgebotsverfahren ausgeschlossen ist, wenn er gem § 1974 oder

§ 1989 einem ausgeschlossenen Gläubiger gleichsteht oder wenn der Erbe bereits unbeschränkbar haftet; jedoch führt der *spätere* Eintritt der unbeschränkten Haftung nicht zum Verlust des Verweigerungsrechts nach § 179 ZVG.

Neben dem Erben hat jeder das Antragsrecht nach § 175 Abs 1 ZVG, der das Aufgebot beantragen kann (dazu § 1970 Rn 4), aber nur so lange, wie dem Erben das Recht der Haftungsbeschränkung noch zusteht (§ 175 Abs 2 iVm Abs 1 S 2 ZVG).

§ 1972
Nicht betroffene Rechte

Pflichtteilsrechte, Vermächtnisse und Auflagen werden durch das Aufgebot nicht betroffen, unbeschadet der Vorschrift des § 2060 Nr. 1.

Materialien: E II § 1846; III § 1947; Prot V 774 f; Denkschr 725; JAKOBS/SCHUBERT ER I 301.

I. Die ratio legis

1 Im E I fehlte die Bestimmung. Sie wurde durch die 2. Komm aufgenommen, weil der Zweck des Aufgebots, dem Erben über die Passiven zuverlässige Kenntnis zu verschaffen, bei Pflichtteilsrechten, Vermächtnissen und Auflagen regelmäßig entfalle, da der Erbe von diesen Verbindlichkeiten gewöhnlich durch die Verkündung der letztwilligen Verfügung Kenntnis erhalte und insoweit des Aufgebotsverfahrens nicht bedürfe (krit BINDER II, 114 Fn 16). Andererseits könne es vorkommen, dass ein Testament erst lange nach Erlass des Ausschlussurteils (seit 1. 9. 2009: Ausschließungsbeschlusses) gefunden werde und der Berechtigte sein Recht zu spät erfahre, um es anmelden zu können (Denkschr 725). Bei Auflagen sei zudem niemand vorhanden, der sich zur Anmeldung berufen fühlen werde (Prot V 774). Man hat eingewandt, dass die beiden ersten Gründe einander widersprächen. Aber dieser Widerspruch ist ein scheinbarer: Regelmäßig ist das Verfahren unnötig, weil der Erbe die Ansprüche kennt, und wenn sie ihm ausnahmsweise erst später bekannt werden, wäre ihr Ausschluss meist ungerecht.

II. Praktische Bedeutung der Vorschrift

2 Die praktischen Folgen des Nichtbetroffenseins der Verbindlichkeiten aus Pflichtteilsrechten, Vermächtnissen und Auflagen sind nicht sehr groß. Denn obwohl die aus ihnen erwachsenen Ansprüche im Aufgebotsverfahren nicht ausgeschlossen werden können, braucht der Erbe sie, wenn die Voraussetzungen des § 1990 erfüllt sind (bei Vermächtnissen und Auflagen genügt auch § 1992), erst im Rang nach den anderen Nachlassgläubigern – selbst wenn diese im Aufgebotsverfahren ausgeschlossen sind – zu befriedigen (§ 1991 Abs 4 BGB, § 327 Abs 3 InsO). Auch hat der Erbe gem § 1973 Abs 1 S 2 die ausgeschlossenen Gläubiger vor den in § 1972 genannten Verbindlichkeiten zu befriedigen, es sei denn, dass der ausgeschlossene Gläubiger seine Forderung erst nach der Berichtigung dieser Verbindlichkeiten geltend macht. Hierin liegt jedoch kein Leistungsverweigerungsrecht des Erben gegenüber den in

§ 1972 genannten Gläubigern, sondern lediglich eine Einschränkung des Leistungsverweigerungsrechts, welches § 1973 Abs 1 S 1 ihm gegenüber den *ausgeschlossenen Gläubigern* gewährt (vgl § 1973 Rn 12).

Solange der Erbe annehmen darf, dass der Nachlass zur Berichtigung aller Nachlassverbindlichkeiten ausreicht, darf er die in § 1972 genannten Verbindlichkeiten jederzeit vor anderen ihm bekannten Forderungen befriedigen. Gem § 1979 müssen die übrigen Nachlassgläubiger diese Befriedigung als für Rechnung des Nachlasses erfolgt gelten lassen. Jedoch können sie die Erfüllung gegenüber dem Empfänger nach § 5 AnfG oder § 322 InsO wie eine unentgeltliche Verfügung anfechten bzw durch einen Insolvenzverwalter anfechten lassen. 3

Da die in § 1972 genannten Gläubiger vom Aufgebot nicht betroffen werden, können sie *den Erben uU nach §§ 1978, 1979 für seine Verwaltung persönlich haftbar machen,* was den ausgeschlossenen Gläubigern allenfalls nach Bereicherungsgrundsätzen möglich ist (vgl § 1973 Abs 1 S 1 und Abs 2 BGB, § 328 Abs 2 InsO und MünchKomm/ KÜPPER Rn 5; SOERGEL/STEIN Rn 1; JAEGER/WEBER[8] KO § 228 Rn 5; DÖBEREINER, in: GOTTWALD [Hrsg], Insolvenzrechts-Handbuch [3. Aufl 2006] § 114 Rn 34; ferner unten § 1979 Rn 7). Deshalb kann es vorkommen, dass im Nachlassinsolvenzverfahren ein Vermächtnisnehmer volle Befriedigung erhält, während ein ausgeschlossener „normaler" Gläubiger, der dem Vermächtnisnehmer sonst vorginge (§ 327 Abs 3 InsO), ganz oder teilweise ausfällt, weil der eine etwaige Bereicherung des Erben übersteigende Betrag der Ersatzsumme wegen § 328 Abs 2 InsO nicht dem ausgeschlossenen Gläubiger, sondern seinen „Nachmännern" gebührt (JAEGER/WEBER, KÜPPER und DÖBEREINER jeweils aaO). 4

Anders als die nach *§ 1971* nicht betroffenen Gläubiger werden die in *§ 1972* genannten nach *fünfjähriger Säumnis* im Verhältnis zueinander wie ausgeschlossene Gläubiger behandelt (vgl § 1974 Rn 16 ff). **Deshalb empfiehlt sich die Anmeldung im Aufgebotsverfahren** (vgl auch SOERGEL/STEIN Rn 1, 3). 5

III. Miterben

Gegenüber Gläubigern, die im Aufgebotsverfahren ausgeschlossen sind, verwandelt sich die *gesamtschuldnerische* Haftung (§ 2058) von Miterben nach Teilung des Nachlasses uU in eine *teilschuldnerische* (§ 2060 Nr 1; vgl § 2060 Rn 62 ff). „Insoweit" erstreckt sich das Aufgebot auf die in § 1972 bezeichneten Gläubiger sowie auf Gläubiger, denen der Miterbe unbeschränkbar haftet (§ 2060 Nr 1 HS 2). Nicht ausgeschlossen ist auch eine Anwendung von § 2060 Nr 2 (s dort Rn 75) und Nr 3. 6

IV. Erbersatzansprüche

Erbersatzansprüche spielen heute kaum noch eine Rolle, da sie voraussetzen, dass sich der Erbfall vor dem 1.4.1998 ereignet hat (Art 227 Abs 1 Nr 1 EGBGB). Gem §§ 1934b Abs 2, 1972 wurden derartige Ansprüche wie Pflichtteilsrechte vom Aufgebot nicht betroffen (PALANDT/EDENHOFER[64] Rn 1 aE; SOERGEL/STEIN Rn 2; MünchKomm/ SIEGMANN[3] Rn 5; EBENROTH Rn 1112; **aM** RUDOLF SCHRÖDER, Der Erbersatzanspruch [Diss Bonn 1972] 66–71, weil Sinn und Zweck des § 1972 hier nicht zutreffen würden). § 1972 gehört nicht zu den Vorschriften, die der für Altfälle fortgeltende § 1934b Abs 2 von der Verweisung auf das Pflichtteilsrecht ausnimmt. 7

§ 1973
Ausschluss von Nachlassgläubigern

(1) Der Erbe kann die Befriedigung eines im Aufgebotsverfahren ausgeschlossenen Nachlassgläubigers insoweit verweigern, als der Nachlass durch die Befriedigung der nicht ausgeschlossenen Gläubiger erschöpft wird. Der Erbe hat jedoch den ausgeschlossenen Gläubiger vor den Verbindlichkeiten aus Pflichtteilsrechten, Vermächtnissen und Auflagen zu befriedigen, es sei denn, dass der Gläubiger seine Forderung erst nach der Berichtigung dieser Verbindlichkeiten geltend macht.

(2) Einen Überschuss hat der Erbe zum Zwecke der Befriedigung des Gläubigers im Wege der Zwangsvollstreckung nach den Vorschriften über die Herausgabe einer ungerechtfertigten Bereicherung herauszugeben. Er kann die Herausgabe der noch vorhandenen Nachlassgegenstände durch Zahlung des Wertes abwenden. Die rechtskräftige Verurteilung des Erben zur Befriedigung eines ausgeschlossenen Gläubigers wirkt einem anderen Gläubiger gegenüber wie die Befriedigung.

Materialien: E I § 2127 Abs 1, Abs 2 S 2, Abs 3, S 2; II § 1848; III § 1948; Mot V 649 f; Prot V 780 f; KommBer 2100; JAKOBS/SCHUBERT ER I 301, 363 ff.

Schrifttum

Vgl Vorbem zu §§ 1970–1974 sowie das Schrifttum zu §§ 1990–1992.

Systematische Übersicht

I.	Allgemeines	1
II.	Fortbestand der ausgeschlossenen Forderung	5
III.	Umfang des Leistungsverweigerungsrechts	11
IV.	Haftungsbeschränkung auf den Nachlassüberschuss	14
V.	Besondere Haftungstatbestände	
1.	Haftung für die allgemeine Verwaltung des Nachlasses	20
2.	Haftung wegen Verletzung der in Abs 1 S 2 genannten Rangfolge	21
3.	Haftung wegen Verletzung der sich aus Abs 2 S 3 ergebenden Rangordnung	22
4.	Haftung wegen Unvollständigkeit des Gläubigerverzeichnisses	23
VI.	Vollstreckungspreisgabe und Abwendungsbefugnis	24
VII.	Geltendmachung von Ausschluss- und Erschöpfungseinrede	27
VIII.	Leistung trotz Erschöpfungseinrede	31
IX.	Entsprechende Anwendung, Besonderheiten bei Erbenmehrheit	32

Titel 2 · Haftung des Erben für die Nachlassverbindlichkeiten **§ 1973**
Untertitel 2 · Aufgebot der Nachlassgläubiger

Alphabetische Übersicht

Abwendung der Herausgabe	9, 19, 26
Anfechtung	16, 21, 30
Auflagen	12, 16, 21
Aufrechnung	6
Aufwendungen des Erben	16, 18 f
Auskunftspflicht	25, 29
Ausschließungsbeschluss	1
Ausschlusseinrede	1, 27
Beweislast	28
Eidesstattliche Versicherung	4, 10, 25
Eigenvermögen, Schutz des	1
Einredecharakter des § 1973	1, 27
Einreden	
– Ausschlusseinrede	1, 27
– des nicht erfüllten Vertrages	5
– Erschöpfungseinrede	1
– – Geltendmachung	27 ff
– – Leistung trotz	31
– – Unterschied zur Ausschlusseinrede	1
Erbersatzanspruch	12, 16, 21
Erschöpfung des Nachlasses	11, 28, 30
Erschöpfungseinrede vgl „Einrede"	
Geld, nicht auf Geld gerichtete Ansprüche	9
Geltendmachung des § 1973	27 ff
Gläubigerverzeichnis	23
Haftung	
– Anwendung von Bereicherungsrecht	14 ff
– Beschränkung auf Nachlass	1
– „unbeschränkte"	2–4
– verschärfte	20 ff
Herausgabe des Nachlasses	
– Abwendung der	9, 19, 26
– Bedeutung der	24 ff
Insolvenzplan	32
Inventar	3, 4, 28
– Bekräftigung des	4, 10
Inventarfrist	3, 10
Inventarverfehlung	3, 4
Miterbschaft	2, 32
Nachlassinsolvenzverfahren	31, 32
– Antragspflicht des Erben	1
– Antragsrecht des Erben	1
– Antragsrecht des ausgeschlossenen Gläubigers	8
Nachlassverwaltung	8, 31
Nutzungen	15
Pflichtteilsrechte	12, 16, 21
prozessuale Durchsetzung des § 1973	29 f
Rechenschaftsablegung	25
Rechtskräftiger Ausschließungsbeschluss	1 ff
Rechtskräftige Verurteilung	13, 16, 22
Reihenfolge der Gläubigerbefriedigung	11 ff, 16, 21 f, 29
Schenkungen	16
Überschuss	14 ff
– Aktivposten	15, 18
– Passivposten	16
– Zeitpunkt	17
Unbeschränkte Haftung	2–4
Urteilsvorbehalt	29 f
Verjährung	7
Vermächtnisse	12, 16, 21
Verschärfte Haftung	20 ff
Verurteilung des Erben	13, 22
Verwaltung des Nachlasses	20
Verzeichnis des Nachlasses	25
Vollstreckungspreisgabe	24 ff
Zurückbehaltungsrecht des Erben	18
Zwangsvollstreckung	24 ff

I. Allgemeines

1 1. Die Vorschrift setzt die Existenz eines **rechtskräftigen** (§ 439 Abs 2 FamFG) Ausschließungsbeschlusses voraus und führt zu einer eigenartigen Beschränkung der Haftung des Erben gegenüber den ausgeschlossenen Gläubigern, die durch Einrede geltend zu machen ist (sog **Ausschlusseinrede**). Da der Erbe die Befriedigung eines ausgeschlossenen Gläubigers gem Abs 1 S 1 verweigern kann, soweit der Nachlass durch die Befriedigung der nicht ausgeschlossenen Gläubiger „erschöpft" wird, spricht man auch von einer **Erschöpfungseinrede**. Meist werden beide Begriffe synonym gebraucht (vgl STAUDINGER/LEHMANN[11] Rn 2; ERMAN/SCHLÜTER Rn 5; SOERGEL/STEIN Rn 1). Jedoch wird man das Verhältnis der Ausschluss- zur Erschöpfungseinrede ebenso definieren müssen wie bei *§ 1990* das Verhältnis der Dürftigkeitseinrede zur Unzulänglichkeitseinrede: Mit der jeweils erstgenannten Einrede schützt der Erbe *nur sein Eigenvermögen* vor dem Zugriff der Nachlassgläubiger (sofern der Nachlass „dürftig" iSd § 1990 Abs 1 S 1 ist oder es sich um „ausgeschlossene" Gläubiger iSd § 1973 handelt *und* hier wie dort die *ernsthafte Möglichkeit* besteht, dass der Nachlass zur Befriedigung *aller* Gläubiger – mit Ausnahme der erst nach dem Anspruchsteller zu befriedigenden [vgl zB §§ 1973 Abs 1 S 2, 1991 Abs 4] – nicht ausreicht [Einzelheiten str; vgl § 1990 Rn 2, 3]). Mit der jeweils letztgenannten Einrede schützt der Erbe hingegen nicht nur sein *Eigenvermögen*, sondern er verweigert die Leistung *insgesamt*, wenn und soweit *feststeht*, dass der Nachlass zur Befriedigung *des fordernden* Gläubigers an der ihm gesetzlich (zB §§ 1973 Abs 1, 1991 Abs 4) zugewiesenen Rangstelle nicht ausreicht. Da eine etwaige Insolvenzantragspflicht (§ 1980) des Erben nicht auch im Verhältnis zu den im Aufgebotsverfahren *ausgeschlossenen* Gläubigern bestehen soll (s § 1980 Rn 3), gibt § 1973 dem Erben einen Rechtsbehelf, durch den er seine Haftung diesen Gläubigern gegenüber ohne besonderes Verfahren auf den Nachlass beschränken kann. Auf ähnlichen Rechtsgedanken beruhen die §§ 1990–1992 (§ 1990 Rn 1).

2 2. Die haftungsbeschränkende Wirkung des § 1973 kann nur eintreten, wenn die **Haftung** des Erben zZ des Rechtskräftigwerdens (§ 439 Abs 2 FamFG) des Ausschließungsbeschlusses **noch beschränkbar** war (§ 2013 Abs 1 S 1; vgl auch dort Rn 3 zu Besonderheiten bei Erbenmehrheit). Die in § 327 Abs 3 InsO umschriebenen Wirkungen des Ausschließungsbeschlusses können aber auch gegenüber solchen Nachlassgläubigern eintreten, denen der Erbe bereits unbeschränkbar haftend geworden ist (vgl § 1970 Rn 7, 21).

3 3. **Verliert der Erbe sein Haftungsbeschränkungsrecht erst nach Eintritt der Rechtskraft (§ 439 Abs 2 FamFG) des Ausschließungsbeschlusses** – zB gem § 1994 Abs 1 S 2 *(Versäumung einer Inventarfrist)* oder gem § 2005 Abs 1 S 1 *(Inventaruntreue)* –, so bleibt die Ausschlusswirkung des Beschlusses davon unberührt (§ 2013 Abs 1 S 2). Auf die durch den Ausschließungsbeschluss einzelnen Gläubigern gegenüber eingetretene Haftungsbeschränkung kann sich der Erbe also weiterhin berufen (OLG Kiel SeuffA 78 [1924] Nr 37).

4 Wenn der Erbe einem bereits ausgeschlossenen oder einem nach § 1974 gleichstehenden Gläubiger die **eidesstattliche Versicherung nach § 2006 Abs 3** verweigert, kann er sich auf eine diesem Gläubiger gegenüber zuvor nach § 1973 oder § 1974 eingetretene Haftungsbeschränkung nicht mehr berufen. Dieser Auffassung war schon die

Redaktionskommission (Prot VI 395), die deshalb § 2006 in § 2013 Abs 1 S 2 absichtlich nicht aufgeführt hat (der Kommissionsansicht stimmen zu PLANCK/FLAD Anm 1 [mit älteren Nachweisen]; BGB-RGRK/JOHANNSEN § 2013 Rn 4; SOERGEL/STEIN Rn 10; STAUDINGER/LEHMANN[11] § 2013 Rn 2 [trotz des aaO § 1970 Rn 5 vertretenen gegenteiligen Standpunktes]). Hiergegen wandte sich KIPP/COING § 95 V, weil die Verweigerung der Bekräftigung der Wahrheit (§ 2006 Abs 3) nicht stärker wirken könne als die erwiesene Unwahrheit (s § 2005 Abs 1 S 1, der in § 2013 Abs 1 S 2 ausdrücklich genannt ist). Dieses Argument erscheint zunächst bestechend (ihm folgend denn auch STAUDINGER/LEHMANN[11] § 1970 Rn 5; MünchKomm/KÜPPER § 1970 Rn 7 und ERMAN/SCHLÜTER § 1970 Rn 2). Dennoch ist die Ansicht, welche es stützen soll, nicht zu billigen: Sie will die rechtspolitisch verfehlte (Rn 10) Regelung des § 2013 Abs 1 S 2 gegen den Willen des Gesetzgebers auch auf den Fall des § 2006 Abs 3 erstrecken. Der ausgeschlossene Gläubiger muss die eidesstattliche Versicherung des § 2006 aber schon deshalb verlangen können, weil die Vollständigkeitsvermutung (§ 2009) des durch sie zu bekräftigenden Inventars (zB eines freiwillig errichteten) auch ihm gegenüber wirkt. Folglich muss der ausgeschlossene Gläubiger den Erben auch unter den Druck der Haftungssanktion des § 2006 Abs 3 setzen können (zustimmend SOERGEL/STEIN Rn 10; vgl auch AK-BGB/TEUBNER Rn 6 sowie ergänzend unten Rn 10).

II. Fortbestand der ausgeschlossenen Forderung

Da die ausgeschlossene Forderung nicht untergeht, sondern nur die Haftung des 5 Erben für sie beschränkt wird, kann der Nachlassgläubiger sie in gewissen Grenzen noch geltend machen (vgl auch § 1990 Rn 36 ff):

1. Auf sie kann die **Einrede des nicht erfüllten gegenseitigen Vertrages** gestützt werden, wenn sie auf einem solchen beruht (§§ 320, 322; vgl auch ROTH 70). Darin liegt keine angriffsweise, sondern eine verteidigungsweise Geltendmachung.

2. Ebenso kann sie zur **Aufrechnung gegen Nachlassforderungen** verwandt werden 6 (nicht aber gegen Privatforderungen des Erben; vgl § 1990 Rn 41; STAUDINGER/GURSKY [2006] § 390 Rn 16). Dem steht nicht entgegen, dass eine einredebehaftete Forderung wegen § 390 grundsätzlich nicht aufgerechnet werden kann: Soweit die einmal erworbene Aufrechnungsbefugnis selbst durch die Eröffnung eines Nachlassinsolvenzverfahrens unberührt bliebe (§§ 94 ff InsO), kann sie auch durch die infolge des Aufgebotsverfahrens eingetretene Haftungsbeschränkung nicht untergehen (RGZ 42, 138 ff; PALANDT/EDENHOFER Rn 4; MünchKomm/KÜPPER Rn 2; ERMAN/SCHLÜTER Rn 2; STROHAL II § 75 Fn 49; PLANCK/FLAD Anm 7 b; STAUDINGER/GURSKY [2006] § 390 Rn 16).

3. Jedoch wird die **Verjährung** der ausgeschlossenen Forderung durch § 1973 nicht 7 gehemmt (s § 1990 Rn 39).

4. Der ausgeschlossene Gläubiger bleibt berechtigt, den Antrag auf Anordnung 8 der **Nachlassverwaltung** zu stellen (vgl § 1981 Rn 16). Des Weiteren kann er die Eröffnung des **Nachlassinsolvenzverfahrens** beantragen; der dieses Antragsrecht beschränkende § 219 Abs 1 S 1 KO wurde nicht in die InsO übernommen (vgl § 1975 Rn 36 ff).

5. **Ist der Anspruch des ausgeschlossenen Gläubigers nicht auf Geld gerichtet**, gilt 9 das bei § 1990 Rn 37, 38 Ausgeführte entsprechend. Richtet sich der Anspruch, mit dem der Nachlassgläubiger ausgeschlossen ist, auf Herausgabe bzw Übertragung eines zum Nachlass gehörigen Gegenstandes, so stellt sich die Frage, ob der Erbe die Herausgabe gem Abs 2 S 2 durch Wertzahlung abwenden kann. Die Antwort muss hier ebenso ausfallen wie bei § 1992 S 2 (vgl deshalb dort Rn 11).

10 6. Das Aufgebotsverfahren schließt die Bestimmung einer **Inventarfrist** (§ 1994) gegenüber dem Erben nicht aus. Verlangt werden kann die Fristbestimmung jedoch nur von den *nicht* ausgeschlossenen Nachlassgläubigern (vgl § 1994 Rn 8 mwNw auch zur Gegenansicht), da die Fristversäumnis durch den Erben seine Haftung gegenüber den ausgeschlossenen Gläubigern nicht mehr beeinflusst (§ 2013 Abs 1 S 2). Allerdings muss die auf Antrag eines Ausgeschlossenen erfolgte Fristbestimmung als wirksam angesehen werden (Prot VI 396). Denn nach § 1994 Abs 2 S 2 ist es für die Wirksamkeit der Fristbestimmung sogar gleichgültig, ob die Forderung überhaupt besteht. Die eidesstattliche Versicherung des § 2006 kann auch ein ausgeschlossener Gläubiger verlangen (s Rn 4; Prot VI 395 f; SOERGEL/STEIN Rn 10; PALANDT/EDENHOFER § 2006 Rn 2; MünchKomm/KÜPPER § 2006 Rn 2; ERMAN/SCHLÜTER § 2006 Rn 3 mwNw; aM STAUDINGER/LEHMANN[11] § 1970 Rn 5).

Rechtspolitisch ist § 2013 Abs 1 S 2 verfehlt (und keineswegs „selbstverständlich", wie MünchKomm/KÜPPER § 1994 Rn 12 aE meint). Da ein ausgeschlossener Gläubiger grundsätzlich nicht auf das Eigenvermögen des Erben zugreifen kann, hat gerade *er* ein besonderes Interesse daran, den Erben gem § 1994 zur Errichtung eines Nachlassinventars anzuhalten und für den Fall, dass der Erbe die ihm gesetzte Inventarfrist versäumt oder das Inventar ungetreu errichtet (§§ 1994 Abs 1 S 2, 2005 Abs 1), sanktionsweise auch auf dessen Eigenvermögen zugreifen zu können (zustimmend SOERGEL/STEIN § 2000 Rn 1 aE). Zu den de lege lata bestehenden Auskunftspflichten des Erben vgl Rn 25.

III. Umfang des Leistungsverweigerungsrechts

11 1. Der Erbe kann die Befriedigung eines ausgeschlossenen Gläubigers verweigern, soweit der Nachlass durch die Befriedigung der nicht ausgeschlossenen Gläubiger (Abs 1 S 1) sowie derjenigen ausgeschlossenen Gläubiger, zu deren Befriedigung er rechtskräftig verurteilt ist (Abs 2 S 3), erschöpft *wird*. Nicht nötig ist, dass deren Befriedigung schon erfolgt *ist*. Soweit auch nach ihrer Befriedigung aus dem Nachlass noch ein Überschuss verbleiben würde, haftet der Erbe den ausgeschlossenen Gläubigern mit diesem gem Abs 2 S 1 nach den Grundsätzen des Bereicherungsrechts (insoweit strenger §§ 1990 Abs 1 S 2, 1991 Abs 1).

12 2. Jedoch hat der Erbe einen ausgeschlossenen Gläubiger gem Abs 1 S 2 **vor** Verbindlichkeiten aus **Pflichtteilsrechten** (und deshalb auch vor **Erbersatzansprüchen** [nur noch denkbar bei Altfällen, s § 1972 Rn 7]; vgl § 1934b Abs 2 S 1 BGB [auf Altfälle noch anwendbar], § 226 Abs 4 und Abs 2 Nr 6 KO, § 327 Abs 3 und Abs 1 Nr 3 InsO [speziell zur vor Inkrafttreten aufgehobenen Nr 3 vgl HK-InsO/MAROTZKE[5] § 327 Rn 12 ff]; ERMAN/SCHLÜTER Rn 1), **Vermächtnissen und Auflagen** zu befriedigen; es sei denn, dass der Gläubiger seine Forderung erst nach der Berichtigung dieser Verbindlichkeiten geltend macht (vgl auch Rn 16, 21). Diese Bestimmung steht in Einklang mit den §§ 5 AnfG, 322, 327 Abs 3 InsO und § 1991 Abs 4 BGB (vgl KommBer 2100).

Hervorzuheben ist, dass § 1973 Abs 1 S 2 lediglich eine Einschränkung des Leistungsverweigerungsrechts enthält, welches § 1973 Abs 1 S 1 dem Erben gegenüber den ausgeschlossenen Gläubigern gewährt. Nicht hingegen folgt aus Abs 1 S 2 ein Leistungsverweigerungsrecht gegenüber den – vom Aufgebot ohnehin nicht betroffenen (§ 1972) – Ansprüchen aus Pflichtteilsrechten, Vermächtnissen, Auflagen oder Erbersatzansprüchen. Beruht die Überschuldung des Nachlasses nur auf Vermächtnissen, Auflagen und den im Aufgebotsverfahren ausgeschlossenen Ansprüchen (vgl § 1992 Rn 4), so kann der Erbe die ihm durch § 1973 Abs 1 S 2 auferlegte Bevorzugung der ausgeschlossenen Gläubiger vor denen aus Vermächtnissen und Auflagen auch gegen den Willen der Letztgenannten *relativ einfach mittels der §§ 1992 S 1, 1991 Abs 4 BGB iVm § 327 Abs 3 InsO* durchsetzen. Die Befriedigung der ebenfalls unter § 1973 Abs 1 S 2 fallenden Pflichtteils- und Erbersatzansprüche kann der Erbe jedoch *nicht* ohne weiteres mit der Begründung verweigern, dass er vorher noch im Aufgebotsverfahren ausgeschlossene Gläubiger befriedigen müsse. Denn § 1992 ist auf Pflichtteils- und Erbersatzansprüche nicht anwendbar, so dass dem Erben der Weg des § 1991 Abs 4 diesen gegenüber nur unter den Voraussetzungen des § 1990 eröffnet ist. Liegen die Voraussetzungen des § 1990 nicht vor, kann der Erbe die ihm durch § 1973 Abs 1 S 2 auferlegte Verpflichtung, die ausgeschlossenen Gläubiger vor Pflichtteils- und Erbersatzberechtigten zu befriedigen, gegen den Willen der Letztgenannten nur durch Herbeiführung eines Nachlassinsolvenzverfahrens erfüllen; in diesem Verfahren gilt § 327 Abs 3 InsO ohne den Umweg über §§ 1990 ff BGB.

3. Gem Abs 2 S 3 wirkt die **rechtskräftige Verurteilung** des Erben zur Befriedigung eines ausgeschlossenen Gläubigers einem anderen Gläubiger gegenüber wie die Befriedigung. Das soll nach hM nicht nur bedeuten, dass der Erbe die Befriedigung eines ausgeschlossenen Gläubigers auch insoweit verweigern kann, als der Nachlass nach Erfüllung (auch) der rechtskräftig titulierten ausgeschlossenen Forderung nicht ausreichen würde (s dazu Rn 16), sondern darüber hinaus, dass der Erbe den Gläubiger, der das rechtskräftige Urteil erstritten hat, vor den übrigen ausgeschlossenen Gläubigern befriedigen *muss* (vgl Mot V 641; MünchKomm/KÜPPER Rn 3 Fn 8 sowie die ablehnende Stellungnahme unten bei Rn 22). Einer rechtskräftigen Verurteilung „zur Befriedigung" eines ausgeschlossenen Gläubigers dürfte eine rechtskräftige Verurteilung gleichstehen, die die Frage, ob bzw inwieweit der Erbe die Befriedigung nach Abs 1 verweigern kann, nicht selbst entscheidet, sondern in den Vorbehalt des § 780 ZPO verweist (vgl § 1991 Rn 18; iE ebenso STAUDINGER/LEHMANN[11] § 1973 Rn 16 ad c).

IV. Haftungsbeschränkung auf den Nachlassüberschuss

Das Leistungsverweigerungsrecht des Abs 1 S 1 reicht so weit, wie die Forderung des ausgeschlossenen Gläubigers den Wert des nach Abs 2 S 1 herauszugebenden Nachlassüberschusses übersteigt. Für die Herausgabe des Überschusses haftet der Erbe nur nach Maßgabe des Bereicherungsrechtes, Abs 2 S 1.

1. Bei der **Ermittlung des Nachlassüberschusses** sind dem ursprünglichen Aktivbestand des Nachlasses nach den **Regeln des Bereicherungsrechts** gewisse Posten hinzuzurechnen und andere von ihm abzuziehen.

a) **Zuzurechnen sind** dem Nachlass:

Die gezogenen Nutzungen sowie das, was der Erbe auf Grund zum Nachlass gehörender Rechte oder als Ersatz für die Zerstörung, Beschädigung oder Entziehung von Nachlassgegenständen erlangt hat; § 818 Abs 1.

Zuzurechnen sind auch die Verbindlichkeiten und Lasten, die dem Erben gegenüber dem Erblasser oblagen und infolge Vereinigung erloschen sind; denn der Erbe ist durch die Befreiung von seiner Verbindlichkeit auf Kosten des Nachlasses bereichert.

b) **Abzuziehen sind**:

16 Die durch Vereinigung erloschenen Forderungen und Rechte des Erben gegenüber dem Erblasser; die Forderungen der nicht ausgeschlossenen Gläubiger; die Forderungen aus Pflichtteilsrechten, Erbersatzansprüchen (s Rn 12), Vermächtnissen und Auflagen aber nur, soweit sie bereits vor der Geltendmachung des Anspruchs des ausgeschlossenen Gläubigers berichtigt waren (Abs 1 S 2 HS 2; s auch Rn 12, 21); die Forderungen anderer ausgeschlossener Gläubiger nur, soweit sie bereits berichtigt sind. Der Befriedigung eines ausgeschlossenen Gläubigers steht nach Abs 2 S 3 die rechtskräftige Verurteilung des Erben ihm gegenüber gleich. Abzuziehen sind überhaupt jeder Verlust und jede Ausgabe, die in ursächlichem Zusammenhang mit dem Erwerb der Erbschaft stehen (MünchKomm/Küpper Rn 5; AK-BGB/Teubner Rn 21; Lange/Kuchinke § 49 IX 1 b Fn 237; Kipp/Coing § 95 III 1 a); Aufwendungen auf den Nachlass also auch dann, wenn sie nicht notwendig oder nützlich waren und auch den Wert des Nachlasses nicht erhöht haben (aM Soergel/Stein Rn 5); Zahlungen auf Nachlassverbindlichkeiten selbst dann, wenn es sich um Leistungen an nur vermeintliche Nachlassgläubiger handelt, doch ist in diesem Fall dem Nachlass die etwa erworbene Bereicherungsforderung (condictio indebiti) zuzurechnen.

Abzuziehen sind auch Schenkungen aus dem Nachlass, soweit nicht der Gesichtspunkt der Ersparnis von Aufwendungen aus dem Eigenvermögen zutrifft. UU kann der ausgeschlossene Gläubiger aber gem § 822 gegen den Beschenkten vorgehen (Staudinger/Lehmann[11] Rn 8 ad e; AK-BGB/Teubner Rn 24; Lange/Kuchinke § 49 IX 1 b Fn 236) und gegen ihn ohne den Umweg über § 4 AnfG auf Duldung der Zwangsvollstreckung (Rn 25) in das Empfangene klagen. Voraussetzung ist allerdings, dass der Erbe sich auf § 1973 berufen hat und der nach Abs 2 S 1 herauszugebende Nachlassüberschuss zur Befriedigung des Gläubigers nicht ausreicht. Die in Abs 2 S 2 gewährte Befugnis zur Abwendung der Herausgabe wird man auch dem Beschenkten zugestehen müssen.

17 2. Der entscheidende **Zeitpunkt** für die Feststellung, ob dem Erben ein Überschuss bleibt und somit ein Bereicherungsanspruch des ausgeschlossenen Gläubigers entstanden ist, ist nicht der des Rechtshängigwerdens des vom Gläubiger geltend gemachten Anspruchs (vgl auch BGB-RGRK/Johannsen Rn 16; Erman/Schlüter Rn 3 aE; aM wohl Staudinger/Lehmann[11] Rn 10, dem aber entgegenzuhalten ist, dass auch vor Rechtshängigkeit ein Bereicherungsanspruch denkbar sein muss), sondern der des Erlasses des Ausschließungsbeschlusses (Mot V 650 f). Auf eine spätere Erweiterung der Bereicherung ist Rücksicht zu nehmen (§ 818 Abs 1); ebenso auf eine Verringerung (§ 818

Abs 3), soweit nicht eine verschärfte Haftung des Erben (s Rn 20 ff) entgegensteht. Im Prozess gegen den Erben entscheidet der Zeitpunkt der letzten mündlichen Verhandlung. Für den Fall, dass die Frage erst auf Einwendung des Erben in der Zwangsvollstreckung zu entscheiden ist (dazu Rn 29), stellen manche auf den Zeitpunkt des Beginns der Zwangsvollstreckung ab (PLANCK/FLAD Anm 3 d; BGB-RGRK/ JOHANNSEN Rn 16; ERMAN/SCHLÜTER Rn 3). Richtig ist jedoch, auch hier auf den Zeitpunkt der letzten mündlichen Verhandlung abzustellen (ähnlich SOERGEL/STEIN Rn 7; PALANDT/EDENHOFER Rn 3; vgl auch die Ausführungen bei § 1990 Rn 7, die allerdings einen etwas anders liegenden Sachverhalt betreffen).

3. Soweit der Erbe aus seinem Eigenvermögen **Aufwendungen** in Bezug auf den **18** Nachlass gemacht (zB Nachlassgläubiger befriedigt) hat, wird die herauszugebende Bereicherung gemindert (Rn 16). Besteht der Nachlassrest in einem Geldbetrag, so mindert sich die nach Abs 2 abschöpfbare Bereicherung automatisch um den Betrag der abzugsfähigen Aufwendungen. Besteht der Nachlassrest nicht in Geld, muss der ausgeschlossene Gläubiger dem Erben so viele Nachlassgegenstände belassen, dass der Wert seiner nach Bereicherungsrecht absetzbaren Aufwendungen gedeckt ist (vgl STAUDINGER/LEHMANN[11] Rn 19; BGB-RGRK/JOHANNSEN Rn 22; PLANCK/FLAD Anm 5 c ß; MünchKomm/KÜPPER Rn 6; wohl noch weitergehend iS eines Zurückbehaltungsrechts am ganzen Nachlass BINDER II 127; SOERGEL/STEIN Rn 8; **völlig aM** STROHAL II § 75 bei und in Fn 40, der den Erben auf seine Abwendungsbefugnis aus Abs 2 S 2 sowie das Recht verweist, wegen seiner Aufwendungen Vorwegbefriedigung aus dem Vollstreckungserlös zu verlangen). Beginnt der Gläubiger, auch noch in die dem Erben zu *belassenden* Gegenstände zu vollstrecken (zB weil er meint, dass ihr Wert den der abzugsfähigen Aufwendungen des Erben übersteige), kann der Erbe gem §§ 781, 785 ZPO intervenieren, bis er wegen seiner abzugsfähigen Aufwendungen befriedigt oder sichergestellt wird (vgl § 273 Abs 3, der hier aber nur *analog* anwendbar ist, da die Aufwendungen bei § 1973 Abs 2 S 1 bereicherungsrechtliche Abzugsposten sind, der in der Rolle des Bereicherungsschuldners befindliche Erbe insoweit also einen *Anspruch* gegen den ausgeschlossenen Gläubiger idR nicht hat und auch nicht zu haben braucht [was aber BINDER, SOERGEL/STEIN und wohl auch STAUDINGER/LEHMANN[11], jeweils aaO, anders zu sehen scheinen]).

Da der Erbe nach Abs 2 S 2 berechtigt ist, die Herausgabe der vorhandenen Nach- **19** lassgegenstände (dh die Zwangsvollstreckung in sie, vgl § 1990 Rn 29, 30) durch Zahlung ihres Schätzwertes abzuwenden (Näheres bei Rn 26), kann er sich wegen seiner Aufwendungen auch dadurch schadlos halten, dass er dieses Recht ausübt und von dem zu zahlenden Schätzwert seine Aufwendungen abzieht (vgl Prot V 773 f; PLANCK/FLAD Anm 5 c ß). Er kann sich aber damit begnügen, wegen seiner Aufwendungen Vorwegbefriedigung aus dem erzielten Vollstreckungserlös zu verlangen (Prot V 773; PLANCK/FLAD aaO; vgl auch § 1991 Rn 13).

V. Besondere Haftungstatbestände

1. Haftung für die allgemeine Verwaltung des Nachlasses

Eine persönliche Verantwortlichkeit des Erben wegen seines Umgangs mit dem **20** Nachlass (§§ 1978–1980) besteht gegenüber den ausgeschlossenen Gläubigern nur nach Maßgabe des Bereicherungsrechts (§ 1973 Abs 1 S 1 und Abs 2 S 1 BGB, § 328 Abs 2 InsO). Trotz § 1973 Abs 2 S 1 soll dies nach Prot V 781 auch für die Zeit vor

Erlass des Ausschließungsbeschlusses gelten (wenig überzeugend; vgl auch § 1989 Rn 9, 10). Nach Eintritt der Rechtskraft des Ausschließungsbeschlusses (§ 439 Abs 2 FamFG) setzt eine verschärfte Haftung des Erben erst ein, wenn der Anspruch eines ausgeschlossenen Gläubigers rechtshängig geworden ist (§ 818 Abs 4) oder der Erbe von ihm anderweitig Kenntnis erlangt hat (§ 819 Abs 1). Nun haftet er dem ausgeschlossenen Gläubiger auch für schuldhaft nicht gezogene Nutzungen (§§ 292 Abs 2, 987 Abs 2) und nach Maßgabe der §§ 292 Abs 1, 989 auf Schadensersatz; Verwendungen kann er nur noch unter den Voraussetzungen des § 994 Abs 2 abziehen.

2. Haftung wegen Verletzung der in Abs 1 S 2 genannten Rangfolge

21 Solange ein ausgeschlossener Gläubiger seine Forderung nicht geltend macht (Abs 1 S 2 HS 2), darf der Erbe so verfahren, wie wenn andere Gläubiger als die angemeldeten oder nicht betroffenen nicht vorhanden wären. Sobald jedoch ein ausgeschlossener Gläubiger seine Forderung geltend macht, muss der Erbe ihn vor den bis dahin noch nicht berichtigten Verbindlichkeiten aus *Pflichtteilsrechten, Erbersatzansprüchen, Vermächtnissen* und *Auflagen* befriedigen (Rn 12). Für einen durch Verletzung dieser Rangordnung bewirkten Verlust der nach Abs 2 herauszugebenden Bereicherung kann der Erbe dem Ausgeschlossenen persönlich haftbar sein nach § 819 Abs 1 (wegen Kenntnis von der geltend gemachten Forderung), nach § 818 Abs 4 (ab Rechtshängigkeit der Forderung), außerdem wegen positiver Forderungsverletzung (jetzt § 280 Abs 1). Dies gilt jedoch nicht, wenn der Erbe den Umständen nach annehmen durfte, dass der Nachlass zur Befriedigung aller Nachlassverbindlichkeiten ausreiche (vgl STAUDINGER/LEHMANN[11] § 1972 Rn 2); denn dann stellt § 1979 den Erben sogar gegenüber den nicht ausgeschlossenen Gläubigern von jeder persönlichen Haftung frei. In diesem Fall bleibt dem Gläubiger nur das Recht, gegen den mit Mitteln des Nachlasses vor ihm befriedigten Pflichtteilsberechtigten usw nach § 5 AnfG vorzugehen; im Nachlassinsolvenzverfahren gilt § 322 InsO.

3. Haftung wegen Verletzung der sich aus Abs 2 S 3 ergebenden Rangordnung

22 Nach hM *muss* der Erbe ausgeschlossene Gläubiger, zu deren Befriedigung er **rechtskräftig verurteilt** ist, *vor* den übrigen ausgeschlossenen Gläubigern befriedigen (Rn 13). Diese Ansicht ist aber wohl unzutreffend (vgl § 1991 Rn 17). Auf ihrer Grundlage würde der Erbe den rechtskräftig titulierten Gläubigern für einen durch Verletzung dieser Rangfolge bewirkten Verlust der nach Abs 2 herauszugebenden Bereicherung wegen positiver Forderungsverletzung (jetzt § 280 Abs 1) persönlich und unbeschränkbar haften (vgl MünchKomm/KÜPPER Rn 3 Fn 8). Auch hier wäre freilich an eine Begrenzung der Haftung nach § 1979 zu denken.

4. Haftung wegen Unvollständigkeit des Gläubigerverzeichnisses

23 Wenn der Erbe einen ihm bekannten Gläubiger schuldhaft nicht in das dem Aufgebotsantrag beizufügende Gläubigerverzeichnis (§ 456 FamFG) aufnimmt, haftet er nach Maßgabe des bei § 1970 Rn 11 Ausgeführten.

VI. Vollstreckungspreisgabe und Abwendungsbefugnis

24 1. Einen etwaigen Überschuss (vom Nachlass) hat der Erbe nach **Abs 2 S 1** „zum

Zwecke der Befriedigung des Gläubigers im Wege der Zwangsvollstreckung" nach den Vorschriften über die Herausgabe einer ungerechtfertigten Bereicherung „herauszugeben". Mit **Herausgabe zum Zwecke der Befriedigung des Gläubigers im Wege der Zwangsvollstreckung** meint die Vorschrift dasselbe wie § 1990 Abs 1 S 2 (s dort Rn 29).

Durch die Verpflichtung zur „Herausgabe" wird angedeutet, dass der Erbe sich bei der Zwangsvollstreckung nicht rein passiv verhalten darf, sondern sie durch eigene **Mitwirkung** (Bezeichnung der Gegenstände, evtl Vorlage eines Bestandsverzeichnisses und notfalls eidesstattliche Versicherung gem § 260) **ermöglichen** muss. Nach hM (STAUDINGER/LEHMANN[11] Rn 17; KIPP/COING § 95 III 2; SOERGEL/STEIN Rn 8; **aM** PLANCK/ FLAD Anm 5 c α) soll der Erbe den ausgeschlossenen Gläubigern jedoch nicht zur Rechenschaftslegung (§ 259) verpflichtet sein, da er ihnen nicht wie im Fall des § 1990 (s dort Rn 33) nach § 1978 und somit auch nicht nach § 666 verantwortlich sei (KIPP/COING aaO).

2. Gem Abs 2 S 2 kann der Erbe die „Herausgabe" der noch vorhandenen Nachlassgegenstände durch Zahlung ihres Wertes abwenden. Insoweit rückt das Gesetz von dem in Abs 2 S 1 ausgesprochenen Grundsatz der Haftung mit den *Gegenständen* des Nachlasses (cum viribus hereditatis) ab. Der Wert ist durch Schätzung zu ermitteln für den Zeitpunkt, in welchem das Recht ausgeübt wird (ERMAN/SCHLÜTER Rn 4).

Die **Nachlasszugehörigkeit** der zurückgehaltenen Gegenstände wird durch die zwecks Abwendung der Herausgabe erfolgte Zahlung des Wertes nicht aufgehoben (vgl auch STAUDINGER/MAROTZKE [2008] § 1922 Rn 104; **aM** MünchKomm/KÜPPER Rn 6; AK-BGB/TEUBNER Rn 31; vorsichtiger ERMAN/SCHLÜTER Rn 4 und SOERGEL/STEIN Rn 8, die nur die weitere Zugehörigkeit zum Nachlass*überschuss* verneinen, also wohl nur das Verhältnis zu den *ausgeschlossenen* Gläubigern meinen). Denn gem Abs 2 S 2 kann nur die „Herausgabe" und selbst diese nicht generell, sondern nur gegenüber einem „ausgeschlossenen" (oder ihm nach §§ 1974, 1989 gleichstehenden) Gläubiger abgewendet werden. Gegenüber anderen Nachlassgläubigern hat der Erbe solch eine Abwendungsbefugnis nicht (Ausnahme: § 1992 S 2); insb brauchen sich diese Gläubiger nicht damit abzufinden, dass der Wert der einzelnen Nachlassgegenstände durch *Schätzung* ermittelt wird (vgl § 1990 Rn 29). Selbstverständlich kann der Erbe die von ihm gezahlte Abfindung nach §§ 1973 Abs 2 S 1, 818 Abs 3 oder – gegenüber den nicht ausgeschlossenen Gläubigern – nach Maßgabe der §§ 1978 Abs 3, 1979, 1991 Abs 1 haftungsmindernd geltend machen (vgl Prot V 774), so dass die weitere Nachlasszugehörigkeit der Gegenstände, für die gem § 1973 Abs 2 S 2 eine Zahlung erfolgte, keineswegs inkonsequent ist. Besondere Bedeutung hat die weitere Nachlasszugehörigkeit der betreffenden Gegenstände in den Fällen des Nachlassinsolvenzverfahrens, der Nachlassverwaltung sowie des § 1990: Hier kommt den Nachlassgläubigern, die der Erbe nicht nach §§ 1973 Abs 2 S 2, 1992 S 2 zum Schätzwert abgefunden hat, eine eventuelle Wertsteigerung des betreffenden Gegenstandes, zB einer Aktie, zugute.

Das Abfindungsrecht des Abs 2 S 2 gilt nicht ohne weiteres hinsichtlich solcher Gegenstände, auf deren Hergabe der *ursprüngliche* Anspruch des ausgeschlossenen Gläubigers gerichtet ist (vgl Rn 11 zu dem ähnlichen § 1992 S 2).

VII. Geltendmachung von Ausschluss- und Erschöpfungseinrede

27 1. Ausschluss- und Erschöpfungseinrede (zur Terminologie vgl Rn 1) sind **materiellrechtliche Einreden, die außergerichtlich, innerhalb des Prozesses oder in der Zwangsvollstreckung geltend gemacht werden können**. In seiner Grundstruktur wird der Anspruch des Gläubigers durch den Ausschließungsbeschluss nicht berührt, er verliert seinen Charakter als Leistungsanspruch nicht (RGZ 61, 221; s auch Rn 5). Der Gläubiger kann, wie wenn er nicht ausgeschlossen wäre, auf Zahlung oder sonstige Leistung klagen (RG aaO). Zu Unrecht nahm BINDER (II 123 f) an, der Anspruch des Gläubigers verwandle sich in ein Recht auf Herausgabe des Nachlassüberschusses: Es ist Sache des Erben, den Gläubiger durch Einrede dazu zu bringen, sich auf eine Vollstreckung in den Nachlassrest, der nach Befriedigung der nicht ausgeschlossenen Gläubiger verbleibt, zu beschränken. Dies bedeutet keine Inhaltsänderung der Nachlassverbindlichkeit, sondern nur eine Beschränkung der Haftung des *Erben*.

28 2. Die **Beweislast** dafür, dass der Nachlass durch die Befriedigung der nicht ausgeschlossenen Gläubiger gänzlich oder bis zu einem bestimmten Teil erschöpft wird, trifft den Erben (RGZ 61, 221; BGB-RGRK/JOHANNSEN Rn 24; vgl auch Prot V 780 f). Die Beweisführung wird durch die Errichtung eines Inventars erleichtert (vgl § 2009 Rn 1).

29 Für die **prozessuale Durchsetzung** der Ausschlusseinrede gegenüber der Klage eines Nachlassgläubigers gilt das bei § 1990 Rn 11–16, 20 ff Ausgeführte sinngemäß (dh: unter Berücksichtigung der Besonderheit, dass der *ausgeschlossene* Gläubiger erst hinter den nicht ausgeschlossenen Gläubigern zu befriedigen ist; § 1973 Abs 1 S 1).

Wie bei § 1990 (s dort Rn 12 f) genügt auch für § 1973 der allgemeine **Urteilsvorbehalt des § 780 ZPO**, um die Einrede zu wahren (RGZ 83, 330 f; STEIN/JONAS/MÜNZBERG[22] ZPO § 780 Rn 3; PALANDT/EDENHOFER Rn 6; BGB-RGRK/JOHANNSEN Rn 8; PLANCK/FLAD Anm 5 b). Die Auffassung, § 780 ZPO finde auf die Einrede des § 1973 keine Anwendung (KG OLGE 9 [1904/II] 385), wird heute zu Recht nicht mehr vertreten. Da die Erschöpfungseinrede verzichtbar ist, kann sie durch Versäumung des Vorbehalts nach § 780 ZPO verlorengehen (PALANDT/EDENHOFER Vorbem 6 zu §§ 1967 ff). Nach KG OLGE 7 (1903/II) 134 soll es genügen, dass sich der Vorbehalt aus den Gründen ergibt. Rechtlich zulässig ist es auch, bereits im Urteil selbst den Gläubiger auf den Nachlassrest zu verweisen, der nach Befriedigung der im Ausschließungsbeschluss berücksichtigten Gläubiger verbleibt (RGZ 61, 221, 222). Vgl § 1990 Rn 11 zu der Frage, welchen Wert solch ein Urteil für den Gläubiger hat, falls der Erbe sich später weigert, hinsichtlich des Nachlassrestes Auskunft zu erteilen (wozu er jedoch verpflichtet ist, s Rn 25).

30 Prüft und bejaht das Gericht das Vorliegen der Voraussetzungen des § 1973 und tritt der Erbe Beweis dafür an, dass der Nachlass durch die Befriedigung der nicht ausgeschlossenen Gläubiger *vollständig* erschöpft würde, so soll das Gericht nach hM diesen Beweis nach seinem Ermessen (vgl aber die Kritik bei § 1990 Rn 22) erheben und die **Klage ggf wegen erwiesener Nachlasserschöpfung kostenpflichtig** (OLG Naumburg OLGE 21 [1910/II] 307 f = Recht 1910 Nr 3357) **abweisen** dürfen (RGZ 61, 221; vgl auch RGZ 137, 54; BGH NJW 1954, 635 = LM § 1975 Nr 1 [beide zu § 1990]; **aM** OLG Marienwerder SeuffA 66 [1911] Nr 121 [zu § 1990]; KRÜGER MDR 1961, 664 f), nach Ansicht mancher

Autoren jedoch nicht als unbegründet (so aber RUDORFF Gruchot 51 [1907] 574, 575, der dem Erben zudem ein Recht auf Klageabweisung zugestehen wollte [575, 579 f]), sondern als zZ – nämlich bis zum Auftauchen weiterer Nachlassgegenstände – unzulässig (ERMAN/ SCHLÜTER Rn 6; SOERGEL/STEIN Rn 6; MünchKomm/KÜPPER Rn 8; PALANDT/EDENHOFER Rn 4; AK-BGB/TEUBNER Rn 27). Eine Abweisung der Klage könnte sich rechtfertigen, weil bei nachweislichem Fehlen irgendeiner Vollstreckungsmöglichkeit das Rechtsschutzbedürfnis fehlen mag (vgl auch Vorbem 32 zu §§ 1967 ff). Zweifelhaft ist jedoch, ob man angesichts des Interesses des Klägers an der baldigen Erlangung eines die Vollstreckung zumindest in den Nachlass ermöglichenden Titels (vgl § 1990 Rn 13) in allen Fällen bereits das Erkenntnisverfahren mit einem Streit über die Frage der Nachlasserschöpfung belasten darf. Die Prüfung der Frage, ob die Vermögensverhältnisse des Schuldners so beschaffen sind, dass wegen des geltend gemachten Anspruchs erfolgreich vollstreckt werden könnte, gehört grundsätzlich nicht in das Erkenntnisverfahren (vgl auch OLG Marienwerder und KRÜGER je aaO sowie § 1990 Rn 14 und – im Zusammenhang mit § 1990 – OLG Oldenburg FamRZ 2001, 179, 181). Ferner ist zu beachten, dass der ausgeschlossene Nachlassgläubiger dann, wenn der Erbe oder schon der Erblasser Vermögenswerte *anfechtbar* weggegeben hatte (vgl §§ 3 ff AnfG und oben Rn 21), wegen § 2 AnfG selbst bei Nachlasserschöpfung eines Vollstreckungstitels gegen den Erben bedarf. Deshalb sollte ein Gericht von der Möglichkeit, die Klage des Nachlassgläubigers wegen Nachlasserschöpfung abzuweisen, nur mit äußerster Behutsamkeit Gebrauch machen (**aM** STAUDINGER/BOEHMER[11] § 1922 Rn 250 mwNw). Im Zweifel sollte es den Erben, der sich gegenüber einer an sich begründeten Klage auf § 1973 beruft, unter Vorbehalt der beschränkten Haftung (Rn 29) verurteilen. IdR wird der Erbe dann zwar die gesamten Prozesskosten zu tragen haben. Gem § 93 ZPO kann er diese Kostenfolge aber vermeiden, indem er die Nachlassverbindlichkeit sofort, wenn auch unter dem Vorbehalt der Beschränkung seiner Haftung, anerkennt (vgl § 1990 Rn 21 aE).

VIII. Leistung trotz Erschöpfungseinrede

Unterlässt es der Erbe, die Einrede des § 1973 (die er natürlich nicht bereits nach § 780 ZPO verloren haben darf) geltend zu machen, und befriedigt er einen ausgeschlossenen Gläubiger, so kann er uU einen Bereicherungsanspruch nach §§ 813, 814 geltend machen (**aM** ROTH, Die Einrede des Bürgerlichen Rechts [1988] 63 ff, dessen Argumentation jedoch nicht überzeugt: s § 1990 Rn 40). So zB, wenn die Befriedigung unfreiwillig erfolgte (vgl RGZ 64, 244, wo der Nachlassverwalter einen zu Unrecht an den Fiskus gezahlten Stempelbetrag zurückforderte). Einen Anspruch darauf, dass der ausgeschlossene Gläubiger nur nach § 1973 befriedigt werde, hat ein nicht ausgeschlossener Gläubiger nicht (OLG Stettin OLGE 5 [1902/II] 230; OLG Hamburg OLGE 18 [1909/I] 324). Er kann sich aber vor Schädigungen schützen, indem er die Anordnung einer Nachlassverwaltung oder die Eröffnung eines Nachlassinsolvenzverfahrens beantragt, wenn die gesetzlichen Voraussetzungen gegeben sind (OLG Stettin und OLG Hamburg je aaO; PLANCK/FLAD Anm 2; vgl auch §§ 321, 327 Abs 3, 328 Abs 2 InsO sowie RGZ 61, 221, 222/3, wo ausgeführt wird, dass ein Nachlass- oder Nachlasskonkursverwalter [damals galt noch die KO] die Befriedigung ausgeschlossener Gläubiger verweigern dürfe, bis nach Ausführung des Verteilungsplanes feststeht, dass nach Befriedigung der nicht ausgeschlossenen Gläubiger ein Überschuss bleibt).

IX. Entsprechende Anwendung, Besonderheiten bei Erbenmehrheit

32 Gem § 1989 ist § 1973 entsprechend anzuwenden, wenn ein Nachlassinsolvenzverfahren durch Verteilung der Masse oder durch einen Insolvenzplan beendet wurde. Bei Erbenmehrheit wird § 1973 ergänzt durch § 2060 Nr 1.

§ 1974
Verschweigungseinrede

(1) Ein Nachlassgläubiger, der seine Forderung später als fünf Jahre nach dem Erbfall dem Erben gegenüber geltend macht, steht einem ausgeschlossenen Gläubiger gleich, es sei denn, dass die Forderung dem Erben vor dem Ablauf der fünf Jahre bekannt geworden oder im Aufgebotsverfahren angemeldet worden ist. Wird der Erblasser für tot erklärt oder wird seine Todeszeit nach den Vorschriften des Verschollenheitsgesetzes festgestellt, so beginnt die Frist nicht vor dem Eintritt der Rechtskraft des Beschlusses über die Todeserklärung oder die Feststellung der Todeszeit.

(2) Die dem Erben nach § 1973 Abs. 1 Satz 2 obliegende Verpflichtung tritt im Verhältnis von Verbindlichkeiten aus Pflichtteilsrechten, Vermächtnissen und Auflagen zueinander nur insoweit ein, als der Gläubiger im Falle des Nachlassinsolvenzverfahrens im Range vorgehen würde.

(3) Soweit ein Gläubiger nach § 1971 von dem Aufgebot nicht betroffen wird, finden die Vorschriften des Absatzes 1 auf ihn keine Anwendung.

Materialien: E II § 1849; III § 1949; Prot V 795 f; KommBer 2100 f; JAKOBS/SCHUBERT ER I 301, 615.
Abs 1 S 2 neu gefasst durch Art 5 Nr 1 d GesEinhG v 5. 3. 1953 (BGBl I 33).

Neufassung seit 1. 1. 1999 gem Art 33 Nr 33 EGInsO: In Abs 2 wurden die Worte „des Nachlasskonkurses" durch die Worte „des Nachlassinsolvenzverfahrens" ersetzt.

I. Allgemeines, praktische Bedeutung der Vorschrift

1 § 1974 begründet die sog **Verschweigungseinrede**. Der E I kannte eine Bestimmung dieses Inhalts nicht. Sie wurde erst von der II. Komm auf Anregung der bayerischen Regierung aufgenommen (Prot V 795) und von der Reichstagskommission nach mehreren Richtungen umgestaltet. Man wollte den Erben gegen die Nachteile schützen, die ihm daraus entstehen könnten, dass ihm Nachlassverbindlichkeiten erst nach sehr langer Zeit bekannt würden. Da die Scheidung des Nachlasses vom übrigen Vermögen des Erben, die bei der gegenständlich beschränkten Haftung idR erfolgen muss, um so schwieriger ist und den Erben umso härter trifft, je länger die Vereinigung des Nachlasses mit dem übrigen Vermögen bereits andauert (Prot aaO), stellt die Vorschrift einen Nachlassgläubiger, der seine Forderung später als fünf Jahre nach dem Erbfall geltend macht, einem ausgeschlossenen Gläubiger (§ 1973) gleich; es sei denn, dass die Forderung dem Erben vor dem Ablaufe der fünf Jahre bekanntgeworden oder im Aufgebotsverfahren angemeldet worden ist. Die Reichstagskommission hat die in E II und III enthaltene zusätzliche Voraussetzung, dass ein Aufgebotsverfahren nicht stattfand, gestrichen und die Vorschrift auf Fälle erstreckt, in welchen ein solches zwar stattgefunden, jedoch nicht zur Anmeldung der Forderung geführt hat (zu den Konsequenzen s Rn 2, 12).

Hat ein Aufgebotsverfahren stattgefunden, so werden die angemeldeten Ansprüche 2 durch die Anmeldung gegenüber dem Zeitablauf gewahrt (Abs 1 S 1 HS 2). Gegenüber einem nicht angemeldeten Anspruch ist der Erbe schon durch den rechtskräftigen (§ 439 Abs 2 FamFG) Ausschließungsbeschluss geschützt (§ 1973). Gegenüber den nach § 1971 vom Aufgebot nicht betroffenen Gläubigern greift auch die Verschweigungswirkung des § 1974 nicht durch (vgl Abs 3). Wenn ein Aufgebotsverfahren stattgefunden hat, beschränkt sich somit die praktische Bedeutung des § 1974 im wesentlichen auf die Gläubiger aus Pflichtteilsrechten, Erbersatzansprüchen (Rn 16), Vermächtnissen und Auflagen, die ja von dem Aufgebotsverfahren nach § 1972 nicht betroffen werden, wohl aber nach § 1974 von der Ausschlusswirkung der Verschweigung (Abs 2 und Gegenschluss aus Abs 3). Bedeutung hat § 1974 auch gegenüber Forderungen, die erst nach Beginn der Anmeldefrist im Aufgebotsverfahren oder nach Erlass des Ausschließungsbeschlusses begründet worden sind und somit vom Ausschließungsbeschluss nicht betroffen werden (s § 1970 Rn 19).

Hat kein Aufgebotsverfahren stattgefunden, so erstreckt sich die Wirkung der Verschweigung auf alle Nachlassgläubiger mit Ausnahme der in § 1971 genannten (Abs 3).

II. Voraussetzungen der Ausschlusswirkung

1. Hauptvoraussetzung ist der **Ablauf einer Säumnisfrist von fünf Jahren**, die 3 regelmäßig vom Erbfall an nach §§ 187 Abs 1, 188 zu berechnen ist. Da es sich um eine Ausschlussfrist handelt, sind die Vorschriften über die Verjährungshemmung (§§ 203 ff) nicht anwendbar.

a) **Wird der Erblasser für tot erklärt**, so begründet dies nach § 9 VerschG die 4 Vermutung, dass der Verschollene in dem in der Todeserklärung festgestellten Zeitpunkt gestorben ist. Da dieser mehr als fünf Jahre zurückliegen kann, würde bei Errechnung der Frist von diesem Zeitpunkt an der betreffende Gläubiger uU gar nicht in der Lage gewesen sein, seine Forderung binnen fünf Jahren nach dem Erbfall geltend zu machen. Deshalb bestimmt **Abs 1 S 2**, dass die fünfjährige Frist hier nicht vor dem Eintritt der Rechtskraft des Beschlusses über die Todeserklärung zu laufen beginnt.

Nach § 1 Abs 2 VerschG ist nicht verschollen, wessen Tod nach den Umständen nicht 5 zweifelhaft ist. Hier ist eine Todeserklärung unzulässig, wohl aber **kann nach §§ 39 ff VerschG der Zeitpunkt des wirklichen Todes festgestellt werden**. Müsste die Frist von diesem Zeitpunkt an gerechnet werden, der ebenfalls mehr als fünf Jahre zurückliegen kann, so wäre der Gläubiger uU wiederum nicht in der Lage, die Frist zu wahren. Für diesen Fall ließ § 1974 Abs 1 S 2 aF den Gläubiger im Stich. Durch Art 5 Nr 1 GesEinh v 5. 3. 1953 ist § 1974 Abs 1 S 2 derart neu gefasst worden, dass die

Frist nicht vor dem Eintritt der Rechtskraft des die Todeszeit feststellenden Beschlusses beginnt.

6 b) Ansonsten ist die Verschweigungswirkung nach hM nicht davon abhängig, dass der betreffende Gläubiger seine Forderung innerhalb der Säumnisfrist anmelden konnte (hiergegen mit beachtlichen Gründen MUSCHELER, Die Haftungsordnung der Testamentsvollstreckung [1994] 150 ff).

7 Dennoch ist fraglich, **ob die Verschweigungswirkung auch gegenüber einem „neuen" Nachlassgläubiger eintritt, dessen Forderung erst nach Ablauf der fünf Jahre entstanden ist.** Im Hinblick auf den Wortlaut und den Zweck des § 1974, den Erben vor ihm unbekannten und selbst nach fünf Jahren noch nicht geltend gemachten Nachlassverbindlichkeiten zu schützen, ist das zu bejahen (wobei jedoch eine Ausnahme hinsichtlich solcher Verbindlichkeiten zu machen ist, die nach Fristablauf durch Rechtshandlungen des Erben selbst oder eines Nachlassverwalters, Testamentsvollstreckers usw begründet werden; vgl auch SOERGEL/STEIN Rn 3; MUSCHELER 150 ff, 157 ff; **aM** wohl ERMAN/SCHLÜTER Rn 2; MünchKomm/KÜPPER Rn 5; AK-BGB/TEUBNER Rn 3). Das ist nicht unbillig, weil Erbfallschulden dem Erben meist bekannt sein werden und Erblasserschulden, die sich erst nach langer Zeit herausstellen, den Erben besonders hart treffen würden (vgl BGB-RGRK/JOHANNSEN Rn 3; PLANCK/FLAD Anm 4; STROHAL § 76 II 3; PALANDT/EDENHOFER Rn 1; OLG Kiel SeuffA 78 [1924] Nr 37). Dies gilt insb für **betagte oder bedingte Forderungen** sowie für Forderungen, deren Entwicklung aus einem bestehenden Verpflichtungsgrund sich vorhersehen lässt.

8 2. Die Einrede des § 1974 entsteht nur, **wenn der Nachlassgläubiger seine Forderung innerhalb der Frist weder gerichtlich noch außergerichtlich** (Prot V 796) **gegen den Erben geltend gemacht hat.** „Gegen den Erben" richtet sich auch die Geltendmachung gegenüber einem Nachlasspfleger, einem Nachlass- oder Nachlassinsolvenzverwalter oder einem verwaltenden Testamentsvollstrecker (PLANCK/FLAD Anm 5a; BGB-RGRK/JOHANNSEN Rn 3; PALANDT/EDENHOFER Rn 2; MünchKomm/KÜPPER Rn 3; ERMAN/SCHLÜTER Rn 2; SOERGEL/STEIN Rn 4). Ob auch die Geltendmachung gegenüber einem vorläufigen Erben genügt, der später ausschlägt, erscheint wegen § 1953 Abs 1 und 2 zweifelhaft (nicht hingegen wegen § 1958; denn diese Vorschrift betrifft nur die „gerichtliche" Geltendmachung, während § 1974 auch durch außergerichtliche Geltendmachung ausgeschlossen werden kann). Man wird die Frage in Analogie zu § 1959 Abs 3 bejahen dürfen (vgl BGB-RGRK/JOHANNSEN Rn 3; ERMAN/SCHLÜTER Rn 2; SOERGEL/STEIN Rn 4; MünchKomm/KÜPPER Rn 3; PALANDT/EDENHOFER Rn 2; STROHAL II § 76 II 2). Das darf jedoch nicht auf die Frage einer Kenntniszurechnung übertragen werden (s Rn 11).

9 Das Unterlassen der Geltendmachung schadet dem Gläubiger in folgenden Fällen nicht:

a) **wenn und soweit der Gläubiger nach § 1971 von einem Aufgebotsverfahren nicht betroffen würde, Abs 3.** Hierher rechnen die mit dinglichen Sicherungen an einzelnen Nachlassgegenständen ausgestatteten absonderungs- und aussonderungsberechtigten Gläubiger (dies selbstverständlich nur, soweit es sich um die Befriedigung aus den ihnen haftenden Gegenständen handelt; wegen ihrer Ausfallforderungen stehen sie den übrigen Gläubigern gleich). Soweit das Sicherungsrecht an Grundstücken in

Frage steht, kann der Erbe nach § 175 ZVG die Zwangsversteigerung beantragen und dadurch in den Fällen des § 179 ZVG uU schon vor Ablauf von fünf Jahren eine Beschränkung der Haftung auf das haftende Grundstück herbeiführen (s § 1971 Rn 5).

Anders als die in § 1971 genannten Gläubiger, auf die § 1974 keine Anwendung findet (Abs 3), werden Ansprüche aus Pflichtteilsrechten, Vermächtnissen und Auflagen durch den Fristablauf betroffen **(Abs 2)**, obwohl sie durch das Aufgebotsverfahren nach § 1972 nicht berührt werden. Gleiches gilt für Erbersatzansprüche (s Rn 16).

b) Das Unterlassen der Geltendmachung schadet dem Gläubiger nicht, **wenn die Forderung dem Erben noch vor Ablauf der Säumniszeit bekannt geworden ist**. Zur Kenntnis genügt das Wissen, dass der Anspruch besteht oder zumindest tatsächlich behauptet wird. Vom Bestehen des Anspruchs braucht der Erbe nicht überzeugt zu sein (SOERGEL/STEIN Rn 2 [der mir in Fn 6 eine so nicht geäußerte Ansicht unterstellt]; BGB-RGRK/JOHANNSEN Rn 9).

Fahrlässige Unkenntnis steht der Kenntnis nicht gleich (SOERGEL/STEIN Rn 2; AK-BGB/TEUBNER Rn 10) und kann auch nicht zu einer die Verschweigungswirkung ausschaltenden überbereicherungsmäßigen Haftung des Erben nach § 1980 Abs 1 S 2, Abs 2 führen (vgl § 1973 Abs 2 S 1 BGB, § 328 Abs 2 InsO sowie STAUDINGER/LEHMANN[11] Rn 7 m älteren Nachweisen; BGB-RGRK/JOHANNSEN Rn 7).

Fraglich ist, ob der **Kenntnis** des Erben die **eines Nachlasspflegers**, eines Nachlass- oder Insolvenzverwalters oder eines verwaltenden Testamentsvollstreckers gleichzustellen ist (dafür: STROHAL II § 76 II 2; PLANCK/FLAD Anm 5a; ERMAN/SCHLÜTER Rn 2; SOERGEL/STEIN Rn 2; MünchKomm/KÜPPER Rn 3; zweifelnd BGB-RGRK/JOHANNSEN Rn 6). Da die Forderung gegen diese Personen geltend gemacht werden kann, spricht einiges dafür, ihre Kenntnis dem Erben zuzurechnen. Die **Kenntnis eines vorläufigen Erben**, der später ausschlägt, kann dem endgültigen Erben jedoch nicht zugerechnet werden (**aM** AK-BGB/TEUBNER Rn 10; MünchKomm/KÜPPER Rn 3; SOERGEL/STEIN Rn 2; ERMAN/SCHLÜTER Rn 2; wohl auch STAUDINGER/LEHMANN[11] Rn 7; **zweifelnd** BGB-RGRK/JOHANNSEN Rn 6). Für eine analoge Anwendung des § 1959 Abs 3, durch die allein die aus § 1953 Abs 1 und 2 folgenden Bedenken ausgeräumt werden könnten, ist hier kein Raum (anders bei der „Geltendmachung", s Rn 8).

c) Das Unterlassen der Geltendmachung schadet dem Gläubiger nicht, **wenn die Forderung in einem Aufgebotsverfahren angemeldet worden ist (Abs 1 S 1)**. Diese Anmeldung ist auch für die Ansprüche aus Pflichtteilsrechten usw (§ 1972) wichtig, um den Eintritt der Rechtsfolgen des § 1974 Abs 2 (dazu Rn 16) auszuschließen.

3. Ausgeschlossen ist der Eintritt der Verschweigungswirkung, **wenn der Erbe bereits allen Gläubigern gegenüber unbeschränkbar haftend geworden ist, § 2013 Abs 1 S 1**. Der Erbe darf also während der fünfjährigen Frist sein Recht zur Haftungsbeschränkung nicht verloren haben (zu Besonderheiten bei Erbenmehrheit vgl § 2013 Rn 3, 12 und § 2060 Nr 2). Ein einzelner Gläubiger mit nur einer Forderung, dem gegenüber der Erbe innerhalb der fünfjährigen Frist auf die beschränkte Haftung verzichtet hat oder der vor Fristablauf die Leistung der eidesstattlichen Versicherung (§ 2006) verlangt hat, kann durch die fünfjährige Säumnis schon deshalb nicht betroffen werden, weil der Erbe diese Forderung ja kennt (vgl MünchKomm/KÜPPER Rn 4; KIPP/COING § 96 III).

14 **Ist die relative Haftungsbeschränkung des § 1974 bereits eingetreten**, so kann sich der Erbe auf sie auch dann noch berufen, wenn *später* der Fall des § 1994 Abs 1 S 2 oder des § 2005 Abs 1 eintritt (§ 2013 Abs 1 S 2); nicht hingegen, wenn der Erbe dem von § 1974 betroffenen Gläubiger die eidesstattliche Versicherung nach § 2006 Abs 3 verweigert (str, s § 1973 Rn 4).

III. Wirkungen

15 1. Die Rechtswirkungen der fünfjährigen „Verschweigung" sind nach Abs 1 S 1 **die gleichen wie die eines Ausschlusses im Aufgebotsverfahren**. Die Haftung des Erben wird also grundsätzlich auf die Bereicherung beschränkt (§ 1973). Verschärfte Haftung nach §§ 818 Abs 4, 819 Abs 1 Fall 1 (s § 1973 Rn 13) aufgrund *nach* Erwerb der Einrede aus § 1974 eingetretener Rechtshängigkeit oder Kenntnis ist möglich; bei Rechtshängigkeit oder Kenntniserlangung *vor* Ablauf der Fünfjahresfrist scheidet § 1974 bereits tatbestandsmäßig aus (Rn 8, 10). Zur persönlichen Verantwortlichkeit des Erben bei Nichtbeachtung der in § 1973 Abs 1 S 2 genannten Rangfolge s § 1973 Rn 21. Bei geteiltem Nachlass unter Miterben gilt außerdem § 2060 Nr 2.

16 2. Eine besondere Regelung trifft **Abs 2** für die – mangels einer dem Abs 3 vergleichbaren Ausnahmeregelung grundsätzlich mögliche – Verschweigung von Verbindlichkeiten aus **Pflichtteilsrechten, Vermächtnissen** und **Auflagen**; die Vorschrift gilt entspr für **Erbersatzansprüche** (vgl den für Altfälle [Art 227 Abs 1 Nr 1 EGBGB] noch fortgeltenden § 1934b Abs 2 S 1 und, direkt zu § 1974: SOERGEL/STEIN Rn 5; KIPP/COING § 96 III). Von einem Aufgebot würden diese Verbindlichkeiten nicht betroffen (§ 1972). Gem § 1973 Abs 1 S 2 hat der Erbe aber vor diesen Verbindlichkeiten erst die im Aufgebotsverfahren ausgeschlossenen Gläubiger, die ihre Forderungen geltend machen, zu befriedigen. Eine uneingeschränkte Anwendung der Vorschrift auf den Fall, dass einer der durch sie *zurückgesetzten* Gläubiger gem § 1974 einem ausgeschlossenen Gläubiger gleichsteht, könnte (wenn auch wohl nicht zwingend) zu dem Ergebnis führen, dass dieser Gläubiger wegen (!) seiner fünfjährigen Säumnis *vor* den übrigen Pflichtteils-, Vermächtnis-, Auflage- und Erbersatzberechtigten zu befriedigen ist. Dies würde jedoch der Grundregel des § 1973 Abs 1 S 1 zuwiderlaufen. Deshalb beschränkt § 1974 Abs 2 den (seinerseits wiederum den § 1973 Abs 1 S 1 einschränkenden) § 1973 Abs 1 S 2 dergestalt, dass der dem ausgeschlossenen Gläubiger in § 1973 Abs 1 S 2 zugestandene Vorrang gegenüber Pflichtteilsrechten, Vermächtnissen, Auflagen und Erbersatzansprüchen *im Verhältnis der Pflichtteilsrechte, Vermächtnisse, Auflagen und Erbersatzansprüche zueinander* nur wirksam sein soll, soweit ein solcher Vorrang auch im Nachlassinsolvenzverfahren gegeben wäre. Der Erbe muss also zB einen säumigen Pflichtteilsberechtigten gem §§ 1974 Abs 2, 1973 Abs 1 S 2 nur vor solchen Verbindlichkeiten befriedigen, die auch im Nachlassinsolvenzverfahren einen schlechteren Rang hätten (also vor Vermächtnissen, Auflagen und – soweit noch denkbar – Erbersatzansprüchen; vgl § 327 Abs 1 InsO und unten Rn 17). Im Übrigen – dh im Verhältnis zu denjenigen der in § 1974 Abs 2 genannten Arten von Verbindlichkeiten, die dem Säumigen im Nachlassinsolvenzverfahren vorgehen (zB im Verhältnis eines säumigen Vermächtnisnehmers zu einem nicht säumigen Pflichtteilsberechtigten, s § 327 Abs 1 InsO) oder mit ihm gleichen Rang haben würden – schließt § 1974 Abs 2 die Anwendung des § 1973 Abs 1 S 2 aus. Insoweit ist dann auch auf das Verhältnis von Verbindlichkeiten aus Pflichtteilsrechten, Vermächtnissen, Auflagen und Erbersatzansprüchen zueinander der bei Verbindlichkeiten *dieser* Art sonst durch § 1973 Abs 1 S 2 verdrängte § 1973 Abs 1 S 1 anwendbar, welcher besagt, dass der ausgeschlossene bzw ihm gleichstehende Gläubiger auf das verwiesen werden kann, was vom Nachlass nach Befriedigung der nicht ausgeschlossenen Gläubiger noch übrig bliebe.

Die für § 1974 Abs 2 bedeutsame Vorfrage nach dem **insolvenzrechtlichen Rang** der Verbindlichkeiten aus Pflichtteilsrechten, Vermächtnissen, Auflagen und Erbersatzansprüchen ist in **§ 327 Abs 1 InsO** geregelt. Danach ergibt sich, vorbehaltlich der Sonderregelung in § 327 Abs 2 InsO, folgende Rangordnung: An letzter, aus dem aktuellen Gesetzeswortlaut nicht mehr ersichtlicher Stelle rangieren Erbersatzansprüche (vgl HK-InsO/MAROTZKE[5] § 327 Rn 12 ff), an zweitletzter Stelle vom Erblasser angeordnete Vermächtnisse und Auflagen und an drittletzter Stelle Pflichtteilsansprüche. 17

Im Nachlassinsolvenzverfahren werden diese Verbindlichkeiten, sofern sie iS von § 1974 Abs 1 verschwiegen worden sind, erst nach den Verbindlichkeiten berichtigt, mit denen sie ohne die Verschweigungswirkung gleichen Rang haben würden (§ 327 Abs 3 S 1 InsO). Gem § 1973 Abs 1 S 1, dessen in § 1973 Abs 1 S 2 ausgesprochene Einschränkung ihrerseits durch § 1974 Abs 2 beschränkt wird (s oben Rn 16), darf der Erbe dem säumigen Gläubiger gegenüber in gleicher Weise auch dann verfahren, wenn ein Nachlassinsolvenzverfahren **nicht** anhängig ist.

Im Einzelnen gilt Folgendes: 18

a) Wenn die verspätet geltend gemachte Forderung überhaupt kein Pflichtteils-, Vermächtnis-, Auflage- oder Erbersatzanspruch ist, findet § 1973 Abs 1 S 2 uneingeschränkte Anwendung.

b) Wenn Pflichtteilsrechte, Vermächtnisse, Auflagen und/oder Erbersatzansprüche miteinander konkurrieren, hat der Erbe gem §§ 1973 Abs 1 S 2, 1974 Abs 2 die von § 1974 betroffenen Pflichtteilsansprüche vor den Ansprüchen aus Vermächtnissen und Auflagen, diese wiederum, wenn sie von § 1974 betroffen sind, noch vor etwaigen Erbersatzansprüchen zu befriedigen, und zwar auch vor den nicht ausgeschlossenen (dies gilt freilich nur für die Befriedigung aus dem *Nachlass*, auf den der Erbe die nicht ausgeschlossenen bzw nicht verschwiegenen Gläubiger jedoch nicht schon nach §§ 1973 Abs 1 S 1, 1974 beschränken kann [vgl auch § 1973 Rn 12]). Sind mehrere Ansprüche, die nach § 327 Abs 1 und 2 InsO *gleichen* Rang haben (zB mehrere Pflichtteilsansprüche), zu befriedigen, so ist der von der Ausschlusswirkung des § 1974 betroffene Anspruch im Nachlassinsolvenzverfahren *nach* den von ihr nicht betroffenen zu befriedigen (§ 327 Abs 3 InsO). Dass der Erbe den verschwiegenen Anspruch auch *außerhalb* des Nachlassinsolvenzverfahrens auf diesen Rang verweisen kann, folgt aus § 1974 Abs 1 iVm § 1973 Abs 1 S 1. Denn § 1974 Abs 2 beschränkt den (seinerseits § 1973 Abs 1 S 1 einschränkenden) § 1973 Abs 1 S 2 auf Fälle, in denen der in dieser Vorschrift angeordnete Vorrang des ausgeschlossenen bzw gleichstehenden Gläubigers mit der insolvenzrechtlichen Rangfolge nicht kollidiert. Sind mehrere verschwiegene Ansprüche gleichen Ranges geltend gemacht, so sind sie *im* Nachlassinsolvenzverfahren gleichberechtigt „nach dem Verhältnis ihrer Beträge" zu befriedigen (vgl die Eingangsworte des § 327 Abs 1 InsO). *Außerhalb* des Nachlassinsolvenzverfahrens gilt dies schon nach dem Wortlaut der §§ 1973 Abs 1 S 2, 1974 Abs 2 nicht *(„vor* den Verbindlichkeiten aus Pflichtteilsrechten …"; „im Range *vor*gehen würde"). Kommt es nicht zum Nachlassinsolvenzverfahren, sind verschwiegene gleichrangige Ansprüche der unter § 1974 Abs 2 fallenden Art *im Verhältnis zueinander* ebenso zu behandeln wie mehrere *nicht* unter § 1974 Abs 2 fallende verschwiegene oder ausgeschlossene Ansprüche (**aM** ohne Begründung ERMAN/SCHLÜTER Rn 3; MünchKomm/KÜPPER Rn 6 [und § 1989 Rn 8]; SOERGEL/STEIN Rn 5; wohl auch STAUDINGER/LEHMANN[11] Rn 10). Sie können ohne Rücksicht aufeinander verfolgt werden; die Befriedigung des einen mindert den Nachlassüberschuss zu Lasten des anderen (§§ 1973 Abs 2 S 1, 818 Abs 3).

IV. Beweislast

19 Der Gläubiger, der den Erben nach Ablauf der Säumnisfrist über die Bereicherung hinaus in Anspruch nehmen will, muss dartun, dass entweder die Forderung dem Erben gegenüber vor Ablauf der Säumnisfrist geltend gemacht oder in einem Aufgebotsverfahren angemeldet worden oder dass sie dem Erben vorher bekannt geworden ist (BGB-RGRK/JOHANNSEN Rn 16; PLANCK/FLAD Anm 5d; MünchKomm/KÜPPER Rn 7). Diese Verteilung der Beweislast folgt aus der Formulierung „es sei denn …" in Abs 1 S 1 HS 2. Ist § 1974 erfüllt und macht der Gläubiger eine verschärfte Haftung des Erben geltend (Rn 15), so muss er deren Voraussetzungen beweisen.

Untertitel 3
Beschränkung der Haftung des Erben

Vorbemerkungen zu §§ 1975–1992

Schrifttum

Vgl die Nachweise bei den Vorbem zu §§ 1967 ff
und bei § 1975.

I. Allgemeines

Die §§ 1975–1992 betreffen die Beschränkung der **Haftung** des Erben auf den 1
Nachlass. Was damit gemeint ist und welchen Einfluss eine derartige Haftungsbeschränkung auf die **persönliche Schuld** ausübt, die den Erben bzgl der Nachlassverbindlichkeiten trifft, wurde bereits in Vorbem 6–8 zu §§ 1967 ff ausgeführt.

Hervorzuheben ist, dass eine Beschränkung der Haftung auf den Nachlass **gegenüber** 2
dinglichen oder ihnen gleichgestellten Ansprüchen, die nach § 1971 vom Aufgebot nicht betroffen würden, grundsätzlich nicht in Betracht kommt. Gegenüber akzessorischen *dinglichen Sicherungsrechten* gilt dies jedenfalls dann, wenn der Gläubiger sie bereits vom Erblasser erworben hat (vgl §§ 884, 1137 Abs 1 S 2, 1211 Abs 1 S 2). Hat der Nachlassgläubiger solche Rechte erst nach dem Erbfall erlangt, so ist zu unterscheiden: Auf den Fall, dass der Nachlassgläubiger sein Sicherungsrecht durch Rechtsgeschäft vom Erben erlangt und der Erbe sich dabei nicht ausdrücklich sein Haftungsbeschränkungsrecht vorbehalten hat, sind die soeben zitierten Vorschriften analog anwendbar (uU kann der Erbe das Sicherungsrecht jedoch kondizieren, vgl § 1990 Rn 25). Hat der Gläubiger das Sicherungsrecht jedoch nach dem Erbfall im Wege der Zwangsvollstreckung, der Arrestvollziehung oder der einstweiligen Verfügung erlangt, so kann der Erbe seine Haftung auch in Ansehung dieses Rechts noch beschränken (vgl §§ 1990 Abs 2, 2016 Abs 2 BGB, § 784 Abs 1 ZPO sowie § 321 InsO [der trotz des vom früheren § 221 KO abweichenden Wortlauts auch für Arreste und einstweilige Verfügungen gilt; vgl § 1975 Rn 47]).

II. Inhaltsübersicht

Während sich die Vorschriften des II. Untertitels mit zwei Fällen der Beschränkung 3
der Erbenhaftung gegenüber *einzelnen* Nachlassgläubigern befassen (§§ 1973, 1974), bestimmt der III. Untertitel (§§ 1975–1992), unter welchen Voraussetzungen und in welcher Weise die Haftung des Erben *allen* Gläubigern gegenüber beschränkt wird:

1. Regelmäßige Voraussetzung einer Haftungsbeschränkung ist gem § 1975 die 4
Herbeiführung einer Nachlassverwaltung oder eines Nachlassinsolvenzverfahrens, die

erstere idR bei zureichendem, die letztere bei zahlungsunfähigem oder überschuldetem (§ 320 InsO) Nachlass.

Zur Frage einer **analogen** Anwendung der §§ 1975 ff, 1981 ff BGB und der §§ 315 ff InsO auf den „**Nachlass**" **einer vollbeendeten Personengesellschaft** s § 1975 Rn 54.

5 2. *Ist der Nachlass dürftig* – dh deckt er nicht die Kosten einer Nachlassverwaltung oder eines Nachlassinsolvenzverfahrens –, so kann nach §§ 1990, 1991 eine **Haftungsbeschränkung auch ohne amtliches Verfahren** herbeigeführt werden. Gegenüber *Vermächtnis-* und *Auflage*gläubigern kann diese Beschränkungsmöglichkeit auch bei nicht dürftigem Nachlass gegeben sein, vgl § 1992.

6 3. Eine besondere Art der beschränkten Haftung, nämlich eine dem § 1973 entsprechende, ist in **§ 1989** bestimmt. Diese Vorschrift betrifft den Fall, dass das *Nachlassinsolvenzverfahren durch Verteilung der Masse oder Insolvenzplan beendet* ist und der Erbe hinterher noch für Nachlassverbindlichkeiten in Anspruch genommen wird.

7 4. **Der Inventarerrichtung**, die eine nur papierene Sonderung des Nachlasses vom Eigenvermögen bedeutet, **hat das Gesetz** – in Abweichung vom gemeinen Recht (Denkschr 722) und im Unterschied zu vielen anderen europäischen Rechtsordnungen (vgl § 1993 Rn 2) – **keine haftungsbeschränkende Wirkung beigelegt**. Die Errichtung eines Nachlassinventars *wahrt* dem Erben nur die Beschränkungsmöglichkeit, während ein *Verstoß* gegen die Inventarpflicht (§ 1994 Rn 1 ff) das Beschränkungsrecht vernichtet und die Erbenhaftung zur endgültig unbeschränkten, also unbeschränkbaren, steigert (§§ 1994 Abs 1 S 2; 2005 Abs 1; vgl auch § 2006 Abs 3).

8 Im Falle rechtzeitiger Inventarerrichtung wird im Verhältnis zwischen dem Erben und den Nachlassgläubigern vermutet, dass zZ des Erbfalls weitere Nachlassgegenstände als die angegebenen nicht vorhanden gewesen seien (§ 2009). Diese *Vollständigkeitsvermutung* erleichtert dem beschränkt haftenden Erben den ihm obliegenden (§ 1990 Rn 11) Nachweis, dass ein bestimmter Gegenstand, den er von dem Vollstreckungszugriff eines Nachlassgläubigers befreien möchte (§§ 780 ff ZPO), nicht zum Nachlass, sondern zu seinem Eigenvermögen gehört.

9 III. Eine Beschränkung der Haftung auf den Nachlass entfällt bzw kann nicht mehr eintreten, soweit der Erbe sein **Haftungsbeschränkungsrecht verloren** hat (vgl § 2013 sowie die zusammenfassende Darstellung der Verlustgründe bei Vorbem 14 zu §§ 1967 ff).

10 IV. Zur prozessualen Geltendmachung des Haftungsbeschränkungsrechts vgl Vorbem 19 ff, 45 zu §§ 1967 ff.

Titel 2 · Haftung des Erben für die Nachlassverbindlichkeiten §1975
Untertitel 3 · Beschränkung der Haftung des Erben

§ 1975
Nachlassverwaltung; Nachlassinsolvenz

Die Haftung des Erben für die Nachlassverbindlichkeiten beschränkt sich auf den Nachlass, wenn eine Nachlasspflegschaft zum Zwecke der Befriedigung der Nachlassgläubiger (Nachlassverwaltung) angeordnet oder das Nachlassinsolvenzverfahren eröffnet ist.

Materialien: E I § 2110 Abs 1; II § 1850; III § 1950; Mot V 623–625; Prot V 759–766, 807–827; JAKOBS/SCHUBERT ER I 301, 337 ff.
Neufassung seit 1.1.1999: In § 1975 und § 1976 wurden die Worte „der Nachlaßkonkurs" jeweils ersetzt durch die Worte „das Nachlaßinsolvenzverfahren" (Art 33 Nr 34 EGInsO). Zum *früheren* Rechtszustand vgl Rn 1 ff, 9, 28 und STAUDINGER/MAROTZKE (1996) § 1975 Rn 1 ff, 19 ff, 30 ff.

Schrifttum

BLEY/MOHRBUTTER, Vergleichsordnung, Erl zu § 113 VerglO (4. Aufl 1980)
BRAND/KLEEFF, Die Nachlaßsachen in der gerichtlichen Praxis (2. Aufl 1961) 507–524
BRÜGGEHAGEN, Der Konkurs über den Nachlaß eines Gesellschafters einer Personenhandelsgesellschaft (Diss Göttingen 1985)
BRÜNNING, Nachlaßverwaltung und Nachlaßkonkurs im internationalen Privat- und Verfahrensrecht (1996)
DAUNER-LIEB, Zwangsvollstreckung bei Nachlaßverwaltung und Nachlaßkonkurs, in: FS Gaul (1997) 93
dies, Unternehmen in Sondervermögen (1998) 65 ff
EBBECKE, Verwaltungsrecht mit dinglicher Wirkung, Gruchot 61 (1917) 558
FIRSCHING/GRAF, Nachlaßrecht (8. Aufl 1999/ 2000) Rn 4.785 ff, 4.853 ff
GLASER, Das Nachlaßwesen (1952) 42–55
GRAF, Möglichkeiten der Haftungsbeschränkung für Nachlassverbindlichkeiten, ZEV 2000, 125
HAEGELE, Nachlaßpflegschaft und Nachlaßverwaltung (1955)
HANISCH, Nachlaßinsolvenzverfahren und materielles Erbrecht – Schwerpunkte im Binnen- und im Auslandsbezug, in: FS Henckel (1995) 369
HENSCHEL, Vermehrung der Konkurse, DJZ 1901, 434
HILLEBRAND, Die Nachlaßverwaltung – unter besonderer Berücksichtigung der Verwaltungs- und Verfügungsrechte des Nachlaßverwalters (Diss Bochum 1998)
HÜSEMANN, Das Nachlaßinsolvenzverfahren (1998; zugl Diss Münster 1997)
JAEGER, Voraussetzungen eines Nachlaßkonkurses (Diss Erlangen 1893)
ders, Erbenhaftung und Nachlaßkonkurs im neuen Reichsrecht (1898)
JAEGER/WEBER, Konkursordnung mit Einführungsgesetzen II 2 (8. Aufl 1973) Erl zu §§ 214–235 KO
KLOOK, Die überschuldete Erbschaft. Der Erbe als Berechtigter und als Treuhänder der Nachlaßgläubiger (1998)
KRAKER, Nachlaßgericht und überschuldeter Nachlaß, BWNotZ 1952, 167
KRETZSCHMAR, Nachlaßverwaltung, ZBlFG 9 (1908/1909) 447
ders, Einfluß des Nachlaßkonkurses auf die Haftung des Erben für die Nachlaßverbindlichkeiten, LZ 1909, 189
ders, Umfang der Pfändungsbeschränkungen im Nachlaßkonkurse und bei der Herausgabe des Nachlasses an die Nachlaßgläubiger, LZ 1914, 363
LIEBE, Stellung und Befugnisse des Nachlaßverwalters, SächsArch 11 (1901) 544
MAENNER, Die rechtliche Stellung des Konkursverwalters, Testamentsvollstreckers und Nachlaßverwalters, LZ 1916, 783
MAROTZKE, Die Stellung der Nachlassgläubiger

in der Eigeninsolvenz des Erben, in: FS Otte (2005) 223
ders, Sonderinsolvenz und Nachlassverwaltung über das Vermögen einer erloschenen Personengesellschaft, ZInsO 2009, 590
MÖHRING/BEISSWINGERT/KLINGELHÖFFER, Vermögensverwaltung in Vormundschafts- und Nachlaßsachen (7. Aufl 1992) 134–164
MUSCHELER, Die Haftungsordnung der Testamentsvollstreckung (1994)
NÖLL, Der Tod des Schuldners in der Insolvenz (2005)
RAAPE, Das Haftungsgestaltungsrecht des Erben, JherJb 72 (1922) 293
REICHEL, Nachlaßkonkurs vor Erbannahme, SeuffBl 76 (1911) 452
RIESENFELD, Die Erbenhaftung II (1916) 46–218
ROTH, Die Eröffnungsgründe im Nachlassinsolvenzverfahren, ZInsO 2009, 2265 (dazu § 1980 Rn 9)
RUGULLIS, Nachlassverwaltung und Nachlassinsolvenzverfahren – ein verfahrensrechtlicher Vergleich, ZEV 2007, 117
ders, Nachlassverwaltung und Nachlassinsolvenzverfahren – ein Rechtsfolgenvergleich, ZEV 2007, 156

SCHMERBACH, Tod des Schuldners im Verbraucherinsolvenzverfahren, NZI 2008, 353
SCHMIDT, Die Geschäftsführung des Nachlaßpflegers und Nachlaßverwalters (1958)
SCHMIDT-KESSEL, Was ist Nachlass?, WM 2003, 2086
G SIEGMANN, Ungereimtheiten und Unklarheiten im Nachlaßinsolvenzrecht, ZEV 2000, 221
ders, Der Tod des Schuldners im Insolvenzverfahren, ZEV 2000, 345
UHLENBRUCK, Die Möglichkeiten der Haftungsbeschränkung des Erben durch Nachlaßkonkurs oder Nachlaßvergleich, ZAP 1991, 185
ULLMANN, Die Pflicht zum Antrage des Konkurses oder des gerichtlichen Vergleichsverfahrens, JW 1930, 1344
VALLENDER/FUCHS/REY, Der Antrag auf Eröffnung eines Nachlaßinsolvenzverfahrens und seine Behandlung bis zur Eröffnungsentscheidung, NZI 1999, 355
WEDERMANN, Die Nachlaßpflegschaft unter Berücksichtigung der Nachlaßordnung und der Rechtsprechung in Bayern, BayZ 1916, 338, 344–346
WEISSLER, Das Nachlaßverfahren (1920) 411 ff.
Weiteres Schrifttum zum *Nachlassinsolvenzverfahren* bei Rn 28 und bei § 1989, zu den *Einreden aus § 1990 und § 1992* bei § 1990.

Systematische Übersicht

I.	**Allgemeines**		
1.	Neufassung der Vorschrift		1
2.	Der Absonderungsgedanke		5
a)	Völlige Nachlassabsonderung durch Nachlassverwaltung und Nachlassinsolvenzverfahren		5
b)	Geringere Nachlassabsonderung bei Eigenverwaltung gem §§ 270 ff InsO		9
3.	Rechtslage bei unbeschränkbar gewordener Erbenhaftung		11
4.	Beginn und Ende der Haftungsbeschränkung		13
II.	**Die Nachlassverwaltung**		
1.	Entstehungsgeschichte		15
2.	Wesen der Nachlassverwaltung		18
3.	Beantragung und Anordnung der Nachlassverwaltung		20
4.	Wirkungen der Nachlassverwaltung		24
5.	Rechtsstellung des Nachlassverwalters		25
6.	Beendigung der Nachlassverwaltung		26
7.	Kosten		27
III.	**Das Nachlassinsolvenzverfahren**		
1.	Entstehungsgeschichte		28
2.	Nachlassinsolvenz als Sondervermögensinsolvenz		29
3.	Voraussetzungen		30
4.	Insolvenzgericht		33
5.	Antragsberechtigte		34
6.	Rechtsstellung des Nachlassinsolvenzverwalters		40
7.	Die Insolvenzmasse		41
8.	Die Gläubiger		42
a)	Insolvenzgläubiger		43

Titel 2 · Haftung des Erben für die Nachlassverbindlichkeiten **§ 1975**
Untertitel 3 · Beschränkung der Haftung des Erben **1–5**

b)	Masseverbindlichkeiten	45	V. Auslandsberührung	50
c)	Erweiterte Rückschlagsperre (§§ 88, 321 InsO)	46	VI. Ehemalige DDR/neue Bundesländer	53
9.	Insolvenzplan	48		
IV.	Nachlasskonkurs und Nachlassvergleichsverfahren	49	VII. Analoge Anwendung im Gesellschaftsrecht?	54

I. Allgemeines

1. Neufassung der Vorschrift

Die ursprüngliche Fassung des § 1975 bezeichnete als regelmäßige Voraussetzung **1** einer Haftungsbeschränkung auf den Nachlass die Anordnung einer **Nachlassverwaltung** oder die Eröffnung des **Nachlasskonkurses**.

Hinzu trat aufgrund der VerglO v 26. 2. 1935 das konkursabwendende **Nachlassver- 2 gleichsverfahren**, das anstelle des Nachlasskonkurses beantragt werden konnte und gem § 113 Abs 1 Nr 4 VerglO in Ansehung der Haftung des Erben für die Nachlassverbindlichkeiten wie das Nachlasskonkursverfahren wirkte. Während Nachlassverwaltung und Nachlasskonkurs zu einer völligen Absonderung des Nachlasses vom Erbenvermögen führten, eröffnete das Nachlassvergleichsverfahren die Möglichkeit einer Selbstverwaltung des Nachlasses durch den Erben, die zwar das Prinzip der Nachlassabsonderung teilweise durchbrach, sich aber von der dem Erben überlassenen Selbstverwaltung des dürftigen Nachlasses (§§ 1990/91 BGB) durch die Beaufsichtigung des Erben und seine stärkere Bindung unterschied (s Rn 9 mwNw).

In den sog „neuen Bundesländern" **(ehem DDR)** galt anstelle der KO und der **3** VerglO übergangsweise die GesO. Das in dieser vorgesehene **Nachlass-Gesamtvollstreckungsverfahren** (dazu STAUDINGER/MAROTZKE [1996] Vorbem 5 zu §§ 1975 ff) entsprach funktional dem in §§ 1975 ff erwähnten Nachlasskonkurs.

Die KO, die VerglO und die GesO gelten nur noch für Verfahren, die auf einem vor dem 4 1. 1. 1999 gestellten Eröffnungsantrag beruhen (Art 2, 103 EGInsO). Im Übrigen trat an die Stelle von KO, VerglO und GesO am 1. 1. 1999 die InsO. Ebenfalls zum 1. 1. 1999 wurden deshalb in § 1975 BGB die Worte „der Nachlaßkonkurs" durch die Worte „das **Nachlassinsolvenzverfahren**" ersetzt und auch die §§ 1976 ff BGB entsprechend angepasst (Art 33 Nrn 34 ff EGInsO). Geregelt ist das Nachlassinsolvenzverfahren in den §§ **315 ff InsO**.

2. Der Absonderungsgedanke

a) Völlige Nachlassabsonderung durch Nachlassverwaltung und Nachlassinsolvenzverfahren

Im Fall der Nachlassverwaltung oder des (fremdverwalteten, s Rn 9 f) Nachlassinsol- **5** venzverfahrens wird der Nachlass der Verwaltung des Erben völlig entzogen. Seine Verwaltung, die Verfügung über die Nachlassgegenstände und die Berichtigung der Schulden aus dem Nachlass werden ganz in die Hände eines **amtlichen Absonde-**

rungsverwalters (Nachlassverwalters oder Nachlassinsolvenzverwalters) gelegt. Vgl §§ 1984 Abs 1, 1985 BGB für die Nachlassverwaltung und §§ 80 ff, 148 ff InsO (vormals §§ 6 ff, 117 Abs 1 KO) für das Nachlassinsolvenzverfahren.

6 Die Nachlassgläubiger können ihre Befriedigung in den Fällen des § 1975 nur aus dem Nachlass suchen und im Fall der Nachlassverwaltung ihre Ansprüche gem § 1984 Abs 1 S 3 nur gegen den Verwalter geltend machen (es sei denn, es handelt sich um Ansprüche, die anders als durch Einsatz von Vermögenswerten zu befriedigen sind; vgl § 1984 Rn 23). Obwohl für das Nachlassinsolvenzverfahren eine dem § 1984 Abs 1 S 3 entsprechende Vorschrift fehlt, kann der Erbe auch hier wegen eines Anspruchs, der aus dem Nachlass zu erfüllen ist (vgl RG BayZ 1920, 78 und § 1984 Rn 23), idR nicht verklagt werden (vgl Vorbem 29 ff zu §§ 1967 ff). Der seines Haftungsbeschränkungsrechts noch nicht verlustig gegangene Erbe kann im Fall der Nachlassverwaltung oder des Nachlassinsolvenzverfahrens verlangen, dass Maßregeln der **Zwangsvollstreckung**, die zugunsten eines *Nachlassgläubigers* in sein Eigenvermögen erfolgt sind (insoweit keine Sperrwirkung des § 89 Abs 1 InsO; s Vorbem 29 zu §§ 1967 ff mwNw), aufgehoben werden (§ 784 Abs 1 ZPO). Umgekehrt sind Zwangsvollstreckungen und Arreste in den Nachlass zugunsten eines Eigengläubigers ausgeschlossen (§ 1984 Abs 2); auch kann der Nachlassverwalter die Aufhebung von Vollstreckungsmaßregeln verlangen, die vor der Anordnung der Nachlassverwaltung zugunsten von Eigengläubigern in den Nachlass erfolgt sind, § 784 Abs 2 ZPO. Der Nachlass*insolvenz*verwalter ist in § 784 Abs 2 ZPO nicht genannt, weil er auf einen derartigen Rechtsbehelf nach ganz hM nicht angewiesen ist: Gem § 321 InsO, der nach hM auch auf Eigengläubiger des Erben Anwendung findet (Prot V 765, 785; Begr KO-Novelle 1898 S 49 = HAHN/MUGDAN VII 253; anders noch Mot V 624 – jeweils in Bezug auf den inhaltsgleichen § 221 KO), kann aufgrund einer nach dem Erbfall in den Nachlass erwirkten Vollstreckungsmaßregel ohnehin nicht abgesonderte Befriedigung verlangt werden (vgl jedoch HK-InsO/MAROTZKE[5] § 321 Rn 1 zur Unvereinbarkeit der Vorschrift mit Art 3 Abs 1 GG). Außerdem gilt während der Dauer des Nachlassinsolvenzverfahrens für die Vollstreckung in den Nachlass (nicht: in das Eigenvermögen; s oben) das Verbot des § 89 Abs 1 InsO. Diese Bestimmung wendet sich zwar ebenso wie die sie ergänzende, dabei aber wohl gegen Art 3 Abs 1 GG verstoßende (vgl MAROTZKE ZInsO 2006, 7, 9, 190 f; dens DZWIR 2007, 265, 267, 281) „Rückschlagsperrvorschrift" des § 88 InsO dem *Wortlaut* nach nur an *Insolvenz*gläubiger. Jedoch muss ihr Verbotsinhalt erst recht gegenüber solchen Gläubigern wirken, die im Insolvenzverfahren *überhaupt nichts* zu beanspruchen haben (vgl auch HK-InsO/MAROTZKE[5] § 321 Rn 7 und § 325 Rn 6). Dies trifft für die Eigengläubiger des Erben zu: Gem § 325 InsO können im Nachlassinsolvenzverfahren nur *Nachlass*verbindlichkeiten geltend gemacht werden.

7 Zur weiteren Durchführung der durch die Nachlassverwaltung oder das Nachlassinsolvenzverfahren bewirkten Sonderung des Nachlasses vom Eigenvermögen des Erben macht § 1976 die infolge des Erbfalls eingetretene **Vereinigung von Recht und Verbindlichkeit** rückgängig (vgl auch § 326 InsO). Forderungen, die durch **Aufrechnung** erloschen sind, leben nach Maßgabe des § 1977 wieder auf.

8 Da das Gesetz dem Erben das Recht zugesteht, seine Haftung auf die Nachlassgegenstände zu beschränken, versucht es, **die Nachlassgläubiger vor der Gefahr zu sichern, dass der Nachlass durch Handlungen oder Unterlassungen des Erben verringert wird**. Das geschieht zunächst einmal dadurch, dass dem Erben mit der Anordnung

der Nachlassverwaltung oder der Eröffnung des Nachlassinsolvenzverfahrens die Befugnis, den Nachlass zu verwalten und über ihn zu verfügen, entzogen wird (§ 1984 Abs 1 BGB, §§ 80 ff InsO, Ausnahmen in §§ 270 ff InsO). Daneben bedarf es jedoch auch des Schutzes gegen eine *vorherige* Minderung des Nachlasses. Einer solchen könnte uU schon nach den Grundsätzen einer „dinglichen Surrogation" entgegengewirkt werden (sehr str; vgl § 1978 Rn 15, 17 ff). Auch macht das Gesetz den Erben für die bis zur Anordnung der Nachlassverwaltung oder der Eröffnung des Nachlassinsolvenzverfahrens notwendige Verwaltung des Nachlasses persönlich verantwortlich. Von der Annahme der Erbschaft an ist er den Nachlassgläubigern wie ein Beauftragter, für die Zeit vorher wie ein Geschäftsführer ohne Auftrag verantwortlich (§ 1978 Abs 1). Den nach § 1973 ausgeschlossenen und den diesen durch § 1974 gleichgestellten säumigen Gläubigern gegenüber haftet der Erbe jedoch nur nach den Vorschriften über die Herausgabe einer ungerechtfertigten Bereicherung (s § 1973 Rn 20).

b) Geringere Nachlassabsonderung bei Eigenverwaltung gem §§ 270 ff InsO
Das frühere (Rn 2 ff) **Nachlassvergleichsverfahren** (dazu BLEY/MOHRBUTTER, VerglO **9** [4. Aufl 1980], Erl zu § 113; STAUDINGER/MAROTZKE [1996] § 1975 Rn 4 ff, 30 ff; § 1987 Rn 10, § 1989 Rn 20, § 2000 Rn 3, § 2013 Rn 4, 10, § 2062 Rn 12; s ferner oben Vorbem 34 zu §§ 1967 ff) führte zu einer weniger strengen Absonderung des Nachlasses, da der Erbe die Verwaltung des Nachlasses behielt, insbes zur Verfügung über ihn befugt blieb (anders als nach § 1984 Abs 1 S 1 BGB und § 6 KO in den Fällen der Nachlassverwaltung und des Nachlasskonkurses).

Das gegenwärtige Insolvenzrecht (Rn 4) greift diesen Gedanken auf, wandelt ihn **10** jedoch in einigen Punkten ab und gibt ihm auch äußerlich eine andere Form: Gem § 270 Abs 1 InsO ist der Schuldner (in der Nachlassinsolvenz also der Erbe) berechtigt, unter der Aufsicht eines Sachwalters die Insolvenzmasse zu verwalten und über sie zu verfügen, wenn das Insolvenzgericht in dem Beschluss über die Eröffnung des Insolvenzverfahrens oder nachträglich gem § 271 InsO die Eigenverwaltung anordnet. **Soweit die §§ 270 ff InsO nichts anderes bestimmen, gelten für das „eigenverwaltete" Insolvenzverfahren die allgemeinen Vorschriften, § 270 Abs 1 S 2 InsO.** Für das Nachlassinsolvenzverfahren bedeutet dies, dass die Anordnung der Eigenverwaltung außer in der Frage der Verwaltungs- und Verfügungszuständigkeit nichts am Charakter des Verfahrens ändert. Konsequent hat der Gesetzgeber bei der Neufassung der §§ 1975 ff BGB und des § 784 Abs 1 ZPO nicht danach unterschieden, ob es sich um ein fremd- oder um ein eigenverwaltetes Nachlassinsolvenzverfahren handelt. Vgl zur Eigenverwaltung auch Vorbem 34 zu §§ 1967 ff sowie § 1981 Rn 29, § 1988 Rn 5, § 2000 Rn 3 und § 2013 Rn 4, 10.

3. Rechtslage bei unbeschränkbar gewordener Erbenhaftung

Die **haftungsbeschränkende Wirkung** der Nachlassverwaltung und des Nachlassinsol- **11** venzverfahrens kann nur eintreten, soweit der Erbe das Recht zur Beschränkung seiner Haftung noch nicht verloren hat. Deshalb schließt § 2013 Abs 1 S 1 die Anwendung des § 1975 völlig aus, wenn der Erbe bereits gegenüber sämtlichen Nachlassgläubigern unbeschränkbar haftend geworden ist (§§ 1994 Abs 1 S 2, 2005 Abs 1; vgl aber § 2060 Rn 2 für den rechtlich schwierigeren Fall der Erbenmehrheit). Hat der Erbe sein Haftungsbeschränkungsrecht nur gegenüber *einzelnen* Nachlassgläubigern verloren (vgl Vorbem 14 zu §§ 1967 ff), so entfällt die haftungsbeschränkende Wirkung der Nachlassverwaltung usw nur *diesen* Gläubigern gegenüber. Während der Antrag auf Eröffnung des Nachlassvergleichsverfahrens (Rn 2, 9) schon dann nicht mehr gestellt werden konnte, wenn der Erbe oder einer der Erben auch nur einem Gläubiger unbeschränkbar haftend geworden war (vgl den inzwischen außer Kraft getretenen § 113 Abs 1 Nr 3 VerglO und STAUDINGER/MAROTZKE [1996] § 2013 Rn 10), wird das Recht des Erben, die Anordnung einer Nachlassverwaltung zu beantragen (§§ 1981 Abs 1, 2062), hierdurch nicht berührt (§ 2013 Abs 2). Gem § 2013 Abs 1 S 2 HS 2 verliert er dieses Recht jedoch im Fall *allgemein* unbeschränkbarer Haftung (zu der entspr Frage bei Erbenmehrheit vgl § 2062 Rn 3). Gleichwohl kann er uU auch dann noch die Eröffnung eines Nachlassinsolvenzverfahrens beantragen (§§ 316 Abs 1, 317, 320 InsO), um seine Eigengläubiger am Zugriff auf den Nachlass zu hindern (vgl § 2013 Rn 4, 10). Freilich ändert die Verfahrenseröffnung dann nichts mehr an der unbeschränkten Haftung des Erben für die Nachlassverbindlichkeiten. Die Anordnung einer Eigenverwaltung (§§ 270 ff InsO) wird in solchen Fällen nur selten in Betracht kommen (s § 2013 Rn 4, 10).

12 Auch wenn die Beschränkung der Erbenhaftung nicht mehr eintreten kann, vermögen die Nachlassverwaltung und das Nachlassinsolvenzverfahren noch ihre **absondernde Wirkung zugunsten der Nachlassgläubiger** (Rn 5 ff) zu entfalten. Deshalb sind auch die *Nachlassgläubiger* zur Beantragung der Nachlassverwaltung berechtigt, allerdings nur unter der in § 1981 Abs 2 aufgestellten Voraussetzung, dass ihre Befriedigung aus dem Nachlass durch das Verhalten oder die Vermögenslage des Erben gefährdet ist. Auch zur Beantragung des Nachlassinsolvenzverfahrens ist bei Vorliegen eines Eröffnungsgrundes (§ 320 InsO) jeder Nachlassgläubiger berechtigt (§ 317 Abs 1 InsO). Für Gläubigeranträge gelten jedoch die zweijährigen Ausschlussfristen der §§ 1981 Abs 2 S 2 BGB, 319 InsO.

4. Beginn und Ende der Haftungsbeschränkung

13 Die Wirkung der Haftungsbeschränkung **beginnt** mit der Anordnung der Nachlassverwaltung oder der Eröffnung des Nachlassinsolvenzverfahrens. Doch muss der Erbe sich schon vorher bei einer evtl Verurteilung den Vorbehalt nach § 780 ZPO sichern, um sich nachher gegenüber einer Zwangsvollstreckung auf die inzwischen eingetretene Haftungsbeschränkung berufen zu können (vgl RGZ 59, 301, 305).

14 Eine ausdrückliche Bestimmung darüber, wann die haftungsbeschränkende Wirkung **endet**, findet sich in § 1989 für Fälle, in denen das Nachlassinsolvenzverfahren durch Masseverteilung oder Insolvenzplan beendet wird. Hier wird – vorbehaltlich der im Insolvenzplan getroffenen Regelungen – die Haftung des Erben ebenso wie gegenüber den Gläubigern, die im Aufgebotsverfahren ausgeschlossen sind, auf die ihm verbliebene Bereicherung beschränkt; auch durch Versäumung einer Inventarfrist (§ 1994 Abs 1 S 2) kann diese Beschränkung nicht mehr verwirkt werden (vgl § 2000 S 3 und dort Rn 5; zur Frage einer analogen Anwendung der Vorschrift auf die Inventaruntreue [§ 2005 Abs 1 S 1] und die Verweigerung der eidesstattlichen Versicherung [§ 2006] vgl § 2000 Rn 8, 9). Für die übrigen Fälle, nämlich Einstellung des Nachlassinsolvenzverfahrens sowie Beendigung der Nachlassverwaltung vor oder nach Befriedigung der bekannten Gläubiger, kann auf die Ausführungen bei § 1989 Rn 2–4, bei § 1990 und bei § 1986 Rn 9 ff verwiesen werden.

Titel 2 · Haftung des Erben für die Nachlassverbindlichkeiten § 1975
Untertitel 3 · Beschränkung der Haftung des Erben 15–19

II. Die Nachlassverwaltung

1. Entstehungsgeschichte

Die Nachlassverwaltung war dem E I fremd. Sie erschien erst im E II, jedoch 15
zunächst unter dem Namen „Nachlasspflegschaft". Die sie von einer nach *§ 1960*
oder *§ 1961* angeordneten Pflegschaft unterscheidende Bezeichnung „Nachlassverwaltung" (§ 1975) erhielt sie erst aufgrund der Revision seitens der Redaktionskomm (Prot VI 338) in E II § 1952 idF der Bundesratsvorlage.

Im E II war als einzige Form der amtlichen Liquidation der Nachlasskonkurs vor- 16
gesehen. Diese Maßregel erwies sich aber für gewisse Fälle als unzureichend (vgl
Prot V 761 f), namentlich für diejenigen, in denen die *Überschuldung* des Nachlasses,
die nach § 215 KO alleiniger Eröffnungsgrund war (großzügiger nunmehr § 320
InsO), zweifelhaft ist. Zu denken ist ferner an Fälle, in denen wegen schwerer
Verwertbarkeit des Nachlasses eine vorübergehende Zahlungsschwierigkeit besteht,
sowie an Fälle, in denen zwar die gegenwärtige Zulänglichkeit des Nachlasses außer
Zweifel steht, seine Verhältnisse aber so verwickelt sind, dass dem Erben nicht
zuzumuten ist, die Nachlassverbindlichkeiten zunächst aus dem eigenen Vermögen
zu bezahlen und die Verwaltung des Nachlasses auf seine Gefahr zu übernehmen
(Denkschr 723).

In früheren Rechten finden sich ähnliche Einrichtungen, so namentlich der abandon 17
des französischen Rechts (cc Art 802 Nr 1) und der erbschaftliche Liquidationsprozess des älteren preußischen Rechts (AGO I 51 Abschn 2; Eccius IV § 270 Nr II).

2. Wesen der Nachlassverwaltung

Nach der Legaldefinition des § 1975 ist die Nachlassverwaltung eine **Nachlasspfleg-** 18
schaft zum Zwecke der Befriedigung der Nachlassgläubiger. Soweit das Gesetz nichts
Abweichendes bestimmt und soweit der besondere Zweck der Einrichtung nicht
entgegensteht (vgl RGZ 135, 305, 307), finden deshalb die Vorschriften über die Pflegschaft (§§ 1915 ff) Anwendung: mithin auch die Vorschriften über die Vormundschaft; § 1915 Abs 1 S 1 (vgl RGZ 72, 260, 263; 88, 264 ff; BayObLGZ 15 [1916] 31 ff; OLG
München RJA 6 [1906] 119, 120 = KJG 30 A 299; § 1981 Rn 28, 31 f, § 1985 Rn 33 ff, § 1987 Rn 1,
6 ff). Da die Nachlassverwaltung eine Art der Nachlasspflegschaft ist, ist gem § 1962
anstelle des Familien- oder Betreuungsgerichts das Nachlassgericht zuständig (vgl
auch §§ 1981, 1983 und Staudinger/Marotzke [2008] § 1960 Rn 3; speziell zur internationalen
Zuständigkeit unten Rn 50 ff).

Durch ihren besonderen Zweck – Befriedigung der Nachlassgläubiger – unterschei- 19
det sich die Nachlassverwaltung von der in *§ 1960* und *§ 1961* geregelten Nachlasspflegschaft. Das Gesetz trägt dem Rechnung, indem es dem Erben mit der Anordnung der Nachlassverwaltung die Befugnis, den Nachlass zu verwalten und über ihn
zu verfügen, entzieht (§ 1984), indem es den Nachlassverwalter auch den Nachlassgläubigern gegenüber für verantwortlich erklärt (§ 1985 Abs 2) und indem es dessen
erhöhte Verantwortlichkeit durch Gewährung eines Vergütungsanspruchs honoriert
(§ 1987). In diesen Punkten steht die Nachlassverwaltung der Insolvenzverwaltung

näher als der allgemeinen Nachlasspflegschaft (vgl §§ 80 ff, 60 ff, 63 ff InsO und § 1985 Rn 1 ff; KG MDR 2006, 694 = FamRZ 2006, 559 = FGPrax 2006, 76 f).

3. Beantragung und Anordnung der Nachlassverwaltung

20 Die **Anordnung** der Nachlassverwaltung erfolgt **durch das Nachlassgericht** gem § 1981, entweder **auf Antrag des Erben** unter der Voraussetzung, dass dieser noch nicht allen Nachlassgläubigern gegenüber unbeschränkbar haftend geworden ist (§ 2013 Abs 1 S 1 und Abs 2), **oder** auf den innerhalb von zwei Jahren seit der Erbschaftsannahme (dazu § 1981 Rn 20) gestellten Antrag **eines Nachlassgläubigers**, falls Grund zur Annahme besteht, dass die Befriedigung der Nachlassgläubiger aus dem Nachlass durch das Verhalten oder die Vermögenslage des Erben gefährdet wird (§ 1981 Abs 2). Gem § 1982 kann die Anordnung der Nachlassverwaltung abgelehnt werden, wenn eine den Kosten des Verfahrens entsprechende Masse nicht vorhanden ist. Kein Ablehnungsgrund ist hingegen darin zu sehen, dass im konkreten Fall nur *ein* Nachlassgläubiger existiert (§ 1981 Rn 19 mwNw). Bei Einverständnis aller Nachlassgläubiger kann die Nachlassverwaltung auch zur Abwendung des Nachlassinsolvenzverfahrens bestellt werden (SIBER, Haftung für Nachlaßschulden 89; PALANDT/EDENHOFER Rn 2; ERMAN/SCHLÜTER Rn 2).

21 Miterben können den Antrag nur gemeinschaftlich stellen. Ihrem Antrag ist nur stattzugeben, wenn der Nachlass noch nicht geteilt ist (§ 2062). Über einen *Erbteil* findet eine Nachlassverwaltung nicht statt (Rechtsgedanke des § 316 Abs 3 InsO). Hinsichtlich der auf Antrag eines *Erben* anzuordnenden Nachlassverwaltung wird das in § 2062 konkludent vorausgesetzt. Es wurde aber auch eine Anregung, die die Zulässigkeit auf *Gläubigerantrag* im Gesetz bestimmen wollte, in der II. Komm ausdrücklich abgelehnt (Prot VI 343; zustimmend KNITSCHKY AcP 91 [1901] 281, 289 ff; s zur Gesetzesgeschichte auch § 2007 Rn 3). Dabei wurde darauf hingewiesen, dass die *Zwangsvollstreckung* in den Anteil eines Miterben zulässig ist (vgl § 859 Abs 2 ZPO).

22 Dass ein verwaltender **Testamentsvollstrecker** vorhanden ist, steht der Anordnung der Nachlassverwaltung nicht entgegen (Prot VI 350; RG LZ 1919, 875; KG OLGE 18 [1909/I] 316; OLG Colmar OLGE 39 [1919/II] 12 f; LG Hamburg ZBlFG 2 [1901/1902] 485 f; MUSCHELER 104 ff mit Nachweisen zur Gegenansicht in Fn 27; Einzelheiten bei § 1981 Rn 14, 22 f, 30); ebensowenig eine nach § 1960 oder § 1961 angeordnete **Nachlasspflegschaft** (BayObLGZ 1976, 167, 171; zum Antragsrecht in diesem Fall s STAUDINGER/MAROTZKE [2008] § 1960 Rn 46; ferner unten § 1981 Rn 14), ein den Nachlass ganz oder teilweise umfassendes schwebendes **Entschuldungsverfahren** (KG DNotZ 1935, 833) oder ein **Insolvenzverfahren über das Vermögen des Erben** (s § 1981 Rn 9). Wohl aber ein **Nachlassinsolvenzverfahren** (arg § 1988 Abs 1). Vgl im Übrigen die Erl zu § 1981, insbes auch wegen einiger Besonderheiten bei bestehender Testamentsvollstreckung und wegen der Rechtsbehelfe gegen einen dem Antrag auf Nachlassverwaltung stattgebenden oder ihn ablehnenden Beschluss des Nachlassgerichts.

23 Zur Annahme der **Verwalterstelle** kann niemand gezwungen werden, § 1981 Abs 3. *Der Erbe selbst* kann nach hM nicht zum Nachlassverwalter bestellt werden; dem ist jedenfalls für den *Alleinerben* zuzustimmen (Näheres bei § 1981 Rn 29). Jedoch kann der Erbe im Einverständnis mit den Nachlassgläubigern, die von der Anordnung einer förmlichen Nachlassverwaltung absehen, als deren Beauftragter den Nachlass abwickeln. Diese Vereinbarung wird aber bei Eröffnung des Insolvenzverfahrens hinfällig (vgl MOLITOR JherJb 69 [1920] 283 ff, 314; PALANDT/EDENHOFER Rn 2).

4. Die **Wirkungen der Nachlassverwaltung** ergeben sich aus §§ 1975–1979, 1984, 2000 BGB und §§ 241, 784 ZPO. Vgl auch oben Rn 1, 5 ff.

5. Die **Rechtsstellung des Nachlassverwalters** ist in den §§ 1984–1987 geregelt. Zur theoretischen Einordnung dieser Rechtsstellung vgl § 1985 Rn 1 ff.

6. Die **Nachlassverwaltung endet** niemals von selbst, sondern nur infolge Aufhebung durch das Nachlassgericht oder Eröffnung des Nachlassinsolvenzverfahrens (vgl Erl zu § 1988).

7. Die **Kosten** der Nachlassverwaltung sind Nachlassverbindlichkeiten (§ 6 KostO) und im Nachlassinsolvenzverfahren Masseverbindlichkeiten gem § 324 Abs 1 Nr 4 InsO (vgl KG OLGE 13 [1906/II] 273 f; RG JW 1906, 114 Nr 13 – jeweils noch zu § 224 Abs 1 Nr 4 KO). Zur Gebühr s § 106 KostO.

III. Das Nachlassinsolvenzverfahren*

1. Entstehungsgeschichte

Historischer Vorläufer des Nachlassinsolvenzverfahrens ist das Nachlasskonkursverfahren (Rn 1). E I behandelte den Nachlasskonkurs in den §§ 2109–2119 (dazu Mot V 622–643). In zweiter Lesung wurden die Bestimmungen erheblich geändert; man beschloss, sie in die KO zu verweisen (Prot V 762–774, 820–827, 879; VI 771–777). Dies geschah durch die Konkursnovelle von 1898, die am 1.1.1900 gemeinsam mit dem BGB in Kraft trat (vgl HAHN/MUGDAN, Die gesammten Materialien zu den Reichs-Justizgesetzen, Bd VII [1898 bzw Neudruck 1983] S 213 ff, 223 ff, 251 ff, 322 ff, 421 ff). Seitdem sind die Vorschriften über den Nachlasskonkurs (§§ 214 ff KO) bis Ende 1998 nahezu unverändert geblieben (wenn man von ihrer Ergänzung und auch teilweisen Verdrängung durch die bei Rn 1 erwähnten sonstigen Insolvenzgesetze – VerglO und GesO – einmal absieht). Die am 1.1.1999 in Kraft getretene InsO hat in §§ 315 ff Vieles von dem übernommen, was bis dahin in der KO geregelt war (zu *inhaltlichen* Änderungen vgl oben Rn 16, unten Rn 36 ff, 44, 48 und HK-InsO/MAROTZKE[5] Rn 1 ff vor §§ 315 ff und § 315 Rn 7, § 317 Rn 18 f, § 320 Rn 1, 5 ff, § 327 Rn 1 ff, 12 f, § 332 Rn 1, 8, § 333 Rn 1 ff, § 334 Rn 1). Geändert hat sich in erster Linie die Terminologie: nicht mehr Nachlasskonkurs, sondern Nachlassinsolvenzverfahren; nicht mehr Konkurs-, sondern Insolvenzgläubiger (§ 38 InsO).

2. Das Nachlassinsolvenzverfahren ist ein **Sonderinsolvenzverfahren**, welches nur den Nachlass, nicht auch das Eigenvermögen des Erben erfasst. Auf ein Insolvenzverfahren über das Gesamtvermögen des Erben finden die Vorschriften über die Nachlassinsolvenz keine Anwendung. Im Insolvenzverfahren über das Vermögen des Erben gelten, wenn parallel hierzu ein Nachlassinsolvenzverfahren eröffnet oder eine Nachlassverwaltung angeordnet ist, die Regelungen über die Ausfallhaftung

---

* **Schrifttum:** Vgl die Angaben vor Rn 1 sowie die Erl zu §§ 315 ff InsO in den InsO-Kommentaren (zB HK-InsO/MAROTZKE [5. Aufl 2008]).

(§§ 52, 190, 192, 198, 237 Abs 1 S 2 InsO) entsprechend für Nachlassgläubiger, denen gegenüber der Erbe unbeschränkt haftet (§ 331 Abs 1 InsO).

30 3. **Voraussetzung** für die Eröffnung des Nachlassinsolvenzverfahrens ist – neben der Antragstellung durch einen dazu Berechtigten (Rn 34 ff) – das Vorhandensein eines Eröffnungsgrundes (§ 16 InsO) und einer den Kosten des Verfahrens entsprechenden Masse bzw die Leistung eines entsprechenden Kostenvorschusses (§ 26 InsO). Eröffnungsgründe sind die Zahlungsunfähigkeit und die Überschuldung des Nachlasses (§ 320 Abs 1 S 1 InsO; vgl auch § 1980 Rn 9). Wird der Eröffnungsantrag vom Erben, vom Nachlassverwalter, von einem nach § 1960 oder § 1961 bestellten Nachlasspfleger oder vom Testamentsvollstrecker gestellt, so ist auch die „drohende" Zahlungsunfähigkeit Eröffnungsgrund (§ 320 S 2 InsO). Nach BRAUN/BAUCH[4] InsO § 320 Rn 14 ist der Anteil von Nachlassinsolvenzverfahren mit einer ungewöhnlich hohen Quote (bis zu 100% auf Insolvenzforderungen iSd § 38 InsO) relativ hoch, was den Schluss nahe lege, dass mit Hilfe des Insolvenzrechts nicht selten verdeckte Erbauseinandersetzungen betrieben würden (wird näher ausgeführt).

31 Über einen Erbteil findet ein Insolvenzverfahren nicht statt (§ 316 Abs 3 InsO; zur Vorgeschichte der Vorschrift s § 2007 Rn 3). Nicht zulässig ist ferner ein Sonderinsolvenzverfahren über Gesellschaftsanteile (Vorbem 8 zu §§ 2058 ff) oder über ein ererbtes Unternehmen (MICHALSKI Rn 968; konkludent auch MAROTZKE ZEV 2002, 506 ff; zweifelnd UHLENBRUCK/LÜER[13] InsO § 316 Rn 8). Der Eröffnung des Nachlassinsolvenzverfahrens steht nicht entgegen, dass mehrere Erben vorhanden sind und diese den Nachlass bereits unter sich aufgeteilt haben (§ 316 Abs 2 InsO). Auch ein erst nach der Erbauseinandersetzung eröffnetes Nachlassinsolvenzverfahren wirkt haftungsbeschränkend gem § 1975 (s § 2060 Rn 4, 85 und § 2062 Rn 16).

32 Gemäß § 316 Abs 1 InsO wird die Eröffnung des Nachlassinsolvenzverfahrens auch dadurch nicht ausgeschlossen, dass der Erbe die Erbschaft noch nicht angenommen hat (dazu REICHEL SeuffBl 76 [1911] 452 ff) oder dass er für die Nachlassverbindlichkeiten unbeschränkt haftet. Dass im konkreten Fall nur ein Nachlassgläubiger vorhanden ist, hindert die Verfahrenseröffnung idR nicht (BGH ZInsO 2006, 145 = ZIP 2006, 247; HK-InsO/MAROTZKE[5] § 316 Rn 3 mwNw auch zur Gegenansicht).

33 4. Als **Insolvenzgericht** ist ausschließlich das Amtsgericht (§ 2 InsO) zuständig, in dessen Bezirk der Erblasser zZ seines Todes seinen allgemeinen Gerichtsstand hatte (§ 315 S 1 InsO). Lag jedoch der Mittelpunkt einer selbständigen wirtschaftlichen Tätigkeit des Erblassers an einem anderen Ort, so ist ausschließlich das Insolvenzgericht zuständig, in dessen Bezirk dieser Ort liegt (§ 315 S 2 InsO).

34 5. Zur Stellung des Eröffnungsantrags sind **berechtigt**:

a) **Gemäß § 317 Abs 1 InsO jeder Erbe** – bei Erbenmehrheit alle gemeinsam, aber auch jeder einzeln, der dann jedoch den Eröffnungsgrund glaubhaft machen muss (§ 317 Abs 2 InsO). Der Erbe eines zahlungsunfähigen oder überschuldeten Nachlasses ist idR sogar *verpflichtet*, die Eröffnung eines Nachlassinsolvenzverfahrens zu beantragen (§ 1980). Zum **Nachweis** der Erbenstellung vgl einerseits LG Köln ZInsO 2003, 720 f = NZI 2003, 501 f (verlangt Vollbeweis mittels Erbscheins) und andererseits HK-InsO/MAROTZKE[5] § 317 Rn 3 (lässt idR Glaubhaftmachung genügen).

Titel 2 · Haftung des Erben für die Nachlassverbindlichkeiten § 1975
Untertitel 3 · Beschränkung der Haftung des Erben 35–38

Gehört der Nachlass zum Gesamtgut der Gütergemeinschaft (vgl § 1416 Abs 1 S 2 einerseits und § 1418 Abs 2 Nr 1, 2 andererseits), so kann sowohl der Ehegatte, der Erbe ist, als auch der Ehegatte, der nicht Erbe ist, aber das Gesamtgut allein oder mit seinem Ehegatten gemeinschaftlich verwaltet, ohne Zustimmung des anderen Ehegatten das Nachlassinsolvenzverfahren beantragen (vgl § 318 InsO). Entsprechendes gilt für Lebenspartner, wenn diese Gütergemeinschaft vereinbart haben (vgl §§ 7 S 2 LPartG, 318 Abs 3 InsO; HK-InsO/MAROTZKE[5] § 318 Rn 3).

b) Außer dem Erben ist gem § 317 Abs 1 InsO **jeder Nachlassgläubiger** antrags- 35 berechtigt (aber nicht mehr nach Ablauf zweier Jahre seit der Erbschaftsannahme; vgl § 319 InsO sowie zu einer denkbaren Ausnahme bei bestehender Testamentsvollstreckung § 1981 Rn 20).

Nach früherem Recht (§ 219 Abs 1 S 1 KO) konnte ein *nach § 1973 ausgeschlosser* 36 *oder nach § 1974 gleichstehender* Nachlassgläubiger den (Nachlasskonkurs-)Antrag nur stellen, wenn über dem Vermögen des *Erben* bereits ein Konkursverfahren schwebte (einen weiteren Anwendungsfall normierte § 219 Abs 2 KO für den Fall der Zugehörigkeit des Nachlasses zum Gesamtgut einer Gütergemeinschaft). Das Gleiche galt für Vermächtnisnehmer und Auflageberechtigte (§ 219 Abs 1 S 2 KO), nicht jedoch für Erbersatzberechtigte (str, s STAUDINGER/MAROTZKE [1996] § 1992 Rn 6) und Pflichtteilsgläubiger.

In die am 1. 1. 1999 in Kraft getretene InsO (Rn 4) wurde eine dem § 219 KO (Rn 36) 37 entsprechende Bestimmung mit Absicht nicht aufgenommen (vgl zum Folgenden BT-Drucks 12/2443, 230 zu § 363 RegEInsO). Historisch nicht ganz zutreffend (vgl § 1992 Rn 1 und vor allem die amtl Begr der KO-Novelle [1898] 48 = HAHN/MUGDAN, Die gesammten Materialien zu den Reichs-Justizgesetzen Bd VII [1898] 252), führte man die ratio legis des § 219 KO allein auf den Gedanken zurück, dass bestimmten nachrangigen (§§ 226 Abs 2 ff KO, 327 InsO) Gläubigern das *Rechtsschutzbedürfnis* für einen Eröffnungsantrag fehle, da sie aus einem überschuldeten Nachlass (§ 215 KO) bei zusätzlicher Berücksichtigung auch der Verfahrenskosten keine Befriedigung erwarten könnten. Diese Überlegung, so meinte man, treffe auf das in der *InsO* geregelte Nachlassinsolvenzverfahren nicht im bisherigen Maße zu. Denn nach der *InsO* (§ 320) könne ein Nachlassinsolvenzverfahren nicht nur bei Überschuldung, sondern auch bei Zahlungsunfähigkeit oder drohender Zahlungsunfähigkeit eröffnet werden (bei nur „drohender" Zahlungsunfähigkeit allerdings nicht auf *Gläubiger*antrag; s § 320 S 2 InsO). Weiterhin sei zu berücksichtigen, dass sich der wirtschaftliche Wert des Nachlasses noch *vergrößern* könne, etwa wenn der Insolvenzverwalter ein zum Nachlass gehörendes Unternehmen mit Geschick fortführe. Die **Frage des Rechtsschutzinteresses, § 14 Abs 1 InsO**, sei letztlich eine solche des Einzelfalles und rechtfertige keine Sondervorschrift für einzelne Gläubigergruppen nach dem Vorbild des § 219 KO.

Diese Begründung trägt die ersatzlose Streichung des § 219 KO nur, soweit sie sich 38 auf die von *§ 1973* oder *§ 1974* betroffenen Gläubiger bezieht. Hinsichtlich der im früheren § 219 KO ebenfalls erwähnten **Vermächtnisse** und **Auflagen** hat der Reformgesetzgeber jedoch gänzlich unberücksichtigt gelassen, dass § 219 KO insoweit vor allem dem **mutmaßlichen Erblasserwillen** Geltung verschaffen sollte (vgl die Nachweise bei § 1992 Rn 1). Nicht nur vor, sondern auch nach Inkrafttreten der InsO würde es im Zweifel nicht dem Willen des Erblassers entsprechen, wenn wegen einer Überschuldung des Nachlasses mit Vermächtnissen und Auflagen, die er im Vertrauen auf die Zulänglichkeit des Nachlasses anordnet, später einmal ein Nachlassinsolvenzverfahren eröffnet werden müsste (vgl auch §§ 1980 Abs 1 S 3, 1992 BGB). Es ist deshalb zu überlegen, ob dieser mutmaßliche Erblasserwille nicht auch ohne ausdrückliche gesetzliche Bekräftigung den Inhalt von Vermächtnissen und Auflagen derart prägt, dass dem Gläubiger bzw Vollziehungsberechtigten das Recht, die Eröffnung eines Nachlassinsolvenzverfahrens zu beantragen, nur unter den Voraussetzungen des – insoweit etwas zu voreilig gestrichenen – § 219 KO zusteht.

39 c) Des Weiteren sind antragsberechtigt ein etwaiger **Nachlassverwalter oder sonstiger Nachlasspfleger** sowie ein **verwaltender Testamentsvollstrecker** (vgl § 317 Abs 1 und 3 InsO). Wenn über dem (Gesamt-)Vermögen des Erben ein Insolvenzverfahren schwebt, kann auch der **Insolvenzverwalter** die Eröffnung des Nachlassinsolvenzverfahrens beantragen (vgl Marotzke, in: FS Otte [2005] 223, 230 f sowie erg unten § 1980 Rn 14). **Nicht** antragsberechtigt ist hingegen **das Nachlassgericht** (zutr BGH ZEV 2009, 352).

40 6. **Die Rechtsstellung und die Aufgaben des Nachlassinsolvenzverwalters** sind grds dieselben wie die eines „normalen" Insolvenzverwalters (HK-InsO/Marotzke[5] Rn 10 vor §§ 315 ff); sie ähneln aber zT auch denjenigen des Nachlassverwalters (vgl zu diesem § 1985 Rn 1 ff). Die Höhe seines **Vergütungsanspruchs** richtet sich nach denselben Regeln, die auch für „normale" Insolvenzverwaltungen gelten (OLG Zweibrücken ZInsO 2001, 258 f).

41 7. Zur **Insolvenzmasse** des Nachlassinsolvenzverfahrens gehört der Nachlass als Ganzes einschließlich etwaiger Ersatzansprüche gegen den Erben aus schlechter Verwaltung des Nachlasses (§ 1978 Abs 2) und etwaiger Anfechtungsrechte wegen gläubigerbenachteiligender Rechtshandlungen des Erblassers oder des Erben (§§ 129 ff InsO) sowie wegen Zahlungen des Erben auf Pflichtteilsansprüche, Erbersatzansprüche (soweit übergangsrechtlich noch denkbar), Vermächtnisse und Auflagen (vgl §§ 322, 134, 143 Abs 2, 146 InsO).

42 8. **Teilnahmeberechtigt sind** im Nachlassinsolvenzverfahren **nur die Nachlassgläubiger** (§ 325 InsO), nicht die Eigengläubiger des Erben.

43 a) Ein Nachlassgläubiger, dessen Forderung bereits zZ der Verfahrenseröffnung „begründet" war, ist idR **Insolvenzgläubiger iSd § 38 InsO** (jedoch Ausnahmen in § 324 InsO). Als solcher unterliegt er den Beschränkungen aus §§ 87 ff InsO. Die Geltendmachung und anteilige Befriedigung der Insolvenzforderungen richtet sich nach §§ 174 ff, 187 ff InsO (vgl auch Vorbem 29 ff zu §§ 1967 ff).

44 Nach der InsO haben grds alle Insolvenzgläubiger denselben Rang (anders noch § 61 KO). Einzige Ausnahme sind die sog „nachrangigen" Insolvenzgläubiger des § 39 InsO und des diesen für das Nachlassinsolvenzverfahren ergänzenden § 327 InsO. Die letztgenannte Vorschrift ist von Bedeutung für Pflichtteilsansprüche, Vermächtnisse, Auflagen, Erbersatzansprüche (dazu HK-InsO/Marotzke[5] § 327 Rn 12 ff) und für Verbindlichkeiten, deren Gläubiger im Wege des Aufgebotsverfahrens ausgeschlossen sind oder nach § 1974 einem ausgeschlossenen Gläubiger gleichstehen (vgl zu § 327 InsO bereits § 1974 Rn 16 ff). Pflichtteilsansprüche, Vermächtnisse, Auflagen und Erbersatzansprüche sind gänzlich ausgeschlossen von der Befriedigung aus Werten, die infolge der Anfechtung einer von dem Erblasser oder ihm gegenüber vorgenommenen Rechtshandlung zur Insolvenzmasse zurückgewährt werden (§ 328 Abs 1 InsO). Was der Erbe auf Grund der §§ 1978 bis 1980 zur Insolvenzmasse zu ersetzen hat, kann von Gläubigern, die im Wege des Aufgebotsverfahrens ausgeschlossen sind oder nach § 1974 einem ausgeschlossenen Gläubiger gleichstehen, nur insoweit beansprucht werden, als der Erbe auch nach §§ 812 ff BGB ersatzpflichtig wäre (§ 328 Abs 2 InsO).

b) **Masseverbindlichkeiten**, also aus der Insolvenzmasse vorweg zu berichtigende **45** Verbindlichkeiten (§ 53 InsO), sind außer den in §§ 54, 55 InsO genannten noch eine Reihe anderer Verbindlichkeiten nach Maßgabe des § 324 InsO. Diese schon bei § 1967 Rn 38 aufgezählten Verbindlichkeiten werden gem §§ 324 Abs 2, 209 Abs 1 Nr 3 InsO anteilmäßig befriedigt, nicht nach der Nummernfolge.

c) **Erweiterte Rückschlagsperre**: Gem § 321 InsO, der die allgemeine Rückschlag- **46** sperre des § 88 InsO ergänzt (zur Frage der Vereinbarkeit der §§ 88, 321 InsO mit Art 3 Abs 1 GG vgl MAROTZKE ZInsO 2006, 7, 9, 190 f; dens DZWIR 2007, 265, 267, 281), kann **abgesonderte Befriedigung** (§§ 49 ff, 165 ff InsO) nicht verlangt werden aufgrund von Vollstreckungsmaßnahmen, die ein Nachlassgläubiger oder Eigengläubiger (s Rn 6) zwischen Erbfall und Verfahrenseröffnung in einen Nachlassgegenstand erwirkt hat; es sei denn, dass sie auf einem schon früher begründeten Absonderungsrecht, zB einer Hypothek, beruhen. Während im Fall der Nachlassverwaltung Vollstreckungsmaßregeln der Eigengläubiger in den Nachlass auf Gegenklage des Nachlassverwalters aufzuheben sind (§ 784 Abs 2 ZPO), wird ihnen also im Nachlassinsolvenzverfahren die Absonderungskraft von vornherein versagt. Auch Vollstreckungsmaßnahmen der Nachlassgläubiger in den Nachlass, die im Fall der Nachlassverwaltung voll wirksam bleiben (Gegenschluss aus § 1984 Abs 2), gewähren im Nachlassinsolvenzverfahren kein Absonderungsrecht.

Im Gegensatz zu § 221 KO erwähnt der an dessen Stelle getretene § 321 InsO neben **47** den „Maßnahmen der Zwangsvollstreckung" nicht auch **Maßnahmen der Arrestvollziehung und einstweiligen Verfügung**. Eine sachliche Änderung ist damit jedoch nicht beabsichtigt (vgl BT-Drucks 12/2443, 231 zu §§ 364, 365 RegEInsO). Im Rechtsausschuss ging man davon aus, dass der erste dieser Begriffe die beiden anderen mitumfasse (vgl BT-Drucks 12/7302, 156 zu § 12 RegEInsO).

9. Ein **Insolvenzplan**, §§ 217 ff InsO, ist auch im *Nachlass*insolvenzverfahren zu- **48** lässig (arg §§ 1989, 2060 Nr 3; vgl erg HK-InsO/MAROTZKE[5] Rn 4 ff vor §§ 315 ff). Umstritten ist hingegen die Möglichkeit einer **Restschuldbefreiung** nach §§ 286 ff InsO (für Zulässigkeit HÜSEMANN 191 ff, 219; aM G SIEGMANN ZEV 2000, 345, 348 und wohl auch BGHZ 175, 307 ff = ZInsO 2008, 453 ff = NJW-RR 2008, 873 ff; für Erteilung der Restschuldbefreiung jedenfalls bei Tod des Schuldners nach Ablauf der Wohlverhaltensperiode AG Duisburg ZVI 2009, 390).

IV. Nachlasskonkurs und Nachlassvergleichsverfahren

Vgl zu diesen Verfahrenstypen des *früheren* Insolvenzrechts oben Rn 1 ff, 9, 11, 28, **49** 36 und die ausführliche Darstellung bei STAUDINGER/MAROTZKE (1996) § 1975 Rn 1 ff, 19 ff, 30 ff.

V. Auslandsberührung*

50 Grenzüberschreitende **Nachlassinsolvenzverfahren** erzeugen zahlreiche Probleme an der Nahtstelle zwischen internationalem Erbrecht und internationalem Insolvenzrecht. Auf eine ausführliche Darstellung kann hier verzichtet werden; stattdessen sei verwiesen auf die Ausführungen von STAUDINGER/DÖRNER (2007) Art 25 EGBGB Rn 225 f, 904 ff; HK-InsO/MAROTZKE[5] § 315 Rn 7 ff. Zur Rechtslage vor Inkrafttreten der §§ 335 ff InsO und der EuInsVO vgl STAUDINGER/MAROTZKE (2002) § 1975 Rn 50 ff.

51 Die Durchführung einer **Nachlassverwaltung** wurde von den deutschen Gerichten bisher idR abgelehnt, wenn ausländisches Erbstatut zur Anwendung kam (vgl BRÜNNING Nachlaßverwaltung und Nachlaßkonkurs im internationalen Privat- und Verfahrensrecht [1999] 1 ff, 57 ff, 79 ff, 93 ff, 157 ff; STAUDINGER/MAROTZKE [2002] § 1975 Rn 53 f; STAUDINGER/DÖRNER [2007] Art 25 EGBGB Rn 904). Gedanklicher Ausgangspunkt dieser Rspr ist die sog Gleichlauftheorie, nach welcher die internationale Zuständigkeit deutscher Gerichte in Nachlasssachen ua voraussetzt, dass sich die Rechtsnachfolge in den Nachlass des Verstorbenen nach *deutschem* Sachrecht richtet (Darstellung und Kritik dieser Theorie bei STAUDINGER/DÖRNER [2007] Art 25 EGBGB Rn 835 ff, 904). Dieser Theorie hat der Gesetzgeber mit Schaffung des § 105 FamFG bewusst „eine Absage erteilt" (Begr RegE § 105 FamFG, BT-Drucks 16/6308, 221). Spätestens seit Inkrafttreten des § 105 FamFG folgt die internationale Zuständigkeit deutscher Gerichte auch in Nachlasssachen automatisch der örtlichen Zuständigkeit; diese ist nunmehr in §§ 343, 344 FamFG geregelt.

52 Auch ein international *zuständiges* deutsches Nachlassgericht wird jedoch zu prüfen haben, ob die Anordnung einer Nachlassverwaltung über den inländischen Nachlass eines Ausländers, der nach ausländischem Recht beerbt wird, uU deshalb zu unterbleiben hat, weil das ausländische Recht weder eine Nachlassverwaltung noch ein vergleichbares Institut kennt oder weil zwischen dem Institut der Nachlassverwaltung des dt Rechts und dem ähnlichen Institut des ausländischen Rechts, nach dem der Erblasser beerbt wird, schwerwiegende funktionale und strukturelle Verschiedenheiten bestehen (vgl die allerdings noch primär auf Zuständigkeitsebene argumentierenden Entscheidungen KG OLGZ 1977, 309, 310; BayObLGZ 1976, 151, 155 f; KG RJA 13 [1914] 216 = Recht 1915 Nr 1123; KGJ 47 [1915] A 238, 239 f).

VI. Ehemalige DDR/neue Bundesländer

53 Vgl oben Rn 3 f und Vorbem 52–57 zu §§ 1967 ff.

VII. Analoge Anwendung im Gesellschaftsrecht?

54 Nicht nur der Nachlass einer natürlichen Person, sondern auch **das hinterlassene Vermögen einer vollbeendeten Personengesellschaft (GbR, OHG, KG usw)** kann Gegenstand eines auf dieses als Sondervermögen beschränkten Insolvenzverfahrens

---

* **Schrifttum**: vgl Vorbem 4 zu §§ 1967 ff und STAUDINGER/DÖRNER (2007) Art 25 EGBGB Rn 225 f, 904 ff.

bzw einer „Nachlassverwaltung" sein (vgl BORK/JACOBY ZGR 2005, 611, 630 ff; MAROTZKE ZInsO 2009, 590 ff; HK-InsO/MAROTZKE[5] Vorbem 12 zu §§ 315 ff mwNw auch zur Gegenansicht). Noch nicht abschließend geklärt ist die Frage, ob und ggfls in welchem Umfang auf derartige Verfahren die §§ 1975 ff, 1981 ff BGB und die §§ 315 ff InsO anzuwenden sind.

§ 1976
Wirkung auf durch Vereinigung erloschene Rechtsverhältnisse

Ist die Nachlassverwaltung angeordnet oder das Nachlassinsolvenzverfahren eröffnet, so gelten die infolge des Erbfalls durch Vereinigung von Recht und Verbindlichkeit oder von Recht und Belastung erloschenen Rechtsverhältnisse als nicht erloschen.

Materialien: E I § 2114; II § 1851; III § 1951; Mot V 631; Prot V 768, 813; JAKOBS/SCHUBERT ER I 302, 345 ff.

Neufassung seit 1.1.1999: In § 1975 und § 1976 wurden die Worte „der Nachlaßkonkurs" jeweils ersetzt durch die Worte „das Nachlaßinsolvenzverfahren" (Art 33 Nr 34 EGInsO).

Schrifttum

BREME, Zur Tragweite des § 1976 BGB, DNotZ 1920, 110

DINSTÜHLER, Die Beerbung des Vormerkungsverpflichteten durch den Vormerkungsberechtigten, MittRhNotK 2000, 427

FLUME, Anm zum Urteil des BGH vom 3.12. 1999 (V ZR 329/98), JZ 2000, 1159

GEBAUER/HAUBOLD, Anmerkung zum Urteil des BGH vom 3.12.1999 (V ZR 329/98), JZ 2000, 680

GRÜN, Anmerkung zum Urteil des BGH vom 3.12.1999 (V ZR 329/98), LM H 8/2000 § 504 BGB Nr. 18

KOHLER, Die anfängliche Einheit von Gläubiger und Schuldner, JZ 1983, 13

KRETSCHMAR, Die Theorie der Konfusion (1899) ders, Zur Tragweite des § 1976 BGB, Gruchot 62 (1918) 553

W LÜKE, Anm zum Urteil des BGH vom 3.12. 1999 (V ZR 329/98), DNotZ 2001, 59

v OLSHAUSEN, Der genarrte Vorkaufsberechtigte – Begriffsjuristisches vom V. Zivilsenat des BGH, NJW 2000, 2872

ders, Die Beerbung des Vorkaufsverpflichteten durch den Vorkaufsberechtigten – Begriffsjuristisches vom V. Zivilsenat des BGH, NotBZ 2000, 205

RIESENFELD, Die Erbenhaftung II (1916) 66, 153

SCHMIDT-RIMPLER, Eigentum und Dienstbarkeit ... (Diss Halle 1911) 127

SCHWEDLER, Das Erlöschen der Schuldverhältnisse durch Vereinigung von Recht und Verbindlichkeit nach bürgerlichem Recht (Halle 1897)

WACKE, Personalunion von Gläubiger und Schuldner, Vertragsschluß mit sich selbst und die Ungerechtigkeit der Konvaleszenz durch Erbenhaftung, JZ 2001, 380

ders, „Vom Pech, eine gute Erbschaft zu machen" oder Die Ausschaltung des Zufalls als Maxime der Gerechtigkeit – Illustriert an der Ausübung eines Vorkaufsrechts durch den Erben des gebundenen Verkäufers, DNotZ 2001, 302

WIELING, Anm zum Urteil des BGH vom 3.12. 1999 (V ZR 329/98), JR 2001, 148.

I. Allgemeines

1 1. Beim Anfall der Erbschaft vereinigt sich diese mit dem sonstigen Vermögen des Erben. Soweit dadurch Recht und Verbindlichkeit oder Recht und Belastung in der Person des Erben zusammentreffen, erlöschen die betr Rechtsverhältnisse (s hierzu und zu Ausnahmen von diesem Grundsatz STAUDINGER/MAROTZKE [2008] § 1922 Rn 73 ff, 78 ff, 81 ff; ferner § 1967 Rn 13). Da die Nachlassverwaltung und das Nachlassinsolvenzverfahren die zwischen dem Nachlass und dem übrigen Vermögen des Erben eingetretene Vereinigung rückgängig machen sollen, bestimmt § 1976, dass die infolge Konfusion oder Konsolidation erloschenen Rechtsverhältnisse **rückwirkend** (Mot V 631) als nicht erloschen gelten (Prot V 813). Diese Rechtsfolge tritt **automatisch** ein; es entsteht also nicht lediglich eine schuldrechtliche Verpflichtung zur Wiederherstellung der erloschenen Rechtsverhältnisse (Mot V 631). Der in E I § 2114 noch enthaltene zweite Satz, „Erforderlichenfalls ist ein solches Recht wieder herzustellen", wurde als bedeutungslos gestrichen (Prot V 768). Über das frühere Recht s Mot V 631 Fn 1 mwNw. Wie § 1977 (s dort Rn 14) muss auch § 1976 durch eine analoge Anwendung des § 205 (hilfsweise § 206) ergänzt werden; das nur *vorübergehende* Erlöschen von Recht und Verbindlichkeit hemmt also die **Verjährung** über § 211 hinaus (vgl zu § 211 auch § 1958 Rn 5, 15, § 1960 Rn 62 und § 1985 Rn 4).

2 2. **Ähnliche Bestimmungen** sind enthalten in **§ 1991 Abs 2** (dürftiger oder mit Vermächtnissen und/oder Auflagen überschwerter Nachlass; vgl §§ 1990, 1992), **§ 2143** (Eintritt der Nacherbfolge), **§ 2175** (Vermächtnis einer dem Erblasser gegen den Erben zustehenden Forderung) und **§ 2377** (Erbschaftskauf). Doch wird die Vereinigung in den Fällen der §§ 1991 Abs 2, 2175 und 2377 nur im Verhältnis zu den dort bezeichneten Personen rückgängig gemacht.

Einer analogen Anwendung des § 1976 auf den Fall, dass **Verwaltungstestamentsvollstreckung** angeordnet ist, bedarf es nicht, da die Vereinigung von Recht und Verbindlichkeit (oder Belastung), die durch § 1976 rückgängig gemacht werden soll, hier gar nicht erst eintritt (vgl BGHZ 48, 214, 220 = NJW 1967, 2399 und STAUDINGER/ MAROTZKE [2008] § 1922 Rn 80; aM MUSCHELER, Die Haftungsordnung der Testamentsvollstreckung [1994] 274 ff, der selbst bei „Dauerverwaltungsvollstreckung" Konfusion annimmt und daran auch mit Hilfe des § 1976 nichts ändern will).

Für die Berechnung der **Erbschaftsteuer** gelten die infolge des Anfalls durch Vereinigung von Recht und Verbindlichkeit oder von Recht und Belastung erloschenen Rechtsverhältnisse auch dann als nicht erloschen, wenn es an den Voraussetzungen des § 1976 fehlt. Dies ergibt sich nicht nur aus § 10 Abs 3 ErbStG, sondern ist eine selbstverständliche Konsequenz daraus, dass die Erbschaftsteuer an die beim Erben eingetretene Bereicherung anknüpft. *§ 10 Abs 3 ErbStG ist* also nur *spezialgesetzlicher Ausdruck eines allgemeinen Rechtsgedankens,* der immer dann Anwendung finden muss, wenn der Wert des Nachlasses Berechnungsgrundlage einer Nachlass- oder sonstigen Verbindlichkeit ist (dogmatisch vielleicht etwas anders, aber iE ebenso BGHZ 98, 382, 389 f = NJW 1987, 1260, 1262; MünchKomm/KÜPPER Rn 8; SOERGEL/STEIN Rn 4; PALANDT/ EDENHOFER Rn 4).

3. Auch wenn die Haftung des Erben endgültig unbeschränkbar geworden ist, bleibt 3
§ 1976 anwendbar (BGB-RGRK/JOHANNSEN Rn 1; PALANDT/EDENHOFER Rn 1; ERMAN/SCHLÜTER Rn 1; SOERGEL/STEIN Rn 1). Begründung: § 2013 Rn 6.

II. Die Wirkung der Fiktion im Einzelnen

1. Die nach § 1976 wiederauflebenden Rechtsverhältnisse sind rückwirkend so zu 4
behandeln, als seien sie niemals erloschen (Rn 1). Folglich gelten auch die Sicherungen einer erloschenen Forderung durch **Bürgschaft** oder **Pfand** als fortbestehend (Mot V 631). Gleiches gilt für eine **Vormerkung**, wenn diese dadurch erloschen ist, dass der Grundstückskäufer den -verkäufer beerbt hat (vgl WACKE NJW 1981, 1577, 1578; EBEL NJW 1982, 724, 728 vor III; MünchKomm/KÜPPER Fn 11; SOERGEL/STEIN Rn 1; STAUDINGER/GURSKY [2008] § 886 Rn 18 ff, § 889 Rn 6), wobei jedoch zu beachten ist, dass die Vormerkung schon unabhängig von § 1976 bestehen bleibt, wenn und soweit sie bereits zu **Rechtsfolgen gegenüber Dritten** geführt hat (ähnlich WACKE NJW 1981, 1577 ff gegen BGH NJW 1981, 447 f; vgl auch D ASSMANN, Die Vormerkung [1998] 380 ff; STAUDINGER/OLZEN [2000] Einl 28 ff zu §§ 362 ff; STAUDINGER/GURSKY [2008] § 886 Rn 18 ff; OLG Schleswig NJW-RR 1999, 1528 ff; das Urteil des OLG Schleswig zu Unrecht aufhebend BGH NJW 2000, 1033 f = FamRZ 2000, 808 f = JZ 2000, 679 ff = JR 2001, 147 ff m abl Anm WIELING = DNotZ 2001, 55 ff m Anm W LÜKE = ZEV 2000, 203 ff = LM Nr 18 zu § 504 m zust Anm GRÜN; vgl zu dem Urteil des BGH die vorzügliche Kritik in dem auch bei Rn 7 und 10 aE angesprochenen Aufsatz WACKE JZ 2001, 380 ff; als weitere Urteilsanmerkungen oder Besprechungsaufsätze sind zu nennen WACKE DNotZ 2001, 302 ff; DINSTÜHLER MittRhNotK 2000, 427 ff; GEBAUER/HAUBOLD JZ 2000, 680 ff; FLUME JZ 2000, 1159 f; BRAMBRING EWiR 2000, 809 f; vOLSHAUSEN NotBZ 2000, 205 ff; ders NJW 2000, 2872 ff; vgl auch STAUDINGER/GURSKY [2008] § 886 Rn 20). Hat ein **Hypothekengläubiger** das belastete Grundstück geerbt, so ist die Hypothek, solange die Vereinigung von Recht und Belastung besteht, Eigentümergrundschuld (§ 1177 Abs 1) oder wird, wenn der Erblasser nicht der persönliche Schuldner war, wie eine solche behandelt (§ 1177 Abs 2). Bei Rückgängigmachung der Vereinigung (§ 1976) wird das Grundpfandrecht zu einer normalen Fremdhypothek, aus der der Gläubiger, da § 1197 Abs 1 keine Anwendung findet, die Zwangsvollstreckung betreiben kann (PALANDT/EDENHOFER Rn 3; AK-BGB/TEUBNER Rn 4; ERMAN/SCHLÜTER Rn 2; LANGE/KUCHINKE § 49 II 2 c α). Ist die Hypothek vor Rückgängigmachung der Vereinigung gelöscht worden und hat der Erbe als Eigentümer einem Dritten eine andere Hypothek bestellt, so kann nach Anordnung der Nachlassverwaltung die wieder einzutragende gelöschte Hypothek nur mit **Rang** nach der (trotz Nachlassverwaltung fortbestehenden, s Rn 10) Hypothek des Dritten eingetragen werden (OLG Dresden SächsAnn 39 [1918] 28 = RJA 16 [1922] 148; MünchKomm/KÜPPER Rn 5; ERMAN/SCHLÜTER Rn 2; AK-BGB/TEUBNER Rn 4; KRETZSCHMAR Gruchot 62 [1918] 553, 557 ff; BREME DNotZ 1920, 110 ff [m krit Anm zur Verfahrensweise]). Diese Beschränkung beruht letztlich auf dem Gedanken des Verkehrsschutzes. Sie kann deshalb nicht auf den Fall übertragen werden, dass der Dritte seinen guten Rang ohne eigenes Zutun durch bloßes Nachrücken in die Rangstelle des Erblassers oder des Erben erlangt hat. Wenn also zB mit dem Erbfall ein erstrangiges Grund- oder Mobiliarpfandrecht des Erben erlischt und die nachfolgenden Pfandrechte ipso iure aufrücken, so verlieren die Nachrücker dieses ohne ihr Zutun erlangte „Geschenk" im Fall des § 1976 (**aM** MünchKomm/KÜPPER Rn 5; LANGE/KUCHINKE § 49 II 2 c α).

2. Gilt eine Forderung des Erben nach § 1976 als nicht erloschen, so kann sie **der** 5
Erbe als Nachlassgläubiger geltend machen, zB gegen den Nachlassverwalter (BGHZ

48, 214, 219) oder den Nachlassinsolvenzverwalter (§ 326 Abs 1 InsO). Bei PLANCK/ FLAD Anm 3 wird der Fall erörtert, dass der Erbe vom Erblasser ein Pferd gekauft und es bar bezahlt, aber noch nicht übereignet erhalten hat und nun das im Nachlass vorhandene Pferd an einen Dritten veräußert. FLAD entscheidet zutreffend, dass der Erbe im Hinblick auf seinen gem § 1976 als nicht erloschen geltenden Übereignungsanspruch den Nachlassgläubigern für die Veräußerung nicht verantwortlich ist, wenn er nach § 1979 diese Forderung an einen dritten Gläubiger hätte befriedigen dürfen, und dass er infolgedessen dann auch den von dem Dritten empfangenen Kaufpreis behalten darf.

6 3. Nach KG HRR 1915 Nr 2339 (= RJA 14 [1915] 171; vgl auch SOERGEL/STEIN Rn 2) kann § 1976 nicht zum Wiederaufleben einer **Prokura** führen, die dadurch erloschen ist, dass der Prokurist den Geschäftsinhaber beerbt hat; auch soll der Nachlassverwalter den Alleinerben nicht erneut als Prokuristen bestellen können (vgl jedoch zur Vorfrage des *Erlöschens* der Prokura auch § 1967 Rn 29).

7 4. Die Neubegründung selbständiger Rechtsbeziehungen zwischen Nachlass und Eigenvermögen des Erben ist rechtlich möglich (vgl jedoch Rn 6 zur Prokura). Weitgehend anerkannt ist dies für den Fall, dass bereits eine Nachlassverwaltung oder ein Nachlassinsolvenzverfahren schwebt und der Erbe somit in Gestalt des Verwalters einen für den Vertragsschluss zuständigen „Partner" vorfindet (PALANDT/EDENHOFER Rn 2; ERMAN/SCHLÜTER Rn 2; MünchKomm/KÜPPER Rn 6; LANGE/KUCHINKE § 49 II 2 ε [S 1175]; SCHNUPFHAGN, Verwalterhaftung und Aufwendungsersatz im Erbrecht [Diss Berlin 1985] 55; JAEGER/WEBER[8] KO § 225 Rn 1; zustimmend BGH FamRZ 1991, 550, 551 = NJW-RR 1991, 683, 684 „jedenfalls für den ... Fall, daß das neugeschaffene Recht lediglich an die Stelle eines der Verwaltung unterliegenden Nachlaßgegenstandes treten soll"; aM BGB-RGRK/JOHANNSEN Rn 2 im Anschluss an KG HRR 1932 Nr 1661, das meint, für den Alleinerben könne, da er Subjekt des Nachlasses bleibe, während der Nachlassverwaltung keine Darlehensschuld durch Überlassung von Geldmitteln aus dem Nachlass begründet werden; vgl auch SOERGEL/STEIN § 1975 Rn 4 und § 1976 Rn 3). Weniger verbreitet, aber gleichwohl zutreffend ist die Annahme, dass *vor* Anordnung einer Nachlassverwaltung oder Eröffnung eines Nachlassinsolvenzverfahrens *sogar der Erbe mit sich selbst* in der Weise kontrahieren kann, dass als Zuordnungssubjekte des dadurch zustande kommenden Vertrages auf der einen Seite die die Erbenstellung innehabende Person als solche (also unabhängig von der Erbenstellung) und auf der anderen Seite der Erbe als Inhaber des potenziellen (s STAUDINGER/ MAROTZKE [2008] § 1922 Rn 89 ff) Sondervermögens „Nachlass" steht (insoweit überzeugend WACKE JZ 2001, 380 ff, 387 f [mit ausf Begr; vgl zu diesem Aufsatz aber auch Rn 10 aE]; FLUME JZ 2000, 1159 f [mit knapper Begr]; vgl auch § 1967 Rn 59 [zu §§ 25 Abs 2, 27 HGB]; aM das die Entscheidung OLG Schleswig NJW-RR 1999, 1528 ff aufhebende Urteil BGH NJW 2000, 1033 f = FamRZ 2000, 808 f = JZ 2000, 679 = ZEV 2000, 203, 204 [weitere Fundstellenangaben zu diesem BGH-Urteil bei Rn 4]). Auf Rechtsbeziehungen, die durch solche Insichgeschäfte des Erben begründet werden sollen, ist § 1976 analog anzuwenden mit der Folge, dass die Rechtslage nach Anordnung einer Nachlassverwaltung oder Eröffnung eines Nachlassinsolvenzverfahrens dieselbe ist, wie wenn der Erblasser bei Vertragsschluss noch gelebt und als Vertragspartner mitgewirkt hätte. *Bis* zur Anordnung einer Nachlassverwaltung oder Eröffnung eines Nachlassinsolvenzverfahrens bleiben die Rechtsfolgen solcher Insichgeschäfte des Erben idR unbeachtet. Auch dies gilt jedoch nur in dem Rahmen, in welchem inhaltsgleiche „alte" Rechtsverhältnisse infolge Konfusion oder Konsolidation beim Erbfall erlöschen würden. Soweit das nicht der Fall wäre (s Rn 1 ff), besteht kein Grund, die Wirkungen von Insichgeschäften des Erben als bis auf weiteres (§ 1976) suspendiert anzusehen. „Die anfängliche Einheit von Gläubiger und Schuldner" ist auch Gegenstand des Aufsatzes von KOHLER in JZ 1983, 13 ff.

5. Waren der Erblasser und der Erbe Miteigentümer desselben Grundstücks, so findet § 1976 auf die beim Erbfall erfolgte Vereinigung beider Miteigentumsanteile entsprechende Anwendung (OLG Stuttgart WürttJb 1912, 298, 301, 303 ff = Recht 1912 Nr 1818; krit MünchKomm/KÜPPER Rn 7 Fn 24). Demzufolge ist eine gegen den *Nachlass* gerichtete Zwangsvollstreckung nur in die vom Erblasser herrührende (ideelle) Grundstückshälfte zulässig. Gegen die Zwangsvollstreckung eines Nachlassgläubigers in die andere Grundstückshälfte kann der Erbe, sofern er dem Gläubiger nicht unbeschränkt haftet, nach § 784 Abs 1 ZPO intervenieren. Handelt es sich nicht um ein Grundstück, sondern um eine **bewegliche Sache**, so führt diese Interventionsmöglichkeit zu der Streitfrage, ob jede Pfändung „der Sache selbst" als Minus auch die Pfändung eines etwaigen Miteigentumsanteils beinhaltet. Entgegen der hM ist dies zu bejahen (ausführlich MAROTZKE, in: Erlanger FS für Karl Heinz Schwab [1990] 277, 288 ff). Das entspricht der sich aus § 864 Abs 2 ZPO ergebenden Rechtslage bei der (allerdings niemals durch „Pfändung" erfolgenden, s §§ 857 Abs 1, 866 ZPO) Zwangsvollstreckung in Grundstücke (vgl MAROTZKE aaO 280).

Bereits *vor* Anordnung einer Nachlassverwaltung oder Eröffnung eines Nachlassinsolvenzverfahrens (also unabhängig von § 1976) gilt der Miteigentumsanteil des Erblassers fiktiv als fortbestehend, soweit das erforderlich ist, um ein auf ihm lastendes Pfandrecht nicht gegenstandslos werden zu lassen (vgl für eine Zwangshypothek OLG Oldenburg ZIP 1996, 175; dazu MUTH EWiR § 867 ZPO 1/1996, 239).

6. Das bei Rn 8 Ausgeführte gilt entsprechend, wenn sich ein ererbter und ein vom Erben bereits vorher innegehabter **Personengesellschaftsanteil** in der Hand des Erben vereinigen (offen gelassen in BGHZ 113, 132, 137 = NJW 1991, 844, 845 = JR 1991, 455, 457 mit Anm FRANK/MÜLLER-DIETZ = JZ 1991, 731, 733 mit Anm KARSTEN SCHMIDT; direkt zu diesem Urteil des BGH auch LIEB ZGR 1991, 572 ff; PRIESTER EWiR § 27 HGB 1/1991, 175 f; MAROTZKE ZHR 156 [1992] 17 ff; vgl ferner OLG Hamm ZEV 1999, 234, 236; **gegen** eine Anwendung des § 1976 wendet sich KICK, Die Haftung des Erben eines Personenhandelsgesellschafters [1997] 151 f). Voraussetzung einer entsprechenden Anwendung des § 1976 ist jedoch neben der Zugehörigkeit des geerbten Gesellschaftsanteils zu der Nachlassverwaltung bzw Nachlassinsolvenzverwaltung unterliegenden „Masse" (dazu MAROTZKE ZHR 156 [1992] 17, 32 f; STAUDINGER/MAROTZKE [2008] § 1922 Rn 102 ff, 186, 198 sowie unten § 1985 Rn 20), dass noch mindestens ein weiterer Gesellschafter vorhanden, die Gesellschaft also beim Erbfall nicht erloschen ist (vgl MAROTZKE ZHR 156 [1992] 17, 30 ff, 37 ff, 43 f; kritisch zum dort Ausgeführten ASTRID ERNST, Haftung des Erben für neue Geschäftsverbindlichkeiten [1994] 115 Fn 15 und 130 Fn 10). Nach BAUMANN (BB 1998, 225, 231; ders, in: FS Otte [2005] 15 ff) soll ein Personengesellschafterverband auch nach dem Zusammentreffen aller Anteile in einer Hand immer dann fortbestehen, „wenn nach außen gerichtete Vermögensbeziehungen dies erfordern und auf der internen Vermögensebene der Gesellschaft, zB aufgrund rechtlicher Interessen Dritter, Mehrfachbeteiligungen möglich sind". Folgt man dem (abl OLG Schleswig ZIP 2006, 615 ff = ZEV 2007, 40 ff; unentschieden OLG Hamm ZEV 1999, 234, 236), so bedarf es insoweit nicht des Rückgriffs auf § 1976 (vgl Rn 4 [soweit zum Fortbestehen einer Vormerkung]). Eine zwar beim Erbfall, aber unabhängig von der Erbenstellung eingetretene *Anwachsung* eines Gesellschaftsanteils nach §§ 738 BGB, 105 Abs 3, 131 Abs 3 Nr 1 HGB wird durch § 1976 *niemals* berührt (RGZ 136, 97, 99; MAROTZKE ZHR 156 [1992] 17, 33 f – jeweils *vor* der bei STAUDINGER/MAROTZKE [2008] § 1922 Rn 172 erwähnten Anfügung des § 131 Abs 3 Nr 1 HGB und gleichzeitigen Streichung der früheren §§ 131 Abs 1 Nr 4, 138 HGB). Folge des Erbfalls ist bei solch einem Sachverhalt aber das Erlöschen bzw die Nichtentstehung (vgl MAROTZKE ZHR 156 [1992] 17, 38) des gesellschaftsrechtlichen Abfindungsanspruchs, soweit Gläubiger und Schuldner dieselbe Person wären. Nach Anordnung einer Nachlassverwaltung oder Eröffnung eines Nachlassinsolvenzverfahrens gilt dieses Erlöschen bzw Entstehungshindernis gem § 1976 als nicht eingetreten (vgl Münch-Komm/KÜPPER Rn 7).

III. Weitergeltung vor Verfahrenseröffnung wirksam gewordener Verfügungen

10 Mit dem Anfall der Erbschaft erwirbt der Erbe die rechtliche Verfügungsmacht über den Nachlass. Durch die Anordnung der Nachlassverwaltung oder die Eröffnung des Nachlassinsolvenzverfahrens verliert der Erbe die Verfügungsbefugnis zwar wieder (§§ 1984 BGB, 80 InsO), jedoch nicht rückwirkend (OLG Braunschweig OLGE 19 [1909/ II] 231, 233) und auch nicht ausnahmslos (vgl §§ 270 ff InsO und § 1975 Rn 10). Der eine Rückwirkung beinhaltende (s Rn 1) § 1976 ist auf diesen Fall nicht anwendbar. Verfügungen über Nachlassgegenstände, die der Erbe vor Anordnung der Nachlassverwaltung bzw vor der Eröffnung des Nachlassinsolvenzverfahrens wirksam getroffen hat (zB die Bestellung einer Hypothek; s Rn 4), werden also durch die Verfahrenseröffnung nicht unwirksam (Mot V 632; zu den Ausgleichsansprüchen s §§ 1978, 1979); ebensowenig die vom Erben erklärte Aufrechnung einer Nachlassforderung gegen die Forderung eines Eigengläubigers (str; vgl § 1977 Rn 9, 10). Das Gleiche gilt für Verfügungen eines Nichtberechtigten, die dadurch wirksam geworden sind, dass der Verfügende das betreffende Recht durch Erbgang erworben hat (§ 185 Abs 2 S 1 Fall 2 und Mot aaO; zu etwaigen Ausgleichsansprüchen s § 1978 Rn 6). Ist umgekehrt der nichtberechtigt Verfügende von dem Berechtigten beerbt worden, so macht § 185 Abs 2 S 1 Fall 3 die Konvaleszenz davon abhängig, dass der Erbe „für die Nachlassverbindlichkeiten unbeschränkt", also auch mit dem zu seinem Eigenvermögen gehörenden Verfügungsgegenstand, haftet (vgl Mot V 632 f sowie RGZ 110, 94 ff). Umstritten ist, ob diese Formulierung bedeutet, dass die Konvaleszenz erst mit dem Verlust des Rechts zur Haftungsbeschränkung eintritt (so mit überzeugender Begr Mot V 632 f [zu dem dort verwendeten Begriff „Inventarrecht" vgl § 1993 Rn 28]; vgl auch OLG Stuttgart OLGZ 1994, 513 ff = ZEV 1994, 373 f = NJW-RR 1995, 968; BayObLG FamRZ 1997, 710, 712; MANFRED HARDER, in: ZIMMERMANN/KNÜTEL/MEINCKE [Hrsg], Rechtsgeschichte und Privatrechtsdogmatik [1999] 637 ff, 651, 653 ad VIII 3, 4; STAUDINGER/GURSKY [2004] § 185 Rn 81 f mwNw), oder ob die Konvaleszenz auch hier schon mit dem Anfall der Erbschaft an den Berechtigten stattfindet, aber nach Herbeiführung der beschränkten Erbenhaftung wieder entfällt (in diesem Sinne FINKENAUER, in: FS Picker [2010]; konkludent OLG Celle NJW-RR 1994, 646 f; vgl auch WACKE JZ 2001, 380, 385 f, dessen Vorschlag, „die genannte Vorschrift zu streichen", auf dieser unzutreffenden Auslegungsvariante beruhen dürfte).

§ 1977
Wirkung auf eine Aufrechnung

(1) Hat ein Nachlassgläubiger vor der Anordnung der Nachlassverwaltung oder vor der Eröffnung des Nachlassinsolvenzverfahrens seine Forderung gegen eine nicht zum Nachlass gehörende Forderung des Erben ohne dessen Zustimmung aufgerechnet, so ist nach der Anordnung der Nachlassverwaltung oder der Eröffnung des Nachlassinsolvenzverfahrens die Aufrechnung als nicht erfolgt anzusehen.

(2) Das Gleiche gilt, wenn ein Gläubiger, der nicht Nachlassgläubiger ist, die ihm gegen den Erben zustehende Forderung gegen eine zum Nachlass gehörende Forderung aufgerechnet hat.

Materialien: E I § 2116; II § 1852; III § 1952; Mot V 634–636; Prot V 769, 792–794, 813; JAKOBS/SCHUBERT ER I 302, 342 ff.

Neufassung seit 1.1.1999: In Abs 1 wurden die Worte „des Nachlaßkonkurses" jeweils durch die Worte „des Nachlaßinsolvenzverfahrens" ersetzt (Art 33 Nr 35 InsO).

Schrifttum

BINDER, Die Rechtsstellung des Erben II (1903) 151 ff
DAUNER-LIEB, Unternehmen in Sondervermögen (1998) 85 ff

RIESENFELD, Die Erbenhaftung II (1916) 74–77, 154
SIBER, Kompensation und Aufrechnung (1899) 104–107, 116, 141.

I. Die ratio legis

Da der Erbe persönlicher Schuldner aller Nachlassverbindlichkeiten wird (Vorbem 7 zu §§ 1967 ff), stehen die Ansprüche der Nachlassgläubiger von nun an im **Gegenseitigkeitsverhältnis** auch zu den *nicht* zum Nachlass gehörigen Forderungen des Erben an sie. Gem § 387 kann sich ein Nachlassgläubiger wegen seiner Forderung deshalb auch dadurch befriedigen, dass er sie gegen eine nicht zum Nachlass gehörende Forderung des Erben aufrechnet. Auf diese Weise kann sich ein Nachlassgläubiger, solange der Erbe ihm noch ohne Beschränkung auf den Nachlass haftet (also zB nicht in den Fällen der §§ 1973, 1974, 1990, 1992; vgl § 1973 Rn 6, § 1990 Rn 40), ohne Mitwirkung des Erben aus dessen Eigenvermögen befriedigen. Jedoch entzieht **Abs 1** des § 1977 diesem Zugriff auf das Eigenvermögen die Wirkung, sobald sich die Haftung des Erben infolge der Anordnung einer Nachlassverwaltung oder der Eröffnung des Nachlassinsolvenzverfahrens gem § 1975 auf den Nachlass beschränkt hat. Voraussetzung ist jedoch, dass die Aufrechnung ohne Zustimmung des Erben erfolgt ist. Wenn der Erbe der Aufrechnung gegen seine Privatforderung zugestimmt hat, verdient er nicht mehr Schutz, als wenn er den Nachlassgläubiger freiwillig mit Mitteln seines Eigenvermögens befriedigt hätte. Zur ratio legis des **Abs 2** s unten Rn 7.

II. Zeitpunkt der Aufrechnung

2 Beide Absätze des § 1977 kommen nur zur Anwendung, wenn die Aufrechnung *nach dem Erbfall, aber vor der Anordnung der Nachlassverwaltung oder der Eröffnung des Nachlassinsolvenzverfahrens* erklärt worden ist (zur *späteren* Aufrechnung vgl Rn 11 f). Diese Voraussetzung ist zwar nur in Abs 1 ausdrücklich erwähnt; in Abs 2 ist sie jedoch entsprechend zu ergänzen. Der Fall des Abs 2 war in E I § 2116 noch nicht erwähnt und von der ersten Kommission (Mot V 635 ad II) gegenteilig entschieden worden.

III. Die Rechtsfolge des § 1977

3 In den Fällen des § 1977 wird die *Aufrechnungswirkung* infolge der Anordnung der Nachlassverwaltung oder der Eröffnung des Nachlassinsolvenzverfahrens *rückwirkend aufgehoben*. Diese Aufhebung ist eine kraft Gesetzes eintretende Folge der Verfahrenseröffnung. Die nach § 389 erloschenen Forderungen mitsamt ihren Nebenrechten (Pfand- und Bürgenhaftung) leben wieder auf. Wann die Forderungen entstanden sind, ist unerheblich, wenn nur die Aufrechnung nach dem Erbfall und vor der Anordnung der Nachlassverwaltung oder der Eröffnung des Nachlassinsolvenzverfahrens erfolgt ist (BGB-RGRK/Johannsen Rn 8).

IV. Aufrechnungsweise Befriedigung eines Nachlassgläubigers aus dem Eigenvermögen des Erben

4 **1.** **Hat der Erbe** seine Privatforderung an den Nachlassgläubiger gegen dessen Forderung **aufgerechnet**, so wird die Wirkung der Aufrechnung durch die Anordnung der Nachlassverwaltung oder die Eröffnung des Nachlassinsolvenzverfahrens nicht berührt. Über sein Privatvermögen kann der Erbe frei verfügen. Wenn er dem Nachlassgläubiger seine Eigenforderung als Erfüllungssurrogat opfert, ist er so zu behandeln, wie wenn er aus seinem Eigenvermögen „geleistet" hätte. Unter den Voraussetzungen des § 1979 erlangt der Erbe, sofern er nicht unbeschränkbar haftet, für seine aufgerechnete Privatforderung einen Aufwendungsersatzanspruch nach § 1978 Abs 3, den er im Nachlassinsolvenzverfahren als Masseverbindlichkeit geltend machen kann (§ 324 Abs 1 Nr 1 InsO); andernfalls erlangt er einen Bereicherungsanspruch und tritt im Nachlassinsolvenzverfahren an die Stelle des Nachlassgläubigers, gegen dessen Forderung er mit seiner Privatforderung aufgerechnet hat (§ 326 Abs 2 InsO).

2. **Hat der Nachlassgläubiger die Aufrechnung erklärt**, so ist zu unterscheiden:

5 **a)** **Hat der Erbe** der Aufrechnung **zugestimmt**, so ist der Fall ebenso zu behandeln wie der einer vom Erben selbst erklärten Aufrechnung (Rn 4). In der Zustimmung liegt eine Verfügung des Erben über die zu seinem Eigenvermögen gehörende Forderung. Einen Grund zur Rückgängigmachung der Aufrechnung erkennt § 1977 hier mit Recht nicht an.

6 **b)** **Hat der Erbe** der Aufrechnung **nicht zugestimmt**, so greift Abs 1. Die Aufrechnung ist als nicht erfolgt anzusehen, sobald Nachlassverwaltung angeordnet oder ein Nachlassinsolvenzverfahren eröffnet ist. Nach Sinn und Zweck des Abs 1 (Rn 1) sowie der ausdrücklichen Bestimmung des § 2013 Abs 1 S 1 gilt das jedoch nicht, *wenn die Haftung des Erben für die Nachlassverbindlichkeiten eine unbeschränkbare geworden ist.* Ist sie nur gegenüber *einzelnen* Nachlassgläubigern unbeschränkbar, so berührt dies die Anwendbarkeit des § 1977 Abs 1 nicht, § 2013 Abs 2. Anders nur, wenn der Erbe gerade gegenüber demjenigen Gläubiger unbeschränkbar haftet, der die Aufrechnung erklärt hat (nur für diesen Fall zutreffend sind die die Anwendbarkeit des § 1977 Abs 1 trotz § 2013 Abs 2 jedenfalls im Ausgangspunkt pauschal ablehnenden Stellungnahmen von PALANDT/EDENHOFER Rn 5, § 2013 Rn 4 und ERMAN/SCHLÜTER Rn 4, § 2013 Rn 3). Da der Erbe diesem Gläubiger weiterhin auch mit dem Eigenvermögen haftet, könnte der Gläubiger sich selbst *nach* Anordnung der Nachlassverwaltung oder Eröffnung des Nachlassinsolvenzverfahrens noch durch Aufrechnung seiner Forderung gegen eine Privatforderung des Erben befriedigen (STROHAL II 331 [§ 86 II]; PALANDT/EDENHOFER Rn 5; ERMAN/SCHLÜTER Rn 4; MünchKomm/KÜPPER Rn 8; JAEGER/LENT[8] KO § 53 Rn 20; vgl ferner unten Rn 11 f).

V. Aufrechnungsweise Befriedigung eines Eigengläubigers des Erben aus dem Nachlass

1. Wenn ein Gläubiger, der nicht Nachlassgläubiger ist, die ihm gegen den Erben zustehende Forderung gegen eine zum Nachlass gehörende Forderung **aufgerechnet hat**, soll nach den Einleitungsworten des Abs 2 „das Gleiche" gelten wie im Fall des Abs 1. Anders als Abs 1 (vgl Rn 1) will Abs 2 jedoch nicht das Eigenvermögen des Erben vor den Nachlassgläubigern, sondern die Nachlassgläubiger vor einer Auszehrung des Nachlasses durch Eigengläubiger des Erben schützen. Insoweit verhält sich § 1977 Abs 2 zu § 1977 Abs 1 wie § 784 Abs 2 ZPO zu § 784 Abs 1 ZPO. 7

a) Problemlos ist die Verweisung des § 1977 Abs 2 auf Abs 1 für den Fall, dass die Aufrechnung **ohne Zustimmung des Erben** erfolgt ist. Dann gilt sie analog Abs 1 als nicht erfolgt, sobald Nachlassverwaltung angeordnet oder ein Nachlassinsolvenzverfahren eröffnet ist. 8

Eine Ausnahme kann auch für den Fall nicht anerkannt werden, dass der Erbe für die Nachlassverbindlichkeiten *unbeschränkbar* haftend geworden ist. Zwar soll § 1977 nach dem Wortlaut des § 2013 Abs 1 S 1 auf diesen Fall nicht anzuwenden sein. Folgte man dem auch bzgl des Abs 2 des § 1977 (zu Abs 1 vgl Rn 6), so würden die Nachlassgläubiger durch den an sich zu ihrem Schutz geschaffenen § 2013 benachteiligt, da sie die erfolgte Befriedigung des Eigengläubigers aus dem Nachlass hinnehmen müssten und uU darauf angewiesen wären, ihre Ansprüche auch gegen das – vielleicht nur geringfügige – Eigenvermögen des Erben zu verfolgen (vgl bereits STROHAL II 261 [§ 78 III 2]). Um dies zu vermeiden, wird man Abs 2 des § 1977 nach berichtigender Auslegung des § 2013 Abs 1 S 1 auch bei allgemein unbeschränkter Haftung anwenden müssen (SIBER, Haftung für Nachlaßschulden 90; PALANDT/EDENHOFER Rn 1, 5; BGB-RGRK/JOHANNSEN Rn 7; ERMAN/SCHLÜTER Rn 4; MünchKomm/KÜPPER Rn 7; SOERGEL/STEIN Rn 5; AK-BGB/TEUBNER Rn 6; KIPP/COING § 97 IV 3; **aM** DAUNER-LIEB 91 f, 149; vgl auch Prot V 769). Dafür spricht auch die Parallele (vgl Rn 7) des § 784 Abs 2 ZPO, dessen Anwendung bei unbeschränkbar gewordener Erbenhaftung ebenfalls nicht ausgeschlossen ist.

b) Den Fall, dass der Erbe der von seinem Eigengläubiger gegen eine Nachlass- 9 forderung erklärten Aufrechnung **zugestimmt** hat, wird man ebenso entscheiden müssen wie den Fall, dass die Aufrechnung vom Erben ausging. Denn wie die vom Erben ausgehende Aufrechnung (Rn 10) enthält auch die Zustimmung des Erben zu der von seinem Eigengläubiger gegen eine Nachlassforderung erklärten Aufrechnung eine Verfügung über diese Forderung (aM LANGE/KUCHINKE § 49 Fn 40), die durch eine spätere Nachlassverwaltung oder ein Nachlassinsolvenzverfahren nicht mehr berührt werden kann. Wie Abs 1 ist also auch Abs 2 des § 1977 nicht anzuwenden, wenn der Erbe der Aufrechnung zugestimmt hat (RG LZ 1916, 1364 Nr 9; ECCIUS Gruchot 43 [1899] 603, 638; STROHAL II § 78 Fn 5; ENDEMANN III § 115 Fn 23; PLANCK/FLAD Anm 2; BGB-RGRK/JOHANNSEN Rn 6; SOERGEL/STEIN Rn 5; AK-BGB/TEUBNER Rn 3; DAUNER-LIEB 87 ff; **aM** STAUDINGER/LEHMANN[11] Rn 3; SIBER, Haftung für Nachlaßschulden 90; BINDER II 161; KIPP/COING § 97 Fn 12; LANGE/KUCHINKE § 49 Fn 40; MICHALSKI Rn 951; ERMAN/SCHLÜTER Rn 3; MünchKomm/KÜPPER Rn 6 mwNw). Dafür spricht auch, dass man in einer mit Zustimmung des Erben erfolgten Aufrechnung uU auch eine vertragliche Aufhebung der gegenseitigen Forderungen sehen könnte, auf die § 1977 nicht anwendbar wäre.

Wegen der endgültigen Befreiung von seiner Eigenverbindlichkeit, die sich der Erbe durch seine Zustimmung zu der Aufrechnung auf Kosten des Nachlasses verschafft hat, muss der Erbe den Nachlassgläubigern nach § 1978 Abs 1 und § 812 Ersatz leisten. Gem § 1978 Abs 2 ist der Ersatzanspruch vom Nachlass(insolvenz)verwalter geltend zu machen.

10 2. **Hat der Erbe** eine Nachlassforderung an einen Eigengläubiger gegen dessen Forderung **aufgerechnet**, so bleibt die Aufrechnung auch dann wirksam, wenn später eine Nachlassverwaltung angeordnet oder ein Nachlassinsolvenzverfahren eröffnet wird (BGB-RGRK/JOHANNSEN Rn 6; DAUNER-LIEB 88 ff; **aM** STAUDINGER/LEHMANN[11] Rn 3). Denn durch diese Verfahren wird dem Erben die Verfügungsmacht über den Nachlass nicht rückwirkend, sondern nur ex nunc entzogen (§ 1984 BGB, § 80 InsO). Verfügungen, die der Erbe vorher getroffen hat, werden also nicht unwirksam (§ 1976 Rn 10). Das muss erst recht für die Verfügungswirkung gelten, die die Aufrechnung mit einer Nachlassforderung zeitigt. Da der Aufrechnungsgegner (der Eigengläubiger) die Aufrechnung nicht zurückweisen kann, er andererseits aber durch sie gehindert wird, seine – nun ja erloschene – Forderung noch gegen das Eigenvermögen des Erben zu verfolgen, muss er zum Ausgleich davor geschützt werden, dass die Aufrechnungswirkung, die ja auch zu seiner eigenen Befriedigung geführt hat, später wieder entfällt (vgl auch § 388 S 2). Denn mittlerweile kann das Eigenvermögen des Erben, aus dem der Gläubiger bei Unwirksamwerden der Aufrechnung nunmehr seine Befriedigung suchen müsste, völlig unzulänglich geworden sein (zB infolge des Vollstreckungszugriffs anderer Gläubiger).

Wegen der endgültigen Befreiung von seiner Eigenverbindlichkeit, die sich der Erbe durch die Aufrechnung mit der Nachlassforderung auf Kosten des Nachlasses verschafft hat, muss der Erbe den Nachlassgläubigern nach §§ 1978 Abs 1 und 812 Ersatz leisten. Gem § 1978 Abs 2 ist dieser Anspruch vom Nachlass(insolvenz)verwalter geltend zu machen.

VI. Aufrechnung nach Verfahrenseröffnung

Nach Anordnung der Nachlassverwaltung oder Eröffnung des Nachlassinsolvenzverfahrens kann ein Nachlassgläubiger gegen eine Privatforderung des Erben an ihn nicht aufrechnen (arg Abs 1 und §§ 390, 1975 BGB, 784 Abs 1 ZPO; mit anderer Begr ebenso SOERGEL/STEIN Rn 7 [„wegen § 1984 bzw InsO § 80"]; vgl auch RG LZ 1933, 521, 523). Anders nur, wenn der Erbe – zumindest diesem Gläubiger gegenüber – unbeschränkbar haftet und der Nachlassgläubiger deshalb auch im Wege der Zwangsvollstreckung auf die Privatforderung des Erben zugreifen dürfte (vgl § 784 Abs 1 ZPO und oben Rn 6 f). Ein Eigengläubiger des Erben kann nach Verfahrenseröffnung niemals gegen eine zum Nachlass gehörende Forderung aufrechnen (OLG Kiel SchlHAnz 1919, 179). Denn wenn sich der Eigengläubiger nicht im Wege der Zwangsvollstreckung aus dem Nachlass befriedigen kann (vgl § 1984 Abs 2 BGB, § 89 InsO), darf ihm das auch nicht im Wege der (einer Zwangsvollstreckung funktional vergleichbaren) Aufrechnung möglich sein. Auch die Zustimmung des Erben zu solch einer Aufrechnung vermag die Nachlassforderung in diesem Fall nicht zum Erlöschen zu bringen (§ 1984 Abs 1 S 1 BGB und § 80 InsO; aus denselben Vorschriften folgt, dass der Erbe sich von einer Eigenverbindlichkeit gegenüber einem Dritten jetzt [vgl aber Rn 10] nicht mehr durch Aufrechnung mit einer gegen diesen gerichteten Nachlassforderung befreien kann).

Eine gegenüber einem Dritten bestehende Nachlassverbindlichkeit kann der Erbe auch noch nach Verfahrenseröffnung durch Aufrechnung mit einer zu seinem Eigenvermögen gehörenden, gegen diesen Dritten gerichteten Forderung tilgen (PLANCK/FLAD Anm 5; BGB-RGRK/JOHANNSEN Rn 9; PALANDT/EDENHOFER Rn 3; MünchKomm/KÜPPER Rn 3; SOERGEL/STEIN Rn 7; aM ERMAN/SCHLÜTER Rn 2; auch BROX/WALKER Rn 682 für den Fall, dass der Nachlassgläubiger nicht zustimmt). Die Vertreter der Gegenansicht meinen, dass infolge der Nachlassabsonderung die Gegenseitigkeit der betr Forderungen aufgehoben werde. Das trifft jedoch nicht zu; der Erbe bleibt nach wie vor „Schuldner" auch der Nachlassverbindlichkeiten (vgl Vorbem 7 f zu §§ 1967 ff), nur seine „Haftung" beschränkt sich gem § 1975 auf den Nachlass. Diese Haftungsbeschränkung befreit den Erben nicht von seiner Schuldnerstellung, sondern gewährt ihm lediglich das – einredeweise geltend zu machende – Recht, die Leistung aus dem Eigenvermögen zu verweigern (vgl Vorbem 8 zu §§ 1967 ff). Dieses Einrederecht hindert den Erben jedoch nicht, eine Nachlassverbindlichkeit freiwillig aus dem Eigenvermögen zu berichten. Die Aufrechnung der Privatforderung des Erben gegen die Forderung des Nachlassgläubigers ist keine Verfügung über einen Nachlassgegenstand (die dem Erben durch § 1984 Abs 1 S 1 BGB bzw § 80 InsO versagt wäre), sondern befreit den Nachlass lediglich von einer – gem § 1967 Abs 1 auch den Erben treffenden – Verbindlichkeit. Schließlich ist darauf hinzuweisen, dass sich die Forderung des Nachlassgläubigers dann, wenn der Erbe ihm trotz Nachlassseparation ausnahmsweise *unbeschränkt* haftet (§ 2013), auch gegen das Eigenvermögen des Erben richtet; dann kann der Erbe also ohnehin mit einer Privatforderung aufrechnen (wie umgekehrt auch der Nachlassgläubiger gegen diese [Rn 6]; vgl ferner den Ausschluss von § 1977 Abs 1 durch § 2013 Abs 1 S 1). Warum sollte dies dem nur beschränkt haftenden Erben, der die Leistung aus dem Eigenvermögen verweigern kann (aber nicht muss!), versagt sein? § 390 schließt nur die Aufrechnung mit einer, nicht die gegen eine einredebehaftete Forderung aus. – Eine andere Frage ist, ob der Erbe nicht, statt seine Privatforderung durch Aufrechnung gegen die Forderung eines Nachlassgläubigers zu opfern, sich diesem gegenüber lieber auf seine Haftungsbeschränkung berufen sollte. Denn wenn er seine Forderung erst nach Anordnung der Nachlassverwaltung bzw nach Eröffnung des Nachlassinsolvenzverfahrens aufrechnet, kann er Aufwendungsersatz idR (aber § 1978 Rn 25) nicht schon nach den §§ 1978 Abs 3 (iVm Abs 1 S 1), 1979 BGB, 324 Abs 1 Nr 1 InsO verlangen, die eine *vor* Verfahrenseröffnung erfolgte Schuldentilgung voraussetzen, sondern allenfalls nach den Grundsätzen über die Geschäftsführung *ohne* Auftrag (denn den „Auftrag" der Gläubigergemeinschaft zur Schuldentilgung hat nunmehr der Nachlass- bzw Nachlassinsolvenzverwalter; vgl § 1985 BGB und §§ 148, 159 InsO). In der Regel (Ausnahmen sind denkbar; aM wohl PLANCK/FLAD Anm 5 mit unschlüssiger Berufung auf § 1984 Abs 1 S 2 BGB und § 7 KO/§ 81 InsO) wird der Erbe dann auf einen Bereicherungsanspruch nach § 684 beschränkt sein (BGB-RGRK/JOHANNSEN Rn 9; PALANDT/EDENHOFER Rn 3). Vgl ferner § 326 Abs 2 InsO.

13 Der Umstand, dass **Nachlassverwaltung** angeordnet ist, hindert auch **bei Unzulänglichkeit des Nachlasses** nicht die Aufrechnung mit erst *während* der Nachlassverwaltung erworbenen Forderungen gegen den Nachlass (KGBl 1911, 126; LG Hagen MDR 1954, 675). Die §§ 94–96 InsO gelten erst im Nachlassinsolvenzverfahren. Zur **Insolvenzantragspflicht** des Nachlassverwalters vgl § 1985 Rn 29 ff, zu der des Erben § 1980 Rn 1 ff, 14.

VII. Verjährung

14 Die Rechtsfolge des § 1977, dass die Aufrechnung „als nicht erfolgt anzusehen" ist, soll die infolge der Aufrechnung erloschenen Forderungen wieder durchsetzbar machen. Im Schrifttum ist darauf hingewiesen worden, dass dieses Ziel nicht erreicht werde und es sogar zu „völlig sachfremden Ergebnissen" kommen könne, wenn hinsichtlich einer oder sogar beider Forderungen während der Zeit zwischen Aufrechnungserklärung und Anordnung der Nachlassverwaltung bzw Eröffnung des Nachlassinsolvenzverfahrens die Verjährungsfrist abgelaufen sei (DAUNER-LIEB 86 f). Die befürchteten Schwierigkeiten lassen sich jedoch vermeiden, indem man während der Schwebezeit § 205 analog anwendet und auf diese Weise zu einer **Hemmung der Verjährung** kommt. Die Analogie zu § 205 ist eine notwendige Ergänzung des § 1977: Als einseitiges Rechtsgeschäft kann eine Aufrechnung normalerweise nicht unter einer auflösenden Bedingung erfolgen. Von dieser Grundregel, die in § 388 S 2 ausdrücklich bestätigt wird, weicht § 1977 insofern ab, als die Aufrechnung hier sogar *kraft Gesetzes* auflösend bedingt ist. An diesen Sonderfall hat man bei der Ausformulierung der Verjährungsvorschriften nicht gedacht. Die planwidrige Gesetzeslücke muss durch eine analoge Anwendung des § 205 geschlossen werden. Dabei handelt es sich nicht nur um eine „einfache" Analogie, sondern sogar um einen klassischen Erst-Recht-Schluss: Wenn nach § 205 schon das Bestehen eines *vertraglichen Leistungsverweigerungsrechts* verjährungshemmend wirkt, dann muss verjährungshemmend „erst recht" der Umstand wirken, dass die von der Verjährung bedrohte Forderung auf dem noch viel gravierenderen Grunde des *Erlöschens infolge Aufrechnung* nicht mehr geltend gemacht werden kann. Wer die hier vorgeschlagene analoge Anwendung des § 205 ablehnt (etwa weil eine Aufrechnung keine „Vereinbarung" iS des § 205 ist und die am 1.1.2002 in Kraft getretene Vorschrift gerade in diesem Punkt enger formuliert ist als der bisherige § 202 Abs 1 [dies jedoch in anderen Zusammenhängen mit leichter Hand „überspielend" STAUDINGER/PETERS/JACOBY [2009]

§ 205 Rn 5, 19 ff]), wird die Lösung wohl in § 206 (auflösend bedingte Aufrechnung als „höhere Gewalt"?) oder in einer analogen Anwendung des § 210 (grds zur Analogiefähigkeit STAUDINGER/PETERS/JACOBY [2009] § 195 Rn 9 aE, § 210 Rn 2) suchen müssen. Einen noch radikaleren Lösungsweg befürwortet nach Ablehnung der Analogie zu § 205 das OLG München für den mit der hier erörterten Problematik vergleichbaren Fall des rückwirkenden Wiederauflebens einer anfechtbar getilgten Forderung nach Rückgewähr des Empfangenen gem § 144 Abs 1 InsO: Das rückwirkende Wiederaufleben einer solchen Forderung habe nicht zur Folge, dass auch der Entstehungszeitpunkt iSd Verjährungsrechts auf den Zeitpunkt der „ursprünglichen" Anspruchsentstehung zurückzuverlegen sei. Entstehung iSd § 199 Abs 1 Satz 1 Nr 1 BGB dürfe in solch einem Fall erst ex nunc mit dem Wiederaufleben des Anspruchs angenommen werden (OLG München ZIP 2009, 1310, 1311 mit zust Anm KREMER EWiR 2009, 561). Vgl zu Verjährungsfragen auch § 1976 Rn 1 und § 1967 Rn 2 mwNw.

§ 1978
Verantwortlichkeit des Erben für bisherige Verwaltung, Aufwendungsersatz

(1) Ist die Nachlassverwaltung angeordnet oder das Nachlassinsolvenzverfahren eröffnet, so ist der Erbe den Nachlassgläubigern für die bisherige Verwaltung des Nachlasses so verantwortlich, wie wenn er von der Annahme der Erbschaft an die Verwaltung für sie als Beauftragter zu führen gehabt hätte. Auf die vor der Annahme der Erbschaft von dem Erben besorgten erbschaftlichen Geschäfte finden die Vorschriften über die Geschäftsführung ohne Auftrag entsprechende Anwendung.

(2) Die den Nachlassgläubigern nach Absatz 1 zustehenden Ansprüche gelten als zum Nachlass gehörend.

(3) Aufwendungen sind dem Erben aus dem Nachlass zu ersetzen, soweit er nach den Vorschriften über den Auftrag oder über die Geschäftsführung ohne Auftrag Ersatz verlangen könnte.

Materialien: E I § 2112 S 1 und 2; II § 1853; III § 1953; Mot V 626 f; Prot V 765 f, 813 f; Denkschr 723; JAKOBS/SCHUBERT ER I 302, 346 ff.

Neufassung seit 1. 1. 1999: In Abs 1 S 1 wurden die Worte „der Nachlaßkonkurs" durch die Worte „das Nachlaßinsolvenzverfahren" ersetzt (Art 33 Nr 36 EGInsO).

Schrifttum

BINDER, Die Rechtsstellung des Erben II (1903) 133 ff
DAUNER-LIEB, Unternehmen in Sondervermögen (1998)
KLOOK, Die überschuldete Erbschaft. Der Erbe als Berechtigter und als Treuhänder der Nachlassgläubiger (1998)
MUSCHELER, Die Haftungsordnung der Testamentsvollstreckung (1994) 209 ff

REUTER, Die handelsrechtliche Erbenhaftung (§ 27 HGB) ZHR 135 (1971) 511
RIESENFELD, Die Erbenhaftung II (1916) 66 ff, 155 f
SARRES, Die Auskunfts- und Rechenschaftspflicht nach § 666 BGB im System der erbrechtlichen Auskunftsansprüche, ZEV 2008, 512
SCHMIDT-KESSEL, Was ist Nachlass?, WM 2003, 2086

SCHNUPFHAGN, Verwalterhaftung und Aufwendungsersatz im Erbrecht (Diss Berlin 1985)
SOBICH, Erbengemeinschaft und Handelsgeschäft – zur Zulässigkeit der Geschäftsfortführung (Diss Kiel 1975) 88.

Systematische Übersicht

I. Allgemeines	1
II. Verantwortlichkeit des Erben für die vor Erbschaftsannahme besorgten Geschäfte	4
III. Verantwortlichkeit des Erben für die Verwaltung des Nachlasses ab Erbschaftsannahme	9
IV. Verantwortlichkeit des Erben für die Zeit nach Verfahrenseröffnung	25
V. Aufwendungsersatzansprüche des Erben	26
VI. Rechtsnatur und Geltendmachung der Ersatzansprüche und -pflichten aus § 1978	35
VII. Verjährung	42

Alphabetische Übersicht

Aufgebot der Nachlassgläubiger	22, 34
Aufrechnung	33
Auftragsrecht	9, 11 ff, 25 ff
Aufwendungen des Erben	26 ff, 37, 40
Auseinandersetzung	39, 41
Ausgeschlossene Gläubiger	33
Auskunft etc	14
Ausschlagung	
– der Erbschaft	4
– einer zum Nachlass gehörigen weiteren Erbschaft	24
– eines zum Nachlass gehörigen Vermächtnisses	24
Benachrichtigungspflicht	14
Eidesstattliche Versicherung	14
Eigengläubiger	
– Befriedigung der	23
– Zwangsvollstreckung der	7, 23, 37
Eigenverbindlichkeiten, Eingehung von	27
Ersatzerwerb	
– gesetzlicher	15
– rechtsgeschäftlicher	16 ff
Fremdgeschäftsführungswille	16, 26
Geld	20
Geltendmachung des § 1978	35 ff
Gesamtgutsanteil	41
Gesamtschuld	38
Geschäftsführung	
– Haftung für	1 ff, 4 ff
– ohne Auftrag	4 ff, 25 ff
– Pflicht zur	4, 7, 9
– Recht zur	4 ff, 9 ff, 25
– Unentgeltlichkeit	29
Gesellschaftsanteil	39
Herausgabe	
– des Nachlasses	15
– der Nutzungen	15
– der Surrogate	15 ff
– Zurückbehaltungsrecht	30 ff
Honorar für Geschäftsführung	29
Konkurs	
vgl Nachlassinsolvenzverfahren	
Miterben	38 ff
Nacherbfall	28
Nachlassgläubiger	
– Aufgebot der	22

Titel 2 · Haftung des Erben für die Nachlassverbindlichkeiten **§ 1978**
Untertitel 3 · Beschränkung der Haftung des Erben **1, 2**

– ausgeschlossene _____ 34
– Befriedigung der _____ 21 f
– Geltendmachung des § 1978 _____ 36
Nachlassinsolvenzverfahren
– Antragspflicht _____ 22
– Aufwendungsersatz _____ 28
Nachlassinsolvenzverwalter, Haftung für _ 13
Nachlasspfleger, Haftung für _____ 13
Nachlassverbindlichkeiten
– Berichtigung von _____ 21 f, 27
– nicht aus § 1978 _____ 35
Nachlassverwalter, Haftung für _____ 13
Nachlassverzeichnis _____ 14
Nutzungen _____ 15

Rechenschaftspflicht _____ 14
Rechnungstellung _____ 14

Schuldbefreiung _____ 27
Surrogation _____ 2, 15 ff
– „dingliche" _____ 15, 17 ff
– „schuldrechtliche" _____ 16
– Zugriff auf Surrogate _____ 19

Testamentsvollstrecker, Haftung für _____ 13

Unbeschränkte Haftung _____ 3, 35
Unternehmensfortführung _____ 12, 16 f, 26, 29
Veräußerung der Erbschaft _____ 12, 18
Verbindlichkeiten, Eingehung von _____ 27
Verfügungen des Erben _____ 2, 6, 12, 25
Verjährung _____ 42
Verschulden _____ 12 f
Verwaltung des Nachlasses
– Begriff _____ 10
– durch Erben _____ 9 ff
– durch Dritte _____ 12 f
– durch Miterben _____ 38, 40
Verwaltungspflicht _____ 9
– Inhalt _____ 9 ff
– zeitliche Grenzen _____ 4, 9, 25
Vorerbe _____ 15, 28
Vorläufiger Erbe _____ 4 ff

Zinsen _____ 20, 27
Zurückbehaltungsrecht
 wegen Aufwendungen _____ 30 ff
Zweck der Vorschrift _____ 1 f

I. Allgemeines

1. Zum **Zweck der Vorschrift** führt die Denkschr (723; ähnlich Mot V 626 f) aus: **1**
„Wird infolge der Anordnung der Nachlaßverwaltung oder der Eröffnung des Nachlaßkonkurses [seit 1999: des Nachlaßinsolvenzverfahrens] die Haftung des Erben für die Nachlaßverbindlichkeiten auf den Nachlaß beschränkt, so verlangt das Interesse der Gläubiger, daß der Erbe ihnen für die bisherige Verwaltung des Nachlasses wie der Verwalter eines fremden Vermögens verantwortlich ist, und daß die aus dieser Verantwortlichkeit sich ergebenden Ansprüche gegen den Erben als zum Nachlasse gehörend angesehen werden." Durch die Auferlegung dieser Verantwortung wird der Grundsatz der Nachlassabsonderung folgerichtig durchgeführt.

2. Völlig wird der Zweck, den Nachlass den Gläubigern ungeschmälert zu er- **2**
halten, **nicht erreicht**. Denn Verfügungen über Nachlassgegenstände, die der Erbe vor Verfahrenseröffnung wirksam getroffen hat, werden infolge der Anordnung der Nachlassverwaltung oder der Eröffnung des Nachlassinsolvenzverfahrens nicht unwirksam (§ 1976 Rn 10). Deshalb schlug SIBER (Haftung für Nachlaßschulden 80) vor, jede vorsätzliche oder grobfahrlässige erhebliche Schädigung der Nachlassgläubiger durch den Erben zum Verwirkungsgrund der beschränkten Haftung zu machen. Bereits de lege lata könnte eine gewisse Abhilfe dadurch geschaffen werden, dass man den vom Erben durch Veräußerung von Nachlassgegenständen erzielten Erlös

nicht zum Eigenvermögen des Erben, sondern nach Surrogationsgrundsätzen zum Nachlass rechnet (s unten Rn 17 ff).

3 3. Wenn der Erbe allen Nachlassgläubigern unbeschränkbar haftet, ist es überflüssig, ihnen noch Ersatzansprüche gegen das Eigenvermögen des Erben zuzuweisen. Deshalb erklärt § 2013 Abs 1 S 1 den § 1978 für unanwendbar (vgl aber § 2013 Rn 12 und § 2060 Rn 22 für den Fall, dass *mehrere* Erben vorhanden sind). Dass der Erbe nur *einzelnen* Nachlassgläubigern gegenüber unbeschränkbar haftet, steht der Anwendung des § 1978 nicht entgegen, § 2013 Abs 2.

II. Verantwortlichkeit des Erben für die vor Erbschaftsannahme besorgten Geschäfte

4 1. Bis zur Annahme der Erbschaft ist der Erbe zwar berechtigt, jedoch **nicht verpflichtet, sich um den Nachlass zu kümmern** (vgl Mot V 627 und STAUDINGER/MAROTZKE [2008] § 1959 Rn 1, 4). Für das Unterlassen von Fürsorgemaßregeln kann er grundsätzlich (aber: Rn 7) weder von den Nachlassgläubigern noch von den nach ihm zur Erbschaft Berufenen haftbar gemacht werden. Kümmert er sich jedoch freiwillig um den Nachlass, so ist er im Fall der Ausschlagung dem an seine Stelle tretenden Erben (§ 1959 Abs 1) und im Fall der Annahme den Nachlassgläubigern (§ 1978 Abs 1 S 2) wie ein Geschäftsführer ohne Auftrag verantwortlich. Wer eine ihm angefallene Erbschaft *ausgeschlagen* hat, haftet nicht den Nachlassgläubigern nach § 1978, sondern dem endgültigen Erben nach § 1959 (OLG Celle MDR 1970, 1012).

5 2. Die Anwendung der Vorschriften über die Geschäftsführung ohne Auftrag auf die vom Erben vor der Annahme besorgten erbschaftlichen Geschäfte **ist keine unmittelbare, sondern nur eine entsprechende** (vgl Abs 1 S 2 sowie die Parallele in § 1959 Abs 1). ZB kann dem Erben eine Rücksichtnahme auf den wirklichen oder mutmaßlichen Willen einer bestimmten Person, hier also eines einzelnen Nachlassgläubigers (vgl §§ 677, 678, 679, 683, 684) nicht zugemutet werden (vgl auch STAUDINGER/MAROTZKE [2008] § 1959 Rn 5). Es genügt, wenn er sein Verhalten nach sachlichen Erwägungen, nach dem objektiven Interesse „der" Nachlassgläubiger ausrichtet. Jedoch wird ihn ein bestimmter Nachlassgläubiger, dessen ihm bekannten Willen er berücksichtigt hat, nicht nach Abs 1 S 2 verantwortlich machen können (PLANCK/FLAD Anm 2 a).

6 § 1978 regelt die Haftung des Erben für ein *nach* dem Anfall der Erbschaft liegendes Verhalten. **Wenn der Erbe vor dem Erbfall eine Verfügung getroffen hat**, die infolge Anfalls der Erbschaft nach § 185 Abs 2 S 1 HS 2 wirksam wird, kann er also nicht schon nach § 1978 verantwortlich gemacht werden (so zutr PLANCK/FLAD Anm 2 a [unter Ablehnung der in Mot V 632 vertretenen gegenteiligen Ansicht]; BGB-RGRK/JOHANNSEN Rn 2; MünchKomm/KÜPPER Rn 2). Da jedoch der Nachlass durch das Wirksamwerden der Verfügung geschmälert wird und dies eine Folge davon ist, dass der Nachlass dem Verfügenden und nicht einem Dritten anfiel, wird man den Erben wie im Fall des § 816 Abs 1 S 1 nach Bereicherungsrecht auf Herausgabe des durch die nichtberechtigte Verfügung erlangten Erlöses haften lassen müssen. Er steht dann ebenso, wie wenn seine Verfügung bereits zu Lebzeiten des Erblassers wirksam geworden (zB nach §§ 932 ff oder nach § 185 Abs 2 S 1 HS 1) und seine Ersatzpflicht gegen diesen gem § 1976 wieder aufgelebt wäre.

Obwohl der Erbe vor Annahme der Erbschaft nicht verpflichtet ist, sich um den **7** Nachlass zu kümmern (Rn 4), kann er während dieser Zeit dadurch ersatzpflichtig werden, dass er die **Zwangsvollstreckung eines Eigengläubigers in den Nachlass** nicht abwendet (zB durch freiwillige Leistung aus dem Eigenvermögen oder durch Intervention nach § 783 ZPO mit dem Ziel der Beschränkung der Zwangsvollstreckung auf Sicherungsmaßregeln). Die Haftung des Erben folgt hier jedoch selbst dann, wenn er die vor der Erbschaftsannahme (andernfalls s Rn 23) erfolgte Zwangsvollstreckung wissentlich geduldet hat, nicht aus Geschäftsführungs- (was aber STAUDINGER/ LEHMANN[11] Rn 7; PLANCK/FLAD Anm 2 a; ERMAN/SCHLÜTER Rn 2 für möglich halten), sondern nur aus Bereicherungsrecht. Der Fall ist gleich dem zu lösen, dass ein Gläubiger des Erben bereits *vor* dem Tod des Erblassers in dessen Vermögen vollstreckt hat, nämlich durch Anerkennung eines Bereicherungsanspruchs (vgl STAUDINGER/LORENZ [2007] § 816 Rn 12 f) des Nachlasses gegen den Erben. Einige Autoren wollen einen Direktanspruch des Nachlasses *gegen den* zwischen Erbfall und Eröffnung des Nachlassinsolvenzverfahrens *befriedigten Eigengläubiger* des Erben anerkennen (JAEGER/ WEBER[8] KO § 221 Rn 6; UHLENBRUCK/LÜER[13] InsO § 321 Rn 2; BRAUN/BAUCH[4] InsO § 321 Rn 9; **aM** DAUNER-LIEB in FS Gaul [1997] 93, 97; MünchKommInsO/SIEGMANN[2] § 321 Rn 5). Für diese Ansicht lässt sich – vielleicht – der Rechtsgedanke des § 1977 Abs 2 anführen (außer wenn der Erbe der Vollstreckungsmaßnahme des Eigengläubigers zugestimmt hat; vgl § 1976 Rn 10 und § 1977 Rn 9 f). UU kann der Nachlassinsolvenzverwalter eine im Wege der Zwangsvollstreckung erfolgte Gläubigerbefriedigung – auch die eines *Eigen*gläubigers (vgl § 1975 Rn 6 [soweit zu den mit §§ 129 ff InsO zweckverwandten §§ 88, 321 InsO]) – als „inkongruente Deckung" iSd § 131 InsO anfechten. Nicht zu überzeugen vermag allerdings der vom BGH (BGHZ 136, 309 ff = NJW 1997, 3445 f = JZ 1998, 307 f m Anm MÜNZBERG) befürwortete Schluss von dem Einsatz von Vollstreckungsmitteln auf die „Inkongruenz" der erlangten Deckung (zutr die Kritik von PAULUS/ ALLGAYER ZInsO 2001, 241 ff; abl auch MAROTZKE ZInsO 2006, 7 ff, 190 ff; ders DZWIR 2007, 265 ff sowie das inzwischen leider aufgehobene [LG Köln ZInsO 2006, 839] Urt AG Kerpen ZInsO 2006, 219 ff). Wenn die Zwangsvollstreckung noch nicht zur Befriedigung, sondern nur zur Sicherung des Gläubigers geführt hat, ist an eine Anwendung der – verfassungsgemäßen (s MAROTZKE aaO)? – §§ 88, 321 InsO zu denken (§ 1975 Rn 6).

Ferner gilt das bei Rn 12 f (soweit zu §§ 276, 278) **und Rn 14 ff Ausgeführte** (vgl auch **8** § 681 S 2). Bezweckt eine vor Annahme der Erbschaft vorgenommene Handlung des Erben die Abwendung einer dem Nachlass drohenden dringenden **Gefahr**, so hat der Erbe wegen des über Abs 1 S 2 entsprechend anwendbaren § 680 nur Vorsatz und grobe Fahrlässigkeit zu vertreten.

III. Verantwortlichkeit des Erben für die Verwaltung des Nachlasses ab Erbschaftsannahme

1. „Mit dem Verluste des Rechts der Ausschlagung hört die Befugnis des Erben **9** auf, sich passiv zu verhalten und das Interesse der Gläubiger unbeachtet zu lassen" (Mot V 627). **Der Erbe ist vom Zeitpunkt der Annahme an zur Verwaltung des Nachlasses verpflichtet.** Das Gesetz bringt dies dadurch zum Ausdruck, dass es den Erben nun nicht mehr wie *vor* der Annahme (s Rn 4) analog den Vorschriften über die Geschäftsführung *ohne* Auftrag haften lässt, sondern seine Verantwortlichkeit gegenüber den Nachlassgläubigern so bestimmt, „wie wenn er von der Annahme der Erbschaft an die Verwaltung des Nachlasses für sie *als Beauftragter* zu führen gehabt hätte" (Abs 1 S 1).

10 Abs 1 S 1 spricht absichtlich von „**Verwaltung des Nachlasses**" und nicht nur von „Erhaltung und Verwaltung der Aktivmasse" (vgl Mot V 627). Damit wird zum Ausdruck gebracht, dass die dem Erben auferlegte Verwaltungspflicht die Befriedigung von Nachlassgläubigern (Rn 21), und die Veräußerung von Nachlassgegenständen nicht ausschließt (Mot aaO). „Verwaltung" **ist die gesamte tatsächliche und rechtliche Verfügung über den Nachlass**, ihrem Zweck nach hat sie auch seiner *Erhaltung* zu dienen (Mot aaO). Deshalb muss der Erbe grundsätzlich alles unterlassen, was den Bestand des Nachlasses schädigt, und alles tun, um solche Schädigungen zu vermeiden. Zur Eingehung vertretbarer **Risiken** vgl Rn 12, 26.

11 **2. Die Vorschriften über den Auftrag sind nicht ausnahmslos anwendbar.** Nach Mot V 627 kommen diejenigen nicht in Betracht, die nach Sinn und Zweck eine *rechtsgeschäftliche* Übernahme der Geschäftsbesorgung als wesentlich voraussetzen. So werde „für die Regel nicht anzunehmen sein, dass der Erbe wie ein vertragsmäßiger Beauftragter selbst zu handeln habe" (also Unanwendbarkeit des heutigen § 664 Abs 1 S 1 [jedenfalls soweit es sich um Maßnahmen unterhalb der Schwelle einer Veräußerung der gesamten Erbschaft handelt; vgl zu diesem Sonderfall Prot V 827, 828 und unten Rn 12]) oder „dass er zu Vorschüssen verpflichtet sei" (also Unanwendbarkeit des § 669). Im Schrifttum (zB STAUDINGER/LEHMANN[11] Rn 8) werden als nicht anwendbare Bestimmungen des Auftragsrechts außerdem noch die §§ 662, 663, 664 Abs 2, 665, 671–674 genannt. Diese Aufzählung ist aber wohl etwas zu weit gefasst (vgl zB Rn 25 zur entspr Anwendung des § 674).

12 **3. Gem § 276 Abs 1 HS 1 hat der Erbe Vorsatz und Fahrlässigkeit zu vertreten.** Eine strengere oder mildere Haftung iSd § 276 Abs 1 S 1 HS 2 ergibt sich aus dem Inhalt des Schuldverhältnisses nicht. Ebenso haftet der Erbe gem §§ 664 Abs 1 S 3, 278 für das Verschulden eines Gehilfen. Überträgt der Erbe die Ausführung von Verwaltungsmaßnahmen auf einen Dritten (was trotz § 664 Abs 1 S 1 nicht ohne weiteres zu beanstanden ist; s oben Rn 11), so hat er nur ein ihm bei der Übertragung zur Last fallendes Verschulden zu vertreten (§ 664 Abs 1 S 2). Zur **Veräußerung der Erbschaft** ist der Erbe den Nachlassgläubigern gegenüber nicht berechtigt; seine Verwaltungspflicht verbietet ihm zwar nicht die Delegation von Maßnahmen auf Dritte (s oben), wohl aber die darüber weit hinausgehende, weil die eigene Rechtszuständigkeit und Einflussmöglichkeit beendende (s auch Rn 18) Veräußerung des zu verwaltenden Vermögens auf einen Dritten. Für daraus resultierende Schäden haftet der Erbe den Nachlassgläubigern nach § 280 Abs 1 (vgl auch STAUDINGER/FERID/CIESLAR[12] § 2383 Rn 25; hierauf pauschal bezugnehmend STAUDINGER/OLSHAUSEN [2010] § 2383 Rn 22; etwas anders Prot V 827, 828: der Erbe habe das Verhalten des Erwerbers wie eigenes zu vertreten „wie auch der Beauftragte ... die Ausführung des Auftrags nicht einem Dritten übertragen dürfe" – eine Argumentation, die mit dem oben Rn 11 referierten Standpunkt der Motive zur Frage einer entspr Anwendbarkeit des § 664 Abs 1 S 1 im Rahmen des § 1978 nicht gut harmoniert). Gehört zum Nachlass ein Unternehmen, so darf dem fortführungswilligen Erben die Eingehung vertretbarer **unternehmerischer Risiken** nicht als Fahrlässigkeit angelastet werden (vgl auch OLG Düsseldorf ZEV 1996, 466, 467 ad 3 [im Zusammenhang mit dem über § 1991 Abs 1 ebenfalls zu § 1978 führenden § 1990; s dort Rn 7, 19]; die Hinweise bei § 1967 Rn 60 [mwNw auch zu der Frage, wie lange das fortgeführte Unternehmen Nachlassbestandteil bleibt] sowie MARKUS

ROTH, Unternehmerisches Ermessen und Haftung des Vorstands [2001]). Wer das anders sieht, wird dem Erben entgegen dem aE von Rn 16 und 17 Ausgeführten nicht nur das Verlustrisiko, sondern auch etwaige *Gewinne* belassen müssen (diesen Zusammenhang betont zu Recht DAUNER-LIEB 155, 191 f, 203 f). Eine *Pflicht* zur Unternehmensfortführung wird sich aus Abs 1 S 1 höchstens für eine Übergangszeit – zB zur Überbrückung des Zeitraums bis zu einer entgeltlichen *Veräußerung* des Unternehmens – begründen lassen (zurückhaltend auch SOBICH 90 ff, 108, 113 ff, 124 ff).

Ein Verschulden seines gesetzlichen Vertreters hat der Erbe gem § 278 zu vertreten. **13** Als gesetzliche Vertreter des Erben kommen auch ein Testamentsvollstrecker (STAUDINGER/REIMANN [2003] § 2219 Rn 27) oder ein nach §§ 1960, 1961 bestellter Nachlasspfleger (STAUDINGER/MAROTZKE [2008] § 1960 Rn 54) in Betracht; jedoch haftet der Erbe für deren Verschulden nicht nach § 1978 (denn diese Personen vertreten den – jeweiligen! – Erben lediglich „als solchen" und nicht auch als Inhaber seines Eigenvermögens, auf das nach § 1978 unbeschränkbar [s Rn 35] zugegriffen werden könnte [iE ebenso MUSCHELER 223 nach seinen den hier vertretenen Standpunkt verkennenden Bemerkungen auf 212, 219]), sondern nur wegen der von dem Testamentsvollstrecker bzw Nachlasspfleger verletzten Nachlassverbindlichkeit, also mit der Möglichkeit, seine Haftung auf den Nachlass zu beschränken (vgl PALANDT/EDENHOFER Rn 3; BGB-RGRK/JOHANNSEN Rn 10; MünchKomm/KÜPPER Rn 11 und STAUDINGER/MAROTZKE [2008] § 1960 Rn 54; ferner § 1967 Rn 55). Für Handlungen oder Unterlassungen eines Nachlass- oder Nachlassinsolvenzverwalters ist der Erbe nicht schon nach § 1978 (Haftung für die „bisherige" Verwaltung) verantwortlich. Der Nachlassverwalter haftet den Nachlassgläubigern aber nach § 1985 Abs 2 (zur Haftung des vorläufigen und des endgültigen *Nachlassinsolvenzverwalters* s § 21 Abs 2 S 1 Nr 1 InsO und §§ 60 ff InsO; zur Haftung des nach §§ 1960, 1961 bestellten Nachlasspflegers STAUDINGER/MAROTZKE [2008] § 1960 Rn 52 ff; zur Haftung des Testamentsvollstreckers §§ 2216 Abs 1, 2219 und MUSCHELER 173 ff, 223 ff, der trotz Ablehnung einer analogen Anwendung des § 1978 auf den Testamentsvollstrecker eine Eigenhaftung desselben nach den Grundsätzen der Drittschadensliquidation als möglich erachtet).

4. Auch zu **Auskunft und Rechenschaftslegung** (§ 666) und damit nach Maßgabe **14** der §§ 259, 260 zur Verzeichnisvorlage, Rechnungsstellung und Leistung der eidesstattlichen Versicherung ist der Erbe verpflichtet (Mot V 627; Denkschr 723). Die Auskunfts-, Benachrichtigungs- und Rechenschaftspflichten aus §§ 666, 1978 Abs 1 entstehen erst *infolge* der Anordnung der Nachlassverwaltung bzw der Eröffnung des Nachlassinsolvenzverfahrens. § 666 ist deshalb unanwendbar, soweit er zu schon *vor* Verfahrenseröffnung zu erfüllenden Pflichten der fraglichen Art führen würde. Vgl aber § 20 InsO (iVm §§ 26, 320 InsO, 1978 Abs 2 BGB) und § 22 Abs 3 InsO.

5. **Der Erbe muss den Nachlass und alles, was er aus dessen Verwaltung erlangt hat**, an **15** den Nachlass- bzw Nachlassinsolvenzverwalter **herausgeben** (vgl § 667 und – falls mehrere Erben vorhanden sind – unten Rn 39). Er hat alle vorhandenen Nutzungen herauszugeben (vgl STAUDINGER/AVENARIUS [2003] § 2111 Rn 36 bez des Vorerben) und für die verbrauchten Ersatz zu leisten. Seine Herausgabepflicht umfasst auch Gegenstände, die ohne sein Zutun an die Stelle vorhanden gewesener Nachlassgegenstände getreten sind, wie zB den Anspruch auf die Versicherungssumme für einen zerstörten Nachlassgegenstand oder den Gewinn auf ein vom Erblasser gespieltes Los. Als „selbstverständlich" bezeichnen es die Motive (V 627), dass **„Vermehrungen des Nachlasses aus sich selbst heraus"** – also solche, die nicht auf Rechtshandlungen des Erben beruhen, –

dem Nachlass zugute kommen. Man wird trotz Fehlens einer ausdrücklichen **Surrogationsvorschrift** (dazu Rn 17) bereits diese *Ersatzgegenstände* und nicht nur einen auf ihre Übertragung gerichteten *Anspruch* gegen den Erben als zum Nachlass gehörend ansehen dürfen (vgl OLG Braunschweig OLGE 19 [1909] 231, 232; MünchKomm/KÜPPER Rn 6; KÜBLER/PRÜTTING/BORK/KEMPER [Dez 2009] InsO § 315 Rn 12; KUHN/UHLENBRUCK[11] KO § 214 Rn 2; EBENROTH Rn 1136; DAUNER-LIEB 102 f; unklar NERLICH/RÖMERMANN/RIERING [März 2009] InsO § 315 Rn 30). In Bezug auf **Schadensersatzansprüche** des Erben gegen Dritte wegen deren Verantwortung für den Verlust von Nachlassgegenständen hat auch der BGH in diesem Sinne entschieden (BGHZ 46, 221 ff = BB 1967, 312; ebenso – allerdings in Anwendung der gesetzlichen Surrogationsvorschrift des § 2041 – BGH NJW 1987, 434, 435 letzter Absatz; MünchKomm/KÜPPER Rn 6 mit weiteren Beispielen; MünchKommInsO/SIEGMANN[2] § 315 Anh Rn 9; vgl auch DAMRAU ZEV 2000, 406 rSp; aM SOERGEL/STEIN Rn 4).

16 6.   Schwieriger zu beurteilen ist die Rechtslage hinsichtlich dessen, **was mit Mitteln des Nachlasses durch Rechtsgeschäfte des Erben oder sonstige Rechtshandlungen erworben wurde**.

Die Motive (V 628) treffen folgende Unterscheidung:

Hatte der Erbe den Willen, für Rechnung des Nachlasses zu handeln, so habe er den Nachlassgläubigern den Erwerb nach Geschäftsführungsregeln (§ 667) herauszugeben. Demgemäß könne der Konkursverwalter, „wenn die erforderliche Willensrichtung des Erben klar ist, zB wenn Inventarstücke eines Nachlaßgrundstückes ersetzt oder eingezogene Nachlaßkapitalien zu Meliorationen oder Erweiterungen eines Nachlaßgrundstückes verwendet sind, verlangen, daß ein Erlös oder ein surrogirter Gegenstand herausgegeben, ein Forderungsrecht abgetreten (vgl dazu aber Rn 17) werde usw". Vorbehaltlich einer weitergehenden Schadensersatzpflicht des Erben sei nur der wirkliche Erlös für einen veräußerten Gegenstand herauszugeben.

„*Hatte der Erbe nicht den Willen, für den Nachlaß,* also für fremde Rechnung, *zu handeln,* so ist er nur insoweit verantwortlich, als er durch den Verbrauch von Nachlaßgegenständen oder durch anderweitige Verfügung über solche etwas aus dem Nachlaß im eigenen Interesse in sein Vermögen hinübergenommen hat" (Mot aaO).

Da der Erbe nicht veranlaßt sei, im Namen des Nachlasses zu handeln (dh wohl: seine Willensrichtung offenzulegen), würden in manchen Fällen „in Ansehung der Surrogation" Zweifel entstehen können. *Als Regel werde anzusehen sein,* „daß der Erbe das aus Mitteln der Erbschaft Angeschaffte nicht herauszugeben, sondern nur Ersatz zu leisten habe".

Die letzten beiden Sätze dieses Zitats müssen wohl dahin verstanden werden, dass die in § 667 ausgesprochene Verpflichtung des Geschäftsführers zur **Herausgabe des aus der Geschäftsführung Erlangten** in Bezug auf Gegenstände, die der Erbe durch Rechtsgeschäft mit Mitteln des Nachlasses erwirbt (die „Surrogate"), im Rahmen des § 1978 nur dann zur entspr Anwendung kommen soll, **wenn feststeht, dass der Erbe für Rechnung des Nachlasses handeln wollte** (ebenso und mit Beispielen OLG Braunschweig OLGE 19 [1909/II] 231, 234 f = Recht 1909 Nrn 2435, 2436). Andernfalls wollten die Motive den Erben den Nachlassgläubigern gegenüber nur zum Ersatz der Nachlassminderung verpflichtet sehen (ebenso das OLG Braunschweig aaO; BGH FamRZ 1989, 1070, 1072 = NJW-RR 1989, 1226, 1227 [dazu MAROTZKE EWiR § 1990 BGB 1/1989, 989 f; BGH ZEV 2008, 237: dieses ältere Urt sei teilw „überholt"]; PALANDT/EDENHOFER Rn 3; EBENROTH

Titel 2 · Haftung des Erben für die Nachlassverbindlichkeiten § 1978
Untertitel 3 · Beschränkung der Haftung des Erben

Rn 1136 und – nach Ablehnung der sogleich und bei Rn 17 angeführten Gegenargumente – MUSCHELER 349 Fn 20). Demgegenüber ist aber zu betonen, dass § 1978 überhaupt nicht voraussetzt, dass der Erbe das Geschäft tatsächlich „für" den Nachlass bzw die Nachlassgläubiger führen **wollte**, sondern dass Abs 1 S 1 lediglich auf der *Rechtsfolgeseite* die Verantwortlichkeit des Erben gegenüber den Nachlassgläubigern so bestimmt, **wie wenn** er von der Annahme der Erbschaft an die Verwaltung für sie als Beauftragter zu führen gehabt **hätte** (so in anderem Zusammenhang auch ASTRID ERNST, Die Haftung des Erben für neue Geschäftsverbindlichkeiten [1994] 18). Analog hierzu ordnet Abs 1 S 2 für die *vor* der Erbschaftsannahme besorgten erbschaftlichen Geschäfte keine unmittelbare, sondern nur eine **entsprechende** Anwendung der Vorschriften über die GoA an. Entgegen der Auffassung der Motive wird man die Herausgabepflicht des § 667 deshalb auch auf solche Gegenstände beziehen müssen, die der Erbe ohne **Fremdgeschäftsführungswillen** mit Mitteln der Erbschaft erworben hat (vgl auch STAUDINGER/WITTMANN [1995] Vorbem 61 zu §§ 677 ff; iE ebenso RGZ 134, 257, 259 [ein Geschäft, das die Erben – wirtschaftlich betrachtet – zur Verwaltung des Nachlasses vorgenommen haben, *gelte* als für Rechnung des Nachlasses abgeschlossen]; unentschieden STAUDINGER/BERGMANN [2006] Vorbem 252 zu §§ 677 ff; ERMAN/SCHLÜTER Rn 3; **aM** BGH NJW-RR 1989, 1226, 1227 = FamRZ 1989, 1070, 1072 [dazu MAROTZKE EWiR § 1990 BGB 1/1989, 989 f sowie das sich von dieser älteren Entscheidung teilw distanzierende Urt BGH ZEV 2008, 237]; MUSCHELER 349 Fn 20; DAUNER-LIEB 107 ff, 118 f, 146 f, 157 ff, 182 ff, 203 ff, 309 ff, 451 ff – die Letztgenannte wegen der mit § 667 verbundenen **Gewinnabschöpfung** [die sich aber zB auch ein gutgläubiger „Erbschaftsbesitzer" ohne weiteres gefallen lassen muss; s § 2019 Abs 1 sowie die weiteren Vergleichsfälle bei STAUDINGER/LORENZ (2007) § 816 Rn 23 ff und STAUDINGER/WERNER § 2041 Rn 10]; vgl zur Gewinnabschöpfung auch die Hinweise aE von Rn 12, 17 und 26). Das gilt auch im Zusammenhang mit der **Fortführung eines geerbten Unternehmens** (vgl erg Rn 12, 17, 26, 29; § 1967 Rn 58, 60; STAUDINGER/MAROTZKE [2008] § 1922 Rn 104; **aM** OLG Braunschweig OLGE 19 [1909] 231, 233 f).

Die bei Rn 16 zitierten Äußerungen der Motive betreffen unmittelbar nur die sog **17** „schuldrechtliche Surrogation" des § 667 Alt 2. Selbstverständlich muss der Erbe aber nicht nur das herausgeben, was *er* bzw sein *Eigenvermögen* aus der Geschäftsführung erlangt (§ 667), sondern auch das, was aufgrund seiner Geschäftsführung mit „dinglicher" Wirkung in den *Nachlass* gelangt (der als potenzielles Sondervermögen auch schon vor Anordnung einer Nachlassverwaltung oder Eröffnung eines Nachlassinsolvenzverfahrens gedanklich vom Eigenvermögen des Erben zu unterscheiden ist; s STAUDINGER/MAROTZKE [2008] § 1922 Rn 88 ff, 104, 108 ff). Eine solche *dingliche* Nachlasszugehörigkeit würde die Nachlassgläubiger besser vor **Zugriffswünschen von Eigengläubigern** des Erben schützen (s Rn 19). **Vor diesem Hintergrund kann – insbes bei Fortführung eines ererbten Unternehmens** (vgl schon Rn 16 aE) – **die Frage Bedeutung erlangen, unter welchen Voraussetzungen ein vom Erben mit Mitteln des Nachlasses rechtsgeschäftlich erworbener Gegenstand ohne weiteren Übertragungsakt Bestandteil des Nachlasses wird.** Man wird hier in Ergänzung der in § 1978 für entsprechend anwendbar erklärten Vorschriften über die Fremdgeschäftsführung auch die Regeln über die **Stellvertretung** analog anwenden und einen Erwerb unmittelbar in den Nachlass jedenfalls dann annehmen dürfen, wenn der Erbe bei dem Erwerbsgeschäft erklärt oder wenn die Umstände ergeben (§ 164 Abs 1 S 2), dass der Erwerb unmittelbar Nachlassbestandteil werden soll (zustimmend EBENROTH Rn 1136; KLOOK 190 f; MUSCHELER 349 f Fn 20; nur iE ebenso PLANCK/FLAD Anm 2 d; SOERGEL/SCHIPPEL[10] Rn 2 [anders jetzt SOERGEL/STEIN[13] Rn 4]; **Erkennbarkeit** dieses Willens halten für nicht erforderlich JAEGER/WEBER[8] KO § 214 Rn 26; NERLICH/RÖMERMANN/RIERING [März 2009] InsO § 315 Rn 31; Münch-

Komm/KÜPPER Rn 6; MünchKommInsO/SIEGMANN² § 315 Anh Rn 9; DAUNER-LIEB 110 f [bemerkenswert in diesem Zusammenhang aber auch 369 ff]; PALANDT/EDENHOFER Rn 3; ERMAN/SCHLÜTER Rn 3; GOTTWALD/DÖBEREINER, Insolvenzrechts-Handbuch [3. Aufl 2006] § 113 I Rn 5 Fn 7; UHLENBRUCK/LÜER¹³ InsO § 315 Rn 7; uU wohl auch AK-BGB/TEUBNER Rn 9; noch weitergehend anscheinend KUHN/UHLENBRUCK¹¹ KO § 214 Rn 2). Zwei bekannte Gerichtsentscheidungen haben die Möglichkeit eines unmittelbaren Erwerbs in den Nachlass dahinstehen lassen (RGZ 134, 257, 259 und BGH FamRZ 1989, 1070, 1072 = NJW-RR 1989, 1226, 1227). Eine **dingliche Surrogation**, wie sie die §§ 2019 Abs 1, 2041 und 2111 Abs 1 beim Erbschaftsanspruch, bei Erbenmehrheit und beim Erwerb des Vorerben anordnen, ist in § 1978 nicht vorgesehen und war von den Motiven wohl auch nicht gewollt (s Rn 16). **Eine analoge Anwendung gesetzlicher Surrogationsregeln wird im Zusammenhang mit § 1978 fast allgemein abgelehnt** (s zB OLG Braunschweig OLGE 19, 231, 233 = Recht 1909 Nrn 2435, 2436; SOERGEL/STEIN Rn 4; EBENROTH Rn 1136; KLOOK 189 f; MICHALSKI Rn 971; UHLENBRUCK/LÜER¹³ InsO § 315 Rn 7; MUSCHELER 271 f, 349 f Fn 20; DAUNER-LIEB 112 ff, 150, 158, 245 f; WINDEL 81 f; MünchKomm/KÜPPER Rn 6; MünchKommInsO/SIEGMANN² § 315 Anh Rn 9 [konkludent]; ROTH ZInsO 2010, 118 ff; sehr zurückhaltend auch BGH FamRZ 1989, 1070, 1072 = NJW-RR 1989, 1226, 1227 [dazu MAROTZKE EWiR § 1990 BGB 1/1989, 989 f]). **Folgte man dem, so würde ein Unternehmen des Erblassers, das der Erbe fortführt, sehr rasch aus dem Nachlass heraus und in das Eigenvermögen des Erben hinüberwachsen** (vgl WINDEL 80 ff; DAUNER-LIEB 157 f und erg STAUDINGER/MAROTZKE [2008] § 1922 Rn 103 f). Das RG (WarnR 1912/13 Nr 427) hat § 2111 nicht einmal auf einen Fall angewandt, in dem ein **Vorerbe** etwas mit Mitteln des Nachlasses erworben hatte, jedoch der Nacherbfall noch nicht eingetreten war (hiergegen mit Recht STAUDINGER/AVENARIUS [2003] § 2111 Rn 11 f). Zumindest *nach* Eintritt des Nacherbfalls muss § 2111 aber auch zugunsten der Nachlassgläubiger wirken; die Annahme einer Surrogation, die ihnen gegenüber relativ unwirksam bliebe, wäre außer in dem aE der Rn 18 erwähnten Sonderfall wenig sinnvoll (vgl STAUDINGER/MAROTZKE [2008] § 1922 Rn 103 aE; STAUDINGER/AVENARIUS [2003] § 2111 Rn 11 f; SCHMIDT-KESSEL WM 2003, 2086, 2087; **aM** offenbar KLOOK 190; MUSCHELER 271 f; BGHZ 46, 221, 229 [inzwischen wohl überholt durch BGH NJW 1987, 434, 435 – letzter Absatz – sowie durch die jeweils zu § 2111 und § 2115 S 2 ergangenen Entscheidungen BGHZ 110, 176, 177 ff = NJW 1990, 1237, 1238 und BGH NJW 1993, 1582]; KG HRR 1938 Nr 1116). **Bei Erbenmehrheit sind zudem die Surrogationsvorschriften des § 2041 anwendbar** (STAUDINGER/WERNER § 2032 Rn 18; JAEGER/WEBER⁸ KO § 214 Rn 28; MANFRED WOLF AcP 181 [1981] 480, 507, 509 f, 513; WINDEL 89 f; SCHMIDT-KESSEL WM 2003, 2086, 2087; vgl auch KILGER/K SCHMIDT¹⁷ KO § 214 Anm 2; **aM** das KG aaO; KLOOK 190; MUSCHELER 271 f und letzlich auch DAUNER-LIEB 342 f, 344 f, 363, 367 f, 451 ff, die das im Verhältnis zu den *Nachlassgläubigern* ablehnen). In Fällen, in denen der Nachlass gem §§ 1976 ff rückwirkend als abgesondert gilt, sollte man die Surrogationsvorschriften des § 2041 bei **Vorhandensein nur eines Erben** *analog* anwenden (skeptisch SCHMIDT-KESSEL WM 2003, 2086, 2087 f – aber ohne deshalb die Grenzlinie zwischen Nachlass und Erbeneigenvermögen wesentlich anders zu ziehen als im vorliegenden Kommentar), **und zwar nicht nur ex nunc, sondern wie §§ 1976, 1978 mit Rückwirkung auf alle in Betracht kommenden Vorgänge zwischen dem Erbfall einerseits und der Anordnung der Nachlassverwaltung bzw der Eröffnung des Nachlassinsolvenzverfahrens andererseits** (hinsichtlich des *Anschlusszeitraums* vgl § 1985 Rn 8 und Sirko HARDER, Insolvenzrechtliche Surrogation [2002] Rn 15 ff, insb 65 ff). **Die bei Rn 16 zitierten Äußerungen der Motive stehen dieser Analogie nicht entgegen, weil sie noch von den Bestimmungen des E I ausgehen, der eine dem heutigen § 2041 entsprechende Vorschrift nicht enthielt** (das gilt auch für Mot V 660 [zu §§ 1991 Abs 1, 1978]). **Entscheidend ist, dass § 2041 – zumindest im Sinne eines nicht unerwünschten Nebeneffekts – auch dem Schutz der**

Titel 2 · Haftung des Erben für die Nachlassverbindlichkeiten § 1978
Untertitel 3 · Beschränkung der Haftung des Erben 18, 19

Nachlassgläubiger dient (für gläubigerschützende Wirkung auch STAUDINGER/WERNER § 2041 Rn 1; MünchKomm/GERGEN § 2041 Rn 24; SCHLÜTER Rn 649; KG JW 1937, 2199, 2200 = DNotZ 1937, 640, 642; OLG München NJW 1956, 1880; OLG Hamm OLGZ 1975, 164, 166; BGH NJW 1987, 434, 435 im letzten Absatz; MANFRED WOLF JuS 1975, 711 [mwNw in Fn 12], 715 Fn 45; ders JuS 1976, 105; ders AcP 181 [1981] 480, 507, 509 f, 513; KIPP/COING § 114 III bei Fn 19; BROX/ WALKER Rn 471; SCHMIDT-KESSEL WM 2003, 2086, 2087 [der zudem auf 2089 vorschlägt, unter Nachlass „alles das" zu verstehen, was der Alleinerbe „kraft Erbfolge vom Erblasser erlangt hat und was daraus geworden ist"]; **aM** BROX/WALKER Rn 606; KLOOK 190; MUSCHELER 271 f; BGHZ 46, 211, 229; KG HRR 1938 Nr 1116; DAUNER-LIEB 342 f, 344 f, 363, 367 f) und dass deren Schutzbedürftigkeit bei Vorhandensein nur *eines* Erben, der den Nachlass mangels gesamthänderischer Bindung relativ leicht „durchbringen" kann, sogar noch größer ist als bei Erbenmehrheit. Zudem behandeln die §§ 1976 ff den separierten Nachlass so, *als sei er von Anfang an Sondervermögen gewesen,* und gerade an den *Sondervermögenscharakter* des mehreren Erben zustehenden Nachlasses knüpft § 2041 an (vgl RGZ 138, 132, 134, wo § 2041 mit Rücksicht auf den zuletzt genannten Gesichtspunkt auf den durch einen *Testamentsvollstrecker* verwalteten Nachlass eines *Allein*erben angewandt wird [auch hiergegen jedoch bzgl rechtsgeschäftlicher Surrogate MUSCHELER 270 ff; DAUNER-LIEB 245 f]; **für Surrogation auch im Zusammenhang mit § 1978** haben sich ausgesprochen ENDEMANN III 2, 875 ff, 961; vLÜBTOW II 1169 [Analogie zu §§ 2019 Abs 1, 2111 Abs 1]; KOHLER ArchBürgR 22, 1, 9 f; TH WOLFF, Die Konkursordnung [2. Aufl 1920] 560; BEYER, Surrogation [1905] 240 ff; **unklar** STAUDINGER/ WERNER § 2041 Rn 12; **widersprüchlich** AK-BGB/TEUBNER § 1975 Rn 1 einerseits und § 1978 Rn 9 andererseits; vgl ferner KUHN/UHLENBRUCK[11] KO § 214 Rn 2, 3, wo einerseits zwar Analogie zu §§ 2019 Abs 1 oder 2041 verneint, andererseits aber ausgeführt wird, zum Nachlass gehöre auch „dasjenige, was der Erbe durch Veräußerung von Nachlaßgegenständen oder auf sonstige Weise bei der Verwaltung des Nachlasses erworben hat" [dies soll nach KUHN/UHLENBRUCK[11] KO § 214 Rn 4 jedoch nicht schon für die Erlösforderung gelten; diese müsse erst abgetreten werden]). Nicht unerwähnt bleiben sollten im Zusammenhang mit § 1978 auch die auf eine Stärkung des Surrogationsgrundsatzes abzielenden **rechtspolitischen Bestrebungen** und Gesetzesentwürfe SIBERS und des ErbrA d AkDR (s dazu STAUDINGER/LEHMANN[11] Rn 13; SIBER, Haftung für Nachlaßschulden 76; 3. Denkschr d ErbrA d AkDR 89, 128; EHRENKÖNIG, Die Erbenhaftung – ein Vorschlag zur Neuregelung [1989] 132 ff, 181). Die mit der Annahme einer dinglichen Surrogation verbundene **Gewinnabschöpfung** hält trotz § 1978 Abs 3 für fragwürdig DAUNER-LIEB 113 f, 309 ff, 451 ff (s dazu Rn 16, 26 [jeweils aE]). Eine „Gewinnabschöpfung" würde jedoch auch ohne dingliche Surrogation stattfinden (vgl STAUDINGER/MARTINEK [2006] § 667 Rn 7 ff, 13 ff; STAUDINGER/BERGMANN [2006] § 683 Rn 45 und Vorbem 60 zu §§ 677 ff sowie oben § 1978 Rn 16 aE; **aM** DAUNER-LIEB 106 ff, 118 f, 146 f, 157 ff, 182 ff, 203 ff).

Keine „dingliche" Surrogation findet statt **bzgl des Entgelts beim Erbschaftsverkauf** 18 (s STAUDINGER/FERID/CIESLAR[12] § 2383 Rn 25; hierauf bezugnehmend STAUDINGER/OLSHAUSEN [2010] § 2383 Rn 22). Andernfalls wäre die Übernahmehaftung des Erwerbers (§§ 2382, 2383 BGB und § 330 InsO) nicht erklärlich. Vgl ergänzend Rn 12, aber auch § 2059 Rn 42. Ist der Veräußerer Vorerbe, so greift jedoch zugunsten des Nacherben die Surrogationsvorschrift des § 2111 (s STAUDINGER/AVENARIUS [2003] § 2111 Rn 29; **aM** MünchKomm/GRUNSKY § 2100 Rn 21 mit Nachweisen auch zu differenzierenden Auffassungen in Fn 66).

Soweit ein Ersatzerwerb nicht als Nachlassbestandteil angesehen wird (zB wenn man 19 die oben entwickelten Surrogationsregeln nicht im gleichen Umfang anerkennt), kann der Nachlass- bzw Nachlassinsolvenzverwalter, wenn über dem Eigenvermögen des Erben ein Insolvenzverfahren schwebt, nicht Aussonderung verlangen, sondern nur eine Insolvenzforderung anmelden (OLG Braunschweig OLGE 19, 231, 233 mwNw = Recht 1909 Nr 2435; vgl auch DAUNER-LIEB 148 ff [mit ergänzenden Überlegungen de lege ferenda]). *Eigengläubiger* des Erben können in die vom Letzteren erworbenen Ersatzgegenstände, sofern sie nicht Nachlassbestandteile geworden sind, auch nach Eintritt der Nachlassseparation vollstrecken; der Zwangsvollstreckung durch *Nachlassgläubiger* hingegen kann der Erbe während der Nachlassverwaltung bzw des Nachlassinsolvenzverfahrens nach §§ 781, 784 Abs 1, 785, 767 ZPO begegnen. Unzutreffend ist jedoch die Ansicht (STAUDINGER/LEHMANN[11] Rn 13; SIBER, Haftung für Nachlaßschulden 48, 76), ein Nachlassgläubiger sei, solange keine Nachlassabsonderung stattgefunden habe, darauf angewiesen, sich den Anspruch gegen den Erben aus § 1978 pfänden und überweisen zu lassen: Zum einen gibt es solch einen Anspruch ohne Nachlassabsonderung überhaupt nicht, und zum anderen kann der Gläubiger vor Eintritt der Haftungsbeschränkung unmittelbar in den zum Eigenvermögen des Erben gehörenden Gegenstand des (erst mit Vermögenstrennung entstehenden) Ersatz- bzw Herausgabeanspruchs vollstrecken. Und wenn der Erbe die Befriedigung eines Nachlassgläubigers gem § 1990 Abs 1 S 1 verweigern kann, soweit der Nachlass – zu dem der Ersatzerwerb des Erben lt Unterstellung nicht gehört – nicht ausreicht, kann der Nachlassgläubiger über § 1991 Abs 1 unmittelbar, also ohne Pfändung und Überweisung, aus § 1978 vorgehen (s § 1991 Rn 10, 11; ferner ist an eine Anwendung des § 285 auf die Herausgabepflicht des § 1990 Abs 1 S 2 zu denken).

20 7. **Verwendet der Erbe Geld, das zum Nachlass gehört**, für sich, so muss er den entnommenen Betrag ohne Rücksicht auf Verschulden (zutr BGH ZEV 2008, 237) zurückerstatten, § 667, und verzinsen, § 668. Eine weiter gehende Schadensersatzpflicht ist nicht ausgeschlossen. Einige Autoren wollten die Verzinsungspflicht nur für den Fall anerkennen, dass dem Erben zZ der eigennützigen Verwendung in Geld zahlbare fällige Nachlassverbindlichkeiten bekannt waren (STAUDINGER/HERZFELDER[9] Anm 2 [S 226 aE] im Anschluss an ECCIUS Gruchot 43 [1899] 603, 637). Dieser Auffassung ist entgegenzuhalten, dass § 668 weder Verschulden voraussetzt noch verlangt, dass dem Auftraggeber ein Schaden erwachsen ist (PLANCK/FLAD Anm 2).

21 8. **Die Berichtigung von Nachlassverbindlichkeiten** durch den Erben müssen die Nachlassgläubiger gem § 1979 als für Rechnung des Nachlasses erfolgt gelten lassen, wenn der Erbe den Umständen nach annehmen durfte, dass der Nachlass zur Berichtigung aller Nachlassverbindlichkeiten ausreiche. Aus der Anwendung der Auftragsregeln (§ 1978 Abs 1 S 1 im Gegensatz zu Abs 1 S 2) ergibt sich, dass der Erbe bei zulänglichem Nachlass gegenüber „den" Nachlassgläubigern zur Befriedigung jedes einzelnen nicht nur berechtigt, sondern auch verpflichtet ist, wenn der Bestand und die Fälligkeit der Verbindlichkeiten außer Zweifel stehen und die Nichtberichtigung mit Nachteilen für den Nachlass (zB Anwachsen der Zinsen, Verzugsfolgen) verbunden ist. Von Bedeutung ist § 1979 auch im Zusammenhang mit der beabsichtigten Eingehung *neuer* Verbindlichkeiten (vgl § 1967 Rn 43).

22 Wenn die Voraussetzungen des § 1979 nicht vorliegen, muss der Erbe idR das **Aufgebot der Nachlassgläubiger** beantragen (vgl § 1980 Abs 2 S 2) und von den **aufschiebenden Einreden** aus §§ 2014, 2015 Gebrauch machen (vgl Vorbem 2 zu §§ 2014 ff; § 2014 Rn 8; RIESENFELD I 131 f; AK-BGB/TEUBNER Vorbem 3 zu §§ 2014 ff). Sobald er erfährt oder nur infolge Fahrlässigkeit nicht erfährt, dass der Nachlass überschuldet ist, muss er die Eröffnung eines **Nachlassinsolvenzverfahrens** beantragen (vgl § 1980).

9. Zur **Befriedigung der Eigengläubiger** aus dem Nachlass oder zur Duldung der von Eigengläubigern betriebenen Zwangsvollstreckung in Nachlassgegenstände ist der Erbe im Verhältnis zu den Nachlassgläubigern nicht berechtigt. Sobald er die Erbschaft angenommen hat und den Nachlassgläubigern deshalb wie ein Beauftragter verantwortlich ist (Abs 1 S 1), muss er der Zwangsvollstreckung der Eigengläubiger in den Nachlass entgegentreten (zB durch deren freiwillige Befriedigung aus dem Eigenvermögen, durch Intervention gem § 783 ZPO, durch Beantragung einer Nachlassverwaltung oder eines Nachlassinsolvenzverfahrens [vgl § 1984 Abs 2 BGB, § 784 Abs 2 ZPO, §§ 21, 22, 88, 129 ff, 321 InsO und oben Rn 7 iVm § 1975 Rn 6]). Andernfalls haftet er wegen Pflichtverletzung nach § 280 Abs 1 und nach § 812 (s oben Rn 7; MünchKommInsO/SIEGMANN² § 321 Rn 5). § 1979 schützt ihn nicht bei der Befriedigung von *Eigengläubigern*. UU unterliegt der vom Erben nicht verhinderte Gläubigerzugriff aber der Anfechtung durch den Nachlassinsolvenzverwalter oder der insolvenzrechtlichen Rückschlagsperre gem §§ 88, 321 InsO (s Rn 7).

10. Nicht verantwortlich ist der Erbe den Nachlassgläubigern für die **Ausschlagung einer zum Nachlass gehörenden weiteren Erbschaft oder Vermächtnisforderung** (arg § 83 Abs 1 InsO; anders noch E I § 2112 S 4, hiergegen Prot V 766).

IV. Verantwortlichkeit des Erben für die Zeit nach Verfahrenseröffnung

Mit der Anordnung der Nachlassverwaltung bzw der Eröffnung des Nachlassinsolvenzverfahrens verliert der Erbe die Befugnis, den Nachlass zu verwalten und über ihn zu verfügen (vgl § 1984 Abs 1 S 1 BGB, § 80 InsO sowie die durch §§ 270 ff InsO ermöglichten Ausnahmen und die durch §§ 21, 22 InsO ermöglichte Vorverlagerung der insolvenzrechtlichen Verwaltungs- und Verfügungssperre auf das Eröffnungsverfahren). Tut er es trotzdem, so haftet er wie jeder andere, der sich in fremde Angelegenheiten einmischt. Solange jedoch der Erbe von der Verfahrenseröffnung weder Kenntnis hat noch haben muss (dazu § 1984 Rn 7), gilt zu seinen Gunsten der in § 1978 Abs 1 S 1 fingierte Verwaltungsauftrag analog § 674 BGB (BGB-RGRK/JOHANNSEN § 1984 Rn 4) bzw § 115 Abs 3 InsO (der allerdings im unmittelbaren Anwendungsbereich den *Schuldner* in der Rolle des *Auftraggebers* sieht, also sogar in *zweifacher* Hinsicht nur analog „passt") als fortbestehend. Ansonsten findet das Auftragsrecht auf nach Verfahrenseröffnung vorgenommene Verwaltungsmaßnahmen des Erben keine Anwendung. Aufwendungsersatzansprüche aus dem Recht der Geschäftsführung *ohne* Auftrag werden nur selten vorkommen, eher schon Schadensersatz- und Herausgabepflichten des Erben nach § 687 Abs 2 S 1.

V. Aufwendungsersatzansprüche des Erben

1. Der Verantwortlichkeit des Erben entspricht sein Recht auf Ersatz von Aufwendungen. **Abs 3** bestimmt, dass diese aus dem Nachlass zu ersetzen sind, soweit der Erbe nach den Vorschriften über den Auftrag oder über die Geschäftsführung ohne Auftrag Ersatz verlangen „könnte". Dass die Aufwendungen mit **Fremdgeschäftsführungswillen** gemacht wurden, ist nicht erforderlich (s Rn 16 aE; ASTRID ERNST, Haftung des Erben für neue Geschäftsverbindlichkeiten [1994] 18; ebenso im Zusammenhang mit § 1978 Abs 3 auch DAUNER-LIEB 117 ff, 147, 189, 501; **aM** im Zusammenhang mit der Frage eines Aufwendungsersatzanspruchs aus Unternehmensfortführung M WOLF AcP 181 [1981] 480, 504, 507; STROTHMANN ZIP 1985, 969, 974; vgl zu diesen abweichenden Auffassungen wiederum DAUNER-LIEB 95 f, 117 ff, 188 ff, 204 f, 501, 513 f). Maßgebend sind die nachstehend aufgeführten Bestimmungen, je nachdem ob die Aufwendung vor oder nach der Annahme der Erbschaft gemacht wurde: **Vor der Erbschaftsannahme gemachte Aufwendungen** sind – abgesehen von der auch hier vorzunehmenden Erforderlichkeitsprüfung iSd § 670 – nur in dem beschränkten Rahmen des § 683 zu ersetzen, also wenn die Besorgung der erbschaftlichen Geschäfte („die Übernahme der Geschäftsführung") dem Interesse der Nachlassgläubiger und, soweit ausnahmsweise ihr mutmaßlicher Wille zu beachten ist (Rn 5), auch diesem entsprach. Andernfalls kann der Erbe nur nach § 684 Herausgabe der Bereicherung beanspruchen. Im Fall der Genehmigung (§ 684 S 2) durch den Nachlass- oder Nachlassinsolvenzverwalter stehen ihm auch hier die Ansprüche aus § 683 zu. Die Vorschrift des § 685 Abs 1, wonach dem Geschäftsführer ein Anspruch nicht zusteht, wenn er nicht die Absicht hatte, von dem Geschäftsherrn Ersatz zu verlangen, ist im Rahmen des § 1978 unanwendbar (**aM** STAUDINGER/LEHMANN[11] Rn 21; MünchKomm/KÜPPER Rn 13, jeweils am Beispiel eines Erben, der vor Annahme der Erbschaft die Bestattung des Erblassers auf eigene Kosten vornehmen wollte). Denn die in Abs 1 S 2 angeordnete „entsprechende" Anwendung der Vorschriften über die GoA bedeutet ua einen Verzicht auf das Erfordernis (vgl § 687 Abs 1) eines Fremdgeschäftsführungswillens (s Rn 16 aE). Wer keinen Fremdgeschäftsführungswillen hat, kann auch nicht die in § 685 Abs 1 geforderte Absicht haben, von dem Geschäftsherrn Aufwendungsersatz zu verlangen. – **Nach der Erbschaftsannahme gemachte Aufwendungen** sind nach § 670 zu ersetzen, soweit der Erbe sie zur Verwaltung des Nachlasses den Umständen nach für erforderlich halten durfte. Für erforderlich halten darf der Erbe bei hinreichender Erfolgsaussicht auch die *Fortführung eines zum Nachlass gehörenden Unternehmens* (sofern er dadurch nicht eine nach § 1980 bestehende Insolvenzantragspflicht verletzt) und in diesem Rahmen die Eingehung vertretbarer unternehmerischer Risiken. In solchen Fällen haftet für die Erfüllung der vom Erben geschlossenen Verträge auch der Nachlass, und zwar im Innenverhältnis zum Erben sogar mit dem Vorrecht des § 324 Abs 1 Nr 1 InsO (Näheres bei § 1967 Rn 42, 60). Führt der Erbe das Unternehmen *gewerblich oder berufsmäßig* fort, so kommt eine analoge Anwendung des § 1835 Abs 3 in Betracht (vgl STAUDINGER/MAROTZKE [2008] § 1922 Rn 186) mit der Konsequenz, dass der Aufwendungsersatzanspruch aus §§ 1978 Abs 3, 670 einem Vergütungsanspruch angenähert wird. Dies ist ein sinnvoller Ausgleich für die bei Rn 16 f thematisierte „Gewinnabschöpfung" und lässt sich nicht nur für vor, sondern auch für nach der Erbschaftsannahme entwickelte unternehmerische Tätigkeit begründen. Zwar soll eine entspr Anwendung des § 1835 Abs 3 nach hM nur im Rahmen der Geschäftsführung *ohne* Auftrag in Betracht kommen (s STAUDINGER/MARTINEK [2006] § 670 Rn 10; STAUDINGER/BERGMANN [2006] § 683 Rn 58). Jedoch trifft die dafür maßgebliche Erwägung, dass die durch die rechtsgeschäftliche Übernahme eines Auftrags *bewusst und freiwillig zugesagte Unentgeltlichkeit* (vgl § 662) nicht entgegen den *berechtigten Erwartungen des hierauf vertrauenden Vertragspartners* durch eine analoge Anwendung des § 1835 Abs 3 ins Gegenteil verkehrt werden dürfe, auf das *fingierte* Auftragsverhältnis des § 1978 Abs 1 S 1 nicht zu (kritisch zur undifferenzierten Ablehnung eines Vergütungsanspruchs auch DAUNER-LIEB 98 mit Fn 170; zum Vergütungsanspruch gegen *Miterben* s JOHANNSEN WM 1977, 270, 271 ad V 1 mit Hinweis auf ein unveröffentlichtes Urteil des BGH v 24./27.1.1975, IV ZR 33/73).

Anwendbar sind weiter § 256 (*Zinspflicht* des zum Aufwendungsersatz Verpflichte- 27
ten) und § 257 (*Befreiungsanspruch* des Erben bezüglich eingegangener Verpflichtungen; vgl RGZ 90, 91, 94 f). Diesen letzteren Anspruch geltend zu machen, hat der Erbe oft ein Interesse, weil er für die Verbindlichkeiten, die er für den Nachlass eingegangen ist, regelmäßig auch mit dem Eigenvermögen haftet (vgl § 1967 Rn 40, 42 aE, 43). Der Schuldbefreiungsanspruch kann dem Erben auch wegen solcher Verbindlichkeiten zustehen, die er in ordnungsmäßiger Verwaltung des Nachlasses *nur* mit dem Eigenvermögen eingeht (auch STAUDINGER/LEHMANN[11] Rn 21 aE und JAEGER/WEBER[8] KO § 224 Rn 2 machen insoweit keine Ausnahme; **aM** mit unschlüssiger Berufung auf § 1979 das RG in RGZ 90, 91, 94 und BOEHMER RG-FS III [1929] 216, 266). Soweit die Aufwendung in der *Berichtigung einer Nachlassverbindlichkeit* besteht, sind die Sonderbestimmungen der §§ 1979, 1980 BGB und des § 326 Abs 2, 3 InsO zu beachten. Im Zusammenhang mit der beabsichtigten *Eingehung neuer Verbindlichkeiten* sollte der Erbe ebenfalls an §§ 1979, 1980 denken (vgl § 1967 Rn 43). UU kann dem Erben aus § 1978 Abs 3 ein Ersatzanspruch auch wegen solcher „Aufwendungen" bzw Verbindlichkeiten zustehen, die ihm im Zusammenhang mit der Verwaltung des Nachlasses *unfreiwillig* entstanden sind (LG Berlin-Charlottenburg MDR 1957, 164 f).

2. Im **Nachlassinsolvenzverfahren** ist der Aufwendungsersatzanspruch des Erben 28 **Masseverbindlichkeit** gem § 324 Abs 1 Nr 1 InsO. Weitere einschlägige Vorschriften finden sich in §§ 323 (dazu Rn 30 f), 326 Abs 2 und 3 (dazu § 1979 Rn 3, 11, 14 ff), 328 Abs 2 InsO. Vgl auch § 329 InsO für den Vorerben nach Eintritt der Nacherbfolge.

3. Ein **Honorar** kann der Erbe für seine Geschäftsführung und Verwaltung nicht 29 beanspruchen (BGHZ 122, 297, 306 f = NJW 1993, 1851, 1853 = ZIP 1993, 930, 933). Das ergibt sich aus § 662 und der Nichterwähnung eines Vergütungsanspruchs in § 1978 Abs 3. In Betracht kommt jedoch über § 1978 Abs 3 eine analoge Anwendung des § 1835 Abs 3 (zB bei berufsmäßiger Fortführung eines ererbten Unternehmens; s Rn 26 aE).

4. Von einiger praktischer Bedeutung ist die Frage, ob und inwieweit der Erbe 30 wegen seiner Aufwendungsersatzansprüche ein **Zurückbehaltungsrecht** geltend machen kann.

Im Nachlassinsolvenzverfahren verneint das Gesetz diese Möglichkeit ausdrücklich (§ 323 InsO), da die Ausübung des Zurückbehaltungsrechts aus § 273 BGB die Verwertung der Masse erheblich verzögern und den Insolvenzverwalter uU nötigen würde, zwecks Berichtigung der Ersatzforderungen des Erben Kredit aufzunehmen (amtl Begr 50 zur KO-Novelle von 1898 = HAHN/MUGDAN, Die gesammten Materialien zu den Reichs-Justizgesetzen VII, 253 f). Sehr hart und deshalb nochmals zu überdenken ist das wegen § 324 Abs 2 InsO im Fall der Masseunzulänglichkeit (s auch Rn 31 [Sätze 3 ff], 33 aE). Dann evtl teleologische Reduktion des § 323 InsO?

Der gleiche Grund spricht für die Versagung des Zurückbehaltungsrechts **gegenüber** 31 **dem Nachlassverwalter**. Deshalb verneinen viele Autoren das Zurückbehaltungsrecht auch hier (STROHAL II § 78 Fn 15, 16; JAEGER, Erbenhaftung 85; PLANCK/FLAD Anm 5; KRETZSCHMAR § 80 IV 3 e; MünchKomm/KÜPPER Rn 16; SOERGEL/STEIN Rn 9; AK-BGB/TEUBNER Rn 16; PALANDT/EDENHOFER Rn 5; ERMAN/SCHLÜTER Rn 6; wohl auch KIPP/COING § 97 V 4 Fn 18). Doch ist die ersatzlose Versagung des Zurückbehaltungsrechts nicht unbedenklich, da dem Erben gegenüber dem Nachlassverwalter die ihm gegenüber einem Nachlass*insol-*

*venz*verwalter durch Anerkennung einer Masseverbindlichkeit (§ 324 Abs 1 Nr 1 InsO) anstelle des Zurückbehaltungsrechts (Mot V 629 f) gewährte Sicherung fehlt (BGB-RGRK/Johannsen Rn 14; *für* ein Zurückbehaltungsrecht OLG Hamm OLGE 35, 18; zur Rechtslage bei Masseunzulänglichkeit s erg Rn 30 aE). Man wird dem Erben das Zurückbehaltungsrecht gegenüber dem Nachlassverwalter also nur dann analog § 323 InsO oder gem § 242 BGB versagen können, wenn man ihm durch eine weitere Analogie kompensatorisch den Anspruch einräumt, von dem Nachlassverwalter für seine Aufwendungen mit demselben Vorrecht befriedigt zu werden, das ihm für den Fall des Nachlass*insolvenz*verfahrens durch § 324 Abs 1 Nr 1 und Abs 2 InsO (s aber auch § 326 Abs 2 InsO) gewährt würde (so wohl auch BGB-RGRK/Johannsen § 1985 Rn 6). Dies müsste selbst dann gelten, wenn die Voraussetzungen des § 1979 gegeben sind. Sind diese nicht gegeben, muss der Nachlassverwalter ohnehin das Aufgebot der Nachlassgläubiger beantragen (§ 1980 Abs 2 S 2), sich – falls noch möglich – auf § 2015 berufen und uU nach §§ 1980, 1985 Abs 2 S 2 ein Nachlassinsolvenzverfahren beantragen.

Heinrich Lehmann wollte dem Erben das Zurückbehaltungsrecht gegenüber den vom Nachlassverwalter geltend gemachten *Ersatzansprüchen* der Nachlassgläubiger grundsätzlich gewähren, es gegenüber dem Anspruch „des Nachlaßverwalters" auf *Herausgabe von Nachlassgegenständen* jedoch versagen, da die Aufwendungsersatzansprüche des Erben keine Gegenansprüche gegenüber dem Herausgabeanspruch des Verwalters seien (Staudinger/Lehmann[11] Rn 23 im Anschluss an Binder II 148 ff und Kipp § 78 VII 3). Hiergegen ist jedoch einzuwenden, dass auch der Anspruch auf Herausgabe des Nachlasses materiell den Nachlassgläubigern zusteht. Dies zeigt § 1990 Abs 1 S 2 für den dürftigen Nachlass (vgl auch § 1973 Abs 2 S 1 bzgl der Herausgabepflicht gegenüber den im Aufgebotsverfahren ausgeschlossenen Gläubigern). Auch die amtl Begr zur KO-Novelle geht – für den Fall des Nachlasskonkurses (Nachlassinsolvenzverfahrens) – davon aus, dass der Erbe ohne § 223 KO (§ 323 InsO) wegen seiner aus § 1978 Abs 3 BGB folgenden Aufwendungsersatzansprüche die „Herausgabe des Nachlasses" verweigern könnte (Fundstellennachweis oben Rn 30). Der Frage, ob dieses Zurückbehaltungsrecht im Fall der *Nachlassverwaltung* durch *analoge* Anwendung des § 323 InsO ausgeschaltet werden sollte, kann also nicht ausgewichen werden. Sie ist unter den oben genannten kompensatorischen Bedingung zu bejahen.

32 *Einem nach § 1960 bestellten Nachlasspfleger,* der jemanden auf Herausgabe eines Nachlassgegenstandes verklagt hatte und sich in diesem Prozess einem Zurückbehaltungsrecht wegen gemachter Verwendungen ausgesetzt sah, hat BGH LM Nr 3 zu § 1960 = NJW 1972, 1752 f mit § 242 geholfen: Falls der Nachlasspfleger keine zum Nachlass gehörenden Mittel besitze, mit deren Hilfe er das – grundsätzlich zu bejahende – Zurückbehaltungsrecht abwenden könne, müsse der an sich nur Zug um Zug zur Herausgabe Verpflichtete in geeigneter und zumutbarer Weise mitwirken, um eine Regelung zu erreichen, durch die die Zwecke der Nachlasspflegschaft unter Berücksichtigung seines Sicherungsbedürfnisses erreicht werden. Werde eine unteilbare bewegliche Sache herausverlangt, so könne diese einem Dritten zur Verwahrung gegeben und dem vormaligen Besitzer ein Pfandrecht am Herausgabeanspruch des Nachlasspflegers bestellt werden. Sei ein Grundstück herauszugeben, so müsse sich der Herausgabepflichtige wegen seiner Verwendungen mit einer Sicherungshypothek zufrieden geben.

Zur Abwendung eines Zurückbehaltungsrechts durch Sicherheitsleistung vgl § 1991 Rn 13.

5. Die **Aufrechnung** von Aufwendungsersatzansprüchen des Erben gegen den **33** Kaufpreisanspruch aus einem vom Nachlassinsolvenzverwalter an den Erben getätigten Verkauf von Nachlassgegenständen kann uU daran scheitern, dass dem Kaufvertrag im Wege der Auslegung ein Aufrechnungsausschluss entnommen werden muss (s OLG Braunschweig OLGE 24 [1912] 64, 65 f). Eine Anwendung der in §§ 95, 96 InsO normierten Aufrechnungsausschlüsse scheidet hingegen aus, da der Aufwendungsersatzanspruch des Erben nicht Insolvenzforderung iS der §§ 38, 94 ff InsO, sondern Masseverbindlichkeit gem § 324 Abs 1 Nr 1 InsO ist. Gleiches gilt gem § 324 Abs 1 Nr 4, 6 InsO für den Vergütungsanspruch eines Nachlassverwalters (dennoch für Aufrechnungsausschluss gem §§ 95, 96 InsO das bei § 1988 Rn 3 zitierte Urteil des LG Saarbrücken [vielleicht *analoge* Anwendung der §§ 95, 96 InsO wegen der im entschiedenen Fall gegebenen Situation der Masseunzulänglichkeit? s zu dieser Analogie HK-InsO/KAYSER[5] § 94 Rn 11 f]).

Die im **Aufgebotsverfahren** ausgeschlossenen (§ 1973) oder ihnen durch § 1974 **34** gleichgestellten Gläubiger haben auf das, was der Erbe nach §§ 1978–1980 zu ersetzen hat, nur insoweit Anspruch, als der Erbe auch nach den Vorschriften über die Herausgabe einer ungerechtfertigten Bereicherung ersatzpflichtig wäre; vgl § 1973 BGB und § 328 Abs 2 InsO. Jedoch macht sich ein Erbe, der die Erfüllung einer ererbten Vertragspflicht schuldhaft vereitelt, außer nach § 1978 Abs 1 auch aus dem noch vom Erblasser eingegangenen Vertrag schadensersatzpflichtig; hinsichtlich dieser Ersatzpflicht haftet der Erbe dem Gläubiger unbeschränkbar auch mit dem Eigenvermögen (vgl RGZ 92, 341, 343 f und § 1967 Rn 53).

VI. Rechtsnatur und Geltendmachung der Ersatzansprüche und -pflichten aus § 1978

1. Obwohl **die den Nachlassgläubigern nach Abs 1 zustehenden Ansprüche** den **35** Erben in gewisser Weise „als solchen" treffen (also zB nicht mehr nach Ausschlagung der Erbschaft, vgl Rn 4), handelt es sich nicht um Nachlassverbindlichkeiten iSd § 1967 (die nach einer Erbausschlagung den endgültigen Erben treffen würden). Denn diese Ansprüche sind nicht aus dem Nachlass zu erfüllen, sondern aus dem Eigenvermögen des Erben. Das ergibt sich aus Sinn und Zweck des Abs 1 (Rn 1) und wird auch durch den Umstand indiziert, dass der Erbe diesen Ansprüchen gerade während der Nachlassverwaltung und des Nachlassinsolvenzverfahrens – also während er den Nachlass gar nicht in der Hand hat – ausgesetzt ist. Bei den Verpflichtungen aus § 1978 Abs 1 handelt es sich also um **Eigenverbindlichkeiten** des Erben, für die er mit seinem Privatvermögen aufkommen muss, auch wenn seine Haftung ansonsten auf den Nachlass beschränkt ist (OLG Braunschweig OLGE 24 [1912] 64 f; RGZ 89, 403, 408).

Obwohl diese Ansprüche der Gesamtheit der Nachlassgläubiger zustehen, sollen sie **36** nach **Abs 2** so behandelt werden, als ob sie zum Nachlass gehörten, damit die *Geltendmachung* im Interesse der berechtigten Gläubiger *durch den Verwalter* erfolgen kann. Ihre Zurechnung zum Nachlass ist auch von Bedeutung für die Frage der Zahlungsunfähigkeit oder Überschuldung (§ 1980 BGB, § 320 InsO), weiter bei der Frage, ob eine die Kosten deckende Masse vorhanden ist (§§ 1982, 1988 Abs 2,

1990 BGB, §§ 26, 207 ff InsO), und für die Frage der Angemessenheit eines Insolvenzplans (§§ 245 Abs 1 Nr 1, 247 Abs 2 Nr 1, 251 Abs 1 Nr 2 InsO). Die Ersatzansprüche gegen den Erben können während einer Nachlassverwaltung oder eines Nachlassinsolvenzverfahrens *nur* vom Verwalter geltend gemacht werden (vgl auch § 92 InsO). Der einzelne Gläubiger ist hierzu während solcher Verfahren nicht befugt (**aM** KG DJZ 1905, 652 für den besonderen Fall, dass eine Haftung [dort: des Nachlassverwalters] gerade nur *diesem* Gläubiger gegenüber in Betracht komme), wohl aber in den Fällen der §§ 1990, 1992 (s § 1991 Rn 9–11). Ebenso ist ein ausgefallener Gläubiger nach Aufhebung des Insolvenzverfahrens infolge Masseverteilung (vgl aber § 1989 Rn 7) oder Insolvenzplans befugt, eine etwa noch nicht beigetriebene Ersatzforderung (§ 1978) gegen den Erben geltend zu machen (ERMAN/SCHLÜTER Rn 5; **aM** STAUDINGER/LEHMANN[11] Rn 26; BGB-RGRK/JOHANNSEN Rn 11 und LANGE/KUCHINKE § 49 II Fn 45: erst müsse sich der Gläubiger die Forderung pfänden und überweisen lassen). Die Frage einer Anwendung des § 1990 – und damit auch des § 1978 (vgl § 1991 Abs 1) – stellt sich auch nach Aufhebung der Nachlassverwaltung (vgl § 1986 Rn 9 f).

37 2. **Die Aufwendungsersatzansprüche nach Abs 3** stehen dem Erben als Träger seines Eigenvermögens zu; sie können von Eigengläubigern des Erben gepfändet werden. Pfändungen durch Nachlassgläubiger kann der Erbe gem §§ 784 Abs 1, 785 ZPO entgegentreten. Da die Aufwendungen „aus dem Nachlass" zu ersetzen sind, ist der Anspruch gegen den Nachlass- bzw Nachlassinsolvenzverwalter als die über den Nachlass verfügungsberechtigte Person zu richten. Die Ersatzpflicht ist **Nachlassverbindlichkeit** (STAUDINGER/MAROTZKE § 1967 Rn 38; DAUNER-LIEB 116 f). Findet Abs 3 über § 1991 Abs 1 iVm § 1990 oder § 1992 Anwendung, so kann der Erbe sich seine Aufwendungen selbst aus dem von ihm gem § 1990 Abs 1 S 2 „zum Zwecke der Befriedigung des Gläubigers im Wege der Zwangsvollstreckung" herauszugebenden Nachlass ersetzen (vgl ERMAN/SCHLÜTER Rn 6).

38 3. Da die **Ansprüche aus Abs 1 keine Nachlassverbindlichkeiten** sind (Rn 35), können **Miterben** für sie ohne die Beschränkung des § 2059 Abs 1 S 1 in Anspruch genommen werden. Aus demselben Grund lässt sich eine **gesamtschuldnerische Verantwortlichkeit** mehrerer Erben für diese Ansprüche nicht schon aus § 2058 begründen (OLG Braunschweig OLGE 24 [1912/I] 64, 65). Gesamtschuldnerische Haftung aufgrund des § 427 erscheint denkbar (OLG Braunschweig aaO), jedoch nicht als allgemeine Regel (missverständlich STAUDINGER/LEHMANN[11] Rn 29, richtig aber STAUDINGER/LEHMANN[11] § 2058 Rn 4). § 427 setzt voraus, dass sich mehrere (hier: Erben) gemeinschaftlich durch Vertrag verpflichten. Die Voraussetzung der gemeinschaftlichen Verpflichtung durch Vertrag kann jedoch nur hinsichtlich derjenigen Miterben angenommen werden, die die Erbschaft bereits angenommen haben: Nur sie behandelt § 1978 Abs 1 S 1 so, als hätten sie mit der Erbschaft zugleich einen Auftrag der Nachlassgläubiger zur Verwaltung des Nachlasses angenommen. Bei der gesamtschuldnerischen Haftung ist zudem die Einschränkung des § 425 (Einzelwirkung bestimmter Tatsachen) zu beachten. – Für die Zeit *vor* der Erbschaftsannahme erklärt § 1978 Abs 1 S 2 den oder die Erben nur entspr den Vorschriften über die Geschäftsführung *ohne* Auftrag für verantwortlich. Dennoch wird man, wenn mehrere Erben vor der Annahme ein erbschaftliches Geschäft *gemeinsam* besorgen, insoweit uU eine gesamtschuldnerische Verantwortlichkeit der Handelnden annehmen dürfen. Bei unerlaubten Handlungen ist zudem an eine gesamtschuldnerische Haftung nach Maßgabe der §§ 830, 840 zu denken (vgl OLG Braunschweig OLGE 24 [1912/I] 64, 65).

Titel 2 · Haftung des Erben für die Nachlassverbindlichkeiten § 1978
Untertitel 3 · Beschränkung der Haftung des Erben 39–41

Ein einzelner Miterbe, der etwas aus dem ungeteilten Nachlass empfangen hat, ist gem 39
§§ 1978 Abs 1, 667 (RGZ 89, 403, 408; SOERGEL/STEIN Rn 10) und uU auch gem § 812 (vgl
OLG Celle ZEV 2003, 203, 204 = FamRZ 2003, 1224, 1226 m Anm SCHINDLER FamRZ 2004, 139 ff)
verpflichtet, das Erlangte – soweit zur Berichtigung der Nachlassverbindlichkeiten
erforderlich – zum Nachlass zurückzugewähren (vgl ergänzend STAUDINGER/MAROTZKE
§ 2059 Rn 35).

Sowohl nach dem Wortlaut als auch nach Sinn und Zweck statuiert § 1978 diese
Verpflichtung nur gegenüber den Nachlassgläubigern (vgl auch Rn 1, 36). Schon hieran
müssen alle Versuche scheitern, bei **Vererbung eines Personengesellschaftsanteils** auf
bloß einen oder einige von mehreren Erben Wertausgleichsansprüche der weichenden Miterben (vgl STAUDINGER/MAROTZKE [2008] § 1922 Rn 183 f, 188), die als solche ja nicht
Nachlassgläubiger sind, aus § 1978 herzuleiten (so aber H P WESTERMANN JuS 1979, 761,
769 mwNw in Fn 87; ders, in: ERMAN¹² § 727 Rn 12; vgl auch MünchKomm/ULMER/SCHÄFER § 727
Rn 45; STAUDINGER/HABERMEIER [2003] § 727 Rn 20; **gegen** die Analogie zu § 1978 STODOLKOWITZ,
in: FS Kellermann [1991] 439, 447 f, 456; MENOLD, Die erbrechtlichen Schranken der Gestaltung der
Vererbung von Anteilen an Gesamthandspersonengesellschaften [Diss Tübingen 2004] 155 ff).
Dagegen spricht auch, dass § 1978 überhaupt nur anwendbar ist, wenn Nachlassverwaltung oder ein Nachlassinsolvenzverfahren eröffnet ist oder wenn sich der Erbe
gegenüber einem Nachlassgläubiger auf § 1990 bzw § 1992 (vgl § 1991 Abs 1) oder auf
§ 2059 Abs 1 (s dort Rn 23 ff) beruft (großzügiger in etwas anderem Zusammenhang KRETZLER,
Testamentsvollstreckung am Kommanditanteil [1990] 24 ff, 54 f, dessen Ausführungen jedoch nur
hypothetisch gemeint sind: vgl KRETZLER 62 f). – Wenn ein Gesellschaftererbe infolge einer
im Gesellschaftsvertrag enthaltenen qualifizierten Nachfolgeklausel auf Kosten seiner Miterben mehr erhält, als ihm nach dem Zuweisungsgehalt des Erbrechts bzw
der letztwilligen Verfügung des Erblassers wertquotenmäßig zusteht (kritisch TIEDAU
NJW 1980, 2446 ff ad I 2, IV), wird aber die zweite Alternative des § 812 Abs 1 S 1 erfüllt
und eine Wertausgleichspflicht aus § 818 Abs 2 herzuleiten sein (vgl auch HECKELMANN,
in: FS vLÜBTOW [1980] 619, 627 f; KUTTLER, Vermögensrechtliche Auswirkungen nachfolgesteuern-
der Klauseln bei OHG und GmbH für die ausgeschlossenen Erben [1996] 85 ff [der außerdem eine
Analogie zu § 430 in Betracht zieht]; aM MENOLD 159 ff; MünchKomm/ULMER/SCHÄFER § 727
Rn 45; HEYDN, Die erbrechtliche Nachfolge in Anteile an Partnerschaftsgesellschaften [1999] 141;
HUBER, Vermögensanteil, Kapitalanteil und Gesellschaftsanteil ... [1970] 446 f, 481 f, wegen seiner
von BGHZ 68, 225, 237 f abweichenden Konstruktion der Nachfolge in den Gesellschaftsanteil).
Wirklich nötig ist der Weg über § 812 jedoch nicht (s STAUDINGER/MAROTZKE [2008] § 1922
Rn 184). Über andere Begründungsversuche informieren KUTTLER aaO 73 ff, HEYDN
aaO 139 ff; ULMER ZGR 1972, 324 ff und MICHALSKI, Gesellschaftsrechtliche Gestaltungsmöglichkeiten zur Perpetuierung von Unternehmen (1980) 192 ff, der sich
ebenfalls gegen die Analogie zu § 1978 ausspricht. – Vgl erg § 1985 Rn 20 ff und
§ 2059 Rn 52 ff, 60 ff zu der Frage, ob und wie die Nachlassgläubiger bzw zu ihren
Gunsten der Nachlassverwalter oder der Nachlassinsolvenzverwalter auf den Gesellschaftsanteil zugreifen können.

Ein mehreren Erben aus gemeinschaftlicher Geschäftsbesorgung erwachsener Aufwen- 40
dungsersatzanspruch gegen den Nachlass steht ihnen gem § 420 anteilig zu (OLG
Braunschweig OLGE 24 [1912/I] 64, 65). Hat nur einer der Erben Aufwendungen gemacht,
so hat er allein den Erstattungsanspruch (OLG Braunschweig aaO).

4. Wenn der Nachlass eines verstorbenen Ehepartners nur aus dessen **Gesamt-** 41

gutsanteil besteht, können Ersatzansprüche aus §§ 1978, 1980 wegen Entnahmen aus dem Gesamtgut gegen den Erben uU schon vor Auseinandersetzung des Gesamtguts geltend gemacht werden, wenn ein sachliches Eingehen auf die Ansprüche auch ohne Auseinandersetzung möglich ist (RG LZ 1916, 1376). Entsprechendes gilt bei der Lebenspartnerschaft, wenn von der seit 1.1.2005 (Anfügung des § 7 S 2 LPartG und des § 318 Abs 3 InsO) eröffneten Möglichkeit einer durch Lebenspartnerschaftsvertrag begründeten Gütergemeinschaft Gebrauch gemacht wurde.

VII. Verjährung

42 Die Verjährung der Ansprüche, die sich auf die in § 1978 vorgeschriebene entsprechende Anwendung des Auftragsrechts bzw des Rechts der GoA gründen, richtet sich in erster Linie nach § 195 und § 199 (zust LÖHNING ZEV 2004, 267, 271 f). Es handelt sich nicht um „erbrechtliche" Ansprüche iS des inzwischen aufgehobenen § 197 Abs 1 Nr 2, der eine dreißigjährige Verjährungsfrist vorsah, sondern um Ansprüche aus analoger Anwendung der §§ 662 ff, 677 ff. Diese Ansprüche wurden nicht dadurch zu erbrechtlichen iS des früheren § 197 Abs 1 Nr 2, dass eine Vorschrift aus dem Erbrecht, nämlich § 1978, die entsprechende Anwendung des Auftragsrechts bzw des Rechts der GoA ausdrücklich vorschreibt (vgl STAUDINGER/OTTE [2002] § 2185 Rn 9, § 2196 Rn 5a; STAUDINGER/OTTE [2008] Einl ErbR Rn 137 ff; STAUDINGR/MAROTZKE [2008] § 1959 Rn 38; STAUDINGER/MAROTZKE [2010] § 1980 Rn 21; ROLAND, Die Verjährung im Erbrecht [2008] Rn 224 ff). Nachdem § 197 Abs 1 Nr 2 mit Wirkung ab 1.1.2010 aufgehoben wurde, sind die oben angesprochenen Fragen nur noch übergangsrechtlich von Interesse (vgl STAUDINGER/MAROTZKE [2010] § 1967 Rn 2, § 1980 Rn 21).

§ 1979
Berichtigung von Nachlassverbindlichkeiten

Die Berichtigung einer Nachlassverbindlichkeit durch den Erben müssen die Nachlassgläubiger als für Rechnung des Nachlasses erfolgt gelten lassen, wenn der Erbe den Umständen nach annehmen durfte, dass der Nachlass zur Berichtigung aller Nachlassverbindlichkeiten ausreiche.

Materialien: E II § 1854 Abs 1; III § 1954; Prot V 742 f; Denkschr 723; JAKOBS/SCHUBERT ER I 302, 567 ff.

Schrifttum

BINDER, Die Rechtsstellung des Erben II (1903) 137 ff
KLOOK, Die überschuldete Erbschaft. Der Erbe als Berechtigter und Treuhänder der Nachlaßgläubiger (1998)
RIESENFELD, Die Erbenhaftung II (1916) 71 ff, 156 ff.

I. Allgemeines

1. Als neuer persönlicher Schuldner (Vorbem 7 zu §§ 1967 ff) ist der Erbe ohne weiteres berechtigt, Nachlassverbindlichkeiten aus eigenen Mitteln zu berichtigen. Ebenso kann er solche Verbindlichkeiten vor der Anordnung einer Nachlassverwaltung oder der Eröffnung eines Nachlassinsolvenzverfahrens aus Nachlassmitteln tilgen. **Erfolgte die Schuldentilgung mit Nachlassmitteln** und unter Umständen, unter denen die Nachlassgläubiger die Berichtigung einer Nachlassverbindlichkeit nach § 1979 „als für Rechnung des Nachlasses erfolgt gelten lassen" müssen, so können die übrigen Nachlassgläubiger gegen den Erben keinerlei Ersatzansprüche (etwa wegen Verletzung des in § 1978 Abs 1 S 1 fingierten Auftragsverhältnisses oder aus den in § 1978 Abs 1 S 2 für entspr anwendbar erklärten Regeln über die Geschäftsführung ohne Auftrag [zB §§ 677, 678]) erheben. Hat der Erbe die Nachlassverbindlichkeit **mit Mitteln seines Eigenvermögens** getilgt, so liegt die Bedeutung des § 1979 in der Klarstellung der Voraussetzungen, unter denen die hierin liegende Geschäftsführung des Erben im Verhältnis zu den übrigen Nachlassgläubigern gerechtfertigt ist und der Erbe deshalb **Aufwendungsersatz** nach §§ 1978 Abs 3 und Abs 1 S 2, 683, 670 (Geschäftsführung vor Erbschaftsannahme) bzw §§ 1978 Abs 3 und Abs 1 S 1, 670 (Geschäftsführung nach Erbschaftsannahme) verlangen kann. Ein zu § 2185 ergangenes Urt des LG Osnabrück v 17. 1. 2003 (FamRZ 2003, 1694 = NJW-RR 2003, 1373) gibt Anlass zu der Klarstellung, dass die Erfüllung einer Nachlassverbindlichkeit mit Mitteln des Erbeneigenvermögens auch dann unter den **Begriff der Aufwendung** fällt, wenn es wegen des Bestehens einer Rechtspflicht (§ 1967) an einer – uneingeschränkten – Freiwilligkeit gefehlt haben sollte. Dies gilt selbst dann, wenn der Erbe ohne den Vorbehalt des § 780 Abs 1 ZPO zur Leistung verurteilt worden war. Im vom LG Osnabrück entschiedenen Fall hatte der Erbe die Nachlassverbindlichkeit (eine Erblasserschuld) ohnehin nicht mit Mitteln des Eigenvermögens, sondern „aus dem Nachlass" erfüllt.

2. E I enthielt noch eine Bestimmung (§ 2115 Abs 2), nach der dem Erben eines überschuldeten Nachlasses ein Ersatzanspruch wegen Tilgung einer Nachlassschuld nicht zustand und er im Nachlasskonkurs (heute: Nachlassinsolvenzverfahren) lediglich an die Stelle des befriedigten Gläubigers treten sollte. Dazu heißt es in **Mot V 633 f**: „Den Erben zu Schaden kommen zu lassen, wenn er einen einzelnen Gläubiger befriedigte, *sofern und soweit er dadurch die übrigen Nachlassgläubiger nicht verkürzt,* würde nicht gerechtfertigt sein. Jedoch erlangt der Erbe nur das Gläubigerrecht des Befriedigten; er kann also gegenüber den anderen Erbschaftsgläubigern nur ebensoviel erhalten, als der Befriedigte, wenn er konkursmäßig befriedigt worden wäre, erhalten hätte. Hiermit stimmt das ALR I 9 §§ 453, 454 ... überein." **Die II. Komm** (Prot V 766) bemängelte an dieser Bestimmung des E I, dass sie den Erben auch dann auf die Konkursquote verweise, „wenn zur Zeit der Befriedigung des Gläubigers der Nachlass zureichend oder die Überschuldung dem Erben ohne sein Verschulden nicht bekannt war". Der Erbe werde dadurch „mit einer Gefahr belastet, die er nicht zu tragen hätte, wenn er die Verwaltung des Nachlasses als Beauftragter der Nachlassgläubiger zu führen gehabt hätte". Der Erbe müsse deshalb für berechtigt erklärt werden, die Nachlassverbindlichkeiten auf Rechnung des Nachlasses zu berichtigen, sofern er den Umständen nach annehmen dürfe, dass der Nachlass zureichend sei. Auf diesem einleuchtenden Gedanken beruht die Gesetz gewordene Fassung des § 1979. Für den Fall eines über den Nachlass eröffneten

Insolvenzverfahrens wird § 1979 BGB ergänzt durch § 326 Abs 2 InsO (dazu unten Rn 3, 14–16).

3 3. § 1979 findet keine Anwendung, **wenn der Erbe unbeschränkbar haftet** (§ 2013 Abs 1 S 1). Ebensowenig kommt es in diesem Fall zu dem in § 326 Abs 2 InsO vorgesehenen Eintritt des Erben in die Rechtsstellung eines von ihm befriedigten Gläubigers.

Dass der Erbe nur gegenüber *einzelnen* Gläubigern unbeschränkt haftet, steht der Anwendung des § 1979 aber nicht entgegen. Haftet der Erbe einem einzelnen Gläubiger gegenüber unbeschränkt, so kann er im Nachlassinsolvenzverfahren selbst ohne vorherige Befriedigung dieses Gläubigers dessen Forderung für den Fall geltend machen, dass der Gläubiger sie nicht geltend macht (vgl § 326 Abs 3 InsO und JAEGER/WEBER[8] KO § 225 Rn 11, 12; BRAUN/BAUCH[4] InsO § 326 Rn 10 f).

4 II. **Voraussetzung** einer als für Rechnung des Nachlasses erfolgt geltenden Schuldentilgung ist lediglich, **dass der Erbe den Umständen nach annehmen durfte, dass der Nachlass zur Befriedigung aller Nachlassverbindlichkeiten ausreiche**. Die Frage, ob die Tilgung den Interessen der Gläubiger im konkreten Fall entsprach, braucht nicht gestellt zu werden. Ist *Testamentsvollstreckung* angeordnet und weiß der Vollstrecker von der Unzulänglichkeit des Nachlasses, so braucht sich der Erbe dieses Wissen im Rahmen des § 1979 nicht zurechnen zu lassen (MUSCHELER, Die Haftungsordnung der Testamentsvollstreckung [1994] 128; vgl auch die ähnliche Frage bei § 1978 Rn 13).

5 1. **Die Umstände des besonderen einzelnen Falles** müssen den Erben zu der Annahme berechtigt haben, dass der Nachlass ausreiche. Der Erbe hat insofern eine **Prüfungspflicht** (dazu ausführlich BGH LM BGB § 1979 Nr 1 = NJW 1985, 140 = FamRZ 1984, 1004, 1005; s auch OLG Schleswig ZInsO 2006, 885 f) und darf nicht ohne weiteres annehmen, dass der Nachlass ausreiche. Regelmäßig ist er zur Annahme der Zulänglichkeit nur dann berechtigt, wenn er die ihm zu Gebote stehenden Mittel zur Feststellung des Aktiv- und Passivbestandes erschöpft hat, vor allem wenn er ein Inventar errichtet (§§ 1993, 2009) und auch das Aufgebotsverfahren unter der Voraussetzung des § 1980 Abs 2 S 2 beantragt hat (also wenn Grund bestand, das Vorhandensein unbekannter Nachlassverbindlichkeiten anzunehmen, und die Kosten des Verfahrens dem Bestande des Nachlasses gegenüber nicht unverhältnismäßig groß sind; dazu § 1980 Rn 11).

Auf der anderen Seite genügt es zur Verweigerung der Befriedigung eines Nachlassgläubigers nicht, dass der (nicht oder nicht mehr den Schutz der §§ 2014 ff genießende) Erbe lediglich im allgemeinen die Befürchtung erheben kann, es möchten noch andere ungedeckte, vielleicht die Unzulänglichkeit des Nachlasses ergebende Verbindlichkeiten vorhanden sein (RG WarnR 1908 Nr 168).

6 2. Bei der Prüfung der Zulänglichkeit soll der Erbe auf **Vermächtnisse** und **Auflagen** keine Rücksicht zu nehmen brauchen (STAUDINGER/LEHMANN[11] Rn 7; BGB-RGRK/JOHANNSEN Rn 7; ERMAN/SCHLÜTER Rn 3; MünchKomm/KÜPPER Rn 3). Diese Ansicht, die sich auf § 1980 Abs 1 S 3 stützt, bedarf einer Korrektur: Im Rahmen des § 1980 bleiben die Verbindlichkeiten aus Vermächtnissen und Auflagen nur deshalb außer Betracht, weil der Erbe, wenn die Überschuldung des Nachlasses auf solchen Verbindlichkeiten beruht, insoweit die Einrede des § 1992 hat und deshalb nicht durch § 1980 zur Beantragung eines Nachlassinsolvenzverfahrens verpflichtet werden kann (Prot V 766). Bei § 1979 geht es aber nicht darum, ob der Erbe ein Nachlassinsolvenzverfahren beantragen muss, sondern darum, inwieweit er Nachlassverbindlichkeiten für Rechnung des Nachlasses berichtigen darf. Berichtigt er eine Nachlassverbindlichkeit, obwohl die Voraussetzungen des § 1979 nicht vorliegen, so haftet er den dadurch benachteiligten übrigen Nachlassgläubigern nach § 1978 (s Rn 1). Eine solche Haftung ist auch gegenüber Vermächtnis- und Auflagegläubigern denkbar. § 1992 S 1, der auf § 1991 (einschließlich des seinerseits auf §§ 1978, 1979 Bezug nehmenden Abs 1) verweist, setzt dies als selbstverständlich voraus. Freilich kann sich der Erbe wegen des Ausfalls von Vermächtnissen und Auflagen nur dann persönlich haftbar machen, wenn er eine der – wenigen – Nachlassverbindlichkeiten berichtigt, die ihnen im Nachlassinsolvenzverfahren gleich- oder nachgeordnet sind (vgl hierzu §§ 1992 S 1, 1991 Abs 4 BGB, 327 Abs 1 Nr 2, 3 und Abs 2 InsO; ferner §§ 1974 Abs 2 BGB, 327 Abs 3 InsO und § 1974 Rn 17; wie hier Soergel/Stein Rn 2).

3. Auch die Ansicht, auf das Vorhandensein **ausgeschlossener oder ihnen gleich- 7 gestellter Gläubiger (§§ 1973, 1974)** brauche der Erbe keine Rücksicht zu nehmen (so die zu Beginn der Rn 6 Genannten), ist nur im Grundsatz zutreffend.

Nicht zu folgen ist ihr jedoch dann, wenn der ausgeschlossene bzw diesem gleichgestellte Gläubiger seinen Anspruch „geltend macht" und deshalb nach § 1973 Abs 1 S 2 vor Verbindlichkeiten aus Pflichtteilsrechten, Erbersatzansprüchen (dazu § 1973 Rn 12), Vermächtnissen und Auflagen befriedigt werden muss (so wohl auch Soergel/Stein Rn 2). Hält sich der Erbe von nun an nicht an diese Rangfolge und liegen auch die Voraussetzungen des § 1979 nicht vor, so haftet er dem ausgeschlossenen Gläubiger für eine durch Vorwegbefriedigung von Pflichtteilsrechten etc eingetretene Nachlasserschöpfung persönlich nach § 819 Abs 1 und evtl § 818 Abs 4 (s § 1973 Rn 21). Soweit der Bereicherungsanspruch reicht, hat der ausgeschlossene Gläubiger gem § 328 Abs 2 InsO Anspruch „auf dasjenige, was der Erbe auf Grund der §§ 1978 bis 1980 ... zur Masse zu ersetzen hat".

4. Die **rechtskräftige Verurteilung** zur Erfüllung einer Nachlassverbindlichkeit ist **8** im allgemeinen (jedoch Ausnahmen gem §§ 1973 Abs 2 S 3, 1974, 1989, 1991 Abs 3, 1992) kein Grund, der den Erben berechtigen würde, die Verbindlichkeit auch ohne das Vorliegen der Voraussetzungen des § 1979 zu tilgen (Erman/Schlüter Rn 3; MünchKomm/Küpper Rn 3; Soergel/Stein Rn 2; aM Klook 206). Sonst könnte der Erbe durch Gestattung der Verurteilung und Vollstreckung einen bestimmten Gläubiger begünstigen. Der Erbe sollte also, wenn die Zulänglichkeit des Nachlasses nach dem Eintritt der Rechtskraft zweifelhaft wird, die Eröffnung eines Nachlassinsolvenzverfahrens beantragen. Dies ist ihm nach § 320 InsO nicht nur bei Überschuldung oder Zahlungsunfähigkeit (dann sogar Antrags*pflicht* gem § 1980!), sondern auch schon bei „drohender" Zahlungsunfähigkeit möglich. Mit Verfahrenseröffnung werden Zwangsvollstreckungen in den Nachlass unzulässig (§ 89 InsO); einer schon erfolgten Vollstreckungsmaßregel wird die Absonderungskraft versagt (§§ 88, 321 InsO; s zu diesen Vorschriften aber auch die bei § 1978 Rn 7 aE angedeutete Kritik). *Vor Eintritt der Rechtskraft* hat der Erbe noch die Möglichkeit, der Zwangsvollstreckung mit den in §§ 719, 707, 718 und 712 ZPO vorgesehenen Behelfen entgegenzutreten. Dies entbindet jedoch nicht von der Erfüllung einer evtl bereits jetzt bestehenden Insolvenzantragspflicht nach § 1980.

9 5. Die **Beweislast** für die Voraussetzungen des § 1979 trifft den Erben (BGH FamRZ 1984, 1004, 1005 = NJW 1985, 140 = LM BGB § 1979 Nr 1; s auch OLG Schleswig ZInsO 2006, 885 f). Dies gilt sowohl dann, wenn er einen Ersatzanspruch geltend macht, als auch dann, wenn er als ersatzpflichtig in Anspruch genommen wird (vgl zu diesen Möglichkeiten oben Rn 1). Da es sich bei seiner Ersatzpflicht um eine Eigenverbindlichkeit handelt (§ 1978 Rn 35), sind die §§ 780 ff ZPO unanwendbar (BGB-RGRK/ JOHANNSEN Rn 8).

10 III. **Liegen die Voraussetzungen des § 1979 vor**, so kann der Erbe, wenn er aus Nachlassmitteln bezahlt hat, nicht auf Rückerstattung dieser Mittel in den Nachlass in Anspruch genommen werden (NERLICH/RÖMERMANN/RIERING [März 2009] InsO § 326 Rn 3; BRAUN/BAUCH[4] InsO § 326 Rn 5; KUHN/UHLENBRUCK[11] KO § 225 Rn 3; missverständlich STAUDINGER/LEHMANN[11] Rn 10). Wenn er aus eigenen Mitteln bezahlt hat, kann er in voller Höhe Ersatz verlangen (Rn 1). Erforderlich ist aber, dass die Schuld wirklich getilgt worden ist. Rechtskräftige Verurteilung steht der Schuldentilgung in *diesem* Zusammenhang nicht gleich (auch nicht in den Fällen der §§ 1973 Abs 2 S 3, 1989, 1991 Abs 3). Im Nachlassinsolvenzverfahren ist der Erbe mit seinen Ersatzansprüchen Massegläubiger gem § 324 Abs 1 Nr 1 InsO.

Akzessorische Sicherungsrechte erlöschen mit der vom Erben berichtigten Forderung bzw werden zu Eigentümergrundschulden (Letzteres gilt für eine auf einem Nachlassgrundstück lastende Hypothek; s MünchKomm/KÜPPER Rn 4 f; AK-BGB/TEUBNER Rn 9 und vor allem JAEGER/WEBER[8] KO § 225 Rn 9, die jedoch die nach §§ 1163 Abs 1 S 2, 1177 entstandene Eigentümergrundschuld zu Unrecht auch dann zum Nachlass rechnen, wenn der Erbe die gesicherte Forderung mit Mitteln seines *Eigen*vermögens getilgt hat; in diesem Fall führt aber nicht einmal der oben bei § 1978 Rn 17 entwickelte Surrogationsgedanke zur Nachlasszugehörigkeit; mangels Nachlasszugehörigkeit ist die Eigentümergrundschuld am Nachlassgrundstück im Falle der Separation [§ 1976] wie eine *Fremd*grundschuld bzw -hypothek zu behandeln). Gegen den Verlust von Forderung und Sicherungsrecht hilft jedoch uU (Rn 14) die bei Rn 15 vorgeschlagene analoge Anwendung des § 326 Abs 2 InsO. Denkbar erscheint bei der Hypothek auch eine Anwendung des § 1164 Abs 1 (aM JAEGER/WEBER[8] aaO).

11 *Hat der Erbe den Gläubiger mit einem geringeren Betrag abgefunden*, so kann er aufgrund der §§ 1978, 1979, 670 nur den wirklich aufgewandten Betrag beanspruchen (BGB-RGRK/JOHANNSEN Rn 3; MünchKomm/KÜPPER Rn 4; PLANCK/FLAD Anm 1). Zu einem anderen Ergebnis führt überraschenderweise § 326 Abs 2 InsO, wenn diese Aktion *nicht* als für Rechnung des Nachlasses erfolgt gilt (s unten Rn 14–16 und JAEGER/WEBER[8] KO § 225 Rn 9). Dieser Wertungswiderspruch bedarf der Korrektur (Rn 15).

12 Im Übrigen ist es gleichgültig, *welcher Art die berichtigte Verbindlichkeit war*, wenn nur die Voraussetzungen des § 1979 gegeben sind. Es kann sich auch um eine nach § 1973 oder § 1974 ausgeschlossene Verbindlichkeit (PALANDT/EDENHOFER Rn 3) oder um eine durch § 327 InsO im Rang nachgesetzte Schuld (MünchKomm/KÜPPER Rn 4) handeln.

13 IV. **Liegen die Voraussetzungen des § 1979 nicht vor**, so brauchen die Gläubiger die

Berichtigung nicht als für Rechnung des Nachlasses erfolgt gelten zu lassen. Darauf können sich der Nachlass- und der Nachlassinsolvenzverwalter, in den Fällen der §§ 1990, 1992 auch der einzelne Nachlassgläubiger berufen.

1. Hat der Erbe die Schuld aus **eigenen** Mitteln getilgt, so tritt er – soweit § 1979 nicht erfüllt ist – im Nachlassinsolvenzverfahren an die Stelle des befriedigten Gläubigers, es sei denn, dass er für die Nachlassverbindlichkeiten unbeschränkt haftet (§ 326 Abs 2 InsO). Er kann dessen *volle* Forderung – auch wenn er den Gläubiger mit einem *geringeren* Betrag abgefunden hatte (unentschieden Mot V 634) – geltend machen (vgl aber Rn 11). Würde man dieses Eintrittsrecht nicht anerkennen, könnten sich die dem befriedigten Gläubiger gleich- oder nachstehenden Gläubiger auf Kosten des Erben bereichern (amtl Begr zur KO-Novelle 51 = HAHN, Die gesammten Materialien zu den Reichs-Justizgesetzen VII [1898] 254 f; JAEGER/WEBER[8] KO § 225 Rn 5; vOLSHAUSEN, Gläubigerrecht und Schuldnerschutz bei Forderungsübergang und Regreß [1988] 210 ff). Um das zu vermeiden, wird man annehmen müssen, dass auch etwaige mit der Forderung verbundene dingliche Sicherungsrechte (Pfandrechte oder Hypotheken), falls sie auf *Nachlassgegenständen* lasten (s vOLSHAUSEN 211 ff [auch zum Nichtübergang von Bürgschaften]; ohne diese Einschränkung STAUDINGER/LEHMANN[11] Rn 13; ERMAN/SCHLÜTER Rn 4; MünchKomm/KÜPPER Rn 5; BRAUN/BAUCH[4] InsO § 326 Rn 6), analog §§ 412, 401 auf den Erben übergehen (vgl RGZ 55, 157, 161 f [auch zur Gegenansicht]) und ihm ein Absonderungsrecht geben. Auf der anderen Seite können gegen ihn gem §§ 412, 404 dieselben Einreden geltend gemacht werden wie zuvor gegen den befriedigten Nachlassgläubiger. Wäre die vom Erben erfüllte Forderung im späteren Nachlassinsolvenzverfahren als Masseverbindlichkeit zu qualifizieren gewesen, so kann sich hierauf auch der an die Stelle des befriedigten Gläubigers tretende Erbe berufen (Beispiele bei HK-InsO/MAROTZKE[5] § 326 Rn 5).

Da der Weg über § 326 Abs 2 InsO für den Erben manchmal günstiger sein kann als der über §§ 1978 Abs 1, 1979 BGB, 324 Abs 1 Nr 1 InsO (vgl Rn 11, 14), sollte man demjenigen Erben, dessen Schuldentilgung nach § 1979 *gerechtfertigt* ist, im Wege des Erst-Recht-Schlusses die Befugnis zugestehen, *analog* § 326 Abs 2 InsO die Forderung des von ihm befriedigten Gläubigers im Nachlassinsolvenzverfahren geltend zu machen (diesem Analogievorschlag zustimmend vOLSHAUSEN [s Rn 14] 210 Fn 31; BRÜGGEHAGEN, Der Konkurs über den Nachlaß eines Gesellschafters einer Personenhandelsgesellschaft [Diss Göttingen 1985] 19; BRAUN/BAUCH[4] InsO § 326 Rn 9; **aM** MünchKomm/KÜPPER Rn 4 Fn 5 aE, 6 aE und MünchKommInsO/SIEGMANN[2] § 326 Rn 5 aE). Der Erbe muss sich zwischen diesen beiden Vorgehensweisen entscheiden, kann also nicht etwa beide gleichzeitig verfolgen.

Auch wenn kein Nachlassinsolvenzverfahren eröffnet, sondern eine *Nachlassverwaltung* angeordnet ist, kann der Erbe – namentlich bei Überschuldung des Nachlasses durch Vermächtnisse und Auflagen (vgl §§ 1980 Abs 1 S 3, 1985 Abs 2 S 2) – ein Interesse daran haben, aus der Forderung des von ihm befriedigten Nachlassgläubigers vorzugehen (vgl Rn 11, 14). Hier bietet sich ebenfalls eine *analoge* Anwendung des § 326 Abs 2 InsO an (**aM** STAUDINGER/LEHMANN[11] Rn 13; PALANDT/EDENHOFER Rn 3; ERMAN/SCHLÜTER Rn 4; SOERGEL/STEIN Rn 4 aE; AK-BGB/TEUBNER Rn 11; BGB-RGRK/JOHANNSEN Rn 4; MünchKomm/KÜPPER Rn 5 aE; die den Erben, dessen Gläubigerbefriedigung nicht nach § 1979 gerechtfertigt war, während der Nachlassverwaltung auf einen Bereicherungsanspruch gegen den Nachlass verweisen). Für die vorgeschlagene analoge Anwendung des § 326

Abs 2 InsO auf den Fall der Nachlassverwaltung spricht die Entstehungsgeschichte der Vorschrift. § 326 InsO entspricht dem früheren § 225 KO. Dieser ist aus § 2115 des E I zum BGB hervorgegangen. Da der E I das Institut der Nachlassverwaltung noch nicht kannte, handelte sein § 2115 nur von dem Fall des Nachlasskonkurses. Später wurde die Vorschrift nicht etwa in den E II des BGB, sondern in die KO übernommen (vgl Prot V 743). Dies dürfte der Grund sein, weshalb die Vorschrift (§ 225 KO bzw § 326 InsO) nicht – wie die heutigen §§ 1976–1978 BGB – auf das erst später geschaffene Institut der Nachlassverwaltung erstreckt worden ist. Diese Gesetzeslücke ist „zufällig" (auch den Verfassern der InsO dürfte hier das Problembewusstsein gefehlt haben) und muss deshalb im Wege der Analogie geschlossen werden.

16 2. *Wenn der Erbe die Schuld aus Mitteln des Nachlasses getilgt hat,* wird man § 326 Abs 2 InsO nach Sinn und Zweck (vgl Mot V 633 f und amtl Begr zur KO-Novelle 51 = HAHN, Die gesammten Materialien zu den Reichs-Justizgesetzen VII [1898] 254 f) *nicht anwenden dürfen* (**aM** UHLENBRUCK/LÜER[13] InsO § 326 Rn 4; KÜBLER/PRÜTTING/BORK/KEMPER [Dez 2009] InsO § 326 Rn 3). Anders nur, wenn der Erbe dem Nachlass den zur Berichtigung entnommenen Betrag erstattet hat (ERMAN/SCHLÜTER Rn 4; PALANDT/EDENHOFER Rn 3; MünchKomm/KÜPPER Rn 5; vgl auch MünchKommInsO/SIEGMANN[2] § 326 Rn 6; JAEGER/WEBER[8] KO § 225 Rn 5; BRAUN/BAUCH[4] InsO § 326 Rn 7). Die *Verpflichtung,* dem Nachlass den entnommenen Betrag aus dem Eigenvermögen zu erstatten, folgt entweder aus § 280 Abs 1 wegen Verletzung des in § 1978 Abs 1 S 1 fingierten Auftragsverhältnisses oder aber aus §§ 1978 Abs 1 S 2, 678 (analog; vgl § 1978 Rn 5, 11). Das OLG Düsseldorf und KÜPPER haben hierzu mit beachtlichen, mich gleichwohl nicht völlig überzeugenden Begründungen die Ansicht vertreten, dass sich solch ein Erstattungsanspruch nicht auf den gesamten entnommenen Betrag, sondern nur auf Zahlung dessen richte, was den gleich- und den besserrangigen übrigen Nachlassgläubigern durch die unberechtigte Vorabbefriedigung des Einen entgehe (OLG Düsseldorf FamRZ 2000, 1332 [nur Leitsätze] = ZEV 2000, 236 ff [vgl auch 282] mit Anm KÜPPER; vgl zu einer ähnlichen Problematik OLG Schleswig ZIP 2003, 856 ff). Allein der Umstand, dass dem Nachlassinsolvenzverwalter (§§ 1978 Abs 2 BGB, 92 InsO) nur dieser *geringere* Betrag erstattet wird, berechtigt noch nicht zur Anwendung des § 326 Abs 2 InsO (ebenso die Vorgenannten).

17 V. **Unabhängig davon, ob die Voraussetzungen des § 1979 erfüllt sind**, besteht für den beschränkt haftenden Erben die Möglichkeit, aus der von ihm aus dem Eigenvermögen berichtigten Forderung des Nachlassgläubigers gegen den Nachlass vorzugehen (str, vgl Rn 15).

VI. Gläubiger- und Insolvenzanfechtung

18 Zwischen dem zu Unrecht befriedigten und den dadurch benachteiligten übrigen Nachlassgläubigern bestehen im allgemeinen keine rechtlichen Beziehungen, die den zu Unrecht befriedigten Gläubiger zur **Herausgabe des Erlangten** verpflichten würden (RG JW 1908, 487 = WarnR 1908 Nr 650). Doch ist uU völlig unabhängig von den Voraussetzungen des § 1979 ein **Anfechtungsrecht** gegen den mit Mitteln des Nachlasses befriedigten Gläubiger zugunsten der Gesamtheit der Nachlassgläubiger (§§ 129 ff InsO) oder eines einzelnen besserberechtigten Nachlassgläubigers (§§ 1 ff AnfG) gegeben. Handelt es sich bei der vom Erben erfüllten Forderung um einen Pflichtteilsanspruch, einen Erbersatzanspruch (s § 1975 Rn 44, § 1980 Rn 2, § 1991 Rn 21, § 1992 Rn 6), ein Vermächtnis oder eine Auflage, so ist die Leistung des Erben gem § 322 InsO in gleicher Weise anfechtbar wie eine unentgeltliche, also schon nach § 134 InsO und bei Nichtvorliegen eines weiteren Anfechtungsgrundes idR unter Beschränkung der Haftung des gutgläubigen Empfängers auf die Bereicherung (§ 143 Abs 2 InsO). Entsprechende Bestimmungen enthalten die §§ 5, 11 Abs 2 AnfG für die Anfechtung außerhalb des Nachlassinsolvenzverfahrens.

Da die erwähnten Anfechtungsrechte unabhängig von und uU sogar *neben* einem Ersatzanspruch aus § 1978 gegeben sind, können die geschädigten Nachlassgläubiger auch bei **Insolvenz des Erben** auf Ausgleich hoffen. **19**

Im **Nachlassinsolvenzverfahren** ist das Anfechtungsrecht vom Insolvenzverwalter auszuüben; dies folgt aus § 129 Abs 1 InsO. Für den Fall der **Nachlassverwaltung** fehlt eine entsprechende Vorschrift. Es gibt auch keine gesetzliche Bestimmung, nach der das Anfechtungsrecht (wie der Ersatzanspruch gegen den Erben, § 1978 Abs 2) als zum Nachlass gehörend gilt. Daraus folgert BGB-RGRK/JOHANNSEN (Rn 5), dass etwaige Anfechtungsrechte während einer Nachlassverwaltung nur nach Maßgabe des AnfG bestehen und auch nur von den Nachlassgläubigern selbst ausgeübt werden können. Hiergegen gibt es keine Einwände, die so schwer wiegen, dass es gerechtfertigt wäre, das Anfechtungsrecht praeter legem beim Nachlassverwalter zu monopolisieren (aM STAUDINGER/LEHMANN[11] Rn 15; PALANDT/EDENHOFER Rn 4; ERMAN/SCHLÜTER Rn 5; MünchKomm/KÜPPER Rn 8 [nach deren Ansicht einzelne Nachlassgläubiger das Anfechtungsrecht nur in den Fällen der §§ 1990, 1992 ausüben können]; SOERGEL/STEIN Rn 4). Im Gegenteil: Könnte der Nachlassverwalter als solcher anfechten und die zurückzugewährenden Werte zur Befriedigung „der" Nachlassgläubiger (§ 1975) verwenden, so würde dies § 2 AnfG zuwiderlaufen, der die Anfechtung außerhalb des Konkurses nur wegen bereits *titulierter* Ansprüche zulässt. Eine Anfechtung zugunsten der Gesamtgläubigerschaft ist also nur durch einen Insolvenzverwalter nach den Bestimmungen der InsO zulässig, während die Anfechtung zugunsten einzelner – nämlich der titulierten – Gläubiger nicht Sache des Nachlassverwalters (arg §§ 1985 Abs 2, 1979, 1980), sondern eben dieser Gläubiger selbst ist, die sich dann unmittelbar an den durch den Erben begünstigten Dritten halten können (§ 11 AnfG). Deshalb muss ein Nachlassverwalter auch dann, wenn die Überschuldung des Nachlasses durch zwar nach § 1979 gerechtfertigte, aber evtl anfechtbare Rechtshandlungen des Erben herbeigeführt worden ist, nach §§ 1980, 1985 Abs 2 S 2 vorgehen, also die Eröffnung eines Nachlassinsolvenzverfahrens beantragen. Unterlässt er dies und verweist er die noch nicht befriedigten Nachlassgläubiger auf den Weg der Gläubigeranfechtung, so trägt er gem § 1980 Abs 1 S 2 das Risiko, dass dieser Weg zu einer schlechteren Befriedigung der betreffenden Gläubiger führt als die unverzügliche Beantragung und Durchführung eines Nachlassinsolvenzverfahrens. **20**

VII. Entsprechende Anwendung findet § 1979 gem § 1985 Abs 2 S 2 auf den Nachlassverwalter, außerdem gem § 1991 Abs 1 in den Fällen der §§ 1990, 1992. Auch auf die Eingehung *neuer* Verbindlichkeiten durch den Erben wird man § 1979 entsprechend anwenden dürfen (vgl § 1967 Rn 43 und § 1978 Rn 27). **21**

§ 1980
Antrag auf Eröffnung des Nachlassinsolvenzverfahrens

(1) Hat der Erbe von der Zahlungsunfähigkeit oder der Überschuldung des Nachlasses Kenntnis erlangt, so hat er unverzüglich die Eröffnung des Nachlassinsolvenzverfahrens zu beantragen. Verletzt er diese Pflicht, so ist er den Gläubigern für den daraus entstehenden Schaden verantwortlich. Bei der Bemessung der Zulänglichkeit des Nachlasses bleiben die Verbindlichkeiten aus Vermächtnissen und Auflagen außer Betracht.

(2) Der Kenntnis der Zahlungsunfähigkeit oder der Überschuldung steht die auf Fahrlässigkeit beruhende Unkenntnis gleich. Als Fahrlässigkeit gilt es insbesondere, wenn der Erbe das Aufgebot der Nachlassgläubiger nicht beantragt, obwohl er Grund hat, das Vorhandensein unbekannter Nachlassverbindlichkeiten anzunehmen; das Aufgebot ist nicht erforderlich, wenn die Kosten des Verfahrens dem Bestand des Nachlasses gegenüber unverhältnismäßig groß sind.

Materialien: E II § 1854 Abs 2 und 3; III § 1955; Prot V 765 f; Denkschr 723; Jakobs/Schubert ER I 302, 567 ff. Abs 1 geändert durch Art II Nr 3 des G v 25. 3. 1930 (RGBl I 93) und § 125 Nr 3 VerglO v 26. 2. 1935 (RGBl I 321). **Textliche Änderungen seit 1. 1. 1999** gem Art 33 Nr 37 EGInsO: (1) Streichung des das Nachlaßvergleichsverfahren betreffenden Satzteils in Abs 1 S 1; (2) Ersetzung des Wortes „Konkursverfahrens" durch „Nachlaßinsolvenzverfahrens" in Abs 1 S 1; (3) Erwähnung auch der „Zahlungsunfähigkeit" in Abs 1 S 1 und Abs 2 S 1.

Schrifttum

Binder, Die Rechtsstellung des Erben II (1903) 138 ff
du Carrois, Der überschuldete Nachlass – Handlungsoptionen des Nachlasspflegers, Rpfleger 2009, 197
Marotzke, Die Stellung der Nachlassgläubiger in der Eigeninsolvenz des Erben, in: FS Otte (2005) 223

Muscheler, Die Haftungsordnung der Testamentsvollstreckung (1994) 230 ff
Riesenfeld, Die Erbenhaftung II (1916) 158 ff
Roth, Die Eröffnungsgründe im Nachlassinsolvenzverfahren, ZInsO 2009, 2265
ders, Umfang der Insolvenzmasse im Nachlassinsolvenzverfahren, ZInsO 2010, 118.

I. Allgemeines

1. Die Vorschrift war im E I noch nicht enthalten. Die seit 1. 1. 1999 maßgebliche Fassung des Abs 1 S 1 legt dem Erben bei Vermeidung einer Schadensersatzpflicht (Abs 1 S 2) die Verpflichtung auf, die Eröffnung des Nachlassinsolvenzverfahrens (vor dem 1. 1. 1999: des Nachlasskonkurses oder des Nachlassvergleichsverfahrens) zu beantragen, sobald er von der **Zahlungsunfähigkeit** (dies gilt erst seit 1. 1. 1999) oder der **Überschuldung** des Nachlasses Kenntnis erlangt hat oder bei Beobachtung der pflichtgemäßen Sorgfalt erlangt haben musste. Das *Recht* des Erben zur Beantragung des Nachlassinsolvenzverfahrens folgt aus § 317 InsO (vgl auch § 1975 Rn 30 ff). Die Rechtslage, die sich ergibt, **wenn schon über dem (Gesamt-)Vermögen des Erben**

ein Insolvenzverfahren schwebt, wurde bereits an anderer Stelle ausf erörtert (vgl Marotzke, in: FS Otte [2005] 223 ff und ergänzend Rn 20 aE, § 1981 Rn 9). Nicht ein Nachlassinsolvenzverfahren, sondern ein Insolvenzverfahren über das Vermögen einer **GmbH** ist das Ziel der in § 15a Abs 3 InsO vorgesehenen Antragspflicht, die auch die *Erben* eines Gesellschafters treffen kann (Staudinger/Marotzke § 1967 Rn 72, § 1985 Rn 25; Marotzke ErbR 2010, 115 ff).

2. Die Pflicht zur Beantragung eines Nachlassinsolvenzverfahrens besteht nicht: 2

a) gem Abs 1 S 3, wenn die Unzulänglichkeit des Nachlasses auf Vermächtnissen und Auflagen beruht (zur ratio legis und zum fortbestehenden Antrags*recht* des Erben s § 1992 Rn 1).

Auf **Pflichtteilsrechte** trifft die an den hypothetischen Erblasserwillen anknüpfende ratio legis des Abs 1 S 3 nicht zu (s § 1992 Rn 6); sie müssen also bei der Berechnung der Zulänglichkeit des Nachlasses berücksichtigt werden. Ebenso soll nach Ferid (NJW 1960, 121, 125) und Jaeger/Weber[8] (KO §§ 217–220 Rn 25) trotz Abs 1 S 3 ein *Vermächtnis, durch welches das Recht des Bedachten auf den Pflichtteil nach § 2307 ausgeschlossen wird,* bis zur Höhe des Pflichtteils zu berücksichtigen sein (arg § 226 Abs 3 S 1 KO bzw § 327 Abs 2 S 1 InsO).

Entgegen Abs 1 S 3 sind Vermächtnisse und Auflagen bei der Bemessung der Zulänglichkeit des Nachlasses zu berücksichtigen, wenn im konkreten Fall jemandem in Gestalt eines noch unverjährten (nach Aufhebung des § 1934a sehr wichtig!) **Erbersatzanspruchs** ein Recht zusteht, das im Nachlassinsolvenzverfahren *nach* ihnen rangiert (vgl die inzwischen aufgehobenen §§ 226 Abs 1 Nr 6 KO, 327 Abs 1 Nr 3 InsO und die Darstellung der übergangsrechtlichen Situation bei HK-InsO/Marotzke[5] § 327 Rn 12 f). Denn auf Erbersatzansprüche trifft die an den hypothetischen Erblasserwillen anknüpfende ratio legis des Abs 1 S 3 nicht zu (vgl § 1992 Rn 6). Auch diejenigen Gläubiger, die im Nachlassinsolvenzverfahren an *letzter* Stelle zu befriedigen sind (das sind die Erbersatzberechtigten, s HK-InsO/Marotzke[5] § 327 Rn 12 f; zust Braun/Bauch[4], InsO § 327 Rn 10), haben – oft sogar „erst recht" – ein Interesse daran, dass es nicht erst dann zur Verfahrenseröffnung kommt, wenn die Überschuldung des Nachlasses so groß geworden ist, dass sie überhaupt nichts mehr erhalten (vgl auch § 1973 Rn 10, § 1975 Rn 36 ff). Die hier befürwortete **Durchbrechung des Abs 1 S 3 für den besonderen Fall, dass außer Vermächtnissen und/oder Auflagen auch Erbersatzansprüche existieren**, ist methodisch zulässig, da es zu der Zeit, als diese Vorschrift geschaffen wurde, das Institut des Erbersatzanspruchs noch nicht gab *(heute gibt es Erbersatzansprüche nur noch aus Erbfällen vor dem 1. 4. 1998; Art 227 Abs 1 Nr 1 EGBGB).* Nicht zu überzeugen vermag die diametral entgegengesetzte Argumentation von Soergel/Stein[12] Rn 2, der gerade *wegen* des schlechten Ranges, auf den die Erbersatzberechtigten durch § 226 Abs 1 Nr 6 KO (§ 327 Abs 1 Nr 3 InsO; dazu HK-InsO/Marotzke[5] § 327 Rn 12 f) verwiesen werden, zu der These gelangt, dass Erbersatzansprüche im Rahmen des § 1980 ohnehin nicht bzw nur insoweit zu berücksichtigen seien „als der Erbersatzberechtigte zu dem in (dem damaligen) § 2338a angesprochenen Personenkreis gehört und § 2306 Anwendung findet". Gleiches gilt für die Ansicht von Jaeger/Weber[8] (KO §§ 217–220 Rn 25), dass Erbersatzansprüche bei der Bemessung der Zulänglichkeit des Nachlasses nur dann berücksichtigt werden sollten, wenn im Einzelfall weder Vermächtnisse noch Auflagen angeordnet seien.

3 b) Nach hM (STAUDINGER/LEHMANN[11] Rn 4; ERMAN/SCHLÜTER Rn 2; MünchKomm/KÜPPER Rn 6; SOERGEL/STEIN Rn 2 aE; AK-BGB/TEUBNER Rn 9; BGB-RGRK/JOHANNSEN Rn 10; NERLICH/RÖMERMANN/RIERING [März 2009] InsO § 317 Rn 5; DÖBEREINER, in: GOTTWALD [Hrsg], Insolvenzrechts-Handbuch [3. Aufl 2006] § 112 Rn 12; JAEGER/WEBER[8] KO §§ 217–220 Rn 25; SIBER, Haftung für Nachlaßschulden 70) **soll die Insolvenzantragspflicht nicht bestehen gegenüber ausgeschlossenen (§ 1973) und ihnen gleichgestellten (§ 1974) Gläubigern.** Dafür sprach während der Geltungszeit der KO, dass § 219 Abs 1 KO diesen Gläubigern ein eigenes Antragsrecht, außer wenn über das Vermögen des Erben Konkurs eröffnet war, absprach. Jedoch wurde eine dem § 219 Abs 1 KO entsprechende Vorschrift in die am 1.1.1999 in Kraft getretene InsO nicht aufgenommen (vgl § 1975 Rn 36 ff). Damit ist der hM ein wichtiges Argument abhanden gekommen. Unberührt vom Wegfall des § 219 KO bleibt jedoch der ebenfalls für die hM sprechende Befund, dass § 1973 dem Erben gegenüber den ausgeschlossenen Gläubigern gerade für den auch in § 1980 angesprochenen Fall der Unzulänglichkeit des Nachlasses ein Leistungsverweigerungsrecht gewährt und ihn gegenüber diesen Gläubigern zu nichts anderem verpflichtet als dazu, einen Nachlaßüberschuss, der nach Befriedigung der nicht ausgeschlossenen Gläubiger verbleiben würde, zum Zwecke der „Befriedigung ... im Wege der Zwangsvollstreckung herauszugeben". § 1973 verweist also auf die Einzelzwangsvollstreckung, nicht auf das Nachlassinsolvenzverfahren. Verneint man deshalb im Verhältnis zu den im Aufgebotsverfahren ausgeschlossenen (§ 1973) oder ihnen gleichstehenden (§ 1974) Gläubigern eine Insolvenzantragspflicht des Erben (außer vielleicht in dem bei § 1973 Rn 12 aE angesprochenen Sonderfall), so heißt das jedoch nicht, dass diese Verbindlichkeiten bei der Bemessung der Zulänglichkeit des Nachlasses *stets* außer Betracht bleiben: Zum einen sind diese Ansprüche, sobald sie geltend gemacht werden (§ 1973 Abs 1 S 2 HS 2), im Rahmen des § 1979 zu berücksichtigen (§ 1979 Rn 7). Und zum anderen sind sie auch im Rahmen des § 1980 dann zu berücksichtigen, wenn außerdem noch Pflichtteils- oder Erbersatzberechtigte existieren, da der Erbe diesen gegenüber, obwohl sie im Nachlassinsolvenzverfahren erst nach den ausgeschlossenen bzw iS von § 1974 säumigen sonstigen Gläubigern zu befriedigen sind (§ 327 Abs 3 InsO), zur Stellung des Nachlassinsolvenzantrages verpflichtet sein kann (Rn 2). Deshalb ist es richtig, dass § 1980 Abs 1 S 3 die ausgeschlossenen und ihnen durch § 1974 gleichgestellten Gläubiger nicht erwähnt. Gem § 328 Abs 2 InsO haben diese sogar insoweit, als der Erbe auch nach den Vorschriften über die Herausgabe einer ungerechtfertigten Bereicherung ersatzpflichtig wäre (dazu § 1973 Rn 20 ff, § 1979 Rn 7), Anspruch auf dasjenige, „was der Erbe auf Grund der §§ 1978 bis 1980" zur Masse zu ersetzen hat.

4 c) Die Verpflichtung des § 1980 entfällt, **wenn der Erbe allgemein unbeschränkbar haftet** (§ 2013 Abs 1 S 1), nicht aber, wenn er nur einzelnen Gläubigern gegenüber das Recht der Haftungsbeschränkung verloren hat (§ 2013 Abs 2). Für den Fall der Erbenmehrheit vgl § 2013 Rn 12, § 2060 Rn 31 ff.

5 d) Nach einer im Schrifttum vertretenen Ansicht besteht die Verpflichtung nicht, **wenn ein inländischer Gerichtsstand für die Eröffnung des Nachlassinsolvenzverfahrens fehlt** (vgl JAEGER/WEBER[8] KO §§ 217–220 Rn 22, 25; MünchKommInsO/SIEGMANN[2] § 315 Rn 2 ff; MünchKomm/KÜPPER Rn 3; PALANDT/EDENHOFER Rn 1 [kludierend]; heute aber zweifelhaft im Geltungsbereich der EuInsVO).

e) **Die Verpflichtung kann dem Erben** durch die Nachlassgläubiger **erlassen werden** 6
(OLG München ZEV 1998, 100 f [ad 3.] m zust Anm WEBER), wobei jeder Nachlassgläubiger nur mit Wirkung gegen sich selbst handeln kann (vgl BayObLGZ 6 [1906] 512, 516 = RJA 6 [1906] 119, 121 = SeuffA 61 [1906] Nr 40; MOLITOR JherJb 69 [1920] 283, 293 f; WEDERMANN BayZ 1916, 338, 345). Die Frage, ob *alle* Gläubiger mitgewirkt haben, lässt sich durch Aufgebot (§ 1970) klären. Gegenüber im Aufgebotsverfahren ausgeschlossenen Gläubigern besteht idR keine Verpflichtung aus § 1980 (vgl Rn 3).

f) **Bei Dürftigkeit des Nachlasses** darf der Erbe diesen gem § 1990 Abs 1 S 2 ohne 7 Nachlassinsolvenzverfahren zur Gläubigerbefriedigung bereitstellen. Folglich kann er nicht nach § 1980 zur Beantragung eines Insolvenzverfahrens verpflichtet sein (zutr MünchKommInsO/SIEGMANN[2] § 317 Rn 7; HK-InsO[5] § 26 Rn 42 [KIRCHHOF], § 317 Rn 2 [MAROTZKE]; s dazu auch unten Rn 17). Dies gilt auch, wenn der Erbe die Dürftigkeit des Nachlasses selbst herbeigeführt hat. Zu beachten ist jedoch, dass der Nachlass uU gar nicht dürftig ist, wenn der Erbe für die von ihm verursachten Nachlassminderungen nach §§ 1978–1980 haftbar gemacht werden kann; denn solche Ersatzansprüche sind dem – ohne sie vielleicht dürftigen – Nachlass als Aktivposten hinzuzurechnen (§ 1978 Abs 2 BGB, § 328 Abs 2 InsO). Vgl auch § 1991 Rn 8, 9.

g) Nicht festgehalten wird an der in der Bearbeitung von 1996 vertretenen Auffassung, 8 dass die Antragspflicht auch dann entfalle, wenn seit der Annahme der Erbschaft bis zu dem Zeitpunkt, in dem der Erbe von der Unzulänglichkeit des Nachlasses Kenntnis erlangt hat bzw (Abs 2) bei gehöriger Sorgfalt hätte erlangen können, mindestens **zwei Jahre verstrichen** seien. Zwar folgt aus § 319 InsO, dass die Nachlassgläubiger nach Ablauf von zwei Jahren nach der Erbschaftsannahme kein Recht mehr auf Eröffnung eines Nachlassinsolvenzverfahrens haben (außer vielleicht im Falle der Testamentsvollstreckung; dazu § 1981 Rn 20 mit Hinweis auf die Monographie von MUSCHELER). Ein Eröffnungsantrag des *Erben* ist aber auch dann noch möglich. Macht der Erbe von dieser Möglichkeit Gebrauch, so verstieße es gegen das Verbot des venire contra factum proprium, wenn der Erbe dadurch zwar vom Zeitpunkt der Verfahrenseröffnung an die Wohltat der Haftungsbeschränkung erlangen könnte (was im Hinblick auf § 1975 nicht zu bestreiten sein wird), er aber den Nachlassgläubigern im Gegenzuge nicht dafür verantwortlich wäre, dass er mit seiner Entscheidung, sich dieses Haftungsbeschränkungsmittels zu bedienen, so lange zugewartet hat. § 319 InsO rechtfertigt also keine teleologische Reduktion des § 1980 BGB. Von besonderer Bedeutung ist dies, wenn der Erbe ein zum Nachlass gehörendes **Unternehmen** jahrelang fortgeführt, obwohl der Nachlass zahlungsunfähig oder überschuldet ist (vgl MAROTZKE AcP 199 [1999] 615 ff, besonders 624 f).

II. Voraussetzungen der Haftung

1. Der Nachlass muss zahlungsunfähig oder überschuldet sein. 9

Überschuldung liegt nach der Legaldefinition in § 19 Abs 2 S 1 InsO vor, wenn das Vermögen des Schuldners (hier also der Nachlass) die bestehenden Verbindlichkeiten (die Nachlassverbindlichkeiten) nicht deckt. Ob dies der Fall ist, **muss** auch dann, wenn der Erbe das Haftungsbeschränkungsrecht gem § 1994 Abs 1 S 2 oder § 2005 Abs 1 verloren hat (was zwar § 1980 [s Rn 4], nicht aber auch §§ 316 ff, 320 InsO unanwendbar macht), **ohne Rücksicht auf das Eigenvermögen des Erben beur-**

teilt werden (vgl HK-InsO/MAROTZKE [in der demnächst erscheinenden 6. Aufl 2011] § 320 Rn 2; aM ROTH ZInsO 2009, 2265, 2266). Besondere Bewertungsprobleme können sich ergeben, wenn zum haftenden Vermögen des Schuldners – hier also zum Nachlass – ein **Unternehmen** gehört (vgl zur Nachlasszugehörigkeit eines ererbten Unternehmens STAUDINGER/MAROTZKE [2008] § 1922 Rn 104, 218 ff; HK-InsO/MAROTZKE[5] § 315 Rn 4, § 320 Rn 3; Münch-KommInsO/SIEGMANN[2] § 315 Anh Rn 15 ff, § 320 Rn 5). Gem § 19 Abs 2 S 2 InsO idF bis 17. 10. 2008 und idF ab 1. 1. 2014 ist bei der Bewertung die *Fortführung* des Unternehmens zugrunde zu legen, wenn diese „nach den Umständen überwiegend wahrscheinlich ist". Nach der vom 18. 10. 2008 bis Ende 2013 maßgeblichen Fassung des § 19 Abs 2 S 1 InsO hat eine überwiegende Wahrscheinlichkeit der Unternehmensfortführung sogar die Wirkung, dass eine rechnerisch vorhandene Überschuldung vom Insolvenzrecht nicht zur Kenntnis genommen wird (zum wirtschaftspolitischen Hintergrund dieser befristeten Neudefinition des Überschuldungsbegriffs vgl MAROTZKE JZ 2009, 763, 764 f). Ob diese Neudefinition des Überschuldungsbegriffs auch für *Nachlässe* gilt (wenn zu ihnen ein Unternehmen gehört), erscheint in Fällen, in denen das Unternehmen nicht die prägende Kernsubstanz des Nachlasses darstellt, zweifelhaft. Allein der Hinweis, dass „der Nachlass als Sondervermögen nicht auf Dauer zur Fortführung bestimmt" sei (vgl ROTH ZInsO 2009, 2265), spricht jedoch nicht gegen die Anwendbarkeit des neuen Überschuldungsbegriffs (**aM** ROTH aaO). Entscheidend für § 19 Abs 2 S 1 InsO idF bis 31. 12. 2013 ist nicht die Fortführung des Nachlasses, sondern die Fortführung des in diesem enthaltenen Unternehmens, egal ob vor oder nach (§ 316 Abs 2 InsO) der Nachlassteilung.

Auf Passivseite sind grundsätzlich alle Nachlassverbindlichkeiten in Rechnung zu stellen. Diejenigen aus Vermächtnissen, Auflagen (Abs 1 S 3) und die im Aufgebotsverfahren ausgeschlossenen oder ihnen gem § 1974 gleichstehenden sind jedoch nur zu berücksichtigen, wenn im konkreten Fall Pflichtteils- oder Erbersatzberechtigte existieren (s Rn 2, 3). Diese Einschränkung gilt jedoch nur in Ansehung der Insolvenzantragspflicht, nicht auch hinsichtlich der Frage, ob Überschuldung iS des § 320 Satz 1 InsO, also als Eröffnungsgrund, vorliegt (vgl HK-InsO/MAROTZKE[5] § 320 Rn 4). Zur Berücksichtigung bedingter, betagter und ungewisser Forderungen s DÖBEREINER, in: GOTTWALD (Hrsg), Insolvenzrechts-Handbuch[3] § 112 Rn 17; JAEGER/WEBER[8] KO § 215 Rn 4, 5 (Letzterer auch zur Leibzucht).

Zahlungsunfähig ist ein Schuldner, „wenn er nicht in der Lage ist, die *fälligen* Zahlungspflichten zu erfüllen" (§ 17 Abs 2 S 1 InsO). Soweit Zahlungsunfähigkeit als Eröffnungsgrund für ein *Nachlass*insolvenzverfahren in Betracht kommt (s § 320 S 1 InsO), wird man für ihre Feststellung das *Eigen*vermögen des Erben außer Betracht lassen müssen (vgl Begr RegEInsO in BT-Drucks 12/2443, 231, zu § 363 RegE = § 320 InsO; teilw **aM** ROTH ZInsO 2009, 2265, 2269 vor III). Nach § 17 Abs 2 S 2 InsO ist Zahlungsunfähigkeit „in der Regel anzunehmen, wenn der Schuldner seine Zahlungen eingestellt hat". Als **„drohende"** Zahlungsunfähigkeit bezeichnet die InsO (§ 18 Abs 2) den Fall, dass der Schuldner „voraussichtlich" nicht in der Lage „sein wird", die bestehenden Zahlungspflichten „im Zeitpunkt der Fälligkeit" zu erfüllen. Eine Zahlungsunfähigkeit, die nicht bereits jetzt vorliegt, sondern deren Eintritt nur „droht", vermag die Eröffnung eines Nachlassinsolvenzverfahrens nicht schon auf Gläubigerantrag, sondern nur dann zu rechtfertigen, wenn der Eröffnungsantrag vom Erben, von einem Nachlassverwalter oder sonstigen Nachlasspfleger oder von einem Testamentsvollstrecker gestellt wurde (§ 320 S 2 InsO). Eine Antrags*pflicht* iSd § 1980 besteht in solchen Fällen nicht. Solange die Zahlungsunfähigkeit des Nachlasses nicht feststeht, sondern nur „droht", hat der Erbe also noch die Möglichkeit, ohne das Risiko, sich nach § 1980 schadensersatzpflichtig zu machen, eine freie Sanierung – zB eines zum Nachlass gehörenden Unternehmens – zu versuchen (so die Begründung der Bundesregierung in BT-Drucks 12/3803, 79 f, wo ergänzend darauf hingewiesen wird, dass entsprechende Begrenzungen auch für die vereins- und gesellschaftsrechtlichen Antragspflichten vorgesehen seien).

2. Der Erbe muss von der Überschuldung (seit 1.1.1999: oder der Zahlungsunfähigkeit) Kenntnis erlangt oder infolge Fahrlässigkeit nicht erlangt haben. **Kenntnis** der Überschuldung setzt nicht bloß voraus, dass der Erbe vom Vorhandensein der einzelnen Verbindlichkeiten und Nachlassgegenstände weiß, sondern auch, dass er sich das Verhältnis der beiderseitigen Gesamtwerte zueinander durch Vergleichung der Ergebnisse klargemacht hat. Gerade in dem Unterlassen einer solchen Saldierung wird oft die **Fahrlässigkeit** liegen, die gem Abs 2 S 1 der Kenntnis gleichsteht (BGB-RGRK/Johannsen Rn 3). Eine Fahrlässigkeit kann auch darin zu erblicken sein, dass der Erbe bei der Bewertung eines zum Nachlass gehörenden Unternehmens dessen „Fortführung" zugrunde legt, ohne zuvor zu prüfen, ob diese „nach den Umständen überwiegend wahrscheinlich" ist (s Rn 9).

Eine **Zahlungseinstellung** kann dafür sprechen, dass dem Erben die Zahlungsunfähigkeit oder die Überschuldung bekannt war. Doch ist auch denkbar, dass die Zahlungseinstellung nur aus Vorsicht im Hinblick auf § 1979 erfolgte (vgl BGB-RGRK/Johannsen Rn 4). In der Regel erlaubt eine Zahlungseinstellung freilich den Schluss auf die Zahlungsunfähigkeit (und meist wohl auch auf die Kenntnis des Erben hiervon); dies folgt aus § 17 Abs 2 S 2 InsO. Keine Zahlungs*einstellung* liegt vor, solange das Ausbleiben von Zahlungen seinen Grund lediglich in dem Erbfall als solchem hat, zB weil dieser ganz überraschend eingetreten ist und der Erbe sich der Nachlassmittel erst bemächtigen muss (vgl MünchKommInsO/Siegmann[2] § 320 Rn 2).

Das **Unterlassen des Gläubigeraufgebots** (§§ 1970 ff) gilt nicht ohne weiteres, sondern nur dann als Fahrlässigkeit, wenn der Erbe Grund hat, das Vorhandensein unbekannter Nachlassverbindlichkeiten anzunehmen; Abs 2 S 2. Das Unterlassen soll andererseits auch in diesem Fall als gerechtfertigt angesehen werden, wenn die Kosten des Verfahrens dem Bestand des Nachlasses gegenüber unverhältnismäßig groß sind, Abs 2 S 2 HS 2. Aber auch dann ist der Erbe nicht von jeder Verpflichtung, sich zu unterrichten, befreit. Er muss vielmehr die anderen, ihm zu Gebote stehenden Mittel zur Feststellung des Aktiv- und Passivbestandes anwenden (zB Inventarerrichtung [§ 2001 Abs 1] oder privates Aufgebot in der Form des § 2061; vgl § 1979 Rn 5; BGB-RGRK/Johannsen Rn 16, 17; Soergel/Stein Rn 4; MünchKomm/Küpper Rn 8 aE).

Auch eine **rechtskräftig festgestellte Forderung** darf der Erbe nicht befriedigen, wenn er Anlass hat, die Unzulänglichkeit des Nachlasses anzunehmen; er muss dann ein Nachlassinsolvenzverfahren beantragen (vgl § 1979 Rn 8).

3. Der Erbe muss unterlassen haben, die Eröffnung eines Nachlassinsolvenzverfahrens unverzüglich zu beantragen.

a) Ob der Erbe den Antrag **unverzüglich**, also ohne *schuldhaftes* Zögern (vgl § 121

Abs 1 S 1) gestellt hat, ist Tatfrage. Nicht jeder Zweifel macht den Erben haftbar (vgl PLANCK/FLAD Anm 1 c). Die Zweifelsgründe zu ihnen müssen so schwerwiegend sein, dass sie bei gewissenhafter Prüfung zu einer näheren Untersuchung Anlass geben, und diese Untersuchung oder die Antragstellung müssen solange hinausgezögert worden sein, dass dem Erben ein begründeter Vorwurf daraus zu machen ist. UU kann ein nicht übermäßiges Zögern durch die begründete Erwartung des Erben entschuldigt sein, unter Vermeidung schädigender Zugriffe einzelner Gläubiger ohne gerichtliches Verfahren zu einer Einigung mit den Gläubigern zu gelangen (BGB-RGRK/JOHANNSEN Rn 6).

14 b) Auch nach Anordnung der Nachlassverwaltung oder Eröffnung eines (Gesamtvermögens-)Insolvenzverfahrens bleibt der Erbe berechtigt, den Antrag zu stellen. Sein Antragsrecht steht selbständig neben dem des Nachlassverwalters (JAEGER/WEBER[8] KO §§ 217–220 Rn 10; MünchKomm/KÜPPER Rn 9, 12; zur Frage einer *Anhörung* des Nachlassverwalters analog § 317 Abs 3 InsO vgl HK-InsO/MAROTZKE[5] § 317 Rn 9; MünchKomm-InsO/SIEGMANN[2] § 317 Rn 4) bzw des Insolvenzverwalters (MAROTZKE, in: FS Otte [2005] 223, 225 ff; aM HK-InsO/KAYSER[5] § 83 Rn 8 f; s auch unten Rn 20). Wenn ein **(Gesamtvermögens-)Insolvenzverwalter**, ein **Nachlassverwalter**, ein sonstiger **Nachlasspfleger** oder ein verwaltender **Testamentsvollstrecker** den Nachlass in Händen hat, wird ein nach § 1980 Abs 1 S 2 relevantes Verschulden des Erben nur selten anzunehmen sein (JAEGER/WEBER[8] KO §§ 217–220 Rn 24; MUSCHELER 231; vgl zu diesen Fällen auch unten Rn 20). **An der grundsätzlichen Anwendbarkeit des § 1980 ändert das nichts** (so auch BGHZ 161, 281, 285 ff = NJW 2005, 756 ff = ZEV 2005, 109 ff m Anm MAROTZKE [für den Fall einer gem § 1960 angeordneten Nachlasspflegschaft]). Eine Insolvenzantragspflicht des Erben ist selbst bei bestehender *Nachlassverwaltung* naheliegend, wenn diese Antragspflicht schon vor Anordnung der Nachlassverwaltung bestanden hat (JAEGER/WEBER[8] KO §§ 217–220 Rn 23; MünchKomm/KÜPPER Rn 9) oder wenn der Erbe dem Nachlassverwalter pflichtwidrig und schuldhaft die von diesem benötigten Informationen vorenthält bzw ihn sogar bewusst irreführt (BGB-RGRK/JOHANNSEN Rn 9; ERMAN/SCHLÜTER Rn 5; SOERGEL/STEIN Rn 5; PALANDT/EDENHOFER Rn 3; AK-BGB/TEUBNER Rn 3; aM PLANCK/FLAD Anm 2, MünchKomm/KÜPPER Rn 9 aE, die nur mit § 826 helfen wollen). Hat eine Person, die sich für die Erbin hielt, zweifelsfrei die Erbschaftsannahme erklärt, und wird dann vom Nachlassgericht in Kenntnis dieses Umstands gleichwohl wegen „Unbekanntsein" des Erben (§ 1960 Abs 1 S 2) ein Nachlasspfleger bestellt (zB weil sich inzwischen andere Erbprätendenten zu Wort gemeldet haben), so wird man iZw der erstgenannten Person – selbst wenn sie wirklich Erbin ist – das Recht zugestehen müssen, sich während der Dauer der Nachlasspflegschaft passiv zu verhalten und insb den Antrag auf Eröffnung des Nachlassinsolvenzverfahrens nicht zu stellen (zumal manche Insolvenzgerichte einen gleichwohl gestellten Antrag als unzulässig abweisen würden, wenn der Antragsteller keinen Erbschein vorlegen kann; vgl zB LG Köln NZI 2003, 501 f = ZInsO 2003, 720 f; hiergegen HK-InsO/MAROTZKE[5] § 317 Rn 3). Denn der Erbe braucht auch dann, wenn er um die Anerkennung seines Erbrechts noch kämpft, nicht klüger zu sein als das Nachlassgericht (vgl MAROTZKE ZEV 2005, 111 f; aM das dort bespr Urt des BGH, das im drittletzten Absatz der Entscheidungsgründe aber immerhin zu bedenken gibt, dass der Erbe in einer solchen Situation „kaum in der Lage sein [dürfte], ein Insolvenzverfahren in Gang zu setzen, weil es nicht Aufgabe des Insolvenzgerichts [sei], die Erbenstellung zu klären"). Etwas anderes gilt aber dann, wenn der Erbe überschießendes Tatsachenwissen hatte und dieses den Schluss auf seine Erbenstellung zuverlässiger rechtfertigte als der Erkenntnisstand des Nachlassgerichts. Selbst in diesem Fall haftet der Erbe im

Rahmen des § 1980 aber nicht auch für ein etwaiges Verschulden des Nachlasspflegers (insoweit zutr der BGH).

c) Solange der Erbe die Erbschaft nicht angenommen hat, braucht er sich um den 15 Nachlass nicht zu kümmern (s § 1978 Rn 4) und kann also auch nicht wegen schuldhafter Verzögerung des Antrags haftbar werden (BGHZ 161, 281, 284 f = NJW 2005, 756, 757 = ZEV 2005, 109 m Anm MAROTZKE). Nach verbreiteter Ansicht soll das aber nicht gelten, wenn der Erbe die Überschuldung des Nachlasses durch eigene Aktivitäten – zB durch Befriedigung einzelner Gläubiger – herbeigeführt hat (STAUDINGER/LEHMAN[11] Rn 10; BGB-RGRK/JOHANNSEN Rn 7; ERMAN/SCHLÜTER Rn 5; SOERGEL/STEIN Rn 5; aM PLANCK/ FLAD Anm 2; STROHAL § 78 III 3 c; MünchKomm/KÜPPER Rn 9). Das von STAUDINGER/LEHMANN[11] (aaO) angeführte Argument, hier ergebe sich die Antragspflicht des Erben aus seinem schon vor der Annahme bestehenden Antrags*recht* (§§ 316 Abs 1, 317 InsO), überzeugt jedoch nicht. Außerdem ist darauf hinzuweisen, dass der Erbe, der vor der Annahme der Erbschaft Nachlassgläubiger befriedigt, ohne dass die Voraussetzungen des § 1979 vorliegen, den übrigen Nachlassgläubigern schon nach § 1978 Abs 1 S 2 verantwortlich ist (PLANCK/FLAD Anm 2; MünchKomm/KÜPPER Rn 9; vgl auch oben § 1979 Rn 1) und dass dieser Ersatzanspruch wegen § 1978 Abs 2 bei der Beurteilung der Frage der Nachlassüberschuldung (§ 1980) als Aktivposten zu berücksichtigen ist. Schlägt der vorläufige Erbe die Erbschaft aus, so verliert er das Recht, die Eröffnung des Nachlassinsolvenzverfahrens zu beantragen, an den Nächstberufenen (zu verfahrensrechtlichen Konsequenzen vgl OLG Koblenz Rpfleger 1989, 510).

III. Inhalt und Geltendmachung der Ersatzpflicht

Die Ersatzpflicht geht auf Herstellung des Zustandes, der bestehen würde, wenn der 16 zum Ersatz verpflichtende Umstand nicht eingetreten wäre (§ 249 Abs 1), also auf **den Unterschied zwischen dem, was die Gläubiger im Nachlassinsolvenzverfahren erlangt hätten, wenn der Eröffnungsantrag rechtzeitig gestellt worden wäre, und dem, was sie wirklich erlangt haben** (BGH FamRZ 1984, 1004, 1005 = NJW 1985, 140, 141 = LM BGB § 1979 Nr 1 Bl 2 R). Die Verzögerung der Antragstellung kann eine Benachteiligung der Nachlassgläubiger namentlich dadurch zur Folge haben, dass sich in der Zwischenzeit einzelne Gläubiger auf Kosten der anderen voll befriedigen. Die Verzögerung des Erben kann ferner zur Folge haben, dass unnötige Prozesse und Vollstreckungskosten entstehen oder zwecklose sonstige Maßnahmen getroffen werden.

Bei **Miterben** ist zu beachten, dass sie, wenn keiner von ihnen den Antrag rechtzeitig stellt oder einer von ihnen durch sein passives Verhalten das Verfahren verzögert, für den entstehenden Schaden als Gesamtschuldner haften, soweit ihnen ein Verschulden zur Last fällt (§§ 823 Abs 2, 830, 840 Abs 1, 421 ff). Auf diese Gesamthaftung sind die §§ 2059 ff unanwendbar (vgl § 1978 Rn 38).

Im Nachlassinsolvenzverfahren gehört der Ersatzanspruch zur Masse (vgl § 328 Abs 2 17 InsO). Er kann deshalb während der Dauer des Verfahrens nur vom Insolvenzverwalter geltend gemacht werden (vgl § 92 InsO; OLG Dresden ZBlFG 6 [1905/1906] 410, 416; MünchKomm/KÜPPER Rn 11). Hat allerdings ein Nachlassgläubiger, weil der Nachlass zur Verfahrenskostendeckung nicht ausreiche, einen Kostenvorschuss nach § 26 Abs 1 S 2 InsO geleistet, so kann er analog § 26 Abs 3 (§ 207 Abs 1 S 2 HS 2) InsO einen direkten Erstattungsanspruch gegen den Erben haben. Dies setzt jedoch voraus, dass der Nachlass früher einmal zwar zahlungsunfähig bzw überschuldet, aber nicht dürftig iS des § 1990 Abs 1 S 1 war. Denn bei *Dürftigkeit* des Nachlasses besteht keine erbrechtliche Insolvenzantragspflicht nach § 1980 Abs 1 (s Rn 7), die man im Rahmen der Analogie zu § 26 Abs 3 InsO einer gesellschaftsrechtlichen Antragspflicht gleichstellen könnte (insoweit zutr MünchKommInsO/SIEGMANN[2] § 317 Rn 7; nicht erkannt von PAUL ZInsO 2008, 28, 30 lSp [zu einem geplanten, aber bisher nicht realisierten § 26 Abs 4 InsO, s auch HK-InsO/MAROTZKE[5] § 317 Rn 2]).

Das Vorstehende gilt jedoch nicht für Ansprüche auf Ersatz von Individualschäden, die der Erbe *ahnungslosen Dritten* dadurch zufügt, dass er mit diesen trotz bereits bestehender „Insolvenzreife" des Nachlasses noch Verträge abschließt und darin seine Haftung auf den – ohnehin schon überschuldeten – Nachlass beschränkt (s § 1967 Rn 43 und HK-InsO/KAYSER[5] § 92 Rn 33 ff, 39).

IV. Beweislast

18 Die Nachlassgläubiger müssen beweisen, dass der Nachlass überschuldet war, dass der Erbe davon Kenntnis hatte oder sie durch zumutbare Maßregeln sich hätte verschaffen können und dass er die Antragstellung gleichwohl unzulässig verzögert hat (also andere Beweislastverteilung als bei § 1979, s dort Rn 9 und BGH FamRZ 1984, 1004, 1005 = NJW 1985, 140 = LM BGB § 1979 Nr 1). Gleiches gilt in Bezug auf den am 1. 1. 1999 neu hinzugetretenen Antrags- und Eröffnungsgrund der Zahlungsunfähigkeit, wobei hier freilich die Besonderheit besteht, dass Zahlungsunfähigkeit idR schon dann anzunehmen ist, wenn der Erbe seine Zahlungen eingestellt hat (Rn 10). Hat der Erbe das Gläubigeraufgebot unterlassen, so gilt dies nach Abs 2 S 2 als Fahrlässigkeit, falls er Grund hatte, das Vorhandensein unbekannter Gläubiger anzunehmen, was ebenfalls die Gläubiger zu beweisen haben. Der Erbe muss dann seinerseits dartun, dass er durch das Aufgebot keine Kenntnis von der Zahlungsunfähigkeit oder der Überschuldung erlangt hätte oder (Abs 2 S 2 HS 2) dass die Kosten des Aufgebots unverhältnismäßig hoch gewesen wären (BGB-RGRK/JOHANNSEN Rn 18; PLANCK/FLAD Anm 1 c).

V. Entsprechende Anwendung der Vorschrift

19 1. § 1980 ist **im Rahmen der §§ 1990, 1991** entsprechend anzuwenden, obwohl die Reichstagskomm (Bericht 2101) die Anführung dieses Paragraphen in § 1991 Abs 1 irrtümlich als gegenstandslos gestrichen hat. Der Erbe, der sich auf die Dürftigkeitseinrede des § 1990 beruft, haftet nach § 1980, wenn der Nachlass noch nicht dürftig war, als der Erbe die Zahlungsunfähigkeit erkannte oder erkennen musste (vgl § 1991 Rn 8).

20 2. Gem § 1985 Abs 2 S 2 trifft auch den **Nachlassverwalter** eine dem § 1980 entsprechende Verantwortlichkeit. Im Gegenschluss ist § 1985 Abs 2 S 2 zu entnehmen, dass der nach § 1960 oder § 1961 bestellte *Nachlasspfleger* (KG FamRZ 1975, 292 f; BGHZ 161, 281, 286 ff [Abschn II 2] = NJW 2005, 756, 758 = ZEV 2005, 109 ff m Anm MAROTZKE) und der *Testamentsvollstrecker* den Nachlassgläubigern nicht nach § 1980 zur Antragstellung verpflichtet sind (ebenso MünchKomm/KÜPPER Rn 12; ERMAN/SCHLÜTER Rn 5; SOERGEL/STEIN Rn 9; unklar DU CARROIS Rpfleger 2009, 197 ff, der in Bezug auf den nach § 1960 oder § 1961 bestellten Nachlasspfleger eine Anwendung des Abs 1 S 2 für möglich hält;

aM hinsichtlich des nachlassverwaltenden Testamentsvollstreckers KILGER/K SCHMIDT, Insolvenzgesetze, 1997, KO § 217 Anm 2; weitere Nachweise bei MUSCHELER 231). Dafür spricht auch, dass die Aufgabe der Gläubigerbefriedigung nur dem Nachlassverwalter besonders zugewiesen ist; §§ 1975, 1985. Die Stellung des Insolvenzantrages durch den nach § 1960 oder § 1961 bestellten Nachlasspfleger (dazu Mot V 546) kann jedoch im Interesse des *Erben* geboten sein, insbes wenn sonst Nachteile aus einem Rechtsstreit mit einem Nachlassgläubiger drohen (KG FamRZ 1975, 292 f). Entsprechendes gilt für die Antragspflicht eines Testamentsvollstreckers (STAUDINGER/REIMANN [2003] § 2205 Rn 18). Beide sind dem Erben nach §§ 1915, 1833 (Nachlasspfleger oder -verwalter) bzw §§ 2216 Abs 1, 2219 (Testamentsvollstrecker) verantwortlich, wenn sie trotz erkennbarer Zahlungsunfähigkeit oder Überschuldung kein Nachlassinsolvenzverfahren beantragen und dadurch den Erben schädigen (ebenso MünchKomm/KÜPPER Rn 12 aE; SOERGEL/STEIN Rn 9; ERMAN/SCHLÜTER Rn 5). Bedenkenswert erscheint der Vorschlag, diese Verantwortlichkeit nach den Grundsätzen der Drittschadensliquidation auch für solche Schäden anzunehmen, die sich wegen der beschränkten Haftung des Erben nicht bei diesem, sondern bei den Nachlassgläubigern realisieren (so bzgl der Haftung des Testamentsvollstreckers MUSCHELER 230 ff; vgl auch oben § 1978 Rn 13).

In der Gesamtvermögensinsolvenz des Erben gilt § 1980 nur für den Erben persönlich, nicht für seinen Insolvenzverwalter (ausf MAROTZKE, in: FS Otte [2005] 223, 226 ff [zugl zur Frage der Antragsberechtigung; s dazu auch Rn 14 und – bzgl des Antrags auf Nachlassverwaltung – § 1981 Rn 9]; zust HÄSEMEYER, Insolvenzrecht [4. Aufl 2007] Rn 33. 06; aM UHLENBRUCK[13] InsO § 83 Rn 4; MünchKommInsO/SCHUMANN[2] § 83 Rn 5 f; JAEGER/WINDEL InsO § 83 Rn 8; HK-InsO/KAYSER[5] § 83 Rn 8 f).

VI. Verjährung

Für „erbrechtliche" Ansprüche sah § 197 Abs 1 Nr 2 eine Verjährungsfrist von dreißig Jahren vor. Da § 197 Abs 1 Nr 2 jedoch nach nur achtjähriger Geltungsdauer mit Wirkung ab 1.1. 2010 aufgehoben wurde (§ 1967 Rn 2), tritt die Verjährung erbrechtlicher Ansprüche auch in Altfällen idR spätestens nach acht (= Geltungsdauer des § 197 Abs 1 Nr 2) plus drei (Konsequenz aus Art 2 § 21 Abs 1 S 1, Abs 2 S 1 EGBGB idF ab 1.1. 2010) Jahren ein. Für Schadensersatzansprüche aus § 1980 Abs 1 S 2 wäre das aber immer noch viel zu spät. Dies zeigt ein Seitenblick auf ähnliche Ansprüche: Für mit § 1980 Abs 1 S 2 vergleichbare Haftungslagen statuieren die §§ 43 Abs 4, 64 S 4 GmbHG, § 93 Abs 6 AktG und § 130a Abs 2 S 6 HGB eine nur fünfjährige Verjährungsfrist! Sogar eine idR nur dreijährige Verjährungsfrist kommt heraus (§§ 195, 199), soweit bestimmte gesellschaftsrechtliche Gläubigerschutzvorschriften einschließlich der am 1.11. 2008 in die InsO (§ 15a) überführten Antragspflichten mit § 823 Abs 2 BGB kombiniert werden (vgl zu solchen Kombinationsmöglichkeiten SCHULZE-OSTERLOH, in: BAUMBACH/HUECK[18] GmbHG § 64 Rn 90 ff; KLEINDIEK, in: LUTTER/HOMMELHOFF[17] GmbHG, Anh Rn 61 ff zu § 64; CASPER, in: ULMER/HABERSACK/WINTER GmbHG [2008] § 64 Rn 115 ff; STAUDINGER/HAGER [2009] § 823 Rn G 29 f, 48), sowie in den Vergleichsfällen des § 26 Abs 3 InsO und des § 61 InsO (vgl § 62 InsO). Auch der mit § 1980 Abs 1 S 2 zweckverwandte § 42 Abs 2 S 2 enthält keine von §§ 195, 199 abweichende Sonderregelung. Vor diesem Hintergrund sollte man den Schadensersatzanspruch aus § 1980 Abs 1 S 2 trotz seiner redaktionellen Verordnung in Buch 5 des BGB nicht als spezifisch „erbrechtlichen" Anspruch iS des mit Wirkung ab 1.1. 2010 aufgehobenen § 197 Abs 1 Nr 2, sondern als Ausdruck eines allgemeinen, vielleicht sogar "insolvenzrechtlichen" Gläubigerschutzgedankens ansehen (zust LÖHNIG ZEV 2004, 267, 273; ROLAND, Die Verjährung im Erbrecht [2008] Rn 231). Die Verjährung richtet sich dann zu keiner Zeit (also auch nicht übergangsrechtlich) nach § 197 Abs 1 Nr 2, sondern wie bei Ansprüchen aus § 1978 (s dort Rn 42), solchen aus § 42 Abs 2 S 2, solchen aus § 823 Abs 2 und solchen aus den oben genannten Vorschriften der InsO nach den allgemeinen Vorschriften der §§ 195, 199 (zustimmend ROLAND Rn 231 f mwNw; vgl auch LÖHNIG ZEV 2004, 267, 273, der allerdings an die Stelle der zehnjährigen Höchstfrist des § 199 Abs 3 Nr 1 eine fünfjährige setzen möchte).

§ 1981
Anordnung der Nachlassverwaltung

(1) Die Nachlassverwaltung ist von dem Nachlassgericht anzuordnen, wenn der Erbe die Anordnung beantragt.

(2) Auf Antrag eines Nachlassgläubigers ist die Nachlassverwaltung anzuordnen, wenn Grund zu der Annahme besteht, dass die Befriedigung der Nachlassgläubiger aus dem Nachlass durch das Verhalten oder die Vermögenslage des Erben gefährdet wird. Der Antrag kann nicht mehr gestellt werden, wenn seit der Annahme der Erbschaft zwei Jahre verstrichen sind.

(3) Die Vorschrift des § 1785 findet keine Anwendung.

Materialien: E II § 1855; III § 1956; Prot V 810, 872; Denkschr 723; JAKOBS/SCHUBERT ER I 303, 598 ff.

Schrifttum

BRÜNNING, Nachlaßverwaltung und Nachlaßkonkurs im internationalen Privat- und Verfahrensrecht (1996)
FAHRENKAMP, Bis zu welchem Zeitpunkt kann der Erbe seinen Antrag auf Nachlaßverwaltung zurücknehmen?, NJW 1975, 1637
FIRSCHING/GRAF, Nachlassrecht (9. Aufl 2008) Rn 4.785
FROMM, Nachlassverwaltung: Eine Bedrohung für mittelständische Unternehmen im Nachlass, ZEV 2006, 298

HILLEBRAND, Die Nachlaßverwaltung – unter besonderer Berücksichtigung der Verwaltungs- und Verfügungsrechte des Nachlaßverwalters (Diss Bochum 1998)
MUSCHELER, Die Haftungsordnung der Testamentsvollstreckung (1994) 129
PRANGE, Miterbe und Nachlaßverwalter in Personalunion?, MDR 1994, 235
REIHLEN, Kann ein Miterbe Nachlaßverwalter werden?, MDR 1989, 603.

Systematische Übersicht

I. Allgemeines _____ 1	III. Antrag eines Nachlassgläubigers __ 15
II. Antrag des Erben _____ 3	IV. Anordnung der Nachlassverwaltung 26

Titel 2 · Haftung des Erben für die Nachlassverbindlichkeiten **§ 1981**
Untertitel 3 · Beschränkung der Haftung des Erben

V. **Rechtsbehelfe** 33

VI. **Aufhebung der Anordnung von Amts wegen** 44

VII. **Internationale Zuständigkeit** 45

VIII. **Recht der ehemaligen DDR** 46

IX. **Analoge Anwendung im Gesellschaftsrecht?** 47

Alphabetische Übersicht

Amtsermittlung	5, 24
Annahme der Erbschaft	11, 21
Anordnung der Nachlassverwaltung	26 ff
– allgemeine Voraussetzungen	2
– Bekanntgabe	27
– Information an Finanzamt	27
– Rechtsbehelfe gegen vgl „Rechtsbehelfe"	
– Veröffentlichung	1
– Zuständigkeit	26
– – des Rechtspflegers	34, 41
– – des Richters	34
Antrag auf Anordnung	
– Allgemeines	2
– Begründung	13
– keine Gläubigeranfechtung	36
– Rechtsbehelfe gegen Zurückweisung vgl „Rechtsbehelfe"	
– Rücknahme	2
– zeitliche Grenze	10, 15, 20
Antragsberechtigte	
– der Erbe	3–14
– – sein Ehegatte	7
– – sein Insolvenzverwalter	9
– – sein Lebenspartner	7
– Erbschaftskäufer	14
– Miterben	4, 18, 36
– Nacherben	14
– Nachlassgläubiger	15–25
– – Auflageberechtigte	18
– – ausgeschlossene	17
– – Vermächtnisgläubiger	18
– Nachlasspfleger	14, 36
– Testamentsvollstrecker	14
– vorläufiger Erbe	11, 36
Aufhebung der Nachlassverwaltung	6, 12, 21, 44
Ausschlagung der Erbschaft	11, 21, 36

Belehrung über Rechtsbehelfe	33
Beschwerde	34 ff
vgl auch „Rechtsbehelfe"	
DDR	46
Erbenstellung, Nachweis	13
Erbschaftskauf	14
Erinnerung	41
vgl auch „Rechtsbehelfe"	
Gefährdung der Nachlassgläubiger (Abs 2)	
– Gründe	22 f
– Glaubhaftmachung	24
Gesellschaftsrecht	47
Gütergemeinschaft	7
Insolvenz des Erben	9, 22
Inventar	10
Inventarfrist	5
Kosten	33
Miterben	4, 22
Nacherbschaft	14
Nachlassinsolvenzverfahren	8
Nachlasspflegschaft	14
Nachlassverwalter	
– Auswahl	28 ff
– Bestellung	32
– Rechtsstellung vgl § 1985 Rn	1 ff
Rechtsbehelfe	33 ff
– gegen Ablehnung der Aufhebung	34, 35, 41 f
– gegen Anordnung auf Erbenantrag	34 ff, 41 f
– gegen Anordnung auf Gläubigerantrag	34, 37, 41 f

– gegen Anordnung auf sonstigen Antrag	34, 36, 41 f	Überschuldung des Nachlasses	8
		„unbeschränkte" Haftung	3 ff, 16
– gegen Aufhebung der Nachlassverwaltung	34, 39, 44	Unternehmen	22
– gegen eine die Anordnung ablehnende Verfügung	34, 38, 41 f	Vermögensgemeinschaft	7
		Vermögenslage des Erben	22
Rechtsbehelfsbelehrung	33		
Rechtspfleger	26, 34, 41	Zeitliche Grenzen des Antragsrechts	10, 15, 20
Testamentsvollstrecker	14, 22 f, 30		

I. Allgemeines

1 1. Herkunft und Wesen der Nachlassverwaltung sowie Voraussetzungen, Wirkungen und Beendigung dieses Verfahrens sind bereits bei § 1975 Rn 5 ff, 11 ff, 15 ff dargestellt. § 1981 normiert in Abs 1 und 2 die Voraussetzungen für die Anordnung der Nachlassverwaltung, Abs 3 betrifft die Bestellung des Nachlassverwalters und schließt insoweit die Verpflichtung zur Amtsübernahme aus. Ergänzt wird § 1981 durch § 1982 (keine die Verfahrenskosten deckende Masse) und § 1983 (Veröffentlichung der Anordnung der Nachlassverwaltung).

2 2. Anders als die Nachlasspflegschaft des § 1960, aber ebenso wie das Nachlassinsolvenzverfahren (§§ 13 Abs 1, 317 InsO) wird die **Nachlassverwaltung nur auf Antrag** angeordnet. Das Antragsrecht steht grundsätzlich dem Erben und in gewissen Fällen auch den Nachlassgläubigern zu. Auf Antrag *muss* die Nachlassverwaltung angeordnet werden, wenn die übrigen Voraussetzungen gegeben sind. Zu diesen Voraussetzungen gehört stets das Vorhandensein einer den Kosten des Verfahrens entsprechenden Masse (§ 1982), hilfsweise die Leistung eines entsprechenden Vorschusses durch den Antragsteller (s § 1982 Rn 4).

Antragsrücknahme ist analog der für das Nachlassinsolvenzverfahren geltenden Vorschrift des § 13 Abs 2 InsO nur zulässig, bis die Nachlassverwaltung angeordnet (iE ebenso KG JFG 22, 65 f = DNotZ 1941, 111 f; FIRSCHING/GRAF Rn 4.798; SOERGEL/STEIN Rn 5; **aM** „zumindest" für den Fall des Fehlens von Nachlassgläubigern LANGE/KUCHINKE § 49 III 2 a Fn 62) oder der Antrag rechtskräftig abgewiesen ist. Dass der Erbe seiner Rücknahmeerklärung, wenn diese erst nach aktenmäßiger Niederlegung des die Nachlassverwaltung anordnenden Gerichtsbeschlusses (aber vor dessen Mitteilung an den Erben, vgl § 40 Abs 1 FamFG und § 1984 Rn 2) erfolgte, ein Gläubigerverzeichnis beifügen müsse (FAHRENKAMP NJW 1975, 1637 f), ist nicht anzunehmen (vgl SOERGEL/STEIN Rn 5). Die *kostenrechtlichen* Wirkungen der Antragsrücknahme regelt § 106 Abs 3 KostO.

II. Antrag des Erben

3 1. **Das Antragsrecht des Erben** ergibt sich aus Abs 1. **Es entfällt, wenn der Erbe sein Haftungsbeschränkungsrecht nach § 1994 Abs 1 S 2 oder § 2005 verliert** (vgl § 2013 Abs 1 S 1 HS 2 und im Gegensatz hierzu §§ 316 Abs 1, 317 InsO bzgl des Antrags auf Eröffnung eines Nachlassinsolvenzverfahrens; dazu § 2013 Rn 4). Ob ein solcher Ausnahmefall vorliegt, muss vom Nachlassgericht trotz § 26 FamFG nicht in jedem Fall, sondern nur bei Vorliegen besonderer Anhaltspunkte – zB bereits erfolgte Inventarfristbestimmung (s Rn 5) – geprüft werden (vgl SCHLEGELBERGER FGG § 12 Rn 9 f [allgemeine Darstellung]; JACOBY, in: BORK/JACOBY/SCHWAB FamFG [1. Aufl 2009] § 26 Rn 3 f [allgemeine Darstellung]; PLANCK/FLAD Anm 2 a; BGB-RGRK/JOHANNSEN Rn 3; MünchKomm/KÜPPER Rn 7).

a) Gem § 2013 Abs 2 **behält** der Erbe das Antragsrecht, solange er nur *einzelnen* Nachlassgläubigern gegenüber unbeschränkbar haftend geworden ist. Die haftungsbeschränkende Wirkung der Nachlassverwaltung (§ 1975) tritt dann aber nur gegenüber den übrigen Nachlassgläubigern ein.

b) *Miterben* können den Antrag auf Nachlassverwaltung nur gemeinschaftlich 4 stellen (§ 2062 HS 1). Nach hM soll dieses Antragsrecht *insgesamt* entfallen, sobald *einer* der Miterben allen Nachlassgläubigern gegenüber unbeschränkbar haftend geworden ist. Dieser hM ist zu widersprechen (§ 2062 Rn 12). Nach § 2062 HS 2 ist die Anordnung einer Nachlassverwaltung ausgeschlossen, wenn der Nachlass geteilt ist.

c) Wenn das Nachlassgericht, bei dem der Antrag auf Nachlassverwaltung gestellt 5 ist, zuvor bereits eine **Inventarfrist** gesetzt hatte, wird es gem § 26 FamFG von Amts wegen zu prüfen haben, ob das Recht zur Haftungsbeschränkung noch besteht (vgl § 1994 Abs 1 S 2 und oben Rn 3). Das Nachlassgericht muss also nach Ablauf der Inventarfrist den Nachweis der rechtzeitigen Inventarerrichtung oder der Hinderungsgründe (§ 1994 Rn 33 aE, § 1997 Rn 2 ff) verlangen, gem § 27 FamFG hat der Erbe bei der Sachverhaltsermittlung mitzuwirken.

d) *Hat das Gericht die Nachlassverwaltung angeordnet, obwohl der antragstellende* 6 *Erbe sein Haftungsbeschränkungsrecht bereits allgemein verloren hatte,* so kann dieser sich auf den Beschluss nicht berufen, um seine Haftung zu beschränken. Im Übrigen treten aber fast alle gesetzlichen Wirkungen der Nachlassverwaltung ein, zu denen insbesondere die Absonderungswirkung zugunsten der *Nachlassgläubiger* gehört (vgl § 1975 Rn 5 ff, 11 f). Nach bisherigem Recht (§ 18 FGG; anders jetzt § 48 Abs 1 FamFG) konnte jedoch das Nachlassgericht die zu Unrecht angeordnete Nachlassverwaltung von Amts wegen aufheben; eine Beschwerde gegen die auf Antrag des Erben erfolgte Anordnung der Nachlassverwaltung war (und ist auch nach neuem Recht) hingegen idR unzulässig (s Rn 35 f). Die Wirksamkeit der von dem Verwalter und ihm gegenüber vorgenommenen Rechtsgeschäfte wird durch eine Aufhebung der Nachlassverwaltung nicht berührt (§ 47 FamFG). Unter den Voraussetzungen des Abs 2 kann ein Nachlassgläubiger die Aufhebung durch rechtzeitige eigene Antragstellung verhindern (PALANDT/EDENHOFER Rn 2).

2. Gehört der Nachlass zum Gesamtgut einer ehelichen Gütergemeinschaft (vgl 7 § 1416 Abs 1 S 2 einerseits und § 1418 Abs 2 Nr 1, 2 andererseits), so kann sowohl der Ehegatte, der Erbe ist, als auch der Ehegatte, der nicht Erbe ist, aber das Gesamtgut allein oder mit seinem Ehegatten gemeinschaftlich verwaltet (zu dessen Haftung vgl § 2008 Rn 2), die Anordnung der Nachlassverwaltung beantragen; analog § 318 Abs 1 InsO bedarf es nicht der Zustimmung des anderen Ehegatten (PALANDT/ EDENHOFER Rn 1; ERMAN/SCHLÜTER Rn 3; SOERGEL/STEIN Rn 4; vgl auch STAUDINGER/THIELE [2007] § 1432 Rn 7; **aM** BGB-RGRK/JOHANNSEN Rn 4, der das Antragsrecht dem Ehegatten des Erben nur zugesteht, wenn er das Gesamtgut allein verwaltet, und es dem das Gesamtgut nicht verwaltenden Erben versagt, da §§ 1432, 1455 Nr 1 nur das Recht zur Annahme oder Ausschlagung, nicht aber ausdrücklich auch das Recht zur Verwaltung einer zugefallenen Erbschaft dem erbenden Ehegatten vorbehalte). Entsprechendes gilt für **Lebenspartner**, wenn diese gem § 7 LPartG Gütergemeinschaft vereinbart haben (vgl auch § 318 Abs 3 InsO für den Antrag auf Eröffnung eines Nachlassinsolvenzverfahrens).

8 3. **Überschuldung des Nachlasses** ist kein Grund, den Antrag zurückzuweisen (BayObLGZ 32 [1932] 336, 338; STAUDINGER/LEHMANN[11] Rn 5; EBERL-BORGES 358; vgl auch M HARDER/MÜLLER-FREIENFELS JuS 1980, 876, 878 Fn 11; **aM** vLÜBTOW II 1136; M HARDER/KROPPENBERG, Grundzüge des Erbrechts [5. Aufl 2002] Rn 558; wohl auch Prot V 823 aE). Doch muss der ernannte Verwalter unverzüglich die Eröffnung eines Nachlassinsolvenzverfahrens beantragen (Prot aaO; Ausnahmen bei § 1980 Rn 2–6, § 1992 Rn 1), womit die Nachlassverwaltung endet (vgl §§ 1980, 1985 Abs 2 S 2, 1988 Abs 1; BayObLGZ 32 [1932] 336; KG RJA 8 [1907] 29, 32). Der Erbe, der bei erkennbarer Überschuldung des Nachlasses kein Nachlassinsolvenzverfahren, sondern Nachlassverwaltung beantragt, macht sich den Nachlassgläubigern idR nach § 1980 verantwortlich (zB wegen der Mehrkosten der dem späteren Nachlassinsolvenzverfahren vorausgehenden Nachlassverwaltung).

9 4. Die **Eröffnung eines Insolvenzverfahrens über das (die Erbschaft mitumfassende) Vermögen des Erben** lässt das Antragsrecht des Erben unberührt (MAROTZKE, in: FS Otte [2005] 223, 225 ff, 230; ebenso bereits LG Aachen NJW 1960, 46, 48 f m insoweit zust Anm v vBUCH NJW 1960, 46, 47 ad III; vgl auch PALANDT/EDENHOFER Rn 1; **aM** wegen § 6 KO [§ 80 InsO] JAEGER/HENCKEL[9] KO § 9 Rn 6; JAEGER/WEBER[8] KO § 234 Rn 4; JAEGER/WINDEL[1] InsO § 83 Rn 8; BK-InsO/BLERSCH/V OLSHAUSEN [Mai 2009] § 83 Rn 8; UHLENBRUCK[13] InsO § 83 Rn 5; BRAUN/KROTH[4] InsO § 83 Rn 4; MünchKommInsO/SCHUMANN[2] § 83 Rn 5 f; MünchKommInsO/SIEGMANN[2] § 331 Rn 7; KÜBLER/PRÜTTING/BORK/LÜKE [Dez 2009] InsO § 83 Rn 7; HK-InsO/KAYSER [5. Aufl 2008] § 83 Rn 8). Obwohl die Nachlassgläubiger während solch eines Insolvenzverfahrens weder in die Insolvenzmasse noch in etwaiges sonstiges Vermögen des Erben vollstrecken können (§ 89 Abs 1 InsO), ist für die Dauer des Verfahrens das Bedürfnis des Erben zur Beantragung der Nachlassverwaltung nicht generell zu verneinen: Nicht selten (zB nach Zustandekommen eines Insolvenzplans, §§ 217 ff InsO) wird der Erbe daran interessiert sein, dass sich die Nachlassverwaltung mit ihrer haftungsbeschränkenden Wirkung *ohne zeitlichen Zwischenraum* an das Insolvenzverfahren und die auf dessen Dauer beschränkte insolvenzrechtliche Vollstreckungssperre (§§ 88, 89 Abs 1 InsO) anschließt. Außerdem muss der Erbe schon dann, wenn eine Überschuldung des Nachlasses nur als *möglich* erscheint (bei bereits feststehender Überschuldung gilt für den Erben § 1980; str, s dortige Rn 14, 20), verhindern können, dass die Nachlassgläubiger während des zwischen Nachlass und Eigenvermögen nicht unterscheidenden (Gesamt-)Insolvenzverfahrens zu Lasten der Quote der Eigengläubiger und damit letztlich auf seine eigenen Kosten (§ 201 InsO) auch aus seinem Eigenvermögen befriedigt werden.

Den Insolvenzverwalter hingegen wird man nicht als zur Beantragung der Nachlassverwaltung berechtigt ansehen dürfen (vBUCH NJW 1960, 46, 47 ad III; MAROTZKE, in: FS Otte [2005] 223, 231 mit Fn 35; **aM** LG Aachen NJW 1960, 46, 49 [mit Einschränkungen]; JAEGER, Erbenhaftung und Nachlaßkonkurs, 96; JAEGER/HENCKEL, JAEGER/WEBER, JAEGER/WINDEL, UHLENBRUCK, BRAUN/KROTH, MünchKommInsO/SCHUMANN, MünchKommInsO/SIEGMANN, HK-InsO/KAYSER [jeweils aaO]; ERMAN/SCHLÜTER Rn 2). Er könnte ein Antragsrecht nur gem § 80 InsO vom Erben ableiten. Dieser jedoch hat es nur, um trotz Zulänglichkeit des Nachlasses (arg § 1980) den Zugriff der Nachlassgläubiger auf das Eigenvermögen abzuwenden (arg § 2013 Abs 1 S 1 HS 2). Solange der Nachlass nicht überschuldet ist (also der Erbe bzw sein Gesamtvermögen durch eine Beschränkung der Nachlassgläubiger auf den Nachlass nichts einsparen würde), ist die Abwehr der Nachlassgläubiger vom Eigenvermögen des Erben Sache des Erben, nicht seines Insolvenzverwalters. Zudem würde der Insolvenzverwalter die ihm durch §§ 1 S 1, 35 Abs 1, 148 Abs 1, 159, 203 InsO auferlegte Pflicht, das *gesamte* zur Insolvenzmasse gehörende Vermögen zu verwerten, verletzen, wenn er einen in diesem Vermögen enthaltenen, nicht überschuldeten Nachlass (also einen Aktivposten) durch willkürliche Herbeiführung einer Nachlassverwaltung zur Sonderbefriedigung der Nachlassgläubiger absonderte (vgl auch LG Aachen aaO).

5. Das Antragsrecht des Erben ist zeitlich nicht beschränkt. Der Erbe kann es noch **10** ausüben, nachdem er den Nachlass mit seinem Privatvermögen völlig vermischt oder ihn versilbert hat (BGB-RGRK/JOHANNSEN Rn 2) und nicht mehr in der Lage ist, ein genaues Inventar zu errichten. Die darin liegende Gefahr wird vermindert durch die zeitliche Beschränkung der aufschiebenden Einreden der §§ 2014 ff und durch die den Nachlassgläubigern eröffnete Möglichkeit, dem Erben rechtzeitig eine Inventarfrist setzen zu lassen (§ 1994 Abs 1). Nach Ansicht des RG kann die beschränkte Erbenhaftung aber nicht mehr geltend gemacht werden, wenn die streitenden Parteien sich aus Rücksicht aufeinander jahrelang die Inventarerrichtung gegenseitig erspart haben und nunmehr eine Nachprüfung der Vollständigkeit des Inventars und seiner Wertermittlung für den Nachlassgläubiger nicht mehr möglich ist (RG HRR 1939 Nr 369 = DR 1939, 381 = SeuffA 93 [1939] 144 f). Das muss auch für die haftungsbeschränkende Wirkung einer dann erst herbeigeführten Nachlassverwaltung gelten.

6. Jedoch kann der Erbe (anders als die Nachlassgläubiger, s Rn 21) den Antrag **11** nicht vor der **Annahme der Erbschaft** stellen (KIPP/COING § 97 I 1; LANGE/KUCHINKE § 49 III 2 a; KRETZSCHMAR § 81 Fn 1; F LEONHARD I C 1; BINDER I 176; STROHAL II § 79 Fn 1; **aM** STAUDINGER/LEHMANN[11] Rn 6; BGB-RGRK/JOHANNSEN Rn 1; PALANDT/EDENHOFER Rn 1; MünchKomm/KÜPPER Rn 2; ERMAN/SCHLÜTER Rn 2; SOERGEL/STEIN Rn 3; FIRSCHING/GRAF Rn 4.787; BROX/WALKER Rn 690 [aus Vorsorge]; REICHEL, Prozesse des vorläufigen Erben, in: FS Thon [1911] 101, 166; offengelassen in KGJ 31 [1906] A 73, 77 f). Denn bis zur Erbschaftsannahme, die in dem Antrag auf Nachlassverwaltung nicht notwendig enthalten ist (vgl STAUDINGER/OTTE [2008] § 1943 Rn 9), haftet der Erbe den Nachlassgläubigern ohnehin nicht mit seinem Eigenvermögen (§ 778 ZPO). Auch kann ein Anspruch, der sich gegen den Nachlass richtet, vor der Erbschaftsannahme überhaupt nicht gerichtlich gegen den Erben geltend gemacht werden (§ 1958). Hieraus folgt, dass einem Erben, der die Erbschaft noch nicht angenommen hat, das für die Beantragung der Nachlassverwaltung erforderliche (Notariat-NachlG Mannheim BWNotZ 1975, 27 f; LG Tübingen BWNotZ 1984, 167 f [dazu noch Rn 13]; vgl auch AG Burgwedel ZIP 1984, 475; OLG Frankfurt ZIP 1984, 195 [Konkursantrag]) Rechtsschutzbedürfnis fehlt (vgl auch STAUDINGER/HERZFELDER[9] Anm A 1). Es genügt, dass der Erbe *nach* der Erbschaftsannahme unter dem vorläufigen Schutz der §§ 2014 ff BGB, §§ 782, 783 ZPO die Anordnung der Nachlassverwaltung erwirken kann. Die Gegenansicht würde dazu führen, dass die Nachlassverwaltung auf Antrag des vorläufigen Erben angeordnet, im Falle der Ausschlagung der Erbschaft aber wieder aufgehoben werden müsste, wenn der nachberufene Erbe mit ihr nicht einverstanden ist (vgl KGJ 31 [1906] A 73: auch dazu, dass der vom vorläufigen Erben gestellte Antrag auf Anordnung der Nachlassverwaltung die spätere Ausschlagung der Erbschaft idR nicht hindert; s ferner STAUDINGER/OTTE [2008] § 1943 Rn 9; aM PLANCK/FLAD § 1981 Anm 4 a).

12 7. Stellt sich nachträglich heraus, dass derjenige, der den Antrag auf Nachlassverwaltung „als Erbe" gestellt hat oder gegen den er gestellt worden ist, **nicht wirklich Erbe** ist, so wird die Anordnung der Nachlassverwaltung nicht von selbst unwirksam (RG Recht 1909 Nr 2127; BGH NJW-RR 1991, 683, 684 [II 2 a] = FamRZ 1991, 550, 551), sondern erst mit ihrer formellen Aufhebung. Vgl auch Rn 36, 42.

13 8. **Der Erbe braucht seinen Antrag nicht zu begründen** (dies muss jedoch ein antragstellender Nachlassgläubiger, s Rn 24). Er kann ihn sogar lediglich aus Bequemlichkeit stellen, um sich nicht selbst um den Nachlass kümmern zu müssen (ähnlich großzügig KG JFG 22, 65, 68 f = DNotZ 1941, 111, 112 f; aM Notariat-NachlG Mannheim BWNotZ 1975, 27 f; LG Tübingen BWNotZ 1984, 167, 168). Da die Kosten des Verfahrens dem Nachlass zur Last fallen (§ 1975 Rn 27) und die Verfahrenseröffnung gem § 1982 abgelehnt werden kann, wenn eine den Kosten entsprechende Masse nicht vorhanden ist, kann dies hingenommen werden. Seine **Erbberechtigung** muss der Antragsteller jedoch nachweisen. Glaubhaftmachung dürfte aber wohl genügen (str; vgl für den Insolvenzantrag HK-InsO/MAROTZKE[5] § 317 Rn 3 sowie für die Voraussetzungen eines von Gläubigerseite gestellten Antrags auf Nachlassverwaltung unten Rn 24). Es bedarf also nicht stets der Vorlage eines Erbscheins; Vorlage einer letztwilligen Verfügung wird als ausreichend angesehen (zB von PALANDT/EDENHOFER Rn 1; MünchKomm/KÜPPER Rn 7).

14 9. **Antragsberechtigt sind ferner:**

a) der *Erbschaftskäufer* anstelle des Erben, § 2383.

Neben dem Käufer ist in entspr Anwendung des § 330 Abs 2 InsO (Prot V 826; STAUDINGER/OLSHAUSEN [2010] § 2383 Rn 24 mwNw) auch der Erbe „wie ein Nachlassgläubiger" antragsberechtigt: also wenn eine Nachlassverbindlichkeit, für die er ja fortdauernd haftet (§ 2382), iSd § 1981 Abs 2 gefährdet ist. Handelt es sich um eine Nachlassverbindlichkeit, zu deren Berichtigung der Käufer dem Erben gegenüber verpflichtet ist (Regelfall des § 2378), so hat der Erbe das Antragsrecht „wie ein Nachlassgläubiger" (vgl § 330 Abs 2 S 1 InsO) auch bei bereits unbeschränkbar gewordener Erbenhaftung. Handelt es sich um eine sonstige Nachlassverbindlichkeit, so hat der Erbe das Recht „wie ein Nachlassgläubiger" Nachlassverwaltung zu beantragen, analog § 330 Abs 2 S 2 InsO nur dann, wenn er noch nicht „unbeschränkt" haftet (STROHAL II § 79 I 1 a; PLANCK/FLAD Anm 2 c).

b) der *Nacherbe* (vgl STAUDINGER/AVENARIUS [2003] § 2144 Rn 9);

c) der *Erbeserbe* (vgl OLG Jena FGPrax 2008, 253 f = NJW-RR 2009, 304 = FamRZ 2009, 1096 f = ZEV 2009, 33 f; STAUDINGER/MAROTZKE [2008] § 1922 Rn 229);

d) ein verwaltender *Testamentsvollstrecker* entspr § 317 InsO (BGB-RGRK/JOHANNSEN Rn 6; PALANDT/EDENHOFER Rn 1; MünchKomm/KÜPPER Rn 4; KIPP/COING § 97 I 1; aM PLANCK/FLAD Anm 1; STAUDINGER/HERZFELDER[9] Anm A 6). Der Erbe behält neben dem Testamentsvollstrecker sein Antragsrecht (Parallele: § 317 Abs 3 InsO).

Soweit es nicht auf die – nur für den *Gläubiger*antrag geltenden – Voraussetzungen des § 1981 Abs 2 S 1 ankommt (s Rn 23), schließt das Vorhandensein eines verwaltenden Testamentsvollstreckers die Anordnung der Nachlassverwaltung nicht aus (OLG Colmar OLGE 39 [1919/II] 12 f; RG LZ 1919, 875; Hagen JherJb 42 [1901] 43, 80 ff; Staudinger/Reimann [2003] § 2205 Rn 151; MünchKomm/Küpper Rn 2). Oft wird es zweckmäßig sein, als Nachlassverwalter den Testamentsvollstrecker zu bestellen (was zulässig ist; vgl Hagen aaO 82; Reimann aaO; BGB-RGRK/Johannsen Rn 18; MünchKomm/Küpper Rn 4, 8; Palandt/Edenhofer Rn 5). Er hat aber kein Recht darauf, als Verwalter bestellt zu werden (OLG Dresden SeuffBl 72 [1907] 1060). Seine Bestellung zum Nachlassverwalter darf nicht erfolgen, wenn gegen ihn zum Nachlass gehörende Ersatzansprüche aus § 2219 in Betracht kommen (vgl MünchKomm/Küpper Rn 4). Scheiden derartige Ansprüche im konkreten Fall aus und ist der Vollstrecker auch sonst nicht materiell am Nachlass beteiligt (zB als Miterbe), so handelt das Gericht uU ermessensfehlerhaft, wenn es statt des Vollstreckers eine andere Person zum Nachlassverwalter ernennt (vgl Muscheler 130 f). Besteht Grund zu der Annahme, dass der Erbe die Nachlassverwaltung nur deshalb beantragt, weil er dem Testamentsvollstrecker einen Nachlassverwalter „vor die Nase setzen lassen" möchte, so ist besonders sorgfältig das Rechtsschutzinteresse für den Erbenantrag zu prüfen (vgl Muscheler 129 ff). Bleiben Zweifel, so ist dem Antrag des Erben zwar stattzugeben, jedoch bei der Auswahl der Person des Nachlassverwalters besonders an den Testamentsvollstrecker zu denken. Vgl zu diesen Fragen auch Staudinger/Reimann[12] Vorbem 23 zu § 2197 (knapper die Bearb 2003 bei § 2205 Rn 151).

e) **Nicht antragsberechtigt** ist nach hM der nach § 1960 bzw § 1961 bestellte **Nachlasspfleger** (s Staudinger/Marotzke [2008] § 1960 Rn 46; BayObLGZ 1976, 167, 171/172; KG JFG 21, 213 = DR 1940, 801; Erman/Schlüter Rn 3; MünchKomm/Küpper Rn 4; Palandt/Edenhofer Rn 1; BGB-RGRK/Johannsen § 1960 Rn 32; **aM** Soergel/Stein Rn 4 Fn 19; Lange/Kuchinke § 49 III 2 a Fn 58, § 38 Fn 142: Analogie zu § 317 Abs 1 InsO und wegen der Stellung als gesetzlicher Vertreter des Erben). Zum Antragsrecht des Verwalters im *Insolvenzverfahren* des Erben vgl Rn 9.

III. Antrag eines Nachlassgläubigers

Die Anordnung der Nachlassverwaltung auf Antrag eines Nachlassgläubigers **setzt voraus**,

a) dass Grund zu der Annahme besteht, dass die Befriedigung der Nachlassgläubiger aus dem Nachlass durch das Verhalten oder die Vermögenslage des Erben gefährdet wird (Abs 2 S 1) und

b) noch nicht zwei Jahre seit Annahme der Erbschaft verstrichen sind (Abs 2 S 2).

Im Einzelnen ist Folgendes zu beachten:

1. Jeder Nachlassgläubiger ist antragsberechtigt.

a) Nicht erforderlich ist, dass dem Erben noch gegenüber sämtlichen oder zumindest gegenüber dem antragstellenden Gläubiger das Recht zur **Haftungsbe-**

schränkung zusteht, vgl § 2013 Abs 1. Haftet der Erbe bereits unbeschränkbar, so kann die Nachlassverwaltung zwar nicht mehr als Mittel der Haftungsbeschränkung in Betracht kommen, wohl aber als Mittel zur Absonderung des Nachlasses von dem Eigenvermögen des Erben zugunsten der Nachlassgläubiger. Die Eigengläubiger des Erben und dieser selbst (§§ 1984, 1985) können so vom Nachlass ferngehalten werden, während die Nachlassgläubiger ihre Ansprüche gegen beide Vermögensmassen verfolgen können. Dies gilt auch, wenn aus der Nachlassverwaltung nach §§ 1980, 1985 Abs 2 S 2 ein Nachlassinsolvenzverfahren hervorgeht. Denn § 1989 gilt nicht im Falle des § 2013 Abs 1, und § 2000 S 3 spricht nur davon, dass, wenn nach Beendigung eines Nachlassinsolvenzverfahrens eine Inventarfrist gesetzt wird, eine neue Inventarerrichtung nicht nötig ist.

17 **b)** **Auch ein im Aufgebotsverfahren ausgeschlossener (§ 1973) oder einem ausgeschlossenen gleichstehender (§ 1974) Gläubiger** kann den Antrag auf Nachlassverwaltung stellen (zutr STROHAL II § 75 Fn 50; anders bzgl des Antrags auf Nachlasskonkurs der am 1. 1. 1999 ersatzlos weggefallene [§ 1975 Rn 36 ff] § 219 Abs 1 S 1 KO). Denn bei zulänglichem Nachlass kommt ja auch er zum Zuge, s § 1973.

18 **c)** **Vermächtnis- und Auflagegläubiger** können zwar, wenn man der bei § 1975 Rn 38 zur Diskussion gestellten Überlegung folgt, nicht ohne weiteres die Eröffnung eines Nachlassinsolvenzverfahrens beantragen. Die Anordnung einer *Nachlassverwaltung* können sie jedoch unter denselben Voraussetzungen beantragen wie alle übrigen Nachlassgläubiger (vgl auch Prot V 803; STAUDINGER/OTTE [2003] § 2174 Rn 20; LANGE/KUCHINKE § 49 VIII 1 a und - obiter – OLG Bamberg NJW-RR 1994, 1359 f im Schlusssatz). Auch **Nachlassgläubiger, die zugleich Miterben** sind, können als Einzelne die Anordnung einer Nachlassverwaltung beantragen, wenn die Voraussetzungen des Abs 2 vorliegen (STAUDINGER/MAROTZKE § 2062 Rn 7).

19 **d)** **Auch wenn nur ein einziger Nachlassgläubiger vorhanden ist**, kann er den Antrag stellen (KG OLGE 42 [1922] 132 Fn 1; KGJ 44 [1913] 72; BayObLG OLGE 6 [1903] 312; MünchKomm/KÜPPER Rn 5; vgl für den Antrag auf Nachlass**insolvenz**verfahren auch HK-InsO/ MAROTZKE[5] § 316 Rn 3 und BGH ZIP 2006, 247 = ZInsO 2006, 145).

20 **2. Zeitliche Begrenzung des Antragsrechts.**

Im Gegensatz zum unbefristeten Antragsrecht des Erben (Rn 10) wird das des Nachlassgläubigers durch Abs 2 S 2 zeitlich begrenzt auf zwei Jahre ab Annahme der Erbschaft (zum Fall der Nacherbfolge vgl STAUDINGER/AVENARIUS [2003] § 2144 Rn 9). Diese zeitliche Beschränkung, die gem § 319 InsO auch für den Antrag auf Eröffnung des Nachlassinsolvenzverfahrens gilt, rechtfertigt sich „durch Rücksicht auf die Lage des Erben und auf den Schutz derjenigen Gläubiger des Erben, die nicht Nachlassgläubiger sind" (Denkschr 723). Denn mit fortschreitender Zeit wird die Trennung des Nachlasses vom Eigenvermögen immer schwieriger. Das ist jedoch anders, wenn sich der Nachlass in den Händen eines Testamentsvollstreckers befindet (vgl MUSCHELER 134 ff, der für diesen Fall die Ansicht vertritt, dass die Zweijahresfrist nicht vor Beendigung der Testamentsvollstreckung zu laufen beginne; zust UHLENBRUCK/LÜER[13] InsO § 319 Rn 3; HÄSEMEYER, Insolvenzrecht [4. Aufl 2007] Rn 33.09). Eine radikale *Verkürzung* der Frist erwägt vor dem Hintergrund des § 27 Abs 2 HGB DAUNER-LIEB, Unternehmen in Sondervermögen (1998) 208 ff, 217 ff, 220, 222, 224, 512, 515, 519 (mE nicht überzeugend; Bedenken auch bei DAUNER-LIEB 495).

3. Erbschaftsannahme?

Im Gegensatz zum Antragsrecht des Erben setzt das der Nachlassgläubiger nicht 21 voraus, dass der Erbe die Erbschaft bereits angenommen hat (PLANCK/FLAD Anm 4 a; ERMAN/SCHLÜTER Rn 4; MünchKomm/KÜPPER Rn 6; SOERGEL/STEIN Rn 9; BGB-RGRK/JOHANNSEN Rn 1; REICHEL, Aktiv- und Passivprozesse des vorläufigen Erben, in: FS Thon [1911] 101, 165 ff; aM BINDER I 175; KIPP/COING § 97 I 2 mit dem nicht ganz zutreffenden Argument, dass den Nachlassgläubigern vor der Erbschaftsannahme keine Gefahr von den Erbengläubigern drohe). Zwar wird den Belangen der Gläubiger bis zur Erbschaftsannahme idR auch eine Sicherungspflegschaft nach §§ 1960, 1961 gerecht werden können. Jedoch hat eine solche Pflegschaft aus Gläubigersicht den Nachteil, dass ein nach § 1960 oder § 1961 bestellter Pfleger nicht in erster Linie die Gläubigerinteressen wahrzunehmen hat und er den Nachlassgläubigern deshalb auch nicht nach § 1985 Abs 2 persönlich verantwortlich ist (str, s STAUDINGER/MAROTZKE [2008] § 1960 Rn 53 f). Solange der Erbe die Erbschaft noch nicht angenommen hat, wird sich das Nachlassgericht zur Anordnung der Nachlassverwaltung nur ungern entschließen, weil mit der Erbschaftsausschlagung die Nachlassverwaltung aufzuheben wäre, wenn die Voraussetzungen ihrer Anordnung (Rn 22) in der Person des nunmehr berufenen Erben nicht vorliegen (vgl REICHEL aaO 167; PLANCK/FLAD Anm 4 a).

4. Die Befriedigung der Nachlassgläubiger muss gefährdet sein, und zwar:

a) entweder **durch das Verhalten des Erben** wie zB leichtsinnige Verschleuderung 22 des Nachlasses, voreilige Befriedigung einzelner Gläubiger (oder Abtretung von Nachlassforderungen an Erfüllungs Statt an nahestehende Personen; s KG RJA 8 [1907] 29, 31 f = Recht 1907 Nr 1125), Verwahrlosung, Gleichgültigkeit (BayObLG NJW-RR 2002, 871 ff), ohne dass es auf ein Verschulden oder sogar eine Benachteiligungsabsicht ankäme. Nicht ohne weiteres ausreichend sind die Veräußerung einzelner Nachlassgegenstände sowie fehlende oder lediglich auf Schätzung beruhende Wertangaben im Nachlassinventar (BayObLG FamRZ 2002, 1737 f). Nach Ansicht von WINDEL soll die Fortführung eines ererbten Unternehmens durch einen Alleinerben einen Gläubigerantrag selbst dann rechtfertigen, „wenn der Erbe in geordneten Verhältnissen lebt und sich bei der Geschäftsfortführung ... nicht in verwerfbarer Weise verhält" (WINDEL, Über die Modi der Nachfolge in das Vermögen einer natürlichen Person beim Todesfall [1998] 88). Das ist ein zu hoher Preis für die Ablehnung der bei § 1978 Rn 17 vorgeschlagenen analogen Anwendung des § 2041.

b) oder **durch die schlechte Vermögenslage des Erben**, nicht des Nachlasses (KG HRR 1930 Nr 1109), die einen Zugriff seiner eigenen Gläubiger besorgen lässt (vgl OLG Colmar OLGE 24 [1912/I] 66 f). Nicht erforderlich ist ein Verschulden des Erben (zutr BayObLGZ 32 [1932] 336, 338) oder dass sich der Erbe bereits im Insolvenzverfahren befindet. Ist solch ein Verfahren (über das gesamte, also auch den Nachlass mitumfassende Vermögen des Erben) schon eröffnet, so erhöht das aber die Erfolgsaussicht des von einem Nachlassgläubiger gestellten Antrags auf Nachlassverwaltung mit dem Ziel, die Eigengläubiger des Erben vom Nachlass fernzuhalten (vgl LG Aachen NJW 1960, 46, 48 [dazu bereits Rn 9]; MAROTZKE, in: FS Otte [2005] 223, 239; DAUNER-LIEB,

Unternehmen in Sondervermögen [1998] 74 f, die den Nachlassgläubigern im Insolvenzverfahren über das Gesamtvermögen des Erben „die Aussonderung der Nachlassgegenstände gem § 43 KO"/ § 47 InsO gestatten will und sich dafür auf Mot V 682 [zweifelhaft] und auf JAEGER/WEBER[8] KO § 234 Rn 9 f [zweifelhaft], § 214 Rn 25 f beruft). Da das Antragsrecht dem Nachlassgläubiger als *eigenes,* nicht vom Erben abgeleitetes Recht zusteht, unterliegt die Ausübung während eines über dem Vermögen des Erben schwebenden Insolvenzverfahrens nicht den Sondervorschriften der §§ 80 Abs 1, 81 InsO (vgl jedoch Rn 9 zu der diesbezüglichen Streitfrage hinsichtlich des Antragsrechts des Erben).

Zu beachten ist, dass die Eigengläubiger des Erben auf Nachlassgegenstände, die der Verwaltung eines Testamentsvollstreckers unterliegen, ohne dessen Mitwirkung nicht zugreifen können (§§ 2211, 2214). Steht der gesamte Nachlass unter Dauertestamentsvollstreckung, so kommt die schlechte Vermögenslage des Erben als Antragsgrund nur in Betracht, wenn das Ende der Testamentsvollstreckung unmittelbar bevorsteht (vgl MUSCHELER 132 mit Fn 54). Ungünstige Vermögensverhältnisse des *Testamentsvollstreckers* rechtfertigen den Antrag auf Nachlassverwaltung nicht (so auch MUSCHELER 132).

Es genügt, dass die in Abs 2 S 1 genannten Voraussetzungen bei einem einzelnen Miterben zutreffen (KG HRR 1930 Nr 1109; BayObLGZ 1966, 75, 76). Bloße Säumnis in der Befriedigung der Gläubiger genügt nicht (KG RJA 8 [1907] 179). Nach der Rspr (KGJ 43 [1913] 79, 82 = RJA 12, 115; OLG München JFG 15 [1937] 267, 268; KG DFG 1941, 25) ist erforderlich, dass die Befriedigung der Gesamtheit der Gläubiger aus dem Nachlass gefährdet ist; nicht ausreichend soll sein, dass der Anspruch eines einzelnen Gläubigers auf die ihm gebührende Individualleistung, zB auf Bestellung einer persönlichen Dienstbarkeit an einem Nachlassgrundstück, gefährdet wird (hM; vgl PLANCK/FLAD Anm 3 a; PALANDT/EDENHOFER Rn 3; MünchKomm/KÜPPER Rn 6; SOERGEL/STEIN Rn 11; ERMAN/SCHLÜTER Rn 5; einschränkend BGB-RGRK/JOHANNSEN Rn 16; vgl ergänzend oben Rn 19 zu der davon zu unterscheidenden Frage, ob bei Vorhandensein nur *eines* Nachlassgläubigers dieser eine den Antrag auf Nachlassverwaltung stellen kann).

Die Gefährdung kann durch Sicherheitsleistung beseitigt werden, nicht aber durch bloßes Erbieten hierzu (KG OLGE 12 [1906/I] 357, 361 = RJA 7, 18, 23 = Recht 1906 Nr 1590).

23 Ob und wann das *Verhalten des verwaltenden Testamentsvollstreckers* zum Antrag berechtigt, ist streitig. Während die einen meinen, dass sein Verhalten idR dem des Erben gleichstehe (vgl PLANCK/FLAD Anm 3 a; KG OLGE 18 [1909/I] 316; OLG Colmar OLGE 39 [1919/II] 12; MUSCHELER 132 ff), wollen andere dies nur für den Fall annehmen, dass dem Erben ein Vorwurf gemacht werden kann, etwa weil er nichts gegenüber einem pflichtvergessenen Testamentsvollstrecker unternimmt, also zB nicht dessen nach § 2227 gerechtfertigte Entlassung beantragt (STAUDINGER/LEHMANN[11] Rn 13; iE ebenso STAUDINGER/REIMANN[12] Vorbem 23 zu § 2197; BGB-RGRK/JOHANNSEN Rn 14; PALANDT/EDENHOFER Rn 3; MünchKomm/KÜPPER Rn 6; SOERGEL/STEIN Rn 11; ERMAN/SCHLÜTER Rn 5; HAGEN JherJb 42 [1901] 43, 80). Für die letztgenannte Ansicht spricht, dass mit der Entlassung des Testamentsvollstreckers dessen schlechter Einfluss auf den Nachlass entfiele. *Von den Nachlassgläubigern als solchen* kann die Entlassung des Testamentsvollstreckers jedoch nicht beantragt werden (vgl STAUDINGER/REIMANN [2003] § 2227 Rn 22). Ihnen das Recht, eine Nachlassverwaltung zu beantragen, nur unter der Vorausetzung zuzugestehen, dass der *Erbe* die an sich gerechtfertigte Entlassung des Testamentsvollstreckers schuldhaft nicht beantragt, käme im praktischen Ergebnis meist einer Entrechtung der Gläubiger gleich: Der Erblasser hätte es in der Hand, den Nachlassgläubigern durch Ernennung eines *seinem* Willen verpflichteten Dauertestamentsvollstreckers die Möglichkeit einer in *ihrem* Interesse stattfindenden Fremdverwaltung des Nachlasses vorzuenthalten (vgl MUSCHELER 133). Nicht weil der verwaltende Testamentsvollstrecker gesetzlicher Vertreter des Erben wäre (so aber wohl JAUERNIG/STÜRNER Rn 2, der § 278 anwenden will), sondern weil er als „verlängerter Arm" des *Rechtsvorgängers* des Erben fungiert und als solcher mit *den Erben verdrängender* Wirkung zur Verwaltung des Nachlasses berufen ist, darf und sollte man das gläubigergefährdende Verhalten des Vollstreckers im Rahmen des § 1981 Abs 2 wie ein entsprechendes Verhalten des Erben wirken lassen; § 1981 Abs 2 ist also analog anzuwenden (anders noch STAUDINGER/MAROTZKE[12] § 1981 Rn 23). Wie der Erbe (§ 1984 Abs 1 S 1) verliert auch der Testamentsvollstrecker mit der Anordnung der Nachlassverwaltung die Befugnis, den Nachlass zu verwalten und über ihn zu verfügen (§ 1984 Rn 4).

5. Glaubhaftmachung

Nach Abs 2 S 1 muss **Grund zu der Annahme** bestehen, dass die Befriedigung der Nachlassgläubiger aus dem Nachlass durch das Verhalten oder die Vermögenslage des Erben gefährdet wird. Aus dieser Formulierung folgt die hM (PALANDT/EDENHOFER Rn 4; MünchKomm/KÜPPER Rn 7 aE; ERMAN/SCHLÜTER Rn 4; SOERGEL/STEIN Rn 10; WENDT AcP 86 [1896] 353, 408; KG RJA 7 [1906] 18 ff = OLGE 12 [1906/I] 357, 358; KG RJA 8 [1907] 29, 31 f = Recht 1907 Nr 1125; KG FamRZ 2005, 837 f = FGPrax 2005, 28 f = NJW-RR 2005, 378 f = ZEV 2005, 114 f), dass der beantragende Gläubiger für seine Forderung und die Gefährdung der Nachlassgläubiger nicht den vollen Beweis zu erbringen brauche, sondern dass Glaubhaftmachung (vgl § 31 FamFG und § 1994 Rn 9) genüge. Daran dürfte richtig sein, dass das Nachlassgericht die Nachlassverwaltung schon dann anordnen muss, wenn es den Anspruch des Antragstellers und die Gefährdung der Nachlassgläubiger für glaubhaft halten darf (**aM** PLANCK/FLAD Anm 3 d); zB ist die Vorlegung eines rechtskräftigen Urteils über die Forderung des Antragstellers nicht erforderlich (OLG Hamburg JW 1934, 1586 Nr 3). Unrichtig wäre jedoch die Annahme, die Glaubhaftmachung sei allein vom Antragsteller zu leisten; dies würde mit dem in § 26 FamFG verankerten Amtsermittlungsgrundsatz kollidieren, den § 1981 Abs 2 S 1 nicht einschränkt (PLANCK/FLAD aaO; KGJ 44 [1913] A 72, 73 f; OLG Colmar OLGE 24 [1912/I] 66 f; ERMAN/SCHLÜTER Rn 4; wohl auch SOERGEL/STEIN Rn 10). Das Nachlassgericht hat also *von Amts wegen* die erforderlichen Ermittlungen anzustellen und die geeigneten Beweise aufzunehmen (§§ 26, 29 ff FamFG), wobei diese Ermittlungspflicht allerdings nicht uferlos besteht, sondern ihrerseits voraussetzt, dass der die Nachlassverwaltung begehrende Gläubiger die ihm obliegende Prozessförderungspflicht erfüllt (vgl KG FamRZ 2005, 837, 838 = FGPrax 2005, 28 f = NJW-RR 2005, 378 = ZEV 2005, 114). Eine Amtsermittlungspflicht besteht zB dann nicht, wenn der Antragsteller auf Nachfrage des Gerichts (vgl § 28 FamFG) nicht wenigstens allgemeine Anhaltspunkte dafür mitteilt, worin nach seiner Meinung die Gefährdung der Nachlassgläubiger liegen soll (KG OLGZ 1977, 309, 313; vgl auch BayObLG bei KEIDEL JZ 1954, 232/233, 234 und BGB-RGRK/JOHANNSEN Rn 15). Durch solch ein passives Verhalten verweigert der antragstellende Gläubiger die ihm gem § 27 Abs 1 FamFG obliegende Mitwirkung bei der Ermittlung des Sachverhalts.

25 6. **Hat ein Gläubiger** in einem Abkommen mit dem Erben darauf **verzichtet, den Antrag** auf Nachlassverwaltung **zu stellen**, so muss das Gericht den später dennoch gestellten Antrag ablehnen, wenn ihm der Verzicht nachgewiesen wird (RAAPE JherJb 72 [1922] 293, 325 f; PLANCK/FLAD Anm 3 c; **aM** bzgl des Nachlass*konkurses* MOLITOR JherJb 69 [1920] 283, 293).

IV. Anordnung der Nachlassverwaltung

1. Zuständigkeit

26 Die Anordnung der Nachlassverwaltung erfolgt durch das Nachlassgericht (dazu STAUDINGER/MAROTZKE [2008] § 1960 Rn 3 [seit 1.9.2009 überholt]; §§ 23a Abs 1 Nr 2, Abs 2 Nr 2 nF GVG, 342 ff, 359, 486 Abs 1 FamFG, Art 147 EGBGB [Rechtslage ab 1.9.2009]; zur internationalen Zuständigkeit § 1975 Rn 50 ff). Anordnung und Aufhebung der Nachlassverwaltung sind idR Rechtspflegergeschäfte gem § 3 Nr 2 c RPflG. Ein Richtervorbehalt besteht gem § 16 Abs 1 Nr 1 RPflG nur in einigen wenigen Sonderfällen (unrichtig deshalb M HARDER/KROPPENBERG[5] Rn 49). Gem § 4 FamFG kann ein örtlich zuständiges Nachlassgericht die Nachlassverwaltung an ein anderes Nachlassgericht abgeben, wenn ein wichtiger Grund vorliegt. Fehlte bereits dem zuerst befassten Gericht die örtliche Zuständigkeit, ist gem § 3 FamFG zu verfahren.

2. Anordnung

27 Die Anordnung der Nachlassverwaltung erfolgt durch Beschluss (§ 38 Abs 1 S 1 FamFG; Muster bei FIRSCHING/GRAF Rn 4.802), der mit einer Rechtsbehelfsbelehrung zu versehen ist (Rn 33). Ist in einem nachlassgerichtlichen Beschluss lediglich von der Bestellung eines Nachlassverwalters, nicht auch von der Anordnung der Nachlassverwaltung die Rede, so wird man Letzteres im Wege der Auslegung ergänzen dürfen; dies selbst dann, wenn es an dem Zusatz „zur Anordnung der Nachlassverwaltung" fehlt (KG RJA 8, 29, 31 = Recht 1907 Nr 1125). Die Bestellung des Verwalters muss allerdings, um auch als Anordnung der Nachlassverwaltung wirksam werden zu können, gem § 40 Abs 1 FamFG dem oder den Erben bzw dem Testamentsvollstrecker oder dem für unbekannte Erben bestellten Nachlasspfleger bekannt gegeben werden (KG RJA 8, 29, 31 = Recht 1907 Nr 1125; vgl auch § 1984 Rn 2 f). Die in § 1983 vorgeschriebene Veröffentlichung der Anordnung ist keine Wirksamkeitsvoraussetzung. Gem §§ 34 Abs 2 Nr 2 ErbStG, 7 Abs 1 Nr 5 ErbStDVO v 8.9.1998 (BGBl I 2658), zuletzt geändert durch G v 19.2.2007 (BGBl I 122), hat das Gericht eine beglaubigte Abschrift des Beschlusses über die Einleitung der Nachlassverwaltung dem zuständigen Finanzamt zu übersenden. Bei geringwertigen Nachlässen gelten jedoch die Erleichterungen des § 7 Abs 4 ErbStDVO.

3. Auswahl und Bestellung des Nachlassverwalters

28 a) Als Verwalter kann **jede geeignete Persönlichkeit** bestellt werden. Eine Verpflichtung zur Übernahme des Verwalteramtes besteht nicht; insoweit finden gem Abs 3 die Grundsätze des Vormundschaftsrechts (§ 1785) „keine Anwendung". Diese zwar für die Nachlasspflegschaft des § 1975 (die Nachlassverwaltung), nicht aber auch für die Nachlasspflegschaft der §§ 1960, 1961 statuierte Ausnahme erklärt sich daraus, dass die Nachlassverwaltung mehr den Interessen der Erben und der

Nachlassgläubiger als dem öffentlichen Interesse dient und man ihre Übernahme deshalb nicht zu einer Bürgerpflicht machen wollte. Der Vergütungsanspruch, den § 1987 dem Nachlassverwalter zuerkennt, bietet die Gewähr, dass sich eine geeignete Persönlichkeit wohl überall finden wird (vgl PLANCK/FLAD Anm 4 f und zur abweichenden Rechtslage bei einem nach § 1960 oder § 1961 bestellten Nachlasspfleger STAUDINGER/MAROTZKE [2008] § 1960 Rn 33 ff, 36 f).

b) **Der Erbe selbst kann,** jedenfalls wenn keine Miterben vorhanden sind (s unten), **29** **nicht als Nachlassverwalter bestellt werden** (PLANCK/FLAD Anm 4 b; PALANDT/EDENHOFER Rn 5; MünchKomm/KÜPPER Rn 8; ERMAN/SCHLÜTER Rn 6; SOERGEL/STEIN § 1985 Rn 2; FIRSCHING/ GRAF Rn 4.808; aM HAGEN JherJb 42 [1901] 43, 79 f; WEISSLER I 425; MÖHRING/BEISSWINGERT/ KLINGELHÖFFER F II 5 [S 139]). Die für die Nachlassverwaltung wesentliche (§§ 1984 f) Absonderung des Nachlasses vom Eigenvermögen wäre sonst nicht gewährleistet. Der hier geradezu typische Interessenwiderstreit (s §§ 1975, 1978–1980) macht es erforderlich, den Nachlass in *fremde* Hände, nämlich in die eines vom Erben verschiedenen Verwalters zu legen (s auch § 1975 Rn 23). Besondere Voraussetzungen und Vorkehrungen wie die, unter denen im Nachlass*insolvenz*verfahren ausnahmsweise eine „Eigenverwaltung" durch den Erben zugelassen werden kann (vgl §§ 270 ff InsO und § 1975 Rn 10, § 2000 Rn 3, § 2013 Rn 4, 10), sind dem Recht der Nachlassverwaltung fremd. So gibt es hier weder einen „Sachwalter" noch eine „Gläubigerversammlung"; auch würde die in § 270 Abs 2 Nr 3 InsO genannte Voraussetzung für die Zulassung der „Eigenverwaltung" nur selten neben der in § 1981 Abs 2 S 1 BGB genannten Voraussetzung für den von einem *Gläubiger* gestellten Antrag auf Nachlassverwaltung erfüllt sein. An der bisherigen hM, dass der Erbe nicht selbst zum Nachlassverwalter bestellt werden kann, ist deshalb festzuhalten. Das gilt jedenfalls dann, wenn nur *ein* Erbe existiert. Sind *mehrere* Erben vorhanden, so wird man es schon eher zulassen dürfen, dass *einer* von ihnen zum Nachlassverwalter bestellt wird (vgl REIHLEN MDR 1989, 603 f; PRANGE MDR 1994, 235 ff), insbesondere wenn auf diese Weise Verfahrenskosten eingespart werden können (vgl § 1982 Rn 4, § 1988 Rn 7).

c) Auch der verwaltende **Testamentsvollstrecker** kann zum Nachlassverwalter **30** bestellt werden (Rn 14), ebenso der **Zwangsverwalter** eines Nachlassgrundstücks (KG JFG 18 [1939] 329), uU auch ein **Nachlassgläubiger** oder sein Vertreter, doch ist hier wegen der Gefahr von Interessenkollisionen Vorsicht geboten (OLG München HRR 1936 Nr 214; grds gegen die Bestellung eines Nachlassgläubigers SOERGEL/STEIN § 1985 Rn 2).

d) **Die Bestellung mehrerer Nachlassverwalter** für verschiedene Geschäftszweige **31** (PLANCK/FLAD Anm 4 c; BGB-RGRK/JOHANNSEN Rn 18; MünchKomm/KÜPPER Rn 8; FIRSCHING/ GRAF Rn 4.809; WEISSLER I 426; STROHAL § 79 I 3) konnte vor der ersatzlosen Streichung des § 79 KO auf eine analoge Anwendung dieser Vorschrift gestützt werden. Der Gesetzgeber hat jedoch bewusst davon abgesehen, die Bestimmung in die InsO zu übernehmen. Zur Begründung wurde darauf hingewiesen (vgl BT-Drucks 12/2443, 127), dass die Abgrenzung der Zuständigkeiten mehrerer Verwalter zu Schwierigkeiten führen würde und es sich in der Praxis bewährt habe, auch für große Unternehmen nur einen Verwalter zu bestellen, der sich gegebenenfalls der Hilfe geeigneter Mitarbeiter bedienen könne. Die Bestellung eines Sonderinsolvenzverwalters bei Verhinderung des eigentlichen Verwalters solle dagegen möglich sein (BT-Drucks 12/2443, 127, 131; 12/7302, 162 – jeweils zu § 77 RegEInsO). Diese Überlegungen werden auch für die

Bestellung mehrerer *Nachlassverwalter* nicht ganz ohne Bedeutung sein. Jedoch wird die ersatzlose Streichung des § 79 KO hier zumindest teilweise kompensiert durch die §§ 1775, 1797 Abs 2 (die gem §§ 1975, 1962, 1915 Abs 1 auf die Nachlassverwaltung analog anzuwenden sind; s STAUDINGER/MAROTZKE [2008] § 1960 Rn 32 aE; FIRSCHING/ GRAF Rn 4.809). Werden mehrere Nachlassverwalter bestellt, so handelt jeder in dem ihm zugewiesenen Geschäftsbereich selbständig (wichtig für die Haftung, §§ 1915 Abs 1, 1833 Abs 2). Die vom KG (DJZ 1928, 388) als zulässig erachtete **Bestellung eines Gegennachlassverwalters** wird, weil „nicht erforderlich" (§ 1915 Abs 2), praktisch nicht vorkommen (vgl WEISSLER I 426; LANGE/KUCHINKE § 49 III 6 a; SOERGEL/STEIN § 1985 Rn 2; FIRSCHING/GRAF Rn 4.809). Ausnahme: der Beteiligte zu 4 im Fall BayObLGZ 2000, 8, 9 = NJW-RR 2001, 870.

32 e) **Die Bestellung** des Nachlassverwalters **erfolgt nach** § 1789. Der Verwalter ist wie ein Vormund zu verpflichten; schriftliche Ernennung ist nicht ausreichend. Auch durch Aushändigung der Bestallungsurkunde und Veröffentlichung der Bestellung wird der Formmangel nicht geheilt (OLG München HRR 1935 Nr 214; SOERGEL/STEIN § 1985 Rn 2).

4. **Kosten:** § 1975 Rn 27.

V. **Rechtsbehelfe**

1. **Rechtsbehelfsbelehrung**

33 Seit Inkrafttreten des FamFG muss jeder im Verfahren der freiwilligen Gerichtsbarkeit ergehende Gerichtsbeschluss, also auch die Anordnung der Nachlassverwaltung oder die Abweisung eines nach § 1981 BGB gestellten Antrags des Erben oder eines Nachlassgläubigers, eine Rechtsbehelfsbelehrung enthalten (§ 39 FamFG). Ist eine Rechtsbehelfsbelehrung unterblieben oder fehlerhaft, so ist eine daraufhin erfolgte Versäumung der Rechtsmittelfrist idR als unverschuldet anzusehen (§ 17 Abs 2 FamFG).

2. **Rechtsbehelfe gegen Entscheidungen des Richters**

34 Hat nicht der Rechtspfleger (vgl aber §§ 3 Nr 2 c, 16 Abs 1 Nr 1 RPflG), sondern der Richter über die Anordnung der Nachlassverwaltung entschieden (vgl zB OLG Hamm Rpfleger 1976, 94 m abl Anm MEYER-STOLTE betr die – vom OLG Hamm bejahte [abl § 1960 Rn 17] – Frage des Richtervorbehalts [§§ 16 Abs 1 Nr 1, 14 Abs 1 Nr 4 RPflG] für die Anordnung der *Nachlasspflegschaft* über den inländischen Nachlass eines Ausländers), so kommt hiergegen die Beschwerde nach § 359 FamFG in Betracht:

35 a) Ein Beschluss, der *auf Antrag des Erben* die Nachlassverwaltung anordnet, ist „nicht anfechtbar" (§ 359 Abs 1 FamFG). Insb den Nachlassgläubigern steht ein Beschwerderecht nicht zu. Aber auch der Testamentsvollstrecker hat gegen die auf Antrag des Erben erfolgte Anordnung der Nachlassverwaltung kein Beschwerderecht (OLG Dresden SeuffBl 72 [1907] 1060; zur Rechtslage bei *missbräuchlichem*, weil nur auf Beseitigung des Verwaltungsrechts des Testamentsvollstreckers zielendem Antrag des Erben auf Nachlassverwaltung s MUSCHELER 131).

Die Unanfechtbarkeitsregel des § 359 Abs 1 FamFG darf nicht dadurch umfangen werden, dass alsbald nach Anordnung der Nachlassverwaltung aus einem schon bei der Anordnung bestehenden Grunde, zB wegen Nichtvorhandenseins hinreichender Masse (§ 1988 Abs 2), die Aufhebung der Nachlassverwaltung beantragt und gegen die Ablehnung der Aufhebung Beschwerde geführt wird (KGJ 36 [1909] A 70 = OLGE 17 [1908/II] 365 f; OLG Jena OLGE 7 [1903/II] 135; SCHLEGELBERGER FGG § 76 Rn 3; KEIDEL/KUNTZE/WINKLER FGG § 76 Rn 2). Ohnehin ist nach neuem Recht (§ 48 Abs 1 S 1 FamFG statt § 18 Abs 1 FGG) eine Änderung oder Aufhebung gerichtlicher Endentscheidungen nur zulässig, wenn sich die zugrunde liegende Sach- oder Rechtslage *nachträglich* wesentlich geändert hat (allerdings Ausnahme im Fall des § 1988 Abs 2 BGB). Zur Beschwerde gegen die Ablehnung eines auf den Gesichtspunkt der Zweckerreichung gestützten Antrags auf Aufhebung der Nachlassverwaltung vgl § 1988 Rn 10.

Nicht ausgeschlossen ist die Beschwerde, wenn die Nachlassverwaltung im Fall der **36** Miterbschaft entgegen § 2062 HS 1 auf Antrag nur eines oder einzelner Erben angeordnet wurde. Allerdings steht die Beschwerde hier nur den übrigen Erben zu (Denkschr zum FGG-Entwurf bei HAHN/MUGDAN, Die gesammten Materialien zu den Reichs-Justizgesetzen VII [1898] 55; KG SeuffA 66 [1911] Nr 178). Für ein Beschwerderecht der *Nachlassgläubiger* in diesem Sonderfall (befürwortend JANSEN/MÜLLER-LUKOSCHEK[3] FGG § 76 Rn 7; KEIDEL/ZIMMERMANN FamFG § 359 Rn 11) sprach sich die Denkschr zum FGG-Entwurf (s oben) nicht aus, sie verneint ein Beschwerderecht der Gläubiger pauschal für alle Fälle (s auch Rn 42 und für den ähnlich liegenden Fall der Eröffnung eines Nachlass-*insolvenz*verfahrens §§ 6 Abs 1, 34 Abs 2 InsO). Wenn die Nachlassverwaltung auf Antrag eines nur vermeintlichen Erben angeordnet worden ist (s Rn 12), kann der wirkliche Erbe Beschwerde einlegen (KGJ 31 [1906] A 73 = RJA 7, 102; dort hatte der Antragsteller die Erbschaft nach Einleitung der Nachlassverwaltung ausgeschlagen). KG JFG 21, 213 (= DR 1940, 801) gesteht dem Erben das Beschwerderecht gegen die auf Antrag eines Nachlasspflegers zu Unrecht angeordnete Nachlassverwaltung zu (ebenso KEIDEL/ZIMMERMANN FamFG § 359 Rn 12). Sehr weit geht das LG Aachen (NJW 1960, 46, 48 m insoweit krit Anm v vBUCH), wenn es ausführt, gegen die *unzulässige* Anordnung der Nachlassverwaltung sei trotz § 76 Abs 1 FGG – jetzt § 359 Abs 1 FamFG – die Beschwerde gegeben (vgl Leitsatz a; wie dort KEIDEL/KUNTZE/WINKLER FGG § 76 Rn 2; enger nunmehr KEIDEL/ZIMMERMANN FamFG § 359 Rn 11; aM LANGE/KUCHINKE § 49 III 3 Fn 71). Die hM (LG Aachen NJW 1960, 46, 48; SOERGEL/STEIN Rn 1; JANSEN/MÜLLER-LUKOSCHEK[3] FGG § 76 Rn 7; unentschieden KEIDEL/ZIMMERMANN FamFG § 359 Rn 11) will sogar die, nach dem soeben Gesagten prinzipiell ausgeschlossene, Beschwerde eines *Nachlassgläubigers* zulassen, wenn der Erbe, auf dessen Antrag die Nachlassverwaltung angeordnet wurde, aus irgendeinem Grunde nicht antragsberechtigt gewesen sei (zB wegen §§ 2013 Abs 1 S 1 HS 2, 2062). Unter dem Gesichtspunkt der *Gläubigerbenachteiligung* (§§ 1 ff AnfG, 129 ff InsO) kann der vom Erben gestellte Antrag auf Anordnung der Nachlassverwaltung jedenfalls nicht „angefochten" werden (RG LZ 1907, 839, 841 betr § 3 AnfG; PALANDT/EDENHOFER Rn 2). Nach KEIDEL/KUNTZE/WINKLER (FGG § 76 Rn 2 a) steht § 76 Abs 1 FGG – jetzt § 359 Abs 1 FamFG – der Statthaftigkeit der Beschwerde auch dann nicht entgegen, wenn es an der *internationalen Zuständigkeit* fehlt (nichts hierzu bei KEIDEL/ZIMMERMANN FamFG § 359; allgemein zur internationalen Zuständigkeit s § 1975 Rn 50 ff; KEIDEL/ZIMMERMANN FamFG § 359 Rn 22).

b) Gegen einen Beschluss, der auf Antrag eines Nachlassgläubigers die Nachlass- **37**

verwaltung anordnet, findet gem § 58 Abs 1 FamFG die Beschwerde statt; diese steht aber nicht den übrigen Gläubigern, sondern nur dem Erben – bei Miterben jedem – sowie dem verwaltenden Testamentsvollstrecker zu, § 359 Abs 2 FamFG. Die wenig praktische Frage, ob auch der Nachlasspfleger beschwerdebefugt ist, dürfte zu bejahen sein, da er gesetzlicher Vertreter des Erben ist. Zum Lauf der Beschwerdefrist vgl §§ 63 Abs 3, 41 FamFG. Die Beschwerde kann nur darauf gestützt werden, dass die Voraussetzungen für die Anordnung einer Nachlassverwaltung *zur Zeit der Anordnung* nicht gegeben waren (KG RJA 9 [1907] 9 ff = OLGE 17 [1908/II] 366; KGJ 44 [1913] A 72, 76; BayObLGZ 32 [1932] 336, 338 f; BayObLGZ 1966, 75, 76 = FamRZ 1967, 173; MünchKomm/KÜPPER Rn 9; SOERGEL/STEIN Rn 13; **aM** anscheinend JANSEN/MÜLLER-LOKUSCHEK[3] FGG § 76 Rn 12, die auf die Verhältnisse zZ der Entscheidung des Beschwerdegerichts abstellen will). Wenn diese Voraussetzungen zur Zeit der Anordnung erfüllt waren und erst später weggefallen bzw durch neue Tatsachen, die die Aufhebung der Nachlassverwaltung rechtfertigen, überlagert worden sind, so kann die Nachlassverwaltung gleichwohl nicht im Beschwerdeverfahren gegen den anordnenden Beschluss, sondern nur auf den bei § 1988 Rn 10, 15 erwähnten Wegen beendet werden. Aber selbst wenn es zur Zeit der Anordnung der Nachlassverwaltung an den gesetzlichen Voraussetzungen fehlte, kann die Beschwerde gegen den anordnenden Beschluss dann keinen Erfolg haben, wenn die gesetzlichen Voraussetzungen der Nachlassverwaltung nachträglich eintreten (KGJ 44 [1913] A 72, 76 f; SOERGEL/STEIN Rn 13; JANSEN/MÜLLER-LUKOSCHEK aaO).

38 **c)** **Gegen einen Beschluss, der den Antrag auf Anordnung der Nachlassverwaltung ablehnt**, steht nur dem Antragsteller die Beschwerde zu (§ 59 Abs 2 FamFG). Miterben können die Beschwerde nur gemeinschaftlich einlegen, arg § 2062 (LG Karlsruhe ZBlFG 4 [1903/1904] 32; OLG München JFG 14 [1937] 61, 63; KEIDEL/ZIMMERMANN FamFG § 359 Rn 15; SOERGEL/STEIN Rn 9; MünchKomm/KÜPPER Rn 9; PALANDT/EDENHOFER Rn 4; ERMAN/SCHLÜTER Rn 7; **aM** STAUDINGER/LEHMANN[11] Rn 19 unter Hinweis auf die „einschneidende Wirkung"). Aufhebung oder Änderung nach § 48 Abs 1 S 1 FamFG, also wegen nachträglicher wesentlicher Änderung der Sach- oder Rechtslage, ist nur auf Antrag zulässig (§ 48 Abs 1 S 2 FamFG iVm § 1981 BGB).

39 **d)** **Gegen den die Nachlassverwaltung aufhebenden Beschluss** stehen nur demjenigen, auf dessen Antrag die Nachlassverwaltung angeordnet wurde, und aus prozessökonomischen Gründen auch denjenigen, die den Antrag damals hätten stellen dürfen, ein Beschwerderecht zu (Rechtsgedanke des § 59 Abs 2 FamFG). Nicht beschwerdebefugt ist aber der Nachlassverwalter (RGZ 151, 57, 62; MünchKomm/KÜPPER Rn 9 aE); anders wenn er gegen seinen Willen entlassen wird (vgl KGJ 40 [1911] 41, 42; PALANDT/EDENHOFER Rn 6).

40 **e)** **Aufschiebende Wirkung** hat die Beschwerde nur in Fällen, in denen der mit ihr angefochtene Beschluss nicht bereits mit Bekanntgabe (§ 40 Abs 1 FamFG), sondern erst mit Eintritt der Rechtskraft wirksam und vollziehbar wird. Das ist in den oben thematisierten Angelegenheiten nicht der Fall.

3. Rechtsbehelfe gegen Entscheidungen des Rechtspflegers

41 Hat der Rechtspfleger über die Anordnung der Nachlassverwaltung entschieden (Regelfall nach §§ 3 Nr 2 c, 16 Abs 1 Nr 1 RPflG), so kann unter denselben Voraussetzungen und in gleicher Weise **Beschwerde** eingelegt werden wie gegen eine inhaltsgleiche Entscheidung des Richters (vgl § 11 Abs 1 RPflG und erg oben Rn 34 ff). Ist gegen die Entscheidung nach den allgemeinen verfahrensrechtlichen Vorschriften ein Rechtsmittel nicht gegeben, kommt die **Erinnerung** nach § 11 Abs 2 RPflG in Betracht. Wie eine Beschwerde setzt aber auch die Erinnerung eine Rechtsbeeinträchtigung voraus; wie jene steht auch die Erinnerung *nur dem Beschwerten* zu (s HINTZEN in: ARNOLD/MEYER-STOLTE/HERRMANN/HINTZEN [7. Aufl 2009] RPflG § 11 Rn 9, 54; zust ERMAN/SCHLÜTER Rn 7).

Beschweren kann die *Anordnung* der Nachlassverwaltung auch die nach § 359 **42** FamFG grundsätzlich nicht beschwerdebefugten (s jedoch Rn 36) **Nachlassgläubiger**: Nach der Denkschr zum FGG-Entwurf (HAHN/MUGDAN, Die gesammten Materialien zu den Reichs-Justizgesetzen VII [1898] 55) soll die Anordnung der Nachlassverwaltung, wenn eine den Kosten entsprechende Masse nicht vorhanden ist, zwar geeignet sein, das Recht der Gläubiger auf Befriedigung aus dem Nachlass zu beeinträchtigen; jedoch erachtete man das Interesse, welches die Nachlassgläubiger aus diesem Grunde an der Beseitigung der Nachlassverwaltung hätten, als nicht erheblich genug, um auch ihnen ein Beschwerderecht einzuräumen. Ob bzw inwiefern dort, wo § 359 FamFG die Beschwerde ausschließt, nach § 11 Abs 2 RPflG die Erinnerung zulässig ist, erscheint fraglich. Wohl zu Recht vertrat HANSENS (in: ARNOLD/MEYER-STOLTE/HERRMANN/HANSENS [4. Aufl 1994, nicht in den Folgeauflagen] RPflG § 11 Rn 11) in anderem Zusammenhang (§ 11 Abs 1 aF RPflG iVm § 20a FGG) die auch hier (§ 11 Abs 2 nF RPflG iVm § 76 FGG/jetzt § 359 FamFG) einschlägige Ansicht, § 11 RPflG wolle *nicht den Kreis der Rechtsbehelfsträger erweitern,* sondern nur eine sonst möglicherweise unanfechtbare Entscheidung zur weiteren Überprüfung stellen. Im Ergebnis dürfte das Recht der Nachlassgläubiger, gegen die *Anordnung* der Nachlassverwaltung Erinnerung einzulegen, trotz § 11 Abs 2 RPflG zu verneinen sein. Denn nach § 1982 (s dort Rn 2 f) ist die Anordnung der Nachlassverwaltung auch dann zulässig, wenn die Verfahrenskosten die Masse zum Nachteil der Nachlassgläubiger vollständig aufzehren würden. Den Nachlassgläubigern gegen die Anordnung der Nachlassverwaltung die Erinnerung nach § 11 Abs 2 RPflG auch dort zu gewähren, wo ihnen § 359 FamFG die Beschwerde versagt (s Rn 35 f), ist deshalb auch verfassungsrechtlich nicht geboten (vgl zur verfassungsrechtlichen Rechtfertigung des § 11 Abs 2 RPflG Begr RegE BT-Drucks 13/10244, 7 [„aus verfassungsrechtlichen Gründen"] und HINTZEN, in: ARNOLD/ MEYER-STOLTE/HERRMANN/HINTZEN [7. Aufl 2009] RPflG § 11 Rn 40 [„Art 19 Abs 4 GG"]; s auch BVerfGE 101, 397 ff = NJW 2000, 1709 ff = ZEV 2000, 148 ff = JZ 2000, 783 ff m Anm HESS/ VOLLKOMMER und Aufsatz PAWLOWSKI JZ 2000, 913 ff). Auch unter praktischen Gesichtspunkten wäre eine Erinnerungsbefugnis der Nachlassgläubiger höchst problematisch, weil die Erinnerung gem § 11 Abs 2 S 1 RPflG binnen der für die sofortige Beschwerde geltenden Frist einzulegen wäre, diese Frist gem § 569 Abs 1 S 2 ZPO mit der Zustellung der Entscheidung (gem § 63 Abs 3 FamFG zu ergänzen: „an die Beteiligten") – spätestens allerdings mit dem Ablauf von fünf Monaten nach Wirksamwerden des Beschlusses (§ 569 Abs 1 S 2 ZPO, ähnlich § 63 Abs 3 S 2 FamFG) – beginnen würde, die Anordnung der Nachlassverwaltung aber nicht allen Nachlassgläubigern (!) zugestellt werden kann.

Gegen die *Ablehnung* der von einem Nachlassgläubiger beantragten Anordnung der **43** Nachlassverwaltung hat dieser selbstverständlich das Beschwerderecht (s § 11 Abs 1 RPflG und oben Rn 38).

VI. Aufhebung der Anordnung von Amts wegen

44 Erachtet das Nachlassgericht die von ihm verfügte Anordnung der Nachlassverwaltung nachträglich für ungerechtfertigt, so war es nach bisherigem Recht (§ 18 Abs 1 FGG) ohne weiteres berechtigt, die Anordnung aufzuheben. Nach neuem Recht (§ 48 Abs 1 FamFG) gilt dies nach Rechtskräftigwerden des Anordnungsbeschlusses nur noch dann, „wenn sich die zugrunde liegende Sach- oder Rechtslage nachträglich wesentlich geändert hat" und der Erbe oder ein sonstiger Berechtigter die Aufhebung des Anordnungsbeschlusses tatsächlich beantragt; das Antragserfordernis wird in § 48 Abs 1 S 2 FamFG weiter gefasst als in § 18 Abs 1 HS 2 FGG. Der Umstand, dass die Befriedigung der Nachlassgläubiger aus dem Nachlass niemals gefährdet war, rechtfertigt zwar eine (fristgerechte) Beschwerde der in § 359 Abs 2 FamFG Genannten, nicht aber die amtswegige Aufhebung der bereits rechtskräftig gewordenen Anordnung der Nachlassverwaltung (iE ebenso bereits vor Geltung des FamFG: LG Mannheim MDR 1960, 505; PALANDT/EDENHOFER[68] Rn 1; SOERGEL/STEIN Rn 13; STAUDINGER/MAROTZKE [2002] Rn 42). Gem § 1988 kann die Nachlassverwaltung jedoch aufgehoben werden, „wenn sich ergibt", dass eine den Kosten entsprechende Masse nicht vorhanden ist. Vgl erg § 1988 Rn 13 ff.

45 ## VII. Internationale Zuständigkeit

Vgl hierzu § 1975 Rn 51 f.

46 ## VIII. Recht der ehemaligen DDR

Vgl hierzu Vorbem 55 zu §§ 1967 ff.

47 ## IX. Analoge Anwendung im Gesellschaftsrecht?

Vgl hierzu § 1975 Rn 54.

§ 1982
Ablehnung der Anordnung der Nachlassverwaltung mangels Masse

Die Anordnung der Nachlassverwaltung kann abgelehnt werden, wenn eine den Kosten entsprechende Masse nicht vorhanden ist.

Materialien: E II § 1856; III § 1957; Prot V 810; JAKOBS/SCHUBERT ER I 303, 599 ff.

1 1. Gedacht ist die Vorschrift als Parallele zu § 107 Abs 1 KO (Prot V 810), an dessen Stelle am 1.1.1999 der etwas anders formulierte (Rn 2) § 26 Abs 1 InsO getreten ist.

2 2. Die Formulierung „eine den Kosten entsprechende Masse" kann leicht zu dem Missverständnis führen, dass es wie bei § 1965 Abs 1 S 2 und § 1980 Abs 2 S 2

HS 2 darauf ankomme, ob „die Kosten (des Verfahrens) dem Bestand des Nachlasses gegenüber unverhältnismäßig groß" sind. In diese Richtung geht vermutlich die in Rspr und Schrifttum (zB KG OLGE 11 [1905/II] 227; SOERGEL/STEIN Rn 2) anzutreffende These, dass die Anordnung der Nachlassverwaltung schon dann abgelehnt werden könne, wenn die Kosten einen unverhältnismäßig großen Teil der Masse in Anspruch nehmen und diese zum Nachteil der Gläubiger übermäßig verringern würden. Diese Interpretation des § 1982 wird von der hM zu Recht abgelehnt (PLANCK/FLAD Anm 2; BGB-RGRK/JOHANNSEN Rn 1; ERMAN/SCHLÜTER Rn 2; MünchKomm/KÜPPER Rn 1; vgl auch JAEGER/WEBER[8] KO § 107 Rn 1). Denn § 1982 übernimmt nicht die Formulierungen der §§ 1965 Abs 1 S 2, 1980 Abs 2 S 2 HS 2, sondern ist als Parallele zu § 107 Abs 1 S 1 KO gedacht (Rn 1), der ebenfalls auf die Notwendigkeit einer den Verfahrenskosten „entsprechende(n)" Masse hinwies und damit nichts anderes als den *Kostendeckungsgrundsatz* meinte (deutlicher nunmehr § 26 Abs 1 S 1 InsO, der am 1.1.1999 an die Stelle des § 107 Abs 1 S 1 KO getreten ist). Deshalb bestimmte § 107 Abs 1 S 2 KO, dass die Abweisung des Eröffnungsantrags „unterbleibt, wenn ein zur Deckung der in § ... bezeichneten Massekosten ausreichender Geldbetrag vorgeschossen wird" (vgl auch § 26 Abs 1 S 2 InsO). Das muss auf § 1982 übertragen werden (s Rn 1, 4; KG MDR 2006, 694 f = FamRZ 2006, 559 = FGPrax 2006, 76, 77).

3. § 1982 gibt dem Nachlassgericht also (Rn 2) nicht das Recht, die Anordnung der Nachlassverwaltung schon dann abzulehnen, wenn die Kosten einen unverhältnismäßig großen Teil der Masse in Anspruch nehmen und diese zum Nachteil der Gläubiger übermäßig verringern würden (**aM** in Extremfällen [„ein ganz geringfügiger mutmaßlicher Überschuß"] STAUDINGER/MAROTZKE [1996] Rn 3; MünchKomm/KÜPPER Rn 1; ERMAN/SCHLÜTER Rn 2; PALANDT/EDENHOFER Rn 1; nicht aber – für das Insolvenzverfahren – JAEGER/WEBER[8] KO § 107 Rn 1). Unter solchen Umständen wird die Anordnung der Nachlassverwaltung aber uU dann abgelehnt werden können, wenn sie von einem *Nachlassgläubiger* beantragt ist. Als Ablehnungsgrund kommt jedoch nicht § 1982 in Betracht (wichtig wegen § 1990; s Rn 8), sondern höchstens die absolute Ungeeignetheit der Nachlassverwaltung zur Abwendung der in § 1981 Abs 2 S 1 bezeichneten Gefahren: Es ist dann abzuwägen, ob die Befriedigung der Nachlassgläubiger aus dem Nachlass durch die Anordnung der Nachlassverwaltung und die hierdurch entstehenden Kosten mehr gefährdet würde als durch das Verhalten oder die Vermögenslage des Erben. Kein Ablehnungsgrund ist die *Überschuldung* des Nachlasses (§ 1981 Rn 8).

4. Analog § 26 Abs 1 S 2 InsO kann die Anordnung der Nachlassverwaltung nicht wegen Fehlens einer den Kosten entsprechenden Masse abgelehnt werden, **wenn ein ausreichender Geldbetrag vorgeschossen wird** (BGB-RGRK/JOHANNSEN Rn 1; MünchKomm/KÜPPER Rn 1; KG MDR 2006, 694, 695 = FamRZ 2006, 559 = FGPrax 2006, 76, 77; iE ebenso Prot V 810; **aM** wohl nur BINDER II 193 Fn 15). Gleiches gilt, wenn das Missverhältnis zwischen Kosten und Masse durch **kostensenkende Maßnahmen** behoben werden kann. ZB könnte man erwägen, als Nachlassverwalter eine Person zu verpflichten, die aus ideellen oder sonstigen Gründen bereit ist, ohne Vergütung tätig zu werden (uU kommt in solchen Fällen sogar ein Miterbe in Betracht, vgl § 1981 Rn 29, § 1988 Rn 7 mwNw).

5. Zu den **Kosten** der Nachlassverwaltung gehören die Gebühren und Auslagen;

vgl §§ 1983, 1987 BGB und §§ 106, 136 ff KostO (ERMAN/SCHLÜTER Rn 1), zur **Masse** ua auch etwaige Ersatzansprüche gegen den Erben nach §§ 1978–1980 (s § 1978 Abs 2 BGB und § 328 Abs 2 InsO) sowie die für den Fall der Anordnung wiederauflebenden (§§ 1976, 1977) und dann der Verfügung des Nachlassverwalters unterliegenden (§§ 1984, 1985) Rechte.

6 6. **Die Masse deckt** (Rn 2) **die Kosten nicht, wenn die Summe der im Nachlass vorhandenen Geldbeträge und eine Verwertung der nicht in Geld bestehenden Nachlassgegenstände kein die Kosten einer Nachlassverwaltung deckendes Ergebnis versprechen.** Ob dies der Fall ist, hat das Nachlassgericht von Amts wegen zu ermitteln (§ 26 FamFG). **Ein vom Erben eingereichtes Nachlassinventar ist weder für das Nachlassgericht verbindlich** (die Vollständigkeitsvermutung des § 2009 wirkt nur im Verhältnis zwischen dem Erben und den *Nachlassgläubigern*, nicht auch zu Lasten des durch § 1982 geschützten *überindividuellen Interesses an der Vermeidung uneinbringlicher Kosten* [vgl erg § 1990 Rn 6 Abs 3]) **noch macht es eigene gerichtliche Ermittlungen entbehrlich** (vgl auch HK-InsO/KIRCHHOF[5] § 26 Rn 19 für das *Insolvenz*verfahren; **aM** anscheinend der in OLG Düsseldorf Rpfleger 2000, 115 = ZEV 2000, 155 bestätigte Beschluss eines Nachlassgerichts). Ob die vorhandenen Nachlassgegenstände keinen die Verfahrenskosten deckenden Verwertungserlös versprechen, ist durch **Schätzung**, notfalls eines Sachverständigen, festzustellen. Wie bei § 26 Abs 1 S 1 InsO (s HK-InsO/ KIRCHHOF[5] § 26 Rn 4) sollte man keine volle Gewissheit verlangen (so jedoch Münch-Komm/KÜPPER Rn 1) sondern auf „überwiegende Wahrscheinlichkeit" abstellen.

7 7. **Zeigt sich der Mangel einer den Kosten entsprechenden Masse erst nach Anordnung der Nachlassverwaltung**, so kann die Nachlassverwaltung gem § 1988 Abs 2 aufgehoben werden. *Rechtsbelfe gegen die Anordnung* der Nachlassverwaltung werden nur selten in Betracht kommen (vgl § 1981 Rn 34 ff, 41; MünchKomm/KÜPPER § 1982 Rn 3). § 1988 Abs 2 wird öfter angewandt als § 1982, da sich die Zusammensetzung und der Wert des Nachlasses und die Höhe der Verwaltungskosten nicht immer von vornherein übersehen lassen. Auch die *Aufhebung* der Nachlassverwaltung kann durch Vorschuss der Verfahrenskosten abgewandt werden (Analogie zu § 207 Abs 1 S 2 InsO).

8 8. **Der Erbe erwirbt die haftungsbeschränkenden Einreden aus §§ 1990, 1991**, wenn die Anordnung der Nachlassverwaltung aus dem in § 1982 genannten Grunde abgelehnt (s § 1990 Rn 6) oder die bereits angeordnete Nachlassverwaltung aufgrund § 1988 Abs 2 aufgehoben wird. An die Stelle des dem Erben vorenthaltenen bzw entzogenen Schutzes durch § 1975 treten also die Schutzwirkungen der §§ 1990, 1991.

9 9. **Rechtsbehelfe**: vgl §§ 59, 359 FamFG, 11 RPflG. Vgl auch Rn 7, die bei Rn 6 erwähnte Entscheidung des OLG Düsseldorf sowie § 1981 Rn 34 ff.

§ 1983
Bekanntmachung

Das Nachlassgericht hat die Anordnung der Nachlassverwaltung durch das für seine Bekanntmachungen bestimmte Blatt zu veröffentlichen.

Materialien: E II § 1857; III § 1958; Prot V
809 f; JAKOBS/SCHUBERT ER I 303.

I. Art und Weise der Veröffentlichung

1. Aus ähnlichen Gründen wie die Eröffnung eines Insolvenzverfahrens (§§ 30, 9 InsO) ist auch die Anordnung der Nachlassverwaltung öffentlich bekanntzumachen; die Bekanntmachung der Letzteren erfolgt allerdings nicht im Internet, sondern **in dem vom Nachlassgericht durch das für seine Bekanntmachungen bestimmte Blatt**. Die Bekanntmachung der „Formel" des Beschlusses nach dem Vorbild des § 111 Abs 1 KO ist nicht vorgeschrieben und sollte auch angesichts des weniger streng formulierten § 30 Abs 1 S 1 InsO, der den § 111 Abs 1 KO am 1. 1. 1999 ersetzt hat, nicht im Wege der Analogie gefordert werden (iE ebenso LANGE/KUCHINKE § 49 Fn 76; nicht aber wohl BGB-RGRK/JOHANNSEN Rn 1, der die damaligen §§ 111, 76, 81 KO entspr anwenden wollte). Ebensowenig kommt für die Nachlassverwaltung die Bekanntmachung einer Anmeldefrist in Frage. Wohl aber sind der **Name** zweckmäßigerweise auch die Anschrift (SOERGEL/STEIN Rn 1) **des Nachlassverwalters** zu veröffentlichen (BGB-RGRK/JOHANNSEN Rn 1; LANGE/KUCHINKE § 49 Fn 76; vgl auch den früheren § 81 Abs 1 KO); ebenso zwecks Individualisierung der Nachlassangelegenheit der **Name des Erblassers** (und nach SOERGEL/STEIN Rn 1 auch seine letzte Anschrift). Der Name des Erben braucht dagegen nicht angegeben zu werden. Auch muss die Bekanntmachung keine Angaben darüber enthalten, ob die Nachlassverwaltung auf Antrag des Erben oder auf Antrag eines Gläubigers angeordnet worden ist.

2. **Einmalige Veröffentlichung** gem § 1983 **genügt**, sofern nicht durch Landesgesetz 2 der Justizverwaltung die Befugnis beigelegt ist, Anweisungen über die Bekanntmachung in mehreren Blättern zu erlassen, und davon Gebrauch gemacht ist (vgl § 486 Abs 2 FamFG, vormals § 200 FGG). Einrückung in den Bundesanzeiger nach dem Vorbild des § 30 Abs 1 S 2 InsO aF ist rechtlich nicht geboten (vgl LANGE/KUCHINKE § 49 Fn 76; **aM** anscheinend BGB-RGRK/JOHANNSEN Rn 1 wegen der von ihm befürworteten analogen Anwendung auch des § 111 KO).

II. Rechtsfolgen der Veröffentlichung

1. Die Veröffentlichung ist **keine Wirksamkeitsvoraussetzung** des die Nachlassverwaltung anordnenden Beschlusses (KG RJA 8, 29, 31 = Recht 1907 Nr 1125). Nach hM wird die Nachlassverwaltung gem § 40 Abs 1 FamFG wirksam mit der Bekanntgabe des anordnenden Beschlusses an den oder die Erben bzw den Testamentsvollstrecker oder Nachlasspfleger (str, s § 1984 Rn 2 mit dem Vorschlag einer analogen Anwendung des § 27 Abs 3 InsO).

2. **Nur für die Beweislast** bei nach Anordnung der Nachlassverwaltung erfolgten 4 Leistungen an den Erben ist der Zeitpunkt der Veröffentlichung von Bedeutung (s § 1984 Rn 18); schon deshalb aber wird darauf zu achten sein, dass die Veröffentlichung unverzüglich nach der Anordnung erfolgt (MünchKomm/KÜPPER Rn 1 aE).

III. Zur Eintragung der Nachlassverwaltung in das Grundbuch s § 1984 Rn 11 ff. 5

§ 1984
Wirkung der Anordnung

(1) Mit der Anordnung der Nachlassverwaltung verliert der Erbe die Befugnis, den Nachlass zu verwalten und über ihn zu verfügen. Die Vorschriften der §§ 81 und 82 der Insolvenzordnung finden entsprechende Anwendung. Ein Anspruch, der sich gegen den Nachlass richtet, kann nur gegen den Nachlassverwalter geltend gemacht werden.

(2) Zwangsvollstreckungen und Arreste in den Nachlass zugunsten eines Gläubigers, der nicht Nachlassgläubiger ist, sind ausgeschlossen.

Materialien: E II § 1858; III § 1959; Prot V 811; Denkschr 723; JAKOBS/SCHUBERT ER I 303, 599 ff.

Neufassung seit 1.1.1999: In Abs 1 S 2 wurde die Angabe „§§ 7 und 8 der Konkursordnung" durch die Angabe „§§ 81 und 82 der Insolvenzordnung" ersetzt (Art 33 Nr 38 EGInsO).

Schrifttum

DAUNER-LIEB, Zwangsvollstreckung bei Nachlassverwaltung und Nachlasskonkurs, in: FS Gaul (1997) 93
HILLEBRAND, Die Nachlaßverwaltung – unter besonderer Berücksichtigung der Verwaltungs- und Verfügungsrechte des Nachlaßverwalters (1998)

JASPERSEN, Vollstreckung nach Anordnung der Nachlaßverwaltung – zur Bedeutung des § 1984 Abs 2 BGB im Klausel- und Vollstreckungsverfahren, Rpfleger 1995, 243
STEIN, Nachlaßverwaltung und Zwangsvollstreckung, ZEV 1998, 178.

Systematische Übersicht

I.	Allgemeines	1
II.	Zeitpunkt des Rechtsfolgeneintritts	2
III.	Die Rechtsfolgen des Abs 1	
1.	Allgemeines	4
a)	Kompetenzverlust des Erben	4
b)	Übergang auf den Nachlassverwalter	5
2.	Verlust des Verwaltungsrechts	7
3.	Verlust der Verfügungsbefugnis	8
4.	Gutgläubiger Erwerb	11

5.	Entsprechende Anwendung der InsO	17
a)	§ 81 InsO	17
b)	§ 82 InsO	18
c)	Sonstige InsO-Analogien	19
6.	Prozessführung	20
IV.	Zwangsvollstreckungen und Arreste	26
V.	Aufrechnung	33

Alphabetische Übersicht

Anordnung der Nachlassverwaltung	2 f, 6
Aufgebot der Nachlassgläubiger	7
Aufrechnung	33
Auftrag, Erlöschen	4

Bekanntmachung	2 f
Erbteil	
– Pfändung	32
– Verfügung über	9

Titel 2 · Haftung des Erben für die Nachlassverbindlichkeiten § 1984
Untertitel 3 · Beschränkung der Haftung des Erben 1

Freigabe	10	Testamentsvollstrecker	2, 4
Gegenleistung für unwirksame Rechtshandlungen	17	„Unbeschränkte" Haftung	1, 24, 30 f
Grundbuch	8, 11 ff, 18	Verfügungen des Erben und etwaiger Stellvertreter	8
Gutgläubiger Erwerb		– am Tage der Verfahrensanordnung	17
– beweglicher Sachen	14 ff	– über bewegliche Sachen	14 ff
– von Grundstücken etc	11 ff	– über Erbteil	9
Höchstpersönliche Rechte	4	– über Grundstücke etc	11 ff
		– über mittelbaren Besitz	16
Inventarerrichtung	7	– über Wechsel	14
Inventarfrist	7	– Unwirksamkeit	8 f
		– – absolute oder relative?	8 f
Leistungen an den Erben	18	– – Heilung	10
		– – Schicksal der Gegenleistung	17
Miterben	3	Verfügungen des Testamentsvollstreckers	4
vgl auch „Erbteil"		Verfügungen nichtberechtigter Dritter	16
		Verwaltungsmaßnahmen des Erben	7
Nacherbe	6	Vollmacht	4
Nachlassverwalter, Erwerb des Verfügungs- und Verwaltungsrechts	5 f	Vorerbschaft	6
		Zwangsvollstreckungen und Arreste	24 ff
Prozessführung	20 ff	– der Eigengläubiger	28 ff, 32
– Aktivprozesse	20 ff	– der Nachlassgläubiger	
– Einfluss auf Verjährung	20	– – in das Eigenvermögen	24 f, 31
– Passivprozesse	20 f, 23 f	– – in den Nachlass	26 f
– Rechtsschutzbedürfnis	20, 24		
Prozessunterbrechung	21		

I. Allgemeines

Während § 1985 mit positiven Formulierungen die Rechtsstellung des Nachlassverwalters umschreibt, formuliert § 1984 aus negativem Blickwinkel die Beschränkungen, die sich, abgesehen von der bereits in § 1975 erwähnten Haftungsbeschränkung, aus der Nachlassverwaltung für den Erben, seine Eigengläubiger sowie die Nachlassgläubiger ergeben. Was der Erbe an Befugnissen und Aufgaben verliert, geht auf den Nachlassverwalter über (Rn 6); insoweit verhält es sich ähnlich wie im Nachlassinsolvenzverfahren (§§ 80 ff InsO). Zu den nicht in § 1984, sondern an anderer Stelle geregelten Wirkungen der Nachlassverwaltung vgl § 1975 Rn 1, 5 ff, 11 ff, 15 ff und §§ 1985–1988. 1

Wenn der Erbe sein Haftungsbeschränkungsrecht nach § 1994 Abs 1 S 2 oder § 2005 verloren hat, finden die §§ 1975, 1977 Abs 1, 1978–1980 keine Anwendung (§ 2013 Abs 1 S 1), während die §§ 1976, 1977 Abs 2 (s dort Rn 8), 1984–1988 BGB und § 784 Abs 2 ZPO auch in diesem Fall anwendbar sind. Anders wieder § 784 Abs 1 ZPO, der bei unbeschränkter Haftung nicht durchgreift.

Wolfgang Marotzke

II. Zeitpunkt des Rechtsfolgeneintritts

2 Nach dem Gesetzeswortlaut (Abs 1 S 1) treten die Rechtsfolgen des § 1984 „mit der Anordnung der Nachlassverwaltung" ein. Die *Wirksamkeit* der Anordnung der Nachlassverwaltung ist dabei stillschweigend vorausgesetzt. **Wann die Anordnung wirksam wird**, war lange streitig. Keine Wirksamkeitsvoraussetzung ist die in § 1983 vorgeschriebene Veröffentlichung der Anordnung (KG RJA 8, 29, 31 = Recht 1907 Nr 1125). Der Umstand, dass die Verfügungsbeschränkungen, denen der Erbe nach Anordnung einer Nachlassverwaltung unterliegt, nahezu identisch mit denen sind, die bei Eröffnung eines Nachlassinsolvenzverfahrens eintreten würden (vgl zB Rn 17 ff) spricht sehr dafür, als **Zeitpunkt des Wirksamwerdens „der Anordnung der Nachlassverwaltung"** (§ 1984 Abs 1 S 1) *analog § 27 Abs 3 InsO (vormals § 108 KO)* den der Absetzung des die Nachlassverwaltung anordnenden Gerichtsbeschlusses anzusehen (in diesem Sinne RIESENFELD II 77–79; STROHAL II § 79 II 1; PLANCK/STROHAL[3] Anm 1; vLÜBTOW II 1138 f; vgl auch § 76 der inzwischen aufgehobenen BayNachlO). Leider hat sich diese **insolvenzrechts-akzessorische Anknüpfung** nicht durchsetzen können (dagegen schon ECCIUS Gruchot 43 [1899] 603, 634; UNGER ZZP 34 [1905] 233, 338 Fn 233; LANGE/KUCHINKE § 49 III 3 Fn 75). Sie ist jedoch sachgerechter als die **hM**. Nach dieser wird die Anordnung **gem § 40 Abs 1 FamFG** wirksam **mit der Bekanntgabe** an den oder die Erben (BayObLGZ 1966, 75, 76 mwN; 1976, 167, 171 = FamRZ 1977, 487 [Bekanntgabe an den für unbekannte Erben bestellten Nachlasspfleger]; **aM** JANSEN/MÜLLER-LUKOSCHEK[3] FGG § 76 Rn 11: mit Bekanntgabe an den Nachlassverwalter) bzw an den Testamentsvollstrecker (PALANDT/EDENHOFER § 1983 Rn 1; MünchKomm/KÜPPER § 1983 Rn 1; BUMILLER/HARDERS FamFG § 359 Rn 5 aE; SCHULTE-BUNER/WEINREICH/TSCHICHOFLOS FamFG § 359 Rn 22; zu anderen, heute kaum noch vertretenen Ansichten s STAUDINGER/LEHMANN[11] Rn 2; JANSEN[2] FGG § 76 Rn 8 Fn 23). Die **Form** der Bekanntgabe ist in § 41 FamFG geregelt.

3 **Sind mehrere Erben vorhanden** und wendet man mit der soeben beschriebenen hM den § 40 Abs 1 FamFG an, so wird die Anordnung der Nachlassverwaltung bereits mit der ersten Bekanntgabe an einen der Erben diesem gegenüber wirksam. Da den Miterben die Verwaltung des Nachlasses nur gemeinschaftlich zusteht (§ 2038) und sie auch nur gemeinschaftlich über Nachlassgegenstände verfügen können (§ 2040 Abs 1), erlischt ihr Verwaltungs- und Verfügungsrecht praktisch mit dieser ersten Bekanntmachung (vgl STAUDINGER/LEHMANN[11] § 1983 Rn 3; BGB-RGRK/JOHANNSEN Rn 1; MünchKomm/KÜPPER § 1981 Rn 8; **aM** SOERGEL/STEIN § 1981 Rn 1; ERMAN/SCHLÜTER § 1983 Rn 1 und § 1984 Rn 2). Zum restlosen Ausschluss des § 2038 Abs 1 S 2 HS 2 bedarf es jedoch der Bekanntmachung an *alle* Erben (LANGE/KUCHINKE § 49 Fn 74; SOERGEL/STEIN § 1981 Rn 1; vgl auch LANGE/BARTHOLOMEYCZIK, 4. Denkschr d ErbRA d AkDR 248 Fn 2).

III. Die Rechtsfolgen des Abs 1

1. Allgemeines

a) Kompetenzverlust des Erben

4 Der Erbe verliert

(1.) die Befugnis, den Nachlass zu *verwalten,* und

(2.) die Befugnis, über den Nachlass zu *verfügen.*

Gleiches gilt für den *Testamentsvollstrecker* (KG OLGE 18 [1909/I] 316 f; RG LZ 1919, 875; Muscheler, Die Haftungsordnung der Testamentsvollstreckung [1994] 129 mwNw; vgl auch Staudinger/Reimann [2003] § 2205 Rn 151). Wie bei der Eröffnung des Nachlassinsolvenzverfahrens (§§ 115 Abs 1, 116 S 1 InsO) erlischt auch mit der Anordnung der Nachlassverwaltung ein von dem Erben oder Erblasser erteilter *Auftrag* (genauer: die auf diesem beruhende Geschäftsführungsbefugnis [s unten]), soweit er sich auf das von dem Verfahren betroffene Vermögen bezieht (OLG Hamburg OLGE 10 [1905/I] 196 ff; zum richtigen Verständnis der Rechtsfolgen der die Analogiebasis bildenden §§ 115 Abs 1, 116 S 1 InsO vgl Marotzke in: FS Henckel [1995] 579 ff; ders in HK-InsO[5] § 115 Rn 4 ff, § 116 Rn 7: danach „erlischt" nicht der „Auftrag" oder der „Geschäftsbesorgungsvertrag", sondern nur die auf diesem beruhende Geschäftsführungsbefugnis). Mit dem Auftrag (genauer: der auf diesem beruhenden Geschäftsführungsbefugnis) erlischt idR auch nach § 168 eine dem Beauftragten von dem Auftraggeber erteilte *Vollmacht* (Erman/Schlüter Rn 3; BGB-RGRK/Johannsen Rn 9; MünchKomm/Küpper Rn 2; Palandt/Edenhofer Rn 2). Wie im Nachlasskonkurs (vgl § 23 Abs 1 S 2 KO) finden jedoch die den Auftrag uU als fortbestehend fingierenden §§ 672 S 2, 674 entspr Anwendung; zu gleichen Ergebnissen führt ab 1.1.1999 eine analoge Anwendung von § 115 Abs 2 und 3 InsO. Hinsichtlich der Vollmacht sind ferner die §§ 169–173 BGB zu beachten. Vor Inkrafttreten der InsO nahm man an, dass eine *abstrakte* Vollmacht, dh eine solche, die entgegen § 168 nicht vom Fortbestand eines zugrunde liegenden Rechtsverhältnisses abhängen soll, weder durch die Konkurseröffnung (Kilger/K Schmidt[17] KO § 23 Anm 8) noch durch die Anordnung der Nachlassverwaltung, sondern erst mit ihrem Widerruf durch den Konkurs- bzw Nachlassverwalter erlösche (vgl KG NJW 1971, 566 f bzgl des Widerrufs einer von dem Erblasser erteilten Generalvollmacht durch den Nachlassverwalter; zur „Kündigung" einer Prozessvollmacht s OLG Frankfurt BB 1978, 1442 [aber auch BGH WM 1963, 1232: keine Abstraktheit]). Da aber ein Bevollmächtigter als solcher nicht mehr Befugnisse ausüben kann, als vom Vollmachtgeber „zu holen" sind, entzieht die Anordnung der Nachlassverwaltung auch dem Bevollmächtigten des Erben, und zwar auch dem von dem Erblasser mit Fortwirkung für den Erben Bevollmächtigten, die rechtliche Möglichkeit, über den Nachlass zu verfügen (LG Gießen ZBlFG 13 [1912/1913] 455 Nr 378). Selbst wenn man annähme, dass eine abstrakte Vollmacht nicht unmittelbar infolge der Anordnung der Nachlassverwaltung erlischt (was vor dem Hintergrund des § 117 Abs 1 InsO heute kaum noch vertretbar ist), müsste man also nicht zu dem Ergebnis kommen, dass der Bevollmächtigte weiterhin über die Gegenstände des Nachlasses wirksam verfügen kann; denn auch auf Rechtshandlungen eines (noch immer) Bevollmächtigten wäre der in § 1984 Abs 1 S 2 in Bezug genommene § 81 InsO entsprechend anzuwenden (vgl Marotzke, in: FS Henckel [1995] 579, 583 ff, 589; HK-InsO/Marotzke[5] § 117 Rn 1; BGHZ 155, 87, 91 = NJW 2003, 2744, 2745). Eine Ausnahme von dieser Regel scheint § 117 Abs 2 InsO (nur?) für den Fall machen zu wollen, dass der Vollmacht – gleich ob es sich um eine abstrakte oder um eine kausale handelt – ein Auftrag oder Geschäftsbesorgungsvertrag zugrunde liegt und dieser gem § 115 Abs 2 InsO (der an § 672 S 2 BGB erinnert) als fortbestehend gilt. Das wäre zwar rechtspolitisch verfehlt (s Marotzke aaO 589 f), aber natürlich gleichwohl auch für den Fall der Nachlassverwaltung als der Analogie fähig zu beachten (zur Auslegung der Vorschrift s HK-InsO/Marotzke[5] § 117 Rn 6). Für Verträge auf *entgeltliche* Geschäftsbesorgung gilt das über das Erlöschen von Aufträgen Gesagte entsprechend (vgl § 116 S 1 InsO).

Höchstpersönliche Rechte, auch solche mit Nachlassbezug, kann nicht der Nachlassverwalter, sondern nur der Erbe ausüben (s § 1985 Rn 11, 19 f).

b) Übergang auf den Nachlassverwalter

5 Die Verwaltungs- und Verfügungskompetenz, die der Erbe nach Abs 1 S 1 „verliert", erlischt nicht, sondern geht auf den Nachlassverwalter über. Das wird zwar an keiner Stelle des Gesetzes ausdrücklich gesagt (Abs 1 S 2 hätte vielleicht auch auf § 80 Abs 1 InsO verweisen sollen!), ist jedoch selbstverständlich und wird in Abs 2 S 3, in §§ 1985 Abs 1, 1986 sowie in den Vorschriften über die Notwendigkeit nachlassgerichtlicher Genehmigungen (§ 1985 Rn 33 ff) konkludent vorausgesetzt. Der Nachlassverwalter erwirbt die in Abs 1 S 1 genannten Befugnisse in demselben **Zeitpunkt**, in dem der Erbe sie verliert (wenn die Bestellung des Nachlassverwalters dann schon wirksam erfolgt ist). Dieser Zeitpunkt wurde bei Rn 2 f näher zu definieren versucht. Erfolgt die Bestellung (§ 1789) des Nachlassverwalters zeitgleich mit dem Erlass des die Nachlassverwaltung anordnenden Gerichtsbeschlusses, so erwirbt der Verwalter die Verfügungs- und Verwaltungsbefugnis erst mit der Bekanntgabe (§ 40 Abs 1 FamFG) des Gerichtsbeschlusses an den Erben (s § 1981 Rn 27).

6 Grundsätzlich erwirbt der Nachlassverwalter keine umfangreichere Verfügungsmacht als die, welche bis dahin der Erbe selbst innehatte (tendenziell großzügiger OLG Braunschweig OLGZ 1988, 392, 394, weil die Bestellung des Verwalters auf einem hoheitlichen Akt beruhe und er für die Verwaltung des Nachlasses auch den Nachlassgläubigern verantwortlich sei, § 1985 Abs 2). **Ausnahmen** sind jedoch denkbar bei Bestehen einer Testamentsvollstreckung (s Rn 4) oder wenn der Erbe lediglich **Vorerbe** ist. Zwar treffen die Verfügungsbeschränkungen (§§ 2113, 2114) des nicht befreiten (§ 2136) Vorerben grds auch den Nachlassverwalter. Jedoch bestimmt § 2115 S 2, dass Verfügungen eines *Insolvenzverwalters* auch bei Existenz eines Nacherben unbeschränkt wirksam sind, wenn der Anspruch eines Nachlassgläubigers oder ein dem Nacherben gegenüber wirksames Recht an einem Erbschaftsgegenstand geltend gemacht wird. Da die Rechtsstellung des Nachlassverwalters der des Insolvenzverwalters ähnelt (s § 1985 Rn 1 ff und OLG Braunschweig OLGZ 1988, 392, 394), ist § 2115 S 2 auf Verfügungen des Nachlassverwalters analog anzuwenden (wie hier OLG Braunschweig OLGZ 1988, 392, 393 f; STAUDINGER/ AVENARIUS [2003] § 2115 Rn 7 aE; LANGE/KUCHINKE § 28 IV 7 a Fn 142; JAUERNIG/STÜRNER §§ 1984, 1985 Rn 4; für Verfügungen über ein Nachlassgrundstück auch PALANDT/EDENHOFER § 1985 Rn 7; ERMAN/SCHLÜTER § 1985 Rn 4; SOERGEL/STEIN § 1985 Rn 11). Durch Herbeiführung einer Nachlassverwaltung kann der nicht befreite Vorerbe dem Verwalter also mehr Verfügungsmacht verschaffen, als er selbst hatte (vgl auch § 1988 Rn 14).

2. Verlust des Verwaltungsrechts

7 Nicht nur die Verfügungs- sondern auch die Verwaltungsbefugnis geht dem Erben nach Abs 1 S 1 verloren. Dies wurde bereits bei § 1978 Rn 25 näher ausgeführt. Ergänzend ist darauf hinzuweisen, dass der in § 1978 Abs 1 S 1 fingierte Verwaltungsauftrag der Nachlassgläubiger nach Anordnung der Nachlassverwaltung nur selten analog § 674 BGB bzw § 115 Abs 3 InsO als zugunsten des Erben fortbestehend gelten kann, wenn man der hM folgt, nach der die Anordnung der Nachlassverwaltung erst mit der Bekanntgabe an den Erben wirksam wird (s Rn 2). Im Nachlassinsolvenzverfahren ist dagegen wegen § 27 Abs 2 Nr 3 und Abs 3 InsO mehr Raum für eine analoge Anwendung des § 674 (bzw des diesem entsprechenden § 115 Abs 3 InsO; s dazu § 1978 Rn 25).

Das *Aufgebot der Nachlassgläubiger* (§§ 1970 ff) kann der Erbe auch noch während der Nachlassverwaltung beantragen (wohl vorausgesetzt in Prot V 818; aM BGB-RGRK/JOHANNSEN § 1970 Rn 11). Denn die Stellung dieses Antrags ist weniger eine Verwaltung des Nachlasses als vielmehr der erste Akt einer endgültigen Abwehr der säumigen Nachlassgläubiger vom *Eigenvermögen* des Erben (vgl § 1973 Abs 1 S 1 und § 1986 Rn 9). Allerdings ist auch der Nachlassverwalter zur Beantragung des Aufgebots berechtigt und uU sogar verpflichtet (§ 1985 Rn 31).

Auch das Recht zur *Inventarerrichtung* (§ 1993) bleibt dem Erben während der Nachlassverwaltung erhalten (KGJ 42 [1912] A 94, 98 = RJA 12, 108, 111 = Recht 1913 Nr 1978). Zur *Inventarfrist* vgl jedoch §§ 2000, 2012 Abs 2.

3. Verlust der Verfügungsbefugnis

Da der Erbe die Befugnis, über den Nachlass zu verfügen, gem Abs 1 S 1 „verliert", **8** sind **Verfügungen**, die er nach der Anordnung der Nachlassverwaltung über Gegenstände des Nachlasses trifft, **unwirksam** (zum Schicksal einer vom Verfügungsempfänger erbrachten *Gegenleistung* s Rn 17). Das versteht sich im Prinzip von selbst und wird – vorbehaltlich der bei Rn 11 ff erörterten Ausnahmen – bestätigt durch Abs 1 S 1 des § 81 InsO, auf den § 1984 Abs 1 S 2 BGB verweist. Die Unwirksamkeit besteht für und gegen Jeden, also nicht nur relativ im Verhältnis zu den Nachlassgläubigern (vgl BGHZ 46, 221, 229; BGB-RGRK/JOHANNSEN Rn 5; Begr RegEInsO BT-Drucks 12/2443, 136 [zu § 92 RegE = § 81 InsO]). Sie kann nicht nur vom Nachlassverwalter, sondern von jedermann geltend gemacht werden (PALANDT/EDENHOFER Rn 2; PLANCK/FLAD Anm 2 a), so zB von dem Schuldner einer nach Inkrafttreten der Anordnung abgetretenen Nachlassforderung gegenüber dem „Erwerber" (RGZ 83, 184, 189; RG LZ 1913, 395, 397 f). Aufgrund von Eintragungs- oder Löschungsbewilligungen, die der Erbe vor (oder nach) Anordnung der Nachlassverwaltung erklärt hat und die nach Anordnung der Nachlassverwaltung dem Grundbuchamt eingereicht werden (§ 878), darf nach wohl noch immer vorherrschender Ansicht eine Grundbucheintragung nicht erfolgen (BGB-RGRK/JOHANNSEN Rn 5; PALANDT/EDENHOFER Rn 2 [der zu Unrecht eine Ausnahme für bloße Berichtigungen macht]; LANGE/KUCHINKE § 49 Fn 88; PLANCK/FLAD Anm 2 a und für den gleichliegenden Fall des Konkurses [Insolvenzverfahrens] RGZ 71, 38 ff; JAEGER/HENCKEL[9] KO § 7 Rn 19 mwNw). Gute Gründe sprechen jedoch für einen differenzierteren Umgang mit dieser Problematik (vgl JAEGER/WINDEL[1], InsO § 81 Rn 19; HK-InsO/KAYSER[5] § 81 Rn 40 – jeweils mwNw).

Dass die Unwirksamkeit von Verfügungen, die der Erbe nach Inkrafttreten der **9** Nachlassverwaltung trifft, in *personaler* Hinsicht eine „absolute" ist (also für und gegen jeden besteht, s Rn 8), schließt gewisse *sachliche* Relativierungen nicht aus (ausf MAROTZKE KTS 1987, 1, 4 ff, 22 ff; vgl auch MICHALSKI Rn 947). **Unwirksamkeit ist nur in dem sachlichen Umfang anzunehmen, der erforderlich ist, um die Verfügungs- und Verwaltungsbefugnis des Nachlassverwalters vor Beeinträchtigungen zu bewahren** (ähnlich BGHZ 46, 221, 229: soweit die Zwecke der Nachlassverwaltung berührt werden). ZB kann ein Miterbe auch nach Anordnung der Nachlassverwaltung wirksam über seinen Anteil am Nachlass (§ 2033 Abs 1) verfügen, weil eine Verfügung dieser Art die Stellung des Nachlassverwalters und das Recht der Nachlassgläubiger nicht zu beeinträchtigen vermag (STROHAL II § 79 II 2; MICHALSKI Rn 947; PLANCK/FLAD Anm 2 a; BGB-RGRK/JOHANNSEN Rn 7; SOERGEL/STEIN Rn 3; OLG München JFG 14 [1937] 61, 64; vgl auch das zu § 2005 ergangene Urteil BGH NJW 1984, 2464 f). Überhaupt wird man annehmen dürfen, dass der

Erbe Rechte, die der Nachlassverwaltung unterliegen, sehr wohl auf einen Dritten übertragen kann (jedenfalls soweit dazu keine Grundbuch- oder sonstige Registereintragung erforderlich ist, s Rn 8) und dass die Unwirksamkeit solcher Verfügungen nur darin besteht, dass der Dritte nicht „lastenfrei" erwirbt, sondern in der *Ausübung* der erworbenen Rechte denselben Beschränkungen unterliegt wie zuvor der Erbe. Auch bei dieser Konstruktion (gegen sie HENCKEL, in: FS Weber [1975] 237, 242; JAEGER/ HENCKEL[9] KO § 7 Rn 17; HK-InsO/KAYSER[5] § 81 Rn 29) blieben das Verwaltungsrecht sowie das Recht, mit *absoluter* Wirkung über den betreffenden Gegenstand zu verfügen, ungeschmälert beim Nachlassverwalter.

10 **Verfügungen des Erben, die nach § 1984 Abs 1 BGB iVm § 81 Abs 1 S 1 InsO unwirksam sind, können** analog § 185 Abs 2 S 1 Fall 1 rückwirkend (§ 184) **wirksam werden**, wenn der Nachlassverwalter sie genehmigt (PLANCK/FLAD Anm 2 a). Sie können auch analog § 185 Abs 2 S 1 Fall 2 wirksam werden (dann ohne Rückwirkung), wenn die Nachlassverwaltung aufgehoben wird und der Nachlassverwalter über den betreffenden Gegenstand noch nicht anderweitig verfügt hat. Entsprechendes gilt, wenn der Nachlassverwalter den betreffenden Gegenstand freigibt (vgl zu den entspr Fragen im *unmittelbaren* Anwendungsbereich des § 81 InsO HK-InsO/KAYSER[5] § 81 Rn 27; JAEGER/WINDEL[1] InsO § 81 Rn 26 ff).

4. Gutgläubiger Erwerb

11 **a)** Die den **öffentlichen Glauben des Grundbuchs** betreffenden §§ 892, 893 bleiben gem § 1984 Abs 1 S 2 BGB iVm § 81 Abs 1 S 2 InsO unberührt (ebenso die §§ 16, 17 **SchiffsRG** und die §§ 16, 17 des G über Rechte an **Luftfahrzeugen**). Infolgedessen ist der gutgläubige lastenfreie Erwerb von **Grundstücksrechten** möglich, wenn die Anordnung der Nachlassverwaltung nicht im Grundbuch eingetragen und dem Erwerber entweder die Anordnung oder die Zugehörigkeit des Grundstücks zum Nachlass (vgl für das Insolvenzverfahren JAEGER/WINDEL[1] InsO § 81 Rn 60) unbekannt war.

12 Mittelbar folgt aus der Verweisung des § 1984 Abs 1 S 2 BGB auf § 81 InsO und dessen Weiterverweisung auf §§ 892, 893 BGB, dass das Grundbuch, solange die wirksam angeordnete Nachlassverwaltung nicht eingetragen wurde, unrichtig ist, was zugleich bedeutet, dass die Anordnung der **Nachlassverwaltung eintragungsfähig** ist (ebenso wie nach § 32 InsO die Eröffnung eines Insolvenzverfahrens; vgl ferner § 52 GBO für die Eintragung der Testamentsvollstreckung, § 19 ZVG für die Eintragung der Zwangsversteigerung und § 23 Abs 3 InsO für die Eintragung einer im Insolvenz-Eröffnungsverfahren angeordneten Verfügungsbeschränkung). Analog § 32 Abs 1 InsO ist die Nachlassverwaltung zu vermerken bei allen Nachlassgrundstücken, als deren Eigentümer der Erblasser bzw der Erbe im Grundbuch eingetragen ist (zum Voreintragungsgrundsatz vgl die schon bei § 1960 Rn 57 erwähnte Entscheidung des OLG Düsseldorf), ferner bei den für den Erblasser bzw Erben eingetragenen Rechten an Grundstücken und an eingetragenen Rechten, wenn nach der Art des Rechts und den obwaltenden Umständen bei Unterlassung der Eintragung eine Beeinträchtigung der Nachlassgläubiger zu besorgen ist (BGB-RGRK/JOHANNSEN § 1983 Rn 2; PLANCK/FLAD § 1984 Anm 2). **Wegen §§ 13, 38 GBO erfolgt die Eintragung aber nur auf Antrag oder auf behördliches Ersuchen.** Diesbezüglich ist Folgendes zu beachten:

13 Unstreitig ist **der Nachlassverwalter** berechtigt (§ 13 Abs 1 S 2 GBO) und verpflich-

tet, sobald wie möglich die Eintragung der Anordnung der Nachlassverwaltung ins Grundbuch zu beantragen (ERMAN/SCHLÜTER § 1983 Rn 2; PALANDT/EDENHOFER § 1983 Rn 2; SOERGEL/STEIN § 1983 Rn 2; PLANCK/FLAD § 1983 Anm 2; vgl auch HERRMANN in KUNTZE/ERTL/ HERRMANN/EICKMANN[6] Grundbuchrecht GBO § 38 Rn 16). Die nach § 19 GBO eigentlich erforderliche Bewilligung des Erben ist wegen § 22 Abs 1 S 2 GBO entbehrlich (ERMAN/SCHLÜTER aaO).

Auch das Nachlassgericht ist berechtigt, das Grundbuchamt um die Eintragung zu ersuchen (wie hier HERRMANN aaO; ERMAN/SCHLÜTER aaO; PALANDT/EDENHOFER aaO; DEMHARTER[27] GBO § 38 Rn 12; [ebenso § 26 Abs 1 GrundbuchverfahrensO der ehemaligen DDR für das „Staatliche Notariat"]; aM STAUDINGER/LEHMANN[11] § 1983 Rn 4; SOERGEL/STEIN aaO; BGB-RGRK/JOHANNSEN § 1983 Rn 3). In Analogie zu § 32 Abs 2 InsO ist es dazu sogar von Amts wegen *verpflichtet* (STROHAL II § 79 Fn 17; BINDER II 195 Fn 23; vLÜBTOW II 1139 f; FIRSCHING/GRAF [9. Aufl 2008] Rn 4.811; vgl auch § 79 Abs 2 BayNachlO [inzwischen aufgehoben]; aM ERMAN/SCHLÜTER aaO; SOERGEL/STEIN § 1983 Rn 2; KIPP/COING § 97 III). Zwar erfolgen nach § 38 GBO Grundbucheintragungen aufgrund des Ersuchens einer Behörde nur „in den Fällen, in denen nach gesetzlicher Vorschrift eine Behörde befugt ist, das Grundbuchamt um eine Eintragung zu ersuchen". Diese Formulierung schließt jedoch eine *analoge* Anwendung des § 32 Abs 2 InsO nicht aus, zumal § 1984 möglicherweise nur deshalb nicht auch auf § 32 InsO verweist, weil § 113 KO, dem der heutige § 32 InsO nachgebildet ist, auf einer „Konkursnovelle" beruht, deren Entwurf erst *nach* dem BGB beraten wurde (vgl BINDER aaO). Vor dem 1. 1. 1900 enthielt der von § 1984 Abs 1 S 2 in Bezug genommene § 7 KO (damals § 6 KO, heute § 81 InsO) auch überhaupt nicht die (nunmehr in § 81 Abs 1 S 2 InsO verortete) Verweisung auf die Gutglaubensschutzvorschriften der §§ 892, 893 BGB, so dass sich das Problem der Grundbucheintragung bei den Beratungen des BGB-Entwurfs nicht in voller Schärfe stellte. Dies lässt die Annahme einer unbewussten Gesetzeslücke, die durch einen Analogieschluss ausgefüllt werden muss, plausibel erscheinen. Für eine analoge Anwendung des aus § 113 Abs 2 KO hervorgegangenen § 32 Abs 2 InsO spricht ferner, dass wegen § 1981 Abs 3 mit der Möglichkeit gerechnet werden muss, dass der vom Nachlassgericht ausgewählte Nachlassverwalter die Übernahme des Amts ablehnt (STROHAL II § 79 Fn 17). Ins Leere geht dann der als Argument gegen eine analoge Anwendung des § 113 Abs 2 KO bzw § 32 Abs 2 InsO gedachte Hinweis, das Nachlassgericht könne *den Verwalter* zur Herbeiführung der Eintragung gem §§ 1915 Abs 1 S 1, 1837 anhalten (so jedoch BGB-RGRK/JOHANNSEN § 1983 Rn 3; ERMAN/SCHLÜTER § 1983 Rn 2). Ebenso wenig überzeugend ist es, gegen eine Verpflichtung des Nachlassgerichts, das Grundbuchamt von Amts wegen um die Eintragung der Verfahrenseröffnung zu ersuchen, einzuwenden, dass sich die Stellung des Nachlassgerichts von der des Insolvenzgerichts dadurch wesentlich unterscheide, dass das letztere nicht bloß das Verfahren zu eröffnen, sondern auch bei seiner Durchführung mitzuwirken habe (so aber STAUDINGER/LEHMANN[11] § 1984 Rn 4). Denn die Herbeiführung des Grundbucheintrags ist nur Annex der Verfahrenseröffnung, nicht schon eine zentrale Maßnahme der Verfahrensdurchführung.

b) **Bei beweglichen Sachen** ist gutgläubiger Erwerb aufgrund einer Verfügung des Erben bzw eines Stellvertreters (Rn 4) des Erben ausgeschlossen. Denn der in § 1984 Abs 1 S 2 für entsprechend anwendbar erklärte § 81 Abs 1 S 2 InsO nimmt auf die hier in Betracht kommenden Gutglaubensschutzvorschriften der §§ 932 ff, 1032, 1207 absichtlich nicht Bezug (Begründung zu § 6 der KO-Novelle 26 = HAHN, Die gesammten

Materialien zu den Reichs-Justizgesetzen VII [1898] 235). Nach hM gilt der Ausschluss des Gutglaubenserwerbs auch im Bereich des Art 16 Abs 2 WG (vgl JAEGER/WINDEL[1] InsO § 81 Rn 74; BAUMBACH/HEFERMEHL/CASPER[23] WG Art 16 Rn 17 – beide mwNw auch zur Gegenansicht).

15 Ausnahmsweise zulassen will die hM den gutgläubigen Erwerb einer dem Recht des Nachlassverwalters unterliegenden beweglichen Sache dann, wenn deren **Zugehörigkeit zum Nachlass** dem Erwerber ohne grobe Fahrlässigkeit **unbekannt** geblieben ist (STAUDINGER/LEHMANN[11] Rn 7; BGB-RGRK/JOHANNSEN Rn 11; PALANDT/EDENHOFER Rn 2; ERMAN/SCHLÜTER Rn 3; PLANCK/FLAD Anm 2 a; MünchKomm/KÜPPER Rn 3; JAUERNIG/STÜRNER §§ 1984, 1985 Rn 4; AK-BGB/TEUBNER Rn 8; EBENROTH Rn 1132; weiter differenzierend STROHAL II § 79 Fn 19 a). Die dafür vorgebrachten Argumente überzeugen jedoch nicht. So kollidiert die Überlegung von JOHANNSEN (aaO), der Erwerb vom nichtverfügungsberechtigten Eigentümer müsse dem Erwerb vom Nichteigentümer mindestens gleichstehen, mit der vom Rechtsanwender hinzunehmenden Tatsache, dass § 81 Abs 1 S 2 InsO diese Gleichstellung hinsichtlich der §§ 932 ff gerade *nicht* vornimmt. Zuzugeben ist hingegen, dass sich der Zweck dieser gesetzgeberischen Entscheidung in dem Schutz der Masse vor Unkenntnis der aus dem schwebenden Verfahren resultierenden Verfügungsbeschränkung erschöpft. Doch zieht die hM (zB STAUDINGER/LEHMANN[11] Rn 7; ERMAN/SCHLÜTER Rn 3; PLANCK/FLAD Anm 2 a) hieraus falsche Schlüsse: Auch die Unkenntnis von der Zugehörigkeit einer Sache zu der der Nachlassverwaltung unterliegenden Masse ist Unkenntnis der Verfügungsbeschränkung, nämlich Unkenntnis dessen, dass diese Verfügungsbeschränkung auch in Bezug auf die betreffende Sache besteht (ähnlich JAEGER/HENCKEL[9] KO § 7 Rn 68, der für den Fall des allgemeinen Konkurses den Schutz des guten Glaubens an die Massefreiheit beweglicher Sachen verneint; vgl auch JAEGER/WINDEL[1] InsO § 81 Rn 75). Der gute Glaube desjenigen, der von der Anordnung der Nachlassverwaltung weiß und nur über die Zugehörigkeit der Sache zur Masse irrt, verdient nicht mehr Schutz als der mindestens ebensogute Glaube dessen, der ohne grobe Fahrlässigkeit nicht einmal von der Anordnung der Nachlassverwaltung erfahren hat (iE wie hier SOERGEL/STEIN Rn 4; LANGE/KUCHINKE § 49 III 5 Fn 90; MICHALSKI Rn 948; vgl auch HENCKEL aaO für den Fall des allgemeinen Konkurses). Diese Erwägung spricht auch gegen das von STROHAL (II § 79 Fn 19 a) vorgebrachte Argument, in den Fällen des Nachlassinsolvenzverfahrens müsse die Verfügung des Erben über eine zum Nachlass gehörende bewegliche Sache der Verfügung durch einen unberechtigten Drittbesitzer (Rn 16) dann gleichgestellt werden, wenn der Erwerber hinsichtlich der Zugehörigkeit der Sache zum Eigenvermögen des Erben in gutem Glauben sei.

16 **Der durch § 1984 Abs 1 S 2 BGB iVm § 81 Abs 1 S 2 InsO bewirkte Ausschluss der §§ 932 ff, 1032, 1207 BGB** soll angeblich nur die sich aus diesen Vorschriften ergebende Unwirksamkeit von Verfügungen des *Erben* bzw seines Stellvertreters (s Rn 4 aE) sichern; er **gilt nach hM nicht für Verfügungen nichtberechtigter Dritter** (STAUDINGER/LEHMANN[11] Rn 9; MünchKomm/KÜPPER Rn 4; MICHALSKI Rn 948; vgl auch JAEGER/WINDEL[1] InsO § 81 Rn 76 f; FK-InsO/APP[5] § 81 Rn 38; MünchKommInsO/OTT[2] § 81 Rn 12, 24; HESS[2] InsO § 81 Rn 29; KÜBLER/PRÜTTING/BORK/LÜKE [Dez 2009] InsO § 81 Rn 24; **aM mit überzeugenden Gründen** GERLAND KritV 46 [1905] 29, 45 – zu § 7 KO, aber übertragbar auf § 81 InsO).

Möglich ist nach dieser hM zB der gutgläubige Erwerb eines Dritten, der von dem ersten, gem § 81 Abs 1 S 2 InsO nicht geschützten „Erwerber" erwirbt. Solange der

Nachlassverwalter die Sache noch nicht in unmittelbaren Besitz genommen hat, kann sie ihm nicht iSd § 935 abhanden kommen. Nimmt der Nachlassverwalter die Sache in Besitz, so wird der Erbe mittelbarer Besitzer (BINDER II 200 Fn 42; STROHAL II § 79 Fn 19 a; vgl auch PLANCK/FLAD Anm 2 a; BGB-RGRK/JOHANNSEN Rn 12; EBENROTH Rn 1132 Fn 147). Nach STROHAL (II § 79 Fn 19 a ad 2, 3) soll der Erbe durch § 81 Abs 1 InsO (damals § 7 Abs 1 KO) gehindert sein, diesen mittelbaren Besitz durch Abtretung des Herausgabeanspruchs (§ 870) auf einen Dritten zu übertragen, weshalb ein vom letzteren abgeleiteter gutgläubiger Eigentumserwerb gem § 934 nur dann möglich sei, wenn der Erwerber von dem Nachlassverwalter als dem Schuldner des unwirksam abgetretenen Herausgabeanspruchs den unmittelbaren Besitz erlange und zu dieser Zeit noch gutgläubig sei. Die hier gemachte Prämisse, § 81 Abs 1 InsO stehe der Übertragung des dem Erben vom *Nachlassverwalter* gemittelten Besitzes auf einen Dritten und damit auch seiner Weiterübertragung durch den Dritten im Rahmen des § 934 entgegen, ist aber unzutreffend. Denn der Herausgabeanspruch des Erben gegen den Verwalter gehört überhaupt nicht zu dem der Nachlassverwaltung unterliegenden Aktivvermögen (dass dieser Anspruch erst nach Aufhebung der Nachlassverwaltung durchgesetzt werden kann, ändert nichts; entscheidend ist, dass der Nachlassverwalter *Schuldner* dieses Anspruchs ist und ihn deshalb ohnehin nicht verwerten kann). *Dennoch ist es richtig, dass jedenfalls so lange kein Gutglaubensschutz stattfindet, wie der Nachlassverwalter die Sache in seinem Besitz hat.* Dies ergibt eine analoge Anwendung des § 936 Abs 3 BGB. Danach erlischt das die Sache belastende Recht des Nachlassverwalters, falls dieser im Fall des § 931 der „dritte Besitzer" ist, auch dem gutgläubigen Erwerber gegenüber nicht. Im Übrigen sollte die hM, dass der sich aus § 1984 Abs 1 S 2 BGB iVm § 81 Abs 1 S 2 InsO ergebende Ausschluss der §§ 932 ff, 1032, 1207 nicht auch für Verfügungen eines nicht in der Position des Erben befindlichen Dritten gelte (s oben), nochmals gründlich überdacht werden (zB anhand der überzeugenden Gegenargumente von GERLAND KritV 46 [1905] 29, 45).

5. Entsprechende Anwendung der InsO

a) § 81 InsO

Abs 1 S 2 schreibt die entsprechende Anwendung des § 81 InsO vor. Soweit die in § 81 Abs 1 S 1 InsO angesprochene Unwirksamkeit von nach Verfahrenseröffnung vorgenommenen Verfügungen des Schuldners (Erben) oder die in § 81 Abs 1 S 2 InsO thematisierte Möglichkeit des gutgläubigen Erwerbs in Betracht kommt, sind die Konsequenzen dieser Verweisung bereits bei Rn 4, 8 ff beschrieben worden. Ergänzend ist auf § 81 Abs 3 InsO hinzuweisen, dessen entsprechende Anwendung auf die Nachlassverwaltung zu der Vermutung führt, dass die am Tage des Wirksamwerdens (Rn 2 f) der Anordnung der Nachlassverwaltung vorgenommenen Verfügungen des Erben *nach* Inkrafttreten der Nachlassverwaltung vorgenommen worden sind. In entsprechender Anwendung des § 81 Abs 1 S 3 InsO ist dem, der vom Erben unwirksam erworben hat, die Gegenleistung aus dem Nachlass zurückzugewähren, soweit dieser durch jene bereichert ist (ausf zu § 81 Abs 1 S 3 InsO MAROTZKE, Gegenseitige Verträge im neuen Insolvenzrecht [3. Aufl 2001] Rn 7.113 ff). Soweit es um die Rückgewähr aus dem Nachlass (Gegensatz: aus dem Eigenvermögen des Erben) geht, gilt die aus den Schlussworten des § 81 Abs 1 S 3 InsO ersichtliche Beschränkung des Anspruchs auf die tatsächlich vorhandene Bereicherung auch für konkurrierende sonstige Anspruchsgrundlagen (zB §§ 323 ff, 346 ff BGB); es sei denn, der

Vertragspartner wäre im Nachlassinsolvenzverfahren sogar zur Aussonderung, § 47 InsO, berechtigt (zB weil er nur unter Eigentumsvorbehalt geliefert hatte und inzwischen das Rücktrittsrecht des § 323 BGB erworben und ausgeübt hat). Oft wird die Gegenleistung überhaupt nicht in den Nachlass, sondern in das Eigenvermögen des Erben gelangt sein. Nachlasszugehörigkeit kraft dinglicher Surrogation (s § 1978 Rn 17) ist wegen der Unwirksamkeit der eigenen Verfügung des Erben fernliegend. Anders jedoch bei nachträglicher Genehmigung durch den Nachlassverwalter (s Rn 10).

b) § 82 InsO

18 Zu den Vorschriften, deren entsprechende Anwendung Abs 1 S 2 vorschreibt, gehört auch § 82 InsO. Ist nach wirksamer (Rn 2) Anordnung der Nachlassverwaltung an den Erben eine Leistung erbracht worden, für die nach § 1984 Abs 1 S 1 allein der Nachlassverwalter empfangszuständig war, so wird der Leistende analog § 82 Satz 1 InsO befreit, wenn er zur Zeit der Leistung von der Nachlassverwaltung nichts wusste. Hat er vor der öffentlichen Bekanntmachung (§ 1983) der Anordnung der Nachlassverwaltung geleistet, so wird analog § 82 Satz 2 InsO vermutet, dass er die Anordnung nicht kannte. Erfolgte die Leistung hingegen erst nach der öffentlichen Bekanntmachung des Anordnungsbeschlusses, so ist es Sache des Leistenden, seine Unkenntnis zu beweisen. Dies folgt aus der Fassung des § 82 Satz 1 InsO iVm einem Umkehrschluss aus § 82 Satz 2 InsO. In den Fällen des § 893 BGB, der analog § 81 Abs 1 S 2 InsO (Rn 17) „unberührt" bleibt und auch dem § 82 InsO vorgeht (HK-InsO/ EICKMANN[4] § 82 Rn 2, 6 f; iE ebenso wohl HK-InsO/KAYSER[5] § 82 Rn 4, 8), richten sich der Schutz des guten Glaubens und die Beweislast allein nach § 892 BGB (der u a die Unrichtigkeit des Grundbuchs, hier also das Fehlen des bei Rn 12 f thematisierten Hinweises auf die Nachlassverwaltung, voraussetzt). Die Zustellung einer Mitteilung über die Anordnung der Nachlassverwaltung an den Schuldner steht seiner Kenntnis von der Anordnung nicht gleich (BGB-RGRK/JOHANNSEN Rn 14; ERMAN/SCHLÜTER Rn 3 aE; vgl auch RGZ 87, 412, 416 f). **Unabhängig von dem in § 82 InsO thematisierten guten Glauben** des Leistenden war bis zum Inkrafttreten der InsO gesetzlich ausdrücklich klargestellt (§ 1984 Abs 1 S 2 BGB iVm § 8 Abs 1 KO), dass eine Leistung, die auf eine zu Händen des Nachlassverwalters zu erfüllende Verbindlichkeit an den eigentlich nicht mehr empfangszuständigen Erben erfolgt, den Erfüllenden gleichwohl von seiner Schuld befreite, soweit das Geleistete in die Nachlassmasse, also in die Hände des Verwalters, gekommen ist. Da eine „Bereicherung" nicht verlangt wurde, hielt man es sogar für gleichgültig, ob das Geleistete sich noch im Nachlass befindet oder ersatzlos verloren gegangen ist (vgl STAUDINGER/MAROTZKE [1996] Rn 18; ebenso noch heute MünchKomm/KÜPPER Rn 5). Seit § 1984 Abs 1 S 2 BGB nicht mehr auf § 8 KO, sondern auf den an dessen Stelle getretenen § 82 InsO verweist, muss die Frage neu überdacht werden. Denn § 82 InsO enthält trotz des Hinweises in der Begründung des RegE, dass es sich um eine zwar redaktionell verkürzte, jedoch inhaltlich unveränderte Übernahme des § 8 KO handele (BT-Drucks 12/2443, 136), keine direkte Nachfolgeregelung zu § 8 *Abs 1* KO. Es spricht jedoch viel dafür, den bisherigen § 8 Abs 1 KO als lediglich deklaratorische Vorschrift anzusehen, deren Inhalt auch ohne ausdrückliche Regelung gilt. Davon gehen, zumindest konkludent, wohl auch die meisten Kommentare zur InsO aus (vgl MünchKommInsO/OTT[2] § 82 Rn 2 [Gelange das Geleistete nicht nur de iure gem § 35 Alt 2 InsO, sondern „auch faktisch" in die Insolvenzmasse, so trete „Befreiung ungeachtet der gegenüber § 8 Abs 1 KO geänderten Fassung des § 82 Satz 1" InsO ein]; BRAUN/KROTH[4] InsO § 82 Rn 3, 6; HK-

InsO/Eickmann[4] § 82 Rn 3 ff; wohl auch Kübler/Prütting/Bork/Lüke [Dez 2009] § 82 Rn 1 ff; aM anscheinend Hess InsO [2007] § 82 Rn 4).

c) Sonstige InsO-Analogien 19

Die in Abs 1 S 2 enthaltene Aufzählung der insolvenzrechtlichen Vorschriften, die auf die Nachlassverwaltung analog anwendbar sind, ist unvollständig. Entsprechend anwendbar sind zB auch § 27 Abs 3 InsO (str; s Rn 2), §§ 115–117 InsO (Rn 4), §§ 32, 33, 200 Abs 2 S 2 InsO (Rn 12 f, § 1988 Rn 19), § 47 S 2 InsO (Rn 17 aE), § 13 Abs 2 InsO (§ 1981 Rn 2, § 1988 Rn 10), § 36 InsO (§ 1985 Rn 19), § 83 Abs 1 InsO (§ 1985 Rn 19) und vielleicht auch § 148 Abs 2 InsO (s § 1985 Rn 13).

6. Prozessführung

a) Mit der Befugnis, über den Nachlass zu verfügen (Abs 1 S 1), verliert der Erbe 20 auch das Recht, zum Nachlass gehörende Ansprüche gerichtlich geltend zu machen. Umgekehrt kann ein vermögensrechtlicher (Rn 21, 23) Anspruch, der sich gegen den Nachlass richtet, nur gegen den Nachlassverwalter geltend gemacht werden (Abs 1 S 3). In beiden Fällen geht also die **Prozessführungsbefugnis** des Erben auf den Nachlassverwalter über (vgl auch § 1985 Rn 4). Eine dennoch erhobene Klage des Erben wirkt nicht verjährungshemmend nach § 204 Abs 1 Nr 1 (vgl BGHZ 46, 221, 229 f = LM § 1984 Nr 2 m Anm Mattern – noch zu § 209 Abs 1 aF). Der gegen den Nachlassverwalter erhobenen Leistungsklage eines Nachlassgläubigers fehlt das *Rechtsschutzbedürfnis* nicht allein deshalb, weil im konkreten Fall die Möglichkeit besteht, dass der Kläger wegen ihm vorgehender Sicherungsrechte anderer Gläubiger ohnehin leer ausgeht (BGH FamRZ 1984, 473 = WM 1984, 426 f = ZIP 1984, 424 f).

b) Ein gegen den Erben anhängiger **Prozess** oder ein Prozess, den der Erbe als 21 Kläger führt, wird, wenn er den Nachlass betrifft, durch die Anordnung der Nachlassverwaltung gem § 241 Abs 3 ZPO **unterbrochen**, falls der Erbe nicht durch einen Prozessbevollmächtigten vertreten ist (§ 246 ZPO). Die Unterbrechung endet, wenn der Nachlassverwalter dem Gegner von seiner Bestellung Anzeige macht oder der Gegner seine Absicht, das Verfahren fortzusetzen, dem Gericht angezeigt und das Gericht diese Anzeige von Amts wegen zugestellt hat (vgl § 241 Abs 1 ZPO).

Da der Nachlassverwalter nur die den *Nachlass* betreffenden Prozesse zu führen hat, ist § 241 ZPO unanwendbar, wenn es sich um einen *nicht vermögensrechtlichen* Prozess handelt; es sei denn, dass nach dem Tod des Erblassers nur noch die Kosten streitig sind (vgl Stein/Jonas/Roth[22] ZPO § 241 Rn 10). Die Unterbrechung tritt auch nur ein, *soweit* der Rechtsstreit den Nachlass betrifft. Einige Autoren nehmen deshalb an, dass der Prozess über eine Nachlassverbindlichkeit dann, wenn der Erbe für sie unbeschränkt haftet (zB wegen §§ 1994 Abs 1 S 2, 2005 Abs 1), hinsichtlich der Inanspruchnahme des nicht zum Nachlass gehörenden Erbenvermögens nicht unterbrochen werde, sondern gegen den Erben weitergehe (Staudinger/Lehmann[11] Rn 13; ebenso MünchKomm/Küpper Rn 6, 7; Stein/Jonas/Roth[22] ZPO § 241 Rn 10). Dem ist nicht zuzustimmen. Eine Fortsetzung des Prozesses gegen den Erben kommt nur in Betracht, wenn der Gläubiger ausdrücklich darauf besteht (vgl Eccius Gruchot 43 [1899] 603, 625) und außerdem darauf verzichtet, seinen Anspruch auch gegen den Nachlassverwalter zu verfolgen. Andernfalls hätte man ohne zwingenden Grund – zur

Zwangsvollstreckung in das Eigenvermögen des unbeschränkt haftenden Erben genügt ein gegen den *Nachlassverwalter* ergangenes Urteil (vgl §§ 780 Abs 2, 781 ZPO und unten Rn 24) – *zwei* Rechtsstreitigkeiten über *eine und dieselbe* Nachlassverbindlichkeit.

Besteht *Streit über die Nachlasszugehörigkeit des Prozessgegenstandes,* so kann darüber in dem anhängigen Prozess nur im Zusammenhang mit der von einer der Parteien oder dem Nachlassverwalter versuchten Fortsetzung oder Aufnahme entschieden werden; ggf muss Zwischenfeststellungs- oder -widerklage nach § 256 Abs 2 ZPO erhoben werden (STEIN/JONAS/ROTH[22] ZPO § 241 Rn 11; BGB-RGRK/JOHANNSEN Rn 20).

Wird in der *Revisionsinstanz* zur Begründung eines Aussetzungsantrags nachgewiesen, dass nach Erlass des Berufungsurteils die Nachlassverwaltung angeordnet worden ist, so muss das Revisionsgericht diese Tatsache auch sachlich berücksichtigen (RG JW 1938, 1025).

22 c) **Der Erbe** kann eine Nachlassforderung bei bestehender Nachlassverwaltung nur dann **als Kläger** gerichtlich geltend machen, wenn er vom Nachlassverwalter dazu ermächtigt wurde und ein eigenes schutzwürdiges Interesse an der Prozessführung im eigenen Namen hat. Ein solches Interesse ergibt sich idR schon daraus, dass der Erbe nach wie vor Träger des materiellen Rechts ist (BGHZ 38, 282 m Anm JOHANNSEN LM § 1984 Nr 1; NIRK NJW 1963, 297; BÖTTICHER JZ 1963, 582). Unzulässig ist die Prozessstandschaft jedoch, wenn der geltend gemachte Anspruch für den Erben ohne Bedeutung ist oder wenn die Prozessstandschaft gegen die guten Sitten verstößt, etwa weil ihr einziger Zweck darin besteht, das Prozessrisiko zu Lasten des Gegners zu mindern oder auszuschließen (BGHZ 38, 282, 287).

Im Finanzgerichtsprozess ist der Nachlassverwalter bzgl eines Rechtsstreits über gegen den Erblasser ergangene Steuerbescheide allein prozessführungsbefugt; im Verhältnis zwischen ihm und dem Erben besteht keine notwendige Streitgenossenschaft (BFH NJW 1977, 1472).

23 d) **Gem Abs 1 S 3 kann ein Anspruch, der sich gegen den Nachlass richtet, nur gegen den Nachlassverwalter geltend gemacht werden**. Dies gilt auch, wenn damit zu rechnen ist, dass vorrangige Sicherungsrechte anderer Gläubiger und die Verfahrenskosten zur vollständigen Aufzehrung des Nachlasses führen werden (zum Rechtsschutzinteresse in solchen Fällen vgl Rn 20). Es gibt jedoch Nachlassverbindlichkeiten, die nicht durch Aufwendung von Vermögenswerten, sondern nur durch ein Verhalten des Erben erfüllt werden können (zB Auskunftspflichten; zur Vererblichkeit vgl § 1967 Rn 10). Derartige Ansprüche werden von Abs 1 S 3 nach Sinn und Zweck nicht erfasst (vgl BOEHMER, RG-FS III [1929] 216, 253). Mit Ansprüchen, die sich „gegen den Nachlass" richten, meint die Vorschrift solche, die der Nachlassverwalter gem § 1985 Abs 1 „aus dem Nachlass" zu berichtigen hat. Daran fehlt es bei dem Anspruch eines Pflichtteilsberechtigten auf Auskunftserteilung über den Nachlass (§ 2314); dieser Anspruch kann deshalb auch während einer Nachlassverwaltung gegen den Erben geltend gemacht werden (OLG Celle MDR 1960, 402 mwNw; ebenso für den Fall des Nachlasskonkurses RG BayZ 1920, 78). Gleiches gilt für Ansprüche, deren Erfüllung „aus dem Nachlass" zwar möglich ist, aber nicht verlangt wird, etwa weil es sich um eine

Titel 2 · Haftung des Erben für die Nachlassverbindlichkeiten § 1984
Untertitel 3 · Beschränkung der Haftung des Erben 24

Nachlass*erben*schuld handelt (s § 1967 Rn 5 ff) und der Gläubiger nicht die erbrechtliche, sondern die von dieser unabhängige (§ 1967 Rn 7) persönliche Haftung des Erben geltend macht.

Erhebt ein Gläubiger wegen eines Anspruchs, der sich in dem soeben beschriebenen 24 Sinn „gegen den Nachlass" richtet, nach Anordnung der Nachlassverwaltung **Klage gegen den Erben**, so ist diese selbst dann abzuweisen, wenn der Erbe sich nicht auf Abs 1 S 3 beruft (OLG Posen OLGE 2 [1901/I] 160 f; JAEGER LZ 1913, 694). Auch eine während der Nachlassverwaltung ausdrücklich auf Befriedigung *nur* aus dem Eigenvermögen des Erben gegen diesen erhobene Klage eines Nachlassgläubigers ist abzuweisen, wenn nicht feststeht, dass der Erbe dem Kläger unbeschränkt haftet (vgl auch ECCIUS Gruchot 43 [1899] 603, 624 f; OLG Celle WM 2009, 2235, 2236 f). Manche Autoren halten es für zulässig, die Frage der Haftungsbeschränkung in das Vollstreckungsverfahren zu verweisen und den Erben unter dem Vorbehalt des § 780 ZPO zu verurteilen (STAUDINGER/LEHMANN¹¹ Rn 15; LANGE/KUCHINKE § 49 III 5; vgl auch G und M SIEGMANN StVj 1993, 337, 342 [Fn 21], 346). Dagegen spricht jedoch, dass die unbeschränkte Haftung des Erben eine positive Voraussetzung dafür ist, dass sich der Anspruch des Nachlassgläubigers nicht nur gegen den Nachlass, sondern auch gegen das übrige Vermögen des Erben richtet und dieser deshalb trotz des von Amts wegen zu beachtenden § 1984 Abs 1 S 3 verklagt werden kann (zust DAUNER-LIEB, in: FS Gaul [1997] 93, 99; vgl auch MünchKomm/KÜPPER Rn 7). Soweit sich der Anspruch eines Nachlassgläubigers auch gegen das *Eigenvermögen* des Erben richtet (weil dieser zumindest ihm gegenüber unbeschränkt haftet), unterliegt er nicht dem Abs 1 S 3 und kann er deshalb auch gegen den Erben (vgl STAUDINGER/LEHMANN¹¹ Rn 15; ECCIUS Gruchot 43 [1899] 603, 624; JAEGER LZ 1913, 694; nicht direkt zu diesem Fall das OLG Celle aaO) oder im Insolvenzverfahren über dessen Eigenvermögen (vgl §§ 52, 331 Abs 1 InsO [zum Sonderfall der Nachlass*erben*schuld vgl soeben Rn 23 und § 1967 Rn 7]) geltend gemacht werden. Soweit der Gläubiger Befriedigung aus dem *Nachlass* begehrt, kann er seinen Anspruch aber auch bei unbeschränkter Erbenhaftung nur gegen den Nachlassverwalter geltend machen (§ 2013 erklärt § 1984 Abs 1 S 3 nicht für unanwendbar). Ein Nachlassgläubiger, der seinen Anspruch während der Nachlassverwaltung einklagen will, wird seine Klage also auch bei unbeschränkter Erbenhaftung zweckmäßigerweise gegen den Verwalter richten (und nicht zugleich gegen den Erben, zumal für solch eine Ausweitung des Konflikts das Rechtsschutzbedürfnis fehlen dürfte, da der Gläubiger nach antragsgemäßer *Verurteilung* des bereits beklagten Nachlassverwalters auch in das Eigenvermögen des Erben vollstrecken könnte [vgl §§ 780 Abs 2, 781, 784 Abs 1 aE ZPO] und nach *Abweisung* der gegen den Nachlassverwalter erhobenen Klage als unbegründet für eine Mithaftung des Erbenvermögens kein Raum bliebe). Obsiegt der Gläubiger, so kann er sowohl in den Nachlass als auch – nach Umschreibung seines gegen den Verwalter erlangten Titels gegen den Erben analog § 728 Abs 2 ZPO (vgl auch § 327 Abs 2 ZPO sowie unten Rn 25 und LORITZ ZZP 95 [1982] 310, 327 ff mit Fn 123) – noch während der Nachlassverwaltung (vgl § 728 Abs 2 S 2 HS 2 ZPO) in das Eigenvermögen des Erben vollstrecken (**aM** aus eher theoretischen Gründen DAUNER-LIEB, in: FS Gaul [1997] 93, 102). Wie eine Klage gegen den Erben setzt aber auch die analoge Anwendung des § 728 Abs 2 S 2 HS 2 ZPO (Titelumschreibung schon vor Aufhebung der Nachlassverwaltung) voraus, dass der Erbe dem Gläubiger unbeschränkt haftet. Ist das nicht der Fall bzw nicht nachweisbar, so kann die erforderliche (Rn 25) Titelumschreibung gegen den Erben wegen § 1984 Abs 1 S 3 erst nach Aufhebung der Nachlassverwaltung erfolgen. Auch dies ist jedoch eine realistische Möglichkeit; für eine *Klage* gegen den Erben fehlt jedenfalls das Rechtsschutzbedürfnis (BGHZ 113, 132, 136 f = NJW 1991, 844, 845). Haftet der Erbe auch nach Aufhebung der Nachlassverwaltung noch beschränkt (dazu § 1986 Rn 9 f), so kann er dies in der Zwangsvollstreckung geltend machen, auch wenn die gegen ihn umgeschriebene Verurteilung des Nachlassverwalters nicht den Vorbehalt der beschränkten Erbenhaftung ausspricht (§ 780 Abs 2 ZPO).

25 **Soll aus einem gegen den Nachlassverwalter ergangenen Urteil in das Eigenvermögen des Erben vollstreckt werden**, so bedarf es stets einer vollstreckbaren Ausfertigung gegen die als Erbe angesehene Person (vgl auch STAUDINGER/MAROTZKE [2008] § 1958 Rn 9; FIRSCHING/GRAF Rn 4.831). Denn das Erbrecht kann streitig sein, und die Person des Erben kann während der Nachlassverwaltung gewechselt haben (zB durch Erbausschlagung, Anfechtung der Erbschaftsannahme). Die Feststellung, wer Erbe ist, darf nicht dem Vollstreckungsorgan überlassen werden.

Eine bereits gegen den Nachlassverwalter begonnene Zwangsvollstreckung kann jedoch analog § 779 ZPO in den Nachlassrest fortgesetzt werden, der dem Erben nach Aufhebung der Nachlassverwaltung herausgegeben wurde. Wegen § 1986 wird dieser Fall aber nur selten eintreten.

IV. Zwangsvollstreckungen und Arreste

26 **1. Vollstreckungsmaßnahmen der Nachlassgläubiger in den Nachlass, die vor Inkrafttreten der Nachlassverwaltung erfolgt sind**, bleiben unberührt und nehmen ihren Fortgang (Prot V 813; anders §§ 88 f, 321 InsO für das Nachlassinsolvenzverfahren). Da es hier nicht um den Beginn (§ 750 Abs 1 ZPO), sondern um die Fortsetzung der Zwangsvollstreckung geht, bedarf es keiner vollstreckbaren Ausfertigung gegen den Nachlassverwalter (vgl auch die Parallele des § 779 ZPO sowie OLG Breslau OLGE 26 [1913/I] 380 und für den Fall der Testamentsvollstreckung BROX/WALKER[8], Zwangsvollstreckungsrecht Rn 122).

27 Ein Nachlassgläubiger, der **nach Inkrafttreten der Nachlassverwaltung** aufgrund eines vorher gegen den Erblasser oder den Erben ergangenen Urteils die Zwangsvollstreckung in den Nachlass beginnen will, bedarf wegen § 750 Abs 1 ZPO einer vollstreckbaren Ausfertigung gegen den Nachlassverwalter (LORITZ ZZP 95 [1982] 310, 314/315, 329 f; JASPERSEN Rpfleger 1995, 243 f; DAUNER-LIEB, in: FS Gaul [1997] 93, 104; STEIN/JONAS/MÜNZBERG[22] ZPO § 727 Rn 27 ff, 31; BAUMBACH/HARTMANN[68] ZPO § 727 Rn 18; SOERGEL/STEIN Rn 9; JAUERNIG/STÜRNER §§ 1984, 1985 Rn 7 aE; offengelassen in BGH WM 1967, 68 f; **aM** wegen der Rechtsnatur der Nachlassverwaltung als bes Art der Nachlass*pflegschaft* OLG München BayZ 1906, 251 und – ohne eigene Begründung – PALANDT/EDENHOFER Rn 4; ERMAN/SCHLÜTER Rn 5; AK-BGB/TEUBNER Rn 18; BGB-RGRK/JOHANNSEN Rn 21; PLANCK/FLAD Anm 3 a τ; FIRSCHING/GRAF [9. Aufl 2008] Rn 4.831). Das folgt nicht nur aus dem mehr formalen Aspekt, dass der Nachlassverwalter von der Rspr nicht als gesetzlicher Vertreter des Erben, sondern als Partei kraft Amtes angesehen wird (s § 1985 Rn 2), sondern auch aus einer Analogie zu §§ 748 Abs 1, 749 ZPO (vgl LORITZ ZZP 95 [1982] 310, 329 f und – zur Zwangsvollstreckung gegen einen Konkursverwalter – OLG Stuttgart NJW 1958, 1353 m abl Anm v KLEYBOLTE). Anders als den nach § 1960 oder § 1961 bestellten Nachlasspfleger kann man den Nachlassverwalter als Nachfolger (§ 727 ZPO) in das dem Erben nach § 1984 Abs 1 verlustig gegangene Verfügungs- und Prozessführungsrecht ansehen.

Eine entspr Anwendung der §§ 748, 749 ZPO auf die Vollstreckung von Urteilen in den Nachlass, die vor Anordnung der Nachlassverwaltung gegen den Erben ergangen sind, ist auch deshalb geboten, weil nur so von vornherein „ausgeschlossen" (vgl § 1984 Abs 2) werden kann, dass zugunsten eines Gläubigers, der nicht Nachlassgläubiger ist, Zwangsvollstreckungen und Arreste in den Nachlass erfolgen (s auch Rn 28). Ein erst nach Anordnung der Nachlassverwaltung ergangenes Urteil gegen den *Erben* kann vor Aufhebung der Nachlassverwaltung nicht in den Nachlass vollstreckt werden (vgl § 1984 Abs 1 S 3 und OLG Breslau OLGE 18 [1909/I] 411 f).

2. Zwangsvollstreckungsmaßnahmen der Eigengläubiger in den Nachlass sind nach **Anordnung der Nachlassverwaltung** „ausgeschlossen" (Abs 2). Dies ist von Amts wegen zu beachten (ebenso STAUDINGER/REIMANN [2003] § 2214 Rn 4 zu dem nicht strenger gefassten § 2214; KILGER/SCHMIDT, Insolvenzgesetze [1997], Anm 8a zu dem vergleichbar streng formulierten § 47 VerglO [inzwischen aufgehoben] sowie zu dem ebenfalls vergleichbaren § 89 Abs 1 InsO JAEGER/ECKARDT, InsO § 89 Rn 70 mwNw; vgl auch RG LZ 1907, 839 f = Recht 1907, 1412 Nr 3574: zur Beseitigung nach § 1984 Abs 2 „ausgeschlossener" Vollstreckungsmaßnahmen bedürfe es nicht des § 784 Abs 2 ZPO; **aM** wohl BAUMBACH/HARTMANN[68] ZPO § 784 Rn 3), und zwar bereits im Verfahren über die für eine Zwangsvollstreckung in das der Nachlassverwaltung unterliegende Vermögen meist erforderliche (Rn 26, 27) Vollstreckungsklausel gegen den Verwalter (ebenso mit ausf Begr DAUNER-LIEB, in: FS Gaul [1997] 93, 105 ff; vgl auch JAEGER/ECKARDT, InsO § 89 Rn 56 für das Vollstreckungsverbot des § 89 Abs 1 InsO). Hat das Gericht einem Eigengläubiger des Erben zu Unrecht die Vollstreckungsklausel gegen den Nachlassverwalter erteilt und vollstreckt der Gläubiger in den Nachlass, so kann der Nachlassverwalter nicht nach §§ 784 Abs 2, 785 ZPO die Aufhebung dieser Vollstreckungsmaßregeln verlangen; denn er ist durch die gegen ihn gerichtete Vollstreckungsklausel gehindert, geltend zu machen, dass sich der Anspruch nicht gegen den Nachlass richte. Der Verwalter muss also nach § 732 oder § 768 ZPO gegen die Klausel vorgehen (iE ebenso JASPERSEN Rpfleger 1995, 243, 246). Hat er damit Erfolg, so entfällt wegen §§ 775 Nr 1, 776 S 1 ZPO das Rechtsschutzbedürfnis für eine Klage nach §§ 784 Abs 2, 785 ZPO. – *Beginnt* (Rn 26 f) ein Nachlass- oder Eigengläubiger, dessen Titel nicht gegen den Nachlassverwalter umgeschrieben ist, nach Anordnung der Nachlassverwaltung in den Nachlass zu vollstrecken, so steht dem Nachlassverwalter wegen Verletzung des § 750 ZPO die Erinnerung nach § 766 ZPO zu. Auch hier bedarf es zur Abwehr der Eigengläubiger vom Nachlass also nicht unbedingt des § 784 Abs 2 ZPO. Anders nur, wenn ein Eigengläubiger des Erben in einen noch in *dessen* Gewahrsam (§ 808 Abs 1 ZPO) befindlichen Nachlassgegenstand vollstreckt; denn zur Vollstreckung gegen den *Erben* bedarf es ja keiner Klausel gegen den *Verwalter* (vgl zu dem letztgenannten Fall auch DAUNER-LIEB, in: FS Gaul [1997] 93, 103, 107).

Vor Anordnung der Nachlassverwaltung sind Vollstreckungsmaßnahmen der Eigengläubiger in den Nachlass durch § 1984 Abs 2 nicht ausgeschlossen; sie sind ab Annahme der Erbschaft zulässig (§ 778 Abs 2 ZPO). Ist die Nachlassverwaltung angeordnet, so kann der Verwalter nach § 784 Abs 2 ZPO die Aufhebung dieser vor Verfahrenseröffnung erfolgten Vollstreckungsmaßnahmen verlangen (RG LZ 1907, 839 f = Recht 1907, 1412 Nr 3574). Auch wenn er dies nicht tut, dürfte eine *Fortsetzung der Zwangsvollstreckung* nun durch die sehr scharf formulierte Vorschrift des § 1984 Abs 2 „ausgeschlossen" sein (vgl RG aaO; nicht anders wohl WIECZOREK/PAULUS[3], ZPO § 784 Rn 8; **aM** WIECZOREK[2], ZPO § 784 Anm B I und BAUMBACH/HARTMANN[68], ZPO § 784 Rn 3). Eine Anwendung des § 781 ZPO auf diesen Fall (so WIECZOREK[2] aaO) kommt nicht in

Betracht; einer Analogie steht neben § 1984 Abs 2 auch noch der Umstand entgegen, dass der Nachlassverwalter wegen einer Eigenverbindlichkeit des Erben weder beschränkbar noch beschränkt, sondern überhaupt nicht haftet. – Soweit der Nachlassverwalter gegen *nach* Verfahrenseröffnung erfolgte Vollstreckungsmaßnahmen eines Eigengläubigers gem §§ 784 Abs 2, 785 ZPO vorgehen kann (Rn 28), soll nach hM die Erinnerung nach § 766 ZPO ausgeschlossen sein (ERMAN/SCHLÜTER Rn 5; SOERGEL/STEIN Rn 9; WIECZOREK[2], ZPO § 784 Anm B I; wohl auch WIECZOREK/PAULUS[3], ZPO § 784 Rn 10). Für den Fall, dass sich die Erinnerung dagegen richtet, dass der Gläubiger (gleich ob Nachlass- oder Eigengläubiger des Erben) ohne eine gegen den Verwalter gerichtete Klausel vollstreckt (Rn 28), kann dem nicht zugestimmt werden.

30 **Auch wenn der Erbe unbeschränkt haftet**, müssen sich die *Eigengläubiger* die soeben umschriebenen Beschränkungen gefallen lassen. Die Anordnung der Nachlassverwaltung beschränkt sie auf den Überschuss, der nach Befriedigung oder Sicherstellung der Nachlassgläubiger übrigbleibt. Sie können sich den Anspruch des Erben gegen den Nachlassverwalter auf Herausgabe des künftigen Überschusses pfänden und zur Einziehung überweisen lassen (vgl §§ 828 ff, 835 ff, 844 ff ZPO; § 1986 Rn 5; RIESENFELD II 86; BGB-RGRK/JOHANNSEN Rn 22; PALANDT/EDENHOFER Rn 4; ERMAN/SCHLÜTER Rn 5).

31 3. **Zwangsvollstreckungsmaßnahmen der Nachlassgläubiger in sein Eigenvermögen** (zB OLG Frankfurt NJW-RR 1998, 160) bekämpft der Erbe nach §§ 780, 781, 784 Abs 1, 785 ZPO, also durch Klage (§ 767 ZPO) und notfalls Beantragung einstweiliger Maßnahmen nach §§ 769, 770 ZPO. Jedoch darf er das Haftungsbeschränkungsrecht noch nicht verloren haben.

32 4. Unanwendbar sind § 1984 Abs 2 BGB und § 784 ZPO auf die **Pfändung eines Miterbenanteils** (str; vgl § 2058 Rn 10 ff).

V. **Aufrechnung**

33 Ähnlich wie eine Zwangsvollstreckung (Rn 26 ff) wirkt die Ausübung von Aufrechnungsbefugnissen (vgl STAUDINGER/GURSKY [2006] § 394 Rn 2 f und Vorbem 6 ff zu §§ 387 ff). Der Einfluss der Nachlassverwaltung ist bei § 1977 Rn 11 ff dargestellt.

§ 1985
Pflichten und Haftung des Nachlassverwalters

(1) Der Nachlassverwalter hat den Nachlass zu verwalten und die Nachlassverbindlichkeiten aus dem Nachlass zu berichtigen.

(2) Der Nachlassverwalter ist für die Verwaltung des Nachlasses auch den Nachlassgläubigern verantwortlich. Die Vorschriften des § 1978 Abs. 2 und der §§ 1979, 1980 finden entsprechende Anwendung.

Materialien: E II §§ 1859, 1861; III § 1960; Prot V 813–819; JAKOBS/SCHUBERT ER I 303, 599 ff.

Titel 2 · Haftung des Erben für die Nachlassverbindlichkeiten §1985
Untertitel 3 · Beschränkung der Haftung des Erben

Schrifttum

GRZIWOTZ, Die Veräußerung eines Handelsgeschäfts durch den Nachlaßverwalter, Betrieb 1990, 924
JACOBY, Das private Amt (2007).
Vgl auch die Schrifttumsangaben zu § 1984.

Systematische Übersicht

I.	**Aufgaben und Rechtsstellung des Nachlassverwalters im Allgemeinen**	1	4.	Die dem Recht des Nachlassverwalters unterliegenden Gegenstände — 19
II.	**Fremdwirkung von Rechtsgeschäften des Verwalters** —	5	5.	Berichtigung der Nachlassverbindlichkeiten — 26
III.	**Recht und Pflicht zur Verwaltung des Nachlasses**		IV.	**Anwendung von Vormundschaftsrecht, Aufsicht des Nachlassgerichts** 33
1.	Allgemeines —	9	V.	**Haftung des Nachlassverwalters** — 39
2.	Grundbuch —	12	VI.	**Staatshaftung** — 43
3.	Inbesitznahme des Nachlasses —	13		

Alphabetische Übersicht

Amtstheorie —	2 ff	Einkommensteuer —	9
Annahme der Erbschaft —	19	vgl auch „Steuerschulden"	
Armenrecht vgl „Prozesskostenhilfe"		Entlassung —	36
Aufgebot der Nachlassgläubiger —	9, 27, 31	Erbauseinandersetzung —	11
Aufhebung der Nachlassverwaltung —	30	Erbersatzansprüche —	29
Auflagen —	27, 29		
Aufschiebende Einreden —	27	Firma —	23
Aufsicht über Nachlassverwalter vgl „Nachlassgericht"		Gegenverwalter —	34
Aufwendungen des Erben —	16	Geld —	34 f
Auseinandersetzung unter Miterben —	11	Gesellschaftsanteil —	20 ff, 25
Ausgeschlossene Gläubiger —	27	Grundbuch —	12, 32
Auskunft —	15, 26		
Ausschlagung der Erbschaft —	19	Herausgabe des Nachlasses	
		– durch Erben —	13 ff
Bankguthaben —	34 f	– durch Beauftragten des Erben —	15
Berichtigung der Nachlassverbindlichkeiten vgl „Nachlassverbindlichkeiten"		– durch früheren Nachlassverwalter —	17
		– durch Testamentsvollstrecker —	17 f
Besitzerlangung des Verwalters —	13	Höchstpersönliche Rechtspositionen —	19 f
vgl auch „Herausgabe"			
		Insolvenz —	25, 29 f, 33
Eidesstattliche Versicherung —	15, 26	Inbesitznahme des Nachlasses —	13 ff
Eigengläubiger des Erben —	27	Inventar —	11, 37
		vgl auch „Nachlassverzeichnis"	

Inventarfrist	26, 37	Pflichtteilsrechte	29
		Prozessführung	4
Nacherbe	9	Prozesskosten	4
Nachlassgericht		Prozesskostenhilfe	3 f
– Aufsicht über Nachlassverwalter	9 f, 33 ff		
– Genehmigung von Rechtsgeschäften	33	Rechnungslegung	38
– Staatshaftung bei mangelnder Aufsicht	43	Rechtshandlungen des Verwalters	3 ff
Nachlassinsolvenzverfahren	29 f, 33	– Erwerbshandlungen	8
Nachlasspflegschaft, Nachlassverwaltung		– genehmigungsbedürftige Geschäfte	33 ff
als Pflegschaft	1	– Prozessführung	4
Nachlassverbindlichkeiten		– Verfügungen	6
– Auflagen	27, 29	– Verpflichtungsgeschäfte	5, 7
– ausgeschlossene	27		
– Berichtigung der	9 f, 26 ff	Schlussrechnung	38
– Erbersatzansprüche	29	Staatshaftung	43
– Pflichtteilsrechte	29	Steuerschulden	9, 26, 40
– Steuern	26, 40	Surrogation	8, 15, 42
– Vergütung des Verwalters	30		
– Vermächtnisse	27, 29	Überschuldung des Nachlasses	28 ff
Nachlassvergleichsverfahren	29	Unpfändbares Vermögen	19
Nachlassverwalter			
– Aufgaben	1, 9 ff	Verjährung	4
– Aufsicht über	10, 33 ff	Vermächtnisse	27, 29
– Entlassung des	36	Vermögensverzeichnis	26
– Insolvenz des	42	Verteilungsplan	27
– Insolvenzantragspflicht des	29 ff, 33	Vertragshilfe	25
– Rechtshandlungen des		Vertretertheorie	2 ff
vgl „Rechtshandlungen"		Verwaltung des Nachlasses	9, 33 ff
– Rechtsstellung	1 ff	Verwertung des Nachlasses	9
– Rücksichtnahme auf Erben	10	Vollmacht	24
– Verantwortlichkeit		Vorerbe	9
– – gegenüber dem Erben	10, 39		
– – gegenüber Nachlassgläubigern	40 ff	Zurückbehaltungsrecht des Erben	16
– Vergütungsanspruch	1, 30	Zwangsversteigerung eines Nachlass-	
– Wechsel in der Person	17, 41	grundstücks	32
Nachlassverzeichnis	15, 26, 37	Zwangsvollstreckung	
vgl auch „Inventar"		– der Eigengläubiger	27
		– der Nachlassgläubiger	13, 21
Organtheorie	2	– fruchtlose	26

I. Aufgaben und Rechtsstellung des Nachlassverwalters im Allgemeinen

1 1. § 1985 normiert in Abs 1 die Aufgaben und in Abs 2 die Verantwortlichkeit des Nachlassverwalters. Dabei kommen zwei wichtige **Unterschiede zwischen der Rechtsstellung des Nachlassverwalters und der eines nach § 1960 oder § 1961 bestellten Nachlasspflegers** zum Ausdruck: Obwohl auch der Nachlassverwalter ein Nachlasspfleger ist (vgl §§ 1975 BGB, 780 Abs 2 ZPO, 317 Abs 1 InsO) und wie dieser der Aufsicht des Nachlassgerichts untersteht (Rn 33 ff), hat er im Gegensatz zu dem nach § 1960 oder § 1961 bestellten Nachlasspfleger (s STAUDINGER/MAROTZKE [2008] § 1960 Rn 44) die primäre (§ 1975) Aufgabe, für die Befriedigung der Nachlassgläubiger zu sorgen; anders als dieser (§ 1960 Rn 53, 54) ist er deshalb nach Abs 2 auch den Nachlassgläubigern für die Verwaltung des Nachlasses verantwortlich. Weitere Unterschiede bestehen darin, dass zur Übernahme des Amtes eines Nachlassverwalters niemand gezwungen werden (§ 1981 Abs 3) und der Nachlassverwalter für seine Amtsführung eine Vergütung verlangen kann (§ 1987): Beides ist bei dem nach § 1960 oder § 1961 bestellten Pfleger anders (vgl STAUDINGER/MAROTZKE [2008] § 1960 Rn 33, 36). Außerdem bedingt der in § 1975 normierte Zweck der Nachlassverwaltung (Befriedigung der Nachlassgläubiger) eine Regelung, nach der der Erbe die Rechtsmacht, über den Nachlass zu verfügen, an den Verwalter verliert (§ 1984 Abs 1, vgl dagegen zu der entspr Frage bei der nach § 1960 oder § 1961 angeordneten Pflegschaft STAUDINGER/MAROTZKE [2008] § 1960 Rn 42 Abs 3). In wesentlichen Punkten ähnelt also die Rechtsstellung des Nachlassverwalters ungeachtet dessen, dass er wegen §§ 1975 BGB, 780 Abs 2 ZPO, 317 Abs 1 InsO auch als *Nachlasspfleger* bezeichnet werden darf, weniger derjenigen des nach § 1960 oder § 1961 bestellten Nachlasspflegers als derjenigen des Nachlassinsolvenzverwalters (§§ 80 ff, 60 ff, 63 ff InsO).

2. Die rechtliche Stellung des Nachlassverwalters entspricht also weitgehend der eines (Nachlass-)Insolvenzverwalters (RGZ 61, 222; 65, 287 f; 135, 305, 307; vgl auch BGHZ 38, 281, 284; OLG Braunschweig OLGZ 1988, 392, 394). Hier wie dort stehen sich verschiedene Theorien gegenüber, deren Ausgangspunkte im Wesentlichen die sog Amtstheorie und die verschiedenen Vertretungstheorien sind (zu modifizierenden Theorien, zB der Theorie des neutralen Handelns und der Organtheorie, vgl JAEGER/WINDEL, InsO § 80 Rn 11 ff, 16 ff).

Nach der **Amtstheorie**, die das RG (RGZ 29, 29, 37) für den Konkursverwalter entwickelt und an der es für ihn wie auch für den Nachlassverwalter festgehalten hat (RGZ 61, 222; 65, 287 f; 151, 57, 64), hat der Nachlassverwalter nicht „die Stellung eines gesetzlichen Vertreters des Erben oder der Nachlassgläubiger oder beider zusammen", sondern die eines „amtlich bestellten Organs zur Verwaltung einer fremden Vermögensmasse mit eigener Parteistellung im Rechtsstreit" (RGZ 135, 305, 307; vgl auch OLG Braunschweig OLGZ 1988, 392, 394; KG MDR 2006, 694 = FamRZ 2006, 559 = FGPrax 2006, 76).

Die sog **Vertretertheorien** erblicken in ihm den gesetzlichen Vertreter bald des Nachlasses iS eines als juristische Person zu behandelnden Sondervermögens, bald des Erben (STAUDINGER/LEHMANN[11] § 1975 Rn 7 mwNw), bald auch der Nachlassgläubiger, soweit es sich um Geltendmachung von deren Rechten handelt (vgl für den Konkursverwalter JAEGER [bis 6./7. Aufl] Anm 1 ff zu § 6 KO).

Stellungnahme: Man sollte den Meinungsstreit nicht überbewerten. Mit Recht ist darauf hingewiesen worden, dass der amtliche Charakter der Rechtsstellung eines Verwalters fremden Vermögens nicht ausschließt, den Verwalter gleichzeitig als Vertreter des Vermögenssubjekts anzusehen (ERMAN/SCHLÜTER § 1975 Rn 3). ZB wird auch der Vormund gerichtlich ernannt, und dennoch ist er Vertreter des Mündels. Dementsprechend ist auch beim Nachlassverwalter anzuerkennen, dass er zwar ein Amt bekleidet (§ 1987), aber gleichzeitig Vertreterbefugnisse hat (ausführlich STAUDINGER/LEHMANN[11] § 1975 Rn 7 mwNw). Auch ist zu bedenken, dass es schlimmste Begriffsjurisprudenz wäre, wenn man sich zunächst für die eine oder die andere Theorie entscheiden würde, um aus ihr sodann in rein deduktiver Methode Lösungen für Konflikte herzuleiten, die bei der Entscheidung für die betreffende Theorie möglicherweise nicht bedacht worden sind. Im Vordergrund der Überlegungen hat stets zu stehen, dass der Nachlassverwalter nicht eigene, sondern fremde Rechte geltend macht, dass es dem Zweck der Nachlassverwaltung am besten entspricht, wenn die Rechtshandlungen des Verwalters für und gegen den Erben wirken, *soweit* er Träger des Nachlasses ist, dass aber andererseits die Personen, mit denen der Nachlassverwalter rechtsgeschäftlich verkehrt, sich an diesen persönlich halten können müssen, wenn er sein Handeln „als Verwalter des Nachlasses des X" nicht erkennbar (§ 164 Abs 2) zum Ausdruck bringt (Rn 5 ff). Man wird also selbst dann, wenn man der Amtstheorie folgt, gewisse Analogien zum Stellvertretungsrecht nicht scheuen dürfen (vgl zB BGHZ 30, 67, 69: Analogie zu § 181; ferner RGZ 80, 416, 418: Analogie zu § 177 bei Vertragsschluss aufgrund einer in Wahrheit nicht bestehenden Amtsstellung), bzw auch dann, wenn man den Nachlassverwalter als gesetzlichen Vertreter des Erben ansieht, die Anwendung des § 116 Abs 1 Nr 1 ZPO (Prozesskostenhilfe für die Partei kraft Amtes) nicht in Frage stellen dürfen. Wenn man sich dessen bewusst ist, besteht kein zwingender Grund, von der in der Rspr vertretenen Amtstheorie abzurücken; man sollte sie jedoch gegenüber den Erkenntnissen der übrigen Theorien offenhalten. In diesem Sinne sei auf die besonders ausführliche Darstellung und Weiterentwicklung der Amtstheorie bei JAEGER/HENCKEL[9] KO § 6 Rn 4–164 verwiesen (dazu STÜRNER ZZP 94 [1981] 263, 286 ff), die auch im Kontext des *neuen* Insolvenzrechts eine wichtige Diskussionsgrundlage bleiben wird (vgl JAEGER/WINDEL, InsO § 80 Rn 11 ff; JACOBY 298 ff).

4 Rechtsstreitigkeiten bzgl des Nachlasses führt der Verwalter richtigerweise nicht im Namen des Erben als dessen Vertreter (denn der Erbe ist überhaupt nicht prozessführungsbefugt; s § 1984 Rn 20 ff), sondern „als Verwalter über den Nachlass des X". *Nur als solcher* hat er im Unterliegensfalle nach § 91 ZPO die Prozesskosten zu tragen; die Kostenpflicht ist also keine persönliche Schuld des Verwalters, sondern Nachlassverbindlichkeit (§ 1967 Rn 47). Im Prozess des Nachlassverwalters kann der Erbe als Zeuge vernommen werden (vgl RGZ 29, 29, 37 bzgl des Gemeinschuldners). Vom Standpunkt der Vertretertheorie könnte § 455 Abs 2 S 2 ZPO angewandt werden (so STAUDINGER/LEHMANN[11] § 1975 Rn 7), was zu ähnlichen Ergebnissen führt. Prozesskostenhilfe: § 116 Abs 1 Nr 1 ZPO.

Verjährungsrechtlich ist der Nachlassverwalter „Vertreter" iS des § 211 Satz 1 (vgl STAUDINGER/MAROTZKE [2008] § 1958 Rn 5 und § 1960 Rn 62 mwNw).

II. Fremdwirkung von Rechtsgeschäften des Verwalters

5 Durch **Rechtshandlungen**, die der Nachlassverwalter erkennbar „als solcher" vorgenommen hat, wird der Erbe berechtigt und verpflichtet (vgl RGZ 80, 416, 418), dies jedoch nicht unbegrenzt, sondern nur in seiner Funktion als Subjekt des Nachlasses (OLG Colmar OLGE 12 [1906/I] 361, 362). Der Erbe kann also die auf § 1967 Abs 1 beruhende Mithaftung seines Eigenvermögens für vom Nachlassverwalter eingegangene Verbindlichkeiten mit den ihm zustehenden Haftungsbeschränkungsmitteln ausschließen (vgl Mot V 630: „... Nachlaßverbindlichkeiten, welche dem Erben als solchem obliegen, aber dem Inventarrechte [dazu § 1993 Rn 28] unterliegen"). Im Nachlassinsolvenzverfahren sind solche Verbindlichkeiten Masseschulden gem § 324 Abs 1 Nr 5 InsO.

Verfügt der Nachlassverwalter über Nachlassgegenstände, so hängt die Wirksamkeit 6 nicht davon ab, dass er sich als Nachlassverwalter zu erkennen gibt. Es genügt, dass er anstelle des Erben verfügungsbefugt ist (zum Umfang seiner Verfügungsbefugnis s § 1984 Rn 6).

Geht der Nachlassverwalter Verbindlichkeiten ein, ohne sein Handeln „als Nachlass- 7 verwalter" offenzulegen, so haftet er dafür persönlich mit seinem eigenen Vermögen. Das ergeben schon die allgemeinen Auslegungsgrundsätze (Empfängerhorizont!) und ist im übrigen aus den beiden ersten Absätzen des – auf Rechtsgeschäfte eines Nachlassverwalters zumindest analog anwendbaren (Rn 3) – § 164 zu erschließen. Auch § 415 zeigt, dass niemandem anstelle des von ihm akzeptierten Schuldners ein anderer, der vielleicht weniger kreditwürdig ist, aufgedrängt werden kann. Wenn der Vertragsschluss in ordnungsgemäßer Verwaltung des Nachlasses erfolgte, lässt sich jedoch eine Mithaftung des Nachlasses begründen, und zwar sowohl gegenüber dem Vertragspartner (analog dem bei § 1967 Rn 42 ff Ausgeführten; aM MUSCHELER, Die Haftungsordnung der Testamentsvollstreckung [1994] 204 f, 272 mwNw) als auch, in Gestalt einer Verpflichtung zum Aufwendungsersatz, gegenüber dem Verwalter selbst (vgl § 1987 Rn 20 und die bei § 1967 Rn 51 erörterte ähnliche Rechtsfrage).

Bringt der Nachlassverwalter bei einem **rechtsgeschäftlichen Erwerb** sein Handeln 8 „als Nachlassverwalter" nicht erkennbar zum Ausdruck (vgl nochmals § 164), so erwirbt er in sein Eigenvermögen. Das gilt jedoch nicht, wenn sich das Erwerbsgeschäft iS des § 2041 „auf den Nachlass bezieht", zB weil der Erwerb mit Mitteln des Nachlasses erfolgt (aM MUSCHELER, Die Haftungsordnung der Testamentsvollstreckung [1994] 273). Hier muss zumindest dann, wenn der verwaltete Nachlass mehreren Erben gemeinsam zusteht, § 2041 anwendbar sein mit der Folge, dass der erworbene Gegenstand kraft gesetzlicher **Surrogation** automatisch Bestandteil des Nachlasses wird. Ein *Alleinerbe* und die Gläubiger seines infolge der Anordnung der Nachlassverwaltung separierten Nachlasses verdienen nicht weniger Schutz; deshalb sollte § 2041 auch bei Vorhandensein nur *eines* Erben angewandt werden (vgl auch RGZ 138, 132, 134 [für Anwendbarkeit des § 2041 auf den durch einen Testamentsvollstrecker verwalteten Nachlass eines Alleinerben]; JAEGER/WINDEL, InsO § 80 Rn 48 [befürwortet mit Einschränkungen die analoge Anwendung des § 2041 auf Erwerbsgeschäfte eines Insolvenzverwalters]; für Surrogation bei Nachlassverwaltung auch JAEGER/WEBER[8] KO § 214 Rn 28; M WOLF JuS 1975, 715 Fn 50; vgl erg SIRKO HARDER, Insolvenzrechtliche Surrogation [2002] Rn 87 ff, 107). Ergänzt wird diese Argumentation bei § 1978 Rn 17.

III. Recht und Pflicht zur Verwaltung des Nachlasses

1. Allgemeines

Gem Abs 1 hat der Nachlassverwalter den Nachlass zu verwalten und die Nachlass- 9 **verbindlichkeiten aus dem Nachlass zu berichtigen.** Die erstgenannte Pflicht wird beeinflusst von der zweiten, die gem § 1975 das eigentlich wesentliche Element der Nachlassverwaltung darstellt. Die Art und Weise der Verwaltung bestimmt der Verwalter im Einzelfall nach pflichtgemäßem Ermessen unter dem Gesichtspunkt der Zweckmäßigkeit im Hinblick auf das Maß der zu zahlenden Schulden und die Art der Aktiva (vgl OLG Colmar OLGE 12 [1906/I] 361 f; WENDT AcP 86 [1896] 353, 377 sowie zur **Aufsicht des Nachlassgerichts** unten Rn 10, 33 ff). Soweit zur Begleichung der Schulden erforderlich, hat der Verwalter den Nachlass zu verwerten; die dafür erforderliche **Verfügungsbefugnis** ist – zT allerdings belastet mit gerichtlichen Genehmigungsvorbehalten (Rn 33 ff) – vom Erben auf den Verwalter übergegangen (s § 1984 Rn 5 f – auch zu den Besonderheiten beim Nachlassverwalter eines **Vorerben**). Bei der Wahl der Verwertungsart ist zu berücksichtigen, dass auch freihändige (also rechtsgeschäftliche) Veräußerungen durch den Nachlassverwalter keine Haftung des Erwerbers nach § 419 BGB (inzwischen aufgehoben) oder § 25 HGB nach sich ziehen (vgl BGH NJW 1987, 1019, 1020; 1988, 1912, 1913 = BGHZ 104, 151, 153 ff), so dass es unter dem Gesichtspunkt der Vermeidung einer erlösmindernden Erwerberhaftung weder der Zerschlagung wirtschaftlicher Einheiten noch der Flucht in die Zwangsversteigerung bedarf. Zur Ermittlung des Schuldenstandes hat der Nachlassverwalter uU das Aufgebot der Nachlassgläubiger (§§ 1970 ff) zu beantragen (KG OLGZ 1977, 309, 310; PALANDT/EDENHOFER Rn 6; vgl auch unten Rn 31). Für während der Nachlassverwaltung entstehende **Einkommensteuer** lässt der BFH den Erben uU persönlich und unbeschränkbar haften (vgl § 1967 Rn 36 mwNw).

10 Soweit es mit der Aufgabe der Gläubigerbefriedigung vereinbar ist, hat der Verwalter auch die **Interessen des Erben** wahrzunehmen und seine Wünsche zu berücksichtigen (RGZ 72, 260, 262 f). Das bedeutet jedoch nicht, dass der vom Nachlassverwalter verklagte Nachlassschuldner unter Berufung darauf, dass er zugleich Erbe oder Miterbe ist, einwenden könnte, die Einziehung der betreffenden Schuld sei zum Zwecke der Berichtigung der Nachlassverbindlichkeiten unnötig. Da die Einziehungsbefugnis wie auch die sonstige Verwertungsmacht des Verwalters unabhängig davon besteht, ob dieser sie pflichtgemäß ausübt oder nicht, kann der als Nachlassschuldner verklagte Erbe den Gesichtspunkt der Pflichtwidrigkeit nicht vor dem Prozessgericht, sondern nur durch Eingaben an das Nachlassgericht geltend machen (RGZ 72, 260, 263; s aber Rn 36 zu den Grenzen der gerichtlichen Kontrollbefugnisse).

11 Nicht zu den Aufgaben und Befugnissen des Nachlassverwalters gehören die *Inventarerrichtung* (vgl Rn 37) und die *Erbauseinandersetzung* bzw Verteilung des Nachlasses unter Miterben (Prot V 816; RGZ 72, 260; BayObLGZ 25 [1926] 454, 456). Auch eine nachlassgerichtliche Auseinandersetzungsvermittlung nach §§ 363 ff FamFG ist während der Nachlassverwaltung ausgeschlossen (KG RJA 15, 279 f = KGJ 49 [1917] 84 ff).

2. Grundbuch

12 Der Nachlassverwalter ist verpflichtet, die Eintragung der Anordnung der Nachlassverwaltung in das Grundbuch zu beantragen (s § 1984 Rn 12, auch zu der entspr Pflicht des Nachlassgerichts). Da der Erbe trotz der Nachlassverwaltung Träger der zum Nachlass gehörenden Rechte und Verbindlichkeiten bleibt (RGZ 72, 260, 263; RG JR 1925 Nr 1637), bleibt als Rechtsinhaber er selbst im Grundbuch eingetragen. Der Nachlassverwalter kann grundsätzlich nicht als Berechtigter eingetragen werden; seine Eintragung mit der Bezeichnung „als Verwalter über den Nachlass des X" genügt jedoch beim *Rechtserwerb für unbekannte Erben* (BGH DNotZ 1961, 485 f) und mE darüber hinaus auch beim Rechtserwerb für – angeblich – *bekannte* Erben (**aM** BGH DNotZ 1961, 485 f betr Eintragung einer Vormerkung und OLG Hamm OLGZ 1988, 390 ff betr Eintragung einer vom Nachlassverwalter gem § 867 ZPO beantragten Sicherungshypothek; in vergleichbarem Zusammenhang *großzügiger* BGHZ 148, 392, 394 ff = FGPrax 2002, 7 ff bzgl des Verwalters einer Wohnungseigentumsanlage), da andernfalls vor der Eintragung ein verzögerndes Erbscheinsverfahren durchgeführt werden müsste (s § 35 GBO und OLG Hamm aaO) und der Erwerb anschließend immer noch mit einem unnötigen Irrtumsrisiko behaftet bliebe (zB bei späterem Auftauchen eines wirksamen Testaments). Ist hinsichtlich eines Nachlassgrundstücks jemand zu Unrecht im Grundbuch eingetragen, so kann ihn der Nachlassverwalter auf Bewilligung der Grundbuchberichtigung in Anspruch nehmen (vgl BGH FamRZ 2001, 155 f = ZEV 2001, 32 f [für den nach *§ 1960* bestellten Nachlasspfleger; s erg § 1960 Rn 23 Abs 2]). Nicht abschließend geklärt ist die Frage, ob und unter welchen Voraussetzungen „ein Verstorbener" oder dessen „unbekannte Erben" in das Grundbuch eingetragen werden dürfen (dazu STAUDINGER/MAROTZKE [2008] § 1922 Rn 309; vgl auch BayObLGZ 1995, 158 ff = FamRZ 1995, 119 ff = NJW-RR 1995, 272 ff). Ein *innerer* Sachzusammenhang mit der bei § 2058 Rn 48, 67 thematisierten Frage, ob eine Erbengemeinschaft – auch eine Gemeinschaft *unbekannter* Erben – Kläger oder Beklagter eines Zivilprozesses sein kann (bejahend EBERL-BORGES ZEV 2002, 125, 130 f [zur Grundbuchfähigkeit aaO bei Fn 96 f]), besteht mE nicht. Grundbuchrechtlich darf es keinen Unterschied machen, ob der bisherige Rechtsinhaber nur von einer oder von mehreren Personen beerbt worden ist (vgl auch HEIL ZEV 2002, 296, 297 f).

3. Inbesitznahme des Nachlasses

Der Nachlassverwalter hat den Nachlass alsbald in Besitz zu nehmen. Das ergibt sich aus Abs 1 iVm einem Umkehrschluss aus § 1986. Durch die Besitzergreifung erlangt er unmittelbaren, der Erbe mittelbaren Besitz (STROHAL II § 79 Fn 27).

Ein Recht zur **eigenmächtigen** Besitzergreifung hat der Nachlassverwalter ebensowenig wie ein nach **§ 1960 oder § 1961** bestellter Nachlasspfleger (vgl STAUDINGER/MAROTZKE [2008] § 1960 Rn 40). Das versteht sich von selbst im Verhältnis zu Dritten, die keine Erben-, sondern nur eine unberechtigte Besitzerstellung innehaben. Gegenüber solchen Personen ist der Nachlassverwalter auf den Weg der **Herausgabeklage** angewiesen. Gleiches galt nach bisher hM auch im Verhältnis zum Erben. Der die Nachlassverwaltung anordnende Gerichtsbeschluss ist mangels vollstreckbaren Inhalts kein Vollstreckungstitel iS des § 794 Abs 1 Nr 3 ZPO (KG NJW 1958, 2072 f; PLANCK/FLAD Anm 1 a; PALANDT/EDENHOFER Rn 5; MünchKomm/KÜPPER Rn 3; vLÜBTOW II 1141; LANGE/KUCHINKE § 49 Fn 101; MICHALSKI Rn 957; **aM** ERMAN/SCHLÜTER Rn 2 [bei unstr zum Nachlass gehörenden Gegenständen] und für den *Konkurs*eröffnungsbeschluss BGHZ 12, 380, 389). Die Ansicht, das Nachlassgericht habe dem Verwalter auf dessen Antrag einen Gerichtsvollzieher zur Wegnahme der im einzelnen zu bezeichnenden Gegenstände beizuordnen (so STAUDINGER/LEHMANN[11] Rn 3; mit Einschränkungen und Variationen auch BGB-RGRK/JOHANNSEN Rn 5; KIPP/COING § 97 VI 3; BROX/WALKER Rn 691; **aM** KG NJW 1958, 2071 ff mit ausführlicher Begr; LG Stuttgart BWNotZ 1978, 164 [mit Anm VÖGELE]; Münch-Komm/KÜPPER Rn 3; PALANDT/EDENHOFER Rn 5; FIRSCHING/GRAF Rn 4.819), entbehrte jedenfalls vor 1999 (dazu sogleich) der gesetzlichen Grundlage, auf die bei belastenden Hoheitsakten keinesfalls verzichtet werden darf (in anderen Zusammenhängen etwa zu finden in §§ 149 Abs 2, 150 Abs 2 ZVG, § 148 Abs 2 InsO). Da die *Nachlassgläubiger* während einer Nachlassverwaltung nicht gehindert sind, in die noch beim Erben befindlichen Nachlassgegenstände zu vollstrecken (vgl § 784 Abs 1 ZPO im

Gegensatz zu §§ 89 f, 321 InsO), und auch die Anwendung des der Abwehr von *Eigengläubigern* dienenden § 784 Abs 2 ZPO nicht davon abhängt, dass der Nachlassverwalter den Nachlass bereits in den Händen hat, ist das Bedürfnis, dem Nachlassverwalter im Interesse einer raschen und effektiven Befriedigung der Nachlassgläubiger die Herausgabeklage gegen den widerspenstigen Erben zu ersparen, nicht ganz so groß wie im Fall eines Nachlass*insolvenz*verfahrens. Der Nachlass*insolvenz*verwalter kann „**auf Grund einer vollstreckbaren Ausfertigung des Eröffnungsbeschlusses** die Herausgabe der Sachen, die sich im Gewahrsam des Schuldners befinden, im Wege der Zwangsvollstreckung durchsetzen". Dies war, wenn auch ohne ausreichende gesetzliche Grundlage, bereits im früheren Konkursrecht gängige Praxis und wird in § 148 Abs 2 InsO nunmehr auch *gesetzlich* anerkannt. Ob es zulässig ist, die Rechtsfolge des § 148 Abs 2 InsO im Wege der Analogie auch auf den *Nachlassverwalter* zu übertragen, erscheint zweifelhaft. Im **Ergebnis** wäre es jedoch zu begrüßen (vgl auch HILLEBRAND, Die Nachlaßverwaltung – unter besonderer Berücksichtigung der Verwaltungs- und Verfügungsrechte des Nachlaßverwalters [Diss Bochum 1998] 84 f).

14 Wenn der Nachlassverwalter auf Antrag eines gesetzlichen, durch Erbschein ausgewiesenen Erben erst einmal bestellt ist, kann der auf Herausgabe verklagte Besitzer diese nicht mit der Behauptung ablehnen, er sei der Testamentserbe. Der **Streit über das Erbrecht** ist zwischen den Prätendenten auszutragen (vgl auch STAUDINGER/MAROTZKE [2008] § 1960 Rn 47); der Nachlassverwalter kann seine gesetzlichen Befugnisse bis zur Aufhebung der Nachlassverwaltung, die der Testamentserbe betreiben mag, ausüben (RG Recht 1909 Nr 2127).

15 Um Zweifel bzgl der herauszugebenden Gegenstände zu klären, kann der Nachlassverwalter vom Erben nach Maßgabe des bei § 1978 Rn 14 Ausgeführten **Auskunft**, Rechenschaftslegung, Verzeichnisvorlage, Rechnungsstellung und ggf Abgabe einer eidesstattlichen Versicherung verlangen. **Wurde jemand vom Erben** vor Anordnung der Nachlassverwaltung mit der Verwaltung der Erbschaft **beauftragt**, so kann der Nachlassverwalter auch von ihm Auskunftserteilung, Rechnungslegung sowie die Herausgabe von Belegen und anderen Abrechnungen verlangen; entsprechend § 2041 gehören diese auf §§ 666, 667 beruhenden Ansprüche des Erben zum Nachlass (**aM** KG HRR 1938 Nr 1116; vgl dagegen § 1978 Rn 17). Analog §§ 115, 116 InsO erlischt der Auftrag – genauer: die auf diesem beruhende Geschäftsführungsbefugnis – infolge der Anordnung der Nachlassverwaltung (vgl § 1984 Rn 4; aber auch KG HRR 1938 Nr 1116).

16 Die Frage, ob der auf Herausgabe des Nachlasses angesprochene Erbe ein **Zurückbehaltungsrecht** wegen etwaiger **Aufwendungsersatzansprüche** geltend machen kann, ist behandelt bei § 1978 Rn 30.

17 Nach einem Wechsel in der Person des Nachlassverwalters muss der neue Verwalter den Nachlass von seinem Amtsvorgänger herausverlangen. Dieser ist verpflichtet, alles herauszugeben, was er aus der Verwaltung des Nachlasses erlangt hat. Dazu gehören die von ihm angelegten Akten auch dann, wenn er sie als sein persönliches Eigentum bezeichnet (KG NJW 1971, 566 f; vgl entspr für den Testamentsvollstrecker BGH LM § 2218 Nr 5). Zum Herausgabeanspruch des oder der Erben bzw ihrer Rechtsnachfolger s § 1986 Rn 2 ff.

Da während der Nachlassverwaltung das Verwaltungs- und Verfügungsrecht eines **18**
Testamentsvollstreckers ruht (STAUDINGER/REIMANN [2003] § 2205 Rn 151), kann der Nachlassverwalter die Herausgabe des Nachlasses auch vom Testamentsvollstrecker verlangen (KG OLGE 18 [1909/I] 316).

4. Die dem Recht des Nachlassverwalters unterliegenden Gegenstände

Der Nachlassverwaltung unterliegt grundsätzlich der gesamte Nachlass. **19**

Ausgenommen sind jedoch diejenigen Bestandteile, auf die sich nicht einmal ein Nachlass*insolvenz*verfahren (in welchem das Schutzbedürfnis der Gläubiger wegen der hier idR bestehenden Unzulänglichkeit des Nachlasses eher *höher* ist) erstrecken würde, insbesondere also (§ 36 InsO) die meisten *unpfändbaren* Gegenstände (PALANDT/EDENHOFER Rn 4; MünchKomm/KÜPPER Rn 4; LANGE/KUCHINKE § 49 III 4; **aM** SOERGEL/STEIN Rn 7; vgl ferner OLG Celle OLGE 17 [1908/II] 195 [dazu: § 1990 Rn 32]), wobei sich die Unpfändbarkeit aus der Person des Erben bestimmt (PALANDT/EDENHOFER Rn 4; LANGE/KUCHINKE § 49 III 4; **aM** SOERGEL/STEIN Rn 7; KRETZSCHMAR LZ 1914, 363 f, 365 [vgl § 1990 Rn 32]). Auch § 83 Abs 1 InsO ist analog anwendbar; ein nach § 1952 auf den Erben übergegangenes Recht zur Annahme oder Ausschlagung einer dem Erblasser angefallenen Erbschaft kann also während der Nachlassverwaltung nur vom (Erbes-) Erben ausgeübt werden. Ebensowenig kann der Nachlassverwalter die dem Erben unmittelbar angefallene Erbschaft für diesen annehmen oder ausschlagen. Überhaupt erstrecken sich die Befugnisse des Nachlassverwalters grundsätzlich nur auf das *Vermögen,* nicht ohne weiteres auch auf *persönliche* Rechtsbeziehungen, in die der Erbe mit dem Erbfall eingerückt ist (BGHZ 47, 293, 295 f).

Von besonderer Bedeutung ist diese Beschränkung der Befugnisse des Nachlassver- **20**
walters, soweit **personengesellschaftsrechtliche Positionen** vererbt worden sind (vgl zur *Vererblichkeit* und zur *Nachlasszugehörigkeit* von Personengesellschaftsanteilen STAUDINGER/MAROTZKE [2008] § 1922 Rn 168 ff, 172 ff, 186 ff, 193 ff; *speziell zu den diesbezüglichen Befugnissen des Nachlassverwalters* s BGHZ 47, 293, 295 f m krit Anmerkungen von GROSSFELD und ROHLFF in JZ 1967, 703 ff; s auch BGHZ 91, 132, 136 f [m Anm BROX in JZ 1984, 890 ff]; H P WESTERMANN AcP 173 [1973] 24, 39 ff; K SCHMIDT, in: FS Uhlenbruck [2000] 655, 661 f; LANGE/KUCHINKE § 49 III 4). Die Bestimmungen, nach denen die Eröffnung des Insolvenzverfahrens über das Vermögen eines Gesellschafters die Personengesellschaft auflöst (§ 728 BGB) oder zum Ausscheiden des betr Gesellschafters führt (§§ 131 Abs 3 S 1 Nr 2, 161 Abs 2 HGB), sind auf die Nachlassverwaltung nicht entsprechend anwendbar (vgl MAROTZKE AcP 187 [1987] 223, 235 f). Denn im Unterschied zum Nachlassinsolvenzverfahren, das auch einen vererbten Personengesellschaftsanteil erfassen kann (**aM** BGHZ 91, 132, 135 ff) und deshalb gem § 728 BGB zur Auflösung der Gesellschaft (**aM** BGHZ 91, 132, 135 ff; STAUDINGER/HABERMEIER [2003] § 728 Rn 20) bzw gem § 131 Abs 3 S 1 Nr 2 HGB zum Ausscheiden des Erben aus der Gesellschaft führen muss (vgl zu *beiden* Aspekten das bei STAUDINGER/MAROTZKE [2008] § 1922 Rn 188 angeführte Schrifttum sowie K SCHMIDT, in: FS Uhlenbruck [2000] 655, 664 ff), ist die Nachlassverwaltung in erster Linie für *solvente* Nachlässe gedacht. Bei ihr kann nicht ohne weiteres davon ausgegangen werden, dass zur Befriedigung der Nachlassgläubiger auch der Gesellschaftsanteil verwertet werden muss (falls doch, s unten Rn 21). Wurde die Gesellschaft nicht bereits beim Erbfall (s STAUDINGER/MAROTZKE [2008] § 1922 Rn 168 ff, 172 ff, 193 ff) oder vorher aufgelöst, so bleibt sie auch dann eine „werbende", wenn eine Nachlassverwaltung angeordnet

wird und der Gesellschaftsanteil des Erblassers zum Nachlass gehört (was bei der *OHG* voraussetzt, dass § 131 Abs 3 S 1 Nr 1 HGB abbedungen wurde). Wie für den Testamentsvollstrecker (BGHZ 98, 48, 55 ff, 57; 108, 187, 190 ff; BGH ZIP 1998, 383 f; MAROTZKE AcP 187 [1987] 223, 234 ff, 243) gilt auch für den Nachlassverwalter (gegen solche Parallelwertungen BayObLGZ 1988, 24, 31 = FamRZ 1988, 1102, 1104), dass der Anteil an einer „werbenden" Personengesellschaft in deutlich *geringerem* Umfang als der Anteil an einer „aufgelösten" Gesellschaft seiner Verwaltungszuständigkeit unterliegt (ebenso MünchKomm/KÜPPER Rn 6; vgl auch OLG Hamm OLGZ 1993, 147 f; für Gleichbehandlung beider Fälle zu Unrecht BayObLGZ 1990, 306, 310 = FamRZ 1991, 485 = NJW-RR 1991, 361, 362 [direkt dazu MAROTZKE EWiR § 1985 BGB 1/1991, 155 f]). Wenn die Personengesellschaft trotz der stattgefundenen Anteilsvererbung als „werbende" fortbesteht (s dazu wiederum STAUDINGER/MAROTZKE [2008] § 1922 Rn 168 ff, 172 ff, 193 ff), hängt der Umfang der dem Nachlassverwalter zustehenden Rechtsmacht ua davon ab, ob der Erbe und die übrigen Gesellschafter der Nachlassverwaltung zugestimmt haben (vgl MAROTZKE ZHR 156 [1992] 17, 33 Fn 67; speziell zur Zustimmung *der Mitgesellschafter* ders AcP 187 [1987] 223, 234, 238 f und M SIEGMANN, Personengesellschaftsanteil und Erbrecht [1992] 225 ff; zur Zustimmung *des Erben* MAROTZKE JZ 1986, 457, 462 f, 469 [in Bezug auf die Testamentsvollstreckung und mit dem – auf die meist erst *nach* der Erbschaftsannahme initiierte Nachlassverwaltung nicht übertragbaren – Vorschlag, die Zustimmung des Erben als *durch die Erbschaftsannahme* konkludent miterklärt bzw ersetzt anzusehen]). Fehlen solche zugriffserweiternden Zustimmungen (die des Erben kann, muss aber nicht in seinem Antrag auf Anordnung der Nachlassverwaltung enthalten sein), so unterliegen dem Recht des Nachlassverwalters nur die rein vermögensrechtlichen Ansprüche (vgl auch § 725 Abs 2 [speziell zur Rechtslage bei vor Verfahrenseröffnung erfolgter Vorausabtretung MAROTZKE ZIP 1988, 1509 ff]) wie der Anspruch auf den Gewinn und der Anspruch auf das Abfindungsguthaben, nicht hingegen solche Befugnisse, die die Rechtsstellung des Erben in seiner Eigenschaft als Gesellschafter unmittelbar berühren (BGHZ 47, 293, 296; ebenso KG DR 1942, 973 f = HRR 1942, 477 = JFG 23, 236 ff für die infolge Auflösung entstandene Abwicklungsgesellschaft). ZB ist der Nachlassverwalter nicht befugt, das Ausscheiden des Erben aus einer Personengesellschaft zu vereinbaren (KG aaO) oder über die personelle Zusammensetzung der Gesellschaft einen Prozess zu führen (BGH ZIP 1998, 383 f – für den Testamentsvollstrecker). Die Ausschließungsklage des § 140 HGB kann nicht gegen den Nachlassverwalter gerichtet werden (BGHZ 47, 293, 296). Der Nachlassverwalter seinerseits kann nicht auf Feststellung der Nichtigkeit des Gesellschaftsvertrages klagen, nicht nach § 133 HGB die Auflösung der Gesellschaft beantragen und nicht das Wahlrecht aus § 139 HGB ausüben (BGHZ 47, 293, 296 ff). Nach Ansicht des BayObLG bedarf es zur Veräußerung eines zum Gesellschaftsvermögen gehörenden Grundstücks der Mitwirkung des Nachlassverwalters auch dann nicht, wenn die Gesellschaft durch den Tod des Erblassers aufgelöst wurde (BayObLGZ 1990, 306, 319 ff [dazu bereits weiter oben und MAROTZKE EWiR § 1985 BGB 1/1991, 155 f]; jedenfalls für die nicht aufgelöste Gesellschaft ebenso OLG Hamm OLGZ 1993, 147 ff). Auch soll der Nachlassverwalter nach Ansicht des BayObLG nicht an Stelle des oder neben dem Gesellschafter-Erben den Antrag auf gerichtliche Abberufung des Liquidators einer OHG stellen können (BayObLGZ 1988, 24, 28, 30 = FamRZ 1988, 1102 ff; **aM** wohl MünchKomm/KÜPPER Rn 6).

21 Nach hM soll der Nachlassverwalter die Gesellschaft kündigen können, wenn das sonstige Nachlassvermögen nicht zur Berichtigung der Nachlassverbindlichkeiten ausreicht und das Bedürfnis, den Gesellschaftsanteil des Erben zur Schuldentilgung flüssig zu machen, im Sinne eines wichtigen Grundes die Kündigung erfordere

(STAUDINGER/KESSLER[12] § 728 Rn 5; vgl auch STAUDINGER/HABERMEIER [2003] § 725 Rn 6; DÜRINGER/HACHENBURG/GEILER[3] HGB II 1 Anm 207; FLUME in: FS Müller-Freienfels [1986] 113, 123 f, 127 f). Da der Nachlassverwalter gem §§ 1975, 1985 Abs 1, 1986 verpflichtet ist, die Nachlassgläubiger aus dem Nachlass zu befriedigen, wäre ein auf solche Fälle beschränktes Kündigungsrecht des Verwalters sicherlich wünschenswert. De lege lata lässt sich ein solches Kündigungsrecht jedoch nur schwer begründen (ablehnend deshalb HUECK, Das Recht der OHG [4. Aufl 1971] 419 Fn 60; MICHAELIS ZAkDR 1943, 233 f ad II 2 b; SCHLEGELBERGER/GESSLER[4] HGB § 139 Rn 15). Ein etwaiges Kündigungs- oder Auflösungsrecht des *Erben* (vgl §§ 723, 724 BGB bzw §§ 132–134 HGB) kann der Nachlassverwalter nur mit dessen Zustimmung ausüben (Rn 20). Nicht zuletzt wohl auch deshalb hat man versucht, in Analogie zu § 725 BGB und § 135 HGB ein *eigenes* Kündigungsrecht des Nachlassverwalters zu begründen (H P WESTERMANN AcP 173 [1973] 24, 41 f; EBENROTH Rn 1139; KIPP/COING § 97 VI 1 b mit Fn 30; vLÜBTOW II 1145; LANGE/KUCHINKE § 49 III 4; BGB-RGRK/JOHANNSEN Rn 13; SOERGEL/STEIN Rn 6; JAUERNIG/STÜRNER Rn 3; BAUMBACH/HOPT[34], HGB § 135 Rn 3, § 139 Rn 32; SCHLEGELBERGER/K SCHMIDT[5], HGB § 131 Rn 57; MünchKommHGB/K SCHMIDT[2] § 135 Rn 5, § 139 Rn 55; HEYMANN/EMMERICH[2] HGB § 135 Rn 7, § 139 Rn 26; BGHZ 91, 132, 137 [für den Nachlass*konkurs*verwalter]; STODOLKOWITZ in: FS Kellermann [1991] 439, 452, 455; ULMER/SCHÄFER ZHR 160 [1996] 413, 437 f; GroßKommHGB/ SCHÄFER[5] § 135 Rn 6, § 139 Rn 37; KICK, Die Haftung des Erben eines Personenhandelsgesellschafters [1997] 143 ff; wohl auch KG JFG 23, 236 ff = DR 1942, 973 f = HRR 1942, 477). Bis 1996 hatte ich diese Analogie noch als unzulässig verworfen (ebenso HUECK, MICHAELIS und SCHLEGELBERGER/GESSLER, je aaO). Kritisiert hatte ich insbesondere, dass die Befürworter der Analogie sich entweder überhaupt nicht oder nur sehr unzulänglich damit auseinandersetzten, dass die als Analogiebasis herangezogenen Vorschriften das Kündigungsrecht von Voraussetzungen abhängig machen, die mit einer bloßen Bedürfnisprüfung nicht identisch sind. Zu den gesetzlichen Voraussetzungen gehört zB, dass der Gläubiger einen Schuldtitel gegen den Gesellschafter erlangt hat und dass die Vollstreckbarkeit dieses Titels nicht lediglich eine vorläufige ist (während ein Nachlassgläubiger die Nachlassverwaltung unter den Voraussetzungen des § 1981 Abs 2 schon dann beantragen kann, wenn er seinen Anspruch nur „glaubhaft" macht; vgl § 1981 Rn 24). Diesen Erfordernissen könnte im Rahmen einer Analogie nicht schon durch einen *auf „Rückgewähr" des Gesellschaftsanteils* lautenden Titel des *Nachlassverwalters* entsprochen werden (aM H P WESTERMANN AcP 173 [1973] 24, 41– 43), da mit einem Titel *dieses* Inhalts (für den übrigens weder eine Anspruchsgrundlage noch ein Bedürfnis besteht) nicht zugleich auch die Nachlassverbindlichkeiten tituliert sind, derentwegen der Gesellschaftsanteil dem Recht des Nachlassverwalters unterstellt werden soll. In der Bearbeitung von 1996 hatte ich deshalb den Standpunkt vertreten, dass es *allenfalls im Interesse derjenigen Nachlassgläubiger, die bereits einen nicht nur vorläufig vollstreckbaren Titel erlangt haben,* diskutabel sei, den Nachlassverwalter analog § 725 BGB bzw § 135 HGB als zur Kündigung der Gesellschaft berechtigt anzusehen. Zugunsten solcher Gläubiger sei ein Kündigungsrecht des *Verwalters* aber entbehrlich, da *sie selbst* aufgrund ihres Vollstreckungstitels den Gesellschaftsanteil pfänden lassen und – bei der OHG allerdings nur unter den zusätzlichen Voraussetzungen des § 135 HGB – die Gesellschaft kündigen könnten (insofern also andere Rechtslage als im Nachlass*insolvenz*verfahren: vgl § 89 InsO einerseits und als Ausgleich § 728 BGB bzw § 131 Abs 3 S 1 Nr 2 HGB andererseits sowie BROX JZ 1984, 892, der sich zu Recht gegen die in BGHZ 91, 132, 135 ff = JZ 1984, 890 ff vertretene Ansicht wendet, dass ein *Nachlass*konkurs die Gesellschaft trotz des erfolgten *erbrechtlichen* Übergangs des an ihr bestehenden Anteils nicht nach § 131 Nr 5 HGB aF auflöse; s hierzu und zur inzwischen erfolgten *Änderung* des § 131 HGB – aus dem Auflösungsgrund des § 131 Nr 5 HGB wurde der Ausscheidensgrund des § 131 Abs 3 S 1 Nr 2 HGB – STAUDINGER/MAROTZKE [2008] § 1922 Rn 188; K SCHMIDT, in: FS Uhlenbruck [2000] 655, 664 ff). Dieser Argumentation haben STODOLKOWITZ, ULMER/SCHÄFER und KICK (jeweils aaO) in einer Weise widersprochen, die zum Umdenken zwingt. Nachdenklich macht vor allem der Hinweis (STODOLKOWITZ aaO 455; ULMER/SCHÄFER aaO 438), dass eine Übertragung des in §§ 725 BGB, 135 HGB aufgestellten Titelerfordernisses auf die Kündigungsbefugnis des Nachlassverwalters zur Folge hätte, dass der Verwalter sich auch dann verklagen und verurteilen lassen müsste, wenn er die Forderung des Nachlassgläubigers für berechtigt hält. Diese Schlussfolgerung ist zwar insofern nicht ganz richtig, als es dem Nachlassverwalter von Rechts wegen freisteht, das Titelerfordernis der §§ 725 BGB, 135 HGB nicht durch Provozieren eines Rechtsstreits mit anschließender Verurteilung, sondern auf dem eleganteren und kostengünstigeren Wege des § 794 Abs 1 Nr 5 ZPO (notarielle Urkunde) oder § 796a ZPO (Anwaltsvergleich) zu erfüllen (vgl HEYMANN/EMMERICH[2] HGB § 135 Rn 8). Gerade die Zulässigkeit dieser beiden „gütlichen" und obendrein auch noch „willkürlichen" Titulierungsmöglichkeiten zeigt jedoch, dass man die Hürden für eine analoge Anwendung der §§ 725 BGB, 135 HGB in diesem Punkt nicht zu hoch ansetzen, sondern sich der Überlegung öffnen sollte, ob es nicht genauso gut vertretbar wäre, dem *Nachlassverwalter* ein den §§ 725 BGB, 135 HGB entsprechendes Kündigungsrecht auch dann zu gewähren, wenn weder gegen ihn noch gegenüber dem Erben ein (auch einvernehmlich herstellbarer!) Vollstreckungstitel vorliegt. Im Hinblick auf die sachlich-distanzierte Unabhängigkeit, die das Amt des Nachlassverwalters sowohl im Verhältnis zu den Nachlassgläubigern als auch gegenüber dem Erben und dessen Mitgesellschaftern auszeichnet, sollte man das bejahen und dem Nachlassverwalter das Kündigungsrecht zugestehen. Schon im eigenen (Haftungsvermeidungs-)Interesse wird der Nachlassverwalter die im ersten Satz dieser Rn genannten Voraussetzungen seines Kündigungsrechts (bei *mehreren* Erben vgl § 2062 Rn 28 aE) derart gewissenhaft prüfen, dass es zur Feststellung der Kündigungsnotwendigkeit weder eines endgültigen Vollstreckungstitels noch des in § 135 HGB zusätzlich geforderten erfolglosen Vollstreckungsversuchs bedarf. Bestehende **Abwendungsbefugnisse bzw Ablösungsrechte** der Erben, der Mitgesellschafter und der Gesellschaft, die sich teils auf Treu und Glauben, teils auf eine Analogie zu § 268 stützen lassen, muss der Nachlassverwalter natürlich beachten (vgl KICK 146 und unten § 2059 Rn 68 f).

22 Sowohl bei der BGB-Gesellschaft als auch bei der OHG oder KG **kann es vorkommen, dass der Tod eines Gesellschafters die Gesellschaft auflöst** (vgl STAUDINGER/MAROTZKE [2008] § 1922 Rn 168 ff, 172 ff, 193 ff). Für die eigentlich dem Erben zustehende Entscheidung, daran mitzuwirken, dass eine durch den Tod des Erblassers aufgelöste Gesellschaft, die ja als Abwicklungsgesellschaft fortbesteht, wieder in den Status einer *werbenden* Gesellschaft zurückversetzt wird, bedarf es der Zustimmung des Nachlassverwalters (BGB-RGRK/JOHANNSEN Rn 13). Durch eine Rückumwandlung der bereits aufgelösten Gesellschaft in eine werbende würde der Anspruch auf das Auseinandersetzungsguthaben wegfallen, der als *vermögensrechtlicher* Anspruch der Nachlassverwaltung unterliegt.

23 Die obige Aufzählung ist nicht erschöpfend. Die Zahl der dem Recht des Nachlassverwalters nicht oder nur eingeschränkt unterliegenden Positionen ist groß. Zu denken ist zB noch an die *Firma* des Erblassers (vgl § 17 ff HGB; SOERGEL/STEIN

Rn 6; LANGE/KUCHINKE § 5 III 7 sowie für den Fall des Nachlass*konkurses* den *vor* der Handels- und der Insolvenzrechtsreform geschriebenen Beitrag von KUCHINKE in ZIP 1987, 681, 686 f). Weitere Beispiele können den auch hier verwertbaren Kommentierungen der §§ 35 ff InsO entnommen werden (zur Firma als Massebestandteil s etwa HK-InsO/KIRCHHOF[5] § 35 Rn 27; JAEGER/HENCKEL, InsO § 35 Rn 20 ff, 145; JAEGER/WINDEL, InsO § 80 Rn 71 ff; MünchKommInsO/ LWOWSKI/PETERS[2] § 35 Rn 484 ff; MünchKommInsO/OTT/VUIA[2] § 80 Rn 57 f, 101; BRAUN/BÄUERLE[4] InsO § 35 Rn 50 ff).

Der Nachlassverwalter ist berechtigt, eine vom Erblasser erteilte und über seinen **24** Tod hinausreichende **Generalvollmacht**, soweit diese nicht ohnehin erloschen ist (s § 1984 Rn 4), zu widerrufen (KG NJW 1971, 566 f). Er kann von dem Bevollmächtigten die Herausgabe der Vollmachtsurkunde verlangen (KG aaO).

Ob der Nachlassverwalter für den Erben richterliche **Vertragshilfe** beantragen kann, **25** ist streitig (dafür: BGH LM Nr 19 zu § 1 VHG = BB 1957, 942; dagegen: STAUDINGER/LEHMANN[11] Rn 1; KG JW 1939, 241). **Gehört zum Nachlass die Beteiligung an einer sowohl „führungslosen" als auch insolventen GmbH oder an einer sowohl führungslosen als auch insolventen sonstigen juristischen Person oder Gesellschaft iSd § 15 Abs 1, 3 InsO**, so wird man den Nachlassverwalter als berechtigt ansehen dürfen, anstelle des Erben den in § 15 Abs 1 S 2 InsO vorgesehenen **Insolvenzantrag** zu stellen (vgl hierzu und zur Frage einer entspr Antragspflicht MAROTZKE ErbR 2010, 115, 119 f; STAUDINGER/MAROTZKE § 1967 Rn 72, § 1980 Rn 1).

5. Berichtigung der Nachlassverbindlichkeiten

Gem Abs 1 hat der Nachlassverwalter die Nachlassgläubiger zu befriedigen (bzgl **26** Steuerschulden vgl §§ 34, 69 AO, § 32 ErbStG und § 1986 Rn 8). Nach § 1984 Abs 1 S 3 können diese ihre *Ansprüche nur gegen den Verwalter* geltend machen. In Ergänzung des § 1984 Abs 1 S 3 bestimmt § 2000, dass eine dem Erben gesetzte *Inventarfrist* mit der Anordnung der Nachlassverwaltung unwirksam wird und dass während der Dauer des Verfahrens keine neue Inventarfrist bestimmt werden kann (rechtspolitisch bedenklich; vgl § 2000 Rn 2). Gem § 2012 Abs 1, der nach § 2012 Abs 2 auch für den Nachlassverwalter gilt, kann dieser *nicht auf die Beschränkung der Erbenhaftung verzichten,* können die Gläubiger auch ihm keine Inventarfrist setzen lassen, ist er ihnen aber zur *Auskunft* über den Bestand des Nachlasses verpflichtet, also auch zur Vorlage eines Nachlassverzeichnisses und ggf zur Abgabe einer eidesstattlichen Versicherung (§ 260). Dass gegen den Nachlassverwalter nicht auch nach § 807 ZPO (Vermögensverzeichnis und eidesstattliche Versicherung wegen fruchtloser Zwangsvollstreckung) vorgegangen werden könne (so STAUDINGER/LEHMANN[11] § 2012 Rn 3 im Anschluss an KRETZSCHMAR BayZ 1918, 233 ff; **aM** ohne Begr oder einschlägige Nachweise OLG Düsseldorf MDR 1961, 328 f), ist gesetzlich nicht bestimmt. Jedenfalls die eidesstattliche Versicherung des § 2006 kann von einem Nachlassverwalter nicht verlangt werden (§ 2012 Rn 7), wohl aber von dem Erben (Letzteres str; vgl § 2000 Rn 9).

Im Interesse des Erben kann und muss sich der Nachlassverwalter uU der *aufschie-* **27** *benden Einreden* aus §§ 2014 und 2015 bedienen. Er muss sich auch zur Wehr setzen, wenn *Eigengläubiger* des Erben in den Nachlass vollstrecken (zu den Rechtsbehelfen s § 1984 Rn 28 ff). Nach RGZ 61, 221, 223 kann der Nachlassverwalter die Befriedigung eines im Aufgebotsverfahren *ausgeschlossenen Gläubigers* (§ 1973) verweigern, bis nach dem aufzustellenden Verteilungsplan feststeht, wieviel der Gläubiger beanspruchen kann (großzügiger dagegen KG OLGE 30 [1915/I] 175 f zugunsten der in § 1992 genannten Gläubiger, obwohl diese erst nach den ausgeschlossenen zu befriedigen sind; vgl § 1973 Abs 1 S 2).

28 Die **Berichtigung** einer Nachlassverbindlichkeit durch den Verwalter müssen die Nachlassgläubiger als **für Rechnung des Nachlasses** erfolgt gelten lassen, wenn der Verwalter den Umständen nach annehmen durfte, dass der Nachlass zur Berichtigung aller Nachlassverbindlichkeiten ausreiche (§§ 1985 Abs 2 S 2, 1979). Vor einer Zahlung an Nachlassgläubiger muss der Verwalter sorgfältig prüfen, einerseits welche Nachlassverbindlichkeiten sonst noch vorhanden sind oder entstehen können sowie andererseits welche Aktiva zum Nachlass gehören und welchen Erlös er aus dessen Verwertung erlangen kann. Ohne solche Prüfung darf er nicht von der Zulänglichkeit des Nachlasses ausgehen und deshalb auch keine Nachlassverbindlichkeiten berichtigen (BGH LM § 1979 Nr 1 = NJW 1985, 140 = FamRZ 1984, 1004). Leistet er gleichwohl, so handelt er pflichtwidrig und ist den benachteiligten Nachlassgläubigern nach Abs 2 S 1 zum Schadensersatz verpflichtet. Die Darlegungs- und Beweislast für Umstände, die dazu geführt haben sollen, dass Zulänglichkeit angenommen werden durfte, trägt der Nachlassverwalter (BGH aaO).

29 Gem Abs 2 S 2 findet auch § 1980 entspr Anwendung. Der Verwalter haftet den Nachlassgläubigern also uU auf Schadensersatz, wenn er im Fall der Nachlassüberschuldung nicht die Eröffnung eines **Nachlassinsolvenzverfahrens** beantragt (zum *Antragsrecht* s § 317 Abs 1 InsO). Wegen § 1980 Abs 1 S 3 besteht jedoch keine **Antragspflicht**, wenn die Überschuldung auf Vermächtnissen und/oder Auflagen beruht (unrichtig BGB-RGRK/JOHANNSEN Rn 17); weitere Ausnahmen sind denkbar (s § 1980 Rn 2 ff). Die Antragspflicht entfällt insbes dann, wenn die Eröffnung des Nachlassinsolvenzverfahrens mangels einer den zusätzlichen Kosten auch dieses Verfahrens entsprechenden Masse (vgl § 26 InsO) nicht tunlich ist (SOERGEL/STEIN Rn 15; **aM** OLG Stuttgart OLGZ 1984, 304, 306 f = Justiz 1984, 301, 302 f = Rpfleger 1984, 416, 417; PALANDT/EDENHOFER Rn 7). Umstritten ist, ob der Nachlassverwalter in diesem Fall nach §§ 1990–1992 verfahren darf (dafür: PLANCK/FLAD Anm 1 b; Prot V 816 [betr nur § 1992]; dagegen: STAUDINGER/LEHMANN[11] Rn 14; BGB-RGRK/JOHANNSEN Rn 17 und – nur bzgl §§ 1990, 1991 – ERMAN/SCHLÜTER Rn 4; PALANDT/EDENHOFER Rn 10; MünchKomm/KÜPPER Rn 8 mit Fn 46; SOERGEL/STEIN Rn 15; AK-BGB/TEUBNER Rn 14; OLG Stuttgart OLGZ 1984, 304, 307 = Justiz 1984, 301, 302 = Rpfleger 1984, 416, 417). Die für die verneinende Ansicht angeführte Begründung, dass § 1985 Abs 2 nicht ausdrücklich auch §§ 1990–1992 für anwendbar erkläre (so zB das OLG Stuttgart und KÜPPER je aaO), überzeugt nicht, da die §§ 1990–1992 anders als § 1985 Abs 2 und die dort erwähnten Vorschriften nicht solche über die *Verantwortlichkeit* des Nachlassverwalters sind, ihre Erwähnung in Abs 2 also das Thema der Vorschrift verfehlen würde. Als Grundsatz gilt, dass der Nachlassverwalter gegenüber den Nachlassgläubigern dieselben Rechte hat wie der Erbe; für das Verhältnis zu den in § 1992 genannten Gläubigern bezeichnen dies die Prot (V 816) als selbstverständlich. Die §§ 1990–1992 finden also auch auf den Nachlassverwalter Anwendung. Die praktische Bedeutung sollte aber nicht überschätzt werden: Dass der Nachlassverwalter „die Befriedigung eines Nachlassgläubigers insoweit verweigern kann, als der Nachlass nicht ausreicht" (§ 1990 Abs 1 S 1), folgt nämlich schon aus § 1985 Abs 1, wonach der Verwalter die Nachlassverbindlichkeiten nur „aus dem Nachlass", nicht also aus seinem oder des Erben Eigenvermögen, zu berichtigen hat.

Ebenso gilt auch ohne § 1990 Abs 1 S 2, dass der Nachlassverwalter Zwangsvollstreckungsmaßnahmen der Nachlassgläubiger in den Nachlass dulden muss. Von Bedeutung ist jedoch die Anwendung des § 1991 Abs 4 auf den Nachlassverwalter (dafür LANGE/KUCHINKE § 49 III 6 c; RG WarnR 1918 Nr 122 für den Testamentsvollstrecker); danach hat er Verbindlichkeiten aus Pflichtteilsrechten, Vermächtnissen und Auflagen (nur) so zu berichtigen, wie dies im Nachlassinsolvenzverfahren zu geschehen hätte (vgl § 327 InsO).

Dass der Nachlassverwalter die *Aufhebung der Nachlassverwaltung verlangen* müsse **30** (und wohl auch könne), wenn die Aktiva des überschuldeten Nachlasses zwar die Kosten der Nachlassverwaltung, nicht hingegen auch die zusätzlichen Kosten eines anschließenden Nachlassinsolvenzverfahrens decken (OLG Stuttgart OLGZ 1984, 304, 306 f = Justiz 1984, 301, 302 = Rpfleger 1984, 416, 417; STAUDINGER/LEHMANN[11] Rn 14; BGB-RGRK/JOHANNSEN Rn 17 [weil die §§ 1990–1992 auf den Nachlassverwalter nicht anwendbar seien]; vgl auch SOERGEL/STEIN Rn 15 [spricht aber nur von „anregen"]; MünchKomm/KÜPPER Rn 8; KIPP/COING § 97 VII), ist nicht anzunehmen. Denn bei dieser Sachlage könnte ja auch die *Anordnung* der Nachlassverwaltung nicht gem § 1982 abgelehnt werden. Solange die Kosten der Nachlassverwaltung gedeckt sind (§§ 1982, 1988 Abs 2), muss der Verwalter also sein Amt weiterführen (vgl auch MELSBACH DNotV 1911, 671 f) und die ihm bekannten (§ 1986 Abs 1) Nachlassgläubiger nach Kräften des Nachlasses – zweckmäßigerweise nach Vorabzug der ihm nach § 1987 zustehenden Vergütung und sonstigen Verwaltungskosten (vgl MELSBACH DNotV 1911, 671, 674; OLG Dresden OLGE 35 [1917/II] 373 f; § 1987 Rn 16) – unter Beachtung des § 1991 Abs 4 befriedigen (für noch weitergehende quotenmäßige Befriedigung MELSBACH aaO 674; hiergegen KIPP [9./10. Aufl] § 78 Fn 29).

Gem §§ 1985 Abs 2 S 2, 1980 Abs 2 S 2 muss der Nachlassverwalter, will er nicht eine **31** persönliche Haftung nach § 1985 Abs 2 S 1 riskieren, das **Aufgebot der Nachlassgläubiger** (§§ 1970 ff) beantragen, wenn er Grund hat, das Vorhandensein unbekannter Nachlassverbindlichkeiten anzunehmen, und nicht die Kosten des Verfahrens dem Bestande des Nachlasses gegenüber unverhältnismäßig groß sind (Letzteres wird wegen §§ 1982, 1988 Abs 2 kaum vorkommen). Eine persönliche Haftung droht ihm auch dann, wenn er bei Stellung des Aufgebotsantrags entgegen § 456 FamFG nicht alle ihm bekannten Nachlassgläubiger in das beizufügende Verzeichnis aufnimmt (vgl KG DJZ 1905, 652 sowie § 1970 Rn 11). Aufgrund des § 455 Abs 2 FamFG kann er als Nachlasspfleger (§ 1975) das Aufgebot auch dann beantragen, wenn der Erbe bereits unbeschränkt haftet (str, s § 1970 Rn 7).

Da der Nachlassverwalter das Aufgebot der Nachlassgläubiger beantragen kann, **32** kann er auch, wenn ein Nachlassgläubiger für seine Forderung ein Recht auf Befriedigung aus einem **Nachlassgrundstück** hat, nach § 175 Abs 1 S 1 und 2 ZVG die **Zwangsversteigerung** beantragen.

IV. Anwendung von Vormundschaftsrecht, Aufsicht des Nachlassgerichts

Als Nachlasspfleger (§ 1975) bedarf der Nachlassverwalter zu Rechtsgeschäften der **33** in §§ 1821, 1822 bezeichneten Art der **Genehmigung des Nachlassgerichts** (§§ 1915 Abs 1 S 1, 1962; s auch STAUDINGER/MAROTZKE [2008] § 1960 Rn 42), selbst wenn der Erbe nicht minderjährig ist (BayObLGZ 6 [1906] 512, 515; PALANDT/EDENHOFER Rn 2; PLANCK/FLAD

Anm 1 a). In Betracht kommt zB nach § 1822 Nr 3 die Genehmigung zur Veräußerung eines Erwerbsgeschäfts (OLG München RJA 6 [1906] 119 ff; vgl auch GRZIWOTZ Betrieb 1990, 924, 925) oder nach § 1822 Nr 8 die Aufnahme eines Betriebsmittelkredits (BGH ZEV 2000, 155, 157; s auch § 1967 Rn 52). Das Nachlassgericht hat vor seiner Entscheidung über die Erteilung der Genehmigung auch den *Erben* anzuhören (hierzu und zu den Rechtsbehelfen des Erben vgl §§ 7 Abs 2, 37 Abs 2, 40 Abs 2, 41, 63 Abs 2 Nr 2 FamFG, die zT geschaffen wurden vor dem Hintergrund von BVerfGE 101, 397 ff = NJW 2000, 1709 ff = FGPrax 2000, 103 ff = FamRZ 2000, 731 ff = ZEV 2000, 148 ff m Anm LANGENFELD ZEV 2000, 195 = JZ 2000, 783 ff m Anm HESS/VOLLKOMMER; dazu auch PAWLOWSKI JZ 2000, 913 ff). Ein Beschluss des Nachlassgerichts, durch welchen die Genehmigung erteilt wird, wird erst mit Rechtskraft wirksam (§ 40 Abs 2 FamFG). Im Verhältnis zum Vertragspartner wird die Genehmigung auch nach Eintritt der Rechtskraft erst wirksam, wenn sie diesem vom Nachlassverwalter mitgeteilt wird (§§ 1829 Abs 1 S 2, 1915 Abs 1 S 1). Die Genehmigung ist zu versagen, wenn der Nachlassverwalter eine genehmigungsbedürftige Verfügung treffen will, statt seiner Insolvenzantragspflicht aus §§ 1980, 1985 Abs 2 S 2 nachzukommen (KGJ 34 [1907] A 90; OLG Stuttgart OLGZ 1984, 304, 305, 307 = Justiz 1984, 301, 302 = Rpfleger 1984, 416 f).

34 Zur Verfügung über **Sparkonten** bedarf der Nachlassverwalter nach Maßgabe der §§ 1812 f der Genehmigung des Nachlassgerichts (vgl OLG Frankfurt WM 1974, 473 f; OLG Köln WM 1986, 1495 f [jeweils für den nach § 1960 bestellten Pfleger]; aM MünchKomm/ KÜPPER Rn 2; PALANDT/EDENHOFER Rn 2). Die *Bestellung eines Gegenverwalters* (vgl § 1812 Abs 3) ist vom KG als möglich angesehen worden (DJZ 1928, 388; vgl jedoch § 1915 Abs 2 und § 1981 Rn 31 aE).

35 Soweit es mit dem Zweck der Nachlassverwaltung vereinbar ist, hat der Verwalter die §§ 1806 ff, 1814 ff zu beachten (PLANCK/FLAD Anm 1 a; BGB-RGRK/JOHANNSEN Rn 12; aM LANGE/KUCHINKE § 49 III 6 c aufgrund unzulässiger Verallgemeinerung „der Ausnahme des § 1806"). *Geldbeträge*, deren Ausschüttung an die Nachlassgläubiger nicht sofort erfolgen kann, darf der Nachlassverwalter nicht unverzinslich in seinem Gewahrsam halten; gem §§ 1915 Abs 1 S 1, 1806 muss er das Geld, „soweit es nicht zur Bestreitung von Ausgaben bereitzuhalten ist", *verzinslich anlegen* (vgl aber auch BGH FamRZ 1975, 576 f betr Anlage in Gold und BGH NJW-RR 1995, 577 f = FamRZ 1995, 478 f betr verzinsliche Geldanlage durch Testamentsvollstrecker); nach §§ 1915, 1837, 1962 hat das Nachlassgericht die Anlegung zu überwachen (RGZ 88, 264 ff).

36 Auch sonst unterliegt der Nachlassverwalter der Aufsicht des Nachlassgerichts (§§ 1962, 1915 Abs 1 S 1, 1837). Aus § 1837 Abs 2 S 1 HS 2 ergibt sich, dass das Nachlassgericht nur gegen „Pflichtwidrigkeiten" einzuschreiten hat, dass es dem Nachlassverwalter also **in reinen Zweckmäßigkeitsfragen keine Anweisungen** erteilen darf (OLG Frankfurt FamRZ 1998, 636, 637 = FGPrax 1998, 64, 65 = ZEV 1998, 263, 264; vgl auch § 1960 Rn 38 für den nach *§ 1960* bestellten Pfleger). Analog § 1886 hat das Nachlassgericht **den Nachlassverwalter** zu **entlassen**, wenn die Fortführung des Amtes die Interessen des Erben und/oder der Nachlassgläubiger „gefährden würde", wobei es keinen Unterschied macht, ob diese Gefährdung „wegen pflichtwidrigen Verhaltens" oder wegen objektiver Ungeeignetheit der zum Nachlassverwalter bestellten Person anzunehmen ist (so auch MEYER-STOLTE Rpfleger 1989, 242 in seiner Kritik an LG Detmold Rpfleger 1989, 241 f) oder ob den Nachlassverwalter ein Verschulden trifft (BayObLGZ 34 [1934] 201 f; vgl auch STAUDINGER/ENGLER [2004] § 1886 Rn 10). Eine Entlassung wegen pflichtwidrigen Verhaltens ist auch unter Berücksichtigung des Charakters als „äußerste Maßnahme" (BayObLG FamRZ 1988, 543) idR gerechtfertigt bei beharrlicher und langdauernder Nichtvorlage des Nachlassverzeichnisses (Rn 37) oder Nichtvornahme der Rechnungslegung (Rn 38; vgl auch BayObLG aaO sowie zu der Frage, welche Anforderungen an die nach hM zu fordernde „Beharrlichkeit" einer Verzögerung zu stellen sind: LG Detmold Rpfleger 1989, 241 f m krit Anm MEYER-STOLTE). Einen **Antrag** auf Entlassung kann nur der Erbe, nicht auch ein Nachlassgläubiger stellen (SOERGEL/STEIN Rn 3; OLG Frankfurt FamRZ 1998, 636, 637 rSp = FGPrax 1998, 64, 65 = ZEV 1998, 263, 264; **aM** OLG Karlsruhe NJW-RR 1989, 1095; zust ERMAN/SCHLÜTER Rn 2). Der in §§ 1975, 1981 Abs 2, 1985 Abs 2 S 1 zum Ausdruck kommende *Zweck* der Nachlassverwaltung erfordert zwar ein Recht des Nachlassgläubigers, gem § 1981 Abs 2 *das Verfahren als solches* zu beantragen, nicht aber auch das Recht, *in* dem bereits schwebenden Verfahren weitere, insb auf die Person des Verwalters zielende Anträge zu stellen. Auch die Entlassung eines Nachlass**insolvenz**verwalters kann nicht bereits von einem einzelnen Gläubiger, sondern nur (vom Verwalter selbst oder) vom Gläubigerausschuss oder der Gläubigerversammlung beantragt werden (§ 59 Abs 1 S 2 InsO). Der Umstand, dass das Verfahren der Nachlass**verwaltung** derartige Gläubigerorgane nicht kennt, rechtfertigt nicht den Schluss, dass dann eben jeder *einzelne* Nachlassgläubiger den Entlassungsantrag stellen könne. Denn im Unterschied zum Nachlassinsolvenzverfahren bezieht sich die Nachlassverwaltung idR nicht auf einen überschuldeten, sondern auf einen solventen Nachlass. Auch unterliegen die Nachlassgläubiger während einer Nachlassverwaltung noch nicht der insolvenzrechtlichen Vollstreckungssperre (vgl § 1984 Abs 2 BGB einerseits, § 89 InsO [allerdings auch §§ 88, 129 ff, 321 f InsO] andererseits). Das Bedürfnis, ihnen in Gestalt von Antragsrechten Einfluss auf die Person des Verwalters zu geben, ist während einer Nachlassverwaltung also typischerweise geringer als im Nachlassinsolvenzverfahren. Man sollte das Antragsrecht deshalb verneinen und die Nachlassgläubiger notfalls auf Schadensersatzansprüche gegen den Nachlassverwalter (§ 1985 Abs 2) und Amtshaftungsansprüche wegen pflichtwidrigen Nichteinschreitens des Nachlassgerichts verweisen. Auf jeden Fall zu weit ginge es mE, den einzelnen Nachlassgläubigern sogar das Recht zuzugestehen, gegen einen Beschluss, durch den das Nachlassgericht die Entlassung des Nachlassverwalters oder ein Einschreiten gegen ihn ablehnt, *Beschwerde* einzulegen (überzeugend OLG Frankfurt FamRZ 1998, 636 f = FGPrax 1998, 64 f = ZEV 1998, 263 f); auch dies ist jedoch streitig (vgl OLG Karlsruhe NJW-RR 1989, 1095; BayObLGZ 34 [1937] 200, 202; OLG München JFG 14 [1937] 61 ff; LG Berlin DFG 1942, 122 f; KG JW 1938, 1453 f [letztgenannte Entscheidung betr den nach §§ 1960, 1961 bestellten Pfleger; vgl auch § 1960 Rn 38]).

Gem §§ 1802, 1915 hat der Verwalter dem Nachlassgericht ein **Nachlassverzeichnis** **37** einzureichen. Die für das „Inventar" (§§ 1993 ff) geltenden Vorschriften finden auf dieses Verzeichnis keine Anwendung. Streitig ist, ob der Erbe dieses Verzeichnis später zur Inventarerrichtung in der Form des § 2004 verwenden kann (vgl § 2004 Rn 3). Eine Inventarfrist (§§ 1994 ff, 2005 Abs 2) kann dem Nachlassverwalter nicht bestimmt werden (§ 2000 Rn 4, § 2012 Rn 4). Das Recht (§ 1993), ein Inventar zu errichten, steht auch während der Nachlassverwaltung allein dem Erben zu (vgl § 1984 Rn 7 und § 2012 Rn 9). Der Nachlassverwalter kann es als solcher nicht für den Erben ausüben (vgl KGJ 28 [1905] A 28 = RJA 4, 201).

Der Nachlassverwalter hat über seine Tätigkeit dem Nachlassgericht nach §§ 1915 **38**

Abs 1 S 1, 1840, 1841 **Rechnung zu legen**; Schlussrechnung gegenüber dem Erben gem § 1890. Das Nachlassgericht hat die nach § 1841 zu legende Rechnung zu prüfen (§ 1843); es kann den Verwalter zB zur Rückzahlung von Auslagen anhalten (LG Bonn Rpfleger 1976, 98). Die in § 1841 Abs 2 S 2 vorgesehene Prüfung darf nicht erfolgen, wenn alle Nachlassgläubiger und Erben die vom Nachlassverwalter erstellte Rechnung anerkennen (OLG Frankfurt NJW 1963, 2278).

V. Haftung des Nachlassverwalters

39 1. **Dem Erben gegenüber** haftet der Nachlassverwalter wie jeder andere Nachlasspfleger (vgl § 1975) nach §§ 1915 Abs 1 S 1, 1833 für jedes Verschulden persönlich. Wenn sich jedoch der Nachlassverwalter über die ihm gesetzlich obliegenden Pflichten hinaus für die Interessen des Erben eingesetzt und diesem dadurch erhebliche Nachlasswerte erhalten hat, die sonst verlorengegangen wären, kann es gegen Treu und Glauben verstoßen, wenn der Erbe den Verwalter für von diesem verschuldete Verluste voll haftbar machen will (BGH FamRZ 1975, 576 f). Hat ein **Miterbe** seinen Erbteil auf eine andere Person übertragen, so kann *diese* anstelle des Veräußerers etwaige Schadensersatzansprüche gegen den Nachlassverwalter erheben (vgl hierzu und zur Anwendbarkeit des § 2039 OLG Dresden ZEV 2000, 402 ff m Anm DAMRAU [für Ansprüche gegen den nach *§ 1960* bestellten Pfleger]).

40 2. Gem Abs 2 S 1 ist der Nachlassverwalter **auch den Nachlassgläubigern gegenüber** verantwortlich; anders als der nach § 1960 oder § 1961 bestellte Nachlasspfleger (s STAUDINGER/MAROTZKE [2008] § 1960 Rn 53, 54) haftet er auch ihnen für jeden durch schuldhafte Pflichtverletzung entstandenen Schaden (Prot V 815). Auch ihnen haftet er selbstverständlich nicht mit dem Nachlass, sondern mit seinem eigenen Vermögen (vgl auch § 2012 Rn 10).

Zur Bedeutung der in Abs 2 S 2 vorgesehenen entsprechenden Anwendung der **§§ 1979, 1980** s Rn 29 ff.

Soweit Ansprüche aus einem **Steuerschuldverhältnis** infolge vorsätzlicher oder grob fahrlässiger Verletzung der dem Nachlassverwalter obliegenden Pflichten (vgl § 34 AO) nicht oder nicht rechtzeitig festgesetzt oder erfüllt werden, haftet der Verwalter nach § 69 AO; diese Haftung umfasst auch die infolge der Pflichtverletzung zu zahlenden Säumniszuschläge.

41 3. **Gem Abs 2 S 2, § 1978 Abs 2** gelten die den *Nachlassgläubigern* gegen den Nachlassverwalter erwachsenen Ersatzansprüche als zum Nachlass gehörend. Die geschädigten Nachlassgläubiger selbst können ihre Ersatzansprüche also (§ 1984 Abs 1 S 1) erst nach Aufhebung der Nachlassverwaltung geltend machen (OLG Hamburg OLGE 41 [1921] 82; vgl aber auch KG DJZ 1905, 652 f). Tritt an die Stelle des den Nachlassgläubigern haftbar gewordenen Nachlassverwalters ein anderer, so kann während der Dauer der Nachlassverwaltung nur dieser die Ersatzansprüche geltend machen (OLG Hamburg aaO; RGZ 135, 305), ebenso während eines Nachlassinsolvenzverfahrens nur der Insolvenzverwalter (so geschehen in BGH LM § 1979 Nr 1 = NJW 1985, 140 = FamRZ 1984, 1004). Zu weiteren Aspekten der aus Abs 2 S 2 folgenden entsprechenden Anwendbarkeit des § 1978 Abs 2 s dort Rn 36.

Trotz Fehlens einer spezialgesetzlichen Surrogationsvorschrift gelten auch die Er- 42
satzansprüche, die der *Erbe* gegen den Nachlassverwalter erwirbt, als zum Nachlass
gehörend; für ihre Geltendmachung gilt das für die Ansprüche der Nachlassgläubiger
Ausgeführte entsprechend (OLG Hamburg und RG je aaO; vgl auch BGHZ 46, 221, 229 für
Ersatzansprüche des Erben gegen einen dritten Schädiger).

VI. Staatshaftung wegen mangelhafter Beaufsichtigung des Nachlassverwalters 43
durch das Nachlassgericht (§§ 1837, 839 BGB, Art 34 GG) ist sowohl zugunsten
des Erben als auch zugunsten der Nachlassgläubiger denkbar (vgl RGZ 88, 264 ff; der
dort zitierte § 1848 wurde aufgehoben mit Wirkung v 1. 7. 1977 durch G v 14. 6. 1976 [BGBl I 1421]).
Etwas anders verhält es sich bei der nach §§ 1960, 1961 angeordneten Nachlasspflegschaft (STAUDINGER/MAROTZKE [2008] § 1960 Rn 4).

§ 1986
Herausgabe des Nachlasses

(1) Der Nachlassverwalter darf den Nachlass dem Erben erst ausantworten, wenn die bekannten Nachlassverbindlichkeiten berichtigt sind.

(2) Ist die Berichtigung einer Verbindlichkeit zur Zeit nicht ausführbar oder ist eine Verbindlichkeit streitig, so darf die Ausantwortung des Nachlasses nur erfolgen, wenn dem Gläubiger Sicherheit geleistet wird. Für eine bedingte Forderung ist Sicherheitsleistung nicht erforderlich, wenn die Möglichkeit des Eintritts der Bedingung eine so entfernte ist, dass die Forderung einen gegenwärtigen Vermögenswert nicht hat.

Materialien: E II § 1860; III § 1961; Prot V 819;
JAKOBS/SCHUBERT ER I 304, 599 ff.

Schrifttum

CHRISTOPEIT, Die Haftung des Erben für die
neuen Geschäftsschulden bei der Verwaltungstestamentsvollstreckung eines einzelkaufmännischen Unternehmens (Diss Tübingen 1960)
56 ff.

I. Allgemeines

Die Vorschrift regelt nicht, wann der Nachlassverwalter den Nachlass an den Erben 1
ausantworten *muss,* sondern nur, wann er hierzu im Verhältnis zu den Nachlassgläubigern *berechtigt* ist. Auch regelt die Vorschrift nur das Recht zur Ausantwortung
des Nachlasses an den *Erben,* nicht das Recht bzw die Pflicht des Nachlassverwalters,
den Nachlass nach Beendigung seines Amtes (vgl zB § 1988 Abs 1 oder §§ 1915
Abs 1 S 1, 1886) an einen Nachlassinsolvenzverwalter oder an einen neuen Nachlassverwalter herauszugeben (dazu § 1988 Rn 3; § 1985 Rn 17).

II. Pflicht zur Ausantwortung des Nachlasses

2 **1.** Der in § 1986 geregelten *Berechtigung des Nachlassverwalters* zur Ausantwortung des Nachlasses korrespondiert nicht notwendig ein **Herausgabeanspruch des Erben**. Denn der Erbe hat mit der Anordnung der Nachlassverwaltung das Recht zur Verwaltung des Nachlasses verloren (§ 1984 Abs 1 S 1). Nicht schon unter den Voraussetzungen des § 1986, sondern **erst nach Beendigung der Nachlassverwaltung** ist er berechtigt, von dem (ehemaligen) Nachlassverwalter die Herausgabe des Nachlasses zu verlangen (vgl auch §§ 1915 Abs 1 S 1, 1890 sowie RGZ 72, 260, 264; MICHALSKI Rn 959). Die Nachlassverwaltung endigt jedoch nicht schon mit der nach Maßgabe des § 1986 erfolgten Berichtigung oder Sicherstellung der bekannten Nachlassverbindlichkeiten, auch nicht mit der anschließenden Ausantwortung des Nachlasses an den Erben, sondern erst infolge Aufhebung (§§ 1988 Abs 2, 1919) seitens des Nachlassgerichts (§ 1962) oder gem § 1988 Abs 1 durch Eröffnung des Nachlassinsolvenzverfahrens (vgl RGZ 72, 260, 263 f und § 1988 Rn 1 ff). Gem §§ 1919, 1962 hat das Nachlassgericht die Nachlassverwaltung aufzuheben, wenn der Grund für die Anordnung weggefallen ist (RG aaO). Unter den Voraussetzungen des § 1986 wird dies stets der Fall sein (zu weiteren Aufhebungsgründen vgl § 1988 Rn 10 ff).

3 **2. Nach Beendigung der Nachlassverwaltung hat der Verwalter den Nachlass** und das aus dessen Verwaltung Erlangte (zB Akten und Belege; vgl KG NJW 1971, 566 f) an den Erben – im Fall des § 1988 Abs 1 an den Nachlassinsolvenzverwalter – **herauszugeben und Schlussrechnung zu legen** (§§ 1890, 1915 Abs 1 S 1, 1975). Gegenüber dem Herausgabeanspruch kann er wegen seiner Ansprüche auf Aufwendungsersatz (§§ 1835, 1915 Abs 1 S 1) sowie wegen seines Vergütungsanspruchs (§ 1987) ein *Zurückbehaltungsrecht* (§ 273) geltend machen (PLANCK/FLAD Anm 6; vgl auch BGB-RGRK/JOHANNSEN Rn 5; PALANDT/EDENHOFER § 1988 Rn 3; aM SOERGEL/STEIN Rn 6). Gegenüber einem Nachlassinsolvenzverwalter ist ihm das Zurückbehaltungsrecht jedoch entspr § 323 InsO versagt (s § 1988 Rn 3).

Eine Rückabtretung der zum Nachlass gehörenden Forderungen an den Erben ist unnötig, weil der Erbe auch während der Nachlassverwaltung Inhaber der Nachlassforderungen geblieben ist.

4 **3. Mehreren Erben** hat der Nachlassverwalter den Nachlass gemeinschaftlich auszuantworten; auf Verlangen eines von ihnen hat er die Nachlassgegenstände für alle zu hinterlegen (§ 2039). Die *Verteilung* des Nachlasses an die Miterben hat er nicht vorzunehmen (Prot V 816; RGZ 72, 260).

5 **4. Der Anspruch des Erben auf Herausgabe** des Nachlassrestes **ist** wie jede andere Forderung **abtretbar und pfändbar** (§ 1984 Rn 30). Bei Erbenmehrheit gilt § 2039. Nach der **Übertragung eines Erbteils** tritt in Ansehung des Herausgabeanspruchs der Erwerber an die Stelle des veräußernden Miterben (vgl OLG Dresden ZEV 2000, 402 ff m Anm DAMRAU bzgl des Herausgabeanspruchs gegen einen nach *§ 1960* bestellten Pfleger).

III. Recht zur Ausantwortung des Nachlasses

6 **1.** Aus § 1986 geht hervor, dass der Nachlassverwalter den Nachlass an den Erben **erst dann** ausantworten darf, wenn der Zweck der Nachlassverwaltung, nämlich die

Berichtigung (vgl Abs 1 und § 1975) oder notfalls Sicherstellung (Abs 2) der Nachlassverbindlichkeiten (bzgl Steuerschulden s Rn 8), erreicht ist. § 1986 definiert die Voraussetzungen, unter denen dies der Fall ist:

a) **Die bekannten Nachlassverbindlichkeiten müssen berichtigt sein, Abs 1**. Sobald der Nachlassverwalter Grund hat, das Vorhandensein *unbekannter* Nachlassgläubiger anzunehmen, muss er nach §§ 1985 Abs 2 S 2, 1980 Abs 2 S 2 das Aufgebot (§§ 1970 ff) beantragen, sofern nicht die Kosten dieses Verfahrens dem Bestande des Nachlasses gegenüber unverhältnismäßig groß sind. Ist das Aufgebotsverfahren notwendig, so darf der Nachlassverwalter den Nachlass nicht vor Abschluss dieses Verfahrens an den Erben herausgeben (vgl auch BGB-RGRK/JOHANNSEN Rn 1: der Verwalter dürfe den Nachlass zurückbehalten).

b) **Ist die Berichtigung einer Verbindlichkeit zZ nicht ausführbar** (zB weil der Gläubiger unauffindbar ist) **oder ist eine Nachlassverbindlichkeit streitig** (abzustellen ist auf das Bestreiten des Nachlassverwalters, nicht des Erben: OLG Frankfurt JZ 1953, 53), so darf die Ausantwortung des Nachlasses nur erfolgen, wenn dem Gläubiger Sicherheit geleistet wird, **Abs 2 S 1**. Die Vorschrift ähnelt § 52 Abs 2. Zu Art und Weise der Sicherheitsleistung s §§ 232 ff. Statt der Sicherheitsleistung ist auch Hinterlegung nach §§ 372 ff zulässig.

Für **bedingte Forderungen** ist Sicherheitsleistung nicht erforderlich, wenn der Eintritt der Bedingung so fern liegt, dass die Forderung keinen gegenwärtigen Vermögenswert hat, **Abs 2 S 2**. Dasselbe Kriterium entscheidet gem § 916 Abs 2 ZPO über die Zulässigkeit des Arrestes wegen eines bedingten Anspruchs und gem § 191 Abs 2 InsO über die Berücksichtigung bedingter Forderungen bei der Verteilung im Insolvenzverfahren.

c) **Dass die Nachlassverwaltung bereits förmlich aufgehoben wurde**, gehört nicht zu den Voraussetzungen des § 1986. Die Aufhebung muss jedoch unter den Voraussetzungen dieser Vorschrift erfolgen (s Rn 1).

2. Meldet sich vor der förmlichen Aufhebung der Nachlassverwaltung noch ein unbefriedigter Nachlassgläubiger, so muss der Nachlassverwalter den bereits ausgeantworteten Nachlass vom Erben zurückfordern und das Verfahren fortsetzen (ERMAN/SCHLÜTER Rn 3; MünchKomm/KÜPPER Rn 5; SOERGEL/STEIN Rn 3).

3. Durch Ausantwortung des Nachlasses vor Erfüllung der Voraussetzungen des § 1986 macht sich der Nachlassverwalter gegenüber den noch nicht befriedigten Gläubigern für den daraus entstandenen Schaden nach § 1985 Abs 2 haftbar. Das gilt auch gegenüber dem Fiskus, soweit dessen noch unerfüllte Steuerforderung zu den Nachlassverbindlichkeiten gehört (vgl zu dieser Vorfrage STAUDINGER/MAROTZKE [2008] § 1922 Rn 370 f, ferner § 1967 Rn 16, 33 ff und speziell zur Anwendbarkeit der §§ 1985, 1986 die Andeutung im Schlusssatz von RG WarnR 1917 Nr 27). Eine zumindest ähnliche Haftung droht dem Nachlassverwalter wegen §§ 69, 34 Abs 1 AO, 32 Abs 1 ErbStG aber auch dann, wenn die Steuerschuld zwar aus dem Nachlass zu erfüllen, aber dennoch nicht als Nachlassverbindlichkeit zu qualifizieren ist; insoweit kann die (oftmals sehr umstrittene) Rechtsnatur als Nachlassverbindlichkeit also unentschieden bleiben.

IV. Haftung des Erben nach Aufhebung der Nachlassverwaltung

9 Meldet sich nach Aufhebung der Nachlassverwaltung noch ein unbefriedigter Nachlassgläubiger, so ist zu unterscheiden:

1. Soweit der Erbe schon vor Anordnung der Nachlassverwaltung unbeschränkbar haftete, dauert die unbeschränkte Haftung fort.

2. Einem im Aufgebotsverfahren ausgeschlossenen oder ihm gleichstehenden Gläubiger haftet der Erbe nur nach Maßgabe der §§ 1973, 1974.

3. Erfolgte die Aufhebung der Nachlassverwaltung aus dem in *§ 1988 Abs 2* genannten Grund (Fehlen einer kostendeckenden Masse) oder deckt der Nachlass die Kosten einer *nochmaligen* Nachlassverwaltung nicht, so ist der Erbe gem § 1990 Abs 1 S 1 berechtigt, die Befriedigung eines Nachlassgläubigers zu verweigern, soweit der Nachlass unter Berücksichtigung des § 1991 nicht ausreicht.

4. Gegenüber Verbindlichkeiten aus Vermächtnissen und Auflagen kann der Erbe uU auch dann nach §§ 1990, 1991 verfahren, wenn der Nachlass nicht dürftig ist (§ 1992).

10 **5. Auch außerhalb des unmittelbaren Anwendungsbereichs der §§ 1973, 1974, 1990, 1992** nimmt die hM an, dass der Erbe nach Beendigung der ordnungsgemäß durchgeführten Nachlassverwaltung nur noch mit dem Nachlass hafte, selbst wenn der jetzt noch vorhandene Rest zur Deckung der Kosten einer nochmaligen Nachlassverwaltung oder eines Nachlassinsolvenzverfahrens ausreiche und ein Fall des § 1990 somit eigentlich nicht vorliege.

Nach dieser hM soll der Erbe den Gläubiger **analog § 1990** auf den noch vorhandenen Nachlassrest verweisen können (BGH LM § 1975 Nr 1 = NJW 1954, 635; BGHZ 41, 30, 32; STAUDINGER/LEHMANN[11] Rn 6; BGB-RGRK/JOHANNSEN Rn 6–8; PALANDT/EDENHOFER Rn 1; SOERGEL/STEIN § 1975 Rn 12 f; ERMAN/SCHLÜTER § 1975 Rn 5; SCHLÜTER Rn 1164; JAUERNIG/STÜRNER § 1975 Rn 2; KIPP/COING § 97 XI 2; BROX/WALKER Rn 694; EBENROTH Rn 1143 aE; LANGE/KUCHINKE § 49 VI 2; MICHALSKI Rn 964; wohl auch MünchKomm/KÜPPER § 1975 Rn 6, § 1986 Rn 6). Zwar bleibe der Erbe den Nachlassgläubigern in diesem Fall nach §§ 1991 Abs 1, 1978, 1979 verantwortlich und müsse deshalb, wenn der Nachlass zahlungsunfähig oder überschuldet (aber nicht dürftig iSd § 1990 Abs 1 S 1) sei, gem § 1980 die Eröffnung des Nachlassinsolvenzverfahrens beantragen. Nicht jedoch brauche er, um die Nachlassgläubiger von seinem Eigenvermögen fernhalten zu können, die *nochmalige* Anordnung einer *Nachlassverwaltung* zu beantragen. Die in §§ 780, 781, 785 ZPO vorgesehenen Rechtsbehelfe stünden ihm vielmehr schon jetzt zu (STAUDINGER/LEHMANN[11] Rn 6).

Die hM beansprucht für sich den Vorzug der Unkompliziertheit (STAUDINGER/LEHMANN[11] § 1975 Rn 4; BGB-RGRK/JOHANNSEN Rn 6) und den der „praktischen Vernunft" (STAUDINGER/LEHMANN[11] Rn 6), während die Gegenansicht uU das Vertrauen des Erben enttäuscht, nach Aufhebung der Nachlassverwaltung einen schuldenfreien Nachlassrest zu erhalten. Gegen die hM lässt sich aber einwenden, dass dieses Vertrauen des Erben nur dann schutzwürdig sei, wenn er oder der Nachlassverwalter rechtzeitig das

Aufgebot der Nachlassgläubiger (§§ 1970 ff) beantragt habe (so Prot V 818). Dementsprechend hat die Mehrheit der II. Komm (Prot V 817) es abgelehnt, den Erben „nach Beendigung der Pflegschaft immer nur auf die Bereicherung haften zu lassen", und sich dafür ausgesprochen, dass der Erbe nach Beendigung der Nachlassverwaltung grundsätzlich in gleicher Weise haften solle, „wie wenn eine Pflegschaft nicht bestellt gewesen wäre". Dieser **Wille des Gesetzgebers** hat sich auch in der Fassung des Gesetzes niedergeschlagen: § 1990 Abs 1 S 1 gilt nach seinem Wortlaut im Fall der Aufhebung der Nachlassverwaltung (nur) dann, wenn diese Aufhebung „wegen Mangels einer den Kosten entsprechenden Masse" erfolgt ist (und selbst dann ist § 1990 unanwendbar, wenn nicht eine *Überschuldung* des Nachlasses vorliegt oder zumindest ernstlich zu besorgen ist; vgl § 1990 Rn 2 f). Die Ansicht, dass die haftungsbeschränkende Wirkung der Nachlassverwaltung ansonsten auf die Dauer des Verfahrens beschränkt sei und dass es deshalb zur nochmaligen Herbeiführung der Haftungsbeschränkung grundsätzlich einer erneuten Nachlassverwaltung (bzw eines Nachlassinsolvenzverfahrens) bedürfe, kann sich also sowohl auf den subjektiven Willen des Gesetzgebers als auch auf den Wortlaut des Gesetzes stützen (unrichtig STAUDINGER/LEHMANN[11] Rn 5: der Wortlaut des § 1975 stehe entgegen). Sie belastet den Erben auch nicht unangemessen, da dieser sich vor und sogar noch während der Nachlassverwaltung (vgl § 1984 Rn 7) durch rechtzeitige Beantragung des Aufgebotsverfahrens vor unliebsamen Überraschungen schützen kann (§ 1973). Wenn die Kosten des Aufgebotsverfahrens im Vergleich zum Wert des Nachlasses unverhältnismäßig groß sind, die Beantragung des Aufgebotsverfahrens also untunlich wäre (vgl auch § 1980 Abs 2 S 2 HS 2), braucht der Erbe es auch zum endgültigen Schutz des Eigenvermögens nicht zu beantragen: Dann ist der Nachlass stets auch dürftig iS des § 1990 Abs 1 S 1. **Deshalb ist der Ansicht zuzustimmen, nach der die haftungsbeschränkende Wirkung der Nachlassverwaltung mit der Aufhebung der Nachlassverwaltung endet.** Diese Ansicht war *vor* den oben erwähnten, gegenteiligen Entscheidungen des BGH ganz herrschend (PLANCK/FLAD Anm 3 d; STROHAL II § 79 V; ders KritV 39 [1897] 212, 242; ECCIUS Gruchot 43 [1899] 603, 627; RIESENFELD II 89; KRETZSCHMAR § 81 V 2 c; CROME § 728 Fn 89; PLANCK DJZ 1899, 366; SIBER, Haftung für Nachlaßschulden 36 f; ebenso auch nach der Stellungnahme des BGH CHRISTOPEIT 56 ff und für den Fall, dass der die Nachlassverwaltung durchlaufen habende Nachlass unter Testamentsvollstreckung steht, auch MUSCHELER, Die Haftungsordnung der Testamentsvollstreckung [1994] 140 f). Die Argumente der *heutigen* hM, die der neuen Linie des BGH folgt (s oben), sind im Wesentlichen rechtspolitischer Natur und insoweit durchaus beachtlich. Rechtspolitische Erwägungen befreien den Richter aber nicht von seiner Verpflichtung, das geltende Recht anzuwenden (BGHZ 50, 45, 51). **De lege ferenda** kann empfohlen werden, die in § 1983 vorgeschriebene öffentliche Bekanntmachung der Anordnung der Nachlassverwaltung in ein durch das Nachlassgericht von Amts wegen einzuleitendes aufgebotsähnliches Verfahren abzuwandeln. So ließe sich das Problem entschärfen (vgl § 1973). Noch besser wäre es, wenn man dem Erben die beschränkte Haftung auch ohne Nachlassverwaltung oder Nachlassinsolvenzverfahren allein aufgrund des Inventars gewähren würde (vgl Vorbem 46 ff zu §§ 1967 ff).

6. Unberührt von dem bei Rn 10 dargestellten Meinungsstreit bleibt das Recht des Erben, nach Aufhebung der Nachlassverwaltung (freiwillig) die **nochmalige Anordnung einer Nachlassverwaltung** zu beantragen, wenn ihm dies im Hinblick auf bisher unberücksichtigt gebliebene Nachlassverbindlichkeiten zweckmäßig erscheint und eine den Kosten entspr Masse vorhanden ist. *Auch die noch nicht* *befriedigten Nachlassgläubiger* können den Antrag auf nochmalige Anordnung einer Nachlassverwaltung stellen, wenn Grund zu der Annahme besteht, dass die Befriedigung aus dem Nachlass durch das Verhalten des Erben oder durch dessen Vermögenslage gefährdet wird (§ 1981 Abs 2 S 1); zu beachten ist jedoch die sich aus § 1981 Abs 2 S 2 ergebende zeitliche Beschränkung dieses Antragsrechts. Des Weiteren kann dem Erben nach Beendigung der Nachlassverwaltung wieder eine **Inventarfrist** gesetzt werden (s § 2000 Rn 7). Auch nach Durchführung einer Nachlassverwaltung kann der Erbe also noch durch Versäumung einer Inventarfrist (§ 1994 Abs 1 S 2) sein Haftungsbeschränkungsrecht endgültig verlieren. Auf das regelmäßig bereits vom Nachlassverwalter eingereichte Nachlassverzeichnis wird sich der Erbe grundsätzlich nicht gem § 2004 berufen können (vgl § 2004 Rn 3).

§ 1987
Vergütung des Nachlassverwalters

Der Nachlassverwalter kann für die Führung seines Amts eine angemessene Vergütung verlangen.

Materialien: E II § 1862; III § 1962; Prot V 820; Jakobs/Schubert ER I 304, 600 ff.

Schrifttum

Firsching/Graf, Nachlassrecht (9. Aufl 2008) 633 f Rn 4.845 ff
Fromm, Nachlassverwaltung: Eine Bedrohung für mittelständische Unternehmen im Nachlass, ZEV 2006, 298
Homann, Die Vergütung von Nachlasspfleger, Testamentsvollstrecker, Nachlassverwalter und Nachlassinsolvenzverwalter (2007) 163 ff

Jochum/Pohl, Nachlasspflegschaft. Ein Handbuch für die Praxis (3. Aufl 2006) 469 ff Rn 1128 ff
Möhring/Beisswingert/Klingelhöffer, Vermögensverwaltung in Vormundschafts- und Nachlaßsachen (7. Aufl 1992) 215 ff
Zimmermann, Probleme der Nachlassverwaltervergütung, ZEV 2007, 519.

Systematische Übersicht

I. Zweck der Regelung _____ 1	V. Kein Anspruch gegen die Staatskasse _____ 18
II. Verhältnis zu §§ 1836 ff, 1915 Abs 1 _____ 2	VI. Ausschlussfrist? _____ 19
III. Angemessenheit der Vergütung	
1. Auf der Stufe des „Ob" _____ 9	VII. Aufwendungsersatz _____ 20
2. Auf der Stufe des „Wieviel" _____ 10	VIII. Entnahmerecht des Nachlassverwalters _____ 25
IV. Durchsetzung des Vergütungsanspruchs _____ 16	IX. Insolvenzrechtliches _____ 27

I. Zweck der Regelung

Während der nach § 1960 oder § 1961 bestellte Nachlasspfleger die Pflegschaft **1** grundsätzlich unentgeltlich führen muss (§§ 1915 Abs 1 S 1, 1836 Abs 1 S 1; Ausnahmen bei STAUDINGER/MAROTZKE [2008] § 1960 Rn 34 ff), billigt § 1987 dem Nachlassverwalter, obwohl § 1975 auch ihn als Nachlasspfleger ausweist, einen Anspruch auf angemessene Vergütung zu. Nach Prot V 820 ließ man sich bei dieser legislativen Entscheidung von der Überlegung leiten, dass die Nachlassverwaltung mehr im privaten als im öffentlichen Interesse eingeleitet werde. Da § 1981 Abs 3 aus diesem Grund (Prot V 810 f) eine Verpflichtung zur Übernahme der Nachlassverwaltung ausschließe, eine Nachlassverwaltung *freiwillig* aber nur gegen Entgelt übernommen werde, sei es notwendig, den Nachlassverwalter insoweit wie einen Insolvenzverwalter zu behandeln, ihm also nach dem Vorbild des § 85 KO (jetzt §§ 63 ff InsO) einen Vergütungsanspruch zu gewähren. Ein Vergütungsanspruch wird in § 2221 auch dem Testamentsvollstrecker zugebilligt.

II. Verhältnis zu §§ 1836 ff, 1915 Abs 1

Ohne § 1987 würde sich die Vergütung des Nachlassverwalters nach § 1915 Abs 1 S 2 **2** (zu der dabei vorausgesetzten Einordnung der Nachlassverwaltung als „Pflegschaft" s Rn 1) iVm § 1836 Abs 1 S 2, hilfsweise nach §§ 1915 Abs 1 S 1, 1836 Abs 2 richten (zum Aufwendungsersatz s Rn 18 ff). Die Konsequenz wäre eine Differenzierung zwischen berufsmäßiger (§§ 1836 Abs 1 S 2, 1915 Abs 1 S 2) und nicht berufsmäßiger (§§ 1836 Abs 1 S 1 und Abs 2, 1915 Abs 1 S 1) Führung der Nachlassverwaltung sowie zwischen vermögenden und mittellosen Nachlässen in Bezug auf die folgenden drei Fragen: ob dem Nachlassverwalter überhaupt eine Vergütung zusteht, wie hoch die Vergütung ist und von wem der Verwalter die Vergütung verlangen kann (nur aus dem Nachlass? oder hilfsweise aus der Staatskasse?). Für solche dem Vormundschaftsrecht entlehnten Differenzierungen ist im Anwendungsbereich des § 1987 kein Raum; denn § 1987 billigt *jedem* Nachlassverwalter ohne Wenn und Aber eine angemessene Vergütung zu.

Das Vorstehende gilt zunächst einmal auf der Stufe des „Ob". **Indem § 1987 von einer** **3** **„angemessenen" Vergütung spricht, regelt die Norm aber auch die Höhe der Vergütung eigenständig** (zust SOERGEL/STEIN Rn 2; FROMM ZEV 2006, 298, 300 f; BAMBERGER/ROTH/LOHMANN Rn 2; FIRSCHING/GRAF Rn 4.848; zur Gegenansicht vgl Rn 4 ff). Die Vergütungshöhe in unmittelbarer oder analoger Anwendung des allgemeinen Pflegschaftsrechts zu bemessen, kommt beim Nachlassverwalter ebensowenig in Betracht wie beim Nachlassinsolvenzverwalter (hier eigenständige Regelung in §§ 63 ff InsO, §§ 1 ff InsVV) und beim Testamentsvollstrecker (hier eigenständige Regelung in § 2221: „... kann ... eine angemessene Vergütung verlangen, sofern nicht der Erblasser ein anderes bestimmt hat").

In Rspr und Schrifttum scheint sich hingegen die Auffassung durchzusetzen, dass sich **4** **die Höhe der Nachlassverwaltervergütung nicht nach** der sehr allgemein gehaltenen Angemessenheitsklausel des **§ 1987, sondern nach** allgemeinem Pflegschaftsrecht, seit dem 1. 7. 2005 also nach dem dann in Kraft getretenen **§ 1915 Abs 1 S 2 richte** (vgl OLG Zweibrücken FGPrax 2007, 183 = FamRZ 2007, 1191 f; PALANDT/EDENHOFER Rn 2; PRÜTTING/WEGEN/TSCHIOCHFLOS Rn 4; wohl auch JAUERNIG/STÜRNER § 1987 Rn 1 iVm § 1960

Rn 11; ZIMMERMANN ZEV 2007, 519 f mwNw). Die dafür gegebene Begründung, dass § 1975 auch die Nachlassverwaltung als eine Pflegschaft ausweise, vermag die Anwendung des § 1915 Abs 1 S 2 aber nicht zu rechtfertigen. Ebenso gut lässt sich nämlich argumentieren, dass der speziell für den Nachlassverwalter geschaffene § 1987 der allgemeinen Regelung des § 1915 Abs 1 S 2 als lex specialis vorgehe. Hinzu kommt, dass § 1915 Abs 1 S 2 schon nach seinem Wortlaut nicht die Höhe *jeder* Pflegervergütung, sondern nur die Höhe „einer nach § 1836 Abs 1" zu bewilligenden Vergütung regelt und dass der damit in Bezug genommene § 1836 Abs 1 nicht bereits grundsätzlich (s § 1836 Abs 1 S 1), sondern nur dann „ausnahmsweise" (§ 1836 Abs 1 S 2) zu einer Vergütung führt, wenn das Gericht „bei der Bestellung" des Vormunds bzw Pflegers (§ 1915 Abs 1) feststellt, dass der Betreffende die Vormundschaft/Pflegschaft „berufsmäßig" führt. Soll jetzt wirklich auch bei der Vergütung des *Nachlassverwalters* unterschieden werden müssen zwischen gerichtlich bereits bei der Verwalterbestellung festgestellter „berufsmäßiger" Amtsführung und dem in § 1836 Abs 2 thematisierten Fall, dass das Gericht „keine Feststellung nach [§ 1836] Abs 1 S 2" getroffen hat? Dies wäre mE auch dann ein klarer Verstoß gegen § 1987, wenn man von dieser dem § 1987 fremden Differenzierung nicht das „Ob", sondern nur das „Wieviel" abhängig machen würde. Da niemand verpflichtet ist, das ihm angetragene Amt eines Nachlassverwalters zu übernehmen (§ 1981 Abs 3), ist es zudem auch unter Zweckmäßigkeitsgesichtspunkten richtig, dass § 1987 das Recht des Nachlassverwalters, für seine Amtsführung eine „angemessene" Vergütung zu verlangen, weder unmittelbar noch mittelbar (etwa hinsichtlich der Höhe der Vergütung) davon abhängig macht, dass der Verwalter sein Amt „berufsmäßig" führt. Die besseren Gründe sprechen deshalb dafür, den schlicht von einer „angemessenen" Vergütung sprechenden § 1987 auch hinsichtlich der Vergütungshöhe als lex specialis zu § 1915 Abs 1 S 2 aufzufassen und deshalb eine den § 1987 verdrängende „Anwendung" des § 1915 Abs 1 S 2 nicht zuzulassen (ebenso JOCHUM/POHL Rn 1129 ff; FROMM ZEV 2006, 298, 300 f; BAMBERGER/ROTH/LOHMANN Rn 2; FIRSCHING/GRAF Rn 4.848).

5 Die hier vertretene Ablehnung einer unmittelbaren oder analogen „Anwendung" des § 1915 Abs 1 S 2 auf die Vergütung des Nachlassverwalters bedeutet jedoch nicht, dass im Zusammenhang mit der Frage, welche Vergütungshöhe „angemessen" iS des § 1987 ist, nicht auch auf die in § 1915 Abs 1 S 2 genannten Kriterien (**nutzbare Fachkenntnisse des Pflegers, Umfang und Schwierigkeit der Pflegschaftsgeschäfte**) zurückgegriffen werden dürfte. Im Gegenteil: Diese Kriterien sind auch im Zusammenhang mit der Bemessung der Nachlassverwaltervergütung aussagekräftig und deshalb zu beachten (wobei man über die **Gewichtung**, insb im Verhältnis zu noch zu erörternden weiteren Kriterien, selbstverständlich streiten kann). Bei der Bemessung der Nachlassverwaltervergütung sind diese beiden Kriterien abweichend von den Schlussworten des § 1915 Abs 1 S 2 sogar dann zu beachten, wenn der Nachlass **mittellos** ist; denn in solchen Fällen hat der Nachlassverwalter abweichend vom allgemeinen Pflegschaftsrecht keinen – dann nach anderen Grundsätzen zu bemessenden – Anspruch gegen die Staatskasse (s Rn 18), sondern es ist nach Maßgabe der sachlogisch vorrangigen §§ 1982, 1988 Abs 2, 1990 Abs 1 S 1 zu verfahren.

6 Da § 1915 Abs 1 S 2 auf die Bemessung der Nachlassverwaltervergütung nicht im strengen Sinne des Wortes „anwendbar" ist (Rn 4 f), sondern lediglich eine mehr oder weniger zufällige Fundstelle für zwei auch hier verwertbare Kriterien darstellt (und zwar selbst dann, wenn der Nachlass mittellos ist und eine Anwendung des § 1915

Abs 1 S 2 bereits nach dem eigenen Wortlaut dieser Vorschrift ausgeschlossen wäre, s Rn 5), spricht wenig für die im Vordringen befindliche Auffassung, dass die Nachlassverwaltervergütung entgegen früherer Praxis heute nicht mehr als – idR nach bestimmten Prozentsätzen vom Nachlasswert zu bemessendes – **Pauschalhonorar**, sondern nur noch als **Zeithonorar** berechnet werden dürfe (so jedoch ZIMMERMANN ZEV 2005, 473, 475; PALANDT/EDENHOFER Rn 1; wohl auch JAUERNIG/STÜRNER § 1987 Rn 1 iVm § 1960 Rn 11; **wie hier** hingegen FROMM ZEV 2006, 298, 300 f; JOCHUM/POHL Rn 1131 f; SOERGEL/STEIN Rn 2; BAMBERGER/ROTH/LOHMANN Rn 2).

Berechnungsgrundlage des Pauschalhonorars war nach bisheriger Praxis der Wert des Nachlasses, wobei meist konkretisierend angemerkt wurde, dass vom Aktivnachlass ohne Abzug der Nachlassverbindlichkeiten ausgegangen werden müsse, der Reinwert des Nachlasses jedoch zu berücksichtigen (BayObLG BayZ 1934, 177 f; vgl auch BayObLGZ 1972, 156, 158), die Berücksichtigung *nur* des Reinwertes hingegen unzulässig sei (BayObLGZ 1953, 50, 53 f; 1972, 156, 158). Noch in der 2002 erschienenen Bearbeitung dieses Kommentars hatte der Autor die Ansicht vertreten, dass mit etwas Vorsicht auf die **Prozentsätze** (dazu zuletzt STAUDINGER/MAROTZKE [2008] § 1960 Rn 34b) zurückgegriffen werden könne, nach denen im Allgemeinen die – dort allerdings nur unter den besonderen Voraussetzungen des damaligen §§ 1836 Abs 1 S 2 ff oder des damaligen § 1836 Abs 3 zu bewilligende – Vergütung eines nach *§ 1960* bestellten Nachlasspflegers bemessen werde. Soweit nicht § 1987, sondern allgemeines Pflegschaftsrecht Anwendung findet, ist die damals üblich gewesene Anknüpfung an den Wert des Aktivnachlasses jedoch durch die neuere Rechtsentwicklung, zu der auch § 1915 Abs 1 S 2 gehört, überholt (s für den nach § 1960 bestellten Nachlasspfleger STAUDINGER/MAROTZKE [2008] § 1960 Rn 34, 34c). Wie oben ausgeführt, ist Rechtsgrundlage für die Bemessung der Vergütungshöhe beim *Nachlassverwalter* jedoch nicht § 1915 Abs 1 S 2, sondern die allgemeine Angemessenheitsformel des § 1987. Deshalb existiert hier von Gesetzes wegen **keine Ausschließlichkeitsbindung an den Kriterienkatalog des § 1915 Abs 1 S 2**, so dass bei der Bemessung der Nachlassverwaltervergütung einer Fortsetzung der jahrzehntelangen bisherigen Praxis nichts entgegen steht (vgl auch JOCHUM/POHL Rn 1132 f; FROMM ZEV 2006, 298, 300 f; BAMBERGER/ROTH/LOHMANN Rn 2). Soweit allerdings die bisherige Praxis als Berechnungsgrundlage der Verwaltervergütung den *Aktivwert* des Nachlasses nimmt, ist zu bedenken, dass der Nachlassverwalter den Aktivnachlass nur deshalb (§ 1975) und nur so lange (§ 1986) zu verwalten hat, weil bzw wie das erforderlich ist, um die Nachlassverbindlichkeiten zu berichtigen. Deshalb sollte man den Gesamtbetrag aller vom Verwalter erfüllten oder sichergestellten Nachlassverbindlichkeiten, einschließlich der von ihm erfolgreich abgewehrten Ansprüche vermeintlicher Nachlassgläubiger, auf jeden Fall als Obergrenze der Berechnungsgrundlage ansehen, also einen diese Grenze übersteigenden Mehrwert des Aktivnachlasses bei der Berechnung der Nachlassverwaltervergütung unberücksichtigt lassen. (Im Nachlassinsolvenzverfahren löst sich dieses Problem idR dadurch von selbst, dass bei Vorliegen eines Eröffnungsgrundes die Summe aller Passiva so gut wie nie geringer ist als die Summe aller Aktiva.) Mit dieser Maßgabe wäre nichts dagegen einzuwenden, wenn auch künftig der Gesamtwert aller Nachlassaktiva, jedoch nur bis zur Höhe der Summe aller bestehenden oder vom Verwalter erfolgreich abgewehrten vermeintlichen Verbindlichkeiten, als Berechnungsgrundlage der Nachlassverwaltervergütung angesehen würde (zu den zur Diskussion stehenden Prozentsätzen s STAUDINGER/MAROTZKE [2008] § 1960 Rn 34b) und erst in einem weiteren Schritt, sozusagen auf der Stufe einer die Besonderheiten des konkreten Falles berücksichtigenden Feinjustierung oder ggfls auch größeren Ergebniskorrektur, die bei Rn 5, 9 f angesprochenen weiteren Kriterien in den Blick genommen würden.

8 Dass auf diese Weise der Nachlassverwalter uU zu einer höheren Vergütung kommt als ein nach *§ 1960 oder § 1961* bestellter Nachlasspfleger, ist durchaus gerechtfertigt (so auch JOCHUM/POHL Rn 1133). Zwar ist die Nachlassverwaltung ebenfalls eine Nachlasspflegschaft (arg § 1975), sie unterscheidet sich von den in § 1960 und § 1961 geregelten Nachlasspflegschaften aber sowohl durch ihren besonderen Zweck (§ 1975) als auch durch das mit diesem speziellen Zweck verbundene höhere Haftungsrisiko des Verwalters (§ 1985 Abs 2). § 1975 charakterisiert die Nachlassverwaltung als eine „Nachlasspflegschaft zum Zwecke der Befriedigung der Nachlassgläubiger" und nennt sie in einem Atemzug mit dem zweckverwandten, allerdings nur bei überschuldeten oder zahlungsunfähigen (oder zahlungsunfähig zu werden drohenden) Nachlässen in Betracht kommenden Nachlassinsolvenzverfahren. Die Zweckverwandtschaft mit dem Nachlassinsolvenzverfahren und die mit ihr verbundenen erhöhten (§ 1985 Abs 2) Haftungsrisiken des Nachlassverwalters rechtfertigen es zwar nicht, die Vergütung des Nachlassverwalters analog den die Höhe der Insolvenzverwaltervergütung regelnden §§ 1 ff InsVV genau nach den dort vorgeschriebenen Prozentsätzen vom Wert des Vermögens zu bestimmen, auf das sich seine Schlussrechnung bezieht; denn die sich idR auf einen **solventen** Nachlass beziehende Tätigkeit eines Nachlassverwalters weist nicht typischerweise denselben Schwierigkeitsgrad auf wie die eines Nachlass**insolvenz**verwalters. Dieser graduelle Unterschied schließt jedoch nicht aus, zumindest bei einer sich als schwierig und haftungsträchtig erweisenden Nachlassverwaltung aus deren Nähe zur Nachlassinsolvenzverwaltung eine Kontrollüberlegung auch für die Höhe der dem Nachlassverwalter zuzubilligenden Vergütung abzuleiten. Jedoch kann es sich dabei wirklich nur um eine Plausibilitätskontrolle (so auch JOCHUM/POHL Rn 1130, 1133; BAMBERGER/ROTH/ LOHMANN Rn 2), auf gar keinen Fall hingegen um das einzige Kriterium der Vergütungsbemessung handeln; ein isoliertes Abstellen auf den Nachlasswert und eine aus ihm abzuleitende hypothetische Insolvenzverwaltervergütung würde dem Angemessenheitsbegriff des § 1987 und den verbleibenden Unterschieden zwischen Nachlassverwaltung und Nachlassinsolvenzverwaltung nicht gerecht.

III. Angemessenheit der Vergütung

1. Auf der Stufe des „Ob"

9 Die Frage, **ob** der Nachlassverwalter eine Vergütung verlangen kann, wird in § 1987 grundsätzlich bejaht. Die in § 1987 vorausgesetzte „Angemessenheit" einer Vergütung ist, will man den Zweck des § 1987 (Rn 1) nicht gefährden, auf der Stufe des „Ob" im Zweifel zu unterstellen (zur Frage des „Wieviel" s Rn 3 ff, 10 ff). Jedoch ist dem Verwalter die Vergütung *insgesamt* zu versagen, wenn er sich der Untreue schuldig macht (vgl BAMBERGER/ROTH/LOHMANN Rn 2 sowie in etwas anderem Zusammenhang STAUDINGER/MAROTZKE [2008] § 1960 Rn 35 mwNw), wenn er schuldhaft nicht tätig wird (PALANDT/ EDENHOFER Rn 1; BAMBERGER/ROTH/LOHMANN Rn 3; LANGE/KUCHINKE § 49 III 8 Fn 114) sowie uU auch dann, wenn er wegen anderer schwerer Pflichtwidrigkeiten nach §§ 1886, 1915 Abs 1 S 1 entlassen werden muss (BAMBERGER/ROTH/LOHMANN Rn 3; vgl auch LANGE/ KUCHINKE aaO sowie STAUDINGER/ENGLER [1999] § 1836 Rn 24 ff). Ansonsten führen einzelne

Pflichtwidrigkeiten und Versehen des Nachlassverwalters nach hM grundsätzlich nicht zu einer automatischen Minderung des Vergütungsanspruchs, sondern nur zu einer Schadensersatzpflicht (KG OLGE 8 [1904/I] 270 f; berechtigte Kritik dieser hM bei STAUDINGER/ENGLER aaO; ZIMMERMANN ZEV 1999, 329, 335; vgl auch STAUDINGER/BIENWALD [2004] § 1836 Rn 87).

2. Auf der Stufe des „Wieviel"

Bei der **Bemessung** der Vergütung sind zu berücksichtigen und nach Billigkeitsgesichtspunkten abzuwägen (vgl BayObLGZ 1972, 156, 157 f; BayObLG JurBüro 1986, 90, 92 = Rpfleger 1985, 402, 403): der Wert der Nachlassmasse (aber wohl nur bis zum Gesamtbetrag aller auf ihr lastender oder von ihr abgewehrter Verbindlichkeiten, s Rn 6 f), nutzbare Fachkenntnisse des Verwalters (dazu auch Rn 5), der Umfang und die Schwierigkeit der Geschäftsführung, die Dauer der Verwaltung, die Bedeutung und Tragweite der Verwaltungsgeschäfte, das Maß der mit den Geschäften verbundenen Verantwortung des Nachlassverwalters sowie auch der Erfolg seiner Tätigkeit (BayObLG DNotZ 1935, 404 f; BayObLG JurBüro 1986, 90 = Rpfleger 1985, 402; BAMBERGER/ROTH/ LOHMANN Rn 2). **10**

Überdurchschnittliche Gewandtheit und darauf beruhende geringe Mühe des Nachlassverwalters mindern seinen Vergütungsanspruch nicht (BayObLG OLGE 36 [1918/I] 228 = Recht 1917, 1090; s auch oben Rn 5). Anspruchsmindernd können sich auswirken die kurze Dauer der Nachlassverwaltung, wenn diese gem § 1988 Abs 1 durch Eröffnung eines Nachlassinsolvenzverfahrens vorzeitig beendet wurde, die Erfolgslosigkeit versuchter Berichtigung von Nachlassverbindlichkeiten, die kostenträchtige und sachinadäquate Inanspruchnahme anwaltlicher Beratung (vgl BayObLG JurBüro 1986, 90, 91 = Rpfleger 1985, 402, 403; SOERGEL/STEIN Rn 2) sowie uU auch sonstige schwerwiegende Mängel der Amtsführung (Einzelheiten sehr str; s Rn 9 mwNw); ferner eine ggf gesonderte Vergütung für eine vorausgegangene Tätigkeit als Nachlasspfleger (wie hier MünchKomm/KÜPPER Rn 2; iE wohl auch SOERGEL/STEIN Rn 2). **11**

Außer Betracht bleibt bei der Bemessung der Vergütung die bei der Auseinandersetzung des Nachlasses unter Miterben entfaltete Tätigkeit, da diese nicht in den Aufgabenbereich des Nachlassverwalters fällt (BayObLG BayZ 1934, 177 f). War der Erblasser Alleingesellschafter einer GmbH, so soll die Vergütung des Nachlassverwalters nach BayObLG JurBüro 1986, 90 (= Rpfleger 1985, 402 f) nicht wie bei der Fortführung eines zum Nachlass gehörenden Unternehmens zu bemessen sein; vielmehr sollen hier nur Substanz und Ertrag des allein in den Nachlass fallenden Geschäftsanteils sowie eine angemessene Überwachung des Geschäftsführers zu berücksichtigen sein. **12**

Im Allgemeinen wird **die Höhe** der Nachlassverwaltervergütung je nach Lage des Falles **irgendwo zwischen der Vergütung eines nach § 1960 bestellten, berufsmäßigen Nachlasspflegers** (dazu STAUDINGER/MAROTZKE [2008] § 1960 Rn 34) **und derjenigen eines Nachlassinsolvenzverwalters** (s Rn 6 ff) liegen, im Zweifel aber wohl näher bei der erstgenannten Bezugsgröße. Die Bestimmungen der InsVV sind für die Bemessung der Vergütung des Nachlassverwalters weder unmittelbar noch analog anwendbar (BayObLGZ 1953, 50, 53; 1972, 156, 160; OLG Hamm Rpfleger 1966, 180; ZIMMERMANN ZEV 2005, 474, 475; HOMANN 167), bieten aber je nach Lage des Falles (Rn 8) einen gewissen Anhalt **13**

(BayObLGZ 1972, 156, 161; BayObLG JurBüro 1986, 90, 92 = Rpfleger 1985, 402, 403; JOCHUM/ POHL Rn 1130, 1133). Unanwendbar sind auch die Gebührenordnungen eines Berufsverbandes, selbst wenn der Nachlassverwalter diesem angehört (BayObLGZ 1953, 50, 53; OLG Hamm Rpfleger 1966, 180; vgl jedoch auch Rn 20).

14 Auch darf, *wenn der Nachlassverwalter zum Nachlassinsolvenzverwalter bestellt wird* (vgl § 1988 Abs 1), bei der Bemessung der Nachlassverwaltervergütung die Insolvenzverwaltervergütung nicht abgezogen oder sonst angerechnet werden (OLG München DFG 1936, 215 f; BayObLGZ 1972, 156, 160).

15 Da über die **Aufwendungen** des Nachlassverwalters nicht das Nachlassgericht, sondern das Prozessgericht zu entscheiden hat (Rn 21), ist die Festsetzung einer **Pauschalvergütung (im Sinne von „Vergütung einschließlich eventueller Aufwendungen")** durch das Nachlassgericht idR unzulässig (vgl LG Berlin MDR 1967, 128; OLG Zweibrücken Rpfleger 1980, 103; BAMBERGER/ROTH/LOHMANN Rn 5).

IV. Durchsetzung des Vergütungsanspruchs

16 **Die Festsetzung der Vergütung fällt gem §§ 1975** (der die Nachlassverwaltung als Nachlasspflegschaft ausweist), **1962 BGB, § 168 Abs 1 S 1 Nr 2 und Abs 5 FamFG in die Zuständigkeit des Nachlassgerichts** (Rechtspflegergeschäft gem §§ 3 Nr 2 c, 16 Abs 1 Nr 1 RPflG). Dieses kann dem Nachlassverwalter eine Vergütung einmalig oder für bestimmte Zeitabschnitte bewilligen (BayObLG JurBüro 1986, 90, 92 f = Rpfleger 1985, 402, 403; OLG Dresden ZBlFG 16 [1915/1916] 105 f); daran hat sich mit Inkrafttreten des – am 1. 9. 2009 zu § 168 FamFG gewordenen – § 56g FGG nichts geändert (vgl auch STAUDINGER/MAROTZKE [2008] § 1960 Rn 34 aE). In Betracht kommt auch ein Anspruch auf **Abschlagszahlungen** (OLG Zweibrücken FamRZ 2007, 1191 f = FGPrax 2007, 183 f; STAUDINGER/MAROTZKE [2008] § 1960 Rn 34). Die Bemessung der Vergütung steht im pflichtgemäßen Ermessen des Nachlassgerichts bzw des bei zulässiger Beschwerdeeinlegung (vgl BayObLGZ 2000, 8 ff = NJW-RR 2001, 870 = MDR 2000, 584 f; STAUDINGER/ MAROTZKE [2008] § 1960 Rn 35a) an seine Stelle tretenden Beschwerdegerichts (OLG Hamm Rpfleger 1966, 180). Die Ermessensentscheidung des Tatrichters kann vom Gericht der weiteren Beschwerde nur beschränkt überprüft werden (dazu OLG Hamm aaO). Die Beschwerde steht nach § 59 FamFG jedem zu, dessen Recht durch den Gerichtsbeschluss beeinträchtigt ist, also zB dem Erben (vgl KG JFG 20 [1940] 89 ff; OLG Hamburg OLGE 21 [1910/II] 297 f) und ggfls auch dem, der aufgrund einer Vereinbarung mit dem Nachlassverwalter für die Nachlassverbindlichkeiten, insbes für die Zahlung seiner Vergütung, haftet (KG DFG 1939, 147 = HRR 1939 Nr 1190 = DR 1939, 1384). Nach Aufhebung und Abwicklung der Nachlassverwaltung kann eine Änderung der die Vergütung festsetzenden Entscheidung nicht mehr verlangt werden (KG JFG 14 [1937] 39 ff).

17 **Die Durchsetzung des vom Nachlassgericht festgesetzten Vergütungsanspruchs erfolgt** seit Inkrafttreten des § 56g FGG nicht mehr durch Klageerhebung und anschließende Zwangsvollstreckung aus dem Urteil des Prozessgerichts, sondern unmittelbar aufgrund des in § 56g Abs 6 FGG eigens als Vollstreckungstitel ausgewiesenen gerichtlichen Festsetzungsbeschlusses (dazu STAUDINGER/MAROTZKE [2008] § 1960 Rn 35a mwNw; allgemein zur Anwendbarkeit des § 56g FGG [§ 168 FamFG] auf den Nachlassverwalter BayObLGZ 2000, 8 ff = NJW-RR 2001, 870 = MDR 2000, 584 f = ZEV 2000, 413). Eine solche

ausdrückliche Klarstellung fehlt in **§ 168 FamFG**, der am 1. 9. 2009 in Kraft getretenen Nachfolgevorschrift des § 56g FGG. Die Verfasser des FamFG waren der Auffassung, eine Übernahme des § 56g Abs 6 FGG in das neue Recht sei „im Hinblick auf den Allgemeinen Teil des FamFG" entbehrlich (BT-Drucks 16/6308, 243 – zu § 168 RegE FamFG). Dabei wurde aber mglw übersehen, dass § 56g Abs 6 FGG nicht nur die Funktion übernahm, für die Vollstreckung eines in der freiwilligen Gerichtsbarkeit ergangenen Gerichtsbeschlusses das Verfahren der ZPO für anwendbar zu erklären (was jetzt in Bezug auf Geldforderungen bereits durch § 95 Abs 1 Nr 1 FamFG geschieht), sondern dass die Bedeutung des § 56g Abs 6 FGG vor allem darin bestand, einen **nicht mit einem Leistungsbefehl versehenen** gerichtlichen **Feststellungs**beschluss für **vollstreckbar** zu erklären. Künftig wird wohl nichts anderes übrig bleiben, als die hier klaffende Gesetzeslücke mithilfe einer mutigen Analogie zu § 794 Abs 1 Nr 2 ZPO iVm § 86 Abs 1 Nr 3 FamFG zu schließen.

V. Kein Anspruch gegen die Staatskasse

§ 1987 enthält nicht nur eine eigenständige Regelung des *„Ob"* und der *Höhe* der Nachlassverwaltervergütung (Rn 2 ff), sondern er regelt auch abschließend die Frage der Vergütungs**schuldnerschaft**. Denn § 1987 setzt, wie sich aus §§ 1982, 1988 Abs 2, 1990 Abs 1 S 1 ergibt, als selbstverständlich voraus, dass der Nachlassverwalter seine Vergütung aus dem *Nachlass* erhält. Eine entsprechende Anwendung der Vorschriften, die dem Vormund eines *mittellosen* Mündels und entsprechend einem nach *§ 1960* bestellten Nachlasspfleger einen Vergütungsanspruch gegen die **Staatskasse** gewähren (s STAUDINGER/MAROTZKE [2008] § 1960 Rn 34), kommt beim Nachlassverwalter nicht in Betracht (zust KG MDR 2006, 694 f = FamRZ 2006, 559 f = FGPrax 2006, 76 f; PALANDT/ EDENHOFER Rn 1; BAMBERGER/ROTH/LOHMANN Rn 4; JOCHUM/POHL Rn 1135; aM ZIMMERMANN ZEV 2007, 519, 520; die Frage aus prozessualen Gründen offen lassend OLG München Rpfleger 2006, 405 f). Die Ausgangssituation der Nachlassverwaltung ist mit der einer Vormundschaft in den hier ausschlaggebenden Punkten nicht vergleichbar: Zur Übernahme einer Vormundschaft ist jeder Deutsche grundsätzlich verpflichtet (§ 1785). Bestellt der Staat jemanden im öffentlichen Interesse zum Vormund, muss er auch für dessen Vergütung sorgen. Dagegen liegt die Nachlassverwaltung im privaten Interesse, sie kann von jedem Nachlassgläubiger unter den Voraussetzungen des § 1981 Abs 2 und vom Erben sogar ganz ohne Angabe von Gründen, also zB auch aus purer Bequemlichkeit (§ 1981 Rn 13), beantragt werden. Folgerichtig kann niemand gegen seinen Willen zum Nachlassverwalter bestellt werden (§ 1981 Abs 3); dadurch unterscheidet sich die Nachlassverwaltung sowohl von der Vormundschaft als auch von einer nach *§ 1960 oder § 1961* angeordneten Nachlasspflegschaft (s erg Rn 1 und STAUDINGER/MAROTZKE [2008] § 1960 Rn 33, 37). Zwar kommt auch im Nachlass**insolvenz**verfahren uU eine Kostenhaftung der Staatskasse in Betracht. Jedoch gibt es zu den Voraussetzungen, unter denen ein *Insolvenzverwalter* seine Vergütung ausnahmsweise von der Staatskasse verlangen kann (s § 63 Abs 2 InsO sowie für den *vorläufigen* Insolvenzverwalter BGHZ 175, 48, 53 ff = NJW 2008, 583, 584 f [19 ff]), im Recht der Nachlassverwaltung keine Parallele (KG MDR 2006, 694, 695 = FamRZ 2006, 559, 560 = FGPrax 2006, 76, 77). Auch ist die Nachlassverwaltung im Unterschied zum Nachlassinsolvenzverfahren (§ 1980) kein Verfahren, zu dessen Beantragung das Gesetz den Erben unter welchen Voraussetzungen auch immer verpflichtet.

VI. Ausschlussfrist?

19 **Nicht** entsprechend auf den Nachlassverwalter **anwendbar ist** schließlich auch die auf § 1836 Abs 2 S 4 aF beruhende Regelung des **§ 2 VBVG**, nach welcher der Vergütungsanspruch des Vormunds erlischt, wenn er nicht binnen 15 Monaten nach seiner Entstehung gerichtlich geltend gemacht wird (zust Jochum/Pohl Rn 1135; Firsching/Graf Rn 4.848). Mit dieser Ausschlussfrist wollte der Gesetzgeber nämlich primär die Staatskasse schützen; nur aus Gleichheitsgründen hat er sie auf den Vergütungsanspruch (und den Aufwendungsersatzanspruch, s Rn 23) des Vormunds gegen den Mündel erstreckt (vgl BT-Drucks 13/7158, 22 f, 26 f). Der Nachlassverwalter erhält seine Vergütung aber ausschließlich aus dem Nachlass und in keinem Fall aus der Staatskasse (s Rn 18).

VII. Aufwendungsersatz

20 Vom Vergütungsanspruch (§ 1987) zu unterscheiden ist der Anspruch des Nachlassverwalters auf Erstattung von Aufwendungen. Der Aufwendungsersatzanspruch ergibt sich aus §§ 669, 670, 1835 Abs 1 S 1, 1915 Abs 1 S 1. Nach diesen Vorschriften kann ein Pfleger und folglich (§ 1975) auch ein Nachlassverwalter für die zwecks Führung der Pflegschaft zu tätigenden Aufwendungen Vorschuss und für die bereits getätigten Ersatz verlangen, wenn er sie den Umständen nach für erforderlich halten durfte. Als Aufwendungen gelten auch solche Dienste des Nachlassverwalters, die zu seinem Gewerbe oder Beruf gehören (§ 1835 Abs 3), zB Leistungen als Rechtsanwalt (BayObLG JFG 3 [1926] 73 ff; vgl auch BayObLG OLGE 7 [1903/II] 358; KG OLGE 16 [1908/I] 28 ff; KG OLGE 18 [1909/I] 294 ff, 301 f; OLG München DFG 1936, 215 f; Bamberger/Roth/Lohmann Rn 5; Staudinger/Marotzke [2008] § 1960 Rn 36). Als Aufwendungen kommen uU auch exakt abgrenzbare Bürokosten des zum Nachlassverwalter bestellten Rechtsanwalts in Betracht (BayObLG JurBüro 1986, 90, 92 = Rpfleger 1985, 402, 403; Bamberger/Roth/Lohmann Rn 2).

21 Da für den Aufwendungsersatzanspruch ausschließlich der Nachlass und nicht (auch nicht subsidiär, s Rn 22) die Staatskasse haftet, entscheidet über diesen Anspruch nicht das Nachlassgericht (s § 168 Abs 1 S 1 Nr 1 iVm Abs 5 FamFG), sondern das Prozessgericht (OLG München DFG 1936, 215, 216; BayObLGZ 1953, 50, 56; OLG Hamm Rpfleger 1966, 180, 181; BayObLG JurBüro 1986, 90, 93 = Rpfleger 1985, 402, 404; Bamberger/Roth/Lohmann Rn 5). Unzulässig ist deshalb die Festsetzung einer den Aufwendungsersatz *einbeziehenden* „Pauschalvergütung" durch das *Nachlassgericht* (s Rn 15).

22 Die Regelung des § 1835 Abs 4 S 1, nach welcher der *Vormund* eines *mittellosen* Mündels Vorschuss und Ersatz seiner Aufwendungen aus der **Staatskasse** verlangen kann, ist auf den Nachlassverwalter nicht entsprechend anwendbar (Soergel/Stein Rn 4 aE; MünchKomm/Küpper Rn 4; Jochum/Pohl Rn 1135; aM Palandt/Edenhofer Rn 3; Zimmermann ZEV 2007, 519, 521). Insoweit gilt das Gleiche wie in Bezug auf den Vergütungsanspruch (s Rn 18): Im Unterschied zur Vormundschaft liegt die Nachlassverwaltung im privaten Interesse, auch kann niemand gegen seinen Willen zum Nachlassverwalter bestellt werden.

23 Da ein Aufwendungsersatzanspruch des Nachlassverwalters gegen die Staatskasse nicht entstehen kann (Rn 20), ist auch § 1835 Abs 1 S 3, Abs 4 S 2, wonach Ersatzansprüche des Vormunds erlöschen, wenn sie nicht binnen 15 Monaten nach ihrer Entstehung gerichtlich geltend gemacht werden, auf den Nachlassverwalter nicht entsprechend anwendbar (zust JOCHUM/POHL Rn 1135). Denn diese Ausschlussfrist soll primär die Staatskasse schützen (s Rn 19).

Schließlich kann der Nachlassverwalter auch nicht entsprechend § 1835a eine **pauschale Aufwandsentschädigung** wählen, da ihm stets eine Vergütung zusteht und sich ein Verzicht auf die Vergütung kaum jemals lohnen wird. **24**

VIII. Entnahmerecht des Nachlassverwalters

Wie der nach § 1960 bestellte Nachlasspfleger (s dort Rn 61) ist auch der Nachlassverwalter berechtigt, die durch das Nachlassgericht festgesetzte Vergütung sowie die ihm als Aufwendungsersatz zustehenden Beträge dem Nachlass zu entnehmen bzw die ihm zustehende Summe von dem Restnachlass abzuzweigen, den er dem Erben nach Verfahrensende gem § 1890 S 1 zurückgeben muss (FIRSCHING/GRAF Rn 4.845; vgl auch BAMBERGER/ROTH/LOHMANN Rn 5; STAUDINGER/BIENWALD [2004] § 1835 Rn 46, 48; SOERGEL/ZIMMERMANN[13] § 1835 Rn 24; ENGELHARDT, in: KEIDEL/ENGELHARDT FamFG § 168 Rn 2). **25**

Wegen einer noch nicht festgesetzten Vergütung darf sich der Nachlassverwalter zu Lasten des an den Erben zurückzugebenden Nachlasses sichern (arg § 1986 Abs 2 S 1; vgl auch SOERGEL/STEIN § 1986 Rn 6 aE), und zwar durch Ausübung eines Zurückbehaltungsrechts analog § 273 (**aM** STEIN aaO). Dass § 273 normalerweise die „Fälligkeit" der dem Herausgabepflichtigen zustehenden Gegenforderung voraussetzt, sollte diese Analogie wegen des hier ebenfalls zu beachtenden Rechtsgedankens des § 1986 Abs 2 nicht hindern. Andernfalls wäre man uU genötigt, eine an sich gerechtfertigte Aufhebung der Nachlassverwaltung bis zur Erfüllung des Vergütungsanspruchs des Nachlassverwalters hinauszuzögern (was zu Recht allgemein abgelehnt wird; vgl SOERGEL/STEIN § 1988 Rn 2 [sub 3]; BayObLGZ 25 [1926] 448, 451; ENDEMANN JW 1927, 1651). **26**

IX. Insolvenzrechtliches

Im Nachlassinsolvenzverfahren ist der Anspruch des Nachlassverwalters auf Vergütung und Ersatz seiner Aufwendungen Masseverbindlichkeit gem § 324 Abs 1 Nr 4, 6 InsO. Am Nachlassvergleichsverfahren (inzwischen abgeschafft, s § 1975 Rn 2, 4, 9 f) nahmen diese Ansprüche nicht teil (§ 113 Abs 1 Nr 6 VerglO). **27**

Nicht nur bei zulänglichem Nachlass (Rn 25 f), sondern auch in den „Krisenfällen" des **§ 1990** oder des **§ 1992** kann und darf sich der Nachlassverwalter wegen seiner Vergütung und Auslagen aus dem Nachlass vorab befriedigen (vgl OLG Dresden OLGE 35 [1917/II] 373 f sowie §§ 1985 Rn 30, 1990 Rn 44, 1991 Rn 20; grds ebenso wohl BGH FamRZ 2006, 411 für den gem § 1960 oder § 1961 bestellten Nachlasspfleger). **28**

Gegenüber dem Herausgabeanspruch des Nachlassinsolvenzverwalters steht dem Nachlassverwalter jedoch ein Zurückbehaltungsrecht nicht zu (s § 1988 Rn 3 [mwNw auch zur Aufrechnung]). **29**

§ 1988
Ende und Aufhebung der Nachlassverwaltung

(1) Die Nachlassverwaltung endigt mit der Eröffnung des Nachlassinsolvenzverfahrens.

(2) Die Nachlassverwaltung kann aufgehoben werden, wenn sich ergibt, dass eine den Kosten entsprechende Masse nicht vorhanden ist.

Materialien: E II § 1863; III § 1963; Prot V 819; JAKOBS/SCHUBERT ER I 304, 600 ff.
Neufassung seit 1.1.1999: In Abs 1 wurden die Worte „des Nachlaßkonkurses" durch die Worte „des Nachlaßinsolvenzverfahrens" ersetzt (Art 33 Nr 39 EGInsO).

I. Allgemeines

1 1. **Die Nachlassverwaltung** ist zwar eine Pflegschaft (§ 1975), sie dient aber nicht nur der Besorgung einer einzelnen Angelegenheit. Sie **endet** deshalb nach Erreichung ihres Zwecks nicht automatisch gem § 1918 Abs 3, sondern **grundsätzlich erst mit ihrer förmlichen Aufhebung durch das Nachlassgericht** (RGZ 72, 260, 263 f), die gem § 1919 erfolgen muss, wenn der Grund für ihre Anordnung weggefallen ist (RGZ 72, 260, 264).

2 2. **Die Sonderbestimmungen des § 1988** ergänzen diese allgemeinen Grundsätze in zweierlei Hinsicht:

Abs 1: Mit der Eröffnung des Nachlassinsolvenzverfahrens endigt die Nachlassverwaltung ohne weiteres. Dadurch unterscheidet sich die Nachlassverwaltung von der Sicherungspflegschaft der §§ 1960, 1961, die neben dem Nachlassinsolvenzverfahren fortbesteht, um die Belange des noch unbekannten Insolvenzschuldners, nämlich des endgültigen Erben, wahrzunehmen (Prot V 819). Die Nachlassverwaltung lebt nach Beendigung des Nachlassinsolvenzverfahrens nicht wieder auf (KG OLGE 34 [1917/I] 274 f), wohl aber im Fall der Aufhebung des Eröffnungsbeschlusses (MünchKomm/ KÜPPER Rn 2; JAEGER/WEBER[8] KO § 214 Rn 19; EBENROTH Rn 1142).

Abs 2: Die Nachlassverwaltung kann aufgehoben werden, wenn sich herausstellt, dass es an einer den Kosten entsprechenden Masse (§ 1982 Rn 2 ff) fehlt.

II. Abs 1

3 1. Mit der **Eröffnung des Nachlassinsolvenzverfahrens** endigt die Nachlassverwaltung und damit auch das Amt des Nachlassverwalters. Sofern der Nachlassverwalter nicht selbst zum Insolvenzverwalter ernannt wird, muss er diesem den Nachlass herausgeben (vgl auch KG NJW 1971, 566 f über die Herausgabe an einen neuen Nachlassverwalter; s ferner § 1985 Rn 17). Entspr § 323 InsO kann er gegenüber dem Nachlassinsolvenzverwalter ein Zurückbehaltungsrecht wegen seiner Aufwendungen (§§ 1915, 1835) und seines Vergütungsanspruchs (§ 1987) nicht geltend machen (PLANCK/FLAD Anm 6; BGB-RGRK/JOHANNSEN Rn 5; ERMAN/SCHLÜTER Rn 2; vgl auch AG

Ottweiler ZInsO 2000, 520 [zugleich zum Aufrechnungsausschluss bei Masseunzulänglichkeit; die hiergegen eingelegte Berufung des Nachlassverwalters wurde zurückgewiesen durch Urt des LG Saarbrücken v 19. 4. 2001 – 2 S 248/00; s dazu § 1978 Rn 33] und § 1978 Rn 30, 33 aE; § 1987 Rn 16).

Verfügungen über Nachlassgegenstände, die der Nachlassverwalter nach der Eröff- 4 nung des Nachlassinsolvenzverfahrens vornimmt, sind idR unwirksam. Wenn er sich bei solchen Rechtshandlungen „als Nachlassverwalter" geriert, folgt dies bereits aus dem Wegfall seiner Vertretungsmacht bzw Amtsstellung (§ 177; zur analogen Anwendbarkeit der Vorschrift auf Amtswalter s RGZ 80, 416, 418). Soweit die Vertretungsmacht ausnahmsweise gem §§ 168, 169, 674 als fortbestehend gilt, weil der (ehemalige) Nachlassverwalter von der Eröffnung des Nachlassinsolvenzverfahrens Kenntnis weder erlangt hat noch erlangen konnte, folgt die Unwirksamkeit daraus, dass auf eigene Rechtshandlungen des Erben und damit auch auf solche *aus* seinem Recht die §§ 81, 82 InsO Anwendung finden (PLANCK/FLAD Anm 1 a; SOERGEL/STEIN Rn 1; JAUERNIG/ STÜRNER Rn 1; **gegen** eine Anwendung der §§ 81, 82 InsO bzw der früheren §§ 7, 8 KO vom Standpunkt der Amtstheorie: BGB-RGRK/JOHANNSEN Rn 1; MünchKomm/KÜPPER Rn 2; PALANDT/EDENHOFER Rn 1; EBENROTH Rn 1142). In Betracht kommt auch eine analoge Anwendung des § 117 InsO (vgl in anderem Zusammenhang § 1984 Rn 4). Handelt der „Nachlassverwalter" nach Eröffnung des Nachlassinsolvenzverfahrens im eigenen Namen, ohne sich als Nachlassverwalter zu gerieren, so stellen sich seine Verfügungen über Nachlassgegenstände schlicht als solche eines nichtberechtigten Dritten dar (zu den Konsequenzen zB für einen gutgläubigen „Erwerber" vgl § 1984 Rn 16).

2. Die Eröffnung des (inzwischen abgeschafften) Nachlassvergleichsverfahrens (da- 5 zu § 1975 Rn 2, 4, 9) hatte eine Beendigung der Nachlassverwaltung nicht zur Folge (hM; vgl BLEY/MOHRBUTTER VerglO § 113 Rn 6; EBENROTH Rn 1142; **aM** BROX[17] Rn 661). **Die für das Nachlassvergleichsverfahren typische** (§ 1975 Rn 9) **Eigenverwaltung des Nachlasses durch den Erben ist auch im Nachlassinsolvenzverfahren neuen Rechts möglich** (§ 1975 Rn 10), hier allerdings nur auf Grund einer ausdrücklichen Anordnung des Insolvenzgerichts (§§ 270, 271 InsO). § 1988 Abs 1 macht die Rechtsfolge, dass die Nachlassverwaltung mit der Eröffnung des Nachlassinsolvenzverfahrens endigt, jedoch nicht davon abhängig, dass eine Anordnung der Eigenverwaltung unterbleibt. Umgekehrt kennt das neue Insolvenzrecht aber eine besondere Form der *Fremd*verwaltung, die *nicht* zur Anwendung des § 1988 Abs 1 führt: die Einsetzung eines „starken" **vorläufigen** Insolvenzverwalters gem §§ 21 Abs 2 Nr 1, 22 Abs 1 InsO. Da die Amtszeit eines „vorläufigen" Insolvenzverwalters auf das Eröffnungsverfahren beschränkt und dieses *ergebnisoffen* ist (vgl MAROTZKE, Das Unternehmen in der Insolvenz [2000] Rn 46, 102 ff), ist die Nichterwähnung des Insolvenzeröffnungsverfahrens in § 1988 Abs 1 sachgerecht. Ohnehin wird die Bestellung eines vorläufigen Nachlassinsolvenzverwalters nur höchst selten „erforderlich" iS des § 21 Abs 1 InsO sein, wenn bereits ein amtierender Nachlassverwalter vorhanden ist.

3. Die Entlassung des Nachlassverwalters oder sein Ausscheiden durch Tod beenden 6 nur dessen Amtsstellung (Einzelheiten hierzu bei SOERGEL/STEIN Rn 6; vgl auch oben § 1985 Rn 36, 38), nicht auch die Nachlassverwaltung als solche. Wenn kein Grund für die Aufhebung des Verfahrens vorliegt, ist unverzüglich ein neuer Nachlassverwalter zu bestellen (zum Verfahren vgl § 1982 Rn 32).

III. Abs 2

7 1. Die Befugnis zur **Aufhebung** der Nachlassverwaltung **mangels Masse** entspricht § 1982 BGB und § 207 InsO. Oft wird sich das Fehlen einer den Kosten entsprechenden Masse (Einzelheiten bei § 1982 Rn 2 ff) erst nach Anordnung der Nachlassverwaltung herausstellen. Die Kannvorschrift des Abs 2 verpflichtet das Nachlassgericht nicht unbedingt zur Aufhebung (zur Beschwerde gegen Ablehnung eines entspr Antrags s § 1981 Rn 35); analog § 207 Abs 1 S 2 InsO kann diese durch Vorschuss eines entsprechenden Geldbetrages abgewendet werden (vgl auch § 1982 Rn 4). Auch könnte man erwägen, die Kosten der bereits angeordneten Nachlassverwaltung dadurch zu reduzieren, dass zum Nachlassverwalter nicht ein gänzlich fremder Dritter, der idR eine Vergütung beanspruchen wird, sondern ein zur unentgeltlichen Amtsführung bereiter Miterbe bestellt bzw ein bereits zum Nachlassverwalter bestellter Dritter durch einen Miterben ersetzt wird (vgl Prange MDR 1994, 235, 237 und ergänzend § 1981 Rn 29).

8 Unanwendbar ist Abs 2, wenn der Nachlass zahlungsunfähig oder überschuldet ist und seine Aktiva zwar die Kosten der bereits laufenden Nachlassverwaltung, nicht aber auch die zusätzlichen Kosten eines sich anschließenden Nachlassinsolvenzverfahrens decken würden (str, s § 1985 Rn 30).

9 2. Wenn die Nachlassverwaltung aus dem in Abs 2 genannten Grund aufgehoben wurde, hat der Erbe gegenüber den noch nicht befriedigten Nachlassgläubigern ohne weiteres die Rechte aus §§ **1990, 1991** (übersehen wird dies bei Soergel/Stein Rn 4 im Schlusssatz). Wurde die Nachlassverwaltung aus einem anderen Grund aufgehoben (s Rn 10 ff), so kann der Erbe gegenüber anderen als den in § 1992 genannten Gläubigern nur dann nach §§ 1990, 1991 vorgehen, wenn der Nachlass dürftig iS des § 1990 Abs 1 S 1 ist (str, s § 1986 Rn 10).

IV. Weitere Aufhebungsgründe

10 1. Als weiterer Grund für die Aufhebung der Nachlassverwaltung kommt in Betracht, dass der *Zweck der Nachlassverwaltung* durch die Berichtigung oder Sicherstellung aller bekannten Nachlassverbindlichkeiten *erreicht* ist (vgl Rn 1 und § 1986 Rn 2 sowie speziell zur Sicherung der dem Nachlassverwalter selbst zustehenden Ansprüche § 1987 Rn 15 f). Vorher können die Beteiligten (Erben, Nachlassgläubiger) die Aufhebung des Verfahrens weder durch Antragsrücknahme noch durch Aufhebungsanträge erzwingen (OLG Jena OLGE 7 [1903/II] 134 ff; KG OLGE 17 [1908/II] 365 ff; KGJ 42 [1912] 94; BayObLGZ 1976, 167, 173 = FamRZ 1977, 487, 489); es sei denn, dass der Antrag vor der Anordnung der Nachlassverwaltung zurückgenommen wurde (vgl auch § 106 Abs 3 KostO sowie § 1981 Rn 2: § 13 Abs 2 InsO analog). Dass der Antragsteller von vornherein nur einen beschränkten Zweck verfolgt und erreicht hat, ist ohne Bedeutung (AnnSächsOLG 39 [1918] 259). Der Erbe kann allerdings wegen Erreichung des Zwecks die Aufhebung der Nachlassverwaltung beantragen (richtiger: anregen) und gegen die Ablehnung Beschwerde einlegen (vgl BayObLGZ 1976, 167 ff = FamRZ 1977, 487 f); bei Miterben steht das Beschwerderecht jedem zu (OLG Frankfurt JZ 1953, 53; OLG Hamm JMBlNRW 1955, 230 f; **aM** OLG München JFG 14 [1937] 61, 63).

11 2. Auch vor Berichtigung oder Sicherstellung aller bekannten Nachlassverbindlichkeiten kann die Nachlassverwaltung aufgehoben werden, wenn *alle* noch nicht befriedigten *Nachlassgläubiger und der Erbe zustimmen* (OLG Hamburg OLGE 41 [1921] 82, 83; OLG München JFG 14 [1937] 61, 67; BayObLGZ 1976, 167, 173 = FamRZ 1977, 487, 489; auf die Zustimmung des Erben verzichten LANGE/KUCHINKE § 49 III 7 Fn 111).

3. Ferner, *wenn der Erbe,* auf dessen Antrag die Nachlassverwaltung angeordnet worden ist, *die Erbschaft wirksam ausschlägt* und der Nachberufene die Aufhebung des Verfahrens betreibt (KGJ 31 [1906] A 73 = RJA 7 [1906] 102 = Recht 1906 Nr 2332). **12**

4. Wurde die Nachlassverwaltung auf Antrag eines Nachlassgläubigers angeordnet, so ist sie nach einem *Wechsel in der Person des Erben* (Rn 12, 14) aufzuheben, wenn in der Person des neuen Erben die Voraussetzungen des § 1981 Abs 2 S 1 nicht erfüllt sind. Anderenfalls geht das Verfahren weiter (auch bei Eintritt eines Nacherbfalls; s STAUDINGER/AVENARIUS [2003] § 2144 Rn 8 f; MICHALSKI Rn 963; **aM** wohl STAUDINGER/LEHMANN[11] § 1988 Rn 5; vgl hiergegen unten Rn 14). **13**

5. Bei *Eintritt eines Nacherbfalls* ist danach zu unterscheiden, auf wessen Antrag die Nachlassverwaltung angeordnet wurde (**aM** ERMAN/SCHLÜTER § 1975 Rn 4: die Nachlassverwaltung ende, wenn der Vorerbe sterbe und der Nacherbfall eintrete). Erging die Anordnung auf Antrag eines Nachlassgläubigers, so gilt das bei Rn 13 Ausgeführte. War die Nachlassverwaltung hingegen auf Antrag des Vorerben angeordnet worden, so ist der spätere Eintritt des Nacherbfalls kein Aufhebungsgrund (vgl RIESENFELD I 391 [der jedoch nicht danach differenziert, auf wessen Antrag die Nachlassverwaltung angeordnet wurde]; MICHALSKI Rn 963; **aM** STAUDINGER/AVENARIUS [2003] § 2144 Rn 9). Dass die Voraussetzungen der Haftungsbeschränkung für den Nacherben selbstständig zu prüfen sind, steht nicht entgegen (**aM** STAUDINGER/LEHMANN[11] Rn 5) und rechtfertigt insbesondere nicht die Annahme, dass der Nacherbe zur Beschränkung seiner Haftung einer *neuen* Nachlassverwaltung bedürfe (so aber LEHMANN aaO). Solange die schon vor dem Nacherbfall angeordnete Nachlassverwaltung fortbesteht, kommt ihre haftungsbeschränkende Wirkung auch dem Nacherben zustatten (STAUDINGER/AVENARIUS [2003] § 2144 Rn 8). Und da das Gesetz dem Eintritt der Nacherbfolge (anders als der in Rn 12 behandelten Erbausschlagung) keine Rückwirkung beilegt (STAUDINGER/AVENARIUS [2003] § 2139 Rn 2), rechtfertigt der von dem Vorerben gestellte Antrag die Fortdauer der Nachlassverwaltung über den Nacherbfall hinaus. Dafür spricht auch, dass das Gesetz – jedenfalls im Prinzip – dazu neigt, den Vorerben als berechtigt anzusehen, über den Nachlass mit Wirkung auch gegen den Nacherben zu verfügen (vgl §§ 2112 ff, 2136; STAUDINGER/AVENARIUS [2003] § 2139 Rn 2, 5), und dass verfügungsähnlich auch die Herbeiführung einer Nachlassverwaltung wirkt, indem sie den Nachlass mit einem das Verwertungsrecht des Erben verdrängenden Verwertungsrecht des Verwalters belastet (§§ 1984 Abs 1, 1985 Abs 1). Analog § 2115 S 2 bedarf ein Nachlassverwalter zu Verfügungen, die er vor Eintritt des Nacherbfalls zur Befriedigung von Nachlassgläubigern vornimmt, ebensowenig der Zustimmung des Nacherben wie der in § 2115 S 1 erwähnte *Insolvenz*verwalter (s § 1984 Rn 6). Durch Herbeiführung einer Nachlassverwaltung kann der nicht befreite (§ 2136) Vorerbe dem Verwalter also mehr Verfügungsmacht verschaffen, als er selbst hatte (OLG Braunschweig OLGZ 1988, 392, 394). Ist eine derartige Schmälerung der Rechtsstellung des Nacherben bereits vor Eintritt des Nacherbfalls möglich, so kann der Nacherbfall kein Grund für die Aufhebung der auf Antrag des Vorerben angeordneten Nachlassverwaltung sein. **14**

Das muss erst recht gelten, wenn der Vorerbe von den gesetzlichen Verfügungsbeschränkungen gem § 2136 befreit war.

Zu beachten ist allerdings, dass mit dem Nacherbfall an die Stelle des Nachlasses dasjenige tritt, was der Nacherbe aus der Erbschaft erlangt, mit Einschluss der ihm gegen den Vorerben als solchen zustehenden Ansprüche (§ 2144 Abs 1 HS 2). Insoweit verändert sich also bei Eintritt des Nacherbfalls der Gegenstand einer bereits angeordneten Nachlassverwaltung. Das steht jedoch ihrer prinzipiellen Fortdauer über den Nacherbfall hinaus nicht entgegen (aM SOERGEL/STEIN Rn 2 unter 5).

15 *6. Wenn das Gericht selbst die Anordnung der Nachlassverwaltung nachträglich für ungerechtfertigt erachtete,* war es nach bisherigem Recht (§ 18 Abs 1 FGG) berechtigt, die Anordnung aufzuheben. Wurde jedoch die Nachlassverwaltung auf Antrag eines Nachlassgläubigers angeordnet, so war das Nachlassgericht bereits nach früherem Recht grundsätzlich nicht befugt, diese Verfügung von Amts wegen zu ändern (vgl §§ 18 Abs 2, 76 Abs 2 FGG und KG JW 1935, 2159). Das galt aber nicht im Fall des § 1988 Abs 2, der dem § 18 Abs 2 FGG vorging (vgl BayObLGZ 1976, 167, 173 = FamRZ 1977, 487, 489). Die Abänderung einer Verfügung wegen veränderter Umstände unterlag nicht der Einschränkung des § 18 Abs 2 FGG (KARLDIETER SCHMIDT, in: KEIDEL/KUNTZE/WINKLER[15] FGG § 18 Rn 2, 24 mwNw). Seit Inkrafttreten des FamFG ist dessen § 48 Abs 1 einschlägig. Danach kann das Gericht des ersten Rechtszugs eine rechtskräftige Endentscheidung mit Dauerwirkung aufheben oder ändern, wenn sich die zugrunde liegende Sach- oder Rechtslage „nachträglich" wesentlich geändert hat; in Verfahren, die nur auf Antrag eingeleitet werden (dies gilt auch für die Nachlassverwaltung), erfolgt die Aufhebung oder Abänderung nur auf Antrag. Davon unberührt bleibt jedoch § 1988 Abs 2. Vgl erg § 1981 Rn 44.

16 *7.* Zur *Anfechtung* des die Nachlassverwaltung anordnenden Gerichtsbeschlusses vgl § 1981 Rn 6, 11 f, 33 ff.

V. Die Aufhebung

17 Der die Nachlassverwaltung aufhebende **Beschluss** ist „den Beteiligten" bekannt zu geben (§ 41 FamFG). Wirksamkeitsvoraussetzung iS des § 40 Abs 1 FamFG ist jedoch – anders als bei der *Anordnung* der Nachlassverwaltung (s § 1984 Rn 2) – lediglich die Bekanntgabe an den *Nachlassverwalter,* nicht diejenige an den Erben; denn dieser verliert durch die Aufhebung der Nachlassverwaltung nichts (vom Schutzschirm des § 1975 einmal abgesehen, s dazu § 1986 Rn 10 ff), sondern erhält sogar die Verfügungsmacht über die Nachlassgegenstände zurück (soweit solche noch vorhanden sind) und erwirbt uU sogar die haftungsbeschränkende Einrede des § 1990 (s § 1990 Rn 5 f). Mit der Bekanntgabe des Aufhebungsbeschlusses an den Nachlassverwalter endet dessen Amt. Hebt das Beschwerdegericht die die Nachlassverwaltung beendende Entscheidung des Nachlassgerichts auf, so leben die Nachlassverwaltung und das Amt des Verwalters nicht ipso iure wieder auf (KG NJW 1971, 53; MünchKomm/KÜPPER Rn 8). Ordnet das Beschwerdegericht deshalb erneut Nachlassverwaltung an, so ist der Nachlassverwalter neu auszuwählen und zu verpflichten (PALANDT/EDENHOFER Rn 3; ERMAN/SCHLÜTER Rn 4 aE; MünchKomm/KÜPPER Rn 8; SOERGEL/STEIN Rn 5).

Titel 2 · Haftung des Erben für die Nachlassverbindlichkeiten **§ 1988**
Untertitel 3 · Beschränkung der Haftung des Erben **18–20**

Ebenso wie die Anordnung ist auch die Aufhebung der Nachlassverwaltung Rechts- **18** pflegergeschäft gem §§ 3 Nr 2 c, 16 Abs 1 Nr 1 RPflG. Gegen die Aufhebung der Nachlassverwaltung kann unter denselben Voraussetzungen und in gleicher Weise Beschwerde eingelegt werden wie gegen eine inhaltsgleiche Entscheidung des Richters (§ 11 Abs 1 RPflG). Dem Erben und dem Nachlassgläubiger steht gem § 59 FamFG die Beschwerde zu. Der Nachlassverwalter ist hingegen nicht berechtigt, den die Nachlassverwaltung aufhebenden Gerichtsbeschluss mit der Beschwerde anzugreifen (vgl RGZ 151, 57 ff). Er kann jedoch mit der Beschwerde gegen eine nachträgliche Beschränkung seiner Befugnisse (OLG München JFG 16 [1938] 98 ff = HRR 1937 Nr 1501; dort war gem § 106 Abs 3 RAbgO eine Nachlasspflegschaft zur Regelung der Erbschaftsteuer angeordnet worden) oder gegen seine Entlassung (vgl KGJ 40 [1911] 41, 42) vorgehen. Gegen eine Verfügung, durch welche die Nachlassverwaltung als ungerechtfertigt aufgehoben wird (§ 18 FGG/§ 48 FamFG, s Rn 15), soll nach einer Entscheidung des KG (JW 1932, 1389), die sich auf § 20 Abs 2 FGG (§ 59 Abs 2 FamFG) beruft, beschwerdebefugt nur der sein, auf dessen Antrag die Nachlassverwaltung angeordnet wurde (**aM** mit guten Gründen BOEHMER in einer Anm hierzu; wie das KG hingegen MünchKomm/ KÜPPER Rn 8; SOERGEL/STEIN Rn 5). Wurde die nach § 18 FGG (enger nunmehr § 48 Abs 1 FamFG, s Rn 15) aufgehobene Nachlassverwaltung auf Antrag eines für alle Miterben bestellten Nachlasspflegers (§ 1960) angeordnet, so kann nach Aufhebung beider Pflegschaften auch jeder Miterbe einzeln Beschwerde gegen die Aufhebung der Nachlassverwaltung einlegen (BOEHMER JW 1932, 1389; **aM** das KG und MünchKomm/ KÜPPER, jeweils aaO).

Soweit die Anordnung der Nachlassverwaltung im **Grundbuch** eingetragen ist **19** (s § 1984 Rn 12 f), wird man das Nachlassgericht analog §§ 32 Abs 2 S 1, 33, 200 Abs 2 S 2 InsO als verpflichtet ansehen dürfen, nach Aufhebung der Nachlassverwaltung von Amts wegen das Grundbuchamt um Löschung der Eintragung zu ersuchen. Der Löschungsantrag (§ 22 GBO) kann ferner von dem Erben und wohl analog §§ 32 Abs 2 S 2, 33, 200 Abs 2 S 2 InsO auch noch vom Nachlassverwalter gestellt werden (MünchKomm/KÜPPER Rn 6; vgl auch SOERGEL/STEIN Rn 4).

VI. Rechtsfolgen der Aufhebung

Nach Aufhebung der Nachlassverwaltung hat der Verwalter den Nachlass an den **20** Erben herauszugeben und Schlussrechnung zu legen (vgl § 1986 Rn 2 ff). Anders als in den Fällen des Abs 1 (Rn 3) kann der Nachlassverwalter hier ein Zurückbehaltungsrecht wegen seiner Vergütungs- und Aufwendungsersatzansprüche geltend machen (MünchKomm/KÜPPER Rn 6; PALANDT/EDENHOFER Rn 3; ERMAN/SCHLÜTER Rn 4; **aM** SOERGEL/ STEIN § 1986 Rn 6) und sogar die ihm zustehenden Beträge vom herauszugebenden Nachlass abzweigen (s § 1987 Rn 25 f). Ob mit Aufhebung der Nachlassverwaltung auch die gem § 1975 eingetretene Beschränkung der Erbenhaftung entfällt, ist streitig (s Rn 9).

§ 1989
Erschöpfungseinrede des Erben

Ist das Nachlassinsolvenzverfahren durch Verteilung der Masse oder durch einen Insolvenzplan beendet, so findet auf die Haftung des Erben die Vorschrift des § 1973 entsprechende Anwendung.

Materialien: E I § 2118; II § 1864; III § 1964; Mot V 640 f; Prot V 771–774; JAKOBS/SCHUBERT ER I 304, 357 f.
Neufassung seit 1.1.1999 gem Art 33 Nr 40 EGInsO: Es wurden die Worte „der Nachlaßkonkurs" durch die Worte „das Nachlaßinsolvenzverfahren" und die Worte „durch Zwangsvergleich beendigt" durch die Worte „durch einen Insolvenzplan beendet" ersetzt. Zur früheren Gesetzesfassung vgl STAUDINGER/MAROTZKE (1996) § 1989 Rn 1 ff, 20 ff.

Schrifttum

DU CARROIS, Der Insolvenzplan im Nachlassinsolvenzverfahren (2009)
FLECK, Versuch einer Erklärung des § 1989 des BGB, ArchBürgR 14 (1898) 62
HAGEN, Die Haftung für Nachlaßverbindlichkeiten, JherJb 42 (1901) 43
KRETZSCHMAR, Einfluß des Nachlaßkonkurses auf die Haftung des Erben für die Nachlaßverbindlichkeiten, LZ 1909, 189

OETKER, Konkursrechtliche Erörterungen, ZfHK 66 (1910) 193
RAAPE, Das Haftungsgestaltungsrecht des Erben, JherJb 72 (1922) 293
SEUFFERT, Zur Revision der Konkursordnung bei Einführung des Bürgerlichen Gesetzbuches, ZZP 22 (1896) 475.

Systematische Übersicht

I. Allgemeines ___ 1	IV.	Konkursbeendender Zwangsvergleich und Vergleichsschluss im Nachlassvergleichsverfahren ___ 20
II. Beendigung des Nachlassinsolvenzverfahrens durch Verteilung der Masse ___ 6	V.	Die Verweisung auf § 1973 ___ 21
III. Beendigung des Nachlassinsolvenzverfahrens durch einen Insolvenzplan ___ 13	VI.	Mehrheit von Erben ___ 30

I. Allgemeines

1 1. Das Gesetz enthält keine *allgemeine* Vorschrift darüber, wie der Erbe nach Beendigung eines **Nachlassinsolvenzverfahrens** haftet. *Besondere* Regelungen treffen die §§ 1990, 1991 für den Fall, dass das Nachlassinsolvenzverfahren „wegen Mangels einer den Kosten entsprechenden Masse" eingestellt wurde. Außerdem legt § 1989 die Haftung des Erben für die zwei besonderen Fälle fest, dass das Nachlassinsolvenzverfahren durch Verteilung der Masse oder durch einen Insolvenzplan beendet wurde. In diesen Fällen haftet der Erbe den Nachlassgläubigern, sofern er ihnen nicht schon vorher unbeschränkbar haftete (§ 2013 Abs 1 S 1), nur noch analog § 1973, also nur so, wie wenn die Nachlassgläubiger im Aufgebotsverfahren wegen Nichtanmeldung ihrer Forderungen ausgeschlossen worden wären. Obwohl die im Nachlassinsolvenzverfahren ergehende öffentliche Aufforderung zur Forderungsanmeldung binnen einer bestimmten Frist (§§ 28, 29, 30, 174, 177, 189 InsO) sowie die bei Beabsichtigung eines Insolvenzplans vorgesehene öffentliche Bekanntmachung des Erörterungs- und Abstimmungtermins (§ 235 InsO) Umstände sind, die an das Aufgebotsverfahren des § 1970 erinnern, lässt sich **der Rechtsgedanke des § 1989** nicht auf diese Parallelen zurückführen (**aM** wohl STAUDINGER/LEHMANN[11] Rn 1; für den Fall eines Insolvenzplans auch G KÜPPER, s unten Rn 18 aE): Ausweislich der Motive (V 640) gilt § 1989 auch zu Lasten solcher Gläubiger, die ihre Forderungen im Nachlassinsolvenzverfahren (damals noch Nachlasskonkurs) *angemeldet* haben und denen folglich „Säumnis" nicht vorgeworfen werden kann (s Rn 9). Man wird deshalb den Sinn des § 1989 allein darin zu sehen haben, dass der Erbe nach ordnungsgemäßer Durchführung eines Nachlassinsolvenzverfahrens „entlastet" ist und nun endgültig sowie frei von weiteren Verwaltungspflichten der in §§ 1978–1980 beschriebenen Art nur noch mit dem Nachlass haftet. Im Fall des § 1989 kann dem Erben keine Inventarfrist mehr gesetzt, also auch auf diese Weise seine unbeschränkte Haftung nicht mehr herbeigeführt werden, § 2000 S 3 (rechtspolitisch fragwürdig; vgl § 2000 Rn 5). Anwendbar bleiben jedoch die §§ 2005 Abs 1 S 1, 2006 Abs 3 (str; vgl § 2000 Rn 8, 9).

2. **Unanwendbar ist § 1989, wenn das Nachlassinsolvenzverfahren auf andere Weise als durch Verteilung der Masse oder durch einen Insolvenzplan beendet wird.**

a) *Wird der Eröffnungsbeschluss auf Beschwerde wieder aufgehoben* (§§ 6, 34 InsO), entfallen die mit der Verfahrenseröffnung kraft Gesetzes verknüpften Rechtsfolgen rückwirkend. Dies gilt auch für die in § 1975 ausgesprochene Haftungsbeschränkung (nicht jedoch hinsichtlich der Wirksamkeit von Rechtshandlungen des Insolvenzverwalters, § 34 Abs 3 S 3 InsO). Der Erbe haftet also wieder nach den allgemeinen Grundsätzen und muss zur Beschränkung der Haftung – außer in den Fällen der §§ 1973, 1974, 1990, 1992 – zu den Mitteln der Nachlassverwaltung oder des Nachlassinsolvenzverfahrens greifen (PLANCK/FLAD Anm 1 b δ; BGB-RGRK/JOHANNSEN Rn 2; MünchKomm/KÜPPER Rn 2; SOERGEL/STEIN § 1975 Rn 14; LANGE/KUCHINKE § 49 VI 3 a).

b) *Wird das Insolvenzverfahren gem § 207 InsO mangels einer den Verfahrenskosten entsprechenden Masse eingestellt,* finden die §§ 1990, 1991 Anwendung.

c) *Wird das Insolvenzverfahren mit Zustimmung aller Gläubiger nach § 213 InsO eingestellt* (sog Gantverzicht), findet § 1989 nicht und § 1990 nur dann Anwendung, wenn der Nachlass dürftig ist oder ein Fall des § 1992 vorliegt (vgl LANGE/KUCHINKE § 49 VI 3 a, Fn 154; BGB-RGRK/JOHANNSEN Rn 2; PALANDT/EDENHOFER Rn 2; MünchKomm/KÜPPER Rn 3; SOERGEL/SCHIPPEL[10] Rn 4; JAEGER/WEBER[8], KO § 230 Rn 7; RIERING, in: NERLICH/RÖMERMANN [März 2009] InsO § 331 Rn 12; **aM** STAUDINGER/LEHMANN[11] Rn 1 und wohl auch ERMAN/SCHLÜTER Rn 1 [mit Weiterverweisung auf seine Rn 5 zu § 1975]: Analogie zu §§ 1990, 1991). Gegenüber Gläubigern, die an dem Gantverzicht teilgenommen haben, kann sich jedoch eine Haftungsbeschränkung des Erben aus den Vereinbarungen ergeben, auf denen der Verzicht beruht (vgl KIPP/COING § 98 IV 4; PALANDT/EDENHOFER Rn 2; Münch-Komm/KÜPPER Rn 3; SOERGEL/STEIN 1975 Rn 14; BROX/WALKER Rn 700).

5 3.   Soweit ein Gläubiger nach § 1971 von einem *Aufgebot* nicht betroffen würde, kann ihm auch die Einrede des § 1989 nicht entgegengesetzt werden. Denn die bei § 1971 Rn 2 erwähnte ratio legis ist auch hier einschlägig (vgl Vorbem 2 zu §§ 1975 ff und unten Rn 19). Entsprechendes gilt aus anderen Gründen in Bezug auf **§ 1974 Abs 2** (s unten Rn 23), nicht aber in Bezug auf § **1972**, der ja auch auf § 1974 nicht entsprechend angewandt wird (s § 1974 Rn 9, 16). **Wenn der Erbe bereits unbeschränkbar haftet,** findet § 1989 keine Anwendung, § 2013 Abs 1 S 1.

II. Beendigung des Nachlassinsolvenzverfahrens durch Verteilung der Masse

6 1.   Die Fassung des § 1989 ist ungenau. Gem § 200 Abs 1 InsO wird das Insolvenzverfahren nicht schon „durch Verteilung der Masse", sondern erst durch **gerichtlichen Aufhebungsbeschluss** beendet. Die erste Alternative des § 1989 setzt also eine nach der Schlussverteilung (§§ 196 ff InsO) erfolgte Aufhebung des Insolvenzverfahrens voraus (vgl JAEGER/WEBER[8], KO § 230 Rn 3; EBERL-BORGES 347 Fn 230; DÖBEREINER, in: GOTTWALD [Hrsg], Insolvenzrechts-Handbuch [3. Aufl 2006] § 116 Rn 4). Erst mit der Aufhebung des Verfahrens endet der dem Erben bereits durch § 1975 BGB und § 784 Abs 1 ZPO gewährte Schutz des Eigenvermögens.

7 2.   Ist das Nachlassinsolvenzverfahren in dem soeben beschriebenen Sinne „durch Verteilung der Masse" beendet, finden gem § 1989 auf die Haftung des Erben die Vorschriften des § 1973 entsprechende Anwendung. **Nun kann der Erbe die Befriedigung der noch nicht (voll) befriedigten Nachlassgläubiger verweigern, soweit der Nachlass durch das Insolvenzverfahren erschöpft wird** (nicht: erschöpft *worden ist*). Der Erbe braucht die Nachlassgläubiger also weder aus seinem Eigenvermögen noch aus solchen Nachlassgegenständen zu befriedigen, deretwegen eine **Nachtragsverteilung** nach § 203 InsO stattfinden muss. Vollstrecken die Nachlassgläubiger in solche Gegenstände, so kann der Erbe gem §§ 781, 785 ZPO intervenieren.

8 Eine **Nachtragsverteilung** (vgl Rn 7) kommt **gem § 203 InsO** nur in Betracht, wenn noch nicht alle Gläubiger, die im vorangegangenen Nachlassinsolvenzverfahren zu berücksichtigen waren, voll befriedigt sind. In solch einem Fall kann der Erbe einzelnen Nachlassgläubigern, die ihn wegen eines vor Verfahrenseröffnung liegenden Verhaltens aus § 1978 Abs 1 in Anspruch nehmen wollen (vgl zB BFHE 139, 12 ff = BStBl II 1983, 653 f), gem §§ 1989, 1973 Abs 1 S 1 entgegenhalten, dass diese Ersatzansprüche zum Zwecke der Nachtragsverteilung (vgl § 203 Abs 1 Nr 3 InsO) dem an sich schon beendeten Nachlassinsolvenzverfahren zugeführt werden müssen (vgl Rn 7 und JAEGER/WEBER[8], KO § 230 Rn 4). *Nicht* der Nachtragsverteilung unterliegen jedoch Gegenstände, die der Insolvenzverwalter dem Erben als unverwertbar (§ 197 Abs 1 Nr 3 InsO) zurückgegeben hat. In solche Gegenstände können die Nachlassgläubiger also auch dann ungehindert (§§ 781 ff ZPO) vollstrecken, wenn noch nicht alle am Nachlassinsolvenzverfahren beteiligten Gläubiger voll befriedigt sind.

Zu beachten ist allerdings § 803 Abs 2 ZPO. Danach hat eine Pfändung zu unterbleiben, wenn sich von der Verwertung ein Überschuss über die Vollstreckungskosten nicht erwarten lässt.

Gem §§ 1989, 1973 Abs 2 S 1 richtet sich die **Haftung des Erben für die weitere** 9
**Verwaltung eines ihm vom Insolvenzverwalter nach der Schlussverteilung überlassenen
Nachlassrestes** nicht nach §§ 1978–1980, sondern nur noch nach Bereicherungsrecht
(vgl dazu § 1973 Rn 20). Das gilt auch *gegenüber Gläubigern, die sich am Nachlassinsolvenzverfahren ordnungsgemäß beteiligt haben* und die dort auch zu berücksichtigen waren. Dies ist jedoch nicht unbestritten. So wollten zB KIPP/COING (§ 98 IV 2 a)
im Anschluss an RIESENFELD (II 202) hier nicht die durch §§ 1989, 1973 in Bezug
genommenen Regeln des Bereicherungsrechts, sondern §§ 1978, 1980 analog anwenden. Als Begründung führt RIESENFELD an, dass Gläubiger, die ihre Forderungen im
Nachlassinsolvenzverfahren (damals noch -konkurs) ordnungsgemäß angemeldet
hätten, nicht den im Aufgebotsverfahren ausgeschlossenen Gläubigern gleichgestellt
werden dürften. Dieser Argumentation steht jedoch entgegen, dass der Gesetzgeber
es absichtlich vermieden hat, in § 1989 „ausschließlich von den im Konkurse nicht
gemeldeten Gläubigern zu sprechen, da selbst gemeldete Forderungen uU, zB bedingte Forderungen ..., nicht zur Befriedigung gelangen und den Konkurs überdauern" (Mot V 640). Auch ist darauf hinzuweisen, dass § 1989 die Geltendmachung
bereits *vor* Verfahrenseröffnung entstandener Ansprüche aus §§ 1978–1980 überhaupt nicht ausschließt (vgl Rn 8, 10). Die Vorschrift hindert nur die *künftige* Entstehung derartiger Ersatzansprüche (weitergehend wohl Prot V 781), indem sie durch
Anordnung der Bereicherungshaftung eine Verwaltungspflicht des Erben, die dieser
noch verletzen könnte, grundsätzlich verneint. Im Übrigen stimmt es gar nicht, dass
die Gläubiger, die ihre Forderungen im Nachlassinsolvenzverfahren ordnungsgemäß
angemeldet haben, nach der hier vertretenen Ansicht mit den übrigen, nicht so
schutzwürdigen Gläubigern auf dieselbe Stufe gestellt würden: Die meisten Nachlassgegenstände, die nach Beendigung des Nachlassinsolvenzverfahrens noch greifbar sind, werden gem § 203 Abs 1 Nr 3 InsO der Nachtragsverteilung unterliegen,
und diese erfolgt ohnehin nur zugunsten solcher Gläubiger, die schon vorher aufgrund des Schlussverzeichnisses zu berücksichtigen waren, was wiederum voraussetzt, dass sie ihre Forderungen ordnungsgemäß angemeldet hatten.

Sind alle bei der Schlussverteilung zu berücksichtigenden Gläubiger voll befriedigt 10
worden (wegen § 320 InsO ein seltener Fall), so kommt eine Haftung des Erben
nur noch gegenüber solchen Gläubigern in Betracht, deren Forderungen von der
Schlussverteilung nicht betroffen wurden und in das Schlussverzeichnis nicht einzusetzen waren. Zu denken ist hier an Gläubiger, die ihre Ansprüche im Nachlassinsolvenzverfahren nicht angemeldet oder die Anmeldung zurückgenommen haben,
an solche, die die Feststellung ihrer im Prüfungstermin bestrittenen Forderungen
nicht rechtzeitig betrieben haben (§ 189 Abs 3 InsO), an solche, die abgesonderte
Befriedigung beansprucht und nicht rechtzeitig Verzicht oder Ausfall nachgewiesen
haben (§ 190 InsO), sowie an Gläubiger mit aufschiebend bedingten Forderungen,
die wegen einer zu entfernten Möglichkeit des Bedingungseintritts bei der Schlussverteilung unberücksichtigt geblieben sind (§ 191 InsO). *Auch diese Gläubiger kann
der Erbe entspr § 1973 auf den ihm vom Nachlassinsolvenzverwalter überlassenen
Nachlassrest verweisen.* Dazu können freilich auch *gegen sein Eigenvermögen gerichtete Ansprüche wegen schlechter Verwaltung des Nachlasses* gehören (§ 1978
Abs 2), falls diese vom Insolvenzverwalter nicht beigetrieben worden sind. Diese
Ersatzansprüche können von den noch nicht befriedigten Nachlassgläubigern, soweit nicht § 203 Abs 1 Nr 3 InsO eingreift (s Rn 8), trotz § 1989 gegen den Erben
geltend gemacht werden (**aM** wohl Prot V 781; dass solche Ansprüche jetzt noch

neu entstehen, schließt § 1989 freilich aus). JOHANNSEN scheint eine vorherige Pfändung dieser Forderungen für erforderlich zu halten (vgl BGB-RGRK/JOHANNSEN Rn 8; auch LANGE/KUCHINKE § 49 II 2 c Fn 45; aM ERMAN/SCHLÜTER § 1978 Rn 5 aE). Einfacher und nicht unzulässig erscheint es aber, dem Nachlassgläubiger, der trotz §§ 1989, 1973 in das Eigenvermögen des Erben vollstreckt und von diesem deshalb nach §§ 780, 781, 785 ZPO verklagt wird, gegen diese Klage den Einwand zu gestatten, dass zu dem vom Erben nach §§ 1989, 1973 Abs 2 herauszugebenden Nachlass ein Ersatzanspruch aus § 1978 gehöre und dass insoweit die Zwangsvollstreckung auch in das Eigenvermögen zulässig sei (vgl auch § 1991 Rn 10 f).

11 3. Oft wird behauptet, dass **eine im Nachlassinsolvenzverfahren erfolgte Eintragung in die Tabelle** einen Vollstreckungstitel *nur gegen den Nachlass* gewähren könne (vgl STAUDINGER/LEHMANN[11] Rn 4; BGB-RGRK/JOHANNSEN Rn 6; MünchKomm/KÜPPER Rn 7). Diese These ist jedoch zumindest missverständlich (s dazu Vorbem 29 zu §§ 1967 ff).

12 4. Fraglich ist, **ob ein Nachlassgläubiger**, dessen Forderung im Nachlassinsolvenzverfahren angemeldet, aber vom Insolvenzverwalter bestritten worden ist, **schon vor Beendigung des Nachlassinsolvenzverfahrens gegen den Erben auf Befriedigung aus dem Überschuss gem §§ 1989, 1973 Abs 2 klagen darf** (statt die Feststellung im Insolvenzverfahren zu betreiben). Noch unter Geltung der KO hat das RG solch eine Klage unter der feststehenden Voraussetzung, dass sich ein Überschuss tatsächlich ergeben werde, als zulässig erachtet (RG JW 1913, 752 = Gruchot 57 [1913] 1014 = LZ 1913, 691; gegen diese Entscheidung JAEGER LZ 1913, 693 ff; krit auch JAEGER/WEBER[8], KO § 230 Rn 3; dem RG zustimmend hingegen STAUDINGER/MAROTZKE Vorbem 32 zu §§ 1967 ff).

III. Beendigung des Nachlassinsolvenzverfahrens durch einen Insolvenzplan

13 1. Auch durch einen Insolvenzplan iS der §§ 217 ff InsO wird das Nachlassinsolvenzverfahren nicht automatisch beendet. Erforderlich ist noch ein gerichtlicher **Aufhebungsbeschluss**, der gem § 258 Abs 1 InsO ergehen muss, sobald der Insolvenzplan rechtskräftig bestätigt ist. Erst nach der Aufhebung des Verfahrens ist Raum für die Anwendung des § 1989 (vgl Rn 6; du CARROIS 106). Nicht erforderlich ist, dass auch eine etwaige „Überwachung der Planerfüllung" (§§ 260 ff InsO) bereits gem § 268 InsO aufgehoben wurde.

14 2. Auch wenn das Nachlassinsolvenzverfahren nach rechtskräftiger Bestätigung des Insolvenzplans aufgehoben worden ist, kann sich der Erbe **gegenüber Gläubigern, für und gegen die der Insolvenzplan wirkt** (s Rn 18), **nicht ohne weiteres auf § 1989** berufen. Zwar macht § 1989 bzgl dieser Gläubiger keine ausdrückliche Ausnahme, jedoch ergibt sich ihre Sonderstellung daraus, dass ihre Ansprüche gegen den Erben in Zukunft auch durch den Inhalt des Insolvenzplans bestimmt werden (so auch du CARROIS 109 ff).

15 Ob der Erbe für die Erfüllung des Insolvenzplans nur mit dem Nachlass oder auch mit dem Eigenvermögen haftet, ist notfalls durch Auslegung zu ermitteln. Oft werden die Gläubiger nur dann bereit sein, dem Erben den Nachlass gem § 259 Abs 1 S 2 InsO zur freien Verfügung zu überlassen, wenn er sich verpflichtet, zur Erfüllung des Plans auch sein Eigenvermögen einzusetzen (vgl erg Vorbem 16 zu §§ 1967 ff). Dennoch ist die Annahme bedenklich, im Zweifel sei von einer *unbeschränkten* Haftbarkeit des

Erben auszugehen (so aber – noch unter Geltung der KO – STAUDINGER/LEHMANN[11] Rn 7; PLANCK/FLAD Anm 3 a; vLÜBTOW II 1163; STROHAL II § 80 Fn 20 a; FLECK ArchBürgR 14 [1898] 62, 65 ff; vgl auch SEUFFERT, Konkursprozeßrecht 442, der etwas anderes als eine unbeschränkte Haftung hier nicht einmal für „möglich" hält). Denn sie verkehrt den Grundsatz des § 1989 für den Fall des Insolvenzplans ins Gegenteil (vgl SEUFFERT aaO: § 1989 habe für die vom Vergleich berührten Gläubiger keine Bedeutung) und berücksichtigt auch nicht, dass für einen nur beschränkt haftenden Erben kein Grund besteht, einen Insolvenzplan vorzulegen, der ihn über den Nachlasswert hinaus belastet. Deshalb ist § 1989 **im Zweifel** auch auf die Haftung des Erben gegenüber den von dem Insolvenzplan betroffenen Gläubigern anzuwenden (DÖBEREINER, in: GOTTWALD [Hrsg], Insolvenzrechts-Handbuch [3. Aufl 2006] § 115 Rn 9; LANGE/KUCHINKE § 49 VI 3 b; KIPP/COING § 98 IV 2 b; BAMBERGER/ROTH/LOHMANN Rn 4; wohl auch ERMAN/SCHLÜTER Rn 2; vgl ferner BGB-RGRK/ JOHANNSEN Rn 11 und 15 [der jedoch nicht § 1989, sondern §§ 1978, 1980 anwenden will] sowie für den im Nachlass*vergleichs*verfahren geschlossenen Vergleich BLEY/MOHRBUTTER[4], VerglO § 113 Rn 54 ad b).

Hat der Erbe die im Insolvenzplan enthaltenen Verpflichtungen nur mit dem *Nachlass* übernommen, so haftet er auch nur mit diesem. Mit der Begründung, dass diese Haftungsregelung auf einer besonderen Vereinbarung beruhe (vgl aber oben Rn 15), wollten STAUDINGER/LEHMANN[11] (Rn 7) und BGB-RGRK/JOHANNSEN (Rn 15) insoweit nicht die §§ 1989, 1973, sondern die §§ 1978, 1980 analog anwenden. Dagegen spricht jedoch, dass § 1989 nach seinem Wortlaut gerade auch für den Fall des Insolvenzplans Anwendung finden soll und deshalb, soweit nichts anderes (zB der Haftungsmaßstab der §§ 1978–1980) vereinbart ist, auch angewendet werden muss. 16

Zum **Insolvenzplan bei bereits unbeschränkbar gewordener Erbenhaftung** vgl DÖBEREINER, in: GOTTWALD (Hrsg), Insolvenzrechts-Handbuch (3. Aufl 2006) § 115 Rn 10; DU CARROIS 111 ff und – allerdings noch zum konkursrechtlichen Zwangsvergleich – JAEGER/WEBER[8], KO § 230 Rn 17. 17

3. Gem **§ 254 Abs 1 S 3 InsO** wirkt der rechtskräftig bestätigte Insolvenzplan für und gegen alle Insolvenzgläubiger, auch wenn diese ihre Forderungen nicht angemeldet oder dem Plan widersprochen haben. Eine uneingeschränkte Anwendung dieser Vorschrift auch im *Nachlass*insolvenzverfahren könnte dem insolventen Schuldner (Erben) gefährlich werden, da er aufgrund etwaiger zugleich mit dem Eigenvermögen übernommener Verpflichtungen uU auch solchen Nachlassgläubigern auf die volle im Plan festgesetzte Quote persönlich haften würde, die ihre Forderungen im Insolvenzverfahren **nicht angemeldet** haben. Eine entsprechende Gefahr besteht zwar auch im *Regel*insolvenzverfahren, doch kann man hier wenigstens im Prinzip davon ausgehen, dass der insolvente Schuldner alle in Betracht kommenden Gläubiger **kennt** und sie bei der Planvorlage (§ 218 Abs 1 InsO) zu berücksichtigen weiß. Im *Nachlass*insolvenzverfahren ist die Lage jedoch anders, da es hier um *ererbte* Schulden geht und das der Ermittlung des Schuldenstandes dienende Aufgebotsverfahren durch das Insolvenzverfahren verdrängt wird (§ 457 FamFG, vormals § 993 ZPO). Wäre § 254 Abs 1 S 3 InsO auch im Nachlassinsolvenzverfahren uneingeschränkt anwendbar, müsste man dem Erben idR davon abraten, einen Insolvenzplan vorzulegen, der eine Haftung auch mit dem Eigenvermögen vorsieht. Deshalb hat sich die Auffassung durchgesetzt, dass der auf das *Regel*insolvenzverfahren zugeschnittene § 254 Abs 1 S 3 InsO im *Nachlass*insolvenzver- 18

fahren bzgl derjenigen Gläubiger, die ihre Forderungen nicht ordnungsgemäß angemeldet haben (§§ 28 Abs 1, 174 InsO), keine Anwendung finde (DÖBEREINER, in: GOTTWALD [Hrsg], Insolvenzrechts-Handbuch [3. Aufl 2006] § 115 Rn 13; MünchKomm/KÜPPER Rn 6 f; JAUERNIG/STÜRNER Rn 1 aE; BAMBERGER/ROTH/LOHMANN Rn 4; wohl auch PALANDT/ EDENHOFER Rn 1; aM du CARROIS 99 ff, 110 f). Folgt man dem (was freilich angesichts des klaren Gesetzeswortlauts sowie der bei Rn 15 befürworteten Auslegungsregel weder methodisch unbedenklich noch sachlich geboten erscheint), so bestimmt sich die Haftung des Erben gegenüber diesen Gläubigern nicht nach dem Inhalt des Insolvenzplans (seine Schuld wird also nicht auf die festgesetzte Quote beschränkt), sondern allein nach der in § 1989 vorgeschriebenen entsprechenden Anwendung des § 1973. Im Ergebnis wird dann also die Nichtanmeldung einer Forderung im Nachlassinsolvenzverfahren der Nichtanmeldung im Aufgebotsverfahren (die sogar zu einer *unmittelbaren* Anwendung des § 1973 führen würde) gleichgestellt. Vgl auch MünchKomm/KÜPPER Rn 7, der mit mE unschlüssiger Berufung auf § 254 Abs 1 S 3 InsO und wohl auch im Widerspruch zu der oben Rn 1 erwähnten Bemerkung der BGB-Motive meint, dass sich § 1989 im Fall des Insolvenzplans nur auf solche Insolvenzgläubiger beziehen könne, die ihre Forderungen nicht angemeldet haben.

19   4. Die bei Rn 18 erörterten Bedenken gegen eine Anwendung des § 1989 bestehen nicht in Bezug auf solche **Nachlassverbindlichkeiten, die von dem Insolvenzplan überhaupt nicht berührt werden**. Das sind, wenn man die in § **1971** genannten Gläubigergruppen einmal außer Betracht lässt (weil § 1973 auf dingliche oder quasidingliche Rechte weder unmittelbar noch auf dem Umweg über § 1989 angewendet werden kann; s Rn 5), nach heutigem Recht (§§ 217, 254 InsO) nur noch die *Masseverbindlichkeiten* (§§ 54, 55, 115 Abs 2 S 3, Abs 3 S 2, 116 S 2, 118, 324 InsO) und etwaige gegen den Erblasser erkannte *Nebenfolgen einer Straftat oder Ordnungswidrigkeit,* die zu einer Geldzahlung verpflichten (vgl § 225 Abs 3 InsO iVm den die Frage der Vererblichkeit thematisierenden Ausführungen bei § 1967 Rn 18). Die *Masseverbindlichkeiten* hingegen sind gem § 258 Abs 2 InsO vor der Aufhebung des Insolvenzverfahrens durch den Verwalter zu befriedigen bzw sicherzustellen. Soweit eine Befriedigung oder Sicherstellung nicht stattgefunden hat, haftet der Erbe ihnen nach §§ 1989, 1973 nur mit dem Nachlassrest (vgl auch Rn 27).

IV. Konkursbeendender Zwangsvergleich und Vergleichsschluss im Nachlassvergleichsverfahren

20   Vgl STAUDINGER/MAROTZKE (1996) § 1989 Rn 13 ff, 20 ff. 27 f.

V. Die Verweisung auf § 1973

21   1. Im ersten Fall des § 1989 ist neben der Aufhebung des Nachlassinsolvenzverfahrens (s Rn 6) die **Verteilung der Insolvenzmasse** Voraussetzung für die Verweisung auf § 1973. Deshalb geht die entspr Anwendung des § 1973 Abs 1 S 1 für diesen Fall dahin, dass der Erbe die Befriedigung der noch nicht (vollständig) befriedigten Nachlassgläubiger verweigern kann, soweit der Nachlass durch das Nachlassinsolvenzverfahren einschließlich einer in Betracht kommenden Nachtragsverteilung erschöpft wird (s Rn 7 ff).

22   2. Im zweiten Fall des § 1989, also bei Zustandekommen eines wirksamen **In-**

solvenzplans und anschließender Aufhebung des Verfahrens (s Rn 13), kann der Erbe die Befriedigung der von § 1989 betroffenen Gläubiger entspr § 1973 Abs 1 S 1 verweigern, soweit der Nachlass durch die Befriedigung der nicht durch § 1989 (und selbstverständlich auch nicht durch § 1973 oder § 1974) betroffenen Gläubiger erschöpft wird. Diejenigen Gläubiger, für und gegen die der Insolvenzplan wirksam ist (Rn 18 ff), sind durch § 1989 *nicht* betroffen, wenn der Erbe die Haftung für die Planerfüllung auch mit dem Eigenvermögen übernommen, insoweit also auf die Einrede des § 1989 verzichtet hat (vgl dazu Rn 15 f). Nur in diesem Fall stehen die vom Insolvenzplan betroffenen Gläubiger besser als ein Gläubiger, der im Aufgebotsverfahren ausgeschlossen wurde und deshalb die in § 1973 beschriebenen Rechtsnachteile erdulden muss. Die Ansicht, dass der Erbe die Befriedigung eines von § 1989 (nicht aber auch vom Insolvenzplan) betroffenen Gläubigers entsprechend § 1973 Abs 1 S 1 (iVm § 1989) verweigern könne, soweit die vom Insolvenzplan betroffenen Nachlassgläubiger noch nicht entsprechend der im Plan festgesetzten Quote befriedigt sind (vgl für den Zwangsvergleich des *früheren* Insolvenzrechts STAUDINGER/LEHMANN[11] Rn 10 [ad 1. und 4.]; BGB-RGRK/JOHANNSEN Rn 19), trifft also nur unter der Voraussetzung zu, dass der Erbe in dem Insolvenzplan auf den Schutz des § 1989 verzichtet hat (weil eben nur dann die vom Plan betroffenen Gläubiger den „nicht ausgeschlossenen" iS von §§ 1973 Abs 1 S 1, 1989 gleichstehen). Ist dies nicht der Fall, so kann sich eine Zurücksetzung der vom Insolvenzplan nicht betroffenen Gläubiger hinter die betroffenen freilich noch nach Maßgabe des § 257 InsO ergeben: Die Nachlassmittel, die zur Befriedigung derjenigen Gläubiger nötig sind, die gem § 257 InsO aus dem Insolvenzplan vollstrecken dürfen, wird der Erbe analog §§ 1973 Abs 2 S 1 und 3 („rechtskräftige Verurteilung"), 818 Abs 3 von dem Nachlassüberschuss, mit dem er den übrigen durch § 1989 betroffenen Gläubigern noch haftet, abziehen dürfen.

3. Auch wenn ein durch § 1989 betroffener Gläubiger seine Forderung geltend **23** macht, behält der Erbe **das Recht, andere Gläubiger, selbst wenn diese ebenfalls durch § 1989 betroffen sind, vor ihm zu befriedigen**. Die dafür aufgewandten Mittel kann er von dem nach § 1973 Abs 2 S 1 „herauszugebenden" Nachlassüberschuss gem § 818 Abs 3 abziehen. Der Erbe hat jedoch den durch § 1989 betroffenen Gläubiger vor Verbindlichkeiten aus **Pflichtteilsrechten, Erbersatzansprüchen** (vgl den für Altfälle fortgeltenden § 1934b Abs 2 S 1), **Vermächtnissen** und **Auflagen** zu befriedigen, es sei denn, dass der Gläubiger seine Forderung erst nach der Berichtigung dieser Verbindlichkeiten geltend macht (vgl auch § 1973 Rn 21).

Da Pflichtteilsgläubiger, Erbersatzberechtigte, Vermächtnisnehmer und Auflageempfänger zwar nicht vom Aufgebot (§ 1972), wohl aber von dem auf § 1973 verweisenden § 1989 betroffen werden können, wollte STAUDINGER/LEHMANN[11] (Rn 10 ad 2.) auf sie in diesem Fall neben § 1973 auch **§ 1974 Abs 2 analog** anwenden und so eine Verpflichtung des Erben zur Einhaltung der im Nachlassinsolvenzverfahren maßgeblichen Rangordnung begründen (ebenso PLANCK/FLAD Anm 4; vgl auch BGB-RGRK/JOHANNSEN Rn 16; MünchKomm/KÜPPER Rn 8). Eine Analogie zu § 1974 Abs 2 ist in der Tat unabweisbar (ebenso SOERGEL/STEIN Rn 5). Unrichtig wäre jedoch die Annahme, dass § 1974 Abs 2 für die in dieser Vorschrift genannten Verbindlichkeiten eine Verpflichtung des Erben zur lückenlosen Durchführung der insolvenzrechtlichen Rangfolge vorschriebe (vgl zB § 1973 Abs 1 S 2 HS 2 sowie § 1974 Rn 18 aE; anders insoweit § 1991 Abs 4). Die Vorschrift verhindert nur, dass aus § 1973 Abs 1

S 2 uU eine *Pflicht zum Verstoß (!)* gegen die im Nachlassinsolvenzverfahren maßgebliche Rangfolge hergeleitet werden kann (s § 1974 Rn 16).

24 4. Die **Herausgabe des Überschusses** an die durch § 1989 betroffenen Gläubiger vollzieht sich gem § 1973 Abs 2 S 1 grundsätzlich in der Art, dass der Erbe die Zwangsvollstreckung in den Nachlassrest duldet oder ihn an Zahlungs oder Erfüllungs Statt freiwillig dem damit einverstandenen Gläubiger herausgibt (vgl § 1990 Rn 29 ff).

Abwendungsbefugnis: Entsprechend § 1973 Abs 2 S 2 kann der Erbe die Herausgabe der noch vorhandenen Nachlassgegenstände durch Zahlung ihres Wertes abwenden.

Verjährung: vgl § 1973 Rn 7 und § 1990 Rn 39.

25 5. Die **Berechnung des herauszugebenden Überschusses** erfolgt nach den Vorschriften des Bereicherungsrechtes (dazu § 1973 Rn 14 ff). Das ist besonders für den Fall des Insolvenzplans von Bedeutung, weil hier der Erbe oft aus eigenen Mitteln erfüllt. Diese Aufwendungen kann er von dem Aktivbestand des Nachlasses abziehen (vgl § 1973 Rn 16; zust BAMBERGER/ROTH/LOHMANN § 1989 Rn 4).

26 a) Die **rechtskräftige Verurteilung** des Erben zur Befriedigung eines von § 1989 betroffenen Gläubigers wirkt den anderen betroffenen Gläubigern gegenüber analog § 1973 Abs 2 S 3 wie die Befriedigung; den hierzu erforderlichen Betrag kann der Erbe also vom Nachlassrest abziehen (s § 1973 Rn 16). Der rechtskräftigen Verurteilung dürfte eine nach § 201 Abs 2 InsO vollstreckbare Eintragung des Gläubigers in die *Insolvenztabelle* gleichstehen. Entsprechendes gilt bei Vorliegen eines nach § 257 InsO vollstreckbaren Insolvenzplans (s Rn 22 aE).

27 b) Auch **Massegläubiger**, die vom Insolvenzverwalter im Fall des Insolvenzplans entgegen § 258 Abs 2 InsO nicht befriedigt oder sichergestellt worden sind, werden von § 1989 betroffen. Soweit jedoch der Nachlass bei richtigem Vorgehen zu ihrer Befriedigung ausgereicht hätte, soll der Erbe nach STAUDINGER/LEHMANN[11] (Rn 10 ad 5.) gehindert sein, sich ihnen gegenüber gem §§ 1989, 1973 Abs 2 S 1, 818 Abs 3 auf eine durch Leistungen auf die Planquote (damals: Vergleichsrate) eingetretene Nachlassminderung zu berufen, sofern er diese Leistungen in Kenntnis (§ 819 Abs 1) der Tatsache erbracht hat, dass die Befriedigung der Massegläubiger (die im Nachlassinsolvenzverfahren vorrangig zu berücksichtigen gewesen wären, vgl §§ 53, 258 Abs 2 InsO) noch nicht vollständig erfolgt oder sichergestellt war. Diese Ansicht berücksichtigt aber zu wenig, dass sich der Gesetzgeber bei § 1989 entschieden *gegen* eine Pflicht des Erben zur Beachtung der im Nachlasskonkurs (heute: Nachlassinsolvenzverfahren) maßgeblichen Rangfolge ausgesprochen hat (Mot V 640; Prot V 771, 774). Nach dieser Grundsatzentscheidung des Gesetzgebers kann es nicht Sache des meist rechtsunkundigen Erben sein, Fehler des Nachlassinsolvenzverwalters zu korrigieren. Wurde § 258 Abs 2 InsO verletzt, mag der Geschädigte gem § 60 InsO gegen den Nachlassinsolvenzverwalter vorgehen (wie hier DÖBEREINER, in: GOTTWALD [Hrsg], Insolvenzrechts-Handbuch [3. Aufl 2006] § 115 Rn 11).

28 c) Am konkursbeendenden Zwangsvergleich des früheren Insolvenzrechts nahmen die in § 226 Abs 2 Nr 2–5 und § 226 Abs 2 KO genannten **Gläubiger minderen Rechts** nicht teil (§ 230 Abs 2 S 1 KO). Für die Berechnung eines an solche Gläubiger herauszugebenden Nachlassüberschusses (§§ 1989, 1973 Abs 2 S 1) wollte STAUDINGER/LEHMANN[11] (Rn 10 ad 5.) entgegen § 1973 Abs 1 S 1 (iVm § 1989) nicht darauf abstellen, was nach der vergleichsratenmäßigen Befriedigung der ihnen im Range vorgehenden Nachlassgläubiger der Rangklasse 6 des § 61 Abs 1 KO tatsächlich vom Nachlass übrig bleiben würde, sondern darauf, was sie erhalten hätten, wenn der Nachlasskonkurs *ohne den Vergleich* durch Masseverteilung beendet worden wäre. Als Begründung wird angeführt, dass der Zwangsvergleich den minderberechtigten Gläubigern sonst uU zu einer besseren Befriedigung verhelfen würde, als sie bei normaler Abwicklung des Nachlasskonkurses erhalten hätten. Dieser Hinweis trifft zwar zu, rechtfertigt aber nicht die Ansicht von STAUDINGER/LEHMANN[11] (dagegen auch OETKER ZfHK 66 [1910] 193, 292). Denn diese führt zu der mit dem Grundsatz der unbeschränkten Vermögenshaftung (hier: Sondervermögenshaftung) unvereinbaren Konsequenz, dass die Beschränkung der an den Vergleich gebundenen „normalen" Nachlassgläubiger auf die Rate dem Erben auch dann eine „freie" Nachlassmasse bescheren kann, wenn er noch nicht alle Nachlassverbindlichkeiten, und seien es auch nur die minderberechtigten, berichtigt hat. Treffend führt OETKER (aaO) aus: „Allein es bleibt doch die Tatsache bestehen, dass der Erbe nach bürgerlichem Recht den Gläubigern mit dem ganzen Nachlass haftet. Mag es auch nicht die Bestimmung des Zwangsvergleichs sein, die Lage der Zurückgesetzten zu verbessern, diesen Effekt kann er haben. Dem Erben kann nicht durch Vergleichsbeliebung etwas von seiner gesetzlichen Haftung gegenüber Gläubigern, die am Vergleiche nicht beteiligt sind, erlassen werden." **Das am 1. 1. 1999 in Kraft getretene neue Insolvenzrecht** vermeidet die von STAUDINGER/LEHMANN[11] kritisierte Ungereimtheit weitgehend durch die in **§ 225 Abs 1 InsO** getroffene Bestimmung, *dass die Forderungen nachrangiger Insolvenzgläubiger (§§ 39, 327 InsO) im Zweifel als durch den Insolvenzplan erlassen gelten*. Die Haftung des Schuldners für Geldstrafen und der diesen in § 39 Abs 1 Nr 3 InsO gleichgestellten Verbindlichkeiten kann aber auch durch einen *Insolvenzplan* weder ausgeschlossen noch eingeschränkt werden (§ 225 Abs 3 InsO). Soweit derartige Verbindlichkeiten vererblich sind (s § 1967 Rn 18), lebt der alte Meinungsstreit also fort.

6. Ein Nachlassgläubiger, der nach § 1989 einem ausgeschlossenen Gläubiger gleichsteht, kann auch dann, wenn er für seine Forderung ein Recht auf Befriedigung aus einem zum Nachlass gehörenden **Grundstück** hat, **nicht** nach § 175 Abs 1 ZVG die **Zwangsversteigerung** beantragen; vgl Abs 2 dieser Vorschrift.

VI. Bei einer **Mehrheit von Erben** wird § 1989 nach der Teilung des Nachlasses ergänzt durch § 2060 Nr 3 (Umwandlung der gesamtschuldnerischen Miterbenhaftung in eine teilschuldnerische).

§ 1990
Dürftigkeitseinrede des Erben

(1) Ist die Anordnung der Nachlassverwaltung oder die Eröffnung des Nachlassinsolvenzverfahrens wegen Mangels einer den Kosten entsprechenden Masse nicht tunlich oder wird aus diesem Grunde die Nachlassverwaltung aufgehoben oder das

Insolvenzverfahren eingestellt, so kann der Erbe die Befriedigung eines Nachlassgläubigers insoweit verweigern, als der Nachlass nicht ausreicht. Der Erbe ist in diesem Falle verpflichtet, den Nachlass zum Zwecke der Befriedigung des Gläubigers im Wege der Zwangsvollstreckung herauszugeben.

(2) Das Recht des Erben wird nicht dadurch ausgeschlossen, dass der Gläubiger nach dem Eintritt des Erbfalls im Wege der Zwangsvollstreckung oder der Arrestvollziehung ein Pfandrecht oder eine Hypothek oder im Wege der einstweiligen Verfügung eine Vormerkung erlangt hat.

Materialien: E I § 2133 Abs 1; II § 1865; III § 1965; Mot V 654 ff; Prot V 759 ff, 796 ff, 826; Denkschr 723 f; JAKOBS/SCHUBERT ER I 304, 383 ff.

Neufassung seit 1. 1. 1999 gem Art 33 Nr 41 EGInsO: In Abs 1 S 1 wurden die Worte „des Nachlaßkonkurses" durch die Worte „des Nachlaßinsolvenzverfahrens" und das Wort „Konkursverfahren" durch das Wort „Insolvenzverfahren" ersetzt.

Schrifttum

APP, Die Dürftigkeitseinrede des Erben bei Steuerschulden, DStR 1985, 31
BAER, Die Vollstreckungspreisgabe der §§ 1973, 1989, 1990 ff BGB (Diss Halle 1935)
BURTH, Beseitigung des Einlösungsrechts aus § 1992 S 2 BGB, WürttNotZ 5, 177
HARTMANN, Die Einrede der Dürftigkeit des Nachlasses im Steuerrecht, ZEV 2009, 324
KRETZSCHMAR, Beschränkung der Haftung des Erben in den Fällen der §§ 1990, 1992 BGB, SeuffBl 74 (1909) 192
ders, Umfang der Pfändungsbeschränkungen im Nachlaßkonkurse und bei der Herausgabe des Nachlasses an die Nachlaßgläubiger, LZ 1914, 363
KRÜGER, Erfolgt Klageabweisung, wenn der beklagte Erbe einwendet, daß keine Nachlaßgegenstände vorhanden sind?, MDR 1951, 664

MEYER, Die beschränkte Haftung des Erben mangels einer zur Anordnung der Nachlaßverwaltung oder zur Eröffnung des Nachlaßkonkurses hinreichenden Masse (§ 1990 BGB), SeuffBl 65 (1900) 30
MUSCHELER, Haftungsbeschränkung zugunsten Minderjähriger (§ 1629a BGB), WM 1998, 2271, 2276 ff
RAAPE, Das Haftungsgestaltungsrecht des Erben, JherJb 72 (1922) 293 (bes § 3: Das Haftungsbeschränkungsrecht aus § 1990)
RIESENFELD, Die Erbenhaftung (1916) I 76 ff, 201 ff, 304 f, 393; II 219–257
ROTH, Die Einrede des Bürgerlichen Rechts (1988) 59 ff, 166 f, 321
RUDORFF, Beschränkte Haftung von Erben, Abkömmlingen, Vermächtnisnehmern und Ehegatten, Gruchot 51 (1907) 574
WESTPHAL, Dürftigkeitseinrede anstatt Erbausschlagung, Rpfleger 1997, 199.

Systematische Übersicht

I. Allgemeines zu §§ 1990–1992 ____ 1	2. Voraussetzungen der Dürftigkeitseinrede ____ 4
II. § 1990 Abs 1 S ____ 1	a) Besorgnis der Unzulänglichkeit ____ 4
1. Dürftigkeits- und Unzulänglichkeitseinrede ____ 2	b) Fehlen einer den Kosten einer Nachlassverwaltung bzw eines Nach-

	lassinsolvenzverfahrens entsprechenden Masse	5
c)	Rechtslage bei Verlust des Haftungsbeschränkungsrechts	9
d)	Abs 2: Sicherungsrechte	10
3.	Prozessuale Durchsetzung der Dürftigkeitseinrede	11
a)	gegenüber Klage auf beschränkte Verurteilung	11
b)	gegenüber unbeschränkter Klage	12
c)	Feststellung der einzelnen Vollstreckungsobjekte im Urteil?	14
d)	Anfechtungsklage gegen Leistungsbescheid	15
e)	Prozesskosten	16
4.	Die Unzulänglichkeitseinrede	17
a)	Voraussetzungen	17
b)	Prozessuale Durchsetzung	20
c)	Klageabweisung wegen völliger Nachlasserschöpfung?	22
d)	Nach Festsetzung des Abzugsbetrages eröffnetes Nachlassinsolvenzverfahren	23
5.	Dürftigkeits- und Unzulänglichkeitseinrede in der Zwangsvollstreckung	24
6.	Abwehr der Eigengläubiger vom Nachlass?	28

III.	**Herausgabe des Nachlasses zum Zwecke der Befriedigung des Gläubigers im Wege der Zwangsvollstreckung, Abs 1 S 2**	
1.	Haftung cum viribus hereditatis	29
2.	Freiwillige Herausgabe	30
3.	Gegenstand der Herausgabe	31
4.	Auch unpfändbare Gegenstände?	32
5.	Auskunft, Rechenschaftslegung etc	33
6.	Vermögensverzeichnis und eidesstattliche Versicherung, § 807 ZPO	34
7.	Inventarpflicht	35
IV.	**Sonstige Wirkungen der Einreden**	
1.	Einfluss auf Haftung und persönliche Schuld	36
2.	Wirkung gegenüber nicht auf Geld gerichteten Ansprüchen	37
3.	Verjährung	39
4.	Rückforderung von Leistungen	40
5.	Rechtsfolgen des § 1991/Nichterwähnung der Aufrechnung	41
V.	**Einredeerhebung durch Nachlasspfleger etc**	44
VI.	**Besonderheiten bei Erbenmehrheit**	45
VII.	**Entsprechende Anwendung**	46

I. Allgemeines zu §§ 1990–1992

Die §§ 1990–1992 bilden den Rest der „Abzugseinrede" des E I (§§ 2133 ff), jedoch in wesentlich veränderter Gestalt. Der E II setzte an die Stelle der privaten Abzugseinrede die amtliche Nachlassseparation (Nachlasskonkurs bzw Nachlassverwaltung; vgl Prot V 759 ff) und behielt die Abzugseinrede nur für die Fälle bei, in denen den Erben trotz der Überschuldung des Nachlasses eine Konkursantragspflicht nicht trifft, sei es deshalb, weil der Nachlass nicht einmal den Verfahrenskosten entspricht (E II § 1865 Abs 1 S 1; jetzt § 1990 Abs 1 S 1), oder deshalb, weil die Überschuldung des Nachlasses auf Vermächtnissen und Auflagen beruht (E II § 1867, jetzt § 1992; vgl auch § 1980 Abs 1 S 3). Die in E I § 2133 vorgesehene Pflicht des Erben, wenn schon nicht mittelbar durch einen Konkursverwalter (heute: Insolvenzverwalter), dann eben selbst dafür zu sorgen, dass die Nachlassgläubiger *wie im Nachlasskonkurs (Nachlassinsolvenzverfahren)* befriedigt werden, wurde als undurchführbare Zumutung abgelehnt (Prot V 800 f).

In den Fällen der §§ 1990, 1992 kann der Erbe die **Befriedigung** eines Nachlassgläubigers **verweigern**, soweit der Nachlass nicht ausreicht (§ 1990 Abs 1 S 1). Der Erbe

1

muss den Nachlass dann aber nach § 1990 Abs 1 S 2 „zum Zwecke der Befriedigung des Gläubigers im Wege der Zwangsvollstreckung *herausgeben*" (damit kaum vereinbar STAUDINGER/LEHMANN[11] Vorbem 1: der Erbe behalte den Nachlass in der Hand und fungiere selbst als „privater Nachlaßverwalter" [zu einer Konsequenz dieser Betrachtungsweise s Rn 27]). An die im Insolvenzverfahren maßgebliche Reihenfolge ist er nur bei der Berichtigung von Pflichtteilsrechten, Erbersatzansprüchen (vgl den für Altfälle gem Art 227 Abs 1 Nr 1 EGBGB fortgeltenden § 1934b Abs 2 S 1), Vermächtnissen und Auflagen gebunden; § 1991 Abs 4. Für die Verwaltung des Nachlasses ist er den Nachlassgläubigern wie im Fall eines Nachlassinsolvenzverfahrens bzw einer Nachlassverwaltung verantwortlich; § 1991 Abs 1. Die Herausgabepflicht des § 1990 Abs 1 S 2 bestimmt sich also nicht, wie in den Fällen der §§ 1973, 1974, 1989, nach den Vorschriften des Bereicherungsrechts, sondern nach den Grundsätzen des Auftragsrechts; §§ 1991 Abs 1, 1978 Abs 1.

II. § 1990 Abs 1 S 1

1. Dürftigkeits- und Unzulänglichkeitseinrede

2 a) Unter den Voraussetzungen des Abs 1 S 1 kann der Erbe die Befriedigung eines Nachlassgläubigers „insoweit verweigern, als der Nachlass nicht ausreicht". Diese Rechtsfolge ist nur denkbar, wenn der Nachlass **überschuldet** ist, bei großzügiger Betrachtungsweise uU auch noch dann – nämlich im Sinne eines nur vorübergehenden Leistungsverweigerungsrechts –, wenn der Nachlass nicht sofort verwertet werden kann. Gegen die Annahme, dass § 1990 eine Überschuldung des Nachlasses voraussetze, ist eingewendet worden (zB von STAUDINGER/LEHMANN[11] Rn 3; RIESENFELD I 76), dass § 1990 nach Abs 1 S 1 auch dann Anwendung finde, wenn die Anordnung der *Nachlassverwaltung,* die ja in erster Linie für *nicht überschuldete* Nachlässe gedacht ist (Prot V 823), wegen Mangels einer den Kosten entsprechenden Masse untunlich sei (zu der – sehr dürftigen – Begr für die Erwähnung auch der Nachlassverwaltung in Abs 1 S 1 vgl Prot V 826). Dieser Einwand ist jedoch nicht zwingend. Denn es sind durchaus Situationen denkbar, in welchen eine Nachlassverwaltung trotz §§ 1980, 1985 Abs 2 auch bei Überschuldung zulässig ist: nämlich immer dann, wenn den Erben bzw den späteren Nachlassverwalter aus besonderen Gründen eine Insolvenzantragspflicht nicht trifft bzw selbst bei *Vorhandensein* einer kostendeckenden Masse nicht treffen *würde* (Beispiele bei § 1985 Rn 29, § 1980 Rn 2 ff; § 1992 Rn 1 sowie Prot V 802 f [betr auf Vermächtnissen und Auflagen beruhende Überschuldung]). Allein die Erwähnung der Nachlassverwaltung in Abs 1 S 1 rechtfertigt also nicht den Schluss, dass § 1990 entgegen seinem sonstigen Wortlaut keine Überschuldung des Nachlasses voraussetze. Die in Abs 1 S 2 ausgesprochene Verpflichtung, den – anscheinend gesamten! – Nachlass zum Zwecke der Befriedigung des Gläubigers im Wege der Zwangsvollstreckung herauszugeben, spricht eher für als gegen die Überschuldungsvoraussetzung. Auch § 1992 (vgl dessen Eingangsworte) scheint davon auszugehen, dass der von ihm in Bezug genommene § 1990 eine „Überschuldung des Nachlasses" voraussetzt (vgl auch STAUDINGER/HERZFELDER[9] § 1990 Anm II A 3: jedenfalls müsse die Überschuldung behauptet sein). **Dennoch hat sich die Ansicht durchgesetzt, dass § 1990** im Gegensatz zu dem auf seine Rechtsfolgen verweisenden § 1992 (s dort Rn 1 f) **eine Überschuldung des Nachlasses nicht voraussetze** und dass folglich auch die – an sich nur bei Überschuldung denkbare – *Rechtsfolge* des § 1990 Abs 1 S 1 entsprechend anzupassen sei (BGB-RGRK/JOHANNSEN Rn 4; SOERGEL/STEIN Rn 2 bei Fn 6;

MünchKomm/KÜPPER Rn 2; AK-BGB/TEUBNER Rn 4; ERMAN/SCHLÜTER Rn 1 f; PALANDT/EDENHOFER Rn 2; besonders ausführlich und unter Auseinandersetzung mit der früher noch vertretenen Gegenansicht: STAUDINGER/LEHMANN[11] Rn 3; PLANCK/FLAD Anm b). Diese „Anpassungsauslegung" hat zu folgendem Ergebnis geführt:

Man sagt, § 1990 Abs 1 S 1 zerfalle in zwei Einreden, nämlich die Einrede der Dürftigkeit des Nachlasses (kurz: Dürftigkeitseinrede) und die speziellere Einrede der Unzulänglichkeit *bei* Dürftigkeit (kurz: Unzulänglichkeitseinrede); die letztere wird auch Erschöpfungseinrede genannt, wenn *keine* Nachlassgegenstände (mehr) vorhanden sind. (In dem letztgenannten Fall sollte man jedoch besser von *völliger* Erschöpfung sprechen; denn mit dem Begriff „Erschöpfungseinrede" bezeichnet man *im Zusammenhang mit § 1973* auch das bei nur *teilweiser* Erschöpfung bestehende Leistungsverweigerungsrecht, s § 1973 Rn 1).

Die **Unzulänglichkeitseinrede** entspricht inhaltlich genau dem in § 1990 Abs 1 S 1 formulierten Leistungsverweigerungsrecht. Sie setzt also nicht nur voraus, dass der Nachlass dürftig ist, sondern auch, dass er zur Befriedigung des geltend gemachten Anspruchs nicht ausreicht.

Die **Dürftigkeitseinrede** soll dagegen sowohl bei zulänglichen als auch bei überschuldeten Nachlässen eingreifen und besagen, dass der Erbe seine Haftung durch bloße Einrede, also ohne eine Nachlassverwaltung oder ein Nachlassinsolvenzverfahren herbeiführen zu müssen, auf den Nachlass beschränken kann, wenn dessen Aktiva den Kosten einer Nachlassverwaltung oder eines Nachlassinsolvenzverfahrens nicht entsprechen. Da die Dürftigkeitseinrede nach hM auch bei nicht überschuldeten Nachlässen eingreifen soll, kann es sich bei ihr nicht nur um das in Abs 1 S 1 erwähnte Recht handeln, die Befriedigung eines Nachlassgläubigers insoweit zu verweigern, „als der Nachlass nicht ausreicht". Nach hM beinhaltet die Dürftigkeitseinrede über den Wortlaut des § 1990 hinaus das Recht, die Befriedigung eines Nachlassgläubigers *aus anderen Mitteln als denen des Nachlasses* zu verweigern. Durch die Erhebung der Dürftigkeitseinrede beschränkt der Erbe demnach seine Haftung auf den Nachlass, und zwar unabhängig davon, ob dieser zur Befriedigung des geltend gemachten Anspruchs ausreicht oder nicht. Reicht der Nachlass nicht aus, tritt neben die Dürftigkeitseinrede die Unzulänglichkeitseinrede.

b) **Stellungnahme:** Der Gesetzeswortlaut spricht dafür, sowohl bei § 1990 als auch bei § 1992 zu verlangen, dass der Nachlass überschuldet ist und zur Befriedigung des geltend gemachten Anspruchs nicht ausreicht (vgl auch Mot V 604: „Der Erbe wird persönlicher Schuldner aller Nachlaßverbindlichkeiten und kann, wenn der Nachlaß zur Befriedigung der Gläubiger ausreicht, diese niemals darauf verweisen, dass sie ihre Befriedigung nur aus den Gegenständen des Nachlasses suchen sollen ..." [allerdings kannte der E I das eine Überschuldung nicht voraussetzende Haftungsbeschränkungsmittel der Nachlassverwaltung noch nicht]). Andererseits kann die Frage, *ob* der Nachlass zur Befriedigung des Gläubigers nicht ausreicht, oft erst in der Zwangsvollstreckung geklärt werden, durch die der Nachlass „zu Geld gemacht" wird (vgl Rn 21). Diese durch § 1990 Abs 1 S 2 vorgeschriebene (Rn 29) Methode der Wertermittlung setzt voraus, dass *nur* der Nachlass verwertet wird. Somit muss der Erbe den Zugriff eines Nachlassgläubigers schon dann auf den Nachlass beschränken können, wenn dieser zur Befriedigung des Gläubigers *möglicherweise* nicht ausreicht. Zudem muss dem Erben dieses Recht in den Fällen der

§§ 1990, 1992 auch ohne vorherige Herbeiführung einer Nachlassverwaltung oder eines Nachlassinsolvenzverfahrens zustehen. Deshalb ist **mit der hM** anzunehmen, dass der Erbe über § 1990 den Zugriff des Nachlassgläubigers auf sein Eigenvermögen abwehren kann (vgl jedoch Prot V 763: auch in den Fällen des § 1992 müsse der Erbe Nachlasskonkurs [heute: ein Nachlassinsolvenzverfahren] beantragen, wenn er Vermächtnis- und Auflagengläubiger auf die Gegenstände des Nachlasses beschränken wolle). **Entgegen der hM** ist dieses üblicherweise als „Dürftigkeitseinrede" bezeichnete Beschränkungsmittel jedoch nur insoweit anzuerkennen, als es sich als notwendige Ergänzung des durch § 1990 Abs 1 S 1 gewährten Leistungsverweigerungsrechts darstellt: Sofern der Nachlass nicht nur in einem Geldbetrag besteht, muss der Erbe zwar nicht beweisen, dass der Nachlass zur Befriedigung des Gläubigers nicht ausreicht; wohl aber muss er dartun, dass die **ernsthafte Möglichkeit** besteht, dass eine auf den Nachlass begrenzte Zwangsvollstreckung (vgl Abs 1 S 2) zu einer vollständigen Befriedigung des Gläubigers nicht führen würde (aM Soergel/ Stein Rn 2 Fn 6). „**Drohende" Zahlungsunfähigkeit** iS der §§ 18, 320 S 2 InsO (also bezogen auf den *Nachlass*) sollte im Zweifel als ausreichend angesehen werden, da Zahlungsunfähigkeit und Überschuldung zwar nicht dasselbe (arg §§ 17, 19 InsO), aber als Eröffnungsgründe für das Nachlassinsolvenzverfahren gleichgewichtig sind (vgl § 320 S 1 InsO, anders noch § 215 KO).

Sind mehrere Nachlassgläubiger vorhanden, so muss der Erbe *jeden einzelnen* nicht erst dann auf den Nachlass beschränken können, wenn eine auf diesen begrenzte Zwangsvollstreckung zur Befriedigung des *einzelnen* Anspruchstellers wahrscheinlich nicht ausreichen würde, sondern schon dann, wenn die Gefahr besteht, dass der Erlös, der für den Nachlass im Wege der Zwangsvollstreckung zu erzielen ist, nicht zur Befriedigung *aller* Gläubiger ausreichen würde (wobei jedoch die dem Einredegegner durch §§ 1991 Abs 3 und Abs 4, 1973, 1974 *nachgeordneten* Verbindlichkeiten außer Betracht bleiben). Denn der Erbe muss auch bei Vorhandensein *mehrerer* Nachlassgläubiger sicherstellen können, dass er nicht über den Nachlasswert hinaus in Anspruch genommen wird, was jedoch geschehen könnte, wenn mehrere Nachlassgläubiger, deren Ansprüche zwar nicht je für sich, wohl aber in ihrer Summe den Nachlasswert übersteigen, auch in sein Eigenvermögen vollstrecken könnten. Auch hier muss der Erbe dafür sorgen können, dass es bei einer auf den Nachlass beschränkten Zwangsvollstreckung bleibt, durch die sich dann von selbst ergibt, inwieweit der Nachlass zur Befriedigung eines Gläubigers nicht (mehr) ausreicht (Abs 1 S 1).

2. Voraussetzungen der Dürftigkeitseinrede

4 a) **Besorgnis der Unzulänglichkeit** des Nachlasses muss vorliegen (str; s Rn 2, 3).

b) **Fehlen einer den Kosten einer Nachlassverwaltung bzw eines Nachlassinsolvenzverfahrens entsprechenden Masse**

5 § 1990 Abs 1 S 1 setzt, soweit sich seine Anwendbarkeit nicht ausnahmsweise aus § 1992 ergibt, voraus, dass die Anordnung der **Nachlassverwaltung** oder die Eröffnung eines **Nachlassinsolvenzverfahrens** wegen Mangels einer den Kosten entsprechenden Masse nicht tunlich ist (vgl § 1982 BGB und § 26 InsO) oder dass aus diesem

Grunde die Nachlassverwaltung aufgehoben oder das Nachlassinsolvenzverfahren eingestellt wird (vgl § 1988 Abs 2 BGB und § 207 InsO).

Im Prozess ist es Sache des Erben, darzulegen und im Streitfall zu **beweisen**, dass die Anordnung der Nachlassverwaltung oder die Eröffnung des Nachlassinsolvenzverfahrens mangels einer den Kosten entsprechenden Masse nicht tunlich ist oder dass aus diesem Grund eine bereits angeordnete Nachlassverwaltung aufgehoben oder ein bereits eröffnetes Nachlassinsolvenzverfahren eingestellt wurde. Wurde mangels kostendeckender Masse eine zunächst angeordnete Nachlassverwaltung wieder aufgehoben (§ 1988 Abs 2) oder ein zunächst eröffnetes Nachlassinsolvenzverfahren wieder eingestellt (§ 207 InsO), genügt als Beweismittel (nötig nur im Streitfall) der **Aufhebungs- bzw Einstellungsbeschluss** des Nachlass- bzw Insolvenzgerichts. Damit steht die Anwendbarkeit des § 1990 fest (Abs 1 S 1 Fall 2).

Geht es hingegen um die Frage, ob die Anordnung einer Nachlassverwaltung oder die Eröffnung eines Nachlassinsolvenzverfahrens **mangels kostendeckender Masse nicht tunlich** ist (§ 1990 Abs 1 S 1), so muss der Erbe im Streitfall das Fehlen einer die Kosten deckenden Masse beweisen. Diesen Nachweis kann der Erbe **mit allen zulässigen Beweismitteln** erbringen. Er *muss nicht* zunächst die Anordnung der Nachlassverwaltung oder die Eröffnung des Nachlassinsolvenzverfahrens beantragen, nur damit dieser Antrag nach § 1982 BGB bzw § 26 Abs 1 InsO (kostenpflichtig, vgl §§ 2, 106 Abs 3 KostO, § 23 Abs 1 GKG) abgelehnt wird (RGZ 74, 375, 377; OLG Düsseldorf Rpfleger 2000, 115; KG NJW-RR 2003, 941, 942; LG Neuruppin ZInsO 2004, 1090; SOERGEL/STEIN Rn 4; MünchKomm/KÜPPER Rn 3; ERMAN/SCHLÜTER Rn 1; aM ohne Begründung LG Göttingen ZInsO 2000, 619 f = Rpfleger 2001, 95 [dazu abl Anm SIEGMANN Rpfleger 2001, 260 f]; WESTPHAL Rpfleger 1997, 199, 201 f; wohl auch WENDT AcP 86 [1896] 353, 380: der Erbe erlange die Haftungsbeschränkung durch den Antrag auf Nachlassverwaltung oder -konkurs [heute -insolvenzverfahren]). *Wurde aber bereits* die Anordnung der Nachlassverwaltung oder die Eröffnung des Nachlassinsolvenzverfahrens mangels kostendeckender Masse abgelehnt (ein in § 1990 nicht ausdrücklich angesprochener Fall!), ist das über die Dürftigkeitseinrede entscheidende Gericht an diese Feststellung des Nachlass- bzw Insolvenzgerichts gebunden (OLG Dresden ZBlFG 6 [1905/1906] 410, 414; OLG Hamburg OLGE 11 [1905/II] 227 f; BGH NJW-RR 1989, 1226, 1227 = FamRZ 1989, 1070, 1071 f = LM Nr 2 zu § 1978 [Bl 2 R]; SOERGEL/STEIN Rn 4; MünchKomm/KÜPPER Rn 3; PALANDT/EDENHOFER Rn 2; ERMAN/SCHLÜTER Rn 1; WESTPHAL aaO in Fn 27; MICHALSKI Rn 983; wohl auch LG Göttingen aaO; aM LAFRENZ ZBlFG 6 [1905/1906] 741 f; differenzierend PLANCK/FLAD Anm a α; LANGE/KUCHINKE § 49 VIII 1 b Fn 172: ablehnende Entscheidung genüge „regelmäßig"; ähnlich LG Neuruppin aaO: „lediglich … eine Beweiserleichterung"). Die Gegenansicht führt zu einer Art negativem Kompetenzkonflikt, den es nach unserer Rechtsordnung nicht geben darf (arg §§ 17a Abs 2 S 3 und Abs 6 GVG, 281 Abs 2 S 4 ZPO, 3 Abs 3 FamFG). Die Bindung entfällt allerdings, wenn *nach* der die Anordnung einer Nachlassverwaltung bzw die Eröffnung eines Nachlassinsolvenzverfahrens ablehnenden Entscheidung des Nachlass- bzw Insolvenzgerichts weitere Nachlassaktiva auftauchen und das über § 1990 entscheidende Gericht *deshalb* die Dürftigkeit des Nachlasses verneinen möchte. Denn in solchen Fällen kann auch der Antrag auf Anordnung der Nachlassverwaltung bzw auf Eröffnung des Nachlassinsolvenzverfahrens mit Aussicht auf Erfolg erneuert werden. Zudem ist die Richtigkeitsgewähr eines gerichtlichen Nichteröffnungsbeschlusses geringer als die eines Verfahrensaufhebungs- bzw Einstellungsbeschlusses, da sich der Informationsstand des

Gerichts *während* einer bereits schwebenden Nachlassverwaltung bzw *während* eines bereits eröffneten Nachlassinsolvenzverfahrens im Zweifel verbessern wird (zB aufgrund der massesichernden Tätigkeit des Verwalters, vgl auch § 1982 Rn 7, § 1988 Rn 7).

Statt einen ablehnenden Beschluss zu erwirken, kann der Erbe auch ein *Inventar* errichten (dessen in § 2009 näher umschriebene Vollständigkeitsvermutung sich zwar nicht im Rahmen des § 1982 [s dort Rn 6], sehr wohl jedoch im Rahmen des § 1990 auswirken würde) und *Auskunft* über den ursprünglichen Nachlassbestand und die Gründe seiner etwaigen Verminderung geben sowie sich zur Leistung der *eidesstattlichen Versicherung* (§ 260) über den angegebenen Bestand des Nachlasses erbieten. Keinesfalls genügt zur Feststellung der Dürftigkeit eine nur allgemein auf Mutmaßungen gestützte Befürchtung, der Nachlass werde vielleicht in Zukunft durch das Auftreten weiterer Gläubiger dürftig *werden* (vgl RG WarnR 1907 Nr 168 [betr Feststellung der Unzulänglichkeit]).

Die Inventarerrichtung ist, obwohl sie sich nach dem soeben Gesagten zum Nachweis der Dürftigkeit empfehlen kann, keine Voraussetzung der Dürftigkeits- und der Unzulänglichkeitseinrede. Jedoch darf eine Inventarfrist noch nicht gesetzt und versäumt worden sein (vgl §§ 1994 Abs 1 S 2, 2013 Abs 1 S 1 und die bei § 2000 Rn 3 ff erwähnten Ausnahmen).

7 Maßgebender Zeitpunkt für die Feststellung, ob der Nachlass den Kosten eines Verfahrens entspricht, ist nicht derjenige der erstmaligen Geltendmachung des *Anspruchs* (so aber BGH VersR 1965, 688; RG HRR 1911 Nr 3916 = Gruchot 56 [1912] 603, 606; RG WarnR 1913 Nr 232; BGB-RGRK/JOHANNSEN Rn 2 aE; LANGE/KUCHINKE § 49 VIII 1 d; SOERGEL/STEIN Rn 5; STAUDINGER/LEHMANN[11] Rn 5), sondern frühestens derjenige der Geltendmachung der *Einrede* (OLG Colmar OLGE 8 [1904/I] 271; vLÜBTOW II 1166; PLANCK/FLAD Anm α β; STAUDINGER/HERZFELDER[9] Anm II A 3). Denn nicht die Geltendmachung des Anspruchs durch den Gläubiger, sondern die verteidigungsweise erfolgende Berufung des Erben auf § 1990 ist die Rechtshandlung, die hinsichtlich der haftungsbeschränkenden Wirkung funktional der Eröffnung eines Nachlassinsolvenzverfahrens bzw der Anordnung einer Nachlassverwaltung entspricht. Selbstverständlich ist die Dürftigkeit des Nachlasses aber auch dann zu berücksichtigen, wenn sie erst *nach* der erstmaligen Berufung auf § 1990 eintritt (BGHZ 85, 274, 280 f; OLG Düsseldorf ZEV 1996, 466, 467 ad 3; MünchKomm/KÜPPER Rn 4; ERMAN/SCHLÜTER Rn 1), etwa weil der Erbe den größten Teil des Nachlasses inzwischen zur Befriedigung der Gläubiger verwandt hat (RG WarnR 1913 Nr 232; OLG München HRR 1938 Nr 1602; BGB-RGRK/JOHANNSEN Rn 2) oder weil ein zum Nachlass gehörender Anteil an einer unternehmenstragenden Gesellschaft wegen des späteren Niedergangs des Unternehmens wertlos geworden ist (vgl den vom OLG Düsseldorf entschiedenen Fall und ergänzend § 1978 Rn 12). Jedoch wirkt die nachträgliche Entstehung der Einrede nicht auf den Zeitpunkt ihrer erstmaligen Geltendmachung zurück; bereits zu Lasten des Eigenvermögens des Erben (s §§ 1967 Rn 53, 2058 Rn 22 ff) eingetretene Verzugsfolgen entfallen also nicht ex tunc (vgl zur Frage einer verzugsausschließenden bzw -beendenden Wirkung des § 1990 auch unten Rn 36). Zu beachten ist ferner, dass etwaige Ersatzansprüche, die den Gläubigern gegen den Erben wegen schlechter Verwaltung des Nachlasses zustehen, gem § 1978 Abs 2 als zum Nachlass gehörend gelten; sofern sie nicht uneinbringlich sind, können sie also uU die Dürftigkeit ausschließen (vgl RG LZ 1913, 233 Nr 8 [betr Ansprüche aus § 1980]; BGH

FamRZ 1989, 1070, 1073 = NJW-RR 1989, 1226, 1228 = LM Nr 2 zu § 1978 [Bl 4 R]; BGH NJW 1992, 2694, 2695; DAUNER-LIEB 70). Vgl ergänzend die auch hier verwertbaren Hinweise bei Rn 19.

Miterben (Rn 45) wollte das RG die Einrede nach Teilung des Nachlasses nur noch **8** dann zugestehen, wenn der Nachlass bereits zZ der Teilung den Kosten eines Nachlassinsolvenzverfahrens – damals: Nachlasskonkursverfahrens – nicht entsprach (RG DJZ 1907, 881 = Recht 1907 Nr 1453; vgl auch vLÜBTOW II 1198; **aM** LANGE/KUCHINKE § 50 V 3c und wohl auch OLG Dresden ZBlFG 6 [1905/1906] 410, 414; zu Recht krit bereits STAUDINGER/ LEHMANN[11] Rn 5: die Ansicht des RG sei nur richtig, wenn die Miterben ein nach §§ 1978, 1979 zu vertretendes Verschulden an der später eingetretenen Minderwertigkeit des Nachlasses treffe).

c) Rechtslage bei Verlust des Haftungsbeschränkungsrechts
Die Dürftigkeitseinrede ist ausgeschlossen, wenn der Erbe das Recht zur Beschrän- **9** kung seiner Haftung bereits verloren hat (§ 2013 Abs 1 S 1), sei es auch nur gegenüber dem seine Befriedigung verlangenden einzelnen Gläubiger, was zB dadurch geschehen kann, dass der Erbe versäumt, den Vorbehalt der beschränkten Haftung nach § 780 ZPO zu erwirken oder dass er diesem Gläubiger gegenüber auf die Einrede verzichtet (vgl das bereits in Vorbem 16 zu §§ 1967 ff erwähnte Urt OLG Oldenburg FamRZ 2007, 504 = NJW-RR 2007, 876). Dann hat er diesem Gläubiger gegenüber das Beschränkungsrecht nicht, wohl aber gegenüber den übrigen Gläubigern.

d) Abs 2: Sicherungsrechte
Gem § 1990 Abs 2 setzen sich die Einreden des Abs 1 S 1 auch gegenüber gewissen **10** Sicherungsrechten durch, wenn der Nachlassgläubiger sie auf prozessualem Wege erlangt hat (Einzelheiten bei Rn 25).

3. Prozessuale Durchsetzung der Dürftigkeitseinrede

a) gegenüber Klage auf beschränkte Verurteilung
Begehrt der Nachlassgläubiger nur eine auf den Nachlass beschränkte Verurteilung **11** *des Erben,* so ist das Gericht hieran gem § 308 Abs 1 ZPO gebunden. Hält es die Klage für begründet, so hat es ohne sachliche Prüfung des § 1990 und unabhängig davon (**aM** wohl STAUDINGER/LEHMANN[11] Rn 27), ob der Erbe sich auf § 1990 beruft oder den Vorbehalt des § 780 ZPO begehrt, in dem zu erlassenden Urteil zum Ausdruck zu bringen, dass aus ihm – außer wegen der Kosten (Rn 16) – nur in den Nachlass vollstreckt werden darf. Dass solch eine Verurteilung uU eine zu geringe Vollstreckungsmöglichkeit biete, falls der Erbe sich später weigere, hinsichtlich des Nachlasses befriedigende Auskunft zu erteilen (wozu er freilich verpflichtet ist, Rn 33), kann nicht zugegeben werden (**aM** STAUDINGER/LEHMANN[11] § 1973 Rn 16 ad 1 b). Denn auch die bereits im Urteil festgestellte Haftungsbeschränkung bleibt gem § 781 ZPO bei der Zwangsvollstreckung unberücksichtigt, bis vom Erben Einwendungen erhoben werden (LANGE/KUCHINKE § 49 VIII 8c), die gem § 785 ZPO nach den Vorschriften der §§ 767, 769, 770 ZPO zu erledigen sind. Und hier trifft den Erben die Darlegungs- und Beweislast für die Zugehörigkeit eines gepfändeten Gegenstandes zu seinem Eigenvermögen (vgl OLG Marienwerder OLGE 19 [1909/II] 4 f aE), ähnlich wie im Fall des § 771 ZPO der „Dritte" beweisen muss, dass der Gegenstand der Zwangsvollstreckung zu seinem Vermögen gehört (vgl auch § 2009 Rn 10). Hat der Erbe jedoch rechtzeitig ein Inventar errichtet, so wird gem § 2009 vermutet, dass zZ

des Erbfalls weitere Nachlassgegenstände als die angegebenen nicht vorhanden gewesen seien.

b) gegenüber unbeschränkter Klage

12 *Klagt der Gläubiger ohne Beschränkung auf Erfüllung der Nachlassverbindlichkeit,* so bleibt die Dürftigkeitseinrede unberücksichtigt, solange der Erbe sie nicht geltend macht. Der Erbe braucht die Einrede aber *jetzt* noch nicht vorzuschützen. Er kann sie sich dadurch erhalten, dass er sich gem § 780 ZPO die Beschränkung seiner Haftung im Urteil vorbehalten lässt (vgl Mot V 668). Unterlässt er auch dies, so verliert er die Einrede mit seiner vorbehaltlosen Verurteilung. Gleiches gilt nach BGH NJW 1991, 2839, 2840 für den Fall eines vorbehaltlosen Prozessvergleichs. § 780 ZPO findet auch auf die sog Erbfallschulden (zB Verbindlichkeiten aus Pflichtteilsrechten, Vermächtnissen oder Auflagen) Anwendung; dass der Erblasser bezüglich dieser niemals selbst Schuldner war, steht nicht entgegen (RG WarnR 1913 Nr 377).

Wenn sich der verklagte Erbe nicht speziell auf § 1990 beruft, sondern nur den allgemeinen Vorbehalt des § 780 ZPO begehrt, hat das Gericht diesen grundsätzlich zu erteilen (vgl Mot aaO; KG NJW-RR 2003, 941, 942). Eine Ausnahme wird man aber für den Fall machen müssen, dass bereits das eigene Vorbringen des Erben oder der von diesem nicht bestrittene Vortrag des Gläubigers ergibt, dass der Erbe zumindest ihm gegenüber das Recht zur Beschränkung seiner Haftung verloren hat. Denn dann ist der Rechtsstreit auch hinsichtlich der Haftungsbeschränkung entscheidungsreif, und entscheidungsreife Fragen sind nach dem Rechtsgedanken des § 300 ZPO sofort zu entscheiden (vgl auch K SCHMIDT JR 1989, 45, 46 bei Fn 15; SOERGEL/STEIN Vorbem 12 zu § 1967). Die §§ 780, 781 ZPO wollen das Gericht nicht *zwingen*, die Frage der Haftungsbeschränkung in die Zwangsvollstreckung zu verweisen (amtl Begr zu §§ 644, 645 des CPO-Entwurfs 416 = HAHN, Die gesammten Materialien zu den Reichs-Justizgesetzen II 1 [1880] 443 f; von einem „Ermessen" des Gerichts spricht insoweit BGH FamRZ 1989, 1070, 1075 = NJW-RR 1989, 1226, 1230 = LM Nr 2 zu § 1978 Bl 6 R). Man wird es dem Gläubiger sogar gestatten müssen, im Streitfall durch den *Nachweis* der bereits unbeschränkbar gewordenen Erbenhaftung dafür zu sorgen, dass der Erbe ohne den erstrebten Vorbehalt des § 780 ZPO verurteilt wird (vgl Prot V 789 f; STAUDINGER/LEHMANN[11] Vorbem 13 [5 b] zu § 1967; PLANCK/FLAD § 2013 Anm 4 b; SCHLÜTER Rn 1180; einschränkend aber OLG Celle NdsRpfl 1962, 232 f: das Prozessgericht *könne* diesen Nachweis zulassen, *wenn* eine umfangreiche Beweisaufnahme nicht erforderlich sei; zu eng auch RGZ 77, 245 und BayObLGZ 22 [1922/1923] 188, 192: das Prozessgericht *könne* aussprechen, dass der beklagte Erbe unbeschränkbar hafte, falls vom Kläger behauptet und nachgewiesen sei, dass der Erbe das Haftungsbeschränkungsrecht verwirkt habe, *und* der Beklagte sich hierauf im Prozess eingelassen habe). Der Gläubiger hat es sich selbst zuzuschreiben, wenn er durch die Belastung des Prozesses mit dieser Beweisführung, die er sich ja auch für die Zwangsvollstreckung (nämlich zur Verteidigung gegenüber einem Vorgehen des Erben aus § 781 ZPO) aufsparen könnte (vgl KGBl 1912, 117 f), zu spät zu einer vollstreckbaren Entscheidung gelangt. Gelingt der schon im Hauptprozess versuchte Nachweis unbeschränkter Erbenhaftung nicht, so wird man ihn wegen des Gebots der prozessualen Chancengleichheit auch in der Zwangsvollstreckung nicht mehr zulassen dürfen (es sei denn, der Gläubiger macht dann geltend, dass der Erbe sein Beschränkungsrecht erst *nach* dem Vorprozess verloren habe). Zutreffend insoweit BGH LM Nr 1 (Bl 1 R) zu § 1975 = NJW 1954, 635 f: Entscheide das Gericht sachlich über das Bestehen oder Nichtbestehen der Haftungsbeschränkung, so sei diese Entscheidung auch für spätere Prozesse – abgesehen von nachträglich eintretenden Umständen – rechtskraftfähig. Ob eine sachliche Entscheidung vorliege, sei notfalls durch Auslegung zu ermitteln (vgl auch KGBl 1912, 117 f).

Beruft sich der verklagte Erbe speziell auf die Dürftigkeitseinrede, so ist zu berücksichtigen, dass der klagende Nachlassgläubiger wegen der Gefahr, dass ihm andere Gläubiger zuvorkommen (zB mit Vollstreckungsmaßnahmen oder wegen § 1991 Abs 3), ein Interesse daran hat, möglichst schnell zu einem Urteil zu gelangen, welches die Vollstreckung zumindest in den Nachlass erlaubt. Entsprechendes gilt für einen Kläger, dem die Einrede des § 1973 entgegengehalten wird (vgl § 1973 Abs 2 S 3). Stehen für das Prozessgericht sowohl der geltend gemachte *Anspruch* als auch dessen Rechtsnatur als *Nachlassverbindlichkeit* fest und sind nur noch die tatsächlichen Voraussetzungen der vom Erben erhobenen *Einrede* (§ 1973 bzw § 1990) streitig und ungeklärt, so wird man das Gericht analog § 301 ZPO (Entscheidungsreife nur eines Anspruch*steils*, hier: des gegen den *Nachlass* gerichteten Haftungsrechts) im Zweifel als verpflichtet ansehen müssen, den Erben unter dem allgemeinen Vorbehalt des § 780 ZPO (vgl Rn 12), den der Erbe wegen der ohnehin schon erfolgten Berufung auf seine beschränkte Haftung nicht zusätzlich zu beantragen braucht (vgl BGH NJW 1983, 2378, 2379; 1993, 850, 851), *schon jetzt* zur Leistung zu verurteilen und auf diese Weise die Entscheidung über die Dürftigkeitseinrede dem in §§ 781, 785 ZPO vorgesehenen Verfahren zuzuschieben (**aM** wohl BGH NJW 1993, 850, 851; vLübtow II 1171; vgl auch Muscheler WM 1998, 2271, 2287 f, der jedoch nicht genügend berücksichtigt, dass auch das Verfahren nach § 767 ZPO, auf das § 785 ZPO verweist, ein ganz normales *Erkenntnis*verfahren ist).

Sind die Voraussetzungen der Dürftigkeitseinrede hingegen unstreitig gegeben, so wird das Gericht bereits im Hauptprozess eine abschließende Entscheidung über die Einrede zu treffen haben (Rechtsgedanke des § 300 ZPO; ohne diese Begründung insoweit iE übereinstimmend vLübtow aaO; vgl auch OLG Düsseldorf FamRZ 2010, 496 f). Der **Tenor des Urteils** könnte dann zB lauten:

1) Der Beklagte wird verurteilt, an den Kläger 1000 € zu zahlen (oder zB: dem Kläger ein Radio des Typs XY zu übereignen und zu übergeben).

2) Insoweit ist die Haftung des Beklagten auf den Nachlass des X beschränkt. (Statt: Dem Beklagten wird die Beschränkung seiner Haftung vorbehalten. Denn solch ein allgemeiner Vorbehalt würde nicht zum Ausdruck bringen, dass über die Haftungsbeschränkung bereits sachlich entschieden wurde.)

3) Der Beklagte trägt die Kosten des Rechtsstreits. (Auf diesen Ausspruch bezieht sich die ad 2 bejahte Haftungsbeschränkung idR nicht; vgl Rn 16).

4) Das Urteil ist vorläufig vollstreckbar.

Die in Ziff 2 des vorgeschlagenen Tenors bejahte Haftungsbeschränkung bleibt bei der Zwangsvollstreckung unberücksichtigt, bis der Erbe insoweit Einwendungen erhebt (s oben Rn 11).

c) Feststellung der einzelnen Vollstreckungsobjekte im Urteil?

14 Auch wenn nur eine *auf den Nachlass beschränkte* Verurteilung des Erben in Betracht kommt (zB weil der Gläubiger nicht mehr begehrt [Rn 11] oder der Erbe sich auf die Dürftigkeitseinrede beruft und deren Voraussetzungen ohne weiteres bejaht werden können [Rn 13]), wird sich eine im Urteil ausgesprochene Beschränkung der Vollstreckung auf *bestimmte* Gegenstände nur dann rechtfertigen lassen, wenn der Gläubiger damit einverstanden ist (also seinen Klageantrag entsprechend beschränkt; vgl § 308 Abs 1 ZPO und DE BOOR, Kollision von Forderungsrechten [1928] 60; PLANCK/FLAD § 1991 Anm 2 b; MUSCHELER WM 1998, 2271, 2288) oder wenn er die Behauptung des beklagten Erben, dass andere Nachlassgegenstände nicht vorhanden seien, nicht bestreitet (zust MUSCHELER aaO; für *freieres* gerichtliches Ermessen hingegen STAUDINGER/LEHMANN[11] Rn 26, 27; SOERGEL/STEIN Rn 10 bei Fn 55; SCHLÜTER Rn 1180; OLG Rostock OLGE 30 [1915/I] 189 f = MecklZ 1914, 292, 294; KG NJW-RR 2003, 941, 942). Denn die Beschränkung des Vollstreckungstitels auf einzelne Objekte kann sich für den Gläubiger insofern nachteilig auswirken, als solch ein Titel die Zwangsvollstreckung in andere Nachlassgegenstände, die vielleicht erst später zum Vorschein kommen, nicht erlaubt (so auch STAUDINGER/LEHMANN[11] Rn 27 aE, der deshalb empfiehlt, die Feststellung des Nachlassbestandes grundsätzlich der Zwangsvollstreckung zu überlassen). Dieser Grund spricht auch gegen die Ansicht von STAUDINGER/BOEHMER[11] § 1922 Rn 250, dass der Erbe, wenn er ein Inventar errichtet und auf Verlangen des Gläubigers beeidet habe, nur zur Befriedigung aus den *im Inventar angegebenen* Nachlassgegenständen verurteilt werden dürfe. Bedenken bestehen auch deshalb, weil sich die Vollständigkeitsvermutung des Inventars (§ 2009) nur auf den Nachlassbestand zZ des *Erbfalls* bezieht, also erst später zum Nachlass hinzugekommene Gegenstände (zB Ersatzansprüche gegen den Erben aus §§ 1978–1980) nicht erfasst, und dass man dem Nachlassgläubiger den Nachweis der Unvollständigkeit oder gar der ungetreuen Errichtung (§ 2005) des Inventars nicht schon zu einer Zeit abverlangen darf, in der er noch darum kämpft, überhaupt einen Vollstreckungstitel zumindest gegen den Nachlass zu erlangen (vgl zum Zeitmoment schon Rn 13). Außerdem ist es auch sonst nicht Aufgabe eines Erkenntnisverfahrens, die Gegenstände im einzelnen zu ermitteln, in die der geltend gemachte Anspruch uU einmal vollstreckt werden kann (vgl dagegen zB § 758 ZPO für das Vollstreckungsverfahren: Durchsuchung von Wohnung und Behältnissen des Schuldners durch den Gerichtsvollzieher). Wenn die Parteien die Haftung des Schuldners durch *Vertrag* auf *bestimmte* Gegenstände beschränkt haben, darf der Schuldner selbstverständlich nur unter Beschränkung der Vollstreckung auf diese einzelnen Gegenstände verurteilt werden (BGH LM Nr 3 zu § 780 ZPO).

d) Anfechtungsklage gegen Leistungsbescheid

15 Zur Geltendmachung der Dürftigkeitseinrede im Rahmen der **verwaltungsgerichtlichen** Anfechtungsklage gegen einen Leistungsbescheid vgl BVerwGE 15, 234, 237 ff = NJW 1963, 1075 f; BVerwGE 52, 16, 25 f; VGH Mannheim NJW 1986, 272 f (auch erwähnt bei STAUDINGER/MAROTZKE [2008] § 1922 Rn 362); zur verfahrensmäßigen Berücksichtigung der Dürftigkeitseinrede gegenüber **Steuerschulden** vgl BFHE 133, 494, 496 f = BStBl II 1981, 729 f = NJW 1981, 2600 (nur LS); APP DStR 1985, 31 f; dens DStR 1987, 152 sowie ergänzend STAUDINGER/MAROTZKE [2008] § 1922 Rn 370.

e) Prozesskosten

16 Gegenüber dem Anspruch des Gläubigers auf Erstattung der Prozesskosten stehen dem wegen einer Nachlassverbindlichkeit verurteilten Erben die Einreden des

§ 1990 idR auch dann nicht zu, wenn das Urteil unter dem Beschränkungsvorbehalt des § 780 ZPO ergangen ist (RG HRR 1930 Nr 455; RG JW 1912, 46 Nr 47; OLG Naumburg HRR 1937 Nr 700; OLG Jena SeuffA 66 [1911] Nr 139; OLG Köln NJW 1952, 1145; aM BINDER II 47; COSACK II § 150 III 2 b α). Zur Begründung vgl § 1967 Rn 47, 56; zu Ausnahmen von diesem Grundsatz § 1967 Rn 20, 47.

4. Die Unzulänglichkeitseinrede

a) Voraussetzungen

Die Unzulänglichkeitseinrede ist das in § 1990 Abs 1 S 1 definierte Recht, „die Befriedigung eines Nachlassgläubigers insoweit (zu) verweigern, als der Nachlass nicht ausreicht". Dieses Leistungsverweigerungsrecht setzt voraus, dass **sämtliche Voraussetzungen der Dürftigkeitseinrede** (Rn 4 ff) **erfüllt sind, und außerdem, dass der Nachlass derart überschuldet ist, dass er nicht einmal zur Berichtigung der (einzelnen) Nachlassverbindlichkeit ausreicht, gegen welche die Einrede erhoben wird**. Vgl aber auch Rn 18, 27. 17

Gegenüber einem *Pflichtteils-, Erbersatz-* (vgl § 1991 Rn 21), *Vermächtnis-* oder *Auflagegläubiger* hat der Erbe die Unzulänglichkeitseinrede wegen § 1991 Abs 4 schon insoweit, als der Nachlass nicht ausreicht, um dessen Anspruch nach denjenigen zu befriedigen, die ihm im Nachlassinsolvenzverfahren vorgehen würden (vgl § 327 InsO und § 1991 Rn 21 [insbes auch zu dem Sonderfall, dass gleichrangige Verbindlichkeiten dieser Art vorhanden sind]). Für Vermächtnisse und Auflagen gilt ferner § 1992. 18

Maßgebender Zeitpunkt für die (ohne Zwangsvollstreckung oftmals gar nicht mögliche, s Rn 21 f, 29) Feststellung, ob und ggf inwiefern der Nachlass zur Befriedigung des anspruchstellenden Gläubigers nicht ausreicht, ist nicht derjenige der Geltendmachung des *Anspruchs* (so aber STAUDINGER/LEHMANN[11] Rn 16; BGB-RGRK/JOHANNSEN Rn 13; SOERGEL/STEIN Rn 5; LANGE/KUCHINKE § 49 VIII 1 d), sondern frühestens derjenige der Geltendmachung der *Unzulänglichkeitseinrede* (falls dann schon die bei Rn 2 ff beschriebenen Voraussetzungen der *Dürftigkeits*einrede gegeben waren; wie hier OLG Oldenburg FamRZ 2001, 179, 181 = NJWE-FER 2001, 155, 156). Spätere **Veränderungen des Nachlassbestandes** sind hier ebenso wie bei Feststellung der „Dürftigkeit" (Rn 7) zu berücksichtigen (vgl BayObLGZ 8 [1908] 122, 126 f); so zB die durch Tilgung von Nachlassverbindlichkeiten bewirkte Verringerung der Aktiva (zu beachten ist jedoch § 1991 Abs 4) und die gem § 1991 Abs 3 gleichstehende rechtskräftige Verurteilung des Erben zur Befriedigung eines anderen Nachlassgläubigers (dazu § 1991 Rn 17 ff). UU ist der Erbe jedoch nach §§ 1991 Abs 1, 1978, 1979 (und § 1980, s § 1991 Rn 8) verpflichtet, gewisse von ihm zu vertretende Minderungen der Nachlassaktiva, gleich ob diese vor oder nach der Geltendmachung des § 1990 eingetreten sind, zu ersetzen. Diese Ansprüche gelten gem § 1978 Abs 2 als zum Nachlass gehörend, sie sind diesem also hinzuzurechnen und können deshalb die Unzulänglichkeitseinrede uU ganz oder teilweise zu Fall bringen (sie können auch schon die *Dürftigkeit* ausschließen, s Rn 7). Entsprechendes gilt für die Rechte des Erblassers gegen den Erben oder an Gegenständen des Erben, die infolge des Anfalls der Erbschaft durch Vereinigung von Recht und Verbindlichkeit bzw Recht und Belastung erloschen sind und gem § 1991 Abs 2 „im Verhältnis zwischen dem Gläubiger und dem Erben" als nicht erloschen gelten. Andererseits kann der Erbe etwaige sich aus §§ 1991 Abs 1, 1978 Abs 3, 1979 ergebende Aufwendungsersatzansprüche geltend machen 19 und sich seine Aufwendungen „aus dem Nachlass" (vgl § 1978 Abs 3) selbst ersetzen, dh das zu ihrer Berichtigung Erforderliche vom Wert des Nachlasses absetzen (s § 1991 Rn 12 f). Entsprechendes gilt für infolge des Anfalls der Erbschaft durch Konfusion oder Konsolidation erloschene Rechte des Erben, die gem § 1991 Abs 2 im Verhältnis zwischen dem Gläubiger und dem Erben als nicht erloschen gelten.

Behauptet der Erbe, dass der Nachlass erschöpft sei, so muss er wegen seiner Verantwortlichkeit nach §§ 1991 Abs 1, 1978 Abs 1 und 2 auch dartun, dass er das Nachlassvermögen restlos zur Bezahlung von Nachlassschulden verwandt habe; der bloße Nachweis, dass von dem ursprünglichen Nachlass nichts mehr vorhanden sei, genügt nicht (RG HRR 1929 Nr 1069).

b) Prozessuale Durchsetzung

20 Da die Unzulänglichkeitseinrede nur eingreifen kann, wenn sämtliche Voraussetzungen der Dürftigkeitseinrede gegeben sind, kann zunächst auf das bei Rn 11–16 Ausgeführte verwiesen werden.

21 Fraglich ist, ob die vom Erben erhobene Unzulänglichkeitseinrede prozessual in der Weise berücksichtigt werden kann, dass die **Klage** des Gläubigers **abgewiesen** wird, soweit der Wert des Nachlasses hinter dem geltend gemachten Anspruch zurückbleibt. Diese Möglichkeit, die sinnvoll idR nur bei *Zahlungsklagen* diskutiert werden kann, würde voraussetzen, dass bereits im Hauptprozess festgestellt wird, wieviel der Nachlass wert ist. Das ist problemlos, wenn unstreitig ist, dass im Nachlass außer einem hinter der Klageforderung zurückbleibenden Geldbetrag nichts vorhanden ist (vgl RGZ 137, 50, 54 f; BGB-RGRK/JOHANNSEN Rn 7, 8; ERMAN/SCHLÜTER Rn 3; MUSCHELER WM 1998, 2271, 2288). Schwierigkeiten ergeben sich jedoch, wenn zum Nachlass auch Gegenstände gehören, die erst noch zu Geld „gemacht" werden müssen. Nur wenn der Gesamtgeldwert des Nachlasses unstreitig ist und der Gläubiger auch nicht geltend macht, im Hinblick auf § 2 AnfG eines vollstreckbaren Schuldtitels gegen den Erben zu bedürfen (s § 1973 Rn 30), wird das Gericht die Zahlungsklage des Gläubigers gegen den Erben bzgl des den Nachlasswert übersteigenden Betrages wegen Entscheidungsreife abzuweisen haben (vgl RGZ 139, 199, 205; zust MUSCHELER WM 1998, 2271, 2288). Ist der Gesamtnachlasswert hingegen streitig – sei es, dass der Gläubiger behauptet, der Erbe habe nicht alle Nachlassgegenstände angegeben, oder sei es, dass über die Bewertung der angegebenen Gegenstände Streit besteht –, so würde es dem Interesse des Klägers, möglichst schnell zu einem Vollstreckungstitel zumindest gegen den Nachlass zu gelangen, widersprechen, wenn das Gericht, nur um auch über den Abzugsbetrag entscheiden zu können, bereits den Hauptprozess mit diesen Streitfragen belasten würde. Zudem spricht § 1990 Abs 1 S 2 dafür, die von dem Gläubiger zu betreibende Zwangsvollstreckung als den einzig zulässigen Weg anzusehen, auf dem im Streitfall Umfang und Wert des Nachlasses und damit letztlich der genaue Betrag festgestellt werden kann, bezüglich dessen die Unzulänglichkeitseinrede eingreift (vgl Rn 29 sowie OLG Stuttgart WürttJb 24 [1912] 298, 302; RGZ 137, 50, 54 f; RG WarnR 1918 Nr 122 aE; BGHZ 66, 217, 223 f; BGB-RGRK/JOHANNSEN Rn 7; Prot V 772 f [iVm 799]; **aM** noch Mot V 667 [wohl im Hinblick auf den durch § 1990 Abs 1 S 2 ersetzten E I § 2136, der Wertermittlung durch *Schätzung* zuließ]). Kein Gericht ist imstande, vorab genau zu ermitteln, wieviel eine Zwangsvollstreckung in einen Nachlass, dessen Zusammensetzung und/oder Wert streitig und zudem noch veränderlich (Rn 18) sind, erbringen wird. Deshalb sollte das Gericht den genauen Abzugsbetrag

nicht schon im Erkenntnisverfahren zu ermitteln versuchen, sondern dem Nachlassgläubiger einen Titel in die Hand geben (zust MUSCHELER WM 1998, 2271, 2288), aufgrund dessen er in den Nachlass vollstrecken kann. Es hat also den Erben, der die Unzulänglichkeitseinrede geltend macht und sich dann mit dem Kläger über den Wert des Nachlasses streitet, unter dem Vorbehalt des § 780 ZPO (bzw unter Feststellung der bereits eingetretenen Haftungsbeschränkung; s Rn 13) zu verurteilen. IdR wird der Erbe dann zwar die gesamten **Prozesskosten** zu tragen haben. Gem § 93 ZPO kann er diese Kostenfolge aber vermeiden, indem er die Nachlassverbindlichkeit sofort, wenn auch nur unter dem Vorbehalt der Beschränkung seiner Haftung auf den Nachlass, anerkennt (vgl KG OLGE 35 [1917/II] 127; OLG Jena SeuffA 66 [1911] Nr 139 und § 1967 Rn 47). Allerdings darf er nicht durch sein Verhalten zur Erhebung der Klage Veranlassung gegeben haben (vgl § 93 ZPO und die Beispiele bei § 2014 Rn 14). Veranlassung zur Klageerhebung gibt der Erbe aber nicht schon dadurch, dass er sich auf sein Leistungsverweigerungsrecht aus § 1990 Abs 1 S 1 beruft (vgl KG aaO), sondern erst, wenn er sich zugleich weigert, „den Nachlass zum Zwecke der Befriedigung des Gläubigers im Wege der Zwangsvollstreckung herauszugeben" (zu dieser dem Abs 1 S 2 entnommenen Formulierung vgl Rn 29 ff). Denn erst dadurch verweigert er dem Gläubiger das, was diesem die Vollstreckung einer auf den Nachlass beschränkten Verurteilung des Erben gewähren würde: die Befriedigung *nach Kräften des Nachlasses* (wie hier letztlich auch SOERGEL/STEIN Rn 10).

c) Klageabweisung wegen völliger Nachlasserschöpfung?
Macht der Erbe geltend, dass er die Befriedigung des Nachlassgläubigers gem § 1990 **22** Abs 1 S 1 *vollständig* verweigern könne, weil vom Nachlass überhaupt nichts mehr vorhanden sei (also nicht einmal Ersatzansprüche aus § 1991 Abs 1; vgl Rn 18) oder weil nach Abrechnung der durch § 1991 Abs 1 (Aufwendungen), 3 und 4 (vgl § 1991 Rn 17 ff, 21 ff) zulässigen Abzüge nichts mehr vorhanden *wäre,* so erhebt er die Einrede der *völligen* Erschöpfung des Nachlasses (sie wird irreführenderweise auch Erschöpfungseinrede genannt; s Rn 2). Sie ist eine besondere Ausprägung der Unzulänglichkeitseinrede. Wie bei dieser gilt auch für die Einrede der *völligen* Erschöpfung, dass ihre Erhebung zu einer – hier: völligen – Abweisung der Klage führen darf (und wegen Entscheidungsreife auch führen muss!), wenn ihre Voraussetzungen unstreitig gegeben sind (s Rn 21; OLG Celle NJW-RR 1988, 133, 134 [Geständnisfiktion des § 539 Abs 2 ZPO]; AG Kassel NJW-RR 1992, 585, 586 r Sp; BGH ZEV 2000, 274). Der Erbe hat aber keinen Anspruch darauf, dass das Gericht ihm schon im Hauptprozess den *Nachweis* der völligen Erschöpfung des Nachlasses gestattet bzw dass es im Fall des § 2009 dem Gläubiger schon jetzt den Nachweis abverlangt, dass noch nicht inventarisierte Nachlassgegenstände vorhanden sind (vgl BGH NJW 1954, 635 = LM Nr 1 Bl 1 R zu § 1975 BGB; OLG Oldenburg FamRZ 2001, 179, 181 = NJWE-FER 2001, 155, 156; MünchKomm/ KÜPPER Rn 12; **aM** OLG München OLGE 24 [1912/I] 67 f; OLG Rostock OLGE 30 [1915/I] 189, 190 = MecklZ 1914, 292, 294; OLG Breslau OLGE 34 [1917/I] 275 f; RUDORFF Gruchot 51 [1907] 574, 580; wohl auch STAUDINGER/BOEHMER[11] § 1922 Rn 250 mwNw). Der BGH (aaO) scheint jedoch anzunehmen, dass das Prozessgericht dem Erben den Beweis der völligen Erschöpfung des Nachlasses nach seinem Ermessen gestatten *dürfe*. Das sollte aber in Fällen, in denen der Rechtsstreit bzgl der Existenz der Nachlassverbindlichkeit entscheidungsreif ist, die seltene Ausnahme bleiben (s OLG Oldenburg aaO; vgl ferner die bei Rn 13 vorgeschlagene Analogie zu § 301 ZPO). Aus den bei § 1973 Rn 30 angeführten Gründen sollte von der Möglichkeit, die gegen den Erben gerichtete Klage wegen völliger Erschöpfung des Nachlasses abzuweisen, nur mit größter Vorsicht Gebrauch

gemacht werden, wenn der Kläger das Nichtvorhandensein verfügbarer Nachlassgegenstände bestreitet (vgl auch die Formulierungen des AG Kassel aaO sowie die eine Leistungsklage gegen den *Nachlassverwalter* betreffenden Ausführungen in BGH FamRZ 1984, 473 = WM 1984, 426 f [dazu auch § 1984 Rn 20]). Zu den Prozesskosten bei Verurteilung des Erben vgl Rn 21.

d) Nach Festsetzung des Abzugsbetrages eröffnetes Nachlassinsolvenzverfahren

23 Wird nach rechtskräftiger Feststellung des Betrages, den sich der Gläubiger gem Abs 1 S 1 abziehen lassen muss, das Nachlassinsolvenzverfahren eröffnet (zB gegen Kostenvorschuss gem § 26 Abs 1 S 2 InsO), so kann der Gläubiger seine Forderung in diesem Verfahren *ungekürzt* geltend machen; er erhält jedoch nicht mehr als den Betrag der durch den Abzug ermäßigten Forderung (so E I § 2145 S 1; später als selbstverständlich gestrichen, vgl Prot V 805). Einen auf die Forderung entfallenden Mehrbetrag dem Erben zuzuweisen, wie dies E I und die Vorlage der Subkomm wollten (vgl den damals vorgeschlagenen § 205i KO in Prot V 753), kommt nicht in Betracht, solange am Insolvenzverfahren noch andere, nicht voll befriedigte Gläubiger teilnehmen (vgl STAUDINGER/LEHMANN[11] § 1992 Rn 8; PLANCK/FLAD § 1992 Anm 2).

5. Dürftigkeits- und Unzulänglichkeitseinrede in der Zwangsvollstreckung

24 In der Zwangsvollstreckung kann der zur Leistung verurteilte Erbe die Einreden des § 1990 Abs 1 S 1 nur geltend machen, wenn ihm die Beschränkung seiner Haftung im Urteil vorbehalten ist; dies folgt aus § 780 ZPO (mit Ausnahmen in Abs 2). Gem § 781 ZPO bleiben diese Einreden unberücksichtigt, bis der Erbe ihretwegen Einwendungen erhebt; diese werden gem § 785 ZPO nach den Vorschriften der §§ 767, 769, 770 ZPO (Vollstreckungsgegenklage) erledigt. § 785 ZPO steht der außergerichtlichen Erhebung der Einreden nicht entgegen (RAAPE JherJb 72 [1922] 327, 329).

25 Die Einreden des § 1990 ermöglichen nicht nur die Abwehr *künftiger* Vollstreckungsmaßnahmen. Gem Abs 2 setzen sie sich auch gegenüber **Pfandrechten** oder **Hypotheken** durch, die der Gläubiger nach dem Erbfall im Wege der Zwangsvollstreckung oder der Arrestvollziehung erlangt hat; ebenso gegenüber einer durch einstweilige Verfügung erlangten **Vormerkung**. Für *rechtsgeschäftlich* bestellte Sicherungen soll dies nach hM wegen §§ 884, 1137 Abs 1 S 2, 1211 Abs 1 S 2 nicht gelten (ERMAN/SCHLÜTER Rn 9; SOERGEL/STEIN Rn 12). Das trifft zweifellos zu, soweit diese Sicherungen bereits vom Erblasser bestellt wurden. Erst recht muss dies aber auch für den – vom Wortlaut der zitierten Vorschriften allerdings nicht mitumfassten – Fall gelten, dass diese Sicherungen erst vom Erben bestellt worden sind (vgl STAUDINGER/LEHMANN[11] Rn 12; BGB-RGRK/JOHANNSEN Rn 19 und MünchKomm/KÜPPER Rn 8 für die Vormerkung) und dieser sich dabei sein Haftungsbeschränkungsrecht nicht ausdrücklich vorbehalten hat. Auch gegenüber diesen von ihm selbst bestellten Sicherungsrechten kann er sich dann nicht auf § 1990 berufen. Eine Ausnahme gilt jedoch, soweit der Erbe die endgültig geschuldete Leistung nach §§ 813 Abs 1, 814 kondizieren könnte (vgl Rn 40), wenn er sogleich *sie* anstelle der zunächst *für* sie bestellten dinglichen Sicherheit erbracht hätte. Denn die Bestellung einer Sicherheit kann nicht stärker wirken als die unmittelbare Erbringung der endgültigen Leistung.

26 Sind wegen einer Nachlassverbindlichkeit **Vollstreckungsmaßregeln in das nicht zum**

Nachlass gehörende Vermögen des Erben erfolgt, so kann der Erbe analog § 784 Abs 1 ZPO deren Aufhebung verlangen (MünchKomm/KÜPPER Rn 6; AK-BGB/TEUBNER Rn 22). Soweit der Erbe aber gem § 1991 Abs 1 wegen schlechter Verwaltung des Nachlasses auch mit dem Eigenvermögen haftet, kann der Gläubiger auch dieses in Anspruch nehmen (Einzelheiten bei § 1991 Rn 10, 11). Zugreifen kann der Nachlassgläubiger auch auf nach § 1991 Abs 2 als nicht erloschen geltende Ansprüche des Erblassers (jetzt: des Nachlasses) gegen den Erben (vgl dazu § 1991 Rn 16).

Vollstreckungsmaßnahmen, die Nachlassgläubiger **in den Nachlass** erwirkt haben, 27 kann der Erbe nicht allein deshalb angreifen, weil der Nachlass den Kosten einer Nachlassverwaltung bzw eines Nachlassinsolvenzverfahrens nicht entspricht (arg § 1990 Abs 1 S 2). Wohl aber muss er verhindern können, dass ein Nachlassgläubiger im Wege der Zwangsvollstreckung mehr erhält, als ihm wegen der dem Erben zustehenden Unzulänglichkeitseinrede gebührt. Zu denken ist hier an Fälle, in denen der Nachlass zur Befriedigung des Gläubigers deshalb nicht ausreicht, weil der Erbe selbst Ansprüche gegen den Nachlass hat (§ 1991 Abs 1 und 2), deretwegen er sich vorab befriedigen darf (s § 1991 Rn 13 f, 20), oder weil der vollstreckende Gläubiger im Hinblick auf § 1991 Abs 3 oder 4 Befriedigung erst nach anderen Gläubigern verlangen kann (vgl auch PLANCK/FLAD Anm c; MünchKomm/KÜPPER Rn 6; SOERGEL/STEIN Rn 12; LANGE/KUCHINKE § 49 VIII 8a). Wenn der Nachlassgläubiger dem Leistungsverweigerungsrecht des Erben in solchen Fällen nicht von sich aus Rechnung trägt, muss der Erbe notfalls nach §§ 780, 781, 785, 767 ZPO vorgehen und nachweisen, dass der Nachlass dürftig iS des § 1990 ist und durch die Befriedigung der dem Vollstreckungsgläubiger nach § 1991 vorgehenden Ansprüche ganz oder teilweise erschöpft würde. Dementsprechend ist dann die Zwangsvollstreckung zu beschränken. Vgl auch § 1991 Rn 13 zu den Rechten des Erben wegen der ihm zu ersetzenden Aufwendungen (Zurückbehaltungsrecht, Vorwegbefriedigung aus dem Vollstreckungserlös).

6. Abwehr der Eigengläubiger vom Nachlass?

Fraglich ist, ob der Erbe mit der Begründung, dass er gegen einen oder mehrere 28 Nachlassgläubiger die Rechte aus § 1990 Abs 1 S 1 habe, auch in den Nachlass erwirkte Vollstreckungsmaßregeln seiner *Eigengläubiger* abwehren kann. Eine ausdrückliche gesetzliche Grundlage existiert nicht. LEHMANN sah aber einen gesetzlichen Anhaltspunkt darin, dass der Erbe im Fall des § 1990 selbst als Verwalter des dürftigen Nachlasses fungiere; er müsse deshalb wie ein Nachlassverwalter nach § 784 Abs 2 ZPO vorgehen können (STAUDINGER/LEHMANN[11] Rn 10; vgl auch DIETZ 182; MICHALSKI Rn 991; ERMAN/SCHLÜTER Rn 9; PALANDT/EDENHOFER Rn 6; SOERGEL/STEIN Rn 9; AK-BGB/TEUBNER Rn 14, 23; JAUERNIG/STÜRNER §§ 1990, 1991 Rn 8; BROX/WALKER Rn 712 aE; LANGE/KUCHINKE § 49 VIII 8 e [mwNw in Fn 230]). **ME** besteht für eine analoge Anwendung des § 784 Abs 2 ZPO kein Bedürfnis. Hat ein Eigengläubiger des Erben aus dem Nachlass Befriedigung erlangt, so ist der Erbe in Höhe der dadurch erloschenen Eigenverbindlichkeit auf Kosten des Nachlasses bereichert, dem deshalb ein Bereicherungsanspruch gegen den Erben erwächst (Rechtsgedanke des § 1991 Abs 2: Vermögenstrennung), auf den die Nachlassgläubiger zugreifen können (vgl STROHAL § 81 Fn 12). Gegen diese Lösung ist eingewandt worden (von ERMAN/SCHLÜTER Rn 9), dass der anstelle einer Analogie zu § 784 Abs 2 ZPO gewährte Ersatzanspruch gegen das Eigenvermögen des Erben nichts wert sei, wenn der Erbe kein pfändbares

Eigenvermögen habe. Das ist zwar richtig, erfordert aber nicht unbedingt die Analogie zu § 784 Abs 2 ZPO. Denn die Nachlassgläubiger stehen auch ohne diese Analogie nicht schlechter, als wenn Nachlassverwaltung angeordnet worden wäre: In diesem Fall gäbe es zwar einen Verwalter, der nach § 784 Abs 2 ZPO vorgehen könnte; die Nachlassgläubiger müssten aber dennoch leer ausgehen, weil der Nachlass im Fall des § 1990 ja nicht einmal die Verfahrenskosten decken würde. Gegen eine analoge Anwendung des § 784 Abs 2 ZPO sind auch BGB-RGRK/JOHANNSEN Rn 18; EBENROTH Rn 1170; STROHAL § 81 Fn 12; ferner PLANCK/FLAD Anm d und MünchKomm/KÜPPER Rn 7, die jedoch zu Unrecht annehmen, der Erbe müsse für das, was den Nachlassgläubigern infolge einer in den Nachlass gerichteten Zwangsvollstreckung der Eigengläubiger entgeht, nach § 1978 Ersatz leisten (ebenso wohl KIPP/COING § 99 III 3), was aber insofern widersprüchlich ist, als derartige Ersatzansprüche ihrerseits nur unter der Voraussetzung denkbar sind, dass der Erbe analog § 784 Abs 2 intervenieren *konnte* (wie hier MUSCHELER WM 1998, 2271, 2286 Fn 125). Bemerkenswert ist noch die Ansicht von DERNBURG (V § 170 Fn 15), der dem *Nachlassgläubiger* den Rechtsbehelf des § 784 Abs 2 ZPO zugestehen wollte: das ist zwar ebenfalls unzutreffend, aber immerhin sachgerechter, als den *Erben* zu nötigen, evtl mit eigenem Kostenrisiko (!) analog § 784 Abs 2 ZPO vorzugehen.

Die **Aufrechnung** eines Eigengläubigers des Erben gegen eine Nachlassforderung wird durch § 1990 ebensowenig behindert wie eine entsprechende Maßnahme der Zwangsvollstreckung oder wie die Aufrechnung eines *Nachlass*gläubigers: § 1991 verweist nicht auf § 1977 (vgl erg unten Rn 41 ff).

III. Herausgabe des Nachlasses zum Zwecke der Befriedigung des Gläubigers im Wege der Zwangsvollstreckung, Abs 1 S 2

29 Wenn der Erbe die Dürftigkeits- oder die Unzulänglichkeitseinrede geltend macht (zur Terminologie s Rn 2), ist er gem Abs 1 S 2 verpflichtet, „den Nachlass zum Zwecke der Befriedigung des Gläubigers im Wege der Zwangsvollstreckung herauszugeben".

1. Haftung cum viribus hereditatis

Aus der bei Rn 29 wiedergegebenen Formulierung des § 1990 Abs 1 S 2 und dem Fehlen einer dem § 1973 Abs 2 S 2 entsprechenden Abwendungsbefugnis folgt, dass sich im Fall des **§ 1990** grundsätzlich (aber: § 1992 S 2) weder der Erbe noch der Nachlassgläubiger darauf einzulassen brauchen, dass im Rahmen der Frage, ob bzw inwieweit der Nachlass zur Befriedigung des Gläubigers (nicht) ausreicht, der Wert des Nachlasses durch *Schätzung* ermittelt wird. „Nicht das immer ungewisse Ergebniß einer Schätzung, sondern das Ergebniß der Verwerthung der Gegenstände in der Zwangsvollstreckung" soll für das durch Abs 1 S 1 gewährte Leistungsverweigerungsrecht als Nachlasswert zugrunde gelegt werden (Prot V 772 f, 799 gegen E I § 2136, welcher noch vom Grundsatz der Haftung *pro* viribus hereditatis ausging; vgl auch Rn 21). Im Übrigen hat die dunkle, „vollstreckungsrechtlich nicht genügend durchdachte Formel" des Abs 1 S 2 (vgl SIBER, Haftung für Nachlaßschulden 66) der Deutung große Schwierigkeiten bereitet. Da bei der Zwangsvollstreckung nichts herausgegeben, sondern etwas genommen wird, können sich die Worte „zum Zwecke der Befriedigung des Gläubigers im Wege der Zwangsvollstreckung" nicht auf die Art der Herausgabe beziehen – nach Abs 1 S 2 muss der Erbe *freiwillig* „herausgeben", wenn er nicht iS des § 93 ZPO zur Klageerhebung Veranlassung geben will (vgl OLG Hamburg OLGE 11 [1905/II] 227 und oben Rn 21 aE) –, sondern auf die Art und Weise, in der sich der Gläubiger aus den herauszugebenden Gegenständen befriedigen darf. Die Herausgabe braucht nicht so zu erfolgen, dass der Gläubiger unmittelbar Eigentümer wird (BGB-RGRK/Johannsen § 1973 Rn 19). Auch braucht sie nicht in gleicher Weise zu geschehen, wie wenn der Gläubiger Nachlassverwalter wäre (wenngleich eine derartige Herausgabe zur Erfüllung der Verpflichtung aus Abs 1 S 2 ohne weiteres genügen würde, da der Gläubiger den Nachlass dann selbst liquidieren könnte). Würde der Erbe den Nachlass an den Gläubiger, der seine Forderung zufällig gerade jetzt geltend macht, wirklich „herausgeben", so wäre uU nachträglich nicht mehr festzustellen, ob dieser Gläubiger zum Nachteil der später hinzutretenden über Gebühr bevorzugt wurde (wichtig für §§ 1978 Abs 1, 1991 Abs 1). **Deshalb hat sich die Ansicht durchgesetzt, dass der Erbe durch § 1990 Abs 1 S 2 lediglich dazu verpflichtet wird, die Zwangsvollstreckung in den Nachlass zu dulden** (RGZ 137, 50, 53; BGB-RGRK/Johannsen Rn 16; MünchKomm/Küpper Rn 13; Kipp/Coing § 99 III 1; vgl ferner zu § 1973 Abs 2 S 1: Planck/Flad Anm 6; Erman/Schlüter Rn 4; Palandt/Edenhofer Rn 7) **und zu ermöglichen** (zB durch Vorlage eines Nachlassverzeichnisses, s Rn 33).

Der Erbe kann nicht, wie nach § 1973 Abs 2 S 2, die Herausgabe der noch vorhandenen Gegenstände durch Zahlung ihres Wertes abwenden. Gegenüber Vermächtnis- und Auflagegläubigern steht ihm dieses Recht jedoch zu, § 1992 S 2.

2. Freiwillige Herausgabe

Freiwillige Herausgabe kommt insbesondere bei Geldbeträgen in Betracht. Aus Geld kann sich der Gläubiger auch ohne Zwangsvollstreckung befriedigen, da Pfändung und Ablieferung durch den Gerichtsvollzieher (§ 815 ZPO) hier überflüssig wären (vgl BGB-RGRK/Johannsen § 1973 Rn 19). Auch andere Gegenstände als Geld kann der Erbe dem Gläubiger unter Befreiung von dem Erfordernis der vollstreckungsmäßigen Verwertung herausgeben; doch läuft der Erbe hier wie auch im Fall einer – durch Abs 1 S 2 nicht ausgeschlossenen – Herausgabe an Erfüllungs Statt (§ 364 Abs 1) Gefahr, dass ihm von anderen Gläubigern später im Rahmen des § 1978 Abs 1 (vgl § 1991 Abs 1) entgegengehalten wird, er habe diese Gegenstände unter Wert weggegeben (Lange/Kuchinke § 49 VIII 7 Fn 210). Um diesem Vorwurf zu entgehen, sollte der Erbe versuchen, mit dem Gläubiger, an den er den Nachlass freiwillig herausgeben möchte, eine Vereinbarung des Inhalts zu treffen, dass dieser den Nachlass *im Wege der öffentlichen Versteigerung* verwerten und einen etwaigen Übererlös zurückgewähren muss (vgl MünchKomm/Küpper Rn 16; Palandt/Edenhofer Rn 8). Eine freiwillige Herausgabe wird auch durch Verpfändung der einzelnen Nachlassgegenstände geschehen können. Eine freiwillige Herausgabe zum Zwecke der Befriedigung des Gläubigers „im Wege der Zwangsvollstreckung" setzt freilich eine Mitwirkung des Erben an der Schaffung eines Vollstreckungstitels (vgl §§ 794 Abs 1 Nr 5, 796a ff ZPO) voraus, aufgrund dessen der Gläubiger den herauszugebenden Gegenstand vollstreckungsmäßig verwerten lassen kann (vgl RGZ 137, 50, 53; Palandt/Edenhofer Rn 8; Erman/Schlüter Rn 4).

3. Gegenstand der Herausgabe

31 Herauszugeben ist **der Nachlass**. Was als Nachlass in Frage kommt und wieweit der Erbe für die Erfüllung seiner Herausgabepflicht haftet, bestimmt sich nicht, wie im Fall des § 1973 Abs 2 S 1, nach den Grundsätzen des Bereicherungsrechts, sondern nach den strengeren Maßstäben der §§ 1991 Abs 1, 1978–1980 (vgl § 1991 Rn 1 ff).

4. Auch unpfändbare Gegenstände?

32 Nach hM soll die Herausgabepflicht auch die nach § 811 ZPO unpfändbaren Gegenstände umfassen (OLG Celle OLGE 17 [1908/II] 195; STAUDINGER/LEHMANN[11] Rn 24; SOERGEL/STEIN Rn 9; MünchKomm/KÜPPER Rn 13; PALANDT/EDENHOFER Rn 7; BAMBERGER/ROTH/LOHMANN Rn 11; EBENROTH Rn 1168; KIPP/COING § 99 III 1; LANGE/KUCHINKE § 49 VIII 2 in Fn 182; aM KRETZSCHMAR LZ 1914, 363 ff; MUSCHELER WM 1998, 2271, 2286). Die vom OLG Celle (aaO) gegebene Begründung, § 811 ZPO setze voraus, dass „gegen den eigentlichen Schuldner selbst", nicht nur gegen seinen Erben vollstreckt werde, überzeugt jedoch nicht, da man nach dem Tod des „eigentlichen" Schuldners für die Frage der Unpfändbarkeit auf die Person und die Verhältnisse des neuen Schuldners, nämlich des Erben (Vorbem 7 zu §§ 1967 ff), abstellen kann (vgl § 1985 Rn 19; etwas anders KRETZSCHMAR LZ 1914, 363, 365, der darauf abstellen will, inwieweit die Pfändungsbeschränkungen „dem Erben bei Lebzeiten des Erblassers aus dessen Person zustatten gekommen wären"). Daran ändert auch die „in § 1991 angeordnete hypothetische Vermögenssonderung" nichts (aM SOERGEL/STEIN Rn 9). Ebensowenig überzeugt der Hinweis, dass die vollständige Auslieferung des Nachlasses der „Preis für die private Abwicklung" sei (so aber LANGE/KUCHINKE aaO und MünchKomm/KÜPPER Rn 13 mit Fn 31, nach deren Ansicht die unpfändbaren Nachlassgegenstände den Nachlassgläubigern nur im Nachlassinsolvenzverfahren und in der Nachlassverwaltung nicht haften sollen). Entscheidend gegen die hM spricht, dass die Herausgabe gem § 1990 Abs 1 S 2 (wie auch nach § 1973 Abs 2 S 1) „zum Zwecke der Befriedigung des Gläubigers im Wege der Zwangsvollstreckung" erfolgen soll. Wegen dieser Zweckbestimmung darf sie unterbleiben, soweit die ZPO eine Zwangsvollstreckung nicht zulässt (KRETZSCHMAR LZ 1914. 363, 365; MUSCHELER WM 1998, 2271, 2286 [dieser auch und sogar *erst recht* für die Fälle des § 1629a Abs 1 S 2]).

5. Auskunft, Rechenschaftslegung etc

33 Gem §§ 1990 Abs 1 S 2, 260 ist der Erbe verpflichtet, dem Nachlassgläubiger ein Verzeichnis über den Bestand des Nachlasses vorzulegen und dieses uU durch eidesstattliche Versicherung zu bekräftigen. Ebenso ist der Erbe gem §§ 1991 Abs 1, 1978 Abs 1, 681 S 2, 666, 259, 260 hierzu verpflichtet und darüber hinaus noch dazu, über seine Verwaltung des Nachlasses Rechenschaft abzulegen, dem Gläubiger eine die geordnete Zusammenstellung der Einnahmen bzw Ausgaben enthaltende Rechnung mitzuteilen und ggf Belege vorzulegen, ferner uU die eidesstattliche Versicherung des § 259 Abs 2 abzugeben. All diese Verpflichtungen setzen jedoch voraus, dass der Erbe dem Nachlassgläubiger die Befriedigung im Hinblick auf die Dürftigkeits- bzw Unzulänglichkeitseinrede verweigert (vgl § 1990 Abs 1 S 2: „in diesem Falle"; vgl ferner die Eingangsworte des § 1991 Abs 1). Der Erbe macht von seinem Beschränkungsrecht schon dann Gebrauch, wenn er die Befriedigung des Gläubigers unter Hinweis auf seine beschränkte Haftung außergerichtlich oder gerichtlich ganz oder teilweise verweigert (vgl RAAPE JherJb 72 [1922] 327, 329; PLANCK/

FLAD Anm 2 c; MünchKomm/KÜPPER Rn 16). Der Gläubiger kann seine Rechte auf Auskunft usw also nicht erst nach Zustellung einer Vollstreckungsgegenklage des Erben, mit der dieser Vollstreckungsmaßnahmen von seinem Eigenvermögen abwehrt (Rn 24 ff), geltend machen (zB durch Widerklage), sondern uU schon vorher mit dem Ziel, dass es gar nicht erst aus Unkenntnis über den Bestand des Nachlasses zu einer Zwangsvollstreckung in das Eigenvermögen des Erben, die dieser auf Kosten des Gläubigers abwehren könnte, kommt. Macht der Erbe die Dürftigkeitseinrede bereits gegenüber der Klage des Gläubigers auf Erfüllung der Nachlassverbindlichkeit geltend, so wird der Gläubiger schon jetzt mit der Begründung, dass der Erbe die Begleichung der Schuld aus seinem Eigenvermögen – ob berechtigt oder nicht – verweigere, auf Auskunft etc über den Stand des Nachlasses klagen können (vgl auch Prot V 804). Er sollte diese Erweiterung der ursprünglichen Klage jedoch unter den Vorbehalt stellen, dass sie nur für den Fall gilt, dass der Erbe hinsichtlich der Nachlassverbindlichkeit verurteilt und ihm dabei die Berechtigung zur Erhebung der Dürftigkeitseinrede nicht aberkannt wird (zB aufgrund § 2013 Abs 1 S 1).

6. Vermögensverzeichnis und eidesstattliche Versicherung, § 807 ZPO

Das Vermögensverzeichnis und die eidesstattliche Versicherung des § 807 ZPO **34** haben sich grundsätzlich auf das gesamte Vermögen des Erben zu erstrecken (LG Lübeck NJW-RR 2009, 1163 f). Das gilt jedoch nur, wenn der Gläubiger aufgrund seines Titels in dieses Vermögen überhaupt vollstrecken darf (vgl auch Abs 2 S 2 der Vorschrift). Falls der Titel des Nachlassgläubigers eine Vollstreckung in das Eigenvermögen des Erben gar nicht zulässt, weil er entweder selbst die bereits eingetretene Haftungsbeschränkung feststellt oder weil seine Vollstreckbarkeit durch ein aufgrund einer Vollstreckungsgegenklage des Erben (§ 785 ZPO) ergangenes Urteil auf den Nachlass beschränkt wurde, kann der Nachlassgläubiger nur ein auf den Nachlass beschränktes Vermögensverzeichnis und dessen Bekräftigung durch eidesstattliche Versicherung iS des § 807 ZPO verlangen (vgl OLG Rostock OLGE 36 [1918/I] 228, 229 [gegen OLG Marienwerder OLGE 19 (1909/II) 4 f]; LG Lübeck NJW-RR 2009, 1163 f; BGB-RGRK/JOHANNSEN Rn 22; ERMAN/SCHLÜTER Rn 8; ähnlich auch STAUDINGER/LEHMANN[11] Rn 28, der hinsichtlich des letzteren Falles dafür eintrat, eine vor der rechtskräftigen Entscheidung über die Vollstreckungsgegenklage beantragte Abnahme der eidesstattlichen Versicherung uU nach § 148 ZPO auszusetzen [**mE** sollte man das Verfahren hier nicht nach § 148 ZPO „aussetzen", sondern auf Antrag des Erben gem §§ 785, 769 ZPO durch einstweilige Anordnung „auf den Nachlass beschränken"; **wieder anders** SOERGEL/STEIN Rn 11 und PALANDT/EDENHOFER Rn 9, die zu Unrecht annehmen, dass sich die Offenbarungspflicht schon dadurch auf den Nachlass beschränke, dass der Erbe die Einrede des § 1990 nach §§ 781, 785 ZPO *geltend mache*]). Auch wenn sein Titel eine Vollstreckung gegen das Eigenvermögen des Erben noch zulässt, wird der Gläubiger einen auf den Nachlass beschränkten Antrag nach § 807 ZPO stellen können (vgl OLG Schleswig SchlHAnz 1958, 338; BGB-RGRK/JOHANNSEN Rn 22; ERMAN/SCHLÜTER Rn 8 aE; STEIN/JONAS/MÜNZBERG[22] ZPO § 781 Rn 4; wohl auch OLG Hamburg OLGE 14 [1907/I] 282 f; **aM** OLG Hamburg OLGE 11 [1905/II] 99; OLG Marienwerder OLGE 19 [1909/II] 4 f; OLG Hamburg HRR 1929 Nr 1069).

7. Inventarpflicht

Auch im Fall des § 1990 kann der Gläubiger dem Erben eine Inventarfrist (§ 1994) **35** bestimmen lassen, uU die eidesstattliche Versicherung des § 2006 verlangen und evtl über §§ 1994 Abs 1 S 2, 2005 Abs 1, 2006 Abs 3, 2013 Abs 1 S 1 die Chance zum Zugriff auf das Eigenvermögen des Erben wiedergewinnen (BGH NJW 1992, 2694, 2695). § 2000 steht nicht entgegen, da er voraussetzt, dass es wirklich zur Anordnung einer Nachlassverwaltung bzw zur Eröffnung eines Nachlassinsolvenzverfahrens gekommen ist.

IV. Sonstige Wirkungen der Einreden

1. Einfluss auf Haftung und persönliche Schuld

36 § 1990 Abs 1 S 1 berührt ebensowenig wie § 1973 (s dort Rn 5 ff) die Nachlassverbindlichkeit als solche, sondern beschränkt nur die Haftung des *Erben* für sie. Das schließt die Annahme nicht aus, dass dem Dritten, dem ein Getöteter kraft Gesetzes unterhaltspflichtig war, das Recht auf Unterhalt iS des § 844 Abs 2 S 1 dann „entzogen" ist, wenn zwar die Unterhaltspflicht auf den Erben des Getöteten übergegangen ist, der Erbe aber nach § 1990 die Befriedigung zu Recht verweigert (RGZ 74, 375, 377; ROTH 70). Man wird sogar annehmen dürfen, dass der Erbe, soweit er die Erfüllung eines Pflichtteilsergänzungsanspruchs nach Abs 1 S 1 verweigern kann, iS des § 2329 Abs 1 S 1 zur Ergänzung des Pflichtteils nicht „verpflichtet" ist (BGH LM Nr 2 zu § 2325 BGB; vgl auch ROTH 70). Denn § 1990 Abs 1 S 1 beschränkt nicht nur die Haftung, sondern zugleich auch die persönliche Schuld des Erben (vgl Vorbem 8 zu §§ 1967 ff; aM ROTH 65 ff). Auch in Schuldnerverzug gerät der Erbe persönlich nicht, soweit er einem Nachlassgläubiger die Leistung gem § 1990 Abs 1 S 1 berechtigterweise verweigert (ebenso RAAPE JherJb 72 [1922] 293, 331). Zu denken ist hier aber an einen Verzug „des Nachlasses", der über § 1967 auch zu Lasten des Erben wirkt; auch gegenüber diesen Verzugsfolgen hat der (seinerseits durch § 1990 gerechtfertigte) Erbe ausnahmsweise (s § 1967 Rn 53, § 2058 Rn 45 ff) das Haftungsbeschränkungsrecht (iE ebenso SCHREIBER, Schuld und Haftung als Begriffe der privatrechtlichen Dogmatik, Bd I [1914] 246 f; PLANCK/SIBER[4] § 284 Anm 4d; ROTH 69; vgl zu diesen Fragen auch § 2014 Rn 8 f, § 2059 Rn 18).

2. Wirkung gegenüber nicht auf Geld gerichteten Ansprüchen

37 Auch wenn der Anspruch des Gläubigers auf **Leistung eines nicht im Nachlass vorhandenen Gegenstandes** gerichtet ist, braucht der Gläubiger ihn nicht als Geldforderung zum Schätzwert geltend zu machen (vgl § 1991 Rn 23; aM OLG Rostock OLGE 7 [1903/ II] 136; PLANCK/FLAD § 1973 Anm 5 c ß und § 1991 Anm 2 d unter Hinweis auf den nicht Gesetz gewordenen E I § 2134; differenzierend LANGE/KUCHINKE § 49 VIII 9). Eine *Zwangsvollstreckung* kann jedoch uU an § 887 Abs 3 ZPO scheitern. Streitig ist, ob diese Bestimmung auch die Zwangsvollstreckung von „Anschaffungspflichten" ausschließt (dazu STEIN/JONAS/BREHM[22] ZPO § 883 Rn 7; ZÖLLER/STÖBER[28], ZPO § 883 Rn 9, jeweils mwNw). Wer das verneint (so die Vorgenannten; aM MünchKommZPO/GRUBER[3] § 883 Rn 20), wird gleichwohl Folgendes zu berücksichtigen haben: Die Vollstreckung eines *Verschaffungsanspruchs* gegen einen nur beschränkt haftenden Erben, dessen Nachlass den zur Erfüllung der Verschaffungspflicht erforderlichen Kostenaufwand nicht deckt, hat – wenn man sie nicht ohnehin an § 887 Abs 3 ZPO scheitern lässt – nur dann Aussicht auf Erfolg, wenn der Gläubiger den fehlenden Betrag zuschießt. Ob der Nachlass den Anschaffungsaufwand deckt, kann der Gläubiger feststellen, indem er sich vom Prozessgericht des ersten Rechtszuges gem § 887 Abs 1 ZPO ermächtigen lässt, die

Beschaffung auf Kosten des Nachlasses vornehmen zu lassen oder selbst vorzunehmen, und indem er zugleich nach § 887 Abs 2 ZPO beantragt, den Erben zu verurteilen, die Kosten dieser Ersatzvornahme nach Kräften des Nachlasses vorauszuzahlen (vgl auch STAUDINGER/OTTE [2003] § 2170 Rn 13 ff [Verschaffungsvermächtnis]). Wegen dieser Vorschussleistung kann er dann in den Nachlass vollstrecken. Soweit der erzielte Erlös nicht ausreicht, muss er zuschießen. Er wird den unzulänglichen Erlös auch behalten dürfen, ohne die Ersatzvornahme durchzuführen. Einem Rückforderungsanspruch des Erben könnte er entgegenhalten, dass er die Nachlassverbindlichkeit nun zu ihrem Schätzwert geltend mache. Dazu wird er in diesem Fall schon deshalb berechtigt sein, weil dieses Recht sogar den in § 1991 Abs 4 genannten minderberechtigten Gläubigern zusteht (s § 1991 Rn 23; die dort angeführten Gesetzesmaterialien betreffen insoweit nicht nur die in § 1991 Abs 4 genannten Gläubiger).

Besonderheiten gelten für die Vollstreckung eines Anspruchs auf Verschaffung eines zum *Eigenvermögen des Erben* gehörenden Gegenstandes (vgl STAUDINGER/OTTE [2003] § 2170 Rn 16).

Geht der Anspruch des Gläubigers auf **Übereignung eines im Nachlass vorhandenen** **38** **Gegenstandes** und reicht der *übrige* Nachlass zur Berichtigung derjenigen Ansprüche nicht aus, die der Erbe dem Anspruchsteller vorziehen muss (Beispiele bei § 1991 Rn 17, 21) oder die dem Erben selbst zustehen (s § 1991 Rn 13 f, 19 f), so kann der Erbe die Übereignung verweigern, bis der Anspruchsteller ihm wegen dieser Ansprüche, höchstens jedoch bis zum Wert des von ihm beanspruchten Gegenstandes, Sicherheit leistet (Rechtsgedanke des § 273 Abs 3; vgl auch § 1991 Rn 13). Auch hier kann sich der Gläubiger aber damit begnügen, seinen der Unzulänglichkeitseinrede ausgesetzten Anspruch zum Schätzwert in Geld geltend zu machen (LANGE/KUCHINKE § 49 VIII 9).

Die Erfüllung von **Auskunfts-, Aufzeichnungs- und Wertermittlungsansprüchen** kann der Erbe im Falle des § 1990 verweigern, soweit die dabei entstehenden Kosten weder aus dem Nachlass (vgl die zu § 2314 ergangene Entscheidung BGHZ 107, 200, 202 = NJW 1989, 2887) noch aus einem Zuschuss des Gläubigers gedeckt werden können.

3. Verjährung

Die Verjährung der gegen den Nachlass gerichteten Ansprüche (dazu auch § 1967 Rn 2, **39** § 2014 Rn 10) wird durch die Einreden aus § 1973 oder § 1990 nicht gehemmt. Vor dem 1. 1. 2002 ergab sich das daraus, dass es sich nicht um vorübergehende Einreden iS des damaligen § 202 Abs 1 handelte (PLANCK/FLAD § 1973 Anm 7b; ders § 1991 Anm 4; ERMAN/SCHLÜTER § 1990 Rn 3). Nach § 205 nF, der seit 1. 1. 2002 den bisherigen § 202 ersetzt, ist die Verjährung gehemmt, solange der Schuldner *auf Grund einer Vereinbarung mit dem Gläubiger* vorübergehend zur Verweigerung der Leistung berechtigt ist. Da die Einreden des § 1990 nicht auf einer Vereinbarung, sondern auf dem Gesetz beruhen, kommt eine Hemmung nach § 205 schon deshalb nicht in Betracht. Entsprechendes gilt bezüglich der Einreden aus § 1973, § 1974, § 1989 (vgl jedoch §§ 204 Abs 1 Nr 10, 197 Abs 1 Nr 5, 201), § 1992, § 2014, § 2015 und § 2059 Abs 1.

4. Rückforderung von Leistungen

UU kann der Erbe eine Leistung, die er in Unkenntnis des Leistungsverweigerungs- **40** rechts aus § 1990 Abs 1 S 1 erbracht hat, gem §§ 813 Abs 1 S 1, 814 zurückverlangen (vgl § 1973 Rn 31; Mot V 666; OLG Stuttgart NJW-RR 1989, 1283; RAAPE JherJb 72 [1922] 293, 333 Fn 2; PLANCK/FLAD § 1991 Anm 5; Bedenken bei SOHM MecklZ 1920, 384; vOLSHAUSEN, Gläubigerrecht und Schuldnerschutz bei Forderungsübergang und Regreß [1988] 212 Fn 44; unbegründet die Einschränkung in STAUDINGER/LEHMANN[11] § 1991 Rn 14: wenn „die Nachlaßgläubiger diese Befriedigung nicht nach § 1979 als wirksam gelten lassen müssen"; **gegen** Anwendbarkeit des § 813 ROTH, Die Einrede des Bürgerlichen Rechts [1988] 63 ff, der zu Unrecht [vgl Vorbem 8 zu §§ 1967 ff] meint, dass die Erschöpfungseinrede die *Schuld* des Erben unberührt lasse).

5. Rechtsfolgen des § 1991 / Nichterwähnung der Aufrechnung

41 Weitere Rechtsfolgen der Einredeerhebung sind in § **1991** geregelt (s dort). Es fällt auf, dass § 1991 nicht auch auf § 1977 verweist, also das Schicksal von **Aufrechnungsbefugnissen** nicht thematisiert. Diese Gesetzeslücke ist jedoch nur eine scheinbare. Denn wegen des Einredecharakters des § 1990 greift hier bereits § 390. Es ist anerkannt, dass ein Nachlassgläubiger durch § 390 iVm den Einreden des § 1990 gehindert wird, gegen eine *Privat*forderung des Erben an ihn aufzurechnen (BGHZ 35, 317, 327 f = NJW 1955, 339 f; OLG Celle OLGZ 1990, 95 f; STAUDINGER/GURSKY [2006] § 390 Rn 15 mwNw); denn sonst könnte er sich den Einreden zuwider (s Rn 3) aus dem Eigenvermögen des Erben befriedigen. Steht jedoch ohne weiteres fest, bis zu welchem Betrag das Leistungsverweigerungsrecht des § 1990 Abs 1 S 1 nicht eingreift (zB weil sich die Beteiligten über den Wert des Nachlasses einig sind), so wird man insoweit die Aufrechnung gegen eine Privatforderung des Erben zulassen müssen (**aM** wohl BGHZ 35, 317, 328; vgl jedoch OLG Stuttgart VersR 1959, 117, 120). Hervorzuheben ist aber auch hier (vgl ferner Rn 21), dass im *Streitfall* die einzig legitime Methode zur Feststellung des Nachlasswertes die *Zwangsvollstreckung* in den Nachlass ist (vgl BGHZ 35, 317, 328; **aM** OLG Stuttgart VersR 1959, 117, 120). Besteht also keine Einigkeit darüber, inwieweit der Erbe die Leistung nach § 1990 Abs 1 S 1 verweigern darf, so kann der Gläubiger nicht gegen eine Privatforderung des Erben aufrechnen, sondern nur den in § 1990 Abs 1 S 2 vorgezeichneten Weg der Zwangsvollstreckung gehen. Dies gilt jedenfalls dann, wenn der Erbe der Aufrechnung nicht zustimmt (Rechtsgedanke des § 1977 Abs 1; vgl auch MünchKomm/KÜPPER § 1991 Rn 6 und EBENROTH Rn 1164, die den Erben anscheinend mit einer Obliegenheit zur Zurückweisung der Aufrechnungserklärung belasten wollen).

Steht dem verletzten Erben eines Unfallmitverursachers gegenüber der Ausgleichsforderung des anderen Schädigers (§§ 426 BGB, 17 StVG) an den Erblasser die Einrede aus § 1990 zu, so kann sich nach einem Übergang des Schadensersatzanspruchs des Erben auf den Sozialversicherungsträger (§ 116 SGB X) auch dieser auf die Einrede berufen und damit eine Aufrechnung (§§ 406, 412) des Anspruchsgegners mit der Ausgleichsforderung unwirksam machen (BGHZ 35, 317, 327 f; vgl auch BGH VersR 1965, 688 in derselben Sache; MünchKomm/KÜPPER Rn 10).

42 Gegen eine an ihn gerichtete *Nachlass*forderung kann ein Nachlassgläubiger uU auch dann aufrechnen, wenn seiner Forderung die Einrede des § 1990 entgegensteht (PALANDT/EDENHOFER Rn 10; BGB-RGRK/JOHANNSEN Rn 14; PLANCK/FLAD § 1991 Anm 3; SOERGEL/STEIN Rn 8; ERMAN/SCHLÜTER Rn 3; ROTH 63; MICHALSKI Rn 987). § 390 schließt zwar einredebehaftete Forderungen von der Aufrechnungsbefugnis aus. Doch kann das für haftungsbeschränkende Einreden wie die des § 1990 oder des § 1973 (s dort

Rn 6) nicht schlechthin gelten. Denn selbst im Nachlassinsolvenzverfahren bleiben Aufrechnungsbefugnisse, die Nachlassgläubigern gegenüber Nachlassforderungen zustehen, idR unberührt (§§ 53 ff KO/§ 54 VerglO/etwas strenger nunmehr §§ 94 ff InsO). Die Nachlassgläubiger bei Dürftigkeit des überschuldeten Nachlasses schlechter zu stellen als im Nachlassinsolvenzverfahren, liegt nicht im Sinne des Gesetzes (vgl STROHAL II § 81 Fn 18; STAUDINGER/GURSKY [2006] § 390 Rn 15). Man wird die §§ 94 ff InsO sogar analog anwenden dürfen mit der Maßgabe, dass an die Stelle des Zeitpunkts der Verfahrenseröffnung (§§ 95 Abs 1, 96 InsO) der Zeitpunkt tritt, in dem sich der Erbe, *statt* (Rn 1) ein Nachlassinsolvenzverfahren zu beantragen, erstmals berechtigterweise auf § 1990 beruft (vgl hierzu auch HENCKEL, in: FS Lüke [1997] 237, 261 Fn 89). Ob sich der Erbe schon früher hätte auf § 1990 berufen können, ist im Rahmen der Analogie zu §§ 94 ff InsO ebenso unbeachtlich wie bei einer *unmittelbaren* Anwendung dieser Vorschriften die Frage, ob die Verfahrenseröffnung nicht schon früher hätte erfolgen können. Deshalb wird die **Aufrechnung eines Vermächtnisnehmers** gegen eine an ihn gerichtete Forderung des Nachlasses auch dann, wenn dem Vermächtnis *von Anfang an* die Einrede des § 1992 gegenüber stand (weil der Nachlass bereits zZ des Erbfalls überschuldet war und die Überschuldung schon damals auf den Vermächtnissen und/oder Auflagen beruhte), durch § 390 nicht ausgeschlossen (zust STAUDINGER/GURSKY [2006] § 390 Rn 15; **aM** BGB-RGRK/JOHANNSEN § 1992 Rn 11; PLANCK/FLAD § 1992 Anm 5; noch strenger als diese wohl STROHAL II § 82 I 3 und Fn 5). Dies ist nicht ungerecht, da es dem Erblasser ja auch möglich gewesen wäre, seinem Schuldner, statt ihm ein aufrechenbares Vermächtnis auszusetzen, die Schuld von vornherein zu erlassen. Für die in § 1991 Abs 4 genannten nachrangigen Gläubiger ist die Möglichkeit einer Aufrechnung gegen Nachlassforderungen von großem Interesse, da sie oft nur auf diese Weise zu einer Befriedigung gelangen können.

Auch ein Eigengläubiger des Erben kann gegen eine an ihn gerichtete Forderung des **43** Nachlasses aufrechnen. § 1990 steht nicht entgegen (wie hier PALANDT/EDENHOFER Rn 10; MünchKomm/KÜPPER § 1991 Rn 6; EBENROTH Rn 1164; wohl auch vLÜBTOW II 1170; **aM** SOERGEL/ STEIN Rn 8; AK-BGB/TEUBNER Rn 19; LANGE/KUCHINKE § 49 VIII 5; MICHALSKI Rn 987), da er nur gegenüber *Nachlass*gläubigern wirkt und selbst diese nicht an der Aufrechnung hindert (Rn 42). Weitere Argumente für die hier vertretene Ansicht können darin gesehen werden, dass § 1991 eine entsprechende Anwendung des § 1977 (insbesondere des Abs 2!) nicht anordnet und dass § 1990 auch eine *Zwangsvollstreckung* von Eigengläubigern des Erben in nachlasszugehörige Forderungen nicht hindert (s oben Rn 28 mit Nachweisen auch zur Gegenansicht). Wegen der Befreiung von seiner Eigenverbindlichkeit, die der Erbe infolge der Aufrechnung des Nachlassgläubigers auf Kosten des Nachlasses erlangt, muss der Erbe dem Nachlass gem §§ 1991 Abs 1, 1978 Abs 1, 812 Ersatz leisten, dh es hinnehmen, dass die Nachlassgläubiger insoweit trotz § 1990 in sein Eigenvermögen vollstrecken (vgl auch § 1991 Rn 10 f zu der Frage, ob es einer vorherigen Pfändung, Überweisung und Titulierung auch des Ersatzanspruchs bedarf). Jedoch ist die Aufrechnung als nicht erfolgt anzusehen unter den Voraussetzungen des § 1977 Abs 2. Das ist jedoch nur denkbar, wenn – zB gegen Vorschuss der Verfahrenskosten – doch noch eine Nachlassverwaltung oder ein Nachlassinsolvenzverfahren eröffnet wird: ein sicherlich seltener Fall.

V. Einredeerhebung durch Nachlasspfleger etc

Zur Bedeutung der §§ 1990–1992 für den *Nachlassverwalter* vgl § 1985 Rn 29 f. Wie **44** dieser haftet den Nachlassgläubigern auch ein nach §§ 1960, 1961 bestellter sonstiger *Nachlasspfleger* oder ein *Testamentsvollstrecker* (§§ 2205, 2212, 2213) schon unabhängig von § 1990 und § 1992 weder mit seinem Eigenvermögen noch mit dem – seiner Verwaltung nicht unterliegenden – Eigenvermögen des Erben (vgl RG WarnR 1918 Nr 122 bzgl des Testamentsvollstreckers). Im Fall der Verurteilung ist nicht einmal ein Vorbehalt nach § 780 ZPO nötig, s Abs 2 dieser Vorschrift. Eine Pflicht zur Beantragung des Nachlassinsolvenzverfahrens trifft einen nach §§ 1960, 1961 bestellten Nachlasspfleger oder einen Testamentsvollstrecker im Verhältnis zu den *Nachlassgläubigern* nicht (s § 1980 Rn 20; zur Antragspflicht des *Nachlassverwalters* vgl § 1985 Rn 29). Die Anwendung der §§ 1990–1992 auf diese Personen hat also nur Konsequenzen, soweit es um § 1990 Abs 2 und § 1991 Abs 3, 4 geht. Diese Vorschriften wird man auf Nachlasspfleger, Nachlassverwalter und Testamentsvollstrecker gleichermaßen anwenden müssen (bzgl des Nachlassverwalters str, s aber § 1985 Rn 29). Vgl zB OLG Dresden OLGE 35 [1917/II] 373 f: Analog § 1991 Abs 3 dürfe sich ein Nachlasspfleger wegen seiner Vergütung, Gebühren und Auslagen vorab aus dem Nachlass befriedigen (s auch § 1991 Rn 20). Vgl ferner RG WarnR 1918 Nr 122 = JW 1918, 816 f m Anm KIPP: Ein Testamentsvollstrecker könne sich unter den gleichen Voraussetzungen wie der Erbe auf § 1991 Abs 4 berufen.

Dass der *Nachlass* zur Deckung der Verfahrenskosten nicht ausreicht, hindert nicht die Eröffnung eines Insolvenzverfahrens über das Vermögen des *Erben* (wenn ein Eröffnungsgrund iS der §§ 16 ff InsO vorliegt und kostendeckende Masse vorhanden ist). In einem solchen Verfahren sind die Einreden der §§ 1990–1992 vom Insolvenzverwalter geltend zu machen (vgl MAROTZKE, Die Stellung der Nachlassgläubiger in der Eigeninsolvenz des Erben, in: FS-Otte [2005] 223, 229; PALANDT/EDENHOFER Rn 4; MünchKomm/KÜPPER Rn 10; DÖBEREINER, in: GOTTWALD [Hrsg], Insolvenzrechts-Handbuch [3. Aufl 2006] § 118 Rn 5), und zwar idR durch Widerspruch gem § 178 InsO. Wenn der Insolvenzverwalter dieses Widerspruchsrecht ausübt, ist es Sache des Nachlassgläubigers, seine Forderungsanmeldung im Verhältnis zum Eigenvermögen des Erben zurückzunehmen (dann müssen Sondermassen [Nachlass einerseits, sonstiges Erbenvermögen andererseits] gebildet werden) oder nach §§ 179 ff InsO Klage auf *uneingeschränkte* Feststellung seiner Forderung zur Insolvenztabelle zu erheben (zB mit der Begründung, dass der Erbe sein Haftungsbeschränkungsrecht bereits verloren habe [s oben Rn 9]; dann aber wohl analoge Anwendung des § 331 Abs 1 InsO und deshalb letztlich ebenfalls Bildung von Sondermassen). Übrigens kann statt des Insolvenzverwalters auch ein *konkurrierender Insolvenzgläubiger* mit der Begründung, dass dem Erben die Einrede des § 1990 zustehe, Widerspruch einlegen. Dieser Widerspruch hat dieselben Konsequenzen wie der des Insolvenzverwalters (§§ 178 Abs 1 S 1, 179 Abs 1 InsO). Anders verhält es sich hingegen beim Widerspruch des Erben (vgl §§ 178 Abs 1 S 2, 184 Abs 1, 201 Abs 2 S 1 InsO).

VI. Besonderheiten bei Erbenmehrheit

45 Auch Miterben können sich auf § 1990 berufen. Bis zur Teilung des Nachlasses kann aber jeder Miterbe schon unabhängig von § 1990 die Berichtigung einer Nachlassverbindlichkeit aus dem Vermögen, das er außer seinem Anteil am Nachlass hat, gem § 2059 Abs 1 verweigern. Das Leistungsverweigerungsrecht des § 2059 Abs 1 entfällt mit der Teilung des Nachlasses; jetzt erlangen die §§ 1990–1992 auch bei Vorhandensein *mehrerer* Erben die ihnen zugedachte Praxisrelevanz. Ist der Nachlass weder überschuldet, noch zahlungsunfähig und „droht" er auch nicht zahlungsunfähig zu werden (vgl § 320 InsO), so werden nach seiner Teilung selbst diejenigen den § 1990 für unanwendbar erklären müssen, die sonst die bei Rn 2 f kritisierte Ansicht vertreten, dass § 1990 eine Überschuldung nicht voraussetze (vgl RIESENFELD I 304). Denn wenn der bereits geteilte Nachlass weder überschuldet noch zahlungsunfähig ist und auch der Tatbestand der „drohenden" Zahlungsunfähigkeit nicht vorliegt, kann ein Miterbe die Eröffnung eines Nachlassinsolvenzverfahrens, die er im Prinzip auch noch nach der Nachlassteilung beantragen könnte (vgl §§ 316 Abs 2, 317 Abs 2 InsO), wegen Nichtvorliegens eines Eröffnungsgrundes (§§ 16, 320 InsO) nicht erreichen. Der Anordnung einer Nachlassverwaltung, die gem § 1975 ebenfalls haftungsbeschränkend wirken würde, steht nach der Teilung des Nachlasses § 2062 HS 2 entgegen. Nicht „wegen Mangels einer den Kosten entsprechenden Masse" (vgl § 1990 Abs 1 S 1), sondern aus ganz anderen Gründen kommt hier also keines der der in § 1975 genannten Haftungsbeschränkungsmittel mehr in Betracht. Für solche Fälle ist § 1990 nicht gedacht (RIESENFELD I 304). Ausweislich der Denkschr (731) kann ein Miterbe nach der Teilung des Nachlasses „die Rechtsfolge, als Gesammtschuldner auch mit dem eigenen Vermögen zu haften, ... in der Regel nur noch abwenden, wenn er in der Lage ist, wegen Überschuldung des Nachlasses die Eröffnung des Nachlasskonkurses herbeizuführen" (vgl § 216 Abs 2 KO, der dem heutigen § 316 Abs 2 InsO entspricht, und § 215 KO, der im Unterschied zum heutigen § 320 InsO nur die *Überschuldung* als Eröffnungsgrund anerkannte). Dieser Grundgedanke muss auf § 1990 übertragen werden. *Nach* der Teilung des Nachlasses kann sich ein Miterbe also nur noch dann auf § 1990 berufen, wenn ein Antrag auf Eröffnung eines Nachlassinsolvenzverfahrens nicht bereits wegen Fehlens eines Eröffnungsgrundes iSd § 320 InsO, sondern „wegen Fehlens einer den Kosten entsprechenden Masse" aussichtslos wäre (zum maßgeblichen Zeitpunkt s oben Rn 8). Die „Herausgabepflicht" des § 1990 Abs 1 S 2 (Rn 29 ff) bezieht sich, soweit der Nachlass geteilt ist, auf das, was der in Anspruch genommene einzelne Miterbe aus dem Nachlass erhalten hat (BROX/WALKER Rn 731; EBENROTH Rn 1171; LANGE/KUCHINKE § 50 V 3 c; ERMAN/SCHLÜTER Vorbem 10 zu § 2058; vgl auch § 1480 S 2 sowie Prot V 877; **aM** zu Unrecht [s § 2060 Rn 4 ff, 11, 14; § 2062 Rn 16 f und STAUDINGER/MAROTZKE (2008) § 1922 Rn 105 f] OLG Düsseldorf FamRZ 1996, 444 f: wenn der Nachlass geteilt sei, existiere kein „Nachlass" mehr, so dass es an einem Haftungsgegenstand fortan fehle und das Leistungsverweigerungsrecht aus § 1990 Abs 1 S 1 ohne weiteres durchgreife). Wenn einzelne Nachlassgegenstände aus der gesamthänderischen Bindung noch nicht ausgeschieden sind – was die Annahme einer Nachlass„teilung" nicht unbedingt ausschließt (§ 2059 Rn 33 ff) – bezieht sich die „Herausgabepflicht" des § 1990 Abs 1 S 2 auf

(1.) die dem in Anspruch genommenen Miterben bereits zugewiesenen Nachlassgegenstände (vgl auch § 2059 Rn 35) und

(2.) den Anteil des Miterben an dem noch ungeteilten Nachlassrest (pfändbar nach § 859 Abs 2 ZPO; vgl STAUDINGER/WERNER § 2033 Rn 27 ff, 33 ff, § 2042 Rn 37) und

(3.) auf die noch gesamthänderisch gebundenen Nachlassgegenstände (vgl auch § 2059 Abs 2 BGB und §§ 747, 779 ZPO).

Insoweit muss der Miterbe, der sich auf § 1990 beruft, also die Zwangsvollstreckung dulden, Auskunft erteilen usw (vgl oben Rn 29 ff).

VII. Entsprechende Anwendung

46 Entsprechende Anwendung finden die §§ 1990, 1991 u a auf folgende Fälle:

1. auf die Haftung des *volljährig Gewordenen* für die vor dem Eintritt der Volljährigkeit begründeten Verbindlichkeiten (vgl § 1629a Abs 1 S 2; hierzu ausführlich MUSCHELER WM 1998, 2271, 2284 ff; s auch Vorbem 3 zu §§ 1967 ff).

2. auf die Haftung des an sich nicht persönlich verpflichteten *Ehegatten* für eine *Gesamtgutsschuld,* die nicht vor der Teilung des Gesamtguts der allgemeinen Gütergemeinschaft berichtigt worden ist (§ 1480 S 2), ferner auf die Haftung des überlebenden Ehegatten für eine Gesamtgutsschuld, die ihn nur infolge des Eintritts der fortgesetzten Gütergemeinschaft trifft, § 1489 Abs 2 (in diesem letzteren Falle sind die gesamten Vorschriften über die Erbenhaftung entspr anwendbar);

3. auf die Haftung der *Abkömmlinge* bei der fortgesetzten Gütergemeinschaft für *Gesamtgutsverbindlichkeiten,* die bei der Teilung nicht berücksichtigt worden sind, § 1504;

4. auf die Haftung des *Käufers eines Erbteils* nach Ausübung des Vorkaufsrechts der Miterben, § 2036;

5. auf die Haftung des *Vorerben* nach Eintritt der Nacherbfolge, § 2145;

6. auf die Haftung des *Vermächtnisnehmers* für die ihm auferlegten Vermächtnisse auf Auflagen (§ 2187 Abs 3), mit der sich aus § 1992 S 2 ergebenden Maßgabe.

In fast allen diesen Fällen ist aber **Dürftigkeit** der Vermögensmasse, auf die sich die Haftung beschränkt, nicht erforderlich. Eine Ausnahme bildet insofern der Fall des § 1489 Abs 2 (vgl STAUDINGER/FELGENTRAEGER[10/11] § 1489 Rn 17 ff, 21).

7. Zur Frage einer entspr Anwendung der §§ 1990, 1991 auf einen nicht dürftigen Nachlass *nach bereits durchgeführter Nachlassverwaltung* s § 1986 Rn 10.

8. Eine entsprechende Anwendung der §§ 1990, 1991 sah auch der zum 1.1.1999 aufgehobene § 419 vor, der *bei vertraglicher Vermögensübernahme* eine Haftung des Erwerbers gegenüber den Gläubigern des Veräußerers statuierte (vgl erg Vorbem 5 zu §§ 1967 ff).

§ 1991
Folgen der Dürftigkeitseinrede

(1) Macht der Erbe von dem ihm nach § 1990 zustehenden Recht Gebrauch, so finden auf seine Verantwortlichkeit und den Ersatz seiner Aufwendungen die Vorschriften der §§ 1978, 1979 Anwendung.

(2) Die infolge des Erbfalls durch Vereinigung von Recht und Verbindlichkeit oder von Recht und Belastung erloschenen Rechtsverhältnisse gelten im Verhältnis zwischen dem Gläubiger und dem Erben als nicht erloschen.

(3) Die rechtskräftige Verurteilung des Erben zur Befriedigung eines Gläubigers wirkt einem anderen Gläubiger gegenüber wie die Befriedigung.

(4) Die Verbindlichkeiten aus Pflichtteilsrechten, Vermächtnissen und Auflagen hat der Erbe so zu berichtigen, wie sie im Falle des Insolvenzverfahrens zur Berichtigung kommen würden.

Materialien: E I § 2133 Abs 2; II § 1866; III § 1966; Mot V 656 f; Prot V 797 ff; Denkschr 723 f; KommBer 2101; JAKOBS/SCHUBERT ER I 304, 383 ff.

Neufassung seit 1. 1. 1999 gem Art 33 Nr 42 EGInsO: In Abs 4 wurden die Worte „des Konkurses" durch die Worte „des Insolvenzverfahrens" ersetzt.

I. Verantwortlichkeit des Erben und Ersatz seiner Aufwendungen

Abs 1 regelt die Verantwortlichkeit und die Aufwendungsersatzansprüche des Erben für den Fall, dass dieser von seinen Befugnissen aus § 1990 Gebrauch macht. **1**

1. Verantwortlichkeit

Hinsichtlich der Verantwortlichkeit des Erben gegenüber Gläubigern, denen er seine haftungsbeschränkenden Einreden aus § 1990 entgegenhält, verweist § 1991 Abs 1 auf Vorschriften, die sonst nur im Fall der Nachlassverwaltung oder des Nachlassinsolvenzverfahrens gelten würden, nämlich auf § 1978 und § 1979. **2**

a) Gem **§ 1978** bestimmt sich die **Verantwortlichkeit des Erben für die Verwaltung des Nachlasses** nicht – wie im Fall des § 1973 – nach Bereicherungsrecht, sondern nach den strengeren Maßstäben des Auftragsrechts (Abs 1 S 1) bzw – für die Zeit vor der Annahme der Erbschaft – nach dem Recht der Geschäftsführung ohne Auftrag (Abs 1 S 2). Verantwortlichkeit für die „bisherige" (§ 1978 Abs 1 S 1) Verwaltung des Nachlasses bedeutet im Rahmen der Verweisung des § 1991 Abs 1: Verantwortlichkeit für die Verwaltung des Nachlasses bis zu seiner vollständigen „Herausgabe" nach § 1990 Abs 1 S 2 (vgl BGB-RGRK/JOHANNSEN Rn 1). Im Übrigen gelten die Erl zu § 1978 entsprechend. **3**

Die Frage, ob bzw unter welchen Voraussetzungen Gegenstände, die der Erbe auf Kosten des Nachlasses erworben hat und die er dem Nachlassgläubiger deshalb nach §§ 1991 Abs 1, 1978 Abs 1, 667, 681 S 2 zu dem in § 1990 Abs 1 S 2 bezeichneten Zweck „herausgeben" muss, kraft „dinglicher" **Surrogation** schon jetzt Bestandteile des Nachlasses des Erben sind, ist bei § 1991 Abs 1 ebenso zu entscheiden wie bei § 1978 (vgl dort Rn 16 ff; speziell für §§ 1990, 1991 wird der Surrogationsgrundsatz anerkannt von ENDEMANN III 2, 961 und wohl auch von OLG Dresden OLGE 35 [1917/II] 374 Fn 1; enger jedoch die von mir in EWiR § 1990 BGB 1/1989, 989 f besprochene Entscheidung BGH FamRZ 1989, 1070, **4**

1072 = NJW-RR 1989, 1226, 1227; dingliche Surrogation hier pauschal verneinend BAMBERGER/
ROTH/LOHMANN Rn 5).

5 b) Die Verweisung auf § 1979 betrifft die Frage, unter welchen Voraussetzungen ein den Einreden des § 1990 ausgesetzter Gläubiger die **Befriedigung anderer Nachlassgläubiger** durch den Erben „als für Rechnung des Nachlasses erfolgt gelten lassen" muss. Im Rahmen des § 1990 ist § 1979 jedoch nur mit Einschränkungen anwendbar. Denn wenn der Erbe sich auf § 1990 beruft – also geltend macht, dass der Nachlass dürftig und wahrscheinlich überschuldet sei –, wird er nicht „den Umständen nach annehmen dürfen, dass der Nachlass zur Berichtigung aller Nachlassverbindlichkeiten ausreiche". Man wird daher folgende Unterscheidung treffen müssen:

aa) Hat der Erbe Nachlassverbindlichkeiten während einer Zeit berichtigt, zu der die Voraussetzungen des § 1990 noch nicht erfüllt waren (zB der Nachlass den Kosten einer Nachlassverwaltung bzw eines Nachlassinsolvenzverfahrens noch entsprach), so gilt für die Anwendung des § 1979 das in der Kommentierung zu dieser Vorschrift Ausgeführte uneingeschränkt.

6 bb) Wenn und sobald die Voraussetzungen des § 1990 Abs 1 S 1 erfüllt sind, braucht der Erbe ein Nachlassinsolvenzverfahren trotz Vorliegens eines Eröffnungsgrundes (§ 320 InsO) nicht (mehr) zu beantragen (§ 1980 Rn 7), obwohl ihm dies gegen Vorschuss der Verfahrenskosten (§ 26 Abs 1 S 2 InsO) durchaus möglich wäre. § 1990 Abs 1 S 1 erspart dem Erben diese Zumutung und gibt ihm das Recht, die Befriedigung einer Nachlassverbindlichkeit zu verweigern, *soweit* der Nachlass zur Befriedigung dieser *einzelnen* Verbindlichkeit nicht ausreicht. Eine Nachlassverbindlichkeit nach Kräften und mit Mitteln des Nachlasses zu berichtigen, kann der Erbe dem betreffenden Gläubiger also nicht mit der Begründung verweigern, dass der Nachlass zur Berichtigung *aller* (§ 1979) Verbindlichkeiten nicht ausreiche (jedoch steht dem Erben dann immerhin schon die *Dürftigkeits*einrede zu, so dass er wenigstens Übergriffe auf sein Eigenvermögen abwehren kann; s § 1990 Rn 3 [besonders den letzten Absatz]). Folglich müssen die übrigen Nachlassgläubiger eine in der Situation des § 1990 erfolgte Befriedigung eines Nachlassgläubigers wie ein unabwendbares Ereignis auch dann gegen sich gelten lassen, wenn der Rechtfertigungsgrund des § 1979 im konkreten Fall nicht erfüllt ist (RG WarnR 1913/14 Nr 213 S 304; zust MUSCHELER WM 1998, 2271, 2287). Insoweit gilt das Prinzip des Vorrangs des früheren Vollstreckungszugriffs. Auch im Fall des § 1990 braucht der Erbe die Rangfolge, mit der die Gläubiger im Nachlassinsolvenzverfahren zum Zuge kommen würden, grundsätzlich nicht zu beachten (§ 1990 Rn 1). Soweit er aber ausnahmsweise eine bestimmte Reihenfolge einhalten muss (s Rn 17 ff, 21 ff), wird man den Rechtsgedanken des § 1979 über § 1991 Abs 1 zur Anwendung bringen können: Hat der Erbe gegen die vorgeschriebene Rangfolge verstoßen, so ist er dem besserrangigen Gläubiger, dem er einen schlechterrangigen vorgezogen hat, nur dann nicht nach § 1978 Abs 1 verantwortlich, wenn er den Umständen nach annehmen durfte, dass der Nachlass zur Befriedigung des besserrangigen Gläubigers auch noch nach Befriedigung des schlechterrangigen ausreichen werde (Beispiel: Der Erbe zieht einem „normalen" Nachlassgläubiger einen Pflichtteilsgläubiger vor in dem Glauben, dass die Überschuldung des Nachlasses nur auf einer Auflage beruhe; vgl § 1991 Abs 4 BGB und § 327 Abs 1 InsO).

Überhaupt wird die Anwendbarkeit des § 1979 durch § 1990 nur insoweit eingeschränkt, als sich der Erbe des dürftigen Nachlasses ohne ein Nachlassinsolvenzverfahren – das ihm ja erlassen ist – seiner Leistungspflicht nicht entziehen konnte (also nur, soweit der Erbe trotz § 1990 Abs 1 S 1 leisten musste; iE wie hier wohl auch Lange/Kuchinke § 49 VIII 4c Fn 196; Muscheler WM 1998, 2271, 2287 Fn 130). Soweit der Erbe einem Gläubiger die Leistung aus einem anderen Grund noch weitergehend verweigern kann (zB gem §§ 1973, 1974 oder gem § 214 Abs 1), brauchen die übrigen Nachlassgläubiger eine dennoch erbrachte Leistung nur dann als für Rechnung des Nachlasses erfolgt gelten zu lassen, wenn der Erbe annehmen durfte, dass der Nachlass zur Berichtigung aller übrigen Nachlassverbindlichkeiten ausreiche (§ 1979) oder wenn er sein über § 1990 Abs 1 S 1 noch hinausgehendes Leistungsverweigerungsrecht schuldlos nicht kannte. Soweit ihm im letzteren Fall gem §§ 813, 814 ein Bereicherungsanspruch gegen den Leistungsempfänger zusteht (dazu § 1990 Rn 40), wird er diesen gem § 285 Abs 1 bzw §§ 1991 Abs 1, 1978 Abs 1, 667 anstelle der zur Gläubigerbefriedigung verwendeten Nachlassmittel zum Zwecke der Befriedigung des (anderen) Gläubigers im Wege der Zwangsvollstreckung (§ 1990 Abs 1 S 2) herauszugeben haben (wie hier bejahen eine Verpflichtung des Erben zur Geltendmachung der §§ 1973, 1974 auch Strohal II 306 f; Planck/Flad Anm 1 d ß; Raape JherJb 72 [1922] 293, 342; MünchKomm/Küpper Rn 11).

c) Es fällt auf, dass Abs 1 den **§ 1980 (Haftung bei Verletzung der Insolvenzantragspflicht)** nicht erwähnt. Nach E III sollte auch er Anwendung finden; dies wurde jedoch von der Reichstags-Kommission als gegenstandslos gestrichen (KommBer 2101). Es herrscht Übereinstimmung, dass das ein Irrtum war und man § 1980 auch auf den Erben anwenden muss, der sich auf § 1990 beruft (RG LZ 1913, 233 = Recht 1913 Nr 362; OLG Dresden ZBlFG 6 [1905/1906] 410, 415; BGH NJW 1992, 2694, 2695; BGB-RGRK/Johannsen Rn 2; MünchKomm/Küpper Rn 4; Palandt/Edenhofer Rn 1; Bamberger/Roth/Lohmann Rn 1; Lange/Kuchinke § 49 VIII 4a Fn 195; Strohal II § 81 Fn 5; vLübtow II 1168). Dass der Nachlass gerade dadurch dürftig geworden ist, dass der Erbe es versäumt hat, den Antrag auf Eröffnung des Nachlassinsolvenzverfahrens zu stellen (vgl RG und OLG Dresden, jeweils aaO), wird allerdings kaum vorkommen, da bei der Prüfung, ob der Nachlass den Verfahrenskosten entspricht (§ 1990 Abs 1 S 1), ein auf § 1980 beruhender Ersatzanspruch analog § 1978 Abs 2 als zum Nachlass gehörend anzusehen und daher als Aktivposten hinzuzurechnen ist. Jedoch kann zB ein Nachlassinsolvenzverfahren nach § 207 InsO eingestellt worden sein, weil seinerzeit von dem Ersatzanspruch aus § 1980 nichts bekannt war oder weil der Anspruch wegen (jetzt aber behobener) Vermögenslosigkeit des Erben nicht durchsetzbar war. *Da der Einstellungsbeschluss im Rahmen des § 1990 Abs 1 S 1 bindet,* kann sich in diesem Fall auch ein Erbe, der nach § 1980 haftet und dessen Nachlass aus diesem Grunde eigentlich gar nicht dürftig ist, auf § 1990 berufen. Dadurch darf er sich aber seiner Haftung aus § 1980 Abs 1 S 2 nicht entziehen können.

d) Gem §§ 1991 Abs 1, **1978 Abs 2** gelten Ansprüche, die dem Nachlassgläubiger nach §§ 1991 Abs 1, 1978 Abs 1 (und § 1980, s Rn 8) gegen den Erben zustehen, als zum Nachlass gehörend.

aa) Durch die **Addition zu den Aktiva** können diese eine Höhe erreichen, die die Kosten einer Nachlassverwaltung oder eines Nachlassinsolvenzverfahrens decken würde und den Nachlass deshalb als nicht „dürftig" erscheinen lässt. Damit entfallen

(1.) in der Regel bereits die Dürftigkeitseinrede als solche (zu denkbaren Ausnahmen s oben Rn 8 und § 1990 Rn 5; vgl ferner § 1990 Rn 2 f zu den Voraussetzungen und Inhalten der Dürftigkeitseinrede) und mit dieser

(2.) die Unzulänglichkeitseinrede, soweit diese nicht gem § 1992 auch ohne Dürftigkeit gegeben ist (Näheres zur Unzulänglichkeitseinrede bei § 1990 Rn 2 f, 17).

Denkbar ist ferner, dass infolge der Addition zwar nicht die Dürftigkeit, wohl aber die (ernsthafte Möglichkeit einer) *Überschuldung* des Nachlasses entfällt. Damit entfällt nach der bei § 1990 Rn 3 f vertretenen Ansicht nicht nur die Unzulänglichkeits-, sondern auch schon die Dürftigkeitseinrede. Ist der Nachlass hingegen trotz Hinzurechnung der gegen den Erben gerichteten Ersatzansprüche sowohl überschuldet als auch dürftig, so beeinflusst die Hinzurechnung nur noch den *Umfang* eines etwaigen Leistungsverweigerungsrechts aus § 1990 Abs 1 S 1 (soweit „der Nachlass nicht ausreicht"). Auch dies kann freilich im Ergebnis zum *völligen* Ausschluss der Unzulänglichkeitseinrede führen.

10 bb) Die Geltendmachung der Ansprüche aus §§ 1991 Abs 1, 1978 Abs 1, 1980 Abs 1 S 2 kann zum einen in der Weise erfolgen, dass der Nachlassgläubiger diese Ansprüche der vom Erben erhobenen Dürftigkeitseinrede entgegenhält und darlegt, dass der Nachlass wegen dieser Ansprüche weder dürftig ist noch überschuldet sein kann. Dann kann der Erbe den Gläubiger ohnehin nicht nach § 1990 auf den Nachlass beschränken (zT streitig bzw mit Ausnahmen zu versehen; vgl hinsichtlich der Dürftigkeit oben Rn 8 und § 1990 Rn 5 sowie zur Bedeutung einer nur *möglicherweise* bestehenden Überschuldung oder Zahlungsunfähigkeit die Hinweise bei § 1990 Rn 3). Führt die Verantwortlichkeit des Erben nicht bereits zum völligen Ausschluss der Rechte aus § 1990, so wird der Gläubiger seinen *Vollstreckungszugriff* wenigstens insoweit, wie der Erbe ihm nach § 1991 Abs 1 verantwortlich ist, auch *auf dessen Eigenvermögen ausdehnen* wollen. Dies führt zu der Frage, ob sich der Nachlassgläubiger solche gegen das Eigenvermögen des Erben gerichtete Ansprüche erst pfänden und überweisen lassen muss (**bejahend** OLG Dresden ZBlFG 6 [1905/1906] 410, 416; 3. Denkschr d ErbRA d AkDR 8 f; SIBER, Haftung für Nachlaßschulden nach geltendem und künftigem Recht [1937] 48, 77; K HELLWIG, Anspruch und Klagrecht [1924, Neudruck 1967] 241 Fn 21; BGB-RGRK/JOHANNSEN § 1978 Rn 11 [vgl aber dens § 1990 Rn 9]; MünchKomm/KÜPPER Rn 7; KIPP/COING § 101 VI; **verneinend** BGH NJW-RR 1989, 1226, 1228 = FamRZ 1989, 1070, 1073; ERMAN/SCHLÜTER Rn 3; SOERGEL/STEIN Rn 2; BAMBERGER/ROTH/LOHMANN Rn 2; DE BOOR, Kollision von Forderungsrechten [1928] 58 f; vLÜBTOW II 1169; wohl auch LANGE/KUCHINKE § 49 VIII 6 Fn 206). Für das Erfordernis vorheriger Pfändung scheint zu sprechen, dass diese Ansprüche gem § 1978 Abs 2 als zum Nachlass gehörend gelten. Die Zuordnung der Ansprüche zum Nachlass ist jedoch nur eine Fiktion („gelten"), die als solche auch zweckmäßig erscheint, soweit sie die Geltendmachung der betreffenden Ansprüche durch einen Nachlass- bzw Nachlassinsolvenzverwalter ermöglicht und zu einer Berücksichtigung dieser Ansprüche bei der Prüfung führt, ob bzw inwieweit der Nachlass zur Befriedigung eines Gläubigers nicht ausreicht (§ 1990 Abs 1 S 1), ob er zahlungsunfähig oder überschuldet ist (§ 320 InsO) oder ob er den Kosten einer Nachlassverwaltung bzw eines Nachlassinsolvenzverfahrens entspricht (Prot V 813). Man würde den Sinn dieser

Fiktion jedoch pervertieren, wenn man den Nachlassgläubigern ihretwegen die Geltendmachung der persönlichen Verantwortlichkeit des Erben (und zB auch der Ansprüche auf Auskunft etc aus §§ 1978 Abs 1, 666, 259) erschweren würde. Wo kein Nachlass- oder Nachlassinsolvenzverwalter vorhanden ist, besteht kein Grund, den Nachlassgläubigern durch die Fiktion des § 1978 Abs 2 die Ausübung der materiell ihnen (Prot V 781) zustehenden Rechte aus §§ 1978 Abs 1, 1979, 1980 Abs 1 S 2 zu erschweren (ebenso BGH FamRZ 1989, 1070, 1073 = NJW-RR 1989, 1226, 1228). Der Hinweis von SIBER (Haftung für Nachlaßschulden ... 48), dass ein einzelner Gläubiger diese Ansprüche allein gar nicht geltend machen könne, weil sie allen Nachlassgläubigern gemeinschaftlich zustünden, überzeugt nicht. Denn im Fall der von SIBER angenommenen Gesamtgläubigerschaft kann jeder Gläubiger einzeln klagen (arg §§ 429 Abs 3, 425 Abs 2 aE; **aM** SIBER aaO), und der Erbe braucht weder hier (§ 428 S 1) noch in den Fällen des § 1990 an alle Gläubiger gemeinsam zu *leisten*. Der Erbe kann sich grundsätzlich aussuchen, welchen Gläubiger er zuerst befriedigt (vgl aber § 1991 Abs 4). Dies muss auch für die Leistung an einen der mehreren Inhaber eines Anspruchs aus §§ 1991 Abs 1, 1978 Abs 1, 1980 Abs 1 S 2 gelten. Nichts spricht also dagegen, dass ein einzelner Nachlassgläubiger solche Ansprüche, ohne sie vorher aufgrund seines gegen den Nachlass gerichteten Vollstreckungstitels zu pfänden, aus eigenem Recht einklagen und später durch Zwangsvollstreckung selbst für seine Befriedigung sorgen darf (vgl auch § 428 S 2). In diesem Sinne hat auch der BGH entschieden (BGH NJW-RR 1989, 1226, 1228 f = FamRZ 1989, 1070, 1073–1075).

IdR wird ein Nachlassgläubiger auf ein klagweises Vorgehen wegen dieser Ansprüche nicht angewiesen sein: Vollstreckt er eine Nachlassverbindlichkeit auch in das Eigenvermögen des Erben, so ist es Sache des Erben, diesen Übergriff durch Vollstreckungsgegenklage abzuwehren (§§ 780, 781, 785 ZPO). Gegenüber dieser Klage kann der Nachlassgläubiger verteidigungsweise einwenden, dass die mit ihr begehrte Beschränkung der Vollstreckbarkeit des Titels auf den Nachlass insoweit, wie aufgrund der §§ 1991 Abs 1, 1978 Abs 1, 1979, 1980 eine Haftung des Erben auch mit dem Eigenvermögen besteht, entsprechend dem Grundsatz „dolo facit, qui petit, quod statim rediturus est" nicht in Betracht kommt (vgl BGH NJW-RR 1989, 1226, 1228 = FamRZ 1989, 1070, 1073; BGH NJW 1992, 2694, 2695; BGB-RGRK/JOHANNSEN § 1990 Rn 9; BAMBERGER/ROTH/LOHMANN Rn 2 und HERSCHEL DR 1940, 325 in einer Anm zu einem nur im Ergebnis ähnlichen Urteil des OLG Köln; zweifelnd wohl BFHE 139, 12, 14 = BStBL II 1983, 653, 654 [zu *§ 1989* und *deshalb* iE zutreffend; vgl § 1989 Rn 8]). **11**

2. Aufwendungsersatz

Ersatz seiner Aufwendungen kann der Erbe gem § 1991 Abs 1 **nach Maßgabe der** **12** **§§ 1978 Abs 3, 1979** verlangen. Der Erbe kann also nicht, wie im Fall des § 1973, alles in Anrechnung bringen, was er aus eigenen Mitteln zur *Gläubigerbefriedigung* aufgewandt hat. Hat der Erbe zu einer Zeit, als der Nachlass den Kosten eines Nachlassinsolvenzverfahrens noch entsprach, eine Nachlassverbindlichkeit berichtigt, so müssen die anderen Nachlassgläubiger diese Schuldentilgung gem § 1979 nur dann als für Rechnung des Nachlasses erfolgt gelten lassen, wenn der Erbe den Umständen nach annehmen durfte, dass der Nachlass zur Berichtigung aller Nachlassverbindlichkeiten ausreiche. Auch *sonstige Aufwendungen* sind dem Erben nur nach Auftrags- bzw Geschäftsführungsrecht zu ersetzen (§ 1978 Rn 26 ff). Befriedigt der Erbe einen Nachlassgläubiger nach Maßgabe der §§ 1990, 1991, so müssen die übrigen Gläubiger diese Schuldentilgung entgegen § 1979 auch dann als für Rechnung des Nachlasses erfolgt gelten lassen, wenn der Erbe *nicht* annehmen durfte, dass der Nachlass zur Berichtigung aller Nachlassverbindlichkeiten ausreiche (s oben Rn 6). Ihm aus anderen Gründen (zB § 1973) zustehende Einreden muss der Erbe aber auch geltend machen (s Rn 7).

13 Die **Durchsetzung** seiner Aufwendungsersatzansprüche obliegt dem Erben. Er kann sich seine Aufwendungen, soweit sie ersatzfähig sind, selbst „aus dem Nachlass" (vgl § 1978 Abs 3) ersetzen. Da der Erbe die Nachlassgläubiger in den Fällen des § 1990 grundsätzlich in der ihm beliebenden Reihenfolge befriedigen darf (Prot V 800 f, auch zu der Ausnahme des Abs 4), kann ihm kein Nachlassgläubiger verwehren, dass er an erster Stelle sich selbst wegen seiner Aufwendungen berücksichtigt (vgl auch Rn 19, 20 und BGHZ 85, 274, 287; 122, 297, 306; BGH NJW 1995, 596, 597 mwNw). Wenn im Nachlass ein seinen Aufwendungsersatzansprüchen entsprechender Geldbetrag vorhanden ist, kann er diesen Betrag also trotz § 1990 Abs 1 S 2 zurückbehalten. Auch hinsichtlich anderer Nachlassgegenstände als Geld kann der Erbe wegen der Aufwendungen, die ihm nach §§ 1991 Abs 1, 1978 Abs 3 „aus dem Nachlass" zu ersetzen sind, ein **Zurückbehaltungsrecht** (§ 273) geltend machen (vgl RGZ 139, 199, 202; aM OLG Stuttgart WürttJb 24 [1912] 298, 301 f; STROHAL II § 81 Fn 13; BINDER II 207). Die Ansicht, hier komme ein Zurückbehaltungsrecht höchstens insoweit in Betracht, als der von der Zwangsvollstreckung des Nachlassgläubigers erfasste Gegenstand zur Deckung der Aufwendungsersatzansprüche des Erben erforderlich sei (STAUDINGER/LEHMANN[11] Rn 7), erscheint angesichts dessen, dass der Nachlassgläubiger die Ausübung des Zurückbehaltungsrechts durch Sicherheitsleistung abwenden kann (§ 273 Abs 3), als zu restriktiv (vgl auch STAUDINGER/BITTNER [2004] § 273 Rn 130). Gegen die grundsätzliche Anerkennung des Zurückbehaltungsrechts spricht nicht, dass der Erbe im Fall des § 1990 nicht wie nach §§ 1973 Abs 2 S 2, 1992 S 2 berechtigt ist, die Herausgabe der noch vorhandenen Nachlassgegenstände durch Zahlung des Schätzwertes abzuwenden (vgl aber STAUDINGER/LEHMANN[11] Rn 7). Denn dieses Übernahmerecht könnten die Nachlassgläubiger ja gerade *nicht* abwenden (§ 273 Abs 3 ist insoweit weder unmittelbar noch analog anwendbar). Bei der Bemessung der zur Abwendung des Zurückbehaltungsrechts zu leistenden Sicherheit ist zu berücksichtigen, dass der Erbe auch dann, wenn seine Aufwendungsersatzansprüche den Wert des Nachlasses übersteigen, nicht mehr verlangen kann, als im Wege der Zwangsvollstreckung für den Nachlass zu erlösen ist. Hat der Erbe von seinem Zurückbehaltungsrecht keinen Gebrauch gemacht, sondern den Nachlass nach § 1990 Abs 1 S 2 „herausgegeben", so wird er wegen seiner Aufwendungen **Vorwegbefriedigung aus dem erzielten Vollstreckungserlös** verlangen können (vgl Prot V 773, zu § 1989). In der Zwangsversteigerung kann dieses Recht uU in der Weise Berücksichtigung finden, dass die begünstigte Forderung auf Anmeldung (§ 45 Abs 1 ZVG) in das geringste Gebot (§ 44 Abs 1 ZVG), und zwar in das Bargebot (§ 49 ZVG), aufgenommen wird (vgl BGHZ 66, 217, 226 f betr Anwendung der §§ 1990, 1991 im Rahmen des inzwischen aufgehobenen § 419; alleiniger Gegenstand der Vermögensübernahme war ein Bauernhof). Zur Geltendmachung der Aufwendungsersatzansprüche im Streit des Erben mit einem Nachlassgläubiger um die Freigabe eines hinterlegten Betrages vgl OLG Celle OLGZ 1978, 199 ff (betr Anwendung der §§ 1990, 1991 im Rahmen des zum 1.1.1999 außer Kraft getretenen § 419).

II. Relative Aufhebung der Konfusion bzw Konsolidation

Abs 2 entspricht dem § 1976. Jedoch tritt die Aufhebung der Vereinigung von Recht **14** und Verbindlichkeit bzw von Recht und Belastung anders als im unmittelbaren Anwendungsbereich des § 1976 nicht schlechthin ein, sondern immer nur im Verhältnis des Erben zu dem Gläubiger, dem er die Haftungsbeschränkung des § 1990 entgegenhält. Wiederauflebende **Ansprüche des Erben gegen den Nachlass** können also nicht von Eigengläubigern des Erben gepfändet werden (STROHAL II § 81 Fn 3 a; SOERGEL/STEIN Rn 5; MünchKomm/KÜPPER Rn 5). Entsprechendes muss für Ansprüche des Nachlasses gegen den Erben gelten. Wohl aber kann der Erbe Nachlassgläubigern, denen er seine Rechte aus § 1990 entgegenhält, wiederauflebende eigene Ansprüche gegen den Nachlass als Passivposten in Rechnung stellen (RG WarnR 1913/14 Nr 213). Insoweit gilt das zu den Aufwendungsersatzansprüchen Ausgeführte (Rn 13) entsprechend; das dort erwähnte Zurückbehaltungsrecht steht dem Erben aber nicht zu, da sich seine nach Abs 2 als nicht erloschen geltenden Ansprüche gegen den Nachlass, nicht gegen Nachlass*gläubiger* richten. Vgl ferner Rn 20.

Ansprüche des Nachlasses gegen den Erben, die gem Abs 2 im Verhältnis zwischen **15** dem Erben und dem mit der Einrede des § 1990 konfrontierten Nachlassgläubiger als nicht erloschen gelten, kann dieser Gläubiger – anders als die ihm selbst zustehenden Ansprüche aus § 1978 Abs 1 (s Rn 10) – erst nach Pfändung, Überweisung und Titulierung gegen das Eigenvermögen des Erben vollstrecken lassen (**aM** wohl DE BOOR, Kollision von Forderungsrechten [1928] 59). Auch gegenüber dem Erblasser hätte der Gläubiger ja so verfahren müssen.

Für die *verteidigungsweise* Geltendmachung dieser Ansprüche gilt dagegen das bei Rn 9, 11 Ausgeführte entsprechend. Insbesondere kann der Nachlassgläubiger gegenüber einer Vollstreckungsgegenklage des Erben (§ 785 ZPO), mit der dieser die Vollstreckbarkeit der titulierten Forderung auf den Nachlass beschränken will, geltend machen, dass der Erbe nach Maßgabe der gegen ihn selbst gerichteten Ansprüche des Nachlasses auch mit dem Eigenvermögen haftet (gegen die Notwendigkeit vorheriger Pfändung und Überweisung solcher Ansprüche auch BGB-RGRK/JOHANNSEN Rn 7).

Von Bedeutung ist Abs 2 auch im Fall erbrechtlich bedingter Vereinigung von **Mit- 16 eigentumsanteilen** oder **Gesellschaftsanteilen** in einer Hand (vgl § 1976 Rn 8 f).

III. Rechtskräftige Verurteilung des Erben

1. Gem **Abs 3** wirkt die rechtskräftige Verurteilung des Erben zur Befriedigung **17** eines Gläubigers einem anderen Gläubiger gegenüber wie die Befriedigung (ähnlich § 1973 Abs 2 S 3). Der Erbe darf also im Fall des § 1990 die Befriedigung eines Nachlassgläubigers auch dann verweigern, wenn (bzw soweit) der Nachlass durch die Erfüllung der rechtskräftig titulierten Forderung eines anderen Nachlassgläubigers erschöpft würde. Nach hM soll Abs 3 den Erben sogar *verpflichten,* den Gläubiger, der das rechtskräftige Urteil gegen ihn erzielt hat, vor den übrigen Gläubigern zu befriedigen (RG WarnR 1913/14 Nr 213; STAUDINGER/LEHMANN[11] Rn 8, 10; PLANCK/FLAD Anm 1 d ß; BGB-RGRK/JOHANNSEN Rn 8; AK-BGB/TEUBNER Rn 8; SOERGEL/STEIN Rn 7; ERMAN/ SCHLÜTER Rn 4; MünchKomm/KÜPPER Rn 8; vLÜBTOW II 1173 f; MUSCHELER WM 1998, 2271, 2286; vgl auch RGZ 139, 199, 202 [zum früheren § 419 Abs 2] und Mot V 641; **aM** LANGE/KUCHINKE

§ 49 VIII 4 a; vgl auch Siber, Haftung für Nachlaßschulden 61). Diese Ansicht wird jedoch vom Wortlaut der Vorschrift nicht gedeckt; auch die in Mot V 641 angedeuteten Billigkeitserwägungen überzeugen nicht (Siber aaO). Ist der Erbe freilich *ohne Vorbehalt* der Beschränkung seiner Haftung rechtskräftig verurteilt worden, so kann er sich der Erfüllung des Urteils schon wegen § 780 Abs 1 ZPO nicht mehr mit dem Hinweis entziehen, dass er nachträglich noch andere Gläubiger befriedigt habe und der Nachlass dadurch gemindert worden sei. Übrigens sollte auch ein *letztinstanzlich* zuständiges Gericht dem Erben den erstrebten Vorbehalt des § 780 ZPO nicht allein deshalb verweigern, weil sein Urteil sofort nach Verkündung „rechtskräftig" iSd § 1991 Abs 3 ist, der Nachlass oder das vom Erben hieraus ohne rechtlichen Grund Entnommene zur Befriedigung des Klägers ausreicht und andere Nachlassgläubiger eine rechtskräftige Verurteilung des Erben bisher nicht erwirkt haben (vgl jedoch das zum damaligen § 419 Abs 2 ergangene Urteil BGHZ 122, 297, 307 f). Denn der Wert des Nachlasses kann sich im Laufe der Zeit ändern; und auf Gegenstände, die der Erbe rechtsgrundlos in sein Eigenvermögen überführt hat, kann der Gläubiger auf dem bei Rn 10 f beschriebenen Wege ohne erneute Klage auch dann zugreifen, wenn sein gegen den Erben erwirkter Titel den Vorbehalt des § 780 ZPO enthält.

18 Als Verurteilung „zur Befriedigung" eines Nachlassgläubigers wird man auch ein Urteil ansehen dürfen, das die Frage, ob bzw inwieweit der Erbe die Befriedigung gem § 1990 Abs 1 S 1 verweigern kann, nicht ausdrücklich entscheidet, sondern insoweit nur den Vorbehalt des § 780 ZPO enthält (iE ebenso Staudinger/Lehmann[11] Rn 26). Denn auch dieses Urteil stellt rechtskräftig fest, dass der Gläubiger *zumindest* in Höhe des Nachlasswertes (soweit dieser die titulierte Forderung deckt) Befriedigung verlangen kann.

19 Auch gegenüber rechtskräftig titulierten Forderungen hat der Erbe das Recht, sich wegen seiner eigenen Ansprüche gegen den Nachlass aus diesem vorab zu befriedigen (RG WarnR 1913/14 Nr 213; vgl auch Rn 20). Voraussetzung ist allerdings, dass das rechtskräftige Urteil den Vorbehalt des § 780 ZPO enthält (BGB-RGRK/Johannsen Rn 6).

20 2. Eine **analoge Anwendung des Abs 3** ist befürwortet worden zugunsten solcher Personen, die selbst kein rechtskräftiges Urteil gegen den Erben erlangen können: zugunsten des Erben wegen seiner Ansprüche gegen den Nachlass (RG WarnR 1913/14 Nr 213; BGB-RGRK/Johannsen Rn 6; Soergel/Stein Rn 7; Tidow FamRZ 1990, 1060, 1061) und zugunsten des Nachlasspflegers wegen seiner Ansprüche auf Vergütung, Gebühren, Auslagenersatz (OLG Dresden OLGE 35 [1917/II] 373 f; Soergel/Stein Rn 7). Die Notwendigkeit dieser Analogie erscheint zweifelhaft, da der Erbe bei der Befriedigung der Nachlassgläubiger in den Fällen des § 1990 an eine bestimmte Rangfolge grundsätzlich nicht gebunden ist (§ 1990 Rn 1) und somit wohl auch ohne die Analogie zu § 1991 Abs 3 nicht gehindert werden kann, an erster Stelle sich selbst zu berücksichtigen (zustimmend Lange/Kuchinke § 49 VIII 3 a Fn 191; vgl auch RGZ 82, 273, 278 betr Anwendung des § 1991 im Rahmen des damaligen § 419 Abs 2 S 2; hingegen wird die Analogie zu § 1991 Abs 3 bemüht in RGZ 139, 199, 202 sowie im Zusammenhang mit dem damaligen § 419 Abs 2 S 2 auch von BGH VersR 1984, 846, 849 und Staudinger/Kaduk[12] § 419 Rn 136). Das gilt selbst gegenüber solchen Gläubigern, die eine rechtskräftige Verurteilung des Erben erzielt haben (sofern das Urteil den Haftungsvorbehalt des § 780 ZPO enthält; zutr BGB-RGRK/Johannsen Rn 6). Denn nach der hier vertretenen Ansicht (Rn 17) ist der Erbe zwar berechtigt, nicht jedoch verpflichtet, derartige Gläubiger vorab zu befriedigen (aM insoweit RG WarnR 1913/14 Nr 213, das deshalb den Erben [dort: den Vermögensübernehmer, vgl den inzwischen aufgehobenen § 419 Abs 2] wegen seiner eigenen Ansprüche einem rechtskräftig titulierten Gläubiger *gleichstellt* und *so* zum selben Ergebnis gelangt; gleiche Argumentationsstruktur im Zusammenhang mit § 1629a Abs 1 S 2 nunmehr bei MUSCHELER WM 1998, 2271, 2286 f mit Fn 131).

IV. Pflichtteilsrechte, Vermächtnisse, Auflagen, Erbersatzansprüche

1. Gem **Abs 4** hat der Erbe Pflichtteilsansprüche, Vermächtnisse und Auflagen so zu berichtigen, wie sie im Falle des Nachlassinsolvenzverfahrens zur Berichtigung kämen. Gleiches gilt aufgrund der übergangsrechtlich noch fortgeltenden §§ 1934b Abs 2 S 1 BGB, 327 Abs 1 Nr 3 InsO (dazu HK-InsO/MAROTZKE[5] § 327 Rn 12 f) für Erbersatzansprüche (vgl GÖPPINGER DRiZ 1970, 177, 180; SCHRAMM BWNotZ 1970, 9, 13) aus Erbfällen vor dem 1.4.1998 (Art 227 Abs 1 Nr 1 EGBGB). Abs 4 gilt auch für Pflichtteilsergänzungsansprüche (BGHZ 85, 274, 280). Gegenüber all diesen Gläubigern hat der Erbe die Unzulänglichkeitseinrede des § 1990 Abs 1 S 1 also schon dann, wenn der Nachlass für sie nach einer Befriedigung derjenigen Gläubiger, die ihnen im Nachlassinsolvenzverfahren vorgehen würden (vgl § 327 InsO), nicht mehr ausreichen *würde* (die Befriedigung braucht also noch nicht erfolgt zu sein; so konkludent auch BGHZ 85, 274, 280). Die Zurücksetzung der durch Abs 4 betroffenen Gläubiger greift auch dann ein, wenn sie bereits eine rechtskräftige Verurteilung des Erben (Abs 3) erwirkt haben (BGB-RGRK/JOHANNSEN Rn 9). Behält das Urteil dem Erben nicht die Beschränkung seiner Haftung vor, so muss er es freilich voll erfüllen (§ 780 ZPO), kann dies den übrigen Gläubigern aber nur unter den Voraussetzungen des § 1979 entgegenhalten, wobei für § 1979 grundsätzlich auf den Zeitpunkt des Eintritts der Rechtskraft (arg § 1991 Abs 3), bei letztinstanzlichen Berufungsurteilen auf den der letzten mündlichen Verhandlung (arg §§ 767 Abs 2, 780 Abs 1 ZPO) abzustellen sein wird. Wenn mehrere der durch Abs 4 betroffenen Gläubiger vorhanden sind und diese im Nachlassinsolvenzverfahren *gleichen* Rang hätten (vgl § 327 Abs 1 InsO), so hat der Erbe sie *wie* im Nachlassinsolvenzverfahren nach dem Verhältnis ihrer Beträge zu berücksichtigen; gegenüber etwaigen Mehrforderungen steht ihm die Unzulänglichkeitseinrede zu. Bei der Bestimmung der insolvenzrechtlichen Rangfolge sind auch die Sonderbestimmungen in § 327 Abs 2 und 3 InsO zu beachten (Vermächtnis, durch welches das Recht des Bedachten auf den Pflichtteil ausgeschlossen wird; besondere Rangbestimmung durch Verfügung von Todes wegen [RG 20.1.1913 IV 399/12; BGB-RGRK/JOHANNSEN Rn 9]; Verschweigungswirkung des § 1974 [vgl hierzu und zu § 1973 schon oben Rn 7]). Wenn der Erbe wegen der schwierigen Rechtslage nicht zu entscheiden vermag, wie die in Abs 4 genannten Verbindlichkeiten zu berichtigen sind, wird er analog § 372 S 2 zur **Hinterlegung** berechtigt sein (BGB-RGRK/JOHANNSEN Rn 10; SOERGEL/STEIN Rn 9). Nimmt der Erbe zur Durchführung einer dem Insolvenzrecht entsprechenden Verteilung Rechtsrat in Anspruch, so wird er die dadurch entstehenden Kosten idR gem §§ 1991 Abs 1, 1978 Abs 3, 670 im Rahmen der durch die Vermeidung des Nachlassinsolvenzverfahrens eingetretenen Ersparnis als Abzugsposten geltend machen können (vgl WILKE, Die Haftung des Erben ... [1898] 23).

Für **Verstöße gegen Abs 4** ist der Erbe den hierdurch benachteiligten Nachlassgläubigern nach Maßgabe der §§ 1978 Abs 1, 1979 verantwortlich (s oben Rn 6 f). Außerdem können diese die Leistung uU nach § 5 AnfG anfechten. Bereicherungsansprüche der durch Verletzung des Abs 3 benachteiligten Gläubiger kommen gegen die Leistungsempfänger nicht in Betracht (RG JW 1908, 487 = WarnR 1908 Nr 650; vgl auch Mot V 641 zu § 1989), da die Bereicherung auf einer Leistung des *Erben* beruht. Oft wird jedoch der Erbe selbst seine Leistung gem §§ 813, 814 kondizieren können, soweit er sie aufgrund der §§ 1990 Abs 1 S 1, 1991 Abs 4 hätte verweigern dürfen (vgl OLG Stuttgart NJW-RR 1989, 1283); diesen Bereicherungsanspruch können sich die übrigen Nachlassgläubiger pfänden lassen (s Rn 7).

23 **Nicht auf Geld gerichtete Ansprüche** brauchen die durch Abs 4 betroffenen Gläubiger nicht unbedingt analog § 45 InsO auf Geld umzustellen. Zwar bezeichnen die Mot (V 658 f; vgl auch 665) die Geltendmachung zum Schätzwert in Geld als „eine nothwendige Folge der Fiktion des Konkurses" (die E I in §§ 2133, 2134 übrigens noch für *alle* Nachlassverbindlichkeiten vorsah). Bereits die Subkommission für das Inventarrecht hat dies aber dahingehend abmildern wollen, dass der Gläubiger „jedoch" berechtigt sei, „gegen Vergütung des (aufgrund der sog Abzugseinrede, jetzt § 1990 Abs 1 S 1) abzuziehenden Betrags die Herausgabe des geschuldeten Gegenstandes zu verlangen" (E I § 2134 = Prot V 746). Diese Vorschrift, deren Anwendungsbereich übrigens nicht auf die in § 1991 Abs 4 genannten Verbindlichkeiten beschränkt gewesen wäre, wurde später gestrichen, weil man sie für „selbstverständlich" hielt (Prot V 801). Auch der BGH ist ihr im Ergebnis gefolgt (NJW 1964, 2298, 2300 mwNw [Verschaffungsvermächtnis]). Demnach haben die in § 1991 Abs 4 genannten Gläubiger also zwar das *Recht,* ihre Ansprüche, falls sie nicht auf Geld gerichtet sind, analog § 45 InsO zum Schätzwert geltend zu machen; sie *müssen* dies jedoch nicht. Bestehen sie auf Erfüllung in Natur, so gilt das bei § 1990 Rn 37, 38 Ausgeführte. Unter denselben Voraussetzungen, unter denen der Nachlassgläubiger danach die Erfüllung in Natur durchsetzen kann, kann der Gläubiger eines Gegenstandsvermächtnisses verhindern, dass der Erbe die Herausgabe des vermachten Nachlassgegenstandes gem § 1992 S 2 durch Zahlung des Wertes abwendet (vgl BGH NJW 1964, 2298, 2300).

24 2. Für **Vermächtnisse** und **Auflagen** gelten die Sonderbestimmungen des § 1992.

§ 1992
Überschuldung durch Vermächtnisse und Auflagen

Beruht die Überschuldung des Nachlasses auf Vermächtnissen und Auflagen, so ist der Erbe, auch wenn die Voraussetzungen des § 1990 nicht vorliegen, berechtigt, die Berichtigung dieser Verbindlichkeiten nach den Vorschriften der §§ 1990, 1991 zu bewirken. Er kann die Herausgabe der noch vorhandenen Nachlassgegenstände durch Zahlung des Wertes abwenden.

Materialien: E II § 1867, III § 1967; Prot V 762 f, 802 f, 816; Denkschr 724; JAKOBS/SCHUBERT ER I 305, 383 ff.

I. Grundsätzliches

Vgl vorab § 1967 Rn 32 und § 1990 Rn 1. – Es würde nicht dem Willen des Erblassers entsprechen, wenn wegen einer Überschwerung des Nachlasses mit Vermächtnissen und Auflagen, die er im Vertrauen auf dessen Zulänglichkeit angeordnet hat, ein Nachlassinsolvenzverfahren eröffnet werden müsste (Prot V 762, 803; Denkschr 724; amtl Begr zur KO-Novelle [1898] 48). Das Gesetz macht deshalb von dem Grundsatz, dass der Erbe bei feststehender Überschuldung des Nachlasses die Eröffnung des Nachlassinsolvenzverfahrens beantragen muss, eine Ausnahme für den Fall, dass die Überschuldung auf Vermächtnissen und Auflagen beruht: in solchen Fällen ist der Erbe zur Antragstellung zwar berechtigt (vgl § 317 InsO und Prot V 762 f, 803), aber nicht verpflichtet (vgl § 1980 Abs 1 S 3 und Prot V 766). Aus demselben Grund (Begr zur KO-Novelle aaO) beschränkte § 219 Abs 1 S 2 KO die Befugnis der Vermächtnis- und Auflagegläubiger zur Beantragung des Nachlasskonkurses auf den Fall, dass über das Vermögen des Erben Konkurs eröffnet ist. In die InsO wurde eine dem § 219 Abs 1 S 2 KO entsprechende Vorschrift absichtlich nicht aufgenommen; zu den Konsequenzen dieser nicht genügend durchdachten Entscheidung des Gesetzgebers vgl § 1975 Rn 36 ff. 1

Kommt es, dem oben erwähnten mutmaßlichen Erblasserwillen entsprechend, trotz Überschuldung des Nachlasses durch Vermächtnisse und Auflagen nicht zur Eröffnung eines Nachlassinsolvenzverfahrens (zB weil niemand einen Eröffnungsantrag stellt), so muss dem Erben bezüglich dieser Verbindlichkeiten ein *anderes* Haftungsbeschränkungsmittel zur Verfügung stehen. Solch ein Mittel gewährt § 1992 in Gestalt der sog **Überlastungseinrede**. An sich käme hier noch die – bei einem nur durch Vermächtnisse und Auflagen überschuldeten Nachlass durchaus zulässige (arg § 1980 Abs 1 S 3) – Nachlassverwaltung mit ihrer allgemeinen Beschränkungswirkung (§ 1975) in Betracht (vgl Prot V 802 f; Lange/Kuchinke § 49 VIII 1 a; **aM** Kipp/Coing § 99 VI). § 1992 erspart dem Erben gegenüber Vermächtnis- und Auflagegläubigern absichtlich (Prot aaO) auch diesen, an sich ja nur für *zulängliche* (Prot V 823) Nachlässe gedachten Weg, ohne freilich diesen Gläubigern das Recht zu nehmen, im Fall des § 1981 Abs 2 *ihrerseits* die Nachlassverwaltung zu beantragen (vgl § 1981 Rn 18; Lange/Kuchinke § 49 VIII 1 a). Das erlaubt die Annahme, dass § 1992 dem Erben gegenüber Vermächtnis- und Auflagegläubigern die seine Haftung auf die Gegenstände des Nachlasses beschränkende Einrede (vgl Rn 8) nicht erst bei *feststehender* Nachlassüberschuldung, sondern wie in Fällen des § 1990 (s dort Rn 2 f) bereits dann gewährt, wenn die *ernsthafte Möglichkeit* besteht, dass eine auf den Nachlass beschränkte Zwangsvollstreckung zu einer vollständigen Befriedigung aller Gläubiger nicht führen würde (zust Weber ZEV 1998, 101, 102; vgl auch Rn 2; **aM** Bamberger/Roth/ Lohmann Rn 4 Fn 7). Voraussetzung ist allerdings, dass der Nachlass entweder dürftig iS des § 1990 Abs 1 S 1 ist (dann ist § 1990 unmittelbar anwendbar) oder dass seine – zumindest ernsthaft mögliche – Überschuldung auf Vermächtnissen und Auflagen „beruht" (dann ist § 1990 über § 1992 S 1 anwendbar). Zu Sinn und Zweck der letztgenannten Voraussetzung s Rn 3.

II. Die Voraussetzungen im Einzelnen

1. Geht man mit der hM davon aus, dass die *Dürftigkeits*einrede des § 1990 eine **Überschuldung** des Nachlasses nicht voraussetzt, (dazu § 1990 Rn 2 f), so ist die – auf der 2

Tatbestandsseite des § 1992 S 1 jedoch ausdrücklich erwähnte! – Überschuldung auch keine Voraussetzung dafür, dass der Erbe seine Haftung für Vermächtnisse und Auflagen selbst bei *fehlender* Dürftigkeit des Nachlasses gem §§ 1992, 1990, 1991 beschränken kann (auch für § 1992 verlangen keine Überschuldung: STAUDINGER/LEHMANN[11] § 1990 Rn 3; SIBER, Haftung für Nachlaßschulden 54; **aM** LANGE/KUCHINKE § 49 VIII 1 c; wohl auch ERMAN/SCHLÜTER Rn 1 und überhaupt die hM trotz ihres zu § 1990 vertretenen gegenteiligen Standpunktes). Nach der hier vertretenen Ansicht setzen die §§ 1990, 1992 zwar nicht voraus, dass die Nachlassüberschuldung zweifelsfrei feststeht (so aber SOERGEL/STEIN Rn 2; wohl auch BAMBERGER/ROTH/LOHMANN Rn 4 Fn 7), wohl aber, dass die **ernsthafte Möglichkeit** besteht, dass eine auf den Nachlass begrenzte Zwangsvollstreckung zu einer vollständigen Befriedigung aller Gläubiger nicht führen würde (vgl Rn 1 und § 1990 Rn 3). Gegen eine noch strengere Überschuldungsprüfung spricht *bei § 1992* auch das weitere Argument, dass § 1992 eine ohne die Absicht einer sachlichen Änderung vorgenommene Umformulierung des von der Subkomm für das Inventarrecht vorgeschlagenen § 2133a ist, welcher lautete: „Gegenüber den Verbindlichkeiten aus Vermächtnissen und Auflagen ist der Erbe, *auch* wenn er die Eröffnung des Konkurses über den Nachlass herbeiführen könnte, berechtigt, die Befriedigung nach den Vorschriften des § 2133 (§ 1990 BGB) zu verweigern" (Prot V 745 [Hervorhebung und Klammereinschub von mir]; vgl auch SIBER 54).

2. Nach dem Wortlaut des § 1992 kann sich der Erbe gegenüber Vermächtnissen und Auflagen auch dann, wenn die Voraussetzungen des § 1990 nicht vorliegen, auf die §§ 1990, 1991 berufen, **wenn die Überschuldung auf diesen letztwilligen Verbindlichkeiten „beruht"**. Ist dies nicht der Fall (wäre der Nachlass also auch ohne die auf ihm lastenden Vermächtnisse und Auflagen überschuldet), so ist der Erbe verpflichtet, unverzüglich die Eröffnung eines Nachlassinsolvenzverfahrens zu beantragen; dies folgt aus § 1980 Abs 1 S 1 und einem Gegenschluss aus § 1980 Abs 1 S 3. Da die Eröffnung eines Nachlassinsolvenzverfahrens zur Folge hat, dass sich die Haftung des Erben für die Nachlassverbindlichkeiten – also auch die Haftung für Vermächtnisse und Auflagen – auf den Nachlass beschränkt (§ 1975), besteht kein Bedürfnis, dem Erben auch dann, wenn er kraft Gesetzes zur Beantragung eines Nachlassinsolvenzverfahrens verpflichtet ist, gegenüber Vermächtnissen und Auflagen die Haftungsbeschränkung auch *ohne* ein derartiges Verfahren zu ermöglichen (vgl auch BROX/WALKER Rn 709). **Abgesehen von wenigen Ausnahmen** (s Rn 4 f) **ist § 1992 deshalb unanwendbar, wenn die Überschuldung des Nachlasses nicht auf den Vermächtnissen und Auflagen „beruht", sondern unabhängig von diesen letztwilligen Verbindlichkeiten gegeben ist** (Prot V 803; Denkschr 724; RG WarnR 1912 Nr 33 = Recht 1911 Nr 3917 = Gruchot 56 [1912] 603, 608 f; KG OLGE 30 [1915/I] 175 f; RG HRR 1938 Nr 1602; OLG München ZEV 1998, 100, 101; PALANDT/EDENHOFER Rn 1; SOERGEL/STEIN Rn 2; BAMBERGER/ROTH/LOHMANN Rn 2; RIESENFELD II 247; ENDEMANN § 128 V bei Fn 53; WEBER ZEV 1998, 101, 102; **aM** STAUDINGER/LEHMANN[11] Rn 2; STROHAL II § 82 II; COSACK/MITTEIS II § 1975 II 1 a α; vLÜBTOW II 1176 f; OLG Hamburg DR 1940, 727 Nr 7; BGB-RGRK/JOHANNSEN Rn 2; ERMAN/SCHLÜTER Rn 2; KIPP/COING § 99 VI 1). Oft wird gesagt, dass die Überschuldung „lediglich" bzw „nur" auf Vermächtnissen und/oder Auflagen beruhen dürfe (so fast alle Vorgenannten mit Ausnahme der für die „aM" Zitierten). Dies darf jedoch nicht dahin missverstanden werden, dass für § 1992 kein Raum sei, wenn sich die Überschuldung des Nachlasses nicht *allein* aus den Vermächtnissen und Auflagen, sondern erst daraus ergibt, dass man die Vermächtnisse und Auflagen mit allen übrigen Nachlassverbindlichkeiten rechnerisch zusammenfasst: Wenn die übrigen Nachlassverbindlichkeiten *ohne* Hin-

Titel 2 · Haftung des Erben für die Nachlassverbindlichkeiten § 1992
Untertitel 3 · Beschränkung der Haftung des Erben 4–6

zurechnung der Vermächtnisse und Auflagen nicht ausreichen, eine Überschuldung des Nachlasses zu begründen, soll der Erbe allein wegen der Vermächtnisse und Auflagen kein Nachlassinsolvenzverfahren beantragen müssen (arg § 1980 Abs 1 S 3), sondern sich auf § 1992 berufen dürfen (wie hier MünchKomm/KÜPPER Rn 5; SOERGEL/STEIN Rn 2; PALANDT/EDENHOFER Rn 1; BROX/WALKER Rn 709; RIESENFELD II 247).

Zu beachten ist, dass der Erbe auch dann kein Nachlassinsolvenzverfahren zu 4 beantragen braucht, wenn die Überschuldung des Nachlasses auf Verbindlichkeiten beruht, die im **Aufgebotsverfahren** ausgeschlossen sind (§ 1973) oder ihnen gem § 1974 gleichstehen (vgl § 1980 Rn 3). Diesen Gläubigern gegenüber hat er die haftungsbeschränkende Einrede des § 1973. Beruht die Überschuldung des Nachlasses schon auf der (Mit-)Berücksichtigung der Forderungen ausgeschlossener bzw ihnen gleichstehender Gläubiger und lasten auf dem derart überschuldeten Nachlass *außerdem* noch Vermächtnisse und/oder Auflagen (so das Beispiel bei STROHAL aaO), wird man dem Erben den Letzteren gegenüber die Haftungsbeschränkung des § 1992 zuerkennen dürfen (SOERGEL/STEIN Rn 2; MünchKomm/KÜPPER Rn 5; BAMBERGER/ROTH/LOHMANN Rn 4; WEBER ZEV 1998, 101, 102 ad 2.6), da er sonst gezwungen wäre, *nur* zum Zweck der Beschränkung seiner Haftung für Vermächtnisse und Auflagen das Nachlassinsolvenzverfahren zu beantragen, was ihm § 1992 aber gerade ersparen will.

Verallgemeinernd wird man sagen können, dass § 1992 auch dann, wenn die Nach- 5 lassüberschuldung nicht auf den Vermächtnissen und Auflagen „beruht", *ausnahmsweise* anzuwenden ist, wenn der Erbe sonst gegenüber *keinem* Gläubiger zur Beantragung eines Nachlassinsolvenzverfahrens verpflichtet ist (zB weil die übrigen Nachlassgläubiger damit einverstanden sind, dass der Antrag unterbleibt [s § 1980 Rn 6]; so lag der vom OLG Hamburg DR 1940, 727 Nr 7 entschiedene Fall; vgl auch STROHAL, KIPP/ COING und vLÜBTOW [jeweils aaO], die für ihre Ansicht, § 1992 sei auch anwendbar, wenn die Überschuldung des Nachlasses nicht *nur* auf Vermächtnissen und Auflagen beruhe [s dazu Rn 3], Sonderfälle der hier in Betracht kommenden Art anführen).

3. Auf **Pflichtteils- und Erbersatzansprüche** ist § 1992 nicht analog anwendbar 6 (MünchKomm/KÜPPER Rn 4; BAMBERGER/ROTH/LOHMANN Rn 2; LANGE/KUCHINKE § 49 VIII 1 c Fn 174). Der Grund dafür ist jedoch nicht, dass diese einen aktiven Nachlassbestand voraussetzen (so aber STAUDINGER/LEHMANN[11] Rn 2; ERMAN/SCHLÜTER Rn 1); denn einen solchen setzen sie nur für den Zeitpunkt des Erbfalls voraus (§§ 2311 Abs 1 S 1, 1934b Abs 1 S 1). Entscheidend ist vielmehr, dass Pflichtteils- und bis zum Außerkrafttreten der §§ 1934a ff am 1.4.1998 auch Erbersatzansprüche nicht deshalb entstehen (konnten), weil der Erblasser dies so wollte, sondern deshalb, weil das Gesetz es anordnet(e). Deshalb trifft die sich auf den hypothetischen Erblasserwillen berufende Begründung des § 1992 (s Rn 1) auf Pflichtteils- und Erbersatzansprüche nicht zu. Entsprechendes gilt für die bei § 1975 Rn 38 erwogene *Beschränkung des Insolvenzantragsrechts* von Vermächtnis- und Auflagengläubigern, die inhaltlich dem früheren § 219 Abs 1 S 2 KO entspricht. Eine *analoge* Anwendung des § 219 Abs 1 S 2 KO auf das Insolvenzantragsrecht des Inhabers eines *Erbersatzanspruchs* befürwortete allerdings JAEGER/WEBER[8] KO §§ 217–220 Rn 18a für den Fall des gleichzeitigen Bestehens von Vermächtnissen oder Auflagen, da der Erbersatzanspruch diesen gem § 226 Abs 2 Nr 6 KO im Range nachgeordnet sei. Dem ist jedoch entgegenzuhalten, dass die innere Rechtfertigung der §§ 1980 Abs 1 S 3, 1992 BGB und des früheren (s Rn 1) § 219 Abs 1 S 2 KO, nämlich dass der Erblasser

Vermächtnisse und Auflagen vermutlich nicht angeordnet hätte, wenn ihretwegen ein Nachlassinsolvenzverfahren eröffnet werden müsste (s Rn 1 und § 1975 Rn 38), auf Erbersatzansprüche nicht zutrifft, weil die (inzwischen aufgehobenen) §§ 1934a ff diese unabhängig vom Willen des Erblassers begründeten (vgl auch § 1980 Rn 2). Da Erbersatzansprüche seit dem 1. 4. 1998 nicht mehr entstehen können (Art 227 Abs 1 Nr 1 EGBGB) und die Eröffnung des Nachlassinsolvenzverfahrens von *Gläubigern* ohnehin nicht mehr beantragt werden kann, wenn seit der Erbschaftsannahme zwei Jahre verstrichen sind (§ 319 InsO), wird sich die angesprochene Problematik in Bezug auf Erbersatzansprüche inzwischen wohl erledigt haben.

7 4.   § **1992 ist** wie auch die §§ 1990, 1991 **unanwendbar, wenn der Erbe das Recht zur Haftungsbeschränkung allgemein verloren hat**, § 2013 Abs 1 S 1. Wenn der Erbe nur einzelnen Gläubigern gegenüber unbeschränkbar haftet, behält er das Einrederecht den übrigen Gläubigern gegenüber.

5.   Beweislast

8   Die Verteilung der Beweislast hängt von der Beantwortung der bei Rn 2–4 angesprochenen Vorfragen ab. Die hier vertretene Auslegung des § 1992 hat beweisrechtlich folgende Konsequenzen: Wie bei § 1990 ist es auch bei § 1992 Sache des Erben zu beweisen, dass der Nachlass überschuldet ist oder zumindest die ernsthafte Möglichkeit besteht, dass eine auf den Nachlass begrenzte Zwangsvollstreckung zu einer vollständigen Befriedigung aller Nachlassgläubiger nicht führen würde (so auch Weber ZEV 1998, 101, 102). Ferner muss im Streitfall der Erbe beweisen, dass der Nachlass den Kosten einer Nachlassverwaltung oder eines Nachlassinsolvenzverfahrens nicht entspricht (dann ist § 1990 ohne den Umweg über § 1992 anwendbar) oder dass die – zumindest ernsthaft mögliche – Überschuldung des Nachlasses auf Vermächtnissen und Auflagen bzw auf Vermächtnissen, Auflagen und Ansprüchen solcher Gläubiger beruht, denen er zur Beantragung eines Nachlassinsolvenzverfahrens nicht verpflichtet ist (s Rn 4 und die etwas allgemeiner gehaltene Formulierung in OLG Koblenz NJW-RR 2006, 377, 378).

III.   Rechtsfolge des § 1992

9   1.   **Gem S 1 ist der Erbe**, auch wenn der Nachlass den Kosten einer Nachlassverwaltung oder eines Nachlassinsolvenzverfahrens entspricht, **berechtigt, die Berichtigung der Vermächtnisse und Auflagen nach den Vorschriften der §§ 1990, 1991 zu bewirken**.

a)   **Vollstreckungsmaßnahmen**, die aufgrund eines Vermächtnisses oder einer Auflage in das nicht zum Nachlass gehörende Vermögen des Erben erfolgt sind, kann dieser mit der **Überlastungseinrede** des § 1992 S 1 (vgl Rn 1 ff) in gleicher Weise entgegentreten wie im Fall des § 1990 mit der Dürftigkeitseinrede (vgl § 1990 Rn 2 ff, 24 ff). Obwohl der Erblasser niemals Schuldner der von ihm angeordneten Vermächtnisse und Auflagen war, findet auch § 780 Abs 1 ZPO Anwendung; der Erbe muss sich also auch gegenüber Vermächtnis- und Auflagegläubigern die Beschränkung seiner Haftung im Urteil vorbehalten lassen (RG WarnR 1913 Nr 377).

10   b)   Soweit der Nachlass zur Berichtigung der Vermächtnisse und Auflagen nicht ausreicht, hat der Erbe die **Unzulänglichkeitseinrede des § 1990 Abs 1 S 1** (s § 1990 Rn 17 ff, 24 ff). Zu beachten ist, dass der Erbe die in § 1992 genannten Verbindlichkeiten gem § 1991 Abs 4 so zu berichtigen hat, wie sie im Nachlassinsolvenzverfahren zur Berichtigung kommen würden (vgl § 1991 Rn 21 ff). Der Fall, dass über den nach § 1990 Abs 1 S 1 zulässigen Abzugsbetrag bereits rechtskräftig entschieden ist und anschließend ein Nachlassinsolvenzverfahren eröffnet wird, ist erörtert bei § 1990 Rn 23.

2. Nach S 2 kann der Erbe die Herausgabe der noch vorhandenen Nachlassgegenstände durch Zahlung des Wertes abwenden. Mit „Herausgabe" meint die Vorschrift die in § 1990 Abs 1 S 2 erwähnte Herausgabe des Nachlasses „zum Zwecke der Befriedigung des Gläubigers im Wege der Zwangsvollstreckung". Durch Statuierung einer solchen Herausgabepflicht in § 1990 Abs 1 S 2 wollte der Gesetzgeber dort verhindern, dass sich die Nachlassgläubiger darauf einlassen müssen, dass der Wert des ihnen nur noch haftenden Nachlasses *durch Schätzung* ermittelt wird (vgl § 1990 Rn 29 sowie Prot V 804). Gegenüber Forderungen aus Vermächtnissen und Auflagen wird hiervon durch § 1992 S 2 eine Ausnahme gemacht. Zu beachten ist jedoch, dass die in S 2 gewährte Befugnis, die Herausgabe „durch Zahlung des Wertes abzuwenden", sich nur auf die „noch vorhandenen Nachlassgegenstände" und auch insoweit nur auf die *durch § 1990 Abs 1 S 2 begründete* Herausgabepflicht bezieht. Unberührt bleibt also zB die auf § 2174 beruhende Verpflichtung zur Herausgabe eines vermachten Gegenstandes; *dessen* Herausgabe kann der Erbe nur verweigern, bis der Vermächtnisnehmer ihm den Betrag erstattet, um den der Wert des Nachlasses nach Abzug der dem Vermächtnis vorgehenden Verbindlichkeiten hinter dem Wert des vermachten Gegenstandes zurückbleibt (vgl BGH NJW 1964, 2298, 2300 mwNw). Es wird auch genügen, dass der Vermächtnisnehmer dem Erben wegen der ihm vorgehenden Nachlassverbindlichkeiten Sicherheit leistet (vgl § 1990 Rn 38).

§ 1992 S 2 gilt unabhängig davon, ob dem Erben hinsichtlich der Vermächtnisse und Auflagen die Rechte aus §§ 1990, 1991 deshalb zustehen, weil die Überschuldung des Nachlasses auf diesen Verbindlichkeiten „beruht" (§ 1992 S 1), oder deshalb, weil der Nachlass dürftig iS des § 1990 Abs 1 S 1 ist. In beiden Fällen müssen sich die Vermächtnis- und die Auflagegläubiger – nicht hingegen die übrigen Gläubiger (§ 1990 Rn 21, 29, 31) – damit abfinden, dass der Betrag, um den ihre Ansprüche zu kürzen sind, auf Wunsch des Erben nicht durch die vollstreckungsmäßige Verwertung des Nachlasses, sondern durch Schätzung seines Wertes ermittelt wird: Der Erbe kann die Zwangsvollstreckung der Vermächtnis- und Auflagegläubiger in die vorhandenen Nachlassgegenstände durch Zahlung ihres Schätzwertes abwenden (zur Frage einer fortdauernden Nachlasszugehörigkeit von Gegenständen, die auf diese Weise vor den Vermächtnis- und Auflagegläubigern „gerettet" wurden, vgl § 1973 Rn 26). Bei der Bestimmung des Schätzwertes kommt es wie im Fall des § 1973 Abs 2 S 2 auf den Zeitpunkt an, zu dem die Abwendungsbefugnis ausgeübt wird.

Den Wert etwaiger ihm gem §§ 1978 Abs 3, 1991 Abs 1, 1992 S 1 zu ersetzender **Aufwendungen** darf der Erbe von dem Betrag, durch dessen Zahlung er die Herausgabe der noch vorhandenen Nachlassgegenstände abwenden kann, abziehen (vgl § 1973 Rn 19).

3. Zur Zulässigkeit einer **Aufrechnung** s § 1990 Rn 41 f.

15 IV. § 1992 gilt auch für die Gläubigerbefriedigung durch **Nachlassverwalter** (Prot V 816), **Nachlasspfleger** oder **Testamentsvollstrecker**. Vgl hierzu und zur Rechtslage in der **Erbeninsolvenz** § 1990 Rn 44.

Untertitel 4
Inventarerrichtung, unbeschränkte Haftung des Erben

Schrifttum zu §§ 1993–2013

BÜCKLEIN, Die Inventarerrichtung im Erbrecht (1936)
CARLEBACH, Das notarielle Vermögensverzeichnis, DNotV 1903, 10
FIRSCHING/GRAF, Nachlassrecht (9. Aufl 2008) Rn 4.712 ff
GUTMANN, Die Inventarerrichtung nach den §§ 1993 ff des BGB. Ein Rechtsbehelf bei zweifelhafter Nachlaßsolvenz (2. Aufl 1910)
JOACHIM, Die Haftung des Erben für Nachlassverbindlichkeiten (2002) 269 ff
PFLAUM, Die unbeschränkte Haftung des Erben, DJZ 1900, 67

PRAUSNITZ, Formular-Kommentar Bd. 6: Bürgerliches Recht III, Erbrecht (22. Aufl 1986) Form 6. 209–217
RIESENFELD, Die Erbenhaftung (1916) I 52, 124 ff, 260 ff, 385 ff, II 1–45
VAN VENROOY, Zum Sinn des Nachlaßinventars, AcP 186 (1986) 356
WEIMAR, Risiken bei der Inventarerrichtung für den Erben, MDR 1979, 726.
Vgl ferner das vor den Vorbem zu §§ 1967 ff angeführte Schrifttum.

§ 1993
Inventarerrichtung

Der Erbe ist berechtigt, ein Verzeichnis des Nachlasses (Inventar) bei dem Nachlassgericht einzureichen (Inventarerrichtung).

Materialien: E I § 2095; II § 1868; III § 1968; Mot V 608; Prot V 732, VI 395; JAKOBS/SCHUBERT ER I 305, 313 ff.

Systematische Übersicht

I.	Bedeutung der Inventarerrichtung, Begriff der „unbeschränkten" Haftung	1	3. Errichtung des Inventars durch Einreichung beim Nachlassgericht	19
			4. Kosten	22
II.	Bedeutung des § 1993	5	V. Das Recht des Erben, freiwillig ein Inventar zu errichten	24
III.	Begriff des Inventars	6	VI. Der Begriff des „Inventarrechts"	28
IV.	„Aufnahme" und „Errichtung" des Inventars		VII. Die sog Inventar„pflicht"	29
	1. Allgemeines	7	VIII. Recht der ehemaligen DDR und Übergangsrecht	30
	2. Inventarerrichtung nur durch Erben	13		

I. Bedeutung der Inventarerrichtung, Begriff der „unbeschränkten" Haftung

1 Durch die Errichtung (Rn 7 ff) eines Inventars (Rn 6) kann der Erbe im Verhältnis zu den Nachlassgläubigern die Vermutung begründen, dass zZ des Erbfalls weitere Nachlassgegenstände als die angegebenen nicht vorhanden gewesen seien. Rechtsgrundlage dieser **Vollständigkeitsvermutung** ist § 2009. Die Vorschrift setzt voraus, dass das Inventar „rechtzeitig", dh vor Ablauf einer dem Erben gem §§ 1994 ff bestimmten Inventarfrist, errichtet wurde. Praktische Bedeutung hat die Vollständigkeitsvermutung vor allem dann, wenn die Haftung des Erben auf den Nachlass beschränkt wurde (§§ 1973, 1974, 1975, 1989, 1990–1992).

2 Allein die Inventarerrichtung führt die Beschränkung der Haftung auf den Nachlass noch nicht herbei; nach dem BGB gehört das Inventar nicht zu den Haftungsbeschränkungsmitteln (s Vorbem 7 zu §§ 1975 ff; anders uU die in der Form des § 2003 erfolgte Inventarerrichtung über den Nachlass eines italienischen Staatsangehörigen; vgl BayObLGZ 1965, 423, 440 = NJW 1967, 447, 449 f; s zu anderen europäischen Rechtsordnungen auch EBENROTH Rn 1182 ff). Notwendige *Voraussetzung* für eine Haftungsbeschränkung auf den Nachlass ist die formgerechte (§§ 2002, 2003) Errichtung eines Inventars allerdings dann, wenn dem Erben gem § 1994 eine Inventarfrist bestimmt worden ist (so auch AG Tempelhof-Kreuzberg DAVorm 1972, 20 trotz des unzutreffenden Leitsatzes). Wenn § 2000 S 3 sagt, die Inventarerrichtung diene der *Abwendung der „unbeschränkten" Haftung*, so ist damit nicht gemeint, dass sich die bisher unbeschränkte, aber beschränkbare (Vorbem 9 zu § 1967) Haftung des Erben infolge der Inventarerrichtung auf den Nachlass beschränke, sondern dass der Erbe sein Haftungsbeschränkungsrecht verliert, wenn er innerhalb einer ihm auf Antrag eines Nachlassgläubigers vom Nachlassgericht bestimmten Frist *kein* Inventar errichtet (§ 1994 Abs 1 S 2). Mit „**unbeschränkter" Haftung des Erben meinen die Überschrift und die Einzelbestimmungen des 4. Unterabschnitts** (§§ 1994 Abs 1 S 2, 2000 S 3, 2005 Abs 1, 2006 Abs 3, 2013) also **die nicht mehr beschränkbare Haftung.**

3 Sein Haftungsbeschränkungsrecht verliert der Erbe nicht nur dann, wenn er innerhalb einer ihm gem §§ 1994 ff gesetzten Frist *kein* Inventar errichtet, sondern auch dann, wenn er zwar ein Inventar errichtet, sich jedoch im Zusammenhang hiermit gewisser Verfehlungen schuldig macht. Vgl § 2005 Abs 1 (Inventaruntreue, Auskunftsverweigerung) und § 2006 (Verweigerung der Bekräftigung des Inventars durch eidesstattliche Versicherung; hier Verlust des Haftungsbeschränkungsrechts ausnahmsweise nur gegenüber *einzelnen* Nachlassgläubigern).

4 Hat der Erbe ein den Vorschriften der §§ 2002, 2003 entsprechendes Inventar errichtet, so kann ihm idR keine *Inventarfrist* mehr bestimmt werden (vgl § 1994 Rn 18). Auf der anderen Seite verliert der Erbe spätestens mit der Errichtung des Inventars die aufschiebende *Dreimonatseinrede* (§ 2014 HS 2).

II. Bedeutung des § 1993

5 § 1993 enthält zwei Definitionen, nämlich die des Inventars (Rn 6) und die der Inventarerrichtung (Rn 7 ff). Außerdem begründet die Vorschrift das Recht (Rn 24 ff) des Erben zur Inventarerrichtung. Dieses Recht ist nicht identisch mit dem sog „Inventarrecht" (vgl Rn 28). Zur sog Inventar„pflicht" des Erben vgl § 1994 Rn 1 ff.

III. Begriff des Inventars

Unter Inventar versteht § 1993 ein „Verzeichnis des Nachlasses". Gem § 2001 „sollen" in dem Inventar die bei dem Eintritt des Erbfalls vorhandenen Nachlassgegenstände und die Nachlassverbindlichkeiten vollständig angegeben werden. Außerdem soll das Inventar eine Beschreibung der Nachlassgegenstände, soweit eine solche zur Bestimmung des Wertes erforderlich ist, und die Angabe des Wertes enthalten. **6**

Ein Inventar über einen *Erbteil* kennt das Gesetz nicht (vgl § 2063 Rn 1).

IV. „Aufnahme" und „Errichtung" des Inventars

1. Allgemeines

„**Errichtet**" ist das Inventar gem § 1993, **wenn der Erbe** (Rn 13 ff) **es beim Nachlassgericht eingereicht hat. Die bloße Aufnahme** (= Anfertigung) **des Inventars ist noch keine Errichtung!** **7**

Die „**Aufnahme**" des Inventars geht der „Errichtung" voraus (Rn 7). Bei der Inventaraufnahme muss der Erbe eine zuständige Behörde oder einen zuständigen Beamten bzw Notar zuziehen (§ 2002). Unterlässt er dies, so liegt in der späteren Einreichung beim Nachlassgericht keine wirksame „Errichtung" (§ 2002 Rn 1). **8**

Der Erbe braucht das Inventar nicht selbst (oder durch einen Vertreter) „aufzunehmen", sondern kann dies gem § 2003 dem Nachlassgericht bzw der von diesem bestimmten Amtsperson überlassen. Durch den Antrag auf solche amtliche Aufnahme des Inventars kann eine nach § 1994 gesetzte Inventarfrist gewahrt werden (§ 2003 Abs 1 S 2). „Errichtet" iSd § 1993 ist aber auch das von einer Behörde, einem Beamten oder einem Notar aufgenommene Inventar erst mit der Einreichung beim Nachlassgericht (wichtig zB für den Eintritt der Vollständigkeitsvermutung des § 2009), die gem § 2003 Abs 3 von der aufnehmenden Stelle zu besorgen ist. Unrichtig meint KG OLGE 10 [1905/I] 296, bereits die Antragstellung sei als die Errichtung des Inventars anzusehen (vgl zu dieser Entscheidung noch § 2003 Rn 6). **9**

Die „Einreichung" beim Nachlassgericht ist ausnahmsweise (Rn 7) **entbehrlich**, wenn das Nachlassgericht selbst das Inventar auf Antrag des Erben aufgenommen hat (§ 2003 Abs 1 S 1) oder wenn sich beim Nachlassgericht bereits ein den Vorschriften der §§ 2002, 2003 entsprechendes Inventar befindet. Im letzteren Fall kann der Erbe die „Einreichung" durch die Erklärung ersetzen, dass das Inventar als von ihm eingereicht „gelten" soll (§ 2004). **10**

In einem Urteil des OLG Hamm (NJW 1962, 53, 54) wird ausgeführt, dass eine Inventarerrichtung in der Form des **§ 2004** nicht freiwillig (also nicht in Ausübung des Rechts aus § 1993), sondern nur unter dem Druck einer dem Erben bestimmten Inventarfrist vorgenommen werden könne. Für diese Einschränkung des § 2004 gibt es keinen sachlichen Grund (wie hier SOERGEL/STEIN § 2004 Rn 4). Auch der Wortlaut des § 2004 weist nicht zwingend in diese Richtung. Er zeigt allerdings, dass § 2004 in erster Linie den Fall im Auge hat, dass dem Erben eine Inventarfrist bestimmt **11** worden ist. Eine *Beschränkung* auf diesen Fall ist jedoch nicht anzuerkennen (vgl auch Rn 24 f).

12 Aus § 2004 folgt, dass der Erbe ein bereits vorhandenes Inventar auch dann „errichten" (§ 1993) kann, wenn er es weder selbst noch durch einen Vertreter „aufgenommen" (§ 2002) hat und er es auch nicht gem § 2003 amtlich aufnehmen *ließ* (unrichtig RGZ 77, 245, 247; vgl hierzu § 2002 Rn 2). **Im Gegensatz zur „Errichtung"** (Rn 13) **braucht die „Aufnahme" des Inventars nicht auf Veranlassung des Erben erfolgt zu sein** (zu weit gehend jedoch OLG Hamm NJW 1962, 53, 54: es *dürfe* im Fall des § 2004 nicht vom Erben herrühren; vgl dazu § 2004 Rn 2). Der Erbe kann die Inventarerrichtung also auch in der Weise bewerkstelligen, dass er ein Nachlassverzeichnis (vgl § 1993), das von einem Erbschaftsbesitzer, Nachlassverwalter oder Testamentsvollstrecker aufgenommen worden ist, entweder selbst beim Nachlassgericht „einreicht" oder, wenn es sich bereits dort befindet, erklärt, dass es als von ihm eingereicht „gelten" soll (§ 2004). Erforderlich ist jedoch stets, dass das betreffende Nachlassverzeichnis den Vorschriften der §§ 2002, 2003 entspricht (§ 2004), was nur selten der Fall sein wird (vgl § 2004 Rn 3). Ein rein privat erstelltes Verzeichnis iS des § 260 kann also zwar der in § 1993 gegebenen Definition des Inventars entsprechen, jedoch wegen der Art und Weise seines Zustandekommens niemals wirksam iS der §§ 1993 ff „errichtet" werden (unstr; vgl MünchKomm/KÜPPER Rn 2; SOERGEL/STEIN Vorbem 3 zu § 1993; AK-BGB/TEUBNER Vorbem 5 zu § 1993).

2. Inventarerrichtung nur durch Erben

13 Wie bereits ausgeführt (Rn 12), braucht das Inventar, welches der Erbe durch Einreichung beim Nachlassgericht (§ 1993) oder auf sonstige Weise (Rn 10) „errichtet", weder von ihm persönlich noch auf seine Veranlassung **„aufgenommen"** worden zu sein. **„Errichten"** kann der Erbe das Inventar jedoch nur selbst oder durch einen Vertreter oder durch die in § 2003 genannten amtlichen Stellen.

14 Miterben sind selbständig und unabhängig voneinander zur Inventarerrichtung berechtigt. Gem § 2063 Abs 1 kommt die Errichtung des Inventars durch einen Miterben auch den übrigen Erben zustatten, soweit nicht ihre Haftung für die Nachlassverbindlichkeiten „unbeschränkt" ist. Vgl ergänzend § 2063 Rn 1 ff.

15 Aufnahme und Errichtung des Inventars können auch durch **Bevollmächtigte** erfolgen. Da es sich bei der Errichtung des Inventars nicht um eine Willens-, sondern um eine Wissenserklärung handelt, sind die §§ 164 ff nicht unmittelbar, sondern nur entsprechend anzuwenden (vgl PLANCK/FLAD Anm 6). Unanwendbar ist zB § 174; das Nachlassgericht kann das Inventar also nicht deshalb zurückweisen, weil der Einreichende keine Vollmachtsurkunde vorlegt (PLANCK/FLAD Anm 6; BGB-RGRK/JOHANNSEN Rn 5). Auch eine Analogie zu § 1945 Abs 3, wonach ein (zur Erbschaftsausschlagung) Bevollmächtigter einer öffentlich beglaubigten Vollmacht bedarf, die der Erklärung beigefügt oder fristgerecht nachgebracht werden muss, kommt für die Inventarerrichtung nicht in Betracht (PLANCK/FLAD Anm 6; BGB-RGRK/JOHANNSEN Rn 5). Ein Streit über den Bestand der Vollmacht ist in dem Prozess zu entscheiden, in welchem die (Un-)Wirksamkeit des Inventars geltend gemacht wird (PLANCK/FLAD aaO); die Beweislast obliegt dem Erben (BGB-RGRK/JOHANNSEN Rn 5). Die Inventarerrichtung durch einen **Vertreter ohne Vertretungsmacht** ist analog § 180 S 1 als unzulässig zu erachten (und zwar trotz § 180 S 2 auch dann, wenn das Nachlassgericht den Mangel der Vertretungsmacht nicht beanstandet; wie hier AK-BGB/Teubner Rn 4; aM Soergel/Stein Rn 3). Der Erbe kann aber ein solches Inventar durch Bezugnahme nach § 2004 innerhalb einer ihm evtl gem § 1994 gesetzten Frist wirksam errichten (Erman/Schlüter Rn 2). Zur Vermeidung von Streitigkeiten empfiehlt es sich, den Bevollmächtigten mit einer Vollmachtsurkunde auszustatten oder diese innerhalb der Frist dem Nachlassgericht einzureichen.

Der nach § 1960 oder § 1961 bestellte **Nachlasspfleger** kann als gesetzlicher Vertreter des Erben für diesen das Inventar errichten (Soergel/Stein Rn 3; aM AK-BGB/Teubner § 2012 Rn 4; vgl zu dieser Frage und den Folgeproblemen auch § 2012 Rn 6 ff). Da der Nachlasspfleger auf die Beschränkung der Haftung des Erben nicht verzichten kann (§ 2012 S 3), wirkt eine *Inventaruntreue* (§ 2005 Abs 1) des Nachlasspflegers nicht zu Lasten des Erben (vgl Mot V 550 [dazu § 2012 Rn 1]; AK-BGB/Teubner aaO; Soergel/Stein § 2005 Rn 4; AnwKomm/Odersky § 2012 Rn 4; aM Staudinger/Lehmann[11] § 2005 Rn 8; Soergel/Schippel[10] § 2005 Rn 7). Jedoch wird ein vom Nachlasspfleger ungetreu errichtetes Inventar dem Erben nur insoweit zustatten kommen, als es ihn davor bewahrt, sein Haftungsbeschränkungsrecht dadurch zu verlieren, dass er im Vertrauen auf die Richtigkeit des bereits für ihn errichteten Inventars eine ihm nach § 1994 bestimmte Inventarfrist tatenlos verstreichen lässt. Da die Inventaruntreue des Nachlasspflegers dem Erben nicht zugerechnet werden kann, kann dem Erben – weil bei *ihm* ein Fall des § 2005 Abs 1 nicht vorliegt – analog § 2005 Abs 2 auf Antrag eines Nachlassgläubigers eine Frist zur Ergänzung des unvollständigen Inventars bestimmt werden (zustimmend Soergel/Stein § 2005 Rn 4 f; vgl auch die ähnlichen Rechtsfragen, die unten bei § 2004 Rn 10, § 2063 Rn 13 und bei Staudinger/Avenarius [2003] § 2144 Rn 16 ff erörtert sind). Die Errichtung eines ganz neuen Inventars werden die Nachlassgläubiger nicht verlangen können. Eine nach § 1994 dazu bestimmte Frist ist zwar nicht ohne weiteres unwirksam, sie wird aber auch durch Berichtigung des bereits vorhandenen Inventars gewahrt werden können. **16**

Die *Vollständigkeitsvermutung* des § 2009 kommt dem vom Nachlasspfleger ungetreu errichteten Inventar nicht zu (vgl § 2009 Rn 7). Anders jedoch nach Berichtigung durch den Erben.

Das von einem **Nachlassverwalter** oder **Testamentsvollstrecker** kraft Amtes errichtete Inventar (dazu: § 2004 Rn 3, 7) gilt aber *erst dann* als von dem Erben eingereicht, wenn dieser gem § 2004 Bezug nimmt (vgl § 2012 Rn 9; Staudinger/Reimann [2003] § 2215 Rn 15; Soergel/Stein Rn 3). Gem § 2215 Abs 1 hat der Testamentsvollstrecker dem Erben die zur Aufnahme des Inventars erforderliche Hilfe zu leisten (vgl dazu RG LZ 1916, 1237; Staudinger/Reimann [2003] § 2203 Rn 26, § 2215 Rn 1 ff). **17**

Jeder **Ehegatte** (oder Lebenspartner) kann ohne Mitwirkung des anderen ein Inventar über eine ihm selbst angefallene Erbschaft errichten. Das versteht sich für die *Gütertrennung (Vermögenstrennung)* von selbst und folgt für die *Zugewinngemeinschaft* aus § 1364 (§ 6 S 2 LPartG). **18**

Ein in *Gütergemeinschaft* lebender Ehegatte hat das Recht zur Inventarerrichtung unabhängig davon, ob die ihm angefallene Erbschaft zum Sondergut, zum Vorbehaltsgut oder zum Gesamtgut gehört. Vgl § 1417 Abs 3 (Sondergut) und § 1418 Abs 3

(Vorbehaltsgut). Falls die Erbschaft zum Gesamtgut gehört, kann der das Gesamtgut allein verwaltende Ehegatte (§ 1421) das Inventar nicht nur dann errichten, wenn die Erbschaft ihm selbst angefallen ist, sondern kraft seines Verwaltungsrechts (BT-Drucks 2. Wahlperiode Nr 3409 S 30) auch dann, wenn der andere Ehegatte Erbe ist. Über eine ihm selbst angefallene Erbschaft kann aber auch der Ehegatte, der das Gesamtgut nicht verwaltet, ohne Zustimmung des anderen Ehegatten ein Inventar errichten (§ 1432 Abs 3). Steht die Verwaltung des Gesamtguts den Ehegatten gemeinschaftlich zu (§§ 1450 ff), so ist jeder Ehegatte berechtigt, ein Inventar über eine ihm oder dem anderen Ehegatten angefallene Erbschaft zu errichten, es sei denn, dass die dem anderen Ehegatten angefallene Erbschaft zu dessen Vorbehalts- oder Sondergut gehört (§ 1455 Nr 3). Entsprechendes gilt für *Lebenspartner,* wenn diese gem § 7 LPartG Gütergemeinschaft vereinbart haben.

Über die Inventar*frist* enthält § 2008 besondere Bestimmungen für Fälle, in denen ein in Gütergemeinschaft lebender Ehegatte Erbe ist und die Erbschaft zum Gesamtgut gehört.

3. Errichtung des Inventars durch Einreichung beim Nachlassgericht

19 Außer in den bei Rn 10 genannten Fällen bedarf es zur „Errichtung" des Inventars seiner Einreichung beim Nachlassgericht (§§ 1993 BGB, 23a Abs 1 Nr 2, Abs 2 Nr 2 GVG, 486 Abs 1 FamFG, Art 147 EGBGB).

20 Die Einreichung muss bei dem **örtlich zuständigen Nachlassgericht**, § 343 FamFG, erfolgen (zur Inventar*aufnahme* kann der Erbe dagegen jede sachlich zuständige Behörde „zuziehen"; weitere Einzelheiten bei § 2002 Rn 3 und für den Sonderfall der amtlichen „Aufnahme" des Inventars bei § 2003 Rn 5, 8). Ist dem Erben eine Inventarfrist bestimmt worden, so muss die Einreichung des Inventars bei dem Gericht, welches die Frist bestimmt hat, aber auch dann genügen, wenn dieses seine örtliche Zuständigkeit zu Unrecht angenommen hat (vgl auch § 2 Abs 3 FamFG). Der Einreichende kann vom Gericht eine *Empfangsbestätigung,* ein Nachlassgläubiger nach § 13 Abs 3 FamFG die Erteilung einer *Abschrift* des Inventars verlangen (RGZ 129, 240, 243; MünchKomm/Küpper Rn 2).

Zur *internationalen Zuständigkeit* deutscher Nachlassgerichte im Zusammenhang mit der Inventarerrichtung vgl BayObLGZ 1965, 423 ff = NJW 1967, 447 ff sowie den aktuelleren § 105 FamFG (bereits erwähnt bei § 1975 Rn 51).

21 Das Inventar ist offen einzureichen. In Anlehnung an ALR I 9 §§ 423, 433 auch die Hinterlegung eines versiegelten Inventars zu gestatten, welches nicht geöffnet werden soll, solange der Erbe sich nicht gegenüber einem Gläubiger auf das Inventarrecht (vgl Rn 28) beruft, besteht kein Bedürfnis (Mot V 621). Gem § 114 Nr 1 KostO wird die Gebühr bereits für die *Entgegennahme* eines Nachlassverzeichnisses erhoben; sein Inhalt muss also schon im Kosteninteresse sofort nachprüfbar sein. Daraus ergibt sich die *Unzulässigkeit* der Einreichung eines verschlossenen oder versiegelten Inventars (MünchKomm/Küpper § 2010 Rn 4; Erman/Schlüter § 2010 Rn 1; Palandt/Edenhofer § 2010 Rn 1; AnwKomm/Odersky § 2010 Rn 4; unklar BGB-RGRK/Johannsen Rn 3 und § 2010 Rn 2). Nicht aber, was scharf betont werden muss, auch die *Unwirksamkeit* der mit der Einreichung bezweckten Inventarerrichtung (vgl BGB-RGRK/Johannsen Rn 3; MünchKomm/Küpper aaO; differenzierend AnwKomm/Odersky § 2010

Rn 4). Im Zweifel ist anzunehmen, dass dem Nachlassgericht die Öffnung freistehen soll, wenn ein Berechtigter (§ 2010) die Einsicht verlangt (aM wohl BGB-RGRK/ JOHANNSEN Rn 3 und § 2010 Rn 2), da das Inventar sonst seinen Zweck verfehlen würde. *Unwirksam* ist die Inventarerrichtung nur, wenn dem Gericht die Öffnung schlechthin oder bis zur Geltendmachung der beschränkten Haftung durch den Erben, die in § 2010 ja nicht vorausgesetzt ist, untersagt wird.

4. Kosten

Für die Kosten der Inventar**errichtung** haften nur die Erben, und zwar nach den Vorschriften über Nachlassverbindlichkeiten (§ 6 S 1 KostO). Im Nachlassinsolvenzverfahren sind die Kosten Masseverbindlichkeiten gem § 324 Abs 1 Nr 4 InsO. Die Gebühr für die Entgegennahme des Inventars ist in §§ 114 Nr 1, 115 KostO geregelt.

Kosten, die bei der **Aufnahme** des Inventars infolge der Zuziehung der zuständigen Behörde usw (§ 2002) entstehen, sind hingegen zugleich Nachlass- wie auch Eigenverbindlichkeiten des Erben. Gleiches gilt für die Kosten der Behörde, des Beamten usw, dem das gem § 2003 angegangene Nachlassgericht die Aufnahme des Inventars überträgt (KGJ 42 [1912] A 99, 102 f = OLGE 26, 292 f; MünchKomm/KÜPPER Rn 7). Wegen Unzulänglichkeit allein des *Nachlasses* kann wegen dieser Kosten keine Prozesskostenhilfe bewilligt werden, wenn die Erben feststehen (vgl KGJ 42 [1912] A 99, 100 f; ERMAN/SCHLÜTER Rn 4). Die persönliche Haftung des Erben für die Kosten der Inventaraufnahme wird vermieden, wenn das gem § 2003 angegangene Nachlassgericht das Inventar selbst aufnimmt (arg § 6 KostO; vgl KGJ 42 [1912] A 99, 103). Das Amtsgericht, bei dem der Erbe die Aufnahme des Inventars gem § 2003 beantragt, hat bei glaubhaft gemachter Unzulänglichkeit des Nachlasses zur Kostentragung das Inventar entweder selbst aufzunehmen oder durch den Urkundsbeamten der Geschäftsstelle aufnehmen zu lassen (KG aaO).

V. Das Recht des Erben, freiwillig ein Inventar zu errichten

§ 1993 war in den ersten beiden Entwürfen mit dem heutigen § 1994 in einer Bestimmung (E I § 2095, E II § 1868) vereint, wurde dann aber bei der Revision des E II als selbständige Bestimmung (E § 1970) gefasst, um klarzustellen, dass das Recht des Erben, ein Inventar zu errichten, **unabhängig** davon besteht, **ob** ihm schon nach § 1994 eine **Inventarfrist** bestimmt worden ist. Dem freiwillig errichteten Inventar soll die gleiche Wirkung zukommen wie einem nach Setzung einer Inventarfrist errichteten (Prot VI 395).

Auch wenn ihm *keine* Inventarfrist bestimmt wurde, stehen dem Erben die in §§ 1993, 2002, in § 2003 und in § 2004 vorgesehenen **drei Möglichkeiten der Inventarerrichtung** offen (für § 2004 str; s oben Rn 11).

Das Recht zur Inventarerrichtung setzt nicht voraus, dass der Erbe die **tatsächliche Gewalt über den Nachlass** hat. Der Erbe hat dieses Recht vielmehr auch dann, wenn sich der Nachlass im Besitz eines Nachlassverwalters (s Rn 27), eines Nachlassinsolvenzverwalters, eines Testamentsvollstreckers oder eines Nichtberechtigten befindet oder wenn dem Erben der Besitz von einem Miterben vorenthalten wird (KG OLGE 5

[1902/II], 342; 14, 293, 295; SOERGEL/STEIN Rn 2; zur Zulässigkeit einer Inventar*fristsetzung* s unten § 1994 Rn 17, 18).

27 Auch während einer **Nachlassverwaltung** behält der Erbe das Recht zur Errichtung eines Inventars, insbesondere zur Beantragung der amtlichen Aufnahme nach § 2003 (KGJ 42 [1912] A 94, 98 = RJA 12, 108, 111 = Recht 1913 Nr 1978). Entsprechendes muss während eines **Nachlassinsolvenzverfahrens** gelten (SOERGEL/STEIN Rn 2).

VI. Der Begriff des „Inventarrechts"

28 Streng zu unterscheiden von dem dem Erben durch § 1993 gewährten Recht, ein Inventar auch freiwillig zu errichten, ist ein Rechtsinstitut, welches in den Gesetzesmaterialien und manchmal auch noch heute als „Inventarrecht" bezeichnet wird. Mit diesem Begriff meinen die Gesetzesmaterialien das Recht des Erben, seine Haftung auf den Nachlass zu beschränken (vgl E I § 2092 Abs 1 und Mot V 602 ff). Dies ist insofern **missverständlich** (vgl auch Mot V 606), als die Errichtung eines Inventars nach BGB gerade *nicht* zu einer Beschränkung der Haftung des Erben führt (anders noch das Gemeine Recht; vgl Denkschr 722), sondern allenfalls den Verlust des Haftungsbeschränkungsrechts verhindert (Rn 2). **Einen gewissen Wert hat die Kenntnis dieses Begriffs dennoch**, weil sie vermittelt, dass der Gesetzgeber mit dem „unbeschränkt" haftenden Erben idR nur denjenigen meint, der sein Haftungsbeschränkungsrecht *durch Inventarverfehlungen* (§§ 1994 Abs 1 S 2, 2005 Abs 1, 2006 Abs 3), nicht hingegen durch Vertrag oder gem § 780 Abs 1 ZPO verloren hat. Von Bedeutung ist das zB für die Auslegung des § 2059 Abs 1 S 2 (vgl dort Rn 4 ff, 11) sowie des früheren § 113 Abs 1 Nr 3 VerglO (vgl STAUDINGER/MAROTZKE [1996] § 2013 Rn 10 aE).

29 **VII. Die sog Inventar„pflicht"** des Erben wird bei § 1994 Rn 1 ff behandelt.

VIII. Recht der ehemaligen DDR und Übergangsrecht

30 Zur grundsätzlichen Gestaltung der Erbenhaftung im Recht der ehemaligen DDR vgl Vorbem 52 ff zu §§ 1967 ff, § 2058 Rn 101 ff, § 2060 Rn 13, 18. Hinweise zum **Übergangsrecht** befinden sich in Vorbem 57 zu §§ 1967 ff.

Das in §§ 411 Abs 4, 412 Abs 3, 416–420 Abs 1 ZGB geregelte *Nachlassverzeichnis* entsprach in mancherlei Hinsicht dem „Inventar" der §§ 1993 ff BGB. Von einem *Recht* des Erben zur Einreichung eines Nachlassverzeichnisses war im ZGB jedoch im Unterschied zu § 1993 BGB nicht die Rede, ebenso wenig von einer dem § 2009 BGB entsprechenden Vermutung für die Vollständigkeit eines rechtzeitig eingereichten Nachlassverzeichnisses.

Gem § 416 Abs 1 ZGB konnte das Staatliche Notariat nicht nur Erben (vgl dagegen §§ 1994 ff BGB), sondern auch Besitzer von Nachlassgegenständen verpflichten, „innerhalb einer festgelegten Frist ein Nachlassverzeichnis aufzustellen" (vgl auch § 33 Abs 3 NotariatsG v 5. 2. 1976 [GBl I 93]: Belehrungspflicht; § 54 NotariatsverfahrensO v 16. 11. 1956 [GBl I 1228] idF v 17. 4. 1963 [GBl I 65]: zur Beschwerde gegen Fristbestimmung [inhaltsgleich mit § 77 FGG-BRD, an dessen Stelle am 1. 9. 2009 § 360 FamFG trat]). Voraussetzung war nicht etwa, wie nach § 1994 BGB, ein entsprechender Antrag eines Nachlassgläubigers, sondern allein, dass berechtigte Interessen des Staates, der Nachlassgläubiger oder der Erben es erforderten (§ 416 Abs 1 ZGB; vgl auch § 420 Abs 1 ZGB bzgl der Anordnung einer Nachlassverwaltung in diesen Fällen). Gem § 419 Abs 2 ZGB konnte das Staatliche Notariat das Nachlassverzeichnis auch selbst aufstellen; ein entsprechender Antrag des Erben war hierfür anscheinend nicht erforderlich (vgl dagegen § 2003 Abs 1 BGB). Einsicht in das Nachlassverzeichnis hatte das Staatliche Notariat jedem zu gestatten, der ein berechtigtes Interesse nachwies (§ 416 Abs 3 ZGB; ähnlich § 2010 BGB).

Verletzte der Erbe schuldhaft seine Pflicht, innerhalb der ihm vom Staatlichen **31** Notariat gestellten Frist ein Nachlassverzeichnis zu errichten, oder machte er bei der Errichtung des Nachlassverzeichnisses unrichtige oder unvollständige Angaben in der Absicht, Nachlassgläubiger oder Miterben zu benachteiligen, hatte er die Nachlassverbindlichkeiten ohne Beschränkung auf den Nachlass zu erfüllen (§ 418 Abs 1 ZGB; ähnlich §§ 1994 Abs 1 S 2, 2005 Abs 1 BGB). Wohl nur bezugnehmend auf diese Regelung, bestimmte § 411 Abs 4 ZGB dieselbe Rechtsfolge für den Fall, dass der Erbe „die Pflicht zur Errichtung eines ordnungsgemäßen Nachlaßverzeichnisses schuldhaft verletzt hat". Vgl auch § 412 Abs 3 ZGB für Inventarpflichtverletzungen durch Miterben (dazu § 2058 Rn 104, 106).

Eine dem § 2006 Abs 3 BGB ähnelnde Regelung enthielt § 418 Abs 2 ZGB, der den **32** Erben unbeschränkt haften ließ, wenn er sich weigerte, „die Richtigkeit und Vollständigkeit des Nachlaßverzeichnisses zu versichern oder das beurkunden zu lassen". Anders als bei § 2006 Abs 3 BGB trat die Haftungssanktion des § 418 Abs 2 ZGB jedoch nicht nur gegenüber *einzelnen* Nachlassgläubigern ein. Das hing damit zusammen, dass der Erbe die Richtigkeit und Vollständigkeit des Nachlassverzeichnisses gem § 417 Abs 2 ZGB auch ohne entsprechenden Gläubigerantrag zu versichern hatte (vgl dagegen § 2006 Abs 1 BGB); nur die Beurkundung der Versicherung erfolgte gem § 417 Abs 2 S 2 ZGB auf Gläubigerantrag. Eine Bezugnahme auf die Regelung des § 2006 BGB enthielt der mit § 79 FGG-BRD [Vorläufer des § 361 FamFG] nahezu inhaltsgleiche § 67 NotariatsverfahrensO der DDR. Vgl insoweit § 13 EGZGB v 19. 6. 1975 (GBl I 517).

§ 1994
Inventarfrist

(1) Das Nachlassgericht hat dem Erben auf Antrag eines Nachlassgläubigers zur Errichtung des Inventars eine Frist (Inventarfrist) zu bestimmen. Nach dem Ablauf der Frist haftet der Erbe für die Nachlassverbindlichkeiten unbeschränkt, wenn nicht vorher das Inventar errichtet wird.

(2) Der Antragsteller hat seine Forderung glaubhaft zu machen. Auf die Wirksamkeit der Fristbestimmung ist es ohne Einfluss, wenn die Forderung nicht besteht.

Materialien: E I §§ 2095, 2096; II §§ 1868 Abs 1, 1869; III § 1969; Mot V 608–610; Prot V 732–734; VI 395 f; Denkschr 724; Jakobs/Schubert ER I 305, 321 ff.

Schrifttum

Böhm, Verhältnis von § 1994 zu § 2314, Recht 1902, 471
Josef, Die Bestimmung der Inventarfrist bei genehmigungspflichtigem Erwerb einer juristischen Person, BadRPrax 1917, 118.
Vgl ferner das vor § 1993 angegebene Schrifttum.

Systematische Übersicht

I. Die sog „Inventarpflicht" des Erben gegenüber den Nachlassgläubigern 1	4. Nachträgliche Unwirksamkeit der Fristbestimmung 28
1. Sinn und Zweck 2	5. Rechtsbehelfe gegen Ablehnung der Fristbestimmung 29
2. Gesetzliche Ausgestaltung 3	
II. Begriff der Inventarfrist 4	V. Kosten 30
III. Der Antrag auf Bestimmung einer Inventarfrist	VI. Die Rechtslage nach Fristablauf (Abs 1 S 2)
1. Die antragsberechtigten Gläubiger 5	1. Wahrung des Haftungsbeschränkungsrechts durch Wahrung der Inventarfrist 31
2. Zulässigkeit des Antrags 9	
IV. Die Entscheidung über den Antrag	2. Verlust des Haftungsbeschränkungsrechts durch Versäumung der Inventarfrist 33
1. Allgemeines 20	
2. Rechtsbehelfe gegen Fristbestimmung 22	
3. Rücknahme und Abänderung der Frist 27	VII. Recht der ehemaligen DDR 41

I. Die sog „Inventarpflicht" des Erben gegenüber den Nachlassgläubigern

1 Während § 1993 den Erben für „berechtigt" erklärt, ein Inventar zu errichten, handelt § 1994 von der sog Inventar„pflicht" (RGZ 129, 239 f LS 3) des Erben gegenüber den Nachlassgläubigern. Von dieser streng zu unterscheiden ist die in §§ 807, 900 ZPO geregelte Verpflichtung zur Vorlage eines Vermögensverzeichnisses und zur Abgabe einer eidesstattlichen Versicherung (s Vorbem 38 [aE], 40 [ad c] zu §§ 1967 ff und § 1990 Rn 34).

1. Sinn und Zweck

2 Den Nachlassgläubigern muss für den Fall, dass der Erbe ihnen nur noch mit dem Nachlass haftet (§§ 1973, 1974, 1975, 1989, 1990–1992), ein Mittel zur Verfügung stehen, um den ursprünglichen Bestand des Nachlasses in zuverlässiger Weise festzustellen (Denkschr 724). Dieses Mittel ist das Inventar. Es ermöglicht den Gläubigern, anhand des Verzeichnisses den Bestand des Nachlasses und seine Veränderungen zu überprüfen und erleichtert ihnen so die Vollstreckung in die Nachlassgegenstände und die Inanspruchnahme des Erben (§§ 1978–1980) bei Bestandsveränderungen. Zugleich übt es einen Druck auf den Erben aus, für die Erhaltung des Nachlasses zu sorgen. An der Errichtung eines Inventars durch den

Erben haben die Nachlassgläubiger aber nicht nur dann ein Interesse, wenn die Haftung sich bereits auf den Nachlass beschränkt hat, sondern auch schon vorher, zB zur Vorbereitung ihrer Entscheidung über die Beantragung einer Nachlassverwaltung (§ 1981 Abs 2) oder eines Nachlassinsolvenzverfahrens (§§ 317, 319 InsO). Dieses Interesse verdient auch dann Schutz, wenn außer Zweifel steht, dass der Wert des Nachlasses die Nachlassverbindlichkeiten erheblich übersteigt (RGZ 129, 239, 244).

2. Gesetzliche Ausgestaltung

§ 1994 trägt dem bei Rn 2 beschriebenen Interesse der Nachlassgläubiger Rechnung, 3 indem er ihnen das Recht einräumt, beim Nachlassgericht zu beantragen, dass dem Erben eine Frist zur Errichtung des Inventars bestimmt werde. Nach Ablauf der ihm gesetzten Inventarfrist haftet der Erbe unbeschränkbar, wenn nicht vorher das Inventar errichtet wird (Abs 1 S 2). Erzwingen können die Nachlassgläubiger die Inventarerrichtung jedoch nicht (KG OLGE 14 [1907/I] 293, 295 = RJA 8, 100, 102 f; SOERGEL/ STEIN Rn 1; BAMBERGER/ROTH/LOHMANN § 1993 Rn 4, § 1994 Rn 1; VAN VENROOY AcP 186 [1986] 356, 362 ff). Sie sind auch nicht berechtigt, beim Nachlassgericht statt der Bestimmung einer Inventarfrist (§§ 1994, 2005 Abs 2) unmittelbar die Aufnahme oder Ergänzung des Inventars zu beantragen (OLG Karlsruhe OLGE 35 [1917/II] 361; KG OLGE 14 [1907/I] 293). Hat der Erbe wegen Verstoßes gegen die Inventarpflicht das Recht, seine Haftung auf den Nachlass zu beschränken, verloren (§§ 1994 Abs 1 S 2, 2005 Abs 1, vgl auch § 2006 Abs 3), so entfällt damit zugleich das Interesse (Rn 2) der Nachlassgläubiger an einem Verzeichnis (lediglich) des Nachlasses, da sie nun ja endgültig auch auf das Eigenvermögen des Erben zugreifen können.

II. Begriff der Inventarfrist

Während § 1993 die Begriffe des Inventars und der Inventarerrichtung definiert, 4 erklärt § 1994 Abs 1 S 1 den Begriff der Inventar*frist*. Bei ihr handelt es sich um die dem Erben auf Antrag eines Nachlassgläubigers durch das Nachlassgericht bestimmte Frist zur Errichtung eines Inventars. Sie ist also eine *richterliche* Frist im Gegensatz zu der in den meisten früheren Rechten bestehenden gesetzlichen Inventarfrist (dazu Denkschr 724).

III. Der Antrag auf Bestimmung einer Inventarfrist

1. Die antragsberechtigten Gläubiger

Die Bestimmung einer Inventarfrist kann grundsätzlich von jedem beantragt werden, 5 der **Nachlassgläubiger** iS des § 1967 ist oder der dessen Forderung gepfändet hat (BayObLGZ 8, 261, 263 = OLGE 16 [1908/I] 41 betr gepfändete Vermächtnisforderung). Antragsberechtigte Nachlassgläubiger sind auch Pflichtteilsberechtigte (Prot V 733), Vermächtnisnehmer und Auflagenberechtigte.

Ein *Pflichtteilsberechtigter* kann mit dem Antrag auf Bestimmung einer Inventarfrist 6 schneller als mit einer auf § 2314 gestützten Auskunftsklage zu einem Bestandsverzeichnis des Nachlasses gelangen. Nach RGZ 129, 239, 243 können Pflichtteilsberechtigte und uU auch *Vermächtnisnehmer* (STAUDINGER/OTTE [2003] § 2174 Rn 12) ein gem §§ 1993 ff errichtetes Inventar als eine ihnen nach § 2314 erteilte Auskunft behandeln und nach Maßgabe des § 260 Abs 2, 3 auf Abgabe der eidesstattlichen Versicherung klagen. Daneben können sie auch den Antrag nach § 2006 Abs 1 stellen. In diesem Verfahren ist die Abgabe der eidesstattlichen Versicherung allerdings nicht erzwingbar (RGZ 129, 239, 241); vgl aber § 2006 Abs 3 für den Fall der Verweigerung.

Die soeben erwähnte Befugnis des Pflichtteilsberechtigten, zwecks Berechnung seines Anspruchs (§§ 2303 Abs 1 S 2, 2311) gem §§ 2314, 260 auf Auskunft, Vorlegung eines Nachlassverzeichnisses und evtl dessen Bekräftigung durch eidesstattliche Versicherung zu klagen, wird nicht dadurch ausgeschlossen, dass der Pflichtteilsberechtigte daneben nach §§ 1994 Abs 1, 2006 Abs 1 vorgehen könnte (vgl OLG Zweibrücken FamRZ 1969, 230, 231; auch RG aaO). Denn die Haftungssanktionen, die den Erben bei Verletzung seiner Inventarpflicht treffen (§§ 1994 Abs 1 S 2, 2005 Abs 1, 2006 Abs 3), sind für solche Nachlassgläubiger wertlos, die ihren Anspruch nicht beziffern können.

7 *Aufgrund einer Forderung, die Aktivbestandteil eines anderen Nachlasses ist,* soll, solange dieser mehreren Erben in ungeteilter Gemeinschaft zusteht, der Antrag auf Bestimmung einer Inventarfrist nur von sämtlichen Miterben gemeinschaftlich gestellt werden können (KG OLGE 35 [1917/II] 360 = RJA 16 [1922] 50; STAUDINGER/LEHMANN¹¹ Rn 3). Dagegen spricht jedoch, dass der Antrag nach § 1994 lediglich das Erfüllungsverlangen unterstützt und dass dieses gem § 2039 bereits von einem einzelnen Miterben verfolgt werden kann (vgl auch MünchKomm/KÜPFER Rn 2; STAUDINGER/WERNER § 2039 Rn 11).

8 **Nicht antragsberechtigt** sind der *Nachlass-* und der *Nachlassinsolvenzverwalter* (§ 2000 S 2) sowie diejenigen Nachlassgläubiger, denen der Erbe auch dann nicht unbeschränkbar haften würde, wenn er eine ihm gesetzte Inventarfrist ungenutzt verstreichen ließe (BGB-RGRK/JOHANNSEN Rn 3–5; **aM** STAUDINGER/LEHMANN¹¹ Rn 3 mwNw, weil der Wortlaut des § 1994 diese Einschränkung nicht mache). Hier handelt es sich zum einen um die *Gläubiger, die im Aufgebotsverfahren ausgeschlossen sind* (§§ 1970 ff, 1973) *oder ihnen gem § 1974 gleichstehen* (vgl § 2013 Abs 1 S 2), und zum anderen um solche *Nachlassgläubiger, die zugleich Miterben des Antragsgegners sind* (vgl § 2063 Abs 2; zur letztgenannten Gläubigergruppe ausführlich § 2063 Rn 19 und BUCHHOLZ JR 1990, 45, 48 f; ENDRISS, Der Miterbe als Nachlassgläubiger [2003] 122 ff, 135, 185). Dass die im Aufgebotsverfahren ausgeschlossenen Gläubiger die Bestimmung einer Inventarfrist nicht verlangen können (KIPP/COING § 94 II 1 Fn 9; PALANDT/EDENHOFER Rn 3; BGB-RGRK/JOHANNSEN Rn 3; **aM** STAUDINGER/LEHMANN¹¹ Rn 3; MünchKomm/KÜPPER § 1973 Rn 2; AK-BGB/TEUBNER Rn 3; PLANCK/FLAD Anm 2; ERMAN/SCHLÜTER Rn 2; SOERGEL/STEIN Rn 3; STROHAL II § 73 Fn 9; BAMBERGER/ROTH/LOHMANN Rn 3; LANGE/KUCHINKE § 48 VI 5 a), ist eine zwingende Folge aus dem – rechtspolitisch verfehlten (§ 1973 Rn 10) – § 2013 Abs 1 S 2 und war auch Ansicht der Redaktionskommission (Prot VI 396). Allerdings muss die auf Antrag eines ausgeschlossenen Gläubigers *erfolgte* Fristbestimmung als wirksam angesehen werden (Prot VI 396; BGB-RGRK/JOHANNSEN Rn 4), da es nach Abs 2 S 2 auf die Wirksamkeit der Fristbestimmung sogar einflusslos ist, wenn die Forderung überhaupt nicht besteht. Der Erbe wird aber, wenn er die auf Antrag eines ausgeschlossenen Gläubigers gesetzte Frist versäumt, nur den *anderen* Gläubigern gegenüber unbeschränkbar haftend (BGB-RGRK/JOHANNSEN Rn 4). Zudem kann der

Erbe die Verfügung, durch die ihm auf Antrag eines ausgeschlossenen Gläubigers eine Inventarfrist bestimmt worden ist, mit der Beschwerde anfechten (vgl Rn 22, 24 und BGB-RGRK/Johannsen Rn 4).

2. Zulässigkeit des Antrags

Der Antrag kann gem § 25 FamFG schriftlich oder zur Niederschrift der Geschäfts- 9
stelle des Nachlassgerichts gestellt werden. Nach § 1994 Abs 2 S 1 muss der Antragsteller seine **Forderung glaubhaft machen** (vgl hierzu § 31 FamFG und die noch zu § 15 FGG ergangenen Entscheidungen BayObLGZ 1992, 162, 164 ff = NJW-RR 1992, 1159; KG FamRZ 2005, 837 ff = FGPrax 2005, 28 ff = NJW-RR 2005, 378 ff = ZEV 2005, 114 ff). Dazu kann er sich „aller Beweismittel bedienen" und auch zur Versicherung an Eides statt zugelassen werden (§ 31 Abs 1 FamFG). Unstatthaft ist eine Beweisaufnahme, die nicht „sofort" erfolgen kann (§ 31 Abs 2 FamFG). Ob eine Tatsache für glaubhaft gemacht zu erachten sei, entscheidet das Gericht nach seinem Ermessen (BayObLGZ 12, 401, 404 f = SeuffBl 76 [1911] 636 f).

Indem Abs 2 S 1 dem Antragsteller die Glaubhaft„machung" seiner Forderung 10
auferlegt, durchbricht die Vorschrift den in § 26 FamFG verankerten Grundsatz der Amtsermittlung. Diese Ausnahme darf nicht erstreckt werden auf die **Feststellung der Erbeneigenschaft** dessen, dem die Inventarfrist gesetzt werden soll. Zwar muss diese Person im Antrag benannt werden (LG Bochum Rpfleger 1991, 154). Ob sie jedoch wirklich Erbe ist, muss das Nachlassgericht von Amts wegen ermitteln (KG OLGE 24 [1912/I] 82 f = RJA 11, 89; KGJ 40 [1911] A 43 ff; LG Krefeld MDR 1970, 766; Josef ZBlFG 7 [1906/1907] 476, 479; MünchKomm/Küpper Rn 3; Bamberger/Roth/Lohmann Rn 6). Bleibt die Erbeneigenschaft zweifelhaft, so ist der Antrag auf Bestimmung einer Inventarfrist abzulehnen (BGB-RGRK/Johannsen Rn 8; Küpper aaO). Dagegen spricht nicht, dass die Inventarerrichtung auch nach Setzung einer Frist nicht erzwungen werden kann (Rn 3) und dass die Haftungssanktionen der §§ 1994 Abs 1 S 2, 2005 Abs 1, 2006 Abs 3 nur einen wirklichen Erben treffen können, die einem Nichterben bestimmte Inventarfrist also rechtlich wirkungslos ist. Denn auch jemand, der an seiner Erbenstellung zweifelt, hat ein Interesse daran, nicht „vorsorglich" ein Inventar errichten zu müssen.

Hängt der Anfall der Erbschaft an eine **juristische Person** von einer staatlichen 11
Genehmigung ab (Staudinger/Otte [2008] § 1942 Rn 7), so darf dem Antrag auf Bestimmung einer Inventarfrist nicht vor der Erteilung der Genehmigung entsprochen werden (Josef BadRPrax 1917, 118; Soergel/Stein Rn 7).

Jedoch kann einem Erben, dem die Erbschaft bereits angefallen ist, eine Inventar- 12
frist auch schon dann bestimmt werden, wenn er das **Ausschlagungsrecht** noch hat (Josef aaO Fn 2). Das ist in § 1995 Abs 2 vorausgesetzt (Mot V 610). Hat der zur Erbschaft Berufene die Erbschaft bereits ausgeschlagen, ist das Nachlassgericht jedoch verpflichtet, über die Wirksamkeit der Ausschlagung zu befinden, und zur Bestimmung der Inventarfrist nur berechtigt, wenn es die Ausschlagung für unwirksam erachtet (BayObLGZ 3 [1903] 823, 826 = RJA 3, 176, 177; BayObLG FamRZ 1994, 264 f; vgl auch Weithase Rpfleger 1988, 434, 436; MünchKomm/Küpper Rn 4; Soergel/Stein Rn 7; Bamberger/Roth/Lohmann Rn 6).

13 Die Bestimmung einer Inventarfrist wird nicht dadurch ausgeschlossen, dass **Streit über das Erbrecht** besteht (BayObLGZ 3 [1903] 823, 826 = RJA 3, 176, 178). Auch hängt die Bestimmung der Inventarfrist nicht von der Erteilung eines *Erbscheins* ab. Die Aussetzung der Fristbestimmung bis zur rechtskräftigen Entscheidung darüber, dass der bezeichnete Erbe wirklich Erbe ist, kann nicht verlangt werden (BayObLG aaO; vgl auch SOERGEL/STEIN Rn 7). Das Prozessgericht, vor dem der Nachlassgläubiger seinen Anspruch einklagt oder der als Erbe in Anspruch Genommene die negative Feststellungsklage erhebt, ist an die vom Nachlassgericht nur inzident getroffene Entscheidung über die Erbenstellung nicht gebunden. Es kann also uU der Klage eines Nachlassgläubigers gegenüber derselben Person stattgeben, der eine Inventarfrist zu setzen sich das Nachlassgericht zuvor geweigert hat, weil die betreffende Person nicht Erbe sei. Beantragt der Gläubiger daraufhin erneut die Bestimmung einer Inventarfrist, so wird das Nachlassgericht die Erbenstellung des Gegners aber nicht mehr verneinen dürfen.

14 Ist ein in **Gütergemeinschaft** lebender Ehegatte Erbe und gehört die Erbschaft zum Gesamtgut, so ist die Bestimmung einer Inventarfrist nur wirksam, wenn sie auch dem anderen Ehegatten gegenüber erfolgt, sofern dieser das Gesamtgut allein oder mit seinem Ehegatten gemeinschaftlich verwaltet (§ 2008 Abs 1 S 1). Daraus folgt jedoch nicht, dass die Fristsetzung auch gegenüber dem Ehegatten des Erben *beantragt* werden müsste. Sie ist vielmehr von Amts wegen mitzuerledigen, wenn dem Nachlassgericht bekannt ist oder durch die von ihm anzustellenden Ermittlungen (§ 26 FamFG) bekannt wird, dass ein Fall des § 2008 vorliegt (BGB-RGRK/JOHANNSEN § 2008 Rn 5; SOERGEL/STEIN § 2008 Rn 4; AK-BGB/TEUBNER § 2008 Rn 6). Entsprechendes gilt im Verhältnis zu *Lebenspartnern,* wenn diese gem § 7 LPartG Gütergemeinschaft vereinbart haben.

15 Bei **Erbenmehrheit** braucht die Bestimmung der Inventarfrist nicht gegenüber *sämtlichen* Miterben zu erfolgen bzw beantragt zu werden (vgl § 2063 Rn 7).

16 Wieviel Zeit seit dem Erbfall verflossen ist, spielt für die Zulässigkeit des Antrags nach § 1994 keine Rolle. Doch wird einer erst nach Jahren erfolgten Fristbestimmung im Hinblick auf §§ 1974, 2013 Abs 1 S 2 nur noch geringe praktische Bedeutung zukommen.

Haben sich die Parteien aus Rücksicht aufeinander die Inventarerrichtung Jahre hindurch erspart und ist nunmehr eine Nachprüfung der Vollständigkeit eines Inventars und eine Wertermittlung für einen Nachlassgläubiger nicht mehr möglich, so soll sich der Erbe nach einer Entscheidung des RG dem betreffenden Gläubiger gegenüber auf die Beschränkung seiner Haftung nicht mehr berufen können (RG HRR 1939 Nr 369 = DR 1939, 381 = SeuffA 93, 144 f). In diesem Fall besteht für den Nachlassgläubiger kein Anlass, den Antrag nach § 1994 zu stellen.

17 Die Bestimmung einer Inventarfrist ist **unzulässig** und der Antrag somit zurückzuweisen:

– wenn der Antrag von der falschen Person gestellt wurde (s Rn 8),

– während der Dauer einer Nachlassverwaltung oder eines Nachlassinsolvenzverfahrens (§ 2000 S 2),

– gegenüber dem Fiskus als gesetzlichem Erben (§ 2011),

– gegenüber einem Nachlasspfleger oder einem Nachlassverwalter (§ 2012),

– gegenüber einem Nachlassinsolvenzverwalter (§ 2000 Rn 4) oder einem Testamentsvollstrecker (vgl STAUDINGER/REIMANN [2003] § 2215 Rn 2).

– Im Fall des § 2000 S 3, also wenn das Nachlassinsolvenzverfahren durch Verteilung der Masse oder durch einen Insolvenzplan beendigt worden ist, wird die Bestimmung einer Inventarfrist vom Gesetz zwar nicht als unzulässig bezeichnet. Da sie aber wegen der in § 2000 S 3 ausgesprochenen Rechtsfolge, dass „es zur Abwendung der unbeschränkten Haftung der Inventarerrichtung nicht (bedarf)", völlig zwecklos ist, muss der Antrag aus diesem Grunde abgewiesen werden. Anders verhält es sich jedoch, wenn die *Eröffnung* eines Nachlassinsolvenzverfahrens oder die *Anordnung* einer Nachlassverwaltung mangels Masse *abgelehnt* worden ist; diese Fälle werden weder von § 2000 S 3 noch von § 2013 Abs 1 S 2 erfasst (s OLG Stuttgart FamRZ 1995, 57; BAMBERGER/ROTH/LOHMANN Rn 7 sowie unten § 2013 Rn 2).

Unzulässig ist die Bestimmung einer Inventarfrist auch dann, wenn der Erbe bereits **18** ein den Vorschriften der §§ 2002, 2003 entsprechendes Inventar errichtet hat (KGJ 34 [1907] A 92, 95 ff = RJA 8, 185, 188; VAN VENROOY AcP 186 [1986] 356, 396). Nicht gleich steht dem der Fall, dass der Erbe lediglich den Antrag auf amtliche Aufnahme des Inventars gem § 2003 gestellt hat; denn einen solchen Antrag könnte der Erbe zurücknehmen (OLG München FamRZ 2008, 2310 f = BWNotZ 2008, 156 ff = ZErbR 2008, 318 ff).

Ist ein bereits errichtetes Inventar unvollständig, so kann dem Erben auf Gläubigerantrag gem § 2005 Abs 2 eine Inventarfrist zur Ergänzung bestimmt werden, sofern er nicht bereits gem § 2005 Abs 1 unbeschränkbar haftend geworden ist. Entsprechendes gilt für den Fall, dass das bereits beim Nachlassgericht befindliche Inventar von einem anderen errichtet ist und dem Erben lediglich gem §§ 2008 Abs 1 S 3, 2063 Abs 1, 2144 Abs 2 oder 2383 Abs 2 „zustatten" kommt (vgl KGJ 34 [1907] A 92, 97 = RJA 8, 185, 188 f).

Der Antrag auf Bestimmung einer Inventarfrist kann nicht deshalb abgelehnt werden, weil dem Erben durch einen Nichtberechtigten oder durch Miterben der *Besitz* der Nachlassgegenstände vorenthalten wird (**aM** STAUDINGER/BOEHMER[11] § 1922 Rn 146). In diesem Fall mag der Erbe die Inventarfrist notfalls auf dem in § 2003 Abs 1 S 2 gewiesenen Wege wahren (s ergänzend § 1993 Rn 26). Ferner steht der Bestimmung einer Inventarfrist nicht entgegen, dass ein nach § 2314 Abs 1 S 3 von dem Erben aufgenommenes, die Form des § 2002 wahrendes Nachlassverzeichnis infolge unrichtiger Sachbehandlung zu den Nachlassakten gelangt ist (OLG Hamm NJW 1962, 53; SOERGEL/STEIN Rn 6). Anders jedoch, wenn der Erbe auf dieses Inventar gem § 2004 Bezug genommen hat (vgl § 2004 Rn 2 f; **aM** OLG Hamm aaO 54).

Ohne Einfluss auf die Zulässigkeit der Fristsetzung ist die **Beschaffenheit des Nach-** **19** lasses, also zB der Umstand, dass Nachlassgegenstände von Wert überhaupt nicht vorhanden sind bzw ein Aktivnachlass fehlt (KG SchlHAnz 1910, 323 = WarnJb 1911, 170 = OLGE 24, 82 Fn 1; SOERGEL/STEIN Rn 6) oder dass der Wert des Nachlasses die Nachlassverbindlichkeiten unstr erheblich übersteigt (vgl RGZ 129, 239, 244 sowie Rn 2, 39).

IV. Die Entscheidung über den Antrag

1. Allgemeines

20 **Sachlich zuständig** ist gem Abs 1 S 1 das Nachlassgericht (§ 23a Abs 1 Nr 2, Abs 2 Nr 2 GVG). Die **örtliche** Zuständigkeit richtet sich nach § 343 FamFG (s auch § 1993 Rn 20). Die *funktionelle* Zuständigkeit wird durch § 3 Nr 2 c RPflG dem Rechtspfleger zugewiesen.

21 **Die Fristsetzung erfolgt durch Beschluss** des Nachlassgerichts (Rechtspflegers), dessen Zustellung wegen § 1995 Abs 1 S 2 auch im Fall des § 41 Abs 2 S 1 FamFG zwingend erforderlich ist. Vor der Fristbestimmung hat das Nachlassgericht dem Erben rechtliches Gehör zu gewähren (BayObLGZ 1992, 162, 166 ff = NJW-RR 1992, 1159 f; vgl auch BayObLGZ 1993, 88, 96 = NJW-RR 1993, 780, 782 = FamRZ 1993, 1367, 1370 im Schlusssatz). Die Frist beginnt mit der Zustellung des Fristsetzungsbeschlusses (§ 1995 Abs 1 S 2). Richtiger Zustellungsadressat i S des § 40 Abs 1 FamFG ist der Erbe, da der Fristsetzungsbeschluss nur für ihn bestimmt ist (UNGER ZZP 34 [1905] 233, 234). Zur Frist vgl im übrigen §§ 1995–1998.

Gem § 1999 S 1 soll das Nachlassgericht dem Familiengericht von der Bestimmung der Inventarfrist Mitteilung machen, wenn der Erbe unter elterlicher Sorge oder unter Vormundschaft steht.

Fällt die Nachlassangelegenheit in den Aufgabenkreis eines Betreuers des Erben, tritt an die Stelle des Familiengerichts das Betreuungsgericht, § 1999 S 2.

2. Rechtsbehelfe gegen Fristbestimmung

22 Gegen eine Verfügung, durch die dem Erben eine Inventarfrist bestimmt wird, steht dem Erben und jedem – also nicht bloß dem antragstellenden (vgl ERMAN/SCHLÜTER Rn 6; SOERGEL/STEIN Rn 10) – Nachlassgläubiger die **Beschwerde** zu (vgl §§ 58, 59 Abs 1, 360 FamFG und § 11 Abs 1 RPflG). Die **Frist** zur Einlegung der Beschwerde beginnt für den *Erben* mit der schriftlichen Bekanntgabe (§ 1995 Abs 1 S 2: Zustellung) des Fristsetzungsbeschlusses an ihn (§ 63 Abs 3 S 1 FamFG) und für *jeden Nachlassgläubiger* mit dem Zeitpunkt, in welchem der Fristsetzungsbeschluss *dem* Nachlassgläubiger bekanntgemacht wird, welcher den Antrag auf Bestimmung der Inventarfrist gestellt hat (§ 360 FamFG).

23 **Der Erbe** kann mit der Beschwerde geltend machen, dass die ihm bestimmte Inventarfrist zu kurz bemessen sei. Diese Rüge wird erfolgreich sein, wenn das Nachlassgericht ohne vorherige Anhörung des Erben die gesetzliche Mindestfrist bestimmt hat (vgl die bei Rn 21 erwähnten Entscheidungen des BayObLG). Nach hM (STAUDINGER/LEHMANN[11] Rn 11; BGB-RGRK/JOHANNSEN Rn 7; ERMAN/SCHLÜTER Rn 6; SOERGEL/STEIN Rn 10; MünchKomm/KÜPPER Rn 8) soll der Erbe die Beschwerde auch darauf

stützen können, dass er bereits ein Inventar errichtet habe oder dass ein Dritter ein auch ihm „zustatten" kommendes Inventar errichtet habe (vgl §§ 2008 Abs 1 S 3, 2063 Abs 1, 2144 Abs 2, 2383 Abs 2). Hiergegen lässt sich jedoch einwenden, dass der Erbe durch die Bestimmung der Inventarfrist in diesen Fällen gar nicht beschwert ist und dass über die Wirksamkeit der bereits erfolgten Inventarerrichtung letztlich das Prozessgericht im Rahmen des § 1994 Abs 1 S 2 zu befinden hat (zu der ähnlichen Thematik „Beschwer als Klagevoraussetzung" vgl die 1970 erschienene Schrift von BETTERMANN; eine rechtsvergleichende Studie zur Beschwer als „Rechtsmittelerfordernis" bietet RIMMELSPACHER, in: FS Lorenz [2001] 547 ff).

Gem Abs 2 S 2 ist es auf die Wirksamkeit der Fristbestimmung „ohne Einfluss", **24** wenn die Forderung des Antragstellers in Wirklichkeit überhaupt nicht besteht (hierzu Mot V 610). Dennoch nimmt man an, dass der Erbe seine Beschwerde auch darauf stützen könne, dass der Antragsteller nicht Nachlassgläubiger sei (BGB-RGRK/JOHANNSEN Rn 4 und die Vorgenannten). Das ist wenig überzeugend.

Nach hM (vgl die bei Rn 23 Genannten), der in der 12. Aufl dieses Kommentars trotz **25** Bedenken gefolgt wurde, soll der „Erbe" seine Beschwerde auch darauf stützen können, dass er überhaupt nicht Erbe sei. Da jemand, der nicht Erbe ist, eine ihm bestimmte Inventarfrist gefahrlos verstreichen lassen kann (vgl Rn 10), wird man dem aber nicht zustimmen dürfen. Wer an seiner Erbenstellung zweifelt, mag zwar daran interessiert sein, nicht „vorsorglich" ein Inventar errichten zu müssen. Jedoch ist dieses Interesse nicht von solchem Gewicht und rechtlich nicht in dem umfassenden Sinne geschützt, dass es den Adressaten berechtigen würde, die Inventarfristbestimmung allein deshalb anzufechten, weil das Nachlassgericht im Rahmen der von Amts wegen vorzunehmenden (Rn 10) Prüfung der Erbenstellung zu einem unrichtigen Ergebnis gelangt sei. Wie in den bei Rn 23 erörterten Fällen fehlt nämlich auch hier die erforderliche „Beschwer" für einen Rechtsbehelf, der für den Streit um die Erbenstellung bis zur rechtskräftigen Entscheidung des letztendlich (Rn 13, 28) zuständigen Prozessgerichts einen prozessökonomisch fragwürdigen „Nebeninstanzenzug" eröffnen würde. Vgl auch Rn 28.

Ein Nachlassgläubiger kann mit seiner Beschwerde (Rn 22) nur die zu lange Dauer der **26** Frist rügen (vgl PLANCK/FLAD Anm 3; MünchKomm/KÜPPER Rn 8).

3. Rücknahme und Abänderung der Frist

Die Fristbestimmung kann vom Nachlassgericht nicht einseitig zurückgenommen **27** werden, auch wenn es nachträglich das Nichtgegebensein ihrer Voraussetzungen erkennt oder der Betroffene die Erbschaft später ausschlägt (vgl § 48 Abs 1 S 2 FamFG sowie OLG Braunschweig SeuffA 57 [1902] Nr 105; MünchKomm/KÜPPER Rn 7; SOERGEL/ STEIN Rn 7; zum Fall der Erbschaftsausschlagung s auch Rn 28).

Jedoch kann das Nachlassgericht die Frist auf Antrag des Erben gem § 1995 Abs 3 verlängern.

4. Nachträgliche Unwirksamkeit der Fristbestimmung

Die Bestimmung einer Inventarfrist wird nachträglich unwirksam, wenn eine Nach- **28** lassverwaltung angeordnet oder ein Nachlassinsolvenzverfahren eröffnet wird (§ 2000 S 1). Da eine vor der Annahme der Erbschaft bestimmte Inventarfrist erst mit der Annahme der Erbschaft beginnt (§ 1995 Abs 2), wird die einem vorläufigen Erben bestimmte Inventarfrist gegenstandslos, wenn dieser die Erbschaft ausschlägt (BayObLG OLGE 6 [1903/I] 70 = RJA 3, 176; OLG Braunschweig SeuffA 57 [1902] 187 Nr 105; AG Oldenburg Rpfleger 1990, 21 f). Eine förmliche Aufhebung des die Frist setzenden Gerichtsbeschlusses kann der Ausschlagende aber nicht verlangen (AG Oldenburg Rpfleger 1990, 21, 22; vgl auch oben Rn 25, 27). Über die Wirksamkeit der Fristbestimmung und den Beginn der Frist hat notfalls das Prozessgericht im Zusammenhang mit der Frage zu entscheiden, ob das Haftungsbeschränkungsrecht des Erben durch Versäumung der Frist erloschen ist (KGJ 34 [1907] A 92, 94 = RJA 8, 185, 186; AG Oldenburg aaO). Wegen der bis dahin bestehenden Ungewissheit bleibt der Erbe, der die Erbschaft nach ihm gegenüber erfolgter Inventarfristsetzung ausgeschlagen hat, berechtigt, unter den Voraussetzungen des § 1996 die Bestimmung einer neuen Inventarfrist zu verlangen (AG Oldenburg aaO; vgl auch BayObLGZ 1993, 88, 92 = NJW-RR 1993, 780 f = FamRZ 1993, 1367, 1368; kritisch SOERGEL/STEIN Rn 7).

29 **5. Gegen die Ablehnung der Fristbestimmung** steht dem antragstellenden Nachlassgläubiger die Beschwerde zu (vgl §§ 58, 59 Abs 2 FamFG und § 11 Abs 1 RPflG).

V. Kosten

30 Die Kosten des Verfahrens, das durch den Antrag auf Bestimmung einer Inventarfrist veranlasst wird, hat der Antragsteller zu tragen (BayObLGZ 12, 401 = SeuffBl 76 [1911] 636 f). Zur Gebühr vgl §§ 114 Nr 1, 115 KostO.

VI. Die Rechtslage nach Fristablauf (Abs 1 S 2)

31 Nach Ablauf der Inventarfrist haftet der Erbe für die Nachlassverbindlichkeiten „unbeschränkt", wenn nicht zuvor das Inventar errichtet wird (Abs 1 S 2).

1. Wahrung des Haftungsbeschränkungsrechts durch Wahrung der Inventarfrist

Die Inventarfrist wird gewahrt durch rechtzeitige „Errichtung" des Inventars, dh durch Einreichung eines ordnungsgemäßen Inventars (§ 1993) oder durch Stellung des Antrags auf amtliche Aufnahme des Inventars gem § 2003 Abs 1 S 2 (aber: § 2005 Rn 7 ff) oder durch Bezugnahme auf ein schon beim Nachlassgericht befindliches Inventar gem § 2004. In einigen Fällen bedarf es nicht einmal der Bezugnahme gem § 2004: nämlich dann, wenn die Wahrung der Inventarfrist durch andere Personen als den Erben, dem sie gesetzt ist, diesem kraft Gesetzes zustatten kommt. Zustatten kommt dem Erben die Inventarerrichtung durch seinen Ehegatten oder Lebenspartner (Rn 14 aE) im Fall des § 2008 Abs 1 S 3, dem Miterben diejenige durch einen anderen Miterben (§ 2063 Abs 1), dem Verkäufer und Käufer einer Erbschaft die Errichtung durch den jeweils anderen Teil (§ 2383 Abs 2), dem Nacherben die durch den Vorerben (§ 2144 Abs 2).

32 Die **Beweislast** für die rechtzeitige Errichtung trifft den Erben (KGBl 1909, 11).

2. Verlust des Haftungsbeschränkungsrechts durch Versäumung der Inventarfrist

a) Wird die Inventarfrist nicht gewahrt (Rn 31), so hat dies gem Abs 1 S 2 zur **33** Folge, dass der Erbe, dem die Frist bestimmt worden ist, für die Nachlassverbindlichkeiten „unbeschränkt" haftet, er also (Vorbem 9 zu §§ 1967 ff) das Recht verliert, seine Haftung auf den Nachlass zu beschränken. **Ratio legis** ist, dass der Erbe, der die Nachlassgläubiger durch Verweigerung der Inventarerrichtung über den Stand des Nachlasses im ungewissen lässt, sich so behandeln lassen soll, als reiche der Nachlass zur Erfüllung aller Nachlassschulden aus (vgl Prot V 731, 874). In diesem Fall würde den Erben die Inanspruchnahme auch seines Eigenvermögens nicht unzumutbar belasten, da er sich sogleich am Nachlass schadlos halten könnte. Diese günstige Situation unterstellend, entzieht Abs 1 S 2 dem Erben, der die ihm gesetzte Inventarfrist verstreichen lässt, das Recht, seine Haftung auf den Nachlass zu beschränken. Die wichtigsten Aspekte der nun eingetretenen Rechtslage umschreibt § 2013. Der Verlust des Haftungsbeschränkungsrechts setzt nicht voraus, dass die Fristversäumnis auf einem **Verschulden** beruht; der Verschuldensaspekt ist nur nach Maßgabe der §§ 1996, 1997 von Bedeutung (weiter gehend aber wohl van Venrooy AcP 186 [1986] 356, 360 mit Fn 14 wegen BVerfGE 58, 159, 162 f). In einem Beschluss des OLG Düsseldorf (FamRZ 1997, 846 f = WM 1997, 2132, 2134 = Rpfleger 1997, 216 f) wird die Ansicht vertreten, dass der Ablauf der Inventarfrist *nicht* zum Verlust des Haftungsbeschränkungsrechts führe, wenn der Erbe rechtzeitig vor Fristablauf einen nach den Umständen berechtigten Antrag auf Fristverlängerung gestellt habe und diesem Antrag infolge unrichtiger Sachbehandlung durch das Nachlassgericht nicht *vor* Ablauf der ursprünglichen Inventarfrist stattgegeben worden sei. Dieser Standpunkt ist zwar nicht zwingend (s § 1995 Rn 9; § 1996 Rn 2, 4), aber sicherlich vertretbar und iE auch angemessen.

b) An eine **Sonderregelung für Miterben** hat die II. Komm bei der Beratung des **34** § 1994 nicht gedacht. Dazu bestand keine Veranlassung, weil man seinerzeit noch von E I § 2051 S 2 ausging, der auf jeden Miterben nur einen seiner Erbquote entsprechender *Bruchteil* der Erblasserschulden übergehen lassen wollte (näheres zur Gesetzesgeschichte bei § 2007 Rn 3). Von daher musste es als selbstverständlich erscheinen, dass ein Miterbe sein Haftungsbeschränkungsrecht nur für eben diesen Bruchteil der Schuld verlieren konnte. Erst als man sich später für den Grundsatz der gesamtschuldnerischen (§§ 2058, 421) Haftung der Miterben entschied, sah man Veranlassung zu betonen, dass trotzdem „ebenso wie zum Nachtheile des Alleinerben, welcher das Inventarrecht verloren hat, angenommen werde, dass der Nachlass solvent gewesen sei" (s oben), zum Nachteile der einzelnen *Miterben* angenommen werden müsse, „dass der auf jeden von ihnen entfallende *Erbtheil* ausreiche, um den der Erbquote entsprechenden *Theil* der Forderung zu decken" (Prot V 874 [gegen Prot V 872 ff]). Diese Wertung war tragender Grund für die Schaffung des § 2059 Abs 1 S 2. Sie zeigt, dass sich der Übergang der Gesetzesväter vom Grundsatz der teilschuldnerischen zu dem der gesamtschuldnerischen Miterbenhaftung unbeschadet des bei der Beratung der §§ 1994 Abs 1 S 2, 2005 Abs 1, 2006 Abs 3 noch selbstverständlich gewesenen Prinzips vollziehen sollte, dass ein einzelner Miterbe sein Haftungsbeschränkungsrecht durch Inventarverfehlungen nur für einen seinem Erbteil entsprechenden *Teil* jeder auf dem gesamten Nachlass lastenden Verbindlichkeit verlieren kann (nicht hM; vgl aber § 2059 Rn 3, 4, § 2060 Rn 2). Dieses Prinzip ist auch bei grundsätzlicher Anerkennung der *gesamtschuldnerischen* Haftung aller Miterben sachgerecht (beipflichtend Buchholz JR 1990, 45, 51 Fn 75, der der hier vertretenen

Ansicht aber de lege lata dennoch widerspricht). Einen Miterben deshalb, weil er den Gläubigern durch seine Inventarverfehlung uU die Möglichkeit des Nachweises entzogen habe, „dass der *Nachlass* zur Tilgung der Forderung ausreiche", so zu stellen, als reiche bereits sein *Erbteil* (!) zur Berichtigung aller Nachlassverbindlichkeiten aus (so anscheinend später Prot V 876 f [aber ohne Niederschlag im Gesetz; vgl § 2059 Rn 8]), wäre wenig konsequent und auch gar nicht nötig, da ja noch andere Erben vorhanden sind, die der Gläubiger zur Inventarerrichtung anhalten lassen kann (so dass die erwähnte Annahme der Protokolle, dass den Gläubigern die volle Kenntnis der Nachlassaktiva bereits durch die Inventarverweigerung *eines* Miterben unmöglich gemacht werde, oft gar nicht zutrifft). Falls *sämtliche* Miterben eine ihnen gesetzte Inventarfrist versäumt haben, genügt es vollauf, dass die Nachlassgläubiger das Eigenvermögen jedes einzelnen Miterben *anteilig* in Anspruch nehmen können. Selbst dann steht ihnen idR *mehr* Haftungsmasse zur Verfügung als im Fall der Alleinerbschaft, wo ja nur *ein* Erbe haftet und deshalb ein Zugriff auf die Eigenvermögen *mehrerer* Personen nicht in Betracht kommt.

35 c) Der durch Versäumung der Inventarfrist bedingte Verlust des Haftungsbeschränkungsrechts (Abs 1 S 2) tritt grundsätzlich **gegenüber sämtlichen Nachlassgläubigern** ein, auch soweit sie an der Antragstellung nicht beteiligt waren (MünchKomm/ Küpper Rn 12). Keine Rolle spielt hier der Unterschied zwischen Erblasser- und Erbfallschulden (vgl § 1967 Rn 30). Nach wohl hM (zB MünchKomm/Küpper Rn 12) verliert der Erbe das Haftungsbeschränkungsrecht **auch gegenüber solchen Nachlassgläubigern, deren Forderungen erst nach Fristablauf entstehen** (teilw aM mit guten Gründen Muscheler, Die Haftungsordnung der Testamentsvollstreckung [1994] 117 ff, 123 ff, 543; kritisch zur hM auch schon Marotzke JZ 1986, 457, 464 bei Fn 8; vgl ergänzend § 2005 Rn 1 aE und § 1967 Rn 37 f).

36 Jedoch tritt der Verlust des Haftungsbeschränkungsrechts nicht ein gegenüber Gläubigern, denen gegenüber der Erbe bereits vorher durch Ausschluss im Aufgebotsverfahren nach § 1973 oder infolge gleichstehender Säumnis gem § 1974 die Beschränkung seiner Haftung erlangt hatte (**§ 2013 Abs 1 S 2**). Auch gegenüber Nachlassgläubigern, die zugleich Miterben sind, kann sich der Erbe, der eine ihm bestimmte Inventarfrist versäumt hat, auf eine etwaige Beschränkung seiner Haftung berufen, obwohl er den anderen Nachlassgläubigern gegenüber unbeschränkbar haftend geworden ist (**§ 2063 Abs 2**; ähnlich **§ 2144 Abs 3** bez der Haftung des Nacherben gegenüber dem Vorerben).

37 d) **Der Verlust des Haftungsbeschränkungsrechts tritt kraft Gesetzes von selbst ein**, sobald die Inventarfrist ungenutzt verstrichen ist. Das Nachlassgericht trifft keine diese Wirkung feststellende Verfügung; die Überprüfung obliegt im Streitfall dem Prozessgericht (KGJ 34 [1907] A 92, 94 = RJA 8, 185, 186).

38 e) Das Verstreichenlassen der Inventarfrist führt auch dann zur „unbeschränkten" Haftung des Erben, wenn dieser die Frist **in gutem Glauben** daran, dass er nicht Erbe sei, unbeachtet ließ; insoweit handelt der Erbe auf eigene Gefahr (Küntzel Gruchot 41 [1897] 808, 831 f; Hellmann KritV 39, 212, 240; Planck/Flad Anm 5 b). Vgl auch Rn 33.

39 f) Abs 1 S 2 ist auch dann anzuwenden, wenn streitig ist, dass der **Wert des**

Nachlasses die Nachlassverbindlichkeiten erheblich übersteigt (RGZ 129, 239, 244). Gleichgültig ist auch, ob überhaupt eine Nachlassmasse vorhanden ist (KG SchlHAnz 1910, 323 = OLGE 24, 82 Fn 1 = WarnJb 1911, 170). Der Erbe kann sich seiner „Inventarpflicht" (Rn 1 ff) nicht durch die mündliche oder auch schriftliche Erklärung an das Nachlassgericht entziehen, dass nichts bzw nichts von Wert vorhanden sei (vgl OLG Posen ZBlFG 5 [1904/1905] 797 Nr 757). Auch wenn nichts vorhanden ist, muss der Erbe ein Inventar „errichten" und, wenn er es selbst „aufnehmen" will (statt den Weg des § 2003 zu gehen), gem § 2002 eine zuständige Behörde oder einen zuständigen Beamten bzw Notar zuziehen, der ihm die nötige Belehrung über den Umfang seiner Anzeigepflicht zu erteilen hat (Mot V 616). Allerdings wird der Erbe die durch die Zuziehung der Amtsperson entstehenden Kosten notfalls aus seinem Eigenvermögen bestreiten müssen (Mot aaO; vgl ergänzend § 1993 Rn 22 f).

g) Auch der **geschäftsunfähige** oder geschäftsbeschränkte Erbe kann durch Versäumung der Inventarfrist unbeschränkbar haftend werden. Das Gesetz versucht ihn zu schützen, indem es in **§ 170 ZPO** (iVm §§ 1995 Abs 1 S 2 BGB, 15 Abs 2 S 1 FamFG) die Zustellung des Fristsetzungsbeschlusses an seinen gesetzlichen Vertreter vorschreibt (Mot V 613) und in **§ 1999** das Nachlassgericht anweist, dem Familiengericht von der Fristbestimmung Mitteilung zu machen. Für den Fall, dass der geschäftsunfähige oder geschäftsbeschränkte Erbe ohne gesetzlichen Vertreter ist (zB weil der gesetzliche Vertreter kurz nach ihm gegenüber erfolgter Zustellung des Fristsetzungsbeschlusses stirbt), bewirkt **§ 1997** durch Verweisung auf **§ 210**, dass die Inventarfrist idR (vgl § 210 Abs 1 S 2 iVm § 1995 Abs 1) nach Behebung des Mangels noch voll zur Verfügung steht (s § 1997 Rn 4). Kommt es trotz dieser Schutzvorkehrungen zu einer dem Erben zurechenbaren Inventarfristversäumung des gesetzlichen Vertreters, so verliert der Erbe zwar das *erbrechtliche* Haftungsbeschränkungsrecht. Nach Eintritt der Volljährigkeit kann er sich jedoch auf **§ 1629a Abs 1** berufen (vgl § 1997 Rn 5). **40**

VII. Zum **Recht der ehemaligen DDR** vgl § 1993 Rn 30 f. **41**

§ 1995
Dauer der Frist

(1) Die Inventarfrist soll mindestens einen Monat, höchstens drei Monate betragen. Sie beginnt mit der Zustellung des Beschlusses, durch den die Frist bestimmt wird.

(2) Wird die Frist vor der Annahme der Erbschaft bestimmt, so beginnt sie erst mit der Annahme der Erbschaft.

(3) Auf Antrag des Erben kann das Nachlassgericht die Frist nach seinem Ermessen verlängern.

Materialien: E I § 2097; II § 1870; III § 1970;
Mot V 610 f; Prot V 734; Jakobs/Schubert
ER I 305, 323 ff.

Schrifttum

Siehe vor § 1993.

1 **Abs 1 S 1** betrifft die **Dauer der Inventarfrist** und begrenzt insoweit das Ermessen des Nachlassgerichts (Rechtspflegers, § 3 Nr 2 c RPflG). Nach unten ist die Grenze fest (mindestens ein Monat, HS 1), nach oben (höchstens drei Monate, HS 2) im Hinblick auf die Verlängerungsmöglichkeit des Abs 3 nicht. Das Nachlassgericht handelt ermessensfehlerhaft, wenn es ohne vorherige Anhörung des Erben die gesetzliche Mindestfrist bestimmt (BayObLGZ 1992, 162, 166 f = NJW-RR 1992, 1159, 1160; vgl auch BayObLGZ 1993, 88, 96 = FamRZ 1993, 1367, 1370 = NJW-RR 1993, 780, 782 im Schlusssatz).

2 Ein *Verstoß* gegen die Sollvorschriften des Abs 1 S 1 macht die Fristbestimmung nicht unwirksam, sondern begründet nur das Recht der Beschwerde (§§ 58, 59 Abs 1 FamFG, 11 Abs 1 RPflG; vgl auch § 1994 Rn 22 f, 26; MünchKomm/KÜPPER Rn 1; SOERGEL/ STEIN Rn 1).

3 *Abänderungen* der in Abs 1 vorgesehenen Dauer der Frist sieht das BGB vor in §§ 1995 Abs 3, 1996, 1997, 1998, 2007, 2008 Abs 1 S 2.

4 **Abs 1 S 2**: Die Frist beginnt – abgesehen von der Ausnahme des Abs 2 – mit der nach Maßgabe des § 15 Abs 2 S 1 FamFG (Verweis auf §§ 166 bis 195 ZPO) durchzuführenden **Zustellung des Fristsetzungsbeschlusses** an den Erben (§ 40 Abs 1 FamFG) bzw seinen gesetzlichen Vertreter (§§ 170 ZPO iVm §§ 15 Abs 2 S 1, 9 Abs 2 FamFG), bei mehreren Erben für jeden mit der erfolgten Zustellung an ihn (LG Kaiserslautern DAVorm 1973, 625 f; KG RJA 8, 100, 104 = OLGE 14 [1907/I] 293, 296).

5 Die Zustellung erfolgt gem § 15 Abs 2 S 1 FamFG nach den für die Zustellung von Amts wegen geltenden Vorschriften der §§ 166–195 ZPO. Es genügt somit auch eine *Ersatzzustellung* nach §§ 178 ff ZPO. Der darin liegenden Gefahr, dass der Erbe ohne sein Verschulden von der Zustellung keine Kenntnis erlangt, begegnet § 1996 Abs 1 S 2, indem er dem Erben in einem solchen Fall (aber nicht nur dann) das Recht gewährt, eine neue Fristsetzung zu verlangen. Ist der Erbe nicht verfahrensfähig (§ 9 FamFG), muss die Zustellung an seinen gesetzlichen Vertreter erfolgen (§§ 170 ZPO, 15 Abs 2 S 1 FamFG).

6 **Abs 2**: Wird die Inventarfrist vor **Annahme der Erbschaft** (§ 1943) bestimmt, so beginnt sie mit der Annahme der Erbschaft; das entspricht dem Rechtsgedanken des § 1958. Wurde die Frist einem Miterben gesetzt (vgl § 2063 Rn 8, 11 ff), so kommt es darauf an, wann dieser (nicht: irgendein anderer Miterbe) angenommen hat. Große Bedeutung hat Abs 2 nicht, da der Erbe vor der Annahme oft unbekannt sein wird und einem für ihn bestellten Nachlasspfleger eine Inventarfrist nicht bestimmt werden kann (§ 2012 S 1). Vgl aber die bei § 1994 Rn 28 erwähnten Gerichtsentscheidungen.

7 Wenn die Inventarfrist erst dem *Erbeserben* (auf Antrag eines Gläubigers des bereits dem Erblasser angefallenen Nachlasses) bestimmt worden ist, setzt ihr Beginn nicht nur die Annahme der unmittelbaren Erbschaft des Erbeserben voraus, sondern auch

die entweder durch den Erben oder – im Fall des § 1952 – durch den Erbeserben erfolgte Annahme der mittelbaren Erbschaft. Bei Versterben des Erben *während* des Laufs der Frist gilt § 1998.

Für die **Berechnung der Frist** sind die §§ 187 Abs 1, 188 Abs 2 und 3 maßgebend. **8**

Abs 3 gibt dem Erben das Recht, beim Nachlassgericht die Verlängerung der Inven- 9 tarfrist zu beantragen. Das Nachlassgericht kann diesem Antrag nach seinem Ermessen entsprechen. Es ist hinsichtlich der Bemessung des Verlängerungszeitraums weder an den Antrag noch an die Höchstfrist des Abs 1 gebunden (vgl KG Rpfleger 1985, 193 f; OLG Düsseldorf Rpfleger 1997, 216 f = FamRZ 1997, 846 f = WM 1997, 2132 ff). Die Verlängerung setzt anders als die Bewilligung einer neuen Frist (§ 1996) voraus, dass die ursprünglich gesetzte Frist noch nicht abgelaufen ist und folglich durch einen neuen Gerichtsbeschluss erstreckt werden kann (einen rechtl *Grenzfall* behandelt das OLG Düsseldorf aaO; vgl auch § 1994 Rn 33 und § 1996 Rn 2, 4). Weitere sachliche Voraussetzungen sind nicht aufgestellt. Gegenüber einer Abweisung des Verlängerungsantrags ist der Erbe, gegenüber einer Antragsstattgabe jeder Nachlassgläubiger beschwerdebefugt iS des § 59 Abs 1 FamFG (vgl erg § 360 Abs 2 FamFG). Gem § 190 wird die neue Frist vom Ablauf der ursprünglichen Frist an gerechnet.

Automatische Verlängerungen der Inventarfrist können aufgrund der §§ 1997, 1998 **10** eintreten. Dazu bedarf es weder eines Antrags noch eines Gerichtsbeschlusses.

Eine **Verkürzung der Frist** auf Gläubigerantrag, wie nach ALR I 9 § 426, ist unzulässig **11** (Mot V 610).

§ 1996
Bestimmung einer neuen Frist

(1) War der Erbe ohne sein Verschulden verhindert, das Inventar rechtzeitig zu errichten, die nach den Umständen gerechtfertigte Verlängerung der Inventarfrist zu beantragen oder die in Absatz 2 bestimmte Frist von zwei Wochen einzuhalten, so hat ihm auf seinen Antrag das Nachlassgericht eine neue Inventarfrist zu bestimmen.

(2) Der Antrag muss binnen zwei Wochen nach der Beseitigung des Hindernisses und spätestens vor dem Ablauf eines Jahres nach dem Ende der zuerst bestimmten Frist gestellt werden.

(3) Vor der Entscheidung soll der Nachlassgläubiger, auf dessen Antrag die erste Frist bestimmt worden ist, wenn tunlich gehört werden.

Materialien: E I § 2098; II § 1871; III § 1971; Mot V 611 f; Prot V 734; JAKOBS/SCHUBERT ER I 306, 324 ff. Abs 1 geändert und ergänzt (s Rn 2 ff) durch Art 7 Nr 3 des G v 9.12.2004 (BGBl I, 3214, 3215) mit Wirkung ab 15.12.2004.

Schrifttum

G Siegmann, Die Auswirkungen des neuen Verjährungsrechts auf die Inventarfrist, ZEV 2003, 179.
Vgl ferner das vor § 1993 angegebene Schrifttum.

1 I. Nicht generell (s § 1994 Rn 33, 38), sondern nur in den in Abs 1 genannten Fällen schützt § 1996 den Erben gegen die unverschuldete Versäumung der Inventarfrist, indem er ihm eine an § 17 FamFG und § 233 ZPO erinnernde Art **Wiedereinsetzung in den früheren Stand** gewährt (vgl RGZ 54, 149, 151 f). Der Schutz erfolgt, indem das Nachlassgericht dem Erben auf seinen Antrag eine **neue Inventarfrist** bestimmt; durch deren Bestimmung werden die Folgen der Versäumung (§ 1994 Abs 1 S 2) der ursprünglichen Frist wieder beseitigt. Das Nachlassgericht *muss* unter den Voraussetzungen des § 1996 eine neue Frist bestimmen (BayObLGZ 1993, 88, 96 = NJW-RR 1993, 782 rSp = FamRZ 1993, 1367, 1370); ein Ermessen wie im Fall des § 1995 Abs 3 steht ihm nicht zu.

2 II. Die Voraussetzungen der Bestimmung einer neuen Inventarfrist sind:

1. Eine dem Erben bestimmte Inventarfrist muss ungenutzt verstrichen sein. Seit § 1997 nicht mehr auf § 206 nF verweist, kann dies ohne weiteres auch dadurch geschehen, dass der Erbe durch „höhere Gewalt" an der Fristwahrung gehindert wird (s § 1997 Rn 3 aE). Der Erbe kann in einem solchen Fall nach § 1996 Abs 1 nF (der im Unterschied zur früheren Fassung nicht mehr „höhere Gewalt", sondern nur noch Schuldlosigkeit des Erben voraussetzt) die Bestimmung einer neuen Inventarfrist verlangen. Unter § 1996 ist auch der Fall zu subsumieren, dass nicht die verspätete Inventarerrichtung, sondern die verspätete (§ 1995 Rn 9) Stattgabe eines vom Erben rechtzeitig gestellten Fristverlängerungsantrags zur Fristversäumung geführt hat (vgl den wirklich außergewöhnlichen Fall, der dem in FamRZ 1997, 846 f = Rpfleger 1997, 216 f = WM 1997, 2132 ff publizierten Beschluss des OLG Düsseldorf zugrunde lag [dazu aber auch § 1994 Rn 33, § 1995 Rn 9 und unten Rn 4]).

3 2. Der Erbe muss ohne sein Verschulden (alte Gesetzesfassung: durch höhere Gewalt) **gehindert worden sein**,

– das Inventar rechtzeitig zu errichten (Abs 1 Fall 1), oder

– die nach den Umständen gerechtfertigte Verlängerung der Inventarfrist zu beantragen (Abs 1 Fall 2) oder

– die für den Antrag auf Bestimmung einer neuen Inventarfrist maßgebliche (Abs 2) *Zweiwochenfrist* einzuhalten (Abs 1 Fall 3). Hierunter fällt auch der früher in Abs 1 S 2 geregelte Fall, dass „der Erbe von der Zustellung des Beschlusses, durch den die Inventarfrist bestimmt worden ist, ohne sein Schulden Kenntnis nicht erlangt hat" (Näheres bei Rn 5 ff). **Nicht** reparierbar ist hingegen idR die Versäumung der in Abs 2 normierten *Einjahresfrist* (Rn 13; vgl aber auch § 1997 Rn 2).

a) In seiner vor dem 15. 12. 2004 maßgeblichen Fassung machte § 1996 die Gewährung einer neuen Inventarfrist in den im damaligen Abs 1 S 1 geregelten Fällen davon abhängig, dass der Erbe „durch **höhere Gewalt** verhindert worden war …" Es musste sich also um Naturereignisse oder andere Umstände handeln, die vom Erben auch bei Anwendung der peinlichsten Sorgfalt mit gewöhnlichen Mitteln nicht abwendbar waren. In Betracht kamen zB Stillstand der Rechtspflege, Postsperre oder Verkehrsstockung, aber uU auch unrichtige Hinweise und Sachbehandlung durch das Nachlassgericht (vgl zur letztgenannten Fallgruppe BayObLGZ 1993, 88 ff = NJW-RR 1993, 780 ff = FamRZ 1993, 1367 ff und OLG Düsseldorf FamRZ 1997, 846 f [dazu auch Rn 2, § 1994 Rn 33 und § 1995 Rn 9]; vgl zum Begriff „höhere Gewalt" auch STAUDINGER/PETERS/JACOBY [2009] § 206 nF Rn 1, 3 ff). Zu beachten war aber auch schon nach der vor dem 15. 12. 2004 maßgeblichen Gesetzesfassung, dass der Erbe die Inventarfrist wegen § 2003 Abs 1 S 2 fast immer (auch in dem vom OLG Düsseldorf entschiedenen Fall!) schon durch rechtzeitige Stellung des Antrags auf *amtliche* Inventaraufnahme wahren kann. **Seit der am 15. 12. 2004 in Kraft getretenen Ersetzung der Worte „durch höhere Gewalt" durch „ohne sein Verschulden" haben sich die Voraussetzungen, unter denen der Erbe die Bestimmung einer neuen Inventarfrist verlangen kann, deutlich entspannt. Die Auslegung der Worte „ohne sein Verschulden" kann sich nunmehr weitgehend an den zu § 233 ZPO bzw § 17 FamFG entwickelten Grundsätzen orientieren** (vgl auch MANSEL NJW 2005, 324; vgl auch BT-Drucks 15/3653, 17 f; PALANDT/EDENHOFER Rn 1; FRIESER/LÖHNIG Kompaktkommentar Rn 3).

b) Unter den heute nur noch aus *einem* Satz bestehenden Abs 1 lässt sich problemlos **der früher in Abs 1 S 2 geregelte Fall** subsumieren, **dass der Erbe ohne sein Verschulden keine Kenntnis von der Zustellung des Fristsetzungsbeschlusses erlangt hat** (s Rn 3). Diese Situation kann sich namentlich infolge der zugelassenen Ersatzzustellung des Fristsetzungsbeschlusses (vgl § 1995 Rn 5) oder infolge einer öffentlichen Zustellung nach § 185 ZPO (iVm § 15 Abs 2 S 1 FamFG) ergeben. Auch ist zu beachten, dass der Erbe sich das Verschulden eines gesetzlichen Vertreters oder Generalbevollmächtigten (§§ 170, 171 ZPO iVm § 15 Abs 2 S 1 FamFG) anrechnen lassen muss (zu den hierdurch erzeugten Folgeproblemen s § 1997 Rn 5). Ob es möglich gewesen wäre, die Fälle des früheren Abs 1 S 2 unter „höhere Gewalt" iS der Ursprungsfassung des Abs 1 (s Rn 4) zu subsumieren, erschien den Verfassern des BGB zweifelhaft (Mot V 612; vgl auch STAUDINGER/MAROTZKE [2002] § 1997 Rn 4 aE). Nachdem der Gesetzgeber die Worte „durch höhere Gewalt" mit Wirkung ab 15. 12. 2004 durch „ohne sein Verschulden" ersetzt hat, stellt sich die Frage heute etwas anders.

3. **Der Erbe muss rechtzeitig einen Antrag** auf Bestimmung einer neuen Inventarfrist **stellen**. Nach Abs 2 muss der Antrag binnen zwei Wochen nach der Beseitigung des Hindernisses (zB der Verkehrssperre oder der schuldlosen Unkenntnis) und spätestens vor Ablauf eines Jahres nach dem Ende der ursprünglichen Inventarfrist gestellt werden (ähnlich § 18 FamFG und § 234 ZPO).

Für die Zweiwochenfrist des Abs 2 gelten ergänzend § 1997 (Hemmung bei Fehlen des erforderlichen gesetzlichen Vertreters) und § 1998 (Fristerstreckung bei Tod des Erben).

Eine Hemmung der *Jahresfrist des Abs 2* ist in § 1997 nicht vorgesehen (s dazu § 1997 Rn 2).

9 **III. Das Verfahren bei Beschlussfassung** über den Antrag richtet sich nach Abs 3 und den allgemeinen Bestimmungen des FamFG. Die Anhörung des antragstellenden Nachlassgläubigers vor der Beschlussfassung ist in § 1996 Abs 3 nur als Gebot des rechtlichen „Sollens" vorgeschrieben. Im Lichte des Art 103 Abs 1 GG muss die Bestimmung als (zwingende) Muss-Vorschrift verstanden und zudem so angewendet werden, als enthielte ihr Wortlaut die das rechtliche Gehör des Gläubigers beschränkende Voraussetzung „wenn tunlich" nicht (EICKMANN Rpfleger 1982, 449, 454 mwNw in Fn 91; vgl auch AK-BGB/TEUBNER Rn 6; MünchKomm/KÜPPER Rn 4). Dem Gläubiger darf nicht durch eine ohne vorheriges rechtliches Gehör gewährte neue Inventarfrist die Chance genommen werden, geltend zu machen, dass der Erbe sein Haftungsbeschränkungsrecht bereits endgültig verloren habe.

10 Die formell rechtskräftige nachlassgerichtliche Entscheidung über den Antrag auf Gewährung einer neuen Inventarfrist bindet das Prozessgericht (vgl auch SEIBERT DFG 1937, 136; MünchKomm/KÜPPER Rn 4; SOERGEL/STEIN Rn 6).

11 Das Nachlassgericht (Rechtspfleger gem § 3 Nr 2 c RPflG) hat, wenn die Voraussetzungen gegeben sind, eine neue Inventarfrist zu bestimmen. Es handelt sich um eine Mussvorschrift im Gegensatz zu dem die Fristverlängerung betreffenden § 1995 Abs 3. Gegen eine stattgebende oder ablehnende Verfügung des Nachlassgerichts steht nach §§ 59 Abs 1 FamFG, 11 Abs 1 RPflG je nach Betroffenheit entweder dem Nachlassgläubiger oder dem Erben die Beschwerde zu; zur Beschwerde des Nachlassgläubigers vgl erg § 360 Abs 2 FamFG.

12 Die *Gebühr* für die Bestimmung einer neuen Inventarfrist richtet sich nach §§ 114 Nr 1, 115 KostO.

13 **IV. Wird auch die nach § 1996 bestimmte neue Inventarfrist versäumt**, so kommt bei Vorliegen eines nach Abs 1 beachtlichen Grundes eine neuerliche Wiedereinsetzung durch nochmalige Bestimmung einer Inventarfrist in Betracht (STROHAL II § 73 Fn 21; BINDER II 229 Fn 48; PLANCK/FLAD Anm 3; MünchKomm/KÜPPER Rn 3). Eine **äußerste Grenze** zieht Abs 2 durch Aufstellung der mit dem Ablauf der „zuerst" bestimmten Frist beginnenden Jahresfrist (PLANCK/FLAD Anm 3; MünchKomm/KÜPPER Rn 3 mit Hinweis auf die Parallelvorschriften in § 234 Abs 3 ZPO, § 22 Abs 2 S 4 FGG [jetzt: § 18 Abs 4 FamFG]). Vgl aber auch § 1997 Rn 2.

§ 1997
Hemmung des Fristablaufs

Auf den Lauf der Inventarfrist und der in § 1996 Abs. 2 bestimmten Frist von zwei Wochen finden die für die Verjährung geltenden Vorschriften des § 210 entsprechende Anwendung.

Materialien: E I § 2100; II § 1872; III § 1972; Mot V 613 f; Prot V 734, 741; JAKOBS/SCHUBERT ER I 306, 325 ff. Die Verweisung auf die §§ 206, 210 ist am 1. 1. 2002 an die Stelle der bisherigen Verweisung auf § 203 Abs 1 aF und § 206 aF getreten (Art 1 Nr 77 des G zur Modernisierung des Schuldrechts v 26. 11. 2001, BGBl I 3138, 3170). Mit Wirkung ab 15. 12. 2004 hat Art 7

Titel 2 · Haftung des Erben für die Nachlassverbindlichkeiten   § 1997
Untertitel 4 · Inventarerrichtung, unbeschränkte Haftung des Erben   1-3

Nr 4 des G v 9.12.2004 zur Anpassung von Verjährungsvorschriften an das G zur Modernisierung des Schuldrechts (BGBl I 2004, 3214, 3215) die Verweisung auf § 206 gestrichen.

Schrifttum

Siehe vor § 1993.

1. **Die Vorschrift trifft Bestimmungen über die Hemmung des Ablaufs der Inventarfrist und der zweiwöchigen Antragsfrist des § 1996 Abs 2.** Sie will die Härten abwenden, die sich daraus ergeben können, dass der Erbe wegen Fehlens voller Geschäftsfähigkeit und eines gesetzlichen Vertreters (§ 210) nicht in der Lage ist, die Fristen einzuhalten.

2. Die Vorschrift findet Anwendung auf die ursprüngliche **Inventarfrist** (§§ 1994 Abs 1 S 1, 1995 Abs 1 und 2), auf die verlängerte Inventarfrist (§ 1995 Abs 3), auf die neue Inventarfrist (§ 1996 Abs 1) und auf die **zweiwöchige Antragsfrist** des § 1996 Abs 2. Eine Hemmung der **Jahresfrist** des § 1996 Abs 2 ist gesetzlich nicht vorgesehen; daraus sich ergebende Härten werden sehr selten sein und sollten ggfls nach der gleichen Methode korrigiert (s auch Rn 3 aE) werden wie der rechtsähnliche § 234 Abs 3 ZPO (s dazu ZÖLLER/GREGER[27] ZPO § 234 Rn 12 mwNw).

3. **Die bis Ende 2001** gültige Fassung des § 1997 konnte noch nicht auf § 206 nF und § 210 nF verweisen, sondern schrieb die entsprechende Anwendung des § 203 Abs 1 aF und des § 206 aF vor. Die entsprechende Anwendung des **§ 203 Abs 1 aF** führte nur bei „Stillstand der Rechtspflege" zur Hemmung der Inventarfrist und der Antragsfrist des § 1996 Abs 2. Andere Fälle der höheren Gewalt konnten, da § 1997 aF den *zweiten* Absatz des § 203 aF nicht für anwendbar erklärte, nur im Rahmen des § 1996 wirken, also nur, soweit der Erbe durch sie an der Wahrung der Inventarfrist verhindert worden war, nicht aber, soweit er durch sie an der Einhaltung der zweiwöchigen Antragsfrist des § 1996 Abs 2 verhindert worden war (STROHAL II § 73 Fn 21; BINDER II 229 Fn 48; PLANCK/FLAD Anm 1; BGB-RGRK/JOHANNSEN Rn 1; ERMAN/SCHLÜTER Rn 1). Gegen dieses Ergebnis bestanden verfassungsrechtliche Bedenken. Im Hinblick auf das Übermaßverbot war es kaum möglich, die bei § 1994 Rn 33 beschriebene ratio legis des § 1994 Abs 1 S 2 auch in solchen Fällen als erfüllt anzusehen, in denen der Erbe an der rechtzeitigen Beantragung einer neuen Inventarfrist *nachweislich durch höhere Gewalt* gehindert worden ist (STAUDINGER/MAROTZKE [1996] § 1996 Rn 5 und § 1997 Rn 3; mit etwas anderer Begründung ebenso MünchKomm/SIEGMANN[3] Rn 2 aE und Rn 3 [der die Verfassungswidrigkeit durch analoge Anwendung des § 233 ZPO beheben wollte; iE übereinstimmend die seit 15.12.2004 maßgebliche Neufassung des § 1996 Art 1]; **gegen** SIEGMANNS Argumentation SOERGEL/STEIN[12] Rn 1 Fn 1; in der Konsequenz wie hier aber wohl VAN VENROOY an der oben § 1994 Rn 33 aE genannten Stelle). **Diesen Bedenken trug die seit 1.1.2002 maßgebliche Fassung des § 1997 Rechnung**: Nach **§ 206**, auf den seit diesem Datum anstelle des früheren § 203 Abs 1 verwiesen wurde (aber nicht über den 14.12.2004 hinaus!), ist die Verjährung gehemmt, solange der Gläubiger innerhalb der letzten sechs Monate der Verjährungsfrist durch **höhere Gewalt** (vgl die Definition bei § 1996 Rn 4 f) an der Rechtsverfolgung gehindert ist. Die in § 1997 vorgeschriebene „ent-

sprechende" Anwendung des § 206 auf den Lauf der Inventarfrist und der Antragsfrist des § 1996 Abs 2 hatte in der Weise zu geschehen, dass man sich anstelle des in § 206 erwähnten Gläubigers (!) den in der Schuldnerposition befindlichen Erben und anstelle von „Rechtsverfolgung" die „Inventarerrichtung" bzw die Wahrung der in § 1996 Abs 2 bezeichneten Antragsfrist denken musste. Mit Wirkung ab 15. 12. 2004 hat der Gesetzgeber diese komplizierte Lösung wieder abgeschafft (§ 1997 verweist nun nicht mehr auf § 206) und den einfacheren Weg einer Erweiterung des Anwendungsbereichs des § 1996 (s dort) beschritten.

4 4.   Die seit 15. 12. 2004 maßgebliche Fassung des § 1997 erklärt nicht mehr § 206, sondern nur noch § 210 für entsprechend anwendbar (Rn 3). **Die entsprechende Anwendung des § 210** führt zur Hemmung der Fristen, wenn während ihres Laufs der Erbe geschäftsunfähig oder geschäftsbeschränkt wird, ohne dass ein gesetzlicher Vertreter vorhanden ist, oder wenn sein gesetzlicher Vertreter während einer laufenden Frist wegfällt. Die Hemmung dauert nicht nur bis zur Beseitigung des Mangels (so jedoch die Rechtslage vor dem 1. 1. 2002), sondern führt zu einer Verschiebung des Fristendes nach Maßgabe des § 210 Abs 1 (idR § 210 Abs 1 S 2; vgl § 1995 Abs 1, § 1995 Rn 1 f und § 1996 Abs 2). Bestand der Mangel schon zur Zeit der Zustellung des Fristsetzungsbeschlusses, so beginnt die Frist ohnehin nicht zu laufen, da die nach §§ 1995 Abs 1 S 2 BGB, 15 Abs 2 S 1 FamFG, 170 ZPO erforderliche Zustellung an den gesetzlichen Vertreter (Mot V 613) bei Fehlen eines solchen unmöglich ist.

Beträgt die Frist sechs Monate oder mehr (was im Hinblick auf § 1995 Abs 1 und § 1996 Abs 2 kaum vorkommen dürfte), so endet sie frühestens ein Jahr nach der Behebung des Mangels (§ 210 Abs 1 S 1). Ist sie kürzer, so endet sie nicht vor dem Ablauf ihrer vollen Dauer seit der Behebung des Mangels (vgl § 210 Abs 1 S 2).

Dass der geschäftsfähig gewordene Erbe oder der neue gesetzliche Vertreter von der Fristsetzung keine Kenntnis haben, führt zu keiner weiteren Ablaufhemmung zusätzlich zu § 210. Doch kann in einem solchen Fall durch Bestimmung einer neuen Inventarfrist gem § 1996 Abs 1 S 2 geholfen werden (BGB-RGRK/JOHANNSEN Rn 2; AK-BGB/TEUBNER Rn 3; MünchKomm/KÜPPER Rn 2).

5 5.   **Gegenüber einer Fristversäumung durch den gesetzlichen Vertreter**, die durch § 1999 nicht immer verhindert werden kann (s aber § 1999 Rn 3), gibt es für den Erben keinen Schutz (Mot V 614), da auf diesen Fall weder § 1997 noch § 1996 Abs 1 (s dort Rn 5) anwendbar ist. Kenntnis des gesetzlichen Vertreters von der Zustellung des Fristsetzungsbeschlusses gilt im Rahmen des § 1996 Abs 1 S 2 als solche des Erben. Ob die gesetzlichen Vorkehrungen genügen, um den verfassungsrechtlich gebotenen Überschuldungsschutz für gesetzlich vertretene Minderjährige (s BVerfGE 72, 155 ff = NJW 1986, 1859; STAUDINGER/ENGLER [2004] § 1822 Rn 53 ff, 63) zu gewährleisten, erscheint zweifelhaft (vgl MünchKomm/KÜPPER § 1994 Rn 13 Fn 38; SOERGEL/STEIN § 1994 Rn 15). In der 1996 erschienenen 13. Bearbeitung dieses Kommentars wurde deshalb (ebenfalls bei § 1997 Rn 5) vorgeschlagen, den Minderjährigen für eine Inventarverfehlung (§§ 1994 Abs 1 S 2, 2005 Abs 1, 2006 Abs 3) seines gesetzlichen Vertreters nur mit dem Vermögen haften zu lassen, welches ihm bei Eintritt in die Volljährigkeit gehört, also nicht mit späterem Neuerwerb. Um dieses Ziel zu erreichen, könnte man nun jede Inventarverfehlung des gesetzlichen Vertreters als „sonstige Handlung" iS des am 1. 1. 1999 in Kraft getretenen § 1629a Abs 1 ansehen. Besteht die Verfehlung in einem *Unterlassen* iS des § 1994 Abs 1 S 2 oder des § 2006 Abs 3, so kann dieses wegen der dadurch verletzten *Inventarpflicht* – mag diese auch nur mittelbar sanktionsbewehrt sein (s § 1994 Rn 1 ff) – einer *Handlung* isd § 1629a Abs 1 gleichgestellt werden (vgl zu einem ähnlichen Fall die Begr des RegE in BT-Drucks 13/5624, 13 1 Sp: das Unterlassen der fristgerechten *Erbschaftsausschlagung* stehe im Rahmen des § 1629a Abs 1 wertungsmäßig einem aktiven Handeln gleich). Folgt man diesem Vorschlag, so stehen die Nachlassgläubiger bei Volljährigwerden des zunächst noch minderjährigen Erben (fast) genauso, wie wenn sie es mit einem Erbeserben zu tun hätten (also mit jemandem, der eine Person beerbt hat, die in Bezug auf eine zuvor ihr selbst angefallene Erbschaft eine Inventarverfehlung begangen hatte). Allerdings bestehen Unterschiede insofern, als ein Erbeserbe seinerseits wieder gem § 1994 „inventarpflichtig" gemacht werden könnte (in Bezug auf das ihm unmittelbar angefallene Gesamtvermögen des ersten Erben) und er seine Haftung nur unter den allgemeinen erbrechtlichen Voraussetzungen (§§ 1975 ff, 1989 ff, 2059, 2062) auf die ihm unmittelbar angefallene Erbschaft (also auf das Gesamtvermögen des ersten Erben) beschränken könnte (s Vorbem 3 zu §§ 1967 ff).

§ 1998
Tod des Erben vor Fristablauf

Stirbt der Erbe vor dem Ablauf der Inventarfrist oder der in § 1996 Abs. 2 bestimmten Frist von zwei Wochen, so endigt die Frist nicht vor dem Ablauf der für die Erbschaft des Erben vorgeschriebenen Ausschlagungsfrist.

Materialien: E I § 2099; II § 1873; III § 1973;
Mot V 612 f; Prot V 734; Jakobs/Schubert
ER I 306, 325 ff.

Schrifttum

Siehe vor § 1993.

1. **§ 1998 überträgt** die Vorschrift des **§ 1952 Abs 2 auf die Inventarfrist und die zweiwöchige Antragsfrist des § 1996 Abs 2**. Stirbt der Erbe während des Laufs der Inventarfrist, so darf sein Erbe (der „Erbeserbe") zunächst in Ruhe (§ 1952 Abs 2) entscheiden, ob er die ihm unmittelbar angefallene Erbschaft annehmen will. Erst nach Annahme sowohl der ihm unmittelbar angefallenen als auch der in dieser enthaltenen weiteren Erbschaft soll sich der Erbeserbe mit der Frage auseinandersetzen müssen, ob und wie er seine Haftung für die zum Nachlass gehörende erste Erbschaft beschränken soll. Deshalb wird das Ende einer diesbezüglichen Inventarfrist und der zweiwöchigen Antragsfrist des § 1996 Abs 2 hinausgeschoben, bis die Ausschlagungsfrist (§ 1944) für die dem Erbeserben unmittelbar angefallene Erbschaft abgelaufen ist. Auch hier tritt der Ablauf der einmal in Gang gesetzten Frist ganz ohne Rücksicht darauf ein, ob der Erbeserbe Kenntnis von der Frist erhielt. Erhielt er ohne sein Verschulden keine Kenntnis, so bleibt ihm vorbehalten, nach § 1996 Abs 1 S 2 den Antrag auf Bestimmung einer neuen Frist zu stellen (MünchKomm/Küpper Rn 1).

2 2. **Sind mehrere Erbeserben vorhanden**, so ist jeder einzelne zur Inventarerrichtung über die ganze dem ersten Erben angefallene Erbschaft befugt (Mot V 613). Die dem ersten Erben gesetzte Inventarfrist kann für jeden Mit-Erbeserben verschieden ablaufen (§ 1944). Die Inventarerrichtung durch einen kommt auch den übrigen noch nicht unbeschränkbar haftend gewordenen Mit-Erbeserben zustatten (§ 2063 Abs 1).

3 3. Auch der Erbeserbe kann *Fristverlängerung* nach § 1995 Abs 3 und *Bestimmung einer neuen Frist* nach § 1996 Abs 1 beantragen, wenn die Voraussetzungen in seiner Person begründet sind.

4 4. Der Fall, dass die *Inventarfrist* erst dem *Erbeserben* bestimmt wurde, ist bei § 1995 Rn 7 behandelt.

§ 1999
Mitteilung an das Gericht

Steht der Erbe unter elterlicher Sorge oder unter Vormundschaft, so soll das Nachlassgericht dem Familiengericht von der Bestimmung der Inventarfrist Mitteilung machen. Fällt die Nachlassangelegenheit in den Aufgabenkreis eines Betreuers des Erben, tritt an die Stelle des Familiengerichts das Betreuungsgericht.

Materialien: E I § 2101; II § 1874; III § 1974; Mot V 614; Prot V 734; JAKOBS/SCHUBERT ER I 306, 328 ff; STAUDINGER/BGB-Synopse (2006) § 1999.
Gem Art 9 § 2 Nr 3 des G v 18. 7. 1979 (BGBl I 1061) wurden die Worte „unter elterlicher Gewalt" ersetzt durch die Worte „unter elterlicher Sorge".

Satz 2 aF wurde angefügt durch Art 1 Nr 49 BetreuungsG v 12. 9. 1990 (BGBl I 2002, 2008). Durch Art 50 Nr 57 des FGG-ReformG v 17. 12. 2008 (BGBl I 2008, 2586, 2724) wurde § 1999 BGB an den neuen normativen Kontext angepasst. Zuvor hatte die Vorschrift folgenden Wortlaut:

§ 1999
Mitteilung an das Vormundschaftsgericht

Steht der Erbe unter elterlicher Sorge oder unter Vormundschaft, so soll das Nachlaßgericht dem Vormundschaftsgericht von der Bestimmung der Inventarfrist Mitteilung machen. Dies gilt auch, wenn die Nachlaßangelegenheit in den Aufgabenkreis eines Betreuers des Erben fällt.

Schrifttum

SINGER, Die Haftung des Erben für die Nachlaßverbindlichkeiten nach dem BGB und Nebengesetzen, SeuffBl 64 (1899) 321, 324.
Siehe ferner vor § 1993.

1. Zweck der Vorschrift ist, den unter elterlicher Sorge, Vormundschaft oder **1**
Betreuung stehenden Erben gegen die Versäumung der Inventarfrist durch den
gesetzlichen Vertreter zu schützen (vgl § 1994 Rn 40). Auf Grund der Mitteilung des
Nachlassgerichts, die unverzüglich zu erfolgen hat (vgl auch MiZi XVII Nr 6) und zu
deren Inhalt vor allem Beginn und Dauer der Inventarfrist gehören werden, muss das
Vormundschaftsgericht von Amts wegen (§§ 1837, 1667) dafür sorgen, dass das
Inventar rechtzeitig errichtet wird, und notfalls die Eltern, den Vormund oder
den Betreuer dazu anhalten. Hinsichtlich des Betreuers gilt dies alles jedoch nur,
wenn die Nachlassangelegenheit in seinen Aufgabenkreis fällt (vgl S 2 und §§ 1896
Abs 2, 1899, 1902). Entsprechendes gilt, wenn für den Erben ein Pfleger (§§ 1909 f)
bestellt ist; auf diesen Fall ist § 1999 gem § 1915 Abs 1 entsprechend anzuwenden
(Mot V 614; MünchKomm/Küpper Rn 3).

2. Mitteilungspflichtige Stelle ist in allen Fällen des § 1999 das **Nachlassgericht** **2**
(s dazu STAUDINGER/MAROTZKE [2008] § 1960 Rn 3 und, für die Zeit ab 1. 9. 2009, oben § 1981 Rn 26
bzw § 1993 Rn 19 f). Mitteilungsadressat ist im Fall des S 1 das **Familiengericht** (dazu
§§ 23a Abs 1 Nr 1, 23b GVG, 99, 151 ff FamFG) und im Fall des S 2 das **Betreuungsgericht** (dazu §§ 23a Abs 1 Nr 2, Abs 2 Nr 1, 23c GVG, 105, 271 ff FamFG).

3. § 1999 ist als bloße **Ordnungsvorschrift** formuliert. Man nimmt deshalb an, dass **3**
ihre Beachtung auf Beginn und Lauf der Inventarfrist keinen Einfluss habe (Mot V
614). Ob man dabei angesichts der bei § 1997 Rn 5 erwähnten Entscheidung des
BVerfG stehen bleiben darf, erscheint zweifelhaft. Als Alternative kommt in Betracht, § 1999 verfassungskonform dahin zu interpretieren, dass die Inventarfrist
frühestens ab Eingang der Mitteilung beim Familien- bzw Betreuungsgericht beginnt
(vgl auch den ähnlich strukturierten, wenn auch einen anderen Sachverhalt betreffenden § 1995 Abs 2). Vorzuziehen wäre aber der bei § 1997 Rn 5 vorgeschlagene
Lösungsweg.

§ 2000
Unwirksamkeit der Fristbestimmung

Die Bestimmung einer Inventarfrist wird unwirksam, wenn eine Nachlassverwaltung angeordnet oder das Nachlassinsolvenzverfahren eröffnet wird. Während der Dauer der Nachlassverwaltung oder des Nachlassinsolvenzverfahrens kann eine Inventarfrist nicht bestimmt werden. Ist das Nachlassinsolvenzverfahren durch Verteilung der Masse oder durch einen Insolvenzplan beendet, so bedarf es zur Abwendung der unbeschränkten Haftung der Inventarerrichtung nicht.

Materialien: E I § 2095 Abs 2; II § 1868 Abs 3;
III § 1975; Mot V 609; Prot V 733 f, 741;
Denkschr 724; BT-Drucks 12/3803, 80; JAKOBS/
SCHUBERT ER I 306, 337 ff. Durch Art 33 Nr 43
EGInsO wurde die Vorschrift redaktionell an
die am 1. 1. 1999 in Kraft getretene Insolvenzrechtsreform angepasst (Nachlassinsolvenzverfahren statt Nachlasskonkurs, Insolvenzplan
statt Zwangsvergleich).

Schrifttum

Siehe vor § 1993.

I. Grund der Vorschrift

1 Der Gesetzgeber war der Auffassung, dass die Nachlassgläubiger während einer Nachlassverwaltung oder eines Nachlasskonkurses (Nachlassinsolvenzverfahrens) kein schutzwürdiges Interesse daran hätten, dass der Erbe ein Nachlassinventar errichte (Mot V 609; Denkschr 724). Dem Gläubigerinteresse werde bereits dadurch hinreichend Rechnung getragen, dass der Nachlass dem Erben entzogen, der Verfügung eines Nachlass- bzw Nachlassinsolvenzverwalters unterstellt (§§ 1984 ff BGB, §§ 6 ff, 117 KO, §§ 80 ff, 148, 159 InsO) und schon vom Nachlass- bzw Nachlassinsolvenzverwalter gem §§ 1915 Abs 1, 1802 BGB bzw §§ 123 ff KO (jetzt §§ 151 ff InsO) zu inventarisieren sei. Im **Schrifttum** (zB STAUDINGER/LEHMANN[11] Rn 1) wurde ferner darauf hingewiesen, dass der Erbe gem §§ 1978 Abs 1, 666, 260 verpflichtet sei, dem Nachlass- bzw Nachlassinsolvenzverwalter ein Verzeichnis des Nachlasses vorzulegen, so dass es unnötig sei, den Erben außerdem noch ein Inventar iS der §§ 1993 ff errichten zu lassen.

2 Kritik: Die für § 2000 angeführten Gründe (Rn 1) vermögen nicht zu überzeugen. Denn die Vorschriften über die haftungsbeschränkende Wirkung der Nachlassverwaltung und des Nachlassinsolvenzverfahrens (§§ 1975, 1989) beruhen auf dem Kalkül, dass der Erbe den gesamten Nachlass an den Nachlass- bzw Nachlassinsolvenzverwalter herausgeben muss *und das auch tatsächlich tut* (zu dem erst viele Jahre nach Inkrafttreten des BGB ermöglichten Sonderfall des Nachlassinsolvenzverfahrens s unten Rn 3). Die Inbesitznahme des Nachlasses durch den Verwalter kann der Erbe aber vereiteln, indem er den Stand des Nachlasses verschleiert (was nach FAHRENKAMP NJW 1975, 1637, 1638 durchaus vorkommt) und das nach §§ 1978 Abs 1, 666, 260 vorzulegende Nachlassverzeichnis unvollständig erstellt (vgl auch Vorbem 49 zu §§ 1967 ff). Hiergegen könnte der Verwalter mit dem Verlangen nach einer eidesstattlichen Bekräftigung des Verzeichnisses (§ 260 Abs 2) wenig ausrichten. Angemessen wäre es, die Inventarpflicht (§ 1994 Rn 3) des Erben während der Nachlassverwaltung oder eines Nachlassinsolvenzverfahrens nicht aufzuheben (so aber § 2000), sondern sie höchstens in der Weise zu *modifizieren,* dass der Erbe diejenigen Nachlassgegenstände, die er bereits an den Verwalter herausgegeben hat, in das Inventar nicht aufzunehmen braucht. Da die haftungsbeschränkende Wirkung der Nachlassverwaltung bzw des Nachlassinsolvenzverfahrens bereits mit der *Eröffnung* des Verfahrens einsetzt (§ 1975), bedarf es **gerade jetzt** (aM MünchKomm/KÜPPER Rn 1, 6 aE; ders § 1994 Rn 13 aE) einer effektiven Inventarpflicht des Erben und der bei ihrer Verletzung drohenden Haftungssanktionen aus §§ 1994 Abs 1 S 2, 2005 Abs 1, 2006 Abs 3, um dem Erben, der den Fortgang des Verfahrens durch Verschleierung des Nachlasses behindert, die bereits eingetretene Haftungsbeschränkung wieder – und zwar endgültig – zu nehmen. **De lege ferenda** ist sogar zu erwägen, in Erweiterung der §§ 1994, 2005 Abs 2, 2006 **auch dem Nachlass- und dem Nachlassinsolvenzverwalter** die Befugnis zu gewähren, im Interesse der Nachlassgläubiger die Bestimmung einer Inventarfrist zu beantragen bzw vom Erben die eidesstattliche Bekräftigung eines bereits errichteten Inventars zu verlangen. Dem nicht selten anzutreffenden Missstand, „daß sich die

Erben, die den gesamten Nachlaß ... ohnedies im Besitze haben, mit großem Geschick hinter einer Nachlaßverwaltung ... verstecken" und „sich dem Zugriff der Nachlaßgläubiger ... entziehen" (s FAHRENKAMP aaO), könnte auf diese Weise weitgehend abgeholfen werden. Weitgehende Zustimmung findet die hier vorgetragene Kritik des § 2000 bei SOERGEL/STEIN Rn 1.

II. Zum Inhalt der Vorschrift im Einzelnen

1. Satz 1

Die bereits erfolgte Bestimmung einer Inventarfrist wird von selbst unwirksam mit der 3 Anordnung der Nachlassverwaltung oder der Eröffnung des Nachlassinsolvenzverfahrens. Der Umstand, dass ein Nachlassinsolvenzverfahren nicht in allen Fällen zu einer Fremdverwaltung des Nachlasses führt, sondern uU auch eine „Eigenverwaltung" durch den Erben erlaubt (s § 1975 Rn 9 f), steht der Anwendung des § 2000 trotz der bei Rn 1 f dargestellten (und kritisierten) ratio legis nicht entgegen. Offenbar hielt der Gesetzgeber es für unnötig, den Nachlassgläubigern die Möglichkeit zu geben, die Redlichkeit des „eigenverwaltenden" Erben durch Erwirkung einer Inventarfrist auf die Probe zu stellen. Das ist zwar wenig überzeugend (vgl auch SOERGEL/ STEIN Rn 2 für das damals noch mögliche Nachlassvergleichsverfahren, das ebenfalls eine Art von „Eigenverwaltung" beinhaltete [s § 1975 Rn 2, 4, 9]), aber vom Gesetzgeber so entschieden und deshalb verbindlich.

S 1 setzt voraus, dass die Inventarfrist bei Verfahrenseröffnung noch nicht abgelaufen ist. Die Vorschrift bewirkt also nicht, dass ein Erbe, der bereits *vor* Verfahrenseröffnung eine Inventarfrist versäumt hat, das gem § 1994 Abs 1 S 2 verloren gegangene Haftungsbeschränkungsrecht wiedererlangt. Wohl aber bewirkt die Vorschrift, dass der Erbe sein Haftungsbeschränkungsrecht nicht *während* einer Nachlassverwaltung oder eines Nachlassinsolvenzverfahrens infolge Fristversäumnis verlieren kann.

2. Satz 2

Die Frage, ob *während* der in Satz 1 erwähnten Verfahren eine Inventarfrist bestimmt werden kann, wird in Satz 2 verneint: **Eine während des Verfahrens erfolgte Fristsetzung ist wirkungslos** (STROHAL II § 73 III 3 b), braucht also vom Erben nicht angefochten zu werden. Um sich Gewissheit verschaffen zu können, muss dem Erben jedoch auch hier die sofortige Beschwerde zustehen (MünchKomm/KÜPPER Rn 3). 4

Auch dem Nachlass- und dem Nachlassinsolvenzverwalter kann eine Inventarfrist nicht bestimmt werden. Denn diese Personen haben nicht in erster Linie die Interessen des Erben gegenüber den Nachlassgläubigern, sondern vornehmlich die Interessen der Nachlassgläubiger gegenüber dem Erben wahrzunehmen (vgl § 2009 Rn 3 und § 2012 Rn 9). Auch differenziert § 2000 S 2 nicht nach dem *Adressaten* der Inventarfristbestimmung, sondern schließt während der Dauer einer Nachlassverwaltung oder eines Nachlassinsolvenzverfahrens *jede* Inventarfristsetzung aus. Dass dem *Nachlassverwalter* keine Inventarfrist bestimmt werden kann, hebt § 2012 Abs 2 sogar ausdrücklich hervor. Für den Nachlass*insolvenz*verwalter gilt im Ergebnis nichts anderes (s oben und auch § 2012 Rn 7, 9 [zu § 2006, jedoch übertragbar auf § 1994]).

3. Satz 3

5 Für den Fall, dass **das Nachlassinsolvenzverfahren durch Verteilung der Masse oder durch einen Insolvenzplan beendet ist** (dazu § 1989 Rn 6, 13) bestimmt **Satz 3**: „... so bedarf es zur Abwendung der unbeschränkten Haftung der Inventarerrichtung nicht". Mit dieser Formulierung ist gemeint, dass der Erbe eine ihm gesetzte Inventarfrist nicht zu beachten braucht, da er selbst dann, wenn er sie versäumt, nicht gem § 1994 Abs 1 S 2 unbeschränkbar haftend würde. Da die Bestimmung einer Inventarfrist in den Fällen des § 2000 S 3 zwecklos wäre, ist sie als unzulässig zu erachten und ein dahingehender Gläubigerantrag zurückzuweisen (unrichtig oder zumindest missverständlich ERMAN/SCHLÜTER § 1989 Rn 3).

Rechtspolitisch ist die Regelung des § 2000 S 3 ebenso zu kritisieren (so auch SOERGEL/ STEIN Rn 1 aE) wie der rechtsähnliche § 2013 Abs 1 S 2 (vgl § 1973 Rn 10; auf § 1973 verweist für die Fälle des § 2000 S 3 der § 1989).

6 S 3 findet keine Anwendung, wenn das Nachlassinsolvenzverfahren auf andere Weise als durch Verteilung der Masse oder Insolvenzplan beendet wurde. In solchen Fällen kann dem Erben wieder auf Antrag eines Nachlassgläubigers eine Inventarfrist bestimmt werden (BGB-RGRK/JOHANNSEN Rn 4). Gleiches gilt, wenn die Eröffnung des Nachlassinsolvenzverfahrens oder die Anordnung einer Nachlassverwaltung mangels Masse abgelehnt wurde (vgl OLG Stuttgart FamRZ 1995, 57 = NJW 1995, 1227).

7 Für den Fall der Beendigung einer **Nachlassverwaltung** gilt § 2000 S 3 nicht. Folglich ist jetzt wieder eine Fristbestimmung gem § 1994 zulässig, deren Nichtbeachtung die unbeschränkbare Haftung nach sich zieht (BGB-RGRK/JOHANNSEN Rn 5). Wohl nur in Ausnahmefällen wird der Erbe in der Lage sein, sich gem § 2004 auf ein vom Nachlassverwalter angefertigtes und beim Nachlassgericht eingereichtes Nachlassverzeichnis zu berufen (vgl § 2004 Rn 3; SOERGEL/STEIN Rn 5; optimistischer STAUDINGER/ LEHMANN[11] Rn 7; BGB-RGRK/JOHANNSEN Rn 5; PALANDT/EDENHOFER Rn 1).

III. Analoge Anwendung auf die Fälle der §§ 2005 Abs 1 S 1 und 2006?

8 1. § 2000 handelt unmittelbar nur von der **Inventarfrist** und den Rechtsfolgen ihrer Versäumung. Nicht thematisiert wird hingegen die **Inventaruntreue nach § 2005 Abs 1 S 1**. War zZ der Anordnung der Nachlassverwaltung oder der Eröffnung eines Nachlassinsolvenzverfahrens bereits ein Inventar errichtet, bei dem sich der Erbe einer Inventaruntreue schuldig gemacht hatte, so ist dadurch das Recht zur Haftungsbeschränkung auch dann endgültig verwirkt, wenn die Inventarfrist bei Verfahrenseröffnung noch nicht abgelaufen war. Das ist unstreitig. Fraglich ist jedoch, ob der Erbe sein Haftungsbeschränkungsrecht auch dadurch verwirken kann, dass er *während* des Zeitraums, in dem er eine ihm gesetzte Inventarfrist wegen § 2000 unbeachtet lassen dürfte, *freiwillig* ein Inventar errichtet und dabei den Tatbestand des § 2005 Abs 1 S 1 verwirklicht. Die hM verneint das (vgl STAUDINGER/LEHMANN[11] Rn 8; PLANCK/FLAD Anm 4; BGB-RGRK/JOHANNSEN Rn 6; MünchKomm/KÜPPER Rn 5; BAMBERGER/ROTH/LOHMANN Rn 3; ERMAN/SCHLÜTER Rn 3; PALANDT/EDENHOFER Rn 2; SOERGEL/STEIN Rn 2, 4 [jedoch mit der Einschränkung, dass das ungetreu errichtete Inventar nicht die Vermutung des § 2009 auslöse]; ders § 1989 Rn 1, 6; AnwKomm/ODERSKY Rn 9 [iE wie SOERGEL/STEIN]; **aM**

WEISSLER I 466). Angesichts der Vollständigkeitsvermutung, die auch ein *freiwillig* errichtetes Inventar zugunsten des Erben und damit zugleich zu Lasten der Nachlassgläubiger haben kann (§ 2009), sollte dieser – den Wortlaut überschreitenden – Ausdehnung des § 2000 nicht zugestimmt werden (vgl auch Rn 2 zur rechtspolitischen Würdigung des § 2000). Dass die Motive (V 609) diesen Weg gleichwohl befürworteten, bedeutet nicht viel, wenn man berücksichtigt, dass die ihr entgegenstehende Vorschrift des § 2009 im E I noch nicht enthalten war (vgl Prot V 741, 757). Schwerer wiegt allerdings der Umstand, dass § 1989 für den auch in § 2000 S 3 vorausgesetzten Fall der Beendigung des Nachlassinsolvenzverfahrens durch Masseverteilung oder Insolvenzplan auf § 1973 verweist und dass in § 2013 Abs 1 S 2 ausgesprochen wird, dass sich der Erbe auf eine nach § 1973 eingetretene Beschränkung der Haftung auch dann berufen kann, wenn später ein Fall des § 2005 Abs 1 eintritt. Man könnte argumentieren, da § 1989 auf § 1973 verweise, müsse § 2013 Abs 1 S 2 auch den Fall des § 1989 erfassen. Dagegen spricht jedoch zum einen, dass man die sachlich nicht gerechtfertigte (vgl § 1973 Rn 10) Vorschrift des § 2013 Abs 1 S 2 möglichst eng interpretieren sollte, und zum anderen, dass § 2013 Abs 1 S 2 den § 1974, der ja ebenfalls eine Verweisung auf § 1973 enthält, ausdrücklich erwähnt. Die Nichterwähnung des § 1989 sollte deshalb nicht durch einen Analogieschluss überwunden, sondern als sachgerecht respektiert werden.

2. Die Abgabe der eidesstattlichen Versicherung des § 2006 soll vom Erben in den Fällen des § 2000 nach hM nicht verlangt werden können (vgl STAUDINGER/LEHMANN[11] Rn 3 und aaO § 2006 Rn 7; BGB-RGRK/JOHANNSEN Rn 3; KGJ 28 [1905] A 27, 29 = RJA 4, 201 f [Nachlassverwaltung]; Mot V 672 [Nachlasskonkurs]; BAMBERGER/ROTH/LOHMANN Rn 3; aM für das freiwillig errichtete Inventar SOERGEL/STEIN § 2000 Rn 2). Hiergegen spricht jedoch, dass dem bereits errichteten Inventar die gerade in den Fällen der *beschränkten* Haftung bedeutsame (vgl § 1994 Rn 2) Vollständigkeitsvermutung des § 2009 anhaftet (was die Mot aaO noch nicht berücksichtigen konnten, weil es eine dem § 2009 entspr Vorschrift im E I noch nicht gab). Dazu passt es wenig, den Nachlassgläubigern in den Fällen des § 2000, die ja idR solche mit beschränkter Erbenhaftung sind (§§ 1975, 1989), das Recht abzusprechen, den Erben bei Vermeidung des (relativen) Verlusts seiner Haftungsbeschränkung (§ 2006 Abs 3) zur eidesstattlichen Bekräftigung des Inventars zu nötigen. So können ja auch die im Aufgebotsverfahren ausgeschlossenen Nachlassgläubiger, denen die übrigen in den Fällen des § 2000 S 3 weitgehend gleichgestellt sind (§ 1989), zwar nicht die Bestimmung einer Inventarfrist, wohl aber die eidesstattliche Bekräftigung eines bereits errichteten Inventars verlangen (§ 1973 Rn 4; Prot VI 395 f).

Die Verweigerung der **eidesstattlichen Versicherungen**, die von dem Erben **aufgrund der §§ 260 Abs 2, 666, 1978 Abs 1 BGB, § 153 Abs 2 InsO** verlangt werden können, hat einen Verlust des Haftungsbeschränkungsrechts nicht zur Folge.

§ 2001
Inhalt des Inventars

(1) In dem Inventar sollen die bei dem Eintritt des Erbfalls vorhandenen Nachlassgegenstände und die Nachlassverbindlichkeiten vollständig angegeben werden.

(2) Das Inventar soll außerdem eine Beschreibung der Nachlassgegenstände, soweit eine solche zur Bestimmung des Wertes erforderlich ist, und die Angabe des Wertes enthalten.

Materialien: E I § 2105; II § 1875; III § 1976; Mot V 618; Prot V 735 f; JAKOBS/SCHUBERT ER I 306, 333 ff.

Schrifttum

CARLEBACH, Das notarielle Vermögensverzeichnis, DNotV 1903, 10.
Siehe ferner vor § 1993.

I. Allgemeines

1 § 2001 trifft Bestimmungen über den **Inhalt** des Inventars. Da es nur Ordnungsvorschriften sind („soll"), hat ihre Nichtbeachtung weder die Nichtigkeit des Inventars noch – wenn nicht zugleich die erschwerenden Umstände des § 2005 Abs 1 vorliegen – den Verlust des Haftungsbeschränkungsrechts zur Folge (Mot V 618; OLG Hamm NJW 1962, 53, 54). Die in den §§ 2002, 2003 zwingend vorgeschriebene amtliche Mitwirkung oder amtliche Aufnahme des Inventars gewährleistet aber idR die Befolgung.

2 **II.** § **2001 schreibt folgenden Inhalt des Inventars vor:**

1. Gem Abs 1 sind **alle Nachlassgegenstände** (Aktiva) anzugeben, und zwar nach dem Stand *zZ des Erbfalls*. Auf diesen Zeitpunkt bezieht § 2009 auch die Vollständigkeitsvermutung des Inventars. Zum Nachlass können auch Personengesellschaftsanteile gehören (str; s STAUDINGER/MAROTZKE [2008] § 1922 Rn 102 ff, 168 ff, 186 ff, 198 und speziell zur Inventarisierung ESCH NJW 1984, 339, 341), nicht aber zB Wertausgleichsansprüche „weichender" Gesellschafter-Erben (str; s STAUDINGER/MAROTZKE [2008] § 1922 Rn 188; anderes gilt selbstverständlich beim Tod eines „weichenden" Erben für die Zugehörigkeit zu *dessen* Nachlass). Denkbar ist, dass eine Sache „lediglich dem Besitze nach" zum Nachlass gehört (s § 2009 Rn 10). Veränderungen des Nachlasses, die erst eingetreten sind, während sich der Nachlass in der Hand des Erben, eines Nachlasspflegers oder Testamentsvollstreckers befand, sind außer Betracht zu lassen. Anzuführen sind einerseits auch die Gegenstände, die zZ der Errichtung des Inventars nicht mehr vorhanden sind, während andererseits später erworbene Gegenstände, namentlich die Ersatzforderungen gegen den Erben wegen schlechter Verwaltung des Nachlasses (§§ 1978 ff), nicht aufzunehmen sind. Doch ist es zweckmäßig, spätere Bestandsveränderungen im Inventar zu vermerken. Wegen des Abstellens auf den Zeitpunkt des Erbfalls eignet sich das Inventar gut als Grundlage der dem Erben nach Herbeiführung der beschränkten Haftung obliegenden Rechenschaftslegung (§§ 666, 1978 Abs 1, 1991 Abs 1; vgl auch § 1994 Rn 2, § 2009 Rn 3 aE und KÜNTZEL Gruchot 41 [1897] 808, 832 f).

Da das Inventar vor allem für den Fall der *beschränkten* Haftung von Bedeutung ist, sind in ihm auch die durch Vereinigung bzw Aufrechnung erloschenen Rechte und Verbindlichkeiten aufzuführen, da sie gem §§ 1976, 1977, 1991 Abs 2 wieder aufleben können. Gegenstände, die der Erbe bereits zu Lebzeiten des Erblassers von diesem empfangen hat (sog Vorempfänge), gehören nicht zum Nachlass und somit auch nicht in das Inventar.

2. Abs 1 schreibt ferner die Angabe aller **Nachlassverbindlichkeiten** (Passiva) vor. 3 Insoweit kommt es aber nicht, wie bei den Aktiva (Rn 2), auf den Zeitpunkt des Erbfalls, sondern auf den *Schuldenstand zZ der Inventarerrichtung* an (BGHZ 32, 60, 65 = NJW 1960, 959, 962). Anzugeben sind also auch die nach dem Erbfall entstandenen Nachlassverbindlichkeiten, zB die Haftung wegen der Kosten für die Beerdigung des Erblassers (§ 1968) oder für diejenigen der Inventarerrichtung selbst (BGB-RGRK/ JOHANNSEN Rn 3). Da für die aufzunehmenden Nachlassverbindlichkeiten der Zeitpunkt der Inventarerrichtung entscheidet, kommt eine fortgesetzte Verlängerung der Inventarfrist (§ 1995 Abs 3) im Hinblick auf etwaige nachträglich entstehende Verbindlichkeiten nicht in Betracht (BGH aaO). Ausgleichungsposten (§ 2055) sind nicht in das Inventar aufzunehmen, da die Ausgleichungsansprüche nicht zum Nachlass gehören und die Ausgleichungspflichten keine Nachlassverbindlichkeiten sind (PLANCK/FLAD Anm 1; MünchKomm/KÜPPER Rn 3).

Auch die durch Vereinigung erloschenen Nachlassverbindlichkeiten sind aufzuführen, da sie wieder aufleben können (vgl Rn 2).

3. Gem Abs 2 soll das Inventar außerdem die **Angabe des Wertes** der Nachlass- 4 gegenstände (Rn 2) enthalten. Maßgeblicher Zeitpunkt ist ebenso wie für die Bestandsangaben der Zeitpunkt des Erbfalls (PLANCK/FLAD Anm 2).

Eine **Beschreibung** der Nachlassgegenstände ist durch Abs 2 nur vorgeschrieben, soweit sie zur Bestimmung des Wertes erforderlich ist.

Eine Schätzung des Wertes durch Sachverständige ist nicht vorgeschrieben und 5 braucht deshalb nicht zu erfolgen (Prot V 736). Wenn der Erbe das Inventar nach § 2002 selbst aufnimmt, kann er auch selbst die Wertangaben machen. Bei der amtlichen Aufnahme des Inventars gem § 2003 wird der Beamte die Schätzung idR selbst vorzunehmen haben und nur dann, wenn er dazu nicht in der Lage ist, einen amtlichen Schätzer beiziehen (vgl Prot aaO). Soweit der Erbe bei der Aufnahme des Inventars nach § 2002 aus Unkenntnis oder Böswilligkeit *erkennbar unrichtige Wertangaben* macht, steht es dem zugezogenen Beamten aber frei, entweder durch Zusatz zum Inventar oder durch Anzeige an das Nachlassgericht seine abweichende Meinung auszusprechen (PLANCK/FLAD Anm 2). Eine Amtspflicht zur Nachprüfung der Wertangaben besteht jedoch nicht (Prot V 736).

4. Eine vergleichende Zusammenstellung der Aktiva und Passiva, also eine **Bilanz**, 6 ist nicht vorgeschrieben, wird sich aber vielfach empfehlen. Bei der amtlichen Aufnahme des Inventars erfolgt sie regelmäßig. Jedoch können sich Schwierigkeiten wegen der unterschiedlichen Bewertungszeitpunkte ergeben (SOERGEL/STEIN Rn 3).

III. Besonderheiten bei Mit- und Nacherbschaft

7 Auch das von einem Miterben errichtete Inventar muss den gesamten Nachlass umfassen (§ 2063 Rn 2). Schwieriger liegen die Dinge beim Inventar eines Nacherben (vgl STAUDINGER/AVENARIUS [2003] § 2144 Rn 18 ff).

§ 2002
Aufnahme des Inventars durch den Erben

Der Erbe muss zu der Aufnahme des Inventars eine zuständige Behörde oder einen zuständigen Beamten oder Notar zuziehen.

Materialien: E I § 2102; II § 1876; III § 1977;
Mot V 615 f; Prot V 734, 737; Denkschr 724;
JAKOBS/SCHUBERT ER I 307, 329 ff.

Schrifttum

Siehe vor § 1993.

1 1. Die Vorschrift betrifft die **Aufnahme**, nicht die **Errichtung** des Inventars (vgl § 1993 Rn 7 ff). Der Erbe kann entweder gem § 2003 die *amtliche* Aufnahme des Inventars beantragen oder aber das Inventar *selbst* aufnehmen. Um den Erben in die Lage zu versetzen, ein Inventar zu erstellen, welches Dritten eine brauchbare Grundlage für die Beurteilung des Bestandes der Erbschaft bietet (Denkschr 724), schreibt § 2002 für den letzteren Fall eine amtliche Mitwirkung vor und erklärt durch zwingende Vorschrift („muss") das ohne solche amtliche Mitwirkung aufgenommene Privatinventar für unwirksam (AG Tempelhof-Kreuzberg DAVorm 1972, 20). Die hinzuzuziehende Amtsperson hat den Erben über die Sollvorschrift des § 2001 zu belehren (vgl Mot V 616). Eine nach § 1994 gesetzte Inventarfrist wird nicht bereits durch die Aufnahme des Inventars bzw durch die bloße Zuziehung einer Amtsperson zu diesem Zweck gewahrt (vgl dagegen § 2003 Abs 1 S 2 für den Antrag auf amtliche Aufnahme), sondern erst durch die „Errichtung" des Inventars (§§ 1993, 1994 Abs 1 S 2), für die der Erbe selbst verantwortlich ist. Bei schuldhaft verspäteter Mitwirkung der Amtspersonen kann Staatshaftung eintreten (§ 839 BGB iVm Art 34 GG).

2 2. Die **Aufnahme des Inventars** nach § 2002 kann sowohl in der Weise geschehen, dass der Erbe selbst die Urkunde unter Beistand der Amtsperson aufnimmt, als auch derart, dass die Amtsperson die in das Inventar aufzunehmenden Angaben des Erben aufzeichnet (STAUDINGER/LEHMANN[11] Rn 2). Nach RGZ 77, 245, 247 soll die Form des § 2002 nicht gewahrt sein, wenn die bei der Aufnahme des Inventars zugezogene Amtsperson „nicht als bloß zugezogener Beamter bei der Aufnahme

durch den Erben (oder dessen Bevollmächtigten) mitgewirkt, sondern selbst die Aufnahme bewirkt hat". Deshalb müsse das Inventar von dem Erben oder einem Bevollmächtigten des Erben **unterschrieben** sein, die Unterschrift allein der Amtsperson genüge nicht (ebenso STAUDINGER/LEHMANN[11] Rn 2 und aaO § 1993 Rn 8; BGB-RGRK/ JOHANNSEN Rn 1; MünchKomm/KÜPPER Rn 2; ERMAN/SCHLÜTER Rn 1; BAMBERGER/ROTH/LOHMANN Rn 1). Das ist jedoch so nicht richtig. § 2002 setzt nicht als wesentlich voraus, dass das Inventar vom *Erben* aufgenommen wurde (arg § 2004; vgl dort Rn 2 und § 1993 Rn 12). Lediglich die Inventar*errichtung,* also Einreichung beim Nachlassgericht (§ 1993), muss durch den Erben erfolgen (§ 1993 Rn 13 ff). Deshalb ist nicht einzusehen, warum die Form des § 2002 nicht erfüllt (oder sogar übererfüllt) sein soll, wenn *die zugezogene Amtsperson* das Inventar nach den Angaben des von ihr belehrten Erben anfertigt und unterschreibt. Zur Vermeidung von Streitigkeiten sollte aber auch der Erbe unterschreiben.

Anders als im Fall des § 2003, wo die Amtsperson das Inventar selbst aufzunehmen hat, hat diese bei § 2002 lediglich die Stellung eines Beistandes und ist zur Prüfung der Vollständigkeit und Richtigkeit des Inventars, namentlich auch der Wertangaben des Erben, nicht verpflichtet (vgl auch § 2001 Rn 5). Eine *Beurkundung* ihrer Mitwirkung ist gesetzlich nicht vorgeschrieben; ihre Mitunterschrift ist deshalb entbehrlich (STAUDINGER/LEHMANN[11] Rn 2; BGB-RGRK/JOHANNSEN Rn 3; MünchKomm/KÜPPER Rn 2; ERMAN/SCHLÜTER Rn 1; **aM** PLANCK/FLAD Anm 3).

3. Die **Zuständigkeit** der Behörde, des Beamten oder des Notars bestimmt sich **3** gem § 61 Abs 1 Nr 2 BeurkG, § 20 Abs 5 BNotO nach Landesrecht. Vgl hierzu die Kommentierungen des § 360 FamFG. Wurde bei der Aufnahme des Inventars eine *unzuständige* Amtsperson hinzugezogen, so berührt das die Wirksamkeit der Inventarerrichtung nach hM nur, wenn der Mangel sich auf die *sachliche* Zuständigkeit bezieht (vgl BGB-RGRK/JOHANNSEN Rn 7, der dies aus dem Gebrauch des unbestimmten Artikels ["eine"] herleitet; STAUDINGER/MAROTZKE[12] Rn 3; MünchKomm/KÜPPER Rn 3). Fehlgriffe hinsichtlich der örtlichen Zuständigkeit führen grds nicht zur Unwirksamkeit (Rechtsgedanke des § 3 Abs 3 FamFG). Aber auch wenn der zur Inventar*aufnahme* hinzugezogenen Amtsperson die *sachliche* Zuständigkeit fehlte, wird man die Wirksamkeit der Inventar*errichtung* nicht allgemein verneinen dürfen (zutreffend SOERGEL/ STEIN Rn 3): Hat die Behörde/die Amtsperson ihre Zuständigkeit durch schlüssiges Verhalten (zB widerspruchsloses Tätigwerden) selbst bejaht, so wäre es idR unangemessen, das Risiko der Unzuständigkeit dem (insoweit idR weniger rechtskundigen) Erben aufzubürden (SOERGEL/STEIN Rn 3; vgl auch die ähnlichen, allerdings die *örtliche* Unzuständigkeit betreffenden Überlegungen bei STAUDINGER/OTTE [2008] § 1945 Rn 17 und oben § 1993 Rn 20). Zu einer anderen Beurteilung wird man nur im Falle *offensichtlicher* sachlicher Unzuständigkeit kommen dürfen (SOERGEL/STEIN Rn 3).

4. Eine bestimmte **Form der Inventarurkunde** ist im BGB nicht vorgeschrieben. **4** Bestimmungen der Landesgesetze sind nur als Ordnungsvorschriften bedeutsam. Zur Unterschrift des Erben vgl Rn 2. Kein formwirksames Inventar stellt die vom Erben vor dem Urkundsbeamten der Geschäftsstelle des Nachlassgerichts abgegebene Erklärung über den Bestand des Nachlasses dar (OLG München JFG 15, 118, 121 = HRR 1937, Nr 928).

5. **Kosten**: Vgl § 1993 Rn 22 f. **5**

§ 2003
Amtliche Aufnahme des Inventars

(1) Auf Antrag des Erben hat das Nachlassgericht entweder das Inventar selbst aufzunehmen oder die Aufnahme einer zuständigen Behörde oder einem zuständigen Beamten oder Notar zu übertragen. Durch die Stellung des Antrags wird die Inventarfrist gewahrt.

(2) Der Erbe ist verpflichtet, die zur Aufnahme des Inventars erforderliche Auskunft zu erteilen.

(3) Das Inventar ist von der Behörde, dem Beamten oder dem Notar bei dem Nachlassgericht einzureichen.

Materialien: E I § 2103; II § 1877; III § 1978; Mot V 616 f; Prot V 734; Jakobs/Schubert ER I 307, 329 ff.

Schrifttum

Siehe vor § 1993.

I. Allgemeines

1 **Abs 1 S 1** betrifft die **Aufnahme** des Inventars und gewährt dem Erben das Recht, die Aufnahme **durch eine amtliche Stelle** besorgen zu lassen. Statt das Inventar unter bloßer „Hinzuziehung" einer Amtsperson (§ 2002) selbst aufzunehmen, braucht er, wenn er die amtliche Aufnahme nach § 2003 beantragt, nur noch die zur Aufnahme erforderliche Auskunft zu erteilen; vgl Abs 2.

2 **Errichtet** ist auch das *amtlich* aufgenommene Inventar erst mit der Einreichung beim Nachlassgericht (§ 1993; **aM** wohl KG OLGE 10 [1905/I] 296; vgl hierzu noch Rn 6). Die Einreichung des nach § 2003 aufgenommenen Inventars ist gem **Abs 3** von der aufnehmenden amtlichen Stelle zu besorgen. Wenn das Nachlassgericht das Inventar gem Abs 1 S 1 HS 2 selbst aufgenommen hat, bedarf es zur Inventar*errichtung* selbstverständlich keiner Einreichung mehr. Erst ab dem Zeitpunkt der Einreichung des Inventars beim Nachlassgericht bzw dem der Vollendung der Inventaraufnahme durch dieses Gericht ist das Inventar „errichtet" iSd § 1993. Erst dann also kann dem Erben die Vollständigkeitsvermutung des § 2009 zustatten kommen. Hingegen wird eine dem Erben gesetzte **Inventarfrist** bereits durch die *Stellung des Antrages* auf amtliche Aufnahme des Inventars gewahrt, **Abs 1 S 2.** Hierin liegt eine Ausnahme von § 1994 Abs 1 S 2 HS 2, der verlangt, dass das Inventar vor Fristablauf „errichtet" wird. Eine Grenze findet diese Ausnahme in § 2005 Abs 1 S 2 (vgl dort Rn 7).

II. Der Antrag auf amtliche Aufnahme des Inventars

3 **1.** **Antragsberechtigt** ist nach Abs 1 S 1 nur der Erbe, nicht ein Vermächtnisneh-

mer oder sonstiger Nachlassgläubiger (OLG Karlsruhe OLGE 35 [1917/2] 361). Auch ein einzelner Miterbe kann den Antrag wirksam stellen, und zwar selbst dann, wenn nicht er, sondern ein anderer (zB Miterbe) den Nachlass in Besitz hat (KG OLGE 14 [1907/I] 293, 294 ff = RJA 8, 100, 102 ff). Im Übrigen gilt zur Antragsbefugnis das bei § 1993 Rn 13–18 Ausgeführte entsprechend (Antragstellung durch gesetzliche oder gewillkürte Vertreter, Pfleger, Ehegatten, Lebenspartner).

Formwirksam ist die amtliche Aufnahme des Inventars auch dann, wenn nicht der **4** Erbe, sondern ein Erbschaftsbesitzer oder sonstiger Nichtberechtigter den Antrag nach § 2003 gestellt und das Nachlassgericht diesem Antrag entsprochen hat (missverständlich RGZ 77, 245, 247; vgl hierzu auch § 2002 Rn 2). Allerdings bedarf es zur wirksamen „Errichtung" eines derart aufgenommenen (und zum Nachlassgericht gelangten) Inventars noch einer Handlung des Erben, nämlich der Erklärung, dass es als von *ihm* eingereicht (§ 1993) „gelten" solle (§ 2004).

2. Der Antrag auf amtliche Aufnahme des Inventars muss bei dem **zuständigen** **5** **Nachlassgericht** gestellt werden (hierzu § 1993 Rn 19 f; im Fall der Unzuständigkeit des angegangenen Gerichts wird es auf die bei § 1993 Rn 20 und § 2002 Rn 3 erwähnten Gesichtspunkte ankommen). Die Landesgesetze können die Zuständigkeit des Nachlassgerichts zur Aufnahme des Inventars ausschließen (vgl Art 148 EGBGB und die Erl hierzu). Inwieweit die Notare zuständig sind, richtet sich gleichfalls nach Landesrecht (§ 20 Abs 5 BNotO, § 61 Abs 1 Nr 2 BeurkG). Dadurch, dass ein Landesgesetz die Zuständigkeit des Nachlassgerichts zur Aufnahme des Inventars ausschließt, wird jedoch die nachlassgerichtliche Zuständigkeit zur Entgegennahme des Antrags auf amtliche Aufnahme des Inventars nicht berührt (zutr OLG München FamRZ 2008, 2310).

3. **Die Stellung des Antrages** auf amtliche Aufnahme des Inventars ist zwar noch **6** keine Inventar*errichtung* (vgl Rn 2), **wahrt** aber **eine Inventarfrist** (Abs 1 S 2), falls nicht der Erbe die von ihm nach Abs 2 zu erteilende Auskunft verweigert oder über den Fristablauf hinaus absichtlich in erheblichem Maße verzögert (arg § 2005 Abs 1 S 2; vgl dort Rn 6 ff). Fristwahrend wirkt auch ein **vor** dem Fristsetzungsbeschluss gestellter Antrag auf amtliche Aufnahme des Inventars (OLG München FamRZ 2008, 2310, 2311). Der von einem Miterben gestellte Antrag wahrt die Frist auch für die übrigen Erben, soweit diese noch nicht unbeschränkbar haftend geworden sind (§ 2063 Abs 1; vgl auch KG OLGE 10 [1905/I] 296; BGB-RGRK/Johannsen Rn 5). Es handelt sich hier aber nur um eine *analoge* Anwendung des § 2063 Abs 1, da der Antrag auf amtliche Aufnahme des Inventars noch keine Inventar*errichtung* ist (vgl Rn 2; **aM** das KG aaO). **Wird der Antrag** auf amtliche Aufnahme des Inventars vor Vollzug **zurückgenommen**, entfällt zugleich seine fristwahrende Wirkung (OLG München FamRZ 2008, 2310, 2311).

III. Die amtliche Durchführung der Inventaraufnahme

1. Gem **Abs 1 S 1** hat das angegangene Nachlassgericht (Rechtspfleger gem § 3 **7** Nr 2 c RPflG; vgl im Übrigen Rn 5) das Inventar entweder selbst aufzunehmen oder die Aufnahme einer zuständigen Behörde oder einem zuständigen Beamten oder Notar zu übertragen. Es kann aber auch im Wege der Rechtshilfe ein anderes Nachlassgericht oder eine andere landesgesetzlich anstelle des Nachlassgerichts zuständige Behörde um Aufnahme des Inventars ersuchen (RGZ 106, 287 f).

8 2. Die **Zuständigkeit** der **Behörde** bzw des **Beamten** oder des **Notars**, dem das Nachlassgericht die Aufnahme des Inventars übertragen kann, richtet sich nach Landesrecht (vgl § 2002 Rn 3). Wie bei § 2002 hängt auch bei § 2003 die Wirksamkeit des Inventars nicht von der örtlichen (BGB-RGRK/Johannsen Rn 4; MünchKomm/Küpper Rn 2), sondern allenfalls (§ 2002 Rn 3) von der sachlichen Zuständigkeit ab (s auch § 1993 Rn 20).

9 3. Das Nachlassgericht bzw die von ihm bestimmte amtliche Stelle nimmt das Inventar selbständig auf und trägt dafür die Verantwortung (anders als im Fall des § 2002; vgl dort Rn 2). Gem **Abs 2** ist der Erbe zur Mitwirkung nur durch Erteilung der nötigen **Auskünfte** verpflichtet. Diese Auskunftserteilung ist zwar nicht erzwingbar; jedoch verwirkt der Erbe uU gem § 2005 Abs 1 S 2 das Haftungsbeschränkungsrecht, wenn er die Erteilung der Auskunft verweigert oder absichtlich in erheblichem Maße verzögert (vgl § 2005 Rn 6 ff). Aufgrund seiner Auskunftspflicht kann von dem Erben auch die Vorlage eines Nachlassverzeichnisses gem § 260 verlangt werden (Staudinger/Lehmann[11] Rn 5; BGB-RGRK/Johannsen Rn 6). Erzwingbar ist die Vorlage aber ebensowenig wie die Auskunftserteilung selbst. Ohne große praktische Bedeutung ist deshalb die (von Soergel/Stein Rn 5 verneinte) Frage, ob eine „Auskunftsobliegenheit" des Erben auch dann besteht, wenn ihm eine Inventarfrist noch nicht bestimmt worden ist. ME sollte man den Rechtsgrund der Auskunftsobliegenheit nicht in einer dem Erben bestimmten Inventarfrist, sondern in dem vom Erben selbst ausgehenden Antrag auf amtliche Aufnahme des Inventars sehen. Verletzt der Erbe seine – als ein Element der „allgemeinen Prozessförderungspflicht" zu begreifende – Auskunftsobliegenheit (seit 1. 9. 2009 ansatzweise geregelt in §§ 23 Abs 1 S 2, 27 Abs 1, 28 Abs 1 FamFG), so hat er es sich selbst zuzuschreiben, wenn sich die amtliche Inventaraufnahme aus diesem Grunde verzögert (so dass der Erbe zB nicht rechtzeitig in den Genuss der in § 2009 vorgesehenen Vollständigkeitsvermutung kommt und er deshalb einen bereits schwebenden Prozess mit einem Nachlassgläubiger verliert).

Die das Inventar aufnehmende amtliche Stelle kann im Interesse der Aufklärung auch dritte Personen, sogar Nachlassgläubiger, zuziehen (KG RJA 12 [1913] 108, 111 f; OLG Karlsruhe OLGE 35 [1917/II] 361). Ein Recht hierauf steht den Nachlassgläubigern aber nicht zu (OLG Karlsruhe aaO 362).

10 4. **Abs 3** verpflichtet die Amtsperson, der das Nachlassgericht die Aufnahme des Inventars übertragen hat, das von ihr aufgenommene Inventar beim Nachlassgericht einzureichen (erst dann ist das Inventar „errichtet"; vgl Rn 2). Gegen Verzögerungen ist Aufsichtsbeschwerde möglich.

IV. Auslandsberührung

11 Die Aufnahme des Inventars durch eine von einem deutschen Nachlassgericht beauftragte deutsche Stelle (§ 2003) genügt den Anforderungen, die das *italienische* Recht an die Inventarerrichtung stellt (BayObLGZ 1965, 423, 426 ff, 439 f = NJW 1967, 447, 449; auch zur internationalen Zuständigkeit des deutschen Nachlassgerichts [s dazu erg § 1993 Rn 20 aE] und zu der haftungsbeschränkenden Wirkung, die der Inventarerrichtung nach italienischem Recht zukommen kann).

12 V. **Kosten**: Vgl § 1993 Rn 22, 23.

§ 2004
Bezugnahme auf ein vorhandenes Inventar

Befindet sich bei dem Nachlassgericht schon ein den Vorschriften der §§ 2002, 2003 entsprechendes Inventar, so genügt es, wenn der Erbe vor dem Ablauf der Inventarfrist dem Nachlassgericht gegenüber erklärt, dass das Inventar als von ihm eingereicht gelten soll.

Materialien: E I § 2104; II § 1878; III § 1979; Mot V 617 f; Prot V 735; JAKOBS/SCHUBERT ER I 307, 324 ff.

Schrifttum

Siehe vor § 1993.

1. Die Vorschrift eröffnet dem Erben einen dritten Weg zur „Errichtung" eines **Inventars** (zu den ersten beiden Möglichkeiten vgl §§ 1993, 2002 einerseits und § 2003 andererseits): **den der Bezugnahme auf ein bereits beim Nachlassgericht befindliches Inventar.** Voraussetzung ist, dass dieses Inventar den Vorschriften der §§ 2002, 2003 entspricht. Gleichgültig ist, ob dem Erben bereits eine **Inventarfrist** (§ 1994) bestimmt wurde (str; vgl § 1993 Rn 11). Nur wenn bereits eine Inventarfrist läuft, sollte man die durch § 2004 eröffnete Möglichkeit als „fristgebunden" bezeichnen (missverständlich PALANDT/EDENHOFER Rn 1; AK-BGB/TEUBNER Rn 2).

2. Der Vorschrift des **§ 2002** entspricht ein Inventar, wenn es von dem Erben unter Zuziehung einer zuständigen Behörde oder eines zuständigen Beamten bzw Notars aufgenommen wurde. § 2004 hat nun aber gerade die Fälle im Auge, in denen das beim Nachlassgericht befindliche Inventar von einer anderen Person als dem hierauf Bezug nehmenden Erben errichtet worden ist. Daraus ist zu schließen, dass § 2004 nicht verlangt, dass es gerade der Erbe (oder ein Stellvertreter des Erben) war, der das bereits beim Nachlassgericht befindliche Inventar „aufgenommen" (§ 2002) hat. Zu weit geht jedoch die Ansicht, dass § 2004 positiv voraussetze, dass das bereits beim Nachlassgericht befindliche Inventar nicht von dem Erben „herrühre" (so aber OLG Hamm NJW 1962, 53, 54 mit unzutr Berufung auf STAUDINGER/LEHMANN[11] Rn 1 und KGJ 34 [1907] A 92, 96 = RJA 8, 185, 188, die nur ausführen, dass § 2004 nicht in Betracht komme, wenn das bereits beim Nachlassgericht befindliche Inventar von dem Erben „errichtet" [vgl § 1993 Rn 7 ff] worden sei; in diesem Sinne nun auch AK-BGB/TEUBNER Rn 4, der die These des OLG Hamm deshalb ebenfalls kritisiert). Auch ein Nachlassverzeichnis, das vom Erben im Hinblick auf *§ 2314 Abs 1* unter Beachtung des § 2002 (ähnlich § 2314 Abs 1 S 3) „aufgenommen", aber nicht iS des § 1993 als Inventar „errichtet" (dh dem Nachlassgericht eingereicht) wurde, kann, nachdem es infolge falscher Sachbehandlung zu den Nachlassakten gelangt ist (für diesen Fall aM AK-BGB/TEUBNER aaO), durch einfache Erklärung des Erben gem § 2004 als *wie* von ihm eingereicht akzeptiert werden (wie hier SOERGEL/STEIN Rn 2; MünchKomm/KÜPPER Rn 2; aM OLG Hamm aaO; vgl hierzu auch § 1993 Rn 11 f). § 2004 setzt nämlich nicht voraus, dass das bereits beim Nachlassgericht befindliche Inventar ein solches ist, das nicht nur „aufgenommen", sondern auch schon „errichtet" (§§ 1993, 2003 Abs 3) wurde (aM OLG Hamm NJW 1962, 53, 54 und AK-BGB/TEUBNER aaO).

3 Will man die Formvorschrift des § 2002 nicht jeglicher Funktion (§ 2002 Rn 1) berauben, so wird man sie nur dann als erfüllt ansehen dürfen, wenn die zur Aufnahme des Nachlassverzeichnisses hinzugezogene Behörde usw wusste (AK-BGB/TEUBNER Rn 5) oder zumindest wissen konnte, dass sie bei der Aufnahme eines *Inventars iS der §§ 1993 ff* mitwirkte und deshalb darauf zu achten hatte, dass die sonst nicht erzwingbare Sollvorschrift des § 2001 erfüllt werde. Dem gleichzustellen wird der Fall der amtlichen Mitwirkung bei der Aufnahme eines sonstigen Nachlassverzeichnisses sein, *falls* auch dieses nach seinem Sinn und Zweck den in § 2001 vorgeschriebenen Inhalt haben soll (ähnlich stellt KG OLGE 14 [1907/I] 293, 295 = RJA 8, 100, 103 ua auf den vorgeschriebenen „Inhalt" sowie die „rechtliche Bedeutung" des Verzeichnisses ab). Als nicht gewahrt wird man die Form des § 2002 zB ansehen müssen, wenn ein Nachlasspfleger oder -verwalter mit amtlicher Hilfe (§ 1802 Abs 2) ein Verzeichnis des bei *Anordnung der Pflegschaft* (§§ 1802 Abs 1 S 1, 1915) vorhandenen Nachlasses erstellt (aM wohl STAUDINGER/LEHMANN[11] § 1985 Rn 6, § 1986 Rn 6), da ja das „Inventar" der §§ 1993 ff die zZ des *Erbfalls* vorhandenen Nachlassgegenstände erfassen soll (§§ 2001, 2009). Auch ein bereits zu Lebzeiten des Erblassers (etwa in einem Insolvenzverfahren) aufgenommenes Vermögensverzeichnis ist nicht darauf angelegt, die später (!) einmal zu vererbenden Gegenstände zu fixieren, und kommt deshalb als ein den Vorschriften der §§ 2002, 2003 entsprechendes „Inventar" nicht in Betracht (AK-BGB/TEUBNER Rn 5; aM STAUDINGER/LEHMANN[11] Rn 1; MünchKomm/KÜPPER Rn 2). Da bei der Berechnung eines Pflichtteilsanspruchs der Bestand des Nachlasses *zZ des Erbfalls* zugrunde gelegt wird (§ 2311), kann das auf Verlangen eines Pflichtteilsberechtigten unter amtlicher Mitwirkung erstellte Nachlassverzeichnis (§ 2314 Abs 1 S 2) als ein der Vorschrift des § 2002 entsprechendes angesehen werden (vgl Rn 2).

4 **3.** Dass das Verzeichnis, um gem § 2004 als Inventar „errichtet" werden zu können, auch die Nachlass**verbindlichkeiten** aufführen müsse (so STAUDINGER/LEHMANN[11] Rn 1; PLANCK/FLAD Anm 1; wohl auch OLG Dresden SeuffA 72 [1917] Nr 79; MünchKomm/KÜPPER Rn 2), ist nicht anzunehmen, da § 2004 den § 2001, der lediglich eine Ordnungsvorschrift enthält (dort Rn 1), nicht erwähnt.

5 **4.** Der Vorschrift des **§ 2003** entspricht ein Inventar, wenn es entweder von dem Nachlassgericht selbst aufgenommen worden ist oder wenn dieses die Aufnahme einer zuständigen Behörde oder einem zuständigen Beamten oder Notar übertragen hat und eine dieser Stellen das Inventar aufgenommen hat. Aus dem bei Rn 2 genannten Grunde ist anzunehmen, dass die Aufnahme des Inventars dem § 2003 auch dann entspricht, wenn eine Person, die nicht Erbe ist, den nach dieser Vorschrift erforderlichen Antrag gestellt hat.

6 **5.** **Einer Bezugnahme gem § 2004 bedarf es nicht**, wenn das Inventar bereits von dem Erben oder mit Wirkung für ihn von einem gesetzlichen oder bevollmächtigten Vertreter oder Nachlasspfleger (§§ 1960, 1961) errichtet worden ist oder von einem anderen so, dass es dem Erben zustatten kommt (vgl §§ 2008 Abs 1 S 3, 2063 Abs 1, 2144 Abs 2, 2383 Abs 2).

7 **Für eine Bezugnahme** gem § 2004 **kommen zB in Betracht** das Inventar eines Erbschaftsbesitzers, eines Erben, der die Erbschaft später ausgeschlagen bzw die Annahme angefochten hat, eines nicht ausgewiesenen Bevollmächtigten oder eines auftraglosen Geschäftsführers (ebenso MünchKomm/KÜPPER Rn 2).

In Betracht kommen auch das Inventar eines Testamentsvollstreckers, Nachlassverwalters, Nachlassinsolvenzverwalters (vgl aber § 2000 Rn 4 f und § 2012 Rn 9, 13). Bei den von diesen Personen erstellten Nachlassverzeichnissen wird jedoch besonders streng zu prüfen sein, ob sie den Vorschriften der §§ 2002, 2003 wirklich entsprechen (s Rn 3). Gleiches gilt für ein vom Nachlassgericht selbst nach § 1960 Abs 2 aufgenommenes Verzeichnis (MünchKomm/KÜPPER Rn 2; gänzlich ablehnend und die Eignung zur Bezugnahme generell verneinend SOERGEL/STEIN Rn 2).

Die Bezugnahme auf ein rein privates Nachlassverzeichnis genügt niemals.

6.   Die Bezugnahmeerklärung des Erben bedarf keiner Form. Sie kann auch durch **8** einen Bevollmächtigten erfolgen. Anders als für die Erbschaftsausschlagung (§ 1945 Abs 3 S 2) ist für die Bezugnahmeerklärung des § 2004 die Nachbringung der Vollmachtsurkunde nicht ausdrücklich zugelassen. Eine auf § 174 gestützte Zurückweisung wegen Nichtvorlage einer Vollmachtsurkunde kommt jedoch bezüglich einer von einem Stellvertreter abgegebenen Bezugnahmeerklärung (§ 2004) ebensowenig in Betracht wie bei der nochmaligen Einreichung eines Inventars (§ 1993 Rn 15), die § 2004 dem Erben ja gerade ersparen will (gegen Anwendung des § 174 bereits STAUDINGER/ LEHMANN[11] Rn 2; vgl auch MünchKomm/KÜPPER Rn 3; **aM** BGB-RGRK/JOHANNSEN Rn 4, obwohl er bei § 1993 Rn 5 bzgl der *Einreichung* eines Inventars wie hier [§ 1993 Rn 15] entscheidet).

7.   Der Erbe kann sich durch Bezugnahme auf ein fremdes Inventar, dessen **9** Unrichtigkeit er kennt, analog § 2005 Abs 1 S 1 der **Inventaruntreue** schuldig machen. Hat er auf das unvollständige Inventar vor Ablauf einer ihm bestimmten Frist *gutgläubig* Bezug genommen, so wird man ihm, da jedenfalls bei *ihm* ein Fall des § 2005 Abs 1 nicht vorliegt (vgl aber Rn 10), analog § 2005 Abs 2 eine neue Inventarfrist zur Ergänzung bestimmen dürfen (vgl auch KGJ 34 [1907] A 92, 97 bzgl der Frist zur Ergänzung eines einem Miterben gem § 2063 Abs 1 auch ohne Bezugnahme zustatten kommenden fremden Inventars). **AM** PLANCK/FLAD Anm 2, der den Erben auf die Antragstellung nach § 2003 verweist. Wer aber Abs 1 des § 2005 entsprechend anwendet, muss mit Abs 2 ebenso verfahren.

Einige Autoren (STAUDINGER/LEHMANN[11] Rn 3 [im Gegensatz zu STAUDINGER/SEYBOLD[11] § 2144 **10** Rn 17]; BGB-RGRK/JOHANNSEN Rn 5 [im Gegensatz zu seiner Rn 12 bei § 2144]; PLANCK/FLAD Anm 2; RIESENFELD I 409; II 14, 30) nehmen an, dass § 2004 unanwendbar sei, **wenn der Erbe auf ein Inventar Bezug nimmt, welches von einem Dritten ungetreu iS des § 2005 Abs 1 errichtet wurde.** Dies gelte selbst dann, wenn der Erbe gutgläubig sei. Der Erbe handele also auf eigene Gefahr, wenn er innerhalb einer ihm gesetzten Inventarfrist lediglich auf ein bereits beim Nachlassgericht befindliches Inventar Bezug nehme. Diese Ansicht findet in § 2004 keine Stütze (**aM** auch Prot V 806/807 ad XVII 3). Richtiger erscheint es, § 2005 Abs 2 analog anzuwenden, also dem in gutem Glauben gem § 2004 bezugnehmenden Erben eine neue Inventarfrist zu bestimmen, weil jedenfalls *er* (hierin liegt die Analogie) den Tatbestand des § 2005 Abs 1 nicht verwirklicht hat (vgl auch KGJ 34 [1907] A 92, 97 [zu § 2063 Abs 1]; SOERGEL/STEIN Rn 5 [mit § 2005 Rn 4 f, § 2008 Rn 6]; MünchKomm/KÜPPER Rn 4; PALANDT/EDENHOFER Rn 1; MUSCHELER, Die Haftungsordnung der Testamentsvollstreckung [1994] 127 f).

§ 2005
Unbeschränkte Haftung des Erben bei Unrichtigkeit des Inventars

(1) Führt der Erbe absichtlich eine erhebliche Unvollständigkeit der im Inventar enthaltenen Angabe der Nachlassgegenstände herbei oder bewirkt er in der Absicht, die Nachlassgläubiger zu benachteiligen, die Aufnahme einer nicht bestehenden Nachlassverbindlichkeit, so haftet er für die Nachlassverbindlichkeiten unbeschränkt. Das Gleiche gilt, wenn er im Falle des § 2003 die Erteilung der Auskunft verweigert oder absichtlich in erheblichem Maße verzögert.

(2) Ist die Angabe der Nachlassgegenstände unvollständig, ohne dass ein Fall des Absatzes 1 vorliegt, so kann dem Erben zur Ergänzung eine neue Inventarfrist bestimmt werden.

Materialien: E I § 2106; II § 1879; III § 1980; Mot V 618–621; Prot V 738–741, 754–756; Denkschr 724 f; JAKOBS/SCHUBERT ER I 307, 334 ff.

Schrifttum

Siehe vor § 1993.

I. Allgemeines

1 1. **Die beiden Sätze des Abs 1** behandeln zwei weitere Fälle, in denen der Erbe allen Nachlassgläubigern gegenüber unbeschränkbar haftend wird (der erste Fall, von dem derjenige des § 2005 Abs 1 S 2 lediglich eine besondere Ausgestaltung darstellt [Rn 7], ist der der Versäumung einer Inventarfrist gem § 1994 Abs 1 S 2). Ausgangspunkt ist die Überlegung, dass die Richtigkeit des Inventars durch die amtliche Mitwirkung bei der Aufnahme (§ 2002) oder durch die amtliche Aufnahme selbst (§ 2003) nicht gewährleistet werden kann, wenn der Erbe wahrheitswidrige oder ungenaue Angaben macht oder die bei einer amtlichen Aufnahme erforderlichen Auskünfte verweigert oder verzögert. Aus diesem Grund knüpft Abs 1 an bestimmte schwere Pflichtwidrigkeiten des Erben im Zusammenhang mit der Inventarerrichtung den endgültigen Verlust des Haftungsbeschränkungsrechts. Der Wortlaut des Abs 1 unterscheidet nicht zwischen der freiwilligen Inventarerrichtung (§ 1993) und der durch Fristsetzung gem § 1994 nahegelegten. § 2005 Abs 1 S 1 (nicht aber S 2; s Rn 7) gilt somit auch, wenn der Inventarerrichtung keine Fristsetzung gem § 1994 vorangegangen ist (vgl § 1993 Rn 24; MünchKomm/KÜPPER Rn 2; PALANDT/EDENHOFER Rn 1, 3; SOERGEL/STEIN Rn 1; ERMAN/SCHLÜTER Rn 1). Im Gesetz keine Stütze findet die von HERZFELDER (in: STAUDINGER[9] Anm 6) vertretene Ansicht, dass die Anwendung des § 2005 Abs 1 S 1 bei Einreichung eines freiwilligen Inventars voraussetze, dass der Antrag auf Bestimmung einer Inventarfrist mit Rücksicht hierauf abgelehnt worden ist. Zu weit geht die These von MUSCHELER (Die Haftungsordnung der Testamentsvollstreckung [1994] 125), dass der Erbe „auch nach einer Inventarverfehlung im Sinne der §§ 1994 Abs 1 S 2, 2005 Abs 1" seine Haftung jenen Gläubigern gegenüber beschränken könne, „die ihre Forderung erst nach Ende der Inventarfrist oder – wichtig wegen des in § 1993 vorgesehenen Rechts des Erben, ein Inventar auch ohne Frist zu errichten – nach Errichtung eines im Sinne von § 2005 fehlerhaften Inventars erworben haben und deren Ansprüche der Erbe nicht schon vorher kannte". So bedenkenswert die in dieser These liegende teleologische Reduktion (vgl MUSCHELER 123) in den von § 1994 Abs 1 S 2, § 2005 Abs 1 S 2 und § 2005 Abs 2 erfassten Fällen *bloßer Untätigkeit* des inventarpflichtigen Erben auch sein mag (vgl § 1994 Rn 35 aE), so wenig leuchtet es auf der anderen Seite ein, dass von ihr auch solche Erben profitieren sollen, *die mit der in § 2005 Abs 1 S 1 vorausgesetzten „Absicht" aktiv dazu beitragen,* dass die Nachlassgläubiger mit einem unrichtigen Inventar konfrontiert werden.

Miterben können aufgrund des § 2005 Abs 1 ihr Haftungsbeschränkungsrecht nur 2 bzgl eines ihrem ideellen Erbteil entsprechenden Teils jeder Nachlassverbindlichkeit verlieren; insoweit gilt das bei § 1994 Rn 34 Ausgeführte entsprechend. Auch soweit ein Miterbe seine Haftung trotz einer von ihm begangenen Inventaruntreue noch auf den Nachlass beschränken kann (vgl hierzu § 2059 Rn 4 ff und § 2060 Rn 10 ff), entfällt aber die in § 2009 ausgesprochene Vermutung für die Vollständigkeit seines Inventars (vgl § 2009 Rn 7).

2. Ist die Angabe der Nachlassgegenstände unvollständig, ohne dass dies auf einer 3 der in Abs 1 erwähnten Pflichtwidrigkeiten des Erben beruht, so kann gem **Abs 2** eine neue Inventarfrist zur Ergänzung bestimmt werden.

II. Verlust des Haftungsbeschränkungsrechts gem Abs 1

1. Abs 1 S 1 HS 1

Der Erbe verliert sein Haftungsbeschränkungsrecht, wenn er **absichtlich** eine er- 4 hebliche Unvollständigkeit der im Inventar enthaltenen Angabe der Nachlassgegenstände, dh der Aktiva (§ 2001), herbeiführt.

Absicht ist mehr als Vorsatz: der Erbe muss mit der Unvollständigkeit etwas bezweckt haben. Nicht erforderlich – aber selbstverständlich genügend – ist die Absicht, die Nachlassgläubiger zu schädigen (OLG Dresden SächsArch 14 [1893] 122; KIPP/ COING § 94 Fn 21). Es reicht demnach aus, dass der Erbe nur deshalb nicht sämtliche Nachlassgegenstände angibt, weil er einen Miterben benachteiligen oder einem Erbprätendenten oder der Steuerbehörde den Nachlass gering erscheinen lassen will.

Erforderlich ist die **Unvollständigkeit der Nachlassgegenstände selbst**; Mängel der in § 2001 Abs 2 vorgeschriebenen *Wertangabe* und evtl *Beschreibung* genügen nicht. Außerdem muss die Unvollständigkeit erheblich sein (OLG Rostock OLGE 30 [1915/1] 189).

Nicht zum Verlust des Haftungsbeschränkungsrechts führt das Auslassen eines Nachlassgegenstandes in einem *der Form des § 2002 oder § 2003 nicht genügenden* Verzeichnis, selbst wenn dieses zu den Nachlassakten eingereicht wird (vgl OLG Breslau Recht 1904, 387 Nr 1723).

2. Abs 1 S 1 HS 2

5 Gem Abs 1 S 1 HS verliert der Erbe sein Haftungsbeschränkungsrecht, wenn er in der **Absicht, die Nachlassgläubiger zu benachteiligen,** die Aufnahme einer nicht bestehenden Nachlassverbindlichkeit in das Inventar bewirkt. Obwohl sich an die Angabe der Passiva keine dem § 2009 entsprechende Vermutung knüpft, wollte der Gesetzgeber doch dem Umstand Rechnung tragen, dass „im Leben" das Inventar als richtig und vollständig auch hinsichtlich der Nachlassverbindlichkeiten behandelt zu werden pflegt (Prot V 739). Die Täuschung des Vertrauens der Nachlassgläubiger durch Einstellung nicht bestehender Schulden kann zB von dem Motiv geleitet sein, einen allzu günstigen Vergleichsschluss mit den Gläubigern zu erzielen (vgl Prot aaO). Das rechtfertigt es, auch an die dolose Angabe nicht bestehender Nachlassverbindlichkeiten den Verlust des Haftungsbeschränkungsrechts zu knüpfen. Neben den Verlust des Haftungsbeschränkungsrechts treten in diesen Fällen uU die in § 283 Abs 1 Nr 4 StGB vorgesehene Kriminalstrafe und die Versagung der gerichtlichen Bestätigung eines Insolvenzplans (s § 250 Nr 2 InsO).

Eine Unvollständigkeit durch *Weglassen bestehender Schulden* ist unschädlich (OLG Dresden ZBlFG 6 [1905/1906] 410, 413; SOERGEL/STEIN Rn 2).

3. Abs 1 S 2

6 Gem Abs 1 S 1 verliert der Erbe das Haftungsbeschränkungsrecht, **wenn er die amtliche Aufnahme des Inventars gem § 2003 beantragt hat und dann die Erteilung der hierzu erforderlichen Auskunft (§ 2003 Abs 2) verweigert oder absichtlich in erheblichem Maße verzögert.** Dies gilt jedoch nicht, wenn die Auskunftsverweigerung bzw -verzögerung nur einzelne unwesentliche Punkte betrifft (Prot V 756). Der Erbe behält das Haftungsbeschränkungsrecht ja sogar dann, wenn er eine *unerhebliche* Unvollständigkeit des Inventars *absichtlich herbeiführt* (Abs 1 S 1). Nur die Auskunftsverweigerung über solche Punkte, deren falsche Angabe auch im Rahmen des Abs 1 S 1 zum Verlust des Haftungsbeschränkungsrechts führen kann, wird man unter S 2 subsumieren dürfen.

7 **Ungeschriebene Voraussetzung des Abs 1 S 2 ist, dass dem Erben eine Inventarfrist bestimmt worden ist** und dass diese Frist bereits zu laufen begonnen hat (PLANCK/FLAD Anm 2 c; vgl auch BGB-RGRK/JOHANNSEN Rn 7; MünchKomm/KÜPPER Rn 2; BAMBERGER/ROTH/ LOHMANN Rn 5; PALANDT/EDENHOFER Rn 3). Ausserdem wird man verlangen müssen, dass die Auskunft noch zZ des Ablaufs der – durch den Antrag auf amtliche Inventaraufnahme gem § 2003 Abs 1 S 2 zunächst gewahrten – Frist verweigert bzw „erheblich" über diesen Zeitpunkt hinaus verzögert wird. Diese Einschränkung folgt aus Sinn und Zweck des Abs 1 S 2. Vgl dazu Prot V 756:

Entziehe sich der Erbe der Auskunftserteilung, so nehme er seinen auf die amtliche Aufnahme und Errichtung des Inventars gerichteten Willen (§ 2003 Abs 1) praktisch zurück. Die Stellung des

Antrags auf amtliche Aufnahme des Inventars könne zur Wahrung der Inventarfrist (§ 2003 Abs 1 S 2) nur unter der Voraussetzung genügen, dass der Erbe zu der seinerseits erforderlichen Mitwirkung (§ 2003 Abs 2) bereit sei. Verweigere er diese und verhindere er dadurch, dass die Gläubiger rechtzeitig durch das Inventar Aufschluss über den Bestand des Nachlasses erhalten, so müsse er sich so behandeln lassen, wie wenn er die Errichtung des Inventars unterlassen hätte.

Aus dieser sich an § 1994 Abs 1 S 2 anlehnenden gesetzgeberischen Rechtfertigung des § 2005 Abs 1 S 2 folgt, dass es sich hier nicht um einen Fall der Inventaruntreue, sondern um einen solchen der Inventarfristversäumung handelt. Daraus ergibt sich, dass S 2 keine Anwendung finden kann, wenn dem Erben noch keine Inventarfrist bestimmt wurde oder wenn der Erbe die anfangs verweigerte Auskunft noch vor Ablauf einer ihm bestimmten Inventarfrist nachreicht (vgl PLANCK/FLAD Anm 2 c; MünchKomm/KÜPPER Rn 2). Ebenso ist Abs 1 S 2 unanwendbar, wenn die vom Erben zunächst verweigerte oder verzögerte Auskunft deshalb nicht „erforderlich" (§ 2003 Abs 2) ist, weil sie – vor Ablauf einer dem Erben evtl gesetzten Inventarfrist – in hinreichender Weise bereits von anderer Seite erteilt wurde (Prot V 756; PLANCK/FLAD aaO; MünchKomm/KÜPPER Rn 2) oder weil der Erbe rechtzeitig selbst ein Inventar aufgenommen (§ 2002) und beim Nachlassgericht eingereicht (§ 1993) hat oder ein Dritter ein dem Erben „zustatten" kommendes Inventar errichtet hat (vgl §§ 2008 Abs 1 S 3, 2063 Abs 1, 2144 Abs 2, 2383 Abs 2).

Regelmäßig wird die Verweigerung der Auskunft zur Folge haben, dass eine amtliche **8** Aufnahme des Inventars überhaupt nicht stattfinden kann. Wird es hingegen ohne die sachlich nötige Auskunft aufgestellt (zB weil die Behörde deren Notwendigkeit nicht erkennt), so kann sich ergeben, dass das Inventar zwar rechtzeitig errichtet wird, hinsichtlich der Aktiva aber unvollständig ist. **Wenn die Unvollständigkeit durch die Auskunftsverweigerung bzw -verzögerung bedingt ist**, kann der Erbe sein Haftungsbeschränkungsrecht schon nach Abs 1 S 1 verwirkt haben (PLANCK/FLAD aaO; BGB-RGRK/JOHANNSEN Rn 7; kritisch SOERGEL/STEIN Rn 6). Liegt ein Fall des Abs 1 nicht vor, so kann dem Erben eine neue Frist zur Ergänzung nach Abs 2 gesetzt werden. Kann die Ergänzung wegen fortgesetzter Auskunftsverweigerung nicht innerhalb dieser Frist stattfinden, so verliert der Erbe das Haftungsbeschränkungsrecht gem Abs 1 S 2 iVm § 1994 Abs 1 S 2 (iE ebenso STAUDINGER/LEHMANN[11] Rn 4; PLANCK/FLAD aaO; BGB-RGRK/JOHANNSEN Rn 7).

III. Nicht zum Verlust des Haftungsbeschränkungsrechts führen die absichtlich un- **9** richtige *Aufnahme eines nicht vorhandenen Nachlassgegenstandes,* die wissentliche *Nichtaufnahme einer bestehenden Nachlassverbindlichkeit* und die nicht in Gläubigerbenachteiligungsabsicht erwirkte Aufnahme einer nicht bestehenden Nachlassverbindlichkeit. Auch *unrichtige Angaben über den Wert* von Nachlassgegenständen fallen nicht unter Abs 1. Erst recht hat die Unvollständigkeit eines reinen *Privatinventars,* das ohne amtliche Mitwirkung (§§ 2002, 2003) aufgenommen ist, nicht den Verlust des Haftungsbeschränkungsrechts zur Folge (vgl die bei Rn 4 erwähnte Entscheidung des OLG Breslau). Jedoch kann es geschehen, dass der Erbe gem § 1994 Abs 1 S 2 unbeschränkbar haftend wird, weil er glaubte, eine ihm gesetzte Inventarfrist auch durch Einreichung eines ohne amtliche Mitwirkung aufgenommenen Inventars wahren zu können.

Nach hM soll § 2005 Abs 1 S 1 ferner unanwendbar sein auf ein Inventar, das der

Erbe während einer *Nachlassverwaltung* oder eines *Nachlassinsolvenzverfahrens* errichtet. Dem ist zu widersprechen (§ 2000 Rn 8).

IV. Haftung des Erben für Stellvertreter und Dritte?

10 Für Inventarverfehlungen seines gesetzlichen **Vertreters** oder seines Bevollmächtigten haftet der Erbe nach § 278 wie für eigene (vgl aber die bei § 1997 Rn 5 angesprochenen verfassungsrechtlichen Aspekte des Minderjährigenschutzes). Man nimmt an, dass es sich bei der redlichen Inventarerrichtung um die Erfüllung einer – nicht erzwingbaren – gesetzlichen Verbindlichkeit handelt, selbst wenn eine Inventarfrist noch nicht bestimmt worden ist (BGB-RGRK/JOHANNSEN Rn 8; PLANCK/FLAD Anm 4). STAUDINGER/LEHMANN[11] weist bei Rn 8 darauf hin, dass gesetzlicher Vertreter auch der **Nachlasspfleger** sei (vgl hierzu unten § 2012 Rn 6 ff). Inventarverfehlungen des Nachlasspflegers können jedoch nicht zu Lasten des Erben wirken (str; vgl § 1993 Rn 16, § 2012 Rn 8); ebensowenig solche des **Nachlass- oder Nachlassinsolvenzverwalters** (vgl § 1993 Rn 17, § 2012 Rn 9) oder des **Testamentsvollstreckers** (vgl § 1993 Rn 17 und MUSCHELER, Die Haftungsordnung der Testamentsvollstreckung [1994] 127 f).

11 Zweifellos nicht zu Lasten des Erben wirken Inventarverfehlungen solcher **Personen, deren Inventarerrichtung dem Erben** gem §§ 2008 Abs 1 S 3, 2063 Abs 1, 2144 Abs 2, 2383 Abs 2 lediglich **„zustatten kommt"**. Streitig ist, ob ein von ihnen ungetreu (Abs 1 S 1) errichtetes Inventar geeignet sein kann, eine dem Erben bestimmte Inventarfrist zu wahren (vgl § 2008 Rn 27; § 2063 Rn 9; STAUDINGER/AVENARIUS [2003] § 2144 Rn 16, 20; STAUDINGER/OLSHAUSEN [2004] § 2383 Rn 15). Jedenfalls kommt es dem Erben zustatten, wenn das von einer derartigen Person in gutem Glauben errichtete, aber inhaltlich unvollständige Inventar vor Ablauf einer nach Abs 2 bestimmten Inventarfrist ergänzt wird (PLANCK/FLAD Anm 5).

V. Ergänzung eines unvollständigen Inventars (Abs 2)

12 **Das Recht des Erben** (§ 1993), ein Inventar zu errichten, schließt das Recht ein, ein von ihm bereits errichtetes Inventar zu ergänzen, wenn dieses nicht sämtliche Nachlassgegenstände angibt (vgl § 2005 Abs 2, § 2006 Abs 2).

13 Die Bedeutung des § 2005 **Abs 2** liegt darin, dass die Vorschrift es ermöglicht, dem Erben eine **Inventarfrist zur Ergänzung** des unvollständigen Inventars zu bestimmen. Da die Nachlassgläubiger kein Interesse an der Vervollständigung des Inventars mehr haben, sobald der Erbe sein Haftungsbeschränkungsrecht gem § 2005 allgemein verloren hat, lässt Abs 2 die Bestimmung einer Frist zur Ergänzung des Inventars **nur unter der Voraussetzung** zu, **dass kein Fall des Abs 1 vorliegt**, dass also der Erbe seine Haftung noch beschränken kann. Wenn das unvollständige Inventar ohne Fristbestimmung errichtet war, ist die gem Abs 2 bestimmte Frist zur Ergänzung in Wahrheit keine „neue", sondern die erste. Für die Inventarfrist des § 2005 Abs 2 gelten alle Vorschriften der §§ 1994–2000 entsprechend. Jedoch wird die Dauer der Frist, wenn die Ergänzung wenig umfangreich erscheint, auch unter einen Monat herabgesetzt werden dürfen (PLANCK/FLAD Anm 3).

14 **Die Fristbestimmung kann nur auf Antrag eines Nachlassgläubigers erfolgen** (iE ebenso BGB-RGRK/JOHANNSEN Rn 11; PALANDT/EDENHOFER Rn 5; SOERGEL/SCHIPPEL[10] Rn 6;

KRETZSCHMAR § 79 II 5; für eine Antragsbefugnis auch des **Erben** STAUDINGER/LEHMANN[11] Rn 6; RIESENFELD II 16; SOERGEL/STEIN Rn 7). Das ist in Abs 2 zwar nicht ausdrücklich gesagt, ergibt sich aber aus einer entspr Anwendung des § 1994 Abs 1 S 1, da auch die zur „Ergänzung" des Inventars bestimmte Frist allein im Interesse der Nachlassgläubiger liegt (arg § 1994 Abs 1 S 2). Die Bemerkung von LEHMANN (aaO), dass die hier vertretene Auffassung „einer vom Erben betriebenen Berichtigung Schwierigkeiten in den Weg" lege, trifft nicht zu, weil der Erbe ebenso, wie er freiwillig ein ganz neues Inventar errichten könnte, das bereits errichtete Inventar auch dann ergänzen kann, wenn ihm hierzu eine Frist nicht bestimmt worden ist (Rn 12). Und ohne Zweifel ist das zuvor gutgläubig, aber unvollständig errichtete Inventar auch dann geeignet, eine Inventarfrist zu wahren, wenn später keine neue Fristsetzung gem Abs 2 erfolgt.

Bei Unvollständigkeit des Inventars eines **Miterben** kann die Frist zur Ergänzung auch einem anderen Miterben bestimmt werden, dem das Inventar gem § 2063 Abs 1 zustatten kommt (KGJ 34 [1907] A 92, 97). **15**

Zur Berichtigung der **Angaben hinsichtlich der Nachlassverbindlichkeiten** ist die Bestimmung einer Inventarfrist ausgeschlossen. **16**

Zu den **Rechtsbehelfen**, die gegen die Verfügung gegeben sind, durch die die Frist zur Ergänzung des Inventars bestimmt oder das Gesuch um Fristbestimmung abgelehnt wird, gilt das bei § 1994 Rn 22 ff, 29 Ausgeführte entsprechend. **17**

Für die Ergänzung des Inventars gelten dieselben Vorschriften wie für die erstmalige Aufnahme und Errichtung. Denn die Ergänzung ist nur ein Teil hiervon. Folglich kann der Erbe durch Pflichtverletzungen bei der Ergänzung sein Haftungsbeschränkungsrecht sowohl gem § 1994 Abs 1 S 2 als auch gem § 2005 Abs 1 S 1 und 2 verlieren. **18**

VI. Kein Rückerwerb des Haftungsbeschränkungsrechts durch Berichtigung des Inventars

Die Rechtsfolge der unbeschränkten (richtiger: unbeschränkbaren) Haftung tritt ein mit der Vollendung der Tat (Abs 1), auf der sie beruht. Durch **tätige Reue**, also Berichtigung oder Ergänzung der falschen oder unvollständigen Angaben, kann der Erbe das einmal verlorene Haftungsbeschränkungsrecht nicht wieder herstellen (STROHAL II § 73 VI 1; PLANCK/FLAD Anm 2 d; RIESE ArchBürgR 30 [1907] 197, 209; PALANDT/EDENHOFER Rn 3; BGB-RGRK/JOHANNSEN Rn 13; MünchKomm/KÜPPER Rn 3; **aM** BINDER II 234; RIESENFELD II 17). Abs 2 schließt die Bestimmung einer Frist zur Ergänzung des Inventars aus, wenn der Erbe das Haftungsbeschränkungsrecht nach Abs 1 verloren hat. Dabei wird offenbar vorausgesetzt, dass die Nachlassgläubiger in diesen Fällen kein Interesse an einer erneuten Fristbestimmung haben, weil der bereits eingetretene Verlust des Haftungsbeschränkungsrechts endgültig ist. **19**

Besonderheiten gelten bei der Gütergemeinschaft (vgl § 2008 Rn 23, 26 sowie zu entsprechenden Fragen bei der **Lebenspartnerschaft** § 2008 Rn 1 aE).

VII. Prozessuales

Zur prozessualen Geltendmachung des Haftungsbeschränkungsrechts bzw des Ver- **20** lusts dieses Rechts vgl Vorbem 19 ff zu §§ 1967 ff sowie § 2013 Rn 14. Die Beweislast dafür, dass der Erbe den Tatbestand des Abs 1 erfüllt hat, trägt der Nachlassgläubiger, der die unbeschränkte Haftung des Erben geltend macht (RG Gruchot 46 [1902] 1125, 1127 für das ALR; BGB-RGRK/Johannsen Rn 14; MünchKomm/Küpper Rn 3; Soergel/Stein Rn 1; Bamberger/Roth/Lohmann Rn 7). Eine Klage auf Feststellung der unbeschränkten Erbenhaftung ist gem § 256 ZPO möglich (Johannsen, Küpper, Stein und Lohmann jeweils aaO). Das Ergebnis der vom Nachlassgericht im Rahmen des § 2005 Abs 2 anzustellenden Prüfung, ob der Erbe sein Haftungsbeschränkungsrecht gem Abs 1 verloren hat, bindet das Prozessgericht nicht.

VIII. Ehemalige DDR

21 Zum Recht der ehemaligen DDR vgl § 1993 Rn 31 und Vorbem 52 ff zu §§ 1967 ff.

§ 2006
Eidesstattliche Versicherung

(1) Der Erbe hat auf Verlangen eines Nachlassgläubigers zu Protokoll des Nachlassgerichts an Eides Statt zu versichern, dass er nach bestem Wissen die Nachlassgegenstände so vollständig angegeben habe, als er dazu imstande sei.

(2) Der Erbe kann vor der Abgabe der eidesstattlichen Versicherung das Inventar vervollständigen.

(3) Verweigert der Erbe die Abgabe der eidesstattlichen Versicherung, so haftet er dem Gläubiger, der den Antrag gestellt hat, unbeschränkt. Das Gleiche gilt, wenn er weder in dem Termine noch in einem auf Antrag des Gläubigers bestimmten neuen Termin erscheint, es sei denn, dass ein Grund vorliegt, durch den das Nichterscheinen in diesem Termin genügend entschuldigt wird.

(4) Eine wiederholte Abgabe der eidesstattlichen Versicherung kann derselbe Gläubiger oder ein anderer Gläubiger nur verlangen, wenn Grund zu der Annahme besteht, dass dem Erben nach der Abgabe der eidesstattlichen Versicherung weitere Nachlassgegenstände bekannt geworden sind.

Materialien: E I § 2142; II § 1880; III § 1981; Mot V 669 f; Prot V 741, 757 f; VI 395 f; Denkschr 725; Jakobs/Schubert ER I 307, 316 ff.
An die Stelle des *Offenbarungseides,* den zu leisten die Vorschrift dem Erben in ihrer ursprünglichen Fassung auferlegte, ist mit Wirkung vom 1. Juli 1970 die *eidesstattliche Versicherung* getreten: Art 2 § 1 Nr 3 des G v 27. 6. 1970 (BGBl I 911).

Schrifttum

Siehe vor § 1993.

I. Zweck der Vorschrift

Ist das Inventar rechtzeitig errichtet worden, so wird im Verhältnis zwischen dem Erben und den Nachlassgläubigern vermutet, dass zZ des Erbfalls weitere Nachlassgegenstände als die angegebenen nicht vorhanden gewesen seien (§ 2009). Die Vollständigkeit und Richtigkeit des Inventars wird vor allem durch das Recht der Nachlassgläubiger gesichert, von dem Erben die Bekräftigung des Inventars durch eidesstattliche Versicherung zu verlangen (vgl Denkschr 725). Zwar ist der Erbe aufgrund seiner Auskunfts- (§§ 1978 Abs 1, 1991 Abs 1, 666, 681) bzw Herausgabepflicht (§§ 1973 Abs 2, 1990 Abs 1 S 2, 1984 Abs 1 S 1, 1985 Abs 1) schon nach den allgemeinen Vorschriften der §§ 259 und 260 zur Abgabe einer eidesstattlichen Versicherung verpflichtet. Aber dieser Anspruch müsste ggf im Klagewege erzwungen werden. Um den Nachlassgläubigern dieses oftmals langwierige Verfahren zu ersparen, legt § 2006 dem Erben die Pflicht auf, das von ihm freiwillig oder wegen einer ihm hierzu bestimmten Frist errichtete Inventar auf Verlangen eines Nachlassgläubigers vor dem *Nachlassgericht* durch eidesstattliche Versicherung zu bekräftigen. 1

Verweigert der Erbe die eidesstattliche Versicherung, so verliert er gegenüber *dem Gläubiger*, der sie beantragt hat, das Haftungsbeschränkungsrecht (Abs 3). Zu beachten ist, dass der Nachlassgläubiger die eidesstattliche Versicherung des § 2006 zwar verlangen, aber nicht erzwingen kann (RGZ 129, 239, 241 f; RG WarnR 1911/12 Nr 116; OLG Dresden OLGE 10 [1905/I] 196; MünchKomm/Küpper Rn 6; Soergel/Stein Rn 1). Anders nur, wenn der Erbe aus anderen Rechtsgründen zur Leistung der eidesstattlichen Versicherung verpflichtet ist, zB weil ein Pflichtteilsberechtigter oder uU ein Vermächtnisnehmer das vom Erben errichtete Inventar wie eine ihm persönlich gem § 2314 erteilte Auskunft behandelt und nach Maßgabe des § 260 Abs 2, 3 deren Bekräftigung durch eidesstattliche Versicherung verlangen kann (vgl RGZ 129, 239, 245 und § 1994 Rn 6; unrichtig RG WarnR 1911/12 Nr 116, falls der Pflichtteilsberechtigte dort nicht zugleich Erbe gewesen sein sollte; vgl § 2314 Abs 1 S 1). In diesen Fällen kann die Verpflichtung zur Abgabe der eidesstattlichen Versicherung zwar durchgesetzt werden, jedoch nicht durch Antrag an das Nachlassgericht, sondern nur durch Klageerhebung vor dem Prozessgericht (OLG München JFG 15 [1938] 118, 121). Das Recht des Pflichtteilsgläubigers, von dem Erben im Klagewege zu verlangen, dass dieser das von ihm anstelle des gem §§ 2314, 260 vorzulegenden Nachlassverzeichnisses errichtete Inventar (vgl RGZ 129, 239, 245) durch eidesstattliche Versicherung gem § 260 Abs 2 bekräftige, wird nicht dadurch ausgeschlossen, dass der Pflichtteilsberechtigte als Nachlassgläubiger von dem Erben verlangen könnte, die eidesstattliche Versicherung des § 2006 vor dem Nachlassgericht zu leisten (OLG Zweibrücken FamRZ 1969, 230, 231; vgl auch RGZ 129, 239 ff; Begründung bei § 1994 Rn 6). 2

II. Voraussetzungen der Pflicht zur Abgabe der eidesstattlichen Versicherung

1. Der Erbe muss entweder selbst oder durch einen Vertreter ein formgültig aufgenommenes (§§ 2002, 2003) **Inventar „errichtet"** (§ 1993 Rn 7–12) **haben.** Gleichgültig ist, ob ihm zuvor gem § 1994 eine Inventarfrist bestimmt worden ist (vgl § 1993 Rn 24). § 2006 ist auch dann anwendbar, wenn der Erbe ein bereits beim Nachlassgericht befindliches Inventar durch die in § 2004 vorgesehene Erklärung „errichtet" hat, dass es als von ihm eingereicht (§ 1993) „gelten" solle (KGJ 28 [1905] A 27, 28 = RJA 4, 201). 3

Schließlich muss es auch genügen, dass der Erbe zwar kein Inventar errichtet hat, ihm aber ein von einem Miterben (§ 2063 Abs 1), Vorerben (§ 2144 Abs 2), Erbschaftskäufer (§ 2383 Abs 2) oder Ehegatten (§ 2008 Abs 1 S 3, zu Lebenspartnern s dort Rn 1) errichtetes Inventar „zustatten" kommt (STAUDINGER/LEHMANN[11] Rn 9; BGB-RGRK/JOHANNSEN Rn 8; PALANDT/EDENHOFER Rn 1; AK-BGB/TEUBNER Rn 2; SOERGEL/STEIN Rn 3; LANGE/KUCHINKE § 48 VI 7 a Fn 146; aM ERMAN/SCHLÜTER § 2063 Rn 1; SOERGEL/M WOLF § 2063 Rn 2 [beide unter Berufung auf RGZ 129, 239, 246, wo es jedoch lediglich um die Frage ging, ob ein nach § 2314 auskunftsberechtigter Nachlassgläubiger *aufgrund des § 260 Abs 2 im Klagewege erzwingen* kann, dass ein Miterbe ein Inventar, das ein anderer Miterbe errichtet hat, durch Abgabe einer eidesstattlichen Versicherung bekräftigt; vgl auch unten § 2063 Rn 16]; gleichfalls **aM** wohl KGJ 28 [1905] A 27, 28 = RJA 4, 201). Dies muss schon als Ausgleich dafür angenommen werden, dass man den Nachlassgläubigern gegenüber einem Erben, dem ein fremdes Inventar „zustatten" kommt, das Druckmittel einer Inventarfristbestimmung außer im Fall des § 2005 Abs 2 versagt (vgl § 1994 Rn 18). Selbstverständlich kann der Erbe auch ein ihm lediglich „zustatten" kommendes fremdes Inventar vor der Abgabe der eidesstattlichen Versicherung berichtigen (§ 2006 Abs 2); gem § 2005 Abs 2 können die Nachlassgläubiger ihm eine Frist zur Ergänzung des Inventars bestimmen lassen (vgl KGJ 34 [1907] A 92, 97). Zum Inhalt der eidesstattlichen Versicherung, falls der Erbe das Inventar nicht selbst aufgenommen hat, vgl unten Rn 12.

4 **2. Ein Nachlassgläubiger muss die eidesstattliche Versicherung verlangen.** Verlangt werden kann die eidesstattliche Versicherung von jedem Nachlassgläubiger, der berechtigt gewesen wäre, den Antrag auf Bestimmung einer Inventarfrist zu stellen (dazu § 1994 Rn 5 ff). Also kann die eidesstattliche Versicherung auch von einem Pflichtteilsberechtigten verlangt werden (KG OLGE 37 [1918/II] 227; BayObLGZ 22 [1924] A 188, 189; vgl auch § 1994 Rn 5, 6 sowie oben Rn 2), nicht hingegen (leider; s § 2000 Rn 2, 9) von einem Nachlass- oder Nachlassinsolvenzverwalter (vgl KGJ 28 [1905] A 27, 29 f; BGB-RGRK/JOHANNSEN Rn 17).

5 Einige Nachlassgläubiger, die den Antrag auf Bestimmung einer Inventarfrist *nicht* stellen könnten (vgl § 1994 Rn 8), können wegen der Vollständigkeitsvermutung, die einem dennoch errichteten Inventar gem § 2009 zukommt, die eidesstattliche Versicherung des § 2006 verlangen. Nach Prot VI 395 f und wegen der absichtlichen Nichterwähnung des § 2006 Abs 3 in § 2013 Abs 1 S 2 gilt dies zB für die im Aufgebotsverfahren ausgeschlossenen oder ihnen gem § 1974 gleichstehenden Nachlassgläubiger (str; vgl § 1973 Rn 4). Wie die im Aufgebotsverfahren ausgeschlossenen Gläubiger müssen auch die ihnen durch § 1989 für die Fälle der Beendigung des Nachlassinsolvenzverfahrens durch Masseverteilung oder Insolvenzplan gleichgestellten Gläubiger die Abgabe der eidesstattlichen Versicherung verlangen können (**aM** STAUDINGER/LEHMANN[11] Rn 7 wegen § 2000 S 3). Die Ansicht, dass die Abgabe der eidesstattlichen Versicherung des § 2006 von dem Erben in allen Fällen des § 2000 nicht verlangt werden könne, ist unzutreffend und wird vom Gesetzeswortlaut nicht gedeckt (vgl § 2000 Rn 9). Auch ein Miterbe, der zugleich Nachlassgläubiger ist, wird von einem anderen Miterben, der ein Inventar errichtet hat, die eidesstattliche Versicherung verlangen können (vgl erg Rn 20 und § 2063 Rn 19; zustimmend SOERGEL/STEIN Rn 2; AnwKomm/KICK § 2063 Rn 14 ff; ENDRISS, Der Miterbe als Nachlassgläubiger [2003] 135 ff, 141, 185; **aM** BAMBERGER/ROTH/LOHMANN Rn 3).

6 **3.** Nur wenn der Nachlassgläubiger das Verlangen in einem an das Nachlassgericht gerichteten **Antrag** zum Ausdruck bringt, kann er den Erben nach dem Wortlaut des Abs 3 S 1 unter den mittelbaren Druck des (relativen) Verlusts des Haftungsbeschränkungsrechts setzen (wie hier BAMBERGER/ROTH/LOHMANN Rn 3; aM wohl STAUDINGER/LEHMANN[11] Rn 3 und MünchKomm/KÜPPER Rn 2: der Gläubiger könne das Verlangen auch unmittelbar gegenüber dem Erben erheben). Analog § 1994 Abs 2 hat der Nachlassgläubiger seine Forderung glaubhaft zu machen. Doch braucht das nicht notwendig schon in dem Antrag auf Terminsbestimmung zu geschehen (der gem § 361 S 1 FamFG auch vom Erben gestellt werden kann), sondern darf im Termin nachgeholt werden (PLANCK/FLAD Anm 2). Die Notwendigkeit der Glaubhaftmachung erstreckt sich nicht auf die Erbenstellung des Antragsgegners (LG Krefeld MDR 1970, 766; vgl auch § 1994 Rn 10).

4. Negative Voraussetzung ist, dass der Erbe die eidesstattliche Versicherung des § 2006 noch nicht geleistet hat. Eine *wiederholte* Abgabe der eidesstattlichen Versicherung kann derselbe oder ein anderer Gläubiger gem **Abs 4** nur verlangen, wenn Grund zu der Annahme besteht, dass dem Erben nach der Abgabe der eidesstattlichen Versicherung weitere Nachlassgegenstände bekannt geworden sind. Glaubhaftmachung wie in § 903 ZPO ist zwar nicht ausdrücklich vorgeschrieben, wird aber gleichwohl als erforderlich erachtet (BGB-RGRK/JOHANNSEN Rn 16; PLANCK/FLAD Anm 5). 7

5. Verpflichtet zur Abgabe der eidesstattlichen Versicherung **ist nur der Erbe**, nicht der Nachlasspfleger oder -verwalter (vgl auch § 2012 Rn 7, 9, 11) oder der Ehegatte bzw Lebenspartner des Erben (nicht einmal im Fall des § 2008; vgl dort Rn 29). Auch wenn dem Erben in den Fällen des § 2000 die *Errichtung* eines Inventars nicht geboten werden kann, kann von ihm die *Bekräftigung* eines dennoch errichteten Inventars gem § 2006 verlangt werden (str; vgl § 2000 Rn 9). Von einem Erben, der die Erbschaft ausgeschlagen hat, darf die eidesstattliche Versicherung selbstverständlich nicht verlangt werden (KGJ 20 [1900] A 256). 8

III. Verfahren

Die eidesstattliche Versicherung des § 2006 ist gem Abs 1 vor dem *Nachlassgericht* (§ 1993 Rn 19 f) zu leisten. Ihre Entgegennahme ist ein Akt der freiwilligen Gerichtsbarkeit (§§ 23a Abs 2 Nr 2 GVG, 342 Abs 1 Nr 9, 361 FamFG) mit Zuständigkeit des Rechtspflegers (§ 3 Nr 2 c RPflG). Gem § 13 Abs 2 S 1 FamFG kann Personen, die an dem Verfahren nicht beteiligt waren, über § 2010 hinaus *Akten*einsicht gewährt werden, soweit sie ein berechtigtes Interesse (zB als Nachlassgläubiger) glaubhaft machen und schutzwürdige Interessen eines Beteiligten oder eines Dritten nicht entgegenstehen (was hier nur sehr selten der Fall sein wird). Art 147 Abs 2 EGBGB, der für die Abnahme der eidesstattlichen Versicherung auch dann, wenn die Verrichtungen des Nachlassgerichts landesrechtlich einer anderen Behörde als einem Gericht übertragen sind, das Amtsgericht für zuständig erklärte, in dessen Bezirk die Nachlassbehörde ihren Sitz hat, wurde durch Art 5 des G v 30.5.1973 (BGBl I 501) aufgehoben mit Wirkung vom 1.7.1973. In Baden-Württemberg ist demgemäß nach §§ 1 Abs 2, 38 LFGG das Notariat zuständig, wobei die Abnahme durch den Notar, im badischen Rechtsgebiet durch den Rechtspfleger erfolgt (§ 35 Abs 1 und 3 RPflG). 9

Gem § 361 S 1 FamFG kann die *Bestimmung des Termins* zur Abgabe der eidesstattlichen Versicherung sowohl von dem Nachlassgläubiger, der sie verlangt (Rn 4), als auch von dem Erben beantragt werden. Zu dem Termin sind beide Teile zu laden. Die Anwesenheit des Gläubigers ist aber nicht erforderlich (§ 361 S 2 und 3 FamFG). Die §§ 478–480, 483 ZPO sind entspr anwendbar (§ 361 S 4 FamFG). Gem § 26 FamFG hat das Nachlassgericht die zur Tatsachenfeststellung erforderlichen *Ermittlungen von Amts wegen* anzustellen. Während der Antragsteller seine Forderung glaubhaft machen muss (Rn 6), bleibt es für die Feststellung der Erbeneigenschaft des Antragsgegners beim Amtsermittlungsgrundsatz (LG Krefeld MDR 1970, 766).

Zur Möglichkeit des Ersuchens eines anderen Gerichts im Wege der *Rechtshilfe* vgl §§ 361 S 4 FamFG, 479 ZPO und OLG München OLGE 30 (1915/I) 401.

Rechtsbehelfe gegen eine die Terminsbestimmung oder die Entgegennahme der eidesstattlichen Versicherung *ablehnende* Entscheidung: §§ 58, 59 FamFG, § 11 RPflG. Keine Rechtsmittel sind gegeben gegen die Terminsbestimmung und die Ladung zum Termin (SOERGEL/STEIN Rn 5; KEIDEL/KUNTZE/WINKLER[15] FGG § 79 Rn 8; KEIDEL/ZIMMERMANN FamFG § 361 Rn 11; SCHULTE-BUNERT/WEINRICH/TSCHICHOFLOS FamFG § 361 Rn 16).

IV. Inhalt der eidesstattlichen Versicherung

10 Gem Abs 1 hat der Erbe an Eides Statt zu versichern, **„dass er nach bestem Wissen die Nachlassgegenstände so vollständig angegeben habe, als er dazu imstande sei"**. Hervorzuheben ist, dass diese Formel nicht mit den Worten endet: ... als er dazu (zZ der Inventarerrichtung) imstande *gewesen* sei. Die Versicherung geht also sinngemäß dahin, dass das Inventar nicht weniger Nachlassgegenstände – gemeint sind die Aktiva – angibt, als der Erbe *gegenwärtig,* also zZ der Abgabe der eidesstattlichen Versicherung, angeben könnte (vgl BGB-RGRK/JOHANNSEN Rn 9). Die Maßgeblichkeit dieses Zeitpunktes folgt auch aus § 2006 Abs 2 und 4. Für die ganz andere Frage, *welche* Nachlassgegenstände in dem Inventar anzugeben sind, bleibt es selbstverständlich bei der Regelung des § 2001 Abs 1: die zZ des *Erbfalls* vorhandenen.

11 Zu **Nachforschungen** wird der Erbe durch die Worte „so vollständig, ... als er dazu imstande sei" nur für den Fall verpflichtet, dass sich bestimmte Anhaltspunkte dafür ergeben, dass noch weitere Nachlassgegenstände vorhanden sind bzw zu dem gem § 2001 Abs 1 maßgeblichen Zeitpunkt des Erbfalls vorhanden waren (OLG Stuttgart ZBlFG 16 [1915/1916] 629 Nr 459 a; AK-BGB/TEUBNER Rn 10; LANGE/KUCHINKE § 48 VI 7 c Fn 156; **noch weitergehend gegen eine Nachforschungspflicht** SOERGEL/STEIN Rn 5 und wohl auch STAUDINGER/LEHMANN[11] Rn 9; BGB-RGRK/JOHANNSEN Rn 9; PLANCK/FLAD Anm 3; ERMAN/SCHLÜTER Rn 4; MünchKomm/KÜPPER Rn 3). Hat der Erbe Anhaltspunkte für weitere Nachlassgegenstände, so ist er meist auch „imstande", diese (erst zu ermitteln und dann) in das Inventar aufzunehmen.

12 Mangels einer § 261 Abs 2 BGB und § 883 Abs 3 ZPO entsprechenden Vorschrift wird das Nachlassgericht zu einer **Änderung der Formel** der eidesstattlichen Versicherung nur insoweit berechtigt sein, als sich die Notwendigkeit hierzu daraus ergibt, dass das von dem Erben oder mit Wirkung für ihn errichtete Inventar nach dem Gesetz gar nicht von ihm selbst oder auf seine Veranlassung aufgenommen

worden zu sein braucht (ebenso oder ähnlich MünchKomm/KÜPPER Rn 7; BGB-RGRK/ JOHANNSEN Rn 8; LANGE/KUCHINKE § 48 VI 7 b Fn 153). Man denke zB an die Inventaraufnahme und -errichtung durch einen Vertreter sowie an die Fälle der §§ 2004, 2008 Abs 1 S 3, 2063 Abs 1, 2144 Abs 2, 2383 Abs 2. Hier hat der Erbe nicht etwa zu versichern, dass *er* alle Nachlassgegenstände vollständig angegeben habe, sondern: dass das *Inventar* die Nachlassgegenstände so vollständig angebe, wie er, der Erbe, dazu gegenwärtig imstande sei. Eine eidesstattliche Versicherung dieses Inhalts ist auch zur Bekräftigung des gem § 2003 *amtlich* aufgenommenen Inventars geeignet. Ohne zwingenden Grund wollten STAUDINGER/LEHMANN[11] Rn 9 und BGB-RGRK/ JOHANNSEN Rn 8 die eidesstattliche Versicherung hier unmittelbar auf die dem aufnehmenden Amtsorgan von dem Erben erteilte Auskunft beziehen. **Gegen jede Änderung des Inhalts** der eidesstattlichen Versicherung anscheinend PLANCK/FLAD Anm 3; OLG Stuttgart ZBlFG 16 (1915/1916) 629 Nr 459 a.

V. Vervollständigung des Inventars

Gem Abs 2 kann der Erbe das Inventar **vor der Abgabe der eidesstattlichen Versicherung** vervollständigen. Der Erbe soll nicht zur Abgabe einer falschen Versicherung an Eides Statt (vgl § 156 StGB) genötigt werden können. Dagegen kann der Erbe durch die Ergänzung des Inventars nicht das Haftungsbeschränkungsrecht wiedererlangen, wenn er es zuvor gem § 2005 Abs 1 verloren hat (vgl dort Rn 19). UU kann der Nachlassgläubiger dem Erben zur Ergänzung des Inventars eine **Frist** bestimmen lassen; vgl § 2005 Abs 2 und dort Rn 13 ff.

13

VI. Leistet der Erbe die eidesstattliche Versicherung,

so vermeidet er den in Abs 3 ausgesprochenen Verlust des Haftungsbeschränkungsrechts gegenüber dem antragstellenden Nachlassgläubiger. Außerdem schützt ihn Abs 4 davor, später nochmals eine derartige eidesstattliche Versicherung abgeben zu müssen; es sei denn, dass Grund zu der Annahme bestünde, dass ihm nach Abgabe der ersten eidesstattlichen Versicherung weitere Nachlassgegenstände bekannt geworden sind.

14

Die in § 2009 aufgestellte Vermutung für die Vollständigkeit des Inventars ist nicht Folge der Abgabe der eidesstattlichen Versicherung (so aber STAUDINGER/LEHMANN[11] Rn 10), sondern besteht schon vorher (Prot V 757; STAUDINGER/LEHMANN[11] § 2009 Rn 3). Bei Verweigerung der eidesstattlichen Versicherung entfällt sie jedoch dem antragstellenden Gläubiger gegenüber analog Abs 3 (iE zustimmend SOERGEL/STEIN Rn 6 aE; vgl auch unten Rn 16). Auch wenn der Erbe die eidesstattliche Versicherung abgibt, ist der Beweis, dass die Angabe der Nachlassgegenstände unvollständig oder dass der Tatbestand des § 2005 Abs 1 gegeben sei, unbeschränkt zulässig (vgl § 292 ZPO; Mot V 671; RG SoergRspr 1910 zu § 2006 und SOERGEL/STEIN Rn 6, der zu Recht darauf hinweist, dass man von einer „Verstärkung der Vermutung des § 2009" in diesem Zusammenhang nicht sprechen sollte; zumindest missverständlich insofern MünchKomm/KÜPPER Rn 5).

15

Durch eine vorsätzlich **wahrheitswidrige** eidesstattliche Versicherung macht sich der Erbe strafbar nach §§ 15, 156 StGB. Man wird diesen Fall dem der Verweigerung der eidesstattlichen Versicherung gleichstellen und annehmen dürfen, dass der Erbe analog § 2006 Abs 3 gegenüber dem antragenden Gläubiger das Haftungsbeschrän-

16

kungsrecht verliert. Die übrigen Nachlassgläubiger können ihm gem § 2005 Abs 2 eine Inventarfrist zur Ergänzung bestimmen lassen, nach deren fruchtlosem Ablauf der Erbe das Haftungsbeschränkungsrecht auch *allgemein* verliert (§ 1994 Abs 1 S 2).

VII. Verweigerung der eidesstattlichen Versicherung

17 1. Die Verweigerung der eidesstattlichen Versicherung führt zum Verlust des Haftungsbeschränkungsrechts nicht nur dann, wenn sie **gegenüber dem Nachlassgericht** erfolgt, sondern auch dann, wenn sie vor, ohne oder nach Terminsanberaumung unmittelbar **gegenüber dem antragstellenden Gläubiger** erklärt wird (insoweit zutreffend MünchKomm/KÜPPER Rn 6). Nicht ausreichend ist jedoch Abgabe der Erklärung gegenüber *irgendeinem* Nachlassgläubiger (so aber wohl MünchKomm/KÜPPER aaO). Denn nicht gegenüber „den Nachlassgläubigern", sondern nur gegenüber dem Nachlassgläubiger, *der den Antrag gestellt hat,* verliert der die eidesstattliche Versicherung verweigernde Erbe gem Abs 3 S 1 das Haftungsbeschränkungsrecht. Zu dieser vom Grundmuster der §§ 1994 Abs 1 S 2 und 2005 abweichenden Relativierung der Rechtsfolge entschloss sich die II. Komm (Prot V 758) aufgrund der Erwägung, dass es eine zu große Härte wäre, „dem Erben, der aus Achtung vor der Heiligkeit des Eides nicht wegen eines geringfügigen Betrages schwören wolle, das Inventarrecht (vgl § 1993 Rn 28) auch gegenüber den ihm nicht bekannt gewesenen, vielleicht sehr großen Forderungen anderer Nachlassgläubiger zu nehmen". Zwar ist an die Stelle des „Offenbarungseides", den zu leisten die *ursprüngliche* Fassung des § 2006 dem Erben auferlegte, am 1.7.1970 die „eidesstattliche Versicherung" getreten (Art 2 § 1 Nr 3 des G v 27.6.1970, BGBl I 911). Das ändert jedoch wenig an der Überzeugungskraft der Argumentation der II. Komm (**aM** SOERGEL/STEIN Rn 6). Diese konsequent weiterdenkend, sollte man mE den Verlust des Haftungsbeschränkungsrechts auf die *im Antrag bezeichnete(n)* Forderung(en) des betreffenden Gläubigers beschränken, um die Entscheidung des – nicht notwendig unredlichen – Erben für diesen kalkulierbar zu machen (iE ebenso PLANCK/FLAD Anm 4 a; PALANDT/EDENHOFER Rn 2; BGB-RGRK/JOHANNSEN Rn 13; MünchKomm/KÜPPER Rn 6; ERMAN/SCHLÜTER Rn 5; JAUERNIG/STÜRNER Anm 5 zu §§ 1993–2013; **aM** SOERGEL/STEIN Rn 6; AK-BGB/TEUBNER Rn 18; LANGE/KUCHINKE § 48 VI 7 b Fn 154). Ist das Haftungsbeschränkungsrecht bzgl dieser Forderung nach Abs 3 verloren gegangen, so bleibt es dabei auch dann, wenn der Gläubiger die Forderung an einen Dritten abtritt (PLAUM DJZ 1900, 67). Was die unbeschränkte Haftung gegenüber *einzelnen* Gläubigern bedeutet, ergibt sich aus § 2013 Abs 2. Hervorzuheben ist, dass der Erbe aufgrund des § 2006 Abs 3 sein Haftungsbeschränkungsrecht auch gegenüber solchen Nachlassgläubigern verlieren kann, die zuvor im Aufgebotsverfahren ausgeschlossen wurden oder diesen gem § 1974 gleichstehen (vgl Rn 5 sowie § 1973 Rn 4).

18 Durch *Auszahlung des* die eidesstattliche Versicherung verlangenden *Gläubigers* kann der Erbe dessen Forderung zum Erlöschen bringen und damit die Haftungssanktion des § 2006 Abs 3 gegenstandslos machen.

19 2. Dass der Erbe einem Gläubiger die eidesstattliche Versicherung verweigert hat, schließt **das Recht eines anderen Gläubigers**, die Versicherung zu verlangen, nicht aus (Prot V 758; KÜNTZEL Gruchot 41 [1897] 808, 837 f).

3. Analog Abs 3 S 1 wird man im Verhältnis des Erben zu dem Nachlassgläubiger, **20** der die eidesstattliche Versicherung verlangt und nicht erhalten hat, nicht nur den Verlust des Haftungsbeschränkungsrechts, sondern überdies auch den **Wegfall der Vollständigkeitsvermutung** annehmen müssen, die einem Inventar aufgrund des (erstmals im E II enthalten gewesenen) § 2009 zukommt (zustimmend BAMBERGER/ROTH/ LOHMANN Rn 11; SOERGEL/STEIN Rn 6 aE; ENDRISS, Der Miterbe als Nachlassgläubiger [2003] 139 ff, 185). Praktische Relevanz erlangt dieser Gedanke, wenn *mehrere Erben* vorhanden sind, da ein Miterbe infolge Verweigerung der von ihm verlangten eidesstattlichen Versicherung das Haftungsbeschränkungsrecht nur bzgl eines seiner ideellen Erbquote entsprechenden *Teils* der Forderung des Antragstellers verlieren, seine Haftung im übrigen also uU noch auf den Nachlass beschränken kann (vgl § 2059 Abs 1 S 2 und dort Rn 4 ff).

VIII. Nach Abs 3 S 2 steht der Verweigerung der eidesstattlichen Versicherung gleich,

dass der Erbe weder in dem Termin noch in einem auf Antrag des Gläubigers be- 21 stimmten neuen Termin erscheint, es sei denn, dass ein Grund vorliegt, durch den das Nichterscheinen genügend entschuldigt wird. Ob Letzteres der Fall ist, ist notfalls vom Erben zu beweisen und vom Prozessgericht zu entscheiden (OLG Rostock OLGE 4 [1902/I] 118). Eine Bindung des Prozessgerichts tritt auch dann nicht ein, wenn das Nachlassgericht einen vom Erben vorgebrachten Entschuldigungsgrund akzeptiert und den Erben in einem dritten oder noch späteren Termin zur eidesstattlichen Versicherung zulässt (OLG Hamm FamRZ 1995, 698, 699; OLG Rostock SeuffA 57 [1902] Nr 40; BGB-RGRK/JOHANNSEN Rn 15; PLANCK/FLAD Anm 4 b; SOERGEL/STEIN Rn 7; BAMBERGER/ROTH/ LOHMANN Rn 11; KIPP/COING § 94 Fn 26; JOSEF ZZP 35 [1906] 530, 565; **aM** STAUDINGER/LEHMANN[11] Rn 13; SEIBERT DFG 1937, 136; KRETZSCHMAR § 79 Fn 34; PALANDT/EDENHOFER Rn 2; ERMAN/SCHLÜTER Rn 6; MünchKomm/KÜPPER Rn 6; LANGE/KUCHINKE § 48 VI 7 b Fn 155). Zwar liegt dann bereits eine gerichtliche Entscheidung vor. Jedoch hat diese weder Gestaltungswirkung noch im Sinne der Rechtskrafttheorien denselben oder wenigstens einen präjudiziellen Streitgegenstand. Der Entschuldigungsgrund ist hier wie dort nur Begründungselement (vgl auch OLG Hamm FamRZ 1995, 698, 699).

Keinesfalls kann ein Nachlassgläubiger einen im Verfahren nach § 361 FamFG **22** erlassenen Vertagungsbeschluss mit dem Ziel anfechten, die „Verweigerung" der eidesstattlichen Versicherung feststellen zu lassen (OLG Hamm aaO).

Es ist die Ansicht vertreten worden, dass in dem Antrag des *Gläubigers* auf Anbe- **23** raumung eines dritten oder späteren Termins uU ein Verzicht auf die Geltendmachung der vielleicht schon eingetretenen unbeschränkten Haftung gefunden werden könne (PLANCK/FLAD Anm 4b). Im Zweifel wird aber auch das nicht anzunehmen sein.

Die vorsätzlich wahrheitswidrige Abgabe der eidesstattlichen Versicherung wird von **24** Abs 3 S 2 nicht erfasst. Dennoch steht sie der *Verweigerung* der eidesstattlichen Versicherung gleich (s oben Rn 16).

IX. Kosten

25 Die Kosten der Abnahme der eidesstattlichen Versicherung treffen grds den antragstellenden Nachlassgläubiger analog § 261 Abs 3. Vgl auch § 2 Nr 1 KostO. Gebühr für die Verhandlung im Termin: § 124 KostO. Die Entscheidung über eine etwaige Kostenpflicht hatte bisher nicht das Nachlassgericht, sondern das Prozessgericht zu treffen (BayObLGZ 16, 98 ff = SeuffA 72 [1917] 24 Nr 15). Seit 1. 9. 2009 können sich jedoch je nach Lage des Falles Abweichungen ergeben (vgl §§ 80, 81 FamFG).

26 **X.** Zum **Recht der ehemaligen DDR** vgl § 1993 Rn 30, 32 und Vorbem 52 ff zu §§ 1967 ff.

§ 2007
Haftung bei mehreren Erbteilen

Ist ein Erbe zu mehreren Erbteilen berufen, so bestimmt sich seine Haftung für die Nachlassverbindlichkeiten in Ansehung eines jeden der Erbteile so, wie wenn die Erbteile verschiedenen Erben gehörten. In den Fällen der Anwachsung und des § 1935 gilt dies nur dann, wenn die Erbteile verschieden beschwert sind.

Materialien: E I § 2147; II § 1881; III § 1982; Mot V 677 f; Prot V 805 f; JAKOBS/SCHUBERT ER I 308, 423 ff.

Schrifttum

BINDER, Die Rechtsstellung des Erben II (1903) 235 ff; III (1905) 293, 330 KNITSCHKY, Erbschaft und Erbteil, AcP 91 (1901) 281, 296 ff
KRESS, Die Erbengemeinschaft (1903) 196 ff
KRETZSCHMAR, Beiträge zum Erbrechte, ZBlFG 13 (1912/1913) 423, 434 ff
LANGEN, Zur Auslegung des § 2007 Satz 2 BGB, ArchBürgR 36, 29

NIESE, Bedeutung und Tragweite des § 2007 des Bürgerlichen Gesetzbuches, ArchBürgR 30 (1907) 197
PAECH, Die Haftung für Nachlaßverbindlichkeiten bei Vereinigung mehrerer Erbteile in einer Hand (Diss Königsberg 1906)
RIESENFELD, Die Erbenhaftung I (1916) 250 ff.
Siehe ferner vor § 1993.

Systematische Übersicht

I. Grundsätzliches _____ 1	V. Unterschiedliche Beschwerung der Erbteile _____ 15
II. Der nur anteilig unbeschränkbar haftende Alleinerbe _____ 2	VI. Berufung zu mehreren Erbteilen __ 16
III. Erbenmehrheit _____ 5	VII. Anwachsung und § 1935 _____ 17
IV. Inventarverfehlungen bezüglich einzelner Erbteile _____ 7	

Titel 2 · Haftung des Erben für die Nachlassverbindlichkeiten § 2007
Untertitel 4 · Inventarerrichtung, unbeschränkte Haftung des Erben 1, 2

I. Grundsätzliches

Die Auslegung der Vorschrift bereitet große Schwierigkeiten. § 2007 regelt den Fall, 1
dass ein Erbe zu mehreren Erbteilen berufen ist (Rn 16). Dann bestimmt sich seine
Haftung für die Nachlassverbindlichkeiten nach S 1 „in Ansehung eines jeden der
Erbteile so, wie wenn die Erbteile verschiedenen Erben gehörten". Entsprechend der
systematischen Stellung des § 2007 bei den Vorschriften über die „Inventarerrichtung" und die „unbeschränkte" Haftung des Erben **betrifft S 1 in erster Linie den
durch Inventarverfehlungen (§§ 1994 Abs 1 S 2, 2005 Abs 1, 2006 Abs 3) bewirkten Verlust der erbrechtlichen Haftungsbeschränkungsmöglichkeiten** (deutlicher insoweit
noch E I § 2147; vgl auch Rn 3 und Prot V 805 f). § 2007 scheint also vorauszusetzen, dass
sich dieser Verlust auf die Haftung des Erben „in Ansehung eines jeden der Erbteile"
besonders auswirken kann. Diese Annahme überrascht (vgl auch BINDER II 235 ff und
unten Rn 5), da der Erbe doch unabhängig davon, ob er beschränkt (§ 1975), beschränkbar oder unbeschränkbar haftet, zumindest mit dem *ganzen* Nachlass bzw
mit *allen* ihm zustehenden Erbteilen (soweit [Rn 15] sie durch die betr Verbindlichkeit
mitbeschwert sind) haftet. Nicht bzgl der Haftung des Erben „in Ansehung eines
jeden der **Erbteile**" (so aber § 2007 S 1), sondern höchstens bzgl der Haftung in
Ansehung der den verschiedenen Erbteilen entsprechenden **Anteile der jeweiligen
Nachlassverbindlichkeit** kommt somit ein unterschiedlicher Einfluss einer Inventarverfehlung in Betracht. Dieser resultiert daraus, dass die von S 1 in Bezug genommene Haftung des Miterben, der eine Inventarverfehlung begangen hat, eine unbeschränkbare nur „in Ansehung des seinem Erbteil entsprechenden Teils der Verbindlichkeit" wird (Zitat aus § 2059 Abs 1 S 2; vgl dort Rn 4 ff zur weiteren Begründung; iE
zustimmend AK-BGB/TEUBNER § 2007 Rn 2 aE; zum Teil auch LANGE/KUCHINKE § 48 VI 5 b
Fn 131). § 2007 S 1 steht mit *seiner* Formulierung ersichtlich noch unter dem Einfluss
des E I § 2051 S 2, der die Schulden des Erblassers auf Miterben nicht ungeteilt (so
jedoch § 2058), sondern nur „nach dem Verhältniß der Erbtheile" übergehen lassen
wollte (vgl auch Rn 3).

II. Der nur anteilig unbeschränkbar haftende Alleinerbe

Dem zu mehreren Erbteilen berufenen Alleinerben, der das Haftungsbeschrän- 2
kungsrecht nur hinsichtlich einzelner Erbteile (korrekter: hinsichtlich der diesen
entsprechenden Schuldquoten, s Rn 1) verloren hat (zB weil die Inventarfrist hinsichtlich eines erst später angefallenen Erbteils noch nicht abgelaufen ist, s Rn 9), will
die hM ohne weiteres das durch § 2059 Abs 1 S 2 eingeschränkte **Leistungsverweigerungsrecht des § 2059 Abs 1** gewähren (das übrigens bei der Beratung der §§ 1993–
2013 durch die II. Komm überhaupt noch nicht „erfunden" war; vgl Rn 3). Diese hM
entspricht nicht dem Zweck des § 2059 Abs 1 (s dort Rn 2 f). Dieser setzt nämlich
voraus, dass der einzelne Erbe *wegen der sich aus einer gesamthänderischen Bindung
des Nachlasses ergebenden Verfügungsbeschränkungen (§§ 2033 Abs 2, 2040)* außerstande ist, die zur Tilgung der Nachlassverbindlichkeiten erforderlichen Mittel aus
dem *Nachlass* zu entnehmen. Wer § 2007 so auslegt, dass die Vorschrift dem zu
mehreren Erbteilen berufenen *Alleinerben* das Leistungsverweigerungsrecht des
§ 2059 Abs 1 trotz *Fehlens* einer gesamthänderischen Bindung des Nachlasses gewährt (so aber STAUDINGER/LEHMANN[11] Rn 6 [trotz aaO § 2059 Rn 6 aE]; PALANDT/EDENHOFER
Rn 1; SOERGEL/STEIN Rn 2; ERMAN/SCHLÜTER Rn 1; MünchKomm/KÜPPER Rn 2; KIPP/COING § 94
VIII [aM noch KIPP § 89 Fn 6] sowie die unten Genannten [trotz der anderen Rechtslage, die sich bei

Hinzutreten eines *Miterben* ergibt, vgl Rn 6]), kreiert letztlich aufgrund einer Vorschrift, die nur für *Miterben* gedacht und deren Schutz auf die Zeit „*bis zur Teilung des Nachlasses*" beschränkt ist (s § 2059 Abs 1), ein *endgültiges* Leistungsverweigerungsrecht des zu mehreren Erbteilen berufenen *Alleinerben*. Denn eine „Teilung des Nachlasses" ist im Allgemeinen (zu einigen Sonderfällen s BAUMANN, in: FS Otte [2005] 15, 28 f) überhaupt nicht möglich, wenn nur *ein* Erbe vorhanden ist und somit eine gesamthänderische Bindung von vornherein nicht besteht (vgl § 2060 Rn 94 ff; STAUDINGER/LEHMANN[11] Rn 6; BGB-RGRK/JOHANNSEN Rn 5; PALANDT/EDENHOFER Rn 1; RIESENFELD I 251; KRESS, Erbengemeinschaft 197, die deshalb zu dem Schluss kommen, dass der zu mehreren Erbteilen berufene *Alleinerbe* das Recht aus § 2059 Abs 1 nicht verlieren könne; **aM** STROHAL II § 90 Fn 4 a, der die Selbstliquidierung des Nachlasses durch einen Alleinerben einer Teilung unter mehreren Erben gleichstellen will). **Die von der hM befürwortete Anwendung des § 2059 Abs 1 auf den zu mehreren Erbteilen berufenen Alleinerben ist deshalb abzulehnen** (ebenso schon im Jahre 1906 PAECH 20 ff, 54; wegen der genannten Schwierigkeiten lehnt WENDT [AcP 86 (1896) 353, 432] bei Vorhandensein nur eines Erben bereits die Anwendung des *§ 2007* [außer in einigen wenigen Fällen] ab, wogegen jedoch die systematische Stellung der Vorschrift spricht; vgl auch PAECH 27). Statt der von der hM systemwidrig zugelassenen *endgültigen* Haftungsbeschränkung *ohne* Nachlassseparation (eine gewisse Separation bewirkt auch die in § 2059 Abs 1 vorausgesetzte gesamthänderische Bindung, s dort Rn 3) sollte man dem zu mehreren Erbteilen berufenen Alleinerben hinsichtlich der Quote der Nachlassverbindlichkeit, auf die sich die Folgen der von ihm begangenen Inventarverfehlung nicht erstrecken können (§ 2059 Rn 6 ff), weiterhin die Möglichkeit der Haftungsbeschränkung durch **Herbeiführung einer Nachlassverwaltung oder eines Nachlassinsolvenzverfahrens** gewähren (vgl Rn 4; zustimmend AK-BGB/TEUBNER Rn 2; AnwKomm/ODERSKY Rn 4; iE übereinstimmend auch BGB-RGRK/JOHANNSEN Rn 3, trotz seiner soeben kritisierten Rn 5).

3 § 2013 Abs 1 S 1 (Ausschluss des § 1975 sowie des Rechts, die Nachlassverwaltung zu beantragen) steht der bei Rn 2 vertretenen Auslegung nur scheinbar entgegen. Denn diese Vorschrift wurde wie auch § 2007 *vor* den von § 2007 S 1 in Bezug genommenen Vorschriften über die Haftung der Miterben beraten und auf diese dann – wohl nur versehentlich – nicht mehr abgestimmt:

So ging man bei der Schaffung der §§ 1993–2013 zunächst noch davon aus, dass bei Erbenmehrheit auf jeden Erben nur ein seiner Erbquote entsprechender *Bruchteil* der Erblasserschulden übergehe (E I § 2051 S 2, anders der erst *nach* Beratung der §§ 1993 ff durch die II. Komm eingeführte § 2058; vgl Prot V 843, 868 ff) und dass der Nachlasskonkurs in Ansehung eines jeden Erbteils besonders stattzufinden habe (E I § 2119; Mot V 676 [betr den unmittelbar vor § 2007 behandelten § 2063]). Bei der Beratung des heutigen § 1989 durch die II. Komm war die Beratung über E I § 2119 „bis zur Berathung der Vorschriften über die Erbengemeinschaft ausgesetzt" worden (Prot V 774). Erst *nach* der Beratung des heutigen § 2007 (Prot V 805 f) hat sich die II. Komm für die Streichung des E I § 2119 über die Zulässigkeit des Konkurses über einen Erbteil ausgesprochen (Prot V 879 f; vgl heute § 316 Abs 2 InsO: „Über einen Erbteil findet ein Insolvenzverfahren nicht statt.") und den in E I § 2051 S 2 vorgesehenen Grundsatz der teilschuldnerischen Miterbenhaftung durch eine Vorschrift mit dem Inhalt des § 2058 ersetzt (Prot V 843, 868 ff). Ebenfalls erst *nach* der Beratung des heutigen § 2007 stand somit auch die Unzulässigkeit einer Nachlassverwaltung über einzelne Erbteile endgültig fest (vgl auch Prot VI 343 f; unentschieden noch Prot V 867, 869: man könne die Entscheidung der Wissenschaft überlassen). E I § 2147 enthielt zunächst noch die Formulierung: „... so steht ihm in Ansehung eines jeden Erbtheiles das Inventarrecht in der Weise besonders zu, wie wenn die Erbtheile verschiedenen Erben gehören." Die in dieser Formulierung vorausgesetzte Möglichkeit des *nur anteiligen* Verlusts des „Inventarrechts" (s § 1993 Rn 28) ist bei der redaktionellen Gestaltung des § 2013 nicht gesehen worden (vgl Prot V 810: der Antrag auf Anordnung der Nachlassverwaltung stehe dem Erben zu, *„wenn* er das Inventarrecht noch hat"). Dies rechtfertigt aber nicht den Schluss auf einen abweichenden Willen des Gesetzgebers, sondern lässt sich damit erklären, dass das, was sich vom Standpunkt der gesamtschuldnerischen Miterbenhaftung als *anteiliger* Verlust des Beschränkungsrechts darstellt, vom Standpunkt der nur teilschuldnerischen Haftung, wie er bei der Beratung der §§ 1993–2013 durch die II. Komm noch zugrundegelegt worden war, einem *völligen* Verlust des Beschränkungsrechts – nämlich bzgl der „ganzen" *Teil*schuld – *gleichkommt*.

Nach allem ist es also in der Sache geboten (Rn 2), **und auch methodisch zulässig** (Rn 3), **4 den in § 2013 Abs 1 angeordneten Ausschluss des § 1975 teleologisch zu reduzieren**: Bei einem *Miterben* oder einem dem Miterben durch § 2007 gleichgestellten *Alleinerben* entfällt die in § 1975 vorgesehene Haftungsbeschränkungswirkung der Nachlassverwaltung und des Nachlassinsolvenzverfahrens nur bezüglich *der* Teile einer jeden Nachlassverbindlichkeit, für die dieser Erbe das Recht zur Haftungsbeschränkung durch eine Inventarverfehlung verloren hat (iE ebenso BGB-RGRK/JOHANNSEN § 2007 Rn 3; vgl auch PAECH 28–30, 55 und KNITSCHKY AcP 91 [1901] 281, 299, der aber zu Unrecht [Rn 6] verlangt, dass zuvor gem §§ 2060, 2061 Abs 1 S 2 Schuldenteilung eingetreten sein müsse, was jedoch beim *Alleinerben* nicht möglich ist [s dazu § 2060 Rn 94 ff]; zu weit gehend BAUMANN, in: FS Otte [2005] 15, 34, der § 1975 trotz § 2013 Abs 1 für „uneingeschränkt anwendbar" hält). Auch der Ausschluss des Rechts, die Anordnung einer **Nachlassverwaltung** zu **beantragen** (§ 2013 Abs 1 S 1 HS 2), ist nicht anzuerkennen, wenn der zu mehreren Erbteilen berufene Alleinerbe das Recht zur Haftungsbeschränkung nur für einen Bruchteil jeder Nachlassverbindlichkeit eingebüßt hat, ihm das „Inventarrecht" im Übrigen also noch zusteht (zustimmend AK-BGB/TEUBNER Rn 2 aE; AnwKomm/ODERSKY Rn 4; vgl auch JOHANNSEN aaO; **aM** KNITSCHKY aaO wegen § 2062 HS 1 [vgl jedoch unten § 2062 Rn 12 f]).

III. Erbenmehrheit

1. Hat der zu mehreren Erbteilen berufene Erbe Miterben, so steht ihm bis zur **5** Teilung des Nachlasses das **Leistungsverweigerungsrecht des § 2059 Abs 1** zu mit der sich aus S 2 ergebenden Modifikation zu Lasten desjenigen, der das Inventarrecht nicht mehr hat. Hat der zu mehreren Erbteilen berufene Miterbe das Recht zur Haftungsbeschränkung hinsichtlich *eines* Erbteils (korrekter: hinsichtlich der diesem einen Erbteil entsprechenden Schuldquote, s Rn 1) verloren, so steht ihm das Leistungsverweigerungsrecht des § 2059 Abs 1 in Ansehung der *diesem* Erbteil entsprechenden Schuldquote nicht mehr zu (§ 2059 Abs 1 S 2); *im Übrigen* bleibt es *unberührt* (zur Beantragung der **Nachlassverwaltung** in diesem Fall vgl § 2062 HS 1 und 2 sowie oben Rn 4 aE, unten Rn 6 sowie § 2062 Rn 12 f).

Beispiel (vgl STAUDINGER/LEHMANN[11] Rn 6; BGB-RGRK/JOHANNSEN Rn 5): Wenn der Miterbe die Inventarverfehlung (zB § 1994 Abs 1 S 2) nach Erwerb eines Erbteils von 1/2 begeht und ihm erst später 1/4 anfällt, so braucht er die Zwangsvollstreckung in sein Eigenvermögen gem §§ 2007 S 1, 2059 Abs 1 nur wegen des halben Betrages jeder Nachlassverbindlichkeit zu dulden.

Auf den *Alleinerben* findet § 2059 Abs 1 aber auch dann keine Anwendung, wenn er zu mehreren Erbteilen berufen ist (s Rn 2).

6 **2.** Ist der Nachlass geteilt (beim Alleinerben nicht denkbar; s Rn 2 und § 2060 Rn 94 ff), so verliert der zu mehreren Erbteilen berufene Miterbe zwar den Schutz des § 2059 Abs 1 sowie das Recht, gemeinsam mit den übrigen Erben (§ 2062 HS 1) die Anordnung einer Nachlassverwaltung zu beantragen (§ 2062 HS 2). Wohl aber kann er auch jetzt noch (§ 316 Abs 1 und 2 InsO) durch Herbeiführung eines Nachlassinsolvenzverfahrens die Haftung seines Eigenvermögens für die Schuldanteile ausschließen, hinsichtlich derer er das Haftungsbeschränkungsrecht noch hat (vgl oben Rn 4 sowie § 2060 Rn 10 ff). Zudem haftet er unter den Voraussetzungen der §§ 2060, 2061 Abs 1 S 2 ohnehin nicht mehr gesamtschuldnerisch (§ 2058), sondern – und dies gilt anders als bei § 2059 Abs 1 S 2 auch hinsichtlich der Haftung mit dem *Nachlass* bzw mit dem daraus Erlangten (vgl jedoch die Kritik bei § 2060 Rn 17 ff) – nur noch teilschuldnerisch. Unzutreffend ist allerdings die Ansicht, *nur* in den Fällen der §§ 2060, 2061 Abs 1 S 2 komme nach der Teilung des Nachlasses eine *anteilig* unbeschränkbare Haftung des zu mehreren Erbteilen berufenen Erben in Betracht, da es dem Erben, der als Inhaber eines Erbteils für die *ganze* Schuld unbeschränkbar hafte, nichts mehr helfe, wenn er für dieselbe Schuld als Inhaber eines später hinzuerworbenen Erbteils nur beschränkt hafte (so aber KNITSCHKY AcP 91 [1901] 282, 299 f; PAECH 49; KIPP/COING § 94 VIII; vgl auch STAUDINGER/LEHMANN[11] Rn 6 und KIPP/COING § 94 VII, wo freilich als Folge [!] der Nachlassteilung *gesamtschuldnerische* Haftung angenommen wird, was aber auf der bei § 2058 Rn 4 richtiggestellten Missdeutung des § 2059 Abs 1 S 2 beruhen dürfte). Diese Argumentation beruht auf der unzutreffenden (§§ 1994 Rn 34, 2059 Rn 4 ff) Prämisse, dass ein Miterbe sein Haftungsbeschränkungsrecht durch Inventarverfehlungen *insgesamt,* also nicht nur in Ansehung des seinem Erbteil entsprechenden *Teils* der Verbindlichkeit verlieren könne (vgl auch § 2060 Rn 96).

IV. Inventarverfehlungen bezüglich einzelner Erbteile

7 BINDER (II 238) hielt eine Inventarverfehlung in Bezug auf nur einen von mehreren Erbteilen für undenkbar. Den § 2007 bezeichnete er deshalb als „bedeutungslos" und als eine „unmögliche Vorschrift" (II 239). BINDER ist zuzugeben, dass der Erbteil eine Quote der Erbschaft ist und sich somit aus Quoten von Erbschaftsgegenständen zusammensetzt (BINDER II 238). Mit BINDER ist daraus – und aus § 2063 Abs 1 – zu folgern, dass ein Inventar über einen *Erbteil* zugleich ein Inventar über den ganzen *Nachlass* ist (§ 2063 Rn 2; PAECH 32; AK-BGB/TEUBNER Rn 1). **Unzutreffend ist jedoch die weitere Schlussfolgerung BINDERS, dass ein Inventar und folglich auch eine Inventarverfehlung hinsichtlich nur eines von mehreren Erbteilen „undenkbar" sei:**

8 **1.** Evident ist dies in dem allerdings kaum vorkommenden Fall, dass der Erbe im Inventar eine **nicht bestehende Verbindlichkeit vortäuscht**, von der er angibt, dass sie ihn lediglich als Inhaber *eines* der ihm angefallenen Erbteile treffe (vgl § 2058 Rn 24 ff). Die dolose Aufnahme einer nicht bestehenden Nachlassverbindlichkeit in das Inventar kann die Haftungssanktion des § 2005 Abs 1 S 1 nach sich ziehen.

9 **2.** Des Weiteren ist an die Möglichkeit zu denken, dass die **Ausschlagungsfrist** (§§ 1943, 1944) bzgl der verschiedenen Erbteile unterschiedlich läuft, zB weil die Erbteile zu unterschiedlichen Zeitpunkten angefallen sind. Dann kann es wegen § 1995 Abs 2 vorkommen, dass die **Inventarfrist**, durch deren Versäumung der Erbe gem § 1994 Abs 1 S 2 unbeschränkbar haftend wird, hinsichtlich der verschiedenen Erbteile unterschiedlich abläuft. Gem § 2007 sind diese Fälle so zu behandeln, als ob die Inventarfrist verschiedenen Miterben gesetzt worden wäre, so dass ein Untätigbleiben des Erben sein Haftungsbeschränkungsrecht nur hinsichtlich der *Schuldquoten* zum Erlöschen bringt, die den Erbteilen entsprechen, hinsichtlich deren die Frist jeweils schon abgelaufen ist (vgl Rn 1 sowie § 2059 Rn 4 f, 7 und § 2063 Rn 4; aM BINDER II 238). Soweit die Annahme des einen Erbteils gem § 1951 Abs 2 auch für einen anderen, demselben Erben später angefallenen Erbteil gilt (also bei Identität des Berufungsgrundes), scheint ein durch § 1995 Abs 2 bedingter unterschiedlicher Ablauf der Inventarfrist nicht in Betracht zu kommen. Dennoch soll der Erbe nach den Motiven zu § 2007 (Mot V 678) „gegen eine durch die Erstreckung seiner Annahmeerklärung mögliche Gefährdung in dem Inventarrechte" (vgl § 1993 Rn 28) geschützt werden. Dieser Schutz könnte zweckmäßigerweise so bewirkt werden, dass man die in § 1951 Abs 2 fingierte („gilt") Annahme des später angefallenen Erbteils nicht als Annahme *iS von § 1995 Abs 2* ansieht (wenn die Erbteile verschiedenen Erben gehörten [§ 2007 S 1], wäre § 1951 Abs 2 unanwendbar), sondern insoweit – also nur hinsichtlich der Frage, ab welchem Zeitpunkt die vor der Erbschaftsannahme bestimmte Inventarfrist gegen den Erben *als Inhaber des später angefallenen Erbteils* zu laufen beginnt – auf den Ablauf derjenigen Frist abstellt, die für die Ausschlagung des letzteren Erbteils gelten würde, wenn es § 1951 Abs 2 nicht gäbe (vgl §§ 1995 Abs 2, 1943 HS 2, 1944 sowie den eine Ignorierung des § 1951 Abs 2 *im Rahmen des § 1995 Abs 2* rechtfertigenden § 2007 S 1). Die noch weitergehende Ansicht, dass für den später angefallenen Erbteil eine völlig neue Inventarfrist bestimmt werden müsse (Mot V 678; PAECH 37; STAUDINGER/LEHMANN[11] Rn 4), schießt mE über das Ziel hinaus. Dieses besteht darin, den Erben „gegen eine durch die Erstreckung seiner Annahmeerklärung mögliche Gefährdung in dem Inventarrechte" zu schützen (Mot V 678).

Hat der zu mehreren Erbteilen berufene Erbe eine ihm hinsichtlich des früher angefallenen Erbteils gesetzte Inventarfrist gewahrt, so kann er eine ihm aus Anlass des späteren Anfalls eines weiteren Erbteils gesetzte Inventarfrist ruhig verstreichen lassen (S 1 iVm § 2063 Abs 1). 10

3. Wenn der Erbe das Ausschlagungsrecht hinsichtlich keines der ihm angefallenen Erbteile mehr hat (zu dem Sonderfall des § 1951 Abs 2 s Rn 9), ist ein durch § 1995 Abs 2 bedingter unterschiedlicher Lauf der erst jetzt bestimmten Inventarfrist nicht denkbar. Durch Verstreichenlassen der Inventarfrist (§ 1994 Abs 1 S 2) verliert der Erbe das Recht zur Haftungsbeschränkung also *insgesamt*. Zwar ist der Fall gem § 2007 S 1 so zu behandeln, als ob die Erbteile verschiedenen Erben zustünden. Doch steht die dem zu mehreren Erbteilen berufenen Alleinerben gesetzte Inventarfrist der Setzung einer gleichen Frist gegenüber allen nach § 2007 S 1 fingierten Miterben gleich. Das Verstreichenlassen der Frist durch den Alleinerben steht dem Verstreichenlassen der Frist durch *alle* Miterben gleich. Somit verliert der zu mehreren Erbteilen berufene Alleinerbe das Recht zur Haftungsbeschränkung in dem hier vorausgesetzten Fall hinsichtlich *sämtlicher* Schuldquoten und somit total (iE ebenso STAUDINGER/LEHMANN[11] Rn 7; vgl auch SOERGEL/STEIN Rn 2; MünchKomm/KÜPPER Rn 2; PALANDT/EDENHOFER Rn 1; PLANCK/FLAD Anm 2 a [aE]; aM wohl LANGE/KUCHINKE § 48 VI 5 b Fn 131). 11

4. Inventaruntreue (§ 2005 Abs 1 S 1) ist, abgesehen von dem bei Rn 8 erwähnten Sonderfall, nur hinsichtlich des gesamten Nachlasses denkbar, nicht hinsichtlich einzelner Erbteile, da diese sich ja aus den Quoten an *allen* im Inventar anzuge- 12 benden Nachlassgegenständen zusammensetzen (Rn 7). Grundsätzlich unzutreffend (aber: Rn 8, 13) ist deshalb die Auffassung, dass die Inventaruntreue „hinsichtlich eines Erbteils" nicht auch die unbeschränkbare Haftung hinsichtlich des anderen zur Folge habe (so aber STAUDINGER/LEHMANN[11] Rn 5 [außer für den Fall, dass der Erbe die Inventaruntreue zu einem Zeitpunkt begeht, in dem er das Ausschlagungsrecht bereits hinsichtlich sämtlicher Erbteile verloren hat; vgl auch PLANCK/FLAD Anm 2 a; BGB-RGRK/JOHANNSEN Rn 3]; STROHAL II § 90 Fn 2 gegen KNITSCHKY AcP 91 [1901] 281, 297 f). Begeht ein zu mehreren Erbteilen berufener Alleinerbe Inventaruntreue, so steht der Fall gem § 2007 dem gleich, dass die Erbteile verschiedenen Erben gehören und *alle* Miterben Inventaruntreue begangen haben. Dann aber geht das Haftungsbeschränkungsrecht hinsichtlich *sämtlicher* Schuldquoten verloren.

13 **Ist dem Alleinerben** allerdings **erst nach Einreichung des unzutreffenden Inventars ein weiterer Erbteil zugefallen**, so hätte er als Miterbe (§ 2007) hinsichtlich des später angefallenen Erbteils den Tatbestand des § 2005 Abs 1 (der ja eine *nach* Erlangung der [Mit-]Erbeneigenschaft begangene Inventaruntreue voraussetzt) noch nicht verwirklichen können. Folglich bewirkt die Inventarverfehlung *hier* hinsichtlich der dem später angefallenen Erbteil entsprechenden Schuldenquote *keinen* Wegfall der Haftungsbeschränkungsmöglichkeiten (PLANCK/FLAD Anm 2 a; BGB-RGRK/JOHANNSEN Rn 3; PAECH 39 [der, gefolgt von JOHANNSEN aaO, aber mE zu Unrecht, Gleiches auch für den Fall annimmt, dass der Erbe die Inventaruntreue zeitlich zwischen Anfall des weiteren Erbteils und Kenntniserlangung hiervon begeht]; **aM** KNITSCHKY AcP 91 [1901] 281, 297 f mit *rechtspolitisch* beachtlicher Begr).

14 5. Hinsichtlich der Folgen einer **Verweigerung der eidesstattlichen Versicherung** (§ 2006 Abs 3) gilt das bei Rn 7 ff Ausgeführte entsprechend. Zu beachten ist jedoch, dass die Haftungssanktion des § 2006 Abs 3 nur relativ zugunsten des Gläubigers wirkt, der den Antrag auf Abnahme der Versicherung gestellt hat. Vgl auch KNITSCHKY AcP 91 (1901) 281, 298; PAECH 39 f.

V. Unterschiedliche Beschwerung der Erbteile

15 Wenn bestimmte Verbindlichkeiten nur einen von mehreren demselben Erben angefallenen Erbteilen belasten (denkbar zB bei Vermächtnissen und Auflagen, s Rn 17), haftet der Erbe für ihre Erfüllung nicht mit denjenigen Erbteilen, die durch die betreffende Verbindlichkeit nicht beschwert sind (zu *Ausnahmen* s STAUDINGER/OTTE [2003] § 2148 Rn 2). Denn nach S 1 gelten die Erbteile ja als verschiedenen Erben zustehend, und bei unterschiedlicher Beschwerung haften im Außenverhältnis idR nur die Beschwerten. Da sich der *Alleinerbe*, selbst wenn er zu mehreren Erbteilen berufen ist, auf § 2059 Abs 1 nicht berufen kann (Rn 2), haftet *er* für die nur einen seiner Erbteile beschwerende Verbindlichkeit zwar nicht mit seinen übrigen Erbteilen (S 1), wohl aber auch mit seinem Eigenvermögen. Letzteres allerdings nur vorbehaltlich des Rechts, seine Haftung auf den besonders beschwerten Erbteil zu beschränken (vgl § 1992 sowie § 2058 Rn 24 ff).

VI. Berufung zu mehreren Erbteilen

16 **Beispiele** für eine Berufung zu mehreren Erbteilen sind bereits an anderer Stelle genannt (vgl STAUDINGER/OTTE [2008] § 1951 Rn 2). Dass die Berufung zu den mehreren

Erbteilen auf *verschiedenen Berufungsgründen* beruht (s STAUDINGER/OTTE [2008] § 1951 Rn 5 ff), ist für die Anwendung des § 2007 nicht erforderlich. Der Berufung zu mehreren Erbteilen steht der Fall des Zuerwerbs eines Erbteils nach § 2033 gleich (ERMAN/SCHLÜTER Rn 1; MünchKomm/KÜPPER Rn 2; PALANDT/EDENHOFER Rn 1; vgl auch unten § 2060 Rn 36; STAUDINGER/OLSHAUSEN [2004] § 2383 Rn 36).

VII. Anwachsung und § 1935

In den Fällen der Anwachsung (§ 2094) und der Erhöhung des gesetzlichen Erbteils 17 infolge Wegfalls eines anderen Erben (§ 1935) gilt **§ 2007** gem S 2 nur, wenn die Erbteile verschieden beschwert sind. Mit dieser Einschränkung, die dem E I noch fremd war, wollte die II. Kommission (Prot V 806) Einklang damit herstellen, dass das Gesetz (§§ 1935, 2095) den angewachsenen Erbteil bzw die Erbteilserhöhung des gesetzlichen Erben auch sonst als besonderen Erbteil nur in Ansehung der Vermächtnisse und Auflagen sowie der Ausgleichungspflicht behandelt (wobei die letztere für § 2007 belanglos ist, weil sie keine Nachlassverbindlichkeit darstellt, STAUDINGER/WERNER § 2050 Rn 6), nicht aber zB im Rahmen des § 1951 (s STAUDINGER/OTTE [2008] § 1951 Rn 3). Die **hM** (STAUDINGER/LEHMANN[11] Rn 9; PALANDT/EDENHOFER Rn 2; SOERGEL/STEIN Rn 3; AK-BGB/TEUBNER Rn 4; MünchKomm/KÜPPER Rn 3; ERMAN/SCHLÜTER Rn 1; PLANCK/FLAD Anm 3; BGB-RGRK/JOHANNSEN Rn 7; KIPP/COING § 94 VIII; LANGE/KUCHINKE § 48 VI 5 b Fn 132; **aM** PAECH 43 f) liest § 2007 S 2 daher wie folgt:

In den Fällen der Anwachsung und des § 1935 gilt § 2007 S 1 nur, *soweit die Erbteile mit Vermächtnissen und Auflagen* verschieden beschwert sind (dh: nur bzgl der Haftung gegenüber diesen Vermächtnis- bzw Auflagegläubigern, nicht gegenüber den übrigen Gläubigern).

Der bzgl des ursprünglichen Erbteils (genauer: der diesem entsprechenden Schuldquote; s Rn 1) eingetretene Verlust des Haftungsbeschränkungsrechts erstreckt sich demnach, was die *übrigen* Nachlassgläubiger angeht, ohne weiteres auf die Anwachsung bzw Erbteilserhöhung (genauer: auf die Schuldquote, die dem angewachsenen Erbteil bzw dem Erbteil entspricht, um den sich der ursprüngliche erhöht). Solch eine Auslegung stünde aber in krassem **Widerspruch** zu der Rechtslage, die sich ergibt, wenn die Berufung zu den mehreren (echten) Erbteilen auf demselben Grund beruht: In solch einem Fall findet § 2007 S 1 ja gerade deshalb Anwendung, *weil* § 1951 Abs 2 die mehreren Erbteile bzgl Annahme und Ausschlagung hier wie einen einzigen behandelt (s oben Rn 9) und daraus keine Gefahren für das Haftungsbeschränkungsrecht erwachsen sollen. Die II. Komm hätte also besser daran getan, es bei der Vorschrift des E I § 2147 zu belassen*, zu der die **Motive** (V 677, 678) ausführen: Die Vorschrift „erstreckt sich ... auf alle Fälle, in welchen bei einem Erben, selbst wenn er Alleinerbe ist, mehrere Erbtheile als besondere hervortreten, sei es absolut, ... sei es nur relativ ... Dass die Vorschrift sich auch auf die nur relativ besonderen Erbtheile erstreckt, rechtfertigt sich deshalb, weil große Härten für den Inventarerben sich ergeben könnten, wenn der Verlust des Inventarrechts durch

---

* E I § 2147 lautete: „Wenn ein Erbe zu mehreren Erbtheilen, insbesondere durch Anwachsung oder nach Maßgabe des § 1973 (vgl jetzt § 1935), berufen ist, so steht ihm in Ansehung eines jeden Erbtheiles das Inventarrecht (vgl § 1993 Rn 28) in der Weise besonders zu, wie wenn die Erbtheile verschiedenen Erben gehörten."

Verzicht oder durch Versäumung der Inventarfrist auch auf diejenigen Erbteile zu beziehen wäre, welche dem Erben erst später anfallen oder deren Anfall ihm noch nicht bekannt war". **Den davon abweichenden S 2 des heutigen § 2007 sollte man möglichst eng auslegen** und wirklich nur auf die Haftung des Erben „in Ansehung eines jeden der Erbteile" (S 1) anwenden (dh nur auf die Frage, aus welchem Erbteil welche Verbindlichkeit zu berichten ist; aM PAECH 43 ff, der de lege lata eine besonders *weite* Auslegung des S 2 befürwortete – und dies trotz der bei PAECH 46 offen ausgesprochenen Erkenntnis, dass „sich die Ausnahmevorschrift des § 2007 Satz 2 nicht rechtfertigen" lasse!). Dann besagt S 2 lediglich das, was bereits bei Rn 15 ausgeführt wurde. Eine Anwendung des S 2 auch bzgl der Frage, ob ein Verlust des Haftungsbeschränkungsrechts, der bzgl der dem ursprünglichen Erbteil entsprechenden Schuldquote eingetreten ist, sich auf die der Erbteilserhöhung bzw Anwachsung entsprechende Schuldquote erstreckt, würde zu wenig sinnvollen Ergebnissen führen. Hier wäre es am sachgerechtesten, in Übereinstimmung mit E I § 2147 auch in Fällen der Anwachsung und des § 1935 ohne weiteres eine Berufung zu mehreren Erbteilen *iS des § 2007 S 1* anzunehmen (nicht de lege lata, wohl aber de lege ferenda ebenso PAECH 45 f).

Auch STROHAL (in PLANCK³ Anm 3 mwNw) hielt § 2007 S 2 für eine Vorschrift, die „die Auslegungskunst auf eine harte Probe" stelle und zu derart sachwidrigen Ergebnissen führen könne, „dass die Annahme eines **Redaktionsversehens** überaus nahe gelegt ist". Er schlug folgende Lesart des S 2 vor: „In den Fällen der Erhöhung des gesetzlichen Erbteils und der Anwachsung gilt dies (nämlich S 1 von § 2007) nicht, sondern bewendet es bei den Vorschriften der §§ 1935, 2095." Auch STROHALS Lesart des § 2007 würde jedoch zu der oben kritisierten Ungereimtheit mit der Rechtslage führen, die sich im Fall der Berufung zu mehreren echten Erbteilen bei Identität des Berufungsgrundes ergibt.

§ 2008
Inventar für eine zum Gesamtgut gehörende Erbschaft

(1) Ist ein in Gütergemeinschaft lebender Ehegatte Erbe und gehört die Erbschaft zum Gesamtgut, so ist die Bestimmung der Inventarfrist nur wirksam, wenn sie auch dem anderen Ehegatten gegenüber erfolgt, sofern dieser das Gesamtgut allein oder mit seinem Ehegatten gemeinschaftlich verwaltet. Solange die Frist diesem gegenüber nicht verstrichen ist, endet sie auch nicht dem Ehegatten gegenüber, der Erbe ist. Die Errichtung des Inventars durch den anderen Ehegatten kommt dem Ehegatten, der Erbe ist, zustatten.

(2) Die Vorschriften des Absatzes 1 gelten auch nach der Beendigung der Gütergemeinschaft.

Materialien: E I §§ 2148 Nr 2, 3, 4, 2149; II § 1882; III § 1983; Mot V 679–681; Prot V 806 f; JAKOBS/SCHUBERT ER I 308, 414 ff.

Neufassung durch GleichberG v 18. 6. 1957 (BGBl I 609), hierzu BT-Drucks 2. Wahlperiode Nr 224, Ausschussbericht aaO Nr 3409 S 32.

Titel 2 · Haftung des Erben für die Nachlassverbindlichkeiten **§ 2008**
Untertitel 4 · Inventarerrichtung, unbeschränkte Haftung des Erben

Schrifttum

Siehe vor § 1993.

Systematische Übersicht

I.	Neufassung der Vorschrift; entspr Anwendung auf Lebenspartner	1	2. Unwirksamkeit einer nicht auch dem Ehegatten des Erben bestimmten Inventarfrist	16
II.	Zusammenhängende Darstellung der Haftung des Ehegatten des Erben bei Gütergemeinschaft und der Funktion des § 2008		3. Lauf der Fristen	20
			V. Die Inventarerrichtung durch den Ehegatten, der nicht Erbe ist	22
1.	Die Haftung des Ehegatten des Erben für Nachlassverbindlichkeiten	2	VI. In § 2008 nicht geregelte Gründe für den Verlust des Haftungsbeschränkungsrechts	
2.	Beschränkbarkeit der Mithaftung des Ehegatten des Erben	3	1. Inventaruntreue	24
3.	Das Recht des Erben und seines Ehegatten zur Errichtung eines Nachlassinventars	10	2. Verletzung der Auskunftspflicht bei amtlicher Inventaraufnahme	28
4.	Sinn und Zweck des § 2008	11	3. Verweigerung der eidesstattlichen Versicherung des § 2006	29
III.	Die Grundvoraussetzungen des § 2008	13	4. Verzicht auf das Haftungsbeschränkungsrecht und fehlender Urteilsvorbehalt	30
IV.	Inventarfristen im Falle des § 2008		VII. Die Rechtslage nach Beendigung der Gütergemeinschaft	32
1.	Unwirksamkeit einer allein dem Ehegatten des Erben bestimmten Inventarfrist	15	VIII. Besonderheiten bei fortgesetzter Gütergemeinschaft	35

I. Neufassung der Vorschrift; entspr Anwendung auf Lebenspartner

Ihre gegenwärtige Fassung erhielt die Vorschrift mit Wirkung v 1.7.1958 durch das **1** GleichberG v 18.6.1957 (BGBl I 609). Zu dem vorherigen Rechtszustand vgl die Erl zu § 2008 in der 11. Aufl dieses Kommentars. Die dort behandelte alte Fassung des § 2008 ist auch auf nach dem 30.6.1958 erfolgte Inventarfristbestimmungen und Inventarerrichtungen anzuwenden, falls die Ehegatten am 1.7.1958 im vertraglichen Güterstand der Errungenschafts- oder Fahrnisgemeinschaft gelebt und nichts anderes vereinbart haben (Art 8 Nr I 7, II 4 der Übergangs- und Schlussvorschriften). Nach In-Kraft-Treten des LPartG am 1.8.2001 (G v 16.2.2001, BGBl I 266) war zunächst zweifelhaft, ob **Lebenspartner** die Möglichkeit haben, durch Lebenspartnerschaftsvertrag eine der Gütergemeinschaft entsprechende Vermögensgemeinschaft einzugehen (dafür zB LEIPOLD ZEV 2001, 218, 220; SCHWAB FamRZ 2001, 385, 388; **dagegen** zB GRZIWOTZ DNotZ 2001, 280, 286 f). Erkennt man diese Möglichkeit an (was inzwischen in § 7 LPartG eindeutig klargestellt ist), ist § 2008 in solchen Fällen auch auf Lebenspartner anwendbar. Die folgenden Ausführungen gelten dann entsprechend.

II. Zusammenhängende Darstellung der Haftung des Ehegatten des Erben bei Gütergemeinschaft und der Funktion des § 2008

1. Die Haftung des Ehegatten des Erben für Nachlassverbindlichkeiten

2 Ist ein Ehegatte Erbe, so trifft die Haftung für die Nachlassverbindlichkeiten **grundsätzlich nur ihn** und nicht auch den nicht in der Position des Erben befindlichen anderen Ehegatten.

Anders jedoch, wenn die Ehegatten im vertraglichen Güterstand der **Gütergemeinschaft** (§§ 1415–1518) leben. Denn aus dem Gesamtgut (§ 1416) können idR die Gläubiger *beider* Ehegatten Befriedigung verlangen (vgl § 1437 Abs 1 bei Verwaltung durch nur einen der Ehegatten und § 1459 Abs 1 bei gemeinschaftlicher Verwaltung). Für *Nachlass*gläubiger, denen ein Ehegatte bereits bei Eintritt der Gütergemeinschaft als Erbe haftbar war, gilt dies unabhängig davon, ob der Nachlass jetzt zum Gesamtgut gehört (STAUDINGER/THIELE [2007] § 1439 Rn 2, 5; BGB-RGRK/FINKE § 1461 Rn 3). Wenn der Ehegatte die Erbschaft jedoch erst während der Gütergemeinschaft erwirbt und der Ehegatte, der nicht Erbe ist, das Gesamtgut zumindest mitverwaltet (vgl § 1439 und §§ 1450, 1461), haftet das Gesamtgut für die durch den Erbschaftserwerb entstehenden Verbindlichkeiten nur dann, wenn die Erbschaft als Gesamtgut und nicht etwa als Vorbehaltsgut (§ 1418 Abs 2 Nr 1, 2) oder als Sondergut (§ 1417) erworben wurde (§§ 1439, 1461). **Soweit hiernach Nachlassverbindlichkeiten zugleich Gesamtgutsverbindlichkeiten sind, haftet für sie auch der Ehegatte, der nicht Erbe ist,**

a) **als Mitinhaber des Gesamtguts mit diesem** (insoweit auch noch nach Beendigung der Gütergemeinschaft; §§ 1475, 1480, 1498) und,

b) falls er das Gesamtgut allein (§ 1437 Abs 2) **oder gemeinschaftlich mit dem erbenden Ehegatten verwaltet** (§§ 1450, 1459 Abs 2), **auch persönlich als Gesamtschuldner.** Gem § 1437 Abs 2 S 2 iVm § 1441 Nr 2 bzw gem § 1459 Abs 2 S 2 iVm § 1463 Nr 2 *erlischt* diese persönliche Mithaftung jedoch bei Beendigung der Gütergemeinschaft, wenn der Nachlass zum Vorbehalts- oder Sondergut des anderen Ehegatten gehört (und von diesem entweder *vor* Eintritt der Gütergemeinschaft oder aber zwar *während* der Gütergemeinschaft, jedoch zunächst als Gesamtgut erworben wurde; denn anderenfalls konnte die persönliche Mithaftung des Ehegatten des Erben wegen §§ 1439, 1461 gar nicht erst entstehen).

2. Beschränkbarkeit der Mithaftung des Ehegatten des Erben

3 Selbst wenn den Ehegatten des Erben die Haftung für die Nachlassverbindlichkeiten nur als (Mit-)Inhaber des Gesamtguts trifft (vgl Rn 2), weil dessen Verwaltung allein dem *erbenden* Ehegatten zusteht (vgl § 1437 Abs 1, 2 sowie unten Rn 9) oder weil die Gütergemeinschaft mittlerweile beendet ist (vgl §§ 1437 Abs 2 S 2, 1459 Abs 2 S 2 sowie unten Rn 32), hat er ein Interesse daran, diese Mithaftung auf den Nachlass zu beschränken. Erst recht gilt dies, wenn er für die Nachlassverbindlichkeiten ohne Beschränkung auf das Gesamtgut persönlich haftet (Rn 2 Fall b).

4 Die einfachste Möglichkeit, der Mithaftung für die Nachlassverbindlichkeiten zu entgehen, wäre die fristgemäße **Ausschlagung der Erbschaft** (§§ 1942 ff). Dieses

Recht behält das Gesetz jedoch ausschließlich nur dem Ehegatten vor, dem die Erbschaft angefallen ist, und zwar selbst dann, wenn die Erbschaft zum Gesamtgut gehört und der andere Ehegatte dieses allein oder gemeinschaftlich mit dem erbenden Ehegatten verwaltet (§§ 1432 Abs 1 S 1, 1455 Nr 1).

Gehört der Nachlass zum Gesamtgut, so kann aber nicht nur der Ehegatte, der Erbe **5** ist, sondern auch der Ehegatte, der nicht Erbe ist, jedoch das Gesamtgut allein oder mit seinem Ehegatten gemeinschaftlich verwaltet, unabhängig von der Zustimmung des anderen Ehegatten

a) das **Aufgebot der Nachlassgläubiger** beantragen (§ 462 FamFG; vgl auch § 1973 BGB),

b) die Eröffnung eines **Nachlassinsolvenzverfahrens** beantragen (§ 318 InsO; haftungsbeschränkende Wirkung gem §§ 1975, 1989 BGB),

c) die Anordnung der haftungsbeschränkenden (§ 1975) **Nachlassverwaltung** beantragen (Einzelheiten str; vgl § 1981 Rn 7),

d) sich ggf auf die **haftungsbeschränkenden Einreden** aus §§ 1973, 1974, 1989, 1990–1992, 2014, 2015 berufen (s STAUDINGER/THIELE [2007] § 1432 Rn 7).

Gehört der Nachlass zum Vorbehaltsgut (§ 1418 Abs 2 Nr 1, 2) **oder zum Sondergut** **6** (§ 1417), so hat der Ehegatte des Erben die unter a)-c) genannten Antragsrechte selbst dann *nicht,* wenn er als der das Gesamtgut (mit-)verwaltende Ehegatte für die Nachlassverbindlichkeiten nicht nur als Mitinhaber des Gesamtguts (vgl Rn 2 Fall a), sondern gem §§ 1437 Abs 2, 1439 bzw §§ 1459 Abs 2, 1461 persönlich mithaftet (was zB der Fall ist, wenn die Erbschaft *vor* Eintritt der Gütergemeinschaft erworben wurde [Rn 2] oder zwar *während* der Gütergemeinschaft als *Gesamt*gut erworben, *später* aber gem § 1418 Abs 2 Nr 1 zum Vorbehaltsgut des Erben erklärt wurde [Gegenschluss aus §§ 1439 bzw 1461]):

Die Motive (V 679) meinten allerdings, dass E I § 2148 (ein Vorläufer der heutigen **7** §§ 2008, 1432 Abs 2, 1455 Nr 3 BGB, 318 InsO, 462 FamFG) auch dann Anwendung finden müsse, wenn die Ehegatten vereinbart haben, dass die Erbschaft Vorbehaltsgut sein solle, da die Nachlassverbindlichkeiten auch in solchen Fällen zugleich Gesamtgutsverbindlichkeiten sein könnten. Im Gesetzeswortlaut hatte man diesen Standpunkt nur deshalb nicht besonders zum Ausdruck gebracht, weil „dazu eine verwickelte Fassung gewählt werden" müsste, die zu Verständnisschwierigkeiten führen könnte, während andererseits die Erwartung begründet sei, „dass Wissenschaft und Praxis für den besonderen Fall die richtige Entscheidung auch ohne besondere Anleitung finden werden". Übertragen auf die heute geltende Fassung der güterrechtlichen Vorschriften wird man den in den Motiven befürworteten Grundsatz dahingehend formulieren dürfen, dass der Ehegatte des Erben immer dann, wenn die Nachlassverbindlichkeiten zugleich Gesamtgutsverbindlichkeiten sind, selbst ein Inventar errichten können, den Schutz des § 2008 genießen und außerdem die bei Rn 5 genannten Antragsrechte haben soll. Dennoch wird man heute anerkennen müssen, dass sich „Wissenschaft und Praxis" nicht an diesen Grundsatz (so aber Mot V 679), sondern an den Wortlaut des – inzwischen ja auch neu gefassten – Gesetzes zu halten haben. Dafür spricht auch der sachliche Grund, dass das Gesetz niemanden zwingt, mit einem für Nachlassverbindlichkeiten haftbaren Erben einen Ehevertrag abzuschließen, durch den erstens Gütergemeinschaft vereinbart wird und zweitens der Nachlass dem Vorbehaltsgut des Erben zugewiesen oder sonstige Vereinbarungen (zB über die Verwaltung des Gesamtguts) getroffen werden, durch die der Ehegatte des Erben den ihm durch § 2008 BGB, § 462 FamFG und § 318 InsO gewährten Schutz verliert.

8 In den bei Rn 6 genannten Fällen ist der Ehegatte des Erben also darauf angewiesen, dass *der Erbe selbst* die bei Rn 5 unter a)-c) genannten **Haftungsbeschränkungsmittel** ergreift (vgl auch STAUDINGER/THIELE [2007] § 1455 Rn 18; aM Mot V 679; vgl Rn 7). Soweit der Erbe dadurch *seine* Haftung beschränkt, beschränkt sich automatisch auch eine etwaige Mithaftung des Ehegatten (vgl Rn 11). Auf die bei Rn 5 unter d) genannten *haftungsbeschränkenden Einreden* kann sich der Ehegatte des Erben aber auch dann berufen, wenn der Nachlass nicht zum Gesamtgut gehört.

9 Das Vorstehende gilt entsprechend, **wenn der Nachlass zwar zum Gesamtgut gehört, der Ehegatte des Erben dieses aber nicht (mit-)verwaltet** (Gegenschluss aus Rn 5). Jedoch kann sich der Ehegatte des Erben gegenüber einem auf das Gesamtgut zugreifenden Nachlassgläubiger hier nicht einmal auf die bei Rn 5 unter d) genannten *haftungsbeschränkenden Einreden* berufen (vgl § 740 Abs 1 ZPO und § 37 Abs 1 InsO).

3. Das Recht des Erben und seines Ehegatten zur Errichtung eines Nachlassinventars

10 Ein Inventar des Nachlasses kann der Erbe stets (§§ 1432 Abs 2, 1455 Nr 3) und sein Ehegatte dann errichten, wenn die Erbschaft zum Gesamtgut gehört und er dieses entweder allein (BT-Drucks 2. Wahlperiode Nr 3409 S 3) oder gemeinschaftlich mit dem erbenden Ehegatten verwaltet (§ 1455 Nr 3).

4. Sinn und Zweck des § 2008

11 § 2008 ergänzt die bei Rn 10 erwähnte Regelung. Das Zusammenwirken dieser Vorschriften soll verhindern, dass der das Gesamtgut (mit-)verwaltende Ehegatte die ihm zur Verfügung stehenden Haftungsbeschränkungsmittel (Rn 5) dadurch verliert, dass der Ehegatte, der Erbe ist, eine allein *ihm* bestimmte Inventarfrist versäumt (§ 1994 Abs 1 S 2) oder eine sonstige Inventarverfehlung iS der §§ 2005 Abs 1, 2006 Abs 3 begeht (vgl Rn 24–29). Dieser Schutz könnte einmal dadurch erreicht werden, dass man dem mithaftenden Ehegatten ähnlich wie einem Miterben ein *eigenes* Haftungsbeschränkungsrecht zugesteht, welches gem § 425 nur von ihm selbst verwirkt werden könnte. Der Gesetzgeber hat diese Möglichkeit jedoch ausdrücklich abgelehnt (vgl Mot V 680, 681 und zu dem dort verwendeten Begriff „Inventarrecht" § 1993 Rn 28). Diese Grundentscheidung schlägt sich in § 2008 Abs 1 S 3 dergestalt nieder, dass dort zwar ausgeführt ist, dass die Inventarerrichtung durch den Ehegatten des Erben dem letzteren zustatten kommt, nicht hingegen, dass dies auch für den umgekehrten Fall gelte. Zu bestimmen, dass die Inventarerrichtung durch den Erben auch seinem evtl mithaftenden Ehegatten zustatten komme, bestand kein Anlass, weil dem Ehegatten des Erben kein eigenes Haftungsbeschränkungsrecht zugestanden wurde und er ein solches folglich auch durch Inventarverfehlungen

nicht verwirken kann. Ob er die ihn nach den güterrechtlichen Bestimmungen uU treffende Mithaftung für die Erbschaftsschulden auf den Nachlass beschränken kann, hängt also davon ab, dass der in der Position des Erben befindliche andere Ehegatte sein Beschränkungsrecht noch nicht gem §§ 1994 Abs 1 S 2, 2005 Abs 1 verwirkt hat (vgl aber Rn 23, 26). Diese Abhängigkeit voraussetzend, will § 2008 dem Ehegatten des Erben die Möglichkeit einräumen, durch die Errichtung eines eigenen Nachlassinventars, welches dem erbenden Ehegatten gem Abs 1 S 3 „zustatten" kommt (vgl Rn 22, 23), zu verhindern, dass dieser das mittelbar auch dem nur *mit*haftenden Ehegatten zustatten kommende Haftungsbeschränkungsrecht verwirkt (vgl Mot aaO).

Abs 1 S 1 des § 2008 verstärkt den Schutz des Ehegatten des Erben, indem er die **12** Bestimmung einer Inventarfrist für unwirksam erklärt, wenn sie nicht auch ihm gegenüber erfolgt, da er ja vor dem mittelbar auch ihm (s Rn 11) drohenden Verlust des Haftungsbeschränkungsrechts gewarnt sein muss (Einzelheiten in Rn 15 ff).

III. Die Grundvoraussetzungen des § 2008

1. Bei dem Erben muss es sich um einen **Ehegatten** (oder Lebenspartner, s Rn 1) in **13 Gütergemeinschaft** (§§ 1415–1518) handeln. Gem Abs 2 gilt § 2008 auch nach der Beendigung der Gütergemeinschaft (vgl Rn 32 ff). Die Vorschrift setzt nicht voraus, dass die Erbschaft erst während der Ehe angefallen ist (vgl Mot V 679 und oben Rn 2; MünchKomm/KÜPPER Rn 2; SOERGEL/STEIN Rn 3).

2. Die **Erbschaft** muss zum **Gesamtgut** (§ 1416) gehören, und die **Verwaltung** des **14** Gesamtguts muss dem Ehegatten, der nicht Erbe ist, entweder allein (§§ 1422 ff) oder gemeinschaftlich mit dem erbenden Ehegatten (§§ 1450 ff, 1472) zustehen. Diese in § 2008 genannten Erfordernisse sind zwar nicht unbedingte Voraussetzungen einer Mithaftung des Ehegatten des Erben für die Nachlassverbindlichkeiten (s Rn 2, 6 f); sie erklären sich aber daraus, dass der Ehegatte des Erben das Recht zur Errichtung eines Nachlassinventars wie auch die in Rn 5 erwähnten Antragsrechte nur als (Mit-)Verwalter des Gesamtguts hat (vgl §§ 1450, 1455 Nr 3; aber auch oben Rn 7).

IV. Inventarfristen im Falle des § 2008

1. Unwirksamkeit einer allein dem Ehegatten des Erben bestimmten Inventarfrist

Eine Inventarfrist kann eigentlich nur dem Erben (§§ 1994, 2005 Abs 2) oder einem **15** Erbschaftskäufer (STAUDINGER/OLSHAUSEN [2004] § 2383 Rn 14 ff) bestimmt werden. Dem Ehegatten des Erben kann sie als solchem grundsätzlich nicht bestimmt werden. Anders jedoch im Fall des § 2008, also wenn die Erbschaft zum Gesamtgut gehört und dessen Verwaltung „zumindest auch" dem Ehegatten des Erben zusteht (vgl den Wortlaut des Abs 1 S 1; ferner oben Rn 7, 9, 14; PALANDT/EDENHOFER Rn 1): Nach Abs 1 S 1 muss die Inventarfristbestimmung hier „auch" gegenüber dem Ehegatten des Erben erfolgen. Damit ist nicht gesagt, dass es im Fall des § 2008 zulässig wäre, eine Inventarfrist *nur* dem Ehegatten des Erben zu setzen: Eine nur dem *Ehegatten* des Erben bestimmte Inventarfrist wäre unwirksam (ebenso wohl ERMAN/SCHLÜTER

Rn 3). Denn das Haftungsbeschränkungsrecht des Ehegatten, der unter den bei Rn 2 erläuterten Voraussetzungen der §§ 1437, 1439 bzw der §§ 1459, 1461 für die den *anderen* Ehegatten als Erben treffenden Nachlassverbindlichkeiten mithaftet, ist kein eigenes Recht des lediglich Mithaftenden, sondern eine vom Erben abgeleitete und insofern unselbständige Befugnis (vgl Rn 10, 14), die zwar durch Inventarverfehlungen des in der Rolle des Erben befindlichen, nicht hingegen durch solche des aufgrund Güterrechts mithaftenden anderen Ehegatten verwirkt werden kann (RIESENFELD I 409). Da dieser eine ihm gesetzte Inventarfrist folgenlos verstreichen lassen kann, wenn sie nicht auch dem erbenden Ehegatten bestimmt ist (dann § 1994 Abs 1 S 2), ist eine allein ihm bestimmte Inventarfrist ohne rechtliche Bedeutung.

2. Unwirksamkeit einer nicht auch dem Ehegatten des Erben bestimmten Inventarfrist

16 Nach **Abs 1 S 1** des § 2008 ist die Bestimmung einer Inventarfrist (§§ 1994, 2005 Abs 2) nur wirksam, wenn sie auch gegenüber dem das Gesamtgut (mit-)verwaltenden Ehegatten des Erben erfolgt (vgl aber Rn 27 zu einer Ausnahme). Da diesem das Recht, ein Inventar zu errichten, jedoch nicht kraft eigener Erbenstellung, sondern nur als (Mit-)Verwalter des Gesamtguts und damit auch des zu diesem gehörenden Nachlasses zusteht (Rn 10, 14), hat die Fristbestimmung gegenüber dem Ehegatten des Erben von Amts wegen (BGB-RGRK/JOHANNSEN Rn 5; AK-BGB/TEUBNER Rn 6; PALANDT/EDENHOFER Rn 1) auch dann zu erfolgen, wenn der Nachlassgläubiger lediglich beantragt, dem *Erben* eine Inventarfrist zu setzen. Der Fristsetzungsbeschluss ist beiden Ehegatten zuzustellen. Die Frist beginnt für jeden mit der Zustellung an ihn (§ 1995 Abs 1 S 2). Solange sie dem Ehegatten des Erben gegenüber nicht verstrichen ist, endet sie aber auch gegenüber dem Erben nicht; **Abs 1 S 2**. Wenig praktisch ist deshalb die Frage, ob die Frist beiden Ehegatten unterschiedlich bestimmt werden kann (dafür STAUDINGER/LEHMANN[11] Rn 4; MünchKomm/KÜPPER Rn 2; PALANDT/EDENHOFER Rn 1; dagegen PLANCK/FLAD Anm 2 a; wohl auch SOERGEL/STEIN Rn 4).

17 Die Fristsetzung gegenüber dem Ehegatten des Erben setzt die Zulässigkeit der Fristsetzung an den Erben voraus (SOERGEL/STEIN Rn 4). Hat der Ehegatte, der Erbe ist, bereits ein formgerechtes (§§ 2002, 2003) Nachlassinventar errichtet oder kommt ihm gem § 2063 Abs 1 ein durch einen Miterben errichtetes Inventar zustatten, so ist die Fristsetzung sowohl gegenüber dem Erben als auch gegenüber seinem Ehegatten – außer im Fall des § 2005 Abs 2 – zwecklos und damit unzulässig (s § 1994 Rn 18; WEISSLER I 476; MünchKomm/KÜPPER Rn 2; SOERGEL/STEIN Rn 4).

18 **War die Inventarfrist bereits bestimmt, bevor die Erbschaft Bestandteil des** von dem anderen Ehegatten (mit-)verwalteten **Gesamtguts wurde** (zB vor der Eheschließung oder einer Änderung des Ehevertrages), so ist zu unterscheiden: Hat der Erbe die Frist bei Eintritt der Voraussetzungen des § 2008 bereits versäumt, so ist der Verlust des Haftungsbeschränkungsrechts (§ 1994 Abs 1 S 2) endgültig auch bzgl der etwaigen Mithaftung des Ehegatten (vgl auch Rn 23, 25; SOERGEL/STEIN Rn 3). War die Frist jedoch noch nicht versäumt, so fragt sich, ob sie nunmehr gem § 2008 Abs 1 S 1 unwirksam *wird,* wenn nicht auch dem Ehegatten des Erben eine Inventarfrist bestimmt wird. Obwohl der Wortlaut des § 2008 insoweit schweigt, wird angenommen, dass es in diesem Fall einer nachträglichen Fristbestimmung auch gegenüber dem Ehegatten bedürfe (BGB-RGRK/JOHANNSEN Rn 6; MünchKomm/KÜPPER Rn 2;

Palandt/Edenhofer Rn 1; Soergel/Stein Rn 3; vgl auch Staudinger/Lehmann[11] Rn 4; unklar Mot V 679). Gegen diese Ansicht spricht jedoch, dass sie die Wirksamkeit der allein gegenüber dem Erben erfolgten Fristbestimmung von Umständen abhängig macht, die im Fristsetzungsverfahren noch nicht berücksichtigt werden konnten. Ebenso wie der Ehegatte des Erben das Risiko trägt, dass der Erbe, für dessen Verbindlichkeiten er uU mithaftet, bei Schaffung der güterrechtlichen Voraussetzungen des § 2008 bereits eine Inventarfrist versäumt hat (Folge: § 1994 Abs 1 S 2), sollte man ihn auch das Risiko tragen lassen, nicht zu wissen, dass seinem Ehegatten bereits vor Eintritt der güterrechtlichen Voraussetzungen des § 2008 eine Inventarfrist bestimmt worden ist, auf deren Wahrung nunmehr auch er selbst gem § 2008 Abs 1 S 3 hinwirken könnte (zust AnwKomm/Odersky Rn 5). Dafür spricht auch der Rechtsgedanke der §§ 1433, 1455 Nr 7 (vgl Rn 31).

Aus Gründen der Rechtssicherheit ist nicht anzunehmen, dass eine unzulässigerweise allein dem Erben bestimmte Inventarfrist nachträglich wirksam wird, **wenn vor „Fristablauf" eine der in § 2008 Abs 1 S 1 genannten Voraussetzungen für die Unwirksamkeit wegfällt** (BGB-RGRK/Johannsen Rn 8; **aM** Staudinger/Lehmann[11] Rn 4), zB weil die Ehegatten die Zugehörigkeit der Erbschaft zum Gesamtgut oder das Recht des Ehegatten des Erben zur (Mit-)Verwaltung des Gesamtguts durch Ehevertrag (§§ 1418 Abs 2 Nr 1, 1421) aufheben. Fallen die güterrechtlichen Voraussetzungen des § 2008 Abs 1 S 1 während des Laufs einer *beiden* Ehegatten bestimmten Inventarfrist weg, so wird die Fristbestimmung gegenüber dem Ehegatten, der nicht Erbe ist, gegenstandslos, während sie gegenüber dem Ehegatten, der Erbe ist, ihre Wirkung behält. 19

Zur Rechtslage nach Beendigung der Gütergemeinschaft vgl Rn 32 ff.

3. Lauf der Fristen

Die Frist beginnt für jeden Ehegatten mit der Zustellung des Fristsetzungsbeschlusses an ihn (§ 1995 Abs 1 S 2). Solange sie gegenüber dem das Gesamtgut (mit-)verwaltenden Ehegatten des Erben nicht verstrichen ist, endet sie auch gegenüber dem Ehegatten nicht, der Erbe ist (§ 2008 Abs 1 S 2). 20

Dem Erben kommt es also zugute, wenn der Fristsetzungsbeschluss seinem Ehegatten später zugestellt worden ist oder wenn diesem eine längere Frist bestimmt oder die ursprünglich bestimmte Frist verlängert (§ 1995 Abs 3) oder ihm wegen Verhinderung (§ 1996) eine neue Frist bestimmt worden ist (**aM** gegen den klaren Gesetzeswortlaut Soergel/Stein Rn 5). Nicht aber ist umgekehrt gesagt, dass solche Umstände, wenn sie zugunsten des Erben eintreten, auch seinem Ehegatten zustatten kommen sollen. Jedoch wird der daraus zu ziehende Gegenschluss, dass die dem Ehegatten des Erben gesetzte Frist sehr wohl vor der dem Erben bestimmten ablaufen kann (vgl Palandt/Edenhofer Rn 1; Soergel/Stein Rn 4), dadurch gegenstandslos, dass der Ehegatte des Erben als (Mit-)Verwalter des Gesamtguts in der Lage bleibt, während der gegen den anderen Ehegatten laufenden Frist ein Inventar zu errichten (Staudinger/Lehmann[11] Rn 5; BGB-RGRK/Johannsen Rn 10; Soergel/Stein Rn 5), das diesem gem Abs 1 S 3 zustatten kommt und dadurch auch wieder ihm selbst (vgl Rn 11).

21 **Fristverlängerung** (§ 1995 Abs 3) **oder Bestimmung einer neuen Inventarfrist** (§ 1996) kann nicht nur der Erbe, sondern unter den Voraussetzungen des § 2008 auch sein Ehegatte beantragen (STAUDINGER/LEHMANN[11] Rn 3; AK-BGB/TEUBNER Rn 10; ERMAN/SCHLÜTER Rn 2; SOERGEL/STEIN Rn 9). Gleiches gilt für die Einlegung der **Beschwerde** gegen den Fristsetzungsbeschluss (MünchKomm/KÜPPER Rn 2; KEIDEL/ZIMMERMANN FamFG § 360 Rn 7; vgl auch oben § 1994 Rn 22 ff).

V. Die Inventarerrichtung durch den Ehegatten, der nicht Erbe ist,

22 aber das Gesamtgut (mit-)verwaltet, kommt dem Ehegatten, der Erbe ist, gem **Abs 1 S 3** zustatten, ohne dass dieser sich das Inventar nach § 2004 aneignen müsste. Das gilt auch für ein von dem Ehegatten des Erben kraft seines Verwaltungsrechts (Rn 10, 14) freiwillig – also ohne vorherige Fristsetzung gem Abs 1 S 1 – errichtetes Inventar (SOERGEL/STEIN Rn 6; vgl auch oben § 1993 Rn 24). Dass der Ehegatte des Erben das Inventar erst nach Ablauf der ihm bestimmten Frist errichtet hat, schadet nicht, falls er jedenfalls die dem erbenden Ehegatten bestimmte Frist wahrt (STAUDINGER/LEHMANN[11] Rn 5 f; BGB-RGRK/JOHANNSEN Rn 10; vgl auch die ähnliche Rechtsfrage unten bei § 2063 Rn 8). Vgl ferner Rn 27 zu der Frage, inwieweit dem Erben auch ein **ungetreu** (iS des § 2005 Abs 1 S 1) errichtetes Inventar zustatten kommt.

23 § 2008 Abs 1 S 3 macht die Rechtsfolge, dass das von dem nicht erbenden Ehegatten errichtete Inventar dem Ehegatten, der Erbe ist, zustatten kommt, nicht davon abhängig, dass dieser noch nicht unbeschränkbar haftet (anders insoweit die §§ 2063 Abs 1, 2383 Abs 2). Der Ehegatte eines bereits unbeschränkbar haftenden Erben ist also unter den güterrechtlichen Voraussetzungen des § 2008 in der Lage, durch Errichtung eines dem erbenden Ehegatten zustatten kommenden Inventars **diesem das bereits verwirkte Haftungsbeschränkungsrecht wieder zu verschaffen**, um sich dann selbst auf dieses berufen zu können (ebenso AK-BGB/TEUBNER Rn 5). Nach Sinn und Zweck der Vorschrift wird diese Möglichkeit jedoch nicht für den Fall anzuerkennen sein, dass der erbende Ehegatte seine Inventarverfehlung (§§ 1994 Abs 1 S 2, 2005 Abs 1, 2006 Abs 3) bereits *vor* Eintritt der güterrechtlichen Voraussetzungen des § 2008 begangen hat (Entsprechendes würde ja auch für den Vergleichsfall des vorherigen *Verzichts* auf das Beschränkungsrecht gelten; vgl Rn 30). Aber auch sonst wird der Ehegatte des Erben das vom letzteren verwirkte Haftungsbeschränkungsrecht durch eigene Errichtung eines diesem gem Abs 1 S 3 zustatten kommenden Inventars nur insoweit wieder zur Entstehung bringen können, als es um die Haftung des Gesamtgutes und ggf die hiervon abhängige persönliche Haftung des Ehegatten des Erben geht (dazu Rn 2), nicht also bzgl der Haftung des *erbenden* Ehegatten mit seinem *Vorbehalts*gut. Denn insoweit würden die §§ 1438 Abs 1, 1460 Abs 1 ja auch einen *Verzicht* des Erben auf sein Beschränkungsrecht nicht zur Disposition des das Gesamtgut (mit-)verwaltenden Ehegatten stellen. § 2008 bezweckt nur den Schutz des *Ehegatten* des Erben (Rn 11 f).

VI. In § 2008 nicht geregelte Gründe für den Verlust des Haftungsbeschränkungsrechts

1. Inventaruntreue

24 Bzgl der Inventaruntreue enthielt der **E I** in **§ 2148 Nr 3** eine Bestimmung, nach der das Haftungsbeschränkungsrecht nur dann erlöschen sollte, wenn die in § 2005 Abs 1 S 1 vorausgesetzte Absicht *beiden* Ehegatten zur Last falle. Dieser Satz wurde von der II. Komm gestrichen, weil man meinte, dass es wie im Fall des § 2063 Abs 1 darauf ankommen müsse, ob ein Ehegatte innerhalb der Inventarfrist gar nichts getan oder sich in gutem Glauben auf das von dem anderen Ehegatten eingereichte Inventar gem § 2004 bezogen habe. Diese Unterscheidung ist jedoch sehr formal und auch für § 2063 Abs 1 nicht gerechtfertigt (vgl dort Rn 8 f). Da sie im Gesetz nicht zum Ausdruck gebracht wurde (vgl Prot V 807: jedenfalls bedürfe die Frage keiner besonderen Entscheidung im Gesetz), kann sie als unverbindlich angesehen werden.

Nach dem Gesetz wird wie folgt zu unterscheiden sein: 25

a) **Hat der Erbe selbst den Tatbestand des § 2005 Abs 1 S 1 erfüllt**, so haftet er unbeschränkbar auch dann, wenn er verheiratet ist und die Voraussetzungen des § 2008 vorliegen.

Verwirklichte der Erbe den Tatbestand der Inventaruntreue **vor** Eintritt der güterrechtlichen Voraussetzungen des § 2008, so muss sein Ehegatte den nach § 2005 Abs 1 S 1 eingetretenen Verlust des Haftungsbeschränkungsrechts, das ihm sonst zustatten gekommen wäre (Rn 11), endgültig gegen sich gelten lassen (vgl Rn 23).

Begeht der erbende Ehegatte die Inventaruntreue **nach** Eintritt der güterrechtlichen 26 Voraussetzungen des § 2008, so kann dies nicht zu Lasten seines lediglich mithaftenden Ehegatten wirken, weil dieser zZ der von dem Erben begangenen Inventaruntreue bereits selbst berechtigt war, ein Inventar zu errichten (vgl Rn 10, 14). Er kann also durch rechtzeitige (§ 1994 Abs 1) Errichtung eines eigenen Nachlassinventars, welches gem § 2008 Abs 1 S 3 (s Rn 23) dem erbenden Ehegatten und damit letztlich auch ihm selbst (Rn 11) zustatten kommt, ja sogar durch gutgläubige Bezugnahme auf das ungetreu errichtete Inventar des Erben gem § 2004 (s dort Rn 9 f), den bereits nach § 2005 Abs 1 S 1 eingetretenen **Verlust des Haftungsbeschränkungsrechts rückgängig machen** (ebenso, allerdings ohne ausdrückliche Beschränkung dieser Regel auf den Fall einer erst *nach* Eintritt der güterrechtlichen Voraussetzungen des § 2008 begangenen Inventaruntreue: BGB-RGRK/Johannsen Rn 12; AK-BGB/Teubner Rn 5; Soergel/Stein Rn 6; Palandt/Edenhofer Rn 2; Erman/Schlüter Rn 3 f; ähnlich Prot V 806/807 für die Inventarerrichtung durch gutgläubige Bezugnahme gem § 2004; vgl auch Staudinger/Lehmann[11] Rn 9 mit älteren Nachweisen). Dies wird man aber nur insoweit annehmen dürfen, als es um die Haftung des Gesamtguts und die hiervon abhängige persönliche Haftung des Ehegatten des Erben geht (vgl Rn 23 aE).

b) **Eine Inventaruntreue seines Ehegatten kann dem Erben nicht schaden** (Gegen- 27 schluss aus Abs 1 S 3; **aM** wohl Staudinger/Thiele [2007] § 1455 Rn 17). Er kann sogar durch gutgläubige Bezugnahme (§ 2004) auf das von dem Ehegatten ungetreu errichtete Inventar eine gem Abs 1 S 1 beiden Ehegatten bestimmte *Inventarfrist* wahren (Prot V 806/807; BGB-RGRK/Johannsen Rn 12; Palandt/Edenhofer Rn 2). Selbst wenn es an einer Bezugnahme (§ 2004) des Erben auf das von seinem Ehegatten ungetreu errichtete Inventar fehlt, wird man annehmen dürfen, dass das Inventar dem erbenden Ehegatten gem § 2008 Abs 1 S 3 *in dem Sinne* zustatten kommt, dass eine evtl bestimmte Inventarfrist jedenfalls dann als gewahrt anzusehen ist, wenn der untätig gebliebene Erbe auf die Richtigkeit des bereits von seinem Ehegatten errichteten Inventars vertraute (vgl auch § 2063 Rn 8 f; **aM** Prot aaO; STAUDINGER/LEHMANN[11] Rn 9; ERMAN/SCHLÜTER Rn 4; SOERGEL/STEIN Rn 6). Analog § 2005 Abs 2 kann dem erbenden Ehegatten auf Antrag eines Nachlassgläubigers eine Frist zur Ergänzung des ihm zustatten kommenden unvollständigen Inventars bestimmt werden (vgl auch § 2063 Rn 9). Erst nach fruchtlosem Ablauf dieser Frist verliert der Erbe das – im Fall des § 2008 auch seinem Ehegatten zustatten kommende (Rn 11) – Haftungsbeschränkungsrecht. Die Frist zur Ergänzung des von dem nicht erbenden Ehegatten ungetreu errichteten Inventars braucht entgegen § 2008 Abs 1 S 1 nur dem erbenden Ehegatten bestimmt zu werden, da § 2005 Abs 2 voraussetzt, dass derjenige, dem die Frist bestimmt wird, noch keine Inventaruntreue begangen hat („ohne dass ein Fall des Abs 1 vorliegt"). Der Ehegatte, der durch die von ihm begangene Inventaruntreue seine Unglaubwürdigkeit bewiesen hat, ist also nicht zur Ergänzung des Inventars zuzulassen (**aM** STAUDINGER/LEHMANN[11] Rn 9 aE; wohl auch ERMAN/SCHLÜTER Rn 4).

2. Verletzung der Auskunftspflicht bei amtlicher Inventaraufnahme

28 Gem **§ 2005 Abs 1 S 2** verliert ein Erbe das Haftungsbeschränkungsrecht auch dann, wenn er die amtliche Aufnahme des Inventars gem § 2003 beantragt hat und dann die ihm gem § 2003 Abs 2 obliegende Auskunftserteilung verweigert oder absichtlich in erheblichem Maße verzögert. Ungeschriebene weitere Voraussetzung dieses Verwirkungsgrundes ist, dass dem Erben eine Inventarfrist bestimmt wurde (dazu § 2005 Rn 7). Erfolgte diese Fristbestimmung nach Eintritt der güterrechtlichen Voraussetzungen des § 2008 (vgl Rn 18), so kann der Ehegatte, der Erbe ist, das Haftungsbeschränkungsrecht aufgrund des § 2005 Abs 1 S 2 nur dann verlieren, wenn die Inventarfrist auch seinem das Gesamtgut (mit-)verwaltenden Ehegatten bestimmt wurde (§ 2008 Abs 1 S 1). Analog Abs 1 S 3 kommt die vom Ehegatten des Erben erteilte Auskunft dem erbenden Ehegatten zustatten, während die Verweigerung der Auskunft durch den Ehegatten, der nicht Erbe ist, nicht zu Lasten des erbenden Ehegatten wirkt (vgl auch Rn 15).

3. Verweigerung der eidesstattlichen Versicherung des § 2006

29 Sie bewirkt den Verlust des Haftungsbeschränkungsrechts nur im Verhältnis zu dem antragenden Nachlassgläubiger (§ 2006 Abs 3).

§ 2008 regelt nicht ausdrücklich, wer in dem vorausgesetzten Fall (Rn 13 f) ein bereits errichtetes Inventar durch die eidesstattliche Versicherung des § 2006 bekräftigen muss (unklar auch Mot V 681). § 2006 Abs 1 nennt als Verpflichteten den Erben. Jedenfalls der *erbende* Ehegatte kann also zur – allerdings nicht erzwingbaren (§ 2006 Rn 2) – Abgabe der eidesstattlichen Versicherung geladen werden. Ihn in dem Fall, dass er selbst kein Inventar errichtet hat, als nicht verpflichtet anzusehen, ggf ein Inventar, das von dem anderen Ehegatten kraft des diesem zustehenden Rechts zur (Mit-)Verwaltung des Gesamtguts (Rn 11, 14) errichtet wurde, gem § 2006 zu bekräftigen (so STAUDINGER/LEHMANN[11] Rn 10; PLANCK/FLAD Anm 4 c ß), erscheint wenig überzeugend (vgl BGB-RGRK/JOHANNSEN Rn 13), da er sich dieses Inventar ja auch gem § 2004 aneignen könnte (weitere Begründung bei § 2006 Rn 3). In keinem Fall bedarf es also der – aus dem Gesetz ohnehin nicht ableitbaren – Annahme, dass *anstelle* des

Erben oder sogar *neben* ihm sein Ehegatte zur Abgabe der eidesstattlichen Versicherung verpflichtet sei (wie hier KIPP/COING § 94 IX 2; **aM** mit Unterschieden im Detail PALANDT/EDENHOFER Rn 2; MünchKomm/KÜPPER Rn 3; SOERGEL/STEIN Rn 7; AK-BGB/TEUBNER Rn 7). Obwohl zur eidesstattlichen Versicherung *nicht* verpflichtet, *kann* jedoch der Ehegatte des Erben die Rechtsfolge, dass das Haftungsbeschränkungsrecht durch Verweigerung der eidesstattlichen Versicherung gegenüber dem ihre Abnahme beantragenden Gläubiger verloren geht (§ 2006 Abs 3), verhindern, indem er *anstelle* des Erben die von diesem verlangte eidesstattliche Versicherung abgibt (BGB-RGRK/JOHANNSEN Rn 13; ERMAN/SCHLÜTER Rn 5; SOERGEL/STEIN Rn 7; unklar KIPP/COING § 94 IX 1). Das *Recht* hierzu folgt sinngemäß aus seiner Befugnis (Rn 10), selbst ein Inventar zu errichten. Mit BGB-RGRK/JOHANNSEN Rn 13 ist anzunehmen, dass analog der Bestimmung, die § 2008 Abs 1 S 1 für die Setzung einer Inventarfrist trifft, *auch die Ladung zur Abgabe der eidesstattlichen Versicherung nur gegenüber beiden Ehegatten* erfolgen kann (so auch AnwKomm/ODERSKY Rn 15; iE übereinstimmend MünchKomm/KÜPPER Rn 3; PALANDT/EDENHOFER Rn 2 und AK-BGB/TEUBNER Rn 7). Analog § 2008 Abs 1 S 3 kommt die eidesstattliche Versicherung des das Gesamtgut (mit-)verwaltenden Ehegatten des Erben diesem zustatten (ebenso MünchKomm/KÜPPER Rn 3; AnwKomm/ODERSKY Rn 15). Das gilt auch, wenn das Inventar allein von dem erbenden Ehegatten errichtet worden ist und der andere Ehegatte es versäumt hat, sich dieses vor Ablauf der Inventarfrist gem § 2004 anzuzeigen (so wohl auch BGB-RGRK/JOHANNSEN Rn 13; SOERGEL/STEIN Rn 8).

4. Verzicht auf das Haftungsbeschränkungsrecht und fehlender Urteilsvorbehalt

Auch im Fall des § 2008 kann der Ehegatte, der **Erbe** ist, **auf sein Haftungsbeschränkungsrecht verzichten** (vgl zum Verzicht Vorbem 16 zu §§ 1967 ff). Auf die Haftung des Gesamtguts und damit auch die persönliche Mithaftung des dieses (mit-)verwaltenden anderen Ehegatten (vgl §§ 1437 Abs 2, 1459 Abs 2) erstreckt sich solch ein Verzicht aber nur dann, wenn der andere Ehegatte zustimmt (§§ 1438 Abs 1, 1460 Abs 1; vgl auch STAUDINGER/THIELE [2007] § 1455 Rn 13; SOERGEL/STEIN Rn 10; PALANDT/EDENHOFER Rn 3). Anders jedoch, wenn der Verzicht vor Eintritt der güterrechtlichen Voraussetzungen des § 2008 erfolgte (arg §§ 1437 Abs 1, 1459 Abs 1 und Gegenschluss aus §§ 1438 Abs 1, 1460 Abs 1).

30

Dass der wegen einer Nachlassverbindlichkeit als Erbe verurteilte Ehegatte es versäumt, sich gem § 780 Abs 1 ZPO die **Beschränkung der Haftung im Urteil vorbehalten** zu lassen, berührt den das Gesamtgut (mit-)verwaltenden anderen Ehegatten grundsätzlich schon wegen § 740 ZPO und § 1455 Nr 9 BGB nicht (ebenso MünchKomm/KÜPPER Rn 4). Anders jedoch, wenn die Gütergemeinschaft erst nach Rechtshängigkeit der Nachlassverbindlichkeit eingetreten ist; dann wirkt die Prozessführung des erbenden Ehegatten „in Ansehung des Gesamtgutes" (§ 742 ZPO) auch zu Lasten des das Gesamtgut (mit-)verwaltenden anderen Ehegatten (§§ 1433, 1455 Nr 7 im Gegensatz zu §§ 1422, 1450 Abs 1 S 1). Die Annahme, dass die Versäumung des Urteilsvorbehalts ebensowenig zu Lasten des anderen Ehegatten wirken könne wie ein rechtsgeschäftlicher Verzicht auf das Haftungsbeschränkungsrecht (STAUDINGER/LEHMANN[11] Rn 11), trifft also zwar im Grundsatz, jedoch nicht ausnahmslos zu. Auf die *persönliche* gesamtschuldnerische Mithaftung des Ehegatten des Erben ist es aber ohne Einfluss, dass der erbende Ehegatte *nach* Eintritt der

31

gesamtschuldnerischen Mithaftung des anderen ohne den Vorbehalt des § 780 ZPO verurteilt worden ist (arg § 425 iVm § 1437 Abs 2 S 1 bzw § 1459 Abs 2 S 1).

VII. Die Rechtslage nach Beendigung der Gütergemeinschaft

32 Die Gründe, die zur Beendigung der Gütergemeinschaft führen, sind dargestellt bei STAUDINGER/THIELE (2007) Vorbem 2 zu §§ 1471 ff.

Im Hinblick darauf, dass die einmal entstandene Mithaftung des Ehegatten des Erben für die Nachlassverbindlichkeiten auch nach Beendigung der Gütergemeinschaft zumindest insoweit bestehen bleibt, als eine Haftung mit dem Gesamtgut in Frage steht (vgl Rn 2), und da der Ehegatte des Erben auch nach Beendigung der Gütergemeinschaft zur Inventarerrichtung über den zum Gesamtgut gehörenden Nachlass berechtigt bleibt (§§ 1472, 1450, 1455 Nr 3), gelten die Vorschriften des § 2008 gem **Abs 2** auch nach Beendigung der Gütergemeinschaft (ebenso § 462 Abs 1 S 2 FamFG und § 318 Abs 1 S 3 InsO).

33 Da die Ehegatten das Gesamtgut nur „bis zur Auseinandersetzung" gemeinschaftlich verwalten (§ 1472), ist § 2008 nur bis zu diesem Zeitpunkt anwendbar (**aM** wegen der fortbestehenden Haftung auch des nicht erbenden Ehegatten SOERGEL/STEIN Rn 8). Denn dem Ehegatten, der nicht Erbe ist, steht das Recht, bzgl einer dem anderen Ehegatten angefallenen Erbschaft ein Inventar zu errichten, nur unter der Voraussetzung zu, dass er zur (Mit-)Verwaltung des Gesamtguts und damit auch des in diesem enthaltenen Nachlasses berechtigt ist (vgl Rn 7–10, 14).

34 Ist die Ehe durch den *Tod des Ehegatten,* der nicht Erbe ist, aber das Gesamtgut (mit-)verwaltet hat, aufgelöst (§ 1482), so ist eine gegenüber dem anderen (also dem erbenden) Ehegatten erfolgende Inventarfristbestimmung nur wirksam, wenn sie auch gegenüber den Erben seines verstorbenen Ehegatten erfolgt. Sie läuft diesen gegenüber nach Maßgabe des analog anzuwendenden § 1998 weiter, wenn sie schon dem verstorbenen Ehegatten gegenüber bestimmt war (BGB-RGRK/JOHANNSEN Rn 15; SOERGEL/STEIN Rn 8).

VIII. Besonderheiten bei fortgesetzter Gütergemeinschaft

35 Wird die Gütergemeinschaft nach dem Tod des nicht in der Position des Erben befindlichen Ehegatten fortgesetzt (§ 1483), so braucht die Frist zur Inventarerrichtung über eine im Gesamtgut enthaltene Erbschaft, die dem überlebenden Ehegatten angefallen war, nur diesem und nicht auch den Abkömmlingen des verstorbenen Ehegatten bestimmt zu werden (BGB-RGRK/JOHANNSEN Rn 16; SOERGEL/STEIN Rn 8). Denn die Abkömmlinge des verstorbenen Ehegatten werden durch § 1487 Abs 1 HS 2 von der Verwaltung des Gesamtguts und damit auch (vgl Rn 10, 14) von der Errichtung eines Inventars bzgl des zum Gesamtgut gehörigen Nachlasses ausgeschlossen. Außerdem haften sie nicht persönlich für die Verbindlichkeiten des verstorbenen oder des überlebenden Ehegatten (§ 1489 Abs 3). Die persönliche Haftung für die Gesamtgutsverbindlichkeiten der fortgesetzten Gütergemeinschaft trifft gem § 1489 Abs 1 den überlebenden Ehegatten, der ja auch gem § 1487 Abs 1 HS 2 die rechtliche Stellung des Ehegatten erhält, der das Gesamtgut allein verwaltet.

§ 2009
Wirkung der Inventarerrichtung

Ist das Inventar rechtzeitig errichtet worden, so wird im Verhältnis zwischen dem Erben und den Nachlassgläubigern vermutet, dass zur Zeit des Erbfalls weitere Nachlassgegenstände als die angegebenen nicht vorhanden gewesen seien.

Materialien: E II § 1883; III § 1984; Prot V 754 f, 757; Denkschr 725; JAKOBS/SCHUBERT ER I 308, 447 ff.

Schrifttum

Siehe vor § 1993.

I. Bedeutung der Vorschrift

1. Die Vorschrift war im E I noch nicht enthalten, sondern ist erst von der II. Komm beschlossen worden. Sie soll Streitigkeiten abschneiden und dem Erben Veranlassung geben, möglichst bald ein Inventar zu errichten (Denkschr 725). Ist dieses „rechtzeitig", also vor Ablauf einer evtl bestimmten Inventarfrist (§ 1994) oder ohne vorher erfolgte Fristsetzung (§ 1993 Rn 24) errichtet worden (§ 1993 Rn 7 ff), so wird „im Verhältnis zwischen dem Erben und den Nachlassgläubigern" vermutet, dass „zur Zeit des Erbfalls" weitere Nachlassgegenstände als die angegebenen nicht vorhanden gewesen seien. Die praktische Bedeutung der Vermutung zeigt sich vor allem, wenn der Erbe die Leistungsverweigerungsrechte aus §§ 1973, 1974, 1989, 1990–1992 geltend macht. Im Streitfall obliegt dann *ihm* der Nachweis (vgl § 1973 Rn 28), dass der Nachlass zur Befriedigung des Gläubigers an der diesem durch § 1973 Abs 1 oder zB durch § 1991 Abs 4 zugewiesenen Rangstelle höchstwahrscheinlich (§ 1973 Rn 1, § 1990 Rn 3) nicht ausreicht oder dass es an einer den Kosten der Nachlassverwaltung oder des Nachlassinsolvenzverfahrens entsprechenden Aktivmasse fehlt (§ 1990 Abs 1 S 1). Und der Erbe wäre es, der nach Beschränkung seiner Haftung auf den Nachlass beweisen müsste, dass ein Gegenstand, den er gem §§ 780, 781, 784 Abs 1, 785 ZPO von dem Vollstreckungszugriff eines Nachlassgläubigers befreien will, nicht zum Nachlass, sondern zu seinem Eigenvermögen gehört (OLG Marienwerder OLGE 19 [1909/I] 4, 5; vgl auch unten Rn 8). Diese Beweisführung kann er sich erleichtern, indem er rechtzeitig ein ordnungsgemäßes Inventar errichtet, welchem die Vollständigkeitsvermutung des § 2009 zukommt. Obwohl sich die Vermutung, dass andere Nachlassgegenstände als die in dem Inventar angegebenen nicht vorhanden gewesen seien, nur auf den Zeitpunkt des *Erbfalls* bezieht (§§ 2009, 2001 Abs 1), erleichtert sie dem Erben die Beweisführung auch bzgl des *gegenwärtigen* Nachlassbestandes ganz erheblich.

2. Die Vermutung des § 2009 gilt nur „im Verhältnis zwischen dem Erben und den Nachlassgläubigern". Sie gilt also nicht gegenüber Eigengläubigern des Erben, Erbschaftsbesitzern, Nacherben, Erbschaftskäufern, Testamentsvollstreckern (ERMAN/SCHLÜTER Rn 2) und Miterben, soweit sie nicht zugleich Nachlassgläubiger sind.

3 Ob die Vermutung auch gegenüber einem Nachlass- oder Nachlassinsolvenzverwalter gilt, erscheint fraglich, da von dem Erben nach Ansicht der I. Kommission während der Nachlassverwaltung oder des Nachlassinsolvenzverfahrens (damals: Nachlasskonkurses) die Nagelprobe des § 2006, nämlich die Bekräftigung des Inventars durch eidesstattliche Versicherung (bei deren Verweigerung der Erbe gem § 2006 Abs 3 dem Antragsteller gegenüber unbeschränkbar haftend wird) nicht verlangt werden kann (vgl hiergegen § 2000 Rn 9, 10). Im Hinblick darauf, dass sowohl dem Nachlassverwalter als auch dem Nachlassinsolvenzverwalter in erster Linie die Befriedigung der Nachlassgläubiger obliegt (vgl §§ 1975, 1985, 1986 BGB und §§ 1 S 1, 325, 159, 174 ff, 187 ff InsO), wird man dem Erben aber auch diesen Verwaltern gegenüber die Vermutungswirkung des § 2009 zuerkennen dürfen, wenn sie von ihm die Ausantwortung des Nachlasses zum Zwecke amtlicher Verwaltung verlangen (zu den vollstreckungsrechtlichen Aspekten vgl § 1985 Rn 13) oder die – materiell den Nachlassgläubigern zustehenden (s § 1978 Abs 2; Prot V 781) – Ansprüche wegen Bestandsveränderungen des Nachlasses aus §§ 1978–1980 geltend machen (zust AnwKomm/ODERSKY Rn 5; aM SOERGEL/STEIN Rn 1). Praktische Bedeutung hat diese Feststellung jedoch kaum (ECCIUS Gruchot 43 [1899] 603, 636; VAN VENROOY AcP 186 [1986] 356, 370 ff; aM STAUDINGER/LEHMANN[11] Rn 1), da den Erben bzgl solcher Ansprüche auch ohne § 2009 nicht die Beweislast für den Umfang des Nachlasses trifft. Allerdings trifft ihn uU eine Auskunfts- und Rechenschaftspflicht gem §§ 1978 Abs 1, 666, 259, 260. Bei der Erfüllung *dieser* Verpflichtungen kann sich die Existenz eines Nachlassinventars, dem die Vollständigkeitsvermutung des § 2009 zukommt, sicherlich als hilfreich erweisen (vgl auch § 2001 Rn 2).

4 **3. Die Vermutung hat nur den in § 2009 angegebenen Inhalt.** Sie gilt also nur hinsichtlich der *Aktiva* des Nachlasses, erstreckt sich nicht auf etwaige Angaben über deren Wert (Prot V 782 f) oder über die Existenz von *Nachlassverbindlichkeiten*. Sie bezieht sich auch nur auf die zZ des *Erbfalls* vorhanden gewesenen Nachlassgegenstände, nicht auf einen etwaigen Zuwachs (vgl auch § 2001 Abs 1). Zu beachten ist ferner der *negative* Inhalt der Vermutung („dass ... weitere Nachlassgegenstände ... nicht vorhanden gewesen seien"). Eine *positive* Rechtsvermutung für die Zugehörigkeit der angegebenen Gegenstände zum Nachlass wird durch § 2009 nicht begründet. Über den Beweiswert der durch die Vermutung nicht gedeckten Angaben entscheidet der Richter aufgrund freier Beweiswürdigung (§ 286 ZPO).

5 **4.** Der in § 292 ZPO vorgesehene **Beweis des Gegenteils** ist auch im Fall des § 2009 zulässig (MünchKomm/KÜPPER Rn 5 mwNw; aM wohl nur VAN VENROOY; vgl zu seinen Thesen unten Rn 9 ff). Er hat sich auf das Vorhandensein bestimmter, nicht aufgeführter Nachlassgegenstände zu richten, so dass die Vermutung der Vollständigkeit im *übrigen* nicht entkräftet wird (BGB-RGRK/JOHANNSEN Rn 3; PALANDT/EDENHOFER Rn 2; zu Grenzfällen s unten Rn 7). Die Vollständigkeitsvermutung entfällt jedoch insgesamt, wenn dem Erben *Inventaruntreue* iS von § 2005 Abs 1 S 1 nachgewiesen wird (vgl Rn 7).

II. Voraussetzungen der Vorschrift

6 **1.** Voraussetzung der Vollständigkeitsvermutung ist gem § 2009, dass das Inventar **rechtzeitig**, also vor Ablauf einer evtl bestimmten Inventarfrist (§ 1994) oder ohne vorher erfolgte Fristbestimmung (§ 1993 Rn 24) **errichtet** wurde. § 2107a der Vorlage der Subkommission für das Inventarrecht hatte noch verlangt, dass das Inventar „vorschriftsmäßig" errichtet worden sein müsse (Prot V 741). Die II. Kommission (Prot V 757) hat das Wort „vorschriftsmäßig" aber durch „rechtzeitig" ersetzt, um einer Auslegung vorzubeugen, nach der die Vollständigkeitsvermutung schon dann ausgeschlossen sei, „wenn irgendein auch noch so unbedeutender Mangel des Inventars vorliege". Die „rechtzeitige" Errichtung des Inventars müsse aber verlangt werden, weil mit der Versäumung der Inventarfrist das Recht des Erben, seine Haftung auf den Nachlass zu beschränken, gem § 1994 Abs 1 S 2 erlösche (Prot V 757).

Allerdings war auch die II. Kommission (Prot V 757) der Auffassung, dass nicht jedes **7** noch so **mangelhafte Inventar** genügen könne, um die Vollständigkeitsvermutung zu begründen. Ob ein „Inventar" iS des § 2009 errichtet sei, müsse „nach den Zwecken, welche mit der Inventarerrichtung verfolgt werden, anhand des einzelnen Falles entschieden werden". ME sollte man sich im Interesse der Rechtssicherheit darauf beschränken, in Anlehnung an § 2004 zu verlangen, dass das Inventar den Vorschriften der §§ 2002, 2003 entspricht und nicht schon nach seinem äußeren Eindruck den Namen „Inventar" (iS von „Verzeichnis des Nachlasses"; § 1993) nicht verdient (ähnlich BGB-RGRK/JOHANNSEN Rn 1). Selbst wenn ein Nachlassgläubiger nachweist, dass das Inventar Nachlassgegenstände erheblichen Umfangs nicht aufführt, wird man dem Inventar die Vollständigkeitsvermutung *im übrigen* noch zuerkennen dürfen (vgl Rn 5; **aM** SOERGEL/STEIN Rn 1). Anders jedoch, wenn dem Erben zugleich eine **Inventaruntreue** nachgewiesen wird (PLANCK/FLAD Anm d; SOERGEL/STEIN Rn 1; Anw-Komm/ODERSKY Rn 2 f; PALANDT/EDENHOFER Rn 2); denn die in § 2005 Abs 1 S 1 vorausgesetzte Absicht des Erben entzieht der Vollständigkeitsvermutung des § 2009 die Basis (vgl auch § 2063 Rn 10). Besondere Bedeutung hat die Unanwendbarkeit des § 2009 bei Inventaruntreue eines *Miterben,* da dieser sein Haftungsbeschränkungsrecht durch Inventarverfehlungen (§§ 1994 Abs 1 S 2, 2005 Abs 1, 2006 Abs 3) nur bzgl einer seinem ideellen Erbteil entsprechenden *Quote* jeder Nachlassverbindlichkeit verlieren, seine Haftung im übrigen also noch beschränken kann (vgl § 2059 Abs 1 S 2 und dort Rn 4 ff).

2. § 2009 setzt nicht voraus, dass der Erbe die Vollständigkeit des Inventars durch **8** die **eidesstattliche Versicherung** des § 2006 bekräftigt hat (vgl dort Rn 15). Die Abgabe der eidesstattlichen Versicherung schließt den Nachweis der Unvollständigkeit nicht aus; ebensowenig die Verweigerung der eidesstattlichen Versicherung die Berufung auf das Inventar gegenüber einem anderen Gläubiger als dem Antragsteller (BGB-RGRK/JOHANNSEN Rn 5). Durch Verweigerung der eidesstattlichen Versicherung erlischt jedoch die Vollständigkeitsvermutung des § 2009 gegenüber dem Nachlassgläubiger, der ihre Abnahme beantragt hat (Analogie zu § 2006 Abs 3 S 1; vgl dort Rn 20).

III. Neues zu § 2009

Grundlegende Kritik am § 2009 erhebt VAN VENROOY in AcP 186 (1986) 356, 369 ff. **9** VAN VENROOY will die Vollständigkeitsvermutung, die dem Inventar nach § 2009 zukommt, entgegen der ganz hM (Rn 5) als eine *unwiderlegliche* interpretieren, weil bei Annahme einer nur widerlegbaren Vermutung für den Erben kein Anreiz zur Ausübung des ihm in § 1993 zugestandenen Rechts zur *freiwilligen* Inventarerrichtung bestehe. Denn schon nach allgemeinen Grundsätzen treffe die Beweislast dafür, dass außer den im Inventar angegebenen noch weitere Nachlassgegenstände vorhanden seien, niemals den Erben, sondern stets den Nachlassgläubiger (van Venrooy 369 ff, bes 377, 383 f, 407). Dieser Einwand hat im Zusammenhang mit etwaigen Herausgabe- und Schadensersatzansprüchen aus §§ 1978–1980 eine gewisse Berechtigung (s Rn 3 aE).

10 van Venrooy meint aber des weiteren, dass Gleiches auch im Zusammenhang mit dem Herausgabeanspruch aus § 1990 Abs 1 S 2 (und entsprechend im Rahmen der ähnlich strukturierten §§ 1973, 1974, 1992) gelten müsse, weil § 1990 „nichts anderes als eine Anschlussnorm zu § 1973" sei (vgl AcP 186 [1986] 356, 374). Diese Argumentation wird weder der bei § 1990 Rn 29 dargestellten besonderen Rechtsnatur des Herausgabeanspruchs aus § 1990 Abs 1 S 2 noch dem Verhältnis von § 1990 zu § 1978 gerecht: Wie sich aus § 1991 Abs 1 ergibt, ist nicht § 1990 „eine Anschlussnorm zu § 1978", sondern genau umgekehrt § 1978 eine Anschlussnorm zu § 1990 (und natürlich auch zu der in §§ 1975, 1978 ausdrücklich erwähnten Nachlassverwaltung und zum Nachlassinsolvenzverfahren). Zudem lässt van Venrooy völlig unberücksichtigt, dass es selbst während einer Nachlassverwaltung oder eines Nachlassinsolvenzverfahrens vorkommen kann, dass Nachlassgläubiger in Gegenstände vollstrecken, die sich noch im Gewahrsam des Erben befinden (zB weil sich die Herkunft dieser Gegenstände nicht mehr eindeutig feststellen lässt und der Verwalter das Prozessrisiko scheut). Hier wird man kaum bestreiten können, dass im Zweifelsfall nicht der vollstreckende Gläubiger die Zugehörigkeit dieser Gegenstände zum Nachlass, sondern der Erbe die Zugehörigkeit zu seinem Eigenvermögen beweisen muss. Das ergibt sich mittelbar aus den Formulierungen des § 784 Abs 1 ZPO und entspricht im Ergebnis auch der folgenden Kontrollüberlegung: Hätte der Nachlassgläubiger bereits *vor* dem Erbfall eine im Gewahrsam des Erblassers befindliche bewegliche Sache gepfändet, so müsste ein Dritter, der sich eines die Veräußerung hindernden Rechts iSd § 771 ZPO berühmt, im Streitfall die Nichtzugehörigkeit der betreffenden Sache zum haftenden Vermögen des Erblassers (also zum späteren Nachlass) beweisen. Nichts spricht dafür, dass sich diese Beweislast umkehren könnte, wenn der Vollstreckungsschuldner stirbt und von dem die Sache für sich beanspruchenden Dritten beerbt wird (allerdings muss dieser seine Rechte dann nicht im Verfahren nach § 771 ZPO, sondern nach Maßgabe der §§ 780 ff ZPO wahren; s hierzu Vorbem 38 zu §§ 1967 ff). Beweisen muss im Rahmen des § 784 Abs 1 ZPO also nicht der vollstreckende Gläubiger die Zugehörigkeit der Sache zum Nachlass, sondern der seine Haftungsbeschränkung geltend machende Erbe die Zugehörigkeit der Sache zu seinem Eigenvermögen. Bei Errichtung eines „Inventars" darf er die betreffende Sache freilich nicht verschweigen, da er ja zumindest den an ihr bestehenden Besitz des Erblassers geerbt hat, § 857. Der Erbe muss im Inventar also angeben, dass sich die Sache zZ des Erbfalls „zwar nicht eigentumsmäßig, aber dem Besitze nach" im Nachlass befunden habe. Anders jedoch, wenn sich die Herkunft der Sache – dh ob sie sich zZ des Erbfalls im Besitz des Erblassers befand – nicht mehr klären lässt (zB wenn der Erbe geistig verwirrt oder wenn an seine Stelle bereits ein über die Herkunft der Sache nicht informierter Erbeserbe getreten ist): Nur „auf Verdacht" braucht die Sache im Inventar nicht angegeben zu werden, und gem § 2009 wird im Fall der Nichtangabe vermutet, dass die Sache nicht einmal dem Besitze nach zum Nachlass gehört (wichtig wegen der andernfalls eingreifenden Beweislastumkehr gem § 1006). Diese Vermutung verbessert die beweisrechtliche Stellung des Erben auch dann, wenn man gem § 292 ZPO den Beweis des Gegenteils zulässt.

VAN VENROOY hat also Unrecht, wenn er meint, dass die dem Inventar nach § 2009 **11** zukommende Vollständigkeitsvermutung für den Erben nur dann interessant sei, wenn man sie als unwiderlegliche interpretiere. Nähme man mit VAN VENROOY (AcP 186 [1986] 356, 397 ff, 407) eine *unwiderlegliche* Vollständigkeitsvermutung an, so würde man den böswilligen Erben, der vielleicht nur mangels Beweisbarkeit der bösen Absicht (s § 2005 Rn 20 und VAN VENROOY 400) im Genuss der beschränkten Haftung bleibt, in unvertretbarer Weise begünstigen. Aber selbst der redliche und gewissenhafte Erbe wäre überprivilegiert, wenn die Vollständigkeitsvermutung, die seinem Inventar nach § 2009 zukommt, als eine unwiderlegliche angesehen würde. Der Vorschlag von VAN VENROOY (aaO 399 ff, 407), hier durch Bestimmung einer Frist zur Ergänzung des unvollständigen Inventars zu helfen, ist der – zutreffenden – Annahme einer *widerleglichen* Vollständigkeitsvermutung prozessökonomisch nicht gleichwertig (zB wenn hinsichtlich eines im Inventar nicht angegebenen Gegenstandes bereits ein Rechtsstreit nach §§ 784 Abs 1, 785, 767 ZPO anhängig ist). Anders anscheinend KIPP/COING § 94 VII: die Vorschläge von VAN VENROOY seien sinnvoll; der Gesetzgeber habe wohl so weit nicht gedacht.

§ 2010
Einsicht des Inventars

Das Nachlassgericht hat die Einsicht des Inventars jedem zu gestatten, der ein rechtliches Interesse glaubhaft macht.

Materialien: E I § 2107; II § 1884; III § 1985; Mot V 621; Prot V 756; VI 338 f; JAKOBS/ SCHUBERT ER I 308, 327 ff.

Schrifttum

Siehe vor § 1993.

1. Die Bestimmung gewährt jedem, der ein rechtliches Interesse glaubhaft macht, **1** ein **materielles Recht** (Prot VI 339) **auf Einsicht** des Inventars. Vgl zur „Glaubhaftmachung" die Kommentierungen des § 31 FamFG. Die Befolgung der in § 2010 enthaltenen Anweisung (Mot V 621) an das Nachlassgericht (Rechtspfleger, § 3 Nr 2c RPflG) kann notfalls im Wege der Beschwerde (§§ 58, 59 FamFG, 11 Abs 1 RPflG) durchgesetzt werden. *Verlangen* kann die Einsicht des Inventars nur, wer ein rechtliches, nicht bloß ein berechtigtes Interesse hat (vgl zu dem Unterschied BGB-RGRK/JOHANNSEN Rn 1; AnwKomm/ODERSKY Rn 1). Das **rechtliche Interesse** ist bei Nachlassgläubigern (sofern sie sich noch nicht in Annahmeverzug befinden; s MünchKomm/ KÜPPER Rn 1), Nachlassverwaltern und Testamentsvollstreckern stets gegeben (JOHANNSEN und ODERSKY, je aaO). Gleiches gilt bei Miterben (SOERGEL/STEIN Rn 1; AnwKomm/ODERSKY Rn 1). Auch die Steuerbehörde ist stets einsichtsberechtigt (PALANDT/

EDENHOFER Rn 1). Gem § 13 Abs 2 S 1 FamFG „kann" das Gericht aber auch *dem* die Einsicht gestatten, dessen Interesse kein rechtliches, sondern nur ein berechtigtes ist (vgl auch Prot VI 339).

2 2. § 2010 macht das Recht auf Einsicht in das Inventar nicht davon abhängig, dass der Erbe sich bereits gegenüber einem Nachlassgläubiger auf die beschränkte Haftung berufen hat (vgl Mot V 621).

Zur Problematik eines *versiegelten* Inventars vgl § 1993 Rn 21.

3 3. Analog § 13 Abs 2 und 3 FamFG können sich die nach § 2010 Einsichtsberechtigten auf ihre Kosten **Abschriften** des Inventars erteilen lassen. Voraussetzung ist aber wohl, dass auch in *dieser* Hinsicht ein berechtigtes Interesse glaubhaft gemacht wird und schutzwürdige Interessen des Erben der Erteilung einer Abschrift nicht entgegenstehen (Rechtsgedanke des § 13 Abs 2 S 1 FamFG). Gegen die Verweigerung einer Abschrift ist die Beschwerde statthaft (§§ 58, 59 FamFG, 11 Abs 1 RPflG).

§ 2011
Keine Inventarfrist für den Fiskus als Erben*

Dem Fiskus als gesetzlichem Erben kann eine Inventarfrist nicht bestimmt werden. Der Fiskus ist den Nachlassgläubigern gegenüber verpflichtet, über den Bestand des Nachlasses Auskunft zu erteilen.

Materialien: E I § 1974 Abs 3 und 4; II § 1885; III § 1986; Mot V 380 f; Prot V 487 f, 820; JAKOBS/SCHUBERT ER I 148 ff.

Schrifttum

HÖRLE, Das Erbrecht des Fiskus und der an dessen Stelle tretenden Persönlichkeiten des öffentlichen Rechts, Recht 1904, 367, 377

RIESENFELD, Die Erbenhaftung I 458 ff
SIBER, Haftung für Nachlaßschulden 87.
Siehe ferner vor § 1993.

I. Die Haftung des Fiskus

1 1. Da der Fiskus die ihm als **gesetzlichem** Erben angefallene Erbschaft nicht ausschlagen kann (§ 1942 Abs 2), schützt das Gesetz ihn vor den Gefahren, die sich aus dem Anfall einer Erbschaft hinsichtlich der Haftung für die Nachlassverbindlichkeiten ergeben. Das geschieht zum einen dadurch, dass gem § 1966 gegen den Fiskus als gesetzlichen Erben ein Recht erst geltend gemacht werden kann, nachdem vom Nachlassgericht festgestellt worden ist, dass ein anderer Erbe nicht vorhanden ist. Darüber hinaus bestimmt § 2011 S 1, dass dem Fiskus als gesetzlichem Erben eine

---
* Diese Überschrift ist missverständlich, s Rn 5.

Titel 2 · Haftung des Erben für die Nachlassverbindlichkeiten § **2011**
Untertitel 4 · Inventarerrichtung, unbeschränkte Haftung des Erben **2–5**

Inventarfrist nicht bestimmt werden kann (rechtspolitisch wenig überzeugend [vgl Prot V 488/489, wo ein Antragsteller zutreffend bemerkt, dass solch eine Privilegierung des Fiskus nicht gerechtfertigt sei, weil dieser am ehesten in der Lage sei, durch „seine geschulten Beamten" für die Wahrnehmung des Inventarrechts zu sorgen]). Eine entgegen § 2011 S 1 erfolgte Inventarfristbestimmung wäre unwirksam (HÖRLE); folglich kann der Fiskus auch nicht durch deren Versäumung unbeschränkbar haftend werden, weder nach § 1994 Abs 1 S 2 noch nach § 2005 Abs 1 S 2 (vgl § 2005 Rn 7).

2. Obwohl dem Fiskus als gesetzlichem Erben eine Inventarfrist nicht bestimmt **2**
werden kann, wird man ihn als verpflichtet anzusehen haben, ein von ihm gem § 1993 **freiwillig errichtetes Inventar**, dem ja nach § 2009 die Vermutung der Vollständigkeit zukommt, auf Verlangen eines Nachlassgläubigers durch die in § 2006 vorgesehene **eidesstattliche Versicherung** zu bekräftigen (vgl STAUDINGER/WERNER [2008] § 1936 Rn 12; BGB-RGRK/JOHANNSEN Rn 1; SOERGEL/STEIN Rn 1; AnwKomm/ODERSKY Rn 3; a**M** STAUDINGER/ LEHMANN[11] Rn 1; PLANCK/FLAD Anm 1; MünchKomm/KÜPPER Rn 1; ERMAN/SCHLÜTER Rn 1; SCHLÜTER § 11 III Rn 118; LANGE/KUCHINKE § 13 IV 2 e). Durch Verweigerung der eidesstattlichen Versicherung kann also auch der Fiskus gegenüber dem ihre Abnahme beantragenden Nachlassgläubiger sein Haftungsbeschränkungsrecht verlieren. Dass die Motive (V 380) vom Gegenteil auszugehen scheinen (vgl Rn 3), dürfte damit zusammenhängen, dass eine dem § 2009 entsprechende Vorschrift im E I noch nicht enthalten war.

3. Auch durch **Inventaruntreue** (§ 2005 Abs 1 S 1) kann der Fiskus als gesetzlicher **3**
Erbe sein Haftungsbeschränkungsrecht verlieren (BGB-RGRK/JOHANNSEN Rn 1; ERMAN/ SCHLÜTER Rn 1; SOERGEL/STEIN Rn 1; AnwKomm/ODERSKY Rn 3; a**M** die Mot aaO: die Möglichkeit des Verlustes durch Verschweigen von Nachlassgegenständen komme „hier ebensowenig in Frage wie der Verlust durch Nichtleistung des Offenbarungseides"). Der Einwand, dass es wegen § 2011 S 1 ohnehin nicht zu einer Inventarerrichtung durch den Fiskus als gesetzlichen Erben kommen werde (MünchKomm/KÜPPER Rn 1), berücksichtigt zu wenig den von § 2009 ausgehenden Anreiz zur *freiwilligen* Inventarerrichtung.

4. Zur **Geltendmachung des Haftungsbeschränkungsrechts** ist der Fiskus auf die- **4**
selben Wege angewiesen wie jeder andere Erbe. Er muss also Nachlassverwaltung oder ein Nachlassinsolvenzverfahren beantragen oder sich auf die Dürftigkeit des Nachlasses (§ 1990) berufen usw. Auch die §§ 1978–1980 gelten für ihn. Bei der Zwangsvollstreckung gegen ihn als gesetzlichen Erben des Schuldners bleibt eine Beschränkung seiner Haftung unberücksichtigt, bis er Einwendungen erhebt (§ 781 ZPO). Doch bleiben etwaige landesgesetzliche Vorschriften, die ihn davon befreien, gem § 15 Nr 4 EGZPO unberührt.

Der Grundsatz, dass der als Erbe des Schuldners verurteilte Beklagte die Beschränkung seiner Haftung nur geltend machen kann, wenn sie ihm im Urteil vorbehalten ist (§ 780 Abs 1 ZPO), gilt nicht, wenn der Fiskus als gesetzlicher Erbe verurteilt wird (§ 780 Abs 2 ZPO).

5. Die §§ 1942 Abs 2, 1966, 2011 BGB, 780 Abs 2 ZPO setzen voraus, dass der **5**
Fiskus **gesetzlicher** Erbe ist. Ist der Fiskus *Testaments- oder Vertragserbe,* so ist für die genannten Vorschriften kein Raum (hiergegen aus rechtspolitischer Sicht SIBER 87). **Die zum 1. 1. 2002 angefügte Überschrift des § 2011 ist also zu weit gefasst** und sollte

deshalb durch Einfügung des Wortes „gesetzlichen" vor „Erben" mit der wirklichen Rechtslage in Einklang gebracht werden.

II. Die an die Stelle der Inventarpflicht tretende Auskunftspflicht

6 Anstelle der Verpflichtung zur Inventarerrichtung legt S 2 dem Fiskus die Pflicht auf, den Nachlassgläubigern über den Bestand des Nachlasses Auskunft zu erteilen. Diese Auskunftspflicht umfasst nach § 260 Abs 1 die Verpflichtung zur Vorlage eines Verzeichnisses; auch kann der Fiskus, wenn Grund zu der Annahme nachlässiger Aufstellung besteht, angehalten werden, die eidesstattliche Versicherung des § 260 Abs 2 durch den zu seiner Vertretung berufenen Beamten zu leisten. Die nach S 2 zu erteilende Auskunft betrifft aber anders als das Inventar (§ 2001 Abs 1) den *gegenwärtigen* Nachlassbestand.

Oft wird die Ausfolgung des Nachlasses an den Fiskus aufgrund eines von einem Nachlasspfleger (§ 1960) eingereichten Verzeichnisses stattfinden und der Fiskus seiner Auskunftspflicht durch Bezugnahme hierauf genügen können (Mot V 381).

Neben der Auskunftspflicht des S 2 kann sich aus § 1978 auch eine Pflicht zur Rechenschaftsablegung ergeben (§ 666).

Gem § 1966 können diese Ansprüche gegen den Fiskus als gesetzlichen Erben erst geltend gemacht werden, nachdem vom Nachlassgericht festgestellt worden ist, dass ein anderer Erbe nicht vorhanden ist. Eine Verletzung der Auskunftspflicht führt nicht zum Verlust des Haftungsbeschränkungsrechts (AK-BGB/TEUBNER Rn 5). Notfalls muss der Gläubiger seinen Auskunftsanspruch im Klagewege durchsetzen. Anspruchsberechtigt ist jeder einzelne Nachlassgläubiger (vgl MünchKomm/KÜPPER Rn 3, der jedoch Auskunftserteilung gegenüber Nachlassverwalter oder Nachlassinsolvenzverwalter genügen lassen will).

7 **III. § 2011 gilt auch für die nach Art 138 EGBGB an die Stelle des Fiskus** als gesetzliche Erben **tretenden Körperschaften, Stiftungen oder Anstalten des öffentlichen Rechts**. Ebenso ist § 2011 anwendbar, wenn der Fiskus nach *landesgesetzlicher* Bestimmung gesetzlicher Erbe wird, sofern landesrechtlich nichts Abweichendes bestimmt ist (BGB-RGRK/JOHANNSEN Rn 3).

8 **IV. Recht der ehemaligen DDR**: §§ 369, 402 Abs 4 ZGB.

**§ 2012
Keine Inventarfrist für den Nachlasspfleger und Nachlassverwalter**

(1) Einem nach den §§ 1960, 1961 bestellten Nachlasspfleger kann eine Inventarfrist nicht bestimmt werden. Der Nachlasspfleger ist den Nachlassgläubigern gegenüber verpflichtet, über den Bestand des Nachlasses Auskunft zu erteilen. Der Nachlasspfleger kann nicht auf die Beschränkung der Haftung des Erben verzichten.

(2) Diese Vorschriften gelten auch für den Nachlassverwalter.

Materialien: E I §§ 2063, 2085 Abs 2; II § 1886;
III § 1987; Mot V 550 f; Prot V 667–669; JAKOBS/
SCHUBERT ER I 259 ff.

Schrifttum

Siehe vor § 1993.

I. Allgemeines

§ 2012 trägt dem Gedanken Rechnung, dass der Erbe sein Haftungsbeschränkungsrecht nur durch *eigene* Handlungen oder Unterlassungen verlieren kann und nicht schon durch Handlungen oder Unterlassungen eines Nachlasspflegers (§§ 1960, 1961) oder Nachlassverwalters (Abs 2, §§ 1975, 1981 ff), zu deren Befugnissen es nicht gehört, den Rechten des Erben in dieser Hinsicht etwas zu vergeben (Mot V 550). 1

II. Verzicht auf das Haftungsbeschränkungsrecht und fehlender Urteilsvorbehalt

1. Gem Abs 1 S 3 kann der Nachlasspfleger nicht auf die Beschränkung der Haftung des Erben verzichten. Gleiches gilt für den Nachlassverwalter (Abs 2) und selbstverständlich auch für den Nachlassinsolvenzverwalter. 2

Der *Erbe* bleibt aber auch während einer Nachlasspflegschaft, einer Nachlassverwaltung oder eines Nachlassinsolvenzverfahrens berechtigt, auf sein Haftungsbeschränkungsrecht zu verzichten (s Vorbem 16 zu §§ 1967 ff bzgl der Frage, ob dazu ein Vertrag mit dem Gläubiger nötig ist). Denn die Haftung des *Nachlasses* wird durch solch einen Verzicht nicht berührt.

2. Da Nachlasspfleger und -verwalter auf die Beschränkung der Haftung des Erben nicht verzichten können, können sie dessen Haftungsbeschränkungsrecht auch nicht verwirken, indem sie sich wegen einer Nachlassverbindlichkeit **ohne Haftungsvorbehalt verurteilen lassen** (§ 780 Abs 2 ZPO). 3

III. Inventarfristbestimmung während einer Nachlasspflegschaft oder -verwaltung

1. Fristbestimmung gegenüber dem Pfleger oder Verwalter

Gem Abs 1 S 1 und Abs 2 kann einem nach § 1960 oder § 1961 bestellten Nachlasspfleger oder einem Nachlassverwalter eine Inventarfrist (§§ 1994 ff, 2005 Abs 2) nicht bestimmt werden. Eine ihnen dennoch bestimmte Inventarfrist wäre unwirksam, so dass ein Nachlasspfleger oder -verwalter das Haftungsbeschränkungsrecht des Erben nicht gem §§ 1994 Abs 1 S 2, 2005 Abs 1 S 2 (vgl dort Rn 7) verwirken kann. Gleiches gilt für den Nachlassinsolvenzverwalter (s § 2000 Rn 4 und unten Rn 7, 9 [zu § 2006, jedoch übertragbar auf § 1994]). 4

2. Fristbestimmung gegenüber dem Erben

5 a) Während einer gem § 1960 oder § 1961 angeordneten *Nachlasspflegschaft* kann zwar nicht dem Pfleger, wohl aber dem Erben eine Inventarfrist bestimmt werden. Jedoch beginnt die Frist gem § 1995 Abs 2 nicht vor der Annahme der Erbschaft.

b) Während einer *Nachlassverwaltung* oder eines *Nachlassinsolvenzverfahrens* kann dem Erben eine Inventarfrist nicht bestimmt werden; eine vorher bestimmte Inventarfrist wird unwirksam bei Verfahrenseröffnung (§ 2000). Nach Beendigung der genannten Verfahren gilt das bei § 2000 Rn 5 ff Ausgeführte.

IV. Freiwillige Inventarerrichtung des Nachlasspflegers oder Nachlassverwalters

6 1. Die Motive (V 550) scheinen den nach § 1960 oder § 1961 bestellten **Nachlasspfleger** für berechtigt zu halten, aus dem Recht des Erben (§ 1993), als dessen gesetzlicher Vertreter er angesehen wird (Mot V 550; vgl auch STAUDINGER/MAROTZKE [2008] § 1960 Rn 23), *freiwillig* ein Inventar zu errichten. Das ist im Ausgangspunkt richtig, bedarf jedoch der bei Rn 7 ff vermerkten Klarstellungen (vgl auch § 1993 Rn 16).

7 *Die eidesstattliche Versicherung des § 2006* kann von einem Nachlasspfleger nicht verlangt werden (ebensowenig von einem Nachlassverwalter oder Nachlassinsolvenzverwalter; für diese gilt die maßgebliche Argumentation entsprechend [mit den bei Rn 9 vermerkten Besonderheiten]). Ganz abgesehen davon, dass eine solche Verpflichtung grundsätzlich nicht durchsetzbar wäre (vgl § 2006 Rn 2), ist Folgendes zu berücksichtigen: Im Gegensatz zum Erben haftet der Nachlasspfleger den Nachlassgläubigern niemals persönlich mit seinem Eigenvermögen, sondern immer nur mit dem Nachlass. Auf ein Haftungsbeschränkungsrecht, das er gem § 2006 Abs 3 durch Verweigerung der eidesstattlichen Versicherung verlieren könnte, ist der Nachlasspfleger unter keinen Umständen angewiesen. Und das Haftungsbeschränkungsrecht des *Erben* kann der Nachlasspfleger ohnehin nicht verwirken (vgl Rn 1 ff). Folglich kann die eidesstattliche Versicherung nur vom *Erben,* dem das von dem Nachlasspfleger errichtete Inventar analog § 164 zustatten kommt, nach Annahme der Erbschaft (arg §§ 1958, 1995 Abs 2) verlangt werden. Solange nicht die Bekräftigung des Inventars durch die eidesstattliche Versicherung des § 2006 verlangt werden kann, wird man dem vom Nachlasspfleger errichteten Inventar die Vollständigkeitsvermutung des § 2009 versagen müssen (im Hinblick auf § 1958 allerdings wenig bedeutsam).

8 Hat der Nachlasspfleger das Inventar *ungetreu* iS von § 2005 Abs 1 S 1 errichtet, so wirkt das nicht zu Lasten des Erben; dieser behält das Haftungsbeschränkungsrecht (str; vgl § 1993 Rn 16). Allerdings wird das von einem Nachlasspfleger ungetreu errichtete Inventar dem Erben nur in einem sehr beschränkten Sinne zustatten kommen (vgl auch hierzu § 1993 Rn 16).

9 2. Der **Nachlassverwalter** und der **Nachlassinsolvenzverwalter** stehen bei der Wahrnehmung der ihnen gesetzlich zugewiesenen Aufgabe der Gläubigerbefriedigung (vgl §§ 1975, 1985, 1986 BGB und §§ 1 S 1, 325, 159, 174 ff, 187 ff InsO) nicht *im* Lager des Erben (vgl schon § 2000 Rn 2, 4 und § 2009 Rn 3), sondern in relativer Unab-

hängigkeit (vgl § 56 Abs 1 InsO) *zwischen* dem Erben, von dem sie die Herausgabe des Nachlasses verlangen müssen, und den Nachlassgläubigern, die aus dem Nachlass befriedigt werden sollen. Das Recht des Erben (§ 1993), ein Inventar zu errichten, können diese Verwalter als solche deshalb nicht ausüben (vgl KGJ 28 [1905] A 28 = RJA 4, 201). Ein von ihnen dennoch formgerecht (§ 2004 Rn 3, 7) errichtetes Inventar ist wirkungslos, solange der Erbe es sich nicht gem § 2004 zu eigen macht (so auch SOERGEL/STEIN § 1993 Rn 3). Die dem Nachlassinsolvenzverwalter gem § 151 InsO obliegende Aufstellung eines Verzeichnisses der Massegegenstände ist keine Inventarerrichtung iS der §§ 1993 ff (s Rn 13). Der Erbe bleibt auch während einer Nachlassverwaltung oder eines Nachlassinsolvenzverfahrens berechtigt, ein Inventar des Nachlasses zu errichten (KGJ 42 [1912] A 94, 98 = RJA 12, 108, 111 = Recht 1913 Nr 1978).

V. Auskunftspflicht des Nachlasspflegers bzw Nachlassverwalters

10 Als Ausgleich dafür, dass Nachlasspfleger und -verwalter gem Abs 1 S 1 kein Inventar zu errichten brauchen, erklärt **Abs 1 S 2** sie den Nachlassgläubigern gegenüber für verpflichtet, über den (gegenwärtigen) Bestand des Nachlasses Auskunft zu erteilen. Eine etwaige Auskunftspflicht des *Erben* (zB die aus § 2314 Abs 1) wird dadurch nicht hinfällig, zumal wenn diese sich auf einen anderen Zeitpunkt bezieht (vgl OLG Celle JZ 1960, 375). UU wird der Erbe über genauere Kenntnisse verfügen als der Nachlasspfleger oder -verwalter.

Verletzt der Nachlasspfleger seine Auskunftspflicht schuldhaft, so ist er den Nachlassgläubigern für den daraus entstehenden Schaden persönlich verantwortlich (s STAUDINGER/MAROTZKE [2008] § 1960 Rn 53; Prot V 669 gegen Mot V 552). Gleiches gilt gem § 1985 Abs 2 für den Nachlassverwalter. Der Erbe selbst haftet jedoch nicht für die Auskunftspflichtverletzung des Nachlasspflegers oder -verwalters (ebenso AnwKomm/ODERKSY Rn 5). Aus § 278 lässt sich nichts Gegenteiliges herleiten (anders noch Mot V 552, überholt durch Prot V 669), da diese Vorschrift voraussetzt, dass der gesetzliche Vertreter eine Verbindlichkeit des *Vertretenen* (hier: des Erben oder des Nachlasses) verletzt hat.

11 Aufgrund der ihm nach Abs 1 S 2 obliegenden Auskunftspflicht ist der Nachlasspfleger bzw Nachlassverwalter ferner verpflichtet, den Nachlassgläubigern ein **Verzeichnis des Nachlasses** vorzulegen (§ 260 Abs 1) und unter den weiteren Voraussetzungen der Abs 2 und 3 des § 260 dessen Vollständigkeit durch **eidesstattliche Versicherung** zu bekräftigen. Diese eidesstattliche Versicherung kann durch Klage und Vollstreckung gem § 889 ZPO erzwungen werden. Mit der in § 2006 behandelten, die von dem Nachlasspfleger bzw -verwalter nicht verlangt werden kann (Rn 7), hat sie nichts zu tun. Streitig ist, ob vom Nachlasspfleger bei fruchtloser Zwangsvollstreckung außerdem noch die eidesstattliche Versicherung des § 807 ZPO verlangt werden kann (vgl § 1985 Rn 26).

12 Kraft ihres Amtes sind der Nachlasspfleger und der Nachlassverwalter verpflichtet, dem **Nachlassgericht** (§§ 1962, 1975) **ein Verzeichnis des Nachlasses einzureichen** (§§ 1975, 1915 Abs 1 S 1, 1802).

13 Auch der Nachlass**insolvenz**verwalter hat ein Verzeichnis der Nachlassgegenstände aufzustellen (§ 151 InsO). Jedoch ist dieses Verzeichnis nicht beim Nachlassgericht,

§ 2013

sondern bei der Geschäftsstelle des **Insolvenzgerichts** niederzulegen (§§ 154, 315 InsO). Dies ist keine Inventarerrichtung iS der §§ 1993 ff (s § 2004 Rn 3, 7 [Inhalt und Form], § 1993 Rn 7 ff [Einreichung beim Nachlass-, nicht beim Insolvenzgericht]).

§ 2013
Folgen der unbeschränkten Haftung des Erben

(1) Haftet der Erbe für die Nachlassverbindlichkeiten unbeschränkt, so finden die Vorschriften der §§ 1973 bis 1975, 1977 bis 1980, 1989 bis 1992 keine Anwendung; der Erbe ist nicht berechtigt, die Anordnung einer Nachlassverwaltung zu beantragen. Auf eine nach § 1973 oder nach § 1974 eingetretene Beschränkung der Haftung kann sich der Erbe jedoch berufen, wenn später der Fall des § 1994 Abs. 1 Satz 2 oder des § 2005 Abs. 1 eintritt.

(2) Die Vorschriften der §§ 1977 bis 1980 und das Recht des Erben, die Anordnung einer Nachlassverwaltung zu beantragen, werden nicht dadurch ausgeschlossen, dass der Erbe einzelnen Nachlassgläubigern gegenüber unbeschränkt haftet.

Materialien: E I §§ 2110 Abs 2, 2125 S 3; II §§ 1868 Abs 2, 1887; III § 1988; Mot V 625, 648; Prot V 733 f, 763 ff, 777 f, 810; VI 395; Komm-Bericht 2101; Jakobs/Schubert ER I 309, 337 ff.

Schrifttum

Riesenfeld, Die Erbenhaftung II (1916) 18 ff.
Siehe ferner vor § 1993.

Systematische Übersicht

I.	Allgemeines	1	2.	Nachlassinsolvenzverfahren und Eigenverwaltung — 10
II.	Abs 1: Verlust des Haftungsbeschränkungsrechts gegenüber sämtlichen Nachlassgläubigern gem § 1994 Abs 1 S 2 oder § 2005 Abs 1		IV.	In § 2013 nicht erwähnte Folgen der „unbeschränkten" Haftung — 11
	1. Ausschluss der §§ 1973, 1974	2	V.	Miterbschaft, Berufung zu mehreren Erbteilen — 12
	2. Nachlassverwaltung, Nachlassinsolvenzverfahren	4		
	3. §§ 1989–1992	8	VI.	Beweislast — 14
III.	Verlust des Haftungsbeschränkungsrechts gegenüber nur einzelnen Nachlassgläubigern			
	1. Abs 2	9		

März 2010

Titel 2 · Haftung des Erben für die Nachlassverbindlichkeiten § 2013
Untertitel 4 · Inventarerrichtung, unbeschränkte Haftung des Erben 1–3

I. Allgemeines

1. Mit unbeschränkter Haftung meint § 2013 die nicht mehr beschränkbare Haftung 1
(vgl Vorbem 9 zu §§ 1967 ff und § 1993 Rn 2).

2. Die Bestimmung gibt eine **zusammenfassende Aufzählung der Rechtsfolgen**, die der durch Inventarverfehlungen (§§ 1994 Abs 1 S 2, 2005 Abs 1, 2006 Abs 3) bewirkte Verlust des Haftungsbeschränkungsrechts mit sich bringt. Das geschieht in der Art, dass § 2013 die Vorschriften des BGB aufzählt, die bei der unbeschränkbaren Haftung keine Anwendung finden. Auf eine *kurze Formel* gebracht, kann man sagen: Der Eintritt der unbeschränkbaren Haftung raubt dem Erben alle Rechtsbehelfe, die ihm das Gesetz sonst gewährt, um die beschränkte Haftung herbeizuführen.

3. § 2013 unterscheidet zwischen den Fällen des *allgemeinen* Verlusts des Haftungsbeschränkungsrechts und den Fällen des Verlusts *einzelnen* Nachlassgläubigern gegenüber. In den letzteren Fällen bleiben einige Haftungsbeschränkungsmittel erhalten, Abs 2.

II. Abs 1: Verlust des Haftungsbeschränkungsrechts gegenüber sämtlichen Nachlassgläubigern gem § 1994 Abs 1 S 2 oder § 2005 Abs 1

1. Ausschluss der §§ 1973, 1974

a) Gem Abs 1 S 1 finden die §§ 1973 und 1974, die die Folgen des Ausschlusses 2 von Nachlassgläubigern im **Aufgebotsverfahren** bzw im Falle **5-jähriger Säumnis** festlegen, keine Anwendung, wenn der Erbe sein Haftungsbeschränkungsrecht allgemein verwirkt hat. Gem Abs 1 S 2 gilt dies jedoch nur, wenn das Ausschlussurteil *nach* Eintritt der „unbeschränkten" Haftung ergangen oder die 5-jährige Frist erst danach abgelaufen ist (OLG Kiel SeuffA 78 [1924] Nr 37); eine bereits vorher eingetretene Haftungsbeschränkung iS des § 1973 oder § 1974 wird durch eine spätere Inventarverfehlung (§§ 1994 Abs 1 S 2, 2005 Abs 1) nicht mehr berührt (rechtspolitisch fragwürdig [vgl § 1973 Rn 10] und schon deshalb nicht analog anwendbar auf die Einrede des § 1990 [vgl OLG Stuttgart FamRZ 1995, 57]). Anders nur, wenn der Erbe durch Verweigerung der eidesstattlichen Versicherung dem antragenden Gläubiger gegenüber (§ 2006 Abs 3) das Beschränkungsrecht verliert; diesem Gläubiger gegenüber kann er sich nicht auf die zuvor nach § 1973 oder § 1974 eingetretene Haftungsbeschränkung berufen (vgl § 1973 Rn 4).

Der Ausschluss des § 1973 durch § 2013 Abs 1 S 1 wird ergänzt durch § 455 Abs 1 FamFG. Nach dieser Vorschrift kann der Erbe das Aufgebotsverfahren nur beantragen, „wenn er nicht für die Nachlassverbindlichkeiten unbeschränkt haftet" (vgl § 1970 Rn 5).

b) Hat der unbeschränkbar haftende Erbe **Miterben**, so kann er das Aufgebot 3 noch beantragen (trotz Prot V 776; vgl § 1970 Rn 6). Wegen § 460 Abs 2 FamFG scheint es so, als dürfte den Nachlassgläubigern, die sich nicht melden, in diesem Fall nur angedroht werden, dass jeder Erbe nach der Teilung des Nachlasses nur für den seinem Erbteil entspr Teil der Verbindlichkeit haftet (vgl auch § 2060 Nr 1 BGB). Andererseits verbietet § 460 Abs 2 FamFG nicht ausdrücklich, *daneben* auch den in

§ 458 FamFG und § 1973 BGB erwähnten Rechtsnachteil anzudrohen. Aus zwei Gründen ist dieser Rechtsnachteil auch dann anzudrohen, wenn der das Aufgebot beantragende Miterbe bereits „unbeschränkt" haftet: Erstens, weil Miterben ihr Haftungsbeschränkungsrecht grundsätzlich nur hinsichtlich der ihrem ideellen Erbteil entsprechenden *Quote* verlieren können (str, vgl § 2059 Rn 4 ff), und zweitens, weil ein von einem „unbeschränkt" haftenden Miterben erwirktes Ausschlussurteil gem § 460 Abs 1 S 1 FamFG auch den anderen, womöglich noch nicht „unbeschränkt" haftbaren Erben zustatten kommt.

2. Nachlassverwaltung, Nachlassinsolvenzverfahren

4 Eine **Nachlassverwaltung** und ein **Nachlassinsolvenzverfahren** können zwar noch stattfinden, aber nicht mehr zur Haftungsbeschränkung führen, da Abs 1 S 1 den § 1975 ausschließt (bei Berufung zu mehreren Erbteilen oder bei Miterbschaft gilt dies nur mit Einschränkungen; vgl § 2007 Rn 2–5, § 2060 Rn 10 f, § 2062 Rn 11 ff). Sie können nur noch ihre Trennungswirkung zugunsten der *Nachlassgläubiger* entfalten. Deshalb entzieht Abs 1 S 1 HS 2 zwar dem unbeschränkbar haftenden *Erben*, nicht aber auch den *Nachlassgläubigern* das Recht (§ 1981 Abs 1 bzw Abs 2), die Anordnung einer Nachlassverwaltung zu beantragen (vgl jedoch zum Antragsrecht des bzw der *Erben* § 2062 Rn 12 f bei Erbenmehrheit und § 2007 Rn 2 ff bei Berufung zu mehreren Erbteilen). Dass der unbeschränkt haftende Erbe das Recht behält, ein *Nachlassinsolvenzverfahren* zu beantragen (§§ 316 Abs 1, 317 InsO; krit wegen der Gefahr rechtsmissbräuchlicher Anträge Siber 88 f, 150; dem Erben bei rechtsmissbräuchlichem Antrag das Rechtsschutzbedürfnis absprechend Jaeger/Weber[8] KO §§ 217–220 Rn 2), erklärt sich nicht aus Rücksicht auf seine Belange, sondern daraus, dass sich das Insolvenzeröffnungsverfahren zur Entscheidung der Frage, ob der Erbe das Haftungsbeschränkungsrecht verwirkt hat, nicht eignet (vgl zu den entsprechenden Vorschriften der KO Prot V 763 f; Begr zur KO-Novelle 46 = Hahn, Die gesammten Materialien zu den Reichs-Justizgesetzen VII [1898] 251). Dagegen verlor der unbeschränkbar haftende Erbe – auch wenn er Miterben hatte – das Recht zur Beantragung des *Nachlassvergleichsverfahrens* (§ 113 Abs 1 Nr 3 VerglO). Das Nachlassvergleichsverfahren wurde inzwischen abgeschafft (§ 1975 Rn 2, 4). Die für dieses typische (§ 1975 Rn 2, 9) **„Eigenverwaltung"** des Nachlasses durch den Erben kann jedoch auf Antrag auch für das Nachlassinsolvenzverfahren neuen Rechts angeordnet werden (§§ 270 ff InsO; s auch § 1975 Rn 10). Auf Antrag des *Erben* darf die Eigenverwaltung allerdings nur angeordnet werden, wenn ua „nach den Umständen zu erwarten ist, dass die Anordnung nicht zu einer Verzögerung des Verfahrens oder zu sonstigen Nachteilen für die Gläubiger führen wird" (§ 270 Abs 2 Nr 3 InsO). An dieser Voraussetzung wird es idR fehlen, wenn der Erbe eine der zum völligen oder teilweisen Verlust des Haftungsbeschränkungsrechts führenden Inventarfehlungen begangen hat (zust Bamberger/Roth/Lohmann Rn 5), nicht aber bei *vorwurfsfreien sonstigen* Verlustgründen wie zB einem mit einzelnen oder sämtlichen Gläubigern geschlossenen Haftungsbeschränkungs-Verzichtsvertrag (vgl auch unten Rn 10). Auf Antrag der *Gläubigerversammlung* kann jedoch auch in solchen Fällen noch Eigenverwaltung angeordnet werden (§ 271 InsO).

5 Soweit (Rn 12, 13) die Nachlassverwaltung und das Nachlassinsolvenzverfahren ihre haftungsbeschränkende Wirkung nicht mehr entfalten können, hindern sie die **persönliche Inanspruchnahme des** „unbeschränkt" auch mit dem Eigenvermögen haftenden **Erben** nicht (vgl § 1984 Rn 23 f für die Nachlassverwaltung und Vorbem 29 ff zu §§ 1967 ff

für das Nachlassinsolvenzverfahren). Wenn neben der Nachlassverwaltung oder dem Nachlassinsolvenzverfahren auch über das Vermögen des Erben ein Insolvenzverfahren eröffnet wird, können die Nachlassgläubiger ihre Forderungen auch in diesem Verfahren geltend machen; hier werden sie dann wie absonderungsberechtigte Gläubiger behandelt (§ 331 Abs 1 InsO). Sie können also aus dem Erbenvermögen nur für den Betrag verhältnismäßige Befriedigung verlangen, bezüglich dessen sie auf Befriedigung aus dem Nachlass verzichtet haben oder ausgefallen sind (§ 52 InsO). Vgl weiterführend die Kommentierungen zu § 234 KO bzw § 331 InsO.

Soweit der Erbe „unbeschränkt" haftet, kann er weder im Fall der Nachlassverwaltung noch in dem des Nachlassinsolvenzverfahrens die Aufhebung von *Zwangsvollstreckungsmaßregeln* verlangen, die zugunsten eines Nachlassgläubigers in sein nicht zum Nachlass gehörendes Vermögen erwirkt worden sind (§ 784 Abs 1 ZPO). Dagegen kann der Nachlassverwalter Zwangsvollstreckungsmaßregeln der Privatgläubiger des Erben auch bei dessen „unbeschränkter" Haftung angreifen (vgl § 1984 Rn 26 ff). Für den Fall des Nachlassinsolvenzverfahrens vgl §§ 88, 89 Abs 1, 321 InsO und § 1975 Rn 6.

Die in § **1976** für die Fälle der Nachlassverwaltung und des Nachlassinsolvenzverfahrens angeordnete *Wiederaufhebung der Vereinigung von Recht und Verbindlichkeit bzw Recht und Belastung* wird durch den Eintritt der „unbeschränkten" Haftung nicht berührt; § 2013 schließt § 1976 nicht aus. Der „unbeschränkt" haftende Erbe kann also die ihm gegen den Erblasser zustehenden Forderungen in beiden Verfahren geltend machen. **6**

Dagegen wird § **1977**, der bestimmten *Aufrechnungen* die Wirksamkeit entzieht, in § 2013 für unanwendbar erklärt. Das muss jedoch auf den *ersten* Absatz des § 1977 beschränkt werden (Einzelheiten bei § 1977 Rn 6, 8).

Wenn jemand zu **mehreren Erbteilen** berufen ist oder wenn **Miterben** vorhanden sind, gilt der – richtigerweise auf Abs 1 zu beschränkende – Ausschluss des § 1977 nur, *soweit* die Haftung eine unbeschränkte ist (vgl Rn 12, 13). Miterben haben zudem bis zur Teilung des Nachlasses das Leistungsverweigerungsrecht des § 2059 Abs 1 S 1, das auch bei „unbeschränkter" Haftung nicht *völlig* entfällt (s § 2059 Abs 1 S 2). Soweit dieses Leistungsverweigerungsrecht reicht (s § 2059 Rn 4 f, 16), schließt es die Aufrechnung eines Nachlassgläubigers gem § 390 aus (s § 2059 Rn 19, 43).

Indem Abs 1 S 1 die Anwendung der §§ **1978–1980** ausschließt, verneint er eine **Verantwortlichkeit** des „unbeschränkt" haftenden Erben für die bis zur Anordnung der Nachlassverwaltung oder der Eröffnung des Nachlassinsolvenzverfahrens erforderliche Verwaltung des Nachlasses und für die Unterlassung des Antrags auf Eröffnung eines Nachlassinsolvenzverfahrens. Soweit (Rn 12, 13) der Erbe ohnehin mit seinem ganzen Vermögen haftet, würde den Nachlassgläubigern die Zuerkennung von Ersatzansprüchen keine zusätzliche Zugriffsmöglichkeit geben. Umgekehrt entstehen auch keine Ansprüche des „unbeschränkt" haftenden Erben auf **Aufwendungsersatz**, zB wegen der Berichtigung von Nachlassverbindlichkeiten aus seinem Eigenvermögen (§§ 1978 Abs 3, 1979). Auch im Nachlassinsolvenzverfahren tritt folglich der Erbe nicht an die Stelle eines von ihm befriedigten Nachlassgläubigers; **7** der Ausschluss der §§ 1978, 1979 macht auch den § 326 Abs 2 InsO gegenstandslos (vgl aber die Sonderregelung in § 326 Abs 3 InsO).

8   3. Für unanwendbar erklärt Abs 1 S 1 auch die Haftungserleichterung, welche § **1989** nach Beendigung des Nachlassinsolvenzverfahrens durch Verteilung der Masse oder Insolvenzplan vorsieht, sowie die haftungsbeschränkenden Einreden der §§ **1990 bis 1992**.

III. Verlust des Haftungsbeschränkungsrechts gegenüber nur einzelnen Nachlassgläubigern

1. Abs 2

9   Haftet der Erbe nur gegenüber *einzelnen* Gläubigern unbeschränkbar, wie zB in den Fällen des § 2006 Abs 3 oder des Verzichts auf das Haftungsbeschränkungsrecht (dazu Vorbem 16 zu §§ 1967 ff) oder wegen § 780 Abs 1 ZPO, so treten dieselben Folgen ein wie bei *allgemein* unbeschränkbarer Haftung, jedoch nur gegenüber den betreffenden einzelnen Gläubigern. Dagegen wird der Erbe nicht gehindert, die Beschränkbarkeit seiner Haftung den *übrigen* Gläubigern gegenüber geltend zu machen. Dementsprechend sagt Abs 2, dass die §§ 1977–1980 sowie das Recht des Erben, die Anordnung einer Nachlassverwaltung zu beantragen, nicht dadurch ausgeschlossen werden, dass der Erbe nur einzelnen Nachlassgläubigern gegenüber „unbeschränkt" haftet (s auch § 1977 Rn 6, 8). Über die sonstigen nach Abs 1 nicht anwendbaren Haftungsbeschränkungsmittel (statthaft bleibt übrigens das Nachlassinsolvenzverfahren; s oben Rn 4) schweigt das Gesetz. Es ist aber selbstverständlich, dass auch sie im Verhältnis zu den übrigen Nachlassgläubigern anwendbar bleiben (BGB-RGRK/JOHANNSEN Rn 14, 15). Also bleibt der Erbe berechtigt, das Aufgebot der Nachlassgläubiger zu beantragen (amtl Begr zur CPO-Novelle 199 [betr § 991 Abs 1 ZPO/jetzt § 455 Abs 1 FamFG] = HAHN, Die gesammten Materialien zu den Reichs-Justizgesetzen VIII [1898] 179) und gegenüber den in diesem Verfahren ausgeschlossenen und den ihnen gleichstehenden Gläubigern nach § 1973 bzw § 1974 vorzugehen. Ebenso kann er sich gegenüber den Gläubigern, denen er noch nicht unbeschränkbar haftet, ggf auf die §§ 1989–1992 berufen.

2. Nachlassinsolvenzverfahren und Eigenverwaltung

10   Das **Nachlassvergleichsverfahren** (s § 1975 Rn 2, 4) konnte der Erbe wegen der in § 113 Abs 1 Nr 3 VerglO getroffenen Sonderregelung schon dann nicht mehr beantragen, wenn er nur *einzelnen* Nachlassgläubigern gegenüber „unbeschränkt" haftete. Bei Erbenmehrheit entfiel das – allen Erben nur gemeinschaftlich zustehende (§ 113 Abs 1 Nr 1 S 3 VerglO) – Antragsrecht auch dann, wenn nur *ein* Erbe für die Nachlassverbindlichkeiten allen oder einzelnen Nachlassgläubigern gegenüber „unbeschränkt" haftete (§ 113 Abs 1 Nr 3 VerglO). Diese von dem Muster des § 2013 Abs 2 abweichende Sonderregelung nahm darauf Rücksicht, dass der Erbe den Nachlass im Nachlass*vergleichs*verfahren weiterhin in den Händen behielt (§ 1975 Rn 2, 9) und dies den Nachlassgläubigern nicht zuzumuten war, wenn der Erbe bzw einer der Erben durch Verweigerung der eidesstattlichen Versicherung (§ 2006 Abs 3) Zweifel an seiner Zuverlässigkeit aufkommen ließ (vgl BLEY/MOHRBUTTER VerglO § 113 Rn 10 ad a [im ersten Abs], b; vgl auch § 1981 Abs 2 S 1). Dieser Gedanke ist für das

am 1.1.1999 in Kraft getretene **neue Insolvenzrecht** insofern von Bedeutung, als dieses im Rahmen des an die Stelle von Nachlasskonkurs und Nachlassvergleich getretenen „Nachlassinsolvenzverfahrens" die Möglichkeit eröffnet, durch besonderen Gerichtsbeschluss eine **„Eigenverwaltung"** anzuordnen (Näheres bei Rn 4). Man wird einem Erben, der sein Haftungsbeschränkungsrecht nicht gem § 2006 Abs 3, sondern aus anderen, weniger dubiosen Gründen (zB gem § 780 Abs 1 ZPO oder durch Vertrag; s auch § 1993 Rn 28) verloren hat, weiterhin die Chance offen halten müssen, mit Aussicht auf Erfolg (Rn 4) die Anordnung der Eigenverwaltung zu beantragen (ähnlich BLEY/MOHRBUTTER VerglO § 113 Rn 10 ad b für den Antrag auf Eröffnung des Nachlassvergleichsverfahrens; vgl auch SOERGEL/STEIN § 1975 Rn 10 mit Fn 24).

IV. In § 2013 nicht erwähnte Folgen der „unbeschränkten" Haftung

Dem Erben, der sein Recht zur Haftungsbeschränkung verloren hat, entzieht das Gesetz auch die Rechtsbehelfe, die seine Haftungsbeschränkung vorbereiten oder sichern helfen sollen: **11**

a) das Recht, das **Aufgebot der Nachlassgläubiger** zu beantragen (es sei denn, der Erbe haftet nur gegenüber einzelnen Nachlassgläubigern „unbeschränkt"), vgl Rn 2, 9 und § 455 Abs 1 FamFG;

b) das Recht, im Fall des § 175 ZVG (vgl § 1971 Rn 5) die **Zwangsversteigerung des Nachlassgrundstücks** zu beantragen (§ 175 Abs 2 ZVG), aber auch dieses Antragsrecht entfällt nicht, wenn der Erbe sein Haftungsbeschränkungsrecht nur gegenüber einzelnen Nachlassgläubigern verloren hat;

c) **die aufschiebenden Einreden** der §§ 2014, 2015; deren Ausschluss regelt § 2016 (aber kein Ausschluss dieser Einreden gegenüber solchen Gläubigern, denen gegenüber der Erbe das Beschränkungsrecht noch hat);

d) Ausgeschlossen ist idR auch die Möglichkeit des Erben, gem § 270 InsO die Anordnung der **Eigenverwaltung** zu erwirken (s Rn 4, 10).

V. Miterbschaft, Berufung zu mehreren Erbteilen

1. Wer **Miterben** hat, kann das Haftungsbeschränkungsrecht durch Inventarverfehlungen (§§ 1994 Abs 1 S 2, 2005 Abs 1, 2006 Abs 3) nur hinsichtlich einer seinem ideellen Erbteil entsprechenden *Quote* einzelner (§ 2006 Abs 3) oder sämtlicher Nachlassverbindlichkeiten verlieren (str; vgl §§ 1994 Rn 34, 2059 Rn 6 ff). In Ansehung der übrigen Schuldquoten, für die er das Beschränkungsrecht nur durch Rechtsgeschäft oder gem § 780 ZPO verlieren kann, gilt das Vorstehende deshalb nicht ohne weiteres, insbes nicht der Ausschluss der §§ 1973–1975, der §§ 1977–1980 und der §§ 1989–1992 durch § 2013 Abs 1 S 1. Der Miterbe, dessen „unbeschränkte" Haftung auf einer Inventarverfehlung beruht, ist also den Nachlassgläubigern bis zur Höhe der Teilbeträge, für die er im Fall des Nachlassinsolvenzverfahrens nur mit dem Nachlass haftet (vgl § 2060 Rn 10 f) und für die somit der bei Rn 7 genannte Grund für den Ausschluss der §§ 1978–1980 nicht zutrifft, für von ihm zu vertretende Schädigungen des Nachlasses persönlich verantwortlich (ebenso im Fall des § 2059 Abs 1 S 2 KRESS, Die Erbengemeinschaft [1903] 136). Entsprechendes gilt, wenn der „unbeschränkt" **12**

haftende Miterbe dem Gläubiger nach der Teilung des Nachlasses gem § 2061 Abs 1 S 2 ohnehin nur noch teilschuldnerisch haftet (vgl § 2060 Rn 32 ff). Zur Aufrechnung s oben Rn 6 und § 2059 Rn 19, zu den Einreden aus § 1973 und § 1974 oben Rn 3. Vgl ferner § 2062 Rn 12 f (Antrag auf Nachlassverwaltung) und oben Rn 10 (Antrag auf Anordnung der „Eigenverwaltung" im Nachlassinsolvenzverfahren, wenn einige oder alle der den Antrag stellenden Miterben bereits „unbeschränkt" haften).

13 2. Die bei **Berufung zu mehreren Erbteilen** bestehende Möglichkeit einer nur *teilweise* unbeschränkbar werdenden – im übrigen also noch beschränkbaren – Haftung ist dargestellt bei § 2007 Rn 1 ff.

VI. Beweislast

14 Es ist Sache des Nachlassgläubigers, darzutun, dass und wodurch der Erbe sein Haftungsbeschränkungsrecht verloren hat: also zB die Setzung und den Ablauf der Inventarfrist, deren Einhaltung wiederum der Erbe beweisen muss (vgl § 1994 Abs 1 S 2 HS 2), oder Inventaruntreue (§ 2005 Abs 1 S 1) oder Verweigerung der eidesstattlichen Versicherung ihm gegenüber (§ 2006 Abs 3). Diesen Beweis kann der Gläubiger, wenn der Erbe den Vorbehalt der beschränkten Haftung verlangt (§ 780 ZPO), schon im Prozess führen und dadurch die vorbehaltslose Verurteilung erreichen; er kann sich diesen Nachweis aber auch für das Zwangsvollstreckungsverfahren aufsparen für den Fall, dass der Erbe Einwendungen nach §§ 781 ff ZPO erhebt (vgl § 1990 Rn 12). Wenn allerdings eine Nachlassverwaltung angeordnet oder ein Nachlassinsolvenzverfahren eröffnet ist, soll der Gläubiger nach STAUDINGER/LEHMANN[11] (Rn 10) und PLANCK/FLAD (Anm 4 b, § 1975 Anm 4) schon im Hauptprozess den Nachweis erbringen müssen, dass der Erbe allgemein oder wenigstens ihm gegenüber unbeschränkt hafte. Hinter dieser Ansicht steht die Vorstellung, dass während einer Nachlassverwaltung oder eines Nachlassinsolvenzverfahrens (damals: Nachlasskonkurses) die Passivlegitimation des Erben davon abhänge, dass er für den geltend gemachten Anspruch unbeschränkt hafte. Vgl zu dieser Vorfrage Vorbem 29 ff, 32 zu §§ 1967 ff (Nachlassinsolvenzverfahren) und § 1984 Rn 24 (Nachlassverwaltung).

Untertitel 5
Aufschiebende Einreden

Vorbemerkungen zu §§ 2014–2017

Schrifttum

Eccius, Rezension des Buches „Das Erbrecht des BGB" von J Böhm, Gruchot 44 (1900) 898
ders, Rezension des Buches „Das deutsche Erbrecht auf der Grundlage des Bürgerlichen Gesetzbuchs" von Strohal, Gruchot 49 (1905) 156, 157
ders, Rezension des Planck'schen Kommentars (Erbrecht), Gruchot 51 (1907) 213, 214
Friedberg, Die rechtliche Natur der aufschiebenden Einreden des Erben (Diss Leipzig 1910)
Fuchs, Hindern die aufschiebenden Einreden aus §§ 2014, 2015 BGB den Verzug des Erben?, Recht 1905, 339
ders, Nochmals die Bedeutung der aufschiebenden Einreden aus §§ 2014, 2015 BGB, Recht 1905, 425
Herzfelder, Hindern die aufschiebenden Einreden aus §§ 2014, 2015 BGB den Verzug des Erben?, DJZ 1905, 61

Jahn, Die aufschiebenden Einreden aus §§ 2014, 2015 BGB und der Leistungsverzug des Erben unter Berücksichtigung der geschichtlichen Entwicklung (1912)
Kipp, Über die aufschiebenden Einreden des Erben, in: Berliner FS Brunner (1914) 311
Langheineken, Anspruch und Einrede nach dem Deutschen Bürgerlichen Gesetzbuch (1903)
Müller, Hindern die aufschiebenden Einreden aus §§ 2014, 2015 BGB den Verzug des Erben?, DJZ 1905, 686
Roth, Die Einrede des Bürgerlichen Rechts (1988) § 15
vWinterfeld, Die aufschiebenden Einreden des Erben und der Leistungsverzug (Diss Leipzig 1907).

1. Gemeinsamer Zweck der §§ 2014, 2015 ist es, dem Erben die Möglichkeit zu geben, sich ohne Rücksicht auf das Drängen der Nachlassgläubiger zunächst ein Bild über die Aktiva und Passiva des Nachlasses zu machen und erst dann zu entscheiden, ob und ggf wie er seine Haftung für die Nachlassverbindlichkeiten auf den Nachlass beschränken will (Prot V 784 f; Denkschr 726). Dieser Zweck könnte nicht allein durch § 1958 erreicht werden, da § 1958 eine rein prozessuale Vorschrift ist (Staudinger/Marotzke [2008] § 1958 Rn 1), die nur bis zur Annahme der Erbschaft wirkt und eine Haftung des Erben wegen Schuldnerverzugs (§§ 286 ff) oder sonstiger Pflichtverletzungen (§§ 280 ff, 323 ff) selbst für diesen Zeitraum nicht ausschließt. Deshalb gewähren die §§ 2014, 2015 dem Erben zwei materielle Leistungsverweigerungsrechte, deren erstes, § 2014, vom Zeitpunkt des Erbfalls (§ 2014 Rn 2) bis zum Ablauf von drei Monaten nach der Erbschaftsannahme bzw bis zur Inventarerrichtung reicht und deren zweites, § 2015, den Erben unter bestimmten Voraussetzungen auch während des der Ermittlung der Passiva dienenden Aufgebotsverfahrens (§§ 1970 ff) vor einer Inanspruchnahme durch Nachlassgläubiger schützt.

2 2. **Die Geltendmachung der durch §§ 2014, 2015 gewährten Einreden ist nicht nur ein Recht des Erben, sondern** gegenüber den übrigen Nachlassgläubigern uU (**§§ 1978, 1979) auch seine Pflicht** (vgl § 1978 Rn 22, § 2014 Rn 8). Dass der Erbe durch *zweckwidriges Vorschützen* der Einreden den Nachlass mit unnötigen Kosten und Verpflichtungen belastet und sich deshalb schadensersatzpflichtig macht (STAUDINGER/ LEHMANN[11] Vorbem 5), wird kaum vorkommen, da die §§ 2014, 2015 verzugsausschließend wirken (vgl § 2014 Rn 8 [aber auch dort Rn 6]; aM STAUDINGER/LEHMANN[11] Vorbem 3).

3 3. **Berechtigt zur Geltendmachung der Einreden sind** außer dem **Erben** der nach § 1960 oder § 1961 bestellte **Nachlasspfleger,** der **Nachlassverwalter** und der **Testamentsvollstrecker** (§ 2017 Rn 1 ff). Im Fall der Nachlasspflegschaft (also auch der Nachlassverwaltung, vgl § 1975) beginnen die in § 2014 und § 2015 Abs 1 bestimmten Fristen mit der Bestellung des Pflegers, falls dieser zur Verwaltung des Nachlasses berufen ist (§ 2017).

Soweit der überlebende **Ehegatte** bei der fortgesetzten Gütergemeinschaft seine persönliche Haftung für die Gesamtgutsverbindlichkeiten gem § 1489 Abs 2 beschränken kann, stehen auch ihm die aufschiebenden Einreden der §§ 2014, 2015 zu. In prozessualer Hinsicht gelten die §§ 305 Abs 2, 786 ZPO.

4 4. **Wenn und soweit der Erbe das Recht zur Haftungsbeschränkung bereits verloren hat,** können ihm die aufschiebenden Einreden der §§ 2014, 2015 nicht mehr zustehen (zum Fall der Erbenmehrheit vgl § 2016 Rn 3). Dies folgt aus § 2016 Abs 1 und entspricht dem in Vorbem 1 erwähnten Zweck der Einreden.

5 5. Einem Nachlassgläubiger, der ein **dingliches Recht** auf Befriedigung aus bestimmten Nachlassgegenständen hat, können die Einreden aus §§ 2014, 2015 nicht entgegengesetzt werden, soweit er seine Befriedigung nur aus dem dinglichen Recht sucht und deshalb von dem Aufgebot der Nachlassgläubiger nach § 1971 nicht betroffen wird (§ 2016 Abs 2 mit einer Ausnahme in HS 2).

6 6. **Prozessuale Ergänzungen** der §§ 2014 ff BGB enthalten die §§ 305, 780 ff (insb 782, 783) ZPO.

§ 2014
Dreimonatseinrede

Der Erbe ist berechtigt, die Berichtigung einer Nachlassverbindlichkeit bis zum Ablauf der ersten drei Monate nach der Annahme der Erbschaft, jedoch nicht über die Errichtung des Inventars hinaus, zu verweigern.

Materialien: E I § 2143; II § 1888; III § 1989;
Mot V 672 f; Prot V 784 f, 805; Denkschr 726;
JAKOBS/SCHUBERT ER I 309, 342 ff.

I. Allgemeines, Verhältnis zu § 1958

Solange der Erbe die Erbschaft nicht angenommen hat, kann gegen ihn ein Anspruch, 1
der sich gegen den Nachlass richtet, *gerichtlich* nicht geltend gemacht werden
(§ 1958). Außerdem gewährt § 2014 dem Erben das Recht, die Berichtigung einer
Nachlassverbindlichkeit bis zum Ablauf der ersten drei Monate nach Annahme der
Erbschaft, jedoch nicht über die Errichtung des Inventars (§§ 1993 ff) hinaus, zu verweigern. Dies ist nicht – wie jedoch § 1958 (dort Rn 1–3, 6) – eine lediglich *prozessuale*
Vorschrift, sondern ein *materielles* Leistungsverweigerungsrecht, das als solches nicht
nur von dem Erben selbst, sondern auch von einem Nachlasspfleger oder Testamentsvollstrecker geltend gemacht werden kann (vgl § 2017 Rn 1; anders §§ 1960 Abs 3, 1961, 2213
Abs 2 bzgl des Wirkungsbereichs des nur die prozessuale Ebene betreffenden § 1958). Zu Sinn und
Zweck des § 2014 vgl Vorbem 1, zum Verhältnis dieser Vorschrift zu § 1958s STAUDINGER/MAROTZKE (2008) § 1958 Rn 1 sowie Prot V 830, 831.

II. Dauer der Einrede

Das Leistungsverweigerungsrecht des § 2014 *entsteht* nicht erst mit der Annahme der 2
Erbschaft (arg § 2017), sondern bereits mit dem Erbfall (vgl Prot V 830/831 sowie
STAUDINGER/MAROTZKE [2008] § 1958 Rn 1; **aM** STAUDINGER/LEHMANN[11] § 2014 Rn 2, § 2017
Rn 1). Nur die Dreimonatsfrist, bei deren Ablauf das Leistungsverweigerungsrecht
endet, beginnt erst mit der Annahme der Erbschaft. Wegen §§ 1943 HS 2, 1944 Abs 2
S 1 kann die Frist bei Vorhandensein mehrerer Erben hinsichtlich jedes einzelnen
Miterben anders laufen. Wird vor der Annahme der Erbschaft zur Verwaltung des
Nachlasses ein Nachlasspfleger bestellt, so beginnt die Dreimonatsfrist mit der Bestellung (§ 2017). Berechnet wird die Frist nach §§ 187 Abs 1, 188 Abs 2, 3. § 782 S 2
ZPO sieht eine maßvolle Verlängerung der vollstreckungsrechtlichen Einredewirkungen vor, wenn vor Ablauf der Frist die Eröffnung eines Nachlassinsolvenzverfahrens beantragt wird.

Nach HS 2 entfällt das Leistungsverweigerungsrecht mit der **Errichtung des Inventars** 3
(= seiner Einreichung gem §§ 1993, 2003 Abs 3). Denn es besteht kein Bedürfnis,
dem Erben, der ein Inventar errichtet hat, noch eine Schutzfrist zwecks Ermittlung
der Aktiva des Nachlasses zu gewähren (bzgl der Ermittlung der Passiva vgl § 2015).
Gleichgültig ist, ob der Erbe das Inventar freiwillig errichtet hat oder deshalb, weil
ihm gem § 1994 eine Frist bestimmt wurde. Für den Ausschlusstatbestand des § 2014
HS 2 genügt die Errichtung eines *korrekten* Inventars. Inventaruntreue (§ 2005 Abs 1
S 1) und Versäumung einer Inventarfrist (§ 1994 Abs 1 S 2) führen jedoch aus anderen Gründen (s § 2016 Abs 1 und dort Rn 1) ebenfalls zum Ausschluss des § 2014 (zu
dieser Parallelität der Rechtsfolgen vgl RIESENFELD I 133, II 18). Da das von einem Erben
errichtete Inventar seinen Miterben zwar „zustatten" kommt (§ 2063 Abs 1), grundsätzlich jedoch nicht auch zu ihren Lasten wirkt (§§ 2058, 425), nimmt die Inventarerrichtung eines Miterben den übrigen Miterben nicht ohne weiteres die Einrede
des § 2014. Anwendbar ist der Ausschlusstatbestand des HS 2 jedoch hinsichtlich
solcher Miterben, die auf das Inventar gem § 2004 Bezug nehmen. Wenn ein Miterbe
eine ihm gesetzte Inventarfrist versäumt und nur deshalb nicht „unbeschränkt"
(§ 1994 Abs 1 S 2) haftet, weil ihm das von einem anderen Miterben errichtete
Inventar (auf das er sich nicht nach § 2004 bezogen hat) gem § 2063 Abs 1 zustatten
kommt, wird man ihm die aufschiebende Einrede des § 2014 nicht nach HS 2 *völlig*

aberkennen dürfen. Denn sonst stünde er hinsichtlich § 2014 schlechter, als wenn er wegen Versäumung der Inventarfrist sein Haftungsbeschränkungsrecht verloren hätte, da diese Rechtsfolge ja nur bzgl eines seinem Erbteil entsprechenden *Teils* der Nachlassverbindlichkeit eingetreten (str; vgl § 1994 Rn 34, § 2059 Rn 4 ff, § 2060 Rn 10 f) und der in § 2016 Abs 1 normierte Ausschluss des § 2014 *nur insoweit* in Betracht gekommen wäre. Bzgl des § 2014 wird man folglich den Miterben, der nur deshalb nicht „unbeschränkt" haftet, weil ihm das von einem anderen Miterben errichtete Inventar gem § 2063 Abs 1 zustatten kommt, nicht so stellen dürfen, als hätte er selbst ein Inventar errichtet (Rechtsfolge: völliger Ausschluss des § 2014 gem HS 2), sondern so, wie wenn innerhalb der ihm gesetzten Frist überhaupt kein Inventar errichtet worden wäre (Rechtsfolge: nur teilweiser Ausschluss des § 2014). Nicht ernsthaft in Betracht kommt mE eine dritte Lösungsmöglichkeit derart, dass man weder § 2014 HS 2 noch (mit der soeben beschriebenen Einschränkung) § 2016 Abs 1 anwendet mit der Begründung, dass der betreffende Miterbe einerseits *nicht selbst* ein Inventar errichtet habe (dies gegen § 2014 HS 2) und andererseits *trotz* § 1994 Abs 1 S 2 nicht „unbeschränkt" hafte, weil ihm das von einem anderen Miterben errichtete Inventar gem § 2063 Abs 1 „zustatten" komme.

III. Ausschluss der Einrede

1. bei Verlust des Haftungsbeschränkungsrechts

4 Gem § 2016 Abs 1 finden die §§ 2014, 2015 keine Anwendung, wenn der Erbe „unbeschränkt" haftet (vgl dazu § 2016 Rn 1–3).

2. wegen der Art der Forderung

5 Für § 2014 ist unerheblich, ob der Anspruch bereits gegen den Erblasser erhoben war oder erstmalig gegen den Erben geltend gemacht wird. Den sofort zu befriedigenden Ansprüchen aus § 1963 (Unterhalt der werdenden Mutter des Erben) und § 1969 (Dreißigster) kann die Einrede jedoch nicht entgegengesetzt werden. Auch die Weitergewährung des Gebrauchs und der Nutzung von Sachen, die ein Mieter oder Pächter in Besitz genommen hat, kann nicht verweigert werden (Dietz 193; Kipp/Coing § 160 III). Auf dingliche oder ihnen gleichgestellte Ansprüche finden die §§ 2014, 2015 gem § 2016 Abs 2 grundsätzlich keine Anwendung (einschr und gut vertretbar Stefanie Rebmann, Der Eintritt des Erben in pflichtbelastete Rechtspositionen [2004] 111).

3. wegen offensichtlicher Zulänglichkeit des Nachlasses

6 Falls *offensichtlich* ist, dass der Nachlass zur Berichtigung aller auf ihm lastenden Verbindlichkeiten ausreicht, wird man dem Erben die Berufung auf die §§ 2014, 2015 mit Rücksicht auf den Zweck (Vorbem 1) nach Treu und Glauben versagen müssen, soweit der Gläubiger seinen Anspruch nur gegen den *Nachlass* verfolgt. Jedoch sollte man hier einen deutlich strengeren Maßstab anlegen als §§ 1979, 1980 Abs 2 S 2 und die Grenze erst dort ziehen, wo die vorübergehende Leistungsverweigerung auf eine sittenwidrige Schädigung des Gläubigers hinausliefe (vgl § 826 und Jahn, Die aufschiebenden Einreden ... [Diss Breslau 1912] 63). Solange der Erbe die Erbschaft noch ausschlagen kann, wird diese Ausnahme von §§ 2014, 2015 kaum in Betracht kommen; zudem genießt der Erbe während dieser frühen Phase noch den Schutz des § 1958.

IV. Wirkungen des Verweigerungsrechts

1. Die **Fälligkeit** einer Nachlassverbindlichkeit wird durch die aufschiebenden 7 Einreden der §§ 2014, 2015 und die Berufung des Erben auf sie nicht berührt (OLG Köln NJW 1952, 1145; RFH 1, 99, 100 f; **aM** KG OLGE 3 [1901/II] 131). Die Geltendmachung dieser Einreden hindert weder eine unter dem Vorbehalt der beschränkten Haftung ergehende Verurteilung des Erben (§ 305 ZPO) noch eine auf Sicherungsmaßnahmen beschränkte Zwangsvollstreckung (§§ 782, 783 ZPO). *Zinsen*, welche lediglich die Fälligkeit des Hauptanspruchs voraussetzen (vgl §§ 291 BGB, 353 HGB), können auch während der Zeit anfallen, für die sich der Erbe berechtigterweise auf §§ 2014, 2015 beruft (BGB-RGRK/JOHANNSEN Rn 7; KIPP/COING § 100 IV 1). Zur *Aufrechnung,* die gem § 387 ebenfalls Fälligkeit voraussetzt, s unten Rn 11.

2. Solange der Erbe die Leistung gem §§ 2014, 2015 verweigern darf, gerät *er* – 8 der Erbe als Inhaber seines *Eigen*vermögens – nicht in **Schuldnerverzug** (BGB-RGRK/ JOHANNSEN Rn 7; AK-BGB/TEUBNER Rn 11 f; KIPP § 81 IV; KIPP/COING § 100 IV 1; BROX/WALKER Rn 706; MICHALSKI Rn 925; KG OLGE 3 [1901/II] 434 f; 18 [1909/I] 318; **aM** RGZ 79, 201, 204 ff [vgl dazu auch STAUDINGER/MAROTZKE [2008] § 1958 Rn 6]; OLG München OLGE 30 [1915/I] 203 f; RFH 1, 99, 100 f; ERMAN/SCHLÜTER Vorbem 4; SOERGEL/STEIN Rn 4 f; BAMBERGER/ROTH/LOHMANN Rn 8; PALANDT/EDENHOFER Rn 3; JAUERNIG/STÜRNER Rn 1; ROTH § 15 III 2; STAUDINGER/ LEHMANN[11] Vorbem 3 mit umfangreichen Nachweisen zum damaligen Streitstand). Solange der Erbe „berechtigt" ist, die Berichtigung einer Nachlassverbindlichkeit zu verweigern, kann das Unterbleiben der Leistung nicht als Pflichtwidrigkeit gewertet werden, die er „zu vertreten" habe (§§ 276, 286 Abs 4). Sowohl nach dem Wortlaut des Gesetzes als auch dem Willen des Gesetzgebers ist die einen (eigenen) Verzug des Erben ausschließende Wirkung der §§ 2014, 2015 *de lege lata* unbestreitbar (vgl Prot V 744 [E § 2130], 785, 790 f, 830/831 [zum Verhältnis §§ 1958/2014]; Denkschr 726). Die Gegenansicht stützt sich überwiegend auf Billigkeitserwägungen *rechtspolitischen* Charakters (vgl STAUDINGER/LEHMANN[11] Vorbem 3; SOERGEL/STEIN Rn 4; MünchKomm/KÜPPER Rn 5; BAMBERGER/ROTH/LOHMANN Rn 8). Aber auch aus rechtspolitischer Sicht wäre es wenig befriedigend, wenn man den Erben unter Hinweis auf eine andernfalls drohende Haftung aus §§ 1978, 1979 zur Geltendmachung der aufschiebenden Einreden nötigte (§ 1978 Rn 22), ohne *zumindest sein Eigenvermögen* (vgl § 1967 Rn 53, § 2058 Rn 45) vor den in §§ 280 (Abs 1 und 2), 287 ff erwähnten Folgen des Schuldnerverzugs zu bewahren (während ein Verzug des *Nachlasses,* für dessen Konsequenzen der Erbe gem §§ 1967, 1975 ff unbeschränkt, aber beschränkbar „mithaften" würde, sehr wohl denkbar erscheint, da Unzulänglichkeit oder Unübersichtlichkeit des Nachlasses zwar nicht vom Erben [der durch §§ 2014 ff geschützt wird], wohl aber vom Erblasser nach dem Grundsatz der unbeschränkten Vermögenshaftung [vgl STAUDINGER/LÖWISCH (2004) § 276 Rn 158 ff; MAROTZKE KTS 2002, 1, 4 mwNw in Fn 5] ohne Rücksicht auf Verschulden zu vertreten sind [zust MICHALSKI Rn 925; iE ebenso PLANCK/SIBER[4] § 284 Anm 4d; vLÜBTOW II 1106; JAN SCHRÖDER JZ 1978, 379, 384 Fn 49; wohl auch RGZ 79, 201, 206; evtl auch MünchKomm/KÜPPER Rn 5 Fn 9 aE; **aM** BGB-RGRK/JOHANNSEN Rn 7; STAUDINGER/MAROTZKE[12] § 2014 Rn 7–9]). Zu Recht sehen die Prot (V 791) die verzugsausschließende Wirkung der §§ 2014, 2015 bereits deshalb als gerechtfertigt an, weil es auch im Interesse der Nachlassgläubiger liege (ähnlich Denkschr 726), dass der Erbe von diesen Einreden Gebrauch mache, damit nicht die Gläubiger, deren Forderungen fällig sind, besser gestellt würden als die übrigen. Dieser Grund spricht auch gegen die Ansicht von LANGE/KUCHINKE (§ 48 III 2), dass der Erbe in den Fällen der

§§ 2014, 2015 jedenfalls dann in Verzug gerate, wenn er sich weigere, den seine Befriedigung verlangenden Nachlassgläubiger wenigstens sicherzustellen. Denn dingliche Sicherheiten, die der Nachlassgläubiger nicht im Wege der Zwangsvollstreckung, sondern durch Rechtsgeschäft vom Erben erwirbt, bleiben grundsätzlich auch im Nachlassinsolvenzverfahren wirksam; für sie gelten nicht die §§ 88, 321 InsO, sondern nur die weniger weit gehenden §§ 129 ff, 322 InsO. Nur im Hinblick auf die *mangelnde* Insolvenzfestigkeit lässt jedoch § 782 ZPO eine auf Sicherungsmaßregeln beschränkte Zwangsvollstreckung gegen den sich auf §§ 2014, 2015 berufenden Erben zu (Rn 13). Das KG (OLGE 26 [1913/I] 294 f) hat freilich gemeint, der Erbe, dem die Einreden aus §§ 2014, 2015 zustehen, müsse den Nachlassgläubiger auf Verlangen zumindest in die Lage versetzen, wegen seines Anspruchs die *Pfändung* zu bewirken. Anderenfalls gerate er in Verzug bzw gebe er iS der Kostenvorschrift des § 93 ZPO *Veranlassung zur Klageerhebung* (aM die frühere KG-Rspr: OLGE 2 [1901/I] 388; 3 [1901/II] 131 f; 18 [1909/I] 318). Hiergegen ist jedoch zu sagen, dass das materielle Recht dem Nachlassgläubiger wohl kaum einen Anspruch auf Verschaffung eines Sicherungsrechts gewähren wird, welchem das Gesetz (§§ 88, 321 InsO) gerade für den Krisenfall (Nachlassinsolvenzverfahren) die Wirkung versagt. Dass dieser Angriff auf die Wirksamkeit nicht auch im Rahmen des *§ 1990 Abs 1 S 2* stattfindet, sondern dass *hier* eine frühere Pfändung der späteren idR vorgeht (vgl aber §§ 1990 Abs 2, 1991), ist eine lediglich *im Interesse des Erben* (§ 1990 Rn 1) geschaffene Vereinfachung der Rechtslage, die für sich allein keine dem Erben nachteilige Beurteilung der hier zu entscheidenden Frage des Verzugseintritts rechtfertigt.

9 Da der Erbe nicht in Verzug gerät, solange er die Leistung gem §§ 2014, 2015 verweigern kann, konnte aufgrund der bis Ende 2001 maßgeblichen Fassung der §§ 323 ff der Eindruck entstehen, dass dem Nachlassgläubiger auch nicht die **Rechte aus § 326 aF (zB Rücktritt oder Ersatz des Nichterfüllungsschadens)** zuständen. Denn zu den Voraussetzungen des § 326 aF gehörte der Schuldnerverzug. Bereits damals war jedoch erkannt worden, dass es gegen Treu und Glauben verstoßen kann, den Gläubiger an einem Vertrag festzuhalten, dessen Erfüllung durch die – wenn auch berechtigte – Leistungsverweigerung verzögert wird. Für diesen Fall wurde angenommen, dass der Gläubiger gem § 242 **vom Vertrag zurücktreten** könne (BGB-RGRK/Johannsen Rn 9; Kipp/Coing § 100 IV 2; Staudinger/Marotzke[12] § 2014 Rn 5). Solch eines Rückgriffs auf § 242 bedarf es jedoch nur, wenn man *nicht* der bei Rn 8 vertretenen Ansicht folgt, dass die §§ 2014, 2015 zwar eine persönliche und unbeschränkbare Verzugshaftung des *Erben,* keineswegs aber eine solche des *Nachlasses* hindern.

An die Stelle des § 326 aF sind am 1. 1. 2002 die §§ 280–285, 323 ff getreten. Die neuen Vorschriften setzen zwar nicht mehr einen Schuldnerverzug iS des § 286 voraus, sondern lassen insoweit genügen, dass der Schuldner „eine Pflicht aus einem Schuldverhältnis verletzt" (§ 280 Abs 1 S 1) bzw dass er eine „fällige Leistung nicht oder nicht wie geschuldet" (§ 281 Abs 1 S 1) bzw „nicht oder nicht vertragsgemäß" (§ 323 Abs 1) erbringt. Aber auch im Rahmen *dieser* Formulierungen kann es hilfreich sein, entsprechend den Ausführungen bei Rn 8 zu unterscheiden zwischen der Nachlassverbindlichkeit als solcher (die durch § 2014 unberührt bleibt) und der hierfür bestehenden Verantwortlichkeit des Erben (die durch § 2014 eingeschränkt wird). Das gilt auch im Zusammenhang mit dem gesetzlichen Rücktrittsrecht aus § 323, obwohl dieses im Gegensatz zur Schadensersatzpflicht (vgl § 280 Abs 1 S 2) und auch im Unterschied zu §§ 325, 326 aF ein „Vertretenmüssen" nicht voraussetzt. Etwaige Fristsetzungserfordernisse (§§ 281, 323) sind natürlich zu beachten.

3. Die **Verjährung** einer Nachlassverbindlichkeit (§ 1967 Rn 2) wird allein durch die aufschiebenden Einreden aus §§ 2014, 2015 nicht gehemmt. Dies ergab sich bis Ende 2001 aus dem damaligen § 202 Abs 2. Seit dem 1. 1. 2002 führt ein Gegenschluss aus § 205 nF zum selben Ergebnis (vgl § 1990 Rn 39). Zu beachten sind jedoch § 211 (Ablaufhemmung in Nachlassfällen) und ggfls § 204 (Hemmung der Verjährung durch Rechtsverfolgung, s hierzu auch § 305 ZPO). **10**

4. Die aufschiebenden Einreden aus § 2014 und § 2015 hindern den Nachlassgläubiger nicht, sich durch **Aufrechnung** seines Anspruchs gegen einen an ihn gerichteten Anspruch des Nachlasses oder auch nur des Erben zu befriedigen. In beiden Fällen steht § 390 nicht entgegen (Staudinger/Lehmann[11] Vorbem 4; Staudinger/Gursky [2006] § 390 Rn 16; Kipp/Coing § 100 IV 3; Planck/Flad Vorbem 6 d ß zu § 2014; MünchKomm/Küpper Rn 5 aE; Soergel/Stein Rn 5; AK-BGB/Teubner Rn 13; Bamberger/Roth/Lohmann Rn 9; Palandt/Edenhofer Rn 3; Erman/Schlüter Vorbem 4; **aM** BGB-RGRK/Johannsen Rn 10, der aber über § 242 zu ähnlichen Ergebnissen gelangt, und Roth § 15 II). Wenn die Forderung, gegen die der Nachlassgläubiger aufrechnet, nicht zum Nachlass gehört, wird die Aufrechnung im Fall des § 1977 Abs 1 ohnehin unwirksam; der Erbe bedarf hier nicht des Schutzes durch § 390. Hat der Nachlassgläubiger gegen eine *zum Nachlass gehörende* Forderung aufgerechnet, so ist zu berücksichtigen (vgl Staudinger/Lehmann[11] und Planck/Flad je aaO), dass ihm die Aufrechnungsbefugnis sogar noch im Nachlassinsolvenzverfahren erhalten bliebe (vgl §§ 94 ff InsO) und die Schonfrist, welche die §§ 2014, 2015 dem Erben zwecks Vorbereitung seiner Entscheidung über die Beantragung des Nachlassinsolvenzverfahrens gewähren, eine Aufrechnung nicht weitergehend hindern kann als die Verfahrenseröffnung selbst (hiergegen Roth § 15 II). **11**

5. Auch ein **Zurückbehaltungsrecht**, das der Nachlassgläubiger wegen seiner Forderung gegen einen an ihn gerichteten Anspruch des Nachlasses hat, wird nicht dadurch ausgeschlossen, dass der Erbe gem §§ 2014, 2015 vorübergehend zur Leistungsverweigerung berechtigt ist (Staudinger/Bittner [2004] § 273 Rn 35; BGB-RGRK/Johannsen Rn 11; Kipp/Coing § 100 IV 3). **12**

V. Prozessuale Geltendmachung

Gem § 305 ZPO wird eine **Verurteilung des Erben unter Vorbehalt der beschränkten Haftung** nicht dadurch ausgeschlossen, dass der Erbe von den Einreden aus §§ 2014, 2015 Gebrauch macht. Um das Gericht zur Aufnahme des Urteilsvorbehalts zu nötigen, bedarf es keines besonderen Antrags des Erben, sondern nur der Geltendmachung der Einrede. Für ihre Durchsetzung gegenüber **Vollstreckungsmaßnahmen** des Gläubigers gelten die §§ 780 ff ZPO (dazu § 1990 Rn 11, 12 und Vorbem 19 ff, 38 f zu §§ 1967 ff) mit den sich aus §§ 782, 783 ergebenden Besonderheiten. Gem § 782 S 1 ZPO kann der Erbe aufgrund der §§ 2014, 2015 BGB nicht die Aufhebung sämtlicher Vollstreckungsmaßregeln verlangen, sondern nur, dass die Zwangsvollstreckung für die Dauer der Leistungsverweigerungsrechte auf solche Maßregeln beschränkt wird, die zur Vollziehung eines Arrestes zulässig sind (also bei beweglichen Sachen und Rechten auf die Pfändung, § 930 ZPO, und bei Grundstücken auf die Eintragung **13** einer Sicherungshypothek, § 932 ZPO). Dahinter steht die Erwägung (Prot V 785, 787; Denkschr 726), dass solche Vollstreckungsmaßnahmen für den Erben wie auch für die übrigen Nachlassgläubiger ungefährlich sind, weil sie im Nachlassinsolvenzverfahren keinen Anspruch auf abgesonderte Befriedigung begründen (§§ 88, 321 InsO) und, soweit sie in das Eigenvermögen des Erben erfolgt sind, nach Anordnung einer Nachlassverwaltung oder Eröffnung eines Nachlassinsolvenzverfahrens gem § 784 Abs 1 ZPO bekämpft werden können. Eine zeitliche Verlängerung der aufschiebenden Einreden ermöglicht § 782 S 2 ZPO für den Fall, dass ein Nachlassinsolvenzverfahren beantragt ist. Auch gegenüber Gläubigern, die nicht Nachlassgläubiger sind, kann der Erbe gem § 783 ZPO die Beschränkung der in den Nachlass ausgebrachten Zwangsvollstreckung auf Sicherungsmaßregeln verlangen.

14 Hat der beklagte Erbe dem Nachlassgläubiger nicht durch sein Verhalten **Veranlassung zur Erhebung der Klage** gegeben, so fallen dem Kläger gem § 93 ZPO die **Prozesskosten** zur Last, wenn der Beklagte den Anspruch sofort anerkennt. Solange der Erbe sich auf § 2014 oder § 2015 berufen kann, gibt er dem Nachlassgläubiger auch dann keinen Anlass zur Klageerhebung, wenn er sich weigert, dem Gläubiger die Pfändung zu ermöglichen (vgl Rn 8 und dortige Nachweise) oder zumindest an der Errichtung eines Vollstreckungstitels (zB gem § 794 Abs 1 Nr 5 oder §§ 796a ff ZPO) mitzuwirken (insoweit unklar OLG München JurBüro 1995, 659). Wenn der Erbe den Anspruch unter dem Vorbehalt der beschränkten Haftung (§§ 305, 780 ZPO) sofort anerkennt, hat der gegen ihn klagende Nachlassgläubiger also die Prozesskosten zu tragen. Anders jedoch, wenn der Erbe seine Leistungspflicht vorprozessual mit der irrigen Begründung, dass er nicht Erbe sei, *grundsätzlich* bestritten hat; auf die Schuldhaftigkeit des Irrtums kommt es insoweit nicht an (OLG Köln NJW-RR 1994, 767 zu einem Fall, in welchem an § 2014 durchaus zu denken gewesen wäre). Nach Ansicht des OLG Celle (NJW 1961, 81 f = JZ 1960, 669) soll der Erbe, dem die aufschiebenden Einreden der §§ 2014, 2015 *nicht* mehr zustehen, auch dann zur Klage Veranlassung gegeben haben, wenn er die Klageforderung nur unter dem Vorbehalt der beschränkten Erbenhaftung sofort anerkannt hat. Das ist jedoch nur dann richtig, wenn der Erbe *vor* Prozessbeginn mangelnde Leistungsbereitschaft gezeigt hat (vgl KG OLGE 3 [1901/II] 131 f). Zur Anwendung des § 93 ZPO in den Fällen des § 1990 vgl dort Rn 21.

VI. Beweislast

15 Der Nachlassgläubiger muss, um das passive Prozessführungsrecht des Erben darzutun, nachweisen, dass dieser die Erbschaft angenommen hat (vgl ergänzend STAUDINGER/MAROTZKE [2008] § 1958 Rn 2). Falls die Annahme durch Ablauf der Ausschlagungsfrist erfolgt sein soll, muss er auch dartun, in welchem Zeitpunkt der Erbe von dem Anfall der Erbschaft und dem Berufungsgrund Kenntnis erlangt hat (STAUDINGER/OTTE [2008] § 1943 Rn 15). Daraus ergibt sich dann ohne weiteres, ob die dreimonatige Schonfrist des § 2014 noch läuft (BGB-RGRK/JOHANNSEN Rn 14). Dem Erben obliegt der Nachweis, dass er fristgerecht ausgeschlagen hat. Behauptet der Gläubiger, dass die Einrede des § 2014 schon vor Ablauf der drei Monate infolge Inventarerrichtung geendet habe oder dass der Erbe das Haftungsbeschränkungsrecht verloren habe, so muss er auch diesen Nachweis führen (vgl zum Nachweis der „unbeschränkten" Haftung auch § 1990 Rn 12, § 2013 Rn 14).

Titel 2 · Haftung des Erben für die Nachlassverbindlichkeiten §2015
Untertitel 5 · Aufschiebende Einreden

§ 2015
Einrede des Aufgebotsverfahrens

(1) Hat der Erbe den Antrag auf Einleitung des Aufgebotsverfahrens der Nachlassgläubiger innerhalb eines Jahres nach der Annahme der Erbschaft gestellt und ist der Antrag zugelassen, so ist der Erbe berechtigt, die Berichtigung einer Nachlassverbindlichkeit bis zur Beendigung des Aufgebotsverfahrens zu verweigern.

(2) aufgehoben

(3) Wird der Ausschließungsbeschluss erlassen oder der Antrag auf Erlass des Ausschließungsbeschlusses zurückgewiesen, so ist das Aufgebotsverfahren erst dann als beendet anzusehen, wenn der Beschluss rechtskräftig ist.

Durch Art 50 Nr 58 des FGG-ReformG v 17. 12. 2008 (BGBl I 2008, 2586 ff), in Kraft getreten am 1. 9. 2009, wurde der bisherige § 2015 BGB an den neuen normativen Kontext angepasst. Bis dahin hatte die Vorschrift folgenden Wortlaut:

§ 2015 idF bis 31. 8. 2009
Einrede des Aufgebotsverfahrens

(1) Hat der Erbe den Antrag auf Erlassung des Aufgebots der Nachlassgläubiger innerhalb eines Jahres nach der Annahme der Erbschaft gestellt und ist der Antrag zugelassen, so ist der Erbe berechtigt, die Berichtigung einer Nachlassverbindlichkeit bis zur Beendigung des Aufgebotsverfahrens zu verweigern.

(2) Der Beendigung des Aufgebotsverfahrens steht es gleich, wenn der Erbe in dem Aufgebotstermin nicht erschienen ist und nicht binnen zwei Wochen die Bestimmung eines neuen Termins beantragt oder wenn er auch in dem neuen Termin nicht erscheint.

(3) Wird das Ausschlussurteil erlassen oder der Antrag auf Erlassung des Urteils zurückgewiesen, so ist das Verfahren nicht vor dem Ablauf einer mit der Verkündung der Entscheidung beginnenden Frist von zwei Wochen und nicht vor der Erledigung einer rechtzeitig eingelegten Beschwerde als beendigt anzusehen.

Materialien: E I §§ 2130 Abs 1, 2131, 2132; II § 1889; III § 1990; Mot V 653 f; Prot V 744, 784 f, 787, 792; Denkschr 726; JAKOBS/SCHUBERT ER I 309, 371 ff.

I. Allgemeines

§ 2015 gewährt dem Erben die **Einrede des schwebenden Aufgebotsverfahrens** aus 1
dem in Vorbem 1 zu § 2014 erwähnten Grund. Außerdem will die Einrede die gleichmäßige Befriedigung der Nachlassgläubiger sicherstellen und die Vorwegbefriedigung einzelner Gläubiger zum Nachteil der dem Erben noch nicht bekannten Gläubiger verhindern helfen. UU ist der Erbe nach §§ 1978 Abs 1, 1979, 1980 Abs 2

S 2 verpflichtet, das Aufgebot der Nachlassgläubiger (§§ 1970 ff) zu beantragen und während des Verfahrens die Einrede des § 2015 geltend zu machen (§ 1978 Rn 22). Um Verschleppungen auszuschließen, muss der an sich unbefristete (§ 455 FamFG) Antrag auf Einleitung des Aufgebotsverfahrens binnen Jahresfrist seit der Annahme der Erbschaft gestellt sein, um die Einrede des § 2015 begründen zu können (Rn 3). Sind mehrere Erben vorhanden, so kommt der von einem Erben gestellte Antrag den übrigen Erben zustatten (§ 460 Abs 1 S 1 FamFG).

Ebenso wie die Dreimonatseinrede des § 2014 greift auch die Aufgebotseinrede des § 2015 nicht durch, soweit der Erbe sein *Haftungsbeschränkungsrecht* verloren hat (§ 2016 Abs 1). *Dingliche Ansprüche* werden von beiden Einreden idR nicht betroffen (§ 2016 Abs 2).

Anders als die Dreimonatseinrede des § 2014 (vgl HS 2) geht die Einrede des § 2015 durch die *ordnungsgemäße* Inventarerrichtung nicht verloren; vgl jedoch § 2016 Abs 1 iVm §§ 1994 Abs 1 S 2, 2005 Abs 1, 2006 Abs 3 bei Inventar*verfehlungen*.

II. Wirkungen und prozessuale Geltendmachung der Einrede

2 **Hier gilt das gleiche wie für die Dreimonatseinrede des § 2014** (vgl dort Rn 7–14). Wenn ein Ausschließungsbeschluss erlassen und rechtskräftig geworden ist (§ 439 Abs 2 FamFG), steht dem Erben gegenüber den ausgeschlossenen Gläubigern die Einrede des § 1973 zu.

III. Voraussetzungen der Aufgebotseinrede

3 **Abs 1** setzt voraus, dass der Erbe den Antrag auf Einleitung des Aufgebotsverfahrens innerhalb eines Jahres nach der Annahme der Erbschaft gestellt hat und dass der Antrag zugelassen, dh der Erlass des Aufgebots angeordnet ist (vgl § 434 Abs 2 FamFG). Die Stellung des Antrags innerhalb der Frist genügt, die Zulassung kann, ggf aufgrund einer Beschwerde (§§ 58, 59 FamFG, 11 Abs 1 RPflG), später erfolgen. Bereits vor der Zulassung des rechtzeitig gestellten Antrags durch das für das Aufgebotsverfahren zuständige Amtsgericht (§§ 23a Abs 1 Nr 2, Abs 2 Nr 7 GVG, 454 Abs 2 FamFG), ist das mit einer Nachlassverbindlichkeit befasste (Prozess-)Gericht nach Maßgabe der §§ 785, 769, 770 ZPO berechtigt und uU sogar verpflichtet, einstweilige Anordnungen bzgl der Einstellung der Zwangsvollstreckung zu treffen.

Wird vor der Annahme der Erbschaft zur Verwaltung des Nachlasses ein *Nachlasspfleger* bestellt, so beginnt die Jahresfrist des Abs 1 mit der Bestellung (§ 2017).

Die Aufgebotseinrede versagt in den bei § 2014 Rn 4–6 genannten Fällen.

IV. Dauer der Einrede

4 Liegen die Voraussetzungen des **Abs 1** vor und steht § 2016 nicht entgegen (Verlust des Haftungsbeschränkungsrechts, dingliche Rechte), so ist der Erbe berechtigt, die Berichtigung einer Nachlassverbindlichkeit **bis zur Beendigung des Aufgebotsverfahrens** zu verweigern. In **Abs 3** wird nunmehr (seit 1. 9. 2009) ausdrücklich klargestellt,

dass das Aufgebotsverfahren in Fällen, in denen der gerichtliche Ausschließungsbeschluss erlassen oder der Antrag auf Erlass eines solchen Beschlusses (Rn 5) zurückgewiesen wird, erst dann als beendet anzusehen ist, wenn der stattgebende bzw zurückweisende Beschluss **Rechtskraft** erlangt hat (zu weiteren Beendigungsgründen s § 1970 Rn 3). Die **Beschwerde** (§§ 58, 59 FamFG, 11 Abs 1 RPflG) steht dem Antragsteller (Erben) nicht nur gegen die Zurückweisung seines Antrags, sondern auch gegen einen Ausschließungsbeschluss zu, wenn und soweit dieser mit Beschränkungen oder Vorbehalten versehen ist. Letzteres war in § 956 Abs 3 ZPO ausdrücklich klargestellt und wird nicht dadurch unrichtig, dass der an die Stelle des § 956 ZPO getretene § 349 FamFG auf eine solche Klarstellung verzichtet. Davon geht auch die Begründung des RegE § 2015 nF aus, welche ausführt, dass der *Erbe* auf ein ihm gegen den *Ausschließungsbeschluss* zustehendes Rechtsmittel verzichten und dadurch den Rechtskrafteintritt beschleunigen könne (BT-Drucks 16/6308, 348), weshalb an der Regelung des § 2015 Abs 3 BGB aF, die die Einrede des schwebenden Aufgebotsverfahrens *frühestens mit Ablauf einer* mit Verkündung der positiven oder negativen Entscheidung des Gerichts beginnenden *Frist von zwei Wochen* enden ließ (dazu STAUDINGER/MAROTZKE [2002] Rn 4), nicht festzuhalten sei. Dies erklärt zugleich die wichtigsten Unterschiede zwischen § 2015 Abs 3 aF und dem am 1. 9. 2009 an dessen Stelle getretenen § 2015 Abs 3 nF.

Unklar bleibt allerdings, mit welchem Recht Abs 3 nF von der Zurückweisung eines 5 Antrags „auf Erlass eines Ausschließungsbeschlusses" spricht. Haben die Gesetzesverfasser hier etwa vergessen, dass nach neuem Recht neben dem in Abs 1 erwähnten Antrag auf Einleitung des Aufgebotsverfahrens ein zusätzlicher Antrag auf Erlass eines Ausschließungsbeschlusses überhaupt nicht mehr erforderlich ist (vgl BT-Drucks 16/6308, 295 – zu § 439 Abs 1 RegE FamFG)? Nach Ansicht von DUTTA (in: BORK/JACOBY/SCHWAB, FamFG [1. Aufl 2009] § 434 Rn 5) soll allerdings der Antrag auf Einleitung des Aufgebotsverfahrens „zugleich" auch auf Erlass des Ausschließungsbeschlusses gerichtet sein. Das mag man so sehen, wirkt aber gleichwohl etwas überkonstruiert.

Abs 2 aF wurde mit Wirkung ab 1. 9. 2009 ersatzlos gestrichen. Denn der dort 6 thematisierte Aufgebotstermin ist mit Inkrafttreten des FamFG ersatzlos entfallen (vgl die Einzelbegründungen zu §§ 434 Abs 2 S 2 Nr 2, 439 Abs 1 RegE FamFG und § 2015 nF BGB in BT-Drucks 16/6308, 294 f, 348).

§ 2016
Ausschluss der Einreden bei unbeschränkter Erbenhaftung

(1) Die Vorschriften der §§ 2014, 2015 finden keine Anwendung, wenn der Erbe unbeschränkt haftet.

(2) Das Gleiche gilt, soweit ein Gläubiger nach § 1971 von dem Aufgebot der Nachlassgläubiger nicht betroffen wird, mit der Maßgabe, dass ein erst nach dem Eintritt des Erbfalls im Wege der Zwangsvollstreckung oder der Arrestvollziehung erlangtes Recht sowie eine erst nach diesem Zeitpunkt im Wege der einstweiligen Verfügung erlangte Vormerkung außer Betracht bleibt.

Materialien: E I §§ 2130 Abs 1, 2143 Abs 3; II § 1890; III § 1991; Mot V 653, 673; Prot V 786 ff; Denkschr 726; JAKOBS/SCHUBERT ER I 309, 342 ff.

I. Abs 1: Ausschluss der aufschiebenden Einreden bei Verlust des Haftungsbeschränkungsrechts

1. Allgemeines

1 Da die aufschiebenden Einreden dem Erben nur die Zeit verschaffen wollen, die er braucht, um sich über die Verhältnisse der Erbschaft zu unterrichten und dann über die Geltendmachung des Haftungsbeschränkungsrechts schlüssig zu werden (Vorbem 1 zu §§ 2014 ff), erklärt Abs 1 die §§ 2014, 2015 für unanwendbar, falls der Erbe „unbeschränkt" haftet (dh: sein Haftungsbeschränkungsrecht verloren hat; s Vorbem 9 zu §§ 1967 ff). Das gilt sowohl, wenn der Erbe allen Nachlassgläubigern gegenüber unbeschränkbar haftend geworden ist (§§ 1994 Abs 1 S 2, 2005 Abs 1), wie auch wenn er nur einem einzelnen Gläubiger gegenüber das Beschränkungsrecht verloren hat (zB gem § 2006 Abs 3); doch behält er die Einreden im letzteren Fall den übrigen Gläubigern gegenüber, muss sie sich aber ihnen gegenüber im Urteil vorbehalten lassen (§§ 305, 780 ZPO). Kritisiert wird die in § 2016 Abs 1 getroffene Regelung von RIESENFELD I 133 f, II 18.

2 2. Da ein **Nachlasspfleger**, ein **Nachlassverwalter** oder ein **Testamentsvollstrecker**, wenn ihnen die Verwaltung des Nachlasses zusteht, das Aufgebot der Nachlassgläubiger selbst dann noch beantragen können, wenn der Erbe das Haftungsbeschränkungsrecht verloren hat (str; vgl § 1970 Rn 7), steht ihnen, wenn sie von dieser Befugnis Gebrauch machen und die sonstigen Voraussetzungen des § 2015 gegeben sind, die Aufgebotseinrede trotz der „unbeschränkten" Haftung des Erben noch zu (PLANCK/ FLAD Anm a; PALANDT/EDENHOFER Rn 1; ERMAN/SCHLÜTER Rn 1; MünchKomm/KÜPPER Rn 1; BAMBERGER/ROTH/LOHMANN Rn 1; aM SOERGEL/STEIN Rn 1, der schon ein Antragsrecht der genannten Personen verneint, aber auch den hier aus dem Antragsrecht gezogenen Schluss für nicht zwingend hält). Zu beachten ist jedoch, dass der unbeschränkbar haftende *Erbe* auch während der Dauer einer Nachlassverwaltung (§ 1984 Rn 24) bzw Testamentsvollstreckung (§ 2213) von den Nachlassgläubigern belangt werden kann. Da *ihm* das Leistungsverweigerungsrecht des § 2015 bei „unbeschränkter" Haftung nicht zusteht, kann *er* sehr wohl in Verzug geraten (§ 286). Die ihn nach §§ 280 (Abs 1 und 2), 287 ff treffenden Verzugsfolgen sind in diesem Fall nicht zugleich *Nachlass*verbindlichkeiten (keine Analogie zu § 31 [vgl § 2058 Rn 47, § 1967 Rn 53], da die Verwaltung des Nachlasses nicht dem Erben zustand).

3 3. **Miterben** können ihr Haftungsbeschränkungsrecht durch Inventarverfehlungen (§§ 1994 Abs 1 S 2, 2005 Abs 1, 2006 Abs 3) nur für einen ihrem Erbteil entsprechenden *Teil* jeder Nachlassverbindlichkeit verlieren (str; vgl § 1994 Rn 34, § 2059 Rn 4 ff, § 2060 Rn 10 f). Nur insoweit können sie also durch Inventarverfehlungen auch die aufschiebenden Einreden der §§ 2014, 2015 verlieren. Vgl ergänzend § 2063 Abs 1 und 2 sowie speziell zu der Dreimonatseinrede § 2014 Rn 3.

II. Abs 2: Ausschluss der aufschiebenden Einreden gegenüber Realberechtigten

1. Pfandgläubiger und andere dinglich berechtigte Nachlassgläubiger werden, so- 4
weit sie die Befriedigung aus den ihnen haftenden Gegenständen suchen, also ihre
dinglichen Ansprüche geltend machen, durch die Einreden ebensowenig beschränkt
wie gem § 1971 durch das Aufgebot. Das Gleiche gilt für Gläubiger, die *vor* dem
Erbfall dingliche Rechte an Nachlassgegenständen durch Pfändung im Wege der
Zwangsvollstreckung oder *Arrestvollziehung* erlangt haben (KG OLGE 14 [1907/I]
284 f). Anders jedoch, wenn solch ein Recht erst nach dem Erbfall erlangt ist (Beispiel
nach RIESENFELD I 28, II 271 f: gegen Erblasser als Schuldner erwirkter Pfändungs- und Überweisungsbeschluss wurde vor Erbfall erlassen, aber erst nach Erbfall an Drittschuldner zugestellt; s
§§ 779 Abs 1, 829 Abs 3, 804 ZPO); gegenüber einem erst jetzt im Zwangswege erworbenen Pfand- oder Vorzugsrecht kann sich der Erbe auf die aufschiebenden Einreden berufen (Abs 2) und die Beschränkung der Zwangsvollstreckung auf Sicherungsmaßnahmen verlangen (vgl §§ 782, 783, 785 ZPO). Dies entspricht der in § 321
InsO statuierten Regel, dass im Nachlassinsolvenzverfahren aufgrund eines derart
erworbenen Rechts abgesonderte Befriedigung nicht verlangt werden kann (weil
sich der betreffende Gläubiger sonst durch die Weiterführung der Vollstreckung eine
ihm im Verhältnis zu den übrigen Gläubigern nicht gebührende Befriedigung verschaffen könnte). Auch die in *§ 1990* vorgesehene Beschränkung kann derartigen
Gläubigerrechten gegenüber geltend gemacht werden (§ 1990 Abs 2).

Für die nach dem Erbfall durch *Rechtsgeschäft* vom *Erben* erworbenen Sicherungsrechte gilt das bei Rn 5 Ausgeführte entsprechend.

2. Auch die **Vormerkungsgläubiger** werden gem § 1971 S 2 von dem Aufgebot der 5
Nachlassgläubiger nicht betroffen „in Ansehung des Gegenstandes ihres Rechts".
Wenn sie aber die dingliche Sicherung erst nach dem Erbfall durch einstweilige
Verfügung erlangt haben, greift die Einrede ihnen gegenüber durch. Anders, wenn
die Vormerkung nach dem Erbfall aufgrund einer Bewilligung des Erben (§ 885)
eingetragen worden ist (STAUDINGER/LEHMANN[11] Rn 4; BGB-RGRK/JOHANNSEN Rn 5) und
dieser sich dabei sein Haftungsbeschränkungsrecht nicht vorbehalten hat (vgl auch
Vorbem 1 zu §§ 1975 ff und § 1990 Rn 25).

§ 2017
Fristbeginn bei Nachlasspflegschaft

Wird vor der Annahme der Erbschaft zur Verwaltung des Nachlasses ein Nachlasspfleger bestellt, so beginnen die in § 2014 und in § 2015 Abs. 1 bestimmten Fristen mit der Bestellung.

Materialien: E I § 2143 Abs 2; II § 1891; III
§ 1992; Mot V 673; Prot V 785 f, 829–831; VI
340; JAKOBS/SCHUBERT ER I 310, 491 ff.

I. Geltendmachung der aufschiebenden Einreden durch Nachlasspfleger, Nachlassverwalter, Testamentsvollstrecker

1 Auf die aufschiebenden Einreden der §§ 2014, 2015 kann sich auch ein Nachlasspfleger (§§ 1960, 1961), ein Nachlassverwalter (§§ 1981 ff, 1984 Abs 1 S 3) oder ein Testamentsvollstrecker (§§ 2197 ff, 2213) berufen. Das BGB setzt dies als selbstverständlich voraus (Prot V 830) und regelt in § 2017 nur, welche Auswirkungen es auf den Lauf der in § 2014 und § 2015 Abs 1 genannten Fristen hat, wenn der Nachlasspfleger zur Verwaltung des Nachlasses berufen ist und der Erbe die Erbschaft zZ der Pflegerbestellung noch nicht angenommen hatte. Die Fristen beginnen dann mit der Bestellung des Pflegers.

2 **§ 2017 befasst sich nur mit dem Beginn der in § 2014 und in § 2015 Abs 1 genannten Fristen.** Der Vorschrift kann also nicht entnommen werden, dass sich ein Nachlasspfleger nur dann auf die aufschiebenden Einreden der §§ 2014 und 2015 berufen könne, wenn er auch zur Verwaltung des Nachlasses bestellt sei. Insbesondere der aufgrund des § 1961 bestellte Nachlasspfleger wird oft nicht zur umfassenden (s aber Rn 8) Verwaltung des Nachlasses berufen sein (STAUDINGER/MAROTZKE [2008] § 1961 Rn 13) und angesichts des § 1960 Abs 3 dennoch der *Dreimonatseinrede des § 2014* bedürfen. Durch einen *eigenen* Antrag auf Aufgebot der Nachlassgläubiger kann ein Nachlasspfleger oder ein Testamentsvollstrecker die *Aufgebotseinrede des § 2015* allerdings nur dann erlangen, wenn ihm die Verwaltung des Nachlasses zusteht (§ 455 Abs 2 FamFG). Der Testamentsvollstrecker kann den Aufgebotsantrag zudem erst stellen, wenn der Erbe die Erbschaft angenommen hat (§ 455 Abs 3 FamFG).

II. Sinn und Zweck des § 2017

3 Da ein zur Verwaltung des Nachlasses berufener Nachlasspfleger sofort nach seiner Bestellung mit der Sichtung des Nachlasses beginnen und auch das Aufgebot der Nachlassgläubiger beantragen kann (§ 455 Abs 2 FamFG), lässt § 2017 die Dreimonatsfrist des § 2014 und die Jahresfrist des § 2015 Abs 1 bereits mit der Bestellung des Pflegers beginnen, falls diese vor der sonst maßgeblichen Erbschaftsannahme erfolgt ist. Diesen früheren Fristbeginn muss auch der Erbe gegen sich gelten lassen (Prot V 830). Die Möglichkeiten, die der zur Verwaltung des Nachlasses bestellte Nachlasspfleger bzgl der Sichtung der Aktiva und Passiva hatte, werden dem von ihm vertretenen Erben zugerechnet (vgl Prot aaO). Dementsprechend setzt § 2017 voraus, dass der Nachlasspfleger „zur Verwaltung des Nachlasses" bestellt wurde. Denn nur dann übt er bzgl der Ermittlung des Nachlassbestandes eine Zuständigkeit des Erben aus (vgl auch § 455 Abs 2 FamFG) und kann diesem deshalb das Verstreichenlassen der in §§ 2014, 2015 Abs 1 bezeichneten Fristen zugerechnet werden.

III. Bestellung eines Nachlasspflegers zur Verwaltung des Nachlasses

4 **1.** **Nachlasspfleger** sind sowohl der nach § 1960 oder § 1961 bestellte Pfleger als auch der **Nachlassverwalter** (arg § 1975).

Auf den Fall, dass ein **Testamentsvollstrecker** sein Amt früher annimmt (§ 2202) als der Erbe die Erbschaft, ist § 2017 nach hM weder unmittelbar noch analog anwendbar (STAUDINGER/LEHMANN[11] Rn 3; PLANCK/FLAD Anm 4; MünchKomm/KÜPPER Rn 3; SOERGEL/

STEIN Rn 4; AK-BGB/TEUBNER Rn 5; ERMAN/SCHLÜTER Rn 2; BAMBERGER/ROTH/LOHMANN Rn 3; AnwKomm/KRUG Rn 8; PALANDT/EDENHOFER Rn 1; wohl auch Prot V 830, vgl ferner den Gesetzesvorschlag in Prot V 785 f bei B 2.). Die in § 2014 und § 2015 Abs 1 bezeichneten Fristen beginnen hier also mit der Annahme der Erbschaft oder – falls schon vorher ein verwaltender Nachlasspfleger bestellt war – gem § 2017 mit dessen Bestellung. Dazu passt, dass der Testamentsvollstrecker vor der Annahme der Erbschaft durch den Erben gar nicht in der Lage wäre, das Aufgebot der Nachlassgläubiger zu beantragen (§ 455 Abs 3 FamFG).

2. Zur Verwaltung des Nachlasses ist der Nachlassverwalter stets (§ 1985), der gem § 1960 bzw § 1961 bestellte Nachlasspfleger jedoch nur idR berufen (STAUDINGER/ MAROTZKE [2008] § 1960 Rn 40, § 1961 Rn 12 f). Ist der Pfleger nicht (auch) zur Verwaltung des Nachlasses bestellt, so findet § 2017 nach Wortlaut und Zweck (Rn 3) keine Anwendung. Vgl ergänzend Rn 8.   5

IV. Zeitpunkt der Pflegerbestellung

§ 2017 setzt voraus, dass der Nachlasspfleger bzw -verwalter **vor der Annahme der** **Erbschaft** bestellt wird. Das wird beim Nachlassverwalter nur selten vorkommen (§ 1981 Rn 11, 21). Die Bestellung wird gem § 40 Abs 1 FamFG wirksam mit der Bekanntgabe an den Pfleger; bzgl des Nachlassverwalters vgl aber auch § 1981 Abs 3 (keine Pflicht zur Amtsübernahme) und § 1981 Rn 27, § 1984 Rn 6.   6

V. Fristbeginn mit der Bestellung des Nachlasspflegers

Ist der Nachlasspfleger bzw -verwalter wirksam bestellt (Rn 6), bevor der Erbe die Erbschaft angenommen hat, so beginnen die in § 2014 und in § 2015 Abs 1 bestimmten Fristen mit der Bestellung. Bei dieser Fristberechnung bleibt es auch, wenn nach Annahme der Erbschaft die Pflegschaft wieder aufgehoben wird (zur Aufhebung vgl STAUDINGER/MAROTZKE [2008] § 1960 Rn 55 ff). Infolgedessen können die Fristen mit Wirkung auch gegen den Erben (Rn 3) schon abgelaufen sein, bevor dieser die Erbschaft annimmt (BGB-RGRK/JOHANNSEN Rn 4; SOERGEL/STEIN Rn 2; MünchKomm/KÜPPER Rn 1; ERMAN/SCHLÜTER Rn 1).   7

Ist der Nachlasspfleger nicht zur Verwaltung des Nachlasses, sondern nur zu seiner Sicherung **berufen** (Rn 5), so beginnen die Fristen erst mit der Annahme der Erbschaft (MünchKomm/KÜPPER Rn 1). Das bedeutet jedoch nicht, dass der Pfleger vorher ohne zeitliche Beschränkung die Einreden aus § 2014 und § 2015 geltend machen kann, wenn ihm gegenüber Nachlassverbindlichkeiten geltend gemacht werden (zustimmend AK-BGB/TEUBNER Rn 3; aM STAUDINGER/LEHMANN[11] Rn 1; BGB-RGRK/JOHANNSEN Rn 5; ERMAN/SCHLÜTER Rn 1; BAMBERGER/ROTH/LOHMANN Rn 2; wohl auch SOERGEL/STEIN Rn 3). Denn zum einen kann ein Nachlasspfleger, der nicht auch zur Verwaltung des Nachlasses berufen ist, nicht das Aufgebot der Nachlassgläubiger beantragen (§ 455 Abs 2 FamFG) und somit jedenfalls durch *eigenen* Aufgebotsantrag auch nicht die aufschiebende Einrede des § 2015 erwerben (jedoch kann ihm, wenn er lediglich für einen Miterben bestellt ist, der Aufgebotsantrag eines anderen Miterben gem § 460 Abs 1 S 1 FamFG zustatten kommen). Außerdem eröffnet § 1961 die Möglichkeit, einen Nachlasspfleger lediglich zu dem Zweck zu bestellen, einem dies beantragenden Gläubiger die Rechtsverfolgung gegen den Nachlass zu ermöglichen.   8

Es wäre sonderbar, wenn sich solch ein Nachlasspfleger ohne Bindung an irgendwelche Fristen auf § 2014 berufen und so die Befriedigung des Gläubigers aus dem Nachlass auf ungewisse Zeit verhindern könnte. Als Ausweg bietet sich an, die Dreimonatsfrist des § 2014 hier mit der Bestellung des Pflegers beginnen und ab Annahme der Erbschaft durch den Erben für diesen eine neue Frist laufen zu lassen (vgl auch Rn 3 aE). Noch besser wäre es, den nach § 1961 auf Antrag eines Nachlassgläubigers „zum Zwecke der gerichtlichen Geltendmachung eines Anspruchs" bestellten Nachlasspfleger *stets* zumindest insoweit als zur Verwaltung des Nachlasses berufen anzusehen, als es um die Abklärung der Frage geht, ob der Anspruch nach den Verhältnissen des Nachlasses (§ 1979) zu befriedigen ist (so wohl auch Mot V 546; zweifelnd SOERGEL/STEIN Rn 3). Dies müsste für die Anwendung der §§ 2017 BGB, 455 Abs 2 FamFG (Aufgebotsantrag) genügen und sollte mE grundsätzlich bei jedem Nachlasspfleger angenommen werden, der zur passiven Prozessführung für den Erben legitimiert ist (zust AnwKomm/KRUG Rn 5; zu einigen als Ausnahmen in Betracht kommenden Grenzfällen vgl STAUDINGER/MAROTZKE [2008] § 1961 Rn 13).

Titel 3
Erbschaftsanspruch

Vorbemerkungen zu §§ 2018–2031

Schrifttum

vBargen, Ist der Erbschaftsanspruch ein Gesamtanspruch? (maschinenschr Diss Kiel 1922)
P Becker, Die Haftung des Erbschaftsbesitzers bei Ansprüchen in Ansehung einzelner Nachlaßgegenstände (§ 2029 BGB) (Diss Erlangen 1935)
R Beckmann, Der Begriff und die Stellung des Erbschaftsbesitzers bei der Erbschaftsklage (Diss Würzburg 1929)
Bellermann, Der Erbschaftsanspruch bei Erbschaftsveräußerungen (1910)
Binder, Besprechung von: F Leonhard, Kommentar zum Bürgerlichen Gesetzbuch. Fünftes Buch: Erbrecht, JLBl 24 (1912) 145
Blumenstein, Der Erbschaftsanspruch nach dem Bürgerlichen Gesetzbuche (Diss Erlangen 1897)
Bourwieg, Die rechtliche Stellung von Nachlaßpfleger, Nachlaßverwalter und Testamentsvollstrecker und deren Aktiv- und Passivlegitimation für den Erbschaftsanspruch des § 2018 BGB (Diss Leipzig 1908)
Ebenroth/Frank, Die Übertragung des Besitzes vom Erblasser auf den Erben, Jus 1996, 794
Edenfeld, Der Erbschaftsanspruch als Mittel zum Schutz der Erbeninteressen, in: FS Kollhosser (2004) Bd II, S 87
Eiswaldt, Gibt es einen erbschaftlichen Universalanspruch? (Diss Leipzig 1906)
H Engel, Die Rechtsnatur des Erbschaftsanspruchs (Diss Köln 1962)
Eyssenhardt, Der Erbschaftsbesitz nach deutschem Recht (Diss Rostock 1912)
Ferrari-Hofmann-Wellenhof, Die Erbschaftsklage (1991, zum österreichischen Recht)
Fiebig, Ist der Erbschaftsanspruch gegen einen Nachlaßpfleger oder Testamentsvollstrecker zulässig und kann er von diesen Personen erhoben werden? (Diss Rostock 1907)
Fischer, Die Neugestaltung des Erbschaftsanspruchs (Diss Breslau 1940)
Friedrich, Die Haftung des endgültigen Erben und des „Zwischenerben" bei Fortführung eines einzelkaufmännischen Unternehmens (1990)
Göbel, Der Anspruch des Erben gegen den Erbschaftsbesitzer (Diss Frankfurt 1933)
Golm, Die Rechte des Erben bei Veräußerung der Erbschaft durch den Erbschaftsbesitzer (Diss Jena 1908)
Gursky, Zur Rechtsnatur des Erbschaftsanspruchs, in: Tradition und Fortentwicklung im Recht, 3. FS vLübtow (1991) 211
Hartmann, Die rechtliche Natur des Erbschaftsanspruchs (Diss Leipzig 1906)
Hartung, Der Nachlaßpfleger im Streit mit Erbprätendenten, Rpfleger 1991, 279
Hellwig, Anspruch und Klagrecht (1900) 47
ders, Wesen und subjektive Begrenzung der Rechtskraft (1901) 53
ders, Lehrbuch des Deutschen Civilprozeßrechts I (1903) 289
Hoffschlaeger, Die rechtliche Natur des Erbschaftsanspruchs (Diss Rostock 1927)
H Hofmann, Bedeutung und rechtliche Natur des Erbschaftsanspruchs im heutigen Recht (Diss Leipzig 1907)
Hübner, Der Erbschaftsanspruch nach dem Rechte des Bürgerlichen Gesetzbuchs (Diss Erlangen 1911)
Joachim, Die Haftung des Erben für Nachlaßverbindlichkeiten (2. Aufl 2006) (insbes S 468 ff: Erbschaftsbesitzer)
Johannsen, Die Rechtsprechung des BGH auf dem Gebiet des Erbrechts – Der Erbschaftsan-

spruch, WM 1972, 914, 929; WM 1973, 530, 549; 1977, 270; WM 1985, Sonderbeilage 1, 5
JOSEF, Die Bekanntmachung vom 8. 3. 1917 über die Freiwillige Gerichtsbarkeit und andere Rechtsangelegenheiten in Heer und Marine (RGBl 219) in ihrer Einwirkung auf den Erbschaftsanspruch, Gruchot 62, 321
KIESOW, Die Rechtslage des Erbschaftsbesitzers bei freiwilliger Leistung auf Nachlaßverbindlichkeiten (Diss Jena 1908)
KÖBL, Das Eigentümer-Besitzer-Verhältnis im Anspruchssystem des BGB (1971) (insbes S 64 ff)
LAMMFROMM, Zur Geschichte der Erbschaftsklage (1887)
LANDSBERG, Der Erbschaftsanspruch nach Bürgerlichem Recht mit Berücksichtigung des Internationalen Privatrechts (Diss Heidelberg 1908)
LANGHEINEKEN, Anspruch und Einrede (1903) 148
HERM LEHMANN, Die Ansprüche des Erben bei Veräußerung der Erbschaft durch den Erbschaftsbesitzer (Diss Göttingen 1924)
LENT, Die Gesetzeskonkurrenz im Bürgerlichen Recht und Zivilprozeß I (1912) 242
R LEONHARD, Der Erbschaftsbesitz (1899)
LIEDER, Die rechtliche Natur des Erbschaftsanspruchs und sein Verhältnis zu den Singularansprüchen (Diss Königsberg 1926)
MAURER, Das Rechtsverhältnis zwischen Erbe und Erbschaftsbesitzer. Der Erbschaftsanspruch (1999)
MÜLLER-EHLEN, Hereditatis petitio. Studien zur Leistung auf fremde Schuld und zur Bereicherungshaftung in der römischen Erbschaftsklage (1998)
MUSCHELER, Der Erbschaftsanspruch, Teil 1, ErbR 2009, 38; Teil 2, ErbR 2009, 76
NAVE, Einzelklage und Erbschaftsanspruch (Diss Breslau 1908)
OLZEN, Der Erbschaftsanspruch, JuS 1989, 374 ders, Der Erbschaftsanspruch, Jura 2001, 223
PETERS, Die Verjährung im Familien- und Erbrecht, AcP 208 (2009) 37 (insbes S 61 ff: Die Ansprüche der §§ 2018, 2030 BGB)
RATHGE, Der Erbschaftsanspruch, Das Büro 1950, 156
REIF, Der Erbschaftsanspruch, in: HEINRICH

LANGE (Hrsg), Erwerb, Sicherung und Abwicklung der Erbschaft, 4. Denkschrift des Erbrechtsausschusses der Akademie für Deutsches Recht (1940) 107
RICHTER, Das Verhältnis des Erbschaftsanspruchs zum Eigentumsherausgabeanspruch aus prozessualer Sicht, JuS 2008, 97
A ROLAND, Die Verjährung im Erbrecht (2008) (besonders S 86 ff: V. Erbschaftsanspruch)
SCHMIDT-KESSEL, Erbrecht in der Rechtsprechung des Bundesgerichtshofes, II 2: Der Erbschaftsanspruch, WM 1988, Sonderbeilage 8, 3
SCHMIDTMANN, Die Aktiv- und Passivlegitimation beim Erbschaftsanspruch (Diss Rostock 1913)
B SCHOLZ, Die Besonderheiten des Erbschaftsanspruchs des Nacherben gegen den Vorerben (Diss Breslau 1914)
G SCHWARTZ, Der Vorerbe als Erbschaftsbesitzer (Diss Breslau 1916)
SIBER, Die Passivlegitimation bei der rei vindicatio (1907) (insbes 227 f)
SIEVEKING, Passivlegitimation bei der hereditatis petitio und nach BGB (Diss Rostock 1902)
SOMMER, Die Neugestaltung des Erbbesitzes (Diss Breslau 1939)
STERN-STRÄTER, Der Erbschaftsanspruch und seine Regelung im Verhältnis zum Eigentums- und Bereicherungsanspruch (Diss Bonn 1928)
SUCHIER, Die Parteien beim Erbschaftsanspruch (Diss Marburg 1913)
TELOO, Der Erbschaftsanspruch und sein Verhältnis zu Neben- und Singularansprüchen (Diss Köln 1952)
TORGES, Die Rechtsnatur des Erbschaftsanspruchs (Diss Jena 1912)
TÜCKHARDT, Der Erbschaftsbesitzer, seine begrifflichen Merkmale und Verpflichtungen nach dem Rechte des Bürgerlichen Gesetzbuches (Diss Straßburg 1904)
UHLES, Umfang und rechtliche Natur des Erbschaftsanspruchs (Diss Erlangen 1911)
G VOLLKOMMER, Der übergangene Miterbe, FamRZ 1999, 350
WALKER, Der Vollzug der Arbeitgebererbfolge mit einem vermeintlichen Erben (1985)
WEIMAR, Der Erbschaftsanspruch und die Einzelansprüche des Erben, MDR 1976, 728
WEINKAUF, Der Erbschaftsanspruch als beson-

dere Anspruchsgrundlage zur Wahrung der berechtigten Interessen des Erben (Diss Göttingen 1981)
WENDT, Die Bedeutung des Erbschaftsanspruchs für die allgemeine Güterzuordnung, in: Tradition und Fortentwicklung im Recht, 3. FS vLübtow (1991) 229
WIELING, Hereditatis petitio und res iudicata, JZ 1986, 7

W WOLFF, Die Legitimation des Nachlaßpflegers und Testamentsvollstreckers zur Geltendmachung des Erbschaftsanspruchs nach dem Bürgerlichen Gesetzbuche (Diss Erlangen 1907)
ZEISING, Verschärfte Haftung des Erbschaftsbesitzers bei schwebendem Erbscheinerteilungsverfahren, ZErb 2009, 172
ZÜLCH, Beiträge zur Frage der Besonderheit des Erbschaftsanspruches (Diss Hamburg 1932).

Systematische Übersicht

I.	Der Zweck des Erbschaftsanspruchs	1
II.	Überblick über die Rechtsbehelfe des Erben zum Schutze seines Erbrechts	
1.	Anfechtung der Erbeinsetzung	2
2.	Einzelansprüche auf Herausgabe von Nachlaßgegenständen	3
3.	Sonstige Rechtsbehelfe	4
4.	Der Erbschaftsanspruch	5
5.	Besondere Rechtsbehelfe zur Erlangung des vorläufigen Erbschaftsbesitzes	6
III.	Der Erbschaftsanspruch insbesondere	
1.	Geschichtliches	10
2.	Rechtsvergleichendes	11
3.	Redaktionsgeschichte	12
4.	Die Rechtsnatur des Erbschaftsanspruchs; Vorteile gegenüber den Einzelansprüchen	14
5.	Dingliche und obligatorische Elemente	20
6.	Der Einfluß des Erbschaftsanspruchs auf die Einzelansprüche	22
IV.	Prozessuales	
1.	Keine Feststellung des Erbrechts	23
2.	Gerichtszuständigkeit	24
3.	Klageantrag; Stufenklage	25
V.	Das Verhältnis mehrerer Erbprätendenten zu den Nachlaßgläubigern	26
VI.	Zur rechtspolitischen Kritik	28
VII.	Internationales Privatrecht	29
VIII.	Intertemporales Recht	30

I. Der Zweck des Erbschaftsanspruchs

Das Gesetz gibt in dem dritten Titel dem Erben ein besonderes erbrechtliches Schutzmittel, den sog „Erbschaftsanspruch", §§ 2018–2031. Dieser soll es dem wahren Erben erleichtern, in den Besitz der Erbschaft zu gelangen, ohne darauf angewiesen zu sein, gegen einen Erbschaftsbesitzer die zur Verfügung stehenden Einzelklagen anzustrengen. **1**

II. Überblick über die dem Erben zur Verfügung stehenden Rechtsbehelfe zum Schutz seines Erbrechts, einschließlich des Erbschaftsanspruchs

1. Jeder potentielle Erbe, der sich auf einen Berufungsgrund (Testament, Erbvertrag oder Gesetz) stützen kann, ist zunächst befugt, die vorläufige Berufung eines ihm vorgehenden Erben unter gewissen Voraussetzungen anzugreifen, um sein **2**

Nachfolgerecht (ius succedendi) zu verwirklichen. Ein solcher Angriff ist zulässig einmal mittels *Anfechtung der letztwilligen Verfügung,* auf Grund deren die vorläufige Berufung erfolgt ist, wegen Irrtums im Falle des § 2078 durch den, dem die Aufhebung der Verfügung unmittelbar zustatten kommt (§ 2080 Abs 1); sodann bei Erbunwürdigkeit des zunächst Berufenen mittels Anfechtung seines Erbschaftserwerbes (§ 2340) durch einen Erben, dem der Wegfall des Erbunwürdigen, wenn auch nur mittelbar, zustatten kommt (§ 2341).

3 2.   Nach dem Erwerb der Erbschaft kann der Erbe die ihm als Gesamtnachfolger des Erblassers zukommende Rechtsstellung (sein ius successionis) zunächst geltend machen, indem er die dem Erblasser zZ des Erbfalls zustehenden *Einzelansprüche* auf Herausgabe erhebt. Soweit die Rechtsverhältnisse, in denen der Erblasser gestanden hat, auf ihn übergegangen sind, können aus ihnen auch weiterhin dieselben Ansprüche neu entstehen, die für den Erblasser bei seinem Fortleben entstanden sein würden. In erster Linie kommt dabei natürlich der Eigentumsherausgabeanspruch, § 985, in Betracht. Daneben steht dem Erben gegen jeden, der sich ohne seinen Willen nach dem Erbfall einer zum Nachlaß gehörigen Sache bemächtigt hat, der Besitzentziehungsanspruch des § 861 zu, da der Besitz nach § 857 auf den Erben übergegangen ist und folglich in einer solchen Bemächtigung verbotene Eigenmacht liegt. In Betracht kommt ferner ein auf Rückgabe als Naturalrestitution gerichteter deliktischer Schadensersatzanspruch (§§ 823, 249 Abs 1) bei schuldhafter Verletzung des Eigentumsrechts oder eines sonstigen absoluten Rechts des Erben (entgegen LANGE/KUCHINKE § 40 III 1 aber nicht schon wegen des Angriffs auf das Erbrecht des Antragstellers, vgl DÖRNER, in: FS M Ferid [1988] 57 ff; GURSKY, in: 3. FS vLübtow [1991] 211, 220; vLÜBTOW II 769). Ein Bereicherungsanspruch auf Rückgabe des Besitzes (condictio possessionis) kann jedenfalls dann gegeben sein, wenn der Erbe selbst dem Erbschaftsbesitzer die Nachlaßgegenstände in der irrtümlichen Annahme eines besseren Berufungsgrundes des letzteren herausgegeben hat (§ 812 Abs 1 S 1, 1. Alt); ob im Falle der eigenmächtigen Besitzergreifung durch den Beklagten eine Eingriffskondiktion durchgreift, hängt nach hM davon ab, ob in eine Rechtsposition mit Zuweisungsgehalt eingegriffen wurde (H WESTERMANN/GURSKY, SR[7] § 21, 4; PALANDT/BASSENGE § 861 Rn 2). Die Eingriffskondiktion würde damit nur dann nicht in Betracht kommen, wenn der Erblasser selbst nur unberechtigter Besitzer war oder wenn das Besitzrecht des Erben mit seinem Tode erloschen ist. Was die zum Nachlaß gehörigen beweglichen Sachen anlangt, steht dem Erben, auf den der Besitz vom Erblasser übergegangen ist (§ 857), weiterhin gegen jeden späteren, nicht durch sein besseres Recht geschützten Erwerber der (petitorische) Herausgabeanspruch des früheren Besitzers aus § 1007 (die deutsch-rechtliche Fahrnisklage) zu.

4 3.   Abgesehen von diesen Einzelansprüchen kann der wahre Erbe ferner:

a)   zur Feststellung seines Erbrechts, dh der zu seinen Gunsten eingetretenen Erbfolge, *Feststellungsklage* erheben (die näheren Voraussetzungen ergeben sich aus § 256 ZPO, die Zuständigkeit des Gerichts aus § 27 ZPO);

b)   vom Besitzer eines unrichtigen *Erbscheins* dessen *Herausgabe* an das Nachlaßgericht verlangen (§ 2362 Abs 1);

c) *Auskunft* über erbschaftliche Verhältnisse von einer Reihe von Personen *verlangen* und zwar:

aa) zunächst von dem Erbschaftsbesitzer, dh dem, der auf Grund eines ihm in Wirklichkeit nicht zustehenden Erbrechts etwas aus der Erbschaft erlangt hat (§ 2027 Abs 1), sowie von einem diesem nach § 2030 gleichstehenden Erwerber der Erbschaft;

bb) von dem, dem ein unrichtiger Erbschein erteilt worden ist, nach § 2362 Abs 2;

cc) von dem, der ohne Erbschaftsbesitzer zu sein, eine Sache aus dem Nachlaß in Besitz genommen hat, bevor der Erbe den Besitz tatsächlich ergriffen hat (§ 2027 Abs 2);

dd) von dem, der sich zZ des Erbfalls mit dem Erblasser in häuslicher Gemeinschaft befunden hat (§ 2028).

4. Zu diesen einzelnen Rechtsbehelfen tritt nun der in den §§ 2018 ff geregelte sog **Erbschaftsanspruch** hinzu, der dem wahren Erben gegen den bloßen Erbschaftsbesitzer (sowie einen Dritten, an der Erbschaftsbesitzer die Erbschaft veräußert hat, § 2030) gewährt wird. Dies ist ein als erbrechtlicher **Gesamtanspruch** konzipierter *umfassender Rechtsbehelf,* der den Erben der Notwendigkeit entheben will, die Einzelansprüche auf Herausgabe von Gegenständen gegen den zu erheben, der sie nach dem Erbfall aufgrund eines ihm in Wirklichkeit nicht zustehenden Erbrechts erlangt hat. Wer etwas aus dem Nachlaß ohne die Anmaßung einer Erbenstellung erlangt hat, kann nicht mit diesem Gesamtanspruch verklagt werden, sondern muß mit dem in Betracht kommenden Einzelanspruch belangt werden. Der Erbschaftsanspruch will also dem Erben die Rechtsverfolgung bei der nicht seltenen Beeinträchtigung erleichtern, die darin gelegen ist, daß nicht die rechtliche Zugehörigkeit des Gegenstandes zum Vermögen des Erblassers bestritten wird, sondern der Streit darum geht, wer jetzt infolge des Erbfalls der Herr der tatsächlich zum Nachlaß gehörenden Gegenstände ist (BGH ZEV 2004, 378, 379). Dementsprechend ist die Ausgestaltung des Erbschaftsanspruchs erfolgt. Er geht auf Herausgabe des vom Erbschaftsbesitzer Erlangten als Gesamtheit. Auch wenn der Erbschaftsbesitzer nur einzelne Gegenstände erlangt hat, wird deren Herausgabe als Bestandteil des Ganzen, der Erbschaft, verlangt. Der Erbschaftsanspruch hat für den Erben vor allem den Vorteil, daß dem Erben der Nachweis erspart wird, welches Recht der Erblasser auf die einzelnen zum Nachlaß gehörigen Gegenstände gehabt hat. Der Erbe kann alles herausverlangen, was im Augenblick des Todes des Erblassers tatsächlich zu dessen Nachlaß gehört hat. Sache des Beklagten ist, darzutun, daß er Eigentum oder ein sonstiges Zurückbehaltungsrecht an bestimmten Gegenständen hat. Im Vergleich zur Vindikation liegt eine Beweiserleichterung ferner darin, daß der Erbe nur nachweisen muß, daß der Beklagte den Besitz nach dem Erbfall als Erbprätendent erlangt hat, nicht aber, daß der Beklagte noch Besitzer der Nachlaßgegenstände ist. – Die Rechtsdurchsetzung wird durch den einheitlichen Erbschaftsanspruch insbesondere dann erleichtert, wenn zum Nachlaß mehrere, in verschiedenen Gerichtsbezirken belegene Grundstücke gehören (EBENROTH Rn 1010). Gäbe es den Erbschaftsanspruch nicht, so müßte für jedes Grundstück eine eigene Vindikationsklage am jeweiligen dinglichen Gerichtsstand (§ 24 ZPO) erhoben werden. Der Erbschaftsanspruch ermöglicht dagegen die Zusammenfassung zu einer einzigen, nach § 27 ZPO am Wohnsitz des Erblassers zu erhebenden Klage (s Rn 24).

6 Dem Interesse des Erben daran, daß der Nachlaß einheitlich zusammengehalten wird, dient die Erstreckung der Haftung des Erbschaftsbesitzers auf alle gezogenen Nutzungen (§ 2020) und auf die Surrogate (§ 2019), weiterhin die einheitliche Verjährung des Anspruchs und der Ausschluß des Einwandes der Ersitzung (§ 2026).

7 Auf der anderen Seite haftet der Erbschaftsbesitzer bei Unvermögen zur Herausgabe nur nach Bereicherungsrecht (§ 2021) und hat Anspruch auf Ersatz seiner Verwendungen, der durch ein Zurückbehaltungsrecht geschützt ist (§ 2022). Eine strengere Haftung tritt nur ein unter den Voraussetzungen der Rechtshängigkeit, bösen Glaubens und der Besitzerlangung durch Straftat oder verbotene Eigenmacht (§§ 2023–2025).

8 Der schon oben erwähnte Anspruch des Erben auf Auskunft gegen den Erbschaftsbesitzer und den ihm nach § 2030 gleichgestellten Erbschaftserwerber soll die Durchführung des Erbschaftsanspruchs erleichtern; die Auskunft erstreckt sich auf den Bestand der Erbschaft, also eines Inbegriffs von Gegenständen, und auf den Verbleib der einzelnen Gegenstände.

9 5. *Besondere Rechtsbehelfe zur Erlangung des vorläufigen Erbschaftsbesitzes*, wie sie im römischen und gemeinen Recht bestanden (interdictum quorum bonorum, missio in possessionem, s WINDSCHEID/KIPP III §§ 617–620), kennt das geltende Recht nicht. Falls das Nachlaßgericht sich der Erbschaft bereits angenommen und etwa einen Nachlaßpfleger bestellt hat, muß der Erbprätendent, der sein Erbrecht nicht voll darzutun vermag, versuchen, die Ausantwortung der Erbschaft von ihnen zu erreichen; die Entscheidung hängt von ihrem Ermessen ab. Hat bereits ein anderer Erbprätendent den Besitz erlangt, so kann der Versuch gemacht werden, ihn durch einstweilige Verfügung nach § 935 ZPO zur Einräumung des Besitzes an den Antragsteller oder einen Sequester zu nötigen. Ebenso ist denkbar, eine einstweilige Verfügung nach § 940 ZPO zu beantragen, wodurch der Besitz zur Regelung eines einstweiligen Zustandes einem der beiden Erbprätendenten übertragen wird (vgl WINDSCHEID/KIPP III § 617 aE; PLANCK/FLAD Vorbem I 3).

III. Der Erbschaftsanspruch insbesondere

1. Geschichtliches

10 Der Erbschaftsanspruch des BGB ist der römischen und gemeinrechtlichen hereditatis petitio nachgebildet (vgl MAURER 1 ff). Dieser Anspruch war einmal gegen den Besitzer einer Erbschaftssache gegeben, der sich für seinen Besitz auf Erbrecht berief, den sog pro herede possessor, sodann aber auch gegen den, der für seinen Besitz gar keinen Grund anzugeben vermochte oder nur einen solchen, dessen Nichtigkeit oder Unwahrheit er nachweislich kannte, den sog pro possessore possessor. Das BGB gewährt den Erbschaftsanspruch dagegen nur gegen den Erbschaftsbesitzer im Sinne des § 2018 (bzw § 2030), versagt ihn also gegen den, der dem Erben etwas vorenthält, was er zwar aus der Erbschaft erlangt hat, aber nicht aufgrund eines von ihm in Anspruch genommenen Erbrechts. Darin liegt eine er-

hebliche Einschränkung gegenüber dem römischen und gemeinen Recht (vgl STROHAL II § 94 I).

2. Rechtsvergleichendes (vgl MAIER, RvglHdWB 3, 122 ff; MAURER 8 ff)

Im angelsächsischen Rechtskreis gibt es keinen besonderen Erbschaftsanspruch, und **11** auch das ZGB der früheren DDR kannte ihn nicht mehr (vgl MAMPEL NJW 1976, 600). Ansonsten findet sich dieser überall. Das österreichische AGBGB erwähnt die Klage auf „Abtretung der Erbschaft" allerdings nur kurz (in den §§ 823, 824), wobei es im wesentlichen auf die Eigentumsklage verweist. Der Code Civil erwähnt zwar seit der 1977 erfolgten Aufhebung des Art 137 die Erbschaftsklage nicht mehr (und auch in dieser früheren Vorschrift war nur der Fall angesprochen, daß die Erbschaft in Abwesenheit des Nächstberechtigten in die Hände des Nachberufenen gelangt); die Erbschaftsklage ist jedoch auch hier von der Praxis anerkannt (vgl FERID/SONNENBERGER, Franz ZivR III² [1987] Rn 5 D 429 ff). Der italienische Codice Civile hat die Erbschaftsklage geregelt (Art 533–535); er gibt sie auch gegen den possessor pro possessore. Das Schweizerische ZGB (Art 598 ff) lehnt sich an das BGB an. Die Erbschaftsklage hat hier aber wegen ihrer weitgehenden Subsidiarität nur geringe praktische Bedeutung.

3. Redaktionsgeschichte

Mit Rücksicht darauf, daß einzelne frühere Partikularrechte besondere Vorschriften **12** über den Erbschaftsanspruch für entbehrlich hielten, hat man in der ersten und zweiten Kommission eingehend erwogen, ob für die Aufnahme eines besonderen Erbschaftsanspruchs ein Bedürfnis bestehe (s Mot V 575–578; Prot V 701 f). Die Gründe, aus denen sich beide Kommissionen ebenso wie schon der Vorentwurf des Redaktors vSCHMITT für die Aufnahme eines besonderen Erbschaftsanspruchs entschieden haben, sind folgende: Wollte man das Verhältnis zwischen dem wirklichen Erben und dem Erbschaftsbesitzer lediglich nach Maßgabe der für den einzelnen Erbschaftsgegenstand sich ergebenden Einzelansprüche beurteilen, so ergäbe sich mindestens das Bedürfnis, dem Erben gegen den Erbschaftsbesitzer einen Anspruch auf Auskunftserteilung und Leistung des Offenbarungseides zu geben. Bei Beschränkung auf Einzelansprüche würden dem Erben ferner hinsichtlich des Surrogationsprinzips und der Nutzungen nicht jene Begünstigungen zuteil, die er habe, wenn man das Verhältnis zwischen ihm und dem Erbschaftsbesitzer als ein einheitliches auffasse. Auch hinsichtlich der Sachen, die der Erblasser lediglich im Besitz gehabt habe, wäre eine Besitzklage dann schwerlich zu konstruieren, wenn der Erbschaftsbesitzer den Besitz nicht vom Erben, dh aus der Erbschaft erhalten habe, wenn zB der vermeintliche Erbe A die Erbschaft dem vermeintlichen Erben B ausantworte. Bei einem Gesamtanspruch habe der Erbe ferner den Vorteil, daß er im Gerichtsstande der Erbschaft (§ 27 ZPO) klagen könne.

Das Bestehen eines Universalanspruchs sei aber auch für den Erbschaftsbesitzer von **13** Bedeutung. Wenn für seine Haftung nur die Vorschriften über die Einzelansprüche maßgebend wären, so könnte nur bezüglich der einzelnen Gegenstände untersucht werden, ob und welche Bereicherung vorliege, sowie ob und welche Verwendungen gemacht seien.

4. Die Rechtsnatur des Erbschaftsanspruchs; Vorteile gegenüber den Einzelansprüchen

14 Die **Rechtsnatur** des Erbschaftsanspruchs ist umstritten. Die hM sieht in ihm einen besonderen erbrechtlichen Herausgabeanspruch, der zu etwaigen (und idR ebenfalls gegebenen) sachenrechtlichen und schuldrechtlichen Ansprüchen des Erben gegen den Erbschaftsbesitzer hinzutritt und sich von ihnen vor allem durch seinen umfassenden Inhalt unterscheidet: Der Erbschaftsanspruch wird nämlich als ein *einheitlicher Gesamtanspruch* verstanden, der als solcher dem in Anspruch genommenen Erbprätendenten alle aus dem Nachlaß erlangten Gegenstände und Vorteile entziehen will (PLANCK/FLAD Vorbem II 4 vor §§ 2018 ff; BGB-RGRK/KREGEL Vorbem vor §§ 2018 ff; MünchKomm/HELMS § 2018 Rn 7; SOERGEL/DIECKMANN Vorbem 2 f; AnwK-BGB/FLEINDL Vorbem 4; jurisPK/EHM Vorbem 2 f; DAMRAU/SCHMALENBACH § 2018 Rn 1; BAMBERGER/ROTH/MÜLLER-CHRISTMANN § 2018 Rn 6; ERMAN/SCHLÜTER Vorbem 1, 4 f vor §§ 2018 ff; DEK/LENZ § 2018 Rn 1; FAKomm-ErbR/FINGER § 2018 Rn 1; PALANDT/EDENHOFER Einf 1 vor §§ 2018 ff; JAUERNIG/STÜRNER § 2018 Rn 4; BAUMGÄRTEL/SCHMITZ § 2018 Rn 1; vLÜBTOW II 1042 ff; KIPP/COING § 105 II 2; LANGE/KUCHINKE § 40 I 1, 2; BROX/WALKER Rn 596; SCHLÜTER Rn 605, 607; LEIPOLD Rn 638; MICHALSKI Rn 1035; STROHAL II 376; LANGHEINEKEN, Anspruch und Einrede [1903] 149 ff; WINDSCHEID/KIPP III 537; ENDEMANN III § 150; CROME V § 522; KRETZSCHMAR 443; SIBER 124; HEINSHEIMER II 472 f; DIETZ 151; REIFF 109 f; HOFFSCHLAEGER 43 ff, 51 ff; OLZEN Jura 2001, 223; ZEISING ZErb 2009, 172, 173; ebenso auch schon die Gesetzesmaterialien, vgl SCHUBERT ER II 184 ff; Mot V 576 ff; Prot V 700 ff). Diese Deutung impliziert nicht etwa, daß der Anspruchsgegner den ganzen Nachlaß oder auch nur eine Mehrheit von Nachlaßgegenständen in den Händen hat; aber was er erlangt hat, wird ihm nach hM als Bestandteil des Ganzen, der Erbschaft, abgefordert. Die meisten Anhänger der hM nehmen darüber hinaus an, daß der Erbschaftsanspruch sich auch seinem Entstehungsgrund nach als erbrechtlicher Gesamtanspruch bezeichnen läßt, weil er aus einer Verletzung des subjektiven Erbrechts des Anspruchstellers erwachse (so STAUDINGER/GURSKY[12] Vorbem 10; MünchKomm/FRANK[3] § 2018 Rn 7; AnwK-BGB/FLEINDL Vorbem 5; LANGE/KUCHINKE § 40 III 2 a; BROX/WALKER Rn 596; SCHLÜTER Rn 610; MICHALSKI Rn 1035; anders aber vLÜBTOW II 1043; DÖRNER, in: FS Ferid [1988] 57, 74). Die vor allem im älteren Schrifttum vertretene Gegenauffassung, spricht dem Erbschaftsanspruch den Charakter eines selbständigen, von den Einzelansprüchen verschiedenen, einheitlichen Gesamtanspruchs ab. Was das BGB „Erbschaftsanspruch" nenne, sei nichts weiter als die Summe der ohnehin begründeten und ihre volle Selbständigkeit bewahrenden Einzelansprüche des Erben gegen den Erbschaftsbesitzer, die allerdings in den §§ 2018 ff bestimmten erbrechtlich motivierten Modifikationen unterworfen würden (HELLWIG, Anspruch und Klagrecht [1900] 54, 62 ff; ders, Lehrbuch des Deutschen Civilprozeßrechts I [1903] 212 f, 289 f; BINDER, Die Rechtsstellung des Erben III [1905] 375 ff, 435 ff; ders, ErbR[2] 98; ders JBl 24 [1912] 145, 146; ders ArchBürgR 34 [1910] 209, 234 Fn 71; vTUHR, AT I [1910] 272 ff; OERTMANN AcP 123 [1925] 129, 157; LENT, Die Gesetzeskonkurrenz im Bürgerlichen Recht und Zivilprozeß I [1912] 242 ff, 252; EISWALDT 37 ff, 71 ff; vBARGEN 1 ff, 82 ff; ähnlich auch WIELING JZ 1986, 5, 6 ff). Angelpunkt der Kontroverse ist § 2029, wonach die Haftung des Erbschaftsbesitzers sich auch gegenüber den Ansprüchen, die dem Erben in Ansehung der einzelnen Erbschaftsgegenstände zustehen, nach den Vorschriften über den Erbschaftsanspruch richtet. Die hM nimmt diese Vorschrift wörtlich: Der Erbschaftsanspruch und die Einzelansprüche sind danach rechtlich voneinander zu trennen. § 2029 sorgt lediglich dafür, daß jeder Einzelanspruch an den mit ihm konkurrierenden Teil des Erbschaftsanspruchs angeglichen, genauer: auf den Umfang des ihm entsprechenden Ausschnitts des Erbschaftsanspruchs beschränkt wird, damit die beabsichtigte Privilegierung des gutgläubig-unverklagten Erbschaftsbesitzers nicht durch die Einzelansprüche konterkariert wird. Nach der Gegenauffassung gibt es überhaupt nur die Singularansprüche. § 2029 treffe die generelle Anordnung, daß jeder Einzelanspruch des Erben, der sich gegen einen Erbschaftsbesitzer richtet, bestimmten Modifikationen unterworfen sein soll, die die §§ 2018–2026 (als Ausführungsvorschriften zu § 2029) näher spezifizieren.

15 Meines Erachtens kann keine dieser beiden Auffassungen völlig befriedigen. Die richtige Deutung des Erbschaftsanspruchs liegt aber sehr viel näher bei der Position der hM als bei der Einzelanspruchstheorie (zu den Schwächen der letzteren vgl auch GURSKY, in: 3. FS vLübtow 211, 216 ff). Die Gesetzesmaterialien zeigen nämlich deutlich, daß sowohl die Redaktorenvorlage zum Erbrecht wie auch später die Mehrheit in beiden Kommissionen bewußt an die hereditas petitio des Gemeinen Rechts anknüpfen und sich dementsprechend nicht auf eine bloße Modifikation der ohnehin gegebenen Einzelansprüche des Erben beschränken, sondern einen eigenen erbrechtlichen Universalanspruch schaffen wollte (TE Erbrecht des Redaktors vSCHMITT, Begründung bei SCHUBERT, Die Vorlagen der Redaktoren, ER II 184 ff; Mot V 576 f; Prot V 701 f). Die dogmatische Konzeption der Normverfasser hat sich im Wortlaut und im Aufbau der §§ 2018 ff deutlich niedergeschlagen: Eine unbefangene Lektüre dieser Normen kann nur zu dem Eindruck führen, daß hier ein besonderer, neben den schuldrechtlichen und sachenrechtlichen Singularansprüchen stehender erbrechtlicher Anspruch mit umfassendem Inhalt geschaffen werden sollte. Wenn man mit der Mindermeinung den Erbschaftsanspruch als bloße Zusammenfassung der durch § 2029 in Verbindung mit §§ 2018–2026 erbrechtlich modifizierten Einzelansprüche deutet, so schränkt man zudem den gewollten und sinnvollen Anwendungsbereich der §§ 2018 ff ein, denn der traditionell verstandene Erbschaftsanspruch reicht in mehreren Punkten weiter als die Summe der erbrechtlich modifizierten Einzelansprüche (vgl GURSKY, in: 3. FS vLübtow 211, 213 ff; s auch Vorbem 19).

16 Auf der anderen Seite läßt sich auch die Deutung der hM nicht vollständig durchhalten. Der vermeintliche einheitliche erbrechtliche Universalanspruch löst sich bei näherer Betrachtung in ein Bündel ganz unterschiedlicher Elemente auf, die teils dinglicher, teils obligatorischer Art sind (vgl Vorbem 20); und selbst die letztere Gruppe der obligatorischen Bestandteile ist in sich wiederum sehr inhomogen, da sich hier bereicherungsabhängige Wertersatzpflichten (§ 2021), bereicherungsabhängige Herausgabepflichten (§ 2020 HS 2) und Schadensersatzpflichten (§§ 2023, 2024) finden. Es ist deshalb überhaupt nicht daran vorbeizukommen, daß die §§ 2018 ff dem Erben in Wirklichkeit eine Mehrheit von Ansprüchen geben. Andererseits bilden aber die vom Gesetz mit dem Ausdruck Erbschaftsanspruch zusammengefaßten Ansprüche nicht nur ein sinnhaftes Gefüge – wie das etwa beim gesetzlichen Schuldverhältnis des Eigentümer-Besitzer-Verhältnisses der Fall ist – sondern sie sind auch rechtlich mit materiellrechtlichen Konsequenzen miteinander verbunden: Zumindest im Hinblick auf die Verteidigungsposition des Erbschaftsbesitzers wird das ganze Bündel der Ansprüche aus den §§ 2018 ff wie ein einheitlicher Anspruch behandelt (vgl § 2021 Rn 7 und § 2022 Rn 4; GURSKY, in: 3. FS vLübtow 211, 220 ff). Da der Gesetzgeber jedenfalls in diesem Punkte aus seiner dogmatischen Konzeption vom einheitlichen erbrechtlichen Universalanspruch praktische Konsequenzen gezogen hat, empfiehlt es sich meines Erachtens, diese Konzeption bei der Handhabung des Erbschaftsanspruchs überall dort zugrunde zu legen, wo dies nicht zu sachwidrigen oder offensichtlich ungerechten Ergebnissen führt. Von diesen Einschränkungen abgesehen muß aber die Gesamtheit der Ansprüche, die die §§ 2018 ff dem Erben gewähren, wie ein einheitlicher Anspruch behandelt werden. Unter diesen Umständen bietet es sich an, bei der Kommentierung von der – ja so einfachen und plastischen – Konzeption des Gesamtanspruchs auszugehen und eine präzisere Terminologie nur dort einzuführen, wo die genauere Strukturanalyse zu von der hM abweichenden Ergebnissen führt. Der hier vertretenen Deutung nahe steht auch die Auffassung von MUSCHELER (ErbR 2009, 38, 46 f), die allerdings den Gesichtspunkt der Anspruchsmehrheit stärker betont.

17 Einige Anhänger der Gesamtanspruchslehre nehmen an, daß die tatbestandsmäßig gegebenen Singularansprüche des Erben gegen den Erbschaftsbesitzer von dem erbrechtlichen Universalanspruch vollständig aufgesogen oder verdrängt werden (LANGHEINEKEN 148 f, 161 ff; SIBER, Grundriß 129; ENDEMANN § 150 III; wohl auch KIPP/COING § 105 I 3). Entstehungsgeschichte und Fassung des § 2029 sprechen jedoch – wie vLÜBTOW (II 1072 f) zu Recht betont – eher für die Annahme einer Anspruchskonkurrenz zwischen dem Erbschaftsanspruch einerseits und den (durch § 2029 modifizierten) Singularansprüchen (PLANCK/FLAD § 2029 Anm 5; STROHAL II 407; KRETZSCHMAR § 68 II 5; STAUDINGER/LEHMANN[11] § 2029 Rn 4; LANGE/KUCHINKE § 40 III 2 b; BROX/WALKER Rn 596; SCHLÜTER Rn 640). Diese Lösung empfiehlt sich auch schon deshalb, weil die Gegenposition konsequenterweise zu der Annahme führen müßte, daß die Einzelansprüche bei einem Ausschluß des Erbschaftsanspruchs durch einen Singulareinwand (vgl § 2018 Rn 35 f) notwendigerweise mit ausgeschlossen sind. Das wäre aber jedenfalls für den possessorischen Herausgabeanspruch des Erben (§ 861) nicht angemessen: Dieser darf wegen § 863 nicht daran scheitern, daß sich die vom Erbschaftsbesitzer in eigenmächtiger Durchsetzung seines Erbrechts in Besitz genommene Sache nachträglich als im Eigentum des Erbschaftsbesitzers stehend erweist.

18 Eine eigenwillige Deutung des Erbschaftsanspruchs hat neuerdings MAURER (31 ff) vorgestellt. Danach soll der Erbschaftsanspruch weder ein echter Universalanspruch noch ein im wesentlichen wie ein einheitlicher Anspruch behandeltes Bündel zusammenhängender Ansprüche, sondern einfach ein zusätzlicher Einzelanspruch sein, der zu den nichterbrechtlichen Singularansprüchen des Erben gegen den Erbschaftsbesitzer hinzutritt. Diese These kann trotz der dafür vorgebrachten gewichtigen Gründe mE letztlich nicht überzeugen. Sie entfernt sich allzu weit von den Vorstellungen und Absichten der Gesetzesverfasser und ist insbesondere mit § 2022 Abs 2 kaum zu vereinbaren.

19 Mit der Kombination der in Vorbem 3 aufgeführten Einzelansprüche kann der Erbe fast alles herausverlangen, was der Erbschaftsbesitzer aus der Erbschaft erlangt hat. Auch bezüglich der Nutzungen geht der Erbschaftsanspruch entgegen verbreiteter Auffassung kaum über die Singularansprüche hinaus, weil der Nachlaß ja regelmäßig iS von § 988 unentgeltlich erlangt ist (Ausnahme § 2030); eine Besserstellung tritt hier nur durch die dingliche Surrogation (§ 2019) ein, denn danach hat der Besitzer auch die aus den Surrogaten gezogenen Nutzungen herauszugeben. Entgegen WIELING (JZ 1986, 5, 7) lassen sich aber doch einige wenige Konstellationen aufspüren, in denen dem Erben *ausschließlich der Erbschaftsanspruch,* nicht aber auch ein schuldrechtlicher oder sachenrechtlicher Singularanspruch zur Verfügung steht. So wenn der vermeintliche Erbe A ein nur besitzmäßig zum Nachlaß gehörendes Grundstück an den gutgläubigen vermeintlichen Erben B herausgibt und die Leistungskondiktion des A etwa an § 814 scheitert (A hat sichere Kenntnis von der Nichtberechtigung des B, scheut aber einen Prozeß). Ebenso, wenn der Erblasser eine in seinem Besitz befindliche fremde Sache einem Besitzmittler anvertraut hat und dieser sie nun nach dem Erbfall an einen gutgläubigen Erbprätendenten herausgibt. Desgleichen wegen § 2026, wenn der Erbschaftsbesitzer in der Zwischenzeit das Eigentum an der Sache ersessen hat (sofern man der Ersitzung kondiktionsausschließende Wirkung beilegt, s dazu GURSKY, in: 3. FS vLübtow 211, 214). Vielfach wird sich auch die Situation ergeben, daß nur der (ja nach altem wie neuem Recht in 30 Jahren verjährende) Erbschaftsanspruch durchsetzbar ist, während die in Betracht kommenden Singularansprüche alle verjährt oder gar (wegen Ablaufs einer Ausschlußfrist) erloschen sind. Diese Möglichkeit bestand vor der grundlegenden Umgestaltung des Verjährungsrechts durch das Schuldrechtsmodernisierungsgesetz insbesondere in denjenigen Fällen, in denen der Erbe Einzelansprüche nur aus § 861 oder §§ 823, 249 Abs 1 bzw §§ 992, 823, 249 Abs 1 erlangt hat, die einer kurzen Ausschluß- bzw Verjährungsfrist unterliegen. Nach neuem Verjährungsrecht hat sich dieser Bereich stark vergrößert, denn seit dem 1.1.2002 unterliegen ja auch die Bereicherungsansprüche und die Vindikationsfolgen- und -nebenansprüche (ähnlich wie bisher schon die Deliktsansprüche) einer dreijährigen Verjährung (§§ 195, 199 Abs 1 nF, vgl AnwK-BGB/MANSEL/STÜRNER § 197 Rn 25 ff). Schließlich kann der *Umfang* des Erbschaftsanspruchs *über den der konkurrierenden Einzelansprüche hinausgehen*. Dies gilt insbesondere dann, wenn dem Erben außer dem Erbschaftsanspruch nur noch Bereicherungsansprüche zustehen; dann können sich nämlich die im Vergleich zu § 819 geringeren Anforderungen des § 2024 an die Haftungsverschärfung auswirken: So etwa, wenn der beim Erwerb des Erbschaftsbesitzes grob fahrlässige Anspruchsgegner aus Erbschaftsmitteln auf seinem eigenen Grundstück ein Gebäude errichtet und dieses vor der Kenntniserlangung des Erbschaftsbesitzers vom Fehlen seines Erbrechts und damit der Rechtsgrundlosigkeit seines Erwerbs abbrennt. Oder: Der wahre Erbe gibt den Nachlaß selbst an einen vermeintlich besser berechtigten Dritten heraus, der beim Antritt des Erbschaftsbesitzes grob fahrlässig ist; die Sache, die der Erblasser selbst nur geliehen oder gemietet hatte, wird vom Erbschaftsbesitzer noch vor Kenntniserlangung von der wahren Rechtslage infolge Nachlässigkeit zerstört. Schadensersatz steht dem Erben hier nur aus §§ 2024 S 1, 989 zu, während die konkurrierende Leistungskondiktion an § 818 Abs 3 scheitern müßte. Entsprechende Divergenzen können sich auch im Vergleich zur vindikatorischen Schadensersatzhaftung aus dem unterschiedlichen Bezugspunkt des bösen Glaubens ergeben. So zB in der folgenden Fallgestaltung: Der bei der Inbesitznahme der ersten Nachlaßsachen grob fahrlässig gewesene Erbschaftsbesitzer verschafft sich nach einiger Zeit noch den Besitz einer weiteren Nachlaßsache; zu diesem Zeitpunkt hatte er aber bei nachträglich angestellten Nachforschungen weitere Umstände erfahren, die seine Annahme, Erbe und damit Eigentümer der Nachlaßsachen geworden zu sein, nunmehr allenfalls leicht fahrlässig erscheinen lassen. Wenn dieser Erbschaftsbesitzer später dann die zuletzt erlangte Nachlaßsache schuldhaft zerstört, haftet er wiederum zwar nach §§ 2024 S 1, 989, nicht aber nach §§ 990 Abs 1, S 1, 989. Von Vorteil ist der Erbschaftsanspruch ferner auch dann, wenn er dinglicher Natur ist und damit im Insolvenzverfahren zur Aussonderung berechtigt, der zugrunde liegende Singularanspruch aber nur schuldrechtlicher Art ist (so wenn der Erbe selbst dem Beklagten im Glauben an dessen Erbenstellung Erbschaftssachen, die der

Erblasser nur geliehen hatte, herausgegeben hat; hier käme als Singularanspruch nur die Leistungskondiktion in Betracht). Zur Beweiserleichterung für den Kläger s oben Vorbem 5. Bei der hereditatis petitio gegenüber dem Erbschaftskäufer (§ 2030) kommen zwei weitere, dem Kläger günstige Abweichungen von den zugrundeliegenden Singularansprüchen hinzu: die Nutzungsherausgabepflicht trotz entgeltlichen Erwerbs (abweichend von § 993 Abs 1 HS 2) und der Ausschluß des gutgläubigen Erwerbs (s § 2030 Rn 5). Wegen weiterer Vorzüge des Erbschaftsanspruchs für den Erben vgl oben Vorbem 5 aE sowie MUSCHELER ZEV 2009, 38, 41 f. Auf der anderen Seite bringt die Regelung des Erbschaftsanspruchs *auch für den Erbschaftsbesitzer* gegenüber den Einzelansprüchen *Vorteile*: So insbesondere die Erweiterung seiner Verwendungsersatzansprüche in § 2022 und den nach § 2025 S 2 gegenüber § 992 engeren Bereich der deliktischen Haftung. Vgl ferner § 2021 Rn 1.

5. Dingliche und obligatorische Elemente

20 Auf den Erbschaftsanspruch finden, soweit sich aus der Sonderregelung des Gesetzes und seiner Eigenart nichts Abweichendes ergibt, die allgemeinen Grundsätze über Schuldverhältnisse Anwendung. In § 2024 S 3 wird die Anwendbarkeit der Vorschriften über den Schuldnerverzug demgemäß vorausgesetzt. Der Anspruch ist folglich auch *abtretbar* (KG RzW 1972, 466; PLANCK/FLAD Vorbem 6; Mür.chKomm/HELMS § 2018 Rn 10, 12; BAMBERGER/ROTH/MÜLLER-CHRISTMANN § 2018 Rn 7; jurisPK/EHM Rn 9; DEK/LENZ § 2018 Rn 1; STAUDINGER/BUSCHE [2005] § 398 Rn 45, § 413 Rn 9; vLÜBTOW II 1046 f; JOACHIM Rn 479; MUSCHELER ErbR 2009, 38, 47; heute allgM; anders früher ENDEMANN § 152 I a 4; einschränkend AK-BGB/WENDT § 2018 Rn 5 [keine isolierte Zession nur des Erbschaftsanspruchs]), und zwar auch hinsichtlich seiner dinglichen Komponente (vgl Vorbem 21). Die grundsätzliche Unabtretbarkeit dinglicher Rechtsverwirklichungsansprüche (§ 985 Rn 3) steht dem nicht entgegen. Der Erbschaftsanspruch dient nämlich nicht der Verwirklichung eines eigentumsähnlichen dinglichen subjektiven Herrschaftsrechts am Nachlaß – ein solches existiert richtiger Ansicht nach nicht (vgl DÖRNER, in: FS Ferid [1988] 57 ff; STAUDINGER/BOEHMER[11] Vorbem 132 und 137 zu §§ 2018 ff; MAURER 26 ff) – und die konkurrierenden dinglichen Einzelansprüche des Erben werden ja von der Abtretung des Erbschaftsanspruchs gar nicht betroffen (vgl STAUDINGER/MAROTZKE [2008] § 1922 Rn 98). (Sollte allerdings einmal der Wille der Parteien darauf gehen, den Erbschaftsanspruch und alle konkurrierenden Singularansprüche nur gemeinsam zu übertragen, würde natürlich auch die Übertragung des Erbschaftsanspruchs nach § 139 an der Unübertragbarkeit der dinglichen Einzelansprüche scheitern.) Allerdings führt das Zurückbleiben des konkurrierenden Vindikationsanspruchs beim Erben insofern zu Schwierigkeiten, als dadurch eine Art von Gesamtgläubigerschaft zu entstehen droht. Wie bei der auf eine von mehreren konkurrierenden Forderungen planmäßig beschränkten Abtretung (vgl BGHZ 140, 175, 179; STAUDINGER/GURSKY [2009] Vorbem 35 zu §§ 182 ff BGB) wird man deshalb wohl annehmen müssen, daß die Abtretung auch der dinglichen Elemente des Erbschaftsanspruchs nur mit Zustimmung des Schuldners zulässig ist. Der Erbschaftsanspruch kann nach §§ 829, 835, 846–849 ZPO im Wege der Zwangsvollstreckung gepfändet und dem Gläubiger zur Einziehung überwiesen werden (PLANCK/FLAD Vorbem 6; OLZEN JuS 1989, 374, 375). Er ist aktiv und passiv vererblich (vgl § 2018 Rn 21).

21 Obwohl der Erbschaftsanspruch ein einheitlicher Gesamtanspruch ist, hat er teilweise dinglichen, teilweise obligatorischen Charakter (anders LANGHEINEKEN 150: immer absoluter Natur). Dinglich ist er insoweit, als er auf Naturalrestitution der primär erlangten Gegenstände (§ 2018) und der Surrogate (§ 2019) sowie der nicht in das Eigentum des Erbschaftsbesitzers gefallenen Früchte (§ 2020 HS 1) gerichtet ist. Obligatorisch sind dagegen die Herausgabepflicht nach Bereicherungsgrundsätzen (§ 2021) und die Ansprüche auf Schadensersatz (§§ 2023–2025), ferner der Anspruch auf „Herausgabe" (dh Übereignung und Übergabe) der in das Eigentum des Erbschaftsbesitzers gefallenen Früchte. Soweit der Anspruch dinglicher Art ist, berechtigt er im Insolvenzverfahren über das Vermögen des Erbschaftsbesitzers zur Aussonderung (§ 47 InsO), soweit er obligatorischen Charakter hat, rechnet er dagegen zu den Insolvenzforderungen (JAEGER/HENCKEL InsO § 47 Rn 86 mwNw). Im ersteren Falle begründet er in der Einzelzwangsvollstreckung gegen den Erbschaftsbesitzer ein Widerspruchsrecht (§ 771 ZPO); dagegen läßt die Einzelzwangsvollstreckung Dritter in die vom Erbschaftsbesitzer nach § 2020 HS 2 herauszugebenden Früchte lediglich nach § 2021 einen Erstattungsanspruch des Erben entstehen, der sich primär an der vom Erbschaftsbesitzer durch die Zwangsvollstreckung erlangten Schuldbefreiung orientiert (§ 818 Abs 2), aber durch jede von diesem im Vertrauen auf den vermeintlich wirksamen Erbschaftserwerb vorgenommene Verschwendung verringert wird (§ 818 Abs 3). – Der unterschiedliche (nämlich teils dingliche, teils obligatorische Charakter) der einzelnen Teile des Erbschaftsanspruchs hat keinen Einfluß auf die *Verjährung*. Für beide Arten gilt eine einheitliche Verjährungsregelung, nämlich eine dreißigjährige Verjährungsfrist (bis zum 31.12.2001 war dies die allgemeine dreißigjährige Verjährungsfrist des § 195 aF, nach dem 1.1.2002 zunächst die besondere dreißigjährige Verjährungsfrist für erbrechtliche Ansprüche nach § 197 Abs 1 Nr 2; nunmehr ist es die am 1.1.2010 in Kraft getretene explizite Regelung für den Herausgabeanspruch aus § 2018 in § 197 Abs 1 Nr 1 nF; vgl dazu unten § 2026 Rn 1 und 7). Nur für die deliktische Haftung des Erbschaftsbesitzers aus § 2025 gilt seit jeher eine andere, nämlich dreijährige Verjährungsfrist (bis 31.12.2001 gem § 852 aF, seit 1.1.2002 gem § 195 nF; s dazu § 2025 Rn 13).

6. Der Einfluß des Erbschaftsanspruchs auf die Einzelansprüche

22 Da der Erbe durch Anstellung der ihm zustehenden Einzelklage den Erbschaftsbesitzer – namentlich was seinen Ersatzanspruch wegen Verwendungen anlangt – in eine ungünstigere Rechtslage bringen könnte, als bei Geltendmachung des einheitlichen Erbanspruchs, bestimmt § 2029, daß sich die Haftung des Erbschaftsbesitzers auch dann nach den Vorschriften über den Erbschaftsanspruch bestimmen soll (vgl Erl zu § 2029).

IV. Prozessuales

1. Keine Feststellung des Erbrechts

23 Der Erbschaftsanspruch ist von der Klage auf Feststellung des Erbrechts scharf zu unterscheiden. Sein Gegenstand ist nicht das Erbrecht, sondern die Erbschaft oder Teile derselben. Freilich hängt der Sieg des Klägers von der Bejahung der Vorfrage ab, daß er auch wirklich Erbe geworden ist. Will der Kläger, daß diese Entscheidung gleichfalls in Rechtskraft erwächst, muß er die Feststellungsklage (§ 256 Abs 1 ZPO) mit der Klage aus dem Erbschaftsanspruch verbinden oder später den Klageantrag auf eine sog Inzidentfeststellung erweitern (§ 256 Abs 2 ZPO). So auch die ganz hM (vgl PLANCK/FLAD Vorbem 4 b; BGB-RGRK/KREGEL § 2018 Rn 11; MünchKomm/HELMS § 2018 Rn 31; SOERGEL/DIECKMANN Vorbem 5; AnwK-BGB/FLEINDL Vorbem 14; F LEONHARD Anm I B 1 b; vLÜBTOW II, 1045; LANGE/KUCHINKE § 40 III 2 a aE; KIPP/COING § 105 I 4; KIPP § 66 I; BINDER III 445; ENDEMANN § 149 I; MAURER 246 ff; anders aber WIELING JZ 1986, 5, 10 f; HARTMANN 77 ff). Die Rechtskraft des Urteils, das lediglich den Erbschaftsanspruch bejaht, kann der Kläger zB nicht zur Begründung des Anspruchs auf Herausgabe des unrichtigen Erbscheins (§ 2362) verwerten, ebensowenig zur Begründung einer späteren Klage auf Herausgabe weiterer Gegenstände. Da also das der Erbschaftsanspruch bejahende Urteil in geringerem Umfang Rechtskraft schafft als das Feststellungsurteil, ist ein rechtliches Interesse an alsbaldiger Feststellung regelmäßig gegeben, obwohl die Leistungsklage erhoben werden kann (so zutr KIPP/COING § 105 Fn 9). Wenn ernsthaft die Möglichkeit in Betracht kommt, daß der Beklagte über die in seiner Auskunft genannten Gegenstände hinaus noch weitere in Besitz hat, muß schließlich auch die kumulativ mit der Erbschaftsklage erhobene Feststellungsklage dahin, daß der Beklagte auch zur Herausgabe aller weiteren aus der Erbschaft erlangten Gegenstände verpflichtet sei, zugelassen werden (LANGE/KUCHINKE § 40 III 2 a; SOERGEL/DIECKMANN Vorbem 5; MünchKomm/HELMS § 2018 Rn 29; AnwK-BGB/FLEINDL Vorbem 15; BAMBERGER/ROTH/MÜLLER-CHRISTMANN § 2018 Rn 22; DAMRAU/SCHMALENBACH § 2018 Rn 20; DEK/LENZ § 2018 Rn 13; WIESER, Prozeßrechtskommentar² § 2018 Rn 3 aE), weil nur so auch für diese weiteren Gegenstände die Verjährung nach § 204 Abs 1 Nr 1 gehemmt wird (bzw nach altem Recht: nach § 209 unterbrochen und eine neue 30-jährige Verjährungsfrist nach § 197 Abs 1 Nr 3 ausgelöst werden konnte).

2. Gerichtszuständigkeit

24 Die Gerichtszuständigkeit für eine Klage, mit der der Erbschaftsanspruch geltend gemacht wird, ergibt sich aus den §§ 13–19 und 27 ZPO. Die Klage kann im allgemeinen Gerichtsstand des Beklagten oder im Gerichtsstand der Erbschaft (§ 27 ZPO) erhoben werden (OLG Nürnberg OLGZ 1981, 115; RICHTER JuS 2008, 97, 99); ebenso die Feststellungsklage auf Feststellung des Erbrechts. Im dinglichen Gerichtsstand (§ 24 ZPO) kann sie auch dann nicht erhoben werden, wenn der Nachlaß ausschließlich aus Grundstücken besteht (PLANCK/FLAD Vorbem 4 b; KRETZSCHMAR § 68 III 1; AnwK-BGB/FLEINDL Rn 18; vLÜBTOW II 1067 f; MünchKomm-ZPO/PATZINA § 24 Rn 8; MUSIELAK/HEINRICH, ZPO⁶ § 24 Rn 9; ZÖLLER/VOLLKOMMER, ZPO²⁶ § 24 Rn 9; **aA** MAURER 243 f). Soweit gegen den Erbschaftsbesitzer Einzelklagen erhoben werden, bei denen er nicht als Erbschaftsbesitzer in Betracht kommt, ist selbstverständlich der Gerichtsstand der Erbschaft (§ 27 ZPO) nicht begründet (vgl OLG Nürnberg OLGZ 1981, 115; STEIN/JONAS/ROTH, ZPO²² § 27 Rn 13; ERMAN/SCHLÜTER Rn 7; WEINKAUF 60; RICHTER JuS 2008, 97, 99; **aA** BINDER III 443; WIELING JZ 1986, 5, 6 Fn 3). Der besondere Gerichtsstand bei Erbfolge (§ 27 ZPO) gilt übrigens nicht nur für den eigentlichen Erbschaftsanspruch, sondern auch für den Auskunftsanspruch gegen den Erbschaftsbesitzer aus § 2027 Abs 1, nicht aber für die klageweise Geltendmachung der Auskunftsansprüche aus § 2027 Abs 2 oder § 2028 (s § 2027 Rn 7). – § 27 ZPO regelt zugleich die internationale Zuständigkeit (vgl OLG Nürnberg OLGZ 1981, 115; OLG Stuttgart ZEV 2008, 434, 438 Rn 87).

3. Klageantrag; Stufenklage; Verbindung mit Anfechtungsklage

25 Der Kläger muß die herauszugebenden Gegenstände in der Klage mit der durch § 253 Abs 2 Nr 2 ZPO geforderten Bestimmtheit angeben (vgl vLÜBTOW II 1047; LANGE/

KUCHINKE § 40 III 2 a; SCHLÜTER Rn 612; PLANCK/FLAD Vorbem 4 b; SOERGEL/DIECKMANN Rn 5; MünchKomm/HELMS § 2018 Rn 28; AnwK-BGB/FLEINDL Vorbem 13; RICHTER JuS 2008, 97, 99; heute allgM, anders früher BAUR, Fälle und Lösungen zum Zwangsvollstreckungs-, Konkurs- und Vergleichsrecht [2. Aufl 1969] 69 Fn 15). Vielfach wird der Kläger dazu erst aufgrund einer Auskunftserteilung des Beklagten imstande sein und deshalb die *Klage auf Auskunft* nach § 2027 Abs 1 mit der Klage aus dem Erbschaftsanspruch verbinden. Dann kann er sich die bestimmte Angabe der Leistungen, die er verlangt, bis nach Erteilung der Auskunft und Leistung der eidesstattlichen Versicherung vorbehalten, § 254 ZPO (Stufenklage). Auch wenn sich im Laufe des Verfahrens ergibt, daß die ursprüngliche Angabe des Klägers über die herauszugebenden Gegenstände unvollständig gewesen ist, liegt in der nachträglichen Vervollständigung weder eine Klagenhäufung noch Klageänderung, sondern nur eine nach § 264 Nr 2 ZPO zulässige Klageerweiterung (vgl LANGHEINEKEN 161; PLANCK/FLAD Vorbem 4 b; LANGE/KUCHINKE § 40 III 2 a Fn 61). Die *Rechtshängigkeit* des Erbschaftsanspruchs tritt – wenn nicht die Herausgabeklage mit einer Auskunftsklage nach § 254 ZPO verbunden wird – nur für die im Klageantrag bestimmt angegebenen Gegenstände ein (vgl PLANCK/FLAD Vorbem 4 b; AK-BGB/WENDT § 2018 Rn 3; SOERGEL/DIECKMANN Vorbem 5; MünchKomm/HELMS § 2018 Rn 30; BAMBERGER/ROTH/MÜLLER-CHRISTMANN Rn 23; vLÜBTOW II 1070; LANGE/KUCHINKE § 40 III 2 a; EBENROTH Rn 1010; BROX/WALKER Rn 598; WEINKAUF 49, 162; MAURER 245 f; aM LANGHEINEKEN 161; HARTMANN 71 f). Und auch bei einer solchen Stufenklage wirkt die Rechtshängigkeit nur für die später benannten Gegenstände (MünchKomm/HELMS Rn 30; SOERGEL/DIECKMANN Vorbem 5; BAMBERGER/ROTH/MÜLLER-CHRISTMANN Rn 23; LANGE/ KUCHINKE § 40 III 2 a MAURER 245 f). Dieser Effekt tritt wegen § 261 Abs 2 2. Alt ZPO erst mit der Zustellung des den Erbschaftsanspruch konkretisierenden Schriftsatzes an den Beklagten ein (ZEISING ZErb 2009, 172, 174); die Konkretisierung entfaltet aber Rückwirkung. Ein allgemeines, auf Herausgabe alles dessen, was der Beklagte als Erbschaftsbesitzer erlangt hat, gerichtetes Begehren würde sachlich nur einen Klageantrag auf Feststellung der Herausgabepflicht darstellen. Der Richter würde gegebenenfalls nach § 139 ZPO auf die Stellung eines sachdienlichen Antrags hinzuwirken haben. Das Rechtsschutzinteresse für eine solche isolierte Feststellungsklage über die Herausgabepflicht des Erbschaftsbesitzers wird durch die Möglichkeit der Erhebung einer Stufenklage wohl nicht beseitigt (WIESER, Prozeßrechtskommentar zum BGB[2] § 2018 Rn 3; DAMRAU/SCHMALENBACH § 2018 Rn 20; MünchKomm/FRANK[2] § 2018 Rn 31). Die Rechtskraftwirkung des Urteils deckt nur den Anspruch auf Herausgabe der im Urteil bezeichneten Sachen (MünchKomm/HELMS § 2018 Rn 30). – Zur Frage, ob die Klage aus §§ 2018 ff mit der *Anfechtungsklage* nach § 2342 verbunden werden kann vgl STAUDINGER/OLSHAUSEN (2011) § 2342 Rn 4.

V. Das Verhältnis mehrerer Erbprätendenten zu den Nachlaßgläubigern

Ein zwischen mehreren Erbprätendenten ergangenes Feststellungsurteil entfaltet Rechtskraftwirkung nur inter partes, nicht auch gegenüber den Nachlaßgläubigern (hM, vgl Mot V 595; PLANCK/FLAD Vorbem II 9; anders vLÜBTOW II, 1046, der hier einen personenrechtlichen Statusprozeß annimmt und §§ 638 S 2, 640h ZPO analog anwendet). Infolgedessen kann der Nachlaßgläubiger auch den im Erbschaftsstreit Unterlegenen noch immer als Erben in Anspruch nehmen; und der Sieger könnte theoretisch gegenüber dem Nachlaßgläubiger seine Eigenschaft als Erbe bestreiten; nur wird dann wohl meist der Gegeneinwand der Arglist durchgreifen (vgl Mot V 596). Entsprechendes gilt für die Wirkungen eines zwischen den Erbprätendenten geschlossenen Vergleichs.

27 Der Erbschaftsbesitzer als solcher haftet den Nachlaßgläubigern überhaupt nicht (Prot V 832–834). Über das Verhältnis mehrerer Erbprätendenten zu den Nachlaßgläubigern, Pflichtteilsberechtigten und Vermächtnisnehmern während der Dauer des Rechtsstreits über den Erbschaftsanspruch gibt das BGB keine Bestimmungen. Die Mot V 594 erklären das mit Recht für unnötig. Den Gläubigern und den ihnen gleichstehenden Pflichtteilsberechtigten und Vermächtnisnehmern ist es nach allgemeinen Grundsätzen unbenommen, sich an den zu wenden, den sie für den Erben halten und dessen Eigenschaft als Erbe sie beweisen können. Auch der nicht im Besitz des Nachlasses befindliche Erbe ist durch die Vorschriften über die Beschränkung der Haftung genügend geschützt; vgl § 1981 Abs 1, § 2023 Abs 1 und ZPO § 784. Bis zur Entscheidung des Rechtsstreits mit dem Erbschaftsbesitzer wird er seine Eigenschaft als Erbe bestreiten, und wenn er in einem Prozeß für den Erben erklärt ist, wird das Nachlaßgericht seinem Antrag auf Anordnung der Nachlaßverwaltung nachkommen. – Auch für den Rückforderungsanspruch des unterliegenden Erbansprechers gegenüber dem von ihm etwa befriedigten Gläubiger brauchte nichts besonders bestimmt zu werden. Der Leistende kann von dem siegreichen Gegner nach § 2022 Ersatz seiner Auslagen fordern, wenn er als Erbschaftsbesitzer den Gläubiger aus Eigenmitteln befriedigt hat, und hat daneben zur Wahl auch gegen den befriedigten Gläubiger einen Bereicherungsanspruch wegen Leistung einer Nichtschuld, falls dessen allgemeine Voraussetzungen gegeben sind. So die Mot V 594, zust PLANCK/FLAD Vorbem II 9.

VI. Zur rechtspolitischen Kritik

28 Vgl STAUDINGER/LEHMANN[11] Vorbem 19; ferner vLÜBTOW II 1042; AK-BGB/WENDT § 2018 Rn 7; WEINKAUF 173 ff; MAURER 249 ff.

VII. Internationales Privatrecht und internationale Zuständigkeit

29 Für den Erbschaftsanspruch gilt das Erbstatut des Art 25 EGBGB (vgl KG RzW 1972, 466; STAUDINGER/DÖRNER [2007] Art 25 EGBGB Rn 220; MünchKomm/BIRK[4] Art 25 EGBGB Rn 253; PALANDT/THORN Art 25 Rn 10 EGBGB). Soweit vor einem deutschen Gericht Erbschaftsansprüche nach §§ 2018 ff behauptet werden, ist auch die internationale Zuständigkeit nach § 27 ZPO gegeben (OLG Stuttgart ZEV 2008, 434, 438 Rn 93; LINNARTZ jurisPR-FamR 19/2008 Anm 2). Dies gilt auch für die Zulässigkeit der Geltendmachung eines Zurückbehaltungsrechts durch den Beklagten, das auf einen Erbschaftsanspruch gestützt gemacht wird und zwar auch dann, wenn dieser wiederum inhaltlich auf Herausgabe einer unrichtigen Grundbuchposition gerichtet ist (OLG Stuttgart aaO).

VIII. Intertemporales Recht

30 Wenn ein Erbschaftsanspruch nach § 2018 in der früheren DDR vor dem Inkrafttreten des ZGB am 1.1.1976 entstanden war, blieben für diesen gemäß § 8 Abs 1 EGZGB-DDR die Regeln der §§ 2018 ff weiterhin anwendbar (BGH ZEV 2004, 378, 379). Das gilt auch für die Verjährung (aA LG Neuruppin Urt v 18.12.2003 – 3 O 567/02 [juris,

Rn 30]). Der BGH geht (aaO) davon aus, daß die Normen des BGB über den Erbschaftsanspruch auch dann nach dem Inkrafttreten des ZGB anwendbar waren, wenn nur der Erbfall vor dem 1.1.1976 eingetreten war, die Voraussetzung der Erbrechtsanmaßung dagegen erst nach diesem Datum erfüllt wurde (aA St Schreiber NJ 2004, 317 f). Ist der Erblasser während der Geltung des ZGB gestorben, bleiben dessen Regelungen über die „erbrechtlichen Verhältnisse" nach Art 235 § 1 Abs 1 EGBGB maßgeblich. Der Erbe hat damit nur Einzelansprüche, nicht auch den Erbschaftsanspruch. Und das muß wiederum auch dann gelten, wenn die Voraussetzungen des § 2018 BGB erstmals nach dem 3.10.1990 erfüllt waren (vgl MünchKomm/Leipold[4] Art 235 § 1 EGBGB Rn 22).

§ 2018
Herausgabepflicht des Erbschaftsbesitzers

Der Erbe kann von jedem, der auf Grund eines ihm in Wirklichkeit nicht zustehenden Erbrechts etwas aus der Erbschaft erlangt hat (Erbschaftsbesitzer), die Herausgabe des Erlangten verlangen.

Materialien: E I § 2080; II § 1892; III § 1993;
Mot V 578 f; Prot V 696 f; Denkschr 726;
Jakobs/Schubert ER I 663–723.

Systematische Übersicht

I.	Die Parteien beim Erbschaftsanspruch		II.	Das aus der Erbschaft Erlangte	
1.	Anspruchsberechtigung		1.	„Etwas Erlangt"	23
a)	Alleinerbe, Miterbe, Rechtsnachfolger	1	2.	Aus der Erbschaft	31
b)	Nachlaßverwalter, -pfleger	3	III.	Der Inhalt der Herausgabepflicht	34
2.	Anspruchsgegner	4	IV.	Einwendungen des Beklagten	35
a)	Objektive Voraussetzung	5	V.	Beweislast	39
b)	Subjektive Voraussetzung: Erbrechtsanmaßung	6			
c)	Einzelfälle	13			

Alphabetische Übersicht

Aktivlegitimation	1 ff		Beklagter	4 ff
Anerkenntnis	27		Besitz	24
Anfechtbare Erwerbstitel	16		Beweislast	39 f
Anmaßung einer Erbenstellung	5 ff		Blankoschecks	24
Anspruchsberechtigung	1 ff		Bucheigentum	25, 31, 34
Anspruchsgegner	4 ff		Einzelrechtstitel	7
Aufgabe der Erbrechtsanmaßung	11		Einwendung	35 ff
			Erbeserbe, angeblicher	9, 21

Erbrechtsanmaßung	6 ff, 45
Erbunwürdigkeit	16
Erbschaftskäufer	2
Erbschein	41
Erbteilserwerber	2
Etwas erlangt	5, 23
Feststellungsklage	18
Fiskus	1, 42
Fremdbesitz	24
Gesamtanspruch	33
Gesellschafterstellung	29
Geschäftsfähigkeit	12
Grundbucheintragung	25, 31, 34
Haftungsbeschränkung	21
Klageänderung	27
Klageleugnung	35
Kläger	1
Miterbe	1 f, 13 f, 19
Nachlaßpfleger	3, 18
Nachlaßinsolvenzverwalter	3, 18, 48
Nachlaßschuldner	26
Nachlaßverwalter	3, 18, 48
Nutzungen	34
Passivlegitimation	4 ff
Pflichtteilsberechtigter	37
possessor pro possessore	6
Rechtsmißbrauch	37
Rechtsnachfolger des angeblichen Erben	9
Rechtsnachfolger des Erbschaftsbesitzers	21
Recht zum Besitz gegenüber Dritten	38
Schadensersatzpflicht	34
Singulareinreden	36
Testamentsvollstrecker	9
Umfang der Vergütungspflicht	34
Unternehmen	29
Verjährung	16
Vermächtnisnehmer, vermeintlicher	7
Vermächtnisnehmer, Zurückbehaltungsrecht	37
Vorerbe	17
Wertersatzpflicht	34
Zugehörigkeit zum Nachlaß	31, 34
Zurückbehaltungsrecht	36 f

I. Die Parteien beim Erbschaftsanspruch

1. Anspruchs- und klageberechtigt (aktiv legitimiert) sind

1 a) zunächst der wirkliche **Erbe**; auch der Miterbe. Vor der Auseinandersetzung kann der Miterbe den Anspruch zwar in vollem Umfang geltend machen, aber wegen § 2039 nur die Leistung an alle Erben fordern oder verlangen, daß das Herauszugebende für alle Erben hinterlegt oder an einen Verwahrer abgeliefert werde (vgl vLübtow II 1047 f; AK-BGB/Wendt Rn 9; ferner OLG Dresden SächsArch 1906, 335 f; RG LZ 1914, 576). Es dürfte sich dabei um eine direkte Anwendung dieser Norm handeln (AK-BGB/Wendt aaO; Staudinger/Werner § 2039 Rn 9; MünchKomm/Gergen § 2039 Rn 7; Olzen JuS 1989, 374, 375; aM vLübtow aaO; Maurer 49) Der Nacherbe erlangt den bereits für den Vorerben entstandenen Erbschaftsanspruch mit dem Nacherbfall (§§ 2100, 2139). Auch der Fiskus als gesetzlicher Zwangserbe (§ 1936) hat den Erbschaftsanspruch gegen einen nichtberechtigten Erbprätendenten; er kann diesen jedoch nach § 1966 vor der Feststellung seines Erbrechts nicht geltend machen.

2 Der Erbschaftsanspruch steht ferner zu: dem Rechtsnachfolger des Miterben im

Titel 3 § 2018
Erbschaftsanspruch

Falle des § 2033 (RG JW 1903, Beil 104, Nr 234; Maurer 50; jurisPK/Ehm Rn 13; Muscheler ZErb 2010, 40, 42; teilweise abw aber Pringsheim, Die Rechtsstellung des Erwerbers eines Erbteils [1910] 67 ff, nach dem der Erbteilserwerber zwar den bereits entstandenen Erbschaftsanspruch seines Rechtsvorgängers erwirbt, aber jedenfalls keinen neuen Erbschaftsanspruch erwerben kann; dagegen zu Recht Kipp[8] § 66 Fn 14), dem Gläubiger eines Pfandrechts oder Pfändungspfandrechts (RG WarnR 1911 Nr 139) am Erbteil, sodann dem Nacherben nach Eintritt der Nacherbfolge, § 2139. Der Erbschaftskäufer kann dagegen den Erbschaftsanspruch nur aufgrund einer Abtretung geltend machen, wozu der Verkäufer nach § 2374 verpflichtet ist (Binder III 376; Kipp/Coing § 105 Fn 10; Lange/Kuchinke § 40 II 1; vLübtow II 1048; Planck/Flad § 2018 Anm 1a; F Leonhard Anm II A 1; Bamberger/Roth/Müller-Christmann Rn 8; Maurer 51). Diese Abtretung kann in dem Kaufvertrag ausdrücklich oder stillschweigend enthalten sein. Eine stillschweigende Abtretung wird man aber allenfalls annehmen können, wenn der Kaufpreis schon beim Vertragsschluß bezahlt wird (F Leonhard aaO; Kipp[7] § 66 II). Wenn der wahre Erbe in der für die Veräußerung einer Erbschaft vorgeschriebenen Form (§§ 2371, 2385 Abs 1) die in einem nichtigen Testament erfolgte Erbeinsetzung eines Dritten als gültig anerkannt hat, so kann dieses Testament zwar nicht die Erbenstellung dessen, zugunsten dessen es erfolgt ist, begründen; es verbietet aber dem Anerkennenden doch, sich gegenüber dem vom Vertragspartner geltend gemachten Erbschaftsanspruch auf die Nichtigkeit des Testaments zu berufen (RGZ 72, 209; aA Maurer 51 f).

b) Statt des Erben ist zur Erhebung des Erbschaftsanspruchs auch der *Nachlaß-* 3 *verwalter* (§ 1984) berechtigt. Während der Dauer der Nachlaßverwaltung kann nur er die zum Nachlaß gehörigen Rechte geltend machen, zu denen auch der Erbschaftsanspruch zu rechnen ist. Gleiches gilt für den *Nachlaßinsolvenzverwalter* (§ 80 Abs 1 InsO) und den verwaltenden *Testamentsvollstrecker* (§§ 2211, 2212) während der Dauer ihrer Verwaltungen (für diese drei amtlichen Vermögensverwalter hM, vgl BGB-RGRK/Kregel Anm 3; Strohal II § 94 Fn 2; Binder III 377; Ebenroth Rn 1011; Soergel/Dieckmann Rn 1; Erman/Schlüter Rn 1; Palandt/Edenhofer Rn 3; ferner Staudinger/Reimann [2003] § 2212 Rn 28 mwNw; MünchKomm/Zimmermann § 2212 Rn 10; implizit OLG Oldenburg WM 1998, 2239, 2240 für den Testamentsvollstrecker; aM Prot V 300; Maurer 55 f [nur einzelne Analogien zu den §§ 2019 ff]; zweifelnd vLübtow II, 1048). Sehr umstritten ist, ob auch der *Nachlaßpfleger* als gesetzlicher Vertreter des unbekannten Erben diese Befugnis hat. Die bisher hM bejaht die Frage (RG JW 1931, 44, 45; KG OLGE 26, 288, 289; Planck/Flad Anm 1b α; F Leonhard Anm II A 2; Soergel/Stein[13] § 1960 Rn 29; Soergel/Dieckmann[11] § 2018 Rn 1; MünchKomm/Helms Rn 13; Bamberger/Roth/Müller-Christmann Rn 9; Erman/Schlüter Rn 1; AK-BGB/Wendt Rn 17; Hk-BGB/Hoeren Rn 1; Lange/Kuchinke § 40 II 1; vLübtow II 1048 f; Schlüter Rn 615; Hörle ZBlFG 1909, 756, 765; offengelassen bei Soergel/Dieckmann[13] Rn 1; Ebenroth Rn 1011; Brox/Walker Rn 574). Dabei nimmt man zT systemwidrig (vgl Maurer 54) an, daß der Nachlaßpfleger bei der Geltendmachung des Erbschaftsanspruchs den Mangel des Erbrechts beim Anspruchsgegner nicht nachweisen muß (vLübtow II 1048 f; Brox/Walker Rn 574; AK-BGB/Wendt Rn 18; Erman/Schlüter Rn 1; s auch Dieckmann FamRZ 1983, 582). Die Gegenmeinung (Staudinger/Lehmann[11] Rn 2; BGB-RGRK/Kregel Anm 3; Dietz 151; MünchKomm/Leipold § 1960 Rn 48; Soergel/Stein[13] § 1960 Rn 29; Hartung Rpfleger 1991, 279, 280; Michalski Rn 1036; Bourwieg 34; Maurer 54 f; Muscheler ErbR 2009, 38, 48) verneint ein Bedürfnis für die Zubilligung des Erbschaftsanspruchs, weil der Nachlaßpfleger schon aufgrund seines Rechtes zum Besitz und zur Verwaltung (§ 1960) die Nachlaßgegenstände von den potentiellen Erben herausverlangen könne, ohne deren Nichtberechtigung geltend machen zu müssen. Außerdem sei der Nachlaßpfleger nicht dazu berufen, die (für § 2018 präjudizielle) Frage, wer denn Erbe sei, zur Entscheidung zu bringen. Dieser letzteren Auffassung hat sich der BGH angeschlossen (LM § 1960 BGB Nr 3 = NJW 1972, 1752; LM § 1960 BGB Nr 4 = NJW 1981, 2299, 2300; NJW 1983, 226, 227 m Anm von DIECKMANN FamRZ 1983, 582). Er will dem aus § 1960 zur Herausgabe Verpflichteten allerdings wegen der von ihm auf die herausverlangten Gegenstände gemachten Verwendungen ein (eventuell durch die Zwecke der Nachlaßpflegschaft modifiziertes) Zurückbehaltungsrecht in Analogie zu §§ 2022, 1000 einräumen (LM § 1960 BGB Nr 3; zustimmend BGB-RGRK/KREGEL aaO) und den eigenen Herausgabeanspruch des Nachlaßpflegers sogar analog § 2019 auf die Surrogate erstrecken (NJW 1983, 226, 227 im Anschluß an MünchKomm/LEIPOLD § 1960 Rn 50; zust PALANDT/EDENHOFER Rn 3; für vollständige Übertragung der §§ 2019 ff auf den Herausgabeanspruch aus § 1960 MUSCHELER ErbR 2009, 38, 48). Dazu ist zu sagen: Der aus der Aufgabenstellung des Nachlaßpflegers ableitbare Herausgabeanspruch gegen die Erbprätendenten einschließlich des wahren Erben erfaßt nicht schlechthin auch Nutzungen, Surrogate und Verwertungsbereicherung (SOERGEL/DIECKMANN[11] Rn 1; einschränkend MünchKomm/HELMS Rn 13; teilweise abweichend aber DIECKMANN FamRZ 1983, 582). Deshalb muß der Nachlaßpfleger außerdem noch den weitergehenden Erbschaftsanspruch haben, wenn er nachweisen kann, daß der Beklagte keinesfalls als Erbe in Betracht kommt (MünchKomm/HELMS aaO). Daß der Nachlaßpfleger keinen Prozeß über das Erbrecht führen kann, steht dem nicht entgegen, denn das können auch die zur Erhebung der Erbschaftsklage legitimierten Testamentsvollstrecker, Nachlaßverwalter und Nachlaßinsolvenzverwalter nicht (so mit Recht BROX[3] Rn 548); das Erbrecht bedeutet eben für die Erbschaftsklage nur eine Vorfrage.

2. Anspruchsgegner

4 Anspruchsgegner (passiv legitimiert) ist der **Erbschaftsbesitzer**, der **aufgrund eines ihm in Wirklichkeit nicht zustehenden Erbrechts oder Miterbenrechts etwas aus der Erbschaft erlangt hat.**

5 a) In *objektiver* Hinsicht setzt die Passivlegitimation voraus, daß der Gegner „etwas" aus der Erbschaft erlangt hat. Worin das Erlangte im einzelnen bestehen kann, wird in Rn 18 ff dargelegt.

6 b) *Subjektive* Voraussetzung der Passivlegitimation ist, daß der Vermögensvorteil durch Anmaßung eines ihm nicht zustehenden Erb- oder Miterbenrechts bzw eines zu weit gehenden Miterbenrechts (RGZ 81, 293; s Rn 13) erlangt sein muß; gleichgültig ist dabei, ob die Erbanmaßung in gutem oder (von Anfang an oder später) schlechtem Glauben erfolgt ist (STROHAL II § 94 II a α). Es reicht selbstverständlich auch die Anmaßung einer Vorerbenstellung (OLGR Bremen 2002, 187, 188; BAMBERGER/ROTH/MÜLLER-CHRISTMANN Rn 13; DAMRAU/SCHMALENBACH Rn 7). Nicht gegeben ist also der Erbschaftsanspruch gegen den, der etwas ohne jeden Rechtsgrund, dh ohne Berufung auf irgendeinen Titel erlangt hat, wie zB gegen den Dieb (AK-BGB/WENDT Rn 32; SOERGEL/DIECKMANN Rn 4; MünchKomm/HELMS Rn 18; ERMAN/SCHLÜTER Rn 2; LANGE/KUCHINKE § 40 II 2 Fn 29; MAURER 69 f; allgM). Diese Abweichung vom römischen und gemeinen Recht, die die hereditatis petitio auch gegen den sog possessor pro possessore gaben, ist vielfach kritisiert worden (zuletzt durch vLÜBTOW II 1051 f; dagegen MAURER 72 f). De lege lata jedenfalls kann der Erbe gegen den possessor pro pos-

sessore nur mit den in Vorbem 3 aufgeführten Singularansprüchen vorgehen, allerdings uU unterstützt durch den Auskunftsanspruch nach § 2027 Abs 2. Das Abstellen auf die Erbrechtsprätention ist aber auch rechtspolitisch sinnvoll. Wenn ein Nichtberechtigter sich als Erbe einer bestimmten Person aufspielt, liegt die Annahme nahe, daß er versuchen wird, den Nachlaß insgesamt an sich zu bringen. Die Erbrechtsanmaßung schafft also für den wirklichen Erben eine besonders starke Gefährdung.

Nicht gegeben ist der Erbschaftsanspruch gegen jemanden, der aufgrund eines *Einzelrechtstitels* etwas aus dem Nachlaß erlangt hat, etwa als vermeintlicher Vermächtnisnehmer durch den Scheinerben den „vermachten" Gegenstand ausgehändigt erhalten (LANGE/KUCHINKE § 40 II 2 Fn 29; SOERGEL/DIECKMANN Rn 4; AK-BGB/WENDT Rn 28; MAURER 70; OLZEN Jura 2001, 223, 224) oder Nachlaßgegenstände durch eine Schenkung von Todes wegen (§ 2301; OLG Kiel Recht 1906, 248 Nr 480) oder durch Einzelübertragung unter Lebenden wie zB aufgrund Kauf-, Miet- oder Leihvertrages (OLG Hamburg OLGE 42, 132 und OLG Dresden OLGE 39, 229) erlangt hat. Ebensowenig gilt jemand als Erbschaftsbesitzer, der Nachlaßgegenstände wegen der ihm gegen den Verstorbenen bzw gegen den Nachlaß zustehenden Forderungen zurückhält (vgl RGZ 33, 314, 315). 7

Obwohl das Gesetz auf die Erlangung durch Erbrechtsanmaßung abstellt, ist ausreichend, daß jemand etwas, was er ohne Erbrechtsanmaßung aus dem Nachlaß erlangt hat, später als Erbe in Anspruch nimmt (BGH NJW 1985, 3068, 3069 od; ZEV 2004, 378, 379; BGB-RGRK/KREGEL Rn 6; SOERGEL/DIECKMANN Rn 5; MünchKomm/HELMS Rn 16; BAMBERGER/ROTH/MÜLLER-CHRISTMANN Rn 11; jurisPK/EHM Rn 18; LANGE/KUCHINKE § 40 II 3; STROHAL II § 94 Fn 4 a; LÜKE JuS 1988, 133, 136; MUSCHELER ErbR 2009, 38, 49; **aA** BINDER III 387 f; WEINKAUF 42 ff; MAURER 73 ff). Gleich behandeln muß man den Fall, daß jemand noch vom Erblasser den Besitz einer Sache als Mieter oder Verwahrer erlangt hat und diesen nach dem Erbfall aufgrund beanspruchten Erbrechts zurückbehält (RGZ 81, 293, 294 mwNw; KG OLGZ 1974, 17, 18; OLZEN JuS 1989, 374, 376; F Leonhard Anm II B 3; MünchKomm/HELMS aaO; SOERGEL/DIECKMANN Rn 5; BAMBERGER/ROTH/MÜLLER-CHRISTMANN aaO; ERMAN/SCHLÜTER Rn 2; RICHTER JuS 2008, 97, 99 Fn 25; HAUSMANN/HOHLOCH/AHRENS 1308 Rn 121; **aM** SIBER 126). Aus dem Nachlaß erlangt ist hier der Vorteil, der in der Umwandlung des ursprünglichen Fremdbesitzes in Eigenbesitz liegt (F LEONHARD Anm II B 3). Die §§ 2018 ff greifen in diesem Fall natürlich erst von dem Zeitpunkt an ein, in dem der Besitzer sich als Erbe geriert (SOERGEL/DIECKMANN Rn 5; MünchKomm/ HELMS aaO;). Der Erbschaftsanspruch steht bei dieser Konstruktion allerdings nicht zur Verfügung, wenn der Mieter oder Verwahrer schon vor dem Erfall vertragswidrig Eigenbesitz begründet hatte (F LEONHARD aaO). 8

Nach dem Wortlaut der Norm muß der Beklagte das Erbrecht *sich selbst* anmaßen. Im Wege der Analogie ist aber der Fall gleichzustellen, daß der Beklagte den fraglichen Nachlaß *als angeblich seinem eigenen Erblasser zugefallenen* und somit auf ihn als Erbeserben übergegangen an sich zieht (BINDER III 391 f; HELLWIG, Anspruch auf Klagrecht 71; STROHAL II 380 Fn 5; F LEONHARD Anm II B 1 f; **aM** wohl R LEONHARD 32; damit nicht zu verwechseln ist der Fall, daß bereits der Erblasser des Beklagten das fragliche Erbrecht für sich beansprucht hat, der Erbschaftsanspruch also als Nachlaßverbindlichkeit auf den jetzigen Beklagten übergegangen ist, vgl Rn 21). Wenn der frühere gesetzliche Vertreter eines verstorbenen Kindes für dieses von ihm als noch 9 lebend ausgegebene Kind eine fremde Erbschaft an sich bringt, muß er ebenfalls wie ein Erbschaftsbesitzer behandelt werden (PLANCK/FLAD Anm 2b; LANGE/KUCHINKE[4] § 40 II 2 Fn 32; STROHAL II § 94 II 2 a α S 381 f; LANGHEINEKEN 152 bei Fn 5; BINDER III 394; wohl auch ENDEMANN § 153 Fn 14; **aM** KÜNTZEL Gruchot 41, 853). – Problematisch ist, ob auch ein Trickbetrüger als Erbschaftsbesitzer behandelt werden darf, wenn er sich mit Erfolg als der dem Namen nach feststehende, aber im Ausland lebende und keinem Nachlaßbeteiligten oder Nachbarn des Erblassers persönlich bekannte Erbe ausgegeben hat und daraufhin den Nachlaß ungestört in Besitz nehmen konnte. Die Frage dürfte zu verneinen sein (so wohl auch F LEONHARD Anm II B 1 b). Der Täter bestreitet hier ja gar nicht das Erbrecht des wirklichen Erben, sondern täuscht lediglich seine Identität mit diesem vor. Eine analoge Anwendung von § 2018 ist schließlich auch dann nicht angebracht, wenn jemand wahrheitswidrig behauptet, vom Erben mit der Inventarisierung und Verwahrung des Nachlasses beauftragt zu sein (F LEONHARD aaO). Auch hier wird ja wiederum das Erbrecht des wirklichen Erben gar nicht bestritten.

10 Die Erbrechtsanmaßung braucht *nicht wörtlich* zu geschehen, es genügt eine Besitzergreifung, die erkennen läßt, daß der Ergreifende das tun will, was dem Erben zusteht, wie zB in dem Falle, daß er infolge Verwechselung für den Erben gehalten wurde und sich stillschweigend so behandeln ließ (Prot V 709). Vgl hierzu EBBECKE LZ 1917, 838 Fn 2, sowie die Bemerkung in Mot V 579: „Das Verhalten desjenigen, welcher Erbschaftsgegenstände hinter sich hat, ohne über den Grund seines Verhaltens Aufschluß zu geben, erfährt die mildeste Auslegung, wenn es als Anmaßung des Erbrechts ausgelegt wird. Diese Auslegung liegt so nahe, daß Vorschriften darüber entbehrlich erscheinen." Andererseits ist die Tatsache, daß jemand erbschaftliche Geschäfte in einer Weise führt, als wäre er Erbe, zB Schulden des Erblassers zahlt, nicht genügend, um ihn als Erbschaftsbesitzer iS des § 2018 gelten zu lassen (Prot aaO). Die oa Stelle der Motive ist im übrigen in zwei Punkte bedenklich: Zum einen, weil danach auch die Konstellation der Identitätstäuschung oder sonstigen Personenverwechselung erfaßt sein könnte (s o Rn 9 aE), zum anderen, weil sie im Sinne einer Vermutung für die Erbrechtsanmaßung verstanden werden könnte. Eine solche besteht jedoch nicht. Wenn derjenige, der Nachlaßsachen an sich gebracht hat, sich weder explizit noch konkludent ein Erbrecht anmaßt, aber auch keine Angaben zur Rechtfertigung seines Besitzes macht, kann er (entgegen SOERGEL/ DIECKMANN Rn 4 und MünchKomm/HELMS Rn 16) nicht ohne weiteres als Erbschaftsbesitzer behandelt werden, da die subjektive Voraussetzung des Erbschaftsanspruchs unstreitig oder nachgewiesen sein muß (MAURER 70). Wenn der Beklagte allerdings nur die Erbanmaßung leugnet, ohne irgendeine andere Motivation für seine Verhaltensweise zu benennen, mag sein Bestreiten der subjektiven Voraussetzung des Erbschaftsanspruchs nicht genügend substantiiert sein (REIF 114). Für die Passivlegitimation des Erbschaftsanspruchs reicht es auch nicht, wenn der Beklagte die Miterbenstellung des Klägers bestreitet, ohne für sich unzutreffenderweise ein Alleinerbrecht oder einen höheren als den wirklichen Erbanteil zu reklamieren (Beispiel: Miterbe A hat für die Miterbengemeinschaft Alleinbesitz begründet; er verweigert dem B die Einräumung des Mitbesitzes mit der Begründung, nicht B, sondern C sei der andere Miterbe).

11 Gleichgültig ist dagegen, ob der Beklagte, der etwas durch Erbrechtsanmaßung erlangt hat, gegenüber der außergerichtlichen oder klageweisen Geltendmachung des Erbschaftsanspruches die **Erbrechtsanmaßung aufgibt** und sich nur noch auf einen besonderen Rechtstitel beruft oder sich ohne Berufung auf einen Rechtsgrund verteidigt (BGH NJW 1985, 3068, 3069; STROHAL II § 94 Fn 3 a; PLANCK/FLAD Anm 2b; vLÜBTOW II 1049; EBENROTH Rn 1013; ENDEMANN § 153 I a 1; HEINSHEIMER II 473; BROX/WALKER Rn 575; MünchKomm/HELMS Rn 17; ERMAN/SCHLÜTER Rn 2; DEK/LENZ Rn 23; MAURER 76; EDENFELD 93; **aM** BINDER III 387 f und BGB-RGRK/KREGEL Rn 6). Der Beklagte kann sich nicht durch einen derartigen Stellungswechsel der Maßgeblichkeit des Surrogationsgrundsatzes (§ 2019) nach Belieben entziehen.

Da die Passivlegitimation entscheidend von einer bestimmten Willensäußerung abhängt, stellt sich natürlich die Frage, welche Anforderungen an die *Willensfähigkeit* zu stellen sind. Die glatteste Lösung dürfte sein, insoweit volle Geschäftsfähigkeit zu verlangen. Die Inbesitznahme eines Nachlasses ist ja ein Akt der Vermögensverwaltung, für die der nicht voll Geschäftsfähige selbst gar nicht zuständig ist. Durch eigene Handlungen kann Erbschaftsbesitz also nur ein voll Geschäftsfähiger herstellen (ENDEMANN § 153 I a 1).

c) Einzelfälle
aa) Als Gegner des Erbschaftsanspruchs kommt nach allgemeiner Meinung auch ein **Miterbe** des Anspruchstellers in Betracht. Das ist ganz unproblematisch, wenn der beklagte Miterbe für sich die Alleinerbenstellung reklamiert und deshalb Alleinbesitz begründet (vgl KG OLGE 14, 293, 294; OLG Stettin OLGE 18, 327; OLG Koblenz NJOZ 2008, 1173, 1175; MünchKomm/HELMS Rn 19; ERMAN/SCHLÜTER Rn 2; MAURER 82; vgl auch RGZ 81, 293, 294). Der Erbschaftsanspruch richtet sich hier auf Herstellung des der erbrechtlichen Mitberechtigung entsprechenden Besitzstandes, also auf Einräumung des Mitbesitzes. Ganz überwiegend nimmt man darüber hinaus an, daß auch solche Miterben dem Erbschaftsanspruch ausgesetzt sind, die lediglich für sich höhere als ihnen zukommende Erbteile beanspruchen (PLANCK/FLAD Anm 1a; STAUDINGER/LEHMANN[11] Rn 1; BGB-RGRK/KREGEL Rn 4; KRETZSCHMAR § 69 I 1 a; AnwK-BGB/FLEINDL Rn 14; PALANDT/EDENHOFER Rn 5; KIPP/COING § 105 II; LANGE/KUCHINKE § 40 II 3; EBENROTH Rn 1013; **aA** MAURER 82 f; BAMBERGER/ROTH/MÜLLER-CHRISTMANN Rn 13; MünchKomm/GERGEN § 2032 Rn 22). Nur wenn die Miterben bereits gesamthänderischen Mitbesitz haben, soll ein Anspruch auf Herstellung des dem Verhältnis der Erbteile entsprechenden Besitzstandes ausscheiden und die Klage aus der gesamthänderischen Mitberechtigung bzw die Erbteilsfeststellungsklage der gebotene Rechtsbehelf sein (LANGE/KUCHINKE § 40 II 3 Fn 36; STAUDINGER/LEHMANN[11] Rn 1; MünchKomm/HELMS Rn 19). Diese Auffassung ist jedoch nicht haltbar. § 2018 paßt nur, wenn einem Miterben von dem oder den anderen der Mitbesitz überhaupt vorenthalten wird (Beispiel: von vier Miterben haben drei unter Ausschluß des vierten Besitz von den Nachlaßsachen ergriffen, weil sie die Erbeinsetzung des vierten [zu Unrecht] für unwirksam halten). Wenn die vermeintlich alleinigen Miterben den Nachlaß bereits geteilt haben, kann der später aufgetauchte weitere Miterbe aus §§ 2039, 2018 ff von den anderen Herausgabe der ihnen zugeteilten Vermögenswerte an die gesamte (dh den Anspruchsteller mitumfassende) Erbengemeinschaft zum Zwecke erneuter Teilung verlangen (G VOLLKOMMER FamRZ 1999, 350, 352). Haben alle Miterben gesamthänderischen oder auch schlichten Mitbesitz, so besteht bereits die der erbrechtlichen Mitberechtigung entsprechende Besitzstellung. Daß einer der Miterben bei Anerkennung der Miterbenstellung der übrigen eine zu hohe Erbquote reklamiert, hat mit der Mitbesitzerstellung auch im Falle schlichten Mitbesitzes nichts zu tun; auch der schlichte Mitbesitz kennt keine Quote der Sachherrschaft (vgl ROSENBERG § 866 Anm I 2 für die Beanspruchung einer

zu hohen Miteigentumsquote durch einen der Mitbesitzer). – Falls einer der Miterben ohne Anmaßung einer Alleinerbenstellung (also unter Anerkennung der Mitberechtigung der übrigen Miterben) den Nachlaß in Besitz nimmt und zu verwalten beginnt, fehlt das subjektive Element des Erbschaftsanspruchs (BGH ZEV 2004, 378, 379; KG OLGE 5, 231, 232; 7, 137; KIPP/COING § 106 II; wohl auch BAMBERGER/ROTH/MÜLLER-CHRISTMANN Rn 13)). Hiervon ist etwa auszugehen, wenn einer der Miterben das zum Nachlaß gehörende Grundstück in Alleingebrauch nimmt, während die übrigen Miterben ihre Befugnis zum Mitgebrauch nicht ausüben (BGH ZEV 2004, 378, 379). Wenn die Begründung von Alleinbesitz durch einen Miterben dagegen als Anmaßung einer tatsächlich nicht bestehenden Alleinerbenstellung und damit als Negierung des den übrigen Miterben zustehenden Rechts zum Mitbesitz verstanden werden muß, ist die Passivlegitimation für den Erbschaftsanspruch problemlos gegeben (vgl BGH ZEV 2004, 378, 379; OLG Koblenz NJOZ 2008, 1173, 1174 f; jurisPK/EHM Rn 20). – Es bleibt der von LANGE/ KUCHINKE (§ 40 II 3) und MünchKomm/HELMS (Rn 11, 19) erwähnte wenig plausible Fall, daß einer der Miterben eine zu hohe Erbquote (nicht die Alleinerbenstellung) reklamiert und deshalb (?) Alleinbesitz begründet. Ein Zusammenhang zwischen der behaupteten (zu hohen) Erbquote und der Verweigerung des Einlasses des Klägers in den Mitbesitz ist kaum vorstellbar, solange der Beklagte nicht die Miterbenstellung des Klägers überhaupt bestreitet.

14 Unter Miterben können die Ansprüche aus § 2018 und § 2042 in objektiver Klagehäufung geltend gemacht werden (FRAEB ZBlFG 1913, 326; STAUDINGER/WERNER § 2032 Rn 3; DAMRAU/SCHMALENBACH Rn 8; MünchKomm/GERGEN § 2032 Rn 22).

15 Für den Erbschaftsanspruch passiv legitimiert ist natürlich auch ein Nichterbe, der sich zu Unrecht als Miterbe geriert und Mitbesitz an Nachlaßgegenständen erlangt hat. Der Erbschaftsanspruch richtet sich hier auf Herausgabe des Mitbesitzes.

16 bb) Der Haftung aus §§ 2018 ff unterliegt auch, wer aufgrund eines **anfechtbaren Erwerbstitels** (anfechtbarer Verfügung von Todes wegen oder Erbunwürdigkeit bei gesetzlicher Erbfolge) besitzt, sofern die Anfechtung bzw Erbunwürdigkeitserklärung erfolgt und ihm sein Erbrecht rückwirkend entzieht (§§ 2344, 2078, 2079, 142). Dabei ist es gleichgültig, ob der Betreffende sich trotz der Beseitigung seiner Erbenstellung weiterhin als Erbe aufspielt oder nicht (BGH NJW 1985, 3068, 3069 m Anm DIECKMANN FamRZ 1985, 1247; LANGE/KUCHINKE § 40 II 3 m Fn 38; MünchKomm/HELMS Rn 19; SOERGEL/DIECKMANN Rn 6; jurisPK/EHM Rn 21; AK-BGB/WENDT Rn 27; ERMAN/SCHLÜTER Rn 2; PWW/TSCHICHOFLOS Rn 13; DAMRAU/SCHMALENBACH Rn 9; Hk-BGB/HOEREN Rn 2; HERM LANGE, in: FS Felgentraeger [1969] 295, 301; aM ERMAN/SCHLÜTER[10] Rn 2). Selbstverständlich kann der Erbschaftsanspruch erst nach erfolgter Anfechtung oder zusammen mit dieser geltend gemacht werden. Die Verjährungsfrist beginnt aber bereits mit dem konkreten Erwerb aus der Erbschaft (vgl § 2026 Rn 8). Bis zum 31. 12. 2001 galt das wegen § 200 S 1 aF nur, wenn die Anfechtung da schon zulässig war; andernfalls begann die Frist in dem Zeitpunkt, in dem die Anfechtung zulässig wurde (eine nachträgliche Entstehung des Anfechtungsgrundes gibt es bei der Konstellation des § 2339 Nr 4, nach hM auch bei § 2078 Abs 2). Diese Einschränkung ist infolge der ersatzlosen Streichung von § 200 aF durch das Schuldrechtsmodernisierungsgesetz am 1. 1. 2002 entfallen. Nach § 200 S 1 nF beginnt die Verjährung auch des Erbschaftsanspruchs „mit der Entstehung des Anspruchs". Der Erbschaftsanspruch entsteht aber in diesen Fällen rückwirkend auf den Zeitpunkt des Erwerbs aus dem Nachlaß (vgl BGH NJW 1985, 3068, 3069; Kipp/Coing § 106 IV; Lange/Kuchinke § 40 II 3 Fn 38). Dann muß aber im gleichen Zeitpunkt auch die Verjährung des Erbschaftsanspruchs eingesetzt haben (jurisPK/Ehm § 2026 Rn 4; Damrau/Schmalenbach § 2026 Rn 4; DEK/Lenz § 2026 Rn 3; anders aber MünchKomm/Helms § 2026 Rn 3; Soergel/Dieckmann § 2026 Rn 2; jurisPK/Ehm Rn 4; Erman/Schlüter § 2026 Rn 12; Muscheler ErbR 2009, 38, 47: Verjährungsbeginn ohne Rückwirkung erst mit der erfolgreichen Beseitigung des Erbrechts des Anspruchsgegners). Es ist kein tragfähiger Grund ersichtlich, weshalb die Rückwirkung der Anfechtung oder Erbunwürdigkeitserklärung ausgerechnet hier ignoriert werden dürfte (s auch unten § 2026 Rn 8). Wird der bisherige testamentarische Alleinerbe (bzw alleinige Vorerbe) durch die Anfechtung zum gesetzlichen Miterben, so ist er für die Vergangenheit wegen des bisher ausgeübten vermeintlichen Alleinerbrechts als Erbschaftsbesitzer anzusehen (so BGH NJW 1985, 3068, 3069; Damrau/Schmalenbach Rn 9). Die Passivlegitimation für den Erbschaftsanspruch endet aber, wenn die übrigen Miterben sich mit der Fortdauer des unmittelbaren Alleinbesitzes einverstanden erklären; vgl Dieckmann FamRZ 1985, 1247. Entsprechendes gilt auch, wenn das Erbrecht durch die rückwirkende Aufhebung einer Adoption (§ 1764 Abs 1 S 2) beseitigt wird (vgl Soergel/Dieckmann Rn 6). – Erbschaftsbesitzer ist auch, wer als Nächstberufener nach einer anfechtbaren und später tatsächlich angefochtenen Erbschaftsausschlagung den Nachlaß in Besitz genommen hat (Staudinger/Otte [2008] § 1957 Rn 5; Maurer 79). Da die Haftung des gutgläubig-unverklagten Erbschaftsbesitzers ja ohnehin nicht zu einer Minderung des ureigenen Vermögens des Erbschaftsbesitzers führt, besteht kein Anlaß, den vermeintlichen Nachrücker vor dieser Haftung zu bewahren (so mit Recht Staudinger/Otte aaO; aA AK-BGB/Derleder § 1957 Rn 1). Ebensowenig besteht Anlaß, die Haftung nach den §§ 2018 ff durch die Regelung des § 1959 zu ersetzen, zumal die letztere für den Verpflichteten eher ungünstiger wäre (Staudinger/Otte aaO; aA Soergel/Stein § 1957 Rn 2, § 1959 Rn 14).

cc) Kein Erbschaftsbesitzer ist der *Vorerbe nach Eintritt des Nacherbfalls,* selbst **17** wenn er den Eintritt der Nacherbfolge zu Unrecht bestreitet, denn die per saldo schärfere Haftungsregelung des § 2130 verdrängt als lex specialis die §§ 2018 ff (so mit Recht vLübtow II 1048; Lange/Kuchinke § 43 II 2 Fn 31; Ebenroth Rn 1014; Brox/Walker Rn 577; Staudinger/Avenarius [2002] § 2130 Rn 23; Soergel/Dieckmann Rn 7; AK-BGB/Wendt Rn 8; MünchKomm/Helms Rn 19; AnwK-BGB/Fleindl Rn 17; Bamberger/Roth/Müller-Christmann § 2018 Rn 13; Palandt/Edenhofer Rn 7; Olzen JuS 1989, 374, 375 Fn 16; Maurer 83 f; Muscheler ErbR 2009, 38, 49; **anders** aber BGB-RGRK/Kregel Rn 6; Planck/Flad Anm 2b β; Kipp/Coing § 50 III 1; Staudinger/Lehmann[11] Rn 1; Soergel/Harder/Wegmann § 2130 Rn 6; MünchKomm/Grunsky § 2130 Rn 2; vermittelnd Strohal II § 94 Fn 9). Ebensowenig Erbschaftsbesitzer ist der *vorläufige Erbe,* der später die Erbschaft ausgeschlagen hat (vLübtow 1053; Kipp/Coing § 106 III; Lange/Kuchinke § 42 II 3 m Fn 23; Schlüter Rn 616; Kretzschmar § 69 II 4; Brox/Walker Rn 577; Siber 125; BGB-RGRK/Kregel Rn 5; Soergel/Dieckmann Rn 6; F Leonhard Anm B I e; Palandt/Edenhofer Rn 7; Edenfeld 93; **aA** AK-BGB/Wendt Rn 23 f; Hellwig, Grenzen der Rückwirkung [1907] 17; Maurer 81 [für Zeitraum ab Ausschlagung]). Was er erlangt hat, hat er aufgrund eines ihm in Wirklichkeit zustehenden Erbrechts erlangt. Zwar wird er infolge der rückwirkenden Kraft der Ausschlagung so angesehen, als ob er nie Erbe gewesen wäre. Das darf aber nicht dazu führen, ihn als Erbschaftsbesitzer zu behandeln. Nach § 1959 haftet er vielmehr als Geschäftsführer ohne Auftrag. Wenn er allerdings nach Ausschlagung unter der unrichtigen Behauptung ihrer Unwirksamkeit die Erbschaft in Besitz behält, wird er (natürlich nicht rückwirkend) zum Erbschaftsbesitzer (DIETZ 152; LANGE/KUCHINKE § 40 II 3 Fn 37; STAUDINGER/MAROTZKE [2008] § 1959 Rn 7; SOERGEL/DIECKMANN § 2018 Rn 6; MünchKomm/HELMS Rn 19; AnwK-BGB/FLEINDL Rn 18; BAMBERGER/ROTH/MÜLLER-CHRISTMANN Rn 13; ERMAN/SCHLÜTER Rn 2; ENDEMANN § 103 IV b; EDENFELD 93; MUSCHELER ErbR 2009, 38, 49). Die Gegenmeinung (BROX/WALKER Rn 577; SIBER 125; BGB-RGRK/KREGEL Rn 5; PALANDT/EDENHOFER Rn 7; MICHALSKI Rn 1039) verkennt, daß die per saldo schärfere Haftung nach § 1959, die sie hier als Spezialregelung anwenden will, nach dem klaren Wortlaut der Norm nur für den Zeitraum bis zur Ausschlagung gilt. Für eine Gesetzeskorrektur besteht auch gar kein Anlaß, da die Anwendung der §§ 2018 ff dem für den endgültigen Erben ja auch Vorteile (wie insbesondere die Anwendung des § 2019) bringt. – Die gänzlich abweichende Auffassung von WENDT (AK-BGB Rn 23), nach der auch der vorläufige Erbe im Falle der Ausschlagung rückwirkend als Erbschaftsbesitzer behandelt werden soll, wird vor allem mit dem Fehlen einer Surrogationsregelung für den vorläufigen Erben begründet. Diese Schutzlücke ist jedoch gewollt und kann hingenommen werden. Zum einen ist dem endgültigen Erben der Nachlaß ja überhaupt nur wegen der Ausschlagung von seiten des vorläufigen Erben zugefallen; zum anderen würde ohnehin jede größere rechtsgeschäftliche Verfügung des vorläufigen Erben als pro herede gestio zum Verlust des Ausschlagungsrechtes geführt haben.

18 dd) Gegen den (wirksam oder unwirksam bestellten) *Nachlaßpfleger, Nachlaß- und Insolvenzverwalter,* sowie *Testamentsvollstrecker* ist der Erbschaftsanspruch nicht begründet, da sie kraft ihres (wirklichen oder vermeintlichen) Amtes und nicht aufgrund angemaßten Erbrechts besitzen. Soweit sie dem Erben des ihrer Verwaltung unterstellten Nachlasses gegenüberstehen, sind die Sonderklagen, die diesem zustehen, vollkommen ausreichend (vgl Prot V 708 f; RGZ 81, 151 f; OLG München OLGE 40, 134; OLG Hamburg HansGZ 1912 Beibl 279; MünchKomm/HELMS Rn 20; SOERGEL/DIECKMANN Rn 8; PALANDT/EDENHOFER Rn 6; JAUERNIG/STÜRNER Rn 3; MAURER 84; ferner STAUDINGER/REIMANN § 2213 Rn 10). Sonst müßte man auch gegenüber einem Generalbevollmächtigten oder Vormund dem Vertretenen oder Mündel eine Gesamtklage zubilligen. Hier bleibt nur der Weg der Feststellungsklage gegen den Testamentsvollstrecker (RG JW 1909, 52; WarnR 1912 Nr 174 unter 3; Gruchot 62, 631) oder Nachlaßpfleger (RGZ 106, 46; OGHZ 4, 219; BGH LM § 1960 BGB Nr 1 = NJW 1951, 559), wenn dieser die Erbenstellung bestreitet (vgl BGB-RGRK/KREGEL Rn 6). Anders ist nur zu entscheiden, wenn der Verwalter nicht dem Erben des ihm unterstellten Nachlasses gegenübersteht, sondern dem Erben eines anderen Nachlasses, aus dem etwas aufgrund einer Erbrechtsanmaßung in den der Verwaltung unterstellten Nachlaß zu Unrecht einbezogen worden ist (vgl STROHAL II § 94 Fn 5; HELLWIG, Anspruch und Klagrecht 71; PLANCK/FLAD Anm 2b α; SOERGEL/DIECKMANN Rn 8; MünchKomm/HELMS Rn 20; AK-BGB/WENDT Rn 38; PALANDT/EDENHOFER Rn 7; Hk-BGB/HOEREN Rn 2; BROX/WALKER Rn 577; MAURER 85; aM LANGE/KUCHINKE § 40 II 3 Fn 32). Wenn bereits der Erblasser des vom Testamentsvollstrecker (usw) verwalteten zweiten Nachlasses dem wirklichen Erben des ersten Nachlasses gegenüber als Erbschaftsbesitzer haftete, so bildet dieser Erbschaftsanspruch ohnehin eine vom Testamentsvollstrecker zu erfüllende Nachlaßverbindlichkeit. Hat aber erst der Testamentsvollstrecker (usw) die zum ersten Nachlaß gehörende Sache als schon dem Erblasser des jetzt von ihm verwalteten zweiten Nachlasses zugefallen in Besitz genommen, so muß der erbrechtliche Gesamtanspruch ebenfalls gewährt werden, also § 2018 analog angewandt werden, weil sonst eine empfindliche Rechtsschutzlücke droht (für unmittelbare Anwendung von § 2018

MAURER 85). Das durch § 2018 geschützte Interesse des verus heres an einem effektiven Rechtsbehelf gegenüber dritten Personen, die Nachlaßbestandteile unter Berufung auf eine angeblich bessere erbrechtliche Position in Besitz genommen haben, ist ganz unabhängig davon, ob die betreffende Person als angeblicher Erbe oder aber als Erbeserbe oder schließlich als ein für den angeblichen Erben oder Erbeserben handelnder amtlicher Verwalter Nachlaßbestandteile an sich gebracht hat.

Verweigert ein Miterbe die Herausgabe von Nachlaßsachen an einen Nachlaßpfleger, -verwalter, -insolvenzverwalter oder Testamentsvollstrecker, bezweifelt er damit möglicherweise nur die wirksame Bestellung bzw die Verwaltungsbefugnis des letzteren. Eine Anmaßung eines Alleinerbrechtes liegt darin dann nicht (abw AK-BGB/ WENDT Rn 43). Ebensowenig reicht dafür der Umstand aus, daß ein Miterbe unmittelbaren Alleinbesitz begründet hat, denn dies kann ja durchaus in Geschäftsführung ohne Auftrag für die Gesamtheit der Miterben geschehen sein.

Will der Erbe gegen mehrere Personen vorgehen, die als angebliche Miterben Nachlaßbestandteile an sich gebracht haben, so kann er selbstverständlich jeden von diesen einzeln verklagen, und die Anspruchsgegner bilden auch bei gleichzeitiger Klageerhebung keine notwendigen Streitgenossen (iS des § 62 ZPO). Im Ergebnis nicht anders stellt sich die Situation dar, wenn der Anspruchsteller mehrere Personen, die nach seiner Darstellung Miterben neben ihm sind, ihm aber sein eigenes Miterbenrecht bestreiten, als Erbschaftsbesitzer in Anspruch nehmen will. Auch hier muß der Anspruch nicht notwendigerweise gegen die anderen Miterben gemeinsam geltend gemacht werden, diese sind keine notwendigen Streitgenossen iS von § 62 ZPO (s § 2032 Rn 3; RGZ 95, 97 f; PLANCK/FLAD Anm 2b δ; BGB-RGRK/KREGEL Rn 11; KIPP/COING § 106 Fn 8; MAURER 83).

ee)   *Rechtsnachfolger:* Dem Erbschaftsbesitzer steht gleich, wer die Erbschaft von diesem durch Vertrag erwirbt (§ 2030). Beim Tode des Erbschaftsbesitzers geht die Verpflichtetenstellung des Erbschaftsanspruchs nach §§ 1922 Abs 1, 1967 Abs 1 als Erblasserschuld auf seinen Erben über (BGH NJW 1985, 3068, 3070; FamRZ 2004, 537, 538 = ZEV 2004, 378, 379 f; OLZEN JuS 1989, 374, 376; BINDER III, 392; SIBER 125; STAUDINGER/MAROTZKE [2002] § 1967 Rn 9; AK-BGB/WENDT Rn 90; BGB-RGRK/KREGEL § 2030 Rn 6; MünchKomm/HELMS Rn 21; SOERGEL/DIECKMANN Rn 9; jurisPK/EHM Rn 18; F LEONHARD Anm II B 1 f; KIPP[8] § 70 VI; KIPP/COING § 106 VI; BOEHMER, Die RG-Praxis im deutschen Rechtsleben III 216, 276 f; MAURER 86). Dies geschieht automatisch und ganz unabhängig von einer etwaigen Anmaßung einer Erbeserbenstellung von seiner Seite (BGH aaO; F LEONHARD aaO; PALANDT/EDENHOFER Rn 4). Der Erbe des Erbschaftsbesitzers hat die Möglichkeit der Haftungsbeschränkung (MünchKomm/HELMS Rn 21; SOERGEL/DIECKMANN Rn 9; BAMBERGER/ ROTH/MÜLLER-CHRISTMANN Rn 15; JAUERNIG/STÜRNER Rn 3; MUSCHELER ErbR 2009, 76, 83; implizit auch KIPP/COING § 106 VI m Fn 10), die insbesondere bei gegen den Erbschaftsbesitzer entstandenen Schadensersatz- und bereicherungsunabhängigen Wertersatzansprüchen aus §§ 2024, 2025 wichtig ist. Demgegenüber wollen LANGE/KUCHINKE (§ 40 II 3 m Fn 39–41) im Wege eines a fortiori-Schlusses aus § 2030 den Erben des Erbschaftsbesitzers, sobald er zur fremden Erbschaft gehörende Gegenstände als Nachlaß seines Erblassers in Anspruch nimmt, ohne die Möglichkeit einer Haftungsbeschränkung dem Erbschaftsanspruch unterwerfen. Dieser Schluß ist inkorrekt, weil § 2030 ja gerade nicht zu einer Bindung des Erbschaftskäufers an den gegen den Erbschaftsbesitzer entstandenen Inhalt des Erbschaftsanspruchs führt (vgl

§ 2030 Rn 7). Ohne die Möglichkeit der Haftungsbeschränkung unterliegt der Erbe des ursprünglichen Erbschaftsbesitzers erst dann dem Erbschaftsanspruch, wenn bei ihm selbst das subjektive Tatbestandselement des § 2018, die Erbrechtsprätention, gegeben ist (BINDER III 392; MünchKomm/HELMS Rn 21), also wenn er den fraglichen Nachlaß als angeblich bereits seinem eigenen Erblasser zugefallenen in Anspruch nimmt (s oben Rn 9). Es genügt also nicht, daß er die betreffenden Sachen als Bestandteile der ihm selbst zugefallenen Erbschaft in Besitz hat. Er muß vielmehr auch wissen, daß sein Erblasser diese Gegenstände nicht durch Rechtsgeschäft unter Lebenden, sondern selbst durch Erbfall erlangt hat; darüber hinaus wird man wohl auch die Kenntnis von der Person dieses anderen Erblassers fordern müssen. Wenn diese Voraussetzungen gegeben sind, wird man sagen können, daß der Beklagte den Besitz als vermeintlicher oder angeblicher zweiter Universalsukzessor (= Erbeserbe) dieses anderen Erblassers ausübt. Das aber muß bei dieser besonderen Konstellation als (konkludente) Erbrechtsanmaßung genügen (etwas enger MünchKomm/HELMS Rn 21: nur dann, wenn der Erbe des Erbschaftsbesitzers sich gegenüber dem Gläubiger des Erbschaftsanspruchs ausdrücklich auf den Erbschaftserwerb seines Erblassers und damit auf seine eigene Erbeserbenstellung beruft). Dann wird der Erbe des ursprünglichen Erbschaftsbesitzers selbst zum Erbschaftsbesitzer und verliert deshalb für zukünftige Erweiterungen seiner Verpflichtungen aus § 2018 ff die Möglichkeit der Haftungsbeschränkung auf den Nachlaß. Demgegenüber nimmt MAURER (86 f) an, daß der Erbe des Erbschaftsbesitzers nicht selbst Erbschaftsbesitzer sein kann und deshalb immer die Möglichkeit der Haftungsbeschränkung auf den Nachlaß hat. – In einer früheren Bearbeitung (12. Aufl Rn 15) ist die Auffassung vertreten worden, daß sich etwaige Veränderungen und Erweiterungen des Erbschaftsanspruchs bei dem Erben des ursprünglichen Erbschaftsbesitzers, in dessen Person das subjektive Moment des § 2018 noch nicht gegeben ist, nicht mehr nach den §§ 2018 ff richten, sondern sich nur aus den allgemeinen Regeln ergeben könnten (anders LANGE/KUCHINKE aaO; KIPP/COING aaO; BOEHMER aaO). Dieses Argument ist aber wohl doch nicht tragfähig (GURSKY, in: 3. FS vLübtow 211, 223 Fn 69). Eine kontinuierliche Erbrechtsanmaßung ist gar nicht erforderlich. Die Erbrechtsprätention muß ja überhaupt nur einmal, nämlich bei der Besitzerlangung oder bei einer späteren Verteidigung gegenüber dem Herausgabeverlangen des Erben gegeben gewesen sein; die Verpflichtetenstellung des Anspruchsgegners richtet sich auch dann weiter nach den §§ 2018 ff, wenn er seine Erbrechtsanmaßung aufgibt (s oben Rn 11), ebenso, wenn er später die Herkunft der fraglichen Sachen überhaupt vergißt.

22 Das OLG Brandenburg hat dem wirklichen Erben eines früheren Grundstückseigentümers, dessen Grundstück in Volkseigentum überführt worden war, gegen einen Erbprätendenten, an den das Grundstück mittlerweile aufgrund öffentlich-rechtlichen Restitutionsbescheides restituiert worden war, den Erbschaftsanspruch aus § 2018 gegeben (ZEV 1997, 157 f m Anm LIMMER; MünchKomm/HELMS Rn 16). Es dürfte sich dabei um eine analoge Anwendung der §§ 2018, 2019 handeln (LIMMER ZEV 1997, 158 f; gegen die Analogie aber OLG Dresden DtZ 1996, 216, 217 im Hinblick auf den originären Erwerb).

II. Das aus der Erbschaft Erlangte

23 1. Aus der Erbschaft muß „**etwas erlangt**" sein, dh also irgendein in Natur herausgebbarer oder jedenfalls in Geld bewerteter Vorteil muß aus dem Nachlaß (oder mit seinen Mitteln, vgl § 2019) erlangt sein, ohne daß es auf eine förmliche Rechtsänderung ankäme.

a) Der Vorteil wird regelmäßig in dem Erwerb des Besitzes an (rechtlich oder der Besitzlage nach) zur Erbschaft gehörigen Sachen bestehen. Dabei ist nicht nötig, daß der Erbschaftsbesitzer die Sachen nach dem Erbfall aus dem Nachlaß weggenommen hat, es genügt, daß sie ihm von einem Dritten (Entleiher oder Verwahrer) oder auch dem wahren Erben aufgrund der Erbrechtsanmaßung übergeben worden sind. Der Besitz des Erbschaftsbesitzers braucht auch kein Eigenbesitz (§ 872) zu sein, kann vielmehr Fremdbesitz sein; so wenn er eine dem Erblasser vermietete, geliehene oder zu Pfand gegebene Sache in Kenntnis dieses Sachverhalts mit einem dementsprechenden Willen als Rechtsnachfolger weiter besitzen will (BGB-RGRK/KREGEL Rn 7; MünchKomm/HELMS Rn 22; LANGE/KUCHINKE § 40 II 5 a; STROHAL II 383). Der Erbschaftsbesitzer kann auch nur mittelbaren Besitz erlangt haben (RGZ 81, 293, 296; BGB-RGRK/KREGEL aaO); so etwa, wenn ein Dritter Nachlaßgegenstände als Geschäftsführer ohne Auftrag für den Erben an sich genommen hat und danach von dem Erbschaftsbesitzer mit der weiteren Verwahrung beauftragt worden ist (ENDEMANN § 153 II d). Daß der Verwahrer einer vom Erblasser hinterlegten Sache einen bestimmten Verwandten des Hinterlegers zu Unrecht für dessen Erben hält und deshalb für diesen Verwandten weiter besitzen will, verschafft dem letzteren noch keinen mittelbaren Besitz; es fehlt hier an einem Herausgabeanspruch des vermeintlichen Erben. Es ist auch nicht unbedingt notwendig, daß der Besitz erst nach dem Erbfall erlangt ist; gleichzubehandeln ist der Fall, daß der Besitz schon vorher erlangt war und nach dem Erbfall aufgrund der Erbrechtsanmaßung zurückbehalten wird (KG OLGZ 1974, 17, 18 = MDR 1974, 317; SOERGEL/DIECKMANN Rn 11; ERMAN/SCHLÜTER Rn 3; **aA** MAURER 64 f), insbes wenn Fremdbesitz (die Sache war dem Gegner vom Erblasser geliehen) dadurch in Eigenbesitz verwandelt wird (PLANCK/FLAD Anm 3; BGB-RGRK/KREGEL Rn 9; MünchKomm/HELMS Rn 16, 22 und RGZ 81, 293, 295; iE auch MAURER 65), aber auch wenn der Erbschaftsbesitzer die Sache dem Erblasser entwendet hatte und sich nun gegenüber dem Herausgabeverlangen auf seine angebliche Erbenstellung beruft. Das hat den großen Vorteil, daß bei einer anschließenden Veräußerung der betreffenden Sache durch den Nachlaßschuldner und vermeintlichen Erben die dingliche Surrogation nach § 2019 eingreift. Zu beachten ist aber, daß der Erbschaftsanspruch hier ja zu einer bereits bestehenden Herausgabepflicht hinzutritt, diese aber keinesfalls verdrängt. Auch der gutgläubige und unverklagte Erbschaftsbesitzer haftet deshalb etwa wegen eines verschuldeten nunmehrigen Verlustes nach §§ 275 Abs 4, 280 Abs 1 und Abs 3, 283 auf Schadensersatz, im Falle des Diebstahls beim Erblasser sogar nach §§ 992, 823 Abs 1, 848 für Zufall. Nach § 2018 herauszugeben sind auch Blankoschecks, die der Erblasser dem Beklagten im Hinblick auf dessen beabsichtigte, aber infolge Nichtigkeit des Testaments nicht wirksam begründete Erbenstellung übergeben hat, um ihn bis zur Erlangung eines Erbscheins sicherzustellen (**aA** MAURER 66); die nach dem Erbfall durch Einlösung der Schecks erlangten Guthaben fallen unter § 2019 (ebenso AK-BGB/WENDT Rn 53; MünchKomm/HELMS Rn 22; BAMBERGER/ROTH/MÜLLER-CHRISTMANN Rn 16; wohl auch SOERGEL/DIECKMANN Rn 11; unmittelbar die Scheckvaluta selbst als iS von § 2018 erlangt sieht KG NJW 1970, 329 m abl Anm FINGER NJW 1970, 954 an; ebenso BGB-RGRK/KREGEL Rn 9).

b) Es ist überhaupt kein Erfordernis des Erbschaftsbesitzes, daß an Nachlaßsachen Besitz erlangt ist (heute allgM, anders nur R LEONHARD 6 ff, 19; dagegen zutr F LEONHARD

Anm II B 2 c); wie bei § 812 genügt auch hier das Erlangen irgendeines anderen Vorteils, der in Natur oder jedenfalls wertmäßig herausgegeben werden kann. So zB die Erlangung des *Bucheigentums* durch Eintragung des Anspruchsgegners aufgrund unrichtigen Erbscheins im Grundbuch (BGH ZEV 2004, 378, 379; Planck/Flad Anm 3; BGB-RGRK/Kregel Rn 7; MünchKomm/Helms Rn 23; Bamberger/Roth/Müller-Christmann 16; jurisPK/Ehm Rn 25; vLübtow II 1053; Maurer 59; Muscheler ErbR 2009, 38, 48). Ebenso bei anderen Grundstücksrechten die Erlangung einer entsprechenden Buchstellung, zB die Umschreibung der sein Grundstück belastenden Hypothek (des Erblassers bzw nunmehr des Erben) in eine Eigentümergrundschuld. Ferner eine Schuldbefreiung, die der durch Erbschein legitimierte Scheinerbe durch eine (nach 2367 wirksame) Aufrechnung einer Nachlaßforderung gegenüber seinem persönlichen Gläubiger erlangt (BGB-RGRK/Kregel Rn 8; MünchKomm/Helms Rn 23; Binder III 396; Strohal II 384; AK-BGB/Wendt Rn 59; Maurer 59; Muscheler aaO); die bloße Genehmigung der Aufrechnung durch den Erben hätte (entgegen 13. Bearb Rn 20; Maurer 60) diesen Effekt schon deshalb nicht, weil sie das Erfordernis der Gegenseitigkeit nicht überspielen kann (vgl Staudinger/Gursky [2006] § 387 Rn 10; [2009] § 185 Rn 5 f). – Ein Recht ist nach Endemann (§ 153 II b) schon dann als „erlangt" anzusehen, wenn es dem Erbschaftsbesitzer gelingt, darüber (zB nach §§ 2366, 2367) wirksam zu verfügen (ähnlich Maurer 63, 120; enger Planck/Flad Anm 3 und Erman/Schlüter Rn 3, wo eine entgeltliche Verfügung verlangt wird). Dies erscheint bedenklich. Auf den im „juristischen Verbrauch" des Rechtes liegenden theoretischen Vorteil abzustellen, macht keinen Sinn, weil dieser nicht herausgabefähig und als solcher auch nicht – wie für §§ 2021, 818 Abs 2 erforderlich – in Geld zu veranschlagen ist. Würde man ihn ohne weiteres dem Wert des Rechtes gleichsetzen, käme man bei unentgeltlichen Verfügungen nach formwirksamem Schenkungsversprechen zu einer Haftung des Erbschaftsbesitzers in Höhe des Sachwertes, obwohl der Erbe gleichzeitig den Beschenkten aus § 816 Abs 1 S 2 in Anspruch nehmen könnte. Das ist aber nicht sinnvoll.

26 c) Die völlig hM nimmt darüber hinaus an, daß jeder *Nachlaßschuldner* Erbschaftsbesitzer wird, der dem wahren Erben die *Erfüllung verweigert mit der Behauptung, selbst Erbe zu sein* (Strohal II 384 f; Planck/Flad Anm 3; BGB-RGRK/Kregel Rn 8; Soergel/Dieckmann Rn 6; AnwK-BGB/Fleindl Rn 15; jurisPK/Ehm Rn 27; AK-BGB/Wendt Rn 58; Erman/Schlüter Rn 2; Damrau/Schmalenbach Rn 9; Palandt/Edenhofer Rn 5; Kipp/Coing § 106 I 4; Dietz 152; Hellwig, Anspruch und Klagrecht 54 Fn 9; **aM** Siber 126; Endemann § 153 Fn 19; R Leonhard 16; Binder III 398; Maurer 77 ff; wohl auch Medicus JuS 1985, 656, 659 Fn 29; abl auch Langheineken 151 Fn 1; Wieling JZ 1986, 7 Fn 19). Das ist unproblematisch in den Fällen, in denen die Schuld auf Rückgabe einer auch eigentumsmäßig zum Nachlaß gehörenden Sache gerichtet ist (Soergel/Dieckmann Rn 5, 6; s oben Rn 24) oder der Beklagte schon vor dem Erbfall einem dinglichen Herausgabeanspruch (§§ 861, 1007) ausgesetzt war. Ansonsten paßt hier aber § 2018 schon deshalb nicht, weil die irrige Annahme einer Konfusion an dem tatsächlichen Weiterbestand der Schuld nichts geändert, der Nachlaßschuldner also nichts Herausgabefähiges erlangt hat. So kommt lediglich eine analoge Anwendung von Teilen der Erbschaftsanspruchsregelung in Betracht (so auch MünchKomm/Helms Rn 24; abl AK-BGB/Wendt Rn 58). Diese erscheint insbesondere bei Sachleistungsschulden bezüglich Haftungsmaßstab, Nutzungsherausgabe und Verwendungsersatz wegen der vergleichbaren Interessenlage in der Tat geboten (zust MünchKomm/Helm Rn 24; Bamberger/Roth/Müller-Christmann Rn 18; FAKomm-ErbR/Finger Rn 12; wohl auch jurisPK/Ehm Rn 19; **aA** Maurer 78 f).

d) Als aus der Erbschaft erlangt gilt auch das *Anerkenntnis* eines Nachlaßschuld- **27** ners, das sich der Erbschaftsbesitzer (etwa durch Vorlage eines Erbscheins) verschafft hat; nicht minder die Schuldurkunden und Beweismittel (Schuldschein), die der Erbprätendent in seinen Besitz gebracht hat (BGB-RGRK/KREGEL § 2018 Rn 8; MünchKomm/HELMS Rn 23; SOERGEL/DIECKMANN Rn 11; DAMRAU/SCHMALENBACH Rn 11; MAURER 60; OLZEN Jura 2001, 223, 224). Dagegen liegt kein Erlangen in diesem Sinne vor, wenn der Erbprätendent sich lediglich berühmt, daß ihm eine Nachlaßforderung zustehe, oder wenn er den vergeblichen Versuch gemacht hat, sie einzuziehen (BGB-RGRK/KREGEL aaO).

e) Die Herausgabepflicht aus § 2018 erstreckt sich entgegen WENDT (AK-BGB **28** Rn 56; ders, in: 3. FS vLübtow 229, 230) nicht auf eine unwiderrufliche *Vollmacht* auf den Todesfall oder über den Tod hinaus, die der Erblasser seinem vermeintlichen Erben zur Erleichterung der Abwicklung des Nachlasses erteilt hat (so jetzt auch MAURER 65; BAMBERGER/ROTH/MÜLLER-CHRISTMANN Rn 16). Es handelt sich dabei schließlich um eine wirksam vom Erblasser eingeräumte Rechtsposition, die als solche den wirklichen Erben bindet; dieser kann die Vollmacht allerdings aus wichtigem Grunde widerrufen, weil diese ja angesichts der nicht erwarteten erbrechtlichen Lage ihren beabsichtigten wirtschaftlichen Zweck nicht erreichen kann (vgl MünchKomm/ZIMMERMANN Vorbem 17 vor § 2197).

f) Der Erbschaftsanspruch greift natürlich auch dann ein, wenn der vermeintliche **29** Erbe ein *Unternehmen* des Erblassers weiterführt (WALKER 113 ff; FRIEDRICH 223 ff, 245 ff) oder eine vererbliche Gesellschafterstellung des Erblasser ausübt (DÄUBLER GmbH-Rdsch 1963, 181). Die §§ 2018 ff reichen auch in diesem Falle für den Innenausgleich zwischen dem wirklichen und dem vermeintlichen Erben aus (WALKER 127 ff). Ein Bedürfnis für eine zusätzliche analoge Anwendung der GoA-Regeln besteht nicht (aA STUMPF, in: FS Brackmann [1977] 299, 308).

g) Erbschaftsbesitzer ist auch der **Staat**, wenn ihm nach Fehlschlagen des Ver- **30** suchs der Ermittlung von Verwandten des Erblassers die Erbschaft überantwortet wird, später aber doch noch ein vorrangiger gesetzlicher Erbe auftaucht. Daran ändert auch der Feststellungsbeschluß nach 1964 Abs 1 nichts; er verschafft dem Fiskus ja nicht die Erbenstellung, sondern begründet nur eine widerlegliche Vermutung für diese (§ 1964 Abs 2).

2. Aus der Erbschaft

Der Anspruchsgegner muß den fraglichen Vermögensvorteil gerade aus der Erb- **31** schaft erlangt haben. Nach zutreffender hM genügt es insoweit, wenn die vom Anspruchsgegner in Besitz genommene Sache zwar nicht rechtlich, aber *wenigstens der Besitzlage nach* zur Erbschaft gehörte (OLG Dresden SächsArch 1906, 337; OLG Braunschweig OLGE 24, 70 f; KIPP[8] § 68 I 1; vLÜBTOW II 1053; LANGE/KUCHINKE § 40 II 5 a m Fn 43; STROHAL II 383; BINDER III 405; SIBER 125; PLANCK/FLAD Anm 3, 4 a; F LEONHARD Anm II B 2 a; BGB-RGRK/KREGEL Rn 9; WENDT, in: 3. FS vLübtow 229; MAURER 58, 64; MünchKomm-InsO/ GANTER[2] § 47 Rn 335; **aA** WIELING JZ 1986, 5, 7). Das zeigt schon die Entstehungsgeschichte des § 2018. § 2081 Ziff 1 E I hatte den Erbschaftsanspruch noch explizit auf solche Sachen erstreckt, die sich „zur Zeit des Todes des Erblassers in dessen Besitze oder Innehabung ... befunden haben". Diese Klarstellung wurde von der 2. Kommission bei der Formulierung des § 1892 E II als entbehrlich gestrichen, ohne daß damit eine sachliche Änderung bezweckt gewesen wäre (vgl Mot V 580 ff; Prot V 701; Denkschr 727; ferner R LEONHARD 13; WINDSCHEID/KIPP III 537). Daß auch § 2018 in diesem Sinne verstanden werden muß, zeigt die Formulierung des § 2026: Der Relativsatz „die er als zur Erbschaft gehörend im Besitz hat" macht nur Sinn, wenn die Sache nicht „wirklich" (also eigentumsmäßig), sondern nur dem Besitz nach zum Nachlaß gehören muß. Die Ausdehnung des Erbschaftsanspruchs auf die nur dem Besitz nach zum Nachlaß gehörenden Sachen entspricht aber nicht nur dem Normverständnis und den Regelungsintentionen der Gesetzesverfasser, sondern verschafft dem Erben auch überhaupt erst einen der wenigen wichtigen Vorteile, die die Sonderregelung des Erbschaftsanspruchs erst sinnvoll erscheinen lassen (krit MAURER 64). Eine dem bloßen unberechtigten Besitz in vieler Hinsicht ganz ähnliche Lage bildet eine unrichtige Buchposition (sog „Buchbesitz"). Unter diesen Umständen muß der Erbschaftsanspruch auch da eingreifen, wo der Anspruchsgegner die Umschreibung eines im Grundbuch für den Erblasser eingetragenen, in Wirklichkeit aber einem Dritten zustehenden Liegenschaftsrechts auf sich selbst als angeblichen Erben erreicht hat.

32 Problematisch ist, ob der betreffende Teil des Erbschaftsanspruchs dinglicher oder obligatorischer Natur ist, ob er also im Insolvenzverfahren über das Vermögen des Anspruchsgegners ein Aussonderungsrecht gewährt oder nicht. Die erstere Auffassung erscheint vorteilhaft, weil sie die Inhomogenität des Rechtsbehelfs (s Vorbem 16) vermindert: Dann läßt sich nämlich die Regel aufstellen, daß der Erbschaftsanspruch immer dort dinglichen Charakter hat, wo er auf Naturalrestitution eines primär erlangten Gegenstandes oder aber eines Surrogates (§ 2019) gerichtet ist. Den Insolvenzgläubigern wird durch diese Deutung nichts genommen, da der wirkliche Eigentümer ohnehin die Aussonderung des Besitzes bzw der Buchposition verlangen könnte.

32a Die Zugehörigkeit der herausverlangten Gegenstände zum Nachlaß muß bis zu dem Zeitpunkt bestanden haben, in dem der Anspruchsgegner sie „erlangt" hat; nur dann kann dieser Erwerb ja „aus der Erbschaft" erfolgt sein. Hieran fehlt es naturgemäß, wenn ein Besitzmittler des Erblassers die ihm anvertraute Sache vor oder nach dem Erbfall an einen gutgläubigen Dritten veräußert hat und der Anspruchsgegner sie diesem nun wegnimmt oder abkauft. Kein Erwerb „aus der Erbschaft" ist auch gegeben, wenn der Erblasser weder Eigentümer noch Besitzer der vom Anspruchsgegner nach dem Erbfall erlangten Sache war, sondern nur einen zwar sachenrechtlichen, aber nicht auf einer dinglichen Berechtigung beruhenden Herausgabeanspruch aus § 861 oder § 1007 gegen den Besitzvorgänger des jetzigen Beklagten hatte.

32b Ein (unrichtiger) *Erbschein,* der dem Erbschaftsbesitzer inzwischen vom Nachlaßgericht erteilt worden ist, ist nicht aus dem Nachlaß erlangt (DILLBERGER/FEST JuS 2009, 1099, 1100). Der Erbe kann seine Herausgabe deshalb nicht mit dem Erbschaftsanspruch, sondern nur mit dem Anspruch aus § 2362 Abs 1 erzwingen.

3. Gesamtheit der Vorteile

33 Herauszugeben ist die Gesamtheit der Vorteile, die der Anspruchsgegner als Erbprätendent aus dem Nachlaß erlangt hat. Daraus ist aber nicht zu schließen, daß der Anspruch erst eingriffe, wenn der Anspruchsgegner bereits eine Mehrheit von Sachen oder Vorteilen erlangt hat. Zu einer derartigen Einschränkung ist man auch dann nicht gezwungen, wenn man mit der hM (vgl aber oben Vorbem 16) den Erbschaftsanspruch als „Gesamtanspruch" versteht. Gesamtanspruch heißt einfach, daß dem beklagten Erbprätendenten mit diesem Rechtsbehelf die Gesamtheit der Gegenstände und Vorteile entzogen werden soll, die dieser aus der Erbschaft erlangt hat. Hat der Anspruchsgegner bisher nur einen einzigen Gegenstand oder Vorteil erlangt, so muß er diesen doch als Bestandteil des von ihm zu Unrecht für sich reklamierten, in Wirklichkeit aber dem Anspruchsteller kraft seines Erbrechts zustehenden Ganzen herausgeben. – Der Erbe ist auch keineswegs gezwungen, sämtliche vom Erbschaftsbesitzer erlangten Nachlaßbestandteile auf einmal herauszuverlangen; er kann vielmehr durchaus auch eine Teilklage erheben (vLÜBTOW II 1043).

III. Der Inhalt der Herausgabepflicht

Der Gegenstand der Herausgabepflicht bestimmt sich nach der Art des Erlangten **34** und den Veränderungen, die das Erlangte nach dem Surrogationsgrundsatz (§ 2019) erfahren hat. Die Herausgabepflicht wird durch § 2020 auf die Nutzungen ausgedehnt. Soweit der Erbschaftsbesitzer zur Herausgabe des primär Erlangten, der Surrogate und Nutzungen „außerstande" ist, tritt an die Stelle der Herausgabepflicht eine bereicherungsrechtliche Wertersatzpflicht (§ 2021) bzw eine Schadensersatzpflicht (§§ 2023 ff). Die Verpflichtung zur Herausgabe des primär Erlangten und/ oder eventueller Surrogate in Natur ist immer dinglicher Art (s Vorbem 21), und zwar auch dann, wenn sie sich auf Sachen bezieht, die zZ des Erbfalls nicht im Eigentum, sondern nur im Besitz des Erblassers standen (s oben 31). Diese dingliche Herausgabepflicht ist (arg § 2021) nicht schlechthin auf Übertragung des ursprünglich Erlangten, sondern nur auf „Auskehrung" (Abgabe) dessen gerichtet, was davon noch beim Erbschaftsbesitzer vorhanden ist; daran können sich dann natürlich weitergehende obligatorische Verpflichtungen aus §§ 2021 ff anschließen. Besteht das Erlangte in einer unrichtigen Grundbuchposition, so ist deren „Herausgabe" die Grundbuchberichtigung; der Erbschaftsanspruch nimmt hier den Inhalt des § 894 an (RG SächsArch 14, 66; BGH FamRZ 2004, 537, 538; OLG Stuttgart ZEV 2008, 434, 438 Rn 93; LANGE/KUCHINKE § 40 II 5 a; jurisPK/EHM Rn 25 mwNw). Das Erlangte ist als Ganzes herauszugeben. Der Klageantrag ist zunächst hierauf zu richten und kann sich die bestimmte Bezeichnung der einzelnen herauszugebenden Gegenstände vorbehalten, bis der Beklagte dem gleichzeitig geltend gemachten Auskunftsanspruch genügt hat; vgl § 254 ZPO und Vorbem 25.

IV. Einwendungen und Einreden des Beklagten

Die Verteidigungsposition des Anspruchsgegners ist im Gesetz unvollständig gere- **35** gelt: Hier findet sich nur die Regelung des Bereicherungseinwandes gegenüber dem bereicherungsrechtlichen Teil des Erbschaftsanspruchs (§§ 2021, 818 Abs 3), sowie die Zubilligung eines Zurückbehaltungsrechtes wegen der Verwendungen des Erbschaftsbesitzers (§§ 2022 Abs 1 S 2, 1000). Es fehlt dagegen eine § 986 entsprechende Vorschrift. Die Anwendung des § 2018 müßte jedoch zu sachwidrigen und grob unbilligen Ergebnissen führen, wenn eine entsprechende Einschränkung beim Erbschaftsanspruch nicht sinngemäß ergänzt würde.

36 Der als Erbschaftsbesitzer in Anspruch Genommene kann also nicht nur die positiven Tatbestandsvoraussetzungen des § 2018 – die Erbenstellung des Anspruchstellers, seinen eigenen Erwerb aus dem Nachlaß oder die Erbrechtsanmaßung – bestreiten, sondern auch Einzeleinwendungen und Einreden aus besonderen Rechtsbeziehungen zum Erblasser oder unmittelbar zum Erben erheben. Dagegen kann er natürlich keine Einwendungen aus dem Recht eines Dritten erheben (Mot V 581), den Erbschaftsanspruch also nicht etwa mit dem Nachweis ausschalten, daß eine im Besitz des Erblassers gewesene Sache in Wirklichkeit im Eigentum eines Dritten stehe. Singulareinreden und -einwendungen sind dagegen zulässig (KIPP[8] § 68 I 2 a; CROME V § 715 Fn 69; AK-BGB/WENDT Rn 69 ff; SOERGEL/DIECKMANN Rn 13; MünchKomm/ HELMS Rn 26). Der Anspruch auf Herausgabe der erlangten Erbschaftsgegenstände selbst wird durch jedes dingliche oder bisher gegenüber dem Erblasser gegebene und gegenüber dem Erben weiterwirkende bzw unmittelbar gegenüber dem Erben bestehende obligatorische Recht zum Besitz ausgeschlossen, § 986 analog (vgl F LEONHARD Anm IV; MünchKomm/HELMS Rn 26; SOERGEL/DIECKMANN Rn 13; ERMAN/SCHLÜTER Rn 4; vLÜBTOW II 1063). Ein Singulareinwand wird hier auch durch die Tatsache begründet, daß der Beklagte selbst Eigentümer der herausverlangten Gegenstände ist (anders insoweit im Falle des § 2020 HS 2); nur die Berufung auf Ersitzung wird durch § 2026 ausgeschlossen, solange der Erbschaftsanspruch selbst nicht verjährt ist. Nicht um einen Singulareinwand, sondern um Leugnung des Klagegrundes handelt es sich dagegen, wenn der Beklagte vorträgt, er habe die betreffenden Sachen gar nicht aufgrund seines vermuteten Erbrechts, sondern aufgrund seines schon vor dem Erbfall gegebenen Eigentums an sich genommen (vLÜBTOW II 1063). Um die zulässige Geltendmachung eines Singulareinwandes handelt es sich dagegen, wenn der Beklagte einräumt, er habe eine bestimmte Sache als zum Nachlaß gehörig in Besitz genommen, zugleich aber vorträgt, er habe dann nachträglich entdeckt, daß er selbst diese Sache früher einmal dem Erblasser geliehen habe oder daß ihm die betreffende Sache vor längerer Zeit gestohlen worden sei.

37 Der Beklagte kann sich gegenüber dem Erbschaftsanspruch auch durch die Ausübung eines *Zurückbehaltungsrechts* verteidigen (vgl §§ 2022 Abs 1 S 2, 1000). So beispielsweise aus § 273 Abs 1, wenn er die Bestattung des Erblassers veranlaßt und damit nach § 1968 einen fälligen Erstattungsanspruch gegen den Erben erworben hat; aus §§ 2022 Abs 1 S 2, 1000, wenn er den entsprechenden Anspruch eines Dritten oder eine sonstige Nachlaßverbindlichkeit erfüllt hat. Der Anspruch eines Vermächtnisnehmers oder Pflichtteilsberechtigten kommt nach der Rechtsprechung allerdings als Grundlage für ein Zurückbehaltungsrecht nicht in Betracht, weil der Erbe durch die Erfüllung des Herausgabeanspruchs erst in die Lage versetzt werden soll, die Erbschaftsregulierung vorzunehmen (RG WarnR 1913 Nr 233; BGHZ 120, 96, 102; KG OLGZ 1974, 17; OLG Hamm MDR 1964, 151; OLG Düsseldorf FamRZ 1992, 600, 602 f; ebenso SOERGEL/DIECKMANN Rn 13; ERMAN/SCHLÜTER Rn 4; PWW/TSCHICHOFLOS Rn 17; DEK/LENZ Rn 9; PALANDT/EDENHOFER Rn 3; LANGE/KUCHINKE § 40 IV 6 f; MUSCHELER ErbR 2009, 38, 50; grundsätzlich auch F LEONHARD Anm IV und DAMRAU/SCHMALENBACH Rn 14; aA KIPP[8] § 68 I 2 b). LEHMANN (STAUDINGER[11] Rn 27) stimmt dem für den Fall zu, daß mehrere Erben einander gegenüberstehen. Man wird aber die Ausübung eines Zurückbehaltungsrechtes wegen des Vermächtnis- oder Pflichtteilsanspruches wenigstens dann zulas-

sen müssen, wenn dadurch offensichtlich eine wirtschaftlich sinnvolle Nachlaßabwicklung nicht gefährdet wird (wie hier MünchKomm/Helms Rn 27; AnwK-BGB/Fleindl Rn 22; jurisPK/Ehm Rn 31; Bamberger/Roth/Müller-Christmann Rn 20; Damrau/Schmalenbach Rn 14; iE auch Maurer 90 f [dann dolo-petit-Einwand]; mit Einschränkungen auch AK-BGB/Wendt Rn 74, 75; Soergel/Dieckmann Rn 13; weitergehend Dütz NJW 1967, 1105, 1111). Von einem Vermächtnisnehmer kann mit Hilfe des Erbschaftsanspruchs schon deshalb nicht Herausgabe des vermachten Gegenstandes verlangt werden, weil das Vermächtnis ein obligatorisches Recht zum Besitz und damit einen Singulareinwand begründet (Harder JuS 1991, 216, 220; in der Konstruktion anders BGB-RGRK/Kregel § 2022 Rn 7: dolo-petit-Einwand; F Leonhard Anm IV; gänzlich ablehnend AK-BGB/Wendt Rn 73). Hat der vermeintliche Erbe die Mietwohnung des Erblassers in Besitz genommen, kann er dem wirklichen Erben gegenüber die Herausgabe jedenfalls dann verweigern, wenn er nach § 563 in den Mietvertrag eingetreten ist. Der Erbschaftsbesitzer macht insoweit aber kein Recht zum Besitz gegenüber dem Erbschaftsanspruch geltend, sondern beruft sich darauf, daß der Besitz gar nicht in den Nachlaß gefallen ist (s Staudinger/Bund [2007] § 857 Rn 27 mwNw) und deshalb nicht vom Erbschaftsanspruch erfaßt wird (AnwK-BGB/Fleindl Rn 21).

Dem Erbschaftsanspruch kann – genau wie dem Vindikationsanspruch (s § 985 Rn 108 ff) auch der **Einwand des Rechtsmißbrauchs** entgegengesetzt werden. Eine Verwirkung des Anspruchs kommt in Betracht, wenn der Erbschaftbesitzer sich nach dem gesamten Verhalten des Erben darauf verlassen durfte und auch tatsächlich darauf verlassen hat, daß dieser den Anspruch nicht mehr geltend machen wird (vgl BGH ZEV 2004, 378, 380). Es reicht aber nicht, wenn nur einer (oder jedenfalls nur ein Teil) der mehreren Miterben das entsprechende Verhalten an den Tag gelegt hat (BGH aaO). Dies gilt selbst dann, wenn nur der betreffene Miterbe oder Teil der Miterben den Erbschaftsanspruch überhaupt geltend gemacht hat (implizit BGH aaO). Zu einem komplizierten Sonderfall vgl Harder JuS 1991, 216, 220.

Problematisch ist, ob der Anspruchsgegner sich gegenüber dem Erbschaftsanspruch auch mit einem Recht zum Besitz verteidigen kann, das ihm nicht gegenüber dem Erben selbst, sondern gegenüber dem von diesem verschiedenen Eigentümer zusteht (Beispiel: Der Anspruchsgegner hat die im Nachlaß vorgefundene, aber nur besitzmäßig zum Nachlaß gehörende Sache nach Aufklärung über die Eigentumslage vom Eigentümer gemietet). Man wird das jedenfalls in den Fällen verneinen müssen, in denen dem klagenden Erben seinerseits auch ein (obligatorisches) Recht zum Besitz gegenüber dem Eigentümer der Sache zusteht (zB: Der Erblasser hatte die Sache gemietet; der Mietvertrag läuft noch). Hier hat der Erbe ersichtlich ein schützenswertes Interesse daran, die fragliche Sache vom Erbschaftsbesitzer zurückzuerhalten, um sein zum Nachlaß gehörendes vertragliches Nutzungsrecht ausüben zu können. Aber auch wo es an einem eigenen Besitzrecht des Erben fehlt, muß die Überlegung der Motive (V 581 = Mugdan V 311) den Ausschlag geben, daß auch dann der Erbe ein schützenswertes rechtliches Interesse an der Wiedererlangung der Sache hat, die er ja zumindest zur Erfüllung seiner eigenen erbschaftlichen Verpflichtung gegenüber dem Eigentümer benötigt und die ihm darüber hinaus möglicherweise auch die Ausübung eines Zurückbehaltungsrechtes wegen etwaiger Gegenforderungen gegen den Eigentümer ermöglicht. Man wird deshalb generell den Einwand der obligatorischen Besitzberechtigung gegenüber dem vom Erben verschiedenen Eigentümer als unzulässige exceptio de iure tertii zu behandeln haben (so wohl auch DAMRAU/SCHMALENBACH Rn 15).

Wegen der **Einrede der Verjährung** des Erbschaftsanspruchs vgl § 2026 Rn 1.

V. Beweislast

39 1. **Erhebt der Erbe die Klage, so muß er dartun:**

a) sein **Erbrecht**, dh den Tod des Erblassers und den Berufungsgrund, auf den er sich stützt. Stützt er sich auf *gesetzliches* Erbrecht, so muß er seine verwandtschaftliche Beziehung zum Erblasser bzw seine Ehe mit ihm dartun. Soweit seine Verwandtschaft durch andere Personen vermittelt wird, hat er auch deren Vorversterben oder sonstigen Wegfall als Erbe zu beweisen; so muß der Enkel beweisen, daß sein Vater weggefallen ist (vgl BAUMGÄRTEL/SCHMITZ[2] Vor §§ 1924 ff Rn 4; BGB-RGRK/KREGEL Rn 12; KIPP[8] § 66 III 1; MünchKomm/HELMS Rn 34; MAURER 92). Dagegen braucht der Kläger nicht zu beweisen, daß keine näheren oder gleichnahen Verwandten vorhanden sind; so der Sohn nicht, daß er keinen Bruder hat (BAUMGÄRTEL/SCHMITZ[2] Vorbem 4 zu §§ 1924 ff; PLANCK/FLAD § 2018 Anm 5a; AK-BGB/WENDT Rn 80; BINDER III 429 f; vLÜBTOW II 1068; KIPP[8] § 66 III 1; MAURER 92; aA F LEONHARD Anm V B 1 a; HELLWIG, System des deutschen Zivilprozeßrechts I 484). Der Bruder, der als Erbe seiner verstorbenen Schwester auftritt, muß zwar beweisen, daß die Eltern weggefallen sind, nicht aber, daß keine anderen Geschwister vorhanden sind. Es ist Sache des Beklagten, darzutun, daß derartige nähere oder gleichnahe Verwandte vorhanden gewesen sind. Erst dann ist der Kläger genötigt, ihren Wegfall darzutun (so zutr KIPP[8] § 66 III 1). Als Ehegatte braucht der Kläger nicht zu beweisen, daß keine Gründe vorhanden sind, die sein Erbrecht ausschließen, wie Nichtigkeit der Ehe oder die rechtmäßige Beantragung der Scheidung (§ 1933). Erst recht braucht der Kläger nicht die Nichtexistenz einer ihn ausschließenden letztwilligen Verfügung darzutun (BAUMGÄRTEL/SCHMITZ[2] §§ 1924 ff Rn 6; MünchKomm/HELMS § 2018 Rn 34; AK-BGB/WENDT Rn 81; vLÜBTOW II 1069; ENDEMANN § 152 II a 1; aA F LEONHARD Anm IV B 1 b). Es ist Sache des Beklagten, besondere Umstände, die das Erbrecht des Klägers ausschließen, darzutun, wie zB eine letztwillige Verfügung, die den Kläger ausschließt oder den Beklagten zum Erben beruft (OLG Celle OLGE 18, 350, 351), seine Erbunwürdigkeit (vgl FRANK ZBlFG 1913, 332) bzw genauer: die rechtskräftige Entscheidung, die den Kläger für erbunwürdig erklärt hat. Man darf die Bedingungen, unter denen ein Erbschein erteilt wird (§§ 2354 f), nicht analog für die Verteilung der Beweislast beim Erbanspruch verwerten (iE auch MAURER 92; aA AK-BGB/WENDT Rn 78). Der Erbschein begründet eine Vermutung gegen jedermann, der Prozeß über den Erbschaftsanspruch schafft nur Rechtskraft zwischen den Parteien dieses Prozesses (vgl RG Recht 1913 Nr 1159).

40 Beruft sich der Kläger auf eine *letztwillige Verfügung,* so muß er die formgerechte Errichtung der Verfügung und ihren Inhalt beweisen, nicht aber notwendig die Urkunde vorlegen; deren Zerstörung oder Verlust steht also der Erhebung des Erbschaftsanspruchs nicht entgegen. Man denke daran, daß das Testament bei einem Brand vernichtet worden oder sonst abhanden gekommen ist (vgl RG LZ 1920, 387 Nr 5). Die formgerechte Errichtung und der Inhalt der Verfügung können in derartigen Fällen durch Fotokopien oder Zeugenaussagen bewiesen werden (vgl ENDEMANN § 152 II b 2). Hat allerdings der Erblasser selbst die Testamentsurkunde vernichtet, wird nach § 2255 S 2 die Widerrufsabsicht vermutet. Ist streitig, ob das fragliche Testament vom Erblasser selbst vernichtet worden ist oder ob es nur unauffindbar ist, so trägt der Beklagte an sich die Beweislast; für den von ihm zu führenden Beweis können jedoch schon Indizien ausreichen (vgl BAUMGÄRTEL/STRIEDER[1] § 2255 Rn 3). Den Mangel der Testierfähigkeit oder Willensmängel, die die Anfechtbarkeit des Testaments begründen, muß der Beklagte dartun (PLANCK/FLAD Anm 5a; **aM** F LEONHARD Anm V B 2 b, c). Wie KIPP[8] (§ 66 III 2) richtig betont, bedarf nicht die Abwesenheit, sondern die Existenz von Anfechtungsgründen des Beweises (vgl auch RGZ 76, 94).

An der Beweislastverteilung ändert sich (entgegen STAUDINGER/GURSKY[12] Rn 26) auch **41** dann nichts, wenn der Kläger einen Erbschein vorlegen kann. Die Vermutung aus § 2365 gilt nämlich nach zutr hM nicht im Streit der Erbprätendenten (BAUMGÄRTEL/BAUMGÄRTEL § 2365 Rn 7–9 m umfangr Nachw; STAUDINGER/SCHILKEN [2004] § 2365 Rn 28 mwNw; MünchKomm/J MAYER § 2365 Rn 23; MünchKomm/HELMS Rn 34; LANGE/KUCHINKE § 39 VII 2 e; vLÜBTOW II 1022; EBENROTH Rn 1060; für die Heranziehung des § 2365 aber SOERGEL/DIECKMANN Rn 14; AK-BGB/WENDT Rn 78; MünchKomm/PROMBERGER[3] § 2356 Rn 24; AnwK-BGB/FLEINDL Rn 25; BAMBERGER/ROTH/MÜLLER-CHRISTMANN Rn 26; PALANDT/EDENHOFER Rn 12; MAURER 94).

Tritt der *Fiskus* als gesetzlicher Erbe auf, so führt er den Nachweis durch Vorlage des **42** Beschlusses des Nachlaßgerichts, der sein Erbrecht feststellt; § 1966. Doch ist auch die durch diesen Beschluß begründete Vermutung (§ 1964 Abs 2) widerlegbar, so daß der Fiskus uU gegenbeweislich die vom Beklagten vorgebrachten Tatsachen zu entkräften hat.

Nicht zu beweisen braucht der Kläger die erfolgte Annahme der Erbschaft, nicht nur **43** weil sie, von seltenen Ausnahmefällen abgesehen, in der Erhebung der Klage liegt (so STROHAL II § 94 Fn 18 b, c), sondern wegen des unmittelbaren Anfalls der Erbschaft mit dem Erbfall.

Mißlingt dem Kläger der Beweis seines Erbrechts, so muß die Erbschaftsklage **44** abgewiesen werden, auch wenn die Erbenstellung des Klägers immerhin möglich erscheint und eine Erbenstellung des Beklagten ausgeschlossen ist (PLANCK/FLAD Anm 5a; BGB-RGRK/KREGEL Rn 12; MünchKomm/FRANK[3] Rn 36; BAMBERGER/ROTH/MÜLLER-CHRISTMANN Rn 26; ERMAN/SCHLÜTER Rn 6). Es ist also nicht abzuwägen, wer von beiden Teilen das relativ bessere Recht hat (STROHAL II § 94 Fn 19).

b) Der Kläger muß weiterhin den **Erbschaftsbesitz** des **Beklagten** iS von § 2018 **45** dartun, also, daß dieser irgendwann etwas aus der Erbschaft aufgrund einer Erbrechtsanmaßung erlangt hat. Nachzuweisen ist also die objektive (oben Rn 5, 23 ff) und die subjektive (s oben Rn 6 ff) Voraussetzung des Erbschaftsbesitzes.

aa) Erforderlich ist also zunächst einmal der Nachweis, daß der Beklagte überhaupt etwas „aus dem Nachlass" erlangt hat. Der Nachweis, daß der Beklagte irgend etwas aus dem Nachlaß erlangt hat, genügt andererseits aber auch für die objektive Voraussetzung der Passivlegitimation des Erbschaftsanspruchs. Im Gegensatz zur regelmäßig mit dem Erbschaftsanspruch konkurrierenden Vindikation (§ 985) muß der Kläger nicht etwa darüber hinaus noch nachweisen, daß der Beklagte die von ihm erlangten Nachlaßsachen gegenwärtig noch in seinem Besitz hat (BAUMGÄRTEL/

Schmitz Rn 5; Planck/Flad Anm 5b; MünchKomm/Helms Rn 35; F Leonhard Anm V D 1; Strohal II § 94 III 388; Lange/Kuchinke § 40 II 2; teilweise abweichend Binder III 388 Fn 42 und III 431). Die an § 812 angelehnte Formulierung „erlangt hat" statt der auf das Vorenthalten von Nachlaßgegenständen abstellenden Fassung des § 2080 E I ist von der 2. Kommission gerade deshalb gewählt worden, um diese Beweislastverteilung zum Ausdruck zu bringen (vgl Prot V 702 f). Kann der Beklagte den Verlust des erlangten Besitzes nicht nachweisen, muß er verurteilt werden, und der Kläger kann damit die „Detektivkompetenz" der Zwangsvollstreckung ausnutzen. Bleibt der Vollstreckungsversuch erfolglos, muß der Erbe notfalls erneut auf Wertersatz nach § 2021 klagen. Steht fest, daß der beklagte Erbschaftsbesitzer das Erlangte nicht (mehr) herausgeben kann, so muß er zum Ausschluß der Wertersatzhaftung aus §§ 2018, 2021, 818 Abs 2 den Wegfall der Bereicherung nachweisen. Der Nachweis der Erbrechtsanmaßung kann nicht nur durch das Dartun einer wörtlichen Anmaßung des Beklagten erbracht werden, sondern auch aus den dargelegten Umständen der Besitzerlangung geführt werden (s oben Rn 10; ferner Leonhard, Beweislast² 414). In zweifelhaften Fällen empfiehlt es sich, auch die tatsächlichen Voraussetzungen der konkurrierenden Singularansprüche darzulegen. Auch später kann der Kläger noch, wenn er die Erbschaftsanmaßung nicht zu beweisen vermag, zum Einzelanspruch übergehen. Darin liegt keine Klageänderung (vgl § 2029 Rn 1, 4), sondern nur ein (s aber Maurer 96) zulässiger Begründungswechsel (so mit Recht Soergel/Dieckmann Rn 14; MünchKomm/Helms Rn 35; Erman/Schlüter Rn 6; AK-BGB/Wendt Rn 89; AnwK-BGB/ Fleindl Rn 27; aM Staudinger/Lehmann¹¹ Rn 29; Planck/Flad Anm 5b).

46 Bestreitet der Beklagte die Zugehörigkeit des erlangten Gegenstandes zum Nachlaß, so muß der Kläger diese Zugehörigkeit beweisen (BGH 16.6.1987 – IVa ZR 256/85 [unveröffentlicht, zitiert nach Schmidt-Kessel WM 1988, Sonderbeil Nr 8, S 5]; OLGR Oldenburg 1998, 208, 209 = FamRZ 1998, 1468 = WuB I C 2. –2.99 m zust Anm Seeker; BGB-RGRK/Kregel Rn 12; Soergel/Dieckmann Rn 14; Bamberger/Roth/Müller-Christmann Rn 27; Baumgärtel/Schmitz Rn 6), wobei ihm uU das vom Beklagten aufgrund einer gleichzeitigen Auskunftsklage vorzulegende Verzeichnis (§ 260) zustatten kommen kann. Da es insoweit um das Erlangen „aus dem Nachlass" geht, muß der Zeitpunkt dieses Erlangens maßgeblich sein. Es reicht deshalb nicht der Beweis, daß der betreffende Gegenstand irgendwann einmal zum Vermögen des Erblassers gehört hat, sondern nachzuweisen ist auch, daß er bis zum Erbfall darin verblieben und damit in den Nachlaß gefallen ist (aA Lange/Kuchinke § 40 IV 6 d [wegen der Rechtsfortdauervermutung reicht der Nachweis, daß der Erblasser überhaupt einmal das Eigentum oder bei beweglichen Sachen wenigstens den Besitz der Sache erlangt hat]; AnwK-BGB/Fleindl Rn 28). Ferner, daß der Gegenstand auch noch im Augenblick des Erlangens durch den Beklagten zum Nachlaß gehörte. Beruft sich der Beklagte darauf, daß ihm der Erblasser selbst noch die betreffende Sache übereignet und übergeben habe, so bestreitet er damit, daß die Sache jemals zum Nachlaß gehört hat. Der Kläger muß dann beweisen, daß dieses Vorbringen zumindest teilweise unzutreffend ist, nämlich den Nachweis erbringen, daß der Beklagte zumindest den Besitz der Sache erst nach dem Erbfall erlangt haben kann. Das sieht ein großer Teil des Schrifttums allerdings anders (Tiedtke Betrieb 1999, 2352, 2353; Lange/Kuchinke § 40 III 6 d m Fn 115; AnwK-BGB/Fleindl Rn 23; ebenso Staudinger/Gursky [2002] Rn 46; anders aber und zutr OLGR Oldenburg 1998, 208, 209). Es ist jedoch nicht daran vorbeizukommen, daß hier bei Zugrundelegung des Beklagtenvortrags schon eine positive und deshalb vom Erben zu beweisende Voraussetzung des Erbschaftsanspruchs, eben das Erlangen aus dem Nachlaß, fehlt. Für eine gesetzeskorrigierende Interpretation besteht an dieser Stelle kein Anlaß, weil der Erbe ja im Regelfall auf Einzelansprüche ausweichen kann, bei denen einen entsprechende Hürde nicht besteht.

Im Rahmen der konkurrierenden Singularansprüche (etwa aus § 985 oder § 1007) wird die Prozeßsituation des Erben allerdings dadurch verschlechtert, daß er bei Mobilien die zugunsten des Beklagten aus seinem jetzigen Besitz abgeleitete Eigentumsvermutung (§ 1006 Abs 1 S 1) jedenfalls dann aushebeln muß, wenn der Beklagte gleichzeitigen Besitz- und Eigentumserwerb vor dem Erbfall behauptet. Dazu muß er die Eigentumsbehauptung des Beklagten nicht unbedingt widerlegen, sondern er hat noch zwei andere Strategien zur Verfügung. Er kann sich zum einen auch darauf beschränken, die Vermutungsbasis des § 1006 Abs 1 S 1 zu zerstören, nämlich den Nachweis zu führen, daß Besitzerwerb und etwaiger Eigentumserwerb des Beklagten nicht gleichzeitig erfolgt sein können (Tiedtke Betrieb 1999, 2352, 2353; vgl auch Staudinger/Gursky [2006] § 1006 Rn 7). Schließlich könnte er sich auch damit begnügen, die Voraussetzungen des § 1006 Abs 1 S 2 nachzuweisen. Die letztere Norm wird wegen § 857 regelmäßig eingreifen, wenn der Beklagte nach dem Erbfall ohne Zustimmung des Erben (oder eines Miterben, OLG Braunschweig OLGE 26, 58) Besitz ergriffen hat. (Falls der Erblasser allerdings nur mittelbaren Besitz hatte und der Besitzmittler vor oder nach dem Erbfall die Sache freiwillig herausgegeben hat, scheidet der Weg über § 1006 Abs 1 S 2 naturgemäß aus.) Wenn es dem Erben gelingt, auf einem dieser Wege die zunächst zugunsten des Beklagten sprechende Eigentumsvermutung auszuschalten, bleibt dem Beklagten gegenüber Einzelansprüchen aus §§ 985 und § 1007 ebenso wie gegenüber dem Erbschaftsanspruch immer noch der Nachweis offen, daß er die fragliche Sache gleichwohl aufgrund eines besonderen Rechtstitels behalten darf, zB weil er die Sache seinerseits dem Erblasser geliehen hatte oder weil dieser sie ihm schenkweise in der Form des § 930 übereignet hat. Wenn nun der Beklagte eine Schenkungsurkunde des Erblassers vorlegt und der klagende Erbe diese für gefälscht erklärt, müßte der Beklagte jedenfalls zum Ausschluß der Einzelansprüche auch die Echtheit der Unterschrift nachweisen (Tiedtke aaO). Demgegenüber könnte der Erbe dann wieder den Nachweis führen, daß der Erblasser im Zeitpunkt der Unterschrift nicht geschäftsfähig war (Tiedtke aaO). Im Hinblick auf den Erbschaftsanspruch steht der Beklagte auch insoweit besser. Die bloße Erbschaftsklage müßte bezüglich einer herausverlangten Sache schon dann abgewiesen werden, wenn sich der vom Beklagten behauptete Erwerb vom Erblasser weder beweisen noch ausschließen läßt. Bei einem solchen non liquet fehlt ja wieder der für die Begründetheit der Erbschaftsklage erforderliche Nachweis des Erlangens der Sache „aus der Erbschaft" (Tiedtke aaO). Die allgemeine Kontinuitätsvermutung kann daran nichts ändern; die Beweislastverteilung des § 2018 ist die speziellere und damit vorrangige Regelung.

47 Im Ergebnis ganz ähnlich ist die Situation, wenn der Erbe vom Erbschaftsbesitzer ua Wertersatz für oder Surrogate von Forderungen verlangt, über die dieser nach dem Erbfall verfügt hat, die er aber vom Erblasser zuvor schenkweise übertragen bekommen haben will. Hier trägt der Erbe im Rahmen der Erbschaftsklage wiederum die Beweislast für die Nachlaßzugehörigkeit der Verfügungsobjekte (also das Nichterfolgtsein der behaupteten Zession durch den Erblasser); sie wird ihm durch die allgemeine Kontinuitätsvermutung (Rechtsfortdauervermutung) nicht abgenommen (OLG Oldenburg WM 1998, 2239, 2240; aA Tiedtke aaO; Staudinger/Gursky [2002]).

48 bb) Der Erbe muß weiterhin darlegen und gegebenenfalls beweisen, daß die Erlangung des Besitzes einer Sache oder eines sonstigen Vorteils aus dem Nachlaß durch den Anpruchsgegner im Zusammenhang mit einer expliziten oder konkludenten Berufung des letzteren auf seine angebliche Erben- oder Miterbenstellung erfolgt ist. S dazu oben Rn 6 ff. Wenn keine wörtliche Erbrechtsanmaßung erfolgt oder nachweisbar ist, muß der Erbe die Umstände dartun, aus denen sich zwingend auf einen entsprechenden Kundgabewillen schließen läßt.

49 2. Erhebt ein Nachlaßverwalter, Nachlaßinsolvenzverwalter oder verwaltender Testamentsvollstrecker die Klage, so tun sie ihre Klageberechtigung dar durch den Nachweis ihrer Bestellung als Verwalter des Nachlasses des wahren Erben und den Nachweis, daß der Beklagte jedenfalls nicht der Erbe ist (PLANCK/FLAD Anm 5 a).

§ 2019
Unmittelbare Ersetzung

(1) Als aus der Erbschaft erlangt gilt auch, was der Erbschaftsbesitzer durch Rechtsgeschäft mit Mitteln der Erbschaft erwirbt.

(2) Die Zugehörigkeit einer in solcher Weise erworbenen Forderung zur Erbschaft hat der Schuldner erst dann gegen sich gelten zu lassen, wenn er von der Zugehörigkeit Kenntnis erlangt; die Vorschriften der §§ 406 bis 408 finden entsprechende Anwendung.

Materialien: E I § 2081 Nr 3; II § 1893; III § 1994; Mot V 583 f; Prot V 710 f, 719; VI 168 f, 316, 324 f; Denkschr 727; JAKOBS/SCHUBERT ER I 671–694, 707–724.

Schrifttum

R BEYER, Die Surrogation bei Vermögen nach BGB (1905)
R BÖHM, Surrogation trotz Unwirksamkeit einer Verfügung (Diss Hamburg 1973)
BUHROW, Die Surrogation im bürgerlichen Recht (Diss Halle/Wittenberg 1923)
BUTSCH, Fällt der rechtsunwirksame Erwerb des Erbschaftsbesitzers unter § 2019 BGB (Diss Königsberg 1922)
FEIST, Das Prinzip der dinglichen Surrogation im Familien- und Erbrecht (Diss Tübingen 1903)
KOCH, Die Surrogation beim Erbschaftsanspruch (Diss Leipzig 1910)
KOHLER, Das Vermögen als sachenrechtliche Einheit, ArchBürgR 22, 1
LENT, Die Gesetzeskonkurrenz im bürgerlichen Recht und Zivilprozeß I (1912) 242 ff: Erbschafts- und Singularansprüche
LÖHNIG, Probleme der dinglichen Surrogation am Beispiel der §§ 1370, 2019 BGB, JA 2003, 990
MARTINEK, Der Kommanditanteil als Nachlaßsurrogat – ein neuer Konflikt zwischen Erb- und Gesellschaftsrecht?, ZGR 1991, 74
MENKEN, Die dingliche Surrogation bei den Sondervermögen des Familien- und Erbrechts (Diss Münster 1991)
NÜSSGENS, Der Rückerwerb des Nichtberechtigten (1939), 70 ff: Der Rückerwerb des Erbschaftsbesitzers
RAASCH, Das Surrogationsprinzip bei der Erbschaftsklage (Diss Greifswald 1902)

SIEGMANN, Erbrechtliche Surrogation und Kommanditanteil, INF 2000, 113
STIEBITZ, Die Surrogation im Erbrecht (Diss Erlangen-Nürnberg 2006)
STOEVESANDT, Der Rückerwerb des Nichtberechtigten (1936), 57 ff: Der Rückerwerb aufgrund des § 2019 BGB
STRAUCH, Mehrheitlicher Rechtsersatz (1972)
WALLER, Surrogation, eine Studie (Diss Bonn 1904)
WINDMÜLLER, Die Bedeutung und Anwendungsfälle des Satzes: pretium succedit in locum rei, res in locum pretii (Diss Leipzig 1902)
M WOLF, Prinzipien und Anwendungsbereich der dinglichen Surrogation, JuS 1975, 643 ff, 710 ff; 1976, 32 ff, 104 ff.

I. Allgemeines

1. § 2019 erweitert den Kreis der Vorteile, die im Sinne des § 2018 als aus der Erbschaft erlangt gelten, indem er die Herausgabepflicht auch auf den mit Mitteln der Erbschaft gemachten rechtsgeschäftlichen Erwerb erstreckt, und zwar mit unmittelbarer dinglicher Wirkung. Er wird als ein dem Erben gehöriger, unmittelbar seinem Herausgabeanspruch unterliegender Nachlaßgegenstand anerkannt. Darin liegt eine Ausdehnung des römisch-rechtlichen Surrogationsgrundsatzes „pretium succedit in locum rei et res in locum pretii, si hereditatis interfuit" – eine Ausdehnung, die dem Charakter des Erbschaftsanspruchs als Gesamtanspruch gerecht wird. 1

2. Die dingliche Surrogation (= Surrogation mit Subjektswechsel) wurde erst von der zweiten Kommission eingeführt. Man hielt die dingliche Wirkung für notwendig, weil sie allein den Erben im Konkurs des Erbschaftsbesitzers sichere und weil sie verhindere, daß der Erbschaftsanspruch sich in eine Anzahl persönlicher Ansprüche auflöse. Sie sei andererseits für den Rechtsverkehr auch unschädlich, weil dritte Personen, die vom Erbschaftsbesitzer Gegenstände erwerben, die durch die Surrogation der Erbschaft zugefallen seien, durch die Vorschriften über den gutgläubigen Erwerb geschützt seien (vgl Prot V 713 f; VI 324 f). Diese Überlegung ist nach wie vor überzeugend. Die dingliche Ersetzung sichert dem Erben die Möglichkeit, sich gegen den Vollstreckungszugriff Dritter auf die Surrogate mit der Drittwiderspruchsklage (§ 771 ZPO) zu wehren und verschafft ihm im Falle der Eröffnung des Insolvenzverfahrens über das Vermögen des Erbschaftsbesitzers die Möglichkeit der Aussonderung (§ 47 InsO). Ein weiterer objektiver, von den Gesetzesverfassern nicht gesehener *Zweck* der Surrogation liegt in der Erhaltung des Nachlasses als Haftungsmasse für die Nachlaßgläubiger; denn die dingliche Surrogation schließt die Gläubiger des Erbschaftsbesitzers von einer Vollstreckung in die Surrogate aus (M WOLF JuS 1974, 711; EBENROTH Rn 1017; AnwK-BGB/FLEINDL Rn 3; PWW/TSCHICHOFLOS Rn 3).– Der Ausdruck „dingliche Surrogation" hat sich als Fachbegriff bewährt. Da von der Regelung des § 2019 aber auch obligatorische Rechtspositionen erfaßt werden, hat der Gesetzgeber ihn bei der Einführung amtlicher Überschriften vermieden und zur Kennzeichnung des Inhalts des § 2019 die blassere Formulierung „unmittelbare Ersetzung" gewählt. 2

II. Die Bedeutung der Surrogation

Wenn man nur den Wortlaut des § 2019 Abs 1 betrachtet, könnte man den Eindruck bekommen, hier werde dem Erbschaftsbesitzer nur eine obligatorische Übereig- 3 nungs- bzw Rechtsverschaffungspflicht auferlegt. Denn hier wird ja lediglich mittels einer in die Form einer Fiktion gekleideten Verweisung auf § 2018 angeordnet, daß der Erbschaftsbesitzer das Surrogat an den Erben herauszugeben hat. Andererseits ist aber aus § 2019 Abs 2 zu schließen, daß eine Forderung, die der Erbschaftsbesitzer mit Mitteln des Nachlasses erworben hat, automatisch zur Erbschaft gehört, und zwar nicht nur im Verhältnis zwischen Erbe und Erbschaftsbesitzer, sondern auch im Verhältnis des Erben zu dem Nachlaßschuldner. Und § 2019 Abs 2 will insoweit ersichtlich gar keine Sonderregelung für Forderungen schaffen – diese liegt nur in der entsprechenden Anwendung der Schuldnerschutzvorschriften –, sondern geht offenbar einfach davon aus, daß sich die Zugehörigkeit der Forderung zum Nachlaß bereits aus § 2019 Abs 1 ergibt. Aus den Gesetzesmaterialien geht im übrigen eindeutig hervor, daß die Verfasser des BGB mit § 2019 eine unmittelbare (dingliche) Ersetzung einführen wollten (vgl Prot V 712 ff). In diesem Sinne wird die Vorschrift deshalb seit jeher von der ganz hM verstanden (vgl vLÜBTOW II 1054 Fn 3 mwN; WEINKAUF 22 mwNw in Fn 3; BEYER 142 f; MAURER 98 f, 101 m umfangr Nachw in Fn 699; **abw** BINDER, ErbR 95 [dazu MAURER 107]).

4 Die Bedeutung der dinglichen Wirkung der Surrogation liegt darin, daß der vom Erbschaftsbesitzer mit Mitteln der Erbschaft gemachte rechtsgeschäftliche Erwerb **unmittelbar als Bestandteil der Erbschaft** anzusehen ist, also dem wahren Erben so zusteht, wie wenn dieser ihn durch einen unmittelbaren Stellvertreter gemacht hätte. Das vom Erbschaftsbesitzer erworbene Recht (Eigentum, Forderungsrecht, Pfandrecht usw) fällt mithin nicht zuerst dem Erbschaftsbesitzer zu, um unmittelbar danach auf den wahren Erben überzugehen, sondern entsteht sofort in der Person des Erben (**hM**, vLÜBTOW II 1053 f; vTUHR II 1, 39; MünchKomm/HELMS Rn 14; AK-BGB/WENDT Rn 2; **abw** F LEONHARD Anm III 2 und BELLERMANN 8 [Durchgangserwerb des Erbschaftsbesitzers]; BINDER, ErbR² 30, 95 [nur schuldrechtliche Übertragungspflicht des Erbschaftsbesitzers]). Auf den Willen des Erbschaftsbesitzers, des Erben oder des Dritten kommt es dabei nicht an. Dementsprechend entsteht mit der Übereignung eines vom Erbschaftsbesitzer gekauften und aus Nachlaßmitteln bezahlten Grundstücks an diesen sofort das Eigentum des Erben und somit sofort für den Erben der Berichtigungsanspruch, § 894, und die Möglichkeit, die Grundbuchberichtigung auf dem Wege des § 22 GBO herbeizuführen. Bei *Kreditgeschäften* des Erbschaftsbesitzers kann die Surrogation allerdings erst eintreten, wenn dieser nachträglich seine Verbindlichkeit mit Mitteln der Erbschaft erfüllt hat (BINDER III 411 f). Hier ist also ein Durchgangserwerb des Erbschaftsbesitzers nicht zu vermeiden (vTUHR I 74 Fn 26; BROX/WALKER; Rn 606; OLZEN JuS 1989, 374, 377; ders Jura 2001, 223, 225; PLANCK/FLAD § 2019 Anm 3; jurisPK/EHM Rn 12; BAMBERGER/ROTH/MÜLLER-CHRISTMANN Rn 10; ERMAN/SCHLÜTER Rn 2; PWW/TSCHICHOFLOS Rn 3; FAKomm-ErbR/FINGER Rn 4; DAMRAU/SCHMALENBACH Rn 16; LANGE/KUCHINKE § 41 I 1 Fn 11; MünchKomm/HELMS Rn 14; MAURER 102 ff; MUSCHELER ErbR 2009, 76, 78 Fn 8; **abw** SOERGEL/DIECKMANN Rn 1; PALANDT/EDENHOFER Rn 1; EBENROTH Rn 1022; JAUERNIG/STÜRNER Rn 1; Hk-BGB/HOEREN Rn 8 [alle ohne deutliche Konstruktion]; LÖHNIG JA 2003, 990, 993; ferner MENKEN 85; AK-BGB/WENDT Rn 5 und HELLWIG, Grenzen der Rückwirkung [1907] 10: Rückwirkung der Surrogation auf dem Moment des Erwerbs). Ein Schutz des Erben gegen surrogationsvereitelnde „Zwischenverfügungen" des Erbschaftsbesitzers analog § 161 Abs 2, 3 (dafür SOERGEL/DIECKMANN Rn 1) erscheint kaum möglich. Wird die Erbschaftsklage allerdings vor der Bewirkung der Gegenleistung (aus Erbschaftsmitteln) erhoben, kann der Erbe lediglich den noch nicht geleisteten Erbschaftsgegenstand herausverlangen und die Vertragsabwicklung dem Erbschaftsbesitzer überlassen (so Josef Gruchot 62, 341, 350, 351, IV).

§ 2019 stellt *keine selbständige Anspruchsgrundlage* dar, sondern regelt einen Erwerbsmodus. Die Norm erweitert im Ergebnis natürlich den Umfang der Herausgabepflicht des Erbschaftsbesitzers. Sie ist aber in ihrer Wirkung nicht auf den Erbschaftsanspruch beschränkt (Lent I 245; Weinkauf 88; ganz hM; aA Binder, ErbR[2] 95; Bernhöft, in: FG E J Bekker [1907] 239, 249, auch Kipp, ErbR[7] § 68 Fn 4 im Widerspruch zu seinen Ausführungen im Text). **5**

§ 2019 kommt *nicht* zur Anwendung, wenn durch Verbindung, Vermischung oder Vermengung von Nachlaßsachen mit Sachen des Erbschaftsbesitzers Miteigentum entsteht. Der an die Stelle des bisherigen Alleineigentums tretende Miteigentumsanteil des Erben am erweiterten Bestand fällt diesem ja schon nach allgemeinen Regeln zu. Der erlangte Miteigentumsanteil gehört aber automatisch zum Nachlaß, so daß sich hier auch aus § 2018 ein Anspruch auf Einräumung von Mitbesitz ergibt. Verfügt der Erbschaftsbesitzer später über die durch Verbindung enstandene neue Sache oder den durch Vermengung oder Vermischung entstandenen Gesamtbestand, so liegt darin natürlich eine Verfügung auch über den zum Nachlaß gehörenden Miteigentumsanteil des Erben; damit kommt nunmehr § 2019 zur Anwendung (s auch Rn 13). Dagegen wird man den Teilungsanspruch (§§ 749, 752 ff) des Erben nicht als Erscheinungsform des Erbschaftsanspruchs deuten können (aA Maurer 128). Wenn die Verbindung bzw Vermischung oder Vermengung mit Sachen Dritter erfolgt, die sich ebenfalls im Besitz des Anspruchsgegners befinden, kann der zum Miteigentümer gewordene Erbe ebenfalls aus § 2018 nur Einräumung von Mitbesitz verlangen. Unverbunden daneben steht sein Anspruch aus §§ 1011, 985 auf Herausgabe der betreffenden Sachen an die Gesamtheit der Miteigentümer. **6**

III. Mehrfache Surrogation; Teilsurrogation; Wertabweichungen

Die Surrogation kann sich bei Weiterveräußerung des rechtsgeschäftlich erworbenen Gegenstandes wiederholen *(Kettensurrogation)*. So beispielsweise, wenn der Erbschaftsbesitzer ein Erbschaftsgrundstück verkauft und den Erlös in einer Hypothek anlegt (BGB-RGRK/Kregel Rn 1). Erstes Surrogat ist hier die Kaufpreisforderung, zweites der gezahlte Kaufpreis, drittes der Anspruch auf die Verschaffung der hypothekarisch gesicherten Darlehensforderung, viertes Darlehensforderung plus Hypothek. Wird der Erwerb zT mit Mitteln der Erbschaft, zT mit eigenen Mitteln des Erbschaftsbesitzers gemacht, tritt Miteigentum ein (vgl Rn 13). Die dingliche Surrogation greift auch dann ein, wenn der Wert des Surrogates von dem des verlorenen Nachlaßgegenstandes (nach oben oder unten) deutlich abweicht (O Werner JuS 1973, 436; MünchKomm/Helms 2; Soergel/Dieckmann Rn 2; Lange/Kuchinke § 41 III 1; Maurer 148; Olzen JuS 1989, 374, 377; Konz JuS 2007, 542 548). Bei geringerem Wert des Surrogats kann wegen der Wertdifferenz nicht auf § 2021 zurückgegriffen werden (Maurer 148; **aA** AK-BGB/Wendt § 2021 Rn 2; MünchKomm/Helms Rn 2; Soergel/Dieckmann § 2021 Rn 2; s auch Rn 24). § 2019 fingiert die Identität des ursprünglich Erlangten mit dem Surrogat (**aA** Stiebitz 128); der Erbschaftsbesitzer ist deshalb weiterhin zur Herausgabe imstande. **7**

IV. Anwendungsgrenzen

8 Kein Raum ist für das Eingreifen des Surrogationsgrundsatzes dann, wenn das, was der Erbschaftsbesitzer mit Mitteln der Erbschaft erlangt, restlos *in seinem Eigenvermögen aufgeht* (OLG Düsseldorf FamRZ 1992, 600, 601; PLANCK/FLAD Anm 2; AnwK-BGB/ FLEINDL Rn 6), so wenn er sich durch Zahlung einer eigenen Schuld mit Erbschaftsmitteln befreit oder nach § 2367 wirksam mit einer Erbschaftsforderung gegen eine eigene Schuld aufrechnet. In solchen Fällen entsteht lediglich eine Ersatzforderung des Erben gegen den Erbschaftsbesitzer nach Bereicherungsrecht, § 2021. Das gilt auch dann, wenn der Erbschaftsbesitzer mit Nachlaßmitteln den Werklohn für die Errichtung eines Gebäudes auf einem ihm gehörenden Grundstück bezahlt. Die Surrogation scheitert hier daran, daß das Gebäude ein nicht sonderrechtsfähiger Bestandteil des Grundstücks wird. Der BGH hat allerdings zur nahe verwandten Surrogationsklausel des § 2111 einmal gegenteilig entschieden: Wenn der Vorerbe mit eigenen Mitteln ein Grundstück erwerbe, dieses aber mit Nachlaßmitteln bebaue, so falle eine ideelle Miteigentumsquote des Grundstücks in den Nachlaß (BGH NJW 1977, 1631 f). Diese Konstruktion ist aber mit dem inneren System des Sachenrechts schlechterdings unvereinbar und deshalb abzulehnen (STAUDINGER/AVENARIUS [2003] § 2111 Rn 32; MünchKomm/GRUNSKY § 2111 Rn 13 Fn 29; M WOLF JuS 1981, 14 ff; PETERS NJW 1977, 2075; MAURER 128 ff; KREBBER FamRZ 2000, 197, 201 f; zust aber PALANDT/EDENHOFER § 2111 Rn 5; für § 2019 auch AnwK-BGB/FLEINDL Rn 14).

9 *Ausgeschlossen* ist die Surrogation ferner, wenn es sich um *höchstpersönliche Rechte* handelt (OLZEN JuS 1989, 374, 377; MARTINEK ZGR 1991, 74, 88 f; LANGE/KUCHINKE § 41 III 2 d; MAURER 112 ff; MünchKomm/HELMS Rn 6; ERMAN/SCHLÜTER Rn 3; zweifelnd SOERGEL/DIECKMANN Rn 7; PWW/TSCHICHOFLOS Rn 3; WENDT, in: 3. FS vLübtow 229, 236 Fn 62), wie zB Nießbrauch, beschränkte persönliche Dienstbarkeit, oder um Rechte, die Bestandteil eines dem Erbschaftsbesitzer gehörigen Grundstücks sind, § 96 (PLANCK/FLAD Anm 2; KRETZSCHMAR § 70 Fn 6; AnwK-BGB/FLEINDL Rn 17; ERMAN/SCHLÜTER Rn 3; PALANDT/EDENHOFER Rn 1; MAURER 115 f). Dann tritt an die Stelle des Anspruchs auf Herausgabe in Natur der Anspruch auf wertmäßige Herausgabe der Bereicherung, §§ 2021, 818 Abs 2, 3 (KRETZSCHMAR aaO). Verfehlt wäre auch die Annahme, im Falle des mit Nachlaßmitteln erworbenen Nießbrauchs ginge nach § 2019 Abs 1 wenigstens das (übertragbare) Ausübungsrecht auf den Erben über (MAURER 116). Entsprechendes gilt für nach § 399 1. oder 2. Alt unübertragbare Forderungen. Bringt der Erbschaftsbesitzer einen Erbschaftsgegenstand als seine Einlage in eine Kommanditgesellschaft ein, in der er Kommanditist wird, so scheitert die Anwendung des § 2019 Abs 1 nicht nur an der regelmäßigen Unübertragbarkeit der Kommanditistenstellung; diese ist vielmehr gar nicht Surrogat des Erbschaftsgegenstandes (s Rn 16). Gänzlich abweichend aber BGHZ 109, 214, 217 f. Nach dieser Entscheidung dürfen auch unübertragbare Rechtspositionen von der dinglichen Surrogation nicht ausgeschlossen werden, weil andernfalls der Erbschaftsbesitzer dem Erben Nachlaßmittel durch deren Umtausch in unübertragbare Rechtspositionen willkürlich entziehen könnte. Das ist aber eine eklatant systemwidrige Lösung, die mE nur unter den engen Voraussetzungen einer gesetzesändernden Rechtsfortbildung zulässig sein könnte. Daß die Erstreckung des Surrogationsprinzips des § 2019 auf unübertragbare Rechtspositionen etwa erforderlich wäre, um einem andernfalls drohenden „Rechtsnotstand" vorzubeugen, vermag ich nicht zu erkennen. Es ist ohnehin nicht völlig zu verhindern, daß der Erbschaftsbesitzer über Nachlaßmittel in einer Weise verfügt, bei denen eine Surrogation nach § 2019 gar nicht eingreifen kann und deshalb an die Stelle der bisherigen dinglichen Rechtsposition des Erben ein bloßer schuldrechtlicher Ersatzanspruch gegen den Erbschaftsbesitzer tritt. So etwa, wenn er eine der in Rn 8 genannten Gestaltungen wählt oder wenn er Nachlaßbestandteile verbraucht oder Nachlaßmittel für Reisen oder ähnliches ausgibt. Schließlich auch, wenn der Erbschaftsbesitzer bei der Verfügung über einen Nachlaßgegenstand den Kaufvertrag als Vertrag zugunsten eines Dritten (§ 328) abschließt. Die Vertragsposition aus einem Mietvertrag ist auch dann kein Surrogat iSv § 2019, wenn der Erbschaftsbesitzer die Gelegenheit zum Abschluß des Mietvertrages durch die Zahlung eines Abstandes oder Baukostenzuschusses aus Nachlaßmitteln erworben hat (MAURER 139 f; **aA** AK-BGB/WENDT Rn 39 ff).

V. Voraussetzungen der Surrogation

1. Der Erwerb des Erbschaftsbesitzers muß in der Erlangung eines Rechtes bestehen, denn dingliche Surrogation ist immer Rechtsübergang (so jetzt auch MAURER 111; JOACHIM Rn 495; **aM** STAUDINGER/LEHMANN[11] Rn 5; für Ausdehnung auf Scheinpositionen, die der Erbschaftsbesitzer vom Nichtberechtigten erworben hat, LANGE/KUCHINKE § 41 III 2 b; BROX/WALKER Rn 605; WENDT, in: 3. FS vLübtow 229, 235; PWW/TSCHICHOFLOS Rn 4; für Ausdehnung auf bloße Buchpositionen auch MünchKomm/HELMS Rn 5; BAMBERGER/ROTH/MÜLLER-CHRISTMANN Rn 14). Der unmittelbare Besitz des Anspruchsgegners bzw der auf den Anspruchsgegner lautende Grundbucheintrag sind Tatsachen, die die Rechtsordnung zwar zum Anlaß für die Statuierung von Herausgabepflichten nehmen, nicht aber als solche mit automatischer Wirkung umgestalten kann. Gemeint kann vernünftigerweise nur sein, daß die Herausgabepflicht aus § 2018 auf den als Teil der vereinbarten Gegenleistung für die wirksam weggegebenen Nachlaßmittel erlangten Besitz oder Grundbucheintrag erstreckt werden soll. Das aber hat mit einer dinglichen Surrogation nichts zu tun, sondern wäre die ganz andersartige Lösung einer Erweiterung der Herausgabepflicht aus § 2018 durch eine bloße Fiktion der Nachlaßzugehörigkeit der Gegenleistung. Letztere Konstruktion ist aber – wie bereits dargelegt wurde – mit § 2019 Abs 2, den Intentionen der Gesetzesverfasser und der traditionellen Auslegung der Norm nicht zu vereinbaren. 10

2. Der Erwerb muß **mit Mitteln** der Erbschaft gemacht sein. Dieser Ausdruck ist nicht wirtschaftlich, sondern rechtlich zu verstehen (**aA** RG Recht 1923 Nr 354; STAUDINGER/LEHMANN[11] Rn 13; GÖBEL 14; MUSCHELER ErbR 2009, 76, 78); es geht insbesondere nicht an, dem Erben über § 2019 Abs 1 das Eigentum an Surrogaten auch solcher Nachlaßgegenstände zuzusprechen, die nur besitzmäßig zum Nachlaß gehören (so auch DAMRAU/SCHMALENBACH Rn 7 aE; vgl im übrigen auch unten Rn 13 aE). Es müssen vielmehr zum Nachlaß gehörende *Rechte* aufgeopfert worden sein (BEYER 126 f; WINDMÖLLER 44; MENKEN 77). Nicht berücksichtigt werden kann die anläßlich des Erwerbs eingesetzte Arbeitskraft des Erbschaftsbesitzers (**aA** MAURER 128; AK-BGB/WENDT Rn 54 ff). 11

a) Stets muß der Erwerb durch *Aufopferung* von Erbschaftsmitteln gemacht sein. Eine solche liegt noch nicht darin, daß etwas, das zum Nachlaß gehört, rein faktisch (durch eine unwirksame Verfügung) weggegeben wird (so mit Recht CROME § 715 Fn 17; BEYER 133; ENDEMANN § 154 III; STROHAL II § 95 Fn 4; BINDER III 411; HELLWIG, Anspruch und Klagrecht 48; STRAUCH 90 Fn 13; BÖHM 25 ff; WEINKAUF 95 ff; MünchKomm/HELMS Rn 10; AnwK- 12

BGB/FLEINDL Rn 11; *anders* aber die heute hM, vgl vLÜBTOW II 1055 mwNw in Fn 10; LANGE/ KUCHINKE § 41 III 2 c; KIPP/COING § 107 II 1; EBENROTH Rn 1023; BGB-RGRK/KREGEL Rn 2; SOERGEL/DIECKMANN Rn 3; BAMBERGER/ROTH/MÜLLER-CHRISTMANN Rn 8; MEDICUS, BR[21] Rn 603 b; AK-BGB/WENDT Rn 11; WENDT, in: 3. FS vLübtow 229, 232; PALANDT/EDENHOFER Rn 2; Hk-BGB/HOEREN Rn 6; LÜKE/KERVER JuS 1994, 943, 946 f; LÜKE/GÖLER JuS 1975, 381, 382; JOACHIM Rn 497; ebenso in der älteren Literatur BELLERMANN 11 ff; WARNEYER Anm 2; F LEONHARD Anm II C 2; KRETZSCHMAR § 70 Fn 11; GÖBEL 14; KIPP[8] § 68 II 1). Denn dann hat der Erwerber auf Kosten des Nachlasses eben nur den Besitz der Sache bzw eine unrichtige Grundbucheintragung erlangt, während der von ihm an den Erbschaftsbesitzer gezahlte Kaufpreis das Entgelt für die Verschaffung des Eigentums an der Nachlaßsache sein sollte. Was dem Parteiwillen nach Entgelt für die Übertragung des Eigentums sein sollte, kann aber auch nur als Eigentumssurrogat (als Ersatz für *verlorenes* Eigentum) vom Surrogationsprinzip erfaßt werden. Die Zubilligung eines Anspruchs aus §§ 2018, 2019 auf Herausgabe des vom Erbschaftsbesitzer erlangten Tauschobjektes trotz Unwirksamkeit seiner eigenen Verfügung verschafft dem Erben offensichtlich zu viel. H LEHMANN (STAUDINGER[11] Rn 11) wollte dem dadurch vorbeugen, daß er den Erben für verpflichtet erklärte, die Verfügung Zug um Zug gegen die Auslieferung des Surrogats zu genehmigen (so auch KIPP/COING § 107 II 1 Fn 4; MEDICUS, BR[21] Rn 603 b; MünchKomm/HELMS Rn 11; AnwK-BGB/FLEINDL Rn 12; ERMAN/ SCHLÜTER Rn 1; BELLERMANN 15 ff; [wohl auch] LÜKE/GÖLER JuS 1975, 381 f). Damit würde man sich aber dem Einwand aussetzen, daß bis zur Genehmigung die Voraussetzungen des § 2019 gar nicht vorliegen. Richtiger dürfte es sein, daß der Erbe die Verfügung über den Nachlaßgegenstand zunächst einmal genehmigen muß, damit das commodum ex negotiatione als mit Mitteln des Nachlasses erworben bezeichnet werden kann. Den berechtigten Interessen des Erben kann man dadurch Rechnung tragen, daß man eine durch die Nichtdurchsetzbarkeit des Anspruchs auf das Surrogat auflösend bedingte Genehmigung genügen läßt (vgl GURSKY, Fälle und Lösungen, BGB-Sachenrecht [12. Aufl 2008] Rn 205 m Fn 12 zu § 816; eine Genehmigung unter der aufschiebenden Bedingung der Herausgabe des Surrogats halten dagegen für ausreichend BGB-RGRK/ KREGEL Rn 2; SOERGEL/DIECKMANN Rn 3; DAMRAU/SCHMALENBACH Rn 9; PALANDT/EDENHOFER Rn 2; JAUERNIG/STÜRNER Rn 3; HARMS, SachenR[4] 127; BROX/WALKER Rn 605 [1 b bb aE]; EBENROTH Rn 1023 Fn 42; WALKER 117 Fn 19; MAURER 128). Soweit der Erbschaftsbesitzer nach §§ 2023 ff ersatzpflichtig ist, kann der Erbe, wenn er die unwirksame Verfügung genehmigt, selbstverständlich nur den durch die Herausgabe des Surrogats nicht gedeckten Schaden ersetzt verlangen (SOERGEL/DIECKMANN Rn 3; MünchKomm/HELMS Rn 12; DEK/LENZ Rn 3; MAURER 148 f); und auch insoweit entfällt der Schadensersatzanspruch nach § 254, wenn dieser Teil des Schadens bei Nichtgenehmigung vermieden worden wäre (vgl JOSEF 357; PLANCK/FLAD Anm 2). Aber es ist nicht einzusehen, warum man ihm den Ersatzanspruch zur Deckung eines durch den Surrogationserfolg nicht gedeckten Schadens schlechthin versagen soll, wie BEYER (187) annimmt. PLANCK/FLAD (Anm 2) machen mit Recht darauf aufmerksam, daß der Erbe uU Anlaß haben wird, zu genehmigen, um den vom Erbschaftsbesitzer als Entgelt erlangten Gegenstand im Insolvenzverfahren über das Vermögen des Erbschaftsbesitzers aussonderungsfähig zu machen. Genausogut, wie der Erbe seinen Ersatzanspruch bei einer von vornherein wirksamen Verfügung nach § 2023 verfolgen kann, muß ihm das auch bei einer genehmigten freistehen. Vgl auch BGHZ 32, 53 zur entsprechenden Fragestellung im Rahmen von §§ 816 Abs 1 S 1, 185. Der Weg des Zugriffs auf das Surrogat nach Genehmigung der Veräußerung funktioniert natürlich nicht, wenn das Verfügungsgeschäft des Nichtberechtigten neben der fehlenden

Rechtsinhaberschaft des Erbschaftsbesitzers noch an einem weiteren Unwirksamkeitsgrund leidet.

Denkbar ist, daß der Erwerb nur *teilweise* auf Kosten des Nachlasses geht. Wenn der 13 Erbschaftsbesitzer für den Erwerb einer Sache sowohl eigene wie Nachlaßmittel aufgewandt hat, erlangt der Erbe eine diesem Verhältnis entsprechende Mitberechtigung (§§ 741 ff; PLANCK/FLAD Anm 3; MünchKomm/HELMS Rn 9; BGB-RGRK/KREGEL Rn 1; jurisPK/EHM Rn 7; BAMBERGER/ROTH/MÜLLER-CHRISTMANN Rn 7; ERMAN/SCHLÜTER Rn 4; AK-BGB/WENDT Rn 50; DAMRAU/SCHMALENBACH Rn 8; PALANDT/EDENHOFER Rn 2; Hk-BGB/HOEREN Rn 6; JAUERNIG/STÜRNER Rn 3; CROME § 715 Rn 29; LANGE/KUCHINKE § 41 III 2 d; MICHALSKI Rn 1044; EBENROTH Rn 1022; STROHAL II § 95 I 5; MAURER 128; OLZEN Jura 2001, 223, 225; LÖHNIG JA 2003, 990, 993), bei an den Erbschaftsbesitzer übereigneten Sachen also Miteigentum (§§ 1008 ff). Wenn der Erbschaftsbesitzer die Gegenleistung teils aus Nachlaßmitteln, teils aus Mitteln einer dritten Person erbracht hat, kann dem Erben ebenfalls nur ein entsprechender Miteigentumsanteil an der neuerworbenen Sache zufallen; im übrigen ist die Übereignung an den Erbschaftsbesitzer wirksam. Wenn der Erbschaftsbesitzer die Sache eines Dritten veräußert, an der dem Erben ein *beschränktes dingliches Recht* zustand, das nun durch gutgläubig-lastenfreien Erwerb erlischt, kann die dingliche Surrogation dem Erben nur ein gleichartiges dingliches Recht am Ersatzgegenstand verschaffen (so mit Recht SOERGEL/DIECKMANN Rn 4; MünchKomm/HELMS Rn 15; DAMRAU/SCHMALENBACH Rn 15). Übereignet der Erbschaftsbesitzer wirksam eine Sache, die nur *besitzmäßig zum Nachlaß* gehört, soll der Erbe nach einer im Schrifttum gelegentlich vertretenen Auffassung gemäß §§ 2018, 2019 das Eigentum an dem eingetauschten Gegenstand oder dem als Kaufpreis gezahlten Geldzeichen erhalten (AnwK-BGB/FLEINDL Rn 9; MUSCHELER ErbR 2009, 76, 78). Das ist jedoch unzutreffend. Das an den Erbschaftsbesitzer übertragene Recht ist hier kein Surrogat des untergegangenen Besitzherausgabeanspruchs des Erben.

b) Gleichgültig ist die *Art* der aufgeopferten Nachlaßmittel. Es kann sich um 14 Kapitalien, bewegliche Sachen, Grundstücke, Forderungen oder sonstige Rechte handeln. Zu den Mitteln der Erbschaft gehört nicht, was der Erbschaftsbesitzer gemäß § 2021 nach Bereicherungsrecht oder gemäß §§ 2023–2025 als Schadensersatz zu leisten hat; ebensowenig die Früchte, an denen der Erbschaftsbesitzer Eigentum erworben hat, § 2020 HS 2 (aA SCHLÜTER Rn 620). § 2019 verlangt nicht explizit, daß die aufgeopferten Nachlaßmittel solche waren, hinsichtlich derer bereits zuvor ein Erbschaftsanspruch bestand. Man sollte diese Voraussetzung auch nicht in die Norm hineinlesen (aA MAURER 119 f), da sich sonst eine Schutzlücke ergibt. Wenn der durch Erbschein legitimierte Erbschaftsbesitzer nach § 2366 wirksam eine Nachlaßforderung abtritt, muß das dafür erlangte Entgelt vom Erbschaftsanspruch erfaßt werden (aA MAURER 120). § 2019 ist allerdings nicht anwendbar, wenn der verfügende Scheinerbe im Zeitpunkt der Zession noch gar nicht Erbschaftsbesitzer war, weil er bis dahin noch gar nichts aus dem Nachlaß erlangt hatte.

c) Die Aufopferung der Nachlaßmittel muß **ursächlich** für den Erwerb des Er- 15 satzgegenstandes durch den Erbschaftsbesitzer sein. Es muß dabei zwar nicht unbedingt ein rechtlicher, aber doch wenigstens ein enger wirtschaftlicher Zusammenhang bestehen, der Aufopferung und Erwerb als Austauschvorgang erscheinen läßt (MARTINEK ZGR 1991, 74, 82; weitergehend STAUDINGER/LEHMANN[11] Rn 14). Gegengeschenke für verschenkte Nachlaßsachen wird man nur dann der Surrogation unterwerfen können, wenn sie schon bei der Schenkung vereinbart wurden (LANGE/KUCHINKE § 41 Fn 45; MünchKomm/HELMS Rn 13; PALANDT/EDENHOFER Rn 2; BROX/WALKER Rn 605; ohne eine solche Einschränkung STAUDINGER/LEHMANN¹¹ aaO); einen erkennbaren Zusammenhang zwischen Geschenk und Gegengeschenk wollen SOERGEL/DIECKMANN Rn 2 und MICHALSKI 1044 genügen lassen; schlechthin gegen eine Erstreckung der Surrogation auf Gegengeschenke PLANCK/FLAD Anm 3; vTUHR II 2, 73 Fn 66; CROME § 715 Fn 25.

16 Bringt ein vermeintlicher Erbe einen Erbschaftsgegenstand *als seine Einlage in eine Kommanditgesellschaft ein,* in der er Kommanditist wird, so ist diese neu erworbene Kommanditistenstellung nicht ein Surrogat des Erbschaftsgegenstandes iSv § 2019 Abs 1 (BGH NJW 1977, 433 = WM 1977, 174; MünchKomm/HELMS Rn 13; JOHANNSEN WM 1977, 270, 271; JOCHEM JuS 1977, 408; MAURER 136 f; iE auch SIEGMANN INF 2000, 113, 116; **aA** aber BGHZ 109, 215, 216 ff; OLG Düsseldorf FamRZ 1992, 600 f [Surrogation selbst dann, wenn dadurch eine Einmann-OHG entsteht]; AnwK-BGB/FLEINDL Rn 16; ERMAN/SCHLÜTER Rn 1; PALANDT/ EDENHOFER § 2019 Rn 4; CHUDOBA EWiR § 2019 BGB 1/90, 255, 256; JAUERNIG/STÜRNER Rn 2; LANGE/KUCHINKE § 40 II 5 b; SCHLÜTER Rn 620; MUSCHELER ErbR 2009, 76, 78; differenzierend MARTINEK ZGR 1991, 74 ff, 101 f [Anwendung des § 2019 nur, wenn es sich um eine rein kapitalistische KG handelt] und SOERGEL/DIECKMANN Rn 7 [nur die vermögensrechtlichen Ansprüche aus der Mitgliedschaft bilden das Surrogat]; SCHNEIDER WuB IV A § 2019 BGB 1. 90, 501, 503; wohl auch MünchKomm/FRANK³ Rn 12). Die Gesellschafterstellung als solche ist nicht die Gegenleistung für die Leistung der Einlage, die letztere setzt vielmehr die bereits existierende Gesellschafterstellung voraus und bewirkt lediglich die Erfüllung einer beim Erwerb der Gesellschafterstellung übernommenen Pflicht gegenüber der Gesellschaft selbst und den Wegfall der persönlichen Haftung gemäß § 171 Abs 1 HGB. Hinzu kommt, daß die Kommanditistenstellung regelmäßig unübertragbar ist. Der BGH hat denn auch in BGHZ 109, 215, 219 eingeräumt, daß das Interesse der übrigen Gesellschafter, sich nicht gegen ihren Willen einen Wechsel der Person des Mitgesellschafters aufnötigen lassen zu müssen, beachtet werden muß. Ob dadurch die erbrechtliche Surrogation – im konkreten Falle nach § 2111 – behindert wird, hat der BGH aaO offengelassen. Auch ohne Zustimmung der übrigen Gesellschafter müsse die Surrogation zugunsten des Nacherben zumindest den Inhalt haben, daß die vermögensrechtlichen Vorteile aus der vom Vorerben „mit Nachlaßmitteln" erworbenen Gesellschafterstellung (dh der künftige Anspruch auf das Auseinandersetzungsguthaben, die laufenden Gewinnansprüche und etwa darüber hinausgehende Entnahmerechte) unmittelbar dem Nacherben zustünden (so ist der vorletzte Satz des 2. Absatzes auf S 219 wohl zu verstehen; der BGH spricht sehr mißverständlich davon, daß der Vorerbe die vermögensrechtlichen Vorteile aus der Gesellschafterstellung ungeschmälert an den Nacherben weiterzugeben hätte). Auch diese (von MARTINEK ZGR 1991, 74, 101 und SIEGMANN INF 2000, 113, 116 sowie LANGE/KUCHINKE § 40 II 5 b bei Fn 51 akzeptierte) Konstruktion ist jedoch nicht stimmig: Wenn die gesellschaftsrechtliche Bindung der Kommanditistenstellung im Ergebnis das Einrücken des Erben (nach § 2019) bzw des Nacherben (nach § 2111) in die Gesellschafterstellung verhindert, ist auch eine dingliche Surrogation hinsichtlich der aus der Gesellschafterstellung erwachsenen Ansprüche ausgeschlossen: Diese Ansprüche sind nun gewiß nicht die Gegenleistung für die eingebrachten Nachlaßmittel (so auch MAURER 137). – Weniger bedenklich ist dagegen die Anwendung des § 2019 beim derivativen Erwerb einer im Gesellschaftsvertrag als übertragbar ausgestalteten Kommanditistenstellung vom bisherigen Kommanditisten (insoweit zutreffend MARTINEK ZGR 1991,

74, 82, 101): Hier ist ja offensichtlich der Kommanditanteil die Gegenleistung für den aus Nachlaßmitteln gezahlten Kaufpreis, und auch das Unübertragbarkeitsargument entfällt (ebenso MAURER 137). Es bleibt allerdings das Problem, daß der Erwerb der Kommanditistenstellung für den Erben auch gesellschaftsrechtliche Pflichten mit sich bringen würde. Es wäre überraschend, wenn ihm diese durch die Surrogation aufgedrängt werden könnten. SIEGMANN (INF 2000, 113, 116) will deshalb für diese Konstellation die automatische Surrogation durch einen bloßen Anspruch des Erbschaftsbesitzers auf Übertragung des Kommanditistenanteils ersetzen. Eine solche Rechtsfortbildung erscheint diskutabel. Sie könnte dann auf andere Fälle eines Erwerbs einer komplexeren Rechtsstellung mit starker Pflichtenkomponente aus Nachlaßmitteln übertragen werden, etwa auf den Kauf einer Eigentumswohnung.

Verstärkt tritt das letztere Bedenken in solchen Fällen auf, in denen ein Scheinerbe unter Vorlage eines auf ihn lautenden Erbscheins das gesellschaftsvertragliche Eintrittsrecht des wirklichen Erben eines verstorbenen Gesellschafters ausübt. Auch hier wird teilweise aus § 2019 abgeleitet, daß die Ausübung des Eintrittsrechts durch den Scheinerben den wirklichen Erben zum Gesellschafter macht (SOERGEL/SCHULTZE-vLASAULX[10] § 727 Rn 32; MünchKomm/ULMER[1] § 727 Rn 49; iE auch ROBERT FISCHER, in: FS Heymanns-Verlag 271, 281). Zu Recht hat man demgegenüber darauf verwiesen, daß der Scheinerbe selbst bei Vorlage eines ihn legitimierenden Erbscheins keine Verpflichtungsmacht zu Lasten des wahren Erben haben kann (KONZEN ZHR 145 [1981] 29, 56 mwNw; MünchKomm/ULMER[5] § 727 Rn 67; SIEGMANN aaO). Allerdings bedurfte es letztlich dieses Argumentes gar nicht. Die Gesellschafterstellung, die der Erbschaftsbesitzer sich zu verschaffen versucht und die hier angeblich dem wirklichen Erben zufällt, wäre kein Surrogat eines Nachlaßgegenstandes, den der Erbschaftsbesitzer erlangt hat (MünchKomm/ULMER aaO).

d) Der Erwerb „mit Mitteln der Erbschaft" ist unverzichtbare Voraussetzung des § 2019 Abs 1. Es genügt daher (im Gegensatz zu § 2041) nicht, daß das den Erwerb vermittelnde Rechtsgeschäft sich „auf die Erbschaft bezieht" (**aM** KOHLER ArchBürgR 22, 15; gegen ihn zutreffend ENNECCERUS/NIPPERDEY AT[15] § 132 Fn 7 c). § 2019 greift deshalb nicht ein, wenn der Erbschaftsbesitzer aus eigenen Mitteln Zubehör für Nachlaßgegenstände anschafft (BGB-RGRK/KREGEL Rn 3; BAMBERGER/ROTH/MÜLLER-CHRISTMANN Rn 7; AK-BGB/WENDT Rn 8; vLÜBTOW II 1054; EBENROTH Rn 1022). **17**

3. Der Erwerb muß **durch Rechtsgeschäft** gemacht sein. Der Zweck des Rechtsgeschäfts ist nach dem Gesetz (im Gegensatz zum gemeinen Recht, WINDSCHEID/KIPP III § 612 Fn 3) völlig gleichgültig, so daß auch ein Anzug, den sich der Erbschaftsbesitzer aus Mitteln der Erbschaft machen läßt, von der Surrogation betroffen wird (vgl Prot VI 324 ff). Die II. Kommission lehnte den beantragten Zusatz, daß sich das Rechtsgeschäft auf die Erbschaft beziehen müsse, ab, weil er Komplikationen schaffe und leicht zu Mißverständnissen führen könne. Die dingliche Surrogation ist eine gesetzliche Reflexwirkung des Rechtsgeschäfts, die von der Willensrichtung der Parteien (und ebenso der des Erben oder Dritter) unabhängig ist (vTUHR II 2, 376 f; O WERNER JuS 1973, 434, 436). Die Formulierung „durch Rechtsgeschäft" darf nicht zu eng verstanden werden. Ausreichen müssen auch Austauschvorgänge, die materiell rechtsgeschäftlicher Art sind und die nur aus rechtstechnischen Gründen in die Form eines Erwerbs kraft gesetzlicher Vorschrift gekleidet sind. § 2019 Abs 1 erfaßt deshalb auch das vom Erbschaftsbesitzer in der Zwangsversteigerung erstandene **18**

und aus Nachlaßmitteln bezahlte Grundstück (LANGE/KUCHINKE § 41 III 2 d; EBENROTH Rn 1021; BROX/WALKER Rn 605 [1 b aa] zu § 2111; SOERGEL/DIECKMANN Rn 6; MünchKomm/ HELMS Rn 8; AK-BGB/WENDT Rn 71; DAMRAU/SCHMALENBACH Rn 10; M WOLF JuS 1975, 713; PWW/TSCHICHOFLOS Rn 4; Hk-BGB/HOEREN Rn 4; MENKEN 71; MAURER 118; LÖHNIG JA 2003, 990, 991; MUSCHELER ErbR 2009, 76, 78; **aM** RGZ 136, 353, 357 zu § 2111).

19 Die dingliche Surrogation erfaßt das durch Rechtsgeschäft mit Nachlaßmitteln Erworbene. Damit ist in erster Linie die *rechtsgeschäftliche Gegenleistung* für die vom Erbschaftsbesitzer weggegebenen Nachlaßmittel gemeint. Man wird jedoch zweckmäßigerweise auch *Abwicklungsansprüche* einzubeziehen haben, die der Erbschaftsbesitzer aus dem Rechtsgeschäft erlangt (zust DAMRAU/SCHMALENBACH Rn 10). Hat der Erbschaftsbesitzer beispielsweise aus Nachlaßmitteln einem Dritten ein entgeltliches Darlehen gegeben, so wird man nicht nur den Zinsanspruch bzw die tatsächlich gezahlten Zinsen, sondern auch den Anspruch auf Rückzahlung des Darlehenskapitals als Surrogat iS von § 2019 zu behandeln haben, obwohl dieser natürlich nicht im Synallagma steht. Beim zinslosen Darlehen bildet dieser Rückzahlungsanspruch sogar das einzige commodum ex negotiatione. Entsprechendes gilt für den Rückübertragungsanspruch nach wirksamen, aber kausalnichtigen oder aber infolge Rücktritts rückabzuwickelnden Veräußerungsgeschäften (s unten Rn 23).

20 4. § 2019 enthält nicht die bei nahezu allen Sondervermögen vorgesehene *„regelmäßige"* oder *„einfache" Surrogationsklausel,* nach der auch dasjenige zu dem jeweiligen Sondervermögen gehört, was aufgrund eines hierzu gehörenden Rechtes oder als Ersatz für Beschädigung, Zerstörung oder Entziehung eines dazu gehörenden Gegenstandes erworben wird. Dennoch ist allgemein anerkannt, daß diese Regelung auch für den Erbschaftsanspruch gilt (vgl Prot V 711; STROHAL II § 95 I 6; BGB-RGRK/KREGEL Rn 3; SOERGEL/DIECKMANN Rn 6; MünchKomm/HELMS Rn 4; PALANDT/ EDENHOFER Rn 3; LANGE/KUCHINKE § 41 II 3; KIPP/COING § 107 II 3; BROX/WALKER Rn 579, 601). Die Begründung ist allerdings umstritten. Vielfach ergibt sich die Rechtsfolge der einfachen Surrogationsklausel ohne weiteres aus der Rechtsstellung des Erben als Eigentümer oder Gläubiger der zum Nachlaß gehörenden Sachen und Rechte; so versteht es sich von selbst, daß die dem Eigentümer zustehende Hälfte des in einem Erbschaftsgrundstück gefundenen Schatzes (§ 984) dem Erben zufällt; ebenso daß die ein Nachlaßgrundstück belastende Hypothek im Falle der Schuldtilgung nach § 1163 Abs 1 S 2 zur Eigentümergrundschuld des Erben wird; schließlich auch, daß ihm die Schadensersatzansprüche wegen Beschädigung, Zerstörung oder Verlustes von Nachlaßgegenständen zustehen. Begründungsbedürftig ist die dingliche Surrogation allerdings für den Fall, daß an den Erbschaftsbesitzer in Erfüllung einer Nachlaßforderung eine *Leistung bewirkt* wird, die (etwa nach § 851 oder §§ 2019 Abs 2, 407 oder § 2367) dem Erben gegenüber wirksam ist (M WOLF JuS 1975, 713) oder durch eine Genehmigung des Erben wirksam wird (zu letzterer Konstellation PLANCK/ FLAD Anm 3; LANGE/KUCHINKE § 41 Fn 35; KIPP/COING § 107 II 1). Hier zeigt die Entstehungsgeschichte der Norm, daß die Verfasser des BGB ganz problemlos von der Anwendung des Surrogationsgrundsatzes ausgingen: Die ausdrückliche Erwähnung in § 2081 Nr 3 S 1 E 1 wurde von der II. Kommission als entbehrlich gestrichen, ohne daß damit eine sachliche Änderung verbunden gewesen wäre, vgl Prot V 719 f; VI 316, 326. Dementsprechend ist fast allgemein anerkannt, daß in diesen Fällen das Surrogationsprinzip eingreift (vgl PLANCK/FLAD Anm 3; MünchKomm/HELMS Rn 4; AK-BGB/WENDT Rn 12; EBENROTH Rn 1020; MAURER 146; **aA** nur R LEONHARD 110). Ebenso muß begründet werden, daß die condictio indebiti sofort in der Person des Erben entsteht, wenn der Erbschaftsbesitzer mit Nachlaßmitteln eine vermeintliche Nachlaßschuld tilgt (über dieses Ergebnis besteht weitgehend Einigkeit, vgl PLANCK/FLAD Anm 5; F LEONHARD Anm II D; STROHAL II § 95 I 6; BEYER 139 ff, 141; AK-BGB/WENDT Rn 73; vTUHR II 1, 167). In beiden Fällen könnte man § 2019 Abs 1 a fortiori anwenden (vgl STAUDINGER/ LEHMANN[11] Rn 6, 8; STROHAL II § 95 I 6; MUSCHELER ErbR 2009, 76, 79; ähnlich WENDT aaO [extensive Auslegung]) oder – wohl richtiger – eine Gesamtanalogie zu §§ 718 Abs 2, 1418 Abs 2 Nr 3, 1473, 1638 Abs 2, 2041, 2111 Abs 1 ziehen (dafür M WOLF aaO; GERNHUBER, BR[1] 195; MünchKomm/HELMS Rn 3; für den letzteren Fall ablehnend MAURER 146 f). Für die Tilgung einer vermeintlichen Eigenschuld des Erbschaftsbesitzers aus Nachlaßmitteln kann im Ergebnis nichts anderes gelten (NÜSSGENS 75). Wenn aber die condictio indebiti aus der Tilgung einer vermeintlichen Nachlaßschuld durch den Erbschaftsbesitzer aufgrund des Surrogationsprinzips genauso wie eine Kaufpreisforderung aus der vom Erbschaftsbesitzer wirksam vorgenommenen Veräußerung einer Nachlaßsache direkt in der Person des Erben entsteht, muß zum Schutz des Schuldners auch § 2019 Abs 2 entsprechend angewandt werden (so mit Recht PLANCK/FLAD Anm 5; BEYER 141 Fn 1; MUSCHELER ErbR 2009, 76, 79; aM STAUDINGER/LEHMANN[11] Rn 8; CROME § 715 Fn 38; BINDER III 414; ERMAN/SCHLÜTER Rn 2; PALANDT/EDENHOFER Rn 3). Das ist anders bei solchen kraft Gesetzes an die Stelle eines Nachlaßgegenstandes tretenden Ersatzansprüchen, die bereits ihrem Tatbestand nach (ohne Heranziehung des Surrogationsgrundsatzes) in der Person des Erben entstehen (MAURER 145; SOERGEL/DIECKMANN Rn 6); hier kann sich ein Schuldnerschutz allenfalls aus §§ 851, 893 Fall 1, 2367 ergeben. Schließlich wird man die oben beschriebene Gesamtanalogie auch in solchen Fällen vornehmen können, in denen sich ein gesetzlicher Erwerb (nach §§ 937 oder 927) aus einer Besitz- oder Rechtsscheinposition entwickelt, die der Erbschaftsbesitzer dem Erben vorenthält. Vgl § 2026 Rn 9.

5. Als **Beispiele** für herauszugebende Ersatzvorteile seien genannt: die Kaufpreisforderung (MAURER 117) oder der Kaufpreis für Erbschaftssachen (BGH JZ 1991, 727), die vergleichsweise erlangte Abfindungssumme für ein eingeklagtes Nachlaßgrundstück, beim Verkauf eines Nachlaßgrundstückes auch die vom Käufer bestellte Restkaufgeldhypothek (vgl OLG München HRR 1938 Nr 1285 zu § 2111). Ebenso das Entgelt für einen vom Erbschaftsbesitzer bestellten Nießbrauch. Ferner Forderungen, die aus einem Darlehen entstanden sind, das aus Erbschaftsmitteln gegeben wurde (RG Gruchot 51, 919; PLANCK/FLAD Anm 3; BEYER 139), Forderungen aus Versicherungsverträgen, für die die Prämien aus Erbschaftsmitteln bezahlt sind (bei der vom Erbschaftsbesitzer als Eigenversicherung abgeschlossenen Sachversicherung von Nachlaßsachen fehlt allerdings das versicherte Interesse und kann deshalb der Versicherungsfall gar nicht eintreten, vgl JOCHEM MDR 1975, 177, 184 f; abw PLANCK/FLAD Anm 3: §§ 69 ff VVG aF [= §§ 95 ff VVG nF] analog). Von § 2019 erfaßt werden auch Forderungen aus der Vermietung oder Verpachtung von Nachlaßsachen (s § 2020 Rn 2, 4). Wie ein rechtsgeschäftliches Surrogat zu behandeln sind solche Leistungen, die zur Befriedigung eines zur Erbschaft gehörigen Anspruchs an den Erbschaftsbesitzer erbracht werden (s oben Rn 14; ferner PLANCK/FLAD Anm 3; BGB-RGRK/KREGEL Rn 3; AK-BGB/WENDT § 2018 Rn 61 ff; in der Konstruktion abweichend [§ 2018 unmittelbar] PALANDT/EDENHOFER § 2018 Rn 9). Voraussetzung ist nur, daß die Leistung dem Erben gegenüber wirksam erfolgte, wie in den Fällen der §§ 793, 851, 2367, oder daß der Erbe der Leistung an den Erbschaftsbesitzer durch Genehmigung gemäß §§ 362 Abs 2, 185 schuldtilgende Wirkung verschafft. (Andernfalls wäre ein Erwerb mit

Mitteln der Erbschaft schon deshalb zu verneinen, weil die Nachlaßforderung ja bestehen blieb.)

22 Probleme bereitet der Fall, daß der Erbschaftsbesitzer ein Nachlaßgrundstück als Sicherheit für ein von ihm aufgenommenes Darlehen mit einem Grundpfandrecht belastet. Meines Erachtens kann man hier die erlangten Darlehensvaluta nicht als Surrogat des mit der Grundpfandrechtbestellung auf den Darlehensgeber übertragenen Eigentumssplitters qualifizieren, sondern muß § 2021 anwenden (ebenso MAURER 143; aA aber OLGR Celle 1995, 134, 135 f und AnwK-BGB/FLEINDL nach denen § 2019 nicht nur die Darlehensvaluta, sondern sogar die mit diesen angeschafften Gegenstände erfaßt). Das führt dann zu der äußerst umstrittenen generellen Frage des Bereicherungsausgleichs bei Bestellung von Grundpfandrechten durch Nichtberechtigte (dazu zuletzt ausführlich CANARIS NJW 1991, 2513, 2519 ff; vgl ferner STAUDINGER/S LORENZ [2007] § 816 Rn 29 sowie GURSKY, 20 Probleme aus dem BGB – Bereicherungsrecht [6. Aufl 2008] 98 ff). Erst recht kann der Einsatz von Nachlaßmitteln zur Ablösung eines eigenen Kredits, den der Erbschaftsbesitzer aufgenommen hat, nicht dazu führen, das der mit der Darlehenssumme angeschaffte Gegenstand nun rückwirkend Surrogat iSv § 2019 wird (aA AnwK-BGB/FLEINDL Rn 13; LANGE/KUCHINKE § 40 II 5 b; vgl auch BGHZ 110, 176, 178 zur Parallelkonstellation bei § 2111).

23 Schwierigkeiten bereitet die Anwendung des § 2019 auch in solchen Fällen, in denen der Erbschaftsbesitzer wirksam Nachlaßsachen an einen Dritten übereignet, der zugrunde liegende Kaufvertrag aber unwirksam ist oder infolge Rücktritts zurückabgewickelt werden muß. In beiden Fällen bietet es sich an, den Rückforderungsanspruch des Erbschaftsbesitzers als das erlangte Surrogat anzusehen (vgl NÜSSGENS 76 ff). Hat der Erbschaftsbesitzer mit Nachlaßmitteln eine gestohlene Sache angekauft, besteht (entgegen WENDT, in: 3. FS vLübtow 229, 235; AK-BGB/WENDT Rn 27 ff) keine Möglichkeit den Erbschaftsanspruch über § 2019 auf den Besitz zu erstrecken (s oben Rn 11). Surrogat ist hier vielmehr der kaufvertragliche Übereignungsanspruch bzw die daraus entstehenden sekundären Gläubigerrechte. Der Erbschaftsbesitzer dürfte bei dieser Konstellation nach Treu und Glauben verpflichtet sein, dem Erben die Durchsetzung dieser Rechte zu ermöglichen: Das bedeutet, daß er zum einen die Wahl des sekundären Rechtsbehelfs dem Wunsch des Erben entsprechend gegenüber seinem Vertragspartner zu erklären hat (falls man nicht ohnehin annimmt, daß diese Wahlbefugnis im Zessionsfalle dem Zessionar zusteht, vgl zu dem Problem MünchKomm/EMMERICH[3] § 325 Rn 39; MünchKomm/ROTH[5] § 398 Rn 99; SCHWENZER AcP 182 [1982] 214 ff; der Erbe ist ja wegen der Surrogation in der Rolle eines Quasi-Zessionars). Zum anderen dürfte der Erbschaftsbesitzer auch dem Erben gegenüber dazu verpflichtet sein, den Besitz der betreffenden Sache auf den Veräußerer zurückzuübertragen; andernfalls könnte der Vertragspartner des Erbschaftsbesitzers die Erfüllung des Anspruchs auf Schadensersatz statt der Leistung bzw die Rückgewähr der Leistung des Erbschaftsbesitzers von der Rückübertragung des Besitzes der verkauften gestohlenen Sache abhängig machen. – Anders ist möglicherweise zu entscheiden, wenn die zunächst unwirksame Übereignung der Gegenleistung des Vertragspartners des Erbschaftsbesitzers nachträglich durch *Ersitzung* wirksam wird. Hier würde es regelmäßig im Interesse des Erben liegen, wenn jetzt dieses durch Ersitzung erworbene Eigentum als nunmehr maßgebliches Surrogat behandelt werden könnte. Allerdings ergeben sich hier erhebliche konstruktive Schwierigkeiten. Man müßte die Lösung wohl mit der der Parallelkonstellation bei § 816 Abs 1 S 1 abstimmen.

Was das *Verhältnis der Surrogation zu den* denkbaren *Sekundäransprüchen des Erben* **24** anbelangt, so muß differenziert werden: Auch wenn die ursprünglich erlangte Nachlaßsache vom Erbschaftsbesitzer *unter Wert weiterveräußert* wird, besteht keine Möglichkeit, hinsichtlich der Wertdifferenz § 2021 anzuwenden (s schon oben Rn 7). Die dem Erbschaftsbesitzer verbleibende Bereicherung wird hier ja bereits real, nämlich über den Anspruch auf Herausgabe des Surrogates, abgeschöpft. Anders stellt sich die Situation dagegen bei Schadensersatzpflichten nach den §§ 2023 ff dar. Diese Schadensersatzansprüche müssen im Falle einer Veräußerung unter Wert anwendbar sein. Es macht einfach keinen Sinn, wenn der Erbschaftsbesitzer bei Entwertung einer einzelnen Sache nach diesen Vorschriften haften, bei Unterwertveräußerung und damit Entwertung des Nachlasses insgesamt dagegen keiner Schadensersatzpflicht unterliegen würde (so aber wohl MAURER 108, nach dem die Surrogation schlechterdings Sekundäransprüche wegen des Verlustes des ursprünglich Erlangten ausschließt). Es empfiehlt sich deshalb, trotz des Eintritts der Surrogationswirkung den Schadensersatzanspruch wegen des Verlustes des ursprünglich Erlangten dem Grunde nach zu gewähren und den Surrogationserwerb lediglich bei der Schadensbemessung als auszugleichenden Folgevorteil des Erben zu behandeln.

VI. Schutz Dritter

Da die Verfügungen des Erbschaftsbesitzers über Erbschaftsmittel Verfügungen **25** eines Nichtberechtigten sind, müssen gutgläubige Dritte gegen die damit verbundenen Gefahren geschützt werden.

1. Schutz gewähren ihnen zunächst die Vorschriften, die den gutgläubigen Erwerb **26** vom Nichtberechtigten schützen, also die §§ 892, 893, 932 ff. Zu beachten ist aber, daß bei Fahrnis der gutgläubige Erwerber trotz guten Glaubens kein Eigentum erlangen kann, soweit der Besitz nach § 857 auf den Erben übergegangen war und die Sache deshalb als abhanden gekommen anzusehen ist. Gedeckt ist der Erwerber hier nur, wenn der Erbschaftsbesitzer durch Erbschein als Erbe ausgewiesen ist; zugunsten des redlich mit dem Scheinerben Verhandelnden wird der Inhalt des Erbscheins als richtig unterstellt (§§ 2366, 2367) und damit auch die Anwendung des § 935 ausgeschaltet.

Auch die Schuldner von Erbschaftsforderungen sind nur dann gesichert, wenn sie an **27** den durch Erbschein Ausgewiesenen leisten, § 2367; sie müssen sich also in Zweifelsfällen vor der Zahlung den Erbschein vorlegen lassen oder sich nach § 372 S 2 durch Hinterlegung befreien.

2. Dadurch allein erfährt aber der Schuldner einer Forderung, die nach § 2019 **28** Abs 1 durch Surrogation zum Bestandteil der Erbschaft wird, noch keine hinreichende Sicherung, wenn diese Forderung vom Erbschaftsbesitzer im eigenen Namen mit Erbschaftsmitteln begründet worden ist. Hier ist er ganz ähnlich gefährdet wie der Schuldner einer Forderung, die über seinen Kopf hinweg abgetreten worden oder kraft Gesetzes auf einen neuen Gläubiger übergegangen ist. Deshalb schützt die Sondervorschrift des **Abs 2** den Schuldner hier nach dem Vorbild des Schuldnerschutzes bei der Forderungsabtretung. Er muß die Surrogation und die daraus folgende *Zugehörigkeit der Forderung zur Erbschaft erst dann gegen sich gelten lassen, wenn er* von der Zugehörigkeit *Kenntnis erlangt,* dh von den sie begründenden

Tatsachen (daß die Forderung mit Erbschaftsmitteln erworben und daß der Erbschaftsbesitzer nicht der wahre Erbe ist) auf irgendeinem Wege Kenntnis erfährt und daraus (zumindest im Sinne einer „Parallelwertung in der Laiensphäre") die richtigen rechtlichen Schlüsse zieht (ebenso MAURER 151; zu großzügig hier ERMAN/SCHLÜTER Rn 5). Solange ihm diese Kenntnis fehlt, darf er also den Erbschaftsbesitzer als Gläubiger behandeln.

29 Im übrigen werden die §§ 406–408 für entsprechend anwendbar erklärt. Der Schuldner kann also mit einer ihm gegen den Erbschaftsbesitzer zustehenden Forderung gegenüber dem Erben aufrechnen, sofern er nicht bei ihrem Erwerb von der Zugehörigkeit der Gegenforderung zur Erbschaft Kenntnis hatte oder die Forderung erst nach der Erlangung der Kenntnis und später als die Erbschaftsforderung fällig geworden ist; § 406. Der Erbe muß Leistungen an den und Rechtsgeschäfte mit dem Erbschaftsbesitzer in Ansehung der Forderung gegen sich gelten lassen, sofern der Schuldner dabei nicht die Kenntnis von der Zugehörigkeit der Forderung gehabt hat; § 407. Gleiches gilt für Leistungen und Rechtsgeschäfte des Schuldners bei Wiederabtretung; § 408. Dagegen ist § 405, der den Einwand des Scheingeschäfts gegenüber einer vom Schuldner ausgestellten Urkunde beschränkt, nicht anwendbar (so zutr BGB-RGRK/KREGEL Rn 4; MünchKomm/HELMS Rn 17; SOERGEL/DIECKMANN Rn 9; jurisPK/EHM Rn 14; BAMBERGER/ROTH/MÜLLER-CHRISTMANN Rn 13; AnwK-BGB/FLEINDL Rn 19; DAMRAU/SCHMALENBACH Rn 14). § 405 ist in Abs 2 S 2 nicht mit in Bezug genommen, und eine entsprechende Erweiterung der Verweisung im Wege der Rechtsfortbildung verbietet sich schon deshalb, weil Abs 2 S 2 doch gerade den Schuldnerschutz sicherstellen will, während § 405 auf den Schutz des neuen Gläubigers abzielt. Nicht ausdrücklich erwähnt wird § 404, doch muß natürlich auch diese Grundregel des Schuldnerschutzes eingreifen, wenn § 2019 Abs 2 den von der Surrogation der Forderung betroffenen Schuldner einem debitor cessus gleichstellt (PLANCK/FLAD Anm 5; aA MAURER 152). Es versteht sich von selbst, daß im Falle des Verkaufs eines Nachlaßgegenstandes durch den Erbschaftsbesitzer der Umfang der nach § 2019 in der Person des Erben entstandenen Kaufpreisforderung durch die vom Käufer berechtigtermaßen erklärte Minderung reduziert wird; ferner muß § 404 in solchen Konstellationen anwendbar bleiben, in denen der Surrogationserwerb erst nachträglich eintritt, weil der Erbschaftsbesitzer den Nachlaßgegenstand erst nachträglich leistet (s oben Rn 4). Hat etwa der Vertragspartner des Erbschaftsbesitzers zwischen dem Abschluß des Kaufvertrages und der Leistung des Erbschaftsbesitzers von diesem eine Stundung der Kaufpreisforderung erlangt oder hat er in diesem Zeitraum bereits eine Teilleistung an den Erbschaftsbesitzer erbracht, so muß er diesen Umstand dem Erben ohne weiteres entgegenhalten können.

VII. Beweislast

30 Der Erbe muß, wenn er auf Ersatzgegenstände zugreifen will, darlegen und beweisen, daß die Voraussetzungen der unmittelbaren Ersetzung nach § 2019 Abs 1 gegeben sind. Die Beweisführung wird dabei durch die Auskunftspflicht des Erbschaftsbesitzers (§ 2027) erleichtert (BAUMGÄRTEL/SCHMITZ Rn 1). Im Rahmen von § 2019 Abs 2 gelten die gleichen Grundsätze der Beweislastverteilung wie im unmittelbaren Anwendungsbereich der §§ 406–408 (vgl STAUDINGER/BUSCHE [2005] § 406 Rn 50 f, § 407 Rn 45, § 408 Rn 34).

§ 2020
Nutzungen und Früchte

Der Erbschaftsbesitzer hat dem Erben die gezogenen Nutzungen herauszugeben; die Verpflichtung zur Herausgabe erstreckt sich auch auf Früchte, an denen er das Eigentum erworben hat.

Materialien: E I § 2081 Nr 4; II § 1894; III § 1995; Mot V 585 ff; Prot V 710, 714 ff; Denkschr 727; JAKOBS/SCHUBERT ER I 663–696, 707–724.

I. Grundsätzliches

§ 2020 erstreckt die Herausgabepflicht des Erbschaftsbesitzers ganz allgemein auch auf alle vom Erbschaftsbesitzer aus Erbschaftsgegenständen gezogenen Nutzungen (also unmittelbare und mittelbare Sachfrüchte, Rechtsfrüchte und Gebrauchsvorteile, §§ 100, 99). Wenn der Erbe nur auf die vindikatorischen und konditionsrechtlichen Einzelansprüche angewiesen wäre, so wäre er regelmäßig kaum schlechter gestellt (unrichtig STAUDINGER/LEHMANN[11] Rn 1). Denn das Haftungsprivileg des § 993 Abs 1 HS 2 käme insoweit nur im Falle des § 2030 zum Tragen; der normale Erbschaftsbesitzer würde infolge der Unentgeltlichkeit seines Erwerbs nach § 988 haften. Er müßte also auch ohne die Sonderregelung des Erbschaftsanspruches alle Nutzungen herausgeben. Ein Unterschied zwischen § 988 und § 2020 ergibt sich allerdings daraus, daß die letztere Vorschrift bei noch in Natur vorhandenen Früchten keine Berufung auf den Bereicherungswegfall zuläßt. Der daraus resultierende Vorteil für den Erben ist jedoch schon wegen seiner umfassenden Verwendungsersatzpflicht (§ 2022) kaum spürbar (vgl GURSKY, in: 3. FS vLübtow 211, 216). – Die Regelung des § 2020 HS 2 impliziert, daß die sachenrechtlichen Vorschriften über den Eigentumserwerb an Sachfrüchten nicht durch § 2019 korrigiert werden, der Erbe vielmehr im Falle eines Eigentumserwerbes des Erbschaftsbesitzers nach § 955 nur einen schuldrechtlichen Herausgabeanspruch hat. Das wurde von der II. Kommission wie folgt begründet: Bei der Annahme eines dinglichen Rechtes des Erben an den seitens des Erbschaftsbesitzers gezogenen Nutzungen könne der gutgläubige Erbschaftsbesitzer zwar seine Verwendungen in Abzug bringen, nicht aber einwenden, daß er aus den Nutzungen nicht mehr bereichert sei. Diese Konsequenz sei jedoch zu hart (Prot V 714 f). Diese Erwägung ist allerdings nicht zutreffend. Auch gegenüber der obligatorischen Verpflichtung zur Herausgabe und Übereignung der Früchte kommt eine Berufung auf den Wegfall der Bereicherung ja erst dann nach § 2021 in Betracht, wenn der Erbschaftsbesitzer die Früchte gar nicht mehr hat und deshalb auch nicht mehr herausgeben kann (WINDSCHEID/KIPP III 538 f).

II. Dinglicher oder schuldrechtlicher Charakter des Herausgabeanspruchs

Erhebliche praktische Bedeutung hat die Frage, welche Rechtsnatur der Herausgabeanspruch aus § 2020 aufweist. Nur wenn er dinglichen Charakter hat, kann er etwa im Insolvenzverfahren über das Vermögen des Erbschaftsbesitzers die Aussonderung der Früchte gem § 47 InsO ermöglichen. Die Frage des dinglichen oder schuldrechtlichen Charakters des Nutzungsherausgabeanspruchs läßt sich aber nicht einheitlich entscheiden, da die möglichen Leistungsinhalte sehr unterschiedlich sind. Besonders einfach ist die Situation hinsichtlich der vom Erbschaftsbesitzer gezogenen Gebrauchsvorteile (§ 100 2. Fall). Hier versteht es sich von selbst, daß die Herausgabepflicht hinsichtlich der letzteren nur im Sinne einer schuldrechtlichen Werterstattungspflicht verstanden werden kann, die zudem nach §§ 2021, 818 Abs 3 noch unter dem Vorbehalt einer fortdauernden Bereicherung des Erbschaftsbesitzers steht. Dinglichen Charakter hat der Herausgabeanspruch zweifellos, soweit der Erbe Sachfrüchte herausverlangt, an denen er nach § 953 Eigentum erworben hat, weil der Erbschaftsbesitzer im Zeitpunkt der Trennung bereits bösgläubig war (OLZEN JuS 1989, 374, 375; MEDICUS BR Rn 603 d; MünchKomm/HELMS Rn 3). Entsprechendes gilt, wenn der Erbe nach § 956 kraft einer dem Erblasser erteilten obligatorischen Aneignungsgestattung erworben hat, weil der vermeintliche Erbe den Fremdbesitz des Erblassers fortsetzt, also selbst weder nach § 955 – er stützt sich nicht auf ein dingliches Nutzungsrecht an der Sache – noch nach §§ 957, 956 – es fehlt dafür an einer ihm gegenüber erteilten Fruchtziehungsgestattung – Eigentum erwerben konnte. Problematisch ist dagegen der Charakter der Pflicht des Erbschaftsbesitzers zur Herausgabe solcher noch vorhandener Sach- und Rechtsfrüchte, die dieser nach allgemeinen Regeln selbst erworben haben müßte. Wenn man insoweit § 2019 oder seine anerkannten Erweiterungen (s § 2019 Rn 20) anwendet, wären diese Früchte kraft des Surrogationsgrundsatzes an den Erben gefallen; der Herausgabeanspruch aus §§ 2018, 2019 hätte dann dinglichen Charakter. Für diese Lösung spricht die Erwägung, daß sämtliche Nutzungen, die der Erbschaftsbesitzer aus den Erbschaftsgegenständen zieht, recht eigentlich mit Mitteln der Erbschaft erlangt sind. Besonders gilt dies für die mittelbaren Sachfrüchte (§ 99 Abs 3), wie Miet- und Pachtzinsforderungen und die darauf eingegangenen Gelder. Auf der anderen Seite sagt aber HS 2, daß die Verpflichtung zur Herausgabe sich auch auf die Früchte erstreckt, an denen der Erbschaftsbesitzer das Eigentum erworben hat. Diese Möglichkeit ist nur denkbar, wenn man die besonderen sachenrechtlichen Vorschriften über den Eigentumserwerb an Früchten als vom Surrogationsgrundsatz nicht ausgeschaltet anerkennt (abw F LEONHARD Anm II; AK-BGB/WENDT Rn 5 ff: WENDT in: 3. FS vLübtow 229, 233 f). Dieser Schluß ist zumindest für die unmittelbaren Sachfrüchte unabweisbar: Diese Konstellation – die einfachste und anschaulichste, aber auch wichtigste Gruppe der Früchte – muß der Gesetzgeber bei der Formulierung des § 2020 HS 2 jedenfalls im Auge gehabt haben. Für die Ausnahme der natürlichen Früchte vom Surrogationsprinzip spricht im übrigen auch, daß sie regelmäßig verbraucht werden, verbrauchbare Sachen aber nach römischem Recht von der Surrogation ausgenommen blieben (vgl WINDSCHEID/KIPP III § 612, 3 u 4). Es bleibt also dabei, daß der gutgläubige Erbschaftsbesitzer trotz § 2019 nach § 955 an den unmittelbaren Sachfrüchten mit der Trennung Eigentum erwirbt (fast allgM; anders nur LEONHARD und WENDT aaO). Er muß diese dann zwar ebenfalls nach § 2020 HS 2 herausgeben, aber diese Herausgabepflicht hat obligatorischen Charakter; sie richtet sich demgemäß auf Besitz- und Eigentumsübertragung (abw F LEONHARD Anm II). Und das wiederum bedeutet, daß der Erbe insoweit das Insolvenzrisiko des Erbschaftsbesitzers trägt (OLZEN Rn 841; JAEGER/HENCKEL InsO § 47 Rn 86; BRAUN/BÄUERLE[3] InsO § 47 Rn 44; GOTTWALD, Insolvenzrechts-Handbuch[3] § 40 Rn 16; MUSCHELER ErbR 2009, 38, 43; **aA** [schuldrechtlicher Anspruch mit Aussonderungskraft] DAMRAU/SCHMALENBACH Rn 3; MünchKommInsO/GANTER[2] § 47 Rn 335; KÜBLER/PRÜTTING/PRÜTTING InsO § 47 Rn 68).

Unproblematisch ist auch die Behandlung der *Rechtsfrüchte:* Wenn der Erbschafts- **3** besitzer etwa Darlehenszinsen aus einem vom Erblasser gegebenen Darlehen eingezogen hat, spielt deren Qualifikation als Rechtsfrucht überhaupt keine Rolle. Es besteht kein vernünftiger Grund, den Fall anders zu behandeln als solche Leistungen, die sonstige Nachlaßschuldner an den Erbschaftsbesitzer als vermeintlichen Rechtsnachfolger ihres bisherigen Gläubigers erbringen (s dazu § 2019 Rn 20). Das gleiche gilt, wenn er die Dividende einer zum Nachlaß gehörenden Aktie eingezogen oder eine Lizenzgebühr für die noch vom Erblasser vorgenommene Überlassung eines zum Nachlaß gehörenden Patentrechts eingenommen hat (vgl jurisPK/Ehm Rn 4).

Außerordentlich streitig ist demgegenüber die Behandlung der **mittelbaren Sach- 4 früchte** iSv § 99 Abs 3. Ein Teil des Schrifttums (Planck/Strohal[3] Anm 2b; F Leonhardt § 2019 Anm II C 1; BGB-RGRK/Kregel Rn 1; MünchKomm/Helms Rn 4; Soergel/Dieckmann Rn 2; AnwK-BGB/Fleindl Rn 2; jurisPK/Ehm Rn 4; Bamberger/Roth/Müller-Christmann Rn 2; Damrau/Schmalenbach Rn 4; PAlandt/Edenhofer Rn 1; Beyer 128 ff; vLübtow II 1056; Kipp/Coing § 107 II 4 Fn 8; Dietz, 154; Crome § 715 Fn 37; Michalski Rn 1044, 1046; Olzen Rn 841; Muscheler ErbR 2009, 38, 43 f; Joachim Rn 503; implizit Martinek ZGR 1991, 74, 92) will die Regelung des § 2020 HS 2 auf die unmittelbaren Sachfrüchte beschränken und bei den mittelbaren *ausschließlich das Surrogationsprinzip* des § 2019 zur Anwendung bringen. Der wahre Erbe erwirbt nach dieser Ansicht an den mittelbaren Sachfrüchten, die durch Vermietung oder Verpachtung von Nachlaßsachen gewonnen werden, automatisch das aussonderungsfähige Vollrecht (Gläubigerschaft, Eigentum). Die Gegenauffassung (so Kipp[8] § 68 II 4; Planck/Flad Anm 2c; Strohal II § 95 II S 393 f; Dernburg/Engelmann § 155 I 3; Endemann § 154 II b; Kretzschmar § 70 I 5; Otte, in: GedSchr Sonnenschein [2003] 181, 193; Weinkauf 119 ff, 125; Fischer 17; Hübner 34; Maurer 155 ff) behauptet umgekehrt die generelle Unanwendbarkeit der dinglichen Surrogation bei sämtlichen Fruchtarten. Diese Autoren nehmen deshalb an, daß der Erbschaftsbesitzer an den mittelbaren Sachfrüchten – also insbesondere an den als Miet- oder Pachtzins eingenommenen Geldzeichen – ohne Rücksicht auf seinen guten oder bösen Glauben „infolge eines nach allgemeinen Grundsätzen wirksamen Übertragungsgeschäfts" Eigentum erwerbe und nur obligatorisch nach § 2020 HS 2 zur „Herausgabe" (dh Übereignung) verpflichtet sei. Richtiger erscheint die erstere Auffassung, also eine restriktive Interpretation des § 2020 HS 2, die das Surrogationsprinzip bei Früchten nur insoweit preisgibt, als das nach dem Wortlaut des Gesetzes unvermeidlich ist. Das berechtigte Interesse der Erben und der Nachlaßgläubiger verlangt auch hier eine möglichst weitgehende Erstreckung der dinglichen Surrogation (so auch Olzen JuS 1989, 374, 378). Es ist widerspruchsvoll, eine vom Erbschaftsbesitzer im eigenen Namen begründete Kaufpreisforderung für einen Nachlaßgegenstand unmittelbar dem Erben zuzuweisen (§ 2019), eine für denselben Gegenstand erzielte Mietzinsforderung aber nicht (vgl auch Otte, in: GedSchr Sonnenschein [2003] 181, 193).

Hiergegen hat nun allerdings Maurer eingewandt, in den Fällen der Ziehung **5** mittelbarer Sachfrüchte scheide die Anwendung des § 2019 schon deshalb aus, weil es hier an einer „Verfügung" über Nachlaßmittel und damit an einer Aufopferung von Nachlaßbestandteilen fehle (155 f). Eine Verfügung im technischen Sinne wäre aber jedenfalls dann gegeben, wenn der Erbschaftsbesitzer (wirksam) ein beschränktes dingliches Nutzungsrecht an einer Nachlaßsache gegen Entgelt bestellt; und dieses Entgelt wäre dann eine mittelbare Sachfrucht. Zudem wird jedenfalls von einem Teil des Schrifttums mit guten Gründen auch bei § 816 Abs 1 die Vermietung oder Verpachtung einer fremden Sache einer Verfügung im technischen Sinne im Analogiewege gleichgestellt (s GURSKY, 20 Probleme aus dem Bereicherungsrecht[6] 78 ff). In der Tat ist auch hier eine wirksame Aufopferung von Nachlaßmitteln jedenfalls dann gegeben, wenn der Erbe den abgeschlossenen Miet- oder Pachtvertrag genehmigt und sich damit (vgl STAUDINGER/GURSKY [2009] § 185 Rn 102 ff) an diesen fremden Vertrag bindet: Der Erbe verliert damit für die Laufzeit des Vertrages gegen den Mieter oder Pächter die Möglichkeit, mit dem Vindikationsanspruch oder einem Nutzungsherausgabeanspruch gegen den Mieter oder Pächter vorzugehen.

6   III. **Gegenstand** des Anspruchs sind die **Nutzungen** (vgl § 100). Unmodifiziert gilt die Norm aber nur für die wichtigste Unterart der Nutzungen, die unmittelbaren Sachfrüchte (§ 99 Abs 1); für die vom Erbschaftsbesitzer gezogenen Gebrauchsvorteile gilt § 2020 von vornherein nur in Verbindung mit §§ 2021 Abs 2, 3 und eventuell §§ 2023 Abs 2, 2024 (s § 2021 Rn 1, 3 und § 2024 Rn 1). Soweit herauszugebende Früchte noch vorhanden sind, hat die Herausgabe in Natur zur erfolgen. Soweit sie (schon nach allgemeinen Regeln oder aber infolge Eingreifen des Surrogationsgrundsatzes, s oben Rn 2) in das Eigentum des Erben gefallen sind, hat der Herausgabeanspruch dinglichen Charakter, soweit sie in das Eigentum des gutgläubigen Erbschaftsbesitzers gefallen sind, dagegen schuldrechtlichen Charakter. Im ersteren Fall richtet sich der Anspruch auf Auskehrung des Besitzes, im zweiten auf Übertragung von Besitz und Eigentum. Soweit der Erbschaftsbesitzer zur Herausgabe in Natur außerstande ist, hat er eine Werterstattungspflicht nach §§ 2021, 818 Abs 2, 3. Diese Form der Sekundärhaftung gilt auch für den obligatorischen Herausgabeanspruch aus § 2020 HS 2 (PLANCK/FLAD Anm 3; BGB-RGRK/KREGEL Rn 2; MünchKomm/HELMS Rn 6; jurisPK/EHM Rn 5; vLÜBTOW II 1056; ENDEMANN § 154 II b 3); die §§ 275 ff werden hier durch § 2021 verdrängt (OLZEN Rn 840 Fn 56). Gegenüber dem obligatorischen Anspruch auf Herausgabe der noch in Natur vorhandenen Sachfrüchte (fructus extantes) läßt sich dagegen eine Haftungseinschränkung wegen Wegfalls der Bereicherung (§ 818 Abs 3) nicht begründen (aA WINDSCHEID/KIPP III 539); er ist schuldrechtlicher, aber nicht bereicherungsrechtlicher Art.

7   Soweit die Früchte noch ungetrennt vorhanden sind, gehören sie selbstverständlich dem Erben, der sie mit einer dinglichen Klage nach § 2018 herausverlangen kann.

8   Unmittelbare Sachfrüchte von Sachen, an denen dem Erblasser kein Fruchtziehungsrecht zustand und die nur tatsächlich zur Erbschaft gehören, erwirbt der Erbschaftsbesitzer, wenn er das weiß, nicht zu Eigentum, aber auch nicht der Erbe. Gleichwohl muß er sie zur Erbschaft herausgeben, da er sie aus ihr erlangt hat (vgl unten Rn 11) und zwar aufgrund eines aussonderungsfähigen Anspruchs (so richtig PLANCK/FLAD Anm 2d; MünchKomm/HELMS Rn 3; SOERGEL/DIECKMANN Rn 2; DAMRAU/SCHMALENBACH Rn 3. Vgl auch § 2018 Rn 31 f, 34). Herausgabe heißt dabei nur Abgabe des Besitzes, nicht auch Übereignung.

9   Zu Unternehmenserträgen als Nutzungen vgl WALKER 117 ff; FRIEDRICH 246 f; aber auch STAUDINGER/GURSKY (2006) § 987 Rn 20.

10 IV. Für die **versäumten Nutzungen** haftet der **gutgläubige** Erbschaftsbesitzer nicht. Der in der II. Komm gestellte Antrag, ihn den Nachlaßgläubigern nach den Grund-

sätzen des Auftragsrechts für haftbar zu erklären (vgl § 1978), wurde abgelehnt; Prot V 832 f. Eine Verschärfung seiner Haftung gegenüber dem Erben tritt nach §§ 2023, 2024 mit der Rechtshängigkeit des Erbschaftsanspruchs oder schon vorher mit der Unredlichkeit ein.

V. Fehlende eigene Nutzungsberechtigung des Erblassers

Problematisch ist, ob der Nutzungsherausgabeanspruch auch die Nutzungen aus solchen Sachen umfaßt, die nur besitzmäßig zum Nachlaß gehört haben und bezgl derer dem Erblasser weder ein dingliches Nutzungsrecht noch eine obligatorische Nutzungsbefugnis zugestanden hat. Die hM bejaht diese Frage ohne nähere Begründung (vgl PLANCK/FLAD Anm 2d; STAUDINGER/GURSKY[12] Rn 3; SOERGEL/DIECKMANN Rn 2 [schuldrechtliche Herausgabepflicht, aber Aussonderungsrecht]; MünchKomm/HELMS Rn 3; DEK/LENZ Rn 2; PWW/TSCHICHOFLOS Rn 5; JOACHIM Rn 502); von WIELING (JZ 1986, 5, 7) wird sie sie ebenso lakonisch verneint. Meines Erachtens spricht doch mehr für die Position der hM. Die Nutzungsherausgabeansprüche des Erben aus § 2020 (bzw nach Eintritt der Haftungsverschärfung aus §§ 2024 S 1 oder 2, 2023 Abs 2, 1, 987 Abs 1, 2) enthalten kein Tatbestandsmerkmal, aus dem sich der Ausschluß der Nutzungsherausgabepflicht bei fehlender eigener Nutzungsbefugnis des Erben ableiten ließe. Die Ausklammerung der Frage der eigenen Nutzungsberechtigung des Erben ist prozeßökonomisch und verletzt keine schutzwürdigen Interessen des Erbschaftsbesitzers, der ja dem wirklichen Eigentümer der Sache gegenüber ohnehin nach § 988 nutzungsherausgabepflichtig wäre. Der Erbe seinerseits wird damit nicht überprivilegiert, da er wiederum dem Eigentümer gegenüber zumindest aus dem Gesichtspunkt der allgemeinen Eingriffskondiktion zur Weiterleitung der Nutzungen verpflichtet ist (vgl GURSKY, in: 3. FS vLübtow 211, 218 f; MAURER 59; DAMRAU/SCHMALENBACH Rn 7). Die Durchsetzung des Nutzungsherausgabeanspruchs ist als Ziehung mittelbarer Sachfrüchte (§ 99 Abs 3) und damit als (mittelbare) Nutzung der nur faktisch zum Nachlaß gehörenden Sache zu qualifizieren. Diese Abwicklung über Dreieck kann im Einzelfall durchaus im Interesse des dritten Eigentümers liegen, weil dieser auf dem Wege über den Erben uU auch auf solche Nutzungen zugreifen kann, die er unmittelbar vom Erbschaftsbesitzer nicht herausverlangen könnte (vgl GURSKY aaO; **aA** MAURER 160 f).

§ 2021
Herausgabepflicht nach Bereicherungsgrundsätzen

Soweit der Erbschaftsbesitzer zur Herausgabe außerstande ist, bestimmt sich seine Verpflichtung nach den Vorschriften über die Herausgabe einer ungerechtfertigten Bereicherung.

Materialien: E I §§ 2083, 2087; II § 1895; III § 1996; Mot V 587; Prot V 696 f, 716; JAKOBS/SCHUBERT ER I 663–665, 671–695, 708–725.

I. Grundsätzliches

1 § 2021 schränkt den Umfang der in §§ 2018–2020 grundsätzlich anerkannten Herausgabepflicht nach den Grundsätzen des Bereicherungsrechts ein, wenn der gutgläubige und noch nicht verklagte Erbschaftsbesitzer zur Herausgabe „außerstande" ist. In dieser Rechtsfolgenverweisung liegt dreierlei: Zum einen tritt an die Stelle der bisher an sich geschuldeten Herausgabe in Natur eine wertmäßige Herausgabe (§ 818 Abs 2). Zum anderen wird diese am objektiven Wert des betreffenden Vorteils orientierte Vergütungspflicht durch § 818 Abs 3 auf die beim Erbschaftsbesitzer noch vorhandene Bereicherung begrenzt. Der Erbschaftsbesitzer kann (in beschränktem Umfang) Verluste, die ihm aus Anlaß der Inbesitznahme des Nachlasses in seinem ureigenen Vermögen entstanden sind, als bereicherungsmindernd absetzen (s unten Rn 7), wenn sie eingetreten sind, als er noch nicht verschärft haftete. Soweit die bisherige Herausgabepflicht ohnehin schon obligatorischer Natur war (§ 2020 HS 2), wird der gutgläubige und unverklagte Erbschaftsbesitzer auch von einer denkbaren Schadensersatzpflicht wegen schuldhaft herbeigeführter Leistungsunmöglichkeit (§§ 280 Abs 1 und 3, 283) freigestellt (vgl unten Rn 3). – Die Haftung des Erbschaftsbesitzers verschärft sich drittens zu einer bereicherungsunabhängigen, wenn die Herausgabe in Natur zu einem Zeitpunkt unmöglich wird, zu dem der Erbschaftsbesitzer bereits bösgläubig (§ 2024) bzw auf Herausgabe verklagt (§ 818 Abs 4) war (s unten Rn 12). Die verschärfte Bereicherungshaftung kann dann mit einer Schadensersatzhaftung zusammentreffen (zB die Haftung auf den objektiven Wert der nunmehr gezogenen Gebrauchsvorteile, §§ 2020 HS 1, 100, 2021, 2024, 818 Abs 4 u Abs 2, mit der Schadensersatzhaftung nach §§ 2024, 292, 989 wegen gebrauchsbedingter Abnutzung). Hier bildet der Anspruch auf Vergütung der Gebrauchsvorteile einen Folgevorteil des Schadensereignisses, der im Wege der compensatio lucri cum damno automatisch den Umfang des geschuldeten Schadensersatzes mindert (vgl STAUDINGER/GURSKY [2006] § 989 Rn 27; abw BAMBERGER/ROTH/FRITZSCHE² § 989 Rn 18 und PALANDT/BASSENGE § 989 Rn 6: Anrechnung nur, wenn Nutzungsherausgabe wirklich verlangt wird). Über §§ 2024, 292, 989 erhält der Erbe also nur denjenigen Schaden ersetzt, der die ihm zustehende Nutzungsvergütung übersteigt (abw Bearb 1996: freie Wahl des Erben zwischen beiden Ansprüchen).

II. Besondere Voraussetzungen der Bereicherungshaftung

2 1. Die nach §§ 2018–2020 primär geschuldete Herausgabe in Natur muß unmöglich sein. Diese Unmöglichkeit liegt nicht vor, soweit gemäß § 2019 Surrogierung eingreift oder durch die Verbindung, Vermischung oder Vermengung einer Erbschaftssache mit Sachen des Erbschaftsbesitzers Miteigentum begründet worden ist; letzterenfalls ist dieses Miteigentum herauszugeben (BGB-RGRK/KREGEL Rn 3; MünchKomm/HELMS Rn 2; AnwK-BGB/FLEINDL Rn 2; ERMAN/SCHLÜTER Rn 2). Falls das Surrogat geringwertiger ist, kommt es damit nicht zu einer Kombination von Surrogatsherausgabe und ergänzendem bereicherungsrechtlichen Wertausgleich (MAURER 148; MUSCHELER ErbR 2009, 76, 77; aA AK-BGB/WENDT Rn 2; SOERGEL/DIECKMANN Rn 2; DAMRAU/SCHMALENBACH Rn 2). Besteht der Ersatzvorteil in einem Geldanspruch und ist das darauf eingezogene Geld nicht mehr in Natur vorhanden, etwa verausgabt, so greift nicht die allgemeine (früher zT aus § 279 aF abgeleitete, aber schon aus dem Prinzip der unbeschränkten Vermögenshaftung folgende [s PALANDT/HEINRICHS § 276 Rn 28]) Regel ein, wonach ein Leistungsunvermögen bei Geldschulden nicht befreit, sondern es ist nach Bereicherungsrecht zu fragen, ob und inwieweit der Erbschaftsbesitzer sich auf den nachträglichen Wegfall der Bereicherung (§ 818 Abs 3) berufen kann (vgl RG Recht 1920 Nr 417; MAURER 163 f; PLANCK/FLAD pr; AK-BGB/WENDT Rn 3; SOERGEL/DIECKMANN Rn 3; MünchKomm/HELMS Rn 2).

2. Der **Grund**, aus dem der Erbschaftsbesitzer zur Herausgabe außerstande ist, ist **gleichgültig**, mag er die Sachen verbraucht, verschenkt, veräußert oder verloren haben, mag er mit Mitteln der Erbschaft unübertragbare Rechte erworben haben, deren Surrogierung nicht in Frage kommt, oder mag er endlich einen Erwerb gemacht haben, der völlig in seinem Eigenvermögen aufgegangen ist. Die Unmöglichkeit kann aber auch ihren Grund darin haben, daß die Nutzungen von vornherein nur in Gebrauchsvorteilen bestanden; der Erbschaftsbesitzer hat zB ein Nachlaßgrundstück bewohnt und dadurch Aufwendungen erspart. Herausgabeunmöglichkeit ist auch dann gegeben, wenn der Erbschaftsbesitzer eine erlangte Nachlaßsache zwar nicht mehr hat, aber sie von ihrem jetzigen Besitzer zurückerwerben könnte (zust DAMRAU/SCHMALENBACH Rn 3): Der unverschärfte Erbschaftsanspruch ist – genauso wie Vindikation und Kondiktion – ein Auskehrungs-, kein Verschaffungsanspruch; er verlangt nur Ausfolgerung desjenigen, was der Anspruchsgegner im Widerspruch zum Erbrecht des Klägers tatsächlich hat.

3. § 2021 wird **verdrängt**, wenn im Zeitpunkt des Eintritts der Herausgabeunmöglichkeit bereits die Voraussetzungen der **verschärften Haftung** nach § 2023 oder § 2024 vorlagen. Dagegen kann die Haftung nach § 2025 (entgegen AnwK-BGB/FLEINDL Rn 3) durchaus mit der Haftung aus § 2021 zusammentreffen: So wenn der Erbschaftsbesitzer gutgläubig und unverklagt ist, aber den Besitz durch fahrlässig verbotene Eigenmacht gegen den wirklichen Erben erlangt hat und nun Gebrauchsvorteile zieht, die der Erbe zumindest teilweise ebenfalls gezogen hätte. Hätte dieser sie nicht gezogen, kann – mangels eines Schadens des Erben – nur die bereicherungsrechtliche Wertersatzpflicht eingreifen.

III. Die **Bereicherungsgrundsätze** sind nicht **maßgebend** für die Festlegung der Tatbestände, aus denen sich die Haftung ergibt, sondern **nur für die Begrenzung des Umfangs** der in § 2021 bereits als gegeben vorausgesetzten Herausgabepflicht (so schon RGZ 81, 204, 206 und 139, 17, 22; heute allgM). § 2021 enthält also eine Rechtsfolgenverweisung auf die §§ 818 ff. Daraus folgt:

1. Der Erbschaftsbesitzer muß, soweit er zur Herausgabe außerstande ist, nach § 818 Abs 2 dem Erben den **Wert des Erlangten in Geld** ersetzen. Die Beweislast für den Wert hat der Erbe (PLANCK/FLAD Rn 4; BAUMGÄRTEL/SCHMITZ Rn 1). Maßgeblich ist der **objektive Wert** oder Verkehrswert (s STAUDINGER/LORENZ [2007] § 818 Rn 26). Bei Sachen ist dies der Preis, der bei einer Veräußerung der Sache normalerweise erzielt werden kann. Bei erlangten Gebrauchsvorteilen ist dagegen der Betrag anzusetzen, zu dem die Befugnis zu einem solchen Gebrauch normalerweise zu erwerben gewesen wäre (dh die durchschnittliche Miete oder Pacht). Der so ermittelte Betrag steht allerdings noch unter dem Vorbehalt einer Korrektur durch das Haftungsprivileg des § 818 Abs 3 (s Rn 7). Der BGH hat die getrennt zu prüfenden Ebenen des § 818 Abs 2 und Abs 3 unzulässigerweise miteinander vermengt, indem er bei der Leistungskondiktion die Verpflichtung des Kondiktionsschuldners zur wertmäßigen Herausgabe gezogener Gebrauchsvorteile (§§ 812 Abs 1 S 1 1. Alt, 818 Abs 1, 2) an der gebrauchsbedingten Minderung des Zeitwertes der rechtsgrundlos erlangten Sache orientieren wollte (BGH LM § 818 Abs 2 BGB Nr 35 [unter B I 2 b, II 2]). Das war schon deshalb verfehlt, weil die generelle Orientierung des Wertersatzes an der vom Leistungsempfänger ersparten Abnutzung einer anderen Sache den Vorteil des § 818 Abs 3 auch auf den verschärft haftenden Leistungsempfänger erstrecken würde (vgl GURSKY JR 1998, 7 ff, 13 f). Im Rahmen des § 2021 ist diese Wertverzehrstheorie jedenfalls genauso wenig angebracht wie im Rahmen der funktional entsprechenden Regelung des § 988 (vgl STAUDINGER/GURSKY [2006] § 988 Rn 13). – Zu Unrecht behauptet EDENHOFER (PALANDT Rn 3) unter Berufung auf OLG Oldenburg ZErb 2008, 168, die bereicherungsrechtliche Herausgabepflicht aus § 2021 umfasse außer dem Wert der Sache auch den Gewinn, der dem Erben durch die Unfähigkeit des Erbschaftsbesitzers zu ihrer Herausgabe entgeht. Letzteres wäre nicht Bereicherungsherausgabe, sondern Schadensersatz.

7 2. Diese Verpflichtung ist ausgeschlossen, soweit der Erbschaftsbesitzer **nicht mehr bereichert** ist (§ 818 Abs 3); den Wegfall der Bereicherung muß dieser beweisen (s STAUDINGER/S LORENZ [2006] § 818 Rn 48). Bis zur Rechtshängigkeit oder Schlechtgläubigkeit entlastet ihn also jeder Verlust und auch jede Verschwendung. Dabei ist zu beachten, daß dem Erbschaftsbesitzer die einzelnen Nachlaßgegenstände und Vorteile, die er erlangt hat, gerade als Bestandteile des Ganzen, der Erbschaft entzogen werden. Dieser Ausrichtung des Rechtsbehelfs muß auch die Verteidigungsposition des Anspruchsgegners entsprechen (s § 2022 Rn 3). § 2087 E I hatte noch ausdrücklich klargestellt, daß in Ansehung der Beurteilung, ob eine Bereicherung des Erbschaftsbesitzers gegeben sei, die Erbschaft als Ganzes in Betracht komme. Die II. Kommission hat diese Regelung sachlich gebilligt, aber die Redaktionskommission mit der Prüfung beauftragt, ob die Vorschrift nicht als selbstverständlich gestrichen werden könne (Prot V 722 = MUGDAN V 490). Als Wegfall der Bereicherung kommen daher nicht nur nachteilige Konsequenzen des konkreten Vorteilserwerbs, um den es in § 2021 geht, sondern alle Folgenachteile des Erwerbs der Erbschaft insgesamt in Betracht (MünchKomm/HELMS Rn 5; SOERGEL/DIECKMANN Rn 4; DAMRAU/SCHMALENBACH Rn 10 ff; KIPP/COING § 107 III; OLZEN JuS 1989, 384, 378 f; MUSCHELER ErbR 2009, 76, 77; aA MAURER 162, 166 f). Bei der Bildung der Bereicherungsbilanz ist natürlich zu berücksichtigen, daß der Erbschaftsbesitzer die noch vorhandenen Nachlaßsachen in Natur herausgeben muß und daß deshalb nur die positiven und negativen Auswirkungen auf das ureigene Vermögen des Erbschaftsbesitzers erfaßt werden dürfen. Hat der Erbschaftsbesitzer etwa im Nachlaß vorgefundene Baumaterialien im Werte von € 15 000 zur Verbesserung eines zum Nachlaß gehörenden Hausgrundstücks verbaut und dadurch dessen Wert um € 10 000 erhöht, so ist eine auf diesen Materialverbrauch zurückführbare Bereicherung des Erbschaftsbesitzers nicht ersichtlich. Hätte es sich um ein eigenes Grundstück des Erbschaftsbesitzers gehandelt, so wäre dieser noch in Höhe von € 10 000 bereichert. Der Verbrauch von Nachlaßmitteln löst eine fortdauernde Bereicherung des Erbschaftsbesitzers im übrigen auch insoweit aus, als dieser anderweitige Ausgaben erspart. Wenn der Erbschaftsbesitzer zB Wertpapiere, die er im Nachlaß vorgefunden hat, versilbert und davon eine ohnehin geplante Vergnügungsreise bezahlt, so ist in voller Ausgabenhöhe eine Ersparnisbereicherung des Erbschaftsbesitzers gegeben. Hätte er die Reise dagegen ohne die vermeintliche Erbschaft nicht unternommen, so braucht er dem wahren Erben nur soviel zu erstatten, als er ohne die Reise üblicherweise zum Lebensunterhalt verbraucht hätte (so zutr KIPP[8] § 68 III; AK-BGB/WENDT Rn 7;

MünchKomm/HELMS Rn 5; BAMBERGER/ROTH/MÜLLER-CHRISTMANN Rn 4; **aM** MAURER 45). Einige Autoren (KIPP/COING[9] § 101 III; F LEONHARD Anm IV; vTUHR, in: FS Bekker 291 ff, 320 ff; DIETZ 154) wollen im Anschluß an D 5, 3, 25, 11 f anders entscheiden, wenn der Erbschaftsbesitzer die Wertpapiere unangetastet läßt, aber im Vertrauen auf die durch die Erbschaft entstandene Vermögensmehrung den gleichen Geldbetrag aus eigenen Mitteln zu jener für ihn bisher unerschwinglichen Vergnügungsreise aufwendet; dann soll er die Papiere dem wahren Erben herausgeben müssen, ohne wegen des auf der Reise Verbrauchten etwas anrechnen zu können. Das ist im Ergebnis (entgegen STAUDINGER/GURSKY[12]) sogar zutreffend, aber nur deshalb, weil dann gar kein Fall des § 2021 gegeben ist; die Herausgabepflicht aus § 2018 bezüglich der Wertpapiere ist natürlich bereicherungsunabhängig. So sind die Äußerungen der genannten Autoren aber wohl nicht zu verstehen; sie meinen eine Konstellation, bei der sich der Erbschaftsanspruch nicht nur auf Herausgabe in Natur, sondern teilweise über § 2021 auf Wertersatz nach Bereicherungsgrundsätzen richtet (deutlich vTUHR aaO). (Beispiel: Der Erbschaftsbesitzer läßt nach der Reise mit Nachlaßmitteln sein eigenes Haus renovieren; in Höhe der Ausgaben steigt der Wert des Grundstücks, ist der Erbschaftsbesitzer also bereichert.) Dagegen müssen die Ausgaben für die im Vertrauen auf den Erwerb der Erbschaft unternommene Luxusreise als Bereicherungsminderung angesetzt werden; es handelt sich nun einmal um einen Folgenachteil, der dem Erbschaftsbesitzer aus dem Antritt der vermeintlichen Erbschaft an seinem ureigenen Vermögen erwachsen ist. Die Abzugsmöglichkeit besteht aber immer nur bis zur Höhe des Betrages, der sich vor der Anwendung des § 818 Abs 3 als nach § 2021 geschuldete wertmäßige Herausgabe ergibt; dem auf Naturalrestitution gerichteten Teil des Erbschaftsanspruchs gegenüber versagt der Schutz (MUSCHELER ErbR 2009, 76, 77). An seine Stelle tritt hier der sehr viel engere Schutz durch § 2022.

Der Erbschaftsbesitzer kann sich also uU auch auf Verwendungen, die er *aus eigenen* **8** *Mitteln auf nicht zum Nachlaß gehörige Gegenstände* oder zur Deckung eigener Bedürfnisse gemacht hat, berufen, um sie als Minderung der herauszugebenden Bereicherung anrechnen zu können (so auch KIPP/COING § 107 III; PLANCK/FLAD § 2022 Anm 5; AK-BGB/WENDT § 2021 Rn 14, 16; BGB-RGRK/KREGEL Rn 5; SOERGEL/DIECKMANN Rn 4; ERMAN/SCHLÜTER Rn 2; DAMRAU/SCHMALENBACH Rn 8; LANGE/KUCHINKE § 40 IV 2 Fn 93). Daß die Verwendungen der Erbschaft zugute kommen müssen (so PLANCK/FLAD Anm b unter Berufung auf RG WarnR 1919 Nr 196, 308), um sie anrechenbar zu machen, ist nicht einzusehen. Wenn eine Verschwendung der Erbschaft den Erbschaftsbesitzer entlastet, muß ihn auch eine zwecklose Verwendung befreien, einerlei aus welchen Mitteln sie vorgenommen wird, selbstverständlich unter der Voraussetzung, daß sie im Vertrauen auf die mit der Erbschaft verbundene Vermögensmehrung geschieht. Zu beachten ist allerdings, daß die Verschwendung eigener Mittel dem Erbschaftsbesitzer nur insoweit zugute kommt, als es um dessen Bereicherungshaftung geht, nicht auch dann, wenn er Nachlaßgegenstände, Surrogate oder Früchte in Natur herauszugeben hat. Darin liegt wertungsmäßig eine gewisse Inkonsequenz (so mit Recht vTUHR aaO). Zur Reformdiskussion s § 2022 Rn 21.

Streitig ist auch, ob die *Aufwendungen,* die der Erbschaftsbesitzer gemacht hat, *um* **9** *in den Besitz der Erbschaft zu kommen,* von seiner Bereicherung abgezogen werden dürfen, wie zB die Kosten eines unrichtigen Erbscheins. Das ist nach den allgemeinen Grundsätzen des Bereicherungsrechts zu verneinen (MünchKomm/HELMS Rn 6;

PALANDT/EDENHOFER Rn 3; MAURER 166 f; aA AK-BGB/WENDT Rn 17). Nach § 818 Abs 3 wirken grundsätzlich nur solche Vermögensnachteile haftungsmindernd, die durch das haftungsbegründende „Erlangen" verursacht sind (vgl GURSKY JR 1971, 361, 364 f). Demgegenüber dürften die Kosten eines vom gutgläubigen Erbschaftsbesitzers geführten Vorprozesses, durch den sich dieser die bereits „erlangte" Erbschaft sichern oder erhalten wollte, abzugsfähig sein (so auch PLANCK/FLAD Anm b; BGB-RGRK/KREGEL Rn 5; MünchKomm/HELMS Rn 6; DAMRAU/SCHMALENBACH Rn 13; BAMBERGER/ROTH/MÜLLER-CHRISTMANN Rn 2; ERMAN/SCHLÜTER Rn 2; MAURER 167; aM KIPP/COING § 107 III; SOERGEL/DIECKMANN Rn 5; OLG Kiel LZ 1917, 888). Keine Bedenken bestehen gegen den Abzug der Kosten des Transports von Erbschaftssachen (SOERGEL/DIECKMANN Rn 5).

10 Durch die in § 2021 ausgesprochene Verweisung auf die Bereicherungsgrundsätze wird der Erbschaftsbesitzer privilegiert. Das *Ausmaß dieser Begünstigung* hängt von der äußerst umstrittenen Frage ab, ob § 818 Abs 3 einer Restriktion bedarf und wie diese im einzelnen auszusehen hat (vgl STAUDINGER/S LORENZ [2007] § 818 Rn 40; MünchKomm/SCHWAB[5] § 818 Rn 125 ff). Erwägenswert erscheint mir insoweit nur die These der Schrifttumsmehrheit, daß für § 818 Abs 3 ein innerer Zusammenhang zwischen dem eingetretenen Folgenachteil und dem Vertrauen des Kondiktionsschuldners auf die Endgültigkeit seines Erwerbs gefordert werden muß. Folgt man diesem Ansatz, könnten Schäden, die erlangte Nachlaßgegenstände an Bestandteilen des ureigenen Vermögens des Kondiktionsschuldners auslösen (das in Besitz genommene Vieh des Erblassers steckt beispielsweise den eigenen Viehbestand des Erbschaftsbesitzers an), nicht als Bereicherungsminderungsposten berücksichtigt werden (dafür DAMRAU/SCHMALENBACH Rn 14). – Ein nach diesem Kriterium zweifellos relevanter Folgenachteil ist dagegen gegeben, wenn der Erbschaftsbesitzer aus eigenen Mitteln eine vermeintliche Nachlaßverbindlichkeit tilgt und seine daraus entstandene Leistungskondiktion wegen Vermögensverfalls des Zahlungsempfängers undurchsetzbar und wertlos geworden ist. Der Erbschaftsbesitzer kann dem Erben die geleistete Zahlung allerdings nur dann als Bereicherungsminderung in Rechnung stellen, wenn er ihm zugleich seinen eigenen Kondiktionsanspruch abtritt (PLANCK/FLAD § 2022 Anm 5; vgl auch RGZ 86, 343, 349; BGHZ 72, 9, 13; SOERGEL/MÜHL/HADDING § 818 Rn 66; PALANDT/SPRAU § 818 Rn 39).

11 Wendet der Erbschaftsbesitzer das Erlangte unentgeltlich einem Dritten zu, so wird dieser nach **§ 822** zur Herausgabe der Bereicherung verpflichtet, soweit infolge der Zuwendung die Verpflichtung des Erbschaftsbesitzers zur Herausgabe ausgeschlossen ist (PLANCK/FLAD Anm b; BGB-RGRK/KREGEL Rn 5; MünchKomm/HELMS Rn 7; F LEONHARD Anm IV; MUSCHELER ErbR 2009, 76, 77; **aM** AK-BGB/WENDT Rn 32 f; MAURER 163; wohl auch HADDING, in: FS Mühl 225, 265 f, da er die Verweisung als „Teilverweisung" auf „alle nicht anspruchsbegründenden Vorschriften in den §§ 812–822" versteht, § 822 aber natürlich gerade eine anspruchsbegründende Vorschrift darstellt). Daß der Erbschaftsbesitzer bis zur Weitergabe noch nicht nach Bereicherungsgrundsätzen haftete, steht dem nicht entgegen; die Verweisung bedeutet ja gerade, daß eine materiell kondiktionsrechtliche Herausgabepflicht fingiert wird. Darüber hinaus ist auch § 816 Abs 1 S 2 anwendbar, wenn der Erbschaftsbesitzer wirksam unentgeltlich über Nachlaßgegenstände verfügt (SOERGEL/DIECKMANN Rn 3; MünchKomm/HELMS Rn 7; DAMRAU/SCHMALENBACH Rn 15; AK-BGB/WENDT Rn 32 ff; PALANDT/EDENHOFER Rn 2; MAURER 163; MUSCHELER aaO).

12 3. Von der **Rechtshängigkeit** des Anspruchs aus § 2021 an haftet der Erbschaftsbesitzer nach den für Geldschulden geltenden allgemeinen Vorschriften (§ 818 Abs 4), also in Höhe der bei Eintritt der Rechtshängigkeit noch vorhandenen Bereicherung; außerdem muß er die Schuld verzinsen (§ 291). Entsprechendes gilt, wenn der Erbschaftsbesitzer nach der Entstehung des bereicherungsrechtlichen Wertersatzanspruchs aus § 2021 bösgläubig wird (§§ 819 Abs 1, 818 Abs 4). War bereits der vorangegangene Anspruch auf Herausgabe der jetzt verbrauchten oder genutzten Nachlaßsache in Natur rechtshängig, so kommt primär § 2023 zur Anwendung. Ob daneben auch weiterhin § 2021 herangezogen werden kann, ist problematisch. § 2021 enthält im Gegensatz zu § 988 nicht den Zusatz „vor dem Eintritt der Rechtshängigkeit". Andererseits kann die fortdauernde Verfügbarkeit der Anspruchsgrundlage des § 2021 für den Erben nur bei einer ganz theoretischen Konstellation von Vorteil sein, nämlich wenn der Erbschaftsbesitzer nach Rechtshängigkeit des dinglichen Teils des Erbschaftsanspruchs Nachlaßbestandteile schuldlos verbraucht und dadurch eine fortdauernde Bereicherung (Ersparnis oder Wertsteigerung einer eigenen Sache) erlangt. Wenn man wegen dieser Konstellation § 2021 neben der Haftung aus § 2023 anwendet (dafür iE MAURER 165 f), so steht die Haftung aus § 2021 trotz der Rechtshängigkeit des Anspruchs auf Herausgabe weiterhin unter dem Vorbehalt des § 818 Abs 3: Die Rechtshängigkeit des primären Herausgabeanspruchs und die Rechtshängigkeit des sekundären Bereicherungsanspruchs sind nun einmal zu unterscheiden. – War der Erbschaftsbesitzer bei der Ziehung von (naturgemäß von vornherein nicht in Natur herausgebbaren) Gebrauchsvorteilen bzw beim Unmöglichwerden der Herausgabe einer Nachlaßsache in Natur bereits bösgläubig (iSv § 2024), so richtet sich die Haftung nach § 2024 iVm § 818 Abs 4 (s § 2024 Rn 1).

13 Eine Erweiterung der Haftung aus § 2021 wegen *Schuldnerverzuges* (§§ 280 Abs 2, 286 bzw §§ 280 Abs 3, 283, 287) kommt nicht in Betracht, solange der Erbschaftsbesitzer das Haftungsprivileg des § 818 Abs 3 genießt (vgl STAUDINGER/S LORENZ [2007] § 818 Rn 51). Ab Rechtshängigkeit des bereicherungsrechtlichen Teils des Erbschaftsanspruchs kann dagegen die Verzugshaftung gemäß §§ 818 Abs 4, 291 S 1 („auch wenn er nicht in Verzug ist"), 292 Abs 1 aE Platz greifen, da die Verzugsvorschriften zu den allgemeinen Regeln iS dieser Vorschriften gehören (aA STAUDINGER/S LORENZ aaO mwNw). Bedeutung hat das nur wegen eines die Prozeßzinsen (§ 291) übersteigenden Schadens (§ 288 Abs 4).

14 4. § 2023, der die Haftung für herauszugebende Erbschaftssachen vom Eintritt der Rechtshängigkeit an nach dem Vorbild der Regelung für den Eigentumsherausgabeanspruch steigert, kommt für den Bereicherungsanspruch nach § 2021 nicht in Betracht, da er nur für die dingliche Seite des Erbschaftsanspruchs gilt. Wohl aber trifft § 2024, der die Wirkungen der *Bösgläubigkeit* bestimmt, auch den schuldrechtlichen Bereicherungsanspruch, so daß seine Bestimmungen denen des § 819 Abs 1 vorgehen (PLANCK/FLAD § 2024 Anm 1d; BGB-RGRK/KREGEL Rn 3; SOERGEL/DIECKMANN § 2024 Rn 1; MünchKomm/HELMS Rn 8; DAMRAU/SCHMALENBACH Rn 16; ERMAN/SCHLÜTER Rn 2; AK-BGB/WENDT Rn 29; vLÜBTOW II 1058; MAURER 164). Der in § 2024 vorausgesetzte Mangel guten Glaubens ist nicht nur bei Kenntnis der fehlenden Erbberechtigung, wie nach § 819 gegeben, sondern auch schon dann, wenn dem Erbschaftsbesitzer infolge *grober Fahrlässigkeit* der Mangel seiner Erbberechtigung beim Beginn des Erbschaftsbesitzes verborgen geblieben ist.

15 5. Die **Beweislastverteilung** folgt allgemeinen Regeln. Der Kläger muß, wenn er statt Herausgabe in Natur Wertersatz verlangt die Unmöglichkeit der Herausgabe beweisen (BAMBERGER/ROTH/MÜLLER-CHRISTMANN Rn 8; **aA** BAUMGÄRTEL/SCHMITZ Rn 1; AnwK-BGB/FLEINDL Rn 5). Die Klage auf Herausgabe in Natur und die Wertersatzklage unterscheiden sich insoweit. Nur für die erste ist die Unmöglichkeit eine Verteidigungsposition des Beklagten; bei der letzteren geht es um eine positive Voraussetzung des konkret geltend gemachten (Teil-)Anspruchs. Der Kläger muß ferner den objektiven Wert des nicht bzw nicht mehr herausgebbaren Nachlaßgegenstandes oder aus dem Nachlaß erlangten Vorteils beweisen, der Beklagte den Wegfall der Bereicherung (**aA** MAURER 96), der Kläger demgegenüber wiederum den Eintritt der Haftungsverschärfung vor dem Bereicherungswegfall (s BAUMGÄRTEL/ SCHMITZ Rn 1, 2).

§ 2022
Ersatz von Verwendungen und Aufwendungen

(1) Der Erbschaftsbesitzer ist zur Herausgabe der zur Erbschaft gehörenden Sachen nur gegen Ersatz aller Verwendungen verpflichtet, soweit nicht die Verwendungen durch Anrechnung auf die nach § 2021 herauszugebende Bereicherung gedeckt werden. Die für den Eigentumsanspruch geltenden Vorschriften der §§ 1000 bis 1003 finden Anwendung.

(2) Zu den Verwendungen gehören auch die Aufwendungen, die der Erbschaftsbesitzer zur Bestreitung von Lasten der Erbschaft oder zur Berichtigung von Nachlassverbindlichkeiten macht.

(3) Soweit der Erbe für Aufwendungen, die nicht auf einzelne Sachen gemacht worden sind, insbesondere für die im Absatz 2 bezeichneten Aufwendungen, nach den allgemeinen Vorschriften in weiterem Umfang Ersatz zu leisten hat, bleibt der Anspruch des Erbschaftsbesitzers unberührt.

Materialien: E I §§ 2084, 2087; II § 1896; III § 1997; Mot V 589; Prot V 716 f; Denkschr 727; JAKOBS/SCHUBERT ER I 666–691, 709–725.

Schrifttum

FINK, Der Anspruch des gutgläubigen Erbschaftsbesitzers auf Ersatz von Verwendungen (Diss Greifswald 1904)
L FUCHS, Die Zahlung der Erbschaftsschulden durch den Erbschaftsbesitzer (Diss Leipzig 1907)

GREINER, Die Haftung auf Verwendungsersatz (2000) (insbes S 254 ff)
F REINHARD, Die Bestimmungen der l. 31 pr. D. 5. 3. und ihre Weiterentwicklung im BGB (Diss Heidelberg 1908).

I. Grundsätzliches

1. § 2022 stellt den mit der dinglichen Erbschaftsklage belangten gutgläubigen Erbschaftsbesitzer wegen der **Verwendungen**, die er **vor der Rechtshängigkeit** (§ 2023 Abs 2) und **vor Eintritt seiner Bösgläubigkeit** auf einzelne Erbschaftsgegenstände oder auf die Erbschaft im ganzen gemacht hat, erheblich günstiger, als den mit der Eigentumsklage belangten Besitzer einer einzelnen Sache. Er kann Ersatz aller seiner Verwendungen, ohne Rücksicht auf Notwendigkeit und Nützlichkeit, verlangen. Die Durchsetzung der Verwendungsersatzansprüche richtet sich dabei nach den für den Eigentumsanspruch gegebenen Vorschriften der §§ 1000–1003. Danach hat der Erbschaftsbesitzer zunächst ein Zurückbehaltungsrecht, uU auch ein Klagerecht und endlich ein pfandartiges Selbstbefriedigungsrecht. Die Regelung des § 2022 folgt im wesentlichen dem gemeinen Recht (vgl Windscheid/Kipp § 613). Die Motive (V 589) stellen den naheliegenden Zusammenhang mit der Verpflichtung des Erbschaftsbesitzers zur Herausgabe aller Nutzungen her.

2. § 2022 erkennt einen solchen Ersatzanspruch nur gegenüber dem **dinglichen Anspruch auf Herausgabe** der „zur Erbschaft gehörenden Sachen" zu. Jedoch ist die Norm zweifellos entsprechend anwendbar auf den Anspruch auf „Herausgabe" einer **aus der Erbschaft erlangten Grundbuchposition** (s § 2018 Rn 34); der Erbschaftsbesitzer kann also seine Zustimmung zur Grundbuchberichtigung solange verweigern, bis ihm seine Verwendungen auf das Grundstück ersetzt sind (Strohal II § 95 IV 1 c; Planck/Flad Anm 3; Soergel/Dieckmann Rn 1; AnwK-BGB/Fleindl Rn 2; Damrau/Schmalenbach Rn 3; Palandt/Edenhofer Rn 4; Maurer 190; Edenfeld 99). Sicherheit in der Zwischenzeit kann der Erbe durch die im Wege der einstweiligen Verfügung herbeigeführte Eintragung eines Widerspruchs erreichen (PWW/Tschichoflos Rn 9); ein Zurückbehaltungsrecht gegen den Grundbuchberichtigungsanspruch ist nämlich kein Hindernis für die Widerspruchseintragung (s Staudinger/Gursky [2008] § 899 Rn 44). Darüber hinaus wird man § 2022 auch auf den schuldrechtlichen Anspruch auf Herausgabe der in das Eigentum des Erbschaftsbesitzers gelangten Früchte (§ 2020 HS 2) entsprechend anwenden müssen (so auch BGB-RGRK/Kregel Rn 1; Soergel/Dieckmann Rn 1; MünchKomm/Helms Rn 2; AnwK-BGB/Fleindl Rn 2; Damrau/Schmalenbach Rn 3; Erman/Schlüter Rn 1; Palandt/Edenhofer Rn 1; vLübtow II 1061; Lange/Kuchinke § 40 Fn 104; Brox/Walker Rn 585; Olzen JuS 1989, 374, 381; Maurer 189 f; Muscheler ErbR 2009, 76, 80; aM Planck/Flad Anm 1a γ). Andernfalls stünde der gutgläubige Erbschaftsbesitzer schlechter als der bösgläubige, der mangels Eigentumserwerbs dem dinglichen Herausgabeanspruch ausgesetzt ist und diesem jedenfalls die Rechte aus §§ 2023 Abs 2, 994 Abs 2, 995, 998 entgegenhalten kann. Zu versagen ist der Ersatzanspruch aus § 2022 dagegen gegenüber dem schuldrechtlichen Anspruch auf Herausgabe der Bereicherung (§ 2021). Hier führt jedoch die Berücksichtigung aller auf den Nachlaß gemachten Verwendungen als Bereicherungsminderungsposten (s § 2021 Rn 7) wirtschaftlich zum gleichen Ergebnis. Daß solche Verwendungen, die bereits durch Anrechnung auf eine nach § 2021 herauszugebende Bereicherung gedeckt werden, nicht noch zusätzlich einen Ersatzanspruch gegenüber der dinglichen Klage begründen können, verstünde sich eigentlich von selbst, wird aber durch Abs 1 S 1 HS 2 ausdrücklich klargestellt. Die letztere Norm kommt auch dann zur Anwendung, wenn der Erbe den Anspruch aus § 2021 gar nicht geltend macht. Es genügt, daß auf der Grundlage des unstreitigen oder nachgewiesenen Sachverhalts ein Anspruch aus § 2021 dem Grunde nach entstanden ist, aber nach §§ 2021, 818

Abs 2 und 3 durch Anrechnung der Verwendungen reduziert wird. In Höhe des Kürzungsbetrages entfällt dann der Verwendungsersatzanspruch des Erbschaftsbesitzers. Übersteigt der Umfang der Verwendungen dagegen den Bereicherungsanspruch aus § 2021, so steht dem Erbschaftsbesitzer in Höhe des überschießenden Verwendungsbetrages natürlich der Anspruch aus § 2022 zu. – Die Verteidigungsposition des Erbschaftsbesitzers aus § 2022 besteht nur gegenüber dem Erbschaftsanspruch (sowie über § 2029 gegenüber den damit konkurrierenden Singularansprüchen), nicht auch gegenüber einem etwaigen Anspruch des Erben auf Herausgabe eines vom Erbschaftsbesitzer erlangten unrichtigen Erbscheins aus § 2362 Abs 1 (DILLBERGER/FEST JuS 2009, 1099, 1100).

II. Die ersatzfähigen Verwendungen

3   Der **Begriff der Verwendungen** ist vom Gesetz nicht näher bestimmt (Mot III 31 und 411). Er bedeutet so viel wie „gegenstandsbezogene Aufwendungen" (MEDICUS, BürgerlR²¹ Rn 876). Verwendungen sind solche freiwilligen Vermögensopfer, die nach dem Willen des Verwendenden unmittelbar einer bestimmten Sache (so im Rahmen der §§ 590b, 601, 693, 994 ff, 1049) oder einer bestimmten Vermögensmasse (so hier und bei §§ 2125, 2381) zugute kommen sollen (s STAUDINGER/GURSKY [2006] Vorbem 5 zu §§ 994 ff). In § 2022 sind solche Ausgaben des Erbschaftsbesitzers gemeint, die dieser aus eigenen Mitteln (nicht aus denen des Nachlasses) im Interesse des herauszugebenden Nachlasses gemacht hat, deren eventueller wirtschaftlicher Erfolg also dem Erben zugute kommen muß. Durch **Abs 2** ist aber weiter noch ausdrücklich bestimmt, daß auch diejenigen *Aufwendungen* zu den Verwendungen iS des § 2022 gehören, die der Erbschaftsbesitzer *zur Bestreitung von Kosten der Erbschaft oder Berichtigung von Nachlaßverbindlichkeiten* macht. Die Tilgung einer Nachlaßverbindlichkeit aus Eigenmitteln des Erbschaftsbesitzers ist also immer eine Verwendung auf die Erbschaft (vgl Mot V 590).

4   § 2087 E I hatte ausdrücklich ausgesprochen, daß in Ansehung des Ersatzes der Verwendungen die Erbschaft als ein Ganzes in Betracht kommt. Damit sollte ausweislich von Mot V 592 zweierlei klargestellt werden: nämlich einmal, daß auch die nicht auf spezielle Erbschaftsgegenstände gemachten Verwendungen erfaßt werden sollten, zum anderen, daß der Erbschaftsanspruch nicht davon abhängig sein sollte, ob das Objekt der Verwendungen bei der Herausgabe der Erbschaft noch vorhanden ist oder nicht. Die II. Kommission billigte diese Regelung als sachlich richtig, beauftragte aber die Redaktionskommission mit der Prüfung, ob die Vorschrift nicht als selbstverständlich gestrichen werden könne (Prot V 722). Durch die dann tatsächlich erfolgte Streichung des § 2087 I 1 ist sachlich keine Änderung bewirkt worden. Aus § 2022 Abs 2 läßt sich immer noch schließen, daß auch im Hinblick auf die Verwendungen die Erbschaft als ein Ganzes in Betracht kommt, wie das ja auch durch die Konzeption des Erbschaftsanspruches als eines Gesamtanspruches nahegelegt wird. Der Erbschaftsbesitzer kann sein *Zurückbehaltungsrecht* also *auch auf solche Verwendungen stützen,* die *auf andere als die nunmehr herausverlangten Nachlaßsachen* gemacht worden sind (BGB-RGRK/KREGEL Rn 4; MünchKomm/HELMS Rn 9; AK-BGB/WENDT Rn 15; CROME § 715 Fn 81; LANGE/KUCHINKE § 40 IV 5; KIPP/COING § 107 IV; vLÜBTOW II 1061; WEINKAUF 152; STROHAL II § 95 IV 1 b; HELLWIG, Anspruch und Klagrecht 50; aA MAURER 40 f, 184 f). Dies gilt sogar dann, wenn das Objekt der Verwendungen gar nicht mehr vorhanden ist (PLANCK/FLAD § 2022 Anm 1b; AK-BGB/WENDT Rn 15; DAMRAU/SCHMA-

LENBACH Rn 12; ERMAN/SCHLÜTER Rn 3; vLÜBTOW II 1061; KIPP/COING § 107 IV 3; CROME § 715 III 2 a m Fn 78; BINDER III 424; aA HÜBNER 44; MAURER 40 f). Ebenso reichen Verwendungen auf unkörperliche Gegenstände (zB Zahlung von Patentgebühren) aus (SOERGEL/ DIECKMANN Rn 10). Der Begriff verlangt ein Vermögensopfer; deshalb ist die vom Erbschaftsbesitzer zur Erhaltung und Pflege einer Nachlaßsache aufgewandte eigene *Arbeitsleistung* nur dann eine Verwendung, wenn der Erbschaftsbesitzer dadurch einen Verdienstausfall erleidet, weil er seine Arbeitskraft sonst anderweitig gegen Entgelt eingesetzt hätte (KG OLGZ 1974, 17; OLG Düsseldorf FamRZ 1992, 600, 602; Münch-Komm/FRANK[3] Rn 3; AnwK-BGB/FLEINDL Rn 5; ERMAN/SCHLÜTER Rn 1; PALANDT/EDENHOFER Rn 2; PWW/TSCHICHOFLOS Rn 4; MünchKomm/HELMS[3] Rn 3; Hk-BGB/HOEREN Rn 3; **abw** BGHZ 131, 220, 224 ff [zu §§ 994 ff]; SOERGEL/DIECKMANN Rn 2; MünchKomm/HELMS[5] AK-BGB/WENDT Rn 23; vgl auch STAUDINGER/GURSKY [2006] Vorbem 12 ff zu §§ 994 ff). An einem Vermögensopfer und damit an einer Verwendung iS von § 2022 wird es auch regelmäßig fehlen, wenn der Erbschaftsbesitzer eine eigene Sache ohne Rechtsübergang mit einer Nachlaßsache verbunden hat (**aA** RICHTER JuS 2008, 97, 100 [Austausch eines Autoradios, Reifenwechsel]). Es gilt insoweit das gleiche wie im Rahmen der §§ 994 ff (vgl STAUDINGER/GURSKY [2006] Vorbem 11 zu §§ 994 ff). – Zu dem Streit, ob auch *Umgestaltungsaufwendungen* (wie zB die Gebäudeerrichtung auf einem bisher unbebauten Grundstück) unter den Verwendungsbegriff fallen, s STAUDINGER/GURSKY (2006) Vorbem 6 ff zu §§ 994 ff.

Im **einzelnen** sei hervorgehoben: 5

1. Der Erbschaftsbesitzer kann für *alle* vor Eintritt der Haftungsverschärfung gemachten Verwendungen, gleichgültig, ob diese nun notwendig bzw nützlich waren oder nicht, Ersatz verlangen (allgM). Es spielt keine Rolle, ob die Verwendungen den Wert der betreffenden Nachlaßsache erhöht bzw erfolgreich einer Verschlechterung der Sache vorgebeugt haben oder nicht (FISCHER/HENLE Anm 2; MAURER 184). Im Extremfall kann der Erbschaftsbesitzer sogar für eine Maßnahme Verwendungsersatz verlangen, die den Verkehrswert der Sache verringert hat (ebenso jetzt auch AnwK-BGB/ FLEINDL Rn 5; DAMRAU/SCHMALENBACH Rn 5; **aA** wohl ENDEMANN § 155 III a 4). Erst recht scheitert der Verwendungsersatzanspruch nicht daran, daß der zunächst eingetretene positive Verwendungserfolg in der Zwischenzeit wieder entfallen ist, etwa das vom Erbschaftsbesitzer auf einem Nachlaßgrundstück aus eigenen Mitteln errichtete Gebäude in der Zwischenzeit bei einem Brand zerstört wurde (zust DAMRAU/SCHMALENBACH Rn 5). Zu Unrecht wollte eine frühere Bearbeitung aus dem Begriff der Verwendung ableiten, daß sie im konkreten Fall zu einer Bereicherung des Erben geführt haben müsse (vgl STAUDINGER/KOBER[9] Anm 4 Abs 2). Notwendig ist nur, daß die Aufwendung der Erbschaft im ganzen oder einem einzelnen Erbschaftsgegenstand zugute kommen kann und soll. Keine erstattungsfähige Verwendung ist dagegen eine Aufwendung, die der Erbe im Vertrauen auf den durch die Erbschaft erhaltenen Vermögenszuwachs zur Befriedigung eigener Bedürfnisse oder zugunsten von Gegenständen macht, die zu seinem Privatvermögen gehören, wie Reisen, Studien, Geschenke, Verschönerungen seines Hauses. Derartige Aufwendungen kommen nur als Minderung der Bereicherung nach § 2021 in Betracht.

2. Aufwendungen nach Abs 2

Die *Zahlung der Erbschaftsteuer* aus Eigenmitteln des Erbschaftsbesitzers nach 6

Abs 2 ist eine erstattungsfähige Verwendung auf die Erbschaft, allerdings nur in dem Umfang, in dem der Erbe ihr unterliegt (PLANCK/FLAD Anm 1b α; MünchKomm/HELMS Rn 5; SOERGEL/DIECKMANN Rn 2; AnwK-BGB/FLEINDL Rn 4; ERMAN/SCHLÜTER Rn 6; MUSCHELER ErbR 2009, 76, 81). Darüber hinaus ist der Erbschaftsbesitzer auf den Steuererstattungsanspruch (§ 37 Abs 2 AO) angewiesen. Wenn Abs 2 die Aufwendungen zur Bestreitung von Erbschaftslasten und Berichtigung von Nachlaßverbindlichkeiten schlechthin als ersatzfähige Verwendungen behandelt, so ist dabei (und noch deutlicher in Abs 3) vorausgesetzt, daß die Leistung des Erbschaftsbesitzers die Nachlaßverbindlichkeit tatsächlich getilgt hat; das aber ist an sich mit dem Grundsatz unvereinbar, daß die Leistung eines Nichtschuldners nur bei erkennbarem Drittleistungswillen nach § 267 schuldtilgende Wirkung hat. Man wird deshalb annehmen müssen, daß der Erbschaftsbesitzer die von ihm als Putativschuldner erbrachte Leistung als für den wahren Schuldner gemacht gelten lassen, durch diese *nachträgliche Änderung der Tilgungsbestimmung* das Erlöschen der Nachlaßverbindlichkeit herbeiführen und dann gegenüber dem Erben die Rechte aus § 2022 Abs 2 und 3 geltend machen kann (vgl KIPP/COING § 107 IV 5 b; MEDICUS, BürgerlR²¹ Rn 603 j und 951; vCAEMMERER, in: FS Dölle I 135 ff, 153; OLZEN JuS 1989, 374, 380 f; MünchKomm/HELMS Rn 5; SOERGEL/DIECKMANN Rn 2; AnwK-BGB/FLEINDL Rn 4; BAMBERGER/ROTH/MÜLLER-CHRISTMANN Rn 4; DAMRAU/SCHMALENBACH Rn 8; AK-BGB/WENDT Rn 34 f; MAURER 188 [m Einschr]; MÜLLER-EHLEN 41); die gegen das sog Wahlrecht des Putativschuldners erhobenen Bedenken (vgl W LORENZ, in: FS Rechtsvergleichung und Rechtsvereinheitlichung [1967] 267 ff; STAUDINGER/S LORENZ [2007] § 812 Rn 60; MünchKomm/SCHWAB⁵ Rn 90 ff, 113) müssen jedenfalls in diesem Sonderfall zurückstehen. Der Erbschaftsbesitzer kann statt des Weges über § 2022 Abs 2, 3 auch die condictio indebiti gegen den Nachlaßgläubiger wählen; wenn er vom letzteren das Geleistete zurückerhält, entfällt der Verwendungsersatzanspruch (und ebenso die Rückgriffskondiktion nach Abs 3) gegen den Erben (so auch MünchKomm/HELMS Rn 5). Hat der Erbschaftsbesitzer eine vermeintliche Nachlaßschuld aus eigenen Mitteln berichtigt, stellt diese Ausgabe keine Verwendung auf den Nachlaß dar, da sie der Erbschaft überhaupt nicht zugute kommen kann (so auch SOERGEL/DIECKMANN Rn 2; AnwK-BGB/FLEINDL Rn 3; OLZEN JuS 1989, 374, 381; WINDSCHEID/KIPP III 543; **aA** F LEONHARD Anm II; AK-BGB/WENDT Rn 33). (Völlig unzweifelhaft ist diese Lösung allerdings nicht, da grundsätzlich die bloße Zweckrichtung der Ausgabe die Verwendung konstituiert und ein positiver Verwendungserfolg in § 2022 gerade nicht verlangt wird). Der Erbschaftsbesitzer ist auf die condictio gegenüber dem vermeintlichen Gläubiger angewiesen, wenn er sich in einem Irrtum über das Bestehen der Schuld befunden hat. Andernfalls hat er etwas aus seinem Vermögen „verschenkt" und kann deswegen keinesfalls Ersatz vom Erben verlangen (vgl Mot V 588; KRETZSCHMAR § 70 Fn 34); er kann seine Zahlung jedoch regelmäßig als Bereicherungsminderung im Rahmen von §§ 2021, 818 Abs 3 absetzen. Soweit dem Erbschaftsbesitzer eine durchsetzbare Leistungskondiktion gegenüber dem vermeintlichen Nachlaßgläubiger zusteht, kann er sich gegenüber dem Erben allerdings nicht auf § 818 Abs 3 berufen; er kann den Wert des Geleisteten grundsätzlich auch dann nicht als Minderung der Bereicherung in Rechnung stellen, wenn er dem Erben die Abtretung seines Konditionsanspruchs gegen den vermeintlichen Nachlaßgläubiger anbietet (so aber STAUDINGER/LEHMANN¹¹ Rn 5 und die hM, vgl PLANCK/FLAD Anm 5; BGB-RGRK/KREGEL Rn 6; SOERGEL/DIECKMANN Rn 2; DAMRAU/SCHMALENBACH Rn 9; BROX/WALKER Rn 585; MUSCHELER ErbR 2009, 76, 81 Fn 25); diese Möglichkeit besteht nach allgemeinen bereicherungsrechtlichen Grundsätzen nur dann, wenn die Durchsetzung der condictio indebiti zweifelhaft oder nicht zu erwarten ist (vgl RGZ 86, 343, 349; BGHZ 72, 9, 13; LARENZ/CANARIS, SchR II 2 § 73 I 3 b; PALANDT/SPRAU § 818 Rn 39).

3. Was insbesondere die *Kosten* anlangt, die auf die *Gewinnung* der nach § 2020 **7** herauszugebenden *Früchte* verwandt wurden, so könnte der Erbschaftsbesitzer nach § 102 Ersatz nur soweit verlangen, als sie einer ordnungsmäßigen Wirtschaft entsprechen und den Wert der Früchte nicht übersteigen. Diese Erfordernisse brauchen für die Anwendung des § 2022 nicht erfüllt zu sein (MünchKomm/HELMS Rn 3; SOERGEL/DIECKMANN Rn 2; BAMBERGER/ROTH/MÜLLER-CHRISTMANN Rn 3; DAMRAU/SCHMALENBACH Rn 10). Auch § 998 ist nicht anwendbar, wenn die Fälle der §§ 2023, 2024 nicht vorliegen (vgl § 2023 Rn 9). Für die Anwendbarkeit des § 2022 kommt es im übrigen nicht darauf an, ob die Früchte ins Eigentum des Erben oder Erbschaftsbesitzers gefallen sind; auch letzterenfalls ist § 2022 (analog) anzuwenden (vgl oben Rn 2). Bedeutsam wird das übrigens nur, wenn der Erbschaftsbesitzer lediglich auf Herausgabe von Nutzungen nach § 2020 verklagt wird. Denn wenn er auf Herausgabe irgendwelcher Erbschaftssachen verklagt wird, kann er zweifellos in unmittelbarer Anwendung von § 2022 die sämtlichen Verwendungen, die er für die Gewinnung der mitherauszugebenden Nutzungen gemacht hat, ersetzt verlangen.

III. Die Durchsetzung des Verwendungsersatzanspruchs

Zur Geltendmachung des Ersatzanspruchs bestimmt Abs 1, daß die Herausgabe- **8** pflicht des Erbschaftsbesitzers nur gegen Ersatz der Verwendungen, die nicht schon auf die Bereicherung angerechnet wurden, besteht. Darin liegt schon die Zubilligung eines Zurückbehaltungsrechts an den Erbschaftsbesitzer bis zur Befriedigung seines Ersatzanspruchs (vgl RG WarnR 1913 Nr 233). Des weiteren werden aber auch noch die §§ 1000–1003 in Abs 1 S 2 für entsprechend anwendbar erklärt. Daraus ergibt sich:

1. Das Zurückbehaltungsrecht steht dem Erbschaftsbesitzer nicht zu, wenn er **9** den Erbschaftsbesitz durch eine vorsätzlich begangene unerlaubte Handlung erlangt hat, § 1000 S 2. Der Erbschaftsbesitzer darf also zur Sicherung seiner Verwendungsersatzansprüche keine Nachlaßsachen zurückbehalten, die er in Kenntnis seiner fehlenden Erbenstellung in Besitz genommen hat; die wissentlich unberechtigte Besitzergreifung stellt nämlich eine vorsätzliche Verletzung des Eigentums oder gegebenenfalls des berechtigten Besitzes (und damit eines „sonstigen Rechts" iS von § 823 Abs 1, vgl STAUDINGER/SCHÄFER[12] § 823 Rn 98 ff; WESTERMANN/GURSKY SR[7] § 8, 4) des Erben dar. Vgl auch § 2024 Rn 2.

2. Der Ersatzanspruch des Erbschaftsbesitzers kann nicht bloß einredeweise **10** geltend gemacht, sondern auch selbständig durch Klage verfolgt werden, freilich nur unter der Voraussetzung, daß der Erbe die „Sache" *wiedererlangt* – sei es durch Herausgabe von dem Erbschaftsbesitzer oder in anderer Weise – oder die Verwendungen *genehmigt* (§ 1001). Unter der wiedererlangten „Sache" ist hier das Objekt des Erbschaftsanspruchs, also die Gesamtheit der herauszugebenden Erbschaftssachen, Surrogate und Früchte zu verstehen (so auch AK-BGB/WENDT Rn 17; wohl auch KRETZSCHMAR § 70 III 2 c; etwas enger MAURER 192 f); außer Betracht bleibt nur der bereicherungsrechtliche Herausgabeersatz (§ 2021), weil sich die Verwendungsersatzfrage insoweit durch automatische Anrechnung erledigt. Die hM differenziert dagegen: Grundsätzlich soll unter der wiedererlangten Sache iSv §§ 2022 Abs 1 S 2,

1001 S 1 nur die Sache, auf die die Verwendungen gemacht wurden, bzw der an ihre Stelle getretene Ersatzvorteil oder bereicherungsrechtliche Wertersatz (sic) zu verstehen sein (STAUDINGER/LEHMANN[11] Rn 10; BGB-RGRK/KREGEL Rn 4; MünchKomm/HELMS Rn 11; SOERGEL/DIECKMANN Rn 7; AnwK-BGB/FLEINDL Rn 7; jurisPK/EHM Rn 8; BAMBERGER/ROTH/MÜLLER-CHRISTMANN Rn 8; ERMAN/SCHLÜTER Rn 4; PALANDT/EDENHOFER Rn 5; vLÜBTOW II 1062; MICHALSKI Rn 1054; bis auf den dort nicht erwähnten bereicherungsrechtlichen Wertersatz, der ohnehin wegen der automatischen Verrechnung mit den Verwendungen hier keinen Sinn macht, auch PLANCK/FLAD Anm 2; STROHAL II § 95 IV 1 b a; LANGHEINEKEN 159 Fn 3; F LEONHARD Anm IV). Bei Verwendungen auf die Erbschaft im allgemeinen (Abs 2) soll die Geltendmachung des Verwendungsersatzanspruchs dagegen voraussetzen, daß der Erbschaftsanspruch insgesamt erfüllt worden ist (STAUDINGER/LEHMANN[11]; BGB-RGRK/KREGEL; SOERGEL/DIECKMANN; ERMAN/SCHLÜTER; MünchKomm/HELMS, alle aaO; demgegenüber verlangen PLANCK/FLAD Anm 2 und CROME § 715 Fn 84 Rückgabe des gesamten Nachlasses, wenn die impendierte Sache nicht mehr existiert). Die hM verkennt, daß wegen des Gesamtanspruchscharakters des Erbschaftsanspruchs alle Verwendungen – auch soweit sie auf Einzelsachen gemacht wurden – nur als Verwendungen auf die Erbschaft relevant werden. Der besonders weitgehende Verwendungsersatz, den § 2022 dem Erbschaftsbesitzer zubilligt, bildet nur das Korrelat für dessen umfassende Herausgabepflicht. Dann muß aber die Durchsetzbarkeit des Verwendungsersatzanspruchs davon abhängen, daß der Erbschaftsbesitzer seiner umfassenden Herausgabepflicht doch wirklich nachgekommen ist. Im übrigen vernachlässigt die hM den Funktionszusammenhang zwischen den verschiedenen Durchsetzungsmitteln des Verwendungsersatzes für den Erbschaftsbesitzer: Der zunächst „unentwickelte" und deshalb nur über das Retentionsrecht geltend zu machende Verwendungsersatzanspruch wird voll wirksam, wenn der Anspruchsberechtigte dasjenige, was der Anspruchsgegner bisher hätte zurückbehalten können, wiedererlangt hat. Das „Wiedererlangte" muß sich also mit dem bisherigen Gegenstand des Zurückbehaltungsrechts decken. Wegen seiner Verwendungen zurückbehalten kann aber der Erbschaftsbesitzer sämtliche Leistungen, die er nach den §§ 2018 ff erbringen muß. Dementsprechend kann sich der Erbe von dem Ersatzanspruch auch nur durch Rückgabe aller wiedererlangten Erbschaftssachen nach § 1001 S 2 befreien (insoweit übereinstimmend die hM, PLANCK/FLAD Anm 2; SOERGEL/DIECKMANN Rn 7 [mit Einschränkungen]; MünchKomm/HELMS Rn 11; BAMBERGER/ROTH/MÜLLER-CHRISTMANN Rn 8; ERMAN/SCHLÜTER Rn 4; AK-BGB/WENDT Rn 19; MAURER 192; aA WEINKAUF 153 f). Das ist schon deshalb erforderlich, weil das Reurecht des Verwendungsersatzpflichtigen ja im wesentlichen den bisherigen Zustand wiederherstellen soll (vgl STAUDINGER/GURSKY [2006] § 1001 Rn 15): Das aber ist beim Ersatzanspruch die Lage vor der Herausgabe, also die Möglichkeit des Erbschaftsbesitzers, alle Nachlaßbestandteile wegen seiner Verwendungen auf beliebige Nachlaßsachen oder den Nachlaß im ganzen zurückzubehalten. Ebenso kann die *Ausschlußfrist des § 1002*, an die die klageweise Geltendmachung des Verwendungsersatzanspruchs gebunden ist, erst mit der Herausgabe sämtlicher noch beim Erbschaftsbesitzer vorhandener Nachlaßgegenstände beginnen (MAURER 193). Die hM differenziert demgegenüber wie oben). Die Dauer der Frist bereitet gewisse Schwierigkeiten; es empfiehlt sich die Anwendung der Einmonatsfrist des § 1001 S 1 HS 1, 1. Alt ohne Rücksicht darauf, ob zu der herauszugebenden Sachgesamtheit ein Grundstück gehört oder nicht. Die hM differenziert bei Verwendungen auf Einzelsachen nach dem Charakter dieser Sache; bei Verwendungen auf unkörperliche Nachlaßgegenstände und im Falle des § 2022 Abs 2 wendet man überwiegend die 6-Monats-Frist an, wenn auch ein Grundstück herausgegeben worden war (so STAU-

DINGER/LEHMANN[11] aaO; BGB-RGRK/KREGEL aaO; SOERGEL/DIECKMANN aaO; KOHLER ArchBürgR 22, 1, 20; F LEONHARD Anm IV; MünchKomm/HELMS Rn 11; EDENFELD 100), während eine Mindermeinung (PLANCK aaO; STROHAL II § 95 Fn 22; MAURER 194) es hier bei der Einmonats-Frist beläßt.

3. Auch ein **Wegnahmerecht** entsprechend den §§ 997, 258 wird man dem Erbschaftsbesitzer zugestehen müssen (MünchKomm/HELMS Rn 13; SOERGEL/DIECKMANN Rn 9; AK-BGB/WENDT Rn 5; ERMAN/SCHLÜTER Rn 2; BROX/WALKER Rn 586; EDENFELD 100), da er sonst schlechter stünde als nach Eintritt der Haftungsverschärfung. Die Einschränkung des § 997 Abs 1 S 2 ist wegen der Nutzungsherausgabepflicht aus § 2020 gegenstandslos (PLANCK/FLAD Anm 1a α). Im Falle des § 2030 ist sie dagegen zu beachten. **11**

4. Endlich steht dem Erbschaftsbesitzer das in § 1003 anerkannte pfandrechtsähnliche **Befriedigungsrecht** hinsichtlich aller noch in seinem Besitz befindlichen (bzw vom Erben nach § 1001 S 2 an ihn zurückgegebenen) Erbschaftssachen zu. **12**

IV. Weitergehende Ansprüche

Neben den Rechtsbehelfen der §§ 1000–1003 werden dem Erbschaftsbesitzer ausdrücklich alle weiteren Ansprüche vorbehalten, die er nach sonstigen Vorschriften wegen seiner nicht auf einzelne Sachen gemachten Aufwendungen hat, Abs 3. Der Gesetzgeber wollte damit jeden Zweifel ausschließen, der sich aus der Fassung des Abs 1 S 2 und des Abs 2 ergeben könnte. **13**

Zu denken ist namentlich an die in Abs 2 genannten Aufwendungen zur Bestreitung von Kosten der Erbschaft und zur Berichtigung von Nachlaßverbindlichkeiten. Daneben kommen Aufwendungen auf unkörperliche Nachlaßbestandteile (wie zB die Zahlung von Gebühren für ein zum Nachlaß gehörendes Patent) in Betracht (SOERGEL/DIECKMANN Rn 10; KIPP/COING § 107 IV 4; DAMRAU/SCHMALENBACH Rn 17). **14**

Als sonstige Ansprüche kommen (abgesehen von § 1968) nur die Ansprüche aus *ungerechtfertigter Bereicherung* des Erben nach §§ 812 ff in Betracht, nicht aber die aus der Geschäftsführung ohne Auftrag (§ 677), da der Erbschaftsbesitzer kein fremdes Geschäft besorgen wollte (MünchKomm/HELMS Rn 14; SOERGEL/DIECKMANN Rn 10; AnwK-BGB/FLEINDL Rn 9; ERMAN/SCHLÜTER Rn 6; PWW/TSCHICHOFLOS Rn 13; zT aA BROX/WALKER Rn 586, die Fremdgeschäftsführungswillen bei der nachträglichen Änderung der Tilgungsbestimmung [oben Rn 6] genügen lassen). Wenn der Erbschaftsbesitzer zB eine Nachlaßverbindlichkeit aus eigenen Mitteln berichtigt, erwirbt er schon nach § 812 einen Anspruch auf Herausgabe der dadurch erlangten Bereicherung des Erben, und zwar eine Rückgriffskondiktion (MEDICUS, BürgerlR[21] Rn 603 j; aA OLZEN JuS 1989, 374, 384: wegen des Erfordernisses der nachträglichen Änderung der Tilgungsbestimmung eine Leistungskondiktion). Diesen Anspruch hat er ganz unabhängig von dem ihm in § 2022 zugebilligten Verwendungsanspruch, der eine Bereicherung des Erben nicht notwendig voraussetzt und nur unter den erschwerten Voraussetzungen der §§ 1000–1003 geltend gemacht werden kann. Ein anderer Fall ist gegeben, wenn der Erbschaftsbesitzer dadurch, daß er das Begräbnis des Erblassers angeordnet hat, persönliche Verpflichtungen gegenüber dritten Personen eingegangen ist. Dann hat er nach § 1968 einen Anspruch auf Befreiung oder Ersatz des aus eigenen Mitteln Gezahlten; vgl STROHAL II § 95 IV 1 d. Ebenso erwirbt er einen Ersatzanspruch gegen den **15**

Erben, wenn er die Kosten der Todeserklärung des Erblassers bestreitet, vgl § 324 Nr 3 InsO, §§ 34 Abs 2, 40 VerschG.

16 Abs 3 setzt voraus, daß der Erbe nach den allgemeinen Vorschriften „in weiterem Umfang Ersatz zu leisten hat". Das Verständnis dieser Einschränkung bereitet Schwierigkeiten, da nach § 2022 Abs 1 und 2 ja ohnehin grundsätzlich alle Verwendungen des Erbschaftsbesitzers ersatzfähig sind. Bei der Konstellation des 2. Halbsatzes von § 2022 Abs 1 (automatische Verrechnung von Verwendungen und Bereicherung) wäre ein selbständiger Ersatzanspruch für den Erbschaftsbesitzer kaum von Nutzen, weil der Erbe diesem gegenüber ja wieder die Aufrechnung mit dem Bereicherungsanspruch aus § 2021 erklären könnte. Daß ein „allgemeiner Anspruch" weiter geht als der Verwendungsersatz nach § 2022 ist wohl nur denkbar, wenn ein Nachlaßgläubiger vom Erbschaftsbesitzer eine Leistung an Erfüllungs Statt annimmt und deren Wert hinter dem Wert der geschuldeten Leistung zurückbleibt. Wenn hier der selbständige Bereicherungsanspruch des Erbschaftsbesitzers gegen den Erben nur am Wert der Schuldbefreiung orientiert wird, geht er über das vom Erbschaftsbesitzer zur Tilgung aufgeopferte und damit über den Umfang des Verwendungsersatzes hinaus (s auch Rn 17). Es ist aber kaum vorstellbar, daß dieser singuläre Fall hier angesprochen werden sollte. Mit dem Umfang des vom Erben nach § 2022 zu leistenden Ersatzes kann deshalb nicht einfach die Höhe des Verwendungsersatzanspruchs gemeint sein, sondern nur der unter Umständen niedrigere Betrag, der durch Ausübung des Befriedigungsrechtes aus § 1003 durchsetzbar wäre (**aA** MAURER 36). Man wird unter diesen Umständen die selbständige Geltendmachung einer Rückgriffskondiktion schon dann zulassen müssen, wenn es jedenfalls nicht ausgeschlossen erscheint, daß die Ausübung des Befriedigungsrechtes aus § 1003 dem Erbschaftsbesitzer nicht den vollen Betrag seines Verwendungsersatzanspruches verschaffen würde. Darüber hinaus ist sogar zu erwägen, ob man die Rückgriffskondiktion nicht sogar generell zulassen sollte; der „weitere Umfang" dieses selbständigen Ersatzanspruchs im Vergleich zum Verwendungsersatzanspruch aus § 2022 würde dann einfach in dem Vorteil gesehen, daß die Rückgriffskondiktion nicht den verfahrensrechtlichen Beschränkungen aus § 1000–1003 unterliegt (dafür MünchKomm/HELMS Rn 14; s aber auch GREINER 258). – Die selbständige Rückgriffskondiktion nützt dem Erbschaftsbesitzer allerdings nur dann etwas, wenn der Erbe ihm gegenüber unbeschränkbar haftet (PALANDT/EDENHOFER Rn 1).

17 Aus Abs 2 läßt sich schließen, daß für Verwendungen auf einzelne Nachlaßsachen nur § 2022 zuständig ist, also eine abschließende Regelung beabsichtigt ist. Das ist allerdings weitgehend belanglos, da tatbestandsmäßig ebenfalls erfüllte andere Ansprüche (zB aus dem Gesichtspunkt der Verwendungskondiktion) ohnehin kaum weitergehen können. Ein marginaler Vorteil könnte sich bei Anwendbarkeit der Verwendungskondiktion allenfalls dann ergeben, wenn man bei der Verwendungskondiktion den Ersatzanspruch nicht durch die Höhe des Aufgewandten begrenzt (für eine solche Begrenzung zB MünchKomm/LIEB[4] § 812 Rn 317 mwNw in 715; dagegen ua REUTER/MARTINEK, Ungerechtfertigte Bereicherung 544, 548). Die sich aus § 2022 ergebende Exklusivität der Verwendungsersatzregelung ist aber von Bedeutung für die folgenden Fälle der Haftungsverschärfung. Sie sichert hier die vom Gesetzgeber gewollte weitgehende Ausgleichsversagung für den bösgläubigen oder verklagten Erbschaftsbesitzer ab (zust MUSCHELER ErbR 2009, 76, 80).

V. Besondere Fälle

1. Sofern der Nachlaßverwalter, ohne das fehlende Erbrecht des Beklagten nachzuweisen, den aus § 1960 abgeleiteten Herausgabeanspruch (s § 2018 Rn 3) geltend macht, muß der Beklagte in Analogie zu § 2022 ein Zurückbehaltungsrecht wegen seiner Verwendungen haben (BGH NJW 1972, 1752). Gerade weil noch nicht geklärt wird, ob der Beklagte Erbe oder bloßer Erbschaftsbesitzer ist, darf ihm die Verteidigungsposition des letzteren nicht entzogen werden. Allerdings kann die gebotene Rücksichtnahme auf die Zwecke der Nachlaßpflegschaft gewisse Modifikationen dieser Verteidigungsposition erfordern (ausführlich BGH NJW 1972, 1753). Darüber hinaus muß das Zurückbehaltungsrecht entfallen, soweit es wertmäßig durch solche Nutzungen und Surrogate gedeckt ist, die der Beklagte als Erbschaftsbesitzer nach §§ 2019 f abzuführen hätte, die er aber im Rahmen des Herausgabeanspruchs aus § 1960 nicht abzuliefern oder zu ersetzen braucht (vgl § 2018 Rn 3).

2. Zum Zurückbehaltungsrecht des Erben wegen seiner Vermächtnis- und Pflichtteilsansprüche s § 2018 Rn 37.

VI. Beweislast

Der Erbschaftsbesitzer muß beweisen, daß er die angeblichen Verwendungen auf einzelne Gegenstände des Nachlasses oder auf den ganzen Nachlaß tatsächlich gemacht hat (OLG Düsseldorf FamRZ 1992, 600, 602; MünchKomm/HELMS Rn 15; AnwK-BGB/FLEINDL Rn 10; BAUMGÄRTEL/SCHMITZ Rn 1). Soweit er Nachlaßverbindlichkeiten berichtigt hat, muß er auch dartun, daß sie als solche bestanden haben; mißlingt ihm dieser Beweis, so kann er seine Aufwendungen nur als Minderung der Bereicherung geltend machen, und dies auch nur, wenn er nachweist, daß die Durchsetzbarkeit seines Bereicherungsanspruchs gegen den vermeintlichen Nachlaßgläubiger zweifelhaft ist (s oben Rn 6). Dem Erben steht demgegenüber der Nachweis offen, daß der Anspruch schon durch Anrechnung auf die nach § 2021 herauszugebende Bereicherung gedeckt ist. Soweit der Erbschaftsbesitzer den ihm nach Abs 3 vorbehaltenen Bereicherungsanspruch geltend macht, muß er dessen besondere Voraussetzungen dartun, also etwa, daß er den Erben von einer Verpflichtung befreit und insofern dauernd bereichert habe.

VII. Zur Rechtsreform

Die Ausgestaltung der Gegenrechte des Anspruchsgegners beim Erbschaftsanspruch weicht sowohl von der Position des Bereicherungsschuldners wie auch von der des Vindikationsgegners ab; was den Umfang der möglichen Abzugsposten betrifft, liegt sie zwischen diesen beiden verwandten Restitutionsregelungen. Mehrfach hat man eine Harmonisierung dieser drei Regelungen gefordert (zB F SCHULZ AcP 105 [1909] 1, 318; H A FISCHER, in: FS Zitelmann [1913] 1, 42). – REIF schlug in der 4. Denkschrift d ErbrA d AkDR (117) vor, dem Erbschaftsbesitzer einen Anspruch auf Ersatz des Vertrauensschadens zu geben, wenn er ohne sein Verschulden durch Maßnahmen des Erblassers veranlaßt worden ist, sich für den Erben zu halten (aA MAURER 196 f). Das wird man befürworten dürfen, wenn man den Umfang des Schadensersatzes angemessen begrenzt. Abzulehnen ist aber die Auffassung von SOERGEL/DIECK-MANN (Rn 11), schon de lege lata ließe sich analog zur culpa in contrahendo eine

Haftung des wahren Erben für den Vertrauensschaden des vermeintlichen Erben begründen, falls der Erblasser den Irrtum des letzteren schuldhaft veranlaßt hat.

§ 2023
Haftung bei Rechtshängigkeit, Nutzungen und Verwendungen

(1) Hat der Erbschaftsbesitzer zur Erbschaft gehörende Sachen herauszugeben, so bestimmt sich von dem Eintritt der Rechtshängigkeit an der Anspruch des Erben auf Schadensersatz wegen Verschlechterung, Untergangs oder einer aus einem anderen Grund eintretenden Unmöglichkeit der Herausgabe nach den Vorschriften, die für das Verhältnis zwischen dem Eigentümer und dem Besitzer von dem Eintritt der Rechtshängigkeit des Eigentumsanspruchs an gelten.

(2) Das Gleiche gilt von dem Anspruch des Erben auf Herausgabe oder Vergütung von Nutzungen und von dem Anspruch des Erbschaftsbesitzers auf Ersatz von Verwendungen.

Materialien: E I § 1085; II § 1897; III § 1998; Mot V 591; Prot V 718 f; Denkschr 727; JAKOBS/SCHUBERT ER I 681–688, 709–725.

1 I. Mit der **Rechtshängigkeit** des Erbschaftsanspruchs tritt eine **Steigerung der Haftung** des Erbschaftsbesitzers und eine Abschwächung seiner Verwendungsansprüche ein; beides richtet sich nunmehr nach den Grundsätzen, die nach Rechtshängigkeit des Vindikationsanspruchs für das Verhältnis zwischen Eigentümer und unrechtmäßigem Besitzer gelten. Dies rechtfertigt sich daraus, daß der Erbschaftsbesitzer nunmehr mit der Möglichkeit rechnen muß, daß ein anderer und nicht er der wahre Erbe ist und er infolgedessen die Erbschaft wie ein fremdes Gut behandeln muß.

2 Jedoch betrifft die ganze Regelung des § 2023 nur den dinglichen Teil des Erbschaftsanspruchs, wie sich aus Abs 1 HS 1 („zur Erbschaft gehörende Sachen") ergibt (so mit Recht PLANCK/FLAD Anm 1und § 2021 Anm d; abw MAURER 170 f; mißverständlich zu Abs 2 STAUDINGER/LEHMANN[11] Rn 1 und BGB-RGRK/KREGEL Rn 1). Daran ändert auch der Umstand nichts, daß in Abs 2 von dem „Ansprüche des Erben auf Herausgabe oder Vergütung von Nutzungen" die Rede ist. Abs 2 regelt einfach weitere Haftungsmodifikationen, die bei dem in Abs 1 gemeinten dinglichen Teil des Erbschaftsanspruchs im Augenblick der Rechtshängigkeit eintreten. Der obligatorische Anspruch auf „Herausgabe" (= Verschaffung) der ins Eigentum des Erbschaftsbesitzers gefallenen Früchte, untersteht aber von seiner Rechtshängigkeit ab nach § 292 ebenfalls den für den Prozeßbesitzer geltenden Normen (so auch OLZEN Jura 2001, 223, 226; für Einbeziehung in § 2023 aber jurisPK/EHM Rn 4). Dagegen gilt § 2023 nicht für den Bereicherungsanspruch des Erben aus § 2021; seine Beeinflussung durch die Rechtshängigkeit bestimmt sich nach den Grundsätzen des Bereicherungsrechts (§ 818 Abs 4), deren Anwendung praktisch zu ähnlichen Ergebnissen führt; vgl Prot V 718 und unten Rn 14.

Rechte, die zur Erbschaft gehören, werden von der Vorschrift nicht betroffen, da sie **3** nicht Gegenstand der Herausgabepflicht sein können; wohl aber Urkunden über solche Rechte (KIPP/COING § 108 I 2; PLANCK/FLAD Anm 1).

II. Die **Rechtshängigkeit** tritt nach § 261 ZPO ein entweder durch Klageerhebung **4** (dh Zustellung der bei Gericht eingereichten Klageschrift, § 253 Abs 1 ZPO) bzw des Protokolls über die Klageanbringung, § 498 ZPO oder, falls der Anspruch erst im Laufe des Prozesses erhoben wird, mit seiner Geltendmachung in der mündlichen Verhandlung oder mit der Zustellung eines den Erfordernissen des § 253 Abs 2 Nr 2 ZPO entsprechenden Schriftsatzes. Die Mitteilung eines Prozeßkostenhilfeantrags nach § 118 Abs 1 S 1 ZPO reicht nicht aus. Auch der Umstand, daß der wirkliche Erbe einen Erbschein beantragt hat, kann die Rechtshängigkeit des Erbschaftsanspruchs nicht ersetzen (vgl ZEISING ZErb 2009, 172, 173 ff; zust PALANDT/EDENHOFER Rn 1). Eine Rückbeziehung der Rechtshängigkeit auf den Zeitpunkt der Einreichung der Klageschrift nach ist nicht möglich, weil die Rückwirkung ja in §§ 262, 167 ZPO nur für Fragen der Fristwahrung angeordnet ist; außerdem würde damit auch die Warnfunktion der Klagezustellung unterlaufen (MünchKomm/BALDUS[5] § 987 Rn 6). Entscheidend ist hier nach dem Zusammenhang die Rechtshängigkeit des Erbschaftsanspruchs. Dafür genügt es aber wegen des Prinzips iura novit curia, daß die Klage auch auf den Erbschaftsanspruch – oder vom Kläger untechnisch formuliert: auf sein Erbrecht – gestützt wurde (vgl STAUDINGER/GURSKY [2006] § 987 Rn 7). Die Haftungsverschärfung entfällt dann nicht schon deshalb, weil das klagezusprechende Urteil allein auf einen konkurrierenden Anspruch (etwa § 985 oder § 894) gestützt wurde. Klagerücknahme (§ 269 ZPO) und rechtskräftige Klageabweisung beseitigen die haftungsverschärfende Wirkung der Rechtshängigkeit grundsätzlich rückwirkend; dies gilt nur dann nicht, wenn die Klage erst nachträglich unbegründet geworden ist, etwa weil dem beklagten Erbschaftsbesitzer nunmehr alle mit der Klage herausverlangten Erbschaftssachen ohne jedes Verschulden seinerseits gestohlen worden sind. Wird nach Klagerücknahme oder -abweisung erneut Klage erhoben, so tritt die Haftungserweiterung des § 2023 erst mit dem Beginn des zweiten Prozesses ein.

Haftungsverschärfung und Abschwächung der Gegenrechte treten nur in dem Um- **5** fang ein, in dem der Erbschaftsanspruch rechtshängig geworden ist (s Vorbem 25); hat der Erbe mit seiner Klage nur einen Teil der im Besitz des Beklagten befindlichen Nachlaßsachen herausverlangt, so behält der Beklagte bzgl des Restes – sofern er durch die Klageerhebung nicht bösgläubig wird – die Rechtsstellung eines gutgläubig-unverklagten Erbschaftsbesitzers.

III. Die entsprechende Anwendung der Vorschriften über die Nebenfolgen der Vindikation führt zu den folgenden Einzelergebnissen:

1. Der Erbschaftsbesitzer haftet nunmehr für den *Schaden,* der dem Erben durch **6** Verschlechterung, Untergang oder Unmöglichkeit der Herausgabe (vgl STAUDINGER/GURSKY [2006] § 989 Rn 6 ff) oder die nunmehrige Verlagerung (§ 989 analog, vgl STAUDINGER/GURSKY [2006] § 989 Rn 14) von streitbefangenen Erbschaftssachen infolge seines Verschuldens entsteht, § 989. Dies gilt allerdings nur, wenn auch das schuldhafte Verhalten des Erbschaftsbesitzers nach dem Eintritt der Rechtshängigkeit erfolgt ist; daß der Schaden erst nach diesem Zeitpunkt eingetreten ist, kann nicht ausreichen, wenn die Schadensursache bereits vor der Haftungsverschärfung gesetzt war (vgl

STAUDINGER/GURSKY [2006] § 989 Rn 4; BAMBERGER/ROTH/MÜLLER-CHRISTMANN Rn 4; DAMRAU/ SCHMALENBACH Rn 4; MAURER 169). Wegen des hier zugrundeliegenden Verschuldensbegriffs s STAUDINGER/GURSKY (2006) § 989 Rn 16 ff, wegen des Schadensersatzumfangs s STAUDINGER/GURSKY (2006) § 989 Rn 24 f sowie OLGR Koblenz 2008, 305, 307, wegen des Zeitpunkts der Schadensbemessung STAUDINGER/GURSKY (2006) § 989 Rn 28 sowie OLGR Koblenz aaO. Der gutgläubige Erbschaftsbesitzer unterliegt jedoch nicht der Verzugshaftung, § 2024 S 3 e contrario. Dieser Ausschluß der Verzugshaftung muß auch für die obligatorischen Herausgabepflichten nach § 2020 HS 2 (so auch SOERGEL/DIECKMANN Rn 2 [e]) und im Falle der Ersitzung (§ 2026) gelten. Eine „Verschlechterung" eines Nachlaßgrundstückes kann entgegen JOHN (Grundzüge des Erbrechts [1981] Rn 374) nicht schon darin gefunden werden, daß der Erbschaftsbesitzer nach § 2367 wirksam einen vom Erblasser abgeschlossenen günstigen langfristigen Pachtvertrag kündigt; dadurch wird ja nicht auf das Grundstück selbst, sondern auf ein dieses betreffendes obligatorisches Schuldverhältnis eingewirkt.

7 Fraglich ist jedoch, ob der Erbe auch für die Beschädigung oder die Zerstörung solcher Sachen Schadensersatz verlangen kann, die *nur besitzmäßig zum Nachlaß gehörten* und an denen dem Erben nicht einmal ein obligatorisches Nutzungsrecht zustand. WIELING hat diese Frage verneint (JZ 1986, 5, 7). Das ist nur konsequent, da er den Erbschaftsanspruch ja von vornherein nicht auf solche Sachen erstrecken will, an denen der Erblasser weder Eigentum noch ein beschränktes dingliches Recht noch ein obligatorisches Nutzungsrecht hatte. Bejaht man demgegenüber mit der hM die primäre Herausgabepflicht aus § 2018 auch bezüglich solcher Sachen (s oben § 2018 Rn 31), so wird man auch die sekundäre Schadensersatzpflicht dem Grunde nach bejahen müssen (zust DAMRAU/SCHMALENBACH Rn 4). Für die notwendige Korrektur sorgt dann das Erfordernis des Schadens (so auch MAURER 169). Dabei ist zu beachten, daß sich ein Schaden des Erben auch schon daraus ergeben kann, daß er seinerseits dem Eigentümer der Sache für deren Untergang beim Erbschaftsbesitzer haftet, etwa weil der Erblasser die betreffende Sache dem Eigentümer deliktisch entzogen hatte (§§ 823, 249 Abs 1, 848) oder sich mit ihrer Rückgabe in Verzug befand (§§ 280 Abs 1 und 3, 283 S 1, 287 S 2). Zu beachten ist aber, daß die Erstreckung des Erbschaftsanspruchs auf die nur besitzmäßig zum Nachlaß gehörenden Sachen gerade das Ziel verfolgt, dem Erben den Nachweis der jeweiligen Rechtsposition hinsichtlich der im Besitz des Erblassers gewesenen Sachen zu ersparen. Dieser Umstand muß meines Erachtens auch auf die Beweislastverteilung hinsichtlich des Schadens ausstrahlen: Es muß meines Erachtens zunächst einmal genügen, daß der Erbe den Wert der vom Erbschaftsbesitzer zerstörten (oder bei ihm verloren gegangenen oder von ihm weiterveräußerten) Sache beweist; es ist dann die Aufgabe des Erbschaftsbesitzers, nachzuweisen, daß die Sache dem Erblasser nicht gehört hat und daß dem Erben daher in Wahrheit gar kein Schaden entstanden ist (**aA** MAURER 169 f). Eine ensprechende Handhabung empfiehlt sich auch im Rahmen von § 1007 Abs 3 S 2, 989 f (s STAUDINGER/GURSKY [2006] § 1007 Rn 48).

8 2. Die *Nutzungsherausgabepflicht* des Erbschaftsbesitzers wird durch § 987 weiter verschärft. Er hat dem Erben nach § 987 Abs 2 auch für die schuldhaft nicht gezogenen Nutzungen Ersatz zu leisten. Nach Rechtshängigkeit gezogene Gebrauchsvorteile hat er gemäß § 987 Abs 1 ihrem objektiven Wert nach zu vergüten (nicht wie bis zu diesem Zeitpunkt nach § 2021 nur im Rahmen seiner Bereicherung). Die aus § 987 Abs 1 folgende obligatorische Herausgabepflicht bzgl aller nach Rechtshängigkeit gezogenen, nach § 955 ins Eigentum des Erbschaftsbesitzers gefallenen und bei ihm noch vorhandenen Sachfrüchte geht über § 2020 HS 2 nicht hinaus. Soweit solche Früchte nicht mehr vorhanden sind oder aber verschlechtert worden sind, muß unterschieden werden, ob der Erbschaftsanspruch nur bzgl der betreffenden Muttersachen oder im Zeitpunkt der Verschlechterung, Zerstörung usw der Früchte auch bereits bzgl dieser selbst rechtshängig war. Im ersteren Fall richtet sich die Haftung nach § 987 Abs 1 iVm dem allgemeinen Leistungsstörungsrecht, im letzteren sind zusätzlich die §§ 292, 989 anwendbar, die aber keine Erweiterung der Rechtsposition des Gläubigers bringen. In einer früheren Auflage wurde hier die Ansicht vertreten, daß die auf die Muttersachen beschränkte Rechtshängigkeit auch die Haftung für die schon vorher gezogenen und bis dahin noch vorhandenen Sachfrüchte verschärfe, indem jetzt an die Stelle des § 2021 das allgemeine Unmöglichkeitsrecht trete (STAUDINGER/GURSKY[12] Rn 4). Für diese Annahme bietet das Gesetz jedoch keinen genügenden Anhaltspunkt. Im Ergebnis würden die Parteien damit so gestellt, als wäre der Anspruch auf die Früchte ebenfalls rechtshängig geworden.

3. Der Erbschaftsbesitzer erhält nach Eintritt der Rechtshängigkeit gemachte **9** *Verwendungen* nur ersetzt, wenn sie notwendig waren und selbst dann nur, soweit sie dem Interesse und dem wirklichen oder mutmaßlichen Willen des Erben entsprochen haben oder von diesem genehmigt worden sind (§§ 2023 Abs 2, 994 Abs 2, 683, 684 S 2; F LEONHARD Anm II C); nach hM (zB MAURER 197 ff mwNw) schließlich auch dann, wenn der Erbe durch die notwendige Verwendung bei der Herausgabe noch bereichert ist (§§ 2023 Abs 2, 994 Abs 2, 684 S 1, 812 ff; vgl dagegen aber STAUDINGER/ GURSKY [2006] § 994 Rn 27). Zu den notwendigen Verwendungen gehört auch die Tilgung von Nachlaßverbindlichkeiten, wie sich aus § 995 schließen läßt. Für die Berichtigung von Nachlaßverbindlichkeiten kann der Erbschaftsbesitzer damit grundsätzlich nur dann Ersatz beanspruchen, wenn die Schranken der §§ 1978– 1980, 1991 eingehalten sind (so PLANCK/FLAD Anm 1c; BGB-RGRK/KREGEL Rn 5; MünchKomm/HELMS Rn 6; AnwK-BGB/FLEINDL Rn 4; DAMRAU/SCHMALENBACH Rn 6; ERMAN/SCHLÜTER Rn 3; PWW/TSCHICHOFLOS Rn 7; BROX/WALKER Rn 587); anders natürlich, wenn der Erbe die Zahlung genehmigt, § 684 S 2. § 994 Abs 2 enthält einen Fall der sog „angewandten GoA", setzt also Fremdgeschäftsführungswillen des Erbschaftsbesitzers nicht voraus (vgl STAUDINGER/GURSKY [2006] § 994 Rn 23; unrichtig OLG Colmar ElsLothrZ 1908, 564). – Für nach Rechtshängigkeit des Erbschaftsanspruchs gemachte nicht-notwendige Verwendungen erhält der Erbschaftsbesitzer dagegen keinerlei Ersatz (§ 994 Abs 2 e contrario, § 996 [„nur in soweit ... als"]). Dies gilt unabhängig von der verwendungsbedingten Wertsteigerung des Nachlasses und auch dann, wenn der Erbe sich diese Wertsteigerung voraussichtlich zu Nutzen machen wird (vgl STAUDINGER/GURSKY [2006] § 996 Rn 13 f). Bestellungskosten für ein landwirtschaftliches Grundstück erhält der verklagte Erbschaftsbesitzer dagegen, auch wenn diese nach Rechtshängigkeit angefallen sind, unter den Voraussetzungen des § 998 ersetzt (**aA** BGB-RGRK/KREGEL Rn 5). Auch hinsichtlich des Wegnahmerechts (§ 997) wird die Rechtsstellung des Erbschaftsbesitzers durch die Rechtshängigkeit des Erbschaftsanspruchs nicht verschlechtert (unrichtig BGB-RGRK/KREGEL aaO).

Daß die nach Rechtshängigkeit erfolgten Verwendungen gerade auf die mit der **10** Klage herausverlangten Sachen gemacht sein müssen (so KIPP/COING § 108 I 1 b; PALANDT/EDENHOFER Rn 3; WEINKAUF 156 f; AK-BGB/WENDT Rn 29; MUSCHELER ErbR 2009, 76, 82), ist dagegen für ihre Ersatzfähigkeit nicht erforderlich. Der Erbschaftsanspruch bleibt auch im Falle der Rechtshängigkeit ein Gesamtanspruch. Der Beklagte muß daher gegenüber einer Teilklage auch solche Verwendungen geltend machen können, die nach der Klageerhebung auf andere Gegenstände oder auf die ganze Erbschaft gemacht worden sind (so auch PLANCK/FLAD Anm 1c; SOERGEL/DIECKMANN Rn 3; BGB-RGRK/KREGEL Rn 4; F LEONHARD Anm II C; MünchKomm/HELMS Rn 6; jurisPK/EHM Rn 8; ERMAN/SCHLÜTER Rn 3; Hk-BGB/HOEREN Rn 2; CROME § 715 Rn 93; LANGE/KUCHINKE § 40 IV 5; EBENROTH Rn 1037; MICHALSKI Rn 1056; enger MAURER 202).

11 Problematisch ist, ob die Abschwächung des Verwendungsersatzes auch für solche Verwendungen gilt, die nunmehr auf andere als die jetzt streitbefangenen Sachen oder aber auf die Erbschaft als ganzes gemacht worden sind (so wohl PLANCK/FLAD Anm 1c; aA AK-BGB/WENDT Rn 26; MAURER 171). Insoweit kollidiert die Beschränkung der Rechtshängigkeit auf die mit der Klage herausverlangten Sachen notwendigerweise mit der aus der Rechtsnatur des Erbschaftsanspruchs als eines Gesamtanspruchs folgenden Einheitlichkeit der Verteidigungsposition des Beklagten. Meines Erachtens muß sich hier der letztere Aspekt durchsetzen, dh es muß die Abschwächung des Verwendungsersatzes auch für solche Verwendungen gelten, die auf andere Sachen oder auf den Nachlaß als ganzes gemacht werden. Das zeigt sich besonders deutlich bei den Verwendungen, die nicht auf einzelne Nachlaßsachen gemacht werden. Wollte man mit AK-BGB/WENDT den Ausschluß des § 2022 nur auf solche Aufwendungen beziehen, die (nach Rechtshängigkeit) auf mit der Klage herausverlangte Sachen getätigt wurden, so könnte bezüglich der Verwendungen auf den Nachlaß im ganzen nie eine Reduzierung der Verwendungsersatzansprüche des Beklagten herbeigeführt werden; diese blieben vielmehr immer ohne Rücksicht auf den daraus resultierenden Nutzen des Erben nach § 2022 ersatzfähig. Das kann nicht richtig sein.

12 Soweit die Verwendungen in der Berichtigung von Nachlaßschulden bestehen, kommt neben dem Verwendungsersatz nach §§ 2022 Abs 2, 2023 Abs 2, 994 Abs 2, 995 auch ein selbständiger Bereicherungsanspruch des Erbschaftsbesitzers in Betracht, für dessen Durchsetzung nicht die Beschränkungen der §§ 1000–1003 bestehen. § 2022 Abs 3, der klarstellte, daß die *Rückgriffskondiktion* des Erbschaftsbesitzers durch § 2022 Abs 2 nicht verdrängt wird, gilt nämlich auch für den verklagten (oder bösgläubigen) Erbschaftsbesitzer (so mit Recht KIPP/COING § 108 I 4; BROX/WALKER Rn 587; MünchKomm/HELMS Rn 7; BAMBERGER/ROTH/MÜLLER-CHRISTMANN Rn 5; MAURER 203). Auch auf diesem Wege kann der Erbschaftsbesitzer allerdings nur dann Ersatz verlangen, wenn er die Schranken der §§ 1978–1980, 1991 beachtet hat (PLANCK/FLAD Anm 1c; BGB-RGRK/KREGEL Rn 5; SOERGEL/DIECKMANN Rn 4; ERMAN/SCHLÜTER Rn 3; aA MAURER 203).

13 4. Soweit der Erbschaftsbesitzer statt Erbschaftssachen Ersatz in Geld zu leisten hat, ist er nach Eintritt der Rechtshängigkeit zur *Verzinsung* verpflichtet, § 291. Soweit der Erbschaftsbesitzer nach § 2018 Herausgabe von noch unterscheidbar vorhandenen Geldzeichen schuldet, gilt dies nicht; ein solcher Herausgabeanspruch ist keine Geldschuld (vgl STAUDINGER/K SCHMIDT [1997] Vorbem C 3 zu § 244).

14 IV. Für den *bereicherungsrechtlichen Teil* des Erbschaftsanspruchs (§ 2021) gilt § 2023 nicht (s oben Rn 2). Die Konsequenzen der Rechtshängigkeit dieses Teils des Erbschaftsanspruchs ergeben sich vielmehr aus § 818 Abs 4. Der mit der Klage geltend gemachte Bereicherungsanspruch des Erben nach § 2021 wird, da er immer auf Wertersatz gerichtet ist, durch den Eintritt der Rechtshängigkeit umfangmäßig fixiert; ein haftungsbefreiender Wegfall der Bereicherung ist jetzt nicht mehr möglich (so auch Kipp/Coing § 108 I 3; Kretzschmar § 70, 3; BGB-RGRK/Kregel Rn 1; MünchKomm/Helms Rn 3; Bamberger/Roth/Müller-Christmann Rn 3; DEK/Lenz Rn 1; Damrau/Schmalenbach Rn 7; Hk-BGB/Hoeren Rn 3; Muscheler ErbR 2009, 76, 82; aM Staudinger/Lehmann[11] Rn 4; Planck/Flad Anm 2; Soergel/Dieckmann Rn 2; Palandt/Edenhofer Rn 2), denn die „allgemeinen Vorschriften", auf die § 818 Abs 4 verweist, sind im Falle der Wertkondiktion die §§ 818 Abs 2, 291 (vgl BGHZ 83, 293, 298 ff; Erman/H P Westermann/Buck-Heeb § 818 Rn 50; Frank JuS 1981, 102, 105; AK-BGB/Wendt § 2023 Rn 27; Canaris JZ 1971, 560, 562; Gursky JR 1972, 279, 282; Fikentscher/Heineman, SchR[10] Rn 1528; Wieling, Bereicherungsrecht[4,] S 88; aM MünchKomm/Schwab[5] § 818 Rn 282; Koppensteiner/Kramer, Ungerechtfertigte Bereicherung [2. Aufl 1988] 149; Teichmann JuS 1972, 247, 250 f).

V. Eine **Verzugshaftung** des gutgläubigen Erbschaftsbesitzers ist auch nach Rechtshängigkeit ausgeschlossen (s § 2024 Rn 8). **15**

VI. Rechtskraft

Hat der Erbe zunächst nur auf Herausgabe der beim Erbschaftsbesitzer noch vorhandenen Erbschaftssachen geklagt, so ist bei einer nachträglich erhobenen Klage auf Herausgabe der aus diesen Sachen gezogenen Nutzungen die Rechtskraft des klagezusprechenden oder -abweisenden ersten Urteils zu beachten. Die Situation ist hier einfacher als bei der Vindikation, da beim Erbschaftsanspruch die Möglichkeit eines erst nachträglichen Begründetwerdens der Klage kaum in Betracht kommt. Ansonsten gilt das in § 985 Rn 155 ff und in § 987 Rn 2 ff Ausgeführte. Entsprechend ist die Situation bei einer nachträglich erhobenen Klage auf Schadensersatz wegen Beschädigung der bereits mit der ersten Klage herausverlangten Sachen. Verlangt der Erbe dagegen mit einer zweiten Klage Schadensersatz oder bereicherungsrechtlichen Wertersatz für andere, beim Erbschaftsbesitzer nicht mehr vorhandene und deshalb mit der ersten Klage auch nicht herausverlangte Sachen, so besteht die Rechtskraftwirkung nicht. Die Situation ist insoweit die gleiche wie bei jeder anderen Teilklage (vgl Vorbem 23 zu §§ 2018 ff). **16**

§ 2024
Haftung bei Kenntnis

Ist der Erbschaftsbesitzer bei dem Beginn des Erbschaftsbesitzes nicht in gutem Glauben, so haftet er so, wie wenn der Anspruch des Erben zu dieser Zeit rechtshängig geworden wäre. Erfährt der Erbschaftsbesitzer später, dass er nicht Erbe ist, so haftet er in gleicher Weise von der Erlangung der Kenntnis an. Eine weitergehende Haftung wegen Verzugs bleibt unberührt.

Materialien: E I §§ 2085, 2086; II § 1898; III § 1999; Mot V 591; Prot V 718; Denkschr 727; Jakobs/Schubert ER I 681–688, 709–725.

1 I. Eine der Haftung nach Rechtshängigkeit (§ 2023) **entsprechende Steigerung** der Haftung **bewirkt nach** § 2024 S 1 und 2 **auch die Bösgläubigkeit** des Erbschaftsbesitzers. Daneben unterwirft § 2024 S 3 den Bösgläubigen der weitergehenden Haftung wegen Verzugs. Anders als nach § 2023 und § 292 wird die Haftungssteigerung aber nicht nur für den dinglichen Teil des Erbschaftsanspruchs und den Fall des § 2020 HS 2, sondern auch für das kondiktionsrechtliche Element des Erbschaftsanspruchs (§ 2021), also gleichmäßig angeordnet (allgM, vgl MAURER 178). Dadurch soll die Verschiedenheit beseitigt werden, die zwischen dem Bereicherungsanspruch (§ 819) und dem Eigentumsanspruch (§ 990) hinsichtlich der mala fides der Anspruchsgegner besteht; während beim ersteren nur die positive Kenntnis eines Mangels des Rechtsgrundes die Haftung verschärft, genügt beim letzteren schon die durch grobe Fahrlässigkeit verschuldete Unkenntnis vom Mangel des Besitzrechts beim Besitzerwerb; vgl Prot V 719.

2 Von dem in § 2024 S 1 u 2 genannten Zeitpunkten ab (und damit uU vor Rechtshängigkeit) tritt für den dinglichen Anspruch und den aus § 2020 HS 2 die Haftung aus § 989 und die Abschwächung der Verwendungsersatzansprüche (§ 994 Abs 2) ein, während für den kondiktionsrechtlichen Teil des Erbschaftsanspruchs schon mit diesen Zeitpunkten die Haftung nach § 818 Abs 4 (dh ohne Beschränkung durch § 818 Abs 3) beginnt (Prot V 719; vLÜBTOW II 1058; BROX/WALKER Rn 583; DAMRAU/SCHMALENBACH Rn 1; **aA** WEINKAUF 167, nach dem § 2024 für das kondiktionsrechtliche Element des Erbschaftsanspruchs überhaupt nicht gelten soll). Von größerer Bedeutung ist diese durch § 2024 S 1 bewirkte Vorverlagerung der verschärften Bereicherungshaftung allerdings kaum, da der bösgläubige Erbschaftsbesitzer bei jeder Art des Verbrauchs von Nachlaßsachen ohnehin schon nach §§ 2024 S 1, 989 auf Schadensersatz und bei der Ziehung von Gebrauchsvorteilen aus Nachlaßsachen nach §§ 2024 S 1, 987 auf Wertersatz haftet. § 2024 S 2, der inhaltlich gegenüber § 819 nichts Neues bringt, hat dementsprechend im wesentlichen Bedeutung für vor der Kenntniserlangung bereits entstandene Bereicherungsansprüche. Neue Vermögenseinbußen, die der Erbschaftsbesitzer infolge der Inbesitznahme des Nachlasses nunmehr an seinem ureigenen Vermögen erleidet, sind nicht mehr als Bereicherungsminderung abziehbar. – § 2024 fingiert die Rechtshängigkeit des Erbschaftsanspruchs schlechthin, also aller seiner Elemente. Das impliziert, daß alle auf eine Geldzahlung gerichteten Teilansprüche so zu behandeln sind, als wären sie in dem Moment des Bösgläubigwerdens bzw der späteren Anspruchsentstehung rechtshängig geworden. Dies wiederum bedeutet, daß alle auf eine Geldzahlung gerichteten Teilansprüche nach §§ 291, 288 Abs 1 S 2 mit 5 Prozentpunkten über dem Basiszinssatz zu verzinsen sind (BGB-RGRK/KREGEL Rn 3; AK-BGB/WENDT Rn 17; **aM** STAUDINGER/GURSKY[12] Rn 1). – Wer sich in Kenntnis seiner Nichtberechtigung als Erbe geriert und Nachlaßsachen in Besitz nimmt, kann zwar nach §§ 2024 S 1, 2023 Abs 2. Abs 1, 994 Abs 2 einen Ersatzanspruch wegen seiner notwendigen Verwendungen erwerben, diesen aber regelmäßig nicht über ein Zurückbehaltungsrecht durchsetzen (§ 1000 S 2): Die wissentlich unberechtigte Inbesitznahme stellt nämlich eine vorsätzliche Eigentumsverletzung iS von § 823 Abs 1 dar. (Es besteht – entgegen STAUDINGER/GURSKY[12] § 2022 Rn 8 sowie BGB-RGRK/KREGEL § 2022 Rn 4 und ERMAN/SCHLÜTER § 2022 Rn 3 – kein Anlaß, auf die Verletzung des Erbrechts abzuheben; dieses ist richtiger Ansicht nach kein absolutes Recht iS von § 823 Abs 1 [vgl Vorbem 20 zu §§ 2018 ff].)

3 Nach WENDT (AK-BGB § 2018 Rn 66 u § 2024 Rn 12) soll der bösgläubige Erbschaftsbesitzer auch dann nach §§ 2024, 2023, 989 auf Schadensersatz haften, wenn er wirksam eine Nachlaßforderung gegen eine ihn persönlich treffende Verpflichtung aufrechnet. Diese Annahme ist verfehlt: Diese Anspruchsgrundlage setzt eine primäre Herausgabepflicht voraus, die nicht oder nicht ordnungsgemäß erfüllt worden ist; eine solche Herausgabepflicht hat aber bezüglich der Nachlaßforderung, die der Erbschaftsbesitzer durch die Aufrechnung verbraucht hat, nicht bestanden. Anders ist die Situation, wenn der Erbschaftsbesitzer wirksam über zum Nachlaß gehörende Umlaufpapiere verfügt; hier kann man den Verlust des verbrieften Rechtes infolge wirksamer Weiterübertragung als Folge der vom Erbschaftsbesitzer verschuldeten „Unmöglichkeit der Herausgabe" des Wertpapiers verstehen (vgl STAUDINGER/GURSKY [2006] § 990 Rn 60 ff).

II. Nicht in gutem Glauben ist der Erbschaftsbesitzer: 4

1. wenn er bei dem Beginn des Erbschaftsbesitzes **weiß oder infolge grober Fahrlässigkeit nicht weiß**, daß er nicht der Erbe ist; vgl § 932 Abs 2. Wegen der Wertung des § 142 Abs 2 ebenso, wer weiß, daß der Erwerbstitel seines Erbrechts anfechtbar ist (vgl § 2018 Rn 16), sofern die Anfechtung bzw Erbunwürdigkeitserklärung erfolgt (vgl auch STAUDINGER/OLSHAUSEN [2004] § 2344 Rn 19; MUSCHELER ZEV 2009, 101, 106 f). Anders als in § 819 wird der gute Glaube also nicht bloß durch positive Kenntnis des Mangels des Erbrechts ausgeschlossen (RGZ 56, 317; BGH FamRZ 2004, 537, 538). Unter „Beginn des Erbschaftsbesitzes" ist der Zeitpunkt zu verstehen, in dem der Anspruchsgegner erstmals etwas als vermeintlicher oder angeblicher Erbe aus der Erbschaft erlangt hat (PLANCK/FLAD Anm 1 1. Abs aE; AK-BGB/WENDT Rn 2; MünchKomm/ HELMS Rn 2; AnwK-BGB/FLEINDL Rn 3; DAMRAU/SCHMALENBACH Rn 3; CROME § 715 II m Fn 55; aA MAURER 173 ff [Erlangung des konkreten Erbschaftsgegenstandes]); es ist also nicht etwa der Zeitpunkt entscheidend, in dem er den Besitz der fraglichen Erbschaftssache erlangt hat, für deren Verlust oder Zerstörung von ihm Schadensersatz verlangt wird oder auf die er Verwendungen gemacht hat. Das folgt aus dem Gesamtanspruchscharakter der §§ 2018 ff und dem Formulierungsunterschied zwischen § 2024 und § 2025 (hier „Beginn des Erbschaftsbesitzes", dort „einen Erbschaftsgegenstand ... erlangt"). Daß der andere Haftungsverschärfungsgrund (die Rechtshängigkeit) hinsichtlich der konkreten Einzelsache gegeben gewesen sein muß, schlägt demgegenüber nicht durch. Das Abstellen auf den Zeitpunkt des ersten Erlangens wirkt sich für den Erbschaftsbesitzer normalerweise vorteilhaft aus und macht damit die Abweichung von § 819 überhaupt erst erträglich: Wenn der Erbschaftsbesitzer bei der ersten Inbesitznahme von Nachlaßgegenständen nicht grob fahrlässig war, wird ihm jedenfalls nicht bei jedem weiteren Erwerb aus der Erbschaft eine erneute Überprüfung seiner Erbenposition zugemutet. Tauchen neue Verdachtsgründe auf, die gegen sein Erbrecht sprechen, wird er nunmehr nicht schon dann der verschärften Haftung unterworfen, wenn diese seine Überzeugung vom eigenen Erbrecht grob fahrlässig machen, sondern erst wenn er daraus den korrekten rechtlichen Schluß zieht oder sein Beharren auf der bisherigen Deutung sich als Rechtsblindheit darstellt.

2. wenn er später **positiv erfährt**, daß er nicht der Erbe ist. An die nachträgliche 5 Bösgläubigkeit werden also strengere Anforderungen gestellt, gerade wie in § 990 Abs 1 für die Haftung des unrechtmäßigen Besitzers oder in § 937 Abs 2 bei der Ersitzung. Das Gesetz wollte offenbar eine zu starke Belastung des ursprünglich gutgläubigen Erbschaftsbesitzers durch Auferlegung einer fortwährenden Prüfungspflicht vermeiden. Doch wird man den Fall, wo der Erbschaftsbesitzer der sich später aufdrängenden Erkenntnis seines mangelnden Erbrechts bewußt aus dem Wege geht, als vorsätzliche Verhinderung der Erkenntnis nach dem Rechtsgedanken des § 162 gerade so behandeln müssen, als hätte er die Wahrheit erfahren (KIPP/COING § 108 II; vLÜBTOW II 1058; SOERGEL/DIECKMANN Rn 2; MünchKomm/HELMS Rn 3; BROX/WALKER Rn 583; EBENROTH/FRANK JuS 1996, 794, 800; MAURER 172; OLZEN JuS 1989, 374, 379; MUSCHELER ErbR 2009, 76, 93; **aM** PLANCK/FLAD Anm 1). Beruht der Erbschaftsanspruch darauf, daß der Anspruchsgegner seine ursprüngliche Erbenstellung (nach § 1764 Abs 1 S 2 oder § 2078 oder § 2344) rückwirkend verloren hat, muß die Kenntnis oder grobfahrlässige Unkenntnis der Umstände genügen, die zum späteren Verlust der Erbenstellung geführt haben (SOERGEL/DIECKMANN Rn 2 für die Konstellation von § 1764 Abs 1 S 2).

6 III. Wenn der Erbschaftsbesitzer zwar hinsichtlich seines Erbrechts bösgläubig ist, aber in bezug auf einen **einzelnen Gegenstand hinsichtlich eines Rechts zum Besitz gutgläubig** (wenn er also an das Gegebensein einer sog Singulareinrede ohne grobe Fahrlässigkeit glaubt), so will ihm eine verbreitete Auffassung bezüglich dieses Gegenstandes die Rechtsstellung eines gutgläubigen Erbschaftsbesitzers zubilligen (so STAUDINGER/GURSKY[12] Rn 3; KIPP/COING § 108 II; LANGE/KUCHINKE § 40 IV 3 m Fn 96; BROX/WALKER Rn 583; PLANCK/FLAD Anm 1; BGB-RGRK/KREGEL Rn 3; F LEONHARD Anm II; MünchKomm/HELMS Rn 4; jurisPK/EHM Rn 3; BAMBERGER/ROTH/MÜLLER-CHRISTMANN Rn 2; FAKomm-ErbR/FINGER Rn 3; DEK/LENZ Rn 4; ERMAN/SCHLÜTER Rn 2; PALANDT/EDENHOFER Rn 2; DEK/LENZ Rn 5; MUSCHELER 2009, 76, 82 f; OLZEN JuS 1989, 374, 379 und Jura 2001, 223, 227 [der sogar die Annahme eines vermeintlichen Zurückbehaltungsrechts genügen lassen will]; AK-BGB/WENDT Rn 9 [der auf eine mögliche Haftung aus dem Gesichtspunkt des Fremdbesitzerexzesses hinweist]; einschränkend hinsichtlich des Umfangs des Haftungsprivilegs [kein erweiterter Verwendungsersatz] SOERGEL/DIECKMANN Rn 2). Diese Annahme ist jedoch bedenklich (ablehnend auch MAURER 177). Es kann hier ohnehin nur um diejenigen Fälle gehen, in denen der Erbschaftsbesitzer nachträglich das Eigentum oder ein Recht zum Besitz (und damit eine Singulareinrede gegenüber dem Erbschaftsanspruch) erworben zu haben meint oder in denen er jedenfalls nachträglich zu der irrigen Überzeugung kommt, die Sache habe ihm schon vor dem Erbfall gehört. Denn bei solchen Sachen, die der Gegner mit Rücksicht auf einen vermeintlich bereits vor dem Erbfall aus anderen Gründen eingetretenen Eigentumserwerb an sich genommen hat, fehlt ja die Erbanmaßung und ist deshalb der Tatbestand des § 2018 gar nicht erfüllt (s § 2018 Rn 7). Eine haftentlastende Wirkung der bona fides superveniens verbietet sich aber aus den zu § 990 Rn 33 ff dargelegten Gründen. Damit ist auch ausgeschlossen, daß die verschärfte Haftung beim Tod des Erbschaftsbesitzers wegen der Gutgläubigkeit von dessen Erben entfällt, was der BGH in einem obiter dictum (NJW 1985, 3068, 3070) für möglich gehalten hat (dieser Entscheidung zust AnwK-BGB/FLEINDL Rn 2; FAKomm-ErbR/FINGER Rn 4, 6; DAMRAU/SCHMALENBACH Rn 1; wie hier dagegen MünchKomm/HELMS Rn 4). In einer neueren Entscheidung (BGH ZEV 2004, 378, 380) geht der BGH demgegenüber ohne nähere Begründung davon aus, das sich der Erbe des ursprünglichen Erbschaftsbesitzers ohne weiteres dessen Bösgläubigkeit zurechnen lassen muß.

7 IV. Bei **Minderjährigkeit** des Erbschaftsbesitzers schadet diesem jedenfalls die Bösgläubigkeit seines gesetzlichen Vertreters (abw BOEHMER MDR 1959, 705, 706 sub 1 a). Darüber hinaus muß aber bei Gutgläubigkeit des letzteren auch der eigene böse

Glaube des Minderjährigen selbst beachtlich sein, wenn der Minderjährige über die erforderliche Einsicht verfügt (BOEHMER sub 1 b; zust DAMRAU/SCHMALENBACH Rn 5). Es gelten hier die Ausführungen zur Haftung des minderjährigen unrechtmäßigen Besitzers bei nicht durch Rechtsgeschäft vermitteltem Besitzerwerb (STAUDINGER/GURSKY [2006] § 990 Rn 40) entsprechend.

V. Eine **weitere Steigerung** der **Haftung** des **bösgläubigen** Erbschaftsbesitzers tritt **8** nach **S 3** ein, wenn er in **Verzug** gesetzt wird. Für den gutgläubigen Erbschaftsbesitzer gilt dagegen S 3 nach dem Zusammenhang nicht, da die Zufallshaftung, die der Verzug zur Folge hat, zu hart wäre (PLANCK/FLAD Anm 2; F LEONHARD Anm 3; AK-BGB/WENDT Rn 18; MünchKomm/HELMS Rn 5; SOERGEL/DIECKMANN Rn 3; ERMAN/SCHLÜTER Rn 3; BROX/WALKER Rn 583; MAURER 178). Der bei Beginn des Erbschaftsbesitzes gutgläubig gewesene Anspruchsgegner kann also nicht in Verzug geraten, solange er nicht positive Kenntnis von seinem fehlenden Erbrecht erlangt. Die bloße Mahnung und Klageerhebung bewirken nicht ohne weiteres Bösgläubigkeit. Das Privileg, das sich aus dem Umkehrschluß aus § 2024 S 3 ergibt, darf auch nicht durch einen Rückgriff auf eine Eingriffskondiktion bezüglich des Besitzes ausgehebelt werden; für den mit dem Erbschaftsanspruch konkurrierenden Singularanspruch aus § 812 Abs 1 S 1 2. Alt muß deshalb die gleiche Einschränkung gelten (vgl STAUDINGER/GURSKY [2006] § 990 Rn 103 zur Parallelproblematik beim Vindikationsanspruch).

Sind aber die Bösgläubigkeit des Erbschaftsbesitzers und die Verzugsvoraussetzun- **9** gen beim Erbschaftsanspruch kumulativ gegeben, so hat der Erbschaftsbesitzer dem Erben allen durch die Verzögerung der Herausgabe bedingten Schaden zu ersetzen (§§ 280 Abs 1 und 2, 286) und muß er gemäß §§ 280 Abs 1 und 3, 283, 287 S 2 auch für die durch Zufall eintretende Unmöglichkeit der Herausgabe einstehen, es sei denn, daß derselbe Schaden den Erben auch getroffen haben würde, wenn der Erbschaftsbesitzer seiner Herausgabepflicht sofort nach der Mahnung nachgekommen wäre.

Was die Voraussetzungen des Verzuges betrifft, so wird hier nach einer verbreiteten **10** Auffassung (STAUDINGER/GURSKY[12] Rn 4; MünchKomm/HELMS Rn 5; jurisPK/EHM Rn 5; ERMAN/SCHLÜTER Rn 3; AK-BGB/WENDT Rn 20; DAMRAU/SCHMALENBACH Rn 7;/KIPP/COING § 108 III m Fn 2; OLZEN Jura 2001, 223, 227; MUSCHELER ErbR 2009, 76, 83) das Verschuldenserfordernis (§ 286 Abs 4) durch § 2024 modifiziert: Bezüglich der Unkenntnis des Erbrechtsmangels soll der Verschuldensmaßstab des § 2024 S 1 zur Anwendung kommen, dem Erbschaftsbesitzer also erst grobe Fahrlässigkeit schaden. Das ist jedoch unzutreffend: Es besteht nun einmal kein Anlaß, ausgerechnet den bösgläubigen Erbschaftsbesitzer vor Sanktionen des allgemeinen Schuldrechts zu bewahren (so auch MAURER 178). Eine entsprechende Verschärfung der Verzugsvoraussetzungen wird im übrigen für die Parallelnorm des § 990 Abs 2 nicht einmal erwogen. In aller Regel wird aber die beim Besitzerwerb vorhanden gewesene grobe Fahrlässigkeit ohnehin dazu führen, daß sich das Vertrauen des Erbschaftsbesitzers auf sein vermeintliches Erbrecht auch noch zu dem späteren Zeitpunkt der Mahnung durch den wahren Erben als grob fahrlässig darstellt.

§ 2025
Haftung bei unerlaubter Handlung

Hat der Erbschaftsbesitzer einen Erbschaftsgegenstand durch eine Straftat oder eine zur Erbschaft gehörende Sache durch verbotene Eigenmacht erlangt, so haftet er nach den Vorschriften über den Schadensersatz wegen unerlaubter Handlungen. Ein gutgläubiger Erbschaftsbesitzer haftet jedoch wegen verbotener Eigenmacht nach diesen Vorschriften nur, wenn der Erbe den Besitz der Sache bereits tatsächlich ergriffen hatte.

Materialien: E I § 2086; II § 1899; III § 2000; Mot V 591 f; Prot V 720 f; Denkschr 727; JAKOBS/SCHUBERT ER I 712–726; geändert durch Gesetz vom 2. 3. 1974 (BGBl I 469).

I. Textänderung

1 In § 2025 sind die Worte „strafbare Handlung" gemäß Art 121 Nr 3 EGStGB v 2.3. 1974 (BGBl I 469) durch das Wort „Straftat" ersetzt worden; eine sachliche Änderung ist damit nicht verbunden.

II. Allgemeines

2 § 2025 läßt eine **weitere Verschärfung der Haftung** des Erbschaftsbesitzers eintreten, wenn dieser

(1) einen Erbschaftsgegenstand durch eine Straftat

oder

(2) eine zur Erbschaft gehörende Sache durch verbotene Eigenmacht erlangt hat.

3 In diesen Fällen soll er wie beim Eigentumsanspruch gemäß § 992 nach den Vorschriften über den Schadensersatz wegen unerlaubter Handlungen haften. Und genau wie § 992 (s STAUDINGER/GURSKY [2006] § 992 Rn 2) enthält auch § 2025 eine Rechtsgrundverweisung auf das Deliktsrecht. § 2025 greift aber insofern über § 992 hinaus, als der Fall der Erlangung durch eine Straftat nicht auf Sachen beschränkt, sondern auf alle denkbaren Erbschaftsgegenstände erstreckt wird, zB auch auf Rechte; man denke an die Einziehung einer Nachlaßforderung aufgrund einer gefälschten Urkunde; vgl Prot V 720. Die Formulierung des § 2025 paßt für diese Konstellation allerdings nicht sehr gut, weil der Erbschaftsbesitzer den Nachlaßgegenstand „Forderung" nicht wirklich erlangt, sondern durch die Einziehung „verbraucht". Der Erbschaftsbesitzer erwirbt eigentlich nur den Besitz an den vom Nachlaßschuldner geleisteten Sachen, während das Eigentum kraft des Surrogationsprinzips ja automatisch an den Erben fällt (§ 2019 Rn 18). § 2025 ist selbstverständlich auch anwendbar, wenn der Erbschaftsbesitzer die ganze Erbschaft durch eine strafbare Handlung, etwa durch Urkundenfälschung oder Abgabe einer wissentlich

falschen Versicherung an Eides Statt erlangt (PLANCK/FLAD Anm 1; MünchKomm/HELMS § 2025 Rn 3; AnwK-BGB/FLEINDL § 2025 Rn 2; DAMRAU/SCHMALENBACH § 2025 Rn 5; ZEISING ZErb 2009, 172, 174). Zu beachten ist, daß Früchte, an denen der Erbschaftsbesitzer das Eigentum erwirbt, nicht zu den Nachlaßgegenständen gehören. Die Schadensersatzpflicht schließt die Anwendbarkeit des Surrogationsgrundsatzes nicht aus, wird also soweit nicht praktisch, als der Erbe infolge des Zuwachses der Surrogate nicht geschädigt ist; vgl §§ 2018, 2019.

Aus § 2025 läßt sich im Umkehrschluß folgern, daß der Erbschaftsbesitzer außerhalb der Voraussetzungen dieser Norm für körperliche oder unkörperliche Erbschaftsgegenstände nicht nach Deliktsrecht haftet (so auch AK-BGB/WENDT Rn 8; abw JOHN, Grundzüge des Erbrechts [1981] Rn 378 Fn 31); gerade darin liegt eine wesentliche Privilegierung. § 2025 verschlechtert die Rechtsposition des Erbschaftsbesitzers in erster Linie hinsichtlich der Schadensersatzhaftung, darüber hinaus aber auch bezüglich seiner Verwendungsersatzansprüche (s unten Rn 11). Die Norm beinhaltet nicht, daß der Erbschaftsbesitzer von den genannten Zeitpunkten ab nur noch der deliktischen Schadensersatzhaftung unterläge, sie hebt vielmehr lediglich die vorausgesetzte grundsätzliche Sperre gegenüber dem Deliktsrecht auf und stellt damit weitere, uU mit §§ 2023, 2024 konkurrierende Anspruchsgrundlagen zur Verfügung. Im Einzelfalle kann dabei die Anwendung der §§ 2023, 2024 für den Erben durchaus günstiger sein: So vor allem wegen der langen Verjährung (s unten Rn 13), ferner auch deshalb, weil sich die Einstandspflicht für das Verschulden Dritter dort nach § 278 und nicht nach § 831 richtet (was allerdings wegen § 848 nur dann relevant wird, wenn die Besitzerlangung nur schuldhaft verbotene Eigenmacht darstellt, nicht aber bereits einen Deliktstatbestand erfüllt). 4

Die Haftungsverschärfung wirkt immer nur für den konkreten Gegenstand, den der Erbschaftsbesitzer durch die Straftat oder verbotene Eigenmacht erlangt hat (MAURER 182; KIPP/COING § 108 IV aE; MUSCHELER ErbR 2009, 76, 84; ZEISING ZErb 2009, 172, 173; unklar insoweit LEONHARD Anm I). 5

III. Erlangung durch Straftat

Die deliktische Schadensersatzhaftung greift erstens ein, wenn der Erbschaftsbesitzer einen Erbschaftsgegenstand durch eine Straftat erlangt hat. Hier wird der Beklagte zumeist iSv § 2024 bösgläubig sein; so notwendigerweise bei Diebstahl, Unterschlagung, Erpressung, Betrug (anders für den letzten Fall BGB-RGRK/KREGEL Rn 1 und AK-BGB/WENDT Rn 12; aber schon der Schädigungsvorsatz setzt die Kenntnis des Täters voraus, daß er nicht Erbe ist). Im Falle der Urkundenfälschung oder falschen Versicherung an Eides Statt (im Erbscheinsverfahren) oder Nötigung ist es dagegen denkbar, daß der Erbschaftsbesitzer hinsichtlich seines Erbrechts in gutem Glauben ist und die strafbare Handlung (zB die Fälschung eines Testaments oder Erbscheins oder die Nötigung zur Herausgabe) nur begeht, um sich den Nachweis oder die Durchsetzung seines Erbrechts zu erleichtern. Trotz seines guten Glaubens haftet aber dann der Erbschaftsbesitzer nach Deliktsrecht (Umkehrschluß aus S 2; vgl RGZ 81, 413; OLZEN JuS 1989, 374, 380; LANGE/KUCHINKE[4] § 40 Fn 104 mwNw; MAURER 179 f; MUSCHELER ErbR 2009, 76, 78). Für den Beweis des Erwerbs durch Straftat gelten die üblichen zivilprozessualen Grundsätze, nicht der strafprozessuale Grundsatz des „in dubio pro reo" 6

(LEIPOLD, Beweislastregeln und gesetzliche Vermutungen [1966] 181 f; BAUMGÄRTEL/SCHMITZ Rn 1; aA ROSENBERG, Beweislast [5. Aufl 1965] 35 f).

IV. Erlangung durch verbotene Eigenmacht

7 Die Sperre gegenüber dem Deliktsrecht entfällt ferner, wenn der Anspruchsgegner eine Erbschaftssache durch verbotene Eigenmacht (§ 858) erlangt hat. Verbotene Eigenmacht gegen den Erben übt der Erbprätendent auch dann, wenn er eine zum Nachlaß gehörende Sache im Vertrauen auf die eigene Erbenstellung und in schuldloser Unkenntnis des Umstandes, daß die Sache sich bereits im Besitz des wirklichen Erben befindet, ohne Zustimmung des letzteren an sich nimmt. Dem Wortlaut der Norm nach ist damit der Weg zur Deliktshaftung in der Folgezeit eröffnet. Der bei der Besitzergreifung noch völlig schuldlose Erbschaftsbesitzer müßte danach für eine später wissentlich oder durch Nachlässigkeit herbeigeführte Beschädigung oder Zerstörung der Sache aus § 823 Abs 1 jedenfalls dann aus §§ 2025, 823 Abs 1 haften, wenn ihm im Zeitpunkt dieser schädigenden Handlung echtes Verschulden zur Last fällt. Das wiederum kann nur der Fall sein, wenn er in der Zwischenzeit von seiner fehlenden Erbenstellung erfahren hat oder zumindest von Umständen Kenntnis erlangt hat, die seine fortdauernde Annahme der eigenen Erbberechtigung nunmehr fahrlässig erscheinen lassen. Dieses Ergebnis wird jedoch durch die gleiche *Restriktion* vermieden, die die herrschende Meinung (siehe Nachweise bei STAUDINGER/GURSKY [2006] § 992 Rn 10) im Falle der parallelen Norm des § 992 vornimmt: Die verbotene Eigenmacht muß **schuldhaft** sein, der Erbschaftsbesitzer bei der Besitzergreifung also (iS einer Parallelwertung in der Laiensphäre) wissen oder zumindest nur infolge von Fahrlässigkeit nicht erkennen, daß er bereits bestehenden Besitz eines Dritten bricht (vgl OLZEN JuS 1989, 374, 380; EBENROTH/FRANK JuS 1996, 794. 800; SOERGEL/DIECKMANN Rn 3; MünchKomm/HELMS Rn 4; ERMAN/SCHLÜTER Rn 3; DAMRAU/SCHMALENBACH 7; vLÜBTOW II 1059; EDENFELD 98; MANSFELD/MOSELLE JuS 1979, 426, 427; F WERNER JuS 2000, 779, 784; MUSCHELER ErbR 2009, 76, 84; **aA** AK-BGB/WENDT Rn 16 ff; MAURER 180 ff). Bei § 2025 wird diese teleologische Reduktion allerdings im Gegensatz zur herrschenden Meinung bei § 992 zumeist damit begründet, daß die §§ 823 ff, die den Zielpunkt der Verweisung bilden, ihrerseits ein Verschulden voraussetzen. Das überzeugt jedoch nicht. Den Anforderungen der §§ 823 ff würde, wie CANARIS (Die Feststellung von Lücken im Gesetz [1964] 81 [zu § 992]) zutreffend betont, auch dann Genüge getan, wenn erst die der Besitzergreifung nachfolgende Beschädigungshandlung schuldhaft wäre. Die Notwendigkeit der teleologischen Reduktion folgt vielmehr in beiden Fällen aus der Überlegung, daß sich eine stimmige Regelung nur ergibt, wenn die beiden alternativen Haftungsverschärfungsgründe einigermaßen gleichwertig sind. Das aber wäre nicht der Fall, wenn der erste der beiden Verschärfungsgründe praktisch Vorsatz verlangt, der zweite aber infolge wortgerechter Interpretation nur eine objektiv rechtswidrige Handlungsweise verlangen, also selbst auf das schwächste Verschulden verzichten würde. Das durch die Restriktion des zweiten Haftungsverschaffungsgrundes gewonnene Verschuldenserfordernis bezieht sich natürlich auf die verbotene Eigenmacht. Demgegenüber bezieht sich die grob fahrlässige Unkenntnis, die zur Bösgläubigkeit iS von § 2024 führt, auf die fehlende eigene Erbenstellung des Täters. Das ist an sich etwas anderes. Im Ergebnis dürfte aber die fahrlässige Verkennung des fehlenden eigenen Erbrechts regelmäßig den Schluß nahelegen, daß dann auch die wegen dieser schuldhaften Verkennung der Rechtslage vorgenommene objektiv eigenmächtige Inbesitznahme einer Nachlaßsache verschuldet ist.

Die schuldhaft verbotene Eigenmacht des Erbschaftsbesitzers schaltet also die grundsätzliche Sperrwirkung des „Erben-Erbschaftsbesitzer-Verhältnisses" gegenüber dem Deliktsrecht (s oben Rn 4) aus, gibt mithin auch die Anwendung deliktischer Anspruchsgrundlagen für die Haftung des Erbschaftsbesitzers frei. Dies allerdings bei schuldlosem Vertrauen auf die eigene Erbenstellung nur für ein *späteres* Delikt, bei dem er mittlerweile seine fehlende Erbenstellung kennt bzw infolge Fahrlässigkeit nicht kennt (mißverständlich STAUDINGER/LEHMANN[11] Rn 5; PLANCK/FLAD Anm 3b). Eine in der schuldlosen Annahme der eigenen Erbenstellung begangene Besitzentziehung erfüllt nicht den vollständigen (objektiven und subjektiven) Tatbestand des § 823 Abs 1, wie das § 2025 als Rechtsgrundverweisung ja voraussetzt (MünchKomm/HELMS Rn 6; DAMRAU/SCHMALENBACH Rn 9), denn der Erbschaftsbesitzer glaubt hier schuldlos, nur unberechtigten Besitz zu verletzen, und ein solcher wird richtiger Ansicht nach durch § 823 Abs 1 gar nicht geschützt (H WESTERMANN/GURSKY, SR[7] I § 8, 4 mwNw). Auch die Berücksichtigung von § 823 Abs 2 führt (entgegen AK-BGB/WENDT Rn 19) in dieser Situation nicht zu einem Schadensersatzanspruch des Erben: § 858 stellt nämlich richtiger Ansicht nach gar kein Schutzgesetz iS der letzteren Vorschrift dar (vgl H WESTERMANN/GURSKY aaO mwNw; anders allerdings die **hM**).

Wenn der Erbschaftsbesitzer jedenfalls bei schuldhaft begangener verbotener Eigenmacht generell der Deliktshaftung ausgesetzt wäre, so wäre allerdings das Ergebnis immer noch rechtspolitisch bedenklich. Bei einer solchen Lösung würde nämlich die vom Gesetzgeber beabsichtigte Privilegierung vor allem des gutgläubigen und unverklagten Erbschaftsbesitzers weitestgehend leerlaufen. Deshalb macht **S 2** die deliktische Haftung des bei der Besitzergreifung gutgläubigen Erbschaftsbesitzers von der zusätzlichen Voraussetzung abhängig, daß sich die verbotene Eigenmacht gegen eine bereits ausgeübte tatsächliche Sachherrschaft und nicht bloß gegen den Erbenbesitz nach § 857 gerichtet hat. Der Umstand, das bereits ein anderer Erbprätendent die fraglichen Nachlaßsachen in Besitz genommen hat, ist für den nur vermeintlichen Erben typischerweise erkennbar (MAURER 182). Er erhält damit ein Warnsignal, das ihm nahelegt, seine Rechtsposition mit Hilfe der Gerichte durchzusetzen. Wenn er sich darüber hinwegsetzt, ist seine Schutzwürdigkeit deutlich reduziert, die zusätzliche deliktische Haftung deshalb angemessen.

7a

Es liegt nahe, das in S 1 ergänzte Verschuldenserfordernis für den engeren Anwendungsbereich des S 2 zu modifizieren, nämlich zu verlangen, daß sich das Verschulden auch auf die dort geforderte qualifizierte verbotene Eigenmacht bezieht: Die Freigabe der zusätzlichen deliktischen Haftung setzt dann voraus, daß der Anspruchsgegner auch wußte oder zumindest nur infolge von Fahrlässigkeit übersehen hat, daß die von ihm in Besitz genommene Nachlaßsache vorher bereits von einem anderen Erbprätendenten, der sich später als der wirkliche Erbe herausstellt, in Besitz genommen war (so LANGE/KUCHINKE § 40 Fn 102; jurisPK/EHM Rn 5; vgl auch STROHAL II § 95 III 4 b). Unter dieser Voraussetzung haftet der gutgläubige Erbschaftsbesitzer aber selbst dann in der Folgezeit zusätzlich nach Deliktsrecht, wenn seine Annahme, Erbe zu sein, auf keinerlei Fahrlässigkeit beruht.

8

S 2 stellt auf den „*gutgläubigen* Erbschaftsbesitzer" ab. Damit verweist S 2 offensichtlich auf § 2024. Dennoch bleiben Zweifel, wie diese Verweisung zu verstehen ist, wenn der Anspruchsgegner im Zeitpunkt der eigenen Besitzergreifung an der konkreten Nachlaßsache bereits Erbschaftsbesitzer war. Man könnte hier § 2024 S 1 und

8a

2 gemeinsam anwenden. Dann wäre der Anspruchsgegner nur dann gutgläubig, wenn er bei Beginn des Erbschaftsbesitzes insgesamt ohne grobe Fahrlässigkeit an seine Erbenstellung geglaubt hat und bis zur eigenmächtigen Inbesitznahme der konkreten Nachlaßsache keine positive Kenntnis von der Nichtexistenz des angenommenen Erbrechts erlangt hat. Man könnte aber auch ausschließlich auf den Erwerbszeitpunkt der konkreten Nachlaßsache abstellen und dabei dann den Maßstab des § 2024 S 1 anwenden. Meines Erachtens ist die letztere Interpretation sinnvoller, da § 2025 im Gegensatz zu § 2024 ausschließlich auf die konkrete Einzelsache abhebt (s § 2024 Rn 4). Das Haftungsprivileg des S 2 greift also schon dann nicht ein, wenn der Erbschaftsbesitzer zu Beginn des Erbenbesitzes insgesamt noch gutgläubig war, im späteren Zeitpunkt der eigenmächtigen Besitzentziehung an der konkreten Einzelsache aber nur infolge grober Fahrlässigkeit von einem in Wahrheit nicht bestehenden Erbrecht ausging.

9 § 2025 S 1 sagt nicht, *gegen wen* die verbotene Eigenmacht verübt worden sein muß. Insbesondere S 2 scheint darauf hinzudeuten, daß nur die verbotene Eigenmacht gegen den unmittelbaren Besitz des Erben selbst die deliktische Schadenshaftung nach sich ziehen soll. Gemeint ist aber nur der Ausschluß des § 857; es besteht kein Anlaß, die verbotene Eigenmacht gegen den bisherigen Besitzmittler des Erblassers, der vom Erbfall keine Kenntnis erlangt hat oder aber schon den wahren Erben als neuen Oberbesitzer anerkannt hat oder den unmittelbaren Besitz für denjenigen ausübt, der sich als Erbe herausstellen wird, anders zu behandeln als die Entziehung der vom Erben selbst bereits erlangten tatsächlichen Sachherrschaft (MünchKomm/ HELMS Rn 5; SOERGEL/DIECKMANN Rn 3; DAMRAU/SCHMALENBACH Rn 8; OLZEN JuS 1989, 374, 380; MUSCHELER ErbR 2009, 76, 86; vgl auch STAUDINGER/GURSKY [2006] § 992 Rn 8). S 2 HS 2 paßt hier nicht, weil hier ja der Verkehrsbesitz des Mittlers und die darauf beruhende vergeistigte Sachherrschaft des Erben und nicht nur der fiktive Erbenbesitz des § 857 verletzt worden ist (OLZEN aaO). Die unerlaubte Eigenmacht gegenüber einem Dritten, der dem Erben nicht den Besitz vermittelt, also etwa gegenüber einem Dieb oder einem anderen unrechtmäßigen Erbprätendenten, kann dagegen nicht für § 2025 genügen; der Grund der Haftungsverschärfung kann nur in der besonders intensiven Verletzung der Rechtsposition des Erben liegen; die Beeinträchtigung der Rechtssphäre Dritter bzw des äußeren Rechtsfriedens rechtfertigt es nicht, dem Erben nunmehr weitergehende Schadensersatzansprüche zu geben. Im übrigen ist auch die verbotene Eigenmacht gegen den Besitzmittler des wirklichen Erben im vorliegenden Zusammenhang natürlich dann irrelevant, wenn sie mit Einverständnis des wirklichen Erben erfolgt (vgl MünchKomm/BALDUS[5] § 992 Rn 4).

10 Die verbotene Eigenmacht kann auch im Ausland begangen worden sein (FERID GRUR IntT 1973, 472, 476).

V. Inhalt der deliktischen Haftung

11 Die durch § 2025 eröffnete deliktische Schadenshaftung (§§ 823, 249) belastet den Erbschaftsbesitzer vor allem mit dem **Zufallsrisiko** (§ 848), wenn bereits die Besitzerlangung selbst ein vollständiges zivilrechtliches Delikt gegen den wirklichen Erben, nämlich eine schuldhafte Eigentumsverletzung durch Besitzentziehung oder – was für § 848 wohl gleichzusetzen wäre – die Besitzverschaffung durch Nötigung des Erben oder seines Besitzmittlers – darstellt (s oben Rn 7). Er muß den zu ersetzenden

Betrag nach § 849 verzinsen. Er kann, auch wenn er im Zeitpunkt der Verwendungsvornahme noch iSv § 2024 gutgläubig und noch nicht verklagt war, nicht wie nach § 2022 Ersatz aller **Verwendungen**, sondern nach § 850 iVm §§ 994–996 nur Ersatz der notwendigen und „nützlichen" (dh wertsteigernden) beanspruchen (MünchKomm/ Helms Rn 7; Soergel/Dieckmann Rn 1; jurisPK/Ehm Rn 8; Bamberger/Roth/Müller-Christmann Rn 6; Damrau/Schmalenbach Rn 12; Erman/Schlüter Rn 4; Palandt/Edenhofer Rn 3; DEK/Lenz Rn 5). Ersatz der nicht-notwendigen Verwendungen ist entgegen einer zu §§ 992, 850 vertretenen Auffassung (zB Baur/Stürner SR § 11 Rn 20) nicht generell ausgeschlossen; § 850 verweist nämlich nicht nur auf die Verwendungsersatzansprüche eines bösgläubigen Besitzers, sondern auf die nach der Schutzwürdigkeit des Verwenders abgestufte Regelung der §§ 994 ff insgesamt (vgl Staudinger/Gursky [2006] Vorbem 2 zu §§ 994 ff mwN; Staudinger/Vieweg [2007] § 850 Rn 6 f; anders aber AnwK-BGB/Katzenmeier § 850 Rn 1). Problematisch ist bei alldem, ob die Verteidigungsposition des Besitzers für jede einzelne Sache getrennt bestimmt werden muß. Das dürfte zu verneinen sein, soweit der Erbschaftsbesitzer durch das gleiche Delikt mehrere Sachen in seinen Besitz gebracht hat; hier dürfte ein einheitlicher deliktischer Herausgabeanspruch gegeben sein und damit auch § 850 einheitlich eingreifen. Anders dagegen, wenn es sich um mehrere getrennte Delikte handelt. Dann kann der Erbe einem besonders hohen Ersatzanspruch für notwendige Verwendungen auf eine Sache schon dadurch entgehen, daß er den diesbezüglichen deliktischen Herausgabeanspruch nicht geltend macht. Hat der Besitzer in Kenntnis oder schuldhafter Unkenntnis der tatsächlichen Besitzergreifung durch den Anspruchsteller, aber in der unverschuldet irrigen Überzeugung, selbst Erbe zu sein, den Besitz von Nachlaßsachen ergriffen, so ist dadurch ein deliktischer Herausgabeanspruch noch nicht begründet worden. Damit ist für die Anwendung von § 850 kein Raum; der Besitzer hat deshalb die weitergehenden Rechte nach § 2022. Im übrigen gilt die Beschränkung des Umfangs der Verwendungsersatzansprüche ohnehin nur gegenüber dem deliktischen Herausgabeanspruch (Damrau/Schmalenbach Rn 12); macht der Erbe - etwa nach Verjährung des Deliktsanspruchs - den konkurrierenden dinglichen Herausgabeanspruch aus § 2018 geltend, ist die für den Erbschaftsbesitzer günstigere Verwendungsersatzregelung des § 2022 einschlägig (Maurer 203); ebenso, wenn der Erbe zugleich andere, nicht deliktisch erlangte Sachen herausverlangt, im Hinblick auf die letzteren. Falls der nach §§ 2025, 823 Abs 1, 249 Abs 1 deliktisch herausgabepflichtige Besitzer zunächst ersatzfähige Verwendungen auf die entzogene Sache macht und diese anschließend bei ihm untergeht oder gestohlen wird, so wird damit sein Verwendungsersatzanspruch undurchsetzbar (anders nur im Falle einer vorherigen Genehmigung, § 1001 S 1 2. Alt); dieser Umstand ist bei der Bemessung des Vermögensschadens nach § 251 Abs 1 als Schadensminderungsposten zu berücksichtigen.

Auch gegenüber dem deliktischen Herausgabeanspruch erwirbt der Erbschaftsbesitzer ein **Zurückbehaltungsrecht** wegen seiner ersatzfähigen Verwendungen, sofern er den Besitz nicht durch eine vorsätzlich begangene unerlaubte Handlung erlangt hat (§§ 2025, 850, 1000 S 2 e contrario; angesichts dieser Regelung läßt sich das Zurückbehaltungsrecht desjenigen, der sich in schuldhaft irriger Annahme der Erbenstellung in den Besitz von Nachlaßsachen gesetzt hat, entgegen vLübtow II 1071 und anderen auch nicht über einen Gegeneinwand aus §§ 2025 S 1, 249 Abs 1 blockieren; ebenso Maurer 203 f). Zur Frage, ob der Erbschaftsbesitzer dieses Zurückbehaltungsrecht auch gegenüber einem konkurrie-

13 Der deliktische Ersatzanspruch **verjährte** vor der grundlegenden Umgestaltung des Verjährungsrechts durch das Schuldrechtsmodernisierungsgesetz auch hier nach seinen eigenen Regeln (so auch PLANCK/FLAD Anm 2; BGB-RGRK/KREGEL Rn 4; Münch-Komm/FRANK[3] Rn 8; SOERGEL/DIECKMANN[12] Rn 4; ERMAN/SCHLÜTER[10] Rn 4; PALANDT/EDENHOFER § 2026 Rn 2; STROHAL II § 95 Fn 27 b; MAURER 183; **aM** RGZ 117, 423, 425 [zu § 992]; LANGE/KUCHINKE § 40 Fn 100; vLÜBTOW II 1060; EBENROTH Rn 1033; HELLWIG, Anspruch und Klagrecht 49 Fn 17 F LEONHARD § 2026 Anm II; MünchKomm/HELMS[4]; Hk-BGB/HOEREN Rn 4); dies folgte schon daraus, daß § 2025 eine Rechtsgrundverweisung auf das Deliktsrecht darstellt, die dessen Anspruchsgrundlagen zusätzlich zu den besonderen aus dem Erbschaftsanspruch fließenden Schadensersatzansprüchen (§§ 2023, 2024) zur Verfügung stellt (vgl GURSKY, in: 3. FS vLübtow 211, 222 Fn 62). Die Verjährungsfrist betrug damit nach § 852 aF 3 Jahre ab Kenntnis bzw bei fehlender Kenntnis 30 Jahre. Nunmehr (dh seit dem 1.1.2002) kommt hier wie generell bei deliktischen Ansprüchen primär die neue regelmäßige Verjährung von 3 Jahren (§ 195) zur Anwendung, die nach § 199 Abs 1 grundsätzlich mit dem Ablauf des Jahres beginnt, in dem der Gläubiger nach Anspruchsentstehung von den den Anspruch begründenden Umständen und der Person des Schuldners Kenntnis erlangt oder infolge grober Fahrlässigkeit nicht erlangt hat (so auch SOERGEL/DIECKMANN Rn 4; MünchKomm/HELMS[5] § 2026 Rn 7; ERMAN/SCHLÜTER Rn 4; DAMRAU/SCHMALENBACH Rn 13; PALANDT/EDENHOFER Rn 3; AnwK-BGB/FLEINDL Rn 1; BAMBERGER/ROTH/MÜLLER-CHRISTMANN Rn 6; jurisPK/EHM Rn 9; PWW/TSCHICHOFLOS Rn 1; DEK/LENZ Rn 5; FAKomm-ErbR/FINGER § 2025 Rn 3; BROX/WALKER Rn 594; MAURER 182 f; AMEND JuS 2002, 743, 744; LÖHNIG ZEV 2004, 267; 268; MUSCHELER ErbR 2009, 76, 84; für Anwendung des § 197 Abs 1 Nr 2 [Fassung durch das SMG] bzw der am 1.1.2010 in Kraft getretenen Neufassung von § 197 Abs 1 Nr 1 und damit der 30-jährigen Verjährung dagegen MünchKomm/HELMS[4] Rn 8; LANGE/KUCHINKE[5] § 40 IV 4 b Fn 100; Hk-BGB/HOEREN Rn 4 sowie nunmehr auch STAUDINGER/PETERS/JACOBY [2009] § 197 Rn 13). Spätestens tritt die Verjährung mit dem Ablauf der ersten der beiden Höchstfristen des § 199 Abs 3 ein. Etwa konkurrierende Ansprüche aus §§ 2023, 2024 unterliegen dagegen nunmehr nach §§ 2026, 197 Abs 1 Nr 1 genauso wie früher nach § 195 aF bzw § 197 Abs 1 Nr 2 aF (s § 2026 Rn 1) der dreißigjährigen Verjährung (MUSCHELER ErbR 2009, 76, 84; **aA** MünchKomm/HELMS[5] § 2026 Rn 7).

§ 2026
Keine Berufung auf Ersitzung

Der Erbschaftsbesitzer kann sich dem Erben gegenüber, solange nicht der Erbschaftsanspruch verjährt ist, nicht auf die Ersitzung einer Sache berufen, die er als zur Erbschaft gehörend im Besitz hat.

Materialien: E I § 888; II § 1900; III § 2001;
Mot III 356; Prot III 236; VI 234 f; JAKOBS/SCHUBERT ER I 726.

Titel 3 § 2026
Erbschaftsanspruch 1, 2

I. Verjährung des Erbschaftsanspruchs

1. Einheitliche Verjährung?

§ 2026 spricht von der „Verjährung des Erbschaftsanspruchs". Die hM nimmt dies **1** wörtlich und leitet daraus ab, daß der Erbschaftsanspruch in allen seinen Komponenten einer einheitlichen, nämlich seit dem Inkrafttreten des BGB dreißigjährigen Verjährung unterliegt, deren Rechtsgrundlage allerdings im Laufe der Zeit mehrfach gewechselt hat. Diese Frist war zunächst einfach ein Anwendungsfall der regelmäßigen Verjährung nach § 195 BGB aF, folgte aber seit dem 1. 1. 2002 aus § 197 Abs 1 Nr 2 in der Fassung des Schuldrechtsmodernisierungsgesetzes (Verjährung erbrechtlicher Ansprüche) und ergibt sich seit dem 1. 1. 2010 aus § 197 Abs 1 Nr 1 nF, wo der Herausgabeanspruch aus § 2018 explizit angeführt wird. Vor der letzten Neuregelung hat man zwar darüber gestritten, ob § 197 Abs 1 Nr 2 aF einer restriktiven Auslegung bzw teleologischen Reduktion bedarf, aber man war sich doch weitgehend darüber einig, daß der Erbschaftsanspruch zu den „genuin erbrechtlichen Ansprüchen" gehört und deshalb aus § 197 Abs 1 Nr 2 nicht auf interpretativem Wege entfernt werden durfte (vgl nur OTTE ZEV 2004, 9, 12 f; LÖHNIG ZEV 2004, 267, 269; FRANCK ZEV 2007, 114, 117; STAUDINGER/PETERS [2004] § 197 Rn 21). Die Neuregelung in § 197 Abs 1 Nr 1 ist insoweit eindeutig. Von der Konzeption der einheitlichen Verjährung des Erbschaftsanspruchs machte die hM allerdings schon früher eine Ausnahme: Soweit der Erbschaftsbesitzer gemäß § 2025 nach dem Recht der unerlaubten Handlungen haftet, sollte es bei der 3-jährigen Verjährungsfrist des § 852 aF verbleiben (s § 2025 Rn 13). Darin liegt – entgegen dem ersten Anschein – keine Inkonsequenz, weil § 2025 gar keine eigenständige Anspruchsgrundlage enthält, die als solche zum Erbschaftsanspruch gehören könnte, sondern lediglich eine Konkurrenzentscheidung trifft. Die in § 2025 ausgesprochene Rechtsgrundverweisung auf das Deliktsrecht bedeutet der Sache nach nichts anderes, als daß das Gesetz hier ausnahmsweise den Weg zum Deliktsrecht freigibt, das ja ansonsten durch die abschließende Sonderregelung des Erbschaftsanspruchs verdrängt wird. Zur neueren rechtspolitischen Diskussion um die angemessene Verjährungsfrist für den Erbschaftsanspruch vgl Rn 7.

Die **Verjährung beginnt** nach hM für den ganzen Erbschaftsanspruch einheitlich in **2** dem Moment zu laufen, in dem der Anspruchsgegner erstmals etwas als Erbprätendent aus dem Nachlaß erlangt hat (BGH ZEV 2004, 378, 380 = FamRZ 2004, 537, 539; PLANCK/FLAD Anm 1a; STAUDINGER/GURSKY[12] Rn 2; MünchKomm/HELMS Rn 3; BGB-RGRK/KREGEL Rn 4; SOERGEL/DIECKMANN Rn 2; AnwK-BGB/FLEINDL § 2018 Rn 11; BAMBERGER/ROTH/MÜLLER-CHRISTMANN Rn 3; DAMRAU/SCHMALENBACH Rn 3; ERMAN/SCHLÜTER Rn 1; PALANDT/EDENHOFER Rn 2; Hk-BGB/HOEREN Rn 3; STROHAL II 404 m Fn 27 c; DERNBURG/ENGELMANN § 156 VI; KRETZSCHMAR § 68 II 8 Fn 20; DIETZ 156; BROX/WALKER Rn 594; EDENFELD 87, 89 f; JOACHIM Rn 536; LÖHNIG ZEV 2004, 267, 268 f). Für die Konstellation, daß der Erbschaftsbesitzer zunächst etwas ohne Erbrechtanmaßung erlangt hatte, ist dann der Zeitpunkt maßgeblich, in dem sich der Erbschaftsbesitzer erstmals als Erbe geriert hat (vgl BGH ZEV 2004, 378, 380; AnwK-BGB/FLEINDL Rn 11). Da die Verjährungsregelung des Erbschaftsanspruchs nach zutreffender hM wegen § 2029 auch für die konkurrierenden Singularansprüche gilt (vgl § 2029 Rn 6), kann der Erbe nach hM mit dem Ablauf von 30 Jahren seit dem ersten Entstehen des Erbschaftsanspruchs auch die Herausgabe solcher Sachen nicht mehr erzwingen, die der Anspruchsgegner erst sehr viel später erlangt hat oder bei denen jedenfalls die Erbrechtsprätension erst sehr viel später stattgefunden hat (vgl BGH aaO: Inbesitznahme eines Nachlaßgrundstücks 1953, erstmalige Erbrechtsanmaßung 1976). Die Gegenauffassung (F LEONHARD Anm 2; LANGE/ KUCHINKE § 40 IV 7; AK-BGB/WENDT Rn 3; HELLWIG, Anspruch und Einrede 63 Fn 4; MUSCHELER ErbR 2009, 38, 46 f), nach der die 30-jährige Verjährungsfrist für jeden einzelnen Nachlaßgegenstand erst in dem Augenblick zu laufen beginnt, in dem der Erbschaftsbesitzer diesen Gegenstand in seine Herrschaft bringt, ist mit dem Wortlaut des § 2026 schwerer zu vereinbaren und widerspricht jedenfalls den Vorstellungen der Gesetzesverfasser vom einheitlichen erbrechtlichen Universalanspruch (s Vorbem 12 zu §§ 2018 ff); sie läßt zudem offen, was eigentlich im Surrogationsfalle gelten soll. Wenn hier jeweils eine neue Verjährungsfrist in Gang gesetzt wird – was jedenfalls die Vertreter der Einzelanspruchstheorie annehmen müßten (s GURSKY, in: 3. FS vLübtow 211, 223) – so droht dem Erbschaftsbesitzer angesichts der Möglichkeit der Kettensurrogation eine Endloshaftung. Wenn man aber wie KIPP (ErbR[7] § 66 I) und SIBER (124) sowie LÖHNIG (ZEV 2004, 267, 269) die einheitliche Verjährung des Erbschaftsanspruchs erst mit der letzten Erlangung eines Nachlaßgegenstandes beginnen lassen will, wäre die Konsequenz wieder eine Endloshaftung (MAURER 217; etwas anders LANGE/ KUCHINKE § 40 Rn 120: Verjährung könnte im Extremfall erst 60 Jahre nach dem Erbfall eintreten).

3 Auf den ersten Blick spricht damit alles für die Lösung der hM, der denn auch die 12. Auflage (Rn 2) gefolgt ist. Dabei wurde jedoch nicht genügend beachtet, daß gerade die einheitliche Verjährung einen effektiven Rechtsschutz des Erben gefährden kann. Dies ist schon dann der Fall, wenn der Erbschaftsbesitzer erst kurz vor Ablauf der (von der hM angenommenen) einheitlichen 30-jährigen Verjährungsfrist einen weiteren Nachlaßgegenstand erlangt. Bringt er einen weiteren Nachlaßgegenstand überhaupt erst nach Ablauf von 30 Jahren seit der Inbesitznahme des ersten Nachlaßbestandteils an sich, so würde dieser neue Erwerb überhaupt nur noch einen verjährten Anspruch auslösen. Dem Erben würde in dieser Situation auch ein Ausweichen auf etwa konkurrierende Singularansprüche nichts helfen, denn § 2029 überträgt ja auch den Vorteil der in concreto für den Erbschaftsbesitzer günstigeren Verjährungsregelung auf die Singularansprüche (vgl § 2029 Rn 6). Das kann einfach nicht richtig sein (GURSKY, in: 3. FS vLübtow 211, 223 f; MAURER 35, 106; jurisPK/EHM Rn 3; LÖHNIG ZEV 2004, 267, 269).

4 Angesichts dieser inakzeptablen Auswirkungen der konsequent durchgehaltenen Gesamtanspruchslehre wie auch ihrer Gegenposition, der Einzelanspruchstheorie, kann die Lösung der Verjährungsfrage nur aus der Natur der Sache entwickelt werden. Dabei erweist sich nun die differenzierende Lösung vLÜBTOWS als die bestmögliche Lösungsvariante. Das bedeutet: Jede neue Besitzergreifung an einer weiteren Nachlaßsache muß für diese eine eigene Verjährungsfrist in Gang setzen (so auch jurisPK/EHM Rn 3; nur iE ebenso MAURER 39, 216 ff). Entsprechendes gilt für die erstmalige Erlangung eines sonstigen, von vornherein nicht in Natur herausgebbaren Vorteils. Wenn dagegen durch Surrogation ein anderer Gegenstand an die Stelle einer bereits erlangten Nachlaßsache tritt oder wenn eine solche vom Erbschaftsbesitzer verbraucht, zerstört, beschädigt oder genutzt wird und sich auf diese Weise der Inhalt des bereits bestehenden Erbschaftsanspruches wegen der fraglichen Sache nach den §§ 2019–2021 und §§ 2023–2024 ändert bzw erweitert, darf dies auf den Lauf der Verjährungsfrist keine Auswirkungen haben (für den Surrogationsfall ebenso MAURER 217 und MUSCHELER ErbR 2009, 38, 47). Mit dem Wortlaut des § 2026 ist diese

Lösung durchaus vereinbar, denn dort ist ja nicht ausdrücklich gesagt, daß der Erbschaftsanspruch für alle in den Besitz des Anspruchsgegners gelangten Nachlaßsachen gleichzeitig verjähren muß. Die Formulierung „solange nicht der Erbschaftsanspruch verjährt ist" kann vielmehr ohne weiteres auf den (Teil-)Erbschaftsanspruch wegen der konkreten Sache, die der Erbschaftsbesitzer ersessen hat, bezogen werden.

Gewisse Probleme bereitet dann natürlich der Fall, daß der Erbschaftsbesitzer zu **5** verschiedenen Zeiten erworbene Nachlaßbestandteile gegen eine neue Sache eintauscht. Diese Schwierigkeiten dürfen aber nicht überbewertet werden. Es bedarf zu ihrer Bewältigung nur der Einführung einer Ergänzungsregel, die darüber entscheidet, welcher der Ausgangsansprüche für die Verjährung des an ihre Stelle getretenen Anspruchs auf Herausgabe des Surrogats maßgeblich bleibt. Meines Erachtens sollte man insoweit auf die zuletzt erworbene Ausgangssache abstellen (vgl GURSKY, in: 3. FS vLübtow 211, 224 f). Man könnte aber auch statt dessen mit MAURER (108 ff) wegen der unterschiedlichen Verjährungsfrist der beiden bisherigen Herausgabeansprüche den Surrogationsmechanismus so fassen, daß sich für jeden der beiden bisher bestehenden Herausgabeansprüche ein eigenes Surrogat ergibt. Surrogat wäre dann jeweils ein ideeller Bruchteil an der Gegenleistung, wobei die Bruchteile sich nach den Wertverhältnissen der weggegebenen Sachen bestimmen müßten. Das wäre eine Parallele zu den Fällen, in denen der Erbschaftsbesitzer mehrere Sachen für eine einheitliche Gegenleistung weggibt, von denen nur ein Teil dem Erben gehört (s oben § 2019 Rn 13). Dann könnte für jeden der beiden bisherigen (Teil-)Erbschaftsansprüche die bisherige selbständige Verjährung bei geändertem Anspruchsobjekt weiterlaufen.

Für die Lösung, die für den Verjährungsbeginn grundsätzlich auf den Zeitpunkt der **6** Inbesitznahme des konkreten Erbschaftsgegenstandes abstellt, spricht im übrigen auch ein systematischer Gesichtspunkt: Nämlich daß sich nur dann eine Symmetrie von Verjährungsbeginn und Verjährungshemmung ergibt (vgl schon F LEONHARD Anm 2; LANGE/KUCHINKE § 40 IV 7). Die Verjährungshemmung (§ 204 Abs 1 Nr 1) bzw bisher Verjährungsunterbrechung (§ 209 Abs 1 aF) durch Klageerhebung wirkt ja nur für den im Klageantrag spezifizierten Teil des Erbschaftsanspruchs (s Rn 9); dazu paßte es schlecht, wenn die erstmalige Inbesitznahme eines Nachlaßteils die Verjährungsfrist auch für erst zukünftig entstehende Teile des Erbschaftsanspruchs in Gang setzen könnte.

Von der behaupteten Einheitlichkeit der Verjährung des Erbschaftsanspruchs bleibt **7** danach nur übrig, daß alle Komponenten des Erbschaftsanspruchs der Verjährung unterliegen, auch solche, bei denen der zugrunde liegende dingliche Rechtsverwirklichungsanspruch nach § 898 oder § 902 unverjährbar wäre (s unten § 2029 Rn 6); ferner, daß für alle Komponenten des Erbschaftsanspruchs **die gleiche 30-jährige Verjährungsfrist** gilt, die früher ein Anwendungsfall der regelmäßigen Verjährung des § 195 aF war, seit dem 1. 1. 2002 aber aus § 197 Abs 1 Nr 2 nF folgte (vgl STAUDINGER/PETERS [2004] § 197 Rn 20 f) und die sich seit der am 1. 1. 2010 in Kraft getretenen nochmaligen Änderung des § 197 durch Art 1 Nr 1 des Gesetzes vom 24. 9. 2009 (BGBl I 3142) jedenfalls für Erbschaftsansprüche aufgrund von Erbfällen nach diesem Datum (vgl Art 299 EGBGB § 23) aus § 197 Abs 1 Nr 1 ergibt. Der *Gesetzesentwurf* der Bundesregierung vom 1. 2. 2008 (BR-Drucks 96/08 = BT/Drucks 16/8954 [dazu STAUDINGER/OTTE

(2008) Einl 128, 137 ff zum ErbR]), auf den die jüngste Änderung des § 197 zurückgeht, wollte an der 30-jährigen Verjährungsfrist für den Erbschaftsanspruch nichts ändern, sondern nur eine Klarstellung vornehmen: Daß neben anderen erbrechtlichen Herausgabeansprüchen auch der aus § 2018 BGB in 30 Jahren verjährt, sollte in einem neugefaßten § 197 Abs 1 Nr 1 explizit ausgesprochen werden. Das ist jetzt geschehen. Damit sind sicherlich auch die Erweiterungen des Erbschaftsanspruchs gemeint, die sich aus den §§ 2019–2024 ergeben. (Für den deliktischen Schadensersatzanspruch aus §§ 2025, 823 gilt das allerdings nicht: Für ihn paßte schon der bisherige § 197 Abs 1 Nr 2 nicht [s § 2025 Rn 13], denn er ist genaugenommen gar kein eigentlicher Teil des Erbschaftsanspruchs; § 2025 hebt ja nur die vorausgesetzte generelle Sperre gegenüber dem Deliktsrecht für bestimmte Fälle wieder auf.) Im übrigen gilt aber weiterhin eine einheitliche Verjährungsfrist für alle dinglichen und schuldrechtlichen Komponenten des Erbschaftsanspruchs. Das betrifft jedoch nur die Länge der Frist. Damit ist noch nicht entschieden, daß die Verjährung auch für die Gesamtheit der Teilansprüche einheitlich zu laufen (s Rn 2, 4 ff, 8). – PETERS hat neuerdings – in Auseinandersetzung mit dem Referentenentwurf, der dem erwähnte Gesetzentwurf der Bundesregierung vorausging – die Auffassung vertreten, daß es zweckmäßiger wäre, die 30-jährige Verjährungsfrist für den Erbschaftsanspruch zu streichen und damit durch die regelmäßige Verjährung nach §§ 195, 199 zu ersetzen; dabei solle die Maximalfrist an die Entstehung des Anspruchs dem Grunde nach anknüpfen (AcP 208 [2008] 37, 61 ff, 68). Diese Einschätzung, die der bisher ganz überwiegenden Überzeugung widerspricht, überzeugt nicht. Schon vorher hatte allerdings auch S FRANCK (ZEV 2007, 114, 117) für die Beseitigung der langen Sonderverjährung für erbrechtliche Ansprüche plädiert. Demgegenüber hat sich A ROLAND für die Beibehaltung der 30-jährigen Verjährung des Erbschaftsanspruchs ausgesprochen (ZErb 2007, 429, 433; zust dazu OTTE ZGS 2010, 157, 163).

2. Beginn der Verjährung

8 Die Verjährung beginnt nach § 200 S 1 mit der Entstehung des Anspruchs. Die hM bezieht dies auf die Entstehung des Erbschaftsanspruchs überhaupt, während nach der hier vertretenen Ansicht auf die Entstehung des Erbschaftsanspruchs gerade bezüglich des konkret erlangten Nachlaßgegenstandes abzustellen ist (s o Rn 2, 4). Probleme bereiten bei beiden Ansätzen die Fälle, in denen die Entstehung des Erbschaftsanspruchs zunächst noch von der Anfechtung einer letztwilligen Verfügung oder der erfolgreichen Geltendmachung der Erbunwürdigkeit des vorrangig Berufenen abhängt. Vor der am 1.1.2002 in Kraft getretenen Neuregelung des Verjährungsrechts wollte die hM die Verjährung unter Berufung auf 200 S. 1 idF vor dem SMG schon mit dem Erwerb aus der Erbschaft, nicht erst mit der späteren erfolgreichen Beseitigung des Erbrechts des potentiellen Anspruchsgegners durch Anfechtung oder erfolgreiche Anfechtungsklage beginnen lassen (STROHAL II § 95 Fn 28; PLANCK/FLAD Anm 1b; STAUDINGER/LEHMANN[11] Rn 3; BGB-RGRK/KREGEL Rn 5; MünchKomm/FRANK[3] Rn 3; SOERGEL/DIECKMANN[11] Rn 2; ERMAN/SCHLÜTER[10] Rn 1; AK-BGB/WENDT Rn 6). Nach der Streichung des § 200 S 1 aF soll nach einer verbreiteten Auffassung (MünchKomm/HELMS Rn 3; SOERGEL/DIECKMANN[13] Rn 2; ERMAN/SCHLÜTER[12] Rn 1; MUSCHELER ErbR 2009, 38, 47; wohl auch STAUDINGER/PETERS/JACOBY [2009] § 197 Rn 14; **aA** aber jurisPK/EHM Rn 4; DAMRAU/SCHMALENBACH Rn 4; DEK/LENZ Rn 3) die Verjährung des Erbschaftsanspruchs in derartigen Fällen erst mit der erfolgreichen Anfechtung bzw mit der Erbunwürdigkeitserklärung beginnen. Man beruft sich dafür auf den neuen § 200 S 1,

nach dem die Verjährung von Ansprüchen, die nicht der regelmäßigen Verjährung unterfallen, grundsätzlich mit der Anspruchsentstehung beginnt. Es ist aber gerade die Frage, wann in diesen Konstellationen der Anspruch entsteht. Die Rückwirkung der Anfechtung bzw des die Erbunwürdigkeit feststellenden Urteils führt doch anerkanntermaßen dazu, daß der Erbschaftsanspruch als solcher rückwirkend entsteht, wenn der Anfechtungsgegner in der Zwischenzeit schon irgend etwas aus dem Nachlaß erlangt hatte (vgl BGH NJW 1985, 3068, 3069; KIPP/COING § 106 IV; LANGE/KUCHINKE § 40 II 3 m Fn 38). Es ist aber widersprüchlich, wenn der Erbschaftsanspruch zwar rückwirkend entstehen, seine Verjährung aber ohne Rückwirkung erst mit der Anfechtung bzw der Erbunwürdigkeitserklärung beginnen soll. Anspruchsentstehungszeitpunkt und Verjährungsbeginn müssen vielmehr beide durch die Rückwirkung der Erbrechtsentziehung beeinflußt werden. Auf die Kenntnis des Anfechtungsgegners vom Anfechtungsgrund kommt es dabei nicht an (STROHAL II § 95 Fn 28; aM FROMMHOLD 87). – Hatte derjenige, der sein Erbrecht später rückwirkend verliert, bereits vor dem Erbfall Teile des Erblasservermögens an sich gebracht oder Sachen des Erblassers von diesem geliehen bekommen, so kommt es weder für die Entstehung des Erbschaftsanspruchs noch für den Verjährungsbeginn auf eine besondere Erbrechtsprätention an; für beides ist der Erbfall der maßgebende Zeitpunkt (vgl jurisPK/EHM Rn 4). – Wenn der Nachlaß zunächst von einem Testamentsvollstrecker in Besitz genommen wird, der das anfechtbare Testament für wirksam hält, beginnt die Verjährungsfrist damit noch nicht zu laufen, da infolge der Anfechtung auch der mittelbare Besitz des (scheinbaren) testamentarischen Erben rückwirkend entfallen ist (vgl STROHAL JherJb 38 [1998] 1, 101 f Fn 98).

Wenn der **Fiskus** nach § 1936 gesetzlicher Erbe geworden ist, kann er einen ihm zustehenden Erbschaftsanspruch gemäß § 1966 erst nach der gerichtlichen Feststellung seines Erbrechts geltend machen. Damit stellt sich die Frage, ob auch die Verjährung des Erbschaftsanspruchs erst mit dieser Feststellung beginnt (so implizit HOLL Rpfleger 2008, 285, 288 f). Die Frage dürfte zu verneinen sein: § 200 S 1 stellt nun einmal auf die Entstehung des Anspruchs ab, und § 1966 betrifft nur die Geltendmachung der dem Fiskus als gesetzlichen Erben zustehenden Ansprüche.

3. Eine **Hemmung** der Verjährung (§ 204 Abs 1 Nr 1 nF) tritt durch Klageerhebung nur bezüglich der im Klageantrag aufgeführten Gegenstände ein, sofern der Kläger sich nicht durch ein Vorgehen nach § 254 ZPO (s Vorbem 23 zu §§ 2018 ff) die Präzisierung des Streitgegenstandes vorbehalten hat (PLANCK/FLAD Anm 1c; BGB-RGRK/KREGEL Rn 6; SOERGEL/DIECKMANN Rn 2; MünchKomm/HELMS Rn 4; jurisPK/EHM Rn 5; PALANDT/EDENHOFER Rn 2; MAURER 218; MUSCHELER ErbR 2009, 38, 47; **aM** STROHAL II § 95 VI 4 [jeweils zu § 209 aF, der die Klageerhebung als Unterbrechungsgrund ausgestaltet hatte]). Ein Teilanerkenntnis führt zum Neubeginn der Verjährung (§ 212 Abs 1 Nr 1 nF) nur für den anerkannten Teil (PLANCK/FLAD aaO; **aM** STROHAL Fn 31 [jeweils zu § 209 Abs 1 aF]). – Die Übergangsregelung für das am 1. 1. 2002 in Kraft getretene neue Verjährungsrecht betrifft im wesentlichen nur die Hemmungs- bzw Unterbrechungstatbestände. Hemmung, Ablaufhemmung und Unterbrechung (= Neubeginn der Verjährung) bestimmen sich gem Art 229 § 6 Abs 1 S 2 EGBGB für den Zeitraum vor dem 1. 1. 2002 nach altem Recht. Falls nach Ablauf des 31. 12. 2001 ein Umstand eintritt, bei dessen Vorliegen eine vor dem 1. 1. 2002 eintretende Unterbrechung der Verjährung als erfolgt oder als nicht erfolgt gilt, so ist auch insoweit die alte Fassung des BGB anzuwenden (Art 229 § 6 Abs 1 S 3 EGBGB). Die erstere Variante betrifft die

Konstellation, daß die Klageeinreichung vor, die Zustellung aber nach dem 1.1.2002 erfolgt ist; die zweite Alternative betrifft die nach dem 1.1.2002 innerhalb der Frist des § 212 Abs 2 aF erneut erhobene Klage, die vor dem Stichtag zurückgenommen oder durch Prozeßurteil abgewiesen worden war (s PALANDT/HEINRICHS Art 229 § 6 EGBGB Rn 9). Soweit ein vor dem 1.1.2002 realisierter Unterbrechungstatbestand – wie die Klageerhebung – nach neuem Recht nur noch ein Hemmungsgrund ist, endet gem Art 229 § 6 Abs 2 EGBGB die Unterbrechung mit dem Ablauf des 31.12. 2001; an ihre Stelle tritt dann aber nahtlos eine (in § 204 Abs 2 näher geregelte) Hemmung der Verjährung. – Die in Art 229 § 23 EGBGB enthaltene Überleitungsregelung für die Neufassung des § 197 wirkt sich auf den Erbschaftsanspruch nicht aus, da sie keine sachliche Änderung, sondern eine bloße Klarstellung bedeutet.

10 4. Der Erbschaftsanspruch eines *Miterben* gegen einen anderen Miterben unterliegt ebenfalls der Verjährung. § 758, der den Anspruch auf Aufhebung der Gemeinschaft für unverjährbar erklärt, steht dem nicht entgegen; denn mit der Erbschaftsklage wird in diesem Falle nicht die Aufhebung der Miterbengemeinschaft verlangt, sondern vielmehr die Herstellung eines dem Vorhandensein der Gemeinschaft entsprechenden tatsächlichen Zustandes (so STROHAL II § 96 VI 5). Die Klageerhebung durch einen Miterben kommt aber für die Hemmungswirkung (§ 204 Abs 1 Nr 1) stets nur diesem zustatten, selbst wenn die Klage gegen einen Fremden gemäß § 2039 auf Leistung an alle Erben erhoben wird (BGB-RGRK/KREGEL Rn 6; PLANCK/FLAD Anm 1c; MünchKomm/HELMS Rn 4; DAMRAU/SCHMALENBACH Rn 5; MAURER 218). Im übrigen ist der Auseinandersetzungsanspruch eines Miterben gegen den anderen Miterben faktisch nicht mehr durchzusetzen, wenn letzterer im Alleinbesitz der Erbschaft ist und der gegen ihn gerichtete Erbschaftsanspruch verjährt ist (OLG Jena FamRZ 2008, 642 f; STAUDINGER/WERNER § 2042 Rn 48; jurisPK/SCHÜTTE § 2042 Rn 47; DEK/WREDE § 2042 Rn 3).

11 5. Wenn der Erbschaftsbesitz infolge eines *Erbschaftskaufes* oder eines diesem gleichgestellten Vorgangs auf den Käufer oder sonstigen Erwerber übergeht, so kommt die während des Erbschaftsbesitzes des Rechtsvorgängers verstrichene Verjährungsfrist nach § 198 nF (= § 221 aF) dem Rechtsnachfolger zustatten. Eine verbreitete Auffassung will diese Regelung dabei auch auf die nicht dingliche Seite des Erbschaftsanspruchs übertragen, weil § 2030 den vertraglichen Erwerber des Erbschaftsbesitzes dem Erben gegenüber einem Erbschaftsbesitzer gleichstellt (STROHAL II § 95 VI 3; LANGHEINEKEN 160; STAUDINGER/GURSKY[12] Rn 6; MünchKomm/HELMS Rn 5; SOERGEL/DIECKMANN § 2026 Rn 2; jurisPK/EHM Rn 8; ERMAN/SCHLÜTER Rn 1; PWW/TSCHICHOFLOS Rn 6; aM MAURER 234 f). Das kommt aber allenfalls bei der Konstellation des § 2020 HS 2 in Betracht, wenn der Erbschaftsbesitzer die noch vorhandenen Früchte an den Erbschaftskäufer ausgehändigt hat. Zwingend geboten ist die Analogie aber auch hier nicht.

12 6. Als Rechtsfolge der Verjährung erwächst dem Erbschaftsbesitzer die Verjährungseinrede; der Erbschaftsanspruch wird einredebehaftet. Der Erbschaftsbesitzer erlangt aber nicht die rechtliche Stellung eines Erben. Er kann also zur Erbschaft gehörende Gegenstände, an denen er keinen Erbschaftsbesitz erlangt hatte, nicht herausverlangen (vgl bei STROHAL II § 95 VI 6). Ebensowenig haftet er für die Nachlaßverbindlichkeiten.

7. Zum Einfluß der Verjährung des Erbschaftsanspruchs auf die gegen den Erb- **13** schaftsbesitzer gerichteten *Einzelansprüche* vgl § 2029 Rn 6. – Die Verjährungsregelung des § 197 Abs 1 Nr 1 nF gilt auch die *Auskunftsansprüche* aus §§ 2027, 2028 (MünchKomm/Grothe[5] § 197 Rn 11 und § 195 Rn 40; Muscheler ErbR 2009, 76, 87). Für sie paßt offensichtlich § 197 Abs 1 Nr 1 aE nF: Es handelt sich gerade um Hilfsansprüche, die der Durchsetzung des erbrechtlichen Hauptanspruchs dienen und deren Verjährung die Durchsetzung des Hauptanspruchs gefährden würde. Für die bis Ende 2009 geltende Vorgängerfassung (§ 197 Abs 1 Nr 2 aF) wurde zu Recht iE genauso entschieden (Sarres ZEV 2002, 96, 97; Schlichting ZEV 2002, 478, 480; Löhnig ZEV 2004, 267, 268 f).

II. Herausgabepflicht trotz Ersitzung

1. § 2026 bestimmt in der Hauptsache, daß der Erbschaftsbesitzer sich dem Erben **14** gegenüber, solange der Erbschaftsanspruch nicht verjährt ist, **nicht auf die Ersitzung einer Sache berufen kann**, die er als zur Erbschaft gehörend im Besitz hat.

Da der gutgläubige Erbschaftsbesitzer im Eigenbesitz der zur Erbschaft gehörigen **15** beweglichen Sachen ist, erwirbt er an ihnen durch zehnjährigen Besitz Eigentum, wenn er nicht vorher erfährt, daß er nicht der Erbe ist; vgl § 937. Dieses Eigentum kann er Dritten gegenüber unbeschränkt geltend machen, namentlich durch Eigentums- und Abwehrklage nach §§ 985, 1004. Dem Erben gegenüber verwehrt aber § 2026 die Geltendmachung, solange der Erbschaftsanspruch nicht verjährt ist. Das bedeutet, daß der Erbschaftsbesitzer nunmehr bis zur Verjährung des Erbschaftsanspruchs dem Erben gegenüber wenigstens schuldrechtlich zur Herausgabe (= Eigentums- und Besitzverschaffung) verpflichtet ist (BGB-RGRK/Kregel Rn 3; MünchKomm/Helms Rn 8; jurisPK/Ehm Rn 9; AnwK-BGB/Fleindl Rn 3; Bamberger/Roth/Müller-Christmann Rn 7; Damrau/Schmalenbach Rn 8; Erman/Schlüter Rn 2; Palandt/Edenhofer Rn 1; Lange/Kuchinke § 40 IV 6 c; Endemann § 154 VIII a; O Werner, Fälle z ErbR [2. Aufl 1995] 96 Fn 29; Maurer 220 f; Muscheler ErbR 2009, 76, 86 f; wohl auch Krebber FamRZ 2000, 197, 199). Demgegenüber nimmt eine verbreitete Auffassung, um dem Erben den dinglichen Schutz gegen Vollstreckungszugriffe anderer Gläubiger des Erbschaftsbesitzers zu erhalten, eine relative Unwirksamkeit der Ersitzung an (vTuhr I 70; Kipp/Coing 106 VII 2; Wolff/Raiser, SachenR[10] § 88 IV Fn 18; H Westermann, SR[5] § 51 II 3 d; Binder III 406 Fn 14; Brox/Walker Rn 595; Planck/Flad Anm 2b; Soergel/Dieckmann Rn 3; AK-BGB/Wendt Rn 13; Jauernig/Stürner Rn 1; Hk-BGB/Hoeren Rn 2; Oertmann Recht 1910, 585; Dietz 156). Das vermag aber wegen der Dubiosität dieser Rechtsfigur des relativ unwirksamen Eigentums, die nicht einmal die Rechtswirkung der §§ 135, 136 adäquat kennzeichnet (vgl Flume, AT II § 17, 6 d), nicht zu befriedigen. Eine dritte Auffassung (F Leonhard Anm I; Oertmann JherJb 66 [1916] 130, 292 ff; vLübtow II 1066) will die Ersitzung einer rechtlich zum Nachlaß gehörenden Sache schlechthin (auch mit Wirkung gegenüber Dritten) erst mit der Verjährung des Erbschaftsanspruchs in Kraft treten lassen. Das ist jedoch mit dem Wortlaut des § 2026 nicht zu vereinbaren, aus dem hervorgeht, daß der Erbschaftsbesitzer nur gerade im Verhältnis zum Erben in seiner Verteidigung beschränkt ist, Dritten gegenüber das ersessene Eigentum jedoch geltend machen kann (O Werner aaO; jurisPK/Ehm Rn 11).

2. Schwierigkeiten bereitet auch die Ersitzung einer nur tatsächlich zur Erbschaft **16** gehörenden, in Wahrheit aber bisher im Eigentum eines Dritten stehende Sache.

Unter Berücksichtigung der Erwägung der Gesetzesmaterialien (Mot III 356; Prot VI 234), daß die Ersitzung die Erbschaft nicht mindern, wohl aber mehren kann, wird man hier annehmen dürfen, daß das ersessene Eigentum analog § 2019 automatisch dem Erben zufällt, und zwar ohne Rücksicht darauf, ob auch der Erbe in gutem Glauben hinsichtlich der rechtlichen Zugehörigkeit der Sache zur Erbschaft war (im Ergebnis übereinstimmend PLANCK/FLAD Anm 2b; F LEONHARD Anm I; BGB-RGRK/KREGEL Rn 8; SOERGEL/DIECKMANN Rn 5; MünchKomm/HELMS Rn 8; AnwK-BGB/FLEINDL Rn 3; DAMRAU/SCHMALENBACH Rn 9; vLÜBTOW II 1066; LANGE/KUCHINKE § 40 IV 6 c; BROX/WALKER Rn 595; MUSCHELER ErbR 2009, 76, 86; für Eigentumserwerb des Erbschaftsbesitzers und schuldrechtliche Herausgabepflicht gegenüber dem Erben dagegen KRETZSCHMAR § 68 II 8 c; KNÜTEL, in: FS Herm Lange [1992] 903, 935 f; MAURER 221).

17 3. § 2026 ist im wesentlichen nur für die Ersitzung von Fahrnis bedeutsam. Für die Buch-(Tabular-)Ersitzung des § 900 spielt er kaum eine Rolle, weil auch sie sich erst in einem Zeitraum von 30 Jahren vollendet und hinsichtlich Hemmung und Unterbrechung der Frist weitestgehend unter dem gleichen Recht steht wie die Verjährung (vgl §§ 900 Abs 1 S 2, 939, 941). Zu Recht ist aber verschiedentlich darauf hingewiesen worden, daß die Buchersitzung vor Verjährung des Erbschaftsanspruchs eintreten kann, wenn die Verjährung durch ein Anerkenntnis des Erbschaftsbesitzers (§ 208 aF bzw § 212 Abs 1 Nr 1 nF) unterbrochen worden ist; denn dies hindert den Lauf der Ersitzungsfrist nicht (SOERGEL/DIECKMANN Rn 1; MünchKomm/HELMS Rn 1; jurisPK/EHM Rn 7; PALANDT/EDENHOFER Rn 1; JAUERNIG/STÜRNER Rn 2; MUSCHELER ErbR 2009, 76, 86), und die darin zum Ausdruck kommende Bösgläubigkeit ist bei der Buchersitzung irrelevant.

18 4. Daß der Erbschaftsanspruch bereits verjährt ist, muß gegebenenfalls der Erbschaftsbesitzer beweisen, wie sich aus der Wortstellung „solange nicht" ergibt (PLANCK/FLAD Anm 2b; jurisPK/EHM Rn 13).

III. Sonstiges

19 1. Nach § 944 kommt die Ersitzungszeit, die zugunsten eines Erbschaftsbesitzers verstrichen ist, dem Erben zustatten; diese Regelung gilt allerdings nur für die vom Erben beendete Ersitzung, greift also nur ein, wenn der Erbe die Sache vor Ablauf der Zehnjahresfrist vom Erbschaftsbesitzer zurückerhalten hat (H WESTERMANN/GURSKY, SR⁷ § 51 II 3 d). Für die accessio temporis nach § 944 kommt es nach hM (vgl STAUDINGER/WIEGAND [2004] § 944 Rn 1), nicht darauf an, ob der Erbschaftsbesitzer hinsichtlich seines Erbrechts in gutem Glauben war, wenn er nur die Zugehörigkeit der Sache zum Nachlaß in gutem Glauben angenommen hat (ebenso AnwK-BGB/FLEINDL Rn 3; jurisPK/EHM Rn 12; DAMRAU/SCHMALENBACH Rn 10; MUSCHELER ErbR 2009, 76, 86). Der Erbe kann die Ersitzung selbstverständlich nur vollenden, wenn auch er bezüglich der Zugehörigkeit der Sache zum Nachlaß gutgläubig ist und bleibt, § 937 Abs 2.

20 2. Die Ersitzung der Erbschaft im ganzen, also des Erbrechts, ist dem Gesetz unbekannt; vgl Mot III 356 zu E I § 888 Abs 1, sowie Prot VI 234.

März 2010

§ 2027
Auskunftspflicht des Erbschaftsbesitzers

(1) Der Erbschaftsbesitzer ist verpflichtet, dem Erben über den Bestand der Erbschaft und über den Verbleib der Erbschaftsgegenstände Auskunft zu erteilen.

(2) Die gleiche Verpflichtung hat, wer, ohne Erbschaftsbesitzer zu sein, eine Sache aus dem Nachlass in Besitz nimmt, bevor der Erbe den Besitz tatsächlich ergriffen hat.

Materialien: E I § 2082; II § 1901; III § 2002; Mot V 586 f; Prot V 696 f, 704, 707 f, 715 f; Denkschr 726; JAKOBS/SCHUBERT ER I 666, 700, 708–726.

Schrifttum

GERNHUBER, Das Schuldverhältnis (1989) § 24: Auskunft
RATHGE, Die Auskunftsklage des Erben, Das Büro 1950, 170
SARRES, Das neue Schuldrecht und erbrechtliche Auskunftsansprüche, ZEV 2002, 96
ders, Auskunftsansprüche gegen den Erbschaftsbesitzer, ZEV 1998, 298
SCHÖNE, Auskunftsansprüche im Erbrecht (Diss Münster 1983)
STÜRNER, Die auskunftpflicht der Parteien des Zivilprozesses (1976)
ZEITZ, Die Auskunftspflicht eines Miterben nach den §§ 2027 und 2028 BGB (Diss Rostock 1904).

I. Allgemeines

Die besonderen Verhältnisse zZ des Erbfalls und unmittelbar nach demselben bringen es nicht selten mit sich, daß, bevor der Erbe selbst seine Interessen wahren kann, andere Personen in die Verwaltung des Nachlasses eingreifen oder doch auf einzelne Nachlaßgegenstände einwirken (vgl STROHAL II 374). Um dem Erben die Beseitigung der daraus erwachsenden Unsicherheit möglichst zu erleichtern, stellt ihm das Gesetz in §§ 2027 f Ansprüche auf Erteilung einer mehr oder minder umfassenden Auskunft über die erbschaftlichen Verhältnisse zur Verfügung. Dadurch wird dem Erben auch die Durchführung des Erbschaftsanspruchs selbst erleichtert, da er in der Erbschaftsklage die herauszugebenden einzelnen Gegenstände mit der durch § 253 ZPO geforderten Bestimmtheit bezeichnen muß. Gegenüber diesen Auskunftsansprüchen gibt es keine Zurückbehaltungsrechte (OLGR Bremen 2002, 187, 188 LS 5, 189; s auch STAUDINGER/BITTNER [2004] § 259 Rn 23). **1**

§ 2027 gibt einen derartigen Anspruch: einmal gegen den Erbschaftsbesitzer (§ 2027 Abs 1) sowie den diesem durch § 2030 gleichgestellten Erbschaftserwerber, sodann gegen den, der, ohne Erbschaftsbesitzer zu sein, irgendeine Sache aus dem Nachlaß in Besitz genommen hat, bevor der Erbe den Besitz tatsächlich ergriffen hat (Abs 2). Den gleichen Anspruch gewährt § 2362 Abs 2 dem Erben gegen den Inhaber eines **2** unrichtigen Erbscheins. Der Umfang der Auskunftspflicht ist dabei identisch (DEK/ LENZ Rn 5; PWW/TSCHICHOFLOS Rn 10).

3 Zum Verständnis der Tragweite des § 2027 muß man sich klar machen, daß sich schon aus § 2018 iVm § 260 die Verpflichtung des Erbschaftsbesitzers ergibt, den Nachlaß als Ganzes herauszugeben, folglich auch die Pflicht, dem Erben ein Verzeichnis aller besessenen Nachlaßgegenstände vorzulegen und gegebenenfalls mit einer eidesstattlichen Versicherung zu bekräftigen (PLANCK/FLAD Anm 1; SOERGEL/ DIECKMANN Rn 1; MünchKomm/HELMS Rn 1; ERMAN/SCHLÜTER Rn 1; BROX/WALKER Rn 590; aA MAURER 46, 204 f). § 2027 begründet darüber hinaus eine besondere Auskunftspflicht über den Bestand des Nachlasses und den Verbleib der Erbschaftsgegenstände.

4 Problematisch ist, ob die Auskunftspflicht **passiv vererblich** ist. Eine verbreitete Auffassung sieht darin eine höchstpersönliche und deshalb unvererbliche Pflicht (OLG Hamburg Recht 1912 Nr 1194; OLGE 26, 295; OLG Marienwerder LZ 1919, 392; OLG Celle HRR 1935, 680; PLANCK/FLAD Anm 4; MünchKomm/FRANK[3] Rn 5; SCHÖNE 83; STAUDINGER/ GURSKY[12] Rn 2), während die deutlich herrschende Ansicht die Vererblichkeit der Auskunftspflicht bejaht (BGH NJW 1985, 3068, 3069 m umfangreichen weiteren Nachweisen; OLG Nürnberg OLGZ 1981, 115, 116; GERNHUBER § 24 I 5; MünchKomm/HELMS Rn 5; SOERGEL/ DIECKMANN Rn 4; BAMBERGER/ROTH/MÜLLER-CHRISTMANN Rn 4; jurisPK/EHM Rn 6; ERMAN/ SCHLÜTER Rn 1; DAMRAU/SCHMALENBACH Rn 12; PALANDT/EDENHOFER Rn 2; JAUERNIG/STÜRNER Rn 1; AK-BGB/WENDT Rn 22; KIPP/COING § 110 VI, § 91 III 3 c Fn 29; BROX/WALKER Rn 590; MICHALSKI Rn 1058; MAURER 212 f). Die herrschende Meinung sieht zwar durchaus die daraus resultierenden Schwierigkeiten, meint aber, daß der Erbe des ursprünglichen Auskunftspflichtigen jedenfalls gehalten sei, seine wahrscheinlich geringeren Kenntnisse über Umfang und Verbleib der Erbschaft anhand der für ihn erreichbaren Erkenntnismittel zu vervollständigen. Nur wenn er keine eigenen Kenntnisse habe und sich solche auch nicht auf zumutbare Weise verschaffen könne, genüge er seiner Auskunftspflicht bereits mit der Darlegung dieses Sachverhalts (BGH NJW 1985, 3068, 3069). Hiergegen läßt sich einwenden, daß die etwaigen relevanten Kenntnisse des Erben reines Zufallswissen wären (so MünchKomm/FRANK[3] Rn 5) und daß die Reichweite der Aufklärungspflicht, die die Rechtsprechung dem Erben der Sache nach aufbürdet, gefährlich unbestimmt bleibt. Auf der anderen Seite ist nicht zu verkennen, daß der Erbe des ursprünglichen Auskunftspflichtigen im Einzelfall natürlich doch über entsprechendes eigenes Wissen verfügen kann und daß ihm durchaus Informationsquellen offenstehen können, die Dritten möglicherweise weitgehend verschlossen sind (etwa Unterlagen des ursprünglich Auskunftspflichtigen, Kenntnisse von Angestellten seines Erblassers usw). Der Erbe hat naturgemäß ein Interesse daran, auch dieses „Zufallswissen" und diese besonderen Informationsquellen auszuschöpfen. Dies spricht dafür, die Vererblichkeit der Auskunftspflicht grundsätzlich zu bejahen und daraus dann auch eine beschränkte Verpflichtung des Erben des ursprünglichen Anspruchsgegners zur Aufklärung des Schicksals der Nachlaßgegenstände abzuleiten Diese kann sich aber nur darauf erstrecken, die ihm gerade mit dem Nachlaß des ursprünglichen Anspruchsgegners zugefallenen besonderen Informationsquellen auszuwerten; weitergehende Nachforschungen sind ihm nicht zuzumuten. – FRANK (MünchKomm[3] Rn 5) will demgegenüber statt einer Vererbung der Auskunftspflicht nur eine aus § 242 abgeleitete originäre Auskunftspflicht des Erben anerkennen. – Neben der von seinem Rechtsvorgänger herrührenden Aus-

kunftspflicht kann den Erben des Erbschaftsbesitzers auch eine eigene (originäre) Auskunftspflicht aus § 2027 treffen (BGH NJW 1985, 3068, 3070), wenn bei ihm selbst die Voraussetzungen des § 2018 vorliegen (vgl dazu § 2018 Rn 18). Auf diese originäre eigene Auskunftspflicht kommt es jedoch gar nicht mehr an, wenn man die Vererblichkeit der Auskunftspflicht bejaht. Auch die ererbte Auskunftspflicht muß nämlich die Weiterentwicklung des herauszugebenden Nachlasses nach dem Tode des ursprünglichen Erbschaftsbesitzers umfassen (DIECKMANN FamRZ 1985, 1247, 1249; etwas unklar insoweit BGH NJW 1985, 3068, 3069).

Der Auskunftsanspruch ist **aktiv vererbbar** (BayObLG DJZ 1901, 144); er geht nicht kraft **5** Gesetzes auf den Erwerber einzelner Nachlaßgegenstände über (LG Berlin JR 1956, 300), und er ist (isoliert) nicht abtretbar (OLG Karlsruhe FamRZ 1967, 691, 692; SCHÖNE 82; MünchKomm/HELMS Rn 4; ERMAN/SCHLÜTER Rn 1; PALANDT/EDENHOFER Rn 4), auch nicht bzgl einzelner Nachlaßgegenstände (LG Berlin aaO). Zu Unrecht verneint aber das OLG Karlsruhe aaO auch die Möglichkeit einer gewillkürten Prozeßstandschaft; das eigene rechtliche Interesse an der Geltendmachung des Auskunftsanspruchs ist zB bei einem Pflichtteilsberechtigten (wie in dieser Entscheidung) ohne weiteres gegeben (der Entscheidung zust aber DAMRAU/SCHMALENBACH Rn 12). Im übrigen kann der Auskunftsanspruch jedenfalls zusammen mit dem Erbschaftsanspruch abgetreten werden (JAUERNIG/STÜRNER Rn 1); auf den Erbteilserwerber (§ 2033; s dazu § 2018 Rn 2) geht er automatisch mit über. Der Erblasser kann die Auskunftspflicht nicht im voraus erlassen bzw in seinem Testament ausschließen (OLG Jena Recht 1911 Nr 523; OLGR Bremen 2002, 187, 188 LS 3, 189; BGB-RGRK/KREGEL Rn 2; MünchKomm/HELMS Rn 4; BROX/WALKER Rn 590); wohl aber kann der Erbe den Anspruch nach § 397 erlassen (PALANDT/EDENHOFER Rn 4; MUSCHELER ErbR 2009, 76, 87).

Die Klage auf Auskunft führt nicht zur *Rechtshängigkeit* des Erbschaftsanspruchs **6** (BGB-RGRK/KREGEL Rn 1; MünchKomm/HELMS Rn 13). Ebensowenig wird durch sie die *Verjährung* des Erbschaftsanspruchs nach § 204 Abs 1 Nr 1 nF gehemmt bzw wurde diese nach § 209 Abs 1 aF unterbrochen (jurisPK/EHM Rn 14). Was die Verjährung der Auskunftsansprüche aus §§ 2027, 2028 selbst anbetrifft, so gilt seit dem 1.1.2010 genauso wie für den eigentlichen Erbschaftsanspruch die dreißigjährige Verjährungsfrist des § 197 Abs 1 Nr 1 nF (s oben § 2026 Rn 13). Vor diesem Datum galt iE das gleiche. Bis zum 31.12.2001 kam einfach die regelmäßige Verjährungsfrist des § 195 aF zur Anwendung (OLGR Jena 2008, 107, 108; BGB-RGRK/KREGEL § 2027 Rn 1). Zwischen dem 1.1.2002 und dem 31.12.2009 war § 197 Abs 1 Nr 2 in der Fassung des Schuldrechtsmodernisierungsgesetzes einschlägig, der die 30-jährige Verjährungsfrist für familien- und erbrechtliche Ansprüche festlegte (SOERGEL/NIEDENFÜHR[13] § 197 Rn 18; AnwK-BGB/FLEINDL Rn 11; DAMRAU/SCHMALENBACH Rn 3; FAKomm-ErbR/FINGER Rn 5; SCHLICHTING ZEV 2002, 478, 480; SARRES ZEV 2002, 96, 97; iE auch STAUDINGER/PETERS [2004] § 197 Rn 21 aE, 27, 28 f). Diese Regelung galt nämlich richtiger Ansicht nach für alle im fünften Buch des BGB geregelten Ansprüche, auch solche die „strukturell schuldrechtlich" waren (BGH NJW 2002, 3773 od; 2007, 2174 f m umfangr Nachw und Anm ZIMMER; **aA** OLG Karlsruhe ZEV 2006, 317). Die Bejahung der Vorfrage des Erbrechts in der rechtskräftigen Entscheidung über den Auskunftsanspruch bindet nicht das Gericht, das über die später erhobene Herausgabeklage nach § 2018 zu entscheiden hat (BAUMGÄRTEL JR 1970, 186).

Der *Gerichtsstand* der Erbschaft (§ 27 ZPO) besteht nur bei einem Anspruch aus **7**

Abs 1, nicht aber bei dem aus Abs 2 und genausowenig bei der auf § 2028 gestützten Auskunftsklage (PLANCK/FLAD Anm 2c; STEIN/JONAS/ROTH, ZPO²² § 27 Rn 13 f; MUSIELAK/HEINRICH ZPO⁷ § 27 Rn 5; WIESER § 2027 Rn 2, § 2028 Rn 2; BAMBERGER/ROTH/MÜLLER-CHRISTMANN Rn 9; FAKomm-ERbR/FINGER Rn 9; LANGE/KUCHINKE § 40 III 3 f Fn 89; AK-BGB/WENDT Rn 43; AK-ZPO/RÖHL § 27 Rn 4; MAURER 214; MUSCHELER ErbR 2009, 76, 88 f; **anders** aber, nämlich für Anwendung des § 27 ZPO auch in den letztgenannten beiden Fällen, die hM: vgl OLG Nürnberg OLGZ 1981, 115, 116 f; OLG Jena DJZ 1921, 632; STAUDINGER/LEHMANN¹¹ Rn 19; KIPP/COING § 110 Fn 1; BGB-RGRK/KREGEL Rn 8; SOERGEL/DIECKMANN Rn 5; jurisPK/EHM Rn 13; ERMAN/SCHLÜTER Rn 3; JAUERNIG/STÜRNER Rn 3; WIECZOREK/SCHÜTZE/HAUSMANN ZPO³ § 27 Rn 10; MünchKommZPO/PATZINA³ § 27 Rn 7; PRÜTTING/GEHRLEIN/LANGE ZPO § 27 Rn 3; nur für § 2027 Abs 1 und 2, nicht aber für § 2028 auch PALANDT/EDENHOFER Rn 5, § 2028 Rn 2; BAUMBACH/LAUTERBACH/ALBERS/HARTMANN, ZPO⁶⁷ § 27 Rn 5; SAENGER/KAYSER, ZPO² § 27 Rn 4). Eine direkte Anwendung von § 27 ZPO kommt nicht in Betracht, da Klagen aus § 2027 Abs 2 und § 2028 sich nicht gegen den Erbschaftsbesitzer richten; eine analoge Anwendung scheitert an der weitestgehenden Analogiefeindlichkeit aller Normen, die jemandem zumuten, sich an einem anderen Ort als seinem allgemeinen Gerichtsstand auf einen Prozeß einzulassen.

II. Der Auskunftsberechtigte

8 Berechtigt, Auskunft zu erlangen, sind außer dem Erben selbst auch der Nachlaßpfleger (§ 1960), der Nachlaßverwalter (§ 1985), der verwaltende Testamentsvollstrecker und der Nachlaßinsolvenzverwalter (vgl BadRpr 1915, 65); nach Eintritt der Nacherbfolge auch der Nacherbe (KG OLGE 21, 310); ebenso ein Gläubiger, der den Erbteil gepfändet hat (RG WarnR 1911 Nr 139; SCHÖNE 80; SARRES ZEV 1998, 298, 299).

9 Jeder Miterbe kann nach §§ 2039 S 1, 2027 verlangen, daß die Auskunft allen gemeinschaftlich erteilt und gegebenenfalls die eidesstattliche Versicherung einmal geleistet wird (OLG München OLGE 30, 186; OLGR Bremen 2002, 187, 188 LS 3, 189; MünchKomm/HELMS Rn 3; jurisPK/EHM Rn 4, 7; BAMBERGER/ROTH/MÜLLER-CHRISTMANN Rn 2; SARRES ZEV 1998, 298, 299; s auch RG LZ 1919, 1239 Nr 17). Auch von einem anderen Miterben kann ein Miterbe nach § 2027 Auskunft verlangen, wenn die Voraussetzungen dieser Norm vorliegen, namentlich also nach Abs 1, wenn letzterer als Erbschaftsbesitzer ein über seinen Erbteil hinausgehendes Erbrecht für sich in Anspruch nimmt (RGZ 81, 32 und 295; KG OLGE 5, 231; OLG Stettin OLGE 6, 314; 18, 327; OLG Hamburg HansGZ 1912 Beibl 269, 273; OLG Bamberg BayZ 1911, 190; s auch OLG Karlsruhe MDR 1972, 424), oder nach Abs 2, wenn er Nachlaßsachen – ohne eine über sein Miterbenrecht hinausgehende Erbanmaßung – eigenhändig für sich in Besitz genommen hat, nicht aber wenn er für die Gesamtheit der Erben als deren Vertreter Besitz ergriffen hat (RG Gruchot 48, 973; RGZ 81, 32 u 295; HRR 1932 Nr 1928; AnwK-BGB/FLEINDL Rn 8; PALANDT/EDENHOFER Rn 4); doch kann sich für den letzteren Fall eine Auskunftspflicht aus dem Recht des Auftrags oder der Geschäftsführung ohne Auftrag (§§ 666, 681) ergeben (OLG Celle OLGE 24, 70 f; DAMRAU/SCHMALENBACH Rn 6, 8; FAKomm-ErbR/FINGER Rn 2). Die Pflicht zur Auskunftserteilung nach § 2027 besteht gegenüber einem anderen Miterben nicht mehr, wenn der klagende Miterbe sich durch Erbschaftsvertrag als abgefunden erklärt hat (OLG Oldenburg Recht 1908 Nr 3042/43). Ein allgemeines, über § 2027 hinausgehendes Auskunftsrecht der Miterben gegeneinander wird von der Rechtsprechung nicht anerkannt (vgl STAUDINGER/WERNER § 2038 Rn 18).

III. Die Auskunftspflicht des Erbschaftsbesitzers (Abs 1)

Passiv legitimiert ist hiernach nur der Erbschaftsbesitzer im technischen Sinne des § 2018; durch die bloße Berühmung eines Erbrechts wird, selbst wenn deswegen Feststellungsklage erhoben ist, die Auskunftspflicht nicht begründet (BGB-RGRK/ KREGEL Rn 2). Wegen Miterben s Rn 9. Zum **Inhalt** der Auskunftspflicht ist zu sagen: **10**

1. Der Erbschaftsbesitzer hat zunächst über den (gegenwärtigen) Bestand der Erbschaft Auskunft zu geben. Das bedeutet nach § 260 Abs 1, daß er ein Bestandsverzeichnis vorzulegen hat; dies muß schriftlich geschehen (OLG Stuttgart Recht 1913 Nr 1312) und eine übersichtliche Gesamtdarstellung enthalten (OLG Celle HRR 1935 Nr 680); die Formerfordernisse des § 2121 Abs 1 S 2 gelten hier nicht. Bloße Kollektivangaben („Wäsche, Betten, Geschirr") genügen nicht (KG OLGE 5, 231, 233; OLG Koblenz NJW-RR 2005, 160, 161; BAMBERGER/ROTH/MÜLLER-CHRISTMANN Rn 5), und zwar auch dann nicht, wenn sie mündlich erläutert werden (KG aaO). Soweit nur einzelne Gegenstände nicht ausreichend spezifiziert sind, kann nur eine (schriftliche) ergänzende Auskunft, nicht aber die nochmalige Aufstellung eines völlig neuen Bestandsverzeichnisses verlangt werden (KG OLGE 18, 335, 337). Aufzunehmen ist (im Gegensatz zu § 2001) nur der Aktivbestand des Nachlasses einschließlich der Surrogate (§ 2019) und Früchte (§ 2020), nicht dagegen auch der Bestand der Passiva (RGSt 71, 360); auch eine Wertangabe der Aktiva ist nicht erforderlich (KG OLGE 18, 335, 337; RGSt aaO). Ist die Erbschaft ein ideeller Teil eines anderen Inbegriffs von Gegenständen (zB ungeteiltes Gesamtgut), so muß auch über diesen Auskunft gegeben werden (OLG Hamburg HansGZ 1912, 269, 273). Auch mehrere nacheinander abgegebene Teilverzeichnisse können eine ausreichende Auskunft darstellen (BGH NJW 1962, 1499). Erforderlich ist dann aber, daß die einzelnen Auskünfte nicht zusammenhanglos nebeneinander stehen, sondern nach dem erkennbaren Willen des Auskunftsschuldners in ihrer Summierung die geschuldete Gesamtauskunft darstellen sollen (OLGR Düsseldorf 1991, 11, 12). Der Auskunftspflichtige muß deshalb bei mehreren Äußerungen auch klarstellen, welche konkrete Äußerung die geschuldete Auskunft enthält, und zum Ausdruck bringen, daß er mit dieser Äußerung sein Wissen zu den offen zu legenden Umständen so vollständig preisgegeben hat, wie er dies kann (OLGR Düsseldorf 1991, 11). Angaben zu Protokoll des Nachlaßgerichts genügen nicht (**aM** OLG München OLGE 30, 186), da die Auskunft unmittelbar dem Erben zu erteilen ist. Dagegen stellt die Anerkennung eines vom Erben selbst aufgestellten Verzeichnisses eine formell genügende Auskunft dar (OLG Braunschweig OLGE 39, 13, 14). **11**

2. Ferner muß der Erbschaftsbesitzer über den Verbleib der Erbschaftsgegenstände Auskunft geben. Auch insoweit wird man § 260 Abs 1 anzuwenden haben, also eine schriftliche Aufstellung verlangen müssen; mündliche Erklärungen genügen nicht (KG OLGE 5, 231, 233). Der Erbschaftsbesitzer muß insbesondere Auskunft über den Verbleib derjenigen Gegenstände geben, deren Zugehörigkeit zur Erbschaft festgestellt ist (etwa aufgrund eines Nachlaßverzeichnisses oder in sonstiger Weise), die aber zZ nicht mehr in der Erbschaft vorhanden sind oder deren Aufenthaltsort unbekannt ist (vgl BGB-RGRK/KREGEL Rn 3). Der Erbschaftsbesitzer muß also, was ihm über ihre Schicksale (Untergang, Verschlechterung, Veräußerung) bekannt ist, angeben. Da der Gegenstand der Herausgabe das aus der Erbschaft Erlangte ist, muß er auch darlegen, was an ihre Stelle getreten ist. Nach Prot V 715 ist unter Verbleib nicht nur der örtliche, sondern auch der wirtschaftliche Verbleib zu verstehen. Des- **12**

halb wird man die Auskunftspflicht auch auf die gezogenen Gebrauchsvorteile und die zu Eigentum erworbenen Früchte (§ 2020 HS 2) erstrecken müssen (MAURER 206 mwNw). Der Anspruch auf Auskunft über den Verbleib der Erbschaftsgegenstände umfaßt nicht auch den Anspruch auf Rechenschaftsablegung iSv § 259 Abs 1, verpflichtet also nicht zur Vorlage von Belegen (so aber die hM, vgl KG OLGE 21, 310, 311; OLG Braunschweig OLGE 24, 70, 71; STAUDINGER/LEHMANN[11] Rn 5; vLÜBTOW II 1064; SOERGEL/DIECKMANN Rn 1; AnwK-BGB/FLEINDL Rn 6; AK-BGB/WENDT Rn 38; BAMBERGER/ROTH/MÜLLER-CHRISTMANN Rn 5; PALANDT/EDENHOFER Rn 1; JAUERNIG/STÜRNER Rn 1; SCHÖNE 85; SARRE ZEV 1998, 297, 299 f; einschränkend MUSCHELER ErbR 2009, 76, 87; vgl auch STÜRNER, Die Aufklärungspflicht der Parteien im Zivilprozeß [1976] 356 ff; wie hier dagegen MICHALSKI Rn 1058; MAURER 207); die Rechenschaftspflicht des § 259 ist der Auskunftspflicht iSv § 260 deutlich gegenübergestellt und geht gerade hinsichtlich der Belege über die letztere hinaus (vgl SOERGEL/WOLF[12] § 259 Rn 3). Selbst wenn man der hM folgen wollte, kann der nur zur Auskunft Verurteilte nicht in der Zwangsvollstreckung infolge extensiver Auslegung des Titels auch zur Urkundenvorlage angehalten werden (OLGR Koblenz 1998, 253). Auch wenn der Erbschaftsbesitzer sich auf den Wegfall gezogener Nutzungen oder einer Bereicherung beruft, ergibt sich daraus noch keine (einklagbare) Rechenschaftspflicht, sondern nur eine entsprechende „Obliegenheit" des Beklagten, die auf der Beweislastverteilung beruht.

13 Die Auskunftspflicht erstreckt sich selbstverständlich auch auf Nachlaßforderungen, gleichgültig, ob sie von vornherein oder kraft Surrogation zur Erbschaft gehören (RG JW 1903 Beil 104 Nr 234 u OLG Bamberg BayZ 1911, 190; jurisPK/EHM Rn 2; AK-BGB/WENDT Rn 31; MAURER 206; MUSCHELER ErbR 2009, 76, 87). Ausgenommen sind Forderungen des Erblassers, die gegen den Erbschaftsbesitzer gerichtet sind und von diesem bestritten werden (RG Gruchot 48, 973; OLG Kiel OLGE 16, 42; OLG Stuttgart Recht 1912 Nr 3379; MAURER 206; MUSCHLER ErbR 2009, 76, 87 Fn 52). Die Auskunftspflicht erstreckt sich auch auf Gegenstände, die dem Erbschaftsbesitzer als Voraus nach § 1932 (OLG Kiel SeuffA 66, Nr 141) oder als Vorausvermächtnis (§ 2150; KG OLGE 5, 231, 233; aM KG OLGE 12, 363, 365) hinterlassen sind (jurisPK/EHM Rn 3) Dagegen gehören zu den Erbschaftsgegenständen nicht Vermögensstücke, die schon zu Lebzeiten des Erblassers endgültig aus dessen Vermögen ausgeschieden sind (OLG Stuttgart Recht 1912 Nr 3379 f), insbesondere auch nicht auf vom Erblasser verschenkte Gegenstände (BGHZ 61, 180, 182); anders, wenn hinsichtlich weggekommener Gegenstände dingliche oder schuldrechtliche Ansprüche zum Nachlaß gehören; RG Recht 1913 Nr 217. – Die Auskunftspflicht entfällt, wenn der Erbschaftsanspruch vollständig erfüllt worden ist. Ebenso, wenn der Nachlaß vom nicht verschärft haftenden Erbschaftsbesitzer einschließlich der Surrogate vollständig und ohne daraus resultierende fortdauernde Bereicherung aufgebraucht worden ist. Dafür trägt der Erbschaftsbesitzer die Beweislast (BGH NJW 1985, 3068, 3070).

14 3. Darüber, ob eine nach erfolgter Verurteilung erteilte Auskunft genügt, ist im Zwangsvollstreckungsverfahren auf den Antrag des Gläubigers nach § 888 ZPO oder im Rahmen der Vollstreckungsgegenklage nach § 767 ZPO zu entscheiden. Wenn der Erbschaftsbesitzer eine formell genügende Auskunft erteilt hat, kann der Erbe eine Ergänzung oder Vervollständigung nicht erzwingen, sondern nur mittelbar durch die (uU nach § 254 mit der Auskunftsklage und der Herausgabeklage verbundene) Klage auf Abgabe der eidesstattlichen Versicherung darauf hinwirken; eine Verurteilung zur weiteren Auskunftsleistung ist grundsätzlich ausgeschlossen (OLG Kiel OLGE 16, 42;

OLG Braunschweig OLGE 40, 389, 390; MünchKomm/Helms Rn 8; AnwK-BGB/Fleindl Rn 7; AK-BGB/Wendt Rn 46; Palandt/Edenhofer Rn 5). RGZ 84, 41, 44 macht davon eine Ausnahme, weil ein ganz selbständiger Vermögensteil, den der Pflichtige nicht zum Nachlaß gerechnet hatte (der Anteil an einem Geschäft), in die Auskunft nicht aufgenommen war und deshalb ein Nachlaßverzeichnis gar nicht vorgelegen habe. Vgl dazu Stürner, Die Aufklärungspflicht der Parteien des Zivilprozesses (1976) 351 ff. Nach BGH LM § 260 BGB Nr 1 kann die Ergänzung eines Bestandsverzeichnisses ferner auch dann gefordert werden, wenn der Verpflichtete eine unbestimmte Mehrheit von Nachlaßgegenständen aus Rechtsirrtum zunächst nicht aufgenommen hat. Nach Auffasssung des OLG Bremen (OLGR 2002, 187, 188 LS 4, 189) besteht der Auskunftsanspruch auch dann weiter, wenn das Verzeichnis aufgrund gefälschter Unterlagen aufgestellt wurde. Ist streitig, ob der Erbschaftsbesitzer seine titulierte Auskunftspflicht erfüllt hat, kommt eine Zwangsvollstreckung gegen ihn nicht in Betracht, wenn der Streit nur um die rechtliche Bewertung der erteilten Auskunft geht (OLG Koblenz NJW-RR 2005, 160, 161). Auch bloße Zweifel an der Richtigkeit der Auskunft rechtfertigen keine Zwangsmittelfestsetzung nach § 888 ZPO (OLG Koblenz aaO). Anders allerdings, wenn die erteilte Auskunft erkennbar Lücken enthält bzw nicht näher erläuterte Kollektivangaben (wie zB „einige Stücke Herrenschmuck, Gold, weiterer Schmuck, Uhren und Manschettenknöpfe, Hausrat") verwendet (OLG Koblenz aaO). – Bei der Festsetzung eine Zwangsmittels ist eine Fristsetzung nicht notwendig (OLG Brandenburg ZEV 2004, 104 f; PWW/Tschichoflos Rn 13).

4. Falls Grund zu der Annahme besteht, daß das Verzeichnis nicht mit der erforderlichen Sorgfalt aufgestellt worden ist, so hat der Erbschaftsbesitzer grundsätzlich (Ausnahme bei geringfügigen Nachlässen, §§ 260 Abs 3, 259 Abs 3; aM Lange/Kuchinke § 40 III 3 b Fn 80; wie hier Maurer 215) **an Eides Statt zu versichern**, daß er die Auskunft über Bestand der Erbschaft und Verbleib von Erbschaftsgegenständen nach bestem Wissen so vollständig, wie er könne, erteilt habe (§§ 260 Abs 2, 261 idF des Gesetzes vom 27. 6. 1970, BGBl I 911; bis dahin statt eidesstattlicher Versicherung ein Offenbarungseid). Ob ein entsprechend begründeter Verdacht besteht, richtet sich nach dem Gesamtverhalten des Auskunftsschuldners (BGH LM § 259 BGB Nr 8); erforderlich sind greifbare Tatsachen (OLG Colmar ElsLothrZ 1906, 111). Nach Ansicht des OLG Brandenburg (Urt v 6. 9. 2006 – 13 U 185/05 [juris, Orientierungssatz und Rn 16]) ist der Antrag auf Abgabe der eidesstattlichen Versicherung schon gerechtfertigt, wenn nach Würdigung des Gesamtverhaltens nicht auszuschließen ist, daß die Erklärung nicht mit der erforderlichen Sorgfalt abgegeben wurde. Der Nachweis, daß das Verzeichnis in einzelnen Punkten unvollständig oder unrichtig ist, reicht für die Verurteilung zur Abgabe der eidesstattlichen Versicherung nicht aus, wenn die mangelhafte Auskunft ohne weiteres auf unverschuldete Unkenntnis oder entschuldbarem Irrtum beruhen kann (vgl BGHZ 89, 137, 139 f). Zur Frage der erforderlichen Sorgfalt vgl OLG Rostock OLGE 34, 277; RG SeuffA 77, 233. Die Verurteilung zur Abgabe der eidesstattlichen Versicherung wird nach § 889 ZPO vollstreckt; die eidesstattliche Versicherung ist also vor dem AG als Vollstreckungsgericht abzugeben (früher: Offenbarungseid vor dem Prozeßgericht 1. Instanz); zuständig zur Abnahme ist der Rechtspfleger (§ 20 Nr 17 RpflG); die Anordnung der Erzwingungshaft ist dem Richter vorbehalten (§ 4 Abs 2 Nr 2 RpflG). Wenn der Erbe die eidesstattliche Versicherung durch Klage oder in sonstiger Weise verlangt hat (vgl BayObLG 1953, 135), kann sie der Erbschaftsbesitzer bis zu einer entsprechenden Verurteilung auch vor dem Amtsgericht seines Wohnsitzes (§ 261 Abs 1) im

FamFG-Verfahren abgeben (§§ 410 Nr 1, 411 Abs 1, 413 FamFG); funktionell zuständig ist der Rechtspfleger (§ 3 Nr 1b RpflG). Das Gericht der freiwilligen Gerichtsbarkeit muß die eidesstattliche Versicherung abnehmen, wenn der in Anspruch Genommene dazu bereit ist; es darf nämlich nur prüfen, ob der Antrag überhaupt auf eine gesetzliche Vorschrift gestützt ist, nicht aber ob die Verpflichtung im einzelnen begründet ist, also wirklich Grund zur Annahme einer unsorgfältigen Auskunft besteht (KGJ 45 A 112); auch Glaubhaftmachung ist insoweit nicht erforderlich (KG OLGE 42, 197; vgl auch JOSEF Gruchot 62, 341, 359 f, 364). Abnahme auf Antrag einer der beiden Parteien. Zum Termin sind beide zu laden; Abnahme aber auch in Abwesenheit des Berechtigten; keine Beschwerde gegen Terminsbestimmung und Ladung (vgl KEIDEL/GIERS, FamFG[16] § 410 Rn 5).

16 Nur mit Einverständnis des Gläubigers kann der Erbschaftsbesitzer die eidesstattliche Versicherung auch noch nach Verurteilung vor dem FGG-Gericht abgeben (OLG Hamm Rpfleger 1958, 158 und OLG Düsseldorf MDR 1960, 590 zum früheren Offenbarungseid). Das Gericht kann nach § 261 Abs 2 den Text der Versicherung uU abweichend vom Wortlaut der §§ 260 Abs 2, 2027 Abs 1 formulieren, um den Umfang der erfaßten Erklärungen zu verdeutlichen (vgl RGZ 125, 256, 260; RG DRW 1943, 407, 408). Das Vollstreckungsgericht darf sogar die bereits rechtskräftig normierte Eidesformel abändern, wenn der Erbschaftsbesitzer erklärt, den Eid nur nach Maßgabe einer berichtigten Auskunft leisten zu können (OLG Düsseldorf MDR 1960, 590; OLG Bamberg NJW 1969, 1304 m abl Anm WINTER NJW 1969, 2244 [beide zum Offenbarungseid]; JAUERNIG/STÜRNER Rn 3). Wer zur Abgabe der eidesstattlichen Versicherung verurteilt worden ist, hat die Pflicht, die erteilte Auskunft auf ihre Vollständigkeit und Richtigkeit zu überprüfen und darf die Versicherung gegebenenfalls in einer gemäß § 261 Abs 2 geänderten Fassung abgeben (BGH NJW 1992, 2020 [unter II 1]; WM 1996, 466 [unter B 2 b, c]; Beschl v 7. 3. 2001 – IV ZB 31/00 [LexisNexis LNR 2001, 20116]) Die eidesstattliche Versicherung kann entgegen BGH NJW 1962, 245 (noch zum Offenbarungseid) nicht wie die Auskunftserteilung in mehreren Teilakten abgegeben werden, denn dann müßte die letzte Teilversicherung jedenfalls auch dahin gehen, daß die Summe der jeweils von Teilversicherungen begleiteten Teilauskünfte die Auskunft im geschuldeten Gesamtumfang darstellt (BGH aaO); das aber wäre bereits die nach § 260 Abs 2 abzugebende eidesstattliche Versicherung für den Gesamtnachlaß (dem BGH zustimmend aber SOERGEL/DIECKMANN Rn 2).

17 Der Erbe muß, wenn er die eidesstattliche Versicherung verlangt, nach § 261 Abs 2 deren Kosten tragen. Das gilt für die Kosten der Abnahme im Verfahren nach §§ 410 Nr 1, 413 FamFG oder § 889 Abs 1 ZPO gleichermaßen. nicht aber für die Kosten der Beugemaßnahmen nach § 889 Abs 2, 888 ZPO.

IV. Die Auskunftspflicht sonstiger Besitzer von Erbschaftssachen (Abs 2)

18 Die Auskunftspflicht desjenigen, der vor der tatsächlichen Besitzergreifung durch den Erben eine Sache aus dem Nachlaß in Besitz genommen hat, entspricht, wie die II. Kommission im Gegensatz zur I. Kommission angenommen hat (Mot V 587 und Prot V 707), einem zwingenden praktischen Bedürfnis. Wer in die Erbschaft eingreift, sei es, daß er ein Erbrecht in Anspruch nimmt oder nicht, macht sich verdächtig, mehr als das ihm besonders Nachgewiesene an sich genommen zu haben. Deshalb muß ihm die Verpflichtung auferlegt werden, dem Erben, der den Bestand des Nachlasses noch nicht kennt, Auskunft über ihn zu geben. Hatte der Erbe bereits von der Sache tatsächlich Besitz ergriffen, bedarf er des Anspruchs nicht mehr; selbstverständlich behält er auch in diesem Falle den Auskunftsanspruch nach Abs 1 gegen einen etwaigen Erbschaftsbesitzer. Aus § 2027 Abs 2 auskunftspflichtig ist auch ein Miterbe, der ohne Anmaßung des alleinigen Erbrechts Teile des Nachlasses in Alleinbesitz nimmt (implizit OLGR Düsseldorf 1991, 11 f; 1993, 105; s auch oben Rn 9). – § 2027 Abs 2 gilt natürlich nicht für die Inbesitznahme von Nachlaßgegenständen durch Testamentsvollstrecker, Nachlaß(insolvenz)verwalter und Nachlaßpfleger (Prot V 708 f; Schöne 90; AnwK-BGB/Fleindl Rn 9). Zum einen machen sich diese Personen normalerweise durch ihr Eingreifen ja auch gar nicht verdächtig, weil sie kraft ihres Amtes handeln; zum anderen ist ihre Rechenschaftspflicht jeweils speziell geregelt.

1. Ob der Erbe tatsächlich Besitz ergriffen hatte, ist nach §§ 854, 855, 868 zu **19** beurteilen. Es reicht, wenn er begonnen hat, den gesetzlich auf ihn übergegangenen Besitz (§ 857) durch einen Besitzdiener auszuüben, oder wenn er zu dem unmittelbaren Besitzer in ein Verhältnis nach § 868 getreten ist. Eine vor diesem Zeitpunkt erfolgte, auskunftspflichtig machende Besitzergreifung wurde zB darin gesehen, daß jemand die (dem Vermieter gehörenden) Schlüssel zur Wohnung und zum Korridor an sich genommen hatte (KG OLGE 9, 33, 34); ferner darin, daß jemand Sachen, die er vom Erblasser geschenkt erhalten hatte, nach dessen Tode an sich nahm (OLG Dresden ZBlFG 21, 43), nicht aber darin, daß er an der Sache schon zu Lebzeiten des Erblassers Besitz erlangt hatte (OLG Kiel OLGE 40, 108 und RGZ 84, 206; Palandt/Edenhofer Rn 3; Muscheler ErbR 2009, 76, 88).

Wer also den Besitz schon vor dem Tode des Erblassers erlangt hat, ist nicht auskunftspflichtig, auch nicht, wer nach dem Tode des Erblassers eine Sache in Besitz nimmt, die der Erblasser schon zu seinen Lebzeiten einem Dritten übergeben hat; das ist keine Besitznahme aus dem Nachlaß (BGH LM § 1421 BGB Nr 1; MünchKomm/Helms Rn 10; AnwK-BGB/Fleindl Rn 10; jurisPK/Ehm Rn 9). Wenn der nicht erbende Sohn des Erblassers die Wohnung seines verstorbenen Vaters aufsucht und dessen Schließfach ausräumt, so scheitert die Anwendung des § 2027 Abs 2 nicht notwendigerweise daran, daß er schon vor dem Erbfall Zweitschlüssel von Wohnung und Schließfach hatte; die Schlüsselüberlassung hatte ihm nämlich, wenn sie nur zur eventuellen Versorgung und Pflege des Vaters erfolgt war, noch keinen Mitbesitz verschafft (OLGR Düsseldorf 1991, 11 f). **20**

2. Auf den Grund, aus dem jemand Sachen aus dem Nachlaß in Besitz genommen **21** hat, ob eigennützig oder um dem vermeintlichen oder selbst dem wahren Erben die Sache zu sichern, kommt es nicht an; RG Recht 1923 Nr 1177. Auskunftspflichtig ist auch, wer im guten Glauben an sein Recht, ja wer im wirklichen Recht auf den Besitz (etwa als Eigentümer, Mieter oder Pächter) den Besitz der Sache eigenmächtig an sich genommen hat; vgl OLG Braunschweig OLGE 24, 70; OLG Stuttgart ZBlFG 1919, 312 Nr 360 und RG LZ 1923, 453. Wenn die Besitzergreifung im guten Glauben an das eigene Erbrecht erfolgt ist, erlangt der Besitzer Erbschaftsbesitz und ist auch schon nach Abs 1 auskunftspflichtig (RG LZ 1923, 453; HRR 1930, Nr 1465).

3. Ob der Beklagte noch Besitzer ist, spielt für Abs 2 keine Rolle. Andererseits ist **22** auskunftspflichtig auch nur derjenige, der selbst der Besitzergreifung des Erben zuvorkam, nicht ein Dritter, an den er den Besitz weiterübertragen hat, also (entgegen LANGE/KUCHINKE § 40 Fn 76) auch nicht der Verwahrer, bei dem der Erbschaftsbesitzer die von ihm in Besitz genommenen Nachlaßsachen inzwischen eingelagert hat. Die bloße Führung erbschaftlicher Geschäfte, die ohne Besitzergreifung an Nachlaßsachen vor sich geht, zB die Einziehung der Mieten eines zum Nachlaß gehörenden Hauses, fällt nicht unter Abs 2 (KG OLGE 9, 386; OLG Marienwerder Recht 1907 Nr 611).

23 4. Darauf, ob der eigenmächtig Handelnde von dem Erbfall **Kenntnis** hatte oder nicht, kommt es nicht an (KIPP/COING § 110 Fn 7; BGB-RGRK/KREGEL Rn 5; SOERGEL/DIECKMANN Rn 3; MünchKomm/HELMS Rn 10; ERMAN/SCHLÜTER Rn 2; PALANDT/EDENHOFER Rn 3; BROX/WALKER Rn 592; **aM** KG OLGE 9, 386; PLANCK/FLAD Anm 2a; PALANDT/KEIDEL[41] Anm 2; KRETZSCHMAR 446).

24 5. „Aus dem Nachlaß" stammen auch solche Sachen, an denen der Erblasser nur Besitz, nicht auch Eigentum hatte (KG OLGE 9, 33, 34; OLG Braunschweig OLGE 24, 70). Vgl § 2018 Rn 24, 31.

25 6. Der *Inhalt* der Auskunftspflicht aus Abs 2 enstspricht der des Erbschaftsbesitzers aus Abs 1 (BGB-RGRK/KREGEL Rn 5). Die Inbesitznahme auch nur einer Sache löst also die Auskunftspflicht für den ganzen Nachlaß aus (MUSCHELER ErbR 2009, 76, 88). Für die *Durchsetzung* der Auskunftspflicht gilt das zu Abs 1 Ausgeführte (Rn 10 ff).

V. IPR

26 Für die Auskunftsansprüche aus § 2027 Abs 1 und 2 gilt das Erbstatut des Art 25 EGBGB (vgl STAUDINGER/DÖRNER [2007] Art 25 EGBGB Rn 211).

§ 2028
Auskunftspflicht des Hausgenossen

(1) Wer sich zur Zeit des Erbfalls mit dem Erblasser in häuslicher Gemeinschaft befunden hat, ist verpflichtet, dem Erben auf Verlangen Auskunft darüber zu erteilen, welche erbschaftlichen Geschäfte er geführt hat und was ihm über den Verbleib der Erbschaftsgegenstände bekannt ist.

(2) Besteht Grund zu der Annahme, dass die Auskunft nicht mit der erforderlichen Sorgfalt erteilt worden ist, so hat der Verpflichtete auf Verlangen des Erben zu Protokoll an Eides Statt zu versichern, dass er seine Angaben nach bestem Wissen so vollständig gemacht habe, als er dazu imstande sei.

(3) Die Vorschriften des § 259 Abs 3 und des § 261 finden Anwendung.

Materialien: E II § 1902; III § 2003; Prot V 715 f; Denkschr 727; JAKOBS/SCHUBERT ER I 666, 719–726; geändert durch Gesetz vom 27. 6. 1970 (BGBl I 911); dazu BT-Drucks VI/874 S 1 f.

Titel 3 §2028
Erbschaftsanspruch 1–5

Schrifttum

JOSEF, Das Beschwerderecht des zur Leistung des Offenbarungseides Geladenen, ZBlFG 1906, 820
ders WürttZ 1924, 54
ders Gruchot 62, 341 ff, 358
KÖSSLER, Einiges vom Offenbarungseid in der freiwilligen Gerichtsbarkeit, BayZ 1932, 388
SARRES, Auskunftsansprüche gegen den Hausgenossen, ZEV 1998, 992.

I. Textgeschichte 1

In Abs 2 sind durch Art 2 § 1 Nr 4 des Gesetzes vom 27. 6. 1970 (BGBl I 911) die Worte „den Offenbarungseid dahin zu leisten" durch die Worte „zu Protokoll an Eides Statt zu versichern" ersetzt worden, und zwar mit Wirkung vom 1. 7. 1970. Gleichzeitig sind auch die §§ 259 Abs 3, 261, auf die Abs 3 verweist, entsprechend geändert worden.

II. Redaktionsgeschichte; Erwägungen der Gesetzesverfasser

Die häusliche Gemeinschaft gibt Kenntnis der Nachlaßgegenstände und ermöglicht 2 auch die Verfügung über sie. Deshalb hielt die II. Kommission die Erstreckung der Auskunftspflicht auf die Hausgenossen des Erblassers für praktisch unentbehrlich, obwohl der E I eine entsprechende Vorschrift als innerlich unbegründet abgelehnt hatte; vgl Mot V 587. Zugunsten der Auferlegung einer solchen Auskunftspflicht wurde darauf hingewiesen, daß eine gleichartige Verpflichtung sich sowohl in der gemeinrechtlichen Praxis ausgebildet wie im französischen Recht gesetzliche Anerkennung gefunden habe (RGZ 8, 165; Code de proced civ 914 Nr 9, 943 Nr 8). Durch die Vorschrift werde den Hausgenossen keine Rechenschaftspflicht auferlegt, sondern nur die Zeugnispflicht, die ihnen im Prozesse kraft öffentlichen Rechts obliege, zu einer auch außerhalb des Prozesses bestehenden zivilrechtlichen umgestaltet; Prot V 715 f.

III. Der Auskunftsberechtigte

Berechtigt, die Auskunft zu verlangen, sind auch hier außer den Erben die zur 3 Verwaltung des Nachlasses berufenen Personen und die sonst in § 2027 Rn 8 Genannten (zu Unrecht abweichend für den Nachlaßkonkursverwalter OLG München Recht 1902 Nr 991).

IV. Der Auskunftspflichtige

Verpflichtet, die Auskunft zu erteilen, ist jeder, der sich zZ des Erbfalls mit dem 4 Erblasser in häuslicher Gemeinschaft befunden hat. Rein die Tatsache einer solchen Gemeinschaft genügt, irgendein Eingriff in den Nachlaß wird nicht vorausgesetzt.

Der Begriff der „häuslichen Gemeinschaft" iS des § 2028 setzt weder Zugehörigkeit 5 zum Hausstand (§ 1619) noch wie in § 1969 Familienangehörigkeit oder Bezug des Unterhalts voraus. Er wird von der Rechtsprechung sehr weit ausgelegt. Ein vollständiges Zusammenleben unter demselben Dach wird nicht vorausgesetzt (RG Recht

1909 Nr 3792). Auskunftspflichtig soll grundsätzlich jeder sein, der zu dem Erblasser und den ihm gehörigen Sachen zZ des Todes in eine derart enge räumliche Beziehung getreten war, daß ihm jederzeit die Möglichkeit offen stand, „sich eine mehr oder weniger genaue Kenntnis von dem Verbleib der Erbschaftsgegenstände zu verschaffen und sich an diesen zu vergreifen" (RG WarnR 1922 Nr 75; dagegen STAUDINGER/LEHMANN[11] Rn 3). Ähnlich formuliert BGH LM § 2028 BGB Nr 1 in Übereinstimmung mit RGZ 80, 285, daß auskunftspflichtig derjenige sei, bei dem nach den räumlichen und persönlichen Verhältnissen, die zwischen ihm und dem Erblasser bestanden haben, eine Kenntnis iS des § 2028 zu vermuten ist. Ob das der Fall sei, könne nur unter Berücksichtigung aller Umstände des Einzelfalles beurteilt werden, so daß dem Tatrichter hier ein erheblicher Entscheidungsspielraum verbleibe. Dem ist entgegen STAUDINGER/LEHMANN[11] Rn 3 zuzustimmen (so auch die völlig hM, vgl BGB-RGRK/KREGEL Rn 1; BROX/WALKER Rn 593). Der Zweck der Vorschrift, dem Erben die Gewinnung von Klarheit nach Möglichkeit zu erleichtern, verlangt in der Tat eine ausdehnende Auslegung, da die Auskunftspflicht den Betroffenen nicht nennenswert belastet und jedenfalls über die im Prozeß gegen Dritte ohnehin bestehende Zeugnispflicht, mit der die Materialien ja die Vorschrift rechtfertigen (s oben Rn 2), nicht hinausgeht (BGH aaO). So genügt es uU, daß ein auswärts wohnendes Familienmitglied aus Anlaß der letzten Krankheit des Erblassers besuchsweise seine Wohnung geteilt hat (RGZ 80, 285 = JW 1913, 95; vgl auch OLG Posen PosMSchr 1912, 148). Hat der Erblasser sein eingerichtetes Wohnhaus vermietet, ein darin gelegenes Zimmer als Untermieter innegehabt und sich vom Mieter beköstigen sowie sonst versorgen lassen, so hat zwischen beiden eine häusliche Gemeinschaft bestanden (BGH LM § 2028 BGB Nr 1); die Auskunftspflicht des Mieters beschränkt sich hier auch nicht auf den Verbleib der Einrichtung des untervermieteten Zimmers. UU kann eine „häusliche Gemeinschaft" auch zwischen Zimmer-, Flur- oder Stockwerksnachbarn bestehen (OLG Stuttgart Recht 1907 Nr 1166; BROX/WALKER Rn 593; MünchKomm/HELMS Rn 3; SOERGEL/DIECKMANN Rn 2; ERMAN/SCHLÜTER Rn 2; DEK/LENZ Rn 2; SARRES ZEV 1998, 422, 423). Zur häuslichen Gemeinschaft gehören zweifellos die Hausangestellten, die aufgrund eines Vertragsverhältnisses nicht nur ganz vorübergehend den Hausstand geteilt haben. Zufällige oder nur ganz vorübergehende Anwesenheit im Sterbehaus zZ des Todes des Erblassers kann grundsätzlich nicht genügen. Die häusliche Gemeinschaft wird nicht dadurch aufgehoben, daß der Erblasser kurz vor seinem Tode in ein Krankenhaus überführt wird (RG LZ 1922, 197 f = WarnR 1922 Nr 75; MünchKomm/HELMS Rn 3). Auch der Lebensgefährte des Erblassers ist selbstverständlich nach § 2028 Abs 2 auskunftspflichtig (DAMRAU/SCHMALENBACH Rn 3).

6 Auch ein **Miterbe** kann den anderen Miterben gegenüber nach § 2028 auskunftspflichtig sein (RGZ 81, 30; RG LZ 1923, 473; OLG Naumburg u Celle OLGE 24, 68; OLG Braunschweig OLGE 26, 296). Das OLG Hamburg hat in DRW 1939, 1535 die Auskunftspflicht unter Miterben verneint, weil beide Parteien zZ des Erbfalles mit dem Erblasser in häuslicher Gemeinschaft gelebt und auch gemeinschaftlich den tatsächlichen Besitz des ganzen Nachlasses angetreten und jahrelang gemeinsam ausgeübt hätten.

7 Minderjährigkeit schließt die Auskunftspflicht nicht aus (OLG Stettin ZBlFG 1917, 45).

8 Die Verpflichtung aus § 2028 besteht auch dann, wenn dem Hausgenossen Nießbrauch und Verwaltung vermacht ist (RG WarnR 1920 Nr 171; DAMRAU/SCHMALENBACH Rn 3).

V. Inhalt der Auskunftspflicht

Der Umfang der Auskunftspflicht ist von der in § 2027 auferlegten wesentlich verschieden. Sie beschränkt sich auf die Auskunft darüber: 9

(1.) welche erbschaftlichen Geschäfte der Hausgenosse geführt hat und

(2.) was ihm über den Verbleib der Erbschaftsgegenstände bekannt ist.

1. Der Auskunftspflichtige ist danach, anders als nach § 2027 nicht verpflichtet, über den Bestand des Nachlasses Auskunft zu geben und ein Nachlaßverzeichnis gemäß § 260 vorzulegen (KG OLGE 11, 230; 20, 428; OLG München OLGE 40, 134; RG WarnR 1922 Nr 75). Ebensowenig ist er zur Rechnungslegung über andere als die von ihm geführten Geschäfte verpflichtet (RG JW 1902 Beil 266; RG WarnR 1920 Nr 171; 1922 Nr 75). 10

Der Kreis der erbschaftlichen Geschäfte ergibt sich aus den Erläuterungen zu § 1959. Soweit die erbschaftlichen Geschäfte aufgrund einer Erbanmaßung geführt worden sind, liegen regelmäßig bereits die Voraussetzungen des (allerdings nicht kongruenten) Auskunftsanspruchs nach § 2027 Abs 1 vor. Soweit der Hausgenosse ohne Erbrechtsanmaßung nachweisbar erbschaftliche Geschäfte geführt hat, ergibt sich für ihn auch schon aus §§ 677, 683 S 1 (bzw § 684 S 2), 681 S 2, 666, 259, 260 ein Auskunftsanspruch. Wichtig ist § 2028 somit vor allem für die Frage, ob er erbschaftliche Geschäfte geführt hat (SOERGEL/DIECKMANN Rn 3; MAURER 211). 11

2. Die Auskunft über den Verbleib von Erbschaftsgegenständen beschränkt sich – wie die nach § 2027 – nicht auf körperliche Sachen. Zu den Erbschaftsgegenständen gehören auch die Nachlaßforderungen (BGH Betrieb 1964, 1443; AK-BGB/WENDT Rn 10; **aM** OLG Braunschweig OLGE 30, 176). Auch bei Forderungen kann von einem Verbleib gesprochen werden, zB wenn sie eingezogen worden sind, ohne daß feststeht, wer sie eingezogen hat (so mit Recht BGB-RGRK/KREGEL Rn 3). Unter Verbleib ist nicht nur der örtliche, sondern auch der wirtschaftliche Verbleib zu verstehen (Prot V 715); es ist also auch Auskunft darüber geschuldet, ob und welcher Wertersatz für verschwundene Gegenstände in den Nachlaß gelangt ist (BGB-RGRK aaO; DAMRAU/SCHMALENBACH Rn 5). Die Auskunftspflicht umfaßt auch solche Gegenstände, die bereits vor dem Tode des Erblassers etwa beiseitegeschafft worden sind oder in anderen Besitz (zB zur Verwahrung) gelangten (vgl RGZ 81, 293 f), nicht dagegen auch solche, die schon zu Lebzeiten des Erblassers auch rechtlich aus dessen Vermögen ausgeschieden sind, wie zB durch rechtlich einwandfreie und wirksame Schenkungen an den Hausgenossen (BGH Betrieb 1964, 1443 mwNw). 12

Die Auskunftspflicht hängt nicht davon ab, daß der Erbe bestimmte vermißte Nachlaßsachen namhaft macht (BGH aaO; KG OLGE 11, 230; PALANDT/EDENHOFER Rn 2; MUSCHELER ErbR 2009, 76, 89). Sie erstreckt sich nur auf das, was dem Hausgenossen über den Verbleib bekannt ist, geht also nur so weit, wie sein Wissen reicht; eine Nachforschungspflicht ergibt sich daraus nicht (SARRES ZEV 1998, 422, 423; AnwK- 13

BGB/FLEINDL Rn 4; MAURER 211 mwNw). Ein Miterbe kann die nach § 2028 geschuldete Auskunft nicht deshalb verweigern, weil er den Nachlaß für wertlos hält (OLG Köln MDR 1961, 147).

14 3. Als Auskunft kann regelmäßig nur eine Erklärung gewertet werden, die der Erklärende auf Fragen hin in dem Bewußtsein abgibt, einer gesetzlichen Pflicht zu genügen. Ein Vortrag, mit dem in einem Rechtsstreit das Bestreiten der Auskunftspflicht begründet wird, kann daher regelmäßig nicht als Auskunft gewertet werden (BGH WM 1971, 443, 445). Vollstreckt wird das Auskunftsurteil nach § 888 ZPO.

15 4. Wer bereits nach § 2027 Auskunft erteilt hat, soll nach der Ansicht des KG (OLGE 20, 427; ebenso AnwK-BGB/FLEINDL Rn 3; ERMAN/SCHLÜTER Rn 4; SOERGEL/DIECKMANN Rn 3) nicht nochmals zu einer Auskunft nach § 2028 angehalten werden können, da die Auskunft des § 2028 inhaltlich nicht weiter gehe als die nach § 2027; dem ist mit OLG Braunschweig (OLGE 26, 296) zu widersprechen, da die nach § 2028 geschuldete Auskunft über die vom Pflichtigen geführten Geschäfte über die Auskunftspflicht nach § 2027 hinausgeht. Gewiß ist die Pflicht, über die Führung erbschaftlicher Geschäfte Auskunft zu geben, ohnehin nach §§ 681, 666, 259, 260 begründet, aber wenn jemand aufgrund des § 2027 zur Auskunft angehalten worden ist, umfaßt dieses Verlangen eben nicht die Auskunft über etwa geführte erbschaftliche Geschäfte (wie hier PLANCK/FLAD Anm 4; MünchKomm/HELMS Rn 5; PALANDT/EDENHOFER Rn 2; LANGE/KUCHINKE § 40 III 3 d Fn 84; SCHÖNE 94 f; MAURER 211 f).

VI. Eidesstattliche Versicherung

16 Die Verpflichtung zur Abgabe der eidesstattlichen Versicherung setzt voraus, daß eine Auskunft erteilt ist und daß Grund zu der Annahme besteht, sie sei nicht mit der erforderlichen Sorgfalt erteilt worden. Endlich ergibt sich aus der in Abs 3 herangezogenen Vorschrift des § 259 Abs 3, daß es sich nicht um eine Angelegenheit von geringer Bedeutung handeln darf. Letzteres wäre bei geringfügigen Nachlässen der Fall (AnwK-BGB/FLEINDL Rn 5). Die objektive Unrichtigkeit oder Unvollständigkeit der Auskunft rechtfertigt also für sich allein das Verlangen der eidesstattlichen Versicherung noch nicht; ebensowenig ein allgemeines Mißtrauen (BGH Betrieb 1964, 1443 mwNw; RG WarnR 1920 Nr 171; 1922 Nr 75; OLG Braunschweig OLGE 26, 296, 297; alle zum früheren Offenbarungseid). Vielmehr müssen vom Erben Gründe dargelegt und gegebenenfalls bewiesen werden, die die Annahme rechtfertigen, daß die erteilte Auskunft „aus mangelnder Sorgfalt" unvollständig oder unrichtig erteilt worden ist, dh der Kläger muß, da die eidesstattliche Versicherung nur ein Bestärkungsmittel für die Erfüllung der Auskunftspflicht ist, greifbare Tatsachen vorbringen und notfalls beweisen, die sein Verlangen nach eidesstattlicher Erhärtung der erteilten Auskunft bei objektiver Würdigung aller Umstände als gerechtfertigt erscheinen lassen; dabei ist insbesondere ein Verschweigen von Nachlaßgegenständen und vor allem das Gesamtverhalten des Auskunftspflichtigen zu berücksichtigen (BGH aaO mwNw). Wohl zu großes Gewicht legt OLG Rostock (OLGE 34, 277) dem Umstand der nachträglichen Ergänzung der Auskunft bei. Wenn der Hausgenosse ein Nachlaßverzeichnis aufgestellt hat – wozu er an sich nicht verpflichtet ist (s Rn 10) – und dabei wesentliche Gegenstände verschwiegen hat, so sind nach RG WarnR 1920 Nr 171 die Voraussetzungen des Abs 2 erfüllt.

Abs 2 kann nicht auch auf den Fall ausgedehnt werden, daß mit Sicherheit vorauszusehen ist, daß der Hausgenosse die Auskunft nicht mit der erforderlichen Sorgfalt erteilen wird. Der Erbe muß bei Auskunftsverweigerung zunächst auf Erteilung der Auskunft klagen und diese notfalls im Wege der Zwangsvollstreckung nach § 888 ZPO erzwingen. Vermag er die Erteilung der Auskunft nicht durchzusetzen, ist die Klage auf Abgabe der eidesstattlichen Versicherung unbegründet. **17**

Inhaltlich unterscheidet sich die eidesstattliche Versicherung von der nach § 260 dadurch, daß der Pflichtige nicht die Vollständigkeit des „Bestandes", sondern nur die von ihm nach Abs 1 gemachten Angaben zu bekräftigen hat. **18**

Zuständig für die Abgabe der eidesstattlichen Versicherung ist das Gericht der freiwilligen Gerichtsbarkeit (§§ 410 Nr 1, 411 Nr 1, 413 FamFG). Gibt der Hausgenosse die eidesstattliche Versicherung freiwillig ab, braucht das Gericht die Voraussetzungen des § 2028 Abs 2 nicht vollständig zu prüfen (OLG München JFG 15, 118); es muß aber klären, ob der Erbe die eidesstattliche Versicherung überhaupt verlangt hat oder jedenfalls mit ihr einverstanden ist (BayObLGZ 1953, 135, 137; MünchKomm/ HELMS Rn 9; DAMRAU/SCHMALENBACH Rn 9; PALANDT/EDENHOFER Rn 3). Die eidesstattliche Versicherung wird zu Protokoll des Rechtspflegers aufgenommen (§ 3 Nr 1 b RpflG). Verweigert der Pflichtige die Abgabe, muß der Erbe vor dem Prozeßgericht Klage auf Abgabe der eidesstattlichen Versicherung erheben. Die Vollstreckung erfolgt nach § 889 ZPO. **19**

VII. Abs 3

Die Verweisung auf § 261 betrifft die Gerichtszuständigkeit für die Abnahme der eidesstattlichen Versicherung, die Möglichkeit zur Abänderung der Formel der eidesstattlichen Versicherung und die Kostenlast. Hierfür gilt das zu § 2027 Rn 15–17 Ausgeführte entsprechend. Nach § 259 Abs 3 entfällt die Verpflichtung zur Abgabe der eidesstattlichen Versicherung in Angelegenheiten von geringer Bedeutung. Entscheidend ist hier die Geringfügigkeit des Nachlasses (vgl § 2027 Rn 15); auf die Geringfügigkeit des bei der Auskunftserteilung unterlaufenen Versehens kommt es nicht an (OLG Rostock MecklZ 1932, 49). **20**

§ 2029
Haftung bei Einzelansprüchen des Erben

Die Haftung des Erbschaftsbesitzers bestimmt sich auch gegenüber den Ansprüchen, die dem Erben in Ansehung der einzelnen Erbschaftsgegenstände zustehen, nach den Vorschriften über den Erbschaftsanspruch.

Materialien: E I § 2088; II § 1903; III § 2004;
Mot V 592 f; Prot V 722 f; Denkschr 727 f;
JAKOBS/SCHUBERT ER I 672, 677, 696 f,
709–714, 721–726.

I. Allgemeines

1. Rechtspolitischer Zweck der Vorschrift

1 Mit dem Erbschaftsanspruch konkurrieren häufig Singularansprüche des Erben auf Herausgabe von Nachlaßgegenständen, Bereicherungsherausgabe oder Schadensersatz (s Vorbem 3, 19 zu §§ 2018 ff; § 2020 Rn 1; § 2023 Rn 1, 4; § 2024 Rn 1; § 2025 Rn 4). Wenn diese durch die Regelung des Erbschaftsanspruchs inhaltlich nicht beeinflußt würden, müßten die dem Erbschaftsbesitzer durch die §§ 2018 ff gewährten Vergünstigungen (s Vorbem 19 zu §§ 2018 ff), namentlich die Möglichkeit, alle (vor Eintritt der Haftungsverschärfung) auf irgendwelche Nachlaßgegenstände (auch andere als die herausverlangten) oder auf die Erbschaft im ganzen gemachten Verwendungen in Ansatz zu bringen, praktisch leerlaufen. Um dem Erbschaftsbesitzer die durch die §§ 2018 ff gewährten Privilegien zu sichern, ordnet § 2029 deshalb an, daß die Haftung des Erbschaftsbesitzers, ohne daß ein Unterschied zwischen redlichem und unredlichem Besitzer gemacht würde, sich auch gegenüber den Einzelklagen nach den Vorschriften über den Erbschaftsanspruch bestimmt. Darin erschöpft sich die Funktion der Norm allerdings auch; die Einzelansprüche werden durch § 2029 also entgegen im Schrifttum verschiedentlich vertretenen Auffassung (KRETZSCHMAR ErbR², 308; CROME System V, § 716 pr; STROHAL II § 96 I 1, 2; vBARGEN 37; LANGE/KUCHINKE § 40 III 2 b) auf den Umfang des parallelen Ausschnitts des Gesamtanspruchs nur herab-, nicht hinaufgesetzt (vgl GURSKY, in: 3. FS vLübtow 211, 217 f; iE auch MAURER 33, 224). Daß dem Erben auch die Vorzüge der §§ 2018 ff erhalten bleiben, wenn er selbst seine Klage etwa nur auf sein Eigentum (§ 985 ff) stützt, hat (entgegen EBENROTH/FRANK JuS 1996, 794, 800 und BAMBERGER/ROTH/MÜLLER-CHRISTMANN Rn 1) mit § 2029 nichts zu tun, sondern liegt einfach daran, daß der Kläger nach dem Grundsatz iura novit curia nur die klagebegründenden Tatsachen, nicht aber auch die sein Begehren rechtfertigenden Rechtssätze anzuführen hat und das Gericht deshalb auch gar nicht auf eine bestimmte von mehreren konkurrierenden Anspruchsnormen festlegen kann (ebenso AnwK-BGB/FLEINDL Rn 1; RICHTER JuS 2008, 97, 101). Ebensowenig führt § 2029 (entgegen Hk-BGB/HOEREN Rn 1) im Hinblick auf die Unterschiede der Haftungsverschärfung in § 2024 S 1 und § 819 zu einer Besserstellung des Erben; der Vorteil für den Erben ergibt sich einfach daraus, daß er zusätzlich zum Bereicherungsanspruch noch den Erbschaftsanspruch und damit den Vorteil des § 2024 S 1 hat; eine Modifikation des konkurrierenden § 819 Abs 1, die diesen an § 2024 S 1 angleichen würde, ist überflüssig. Neben § 2029 schlägt aus dem Kreis der §§ 2018 ff noch § 2019 auf die Einzelansprüche durch; denn auch die aus dem im Surrogationswege erworbenen Recht fließenden einzelnen Verwirklichungs-, Rechtsfortwirkungs- und Schutzansprüche kann der Erbe natürlich geltend machen. – Insgesamt wird die Auswirkung des § 2029 in der Literatur häufig übertrieben. So etwa, wenn KÖBL (S 66) davon spricht, daß das Erbschaftsbesitzerverhältnis in eindeutiger Weise verdrängende Wirkung gegenüber den Abweichungen in der inhaltlichen Ausgestaltung und den Abwicklungsmodalitäten der Einzelansprüche entfalte. Ebenso wenn FRITZSCHE (BAMBERGER/ROTH § 985 Rn 58) behauptet, beim Zusammentreffen von Vindikation und Erbschaftsanspruch würden wegen § 2029 die §§ 987 ff durch die §§ 2019 ff ersetzt. Das geht viel zu weit. Die Nutzungsherausgabeansprüche der §§ 987 ff und der §§ 2020 ff etwa stehen völlig unbeeinflußt nebeneinander und führen gerade dadurch zur Gläubigermeistbegünstigung.

2. Rechtsnatur der Vorschrift

Im Anschluß an das gemeine Recht wollten § 341 Abs 2 VE ER und § 2088 E I dem **2** Erbschaftsbesitzer gegenüber jedem vom Erben erhobenen Singularanspruch eine Einrede gewähren, durch deren Ausübung er die Anwendbarkeit der Vorschriften über den Erbschaftsanspruch herbeiführen konnte, wenn diese für ihn zu einem günstigeren Ergebnis führten. Diese Regelung ist von der II. Kommission verworfen worden. Nach § 2029 tritt die Angleichung der Singularansprüche an den Erbschaftsanspruch *ipso iure* ein, ohne daß der Kläger dafür ein Gestaltungsrecht ausüben müßte. Das Gericht hat also die durch § 2029 etwa bewirkten Modifikationen der Einzelansprüche von Amts wegen zu berücksichtigen, sobald die tatsächlichen Voraussetzungen einer Haftung des Beklagten nach den §§ 2018 ff unstreitig oder erwiesen sind. Das ist vor allem von Bedeutung, wenn im Falle des Verbrauchs einer Nachlaßsache oder bei ihrer wesentlichen Verbindung mit einem Grundstück des Erbschaftsbesitzers nach §§ 2029, 2021, 818 Abs 2, 3 (etwa wegen Verwendungen auf andere Nachlaßgegenstände oder wegen Verschwendung eigenen Vermögens aus Freude über die vermeintliche Erbschaft) ein geringerer Bereicherungsbetrag zu erstatten ist als die an sich nach §§ (951 Abs 1), 812, 818 Abs 2, 3 wertmäßig herauszugebende Ersparnis oder Wertsteigerung des eigenen Grundstücks; ebenso wenn eine deliktische Haftung aus §§ 992, 823 an der Einschränkung des § 2025 S 2 scheitert. Das gleiche gilt, wenn der Anspruchsgegner nach dem Recht des Erbschaftsbesitzes nur auf Bereicherungsherausgabe (§ 2021), wegen des abweichenden Zeitpunkts der Bösgläubigkeit (Erwerb des Besitzes der konkreten Sache, nicht Antritt des Erbenbesitzes) aber nach den §§ 990 Abs 1 S 1, 989 weitergehend auf Schadensersatz haften würde (s Vorbem 19 zu §§ 2018 ff und AK-BGB/Wendt Rn 9). Auch diese Einengung der Haftung ist von Amts wegen zu berücksichtigen (AK-BGB/ Wendt Rn 9). Dagegen ändert die ipso iure-Wirkung des § 2029 natürlich nichts daran, daß das Zurückbehaltungsrecht wegen Verwendungen (§§ 2022, 1000) oder die Anspruchsverjährung nach § 2026 nur auf eine entsprechende Einrede des Beklagten berücksichtigt werden (allgM).

Die Tatsache, daß der Richter die durch § 2029 bewirkten Anspruchsmodifikationen **3** von Amts wegen zu berücksichtigen hat, bedeutet nicht, daß er auch die tatsächlichen Voraussetzungen des § 2029 von Amts wegen zu ermitteln hätte; das wäre mit der zivilprozessualen Verhandlungsmaxime unvereinbar. Wenn sich allerdings aus dem Parteivortrag irgendwelche Anhaltspunkte dafür ergeben, daß der Beklagte ein Erbrecht für sich in Anspruch nimmt oder genommen hat, kann die richterliche Aufklärungspflicht (§ 139 ZPO) eingreifen (Planck/Flad Anm 1).

Die Vorschrift ist jedenfalls nur anwendbar, wenn der Beklagte Erbschaftsbesitzer iS **4** des § 2018 ist. Die Darlegungs- und Beweislast für die Tatsachen, aus denen sich seine Stellung als Erbschaftsbesitzer ergibt, trägt der Beklagte (so auch Mot V 593 [allerdings zu der als Einrede ausgestalteten Fassung des § 2088 E I]; R Leonhard 121; Baumgärtel/Schmitz Rn 1). Dazu gehört, daß er auch gerade bzgl desjenigen Erbschaftsgegenstandes, der herausverlangt oder für den Ersatz begehrt wird, Erbschaftsbesitzer ist bzw gewesen ist; das wäre nicht der Fall, wenn er gerade diesen Gegenstand ganz unabhängig vom behaupteten Erbrecht immer nur aufgrund einer behaupteten Einzelrechtsnachfolge für sich in Anspruch genommen hat. Zu beachten ist auch, daß der Beklagte schon in dem relevanten Zeitpunkt (etwa der Verwendungsvornahme oder dem des zivilrechtlichen Delikts) Erbschaftsbesitzer bzgl des fraglichen Gegenstandes gewesen sein muß; daran fehlt es, wenn er die streitige Sache zunächst ohne Erbrechtsanmaßung aus dem Nachlaß oder sogar schon vom Erblasser erlangt hatte und er sein angebliches Recht an dieser Sache erst nach dem relevanten Zeitpunkt auf sein angemaßtes Erbrecht stützt (vgl § 2018 Rn 8).

3. Die Art des Konkurrenzverhältnisses

5 Das Verhältnis des Erbschaftsanspruchs zu den Einzelansprüchen ist demnach als Anspruchskonkurrenz aufzufassen, bei der der Inhalt der Einzelansprüche nach den Vorschriften über den Erbschaftsanspruch modifiziert, nicht aber die Existenz dieser Ansprüche verneint wird (über abweichende theoretische Auffassungen vgl Vorbem 14 zu §§ 2018 ff; Gursky, in: 3. FS vLübtow 211, 217 f; vLübtow II 1072 f). Die häufig anzutreffende Formulierung, daß der Erbe zwischen Erbschaftsklage und Einzelklagen die Wahl habe (so auch Staudinger/Lehmann[11] Rn 1), entspringt veraltetem aktionenrechtlichen Denken; eine technisch-juristische Qualifikation seines Begehrens gehört nun einmal nicht zu den Obliegenheiten des Klägers (s oben Rn 1). Eine Wahlmöglichkeit hat der Kläger grundsätzlich nur insoweit, als er die Tatsache des Erbschaftsbesitzes des Beklagten nicht vorzutragen braucht; dann kann das Gericht nur auf der Grundlage der (nicht durch § 2029 modifizierten) Einzelansprüche entscheiden, solange der Beklagte nicht seinerseits die für seine Qualifizierung als Erbschaftsbesitzer erforderlichen Tatsachen vorträgt oder wenigstens in einer die Ausübung des richterlichen Fragerechts (§ 139 ZPO) ermöglichenden Weise andeutet. Zu einer Wahl wird der Kläger allerdings auch dann gezwungen, wenn für Erbschaftsanspruch und Singularansprüche unterschiedliche Gerichtsstände gelten (s unten Rn 9).

II. Die anzuwendenden Normen

6 Anwendbar sind für die Einzelansprüche die Vorschriften über die Haftung des Erbschaftsbesitzers, dh grundsätzlich alle Vorschriften, die *Art und Umfang seiner Leistungspflicht* betreffen. § 2029 zwingt damit den Rechtsanwender zu einem Vergleich des als Stütze des Klagebegehrens in Betracht kommenden Einzelanspruchs mit dem entsprechenden Ausschnitt des erbrechtlichen Gesamtanspruchs. Soweit der letztere nach Art und Umfang der Leistungspflicht für den Beklagten günstiger ist, wird der Einzelanspruch angeglichen. Dies gilt nicht nur für den eigentlichen Haftungsumfang, sondern auch für die *Verjährungsregelung* (Planck/Flad Anm 1 und 3; BGB-RGRK/Kregel Rn 3; Bamberger/Roth/Müller-Christmann Rn 3). Andernfalls würde nämlich die Verjährung des Erbschaftsanspruchs einfach leerlaufen und dem Erbschaftsbesitzer eine zeitlich völlig unlimitierte Haftung drohen: Jeder Surrogationsfall, jeder Verbrauch einer Nachlaßsache und jede schädigende Einwirkung auf eine Nachlaßsache würde ja einen neuen, selbständigen Einzelanspruch schaffen, für den dann wiederum eine eigene (und nach bisherigem Recht zumeist ebenfalls 30-jährige) Verjährungsfrist in Gang käme. Der Erbschaftsbesitzer kann also *auch einer Einzelklage die Einrede der Verjährung entgegensetzen, wenn (nur) der Erbschaftsanspruch verjährt ist* (vgl Planck/Flad § 2026 Anm 3; BGB-RGRK/Kregel § 2029 Rn 3; Erman/Schlüter Rn 2; Damrau/Schmalenbach Rn 3; vLübtow II 1073; Strohal § 96 II 3; Maurer 224; Löhnig ZEV 2004, 267, 268 f; Amend JuS 2002, 743, 744); dabei ist zu beachten, daß nach der hier vertretenen Auffassung in diesem Zusammenhang mit Erbschaftsanspruch der sich auf die konkret herausverlangte Sache beziehende Teil des Erb-

schaftsanspruchs gemeint ist (§ 2026 Rn 4). Die Übertragung der Verjährungsregelung des Erbschaftsanspruchs auf konkurrierende Singularansprüche ändert nichts daran, daß die Einzelansprüche natürlich auch schon vor dem Erbschaftsanspruch verjähren können (aA LANGHEINEKEN 164; implizit wohl auch AMEND JuS 2002, 743, 744). Schutzwürdige Interessen des Erben werden dadurch gar nicht verletzt, denn er behält ja den unverjährten Erbschaftsanspruch. Darauf kommt es aber auch gar nicht an, da § 2029 ausschließlich dem Schutz des Erbschaftsbesitzers dient. § 2029 erstreckt mithin nicht die ganze Verjährungsregelung des Erbschaftsanspruchs auf die Einzelansprüche des Erben, sondern gibt lediglich dem Erbschaftsbesitzer die Einrede der Verjährung gegenüber jedem Singularanspruch des Erben schon dann, wenn allein der Erbschaftsanspruch verjährt ist. Davon profitiert der Erbschaftsbesitzer vor allem in solchen Fällen, in denen im Surrogationswege eine Forderung an die Stelle einer Nachlaßsache tritt oder der bisherige dingliche Erbschaftsanspruch in einen obligatorischen Wertersatzanspruch oder einen Schadensersatzanspruch übergeht. Für den so entstehende neuen Einzelanspruch müßte ja nach allgemeinen Regeln eine neue Verjährungsfrist zu laufen beginnen, während bei den verschiedenen aufeinander folgenden Entwicklungsstadien des Erbschaftsanspruchs richtiger Ansicht nach eine accessio temporis stattfindet (s § 2026 Rn 4), im übrigen aber nach hM die Verjährung regelmäßig (wegen der Orientierung des Verjährungsbeginns am ersten Erwerb aus der Erbschaft, § 2026 Rn 2) schon früher als nach der hier vorgeschlagenen Lösung eintreten würde. Auf diese Weise könnte es leicht dazu kommen, daß bei Verjährung des Erbschaftsanspruchs konkurrierende Einzelansprüche des Erben noch nicht verjährt wären. § 2029 schützt den Erbschaftsbesitzer deshalb davor, daß der Erbe den Ablauf der Verjährungsfrist für den Erbschaftsanspruch durch ein Ausweichen in noch nicht verjährte Singularansprüche aushebelt. Darüber hinaus wirkt sich die Erstreckung der Verjährungseinrede auch in solchen Fällen aus, in denen der betreffende Einzelanspruch ohne die Beeinflussung durch § 2029 nach § 902 oder § 898 überhaupt der Verjährung entzogen wäre (LANGHEINEKEN aaO; STROHAL II § 96 II 3 c; PLANCK/FLAD Anm 3; AK-BGB/WENDT Rn 8; CROME § 716 Fn 11). Ist der scheinbare Erbe des bisherigen Rechtsinhabers im Grundbuch eingetragen worden, führt § 2029 mithin dazu, daß sich die Verjährungsregelung des Erbschaftsanspruchs (§§ 197 Abs 1 Nr 1, 2026) auch auf den konkurrierenden Singularanspruch aus § 894 erstreckt; § 898, der die Unverjährbarkeit des letzteren anordnet, ist damit ausgeschaltet (STAUDINGER/GURSKY [2008] § 898 Rn 6; aA OLG Brandenburg ZEV 2003, 516, 518; PALANDT/EDENHOFER Rn 1; vBARGEN 90; wohl auch vTUHR I 273). Auch in diesem Falle bleibt es nämlich dabei, daß § 2029 den Vorteil der günstigeren Verteidigungsposition, die der Erbschaftsanspruch dem Anspruchsgegner im Vergleich zum unmodifizierten Singularanspruch gewährt, auch gegenüber diesem Singularanspruch erhalten will. Und günstiger ist eben die Verteidigungsposition gegenüber dem Erbschaftsanspruch schon dann, wenn diesem gegenüber die Einrede der Verjährung durchgreifen würde, während der statt dessen geltend gemachte Einzelanspruch überhaupt der Verjährung entzogen ist Die *Verwendungsersatzansprüche* des Beklagten aus § 2022 bleiben auch gegenüber den Herausgabeansprüchen aus §§ 985, 1007 (zu § 861s Rn 7) erhalten. Bei allen Bereicherungsansprüchen (also § 812 Abs 1 S 1, 2. Alt wegen Verbrauchs, § 951 Abs 1 wegen einer zum Rechtsuntergang führenden Verbindung oder Verarbeitung, sowie § 816 Abs 1 S 1, der hier wegen § 2019 allerdings nur auf Herausgabe des Besitzes an der Gegenleistung gerichtet ist) wirken nach §§ 2021, 818 Abs 3 alle vor Eintritt der (erbrechtlichen, vgl § 2024!) Haftungsverschärfung durch die Erbschaft insgesamt verursachten Ausgaben oder Vermögensverluste des Erbschaftsbesitzers anspruchsmindernd, während ohne § 2029 nur Folgenachteile des konkreten rechtsgrundlosen Einzelerwerbs berücksichtigungsfähig wären (unzutreffend AK-BGB/WENDT Rn 10).

III. Die Behandlung possessorischer Ansprüche

7 Zu den Einzelansprüchen, auf die nach § 2029 die Vorschriften über den Erbschaftsanspruch anwendbar sind, rechnet auch der possessorische Herausgabeanspruch aus § 861 (aM R LEONHARD 123 f; differenzierend F LEONHARD Anm III). Es liegt nun nahe, den Ausschluß petitorischer Einwendungen (§ 863) im Analogiewege auch auf die Geltendmachung von Zurückbehaltungsrechten zu erstrecken. Im Falle der Besitzergreifung durch einen Erbschaftsbesitzer würde dann aber der Ausschluß des Zurückbehaltungsrechts durch § 863 mit dem Ziel des § 2029 kollidieren, dem Erbschaftsbesitzer die Vorteile der einheitlichen Verteidigung gegenüber dem Gesamtanspruch (und damit insbesondere auch das Zurückbehaltungsrecht aus §§ 2022, 1000) auch gegenüber etwaigen Einzelansprüchen zu erhalten. In Wirklichkeit kommt es aber zu dieser Normkollision schon deshalb nicht, weil die Regelung des § 863 nach zutreffender hM auf Zurückbehaltungsrechte wegen Verwendungen gar nicht übertragen werden darf. Das sachenrechtliche Schrifttum läßt die Geltendmachung von Zurückbehaltungsrechten aus § 273 Abs 2 oder § 1000 wegen Verwendungen auf die herauszugebende Sache auch gegenüber einem possessorischen Herausgabeanspruch überwiegend zu (vgl ROSENBERG § 863 Anm II 2; PLANCK/BRODMANN § 863 Anm 2; STAUDINGER/BUND [2007] § 863 Rn 7; STAUDINGER/GURSKY [2006] § 1000 Rn 5; SOERGEL/MÜHL[12] § 863 Rn 3; MünchKomm/JOOST[5] § 863 Rn 5; AK-BGB/HOEREN § 863 Rn 10; BAMBERGER/ROTH/FRITZSCHE § 863 Rn 4; BIERMANN Anm 1b; PALANDT/BASSENGE § 863 Rn 2; CROME III § 352 Fn 48; ebenso F WERNER JuS 2000, 779, 783; REITER Jura 2008, 294, 298; aA KRESS, Besitz und Recht [1909] 341; SOERGEL/STADLER[13] § 863 Rn 3, § 1000 Rn 1; WIELING SR I § 5 IV 3; SOSNITZA, Besitz und Besitzschutz [2003] 156 f). Das ist zutreffend, denn der enger gefaßte Ausschluß des Zurückbehaltungsrechtes in § 273 Abs 2 aE und § 1000 S 2 ist als die gegenüber § 863 speziellere Regelung anzusehen (s STAUDINGER/GURSKY [2006] § 1000 Rn 5). Für das Zurückbehaltungsrecht aus §§ 2022, 1000 kann schwerlich etwas anderes gelten. Das bedeutet, daß der Erbschaftsbesitzer dem Anspruch aus § 861 über § 2029 grundsätzlich auch das Zurückbehaltungsrecht wegen Verwendungen (§§ 2022 Abs 1 S 2, 1000 S 1) entgegenhalten kann (ebenso Hk-BGB/HOEREN Rn 1; F WERNER JuS 2000, 779, 783) und daß dieses Zurückbehaltungsrecht nur dann ausgeschlossen ist, wenn der Erbschaftsbesitzer die herauszugebende Sache durch eine vorsätzliche unerlaubte Handlung erlangt hat (so schon LANGHEINEKEN 164; ebenso jetzt MAURER 225 ff, 228; MünchKomm/HELMS Rn 4; weniger deutlich BINDER III 446; HELLWIG, Anspruch und Klagrecht 60). Das erbrechtliche Schrifttum nimmt demgegenüber – ohne Kenntnisnahme von dem sachenrechtlichen Diskussionsstand – überwiegend einen etwas weitergehenden Ausschluß des Zurückbehaltungsrechtes wegen Verwendungen des Erbschaftsbesitzers gegenüber dem possessorischen Herausgabeanspruch des Erben an, wobei man sich zumeist auf die Wertungen des § 2025 stützt bzw mit einem (im Hinblick auf § 850 fragwürdigen) Gegeneinwand aus §§ 2025, 823, 249 gegen die Ausübung des Zurückbehaltungsrechtes operiert. Nach einer Spielart kann sich der Erbschaftsbesitzer gegenüber dem possessorischen Singularanspruch des Erben schon dann nicht auf das Zurückbehaltungsrecht wegen Impensen berufen, wenn er bei der verbotenen Eigenmacht „Verkehrsbesitz" des Erben (also bereits tatsächlich ergriffenen Besitz im Gegensatz zu bloßem

Erbenbesitz) gebrochen hat (PLANCK/FLAD Anm 2; BGB-RGRK/KREGEL Rn 5; AnwK-BGB/ FLEINDL Rn 4; BAMBERGER/ROTH/MÜLLER-CHRISTMANN Rn 4; PWW/TSCHICHOFLOS Rn 4; ERMAN/SCHLÜTER Rn 2; DEK/LENZ Rn 2; STROHAL II § 96 II 1 a; CROME § 716 Fn 9; vLÜBTOW II 1071). Nach einer anderen genügt für den Ausschluß des Zurückbehaltungsrechts nur *schuldhafter* Bruch des Verkehrsbesitzes (STAUDINGER/GURSKY[12] Rn 6; MünchKomm/ FRANK[3] Rn 4; jurisPK/EHM Rn 5; DAMRAU/SCHMALENBACH Rn 4; LANGE/KUCHINKE § 40 Fn 69; mit Einschränkungen auch SOERGEL/DIECKMANN Rn 2). Dafür wollen die meisten Vertreter dieser Auffassung (anders nur SOERGEL/DIECKMANN aaO) ebenso wie BROX/WALKER Rn 597 und BGB-RGRK/KREGEL Rn 5 das Zurückbehaltungsrecht auch schon bei bösgläubigem Bruch bloßen Erbenbesitzes entfallen lassen. Demgegenüber will WENDT (AK-BGB Rn 4 ff) im Hinblick auf § 2029 dem Erben einen possessorischen Herausgabeanspruch gegen den Erbschaftsbesitzer überhaupt nur dann gewähren, wenn letzterer ihm den bereits tatsächlich ergriffenen Besitz, nicht nur den fiktiven Erbenbesitz entzogen hat. Soweit danach § 861 eingreift, soll dem Erben aber auch das Zurückbehaltungsrecht aus § 2022 entgegengehalten werden können. Diese Lösung schießt über das Ziel hinaus und entwertet den Erbenbesitz unnötig. Es besteht kein Anlaß, dem Erben den possessorischen Herausgabeanspruch gegen den Erbschaftsbesitzer, der seinen Erbenbesitz gebrochen hat, schon dann zu versagen, wenn dieser sich gar nicht mit Verwendungen, sondern nur mit petitorischen Singulareinwendungen verteidigt oder gar nur das Erbrecht des Klägers bestreitet.

IV. Auswirkungen auf Dritte

8 Einem Dritten, an den der Erbschaftsbesitzer nicht die Erbschaft, sondern nur einzelne zu ihr gehörende Gegenstände veräußert hat, kommt § 2029 nicht zustatten, was für das gemeine Recht sehr bestritten war (vgl WINDSCHEID III § 612 Fn 15, § 616 Fn 2). Für das BGB ergibt sich die Verneinung aus dem Wortlaut, der nur die Haftung „des Erbschaftsbesitzers" modifiziert, und aus dem Fehlen eines vernünftigen Grundes für eine Erstreckung der Vorschrift. Ihm einen Ersatzanspruch wegen Verwendungen des Erbschaftsbesitzers auf andere Sachen als die auf ihn übergegangenen oder gar auf die Erbschaft zuzubilligen, würde zu weit gehen; wegen der Verwendungen auf die streitige einzelne Sache steht ihm aber schon ein Ersatzanspruch nach § 999 Abs 1 zu. Dabei bleibt dem **Sondernachfolger** des Erbschaftsbesitzers dann allerdings der durch § 2029 über die §§ 994 ff hinaus erweiterte Rahmen der Verteidigungsposition des Erbschaftsbesitzers gegenüber der hypothetischen Vindikation der fraglichen Einzelsache erhalten (PLANCK/FLAD Anm 4; F LEONHARD Anm IV; CZEGUHN/AHRENS, Fallsammlung zum Sachenrecht [2006] 103 f). Er kann also Ersatz aller vom Erbschaftsbesitzer vor Eintritt der Haftungsverschärfung auf die betreffende Einzelsache gemachten Verwendungen verlangen (§§ 999 Abs 1, 2029, 2022). Der Übergang bewirkt, daß der Erbschaftsbesitzer selbst die betreffenden Verwendungen weder als Bereicherungsminderungsposten nach § 2021 noch durch Zurückbehaltungsrecht oder Klage nach §§ 2022, 1000 ff geltend machen kann. Wenn der Sonderrechtsnachfolger nach den Vorschriften über den gutgläubigen Erwerb (§§ 932 ff, 892, 2366) geschützt ist, haftet er gegebenenfalls nach § 816 Abs 1 S 2.

V. Gerichtsstand

9 Für die Singularansprüche des Erben gegen den Erbschaftsbesitzer gilt der Gerichtsstand des § 27 ZPO nicht (OLG Nürnberg OLGZ 1981, 115; STEIN/JONAS/ROTH[22] § 27 Rn 13;

MünchKommZPO/Patzina § 27 Rn 8; Musielak/Heinrich, ZPO⁷ § 27 Rn 5; Zöller/Vollkommer ZPO²⁷ Rn 5; Baumbach/Lauterbach/Albers/Hartmann ZPO⁶⁷ § 27 Rn 5; Prütting/Gehrlein/Lange § 27 Rn 3; vLübtow II 1073; Planck/Flad § 2029 Rn 5; MünchKomm/Helms Rn 6; Soergel/Dieckmann Rn 5; FAKomm-ErbR/Finger Rn 4; Maurer 241 f; **abw** Hellwig, Anspruch und Klagrecht 55; AK-BGB/Wendt Rn 16; Hk-BGB/Hoeren Rn 3). Daran ändert auch § 2029 nichts, da diese Vorschrift nur die materiellrechtliche Stellung des Erbschaftsbesitzers betrifft (vLübtow aaO).

§ 2030
Rechtsstellung des Erbschaftserwerbers

Wer die Erbschaft durch Vertrag von einem Erbschaftsbesitzer erwirbt, steht im Verhältnisse zu dem Erben einem Erbschaftsbesitzer gleich.

Materialien: E II § 1904; III § 2005; Prot V 723 f; Jakobs/Schubert ER I 714–727.

Schrifttum

Bellermann, Der Erbschaftsanspruch bei Erbschaftsveräußerungen (1910); dazu die Besprechung von F Leonhard Juristisches Literaturblatt 23, 83 ff.

I. Grundsätzliches

1 Nach der herrschenden Anschauung des gemeinen Rechts war die hereditatis petitio mit allen ihren Eigentümlichkeiten auch gegen den Erbschaftskäufer begründet; so Dernburg, Pandekten III § 172 Fn 10 u RG SeuffA 48 Nr 41; dagegen Windscheid/Kipp III § 614 Fn 7. Dem folgend hat das BGB, entgegen dem E I, in dem eine solche Bestimmung fehlte (Mot V 579), die Vorschrift des § 2030 aufgenommen.

II. Erwerb der Erbschaft durch Vertrag

2 **Voraussetzung** der **Gleichstellung** des Erbschaftserwerbers mit dem Erbschaftsbesitzer ist, daß er die Erbschaft durch Vertrag mit diesem erwirbt. Diese Formulierung ist in doppelter Hinsicht ungenau (vgl Strohal II § 94 Fn 14): Ein Verfügungsvertrag, durch den die Erbschaft als solche übertragen würde, ist rechtlich überhaupt nicht möglich; ein auf die Veräußerung der Erbschaft als solcher gerichteter Vertrag kann nur mit obligatorischer Wirkung geschlossen werden (§ 2371); nur für die Veräußerung eines Erbteils, der gemäß § 1922 Abs 2 grundsätzlich der Erbschaft gleichsteht, gilt gemäß § 2033 insoweit etwas anderes. Zum anderen setzt § 2030 ja gerade voraus, daß der Erwerb der Erbschaft (dh der Gesamtheit der einzelnen Erbschaftsgegenstände durch die dem obligatorischen Vertrag nachfolgenden Verfügungsgeschäfte) bzw des Erbteils unwirksam ist, weil der Erbschaftsbesitzer als Nichtberechtigter

verfügt hat. Als Passivlegitimierter ist in § 2030 derjenige Dritte gemeint, an den der Erbschaftsbesitzer die Erbschaft als solche verkauft (§ 2371) bzw demgegenüber er sich durch einen erbschaftsverkaufsähnlichen Vertrag (§ 2385) zur Übertragung der Erbschaft als Ganzes verpflichtet hat, vorausgesetzt allerdings, daß er (der Dritte) aufgrund dieses Vertrages erbschaftliche Gegenstände tatsächlich an sich gebracht und damit iSv § 2018 „etwas aus der Erbschaft erlangt hat". Ferner fällt unter § 2030 derjenige, dem der Erbschaftsbesitzer seinen angeblichen Erbteil überträgt (§ 2033), vorausgesetzt wieder, daß er tatsächlich etwas aus der Erbschaft (zB Mitbesitz an Nachlaßsachen) erlangt (ENDEMANN § 153 III a 3).

Streitig ist, ob die Anwendung des § 2030 einen formgültigen Erbschaftskaufvertrag **3** verlangt (bejahend STAUDINGER/GURSKY[12] Rn 2; ERMAN/SCHLÜTER Rn 1; MAURER 229; verneinend SOERGEL/DIECKMANN Rn 1; MünchKomm/HELMS Rn 4; AK-BGB/WENDT Rn 6 f; DAMRAU/ SCHMALENBACH Rn 4; Hk-BGB/HOEREN Rn 1; LANGE/KUCHINKE § 40 Fn 34; BROX/WALKER Rn 576). Die besseren Gründe dürften in der Tat für die letztere Auffassung sprechen. Auch ein formnichtiger Erbschaftskaufvertrag wird regelmäßig vollzogen werden, der Erbschaftsbesitzer also zum Zwecke seiner Erfüllung den gesamten Nachlaß weiterübertragen. Das Schutzbedürfnis des Erben wird demgemäß durch die Formnichtigkeit des Erbschaftskaufs kaum verringert (AK-BGB aaO).

Von dem Vertrag, der den Nachlaß als Ganzes betrifft und für die Anwendung von **4** § 2030 Voraussetzung ist, muß der Vertrag unterschieden werden, durch den die wesentlichen zum Nachlaß gehörigen Gegenstände als Einzelgegenstände verkauft werden, ohne daß der Käufer die Sorge für die Nachlaßabwicklung dem Erben abnehmen soll (BGB-RGRK/KREGEL Rn 2; MünchKomm/HELMS Rn 3; SOERGEL/DIECKMANN Rn 1; DAMRAU/SCHMALENBACH Rn 3). Letzteres ist regelmäßig bei Nachlaßverkäufen an Händler mit alten Einrichtungsgegenständen der Fall.

III. Ausschluß des gutgläubigen Erwerbs

Aus der Gleichstellung des Erwerbers mit dem Erbschaftsbesitzer ergibt sich zu- **5** nächst, daß der Erwerber sich **nicht** auf die **Vorschriften über den gutgläubigen Erwerb (§§ 892 f, 932 ff, 2366 f) berufen kann** (vgl Prot V 723 f; BGB-RGRK/KREGEL Rn 4; AK-BGB/WENDT Rn 13; SOERGEL/DIECKMANN Rn 1; MünchKomm/HELMS Rn 5; DAMRAU/SCHMALENBACH Rn 6; jurisPK/EHM Rn 5; PALANDT/EDENHOFER Rn 1; PWW/TSCHICHOFLOS Rn 4; Hk-BGB/ HOEREN Rn 1; KIPP[8] § 71 II; vLÜBTOW II 1050; STROHAL II § 94 II 2 b; ENDEMANN § 153 III b; ferner STAUDINGER/OLSHAUSEN [2004] Einl 57 zu §§ 2371 ff; aM M WOLF JZ 1971, 405, 408 Fn 52; MAURER 230 ff [zwar gutgläubiger Erwerb, aber schuldrechtliche Herausgabepflicht wie bei § 2026]). Wer dagegen nur einzelne Sachen vom Erbschaftsbesitzer erwirbt, wird nach den Regeln des Sachenrechts (§§ 932 ff, 892) und Erbrechts (§§ 2366) geschützt.

Nach WENDT (AK-BGB Rn 14) soll der Ausschluß des gutgläubigen Erwerbs jedoch **6** nur für solche Sachen gelten, die nicht nur dem Besitz nach, sondern auch eigentumsmäßig zum Nachlaß gehören. Nur dem Besitz nach zum Nachlaß gehörende Sachen soll der Erbschaftskäufer also gutgläubig erwerben können, dann aber trotzdem dem Erben gegenüber herausgabepflichtig sein, sofern der Erbe seinerseits gegenüber dem bisherigen Eigentümer bei Fortdauer von dessen Eigentum noch besitzberechtigt wäre. In der Tat läßt sich bei Sachen, die im Eigentum eines Dritten stehen, die Versagung des gutgläubigen Erwerbs nicht allein mit § 2030 rechtfertigen.

Andererseits kann für den gutgläubigen Erwerb zu Lasten Dritter wohl kaum etwas völlig anderes gelten als für die Ersitzung zu Lasten Dritter: Wenn die Ersitzung nur besitzmäßig zum Nachlaß gehörender Sachen durch den Erbschaftsbesitzer oder dessen Rechtsnachfolger (im Falle des § 2030) über das Surrogationsprinzip sogar zugunsten des Erben wirkt (s § 2026 Rn 16), darf sein Erbschaftsanspruch bezüglich der vom Erbschaftsbesitzer nur besitzmäßig aus dem Nachlaß erlangten Sache nicht durch den gutgläubigen Erwerb des Erbschaftskäufers erlöschen; der gutgläubige Erwerb läßt sich ja cum grano salis als „Sofort"-Ersitzung (prescription instantanée) begreifen (s WOLFF/RAISER § 68 I; STAUDINGER/S LORENZ [2007] § 816 Rn 22).

IV. Der Inhalt der Verweisung

7 Die Gleichstellung des Erwerbers mit dem Erbschaftsbesitzer führt zur *Anwendbarkeit aller Normen der §§ 2018–2029*. Dabei haftet der Erwerber aber natürlich nur, soweit er selbst etwas „aus der Erbschaft erlangt" hat, also beispielsweise nicht für Nachlaßsachen, die bereits der Erbschaftsbesitzer verbraucht oder zerstört oder an andere Personen weggegeben hat. Und er haftet natürlich auch nur dann verschärft, wenn die Voraussetzungen dafür gerade in seiner Person erfüllt sind. Die gegenüber dem Erbschaftsbesitzer eingetretene Rechtshängigkeit (§ 2023) wirkt nicht zu Lasten des Erbschaftskäufers und zwar auch dann nicht, wenn er von der Klage gegen den Veräußerer Kenntnis erlangt hat. Es gibt nun einmal keine der Rechtskrafterstreckung nach § 325 ZPO entsprechende Erstreckung der materiellen Wirkungen der Rechtshängigkeit (vgl RG JW 1936, 3455; STAUDINGER/GURSKY [2006] § 987 Rn 7, § 989 Rn 4; **abw** MAURER 232 f für den Zeitraum ab Rechtskraft des klagezusprechenden Urteils gegen den Erbschaftsbesitzer unter den Voraussetzungen des § 325 Abs 2 ZPO). Die Herausgabepflicht des Erwerbers erstreckt sich auch auf die Surrogate (§ 2019), die Nutzungen (§ 2020) und die Bereicherung (§ 2021). Der Erwerber kann neben seinen eigenen Verwendungen auch die Verwendungen seines Vorbesitzers, des Erbschaftsbesitzers, in demselben Umfang geltend machen, in dem dieser es als Beklagter gekonnt hätte (§ 999 Abs 1 analog; vgl PLANCK/FLAD Anm 1; BGB-RGRK/KREGEL Rn 4; MünchKomm/HELMS Rn 6; SOERGEL/DIECKMANN Rn 2; DAMRAU/SCHMALENBACH Rn 7; MAURER 233 f; s aber auch unten Rn 13). Zu den ersatzfähigen eigenen Verwendungen des Erwerbers gehört nicht der *Kaufpreis,* den er für die Erbschaft gezahlt hat (hM, vgl PLANCK/FLAD Anm 1; BGB-RGRK/KREGEL Rn 5; SOERGEL/DIECKMANN Rn 2; MünchKomm/HELMS Rn 6; MAURER 233, **aM** BGB-RGRK/BUCHWALD[9] Anm 2; differenzierend AK-BGB/WENDT Rn 26). Die II. Kommission hat die Einbeziehung des Kaufpreises unter die Verwendungen ausdrücklich abgelehnt, weil damit der bei der Vindikation verworfene Lösungsanspruch eingeführt würde (Prot V 723 f). Der Erwerber kann den Kaufpreis aber auch gegenüber dem konditionsrechtlichen Teil des Erbschaftsanspruchs (§ 2021) nicht als Minderung der Bereicherung absetzen (so mit Recht BGB-RGRK/KREGEL Rn 5 und MAURER 233 gegen PLANCK/FLAD Anm 1 und STAUDINGER/HERZFELDER[9] Anm 2; für die Abzugsfähigkeit des Kaufpreises aber auch AK-BGB/WENDT Rn 23); vgl § 2021 Rn 9. Gemäß § 943 kommt dem Erwerber die Ersitzungszeit des Veräußerers zugute (BGB-RGRK/KREGEL Rn 4; DAMRAU/SCHMALENBACH Rn 7). Ebenso findet bei der Verjährung eine accessio temporis statt (vgl § 2026 Rn 11). Im übrigen impliziert die Gleichstellung des Erbschaftserwerbers mit dem Erbschaftsbesitzer auch, daß für den Herausgabeanspruch aus §§ 2030, 2018 ff die 30-jährige Verjährungsfrist des § 197 Abs 1 Nr 1 gilt (PALANDT/EDENHOFER Rn 1).

V. Die Rückwirkungen des § 2030 auf den Erbschaftsanspruch gegen den Veräußerer

Schwierigkeiten bereitet das Zusammentreffen des Erbschaftsanspruchs gegen den **8** Erwerber mit dem gegen den Veräußerer (= Erbschaftsbesitzer); insbesondere die Behandlung des vom Erbschaftsbesitzer empfangenen *Veräußerungsentgelts* erweist sich als problematisch. Nach § 2019 kann der Erbe es vom Erbschaftsbesitzer als Surrogat der veräußerten Erbschaft herausverlangen. Darüber hinaus haftet der bösgläubige Erbschaftsbesitzer und jeder, gegen den aus einem anderen Grunde eine verschärfte Haftung begründet ist, auf vollen Schadensersatz. Daneben stehen die Ansprüche aus § 2030 gegen den Erwerber. Der Erbe hat die Wahl, welchen dieser Ansprüche er geltend machen will. Angesichts dessen fragt sich, wie die Geltendmachung des Anspruchs gegen den einen Verpflichteten auf die Haftung des anderen Verpflichteten einwirkt. Von vornherein ist klar, daß der Erbe, wenn er vom Erwerber die Erbschaft zurückerhält, nicht außerdem noch den für sie gezahlten Erlös in Anspruch nehmen kann; und umgekehrt, daß der Erbe, soweit er vom Erbschaftsbesitzer den Kaufpreis fordert, die Veräußerung genehmigen muß. Er kann nun einmal nicht aufgrund desselben Rechtsgrundes (seiner Stellung als Erbe) die Erbschaft doppelt, einmal die dazugehörigen Gegenstände vom dritten Erwerber und außerdem den dafür gezahlten Kaufpreis vom Erbschaftsbesitzer, verlangen. Über die Unannehmbarkeit dieses Ergebnisses herrscht auch weitestgehend Einigkeit (abw nur AK-BGB/Wendt Rn 18 ff), während man verschiedener Meinung darüber ist, wie es vermieden werden kann. Der Streitstand ist dabei im wesentlichen der gleiche wie bei der Veräußerung einzelner Nachlaßsachen (vgl § 2019 Rn 8).

Nach verbreiteter Auffassung kann der Erbe vom Erbschaftsbesitzer nach § 2019 den **9** durch die Veräußerung der Erbschaft erzielten Kaufpreis auch ohne Genehmigung der Verfügungsgeschäfte (BGB-RGRK/Kregel Rn 3; Bellermann 30; F Leonhard § 2019 Anm II mwNw) herausverlangen, allerdings in analoger Anwendung von § 255 nur Zug-um-Zug gegen Abtretung seiner Ansprüche gegen den Erwerber (Bellermann 44 ff) bzw bei einer mit der tatsächlichen Erlangung des Kaufpreises automatisch eintretenden entsprechenden Minderung der Ansprüche gegen den Erwerber (F Leonhard aaO). Wenn der Erbe vom Erwerber nur einen Teil der Nachlaßgegenstände zurückerhalten kann, soll nach dieser Auffassung der Erbe wegen des Restes (also bis zu seiner vollständigen Befriedigung) vom Veräußerer nach § 2019 das Entgelt verlangen können; in dem Umfang, in dem der Erbe vom Erwerber die zur Erbschaft gehörenden Gegenstände tatsächlich erhält, soll der Surrogationsanspruch gegen den Veräußerer aus dem Gesichtspunkt der Zweckerreichung erlöschen (Bellermann 57 ff; wohl auch BGB-RGRK aaO). Diejenigen Autoren, die den Erlösherausgabeanspruch gegen den Erbschaftsbesitzer von einer durch die tatsächliche Befriedigung aufschiebend bedingten Genehmigung abhängig machen (etwa Soergel/Dieckmann Rn 4 iVm § 2019 Rn 3) oder eine Genehmigung Zug um Zug mit der Erlösherausgabe genügen lassen (so Staudinger/Lehmann[11] Rn 6; Kipp/Coing § 107 II 1; § 109 III; ausführlicher Kipp[8] § 71 III; ferner MünchKomm/Helms Rn 8; Bamberger/Roth/Müller-Christmann Rn 7; Erman/Schlüter Rn 4), kommen im wesentlichen zu den gleichen Ergebnissen. Falls der Erbschaftsbesitzer nur noch einen Teil des erlangten Kaufpreises herausgeben kann, braucht der Erbe nach MünchKomm/Helms Rn 8 und jurisPK/Ehm Rn 8 auch nur einzelne Verfügungen über bestimmte Erbschaftsgegenstände, die ihrem Gesamtwert nach ein Äquivalent für den noch vorhandenen und herausverlangten Kaufpreisanteil darstellen, zu genehmigen und kann dann vom Erwerber die Herausgabe der übrigen Nachlaßgegenstände verlangen. Zu einer ähnlichen Teilung soll es bei der Anwendung des § 2019 kommen können. Wenn der Erbschaftskäufer nur einen Teil der Nachlaßgegenstände in Natur herausgeben kann und wegen Bereicherungswegfalls nach §§ 2030, 2021, 818 Abs 3 im übrigen auch keinen Wertersatz schuldet, soll der Erbe vom Erbschaftsbesitzer nach §§ 2018, 2019 den Teil des gezahlten Kaufpreises verlangen können, der das angemessene Äquivalent für die nicht herausgegebenen Nachlaßgegenstände darstellt (so jurisPK/ Ehm Rn 9; Bamberger/Roth/Müller-Christmann Rn 8; wohl auch Soergel/Dieckmann Rn 5).

10 Richtiger Auffassung nach setzt die Inanspruchnahme des Erbschaftsbesitzers wegen des Kaufpreises aus § 2019 auch bei der Veräußerung der Erbschaft im ganzen Wirksamkeit der Verfügung(en) und damit deren Genehmigung durch den Erben voraus, wobei die Genehmigung durch die Nichtbeitreibbarkeit des Surrogationsanspruchs auflösend bedingt sein kann (s § 2019 Rn 12). Dabei muß sich die Genehmigung *auf die gesamte Erbschaftsveräußerung,* also auch auf die etwa noch ausstehenden Erfüllungsgeschäfte erstrecken (Strohal II § 97 Fn 6; nur im Grundsatz Soergel/Dieckmann Rn 5; **aM** MünchKomm/Helms Rn 8; Damrau/Schmalenbach Rn 9). Bei einer auf einzelne Erfüllungsgeschäfte beschränkten Genehmigung scheitert die Anwendung des Surrogationsprinzips jedenfalls dann, wenn – wie regelmäßig – für die Erbschaft ein nicht weiter aufgegliederter Gesamtpreis vereinbart worden ist. Ein commodum ex negotiatione, das sich der einzelnen genehmigten Verfügung zuordnen ließe, existiert dann ja gar nicht.

11 Falls der Erbe zunächst nach § 2030 gegen den Erwerber vorgeht, von diesem aber (etwa wegen eines Bereicherungswegfalls) nicht den gesamten ursprünglichen Bestand der Erbschaft herausgegeben oder vergütet erhält, so kann er kaum auf den Erlösherausgabeanspruch gegen den Erbschaftsbesitzer (§§ 2018, 2019, 185) zurückgreifen (so aber MünchKomm/Helms Rn 13; Bamberger/Roth/Müller-Christmann Rn 8; Damrau/Schmalenbach Rn 14; Hk-BGB/Hoeren Rn 3); in der Durchsetzung des Anspruchs aus §§ 2030, 2018 ff gegen den Erwerber dürfte nämlich die konkludente (und unwiderrufliche, vgl BGH NJW 1968, 1326) Verweigerung der Genehmigung liegen (so auch jurisPK/Ehm Rn 9). (Selbst wenn man aber insoweit anders entscheiden wollte, würde keine Anspruchsverdoppelung eintreten: Die für das nunmehrige Vorgehen gegen den Erbschaftsbesitzer nach § 2019 erforderliche Genehmigung würde zum rückwirkenden Wegfall des Anspruchs gegen den Erwerber und damit zur Kondizierbarkeit von dessen Leistung führen.) Wohl aber kann der Erbe wegen des Restes gegen den Erbschaftsbesitzer einen Schadensersatzanspruch nach §§ 2023 ff haben.

12 Auch die Schadensersatz- und Bereicherungshaftung des Erbschaftsbesitzers (§§ 2021, 2023 ff) kann nicht mit § 2030 dazu führen, daß der Erbe die Erbschaft doppelt erhält. Denn soweit der Erbe den Anspruch aus § 2030 durchsetzt, entfällt ein Schadensersatzanspruch gegen den Erbschaftsbesitzer mangels Schadens. Falls er aber sofort von dem letzteren Schadensersatz verlangt, muß er ihm nach § 255 Zug um Zug mit der Ersatzleistung seine Ansprüche (einschließlich der aus § 2030) gegen den Erbschaftserwerber abtreten, denen dieser dann wiederum mit seinen Rechtsmängelgewährleistungsansprüchen aus § 2376 begegnen kann (Planck/Flad Anm 2; Damrau/Schmalenbach Rn 12). Eine Bereicherungshaftung des Erbschaftsbesitzers aus

§ 2021 wegen der Veräußerung kann im Falle der Durchsetzung des Anspruchs aus § 2030 gegen den Erwerber nicht bestehen, weil letztere die Nichtgenehmigung der Veräußerung impliziert (s Rn 9). Und da der Veräußerungserlös mangels Genehmigung nicht über § 2019 in den Kreis des vom Erbschaftsbesitzer herauszugebenden Nachlaßbestandes einbezogen wird, darf er auch nicht als Bereicherungsposten im Rahmen von § 2021 angesetzt werden; im übrigen würde er ja regelmäßig (anders nur im Falle des § 442 Abs 1) auch durch einen Regreßanspruch des Erwerbers aus § 2376 aufgewogen.

Der Erbe kann, wenn er nicht nach §§ 2018, 2019, 185 den Veräußerungserlös an sich zieht, gleichzeitig vom Erbschaftsbesitzer die Herausgabe der ihm noch verbliebenen und vom Erwerber Herausgabe der bereits von diesem erlangten Erbschaftsgegenstände verlangen (vgl PLANCK/FLAD Anm 2aE). In einem solchen Fall bereitet die Frage des Verwendungsersatzes Schwierigkeiten. Der Übergang der Verwendungsersatzansprüche des Erbschaftsbesitzers auf den Erwerber analog § 999 Abs 1 würde den ersteren schutzlos lassen (keine Einschränkung aber bei BGB-RGRK/KREGEL Rn 4; MünchKomm/HELMS Rn 6). Teilweise nimmt man für die beiderseitigen Verwendungsersatzansprüche eine Gesamtgläubigerschaft an (SOERGEL/DIECKMANN Rn 6; ebenso STAUDINGER/GURSKY[12] Rn 9). Sachgerechter dürfte es wohl sein, den Übergang der Verwendungsersatzansprüche des Erbschaftsveräußerers auf den Erwerber erst (bzw nur) eintreten zu lassen, wenn der Erbschaftsanspruch gegen den Veräußerer vollständig erloschen ist (ähnlich AK-BGB/WENDT Rn 27 f; kritisch MAURER 237). **13**

VI. Entsprechende Anwendung

Die Vorschrift des § 2030 ist im Wege der Analogie auch auf solche Fälle anzuwenden, in denen die Erbschaft nicht durch Vertrag unter Lebenden, sondern aufgrund letztwilliger Verfügung in den Besitz eines Dritten gelangt, nämlich aufgrund eines *Vermächtnisses durch den Erbschaftsbesitzer* (hM, vgl STROHAL II § 94 II 2 b Fn 15; BINDER III 400 Fn 91; DERNBURG/ENGELMANN § 154 Fn 12; KIPP/COING § 106 V Fn 9; PLANCK/FLAD Anm 3; MünchKomm/HELMS Rn 14; SOERGEL/DIECKMANN Rn 7; jurisPK/EHM Rn 4; ERMAN/SCHLÜTER Rn 5; PALANDT/EDENHOFER Rn 1; LANGE/KUCHINKE § 40 Fn 34; MAURER 230; STIEBITZ [Schrifttum zu § 2019] 207 f; HAUSMANN/HOHLOCH/AHRENS 1307 Rn 119). **14**

VII. Gerichtsstand

Vgl § 27 ZPO (STEIN/JONAS/ROTH § 27 Rn 13; WIECZOREK/SCHÜTZE/HAUSMANN, ZPO[3] § 27 Rn 10; ZÖLLER/VOLLKOMMER, ZPO[26] § 27 Rn 5; MünchKomm/HELMS Rn 15; FAKomm-ErbR/FINGER Rn 5). **15**

§ 2031
Herausgabeanspruch des für tot Erklärten

(1) Überlebt eine Person, die für tot erklärt oder deren Todeszeit nach den Vorschriften des Verschollenheitsgesetzes festgestellt ist, den Zeitpunkt, der als Zeitpunkt ihres Todes gilt, so kann sie die Herausgabe ihres Vermögens nach den für den Erbschaftsanspruch geltenden Vorschriften verlangen. Solange sie noch lebt, wird die Verjährung ihres Anspruchs nicht vor dem Ablauf eines Jahres nach dem Zeit-

punkt vollendet, in welchem sie von der Todeserklärung oder der Feststellung der Todeszeit Kenntnis erlangt.

(2) Das Gleiche gilt, wenn der Tod einer Person ohne Todeserklärung oder Feststellung der Todeszeit mit Unrecht angenommen worden ist.

Materialien: E I § 2089; II § 1905; III § 2006; Mot V 597 f; Prot V 725 f; VI 316 f; JAKOBS/SCHUBERT ER I 730–742; neugefaßt durch GesEinhG vom 5.3.1953; dazu BT-Drucks I/3824 S 18.

Schrifttum

SCHUBART, Scheinbarer Tod im Erbrecht und Eherecht, JR 1948, 296
Rechtspolitische Kritik: RUDOLF SCHMIDT, Die Verschollenheit nach geltendem und künftigem Recht (1938) 4.

I. Textgeschichte

1 Die Neufassung durch Teil I Art 5 Nr 3 GesEinhG vom 5.3.1953 (BGBl I 33) hat die Feststellung der Todeszeit eines angeblich Verstorbenen (§§ 39 ff VerschG) der Todeserklärung eines Verschollenen (§ 2 VerschG) gleichgestellt. Der Todeserklärungsbeschluß hat den Zeitpunkt des Todes des Verschollenen festzustellen (§§ 23, 9 VerschG). Dabei ist in allen Verschollenheitsfällen aus Anlaß des 2. Weltkrieges als Todeszeitpunkt grundsätzlich der 31.12.1945 24:00 h festzustellen, sofern nicht besondere Ermittlungen über den Zeitpunkt des Todes beantragt werden (Art 2 § 2 Abs 3 S 1 des Gesetzes zur Änderung von Vorschriften des Verschollenheitsrechts vom 15.1.1951, BGBl I 59).

II. Allgemeines

1. Unzutreffende Todeserklärung

2 Überlebt ein für tot Erklärter oder jemand, dessen Tod für sicher gehalten und dessen Todeszeit nach §§ 39 ff VerschG festgestellt worden ist, den in der Todeserklärung oder dem Feststellungsbeschluß angenommenen Todeszeitpunkt, so kann sich für ihn eine ähnliche Rechtslage ergeben wie für den wahren Erben, wenn inzwischen sein Vermögen bereits in die Hände anderer Personen, die als seine Erben auftreten, gelangt ist. Deshalb verleiht § 2031 ihm im Anschluß an das ALR (II 18 §§ 842, 847) einen Gesamtanspruch auf Herausgabe seines Vermögens, der den Vorschriften über den Erbschaftsanspruch unterliegt. Der Anspruch ist selbstverständlich kein echter Erbschaftsanspruch, da eine Erbfolge in Wahrheit nicht eingetreten ist, sondern nur zu Unrecht angenommen wurde. Die Anwendung der Vorschriften über den Erbschaftsanspruch kann also nur eine entsprechende sein

(BGB-RGRK/KREGEL Rn 3). Es handelt sich damit gleichsam um eine hereditatis petitio utilis (Mot V 597; CROME § 714 Fn 57).

2. Irrtümliche Todesannahme

Eine ähnliche Rechtslage kann auch gegeben sein, wenn der Tod einer Person zu Unrecht angenommen worden ist; dann wird auch ihr ein solcher Gesamtanspruch zuerkannt; Abs 2. Worauf diese irrige Annahme beruht, auf der Vorlage einer irrigen Sterbeurkunde oder nicht, ist gleichgültig. Gleichgültig ist auch, ob der als Erbe Auftretende den Irrtum geteilt hat oder ob er wußte, daß der für tot Geglaubte noch am Leben war. Im letzteren Fall steht er einem unredlichen Erbschaftsbesitzer gleich (PLANCK/FLAD Anm 3). Erforderlich ist nur, daß die irrtümliche Annahme des Erbfalleintritts es dem angeblichen Erben ermöglicht oder doch zumindest erleichtert hat, Nachlaßgegenstände an sich zu bringen (AK-BGB/WENDT Rn 9). Durch die Fassung des Abs 2 soll nach der Absicht der II. Kommission (Prot VI 317) auch der Fall getroffen sein, daß zwar eine Todeserklärung erfolgte, aber wieder aufgehoben worden ist (vgl §§ 30 ff VerschG). Wenn die Annahme des Todes hinfällig ist, so kann der Anspruch aus § 2031 auch von einem bestellten Abwesenheitspfleger (§ 1911) verfolgt werden.

III. Der Verpflichtete

Anspruchsgegner ist derjenige, der wegen der irrtümlichen Todeserklärung oder Todeszeitfeststellung oder unberechtigten allgemeinen Annahme des Todes des Anspruchsberechtigten als dessen vermeintlicher oder angeblicher Erbe iS des § 2018 „etwas aus der Erbschaft" (dh dem Vermögen des Totgeglaubten) erlangt hat. Dabei spielt es keine Rolle, ob er im hypothetischen Falle des tatsächlich eingetretenen Todes der rechtmäßige Erbe oder bloßer Erbschaftsbesitzer gewesen wäre (BGB-RGRK/KREGEL Rn 3). Anspruchsgegner ist ferner, wer als Gesamtnachfolger (iSv § 2030) des vermeintlichen oder angeblichen Erben zumindest Teile des Vermögens des scheinbar Verstorbenen an sich gebracht hat.

Durch die Verweisung auf § 2018 wird in § 2031 für die Passivlegitimation an sich auch das Merkmal der Erbrechtsprätention zur Voraussetzung erhoben. Wer sich in den Besitz des Vermögens des Verschollenen gesetzt hat, **indem er sich für diesen ausgab**, wäre danach dem Anspruch aus § 2031 nicht unterworfen. Zu Recht schlägt aber STROHAL (II 381) vor, hier § 2031 *analog* anzuwenden (dafür auch BGB-RGRK/ KREGEL Rn 4; SOERGEL/DIECKMANN Rn 4; MünchKomm/FRANK³ Rn 6; AnwK-BGB/FLEINDL Rn 2; ERMAN/SCHLÜTER Rn 2; PALANDT/EDENHOFER Rn 1; Hk-BGB/HOEREN Rn 3; KIPP/COING § 105 IV Fn 13; ENDEMANN § 152 I c 2; dagegen: PLANCK/FLAD Anm 1; F LEONHARD Anm III; BINDER III 393 f; AK-BGB/WENDT Rn 14 f; MAURER 239). Diese Analogie rechtfertigt sich aus dem Zweckstreben des Gesetzes, das dem Zurückgekehrten die Vorteile einer Gesamtklage zubilligen will, wenn er in ähnliche Schwierigkeiten gerät wie der Erbe durch Erbrechtsanmaßung; die Anmaßung des Betrügers, der sich sogar für den Verschollenen ausgibt, ist noch viel größer als die eines Erbprätendenten. Von diesem Sonderfall abgesehen ist aber der Anspruch gegen einen bloßen possessor pro possessore ausgeschlossen (vgl SCHUBART JR 1948, 296; SOERGEL/DIECKMANN Rn 4; MünchKomm/HELMS Rn 4 MAURER 238). Gegen ihn ist der Verschollene auf die Geltendmachung seiner Einzelansprüche beschränkt; dabei ist zu beachten, daß insoweit ein gutgläubiger Dritterwerb nicht ausgeschlossen ist.

IV. Der Inhalt der Verweisung

6 In Anwendung der Vorschriften über den Erbschaftsanspruch gilt für den Herausgabeanspruch der in Rn 2 f bezeichneten Personen alles, was die Vorschriften dieses Titels für den Erbanspruch des wahren Erben bestimmen. Bei der Anwendung von § 2019 ist zu beachten, daß die vom Anspruchsgegner vorgenommenen Veräußerungen oder sonstigen Verfügungen im Falle des Abs 1 meist auch ohne Genehmigung nach §§ 2370 Abs 1, 2366 f wirksam sind. Auch § 2026 ist entsprechend anwendbar, die Berufung auf die Ersitzung ist also dem Zurückgekehrten gegenüber versagt, bis auch dessen Gesamtanspruch verjährt ist. Dabei wirkt sich natürlich die Ablaufhemmung nach § 2031 Abs 1 S 2 (s Rn 9) aus. Schließlich sind auch die §§ 2027 und 2028 über die Auskunftspflicht entsprechend anzuwenden, obwohl § 2031 nur den „Anspruch auf Herausgabe" des Vermögens ausdrücklich erwähnt. Der Zweck des Gesetzes, den zu Unrecht für tot Erklärten nach dem Vorbild des Erbschaftsanspruchs zu schützen, verlangt die Erstreckung auf die Hilfsansprüche auf Auskunft, die die Durchsetzung des Herausgabeanspruchs gewährleisten (ebenso PLANCK/ FLAD Anm 4; KIPP/COING § 105 IV, § 110 XI; AK-BGB/WENDT Rn 18). Außerdem hat der zu Unrecht für tot Erklärte nach § 2370 Abs 2 iVm § 2362 Abs 1 den Anspruch auf Herausgabe des erteilten Erbscheins.

V. Abweichender Todeszeitpunkt

7 Der Fall, daß der für tot Erklärte nachweisbar bereits früher gestorben war als zu dem Zeitpunkt, der nach der Todeserklärung als Zeitpunkt seines Todes gilt, ist vom Gesetz (im Gegensatz zum ALR) nicht besonders vorgesehen; denn hier ist der ordentliche Erbschaftsanspruch für den durch die unrichtige Annahme der Todeszeit des Erblassers etwa benachteiligten wirklichen Erben begründet (Mot V 597).

8 Stirbt der für tot Erklärte nach jenem Zeitpunkt, so geht der für ihn bereits begründete Anspruch aus § 2031 auf seine Erben über. Nach einer verbreiteten Ansicht (BGB-RGRK/KREGEL Rn 5; PALANDT/EDENHOFER Rn 1; AK-BGB/WENDT Rn 4; F LEONHARD Anm II; ENDEMANN § 121, 2 b m Fn 10) soll er aber dadurch seine besondere Natur verlieren und sich als wirklicher Erbschaftsanspruch nach § 2018 darstellen; dagegen mit Recht KIPP[8] (§ 66 Fn 22), weil der Gegner nichts aus dem Nachlaß, sondern aus dem Vermögen eines Lebenden erlangt hat (übereinstimmend SOERGEL/DIECKMANN Rn 6; MAURER 238; Hk-BGB/HOEREN Rn 5). Praktische Bedeutung kommt der Streitfrage nicht zu. Sollte aber der wahre Erbe selbst sich in den Besitz des Vermögens gesetzt haben, geht der Anspruch unter (vgl PLANCK/FLAD Anm 1).

VI. Verjährung (Abs 1 S 2)

9 Die Verweisung auf den Erbschaftsanspruch impliziert, daß für den Herausgabeanspruch des für tot Erklärten oder für tot Gehaltenen die 30-jährige Verjährungsfrist des § 197 Abs 1 Nr 1 gilt. § 2031 Abs 1 S 2 privilegiert den Anspruchsberechtigten hinsichtlich der Verjährung zudem noch in einem weiterem Punkte: Da es unbillig wäre, wenn dem irrtümlich für tot Erklärten oder tot Geglaubten, der sein Vermögen

zurückfordert, die Einrede der Verjährung entgegengesetzt werden könnte, ehe er von seiner Todeserklärung oder der Annahme seines Todes Kenntnis erlangt hat, beschränkt Abs 1 S 2 die Verjährung; sie wird nicht vor Ablauf eines Jahres nach dem Zeitpunkt der Kenntniserlangung vollendet. Aber zugunsten des Erben des für tot Erklärten gilt der Satz nicht, sondern nur „solange er lebt" (vgl Prot V 726). Stirbt er also nach Ablauf der dreißigjährigen Verjährungsfrist, aber ohne Kenntniserlangung oder doch vor Ablauf der Jahresfrist nach Kenntniserlangung, so ist die Verjährung vollendet (Soergel/Dieckmann Rn 7; MünchKomm/Helms Rn 7; vLübtow II 1074; Maurer 240). Der Anspruchsgegner trägt die Beweislast für die Kenntnis; die einjährige Frist berechnet sich nach §§ 187 Abs 1, 188 Abs 2. Stirbt der für tot Erklärte oder Geglaubte vor Verjährungseintritt, kommt seinem Erben die Ablaufhemmung nach § 211 zugute (Soergel/Dieckmann Rn 7).

VII. Der besondere **Gerichtsstand** der Erbschaft (§ 27 ZPO) gilt für den Anspruch **10** aus § 2031 nicht (Stein/Jonas/Roth, ZPO 22 Rn 13; Soergel/Dieckmann Rn 9; FAKomm-ErbR/Finger Rn 6; Maurer 240; differenzierend AK-BGB/Wendt Rn 22; **aA** Wieczorek, ZPO 2 § 27 Anm B II).

Titel 4
Mehrheit von Erben
Untertitel 1
Rechtsverhältnis der Erben untereinander

Vorbemerkungen zu §§ 2032–2057a

Schrifttum

AHNER, Die Rechtsstellung der Erbengemeinschaft in Prozess und Zwangsvollstreckung (2008)
ANN, Die Erbengemeinschaft (2001)
ders, Rechtsfähigkeit auch für die Erbengemeinschaft?, MittBayNot (2003) 193 – 196
ders, Der Konzeptionsmangel der Erbengemeinschaft gezeigt an Problemen der Nachlassverwaltung durch Miterben, in: FS Spiegelberger (2009) 953
ARMBRUSTER, Die Erbengemeinschaft als Rechtsform zum Betrieb eines vollkaufmännischen Handelsgeschäftes (Diss Tübingen 1965)
BARTHOLOMEYCZIK, Zur Auseinandersetzung der Miterbengemeinschaft im neuen Erbrecht, ZAkDR 1938, 626
ders, Die Miterbengemeinschaft, 4. Denkschr d ErbrA d AkDR (1940) 120
ders, Das Gesamthandsprinzip beim gesetzlichen Vorkaufsrecht der Miterben, in: FS Nipperdey (1965) I 145
ders, Das Aktienpaket der Miterbengemeinschaft, in: FS Lange (1970) 343
ders, Willensbildung, Willenserklärung und Gesamthandsprinzip in der Miterbengemeinschaft, in: FS Reinhardt (1972) 13
BLOMEYER, Einzelanspruch und gemeinschaftlicher Anspruch von Miterben und Miteigentümern – Zur Frage der notwendigen Streitgenossenschaft, AcP 159 (1959) 385
ders, Die Rechtsnatur der Gesamthand, JR 1971, 397
BORK, Zur Rechtsfähigkeit der Erbengemeinschaft, in: 100 Jahre BGB – 100 Jahre Staudinger (Beiträge zum Symposion 1998) 181
BÖHM, Die Neuregelung des Erbrechts nichtehelicher Kinder, NJW 1998, 1043

BÖRNER, Die Erbengemeinschaft als Gesellschafterin einer OHG, AcP 166 (1966) 426
BROX, Zweckmäßige Gestaltung der Erbfolge im Unternehmen, JA 1980, 561
BRUNSTÄDT, Die Beerbung eines Kommanditisten durch mehrere Erben (1939)
BUCHWALD, Der Betrieb eines Handelsgewerbes in Erben- oder Gütergemeinschaft, BB 1962, 1405
CHRISTMANN, Die Geltendmachung der Haftungsbeschränkung zugunsten Minderjähriger, ZEV 1999, 416
DAMRAU, Erbenmehrheit und Familiengericht, ZEV 2006, 190
DÄUBLER, Die Vererbung des Geschäftsanteiles bei der GmbH (1965)
DIETRICH, Die materiell-rechtliche Bedeutung der Rechtsnachfolge beim Kommanditistenwechsel, DRW 1943, 1201
DONNER, Mehrheit von Erben eines Kommanditisten im Falle des § 177 HGB, DRWiss 1943, 1205
EBELING/GECK, Handbuch der Erbengemeinschaft (2008)
EBERL-BORGES, Die Erbauseinandersetzung (2000)
ders, Die Rechtsnatur der Erbengemeinschaft nach dem Urteil des BGH vom 29. 1. 2001 zur Rechtsfähigkeit der (Außen-)GbR, ZEV 2002, 125
ders, Verfügungsgeschäfte der Erbengemeinschaft im Rahmen der Nachlassverwaltung, NJW 2006, 1113
EICHMANNS, Erwerb und Verwaltung eines GmbH-Geschäftsanteils durch eine Erbengemeinschaft (Diss Köln 1980)
EIDENMÜLLER, Die Entwicklung zur heutigen Erbengemeinschaft anhand der Materialien zum ALR und der Rechtsprechung des preußischen Obertribunals (Diss Frankfurt 1953)

FERID/SONNENBERGER, Das französische Zivilrecht (1987)
FEST, Die personelle Abschichtung als „dritter Weg" zur Auflösung einer Erbengemeinschaft, JuS 2007, 1081
FISCHER, Fortführung eines Handelsgeschäfts durch eine Erbengemeinschaft?, ZHR 144, 1
FISCHER/GANSSMÜLLER, Identitätswahrende Umwandlung der Erbengemeinschaft in eine Personalgesellschaft?, DNotZ 1955, 172, 182
FLICK/PILTZ, Der internationale Erbfall (2008)
FRANCKE, Zur Erbenmehrheit, SeuffBl 65, 262
FROHWEIN, Erbengemeinschaft und offene Handelsgesellschaft, DFG 1940, 103
FUCHS, Zur Frage der Geltendmachung von Nachlassverbindlichkeiten seitens des Erben gegen einen Miterbenschuldner, JW 1938, 355
GEUENICH, Die geborene Mitunternehmerschaft der Erben – Eine nach wie vor überzeugende Konzeption?, ZEV 1998, 62
O VGIERKE, Personengemeinschaften und Vermögensinbegriffe, Beckers und Fischers Beitr 18, 83
GOLDSTEIN, Die Miterbengemeinschaft als Organisationsform zur Fortbildung des ererbten Handelsunternehmens eines Einzelkaufmanns (Diss Köln 1972)
GROSS, Was war, was kommt, was muß man wissen? – das FamFG im Überblick, AnwBl 2009, 567
GRUNEWALD, Die Rechtsfähigkeit der Erbengemeinschaft, AcP 197 (1997) 305
HAEGELE, Grundstückserwerb für eine Erbengemeinschaft in rechtlicher und steuerrechtlicher Sicht, BlGBW 1962, 205
ders, Rechts- und Steuerfragen zum Grundstückserwerb durch Erbengemeinschaft, Rpfleger 1963, 396
ders, Zur Rechtslage, wenn im Rahmen einer Erbengemeinschaft ein Erbteil mehreren Personen zusteht, Rpfleger 1968, 173
ders, Vererbung von GmbH-Geschäftsanteilen, Rpfleger 1969, 186
ders, Die Erbengemeinschaft im Bürgerlichen Recht, Rechts- und Wirtschaftspraxis 1975, 9
HECKSCHEN, Auswirkungen des MoMiG auf die Übertragung von GmbH-Anteilen von Todes wegen und im Wege der vorweggenommenen Erbfolge, ZErb 2008, 246

HEIL, Ist die Erbengemeinschaft rechtsfähig? – Ein Zwischenruf aus der Praxis, ZEV 2002, 296
HEINEN, Die Fortführung des Handelsgeschäftes eines Einzelkaufmanns durch eine Erbengemeinschaft, MittRhNotK 1962, 108
HELLEFELD, Die Treuepflicht des Miterben als Beispiel persönlicher Gebundenheit in organisierten Personenmehrheitenach der Schuldrechtsreform (Diss Türingen 2010)
HEROLD, Grund- und Hausbesitz in Erbengemeinschaft, BlGBW 1971, 109
HOFFMANN, Die geschichtliche Entwicklung der Erbengemeinschaft, Jura 1995, 125
HOHENSEE, Die unternehmenstragende Erbengemeinschaft (1994)
HÜFFER, Die Fortführung des Handelsgeschäfts in ungeteilter Erbengemeinschaft und das Problem des Minderjährigenschutzes, ZGR 1986, 603
JÄKEL, Die Rechtsfähigkeit der Erbengemeinschaft und ihre Beteiligungsfähigkeit an Personengesellschaften (2007)
JOHANNSEN, Die Rechtsprechung des BGH auf dem Gebiete des Erbrechts – Die Erbengemeinschaft, WM 1970, 573, 738; 1973, 543; 1977, 271
JOSEF, Das Miteigentum der Miterben an den einzelnen Nachlasssachen, DNotV 1905, 350; 1906, 5
ders, Der Einfluß des Miterbenverhältnisses im Verwaltungsstreitverfahren und bei polizeilichen Verfügungen, RVerwbl 1943, 516
ders, Schiffspfandrecht und Erbengemeinschaft, MecklZ 1938, 106
JÜLICHER, Mehrheitsgrundsatz und Minderheitenschutz bei der Erbengemeinschaft, AcP 175 (1975) 142
KAPP/EBELING, Handbuch der Erbengemeinschaft und Erbauseinandersetzung (4. Aufl 1992)
KIETHE, Ausschluss der Auseinandersetzung der Erbengemeinschaft mit Verfügungsverbot über den Erbteil – Schutz vor unerwünschten Dritten beim UnternehmerNachlass?, ZEV 2003, 225
KNITSCHKY, Erbschaft und Anteil, AcP 91 (1891) 281
KRENZ, Modelle der Nachlassteilung – Eine rechtshistorische und rechtsvergleichende Untersuchung (1994)
KRESS, Die Erbengemeinschaft nach dem BGB (1903)

Titel 4 · Mehrheit von Erben
Untertitel 1 · Rechtsverhältnis der Erben untereinander

KUNZ, Über die Rechtsnatur der Gemeinschaft zur gesamten Hand (Bern 1963)
KÜRZEL, Das Nachlassgrundstück bei Mehrheit von Erben, DWW 1968, 269
KÜSTER, Gesellschafternachfolge und Erbengemeinschaft (1970)
LAMMERS, Kommanditeinlage der Miterbengesellschafter, MDR 1960, 888
LANG, Beteiligung von Gemeinschaften des Bürgerlichen Rechts an Erbengemeinschaften (Diss Regensburg 1976)
LANGE, Verwaltung, Verfügung und Auseinandersetzung bei der Erbengemeinschaft, JuS 1967, 653
LEHMANN, Die Konkurrenz zwischen Vertragspfandrecht und nachrangigem Pfändungspfandrecht am Anteil eines Miterben, NJW 1971, 1545
LINDEMEIER, Die Belastung des Gesamthandsanteils im Grundbuch des zum Gesamthandsvermögens gehörenden Grundstücks, DNotZ 1999, 876
LÖHNIG, Stimmrechtsverbote in der Erbengemeinschaft, FamRZ 2007, 1600
MAHLMANN, Die Vertretung Minderjähriger in einer Erbengemeinschaft bei der Veräußerung von Nachlassgegenständen, ZEV 2009, 320
MÜLLER, Das erbrechtliche Übernahmerecht, Teilungsanordnung oder Vorausvermächtnis (Diss Freiburg 1970)
MÜLLER-OHLAND, Erb- und Unternehmensnachfolge (1991)
MUSCHELER, Mehrheitsbeschluss in der Erbengemeinschaft, ZEV 1997, 167, 222
MUSCHELER, Universalsukzession und Vonselbsterwerb (2002)
NÖLLE, Die rechtliche Natur der Erbengemeinschaft, insbesondere die Bestellung des Nießbrauchs durch Miterben (1901)
PETZOLD, Die Teilauseinandersetzung bei der Miterbengemeinschaft (Diss Hamburg 1973)
PFEIFFER, Die Fortführung eines Handelsgeschäfts eines Einzelkaufmanns durch eine Mehrheit von Erben (Diss Tübingen 1961)
RADZIWILL/STEIGER, Erbrechtliche Gleichstellung der vor dem 1. 7. 1949 geborenen nichtehelichen Kinder – steht der Gesetzgeber in der Pflicht? –, FamRZ 1997, 268
RAUSCHER, Die erbrechtliche Stellung nicht in einer Ehe geborener Kinder nach Erbrechtsgleichstellungsgesetz und Kindschaftsrechtsreformgesetz, ZEV 1998, 41
RISSMANN (Hrsg), Die Erbengemeinschaft (2008)
ROSKOTHEN, Gesamthänderischer Erwerb innerhalb der Erbengemeinschaft, JW 1937, 2955
RÜGER, Aus dem Erbrechte des Deutschen Bürgerlichen Gesetzbuches, Mehrheit von Erben, SächsArch 9, 484
SÄCKER, Gesellschaftsrechtliche und erbrechtliche Nachfolge in Gesamthandsmitgliedschaften (1970)
SARRES, Die Erbengemeinschaft (2000)
SARRES, Die Erbengemeinschaft (2. Aufl 2006)
ders, Aufschub und Ausschluss der Erbauseinandersetzung, ZEV 2005, 191
ders, Erbengemeinschaft und neues Verjährungsrecht, ZEV 2010, 292
SCHINDLER, Zuwendungsarten bei der Ausgleichung unter Miterben nach § 2050 BGB, ZEV 2006, 389
SCHLÜTER/FEGELER, Die erbrechtliche Stellung der nichtehelichen Kinder und ihrer Väter nach Inkrafttreten des Erbrechtsgleichstellungsgesetzes, FamRZ 1998, 1337
SCHMIDT, Die Erbengemeinschaft nach einem Einzelkaufmann, NJW 1985, 2785
SCHMIDT, Erbteilsabtretung, Miterbenabfindung und Anwachsen bei der Erbengemeinschaft, AcP 205 (2005) 305
SCHMITZ, Ausgleichung unter Miterben (2005)
SCHNUETTGEN, Die Erbengemeinschaft und ihre Auseinandersetzung im Ertragssteuerrecht (2009)
SCHULZE, Unternehmereigenschaft des Miterben und Auseinandersetzung im Einkommensteuerrecht, Betrieb 1973, 395
SCHULZE/OSTERLOH, Das Prinzip der gesamthänderischen Bindung (1972)
SIEBERT, Die Entwicklung des Erbrechts im Jahr 2009, NJW 2010, 657, 659
SOBISCH, Erbengemeinschaft und Handelsgeschäft, zur Zulässigkeit der Geschäftsfortführung (Diss Kiel 1975)
SPAHL, Erbengemeinschaft (2009)
STAUDENMAIER, Teilübertragung von Gesellschaftsanteilen und Erbteilen, DNotZ 1966, 724
STIFF, „Miteigentum" des Miterben, DNotV 1905, 757
STODOLKOWITZ, Nachlasszugehörigkeit von

Personengesellschaftsanteilen, in: FS Kellermann (1991) 453
STROHAL, Anteil am ungeteilten Nachlass und Erbschein, in: FS Otto vGierke (1911) 917
STROTHMANN, Einzelkaufmännisches Unternehmen und Erbenmehrheit im Spannungsfeld von Handels-, Gesellschafts-, Familien- und Erbrecht, ZIP 1985, 969
SÜSS/HAAS, Erbrecht in Europa (2004)
THIELE, Die Auswirkungen des Beschlusses des Bundesverfassungsgerichts vom 13. 5. 1986 auf die elterliche Vertretungsmacht im Zusammenhang mit Personalunternehmen, FamRZ 1992, 1001
TRÖSTER, Miterbengemeinschaft und Handelsgeschäft, Betrieb 1961, 765
ULMER, Die Gesamthandsgesellschaft – ein noch immer unbekanntes Wesen?, AcP 198 (1998), 113
VENJAKOB, Die Untergemeinschaft innerhalb der Erbengemeinschaft, Rpfleger 1993, 2
WALDMANN, Die Behandlung der Verpfändung oder Pfändung des Anteils eines Miterben am Nachlass, zu dem ein Grundstück gehört, in der Zwangsversteigerung und Zwangsverwaltung, SächsArch 1939, 1
WEBER-GRELLET, Die Gesamthand – ein Mysterienspiel, AcP 182 (1982) 316
WEIPERT, Die Erbengemeinschaft als Mitglied einer Personengesellschaft, ZEV 2002, 300
WERBER, Die Erbengemeinschaft (2006)
WESSER/SAALFRANK, Formfreier Grundstückserwerb durch Miterben, NJW 2003, 2937
WIEACKER, Familiengut und Erbengemeinschaft, DR 1936, 275
WIEDEMANN, GmbH-Anteile in der Erbengemeinschaft, GmbH-Rdsch 1969, 247
WILCKE, Vorschläge zur Verbesserung der Vorschriften über die Auseinandersetzung unter mehreren Erben, DR 1938, 70
WOLF, Die Fortführung eines Handelsgeschäfts durch die Erbengemeinschaft, AcP 181 (1981) 480
ZIMMERMANN, Das neue Kindschaftsrecht, DNotZ 1998, 404
ZUNFT, Die Übertragung sämtlicher Nachlassgegenstände an einen Miterben gegen Abfindung der übrigen Miterben, JZ 1956, 555.

Systematische Übersicht

I. Aufgaben und Grundlagen der Erbengemeinschaft	1
1. Rechtsnatur der Erbengemeinschaft	2
2. Interessen der Gemeinschafter	3
3. Interessen der Gläubiger	4
II. Der Ausbau der Erbengemeinschaft in den verschiedenen Rechtsordnungen	
1. Römisches und gemeines Recht	5
2. Französischer Rechtskreis	6
3. Italienisches Recht	7
4. Englisch-amerikanisches Recht	8
5. Österreichisches Recht	9
6. Schweizer ZGB	10
7. Sonstige Länder	11
8. Früheres deutsches Recht	12
III. Die Regelung des BGB in kritischer Würdigung	
1. Gestaltung der Erbengemeinschaft	13
2. Vermögenszuordnung	14
3. Verfügungsberechtigung	16
4. Gegenseitige Bindung der Erben	17
5. Auseinandersetzung	18
6. Überwindung bestehender Rechtsmängel	19
IV. Grundsatz der Gesamtrechtsnachfolge	20
V. Sondernachfolgen	21
1. Anerbenrecht	22
2. Heimstättenerbfolge	24
3. Anteil an einer Personalgesellschaft	25
4. Sonstige Fälle	29
VI. Recht der DDR	30

Titel 4 · Mehrheit von Erben
Untertitel 1 · Rechtsverhältnis der Erben untereinander

Alphabetische Übersicht

Anerbenrecht	21 f	Miterbengemeinschaft	1, 19
Aufrechnung	14	– Anteil	1, 15
Auseinandersetzung	1 ff, 12, 17 f, 23, 25	– Beendigung	1 ff
Ausgleichspflicht	26	– Entstehung	2
Ausländische Rechtskreise	5 ff	– Mitglieder	2
– englisch-amerikanisches Recht	8	– Rechtsnatur	2 f, 12, 13
– französisches Recht	6	– Vermögen	19
– italienisches Recht	7		
– Österreich	9	Nachlass	13, 15
– römisches Recht	5	Nachlassgericht	1, 17 f
– Schweiz	10	Nachlassgläubiger	1, 4, 14
		Nachlassverbindlichkeit	15 f
Besitz	13		
Bürgschaft	13	Pfändung	15 f
Entstehungsgeschichte	12	Sondererbfolge	19 ff
Gemeines Recht	5	Teilungsanordnung	19
Gesamthandsgemeinschaft	12 f, 15, 19		
Geschichtliches	5, 11 f	Universalsukzession	19 f, 27
Gesellschaftsanteil	23 ff		
– an Personalgesellschaften	24 ff	Verfügung	16
– des Kommanditisten	25	Vorausvermächtnis	19
		Vorkaufsrecht	16
Heimstättenerbfolge	23		
		Zurückbehaltungsrecht	14
Konfusion	13	Zwangsvollstreckung	14

I. Aufgaben und Grundlagen der Erbengemeinschaft

Obwohl vom Gesetz als Ausnahme behandelt, sind bei der überwiegenden Zahl aller **1** Erbfälle *mehrere Erben* vorhanden. Sind mehrere Erben am Nachlass beteiligt, bilden sie eine *Miterbengemeinschaft* (§ 2032 Abs 1). Sie entsteht kraft Gesetzes mit dem Erbfall und ist, da am Nachlass orientiert, mit der Auseinandersetzung über den letzten Nachlassgegenstand beendet (Kipp/Coing § 114 II). Auf den *Anteil eines Miterben* finden nach § 1922 Abs 2 grundsätzlich die allgemeinen Vorschriften über die Erbschaft Anwendung (vgl Staudinger/Marotzke [2007] § 1922 Rn 69 f; HK-BGB/ Hoeren Vor §§ 2032–2063 Rn 1). Das *Verhältnis der Miterben zueinander* wird durch §§ 2032–2057a, das *zu den Nachlassgläubigern* in §§ 2058–2063 näher geregelt. Im Zusammenhang mit den Bestimmungen über eine Mehrheit von Erben stehen §§ 363–372 FamFG, die das *Auseinandersetzungsverfahren* (§§ 2042 ff) unter Vermittlung des Nachlassgerichts regeln, § 316 Abs 2, 3 InsO als Bestimmungen über die *Nachlassinsolvenz* bei Vorhandensein mehrerer Erben, § 859 Abs 2 ZPO, der die *Pfändbarkeit des Anteils eines Miterben* am ganzen Nachlass bzw einzelnen Nachlassgegenständen betrifft, § 747 ZPO über die Zwangsvollstreckung in Nachlassgegenstände sowie §§ 180, 185 ZVG, die die Zwangsversteigerung eines Nachlassgrundstückes zwecks Aufhebung der Gemeinschaft regeln.

2 1. Die Miterbengemeinschaft ist eine *Gesamthandsgemeinschaft* (vgl Rn 12 ff). Sie kann nicht durch freie Vereinbarung der Erben herbeigeführt werden (BayObLGZ 32, 381; ERMAN/SCHLÜTER Vor §§ 2032–2063 Rn 3, 5; PALANDT/EDENHOFER Einf v § 2032 Rn 1), sondern beruht auf gesetzlicher Anordnung (Gemeinschaft kraft Gesetzes), wenn mehrere Personen die Erbfolge antreten, wobei es gleich ist, ob diese *kraft Gesetzes* (§§ 1924 ff) oder aufgrund *letztwilliger Verfügung* des Erblassers (§§ 1937, 1941, 2064 ff) erben (DAMRAU/RISSMANN § 2032 Rn 1). Die Erben können also nicht nach Auseinandersetzung die Miterbengemeinschaft wieder aufleben lassen (KG DNotZ 1952, 84; OLG Köln OLGZ 1965, 117; OLG Hamm JMBlNRW 1975, 153; AnwK-BGB/ANN § 2032 Rn 10) oder innerhalb einer noch fortdauernden Gemeinschaft eine aus einem Teil der Miterben bestehende engere Erbengemeinschaft begründen (BGH WM 1975, 1110; BAMBERGER/ROTH/LOHMANN § 2031 Rn 3). Eine von den Miterben vereinbarte Aufhebung des Auseinandersetzungsvertrages führt, soweit die Aufhebung nicht aufgrund gesetzlicher Rücktritts- bzw Anfechtungsvorschriften möglich ist, nicht zu einem Wiederaufleben der Gemeinschaft. Eine Miterbengemeinschaft wird jedoch, sofern ein Miterbe abgefunden ist und ausscheidet, unter den restlichen Miterben fortgesetzt (BGB-RGRK/KREGEL § 2032 Rn 8). **Mitglieder der Erbengemeinschaft** sind nur die gewillkürten oder gesetzlichen Miterben, die ihre Erbfolge tatsächlich antreten, also nicht Personen, die aufgrund Enterbung (§ 1938), Ausschlagung (§ 1953 Abs 1), Erbunwürdigkeitserklärung (§ 2344) oder Erbverzichts (§ 2346 Abs 1) als Erben ausscheiden. Mit Inkrafttreten des Erbrechtsgleichstellungsgesetzes am 1.4.1998 (BGBl I 2968) wurden die §§ 1934a–1934e, 2338a (aF) gestrichen. Dies gewährleistet nunmehr eine Gleichstellung zwischen nichtehelichen und ehelichen Kindern. Erstgenannte können somit abweichend von der vormals bestehenden Rechtslage Mitglied einer Erbengemeinschaft sein. Zu beachten ist jedoch die Übergangsregelung des Art 227 EGBGB, der eine Fortgeltung des bis zum 31.3.1998 anwendbaren Rechts auf die genannten Fälle anordnet. Insoweit können Personen, die gemäß § 1934a (aF) auf einen Erbersatzanspruch verwiesen worden sind oder aber einen vorzeitigen Erbausgleich im Sinne der §§ 1934d, 1934e (aF) geltend gemacht haben, nicht die Stellung eines Miterben erlangen.

3 2. Die Miterbengemeinschaft ist *keine werbende Gemeinschaft*, weil Nachlassgläubiger gegenüber persönlichen Gläubigern der Miterben gem §§ 2046 f beim Zugriff auf den Nachlass begünstigt sind und letztere deshalb davor geschützt werden müssen, dass Neuerwerb der Miterben in den Nachlass fällt (WOLF AcP 181, 480, 590). Trotzdem darf sie nicht nur im Hinblick auf eine möglichst rasche Abwicklung und Teilung gesehen werden. Das Interesse der Miterben und auch der Allgemeinheit wird nicht selten eine – zumindest teilweise – *Erhaltung der Gemeinschaft* fordern, um wertvolle wirtschaftliche Einheiten (zB gewerbliche Unternehmen) oder ein Familiengut zu erhalten und das Werk des Erblassers fortzuführen (dazu ausführlich § 2042 Rn 29). Sind nicht alle, sondern nur einer oder einzelne Miterben an der Aufrechterhaltung der Gemeinschaft bzw der Übernahme von Nachlassgegenständen interessiert, muss der Gesetzgeber dem entsprechen und Möglichkeiten schaffen, die eine Veräußerung an Außenstehende verhindern und den Übergang an interessierte Erben erleichtern (zB Vorkaufsrecht, § 2034), wobei jedoch die Interessen der anderen Miterben nicht unbillig beeinträchtigt werden dürfen.

3. Entsprechend dem altdeutschen Rechtssprichwort „Der Gelter (Gläubiger) ist **4** der erste Erbe" sind die *Interessen der Nachlassgläubiger vor* denen der Miterben zu berücksichtigen. Eine gute gesetzliche Regelung der Erbengemeinschaft hat einen Ausgleich anzustreben zwischen den Belangen der Gläubiger, der einzelnen Erben, der gesamten Familie und der Gemeinschaft. Das muss zu einem Auseinandersetzungsverfahren führen, das „schmiegsam genug ist, um den Besonderheiten des Einzelfalles Rechnung zu tragen" (4. Denkschr d ErbrA d AkDR 122).

II. Der Ausbau der Erbengemeinschaft in den verschiedenen Rechtsordnungen

1. Das entwickelte *römische* und das *gemeine Recht* (zum römischen Recht HOFFMANN **5** JURA 1995, 125) haben die rasche Auflösung und Auseinandersetzung der Erbengemeinschaft begünstigt, indem sie diese den allgemeinen Vorschriften über die Gemeinschaft unterstellten, die die Sonderbelange der einzelnen Gemeinschafter stark bevorzugten. Danach galten teilbare Forderungen und Schulden ipso iure als geteilt. Sie fielen nicht in den Nachlass (HOFFMANN Jura 1995, 125). Nachlassgläubiger mussten teilbare Forderungen gegen mehrere Teilschuldner geltend machen. Letztere konnten nach Einführung des Inventarrechts den Gläubiger auf den Bestand des Nachlasses verweisen. An den Nachlasssachen erwarben die Miterben Eigentum nach Bruchteilen. Jeder Miterbe konnte über seinen Anteil allein verfügen, mit einem anderen teilbaren Recht (Pfandrecht, Nießbrauch), aber nicht mit einer unteilbaren Grunddienstbarkeit belasten. Eine Verfügung über den Erbteil als Ganzes war unzulässig. Verfügungen über einen Erbschaftsgegenstand im Ganzen setzten die Zustimmung aller Miterben voraus. Bei unteilbaren Gegenständen und Verpflichtungen trat eine Art solidarische Beteiligung ein. Eine Gemeinschaft am ganzen Nachlass bestand also nicht. Es galt der Grundsatz: So wenig Gemeinschaft wie möglich.

2. Das *französische Recht* und seine Tochterrechte folgen grundsätzlich der rö- **6** mischrechtlichen *Bruchteilsregelung*. Seit 1976 ist die bis dahin nicht geregelte Erbengemeinschaft (indivision) in Art 815 ff CC als gemeinschaftseigene Art (DÖBEREINER, in: SÜSS/HAAS S 425) normiert. Mit der am 1.1.2007 in Kraft getretenen Reform sind zahlreiche das Verfahren betreffende Regelungen in den Art 816–892 CC novelliert worden (dazu CORNELIUS, in: FLICK/PILTZ Rn 536). Der Miterbe kann sowohl über seinen Anteil am gesamten Nachlass als auch über seinen Bruchteil an Nachlassgegenständen verfügen. Jeder Miterbe hat einen ideellen Anteil am Nachlass und den einzelnen Nachlassgegenständen. Vorrangig ist nach der „partage en valeur" die wertmäßige Teilung, wodurch verhindert werden soll, dass Vermögensteile, die ein wirtschaftliches Ganzes bilden, zersplittert werden (Art 826 CC). Die Erbteilung hat rückwirkende Kraft. Eine Verfügung über einen Nachlassgegenstand ist auflösend dadurch bedingt, dass ein anderer als der verfügende Miterbe diesen Gegenstand bei der Teilung erhält. Dadurch kann die Verfügungsmöglichkeit nur begrenzt praktische Bedeutung gewinnen. Nach Art 815–17 Abs 1 CC können die Nachlassgläubiger auf die ungeteilte Erbmasse vorweg zugreifen, nicht aber die persönlichen Gläubiger der Miterben (Art 815–12 Abs 2 CC).

3. Das *italienische Recht* behandelt die Miterben als Bruchteilsgemeinschaft **7** (WIEDEMANN/WIEDEMANN, in: SÜSS/HAAS S 597) und erkennt das Verfügungsrecht des Miterben über seinen Anteil am Nachlassgegenstand ausdrücklich an (alter cod It

Art 679; neuer cod It Art 1103). Auch die rückwirkende Kraft der Erbteilung ist in Art 757 cod It (entspr Art 883 CC) beibehalten (dazu REISS, Die Erbengemeinschaft im italienischen Recht, ZErb 2005, 212–219).

8 4.   Im *englisch-amerikanischen Rechtskreis* erweist sich eine eingehende Regelung infolge des maßgebenden Anfallsystems als unnötig. Der Nachlass fällt zuerst an den executor oder administrator als owner at law; er hat die Gläubiger zu befriedigen und den Nachlass so abzuwickeln, dass er dessen Reste durch Rechtsgeschäft unter Lebenden auf die Miterben übertragen kann. Er haftet für Nachlassverbindlichkeiten persönlich mit dem Nachlass.

9 5.   Nach dem *österreichischen* ABGB geht der Nachlass erst mit dem Abschluss des Verlassenschaftsverfahrens durch Einantwortung per Beschluss des Verlassenschaftsgerichts auf die Erben über. Bis dahin ist die Verlassenschaft ein selbständiges Sondervermögen, das für die Erben erhalten und verwaltet wird. Der Erbe kann bis zur Einantwortung nur über sein Erbrecht, sein Recht aus dem Anfall der Erbschaft, verfügen, nicht über einzelne Nachlassgegenstände. Mit der Einantwortung werden die Miterben, wenn nicht vorher eine Erbteilung stattgefunden hat (die aber wie ein Vergleich nur schuldrechtlich wirkt und keinen Exekutionstitel gibt), Miteigentümer oder mitberechtigt an den Nachlassgegenständen nach den Vorschriften des ABGB über die Gemeinschaft des Eigentums und anderer dinglicher Rechte, §§ 825 ff ABGB. Gem § 826 ABGB sollen aber nach der Verschiedenheit der Quellen, aus denen eine Gemeinschaft entspringt, die Rechte und Pflichten der Teilhaber ihre nähere Bestimmung erhalten. Infolgedessen kann die Erbengemeinschaft weitgehend so behandelt werden, wie die besonderen Bedürfnisse des Erbrechts es verlangen.

Über die gesamte Verlassenschaft können die Erben nur gemeinschaftlich verfügen, § 828 ABGB. Jeder Teilhaber kann seinen Anteil am Erbe nach § 829 ABGB veräußern, ihn jedoch nicht verpfänden. Über die einzelnen Nachlassgegenstände können die Erben nur gemeinsam verfügen, § 828 ABGB. Dagegen kann jeder Erbe über seinen Anteil an ihnen verfügen, §§ 361 S 2, 828, 829 ABGB; ebenso ist die Zwangsvollstreckung in den Anteil zulässig.

Die Verwaltung des Nachlasses steht allen Erben gemeinschaftlich zu, § 810 ABGB. Zur Vertretung ist nur die Gesamtheit aller Miterben befugt; doch kann durch Beschluss die Vertretungsmacht einem Miterben oder einem Dritten übertragen werden. Die Miterben haften vor der Einantwortung gesamtschuldnerisch, § 550 ABGB; nach der Einantwortung nur, wenn sie die Erbschaft ohne Inventarerrichtung angetreten haben, § 820 ABGB. Anderenfalls nach dem Verhältnis ihres Erbteils, § 821 ABGB.

10 6.   Das *Schweizer* ZGB macht die Miterben zu Gesamteigentümern der Erbschaftsgegenstände (WOLF/STEINER, in: SÜSS/HAAS S 920–923). Über die Rechte der Gemeinschaft müssen sie gemeinsam verfügen, Art 602 ZGB. Für die Schulden des Erblassers haften sie solidarisch, Art 603 ZGB. Über seinen Anteil am Nachlass kann der einzelne Miterbe dagegen selbständig verfügen; ebenso ist der Anteil pfändbar, Art 609 ZGB. Jeder Miterbe kann jederzeit Teilung der Erbschaft verlangen, sofern er nicht durch Vertrag oder Gesetz zur Gemeinschaft verpflichtet ist,

Art 604 ZGB. Auf Begehren eines Miterben kann die zuständige Behörde bis zur Teilung einen Erbschaftsvertreter bestellen, Art 602 Abs 3 ZGB; er hat im Wesentlichen nur die Befugnisse eines Testamentsvollstreckers (Willensvollstreckers), indes keine Befugnis zur Abwicklung und Teilung. Immerhin wird dadurch die aus der Gesamthand folgende Schwerfälligkeit oder gar Handlungsunfähigkeit der Erbengemeinschaft überwunden.

7. Zur Miterbengemeinschaft in Polen: FERID/FIRSCHING/DÖRNER/HAUSMANN Rn 293–301; LAKOMY, in: SÜSS/HAAS S 767, 768; in Tschechien: ROMBACH, in: SÜSS/HAAS S 1050; FERID/FIRSCHING/DÖRNER/HAUSMANN Rn 99–107; in Russland: FERID/FIRSCHING/DÖRNER/HAUSMANN Rn 156–168; in Slowenien: FERID/FIRSCHING/DÖRNER/HAUSMANN Rn 119–124. **11**

8. Die Erbengemeinschaft des *früheren deutschen Rechts* war als Gesamthandsgemeinschaft ausgestaltet, was ihrem ursprünglichen Sinn als auf Vertrauen gegründetem familienrechtlichen Verband entsprach (HOFFMANN Jura 1995, 125). Die Kinder blieben mit dem überlebenden Ehegatten im ungeteilten Besitz, eine Hausgemeinschaft ohne Teilung. Ein verfügbares Recht erlangte der Erbe erst mit der Teilung, die im deutschen Recht seit dem frühen Mittelalter möglich war (HOFFMANN aaO). Die Schulden galten als Bestandteil der Erbschaft, die Miterben waren zu ihrer Berichtigung vor der Teilung verpflichtet. Diese festere Gestaltung der Rechtsgemeinschaft ist auch für den Ausbau der Erbengemeinschaft im ALR Vorbild gewesen, die auf der Rechtsprechung des pr Obertribunals beruht (Entscheidungen des Obertribunals 35, 352). Der Miterbe hatte vor der Auseinandersetzung keinen seiner Verfügung unterliegenden Anteil an den einzelnen Nachlassgegenständen. Der gesamte Nachlass stand im Miteigentum der Miterben. Der Miterbe hatte nur einen Bruchteil am Nachlass, nicht an den einzelnen Nachlasssachen. Über seinen Anteil am ganzen Nachlass konnte er dagegen selbständig verfügen, ALR I 17 §§ 115, 10 ff, 60 ff. Für die Nachlassschulden, die Bestandteil des Nachlasses waren, hafteten die Erben als Gesamtschuldner; Nachlassforderungen konnten sie nur gemeinsam einziehen. Hatten die Erben die Teilung vor ihrer Vornahme gehörig bekannt gemacht, hafteten sie nach ihr nur im Verhältnis ihrer Erbteile. **12**

III. Die Regelung des BGB in kritischer Würdigung

1. Die Verfasser des BGB hatten sich im E I für das römisch-rechtliche Prinzip der individualistischen Bruchteilsgemeinschaft entschieden (Mot V 27 f). Im E II wurde dieses durch das Gesamthandsprinzip nach dem Vorbild des preußischen Rechts ersetzt und das Verhältnis der Erben als sogenannte Gemeinschaft zur gesamten Hand geregelt. Durch diese Konstruktion sollte eine Gefährdung der Nachlassgläubiger vermieden werden, die eine Bruchteilsgemeinschaft mit sich bringe. Auch werde für die Miterben selbst der Nachteil, der im Verlust des freien Verfügungsrechts über ihren Anteil an den Erbschaftsgegenständen liege, durch den Vorteil aufgewogen, dass dem Miterben eine größere Sicherheit für seine Ersatzansprüche wegen gemachter Verwendungen, für Ausgleichsansprüche und dgl geboten werde (vgl Prot V 835 f und Denkschr d ErbrA d AkDR 132). Schwerfälligkeiten der Gesamthandslösung wurden dadurch gemildert, dass einzelne Vorschriften (zB §§ 2038 Abs 2, 2042 Abs 2) auf Bestimmungen der Bruchteilsgemeinschaft verweisen. Insoweit nähert sich das BGB – bei Überwiegen deutschrechtlicher Elemente – **13**

auch der römischen Rechtstradition an (HOFFMANN Jura 1995, 125, 126). Nach der BGB-Gesellschaft (§§ 705 ff, 718) und der ehelichen Gütergemeinschaft (§ 1415 ff) ist die Erbengemeinschaft die dritte Gesamthandsgemeinschaft des BGB. Sie ist jedoch im Unterschied zu den beiden ersteren nicht auf Dauer, sondern auf baldige Auseinandersetzung ausgerichtet (BGHZ 17, 299, 302; OLG Hamm JMBlNRW 1975, 153; ERMAN/SCHLÜTER Vor §§ 2032–2063 Rn 5; HK-BGB/HOEREN Vor §§ 2032–2063 Rn 5), daher kann jeder Miterbe jederzeitige Auseinandersetzung verlangen (§ 2042). Zur Rechts- und Parteifähigkeit vgl § 2032 Rn 4, 5.

14 2. Der Nachlass bildet ein gemeinsames Sondervermögen, das vom Privatvermögen der Miterben getrennt ist. Der einzelne Miterbe hat insoweit einen Anteil an diesem Sondervermögen (HK-BGB/HOEREN Vor §§ 2032–2063 Rn 7). Inhaber von Nachlassforderungen und -rechten und Eigentümer von Nachlassgegenständen sind die Gesamthänder in ihrer Verbundenheit als Gemeinschaft. Sie wird im Grundbuch eingetragen (§ 47 GBO). Der Besitz des Erblassers geht gem § 857 auf die Gesamtheit der Miterben in Mitbesitz über (BGHZ 4, 77, 78; vLÜBTOW II 800; STAUDINGER/BUND [2007] § 857 Rn 11; BAMBERGER/ROTH/LOHMANN § 2032 Rn 2). Da die Gesamthandsgemeinschaft auch die Forderungen erfaßt, kommt dem römisch-rechtlichen Grundsatz „nomina sunt ipso iure divisa" keinerlei Bedeutung mehr zu. Ein Erlöschen von Rechten und Verbindlichkeiten, die zwischen dem Erblasser und einem Miterben bestanden haben (durch sog Konfusion), ist ausgeschlossen (HK-BGB/HOEREN Vor §§ 2032–2063 Rn 5, 6), weil das Vermögen des Erben und der Nachlass rechtlich als gesonderte Vermögensmassen behandelt werden (BGHZ 48, 214; BVerwG WM 1969, 673). Wenn zB der Gläubiger und der Bürge Miterben des Hauptschuldners werden, kann die Bürgschaft auch nicht teilweise erlöschen (RGZ 76, 58).

15 Das für eine Aufrechnung erforderliche Gegenseitigkeitsmerkmal besteht nur bei einer Forderung der Gesamthandsgemeinschaft gegen eine Schuld derselben, nicht bei einer Forderung der Miterbengemeinschaft gegen eine Forderung eines Miterben. Die Aufrechnung einer Nachlassforderung durch einen Miterben gegen eine ihm persönlich gegen den Nachlass zustehende Forderung ist als unzulässige Verfügung über seinen Anteil an der Nachlassforderung gemäß § 2033 Abs 2 unwirksam. Aber auch dem Nachlassschuldner wird durch § 2040 Abs 2 verwehrt, mit einer Forderung gegen einen einzelnen Miterben gegen eine zum Nachlass gehörige Forderung aufzurechnen; er kann dies auch nicht in Höhe des Anteils des Miterben an dieser Forderung. Aufrechnen kann er nur seine Forderung gegen den Nachlass mit einer zu diesem gehörigen Forderung gegen sich. Dasselbe gilt für das Zurückbehaltungsrecht (RGZ 132, 83; OLG München MDR 1957, 103; DÜTZ NJW 1967, 1105). Bei einer Zwangsvollstreckung in Nachlassgegenstände ist ein Titel gegen alle Miterben erforderlich, § 747 ZPO.

16 3. Kennzeichnend für die Gesamthandsgemeinschaft der Erben nach dem BGB ist, dass kein Erbe über seine *Anteile an den einzelnen Nachlassgegenständen* verfügen kann, sondern nur über seinen *Anteil an der Erbschaft im Ganzen,* § 2033. Dadurch ist der einzelne Miterbe (anders als bei der Bruchteilsgemeinschaft) gehindert, seinen Miterben einen fremden Teilhaber an einem Nachlassgegenstand aufzudrängen; auch eine Pfändung eines Anteils an einzelnen Nachlassgegenständen ist infolgedessen nicht möglich, § 859 Abs 2 ZPO. Dadurch wird eine Entwertung des Nachlasses ausgeschlossen, denn die Bruchteilsveräußerung bringt idR einen schlechteren Erlös als eine Veräußerung der Sache im ganzen. Schließlich wird der ganze Nachlass zusammengehalten und kann zuerst zur Tilgung der Schulden gegenüber den Nachlassgläubigern und der Verbindlichkeiten des einzelnen Miterben gegenüber seinen Miterben aus der Gemeinschaft (aus seinem Verschulden, seiner Bereicherung, aus Verwendungen eines anderen Miterben) herangezogen werden.

4. Die *starke Bindung der Erben* aneinander ermöglicht einem eigenwilligen und eigensinnigen Miterben, auf der Erfüllung von Sonderwünschen zu bestehen und die Aktionsfähigkeit der Gemeinschaft zu schwächen, da er zu jeder Verfügung über einen einzelnen Nachlassgegenstand seine Zustimmung erteilen muss (§ 2033 Rn 40) und seine Miterben in der Gemeinschaft so lange festhalten kann, bis außer den Nachlassgläubigern auch er wegen seiner Ansprüche aus der Gemeinschaft voll befriedigt ist, denn nach § 2046 sind, ehe es zur Teilung kommt, die Nachlassverbindlichkeiten aus dem Nachlass zu berichtigen. **17**

Das Gesetz sucht die Bindung der einzelnen Miterben an die Gemeinschaft zu mildern, indem es ihnen nach dem Vorbild des ALR und ABGB die Verfügung über den Anteil am ganzen Nachlass erlaubt, § 2033 Abs 1 (anders als bei der BGB-Gesellschaft, § 719 Abs 1, und Gütergemeinschaft, § 1419 Abs 1). Wenn die Miterben mit dem Erbfall einen sofort verfügbaren, als Kreditunterlage brauchbaren Vermögenswert erhalten, wird ihnen die Möglichkeit eröffnet, einen Fremden in die zumeist familiär orientierte Miterbengemeinschaft einzuführen. Dieser wird sich regelmäßig nur als kapitalistischer Teilhaber fühlen und sich über Bindungen zum Erblasser und dessen Familie hinwegsetzen. Erst recht entsteht eine solche Situation, sobald der Gläubiger eines Miterben dessen Gesamthandsanteil pfänden und sich zur Einziehung oder Veräußerung überweisen lässt (§§ 859 Abs 2, 1 S 1, 857 ZPO). § 2034 räumt bei einem Verkauf des Anteils an einen Dritten den übrigen Miterben ein *Vorkaufsrecht* ein. Da dieses aber nur bei Kauf, nicht bei anderem, insbes unentgeltlichem Erwerb besteht (vgl § 2034 Rn 4), eröffnet die Zulassung der freien Verfügung über den Anteil am ganzen Nachlass dem einzelnen Miterben zwar einen Weg, sich von den Bindungen der Gesamthandsgemeinschaft zu befreien, beseitigt aber die Schwierigkeiten dieser Bindung für die verbleibenden Gemeinschafter nicht, sondern verstärkt sie.

5. Auch das jedem Miterben grundsätzlich zugestandene Recht, *jederzeit Auseinandersetzung* zu verlangen (§ 2042), führt nicht zu einem Verfahren, in dem eigenwillige und selbstsüchtige Gemeinschafter in ihre Schranken gewiesen werden können. Die Durchführung der Auseinandersetzung erfolgt durch einen Auseinandersetzungsvertrag, für den in erster Linie die *freie Vereinbarung* der Miterben maßgebend ist. Gelingt eine solche Verständigung nicht, kommt es nach ergänzenden gesetzlichen Vorschriften zu einer Nachlassliquidation, die in ihrer Wirkung die Zerschlagung des Nachlasses zur Folge hat und die Aufrechterhaltung wirtschaftlicher Einheiten kaum ermöglicht. Auf Antrag auch nur eines Miterben muss die Auseinandersetzung in einem *Verfahren der freiwilligen Gerichtsbarkeit* vor dem Nachlassgericht versucht werden. In diesem Verfahren kann unter gewissen Voraussetzungen ein Säumiger als einwilligend behandelt werden, sein Widerspruch vermag aber die Auseinandersetzung zu verhindern. Der Nachlassrichter hat nur die freiwillige Auseinandersetzung zu vermitteln. Ein widerstrebender Miterbe muss auf Einwilligung in den nach wenigen festen Auseinandersetzungsregeln aufzustellenden **18**

Teilungsplan im Prozessweg verklagt werden. Praktisch kann also ein Miterbe oder ein an seine Stelle getretener Gläubiger sich die Bindungen aus der Gesamthandsgemeinschaft zunutze machen, ohne im Auseinandersetzungsverfahren zu einem den Belangen der Miterben und der Familie gerecht werdenden Verhalten gezwungen werden zu können.

19 6. Um diese *Missstände* zu *beseitigen* und die Auseinandersetzung nicht völlig vom guten Willen und der Einsicht der einzelnen Miterben abhängen zu lassen, würde es sich empfehlen, dem Nachlassgericht erweiterte rechtsgestaltende Befugnisse im Auseinandersetzungsverfahren zu geben. Einen Ansatz dazu brachte die Bestimmung des § 9a der VO über Maßnahmen auf dem Gebiete der Zwangsvollstreckung vom 26. 5. 1933 (RGBl I 302), die durch das G über Maßnahmen auf dem Gebiet der Zwangsvollstreckung vom 20. 8. 1953 aufgehoben und durch § 180 Abs 2 ZVG ersetzt worden ist (vgl MOHRBUTTER Rpfleger 1954, 235). Danach ist, falls die Zwangsversteigerung eines Grundstückes zwecks Aufhebung einer Gemeinschaft angeordnet ist, die einstweilige Einstellung auf die Dauer von längstens 6 Monaten anzuordnen, wenn dies bei Abwägung der widerstreitenden Interessen der mehreren Miteigentümer angemessen erscheint. Die einmalige Wiederholung der Einstellung ist zulässig. Dadurch wird der eigensüchtigen Verfolgung des Auseinandersetzungsanspruchs durch einen Miterben ein Riegel vorgeschoben und ein gewisser Druck zur Einigung auf die Miterben ausgeübt.

Für eine grundsätzliche Umgestaltung des Auseinandersetzungsverfahrens iS einer Erweiterung der rechtsgestaltenden Befugnisse des Nachlassgerichts hat sich auch die Mehrheit des ErbrA d AkDR (4. Denkschr 283) ausgesprochen und weiterhin die Einsetzung eines Erbenvertreters oder Erbschaftsverwalters zur Überwindung der Uneinigkeit der Erben erwogen. Die Einführung einer derart verbesserten Gesamthandsgemeinschaft verdient den Vorzug vor einer gleichfalls vorgeschlagenen abgemilderten Bruchteilsgemeinschaft, abgemildert durch ein gesetzliches Pfandrecht des Miterben (zur Sicherung seiner Ansprüche aus der Gemeinschaft) an den einzelnen Erbschaftsgegenständen oder durch ein Absonderungsrecht nach den §§ 49 ff InsO. Nach Meinung des ErbrA (4. Denkschr 136) würde ein derartiges unerkennbares Generalpfandrecht an einem Sondervermögen den Rechtsverkehr über Nachlassgegenstände und Bruchteile ebenso erschweren wie die Gesamthandsbindung (dazu auch Verhandlungen 20. DJT I 199 f).

IV. Grundsatz der Gesamtrechtsnachfolge

20 Das Vermögen des Erblassers geht mit dem Erbfall als ganzes auf den oder die Erben über, § 1922 Abs 1 (Universalsukzession). Gegenstand der gesamthänderischen Bindung bei einer Miterbengemeinschaft ist damit der Nachlass, dh jeder Vermögensgegenstand des Erblassers wird Gesamthandsvermögen. Da bei einer Miterbengemeinschaft nicht der einzelne Erbe, sondern alle Erben zusammen in ihrer gesamthänderischen Bindung Rechte an den Nachlassgegenständen (§ 2032: „gemeinschaftliches Vermögen der Erben") haben, kann bei mehreren Erben der Erblasser einen einzelnen Erben nicht mit dinglicher Wirkung zu seinem Rechtsnachfolger an einzelnen Nachlassgegenständen machen. So geht ein Gesellschaftsanteil an einer GmbH oder AG auf die Miterben zur gesamten Hand (Miterbengemeinschaft) gem §§ 1922, 2032 über mit der Folge, dass die Erbengemeinschaft Gesellschafterin der GmbH bzw AG wird (LAGNER GmbHR 2006, 295, dort auch zu Möglichkeiten, evtl Schwerfälligkeiten zu überwinden; dazu § 2032 Rn 22, 23). Eine *Sondererbfolge* (Singularsukzession), dh Anfall eines Nachlassbestandteils an einen Miterben, ist im BGB nicht anerkannt. Der Erblasser muss – will er die dingliche Rechtsnachfolge eines Erben erreichen – diesen zum Alleinerben bestimmen und die anderen mit Vermächtnissen bedenken. Sind mehrere Erben eingesetzt (Miterbengemeinschaft), kann er die Zuteilung eines bestimmten Nachlassgegenstandes an einen bestimmten Erben durch eine testamentarische **Teilungsanordnung** (§ 2048, wenn der Erbe sich die Gegenstände auf seinen Erbteil anrechnen lassen soll) erreichen, die den jeweiligen Miterben bei der Auseinandersetzung einen entsprechenden schuldrechtlichen Anspruch gegen die Miterbengemeinschaft gibt (vgl § 2048 Rn 3). Ebenfalls nur einen schuldrechtlichen Anspruch des Begünstigten begründet das **Vorausvermächtnis** (§ 2150, wenn die Zuwendung nicht anrechnungspflichtig sein soll), durch das der Erblasser letztwillig die Zuordnung eines Nachlassgegenstandes an einen bestimmten Miterben anordnen kann.

V. Sondernachfolgen

Der Grundsatz der Gesamtrechtsnachfolge hat sich in vielen Fällen als schwerfällig 21 und als ein den praktischen Bedürfnissen oft nicht gerecht werdendes System erwiesen. Durch Gesetz sind daher unter Abweichung von dem Grundsatz der Gesamtrechtsnachfolge Ausnahmen festgelegt worden, in denen Sondernachfolge zugunsten einzelner Miterben eintreten kann. Die Gegenstände, hinsichtlich derer Sondernachfolge gilt, fallen nicht in das Gesamthandsvermögen, sondern gehören ausschließlich dem Sondernachfolger (MünchKomm/GERGEN Vor § 2032 Rn 8), mag dieser auch ansonsten als Mitglied einer Erbengemeinschaft an dem übrigen Nachlass des Erblassers gesamthänderisch beteiligt sein. Zur Sonderregelung der Rechtsnachfolge in ein Mietverhältnis vgl §§ 563 ff BGB. Die Fortsetzung des Mietvertrages mit den begünstigten Personen unabhängig von der Erbenstellung führt aber lediglich zum Vertragsübergang und ist damit kein typischer Fall einer derart wirkenden Sondererbfolge.

1. Anerbenrecht

Sondernachfolge gilt im Anwendungsbereich des Anerbenrechts, das auf Grund des 22 landesrechtlichen Vorbehalts des Art 64 EGBGB die Erbfolge in landwirtschaftliche Höfe regelt (zu den Rechtsgrundlagen und Prinzipien des Anerbenrechts vgl STAUDINGER/MAROTZKE [2008] § 1922 Rn 224, zur gesetzlichen Hofeserbfolge vgl STAUDINGER/WERNER [2008] Vorbem 4 ff zu § 1924).

Die HöfeO legt in § 4 S 1 fest, dass ein Hof nur an einen Erben, den Hoferben, fallen 23 kann. Setzt der Erblasser mehrere Erben ein, oder treten aufgrund gesetzlicher Erbfolge mehrere Erben die Erbschaft an, können diese den Hof nicht gesamthänderisch zu Eigentum erhalten. Ausnahme sind testamentarisch zu Hoferben eingesetzte Ehegatten, die nach § 1 Abs 1 S 1 HöfeO gemeinschaftliche Hofeigentümer sein können. Dem Erblasser ist das Recht genommen, den Hof mehreren Miterben zu übertragen, er kann die Sondererbfolge an einen nicht ausschließen (§ 16 Abs 1 S 1 HöfeO). Hat der Erblasser keinen Hoferben bestimmt, sondern mehrere Miterben eingesetzt, richtet sich die Bestimmung des Hoferben nach der gesetzlichen Hoferbenordnung, §§ 5, 6, 8 HöfeO. Dieser Hoferbe wird mit dem Erbfall Alleineigentümer des Hofes kraft Sondererbfolge (MünchKomm/GERGEN Vor § 2032 Rn 10), obwohl er gegebenenfalls mit den übrigen Miterben eine Miterbengemeinschaft bildet. Der gesamthänderischen Bindung unterliegt der an die Stelle des Hofes tretende Hofeswert (§ 4 S 2 HöfeO). Die **weichenden Erben** (die Miterben, die nicht Hoferben geworden sind) haben anstelle des Anteils am Hof einen Zahlungsanspruch gegen den Hoferben (§ 12 Abs 1 HöfeO) auf insgesamt das 1 ½-fache des zuletzt festgesetzten Einheitswertes, sofern der Erblasser keinen anderen Wert bestimmt hat (näheres § 12 Abs 2–10 HöfeO). Diesen Betrag teilen sich alle Miterben einschließlich des Hoferben – sofern dieser Miterbe ist – nach allgemeinen Regeln der §§ 2032 ff (DRESSEL NJW 1976, 1246). Hat der Erblasser keinen Hoferben bestimmt und ist kein gesetzlicher Hoferbe vorhanden, vererbt sich der Hof nach den allgemeinen Vorschriften des BGB, eine Sondererbfolge findet nicht statt (§ 10 HöfeO).

2. Heimstättenerbfolge*

24 Das Reichsheimstättengesetz ist durch Gesetz vom 17. Juni 1993 (BGBl I 912) mit Wirkung vom 1. Oktober 1993 außer Kraft gesetzt worden. Für Erbfälle vor diesem Zeitpunkt finden die §§ 25 ff AVO vom 19. 7. 1940 (RGBl I 1080) über Art 6 § 4 des Gesetzes zur Aufhebung des Reichsheimstättengesetzes weiter Anwendung.

Vgl zu Einzelfragen STAUDINGER/WERNER[13] Vorbem 23 zu §§ 2032–2057a.

3. Nachfolge in den Anteil einer Personalgesellschaft**

25 Gem § 727 BGB, § 131 HGB kann eine Personalgesellschaft beim Tode eines Gesellschafters mit einem bestimmten Nachfolger fortgesetzt, die Vererblichkeit der Gesellschafterstellung vereinbart werden (vgl STAUDINGER/MAROTZKE [2008] § 1922

---

* **Schrifttum:** SCHMIDT/FÜTTERER, Das Heimstättenerbrecht beim Miteigentum an einer Heimstätte, DNotZ 1961, 251; WORMIT/EHRENFORTH, Reichsheimstättengesetz (4. Aufl 1967); WESTPHAL, Probleme zum Heimstättenerbrecht, Rpfleger 1981, 129; RUBY, Landwirtschaftserbrecht: Das Landgut im BGB, ZEV 2007, 263.

** **Schrifttum:** BECKER, Die Übertragung eines Personengesellschaftsanteils durch Rechtsgeschäft unter Lebenden auf den Todesfall, AcP 201 (2001) 629; BEHRENS, OHG und erbrechtliche Nachfolge (1969); BÖRNER, Die Erbengemeinschaft als Gesellschafterin einer Offenen Handelsgesellschaft oder die unbewältigte Erbenhaftung, AcP 166 (1966) 426; BUCHWALD, Der Betrieb eines Handelsgewerbes in Erben- oder Gütergemeinschaft, BB 1962, 1405; ders, Gesellschaftsanteil und Erbrecht, AcP 154 (1954) 22; DEMELIUS, Zum Grenzstreit zwischen Gesellschaftsrecht und Erbrecht, in: Gedenkschrift Gschnitzer (1969) 117; EBERT, Die rechtsfunktionelle Kompetenzabgrenzung von Gesellschaftsrecht und Erbrecht (1972); EISELT, Die Vererbung der Beteiligung an einer OHG, AcP 158 (1958) 319; EISENHARDT, Sondererbfolge in einen Gesellschaftsanteil bei der Personalgesellschaft, MDR 1969, 521; ESCH, Die Nachlasszugehörigkeit vererbter Personengesellschaftsbeteiligungen, NJW 1984, 339; FINGER, Der Ausschluss von Abfindungsansprüchen bei Nachfolge in Personalgesellschaften beim Tod eines Gesellschafters, Betrieb 1974, 27; FISCHER, Die Geschäftsführungs- und Vertretungsbefugnis eines Erben in einer Personalgesellschaft des Handelsrechtes, BB 1956, 839; FLUME, Die Erbennachfolge in den Anteil an einer Personengesellschaft und die Zugehörigkeit des Anteils zum Nachlass, NJW 1988, 161; ders, Die Nachfolge in die Mitgliedschaft

Rn 168 ff, 176 ff insbes auch zur Frage der Vererblichkeit des Auseinandersetzungsguthabens, falls kein Erbe in die Gesellschafterstellung nachfolgt). Wird die Gesellschafterstellung auf einen **Alleinerben** (einfache Nachfolgeklausel) vererbt, ergeben sich keine Besonderhei-

einer Personengesellschaft beim Tode eines Gesellschafters, in: FS Schilling (1973) 23; HECKELMANN, Abfindungsklauseln in Gesellschaftsverträgen (1973); HEIL, Die Erbteilsveräußerung bei Fortführung eines Handelsgeschäftes in ungeteilter Erbengemeinschaft, MittRhNotK 1999, 148; HENRICH, Die Vererbung von Gesellschaftsanteilen bei OHG und KG, JA 1971, 755; HUECK, Gesellschaftsvertrag und Erbrecht, DNotZ 1952, 550; JOHANNSEN, Die Nachfolge in kaufmännische Unternehmen und Beteiligungen an Personengesellschaften beim Tod ihres Inhabers, FamRZ 1980, 1074; KELLER, Fortführung eines in ungeteilter Erbengemeinschaft betriebenen Handelsgeschäfts durch Erbteilserwerber?, ZEV 1999, 174; KÖBLER, Erbrecht und Gesellschaft (1974); KRUSE, Die Vererbung des Mitgliedschaftsrechtes an einer Offenen Handelsgesellschaft im Falle der Nachfolgeklausel, in: FS Laufke (1971) 179; KÜSTER, Gesellschafternachfolge und Erbengemeinschaft bei der OHG und KG (1970); LANGNER/HEYDEL, Nachfolgeklauseln im GmbH-Gesellschaftsvertrag, GmbH-Rdsch (2006) 291; LIEBICH, Über die Rechtsstellung der Erben eines offenen Handelsgesellschafters, ZHR 116, 128; MENOLD, Die erbrechtlichen Schranken der Gestaltung der Vererbung von Anteilen an Gesamthandspersonalgesellschaften (OHG, KG und Außen-GbR) (2005); MICHAELIS, Zur Rechtsstellung des Gesellschafter-Erben, ZAkDR 1943, 233; MODEL, Letztwillige Verfügung und Gesellschaftsvertrag, GmbH-Rdsch 1959, 6; PAUL, Die Gesellschafterfähigkeit von Gesamthandsgemeinschaften (Diss Saarbrücken 2005); RAUCH, Die erbrechtliche Rechtsnachfolge eines Miterben in die Mitgliedschaft eines Personalgesellschafters, DNotZ 1970, 78; REINICKE, Zur Kollision von Gesellschaftsrecht und Erbrecht, NJW 1957, 561; REUTER, Gesellschaftsvertragliche Nachfolgeregelung und Pflichtteilsrecht, JuS 1971, 289; ROKAS, Die Teilhaberschaft an der Offenen Handelsgesellschaft und ihre Vererbung (1965); RÜTHERS, Die privatautonome Gestaltung der

Vererbung des Anteils an einer Offenen Handelsgesellschaft durch eine beschränkte Nachfolgeklausel, AcP 168 (1968) 263; SÄCKER, Gesellschaftsvertragliche und erbrechtliche Nachfolge in Gesamthandsmitgliedschaften (1970); SCHÄFER, Die Vererbung von Personengesellschaftsanteilen durch Nachfolgeklauseln, BB-Spezial 5/2004, 14; K SCHMIDT, Gesellschaftsrechtliche Abfindungsklauseln im Schnittpunkt von Gesellschafts-, Vollstreckungs-, Familien- und Erbrecht, FamRZ 1974, 518; SCHMITZ/HERSCHEIDT, Die Mitgliedschaft in der OHG als Gegenstand der Erbfolge, WM 1971, 1110; STODOLKOWITZ, Nachlasszugehörigkeit von Personengesellschaftsanteilen, in: FS Kellermann (1991) 439; STÖTTER, Die Nachfolge in Anteile an Personengesellschaften aufgrund Gesellschaftsvertrages oder Erbrechts, Betrieb 1970, 525, 573; SIEBERT, Gesellschaftsvertrag und Erbrecht bei der OHG (3. Aufl 1958); ders, Die Nachfolge von Todes wegen in die Mitgliedschaft des Gesellschafters einer Offenen Handelsgesellschaft, NJW 1955, 809; ders, Die Rechtsnachfolge beim Tode eines Gesellschafters einer offenen Handelsgesellschaft, BB 1956, 835; ders, Gesellschaftsvertragliche Abfindungsklauseln und Pflichtteilsrecht, NJW 1960, 1033; SUDHOFF, Handbuch der Unternehmensnachfolge (1972); ULMER, Gesellschafternachfolge und Erbrecht, ZGR 1972, 195, 324; ders, Die Sonderzuordnung des vererbten OHG-Anteils, in: FS Schilling (1973) 79; ders, Zur Gesellschafternachfolge im Todesfall, BB 1977, 805; WEILER, Die Rechtsstellung des Testamentsvollstreckers gegenüber den Erben einer personalgesellschaftlichen Beteiligung des Erblassers, DNotZ 1952, 283; WEIPERT, Die Erbengemeinschaft als Mitglied einer Personengesellschaft, ZEV 2002, 300; H P WESTERMANN, Die höchstrichterliche Regelung der Erbfolge in Beteiligungen an Personengesellschaften, JuS 1979, 761; ders, Haftung für Nachlassschulden bei Beerbung eines Personalgesellschafters durch eine Erbengemeinschaft, AcP 173 (1973) 24; H WESTERMANN, ten. Es decken sich Erbenstellung und gesellschaftsvertragliche Nachfolgestellung. Erfolgt eine Vererbung der Gesellschafterstellung auf *mehrere Erben,* dh die Gesellschaft soll mit sämtlichen **Miterben** fortgeführt werden (einfache Nachfolgeklausel), sollen diese nach hM als Einzelpersonen im Verhältnis seines Erbteils, nicht aber in ihrer gesamthänderischen Bindung als Miterbengemeinschaft in die Gesellschafterstellung einrücken. Nach hM kann eine Erbengemeinschaft nicht Gesellschafter einer Personengesellschaft sein, da sie nicht hinreichend verselbständigt ist, um im Rechtsverkehr als handlungs- und haftungsfähige Einheit aufzutreten (RGZ 16, 40, 56; 170, 494; RG JW 1912, 475; LZ 1912, 670; Recht 1917 Nr 457; BGHZ 22, 186; BGH WM 1971, 308, 723; BGH NJW 1983, 2376; BGHZ 91, 132, 135; BGH NJW 1989, 3152, 3153; BGB-RGRK/ KREGEL § 2032 Rn 11; MünchKomm/GERGEN Vor § 2032 Rn 9; HUECK, Das Recht der OHG [4. Aufl] § 28 II 2 a; ULMER BB 1977, 806; **aM** BÖRNER AcP 166 [1966] 426 f; zweifelnd BROX Rn 757; vgl auch die Anregungen von GRUNEWALD, Gesellschaftsrecht [2000] 1. C. Rn 58 und ULMER NJW 1990, 73, 83; ausführlich dazu auch MUSCHELER, Universalsukzession und Vonselbsterwerb [2002] § 1 IV 16). Die hM durchbricht damit das Prinzip der gesamthänderischen Erbrechtsnachfolge und lässt jeden einzelnen Miterben entsprechend seinem Erbanteil unmittelbar als Nachfolger des Erblassers Gesellschafter in der BGB-Gesellschaft, OHG und KG werden (BGHZ 22, 192; 46, 291; 55, 267 = WM 1971, 565; BGH Betrieb 1977, 1131 = BB 1977, 809; KG DNotZ 1955, 418; BGHZ 68, 225, 237; BGH NJW 1981, 749; 83, 2376; PALANDT/EDENHOFER § 1922 Rn 17 f; BGB-RGRK/KREGEL § 2032 Rn 8; MünchKomm/GERGEN Vor § 2032 Rn 9; SOERGEL/WOLF § 2032 Rn 20; HUECK § 28 II 2 a; BROX/WALKER Rn 790; JOHANNSEN FamRZ 1980, 1074, 1080 f). Der gesamte Anteil wird wertmäßig jedoch dem Nachlass zugeordnet (BGH NJW 83, 2376, 86, 2433). Gerechtfertigt wird dieses Ergebnis mit einem Vorrang des Gesellschaftsrechts vor dem Erbrecht und einem Hinweis auf § 139 Abs 1 HGB, der die Einzelnachfolge billige, indem er jedem Erben die dort festgelegten Rechte gebe, um ihn vor den mit der Gesellschafterstellung verbundenen Nachteilen zu schützen (BGH Betrieb 1977, 1131; BGB-RGRK/KREGEL § 2032 Rn 11; SÄCKER 25; ULMER BB 1977, 805, 806). Letztlich soll ein gewolltes, praktischen Bedürfnissen entsprechendes Ergebnis ohne feste rechtliche Grundlage bejaht werden, denn es gibt weder einen solchen Vorrang des Gesellschaftsrechtes noch ein besonderes Gesellschaftserbrecht. Der Gesetzgeber hat sich gegen die Sondernachfolge entschieden und eine solche kann daher nur in gesetzlich bestimmten Ausnahmefällen angenommen werden. § 139 HGB enthält keine erbrechtliche Nachfolgeregelung, sondern lediglich eine gesellschaftsrechtliche Sonderregelung einer Verfügung unter Lebenden auf den Todesfall (BGH Betrieb 1977, 1129; ULMER BB 1977, 807 mwNw). Fraglich ist, ob man das von der überwiegenden Meinung anerkannte Ergebnis bereits mit gewohnheitsrechtlicher Geltung bejahen kann (so jedoch BROX/ WALKER Rn 790; RÜTHERS AcP 168 [1968] 276). Allerdings wird dies die einzige Rechtfertigung eines zu begrüßenden Ergebnisses sein, denn auch die Konstruktion eines im Gesellschaftsvertrag enthaltenen Vertrags zugunsten Dritter unter Lebenden auf den Todesfall (so OLG Bamberg MDR 1956, 41; BROX/WALKER Rn 787; HUECK DNotZ 1952, 554) scheitert an der Unzulässigkeit eines dinglich wirkenden Vertrags zugunsten Dritter (BGH Betrieb 1977, 1130; ULMER BB 1977, 805, 806). Zu einer Sonderrechtsnachfolge gelangt die hM ebenfalls, wenn der Gesellschaftsvertrag die Nachfolge eines oder einzelner Miterben bestimmt (qualifizierte Nachfolgeklausel). Die Gesellschaf-

---

Handbuch der Personengesellschaften I Rn 471–566; WIEDEMANN, Die Übertragung und Vererbung von Mitgliedschaftsrechten bei Handelsgesellschaften (1965); WINKLER, Unternehmertestament und gesellschaftsvertragliche Nachfolgeklauseln, ZErb 2006, 195.

terstellung des Erblassers geht unmittelbar mit dem Erbfall auf den/die benannten Miterben über (MünchKomm/GERGEN vor § 2032 Rn 9).

Da auch der minderjährige Erbe kraft Gesetzes Gesellschafter der Personengesellschaft wird, ist eine Genehmigung des Familiengerichts im BGB nicht vorgesehen (vgl § 1822 Nr 3; BGHZ 92, 259, 266 f). Diese gesetzliche Regelung war insoweit mit dem allgemeinen Persönlichkeitsrecht des Minderjährigen nicht vereinbar, als er nicht nur mit seinem ererbten Anteil, sondern bei Fortführung des Handelsgeschäfts durch seine Eltern auch persönlich verpflichtet war (BVerfGE 72, 155, 173 ff). Der Staat ist nunmehr mit Einfügung der §§ 1629a, 1793 Abs 2 durch das Minderjährigenhaftungsbeschränkungsgesetz vom 25. 8. 1998 (BGBl I 2487) seiner Sorgfaltspflicht aus Art 6 Abs 2 S 2 GG nachgekommen. Die Haftung des Minderjährigen beschränkt sich danach auf den Bestand des bei Eintritt der Volljährigkeit vorhandenen Vermögens des Kindes. Dem Interesse der Gläubiger und des allgemeinen Rechtsverkehrs wurden durch Einfügung zweier Vermutungstatbestände in § 1629a Abs 4 Rechnung getragen.

26 Die unmittelbare Nachfolge kraft Sondererbfolge war für die Nachfolge in den **Anteil eines Kommanditisten** zunächst umstritten. Es entstand die Frage, ob beim Tode eines Kommanditisten jeder Erbe selbständiger Kommanditist werde oder ob zuerst die Erbengemeinschaft Kommanditist werde und bis zur Auseinandersetzung bleibe. Für die letzte Auffassung hatte sich insbesondere das RG (RGZ 123, 366 = JW 1929, 1361, 1800; KGJ 44, 133 = OLGE 27, 338) ausgesprochen und die Eintragung der Erbengemeinschaft in das Handelsregister zugelassen. Dies, obwohl seinerzeit anerkannt wurde, dass eine Erbengemeinschaft ebensowenig wie eine bürgerlichrechtliche Gesellschaft mangels selbständiger Rechtspersönlichkeit im Rechtsverkehr als Rechtsträger auftreten konnte (vgl BRUNSTÄDT, Die Beerbung eines Kommanditisten durch mehrere Erben [1939]; beachte aber das Urteil des BGH vom 29. 1. 2001, NJW 2001, 1056 zur Rechts- und Parteifähigkeit der GbR, hierzu ua K SCHMIDT NJW 2001, 993 ff und WERTENBRUCH NJW 2002, 324 ff; bestätigt durch BGH vom 18. 2. 2002, NJW 2002, 1207). Später hat sich das RG den dagegen erhobenen Bedenken nicht verschlossen und seine frühere Rechtsprechung aufgegeben. Im Beschluss vom 9. 9. 1943 (DRW 1943, 1228 Nr 6) erkannte es wie für die OHG an, dass die Rechtsstellung, die der Erbe mit dem Eintritt in die Kommanditgesellschaft erwirbt, zwar auf der Erbfolge beruht, dass der Inhalt sich aber nicht nach den Grundsätzen des Erbrechts, sondern sowohl im Innen- wie im Außenverhältnis personen- und vermögensrechtlich ausschließlich nach Gesellschaftsrecht bestimmt. Bei Vererbung eines Kommanditistenanteils an mehrere Erben werden diese unmittelbar mit dem Erbfall entsprechend ihren Erbanteilen Kommanditisten (RGZ 170, 328; RG DR 1943, 1228; BGH NJW 1983, 2376, 2377; PALANDT/EDENHOFER § 2032 Rn 8; ERMAN/SCHLÜTER § 2032 Rn 4; LAMMERS MDR 1960, 888; **aM** RGZ 123, 366; KG WM 1967, 148; BGB-RGRK/KREGEL § 2032 Rn 11; BROX/WALKER Rn 795; vgl auch die Anregung von ULMER NJW 90, 73, 83). Die Auseinandersetzung der Miterben soll in der Weise erfolgen, dass die kommanditistische Beteiligung des Erblassers auf einen oder einzelne Miterben verteilt wird. Die Anmeldungen zum Handelsregister müssen aber von sämtlichen Miterben bewirkt werden (KG JW 1935, 3642).

27 Ist im Gesellschaftsvertrag einer Personalgesellschaft vorgesehen, dass – um eine Vermehrung der Gesellschafter zu vermeiden – die Gesellschaft beim Tode eines persönlich haftenden Gesellschafters nur **mit einem** oder einzelnen **Erben fortgesetzt**

werden soll (qualifizierte Nachfolgeklausel), haben aber mehrere Erben den verstorbenen Gesellschafter beerbt, sollen nach hM ein Miterbe oder einzelne bestimmte Miterben mit dem Erbfall unmittelbar – also ohne Übertragung von der Miterbengemeinschaft – wie bei der einfachen Nachfolgeklausel (Rn 24) in die Gesellschafterstellung des Erblassers eintreten. Dieser Eintritt erfolgt in vollem Umfang. Die Erbquote bildet keine gegenständliche Begrenzung, denn sie regelt nur die Beteiligung am gesamten Nachlasswert, nicht aber an dem zugedachten Gesellschaftsanteil (BGH Betrieb 1977, 1131 mwNw, anders noch BGHZ 22, 186). Dabei ist es unerheblich, ob der begünstigte Erbe im Gesellschaftsvertrag namentlich aufgeführt oder sonstwie näher bestimmt (zB der älteste Sohn, die Witwe) bzw die Bestimmung dem Erblasser (durch letztwillige Verfügung) oder den Miterben überlassen ist (RGZ 145, 295; BGH Betrieb 1977, 1131 mwNw; OTTE I 6; SIEBERT NJW 1955, 810; EISENHARDT MDR 1969, 521; aM KRUSE 179). Der so Bedachte hat die Rechte aus § 139 HGB (BGHZ 22, 194). Da eine unmittelbare Nachfolge eintritt, wird idR eine Auszahlung eines Ausgleichsbetrages zugunsten der Miterben und zu Lasten der Gesellschaft nicht gewollt sein. Im Gesellschaftsvertrag kann bestimmt werden, dass ein Anspruch der Miterben auf Auszahlung eines Abfindungsbetrages ausgeschlossen ist, da § 738 nachgiebiges Recht enthält. Die darin liegende Bindung des Gesellschaftsvermögens müssen die weichenden Erben gegen sich gelten lassen, ohne dass die Befreiung des Bevorzugten in einer letztwilligen Verfügung festgelegt ist (RGZ 145, 289). Allerdings muss sich der Begünstigte den erhaltenen Wert bei der Auseinandersetzung anrechnen lassen. Die Ausgleichspflicht ergibt sich aus §§ 2050 ff analog (WESTERMANN Rn 542; BROX/WALKER Rn 794). Diese Anrechnung kann allein durch letztwillige Verfügung ausgeschlossen werden, dann ergeben sich jedoch Ausgleichspflichten aus §§ 2316 ff (RGZ 170, 207; HUECK § 28 II 2 c; ders DNotZ 1952, 550).

28 Die Diskrepanz zwischen gesellschaftsvertraglicher Nachfolgeklausel und erbrechtlicher Gesamtnachfolge ist, da sie im Gesetz nicht geregelt noch analogiefähige Vorschriften vorhanden sind (RÜTHERS AcP 168 [1968] 276), allein extra legem lösbar (KRAFT/KREUTZ, Gesellschaftsrecht [2000] 223 ff). Ein Erbrechtsanfall über § 1922 an den Begünstigten ist mit dem Grundsatz der Gesamtnachfolge nicht vereinbar, ebensowenig ist der Gesellschafteranteil als Sondergut entspr § 1417 anzusehen, denn auch dieses fällt in den gesamthänderisch gebundenen Nachlass. Wie bereits aufgeführt (Rn 24), ist die These vom Vorrang des Gesellschaftsrechts eine unbewiesene Behauptung und kann ebensowenig wie ein Gewohnheitsrecht das wohl wünschenswerte Ergebnis begründen. Bei der Vererbung der Gesellschafterstellung handelt es sich letztlich um ein gesellschaftsrechtliches Problem, ein wirtschaftlich gewünschtes Ergebnis mit dem Gesetz in Einklang zu bringen. Eine ausführliche Auseinandersetzung mit diesem Problem erfolgt daher auch idR im gesellschaftsrechtlichen Schrifttum, so dass auf die dortigen Ausführungen verwiesen werden kann (vgl im Übrigen STAUDINGER/MAROTZKE [2008] § 1922 Rn 168 ff).

29 4.   Zum Erwerb einzelner Rechte durch Personen, die nicht Erben sind (§§ 331, 563–563b sowie im Bereich des öffentlichen Rechts), vgl STAUDINGER/MAROTZKE (2008) § 1922 Rn 59, 282.

30 VI.   Zur Fortgeltung des ZGB für Erbfälle vor dem 3. 10. 1990 STAUDINGER/WERNER (2008) Vorbem 2 zu §§ 1924–1936.

Das ZGB der **DDR** hatte in §§ 400, 401, 423 die Erbengemeinschaft (Gesamthandsgemeinschaft) des BGB in den wesentlichen Regelungen beibehalten (vgl dazu BGH NJW 2001, 2396). Das Staatliche Notariat hatte erhebliche Befugnisse bei der Erbauseinandersetzung erhalten (§§ 425–427 ZGB), ein Weg, der auch für den Bereich des BGB als Reformgrundlage zu diskutieren wäre (vgl Rn 18). Eine Sonderregelung enthält ebenfalls Art 233 § 11 Abs 1 S 1 Nr 2 S 2 EGBGB (dazu MünchKomm/GERGEN Vor § 2032 Rn 13).

§ 2032
Erbengemeinschaft

(1) Hinterlässt der Erblasser mehrere Erben, so wird der Nachlass gemeinschaftliches Vermögen der Erben.

(2) Bis zur Auseinandersetzung gelten die Vorschriften der §§ 2033 bis 2041.

Materialien: E I §§ 2051 S 2, 2151; II § 1906;
III § 2007; Mot V 526 f, 687 f; Prot V 649, 835 f;
VI 346 f; JAKOBS/SCHUBERT ER I 749 f,
780–792, 806, 812; Denkschr 728.

Systematische Übersicht

I.	**Allgemeines zur Erbengemeinschaft**	1
1.	Mitglieder der Erbengemeinschaft	2
2.	Erbschaftsanspruch unter Miterben	3
3.	Parteifähigkeit	4
II.	**Wesen der Miterbengemeinschaft**	5
1.	Rechte an Nachlassgegenständen	6
2.	Rechtsträger	7
3.	Anteilsrechte der Miterben	8
III.	**Nähere Ausgestaltung der Miterbengemeinschaft**	
1.	Bindung der Miterben	9
2.	Genehmigungsfähigkeit	10
3.	Haftung für Nachlassverbindlichkeiten	11
4.	Legitimationsrechte	12
5.	Grundsatz der dinglichen Surrogation	13
6.	Gegenstand der Pfändung	14
7.	Prozessführung	15
8.	Antrag auf Nachlassverwaltung und -insolvenzverfahren	16
9.	Erbschein	17
IV.	**Erbfolge bei gewerblichen Unternehmen**	
1.	Handelsgeschäft eines Einzelkaufmanns	18
2.	Personalgesellschaft	21
3.	Aktiengesellschaft	22
4.	GmbH	23
5.	Genossenschaft	24

Alphabetische Übersicht

Anteil an Personalgesellschaft	21	Bruchteilsgemeinschaft	9 f
Aktie	22		
Auseinandersetzung	9	Eintragung im Grundbuch	12
Auseinandersetzungsguthaben	14	Eintragung im Handelsregister	18

Einzelhandelsgeschäft	18	– Rechtsnatur	5 ff
Erben	1 f	– Verfügung	5 f
Erbschaftsanspruch	3	– Verhältnis zum Miterben	1
– gegen Miterben	3	– Zusammensetzung	2
Erbschein	17		
Ersatzerbe	2	Nacherbe	2
		Nachlass	6
Fortführung eines Handelsgeschäftes	18, 20	– Verfügung	6 ff
		– Zuordnung	6
Gemeinschaftsverhältnis	1, 5 ff	– Zwangsvollstreckung	15
Genossenschaftsanteil	24	Nachlassansprüche	9
Gesamthandsgemeinschaft	5 ff	Nachlassverbindlichkeit	10 f
Gesamthandsklage	15	Nachlassverwaltung	16
Gesamtschuldner	15		
Gewerbliches Unternehmen	18 ff	OHG	18
GmbH-Anteil	23		
		Parteifähigkeit	4, 23
Haftung	5, 11, 23	Pfändung	14
Hypothekenbestellung	12	Prokura	19
		Prozessführung	15
Konvaleszenz	10		
		Rechte der Miterben	5 f
Legitimationsrechte	12	Rechtspersönlichkeit	4, 7, 18, 23
Miterbe	2	Streitgenossenschaft	3, 9, 15
– Beerbung	2	Surrogation, dingliche	13
– minderjähriger	8		
– Versterben	2	Umwandlung von Gesamthands-	
Miterbengemeinschaft		in Alleineigentum	8
– Anteil	8		
– Ausgestaltung	9 ff	Verfügung des Nichtberechtigten	10
– Beendigung	1	Verwaltung	9
– Entstehung	2		
– Haftung	5	Zwangsvollstreckung	15
– Mitglieder	1 f		

I. Allgemeines zur Erbengemeinschaft

1 Hinterlässt der Erblasser **mehrere Erben** (vgl Vorbem 2 zu §§ 2032 ff), so entsteht zwischen ihnen ein **Gemeinschaftsverhältnis** hinsichtlich des Nachlasses. Die Miterbengemeinschaft setzt also mehrere Erben voraus, sie entsteht nicht zwischen dem Alleinerben und Vermächtnisnehmern, Pflichtteilsberechtigten oder Erbersatzanspruchsberechtigten. Eine unter mehreren Erben entstandene Gemeinschaft erlischt, wenn ein Erbe die Anteile der übrigen erwirbt (RGZ 88, 116). Beerben die gleichen Personen mehrere Erblasser, bilden sie trotz Identität hinsichtlich jedes Nachlasses eine getrennte Miterbengemeinschaft. Zwischen der Gesamthand und den einzelnen Miterben sind über die Nachlassbeziehung hinaus weitere Rechtsbeziehungen möglich, zB Auftrag, Darlehen, Mietvertrag, Kaufvertrag (BGH JR 1969, 297; OLG Karlsruhe

JW 1932, 3013). Derartige Rechte werden nach den allgemeinen Regeln begründet, wobei auf Seiten der Miterbengemeinschaft die besonderen Verwaltungsregeln der §§ 2038 ff gelten.

1. Das Gemeinschaftsverhältnis entsteht nur zwischen den **unmittelbar nebeneinander eintretenden Erben**, nicht aber zwischen diesen und den nach einem von ihnen oder an seiner Stelle Berufenen (Nach- oder Ersatzerben) vor Eintritt des Ersatz- oder Nacherbfalles. Mehrere Nacherben, die erst Erben werden, nachdem zunächst ein anderer Erbe geworden ist, bilden unter sich nach Eintritt des Nacherbfalles die Miterbengemeinschaft, nicht aber entsteht eine solche zwischen Ihnen und dem Vorerben (RGZ 93, 296; 152, 380; SCHMIDT BWNotZ 1966, 144). Verstirbt ein Miterbe nach Entstehung der Gemeinschaft, so treten seine Erben gem § 1922 Abs 1 in die Erbengemeinschaft an seiner Stelle ein (HK-BGB/HOEREN Rn 2). Sein Anteil an der Miterbengemeinschaft wird von seinem oder seinen Erben, letzterenfalls wiederum in einer Miterbengemeinschaft, übernommen. Die Zusammensetzung einer Miterbengemeinschaft ist wichtig wegen des Erfordernisses gemeinschaftlicher Verwaltung aller beteiligten Miterben, § 2038. Zum Rechtschutzbedürfnis bzw Feststellungsinteresse bei Klage auf Feststellung einer Miterbenstellung: BGH ZEV 2010, 468 = FamRZ 2010, 1068. 2

2. Der **Erbschaftsanspruch** gem § 2018 kann von einem Miterben **gegen** andere (einzelne) **Miterben** geltend gemacht werden, wenn diese ihm die Erbschaft vorenthalten und sein Miterbrecht bestreiten (std Rspr RGZ 95, 98; BGB-RGRK/KREGEL Rn 2; vgl STAUDINGER/GURSKY § 2018 Rn 12). Es besteht aber keine Notwendigkeit, über den *Erbschaftsanspruch* des Miterben (§ 2018) gegenüber sämtlichen Miterben eine *einheitliche Entscheidung* zu treffen. Fällt die Entscheidung über die Frage, wer als Erbe berufen und wie groß der Anteil eines jeden von ihnen ist, gegenüber den einzelnen Miterben verschieden aus, so muss allerdings der Erbteil des Klägers im Verhältnis zu verschiedenen Miterben verschieden berechnet werden. Die sich daraus ergebenden Schwierigkeiten bei der gemeinschaftlichen Verwaltung und Nutzung der Erbschaft (§§ 2038, 743, 745) und bei der Auseinandersetzung sowie auch gegenüber Nachlassgläubigern (§ 2060) werden als überwindbar in Kauf genommen. Deshalb besteht zwischen gemeinschaftlich mit der Erbschaftsklage verklagten Miterben keine notwendige Streitgenossenschaft. Über die Streitgenossenschaft unter den von einem Nachlassgläubiger verklagten Miterben vgl Rn 15. 3

3. Mangels eigener Rechtspersönlichkeit ist die Miterbengemeinschaft *nicht parteifähig* (§ 50 Abs 1 ZPO. BGH JR 90, 458, 459; NJW 2006, 3715 = FamRZ 2007, 44 = ZErb, 2007, 1; so auch BORK, in: STAUDINGER – Symposion 100 Jahre BGB 181, 193; HK-BGB/HOEREN Rn 4; ebenfalls kritisch HEIL ZEV 2002, 296 ff; vgl aber EBERL-BORGES ZEV 2002, 125 ff; GRUNEWALD AcP 197 [1997] 305, 312 sowie K SCHMIDT NJW 1985, 2785, 2789 und HOHENSEE 204, 205 für die unternehmenstragende Erbengemeinschaft), gem § 70 Nr 2 SGG hat sie im sozialgerichtlichen Verfahren die Beteiligtenfähigkeit (BSG NJW 1958, 1560). §§ 2038 ff zeigen jedoch, dass eine Miterbengemeinschaft am Rechtsleben teilnehmen kann (OLG Hamm JMBlNRW 1975, 153). Sie kann daher Rechtsgeschäfte tätigen, sofern diese den Erfordernissen der §§ 2038 ff entsprechen. 4

II. Die rechtliche Natur des Gemeinschaftsverhältnisses wurde bereits als Gesamthandsgemeinschaft erkannt (RGZ 57, 434; Vorbem 2, 13 zu § 2032 ff). Die Miterbenge- 5 meinschaft ist keine juristische Person, sie ist kein selbständiges Rechtssubjekt. Als Gesamthandsgemeinschaft ist die Miterbengemeinschaft weder rechts- noch parteifähig (hM BGH NJW 2002, 3389; 2006, 3715 = ZEV 2007, 30 = FamRZ 2007, 41 = JA 2007, 653 = ZErb 2007, 1; OLG Köln ZEV 2007, 490; LG Berlin ZEV 2004, 428; LG Berlin ZEV 2004, 428; BAMBERGER/ROTH/LOHMANN Rn 5; ERMAN/SCHLÜTER Rn 1; MünchKomm/GERGEN Vor § 2032 Rn 5; JAUERNIG/STÜRNER Rn 1; PALANDT/EDENHOFER Einf v § 2032 Rn 1; FRANK/HELMS § 19 Rn 1; LEIPOLD Rn 721; SCHLÜTER Rn 643; OLZEN Rn 952; HEIL ZEV 2002, 296; widersprüchlich SOERGEL/WOLF Vor § 2032 Rn 4, § 2032 Rn 1). Folgerichtig ist sie auch nicht insolvenzfähig (AG Duisburg NZI 2004, 97). Zwar wird überwiegend bei einigen anderen Gesamthandsgemeinschaften zumindest eine Teilrechtsfähigkeit bejaht (zB für die Außen-BGB-Gesellschaft), so dass von Teilen der Literatur diese Gedanken auf die Miterbengemeinschaft übertragen und ebenfalls eine Rechts- und Parteifähigkeit angenommen wird (so GRUNEWALD, AcP 197 [1997] 305; EBERL-BORGES S 41 ff; ANN S 394 f; WEIPERT ZEV 2002, 300, 301). Das deutsche Recht unterscheidet jedoch bewusst und ausdrücklich zwischen der rechtsfähigen juristischen Person (eingetragener Verein, AG, Stiftung ua) und der nicht rechtsfähigen Gesamthandsgemeinschaft. Eine Abweichung bzw Ignorierung dieser Unterscheidung bedarf der gesetzestreuen Begründung. Der Grundsatz spricht gegen eine Rechtsfähigkeit der Gesamthand. Eine Abweichung kann nicht mit einem Hinweis auf einen „Vorrang des Gesellschaftsrechts" begründet werden, denn einen solchen Vorrang gibt es nicht. Es handelt sich insoweit um eine unzulässige Argumentation vom Ergebnis her. Die Rechtsordnung lässt bei den Gesellschaften den Rechtssubjekten bewusst die Wahl zwischen einzelnen Rechtsformen, so dass bei rechtsgeschäftlich herbeigeführten Gemeinschaften die Entscheidung auch für eine rechtsfähige Form getroffen werden kann. Bei der Miterbengemeinschaft dagegen hat der Gesetzgeber selbst die Festlegung als Gesamthandsgemeinschaft und nicht als rechtsfähiges Institut getroffen, so dass dieser nicht gegen das Gesetz abgeändert werden darf. Anders als die anderen Gesamthandsgemeinschaften, denen in Rechtsprechung und Literatur wohl überwiegend eine Teilrechtsfähigkeit und Parteifähigkeit zuerkannt wird (insbes der Außen-GbR), wird die Miterbengemeinschaft nicht durch Rechtsgeschäft, durch Vereinbarung der Beteiligten (Gesellschafter) begründet, sondern durch Gesetz und unterliegt daher allein den gesetzlichen Vorgaben der nicht rechtsfähigen Gesamthandsgemeinschaft. Die Abkehr von einer eigenständigen rechtsfähigen Person zugunsten einer nicht rechtsfähigen gesamthänderischen Bindung hat das Gesetz in zahlreichen Vorschriften zur Miterbengemeinschaft normiert (zB §§ 2038, 2039, 2040). Es besteht zudem ein Bedürfnis der Miterbengemeinschaft, die Rechtsfähigkeit zuzuerkennen (BGH NJW 2006, 3715; JAUERNIG/STÜRNER Rn 1; BAMBERGER/ROTH/LOHMANN Rn 5; MünchKomm/GERGEN Vor § 2032 Rn 5; SCHLÜTER Rn 643; MEYER-PRITZL, in: STAUDINGER/Eckpfeiler [2005] S 1100, 1001), da die Miterben für den Rechtsverkehr erkennbar die gesamthänderische Bindung dokumentieren und nicht der Anschein einer rechtsfähigen Außengesellschaftsform erweckt wird. Zumindest ist die Miterbengemeinschaft auf Abwicklung, nicht auf eine Tätigkeit als werbende Gesellschaft gerichtet (vgl Rn 3 Vor § 2032; BROX/WALKER Rn 469; DAMRAU/RISSMANN Rn 1; GURSKY ErbR S 77). Sollte jedoch ein Fortsetzungswille der Miterben von einer Auseinandersetzung der Gemeinschaft absehen, liegt die Umwandlung in eine andere Gesellschaftsform vor, so dass deren Rechtsfähigkeit überprüft werden muss. Die Miterbengemeinschaft existiert als solche dann nicht mehr (dazu § 2042 Rn 29). Für unerlaubte Handlungen eines beauftragten Miterben haftet die Gemeinschaft daher mangels Rechtspersönlichkeit nicht nach § 31, sondern nach §§ 278, 831 (BAMBERGER/ROTH/LOHMANN

Rn 8; ERMAN/SCHLÜTER Rn 5; HK-BGB/HOEREN Rn 6; aA WOLF AcP 181, 480, 505 f; SOERGEL/ WOLF Rn 1; AnwK-BGB/ANN Rn 12; SCHMIDT NJW 1985, 2785, 2789). Es besteht keine Gemeinschaft nach rechnerisch zu bestimmenden und frei verfügbaren Quoten (Bruchteilsgemeinschaft). Rechtsträger sind die Miterben in ihrer gesamthänderischen Verbundenheit. Der Nachlass wird mithin als Ganzes, als Vermögensinbegriff, zusammengehalten. Alle Rechte stehen den Miterben gemeinschaftlich derart zu, dass keiner über seinen Anteil am einzelnen Nachlassgegenstand verfügen kann, eine wirksame Verfügung nur gemeinschaftlich möglich ist, § 2040 Abs 1. Sachen stehen im Gesamthandseigentum, Forderungen sind Gesamthandsforderungen, alle Rechte sind Gesamthandsrechte. Der Nachlass steht den Erben als Sondervermögen zur gesamten Hand zu. Wird das Gesamthandsvermögen – etwa durch eine Schenkung – geschmälert, reduziert sich gleichzeitig das Vermögen der Miterben. Eine von § 528 Abs 1 vorausgesetzte Vermögensminderung liegt deshalb auch bei einer Schenkung durch eine Erbengemeinschaft vor (OLG Köln ZEV 2007, 490 m Anm O WERNER). Bei Verarmung nur eines Miterben kann jedoch die Gemeinschaft keine Rückgabe des ganzen Geschenkes an sich gem § 528 verlangen, sondern nach dem Sinn dieser Norm besteht lediglich ein Wertersatzanspruch des verarmten Miterben (OLG Köln 2007, 490, 491 m zust Anm O WERNER). Soweit der Erblasser einzelnen Miterben besondere Rechte zugewiesen hat, begründet diese Bestimmung keine dingliche Wirkung an den Nachlassrechten, sondern nur eine schuldrechtliche Forderung auf Übertragung des Rechtes bei der Auseinandersetzung (Vorbem 19 zu § 2032 ff). Die Überleitung eines der Gesamthand zustehenden Rechtes auf einen oder mehrere Miterben zu Allein- oder Bruchteilseigentum erfordert einen besonderen Übertragungsakt unter Beachtung aller hierfür erforderlichen Voraussetzungen, zB Auflassung und Eintragung bei Grundstücken (RGZ 57, 432; 67, 62; 105, 251; WESSER/SAALFRANK NJW 2003, 2937). Dazu im einzelnen § 2042 Rn 60 ff. Der praktische Schwerpunkt der Miterbengemeinschaft liegt daher in der Beschränkung der Verfügungsmacht des einzelnen Mitberechtigten durch die Notwendigkeit der Mitverfügung und der darin gelegenen Bindung des Nachlasses für die gemeinschaftlichen Zwecke bis zur Auseinandersetzung.

Im Einzelnen ist das **Wesen der Gesamthand** in folgenden Punkten umstritten:

1. Zwar wird der **Nachlass** als **Gegenstand der Gemeinschaft** in § 2032 Abs 1 **6** bezeichnet. Da er aber kein einheitliches Rechtsobjekt ist, ist die Gemeinschaft nur in der Weise denkbar, dass die *einzelnen Gegenstände* gemeinschaftlich sind (BINDER III 34 I, II; SIBER 117 f; KRESS 1 f; STROHAL II 182 f; KIPP § 82 VI 1). Es fragt sich nun, ob der einzelne Miterbe an ihnen ein relativ selbständiges Teilrecht hat, wobei er lediglich in der Verfügungsmacht beschränkt ist (Theorie der geteilten Mitberechtigung, zB BGB-RGRK/KREGEL Rn 4) oder ob der Nachlass ohne solche Quotelung der gesamthänderischen Vereinigung aller Teilhaber zusteht, so dass sich die Unverfügbarkeit über die Anteile an den einzelnen Nachlassgegenständen aus dem Wesen des Anteilsrechts, aus dem Fehlen eines auch nur relativ selbständigen Teilrechts ergibt. Für die geteilte Mitberechtigung sind namentlich eingetreten: BINDER III, 6 f, der sich aber später (Enzyklopädie von KOHLRAUSCH-KASKEL [2] § 29, 84) der zweiten Auffassung angeschlossen hat; JOERGES ZHR 49, 140 f; 51, 47 f; NAGLER SächsArch 10, 695 f, insbes 718 f; KRÜCKMANN ZBlFG 1916, 1 f, 50.

Für die Theorie der ungeteilten Gesamtberechtigung haben sich ua ausgesprochen: O vGIERKE in seinen verschiedenen Schriften, zB Genossenschaftstheorie 344; Vereine ohne Rechtsfähigkeit 29; Deutsches Privatrecht I, 664; II, 388 f; CROME § 280 Fn 2; ENNECCERUS/LEHMANN § 89 I Fn 1; STROHAL II § 64 I; SOERGEL/WOLF Rn 1. Die Gesamtregelung des Gesetzes erklärt sich jedenfalls am besten aus der Annahme einer Gesamthandsgemeinschaft ohne ziffernmäßig bestimmte, relativ selbständige Quotenrechte, die nicht der Rechtszuständigkeit nach, sondern nur der Ausübung, der Verfügungsmacht nach beschränkt sind. Auch sind die rechtlichen Folgerungen aus der abgelehnten Auffassung unbefriedigend, wie sich namentlich bei einer gegen die §§ 2033 Abs 2, 2040 verstoßenden Verfügung eines Miterben zeigt. Bei Annahme einer beschränkten Teilberechtigung wäre § 2033 Abs 2 als Veräußerungsverbot aufzufassen, das die widersprechende Verfügung nichtig und genehmigungsunfähig machen würde. So haben in der Tat der V. ZS in RGZ 93, 292 und ihm folgend der IV. ZS in JW 1925, 604 entschieden. RGZ 129, 284 hielt die von nur einem Miterben erteilte Einwilligung für wirksam (vgl auch RGZ 139, 118, 122). Erblickt man dagegen in den §§ 2033 Abs 2, 2040 die Verneinung eines derartigen Teilrechts, so ist die widersprechende Verfügung die eines Nichtberechtigten iSd § 185, also genehmigungsfähig. Zu dieser vom KG in st Rspr vertretenen zweckmäßigeren Behandlung (vgl HRR 1933 Nr 1201) hat sich dann auch später der V. ZS unter Aufgabe seiner früheren Ansicht bekannt (RGZ 152, 380; ebenso KIPP/COING § 114 V).

Ebenso unannehmbar ist die Folgerung, die BINDER (III 70 Fn 47) aus seiner früheren Lehre von der Teilberechtigung für den Fall der Veräußerung von Fahrnis in eigenem Namen ziehen mußte; er wollte die Anwendung von § 932, also den Gutglaubensschutz des Erwerbers, ausschließen, weil nach § 932 nur der Mangel im Recht, nicht aber die Verfügungsmacht geheilt wird; vgl dagegen vTUHR I 81 Fn 12, sowie die dort erhobenen weiteren Bedenken. BINDER hat deshalb auch seine Lehre von der geteilten Mitberechtigung aufgegeben; vgl Enzyklopädie § 29 Fn 3. Sie darf heute als überwunden bezeichnet werden. Das RG hat sich in st Rspr gegen sie ausgesprochen (RGZ 57, 432 f; 60, 128; 61, 78; 67, 62; 68, 417; wie hier auch MUSCHELER, in: FS Kanzleiter S 295).

7 2. Bei Ablehnung der Theorie der geteilten Mitberechtigung erhebt sich die weitere Frage, ob man die Gesamthand mit O VGIERKE als eine Personeneinheit, die als solche rechts- und handlungsfähig wäre, ansehen darf (Theorie der Personifikation der Gesamthand, vgl Deutsches Privatrecht I 664, 628; II 398; so wohl auch SOERGEL/ WOLF Rn 1), oder ob man die einzelnen Gesamthänder als Rechtsträger kraft der zwischen ihnen bestehenden Gemeinschaftsordnung, eben der Miterbengemeinschaft, anzusehen hat, wohin die weitaus überwiegende Meinung geht. Die Personifikation der Erbengemeinschaft ist ua als in Widerspruch mit dem geltenden Recht stehend abzulehnen. Sie täuscht eine neben den Gemeinschaftern stehende juristische Person als Rechtsträger vor und erklärt das Rechtsverhältnis zwischen den Teilhabern nicht (vgl vTUHR I § 3, 81 f). Entweder besitzt die Gesamtheit als solche das Recht und dann müßte sie juristische Person sein, was die Erbengemeinschaft nicht ist; oder die Teilhaber sind Rechtsträger und dann muss man ihre Rechtsträgerschaft aus der zwischen ihnen bestehenden Gemeinschaftsbeziehung erklären.

8 3. Bei der rechtlichen Erfassung der Gemeinschaftsbeziehung fragt sich endlich, ob man sie nur als eine personenrechtliche erfassen soll, wie SOHM (Der Gegenstand [1905] 70) meint, oder ob sie auch als gegenstandsrechtlich zu denken ist, so dass den

Titel 4 · Mehrheit von Erben § 2032
Untertitel 1 · Rechtsverhältnis der Erben untereinander 8

einzelnen Teilhabern auch ein Anteil an den einzelnen Nachlassgegenständen zuzuschreiben wäre, der freilich nicht als ziffernmäßig bestimmtes und relativ selbständiges Teilrecht gedacht werden dürfte, aber immerhin als ein während der Dauer der Gemeinschaft latentes, bei ihrer Beendigung aktiv werdendes Sonderrecht von sachenrechtlichem Gehalt aufzufassen wäre (dafür O vGierke, Deutsches Privatrecht II 389; Kipp § 82 VI 1 [anders Kipp/Coing § 114 V 1b]; Heusler, Institutionen des deutschen Privatrechts I § 50; ähnlich auch Staudinger/Herzfelder⁹ Anm 1; zustimmend auch Erman/Schlüter § 2033 Rn 9; unter Hinweis auf Abs 2 BayObLG 82, 59/67). RGZ 88, 26 lässt die Entscheidung dahingestellt, RG BayZ 1911, 365 bejaht ein solches Anteilsrecht. In RGZ 94, 243 sagt der VII. ZS wörtlich: „Miterben haben aber nicht bloß, wie das Kammergericht anzunehmen scheint, Anteile zur gesamten Hand an dem Nachlass als solchem, sondern auch an den einzelnen zum Nachlass gehörigen Gegenständen." Das KG bemerkt in JW 1938, 3115 treffend: irgendjemand müssen auch die einzelnen Gegenstände für sich betrachtet zu Eigentum (oder zu sonstigem Recht) gehören. Für diese Auffassung spricht schon der Wortlaut des Gesetzes, das von einem Anteil an den einzelnen Nachlassgegenständen ausgeht. § 2033 Abs 2 damit zu erklären, dass es keinen solchen Anteil gebe, ist sehr willkürlich. Auch die Logik verlangt die Annahme solcher Anteile, wenn man davon ausgeht, dass die einzelnen Gemeinschafter die Träger der Gesamthandsrechte sind und nicht eine davon unterschiedene selbständige Einheit O vGierke'scher Prägung.

Die Rechtsgemeinschaft ist begrifflich nichts anderes als die Zusammenfassung unselbständiger gleichartiger Rechtsteile zu der einen Zuständigkeitsform eines gemeinschaftlichen Rechts nach einer bestimmten Gemeinschaftsordnung, hier der der Erbengemeinschaft. Vom Boden dieser Auffassung aus gewinnt man auch am leichtesten eine sachgemäße Stellungnahme zu der Umwandlung von Gesamthandseigentum in einfaches Miteigentum oder in Alleineigentum eines Erben. Dass dazu dingliche Veräußerungsakte notwendig sind, bei Grundstücken also Auflassung, und dass bei Übernahme der Verpflichtung zu einer derartigen Rechtsänderung die Form des § 311b Abs 1 zu beobachten ist, entspricht der herrschenden Lehre und Praxis (RGZ 57, 432; 67, 61; 105, 251; 118, 244; KGJ 45, 233; 51, 181; BGHZ 21, 231; KGJFG 21, 181; vgl auch Rn 5). Aber es wirkt durchaus gekünstelt, in einer Verwandlung von Gesamthandseigentum der Miterben in schlichtes Miteigentum eine Veräußerung der Miterben an sich selber zu sehen. In Wahrheit liegt nur eine Veränderung der Zuständigkeitsform des Rechts, des Rechtsinhalts vor, die eben deshalb die entspr Anwendung der Vorschrift über die Auflassung nötig macht. Vgl dazu Oertmann vor § 705, dort auch weitere Hinweise auf die einschlägige Literatur, namentlich auch auf Egerländer, Die regelmäßige Rechtsgemeinschaft (1914) 109, 217 f und Lent, Gesetzeskonkurrenz 161.

Praktische Bedeutung hat die Anerkennung eines sachenrechtlichen Anteils an einem Nachlassgrundstück, wenn ein minderjähriger Erbe an einem solchen beteiligt ist und das Grundstück veräußert werden soll (dazu Mahlmann ZEV 2009, 320). Da er als Gesamthänder ein „Recht an dem Grundstück" iSd § 1821 Nr 1 hat, bedarf ein solcher Vertrag nach feststehender Rechtsprechung der Genehmigung des Familiengerichts, und zwar nicht nur der Verfügungs-, sondern auch der Verpflichtungsvertrag, § 1821 Nr 1, 2 (BayObLG Recht 1908 Nr 2013; KGJ 38 A 219; BayObLGZ 20, 319 f = OLGE 41, 75; Mahlmann ZEV 2009; 320, 321). Anders, wenn über Grundstücke einer OHG verfügt werden soll, an denen ein Minderjähriger beteiligt ist, weil die

OHG als juristische Person, dh als Träger des Rechts, behandelt wird (RGZ 54, 278; 133, 7 f).

Die Anerkennung von Anteilsrechten an den einzelnen Nachlassgegenständen liefert auch allein eine zufriedenstellende Grundlage für die Berechnung der Notariatsgebühren und Gerichtskosten bei Genehmigung des von dem gesetzlichen Vertreter eines minderjährigen Miterben abgeschlossenen Grundstücksverkaufsvertrages. Entscheidend für die Kostenberechnung ist der Wert des Gegenstandes der Genehmigung. Bezieht sich auch die Veräußerungserklärung des gesetzlichen Vertreters auf den ganzen Grundstückskauf, so wird der Wert des genehmigungspflichtigen Gegenstandes doch durch den Wert des Gesamthandsanteils des minderjährigen Miterben bestimmt (KGJ 53, 291 unter Aufgabe des früheren gegenteiligen Standpunktes in KGJ 46, 284, allerdings gestützt auf § 40 Abs 3 PrGKG). Sollen wirklich bei Beteiligung von drei Minderjährigen die Gebühren dreimal vom ganzen Gegenstand berechnet werden?

Man kommt praktisch, wenn der Anteil vor der Auseinandersetzung zu bewerten ist, ohne Zugrundelegung eines den Erbteilen oder dem Auseinandersetzungsguthaben entsprechenden Anteils gar nicht aus. Demgemäß bestimmt auch § 39 Abs 2 Nr 2 Abgabenordnung vom 1. 10. 2002, BGBl I 3866, dass Wirtschaftsgüter, die mehreren zur gesamten Hand zustehen, den Beteiligten so zuzurechnen sind, als wenn die Beteiligten nach Bruchteilen berechtigt wären, deren Höhe anteilig nach den Anteilen zu bestimmen ist, zu denen die Beteiligten an dem Vermögen zur gesamten Hand beteiligt sind oder nach Verhältnis dessen, was ihnen bei Auflösung der Gemeinschaft zufallen würde. Die letztere Möglichkeit trägt dem Grundgedanken der Erbschaftsteuer Rechnung, die nur die Bereicherung der Miterben erfassen will. Wo dieser Gedanke nicht durchgreift, wie bei der Kostenberechnung, muss von einem dem Erbteil entsprechenden Wert der Beteiligung ausgegangen werden. Nach alledem ist die Leugnung gegenstandsrechtlicher Anteile wegen ihrer ungerechten Folgen abzulehnen. Das Wesen der Gesamthand darf nicht apriorisch ermittelt werden, sondern ist im Hinblick auf Ergebnisse der Konstruktion zu bestimmen.

III. Nähere Ausgestaltung der Miterbengemeinschaft

1. Die Gesamthandsgemeinschaften des BGB sind verschieden ausgestaltet (vgl Vorbem 12 zu § 2032). Bei der Miterbengemeinschaft ist die Bindung der Gemeinschafter weniger streng als bei der BGB-Gesellschaft und Gütergemeinschaft, weil erstere ohne Willen der Beteiligten entsteht und nicht auf Dauer gedacht, sondern auf Auseinandersetzung angelegt ist (OLG Hamm JMBlNRW 1975, 153). Daher darf der einzelne Miterbe über seinen Anteil am ganzen Nachlass verfügen, § 2033 Abs 1. Den Sonderbelangen der einzelnen Miterben wird mehr Rechnung getragen, indem ihnen zwar die Verwaltung nur gemeinschaftlich zusteht (§ 2038 Abs 1), aber einige Vorschriften der Bruchteilsgemeinschaft anwendbar sind (§ 2038 Abs 2).

Auch bei der Verfolgung der *Nachlassansprüche* wird der Gesamthandsgrundsatz insofern gemildert, als nach § 2039 nicht alle Miterben gemeinschaftlich fordern müssen, sondern jeder allein die Leistung, allerdings nur an alle Erben, fordern kann (keine notwendige Streitgenossenschaft, vgl § 2039 Rn 25). Endlich wird den Erben das Recht zugesprochen, jederzeit eine Auseinandersetzung zu verlangen, § 2042.

2. Die fehlende Identität zwischen Erben und Miterbengemeinschaft bewirkt, **10** dass eine *Verfügung,* die ein *Nichtberechtigter* vor dem Erbfall über einen Gegenstand des späteren Nachlasses getroffen hat, nicht dadurch Wirksamkeit erlangt, dass er Miterbe wird, § 185 Abs 2 S 1. Erst wenn der Gegenstand bei der Auseinandersetzung dem Verfügenden zugeteilt wird, kann die Konvaleszenz eintreten. Wohl aber wird eine Verfügung des Erblassers über eine Sache oder ein Recht eines Miterben nach § 185 Abs 2 S 1 wirksam, wenn dieser unbeschränkt haftbar wird, sei es auch nur für einen seinem Erbteil entsprechenden Teil der Nachlassverbindlichkeiten (BGB-RGRK/KREGEL Rn 6; PLANCK/FLAD Anm 2).

3. Hinsichtlich der **Nachlassverbindlichkeiten** bestimmt § 2058, dass die Miterben **11** entspr der Gemeinschaftlichkeit der Rechte auch für die gemeinschaftlichen Nachlassverbindlichkeiten nicht bloß zu einem ihrem Erbteil entsprechenden Teil, sondern **gesamtschuldnerisch haften**. Diese Frage ist von der Frage der beschränkten oder unbeschränkten Haftung streng zu unterscheiden; letztere ist für die Miterben grundsätzlich genauso zu beantworten, wie für den Alleinerben. Die gesamtschuldnerische Haftung wird freilich nach zwei Seiten gemildert, einmal für die Zeit bis zur Teilung hinsichtlich der Haftung des Miterben mit dem eigenen Vermögen durch § 2059, sodann für die Zeit nach der Teilung durch §§ 2060, 2061.

4. Gemeinschaftlich sind auch die *Legitimationsrechte,* wie die durch Eintragung **12** in das Grundbuch begründete Legitimation als Eigentümer (AnwK-BGB/ANN Rn 17; PLANCK/FLAD Anm 1). Soll nach dem Erbfall das *Grundbuch* durch Eintragung der Miterbengemeinschaft berichtigt werden, müssen alle Erben den Antrag stellen oder aber einer handelt mit Zustimmung der anderen (SOERGEL/WOLF Rn 37). Bei Eintragung in das Grundbuch soll das Erbengemeinschaftsverhältnis bezeichnet werden, § 47 GBO. Bei unrichtiger Angabe des Gemeinschaftsverhältnisses ist die Auflassung unwirksam (OLG München DNotZ 1939, 656; BayObLG DNotZ 1959, 200; OLG Zweibrücken DNotZ 1965, 614; BGB-RGRK/KREGEL Rn 7; ERMAN/SCHLÜTER Rn 3). Die Anteile der einzelnen Teilhaber sind nicht einzutragen (RG HRR 1930 Nr 1219). Wenn die Gemeinschafter als „Miterben zu gleichen Teilen" eingetragen sind, so lässt diese Eintragung gleichwohl erkennen, dass es sich nicht um Bruchteilseigentum handeln kann. Deshalb ist die an dem Anteil eines einzelnen Miterben bestellte Hypothek nichtig (§ 1114) und kann auch nicht aufgrund guten Glaubens von einem Dritten wirksam erworben werden, denn auf ihrem Inhalt nach unzulässige Eintragungen erstreckt sich die Wirkung des öffentlichen Glaubens nicht (RGZ 88, 27; BGB-RGRK/KREGEL Rn 7).

5. Für die Veränderungen, die der Nachlass bis zur Auseinandersetzung erleidet, **13** gilt der Grundsatz der *dinglichen Surrogation.* Die Ersatzvorteile, die an Stelle eines Nachlassgegenstandes treten oder durch ein Rechtsgeschäft erworben werden, das sich auf den Nachlass bezieht, fallen in die Gesamthandsgemeinschaft (vgl § 2041).

6. Der **Pfändung** unterliegt nur der Erbteil (AHNER S 96 ff), dh der Anteil des **14** einzelnen Miterben am ganzen Nachlass, nicht aber sein Anteil an den einzelnen Nachlassgegenständen, auch nicht der Anspruch auf Auseinandersetzung oder Auskehrung des Auseinandersetzungsguthabens für sich allein; diese Ansprüche sind vom Erbteil nicht trennbar und kein Gegenstand selbständiger Verfügung (KG JW 1930, 1014 Nr 7; OLGE 40, 412). Fraglich kann nur werden, ob man die Pfändung derartiger Ansprüche als Pfändung des Anteils am Nachlass auslegen darf, dessen

Pfändung sich auf sie mit erstreckt. Für diese Möglichkeit: RGZ 49, 408; RG WarnR 1911 Nr 139; KG OLGE 40, 412.

15 7. Im **Prozess** sind die in ungeteilter Erbengemeinschaft befindlichen Miterben, wenn sie ein den Gesamthändern zustehendes Recht angriffsweise geltend machen, also einen **Aktivprozess** führen, *notwendige Streitgenossen* (RGZ 96, 52; RG JW 1905, 114; BGB-RGRK/Kregel Rn 2; HK-BGB/Hoeren Vor §§ 2032–2063 Rn 17). Infolgedessen wird der säumige Miterbe durch die anderen vertreten. Was die **Passivprozesse** angeht, so kann jeder allein nach § 2058 als *Gesamtschuldner* verklagt werden. Für Klagen gegen mehrere Gesamtschuldner besteht grundsätzlich keine notwendige Streitgenossenschaft (RGZ 68, 221; 71, 339; 121, 345; BGH WM 1963, 762; HK-BGB/Hoeren Vor §§ 2032–2063 Rn 18). Dies gilt insbesondere für eine im Forderungsprätendentenstreit gegen Miterben erhobene Feststellungsklage (BGH FamRZ 1992, 1055, 1056). Anders, wenn die Gesamthandsklage des § 2059 Abs 2 erhoben, also eine Verfügung über den ungeteilten Nachlass oder eine diesem gleichstehende Zwangsvollstreckung in den Nachlass verlangt wird (RGZ 71, 370 f; RG JW 1938, 1138; BGB-RGRK/Kregel Rn 2).

16 8. Dem Gesamthandsprinzip entspricht es auch, dass nach § 2062 die *Anordnung der Nachlassverwaltung* von den Miterben nur gemeinschaftlich beantragt werden kann, und dass sie ausgeschlossen ist, wenn der Nachlass geteilt ist. Eine Ausnahme von dem Grundsatz der Gemeinschaftlichkeit enthält § 317 Abs 2 InsO für den Fall eines Antrages auf Eröffnung des Nachlassinsolvenzverfahrens.

17 9. Nach § 2357 ist, wenn mehrere Erben vorhanden sind, auf Antrag, den jeder Erbe stellen kann, ein **gemeinschaftlicher Erbschein** zu erteilen.

IV. Erbfolge bei gewerblichen Unternehmen

18 1. Ein in das Handelsregister eingetragenes **Handelsgeschäft eines Einzelkaufmanns** kann vererbt (§ 22 HGB) und von der **Erbengemeinschaft** als solcher unter der alten Firma mit oder ohne Nachfolgezusatz als werbendes weitergeführt werden (BGHZ 92, 263; KG JW 1938, 3117; dazu Bringer ZErb 2006, 39 ff). Der aus dem Nachlass erzielte Erwerb fällt gem § 2041 im Wege der Beziehungssurrogation in den Nachlass (Wolf AcP 181, 480, 510). Dagegen kann eine Erbengemeinschaft als solche kein Handelsgewerbe errichten oder erwerben (RGZ 132, 138; KG HRR 1932, 749). Abgesehen vom Fall der Fortführung eines ererbten Geschäftes durch eine Erbengemeinschaft kann ein Handelsgeschäft von mehreren Personen nur in den vom HGB dargebotenen Gesellschaftsformen betrieben werden (KG JW 1935, 3642). Ein Handelsgeschäft eines Einzelkaufmannes wird durch den Erbfall nicht automatisch zu einer OHG, sondern die Gemeinschaft betreibt das Unternehmen weiter, obwohl sie keine eigene Rechtspersönlichkeit darstellt (RGZ 132, 138; BGHZ 92, 259, 262; KG ZEV 1999, 28; Wolf AcP 181, 480, 482 ff). Eine identitätswahrende Umwandlung in eine Personenhandelsgesellschaft findet nicht statt (Fischer ZHR 144, 1, 12). Die Miterben haften für die Verbindlichkeiten persönlich (MünchKomm/Gergen Rn 44; Wolf AcP 181 [1981] 480, 497, 503 ff), und zwar auch, wenn nur einzelne von ihnen im Rahmen ihres Mehrheits- bzw Notverwaltungsrechts tätig werden (Wolf AcP 181 [1981] 498). Die Gemeinschaft kann mit den Namen aller Erben und Rechtsformzusatz als Kaufmann in das Handelsregister eingetragen werden (KG JFG 5, 209; 15, 6; Erman/Schlüter Rn 4; Hüffer ZGR 1986, 603, 622; Schmidt NJW 1985, 2785, 2789) und das Geschäft zeitlich unbeschränkt fortführen, ohne damit zu einer OHG zu werden (BGH NJW 1951, 311; 1959, 2114; BGHZ 92, 259, 263 f; BFH NJW 1988, 1343; OLG Hamm NZG 1999, 588; WOLF AcP 181, 480, 482 ff; SCHMIDT NJW 1985, 2785, 2787; aA FISCHER ZHR 144, 1, 10 ff). Zur Zulässigkeit einer identitätswahrenden Umwandlung durch Rechtsgeschäft § 2042 Rn 29.

Auf das Verhältnis der Miterben zueinander soll trotzdem das Recht der OHG Anwendung finden (BGHZ 17, 299 = NJW 1955, 1227; SOERGEL/WOLF Rn 5; BGB-RGRK/ KREGEL Rn 10; PALANDT/EDENHOFER Rn 6). Dies kann aber nur richtig sein, wenn sich die Beteiligten zumindest schlüssig den Regeln der §§ 105 ff HGB unterwerfen, dh eine OHG betreiben wollen (so auch ERMAN/SCHLÜTER Rn 4). Zur OHG wird das Geschäft erst aufgrund eines unter den Miterben geschlossenen Gesellschaftsvertrages (RGZ 35, 19; BGB-RGRK/KREGEL Rn 9; HK-BGB/HOEREN Rn 8). Hierfür reicht die Fortführung allein nicht aus, es muss vielmehr erkennbar werden, dass nicht mehr das Geschäft des Erblassers unter der von diesem durch Erbfolge bestimmten Konstellation fortgeführt werden soll. Dies setzt die Zustimmung aller Miterben voraus (JOHANNSEN FamRZ 1980, 1074, 1076 f). Die Erben müssen sich bewußt sein, nunmehr aufgrund eines eigenen Zusammengehörigkeitswillens ein Handelsgeschäft als werbendes zu führen (vgl § 2042 Rn 29; dies gilt auch bei Beteiligung eines Minderjährigen an der Erbengemeinschaft, weil sich an der Willensrichtung der Miterben insoweit nichts ändert; aA THIELE FamRZ 1992, 1001, 1005; vgl Vorbem 24 zu §§ 2032 ff). Dazu reicht weder der Fristablauf des § 27 HGB (BayObLG JW 1931, 1329; WOLF AcP 181 [1981] 480, 482 ff; aA FISCHER ZHR 144, 1, 14) noch die Änderung der Firma (zB Nachfolgezusatz) aus, sofern hierin nicht der Wille zum Ausdruck kommt, ein werbendes Handelsgeschäft auf Dauer zu betreiben (Münch-Komm/GERGEN Rn 45; HÜFFER ZGR 1986, 603, 611; strenger SCHMIDT NJW 1985, 2785, 2788).

Für die Zwangsvollstreckung reicht entgegen § 747 ZPO ein gegen die Firma gerichteter Titel aus (WOLF AcP 181 [1981] 480, 495).

Die Erben können als Inhaber eines Handelsgeschäftes zusammen einen **Prokuristen** **19** bestellen und einzeln die Prokura widerrufen (JOHANNSEN FamRZ 1980, 1074, 1076). Ein Miterbe kann aber, da selber in gesamthänderischer Verbundenheit Geschäftsinhaber, nicht Prokurist sein und werden, sondern nur ein Dritter (KG JW 1939, 565; aA SCHMIDT NJW 1985, 2785, 2789). Wird ein Prokurist Miterbe, gilt § 52 Abs 3 HGB nicht, die Prokura erlischt mit dem Erbfall (BGHZ 30, 391, 397).

Die Fortführung eines ererbten Handelsgeschäftes durch die Erbengemeinschaft ist **20** aber auch dann zulässig, wenn ein Miterbe aus dieser ausgeschieden ist (KG JW 1939, 565). Bei Fortführung durch einen Miterben ist § 27 HGB nur gegenüber allen Miterben gegeben, falls sie diesen zumindest konkludent zur Geschäftsführung bevollmächtigt haben (BGHZ 30, 391 = DB 1959, 1192; BGH NJW 1960, 962). Führt ein Miterbe das Geschäft mit Zustimmung der anderen **allein** weiter, liegt hierin eine Teilauseinandersetzung mit Zuweisung des Geschäftes an den Miterben. Er ist allein in das Handelsregister einzutragen (LG Kleve MittRhNotK 1967, 738). Eine Fortführung des in ungeteilter Erbengemeinschaft betriebenen Handelsgeschäftes ist auch durch erbteilserwerbende Dritte möglich (aA KG ZEV 1999, 28). Zwar treten diese nicht in die erbrechtliche Stellung der Veräußerer, gleichwohl in deren vermögensrechtliche Position bzgl des Nachlasses ein (BayObLG NJW-RR 1987, 398). Dagegen sprechen auch keine gesellschaftsrechtlichen Gesichtspunkte, die Erwerber sind weder zur Gründung einer Gesellschaft noch zur Auflösung der Gesamthandsgemeinschaft verpflichtet (ausführlich KELLER ZEV 1999, 174; HEIL MittRhNotK 1999, 148).

21 2. Der **Tod** eines persönlich haftenden **BGB-Gesellschafters** führt gem § 727 Abs 1 grundsätzlich zur Auflösung der Gesellschaft. Soweit vertraglich nichts anderes bestimmt ist, hat das Ableben eines OHG-Gesellschafter dessen Ausscheiden aus der Gesellschaft zur Folge, § 131 Abs 3 Nr 1 HGB. Ausschließlich bei der KG geht die Kommanditistenstellung gemäß § 177 HGB per se auf die Erben über (Vorbem 25 zu §§ 2032 ff). Die sich aus der Abwicklungsgesellschaft ergebenden Rechte und Pflichten (insbes auf den Abfindungsbetrag) gehen auf die Miterben in ihrer gesamthänderischen Bindung über (RGZ 106, 63, 65). Haben die Gesellschafter im Gesellschaftsvertrag abweichend von § 727 Abs 1, § 131 Abs 3 Nr 1 HGB die Fortsetzung der Gesellschaft mit einem einzigen oder allen Erben eines verstorbenen Gesellschafters vereinbart, so vollzieht sich der Eintritt der Erben des Mitgliedes einer OHG oder GbR in die Rechtsstellung des Erblassers so, dass jeder Miterbe selbständiger Gesellschafter wird, nicht aber die Miterbengemeinschaft (Sonderrechtsnachfolge vgl Vorbem 24 ff zu §§ 2032 ff). Das Gesellschaftsverhältnis des Erblassers vervielfältigt sich also zu so vielen selbständigen Mitgliedschaften, als Erben des Anteils des Erblassers vorhanden sind. Der Gesellschaftsanteil ist kraft Sondererbfolge nicht Gegenstand der gesamthänderischen Bindung (vgl Vorbem 24 ff zu §§ 2032 ff).

22 3. Das **Anteilsrecht eines Aktionärs** (Aktie) ist vererblich, aber gem § 8 Abs 5 AktG unteilbar, es geht auf die Miterben zur gesamten Hand über. Sie können ihre Rechte nur durch einen gemeinsamen Vertreter ausüben, § 69 Abs 1 AktG. Testamentsvollstrecker und vergleichbare Amtswalter sind kraft ihres Amtes gemeinschaftliche Vertreter.

23 4. Der **Geschäftsanteil einer GmbH** ist gem § 15 Abs 1 GmbH vererblich und geht auf die Miterbengemeinschaft in ihrer gesamthänderischen Bindung über (DÄUBLER GmbH-Rdsch 1965, 18 ff; LAGNER GmbH-Rdsch 2006, 295). Gem § 2038 können die Miterben die sich daraus ergebenden Rechte nur gemeinsam ausüben (BGH WM 1969, 590; BGB-RGRK/KREGEL Rn 11; SOERGEL/WOLF Rn 35). § 18 Abs 1 GmbHG schließt § 2038 Abs 1 S 2 aus. Sonderregeln über die Haftung der Erben enthält § 18 Abs 2 GmbHG (entspr § 2058), für die Rechtshandlungen der GmbH gegenüber den Erben § 18 Abs 3 GmbHG. Da es einer Miterbengemeinschaft an eigener Rechts- und Parteifähigkeit fehlt, kann sich eine Miterbengemeinschaft an der Gründung einer GmbH durch Übernahme eines Stammanteiles nicht beteiligen (KG OLGE 14, 322, 324; OLG Stuttgart KGJ 22 D 22, 23; zum Streitstand OLG Hamm JMBlNRW 1975, 154 ff und GRUNEWALD AcP 197 [1997], 305, 311). Sie soll aber berechtigt sein, eine auf das erhöhte Kapital zu leistende Stammeinlage zu übernehmen (OLG Hamm JMBlNRW 1975, 154).

24 5. Für die Vererbung eines **Genossenschaftsanteils** gilt § 77 GenG, der Anteil fällt in den Nachlass.

Titel 4 · Mehrheit von Erben §2033
Untertitel 1 · Rechtsverhältnis der Erben untereinander

§ 2033
Verfügungsrecht des Miterben

(1) Jeder Miterbe kann über seinen Anteil an dem Nachlass verfügen. Der Vertrag, durch den ein Miterbe über seinen Anteil verfügt, bedarf der notariellen Beurkundung.

(2) Über seinen Anteil an den einzelnen Nachlassgegenständen kann ein Miterbe nicht verfügen.

Materialien: E II § 1907; III § 2008; Prot V 837 f; JAKOBS/SCHUBERT ER I 788–793, 806, 812; Denkschr 728; STAUDINGER/BGB-Synopse 1896–2005 § 2033 BGB.

Schrifttum

BÖTTICHER, Grundbuchberichtigung bei Ausscheiden aus einer Erbengemeinschaft oder GbR, Rpfleger 2007, 437
BRINCK, Die dingliche Übertragbarkeit des Erbrechts der Miterben nach ALR und BGB, ZBlFG 1908, 231
BÜNGER, Nießbrauch am Nachlass und an Erbteilen, BWNotZ 1963, 100
BUSKE, Abtretung eines Erbteils und grunderwerbssteuerliche Unbedenklichkeitsbescheinigung, DNotZ 1966, 481
CONRADES, Verpfändung des Erbteils, DJZ 1903, 310
GROHMANN, Ist die Verpfändung eines Anteils an einer Erbengemeinschaft durch einen der Miterben oder eine sonstige Verfügung im Grundbuch eintragbar?, ZBlFG 1903, 821
HABSCHEID, Zur Heilung formnichtiger Erbteilsverkäufe, FamRZ 1968, 13
HAEGELE, Rechtsfragen zu Erbschaftskauf und Erbteilsübertragung, BWNotZ 1971, 129; 1972, 1
ders, Zur Grunderwerbsteuerpflicht bei Erbteilsübertragung, Rpfleger 1976, 234
HENSELER, Zur Übertragung eines ver- oder gepfändeten Erbanteils ohne Mitwirkung des Pfandgläubigers, Rpfleger 1956, 185
HILL, Kann ein Miterbe, dessen Miterbenanteil gepfändet ist, im Zwangsversteigerungsverfahren zum Zwecke der Aufhebung der Gemeinschaft einen Einstellungsantrag gem § 180 Abs 2 ZVG stellen?, MDR 1959, 92
JOSEF, Verfügungen über Erbschaftsanteile, AcP 99 (1899) 315
JÜNEMANN, Gläubigeranfechtung einer Erbteilsübertragung, ZEV 2005, 335
JUNG, Die bruchteilige Übertragung des Miterbenanteils (2003)
KEHRER, Die teilweise Verfügung des Miterben über seinen Erbteil, BWNotZ 1957, 262
KEIM, Erbauseinandersetzung und Erbteilsübertragung, RNotZ 2003, 375
KESSELER, Die Vereitelung der Ziele der Testamentsvollstreckung durch Veräußerung des Miterbenanteils, NJW 2006, 3672
KRETZSCHMAR, Verfügungen über einen Erbteil, Recht 1908, 265, 313
LANGNER/HEYDEL, Nachfolgeklauseln im GmbH-Gesellschaftsvertrag, GmbHR 2006, 291, 296
LIERMANN, Zweifelsfragen bei der Verwertung eines gepfändeten Miterbenanteils, NJW 1962, 2189
MEYER, Über die Bewertung von Verträgen auf Abtretung von Erbanteilen, SeuffBl 69, 25
MOTHES ZBlFG 1902, 866
MUSCHELER, Verfügung über den Erbteil und Vorkaufsrecht des Miterben, in: FS Rainer Kanzleiter (2010), S 287
NOACK, Vollstreckung gegen Erben, III. Ver-

Olaf Werner

wertung eines Miterbenanteils in der Zwangsvollstreckung, JR 1969, 9
PATSCHKE, Erbteilsübernahme durch den Miterben, NJW 1955, 444
PRINGSHEIM, Zur Lehre von der Abtretung und Pfändung des Erbteils (Diss Breslau 1906)
ders, Die Rechtstellung des Erwerbers eines Erbteils, Studien zur Erl des Bürgerlichen Rechts von Leonhard, Heft 32 (Breslau 1910)
RINK, Der Erbteilskauf (Diss Erlangen 1963)
RIPFEL, Pfändungspfandrecht am Erbteil, NJW 1958, 692
SCHLÜTER, Durchbrechung des Abstraktionsprinzips über § 139 BGB und Heilung eines formnichtigen Erbteilskaufs durch Erfüllung, JuS 1969, 10
SCHMALE, Können Miterben ihr Miteigentum an Grundstücken ohne Auflassung übertragen?, ZBlFG 1904, 179
ders, Die dingliche Wirkung der Verfügung des Miterben über seinen Anteil am Nachlass, ZBlFG 1905, 366
SCHMIDT, Die Nachfolge in das Anwartschaftsrecht des Nacherben und die Erteilung des Erbscheins nach Eintritt des Nacherbfalls, BWNotZ 1966, 139
SCHWEITZER, Eine Frage aus dem Grundbuchrecht, DJZ 1900, 393

SIEGLER, Zur Abtretbarkeit des Anspruchs des Miterben auf das Auseinandersetzungsguthaben, MDR 1964, 372
SPAETT, Noch einige Fragen der Nachlassbehandlung, SeuffBl 69, 105
STAUDENMAIER, Teilübertragung von Gesellschaftsanteilen und Erbteilen, DNotZ 1966, 724
STÖBER, Grundbucheintragung der Erben nach Pfändung des Erbanteils, Rpfleger 1976, 197
WALDMANN, Die Behandlung der Verpfändung oder Pfändung des Anteils eines Miterben am Nachlass, zu dem ein Grundstück gehört, in der Zwangsversteigerung und Zwangsverwaltung, SächsArch 39, 1
WENDT, Verfügungen über Erbschaftsanteile, AcP 89 (1889) 420
ZUNFT, Die Übertragung sämtlicher Nachlassgegenstände an einen Miterben gegen Abfindung der übrigen Miterben, JZ 1956, 550
ders, Verpflichtung des Miterben zur Verfügung über Anteile an Nachlassgegenständen, NJW 1957, 1178
WESSER/SAALFRANK, Formfreier Grundstückserwerb durch Miterben, NJW 2003, 2937.
Weitere Schrifttumshinweise s Vorbem zu §§ 2032 ff.

Systematische Übersicht

I.	**Verfügung des Miterben über seinen Anteil am Nachlass (Abs 1)**		5.	Begriff, Form und Arten der Verfügung	15
1.	Zweck des § 2033 Abs 1	2	a)	Verfügungsbegriff	15
2.	Einschränkung der Verfügungsbefugnis	4	b)	Form	17
3.	Gegenstand der Verfügung	5	6.	Genehmigungs- und Anzeigenerfordernis	21
a)	Erwerb aller Teile durch einen Erben	6	7.	Wirkung der Verfügung	23
			a)	Stellung des Anteilserwerbers	23
b)	Verfügung über Anteilsbruchteil	7	b)	Stellung des Anteilsveräußerers	24
c)	Erben eines Miterben	8	c)	Öffentlicher Glaube des Erbscheins	25
d)	Verfügungsbeschränkung über Nachlassgegenstand	9	d)	Umfang des Rechtserwerbes	26
e)	Zeitliche Verfügungsvoraussetzungen	10	e)	Verpfändung des Erbanteils	27
f)	Nacherbschaft	11	f)	Nießbrauch am Anteil	32
4.	Anspruch auf Auseinandersetzungsguthaben	12	8.	Zwangsvollstreckung in den Anteil	33
			a)	Pfändungspfandrecht	34
			b)	Wirkung der Pfändung	35
			c)	Verwertung	36

Titel 4 · Mehrheit von Erben
Untertitel 1 · Rechtsverhältnis der Erben untereinander

§ 2033

II.	**Verfügung über den Anteil an einzelnen Nachlassgegenständen (Abs 2)**		38
1.	Erfordernis gemeinschaftlicher Verfügung		39
2.	Belastung eines Nachlassgegenstandes		42
3.	Bedingte Verfügung		43
4.	Verpflichtung zur Verfügung		44
5.	Gutgläubiger Rechtserwerb		45
6.	Unpfändbarkeit		46
III.	**Recht der DDR**		47

Alphabetische Übersicht

Anteilserwerb der Miterben	6, 24
Anteilserwerber	11, 16
– Rechtsstellung	11, 23 f, 26
Anteilsveräußerer	
– Rechtsstellung	23 f, 30
Auseinandersetzung	5, 17
– Anspruch auf	12 f
Auseinandersetzungsguthaben	
– Anspruch auf	12 f
– Pfändung	13
– Sicherung	14
– Umdeutung	13
Bruchteilsgemeinschaft	7
Drittschuldner	33
Erben	
– eines Miterben	8
– Nacherben eines Miterben	11
Erbengemeinschaft	
– Untergruppe	8
Erbeserbe	8
Erbschein	24 f
– öffentlicher Glaube	25
Ersatzerbe	11
Form	17 ff
Gesamtrechtsnachfolge	20
Gestaltungsrechte	15, 24
Grundbuchberichtigungsanspruch	26
Grundbucheintragung	26, 28, 34
Grunderwerbsteuer	20
Gütergemeinschaft	21
Gutgläubiger Erwerb	25, 28, 45
Haftung für Nachlassverbindlichkeiten	3, 12, 31 f
Mitbesitz	23
Nacherbe	10 f, 23
Nachlass	
– Bestand	5
– Teilung	5
– Wert	5
Nachlassgegenstand	
– Belastung	42
Nachlassschuld	3, 31 f
Nießbrauch	32
Nießbraucher	
– Rechtsstellung	32
Pfändung	13, 15, 33
– Unzulässigkeit	33
Pfändungspfandrecht	33 f
– Verwertung	36
– Wirkung	35 f
Pfandgläubiger	27 ff
– Antragsrecht	34
– Eintragung	28
– in Auseinandersetzung	30
– in Voreintragung	28, 34
– Widerspruchsrecht	29
– Wirksamkeit	30
– Zustimmung des	28, 35
Pfandrecht	
– Beeinträchtigung	28
– Eintragung	28
– Gegenstand	28
Sicherung des Erbteils	14
Testamentsvollstreckung	4, 24, 26, 33
Übertragung der Erbschaft	3
– des Anteils	15
– durch Nacherben	11

Olaf Werner

– Verpflichtung zur	5 f, 12, 15	– des Schlusserben	11
Umdeutung	13, 41, 44	– Voraussetzung	10
Unpfändbarkeit	33, 46	Verfügungsbeschränkung	9
		Verfügungsgegenstand	5
Vereinigung aller Erbteile	6 f, 24	– Anteilsbruchteil	7
Verfügung		– bedingtes Erbrecht	10
– Anteil am Nachlassgegenstand	5, 38	– Gesellschaftsanteil	9
– Auseinandersetzungsguthaben	12 f	Verfügungsrecht	
– bedingte	43 f	– des Alleinerben	3
– Begriff	15	– des einzelnen Miterben	2 ff
– Beteiligte	16	– Einschränkung	2
– Bruchteil	7	– über Anteil an Gesamthand	2
– Einwilligung	21, 40	– Zeitraum	5 f, 10
– Form	17 ff, 36	Verpfändung	22, 27
– gemeinschaftliche	40	Verpflichtung des Miterben	
– Gemeinschaftsanteil	5	– zur Erbteilsübertragung	5, 19
– Genehmigung	20	– Form	19
– Nichtigkeit	17	– zur Beschaffung eines Nachlassgegen-	
– Pfandrecht	27	standes	44
– über sämtliche Anteile	6	– zur Übertragung des Anteils	
– Unmöglichkeit	44	am Einzelgegenstand	44
– Verpflichtung, schuldrechtliche	19	Versteigerung	36 f
– Vollmacht	18	Voreintragung	28, 34
– Wirkung	23	Vorkaufsrecht	2, 20, 26, 36
– Zwangsvollstreckung	33		
Verfügung über Anteile		Zwangsvollstreckung	29, 33
– des Nacherben	11	Zweck der Norm	2, 17

1 Durch § 56 Abs 1 BeurkG vom 28. 8. 1969 (BGBl I 1513) wurde mit Wirkung vom 1. 1. 1970 (§ 71 BeurkG) in Abs 1 S 2 die gerichtliche Beurkundung gestrichen, so dass nur noch die notarielle Beurkundung möglich ist.

I. Verfügung des Miterben über seinen Anteil am Nachlass (Abs 1)

2 1. Zweck der Vorschrift: § 2033 erfaßt allein das dingliche Verfügungsrecht des einzelnen Miterben (AnwK-BGB/Ann Rn 10; Damrau/Rissmann Rn 5; Bamberger/Roth/ Lohmann Rn 1; MünchKomm/Gergen Rn 11). In Abweichung von der Regelung der ehelichen Gütergemeinschaft (§ 1419) und der BGB-Gesellschaft (§ 719) darf der Miterbe über seinen Anteil an der Gesamthandsgemeinschaft verfügen. Damit wird die Bindung, die sich aus der Unterstellung der Erbengemeinschaft unter das Gesamthandsprinzip ergibt, zugunsten des einzelnen Miterben gelockert (vgl Vorbem 16 zu § 2032). Ist eine Verwertung des Nachlasses noch nicht möglich (zB wegen § 2044), kann der Miterbe wenigstens durch Verwertung seines Anteiles sofort Geld erhalten, indem er diesen veräußert oder als Kreditgrundlage benutzt. Eine ähnliche Lockerung verbietet sich bei der Gütergemeinschaft wegen der nahen persönlichen Beziehung der Gatten und bei der Gesellschaft wegen des persönlichen Vertrauensverhältnisses, das unter den Gesellschaftern bestehen muss (vLübtow II 813, 814). Auch bei der Erbengemeinschaft hat die dem einzelnen Miterben eingeräumte Befugnis, seinen Miterben einen fremden evtl unliebsamen Teilhaber aufzudrängen, gewisse Missstände zur Folge, die durch Einräumung eines Vorkaufsrechts bei Verkauf des Anteils an einen Dritten (§ 2034 Abs 1) nur in geringem Umfang verhindert werden können (vgl Vorbem 16 zu §§ 2032 ff).

Der *Alleinerbe* darf nicht über die ihm angefallene Erbschaft durch einen einheitlichen Übertragungsakt dinglich verfügen (RGZ 88, 116, 118; BGH LM Nr 8 zu § 2033 = WarnR 1967 Nr 179 = DNotZ 1968, 358; LG Landau NJW 1954, 1647), während der Miterbe dies hinsichtlich seines Anteils kann und folglich alle Miterben durch gleichartige Verfügungen über ihre Anteile mittelbar die ganze Erbschaft übertragen dürfen. Diese Inkonsequenz ist nach Meinung der II. Kommission aufgrund der sonstigen Vorteile, die eine Zulassung einer dinglichen Verfügung über das Anteilsrecht bedinge, in Kauf zu nehmen (vgl STROHAL II § 97 Fn 4). Den Gefahren der Verschiebung des Aktivnachlasses auf diesem Wege, ohne den Erlös zur Tilgung der Nachlassschuld zu verwenden, sucht § 2382 Abs 1 (Haftung des Käufers für die Nachlassverbindlichkeit) vorzubeugen. 3

2. § 2033 enthält **zwingendes Recht** und wird nicht durch eine Testamentsvollstreckung eingeschränkt (MünchKomm/GERGEN Rn 4; BAMBERGER/ROTH/LOHMANN Rn 1; MUSCHELER, in: FS Kanzleiter S 287). Der Erblasser kann die Veräußerlichkeit des Erbteils nicht ausschließen oder beschränken, insbes nicht von der Zustimmung eines Testamentsvollstreckers abhängig machen (RG WarnR 1915 Nr 292; JW 1915, 245; LG Essen Rpfleger 1960, 58; ERMAN/SCHLÜTER Rn 1; KAPP/EBELING I Rn 44). Nach § 137 kann die Befugnis zur Verfügung über ein veräußerliches Recht nicht ausgeschlossen werden. Ein Testamentsvollstrecker kann nicht über einen Miterbenanteil an dem von ihm verwalteten Nachlass verfügen, sondern nur an Erbanteilen anderer Nachlässe, die dem Erblasser beim Erbfall zustanden (BGH NJW 1984, 2464, 2465). Zulässig ist aber die Übernahme einer Verpflichtung durch einen Miterben, den Erbteil nicht zu veräußern oder zu belasten. Ein Verstoß hiergegen macht die Veräußerung jedoch nicht unwirksam. Die Verfügung eines nicht nachfolgeberechtigten Miterben über seinen Anteil am Nachlass, zu dem ein GmbH-Gesellschaftsanteil gehört, kann nicht durch die Gesellschaft unter Berufung auf eine Vinkulierungsklausel im Gesellschaftsvertrag verhindert werden. Eine analoge Anwendung des § 15 Abs 5 GmbHG ist nicht möglich (LANGNER/HEYDEL, GmbHR 2006, 296). 4

3. Gegenstand der Verfügung ist der *Anteil am ganzen Nachlass,* also die quotiell bestimmte Teilhaberschaft an der Gemeinschaft, die bis zur gänzlichen Auseinandersetzung besteht. Eine Verfügung ist also nur möglich, wenn schon und noch *gemeinschaftliches Vermögen vorhanden* ist (RG Recht 1916 Nr 290; LZ 1908, 269 Nr 15; KGJ 52, 272; OLG Hamm DNotZ 1966, 746, 747; LG Landau NJW 1954, 1647), selbst wenn der Nachlass lediglich aus einem einzigen Gegenstand besteht (BGH NJW 1969, 92; OLG Celle BWNotZ 1968, 122 = NdsRpfl 1967, 126). Unerheblich ist, welchen Wert der Nachlass hat und welche Gegenstände zu ihm gehören. Auch wenn der Nachlass einen Anteil an einem anderen Nachlass enthält, ist § 2033 Abs 1 uneingeschränkt anwendbar (BayObLGZ 1960, 138 = MDR 1960, 675 = Rpfleger 1961, 19). Frühester Zeitpunkt der Verfügung ist somit der Erbfall, eine Verfügung über den künftigen Anteil ist nicht möglich (BGHZ 37, 324, 325; ERMAN/SCHLÜTER Rn 3; HK-BGB/HOEREN Rn 6). Gemeinschaftliches gesamthänderisches Vermögen ist vorhanden bis der letzte Nachlassgegen- 5 stand (Sache, Recht, Forderung) durch Auseinandersetzung dinglich an einen Miterben oder Dritten übertragen ist (KGJ 52, 272). **Nach** erfolgter **Teilung** des Nachlasses kann eine schuldrechtlich übernommene Verpflichtung zur Übertragung des Erbanteils nur noch durch Einzelübertragung der Nachlassgegenstände erfüllt werden; ein durch einheitliches dingliches Rechtsgeschäft übertragbarer Erbteil ist nicht mehr vorhanden (RGZ 134, 299).

6 a) Wird die Erbengemeinschaft dadurch aufgehoben, dass ein **Miterbe sämtliche Anteile** erwirbt (§ 2032 Rn 1), ist gemeinschaftliches Vermögen nicht mehr vorhanden (WESSER/SAALFRANK, NJW 2003, 2937), für eine Verfügung gem § 2033 Abs 1 kein Raum (RGZ 88, 116; KGJ 46, 181; OLG Hamm DNotZ 1966, 747; BGB-RGRK/KREGEL Rn 6; vLÜBTOW II 818; KIPP/COING § 114 VI 5; BROX/WALKER Rn 474). Der Erwerber aller Erbanteile kann sich hinsichtlich der Verfügung über die gesamte Erbschaft oder einen Teil nur noch schuldrechtlich binden und muss eine derartige Verpflichtung durch Übertragung der einzelnen Nachlassgegenstände erfüllen (vgl §§ 2371, 2385, 2374). Der Rückgewähranspruch nach § 11 AnfG ist jedoch nicht ausgeschlossen (dazu im Einzelnen Rn 33). Eine Vereinigung aller Miterbenanteile in einer Hand kann auch dadurch erfolgen, dass ein durch Nacherbschaft erworbener Miterbenanteil an die noch lebenden Vorerben, der den anderen Miterbenanteil erhält, überträgt. Hat zB der Erblasser zwei Vorerben zu je 1/2 bedacht und eine einzige Person als Nacherben nach beiden Vorerben bestimmt, bilden die beiden Vorerben eine Miterbengemeinschaft. Mit dem Ableben des ersten Vorerben geht dessen Miterbenanteil auf den Nacherben über, so dass dieser mit dem noch lebenden Vorerben die Erbengemeinschaft mit je einem hälftigen Anteil bildet. Durch die Anordnung der Vor- und Nacherbschaft wird lediglich die Übertragbarkeit des Erbanteils von dem Vorerben auf den Nacherben festgelegt, dh der Vorerbe kann nicht an eine andere als vom Erblasser bestimmten Nacherben übertragen. Überträgt aber der Nacherbe seinen Anteil auf den noch lebenden Vorerben, ist diese Übertragung wirksam. Es vereinigen sich beide Anteile in einer Person (dem noch lebenden zweiten Vorerben). Die Miterbengemeinschaft ist gem Anteilserwerb durch einen Miterben beendet (§ 2032 Rn 1). In Lit und Rspr ist es insoweit unstr, dass bei einer Übertragung aller Erbteile auf eine Person (idR auf einen Miterben) die Erbengemeinschaft erlischt (FRANK/HELMS § 19 Rn 5; BROX/WALKER Rn 519). Das Gesamthandsvermögen wird Eigenvermögen (BROX/WALKER Rn 474). Es handelt sich um die Verfügung über die vermögensrechtliche Sonderstellung des Miterben, die persönlich erbrechtliche Position verbleibt beim übertragenen Miterben. Nicht letzterer behält seine Miterbenposition, sondern der Erwerber des Erbteils wird Mitglied der Erbengemeinschaft, erhält also alle Rechte und Pflichten, die der übertragende Miterbe im Rahmen der Erbengemeinschaft hatte (LEIPOLD Rn 725). Nach dem Tode des länger lebenden Vorerben tritt der zweite Nacherbfall ein. Der Nacherbe erhält lediglich den hälftigen Anteil des Erblassers, allerdings nicht mehr als Miterbenanteil, sondern im Vollzug einer normalen Nacherbschaft. Das sonstige (Eigen-)Vermögen des zweiten länger lebenden Vorerben, zudem auch nunmehr der von dem Nacherben erworbene Anteil gehört, geht auf die von ihm bestimmten bzw nach gesetzlicher Erbfolge begünstigten Erben über. Da diese mit dem Ersterblasser (ursprünglicher Erblasser) in keiner erbrechtlichen Verbindung stehen, leiten sie ihr Erbrecht nicht vom ursprünglichen Erblasser her, sondern allein von „ihrem" Erblasser. Damit stehen die Erben des zweiten Vorerben mit dem Nacherben des zweiten Vorerben in keiner Erbengemeinschaft. Der Nacherbe und die Erben des zweiten Vorerben erben zwar im gleichen

Moment (Tod des zweiten Vorerben), jedoch liegen zwei unterschiedliche Erbgänge vor, die strikt voneinander zu trennen sind (MICHALSKI Rn 672). Zwischen dem Eigenvermögen des länger lebenden Vorerben, welches an seine gesetzlichen oder gewillkürten Erben anfällt, und dem mit der Nacherbfolge belasteten Nachlass besteht eine notwendige Trennung (MünchKomm/GRUNSKY § 2100 Rn 19), so dass der Nacherbe und die gesetzlichen Erben des länger lebenden Vorerben keine Miterbengemeinschaft bilden. Die Übertragung des Miterbenanteils des Nacherben auf den noch lebenden Vorerben begegnet keinen rechtlichen Bedenken. Die Vor- und Nacherbschaft beschränkt den Nacherben insoweit nicht, sondern lediglich den Vorerben mit der Bindung an den Übergang des ererbten Vorerbenanteils auf den Nacherben. Darüber hinaus hat die Übertragung des vom Nacherben erworbenen hälftigen Miterbenanteils auf den die andere Hälfte haltenden noch lebenden Vorerben die Vereinigung sämtlicher Erbteile in dessen Hand zur Folge, wodurch es zur Aufhebung der zwischen dem Nacherben und dem noch lebenden Vorerben bestehenden Erbengemeinschaft gekommen ist (RGZ 88, 116; vgl § 2033 Rn 6). Eine Beschränkung der Verfügungsmacht liegt nicht vor. Die Übertragung des Erbteils an den noch lebenden Vorerben führt zu dessen Erwerb als Eigenvermögen, so dass folgerichtig dieser Vermögensanteil zu seinem Nachlass gehörte und im Erbfall auf dessen Erben, nicht auf den Nacherben des ursprünglichen Erblassers übergeht (zur Verfügung über einen Miterbenanteil bei Vor- und Nacherbschaft im Hinblick auf ein Nachlassgrundstück: BGH NJW 2007, 2144 = JR 2008, 158 = DNotZ 2007, 700)

b) Statt über seinen ganzen Anteil kann der Miterbe auch nur über einen **Bruchteil dieses Anteils** verfügen (RG WarnR 1913 Nr 234; BGH NJW 1963, 1610; WM 1969, 592; KGJ 46, 181 = Recht 1915 Nr 1568; BayObLGZ 1921, 1017; NJW 1968, 505; OLG Düsseldorf RhNK 1967, 219; LG Landau NJW 1954, 1647; MünchKomm/GERGEN Rn 9; KAPP/EBELING I Rn 48; BROX/WALKER Rn 474; HK-BGB/HOEREN Rn 5; KEHRER BWNotZ 1957, 263; STAUDENMAIER DNotZ 1966, 724; aM KRETZSCHMAR § 89 I Fn 6; vLÜBTOW II 817; AnwK-BGB/ANN Rn 3). Bei einer solchen Bruchteilsveräußerung, die nach den Regeln der Vollrechtsverfügung erfolgt, steht der Miterbe mit dem Erwerber in *Bruchteilsgemeinschaft* iS der §§ 741 ff (RG WarnR 1913 Nr 234; BGH DNotZ 1967, 434; BGH NJW 1975, 2119; OLG Düsseldorf MittRhNotK 1967, 219 = Rpfleger 1968, 188; SOERGEL/WOLF Rn 15; BGB-RGRK/KREGEL Rn 6; KAPP/EBELING I Rn 49; SCHLÜTER Rn 655; ERMAN/SCHLÜTER Rn 4; BROX/WALKER Rn 474; HAEGELE Rpfleger 1968, 177; aM KRETZSCHMAR aaO; KEHRER BWNotZ 1957, 264 f; STAUDENMAIER DNotZ 1966, 730 ff, die eine Aufspaltung des Erbteils in mehrere selbständige Gesamthandsanteile annehmen, erbengemeinschaftliches Gesamthandsverhältnis. Dies ist schon deswegen abzulehnen, weil der Erwerber nicht gleichberechtigter Miterbe neben dem Veräußerer wird, vgl Rn 23). Wenn ein Miterbe einen Bruchteil seines Anteils an einen anderen Miterben überträgt, entsteht dagegen keine Untergemeinschaft nach Bruchteilen, sondern der übertragene Teil wächst dem Erbanteil des Erwerbers an (BayObLGZ 1991, 146, 149 = Rpfleger 1991, 315). Dies ist im Zweifel auch anzunehmen, wenn ein Miterbe seinen Erbteil im ganzen an die übrigen Miterben überträgt (BayObLGZ 1980, 328, 330 = NJW 1981, 830). Veräußern alle Miterben ihre Anteile an dieselben Erwerber zu jeweils gleichen Bruchteilen, werden Inhaber aller Erbteile dieselben Personen zu jeweils gleichen Bruchteilen. Wegen der Vereinigung aller Erbteile in der Hand dieser miteinander in Bruchteilsgemeinschaft verbundenen Erwerber geht der Nachlass auf diese zu Miteigentum nach Bruchteilen über. Die Miterbengemeinschaft ist als Vermögensgemeinschaft mangels gesamthänderisch gebundenen Nachlasses beendet (BFH NJW

1975, 2119). Dies auch deswegen, weil durch Privatvereinbarung keine Gesamthandsgemeinschaft außerhalb der vom Gesetz bestimmten Fälle begründet werden kann.

8 c) **Mehrere Erben eines Miterben** bilden eine gesamthänderische Untergruppe innerhalb der Erbengemeinschaft (§ 2032 Rn 2) und können über den ererbten Anteil an der Gemeinschaft nur gemeinsam verfügen; der einzelne Erbeserbe kann nicht über seinen Anteil an diesem Erbteil (ererbter Anteil an der Miterbengemeinschaft) verfügen (RGZ 162, 397). Ein Alleinerbe eines Miterben kann über einen ererbten Anteil an einer Miterbengemeinschaft gem § 2033 verfügen (LG Landau NJW 1954, 1647).

9 d) Eine **Verfügungsbeschränkung** hinsichtlich eines Nachlassgegenstandes steht einer Verfügung über den Gesamthandsanteil nicht entgegen, zB zum Nachlass gehört der Anteil einer Gesellschaft, für den § 719 maßgebend ist (KGJ 38 A 233; SOERGEL/WOLF Rn 12). Insbesondere wird die Übertragung eines Erbteils an einem Nachlass, zu dem auch der Geschäftsanteil einer GmbH gehört, von einem Genehmigungsvorbehalt im Gesellschaftsvertrag gem § 15 Abs 5 GmbHG nicht erfaßt (BGHZ 92, 386, 393 f; aA PRIESTER GmbHR 1981, 206 mwNw). Privatrechtliche Interessen bezüglich einzelner Gegenstände können durch schuldrechtliche Verpflichtungen zwischen den Beteiligten ausreichend geschützt werden, ohne dass die Verfügungsfreiheit der Miterben in so weitreichendem Maß beschnitten werden muss (BGH aaO). Entsprechendes gilt für den Zustimmungsvorbehalt bei Übertragung von Wohnungseigentum gem § 12 Abs 1 WEG (OLG Hamm Rpfleger 1979, 461).

10 e) Voraussetzung für die Verfügung ist der **Eintritt des Erbfalles** (vgl § 311b Abs 4), nicht aber der *endgültige Anfall* des Erbanteils an den Miterben. Gegenstand der Verfügung kann somit auch der bedingte oder betagt erworbene Miterbenanteil sein. So kann der **Vorerbe**, der nur ein betagtes oder auflösend bedingtes Miterbenrecht hat, seinen Anteil veräußern, jedoch wird die Nacherbfolge hierdurch nicht berührt.

11 f) Der **Nacherbe** eines Miterben hat nach heute hM in der Zeit zwischen Erbfall und Nacherbfall ein Anwartschaftsrecht auf den künftigen Erbschaftserwerb, das ein unentziehbares und übertragbares Recht darstellt. Dieses kann in entsprechender Anwendung des § 2033 Abs 1 übertragen und belastet werden. Soweit es sich um die Anwartschaft eines Mitnacherben handelt, ist dies unproblematisch und allgemein anerkannt (RG Gruchot 52, 680; RGZ 80, 384; 83, 434; KG HRR 1929 Nr 549; SMOLLA DNotZ 1939, 391). Auf die Verfügung eines Alleinnacherben wird heute unstreitig § 2033 Abs 1 entspr herangezogen, wenn dieser über seine Anwartschaft hinsichtlich des Miterbenanteils verfügt (RGZ 101, 186 f; BGB-RGRK/KREGEL Rn 9; HANKEL, Neuere Rechtsprechung auf dem Gebiet des Vor- und Nacherbenrechts [1939] 74; SCHIEDERMAIER AcP 139, 129). Mit der Übertragung tritt der Erwerber in die Rechtsstellung des Nacherben ein (LG Berlin DNotZ 1975, 569; BGB-RGRK/KREGEL Rn 8; SCHMIDT BWNotZ 1966, 148, 149). Eine Verfügung über das Anwartschaftsrecht wirkt jedoch nicht gegenüber einem Ersatznacherben (SCHMIDT BWNotZ 1966, 144). Erwirbt der Vorerbe die Anwartschaft des Nacherben, wird er Vollerbe, da die aus der Nacherbschaft bestehenden Beschränkungen weggefallen sind (LG Berlin DNotZ 1975, 569). Keine nach § 2033 übertragbare Anwartschaft hat der in einem sogen Berliner Testament als (Mit-)Schlusserbe Bedachte (BGHZ 37, 319 = LM Nr 13 zu § 2271 = NJW 1962, 1910).

4. Von der Verfügung über den Anteil am Nachlass ist zu unterscheiden die **12** Verfügung über den **Anspruch auf das Auseinandersetzungsguthaben**. Dadurch, dass dieser Anspruch ein Ausfluß oder Bestandteil des Erbteils ist, lässt sich noch nicht folgern, er könne als das gegenüber dem Erbteil geringere abgetreten werden. Die Rechtsprechung und die ihr folgende hM verneint die selbständige Abtretbarkeit des Anspruchs hauptsächlich wegen der unbefriedigenden Folgerungen, wegen der dadurch eintretenden Möglichkeit, dass der Anteilserwerber die Haftung für Nachlassschulden (§ 2382) übernehmen müsse, ohne wegen der vorangegangenen Abtretung des Anspruchs auf das Auseinandersetzungsguthaben in dem Anteil einen greifbaren Wert zu erhalten. Die **hM** erachtet daher die getrennte Verfügung über das Auseinandersetzungsguthaben für unzulässig, zumindest soll eine solche neben einer Verfügung über den Miterbenanteil unmöglich sein. Sie beruft sich auf den Wortlaut des § 2033, der als Gegenstand der Verfügung nur den Erbteil als solchen anerkenne (RGZ 60, 126, 132; 137, 170; RG Recht 1914 Nr 2542; JW 1932, 1354; OLG Dresden ZBlFG 1919, 208; OLGE 40, 110 f; OLG Stettin OLGE 26, 298; MünchKomm/GERGEN Rn 10; ERMAN/SCHLÜTER Rn 10; PALANDT/EDENHOFER Rn 5; SOERGEL/WOLF Rn 6; KIPP/COING § 114 VI 4 a; BROX/WALKER Rn 474; vLÜBTOW II 821; KAPP/EBELING I Rn 116; **aM** BGB-RGRK/KREGEL Rn 2; BERGK, Übertragung und Pfändung künftiger Rechte [1912] 150 f, 163 f; PRINGSHEIM 35 f; KRETZSCHMAR § 89 Fn 11; SIEGLER MDR 1964, 372–374; AnwK-BGB/ANN Rn 5). Aus dem Wortlaut des § 2033 lässt sich die Streitfrage jedoch nicht beantworten (SIEGLER MDR 1964, 373), da diese Norm sich allein auf ein Verbot der Verfügung über einzelne Nachlassgegenstände und die Gestattung der Verfügung über den Anteil als Ganzes beschränkt. Über den Anspruch auf das Auseinandersetzungsguthaben sagt diese Norm nichts aus. Ebenso wenig kann das Risiko des Anteilserwerbers, einen wertlosen Anteil zu erhalten, zur Entscheidung herangezogen werden (SIEGLER MDR 1964, 373), denn es handelt sich um das allgemeine Risiko eines Rechtserwerbers. Es besteht kein Grundsatz, der eine Verfügung verbietet, wenn die Gefahr eines wertlosen Erwerbes besteht. Ferner ist es widersprüchlich, eine Verfügung über den Auseinandersetzungsanspruch nur dann zuzulassen, wenn keine Verfügung über den Anteil erfolge, denn es ist bei der ersten nicht absehbar, ob eine zweite folgt. Erstere kann nicht zunächst wirksam und bei späterer Verfügung über den Anteil unwirksam werden. Trotzdem ist im Ergebnis der hM zuzustimmen. Der Anspruch auf das Auseinandersetzungsguthaben ist ein Ausfluß des Erbteils. Wie in Rn 30 dargestellt, setzen sich die Belastungen dinglich an den den einzelnen Erben bei der Auseinandersetzung zugeteilten Gegenständen fort. Der Anspruch auf das Auseinandersetzungsguthaben tritt somit auch hinsichtlich der Haftung an die Stelle des Erbanteils, er ist dessen Surrogat. Entscheidend für die Behandlung der dem Miterben zustehenden Rechte bei der Auseinandersetzung sind die Verfügungen über den Erbanteil. Diese entscheiden allein über den Status der zugeteilten Gegenstände. Wäre eine getrennte Verfügung über den Anspruch auf das Auseinandersetzungsguthaben möglich, würde sie mit einer solchen über den Anteil kollidieren. Dies aber würde dem in Rn 30 dargestellten Surrogationsgrundsatz widersprechen. Die Abtretung des Anspruchs auf das Auseinandersetzungsguthaben kann daher für den Zessionar kein gegen Dritte wirksames Recht begründen. Der Erbe kann sich insoweit nur schuldrechtlich verpflichten, dem Zessionar die Gegenstände zu übertragen, die er als Miterbe aufgrund seiner fortdauernden Teilhaberschaft an der Erbengemeinschaft bei der Auseinandersetzung erhalten wird. Erst recht ist der *Anspruch auf Auseinandersetzung* nicht Gegenstand einer selbständigen Verfügung und kann weder selbständig abgetreten noch verpfändet werden. Er ist Ausfluß des Erbteils und untrennbar mit diesem verbunden (MUSCHELER, in: FS Kanzleiter S 291).

13 a) Eine Verfügung über das Auseinandersetzungsguthaben kann jedoch idR in eine solche über den Erbanteil, eine formnichtige Anteilsveräußerung uU in eine *schuldrechtliche Verpflichtung auf Übertragung der einzelnen Gegenstände nach Auseinandersetzung umgedeutet werden,* § 140. Ein Pfändungsbeschluss hinsichtlich des Anspruchs auf das Auseinandersetzungsguthaben ist im Zweifel als Pfändung des Erbteils und der in diesem enthaltenen Ansprüche auf das Auseinandersetzungsguthaben auszulegen, denn für die Wirksamkeit des Pfändungsbeschlusses ist es unerheblich, ob als Gegenstand der Pfändung das Erbrecht des Miterben, der Erbanteil, der Erbteil oder das Recht auf Ausantwortung des Erbteils (vor geteilter Erbschaft) bezeichnet ist (RGZ 49, 408; RG WarnR 1911 Nr 139).

14 b) Gegen eine hypothekarische **Sicherung des Erbteils** iS der in ihm enthaltenen Forderung auf das Auseinandersetzungsguthaben bestehen keine Bedenken (RGZ 65, 364; BGB-RGRK/KREGEL Rn 5; **aM** KGJ 40, 260). Auf jeden Fall kann zur Sicherung künftiger Erbansprüche eine Grundschuld bestellt werden, die keine Forderung voraussetzt (so RG vom 22.12.1919 – IV 303/19; BGB-RGRK/KREGEL Rn 5).

5. Begriff, Form und Arten der Verfügung

15 a) **Verfügung iS des § 2033** ist nur die sog **dingliche Verfügung**, nicht das schuldrechtliche Verpflichtungsgeschäft (Kauf, Schenkung) hinsichtlich des Anteils. Eine solche dingliche Verfügung ist nicht nur die unmittelbare *Übertragung* (einschl der sicherungsweisen Übertragung, § 158 Abs 2) des Anteils, sondern auch seine *Verpfändung* (LG Oldenburg MDR 1959, 669) und die *Einräumung des Nießbrauchs* am Anteil (STROHAL II § 64 II 1). Auch die *Ausübung von Gestaltungsrechten,* die zum Nachlass gehören, ist Verfügung (KIPP/COING § 114 V 2; MUSCHELER, in: FS Kanzleiter S 288). Die Verfügung kann zugunsten eines Miterben erfolgen, doch liegt darin keine Veräußerung an einen Dritten iS des § 2034, die den anderen Miterben ein Vorkaufsrecht geben würde. Die Verfügungen des § 2033 sind gegenüber dem *schuldrechtlichen Vertrag,* der die Verpflichtung zu einer solchen Verfügung begründet, selbständig, dh in ihrer Wirksamkeit von der Gültigkeit des schuldrechtlichen Vertrags unabhängig, Abstraktionsprinzip (BGH WM 1969, 592).

16 Beteiligte der Verfügung sind der Miterbe, bzw ein an seine Stelle getretener Anteilserwerber als verfügungsberechtigter **Rechtsinhaber** und als Begünstigter der **Rechtserwerber** (Anteilserwerber, Pfandgläubiger, Nießbraucher). Letzterer kann jede natürliche Person, nicht nur ein Miterbe (arg § 2034), eine Personenmehrheit oder eine juristische Person sein.

17 b) **Form der Verfügung** ist die *notarielle Beurkundung* der Verfügungserklärung und deren Annahme (KG Rpfleger 1973, 26), § 128, § 20 BNotO. Bei Nichtbeachtung der Form ist die Verfügung nichtig, § 125. Die Formvorschrift gilt für alle Verfügungen iS des § 2033 (vgl Rn 15), auch wenn eine Übertragung des Anteils zum Zwecke der formlosen Erbauseinandersetzung – zB Übertragung aller Erbteile auf einen Miterben gegen Ausgleichszahlung – erfolgt (RGZ 129, 123; ERMAN/SCHLÜTER Rn 6; HK-BGB/HOEREN Rn 7; KAPP/EBELING I Rn 105; RÖTELMANN NJW 1951, 198; GRUNAU DNotZ 1951,

365; PATSCHKE NJW 1955, 444; ZUNFT JZ 1956, 550). Anders das OLG Celle (NJW 1951, 198 = DNotZ 1951, 365) mit der unbewiesenen Behauptung, die Formfreiheit der Auseinandersetzung überwiege als höheres Prinzip. Der Rechtfertigungsgrund für die Form des § 2033 Abs 1 S 2, den Veräußerer vor unüberlegtem Verlust eines Gesamtrechtes zu schützen, gilt bei jeder Übertragung des Anteils. Dem ist nicht eine Auseinandersetzung gleichzustellen, bei der die einzelnen Nachlassgegenstände benannt und zugeteilt werden, den Beteiligten der jeweilige wirtschaftliche Umfang der Rechtshandlung also bekannt ist.

Eine **Vollmacht**, die zur Übertragung eines Erbteils des Vollmachtgebers ermächtigt, bedarf gem § 167 Abs 2 grundsätzlich nicht der Form des § 2033 Abs 1 S 2. Anders wenn durch die Vollmachtserteilung im wesentlichen die gleiche Rechtslage geschaffen werden soll und wird wie bei Übertragung des Erbteils selbst, zB Erteilung einer unwiderruflichen Vollmacht oder unter Aufhebung der Beschränkung des § 181 (KG JFG 15, 205; BayObLGZ 1954, 225; SchlHOLG SchlHAnz 1962, 174; KreisG Erfurt MDR 1994, 174, 175; KIPP/COING § 114 VI 2; vgl STAUDINGER/SCHILKEN [2009] § 167 Rn 20; PALANDT/EDENHOFER Rn 9). **18**

Im Übrigen erfordert auch der **schuldrechtliche Vertrag**, der sich auf die Veräußerung des Anteils oder die Einräumung eines Nießbrauchs an ihm richtet, eine notarielle Beurkundung, §§ 2371, 2385, 1089. Dagegen ist der schuldrechtliche Vertrag, durch den sich jemand zur Verpfändung des Anteils verpflichtet, formfrei (ERMAN/SCHLÜTER Rn 6). Eine formgerecht beurkundete Verfügung kann eine außerdem erforderliche Beurkundung des Verpflichtungsgeschäftes nicht ersetzen (RGZ 137, 171; RG SeuffA 96 Nr 63). Eine Heilung des Formmangels in entsprechender Anwendung der §§ 311b Abs 1 S 2, 518 Abs 2, 766 S 3, 2301 Abs 2 wird von der Rspr (RGZ 129, 123; 137, 175; RG WarnR 1942 Nr 92; BGH NJW 1967, 1128; WM 1970, 1319; OLG Frankfurt OLGE 16, 280; OLG Hamm RdL 1951, 103; ebenso BGB-RGRK/KREGEL Rn 13; PALANDT/EDENHOFER Rn 11; AnwK-BGB/ANN Rn 16, 17; BAUMBACH/ROTH/LOHMANN Rn 6; SOERGEL/WOLF Rn 17) abgelehnt, im Schrifttum dagegen überwiegend bejaht (ERMAN/SCHLÜTER Rn 6; BROX/WALKER Rn 477, 799; HÄSEMEYER, Die gesetzliche Form der Rechtsgeschäfte [1971] 262 I; STROHAL II, 97; vLÜBTOW II 822; OLZEN Rn 968; KAPP/EBELING I Rn 101; LANGE AcP 144, 149; HABSCHEID FamRZ 1968, 13, 15; SCHLÜTER Jus 1969, 10 ff). Da es kein allgemeines Prinzip der Heilung nichtiger Verträge durch wirksame Erfüllung gibt, dürfte der von der Rspr vertretenen Ansicht zuzustimmen sein (ausführlich zur Streitfrage vgl STAUDINGER/OLSHAUSEN [2010] § 2371 Rn 22 ff). **19**

Da die Übertragung des Anteils eine **Gesamtrechtsnachfolge** begründet und die einzelnen zu ihm gehörigen Gegenstände nicht unmittelbar betrifft, brauchen – selbst wenn der Nachlass nur einen einzigen Gegenstand enthält – die *Formen, die für die Übertragung einzelner Nachlassgegenstände,* namentlich von Grundstücken, vorgeschrieben sind, nicht eingehalten zu werden (OLG Dresden ZEV 2000, 402). Eine Auflassung ist also nicht erforderlich, wenn zum Nachlass Grundstücke gehören (RGZ 171, 185; OLG Celle NdsRpfl 1967, 127; BayObLGZ 1986, 493, 495). Erwirbt ein Miterbe sämtliche Anteile an einem Nachlass mit Grundstück, so ist das Grundbuch gem § 22 Abs 1 S 1 GBO zu berichtigen (OLG Köln Rpfleger 1993, 349, 350). Die entgeltliche Übertragung eines Erbanteils ist kein Grundstücks-, sondern ein Erbteilskauf (BGH NJW 1969, 92; DNotZ 1970, 423), so dass auch kein auf § 24 BauGB beruhendes oder sonstiges (zB § 4 RSiedlG) Vorkaufsrecht hinsichtlich des Grund- **20** stückes ausgeübt werden kann (BGH DNotZ 1970, 423). Ebensowenig bedarf es einer Genehmigung nach § 5 Abs 1 ErbbVO (BayObLGZ 1967, 408 = Rpfleger 1968, 188; ERMAN/SCHLÜTER Rn 4). Aufgrund der ausdrücklichen Vorschrift des § 2 Abs 2 Nr 2 GrdstVG bedarf es einer Genehmigung iS des Gesetzes, wenn der Nachlass nur oder im wesentlichen aus einem land- oder forstwirtschaftlichen Betrieb besteht (dazu OLG Frankfurt RdL 1962, 289; SchlHOLG SchlHAnz 1963, 99; OLG Oldenburg RdL 1964, 234; OLG Celle RdL 1966, 161; ROEMER DNotZ 1962, 485; ERMAN/SCHLÜTER Rn 7 mwNw). Nach neuerer Rspr ist jedoch die Übertragung des Erbteils grunderwerbsteuerpflichtig, wenn zum Nachlass ein Grundstück gehört. Die Steuer ist nach der Gegenleistung zu berechnen, soweit diese auf das Grundstück entfällt (BFH BStBl 1976 II 159; HAEGELE Rpfleger 1976, 234; dazu auch BUSKE DNotZ 1966, 481).

21 6. Gehört der Erbanteil zum Gesamtgut einer *Gütergemeinschaft* (§§ 1415, 1416), bedarf der verwaltende Ehegatte zu einer Verfügung über den Anteil nicht der Einwilligung des anderen gem § 1424, wenn zum Nachlass ein Grundstück gehört, denn es handelt sich bei der Anteilsübertragung um eine Gesamtrechtsnachfolge (vgl Rn 20), nicht um die Übertragung einzelner Gegenstände (KGJ 27 A 29 = RJA 4, 117 = OLGE 8, 338; OLG Colmar OLGE 9, 451; MEIKEL SeuffBl 48, 294; STIFF DNotZ 1905, 757; aM KG JW 1938, 3115 und STAUDINGER/LEHMANN[11] Rn 14).

22 Bei **Verpfändung** eines Erbanteils bedarf es nicht der für die Verpfändung einer Forderung in § 1280 vorgeschriebenen *Anzeige* des Gläubigers an den Schuldner, vielmehr ist lediglich § 1274 anzuwenden (RGZ 83, 27 f = JW 1913, 1038 = Recht 1913 Nr 2304; AnwK-BGB/ANN Rn 12).

7. Wirkung der Verfügung

23 a) Der Erwerber tritt mit dem Zeitpunkt der Verfügung (also nicht rückwirkend auf den Erbfall) an die Stelle des ausscheidenden bisherigen Mitberechtigten (veräußernder Miterbe) als *Teilhaber* in das *Gesamthandsverhältnis* ein (RGZ 60, 131; 83, 30; KIETHE ZEV 2003, 228). Er wird jedoch **nicht** an Stelle des Veräußerers **Miterbe** im rechtlichen Sinne, denn das Erbrecht kann – abgesehen von den im Gesetz anerkannten Fällen der letztwilligen Verfügung – nicht durch Privatwillkür begründet werden. Durch Parteivereinbarung kann niemand Erbe werden (BGHZ 56, 117, 118; BayObLG NJW 1968, 505; BGB-RGRK/KREGEL Rn 12; PLANCK/FLAD Anm 3; SOERGEL/WOLF Rn 13; KAPP/EBELING I Rn 56, 57; KIPP/COING § 114 VI 4; vLÜBTOW II 817, 819; MUSCHELER, in: FS Kanzleiter S 291; aM KRESS 176; ENDEMANN, Erbrecht 1033; ders JW 1910, 89 f; BINDER III 36; anders später ders ArchBürgR 34, 237). Neben dieser grundsätzlichen Erwägung rechtfertigt sich dieses Ergebnis auch daraus, dass der Erwerber nicht völlig in die Rechtsstellung des Veräußerers eintritt, denn nach § 2373 gilt ein dem Veräußerer nach der Übertragung durch Nacherbfolge oder infolge Wegfalls eines Miterben angefallener Erbteil im Zweifel als nicht mitveräußert. Trotz Übertragung haftet ferner der Veräußerer für die Nachlassverbindlichkeiten gem §§ 2382 Abs 1, 2385 fort. Ebensowenig tritt als Folge der Veräußerung Nacherbfolge ein. Mangels Erbenstellung des Erwerbers geht der **Mitbesitz** an den Nachlasssachen nicht gem § 857 auf diesen über (SOERGEL/WOLF Rn 13; ERMAN/SCHLÜTER Rn 5; BROX/WALKER Rn 475; BAUMBACH/ROTH-LOHMANN Rn 9; LANGE/KUCHINKE § 42 II 3; vLÜBTOW II 821 f), wobei es unerheblich ist, ob der Veräußerer bereits Mitbesitz erlangt hatte, denn dies ändert die Erbenstellung iS des § 857 nicht (so jedoch KAPP/EBELING I Rn 88).

b) Der **Veräußerer** behält also die Rechtsstellung des **Miterben** im technischen **24** Sinne (RGZ 64, 173, 175; BGHZ 56, 117 = NJW 1971, 1264; ERMAN/SCHLÜTER Rn 4; KAPP/ EBELING I Rn 56; vLÜBTOW II 819; OTTE X 2; vgl auch Rn 23). Der **Erbschein** bezeugt die Erbenstellung, er ist daher auf den Namen des veräußernden Miterben und nicht auf den des Anteilserwerbers auszustellen (RGZ 64, 173 f, 178; OLG Düsseldorf OLGZ 1991, 134, 136). Letzterer ist zwar berechtigt, die Erteilung eines Erbscheines zu beantragen, aber nur auf den Namen dessen, der unmittelbar Miterbe geworden ist, von dem er seinen Anteil ableitet (OLGE 44, 106). Daraus ergibt sich auch, dass eine weitere Verfügung des Anteilserwerbers nicht unter dem Schutz des öffentlichen Glaubens des Erbscheins steht; dieser deckt die Gültigkeit der Veräußerung nicht. Der Anteilsveräußerer behält das Recht, erbrechtliche Gestaltungserklärungen (zB Anfechtung, §§ 2078 ff) abzugeben (KAPP/EBELING I Rn 58–61; OTTE X 2). Der Veräußerer bleibt Beteiligter iS des § 2227, der den Antrag auf Entlassung eines Testamentsvollstreckers stellen kann (KG DJZ 1929, 1347). Auch wenn ein Miterbe alle Anteile erworben hat, bedarf er zur Fortführung einer Handelsfirma der Einwilligung sämtlicher Miterben (RJA 5, 185).

c) Der Anteilserwerber kann sich hinsichtlich seines eigenen Rechtserwerbes **25** nicht auf den **öffentlichen Glauben des Erbscheins**, soweit er die Erbenstellung des Veräußerers bezeugt, berufen. Geschützt wird nach § 2366 nur der Erwerber einzelner Gegenstände, nicht eines Erbteils (MünchKomm/GERGEN Rn 20). Ebenso wenig können ihm hinsichtlich der tatsächlich zum Nachlass gehörenden Einzelgegenstände die Vorschriften der §§ 932, 892 zugute kommen. Die Verfügung über den Erbteil erfaßt nur das Anteilsrecht an der Gemeinschaft, nicht die der Gemeinschaft gehörenden Gegenstände (HK-BGB/HOEREN Rn 8).

d) Die **Rechtsstellung des Anteilserwerbers** ist als Eintritt in alle durch die Erben- **26** gemeinschaft begründeten, in einem Erbteil enthaltenen Rechtsbeziehungen des Veräußerers aufzufassen, also auch Eintritt in das ihm zustehende gegenstandsrechtliche Anteilsrecht an den einzelnen zum Nachlass gehörenden Gegenständen (vgl § 2032 Rn 8). Deshalb ist für einen Grundstückserwerb die Auflassung durch die Erbengemeinschaft auch ohne Eintragungsbewilligung eines danach im Grundbuch eingetragenen Anteilserwerbes ausreichend (BayObLGZ 1986, 493, 495 f; ERMAN/SCHLÜTER Rn 5; zur Grundbuchberichtigung bei Ausscheiden aus einer Erbengemeinschaft: BÖTTICHER, Rpfleger 2007, 437). Der Erwerber übernimmt alle Beschränkungen und Beschwerungen des Veräußerers, namentlich Testamentsvollstreckung, Vermächtnisse, Auflagen, Pflichtteilslast, Ausgleichspflicht, Teilungsanordnungen und Pfandrechte (ERMAN/SCHLÜTER Rn 5). Er kann gem § 2033 über den erworbenen Anteil verfügen (vLÜBTOW II 817). Ist der Veräußerer als Teilhaber der Erbengemeinschaft im *Grundbuch* eingetragen (§ 47 GBO), wird das Grundbuch unrichtig, der Erwerber kann vom Veräußerer eine Berichtigungsbewilligung dahingehend verlangen, dass er an seiner Stelle in die Mitberechtigung am GesamtNachlass eingetragen werde, § 894 (RGZ 90, 235; 60, 161; KJG 33 A 207; 37 A 273; 40 A 167; PALANDT/EDENHOFER Rn 13), wobei bei mehreren Anteilserwerbern deren Gemeinschaftsverhältnis zu vermerken ist (BGH DNotZ 1967, 434). Voraussetzung ist die Voreintragung sämtlicher Miterben (BayObLG FamRZ 1995, 119, 120 = NJW-RR 1995, 272). Der Anteilserwerber erlangt alle Rechte und Pflichten, die dem Veräußerer bezüglich der Verwaltung und Auseinandersetzung zugestanden haben (RGZ 83 30), sofern wegen Fristablaufs bzw Verzichts der Miterben feststeht, dass diese seinen Eintritt in die Gesamthand nicht durch Ausübung ihres Vorkaufsrechts gem § 2034 verhindern können (EBENROTH/LORZ ZEV 1994, 45). Der Erwerber eines Miterbenanteils erwirbt aber nicht seinerseits das Vorkaufsrecht gem § 2034 (BGH NJW 1971, 1264, 1265), denn er wird nicht Miterbe. Auch Abfindungsansprüche gegen den Hoferben gehen nicht ohne weiteres auf den Erwerber über (BGH NJW 79, 1306). Zum formlosen Ausscheiden aus der Erbengemeinschaft mit Anwachsungsfolge („Abschichtung") unter § 2042 Rn 30.

27 e) Die **Rechtsstellung des Pfandgläubigers**, dem ein Erbteil verpfändet ist, bestimmt sich nach §§ 1273 Abs 2, 1258. Er hat ein Pfandrecht an dem Erbteil, nicht an einzelnen Nachlassgegenständen oder an dem Anteil des Miterben an diesen (BGH NJW 1967, 201). Er ist aufgrund des Pfandrechts gegen eine ihm nachteilige Verfügung des Verpfänders über den Erbteil oder einzelne Nachlassgegenstände geschützt. Er hat die Befugnisse zur Ausübung aller nicht höchstpersönlichen Rechte, die dem Verpfänder zustehen, neben diesem; so hat er insbesondere das Verwaltungs- und Verfügungsrecht (§§ 2038 ff), das Recht auf Mitwirkung bei der Auseinandersetzung (§ 2042) und das Recht auf den Überschuß, §§ 2047 Abs 1, 1258 Abs 3 (BGHZ 52, 99 = NJW 1969, 1348 = Betrieb 1969, 1103). Um die Verpfändung den übrigen Miterben gegenüber wirksam zu machen, muss er diese darüber benachrichtigen, damit sie seine Zustimmung zu einer Verfügung über einzelne Nachlassgegenstände einholen und ihn bei der Auseinandersetzung zuziehen (RGZ 83, 30, 31). Da das Pfandrecht durch eine Anteilsübertragung nicht beeinträchtigt wird, ist eine solche weiterhin möglich (HENSELER Rpfleger 1956, 186).

28 Gegenstand des Pfandrechts sind nicht die einzelnen zum Nachlass gehörigen Gegenstände, sondern nur das Recht des Miterben an dem Nachlass, die sich aus der Erbengemeinschaft ergebende Rechtsstellung des Schuldners als ein Inbegriff von Rechten und Pflichten. Trotzdem hat das RG das Pfandrecht an dem eingetragenen Anteil des Miterben für eintragungsfähig auf einem Nachlassgrundstück erklärt, weil so die Beschränkung der Verfügungsbefugnis des Verpfänders hinsichtlich des Nachlassgrundstückes ersichtlich gemacht werde (RGZ 90, 232 f. ebenso KGJ 37 A 273; OLG Hamm Rpfleger 1961, 201; LG Oldenburg MDR 1959, 669). Dies ist, um eine Benachteiligung des Pfandgläubigers durch gutgläubigen Erwerb auszuschließen, ebenso geboten, wie bei der Veräußerung des Miterbenanteils. Für die Eintragung im Berichtigungswege gilt daher das gleiche wie bei der Veräußerung (vgl Rn 26). Die Eintragung hat in der für Verfügungsbeschränkungen des Eigentümers bestimmten Rubrik zu erfolgen. Infolgedessen ist die gemeinschaftliche Verfügung über das Grundstück nur mit Zustimmung des Pfandgläubigers möglich. Zur Voreintragung des Miterben bei Verpfändung vgl Rn 34. Zur Eintragung der Veräußerung eines verpfändeten Miterbenanteils im Grundbuch ist die Zustimmung des Pfandgläubigers nicht erforderlich, weil der Anteil mit der Belastung übergeht, folglich eine Beeinträchtigung des Pfandrechts iS des § 1276 Abs 2 ausgeschlossen ist.

29 Der Vertragspfandgläubiger hat **kein Widerspruchsrecht** aus § 771 ZPO gegen die später von einem andern Gläubiger in den Erbanteil betriebene Zwangsvollstreckung, er muss sein Vorrecht am Erlös des Erbanteils geltend machen. Nur dann kann er mit Erfolg dem Antrag auf Versteigerung des Anteils am Nachlass entgegentreten, wenn er durch den Antrag auf Auseinandersetzung bereits seinerseits einen Schritt zur Verwertung des Pfandgegenstandes gemacht hatte, bevor der Nachlasspfandgläubiger dessen Versteigerung eingeleitet hatte, denn in diesem Falle würde ein nicht miteinander zu vereinbarendes Vorgehen der beiden Pfandgläubiger in verschiedenen auseinandergehenden Richtungen gegeben sein.

Die **Auseinandersetzung** kann nach §§ 1258 Abs 2, 1257 nur gemeinschaftlich von dem Pfandgläubiger und dem Miterben verlangt werden (BGHZ 52, 99 = Betrieb 1969, 1103). Ohne Zustimmung des Pfandgläubigers kann sein Recht nicht durch die Auseinandersetzung aufgehoben werden, § 1276 (RGZ 83, 31; 84, 399; 90, 236). Damit hat der Schuldner das Recht, die Auseinandersetzung (einschl der Rechte aus § 180 ZVG) zu betreiben, verloren (OLG Hamburg MDR 1958, 45; RIPFEL NJW 1958, 692; HILL MDR 1959, 92; STÖBER Rpfleger 1963, 373; **aM** OLG Hamm Rpfleger 1958, 269; LG Braunschweig NdsRpfl 1956, 74). Der Pfandgläubiger erlangt, wenn die Miterben sich auseinandersetzen, ein Pfandrecht an allen dem Pfandschuldner bei der Auseinandersetzung zugewiesenen Gegenständen (BGHZ 52, 99 = NJW 1969, 1347 = Betrieb 1969, 1102; SOERGEL/WOLF Rn 18; KAPP/EBELING I Rn 151; LANGE/KUCHINKE § 42 II 5 d). Das RG und ein Teil der Lit (RGZ 84, 395, 397; SCHLÜTER § 32 II 3; ebenso STAUDINGER/LEHMANN[11] Rn 20) gaben dagegen nur einen Anspruch auf Bestellung eines Pfandrechtes an diesen Gegenständen. Diese Streitfrage entscheidet sich ausschließlich nach § 1258 Abs 3, ob aus dem Wort „gebührt" eine dingliche Surrogation oder lediglich ein Anspruch des Pfandgläubigers begründet wird. Hinsichtlich des Problems wird daher auf die Erläuterung zu § 1258 Abs 3 verwiesen. Soll das Pfandrecht nicht entwertet werden, führt allein eine Fortsetzung an den bei der Auseinandersetzung zugewiesenen Gegenständen zu einer akzeptablen Lösung, denn bei der Auseinandersetzung verwirklicht sich das Pfandrecht. Voraussetzung für eine Fortsetzung des Pfandrechtes ist ebenso wie für einen Anspruch auf eine Bestellung nach Auseinandersetzung auf jeden Fall die *Wirksamkeit der Auseinandersetzung*, die nach § 1276 der Zustimmung des Pfandgläubigers bedarf (BGHZ 52, 99 = NJW 1969, 1348 = Betrieb 1969, 1102).

Der Pfandgläubiger haftet nicht für *Nachlassschulden*, er ist nur gehalten, die Befriedigung der Nachlassgläubiger aus den Nachlassgegenständen zu dulden (RGZ 60, 31).

f) Der **Nießbrauch** an einem Erbanteil ist Rechtsnießbrauch (BÜNGER BWNotZ 1963, 100). Die **Rechtsstellung des Nießbrauchers** an einem Erbteil bestimmt sich nach §§ 1068 ff. Über § 1068 Abs 2 ist § 1066 anwendbar. Das Recht auf Auseinandersetzung kann nur von dem Nießbraucher und dem Miterben gemeinsam ausgeübt werden, § 1066 Abs 2 (BÜNGER BWNotZ 1963, 102). Ebenso wie der Pfandgläubiger haftet auch der Nießbraucher nicht für Nachlassschulden (RGZ 60, 131). Der Nießbrauch kann an einem Bruchteil des Erbteils bestellt werden (KAPP/EBELING I Rn 122, vgl Rn 7). Gegenstand eines Nießbrauchs ist der Erbanteil, nicht aber ein einzelner Nachlassgegenstand.

8. Der rechtsgeschäftlichen Verfügung steht die **Zwangsvollstreckung** gegen den verfügungsberechtigten Miterben gleich. Demgem erklärt § 859 Abs 2 iVm § 857 ZPO den Anteil des Miterben für pfändbar, nicht aber seinen Anteil an den einzelnen Nachlassgegenständen (RGZ 59, 180; BGH NJW 1967, 200; BGHZ 52, 99 = NJW 1969, 1903 = Betrieb 1969, 1102, 1103). Auch die Anteile eines Miterben an dem Erlös eines einzelnen Nachlassgegenstandes sind unpfändbar, denn vor der Zuteilung besteht weiterhin gesamthänderische Bindung. Bei der *Pfändung* eines Erbanteils sind die übrigen *Miterben Drittschuldner* iS des § 857 Abs 2 ZPO, demgem ist die Pfändung des Miterbenanteils erst mit der Zustellung des Pfändungsbeschlusses an die übrigen Miterben als bewirkt anzusehen (RGZ 42, 327; 49, 406 ff; 74, 54; 75, 180; 86, 294; RGRecht 1909, 1180; WarnR 1914 Nr 137 = LZ 1914, 775; ZBlFG 1910, 539 Nr 485; OLG Frankfurt Rpfleger 1979, 205; NOACK JR 1969, 9; RIPFEL NJW 1958, 692; MUSCHELER, in: FS Kanzleiter S 292, 293). In dem Pfändungsbeschluss müssen daher sämtliche Miterben erkennbar, wenn auch nicht namentlich bezeichnet sein (RGZ 42, 330). Ist ein zur Teilung des Nachlasses befugter Testamentsvollstrecker vorhanden, ist dieser Drittschuldner (RGZ 86, 295; RIPFEL NJW 1958, 692; NOACK JR 1969, 9). Ebenfalls Drittschuldner ist der Nachlassverwalter oder ein für unbekannte Miterben bestellter Nachlasspfleger (ARENTARIUS MDR 97, 1033; aA LG Kassel MDR 97, 1032). Mit der Pfändung erwirbt der Vollstreckungsgläubiger ein Pfändungspfandrecht an dem Miterbenanteil, nicht an den einzelnen Nachlassgegenständen (OLG Frankfurt Rpfleger 1979, 205).

Unter den Voraussetzungen der §§ 3, 4 AnfG steht einem Rückgewähranspruch gem § 11 AnfG nicht entgegen, dass der Empfänger nunmehr sämtliche Erbanteile auf sich vereinigt und damit an sich die gleiche Rechtsstellung hat wie ein ursprünglicher Alleinerbe, der über einen Erbschaftsanteil nicht verfügen kann (vgl Rn 3, 6). Der Gläubiger hat einen Anspruch auf Befriedigung aus dem veräußerten Gegenstand, als ob dieser noch dem Schuldner gehörte. Er kann also Befriedigung bis zu der Höhe verlangen, die bei einer Nachlassauseinandersetzung dem auf den Schuldner entfallenen Erlösanteil entsprochen hätte, und gem §§ 181 Abs 2, 180 ZVG die Teilungsversteigerung von zum Nachlass gehörenden Grundstücken verlangen (BGH FamRZ 1992, 659, 660; aA OLG Düsseldorf NJW 1977, 1878; SOERGEL/WOLF Rn 15).

34 a) Gem § 804 Abs 2 ZPO steht das **Pfändungspfandrecht** dem rechtsgeschäftlich erworbenen Pfandrecht gleich. Wie letzteres kann auch das Pfändungspfandrecht in das Grundbuch eines zum Nachlass gehörigen Grundstückes eingetragen werden (STÖBER Rpfleger 1976, 198), um die gemeinschaftliche Verfügung der Miterben von der Zustimmung des Pfandgläubigers abhängig zu machen (vgl Rn 28), die Eintragung erfolgt in der für Verfügungsbeschränkungen des Eigentümers bestimmten Spalte (RGZ 90, 232; KGJ 37 A 273; OLG Hamm JMBlNRW 1960, 152 = Rpfleger 1961, 201; OLG Frankfurt Rpfleger 1979, 205). Dafür bedarf es der Voreintragung der Miterben nach § 39 GBO (KG JW 1931, 1371; STÖBER Rpfleger 1976, 198). Ob der *Pfandgläubiger* allein durch Nachweis der Erbfolge in öffentlichen Urkunden (Erbschein, letztwillige Verfügung nebst Eröffnungsniederschrift) auch die Eintragung der Miterben beantragen kann, dh insoweit ein **eigenes Antragsrecht** hat, ist umstritten (dazu ausführlich STÖBER Rpfleger 1976, 198 ff mwNw). Dies wird bejaht von STÖBER, Forderungspfändung (11. Aufl) Rn 1685; ders Rpfleger 1976, 199; MEIKEL/BÖTTCHER, Grundbuchrecht (8. Aufl) § 22 Rn 82; BOHN/BERNER, Pfändbare und unpfändbare Forderungen (1957) Rn 338; HAHN Büro 1959, 53; RIPFLE NJW 1958, 693; verneint vom OLG Zweibrücken Rpfleger 1976, 214; ERMAN/SCHLÜTER Rn 4; RASCH JW 1935, 1136, 1137; BÜRGER JW 1935, 593. Die Voreintragung begünstigt die Miterben, sie sind daher nach § 13 Abs 1 S 2 GBO antragsberechtigt, der Pfandgläubiger wird nicht unmittelbar begünstigt oder betroffen, er kann eine Eintragung von dem Pfandschuldner nur nach § 895, von den übrigen Miterben nach §§ 1273 Abs 2, 1258, 2038 Abs 1 verlangen (KGJ 37 A 273). Allein aus dem Umstand, dass der Miterbe einen anderen mit der Durchführung dieses Antrags beauftragen kann, darf nicht auf eine entsprechende Berechtigung eines Nichtmiterben geschlossen werden.

Soll die Erbteilspfändung bei einer zum Nachlass gehörenden Briefgrundschuld eingetragen werden, so ist gem §§ 42 S 1, 41 Abs 1 S 1 GBO der Grundschuldbrief vorzulegen (OLG Frankfurt Rpfleger 1979, 205, 206).

b) Durch die Pfändung wird die Wirksamkeit späterer Verfügungen des Schuldners über den gepfändeten Erbteil dem Pfändungspfandgläubiger gegenüber verhindert, §§ 135, 136 (KG RJA 6, 235; JW 1930, 1014 Nr 7; BayObLGZ 4, 604; OLG Frankfurt Rpfleger 1979, 205), allerdings werden spätere Übertragungen oder weitere Belastungen des Erbanteils nicht ausgeschlossen, denn dadurch wird das Pfandrecht nicht beeinträchtigt (Henseler Rpfleger 1956, 186; Ripfel NJW 1958, 692; Noack JR 1969, 10). Die Miterben bedürfen zur Verfügung über einzelne Nachlassgegenstände der Mitwirkung des Pfändungspfandgläubigers (vgl Rn 27). **35**

c) Die **Verwertung** kann durch *Überweisung* des gepfändeten Anteils *zur Einziehung* erfolgen, eine Überweisung an Zahlungs Statt zum Nennwert ist mangels eines solchen ausgeschlossen (Ripfel NJW 1958, 692). Das Vollstreckungsgericht kann auch die *Veräußerung* (durch Versteigerung oder aus freier Hand) anordnen, § 857 Abs 5 ZPO (Liermann NJW 1962, 2189). Die Wahrung der Form des § 2033 Abs 1 S 2 ist bei der Versteigerung im Wege der Zwangsvollstreckung nicht erforderlich (Noack JR 1969, 10). Mit dem Zuschlag in der angeordneten öffentlichen Versteigerung geht der Erbanteil auf den Meistbietenden über. Anders bei freihändiger Veräußerung, sie steht unter dem Formzwang des materiellen Rechts. Den übrigen Miterben steht bei einer öffentlichen Versteigerung kein Vorkaufsrecht zu. Der Anteilserwerber haftet nicht für Nachlassverbindlichkeiten (Erman/Schlüter Rn 8). Aufgrund der Überweisung zur Einziehung kann der Pfändungspfandgläubiger die Auseinandersetzung (§ 86 FGG) verlangen oder Teilungsklage (§§ 2042 Abs 1, 749 ff) erheben (Ripfel NJW 1958, 692; Liermann NJW 1962, 2189; Noack JR 1969, 10). **36**

Die öffentliche Versteigerung ermöglicht das Eindringen eines Fremden in die Gemeinschaft, der auf deren Belange meist keine Rücksicht nehmen, sondern allein an eine Befriedigung seiner Forderung denken wird. Auch die Befugnis des Pfändungspfandgläubigers, schon wegen einer geringen Forderung die Miterbengemeinschaft zu sprengen, erweckt Bedenken. Der ErbRA d AkDR (4. Denkschr 160 f) hat daher vorgeschlagen, dem durch verstärkte Auseinandersetzungsbefugnisse des Nachlassgerichtes zu begegnen und diesem die Befugnis einzuräumen, einen Nachlassvollstrecker oder Erbschaftsverwalter einzusetzen sowie den übrigen Miterben ein Abfindungsrecht gegenüber dem Pfändungspfandgläubiger zuzubilligen. **37**

II. Verfügung über den Anteil an einzelnen Nachlassgegenständen (Abs 2)

Um eine Zersplitterung des Nachlasses zu verhindern und um die Auseinandersetzung nicht zu erschweren (BGH NJW 1969, 92), verbietet § 2033 Abs 2 den Miterben eine Verfügung über ihren Anteil am einzelnen Nachlassgegenstand. **38**

1. Die Unzulässigkeit einer solchen Verfügung ergibt sich bereits aus dem Gesamthandsprinzip, aus dem Wesen des Anteilsrechts, aus dem Fehlen eines auch nur relativ selbständigen Teilrechtes (§ 2032 Rn 6). Zur Rechtfertigung dieses Verfügungsverbotes bedarf es keineswegs der Leugnung eines Anteilsrechts überhaupt, noch der Annahme eines besonderen gesetzlichen Veräußerungsverbotes (dazu § 2032 Rn 6). **39**

40 Miterben können auch **nicht gemeinschaftlich** über einen solchen Anteil am einzelnen Nachlassgegenstand **verfügen** (ZUNFT NJW 1957, 1178), sie dürfen nur gemeinschaftlich über einen ganzen Nachlassgegenstand oder über einen Bruchteil desselben verfügen, § 2040 Abs 1. Die Verfügung über den **Nachlassgegenstand** im Ganzen setzt die Zustimmung aller Miterben voraus durch vorherige Einwilligung oder nachträgliche Genehmigung (RGZ 152, 380 unter Aufgabe seiner früheren, eine Genehmigung nicht anerkennenden Auffassung, vgl § 2032 Rn 6).

41 Mehrere Verfügungen eines Miterben über seinen Anteil an einzelnen Nachlassgegenständen können nicht in eine Verfügung über den gesamten Anteil *umgedeutet* werden (RG HRR 1931 Nr 840; BGB-RGRK/KREGEL Rn 16: **aM** STAUDINGER/LEHMANN[11] Rn 26), denn der Erbanteil erfaßt mehr als der Anteil an Einzelgegenständen, sowohl wirtschaftlich wie rechtlich. Eine solche Auslegung ist allenfalls dann möglich, wenn es sich bei den Verfügungsgegenständen um den gesamten Nachlass handelt und dies den Beteiligten bewußt ist (BGH FamRZ 1965, 267, 268).

42 2. Aus der Unzulässigkeit der Verfügung iS des § 2033 Abs 2 folgt, dass die Belastung des Anteils eines Miterben an einem Nachlassgrundstück mit einer *Hypothek* oder *Grundschuld* rechtlich unmöglich ist (RGZ 88, 21 f) und dass eine derartige Vormerkung nicht eingetragen werden kann (RJA 4, 253; KGJ 28, 111).

43 3. In der pr Praxis hatte sich die Anerkennung einer **bedingten Verfügung** über den Anteil an einzelnen Nachlassgegenständen durchgesetzt, die Verfügung sollte das ergreifen, was dem Miterben bei der Auseinandersetzung von der betreffenden Sache zufallen würde. Nach BGB ist dagegen jede Verfügung über das Anteilsrecht am einzelnen Nachlassgegenstand ausgeschlossen. Auch über § 185 Abs 2 (Genehmigung der übrigen Miterben oder Zuweisung eines dem Erbteil entsprechenden Anteils) kann die rechtlich unmögliche Verfügung nicht nachträglich wirksam werden (so RGZ 88, 27 im Gegensatz zu der für das frühere pr Recht ergangenen Entscheidung RGZ 79, 395).

44 4. Von der unzulässigen Verfügung iS des § 2033 scharf zu trennen ist die **Übernahme einer Verpflichtung** durch den Miterben hinsichtlich des einzelnen Gegenstandes oder eines Anteils an diesem. Da ein Anteil eines Miterben an den einzelnen Nachlassgegenständen auf keine Weise entstehen kann (vgl Vorbem 15), handelt es sich bei einer entgegen § 2033 Abs 2 eingegangenen Verpflichtung um eine objektive Unmöglichkeit, der Miterbe kann weder mit Zustimmung der anderen Miterben noch allein dieses Recht schaffen oder übertragen (ERMAN/SCHLÜTER Rn 9 mwNw; ZUNFT NJW 1957, 1178). Die in der 11. Aufl angenommene Zulässigkeit einer derartigen Verpflichtung (ebenso BGH BWNotZ 1968, 165, OLG Kiel SchlHAnz 1925, 58) kann nicht mit dem Hinweis darauf aufrechterhalten werden, gegen die Wirksamkeit beständen ebensowenig Bedenken wie gegen den Verkauf einer fremden Sache. Der Unterschied liegt gerade darin, dass im letzteren Fall das Recht verschafft, jedoch ein Versprechen gegen § 2033 Abs 2 rechtlich nicht erfüllt werden kann. Gleichwohl ist ein solcher Verpflichtungsvertrag wirksam, wie sich aus § 311a Abs 1 ergibt. Eine Leistungspflicht des entsprechenden Miterben ist jedoch nach § 275 Abs 1 ausgeschlossen. Insoweit obliegt dem Gläubiger gemäß § 311a Abs 2 ein Recht auf Schadensersatz oder Ersatz seiner Aufwendungen. Dagegen können sich, da § 2033 in beiden Absätzen lediglich die dingliche Verfügung, nicht das schuldrechtliche Geschäft erfasst (vgl Rn 15), der einzelne oder mehrere Miterben zur Beschaffung eines Nachlassgegenstandes für den Fall verpflichten, dass er ihnen bei der Auseinandersetzung zufällt (RGZ 60, 133; RG SeuffA 62, 286; Gruchot 53, 1061; HRR 1929 Nr 2084; JW 1930, 132 Nr 5 m Anm von KIPP). Im Widerspruch hierzu hatte RGZ 61, 76 den Verkauf der Erbansprüche an dem gesamten Grundbesitz mangels Verpflichtungsgegenstandes für nichtig erklärt, dabei aber übersehen, dass der bei der Erbauseinandersetzung zufallende Grundbesitz sehr wohl als künftig entstehender zum Gegenstand der Veräußerungspflicht gemacht und dieser Vertragsinhalt durch richtige Auslegung herbeigeführt werden konnte. Ein Miterbe kann sich auch unbedingt und unmittelbar zur Übertragung einzelner Nachlassgegenstände verpflichten, es liegt keine objektive Unmöglichkeit vor, sondern nur ein subjektives Unvermögen (RG HRR 1929 Nr 2085; BGB BWNotZ 1968, 105; aM RG JW 1903 Beil 26 Nr 54, dazu STAUDINGER/LEHMANN[11] Rn 29). Hier gebietet die Parallele zum Verkauf einer dem Verkäufer nicht gehörenden Sache die genannte Einordnung. Eine Verpflichtung auf Überlassung des einem Miterben an einzelnen Nachlasssachen zukommenden Anteils kann in eine Verpflichtung umgedeutet werden, den bei der Erbauseinandersetzung an diesem Gegenstand zukommenden Anteil zu übertragen (OLG Hamburg JW 1934, 2572). Es bleibt eine Frage der **Auslegung**, ob und wann eine solche unbedingte und unmittelbare Verpflichtung in einer nichtigen dinglichen Verfügung gefunden werden kann (RG JW 1909, 20; HRR 1931 Nr 840; Gruchot 53, 1061). Der Verkauf eines zum Nachlass gehörenden Grundstücks kann in einen Auseinandersetzungsvertrag über dieses Grundstück umgedeutet werden, wenn damit derselbe Erfolg erzielt wird und alle Miterben an dem Rechtsgeschäft mitgewirkt haben (HansOLG Bremen OLGZ 1987, 10, 12).

5. **Verfügt** ein Miterbe wie ein Alleinberechtigter über einen Nachlassgegenstand, **45** ist ein **gutgläubiger Rechtserwerb** nach den allgemeinen Vorschriften möglich, §§ 932, 892, 2366 (STÖBER Rpfleger 1976, 197, 198). Ein gutgläubiger Fahrniserwerb ist jedoch ausgeschlossen, wenn der Miterbe eine gemeinschaftlich mit den anderen besessene Sache ohne deren Willen in seinen Alleinbesitz oder unmittelbar in den des Erwerbers gebracht hat, § 935 (KIPP/COING § 114 V 1 b).

6. Entsprechend der Unverfügbarkeit des Anteils an einzelnen Nachlassgegen- **46** ständen bestimmt § 859 Abs 2 ZPO seine **Unpfändbarkeit** (RGZ 49, 405).

III. Das ZGB der DDR enthielt in § 401 eine dem § 2033 Abs 1 entsprechende **47** Vorschrift. Nach § 400 ZGB konnten die Erben anders als nach BGB gemeinschaftlich über die gesamte Erbschaft und einzelne Nachlassgegenstände verfügen (vgl dazu und zur Frage der Nachlassspaltung BGHZ 146, 310 ff; weitergehend auch WERNER, Angleichung des Erbrechts, in: 10 Jahre Deutsche Rechtseinheit [2001] S 111 ff).

§ 2034
Vorkaufsrecht gegenüber dem Verkäufer

(1) Verkauft ein Miterbe seinen Anteil an einen Dritten, so sind die übrigen Miterben zum Vorkauf berechtigt.

(2) Die Frist für die Ausübung des Vorkaufsrechts beträgt zwei Monate. Das Vorkaufsrecht ist vererblich.

Materialien: E II § 1908; III § 2009; Prot V 839 f; VI 318 f; Jakobs/Schubert ER I 788–794, 807, 812; Denkschr 728.

Schrifttum

Ann, Zum Problem der Vorkaufsberechtigung beim Miterbenvorkaufsrecht nach § 2034 BGB, ZEV 1994, 343
Bartholomeyczik, Das Gesamthandsprinzip beim gesetzlichen Vorkaufsrecht der Miterben, in: FS Nipperdey (1965) I 145
Clasen, Steht den Miterben ein Vorkaufsrecht gem § 2034 BGB zu, wenn ein Miterbe seinen Anteil an einem Grundstück, das den einzigen Gegenstand des ungeteilten Nachlasses bildet, im Umlegungsverfahren gegen eine Ablösung in Geld an die Stadt abtritt?, DVBl 1956, 821
Diedenhofen, Das Vorkaufsrecht der Miterben – §§ 2034–2037 BGB (Diss Augsburg 1990)
Dumoulin, Das Vorkaufsrecht im BGB, D. Das gesetzliche Vorkaufsrecht der Miterben, Mitt-RhNotK 1967, 740, 763

Knüfermann, Das Miterbenvorkaufsrecht, §§ 2034–2037 BGB (Diss Würzburg 1970)
Meyer, Zur Lehre vom Vorkaufsrecht der Miterben am Erbschaftsanteil, Gruchot 51, 785
Quambusch, Das Vorkaufsrecht der Miterben (Diss Heidelberg 1909)
Rüdert, Das Vorkaufsrecht der Miterben (Diss Leipzig 1912)
Schmiege, Das Vorkaufsrecht der Miterben im BGB (Diss Leipzig 1904)
Sieveking, Zum Miterbenvorkaufsrecht des § 2034 BGB, MDR 1989, 224
Trobsch, Das gesetzliche Vorkaufsrecht der Miterben (Diss Leipzig 1916).
Vgl auch Schrifttum zu den Vorbem zu §§ 2032 ff.

Systematische Übersicht

I.	**Allgemeines**	
1.	Zweck der Vorschrift	1
2.	Entstehungsgeschichte	2
3.	Ausgestaltung	3
II.	**Voraussetzungen des Vorkaufsrechts**	
1.	Erbteilsverkauf	4
a)	Verkauf des Erbteils	4
b)	Verkäufer	6
c)	Käufer	7
2.	Vorkaufsberechtigung	8
a)	Vorkaufsberechtigter Miterbe	9
b)	Gesamthänderische Bindung	10
c)	Übertragbarkeit	11
III.	**Ausübung des Vorkaufsrechts**	12
1.	Entstehung und Ausübung des Rechtes	13
2.	Geltendmachung	14
3.	Ausübungsfrist	15
4.	Verkaufsmitteilung	16
IV.	**Wirkung der Ausübung des Vorkaufsrechts**	
1.	Gesetzliches Schuldverhältnis	18
2.	Übertragung des Erbteils	19
3.	Kosten der Übertragung	20
V.	**Erlöschen des Vorkaufsrechts**	21
VI.	**Recht der DDR**	22

Alphabetische Übersicht

Abschluss des Kaufvertrages	13	Grundstücksbelastung	3
Anteilsübertragung	11		
Anwendung allgemeiner Vorschriften	3	Insolvenz	4, 11
Anzeigepflicht	16 f		
– des Käufers	17	Käufer	4, 7
– des Verkäufers	16	Kaufähnliche Geschäfte	5
Arglisteinrede	4	Kosten	20
Aufwendungen	20		
Auseinandersetzung	1, 4	Minderjähriger	14
Ausgeschiedene Miterben	9	Mitteilungspflicht	16 f
Ausübung des Vorkaufsrechtes	12 ff		
– Adressat	13	Normzweck	1, 4, 9
– durch einzelne Miterben	14		
– Erklärung	13 f	Pflichten des Verkäufers	18
– Gemeinschaftlichkeit	14	– Durchsetzung	18
– Frist	15 f	Pflichten des Vorkaufsberechtigten	20
– Widerspruch	14	Pflicht zur Übertragung	4
– Wirkung	18		
– Zeitraum	13	Rückerwerb	7
Ausübungsfrist	15	Rückübertragung	4
Beweislast	16	Schenkung	4
		Sicherungsabrede	5
Darlehen	5	Sicherungsgeschäfte	4
Entstehungsgeschichte	2	Tausch	4
Erbeserbe	6 f		
Erbteilsverkauf	4 f, 7	Übertragung des Erbteils	3, 11, 19
– Abschluss	13	Umgehungsgeschäfte	5
– Bedeutung	4		
– Begriff	1, 5	Veräußerungsgeschäfte	4
– Form	4	Vergleich	4
– Gegenstand	4	Verkäufer	4, 6, 18
– Käufer	4, 7	– Pflichten	18
– Kenntnis	16	Verkaufsmitteilung	15 f
– Mitteilung	15 f	– Inhalt	16
– Ungültigkeit	4	– Zugang	16
– Verkäufer	4, 6, 18	Vermächtnis	4
Erklärung des Berechtigten	13	Versteigerung	4
– Inhalt	13	Verzicht auf Vorkaufsrecht	21
Erlöschen des Vorkaufsrechtes	21	Vollmacht	5
Erwerber	3, 7	Vorkaufsberechtigung	8 ff, 14
– weiterer	3	Vorkaufsberechtigter	4, 8 ff
		– Pflichten	20
Gesamthandsgemeinschaft	9, 14	– Rechte	18
Gestaltungsrecht	3	– Stellung	18 f
Grundbucheintragung	3, 18	Vorkaufsrecht	1 ff

– Auseinandersetzung	1	– Verzicht	21
– Ausgestaltung	3	– Voraussetzungen	4 ff
– Ausübung	8, 10 ff	– Wirkung	18
– Drittwirkung	3	Vormundschaftsgerichtliche Genehmigung	14
– Entstehung	13	Vorweggenommene Erbfolge	5, 7
– Erbteilsverkauf	4		
– Erlöschen	1, 21	Weiterveräußerung	3, 6
– Gegenstand	1, 6	Weiterverkauf	3, 6
– Rechtsnatur	3, 14	Widerspruch	14
– Übertragung	11	Wirkung der Ausübung	18 ff
– Vereitelung	5		
– Vererblichkeit	11	Zwangsvollstreckung	4

I. Allgemeines

1. Zweck der Vorschrift

1 § 2033 gibt den einzelnen Miterben das Recht, über ihren Anteil am ganzen Nachlass zu verfügen, um sich von den Bindungen der Gesamthandsgemeinschaft zu befreien (vgl Vorbem 17 zu §§ 2032 ff, § 2033 Rn 2). Damit wird ein Eindringen Fremder in die zumeist familiär bestimmte Erbengemeinschaft ermöglicht. Um die Miterben vor der Gefahr zu schützen, dass diese die Fortsetzung der Erbengemeinschaft hindern oder gar unmöglich machen bzw bei der Auseinandersetzung Schwierigkeiten bereiten, räumen §§ 2034 ff den übrigen Miterben ein Vorkaufsrecht bezüglich des verkauften Erbanteils ein (RGZ 170, 207; BGH NJW 1977, 38; Vorbem 3, 17 zu §§ 2032 ff). Um dieser Abwehrfunktion der Norm gerecht zu werden, darf § 2034 nicht zu formalistisch gehandhabt werden (vgl Rn 5). Das Vorkaufsrecht erfasst allein den Anteil an der Gesamthandsgemeinschaft, es erlischt mit diesem, es erstreckt sich damit nicht auf die Miteigentumsanteile nach Auseinandersetzung der Erbengemeinschaft (OLG Hamm RdL 1953, 52; KIPP/COING § 115 I 4).

2. Entstehungsgeschichte

2 Das Vorkaufsrecht war im E I noch nicht enthalten, es ist erst von der II. Kommission nach dem Vorbild des pr (ALR I 17 §§ 61, 65, 115) und französischen (Art 841 CC) Rechts eingeführt worden (Denkschr 728; Prot V 840; BGH NJW 1977, 37 = MDR 1977, 211 = JR 1977, 282 = Betrieb 1977, 2467 = BB 1977, 1533). Zu seinem historischen Ursprung insbes aus dem Näherrecht DIEDENHOFEN 8–10.

3. Ausgestaltung

3 Das Vorkaufsrecht der Miterben – neben dem des Mieters gem § 577 das einzige gesetzliche Vorkaufsrecht des BGB – hat, um es wirksamer zu machen, eine **Drittwirkung** insoweit erfahren (BayObLGZ 1952, 247), als es auch nach der Übertragung des Erbteils *gegen* den *Käufer* (§ 2035) und gegen den *weiteren Erwerber* (§ 2037) wirkt. Durch Weiterveräußerung des Anteils geht es daher nicht unter. Es kann jedoch nicht durch Eintragung im Grundbuch gesichert werden, wenn ein Grundstück zum Nachlass gehört (BayObLGZ 1952, 247; BROX/WALKER Rn 478), denn es erstreckt sich auf den Gesamthandsanteil, nicht auf das Grundstück. Deshalb ist ein Grundstückserwerb ohne die Belastung des § 2034 nach § 892 nicht möglich (BayObLGZ 1952, 247). Es handelt sich (ähnlich wie bei der sog actio in rem scripta) um ein *Gestaltungsrecht*, das gegenüber dem jeweils durch einen Zustand (Inhaberschaft des Erbteils und Verkauf oder Inhaberschaft aufgrund käuflichen Erwerbs) bestimmten Verpflichteten auszuüben ist. Im übrigen finden, soweit die §§ 2034 ff keine andere Regelung enthalten, die *allgemeinen Vorschriften* der §§ 463 ff über das Vorkaufsrecht Anwendung (BGH LM Nr 3 zu § 2034; Erman/Schlüter Rn 1; HK-BGB/Hoeren Rn 2; Soergel/Wolf Rn 1; Leipold Rn 726; Damrau/Rissmann Rn 1). Unanwendbar sind §§ 1249, 1273, denn das Vorkaufsrecht ist kein unter § 1249 fallendes Recht am Pfandgegenstand (RGZ 167, 298; Soergel/Wolf Rn 1; Diedenhofen 20).

II. Voraussetzungen des Vorkaufsrechts

1. Erbteilsverkauf

a) Das Vorkaufsrecht ist nur gegeben, wenn ein Miterbe bzw dessen Erbe (BGHZ **4** 121, 48) **seinen Anteil an** einen **Dritten** (vgl Rn 7) *freiwillig* und *gültig* **verkauft**, dh es entsteht nicht bei Verkauf an einen Miterben, bei Veräußerung durch andere Verträge wie Tausch (Brox/Walker Rn 479), Schenkung, Vergleich, Sicherungsübertragung (KG OLGE 14, 285; Knüfermann 27 ff; Wäntig DNotV 1906, 410), erst recht nicht bei Übertragungspflicht aufgrund eines Vermächtnisses, bei bloßer Verpfändung des Anteils (Muscheler, in: FS Kanzleiter S 298) oder Nießbrauchsbestellung, weiter nicht bei einer im Wege der Zwangsvollstreckung oder durch den Insolvenzverwalter vorgenommenen Veräußerung (§ 471), denn es handelt sich nicht um eine freiwillige Veräußerung seitens eines Miterben (BGH NJW 1977, 37, 38 = MDR 1977, 211 = JR 1977, 282 m Anm Schubert; Johannsen WM 1970, 745; 1977, 273). Die in der Insolvenz erforderliche schnelle Vermögensabwicklung würde durch ein Vorkaufsrecht gehindert (BGH NJW 1977, 38). Das Vorkaufsrecht entsteht ebenfalls nicht bei einer Auseinandersetzungsversteigerung gem § 753, § 180 ZVG (BGH NJW 1972, 1199 = LM Nr 9), denn bei der Teilungsversteigerung treten alle Miterben als Veräußerer auf, es werden nicht nur Anteile verkauft. Schließlich besteht das Vorkaufsrecht auch nicht bei **Ungültigkeit des Kaufvertrages** (RGZ 106, 324; 170, 206; BGHZ 14, 1; 23, 344; BGH DNotZ 1960, 551, 552), zB Fehlen einer behördlichen Genehmigung (BGH DNotZ 1960, 552; Johannsen WM 1970, 746), bei Nichteinhaltung der in § 2371 vorgeschriebenen Form, § 125 (zur Heilung des Vertrages durch Erfüllung vgl § 2033 Rn 19). Der Vorkaufsberechtigte kann bei Formungültigkeit des Kaufvertrages nicht geltend machen, die Vertragsbeteiligten handelten arglistig, zumal dann nicht, wenn der Erbanteil auf den Verkäufer in Erfüllung eines Bereicherungsanspruches zurückübertragen worden ist (RGZ 170, 203). Dies wird auch gelten, wenn die **Rückübertragung** erfolgt ist, obwohl § 814 den Anspruch auf sie ausschloß und der Erwerber in Kenntnis dessen den Anteil zurückübertragen hat. Der Schutzzweck des § 2034, den Miterben einen fremden Mitgesamthänder nicht aufzudrängen (vgl Rn 1), fordert nur dann ein Vorkaufsrecht, wenn ein Dritter in die Gemeinschaft eindringen kann, nicht aber wenn die gewollte Erbteilsübertragung letztlich wegen Ungültigkeit des Kaufvertrages nicht zur Wirkung gelangt (vLübtow II 824; Erman/Schlüter Rn 2; **aM** Staudinger/Lehmann[11] Rn 5). Der Vorkaufsberechtigte hat keinen Anspruch auf das Zustandekommen oder die Erfüllung des Drittkaufs, dem von § 2034 vorausgesetzten Interesse der übrigen Miterben entspricht sogar das Unterlassen einer Erbteilsveräußerung. § 2034 braucht seiner Abwehrfunktion nach daher nur einzugreifen, wenn tatsächlich das Eindringen eines Fremden in die Gemeinschaft endgültig bevorsteht. Gem § 465 kann ein Kaufvertrag jedoch nicht unter der **Bedingung** abgeschlossen werden, dass das Vorkaufsrecht nicht ausgeübt werde. Da nach § 2033 nur der Verkauf des Erbanteils, nicht des Anteils an einzelnen Gegenständen zulässig ist, ist ein gegen § 2033 Abs 2 verstoßender Vertrag, zB die Übertragung des Anteils an einem Nachlassgrundstück, unwirksam (vgl § 2033 Rn 38 ff), ein das Vorkaufsrecht auslösender *Kaufvertrag* schon aus diesem Grunde nicht existent (das übersieht CRASEN DVBl 1956, 821 f).

5   Die **Beschränkung des Vorkaufsrechtes auf** den **Verkauf** beruht zwar auf befürchteten Schwierigkeiten hinsichtlich der Festsetzung des vom Vorkaufsberechtigten zu erbringenden Entgelts (BROX/WALKER Rn 479; KAPP/EBELING I Rn 187), jedoch wurden diese Schwierigkeiten bei der Weiterveräußerung des Anteils in Kauf genommen (§ 2037 Rn 1), so dass in § 2034 die Beschränkung nicht mehr gerechtfertigt erscheint. Zwar wird den meisten Anteilsveräußerungen ein Kaufvertrag zugrunde liegen, das Eindringen Fremder in die Erbengemeinschaft ist aber ebenfalls über andere Rechtsgründe möglich. Das **Merkmal des Verkaufs** ist daher nicht formalistisch zu verstehen (vgl Rn 1). Auch auf Verträge, die praktisch einem Erbteilsverkauf gleichkommen, muss § 2034 anwendbar sein (BGH LM Nr 10), so bei Hingabe des Anteils an Zahlungs Statt für eine Geldschuld, ferner, wenn der Miterbe sich hinsichtlich des Grundstücks, das den einzigen Nachlassgegenstand bildet, einem mit dem Sachverhalt vertrauten Dritten gegenüber gegen Entgelt verpflichtet, ihm die zeitlich unbeschränkte Wahrnehmung der Miterbenrechte für eigene Rechnung in jeder Weise zu ermöglichen (RG DRW 1943, 1108; ERMAN/SCHLÜTER Rn 2) oder wenn der Anteil zur Sicherheit für ein gewährtes Darlehen abgetreten und die Rückzahlung des Darlehens praktisch für immer ausgeschlossen ist (BGHZ 25, 174 = NJW 1957, 1515 = LM Nr 2 zu § 2035 m Anm JOHANNSEN). Die Abtretung des Anteils an einem Nachlass, zu dem ein Grundstück gehört, im Umlegungsverfahren gegen eine Ablösung in Geld ist kein das Vorkaufsrecht auslösendes kaufähnliches Rechtsgeschäft iS des § 2034, sondern ein Vorgang sui generis auf öffentlich-rechtlicher Grundlage (CLASEN DVBl 1956, 822). Nicht einem Kaufvertrag gleichzusetzen ist die Erteilung einer notariellen *Vollmacht,* die einen Dritten unter Befreiung von § 181 ermächtigt, einen Kaufvertrag über den Erbteil abzuschließen (BGH DNotZ 1960, 553; KAPP/EBELING I Rn 193). Der daraufhin abgeschlossene Kaufvertrag löst erst das Vorkaufsrecht aus. Die Übertragung eines Erbteils im Wege *vorweggenommener Erbfolge* beruht nicht auf den einem Kaufvertrag eigentümlichen Interessen der Beteiligten, allein erbrechtliche Motive führen zu dieser Übertragung. Es liegt daher kein Verkauf iS des § 2034 vor (JOHANNSEN WM 1970, 745; vgl auch Rn 7). Versuchen Anteilsveräußerer und Erwerber durch besondere Vertragsgestaltung (zB Rücktrittsvereinbarung) das Vorkaufsrecht der anderen Miterben zu vereiteln (Umgehungsgeschäfte), so ist – sofern keine Sittenwidrigkeit gem § 138 gegeben ist – der Vertrag einem das Vorkaufsrecht auslösenden Kaufvertrag gleichzusetzen. Nebenvereinbarungen, die der Vereitelung des Vorkaufsrechtes dienen sollen, sind gem § 138 nichtig und somit unbeachtlich (BGH WM 1962, 1091; 1970, 1318).

6   b)   **Verkäufer** des Erbanteils ist ein Miterbe, § 2034 Abs 1. Da der Erwerber eines Erbanteils nicht Miterbe wird (§ 2033 Rn 23 f), kann bei einem Verkauf durch ihn das Vorkaufsrecht nicht gem § 2034 entstehen und ausgeübt werden, sondern allenfalls über § 2037. Im Falle der Weiterübertragung des Anteils durch den Käufer auf einen

anderen entsteht kein neues Vorkaufsrecht (Soergel/Wolf Rn 1; Erman/Schlüter Rn 2; Muscheler, in: FS Kanzleiter S 298), denn § 2034 ist in § 2037 nicht erwähnt. Vielmehr ist aus § 2037 zu entnehmen, dass das aus der ersten Veräußerung bereits erwachsene Vorkaufsrecht auch gegenüber dem neuen Erwerber ausgeübt werden kann (OLG Colmar OLGE 26, 302 = Recht 1913 Nr 1314; vgl § 2037 Rn 3). Der Erbe und Erbeserbe eines Miterben tritt dagegen in die Erbenstellung des Miterben ein und zwar kraft Erbfolge, nicht wie der Anteilserwerber durch Rechtsgeschäft unter Lebenden. Verkauft der Erbe oder Erbeserbe eines Miterben den ererbten Miterbenanteil, löst dies das Vorkaufsrecht gem § 2034 aus (BGH LM Nr 4 zu § 2034 = NJW 1966, 2207; LM Nr 5 zu § 2034 = NJW 1969, 92 = DNotZ 1969, 623; Johanssen WM 1970, 746; HK-BGB/Hoeren Rn 4; aM Planck/Ebbecke Anm 2a; Muscheler, in: FS Kanzleiter S 298). Verkaufen Erbe und Erbeserbe nicht den ererbten Anteil, sondern ihren Anteil an der Miterbengemeinschaft am Nachlass des Miterben, ist – selbst wenn der Nachlass nur aus dem Miterbenanteil besteht – nicht der ererbte Miterbenanteil, sondern der eigene Miterbenanteil des Erben Vertragsgegenstand. Ein Vorkaufsrecht zugunsten der Miterbengemeinschaft, zu der der verstorbene Miterbe gehörte, entsteht nicht, sondern nur zugunsten der Miterben am Nachlass des verstorbenen Miterben (BGHZ 56, 120; BGH RhNK 1970, 535; NJW 1975, 445 = LM Nr 10 = JR 1975, 288; Kanzleiter DNotZ 1969, 625; Schubert JR 1975, 290).

c) **Käufer** und damit Partner des Miterben bei dem Anteilsverkauf muss ein **7 Dritter** sein, denn § 2034 will das Eindringen Fremder in die Miterbengemeinschaft und deren Überfremdung verhindern. Ein das Vorkaufsrecht auslösender *Kaufvertrag* liegt somit nicht vor, wenn der Erbanteil an einen Miterben verkauft wird (BGH DNotZ 1960, 551; WM 1972, 505; HK-BGB/Hoeren Rn 4; Olzen Rn 967; Muscheler, in: FS Kanzleiter S 299), selbst wenn dieser aufgrund Erbteilsveräußerung aus der Gemeinschaft ausgeschieden war. Es kehrt lediglich ein ausgeschiedener Erbe zurück, die vom Erblasser bestimmte Erbenkonstellation wird wieder hergestellt (vgl § 2034 Rn 4). Da der Erwerber eines Anteils nicht Miterbe wird (vgl § 2033 Rn 23 f), besteht das Vorkaufsrecht also auch, wenn ein Dritter, der bereits einen Erbteil erworben hat, einen weiteren hinzuerwerben will (BGHZ 56, 115; BGH NJW 1993, 726; Soergel/ Wolf § 2034 Rn 1; Erman/Schlüter Rn 2; Johanssen WM 1970, 746; ders Anm zu LM Nr 9a zu § 2035; Dumoulin RhNK 1967, 764), ebenso bei Verkauf an einen von einem noch lebenden Miterben bestimmten Erben. Erfolgt jedoch die Erbteilsübertragung von einem Miterben an seinen voraussichtlichen Erben im Wege der *vorweggenommenen Erbfolge,* fehlt es an einem das Vorkaufsrecht auslösenden Kaufvertrag (Johanssen WM 1970, 745; Haegele BWNotZ 1972, 2; vgl auch Rn 5). Der Erwerber bleibt Dritter iS des § 2034, wenn er einen weiteren Anteil hinzuerwirbt (Erman/Schlüter Rn 2; BGB-RGRK/Kregel Rn 4; Soergel/Wolf Rn 6; Kapp/Ebeling I Rn 214; Brox/Walker Rn 480; Haegele BWNotZ 1972, 2). Die vom BGH (LM Nr 3 = JZ 1965, 617 = MDR 1965, 891) vertretene gegenteilige Ansicht, der Schutzzweck des § 2034 versage hier ein Vorkaufsrecht den anderen Miterben, da kein Familienfremder von der Gemeinschaft ferngehalten worden sei, ist nicht überzeugend. Die Mitglieder einer Miterbengemeinschaft müssen nicht der Familie des Erblassers entstammen, dieser kann jede beliebige Person in die Gemeinschaft führen. Deswegen hat der BGH seine Ansicht auch lediglich auf den Erwerb durch einen gesetzlichen Erben eines Miterben beschränkt. Zudem kann selbst das Eindringen nicht vom Erblasser eingesetzter Verwandter zu Störungen der Miterbengemeinschaft führen. Seinem klaren Wortlaut nach ist daher Dritter iS des § 2034 *jede nicht durch Erbfolge kraft Todesfall als*

Miterbe bedachte Person. Die Vorwegnahme der Erbfolge ist ein Rechtsgeschäft unter Lebenden und macht den Begünstigten nicht zum Erben. Der Begünstigte gehört wie jeder andere Dritte aus freiem Entschluss der Gemeinschaft an (vgl Rn 9). § 470 kann nicht herangezogen werden (aM HAEGELE BWNotZ 1972, 2), diese Norm ist lediglich Auslegungsregel bei einem vertraglichen Vorkaufsrecht. Eine Vertragsauslegung ist bei dem gesetzlichen Vorkaufsrecht des § 2034 nicht möglich.

2. Vorkaufsberechtigung

8 Das Vorkaufsrecht steht nicht einem einzelnen Miterben, sondern nur den **sämtlichen übrigen Miterben** (und ggf ihren Erben, vgl § 2032 Rn 2) **gemeinschaftlich** zu (DAMRAU/RISSMANN Rn 10). Sie müssen es einheitlich, wenn auch nicht gleichzeitig, ausüben (RGZ 158, 57). Will es einer der Miterben nicht ausüben, verbleibt es den Übrigen, § 472 (vgl Rn 14).

9 a) Vorkaufsberechtigt sind nur die **Miterben**, nicht ein Dritter, an den ein Miterbe gem § 2033 seinen Erbanteil übertragen hat (BGHZ 56, 116 = NJW 1971, 1264; BGH NJW 1993, 726; BARTHOLOMEYCZIK, in: FS Nipperdey 152; **aM** GRUNSKY AcP 179, 600 f; STROHAL § 64 Fn 23; KRESS 188 Fn 28; F LEONHARD § 2034 Anm III), denn der Erwerber wird durch die Anteilsübertragung lediglich Mitglied der Gesamthandsgemeinschaft, nicht aber Miterbe im Rechtssinne (§ 2033 Rn 23 f). Dem steht nicht entgegen, dass das Vorkaufsrecht dem Miterben verlorengeht (s unten) und damit endgültig erlischt, weil dies aus dem Schutzzweck des § 2034 BGB folgt (aM ANN ZEV 1994, 343, 344; GRUNSKY aaO). Entbehrlich ist daher die künstliche Konstruktion von ANN (ZEV 1994, 343, 346), der das Vorkaufsrecht anders als die Ausübungsbefugnis für übertragbar hält.

Der BGH (BGHZ 56, 118) rechtfertigt auch die Unübertragbarkeit des Vorkaufsrechts durch Erbteilsveräußerung aus dem Schutzzweck des § 2034. Der Anteilserwerber trete im Gegensatz zu den Erben aus freiem Entschluss in die Erbengemeinschaft ein und müsse das Risiko künftigen Gemeinschafterwechsels tragen. Dagegen ist einzuwenden, dass auch ein Erbteilserwerber bei der Entscheidung über seinen Eintritt die personelle Zusammensetzung einer Gemeinschaft in Erwägung ziehen wird und es ihm nicht gleichgültig sein kann, ob und welche Mitglieder hinzukommen, mit denen er dann zusammenarbeiten muss. Hat ein veräußernder Miterbe vor der Anteilsübertragung sein Vorkaufsrecht im Hinblick auf einen Erbenanteil ausgeübt (nicht genügt lediglich der Eintritt des Vorkaufsfalles, JOHANNSEN WM 1970, 746), so genießt der Erwerber die Rechte aus dem ausgeübten Vorkaufsrecht (BGH v 19. 10. 1955, IV ZR 89/55 zit bei JOHANNSEN WM 1970, 748; **aM** BARTHOLOMEYCZIK, in: FS Nipperdey 165 ff). Dies widerspricht entgegen BARTHOLOMEYCZIK (aaO) nicht dem Gesamthandsprinzip, denn auf den Erwerber geht nicht das gesamthänderisch gebundene Vorkaufsrecht über, sondern die Gesamthandsgemeinschaft, zu der nunmehr der Erwerber gehört, hat einen schuldrechtlichen Anspruch gegen den Verpflichteten auf Übertragung, dh die Lage ist nicht anders als bei allen Forderungen der Gesamthandsgemeinschaft bei Mitgliederwechsel.

Das Vorkaufsrecht soll lediglich den in der Miterbengemeinschaft verbundenen Miterben zugute kommen und sie vor neuen Mitgliedern schützen. Ein **Miterbe**, der durch Veräußerung seines Anteils bereits aus der Gemeinschaft **ausgeschieden** ist, ist daher nicht vorkaufsberechtigt (BGHZ 121, 47; OLG Stuttgart NJW 1967, 2409, 2410;

PALANDT/EDENHOFER Rn 3; ERMAN/SCHLÜTER Rn 4; LEIPOLD Rn 728; MEYER Gruchot 51, 789; HAEGELE BWNotZ 1972, 1; **aM** BGB-RGRK/KREGEL Rn 5; JOHANNSEN WM 1970, 746). Allein der Umstand, dass der Ausgeschiedene Erbe geblieben ist (§ 2033 Rn 23), rechtfertigt es nicht, ihm das Vorkaufsrecht zu geben (so jedoch BGB-RGRK/KREGEL Rn 5; JOHANNSEN WM 1970, 746), denn § 2034 Abs 1 spricht nicht schlicht von den Miterben, sondern von den „übrigen Miterben", dh den anderen noch in der Miterbengemeinschaft befindlichen Miterben. Ein Miterbe, der sich durch Anteilsveräußerung aus der Gemeinschaft entfernt hat, bedarf nicht des durch § 2034 bezweckten Schutzes vor Überfremdung der Gemeinschaft (BGHZ 121, 47 in Abkehr von BGH IV ZR 89/55 S 10 f; OLG Stuttgart NJW 1967, 2410). Dass ein Vorkaufsrecht namentlich dann ausscheidet, wenn der letzte noch verbliebene Erbanteil an den Erwerber aller anderen Anteile veräußert wird (BGHZ 86, 379), versteht sich deshalb von selbst.

Vom Schutzzweck des § 2034 BGB ist auch nicht das Interesse eines Miterben erfaßt, den Verkauf des Erbteils an einen Dritten zu verhindern, um ihm einen Vierten zu verschaffen. Derartige Fälle sind durch teleologische Reduktion auszunehmen, um einen Wettlauf von Interessenten und wechselseitige Blockaden von Vorkaufsrechten zu vermeiden (BGHZ 121, 47; KG ZEV 1994, 41, 42; beachte aber OLG Rostock ZEV 99, 437 für den Fall, dass der Miterbe lediglich beabsichtigt, den Erbteil seinerseits zu verkaufen).

Der Miterbe erlangt sein Vorkaufsrecht auch nicht dadurch zurück, dass er durch Rückerwerb seines Erbanteils wieder in die Gesamthand eintritt (aA MünchKomm/ GERGEN § 2034 Rn 22; ANN ZEV 1994, 343, 345; MUSCHELER, in: FS Kanzleiter S 300). Der Gefahr, dass sich der Miterbe durch Zurückbehaltung eines geringen Bruchteils seines Miterbenanteils das Vorkaufsrecht sichern will (ANN aaO), lässt sich mit dem Missbrauchseinwand entsprechend § 242 ausreichend begegnen.

b) Das Vorkaufsrecht steht den **Miterben** in ihrer gesamthänderischen Verbundenheit **gemeinsam** zu (vgl Rn 14). **Ein Miterbe** hat das Vorkaufsrecht **allein**, wenn er ausschließlich mit dem veräußernden **Miterben** die Erbengemeinschaft bildet, oder bei einer Gemeinschaft mit mehr als zwei Miterben, wenn nur er bereit ist, das Vorkaufsrecht auszuüben. **10**

c) Das Vorkaufsrecht ist gem § 473 **nicht übertragbar**, dh es geht weder allein noch mit dem Erbanteil auf eine andere Person über und ist folglich auch **beschlags-** (§ 851 ZPO) und **insolvenzfrei**, § 35 InsO (Prot V 841; ERMAN/SCHLÜTER Rn 4). Dadurch wird die selbständige Übertragung ebenso ausgeschlossen wie die Übertragung mit dem Erbteil (vgl Rn 9). Selbst bei der Anteilsübertragung auf einen Miterben erfolgt keine Übertragung des Vorkaufsrechtes, denn der erwerbende Miterbe kann das mit seinem eigenen Erbteil verbundene Vorkaufsrecht ausüben (OLG Colmar OLGE 26, 302 = Recht 1913 Nr 1314; BARTHOLOMEYCZIK, in: FS Nipperdey 165). Mangels Übertragbarkeit kann der Insolvenzverwalter das Vorkaufsrecht des in die Insolvenz geratenen Miterben nicht ausüben (KG OLGE 9, 388; OLG Colmar OLGE 26, 302; BARTHOLOMEYCZIK, in: FS Nipperdey 151; **aM** PLANCK/EBBECKE Anm 2a). Anderes gilt allerdings für den TeilNachlasspfleger, wenn er zur Sicherung des Miterbenanteils eines unbekannten Miterben eingesetzt worden ist, weil der Sicherungszweck das Zusammenhalten des Nachlasses erfordern kann (ANN ZEV 1994, 343). Abgesehen davon bleibt die Ausübung des Vorkaufsrechts eine höchstpersönliche Entscheidung eines jeden Miterben, die per- **11**

sönlich und mit seiner Zustimmung von anderen Personen (Vertreter) erklärt werden kann (BGH Betrieb 1963, 828).

Entgegen § 473 ist das Vorkaufsrecht nach § 2034 Abs 2 S 2 zusammen mit dem Miterbenanteil **vererblich** und kann auch gegenüber den Erben des Verpflichteten ausgeübt werden (Erman/Schlüter Rn 5). Gem § 2038 muss dies von den Mitgliedern der Untererbengemeinschaft gemeinschaftlich geschehen; § 472 S 2 ist insoweit nicht anwendbar (Sieveking MDR 89, 224, 225; Soergel/Wolf Rn 16; vgl Rn 14).

III. Ausübung des Vorkaufsrechts

12 Für die Ausübung sind die Vorschriften der §§ 463–473 über das persönliche Vorkaufsrecht neben den Sonderbestimmungen der § 2034 Abs 2 (Ausübungsfrist), § 2035 (Erstreckung gegen den Anteilserwerber und Benachrichtigungspflicht des Verkäufers) maßgebend.

13 1. Das **Vorkaufsrecht entsteht** mit *Abschluss des Kaufvertrages,* § 463 (der Notar hat bei der Beurkundung eines Erbteilskaufvertrages die Beteiligten auf das Vorkaufsrecht hinzuweisen, §§ 20, 17 BeurkG) und wird durch *formlose Erklärung* gegenüber dem Verkäufer (§ 464) und nach Übertragung des Anteils gegenüber dem Erwerber (§ 2035) **ausgeübt**. Die Ausübung gegenüber dem Verkäufer ist nach der Übertragung ausgeschlossen, § 2035 Abs 1 S 2. Da idR der schuldrechtliche Vertrag und die dingliche Übertragung in einer Urkunde festgelegt werden, wird zumeist bereits mit dem Vertragsschluss ein Vollzug und damit die Anwendbarkeit des § 2035 gegeben sein. Die zur Ausübung des Vorkaufsrechts erforderliche **Erklärung** muss den klaren Willen des Berechtigten erkennen lassen, in den zwischen Veräußerer und Käufer geschlossenen Vertrag an die Stelle des Letzteren mit allen Rechten und Pflichten einzutreten. Einschränkungen oder gar der Hinweis auf noch auszuhandelnde andere Bedingungen sowie die Ablehnung, die vom Käufer eingegangenen Pflichten zu erfüllen, sind keine Ausübung des Vorkaufsrechts (RG LZ 1932, 539; BGH WM 1962, 722, 723; Betrieb 1963, 828). Da die Ausübung des Vorkaufsrechts lediglich zu einer schuldrechtlichen Verpflichtung der Beteiligten führt (Rn 18), ist es für die Wirksamkeit ohne Belang, ob der Vorkaufsberechtigte in der Lage ist, die vom Käufer übernommene Verpflichtung zu erfüllen (BGH WM 1962, 723; NJW 1972, 202).

14 2. Das Vorkaufsrecht steht den übrigen Miterben ohne Rücksicht auf den jeweils eigenen Anteil als Gesamthänder zu (dazu Bartholomeyczik, in: FS Nipperdey 154 ff). **Mehrere Erben** können dieses *Gestaltungsrecht* ohne Rücksicht auf die Höhe ihres jeweiligen Anteils (BGH LM Nr 8 = WM 1972, 504, 505; BGHWarnR 1971 Nr 254; Ann ZEV 1994, 343) nur *gemeinschaftlich,* dh einheitlich für den ganzen Erbteil, wenn auch nicht notwendig gleichzeitig ausüben (RGZ 158, 57; BGH WM 1972, 504; BGH WarnR 1971 Nr 254; BGH NJW 1982, 330; Soergel/Wolf Rn 10). Es besteht eine **Gesamthandsgemeinschaft der vorkaufsberechtigten Miterben** (Bartholomeyczik, in: FS Nipperdey 158, 171). Die Befugnis, an der Willensbildung und -betätigung innerhalb der Erbengemeinschaft mitzuwirken, wird auch durch § 472 S 2 nicht beschnitten (BGH NJW 1982, 330). Können die Miterben sich über eine gemeinschaftliche Ausübung nicht einigen, kann es nicht für alle Miterben ausgeübt werden. Ist das Vorkaufsrecht für einen Miterben erloschen oder übt es einer von ihnen nicht wirksam aus, sind die Übrigen gemeinschaftlich berechtigt, es im Ganzen auszuüben, § 472 S 2 (RGZ 158, 61; BGH WM 1962, 723; 1972, 504; BGH WarnR 1971 Nr 254; JOHANNSEN WM 1973, 546). Der Widerspruch eines Miterben gegen die Ausübung durch die anderen ist daher unerheblich (BGH LM Nr 6 = MDR 1971, 377 = DNotZ 1971, 744). Dies gilt allerdings nicht innerhalb einer Untererbengemeinschaft, die an die Stelle eines vorkaufsberechtigten Miterben getreten ist. Die Ausübung des Miterbenvorkaufsrechts, das nicht originär, sondern im Erbgang erworben worden ist, steht als Verwaltungsmaßnahme gem § 2038 den Mitgliedern der Untererbengemeinschaft nur gemeinschaftlich zu. § 472 S 2 ist insoweit nicht anwendbar (SIEVEKING MDR 1989, 224, 225; SOERGEL/WOLF Rn 16).

Es ist eine Auslegungsfrage, ob die bereits abgegebenen Vorkaufserklärungen auch dann gelten sollen, wenn einer oder mehrere andere Miterben das Vorkaufsrecht nicht ausüben können, denn es kommt bei der Zuteilung auf weniger Miterben eine höhere Leistungsverpflichtung hinsichtlich der Gegenleistung auf diese zu (dazu BGH WM 1972, 503; MEYER Gruchot 51, 587, 596; JOHANNSEN WM 1973, 546). **Einzelne Miterben** können das Vorkaufsrecht, solange es noch für andere Miterben besteht, unter der ausdrücklichen oder stillschweigenden Bedingung ausüben, dass die übrigen davon innerhalb der Frist des § 2034 Abs 2 keinen Gebrauch machen (BGH NJW 1982, 330; OLG Jena HRR 1932 Nr 451; MünchKomm/GERGEN Rn 27; KIPP/COING § 115 I 3; JOHANNSEN WM 1970, 747). Lehnt ein Miterbe die gemeinschaftliche Ausübung des Vorkaufsrechts ab, weil er es für sich allein ausüben will, liegt hierin kein Verzicht auf die Ausübung, der die anderen Miterben vor Ablauf der Frist des § 2034 Abs 2 S 1 zum Vorgehen gem § 472 S 2 berechtigt (BGH NJW 1982, 330).

Gehört zum Nachlass ein Grundstück, bedarf die Ausübung des Vorkaufsrechts durch einen Pfleger der gerichtlichen Genehmigung gem § 1821 Nr 5 iVm §§ 1911, 1915 (OLG Schleswig SchlHAnz 1956, 282; JAUERNIG/STÜRNER Rn 7; SOERGEL/WOLF Rn 10), denn § 1821 Nr 5 stellt nicht auf eine Verfügung über das Grundstück ab, vielmehr ist der Erwerb gleichgültig. Nach dem Schutzzweck der Norm darf kein Unterschied gemacht werden, ob das Grundstück aufgrund eines allein sich darauf beziehenden Vertrages oder als ein zum Erbteil gehörender Gegenstand erworben werden soll.

3. Die **Ausübungsfrist** beträgt abweichend von § 469 Abs 2 *zwei Monate,* § 2034 Abs 2. Sie läuft für jeden Vorkaufsberechtigten gesondert und beginnt für jeden einzelnen mit dem jeweiligen Empfang der Mitteilung über den Inhalt des abgeschlossenen Kaufvertrages (PALANDT/EDENHOFER Rn 7). Zu dieser Mitteilung ist der Anteilsverkäufer nach § 469 verpflichtet. Ist ein Berechtigter beim Vertragsschluss anwesend, ist dies der Mitteilung gleichzustellen (OLG Köln DNotZ 1959, 263). Die Frist läuft nur einmal seit der Anzeige des ersten Verkaufsfalles, auch bei einer Weiterveräußerung gem § 2037. In diesem Falle beginnt keine neue Frist, jedoch trifft den Weiterveräußernden jedesmal wieder die Anzeigepflicht des § 2035 Abs 2 (dazu § 2037 Rn 3).

4. Die **Mitteilung** über den Abschluss des Kaufvertrages bedarf zwar nach § 469 *keiner Form,* muss aber deutlich sein (BAUMBACH/ROTH/LOHMANN Rn 9). Der Empfänger muss aus ihr entnehmen können, dass es sich nicht nur um eine gesprächsweise Äußerung, sondern um eine Erklärung von rechtlicher Bedeutung handelt (RG HRR 1930 Nr 297). Die Mitteilung setzt die Frist nur in Lauf, wenn sie den Inhalt des Vertrages richtig wiedergibt (RG Recht 1924 Nr 1522; OLG Köln DNotZ 1959, 264), denn der Vorkaufsberechtigte muss für seine Überlegung die Bedingungen kennen, zu denen er in den Vertrag eintreten kann. Die **Beweislast** für einen wirksamen Zugang der Mitteilung und den Zeitpunkt des Empfanges hat der zur Mitteilung verpflichtete Veräußerer bzw nach der Anteilsübereignung der Anteilserwerber (BGH WM 1962, 723; OLG Köln DNotZ 1959, 264; SOERGEL/WOLF Rn 14; PALANDT/EDENHOFER Rn 7; BAMBERGER/ROTH/LOHMANN Rn 9). Erlangt der Vorkaufsberechtigte – abgesehen vom Fall des § 469 Abs 1 S 2 – auch ohne Mitteilung des Verpflichteten Kenntnis von dem Kaufvertrag, löst dies den Fristbeginn nicht aus, denn das Gesetz stellt nicht auf die Kenntniserlangung, sondern eindeutig auf die Mitteilung ab (BGH WM 1962, 723).

17 Nach § 2035 Abs 2 hat der *Verkäufer* von der Übertragung des Anteils (im Gegensatz zum Verkauf desselben) den Miterben unverzüglich Mitteilung zu machen. Diese Mitteilung hat aber auf den Lauf der Frist des § 2034 Abs 2 keinen Einfluss (ERMAN/SCHLÜTER § 2035 Rn 2; dazu ausführlich § 2035 Rn 3).

IV. Wirkung der Ausübung des Vorkaufsrechts

18 1. Zwischen den Berechtigten (Miterben) und dem Verpflichteten (Verkäufer) entsteht ein **gesetzliches**, nach Kaufrecht zu beurteilendes **Schuldverhältnis** (PALANDT/EDENHOFER Rn 7) unter den Bedingungen, die der Verkäufer mit dem Erwerber vereinbart hat, § 464 Abs 2. Der Vorkaufsberechtigte tritt mit allen Rechten und Pflichten an die Stelle des Käufers. Es entsteht ein kaufvertragsähnliches Schuldverhältnis zwischen Veräußerer und Vorkaufsberechtigtem, ohne dass dadurch der Vertrag des ersteren mit dem Dritten entfällt (RGZ 121, 138; OLG Hamburg MDR 1961, 851; aM BGB-RGRK/KREGEL § 2037 Rn 1, der jedoch keine Begründung für das Außerkrafttreten des existenten Vertrages zwischen Veräußerer und Drittem gibt). Damit sind alle Regeln hinsichtlich gegenseitiger Verträge anwendbar (§§ 320 ff), wobei zu beachten ist, dass Gegenstand des Kaufvertrages der Erbanteil, nicht aber ein Recht auf einzelne Nachlassgegenstände ist (BGH LM Nr 1). Der Vorkaufsberechtigte wird damit Käufer und hat den von dem Veräußerer mit dem Dritten vereinbarten Kaufpreis zu zahlen, selbst wenn dieser unangemessen hoch erscheint (ERMAN/SCHLÜTER Rn 2), denn der Verkäufer soll durch das Vorkaufsrecht der anderen Miterben keinen Verlust erleiden. Der Vorkaufsberechtigte erwirbt einen *schuldrechtlichen Anspruch* auf Übertragung des Erbteils, der ihn noch nicht zum Inhaber des betreffenden Anteils (auch nicht wirtschaftlich iS der §§ 1 Abs 2, 11 StAnpG, BVerwGE 24, 87, 88 = MDR 1966, 869) macht, sondern den Verkäufer lediglich verpflichtet, den Erbanteil gem § 2033 Abs 1 auf den Vorkäufer zu übertragen (heute unstr: RG JW 1925, 2119 = WarnR 1925 Nr 131; BGHZ 6, 85; BGH LM Nr 1; KG OLGE 9, 387; SchlHOLG SchlHAnz 1956, 262; HK-BGB/HOEREN Rn 9; PLANCK/EBBECKE § 2035 Anm 1; STROHAL II § 64 Fn 24; aM KRESS 190 Fn 32 und STAUDINGER bis zur 8. Aufl, dagegen STAUDINGER/LEHMANN[11] Rn 16). Ein solcher Verschaffungsanspruch begründet kein die Veräußerung hinderndes Recht iSv § 771 ZPO (KG ZEV 1994, 41, 42). Er kann von allen gemeinsam oder gem §§ 432, 2039 analog von einem Miterben durchgesetzt werden (BARTHOLOMEYCZIK, in: FS Nipperdey 169). Da die Ausübung des Vorkaufsrechts keine dingliche Wirkung hat, wird das Grundbuch, in dem der Erwerber bereits eingetragen war, erst unrichtig, wenn der Anteil auf die Vorkaufsberechtigten übertragen worden ist.

19 2. Mit der **Übertragung** wächst der Erbteil den Vorkäufern nach dem Verhältnis ihrer Erbteile wie in den Fällen der §§ 1935, 2094 an (BGH LM Nr 1; AnwK-BGB/ANN

Rn 15; MünchKomm/GERGEN Rn 36; CROME § 738 Fn 53; KIPP/COING § 115 II; BARTHOLOMEYCZIK, in: FS Nipperdey 153, 161; **aM** MEYER 802, der zu Unrecht aus § 742 die gleichheitliche Berechtigung der Miterben ableiten will).

3. Die **Kosten der Übertragung** tragen die Vorkaufsberechtigten gem § 242 **20** (MünchKomm/GERGEN Rn 37; AnwK-BGB/ANN Rn 16; DAMRAU/RISSMANN Rn 16). § 453 Abs 2 ist auf die gesetzliche Verpflichtung des Erbteilskäufers zum Verkauf an die Miterben unanwendbar (RG JW 1925, 2119 Nr 9). Wenn die Miterben ihr Vorkaufsrecht ausüben, müssen sie zunächst in die Schuldnerverpflichtung des Käufers eintreten und ihm die *Aufwendungen* ersetzen, die er bereits für den Kauf getätigt hat. Ferner müssen sie die *Kosten der* dinglichen *Rückübertragung* übernehmen, weil das Vorkaufsrecht allein zu ihrem Nutzen geschaffen ist (RG JW 1925, 2119 Nr 9; OLG Köln DNotZ 1959, 264). Zwar waren sich der veräußernde Miterbe und der Erwerber ihrer Beschränkung durch das Vorkaufsrecht bewusst, trotzdem kann hieraus nicht ihre Belastung mit den Kosten begründet werden (so jedoch ENDEMANN JW 1925, 2119), denn es bedurfte erst ihres Geschäftes, um das Vorkaufsrecht entstehen zu lassen. Das Schwergewicht liegt auf dem Verfügungsrecht des Miterben, das die sonst unerträgliche Bindung der Gesamthand mildern soll (vgl § 2033 Rn 2). Demgegenüber erscheint das Vorkaufsrecht lediglich als ein den übrigen Miterben zugebilligtes Ausgleichsmittel, dessen Kosten ihnen deshalb zur Last fallen müssen. Hierfür haften die Miterben ebenso wie für den Kaufpreis gem § 427 als *Gesamtschuldner.*

V. Das **Vorkaufsrecht erlischt** außer durch *Ablauf* der ungenutzten *Ausübungsfrist* **21** (Rn 15) durch *Verzicht* sämtlicher Berechtigter. Dieser kann schon vor der Mitteilung nach § 469 formlos erfolgen (RG JW 1924, 2147; PALANDT/EDENHOFER Rn 10). Ebenso erlischt es mit der Rückübertragung des Erbanteils an den Veräußerer (RGZ 170, 207; BAMBERGER/ROTH/LOHMANN Rn 11; **aA** PALANDT/EDENHOFER Rn 10; vgl auch Rn 4).

VI. Nach § 401 Abs 3 S 1 ZGB bestand in der **DDR** ebenfalls ein Vorkaufsrecht **22** zugunsten der übrigen Miterben. Gem §§ 401 Abs 3 S 2, 38, 39 ZGB bestand eine Mitteilungspflicht des Veräußerers über seinen Veräußerungswillen und eine zweiwöchige Frist zur Erklärung der Vorkaufsberechtigten, bei deren Nutzung der Vertrag nur mit den übrigen Miterben geschlossen werden durfte.

§ 2035
Vorkaufsrecht gegenüber dem Käufer

(1) Ist der verkaufte Anteil auf den Käufer übertragen, so können die Miterben das ihnen nach § 2034 dem Verkäufer gegenüber zustehende Vorkaufsrecht dem Käufer gegenüber ausüben. Dem Verkäufer gegenüber erlischt das Vorkaufsrecht mit der Übertragung des Anteils.

(2) Der Verkäufer hat die Miterben von der Übertragung unverzüglich zu benachrichtigen.

Materialien: E II § 1909; III § 2010; Prot V 839 f; VI 174, 328; JAKOBS/SCHUBERT ER I 807, 812 f; STAUDINGER/BGB-Synopse 1896–2005 § 2035 BGB.

1 I. Das Vorkaufsrecht der §§ 463 ff wirkt nur gegenüber dem verpflichteten Verkäufer, nicht gegen den *Dritten* (Käufer). Wenn der Verkäufer den *Kaufvertrag* diesem gegenüber bereits erfüllt hat, fehlt dem Vorkaufsberechtigten, abgesehen von § 826, jede Handhabe, um gegen diesen vorzugehen. Er ist auf einen Ersatzanspruch gegen den Verkäufer beschränkt. § 2035 verstärkt deshalb im Interesse der durch den Verkauf des Erbteils gefährdeten Miterben das Vorkaufsrecht durch eine Drittwirkung (ohne dadurch zu einem dinglichen zu werden), indem es sich auch gegen den Käufer erstreckt, sobald diesem der verkaufte Anteil übertragen worden ist. Eine solche Übertragung kann mit dem Anteilskauf zusammenfallen (BayObLG Rpfleger 1982, 217, 218). § 2037 ordnet die Erstreckung auch auf den zweiten und weitere Erwerber an, auf die der erste Käufer weiter übertragen hat, bevor das Vorkaufsrecht erloschen oder ihm gegenüber ausgeübt worden ist.

2 II. Für die **Belastung mit dem Vorkaufsrecht** (Abs 1) ist zu unterscheiden, ob der verkaufende Miterbe sich lediglich schuldrechtlich verpflichtet, oder ob er bereits in Erfüllung des Kaufvertrages die Übertragung des Erbteils vorgenommen hat. Im ersten Fall ist nur der **Miterbe** durch das Vorkaufsrecht belastet, es kann allein ihm gegenüber ausgeübt werden. Zur Ausübung des Vorkaufsrechts vgl § 2034 Rn 14. Die Vorkaufsberechtigten werden ihm gegenüber nach den mit dem Erbteilskäufer vereinbarten Bedingungen als Käufer berechtigt und verpflichtet. Im zweiten Fall erlischt mit der Übertragung des Erbanteils das Vorkaufsrecht gegen den veräußernden Miterben und richtet sich gegen den **Erwerber** des Erbanteils. Sobald dieser den Erbteil weiter übertragen hat, erlischt es auch gegen ihn, um nunmehr gegenüber dem **weiteren Erwerber** ausgeübt werden zu können, § 2037. Bei der Ausübung des Vorkaufsrechtes gegenüber dem Erwerber entsteht ein **gesetzliches Schuldverhältnis** zwischen diesem und dem Vorkaufsberechtigten (BGHZ 6, 88; OLG Hamburg MDR 1961, 852; HK-BGB/HOEREN Rn 3) – also anders als gegenüber dem Verkäufer kein kaufvertragsähnliches Verhältnis –, wonach der Erwerber verpflichtet ist, den erworbenen Anteil auf die Vorkäufer zu übertragen. Da ein Vertragsverhältnis weder zum veräußernden Miterben noch zum Erwerber besteht, ist für einen Anspruch auf Sicherheitsleistung gegen den Vorkaufsberechtigten gem § 468 kein Raum (Nichtannahmebeschluss des BGH zu KG ZEV 1995, 296; ZEV 1995, 298). Mangels eines gegenseitigen Vertrages sind §§ 320 ff auch nicht entsprechend anwendbar (BAMBERGER/ROTH/LOHMANN Rn 2), denn das gesetzliche Schuldverhältnis zwischen Erwerber und Vorkaufsberechtigten steht seinem Inhalt nach nicht einem gegenseitigen Vertrage gleich (BGHZ 15, 102, 104 f = NJW 1954, 1883). Namentlich kann der Erbteilskäufer seine Verpflichtung, den erworbenen Erbanteil an den Vorkaufsberechtigten zu übertragen, nicht analog § 323 aufheben (so aber OLG Schleswig NJW-RR 1992, 1160, 1161 für die Anwendung des vormals geltenden § 326; MünchKomm/GERGEN Rn 6; BROX/WALKER Rn 463; vLÜBTOW II 826). Eine Regelungslücke liegt nicht vor, da der Anteilserwerber seine Ansprüche gegen den Vorkaufsberechtigten im Wege der Klage durchsetzen kann (OLG München ZEV 1994, 43, 44 mit zust Anm EBENROTH/LORZ 45). Damit verbundene Risiken sind dem Erbteilskäufer zumutbar, da er über das Vorkaufsrecht von dem die Anteilsübertragung beurkundenden Notar unterrichtet ist (OLG München aaO; Ebenroth/Lorz aaO).

Erst mit der Übertragung gehen die Anteile auf den Vorkaufsberechtigten über (§ 2034 Rn 19), wobei zu beachten ist, dass idR Verpflichtungs- und Erfüllungsgeschäft zeitlich zusammenfallen. Die Vorkäufer haften gesamtschuldnerisch (§ 427) für die **Kosten** der Übertragung auf sie sowie für alle den Verpflichteten im Zusammenhang mit beiden Übertragungen entstandenen Aufwendungen; ein bereits gezahlter Kaufpreis ist zu erstatten (BGHZ 6, 88; SchlHOLG SchlHAnz 1956, 262; OLG Hamburg MDR 1961, 852; HK-BGB/Hoeren Rn 3; Soergel/Wolf Rn 4; vgl auch § 2034 Rn 20). § 2035 Abs 1 S 1 ist entsprechend anzuwenden, soweit das Vorkaufsrecht dem verkaufenden Miterben gegenüber ausgeübt worden war und dieser den Erbteil erst nach Ablauf der in § 2034 Abs 2 S 1 normierten Frist auf den Erwerber übertragen hat (BGH ZEV 2002, 67).

III. Benachrichtigungspflicht (Abs 2)

1. Mit Rücksicht auf den an die Übertragung des Erbteils geknüpften Wechsel **3** der durch das Vorkaufsrecht gebundenen Personen verpflichtet § 2035 Abs 2 den Verkäufer des Erbteils, die Miterben von der Übertragung des Erbanteils unverzüglich (§ 121 Abs 1 S 1) zu benachrichtigen. Diese Mitteilungspflicht besteht unabhängig von der dem Verkäufer durch § 469 auferlegten Pflicht zur Anzeige vom Abschluss des (schuldrechtlichen) Kaufvertrages, welche die Frist zur Ausübung des Vorkaufsrechts in Gang setzt (§ 2034 Rn 16). Solange die Übertragung nicht angezeigt ist, können die Miterben das Vorkaufsrecht noch gegenüber dem Verkäufer ausüben (Bamberger/Roth/Lohmann Rn 2). Das ergibt sich aus dem dem § 407 Abs 1 zugrunde liegenden Rechtsgedanken (BGH BW NotZ 1980, 160, 161; Erman/Schlüter Rn 2; Soergel/Wolf Rn 3; Palandt/Edenhofer Rn 1; Muscheler, in: FS Kanzleiter S 304). Durch die Mitteilung sollen die Vorkaufsberechtigten erfahren, wem gegenüber sie ihr Vorkaufsrecht ausüben müssen, die Anzeige ist daher Voraussetzung für die richtige Ausübung des Vorkaufsrechtes gegenüber dem Erwerber.

2. Wie bei der Anzeige vom Verkauf die Mitteilung des Verpflichteten gem § 469 **4** Abs 1 S 2 durch die Mitteilung des Dritten (Käufers) ersetzt werden kann, wird in entsprechender Anwendung dieser Norm auch die *Mitteilung* des Verkäufers von der Übertragung iS des § 2035 Abs 2 durch die des *Anteilserwerbers* ersetzt (Palandt/Edenhofer Rn 2; Muscheler, in: FS Kanzleiter S 305).

IV. Für die **Ausübung des Vorkaufsrechts** nach § 2035 gegenüber dem Dritten gilt **5** das Entsprechende wie bei der Ausübung gegenüber dem Verkäufer (BGH WM 1962, 723). Zur Ausübung des Vorkaufsrechts vgl daher § 2034 Rn 14, zu deren Wirkung § 2034 Rn 18, zum Erlöschen des Rechts § 2034 Rn 21.

§ 2036
Haftung des Erbteilkäufers

Mit der Übertragung des Anteils auf die Miterben wird der Käufer von der Haftung für die Nachlassverbindlichkeiten frei. Seine Haftung bleibt jedoch bestehen, soweit er den Nachlassgläubigern nach den §§ 1978 bis 1980 verantwortlich ist; die Vorschriften der §§ 1990, 1991 finden entsprechende Anwendung.

Materialien: E II § 1910; III § 2011; Prot V 839 f; VI 318 f, 328; Jakobs/Schubert ER I 813.

1. Haftung für Nachlassverbindlichkeiten bei Anteilsveräußerung

1 Der **Miterbe**, der seinen Anteil am Nachlass veräußert, wird weder durch den Abschluss des schuldrechtlichen Veräußerungsvertrages noch durch die Übertragung des Anteils selbst von seiner Haftung für Nachlassverbindlichkeiten frei, § 2382 Abs 1 S 1 aE (Strohal II § 92 II). Dazu tritt nach § 2382 Abs 1 S 1 schon mit dem Kaufabschluss die **Haftung des Käufers**, der für alle Nachlassverbindlichkeiten gesamtschuldnerisch einstehen muss, §§ 2382, 2383, 2385 (RGZ 60, 131). Diese Haftung kann durch Vereinbarung mit dem Veräußerer nicht ausgeschlossen werden, § 2382 Abs 2. Von dieser Regelung macht § 2036 S 1 eine **Ausnahme** und befreit den Anteilskäufer von der Haftung, wenn er den Erbteil auf die Vorkaufsberechtigten übertragen hat (Erman/Schlüter Rn 1; Lange, in: 4. Denkschr d ErbrA d AkDR 152), denn damit hat er nicht bloß seine Verpflichtung diesen gegenüber erfüllt, sondern auch den Vermögensinbegriff, dessen Erwerb seine Haftung rechtfertigt, an die Miterben abgegeben. Es ist daher unerheblich, ob den Nachlassgläubigern die Anteilsveräußerung mitgeteilt worden ist (MünchKomm/Gergen Rn 1). Wenn er ihn unverkürzt übertragen hat, erfordert es die Billigkeit, ihm die Haftung für Nachlassverbindlichkeiten wieder abzunehmen. Auch eine fortdauernde hilfsweise Haftung (wie beim Verkäufer, § 2382) erscheint nicht gerechtfertigt, weil er zur Übertragung gezwungen wird.

2. Haftungsbefreiung des Käufers

2 Wird das Vorkaufsrecht vor Übertragung des Erbteils an den Dritten ausgeübt, muss dieser erst recht von jeder Haftung freigestellt werden (BGB-RGRK/Kregel Rn 1). In diesem Fall kommt das kaufvertragsähnliche Verhältnis zwischen den Vorkaufsberechtigten und dem Anteilsveräußerer unmittelbar zustande und steht der Erfüllung des weiter bestehenden Kaufvertrages mit dem Dritten im Wege (§ 2034 Rn 18). Unterbleibt die Übertragung des Erbteils an den Dritten (Käufer) infolge der Ausübung des Vorkaufsrechtes, liegt kein Anlass vor, den Käufer für die Lasten eines Vermögensinbegriffes haftbar zu machen, der ihm infolge Eingreifens der übrigen Miterben nicht übertragen werden darf.

3 Überträgt der Käufer nach bereits erfolgtem Erwerb den Anteil auf den/die vorkaufsausübenden Miterben, entfällt seine Haftung (unstr MünchKomm/Gergen Rn 2). Wird der Anteil ohne Zwischenerwerb des Käufers unmittelbar vom verkaufenden

Miterben an den vorkaufenden Miterben übertragen, legt die hM den Zeitpunkt der Haftungsfreistellung zu Recht auf die Übertragungsverfügung (ERMAN/SCHLÜTER Rn 1; PALANDT/EDENHOFER Rn 1; MünchKomm/GERGEN Rn 2; aA Ausübung des Vorkaufsrechts: BGB-RGRK/KREGEL Rn 1; BROX/WALKER Rn 486).

Die Befreiung des Käufers von der Haftung für Nachlassverbindlichkeiten tritt selbst **4** dann ein, wenn er das *Recht zur Beschränkung der Haftung* bereits verloren hatte (STROHAL II § 92 III 1; PALANDT/EDENHOFER Rn 1; MünchKomm/GERGEN Rn 2). Die unbeschränkte Haftung geht in Ansehung des betreffenden Erbanteils auf die das Vorkaufsrecht ausübenden Erben über, § 2007 (BGB-RGRK/KREGEL Rn 2; SOERGEL/WOLF Rn 1; BINDER III 128; aM STROHAL II § 92 Fn 8, der den Erwerb als vom Käufer überhaupt nicht getätigt betrachtet. Es ist aber kein Grund ersichtlich, eine einmal eingetretene Haftung zu beseitigen. Vielmehr soll lediglich der Käufer freigestellt werden).

3. Haftung aus vorübergehender Gesamthandszugehörigkeit

a) Das Gesetz berücksichtigt, dass der Käufer, auf den ein Erbteil übertragen war, **5** während der Dauer seiner Teilhaberschaft an der Erbengemeinschaft (dh zwischen Anteilserwerb und Übertragung an die Vorkaufsberechtigten) sich haftbar gemacht haben kann, weil er seine Verwaltungspflichten nicht oder nicht sorgfältig erfüllt hat (HK-BGB/HOEREN Rn 2; ERMAN/SCHLÜTER Rn 2), §§ 1978–1980. Insoweit sind Eigenverbindlichkeiten begründet, für die er mit seinem Privatvermögen einstehen muss (vgl STAUDINGER/MAROTZKE § 1978 Rn 35). Diese sollen bestehen bleiben, selbst wenn es wegen Dürftigkeit des Nachlasses nicht zur Anordnung einer Nachlassverwaltung oder Eröffnung des Nachlassinsolvenzverfahrens gekommen ist, sondern der Käufer nach § 1990 vorgegangen und deshalb gem § 1991 verantwortlich ist. Mehr besagt die Verweisung auf §§ 1990, 1991 nicht. Deren unmittelbare Anwendung scheitert, weil der Haftende den Nachlass herausgegeben hat. Die Bezugnahme auf §§ 1990, 1991 stellt mithin klar, dass die fraglichen Ansprüche, wenn es zur Nachlassverwaltung oder zur Nachlassinsolvenz gekommen ist, den Nachlassgläubigern gleichwohl zustehen sollen (unstr BGB-RGRK/KREGEL Rn 3; PALANDT/EDENHOFER Rn 2).

b) Haftet der Käufer aus derartigen Eigenverbindlichkeiten, kann er während der **6** Dauer einer Nachlassverwaltung oder eines Nachlassinsolvenzverfahrens von dem Nachlass- oder Insolvenzverwalter in Anspruch genommen werden. Entfällt die Nachlassverwaltung oder das Nachlassinsolvenzverfahren wegen Dürftigkeit des Nachlasses, können die Nachlassgläubiger den Käufer unmittelbar in Anspruch nehmen (PLANCK/FLAD Anm 1; SOERGEL/WOLF Rn 3; BINDER III 128; KRESS 191; KRETZSCHMAR Recht 1908, 315; vgl STAUDINGER/MAROTZKE § 1991 Rn 10).

c) Wird das Vorkaufsrecht schon *vor Übertragung* des Erbanteils an den Käufer **7** ausgeübt, kann dieser nicht in die Lage kommen, sich bei der Verwaltung des Nachlasses nach §§ 1978–1980 verantwortlich zu machen. § 2036 S 2 ist nicht anwendbar.

§ 2037
Weiterveräußerung des Erbteils

Überträgt der Käufer den Anteil auf einen anderen, so finden die Vorschriften der §§ 2033, 2035, 2036 entsprechende Anwendung.

Materialien: E II § 1911; III § 2012; Prot V 830 f; VI 318 f, 328; JAKOBS/SCHUBERT ER I 813.

1. Weiterübertragung des Erbteils

1 Die für das Verhältnis zwischen den vorkaufsberechtigten Miterben und dem ersten Käufer in §§ 2033, 2035, 2036 aufgestellten Regelungen gelten ebenso für den Fall einer **weiteren Übertragung** eines käuflich erworbenen Erbanteils. Allerdings kommt es – im Gegensatz zu § 2034 (vgl dort Rn 4), der lediglich bei Erbteilskauf ein Vorkaufsrecht entstehen lässt – nach § 2037 nicht auf den Rechtsgrund an. § 2037 erfasst jede Anteilsübertragung, gleich ob sie auf Kauf, Schenkung, Vergleich u dgl beruht (vLÜBTOW II 825). Jedoch muss auch der Anteilserwerber ein anderer Käufer, dh wie bei § 2034 ein Dritter, nicht ein Miterbe sein (§ 2034 Rn 7), denn der Zweck, Fremde von der Gemeinschaft fernzuhalten, trifft beim Erwerb durch einen Miterben nicht zu (RGZ 170, 203, 207; ERMAN/SCHLÜTER Rn 1; PALANDT/EDENHOFER Rn 1; BGB-RGRK/KREGEL Rn 1; DAMRAU/RISSMANN Rn 2).

2. Ausübung des Vorkaufsrechts

2 Die Miterben können gegenüber jedem weiteren Erwerber nach der Übertragung des Erbanteils an ihn das Vorkaufsrecht in gleicher Weise geltend machen wie gegenüber dem ersten Erwerber nach § 2035; alle früheren Erwerber werden mit der Übertragung von der Haftung für Schulden nach § 2036 befreit.

3. Bestand des Vorkaufsrechts

3 Das Vorkaufsrecht gegen die weiteren Erwerber ist *kein neues* Recht, sondern das durch den ersten Verkauf des Erbteils nach § 2034 gegenüber dem verkaufenden Miterben begründete (BGH NJW 1971, 1264, 1265; ERMAN/SCHLÜTER Rn 1; MünchKomm/GERGEN Rn 1; AnwK-BGB/ANN Rn 2; PALANDT/EDENHOFER Rn 1; SOERGEL/WOLF Rn 1; BGB-RGRK/KREGEL Rn 1), denn § 2034 wird in § 2037 nicht für entsprechend anwendbar erklärt. Deshalb läuft die **Frist** für eine Ausübung des Vorkaufsrechts vom Erhalt der Mitteilung über den ersten Verkauf an, (HK-BGB/HOEREN Rn 2) obwohl jeder neue Erwerber zur Anzeige einer weiteren Übertragung gem § 2035 Abs 2 verpflichtet ist (vgl § 2034 Rn 15).

4 Ist das **Vorkaufsrecht** einmal **rechtzeitig ausgeübt**, wird dadurch eine Drittwirkung herbeigeführt, indem jeder Erwerber es gegen sich gelten lassen muss (vgl § 2034 Rn 3). Ist es aber **noch nicht ausgeübt**, können es die Miterben gegenüber einem späteren Erwerber nur noch dann ausüben, wenn die seit der Mitteilung des ersten Verkaufs laufende Zweimonatsfrist noch nicht abgelaufen ist (heute unstr ERMAN/SCHLÜTER Rn 1;

Palandt/Edenhofer Rn 1; Soergel/Wolf Rn 1; BGB-RGRK/Kregel Rn 1; Bartholomeyczik, in: FS Nipperdey 152; Kretzschmar Recht 1908, 313). Dagegen soll nach F Leonhard (§ 2037 Anm II) gegen jeden neuen Erwerber ein neues Vorkaufsrecht entstehen, weil sonst die Miterben die Ausübung, die sie einem genehmen früheren Erwerber gegenüber unterlassen haben, einem unliebsamen neuen gegenüber nicht mehr nachholen könnten. Diese Folge muss jedoch in Kauf genommen werden. Die Miterben gehen mit dem geduldeten Eintritt eines neuen Gemeinschaftsmitgliedes dieses Risiko bewusst ein, § 2034 will lediglich den Bestand der vom Erblasser bestimmten Mitglieder schützen, nicht aber den Wechsel bereits eingetretener Fremder verhindern.

Der Erwerber ist nicht gehindert, anstatt seiner Verpflichtung zur Rückübertragung aufgrund eines ausgeübten Vorkaufsrechts nachzukommen, die Erfüllung dieser Pflicht durch anderweitige Übertragung unmittelbar vor dem Fristablauf unmöglich zu machen. Dann bleiben die Miterben – abgesehen von § 826 – auf Ersatzansprüche angewiesen (Soergel/Wolf § 2035 Rn 3; **aA** OLG Schleswig NJW-RR 1992, 1160; Palandt/Edenhofer § 2035 Rn 4; die analog § 2035 einen Übereignungsanspruch gegen den Letzterwerber befürworten). Dies zeigt die Schwäche eines in seinem Wesen obligatorischen, nur gegen weitere Personen sich erstreckenden Vorkaufsrechts, dessen Ausübung die Vorkaufsberechtigten nicht zum Anteilsinhaber macht, sondern ihnen nur einen Anspruch auf Übertragung gibt. Entgegen OLG Schleswig NJW-RR 1992, 1160, 1161 lässt sich aus einer Drittwirkung des Vorkaufsrechts vor Ausübung innerhalb der Ausübungsfrist nicht folgern, dass ein solcher auch für ein rechtzeitig ausgeübtes Vorkaufsrecht nach Ablauf der Ausübungsfrist besteht. Zum einen wird der Letzterwerber, der gem § 17 BeurkG bei der Übertragung auf bestehende Miterbenvorkaufsrechte hingewiesen wurde, nach Ablauf der Ausübungsfrist mit dem Verlust des erworbenen Anteils nicht mehr rechnen. Zum zweiten wäre die Analogie in ihrer Wirkungsweise gegenüber dem Letzterwerber auch deshalb einschneidender als § 2035 selbst, weil der Vorkaufsberechtigte von einer Ausübung seines Vorkaufsrechts entbunden ist und sogleich aus ausgeübtem Recht vorgehen kann.

§ 2038
Gemeinschaftliche Verwaltung des Nachlasses

(1) Die Verwaltung des Nachlasses steht den Erben gemeinschaftlich zu. Jeder Miterbe ist den anderen gegenüber verpflichtet, zu Maßregeln mitzuwirken, die zur ordnungsmäßigen Verwaltung erforderlich sind; die zur Erhaltung notwendigen Maßregeln kann jeder Miterbe ohne Mitwirkung der anderen treffen.

(2) Die Vorschriften der §§ 743, 745, 746, 748 finden Anwendung. Die Teilung der Früchte erfolgt erst bei der Auseinandersetzung. Ist die Auseinandersetzung auf längere Zeit als ein Jahr ausgeschlossen, so kann jeder Miterbe am Schluss jedes Jahres die Teilung des Reinertrags verlangen.

Materialien: E II § 912; III § 2013; Prot V 861 f; Jakobs/Schubert ER I 789–794, 807, 813; Denkschr 728 f.

Schrifttum

BARTHOLOMEYCZIK, Das Aktienpaket der Miterbengemeinschaft, in: FS Lange (1970) 343
ders, Willensbildung, Willensverwirklichung und das Gesamthandsprinzip der Miterbengemeinschaft, in: FS Reinhardt (1972) 13
BENGEL, Die Notgeschäftsführung bei der Gesellschaft bürgerlichen Rechts und bei der Erbengemeinschaft, ZEV 2002, 484
BERTZEL, Der Notgeschäftsführer als Repräsentant des Geschäftsherrn, AcP 158, 107; NJW 1962, 228; ders, JurBüro 1962, 369
DAMRAU, Erbenmehrheit und Familiengericht, ZEV 2006, 190
DELCKER, Die Rechtsstellung der Erbengemeinschaft im Verfahren des Wohnungsamtes, NJW 1947/48, 377
EBERL-BORGES, Verfügungsgeschäfte der Erbengemeinschaft im Rahmen der Nachlassverwaltung, NJW 2006, 1313
dies, Der blockierende Miterbe, ErbR 2008, 234
HEIL, Die ordnungsmässige Verwaltung eines Unternehmens im Vor- und Miterbenrecht (Diss Bayreuth 1998)
HENRICH, Die Verwaltung des Nachlasses durch eine Miterbengemeinschaft, JA 1971, 621
HUFNAGEL, Die Erbengemeinschaft als Grundstückseigentümerin, HuW 1947, 232
JOSEF, Zur Passivlegitimation von Miterben, WürttZ 1922, 169
ders, Der Einfluß des Miterbenverhältnisses in Verwaltungssachen, PrVerwBl 43, 516
JÜLICHER, Mehrheitsgrundsatz und Minderheitenschutz bei der Erbengemeinschaft, AcP 175 (1975) 143
KRETZSCHMAR, Die Verhältnisse während des Bestehens der Erbengemeinschaft, SächsArch 3, 545
LANGE, Verwaltung, Verfügung und Auseinandersetzung bei der Erbengemeinschaft, JuS 1967, 453
LÖHNIG, Stimmrechtsverbot in der Erbengemeinschaft, FamRZ 2007, 1600
ders, Geschäftsführung und Vertretung bei der Erbengemeinschaft, JA 2007, 262

MAHLMANN, Die Vertretung Minderjähriger in einer Erbengemeinschaft bei der Veräußerung von Nachlassgegenständen, ZEV 2009, 320
MUSCHELER, Der Mehrheitsbeschluss in der Erbengemeinschaft, ZEV 1997, 169 und 222
NIPPERDEY, Stimmrecht des Miterben bei seiner Bestellung zum Verwalter in der Erbengemeinschaft, AcP 143 (1943) 315
PRESSER, Kompetenzfragen unter Miterben, JW 1933, 145
SARRES, Erbrechtliche Auskunftsansprüche aus Treu und Glauben, ZEV 2001, 225
SCHOPP, Die Kündigung des Mietverhältnisses durch eine Erben- oder Bruchteilsgemeinschaft, ZMR 1967, 193
SCHUMACHER, Mietverträge mit Erbengemeinschaften, BlGBW 1959, 232
SIEGELMANN, Die Kündigung des Mietvertrages durch eine Erbengemeinschaft, BlGBW 1964, 153 = WuM 1965, 165 = ZMR 1966, 293
SPECKMANN, Der Anspruch des Miterben auf Auskunft über den Bestand des Nachlasses, NJW 1973, 1869
STEINER, Nutzung von Nachlassgegenständen durch Miterben, ZEV 2004, 405
SUREN, Die Erbengemeinschaft als Grundstückseigentümer, HuW 1950, 427
WERKMÜLLER, Die Mitwirkungsbefugnisse der Bruchteilsminderheit bei Beschlussfassungen in der ungeteilten Erbengemeinschaft, ZEV 1999, 218
WERNER, Fälle zum Erbrecht (1976) Fall 9 S 103
WERNECKE, Die Aufwendungs- und Schadensersatzansprüche bei der Notgeschäftsführung des Miterben – eine Zusammenschau, AcP 193, 240
WIEDEMANN, GmbH-Anteile in der Erbengemeinschaft, GmbH-Rdsch 1969, 247
WIESER, Ersatzleistungen an Miterben bei Sachschäden, in: FS Lange (1970) 325.
Weitere Schrifttumshinweise s Vorbem zu § 2032 ff.

Titel 4 · Mehrheit von Erben
Untertitel 1 · Rechtsverhältnis der Erben untereinander

§ 2038

Systematische Übersicht

I. Grundsätzliches
1. Gesetzliche Grundlage — 1
2. Grundsatz gemeinschaftlichen Handelns — 2
3. Art der Verwaltungsmaßnahme — 3

II. Grundsatz der gemeinschaftlichen Verwaltung (Abs 1)
1. Begriff der Verwaltung — 4
2. Gemeinschaftliches Handeln — 8
3. Mitwirkungspflicht bei ordnungsgemäßer Verwaltung — 12
   a) Ordnungsmäßige Verwaltung — 13
   b) Erforderlichkeit — 14
   c) Mitwirkungspflicht — 15
   d) Einzelfälle — 17
   e) Verletzung der Mitwirkungspflicht — 19
4. Wirkung des Verstoßes gegen den Grundsatz der Gemeinschaftlichkeit — 20

III. Ausnahmen vom Grundsatz gemeinschaftlicher Verwaltung — 21
1. Entzug der Verwaltungsbefugnis — 22
2. Vereinbarung der Miterben — 23
3. Bestimmung des Erblassers — 24

4. Notverwaltung durch einen Miterben — 25
   a) Zur Erhaltung notwendige Maßregeln — 27
   b) Klage auf Einwilligung — 31
   c) Ungeeignete Maßnahmen — 32
5. Mehrheitsverwaltung bei ordnungsgemäßer Verwaltung — 33
   a) Gegenstand der Mehrheitsverwaltung — 34
   b) Stimmabgabe — 35
   c) Feststellung der Mehrheit — 36
   d) Wesentliche Veränderung des Nachlassgegenstandes — 37
   e) Wirksamkeitsvoraussetzungen — 38
   f) Ungeeignete Maßnahmen — 39
6. Wirkung der Not- und Mehrheitsverwaltung — 40

IV. Kosten der Verwaltung — 42

V. Gebrauch der Erbschaftsgegenstände — 43

VI. Recht der DDR — 44

Alphabetische Übersicht

Adressat der Verwaltungsmaßnahmen — 29
Allgemeine Regeln — 1
Aufhebung der Gemeinschaft — 11
Auflage — 24
Auflösung des Nachlasses — 5
Auftrag — 18, 23
Aufwendungsersatz — 9
Auseinandersetzung — 4 f, 43
– Ausschluss — 43
– vorweggenommene — 43
Auskunft — 18
Auskunftsanspruch — 18
Außenverhältnis — 6 f, 9, 20, 25, 40
Außenwirkung — 9
Befreiungsanspruch — 25
Benutzung der Nachlassgegenstände — 2
Besitz — 4, 18
Bestattung — 5

Bestimmung des Erblassers — 24
Beteiligung der Miterben — 3
Bevollmächtigung — 9
Billigung — 2
Bindungswirkung — 40

Dringlichkeit — 27, 31, 38
Dulden — 9
Durchführung von Beschlüssen — 40

Eingriff in Nachlass — 26
Eintragung
– Grundbuch — 4, 17
– Handelsregister — 10
Einwilligung
– der Miterben — 7
– vorherige — 31
Erbschaftsverwalter — 23
Erfüllungshandlung — 17

Erhaltungsmaßnahmen — 2
– notwendige — 2, 25, 27

Forderungen — 4
– Einziehung — 4
Fortführung des Handelsgeschäftes — 10, 16
Früchte — 43

Gebrauch des Nachlasses — 43
Gemeinschaftlichkeit — 2, 8 f, 12, 15, 20, 40
– Ausnahmen — 21 ff
– Verstoß — 20
Genehmigung — 9
Grundbuch — 4
Grundsatz gemeinschaftlichen Handelns —
— 2, 4, 20
– Verstoß gegen — 20
Geschäftsführung — 6, 9
Gütergemeinschaft — 34

Haftungsbeschränkung — 9
Handeln
– für Nachlass — 9
– gemeinschaftliches — 2, 8 f, 12, 15, 20
– Mehrheitsverwaltung — 40
Handelsgeschäft — 4, 9 f, 16

Inbesitznahme — 4
Innenverhältnis — 6, 9, 20, 25, 40
Insolvenzverwalter — 22
Interesse der Miterben — 13, 16, 36
Interessenkollision — 9, 36

Klageerhebung — 28
Kosten — 42

Lasten — 42

Maßnahmen der Verwaltung — 3, 12
– Adressat — 29
– notwendige — 2, 25, 27
– nützliche — 30
– ungeeignete — 39
Mehrheitsbeschlüsse — 7, 33 ff, 40
– ungültige — 38
Mehrheitsbildung — 34
Mehrheitsverfügung — 7
Mehrheitsverwaltung — 7, 33 ff, 40
– Beispiele — 4

– Bindung — 40
– Wirkung — 40
Mietrecht — 41
Mietvertrag — 33, 40
Minderjährigkeit — 33
Mitwirkung — 9, 12
Mitwirkungspflicht — 8, 12, 15, 18, 40
– Durchsetzung — 12, 16
– Umfang — 16
– Verletzung — 12, 19

Nachlass
– Eingriff — 26
– Schulden — 4
– Sicherung — 4
– Verbindlichkeiten — 4
– Verwahrung — 4, 40
– Verzeichnis — 18
Nachlassgegenstand
– Besitz — 18
– Früchte — 43
– Gebrauch — 43
– Lasten — 42
– Veränderung — 13, 37
– wesentliche — 37
– Verfügung — 6 f
Nachlassverwalter — 22
Nachlassverzeichnis — 18
Notgeschäftsführer — 25, 40
Notverfügungsrecht — 7
Notverwaltung — 38, 40
– Bindung — 40
– Wirkung — 40
Notverwaltungsrecht — 7, 27, 38, 40
Notwendige Erhaltungsmaßnahmen — 2, 25, 27
– Adressat — 29
– Begriff — 27
– Beispiele — 28
– vorherige Einwilligung — 31
Nützliche Maßnahmen — 30
Nutzung des Nachlasses — 2, 4, 13, 23, 33

Ordnungsgemäße Verwaltung — 2, 7, 12 ff, 33
– Begriff — 13
– Erforderlichkeit — 14 f, 17
– Umfang — 13

Pflichten der Miterben — 8, 12, 15 ff, 40
Prokura — 5

Titel 4 · Mehrheit von Erben § 2038
Untertitel 1 · Rechtsverhältnis der Erben untereinander 1

Prozessführung	4	– Begriff	1, 4 f, 7
		– Bestimmung des Erblassers	24
RechtsMissbrauch	43	– Bindung	40
Rechtsmittel	28	– des einzelnen Miterben	7, 23 f, 26
		– dringliche	27
Sondernachfolger	23	– Einschränkung	6 f, 40
Stimmabgabe	35	– Einverständnis	23
Stimmenmehrheit	2, 27, 36	– erforderliche	17
– Berechnung	36	– gemeinschaftliche	2, 7 ff
Stimmrecht	36	– Inhalt	4
– Ausschluss	36	– Innenverhältnis	6, 9, 20, 40
– Ausübung	35	– Kosten	42
– Interessenwiderstreit	36	– Maßnahmen	12
– Missbrauch	36	– mehrheitliche	7
		– Mitwirkung	6, 16
Teilung	43	– notwendige	25, 31
Testamentsvollstrecker	22, 24	– nützliche	30
		– ordnungsgemäße	2, 7, 12 f, 15, 17
Ungeeignete Maßnahmen	32, 39	– Pflicht	8, 12
		– Recht	8
Veräußerung von Nachlassgegenständen	6	– ungeeignete	32
Verbindlichkeiten		– Vereinbarung der Miterben	22, 43
– gegen Nachlass	4	– Vertretung	6
Verfügungen	6, 7, 40 f	– Wirkung	40
– Beispiele	41	Verwaltungsbefugnis	
– mehrheitliche	7, 40	– Entzug	22
– Nachlassgegenstände	6, 40 f	Verzeichnis des Nachlasses	18
Verhältnis zu § 2040	1, 6 f, 40	Vollmacht	5, 9, 23
Vermächtnis	24	– Widerruf	5
Vermietung	4	Vorempfänge	43
Vermögen der Gemeinschaft	13	Vorschußpflicht	42
Verpachtung	4		
Verpflichtungsgeschäfte	6 f, 12, 40	Weigerung einzelner Miterben	15, 40, 43
Vertretung	6 f, 9, 25, 40	Wesentliche Veränderung	37
– Ausschluss	10	Wichtiger Grund	24
Verwalter		Widerspruch	33
– Abberufung	17, 39	Wiederaufbau	17, 30
– Interessenwiderstreit	36		
Verwaltung		Zustimmung	9, 15 f, 31
– Adressat	29	Zwangsvollstreckung	28
– Außenverhältnis	6 f, 9, 20, 40		

I. Grundsätzliches

1. Die Miterbengemeinschaft besteht notgedrungen aus mehreren Personen, es **1**
bedarf daher gesetzlicher Regelungen darüber, wie die Gesamthandsgemeinschaft
im Innen- und Außenverhältnis tätig werden kann, wie das Nachlassvermögen verwaltet und genutzt wird. Zunächst gelten die allgemeinen Gesamthandsregeln. Dar-

überhinaus bestehen neben dem bereits erörterten § 2033 spezielle Vorschriften für die Erbengemeinschaft in §§ 2038–2041. Sie sind in ihrem Wortlaut und ihrer Einordnung in das Gesetz nicht geglückt. Die Grundregel des § 2038 Abs 1 S 1 für die Verwaltung des Nachlasses wird durch Ausnahmen in §§ 2038 Abs 1 S 2, Abs 2, 2039 eingeschränkt, während § 2040 wie § 2038 Abs 1 S 1 den Grundsatz gemeinschaftlichen Handelns ausspricht. Durch den im Gesetz nicht festgelegten Begriff der Verwaltung des Nachlasses in § 2038 bestehen insbesondere hinsichtlich des Verhältnisses zu § 2040 noch nicht abschließend entschiedene Streitfragen (vgl § 2038 Rn 6 ff, § 2040 Rn 1).

2 2. Der Gesamthandscharakter der Erbengemeinschaft äußert sich in dem Erfordernis gemeinschaftlicher Verfügung (§ 2040) und in dem **Grundsatz der gemeinschaftlichen Verwaltung**, den § 2038 Abs 1 S 1 ausspricht. Anders als bei der gemeinschaftlichen Verfügung über Nachlassgegenstände bedarf jedoch nicht jede Verwaltungsmaßnahme der Billigung aller Miterben. Die **notwendigen Erhaltungsmaßnahmen** kann jeder Miterbe ohne Mitwirkung der anderen treffen – § 2038 Abs 1 S 2 entsprechend § 744 Abs 2. Weiterhin sieht § 745 iVm § 2038 Abs 2 S 1 vor, dass die Miterben durch Stimmenmehrheit eine der Beschaffenheit des gemeinschaftlichen Gegenstandes entsprechende **ordnungsgemäße Verwaltung und Benutzung** beschließen können.

3 3. § 2038 bestimmt lediglich die Beteiligung der Miterben an der Verwaltung, nicht aber wie die Verwaltung des Nachlasses durchzuführen ist. Die Miterben sind daher in der **Wahl der Maßnahmen**, in der Art der Verwaltung völlig frei (BGB-RGRK/KREGEL Rn 1).

II. Grundsatz der gemeinschaftlichen Verwaltung (Abs 1)

4 1. Begriff und Inhalt der **Verwaltung** sind in § 2038 nicht näher bestimmt. Diese umfasst nach übereinstimmender Meinung alle tatsächlichen und rechtlichen Maßnahmen, die auf Erhaltung, Verwahrung, Sicherung, Nutzung und Mehrung des Nachlassvermögens gerichtet sind (BGH FamRZ 1965, 267; 2006, 193). Damit erstreckt sie sich nicht auf bloße Erhaltungshandlungen (wie Inbesitznahme der Nachlasssachen und Ausübung des Besitzes, Einziehung von Forderungen), Sicherung und Verwahrung des Nachlasses, Bestreiten der laufenden Verbindlichkeiten (BGH FamRZ 1965, 267), sondern auch auf solche Maßnahmen, die der Nutzung und Mehrung des Nachlasses dienen, zB Anlage des Kapitals bis zur Auseinandersetzung (OLG Posen OLGE 18, 328), Vermietung und Verpachtung von Nachlassgegenständen (vgl Rn 41), Baumaßnahmen auf einem Grundstück (OLG Düsseldorf MDR 1947, 289). Erfasst werden Einziehung der zum Nachlass gehörigen Forderungen, Weiterführung eines Handelsgeschäftes (RGZ 132, 138; BGHZ 30, 391 = NJW 1959, 2115; KG HRR 1932 Nr 749; OLG Frankfurt WM 1975, 130; JOHANNSEN FamRZ 1980, 1074, 1076; WOLF AcP 181, 480, 483; HÜFFER ZGR 1986, 603, 625; BRINGER ZErb 2006, 39; **aA** SCHMIDT NJW 1985, 2785, 2791; HOHENSEE, Die unternehmenstragende Erbengemeinschaft 176; vgl § 2032 Rn 18), Eingehung einer stillen Gesellschaft mit Dritten (BFH NJW 1988, 1343, 1344), Stellung und Rücknahme von Anträgen beim Grundbuchamt (OLG Düsseldorf NJW 1956, 876), Durchführung von Rechtsstreitigkeiten, einschließlich Prozessführung (OLG Hamm BB 1976, 671) und des Abschlusses eines Vergleichs über Forderungen für und gegen den Nachlass, Abschluss und Kündigung von Verträgen (SCHOPP ZMR 1967, 195), Begleichung der Nachlassschulden (PRESSER JW 1933, 145), Feststellung und Auszahlung der Pflichtteils- und Erbersatzansprüche.

Handlungen, die der Auseinandersetzung oder der Auflösung des Nachlasses dienen, sind **keine Verwaltungshandlungen** iS des § 2038, sie betreffen nicht die Erhaltung und Nutzung des Nachlasses. Bestattung des Erblassers und eine eventuelle Exhumierung sind ebenfalls keine Verwaltungshandlungen, denn die Leiche des Erblassers fällt nicht in das Eigentum der Erben. Insoweit entscheidet der Wille des Erblassers bzw der nächsten Angehörigen, nicht der Erben (RGZ 100, 172; 154, 269; LG Detmold NJW 1958, 265 = FamRZ 1958, 280; PALANDT/EDENHOFER Rn 3; BGB-RGRK/KREGEL Rn 8; dazu STAUDINGER/MAROTZKE § 1968 Rn 1, 3). Ebenso ist der Widerruf einer vom Erblasser über seinen Tod hinaus erteilten Vollmacht keine Verwaltungshandlung. Er muss von jedem Erben erklärt werden. Der Bevollmächtigte behält für die Erben, die nicht widerrufen haben, Vertretungsmacht (RG JW 1938, 1892; SeuffA 79 Nr 221; BGHZ 30, 391, 396 = NJW 1959, 2115; KG HRR 1937 Nr 1386; OLG Dresden SeuffA 65 Nr 65; JOHANNSEN WM 1970, 576). Die Vollmacht bezieht sich auf den Erblasser bzw seine Rechtsnachfolger, die Miterben, persönlich. Der Widerruf ist daher weder Verwaltungs- noch Verfügungshandlung über einen Nachlassgegenstand. Das Gleiche gilt für eine von der Erbengemeinschaft erteilte Prokura (KG HRR 1937 Nr 1368; 1939 Nr 312; DRW 1939, 1949). 5

Vom Wortlaut her ist neben der inneren Willensbildung auch das Außenverhältnis unter den Begriff der Verwaltung einzuordnen. Diese umfasst damit ebenso wie bei der Nachlassverwaltung der §§ 1975 ff nicht nur die *Geschäftsführung*, sondern auch die *Vertretung* (HK-BGB/HOEREN Rn 2; aM ERMAN/SCHLÜTER Rn 12; JÜLICHER AcP 175, 147, die § 2038 allein auf die innere Willensbildung beschränken. Das ist eine Einengung des Gesetzestextes, der nicht nur von Willensbildung, sondern von Verwaltung spricht. Da für Verpflichtungsgeschäfte und Verfügungen über Gegenstände, die nicht dem Nachlass zugehören, eine dem § 2040 entsprechende Norm für das Außenverhältnis fehlt, muss dieses bereits von § 2038 erfasst sein). Eine richtige Durchführung der Verwaltungsaufgaben erfordert das Eingehen von *Verpflichtungen* und vielfach von Verfügungsgeschäften (OLG Posen OLGE 18, 328; SCHOPP ZMR 1967, 193), zB Veräußerung verderblicher verbrauchbarer Sachen, Erwerb der Nachlasserhaltung dienender Gegenstände. Wenn auch die Verwaltungsmacht das Recht, Verfügungsgeschäfte zu tätigen, mit einschließt (SOERGEL/WOLF Rn 4; BGB-RGRK/KREGEL Rn 1; KAPP/EBELING I Rn 260), ist bei **Verfügungen über Nachlassgegenstände** § 2040 als Sondervorschrift zu beachten (SOERGEL/WOLF Rn 5), die die Mitwirkung aller Erben vorschreibt. 6

Erstreckt sich der Verwaltungsbegriff des § 2038 ebenfalls auf das Außenverhältnis und wird dieses lediglich bei Verfügungen über Nachlassgegenstände speziell in § 2040 geregelt, ist es nicht möglich, bei § 2038 nach **Verpflichtungs- und Verfügungsgeschäften** zu unterscheiden. Das Außenverhältnis erfasst die Vertretung bei Verfügungs- und Verpflichtungsgeschäften. § 2038 lässt nicht erkennen, dass für diese beiden Geschäfte eine unterschiedliche Regelung besteht. Entscheidend ist lediglich die Frage, ob und wieweit § 2038 durch § 2040 eingeschränkt wird, ob Verfügungen über Nachlassgegenstände ausschließlich von § 2040 erfasst werden (zum Streitstand EBERL-BORGES, NJW 2006, 1313). Das Verhältnis des § 2038 zu § 2040 wirkt sich bei der Frage aus, ob Mehrheitsbeschlüsse iS der §§ 2038 Abs 2, 745 oder das Notverwaltungsrecht des einzelnen Miterben gem § 2038 Abs 1 S 2 HS 2 auch zu Verfügungen 7 über Nachlassgegenstände berechtigt. Ein Notverfügungsrecht, dh ein Vorrang des § 2038 Abs 1 S 2 HS 2 vor § 2040, wird bejaht von: BGH ZEV 2010, 37 m Anm ANN; OLG Schleswig SchlHAnz 1965, 278; HK-BGB/HOEREN Rn 6; PALANDT/EDENHOFER Rn 11, § 2040 Rn 1; ERMAN/SCHLÜTER § 2040 Rn 6; MünchKomm/GERGEN Rn 53; JAUERNIG/STÜRNER Rn 1; FRANK/HELMS Rn 16; LEIPOLD Rn 736; SCHLÜTER Rn 686; BROX/WALKER Rn 507; BAMBERGER/ROTH/LOHMANN Rn 1; JOHANNSEN WM 1970, 577; BERTZEL NJW 1962, 2282; BARTHOLOMEYCZIK, in: FS Reinhardt 28; WIESER, in: FS Lange 33. Abgelehnt wird ein Notverfügungsrecht, dh die alleinige Geltung des § 2040 für diese Fälle anerkannt, von: RGZ 65, 6; OLG Neustadt MDR 62, 574; LG Köln MDR 1972, 520; OLZEN Rn 986; GURSKY S 80; vLÜBTOW II 806; KIPP/COING § 114 IV 4 b; JOHANNSEN WM 1970, 576. Ein Verfügungsrecht der Mehrheit der Erben gem §§ 2038 Abs 2, 745 auch über Nachlassgegenstände bejahen PALANDT/EDENHOFER Rn 2, 6; BAMBERGER/ROTH/LOHMANN Rn 2; LEIPOLD Rn 736; KIPP/COING § 114 IV 3 b; vLÜBTOW II 806; WIESER, in: FS Lange 334, 335; EBERL-BORGES NJW 2006, 1314 f; Löhnig JA 2007, 264. Die alleinige Geltung des § 2040 bei ordnungsgemäßer Verwaltung, dh ein Ausschluss der §§ 2038 Abs 2, 745 durch § 2040, wird angenommen von: KG DR 40, 1018; LG Köln MDR 1972, 520; ERMAN/SCHLÜTER § 2040 Rn 3; LANGE § 43 III 6 c; BROX/WALKER Rn 507; VOGELS DR 1940, 1019; JOHANNSEN WM 1970, 576. Die wesentliche Argumentation für einen Vorrang des § 2038 ist, dass es unzweckmäßig bzw unpraktisch sei (EBERL-BORGES, NJW 2006, 1314), in Fällen ordnungsgemäßer und notwendiger Verfügungen erst die Einwilligung der anderen Miterben über § 2038 Abs 1 S 2 HS 1, § 894 ZPO herbeizuführen (vgl Rn 15 ff). Zudem sei das Interesse der nicht mitwirkenden Miterben an der Erhaltung der Substanz des Nachlasses durch § 745 Abs 3 sowie durch den Surrogationsgrundsatz des § 2041 hinreichend geschützt (siehe § 2038 Rn 13; BOEHMER AcP 143, 65–67; BERTZEL NJW 1962, 2282). § 2040 verlangt jedoch ausdrücklich Gemeinschaftlichkeit bei Verfügungen über Nachlassgegenstände. Da diese Norm ebenso wie § 2038 Abs 1 S 1 gemeinschaftliches Handeln fordert, hat diese zweifache gesetzliche Regelung nur Sinn und Berechtigung, wenn § 2038 nicht bereits die Verfügung über Nachlassgegenstände regelt. Die von der Gegenmeinung bemängelte Schwerfälligkeit bei Vorrang des § 2040 (SOERGEL/WOLF Rn 5; LANGE JuS 1967, 453, 456) hat der Gesetzgeber bewusst in Kauf genommen. Er wollte mit dem in §§ 2038 Abs 1 S 1, 2040 zum Ausdruck gebrachten Grundsatz der Gemeinschaftlichkeit verhindern, dass einzelne Miterben von einer Mehrheit oder Einzelnen beherrscht werden. Das Problem kann zudem nicht vom Ergebnis her begründet werden, vielmehr ist das Ergebnis erst durch Gesetzesanwendung zu finden (WERNER 105).

Die Verfügungsbefugnis einzelner oder der die Mehrheit vertretenden Erben über Nachlassgegenstände kann nicht mit der Anerkennung der Außenwirkung des § 2038 (vgl Rn 6) begründet werden (so jedoch STAUDINGER/LEHMANN[11] § 2040 Rn 22; BERTZEL NJW 1962, 2282; wie hier SCHOPP ZMR 1967, 193), denn nicht jede Vertretungshandlung führt zu einer Verfügung. Diese Argumentation wäre die Vermengung verschiedener Problemkreise. Hier geht es allein um das Verhältnis des § 2038 zu § 2040, nicht um die Wirkung des § 2038. Zudem werden Verfügungen, die sich nicht auf Nachlassgegenstände beziehen, von § 2040 nicht berührt und unterliegen allein § 2038 (vgl § 2040 Rn 3). § 2040 regelt somit die Verfügung über Nachlassgegenstände abschließend, § 2038 ist insoweit eingeschränkt, letztere Norm regelt das Innenverhältnis und das Außenverhältnis, soweit es keine Verfügungen über Nachlassgegenstände betrifft.

2. Gemeinschaftlichkeit der Verwaltung bedeutet zum einen, dass jeder einzelne **8** Miterbe – von notwendigen Erhaltungsmaßregeln abgesehen – für sich allein keine Verwaltungshandlungen vornehmen darf, sondern die anderen Miterben hinzuziehen muss, zum anderen, dass jeder der Miterben zur Teilnahme an der Verwaltung und Beschlussfassung berechtigt, aber auch verpflichtet ist, an Maßregeln mitzuwirken, die zur ordnungsgemäßen Verwaltung gehören (Abs 1 S 2). Das Verwaltungsrecht steht den Miterben zu. Bei Pfändung eines Erbteils geht es auf den Pfandgläubiger über (OLG Königsberg HRR 1941 Nr 182; vgl § 2033 Rn 27). Zum Ausschluss und zur Übertragung des Verwaltungsrechts vgl Rn 12.

Gemeinschaftliches Handeln erfordert keine gleichzeitige gemeinsame Tätigkeit aller **9** Miterben. Bei Geschäftsführungsmaßnahmen (Innenverhältnis) ist die Übereinstimmung aller Erben bei der Willensbildung notwendig, sofern kein Ausschluss eines Miterben wegen Interessenkollision gegeben ist (vgl Rn 36). Geschäfte mit Außenwirkung (Vertretung) erfordern die einstimmige Vornahme, wobei eine Mitwirkung aller in einem einzigen Rechtsakt nach außen hin nicht gegeben sein muss. Dies gilt insbesondere für die Fortführung eines Handelsgeschäfts (Rn 4). Es genügt die Handlung einzelner unter vorheriger Zustimmung oder nachträglicher Genehmigung der anderen, § 185 Abs 1. Dulden die Erben, dass einer von ihnen Verwaltungshandlungen vornimmt (zB Verwaltung eines Mietshauses, Fortführung eines Handelsgeschäftes), liegt hierin die konkludente Bevollmächtigung des tätigen Erben (BGHZ 30, 391 = NJW 1959, 2115; KG NJW 1961, 734). Soweit ein Miterbe ohne Vertretungsmacht handelt, gelten §§ 177 ff, insbesondere § 179 (BGHZ 56, 47 = NJW 1971, 1266). Bringen die gemeinschaftlich handelnden Erben – was sie zu beweisen haben (RGZ 146, 343) – bei der Übernahme einer Verbindlichkeit zum Ausdruck, für den Nachlass zu handeln, ist grundsätzlich eine stillschweigende Beschränkung ihrer Haftung auf den Nachlass anzunehmen. Das gilt auch, wenn nicht alle, sondern nur einer oder einzelne Miterben als bevollmächtigte Vertreter der Erbengemeinschaft oder in ihrer Mehrheit in den Fällen des § 745 handeln. Geben die Handelnden nicht zu erkennen, dass sie in Vertretung des Nachlasses handeln bzw die Haftung auf diesen beschränken wollen, entsteht eine Eigenverbindlichkeit des Handelnden. Ist diese Verbindlichkeit in ordnungsgemäßer Verwaltung des Nachlasses eingegangen, kann der Handelnde aus dem Gesichtspunkt der Geschäftsführung Ersatz seiner Aufwendungen verlangen.

Wegen der Notwendigkeit gemeinsamer Verwaltung ist bei der *Fortführung eines* **10** *Handelsgewerbes* durch die Erbengemeinschaft (vgl § 2032 Rn 18) die Eintragung einzelner Miterben als Vertreter der Firma unter Ausschluss der Übrigen von der Vertretung unzulässig (KGJ 35 A 152).

Der Antrag auf *Aufhebung der zwischen* den Miterben und einem Dritten bestehen- **11** den *Gemeinschaft* ist als Geltendmachung eines Anspruchs iS des § 2039 anzusehen, kann also von jedem Miterben selbständig gestellt werden (vgl § 2039 Rn 10).

3. Die **Mitwirkungspflicht bei ordnungsgemäßer Verwaltung** (Abs 1 S 2 HS 1) führt **12** zur gemeinsamen Vornahme der Verwaltungsmaßnahmen und kann von jedem Miterben gegenüber jedem anderen Miterben durchgesetzt werden, wenn freiwillig kein gemeinschaftliches Verwaltungshandeln erreicht wird. Die Mitwirkungspflicht besteht nur unter den Miterben, ein Dritter kann daher weder von einem Erben die

Mitwirkung zu einer Verwaltungshandlung verlangen (BGH NJW 1958, 2061; PALANDT/ EDENHOFER Rn 8; BAMBERGER/ROTH/LOHMANN Rn 8) noch aus deren Unterbleiben Schadensersatzansprüche herleiten. Der Anspruch ist jedoch abtretbar, er kann also von dem Miterben auf den Gläubiger des Anspruchs, zu dessen Erfüllung die Mitwirkung erforderlich ist, abgetreten oder von diesem im Wege der Prozessstandschaft geltend gemacht werden (BGH FamRZ 1965, 267).

Insbesondere beim Abschluss verpflichtender Rechtsgeschäfte im Rahmen ordnungsgemäßer Verwaltung sind alle Miterben gehalten, eine Verpflichtung der Gemeinschaft (dh aller Miterben) herbeizuführen, denn es kann einem oder einzelnen von ihnen nicht zugemutet werden, ihr eigenes Vermögen zur Verwaltung des Nachlasses zu verwenden. Mit Hilfe des Abs 1 S 2 HS 1 brauchen die einzelnen Miterben nicht im eigenen Namen zu handeln, sondern können ein gemeinschaftliches Handeln für den Nachlass herbeiführen. Die Bedeutung dieses Mitwirkungsrechtes liegt nicht in der Möglichkeit, eine nach §§ 2038 Abs 2, 745 nicht erreichbare Stimmenmehrheit herbeizuführen (so jedoch SOERGEL/WOLF Rn 19; BAMBERGER/ROTH/ LOHMANN Rn 8). Steht die Mehrheit einer Handlung ablehnend gegenüber, entspricht die Verwaltungshandlung nicht dem Interesse der Miterben (MünchKomm/GERGEN Rn 42) und ist nicht mehr ordnungsgemäß. Mehrheiten richten sich nach dem tatsächlichen Willen der Erben und können nicht über Abs 1 S 2 HS 1 erzwungen werden. Die Erben sind in der Wahl der Maßnahmen grundsätzlich frei (vgl Rn 3). Die Bedeutung der Mitwirkungspflicht liegt nicht im Innenbereich, sondern in der für das Außenverhältnis und der im tatsächlichen Bereich erforderlichen Mitwirkung der Miterben. Mitwirkung ist nicht interne Zustimmung zu Beschlossenem, sondern eine darüber hinaus erforderliche Zustimmung und Mitwirkung bei Erfüllung der bereits beschlossenen Verwaltungsmaßnahmen. Die Mitwirkungspflicht besteht daher auch in den Fällen übereinstimmender oder mehrheitlicher Beschlussfassung und im Falle einer Notverwaltungsmaßnahme (vgl Rn 40).

13 a) Eine **ordnungsmäßige Verwaltung** iS des § 2038 muss wie bei § 745, auf den § 2038 Abs 2 verweist, der Beschaffenheit des Nachlassgegenstandes und dem Interesse aller Miterben nach billigem Ermessen entsprechen (vgl STAUDINGER/HUBER [2008] § 745 Rn 5, 42). Den Begriff der ordnungsmäßigen Verwaltung hat das Gesetz ferner in §§ 1365 Abs 2; 1472 Abs 3; 2120; 2130; 2206 Abs 1 S 1; 2216 Abs 1 BGB mit der gleichen Bedeutung benutzt. Die Rspr misst die ordnungsgemäße Verwaltung an dem Verhalten, das eine verständige Person in der gleichen Situation zeigen würde (KG OLGE 30, 184). Entscheidend ist der Standpunkt eines wirtschaftlich denkenden Beurteilers (BGHZ 6, 76; BGH FamRZ 1965, 269: 2006, 194; PALANDT/EDENHOFER Rn 6; BAMBERGER/ROTH/LOHMANN Rn 4). Die einem Miterben zustehende Nutzung und das Vermögen der Gemeinschaft dürfen nicht gefährdet oder gemindert werden (KG NJW 1953, 1592; SCHUMACHER BlGBW 1959, 233).

Eine wesentliche Veränderung eines Nachlassgegenstandes kann nicht über § 2038 Abs 1 S 2 HS 1 erzwungen werden (BGH NJW RR 2004, 809; BAMBERGER/ROTH/LOHMANN Rn 4; PALANDT/EDENHOFER Rn 6), §§ 2038 Abs 2, 745 Abs 3, sofern dessen Vermögenswert im Verhältnis zum gesamten Nachlass nicht unerheblich ist (LG Hannover NJW-RR 1990, 454). Stellt man auf die wesentliche Veränderung des Nachlasses als Ganzes ab (so BGH FamRZ 2006, 193, 194; MünchKomm/GERGEN Rn 30), stößt man auf die Schwierigkeit, dass der Nachlass als solcher keine konkrete Beschaffenheit aufweist (LG

Hannover aaO). Zur Förderung der Prostitution in einem Wohnhaus als wesentliche Veränderung OLG Hamm NJW-RR 1992, 329, 330.

b) **Erforderlichkeit** der ordnungsgemäßen Verwaltung bedeutet, dass die betref- 14 fende Maßnahme erfolgen muss, wenn eine ordnungsgemäße Verwaltung gewährleistet werden soll. Der Rspr gilt als Maßstab für die Erforderlichkeit das Verhalten, das eine verständige Person in gleichem Falle zeigen **müsste** (KG OLGE 30, 184).

c) Die **Mitwirkungspflicht** aller Miterben bei erforderlichen Maßnahmen der 15 ordnungsgemäßen Verwaltung ist das Korrelat zum Erfordernis der Gemeinschaftlichkeit. Soll die gemeinschaftliche Verwaltung durch Mitwirkung aller Miterben durchgeführt werden, gilt es – um den Nachlass ordnungsgemäß verwalten zu können –, alle Miterben zu dieser Mitwirkung zu zwingen, wenn Verwaltungsmaßnahmen erforderlich sind. Diese Verpflichtung spricht Abs 1 S 2 HS 1 aus. Kommt jeder Miterbe dieser Mitwirkungspflicht nach, ist das gemeinschaftliche Handeln iS des Abs 1 S 1 gewährleistet.

Im Gegensatz zur Gemeinschaftlichkeit, die bereits durch die Zustimmung der nicht handelnden Miterben gewährleistet ist (vgl Rn 9), wird die Mitwirkungspflicht nicht immer durch Zustimmung zu der geplanten Verwaltungshandlung erfüllt. Sie erfordert vielmehr auch ein eigenes tätiges, namentlich rechtsgeschäftliches Handeln, sofern ein solches zur ordnungsgemäßen Verwaltung erforderlich ist. Die Mitwirkungspflicht soll die Mitarbeit bei der Verwaltung herbeiführen, dh jeder Miterbe soll seinen Beitrag zur Verwaltungstätigkeit leisten. Auf diese Weise kann die Verwaltung des gemeinsamen Nachlasses nicht durch die Weigerung einzelner Miterben lahmgelegt werden (KG OLGE 30, 184).

Die **Mitwirkung** kann im Klagewege vor dem Prozessgericht **erzwungen** werden 16 (BGHZ 6, 76; KG OLGE 35, 362; 37, 252; OLG Celle JR 1963, 221; PALANDT/EDENHOFER Rn 8). Der Klageantrag ist ausschließlich gegen die widersprechenden Miterben (BGH FamRZ 1992, 50) auf Zustimmung zu (oder Mitwirkung bei) einer bestimmten Maßnahme zu richten, die dem Interesse aller Miterben nach billigem Ermessen entsprechen muss. Das Urteil ersetzt nach § 894 ZPO die verweigerte Zustimmung. Auch die Zustimmung zur Vornahme einer Verfügung kann im Klagewege durchgesetzt werden, sofern sie zur ordnungsgemäßen Verwaltung erforderlich ist. Haben die Miterben über die Verwaltungsmaßnahme bereits eine Regelung getroffen, ist eine abändernde Gerichtsentscheidung nur zulässig, wenn sich die zugrunde liegende Sachlage seither wesentlich geändert hat (BGH FamRZ 1992, 50, 51). Zur Leistung von Zuschüssen aus seinem Privatvermögen, um Verwaltungsmaßnahmen zu finanzieren, kann kein Miterbe gezwungen werden (OLG Celle BlGBW 1961, 159; JR 1963, 222; vgl auch Rn 17), ebenso wenig zur Einwilligung in die *Fortführung eines Handelsgeschäftes* wegen der damit verbundenen persönlichen Haftung (§§ 27, 25 HGB; RGZ 132, 143). Erforderliche Handlungen werden nach §§ 887, 888 ZPO vollstreckt (BAMBERGER/ROTH/LOHMANN Rn 8).

d) Der Begriff der erforderlichen ordnungsgemäßen Verwaltung darf *nicht zu eng* 17 *ausgelegt* werden (SOERGEL/WOLF Rn 20). Jedoch ist zu beachten, dass es sich um einen Eingriff in das an sich freie Verwaltungsrecht der Miterben handelt und der Grundsatz des § 2038 Abs 1 S 1 die Übereinstimmung aller Erben verlangt, dh Verwaltungsmaßnahmen sollen dem Willen aller Miterben entsprechen. Anzuerkennen sind Instandsetzungs- und Reparaturmaßnahmen (KG OLGE 30, 184), soweit sie nicht über den Rahmen der Erforderlichkeit hinausgehen (WERNER 106) und aus den Mitteln des Nachlasses bestritten werden können (BGH Betrieb 1954. 906 = BB 1954, 913, 914; OLG Celle BlGBW 1961, 159 = ZMR 1961, 83). Das ist beim Wiederaufbau eines abgebrannten Hauses aus Mitteln der Versicherung der Fall (BGH Betrieb 1954, 905; KG OLGE 8, 82). Die Abberufung eines pflichtwidrig handelnden Verwalters sollte ebenfalls durchgesetzt werden können (OLG Dresden JW 1919, 688), während Bestellung eines Fremdverwalters nur verlangt werden kann, wenn die Miterben nicht in der Lage oder bereit sind, den Nachlass ordnungsgemäß zu verwalten (BGH NJW 1983, 2142), ferner die Mitwirkung zu Erfüllungshandlungen, um einer Schadensersatzpflicht bei Nichterfüllung zu entgehen (RGZ 81, 32), oder bei Herbeiführung der Grundbucheintragung, sofern diese für die Kreditaufnahme usw erforderlich ist. Alle notwendigen Erhaltungsmaßnahmen iS des § 2038 Abs 1 S 2 HS 2 sind notwendigerweise auch erforderliche Maßnahmen ordnungsgemäßer Verwaltung (vgl dazu Rn 27).

18 Streitig ist, ob sich die Mitwirkungspflicht auf die **Aufstellung eines Nachlassverzeichnisses** erstreckt, sei es durch Auskunft über erhaltene Nachlassgegenstände oder durch aktive Teilnahme bei der Inventarisierung. Das RG (RGZ 65, 10; 81, 30) hat dies verneint, weil der einzelne Miterbe ein solches Verzeichnis aufstellen kann, also keine gemeinschaftlich vorzunehmende Verwaltungshandlung iS des § 2038 in Frage stehe (ebenso OLG Celle HRR 1935 Nr 680; KG DR 1940, 1775; BAMBERGER/ROTH/LOHMANN Rn 9; SOERGEL/WOLF Rn 24, 17; LANGE/KUCHINKE § 43 II 7c; bejaht wird diese Pflicht von: OLG Karlsruhe MDR 1972, 424 = FamRZ 1973, 215; ERMAN/SCHLÜTER Rn 10; BGB-RGRK/KREGEL Rn 13 aE; SCHLÜTER Rn 677; vLÜBTOW II 810; SPECKMANN NJW 1973, 1869; differenzierend: SARRES ZEV 01, 225, 227). In der Tat könnte die Auferlegung einer solchen Pflicht für Miterben, die dem Nachlass ferngestanden haben, drückend werden. Zwar lässt sich nicht aus § 2038 Abs 1 S 2 HS 1, wohl aber in den wichtigsten Bedarfsfällen eine Auskunftspflicht aus anderen Gesichtspunkten ableiten, so aus der beauftragten oder auftraglosen Verwaltung des Nachlasses (§§ 666, 681) (insbesondere wenn ein Miterbe die Verwaltung allein geführt hat), aus der Inbesitznahme von Nachlassgegenständen (§ 2027), aus der Hausgemeinschaft mit dem Erblasser (§ 2028) und aus dem Empfang ausgleichspflichtiger Zuwendungen (§ 2057). In RGZ 81, 295 wird die Auskunftspflicht aus § 2027 Abs 2 auch zu Lasten eines Miterben angenommen, der – ohne mit dem Erblasser in häuslicher Gemeinschaft gelebt zu haben – schon bei dessen Lebzeiten Erbschaftsgegenstände an sich gebracht hat, wenn er den Besitz dieser Gegenstände nach dem Erbfall den übrigen Miterben vorenthält; das stehe einer unbefugten Aneignung des Alleinbesitzes iS des § 2027 Abs 2 gleich. Im Übrigen untersteht die Erbengemeinschaft und ihre Verwaltung den Grundsätzen von Treu und Glauben wie jedes andere Rechtsverhältnis (so RGZ 65, 10), so dass sich aus § 242 eine Auskunftspflicht bei einer besonderen Fallgestaltung, aber nicht allgemein ableiten lässt (RGZ 81, 30; BGB-RGRK/KREGEL Rn 13; hierzu nunmehr auch BGH JR 1990, 16 m Anm WASSERMANN; aA MünchKomm/GERGEN Rn 48). Insbesondere kann sich hieraus im Einzelfall ein Anspruch auf Vorlage eines Gutachtens über den Wert unentgeltlich vorempfangener Gegenstände ergeben (OLG Hamm FamRZ 1983, 1279, 1280), das auf Kosten des Auskunftspflichtigen zu erstatten wäre (SCHOPP FamRZ 1983, 1280). § 242 gibt jedoch keine Handhabe, einen Miterben zur Offenbarung von Umständen zu zwingen, aus denen die Unwirksamkeit von Verfügungen des Erblassers hergeleitet werden soll (BGH FamRZ 1989, 377, 378; WASSERMANN JR 1990, 19).

Über eine analoge bzw berichtigende Auslegung des § 2314 wollen GUDIAN (JZ 1967, 593) und COING (NJW 1970, 729, 731, 733) den pflichtteilsberechtigten Miterben einen allgemeinen Auskunftsanspruch zuerkennen (dagegen SPECKMANN NJW 1973, 1869, 1870; OLG Zweibrücken OLGZ 1973, 217 ff; vgl auch STAUDINGER/FERID/CIESLAR[12] § 2314 Rn 8). Wegen der Unzulänglichkeit des § 242 will SPECKMANN (NJW 1973, 1869, 1870) entgegen der hM dem § 2038 Abs 1 eine allgemeine Auskunftspflicht entnehmen, weil es für ordnungsgemäße Verwaltung erforderlich sei, über den Bestand des Nachlasses orientiert zu sein, wobei er die Auskunftspflicht allein auf den realen (den beim Erbfall tatsächlich vorhandenen) Nachlass beschränkt, da bei dem fiktiven Nachlass mit §§ 2057, 2314 Auskunftsansprüche gegeben seien. Das Fehlen solcher Regelungen für den realen Nachlass (SPECKMANN NJW 1973, 1869) lässt aber eher den Schluss zu, dass es kein allgemeines Auskunftsrecht geben soll.

e) **Verletzt** ein Miterbe seine **Mitwirkungspflicht**, macht er sich gegenüber seinen **19** Miterben **ersatzpflichtig** (BGH NJW 2006, 439; PALANDT/EDENHOFER Rn 6). Dieser Anspruch sollte seine Grundlage in dem Rechtsinstitut der positiven Forderungsverletzung finden (KESSLER DriZ 66, 395, 396). Durch das am 1. 1. 2002 in Kraft getretene Schuldrechtsmodernisierungsgesetz (BGBl I 2001, 3138) ist diese vormals gewohnheitsrechtlich anerkannte Rechtsfortbildung ins Gesetz aufgenommen worden. Der Anspruch ergibt sich somit nunmehr aus den §§ 311, 241 Abs 2, 280 Abs 1, 276, 278.

4. Ein **Verstoß gegen** den von § 2038 Abs 1 S 1 vorgeschriebenen **Grundsatz der** **20** **gemeinschaftlichen Handlung** macht die Handlung im Innen- und Außenverhältnis unwirksam, dh bei internen Verwaltungshandlungen brauchen sich die nicht handelnden Miterben nicht gebunden zu fühlen, die Handlung ist für die Miterben zueinander ohne Bedeutung. Bei externem Verwaltungshandeln ist keine Wirkung des Rechtsgeschäftes eingetreten, die unberechtigt Handelnden haften allenfalls persönlich aus § 179 (vgl Rn 9) oder Verschulden bei Vertragsschluss.

III. Ausnahmen von dem Grundsatz der gemeinschaftlichen Verwaltung

Die Schwerfälligkeit, die sich durch die Pflicht zu gemeinschaftlichem Handeln **21** ergibt, versucht das Gesetz in einigen Fällen auszugleichen, indem es die Übertragung der Verwaltungsmacht auf einzelne Personen oder Mehrheiten kraft Gesetzes oder kraft Rechtsgeschäftes herbeiführt. Da es sich um Ausnahmen von dem allgemeinen Grundsatz der Gemeinschaftlichkeit handelt (Abs 1 S 1), müssen die Ausnahmeregelungen eng ausgelegt, ihre Voraussetzungen nachgewiesen werden.

1. Für eine Verwaltungsgemeinschaft der Erben ist kein Raum, wenn ihnen die **22** **Verwaltungsbefugnis** durch Einsetzung eines Nachlassverwalters (§ 1984), Insolvenzverwalters (§ 80 InsO) oder Testamentsvollstreckers (§ 2205) **entzogen** ist (zur Kostentragung bei angeordneter Testamentsvollstreckung vgl BGH ZEV 97, 116 ff mit Anmerkung v MORGEN).

2. Durch *Vereinbarung der Miterben* kann die Verwaltung und Nutzung des **23** Nachlasses geregelt werden (§§ 2038 Abs 2, 745), indem einzelnen Miterben allein oder einigen Erben zusammen die Verwaltungsmacht eingeräumt wird (BGH WM 1968, 1173; DNotZ 1972, 23; BGHZ 56, 47 = NJW 1971, 1266). Das ist zB der Fall, wenn ein Miterbe mit Einverständnis der anderen die Verwaltung eines zum Nachlass gehörenden Hauses durchführt (LG Mannheim ZMR 1965, 219; 1966, 178 = Justiz 1966, 14). Die Erben können auch einen von ihnen zum Erbschaftsverwalter mit Vertretungsmacht für die anderen bestellen. Auftrag und Vollmacht sind jederzeit widerruflich (§§ 671, 168). Die vertragliche Regelung der Verwaltung und Nutzung wirkt für und gegen den Sondernachfolger (im Erbteil), §§ 2038 Abs 2, 746. Anders als das Schweizer ZGB (Art 602 Abs 3), enthält das BGB keine Befugnis des Gerichts, auf Antrag eines Miterben einen Erbschaftsverwalter zu bestellen. Selbst bei Vermittlung der Auseinandersetzung kann das Nachlassgericht keine Verwaltungsmaßnahmen vornehmen (BayObLG DJZ 1904, 559).

24 3. **Durch Bestimmung des Erblassers** in letztwilliger Verfügung können einem Miterben – ohne ihn ausdrücklich zum Testamentsvollstrecker zu ernennen – besondere Verwaltungsbefugnisse übertragen werden. Es ist eine Frage der *Auslegung,* wie eine solche Bestimmung rechtlich zu werten ist. Das RG (HRR 29 Nr 500) hat sich für eine Auflage zu Lasten der anderen Erben entschieden. Näher liegt die Annahme einer Ernennung zum Testamentsvollstrecker mit beschränktem Aufgabenkreis, § 2209 (BGB-RGRK/KREGEL Rn 2). Ein Vermächtnis zu Gunsten des Betrauten (so BGHZ 26, 76, 78) wird kaum gewollt sein, da die Verwaltungsaufgaben eher Lasten als Vermögensvorteile mit sich bringen. Bei Vorliegen eines wichtigen Grundes kann entsprechend § 712 von der Bestimmung des Erblassers abgewichen werden. Die Entscheidung hierüber trifft ggf das Prozessgericht (OGHZ 4, 223; BGHZ 6, 76).

4. Handlungsberechtigung des einzelnen Miterben bei zur Erhaltung des Nachlasses notwendigen Maßnahmen

25 Die zur Erhaltung des Nachlasses notwendigen Maßnahmen kann jeder Miterbe ohne die Mitwirkung der anderen treffen (Abs 1 S 2 HS 2 = § 744 Abs 2). Auch derartiges Verwaltungshandeln zeitigt Innen- und Außenwirkung, so dass der Erbe für die Gemeinschaft handelt, diese berechtigt und verpflichtet wird. BERTZEL (NJW 1962, 2282; AcP 158, 121) will dem nach § 2038 Abs 1 S 2 HS 2 berechtigten Erben Vertretungsmacht hinsichtlich der anderen – nicht handelnden – Erben zuerkennen und damit, da der Notgeschäftsführer für alle anderen Erben handelt, das Merkmal der Gemeinschaftlichkeit als gegeben ansehen. § 2038 Abs 1 S 1 stellt jedoch nicht auf die Vertretungsmacht ab (so wohl BAMBERGER/ROTH/LOHMANN Rn 11), sondern darauf, dass ein gemeinschaftlicher Wille durch gemeinschaftliches Handeln, durch Mitwirkung erreicht wird. § 2038 Abs 1 S 2 HS 2 ist keine Regelung des gesetzlichen Vertretungsrechts, sondern der Nachlassverwaltung im Außen- und Innenverhältnis (einschließlich nichtrechtsgeschäftlicher Tätigkeit). Diese Norm erklärt zudem nicht, dass der Notverwalter für die anderen Miterben, sondern alleine handeln darf. Soweit es um das Außenverhältnis geht, wird durch sein alleiniges Handeln lediglich die Gemeinschaft berechtigt und verpflichtet. Verfügungsmacht wird mit Ausnahme der von § 2040 geregelten Fälle begründet (vgl Rn 7). Handelt der Notgeschäftsführer im Namen der Erbengemeinschaft, wird diese berechtigt und verpflichtet, handelt er im eigenen Namen, wird er persönlich berechtigt und verpflichtet (MünchKomm/GERGEN Rn 61), hat aber einen Befreiungsanspruch gegen die Gemeinschaft. Dieser ergibt sich wegen des eigenmächtigen Vorgehens des Notgeschäftsführers allerdings nicht aus §§ 669, 670 kraft gesetzlicher Ermächtigung (WERNECKE AcP 193, 240, 249; **aA** MünchKomm/GERGEN Rn 61; EBENROTH Rn 757; LANGE/KUCHINKE § 43 II 4 b), sondern allein aus § 748. Überschreitet ein Miterbe sein Notverwaltungsrecht, kann er gem §§ 683, 684

Ersatz verlangen (BGH NJW 1987, 3001). Andererseits haftet er aus den §§ 241 Abs 2, 280 Abs 1, § 678 und unerlaubter Handlung (WERNECKE 257 ff).

Wegen seines starken Eingriffes in die Rechte der Miterben ist § 2038 Abs 1 S 2 HS 2 **26** eng auszulegen (ERMAN/SCHLÜTER Rn 6). Insbesondere besteht bei erheblichen Eingriffen in den Nachlass und bei hohen Kosten ein größeres Interesse der anderen Miterben, über die Maßnahme mit zu entscheiden, als bei unbedeutenden und den Nachlass nur gering belastenden Eingriffen (BGHZ 6, 83, 84; WERNER 106).

a) Zur Erhaltung notwendige Maßregeln sind nur solche, die auch der ordnungs- **27** gemäßen Verwaltung dienen (BGHZ 6, 76 ff = NJW 1952, 1253; LG Gießen FamRZ 1995, 121, 122). Darüber hinaus muss es sich um Verwaltungsmaßnahmen handeln, die zur Erhaltung des Nachlasses (insgesamt oder eines einzelnen Gegenstandes) *notwendig* sind, dh ohne diese Maßnahme würde der Nachlass insgesamt oder einzelne Nachlasswerte Schaden erleiden. Ob eine Maßregel notwendig ist, richtet sich nach dem Standpunkt eines wirtschaftlich und vernünftig denkenden Beurteilers (BGHZ 6, 76 = NJW 1952, 1253). Neben diesem Merkmal der **Notwendigkeit** erfordert § 2038 Abs 1 S 2 HS 2 das der **Dringlichkeit**, die es dem Handelnden ebenfalls vom Standpunkt eines vernünftig und wirtschaftlich denkenden Beurteilers nicht erlaubt, die Zustimmung der übrigen Miterben einzuholen (BGHZ 6, 81 = NJW 1952, 1253; BVerwG NJW 1965, 1546, 1547; OLG Hamm OLGZ 1985, 226, 227; OLG Schleswig SchlHAnz 1965, 278; LG Essen MDR 1966, 420; PALANDT/EDENHOFER Rn 11; LANGE/KUCHINKE § 43 II 4 b; BROX/WALKER Rn 494; JOHANNSEN WM 1970, 578; aA LÖNIG, JA 2007, 262). Ein von den Miterben übereinstimmend oder gem §§ 2038 Abs 2, 745 mit Stimmenmehrheit gefasster Beschluss kann ohne Änderung der tatsächlichen Voraussetzungen nicht durch ein Notverwaltungsrecht umgestoßen werden, denn der Beschluss ist für alle Miterben bindend (WERNECKE AcP 193, 240, 245; vgl Rn 40). Ebenso wenig kann Notverwaltung gegen den Willen der anderen Miterben erfolgen, weil durch § 2038 Abs 1 S 2 lediglich die Handlungsfähigkeit der Gemeinschaft beschleunigt und ermöglicht werden soll, wenn die übrigen Miterben nicht mitwirken können. Ein Handeln gegen ihren Widerspruch ermöglicht diese Norm jedoch nicht (BROX/WALKER Rn 494).

Notwendige Erhaltungsmaßnahmen sind zB Abwehrmaßnahmen gegen Eingriffe in **28** den Nachlass, wie das Vorgehen gegen eine Enteignung (VGH Kassel NJW 1958, 1203) oder die Geltendmachung der Unzulässigkeit der Zwangsvollstreckung in das Gesamthandseigentum der Erben aufgrund der §§ 747, 766, 771 ZPO, ferner der Abschluss von Wahrnehmungsverträgen zur Geltendmachung des Auskunftsersuchens gem § 26 Abs 3, 4 und 5 UrhG (BGH MDR 1982, 640, 641), Anträge auf Aufwertung (BayObLG JR 1926 Nr 150; MENZEL DJZ 1925, 1727), auf Vertragshilfeverfahren wegen einer Nachlassverbindlichkeit (BGH NJW 1955, 1355) oder auf Umstellung einer Hypothek nach § 6 der 40. DVO UmStG (OLG Hamm MDR 1966, 589). Notwendig für die Erhaltung des wirtschaftlichen Wertes des Nachlasses ist auch die Ausschöpfung der rechtlichen Möglichkeiten wie Klageerhebung, Einlegung von Rechtsmitteln usw (KG OLGE 45, 257 = JR 1926 Nr 484; BVerwG NJW 1965, 1546; BGH NJW 1989, 2694, 2696) sowie die Befolgung gerichtlicher Entscheidungen zur Meidung der Zwangsvollstreckung (WERNECKE AcP 193, 240, 246). Zum Ersatzanspruch bei Sachschäden vgl WIESER, in: FS Lange 325.

Adressat notwendiger Erhaltungsmaßnahmen kann jede Person sein, die in den **29**

Nachlass eingreift oder die zur Erhaltung notwendigen Handlungen durchführen kann, dh jeder Dritte und selbst die anderen Miterben (OLG Breslau JW 1929, 2895; SOERGEL/WOLF Rn 14).

30 § 2038 Abs 1 S 2 HS 2 erstreckt sich nicht auf lediglich **nützliche Maßnahmen**, wie zB die Stellung des Antrages in einer Inventarfrist gegen den Erben des Schuldners einer zum Nachlass gehörenden Forderung (RJA 16, 50; KG OLGE 35, 360; OLG Hamm BB 1976, 671), Wiederaufbau eines zerstörten Hauses (BGH LM Nr 14 zu § 1004), Klage auf Rechnungslegung (OLG Hamm BB 1976, 671).

31 b) Um einen **Streit über die Notwendigkeit** der Maßnahme nach ihrer Vornahme zu verhindern, gestattet § 744 Abs 2 HS 2 jedem Teilhaber eine Klage auf vorherige Einwilligung der anderen zu der geplanten Maßnahme. Diese Möglichkeit hat auch der Miterbe, obwohl er einer solchen Zustimmung nach § 2038 Abs 1 S 2 HS 2 nicht bedarf. Zudem schließt das Dringlichkeitserfordernis (Rn 27) ein derartiges Vorgehen idR aus. Ein ohne Zustimmung der anderen handelnder Miterbe übernimmt somit immer das Risiko, dass die Verwaltungshandlung später nicht als notwendig anerkannt wird.

32 c) Erweist sich eine **Maßnahme** als **ungeeignet** für die Erhaltung des Nachlasses im Rahmen ordnungsgemäßer Verwaltung, ist sie weder für die Gesamthand verbindlich noch nach außen wirksam (BGH NJW 1958, 2061).

33 5. Durch **Mehrheitsbeschluss** kann im Rahmen einer ordnungsgemäßen Verwaltung und Nutzung des Nachlasses entschieden werden, sofern diese der Beschaffenheit des gemeinschaftlichen Gegenstandes entsprechen, §§ 2038 Abs 2, 745 (allgemein MUSCHELER ZEV 1997, 169 und 222). Damit bietet sich ein Weg, eine ordnungsgemäße Verwaltung auch gegen den Willen widersprechender, widerspenstiger oder gar renitenter Miterben durchzuführen und somit den wirtschaftlichen Wert des Nachlasses zu erhalten und zu mehren (BGH DNotZ 1972, 23). Die Schwerfälligkeit, die sich aus dem Gesamthandsprinzip ergibt, wird überwunden. Die Miterbengemeinschaft bleibt funktionsfähig. Für minderjährige, abwesende, betreute Miterben braucht kein Vormund, Pfleger oder Betreuer zu handeln und das Familien- bzw Betreuungsgericht nicht belangt zu werden, wenn ohne diese Miterben eine beschlussfähige Mehrheit vorhanden ist (zB LG Köln WuM 1959, 54: Mietvertrag über Nachlassgrundstück ohne Mitwirkung des kriegsverschollenen Miterben bzw eines für diesen bestellten Pflegers). Zur Mitwirkung eines minderjährigen Miterben ausführlich MAHLMANN ZEV 2009, 320 und DAMRAU ZEV 2006, 190 mit dem Ergebnis, dass Verwaltungsmaßnahmen der Erbengemeinschaft, der Minderjährige oder Betreute angehören, keiner familien- oder betreuungsgerichtlichen Genehmigung bedürfen.

34 a) § 745 Abs 1 S 2 bezieht sich nur auf die *Mehrheitsbildung innerhalb der Erbengemeinschaft*. Gehört ein Gegenstand den Teilhabern einer aufgelösten, aber noch nicht auseinandergesetzten ehelichen Gütergemeinschaft, nämlich dem überlebenden Ehegatten und der Erbengemeinschaft des Verstorbenen, so ist ein Mehrheitsbeschluss nur innerhalb der letzteren Gemeinschaft zulässig. Im Verhältnis des überlebenden Gatten zu der Erbengemeinschaft stehen sich beide nach § 1472 gleichberechtigt gegenüber und können die Verwaltungshandlung nur in gemeinschaftlichem Zusammenwirken vornehmen (so für Verpachtung eines Grundstücks: RGZ

136, 22). Die verweigerte Zustimmung einer der Parteien muss erst im Klageweg erzwungen werden, sofern nicht ein Verwaltungsrecht des überlebenden Ehegatten gem § 1472 Abs 4 S 1 in Betracht kommt.

b) Die **Stimmabgabe** ist eine empfangsbedürftige Willenserklärung (OLG Hamm Betrieb 1969, 300 = BB 1969, 514). 35

c) Die **Stimmenmehrheit** berechnet sich nach der Größe der Erbteile, § 745 Abs 1 S 2 (KG OLGE 30, 184). Ein Miterbe, der unter Berücksichtigung seiner Vorempfänge nichts mehr zu erhalten hat (§ 2055), ist stimmberechtigt (BGB-RGRK/KREGEL Rn 8; aM EBBECKE LZ 1920, 949). Doch kann uU die Stimmrechtsausübung rechtsmissbräuchlich und daher unzulässig sein (BGH ZEV 2007, 486, 487 m Anm ANN). Nach dem aus § 34 BGB, § 136 AktG, § 47 Abs 4 GmbHG, § 43 Abs 6 GenG zu schließenden Rechtsgrundsatz hat der Miterbe kein Stimmrecht bei *Interessenwiderstreit* in eigenen Angelegenheiten, zB bei Einziehung einer gegen ihn gerichteten Forderung (BGHZ 56, 47 = NJW 1971, 1267; BGH DNotZ 1972, 24; BayObLGZ 6, 332 = Recht 1905, 344 Nr 1579; BayObLGZ 1965, 391; 1964, 350, 356 = NJW 1965, 397; OLG Hamm BB 1969, 514; BGB-RGRK/ KREGEL Rn 8; LÖHNIG FamRZ 2007, 1600, 1602 mit der deckungsgleichen Ausfüllung des Interessenwiderstreites als Konflikt zwischen eigenen Interessen und seiner Pflicht zur Mitwirkung an einer ordnungsgemäßen Verwaltung, der so stark ist, dass die begründete Befürchtung besteht, der Miterbe werde seinen Eigeninteressen den Vorrang geben), bei einer Entscheidung über die Entnahme von Aktien zum Zweck der Begleichung der eigenen Ansprüche (BGH WM 1973, 360, 361). Ein das Stimmrecht ausschließender Interessenwiderstreit besteht jedoch nicht, wenn ein Miterbe über den Antrag auf seine Bestellung zum Verwalter und die Regelung einer etwaigen Vergütung mitentscheidet (NIPPERDEY AcP 143, 315; BGB-RGRK/KREGEL Rn 8, der jedoch eine Interessenkollision bei der Vergütungsfestsetzung sieht). Die gleichzeitige Beteiligung an der Miterbengemeinschaft und einer mit dieser ein Rechtsgeschäft abschließenden Gesellschaft führt nur dann zu einem Stimmrechtsausschluss, wenn der Miterbe die Gesellschaft beherrscht und deren Verhalten bestimmt. Dies gilt jedoch nicht, falls alle Miterben eine solche Gesellschafterstellung einnehmen oder lediglich ein Miterbe nicht in dieser Doppelfunktion steht und damit dieser das Alleinverwaltungsrecht erhielte (BGHZ 56, 47, 54 = NJW 1971, 1267; BGH DNotZ 1972, 24; JOHANNSEN WM 1973, 544). Eine trotz Stimmverbots abgegebene Stimme ist nichtig (LÖHNIG FamRZ 2007, 1602). 36

d) Eine *wesentliche Veränderung des Nachlassgegenstandes* kann auch durch die Mehrheit nicht beschlossen werden, § 745 Abs 3 (vgl Rn 13). 37

e) Im Gegensatz zur Notverwaltung ist die Dringlichkeit der Maßnahme keine Voraussetzung für die Wirksamkeit des Mehrheitsbeschlusses. Hierbei handelt es sich lediglich um die Möglichkeit, eine ordnungsgemäße Verwaltung ohne oder gar gegen den Willen einer Minderheit durchzusetzen. Das grundsätzlich nach Abs 1 S 1 bestehende Mitwirkungsrecht wird eingeschränkt. Daher bedingt eine nicht erfolgte Anhörung bzw eine nicht erfolgte Information der nicht zustimmenden Miterben keine Ungültigkeit des Mehrheitsbeschlusses (BGHZ 56, 47, 55; SOERGEL/WOLF Rn 16). 38

f) Erweist sich eine gem §§ 2038 Abs 2, 745 mit Stimmenmehrheit **beschlossene Maßnahme** als **ungeeignet**, kann jeder Miterbe gem § 2038 Abs 1 S 2 HS 1 von den anderen die zur Beseitigung der Störung erforderlichen Handlungen verlangen, zB 39

Abberufung des eingesetzten Verwalters (OLGE 40, 111; OLG Dresden JW 1919, 688 m Anm v HERZFELDER; KG NJW 1961, 739; zur Anfechtung eines innerhalb der Gemeinschaft gefassten Eigentümerbeschlusses durch einen Miterben vgl BayObLG FamRZ 99, 187).

40 6. Die **Wirkung der Not- und Mehrheitsverwaltung** ist insoweit unbestritten, als es um das *Innenverhältnis* geht, hier sind alle Erben an die Notverwaltungsmaßnahmen bzw an den Mehrheitsbeschluss gebunden (OLG Celle JR 1963, 222). Dieser bindet nach § 746 auch den Rechtsnachfolger eines Erben im Erbteil. Die Bindungswirkung gilt für die übrigen Erben jedoch nur in dem Umfang, als dies für die Verwirklichung des Mehrheitsbeschlusses bzw der Notverwaltungsmaßnahme erforderlich ist (AG Köln WuM 1974, 267). Umstritten ist, ob § 2038 mit seinen Ausnahmen von der gemeinschaftlichen Verwaltung lediglich sich auf das Innenverhältnis beschränkt oder darüber hinausgehend auch der Mehrheit bzw dem Notverwalter Vertretungsmacht zuerkennt. Beschränkt sich die Wirksamkeit allein auf das Innenverhältnis, kommt die Vertretungsmacht nach dem allgemeinen Grundsatz des § 2038 Abs 1 S 1 nur allen Gesamthändern gemeinschaftlich zu (so OLG Königsberg OLGE 18, 34; OLG Neustadt MDR 1962, 574; vLÜBTOW II 806; JÜLICHER AcP 175, 153, 156, 157). Nach außen hin müssen bei der Durchführung der mehrheitlich oder von einem Miterben beschlossenen Verwaltungsmaßnahme alle Miterben handeln (zB die Urkunden von allen Miterben unterzeichnet werden, RG SeuffA 63 Nr 89). Dies soll nach dieser Ansicht erforderlich sein, um einen hinreichenden Schutz der Minderheit zu gewährleisten (JÜLICHER AcP 175, 152 f). Die überstimmten und nicht als Notverwalter tätigen Erben wären demnach verpflichtet, an der beschlossenen Verwaltungshandlung mitzuwirken. Die verweigerte Mitwirkung würde nicht durch den Beschluss oder das Verhalten des Notverwalters, sondern lediglich durch Urteil ersetzt. Nach hM beschränkt sich die Regelung der §§ 2038 Abs 1 S 2 HS 2, 2038 Abs 2, 745 nicht auf das Innenverhältnis, sondern erfasst auch das Außenverhältnis, soweit es sich nicht um Verfügungsgeschäfte iS des § 2040 handelt. Insbesondere bei Verpflichtungsgeschäften sollen im Rahmen ordnungsgemäßer Verwaltung die die Mehrheit der Erbanteile vertretenden Erben Vertretungsmacht besitzen (RG SeuffA 61 Nr 131; BGHZ 56, 47 = NJW 1971, 1266; OLG Hamm Betrieb 1969, 300; SOERGEL/WOLF Rn 11; PLANCK/EBBECKE Anm 1; DIETZ 132, 133), wobei teilweise die Vertretungsmacht ausdrücklich auf Verpflichtungsgeschäfte beschränkt wird (so BGH DNotZ 1972, 22). Teilweise wird nur für ein Handeln im Rahmen der Notgeschäftsführung iS des § 2038 Abs 1 S 2 HS 2 eine Vertretungsmacht anerkannt (so ERMAN/SCHLÜTER Rn 12, 13; vLÜBTOW II 806, beide ohne Begründung).

§ 2038 erfasst grundsätzlich nicht nur das Innen-, sondern ebenso das Außenverhältnis (vgl Rn 6), dh diese Norm regelt auch die Vertretungsmacht, soweit keine anderen Vorschriften entgegenstehen. Eine solche Einschränkung des § 2038 erfolgt lediglich durch § 2040 für Verfügungen über Nachlassgegenstände (vgl Rn 6 f). Eine dem § 2040 entsprechende Norm für Verpflichtungsgeschäfte und Verfügungen über Gegenstände, die nicht zum Nachlass gehören (zB Rechtserwerb), enthält das BGB nicht. § 2038 behält insoweit seine volle Wirkung. Das Gesetz bietet außer § 2040 keine Grundlage für eine Einschränkung der vom Verwaltungshandeln erfassten Vertretungsmacht. Insoweit zeitigt § 2038 Außenwirkung, dh ein Mehrheitsbeschluss nach §§ 2038 Abs 2, 745 gibt den die Stimmenmehrheit vertretenden Erben Vertretungsmacht zur Durchführung des Mehrheitsbeschlusses. Der gem § 2038 Abs 1 S 2 HS 2 handelnde Notverwalter darf ebenfalls im Außenverhältnis tätig werden, Verpflichtungsgeschäfte abschließen und Verfügungen tätigen, die sich nicht auf Nachlassgegenstände beziehen. § 2038 regelt nicht allein in Abs 1 S 1 die Nachlassverwaltung, auch die anderen Sätze dieser Vorschrift legen den gleichen Verwaltungsbegriff mit gleichem Inhalt zugrunde. Es wäre damit widersprüchlich, dem Grundsatz des Abs 1 S 1 lediglich Innenwirkung oder Außenwirkung nur für Verpflichtungsgeschäfte beizulegen, den Regelungen des Abs 1 S 2, Abs 2 dagegen auch darüber hinausgehende Außenwirkung, insbesondere hinsichtlich der Vertretung bei Verfügungsgeschäften (so jedoch WERNECKE AcP 193, 240, 243; ERMAN/SCHLÜTER Rn 12, der den Unterschied mit einer sonst sinnlosen Doppelregelung in den beiden Halbsätzen des Abs 1 S 2 rechtfertigt; dabei wird jedoch verkannt, dass der HS 1 lediglich die Mitwirkungspflicht ausspricht, der 2. HS zum alleinigen Handeln eines einzelnen Miterben für die Gemeinschaft ermächtigt). § 2038 regelt damit in seinen Vorschriften das Außen- und Innenverhältnis und erhält lediglich durch § 2040 eine Einschränkung hinsichtlich der Verfügungen über Nachlassgegenstände. Wird durch Mehrheitsbeschluss oder Notverwaltungsmaßnahme eine Verfügung über einen Nachlassgegenstand getroffen, zeitigen sie allein Innenwirkung, für das Außenverhältnis gilt § 2040, der eine gemeinschaftliche Verfügung verlangt. Verfügungen über Nachlassgegenstände können daher nur mehrheitlich im Rahmen ordnungsgemäßer Verwaltung beschlossen bzw im Rahmen der Notverwaltung vorbereitet werden, Verfügungsgeschäfte selbst nur gemeinschaftlich durchgeführt werden. Diese Durchführung kann nach § 2038 Abs 1 S 2 HS 1 erzwungen werden. Unhaltbar ist die Ansicht, §§ 2038 Abs 2, 745, 2038 Abs 1 S 2 HS 2 gingen dem § 2040 vor (so jedoch SOERGEL/WOLF Rn 5; OLG Posen OLGE 18, 228, 229; vgl auch Rn 6 f), denn § 2040 ist, was selbst die Vertreter diese Ansicht feststellen, Sondervorschrift gegenüber § 2038 (SOERGEL/WOLF Rn 5). Die in § 2038 Abs 1 S 1 und § 2040 ausgesprochene Pflicht gemeinschaftlichen Handelns hat nur dann einen Sinn, wenn § 2038 nicht bereits die Verfügungsmacht über Nachlassgegenstände miterfasst, sondern diese ausschließlich in § 2040 geregelt bleibt (DAMRAU/RISSMANN Rn 69; vgl Rn 6).

Die Erbengemeinschaft kann durch Mehrheitsentscheidungen Mietverträge über **41** Nachlassgegenstände abschließen, sofern dies ordnungsgemäßer Verwaltung entspricht (BGH DNotZ 1972, 22 = LM Nr 10; LG Mannheim MDR 1964, 238 = ZMR 1964, 145; ZMR 1965, 219; 1966, 178; LG Köln MDR 1959, 214 = WuM 1959, 54; SCHUMACHER BlGBW 1959, 232). Gehört zum Nachlass ein Mietrecht, so stellt dessen Kündigung eine Verfügung über einen Nachlassgegenstand dar und kann gem § 2040 nur durch alle Erben gemeinschaftlich erfolgen (LG Köln MDR 1972, 520; SCHOPP ZMR 1967, 193, 195; aM BGH LM Nr 1 = NJW 1952, 1111, wobei jedoch verkannt wird, dass, wie in Rn 6 dargestellt, eine Verwaltungsmaßnahme auch Verfügung sein kann. Der BGH will als Verfügung nur eine solche über die Mietsache anerkennen, dabei wird nicht erkannt, dass die Beendigung eines Vertragsverhältnisses eine Verfügung darstellt, sofern das aus der Verfügung fließende Recht dem Nachlass zugehört). Die Wahl eines gemeinsamen Vertreters einer Aktionärserbengemeinschaft für die Wahl eines neuen Aufsichtsrates der AG ist keine Verfügung über einen Nachlassgegenstand, sondern eine allgemeine Verwaltungsmaßnahme, die mit Mehrheit beschlossen werden kann (BayObLG Die AG 1968, 330).

IV. Die **Kosten** der Verwaltung und die **Lasten** der Nachlassgegenstände muss **42** jeder Miterbe den anderen Miterben gegenüber nach dem Verhältnis seines Erbteils tragen, §§ 2038 Abs 2 S 1, 748 (AnwK-BGB/ANN Rn 35). Für die Verpflichtung eines Miterben, Nachlassverbindlichkeiten oder Kosten der gemeinschaftlichen Verwaltung im Innenverhältnis mitzutragen, kommt es indessen nicht darauf an, ob diese

Aufwendungen für ihn persönlich vorteilhaft waren oder hätten sein können. Entscheidend ist vielmehr, ob die Erbengemeinschaft als Ganze durch das kostenverursachende Verhalten durch einen nur für einen Miterben Handelnden verpflichtet worden ist (BGH NJW 2003, 3268 = FamRZ 2003, 1654 = WM 2003, 1991). Diese Verpflichtung erstreckt sich zunächst auf die im Nachlass vorhandenen bereiten Mittel. Eine Vorschusspflicht besteht nicht. Den Gläubigern gegenüber kann die Berichtigung der Kosten aus dem eigenen Vermögen bis zur Auseinandersetzung verweigert werden, § 2059 Abs 1. Im Verhältnis zum Rückgriff nehmenden Miterben ist § 2059 Abs 1 S 1 selbst dann nicht analog anwendbar, wenn sich der ausgleichsberechtigte Miterbe Nachlassgläubigern gegenüber dieser Einwand zugestanden hätte (so aber WERNECKE AcP 193, 240, 251 ff), weil die Sondervermögensqualität des Nachlasses Haftungsbeschränkungen nur für Nachlassverbindlichkeiten rechtfertigt, wozu interne Rückgriffsansprüche nicht zählen. Allerdings können solche Ansprüche nur in den Grenzen von Treu und Glauben geltend gemacht werden, doch entsprechende Haftungsbeschränkungen beruhen allein auf den zwischen Gesamthändern intern bestehenden Obliegenheiten.

Handelt ein Miterbe ohne Mehrheitsbeschluss (§§ 2038 Abs 2 S 1, 745 Abs 1 S 1) eigenmächtig, verpflichtet er die Erbengemeinschaft nicht nur, soweit ihm ein Notverwaltungsrecht nach § 2038 Abs 1 S 2 HS 2 zusteht, sondern darüber hinaus auch dann, wenn er einen Aufwendungsersatzanspruch nach den Regeln der Geschäftsführung ohne Auftrag hat (BGH NJW 1987, 3001; 2003, 3268 = FamRZ 2003, 1654 = WM 2003, 1991).

43 V. Zum Gebrauch der Erbschaftsgegenstände sind die Miterben insoweit befugt, als nicht der Mitgebrauch der anderen Miterben beeinträchtigt wird. Jedem Miterben gebührt ein seinem Erbteil entsprechender Bruchteil der **Früchte** (§§ 743 Abs 1, 2038 Abs 2), doch ist die Teilung (auch Abschlagszahlung, KG OLGE 18, 327) bis zur Auseinandersetzung hinausgeschoben (§ 2038 Abs 2 S 2 abweichend von § 743 Abs 1), weil vorher nicht übersehen werden kann, ob und wie viel dem einzelnen Miterben nach Tilgung der Schulden unter Berücksichtigung seiner Ausgleichspflicht zukommt (OLG Hamburg MDR 1965, 665). Abs 2 S 2 ist nicht zwingend. Eine vorherige Verteilung aufgrund Übereinstimmung aller Erben ist zulässig, nicht aber kraft Mehrheitsbeschlusses (RGZ 81, 243; OLG Hamburg MDR 1965, 665; BGB-RGRK/KREGEL Rn 11). Die grundlose Weigerung eines Miterben gegen eine vorherige Verteilung kann allenfalls aus dem Gesichtspunkt des Rechtsmissbrauchs (§§ 226, 242) beseitigt werden (LG Halle JW 1937, 643). Als vorweggenommene Auseinandersetzung ist Richtschnur für eine vorzeitige Verteilung der Früchte der Anteil, der dem einzelnen Miterben bei einer Auseinandersetzung zukommen würde, dh hätte er aufgrund Vorempfanges keinen Anspruch auf das Auseinandersetzungsguthaben, ist er auch an der Fruchtziehung nicht beteiligt. Entsprechendes gilt bei Verringerung seines Anspruches durch Vorempfänge unterhalb seines Auseinandersetzungsanteiles (OLG Hamburg MDR 1956, 107). Ist die Auseinandersetzung auf längere Zeit als ein Jahr rechtlich ausgeschlossen (§§ 2043, 2044, 2045, 2042 Abs 2 iVm § 749 Abs 2), kann jeder Miterbe am Schluss eines jeden Jahres Teilung des Reinertrages (nach Abzug der Gewinnungskosten) verlangen, § 2038 Abs 2 S 2, 3. Dies gilt aber nicht, wenn die Auseinandersetzung unabhängig von einem Verschulden der Erben über eine Jahresfrist hinaus verzögert wird (RGZ 81, 243, 244). Auf Abschlagszahlungen auf den Erbteil ist § 2038 Abs 2 S 2, 3 nicht entsprechend anwendbar (KG OLGE 18, 327, 328).

VI. Für das Recht der **DDR** war die Nachlassverwaltung in § 400 Abs 2, 3 ZGB **44** geregelt. Der Grundsatz gemeinschaftlicher Verwaltung galt ebenso wie nach § 2038 Abs 1 S 1. Verpflichtungen aus der Verwaltung des Nachlasses konnten die Erben nur gemeinsam eingehen. Notwendige Erhaltungsmaßnahmen konnte jeder Erbe selbständig treffen. Er war insbesondere berechtigt, zur Erhaltung von Grundstücken und Gebäuden Kredite aufzunehmen und Hypotheken zu bestellen. Damit war auch die Außenwirkung hinsichtlich Verfügungen über Nachlassgegenstände festgestellt.

§ 2039
Nachlassforderungen

Gehört ein Anspruch zum Nachlass, so kann der Verpflichtete nur an alle Erben gemeinschaftlich leisten und jeder Miterbe nur die Leistung an alle Erben fordern. Jeder Miterbe kann verlangen, dass der Verpflichtete die zu leistende Sache für alle Erben hinterlegt oder, wenn sie sich nicht zur Hinterlegung eignet, an einen gerichtlich zu bestellenden Verwahrer abliefert.

Materialien: E II § 1913; III § 2014; Prot V 862 ff; JAKOBS/SCHUBERT ER I 789–795, 807, 813; Denkschr 729.

Schrifttum

BLOMEYER, Einzelanspruch und gemeinschaftlicher Anspruch von Miterben und Miteigentümern, AcP 159 (1959) 385
CREUTZIG, Streitwertfestsetzung bei der Auflassungsklage eines von mehreren Miterben gegen einen anderen Miterben, NJW 1969, 1334
FUCHS, Zur Frage der Geltendmachung von Nachlassansprüchen seitens der Erben gegen einen Miterben-Schuldner, JW 1938, 355
HADERMEIER, Die Prozessführungsbefugnis eines Miterben für Gestaltungsprozesse, Gestaltungsklagen im Rahmen des § 2039 BGB, ZZP 105, 182
HILLACH, Streitwert des Anspruchs eines Miterben auf Leistung an alle Miterben (§ 2039 BGB), DR 1941, 1446
JOSEF, Erörterungen zum Auseinandersetzungsanspruch der Miterben, Gruchot 49, 32
KRETZSCHMAR, Geltendmachung von Ansprüchen eines Miterben gegen den Nachlass und umgekehrt von Ansprüchen der Erbengemeinschaft gegen einen Miterben, SächsArch 6, 529
SCHNEIDER, Der Streitwert der Miterbenklagen nach § 2039 und § 2050 BGB, Rpfleger 1982, 268.
Weiteres Schrifttum bei § 2038.

Systematische Übersicht

I.	**Grundsätzliches**		3.	Leistungsbewirkung	3
1.	Geltendmachung von Nachlassansprüchen	1	4.	Einreden des Schuldners	4
2.	Rechtsnatur	2	5.	Rechtsinhaber	5

II.	**Zum Nachlass gehörender Anspruch**	6	**V.**	**Verfahren**
1.	Ansprüche des § 2039	7	1.	Klageantrag ... 23
2.	Gestaltungsrechte	14	2.	Widerspruch der übrigen Miterben ... 24
			3.	Klage im eigenen Namen ... 25
III.	**Durchsetzung des Anspruchs**	15	4.	Unterbrechung der Verjährung ... 26
1.	Leistung an alle Miterben	16	5.	Wiederaufnahme des Verfahrens ... 27
2.	Außergerichtliche Geltendmachung, Verzugseintritt	17	6.	Zwangsvollstreckung ... 28
			7.	Prozesskostenhilfe ... 29
3.	Leistung an einen Miterben	18	8.	Streitwert ... 30
4.	Erfüllungsleistung	19	9.	§ 2039 in anderen Verfahrensarten ... 31
IV.	**Der Miterbe als Nachlassschuldner**		**VI.**	**Entsprechende Anwendung des § 2039** ... 32
1.	Leistungsverweigerungsrecht	20		
2.	Einräumung des Mitbesitzes	21	**VII.**	**Recht der DDR** ... 33
3.	Anrechnung bei Auseinandersetzung	22		

Alphabetische Übersicht

Aktivlegitimation	1	– einer Gemeinschaft	10
Anerkenntnis	26	– vorweggenommene	18
Anfechtung	14	Auskunft	9
Anordnung des Erblassers	5		
Anrechnung einer Miterbenschuld	22	Besitz	21
Anspruch		Bevollmächtigung	5
– auf Auseinandersetzung	10		
– Durchsetzung	15 ff	Durchsetzung des Gemeinschaftsanspruches	15 ff
– Erfüllung	1		
– Feststellung	3	Eidesstattliche Versicherung	12
– gegen Gemeinschaft	1	Einräumung des Mitbesitzes	21
– gemeinschaftlicher	1	Einreden	4, 17
– Geltendmachung	1, 4, 14, 17, 24	Einwendungen	4
– Herausgabe	9, 13 ff, 21	Einziehung der Forderungen	16
– iSd § 2039	6 ff	Entsprechende Anwendung	13, 31
– öffentlich-rechtlich	6	Entzug des Sonderrechtes	5
– Rechnungslegung	18	Erblasseranordnung	5
– Sicherung	28	Erbteil	
– Unterlassung	9	– Pfändung	5
– zum Nachlass gehörig	1, 6	Erfüllung	19
Anspruchscharakter	6	Erfüllungsort	19
Anteilserwerber	5	Ermächtigung	18
Anteilsverhältnis	23	Ersatzanspruch	13
Antrag auf Inventarfrist	11		
Arglist	24	Feststellungsklage	3, 15, 30
Arrest	28	Forderungen	
Auflassung	9	– unter Miterben	18
Auseinandersetzung	20 ff	Freiwillige Gerichtsbarkeit	31
– Anspruch auf	10		

Titel 4 · Mehrheit von Erben **§ 2039**
Untertitel 1 · Rechtsverhältnis der Erben untereinander

Gegenleistung	17	Passivlegitimation	1
Genehmigung	14	Pfändung	5
Gesamthandsanspruch	26	Pfandrecht	5
Gesamthandsgrundsatz	1	Prozessführungsbefugnis	24
Gesamthandsklage	25	Prozesskostenhilfe	29
Gesellschaft	32	Prozessstandschaft	25
Gestaltungsrechte	14		
Grundbuchberichtigung	9, 30	Rechnungslegung	9, 18
Gütergemeinschaft	32	Rechtsinhaber	2, 5
		Rechtsmissbrauch	1, 6
Herausgabeanspruch	9, 13 ff, 21	Rechtsnatur des § 2039	2, 5
Hinterlegung	16, 19, 21, 24	Rücktritt	14
Inventarfrist	11	Schadensersatzanspruch	13
		Sonderrecht des § 2039	2, 5, 24
Klage eines Miterben	23, 25	– Durchsetzung	15
– Abwendung	3	– Umfang	24
– Antrag	23	Streitgenossenschaft	25
– Unzulässigkeit	24	Streitwert	30
– Wiederaufnahme	27		
Klageantrag	23, 25 f	Teilungsplan	21
Konfusion	20	Testamentsvollstrecker	13
Kündigung	17	Tilgung	18
		Tod einer Partei	27
Leistung			
– an alle Erben	1 f, 16, 20, 23	Unterlassungsanspruch	9
– an Gemeinschaft	19	Unzulässige Rechtsausübung	4
– an sich selbst	18	Urkunden	9
Leistungsklage	15, 30	Urteilswirkung	25, 28
Leistungsverweigerung	20		
		Verfahren	23 ff
Minderung	14	Verjährung	22, 26
Mitbesitz	21	– Hemmung	26
Miterbe		Verwahrung	1, 16
– als Nachlassschuldner	20	Verwaltungsgerichtsbarkeit	6, 31
Mitwirkung	1, 11	Verzug	17, 19
		Vollmacht	5
Nachlassanspruch	1, 6 ff	Vollstreckbare Ausfertigung	28
– Beispiele	7 ff	Vollstreckbarer Titel	28
– gegen Miterben	20	Vollstreckungsmaßnahmen	28
Nachlassschuldner	20	Vorkaufsrecht	14
Nachlassverwalter	13		
Nichtigkeitsklage	14	Wahlrecht	14
– Testament	30, 32	Wandlung	14
Norminhalt	2	Wiederaufnahme des Verfahrens	27
Normzweck	15	Wiederkaufsrecht	14
		Widerklage	3
Ordnungsgemäße Verwaltung	16, 20	Widerrufsrecht	14
		Widerspruch	23

Widerstand der Miterben	4, 23
Zurückbehaltungsrecht	20
Zwangsvollstreckung	28

I. Grundsätzliches

1 1. Aus dem Gesamthandsgrundsatz ergibt sich, dass die **zum Nachlass gehörigen Ansprüche** nur durch eine an alle Miterben gemeinschaftlich zu bewirkende Leistung erfüllt werden können. Streng genommen müsste deshalb auch die Geltendmachung der Ansprüche gemeinschaftlich erfolgen. Dies würde aber die Rechtsverfolgung bei ablehnendem oder verzögerndem Verhalten nur eines Miterben erschweren und die übrigen Miterben schädigen, sie müssten den Widerstrebenden im Prozessweg zur Mitwirkung zwingen (vgl § 2038 Rn 15 ff). Um diesen Umweg zu erübrigen, gibt § 2039 in paralleler Formulierung zu § 432 Abs 1 im Anschluss an die pr Praxis (Prot V 864) jedem Miterben die Befugnis, den Anspruch allein geltend zu machen (RGZ 149, 194). Der einzelne Miterbe kann aber nur Leistung an alle Erben verlangen, wenn eine Sache zu leisten ist. Er kann auch ihre Hinterlegung nur für alle Erben fordern oder notfalls ihre Ablieferung an einen gerichtlich zu bestellenden Verwahrer, § 2039 S 2. Bei Ansprüchen gegen die Gemeinschaft bedarf es einer dem § 2039 entsprechenden Regelung nicht. Diese Norm betrifft daher nur die **Aktivlegitimation** einzelner Erben. Für die Passivlegitimation gelten §§ 2038, 2040, 2058 ff.

2 2. Das Recht aus § 2039 ist ein von dem gleichen Recht der übrigen Miterben unabhängiges **Sonderrecht** (RG WarnR 1913 Nr 235 = ZBlFG 13, 214). Damit werden die zum Nachlass gehörigen Ansprüche so behandelt, wie sonst die Ansprüche auf eine unteilbare Leistung, die mehreren Gläubigern, die nicht Gesamtgläubiger sind, zustehen, § 432; nur kommt es hier nicht auf die Unteilbarkeit der Leistung an.

3 3. Der Schuldner kann eine Klage durch **Leistung** an **alle** Erben abwenden. Wenn er den Anspruch für unbegründet hält, kann er Klage auf Feststellung des Nichtbestehens des Anspruchs gegen alle Erben erheben (Prot V 864 f). Der von einem Miterben verklagte Schuldner kann gegen die nicht mitklagenden Erben keine Widerklage erheben (RG JW 1917, 721).

4 4. Da es sich um die Geltendmachung eines der Miterbengemeinschaft zustehenden Anspruchs handelt, darf der Schuldner nur **Einreden und Einwendungen erheben**, die ihm gegen die Gemeinschaft zustehen, nicht solche, die sich lediglich auf einen einzelnen – selbst den klagenden – Miterben beziehen (RGZ 132, 81; BGHZ 44, 367 = NJW 1966, 773, 774). Will dieser Miterbe gegen den Widerstand der übrigen die Forderung einklagen, handelt es sich um eine unzulässige Ausübung seines Rechtes aus § 2039 (vgl Rn 24). Die Aufrechnung mit einer ihm gegen den einzelnen Miterben zustehenden Forderung ist dem Schuldner nach § 2040 Abs 2 verwehrt.

5 5. Das **Sonderrecht** des § 2039 steht den **einzelnen Miterben** bzw den Anteilserwerbern (§ 2033 Abs 1) zu, die zu der Gesamthandsgemeinschaft gehören, die Inhaber des Nachlasses sind, in den die geltend gemachte Forderung fällt. Es handelt sich um ein höchstpersönliches, nicht abtretbares und nicht pfändbares Recht des einzelnen Miterben (OLG Rostock OLGE 33, 99; ERMAN/SCHLÜTER Rn 1; BLOMEYER AcP 159, 401, 402). Der Kläger muss seine Mitgliedschaft in der Gesamthandsgemeinschaft beweisen (OLG Colmar OLGE 30, 185). Der einzelne Gesamthänder kann aber einen Dritten zu der Geltendmachung des Sonderrechtes bevollmächtigen (ERMAN/SCHLÜTER Rn 1). Der Erblasser darf dieses Recht nicht entziehen, dh es verbleibt dem Miterben auch, wenn die Verwaltung des Nachlasses einem anderen Miterben oder einem Dritten übertragen worden ist (RG HRR 1929 Nr 500; SOERGEL/WOLF Rn 9). Bei der *Pfändung des Erbteils* geht das Recht aus § 2039 nicht auf den Pfändungsgläubiger über, es verbleibt bei dem Miterben *(Pfändungsschuldner)* und kann von diesem selbst dann geltend gemacht werden, falls Schuldner der Nachlassforderung ein anderer Miterbe ist, der gleichzeitig Pfandgläubiger hinsichtlich des verpfändeten Erbanteils ist (BGH NJW 1968, 2059 = WarnR 1968 Nr 197). Durch das Einziehungsbegehren seitens eines Miterben zu Gunsten der Erbengemeinschaft wird das Pfandrecht nicht beeinträchtigt (BGH NJW 1968, 2060).

II. Zum Nachlass gehörender Anspruch

Der geltend zu machende Anspruch kann dinglicher oder persönlicher, privatrechtlicher oder öffentlichrechtlicher (vgl Rn 31) Natur sein, muss aber ein Recht mit Anspruchscharakter iS des § 194 sein (heute unstr: BGHZ 14, 251 = NJW 1954, 1523; BGH NJW 1965, 396; HK-BGB/HOEREN Rn 2; ERMAN/SCHLÜTER Rn 4; MünchKomm/GERKEN Rn 1; PALANDT/EDENHOFER Rn 3; SOERGEL/WOLF Rn 4; BGB-RGRK/KREGEL Rn 1), also das Recht, ein Tun oder Unterlassen zu verlangen. Eine Beschränkung auf schuldrechtliche Ansprüche, dh ein Ausschluss der dinglichen, kann nicht mangels eines „Verpflichteten" erfolgen (so eine früher vertretene Ansicht: KRESS 71; BLOMEYER, Surrogation bei Vermögen [1905] 231), denn auch der dingliche Anspruch verpflichtet den Schuldner zu einer Handlung. **6**

1. Zu den **Ansprüchen iS des § 2039** gehören alle, deren Rechtsträger die Miterbengemeinschaft ist, die dem Erblasser zustanden und mit dem Erbfall auf die Erben übergegangen sind, sowie solche, die zugunsten der Erbengemeinschaft nach dem Erbfall entstanden sind. **7**

a) Zu den vom Erblasser **auf die Erben übergegangenen** und nach § 2039 zu beurteilenden Ansprüchen zählen auch sachlich rechtliche Rentenansprüche des Erblassers bis zu seinem Tode und die Kostenerstattungsansprüche aus den vom Erblasser oder den Erben zwecks Durchsetzung dieser Rentenansprüche geführten Rechtsstreitigkeiten (LSG Celle NJW 1968, 1743 = BWNotZ 1968, 263). **8**

b) **Unter § 2039 fallen** ferner der Anspruch auf Herausgabe aus §§ 861, 985, auf die Erbschaft gem § 2018 (MünchKomm/GERGEN Rn 7), auf Restitution nach dem VermG (BGH ZEV 2006, 27 m Anm O WERNER), auf Unterlassung gem § 1004 (RG GRUR 36, 971), auf Feststellung (RGZ 158, 40; OLG Hamm MDR 1966, 589), auf Auflassung, sofern er nicht aufgrund der HöfeO dem Vermögen der Gemeinschaft entzogen ist (OGHZ 2, 175; OLG Hamm RdL 1951, 106), auf Genehmigung einer Mieterhöhung (OVG Hamburg ZMR 1957, 204), auf Grundbuchberichtigung (RGZ 132, 83; RG JR 1925 Nr 674; HRR 1930 Nr 1220; BGHZ 14, 251 = NJW 1954, 1523; BGHZ 44, 367 = NJW 1966, 773; OLG Zweibrücken Rpfleger 1968, 88), auf Löschung eines Wohnrechts (BGH WM 1971, 654), aus einer von der Erbengemeinschaft genehmigten auftragslosen Geschäftsführung (RG SeuffA 81 **9**

Nr 95), auf Aufwertung einer zum ungeteilten Nachlass gehörigen Forderung aufgrund des AufwertungsG (RG JR 1925 Nr 1227; JW 1925, 1244; SeuffA 79 Nr 211), auf Wiedergutmachung nach dem REG und BEG (BGH MDR 1973, 220; LM Nr 48 zu BEG § 189), auf Auskunft, Rechnungslegung (BGH NJW 1965, 396; KG OLGE 5, 358), auf Vorlegung von Urkunden (KG OLGE 2, 134), auf Hinterlegung (BGH NJW 1983, 2020). Abweichende Erben können vom Hoferben keine Zahlung der Abfindung an sich selbst, sondern nur an die noch eingeteilte Erbengemeinschaft verlangen (BGH ZEV 2007, 272 m Anm O Werner).

Die Einziehung von Nachlassforderungen liegt grundsätzlich im Interesse der Erbengemeinschaft als Ganzes unabhängig davon, ob die Klageforderung im Ergebnis bei der Auseinandersetzung jedem Miterben zugutekommt. Der klagende Erbe kann daher in aller Regel auch die Erstattung der ihm dafür entstehenden Kosten nach § 683 von der Erbengemeinschaft verlangen. Maßgebend sind das Interesse und der mutmaßliche Wille der Erbengemeinschaft als des Geschäftsherrn an der auftragslosen Geschäftsführung. Entscheidender Zeitpunkt ist die Übernahme, also die Klageerhebung. Selbst wenn sich die Klage gegen einen Miterben richtet und dieser Schuldner der Einziehung widersetzt hat, ist dies nicht entscheidend, denn ihm stand wegen des Interessengegensatzes insoweit kein Stimmrecht zu (BGHZ 56, 47, 53 = NJW 1971, 1265; NJW 2003, 3268, 3269 = FamRZ 2003, 1654 = WM 2003, 1991).

10 c) Ansprüche auf *Auseinandersetzung einer Gemeinschaft* fallen unter § 2039, auch wenn sie zwischen der Miterbengemeinschaft und einem Dritten besteht (vgl § 2038 Rn 11). Ein Antrag auf Aufhebung einer solchen Gemeinschaft (zB zwischen den mehreren Erben eines Miteigentümers und den anderen Miteigentümern) kann ebenfalls als Anspruch iS des § 2039 angesehen werden, weil das Recht des Gemeinschaftsteilhabers auf Aufhebung der Gemeinschaft von vornherein einen Anspruch darstellt (RGZ 108, 424; LG Aachen DNotZ 1952, 36; BGB-RGRK/Kregel Rn 5; **aM** KG OLGE 25, 267; OLG Naumburg Zeitschrift der Naumburger Anwaltskammer 1921, 22; LG Darmstadt NJW 1955, 1558, 1560 mit abl Anm Bartholomeyczik; diese Meinung beruft sich darauf, dass in einem solchen Antrag eine Verfügung über einen Nachlassgegenstand oder eine nicht zur ordnungsgemäßen Verwaltung erforderliche Maßnahme liege).

11 d) Jeder Miterbe ist berechtigt, den Antrag auf **Bestimmung einer Inventarfrist** gegen den Erben des Schuldners zu stellen. Zwar hat das KG (RJA 16, 50) die Mitwirkung aller Miterben des Gläubigers für erforderlich erklärt. Dagegen spricht, dass mit dem Antrag das Recht auf Inventarerrichtung, also auf eine Leistung iS des § 2039 geltend gemacht wird und diese Leistung nicht an den einzelnen Miterben erbracht wird, sondern zu Gunsten des gesamten Nachlasses erfolgen soll (wie hier auch BGB-RGRK/Kregel Rn 2).

12 e) Der Anspruch auf Leistung der **eidesstattlichen Versicherung** (§ 807 ZPO) kann zu Gunsten sämtlicher Miterben von einem derselben geltend gemacht werden (BGH NJW 1965, 396, 397; KG OLGE 30, 186).

13 f) In **entsprechender Anwendung** fallen unter § 2039 auch Ansprüche gegen den Nachlassverwalter auf Herausgabe des Nachlasses (RGZ 150, 189). Dagegen ist der Anspruch des einzelnen Miterben gegen einen Testamentsvollstrecker auf Einhaltung der Grenzen seiner Verwaltungsbefugnisse und auf ordnungsgemäße Verwaltung ein dem einzelnen Miterben unbeschränkt zustehendes persönliches Recht, es gehört nicht zu den Nachlassansprüchen (RGZ 73, 26). Schadensersatzansprüche fallen unter § 2039, nicht aber die in der Person des einzelnen Miterben entstandenen Ersatzansprüche (RGZ 86, 68; OLG Hamburg HansGZ B 1933, 127).

Macht der Testamentsvollstrecker eines Miterben eine Nachlassforderung gerichtlich erfolglos gegen einen anderen Miterben geltend, kann er die Erstattung der ihm auferlegten Verfahrenskosten von den einzelnen Miterben anteilig entsprechend ihrer Erbquote verlangen, einschließlich für ein von ihm in Auftrag gegebenes notwendiges aber negativ ausfallendes Privatgutachten. Er ist nicht verpflichtet, sein Privatvermögen mit Kosten zu belasten, die durch ordnungsgemäße Amtsausübung verursacht worden sind (BGH-NJW 2003, 3268 = FamRZ 2003, 1654 = WM 2003, 1991).

2. Gestaltungsrechte wie Anfechtungs-, Rücktritts-, Minderungs-, Wahl-, Wieder- **14** kaufs-, Vorkaufs- und Widerrufsrecht sind keine Anspruchsrechte iS des § 2039 (BGHZ 14, 251 = NJW 1954, 1523; BVerwG NJW 1956, 1295; BAMBERGER/ROTH/LOHMANN Rn 4; HK-BGB/HOEREN Rd 2) und können von den Erben nur im Rahmen der §§ 2038, 2040 ausgeübt werden, dh grundsätzlich von allen gemeinsam (RGZ 107, 238, 240; 151, 312; BGH NJW 1951, 308; BFH ZEV 2007, 281, 282 m Anm O WERNER; OLG Düsseldorf NJW 1954, 1041; MünchKomm/GERKEN Rn 4, 9). Erst die Ausübung der Gestaltungsrechte führt zu Ansprüchen. Ansprüche, die eine Gestaltungserklärung zur Voraussetzung haben, wie zB die Genehmigung einer Geschäftsführung, können dann von den einzelnen Miterben geltend gemacht werden, wenn alle Miterben die Erklärung abgegeben haben (RG JW 1927, 1200). Die Erhebung der Nichtigkeitsklage ist Rechtsgestaltungsklage und damit kein Fall des § 2039 (BGHZ 14, 251 = NJW 1954, 1523; aA HABERMEIER ZZP 105, 182, 198, der Gestaltungsklagen als von § 2039 erfasst ansieht, wenn sie der Durchsetzung materiell-rechtlicher Ansprüche dienen; doch nimmt er über § 2040 die Fälle aus, in denen den Miterben durch die Gestaltungswirkung Nachteile entstehen, 204 f). Gleiches gilt für die Anfechtung von Gesellschafterbeschlüssen (BGH NJW 1989, 2694, 2696) sowie für Widerspruch und Anfechtungsklage im verwaltungsgerichtlichen Verfahren (VGH Mannheim NJW 1992, 388). Der BGH hat dagegen den einzelnen Miterben für eine **Vollstreckungsgegenklage** für prozessbefugt erklärt (BGH NJW 2006, 1969).

III. Durchsetzung des Anspruchs

Der einzelne Miterbe kann die der Gemeinschaft zustehenden **Ansprüche geltend** **15** **machen**, gegebenenfalls durch **Leistungsklage**, auch auf künftige Leistung (RG JW 1925, 2244), und **Feststellungsklage** erheben, die auf das Bestehen oder Nichtbestehen des Anspruchs (der Nachlassschuld) gerichtet ist (RG HRR 1935 Nr 1602; BGHZ 14, 251 = NJW 1954, 1523). Die Zulässigkeit der Feststellungsklage ergibt sich aus dem Zweck des § 2039, dem einzelnen Miterben die Durchsetzung der Forderung wie bei gemeinschaftlichem Handeln aller zu ermöglichen. Die Feststellung muss jedoch zum Ausdruck bringen, dass die Leistungspflicht gegenüber allen Miterben besteht (RG JW 1905, 146; 1925, 2245; 1935, 3463; LZ 1917, 44; SeuffA 79 Nr 211; 96 Nr 49; SOERGEL/WOLF Rn 15; aM KRESS 71 Fn 4).

1. Der einzelne Miterbe kann regelmäßig nur **Leistung an alle** fordern, nicht **16** Leistung an sich in Höhe des seinem Anteil entsprechenden Teils der Forderung

(OLG Kiel OLGE 4, 432; BVerwG ZIP 1997, 940). Beantragt ein Miterbe Leistung an sich selbst, ist im Wege eines Hilfsantrags nach § 2039 S 1 Leistung an die Erbengemeinschaft zulässig (RGZ 158, 302, 314; BGH NJW-RR 1987, 1534, 1535; 1990, 505; ZEV 2007, 272, 273). Auch gegen seine Miterben kann er keine Nachlassforderung nach dem Verhältnis seines Erbteils geltend machen (KG OLGE 21, 314). Zu den Ausnahmen von diesem der Gesamthand entsprechenden Grundsatz vgl Rn 18. Da es sich um einen Anspruch der Miterbengemeinschaft handelt, steht dem Klagerecht des einzelnen Miterben nicht entgegen, dass er selbst der Gemeinschaft gegenüber Verbindlichkeiten zu erfüllen hat (BGH WM 1971, 656). Sind die übrigen Miterben zur Leistungsannahme nicht bereit, muss er Hinterlegung für alle oder notfalls Ablieferung an das Amtsgericht (§ 165 FGG) verlangen (PALANDT/GRÜNEBERG Einf v § 372 Rn 7; MünchKomm/ GERGEN Rn 12; BAMBERGER/ROTH/LOHMANN Rn 81). Für die Hinterlegung gilt die HintO. Der Verwahrer ist allen Miterben gegenüber zur ordnungsgemäßen Verwaltung verpflichtet und darf nur einheitlichen Weisungen aller Miterben Folge leisten; diese müssen also Meinungsverschiedenheiten zuerst unter sich austragen (KG OLGE 14, 287). Ein Miterbe kann nicht auf Hinterlegung bestehen, wenn zur ordnungsgemäßen Verwaltung der geschuldete Gegenstand erforderlich ist, dies wäre Rechtsmissbrauch, § 242, zB bei Einziehung von Mieten, aus denen die Verwaltung finanziert wird (RG JW 1938, 356).

17 2. Bei **außergerichtlicher Geltendmachung** des Anspruchs ist jeder Miterbe befugt, den Schuldner einer fälligen Forderung in *Verzug* zu setzen. Die Kündigung einer Nachlassforderung muss gemeinschaftlich erfolgen, § 2040 Abs 1 (RGZ 65, 5). Der Verzug kann nicht eintreten, wenn die Leistung wegen Verweigerung der Mitwirkung bei der Entgegennahme durch einen Miterben unterbleibt; dann tritt vielmehr Annahmeverzug zu Lasten aller Miterben ein (vgl Rn 19). Die Ansprüche aus einem gegenseitigen schuldrechtlichen Vertrag kann der einzelne Miterbe auch dann geltend machen, wenn er selbst nicht gewillt oder nicht imstande ist, die noch ausstehende Gegenleistung zu bewirken. Der Schuldner hat dann die Einrede des nichterfüllten Vertrages, §§ 320 f. Der Einfluss sonstiger Tatsachen, die ein Schuldverhältnis verändern, ist nach den aus § 432 abzuleitenden Grundsätzen zu beurteilen.

18 3. **Leistung an sich selbst** kann der einzelne Miterbe nur ausnahmsweise fordern, wenn er dazu von den übrigen Miterben ermächtigt worden ist (RG WarnR 1908 Nr 651). Bei einer Forderung unter Miterben kann Leistung an einzelne Miterben verlangt werden, sofern es sich bei dem Forderungsgegenstand um das einzige noch zur Verteilung kommende Nachlassaktivum handelt und durch die Erfüllung des Anspruchs die Auseinandersetzung zulässigerweise vorweggenommen wird. Dies setzt voraus, dass andere Miterben als die Parteien nicht in Betracht kommen, Nachlassverbindlichkeiten nicht bestehen, der Gläubiger den Anteil der Forderung verlangt, der ihm bei der Auseinandersetzung zukommen würde, und gleichzeitig zu erkennen gibt, die Schuld solle gegenüber dem Nachlass getilgt sein (RG WarnR 1908 Nr 651; 1914 Nr 236a, b, c; BGB-RGRK/KREGEL Rn 13). Darüber hinaus kann der Miterbe Leistung an sich selbst verlangen, soweit er bei der Verteilung eines Veräußerungserlöses übergangen wurde (OLG Dresden OLG-NL 1998, 137). Einen Anspruch auf Rechnungslegung an ihn kann der einzelne Miterbe gegen einen anderen geltend machen, falls andere Miterben als Berechtigte nicht in Betracht kommen oder diesen Anspruch nicht geltend machen wollen (RG WarnR 1913 Nr 236d).

4. Der Schuldner kann sich seiner Verpflichtung nur durch **Leistung an die Mit-** **19** **erbengemeinschaft** befreien. Der Erfüllungsort ändert sich durch den Erbfall nicht (Kress 61). Bei Geldschulden ist der letzte Wohnsitz des Erblassers als der Ort anzusehen, an dem der Schuldner im Zweifel das Geld zu übermitteln hat, § 270 (Francke SeuffBl 65, 262 f; Riesenfeld I 278, während Kress 61 jeden Wohnsitz eines Miterben nach Wahl des Schuldners für den Zahlungsort anerkennt. Dies ist wegen der Verpflichtung, an alle Erben zu leisten, nicht gerechtfertigt). Um allen Schwierigkeiten zu entgehen, sollte der Schuldner sich bei verschiedenem Wohnsitz der Miterben mit diesen über den Leistungsort verständigen. An dem Erfüllungsort müssen die Miterben zur Entgegennahme der angebotenen Leistung gegenwärtig oder vertreten sein (Kress 62). Nimmt auch nur einer der Miterben die Leistung nicht an, wirkt sein Annahmeverzug gegen alle, da die Leistung nur an alle erbracht werden kann (vgl Rn 17). Dies trotz des diesen Sonderfall nicht berücksichtigenden Wortlauts des § 432 (Enneccerus/Lehmann § 96 I 2 d). Der Schuldner kann sich in diesem Fall durch Hinterlegung für alle Miterben befreien. Im Hinblick auf diese Schwierigkeit wurde für den einzelnen Miterben das Recht aus § 2039 S 2 geschaffen.

IV. Der Miterbe als Nachlassschuldner

1. Besteht ein Nachlassanspruch gegen einen Miterben, so folgt aus der gesamt- **20** händerischen Bindung des Nachlasses, dass bis zur Auseinandersetzung eine Konfusion von Rechten und Verbindlichkeiten des Erblassers gegenüber einem der Miterben nicht eintreten kann, auch nicht zu einem Bruchteil (vgl Vorbem 14 zu §§ 2032 ff). Infolgedessen steht der Geltendmachung des Nachlassanspruchs durch einen der Miterben gegen den Schuldner nichts entgegen (BGH WM 1975, 1181). Dieser muss an alle Miterben leisten (an sich selbst als Mitbesitzer usw) und kann die Leistung nicht deswegen verweigern, weil sie zur Deckung der Passiven des Nachlasses nicht erforderlich sei und die Schuld deshalb auf seinen Erbteil angerechnet und angewiesen werden könnte. Ein solches Verweigerungsrecht hatte die frühere pr Praxis aufgrund von I 16 § 491 ALR anerkannt (Rehbein Entsch d Obertribunals III 291; ebenso die ersten beiden Aufl dieses Kommentars). Die heutige übereinstimmende Ansicht ist dem nicht gefolgt und macht das Recht des Klägers auch nicht von dem Nachweis abhängig, dass sein Verlangen einer ordnungsgemäßen Verwaltung des Nachlasses entspreche (RGZ 65, 9). Der Miterbenschuldner kann sich jedoch insoweit dem Leistungsverlangen widersetzen, als ein die *Zurückbehaltung* rechtfertigender Grund vorliegt, also die Einziehung der Schuld nach den Umständen des Einzelfalls den Grundsätzen einer ordnungsgemäßen Verwaltung des Nachlasses widerspricht, ihn unbillig beschweren und damit gegen Treu und Glauben (§ 242) verstoßen würde (RGZ 65, 10 = JW 1907, 78; RGZ 93, 197; RG WarnR 1913 Nr 236; Recht 1916 Nr 486; HRR 1934 Nr 1458; BGH WM 1971, 655; Kress 128; Binder III 77; Josef Gruchot 49, 60 f; Kretzschmar SächsArch 6, 529). Das ist zB anerkannt, falls mit Sicherheit abzusehen ist, dass die Schuld durch die Auseinandersetzungsforderung des Miterben gedeckt ist (BGH WM 1971, 655). Die Miterben werden aber oft einen ausreichenden Grund haben, die Geltendmachung der Forderung nicht bis zur Auseinandersetzung hinauszuschieben, so wenn der Mietzins zur Deckung der Kosten der Verwaltung des Grundstückes oder des gesamten Nachlasses erforderlich ist (Fuchs JW 1938, 355).

2. Soweit Miterben einen Anspruch auf das im Besitz eines anderen Miterben **21** befindliche Nachlassvermögen geltend machen, kann dieser Anspruch nicht wie bei

Klagen gegen Dritte ohne weiteres auf Herausgabe oder Hinterlegung des Nachlassgegenstandes gerichtet werden, vielmehr muss ebenso wie im Fall des § 2018 nur die *Einräumung des Mitbesitzes* am Nachlass oder die Erbauseinandersetzung hinsichtlich der einzelnen Nachlassgegenstände, dh Zustimmung zur Ausführung eines vorgelegten Teilungsplanes, verlangt werden (RG LZ 1914, 576).

22 3. Der Miterbe ist bei der **Auseinandersetzung** verpflichtet, sich die Schuld auf seinen Erbteil anrechnen zu lassen (RGZ 78, 273; RG JW 1912, 396; OLG Stuttgart WürttJb 23, 308). Diese Anrechnungspflicht gilt auch gegenüber dem Sondernachfolger (RGZ 78, 273). Der Miterbe muss sich die Schuld selbst dann auf seinen Erbteil anrechnen lassen, wenn die Forderung bei der Auseinandersetzung verjährt ist, sofern die Verjährung zZ des Erbfalls noch nicht eingetreten war (OLG Breslau JW 1938, 945).

V. Verfahren

23 1. Der **Klageantrag** muss ebenso wie der spätere Urteilstenor auf Leistung an alle Miterben gemeinsam gerichtet werden (BGH NJW 1965, 396, 397). Dabei braucht bei Klage eines oder aller Miterben nach § 2039 das Anteilsverhältnis nicht angegeben zu werden (RG HRR 1930 Nr 1219). Eine Beschränkung des Antrages auf Leistung an alle ist unnötig, wenn die eingeklagte Leistung von selbst allen Erben zugute kommt, wie bei einer Unterlassungspflicht (RG LZ 1916, 817 Nr 6; WarnR 1916 Nr 248). Ist der Klageantrag nicht entspr beschränkt, hat das Gericht in Ausübung des Fragerechts auf eine sachgemäße Formulierung hinzuwirken (RG WarnR 1913 Nr 236d). Eine Änderung des im ersten Rechtszug vom angeblichen Alleinerben geltend gemachten Anspruchs kann noch in zweiter Instanz erfolgen (RG Recht 1922 Nr 106).

24 2. Ein **Widerspruch der übrigen Miterben** steht der Geltendmachung des Anspruchs für alle nicht entgegen, denn es handelt sich um ein Sonderrecht des einzelnen Miterben (O WERNER ZEV 2007, 283). Falls die übrigen Miterben mit der Klage nicht einverstanden sind oder der gemeinschaftlichen Annahme der Leistung Schwierigkeiten bereiten, empfiehlt es sich, einen Eventualantrag auf Hinterlegung oder Ablieferung zu stellen. Der allein klagende Miterbe missbraucht jedoch seine Prozessführungsbefugnis, wenn er allein sich gegenüber dem Beklagten arglistig verhalten hat und die übrigen Miterben der Klageerhebung widersprechen. In diesem Fall ist die Klage als unzulässig abzuweisen (BGHZ 44, 367 = NJW 1966, 773, 774).

25 3. Der Miterbe klagt nicht als Vertreter der Miterben, sondern in **eigenem Namen**. Er hat Prozessstandschaft für die Erbengemeinschaft (BGH NJW 2006, 1970 mwNw; HK-BGB/HOEREN Rn 5; O WERNER ZEV 2007, 283). Das Urteil schafft weder für noch gegen die anderen Erben *Rechtskraft* (RGZ 93, 127; RG WarnR 1913 Nr 235; ERMAN/SCHLÜTER Rn 1; MünchKomm/GERGEN Rn 20; BAMBERGER/ROTH/LOHMANN Rn 2; SOERGEL/WOLF Rn 9). Das zu Gunsten des Klägers ergangene Urteil kommt aber bei der Vollstreckung, die allein der klagende Miterbe bestreiten kann, den anderen Miterben tatsächlich zugute. Umgekehrt ist eine Feststellungsklage aller Miterben hinsichtlich einzelner Miterben unzulässig, wenn diesen gegenüber das Gegenteil in einem früheren Verfahren rechtskräftig festgestellt worden ist (BGH NJW 1989, 2133, 2134). Aus der beschränkten Rechtskraftwirkung ergibt sich, dass zwischen mehreren klagenden Miterben *keine notwendige Streitgenossenschaft* besteht (RG WarnR 1913 Nr 235; BGHZ 23,

207 = NJW 1957, 906; OLG Düsseldorf OLGZ 1979, 457, 458 f; BFH FamRZ 1989, 975, 977; OLG Jena AgrarR 1999, 196; OLG Brandenburg OLG-NL 1998, 261; BGB-RGRK/Kregel Rn 9; HK-BGB/Hoeren Rn 5; Bamberger/Roth/Lohmann Rn 9; MünchKomm/Gergen Rn 20; Blomeyer AcP 159, 396, 402). Die Klage aller Miterben führt zu einer notwendigen Streitgenossenschaft, da es sich um ein einheitliches Rechtsverhältnis handelt, das in demselben Rechtsstreit nicht verschieden beurteilt werden kann. Zudem würde eine Klage aller Miterben gem § 2039 einer zusätzlichen oder späteren Gesamthandsklage entgegenstehen, das Urteil damit für die Gemeinschaft, dh für alle Miterben, in Rechtskraft erwachsen (OHG NJW 1950, 597; BGB-RGRK/Kregel Rn 9; Erman/Schlüter Rn 2; Blomeyer AcP 159, 397, 402 ff, 405; **aM** BFH FamRZ 1989, 975, 977 unter Berufung auf BGHZ 92, 351, 354 [für § 1011]; Soergel/Wolf Rn 12; Schwab, in: FS Lent [1957] 283 ff). § 2039 erfasst allerdings nur das formelle Recht. Materiell-rechtliche Wirkung gibt die Vorschrift nur dem antragstellenden Miterben (so zum Restitutionsantrag BVerwG NJW-Spezial 2009, 728).

4. Die Klage eines Miterben **hemmt** die **Verjährung** auch gegenüber den anderen **26** (Endemann III § 135 Fn 59; Erman/Schlüter Rn 1; Kress 74 Fn 9; A Blomeyer AcP 159, 394; **aM** Planck/Ebbecke Anm 2; Palandt/Edenhofer Rn 7; Damrau/Rissmann Rn 12; MünchKomm/Gergen Rn 20; BGB-RGRK/Kregel Rn 12; Soergel/Wolf Rn 12). Der klagende Miterbe erhebt den Gesamtanspruch der sämtlichen Erben als der zu dieser Geltendmachung berechtigten Personen. Dies kommt im Klageantrag deutlich zum Ausdruck (vgl Rn 23). Ein Verjährungsneubeginn durch Anerkenntnis unterliegt § 2040 Abs 1. Die Frist des § 211 für den Eintritt der Verjährung beginnt nicht schon mit dem Zeitpunkt, in dem nur ein Miterbe die Erbschaft angenommen hat (BGB-RGRK/Kregel Rn 12). Die regelmäßige Verjährung des § 199 Abs 1 eines Anspruchs des Erblassers beginnt mit dem Schluss des Jahres, in dem der Anspruch entstanden ist, wenn der Erblasser von den den Anspruch begründenden Umständen und der Person des Schuldners Kenntnis erlangt bzw ohne grobe Fahrlässigkeit erlangen müsste oder, sofern diese Kenntnis bei ihm nicht vorlag, mit der aller Miterben (BGH ZEV 2007, 373 mit zust Anm O Werner; OLG Celle NJW 1964, 869; BGB-RGRK/Kregel Rn 12). Da es sich um einen Gesamthandsanspruch handelt, müssen alle Miterben die anspruchsbegründenden Umstände kennen. Hinsichtlich der Kenntnis jedes einzelnen Miterben bestehen strenge Anforderungen. Zu Recht hat der BGH (ZEV 2007, 273) eine Vermutung für eine Kenntnis aller Miterben abgelehnt, selbst wenn hinsichtlich des Geschäftes vorherige Absprachen getroffen wurden.

5. Ebenso wie der einzelne Miterbe eine Sonderklage erheben kann, darf er das **27** durch den Tod einer Partei unterbrochene **Verfahren** allein **wieder aufnehmen** (RG JW 1904, 410; WarnR 1939 Nr 23; BGHZ 14, 251 = NJW 1954, 1523; BGHZ 23, 207 = NJW 1957, 609), selbst wenn es sich nicht um einen zum Nachlass gehörenden Anspruch handelt (BGH LM Nr 6 zu § 239 ZPO = MDR 1966, 669), zB Aufnahme einer durch den Tod des Erblassers unterbrochenen Nichtigkeitsklage (BGHZ 14, 251 = NJW 1954, 1523; BGB-RGRK/Kregel Rn 3). Da alle Miterben das Wiederaufnahmerecht haben, wird dieses nicht für die anderen dadurch ausgeschlossen, dass bereits ein Miterbe das Verfahren mit dem Antrag, an alle Erben zu leisten, aufgenommen hat (OLG Frankfurt MDR 1966, 153). Durch die Wiederaufnahme können Mängel des bisherigen Verfahrens geheilt werden (BGHZ 23, 207 = NJW 1957, 906).

6. Aus dem zu seinen Gunsten erstrittenen Urteil kann der klagende Miterbe die **28**

Zwangsvollstreckung betreiben, die den anderen Miterben tatsächlich zugute kommt (vgl Rn 25). Zur Sicherung des Anspruchs kann er zu Gunsten der Gemeinschaft Arrest oder einstweilige Verfügung erwirken. Eine vollstreckbare Ausfertigung aufgrund eines zu Gunsten aller Erben erlangten Titels kann bis zur Auseinandersetzung für die Erben als Rechtsnachfolger des Erblassers gemeinschaftlich erteilt werden (Arg aus §§ 2032, 2039). Es kann aber auch jeder einzelne Miterbe für sich eine vollstreckbare Ausfertigung verlangen, in der die sich aus § 2039 ergebende Beschränkung seines Beitreibungsrechts zum Ausdruck kommt (LG Saarbrücken SaarlZ 1952, 62; KRESS 72). Haben die Erben gemeinsam geklagt und ein obsiegendes Urteil erlangt, kann aus diesem Titel ebenfalls eine vollstreckbare Ausfertigung zu Gunsten aller oder des einzelnen Miterben erteilt werden. Ist ein vollstreckbarer Titel zu Gunsten aller Miterben erteilt, kann über § 2039 der einzelne Miterbe *Vollstreckungsmaßnahmen* durchführen. Dies entspricht der Zweckrichtung der Norm, einzelnen Miterben die Durchsetzung der Ansprüche zu ermöglichen (KG NJW 1957, 1154).

29 7. Für die Gewährung der **Prozesskostenhilfe** kommt es aufgrund des eigenen Klagerechts allein auf die Vermögenslosigkeit des klagenden Miterben an. Schieben vermögende Miterben den Vermögenslosen lediglich vor, um auf diese Weise Prozesskostenhilfe für den Rechtsstreit zu erlangen, kann hierin ein sittenwidriger Umgehungsversuch liegen, der zur Ablehnung des Gesuches führt (RG JW 1938, 696; OLG Koblenz MDR 1957, 45; OLG Köln MDR 1954, 174 = JR 1954, 63; OLG Saarbrücken, NJW 2009, 2070; BAMBERGER/ROTH/LOHMANN Rn 9; SCHNEIDER Betrieb 1978, 288).

30 8. Der **Streitwert** der Sonderklage bemisst sich nach dem Wert der gesamten geforderten Leistung (RGZ 149, 193; 156, 263, 264; BGH LM Nr 5 zu § 6 ZPO = NJW 1958, 1397; NJW 1967, 443; OLG Braunschweig Rpfleger 1956, 115; OLG Düsseldorf MDR 1962, 912; BGB-RGRK/KREGEL Rn 16; MünchKomm/GERGEN Rn 30; SOERGEL/WOLF Rn 13; HILLACH DR 1941, 1446, 1447; JOHANNSEN WM 1970, 579; SCHNEIDER Rpfleger 1982, 268, 269), nicht nach dem anteiligen Interesse des klagenden Miterben (so noch RGZ 93, 127). Bei einer Klage auf Feststellung der Nichtigkeit eines Vertrages berechnet der BGH den Streitwert nach § 3 ZPO, dh allein nach dem Interesse des Miterben. Da im Gegensatz zur Leistungsklage nicht über den vollen Streitwert entschieden werde, sei lediglich das Interesse des klagenden Miterben betroffen (BGH Rpfleger 1955, 101 = LM Nr 4 zu § 3 ZPO). Maßgebend muss aber sein, dass es für den Beklagten um seine gesamte Rechtsstellung geht, die dem vollen Wert der vertraglichen Leistung entspricht (MünchKomm/GERGEN Rn 30; SCHNEIDER Rpfleger 1982, 268, 269 f). Hiervon sind ca 20% abzuziehen (BAUMBACH/LAUTERBACH/ALBERS/HARTMANN[63] Anh § 3 ZPO Rn 53).

Wird von einem Miterben die **Feststellung der Nichtigkeit eines Testamentes** begehrt, handelt es sich nicht um eine Sonderklage iS des § 2039 (vgl Rn 32), der Streitwert bemisst sich nach dem Interesse des Klägers (RG DRpfl 1936 Nr 600). Ist bei der Sonderklage ein anderer Miterbe Beklagter, ist von dem Wert des Streitgegenstandes der dem Miterbenanteil des Beklagten entsprechende Betrag abzuziehen, da dieser Teil des Streitgegenstandes dem Beklagten letztlich wieder zugute kommt und damit außer Streit ist (RG JW 1937, 228; BGH NJW 1967, 443 = MDR 1967, 202; OLG Köln Rpfleger 1969, 96; ERMAN/SCHLÜTER Rn 5; SOERGEL/WOLF Rn 13; BGB-RGRK/KREGEL Rn 16; HILLACH DR 1941, 1447; JOHANNSEN WM 1970, 579; SCHNEIDER Rpfleger 1982, 268, 270).

Auch bei einer **Grundbuchberichtigungsklage**, durch die ein Erbe von einem anderen Zustimmung zur Eintragung der Gemeinschaft verlangt, ist der dem Erbteil entsprechende Anteil des Beklagten vom Grundstückswert abzuziehen (BGH LM Nr 5 zu § 6 ZPO; JOHANNSEN WM 1970, 579, 580; SCHNEIDER Rpfleger 1982, 270; **aM** OLG Frankfurt Rpfleger 1957, 93). Das Gleiche gilt für eine Klage des Miterben gegen die Erbengemeinschaft hinsichtlich des auf den Kläger entfallenden Anteils (RGZ 156, 263; OLG Celle NJW 1969, 1355; SOERGEL/WOLF Rn 13). Klagt ein Miterbe gegen die Erbengemeinschaft auf Auflassung eines Grundstücks an einen Dritten, so ist der volle Verkehrswert des Grundstücks in Ansatz zu bringen (BGH NJW 1956, 1071; **aA** SCHNEIDER Rpfleger 1982, 268, 270). Insoweit liegt eine Auseinandersetzung vor (vgl § 2042 Rn 45).

Ausführlich zur Streitwertfestsetzung: HILLACH DR 1941, 1446; CREUTZIG NJW 1969, 1335; SCHNEIDER Rpfleger 1982, 268.

9. § 2039 gilt auch im **Verfahren der freiwilligen Gerichtsbarkeit** (KG ZBlFG 1916, 24; **31** MünchKomm/GERGEN Rn 26;) und der **Verwaltungsgerichtsbarkeit** (BVerwG NJW 1965, 1546; SOERGEL/WOLF Rn 8). Dies ist die Konsequenz aus der Erstreckung des § 2039 auf öffentlichrechtliche Ansprüche (OVG Hamburg ZMR 1957, 204; BGB-RGRK/KREGEL Rn 1; vgl Rn 6; diff MünchKomm/GERGEN Rn 34).

VI. Eine **entsprechende Anwendung** des § 2039 auf andere Gesamthandsverhält- **32** nisse ist möglich (RG JW 1905, 146; MünchKomm/GERGEN Rn 34; SOERGEL/WOLF Rn 2; **aM** HADDING, actio pro socio [1966] 38, 39) und anerkannt für die eheliche Gütergemeinschaft (RGZ 158, 40; RG JW 1905, 146; 1933, 166; WarnR 1913 Nr 150; 1936 Nr 137; 1939 Nr 23) und die Gesellschaften, bei denen alle Gesellschafter geschäftsführungsbefugt sind (RGZ 70, 34; 86, 66; RG JW 1900, 553; 1930, 168). Die Klage auf Nichtigkeit eines Testamentes bezieht sich nicht auf einen zum Nachlass gehörenden Anspruch. Dies ist kein Fall des § 2039, sondern jeder Miterbe klagt hinsichtlich seines eigenen Erbrechts, seiner Erbenstellung, er macht kein der Gemeinschaft zustehendes Recht geltend (vgl Rn 30). Es bedarf daher keiner entsprechenden Anwendung des § 2039 (so jedoch OLG München HRR 42, 302; BGB-RGRK/KREGEL Rn 19), um das alleinige Klagerecht des Miterben zu begründen.

VII. Nach § 400 Abs 3 ZGB der **DDR** war jeder Erbe berechtigt, zur Erbschaft **33** gehörende Forderungen für alle Miterben geltend zu machen. Damit war die Regelung des § 2039 S 1 im Wesentlichen übernommen worden.

§ 2040
Verfügung über Nachlassgegenstände, Anfechtung

(1) Die Erben können über einen Nachlassgegenstand nur gemeinschaftlich verfügen.

(2) Gegen eine zum Nachlass gehörende Forderung kann der Schuldner nicht eine ihm gegen einen einzelnen Miterben zustehende Forderung aufrechnen.

Materialien: E II § 1914; E III § 2015; Prot V 865 f; JAKOBS/SCHUBERT ER I 789–795, 807, 813.

Systematische Übersicht

I. Allgemeines	1
II. Gemeinschaftliche Verfügung über einen Nachlassgegenstand (Abs 1)	2
1. Verfügungsgegenstand	3
2. Verfügungsbegriff	5
3. Gemeinschaftlichkeit	13
4. Genehmigungsbedürftigkeit	20
5. Klage auf Verfügung über Nachlassgegenstand	21
6. Zwangsvollstreckung in den ungeteilten Nachlass	23
7. Empfang der Verfügungserklärung	24
III. Aufrechnung des Nachlassschuldners mit Forderungen gegen einzelne Miterben (Abs 2)	27
1. Befriedigung des Gläubigers eines Miterben	28
2. Eigenforderung gegen alle Miterben	29
IV. Recht der DDR	30

Alphabetische Übersicht

Aktien	11
Anerkenntnis	9
Anfechtung	7, 17, 26
Annahme der Leistung	9
Aufgebotsverfahren	6
Aufrechnung	10, 25, 27, 29
Auftrag	7
Auseinandersetzung	29
Außenverhältnis	18
Befriedigung	
– Aufrechnung	29
– Gläubiger eines Miterben	28 f
Beschluss der Miterben	18
Eigengläubiger	29
Einordnung der Norm	1 f
Einrede	28
Einwilligung	13 f, 18
Entstehungsgeschichte	1
Erbanteilsübertragung	12
Erbbaurecht	8
Erbteilserwerber	2
Erklärung der Miterben	15, 17, 18
– gegenüber Miterben	24 ff
Forderung	6, 9
– Aufrechnung	10
– Durchsetzung	21 ff
– Einziehung	9
– Kündigung	6
– Überweisung	23
– Verfügung über	9
Gemeinschaftlichkeit	2, 9, 13
– Begriff	13
Genehmigung	
– der Miterben	3, 13 ff
– des Vormundschaftsgerichts	20
Gesamthandsklage	24
Gesamthandsprinzip	1, 4, 27
Gesamthänder	2
Gestaltungsrecht	7
Gläubiger eines Miterben	28
Grundbuchberichtigung	6
Grundschuld	8, 24
Haftungsbeschränkung	22
Hypothek	8, 15
Innenverhältnis	18
Interessenwiderstreit	6
Klage auf Verfügung	20
– Adressat	21 ff

Titel 4 · Mehrheit von Erben
Untertitel 1 · Rechtsverhältnis der Erben untereinander

§ 2040

Kündigung	6	Übernahme eines Nachlassgegenstandes	16
– gegenüber Miterben	6, 24	Übertragung	
		– Erbanteil	12, 17
Leistungsannahme	9	Überweisung	23
Mehrheitsbeschluss	18	Verfügung	1
Miete	6	– Begriff	5
Minderjährigkeit	20	– Beispiele	6 ff
Mitwirkung	13	– gemeinschaftliche	2 ff
– Pflicht	18	– Nachlass im ganzen	12
		– Neuvornahme	14
Nachlass		– Wirksamkeit	13 f
– im ganzen	12	Vergleich	6
Nachlassforderung		Verhältnis zu § 2038	1 f
– Kündigung	6	Verpflichtung	
– Vergleich	6	– zur Einwilligung	18
Nachlassgegenstand	3 f	– zur Verfügung	4
– Begriff	3, 5	Vertretungsmacht	7, 18
– Gesamtheit	12	Verwahrung	11
– Grundstück	8	Verwaltungshandlung	5, 11
– Übernahme	16	Verzicht	7
Nachlassschuldner	29	Vollmacht	7, 18
Normzweck	1	Vollstreckung	23
Notverfügungsrecht	18	Vorkauf	7
		Vormundschaft	20
Pacht	6		
Pfändung	23, 28 f	Widerruf	
		– Auftrag	7
Rücktritt	7	– Vollmacht	7
		Wiederkauf	7, 24
Schuldrechtliche Verpflichtung			
über Nachlassgegenstand	4	Zurückbehaltungsrecht	27
Streitgenossenschaft	23	Zustimmung	
Surrogat	3	– Adressat	14
		– der Miterben	8, 13, 15
Treuhänder	11	– Widerruf	14
		Zwangsvollstreckung	23

I. § 2040 ist durch die II. Kommission in das Gesetz eingefügt worden (Prot V **1** 865 f). Die Einordnung hinter § 2039 ist nicht glücklich. § 2040 hätte als Ausdruck des Gesamthandsprinzips besser hinter § 2033 folgen müssen, denn dort ist gesagt, dass jeder Miterbe nur über seinen Anteil, nicht über Nachlassgegenstände verfügen kann. § 2040 regelt diese Verfügung über einzelne Nachlassgegenstände und wäre im Anschluss an Abs 2 des § 2033 verständlicher und systematischer gewesen. § 2040 entspricht in beiden Absätzen dem Gesamthandsprinzip (vgl § 2038 Rn 1) und stellt als Sonderregelung für Verfügungen über Nachlassgegenstände klar, dass insoweit die Ausnahmen der § 2038 Abs 1 S 2 HS 2 und §§ 2038 Abs 2, 745 nicht anwendbar sind (vgl § 2038 Rn 6 ff, 40). Da Verfügungen unter Verwaltungsmaßnahmen fallen (vgl § 2038

Rn 6), hätte es dieser Sonderregelung in § 2040 nicht bedurft, wenn § 2038 sich lediglich auf den Grundsatz des Abs 1 beschränkt und in Abs 1 S 2, Abs 2 Ausnahmen von dem Gesamthandsprinzip auch für die Verfügungsgeschäfte des § 2040 aufgestellt hätte. § 2040 ist insoweit im Zusammenhang mit § 2038 zu verstehen als strikte Einhaltung des Gesamthandsprinzipes bei Verfügungen über Nachlassgegenstände. Diese Regelung rechtfertigt sich aus dem starken Eingriff in den Nachlass durch Verfügungen und die damit verbundene Gefahr der Entwertung des Nachlasses.

II. Gemeinschaftliche Verfügung über einen Nachlassgegenstand (Abs 1)

2 § 2040 Abs 1 enthält eine positive Ergänzung zu der negativen Bestimmung des § 2033 Abs 2, die dem einzelnen Miterben das Verfügungsrecht über seinen Anteil an einem einzelnen Nachlassgegenstand abspricht. Deswegen wurde bereits auf die falsche Einordnung des § 2040 hingewiesen (vgl Rn 1). § 2040 Abs 1 erlaubt – ebenso wie § 747 S 2 bei der Bruchteilsgemeinschaft und §§ 719 f bei der Gesellschaft – den Miterben, nur gemeinschaftlich über einen Nachlassgegenstand zu verfügen. Die Formulierung des § 2040 Abs 1 ist insoweit ungenau, als eine gemeinschaftliche Verfügung der Mitglieder der Erbengemeinschaft, der Gesamthänder, erforderlich ist, zu diesen gehört auch ein Erbanteilserwerber (RGZ 112, 132; BAMBERGER/ROTH/ LOHMANN Rn 1), ein solcher ist aber nicht Miterbe (vgl § 2033 Rn 23).

3 1. § 2040 Abs 1 erfasst lediglich Verfügungen über **Nachlassgegenstände**, dies sind nicht nur Sachen (§ 90), sondern auch unkörperliche Gegenstände, die in die Rechtsinhaberschaft der Miterbengemeinschaft fallen. Zu ihnen gehören gem § 2041 die Surrogate. Verfügungen über Gegenstände, die nicht dem Nachlass zugehören (zB Eigentumserwerb einer fremden Sache), fallen nicht unter § 2040, die Berechtigung der Miterben regelt sich nach § 2038 (vgl § 2038 Rn 6 ff).

4 In der Eingehung einer **schuldrechtlichen Verpflichtung zur Verfügung über einen Nachlassgegenstand** ist kein Miterbe durch das Gesamthandsprinzip beschränkt. Fraglich ist nur, ob er diese Verpflichtung erfüllen kann (vgl § 2033 Rn 44).

5 2. Die **Verfügung** ist wie im sonstigen Zivilrecht (§§ 135, 161, 185, 816 Abs 1, 2033 Abs 1 S 1) als Rechtsgeschäft zu verstehen (vLÜBTOW II 803; HK-BGB/HOEREN Rn 2; BARTHOLOMEYCZIK, in: FS Reinhardt 17), durch das bestehende Rechte mit unmittelbarer Wirkung aufgehoben, übertragen, belastet oder verändert werden (BGHZ 1, 304; BAMBERGER/ROTH/LOHMANN Rn 1; DAMRAU/RISSMANN Rn 2; zum Verfügungsbegriff des § 2040 ausführlich BARTHOLOMEYCZIK, in: FS Reinhardt 17 ff). Damit stimmt der Verfügungsbegriff, soweit er sich als Teil der Verwaltungshandlungen iS des § 2038 darstellt (vgl § 2038 Rn 6 ff), mit dem des § 2040 überein. KREGEL (BGB-RGRK/KREGEL Rn 2; ebenso JOHANNSEN WM 1970, 576) will, um im Interesse der Miterben die Nachlassverwaltung nicht zu erschweren, den Begriff der Verfügung über Nachlassgegenstände weit auslegen. Der Begriff der Verfügung und der des Nachlassgegenstandes sind aber klar umgrenzt und keiner Auslegung fähig, dh jeder Rechtsakt ist eindeutig daraufhin einzuordnen, ob es sich um ein Verfügungs- oder um ein Verpflichtungsgeschäft handelt, ebenso kann eindeutig festgestellt werden, ob der Verfügungsgegenstand zum Nachlass gehört oder nicht.

Titel 4 · Mehrheit von Erben §**2040**
Untertitel 1 · Rechtsverhältnis der Erben untereinander **6–10**

a) Verfügung ist die **Kündigung einer** zum Nachlass gehörigen **Forderung** (RGZ 65, **6**
5; 146, 314; KG OLGE 4, 118; 30, 196; vLübtow II 803), eines Miet- oder Pachtverhältnisses
über ein Nachlassgrundstück (BGH MittBayNot 2007, 131 m Anm Ann; ZEV 2010, 36 m Anm
Ann = NJW 2010, 765 = FamRZ 2010, 119 = WM 2010, 429 = MDR 2010, 138; LG Aachen ZMR
1956, 300; LG Mannheim WuM 1964, 138; ZMR 1966, 178; AG Oberndorf WuM 1957, 137 = ZMR
1958, 25; Palandt/Edenhofer Rn 2; MünchKomm/Gergen Rn 8; Bartholomeyczik, in: FS Reinhardt 19; **aM** BGH RdL 1951, 87; LG Köln MDR 1972, 280; Schopp ZMR 1967, 193) und die
Erhebung der Mietaufhebungsklage (RG DRW 1940, 868; AG Hannover WuM 1965, 137 =
ZMR 1966, 152), die Erteilung einer Löschungsbewilligung, die Zustimmung zur Berichtigung des Grundbuches (RGZ 93, 292), der Vergleich über eine Nachlassforderung. Der Widerruf eines Vergleichsabschlusses fällt nicht unter § 2040, wenn der
Vergleich unter der Bedingung nicht erfolgenden Widerrufs geschlossen wurde. Soll
ein bereits geschlossener Vergleich beseitigt werden, handelt es sich um eine Verfügung iS des § 2040 (dazu BGHZ 46, 280 = NJW 1967, 440 = JR 1967, 340). Die Einleitung
des Aufgebotsverfahrens durch die Erben wird nicht von § 2040 erfasst (OLG Bamberg
NJW 1966, 1414). Zur Kündigung einer Nachlassforderung gegenüber einem Miterben
bedarf es dessen Mitwirkung nicht, denn er ist wegen Interessenwiderstreits ausgeschlossen (BayObLGZ 6, 326; **aM** KG OLGE 26, 304; vgl § 2038 Rn 36).

Wie die Kündigung ist die **Ausübung sonstiger Gestaltungsrechte** (vgl § 2039 Rn 14) eine **7**
Verfügung (HK-BGB/Hoeren Rn 3; einschränkend Habermeier ZZP 105, 182, 200 ff für Gestaltungsklagen, die nicht zu einer für die Erbengemeinschaft rechtlich nachteiligen Gestaltung
führen, vgl § 2039 Rn 14): Widerruf eines Auftragsverhältnisses (RG LZ 1926, 228; SeuffA
79 Nr 221), Rücktritt und Anfechtung (RGZ 107, 238; 151, 312; BGH NJW 1951, 308),
Ausübung des Vorkaufs- oder Wiederkaufsrechts, Genehmigung einer auftragslosen
Geschäftsführung (RG SeuffA 81 Nr 95), Verzicht auf ein zum Nachlass gehöriges
Recht, zB auf das Rücktrittsrecht (RG JR 1925 Nr 1345 = LZ 1925, 1325 = SeuffA 79
Nr 180). Zum Widerruf einer vom Erblasser erteilten Vollmacht vgl § 2038 Rn 5.

Verfügung ist die Bestellung einer Hypothek an einem Nachlassgrundstück, die **8**
Bestellung einer Baulast (VGH Mannheim NJW 1991, 2786, 2787) und die Zustimmung
der Erbengemeinschaft als Grundstückseigentümerin zur Veräußerung des Erbbaurechtes (OLG Hamm OLGZ 1966, 574 = MDR 1967, 127 = Rpfleger 1967, 415). Ist eine
Erbengemeinschaft Bruchteilseigentümerin eines Grundstücks, ist zur Bestellung der
Grundschuld (Verfügung) die Zustimmung aller Miterben erforderlich. Fehlt die
Zustimmung eines Erben, ist die Bestellung unwirksam und kann nicht in eine
wirksame Belastung des Anteils der Zustimmenden umgedeutet werden (OLG Düsseldorf JMBlNRW 1959, 180).

Die **Annahme einer** dem Nachlass geschuldeten **Leistung** ist Verfügung über die **9**
Forderung (Erfüllung) und kann – im Gegensatz zur gerichtlichen und außergerichtlichen Geltendmachung, die unter § 2039 fällt – nur durch alle Miterben gemeinschaftlich erfolgen; ebenso die Einziehung des Geschuldeten (OLGE 30, 196) und
die Anerkennung einer gegen den Nachlass gem § 2059 Abs 2 geltend gemachten
Forderung, während der einzelne Miterbe seine aus § 2058 abgeleitete gesamtschuldnerische Verpflichtung mit Wirkung für sich selbst anerkennen kann (RG JW 1902 Beil
208; Gruchot 46, 661; Bamberger/Roth/Lohmann Rn 4).

Durch **Aufrechnung** erlischt die Nachlassforderung (§ 389), sie ist Verfügung und **10** kann daher nur durch sämtliche Miterben gemeinsam erfolgen (LG Gießen FamRZ 1995, 121, 123). Hatte der Erblasser die Aufrechnung schon erklärt, kann sich jeder einzelne Miterbe einem klagenden Gläubiger gegenüber auf die bereits vom Erblasser herbeigeführte Wirkung des § 389 berufen (RG WarnR 1913 Nr 235). Der Nachlassschuldner kann seine Forderung gegen den Nachlass mit seiner Schuld aufrechnen, darin liegt keine Verfügung der Miterben, sondern des Schuldners. Der einzelne Miterbe darf eine ihm gegen einen Nachlassgläubiger zustehende Privatforderung mit dessen Einverständnis zur Aufrechnung mit der Nachlassschuld benutzen und diese damit aus seinem eigenen Vermögen tilgen. Über die Aufrechnungsbefugnis des Nachlassschuldners mit seiner Forderung gegen einen einzelnen Miterben vgl Rn 27. Wollen die Erben mit einer Forderung der Gemeinschaft gegen einen Miterben aufrechnen, soll nach LG Fürth (MDR 1956, 100) eine Mitwirkung des Schuldners nicht erforderlich sein, sogar sein Widerspruch der Aufrechnung nicht entgegenstehen. Dies widerspricht dem Wortlaut des § 2040 und dem allgemeinen Grundsatz, der auch bei sonstiger Aufrechnung die Mitwirkung aller Erben erfordert. Die Erben können den sich weigernden Erben erst und nur über die Mitwirkungspflicht gem § 2038 Abs 1 S 2 HS 1 zur wirksamen Aufrechnung zwingen.

11 Die Aushändigung dem Nachlass zugehörender **Aktien** an einen Treuhänder (auch aus dem Kreis der Miterben), der während bestimmter Zeit ermächtigt sein soll, sämtliche sich aus dem Aktienbesitz ergebende Aktionärsrechte im Interesse der Miterben nach eigenem Ermessen wahrzunehmen, bedeutet eine Verfügung über die Aktionärsrechte (RGZ 111, 405 f = JW 1926, 549 = JR 1925 Nr 1876). Anders bei einem reinen Verwahrungsvertrag, dessen Abschluss als eine zur Sicherung und Erhaltung dienende Verwaltungsmaßnahme unter § 2038 Abs 1 fällt und damit von der Mehrheit der Erben (§§ 2038 Abs 2, 745) oder sogar von einem einzelnen (§ 2038 Abs 1 S 2 HS 2) vorgenommen werden kann.

12 b) Eine **Verfügung** der Miterbengemeinschaft über den **Nachlass im ganzen**, also die Gesamtheit der Nachlassgegenstände, ist nach dem BGB nicht möglich (RG Recht 1907 Nr 2886). § 2040 Abs 1 erfasst nur „die Verfügung über einen Nachlassgegenstand". Durch Übertragung aller Erbanteile auf einen Dritten gem § 2033 Abs 1 wird letzterer Inhaber des gesamten Nachlasses, dh es wird im Ergebnis eine Verfügung über den gesamten Nachlass herbeigeführt.

13 3. Der Begriff der **Gemeinschaftlichkeit** ist nicht eng iS von „Gleichzeitigkeit" und „Gleichartigkeit" zu verstehen (HK-BGB/Hoeren Rn 5; Bamberger/Roth/Lohmann Rn 5; Palandt/Edenhofer Rn 4; Damrau/Rissmann Rn 5; so jedoch früher RGZ 93, 292; RG JW 1925, 604), sondern wie in § 2038 Abs 1 S 1 ist lediglich „*Einheitlichkeit*" zu fordern, also nicht die Mitwirkung aller Miterben, es genügt deren vorherige oder nachträgliche Zustimmung. Damit ist die erforderliche einstimmige Vornahme der Verfügung erreicht. Erwerben (zB kraft Erbfolge) die verfügenden Erben die Anteile der nicht Mitwirkenden später, wird die Verfügung gem § 185 Abs 2 wirksam (BGH LM Nr 19 zu § 105 HGB = DNotZ 1965, 302).

14 a) Die von einem oder einigen Miterben vorgenommene Verfügung ist wirksam, wenn die anderen **vorher** ihre **Einwilligung** erklärt haben, § 185 Abs 1 (RGZ 129, 284; OLG Düsseldorf NJW 1956, 876; Lange JuS 1967, 456). Haben ein oder einzelne Miterben ohne vorherige Einwilligung der anderen gehandelt, können Letztere durch Erklärung ihrer **Genehmigung** der Verfügung Wirksamkeit verleihen (KG HRR 1933 Nr 1201; RGZ 152, 380; BGHZ 19, 138 = NJW 1956, 178; BGH WM 1964, 629; OLG Düsseldorf NJW 1956, 876). Adressat der Zustimmung (zur Form: § 182 Abs 2) ist gem § 182 Abs 1 der verfügende Miterbe oder der andere Teil des Verfügungsgeschäftes. Ist ein Miterbe Adressat, ist seine Zustimmung konkludent in der Annahme miterteilt, eine besondere nicht erforderlich (KG OLGE 26, 304; Erman/Schlüter Rn 2; Soergel/Wolf Rn 13). Hat ein Miterbe seine Zustimmung vor Vornahme der Verfügung wirksam widerrufen, ist gemeinschaftliches Handeln nicht mehr gegeben (OLG Düsseldorf NJW 1956, 876). Bei Verweigerung der Genehmigung ist die Verfügung endgültig unwirksam (RGZ 139, 118). Bei einseitigen Rechtsgeschäften gilt § 182 Abs 3, eine Genehmigung mit rückwirkender Kraft ist ausgeschlossen. Ihre Erklärung kann allenfalls als Neuvornahme der Verfügung angesehen werden (RGZ 146, 314).

b) Es genügt, wenn die Erklärungen der Miterben zwar **verschiedenartig** sind, aber dasselbe Ziel verfolgen. Bewilligen einige Mitglieder der Erbengemeinschaft, die Gläubigerin einer Hypothek ist, deren Löschung, die anderen Miterben die pfandfreie Abschreibung einer Parzelle, liegt hinsichtlich der Löschung auf der abzuschreibenden Parzelle eine gemeinschaftliche Verfügung vor (KG JW 1937, 1553; BGB-RGRK/Kregel Rn 3).

c) Eine gemeinschaftliche Verfügung liegt in der unter Mitwirkung der anderen Miterben erfolgenden *Übernahme eines Nachlassgegenstandes* durch einen Miterben (RG HRR 1929 Nr 1831; OLG Dresden SächsArch 1929, 356).

d) Bei der gemeinschaftlichen Übertragung eines Gegenstandes ist die **Erklärung** jedes beteiligten Miterben nicht auf die Übertragung seines Anteils, sondern des ganzen Gegenstandes gerichtet. Folglich ist die von einem Miterben gemeinschaftlich mit den anderen abgegebene Erklärung auch dann wirksam, wenn sich später herausstellt, dass er Alleinerbe ist, ihm bleibt lediglich die Irrtumsanfechtung vorbehalten (RGZ 125, 131; Soergel/Wolf Rn 8).

e) Von den Erklärungen, durch die die Verfügung vorgenommen wird (Außenverhältnis), ist der **Beschluss** zu unterscheiden, der **auf** die **Vornahme der Verfügung** gerichtet ist (Innenverhältnis). Ein Mehrheitsbeschluss kann den in der Minderheit gebliebenen Miterben lediglich verpflichten, in die Verfügung einzuwilligen bzw erforderlichenfalls an dieser mitzuwirken (§ 2038 Abs 1 S 2 HS 1); er kann weder die Einwilligung ersetzen noch eine Vertretungsmacht für die Verfügung über einen Nachlassgegenstand begründen (vgl § 2038 Rn 40). § 2038 gibt den Erben kein Mehrheitsverfügungsrecht. Die Einwilligung der überstimmten Miterben kann und muss, wenn sie zur ordnungsgemäßen Verwaltung erforderlich oder notwendig ist, bzw einer früheren Vereinbarung entspricht, eingeklagt und bei siegreichem Urteil nach § 894 ZPO ersetzt werden (vgl § 2038 Rn 16). Eine bereits erteilte Zustimmung beschränkt sich grundsätzlich nicht auf das Innenverhältnis, sondern gilt als Einwilligungserklärung iS des § 182 (vgl Rn 14).

Ebenso wenig gibt es ein **Notverfügungsrecht** der einzelnen Miterben. § 2038 Abs 1 S 2 HS 2 ist auf Verfügungen über Nachlassgegenstände nicht anwendbar (vgl § 2038 Rn 7, 40). Auch zur Erhaltung des Nachlasses notwendige Verfügungen müssen gemeinschaftlich erfolgen.

20 4. Steht ein **Miterbe unter Vormundschaft**, gilt bei Verfügungen über ein Nachlassgrundstück oder ein Recht an einem solchen § 1821 Abs 1 Nr 1, dh der Betreuer bedarf zu dieser Verfügung, die er gemeinschaftlich mit den anderen Erben treffen muss, der Genehmigung des Familiengerichtes (BayObLGZ 20 A 319 = JW 1921, 581). Dieser Genehmigung bedarf auch der gesetzliche Vertreter eines **minderjährigen Miterben**, § 1643 (BayZ 1920, 335; OLG Jena NJW 95, 3126 zur Vertretung durch die ebenfalls in der Miterbengemeinschaft befindliche Mutter des Minderjährigen; BayObLG FamRZ 01, 51 bzgl der Vertretung innerhalb eines Betreuungsverhältnisses; zur Vertretung Minderjähriger vgl auch MAHLMANN ZEV 2009, 320). Die Wertbemessung und die Gebührenberechnung für die gerichtliche Genehmigung gehen vom Wert des Anteils des Minderjährigen aus (KGJ 53, 291 unter Aufgabe des gegenteiligen Standpunktes aus KGJ 46, 284; DNotV 1916, 52). Wird einem minderjährigen Miterben von den übrigen, die alle oder zT minderjährig sind, ein Nachlassgegenstand entgeltlich übereignet, bedarf jeder minderjährige Erbe, da gem § 2040 alle Erben verfügen müssen, eines besonderen Pflegers (RGZ 93, 334 f; BayObLGZ 13, 13 f).

21 5. Die **Klage auf Verfügung über einen Nachlassgegenstand** muss gegen alle Miterben gemeinschaftlich erhoben werden. Ein Urteil gegen einen von ihnen wäre mangels Zustimmung der anderen nicht vollstreckbar (RGZ 93, 294; PLANCK/EBBECKE Anm 1). Haben sich ein Miterbe oder einige bereits rechtsverbindlich zu der Verfügung bereit erklärt, steht ihre Bereitschaft unstreitig fest oder sind sie bereits verurteilt worden, kann sich die Klage allein gegen die anderen Miterben richten, und zwar in dem Sinne, dass Mitwirkung bei der von allen Miterben gemeinschaftlich zu vollziehenden Verfügung begehrt wird (RGZ 93, 292; 111, 338; 112, 132; RG Recht 1912 Nr 134; WarnR 1926 Nr 93; 1933 Nr 44; OLG Hamm OLGZ 1966, 574 = MDR 1967, 128 = Rpfleger 1967, 415). Gegenüber den zur Verfügung bereiten oder **verurteilten** Miterben würde das Rechtsschutzinteresse fehlen. Das gleiche gilt für einen Antrag auf Ersetzung der Zustimmung nach § 7 Abs 3 ErbbauVO (OLG Hamm OLGZ 1966, 574).

22 Ein schuldrechtlicher Anspruch auf Herbeiführung einer **Verfügung iS des § 2058** kann gegen einen einzelnen Miterben als Gesamtschuldner eingeklagt werden unter Vorbehalt der Einrede der Haftungsbeschränkung auf seinen Anteil am Nachlass, § 2059 Abs 1 (RGZ 71, 370; 111, 339; RG Gruchot 54, 1064). Ob ein Antrag auf Verurteilung zur Auflassung bzw einer sonstigen Verfügung (zB einer Löschungsbewilligung) auf unmittelbaren Vollzug der Verfügung oder des Anspruchs auf ihre Herbeiführung zu verstehen ist, muss durch Auslegung ermittelt werden (RGZ 71, 30 hat einen Antrag auf „Auflassung" im Letzteren, RGZ 93, 296 einen Antrag auf „Löschungsbewilligung" in ersterem Sinne gedeutet).

23 6. Zur **Zwangsvollstreckung in den ungeteilten Nachlass** ist ein gegen alle Erben ergangenes Urteil erforderlich, § 747 ZPO. Mangels entsprechender Vorschrift braucht das Urteil nicht einheitlich, dh nicht gleichzeitig, gegen alle Erben ergangen zu sein (RGZ 68, 223). Eine notwendige Streitgenossenschaft besteht nur für die Zwangsvollstreckung. Lag bereits ein Urteil gegen den Erblasser vor, ist eine gegen alle Erben nach § 727 ZPO, evtl § 731 ZPO, erwirkte Vollstreckungsklausel erforderlich. Es entstehen Schwierigkeiten durch die Zuständigkeit verschiedener Vollstreckungsgerichte, wenn die Miterben verschiedene allgemeine Gerichtsstände haben, § 828 ZPO. Da der Anteil der einzelnen Miterben an dem einzelnen gemeinschaftlichen Recht nicht der Pfändung unterworfen ist (§ 859 ZPO), hängt die Wirksamkeit der Pfändung durch das jeweilige Vollstreckungsgericht davon ab, dass die Pfändung auch von allen anderen Vollstreckungsgerichten angeordnet wird und diese Beschlüsse sämtlich dem Drittschuldner zugestellt sind. Die Pfändung wird also erst mit der Zustellung des letzten Pfändungsbeschlusses wirksam (RG JW 1898, 679; KG OLGE 35, 131; BÖHM Recht 1900, 167; HARBURGER/WERNER Recht 1900, 213; vgl die Kommentierung zu § 828 ZPO). Was für die Pfändung der Forderung gilt, ist auch für ihre Überweisung maßgebend.

7. Die Verfügungs**erklärungen** gegenüber einer Miterbengemeinschaft sind gegenüber allen Miterben abzugeben, zB die Kündigung eines Mietverhältnisses (RG BayZ 1924, 245; KG OLGE 30, 188; BAMBERGER/ROTH/LOHMANN Rn 5), die Ausübung des Wiederkaufsrechts (OLG Stuttgart Recht 1919 Nr 91), die Kündigung einer zum Nachlass gehörigen Grundschuld, wenn Gesamthandsklage nach § 2059 Abs 2 erfolgt, während zum Vorgehen nach § 2058 Kündigung dem einzelnen Miterben gegenüber genügt, der haften soll (RGZ 68, 221 f; 71, 367).   **24**

Die Aufrechnungserklärung des Nachlassschuldners (vgl Rn 10, 29) braucht nur dann nicht allen Erben gegenüber erklärt zu werden, wenn ein Miterbe nach § 2039 von dem Schuldner Leistung verlangt hat, es genügt – aber nur im Hinblick auf das geltend gemachte Sonderrecht – die Aufrechnungserklärung gegenüber dem aus § 2039 vorgehenden Miterben (OLG Celle SeuffA 71 Nr 212).   **25**

Bei der **Anfechtung** gem §§ 119 ff kommt es darauf an, wem gegenüber die anfechtbare Erklärung abgegeben worden war. War dies der Erblasser, in dessen Stellung die Miterben als Anfechtungsgegner eingetreten sind, muss gegenüber allen Erben angefochten werden. Waren dies die Miterben, genügt eine Anfechtung gegenüber den Miterben, denen gegenüber die Willenserklärung an einem Mangel litt. Die Wirkung dieser Anfechtung auf das Verhältnis zur Miterbengemeinschaft beurteilt sich nach § 139 (RGZ 56, 424; 65, 415).   **26**

III. Unzulässigkeit der **Aufrechnung** eines **Nachlassschuldners** mit seiner **Forderung gegen** einen **einzelnen Miterben (Abs 2)** (PALANDT/EDENHOFER Rn 6). In Rn 10 wurde bereits festgestellt, dass gegen eine Aufrechnung des Nachlassschuldners mit einer ihm zustehenden Forderung gegen den Nachlass, also die Gesamthandsgemeinschaft, keine Bedenken bestehen. § 2040 Abs 2 behandelt den Fall der Aufrechnung mit einer Forderung gegen einen einzelnen Miterben und verneint die Aufrechenbarkeit gegen dessen Anteil an der Nachlassforderung. Eine solche Aufrechnung wäre zwar keine Verfügung des Miterben, würde ihm aber in Unvereinbarkeit mit dem Gesamthandsgrundsatz einen verselbständigten Anteil an der Nachlassforderung zubilligen. Die Zustimmung des Erben macht eine entgegen Abs 2 erklärte Aufrechnung nicht wirksam. Unzulässig ist auch die Ausübung eines **Zurückbehaltungsrechts** durch einen Nachlassschuldner wegen einer ihm gegen einen einzelnen Miterben zustehenden Forderung (RGZ 132, 84; BGH RdL 1960, 100, 102; AnwK-BGB/ANN Rn 22; BAMBERGER/ROTH/LOHMANN Rn 10) oder sonstiger Einreden, zB aus einem Besitzrecht (OLG München MDR 1957, 103).   **27**

1. Der **Gläubiger eines Miterben** muss zu seiner **Befriedigung** die Pfändung des Erbteils wegen seiner Forderung erwirken. Er kann sich nicht unmittelbar an den Anteil seines Schuldners an einer einzelnen Nachlassforderung halten und sich aus   **28**

ihm durch Selbstzugriff befriedigen. Zwar hat der einzelne Miterbe nach § 2039 ein Einziehungsrecht, kann dies aber nicht zum eigenen Nutzen ausüben, indem er mit seiner Schuld an den Gläubiger aufrechnet. Weniger folgerichtig erklärte das frühere pr Recht die Aufrechnung in Höhe des Erbteils des Miterben für zulässig, I 16 § 308 ALR.

29 2. Hat ein **Nachlassschuldner** eine **Eigenforderung** gegen alle Miterben als Gesamtschuldner (zB nach §§ 427, 769, 830, 840 Abs 1), kann er mit der Nachlassforderung aufrechnen, obwohl streng genommen Gegenseitigkeit der Forderung nicht besteht, da sich die Miterbengemeinschaft (Nachlass) als Gläubigerin und die Miterben mit ihrem Eigenvermögen als Schuldner gegenüberstehen. Der Eigengläubiger kann aber alle Miterbenanteile pfänden lassen und die Auseinandersetzung ohne Mitwirkung aller Miterben nach §§ 1258 Abs 2 S 2, 2042 Abs 1, 751 S 2, 752 durchführen, mithin sich aus den einzelnen Nachlassgegenständen, also auch aus der Nachlassforderung gegen sich, befriedigen. Diesen Umweg erspart die hM, indem sie die Aufrechnung unmittelbar gestattet, selbst wenn Erb- und Ausgleichsquote (§ 426 Abs 1) verschieden sind, weil diese Verschiedenheit in der weiteren Auseinandersetzung berücksichtigt werden kann und muss (ERMAN/SCHLÜTER Rn 5).

30 IV. Für das Recht der **DDR** bestimmte § 400 Abs 1 S 2 ZGB entspr § 2040 Abs 1, dass die Erben bis zur Aufhebung der Erbengemeinschaft über die einzelnen Nachlassgegenstände nur gemeinschaftlich verfügen konnten. Im Gegensatz zum BGB war jedoch eine Verfügung über den Nachlass als Gesamtheit möglich (vgl Rn 12). Eine dem § 2040 Abs 2 entsprechende Vorschrift enthielt das ZGB nicht, ohne deswegen eine andere Regelung zu treffen, denn dieselbe Lösung ergab sich bereits aus dem Gesamthandsprinzip (vgl Rn 1; dazu BGHZ 146, 310 ff).

§ 2041
Unmittelbare Ersetzung

Was auf Grund eines zum Nachlass gehörenden Rechts oder als Ersatz für die Zerstörung, Beschädigung oder Entziehung eines Nachlassgegenstands oder durch ein Rechtsgeschäft erworben wird, das sich auf den Nachlass bezieht, gehört zum Nachlass. Auf eine durch ein solches Rechtsgeschäft erworbene Forderung findet die Vorschrift des § 2019 Abs 2 Anwendung.

Materialien: E II § 1915; III § 2016; Prot V 866 f; JAKOBS/SCHUBERT ER I 789–796, 807, 813.

Schrifttum

BELLERMANN, Erbschaftsanspruch bei Erbschaftsveräußerungen (1910)
BEYER, Die Surrogation bei Vermögen nach BGB (1905)

BÖHM, Surrogation trotz Unwirksamkeit einer Verfügung (Diss Hamburg 1973)
GROSS, Zur Anwendung des § 166 Abs 2 BGB im Rahmen des § 2041 Satz 1 BGB, MDR 1965, 443

KREBBER, Das Verhältnis von sachenrechtlicher Zuordnung kraft dinglicher Bezugs- und Mittelsurrogation und kraft originären Eigentumserwerbs; FamRZ 2000, 197
KRUG, Die dingliche Surrogation bei der Miterbengemeinschaft – Ein Kunstgriff des Gesetzes zur Erhaltung des Nachlasses –, ZEV 1999, 381

STRAUCH, Mehrheitlicher Rechtsersatz (1972)
WIESER, Ersatzleistungen an Miterben bei Sachschäden, in: FS Lange (1970) 325
O WERNER, Fälle zum Erbrecht, Fall 9, S 130
WOLF, Prinzip und Anwendungsbereich der dinglichen Surrogation, JuS 1976, 32, 105.
S auch Schrifttum zu § 2038.

I. Das BGB bekennt sich bei der Erbengemeinschaft wie bei der aufgelösten Gütergemeinschaft in § 1473 zum Grundsatz der **dinglichen Surrogation**. Nach Prot V 866 f stehen die Miterben zum Nachlass im gleichen Verhältnis wie die Ehegatten nach Auflösung der Gütergemeinschaft zum Gesamtgut. Die Miterben sollen nicht auf ein Forderungsrecht gegen den Erwerber von Ersatzstücken beschränkt sein. Alle Ersatzstücke iS des § 2041 fallen unmittelbar in das Gesamthandsvermögen, dh sie gehören ohne besonderen Übertragungsakt zwischen Miterben und Gemeinschaft zum Nachlass, sie treten in die Rechtslage, in der sich der ersetzte Gegenstand befand. Der Ersatzgegenstand gehört kraft Gesetzes zum Nachlass. Ein Wille, das Surrogat für den Nachlass zu erwerben oder es auf diesen zu übertragen, ist nicht erforderlich (BGH NJW 1968, 1824 = MDR 1968, 826 = LM Nr 2; OLG München NJW 1956, 1880; BGH WM 99, 1214). Das gilt auch für Surrogate der Surrogate, sog *Kettensurrogation*. Grund der Regelung des § 2041 ist, die wirtschaftliche Einheit und den Wert des Nachlasses als Gesamthandsvermögen für die Miterben und die Nachlassgläubiger zu erhalten (OLG München NJW 1956, 1880). Daher gilt § 2041 nicht für die Erbauseinandersetzung. Neben § 2041 und § 1473 bestimmen §§ 718 Abs 2, 1370, 2019 Abs 1, 2111 eine dingliche und § 2374 eine obligatorische Surrogation, so dass wegen weiterer Einzelheiten auf die Erläuterungen zu diesen Vorschriften verwiesen werden kann.

II. **Surrogationserwerb** tritt in drei Fällen ein, bei der sog *Rechtssurrogation* („aufgrund eines zum Nachlass gehörenden Rechts", Rn 3), bei der sog *Ersatzsurrogation* („als Ersatz für die Zerstörung, Beschädigung oder Entziehung eines Nachlassgegenstandes", Rn 4) und bei der sog *Beziehungssurrogation* („durch ein Rechtsgeschäft erworben wird, das sich auf den Nachlass bezieht", Rn 5). Als Surrogat kann ein erworbenes Etwas nur dann in den Nachlass fallen, wenn der *Ersatzgegenstand existent*, dh eine Forderung wirksam entstanden, die dingliche Rechtsübertragung auf den Erben wirksam ist. Erwirbt ein bösgläubiger Miterbe mit Mitteln des Nachlasses einen Gegenstand von einem Nichtberechtigten, fällt dieser Gegenstand nicht in den Nachlass, er ist beim Berechtigten verblieben. Ist ein anderer Miterbe, nicht der Erwerbende, bösgläubig, gilt § 166 Abs 2 entsprechend (dazu REICHEL GrünhutsZ 1942, 236; GROSS MDR 1965, 443).

1. **Rechtssurrogation** (vgl Rn 2): Zum Nachlass gehört, was in Erfüllung einer zu diesem gehörigen Forderung geleistet worden bzw was Frucht eines Nachlassrechtes ist. Damit wird klargestellt, dass die Erfüllung und Nutzung eines Rechtes unmittelbar dem Nachlass zugute kommt (zB das auf eine Nachlassforderung gezahlte Geld, der Mietzins für einen Nachlassgegenstand, bei Rückzahlung hypothekarisch gesicherter Forderungen entsteht eine Eigentümerhypothek zu Gunsten der Erben). Da eine Nachlassforderung durch Erfüllung erlischt (§ 362), wird durch die Surrogation hinsichtlich des Erfüllungsgegenstandes die wirtschaftliche Substanz, der Wert des Nachlasses, erhalten.

4 2. Ersatzsurrogation (vgl Rn 2) führt zur Zurechnung in den Nachlass all dessen, was ein Ersatzpflichtiger für die Zerstörung, Beschädigung oder Entziehung eines Nachlassgegenstandes schuldet oder geleistet hat, dh der Ersatzanspruch ist eine Nachlassforderung, die bewirkte Ersatzleistung (zumeist Geld) wird unmittelbar mit Erbringen durch den Verpflichteten Eigentum der Gesamthänder (RGZ 138, 132), ohne dass es darauf ankommt, ob der Leistende an den Nachlass leisten und der Empfänger für die Erbengemeinschaft annehmen will. Auch die Rechtsstellung eines Kommanditisten gehört als Surrogat zum Nachlass, sofern der Vorerbe Nachlassgegenstände als Einlage in eine KG einbringt (BGHZ 109, 214 = NJW 1990, 514 = FamRZ 1990, 288). Gleiches kann für Ausgleichszahlungen nach dem Lastenausgleichsgesetz (BGH NJW 1972, 1369 = LM Nr 3 zu § 2041) und für Ansprüche aus §§ 1 f VermG (WASMUTH DNotZ 1992, 3, 16) gelten. Ebenso ist es unerheblich, ob der Ersatzanspruch privatrechtlicher oder öffentlichrechtlicher Natur ist (LANGE JuS 1967, 454). Der Anspruch auf Lastenausgleich ist kein Ersatzanspruch für ein durch Kriegsereignisse zerstörtes Nachlassgrundstück, sondern ein in der Person des Geschädigten (nicht der Sache) entstehender Anspruch, der damit nicht unter § 2041 fällt (BVerwGE 24, 89; 27, 86; PALANDT/EDENHOFER Rn 1; aA MünchKomm/GERGEN Rn 10).

5 3. Beziehungssurrogation (vgl Rn 2) lässt unmittelbar in den Nachlass fallen, was durch ein Rechtsgeschäft erworben wird, das sich auf den Nachlass bezieht. Dabei braucht das Rechtsgeschäft nicht für den Nachlass getätigt zu werden, auch wenn der Handelnde in eigenem Namen abschließt, fällt das dafür Erlangte unmittelbar in den Nachlass. Bei Vermietung, Verpachtung oder Verkauf eines Nachlassgegenstandes entsteht der Entgeltanspruch zu Gunsten der Gemeinschaft, selbst wenn der Vertrag in der Absicht geschlossen wurde, dieses Entgelt nicht dem Nachlass, sondern dem persönlichen Vermögen zufließen zu lassen (BGH NJW 1968, 1824).

6 a) Der Gesetzeswortlaut stellt in § 2041 anders als beim Erbschaftsanspruch in § 2019 nicht entscheidend darauf ab, ob der Erwerb mit Mitteln des Nachlasses erfolgt ist, sondern darauf, dass eine **Beziehung zum Nachlass** gegeben ist (sog Beziehungssurrogation). Letzteres ist unstreitig der Fall, wenn der Erwerb nach der Willensrichtung des rechtsgeschäftlich Handelnden dem Nachlass zugute kommen soll (subjektive Komponente) und weiterhin ein innerer Zusammenhang mit dem Nachlass besteht (objektive Komponente), die dem Dritten gegenüber nicht zum Ausdruck gebracht werden muss (KG JFG 15, 155; OLG Dresden SächsArch 1911, 516; OGHZ 2, 226 = NJW 1949, 784; OLG Köln OLGZ 1965, 117; OLG Hamm OLGZ 1975, 166; BGB-RGRK/KREGEL Rn 2; STRAUCH 133). Dann kann es nicht mehr darauf ankommen, aus welchen Mitteln die Zahlung erfolgt. Verwendet der Handelnde eigene Mittel, hat er nach §§ 1978, 1991 Ersatzansprüche gegen die Nachlassgläubiger und nach §§ 670, 683 f gegen die Miterben.

Eine **subjektive Beziehung** allein, dh lediglich der Wille der Parteien, für den Nachlass zu handeln, genügt nicht (OLG Köln OLGZ 1965, 117, 120; SOERGEL/WOLF Rn 11), denn auf diese Weise könnten der Gemeinschaft beliebig viele Vermögensgegenstände zu den bereits vorhandenen zukommen. § 2041 will lediglich den Bestand des Nachlasses sichern, nicht dessen Vermehrung ermöglichen. Die Gesetzesmaterialien lassen klar erkennen, dass der Gesetzgeber nicht mit seiner unterschiedlichen Formulierung in § 2041 und § 2019 eine objektive Beziehung habe ausschließen wollen (dazu WERNER 112). Auch hätte der Gesetzestext, sollte nur oder zusätzlich eine subjektive Beziehung des Rechtsgeschäftes zum Nachlass erforderlich sein, dies durch entsprechende Formulierung zum Ausdruck bringen können (WERNER 112). Sinn des Surrogationsprinzips ist, den Erwerb für ein bestimmtes Sondervermögen unabhängig vom Willen der Geschäftsparteien eintreten zu lassen (KIPP/COING § 114 III 2; LANGE/ KUCHINKE § 41 III 1). § 2041 soll verhindern, dass Erben oder Dritte den Nachlass willentlich verringern. Nach der subjektiven Theorie wäre es jedoch leicht möglich, den Miterben und Nachlassgläubigern Werte zu entziehen (WERNER 113). Sinn und Zweck des § 2041 fordern daher **lediglich eine objektive Beziehung** zum Nachlass (DAMRAU/RISSMANN Rn 5, 6; BAMBERGER/ROTH/LOHMANN Rn 3; MünchKomm/GERGEN Rn 13 ff, 22). Nur diese Auslegung wird den Interessen der Nachlassgläubiger und der Miterben gerecht (BGH NJW 1968, 1824; OLG München NJW 1956, 1880; ERMAN/SCHLÜTER Rn 1 f; BGB-RGRK/KREGEL Rn 3). Eine objektive Beziehung ergibt sich bei einem Geschäft, das sich als typische Maßnahme der Nachlassverwaltung darstellt. Ein Fall derartiger objektiver Beziehung liegt vor bei der sog **Mittelsurrogation**, dh Erwerb mit Mitteln des Nachlasses (hM: BGH NJW 1968, 1824; OLG München NJW 1956, 1880; OLG Düsseldorf ZEV 1999, 144; PLANCK/EBBECKE Anm 1; SOERGEL/WOLF Rn 6; PALANDT/EDENHOFER Rn 2; BGB-RGRK/KREGEL Rn 3; ERMAN/SCHLÜTER Rn 4; vLÜBTOW II 801; KIPP/COING § 114 III 2 a; SCHLÜTER § 36, 6; LEIPOLD 263 f; STRAUCH 133; BEYER 222 f, 230; CROME § 739 Fn 78; WERNER 113; JOHANNSEN WM 1970, 738). Insoweit ist auch ein entgegenstehender Wille des Testamentsvollstreckers unbeachtlich (OLG Hamm ZEV 2001, 275). Lediglich eine kaum mehr vertretene Mindermeinung begnügt sich nicht mit einer solchen objektiven Beziehung des Geschäftes zum Nachlass, sondern verlangt, dass der Handelnde auch bei der sog Mittelsurrogation den Willen hat, für den Nachlass zu handeln (OGHZ 2, 226 und STAUDINGER/HERZFELDER[9] Anm 2; jetzt wohl auch JAUERNIG/STÜRNER Rn 2; ANN, in: DAUNER-LIEB/HEIDEL/RING Rn 7). Die hM verdient den Vorzug, denn die Veräußerung des einem fremden Vermögen zugehörenden Gegenstandes wird vom Gesetz als Führung eines objektiv fremden Geschäftes angesehen. Damit ist eine Beziehung zu dem Vermögen, über das verfügt wird, anerkannt. Im allgemeinen rechtfertigt diese Beziehung zwar nur den schuldrechtlichen Anspruch aus der Geschäftsführung auf Herausgabe des gemachten Erwerbes, bei der Erbengemeinschaft besteht aber ein erhöhtes Schutzbedürfnis gegen derartige, den Nachlass beeinträchtigende Verfügungen, wie §§ 2019, 2111 beweisen und anerkennen. Warum dieses Schutzbedürfnis nur gegenüber dem Erbschaftsbesitzer oder Vorerben anerkannt werden soll, ist nicht einzusehen. Deshalb ist die in § 2041 geforderte Beziehung objektiv iS eines *ursächlichen Zusammenhanges* der Erwerbshandlung *mit dem* als Einheit zu erhaltenden *Nachlass* zu verstehen.

Eine **Beziehung** zum Nachlass ist daher **gegeben**, wenn ein Miterbe Inventarstücke anschafft, die für ein Nachlassgrundstück oder einen zum Nachlass gehörigen Gewerbebetrieb bestimmt sind, wenn er, um eine zum Nachlass gehörige Hypothek zu retten, ein Grundstück ersteigert (RGZ 117, 264), wenn er zu einer Grundstückshälfte, die zum Nachlass gehört, die andere Hälfte hinzuwirbt (KG JW 1937, 2199; LG Koblenz DNotZ 1950, 65; ROSKOTHEN JW 1937, 2955). Der Erwerb eines anderen Grundstücks, das eine bessere wirtschaftliche Nutzung des Nachlassgrundstückes bezweckt, erfolgt in Beziehung zum Nachlass, wenn eine Zuschreibung zum Nachlassgrundstück erfolgen soll (KG DR 1944, 190 Nr 9; AG Osterode NdsRpfl 1968, 67). Der Surrogationserwerb ermöglicht der Erbengemeinschaft, die einen GmbH-Geschäftsanteil ererbt hat, den auf Kapitalerhöhung beruhenden Erwerb weiterer Geschäftsanteile (OLG Hamm OLGZ 1975, 164).

8 b) Das **Rechtsgeschäft**, das sich auf den Nachlass bezieht, kann obligatorischer oder dinglicher Natur sein. Sowohl der Anspruch wie der Ersatzgegenstand fallen unmittelbar in den Nachlass. Unerheblich ist, ob der Handelnde berechtigt war, das Rechtsgeschäft abzuschließen, ob zB der Miterbe insoweit Vertretungsmacht hatte, ob er im eigenen Namen handelte und den Nachlassgegenstand als sein Eigentum ausgab. Unabhängig von einer Ersatzpflicht des Handelnden fällt der von ihm erlangte Gegenwert auch dann in den Nachlass, wenn die Verfügung über das Nachlassrecht unwirksam ist, zB weil der Erwerber bösgläubig ist. Falls die Miterben den für eine unwirksame Verfügung erlangten Gegenstand in Anspruch nehmen, müssen sie die Verfügung des Miterben genehmigen (dazu WERNER JuS 1973, 437).

9 Nicht kraft Surrogation in den Nachlass fällt eine aus freier Entschließung getätigte Zahlung eines Dritten an einen Miterben, weil dieser bei Erwerb des Grundstückes durch den Dritten im Wege der Enteignung keine Schwierigkeiten gemacht hat (RG v 4.3. 1937 – IV 291/36). Allein der Gegenwert für das Grundstück ist das Surrogat, die Passivität des Erben war dessen persönliche Angelegenheit und kein Nachlassrecht. Ebenso aufgrund des persönlichen Erbrechts, nicht eines Nachlassrechtes iS des § 2041 erfolgt die Zahlung eines „Gleichstellungsgeldes", das ein Miterbe an den anderen zahlt (OLG Karlsruhe DJZ 1908, 1349). Über die Frage, wann eine nach dem Erbfall entstandene Eigentümergrundschuld zum Nachlass gehört, vgl ROZYCKI/HOEWEL DRZ 1933, 210.

10 4. **Handelnder**, dh die Person, die die Zerstörung, Beschädigung oder Entziehung des Nachlassgegenstandes begangen oder das sich auf den Nachlass beziehende **Rechtsgeschäft** getätigt hat, kann sowohl ein **Miterbe** wie ein **Dritter** sein (AnwK-BGB/ANN Rn 11; **aA** MünchKomm/GERGEN Rn 31). Das ist hinsichtlich der Ersatzsurrogation unproblematisch. Auch im Hinblick auf die Beziehungssurrogation lässt der Gesetzestext keine Beschränkung auf Miterben erkennen. In den §§ 2033–2063 ist ansonsten ausdrücklich von „Miterbe" die Rede, obwohl tatsächlich allein ein Miterbe Handelnder sein kann. Dagegen spricht § 2041 nicht vom „Miterben". Es können daher auch Personen, die nicht Miterben sind, rechtsgeschäftliche Handlungen vornehmen. Der Verzicht auf das Wort „Miterbe" kann nur bewusst erfolgt sein (WERNER 110). Sinn und Zweck des § 2041, den vollen Nachlasswert bis zur Auseinandersetzung zu erhalten, fordern, die Surrogate dem Nachlass zuzuordnen, die durch rechtsgeschäftliche Handlung Dritter entstehen (zB Verfügung als Nichtberechtigter über Nachlassgegenstand). Der Verweis auf den obligatorischen Surrogationsanspruch des § 816 Abs 1 genügt nicht, da § 2041 die dingliche Substanz des Nachlasses erhalten will. In den Motiven wurde ausdrücklich darauf hingewiesen, dass das Surrogat durch Erwerb von Personen entstehen kann, die nicht zur Erbengemeinschaft gehören (Prot V 867). § 2041 ist daher nicht auf Rechtsgeschäfte der Miterben beschränkt. Zur Problematik ausführlich WERNER 110, 111.

11 III. Die **Zugehörigkeit einer durch Rechtsgeschäft**, das sich auf den Nachlass bezieht, **erworbenen Forderung** zum Nachlass muss der Schuldner erst dann gegen sich gelten lassen, wenn er von der Zugehörigkeit, dh den Tatsachen, die sie begründen,

Kenntnis erlangt, § 2041 S 2 iVm § 2019 Abs 2 (HK-BGB/Hoeren Rn 6). Bis dahin kann er also den Miterben, der die Forderung für sich begründet hat (oder den, an den dieser Miterbe sie abgetreten hat), als seinen Gläubiger behandeln, dh mit befreiender Wirkung an ihn leisten, mit ihm für den Nachlass wirksame Rechtsgeschäfte vornehmen, Prozesse führen sowie eine ihm gegen den betreffenden Miterben zustehende Forderung (auch den Nachlassgläubigern gegenüber) wirksam aufrechnen (vgl §§ 406–408 und Staudinger/Marotzke [2010] § 2014 Rn 11).

IV. Entsprechende Anwendung des § 2041 ist geboten auf andere Fälle der Nachlasssonderung vom Eigenvermögen des Erben oder des Erbschaftsbesitzers (RGZ 138, 134; Damrau/Rissmann Rn 12). Ein solches Sondervermögen bildet der Nachlass, solange er der Verwaltung des Testamentsvollstreckers unterliegt, gleichviel ob er einer Mehrheit oder einem Alleinerben zusteht. Deshalb kann der Testamentsvollstrecker die dem Erben gegen einen früheren Testamentsvollstrecker gem § 2219 erwachsenen Ersatzansprüche geltend machen (RGZ 138, 132; Damrau/Rissmann Rn 12; Soergel/Wolf Rn 2). Vgl für den Fall der *Nachlassverwaltung* die besonderen Vorschriften der §§ 1978 Abs 2, 1985 Abs 2 S 2. Ebenfalls in analoger Anwendung von § 2041 fallen Schadensersatzansprüche gegen einen Nachlasspfleger als Ersatzsurrogat in den Nachlass (OLG Dresden ZEV 2000, 402). Nicht zum Nachlass gehören die einem *Vermächtnisnehmer* gem § 2219 zustehenden Ersatzansprüche (RGZ 138, 134, 135). Der Ersatzanspruch eines Miterben gegen den Testamentsvollstrecker gehört auch dann nicht zum Nachlass, wenn nur ein einzelner Miterbe, etwa bei der Auseinandersetzung, geschädigt ist; nur dieser Miterbe kann den Anspruch geltend machen (RGZ 138, 134). 12

§ 2042
Auseinandersetzung

(1) Jeder Miterbe kann jederzeit die Auseinandersetzung verlangen, soweit sich nicht aus den §§ 2043 bis 2045 ein anderes ergibt.

(2) Die Vorschriften des § 749 Abs. 2, 3 und der §§ 750 bis 758 finden Anwendung.

Materialien: E II § 1916; III § 2017; Prot V 881 f; Jakobs/Schubert ER I 750–761, 789, 800, 815; Denkschr 729; Kommissionsbericht 2101.

Schrifttum

J Blomeyer, Die vorweggenommene Auseinandersetzung der in gemeinschaftlichem Testament bedachten Kinder nach dem Tod des einen Elternteils, FamRZ 1974, 421
Boschan, Die Nachlasssachen in der gerichtlichen Praxis, 2. Teil (1905)

Brand/Kleef, Die Nachlasssachen in der gerichtlichen Praxis (1934) §§ 147–149
Bringer, Auseinandersetzung einer Miterbengemeinschaft als Nachfolgerin eines einzelkaufmännischen Handelsgeschäfts, ZErb 2006, 3941
Brosinger, Die Erbengemeinschaft und ihre

Auseinandersetzung im spanischen Recht nach dem Código civil, Vergleich zum deutschen Recht (2004)
BÜHLER, Kann ein Miterbe formlos aus einer Erbengemeinschaft ausscheiden?, BWNotZ 1987, 73
BÜRGER, Einzelzuwendungen an den Erben, MDR 1986, 371
BULL, Auseinandersetzung als Prozessgegenstand, SchlHAnz 1967, 11
DAMRAU, Auswirkungen des Testamentsvollstreckeramtes auf elterliche Sorge, Vormundsamt und Betreuung, ZEV 1994, 1
DRISCHLER, Die Aufhebung der ungeteilten Erbengemeinschaft durch Zwangsversteigerung des Nachlassgrundstücks, JurBüro 1963, 241, 501
DÜTZ, Das Zurückbehaltungsrecht des § 273 I BGB bei Erbauseinandersetzungen, NJW 1967, 1105
EBENROTH/BACHER/LORZ, Dispositive Wertbestimmungen und Gestaltungswirkungen bei Vorempfängen, JZ 1991, 277
EBERL-BORGES, Die Erbauseinandersetzung (2000)
ders, Der blockierende Miterbe, ErbR 2008, 6
ECKELT, Zur Auseinandersetzung über Betriebsgrundstücke einer Personalgesellschaft nach Erbfällen, NJW 1957, 1860
ENDERS, Erbauseinandersetzung – Einkommensteuerfolgen, MDR 1988, 16
FEST, Die personelle Abschichtung als „dritter Weg" zur Auflösung einer Erbengemeinschaft, JuS 2007, 1081
FISCHER, Identitätswahrende Umwandlung der Erbengemeinschaft in eine Personalgesellschaft?, DNotZ 1955, 182
ders, Auseinandersetzung über Betriebsgrundstücke einer Personalgesellschaft nach Erbfällen, NJW 1957, 894, 1179, 1467
FLUME, Die Nachfolge von Todes wegen in dem Betriebsvermögen und die Einkommensteuer bei der Übernahme von Ausgleichsverpflichtungen, DB 1990, 2390
FRESE, Die Wahrung materieller Interessen bei der Erbenauseinandersetzung, Recht 1905, 335
FRICKE, Zur einkommensteuerlichen Behandlung der Erbauseinandersetzung, Betrieb 1964, 675
GANSSMÜLLER, Identitätswahrende Umwandlung der Erbengemeinschaft in eine Personalgesellschaft?, DNotZ 1955, 172
GECK, Zurechnung laufender Einkünfte zwischen Erbfall und Erbauseinandersetzung, ZEV 2004, 279
GROH, Die Erbauseinandersetzung im Einkommensteuerrecht, DB 1990, 2135
GOTTWALD, Die Auseinandersetzung der Miterbengemeinschaft – eine Übersicht, ErbR 2007, 11
HAEGELE, Erbengemeinschaft und Erbauseinandersetzung bei der Erbschaftsteuer, Rpfleger 1963, 227
HAMM, Ist die Schuld eines Miterben an den Erblasser auf dessen Erbteil anzurechnen?, DJZ 1906, 946
JOSEF, Erörterungen zum Auseinandersetzungsanspruch der Miterben, Gruchot 49, 32
ders, Die Verpflichtung des Erben, sich auf seine eigene Schuld gegen den Nachlass verweisen zu lassen, DNotV 1905, 642
KAPP, Die Besteuerung der Erbauseinandersetzung (1962)
KELLER, Ausscheiden eines Miterben aus der Erbengemeinschaft durch „Abschichtung"?, ZEV 1998, 281
KEIDEL, Die Nachlassauseinandersetzung nach dem Reichsgesetze über die Angelegenheiten der freiwilligen Gerichtsbarkeit vom 17. Mai 1898, SeuffBl 64, 145
KEIM, Erbauseinandersetzung und Erbteilsübertragung, RNotZ 2003, 375
KIETHE, Ausschluss der Auseinandersetzung der Erbengemeinschaft mit Verfügungsverbot über den Erbteil – Schutz vor unerwünschten Dritten beim Unternehmernachlass?, ZEV 2003, 225
KLINGER, Bilanzielle Behandlung von Erbeinandersetzungen bei den ausscheidenden und verbleibenden Gesellschaftern einer Personalgesellschaft, Betrieb 1965, 789
KRENZ, Die Auseinandersetzung der Erbengemeinschaft – dogmatische, rechtsvergleichende und rechtspolitische Aspekte, AcP 195 (1995) 361
KRUG, Die Erbteilungsklage, ErbR 2008, 62
KÜRZEL, Grundstücksveräußerung bei Erbauseinandersetzung, DWW 1954, 95 = Betrieb 1958, 1067
LANGE, Verwaltung, Verfügung und Auseinan-

dersetzung bei der Erbengemeinschaft, JuS 1967, 453

LANGENMAYR, Der Verteilungsschlüssel bei Erbauseinandersetzungen nach inadäquaten Teilausschüttungen, BB 1965, 526

ders, Einkommensteuerrechtliche Probleme der Erbauseinandersetzung bei Einzelunternehmen, BB 1969 Beil 9

LASK, Rücktritt und Wandlung beim Erbauseinandersetzungsvertrag (Diss Marburg 1988)

LEIKAM-BÜHLER, Der unbekannte Beteiligte bei Nachlassteilung, BWNotZ 1960, 127

LÖHLEIN, Auseinandersetzung über Betriebsgrundstücke einer Personalgesellschaft nach Erbfällen, NJW 1957, 1466

MAIDL, Probleme der Teilauseinandersetzung, BayNotV 1960, 53

MEIER, Erbauseinandersetzung im Betriebsvermögen unter besonderer Berücksichtigung der Höfeordnung, AgrarR 1991, 181

MEINCKE, Erbauseinandersetzung und vorweggenommene Erbfolge im Einkommensteuerrecht, NJW 1991, 198

MÜLLER, Ist die Schuld eines Miterben an den Erblasser auf dessen Erbteil anzurechnen?, Recht 1905, 582

MUTZE, Zur einkommensteuerlichen Behandlung der Erbauseinandersetzung, Betrieb 1964, 677

ders, Keine Veräußerungsgewinne bei Übergang von Betrieben oder Gesellschaftsanteilen zwischen Miterben im Wege der Erbauseinandersetzung, Betrieb 1963, 1008

NEFLIN, Zivil- und steuerrechtliche Wirkung unberechtigter Grundstücksbezeichnung bei einem Erbteilungsvertrag, Betrieb 1962, 731

NISSEN, Ertragsteuerliche Fragen bei Erbauseinandersetzungen, Betrieb 1970, 945

OTT, Erbauseinandersetzung über Betriebsvermögen, Einkommensteuer, BWNotZ 1966, 319; 1967, 196

PÄTZOLD, Das gerichtliche Auseinandersetzungsverfahren nach dem pr Gesetz vom 8. 6. 1896 betr Anerbenrecht bei Renten und Ansiedlungsgüter, ZBlFG 1905, 689

PETZOLD, Die Teilauseinandersetzung bei der Miterbengemeinschaft (Diss Hamburg 1973)

REICHOLD, Zur Frage der Auseinandersetzung nach Anlegung des Grundbuchs und die Verfügungsgewalt der Ehegatten über Nachlassanteile, BayZ 1905, 317

REIMANN, Erbauseinandersetzung durch Abschichtung, ZEV 1998, 213

ROTH, Teilungsplan versus Teilungsvertrag, NJW-Spezial 2010, 167

SARRES, Die Erbengemeinschaft und das Teilungskonzept des BGB, ZEV 1999, 377

SCHEUREN-BRANDES, Auseinandersetzungsverbot und Dauertestamentsvollstreckung gem §§ 2209 ff BGB, ZEV 2007, 306

K SCHMIDT, Erbteilsabtretung, Miterbenabfindung und Anwachsung bei der Erbengemeinschaft, AcP 205 (2005) 305

SCHNÜTTGEN, Die Erbengemeinschaft und ihre Auseinandersetzung im Ertragssteuerrecht (2009)

SCHÖNKNECHT, Die Aufrechterhaltung der gesamthänderischen Bindung als Auseinandersetzung der Miterbengemeinschaft (Diss Marburg 1987)

SCHRÖDER, Kann ein Miterbe vor der Auseinandersetzung des Nachlasses auf Zahlung einer ihm gegen den Nachlass zustehenden Forderung klagen?, SeuffBl 70, 343

SEEMÜLLER, Die fortgesetzte Erbengemeinschaft (Diss Hamburg 1977)

vSELZAM, Der Verteilungsschlüssel bei Erbauseinandersetzungen nach inadäquaten Teilausschüttungen, BB 1965, 524

SINGLER, Zur Abtretbarkeit des Anspruchs des Miterben auf das Auseinandersetzungsguthaben, MDR 1964, 372

SPECKMANN, Der Streitwert der Erbteilungsklage, NJW 1970, 1259

STEINER, Die Praxis der Klage auf Erbauseinandersetzung, ZEV 1997, 89

STELZER, Das Miterbenverhältnis, die eheliche Gütergemeinschaft und das Bayerische Gebührengesetz, BayZ 1905, 193

STRECK, Unerwünschte und geplante Steuerfolgen der Erbauseinandersetzung, NJW 1985, 2454

STRÜBE, Zur Frage der Aufhebung der Erbengemeinschaft, Recht 1906, 605

WEIMAR, Die Auseinandersetzung unter Miterben, NDR 78, 287

WEISSLER, Das deutsche Nachlassverfahren (1920)

WERKMÜLLER, Aufgaben und Funktionen der Bank in der Erbauseinandersetzung, ZEV 2001, 340
ders, Der Nachlass mit Auslandsbezug – Aufgaben und Funktionen der Bank in der Erbauseinandersetzung, ZEV 2001, 480
ders, Aufgaben und Funktion der Bank in der Erbauseinandersetzung, ZEV 2001, 340
ders, Der Nachlass mit Auslandsbezug – Aufgaben und Funktionen der Bank in der Erbauseinandersetzung, ZEV 2001, 480
WERNER, Fälle zum Erbrecht, 15. Fall
WESSER, Beendigung gemeinschaftlicher Rechtszuständigkeit am Beispiel der Erbauseinandersetzung, AcP 204 (2004) 208
WESSER/SAALFRANK, Formfreier Grundstückserwerb durch Miterben, NJW 2003, 2937
WILCKE, Vorschläge zur Verbesserung der Vorschriften über die Auseinandersetzung unter mehreren Erben, DR 1938, 70
WINKLER, Verhältnis von Erbteilsübertragung und Erbauseinandersetzung – Möglichkeiten der Beendigung der Erbengemeinschaft –, ZEV 2001, 435
ZUNFT, Die Übertragung sämtlicher Nachlassgegenstände an einen Miterben gegen Abfindung der übrigen Miterben, JZ 1956, 550.
Weitere Schrifttumshinweise s Vorbem zu §§ 2032 ff.

Systematische Übersicht

I. **Grundsätzliche Gestaltung der Erbteilung**
1. Auflösung der Erbengemeinschaft ___ 1
2. Vereinbarung der Miterben ___ 3
3. Uneinigkeit der Miterben ___ 5
4. Testamentsvollstreckung ___ 6
5. Vermittlung der Auseinandersetzung durch das Nachlassgericht ___ 7
6. Rechtsweg für Erzwingung des Auseinandersetzungsvertrages ___ 19
7. Reichsheimstätte, Landwirtschaftlicher Betrieb ___ 20
8. Wertung des geltenden Auseinandersetzungsrechts ___ 21

II. **Der Erbauseinandersetzungsvertrag**
1. Inhalt und Rechtsnatur ___ 22
2. Aufrechterhaltung der gesamthänderischen Bindung ___ 29
3. Teilauseinandersetzung ___ 30
4. Form ___ 31
5. Genehmigungsbedürftigkeit ___ 32
6. Mehrere minderjährige Erben ___ 35
7. Anfechtung ___ 36

III. **Das Recht auf Auseinandersetzung**
1. Durchsetzung des Auseinandersetzungsverlangens ___ 37
2. Aufschub und Ausschluss der Auseinandersetzung ___ 46
3. Verjährung ___ 48
4. Recht auf Dreißigsten ___ 49

IV. **Gesetzliche Teilungsregeln** ___ 50
1. Berichtigung der Nachlassverbindlichkeiten ___ 51
2. Verteilung des Überschusses ___ 52

V. **Vollzug der Auseinandersetzung**
1. Wirkung der Vereinbarung ___ 60
2. Rechtsübertragung auf Miterben ___ 61
3. Pflichten der Miterben ___ 62
4. Beendigung der Auseinandersetzung ___ 63

VI. **Beendigung der Miterbengemeinschaft** ___ 64

VII. **Recht der DDR** ___ 66

Alphabetische Übersicht

Abfindung ___ 23 f
Abschichtung ___ 30
Abwesenheitspflegschaft ___ 32
Abwicklungsgemeinschaft ___ 1, 29

Alleinberechtigung ___ 22
Anordnung des Erblassers ___ 3, 5, 40
Aufhebung einer Gemeinschaft ___ 12, 35, 37
– zur Unzeit ___ 38

Titel 4 · Mehrheit von Erben § 2042
Untertitel 1 · Rechtsverhältnis der Erben untereinander

Auseinandersetzung	1
– Abwesenheit	32
– Antrag	8 ff, 37
– Art und Weise	3, 14
– Aufschub	46
– Ausschluss	10, 29, 46
– Begründung einer Bruchteilsgemeinschaft	27
– Beteiligte	12
– durch Aufrechthaltung gesamthänderischer Bindung	27, 29 f
– Durchführung	22, 27
– Einigung der Miterben	3, 5 f, 29
– einverständliche	3
– Erblasseranordnung	3
– Form	27, 31
– gesetzliche Teilungsregeln	23, 50
– Inhalt	3
– Recht auf	22, 29, 37
– teilweise	8
– Testamentsvollstrecker	6
– Übergehen eines Miterben	25
– Unwirksamkeit	37
– Vereinbarung der Miterben	3, 5 f, 10, 46
– Vereinigung der Erbanteile	2
– Vermittlung durch Nachlassgericht	7 ff
– Vermittlung durch Notar	18
– Vermögensübertragung	29
– Vertrag	1, 3, 5, 17
– Vollzug	1, 3, 17, 29, 60 ff
– Vorbereitung	37, 54
– vorweggenommene	43
Auseinandersetzungsplan	16 f, 19
– Abweichung	35
– Bestätigung	14 ff, 62
– Einwilligung	44
– Verbindlichkeit	17
– Vorbereitung	45
– Wirkung	60
Auseinandersetzungsverlangen	37
– Klage	39
Auseinandersetzungsversteigerung	55
Auseinandersetzungsvertrag	1, 22 ff
– Abschluss	19, 39
– Anfechtung	36, 64
– Durchsetzung	39 ff
– Gütergemeinschaft	34
– Inhalt	22, 26
– Irrtum	24, 36
– mehrere Einzelverträge	26
– Parteien	22
– Rechtsnatur	23 f
– Rücktritt	64
– Unwirksamkeit	24 f
– Zustimmung	44
Ausgleichungspflicht	25
Auskunftsanspruch	41
Außenverhältnis	6
Befriedigung der Nachlassgläubiger	51
Berichtigung der Nachlassverbindlichkeiten	51
Bereicherungsanspruch	25, 27
Beschwerde	16
Bestätigung	14 f
– Rechtskraft	17
Beteiligte	12, 17
– Säumnis	15
Beurkundung	14
Bewertung des geltenden Rechts	21
Bruchteilsberichtigung	22, 27
Dreißigster	49
Durchsetzung des Auseinandersetzungsverlangens	39 ff
Ehegatte	34
Einigung der Miterben	3, 5 f
Einleitung des Vermittlungsverfahrens	13
Einverständliche Auseinandersetzung	3
Einwilligung der Miterben	44
Einziehung	14
Erbanteile	
– Teilung	53
– Übertragung	30
– Vereinigung in einer Person	2
– Erbanteilserwerber	37
– Erbanteilsverkauf	23, 65
– Erbauseinandersetzungsvertrag s Auseinandersetzungsvertrag	
Erbengemeinschaft	
– Anteil	34
– Aufhebung	2, 12
– Aufrechterhaltung	27, 29
– Beendigung	1, 29, 63 f
– Begründung	28 f
– beschränkte	28
– Bestand	1, 8

Olaf Werner

- Dauer ... 1, 29
- engere ... 28
- Fortbestand ... 27 f
- Fortsetzung ... 29
- Umwandlung in Bruchteilsgemeinschaft ... 22, 26
- Umwandlung in Gesamthandsgemeinschaft ... 29
- Umwandlung in Personalgesellschaft ... 29
- Wiederherstellung ... 64
- Ziel ... 1
- Zweck ... 1, 29 f

Erbenhaftung ... 4
Erblasseranordnung ... 3, 10, 40, 50
Erblasserwille ... 6
Erbschaftsbesitzer ... 48
Erlös ... 54 f, 60

Feststellung
- einzelner Streitpunkte ... 42
- Form ... 27, 61
- Nachlasswert ... 14
Feststellungsklage ... 42
Forderung
- Einziehung ... 54
- Teilung ... 53
- Verkauf ... 54

Genehmigung ... 32 ff, 53, 61
- Ehegatten ... 34
- Gesellschaft ... 53
- Nachlassgericht ... 32
- Vormundschaftsgericht ... 32 f
Gesamthandsberechtigung ... 22
- Aufrechterhaltung ... 29
Gesamtschuldner ... 51
Gesellschaft ... 29, 37
Gesellschaftsanteil ... 53
Gesellschaftsvertrag ... 29, 54
Gesetzliche Teilungsregeln ... 5 f, 23, 50
- Kritik ... 21
- Nachlassverbindlichkeiten ... 51
- Subsidiarität ... 3, 5, 50
Gewährleistung ... 57
Grundbucheintragung ... 47, 53
Grundstück ... 20, 29, 31, 53
- landwirtschaftliches ... 20, 53
- Teilung ... 53

- Testamentsvollstreckervermerk ... 29
- Verkauf ... 55
Gütergemeinschaft ... 34, 40

Haftung
- gesamtschuldnerische ... 51
- Nachlassverbindlichkeiten ... 1, 4, 51
Handelsgeschäft ... 29
- Fortführung ... 29, 31
Herausgabe ... 14
- Nachlassgegenstand ... 14
Hypothek ... 28
Hypothekenbrief ... 53

Identitätswahrende Umwandlung ... 29
Innenverhältnis ... 6, 31
Interessenkollission ... 35, 59
Irrtum ... 24, 57

Klage auf Auseinandersetzung ... 39 ff
- Antrag ... 40 ff
- auf Zahlung ... 43
- Erledigung ... 42
- Feststellung ... 42
- Gegner ... 42
- Leistung ... 43
- Parteien ... 42
- Streitwert ... 45
- Urteil ... 44
- Voraussetzung ... 41
- Zweck ... 40
Kündigung
- zur Unzeit ... 38

Ladung zum Verhandlungstermin ... 12
Landesgesetzliche Vorschriften ... 18
Landwirtschaftsgericht ... 20
Landwirtschaftlicher Betrieb ... 20, 53
Leistungsklage ... 43
Letztwillige Verfügung ... 10, 29
Losentscheid ... 53

Miterben
- Ausscheiden ... 30
- minderjähriger ... 33, 35
- Verpflichtung ... 62
- Willensherrschaft ... 21
Mitwirkung bei Auseinandersetzung ... 22

Titel 4 · Mehrheit von Erben § **2042**
Untertitel 1 · Rechtsverhältnis der Erben untereinander

Nacherbe	4
Nachlass	
– Grundstück	6
– Teilungsreife	41
– Verbindlichkeiten	1, 51 f
– Verkauf	54
– Verteilung	24
Nachlassgegenstand	
– Beschädigung	58
– Herausgabe	14
– Nutzung	29
– Schätzung	14
– Übertragung	29, 61
– Veräußerung	14, 54
– Verlust	58
– Versilberung	60
– Verteilung	24
– Zuordnung	29
– Zuteilung an Miterben	57
Nachlassgericht	7 ff, 21, 32
Nachlassinsolvenz	9
Nachlassverwaltung	9
Nießbrauch	22, 37, 47
Notar	18
Notarielle Beurkundung	61
Offene Handelsgesellschaft	29, 64
Pfändung	60
Pfändungspfandrecht	37, 47
Pfandgläubiger	22, 37, 47
Pfleger	11, 35
Pflegschaft	32, 35
Prozessweg	13, 16, 19, 39, 45, 62
Recht	
– auf Auseinandersetzung	47 ff
– Übertragung	1
RechtsMissbrauch	38
Reichsheimstätte	20
Säumnis	12, 15 f
Schadensersatz	49
Schiedsgericht	19
Schiedsvertrag	19
Selbstkontrahieren	35
Sondernachfolger	47
Sparkassenguthaben	54
Streitgenossenschaft	39, 42

Streitwert	45
Teilauseinandersetzung	8, 23, 30, 37, 40, 59 f
Teilung	1, 6, 14
– Ausschluss	54, 56
– in Natur	14, 53
– Überschuß	52
– Verkaufserlös	54 f
Teilungsanordnung	3, 43
Teilungsregeln	5 f, 23
– gesetzliche	
s dort	
Teilungsplan	16, 19, 39, 41 f
– Einigung	60
– Wirkung	60
Teilungsreife	41
Teilungsversteigerung	40
Testament	11
Testamentsvollstrecker	6, 9, 29
Übereignung	1
Übergehen eines Miterben	25
Übertragung	
– Erbteile	29
– Nachlassgegenstand	29, 61
– Recht	17, 60
– Teile der Erbanteile	28
– Unmöglichkeit	65
Überschuß	52
– Verteilung	52 ff
Umwandlung	
– in Alleinberechtigung	22, 31
– in Bruchteilsberechtigung	22, 27, 31
– in Gesamthandsgemeinschaft	29
Unterlagen	21
Unzulässige Rechtsausübung	59
Urteil	44
Vereinbarung der Miterben	5 f
Vereinigung der Erbanteile	2, 35
Verfügung	
– Nachlassgegenstände	6
– Testamentsvollstrecker	6
Vergleich	24, 26
Verhandlungstermin	12
Verjährung	48
Vermittlung der Auseinandersetzung	
durch Nachlassgericht	7 ff
– Ablehnung	13

Olaf Werner

– Antrag	9, 11	Vollzug der Auseinandersetzung	1, 60 ff
– Auseinandersetzungsplan	16	– Vorbereitung	14, 37, 54, 60
– Aussetzung	16	Vorbereitende Maßnahmen	14
– bedingte Zulässigkeit	10	Vorbereitung der Auseinandersetzung	40
– Bestätigung	14, 16	Vormundschaft	32
– Beurkundung	16	Vormundschaftsgericht	35
– Einleitung	13		
– Einverständnis	14	Wertpapiere	53
– Ladung	12	Wiedereinsetzung	15
– Protokoll	16	Widerspruch	
– Säumnis	15 f	– Antragsgegner	13
– Scheitern	16	– der Beteiligten	16
– Rechtskraft	17		
– Rechtsmittel	16	Zahlungsbegehren	43, 59
– Verhandlungstermin	12, 16	Zugewinngemeinschaft	34
– von Amts wegen	18	Zustimmung	6
– Vorbereitende Maßnahmen	14, 16 f	– des Ehegatten	34
– Widerspruch	13	– des Vormundschaftsgerichts	32 f
– Zulässigkeit	8	– der Miterben zum Auseinandersetzungsplan	14 ff, 42
Vermittlung durch Notare	18	Zuteilung	57
Vermögen im Ganzen	34	Zuweisung durch Erblasser	43
Verpflichtung der Miterben	62	Zwangsversteigerung	6, 55
Versilberung	55, 60	– Unzulässigkeit	40
Versteigerung	40, 56	Zwangsvollstreckung	17
Verteilung des Nachlasses	24		
Vertretung	35		

I. Grundsätzliche Gestaltung der Erbteilung

1 1. Die Erbengemeinschaft ist keine auf Dauer bestimmte Zusammenführung der Gemeinschafter, sondern ihrem Wesen nach eine **Abwicklungsgemeinschaft**, die nur für eine gewisse Übergangszeit mit dem Ziel der Auflösung geschaffen ist (BGH NJW 1955, 1227; LEIPOLD Rn 721; PALANDT/EDENHOFER Rn 1; BARTHOLOMEYCZIK, in: FS Nipperdey 149; JOHANNSEN WM 1970, 573; JÜLICHER AcP 175, 149; vgl auch Vorbem 3 zu § 2032). Diese vollzieht sich idR durch **Auseinandersetzung**, dh Beendigung der vermögensrechtlichen gesamthänderischen Bindung. Mit dem Ausdruck „Auseinandersetzung" bezeichnet das Gesetz den gesamten Vorgang der Aufhebung der Gemeinschaft unter den Miterben, also einmal den *Vertrag*, durch den die Miterben idR den Rechtsgrund für die Verfügungen über den Nachlass festlegen und sich zu diesen Verfügungen verpflichten, sodann aber auch seine *Ausführung* (PALANDT/EDENHOFER Rn 1) durch Vornahme der entsprechenden Verfügungen (Übereignung der Sachen, Übertragung der Rechte usw). Bei der *Haftung* für die Nachlassverbindlichkeiten den Nachlassgläubigern gegenüber entscheidet die *„Teilung"*, dh der Vollzug der Auseinandersetzung durch die entsprechenden Verfügungsakte, inwieweit die Gemeinschaft mit dem Nachlass oder der einzelne Erbe persönlich haftet, §§ 2059, 2060.

2 2. Eine Aufhebung der Erbengemeinschaft erfolgt nicht, wenn sich noch vor der Auseinandersetzung alle Miterbenanteile in einer Person vereinen (§ 2032 Rn 1), gleich ob diese ein Miterbe oder ein Dritter ist. Eine Vereinigung aller Anteile in einer Hand kann auch als Mittel der Auseinandersetzung dienen (RG Recht 1915 Nr 2258; KG Recht 1920 Nr 1301; BayObLGZ 4, 29; STROHAL II § 65 I).

2. Soweit die **Miterben** sich über die Auseinandersetzung **einigen**, kann sie sich durch Vertrag vollziehen. Die Erben sind, sofern keine bindenden Anordnungen des Erblassers vorliegen (vgl §§ 2044, 2048, 2049), frei, Zeitpunkt, Art und Weise sowie den Inhalt der Auseinandersetzung zu bestimmen (SARRES ZEV 2010, 293, dort auch zur Verjährung dieser Möglichkeit, insbes zu verjährungsverlängernden Vereinbarungen). Zwingende Vorschriften stellt das Gesetz für eine einverständliche Auseinandersetzung nicht auf (RG WarnR 1909 Nr 512; BGH NJW 2002, 2712; STROHAL II § 65 III 2). Soweit der Erblasser bereits selbst den Nachlass durch eine *Teilungsanordnung* (§ 2048) verteilt hat, bedarf es keines Auseinandersetzungsvertrages, denn diese Anordnung begründet bereits die schuldrechtliche Verpflichtung zur wechselseitigen Überlassung der entsprechenden Nachlassteile (RG HRR 1930 Nr 1806; vgl Vorbem 20 zu § 2032). Die Miterben können sich jedoch einverständlich über die Anordnung des Erblassers hinwegsetzen (vgl § 2048 Rn 3), indem sie in einem Auseinandersetzungsvertrag eine andere Zuteilung festlegen. 3

Durch Vereinbarung können die Erben nicht ihre *Haftung für die Nachlassverbindlichkeiten* mit Wirkung den Gläubigern gegenüber abändern, ebenso wenig die Rechtsstellung eines Nacherben durch eine einverständliche Verfügung beeinträchtigen, § 2113. Die Zuziehung des Nacherben, der als solcher nicht an der Gemeinschaft beteiligt ist (vgl § 2032 Rn 2), ist nur notwendig, soweit Rechtsgeschäfte iS der §§ 2113, 2114 in Betracht kommen (KG DRZ 1907, 300). 4

3. Kommt unter den Miterben **keine Einigung** zustande, ist die Auseinandersetzung nach den *gesetzlich* vorgeschriebenen *materiellen Teilungsregeln* vorzunehmen (§§ 2046 ff). Vorrangig sind auch dabei die letztwillige Verfügung des Erblassers (§§ 2048, 2049) und Vereinbarungen der Erben in Einzelpunkten (BGH NJW 2002, 2712; OLG Jena ZErb 2009, 133). Die gesetzlichen Teilungsregeln begründen ebenso wie eine sie abändernde Anordnung des Erblassers bzw Vereinbarung der Erben eine Verpflichtung der Erben, sich die Teilung danach gefallen zu lassen (BGH ZEV 2002, 319). 5

4. Ist über alle Erben ein **Testamentsvollstrecker eingesetzt**, hat er die Auseinandersetzung nach den gesetzlichen Teilungsregeln unter Beachtung der Anordnungen des Erblassers zu bewirken (§ 2204 Abs 1). Zu diesem Zweck kann er über Nachlassgegenstände verfügen. Trotz § 753 muss er auch zum freihändigen Verkauf zu Teilungszwecken als berechtigt gelten, und zwar nicht nur nach außen, sondern auch im Innenverhältnis zu den Erben. Er ist also nicht an die Regeln über die Zwangsversteigerung eines Nachlassgrundstückes gebunden, weil eine derartige Beschränkung nicht dem Willen des Erblassers entsprechen dürfte (RGZ 108, 289). Soweit Befugnisse des Testamentsvollstreckers bestehen, ist eine Auseinandersetzung durch Vereinbarung unter den Miterben ausgeschlossen. Der Testamentsvollstrecker bedarf weder der Zustimmung der Miterben noch ist er an deren Vereinbarung gebunden (RGZ 61, 145; 108, 290). Doch sollte er einer den Anordnungen des Erblassers nicht widersprechenden Vereinbarung der Miterben Rechnung tragen. Er hat die Auseinandersetzung zu unterlassen, wenn dies alle Erben wollen (RG WarnR 1914 6

Nr 21; vgl auch Erl zu § 2204). Weigert sich der Testamentsvollstrecker, die Auseinandersetzung zu bewirken, können ihn die Erben auf Erfüllung seiner Pflicht verklagen.

7 5. Ist kein Testamentsvollstrecker eingesetzt oder ein vorhandener nach dem Willen des Erblassers nicht mit der Auseinandersetzung betraut, hat auf Antrag nur eines Miterben (landesgesetzlich auch von Amts wegen, §§ 364 ff FamFG) das Nachlassgericht die **Vermittlung der Auseinandersetzung** im Verfahren der **freiwilligen Gerichtsbarkeit** zu übernehmen (§§ 342 ff, 363 ff FamFG).

8 a) Dieses **Verfahren** ist nur solange **zulässig**, wie die Erbengemeinschaft noch besteht (vgl Vorbem 1 zu § 2032), nicht also, wenn die vollständige Auseinandersetzung bereits vollzogen ist. Bei erfolgter Teilauseinandersetzung bleibt der Antrag zulässig (RGZ 88, 116; KGJ 46, 81).

9 b) Der **Antrag** ist **unzulässig** während der Dauer der Nachlassverwaltung bzw der Nachlassinsolvenz oder bei Vorhandensein eines zur Auseinandersetzung befugten Testamentsvollstreckers (OLG Colmar OLGE 4, 431; KGJ 49 A 85; RJA 15, 279), desgleichen, soweit die Erbteile noch unbestimmt sind (vgl § 2043).

10 c) Fälle **bedingter Zulässigkeit** des Antrags ergeben sich aus § 2044 (Ausschluss der Auseinandersetzung durch letztwillige Verfügung des Erblassers), aus §§ 2042 Abs 2, 749 Abs 2, 750, 751 (Ausschluss durch Vereinbarung der Beteiligten) und aus § 2048 S 2 (Auseinandersetzung nach dem billigen Ermessen eines Dritten bei offenbarer Unbilligkeit seiner Bestimmung). Dazu ausführlich die Kommentierung zu §§ 363 ff FamFG.

11 d) In dem **Antrag** sollen die Beteiligten und die Teilungsmasse bezeichnet werden, § 363 Abs 3 FamFG. Das Gericht kann, falls es vor der Verhandlung mit den Beteiligten eine weitere Aufklärung für angemessen hält, den Antragsteller zu näheren Angaben und zur Vorlegung von Unterlagen (Testament) veranlassen, § 348 Abs 2 FamFG. Einem Abwesenden kann uU für das Verfahren ein Pfleger bestellt werden, § 364 FamFG.

12 e) Das Gericht hat den Antragsteller und die übrigen Beteiligten (das sind außer den Miterben die Personen, deren Zustimmung nach dem materiellen Recht zur Aufhebung der Gemeinschaft erforderlich ist) zu einem **Verhandlungstermin** zu **laden**. Die Ladung soll den Hinweis enthalten, dass bei Ausbleiben eines Beteiligten über die Auseinandersetzung verhandelt wird und dass die Ladung zu einem neuen Termin unterbleiben kann, wenn der Termin vertagt oder ein Termin zur Fortsetzung der Verhandlung anberaumt werden sollte, § 365 FamFG. Zur Säumnis vgl auch Rn 15.

13 f) Der **Widerspruch eines Antragsgegners** unter Bestreiten der rechtlichen Grundlagen des Verfahrens rechtfertigt für sich allein die Ablehnung der Vermittlung nicht. Betrifft der Streit nicht die notwendige Grundlage des Verfahrens, kann er also durch Willensübereinstimmung der Beteiligten beseitigt werden, ist das Verfahren grundsätzlich trotz des Widerspruchs einzuleiten, da gerade die Beilegung der Streitpunkte versucht werden soll. Nur wenn dieser Versuch von vornherein aussichtslos erscheint, kann das Nachlaßgericht den Antragsteller schon vor Einleitung des Verfahrens auf den Prozeßweg verweisen (KGZ, 31 A 135).

g) Falls die im Termin erschienenen Beteiligten vor der Auseinandersetzung eine **14** **Vereinbarung über vorbereitende Maßregeln**, insbesondere über die Art der Teilung treffen (zB Feststellung des Wertes des Nachlasses, Herausgabe und Schätzung von Nachlaßgegenständen, deren Veräußerung, Einziehung von Außenständen, Teilung in Natur, Übernahme von Gegenständen zu bestimmten Beträgen), hat das Gericht diese Vereinbarung zu *beurkunden*. Gleiches gilt, wenn nur ein Beteiligter erschienen ist, für seine Vorschläge, § 366 FamFG. Sind sämtliche Beteiligten erschienen, hat das Gericht die von ihnen getroffene Vereinbarung zu **bestätigen**, desgleichen, sofern die nicht erschienenen Beteiligten ihre Zustimmung zu gerichtlichem Protokoll oder in einer öffentlich beglaubigten Urkunde erteilen, § 366 Abs 2 S 2 FamFG. Der Bestätigungsbeschluss unterliegt der sofortigen Beschwerde, § 58 FamFG.

Ist ein **Beteiligter nicht erschienen** und hat er auch nicht gem § 366 Abs 2 S 2 FamFG **15** zugestimmt, muss ihm der Inhalt der getroffenen Vereinbarung, soweit sie ihn betrifft, bekannt gemacht werden. Gleichzeitig muss er darauf hingewiesen werden, dass er die Urkunde auf der Geschäftsstelle einsehen und eine Abschrift fordern kann. Damit ist der Hinweis verbunden, sein Einverständnis mit dem Inhalt der Urkunde werde angenommen, wenn er nicht innerhalb einer vom Gericht zu bestimmenden Frist die Anberaumung eines neuen Termins beantrage oder in dem neuen Termin nicht erscheine. Anderenfalls hat das Gericht die Vereinbarung zu bestätigen. Erscheint der Beteiligte zum rechtzeitig anberaumten neuen Termin, muss die Verhandlung mit ihm fortgesetzt und versucht werden, sein Einverständnis zu der Vereinbarung zu erlangen, § 366 Abs 3 FamFG. Gegen unverschuldete Säumnis erfolgt gem § 367 FamFG Wiedereinsetzung in den vorigen Stand.

h) In der **Verhandlung** muss das Gericht nach Erledigung der vorbereitenden **16** Maßnahmen versuchen, die Zustimmung aller Beteiligten zu einem von ihm aufgestellten **Auseinandersetzungsplan** herbeizuführen. Gelingt dies, hat das Gericht (Rechtspfleger, § 3 Nr 2c RpflG) die Auseinandersetzung zu **beurkunden** und, falls alle Beteiligten erschienen sind, zu **bestätigen**, § 368 FamFG. Dasselbe gilt, wenn die nicht erschienenen Beteiligten ihre Zustimmung zu gerichtlichem Protokoll oder in einer öffentlich beglaubigten Urkunde erteilen. Gegen den bestätigenden Beschluss ist Beschwerde gem § 58 FamFG zulässig. Auf einen Säumigen findet das Säumnisverfahren des § 367 FamFG entsprechende Anwendung. Unter gewissen Voraussetzungen (§§ 366 Abs 3, 368 FamFG) darf er als einwilligend behandelt werden. Das Gericht kann sich über den Widerspruch eines Beteiligten nicht hinwegsetzen. Gelingt es dem Gericht nicht, eine Vereinbarung zu vermitteln, ist über die Streitpunkte ein Protokoll aufzunehmen und das Verfahren der freiwilligen Gerichtsbarkeit bis zur Erledigung der Streitpunkte auszusetzen, § 370 FamFG. Das Gericht verweist die Beteiligten auf den Prozeßweg (vgl Rn 19). Die unstreitigen Punkte sind zu beurkunden und zu bestätigen, § 370 S 2 FamFG.

i) Mit der **Rechtskraft des Bestätigungsbeschlusses** sind die vorbereitenden Ver- **17** einbarungen (Rn 14) und der Auseinandersetzungsplan für alle Beteiligten verbindlich, ebenso wie eine vertragsgemäße Vereinbarung, § 371 Abs 1 FamFG. Die Beteiligten sind verpflichtet, die zum Vollzug der Auseinandersetzung erforderlichen

Handlungen (idR Verfügungen) vorzunehmen (vgl Rn 60). Die zur Rechtsübertragung erforderlichen Einigungserklärungen können in den bestätigten Auseinandersetzungsplan mit aufgenommen werden. Ist dies nicht geschehen, findet aus der rechtskräftigen bestätigten Vereinbarung oder Auseinandersetzung die Zwangsvollstreckung statt.

18 k) Unberührt bleiben **landesgesetzliche Vorschriften**, nach denen die Vermittlung der Auseinandersetzung an Stelle der Gerichte oder neben diesen den **Notaren** übertragen werden kann, § 487 Abs 1 Ziff 3 FamFG (so zB in Hessen, Art 24 HessFGG; Niedersachsen, Art 14, 15 NdsFGG; Bayern Art 38 BayAGGVG; Berlin Art 21 Abs 1 PrFGG) oder das Nachlassgericht die Auseinandersetzung, wenn sie nicht binnen einer bestimmten Frist bewirkt ist, von **Amts wegen** zu vermitteln hat, § 487 Abs 1 Ziff 1 FamFG. Hinsichtlich der Einzelheiten zu beiden Vorschriften wird auf die Kommentare zum FamFG verwiesen.

19 6. Im **Prozessweg** kann jeder Erbe den widerstrebenden Miterben auf Einwilligung in den vom Nachlassgericht aufgestellten Auseinandersetzungsplan oder einen vom Kläger vorgelegten Teilungsplan, also auf Schließung eines Auseinandersetzungsvertrages verklagen (dazu Rn 39). Der Erblasser kann anordnen, dass ein **Schiedsgericht** über den Auseinandersetzungsplan entscheidet, § 1066 ZPO. Die Erben selbst können sich durch **Schiedsvertrag** einem Schiedsgericht unterwerfen, §§ 1029 ff ZPO. Auch ohne Vorlage eines Auseinandersetzungsvertrages dürfen alle Erben einem Schiedsrichter die Auseinandersetzung (dh Aufstellung des Teilungsplanes) übertragen (BGH NJW 1969, 1493).

20 7. Gehört zum Nachlass ein **landwirtschaftlicher Betrieb** oder eine **Reichsheimstätte** (vgl Vorbem 22–23 zu § 2032), kann das Landwirtschaftsgericht diese bei einer auf gesetzlicher Erbfolge beruhenden Miterbengemeinschaft auf Antrag einem Miterben ungeteilt, Grundstücksteile mehreren Miterben zuweisen, §§ 13–17 GrdstVG (dazu ausführlich ERMAN/SCHLÜTER Rn 15; PALANDT/EDENHOFER Rn 24 und die Literatur zum GrdstVG).

8. Wertung des geltenden Auseinandersetzungsrechts

21 Kennzeichnend für das BGB ist, dass es bei der Auseinandersetzung die **Willensherrschaft der Miterben** auf Kosten der Gemeinschaftsbelange, namentlich der Familie, anerkennt, da auch die gesetzlichen materiellen Teilungsregeln deren Belangen nicht gerecht werden. Jeder Miterbe kann unter Berufung auf die Teilungsregeln einen Auseinandersetzungsvertrag erzwingen, der zur Zerschlagung wertvoller Wirtschaftseinheiten und zur Verschleuderung wertvollen Familiengutes führen kann. *De lege ferenda* sollten daher unter Beibehaltung des Gesamthandsprinzips dem Nachlassgericht weitergehende Gestaltungsbefugnisse zukommen. Dementsprechend hat der ErbrA der AkdR (4. Denkschr 214) vorgeschlagen, dass das künftige Auseinandersetzungsverfahren von folgenden drei Grundsätzen beherrscht werden sollte:

(a) Der Richter darf Nachlassgegenstände auch gegen den Widerspruch einzelner Erben einem Erben ganz zuteilen, wenn dies zur Erhaltung wertvoller Nachlassgegenstände, insbesondere wertvollen Familienbesitzes in der Familie, erforderlich ist.

(b) Der Richter darf nicht nur zuteilen, sondern auch dem Empfänger aufgeben, den von ihm (dem Richter) festgelegten Wert an die übrigen Erben zu zahlen und die Ausgleichsforderung sicherzustellen.

(c) Der Richter kann zur Vorbereitung der Auseinandersetzung eine Teilungsperson, den Erbschaftsverwalter, heranziehen, der als Amtsperson die Handlungsunfähigkeit der uneinigen Erbengemeinschaft überwindet. Vgl ferner LANGE (DRW 1942, 1719) über die zur Erhaltung wertvoller Wirtschaftsgüter im Entwurf des ErbRA vorgesehenen Machtbefugnisse des Nachlassgerichts.

II. Der Erbauseinandersetzungsvertrag

1. Inhalt und Rechtsnatur

In dem Auseinandersetzungsvertrag – den die Gemeinschafter einverständlich schließen – verpflichtet sich jeder Miterbe gegenüber dem anderen, bei Rechtsgeschäften mitzuwirken, die zur Umwandlung der Gesamthandsberechtigung in Allein- oder Bruchteilsberechtigung erforderlich sind (BGH ZEV 2001, 313 zur Verbindung der Auflösung einer Bruchteilsgemeinschaft mit der Erbauseinandersetzung). Partner des Auseinandersetzungsvertrages sind die Mitglieder der Miterbengemeinschaft, die Personen, denen das Recht auf Auseinandersetzung zusteht (vgl Rn 37). Hinsichtlich der Mitwirkung des Pfandgläubigers und Nießbrauchers gilt ebenfalls das zu Rn 37 Gesagte (zum Auseinandersetzungsvertrag vgl KEIM RNotZ 2003, 377). **22**

Der Vertrag kann sich – soweit nicht Teilungsanordnungen des Erblassers entgegenstehen (§§ 2048, 2049) – über die gesetzlichen Teilungsregeln hinwegsetzen (vgl Rn 3), zB den gesamten Nachlass einem oder mehreren Miterben zuweisen, wogegen diese den übrigen Miterben eine Abfindung versprechen. Dieser Vertrag kann Kaufvertrag iS des § 433 sein (BGH DNotZ 1955, 406; JOHANNSEN WM 1970, 741; KEIM RNotZ 2003, 377), wobei der Erlös unter den Erben als Abfindung aufgeteilt wird. Der Vertrag ist kein Erbschaftskauf iS der §§ 2371 ff (HK-BGB/HOEREN Rn 4). Er erzeugt – selbst wenn die Form des § 2033 Abs 2 S 2 nicht beachtet ist – die schuldrechtliche Verpflichtung, keine erbrechtlichen Ansprüche gegen die Miterben geltend zu machen (RG WarnR 1919 Nr 512; LG Ulm BWNotZ 1985, 141; MünchKomm/ANN Rn 36; aA BÜHLER BWNotZ 1987, 73). Der Vorteil eines Teilungsvertrages gegenüber einem Teilungsplan liegt in der Flexibilität und der Möglichkeit der Vertragsänderung (dazu ROTH NJW-Spezial 2010, 167). **23**

a) Häufig wird sich der Erbauseinandersetzungsvertrag als **Vergleich** iS des § 779 darstellen, so wenn die Auseinandersetzung durch Übernahme der Masse bzw einzelner Nachlassgegenstände seitens eines Erben und Geldabfindung der anderen erfolgt oder wenn die Erben verschiedenartige Gegenstände unter sich verteilen (RG DNotV 1916, 600; PLANCK/EBBECKE Vorbem 2 vor § 2042; MünchKomm/ANN Rn 33). Hat der Vertrag Vergleichscharakter, wird die verschiedene Bedeutung des *Irrtums* wichtig. Ein Irrtum der Miterben hinsichtlich der Vergleichsgrundlage (zB Gültigkeit eines zur Grundlage der Teilung gemachten Testamentes) macht den Vertrag unwirksam. **24**

Dagegen ist ein Irrtum über solche Zweifelsfragen, die durch den Vergleich beseitigt werden sollten, bedeutungslos. Ein Irrtum über den Inhalt der ausgetauschten Vergleichserklärungen oder verkehrswesentliche Eigenschaften eines zugeteilten Gegenstandes begründet Anfechtbarkeit nach § 119 (näheres bei § 779).

25 b) Wurde bei der Auseinandersetzung irrtümlich ein **Miterbe übergangen**, ist der Vertrag unwirksam (Kipp/Coing § 119 III). Der Übergangene kann neue Auseinandersetzung verlangen (Planck/Ebbecke Vorbem 2 vor §§ 2042 f). Ist einem Miterben wegen Nichtberücksichtigung seiner Verbindlichkeiten gegenüber dem Nachlass (§ 2046) oder der Ausgleichspflicht (§§ 2050 ff) **zuviel zugeteilt** worden, kann der überschießende Betrag von den übrigen Erben gemeinsam oder einzeln (§ 2039) mit der Bereicherungsklage zurückgefordert werden (MünchKomm/Ann Rn 41) Dieser Gesamthandsanspruch begründet den Fortbestand der Gemeinschaft. Eine ergänzende Auslegung des Vertrages ist möglich (OLG Dresden OLG-NL 1999, 105). War die Höhe der Ausgleichspflicht oder der Verbindlichkeit des Erben gegenüber dem Nachlass zweifelhaft und sollten diese Zweifel durch den Vertrag beseitigt werden, liegt ein Vergleich vor. Der Vertrag ist wirksam (vgl Rn 24). Zur Schadensersatzpflicht eines Notars nach § 19 BNotO wegen fehlerhafter Formulierung eines Auseinandersetzungsvertrages, vgl BGH NJW-RR 1992, 772.

26 c) Die Auseinandersetzung kann auch in mehreren zwischen den einzelnen Miterben geschlossenen **Einzelverträgen** erfolgen (HK-BGB/Hoeren Rn 4), die aber dann in einem gewollten Zusammenhang stehen müssen, so dass sich die Auseinandersetzung als Ganzes auf alle Miterben erstreckt (RG HRR 1930 Nr 1466; 1934 Nr 1458).

27 d) Eine Auseinandersetzung kann durch **Begründung einer Bruchteilsgemeinschaft** am ganzen Nachlass oder an einzelnen Nachlassgegenständen (zB Mieterträgen eines Hauses, RG v 26.3.1903 – VII 450/08; Bruchteilseigentum an Grundstücken) unter allen oder einigen Miterben erfolgen (BayObLGZ 32, 381). Soweit bestimmte Nachlassgegenstände unter den Miterben unverteilt bleiben, ist aber nicht ohne weiteres eine Umwandlung in eine Bruchteilsgemeinschaft gewollt, sondern nur, wenn nach den Umständen eine dahingehende stillschweigende Vereinbarung angenommen werden darf und keine Formvorschriften der Wirksamkeit einer solchen Vereinbarung entgegenstehen (OLG Colmar Recht 1909 Nr 2007; OLGE 21, 316; LG Karlsruhe ZBlFG 1911, 283 f; Crome § 740 Fn 83; Amelunxen ElsLothrZ 1907, 379 f; Josef ZBlFG 1912, 154 f; Strübe Recht 1906, 605 f). Hinsichtlich nicht verteilter Nachlassgegenstände kann auch ein Fortbestand der Gemeinschaft gewollt sein (Teilauseinandersetzung, vgl Rn 30) oder eine gesamthänderische Bindung als Form der Auseinandersetzung (vgl Rn 29).

28 e) Innerhalb einer fortbestehenden Erbengemeinschaft kann keine **engere** auf einen Teil der Erben beschränkte **Erbengemeinschaft** durch Vertrag hergestellt werden (vgl Vorbem 2 zu § 2032), denn die Erbengemeinschaft kann nicht durch Vertrag begründet werden (KG OLGE 43, 393 = KGJ 31 A 138 = Recht 1906 Nr 1251; Recht 1927 Nr 349 = DRZ 1927 Nr 195; DNotZ 1952, 84; BGH WM 1975, 1110). Die Umschreibung einer bisher einer Erbengemeinschaft zustehenden Hypothek auf einen Teil der Miterben „in ungeteilter Erbengemeinschaft" ist unzulässig.

29 2. Die **Aufrechterhaltung der gesamthänderischen Bindung** kann von den Miterben einverständlich vereinbart werden. Es sind zwei Fälle zu unterscheiden. Einmal bleibt die Miterbengemeinschaft bestehen, weil die Miterben hinsichtlich des ganzen Nachlasses oder einzelner Gegenstände die *Auseinandersetzung ausschließen*, §§ 2042 Abs 2, 749 Abs 2, 3, 750, 751 (BGH WM 1968, 1173 = BB 1968, 1219), dh sie haben sich über die endgültige Zuordnung der Nachlassgegenstände noch nicht einigen können, eine Regelung noch nicht treffen wollen. Beschließen die Miterben dagegen einverständlich die Fortsetzung der gesamthänderischen Bindung auf Zeit oder Dauer, liegt darin eine Auseinandersetzung. Damit ist über die Zuordnung des Nachlassgegenstandes entschieden. An die Stelle der vom Erblasser aufgrund letztwilliger Verfügung bzw kraft gesetzlicher Erbfolge bestimmten Zusammensetzung der Gemeinschaft tritt die von den Miterben gewollte Regelung. Da es aber eine durch Vertrag der Miterben begründete Miterbengemeinschaft nicht gibt, ist mit Vollzug dieser Vereinbarung – zumeist wird er in ihr enthalten sein – eine Umwandlung der Miterbengemeinschaft in eine vertraglich vereinbarte Gesamthandsgemeinschaft erfolgt, dh in eine Gesellschaft bzw, sofern es um die Führung eines Handelsgeschäftes geht, in eine OHG. Eine identitätswahrende Umwandlung scheitert nicht daran, dass die Erbengemeinschaft durch den geänderten Gesamthandszweck endet (so aber BFH NJW 1988, 1343, 1344; MünchKomm/GERGEN § 2032 Rn 32; SCHMIDT NJW 1985, 2785, 2786), weil die Verweisung in § 2042 Abs 2 auf § 749 Abs 2 zeigt, dass der Gesetzgeber die auf Auflösung gerichtete Zielsetzung nicht als konstitutiv für die Miterbengemeinschaft ansieht und auch sonst Zweckänderungen – wie etwa das Beispiel der Besitzgesellschaften zeigt – nicht immer die Identität einer Personengesellschaft in Frage stellen (SCHÖNKNECHT 63 f). Die Vereinbarung über die Fortsetzung der Gesamthandsgemeinschaft ist der formlos gültige Gesellschaftsvertrag und gleichzeitig *Vollzug der Auseinandersetzung* (BROX/WALKER Rn 514; SCHÖNKNECHT 32–37; **aA** aber BGH NJW 51, 311, 312; BFH NJW 88, 1343, 1344; ERMANN/SCHLÜTER § 2032 Rn 3; MünchKomm/ANN Rn 36; PALANDT/EDENHOFER § 2032 Rn 7; EBERL-BORGES 281 ff, die sowohl einen Gesellschaftsvertrag als auch eine Übertragung der einzelnen Nachlassgegenstände auf die Personengesellschaft fordern, soweit keine Erbteilsübertragung vorgenommen wurde; zusammenfassend SIMON/WERNER 22 Probleme aus dem Familien- und Erbrecht, [2002] 15. Problem). Die Möglichkeit, eine Auseinandersetzung der Erbengemeinschaft nicht nur durch Umwandlung der Gesamthandsberechtigung in Einzel- oder Bruchteilsberechtigung, sondern auch durch Aufrechterhaltung der gesamthänderischen Bindung herbeizuführen, ist in der Rspr und Literatur anerkannt (zB RGZ 30, 150; 57, 434; BGHZ 21, 234; BROX/WALKER Rn 514; WERNER 171). Da die Miterbengemeinschaft ihrem Zweck nach eine Abwicklungsgemeinschaft ist, lediglich für eine gewisse Übergangszeit mit Liquidationszweck geboren, ist sie keine „werbende", sondern eine „sterbende" Gemeinschaft (unstr BGH NJW 1955, 1227; KAPP/EBELING I Rn 261; vLÜBTOW II 828; BARTHOLOMEYCZIK, in: FS Nipperdey 149; JÜLICHER AcP 175, 149; JOHANNSEN WM 1970, 573). Mit der Vereinbarung einer auf bestimmte oder unbestimmte Dauer gerichteten Aufrechterhaltung der gesamthänderischen Bindung ist der Zweck der Gemeinschaft nicht mehr die Abwicklung, sondern die gemeinsame Nutzung des Nachlassgegenstandes. Diese Gemeinschaft ist eine werbende und kann damit keine Miterbengemeinschaft mehr sein. Mit dieser identitätswahrenden Umwandlung in eine Personengesellschaft ist die Miterbengemeinschaft aufgelöst, die Auseinandersetzung ist vollzogen. Es gelten nicht mehr die Vorschriften über die Miterbengemeinschaft (§§ 2032 ff), sondern die §§ 705 ff bzw §§ 105 ff HGB (BROX/WALKER Rn 514). Eine Testamentsvollstreckung ist beendet, der Testamentsvollstreckervermerk im Grundbuch ist zu löschen. Das Recht, jederzeit Auseinandersetzung zu verlangen (§ 2042 Abs 1), soll nach dem Willen der Gemeinschafter nicht mehr bestehen. Auch dies zeigt, dass es sich um eine andere Gemeinschaftsform als die Miterbengemeinschaft handelt. Wegen der Personenidentität der Gemeinschafter bedarf es einer Übertragung der Vermögenswerte auf die neue Gemeinschaft nicht (damit nicht § 311b Abs 1), denn die Gesamthandsgemeinschaften sind keine juristischen Personen (vgl § 2032 Rn 5).

3. Teilauseinandersetzung

30 IdR erstreckt sich die Auseinandersetzung auf den ganzen Nachlass – dieser soll nach dem Zweck der Gemeinschaft der Auflösung zugeführt werden (vgl Rn 1). Die Miterben können die Auseinandersetzung auf einen Teil des Nachlasses beschränken (HK-BGB/HOEREN Rn 8; KEIM RNotZ 2003, 378), die Erbengemeinschaft besteht dann im übrigen fort (BGH WM 1968, 1173 = BB 1968, 1219; KG OLGE 21, 317; OLG Köln JMBlNRW 1958, 127). Denkbar ist die Übertragung der Mitgliedschaftsrechte durch einen Miterben auf die Erbengemeinschaft gegen Leistung einer Abfindung (BGHZ 138, 8; BGH NJW 2005, 285; OLG Rostock FamRZ 2010, 235; REIMANN ZEV 1998, 213; DAMRAU/RISSMANN Rn 10; PALANDT/EDENHOFER Rn 10; JAUERNIG/STÜRNER Rn 1; zweifelnd MünchKomm/ANN Rn 14; ablehnend KELLER ZEV 1998, 281). Bei dieser sog **Abschichtung** (WESSER/SAALFRANK NJW 2003, 2938) gilt für die Abwicklung als dritter Weg neben der Erbauseinandersetzung gem § 2042 Abs 1 und einer Erbteilsübertragung gem § 2033 der Versuch, die Gemeinschaft unter den restlichen Miterben zu erhalten. In Anlehnung an das Ausscheiden von BGB-Gesellschaftern erfolgt gem §§ 738–740 ein formfreies (dazu KEIM RNotZ 2003, 386 f; FEST JuS 2007, 1081; K SCHMIDT AcP 205 [2005] 305) Ausscheiden einzelner Miterben in der Regel gegen Abfindung oder durch Verzicht auf ihre Mitgliedschaftsrechte und gleichzeitige Anwachsung der Anteile der verbleibenden Miterben (§§ 1935, 2094, 2095) entsprechend ihren bisherigen Anteilen. Auch dieser Weg erfordert eine nach hM formfreie vertragliche Vereinbarung unter den Miterben. Unter den verbleibenden mehreren Miterben besteht die Miterbengemeinschaft fort (BGHZ 138, 8 = NJW 1998, 1557 = DNotZ 1999, 60 m Anm RIEGER NJW 2005, 284). Zum Streitstand K SCHMIDT, AcP 205 (2005) 310; LANGE/KUCHINKE, § 44 III 2b, die sich auch kritisch mit der Rspr auseinandersetzen und sich gegen die Bezugnahme auf §§ 1935, 2094 f wenden; K SCHMIDT erkennt nur den Weg der Erbteilsübertragung, nicht des Ausscheidens an (AcP 205 [2005] 319, 320). Er beruft sich hierbei auf die Verschiedenartigkeit von BGB-Gesellschaften und Erbengemeinschaft, die eine Heranziehung des § 738 verbiete (AcP 205 [2005] 327–333). Verbleibt nur noch ein einziger Miterbe, ist die Gemeinschaft beendet (DAMRAU/RISSMANN Rn 10). Dabei ist zu beachten, dass die Aufrechterhaltung gesamthänderischer Bindung hinsichtlich einzelner Nachlassgegenstände auch eine Form der Auseinandersetzung sein kann (vgl Rn 29). Einzelne Miterben können durch Erbteilsübertragung endgültig ausscheiden, während die übrigen in der Gemeinschaft verbleiben (KG OLGE 11, 230; OLG Köln JMBlNRW 1958, 127; BGH ZEV 1998, 141; NJW 2005, 285; LG Köln NJW 2003, 2993). Unter Berufung auf eine dingliche Rechtsänderung kraft Gesetzes ist nach überwiegender Ansicht ein solcher Abschichtungsvertrag formfrei, selbst wenn der Nachlass Grundstücke oder GmbH-Anteile enthält (PALANDT/EDENHOFER Rn 10; DAMRAU/RISSMANN Rn 10; FEST JuS 2007, 1081; dagegen für notarielle Beurkundung: BÖTTCHER, Rpfleger 2007, 437). Zum Vollzug vgl Rn 60. Gegen den Willen eines Miterben kann eine gegenständlich beschränkte Teilauseinandersetzung nur verlangt werden, wenn besondere Gründe dies rechtfertigen und dadurch die Belange der Erbengemeinschaft und der anderen Miterben nicht beeinträchtigt werden. In diesem Ausnahmefall kann eine teilweise Auseinandersetzung unter vorläufigem Ausscheiden bestimmter Nachlassteile durchgesetzt werden (RGZ 95, 326, 327; RG JW 1910, 846; HRR 1929 Nr 1831; BGH v 28. 6. 1965 – III ZR 10/64; BGH LM Nr 4 zu § 2042; OLG Köln MDR 1958, 517 = JMBlNRW 1958, 130; OLG Rostock FamRZ 2010, 330; AG Nürtingen MDR 1961, 606; Lange JuS 1967, 457). Bei großen Nachlässen, bei denen noch viele Fragen offen sind, ist es unzumutbar, die Erben auf die erste Zuteilung Jahre warten zu lassen (Lange JuS 1967, 457; Johannsen WM 1977, 271). Ein Miterbe hat keinen Anspruch auf eine persönlich beschränkte Teilauseinandersetzung (BGH NJW 1985, 51 = FamRZ 1984, 688; Keim RNotZ 2003, 378, 379; ders auch zur Zuziehung des Vor- und Nacherben).

Ist der gesamte Barüberschuss des Nachlasses in der Hand eines Miterben, kann dieser nach OLG Celle (ZEV 2002, 363) unmittelbare Klage gegen die restlichen Miterben auf die seinem Anteil entsprechende Summe erheben.

4. Form

Der Erbauseinandersetzungsvertrag unterliegt als solcher keiner Form (KGJ 52, 272; KG FamRZ 1963, 468; LG Stuttgart FamRZ 2000, 1251; HK-BGB/Hoeren Rn 4; Bamberger/Roth/Lohmann Rn 11; Palandt/Edenhofer Rn 12; Damrau/Rissmann Rn 9; Keim RNotZ 2003, 380). Deshalb kann uU ein wegen Formmangels nichtiger Verkauf eines Erbanteils unter Miterben im Wege der Konversion als Erbauseinandersetzungsvertrag aufrechterhalten werden (so RGZ 129, 122 bei unrichtiger Kaufpreisangabe in der notariellen Urkunde). Wegen der Formfreiheit des Vertrages darf jedoch nicht ohne weiteres gefolgert werden, es habe eine Auseinandersetzung stattgefunden, wenn einer der Miterben das ererbte Geschäft unter seinem Namen allein fortführt, denn dies ist auch mit einer Beteiligung der Miterben im Innenverhältnis denkbar (RG v 29. 8. 1935 – IV 91/35). Soweit in dem Auseinandersetzungsvertrag formbedürftige Verpflichtungen übernommen werden (zB Übereignung eines Grundstückes an einen oder mehrere Erben nach Bruchteilen), sind die dafür bestehenden Formvorschriften zu beachten, zB §§ 311b Abs 1, 766. **31**

5. Genehmigungsbedürftigkeit

a) Steht ein Miterbe unter *Vormundschaft* oder unter *Betreuung,* bedarf der Auseinandersetzungsvertrag nach §§ 1822 Nr 2, 1908 i Abs 1 S 1 der **gerichtlichen Genehmigung**; an dessen Stelle tritt im **Auseinandersetzungsverfahren** das Nachlassgericht, wenn das Mündel im Inland keinen Vormund hat, § 368 Abs 3 FamFG, § 16 Abs 1 Nr 8 RpflG. Einem Abwesenden kann unter den Voraussetzungen der Abwesenheitspflegschaft (§ 1911) – sofern noch keine Betreuung besteht – durch das Nachlassgericht für das Auseinandersetzungsverfahren ein Pfleger bestellt werden; auch hier tritt das Nachlassgericht an die Stelle des Betreuungsgerichts, § 364 FamFG. Es kann die Bestellung des Pflegers dem Betreuungsgericht überlassen. **32**

b) Die **Eltern** bedürfen grundsätzlich keiner Genehmigung für den Abschluss eines Auseinandersetzungsvertrages für ihr Kind bzw zur Erteilung einer entsprechenden Zustimmung gem §§ 107, 108, es sei denn, dass mit dem Vertrag oder seiner Durchführung ein nach §§ 1821, 1822 Nr 1, 3, 5, 8–11 genehmigungspflichtiges Ge- **33**

schäft vorgenommen werden soll, § 1643 (BGH FamRZ 1961, 216; PALANDT/EDENHOFER Rn 14).

34 c) Ein im gesetzlichen Güterstand der Zugewinngemeinschaft lebender **Ehegatte** bedarf der Zustimmung des anderen nur, wenn der Anteil an der Miterbengemeinschaft sein (nahezu) ganzes Vermögen ist, § 1365 (BGHZ 35, 135, 143 = NJW 1961, 1301; JOHANNSEN WM 1970, 741; KEIM RNotZ 2003, 379). Das OLG München (MDR 1970, 928) will diesen Grundsatz bei einer Realteilung nicht anwenden, da die wirtschaftliche Grundlage der Familie nicht berührt werde. § 1365 stellt aber allein auf den Verfügungsgegenstand, nicht auf den Gegenwert ab. Fällt der Erbanteil eines Ehegatten in das Gesamtgut einer Gütergemeinschaft (vgl §§ 1416, 1418 Abs 2 Nr 2), kann ein Ehegatte den Auseinandersetzungsvertrag allein nur abschließen, wenn er das Verwaltungsrecht iS des § 1422 besitzt und der Erbanteil nicht der einzige Gesamtgutsgegenstand ist, § 1423.

35 6. Bei **Beteiligung mehrerer minderjähriger Erben** muss jeder durch einen besonderen gesetzlichen Vertreter (Inhaber der elterlichen Gewalt, Vormund, Pfleger) vertreten sein, wenn die Aufhebung der unter ihnen bestehenden Gemeinschaft unter Abweichung von den gesetzlichen Auseinandersetzungsregeln vertraglich erfolgen soll; dies wegen sonstiger Interessenkollision, § 181 (RGZ 93, 334; 71, 162; 67, 61; BGHZ 21, 229 = NJW 1956, 1433 = JZ 1956, 657; BGH FamRZ 1968, 245; dazu KEIM RNotZ 2003, 379). Nach RGZ 93, 336 (ebenso PALANDT/EDENHOFER Rn 14) soll dies sogar geboten sein, sofern die Auseinandersetzung nur eine „rechnerische" ist, obwohl ein eigentlicher Interessengegensatz nicht vorhanden ist. Die heutige Rspr stellt dagegen im Rahmen des § 181 mehr auf den Interessenwiderstreit ab (BGHZ 59, 236 = NJW 1972, 2262; BGH MDR 1975, 746; vgl die Erl zu § 181). Erfolgt die Auseinandersetzung allein nach Maßgabe der gesetzlichen Vorschriften (§§ 2046 f iVm § 752 Abs 2), ist die Vertretung durch einen gesetzlichen Vertreter zulässig, die Auseinandersetzung dient lediglich der Erfüllung einer gesetzlichen Pflicht (RGZ 93, 336; BGHZ 21, 229 = NJW 1956, 1433). Das Vormundschaftsgericht kann die Vertretungsmacht nicht durch Gestattung nach § 181 erweitern (RGZ 71, 162; vLÜBTOW II 840 f). Gesonderte Vertretung durch verschiedene Pfleger ist nicht erforderlich, wenn mehrere minderjährige Erben einem volljährigen Miterben den gesamten Nachlass (dh sämtliche Erbteile) gegen bestimmte, an jeden einzelnen von ihnen zu zahlende Abfindungssummen übertragen (§ 2033 Abs 1); doch muss die Form des § 2033 Abs 1 S 2 gewahrt sein (RGZ 93, 335). Wohl ist an gesonderter Vertretung festzuhalten, sofern die Überlassung einzelner Nachlassgegenstände an den Volljährigen erfolgt, da eine solche Verfügung nach § 2040 nur gemeinschaftlich (kraft Einigung) erfolgen kann (RGZ 93, 335).

36 7. Der **Auseinandersetzungsvertrag**, dh die jeweilige Zustimmung der einzelnen Miterben, ist wie jeder andere Vertrag nach §§ 119 ff **anfechtbar** (BAMBERGER/ROTH/LOHMANN Rn 14; dazu KG OLGE 16, 43; Recht 1905, 681 Nr 284; WEISSLER II, 92; KARGER LZ 1925, 1215). Ein Schreibfehler bedarf keiner Anfechtung, es kann – auch im Klagewege – Berichtigung verlangt werden (OLGE 43, 393). Zum Irrtum bei Vergleichsnatur des Vertrages vgl Rn 24.

III. Das Recht auf Auseinandersetzung

37 1. Grundsätzlich kann **jeder** Miterbe **jederzeit** Auseinandersetzung des gesamten

Nachlasses (nicht Teilauseinandersetzung), also die Auflösung der Gesamthandsgemeinschaft verlangen. Dieses Recht steht ebenfalls dem Erbanteilserwerber (§ 2033) zu (KG OLGE 14, 154; Palandt/Edenhofer Rn 2;), ferner dem Pfandgläubiger und Nießbraucher eines Erbteils (Palandt/Edenhofer Rn 2). Die beiden letzteren können den Antrag nur in Gemeinschaft mit dem Miterben, dem der Anteil gehört, stellen, §§ 1066 Abs 2, 1258 Abs 2, 1273 Abs 2 (RGZ 60, 133; BGH NJW 1969, 1347 = Betrieb 1969, 1103). Mit dem Eintritt der Verkaufsberechtigung fällt diese Beschränkung für den Pfandgläubiger fort, § 1258 Abs 2 (RGZ 84, 396). Auf das Pfändungspfandrecht findet § 1258 Abs 2–4 keine Anwendung. Von der Pfändung und Überweisung des Erbteils an kann sich der betroffene Miterbe nicht mehr an der Erbauseinandersetzung beteiligen (KG ZBlFG 1909, 630; 10, 763; Bamberger/Roth/Lohmann Rn 4; Damrau/Rissmann Rn 2; vgl auch § 2033 Rn 30). Dem Pfandgläubiger gegenüber ist die Auseinandersetzung unwirksam, soweit seine Forderung reicht und sofern er nicht zustimmt (RGZ 83, 27; KG ZBlFG 1910, 593). Ein Miterbe, der aufgrund ausgleichspflichtigen Vorempfangs bei der Auseinandersetzung nichts erhalten wird, ist trotzdem berechtigt, die Auseinandersetzung zu verlangen, denn nur so kann er aus der Gemeinschaft ausscheiden und die endgültige Nachlasszuordnung bestimmt werden. Allerdings wird man ihm das Recht absprechen müssen, ein Nachlassgrundstück zur Vorbereitung der Auseinandersetzung zur Versteigerung zu bringen (OLG Celle HRR 1935 Nr 353; Soergel/Wolf Rn 4). Das Recht auf Auseinandersetzung ist an die Gemeinschafterstellung gebunden und kann nicht abgetreten werden. Einem Dritten ist lediglich die Geltendmachung im Namen des Gemeinschafters möglich.

§ 2042 Abs 1 entspricht § 749 Abs 1 bei der Gemeinschaft und § 723 Abs 1 S 1 bei der Gesellschaft, die nicht für eine bestimmte Zeit eingegangen ist. Anders als in § 723 Abs 2 ist in §§ 2042 ff ein Kündigungsverlangen „zur Unzeit" nicht verboten, es kann lediglich aus dem allgemeinen Gesichtspunkt des RechtsMissbrauchs (§ 242) eingeschränkt werden (RGZ 65, 10; RG HRR 1935 Nr 353; 1937 Nr 158; LG Verden NJW 1947/48, 599; LG Hagen MDR 1947, 258; LG Düsseldorf FamRZ 1955, 303, 304; Palandt/Edenhofer Rn 2; Brox/Walker Rn 513).

a) Das Verlangen kann durch **Klage** im Prozessweg (Zuständigkeit § 27 ZPO) geltend gemacht werden. Der Kläger braucht vorher nicht die Auseinandersetzung im Verfahren der freiwilligen Gerichtsbarkeit (vgl Rn 7 ff) versucht zu haben (LG Kassel SeuffA 64 Nr 10; MünchKomm/Gergen Rn 58; Palandt/Edenhofer Rn 20). Die Klage ist auf Zustimmung zu der beantragten Auseinandersetzung, also auf den Abschluss eines Auseinandersetzungsvertrages zu richten (RG JW 1910, 655; Bull SchlHAnz 1967, 11). Der Kläger muss einen bestimmten der gesetzlichen Form entsprechenden Teilungsplan vorlegen und bestimmte Anträge für die Art der Durchführung der Auseinandersetzung stellen (RG v 22.12.1919 – IV 303/19; v 2.3.1922 – IV 516/21; OLG Braunschweig SeuffA 57 Nr 106; 64 Nr 10; OLG Düsseldorf FamRZ 2000, 1049; OLG Jena ZErb 2009, 133; Fraeb ZBlFG 1913, 327; Keim RNotZ 2003, 376). Die Klage kann zugleich auf die dinglichen Einigungserklärungen und die Leistungen gerichtet werden, die zur Ausführung des Teilungsplanes erforderlich sind. Der Richter hat durch sorgfältige Ausübung des Fragerechtes (§ 139 ZPO) auf Stellung klarer und sachgemäßer Anträge hinzuwirken (RG v 24.9.1936 – IV 110/35; WarnR 1913 Nr 236d; OLG Jena ZErb 2009, 133). Klagen mehrere Erben, macht jeder sein eigenes Recht geltend, sie sind nicht notwendige Streitgenossen (RG WarnR 1919 Nr 42; OLG Nürnberg BayJMBl 1957, 39; OLG Köln ZEV 2004, 428; MünchKomm/Ann Rn 61; Soergel/Wolf Rn 18; BGB-RGRK/Kregel 23).

Zur Zulässigkeit einer Feststellungsklage hinsichtlich einzelner Streitpunkte, BGH DB 1990, 2164 = NJW-RR 1990, 1220 = FamRZ 1990, 1112.

40 b) Die Klage ist grundsätzlich auf **Auseinandersetzung der gesamten Erbengemeinschaft**, dh hinsichtlich des gesamten Nachlasses zu richten (OLG Rostock FamRZ 2010, 329, 330; HK-BGB/HOEREN Rn 7). Auf das Verlangen einzelner Teilauseinandersetzungen brauchen sich die Miterben regelmäßig nicht einzulassen (RG JW 1919, 42 Nr 9; RGZ 108, 423; vgl dazu Rn 30). Wohl kann der einzelne Miterbe bei ungeteilter Erbengemeinschaft auch schon vor Teilung des übrigen Nachlasses zur Vorbereitung der Auseinandersetzung die Versteigerung der Nachlassgrundstücke teilungshalber beantragen, doch muss die Versteigerung regelmäßig die Auseinandersetzung der Erbengemeinschaft überhaupt bezwecken (RGZ 67, 64; 108, 422; RG JW 1919, 42; BGH ZEV 1999, 69; Recht 1919 Nr 443, 444; OLG Breslau OLGE 25, 269; OLG Köln MDR 1958, 517 = JMBlNRW 1958, 129; LG Oldenburg JW 1925, 2162 m zust Anm STILLSCHWEIG; WEISSLER DNotV 1909, 606; REINHARD Recht 1910, 361 f; KRETZSCHMAR DNotV 1915, 143; aM die ältere Rspr: OLG Köln OLGE 18, 330; OLG Celle SeuffA 64 Nr 120). Wird mit einer Klage auf Zustimmung der Miterben zu einem vorgelegten Auseinandersetzungsvertrag auch dessen Vollziehung begehrt, kann durch Teilurteil über den Antrag auf Zustimmung entschieden werden (OLG Köln ZEV 2004, 428). Allerdings kann sich aus einer Anordnung des Erblassers (vgl Rn 3) die Unzulässigkeit des Antrages eines Miterben auf Zwangsversteigerung nach § 180 ZVG ergeben (RGZ 110, 270 ff = JW 1925, 2120). Zur steuerlichen Absetzbarkeit von in der Zwangsversteigerung durch einen Miterben aufgewendeten Beträgen vgl BFH NJW 1992, 3191. Gehört zum Nachlass ein Anteil am Gesamtgut einer noch nicht auseinandergesetzten Gütergemeinschaft, kann jeder Miterbe jederzeit auch Auseinandersetzung des Gesamtgutes verlangen (vgl auch § 2039 Rn 10). Zum Vorkaufsrecht in der Teilungsversteigerung: MARTINEK/ITTENBACH BB 1993, 519.

41 Inwieweit der **Nachlass** bei Klageerhebung bereits **teilungsreif** (dazu DAMRAU/RISSMANN Rn 15–19) sein muss, ist umstritten. Diese Voraussetzung wird von der hM gefordert (KG NJW 1961, 733; OLG Karlsruhe NJW 1974, 956; PALANDT/EDENHOFER Rn 20 ff; BGB-RGRK/ KREGEL Rn 22; ERMAN/SCHLÜTER Rn 16; HK-BGB/HOEREN Rn 7; KAPP/EBELING I Rn 618), vom BGH (zitiert bei JOHANNSEN WM 1970, 744; ebenso JOHANNSEN aaO; SOERGEL/WOLF Rn 20) für nicht erforderlich gehalten, da der Kläger alle zur Teilungsreife erforderlichen Streitigkeiten durch Hilfsanträge klären lassen könne. Umständlichkeit und zusätzliche Kosten können nicht gegen die Ansicht des BGH angeführt werden, denn der Kläger nimmt dies bewußt in Kauf. Entscheidend ist, dass das Gericht keine Gestaltungsbefugnis besitzt, sondern allein über die Zustimmung zu einem vom Kläger vorgelegten Teilungsplan entscheiden muss (vgl Rn 39). Vor dessen Anerkennung muss das Gericht inzidenter die vom Kläger vorgetragenen Angaben und Voraussetzungen prüfen, inwieweit der Teilungsplan den materiellen Auseinandersetzungsregeln entspricht. Damit muss es über die Zugehörigkeit der vom Kläger angegebenen Gegenstände zum Nachlass, die Teilungsquoten, den Wert einzelner Sachen entscheiden, dh die Angaben müssen nicht schon vorher außer Streit sein. Verneint der Kläger im Gegensatz zu dem beklagten Miterben die Zugehörigkeit eines Gegenstandes zum Nachlass (so im Fall des KG NJW 1961, 733) und hat er diesen im Teilungsplan nicht aufgeführt, geht es letztlich um die Frage, ob eine nach Ansicht des Klägers endgültige Auseinandersetzung erfolgen soll, eine Frage, die die Begründetheit der Klage betrifft und daher vom angegangenen Gericht entschieden werden muss.

Titel 4 · Mehrheit von Erben § 2042
Untertitel 1 · Rechtsverhältnis der Erben untereinander 42–44

Bedarf es vorheriger Entscheidungen, die nur in einem anderen Verfahren möglich sind (zB Auskunftsanspruch), ist das angegangene Gericht nicht in der Lage, über die Richtigkeit des Teilungsplanes zu entscheiden, der Kläger kann die gewünschte Zustimmung der anderen Miterben nicht erhalten, die Klage ist als unbegründet abzuweisen (MünchKomm/Ann Rn 58).

c) **Klagegegner** sind grundsätzlich alle Miterben (RG JW 1904, 61; KG NJW 1971, 565), **42** die dem vom Nachlassgericht oder von dem Kläger vorgelegten Teilungsplan nicht zustimmen. Ebenso beschränkt sich die Klage bei Erledigung einzelner Streitpunkte auf die Miterben, die davon betroffen sind. Die Klage gegen sämtliche Miterben kann sich auch auf die Feststellung einzelner Streitpunkte beschränken (zB Klarstellung eines bei der künftigen Auseinandersetzung zu berücksichtigenden Rechnungspostens, RG WarnR 1909 Nr 375; 1941 Nr 54). Ausreichend für ein Klagebegehren ist ebenfalls die Verweigerung der Zustimmung zur Verteilung bzw Verwertung einzelner Vermögensgegenstände durch beteiligte Miterben (OLG Köln NJW-RR 1997, 519). Gemeinsam verklagte Miterben sind keine notwendigen Streitgenossen (RG WarnR 1919 Nr 42).

d) In besonderen Fällen ist die **Leistungsklage** als eine zulässige Geltendmachung **43** des Auseinandersetzungsverfahrens anzuerkennen. Das ist der Fall, wenn der Erblasser alle Nachlassgegenstände durch Teilungsanordnung zugewiesen hat, § 2048. Besteht etwa der Aktiv-Nachlass nur aus einer oder mehreren Forderungen gegen einen Miterben, kann in der Klage auf Zahlung der den Klägern unter Berücksichtigung der Nachlassverbindlichkeiten zukommenden Anteile an diesen Forderungen eine zulässige Auseinandersetzungsklage liegen, auch wenn die Kläger den auf sie entfallenden Anteil in einem einheitlichen Betrag ohne Auseinandersetzung unter sich selbst verlangen (RG WarnR 1913 Nr 236b). Hat ein Miterbe den gesamten Barüberschuss des mit Verbindlichkeiten belasteten Nachlasses in Besitz, können die anderen Miterben unmittelbar auf Auszahlung des ihnen zukommenden Anteils klagen, ohne dass es der Darlegung des ursprünglichen Passivbestandes oder des Bestehens oder Nichtbestehens etwaiger Ausgleichspflichten bedarf (RG WarnR 1913 Nr 236).

Miterben, denen der Erblasser durch *Teilungsanordnung* (§ 2048) bestimmte Gegenstände zugewiesen hat, können unmittelbar auf Leistung statt auf Auseinandersetzung klagen (RG SeuffA 77 Nr 149), denn die Teilungsanordnung ersetzt insoweit den Teilungsplan (BGH NJW 2002, 2712; OLG Frankfurt OLGZ 1977, 229 = NJW 1977, 253 = Betrieb 1977, 584). In diesen Fällen ist die Leistungsklage zulässig, da sie das rein rechnungsmäßig zu gewinnende Ergebnis der Auseinandersetzung eines unverschuldeten oder schuldenfrei gestellten Nachlasses vorwegnimmt. In dem Zahlungsbegehren ist das Verlangen auf Auseinandersetzung enthalten, ohne dass es der Vorlage eines Teilungsplanes bedarf (RG SeuffA 77 Nr 149).

e) Das **Urteil** ersetzt gem § 894 ZPO die Einwilligung des Beklagten in den **44** Auseinandersetzungsplan (OLG Dresden SeuffA 66 Nr 149; HK-BGB/Hoeren Rn 7), dh seine Zustimmung zum Auseinandersetzungsvertrag. Das Urteil ist anders als bei der gemeinrechtlichen Erbteilungsklage *(actio familiae erciscundae)* kein Gestaltungsurteil, durch das das Gericht die Nachlassgegenstände nach freiem Ermessen zuteilen könnte.

45 f) Der **Streitwert** richtet sich nach dem Wert des gesamten Nachlasses (BGH LM Nr 7 zu § 6 ZPO = NJW 1962, 914, 915; JOHANNSEN WM 1970, 745; SCHMIDT NJW 1975, 1417), der zur Auseinandersetzung gebracht wird, dh die bereits durch Teilauseinandersetzung ausgeschiedenen Gegenstände oder solche, deren Verteilung unstreitig ist, finden, da nicht Streitgegenstand, keine Berücksichtigung mehr (BGH NJW 1969, 1350; 1975, 1415). Das Gericht entscheidet, abgesehen von diesen Ausnahmen, in dem Verfahren über den gesamten auseinanderzusetzenden Nachlass, nicht nur über den einem Kläger zukommenden Anteil (**aM** BGH NJW 1975, 1415m abl Anm SCHMIDT; SPECKMANN NJW 1970, 1662), denn nicht dessen Leistung wird gefordert, sondern die Zustimmung zum Plan mit den Ansprüchen aller Erben. Soweit nur Einzelfragen (zB Wert eines Nachlassgegenstandes, Zugehörigkeit zum Nachlass) Gegenstand des Prozesses bilden, handelt es sich nicht um eine Auseinandersetzungsklage, sondern lediglich um die Vorbereitung eines Auseinandersetzungsplanes, so dass nicht der gesamte Nachlass, sondern der einzelne Streitgegenstand den Streitwert bestimmt (BGH NJW 1975, 1415; zum Problem ausführlich SPECKMANN NJW 1970, 1259 ff; JOHANNSEN WM 1970, 745; 1973, 545; 1977, 272).

46 2. Ein **Aufschub** oder **Ausschluss der Erbauseinandersetzung** erfolgt in den Fällen der §§ 2043, 2044, 2045. Darüber hinaus können die Miterben durch formlose *Vereinbarung* das Recht auf Auseinandersetzung hinsichtlich der ganzen Erbschaft oder einzelner Gegenstände ausschließen (PALANDT/EDENHOFER Rn 4; vgl Rn 3, 29) bzw von einer vorhergehenden Kündigung abhängig machen. Diese Befugnis ergibt sich aus der grundsätzlich anerkannten Willensherrschaft der Miterben, über Zeit, Art und Inhalt der Auseinandersetzung zu bestimmen (vgl Rn 3; sowie §§ 2042 Abs 2, 749 Abs 2). Bei wichtigem Grunde kann die Auseinandersetzung trotzdem verlangt werden, §§ 749 Abs 2 und 3, 750, 751 (RG WarnR 1938 Nr 70). Ist die Vereinbarung nur von einem Teil der Miterben beschlossen worden, beschränkt sie sich auf diese (RG WarnR 1938 Nr 70; KIETHE ZEV 2003, 227).

47 Die unter den Miterben getroffene Vereinbarung wirkt für und gegen einen Sondernachfolger im Erbteil (§§ 2042 Abs 2, 751). Eine Eintragung der Vereinbarung im Grundbuch ist als überflüssig abzulehnen (RG JW 1935, 3121). Gegenüber dem Pfändungspfandgläubiger, der nicht lediglich aufgrund vorläufig vollstreckbaren Titels in den Anteil vollstreckt hat, gilt der vereinbarte Auseinandersetzungsausschluss nicht, §§ 2042 Abs 2, 751 S 2 (BayObLGZ 28, 817), ebensowenig gegenüber dem Vertragspfandgläubiger gem §§ 1258 Abs 2, 1273 Abs 2. Der Nießbraucher eines Erbanteils wird dagegen durch die Vereinbarung gebunden, da er nur die Rechte ausübt, die dem betreffenden Miterben zustehen.

48 3. Der **Anspruch** auf Auseinandersetzung ist gem §§ 2042, 758 **unverjährbar**. Dies ergibt sich aus der Verweisung des § 2042 Abs 2 auf § 758 (so die ganz **hM**: OLG Rostock FamRZ 2010, 236; ERMAN/SCHLÜTER Rn 21; PALANDT/EDENHOFER Rn 2; JAUERNIG/STÜRNER Rn 1). Als Folgeerscheinung der Schuldrechtsreform mit umgestalteten Verjährungsregeln wird von einigen Autoren vertreten, dass der Anspruch auf Auseinandersetzung der Verjährung unterliegt (Nachweise und zum Streitstand LÖHNIG ZEV 2004, 269). Dem steht zum einen der eindeutige Wortlaut der §§ 2042 Abs 2, 758 entgegen, die durch die Schuldrechtsreform keine Änderung erfahren haben. Zudem entspringt der Auseinandersetzungsanspruch der Miterbenstellung, die nicht durch eine Verjährung zu einer Zwangsgemeinschaft ohne Auflösung bzw Ausscheiden umgestaltet werden darf. Da die Miterbenstellung als Recht unverjährbar ist, entspringt ihr fortlaufend das Recht auf Auseinandersetzung, denn die Gemeinschaft ist auf Abwicklung gerichtet (Vorbem §§ 2032–2057a Rn 3). Wohl aber unterliegt der Erbschaftsanspruch gegen einen Miterben als Erbschaftsbesitzer der Verjährung (PALANDT/EDENHOFER Rn 2; vgl STAUDINGER/GURSKY [2010] § 2026 Rn 1 ff; SARRES ZEV 2010, 292, 293). Durch seine Verjährung wird dem Auseinandersetzungsanspruch gegen einen Miterben, soweit er im Besitz der Erbschaft ist, die praktische Bedeutung genommen.

4. Das **Recht auf** den sog **Dreißigsten** nach § 1969 hindert die Auseinandersetzung **49** nicht (ebenso PALANDT/EDENHOFER § 2045 Rn 1). Der Dreißigste ist ein den übrigen Forderungen an dem Nachlass – ebenso wie die Vermächtnisse – nachstehendes Forderungsrecht (vgl STAUDINGER/MAROTZKE [2008] § 1969 Rn 11 f). Die Auseinandersetzung und die Versilberung des Nachlasses können ebensowenig gehindert werden, wie uU die Leistung des Dreißigsten ohne Versilberung nicht erfolgen kann (BINDER III 255). Die Miterben machen sich ersatzpflichtig, wenn sie die Verwirklichung des Anspruchs schuldhaft vereiteln (STROHAL II § 65 Anm 9d). Auf eine die Leistung des Dreißigsten verhindernde Teilungsmaßnahme braucht sich kein Erbe einzulassen.

IV. Gesetzliche Teilungsregeln gelten für die Auseinandersetzung bei fehlender **50** Vereinbarung oder fehlender Anordnung des Erblassers (vgl Rn 3, 5). § 2042 Abs 2 erklärt im Wesentlichen die Vorschriften über die Aufhebung einer Gemeinschaft nach Bruchteilen für anwendbar. Hinzu kommen die Sondervorschriften der §§ 2046–2057a.

1. Zunächst sind aus dem Nachlass die **Nachlassverbindlichkeiten** zu berichtigen, **51** für die die Erben gem § 2058 als Gesamtschuldner haften, § 2046 Abs 1 S 1. Diese Pflicht ist den Erben lediglich im Verhältnis zueinander, nicht den Gläubigern gegenüber auferlegt (DAMRAU/RISSMANN Rn 5). Verteilen die Erben den Nachlass, ohne vorher die Gläubiger befriedigt zu haben, können sie sich von der gesamtschuldnerischen Haftung des § 2058 den unbefriedigten Gläubigern gegenüber nur dann befreien und auf die geteilte Haftung berufen, wenn ihnen das Unterlassen der vorherigen Gläubigerbefriedigung nicht vorgeworfen werden kann, § 2060. Zur Berichtigung der Nachlassverbindlichkeiten ist der Nachlass, soweit erforderlich, in Geld umzusetzen, § 2046 Abs 3. Zur Befriedigung nicht fälliger, oder streitiger Forderungen ist das Erforderliche zurückzubehalten, § 2046 Abs 1 S 2 (vgl § 2046 Rn 14).

2. Der nach Berichtigung der Nachlassverbindlichkeiten verbleibende **Überschuss** **52** ist unter die Erben nach dem Verhältnis ihrer Erbteile zu verteilen, § 2047 Abs 1. Bei der Teilung sind die allgemeinen Vorschriften der §§ 752–754 über die Gemeinschaftsteilung zu beachten, § 2042 Abs 2.

a) Die **Teilung** erfolgt vorrangig in **Natur**, wenn ein gemeinschaftlicher Gegen- **53** stand oder mehrere sich ohne Minderung des Wertes in gleichartige, den Erbanteilen entsprechende Teile ohne Wertminderung (KEIM RNotZ 2003, 376) zerlegen lassen, § 752. Die Verteilung gleichartiger Gegenstände unter die Teilhaber erfolgt durch Los. *Geldbeträge* sind immer teilbar. Ein *Grundstück* ist teilbar, wenn es ohne Wertminderung in mehrere gleich-nutzbare Teile (zB Baustellen) zerlegt werden kann (RG Gruchot 54, 632). Bebaute Grundstücke sind idR nicht in Natur teilbar, doch bietet das Gesetz über Wohnungseigentum (WEG) eine Teilungsmöglichkeit. Die Teilung landwirtschaftlicher Grundstücke (sofern sie nicht schon aus dem Gesamthandseigentum ausgeschieden sind, vgl Vorbem 21 f zu § 2032) ist eine Frage des Einzelfalles. Nach dem RErbhG war eine Teilung in Natur zu Zwecken der Auseinandersetzung ausgeschlossen (vgl Vorbem 22 zu § 2032). Teilbar sind: *Wertpapiere,* sofern gleichartige Stücke vorhanden sind, die auf die Erben anteilsmäßig aufgeteilt werden können (RGZ 91, 416), *Forderungen,* wenn die Leistung, auf die sie gerichtet sind, teilbar ist, dh der durch das Schuldverhältnis bezweckte Erfolg durch eine Mehrheit gleichartiger Leistungen bruchteilsweise verwirklicht werden kann. Dabei ist es unerheblich, ob die Forderung schon eingezogen werden kann (RGZ 65, 7; BGH NJW 1969, 1347; SOERGEL/WOLF Rn 10), *Grundschulden* (RG v 22.12.1919 – IV 303/19), *Hypothekenbriefe* durch Erteilung mehrere Teilhypothekenbriefe (RGZ 59, 318; 69, 12). Für die Grundbucheintragung aufgrund eines Zeugnisses des Nachlassgerichtes vgl §§ 36, 37 GBO. Zur Prüfungspflicht des Grundbuchamtes gegenüber derartigen Zeugnissen vgl DRW 1939, 1821. Ein *Erbteil,* der zum Nachlass gehört, ist auf die Erben entspr ihren Erbanteilen zu verteilen (vgl § 2033 Rn 7; BGH NJW 1963, 1611; JOHANNSEN WM 1970, 741). Ein Unternehmen ist eine unteilbare Einheit und unterliegt nicht der Naturalteilung nach §§ 2042 Abs 2, 752 (BRINGER ZErb 2006, 39, 40 mwNw). Nach ersatzloser Streichung des § 17 GmbHG aF durch das MoMiG ist eine Aufteilung eines GmbH-Anteils in mehrere Teilgesellschaftsanteile nicht mehr möglich. Nach § 18 GmbHG steht ein Geschäftsanteil mehreren Miterben ungeteilt zu. Sie können die Rechte aus demselben nur gemeinschaftlich ausüben. *Aktien* sind ebenfalls unteilbar, § 8 Abs 5 AktG.

54 b) Ist **Teilung in Natur ausgeschlossen**, erfolgt die Auseinandersetzung durch Verkauf und Teilung des Erlöses, § 753. Der Verkauf eines Nachlassgegenstandes dient der Vorbereitung des Vollzugs der Auseinandersetzung, ein teilbarer Erlös wird lediglich an die Stelle eines unteilbaren Gegenstandes gesetzt (BGH NJW 1969, 1347 = Betrieb 1969, 1002). Die gesamthänderische Bindung besteht an dem Erlös fort. Erst mit Verteilung des Erlöses ist die Auseinandersetzung vollzogen (vgl Rn 60). Der Verkauf einer nicht teilbaren Forderung ist nur zulässig, wenn sie noch nicht eingezogen werden kann; anderenfalls darf jeder Teilhaber gemeinschaftliche Einziehung verlangen (JOSEF Gruchot 48, 55). Gehört zum Nachlass ein auf den Namen eines Miterben lautendes Sparkassenguthaben, ist gemeinschaftliche Einziehung der Forderung, notfalls deren Verkauf und Teilung des Erlöses, erforderlich. Von dem benannten Miterben kann keine Barzahlung des Betrages verlangt werden (RG v 20.11.1919 – IV 246/19; LG Kassel SeuffA 64 Nr 10). Möglich ist mit Einverständnis aller Miterben auch der Verkauf des gesamten Nachlasses und Teilung des Erlöses.

55 Der **Verkauf der Nachlassgegenstände** erfolgt nach den Vorschriften über den Pfandverkauf (§§ 1253 f), bei Grundstücken gem §§ 180 ff ZVG durch Zwangsversteigerung und Teilung der Erlöses, § 753 Abs 1 S 1 (dazu KÜRZEL DWW 1954, 95; DRISCHLER JurBüro 1963, 242 ff, 502 ff). Den Antrag auf Zwangsversteigerung des Grundstückes zum Zwecke der Auseinandersetzung kann der einzelne Miterbe stellen (vgl Rn 40). Ein solcher Antrag ist auch gegen den Willen der übrigen Miterben möglich. Bei Pfändung eines Miterbenanteils geht das Antragsrecht auf den Pfändungspfandgläubiger über (BGH FamRZ 99, 433). Eine einstweilige Einstellung ist nach § 180 Abs 2 ZVG möglich. Ist der Versuch, einen Nachlassgegenstand zu verkaufen, erfolglos gewesen, kann jeder Gemeinschafter die Wiederholung des Versuches verlangen, bei dessen Erfolglosigkeit er jedoch die Kosten zu tragen hat. Ein Recht auf Zuteilung von Bruchteilseigentum an Stelle der Zwangsversteigerung von Grundstücken haben die einzelnen Miterben nicht (RGZ 67, 64). Zur Auseinandersetzung hinsichtlich eines Urheberrechtes vgl FROMM NJW 1966, 1244, 1246 f.

c) **Ist Teilung oder Veräußerung** (an Dritte) **ausgeschlossen** (zB wegen Anordnung **56** des Erblassers), ist der Nachlassgegenstand unter den Miterben zu versteigern, §§ 2042 Abs 2, 753 Abs 1 S 2. Der Erblasser kann auch eine derartige Versteigerung verbieten (RG DJZ 1925, 1265; zur Verwertung eines gepfändeten Miterbenanteils im Wege der Teilungsversteigerung BGH ZEV 1999, 69).

d) Wird ein Nachlassgegenstand bei der Auseinandersetzung einem **Miterben** **57** **zugeteilt**, bestehen Rechts- und Gewährleistungspflichten jedes anderen Miterben wie die eines Verkäufers, §§ 2042 Abs 2, 757 (dazu STROHAL II § 65 V 5; KIPP/COING § 119 I; KÜNTZEL Gruchot 41, 829). Zur Frage, wenn einem Erben eine irrtümlich zum Nachlass gerechnete fremde Sache zugeteilt wurde, vgl HELLMANN KritV 39, 239. Haben die Erben sich hinsichtlich der Zuteilung eines Gegenstandes einverständlich auseinandergesetzt, liegt hierin ein Vergleich und hinsichtlich der Mangelfreiheit und Zugehörigkeit zum Nachlass ein Irrtum über die Vergleichsgrundlage. Hat ein Testamentsvollstrecker die Zuteilung vorgenommen, liegt kein Vergleich vor, die Gesamtheit der Erben ist gewährleistungspflichtig. Es handelt sich um eine Nachlassverbindlichkeit, da der Testamentsvollstrecker nicht die einzelnen Erben verpflichten kann (KIPP/COING § 119 I). Hat der Erblasser die Zuteilung angeordnet, hilft § 2078 Abs 2. Wurde einem Dritten unter dem Irrtum, er sei Erbe, oder einem Erben in der Annahme eines höheren Erbteils zu Unrecht etwas zugeteilt, besteht ihm gegenüber ein Anspruch aus § 2018 bzw ein Bereicherungsanspruch (KIPP/COING § 119 II; MünchKomm/ANN Rn 41).

e) **Verlust** oder **Beschädigung** eines Nachlassgegenstandes tragen die Erben gemeinsam bis zum Vollzug der Auseinandersetzung, anschließend der Erbe, dem der Gegenstand zugeteilt wurde (RG LZ 1918, 159). Zur Aufwertung und Umstellung von Auseinandersetzungsforderungen vgl STAUDINGER/LEHMANN[11] Rn 36. **58**

f) Einem auf eine **Teilauseinandersetzung** gestützten Zahlungsbegehren eines **59** Miterben kann der Einwand unzulässiger Rechtsausübung (MünchKomm/ANN Rn 19) entgegengehalten werden (§ 242), wenn sich aufgrund zwischenzeitlicher Änderung der Verhältnisse herausgestellt hat, dass der Erbe nach dem Ergebnis der noch ausstehenden Schlussabrechnung den verlangten Betrag nicht zu fordern haben wird. Allein die Möglichkeit eines solchen Ergebnisses genügt jedoch nicht (so aber RG HRR 1934 Nr 1458), dieses muss vielmehr mit Sicherheit zu erwarten sein.

V. Vollzug der Auseinandersetzung

1. Die – auch im Klagewege erzwungene – Einigung über den Teilungsplan **60** bedeutet noch keinen Vollzug der Auseinandersetzung. Die **Auseinandersetzungsvereinbarung wirkt** lediglich **verpflichtend** (BGH Betrieb 1966, 31 = BB 1965, 1373, 1374). Eine formlos zulässige Rechtsübertragung wird idR in einem derartigen Vertrag mitenthalten sein. Die Verteilung einzelner Nachlassgegenstände ist erst eine Teilauseinandersetzung. Bis zum Vollzug der vollen Auseinandersetzung besteht die Erbengemeinschaft und ein pfändbarer Miterbenanteil der Gemeinschafter. Hinsichtlich nicht verteilter Gegenstände kann eine Auseinandersetzung in der Form gesamthänderischer Weiterbindung liegen (vgl Rn 29), so dass die Miterbengemeinschaft aufgehoben und kein pfändbarer Anteil mehr vorhanden ist (RG LZ 1918, 269). Die Versilberung einzelner Nachlassgegenstände und die Zwangsversteigerung eines Nachlassgrundstückes dienen lediglich der Vorbereitung der Auseinandersetzung, der Erlös bzw der Anspruch auf den Erlös ist gem § 2041 gesamthänderisch gebundener Nachlassgegenstand. Erst durch die reale Aufteilung des Erlöses unter den Erben ist die Auseinandersetzung vollzogen (BGH NJW 1969, 1347 = Betrieb 1969, 1102; OLG Köln MDR 1958, 517 = JMBlNRW 1958, 129). Erhält dabei ein Miterbe von dem Erlös einen seine Erbquote übersteigenden Anteil, fällt dieser als Surrogat wieder in den Nachlass (OLG Köln NJW-RR 96, 1352).

61 2. Für den Vollzug der Auseinandersetzung durch **Übertragung** der Nachlassgegenstände **auf** die **einzelnen Miterben** gelten die für die jeweilige Verfügung bestehenden Vorschriften, insbesondere sind evtl Formvorschriften zu beachten. Zum Erwerb erforderliche Genehmigungen (zB nach § 1 GrdstVG, KG JW 1938, 887) müssen eingeholt werden. Die Übernahme eines Unternehmens bedarf der Übertragung der zum Unternehmen gehörenden Einzelgegenstände nach den für sie maßgebenden Vorschriften (BGH BB 1965, 1373 = Betrieb 1966, 31). Die Übertragung des Eigentums an einem Grundstück bedarf der notariellen Beurkundung der Auflassung und der Eintragung im Grundbuch, §§ 873, 925, sowie der Berücksichtigung der §§ 36, 37 GBO. Zur Übertragung des Teileigentums und der Zustimmungsbedürftigkeit durch den Verwalter der WEG: LG Dortmund, MittBayNot 2009, 43.

62 3. Aufgrund des Auseinandersetzungsvertrages bzw des vom Nachlassgericht bestätigten Auseinandersetzungsplanes (vgl Rn 16) ist **jeder Miterbe verpflichtet**, die zum Vollzug der Auseinandersetzung erforderlichen Handlungen vorzunehmen. Jeder Miterbe kann die übrigen auf deren Vornahme im Prozesswege verklagen.

63 4. Die **Auseinandersetzung** ist endgültig **vollzogen**, die Gesamthandsgemeinschaft mangels Nachlassvermögens beendet (aufgehoben), wenn alle Nachlassgegenstände entspr dem Auseinandersetzungsverfahren (bzw Auseinandersetzungsplan des Nachlassgerichtes) an die Bedachten übertragen worden sind.

64 VI. Nach Vollzug der Auseinandersetzung hinsichtlich aller Nachlassgegenstände ist die **Miterbengemeinschaft beendet**, eine vertragliche Wiederherstellung der Erbengemeinschaft ist ebenso wie ihre vertragliche Begründung ausgeschlossen (vgl Vorbem 2 zu § 2032). Durch Rücktritt von einem vollzogenen Auseinandersetzungsvertrag entsteht die Miterbengemeinschaft nicht wieder (OLG Düsseldorf Rpfleger 1952, 243). Auch bei Vollzug einer Teilauseinandersetzung kann hinsichtlich des Auseinandersetzungsgegenstandes eine gesamthänderische Bindung nicht mehr begründet werden (OLG Köln OLGZ 1965, 117, 118; KG DRiZ 1952, Rspr Nr 565). Eine Wiederherstellung der Erbengemeinschaft kann nicht mittels eines Bereicherungsanspruches herbeigeführt werden (BGH DNotZ 1964, 406). Entstand letzterer bereits mit der Vermögensübertragung an die Miterben, ist die Gemeinschaft nicht erloschen, denn dieser Anspruch war gesamthänderisches Vermögen. Ist er erst durch Anfechtung oder Abänderung des Auseinandersetzungsvertrages nach Vollzug der Auseinandersetzung entstanden, war die Gemeinschaft erloschen und kann dadurch nicht wieder begründet werden, denn eine Erbengemeinschaft entsteht allein kraft Gesetzes im Erbfall (aA MünchKomm/ANN Rn 46). Wollen die ehemaligen Mitglieder eine neue Gesamthandsgemeinschaft gründen, stehen ihnen die durch Vertrag begründbaren Formen der BGB-Gesellschaft (§§ 705 ff), OHG oder KG (§§ 105 ff HGB) zur Verfügung (BGH WM 1975, 1110; KG DNotZ 1952, 84; OLG Köln OLGZ 1965, 118). Lediglich eine *Anfechtung* des Vollzuges der Auseinandersetzung wirkt gem § 142 ex tunc und lässt die Gemeinschaft bestehen.

Nach Vollzug der Auseinandersetzung ist kein Erbanteil mehr *vorhanden, eine* 65 *Übertragung* iS des § 2033 nicht mehr möglich. Einen Erbteilsverkauf (§ 2371) kann der Miterbe zwar noch tätigen, aber nur erfüllen, indem er die auf ihn entfallenden einzelnen zur Erbschaft gehörenden Gegenstände an den Käufer überträgt (RGZ 134, 298).

VII. Das Recht der **DDR** regelte die Erbauseinandersetzung in §§ 423–427 ZGB. 66 Jeder Miterbe konnte nach § 423 Abs 1 ZGB (entspr § 2042 Abs 1) die Auseinandersetzung verlangen, sobald die Erbteile feststanden. Die primäre Begleichung der Nachlassverbindlichkeiten und die Verteilung des Restes war in § 423 Abs 2, 3 entspr der nach dem BGB geltenden Regeln vorgesehen. Auch galt primär die von den Miterben getroffene Vereinbarung. Bei fehlender Einigung unter den Erben vermittelte das staatliche Notariat entspr dem Nachlassgericht die Auseinandersetzung, §§ 425–427 ZGB. Allerdings hatte das staatliche Notariat anders als das Nachlassgericht (§§ 363 ff FamFG) eine Entscheidungsbefugnis, wenn die Erben sich nicht einigen konnten, § 427 ZGB.

§ 2043
Aufschub der Auseinandersetzung

(1) Soweit die Erbteile wegen der zu erwartenden Geburt eines Miterben noch unbestimmt sind, ist die Auseinandersetzung bis zur Hebung der Unbestimmtheit ausgeschlossen.

(2) Das Gleiche gilt, soweit die Erbteile deshalb noch unbestimmt sind, weil die Entscheidung über einen Antrag auf Annahme als Kind, über die Aufhebung des Annahmeverhältnisses oder über die Anerkennung einer vom Erblasser errichteten Stiftung als rechtsfähig noch aussteht.

Materialien: E I § 2154; II § 1917; III § 2018;
Mot V 690 f; Prot V 883 f; JAKOBS/SCHUBERT
ER I 751 f, 780–821; BT-Drucks V/2370, 14, 98;
VII/3061, 9, 56; VII/5087, 22, 45; STAUDINGER/
BGB-Synopse 1886–2005 § 2043 BGB.

I. Allgemeines

1. Durch Art 1 Nr 45 des Kindschaftsrechtsreformgesetzes vom 16. 12. 1997 (BGBl **1**

I 2942) wurden in § 2043 Abs 2 die Worte „über eine Ehelicherklärung" gestrichen. Dies ist Folge der Gleichstellung ehelicher und nichtehelicher Kinder im Rahmen des Erbrechtsgleichstellungsgesetzes vom 16. 12. 1997 (BGBl I 2968). Insoweit zeitigt eine Ehelicherklärung des nichtehelichen Kindes erbrechtlich künftig keine Auswirkungen mehr (zum verfahrenserheblichen Zeitpunkt vgl Vorbem 2 zu §§ 2032 ff). Weitergehend sind durch Art 1 Nr 48 KindRG die Vorschriften über die Legitimation nichtehelicher Kinder (§§ 1719–1740g aF) entfallen.

Eine weitere Änderung erfuhr § 2043 Abs 2 durch Art 1 Nr 2 f AdoptG v 2. 7. 1976 (BGBl I 1749 – in Kraft seit 1. 1. 1977) dahingehend, als die Worte „über einen Antrag auf Annahme als Kind, über die Aufhebung des Annahmeverhältnisses" an Stelle der bis dahin geltenden Formulierung „über die Bestätigung einer Annahme an Kindes Statt" eingefügt worden sind. Damit wurde die Vorschrift zunächst redaktionell dem neuen Adoptionsrecht angepasst (BT-Drucks VII/3061, 56), das nicht mehr die Bestätigung des Annahmevertrages iS der §§ 1753 ff aF kennt. Darüber hinaus wurde entspr dem Vorschlag des Bundesrates dem Fall, in dem die Erbteile wegen einer Entscheidung über die Annahme als Kind unbestimmt sind, der Fall gleichgestellt, in dem eine Unbestimmtheit vorliegt, weil über die Aufhebung des Annahmeverhältnisses noch nicht entschieden worden ist. In beiden Fällen geht es um die Existenz eines gesetzlichen Erben aufgrund Adoption (vgl STAUDINGER/WERNER[13] Vorbem 34 ff zu § 1924), so dass eine Gleichbehandlung und insoweit eine Erweiterung des § 2043 notwendig erschien (BT-Drucks VII/5057, 22).

Angepasst wurde § 2043 Abs 2 entsprechend der Novellierung der §§ 80–82 BGB durch Art 1 des G zur Modernisierung des Stiftungsrechts v 15. 7. 2002 (BGBl I 2634). Nunmehr ist also statt einer Genehmigung die Anerkennung der Stiftung maßgeblich.

2. § 2043 enthält eine **Ausnahme** (weitere Ausnahmen in §§ 2044, 2045) **vom Grundsatz des § 2042**, dass nämlich jeder Miterbe jederzeitige Auseinandersetzung verlangen kann. Bei allen in § 2043 geregelten Fällen sind einzelne oder alle Erbteile noch unbestimmt. Die Auseinandersetzung wird aber nicht schlechthin ausgeschlossen, sondern nur *soweit* und *solange* die Erbteile unbestimmt sind. Im Übrigen kann die Auseinandersetzung erfolgen (Mot V 670), allerdings können die feststehenden Erben wegen § 2040 die Auseinandersetzung nicht vollziehen (vgl Rn 8). Wird von der zu erwartenden Geburt eines Miterben lediglich die Anzahl und die Höhe der Kopfteile eines Erbstammes beeinflusst, ist die Auseinandersetzung hinsichtlich der anderen Stämme zulässig. Würde dagegen das Erbrecht der ohne das Kind die Miterbengemeinschaft bildenden entfernteren Berechtigten durch dessen Geburt ausgeschlossen, ist bis zur Beseitigung der Ungewissheit die Auseinandersetzung ausgeschlossen. Steht das Ereignis (Geburt, Gerichtsentscheidung, Genehmigung) unmittelbar bevor, dürfte das Nachlassgericht befugt sein, bis zur Hebung der Ungewissheit die Vermittlung der Auseinandersetzung gänzlich aufzuschieben, auch soweit letztere nicht unmittelbar berührt wird, damit die mit einer neuen Teilung verbundenen Weitläufigkeiten vermieden werden (PLANCK/FLAD Anm 1). Mit der Regelung des § 2043 soll verhindert werden, dass den später endgültig feststehenden Erben der Nachlass entzogen wird (SOERGEL/WOLF Rn 2).

II. Die von § 2043 berücksichtigten Fälle

Obwohl sich der Gesetzgeber bewusst war, dass es weitaus mehr Fälle gibt, die eine Unbestimmtheit der Erbteile bedingen können, beschränkte er sich auf die drei in § 2043 geregelten. Die Anerkennung weiterer Fälle soll einer Neuordnung des Erbrechts vorbehalten bleiben (BT-Drucks VII/5087, 22; MünchKomm/Ann Rn 8). Die Redaktionskommission ist der Anregung, allen Fällen der Unbestimmtheit durch eine allgemeine Klausel Rechnung zu tragen, nicht gefolgt. § 2043 ist daher *eng auszulegen* (Planck/Flad Anm 2; vgl auch Rn 11). Nicht erfasst werden die Fälle, in denen wegen Verschollenheit eines Miterben oder noch bestehender Ausschlagungsmöglichkeit eine Ungewissheit besteht. In den von § 2043 erfassten Fällen ist erforderlich, dass die Person, deren Erbberechtigung unbestimmt ist, bei deren Vorliegen zur Erbfolge gelangen würde, dh sie darf nicht aufgrund letztwilliger Verfügung oder durch vorrangige gesetzliche Erben ausgeschlossen sein (MünchKomm/Ann Rn 3).

1. Ist die **Geburt eines Miterben** zu erwarten (Abs 1), hängt das Erbrecht der Leibesfrucht gem § 1923 Abs 2 davon ab, ob sie lebend geboren wird, dh einen Augenblick gelebt hat (vgl Staudinger/Otte [2008] § 1923 Rn 16 ff). Da dies erst mit der Vollendung der Geburt festgestellt werden kann, ist die Auseinandersetzung bis zu diesem Zeitpunkt ausgeschlossen. Für den nasciturus steht dem für ihn bestellten *Pfleger* oder seinem Gewalthaber (§ 1912) die Teilnahme an der Verwaltung (§ 2038) zu. Der für den zu erwartenden Erben bestellte Nachlasspfleger (§ 1960) ist nicht zur Durchführung und Überwachung der Erbauseinandersetzung berufen (RGZ 154, 114), er kann nicht einmal die Annahme der Erbschaft erklären (KGJ 40 A 37; 41 A 34), sondern lediglich die Belange des unbekannten endgültigen Erben wahren. Gleiches gilt für den nach § 1912 bestellten Pfleger. Die Auseinandersetzung durch Teilung bzw Versilberung des Nachlasses kann, soweit sie nach § 2043 zulässig ist, wegen § 2040 wirksam nur durch einen mit der erforderlichen Verfügungsmacht ausgestatteten Testamentsvollstrecker vollzogen werden, §§ 2204, 2205. Davon abgesehen kann der Vollzug lediglich vorbereitet werden (Binder III 241).

2. Da die Vorschriften über eine Ehelicherklärung mit Inkrafttreten des KindRG ersatzlos gestrichen wurden (vgl Rn 1) besitzen die nachfolgenden Ausführungen ausschließlich für die vor dem in Art 227 EGBGB genannten Zeitpunkt eingetretenen Erbfälle Bedeutung (vgl Vorbem 2 zu §§ 2032 ff). Die Entscheidung über eine **Ehelicherklärung** (§§ 1723 ff) betrifft nur die Erbteile der Miterben, wenn das betreffende Kind als nichteheliches gem § 1934a von der Erbschaft ausgeschlossen wäre (vgl Staudinger/Werner[13] Vorbem 21 zu § 1924). Nach § 1733 Abs 3 hat die nach dem Tod des Vaters erfolgte Ehelicherklärung rückwirkende Kraft. Hat der Erblasser die „Abkömmlinge" eines Dritten zu Erben eingesetzt (§ 2070), ist die Ehelicherklärung nach Aufhebung des § 1589 II aF (dazu Staudinger/Werner[13] Vorbem 22 ff zu § 1924) ohne Bedeutung, denn das nichteheliche Kind ist ebenso wie das eheliche Abkömmling seines Vaters.

3. Die **Annahme als Kind** wird auf Antrag des Annehmenden, bei Volljährigen auch des Anzunehmenden, durch Beschluss des Vormundschaftsgerichtes ausgesprochen (§§ 1752, 1753, 1767 Abs 2, 1768). Mit Aufhebung des die Annahme als Kind begründenden Rechtsverhältnisses endigen die Wirkungen der Adoption und das damit begründete Erbrecht im Verhältnis zum Annehmenden (Staudinger/Werner

[2008] Vorbem 46 ff zu § 1924). Die ausstehende Entscheidung über einen Antrag auf Annahme als Kind (§§ 1741 ff) oder über die Aufhebung des Annahmeverhältnisses (§§ 1760 ff) ist maßgebend für die gesetzliche Erbberechtigung des Kindes kraft Verwandtschaft (vgl Vorbem 19, 49 ff zu § 1924) und damit für die Zusammensetzung der Erbengemeinschaft. Dies gilt sowohl hinsichtlich des Erbverhältnisses zu dem Annehmenden wie zu den leiblichen Verwandten, denn bei wirksamer Adoption eines Minderjährigen erlischt das erbberechtigende Verwandtschaftsverhältnis zu den leiblichen Verwandten (vgl STAUDINGER/WERNER [2008] Vorbem 47 zu § 1924). Bei Adoption eines Volljährigen hat die Entscheidung lediglich Einfluss auf das Verhältnis zu dem Annehmenden, denn der Angenommene verbleibt in der Verwandtschaft seiner Ursprungsfamilie (vgl STAUDINGER/WERNER [2008] Vorbem 48 zu § 1924). Hat der Erblasser die „Abkömmlinge" eines Dritten testamentarisch eingesetzt (§ 2070), so hängt die Erbenstellung eines Adoptierten von der Wirksamkeit der Annahme als Kind ab.

7 4. Die **Genehmigung** einer vom Erblasser **errichteten Stiftung** (§§ 80, 84) entscheidet über deren Rechtsfähigkeit, also deren Erbberechtigung. Die Stiftung gilt, auch wenn sie erst nach dem Tod des Stifters anerkannt wird, als schon vor dessen Tod entstanden (dazu ERMAN/WERNER, Kommentierung zu § 84).

III. Wirkung des § 2043

8 1. Eine entgegen § 2043 vorgenommene Auseinandersetzung hat **keine Nichtigkeit** gem § 134 zur Folge (HK-BGB/HOEREN Rn 3). Die Ausnahmen der §§ 2043–2045 sind nur als Einschränkung des Rechts auf jederzeitige Auseinandersetzung (§ 2042 Abs 1) aufzufassen (heute unstr: PLANCK/FLAD Anm 1; PALANDT/EDENHOFER Rn 1; ERMAN/SCHLÜTER Rn 7; SOERGEL/WOLF Rn 6; BGB-RGRK/KREGEL Rn 5; vLÜBTOW II 829; BAMBERGER/ROTH/LOHMANN Rn 2; DAMRAU/RISSMANN Rn 4; ERMAN/SCHLÜTER Rn 6; **aM** BINDER III 242). Ob die Auseinandersetzung wirksam ist, ist eine Frage der Verfügungsmacht. Der Zweck des § 2043 wird schon dadurch erreicht, dass eine erfolgte Auseinandersetzung nichtig ist, wenn der fragliche Miterbe später als wirklicher Miterbe festgestellt wird und sie nicht genehmigt (§§ 177, 185). Die Auseinandersetzung bleibt wirksam, falls eine Totgeburt erfolgt oder der Erbe, dessen Annahme als Kind streitig war, trotz der Ungewissheit bereits bei Vollzug der Auseinandersetzung mitgewirkt hatte. Wird die strittige Person nicht Erbe und haben die anderen Miterben ihn bei einer schon vollzogenen Auseinandersetzung als Erben mitberücksichtigt, erfolgt hinsichtlich der ihm zugeteilten oder vorbehaltenen Gegenstände eine Nachtragsauseinandersetzung (BGB-RGRK/KREGEL Rn 5; ERMAN/SCHLÜTER Rn 7).

9 2. Der **Nachlassrichter** hat seine Mitwirkung (vgl § 2042 Rn 7 ff) zu versagen, solange die Auseinandersetzung nach § 2043 ausgeschlossen ist (KIPP/COING § 116 II 1 d). In den anderen Fällen der Unbestimmtheit (vgl Rn 3) hängt seine Mitwirkung davon ab, ob der Pfleger eine entsprechende Verfügungsmacht hat. Dies ist für den Abwesenheitspfleger des § 1911 zu bejahen, für den Nachlasspfleger (§ 1960) zu verneinen, der nur bei Verwaltungshandlungen, also der Vorbereitung der Auseinandersetzung, mitwirken kann (vgl Rn 4).

IV. Entsprechende Anwendung

10 1. Eine Erbauseinandersetzung ist weiterhin ausgeschlossen, soweit eine im Sinne von Art 86 EGBGB für den erbrechtlichen Erwerb notwendige Genehmigung fehlt.

2. Eine entsprechende Anwendung des § 2043 auf *andere Fälle bestehender Un-* **11** *bestimmtheit* (vgl Rn 3) ist abzulehnen (vLübtow II 828; HK-BGB/Hoeren Rn 2). Dem Bedürfnis nach einer Vertretung des unbestimmten Erben kann durch Bestellung eines Abwesenheits- oder Nachlasspflegers (§§ 1911, 1960) genügt werden (KG NJW 1971, 565, 566; BGB-RGRK/Kregel Rn 4). Soweit für einen Miterben ein Abwesenheitspfleger nach § 1911 bestellt ist, kann er auch die Annahme der Erbschaft erklären und den Abwesenden bei der Auseinandersetzung vertreten (Kipp/Coing § 116 II 1 e). Auf etwaige unbekannte Abkömmlinge eines für tot Erklärten wird keine Rücksicht genommen (OLG München SeuffA 63 Nr 126). Soweit freilich ein Miterbe die Erbschaft noch nicht angenommen hat, ist eine Teilung ausgeschlossen, denn der Anspruch auf Auseinandersetzung kann gegen diesen Miterben nicht durchgesetzt werden. Aus diesem Grund kann sie von den anderen nicht verlangt werden, da kein Miterbe zu einer Teilung gezwungen werden kann, die fraglich ist (MünchKomm/Ann Rn 8). Dies ergibt sich ohne Heranziehung des § 2043.

V. In der **DDR** machte § 423 Abs 1 ZGB das Recht auf Auseinandersetzung **12** generell vom Feststehen der Erbanteile abhängig. Eine Beschränkung auf die von § 2043 genannten Fälle der Unbestimmtheit bestand nicht.

§ 2044
Ausschluss der Auseinandersetzung

(1) Der Erblasser kann durch letztwillige Verfügung die Auseinandersetzung in Ansehung des Nachlasses oder einzelner Nachlassgegenstände ausschließen oder von der Einhaltung einer Kündigungsfrist abhängig machen. Die Vorschriften des § 749 Abs. 2, 3, der §§ 750, 751 und des § 1010 Abs. 1 finden entsprechende Anwendung.

(2) Die Verfügung wird unwirksam, wenn 30 Jahre seit dem Eintritt des Erbfalls verstrichen sind. Der Erblasser kann jedoch anordnen, dass die Verfügung bis zum Eintritt eines bestimmten Ereignisses in der Person eines Miterben oder, falls er eine Nacherbfolge oder ein Vermächtnis anordnet, bis zum Eintritt der Nacherbfolge oder bis zum Anfall des Vermächtnisses gelten soll. Ist der Miterbe, in dessen Person das Ereignis eintreten soll, eine juristische Person, so bewendet es bei der dreißigjährigen Frist.

Materialien: E I § 2153; II § 1918; III § 2019; Mot V 688 ff; Prot V 882 f, VI 389; Jakobs/ Schubert ER I 751–753, 780–821; Denkschr 729.

Schrifttum

BENGEL, Zur Rechtsnatur des vom Erblasser verfügten Erbteilungsverbots, ZEV 1995, 178
FLUME, Teilungsanordnung und Erbschaftssteuer, Betrieb 1983, 2271
KEGEL, Nemo minus iuris transferre potest, quam ipse habet, oder warum Erbteilungsverbote so kraftlos sind, in: FS Richard Lange (1976) 927
KIETHE, Ausschluss der Auseinandersetzung der Erbengemeinschaft mit Verfügungsverbot über den Erbteil-Schutz vor unerwünschten Dritten beim Unternehmensnachlass?, ZEV 2003, 225
KOHLER, Testamentarisches Familiengut, NJW 1957, 1173
ders, Das Teilungsverbot besonders beim testamentarischen Familiengut, DNotZ 1958, 245
WECKBACH, Die Bindungswirkung von Erbteilungsverboten (1987).
Weiteres Schrifttum bei § 2042.

I. Allgemeines

1 1. Eine weitere **Ausnahme** (nach § 2043) **von** der Regel des **§ 2042** macht § 2044. Diese Norm gestattet dem Erblasser, durch letztwillige Verfügung ein **Teilungsverbot** zu erlassen, wodurch er die Auseinandersetzung in Ansehung des gesamten Nachlasses oder einzelner Nachlassgegenstände ganz ausschließen oder von der Einhaltung einer Kündigungsfrist abhängig machen kann (KIETHE ZEV 2003, 226). Darf der Erblasser die Auseinandersetzung ausschließen, muss es auch zulässig sein, sie zu erschweren, indem er sie zB von einem Mehrheitsbeschluss (etwa Zweidrittelmehrheit) abhängig macht (RGZ 110, 270 f = JW 1925, 2120 = DJZ 1925, 1265). Nach RG (Recht 1917 Nr 69) kann der Erblasser anordnen, dass nur die überlebende Witwe als Miterbin die Nachlassgrundstücke nach freiem Ermessen ohne Mitwirkung der miterbenden Kinder veräußern kann und die Kinder weder Veräußerung noch Teilung fordern dürfen. Dagegen bestehen wegen § 2040 Bedenken hinsichtlich der Verfügung über den Nachlassgegenstand ohne Mitwirkung der Erben. Der Erblasser kann die Auseinandersetzung bis zur Einführung einer wertbeständigen Währung verbieten. Es handelt sich dabei nicht um eine Währungsklausel, denn es ist keine feststehende Nennwertschuld, sondern lediglich ein vorläufiger Ausschluss des Auseinandersetzungsrechts (OLG Oldenburg MDR 1948, 17; BEITZKE SJZ 1948, 90). Über erleichternde Anordnungen vgl § 2048.

2 Eine **beschwerende Teilungsanordnung** ist gegenüber einem als Miterben berufenen Pflichtteilsberechtigten gem § 2306 **unwirksam**, wenn der ihm hinterlassene Erbteil die Hälfte des gesetzlichen Erbteils nicht übersteigt.

3 2. Die Anordnung erzeugt **keine dingliche Wirkung** (KIPP/COING § 116 IV 1). Lediglich das Recht des einzelnen Erben, von den anderen jederzeit Auseinandersetzung zu verlangen, ist eingeschränkt. Die Beschränkung der Auseinandersetzung durch Teilungsverbot kann daher nicht im Grundbuch eingetragen werden (KG DNotZ 1944, 15 = DRW 1944, 191), vgl aber Rn 16. Nach § 137 kann die Verfügungsbefugnis über ein veräußerliches Recht nicht rechtsgeschäftlich ausgeschlossen werden. Da ein gesetzliches Veräußerungsverbot nicht vorliegt (BGHZ 40, 115 = NJW 1963, 2320) und eine der Erblasseranordnung widersprechende Auseinandersetzung nicht schon deswegen sittenwidrig ist, hat das Teilungsverbot nur schuldrechtliche Wirkung, ebenso wie eine Teilungsvereinbarung unter Miterben (heute unstr: KG OLGE 40, 112; KEGEL 930, 931,

937, 938; HK-BGB/Hoeren Rn 2). Bei einer entgegen § 2044 zur Vorbereitung der Auseinandersetzung beantragten Zwangsversteigerung eines Nachlassgrundstückes (§§ 180 ff ZVG) können die anderen Miterben entspr § 771 ZPO Widerspruchsklage erheben (OLG Bamberg JW 1927, 2473; OLG Dresden HRR 38 Nr 1060; OLG Hamburg NJW 1961, 610; Bamberger/Roth/Lohmann Rn 11; Erman/Schlüter Rn 1). Das Gesetz setzt dem Teilungsverbot die gleichen *Schranken* wie einer entsprechenden Vereinbarung der Miterben (Abs 1 S 2) und begrenzt es weiter zeitlich durch Abs 2.

3. Das Teilungsverbot umfasst jede Art der Auseinandersetzung, also auch die Umwandlung von Gesamthands- in Bruchteilseigentum. 4

II. Das Teilungsverbot kann einen **verschiedenen Sinn** und damit auch eine **verschiedene Rechtsnatur** (Vermächtnis oder Auflage) haben. Der Sinn ist durch Auslegung festzustellen (LG München FamRZ 98, 1538). 5

1. Das Teilungsverbot kann den Zweck haben, das den einzelnen Miterben zustehende Recht, auch *gegen den Willen der anderen Erben* die Auseinandersetzung zu verlangen, zu beschränken, ohne damit einer einverständlichen Auseinandersetzung der Miterben im Wege zu stehen (BGHZ 40, 115 = NJW 1963, 2320; Kipp/Coing § 116 IV 3 a). Der Erblasser kann damit den einzelnen Miterben die Befugnis einräumen, dem Auseinandersetzungsverlangen eines anderen Miterben während der Zeitdauer der Wirksamkeit der Anordnung zu widersprechen. Die Einräumung eines solchen vorübergehenden Einrederechts ist als **Vermächtnis** (§ 2150) anzusehen (Bamberger/Roth/Lohmann Rn 1; ebenso Palandt/Edenhofer Rn 3; Soergel/Wolf Rn 3; BGB-RGRK/Kregel Rn 2; vLübtow II 829; Kegel 929; Kipp/Coing § 116 IV 3 a spricht von einer vermächtnisähnlichen Bedeutung). Die Anerkennung eines zeitlich begrenzten Widerspruchsrechts schließt den Anspruch aus § 2042 Abs 1 nicht aus und fordert keinen Verzicht auf ihn, sondern steht ihm nur vorübergehend entgegen und verpflichtet den Miterben, seine Geltendmachung vorübergehend zu unterlassen. Diese Konstruktion ist entgegen Binder III 248 nicht künstlicher als die einer jeden aufschiebend bedingten Einrede. Auch wenn die Anordnung das gemeinschaftliche Beste aller fördert, bedeutet sie die Zuwendung eines Vermögensvorteils an jeden einzelnen Miterben iS eines Vermächtnisses. Allerdings sind die Vorschriften des Vermächtnisrechts nur insoweit anwendbar, als sie der besonderen Situation entsprechen. Dies ist nicht der Fall, wenn ein subjektiver Begünstigungswille beim Erblasser fehlt. Dann kommt aber eine negative Teilungsanordnung in Betracht (Bengel ZEV 1995, 178, 179). 6

Ist die Auseinandersetzung bis zur **Wiederverheiratung** des überlebenden Ehegatten, der bis dahin auch zum Testamentsvollstrecker ernannt ist, ausgeschlossen, kann angenommen werden, dass der Ausschluss nur in dessen Interesse angeordnet wurde und dieser die Auseinandersetzung auch vor der Wiederverheiratung vornehmen darf (OLG Stuttgart HEZ 2, 115; BGB-RGRK/Kregel Rn 5). 7

2. Das Teilungsverbot kann aber auch bezwecken – und das wird die Regel sein –, die Auseinandersetzung **unabhängig vom Willen der Erben** zu untersagen. Dann hat das Verbot, das auch in diesem Fall auf eine Verpflichtungswirkung beschränkt bleibt (KG OLGE 40, 112), den Charakter einer **Auflage** (§§ 2192 ff) zu Lasten sämtlicher Erben (Bamberger/Roth/Lohmann Rn 5; ebenso Palandt/Edenhofer Rn 3; Soergel/Wolf Rn 3; BGB-RGRK/Kregel Rn 3; Kipp/Coing § 116 IV 3 b; vLübtow II 829; Kegel 930; Bengel 8

ZEV 1995, 175, 179). Das Recht, die Unterlassung der Auseinandersetzung, die Vollziehung der Auflage zu verlangen, ist den Miterben nicht in ihrem Interesse als den durch die Verfügung Bedachten zugewandt, sondern nur nach § 2194, um den Willen des Erblassers durchzuführen. Es steht außer den Miterben den in § 2194 genannten Personen zu (vLübtow II 829; Kegel 932), dh auch der zuständigen Behörde, wenn die Vollziehung im öffentlichen Interesse liegt (zB wenn eine der Öffentlichkeit zugängliche Kunstsammlung zusammengehalten werden soll, Planck/Flad Anm 3; BGB-RGRK/Kregel Rn 3). Bedenken gegen die Einordnung als Auflage äußern Strohal § 65, 109 f; Binder III 249; Kress 231 Fn 16 und Staudinger/Herzfelder[9] Anm 1.

9 3. Auch das um Vermittlung ersuchte **Nachlassgericht** muss seine Mitwirkung versagen (ebenso Palandt/Edenhofer Rn 2), das Zuweisungsverfahren nach §§ 13 ff GrdstVG (vgl § 2042 Rn 20) ist unzulässig, § 14 Abs 3 GrdstVG. Um den von ihm gewünschten Erfolg zu sichern, ist dem Erblasser zu raten, einen Testamentsvollstrecker zu ernennen. Dies schließt eine Auseinandersetzung durch die der Anordnung zuwiderhandelnden Erben aus (Strohal II 110; vgl auch § 2042 Rn 6 und Bengel ZEV 1995, 179 f, der auch auflösend bedingte Erbeinsetzung zur Sicherung von Teilungsverboten erwägt), sofern der Testamentsvollstrecker nicht mit den Erben zusammen der Anordnung zuwiderhandelt (BGHZ 40, 115 = NJW 1963, 2320; BGHZ 56, 275 = NJW 1971, 1805).

10 III. Das Teilungsverbot muss durch **letztwillige Verfügung** getroffen werden. Bei Ablehnung des Vermächtnis- oder Auflagecharakters könnte die Anordnung nicht durch Erbvertrag erfolgen (so Staudinger/Herzfelder[9] Anm 1.). Nach dem hier vertretenen Standpunkt ist auch die erbvertragsgemäße Anordnung zulässig (ebenso Bamberger/Roth/Lohmann Rn 1; BGB-RGRK/Kregel Rn 1; Kegel 930). Sie kann ebenfalls bei gesetzlicher Erbfolge getroffen werden (unstr: BayObLGZ 1966, 408 = NJW 1967, 1136; Soergel/Wolf Rn 2; BGB-RGRK/Kregel Rn 1).

IV. Schranken des Teilungsverbots

11 1. Die Anordnung des Erblassers unterliegt zunächst den gleichen Schranken wie eine entsprechende Vereinbarung der **Miterben**, Abs 1 S 2 (die Anwendung der §§ 749 ff ist eine entsprechende, weil keine Vereinbarung der Gemeinschafter selbst, sondern die Anordnung eines Dritten in Betracht kommt).

12 a) Die **Anordnung** ist **wirkungslos**, wenn für die Auseinandersetzung ein wichtiger Grund spricht, § 749 Abs 2, 3. Dies richtet sich nach den Umständen des Einzelfalles (OLG Hamburg NJW 1961, 610). Darüber entscheidet gegebenenfalls das Prozessgericht (Bamberger/Roth/Lohmann Rn 7). Aber auch das Nachlassgericht kann im Vermittlungsverfahren (§ 2042 Rn 7 ff) die Anordnung überprüfen, sofern sie Auflagencharakter (vgl Rn 8) hat (RG Recht 1930, 260 Nr 904; BGB-RGRK/Kregel Rn 7; Kohler DNotZ 1958, 247). Ein vom Erblasser mit der Aufgabe des § 2204 ernannter Testamentsvollstrecker hat nach pflichtgemäßem Ermessen über das Vorliegen eines wichtigen Grundes zu entscheiden (RG v 11. 6. 1934 – IV 50/34; KG RJA 16, 323; Recht 1919 Nr 1524; LG Düsseldorf FamRZ 1955, 303 f; BGB-RGRK/Kregel Rn 7). Als wichtige Gründe gelten Fälle, in denen ein Miterbe der Verwertung und Nutzung des Nachlasses bedarf (Verheiratung oder Vermögensverfall) oder ein Verbleib in der gesamthänderischen Bindung unzumutbar ist (zB Verfeindung der Erben, LG Düsseldorf FamRZ 1955, 304;

BAMBERGER/ROTH/LOHMANN Rn 7; für den Fall, dass der Erbe volljährig wird siehe HABERSACK MittBayNot 1999, 22).

b) Eine auf Zeit getroffene Anordnung tritt mit dem **Tod eines Miterben** außer **Kraft**, § 750.

c) Die Anordnung wirkt für und gegen den **Sondernachfolger**, auf den der Erbteil gem § 2033 übertragen worden ist (OLG Hamburg NJW 1961, 611; vgl auch Rn 15).

d) Der Erblasser kann die Rechte eines Gläubigers, der aufgrund eines nicht bloß vorläufig vollstreckbaren Schuldtitels die **Pfändung eines Erbteils** erwirkt hat, durch ein Teilungsverbot nicht beeinträchtigen, § 751 S 2. Ebenso wenig wirkt ein solches gegenüber der *Insolvenzmasse* eines Miterben, § 84 Abs 2 S 2 InsO. Lebt ein Elternteil mit minderjährigen Kindern in einer Vermögensgemeinschaft, hat er gem § 1683 bei Wiederheirat die Auseinandersetzung herbeizuführen. Ob diese Regelung als zwingendes Recht eine Anordnung des Erblassers aufhebt, ist umstritten. Dies bejahen BayObLGZ 1967, 230, 235; KGJ 21 A 27; BAMBERGER/ROTH/LOHMANN Rn 8; PALANDT/EDENHOFER Rn 5. Verneint wird es von SOERGEL/WOLF Rn 4; SCHUMACHER BWNotZ 1968, 204; STAUDENMAIER BWNotZ 1968, 251. Da es sich um ein Problem des § 1683 handelt, wird auf die Erl zu dieser Norm verwiesen.

e) Die entsprechende **Anwendung des § 1010** hat zur Voraussetzung, dass der Erblasser die Umwandlung der Erbengemeinschaft in Ansehung eines Nachlassgrundstückes in eine Bruchteilsgemeinschaft zwar gestattet, die Teilung dieser Bruchteilsgemeinschaft aber ausgeschlossen hat. Dann wirkt das Teilungsverbot gegen einen Sondernachfolger in den Anteil des Miterben, wenn es als Belastung im Grundbuch eingetragen ist.

2. § 2044 Abs 2 zieht der Wirksamkeit des Teilungsverbots aus Billigkeitsgründen weitere **absolute zeitliche Schranken**. Es sind Zeitgrenzen, die das BGB dem Erblasser grundsätzlich für die zulässigen Bindungen des Nachlasses gesetzt hat; so bei der Nacherbfolge (§ 2109), dem bedingten oder betagten Vermächtnis (§§ 2162, 2163) und der Verwaltung des Testamentsvollstreckers (§ 2210). Die Anordnung wird unwirksam, wenn *dreißig Jahre* nach dem Eintritt des Erbfalls verstrichen sind. Soll die Verfügung bis zum Eintritt eines bestimmten Ereignisses in der Person eines Miterben gelten, bleibt das Verbot über die dreißigjährige Frist hinaus wirksam, möglicherweise bis zum Tod des längstlebenden Miterben (vgl Rn 13). Ist der Miterbe eine juristische Person, bleibt es bei dreißig Jahren. Beispiele sind Teilungsverbote bis zum Tod oder bis zur Verheiratung eines Miterben. Der Ablauf der Dreißigjahresfrist macht das Verbot auch dann nicht unwirksam, wenn die Teilung bis zum Eintritt einer vom Erblasser angeordneten Nacherbfolge (§ 2139) oder dem Anfall eines Vermächtnisses (§ 2177) hinausgeschoben ist; doch sind dabei die Zeitgrenzen der §§ 2109, 2162, 2163 zu beachten. § 2044 Abs 2 S 2 BGB gilt aber auch für die Auseinandersetzung hinsichtlich mehrerer Nacherben, so dass durch mehrfach gestaffelte Nacherbfolge das Teilungsverbot über mehrere Generationen hinweg wirksam sein kann (MünchKomm/ANN § 2044 Rn 21; **aA** WECKBACH 45 f).

§ 2045
Aufschub der Auseinandersetzung

Jeder Miterbe kann verlangen, dass die Auseinandersetzung bis zur Beendigung des nach § 1970 zulässigen Aufgebotsverfahrens oder bis zum Ablauf der im § 2061 bestimmten Anmeldungsfrist aufgeschoben wird. Ist der Antrag auf Einleitung des Aufgebotsverfahrens noch nicht gestellt oder die öffentliche Aufforderung nach § 2061 noch nicht erlassen, so kann der Aufschub nur verlangt werden, wenn unverzüglich der Antrag gestellt oder die Aufforderung erlassen wird.

Materialien: E II § 1919; III § 2020; Prot V 882; Jakobs/Schubert ER I 809, 815; Staudinger/BGB-Synopse § 2045.
Satz 2 redaktionell angepasst durch Art 50 FGG-RG v 17. 12. 2008 (BGBl I S 2586) mit Wirkung zum 1. 9. 2009, weil neben dem Einleitungsantrag ein weiterer Antrag auf Erlass des Ausschließungsbeschlusses nach Aufhebung des § 952 Abs 1 ZPO nicht mehr erforderlich ist.

I. Aufschub der Auseinandersetzung bis zur Gläubigerermittlung

1 Wesentliche Voraussetzung für die Nachlassteilung ist *Klarheit über* die bestehenden *Nachlassverbindlichkeiten*. Dazu eröffnet das Gesetz jedem Miterben zwei Wege: Einmal das gerichtliche Aufgebot der Nachlassgläubiger gem § 1970, sodann die private öffentliche Aufforderung an die Nachlassgläubiger, ihre Forderung binnen sechs Monaten anzumelden, § 2061 Abs 1. Durch eine dieser Möglichkeiten kann der Miterbe seine Haftung nach der Teilung auf den seinem Erbanteil entsprechenden Teil jeder einzelnen Nachlassverbindlichkeit gegenüber den Gläubigern, die sich nicht rechtzeitig gemeldet haben, beschränken, und zwar selbst dann, wenn er unbeschränkbar, dh mit seinem eigenen Vermögen haftet. Im Hinblick darauf enthält § 2045 nach §§ 2043, 2044 die dritte Ausnahme von dem Grundsatz des § 2042 und gibt jedem Miterben einen **Anspruch auf Aufschub der Auseinandersetzung** bis zur Beendigung des Aufgebotsverfahrens oder bis zum Ablauf der Anmeldefrist des § 2061. Das Aufschubverlangen (Einrede) ist gerechtfertigt, wenn der Antrag auf Einleitung des Aufgebotsverfahrens bereits gestellt oder die öffentliche Aufforderung bereits erlassen ist, bzw der Aufgebotsantrag oder die Aufforderung nach § 2061 unverzüglich (dh ohne schuldhaftes Zögern, § 121 Abs 1 S 1) erfolgt ist.

II. Verlust des Rechtes

2 1. Mit **Beendigung des Aufgebotsverfahrens** geht das Recht, den Aufschub der Auseinandersetzung zu verlangen, verloren. § 2015 Abs 3 ist entspr anwendbar (unstr: Palandt/Edenhofer Rn 1; MünchKomm/Ann Rn 2). Das Verfahren ist danach erst beendet, wenn nach Erlass des Ausschlussurteils oder Zurückweisung des Antrags auf seinen Erlass die zweiwöchige Beschwerdefrist abgelaufen oder das an die Beschwerde anschließende Verfahren erledigt ist (vgl Staudinger/Marotzke § 2015 Rn 4). Anwendbar ist auch § 2015 Abs 2, der die Versäumnis des Aufgebotstermins und der Frist zur Beantragung eines neuen Termins usw der Beendigung gleichstellt (heute unstr: BGB-RGRK/Kregel Rn 2; Soergel/Wolf Rn 1; Palandt/Edenhofer Rn 1; aM Staudinger/Herzfelder[9] § 2045; Planck/Ebbecke Anm 1).

2. Mit **Ablauf der** in § 2061 bestimmten **Anmeldefrist** geht das Aufschubrecht 3 verloren.

3. Mit Ablauf einer **nicht genutzten** angemessenen **Frist** für die Antragstellung 4 oder den Erlass einer Aufforderung nach Geltendmachung des Widerspruchsrechts (vgl Rn 1) geht das Aufschubrecht verloren.

III. Gegenüber einem im Klagewege gestellten Auseinandersetzungsverlangen 5 führt der Aufschubeinwand, wenn er erst im **Rechtsstreit** erhoben wird, nicht zur Klageabweisung als verfrüht. Das Gericht wird in entsprechender Anwendung des § 148 ZPO die Verhandlung bis zum Ablauf einer von ihm zu bestimmenden angemessenen Frist aussetzen (BGB-RGRK/Kregel Rn 3; Bamberger/Roth/Lohmann Rn 3; Damrau/Rissmann Rn 6, 9; MünchKomm/Ann Rn 4).

§ 2046
Berichtigung der Nachlassverbindlichkeiten

(1) Aus dem Nachlass sind zunächst die Nachlassverbindlichkeiten zu berichtigen. Ist eine Nachlassverbindlichkeit noch nicht fällig oder ist sie streitig, so ist das zur Berichtigung Erforderliche zurückzubehalten.

(2) Fällt eine Nachlassverbindlichkeit nur einigen Miterben zur Last, so können diese die Berichtigung nur aus dem verlangen, was ihnen bei der Auseinandersetzung zukommt.

(3) Zur Berichtigung ist der Nachlass, soweit erforderlich, in Geld umzusetzen.

Materialien: E II § 1920; III § 2021; Prot V 885 f; Jakobs/Schubert ER I 759–762, 790–816.

I. Grundsätzliche Vorabtilgung der Nachlassverbindlichkeiten (Abs 1 S 1)

1. § 2046 legt den Miterben **im Verhältnis zueinander** (Innenverhältnis) die Ver- 1 pflichtung auf, die Nachlassverbindlichkeiten vorab zu berichtigen, um sich voreinander gegen die aus einer voreiligen Teilung erwachsene strenge Haftung zu schützen (RGZ 95, 328). Diese Norm entspricht den §§ 733, 1475, auf deren Kommentierung verwiesen wird. Die Gläubiger haben kein Recht auf Einhaltung des § 2046 (BGHZ 57, 93 = NJW 1971, 2266; OLG Brandenburg FamRZ 1998, 1521; Bamberger/ Roth/Lohmann Rn 1; Soergel/Wolf Rn 2). Sie sind nicht gehindert, nach § 2059 Abs 2 gegen den ungeteilten Nachlass vorzugehen und Sicherungsmaßregeln zu ergreifen (Soergel/Wolf Rn 2). Nach der Teilung haften ihnen, weil der Nachlass als Haftungsgegenstand weggefallen ist, die Miterben als Gesamtschuldner, soweit nicht nach §§ 2060, 2061 nur anteilige Haftung besteht (vgl § 2045 Rn 1). Außerdem haften die Miterben, selbst wenn sie beschränkt haften, nach §§ 1978–1980, 1990–1992 den Nachlassgläubigern mit ihrem eigenen Vermögen. Dies übt bereits einen starken

Druck auf sie aus, die Nachlassverbindlichkeiten vor der Auseinandersetzung zu berichtigen.

2 2. § 2046 enthält **nachgiebiges Recht** (BGB-RGRK/KREGEL Rn 1; HK-BGB/HOEREN Rn 2; SOERGEL/WOLF Rn 3). Die Miterben können sich über eine vorherige Verteilung aller oder einzelner Aktiva verständigen bzw die Berichtigung einzelner Nachlassschulden zurückstellen; sie können einem von ihnen bestimmte Nachlasswerte zuteilen gegen Übernahme der Verpflichtung, bestimmte oder alle Nachlassschulden zu tilgen. Aus einer solchen Vereinbarung kann auf Erfüllung geklagt werden (RG JW 1909, 223). Der Erblasser kann durch *letztwillige Verfügung* anordnen, die Tilgung einer Nachlassschuld solle im Innenverhältnis einem Miterben zur Last fallen, sei es endgültig oder durch Vorschussleistung (RG DNotZ 1937, 447).

3 3. § 2046 gilt auch für den **Testamentsvollstrecker**, der die Auseinandersetzung bewirkt (RGZ 95, 329), und das Nachlassgericht (§§ 363 ff FamFG), wenn nicht sämtliche Miterben andere Anträge stellen (ERMAN/SCHLÜTER Rn 1; BAMBERGER/ROTH/ LOHMANN Rn 6).

4 4. Die Verpflichtung zur Vorabtilgung besteht ebenfalls hinsichtlich *unklagbarer* oder *moralischer Verpflichtungen* (RG SeuffA 60 Nr 181; PALANDT/EDENHOFER Rn 2; ERMAN/ SCHLÜTER Rn 1; vgl aber Rn 2).

II. Nachlassverbindlichkeiten, die nur einem Teil der Miterben zur Last fallen (Abs 2)

5 Von dem Grundsatz, dass Nachlassverbindlichkeiten als Gesamthandsschulden alle Miterben belasten, gibt es Ausnahmen. Der Erblasser kann einen oder einige Miterben mit Vermächtnissen oder Auflagen (§§ 2147, 2148, 2192) beschweren, so dass nur diese dem Vermächtnisnehmer oder Auflagenbegünstigten gegenüber haften. Bestimmte Nachlassverbindlichkeiten, für die dem Gläubiger sämtliche Miterben gem § 2058 als Gesamtschuldner haften, können im Innenverhältnis einem oder einzelnen Miterben zur Last fallen, namentlich aufgrund Teilungsanordnung des Erblassers (RGZ 95, 327; RG DNotZ 1937, 447). In beiden Fällen können die belasteten Erben nach § 2046 Abs 2 nicht verlangen, dass die Tilgung aus dem ganzen Nachlass erfolgt, sondern nur aus dem ihnen bei der Auseinandersetzung zukommenden Überschuss, § 2047. Sie müssen sich eine derartige Berichtigung dieser Schulden gefallen lassen (KG OLGE 9, 389 ff). Nach Abs 1 muss die Berichtigung der Teilung des Nachlasses vorangehen (RGZ 95, 325).

6 Falls ein Miterbe durch Teilungsanordnung des Erblassers ein mit Hypotheken **belastetes Grundstück** auf seinen Erbteil zugewiesen erhält und die darauf lastenden Schulden allein tragen soll, braucht er sich nicht darauf verweisen zu lassen, die Schulden nach der Auflassung selbst zu tilgen, sondern kann verlangen, dass die Schulden vor der Zuteilung an ihn (also vor Entgegennahme der Auflassung) aus dem Grundstück, notfalls durch Versilberung von Nachlassgegenständen, berichtigt werden (RGZ 95, 327). Dies muss er schon, um der weitgehenden Haftung aus § 2058 für alle Nachlassschulden zu entgehen (DAMRAU/RISSMANN Rn 6; MünchKomm/ ANN Rn 14). Die Miterben, die nicht belastet sind, können die Begleichung der Nachlassverbindlichkeit aus dem Überschuss, der auf den belasteten Miterben fällt, nur verlangen, wenn sie an der Berichtigung der Schuld ein Interesse haben, weil sie für die Verbindlichkeit als Gesamtschuldner nach § 2058 haftbar gemacht werden können, nicht aber, wenn es sich um Vermächtnisse oder Auflagen handelt, mit denen sie nicht beschwert sind.

III. Nachlassverbindlichkeiten mit anteiliger Innenhaftung

Haften die Miterben als Gesamtschuldner für eine Verbindlichkeit, die sie als Lasten 7 oder Kosten eines Nachlassgegenstandes nach § 748 anteilsmäßig zu tragen haben (BAMBERGER/ROTH/LOHMANN Rn 3), kann jeder Miterbe verlangen, dass die Schuld bei der Auseinandersetzung aus dem Nachlass berichtigt werde (vgl §§ 2042 Abs 2, 755; MünchKomm/ANN Rn 2). Anderenfalls könnte ein einzelner Miterbe nach der Teilung für die ganze Schuld in Anspruch genommen werden, ohne für den Rückgriff gegen die Miterben eine Sicherheit zu haben.

IV. Forderungen der Miterben

1. Auf die **Forderungen eines Miterben gegen den Nachlass** ist § 2046 anzuwenden 8 (BAMBERGER/ROTH/LOHMANN Rn 3), da eine Konfusion nicht eingetreten ist (Vorbem 13 zu § 2032) und die Gläubigerstellung ein von der Miterbenstellung verschiedenes rechtliches Verhältnis darstellt. Der Miterbe kann für seine Forderung wie jeder Nachlassgläubiger schon vor der Teilung Befriedigung verlangen (RGZ 93, 197; RG Recht 1909 Nr 491; Gruchot 57, 158; OLG Jena Recht 1912 Nr 448; BGH LM Nr 1 zu § 2046 = NJW 1953, 501; ERMAN/SCHLÜTER Rn 2; SOERGEL/WOLF Rn 6; DÜTZ NJW 1967, 1110; MünchKomm/ANN Rn 13). Die gegenteilige Ansicht, die sich auf die Praxis des pr Rechts stützte (vgl § 127 I 17 ALR; RG JW 1896, 233 Nr 34; JW 1897, 356 Nr 46), ist heute aufgegeben. Die Klage ist gegen die übrigen Miterben auf Duldung der Befriedigung aus dem Nachlass zu richten (RG JW 1929, 584 Nr 14; LZ 1930, 118 Nr 3; OLG Stettin OLGE 40, 114; DAMRAU/RISSMANN Rn 9).

a) Nach RGZ 93, 197 soll nur die *Gesamthandsklage* des § 2059 Abs 2 zulässig 9 sein. Dagegen soll die Gesamtschuldklage des § 2058 während des Bestehens der Erbengemeinschaft unzulässig sein, weil die Miterben im Innenverhältnis nicht als Gesamtschuldner, sondern zu dem ihrer Erbquote entsprechenden Teil haften würden (ähnlich OLG München OLGE 21, 314 = SeuffBl 75, 329 ff; PLANCK/EBBECKE Anm 3). Diese Begründung überzeugt nicht (ebenso MünchKomm/ANN Rn 8). Es ist nicht einzusehen, warum der Miterbe, der zugleich Nachlassgläubiger ist, deshalb schlechter gestellt sein soll als jeder andere Nachlassgläubiger (iE ebenso SOERGEL/WOLF Rn 6; KIPP/COING § 117 I 5). Seiner Doppelstellung kann allenfalls dadurch Rechnung getragen werden, dass die Miterben das Recht haben, einen seiner etwaigen Ausgleichspflicht entsprechenden Betrag bis zur Auseinandersetzung zurückzubehalten (dazu OGHZ 1, 46; BENDER JherJb 88, 31; HALLSTEIN JW 1929, 584). Dementsprechend hat das RG (RGZ 150, 347) später einen solchen Miterbengläubiger jedenfalls nach der Auseinandersetzung für berechtigt erklärt, die gesamtschuldnerische Haftung jedes Miterben auf den um die Abzüge geminderten Betrag seiner Forderung in Anspruch zu nehmen. Für die Versagung der Gesamtschuldklage vor der Teilung lassen sich nur rechtspolitische Erwägungen geltend machen (vgl STAUDINGER/MAROTZKE § 2058 Rn 43).

b) Zur **Vollstreckung in den Nachlass** müssen bei der Gesamtschuldklage trotz 10

§ 747 ZPO Vollstreckungstitel gegen die übrigen Erben genügen (RG Gruchot 57, 188; ERMAN/SCHLÜTER Rn 2; BGB-RGRK/KREGEL Rn 10; KRESS 103; HEDEMANN DJZ 1911, 619; aM OLG Hamburg SeuffA 59 Nr 57; BÖHM Gruchot 42, 709; SCHRÖDER SeuffBl 70, 344; vgl STAUDINGER/MAROTZKE § 2058 Rn 28, 44).

11 c) Aus der Doppelstellung des Miterben können sich gewisse **Einschränkungen nach Treu und Glauben** ergeben (Einzelfallentscheidung, MünchKomm/ANN Rn 5). Dieser muss sich auf die Teilung verweisen lassen, wenn eine frühere Geltendmachung gegen § 242 verstoßen würde, weil zB eine erforderliche Versilberung nicht ohne Verluste möglich ist oder falls es unter Berücksichtigung früherer Zuteilungen zweifelhaft erscheint, ob er bei der Teilung noch etwas erhält (RGZ 65, 10; 93, 197; BGH LM Nr 1 zu § 2046; BGB-RGRK/KREGEL Rn 2). Das RG hat einem Miterben wegen seiner Forderung gegen den Nachlass das Zurückbehaltungsrecht gegenüber einem auf Eigentum gestützten Grundbuchberichtigungs- und Herausgabeanspruch versagt, sofern die Berichtigung oder Herausgabe die Miterben erst in den Stand setzen würde, den Nachlass zur Auseinandersetzung und zur Begleichung der fraglichen Nachlassforderung zu verwerten (RG v 30.6.1924 – IV 995/23; vgl ferner KG OLGE 40, 114).

12 d) Der Miterbe, dem ein **Vorausvermächtnis** zugewandt ist (§ 2150), kann grundsätzlich Vorwegbefriedigung verlangen, sofern nicht ein anderer Wille des Erblassers ersichtlich ist und sein Verlangen im konkreten Fall nicht gegen Treu und Glauben verstößt (RGZ 93, 197; OLG Saarbrücken NJW-Spezial 2007, 472; BGB-RGRK/KREGEL Rn 4; dazu DÜTZ NJW 1967, 1110; ERMAN/SCHLÜTER Rn 2).

13 2. Eine **Forderung eines Miterben gegen einen anderen Miterben**, die sich *auf die Erbengemeinschaft gründet,* ist nach §§ 2042 Abs 2, 756 bei der Auseinandersetzung zu berichtigen, allerdings nur aus dem Auseinandersetzungsguthaben des betreffenden Schuldners. Vor der Auseinandersetzung ist die Leistungsklage zu versagen, es sei denn, die Auseinandersetzung kann nicht sofort erfolgen (MünchKomm/ANN Rn 9).

In Betracht kommen zunächst Forderungen, die ausschließlich in der Gemeinschaft ihre Grundlage haben, zB die aus der Führung der Verwaltung oder aus Aufwendungen erwachsen, die die Miterbengemeinschaft erstatten muss, aber auch Forderungen, die aus einem zwischen den Miterben und dem Erblasser zu dessen Lebzeiten begründeten Schuldverhältnis herrühren, das durch Erbgang ein gemeinschaftliches geworden ist (RGZ 78, 273 = JW 1912, 396; OLG Hamm DJZ 1905, 946; PLANCK/EBBECKE Anm 3; MÜLLER Recht 1905, 579; BGB-RGRK/KREGEL Rn 5). Nach RGZ 78, 273 gründet sich eine Forderung auf die Gemeinschaft auch, wenn diese nicht die alleinige und ausschließliche Grundlage der Forderung bildet. Letztere muss aber „einem oder mehreren Teilhabern in ihrer Eigenschaft als Teilhaber, also vermöge ihrer Zugehörigkeit zur Gemeinschaft zustehen, im Gegensatz zu solchen Forderungen, die ihnen unabhängig von der Gemeinschaft zustehen" (vgl auch OLG Stuttgart WürttZ 23, 308 f). Trotz einiger Bedenken gegen diese weitgehende Formulierung ist an ihr festzuhalten. Ein Miterbe kann wegen der für den Nachlass gemachten Auslagen nicht die Herausgabe der in seinem Besitz befindlichen Nachlasssachen zur Versteigerung verweigern (KG OLGE 8, 872).

V. Die Zurückbehaltung der zur Befriedigung **nicht fälliger** oder **streitiger Nachlassverbindlichkeiten** erforderlichen Mittel oder Nachlassgegenstände (Abs 1 S 2) nötigt nicht zur Sicherstellung (Prot V 885 f), sie schließt nur die Verteilung aus. Dies gilt nur im Verhältnis der Erben zueinander. Der Gläubiger hat auf die Zurückhaltung keinen Anspruch. Die Erben können sich jedoch mit ihm darüber verständigen, um ihn von einem Vorgehen gegen den sonstigen Nachlass abzuhalten. An den zurückbehaltenen Gegenständen dauert die Erbengemeinschaft fort. **14**

Streitig ist eine Nachlassverbindlichkeit iS des § 2046 Abs 1 S 2 schon dann, wenn nur unter den Erben Streit besteht. Der Gläubiger-Miterbe ist nicht gehindert, in diesem Fall schon vor der Teilung die Feststellung seiner Forderung gegenüber den Miterben zu betreiben (RG v 18. 5. 1905 – IV 1/05). Dies gilt entspr bei einem Streit der Miterben über die Ausgleichungspflicht nach §§ 2050 ff (KG OLGE 9, 389; **aA** DAMRAU/RISSMANN Rn 2). Auch Verbindlichkeiten aus einer Prozessführung des Testamentsvollstreckers fallen unter § 2046 Abs 1 S 2 (RG v 28. 1. 1932-IV 354/31; BGB-RGRK/KREGEL Rn 6). **15**

VI. Die **Versilberung (Abs 3)** hat nur soweit zu erfolgen, als zur Berichtigung der Schulden erforderlich. Insoweit muss eine Teilung in Natur (§ 2042 Rn 53) unterbleiben und die Verwertung nach §§ 753, 754 erfolgen, also durch Einziehung von Nachlassforderungen oder Verkauf von Nachlassgegenständen (vgl § 2042 Rn 54 ff). **16**

1. Die Auswahl der **zu verwertenden Nachlassgegenstände** kann nur einverständlich, nicht durch Mehrheitsbeschluss nach §§ 2038 Abs 2, 745 erfolgen, da es sich bei der Verwertung nicht um eine Verwaltungsmaßnahme handelt (vgl § 2038 Rn 5). Ein widersprechender Miterbe muss daher auf seine Einwilligung verklagt werden. Er darf die Versilberung nicht durch Ausübung eines Zurückbehaltungsrechtes wegen seiner Auslagen für den Nachlass verhindern (RG WarnR 1910 Nr 141). **17**

2. Soweit **Befriedigung** nur **aus** dem **Überschuss**, der auf den verpflichteten Miterben bei der Auseinandersetzung entfällt, verlangt werden kann und geschuldet wird (vgl Rn 5 f, 13), ist der Überschuss zunächst zu berechnen und dann mangels barer Mittel durch Verwertung von Nachlassgegenständen soweit zu realisieren, als dies zur Tilgung der betreffenden Forderungen erforderlich ist (MünchKomm/ANN Rn 13). **18**

3. Nach § 15 Abs 2 **HöfeO** vom 26. 7. 1976 sind Nachlassverbindlichkeiten einschließlich der auf dem Hof ruhenden Grundpfandrechte, aber ohne die sonstigen Lasten (Altenteil, Nießbrauch usw) aus dem außer dem Hof vorhandenen Vermögen, soweit es dafür reicht, zu berichtigen. Dies, um den Hof dem Hoferben möglichst lastenfrei zu erhalten. Im Innenverhältnis haften also die am Hof nicht beteiligten Miterben auch für rein dingliche Grund- und Rentenschulden. Soweit die Nachlassverbindlichkeiten auf diese Weise nicht berichtigt werden können, ist der Hoferbe den Miterben gegenüber verpflichtet, sie allein zu tragen und die Miterben zu befreien, § 15 Abs 3 HöfeO. Ein nach Begleichung der Nachlassverbindlichkeiten verbleibender Überschuss ist gem § 15 Abs 4 HöfeO auf die Miterben nach allgemeinem Erbrecht zu verteilen. Der Hoferbe hat einen Anspruch auf Beteiligung an diesem Überschuss nur insoweit, als der auf ihn entfallende Anteil größer ist als der Hofeswert (iS des § 12 Abs 2 HöfeO). Eine Sonderregelung gegenüber § 2046 Abs 2 enthält insoweit auch § 16 Abs 2 GrdstVG. **19**

20 VII. Das Recht der **DDR** enthielt mit § 423 Abs 2 ZGB eine dem § 2046 Abs 1 entsprechende Regelung. Eine solche fehlte für § 2046 Abs 2, 3.

§ 2047
Verteilung des Überschusses

(1) Der nach der Berichtigung der Nachlassverbindlichkeiten verbleibende Überschuss gebührt den Erben nach dem Verhältnis der Erbteile.

(2) Schriftstücke, die sich auf die persönlichen Verhältnisse des Erblassers, auf dessen Familie oder auf den ganzen Nachlass beziehen, bleiben gemeinschaftlich.

Materialien: E I § 2155; II § 1921; III 2022; Mot V 691 f; Prot V 886 f; JAKOBS/SCHUBERT ER I 762 f, 790–816.

I. Verteilung des Überschusses (Abs 1)

1 1. Ein **Überschuss** (vgl auch §§ 734, 1476) besteht aus den Nachlassgegenständen, die nach Begleichung der Nachlassverbindlichkeiten (§ 2046) übrig und damit gesamthänderisch gebunden bleiben (Aktivbestand des Nachlasses). Dem Nachlass sind nach § 2055 rechnerisch die zur Ausgleichung zu bringenden Zuwendungen zuzufügen, um die auf die einzelnen Miterben entfallenden Anteile zu bestimmen.

2 2. Maßgebend für das **Zuteilungsverhältnis** bleibt die durch gesetzliche Erbfolge oder Verfügung des Erblassers bestimmte Anteilsberechtigung des einzelnen Miterben, die rechnerisch regelmäßig in einer Bruchteilsziffer ausgedrückt wird (BGB-RGRK/KREGEL Rn 2; vLÜBTOW II 832; MünchKomm/ANN Rn 5). Jeder Miterbe muss sich anrechnen lassen den Wert der von ihm zur Ausgleichung zu bringenden Zuwendungen auf seinen Anteil am Überschuss (§ 2055 Abs 1 S 1) und der Nachlassverbindlichkeiten, die ihn allein belasten und aus dem gemeinschaftlichen Nachlass berichtigt sind (vgl § 2046 Rn 5), sowie sonstiger Forderungen des Nachlasses gegen sich. Die Übertragung der dem einzelnen Erben zugedachten Erbschaftsgegenstände ist der Vollzug der Auseinandersetzung und richtet sich nach allgemeinen Rechtsgrundsätzen (vgl § 2042 Rn 61). Zur Verfügung über den Anspruch auf das Auseinandersetzungsguthaben vgl § 2033 Rn 12 ff.

3 3. Die **Erben** können sich über eine von § 2047 Abs 1 abweichende Art der Teilung **einigen**. Mangels einer solchen Einigung sind §§ 752–754 zu beachten (vgl § 2042 Rn 52 ff).

4 II. **Von der Teilung ausgeschlossen** bleiben die in Abs 2 aufgeführten *Schriftstücke*. Dies rechtfertigt sich – abgesehen von ihrer Eigenschaft als Beweismittel – aus dem ideellen Interesse, das die Miterben an dem Fortbestand einer gesamthänderischen Bindung haben. Nur diese Rechtsform verbürgt den Erhalt und den Zugang für alle Miterben. Ein Gemeinschaftsverhältnis nach Bruchteilen ist nicht gemeint (anders jedoch Prot V 887; KRETZSCHMAR 625 f; wie hier die heute unstr Ansicht: PLANCK/EBBECKE Anm 2; KAUFMANN, Eigentum an Gesellschaftsvermögen 48; PRINGSHEIM 90; ERMAN/SCHLÜTER Rn 3; BGB-RGRK/KREGEL Rn 3; DAMRAU/RISSMANN Rn 3; PALANDT/EDENHOFER Rn 3; Münch-Komm/ANN Rn 8; KIPP/COING § 117 II; vLÜBTOW II 833). Die Verwaltung und Benutzung richtet sich nach §§ 2038 ff, 745. Das Recht auf Einsicht und sachgemäße Benutzung steht jedem Erben zu (BAMBERGER/ROTH/LOHMANN Rn 3).

1. § 2047 Abs 2 schließt nur einen Anspruch auf Teilung aus, steht aber einer **5** **abweichenden einverständlichen Verfügung** der Miterben (HK-BGB/HOEREN Rn 3) nicht entgegen (zB Zuteilung an einen Miterben, Begründung einer Bruchteilsgemeinschaft, Veräußerung an Dritte). Soweit die Schriftstücke Gegenstand von Urheberrechten sein können (zB Lebenserinnerungen), steht das Urheberrecht allen Miterben gesamthänderisch zu und kann gemeinschaftlich übertragen werden (PLANCK/EBBECKE Anm 2). Das gilt auch für Familienpapiere, nicht für Familienbilder, vgl § 2373 S 2; DAMRAU/RISSMANN Rn 3. Hat der Erblasser die gesetzliche Erbfolge ausgeschlossen und Fremde als Erben eingesetzt, dabei die Familienpapiere nicht vermerkt, kann ein Wille bestehen, diese der Familie des Erblassers zuzuweisen (PLANCK/EBBECKE Anm 2). Allerdings wäre ein solcher Wille wegen Formungültigkeit (§ 2247) nicht verbindlich und würde allein eine moralische Verpflichtung der Erben begründen.

2. Die 4. Denkschr des ErbrA d AkDR (287 f) bezeichnet mit Recht die Bestim- **6** mung des § 2047 Abs 2 als zu eng und schlägt ihre Erweiterung auf Familienerinnerungsstücke mit besonderem Familienwert vor. Diese sollen nicht ohne Zustimmung des Nachlassgerichtes veräußert werden dürfen. Entspr verbietet Art 613 Schweiz ZGB die Veräußerung von Gegenständen, die für die Familie einen besonderen Erinnerungswert haben, wenn auch nur ein Miterbe widerspricht. Bei nicht zu erreichender Einigung entscheidet die Behörde über Veräußerung oder Zuweisung.

III. Das ZGB der **DDR** enthielt in § 423 Abs 3 eine dem § 2047 Abs 1 entspre- **7** chende Regelung. Eine Sonderregelung für Schriftstücke iS des § 2047 Abs 2 bestand nicht, jedoch dürfte durch die verstärkte Entscheidungsbefugnis des staatlichen Notariats (§ 427 ZGB) eine den Bedürfnissen gerechte Lösung gefunden worden sein.

§ 2048
Teilungsanordnungen des Erblassers

Der Erblasser kann durch letztwillige Verfügung Anordnungen für die Auseinandersetzung treffen. Er kann insbesondere anordnen, dass die Auseinandersetzung nach dem billigen Ermessen eines Dritten erfolgen soll. Die von dem Dritten auf Grund der Anordnung getroffene Bestimmung ist für die Erben nicht verbindlich, wenn sie offenbar unbillig ist; die Bestimmung erfolgt in diesem Falle durch Urteil.

Materialien: E I § 2192; II § 1922; III § 2023; Mot V 688; Prot V 885; JAKOBS/SCHUBERT ER I 757 f, 780–816.

Schrifttum

BECK, Grenzen der Teilungsanordnung, DNotZ 1961, 565
BÜRGER, Neue Abgrenzung erbrechtlicher Sonderzuwendungen, MDR 1986, 445
COING, Vorausvermächtnis und Teilungsanordnung, JZ 1962, 529
EMMERICH, Teilungsanordnung und Vorausvermächtnis – BGHZ 36, 115, JuS 1962, 269
DIECKMANN, Bemerkungen zu „wertverschiebenden" Teilungsanordnungen, in: FS Coing (1982) II 53
EIDENMÜLLER, Vorausvermächtnis und Teilungsanordnung, JA 1991, 150
GRUNSKY, Zur Abgrenzung von Teilungsanordnung und Vorausvermächtnis, JZ 1963, 250
KOHLER, Gemeinschaften mit Zwangsteilung, AcP 91 (1991) 309
LORITZ, Teilungsanordnung und Vorausvermächtnis, NJW 1988, 2697
MATTERN, Einzelzuweisungen von Todes wegen, DNotZ 1963, 450
MEINCKE, Das Recht der Nachlassbewertung im BGB (1973)
MÜLLER, Das erbrechtliche Übernahmerecht, Teilungsanordnung oder Vorausvermächtnis (Diss Freiburg 1970)
NATTER, Teilungsanordnung und Vermächtnis, JZ 1959, 151
RUDOLF, Teilungsanordnung und Vorausvermächtnis (Diss Tübingen 1966)
SIEGMANN, „Überquotale" Teilungsanordnung und Teilungsversteigerung, ZEV 1996, 47
STEDLER, Die Teilungsanordnung (Diss Greifswald 1912)
STENGER, Die Teilungsanordnung des Erblassers nach geltendem Recht (1933)
WÖHRMANN, Teilungsanordnung und Vorausvermächtnis, RdL 1969, 138.
Weiteres Schrifttum bei § 2042.

I. Allgemeines

1 In § 2048 erkennt das Gesetz – um Zweifel auszuschließen – die Zulässigkeit letztwilliger Anordnungen über die Teilung des Nachlasses ausdrücklich an (Mot V 688). Diese Norm ist ein Ausfluss der Testierfreiheit (HK-BGB/HOEREN Rn 1; PALANDT/EDENHOFER Rn 1; SOERGEL/WOLF Rn 1) und bietet – da dem BGB eine Sondererbfolge grundsätzlich unbekannt ist – dem Erblasser die einzige Möglichkeit, einzelnen Erben bestimmte Gegenstände zuzuteilen (vgl Vorbem 19 zu § 2032). Der Erblasser ist berechtigt, durch Teilungsanordnung den gesamten Nachlass zu verteilen. Eine solche Anordnung ist an sich nicht als Vermächtnis oder Auflage anzusehen, doch kann der Erblasser auch diese gewollt haben (RG DR 1942, 977). Ist dies der Fall, kann die Anordnung ebenso vertragsmäßig im Erbvertrag getroffen werden (§ 2278 Abs 2), sonst nur im Testament oder *einseitig* im Erbvertrag, § 2299 Abs 1. Eine im Erbvertrag oder gemeinschaftlichen Testament erklärte Teilungsanordnung kann einseitig vom Erblasser bzw vom überlebenden Ehegatten jederzeit widerrufen werden, §§ 2270 Abs 3, 2278 Abs 2. Das Vermächtnis unterliegt der Bindungswirkung der §§ 2270, 2271, 2289–2292 und dem Schutz der §§ 2287, 2288.

2 1. Die Teilungsanordnung muss in der **Form** einer letztwilligen Verfügung erfolgen (BGH FamRZ 2010, 27, 29). Auch gegenüber Kindern ist sie bei nur mündlicher Bekanntmachung unwirksam (BayObLG Recht 1918 Nr 875) und lediglich moralisch verpflichtend.

3 2. Die Anordnung hat ebenso wie ein Vermächtnis keine dingliche Wirkung, sondern begründet nur eine **schuldrechtliche Verpflichtung** der Miterben gegeneinander (OLG Schleswig SchlHA 1957, 336; OLG Rostock FamRZ 2010, 330; HK-BGB/Hoeren Rn 1; Bamberger/Roth/Lohmann Rn 1). Testamentsvollstrecker (§§ 2203, 2204), Richter und Notar (vgl § 2042 Rn 18) müssen sie bei der Auseinandersetzung beachten, die Miterben können sich jedoch einverständlich darüber hinwegsetzen (Mot V 688; Prot V 885; KG OLGE 4, 435; 9, 396, 398; KGJ 28 A 196; BayObLGZ 18, A 227 = LZ 1918, 287; BGB-RGRK/Kregel Rn 3; Soergel/Wolf Rn 2; Kress 206). Auch bei einer Teilungsanordnung werden alle Miterben in ihrer Gesamtheit als Miterbengemeinschaft Inhaber des Nachlasses (§§ 1922, 2032). Der in der Anordnung bedachte Erbe erhält den ihm zugeschriebenen Einzelgegenstand erst durch Vollzug der Auseinandersetzung, durch Übertragung der Rechtsposition auf ihn in der dafür vorgeschriebenen Rechtsform (KGJ 28 A 196; LG Neustadt MDR 1960, 497). Bis dahin hat er entspr der letztwilligen Verfügung lediglich einen schuldrechtlichen Anspruch gegen die Miterbengemeinschaft (RGZ 170, 170; OLG Schleswig SchlHA 1957, 336; Werner 166 f).

3. Inhalt der Teilungsanordnung

Sie kann: **4**

a) die Art der Verwaltung regeln (§ 2038), sog **Verwaltungsanordnung** (vgl Rn 10),

b) die Auseinandersetzung, insbesondere die Art der Teilung betreffen, dh eigentliche **Teilungsanordnung** sein, namentlich auf Zuweisung bestimmter Gegenstände an einen Miterben (vgl Rn 6),

c) ein **schiedsrichterliches Verfahren** für die Entscheidung der bei der Auseinandersetzung bestehenden Streitigkeiten vorsehen, § 1048 ZPO (RGZ 100, 77; Palandt/Edenhofer Rn 3).

4. Schranken werden der Teilungsanordnung durch das Pflichtteilsrecht gezogen. **5** Nach § 2306 ist die einen Pflichtteilsberechtigten treffende Beschränkung durch eine Teilungsanordnung in Ansehung eines hinterlassenen Erbteils unwirksam, wenn dieser die Hälfte des gesetzlichen Erbteils nicht übersteigt. Ist der hinterlassene Erbteil größer, so kann der Erbe den Erbteil ausschlagen und den vollen Pflichtteil verlangen. Teilungsanordnungen können nicht die Wirkung haben, dass ein Miterbe mehr oder weniger als seinen Erbteil erhält (KG DR 1942, 977; RG WarnR 1942, 62 = DNotZ 1942, 182; OLGZ 67, 358, 361; HK-BGB/Hoeren Rn 2; Palandt/Edenhofer Rn 4; BGB-RGRK/Kregel Rn 1; Soergel/Wolf Rn 2; Emmerich JuS 1962, 271; Natter JZ 1959, 151). Ein bindend gewordenes gemeinschaftliches Testament hindert den Erblasser nicht, einem seiner Erben mehr Grundstücke zukommen zu lassen, als dem Wert des Erbteiles entspricht, sofern dem anderen ein entsprechender Ausgleich zukommt (BGH MDR 1982, 124). Dagegen sind Vorerben bei Ausführung einer Teilungsanordnung von den Verfügungsbeschränkungen der §§ 2113 f befreit (LG Hanau Rpfleger 1986, 433, 434).

II. Die Teilungsanordnung

1. Die häufigste Form ist die **Zuweisung eines bestimmten Gegenstandes** an einen **6** Miterben. Dies kann bedeuten, dass der betreffende Miterbe das *Recht* haben soll, den Gegenstand in Anrechnung auf seinen Erbteil zu übernehmen, entweder zu seinem Wert oder zu einem vom Erblasser festgesetzten Übernahmepreis (COING JZ 1962, 531). Ist der Wert des betroffenen Gegenstandes höher als dem Miterben seiner Quote nach zukommt, ist er zur Zahlung eines entsprechenden Ausgleichs aus seinem Vermögen an die übrigen Miterben verpflichtet. Diese Zahlung muss nicht zur aufschiebenden Bedingung der Teilungsanordnung erhoben werden (BGH NJW-RR 1996, 577; KUMMER ZEV 1996, 71; kritisch SIEGELMANN ZEV 1996, 47). Sollte allerdings mit der Zuweisung des Gegenstandes eine Wertverschiebung zugunsten des Betroffenen erfolgen, so liegt ein Vorausvermächtnis vor (BGH NJW 1998, 682; zur Abgrenzung unter Rn 7). Bezieht sich das Übernahmerecht auf ein Landgut, enthält § 2049 eine Auslegungsregel für die Wertberechnung. Denkbar ist auch, dass der betreffende **Erbe verpflichtet** sein soll, den Gegenstand in Anrechnung auf seinen Erbteil zu übernehmen. Im ersten Fall muss der Erbe sein Übernahmerecht durch eine gestaltungsrechtliche Erklärung ausüben und erwirbt erst dadurch ein Forderungsrecht auf Übereignung (SOERGEL/WOLF Rn 4; KIPP/COING § 44 II 2; EMMERICH JuS 1962, 271), letzterenfalls ist er sofort zur Übernahme verpflichtet und berechtigt. Das Mitglied einer KG darf keine dem Gesellschaftsvertrag widersprechenden Anordnungen treffen, kann aber für die Auseinandersetzung die Änderung des Gesellschaftsvertrages anordnen, sofern alle Gesellschafter Erben sind (BGH DB 1990, 2314 = ZIP 1990, 1327).

7 2. Die Zuweisung eines Einzelgegenstandes an einen Miterben kann der Erblasser mit einer **Teilungsanordnung oder einem Vorausvermächtnis** erreichen. Wegen der erheblichen Unterschiede zwischen beiden Rechtsinstituten bedarf es bei einer derartigen Erblasserbestimmung einer Entscheidung, wie diese rechtlich einzuordnen ist. Zur umstrittenen Abgrenzung zwischen Teilungsanordnung und Vorausvermächtnis vgl STAUDINGER/OTTE (2003) § 2150 Rn 8 ff und BGH NJW 1995, 721 mwNw = WM 1995, 589; FamRZ 1987, 475; FamRZ 1985, 62. Insoweit kann eine Auseinandersetzungsanordnung sowohl eine Teilungs- als auch eine Vermächtnisanordnung enthalten (OLG Oldenburg FamRZ 1999, 532 ebenfalls zur Abgrenzung).

8 3. Ist in einer letztwilligen Verfügung bestimmt, eine als „Erbe" bezeichnete Person solle als Erbteil einen **bestimmten Betrag** erhalten, kann darin neben der Erbeinsetzung eine Teilungsanordnung liegen, dass die Person diesen Betrag ohne Auseinandersetzung als Abfindung erhalten soll (RG v 24. 10. 1921 – IV 147/21; KG JW 1937, 2200), dann ist die Abfindung idR unabhängig von der Durchführung der Auseinandersetzung zahlbar (RG v 2. 3. 1922 – IV 516/21; BayZ 1922, 71; SeuffA 77 Nr 149; BAMBERGER/ROTH/LOHMANN Rn 4).

9 4. Geht ausnahmsweise der Wille des Erblassers dahin, dass die Miterben sich nicht einverständlich über seinen Willen hinwegsetzen können, hat die Anordnung die Rechtsnatur einer **Auflage**, § 1940. Für ihre Vollziehung gilt das Gleiche wie für ein letztwilliges Teilungsverbot mit Auflagencharakter (vgl § 2044 Rn 8).

10 III. Die **Verwaltungsanordnung** des Erblassers kann die Verwaltung abweichend von § 2038 regeln, insbesondere einem oder mehreren Miterben übertragen (vgl § 2038 Rn 24). Ebenso kann der Erblasser *besondere Anweisungen* geben, wie die Verwaltung zu führen sei, wie etwa ein Unternehmen weiterbetrieben werden soll, welche Aufwendungen zu machen und welche Ausgaben zulässig sind. Auch sofern dadurch einige Erben begünstigt werden, ist darin grundsätzlich nicht der Zweck der Anordnung zu sehen, sondern in der Verbesserung des Betriebes (PLANCK/EBBECKE

Anm 2). Die Anordnung hat also nicht die Rechtsnatur eines Vermächtnisses, sondern einer Auflage, wenn die Erben an die Anordnung gebunden sein sollen (vgl Rn 9). Von der Bindung können sich die Erben nur befreien, falls der Zweck der Anordnung nicht oder nicht mehr erreicht werden kann oder ein wichtiger Grund iS des § 749 Abs 2 vorliegt. Dementsprechend sieht § 2216 vor, dass eine für den Testamentsvollstrecker verbindliche Verwaltungsanordnung auf dessen Antrag oder eines anderen Beteiligten außer Kraft gesetzt werden kann, wenn ihre Befolgung den Nachlass erheblich gefährden würde.

IV. Die **Teilung nach billigem Ermessen eines Dritten** kann letztwillig angeordnet werden (S 2) und zwar unabhängig von der Ernennung eines Testamentsvollstreckers. Doch kann mit der Berufung eines Dritten auch seine Ernennung zum Testamentsvollstrecker unter Beschränkung seiner Aufgaben gemeint sein, § 2208. Als Anordnung der Auseinandersetzung nach billigem Ermessen gilt auch, dass Sachverständige den Übernahmepreis zu ermitteln haben, zu dem ein Miterbe einen Nachlassgegenstand übernehmen soll oder darf (OLG Rostock OLGE 36, 242; zum Anspruch auf Ermittlung einer Wertausgleichsforderung durch einen Sachverständigen vgl LG Nürnberg-Fürth ZEV 2001, 17). **11**

1. Ist der Dritte nicht zum Testamentsvollstrecker berufen, kann er die Teilung nicht selbst vornehmen, sondern ist darauf beschränkt, Bestimmungen für die Auseinandersetzung zu geben, die die Erben befolgen müssen. Er kann insbesondere einen *Auseinandersetzungsplan* aufstellen, ohne an die gesetzlichen Teilungsregeln gebunden zu sein (zB freihändige Veräußerung der Nachlassgrundstücke an Stelle der Zwangsversteigerung). **12**

2. „Dritter" iS des § 2048 S 2 kann jede Person, auch ein Miterbe oder ein Testamentsvollstrecker sein (unstr: RGZ 110, 274; DJZ 1925, 1265 f; Erman/Schlüter Rn 10; Kipp/Coing § 117 IV 2; MünchKomm/Ann Rn 18; Bamberger/Roth/Lohmann Rn 6). **13**

3. Durch die von dem Dritten getroffene Bestimmung werden die Miterben nur untereinander **schuldrechtlich verpflichtet**, die Auseinandersetzung in der von dem Dritten bestimmten Weise vorzunehmen. Die Erben verlieren nicht die Verfügungsbefugnis über die Nachlassgegenstände, §§ 2040, 137 S 1 (RGZ 110, 273; BGB-RGRK/Kregel Rn 6). **14**

4. Die **Bestimmung** ist **nicht verbindlich**, wenn sie „offenbar" unbillig ist (S 3), vgl dazu die Erl zu § 319. Sie braucht allein dann durch Urteil zu erfolgen, wenn die Miterben sich über die Unbilligkeit uneinig sind. Nur im Streitfall muss der Miterbe, der die Entscheidung des Dritten nicht anerkennen will, im Klageweg gegen die widersprechenden Erben vorgehen. Diese, nicht der Dritte, sind zu verklagen, es sei denn, er hat als Testamentsvollstrecker entschieden (BGB-RGRK/Kregel Rn 8). Das angerufene Gericht hat die Entscheidung an Stelle des Dritten, also gleichfalls nach billigem Ermessen, nicht nach den gesetzlichen Teilungsregeln zu treffen (heute unstr: BGB-RGRK/Kregel Rn 8; **aM** Planck/Flad Anm 1) und hat damit – anders als im Auseinandersetzungsverfahren (vgl § 2042 Rn 44) – Gestaltungsmacht (Soergel/Wolf Rn 12; Kipp/Coing § 117 IV 2). **15**

a) Kann oder will der Dritte die Entscheidung nicht treffen oder verzögert er sie, **16**

ist § 319 Abs 1 S 2 entspr anwendbar. Obwohl § 2048 S 3 dies nicht bestimmt, dürfte das dem Willen des Erblassers entsprechen (ERMAN/SCHLÜTER Rn 10; BGB-RGRK/KREGEL Rn 9; SOERGEL/WOLF Rn 12; STROHAL II § 65 Anm 13; **aM** KRESS § 23 Fn 19 und KIPP/COING § 118 V 2d, der im Fall, dass der Dritte die Entscheidung nicht treffen will oder kann, die Anordnung des Erblassers als unbeachtlich ansieht, im Fall der Verzögerung in Analogie zu § 2151 Abs 3 dem Dritten durch das Nachlassgericht eine Frist setzen lassen und erst nach deren fruchtlosem Ablauf den Dritten als nicht berufen ansehen will). Im Prozess besteht keine notwendige Streitgenossenschaft der Miterben (unstr: RG WarnR 1919 Nr 42; SOERGEL/WOLF Rn 12).

17 **b)** Nach RGZ 110, 274 ist eine Bestimmung unbillig, die den Verkauf eines Grundstückes gegen *entwertete Währung* bestimmt.

18 **V.** Nach § 371 Abs 1 ZGB der **DDR** konnte der Erblasser ebenfalls durch Teilungsanordnungen über die Zuteilung einzelner Gegenstände an seine Erben bestimmen.

§ 2049
Übernahme eines Landguts

(1) Hat der Erblasser angeordnet, dass einer der Miterben das Recht haben soll, ein zum Nachlass gehörendes Landgut zu übernehmen, so ist im Zweifel anzunehmen, dass das Landgut zu dem Ertragswert angesetzt werden soll.

(2) Der Ertragswert bestimmt sich nach dem Reinertrag, den das Landgut nach seiner bisherigen wirtschaftlichen Bestimmung bei ordnungsmäßiger Bewirtschaftung nachhaltig gewähren kann.

Materialien: E II rev § 2026; III § 2024; Prot V 860 f; VI 330 ff, 448 ff; JAKOBS/SCHUBERT ER I 818–821.

Schrifttum

BECKER, Übernahme eines Landgutes nach BGB, AgrarR 1975, 57

BEWER, Hypothetische Ertragswerte im Betriebsvergleich und im Anerbenrecht, AgrarR 1975, 195

FOAG, Der Ertragswert bei Landgütern, RdL 1955, 5

FRITZEN, Ertragswertermittlung für die Zuweisung, RdL 1963, 5

HAEGELE, Landgut und Ertragswert im Bürgerlichen Recht, BWNotZ 1973, 34

vHAUSEN, Die Bewertung von Landgütern bei Erbteilungen, DJZ 1926, 1490

KÖHNE, Der Ertragswert landwirtschaftlicher Betriebe, AgrarR 1984, 57

KRONTHALER, Landgut, Ertragswert und Bewertung im bürgerlichen Recht (Diss Augsburg 1991)

MEINCKE, Das Recht der Nachlassbewertung im BGB (1973)

MÜLLER-FELDHAMMER, Das Ertragswertverfahren bei der Hofübergabe, ZEV 1995, 161

STEFFEN, Ertragswert eines Landgutes, RdL 1980, 143

ders, Ertragsberechnung eines Landgutes, RdL 1988, 253

Titel 4 · Mehrheit von Erben
Untertitel 1 · Rechtsverhältnis der Erben untereinander

§ 2049
1–3

RUBY, Das Landwirtschaftserbrecht: Ein Überblick, ZEV 2006, 351
ders, Landwirtschaftserbrecht: Das Landgut im BGB, ZEV 2007, 263.

I. Grundsätzliches

1. Erst bei der Revisionslesung wurde § 2049 von der II. Kommission in das Gesetz aufgenommen. Diese Norm enthält eine **Auslegungsregel** (HK-BGB/HOEREN Rn 1; MünchKomm/ANN Rn 6), die § 2312 bei der Pflichtteilsberechnung, § 1376 Abs 4 bei der Zugewinnberechnung und § 1515 Abs 3 bei der fortgesetzten Gütergemeinschaft entspricht. Ihre Geltung wird durch den Nachweis eines anderen Erblasserwillens entkräftet (RG HRR 1932 Nr 9). RUBY (ZEV 2007, 266) ordnet die testamentarische Anordnung als Teilungsanordnung ein. Die Regelung geht von dem vermuteten Willen des Erblassers aus (BECKER AgrarR 1975, 59), durch die Zubilligung des Übernahmerechts dem betreffenden Miterben die Möglichkeit zu verschaffen, das Landgut in einer seiner bisherigen wirtschaftlichen Bestimmung entsprechenden Weise weiter zu bewirtschaften, statt es wegen des zu hohen Übernahmepreises verkaufen zu müssen (BGH NJW 1973, 696; OLG Oldenburg RdL 1957, 220; BECKER AgrarR 1975, 60). Deshalb findet § 2049 keine Anwendung, wenn der Ertragswert höher ist als der Verkaufswert (SOERGEL/WOLF Rn 4; BGB-RGRK/KREGEL Rn 2; MünchKomm/ANN Rn 7; vHAUSEN DJZ 1926, 1489; BECKER AgrarR 1975, 59), erst recht nicht bei einem vom Erblasser festgesetzten Übernahmepreis (BECKER AgrarR 1975, 59). Ist dieser vom Erblasser höher als der Ertragswert angesetzt, liegt darin keine sittenwidrige Bestimmung (RG SeuffA 90 Nr 18). Die Berechnung nach §§ 2312, 2049 darf nicht erfolgen, wenn nicht anzunehmen ist, dass der landwirtschaftliche Betrieb leistungsfähig betrieben werden kann (BGHZ 98, 382 = NJW 1987, 1260). Für den von einem Miterben übernommenen Bruchteil des Eigentumes ist nicht vom Ertragswert auszugehen (BGH NJW 1973, 995). 1

2. Zur *Auslegung* und *Wirksamkeit* der durch **Verfügung** von Todes wegen eingeräumten Befugnis zur Übernahme eines Erbhofes vgl HAEGELE DFG 1936, 95. Ähnliche Fragen können sich auch nach Aufhebung des RErbhG unter der Geltung der HöfeO ergeben. 2

II. Einzelheiten

1. Zum **Begriff des Landgutes** vgl STAUDINGER/JICKELI/STIEPER (1995) § 98 Rn 9, ferner OLG Oldenburg RdL 1957, 220; MünchKomm/ANN Rn 3; BECKER AgrarR 1975, 60 ff; RUBY, ZEV 2007, 264 f; OLG München ZEV 2010, 415 m Anm KEMPFLER. Es ist nur die zum selbständigen land- und forstwirtschaftlichen Betrieb eingerichtete Grundstückseinheit oder Grundstücksmehrheit, die mit den dazu erforderlichen Einrichtungen ausgestattet ist, insbesondere Hofstellen mit Wohn- und Wirtschaftsgebäuden (OLG Rostock OLGE 29, 211; BGH NJW 1964, 1414, 1416). Die Bodennutzung ist ein entscheidendes Merkmal, so dass Agrarfabriken, Massentierhaltung auf Grundlage zugekauften Futters Gewerbebetriebe und keine Landgüter iSd § 2049 sind. Ebenso fallen „Pferdepensionen" nicht unter diese Norm (OLG Minden NJW-RR 2003, 1518; RUBY ZEV 2007, 264). Der Zweck der Norm – den Hof als 3 wirtschaftliche Einheit in einer Hand zu erhalten (vgl Rn 1) – beschränkt die Anwendung des § 2049 auf die Fälle, in denen der Erblasser Alleineigentümer war und der Hof als Einheit auf einen Erben übergehen soll. Auf die Übertragung eines Bruchteiles findet § 2049 keine Anwendung (BGH NJW 1973, 995 f).

4 Der **Ertragswert** steht im Gegensatz zum Verkehrswert (Verkaufs- oder Schätzwert). Der mehrdeutige Ausdruck Nutzwert entspricht nicht dem Ertragswert (RG v 21. 12. 1931 – IV 295/31). Der Ertragswert bestimmt sich aus der angemessenen Kapitalisierung des Reinertrages, den das Landgut nach seiner bisherigen wirtschaftlichen Bestimmung, also ohne Rücksicht auf eine mögliche Änderung der Wirtschaftsweise (Benutzung als Baugelände, bergwerkliche Aufschließung, RG WarnR 1909 Nr 411), bei ordnungsgemäßer Bewirtschaftung nachhaltig (ohne Raubbau) gewähren kann (BGH NJW 1964, 1323 = Rpfleger 1964, 312; OLG Celle RdL 1961, 103; FOAG RdL 1955, 6; FRITZEN RdL 1963, 5 f; BECKER AgrarR 1975, 60). Doch können zweckmäßige Änderungen der Bewirtschaftungsweise, die die wirtschaftliche Bestimmung des ganzen Hofes achten, bei der Bemessung des Reinertrages berücksichtigt werden, zB Gemüse- statt Getreideanbau. Die Berechnung des Ertragswertes wird damit idR Aufgabe eines Sachverständigen sein (dazu ausführlich: OLG Frankfurt OLGZ 70, 268, 271; FOAG RdL 1955, 5; FRITZEN RdL 1963, 5).

5 3. Für die **Ermittlung des Ertragswertes** (zum Ertragswert OLG München ZEV 2010, 415 m Anm KEMPFLER; RUBY ZEV 2007, 265) gilt § 2049 Abs 2 nur hilfsweise. Sie ist nach Art 137 EGBGB in erster Linie den *Landesgesetzen* überlassen. Gem Art 83 Abs 1 PrAGBGB idF des SchätzungsamtsG v 8. 6. 1918 § 23 Abs 4 soll der fünfundzwanzigfache Betrag des Reinertrages maßgebend sein, nach BayAGBGB § 103 und VO v 31. 7. 1926 der achtzehnfache Betrag. Wegen weiterer Regelungen und Einzelheiten sei auf die Kommentierung zu § 137 EGBGB verwiesen (vgl ferner BECKER AgrarR 1975, 60). Die Bestimmung des § 137 EGBGB bezieht sich nur auf den Fall des § 2049 Abs 1, kann also nicht herangezogen werden, wenn feststeht, dass nach dem Willen des Erblassers der Ertragswert nicht maßgebend sein soll (RG HRR 1932 Nr 9. Zur Berechnung des Ertragswertes bei auskiesungsreifen Äckern, für die die Abbaugenehmigung bereits erteilt ist vgl BGH MDR 1992, 56 = FamRZ 1992, 172).

6 4. § 2049 gilt im Rahmen des § 16 Abs 1 GrdstVG bei der **gerichtlichen Zuweisung** gem §§ 13 ff GrdstVG (vgl § 2042 Rn 20) und entspr bei der Berechnung des **Erbersatzanspruches**, § 1934b Abs 1 S 3 in Erbfällen vor dem 1. 4. 1998, sowie bei **Übergabeverträgen**, die als Vorwegnahme der Erbfolge einen stark erbrechtlichen Charakter haben (BGH NJW 1964, 1323 = Rpfleger 1964, 312; HAEGELE Rpfleger 1964, 312).

§ 2050
Ausgleichungspflicht für Abkömmlinge als gesetzliche Erben

(1) Abkömmlinge, die als gesetzliche Erben zur Erbfolge gelangen, sind verpflichtet, dasjenige, was sie von dem Erblasser bei dessen Lebzeiten als Ausstattung erhalten haben, bei der Auseinandersetzung untereinander zur Ausgleichung zu bringen, soweit nicht der Erblasser bei der Zuwendung ein anderes angeordnet hat.

Titel 4 · Mehrheit von Erben
Untertitel 1 · Rechtsverhältnis der Erben untereinander

§ 2050

(2) Zuschüsse, die zu dem Zwecke gegeben worden sind, als Einkünfte verwendet zu werden, sowie Aufwendungen für die Vorbildung zu einem Beruf sind insoweit zur Ausgleichung zu bringen, als sie das den Vermögensverhältnissen des Erblassers entsprechende Maß überstiegen haben.

(3) Andere Zuwendungen unter Lebenden sind zur Ausgleichung zu bringen, wenn der Erblasser bei der Zuwendung die Ausgleichung angeordnet hat.

Materialien: E I §§ 2157–2159, 2164 Abs 3; II § 1923; III § 2025; Mot V 698 ff, 710 f; Prot V 889 ff, 894, Jakobs/Schubert ER I 763–788, 803–816; Denkschr 729 f.

Schrifttum

Beyer, Die gesetzliche Erbenausgleichung nach dem BGB (Diss Marburg 1900)
Bringer, Auseinandersetzung einer Miterbengemeinschaft als Nachfolgerin eines einzelkaufmännischen Handelsgeschäfts, ZErb 2006, 39
Bührer, Die Einwirkung der Ausgleichspflicht auf die Berechnung des Pflichtteils, ZBlFG 1922, 282
Hafner, Zu §§ 2050 ff. BGB, JW 1902, 495
Hamm, Ist die Schuld eines Miterben an den Erblasser auf dessen Erbteil anzurechnen?, DJZ 1906, 496
Herold, Veräußerungen des Erblassers unter Lebenden bei der Erbtheilung, SächsArch 6, 81
Heymann, Die Bedeutung der Ausgleichungspflicht für die Verteilung der Erbschaftsfrüchte, JherJb 42, 459
Keim, Zuwendungsausgleich durch Erbverzicht (Diss Köln 1979)
Langheineken, Anspruch und Einrede 35 f
Maener, Die Ausgleichung unter Pflichtteilsberechtigten, Recht 1921, 145
J Mayer, Anrechnung und Ausgleichung im Erb- und Pflichtteilsrecht, ZErb 2007, 130
Meyer, Ausgleichung unter Miterben und Auskunftspflicht, Recht 1900, 245
ders, Zur Ausgleichungpflicht der Miterben, Recht 1900, 514
Rathge, Die Ausgleichspflicht, JurBüro 1950, 196

Roth, Die Ausstattung im Erbrecht, NJW-Spezial 2010, 39
Scherer, Zur Ausgleichungspflicht und Auskunftspflicht der Miterben, Recht 1900, 327
Schiffner, Pflichtteil, Erbenausgleichung und die sonstigen gesetzlichen Vermächtnisse nach dem BGB (1897)
Schindler, Zuwendungsarten bei der Ausgleichung unter Miterben nach § 2050 BGB, ZEV 2006, 389
Schneider, Der Streitwert der Miterbenklagen nach § 2039 und 2050 BGB, Rpfleger 1982, 268
Sailer, Die Ausstattung als Rechtsgrund von Überlassungsverträgen, NotBZ 2002, 81
Tecklenburg, Lebzeitige Zuwendungen in ihrer Entwicklung auf die Erb- und Pflichtteilsberechnung (1904)
Wagner, Nachträgliche Honorierung von Pflegeleistungen und Pflichtteilsergänzung, ZErb 2003, 112
Weimar, Rechtsfragen zur Ausgleichspflicht unter Miterben, JR 1967, 97
Wesemann, Die rechtliche Natur der Kollation (Diss Göttingen 1906)
Zimmer, Zur Lehre von der Einwerfung nach dem Sächsischen und nach dem Deutschen Bürgerlichen Gesetzbuch, SächsArch 6, 758.
Weitere Schrifttumsnachweise vgl Vorbem zu §§ 2032 ff und bei § 2042.

Systematische Übersicht

I. **Allgemeines**
1. Zweck der Vorschrift — 1
2. Abweichende Bestimmungen — 2
3. Rechtsnatur der Ausgleichung — 4
4. Geschichtliches — 7

II. **Ausgleichspflichtige und -berechtigte Personen**
1. Ausgleichspflichtige — 10
2. Ausgleichsberechtigte — 14
3. Übertragbarkeit — 15

III. **Gegenstand der Ausgleichung** — 16
1. Vermögensvorteil des Abkömmlings — 17
2. Ausgleichspflichtige Zuwendungen — 21
a) Ausstattungen — 21

b) Zuschüsse — 25
c) Berufsausbildung — 27
d) Andere Zuwendungen — 31

IV. **Beweislast** — 35

V. **Streitwert** — 36

VI. **Auseinandersetzung ohne Ausgleichung** — 37

VII. **Entsprechende Anwendung der §§ 2050 ff** — 38

VIII. **Sondervorschriften** — 39

Alphabetische Übersicht

Abkömmlinge — 1, 10, 13 f, 17, 21
Absicht des Erblassers — 1
– Vermutung — 1
Akademischer Grad — 26, 31
Andere Zuwendung — 31 f
Anerkennungsvertrag — 3
Anstandsschenkung — 17
Aufrechnung — 18
Aufwendung
– Beruf — 27 ff
Ausbildung — 27 ff
Auseinandersetzung — 4, 14
– ohne Ausgleich — 37
Ausgleichung — 4
– Ausbildungskosten — 30
– Ausstattung — 30
– Berechnung — 4
– Beteiligte — 14
– Durchführung — 4
– Erblasseranordnung
  s dort
– Gegenstand — 16
– Pflicht — 10 ff
– Rechtsnatur — 4 f
– vereinbarte — 33
– Zeitpunkt — 4 f
– Zuwendungen — 31 ff

Ausgleichungspflicht
– Anerkennung — 3, 33
– Ausschluss — 2 f, 34
– Befreiung — 2, 34
– Berechnung — 4
– Berechtigter — 14 f
– Beweislast — 35
– Einschränkung — 2
– Erlass — 2
– Miterbenvereinbarung — 3
– Rechtsnatur — 4 ff
– Übertragbarkeit — 15
– Vereinbarung — 33
– Vererbung — 15
– Vermögensvorteil — 17
– Verpflichteter — 10 ff
– Vorteil — 4
Auskunftspflicht — 36
Ausstattungen — 17, 21 ff
– Ausgleich — 30
– Beispiele — 24
– Berufsausbildung — 27 ff
– Leistung — 23
– Übermaß — 32
Aussteuer — 21, 30

Berechnung — 4
– Zeitpunkt — 4 f, 7

Titel 4 · Mehrheit von Erben § 2050
Untertitel 1 · Rechtsverhältnis der Erben untereinander

Bereicherungsanspruch	37
Berufsvorbildung	
s Berufsausbildung	
Berufsausbildung	1, 27 ff
– allgemeine Schulausbildung	28
– Akademischer Grad	26, 31
– Nachweis	28
– Umfang	28
– Unterhaltspflicht	29
– Veranlagung	27, 30
Beweislast	35
Bewertungszeitpunkt	4 f, 7
Bezahlung der Schulden	21, 31
Darlehen	17, 20, 31
Ehegatte	14
Einkünfte	1, 25
Entsprechende Anwendung	38
Erbe	4, 10
– gesetzlicher	10
– gewillkürter	11
– Haftung	4
Erbersatzanspruch	38
Erbfolge	
– gesetzliche	1, 10
– gewillkürte	1, 11
– vorweggenommene	20
Erblasseranordnung	1 f, 16, 30 ff
Erblasserwille	1 f, 16, 30
Erbteil	4
– Abkömmlinge	4
– Erwerber	4
– Nutzung	4
– Pflichten	4
– Verfügung	4
– Verwaltung	4
Erbteilserwerber	4
Erbverzicht	2, 33
Erfüllung einer Verpflichtung	17, 22, 25, 29, 31
Erholungsreise	31
Ersatzerbe	12
Ersparnisse	26
Ferienreise	31
Form	32
Gegenleistung	17

Gegenstand der Ausgleichung	14, 34
– Ausstattung	21
– Geschenke	31
Geschichtliches	7 ff
Gesellschaftsanteil	19
Gleichstellung der Kinder	1
Haftung	4
Handelsgeschäft	24
– Anteil	24
Hochzeit	26
Hof	20, 39
Idealkollation	4
Kollation	4, 7
Leistung des Erblassers	17 f, 22
Leistungsversprechen	18
Minderjähriger	32
Nacherbe	5
Nachlass	
– Bestandteil	4
– Gegenstand	1
– Minderung	19
– Nutzung	4
– Verbindlichkeit	6
– Verwaltung	4
Nachlassgegenstand	1
Nachlassverbindlichkeit	6
Normzweck	1
Nutzung	4
Pflichtteil	2, 16, 33
Promotion	28
Prüfungen	28
Realkollation	4, 7
Rentenzahlung	23
Schulbildung	28
Sonderausgaben	26, 31
Sondererbfolge	1
Streitwert	36
Studium	28
Teilungsanordnung	38

Olaf Werner

Übermaß	22, 26	– Erforderlichkeit	26
Übertragbarkeit	15	– Übermaß	26
Unterhaltspflicht	17, 29	Zuwendungen	16 ff
		– andere	31–34
Vereinbarung der Miterben	3	– Anstandsleistung	17
Verfügungsberechtigung	4	– ausgleichspflichtige	1, 16
Verfügung von Todes wegen	33 f	– Ausstattung	21 ff
Vergnügungsreise	26	– Aussteuer	21
Vermächtnis	6, 33	– Beispiele	24
Vermögensverhältnisse		– dingliche	18
– des Erblassers	26 f	– Form	32
– des Abkömmlings	29	– Leistung	17
Verpflichtung des Erblassers	17, 22, 25	– Maßnahmen	17
Vertreter		– Nichtabkömmlinge	38
– gesetzlicher	32	– obligatorische	18
Verwaltung	4	– übermäßige	1
Vorbildung zu einem Beruf		– Unentgeltlichkeit	17
s Berufsausbildung		– unter Lebenden	20
Vorerbe	5	– Vermögensvorteil	17, 23
		– Vollzug	18
Wertbestimmung		– Vorausgabe	1
– durch Erblasser	2	– Vornahme	17
		– Zeitpunkt	16, 32
Zeitpunkt		– zukünftige	32
– der Zuwendung	16, 32	– Zuschüsse	25 f
Zuschüsse	25 f		

I. Allgemeines

1. Zweck der Vorschrift

1 Die Ausgleichungspflicht will dem mutmaßlichen Willen des Erblassers Rechnung tragen, der seinen Abkömmlingen schon zu Lebzeiten gewisse Zuwendungen gemacht hat. Das Gesetz geht davon aus, dass der Erblasser die gleichheitliche Stammeserbfolge nicht durchbrechen, sondern alle Abkömmlinge grundsätzlich gleich bedenken will. Zuwendungen sollen als Vorausgabe auf den künftigen Erbteil angesehen werden (BGHZ 65, 75 = WM 1975, 861; OLG Celle NdsRpfl 1962, 204; KOHLER NJW 1963, 227; WERNER DNotZ 1978, 83). Das Gesetz *vermutet* (DAMRAU/BOTHE Rn 1) eine solche Absicht bei *Kapitalzuwendungen* zur Ausstattung (Abs 1) und bei angesichts der Vermögensverhältnisse des Erblassers übermäßigen Zuwendungen, die als Einkünfte oder zur Berufsvorbildung verwandt werden sollen (Abs 2). Für andere Zuwendungen gilt die Vermutung nicht, vielmehr ist eine besondere Anordnung des Erblassers bei der Zuwendung nötig, um sie ausgleichspflichtig zu machen (Abs 3).

Die Vermutung gilt an sich nur bei der gesetzlichen Erbfolge (PALANDT/EDENHOFER Rn 1; HK-BGB/HOEREN §§ 2050–2057a Rn 2), bei gewillkürter lediglich unter der weiteren Voraussetzung, dass der Erblasser die Abkömmlinge durch die Erbeinsetzung auf die gesetzlichen Erbteile eingesetzt oder ihre Erbteile in demselben Verhältnis zueinander bestimmt hat, § 2052. Die Vermutung erstreckt sich in beiden Fällen nur auf Zuwendungen an Abkömmlinge (PALANDT/EDENHOFER Rn 1; dazu STAUDINGER/WERNER [2008] § 1924 Rn 2), nicht an andere Verwandte oder Ehegatten. Ausgleichspflichtig sind alle Zuwendungen, deren Gegenstand sonst zum Nachlass gehören würde, nicht aber Gegenstände, die einer Sondernachfolge (vgl Vorbem 20 zu § 2032) unterliegen (RG JW 1937, 2201).

2. Die Vorschriften über die Ausgleichung sind – wie sich schon aus ihrem Grunde ergibt – **nicht zwingender Natur** (DAMRAU/BOTHE Vorbem zu § 2050 Rn 4; HK-BGB/HOEREN §§ 2050–2057a Rn 2). Der Erblasser kann die Ausgleichungspflicht ganz oder teilweise, bedingt oder unbedingt ausschließen sowie fest für die Ausgleichung einen unter dem tatsächlichen Wert liegenden Betrag festsetzen (MünchKomm/ANN Rn 28; SOERGEL/WOLF Rn 22; FRISCHKNECHT BWNotZ 1960, 270), und zwar nicht nur bei den Zuwendungen des Abs 1, sondern ebenso des Abs 2 (heute unstr: PLANCK/EBBECKE Rn 2; PALANDT/EDENHOFER Rn 3; SOERGEL/WOLF Rn 22; **aM** SCHIFFNER 92), denn Abs 2 ist lediglich als eine sachliche Erweiterung des Abs 1 gedacht (Prot V 889 f). Der **Erlass** der Ausgleichungspflicht kann entweder bei (auch schon vor) der Zuwendung geschehen, und zwar formlos, oder später durch Verfügung von Todes wegen (BGH ZEV 2010, 33), sei es einseitig, indem der Erblasser dem begünstigten Abkömmling die Befreiung von der Ausgleichungspflicht vermacht, oder vertraglich, indem er ihn in der Form des Erbvertrages von der Ausgleichungspflicht befreit (RGZ 90, 422). Eine Beeinträchtigung des Pflichtteilsrechts kann durch die Auferlegung oder den Erlass der Ausgleichungspflicht allein durch Erbverzichtsvertrag erfolgen (RGZ 90, 422). Dagegen ist die Befreiung durch ein späteres einseitiges oder vertragsmäßiges Geschäft unter Lebenden ausgeschlossen (RGZ 90, 423; SOERGEL/WOLF Rn 22). Der nachträgliche Erlass der durch die Zuwendung begründeten Ausgleichungspflicht bedeutet die Zuwendung eines Vorteils aus dem Nachlass.

Wegen des nicht zwingenden Charakters der Ausgleichungsvorschriften können sich die **Miterben** bei der Auseinandersetzung **einverständlich** über sie hinwegsetzen (unstr: RGZ 149, 131; RG v 30.4.1907 – IV 524/06; BGH ZEV 2010, 33; BAMBERGER/ROTH/LOHMANN Rn 3; ERMAN/SCHLÜTER Rn 10; SOERGEL/WOLF Rn 23). Die Ausgleichungspflicht kann durch einen unter den Miterben geschlossenen Anerkennungsvertrag begründet werden (RG BayZ 1908, 19; RG v 20.11.1919 – IV 246/19).

3. Rechtsnatur der Ausgleichung

Zur Durchführung gelangt die Ausgleichung nur bei der Auseinandersetzung (MünchKomm/ANN Rn 2, 3; PALANDT/EDENHOFER Rn 1). Die ausgleichungspflichtigen Zuwendungen werden der Erbmasse zugerechnet, aber nicht in Natur durch tatsächliches Hinzufügen (sog Realkollation), sondern durch *Zurechnung ihres Wertes* zur Erbmasse und Anrechnung auf den Erbteil bei der Verteilung der Masse (sog Idealkollation). Die Zuwendung selbst verbleibt also in der Hand des Empfängers, wird nur rechnerisch bei der Verteilung ausgeglichen und ist niemals Bestandteil des Nachlasses (BayObLG OLGE 37, 253). Ist der Erbteil geringer als die Zuwendung, braucht der Erbe nichts herauszugeben, § 2056. Die Ausgleichungspflicht gestaltet das Erbrecht der Ausgleichungspflichtigen und -berechtigten derart um, dass Erstere aus dem tatsächlichen Nachlass weniger, Letztere mehr erhalten, als ihnen ohne die Ausgleichungspflicht gebühren würde (STROHAL I § 16 spricht daher von einer „den Gehalt des Erbrechts" mindernden Eigenschaft, dagegen BINDER III 184 f). Dem Ausgleichungspflichtigen, der aus dem tatsächlichen Nachlass wegen zu großer Vorempfänge nichts mehr erhält, verbleibt im übrigen die Rechtsstellung des Erben (heute unstr: ERMAN/SCHLÜTER Rn 3; SOERGEL/WOLF Rn 1; BGB-RGRK/KREGEL Rn 5; aM EBBECKE LZ 1920, 949; vgl § 2055 Rn 13 f). Er bleibt Teilhaber der Gemeinschaft mit Rechten und Pflichten, mit seinem Anteil an der Verwaltung und Nutzung (§ 2038), mit seiner Verfügungsberechtigung (§ 2040), mit der Schuldenhaftung (§§ 2058, 2059). Rechte und Pflichten zur Ausgleichung hängen als Modifikation des Erbrechts mit dem Erbteil der Abkömmlinge derart zusammen, dass eine Verfügung über den Erbteil (§ 2033) sowie die Verpflichtung zu einer solchen Verfügung nicht nur den Erbteil, sondern auch die durch die Ausgleichung bedingte Änderung mitumfaßt. Der Erwerber eines Erbteils tritt in die Rechte und Pflichten der Ausgleichung ein (PALANDT/EDENHOFER Rn 2; MünchKomm/ANN Rn 3; BAMBERGER/ROTH/LOHMANN Rn 5); dem Erbschaftskäufer gebühren die Vorteile der Ausgleichungspflicht (§ 2372), während ihm der Verkäufer für eine bestehende Ausgleichungspflicht gewährleistungspflichtig ist.

5 Es handelt sich bei der Ausgleichungspflicht weder um ein rein schuldrechtliches Verhältnis unter den Miterben, noch um eine dingliche Verschiebung der Erbberechtigung oder Anteilsberechtigung am Nachlass, sondern um eine **an die Anteilsberechtigung** aktiv und passiv **gebundene Obligation**, die Auseinandersetzung unter Berücksichtigung der Ausgleichungspflicht vorzunehmen (BINDER II 56; BROX/WALKER Rn 536). Bis zur Auseinandersetzung ist die Ausgleichungspflicht auf die Gestaltung der Erbengemeinschaft und die Beteiligung an ihr ohne Einfluß (BGB-RGRK/KREGEL § 2055 Rn 8). Dementsprechend erstreckt sich das Recht des Nacherben nicht auf die Vorempfänge des Vorerben. Bei einer Teilauseinandersetzung kann die Ausgleichung unterbleiben, sofern sie bei der Aufteilung des Nachlassrestes erfolgt (BGH NJW 1992, 2158 = NJW-RR 1992, 771 = DNotZ 1993, 169).

6 Die Ausgleichungspflicht ist **keine Nachlassverbindlichkeit**, sie lässt keinen gegen den Nachlass gerichteten Anspruch entstehen. Es ist daher unrichtig und praktisch wertlos, von einem gesetzlichen Vermächtnis zu sprechen (so jedoch SCHIFFNER 115; LANGE/KUCHINKE § 15 III 4 a; wie hier: PLANCK/EBBECKE Vorbem § 2050; PALANDT/EDENHOFER Rn 2; ERMAN/SCHLÜTER Rn 3; SOERGEL/WOLF Rn 4; BGB-RGRK/KREGEL Rn 3; MünchKomm/ANN Rn 17; STROHAL I § 17 II; BINDER III 177 f; OERTMANN ArchBürgR XI, 197).

4. Geschichtliches

7 a) Die Ausgleichungspflicht des BGB entspricht der Kollationspflicht des gemeinen Rechts. Sie wurde zuerst anerkannt zu Lasten der „emancipati", als diese neben den in der väterlichen Hausgewalt verbliebenen „sui" zur gesetzlichen Erbfolge berufen wurden. Da diese alles, was sie erwarben, für den Vater erwarben, die „emancipati" aber für sich erwerben konnten, mußte ihnen gerechterweise dieser Erwerb angerechnet und mit den „sui" geteilt werden. In der späteren Kaiserzeit entwickelte sich dann die sog Deszendenten-Kollation, wonach die Deszendenten gewisse von dem Aszendenten erhaltene Vorempfänge, namentlich die „dos" und die „donatio propter nuptias", in die Teilungsmasse einwerfen mussten, weil davon ausgegangen wurde, der Erblasser wolle seine Nachkommen im Zweifel gleichstellen. Ursprünglich waren die Vorempfänge in natura in die Teilungsmasse einzubringen oder wenigstens Sicherheit für eine spätere Teilung zu leisten, sog Realkollation.

Später konnte die Teilung in besonderen Fällen auch danach erfolgen, dass der Kollationspflichtige sich bei der Teilung einen entsprechenden Abzug machen ließ. Im gemeinen Recht wurde allgemein die Ausgleichung durch Werterstattung zugelassen, sog Idealkollation. Maßgebend für die Bewertung war der Zeitpunkt des Todes des Erblassers.

b) Das *deutsche Recht* behandelte die Zuwendung unter Lebenden als vorweggenommene Erbfolge. Der Erbe behielt die Zuwendung, mußte sie sich aber auf seinen Erbteil anrechnen lassen. Für die Bewertung war der Zeitpunkt des Empfangs (und nicht der des Todes des Erblassers) maßgebend, was dem Grundgedanken der Idealkollation entspricht. Die Ausgleichung fand nur bei gesetzlicher Erbfolge statt. **8**

c) Das *sächsische* und *bayerische Recht* folgten dem Grundsatz der Realausgleichung (SächsGB §§ 2263, 2267, BayerLR III 1 §§ 15, 18). Demgegenüber erkannten das ALR II 2 §§ 303, 309 und das ABGB §§ 790, 793, 794 den Grundsatz der Idealkollation durch Anrechnung an. Nach ALR sind die Deszendenten zur Ausgleichung der Ausstattung, geschenkter Grundstücke, immobiliarer Gerechtigkeiten sowie ausstehender Kapitalien durch Anrechnung des Wertes derselben zZt des Empfanges verpflichtet; Mobilien sollen zum Wert zZ der Erbteilung in Anschlag kommen. Eine Erstattung zuviel empfangener Werte kommt grundsätzlich nicht in Frage, II 2 § 312 ALR (Ausnahme zu Gunsten der notdürftigen Ausstattung der noch unversorgten Kinder, §§ 313 ff). Zum schweizerischen, italienischen, französischen, österreichischen und griechischen Rechtskreis vgl STAUDINGER/LEHMANN[11] Rn 6 ff. **9**

II. Ausgleichspflichtige und -berechtigte Personen

1. Ausgleichspflichtig sind:

a) Die *Abkömmlinge* des Erblassers, soweit sie als gesetzliche Erben zur Erbfolge gelangen, § 2050 Abs 1. Abkömmlinge, die wegen Todes, Erbverzichts (§ 2346), Ausschlagung (§ 1953), Ausschließung (§ 1938) oder Erbunwürdigkeit (§ 2344) nicht zur Erbfolge gelangen, kommen nicht in Betracht, jedoch die nach diesen Vorschriften an ihre Stelle tretenden Abkömmlinge, § 2051. **10**

b) Im Zweifel die *letztwillig* zu Erben eingesetzten Abkömmlinge, wenn der Erblasser sie auf das eingesetzt hat, was sie als gesetzliche Erben erhalten würden, oder ihre Erbanteile in demselben Verhältnis zueinander bestimmt hat, § 2052. **11**

c) Im Zweifel die für weggefallene Abkömmlinge eingesetzten **Ersatzerben**, § 2051 Abs 2. **12**

Ihre Erbteile sind wie die der weggefallenen Abkömmlinge zu berechnen (ERMAN/SCHLÜTER Rn 4).

d) **Entferntere Abkömmlinge** in den Fällen des § 2053, falls der Erblasser bei der Zuwendung die Ausgleichung angeordnet hat. **13**

2. Ausgleichungsberechtigt sind nur die Abkömmlinge des Erblassers, die als gesetzliche oder iS des § 2052 letztwillig eingesetzte Erben gleichzeitig mit anderen **14**

zur Ausgleichung verpflichteten Erben zur Erbfolge gelangen (MünchKomm/ANN Rn 4). Ihnen ist der Miterbe gleichzustellen, der an Stelle eines weggefallenen Abkömmlings als Ersatzerbe zur Erbfolge gelangt (vgl Rn 12 und § 2051). Der miterbende Ehegatte ist also weder ausgleichungspflichtig noch -berechtigt. Die Ausgleichung erfolgt allein unter den aktiv und passiv dabei beteiligten Personen, dh die Ausgleichung kommt lediglich den Abkömmlingen zugute (OLG Celle NdsRpfl 1962, 204; SOERGEL/WOLF Rn 6). Die Auseinandersetzung mit den übrigen Miterben geschieht ganz unabhängig davon. Ein nach § 2053 nicht ausgleichungspflichtiger Miterbe kann gegenüber anderen ausgleichungsberechtigt sein.

15 3.   Ausgleichungspflicht und -recht sind mit dem betreffenden Erbteil des Pflichtigen und Berechtigten **vererblich** und **übertragbar** (MünchKomm/ANN Rn 4; vgl Rn 4).

III. Gegenstand der Ausgleichung

16 Das Gesetz unterscheidet vier Arten ausgleichspflichtiger Zuwendungen. Alle müssen sie vom Erblasser herrühren und zu dessen Lebzeiten gemacht sein. Ob die Zuwendung die Ausgleichungspflicht begründet, hängt vom Willen des Erblassers ab, dessen Bestimmungsrecht jedoch durch das Pflichtteilsrecht beschränkt wird, § 2316 Abs 3.

17 1.   Die Zuwendung muss nicht durch Rechtsgeschäft des Erblassers mit dem Abkömmling erfolgen, sie kann auch aus rein wirtschaftlichen Maßnahmen des Erblassers hervorgehen. Es genügt ein **Vermögensvorteil des Abkömmlings** aus dem **Vermögen des Erblassers** (BGB-RGRK/KREGEL Rn 14; BAMBERGER/ROTH/LOHMANN Rn 6), so wenn der Erblasser für den Abkömmling eine Leistung erbringt, zu der dieser aus Anstand verpflichtet war und sie sonst aus seinem Vermögen geleistet hätte (RGZ 73, 377). Ebenfalls hierhin rechnen Leistungen, durch die einer gesetzlichen Pflicht (zB Unterhaltspflicht) genügt wird (RGZ 73, 377). Auch in einer entgeltlichen Leistung kann eine Zuwendung liegen, zB wenn die Gegenleistung absichtlich gering bemessen wird. Die Regelung der Ausgleichungspflicht wurde bewußt nicht auf „unentgeltliche" Zuwendungen beschränkt (Mot V 704; RGZ 67, 308; 73, 377; RG JW 1902 Beil 266 Nr 198). Daher ist auch eine Einigung beider Teile über die Unentgeltlichkeit wie bei der Schenkung nicht erforderlich (RG v 18. 4. 1910 – IV 38/10). Die Hingabe eines Geldbetrages als Darlehen mit der Bestimmung, die Summe brauche nicht zurückgegeben, sondern lediglich die Zinsen bezahlt zu werden, ist eine ausgleichspflichtige Zuwendung, wenn sie als Ausstattung gegeben wurde (RG v 30. 10. 1916 – IV 193/16; WarnR 1941 Nr 10).

18 a)   Eine ausgleichspflichtige Zuwendung kann **dinglicher** oder **obligatorischer Natur** sein. Zuwendung ist bereits ein vom Erblasser abgegebenes Leistungsversprechen, es ist als Nachlassverbindlichkeit von den Erben zu erfüllen. Die Ausgleichungspflicht führt nicht zum Untergang des Versprechens, denn wegen § 2056 kann der Vollzug den Abkömmling günstiger stellen als eine „Aufrechnung" der Ausgleichungspflicht mit dem Anspruch (BGHZ 44, 91).

19 b)   Keine Zuwendung liegt vor, wenn der **Nachlass** durch die Leistung des Erblassers keine **Verminderung** erfahren hat. Hat der Erblasser in einem Gesellschaftsvertrag für einen Abkömmling zu dessen Gunsten ein Eintrittsrecht in die Gesellschaft vereinbart, an der seine Teilhaberschaft mit dem Tod erlosch, werden dadurch allein die Erbansprüche der übrigen Miterben nicht geschmälert. Anders, wenn der Erblasser für diese Bedingung besondere Aufwendungen gemacht hat (RG JW 1927, 1201; RG v 5. 12. 1935 – IV 190/35). Leistungen, die unter der Verpflichtung zur Rückgewähr (credendi causa) oder zur Erfüllung einer Verbindlichkeit erfolgen, enthalten keine Zuwendung iS der Ausgleichungsregeln (RGZ 67, 308; RG JW 1902 Beil 266 Nr 198; SeuffA 67 Nr 231). Die Erben können ohne besondere Anweisung des Erblassers statt Rückzahlung der Schuld Ausgleichung nach den Ausgleichungsregeln fordern.

c) Da die **Zuwendung unter Lebenden** erfolgt sein muss, handelt es sich nicht um **20** eine solche bei einer Anordnung des Erblassers, ein als Darlehen geschuldeter Betrag solle – wenn er bis zum Erbfall nicht getilgt sei – nicht mehr zurückgezahlt, sondern zur Ausgleichung gebracht werden (MünchKomm/ANN Rn 7). Eine derartige Anordnung bedarf der Form letztwilliger Verfügung. Die **Übergabe eines Hofes** gem § 17 HöfeO ist vorweggenommene **Erbfolge** und damit keine Zuwendung unter Lebenden (OLG Schleswig AgrarR 1972, 362; MünchKomm/ANN Rn 7). Eine teilweise Vermögensübertragung auf einen Schlusserben als „vorweggenommene Erbfolge" kann auch als Ausgleichungsanordnung iSv Abs 3 zu verstehen sein (BGH MDR 1982, 124).

2. Zur Ausgleichung zu bringen sind:

a) **Ausstattungen**, die ein Abkömmling des Erblassers von diesem erhalten hat **21** (Abs 1). Was zur Ausstattung gehört, bestimmt zunächst § 1624 (MünchKomm/ANN Rn 15; ROTH NJW-Spezial 2010, 39). Darüber hinaus ist eine nach § 2050 ausgleichspflichtige Ausstattung nicht nur anzunehmen, wenn der Erblasser ein Elternteil, sondern auch dann, wenn er ein entfernterer Aszendent ist, soweit nicht die Ausnahmefälle des § 2053 vorliegen (heute unstr: PALANDT/EDENHOFER Rn 8; SOERGEL/WOLF Rn 12). Die früher in § 1620 aF aufgeführte *Aussteuer* ist eine Unterart der Ausstattung (BGHZ 11, 206; 14, 205; vgl Erl zu § 1624). Ausstattung ist nach § 1624 nicht nur die Zuwendung, die vor oder bei Begründung der Wirtschaft oder Lebensstellung gemacht wird, sondern auch, was nachher zu deren Fortführung oder Erhaltung gewährt wird (RGZ 67, 204; 79, 267), zB Zahlung der Schulden des Schwiegersohnes (RG JW 1912, 913). Zur Aufwendung für Berufsausbildung vgl Rn 27.

Gleichgültig ist, ob eine Zuwendung in **Erfüllung einer Verpflichtung** gemacht wird **22** (vgl Rn 18), ob sie den Verhältnissen entspricht oder *übermäßig* ist.

Die Zuwendung kann durch **einmalige Leistung** (zB Kapitalzuwendung) oder durch **23** **Rentenzahlung** erfolgen. Sie kann in beiden Fällen zur Vermehrung des Vermögens des Abkömmlings (so meist bei einmaligen Zuwendungen) oder als Zuschuss zu den Einkünften (so meist bei Rentenzahlung) gedacht sein. Für die in Rentenform gewährte Ausstattung, die als Zuschuß zu den Einkünften bestimmt ist, gilt Abs 2, der die Ausgleichungspflicht nur hinsichtlich des Übermaßes anordnet (RGZ 79, 267).

Wichtige Einzelfälle: Bedeutet die bloße Ausbedingung des Rechts, in ein Handels- **24** geschäft einzutreten, grundsätzlich keine Zuwendung (vgl Rn 19), so kann die Einräumung einer Teilhaberschaft mit allen daraus fließenden Rechten und Pflichten als Ausstattung angesehen werden, wenn der Vater die Stellung des Sohnes dabei günstiger ausgestaltet, als er die eines Fremden hätte ausgestalten müssen (OLG Celle NdsRpfl 1962, 204; SCHMID BWNotZ 1971, 29). Gleiches gilt für die über das Angemessene hinausgehende Aufwertung eines Geschäftsguthabens und für Leistungen, die ein bisher überhaupt nicht oder geringer ausgestattetes Kind zur Gleichstellung mit der Ausstattung eines anderen erhält (RG WarnR 1938 Nr 22; JW 1938, 2971 = HRR 1938 Nr 1466 = SeuffA 92 Nr 153).

25 **b)** **Zuschüsse**, die zu dem Zweck gegeben worden sind, als Einkünfte verwendet zu werden, sind – auch wenn sie unter den Begriff der Ausstattung fallen (vgl Rn 21) – nur unter den Voraussetzungen des Abs 2 zur Ausgleichung zu bringen (RGZ 67, 206; 79, 266; RG SeuffBl 68, 242). Die Pluralform „Einkünfte" deutet auf Einnahmen hin, die *wiederkehrend* auf gewisse Dauer und mit gewisser Regelmäßigkeit bezogen werden, also der Bestreitung des fortlaufenden Bedarfs dienen (BGB-RGRK/KREGEL Rn 9; PALANDT/EDENHOFER Rn 9). In Betracht kommen Zuschüsse, bei denen eine mehrmalige Wiederholung in gewissen Zeitabschnitten in Aussicht genommen ist, ohne dass der Erblasser eine entsprechende Verpflichtung übernommen haben muss (RG Recht 1910 Nr 2578, 2580). ANN (MünchKomm Rn 24) fordert zwar ebenfalls Leistungen zur Erfüllung des laufenden Bedarfs, verlangt jedoch keine gewisse Dauer und Regelmäßigkeit, sondern möchte dieses Merkmal allein nach dem Erblasserwillen qualifizieren, welchem Ziel er seine Zuwendungen widmet. Er betrachtet die Dauer und Regelmäßigkeit der Gewährung lediglich als Indiz für einen solchen Zuwendungswillen. Er sieht in der Regelmäßigkeit der Gewährung und Dauer schon deswegen keine geeigneten Entscheidungskriterien, weil sonst allein der Auszahlungsmodus über die Ausgleichungspflicht entscheiden würde. Er sieht hierin eine Umgehungsgefahr von § 2059 Abs 1. Dem ist aber entgegenzuhalten, dass allein die Ermittlung des Erblasserwillens große Probleme bereitet und sich das Merkmal damit nicht mehr objektiv rechtssicher bestimmen lässt. Ein einmaliger Zuschuss zu einem bestimmten Verbrauchszweck (zB Ferienreise) ist daher ohne entsprechende Erblasseranordnung nicht ausgleichspflichtig (RG WarnR 1910 Nr 288; ERMAN/SCHLÜTER Rn 7; aM PLANCK/EBBECKE § 2050 Anm 3; DIETZ 146).

26 Die Frage des **Übermaßes** ist nach den Umständen des Einzelfalles durch richterliches Ermessen zu entscheiden. Es kommt nicht darauf an, ob die Zuschüsse standesgemäß waren, sondern ob sie den Vermögensverhältnissen des Erblassers zZ der Zuwendung (OLG Hamburg HansRGZ 38 B 387) entsprachen und damals erwartet werden konnte, der Erblasser werde unter Berücksichtigung der vermutlichen Entwicklung seiner wirtschaftlichen Verhältnisse den Zuschuß ohne Beeinträchtigung des gleichen Rechts seiner anderen Abkömmlinge leisten können. Unter dieser Voraussetzung kann er den Zuschuß seinem Vermögensstamm entnehmen, doch kann die Notwendigkeit dazu für die Beurteilung des Übermaßes beachtlich sein. Die persönliche Würdigkeit und Veranlagung des Abkömmlings spielen keine Rolle. Gleichgültig ist, inwieweit die Zuwendungen zur Erreichung des Zwecks erforderlich waren und dazu wirklich verwandt worden sind (MünchKomm/ANN Rn 26). Sie dürfen aber nicht zu dem Zweck gegeben worden sein, als Grundstock für Ersparnisse zu dienen oder diese zu erhöhen. Zuschüsse zur Ausrichtung des Hochzeitsfestes, der Hochzeitsreise oder anderer Vergnügungsreisen, zur Erlangung der nicht berufsnotwendigen akademischen Grade fallen nicht unter Abs 2. Insoweit handelt es sich um Sonderausgaben, deren Deckung aus den Einkünften nicht als regelmäßig üblich oder möglich vorausgesetzt wird.

c) **Aufwendungen** für die **Vorbildung zu einem Beruf** (vgl § 1610 Abs 2) sind **27** ebenfalls – auch wenn sie als Ausstattung anzusehen sind – nur insoweit ausgleichspflichtig, als sie das den Vermögensverhältnissen des Erblassers entsprechende Maß übersteigen, Abs 2 (RGZ 114, 53). Gegen die unbedingte Ausgleichspflicht sprach nach der Meinung der II. Kommission (Prot V 890), dass mancherlei Umstände, insbesondere die bessere Veranlagung eines Kindes, es rechtfertigen können, diesem eine kostspieligere Ausbildung zukommen zu lassen als den anderen Abkömmlingen, ohne darin eine zur Ausgleichung verpflichtende Bevorzugung zu sehen.

Die Kosten der Berufsausbildung stehen im Gegensatz zu denen der **allgemeinen** **28** **Schulbildung**. Der Berufsausbildung dienen Studien-, Promotions-, Fach-, und Berufsschulkosten, einschließlich Beschaffung der Lernmittel. Die Aufwendungen für die Beschaffung der Mittel zur Berufsausübung (Arztinstrumente, Büroräume, Praxiseinrichtung und dgl) sind als Ausstattung (vgl Rn 21) dagegen stets ausgleichspflichtig. Die Ausbildung zu einem Beruf ist beendet, wenn die Fähigkeit zur Ausübung des entsprechenden Berufes erlangt, der formale dafür erforderliche Nachweis durch Bestehen der Prüfungen erbracht ist (RG WarnR 1913 Nr 237; BAMBERGER/ROTH/LOHMANN Rn 9).

Gleichgültig ist, ob die Aufwendungen in Erfüllung einer gesetzlichen **Unterhalts-** **29** **pflicht** erfolgen (vgl Rn 22). Ist dies nicht der Fall – etwa weil der Abkömmling eigenes Vermögen besitzt – ist die Aufwendung nicht schlechthin als Ausstattung gem Abs 1, sondern nur bei Übermaß nach Abs 2 auszugleichen (RGZ 114, 53 f). Ergreift der Abkömmling nach Abschluss der ersten Berufsausbildung einen neuen Beruf, fallen Aufwendungen dafür ebenfalls unter Abs 2 (RGZ 114, 54).

Ein **Vergleich des Abs 1 mit Abs 2** zeigt, dass Ausstattungen stets, Ausbildungskosten **30** und Einkommenszuschüsse lediglich bei Übermaß auszugleichen sind. Die vom Erblasser zumeist als Ausgleich für die Ausbildungskosten der Söhne an die Töchter erbrachte Aussteuer ist daher immer zum Ausgleich zu bringen, die Ausbildungskosten dagegen nur bei Übermaß (PALANDT/EDENHOFER Rn 10; ERMAN/SCHLÜTER Rn 6–9). Auch Art 3 GG führt insoweit nicht zu einer anderen Regelung, denn nach Abschaffung des Aussteueranspruchs aus § 1620 aF zu Gunsten der Töchter muss heute davon ausgegangen werden, dass Söhnen und Töchtern gleichermaßen Ausbildung und Aussteuer zugute kommen. Allein der Umstand, dass eines der Kinder keine Berufsausbildung, sondern lediglich die Aussteuer erhält, darf nicht zu einer Ignorierung des Gesetzestextes führen, die unterschiedliche Berücksichtigung der Ausstattungs- und Ausbildungskosten hat das Gesetz bewusst herbeigeführt (BAMBERGER/ROTH/LOHMANN Rn 9; **aA** BGH NJW 1982, 575 mwNw = FamRZ 1982, 55 = WM 1982, 17; PALANDT/EDENHOFER Rn 8; MünchKomm/ANN Rn 15 mwNw, wonach eine Aussteuer nur zu berücksichtigen sei, sofern sie die Kosten einer angemessenen Berufsausbildung übersteige oder neben einer Berufsausbildung gewährt worden sei). Die vom Erblasser an sich gewollte *Gleichstellung* der Kinder, die eine Aussteuer erhalten, mit denen, die eine Berufsausbildung finanziert bekommen, wird insoweit vom Gesetz ignoriert, obwohl § 2050 dem vermuteten Erblasserwillen Ausdruck geben soll (vgl Rn 1). Der Erblasser kann seinem Gleichbehandlungswunsch allein durch eine letztwillige Anordnung Geltung verschaffen, indem er die gegenseitige Anrechnung vorschreibt, jegliche Anrechnung ausschließt oder weniger begünstigten Abkömmlingen Vorausvermächtnisse zuschreibt.

Eine gesetzliche Gleichstellung der Ausbildungs- und Ausstattungskosten hat der ErbrA d AkdR (2. Denkschr 98) nicht empfohlen, weil die Berufsausbildung ein Teil des Unterhalts ist und anderenfalls alle für den Unterhalt aufgewendeten Kosten für anrechnungspflichtig erklärt werden müßten. Den Eltern müsse es überlassen bleiben, ihren Kindern entspr ihrer verschiedenen Veranlagung die Ausbildung zu geben, ohne dass die Anrechnungspflicht zu einer Bestrafung der fleißigen und strebsamen Kinder zu Gunsten fauler oder minder interessierter führe. Dem ist beizustimmen, zumal die Ausstattung eine andere Aufgabe hat als die Ausbildung; durch Aussteuer und Ausstattung werden die Kinder endgültig ins Leben gestellt und verselbständigt, während die Ausbildung für Töchter und Söhne erst die Voraussetzung für eine endgültige Lebensstellung schafft und der Erziehungspflicht der Eltern entstammt. Jene wird regelmäßig aus dem Vermögen oder durch Kreditaufnahme ermöglicht, während die Ausbildungskosten und Einkommenszuschüsse meist aus dem Einkommen bestritten werden. Da heutzutage auch die Töchter fast ausnahmslos eine Berufsausbildung erfahren und auf der anderen Seite die „Ausstattung" der Söhne unbedingt ausgleichspflichtig ist, werden unbillige Ergebnisse seltener. Zur Reform und rechtspolitischen Wertung der Ausgleichsregeln: LANGE, Die Ordnung der gesetzlichen Erbfolge, 2. Denkschr d ErbrA d AkdR 86 f.

31 **d)** **Andere Zuwendungen** sind – auch wenn sie zu den an sich nicht ausgleichspflichtigen Zuschüssen gehören – auszugleichen, wenn der Erblasser es bei der Zuwendung angeordnet hat (Abs 3). Hierunter fallen insbesondere: gelegentliche Geschenke (einschl gemischte Schenkung), Zuwendungen zur Bestreitung von Sonderausgaben, deren Deckung aus den Einkünften nicht als regelmäßig, üblich oder möglich vorausgesetzt wird (zB Zuschüsse für Erholungs- oder Ferienreisen, für den Erwerb eines zur Berufsausübung nicht notwendigen akademischen Grades), die Bezahlung von Schulden oder die Gewährung eines Darlehens mit der Bestimmung, dass es nicht zurückgezahlt, sondern später ausgeglichen werden solle. Auch Leistungen, durch die einer gesetzlichen Pflicht genügt wird, können unter die von Abs 3 erfassten Zuwendungen fallen (RGZ 73, 377; aA MünchKomm/ANN Rn 30; zweifelnd PALANDT/EDENHOFER Rn 11).

32 Eine **Form** ist nicht vorgeschrieben. Die Anordnung der Ausgleichung kann ebenso wie die des Ausschlusses konkludent erfolgen (RG WarnR 1910 Nr 245; SOERGEL/WOLF Rn 22; MünchKomm/ANN Rn 31; DAMRAU/BOTHE Rn 13). Sie muss *spätestens gleichzeitig mit der Zuwendung* dem Bedachten so zur Kenntnis gebracht werden, dass dieser die Zuwendung ablehnen oder durch ihre Annahme sein Einverständnis erklären kann (RGZ 67, 308; BAMBERGER/ROTH/LOHMANN Rn 10). Die Anordnung begründet keine schuldrechtliche Verpflichtung des Bedachten. Ein minderjähriger Begünstigter bedarf daher nicht der Einwilligung seines gesetzlichen Vertreters (BGHZ 15, 168 = NJW 1955, 1353; PALANDT/EDENHOFER Rn 11; BGB-RGRK/KREGEL Rn 18; ERMAN/SCHLÜTER Rn 9; SOERGEL/WOLF Rn 20; WESTERMANN JZ 1955, 244; WEIMAR JR 1967, 98; kritisch LANGE NJW 1955, 1343). Die Anordnung kann auch *im Voraus* für zukünftige Zuwendungen erfolgen. Aus dem späteren Verhalten des Erblassers, insbesondere aus der letztwilligen Anordnung lassen sich Rückschlüsse darauf ziehen, ob bei der Zuwendung ein beiderseitiges Einvernehmen über die spätere Ausgleichung bestand (RG ZBlFG 1909, 70).

33 Eine **nachträgliche Anordnung** der Ausgleichungspflicht kann der Erblasser nach dem eindeutigen Wortlaut des Abs 3 nicht einseitig durch Rechtsgeschäft zu Lebzeiten bestimmen (KG OLGE 21, 318; BGB-RGRK/KREGEL Rn 19; PALANDT/EDENHOFER Rn 3). Allerdings kann er durch Verfügung von Todes wegen, durch Beschwerung des Bedachten mit einem *Vermächtnis* zu Gunsten der Miterben, die gleiche Wirkung erzielen (BAMBERGER/ROTH/LOHMANN Rn 10). Doch darf der Pflichtteil des durch die Zuwendung Begünstigten dadurch nicht beeinträchtigt werden, weil er sich nach dem gesetzlichen Erbteil berechnet (RGZ 67, 309; 71, 135), er kann lediglich aufgrund eines mit dem Begünstigten abgeschlossenen Erbverzichtsvertrages beeinträchtigt werden (RGZ 67, 307; 71, 136; 90, 422; BAMBERGER/ROTH/LOHMANN Rn 10). Bedeutungslos ist eine vor dem Nachlassgericht abgegebene Erklärung, durch welche die Verpflichtung zur Ausgleichung von Vorempfängen einseitig anerkannt wird (RG BayZ 1908, 19). Eine **nachträgliche Vereinbarung des Erblassers mit dem Begünstigten** über eine Ausgleichung als Rechtsgeschäft unter Lebenden ist ein Vertrag zu Gunsten Dritter, da das Ausgleichungsrecht der übrigen Miterben begründet wird (MünchKomm/ANN Rn 31).

Eine **nachträgliche Beseitigung der** bei der Zuwendung festgelegten **Ausgleichung** ist **34** allein durch Verfügung von Todes wegen möglich, durch testamentarische Anordnung eines Vorausvermächtnisses oder durch Erbvertrag (RGZ 90, 422; OLG Hamburg OLGE 34, 261; PALANDT/EDENHOFER Rn 3, 11; STROHAL I § 13 Fn 18; EBBECKE Recht 1916, 339). Nach RG (BayZ 1921, 45 = LZ 1921, 20) kann in einer testamentarischen Bestimmung, die Erben sollten alles nach Abzug der Vermächtnisse Verbleibende unter sich gleichheitlich teilen, der Erblasserwillen liegen, die Ausgleichungspflicht zu erlassen.

IV. Die **Beweislast** für das Bestehen einer Ausgleichungspflicht trifft denjenigen, **35** der die Anrechnung einer Zuwendung auf den Erbteil verlangt (MünchKomm/ANN Rn 39; PALANDT/EDENHOFER Rn 2). Beruft sich der Erbe auf den Erlass der Ausgleichungspflicht nach Abs 1 oder Abs 2, muss er dies beweisen (BGB-RGRK/KREGEL Rn 22). Die Miterben sind gegenseitig auskunftspflichtig, § 2057.

V. Der **Streitwert** einer Klage auf Feststellung der Ausgleichungspflicht richtet **36** sich nach dem Betrag, der dem Kläger von der ausgleichungspflichtigen Zuwendung zugute kommen würde (unstr: BGH FamRZ 1956, 381; MünchKomm/ANN Rn 40; SOERGEL/WOLF Rn 22; BGB-RGRK/KREGEL Rn 23), denn es geht um die Benachteiligung des einzelnen Erben (vgl Rn 37). Festgestellt wird lediglich, inwieweit der Beklagte im Verhältnis zum Kläger einen bestimmten Betrag zur Ausgleichung zu bringen hat (BGH FamRZ 1956, 381). Näheres vgl SCHNEIDER Rpfleger 1982, 268, 270 f.

VI. Erfolgt die **Auseinandersetzung ohne Berücksichtigung der Ausgleichungspflicht**, **37** erwächst den dadurch benachteiligten Miterben im Zweifel ein Bereicherungsanspruch (condictio indebiti), es sei denn, dass ihnen die Ausgleichungspflicht bereits bei der Auseinandersetzung bekannt war (RG v 20.11.1919 – IV 246/19; BGB-RGRK/KREGEL Rn 21).

VII. Die Ausgleichungsregeln sind nicht entspr heranzuziehen auf Zuwendungen **38** des Erblassers an andere voraussichtliche Erben als Abkömmlinge (zB Geschwister, Eltern). Dies verhindert der eindeutige Gesetzeswortlaut des § 2050 (BGB-RGRK/KREGEL Rn 20; MünchKomm/ANN Rn 36; aM PLANCK/EBBECKE Anm 4). Die Anordnung einer

Ausgleichungspflicht ist in diesen Fällen lediglich als Teilungsanordnung (§ 2048) zulässig, dann sind §§ 2055, 2056 entspr anwendbar. Der Erblasser ist grundsätzlich nicht gehindert, die Anrechnung lebzeitiger Zuwendungen an seine gesetzlichen oder gewillkürten Erben nach Belieben letztwillig anzuordnen, soweit er dadurch den Pflichtteilsanspruch nicht beeinträchtigt (RG v 30. 10. 1916 – IV 193/16). Für Erbfälle vor dem 1. 4. 1998 sind die §§ 2050 ff auf die Berechnung des Erbersatzanspruches entsprechend anzuwenden (§ 1934b Abs 3 aF; dazu STAUDINGER/WERNER [2000] § 1934b Rn 26 ff).

39 **VIII.** Eine Sondervorschrift über die Ausgleichungspflicht des **Hoferben** enthält § 12 Abs 9 HöfeO sowie § 16 GrdstVG über die Abfindung bei einer Zuweisung nach §§ 13 ff GrdstVG (dazu BERGMANN SchlHAnz 1961, 314 f; MünchKomm/ANN Rn 41).

40 Zum **Übergangsrecht** vgl STAUDINGER/LEHMANN[11] Rn 22; zur Aufwertung der Ausgleichungsansprüche nach dem AufwG und **Umstellung** nach dem UmstG ebd Rn 23.

§ 2051
Ausgleichungspflicht bei Wegfall eines Abkömmlings

(1) Fällt ein Abkömmling, der als Erbe zur Ausgleichung verpflichtet sein würde, vor oder nach dem Erbfall weg, so ist wegen der ihm gemachten Zuwendungen der an seine Stelle tretende Abkömmling zur Ausgleichung verpflichtet.

(2) Hat der Erblasser für den wegfallenden Abkömmling einen Ersatzerben eingesetzt, so ist im Zweifel anzunehmen, dass dieser nicht mehr erhalten soll, als der Abkömmling unter Berücksichtigung der Ausgleichungspflicht erhalten würde.

Materialien: E I § 2160; II § 1924; III 2026; Mot V 704 ff; Prot V 892 f; VI 340 f; JAKOBS/ SCHUBERT ER I 763–787, 805–817; Denkschr 729.

1 **I.** **Grundsatz:** Ein vorrangiger gesetzlicher Erbe (DAMRAU/BOTHE Rn 2) gelangt nicht zur Erbfolge, wenn er durch Tod vor dem Erbfall (§ 1923), Ausschließung (§ 1938), Ausschlagung (§ 1953), Erbunwürdigkeit (§ 2344), Erbunfähigkeit oder Erbverzicht (§ 2346) wegfällt. Der an seine Stelle rückende Abkömmling (er muss die Erbschaft antreten und nicht von dem Ausschluss miterfasst sein) übernimmt auch die Ausgleichungspflicht des Vorfahren. Mehrere an dessen Stelle rückende Abkömmlinge treten auch in die Ausgleichspflicht nach dem Verhältnis ihrer Erbteile ein. Zwar erben entferntere Abkömmlinge kraft eigenen Rechts (STAUDINGER/WERNER [2008] Vorbem 8 zu § 1924) und haben selbst keine Zuwendung erhalten. Die §§ 2050 ff orientieren sich aber ebenso wie die gesetzliche Erbfolge am vermuteten Erblasserwillen, der im Zweifel alle Stämme gleichmäßig bedenken wollte (§ 2050 Rn 1). Zudem sollen die Miterben durch den Wegfall eines ausgleichspflichtigen Miterben nicht benachteiligt werden, ein Ausgleichspflichtiger nicht durch Ausschlagung der Erbschaft den

Ausgleich vereiteln können. Das BGB hat daher die entsprechende gemeinrechtliche Streitfrage (WINDSCHEID/KIPP III § 610 Fn 20, 21) iS des Eintritts in die Ausgleichungspflicht entschieden. Für die Beibehaltung dieser Regelung auch die 4. Denkschr d ErbrA AkDR 106.

II. Einzelheiten

In der Literatur wird gelegentlich unter dem Stichwort einer sog „relativen Erbunfähigkeit" die testamentarische Zuwendung an einen Abkömmling gesehen, der in seiner Eigenschaft als beurkundender Notar, Dolmetscher, Vertrauensperson, Testamentsvollstrecker oder Bürgermeister bei einem Nottestament die Erbfolge nicht antreten darf (dazu DAMRAU/BOTHE Rn 3; BAMBERGER/ROTH/LOHMANN Rn 2). Zwar ist aufgrund einer solchen persönlichen Tätigkeit die Erbeinsetzung unwirksam, so dass darin ein gesetzlich vorgesehener Wegfall eines Miterben gesehen werden könnte. BOTHE (aaO) sieht in dieser Konstellation eine wenig praktische Relevanz (vgl dort Rn 3 das aufgeführte Beispiel). Da § 2051 grundsätzlich das Einrücken einer anderen Person als den zunächst in der Reihenfolge in Betracht kommenden gesetzlichen Erben regelt, sollte es grundsätzlich auf den Grund für den Ausfall eines solchen Abkömmlings nicht ankommen, so dass mit dieser Ansicht die Norm zur Anwendung gelangt. § 2051 BGB stellt nicht auf die Erbfähigkeit, sondern auf den Eintritt der Erbfolge ab, so dass dieser Gesichtspunkt auch allein entscheidend sein muss (wie hier MünchKomm/ANN Rn 2). 2

1. Der **Eintritt in die Ausgleichungspflicht** ist davon unabhängig, ob der Abkömmling Erbe des Weggefallenen und ob ihm die Zuwendung zugute gekommen ist. Unerheblich ist ebenfalls, ob der an die Stelle des Weggefallenen tretende Abkömmling des Erblassers auch ein Abkömmling des ursprünglich mit der Ausgleichungspflicht belasteten Abkömmlings ist. Das ist zB nicht der Fall, wenn der mit der Zuwendung bedachte ausgleichspflichtige Enkel (vgl § 2053) wegfällt und sich dadurch der Erbteil seiner Geschwister erhöht. Dann treten diese in die Ausgleichungspflicht ein, die sich auf den Erbteil des Empfängers der Zuwendung beschränkt, ihr eigener Erbanteil, den sie schon vorher besaßen, bleibt von der Ausgleichungspflicht unberührt, § 1935. Umgekehrt wird eine Ausgleichspflicht, die auf dem ursprünglichen Erbteil lastet, nicht auf den hinzugekommenen ausgedehnt. 3

Möglich ist, dass der an die Stelle eines weggefallenen Abkömmlings tretende Abkömmling *aufgrund Erbeinsetzung* nach dem Verhältnis der gesetzlichen Erbteile an die Stelle des Ersteren tritt. Falls freilich der kraft Erbeinsetzung berufene Erbe *kein Abkömmling* des Erblassers ist, tritt er in die Ausgleichungspflicht des Weggefallenen nur im Falle des Abs 2 ein, also bei Einsetzung als Ersatzerbe. 4

2. **Kein Eintritt** in die Ausgleichungspflicht eines weggefallenen Abkömmlings erfolgt, wenn der Abkömmling vom Erblasser unter Übergehung seines ausgleichspflichtigen Vorfahren unmittelbar als Erbe eingesetzt ist (BAMBERGER/ROTH/LOHMANN Rn 3). Dann tritt er nicht an dessen Stelle (RG WarnR 1913 Nr 238). Stirbt ein ausgleichspflichtiger Abkömmling, nachdem er bereits *endgültig Erbe* geworden war, geht die Ausgleichungspflicht nach allgemeinen Grundsätzen auf seine Erben über, ohne Rücksicht darauf, ob diese Abkömmlinge des ersten Erblassers sind (BAMBERGER/ROTH/LOHMANN Rn 3). Gleiches gilt, falls die Erben eines ausgleichspflichtigen 5

Abkömmlings die diesem bereits angefallene Erbschaft nach dessen Tode annehmen, denn diese Annahme wirkt ex tunc, § 1942 Abs 1 (BGB-RGRK/KREGEL Rn 2).

6 III. Hat der Erblasser für den weggefallenen Abkömmling einen **Ersatzerben** eingesetzt, trifft diesen die Ausgleichungspflicht des Weggefallenen, falls er Abkömmling des Erblassers ist, schon nach Abs 1 (DAMRAU/BOTHE Rn 8). Ist er das nicht, soll er nach dem mutmaßlichen Erblasserwillen nicht mehr erhalten, als der Weggefallene unter Berücksichtigung seiner Ausgleichungspflicht erhalten hätte, Abs 2. Das Gesetz will die Miterben davor schützen, dass sie durch den Eintritt eines Ersatzerben Nachteile erleiden. Abs 2 bestimmt eine Höchstgrenze für die Nachlassbeteiligung des Ersatzerben.

7 Aus dem Schweigen des Gesetzes hinsichtlich eines **Ausgleichungsrechts** des Ersatzerben kann nicht gefolgert werden, ein solches solle nicht anerkannt werden (so jedoch KRESS 210). Der Erbanteil des Ersatzerben soll nach den Grundsätzen berechnet werden, die für den Weggefallenen maßgebend gewesen sind, also auch unter Berücksichtigung der diesem zustehenden Ausgleichsberechtigung (heute unstr: PLANCK/EBBECKE Anm 2; BAMBERGER/ROTH/LOHMANN Rn 4; PALANDT/EDENHOFER Rn 2; ERMAN/SCHLÜTER Rn 2; SOERGEL/WOLF Rn 5; BGB-RGRK/KREGEL Rn 4; BINDER III 155 Fn 97).

8 Abs 2 enthält lediglich eine **Auslegungsregel** hinsichtlich des vermuteten Erblasserwillens (SOERGEL/WOLF Rn 6). Der Ersatzerbe kann sich auf einen abweichenden Willen des Erblassers berufen, muss ihn aber beweisen (BGB-RGRK/KREGEL Rn 4).

§ 2052
Ausgleichungspflicht für Abkömmlinge als gewillkürte Erben

Hat der Erblasser die Abkömmlinge auf dasjenige als Erben eingesetzt, was sie als gesetzliche Erben erhalten würden, oder hat er ihre Erbteile so bestimmt, dass sie zueinander in demselben Verhältnis stehen wie die gesetzlichen Erbteile, so ist im Zweifel anzunehmen, dass die Abkömmlinge nach den §§ 2050, 2051 zur Ausgleichung verpflichtet sein sollen.

Materialien: E II § 1925; III § 2027; Prot V 891 f; JAKOBS/SCHUBERT ER I 764–780, 804–817; Denkschr 729.

I. Grundgedanke

1 Die Ausgleichung unter den kraft Gesetzes zur Erbfolge gelangenden Abkömmlingen entspricht dem mutmaßlichen Willen des Erblassers, seine Abkömmlinge gleich zu bedenken (vgl § 2050 Rn 1). Da bei **testamentarischer Erbfolge** eine ausdrückliche anderweitige Anordnung des Erblassers vorliegt, ist die Erstreckung der Ausgleichungspflicht auf die Erbfolge kraft letztwilliger Verfügung grundsätzlich ausgeschlossen. Eine entsprechende Ausdehnung der Ausgleichungspflicht auf die testamentarische Erbfolge ist jedoch angezeigt, wenn und soweit der Erblasser mit der testamentarischen Bestimmung die gesetzliche Erbfolge wählt, die testamentarische Erbfolge der gesetzlichen entspricht. Der Erblasser hat sich damit der gesetzlichen Regelung angeschlossen, sie in seinem Testament verdeutlicht und unterstrichen (Prot V 891, 892, während die Mot V 699 noch jede Ausgleichungspflicht eines testamentarischen Erben abgelehnt hatten). § 2052 ist lediglich eine **Auslegungsregel**, die durch den Nachweis eines abweichenden Erblasserwillens, der auch außerhalb des Testaments liegenden Umständen entnommen werden kann, entkräftbar ist (RGZ 90, 421; MünchKomm/Ann Rn 3; Damrau/Bothe Rn 1).

II. Einzelheiten

1. Keine Voraussetzung ist, dass die Abkömmlinge gleichviel erhalten, wie ihnen bei gesetzlicher Erbfolge zukäme. Die Erbteile können absolut größer oder kleiner sein als die gesetzlichen, indem Personen, die nach dem Gesetz neben ihnen als Erben berufen wären (zB Ehefrau), ausgeschlossen oder weitere Personen auf einen Teil der Erbschaft berufen sind. Die Erbteile müssen aber zueinander (dh unter den Abkömmlingen) in **demselben Verhältnis** stehen **wie** bei der **gesetzlichen Erbfolge** (RGZ 90, 420). Die Vorschrift ist auch anwendbar, wenn der Erblasser die Erbteile nicht für alle, sondern nur für einige Abkömmlinge nach dem Verhältnis der gesetzlichen Erbteile bestimmt hat. Dann findet die Ausgleichung nur unter diesen statt (unstr RGZ 90, 420; KG OLGE 46, 226; BGB-RGRK/Kregel Rn 2; Erman/Schlüter Rn 1; Kipp/Coing § 120 III 2; MünchKomm/Ann Rn 2; Damrau/Bothe Rn 5). 2

2. **Im gleichen Verhältnis** eingesetzt sind auch „Enkel", die der Erblasser zu gleichen Teilen zu Erben bestimmt hat und die nach seinem Tod infolge Wegfalls vorrangiger Erben zur gesetzlichen Erbfolge berufen sind (RGZ 149, 133). 3

3. An der Ausgleichspflicht ändert sich nichts, wenn einem Abkömmling durch Vorausvermächtnis, Auflage oder eine andere Anordnung eine **Begünstigung zugewandt** worden ist. Diese Begünstigung kann gerade mit Rücksicht auf die Ausgleichungspflicht anderer Miterben angeordnet sein, die dem Begünstigten erlassen sein soll (RGZ 90, 421; MünchKomm/Ann Rn 2). Allerdings kann nicht ohne weiteres angenommen werden, der Erblasser habe einen ausgleichspflichtigen Abkömmling durch die Zuwendung eines auf den Erbteil nicht anzurechnenden Vermächtnisses noch weiter derart begünstigen wollen, dass er auch die ihm unter Lebenden gemachten Zuwendungen nicht auszugleichen brauche (RGZ 90, 422; BGB-RGRK/Kregel Rn 3). Durch die Anordnung, die Abkömmlinge hätten das nach Abzug der Vermächtnisse Verbleibende gleich zu teilen, wird dagegen die Vermutung des § 2052 ausgeschlossen (RG LZ 1921, 19 Nr 7; OLG Karlsruhe OLGE 26, 305 f). 4

4. Die Auslegungsregel des § 2052 greift ein, wenn die Abkömmlinge nicht schlechthin als Erben, sondern als **Ersatzerben** eingesetzt sind (Prot V 341). Erhöht sich der Erbteil eines Abkömmlings durch Anwachsung (§ 2095), gelten beide Erbteile hinsichtlich der Ausgleichungspflicht als selbständige Erbteile (vgl § 2051 Rn 2). 5

5. Beim **gemeinschaftlichen Testament** des § 2269 gilt als Erblasser iS des § 2052 auch der zuerst verstorbene Gatte, obwohl die zu Erben eingesetzten Abkömmlinge grundsätzlich als Erben des zuletzt verstorbenen Ehegatten anzusehen sind. Die 6

Abkömmlinge müssen deshalb ebenfalls die vom Erstverstorbenen gemachten Zuwendungen bei der Auseinandersetzung des Nachlasses des Letztverstorbenen ausgleichen, ebenso etwaige Zuwendungen, die dieser aus dem Nachlass des Erstverstorbenen getätigt hat (unstr: RG v 26. 3. 1914 – IV 686/13; RG WarnR 1938 Nr 22; BGB-RGRK/Kregel Rn 4; Soergel/Wolf Rn 5; Palandt/Edenhofer Rn 2; Damrau/Bothe Rn 4). Vgl § 2054 Abs 2 für die fortgesetzte Gütergemeinschaft. Zur entsprechenden Anwendung des § 2052 auf den Erbersatzanspruch in Erbfällen vor dem 1. 4. 1998 vgl Staudinger/Werner (2000) § 1934b Rn 29.

§ 2053
Zuwendung an entfernten oder angenommenen Abkömmling

(1) Eine Zuwendung, die ein entfernterer Abkömmling vor dem Wegfall des ihn von der Erbfolge ausschließenden näheren Abkömmlings oder ein an die Stelle eines Abkömmlings als Ersatzerbe tretender Abkömmling von dem Erblasser erhalten hat, ist nicht zur Ausgleichung zu bringen, es sei denn, dass der Erblasser bei der Zuwendung die Ausgleichung angeordnet hat.

(2) Das Gleiche gilt, wenn ein Abkömmling, bevor er die rechtliche Stellung eines solchen erlangt hatte, eine Zuwendung von dem Erblasser erhalten hat.

Materialien: E I § 2161; II § 1926; III § 2028; Mot V 706; Prot V 892 f; VI 340 f; Jakobs/Schubert ER I 764, 782, 811, 817; Denkschr 729.

1 **I.** § 2053 macht einige **Ausnahmen von** der in **§ 2050** ausgesprochenen Ausgleichungspflicht der Abkömmlinge, die nebeneinander zur Erbfolge gelangen. Der in § 2050 vermutete Erblasserwille, die Zuwendungen als Vorgabe auf den Erbteil zu betrachten, ist idR nicht anzunehmen, wenn der begünstigte Abkömmling vom Erblasser noch nicht als sein Erbe in Betracht gezogen werden konnte, da noch vorrangige Abkömmlinge existierten (Abs 1) oder er noch kein Abkömmling des Erblassers war (Abs 2).

II. Die Fälle des § 2053

2 **1.** Die Absicht, eine Vorausgabe auf den Erbteil zu machen, ist regelmäßig nicht gegeben, wenn ein **entfernterer Abkömmling** (zB Enkel) vor dem Wegfall des ihn von der Erbfolge ausschließenden näheren Abkömmlings (Sohn, Tochter) eine an sich ausgleichungspflichtige Zuwendung erhalten hat. Um eine Ausgleichungspflicht zu begründen, ist eine entsprechende Anordnung des Erblassers bei der Zuwendung nötig. Die Beweislast dafür haben die Miterben, die die Ausgleichung des Vorempfanges verlangen.

3 Da die Vorstellungen des Erblassers für die Annahme der Ausgleichungspflicht entscheidend sind, wird letztere zu verneinen sein, wenn der Vorfahr des bedachten entfernteren Abkömmlings zZ der Zuwendung zwar bereits weggefallen war, der **Erblasser** aber noch irrtümlich an **seine Existenz glaubte**. Umgekehrt ist die Ausgleichungspflicht anzunehmen, falls der Erblasser ihn irrtümlich für weggefallen und deshalb den Bedachten für seinen nächsten Verwandten hielt (BAMBERGER/ROTH/LOHMANN Rn 2; ERMAN/SCHLÜTER Rn 1; PALANDT/EDENHOFER Rn 1; SOERGEL/WOLF Rn 2; BGB-RGRK/KREGEL Rn 1; STROHAL I § 14 Anm 3; **aM** KIPP/COING § 120 V 2 c; MünchKomm/ANN Rn 3). Erst recht ist die Ausgleichung geboten, sofern der Erblasser die Zuwendung gemacht hat, nachdem er den näheren Abkömmling bereits von der Erbfolge ausgeschlossen hatte (unstr: RGZ 149, 134; SOERGEL/WOLF Rn 2; BGB-RGRK/KREGEL Rn 1).

2. Eine Ausnahme von der Ausgleichungspflicht ist zu Gunsten eines vom Erblasser als **Ersatzerbe** eingesetzten Abkömmlings zu machen, wenn dieser die Zuwendung in einem Zeitpunkt erhalten hat, zu dem seine in erster Linie (gesetzlich oder gem § 2052 eingesetzte) berufene Vorperson noch nicht weggefallen war. Ist ein Nicht-Abkömmling zum Ersatzerben eingesetzt, kommt eine Ausgleichungspflicht wegen der ihm persönlich gemachten Zuwendung nach dem Grundsatz des § 2050 nicht in Betracht. 4

3. Abs 2 stellt den vorgenannten die Fälle gleich, in denen ein zur Erbfolge gelangender Abkömmling von dem Erblasser eine Zuwendung in einem Zeitpunkt erhalten hat, in dem er noch **nicht** die rechtliche **Stellung eines Abkömmlings** des Erblassers hatte. Abs 2 bezieht sich ausschließlich auf die Annahme als Kind (§§ 1741 ff), nachdem die Legitimation durch nachfolgende Ehe (§ 1719) und die Ehelicherklärung (§§ 1723 ff) durch das KindRG zum 1. 7. 1998 entbehrlich beseitigt wurde, vgl dazu § 2043 Rn 5. 5

III. Die **Anordnung der Ausgleichung** bei der Zuwendung an den entfernteren Abkömmling mittels besonderer Willensäußerung erzeugt lediglich eine Ausgleichungspflicht des Bedachten für den Fall seines Erbantritts, nicht aber eines zur Erbfolge gelangenden näheren Abkömmlings (BAMBERGER/ROTH/LOHMANN Rn 1). Der Erblasser kann allerdings auch letzteren verpflichten, eine an seine Kinder gemachte Zuwendung zur Ausgleichung auf seinen Erbteil zu bringen, doch nicht durch eine einfache Anordnung bei der Zuwendung, sondern nur durch eine letztwillige Verfügung (Testament oder Erbvertrag) (DAMRAU/BOTHE Rn 4). UU kann die vom Großvater unmittelbar an den Enkel getätigte Zuwendung als Ausführung einer gleichzeitig dessen Vater oder Mutter gemachten ausgleichungspflichtigen Zuwendung angesehen werden, zB wenn der Großvater auf Bitten seiner verwitweten Tochter deren Kinder ausstattet, um ihr diese Aufwendungen abzunehmen oder zu erleichtern. Soweit es sich daher um eine stets ausgleichspflichtige Ausstattung handelt, ist die zur Erbfolge gelangende Tochter nach § 2050 Abs 1 ausgleichungspflichtig. 6

§ 2054
Zuwendung aus dem Gesamtgut

(1) Eine Zuwendung, die aus dem Gesamtgut der Gütergemeinschaft erfolgt, gilt als von jedem der Ehegatten zur Hälfte gemacht. Die Zuwendung gilt jedoch, wenn sie an einen Abkömmling erfolgt, der nur von einem der Ehegatten abstammt, oder

wenn einer der Ehegatten wegen der Zuwendung zu dem Gesamtgut Ersatz zu leisten hat, als von diesem Ehegatten gemacht.

(2) Diese Vorschriften sind auf eine Zuwendung aus dem Gesamtgut der fortgesetzten Gütergemeinschaft entsprechend anzuwenden.

Materialien: E I § 2162; II § 1927; III § 2029; Mot V 707 f; Prot V 893; JAKOBS/SCHUBERT ER I 763, 767, 783, 787, 805, 811, 817; BT-Drucks I/3802, 29, 84; II/224, 20, 67; II/3409, 31; STAUDINGER/BGB-Synopse 1896–2005 § 2054 BGB.

1 I. Die geltende Fassung beruht auf Art 1 Nr 44 des Gleichberechtigungsgesetzes vom 18. 6. 1957 (vgl STAUDINGER/OTTE [2008] Einl 1922 ff Rn 31, 39, 88, 117, 141). § 2054 aF bezog sich nicht nur auf Zuwendungen aus der allgemeinen Gütergemeinschaft, sondern auch aus der Errungenschafts- und Fahrnisgemeinschaft. Da die beiden letzteren Güterstände durch das GleichberG nicht mehr anerkannt werden, war ihre Streichung geboten. Abs 2 hat gleichzeitig eine lediglich sprachliche Änderung erfahren.

II. Zweck der Vorschrift

2 1. § 2054 will Zweifel ausschließen, die sich bei einer **Zuwendung aus dem Gesamtgut** einer ehelichen Gütergemeinschaft (§§ 1415 ff) ergeben können. Die Verwaltungs- und Verfügungsbefugnis steht beiden Ehegatten zu, § 1419 (nach § 1443 **aF** nur dem Ehemann, dazu STAUDINGER/LEHMANN[11] Rn 1). *Zuwendender* ist aber auch der Ehegatte, der das Gesamtgut nach dem Ehevertrag (§ 1421) allein zu verwalten hat. Als Alleinverwalter kann er über das Gesamtgut verfügen, § 1422. Er bedarf jedoch zu Verfügungen über das Gesamtgut im ganzen, über ein Gesamtgutsgrundstück oder bei Schenkungen aus dem Gesamtgut, die nicht einer sittlichen Pflicht oder einer Anstandsrücksicht entsprechen, der Zustimmung des anderen Ehegatten, §§ 1423, 1424, 1425. Bezogen auf die Verwaltungsbefugnis wäre nur eine Ausgleichungspflicht des bedachten Abkömmlings gegenüber dem Nachlass des zuwendenden Gesamtgutsverwalters gegeben. Dies wäre nicht mit dem Wesen der Gütergemeinschaft zu vereinbaren, denn das Gesamtgut gehört beiden Ehegatten, die Zuwendung erfolgt damit aus dem Vermögen beider Ehegatten. Deshalb gilt (Vermutung) nach § 2054 die Zuwendung als von jedem Ehegatten zur Hälfte getätigt, unabhängig davon, ob ein Ehegatte oder beide das Gesamtgut zu verwalten haben. Die Zuwendung ist daher idR zweimal auszugleichen, je zur Hälfte bei der Beerbung jedes Ehegatten, sofern die Ausgleichung nicht bis zur Beendigung der fortgesetzten Gütergemeinschaft hinausgeschoben ist, § 1483.

3 2. Jeder Ehegatte, der nach § 2054 als Zuwendender gilt, kann die **Ausgleichungspflicht erlassen** oder **anordnen** (Mot V 708; ERMAN/SCHLÜTER Rn 2), soweit es einer solchen Anordnung nach §§ 2050–2053 bedarf.

III. Grenzen der Vermutung

Die Vermutung des § 2054 (ERMAN/SCHLÜTER Rn 2; MünchKomm/ANN Rn 4) gilt nur für Zuwendungen aus dem Gesamtgut einer Gütergemeinschaft iS der §§ 1415 ff an einen gemeinschaftlichen Abkömmling der die Gütergemeinschaft bildenden Ehegatten. **4**

1. Eine Ausgleichung nur **gegenüber** dem **Nachlass eines Elternteils** erfolgt daher: **5**

a) Bei Zuwendungen an einen Abkömmling, der von einem der Ehegatten (bzw bei der fortgesetzten Gütergemeinschaft nur von dem überlebenden Ehegatten) abstammt (Abs 1 S 2), oder

b) bei Zuwendungen, für die einer der Ehegatten (bzw bei der fortgesetzten Gütergemeinschaft der überlebende Ehegatte) **zum Gesamtgut Ersatz** zu **leisten** hat. **6**

Hat ein **verwaltender Ehegatte** einem gemeinschaftlichen Abkömmling eine Ausstattung aus dem Gesamtgut versprochen oder gewährt, fällt ihm diese insoweit allein zur Last, als sie das dem Gesamtgut entsprechende Maß übersteigt, §§ 1444, 1446, 1476 Abs 2 (entspr §§ 1465, 1467, 1476 Abs 2, 1538, 1549 aF). Bei anderen Zuwendungen kann er sich ersatzpflichtig machen, wenn er sie in Benachteiligungsabsicht oder ohne die vorgeschriebene Zustimmung des anderen Ehegatten vornimmt (§§ 1423–1425; DAMRAU/BOTHE Rn 3), zB ist die übermäßige Zuwendung des § 2050 Abs 2 als Schenkung anzusehen, welcher der andere Ehegatte nach § 1425 zustimmen muss. Ersatzpflichtig wird ein Ehegatte auch, falls er eine entsprechende Verpflichtung in Bezug auf sein Vorbehaltsgut eingegangen ist, diese aber aus dem Gesamtgut ganz oder teilweise zu berichtigen hat, § 1445.

Der **nicht verwaltende Ehegatte** kann sich ersatzpflichtig machen, wenn er gem § 1429 in Vertretung des verwaltenden Ehegatten handelt oder nach § 1438 sonst das Gesamtgut wirksam verpflichtet. Maßgebend ist insoweit Auftrags- oder Geschäftsführungsrecht. **7**

In diesen Fällen gilt die Zuwendung allein von dem betreffenden Ehegatten gemacht. Entscheidend ist dabei nicht die Person des Zuwendenden, sondern die Abstammung oder Ersatzpflicht. Abs 1 S 2 ist vom Sinn und Zweck her dahin einzuschränken, als die Herkunft der Zuwendung von dem betreffenden Ehegatten nur soweit angenommen werden darf, wie die auf ihn treffende Hälfte des Gesamtgutes reicht. Dafür ist nicht der Zeitpunkt der Zuwendung, sondern der Beendigung der Gütergemeinschaft maßgebend (unstr: RGZ 94, 262; PALANDT/EDENHOFER Rn 2; BGB-RGRK/KREGEL Rn 4; BAMBERGER/ROTH/LOHMANN Rn 3). **8**

2. Soweit die Ausgleichung bei dem Nachlass des betreffenden Gatten nicht zur Hälfte erfolgen kann, muss in entspr höherem Maß die Zuwendung als aus dem Nachlass des anderen Ehegatten entnommen angesehen werden (MünchKomm/ANN Rn 8; BAMBERGER/ROTH/LOHMANN Rn 2; DAMRAU/BOTHE Rn 2). **9**

10 IV. Bei der fortgesetzten Gütergemeinschaft (Abs 2) findet keine Beerbung des Erstverstorbenen hinsichtlich seines Anteils am Gesamtgut statt, § 1483 (vgl STAUDINGER/WERNER [2008] § 1931 Rn 51). Daher erfolgt keine Auseinandersetzung und keine Ausgleichung bezüglich der aus dem Gesamtgut, sondern nur hinsichtlich der aus dem Sonder- oder Vorbehaltsgut des Vorverstorbenen erhaltenen Vorempfänge. Die Vorempfänge aus dem Gesamtgut werden erst bei der nach der Beendigung der fortgesetzten Gütergemeinschaft eintretenden Auseinandersetzung ausgeglichen, § 1503 Abs 2 (DAMRAU/BOTHE Rn 4).

11 Da bei der fortgesetzten Gütergemeinschaft der überlebende Ehegatte die rechtliche Stellung des das Gesamtgut allein verwaltenden Ehegatten einnimmt, die beteiligten Abkömmlinge die des anderen (nichtverwaltenden) (§ 1487), gilt die Ausstattung der gemeinschaftlichen Abkömmlinge als zur Hälfte aus dem Anteil des überlebenden Gatten, zur Hälfte aus dem Anteil der übrigen Abkömmlinge gemacht. Soweit ein Ehegatte wegen einer Zuwendung aus dem Gesamtgut ersatzpflichtig und der Vorempfang als von ihm herrührend zu behandeln ist (§ 1499 Nr 3), muss der fragliche Betrag dem Gesamtgut ersetzt und dann die Ausgleichung derart vollzogen werden, dass der angemessene Teil der Zuwendung als hälftig aus beiden Anteilen (aus dem des Überlebenden und dem der Kinder) bewirkt anzusehen ist. Die Ausgleichung erfolgt hinsichtlich des Anteils der Abkömmlinge am Gesamtgut der fortgesetzten Gütergemeinschaft bei der Auseinandersetzung nach ihrer Beendigung; soweit der überlebende Ehegatte als der Zuwendende gilt, bei der Auseinandersetzung seines Nachlasses (BINDER III 163; MünchKomm/ANN Rn 13). Ist von dem überlebenden Ehegatten einem nicht gemeinschaftlichen Abkömmling eine die Ersatzpflicht auslösende Zuwendung gemacht worden (vgl Rn 6 ff), ist zweifelhaft, von welchem Ehegatten sie als getätigt anzusehen ist, von dem der Abkömmling stammt (Abs 1 S 2 HS 1) oder von dem ersatzpflichtigen Überlebenden (Abs 1 S 2 HS 2, § 1499 Nr 3). Maßgebend dürfte in erster Linie der letztere Gesichtspunkt sein (ebenso BGB-RGRK/ KREGEL Rn 5).

§ 2055
Durchführung der Ausgleichung

(1) Bei der Auseinandersetzung wird jedem Miterben der Wert der Zuwendung, die er zur Ausgleichung zu bringen hat, auf seinen Erbteil angerechnet. Der Wert der sämtlichen Zuwendungen, die zur Ausgleichung zu bringen sind, wird dem Nachlass hinzugerechnet, soweit dieser den Miterben zukommt, unter denen die Ausgleichung stattfindet.

(2) Der Wert bestimmt sich nach der Zeit, zu der die Zuwendung erfolgt ist.

Materialien: E I § 2163; II § 1928; III § 2030; Mot V 708 f; Prot V 893 f; JAKOBS/SCHUBERT ER I 763–784, 805–821; Denkschr 730; Kommissionsbericht 2102.

Schrifttum

BACHER, Werttheoretische Überlegungen beim Erbfall (Diss Konstanz 1990)
R KOHLER, Geldentwertung und Erbenausgleichung, AcP 122 (1922) 70
ders, Das Geld als Wertmaßstab beim Erb- und Zugewinnausgleich, NJW 1963, 225
KRUG, Die Kaufkraftproblematik bei ausgleichpflichtigen Vorempfängen in der Erbteilung, ZEV 2000, 41
vMAYDELL, Geldschuld und Geldwert (1974) 303
MEINCKE, Zum Verfahren der Miterbenausgleichung, AcP 178 (1978) 45
ders, Das Recht der Nachlassbewertung (1973)
PENTZ, Berücksichtigung des Kaufkraftschwundes im Erbrecht?, ZEV 1999, 167
PHILIPP, Zur Berücksichtigung des Kaufkraftschwundes bei der Berechnung von Pflichtteilsansprüchen – Ausgleichung von Vorempfängen, Betrieb 1976, 664
WENDELSTEIN, Inflationsbedingte Probleme im Erbrecht, Rechts- und Wirtschaftspraxis 2 Bürg-R, D Erbrecht I 1a, 927
WERNER, Werterhöhung als ausgleichspflichtiger Zugewinn und erbrechtlicher Vorempfang?, DNotZ 1978, 66.
Weiteres Schrifttum bei § 2050.

I. Grundsätzliches

Der **Vollzug der Ausgleichung** ist ein Teil des Auseinandersetzungsverfahrens. Deswegen ist für die Nachlassberechnung der Zeitpunkt der Auseinandersetzung, nicht der des Erbfalles maßgebend (MünchKomm/ANN Rn 12; **aM** MEINCKE AcP 178, 59; BAMBERGER/ROTH/LOHMANN Rn 4; ERMAN/SCHLÜTER Rn 2; KRUG ZEV 2000, 41). Der Vollzug erfolgt erst nach der Befriedigung der Nachlassgläubiger, da der Ausgleichsanspruch nicht zum Nachlass, sondern zum Eigenvermögen des ausgleichsberechtigten Miterben gehört. Der Nachlass vergrößert sich nicht durch die Ausgleichungspflicht. Diese beeinflußt lediglich die Größe des Wertbetrages, der bei der Auseinandersetzung auf einen Erbteil entfällt. **1**

1. Das Gesetz ordnet keine tatsächliche Rückgewähr der Vorempfänge, sondern lediglich die **Anrechnung ihres Wertes auf den Erbteil** (Idealkollation) an (vgl § 2050 Rn 4). Nach ALR II 2 §§ 303 f wurde der Wert der ausgleichspflichtigen Vorempfänge jedem Nichtbedachten vorab zugerechnet und erst der Rest geteilt. Die II. Komm hat eine andere Regelung gewählt: Der Wert sämtlicher ausgleichungspflichtiger Vorempfänge wird zunächst dem Nachlass zugerechnet, dann von dem so erhöhten Nachlass für jeden Abkömmling sein Erbteil berechnet und dem Ausgleichspflichtigen von seinem rechnungsmäßigen Erbteil der Wert des Vorempfanges abgezogen. Das Ergebnis beider Methoden ist das gleiche. Allerdings ist die des ALR einfacher im Hinblick auf § 2056 (dazu STAUDINGER/LEHMANN[11] § 2056 Rn 6 und PLANCK/EBBECKE § 2056 Anm 1). In beiden Fällen muss, sofern der Nachlass nicht ausreicht, um den Nichtbedachten einen den Vorempfängen der anderen Miterben gleichen Betrag auszuzahlen, eine verhältnismäßige Kürzung der Ansprüche der Ausgleichsberechtigten erfolgen, da eine Verpflichtung der Bedachten auf Erstattung zuviel empfangener Zuwendungen nicht besteht. **2**

2. Wie die gesamten Ausgleichungsregeln sind auch die über den Vollzug der Ausgleichung **nicht zwingend**; die Beteiligten können sich statt der rechnungsmäßigen Ausgleichung über eine tatsächliche Rückgewähr der Vorempfänge verständigen. **3**

4 3. Der Erbteil eines **an der Ausgleichung nicht beteiligten Miterben** wird stets vorweg nach dem tatsächlich vorhandenem Nachlass berechnet (DAMRAU/BOTHE Rn 3). *Beispiel:* Der Erblasser hinterlässt € 40 000 seiner Witwe sowie vier Kindern, von denen zwei eine ausgleichspflichtige Zuwendung von je € 10 000 erhalten haben. Dann erhält die Witwe 1/2 (§§ 1931 Abs 1, 1371 Abs 1) = € 20 000. Zum Restnachlass von € 20 000 sind die beiden Zuwendungen zuzurechnen = € 40 000. Der Erbteil eines jeden Kindes beträgt € 10 000. Die Ausgleichungsberechtigten erhalten je € 10 000, die Ausgleichungspflichtigen erhalten nichts.

5 4. Wurde die **Ausgleichung** bei der Erbteilung irrtümlich **nicht berücksichtigt, erhalten** die **benachteiligten** Miterben im Zweifel einen Bereicherungsanspruch (ERMAN/SCHLÜTER Rn 7; PALANDT/EDENHOFER Rn 1; vgl § 2050 Rn 37).

II. Wertberechnung (Abs 2)

6 Nach § 2055 Abs 2 ist für die Berechnung des Wertes einer ausgleichspflichtigen Zuwendung nicht der Zeitpunkt der Erbteilung oder des Erbfalls maßgebend, sondern der Zeitpunkt der Zuwendung. Die Mot (V 708) rechtfertigen dies damit, dass der Erblasser die Zuwendung zu dauerndem Eigentum gegeben habe, sie mithin auf die Gefahr des Bedachten gehen müsse. Richtiger erscheint die Rechtfertigung aus ihrer Eigenschaft als eine für die Dauer bestimmte Vorausgabe auf den Erbteil (BINDER III 171).

7 Das BGB enthält in §§ 1376 Abs 1, 2315 Abs 2 S 2 dem § 2055 Abs 2 gleichlautende Bestimmungen für die Wertberechnung. Jedoch hat der Gesetzgeber für keinen dieser Fälle eine Regelung getroffen, wie der **Wert eines Gegenstandes** festzustellen und auszudrücken sei. Wegen seiner allgemeinen Tauschmittelfunktion kommt als Wertmesser notwendigerweise Geld inländischer Währung in Betracht (KOHLER NJW 1963, 225; MünchKomm/ANN Rn 13). Die heute überwiegende Ansicht versteht § 2055 Abs 2 dahingehend, dass der ausgleichspflichtige Vorempfang dem Nachlass mit dem Geldwert zugerechnet und dem ausgleichspflichtigen Erben angerechnet werden müsse, den der Gegenstand zZ der Zuwendung gehabt habe (DAMRAU/BOTHE Rn 2–9; MünchKomm/ANN Rn 2), dh es muss – und dies ist wegen der damit verbundenen Schwierigkeiten zumeist nur durch Sachverständigengutachten möglich (MünchKomm/ANN Rn 13) – der Geldbetrag ermittelt werden, der zZ der Zuwendung für den Erwerb des vorempfangenen Gegenstandes hätte aufgebracht werden müssen. Da aber bereits wegen der **allgemeinen Geldentwertung** (sog Kaufkraftschwund) ein für die richtige Bewertung erforderlicher konstanter Wertmesser fehlt, haben der BGH und die ihm folgende Literatur mit Hilfe des vom statistischen Bundesamtes ermittelten Lebenshaltungsindexes bei der Erbauseinandersetzung einen um den Kaufkraftschwund erhöhten Geldbetrag als Vorempfang angesetzt (BGHZ 65, 75 = NJW 1975, 1831; BGH WM 1975, 1179, 1181; BGB-RGRK/KREGEL Rn 5, 6; SOERGEL/WOLF Rn 3; ERMAN/SCHLÜTER Rn 4; KIPP/COING § 120 VI 3; KOHLER NJW 1963, 227–229; LÖBBECKE NJW 1975, 2293; JOHANNSEN WM 1977, 272; WENDELSTEIN 930; eine Berücksichtigung des Kaufkraftschwundes lehnen dagegen ab: PLANCK/FLAD Anm 1; vLÜBTOW I 564, II 856; LANGE/KUCHINKE § 15 III 4 b; vMAYDELL 314 f). Diesen Wert (= d) erhält die hM, indem sie den zugewendeten Gegenstand im Geldwert des Empfangszeitpunktes (= a) multipliziert mit dem Lebenshaltungsindex im Zeitpunkt der Erbauseinandersetzung (= c) und diesen Betrag durch den Lebenshaltungsindex zZ der Zuwendung (= b) dividiert:

$$\frac{a \times c}{b} = d$$

(dazu PHILIPP Betrieb 1976, 664; WERNER DNotZ 1978, 69, 70).

Diese Ansicht ist schon deswegen zweifelhaft, weil der BGH die Berechnung zunächst für den Zugewinnausgleich (BGHZ 61, 385) gewählt und dann unbesehen auf den erbrechtlichen Vorempfang übertragen hat (BGHZ 65, 75 = NJW 1975, 1831; BGH WM 1975, 1179). Hatte der BGH dies in der ersten Entscheidung mit dem Sinn und Zweck des Zugewinnausgleichs zu rechtfertigen versucht, so hätte es bei der Übertragung auf den erbrechtlichen Vorempfang einer entsprechenden Auseinandersetzung mit dem Sinn und Zweck erbrechtlicher Ausgleichsvorschriften bedurft (dazu WERNER DNotZ 1978, 82). Nach Sinn und Zweck der §§ 2050 ff sowie nach den Mot ist § 2055 Abs 2 jedoch dahingehend zu verstehen, dass der Gegenstand der Zuwendung (Geld und Sachzuwendungen) mit dem Geldbetrag dem Nachlass zu- und dem Ausgleichspflichtigen angerechnet wird, der im Zeitpunkt der Auseinandersetzung aufzuwenden wäre, um ihn in dem Zustand, den er zZ der Zuwendung hatte, zu erwerben. Der Gegenstand wird im Zustand der Zuwendung dem Nachlass zugehörig behandelt. Das Wort „Wert" in § 2055 Abs 2 ist nicht als Geldwert, sondern als Zustand (dh Neuwert, Gebrauchswert usw) zu verstehen. Insoweit wird die Sache nach dem Zustand bewertet, den sie zZ der Zuwendung hatte (WERNER DNotZ 1978, 80 ff). Diese von der allgemeinen Ansicht abweichende Auslegung des Abs 2 rechtfertigt sich aus folgenden Überlegungen:

8

Die Gesetzesmaterialien (Mot V 708) verdeutlichen lediglich, dass Wertveränderungen durch Beschädigung, Zerstörung, Veräußerung, Verbrauch usw den Begünstigten treffen, da er den Gegenstand benutzt und das Risiko tragen muss. Damit soll sich der Ausgleichungsverpflichtete nicht auf derartige Veränderungen bei der Auseinandersetzung berufen dürfen, dh der Gegenstand wird so angesetzt, wie er ihn erhalten hat (WERNER DNotZ 1978, 82). §§ 2050 ff sollen zu einer Gleichstellung der Abkömmlinge führen (§ 2050 Rn 1), indem die ausgleichspflichtige Zuwendung so behandelt wird, als wäre sie noch im Nachlass vorhanden und würde erst bei der Auseinandersetzung an den Begünstigten gelangen (BGHZ 65, 75; KOHLER NJW 1963, 227). Dann muss der Gegenstand aber auch so, wie ihn der Begünstigte seinerzeit erhalten hat, als im Nachlass existent bzw dem Begünstigten bei der Auseinandersetzung zugewiesen behandelt und bewertet werden, also nach dem Geldwert im Auseinandersetzungszeitpunkt. § 2050 Abs 2 soll lediglich verhindern, dass sich der Ausgleichspflichtige bei der Auseinandersetzung darauf beruft, die Zuwendung sei inzwischen nicht mehr vorhanden, durch Zeitablauf oder Gebrauch im Wert gesunken oder gar wertlos geworden (WERNER DNotZ 1978, 83 ff). Er muss ihn sich so anrechnen lassen, wie er ihn erhalten hat. Allein diese Auslegung des § 2055 Abs 2 entspricht dem vermuteten Erblasserwillen, an dem sich die §§ 2050 f orientieren, und verhindert unbillige Ergebnisse (WERNER DNotZ 1978, 66 ff, 85). Es bedarf nicht der umständlichen Einbeziehung des Lebenshaltungsindexes zwecks Berücksichtigung des Geldwertschwundes. Eine solche ist zudem abzulehnen, da die Geldentwertung auf der durchschnittlichen Werterhöhung aller Güter beruht, also eine pauschal errechnete darstellt (WERNER DNotZ 1978, 70). Bei §§ 2050 ff handelt es sich aber um die Bewertung eines einzelnen Gegenstandes, dessen Wert allein zugrundegelegt und nicht durch eine auf andere Lebensgüter bezogene Teuerungsrate ver-

9

fälscht werden darf (WERNER aaO). Die einfachere Handhabung der hier vertretenen Ansicht zeigt sich auch bei der Inflation, die ebenso wie der allgemeine Geldwertschwund ohne Bedeutung ist, da allein der Geldwert zZ der Auseinandersetzung entscheidend ist, um die Sachen im Zustand der Zuwendung zu bewerten. So haben auch die Rspr und die ihr beistimmende Literatur Vorempfänge, die in Inflationszeiten geleistet worden sind, in den Sachwert umgerechnet, den die Zuwendung im Zuwendungszeitpunkt nach der Kaufkraft der bei der Auseinandersetzung geltenden stabilen Währung hatte. Allerdings wurde eine schematische Umrechnung nicht anerkannt, sondern lediglich eine Schätzung nach den Umständen des Einzelfalles vorgenommen (so STAUDINGER/LEHMANN[11] § 2055 Rn 6; vgl zur Inflationsberücksichtigung auch KOHLER AcP 122, 70–116; ders JW 1925, 338; LOCHER AcP 125, 343; JÄGER JW 1925, 214; SONNE NJW 1925, 594; BAERI BayZ 1925, 162; HERTEL LZ 1926, 741; SACHSE JW 1926, 773; HOFFMANN DJZ 1926, 199; GROSS WürttNotV 1925, 127).

10 1. Der **Untergang der Zuwendung** befreit nicht von der Ausgleichungspflicht (unstr PALANDT/EDENHOFER Rn 1; MünchKomm/ANN Rn 5). Zuwachs, Zinsen und Nutzungen bleiben außer **Betracht** (BAMBERGER/ROTH/LOHMANN Rn 4), denn sie sollen dem Bedachten nach dem Willen des Erblassers bereits vor dem Erbfall zugute kommen. Hierin liegt die eigentliche Bevorzugung gegenüber den ausgleichsberechtigten Erben (WERNER DNotZ 1978, 86). Dies übersieht MEINCKE AcP 178, 66 f.

11 2. **Wertsteigerungen und Wertsenkungen** aufgrund Änderung der Marktlage (nicht aufgrund Nutzung, Verbrauch usw) gehen zu Gunsten und zu Lasten des Nachlasses (WERNER DNotZ 1978, 66 ff) und nicht wie bei der hM (MünchKomm/ANN Rn 13) zu Gunsten und zu Lasten des Ausgleichspflichtigen. Bei Sachzuwendungen ist die allgemeine Geldentwertung ebenso wie eine Währungsreform ohne Bedeutung. Lediglich Geldzuwendungen müssen bei Währungsreformen in die neue Währung umgerechnet werden. Zur Umstellung nach dem UmstG (vgl insoweit STAUDINGER/ LEHMANN[11] Rn 7).

12 III. § 2055 Abs 2 ist wie alle Regelungen der §§ 2050 ff **nichtzwingender Natur**, dh der Erblasser kann bei der Zuwendung eine anderweitige Regelung treffen (MünchKomm/ANN Rn 16). Insoweit gelten die Auslegungsregeln der §§ 133, 157 (OLG Hamm MDR 1966, 330; WERNER DNotZ 1978, 85). Auch bei der testamentarisch angeordneten Ausgleichungspflicht (vgl § 2050 Rn 33) ist einem abweichenden Willen des Erblassers Rechnung zu tragen. Die Anordnung, ein Darlehen sei nicht zurückzuzahlen, sondern lediglich auszugleichen, kann den Willen ergeben, den Empfänger nicht in höherem Maße ausgleichungspflichtig zu machen, als er als Darlehensschuldner zur Rückgewähr verpflichtet gewesen wäre (RG JW 1927, 1120; HRR 1930 Nr 1805).

13 IV. Die **Rechtsstellung** der **ausgleichungspflichtigen** und **-berechtigten Miterben** in der Erbengemeinschaft bestimmt sich bis zur Auseinandersetzung nach Maßgabe der ihnen zustehenden Erbteile ohne Berücksichtigung der erst bei der Auseinandersetzung vorzunehmenden Ausgleichung. Eine dingliche Verschiebung der Erb- oder Anteilsberechtigung tritt nicht ein (BayObLG, ZEV 2002, 24, 27). Mit der Anteilsberechtigung ist lediglich die Pflicht und das Recht verbunden, bei der Auseinandersetzung die Ausgleichung vorzunehmen, also die Anteilsrechte der Ausgleichungspflicht entspr zu gestalten (PLANCK/STROHAL Vorbem 3 zu § 2050).

1. Die Miterben sind allein **entspr** ihren **Erbquoten** (BAMBERGER/ROTH/LOHMANN **14** Rn 2) an der **Verwaltung** und **Verfügung** über die Erbschaft beteiligt und dementsprechend stimmberechtigt. Ausgleichungspflicht und -recht sind insoweit ohne Bedeutung. Das gilt selbst für einen Miterben, der mehr erhalten hat, als ihm bei der Auseinandersetzung zukommen würde und nach § 2056 von der Herausgabe des Mehrempfanges befreit ist (heute unstr ERMAN/SCHLÜTER Rn 1; vgl § 2050 Rn 4). Doch können bei Gefährdung der bei der Auseinandersetzung vorzunehmenden Ausgleichung durch einstweilige Verfügung Sicherungsmaßnahmen (zB Aussetzung bzw Einschränkung des Stimmrechts oder Fruchtbezuges) ergriffen werden (BGB-RGRK/KREGEL Rn 8; MünchKomm/ANN Rn 6; STROHAL II § 64 Fn 4; HEIMANN JherJb 42, 459 f; zur Aufteilung der Früchte vor der Auseinandersetzung vgl § 2038 Rn 43).

2. Den **Nachlassgläubigern gegenüber** bleibt trotz etwaiger Ausgleichungspflich- **15** ten der Erbteil maßgebend und nicht der Anspruch auf das, was bei der Auseinandersetzung auf den Anteil des betreffenden Miterben unter Berücksichtigung der Ausgleichungspflicht entfällt (BAMBERGER/ROTH/LOHMANN Rn 2). Selbst der aufgrund Vorempfanges völlig befriedigte Miterbe haftet ihnen nach den allgemeinen Vorschriften der §§ 2058 ff. Im Innenverhältnis ist er freizustellen, er kann nach § 2046 die Berichtigung der Nachlassverbindlichkeiten aus dem Nachlass verlangen, ggf die anderen Miterben anhalten, ihn von der Verbindlichkeit zu befreien oder ihn für das darauf Geleistete schadlos zu halten. Auch *nach der Auseinandersetzung* haften die Miterben grundsätzlich als Gesamtschuldner, aber – soweit sie das Beschränkungsrecht nicht verloren haben – nur auf das, was sie unter Berücksichtigung der Ausgleichungspflicht wirklich aus dem Nachlass erhalten haben (MünchKomm/ANN Rn 9). Die ausgleichungspflichtige Zuwendung kann nicht als aus dem Nachlass empfangen angesehen werden (STROHAL II § 91 I), so dass gegen einen voll gedeckten Miterben, der nichts mehr bei der Auseinandersetzung erhalten hat, die Vollstreckung unmöglich ist.

3. Der **Gläubiger eines Miterben**, der dessen Anteil am Nachlass gepfändet oder **16** die Zwangsvollstreckung in den Anteil des Miterben vor der Teilung betrieben hat (§ 2059 Abs 1 S 1), erlangt hinsichtlich der Ausgleichungspflicht die gleiche Stellung wie der Miterbe selbst (BAMBERGER/ROTH/LOHMANN Rn 2), folglich auch dessen Ausgleichungsansprüche und Ansprüche aus dem Innenverhältnis nach § 2046. Dies wird bedeutsam für den Fall der geteilten Haftung, soweit der Gläubiger den Teil der Verbindlichkeit, der dem ideellen Anteil des leer ausgegangenen Miterben entspricht, von diesem nicht beitreiben kann, weil dieser gar nichts oder weniger erhalten hat.

4. Bei **Fortsetzung einer Gesellschaft** nach dem Tod eines Gesellschafters durch **17** dessen Erben gehen die Gesellschaftsanteile auf letztere entspr ihren Erbanteilen unmittelbar kraft Sondererbfolge über (vgl Vorbem 25 zu §§ 2032 ff). Eine Auseinandersetzung, bei der allein eine Ausgleichung erfolgen kann, findet insoweit nicht statt. Jedoch zeigt sich die Bedeutung der Ausgleichungspflicht insoweit, als bei der Auseinandersetzung des ganzen übrigen Nachlasses eine Veränderung der Größe der Anteile möglich ist, auch wenn die Ausgleichung nur rechnungsmäßig vor sich geht und keine Veränderung der Erbteile mit sich bringt (RG WarnR 1942, 62).

§ 2056
Mehrempfang

Hat ein Miterbe durch die Zuwendung mehr erhalten, als ihm bei der Auseinandersetzung zukommen würde, so ist er zur Herauszahlung des Mehrbetrags nicht verpflichtet. Der Nachlass wird in einem solchen Falle unter die übrigen Erben in der Weise geteilt, dass der Wert der Zuwendung und der Erbteil des Miterben außer Ansatz bleiben.

Materialien: E I § 2164 Abs 1, 2; II § 1929; III § 2031; Mot V 709 f; Prot V 893 f; Jakobs/Schubert ER I 783 f, 805–818; Denkschr 730.

I. Allgemeines

1 Hat ein Miterbe durch ausgleichspflichtige Zuwendungen bereits mehr erhalten, als ihm bei der Auseinandersetzung gem § 2055 zukommen würde, schließt § 2056 jede Pflicht zum Sach- oder Wertersatz aus. Dies entspricht dem vermuteten Willen des Erblassers, der mit der Zuwendung verdeutlicht hat, dass der Vorempfang bei dem Begünstigten verbleiben solle (Bamberger/Roth/Lohmann Rn 1). Es wäre zudem unbillig, den Empfänger mit Herausgabe oder Ersatzansprüchen zu belasten, da er die Zuwendung als Vermögensmehrung betrachten durfte und zumeist verbraucht hat (MünchKomm/Ann Rn 1). Der Erblasser kann nicht entgegen § 2056 eine Rückgewähr an den Nachlass anordnen (RG Recht 1920 Nr 686; OLG Celle OLGE 32, 52; Bamberger/Roth/Lohmann Rn 1).

2 1. Wer wegen § 2056 nichts herauszugeben hat, kann nicht mit dem **Pflichtteilsanspruch** nach § 2316 belangt werden (Bamberger/Roth/Lohmann Rn 1; Erman/Schlüter Rn 1), obwohl der Pflichtteil gem § 2316 Abs 1 unter Berücksichtigung der Ausgleichungspflicht zu berechnen ist; dies selbst dann nicht, wenn die zur Ausgleichung zu bringende Zuwendung das einzige (rechnungsmäßige) Aktivum des Nachlasses bildet (RGZ 77, 282). Der Pflichtteilsergänzungsanspruch der §§ 2325 f erstreckt sich lediglich auf Schenkungen, nicht auf andere Zuwendungen (RGZ 77, 283; Damrau/Bothe Rn 16; Erman/Schlüter Rn 1). Ausgleichspflichtige Zuwendungen dürfen also bei der Berechnung der Pflichtteilsergänzung nur soweit dem Nachlass zugerechnet werden, als sie Schenkungscharakter haben. Die Beschränkung aus § 2056 gegenüber einem Pflichtteilsergänzungsanspruch tritt jedoch allein ein, falls der Vorempfang eines sonst ausgleichspflichtigen gesetzlichen Erben höher ist als dessen gesetzlicher Erbteil bei Hinzuziehung der auszugleichenden Vorempfänge zu dem um den Wert der Schenkung vermehrten Nachlass (BGH NJW 1965, 1526 f; MünchKomm/Ann Rn 4; Kessler DRiZ 1966, 399; vgl auch Scholz, Die Wirkung des § 2056 BGB im Pflichtteilsrecht, JherJb 84, 294 f, 304).

3 2. Dem Fall, dass der Ausgleichspflichtige mehr erhalten hat, steht der gleich, in dem er **gerade soviel** erhalten hat, als auf ihn nach § 2055 entfallen würde.

4 **II.** Die **Verteilung des Nachlasses vollzieht** sich im Sonderfall des § 2056 so, dass

der Wert der Zuwendung und der Erbteil des voll gedeckten Miterben außer Ansatz bleiben (S 2).

1. Der voll gedeckte Miterbe scheidet sowohl mit seinen (an sich anzurechnenden) Vorempfängen als auch mit seinem Erbteil nur für die Auseinandersetzung aus, ohne dass sich ansonsten seine **Stellung als Erbe** ändert (vgl § 2055 Rn 14). Selbst bei zwei Miterben, von denen der eine aufgrund ausgleichspflichtigen Vorempfanges bei der Auseinandersetzung leer ausgeht (BAMBERGER/ROTH/LOHMANN Rn 2), wird erst bei der Auseinandersetzung der nicht ausgleichspflichtige Erbe Alleinbesitzer und -berechtigter hinsichtlich der Nachlassgegenstände, sofern alle Erfordernisse der Rechtsübertragung erfüllt sind.

2. Durch das Ausscheiden der Vorempfänge des leer ausgehenden Miterben erfährt die Teilungsmasse keine Erhöhung. Wohl ändert sich durch sein Ausscheiden (infolge Wegfalls seines Bruchteils) der **Teilungsbruchteil** für die übrigen. Die Bruchteile müssen – nur hinsichtlich der Auseinandersetzung – auf einen anderen Nenner gebracht werden, aber in demselben Verhältnis zueinander bleiben (ebenso BGB-RGRK/KREGEL Rn 2). *Beispiel:* Nachlasswert € 12 000. Erben sind der Sohn A zu 1/2 und zwei Enkel X und Y zu je 1/4. X hat € 6000 auszugleichen. Auf ihn würden bei Zurechnung seines Vorempfanges entfallen: 1/4 von € 18 000 = € 4500. Da er bereits € 6000 erhalten hat, scheidet er aus. Der Nachlass ist unter A und Y im Verhältnis von 2/3 zu 1/3 zu teilen: A erhält € 8000, Y € 4000.

3. Haben **mehrere Abkömmlinge Zuwendungen auszugleichen**, kann lediglich einer nach § 2056 mit seinem Erbteil ausscheiden. Dies kann uU zur Folge haben, dass ein anderer Miterbe, dessen Erbteil nun nicht mehr die Höhe seines Vorempfanges erreicht, ebenfalls bei der Auseinandersetzung leer ausgeht. *Beispiel* (nach KÜNTZEL Gruchot 41, 617): Nachlass € 28 000. Erben sind: Zu 1/3 = 6/18 der Sohn A, zu je 1/6 = 3/18 die Kinder V und W des vorverstorbenen Sohnes B und zu 1/9 = 2/18 die Kinder X, Y und Z des vorverstorbenen Sohnes C. Zur Ausgleichung zu bringen sind von W € 8000, von Z € 12 000. Nach § 2055 ergibt sich eine Teilungsmasse von € 48 000. Daher hat Z, auf den nur 1/9 fällt, nach § 2056 nichts mehr zu erhalten. Das Verhältnis der Erbteile bleibt aber unberührt. Da Z bei der Teilung ausscheidet, bleibt eine Teilungsmasse von € 36 000 und ein Verhältnis der zur Teilung Berechtigten von 6 : 3 : 3 : 2, der Nenner des Bruchteils wird infolge des Ausscheidens des Z 16 statt 18; dh A hat 6/16, V und W je 3/16, X und Y je 2/16 zu erhalten. Da W einen Vorempfang von € 8000 hat, 3/16 von € 36 000 jedoch nur € 6750 betragen, scheidet nunmehr auch W bei der Nachlassverteilung aus. Es bleibt ein Nachlass von € 28 000 als nach dem Verhältnis 6 : 3 : 2 : 2 unter A, V, X und Y zuteilende Masse, der Nenner wird 13. Es erhalten A 6/13, V 3/13, X und Y je 2/13 von € 28 000.

4. Bei **Erhöhung des** gesetzlichen **Erbteils** durch Wegfall eines gesetzlichen Erben ist die einen Erbteil überschwerende Ausgleichung von dem anderen Erbteil nicht zu tragen (vgl STAUDINGER/WERNER [2008] § 1935 Rn 13 f). Das gleiche gilt bei der Anwachsung des § 2095 (BAMBERGER/ROTH/LOHMANN Rn 4), bei Berufung zu mehreren Erbanteilen durch mehrfache Verwandtschaft (§ 1927) oder Testament (§ 2066).

§ 2057
Auskunftspflicht

Jeder Miterbe ist verpflichtet, den übrigen Erben auf Verlangen Auskunft über die Zuwendungen zu erteilen, die er nach den §§ 2050 bis 2053 zur Ausgleichung zu bringen hat. Die Vorschriften der §§ 260, 261 über die Verpflichtung zur Abgabe der eidesstattlichen Versicherung finden entsprechende Anwendung.

Materialien: E II § 1930; III § 2032; Prot V 894; JAKOBS/SCHUBERT ER I 805–818; Denkschr 730; STAUDINGER/BGB-Synopse 1896–2005 § 2057 BGB.

Schrifttum

CORNELIUS, Auskunfts- und Wertermittlungsverlangen des enterbten Pflichtteilsberechtigten bei pflichtteilsergänzungsrechtlich relevanten Veräußerungen, ZEV 2005, 286
LÜTZE, Der Informationsanspruch im Zivilrecht, JuS 1986, 2

SARRES, Auskunftspflichten zwischen Miterben über lebzeitige Zuwendungen gemäß § 2057 BGB, ZEV 2000, 349
ders, Erbrechtliche Auskunftsansprüche (2004)
SCHÖNE, Auskunftsansprüche im Erbrecht (1983).

1 I. Die Vorschrift ist erst von der II. Komm eingefügt worden und entspricht einem **praktischen Bedürfnis**. Vielfach werden die Zuwendungen an die ausgleichspflichtigen Miterben nicht bekannt sein. Deshalb gibt § 2057 den „übrigen" Miterben, dh jedem, das Recht, von jedem anderen miterbenden Abkömmling Auskunft über die von ihm oder seinem Vorgänger (vgl § 2051) erhaltenen Zuwendungen zu verlangen. Dadurch wird die Erfüllung der Ausgleichungspflicht gesichert. Darüber hinaus enthält das Gesetz keine allgemeine Auskunftspflicht der Miterben untereinander über den Nachlass, sie lässt sich auch nicht aus § 242 ableiten (KG DRWiss 1940, 1735; OLG München NJW-Spezial 2009, 295; vgl dazu § 2038 Rn 18; BAMBERGER/ROTH/LOHMANN Rn 1; MünchKomm/ANN Rn 1 mwNw).

2 Durch Art 2 § 1 Nr 5 des Gesetzes zur Änderung des Rechtspflegergesetzes, des Beurkundungsgesetzes und zur Umwandlung des Offenbarungseides in eine eidesstattliche Versicherung vom 27. 6. 1970 (BGBl I 911) wurde S 2 dem Umstand angepaßt, dass der Offenbarungseid als Institut abgeschafft und an seine Stelle die Abgabe der eidesstattlichen Versicherung getreten ist.

3 II. Das **Recht auf Auskunftserteilung** steht jedem Miterben als Individualrecht (kein § 2039) unter der (von ihm zu beweisenden) Voraussetzung zu (MünchKomm/ ANN Rn 2; DAMRAU/BOTHE Rn 1; ERMAN/SCHLÜTER Rn 2; BAMBERGER/ROTH/LOHMANN Rn 2), dass er selbst und der Auskunftspflichtige zu den Abkömmlingen bzw deren Ersatzerben zählen, die an sich gem §§ 2050–2052 ausgleichspflichtig und -berechtigt sein können. Außerdem haben diesen Anspruch ein *pflichtteilsberechtigter Abkömmling*, der nicht Erbe ist, wegen § 2316 Abs 1 (RGZ 73, 372 = JW 1910, 708 Nr 13; OLG Nürnberg NJW 1957, 1482; ERMAN/SCHLÜTER Rn 2; PALANDT/EDENHOFER Rn 1; BAMBERGER/ROTH/LOH-

MANN Rn 2), ein *nichtehelicher Abkömmling* zwecks Berechnung seines Erbersatzanspruchs (§ 1934b Abs 3) bei Erbfällen vor dem 1.4.1998, ebenso der mit der Auseinandersetzung beauftragte *Testamentsvollstrecker*, da die Erfüllung seiner Aufgaben die Berücksichtigung etwaiger Vorempfänge erfordert (BAMBERGER/ROTH/LOHMANN Rn 2; MünchKomm/ANN Rn 3; ERMAN/SCHLÜTER Rn 2). *Nachlass- und Nachlassinsolvenzverwalter* können den Anspruch lediglich erheben, wenn sie ein besonderes Interesse daran haben, den Bestand eines Erbteils klarzustellen, um Nachlassverbindlichkeiten berichtigen zu können, mit denen dieser Erbteil belastet ist (SOERGEL/WOLF Rn 3; BGB-RGRK/KREGEL Rn 3; PALANDT/EDENHOFER Rn 1; DAMRAU/BOTHE Rn 1; BAMBERGER/ROTH/LOHMANN Rn 2).

III. Die **Pflicht zur Auskunftserteilung** trifft jeden Miterben, der zu den von der Ausgleichungspflicht betroffenen Personen gehört (vgl §§ 2050, 2052), sowie einen lediglich pflichtteilsberechtigten Abkömmling (unstr: OLG Nürnberg NJW 1957, 1482; BGB-RGRK/KREGEL Rn 4). **4**

IV. **Gegenstand der Auskunftspflicht** sind alle Zuwendungen, die nach ihrer allgemeinen Eigenart von der Ausgleichungspflicht der §§ 2050–2053 betroffen werden können. Damit erstreckt sich die Pflicht nicht auf schlechthin alle Zuwendungen, die der Miterbe jemals vom Erblasser erhalten hat (so jedoch RGZ 58, 91; ERMAN/SCHLÜTER Rn 3; DAMRAU/BOTHE Rn 3, 4; MünchKomm/ANN Rn 5). Sie beschränkt sich aber auch nicht auf diejenigen, die bei richtiger Anwendung der §§ 2050 ff tatsächlich ausgleichungspflichtig sind (so jedoch RGZ 73, 376 f; wie hier SARRES ZEV 00, 349). Der hier vertretene Mittelweg rechtfertigt sich daraus, dass die Entscheidung, welche Zuwendungen im konkreten Fall betroffen sind, nicht dem subjektiven Ermessen oder gar Belieben des Auskunftspflichtigen überlassen werden kann und weiterhin eine an §§ 2055 ff gemessene Beschränkung erforderlich ist (wie hier: PALANDT/EDENHOFER Rn 1; SOERGEL/WOLF Rn 5; BGB-RGRK/KREGEL Rn 5; KAPP/EBELING I Rn 694). **5**

1. Der **Auskunftspflichtige** muss **angeben**: Inhalt und Umfang jeder in Frage kommenden Zuwendung, jede Tatsache, die für die Bewertung von Belang ist (BayObLGZ 19 A 44 = OLGE 37, 253; ERMAN/SCHLÜTER Rn 3; MünchKomm/ANN Rn 5), den Zeitpunkt der Zuwendung und eventuelle Anordnungen des Erblassers über ihre Ausgleichung. **6**

2. Wer **Auskunft** und **Versicherung an Eides statt** fordert, braucht nicht einen bestimmten Ausgleichungsposten zu behaupten, noch weniger muss vorher die Hingabe einer Zuwendung festgestellt werden. Handelt es sich um ein bereits bekanntes Rechtsgeschäft, das sich äußerlich nicht als Zuwendung **darstellt**, hat der Auskunft verlangende Miterbe nachzuweisen, dass es ganz oder zum Teil eine Zuwendung darstellt (RG JW 1906, 358; BAMBERGER/ROTH/LOHMANN Rn 5; MünchKomm/ANN Rn 9 f). **7**

V. Die **Form der Auskunft** ist im Gesetz nicht näher geregelt. Ein Bestandsverzeichnis iS des § 260 Abs 1 ist nur vorzulegen, wenn die Zuwendung einen Inbegriff von Gegenständen umfaßt hat (PALANDT/EDENHOFER Rn 2; DAMRAU/BOTHE Rn 11). §§ 260, 261 finden allein hinsichtlich der Verpflichtung zur Abgabe einer eidesstattlichen Versicherung entsprechende Anwendung (DAMRAU/BOTHE Rn 12). **8**

9 **1.** Der Auskunftspflichtige genügt zunächst seiner Pflicht durch die **einfache Angabe**, eine bestimmte oder keine Zuwendung erhalten zu haben, die nach § 2050 als ausgleichungspflichtig in Betracht kommen könnte. Weigert er sich, die Auskunft zu erteilen, ist er dazu durch Klage und Zwangsvollstreckung gem § 888 ZPO anzuhalten (ERMAN/SCHLÜTER Rn 3). Der Auskunftsanspruch dient der Durchsetzung und Erhebung eines herausgabeanspruchs und unterliegt damit der dreißigjährigen **Verjährung** gem § 197 Abs 1 Nr 1 (PALANDT/EDENHOFER Rn 1; DAMRAU/BOTHE Rn 7; SARRES ZEV 2010, 292).

10 **2.** Zur Abgabe einer **eidesstattlichen Versicherung** ist er auf Verlangen des Auskunftsberechtigten nur verpflichtet, wenn Grund zu der Annahme besteht, dass die Auskunftspflicht nicht mit der erforderlichen Sorgfalt erteilt worden ist. Ein solcher Verdacht kann sich uU aus der Weigerung des Pflichtigen ergeben, die Auskunft in ordnungsmäßiger Form – also regelmäßig schriftlich unter Angabe der erforderlichen Einzelheiten – zu geben (BGB-RGRK/KREGEL Rn 7). Da lediglich §§ 260, 261, nicht aber § 259 Abs 3 für entspr anwendbar erklärt werden, besteht die Pflicht zur Abgabe der eidesstattlichen Versicherung auch hinsichtlich Zuwendungen von geringer Bedeutung (BGB-RGRK/KREGEL Rn 7).

11 **a)** Ist der **Auskunftspflichtige** zur Abgabe der eidesstattlichen Versicherung **bereit**, regelt sich das Verfahren nach §§ 410 Nr 1, 412, 413 FamFG. Die Versicherung ist vor dem AG (Rechtspfleger, § 3 Nr 1b RpflG) des Wohnsitzes des Pflichtigen (als Gericht des Erfüllungsortes, § 269; § 23a Abs 1 Nr 2 GVG; § 411 FamFG) zu leisten. Ist der Pflichtige im Prozesswege **verurteilt**, ist gem § 889 ZPO vor dem AG als Vollstreckungsgericht (Rechtspfleger, § 20 Nr 17 RpflG) die Versicherung abzugeben.

12 **b)** Die eidesstattliche Versicherung wird im **Wortlaut** dahingehend zu fassen sein (§ 261 Abs 2), dass der Verpflichtete die nach §§ 2050 ff von der Auskunftspflicht erfaßten (im Anschluss an das Gesetz zu bezeichnenden) Zuwendungen nach bestem Wissen so vollständig angegeben habe, als er dazu imstande sei (vgl BayObLGZ 19 A 46 = OLGE 40, 149; MünchKomm/ANN Rn 10). Eine dem Gericht nach § 261 Abs 2 freigegebene den Umständen entsprechende Änderung der Versicherung kann sich namentlich daraus ergeben, dass gewisse Behauptungen des Auskunftspflichtigen über bestimmte Zuwendungen zu berücksichtigen sind.

13 **c)** Die **Kosten** hat – außerhalb des Prozesses – der Miterbe zu tragen, der die Abgabe der **eidesstattlichen** Versicherung verlangt hat, § 261 Abs 3. Gebühr für die Verhandlung im Termin: § 124 KostO (PALANDT/EDENHOFER Rn 2; BAMBERGER/ROTH/LOHMANN Rn 6).

14 **d)** Ein Miterbe kann sich auch **vertraglich** zur Abgabe einer eidesstattlichen Versicherung verpflichten. Dann hat das Gericht nicht zu prüfen, ob die gesetzlichen Voraussetzungen gegeben sind (unstr: OLG Hamburg HansGZ 1940, 98; SOERGEL/WOLF Rn 8; MünchKomm/ANN Rn 8).

Titel 4 · Mehrheit von Erben
Untertitel 1 · Rechtsverhältnis der Erben untereinander § 2057a

§ 2057a
Ausgleichungspflicht bei besonderen Leistungen eines Abkömmlings

(1) Ein Abkömmling, der durch Mitarbeit im Haushalt, Beruf oder Geschäft des Erblassers während längerer Zeit, durch erhebliche Geldleistungen oder in anderer Weise in besonderem Maße dazu beigetragen hat, dass das Vermögen des Erblassers erhalten oder vermehrt wurde, kann bei der Auseinandersetzung eine Ausgleichung unter den Abkömmlingen verlangen, die mit ihm als gesetzliche Erben zur Erbfolge gelangen; § 2052 gilt entsprechend. Dies gilt auch für einen Abkömmling, der den Erblasser während längerer Zeit gepflegt hat.

(2) Eine Ausgleichung kann nicht verlangt werden, wenn für die Leistungen ein angemessenes Entgelt gewährt oder vereinbart worden ist oder soweit dem Abkömmling wegen seiner Leistungen ein Anspruch aus anderem Rechtsgrunde zusteht. Der Ausgleichungspflicht steht es nicht entgegen, wenn die Leistungen nach den §§ 1619, 1620 erbracht worden sind.

(3) Die Ausgleichung ist so zu bemessen, wie es mit Rücksicht auf die Dauer und den Umfang der Leistungen und auf den Wert des Nachlasses der Billigkeit entspricht.

(4) Bei der Auseinandersetzung wird der Ausgleichungsbetrag dem Erbteil des ausgleichungsberechtigten Miterben hinzugerechnet. Sämtliche Ausgleichungsbeträge werden vom Wert des Nachlasses abgezogen, soweit dieser den Miterben zukommt, unter denen die Ausgleichung stattfindet.

Materialien: BT-Drucks V/4179, 31, 32, Ber 6; STAUDINGER/BGB-Synopse 1898–2005 § 2057a BGB.

Schrifttum

BOSCH, Erbrechtliche Probleme des Nichtehelichengesetzes, FamRZ 1972, 169, 172 ff
BRÜGGEMANN, Das neue Erbrecht, DAVorm 1969, 221
DAMRAU, Erbersatzanspruch und Erbausgleich, FamRZ 1969, 579, 580 f
DRESSEL, Die Ausgleichungspflicht im Höferecht bei besonderer Mitarbeit und Pflegetätigkeit eines Abkömmlings (§ 2057a BGB), RdL 1970, 146
FENN, Die Mitarbeit in den Diensten Familienangehöriger (1970)
FIRSCHING, Umgestaltung des Erbrechts durch das Nichtehelichengesetz, Rpfleger 1970, 48 = BayNotV 1970, 1
ders, Gesetz über die rechtliche Stellung der nichtehelichen Kinder v 19. 8. 1969, DNotZ 1970, 519, 535 f
KNUR, Familienrechtliche und erbrechtliche Probleme des Gesetzes über die rechtliche Stellung der nichtehelichen Kinder, Betrieb 1970, 1061, 1113 = FamRZ 1970, 269, 276 ff
LUTTER, Das Erbrecht des nichtehelichen Kindes (2. Aufl 1972) 100–114
ODERSKY, Nichtehelichengesetz (3. Aufl 1973) Art 1 Nr 90 (§ 2057a)
PETERSEN, Die Beweislast bei der Ausgleichspflicht unter Miterben nach § 2057a BGB, ZEV 2000, 432
SAILER, Die Ausstattung als Rechtsgrund von Überlassungsverträgen, NotBZ 2002, 81
SCHRAMM, Die Auswirkungen des neuen

Nichtehelichenrechts im Erbrecht, BWNotZ 1970, 9

WAGNER, Nachträgliche Honorierung von Pflegeleistungen und Pflichtteilsergänzung, ZErb 2003, 112

WEIMAR, Der Ausgleichsanspruch eines Abkömmlings bei besonderer Mitarbeit und Pflege (§ 2057a BGB), MDR 1973, 23.

Weiteres Schrifttum vgl bei § 1934a und bei § 2050.

Systematische Übersicht

I.	**Allgemeines**	
1.	Zweck der Norm	1
2.	Parallelvorschriften	2
3.	Leistungen des Abkömmlings	3
4.	Testierfreiheit	4
5.	Einigung der Miterben	5
II.	**Voraussetzungen des Ausgleichsanspruchs (Abs 1)**	
1.	Gesetzliches Erbrecht der Abkömmlinge	6
2.	Leistungen eines Abkömmlings	8
a)	Mitarbeit	9
b)	Erhebliche Geldleistungen	15
c)	Leistungen sonstiger Art	16
d)	Pflegedienste	17
3.	Leistungen aller Abkömmlinge	19
4.	Gemeinschaftliches Testament	20
5.	Zeitpunkt der Leistung	21
III.	**Einschränkungen des Ausgleichsrechts (Abs 2)**	22
1.	Unentgeltliche Leistung	23
2.	Teilweise Unentgeltlichkeit	24
3.	Erfüllung gesetzlicher Verpflichtung	25
4.	Hoferbe	26
IV.	**Höhe des Ausgleichsbetrages (Abs 3)**	27
1.	Umfang der Leistung	28
2.	Wert des Nachlasses	29
3.	Gerichtliche Zuständigkeit	30
V.	**Durchführung der Ausgleichung (Abs 4)**	31
1.	Berechnungsmodus	32
2.	Ausschluss des § 2056	33
3.	Leistungen und Vorempfänge	34
VI.	**Übertragbarkeit**	36
VII.	**Pflichtteil**	37

Alphabetische Übersicht

Abkömmlinge	6, 21
– nichteheliche	6
Auseinandersetzung	1, 30 f
– Berücksichtigung der Ausgleichung	31
Ausgleichsanspruch	
– Befriedigung	31
– Bemessung	1, 34
– Berechnung	34
– Beteiligte	6
– Durchführung	31
– Leistungen des Abkömmlings	6, 18
– Rechtsnatur	31
– Übertragbarkeit	35
– Vererblichkeit	35
– Voraussetzungen	6 ff
Ausgleichsbetrag	27 ff, 32
– Berechnung	32 f
Ausgleichung	
– Art	32
– Aufhebung	4
– Befreiung	4
– Betrag	27 ff
– besondere Leistungen	1
– Durchführung	31 ff
– Einschränkung	22
– Geldleistung	15
– Pflege	17 f
– Pflicht	3 f
– Rechtsnatur	4
– vereinbarte	5
– Vorempfänge	3
– Zuwendung des Erblassers	34

Titel 4 · Mehrheit von Erben
Untertitel 1 · Rechtsverhältnis der Erben untereinander

§ 2057a

Berechnung	27, 30 ff
– Feststellung	30, 33
– Grundlagen	28 f
Beruf des Erblassers	11
Beteiligte der Ausgleichung	6
Beweislast	14
Bewertung der Kindesleistung	1
Bezahlung der Erblasserschulden	16
Billigkeit	27 f
Bürgschaft	16
Darlehen	10
Ehefrau	7
Einigung der Miterben	5
Einkommensverzicht	17
Entgelt	23 f, 29
Erbenstellung	31
Erbersatzanspruch	6
Erbfolge	
– gesetzliche	4
– gewillkürte	6 f
Erblasserwille	4
– vermuteter	4
– geäußerter	4
Erbteile	31
Erfüllung gesetzlicher Pflichten	25
Erheblichkeit	14 ff
Gebrauchsüberlassung	16
Gegenanspruch	23
Gegenleistung	23 f, 29
Geldleistungen	15
– erhebliche	15
– Unterhalt	15
– Unterhaltspflicht	15
Geltungsbereich	1
– zeitlicher	1
Gemeinschaftliches Testament	20
Geschäftsfähigkeit	8
Gleichstellung ehelicher und nichtehelicher Kinder	1
Haushaltsführung	10
Hilfskräfte	13, 17
Hoferbe	26

Letztwillige Verfügung	4
Leistungen	
– außergewöhnliche	1
– Auswirkung	8
– Berechnungsgrundlage	28
– besonderer Art	16
– Bewertung	1
– Dauer	19, 27
– des Abkömmlings	1 f, 8 ff
– des Erblassers	3
– entgeltliche	1
– erhebliche	14 ff
– Geld	15
– Mitarbeit	
s dort	
– Pflege	17 f
– Umfang	19, 27
– unentgeltliche	1, 22 ff
– vermögensmehrende	2, 14, 19
– Zeitpunkt	21
Luxuszuwendungen	29
Mitarbeit	9 ff
– besondere	14
– Beruf	9, 11
– des Kindes	1 f, 4
– Geschäft	9, 12
– Haushalt	9, 11
– hauptberufliche	13
– Hilfskräfte	13
– Honorierung	2, 4
– nebenberufliche	13
– persönliche	13
– vermögenserhaltende	14
– werterhaltende	14
– werterhöhende	14
– Wirkung	14
– Zeitraum	13
Nachlasswert	32 f
Nachlassverbindlichkeit	31
Nichteheliche Abstammung	6
Normzweck	1 ff
Pflege	1, 10, 16 ff
Pflichtteil	36
Prozessweg	30

763   Olaf Werner

Schätzung	1	Vermögensopfer	17
Streitwert	30	Vermögensvorteil	14, 18 f, 22, 29
		Verzicht	23
Testierfreiheit	4	Vorempfang	3, 31 f, 34
Übertragbarkeit	36	Wertfeststellung	32
Unentgeltlichkeit	23		
– teilweise	24	Zeitpunkt der Leistung	21
Unterhaltsleistung	15	Zeitraum	
Unterhaltspflicht	15	– Gesetzesgeltung	1 f
		– Mitarbeit	13
Verjährung	23	– Pflege	17
Vermächtnis	4	Zugewinnausgleich	2
Vermögenslosigkeit		Zuwendungen des Erblassers	34
– des Erblassers	15		

I. Allgemeines

1 1. § 2057a ist eingefügt durch Art 1 Nr 90 NichtehelG und gilt für Erbfälle seit dem 1. 7. 1970 (Art 12 §§ 10 Abs 1 S 1, 27 NichtehelG), auch sofern Leistungen vor diesem Zeitpunkt erbracht worden sind (unstr: ODERSKY Anm V 3; MünchKomm/ANN Rn 2; SCHRAMM BWNotZ 1970, 15; BOSCH FamRZ 1972, 173). Mit diesem Gesetz wurde § 1589 Abs 2 aF gestrichen und §§ 1934a–1934e in das BGB eingefügt (inzwischen mit Inkrafttreten des ErbGleichG am 1. 4. 1998 aufgehoben; vgl dazu Vorbem zu §§ 2032 ff Rn 2), die erbrechtliche Gleichstellung der nichtehelichen mit den ehelichen Kindern zumindest wertmäßig herbeigeführt (STAUDINGER/WERNER [2008] Vorbem 22 zu § 1924). Da das eheliche – im Gegensatz zum nichtehelichen – Kind mit seinen Eltern und Vorfahren idR im Familienverband lebt, hat es oft durch seine Mitarbeit, Mithilfe oder Pflege – vornehmlich im bäuerlichen oder kleingewerblichen Bereich – dazu beigetragen, die den Nachlass bildenden Werte anzuschaffen und zu erhalten. Eine Mitwirkung bei Erwerb und Erhalt des Erblasservermögens kommt bei dem nichtehelichen Abkömmling idR nicht in Betracht (BT-Drucks V/4179 Ber 6). Dieser Umstand steht jedoch einer erbrechtlichen Gleichstellung des nichtehelichen mit dem ehelichen Kind nicht entgegen, denn eine Mitwirkung des Abkömmlings an Mehrung und Erhalt des Erblasservermögens kann nicht generell zugunsten ehelicher Abkömmlinge unterstellt, sondern muss im Einzelfall festgestellt werden. Insoweit erfuhr die Regelung durch das ErbGleichG keine Änderung. Zudem ist ein „Verdienst" der Abkömmlinge an der Vermögenserhaltung des Erblassers auch bei ehelichen unterschiedlich. Der Gesetzgeber hat daher auf Vorschlag des Rechtsausschusses mit § 2057a die Problematik generell, dh unabhängig von der ehelichen oder nichtehelichen Abstammung des erbenden Abkömmlings geregelt. Diese Vorschrift, deren Vorbild Art 633 des schweizerischen ZGB ist (dazu KIPP/COING § 120 IX; DAMRAU FamRZ 1969, 580), soll bei der Erbauseinandersetzung zwischen den als gesetzlichen Erben berufenen Abkömmlingen nach Billigkeitsgesichtspunkten (LEIPOLD Rn 754) eine Ausgleichung für besondere Leistungen gewähren, die ein Abkömmling gegen unangemessen niedriges Entgelt oder unentgeltlich zum Wohl des Erblasservermögens erbracht hat (BT-Drucks V/4179 Ber 6; zur Motivation des Gesetzgebers auch BRÜGGEMANN DAVorm 1969, 228). Eine genaue Berechnung und Bewertung der Tätigkeit des Abkömmlings ist grundsätzlich nicht möglich. Um Schwierigkeiten der Bemessung des Ausgleichsanspruchs zu vermeiden, soll entspr der Formulierung des Abs 3 eine genaue Nachrechnung aller Einzelheiten nicht erfolgen, sondern eine pauschale Schätzung genügen (BT-Drucks V/4179 Ber 6; ODERSKY Anm I 3). Es werden nur außergewöhnliche und erheblich ins Gewicht fallende Leistungen berücksichtigt (Abs 1).

Im Regierungsentwurf des Gesetzes zur Reform des Erb- und Verjährungsrechts vom 30. 5. 2008 (BT-Drucks 16/8954) war eine Änderung des § 2057a vorgesehen. Geplant war ein neuer § 2057b, der die Pflegeleistungen erweiternd aller als gesetzlicher Erben berufenen Personen ausgleichen sollte (dazu OTTE ZEV 2008, 260; WINDEL ZEV 2008, 305; KÖBL, in: FS Frank [2008] S 159). Dieser Vorschlag wurde nicht in das Gesetz zur Änderung des Erb- und Verjährungsrechts vom 24. 9. 2009 (BGBl I 3142, in Kraft zum 1. 1. 2010) übernommen, sondern lediglich in Abs 1 S 2 durch Streichung der Worte „unter Verzicht auf berufliches Einkommen" die Ausgleichung unter Abkömmlingen für Pflege insoweit erweitert, als das Erfordernis eines Verzichts auf berufliches Einkommen nicht mehr Voraussetzung blieb (zum Entwurf: KEIM NJW 2008, 2072; ZEV 2008, 161; MUSCHELER ZEV 2008, 105; SCHAAL/GRIGAS BWNotZ 2008, 2; zur erfolgten Gesetzesänderung: LANGE DNotZ 2008, 732; LANFENFELD NJW 2008, 3121; REIMANN FamRZ 2009, 1633).

2. Vor Einführung des § 2057a wurde versucht, die Mitarbeit der Abkömmlinge gegenüber dem Erblasser mittels arbeits- oder gesellschaftsrechtlicher Rechtsverhältnisse zu honorieren (vgl BGH NJW 1965, 1224; BAG AP Nr 22, 23, 25 zu § 612; KG FamRZ 1970, 317; 1972, 93; LUTTER § 6 I 1; FENN FamRZ 1968, 291; BRÜGGEMANN DAVorm 1969, 228), ohne der besonderen Situation voll gerecht zu werden. § 2057a hat nunmehr eine der Sachlage entsprechende Regelung getroffen. Damit ist die Mitarbeit des Abkömmlings ebenso wie schon vorher die des Ehegatten durch den Zugewinnausgleich gem §§ 1931 Abs 3, 1371 (bzw § 1931 Abs 4 bei der Gütertrennung, dazu STAUDINGER/WERNER [2008] § 1931 Rn 51) berücksichtigt. Allerdings wird nicht wie bei §§ 1371 Abs 1, 1931 Abs 4 die Mitarbeit pauschal angerechnet, sondern eine Orientierung am Einzelfall vorgesehen, die Tätigkeit des Abkömmlings muss sich vermögenserhaltend oder -mehrend ausgewirkt haben (MünchKomm/ANN Rn 1).

3. Obwohl es sich nicht um den Ausgleich von Vorempfängen handelt, hat der Gesetzgeber die Mitwirkung des Abkömmlings bei der Schaffung und Mehrung des Erblasservermögens mit der allgemeinen Ausgleichspflicht unter Abkömmlingen verbunden und als solche technisch ausgestaltet. Im Gegensatz zu §§ 2050–2057 geht es nicht um Leistungen, die ein Abkömmling vom Erblasser zu dessen Lebzeiten erhalten hat, sondern um **Leistungen des Abkömmlings**, die dem Erblasservermögen zugute gekommen sind. Die Ausgleichung kann nur im Rahmen der Auseinandersetzung, nicht als selbständiger Anspruch geltend gemacht werden (MünchKomm/ANN Rn 4).

4. Wie alle Regelungen der §§ 2050 ff geht auch § 2057a vom vermuteten Erblasserwillen aus (DAMRAU/BOTHE Rn 2). Einer solchen Vermutungsregelung bedarf es nicht, wenn der Erblasser einen diesbezüglichen Willen geäußert hat. Die **Testierfreiheit** erlaubt es ihm, in letztwilliger Verfügung die Ausgleichspflicht des § 2057a aufzuheben oder abzuändern, dh die Mitarbeit des Abkömmlings auf eine andere

Weise oder überhaupt nicht zu honorieren (unstr: ERMAN/SCHLÜTER Rn 8; MünchKomm/ANN Rn 3; BAMBERGER/ROTH/LOHMANN Rn 1; ODERSKY Anm I 4, II 6; LUTTER § 6 IV). Die übrigen Miterben erfahren durch eine solche Befreiung von der Ausgleichungspflicht des § 2057a eine Begünstigung, so dass die Erblassererklärung idR ein Vermächtnis darstellt (unstr: ODERSKY Anm I 4; ERMAN/SCHLÜTER Rn 8; BGB-RGRK/KREGEL Rn 7; SCHLÜTER Rn 724; DAMRAU FamRZ 1969, 581; BOSCH FamRZ 1972, 174; WEIMAR MDR 1973, 25).

5 5. Die **Miterben** können sich auch einverständlich über den zur Ausgleichung zu bringenden Betrag **einigen**, ohne dass dabei die Voraussetzungen des § 2057a vorliegen müssen (MünchKomm/ANN Rn 3).

II. Voraussetzungen des Ausgleichsanspruchs (Abs 1)

6 1. Der Ausgleichungsanspruch besteht allein unter Abkömmlingen (vgl § 2050 Rn 14), dh es müssen *mehrere Abkömmlinge* als *gesetzliche Erben* (§ 1924) zur Erbfolge gelangen. Abkömmlinge sind die Kinder des Erblassers und die an deren Stelle tretenden weiteren Abkömmlinge, § 2051 analog (unstr: BGB-RGRK/KREGEL Rn 3; ODERSKY Anm II 1; DAMRAU FamRZ 1969, 580). Die nichteheliche Geburt eines Kindes steht nicht entgegen, auch wenn wegen §§ 1934a–1934e für Erbfälle vor dem 1. 4. 1998 keine dingliche Erbfolge besteht, sondern nur der Erbersatzanspruch gegeben ist, § 1934b Abs 3 (unstr: BGB-RGRK/KREGEL Rn 3; PALANDT/EDENHOFER Rn 3; ODERSKY Anm II 1; LUTTER § 6 II 1 a; BOSCH FamRZ 1972, 172). Ein vor dem 1. 7. 1949 geborenes nichteheliches Kind hat jedoch keinen Erb- bzw Erbersatzanspruch Art 12 § 10 Abs 2 NichtehelG (vgl STAUDINGER/WERNER [2008] Vorbem zu § 1924 Rn 35) und scheidet damit aus dem Kreis der ausgleichspflichtigen und ausgleichsberechtigten Abkömmlinge aus. Durch die in Abs 1 S 2 angeordnete entsprechende Anwendung des § 2052 gilt im Zweifel – dh soweit der Erblasser keine andere Bestimmung getroffen hat – die Ausgleichspflicht auch bei *gewillkürter Erbfolge,* soweit die Abkömmlinge auf ihre gesetzlichen Erbteile oder in dem Verhältnis der gesetzlichen Erbteile zueinander eingesetzt sind (vgl § 2052 Rn 2).

7 Wie die allgemeine Ausgleichung der §§ 2050 ff findet die des § 2057a allein unter den erbenden Abkömmlingen des Erblassers statt. Die aufgrund Gesetzes miterbende Ehefrau des Erblassers oder ein auf einen Teil der Erbschaft letztwillig eingesetzter gewillkürter Erbe bleibt von der Ausgleichung unberührt (MünchKomm/ANN Rn 15; BROX/WALKER Rn 539; vgl § 2050 Rn 14, 2052 Rn 2).

2. Leistungen eines Abkömmlings

8 Eine Ausgleichung unter den Abkömmlingen setzt Leistungen eines oder mehrerer von ihnen voraus, die in besonderem Maße dazu beigetragen haben, das Vermögen des Erblassers zu erhalten oder zu vermehren. Die Leistung muss sich positiv auf den Vermögensbestand des Erblassers ausgewirkt haben. Geschäftsfähigkeit des Leistenden ist dabei nicht erforderlich (DRESSEL RdL 1970, 146), denn der Ausgleich wird außerhalb vertraglicher Ansprüche gewährt.

9 a) Die **Mitarbeit** im Haushalt, Beruf oder Geschäft des Erblassers beschränkt sich nicht, wie die Gesetzesmaterialien andeuten (vgl BT-Drucks V/4179 Ber 6), auf bäuerliche und kleingewerbliche Betriebe. Die Formulierung des Gesetzes verdeutlicht, dass jede Art der Mitarbeit in irgendeinem vom Erblasser ausgeübten Beruf bzw betriebenen Geschäft oder Haushalt gemeint ist.

Haushalt des Erblassers umfaßt wie der in § 1619 enthaltene Begriff des Hausstandes 10 alle Bereiche, die sich auf Wohn- und Aufenthaltsort des Erblassers beziehen und ihm die Lebensführung in häuslicher Hinsicht (Wohnung, Ernährung, Freizeit) ermöglichen. Die Mitarbeit im Haushalt erstreckt sich somit auf alle Aufgaben, die Pflege, Versorgung und ordnungsgemäße Haushaltsführung mit sich bringen, zB Wohnungsreinigung, Wäschepflege, Zubereitung der Mahlzeiten, Reparaturen in der Wohnung (WEIMAR MDR 1973, 23).

Der **Beruf** des Erblassers kann selbständiger oder unselbständiger Art sein (WEIMAR 11 MDR 1973, 23), denn in beiden Fällen vermag die Mitarbeit des Abkömmlings dem Erblasser die Ausübung zu erleichtern, erst zu ermöglichen bzw kostensparend zu wirken. Die Mitarbeit beschränkt sich nicht auf den engen beruflichen Bereich, dh Mitarbeit bei der Berufstätigkeit, es genügt jedwede Unterstützung, die in Zusammenhang mit dem Beruf steht (zB Korrespondenzführung, Fahrt zur Arbeitsstätte).

Geschäft (vgl § 1619) ist jeder Geschäftsbetrieb. Der Erblasser muss nicht Alleinin- 12 haber gewesen sein. Mitinhaberschaft oder Mitbeteiligung (bei Gesellschaft) genügt, denn auch in diesem Fall kann die Mitarbeit den Geschäftsanteil sichern und wertmäßig erhöhen (unstr: ODERSKY Anm II 2 a; WEIMAR MDR 1973, 23).

Die Mitarbeit kann verschiedener Art sein und vom Abkömmling **persönlich**, durch 13 seine Familie oder durch **andere Personen** (Hilfskräfte) in seinem Auftrag geleistet werden (unstr: ODERSKY Anm II 4; MünchKomm/ANN Rn 20, 25; LUTTER § 6 III 1 c; KNUR FamRZ 1970, 277; FIRSCHING DNotZ 1970, 536; BOSCH FamRZ 1972, 173 Fn 36). Entscheidend ist, dass die Tätigkeit vom Abkömmling aufgrund seiner Abstammung veranlasst oder für den Erblasser erbracht wurde. Der Abkömmling kann die Mitarbeit haupt- oder nebenberuflich leisten. Sie muss jedoch während **längerer Zeit** erfolgen, wobei ein zusammenhängender Zeitraum nicht erforderlich ist. Wenn auch keine absolute Mindestgrenze aufgestellt werden kann (MünchKomm/ANN Rn 18), muss die Abgrenzung gegenüber der nichterfaßten gelegentlichen Aushilfe liegen (ODERSKY Anm II 2 b), dh es muss eine planmäßige, auf längere Zeit (nicht auf einmalige Hilfe) gerichtete Tätigkeit sein.

Die Mitarbeit muss in **besonderem Maße** dazu beigetragen haben, das Vermögen des 14 Erblassers zu erhalten oder zu vermehren. ODERSKY (Anm II 2 c) hält jede Mitarbeit prima facie ursächlich für Erhöhung und Erhaltung des Vermögens. Wer dies bestreite, müsse den Gegenbeweis führen. Dabei wird jedoch verkannt, dass nach § 2057a nicht jede werterhaltende oder werterhöhende Mitarbeit zur Ausgleichung berechtigt, sondern nur die, welche dies in besonderem Maße erreicht hat. Es obliegt daher dem Abkömmling zu beweisen, inwieweit seine Mitarbeit dieses besondere Maß erreicht hat (OLG Oldenburg FamRZ 1999, 1466; siehe zu Beweisfragen PETERSEN ZEV 2000, 432). Das wird ihm dann gelingen, wenn ohne seine Hilfe der Erblasser hätte eine Arbeitskraft einstellen und bezahlen müssen (DRESSEL RdL 1970, 146).

b) Erhebliche Geldleistungen des Abkömmlings an den Erblasser werden der 15 Mitarbeit gleichgestellt und begründen eine Ausgleichungspflicht (zum Kredit vgl

Rn 16). Hinsichtlich der Erheblichkeit gilt das zu Rn 14 Gesagte. Die Erfüllung einer gesetzlichen Unterhaltspflicht aus §§ 1601 ff begründet die Voraussetzung des § 2057a nicht (unstr: ODERSKY Anm II 3; SOERGEL/WOLF Rn 6), denn gem § 1602 ist der Erblasser vermögenslos, die Geldleistung kann daher nicht zur Erhaltung und Vermehrung des Erblasservermögens dienen. Anders bei freiwilliger Unterhaltsleistung, um dem Erblasser einen Zugriff auf sein Vermögen zu ersparen (ODERSKY Anm II 3).

16 c)   **Leistungen sonstiger Art** („in anderer Weise") führen ebenfalls zur Ausgleichung, wenn sie in besonderem Maße zur Erhaltung und Mehrung der Erbmasse geführt haben. Damit erfaßt § 2057a neben den speziellen letztlich alle vom Abkömmling zugunsten des Erblasservermögens erbrachten erheblichen Leistungen: Sachleistungen, Gebrauchsüberlassungen (zB Grundstücke, Darlehen), Sicherheitsleistungen (zB Bürgschaft, Grundschuld), Bezahlung von Schulden und Übernahme von Tätigkeiten für den Erblasser. Zu *Pflegeleistungen* zu Gunsten von Familienangehörigen des Erblassers (vgl Rn 18).

17 d)   **Pflegedienste** (Abs 1 S 2) des Abkömmlings gegenüber dem Erblasser sind eine auszugleichende Leistung. Die Pflegetätigkeit muss, da sie der Mitarbeit des Abs 1 S 1 gleichgestellt wird, wie diese während längerer Zeit erfolgt sein und als Leistung in besonderem Maße anerkannt werden (dazu Rn 14). Eine Mindestgrenze kann für die Pflegezeit nicht absolut festgelegt werden. Jedoch darf vom Sinn und Zweck der Vorschrift her keine allzu enge Grenze gesetzt werden. Schon eine Pflegetätigkeit von einmonatiger Dauer kann das erhebliche Maß erreichen, wenn sie aufgrund der Umstände besonders intensiv erfolgen mußte, der Erblasser für eine entsprechende Kraft ein Monatsgehalt hätte aufbringen müssen (evtl wären sogar mehrere bezahlte Hilfskräfte erforderlich gewesen) und der Abkömmling während dieser Zeit sich seinem eigenen Beruf nicht widmen konnte. Da der Lohn für einen oder zwei Pfleger innerhalb eines Monats bereits beträchtlich ist, kann damit schon die Voraussetzung des § 2057a gegeben sein. Der Abkömmling braucht die Pflege nicht allein zu übernehmen, er kann sie zusammen mit anderen (auch von ihm bezahlten Hilfskräften) durchgeführt haben (unstr: MünchKomm/ANN Rn 25; BGB-RGRK/KREGEL Rn 6; WEIMAR MDR 1973, 24). Darüber hinaus fordert § 2057a nach Novellierung durch das Gesetz zur Änderung des Erb- und Verjährungsrechts (vgl Rn 1) nicht mehr, dass der Abkömmling dabei auf berufliches Einkommen verzichtet hat, wobei auch nach altem Recht bereits ein Verzicht auf einen nicht belanglosen Teil des Einkommens genügte (ODERSKY Anm II 2 f; ERMAN/SCHLÜTER Rn 6; DAMRAU/BOTHE Rn 13; KÖRTING NJW 1970, 1527). Der Abkömmling hatte auch bei teilweiser Einkommenseinbuße ein Vermögensopfer erbracht, das dem Erblasser und damit der Erbmasse zugute gekommen ist. Die nicht berufswillige oder berufstätige sog Haustochter verzichtete nicht auf Einkommen und war nicht ausgleichungsberechtigt (ODERSKY Anm II 2 f).

18 Da die Leistungen des Abkömmlings generell zu einer Vermögensmehrung zu Gunsten des Erblassers führen müssen, kommt als Empfänger der Pflegeleistung allein der Erblasser in Betracht. **Pflegeleistungen**, die der Abkömmling **zu Gunsten von Familienangehörigen des Erblassers** erbringt, kommen nicht diesem als Pflegeleistung zugute, sondern allenfalls als Leistungen sonstiger Art (vgl Rn 16), die zu einer Vermögenserhaltung und Mehrung beim Erblasser führen, wenn er ohne die Leistung des Abkömmlings anderweitige Pflegedienste hätte bezahlen müssen (iE ebenso ODERSKY Anm II 4).

3. Der Billigkeitsregelung des § 2057a entspricht es ferner, bei **Leistungen aller** 19 zur Erbfolge berufenen **Abkömmlinge** nur die Leistungen zu berücksichtigen, die sich von denen der anderen deutlich durch längere Dauer und größeren Umfang abheben (Odersky Anm III 2). Die Ausgleichungsvorschrift des § 2057a soll allein dem Abkömmling einen Ausgleich schaffen, der im Gegensatz zu den anderen das Erblasservermögen erhöht oder erhalten hat.

4. Beim **gemeinschaftlichen Testament des** § 2269 gilt hinsichtlich der Ausgleichs- 20 regelung als Erblasser nicht nur der Letztverstorbene, sondern auch der Erstverstorbene (vgl § 2052 Rn 6). Daher ist ebenfalls eine Leistung nach § 2057a ausgleichspflichtig, die ein Kind an den Vater erbracht hat, obwohl aufgrund des sog „Berliner Testamentes" die Ehefrau des Leistungsempfängers zunächst alleinige Erbin geworden war und erst sie von dem Leistenden und seinen Geschwistern beerbt wird (Odersky Anm II 1; MünchKomm/Ann Rn 7; Knur FamRZ 1970, 277).

5. Auch wenn der Abkömmling zum **Zeitpunkt der Leistung** noch nicht damit 21 rechnete, Erbe zu werden, da er von einem näheren Verwandten ausgeschlossen war oder noch nicht die Stellung eines Abkömmlings innehatte (vgl § 2053), ist § 2057a anwendbar (MünchKomm/Ann Rn 7). § 2057a stellt auf die Tätigkeit des späteren Erben und auf die Vermögensvermehrung beim Erblasser ab, die später dem Leistenden zugute kommen soll. Die Motivation, die Leistung allein im Hinblick auf den später zu erwartenden Ausgleich zu erbringen, ist kein Tatbestandsmerkmal. Eine analoge Anwendung des § 2053 ergibt daher, dass § 2057a nicht nur für die Leistungen gilt, die der Abkömmling erbracht hat, als er bereits vorrangiger gesetzlicher Erbe war (so jedoch Damrau FamRZ 1969, 580 f; wie hier BGB-RGRK/Kregel Rn 3; Odersky Anm II 1; Erman/Schlüter Rn 4; Soergel/Wolf Rn 10; Lutter § 6 III 1 b; Johannsen WM 1970, 743).

III. Einschränkung des Ausgleichsrechts (Abs 2)

Durch den Ausgleichungsanspruch soll ein Abkömmling für Leistungen gegenüber 22 dem Erblasservermögen entschädigt werden, dh er soll seine Leistung honoriert erhalten. Die untätigen Abkömmlinge sollen nicht durch gleichberechtigte Beteiligung am Nachlass von der Leistung eines anderen Abkömmlings in gleicher Weise profitieren wie dieser selbst. Dieser Gedanke rechtfertigt ein Ausgleichsrecht allerdings nur, wenn die Leistung ganz oder zum Teil unentgeltlich erfolgt ist, der Abkömmling also noch **kein angemessenes Entgelt** von dem Erblasser erhalten hat. Nur dann ist durch die Leistung eine Vermögensvermehrung beim Erblasser eingetreten, hat der Leistende ein ausgleichungswürdiges Opfer gebracht. Hat der Leistende ein angemessenes Entgelt erhalten (zB über Pflegeversicherung), besteht kein Grund für eine nochmalige Honorierung.

1. Eine **unentgeltliche Leistung** liegt nicht vor, wenn der Leistende ein Entgelt 23 erhalten oder mit dem Erblasser vereinbart hat (zB Arbeitsverhältnis) bzw aus sonstigen Rechtsgründen (GoA, ungerechtfertigte Bereicherung, dazu Damrau FamRZ 1969, 581) beanspruchen kann. Derartige Erblasserverpflichtungen bestehen nach dem Erbfall als Nachlassverbindlichkeiten fort (§ 1967), belasten den Nachlass und garantieren dem Abkömmling eine Gegenleistung für seine Tätigkeit. Es bedarf keines zusätzlichen Ausgleichs gem § 2057a. Der Anspruch aus dieser Norm ist gegenüber den unmittelbaren Ansprüchen auf Leistungsentgelt subsidiär (RICHTER BWNotZ 1970, 7). Anders, wenn der Abkömmling die Voraussetzungen für diese Ansprüche nicht nachweisen kann. Dann ist von der Unentgeltlichkeit mangels Durchsetzbarkeit des Gegenleistungsanspruchs auszugehen (ODERSKY Anm II 2 d; BAMBERGER/ROTH/LOHMANN Rn 9; JOHANNSEN WM 1970, 744; DAMRAU FamRZ 1969, 581). Dies gilt auch, wenn dem Anspruch die Verjährungseinrede entgegengesetzt wird (BROX/WALKER Rn 539; BAMBERGER/ROTH/LOHMANN Rn 9; aM FIRSCHING Rpfleger 1970, 53), denn durch die Nichtgeltendmachung seines Anspruchs hat der Abkömmling das Vermögen des Erblassers – bewußt oder unbewußt – vermehrt und erhalten. Die Durchsetzung eines Anspruchs gegen einen Vorfahren zwecks Vermeidung der Verjährung darf von einem Abkömmling nicht verlangt werden. Die anderen Abkömmlinge dürfen nicht zu seinen Lasten von seiner Anständigkeit gegenüber dem Erblasser profitieren (iE ebenso ODERSKY Anm II 2 d; SOERGEL/WOLF Rn 15; LUTTER § 6 II 2 b; DAMRAU FamRZ 1969, 581). Ist der Anspruch durch Verwirkung oder Verzicht des Abkömmlings erloschen, kann er nicht mehr als Ausgleichsanspruch geltend gemacht werden (LUTTER § 6 II 2). Dies wäre widersprüchliches Verhalten.

24 2. Eine **teilweise unentgeltliche** Leistung führt nur zur Berücksichtigung des unentgeltlichen Teils bei der Ausgleichung. Richtschnur für die teilweise Unentgeltlichkeit ist die üblicherweise für eine solche Leistung zu erbringende Gegenleistung (MünchKomm/ANN Rn 19). Da aber alle Leistungen des Abkömmlings in besonderem Maße dazu beigetragen haben müssen, das Vermögen des Erblassers zu erhalten und zu vermehren (Abs 1), führt eine Leistung, die nur zu einem geringen Teil unentgeltlich erfolgte, nicht zu einem Ausgleichsanspruch. Dies gilt vornehmlich, wenn das Entgelt wegen der verwandtschaftlichen Beziehung zum Erblasser nur geringfügig unter dem üblichen lag (ODERSKY Anm II 2 d).

25 3. Wie es bei der allgemeinen Ausgleichsregelung der §§ 2050 ff unerheblich ist, ob der Erblasser die Zuwendung in **Erfüllung einer gesetzlichen Verpflichtung** erbracht hat (vgl § 2050 Rn 22), steht auch dem Ausgleich nach § 2057a nicht entgegen, dass es sich bei der Leistung des Abkömmlings um die Erfüllung einer Pflicht aus § 1619 oder um Aufwendungen iS des § 1620 gehandelt hat, für die zu Lebzeiten des Erblassers kein Ersatz verlangt werden konnte (Abs 2 S 2).

26 4. Ein **Hoferbe** kann ebenfalls einen Ausgleichsanspruch gem § 2057a geltend machen, selbst wenn dieser sich auf die Mitarbeit im ererbten landwirtschaftlichen Betrieb bezieht (MünchKomm/ANN Rn 21; BAMBERGER/ROTH/LOHMANN Rn 1). Nach § 12 Abs 3 S 2 der bis zum 30. 6. 1976 geltenden Fassung der HöfeO stand dem Hoferben ein Voraus zu, mit dem seine Mitarbeit zu Lebzeiten des Erblassers abgegolten war, ein zusätzlicher Ausgleichsanspruch aus § 2057a wurde durch § 12 Abs 3 S 5 HöfeO aF ausdrücklich ausgeschlossen (dazu LUTTER § 7 II 1; DRESSEL RdL 1970, 146 ff). Nach der geltenden Fassung der HöfeO erhält der Hoferbe den Voraus nicht mehr. Damit besteht kein Grund, ihm den Anspruch aus § 2057a zu versagen (BT-Drucks VII/1443, 24; WÖHRMANN/STÖCKER, Das Landwirtschaftserbrecht [6. Aufl 1995] § 12 HöfeO Rn 85; BECKER AgrarR 1976, 186 f). § 12 Abs 3 S 5 HöfeO aF wurde deswegen ersatzlos gestrichen.

IV. Höhe des Ausgleichsbetrages (Abs 3)

Bei der Berechnung des Ausgleichsbetrages hat der Gesetzgeber davon abgesehen, **27** eine genaue Nachrechnung der Leistung des Abkömmlings und der Bereicherung des Erblasservermögens vorzunehmen, weil eine solche Berechnung zumeist ohnehin nicht möglich wäre (BT-Drucks V/4179 Ber 6) und den verwandtschaftlichen Beziehungen zwischen Erblasser und Abkömmling nicht gerecht würde. Es erfolgt lediglich die Ausgleichung durch einen Betrag, der unter Berücksichtigung der Dauer und des Umfangs der Leistung sowie des Wertes des Nachlasses der **Billigkeit** entspricht. Damit wird der Richter mangels genauer Anhaltspunkte vor eine schwierige Aufgabe gestellt (ERMAN/SCHLÜTER Rn 9; BGB-RGRK/KREGEL Rn 8; DAMRAU/BOTHE Rn 14; BROX/WALKER Rn 539; DAMRAU FamRZ 1969, 580; **aM** RICHTER BWNotZ 1970, 7). Zudem besteht wegen der in § 2057a enthaltenen unbestimmten Begriffe, die letztlich nach Ermessen des Gerichts entschieden werden müssen (LUTTER § 6 II 2 c), Rechtsunsicherheit.

1. Die vom Abkömmling **erbrachte Leistung** ist erste Grundlage der Billigkeits- **28** entscheidung. Dabei ist zu berücksichtigen, in welchem Umfang und über welchen Zeitraum der Abkömmling tätig war, welche Aufwendungen erforderlich waren und inwieweit ein Einkommensverlust bei der Pflegetätigkeit entstanden ist (Vermögenseinbußen des Abkömmlings). Dafür müssen keine minuziösen Einzelfeststellungen erfolgen (vgl Rn 27), sondern ggf nur soweit Beweise erhoben werden, als Grundlagen für eine Gesamtschau erforderlich sind (ODERSKY Anm III 2).

2. Als zweite Bemessungsgrundlage ist der **Wert des Nachlasses** heranzuziehen, dh **29** wie hoch die nach Abzug aller Nachlassverbindlichkeiten zu verteilende Masse ist. Je geringer der Nachlass, umso niedriger ist der Anspruch anzusetzen und umgekehrt (LUTTER § 6 III 2). Es muss festgestellt werden, inwieweit der Anteil, der durch die Leistung des Abkömmlings begründet ist, in besonderem Maße zu der Entstehung bzw Erhaltung dieses Nachlassaktivums beigetragen hat (SOERGEL/WOLF Rn 17). Möglich ist, dass der Erblasser sein Vermögen allein durch die Tätigkeit des Abkömmlings (zB Unterhaltsleistungen) erhalten konnte (vgl Rn 15). Da bei der Billigkeitsentscheidung der Wert des Nachlasses zu berücksichtigen ist, darf in diesem Fall nicht der gesamte Nachlass als Ausgleichungsbetrag angesehen werden (unstr: BGB-RGRK/KREGEL Rn 9; ERMAN/SCHLÜTER Rn 10; DAMRAU FamRZ 1969, 580; WEIMAR MDR 1973, 24). Andererseits dürfte bei Luxuszuwendungen der Vermögensstand des Erblassers kaum berührt worden sein, wenn der Erblasser ansonsten diese Ausgaben nicht aus seinem Vermögen getätigt hätte. Die fehlende Honorierung der Leistung des Abkömmlings durch den Erblasser in einer letztwilligen Verfügung darf nicht mindernd auf den Ausgleichsbetrag wirken (so jedoch ODERSKY Anm III 2), denn die Ausgleichsregeln setzen eine fehlende letztwillige Verfügung bzw die Anordnung der gesetzlichen Erbfolge ohne Berücksichtigung eines Ausgleichsbetrages voraus.

3. Die Entscheidung über die Höhe des Ausgleichsanspruchs trifft das **Prozessge- 30 richt** (ODERSKY Anm III 4; PALANDT/EDENHOFER Rn 9). Es ist der Gerichtsstand der Erbschaft, § 27 ZPO, eröffnet (BGH NJW 1992, 364). Der *Streitwert* richtet sich nach dem vom Abkömmling geltend gemachten Anspruch. Ein bereits anhängiges Auseinandersetzungsverfahren ist bis zur Erledigung des Rechtsstreits nach § 370 FamFG auszusetzen (MünchKomm/ANN Rn 37; vgl § 2042 Rn 16).

V. Durchführung der Ausgleichung (Abs 4)

31 Der Ausgleichsanspruch ist keine Nachlassverbindlichkeit, die vor der Auseinandersetzung zu befriedigen wäre (MünchKomm/Ann Rn 4; Damrau/Bothe Rn 3). Er wird vielmehr wie die Ausgleichung der Vorempfänge nach §§ 2050 ff erst bei der Auseinandersetzung berücksichtigt. Er ändert die Erbteile der an der Ausgleichung beteiligten Abkömmlinge nicht, deren Erbenstellung bleibt unberührt (vgl § 2050 Rn 4).

32 1. Da es sich bei der Ausgleichung des § 2057a nicht um einen Vorempfang zu Gunsten der Abkömmlinge, sondern um eine Leistung an den Erblasser handelt (vgl Rn 3), kann der Ausgleich nicht nach § 2055 (Zurechnung der ausgleichspflichtigen Leistung zum Wert des Nachlasses) vollzogen werden. Der gem Abs 3 festgestellte Ausgleichsbetrag wird vielmehr vom Wert der Teilungsmasse abgezogen, der Rest unter den Abkömmlingen geteilt, wobei dem Ausgleichungsberechtigten der Ausgleichungsbetrag wieder zu seinem Anteil gutgeschrieben wird (Brox/Walker Rn 540 mit Bsp).

33 2. Wegen der Berücksichtigung des Nachlasswertes bei der Feststellung des Ausgleichsbetrages kann der Ausgleichsanspruch aus § 2057a nicht die Höhe des gesamten Aktivnachlasses erreichen (vgl Rn 29). Anders als bei der allgemeinen Ausgleichung kann der Ausgleichungsberechtigte daher nicht gem § 2056 bei der Verteilung des um seinen Anspruch gekürzten Nachlasses leer ausgehen, § 2056 kann bei der Ausgleichung gem § 2057a nicht eingreifen (unstr: BGB-RGRK/Kregel Rn 9; Erman/Schlüter Rn 10; Damrau FamRZ 1969, 580).

34 3. Sind **neben Leistungen** eines Abkömmlings auch **ausgleichspflichtige** Zuwendungen des Erblassers an einzelne Abkömmlinge gem §§ 2050 ff auszugleichen, so sind diese Vorempfänge dem Nachlasswert zuzurechnen (Abs 4) und von dem Endwert der Ausgleichungsbetrag des § 2057a abzuziehen. Die Beteiligung der einzelnen Erben ist folgendermaßen zu errechnen: Nach Bestimmung des um die Nachlassverbindlichkeiten geminderten Nachlasswertes ist der Erbteil der nicht an der Auseinandersetzung beteiligten Miterben (zB Ehegatte) abzuziehen. Diesem Betrag sind die gem §§ 2050–2057 ausgleichungspflichtigen Vorempfänge zuzurechnen. Von dieser Summe sind die Ausgleichungsbeträge der gem § 2057a berechtigten Abkömmlinge abzusetzen. Der Rest wird unter die Abkömmlinge gem ihrem Erbanteil verteilt, wobei die gem § 2050 ausgleichungspflichtigen Beträge den Pflichtigen von ihrem Anteil abgezogen (§ 2055), der Ausgleichungsbetrag aus § 2057a dem Anteil des daraus Berechtigten zugeschrieben werden. *Beispiel:* Nachlassaktivum € 80 000. Erben sind die Ehefrau E und die Kinder A, B, C, wobei A einen Vorempfang von € 7000 zur Ausgleichung zu bringen, C an den Erblasser Leistungen iS des § 2057a in Höhe von € 2000 erbracht hat. E erhält gem §§ 1931 Abs 1, 3, 1371 Abs 1 1/2 = € 40 000. Dem Restnachlass von € 40 000 wird der Vorempfang des A zugerechnet, damit beträgt der rechnerisch noch zu verteilende Nachlasswert € 47 000. Davon werden gem § 2057a Abs 4 € 2000 zugunsten des C abgezogen. Von den verbleibenden € 45 000 erhält jedes Kind 1/3, dh € 15 000, wobei A sich die bereits erhaltenen € 7000 anrechnen lassen muss, also € 8000 erhält, B erhält € 15 000 und C € 15 000 zusätzlich € 2000 aus § 2057a = € 17 000.

VI. Ausgleichungspflicht und -recht des § 2057a sind wie die des § 2050 mit dem Erbteil verbunden, dh mit diesem **übertragbar und vererblich** (MünchKomm/ANN Rn 4; ODERSKY Anm II 5; LUTTER § 6 III 4 b). **35**

VII. Bei der **Berechnung des Pflichtteils** bestehen Ausgleichungspflichten gem § 2057a über § 2316 Abs 1 S 1 (dazu LUTTER § 6 V; SCHRAMM BWNotZ 1970, 15) Ein zum Alleinerben eingesetzter pflichtteilsberechtigter Abkömmling kann die Ausgleichung seiner Leistungen gegenüber den Pflichtteilsansprüchen anderer Abkömmlinge geltend machen (BGH NJW 1993, 1197 = DNotZ 1993, 533; vorgehend OLG Nürnberg NJW 1992, 2303; MünchKomm/ANN Rn 5; BAMBERGER/ROTH/LOHMANN Rn 2). **36**

Untertitel 2
Rechtsverhältnis zwischen den Erben und den Nachlassgläubigern

Vorbemerkungen zu §§ 2058–2063

Schrifttum

AHNER, Die Rechtsstellung der Erbengemeinschaft in Prozess und Zwangsvollstreckung (2008) 43 ff, 95 ff
ANN, Die Erbengemeinschaft (2001) 129 ff
BAYER, Die Schuld- und Haftungsstruktur der Erbengemeinschaft (1993)
BENDER, Gesamtschuldklage des Miterben-Gläubigers (Zugleich ein Beitrag zum Recht des Unternehmens), JherJb 88 (1939/40) 31
BINDER, Die Rechtsstellung des Erben nach dem deutschen Bürgerlichen Gesetzbuch III (1905) 272–355
BÖRNER, Das System der Erbenhaftung, 3. Teil: Sonderregeln für Miterben, JuS 1968, 108
ders, Die Erbengemeinschaft als Gesellschafterin einer offenen Handelsgesellschaft, AcP 166 (1966) 426
BORCHERDT, Die Haftung des Erben für die Nachlaßverbindlichkeiten, AcP 94 (1903) 197, 213
BUCHHOLZ, Der Miterbe als Nachlaßgläubiger – Überlegungen zur Auslegung des § 2063 Abs 2 BGB, JR 1990, 45
DAUNER-LIEB, Unternehmen in Sondervermögen (1998) 411 ff
EBBECKE, Beitragspflicht der Miterben zur Tilgung der Nachlaßverbindlichkeiten, LZ 1920, 945
EBELING/GECK, Handbuch der Erbengemeinschaft (Loseblatt, Stand Juli 2001, II.-V. Teil, betr Steuerschulden)
EBERL-BORGES, Die Erbauseinandersetzung (2000) 292 ff, 469 ff
dies, Die Rechtsnatur der Erbengemeinschaft nach dem Urteil des BGH vom 29.1.2001 zur Rechtsnatur der (Außen-)GbR, ZEV 2002, 125
ECCIUS, Haftung der Erben für Nachlaßverbindlichkeiten, Gruchot 43 (1899) 801

EMMERICH, Die Haftung des Gesellschaftererben nach § 139 HGB, ZHR 1986, 193, 204 ff
ENDRISS, Der Miterbe als Nachlassgläubiger (2003)
ERMERT, Einfluß der Ausgleichung auf die Erbenhaftung (Diss Leipzig 1911)
FINGER, Die Nachfolge in einer offenen Handelsgesellschaft beim Tode eines Gesellschafters (1974) 39 ff, 52 ff
GRÜNDER, Die materiellen Voraussetzungen und die prozessuale Geltendmachung der beschränkten Haftung des Alleinerben im Vergleich mit der des Miterben (Diss Heidelberg 1912)
HAEGELE, Fragen der Zwangsvollstreckung im Erbrecht, II. Zwangsvollstreckung gegen Erben in Erbengemeinschaft, BWNotZ 1975, 129, 130 ff
HEDEMANN, Zugriff auf den ungeteilten Nachlaß, DJZ 1911, 619
HEIL, Ist die Erbengemeinschaft rechtsfähig? – Ein Zwischenruf aus der Praxis, ZEV 2002, 296
HEINRICH, Der Miterbe als Nachlaßgläubiger (Diss München 1910)
HOEPFNER, Grundzüge der Erbenhaftung, Jura 1982, 169, 172
JAEGER, Erbenhaftung und Nachlaßkonkurs im neuen Reichsrecht (1898) 23–28
JOACHIM, Die Haftung des Erben für Nachlassverbindlichkeiten (2002) Rn 316 ff
JOHANNSEN, Die Rechtsprechung des BGH auf dem Gebiete des Erbrechts, 9. Teil: Die Erbenhaftung, WM 1972, 914, 919
KICK, Die Haftung des Erben eines Personenhandelsgesellschafters (1997) 92 ff, 178 ff
KIESERLING, Die erbrechtliche Haftung des Miterben-Gesellschafters einer Personengesell-

schaft bis zur Nachlaßteilung (Diss Münster 1972)
KOWERK, Die Wirkung der Ausgleichung auf die Haftung der Erben für Nachlaßverbindlichkeiten, insbesondere auf das interne Haftungsverhältnis der Miterben untereinander, ZBlFG 13 (1912/13) 437
KRESS, Die Erbengemeinschaft nach dem Bürgerlichen Gesetzbuche für das Deutsche Reich (1903) 140 ff
KRETZSCHMAR, Haftung der Miterben für die Nachlaßverbindlichkeiten, SeuffBl 73 (1908) 113–120 und 163–171
ders, Die Haftung des Miterben für die Nachlaßverbindlichkeiten unter besonderer Berücksichtigung der Beweislast dabei, ZBlFG 15 (1914/15) 325
LANGE, 3. Denkschr d ErbrA d AkDR (Die Regelung der Erbenhaftung, 1939) 200 ff
LIERMANN, Zweifelsfragen bei der Verwertung eines gepfändeten Miterbenanteils, NJW 1962, 2189
MESSINK, Die unternehmenstragende Erbengemeinschaft in der Insolvenz (2007)
MEYER, Praktische Streifzüge auf dem Gebiet der Erbenhaftung (1904) 34
MÜNCHMEYER, Haftung des Erben und Miterben für die Nachlaßverbindlichkeiten (1899)
MUSCHELER, Die Haftungsordnung der Testamentsvollstreckung (1994) 108 ff
NOACK, Vollstreckung gegen Erben, JR 1969, 8
ders, Pfändungsvollstreckung in den Nachlaß, Kommunal-Kassenzeitschrift 1980, 10
PAECH, Die Haftung für Nachlaßverbindlichkeiten bei Vereinigung mehrerer Erbteile in einer Hand (Diss Königsberg 1906)
RADDATZ, Die Nachlaßzugehörigkeit vererbter Personengesellschaftsanteile (1991) 56 ff
RIERING, Gemeinschaftliche Schulden (1991) 54–99, 196–198
RIESENFELD, Die Erbenhaftung nach dem Bürgerlichen Gesetzbuch (1916; *sehr ausführ-*

lich) I 181–337 (Allgemeines), II 25–45 (Inventar), 329–357 (Aufgebot), 369 – Schluß (zu §§ 1974, 2060, 2061)
SEEMÜLLER, Die fortgesetzte Erbengemeinschaft (Diss Hamburg 1976) 106 ff
SIBER, Haftung für Nachlaßschulden nach geltendem und künftigem Recht, mit einem Gesetzesentwurf (1937) 104 ff
M SIEGMANN, Personengesellschaftsanteil und Erbrecht (1992) 207 ff
SPIRITUS, Haftungsbeeinflussende Nachlaßteilung zugleich mit erbrechtlicher Nachfolge in eine Personalhandelsgesellschaft? (1974)
STODOLKOWITZ, Nachlaßzugehörigkeit von Personengesellschaftsanteilen, FS Kellermann (1991) 439, 449 ff
STROHAL, Das deutsche Erbrecht auf Grundlage des Bürgerlichen Gesetzbuchs II (3. Aufl 1904) §§ 87–92
P ULMER, Gesellschafternachfolge und Erbrecht (Zugleich eine Besprechung einschlägiger Monographien von Behrens, Huber, Küster, Rokas, Säcker und Schmitz-Herscheidt), ZGR 1972, 195, 324, 327–331, 335
ders, Die Gesamthandsgesellschaft – ein noch immer unbekanntes Wesen?, AcP 198 (1998) 113, 124 ff
WEIPERT, Die Erbengemeinschaft als Mitglied einer Personengesellschaft, ZEV 2002, 300
WERNECKE, Die Aufwendungs- und Schadensersatzansprüche bei der Notgeschäftsführung des Miterben, AcP 193 (1993) 240
H P WESTERMANN, Haftung für Nachlaßschulden bei Beerbung eines Personengesellschafters durch eine Erbengemeinschaft, AcP 173 (1973) 24
WINDEL, Über die Modi der Nachfolge in das Vermögen einer natürlichen Person beim Todesfall (1998) 278 ff.
Vgl auch das vor den Vorbem zu §§ 1967 ff angegebene Schrifttum.

1. Die Haftung **des Erben** für die Nachlassverbindlichkeiten ist in den §§ 1967– **1** 2017 und einigen ergänzenden Bestimmungen geregelt (vgl Vorbem 2 zu §§ 1967 ff). Die §§ 2058–2063 enthalten Sondervorschriften für den Fall, dass **mehrere Erben** vorhanden sind. Durch diese Technik erscheint der Fall, der im Leben die Regel bildet, im Gesetz als ein besonderer. Zu den Grundzügen der §§ 2058–2063 vgl die Erl und die systematische Übersicht zu § 2058.

Wegen der in §§ 2058 ff enthaltenen Sonderregelungen haben die Nachlassgläubiger uU ein rechtliches Interesse an der gerichtlichen Feststellung (§ 256 ZPO), ob der beklagte Erbe Allein- oder nur Miterbe ist (vgl OLG Karlsruhe FamRZ 1967, 691, 694; zust AnwKomm/Kick § 2058 Rn 48).

2. Soweit sich aus §§ 2058–2063 nichts anderes ergibt, gelten die Vorschriften über die Haftung „des" Erben auch für die Haftung von Miterben. Auch gegen einen Miterben kann ein Anspruch, der sich gegen den Nachlass richtet, vor der Annahme der Erbschaft gerichtlich nicht geltend gemacht werden (§ 1958). Die *Dreimonatseinrede* des § 2014 steht jedem Miterben gesondert zu (§ 2014 Rn 2 f). Jeder Miterbe ist grundsätzlich berechtigt, die *Behelfe zur Beschränkung seiner Haftung* (§ 2058 Rn 10 ff, § 2060 Rn 2 ff) selbstständig geltend zu machen; die Ausnahme des § 2062 HS 1 wird ausgeglichen durch § 2059 Abs 1 (s dort Rn 2 f). Gem § 455 Abs 1 FamFG kann er ohne Mitwirkung der übrigen Erben das *Aufgebot der Nachlassgläubiger* beantragen und so sich und seinen Miterben (§ 460 Abs 1 S 1 HS 1 FamFG) die Aufgebots- (§§ 2015, 2016) und die Ausschließungseinrede (§ 1973) erwerben; vgl ferner die Sonderregelungen in §§ 2060 Nr 1 BGB, 460 Abs 1 S 2 und Abs 2 FamFG. Ebenso kann er die *Verschweigungswirkung* des § 1974 oder die Einrede des § 1989 geltend machen. Auch die *Unzulänglichkeitseinrede* der §§ 1990 ff kann dem Miterben zustehen (vgl § 1990 Rn 45); darüber hinaus gibt ihm § 2059 Abs 1 S 1 noch das besondere Recht, die Befriedigung eines Nachlassgläubigers aus dem Eigenvermögen bis zur Teilung des Nachlasses zu verweigern, und zwar ohne Rücksicht auf die Dürftigkeit des Nachlasses und unabhängig von der Möglichkeit, eine Nachlassverwaltung oder ein Nachlassinsolvenzverfahren herbeizuführen.

Die Eröffnung des *Nachlassinsolvenzverfahrens* kann auch von einem einzelnen Miterben beantragt werden (§ 317 Abs 1, 2 InsO), und zwar sogar noch nach der Teilung des Nachlasses (vgl § 316 Abs 2 InsO und Denkschr zum BGB 731). Die Anordnung einer *Nachlassverwaltung* können Miterben jedoch nur gemeinschaftlich beantragen (§ 2062 HS 1); der Antrag kann nicht mehr gestellt werden, wenn der Nachlass geteilt ist (§ 2062 HS 2). Dass sich die haftungsbeschränkende Wirkung der Nachlassverwaltung auch gegen die zugunsten eines Nachlassgläubigers erfolgte Erbteilspfändung richte (Börner JuS 1968, 109), ist nicht anzunehmen (vgl § 2058 Rn 11). Zum Erhalt bzw Verlust des Haftungsbeschränkungsrechts durch *Inventarerrichtung* bzw diesbezügliche *Verfehlungen* vgl § 2059 Rn 4 ff und die Erl zu § 2063.

3. Bis zur Teilung des Nachlasses haften die Miterben für gemeinschaftliche Nachlassverbindlichkeiten als *Gesamtschuldner* (§§ 2058, 421), **später** uU nur noch *teilschuldnerisch* (§§ 2060, 2061 Abs 1 S 2).

4. Soweit nichts anderes bestimmt ist, haften Erben für die aus dem Nachlass zu entrichtenden **Steuerschulden** nach den Vorschriften des BGB (vgl Staudinger/Marotzke [2008] § 1922 Rn 370 sowie speziell zur Erbschaftsteuer § 1967 Rn 33 ff). Zur Haftung der Miterben für den **Lastenausgleich** vgl §§ 67 ff LAG (und § 1957 Rn 16 sowie Staudinger/

MAROTZKE [1996] § 2060 Rn 37); diese Regelungen haben heute kaum noch praktische Bedeutung (vgl jedoch § 1967 Rn 15).

5. Besonderer Betrachtung bedarf die **Haftung gegenüber Nachlassgläubigern, die selbst zu Miterben berufen sind** (vgl STAUDINGER/WERNER § 2046 Rn 8 ff und unten § 2058 Rn 92 ff, § 2063 Abs 2).

6. **Zur Haftung des Hoferben** vgl § 15 HöfeO (und STAUDINGER/MAROTZKE [2008] § 1922 Rn 224 f sowie im vorliegenden Band § 2058 Rn 98 f, § 2059 Rn 44 ff).

7. **Bei gerichtlicher Zuweisung eines landwirtschaftlichen Betriebes** an einen Miterben (§§ 13 ff GrdstVG) ist bzgl der zZ des Erwerbes noch bestehenden Nachlassverbindlichkeiten die Sondervorschrift des § 16 Abs 2 GrdstVG zu beachten.

8. Gehört zum vererbten Vermögen ein Anteil an einer trotz des Erbfalls nicht aufgelösten **Personengesellschaft**, so sollen nach Ansicht von HECKELMANN (in: FS vLübtow [1980] 619, 632, 641) wegen der insoweit stattfindenden Singularsukzession (s STAUDINGER/MAROTZKE [2008] § 1922 Rn 176 ff) die §§ 2058 ff „auf den Gesellschaftsanteil" unanwendbar sein, so dass „insoweit auf die allgemeinen Erbenhaftungsvorschriften der §§ 1967, 1975 ff zurückzugreifen" sei. Die „danach im Prinzip unbeschränkte Haftung" (kein § 2059 Abs 1!) könne der Nachfolger-Erbe „durch die Einleitung einer gesonderten Nachlaßverwaltung (§§ 1975 ff) beschränken" (ähnlich RADDATZ 63 f, 73 ff für den Fall, dass der vererbte Gesellschaftsanteil „einziger wesentlicher Nachlaßbestandteil" ist; auch WINDEL 278 ff, 285 ff folgt HECKELMANN mit der Maßgabe, dass die gegenständlich beschränkte Nachlassverwaltung sowohl den Gesellschaftsanteil als auch den Erbteil des Nachfolger-Erben erfasse; ähnlich AnwKomm/KICK § 2062 Rn 6). Hiergegen spricht jedoch, dass es eine auf einen Erb- oder Gesellschaftsanteil beschränkte Nachlassverwaltung nicht gibt (vgl § 1975 Rn 21 und § 2062 Rn 6, 27 f). Zudem wäre solch eine *Teil*-Nachlassverwaltung schwerlich geeignet, die gesamtschuldnerische Haftung des betr Erben *vollständig* (also nicht nur hinsichtlich einer seiner Beteiligung am Gesamtnachlass entsprechenden Quote jeder Verbindlichkeit) auf den Nachlass bzw den Erbteil (oder den Gesellschaftsanteil?) zu beschränken. Das letztgenannte Bedenken hat auch RADDATZ 63 f, 76 ff nicht auszuräumen vermocht (ebensowenig WINDEL 287 f; DAUNER-LIEB 432 Fn 533). Er hat es stillschweigend übergangen, obwohl sein Vorschlag, im Fall „der ausschließlichen Sondererbfolge" statt der §§ 2058 ff die §§ 1967 ff anzuwenden, doch wohl nicht so verstanden werden darf, dass die gesamtschuldnerische Haftung aus § 2058 von vornherein durch eine teilschuldnerische ersetzt sein solle (was aus den bei § 2058 Rn 2 und § 2060 Rn 15 f, 17 ff, 50, 53 ff genannten Gründen zu missbilligen wäre; vgl ergänzend § 2060 Rn 46 ff, 50 f zur Frage einer *späteren* Herabminderung der gesamtschuldnerischen Haftung zu einer teilschuldnerischen). Es muss deshalb dabei bleiben, dass die grundsätzliche Anwendbarkeit der §§ 2058 ff nicht dadurch ausgeschlossen wird, dass der Nachlass im wesentlichen nur aus einem vererbten Personengesellschaftsanteil besteht (ebenso M SIEGMANN 217 f; KICK 108 ff). Näheres bei § 2058 Rn 39, § 2059 Rn 44 ff, § 2060 Rn 46 ff, § 2062 Rn 25 ff. Vgl ferner § 727 BGB, §§ 128 ff, 131 ff (insbes § 131 Abs 3 S 1 Nr 1 und § 139) HGB sowie ergänzend das oben genannte Schrifttum.

9. **Zur Haftung des überlebenden Ehegatten** infolge Eintritts der fortgesetzten Gütergemeinschaft vgl § 1489.

10 10. **Zur Haftung des zu mehreren Erbteilen** berufenen Allein- oder Miterben vgl § 2007 (und § 2060 Rn 94 ff).

11 11. Zur Haftung für Nachlassverbindlichkeiten bei **Veräußerung von Erbteilen** vgl §§ 1922 Abs 2, 2382–2385 (und STAUDINGER/OLSHAUSEN [2004] § 2382 Rn 9 f, § 2383 Rn 28 ff; STAUDINGER/MAROTZKE § 2059 Rn 42 f, § 2060 Rn 36, 40 ff).

12 12. **Recht der ehemaligen DDR**: § 2058 Rn 101 ff, § 2060 Rn 13, 18.

13 13. **Rechtspolitisches und Gesetzeskritik**: Vgl zunächst die Hinweise bei § 2058 Rn 2, § 2059 Rn 5 ff, 10, 77, § 2060 Rn 13, 17 f, 20 ff, 53 ff, 85, § 2062 Rn 18 ff, § 2063 Rn 19 ff, 24.

14 Eine grundsätzliche **Neuregelung der Miterbenhaftung** wird vorgeschlagen von ANN (in seinem Buch: Die Erbengemeinschaft [2001] 147, 150, 171 f, 330, 410 f, 412 ff).

ANN empfiehlt (171 f, 413), sowohl § 2058 als auch § 2059 Abs 1 zu streichen und an deren Stelle eine Regelung folgenden Inhalts zu setzen:

„Vor der Teilung können die Nachlaßgläubiger Befriedigung nur aus dem ungeteilten Nachlaß fordern. Sofern Miterben für Nachlaßverbindlichkeiten unbeschränkt haften, haften diese Miterben schon vor der Teilung als Gesamtschuldner."

15 In § 2060 möchte ANN den Textteil, der den Ziffern 1–3 vorangestellt ist, wie folgt fassen (ANN 172, 413):

„Nach der Teilung haften die Miterben als Gesamtschuldner für gemeinschaftliche Nachlaßverbindlichkeiten. Nur für den Teil einer Nachlaßverbindlichkeit, der der Quote seines Auseinandersetzungsguthabens entspricht, haftet ein Miterbe ..." (Ziff 1–3).

16 Gegen den Gesetzgebungsvorschlag von ANN bestehen **erhebliche Bedenken**.

17 Satz 1 der von ANN vorgeschlagenen Ersatzvorschrift zu §§ 2058, 2059 Abs 1 (s Vorbem 14) nimmt den Nachlassgläubigern ohne triftigen Grund das Recht (vgl § 2058 Rn 11 ff, 32, 53 ff, § 2059 Rn 75) zum Zugriff auf die Erbteile. Besonders hart trifft dies die Gläubiger aus „Erbteilsverbindlichkeiten" (vgl § 2058 Rn 24 ff, 32 ff). Betroffen sind aber auch ganz „normale" Nachlassgläubiger. Nachteilige Abweichungen vom geltenden Recht beinhaltet Satz 1 zB dann, wenn eine Nachlassteilung zwar bereits begonnen, aber noch nicht beendet wurde (s Vorbem 20) oder wenn die Miterben die Nachlassteilung bewusst hinauszögern (s § 2059 Rn 74 ff [besonders Rn 75 aE, 77]).

18 Satz 2 der von ANN vorgeschlagenen Ersatzvorschrift zu §§ 2058, 2059 Abs 1 (s Vorbem 14) erhebt die „unbeschränkte" Miterbenhaftung zur Voraussetzung dafür, dass die betreffenden Miterben schon vor der Teilung als Gesamtschuldner in Anspruch genommen werden können. Das ist zu eng (s Vorbem 17). Unklar bleibt zudem, was mit dem Wort „Sofern" gemeint ist. Sollte es dasselbe sein, was unten bei § 2059 Rn 6 ff und § 2060 Rn 13 ausgeführt ist, so wäre es wünschenswert, dafür eine etwas präzisere gesetzliche Grundlage zu haben. Den § 2059 Abs 1 (also auch dessen einschlägigen S 2) will ANN aber gerade streichen.

Der Vorschlag zu § 2060 (s Vorbem 15) ersetzt die Worte „nur für den seinem Erbteil **19**
entsprechenden Teil einer Nachlassverbindlichkeit" durch die Formulierung „nur für
den Teil ..., der der Quote seines Auseinandersetzungsguthabens entspricht". Das
kann eine Verbesserung bedeuten, muss es aber nicht (vgl § 2060 Rn 15, 17 ff, 20 ff und den
Gesetzgebungsvorschlag bei § 2060 Rn 18).

Erst nach der Teilung des Nachlasses will ANN eine gesamtschuldnerische Inan- **20**
spruchnahme der Miterben zulassen (von der in Vorbem 18 angesprochenen Ausnahme
einmal abgesehen). Eine solche Abweichung vom bisherigen Recht (s § 2058 Rn 1 ff,
§ 2059 Rn 1 ff) hätte zur Folge, dass ein Nachlassgläubiger, der einen oder mehrere
Miterben als Gesamtschuldner in Anspruch nimmt, im Prozess zu behaupten und
notfalls zu *beweisen* hätte, dass der Nachlass bereits geteilt wurde. Es ist jedoch nicht
sachgerecht, dem Nachlassgläubiger die Behauptungs- und Beweislast für Vorgänge
aufzubürden, die sich nicht in seiner eigenen, sondern in der Sphäre der möglichen
Anspruchsgegner ereignet haben. Ob die Teilung des Nachlasses bereits beendet, ob
sie noch unvollendet oder ob sie überhaupt noch nicht begonnen wurde, können aus
eigener Anschauung idR zwar die Erben, nicht aber die Nachlassgläubiger beurteilen. Dies gilt vor allem dann, wenn man den Teilungsbegriff mit dem Gesichtspunkt
der Schuldendeckung verquickt (s § 2059 Rn 33, 38, § 2062 Rn 22). Zudem sollte man den
Nachlassgläubigern nicht die ihnen nach geltendem Recht *selbst bei durch § 2059
Abs 1 beschränkter Erbenhaftung zustehende* Möglichkeit nehmen, ihre Befriedigung
auch aus solchen Gegenständen zu suchen, die bereits *vor* der eigentlichen Nachlassteilung aus der Miterbengesamthand in die Einzelvermögen der Miterben überführt bzw die im Wege der Sondererbfolge an der Miterbengesamthand „vorbeiver-
erbt" wurden (vgl zur ersten Fallgruppe § 2059 Rn 3, 35 und zur zweiten § 2059 Rn 49, 62 f).
Auch dies spricht gegen eine Gesetzesänderung, nach der die gesamtschuldnerische
Miterbenhaftung erst mit Abschluss der Nachlassteilung beginnt (so der von ANN
vorgeschlagene § 2060 Satz 1) und die Nachlassgläubiger „vor der Teilung ... Befriedigung nur aus dem *ungeteilten* Nachlass fordern" können (so jedoch ANN; s oben Vorbem 14).

Vor der Teilung des Nachlasses sieht ANN nicht die einzelnen Miterben (sofern diese **21**
nicht unbeschränkt haften, s oben Vorbem 14, 18), sondern die als rechtsfähig gedachte
Erbengemeinschaft als richtigen Anspruchs- und ggfls auch Klagegegner der Nachlassgläubiger an (ANN 147, 150, 171 f; ähnlich EBERL-BORGES ZEV 2002, 125, 130 ff mit dem
allerdings gewichtigen Unterschied, dass die Zulässigkeit einer auf § 2058 gestützten Klage gegen
einen, mehrere oder sämtliche *Erben* nicht bestritten wird). Der Gedanke einer Pflichtsubjektivität des Nachlasses hat sicherlich eine gewisse Berechtigung (s § 2058 Rn 48, 51).
Er sollte jedoch mit Vorsicht verwendet und nicht dazu benutzt werden, die Miterbengesamthand zu einem parteifähigen Gebilde aufzuwerten. Die §§ 2058 ff BGB
und das zugehörige Prozessrecht (s § 2058 Rn 52 ff, 65 ff) führen idR zu besseren Ergebnissen, wenn man sie so praktiziert, wie sie *gegenwärtig* beschaffen sind. Ließe man
die Klage eines Nachlassgläubigers vor der Teilung des Nachlasses nur zu, wenn sie
nicht gegen einen, mehrere oder sämtliche Miterben, sondern gegen die als parteifähig gedachte Erbengemeinschaft gerichtet ist, so liefe der Kläger Gefahr, dass ihm
durch eine willkürlich herbeigeführte Nachlassteilung der Prozessgegner oder –
wenn dieser bereits verurteilt wurde – der Titelschuldner entzogen wird. Muss der
Kläger jetzt um die Früchte seiner Prozessführung bangen und mit vollem Kostenrisiko erneut klagen, und zwar nunmehr gegen die einzelnen Erben? Oder kann,

obwohl nach ANN 149 f, 411 unterschiedliche Streitgegenstände und Schuldinhalte vorliegen (dazu § 2060 Rn 1), nötigenfalls eine Titelumschreibung gegen die einzelnen Erben erfolgen (bejahend ANN 172; vgl auch ANN 150 bei Fn 96)? Auch gegen solche Erben, die an der Prozessführung nicht beteiligt waren, bei der Nachlassteilung leer ausgegangen sind (zB wegen §§ 2050 ff) und ihr Haftungsbeschränkungsrecht noch nicht gem § 1994 Abs 1 S 2, § 2005 oder § 2006 Abs 3 verwirkt haben? Ist wenigstens ein Haftungsbeschränkungsvorbehalt analog § 780 ZPO zu machen? (Anscheinend will ANN 171, 410, 413 die Miterben nach der Nachlassteilung *unbeschränkbar auch mit ihren Eigenvermögen* haften lassen.) Und wie ist zu verfahren, wenn die bereits beendete Gesamthandsgemeinschaft infolge eines Nachlassinsolvenzverfahrens, das auch noch nach der Teilung zulässig ist (s § 2060 Rn 91 f, § 2062 Rn 16), „wiederbelebt" und das Nachlassinsolvenzverfahren sodann *ohne vorherige Masseverteilung* aufgrund Insolvenzplans beendet wird? ME führt eine auf der Grundlage des § 2058 erhobene *Gesamtschuldklage* (s § 2058 Rn 52 ff, 65 ff), wenn sie *gegen sämtliche Miterben* gerichtet wird (notfalls nach Pflegerbestellung gem §§ 1960, 1961; s § 2058 Rn 67 aE), in allen diesen Fällen zu weniger Problemen als der nur auf den ersten Blick elegantere Vorschlag einer Prozessführung gegen die als parteifähig gedachte Miterbengesamthand. Die §§ 2058, 2059 Abs 1 BGB und die diese ergänzenden §§ 747, 859 Abs 2 ZPO sollten deshalb nicht gestrichen, sondern konsequent angewandt werden (vgl zu den Vorzügen des geltenden Rechts auch P ULMER AcP 198 [1998] 113, 130 f; HEIL ZEV 2002, 296, 298 f; REUTER AcP 207 [2007] 673, 704 ff, 715 f). Zwar hat der BGH die aktive und passive Parteifähigkeit der GbR und der Wohnungseigentümergesellschaft inzwischen bejaht (BGHZ 146, 341 ff [BGB-Gesellschaft]; BGHZ 163, 154 ff [Wohnungseigentümergesellschaft] = NJW 2005, 2061 ff = ZIP 2005, 1233 ff m abl Besprechungsaufsatz BORK ZIP 2005, 1205 ff). Auf die Erbengemeinschaft und ihr Verhältnis zu den Nachlassgläubigern kann das jedoch nicht ohne weiteres übertragen werden (§ 2058 Rn 67 mwNw; vgl auch AG Duisburg NZI 2004, 97 f; HK-InsO/MAROTZKE [5. Aufl 2008] Rn 9 vor §§ 315 ff).

§ 2058
Gesamtschuldnerische Haftung

Die Erben haften für die gemeinschaftlichen Nachlassverbindlichkeiten als Gesamtschuldner.

Materialien: E I § 2051 S 2; II § 1932; III § 2033;
Mot V 526 ff; Prot V 843, 867 ff; Denkschr 730 f;
JAKOBS/SCHUBERT ER I 748, 789 ff.

Systematische Übersicht

I.	Allgemeines		4.	Beschränkbarkeit der Haftung	10
1.	Entstehungsgeschichte und Sinn der Vorschrift	1	a)	Allgemeines	10
2.	Haftung bis zur Teilung des Nachlasses	3	b)	Verlust des Haftungsbeschränkungsrechts	17
3.	Haftung nach der Teilung des Nachlasses	6	5.	Die fünf Grundtypen der Miterbenhaftung	20

II.	**Gemeinschaftliche Nachlassverbindlichkeiten**		**III.**	**Geltendmachung der gesamtschuldnerischen Haftung** ____ 52
1.	Nachlass- oder Eigenverbindlichkeit? ____ 22		**IV.**	**Das Innen- und Ausgleichsverhältnis der Miterben untereinander** ____ 78
2.	Nachlass- und Erbteilsverbindlichkeiten ____ 24		**V.**	**Der Miterbe als Nachlassgläubiger** 92
3.	Gemeinschaftliche Verbindlichkeiten ____ 38		**VI.**	**Der Hoferbe** ____ 98
a)	Vom Erblasser herrührende Schulden ____ 38		**VII.**	**Gerichtliche Zuweisung eines landwirtschaftlichen Betriebs an einen Miterben** ____ 100
b)	Sonstige Verbindlichkeiten ____ 41			
4.	Leistungsstörungen; Begriff der Gesamt„hand"schuld ____ 45		**VIII.**	**Recht der ehemaligen DDR** ____ 101

I. Allgemeines

1. Entstehungsgeschichte und Sinn der Vorschrift

Nach ALR I 17 § 127 konnten Miterben, wenn die Erbschaft unter Vorbehalt erworben und die Teilung des Nachlasses noch nicht vollzogen war, für die Nachlassverbindlichkeiten nur gemeinschaftlich, dh so in Anspruch genommen werden, dass die Klage gegen alle Erben zusammen gerichtet wurde (Denkschr z BGB 730; zur heutigen Rechtslage s Rn 52 ff). Das gemeine Recht und E I 2051 S 2 sahen eine *teilschuldnerische* Haftung der Miterben vor. Abweichend von diesen Vorläufern stellt das BGB in § 2058 den Grundsatz der *gesamtschuldnerischen* Haftung auf, der die Inanspruchnahme beliebiger – also auch einzelner – Miterben für die volle Nachlassverbindlichkeit ermöglicht (§ 421) und den in Anspruch genommenen Erben auf den Regress gegen seine Miterben verweist (§ 426). 1

Die Entscheidung für die gesamtschuldnerische Miterbenhaftung fiel nach Prot V 871 deshalb, weil der Gläubiger durch den Tod des Schuldners nicht schlechter gestellt werden dürfe als vorher: „Der Schuldner habe bei Lebzeiten nicht das Recht gehabt, das Schuldverhältniß ohne Einwilligung des Gläubigers auf mehrere Schuldner zu vertheilen. Der Gläubiger müsse auch nach dem Tode des Schuldners in der Lage sein, zum Zwecke seiner Befriedigung nur eine Person in Anspruch zu nehmen, soweit das Vermögen des Schuldners auf diese übergegangen sei. Die Theilung der Haftung beeinträchtige den Gläubiger insofern, als er sich wegen des Ausfalls, welchen er bei einem Miterben erleide, nicht an die anderen Miterben halten könne, selbst wenn das, was diese erhalten haben, ihren Antheil an den Nachlaßverbindlichkeiten übersteigt." 2

2. Haftung bis zur Teilung des Nachlasses

Solange der Nachlass gemeinschaftliches Vermögen aller Erben bleibt (§ 2032 Abs 1), ist ein einzelner Erbe ohne Mitwirkung der übrigen Miterben nicht in der Lage, sich die zur Berichtigung der Nachlassverbindlichkeiten erforderlichen Mittel 3 durch Verfügung über einzelne Nachlassgegenstände zu beschaffen (vgl §§ 2033 Abs 2, 2040 Abs 1). Als Einzelner kann ein Miterbe zunächst nur über seinen Erbteil (§ 2033 Abs 1) und über sein Eigenvermögen verfügen. Um wenigstens das Eigenvermögen zu schützen, gewährt § 2059 Abs 1 S 1 bis zur Teilung des Nachlasses jedem einzelnen Miterben **das Recht, die Berichtigung der Nachlassverbindlichkeiten aus dem Vermögen, das er außer seinem Anteil am Nachlass hat, zu verweigern** (zu den sonstigen Haftungsbeschränkungsmöglichkeiten vgl Vorbem 2). Dieses Recht steht einem bereits *unbeschränkbar* haftenden Miterben in Ansehung des seinem (ideellen) Erbteil entsprechenden Teils der jeweiligen Nachlassverbindlichkeit nicht zu, § 2059 Abs 1 S 2. Hinsichtlich der übrigen (Bruch-)Teile der Verbindlichkeit bleibt es bei dem Beschränkungsrecht des Abs 1 S 1 (so dass sich die „unbeschränkte" Haftung eines Miterben zumindest bis zur Teilung des Nachlasses – mE aber auch darüber hinaus [s § 2059 Rn 6 ff] – nur auf einen *Teil* der Nachlassverbindlichkeit bezieht, das Haftungsbeschränkungsrecht *im Übrigen* also noch nicht verwirkt ist!).

4 Verfehlt ist es, aus § 2059 Abs 1 S 2 zu schließen, dass die **Gesamtschuld** (§ 2058) der Miterben im Falle „unbeschränkter" Haftung *erst mit der Erbteilung* eintrete (so aber SIBER, Haftung für Nachlaßschulden, 115; STAUDINGER/LEHMANN[11] Vorbem 4 und § 2060 Rn 1, 7; 3. Denkschr d ErbRA d AkDR 109 und dort Fn 1). Denn ebensowenig wie das dem noch beschränkbar haftenden Miterben durch § 2059 Abs 1 S 1 zugestandene Recht, die Leistung aus seinem Eigenvermögen zu verweigern, dessen Gesamtschuld zu einer *Teil*schuld macht (Prot V 871), kann dasselbe – und durch § 2059 Abs 1 S 2 sogar noch geschmälerte – Recht des „unbeschränkt" haftenden Miterben dessen Gesamtschuld zu einer Teilschuld herabstufen (s auch MünchKomm/ANN § 2059 Rn 1; SOERGEL/WOLF § 2059 Rn 7). In beiden Fällen wirkt § 2059 Abs 1 überhaupt nicht, solange der Miterbe dieses Verweigerungsrecht nicht geltend macht (§ 2059 Rn 16, 24 ff). Selbst wenn sich der Erbe auf dieses Recht beruft, berührt das die *gesamt*schuldnerische Haftung mit seinem „Anteil an dem Nachlasse" nicht.

5 Gem § 2063 Abs 2 kann die in § 2059 Abs 1 S 2 vorgesehene Einschränkung des Leistungsverweigerungsrechts aus § 2059 Abs 1 S 1 nicht eintreten gegenüber einem Nachlassgläubiger, der selbst zu den Miterben gehört (RGZ 93, 197).

3. Haftung nach der Teilung des Nachlasses

6 Auch nach der Teilung des Nachlasses **bleibt es bei der gesamtschuldnerischen Haftung** der Miterben, soweit sich nicht aus den §§ 2060, 2061 Abs 1 S 2 etwas anderes ergibt (BGH NJW 1998, 682 = MDR 1998, 108 = LM § 2058 BGB Nr 8 m Anm MAROTZKE; BayObLG NJW-FER 1999, 124 f = FamRZ 1999, 1175, 1176 = ZEV 1999, 223; BayObLG FamRZ 2004, 908 = NJW-RR 2004, 994).

7 Durch Inaussichtstellung des Fortbestands der gesamtschuldnerischen Haftung **motiviert das Gesetz die Miterben, vor der** (zum Wegfall des Leistungsverweigerungsrechts aus § 2059 Abs 1 und zur Unzulässigkeit der Anordnung einer Nachlassverwaltung [§ 2062 HS 2] führenden) **Nachlassteilung zunächst einmal, wie in §§ 2045, 2046 vorgesehen, die Nachlassverbindlichkeiten zu berichtigen** (vgl auch § 2062 Rn 16). Gegenüber Gläubigern, deren Forderungen den Miterben unverschuldet nicht bekannt geworden sind und die deshalb bei der Erbauseinandersetzung nicht gem § 2046 berücksichtigt werden konnten, verwandelt sich die gesamtschuldnerische

Haftung der *gutgläubigen* (§ 2060 Rn 53 ff) Erben unter den Voraussetzungen der §§ 2060, 2061 Abs 1 S 2 in eine **teilschuldnerische**. Nach Auffassung des Gesetzgebers verlangt der Zweck der Erbauseinandersetzung diese Teilung der Haftung für unbekannt gebliebene Forderungen (vgl § 2060 Rn 16).

Nachteilige Auswirkungen hat die Teilung des Nachlasses uU auf das Recht der Erben, ihre Haftung auf den Nachlass bzw auf das aus ihm Erlangte zu beschränken (vgl § 2060 Rn 2 ff). **8**

Mit der Auseinandersetzung endet die Haftung des Nachlasses für die *Steuer* der am Erbfall Beteiligten (s § 20 Abs 3 ErbStG und § 1967 Rn 33, 35). **9**

4. Beschränkbarkeit der Haftung

a) Allgemeines

Die Frage, **mit welchem Vermögen** die Miterben für die Nachlassverbindlichkeiten haften – ob nur mit dem Nachlass (also beschränkt) oder auch mit ihrem sonstigen Vermögen – ist völlig unabhängig von der Frage nach der gesamt- oder teilschuldnerischen Haftung zu beantworten (vgl § 460 Abs 2 FamFG; Prot V 879; Denkschr 731 sowie unten Rn 16). *Das, was in § 1975 als Beschränkung der Haftung „auf den Nachlass" bezeichnet wird, stellt sich bei Erbenmehrheit als Beschränkung der Haftung auf das Vermögen dar, welches die Erben geerbt bzw aus dem Nachlass erlangt haben* (vgl zu letzterem Prot V 877; RADDATZ 42 f; ERMAN/SCHLÜTER Vorbem 10 sowie die Parallele der §§ 1480 S 2, 2144 Abs 1 HS 2). **10**

Zu dem Vermögen, mit dem ein Miterbe den Nachlassgläubigern auch nach Ergreifung eines Haftungsbeschränkungsmittels haftet, gehört also (Rn 10) auch sein **Anteil am Nachlass** (vgl § 2059 Abs 1 und BGH NJW-RR 1988, 710, 711 aE). Unrichtig ist deshalb die Annahme, dass ein Miterbe die durch einen Nachlassgläubiger erwirkte **Erbteilspfändung** (§ 859 Abs 2 ZPO) dadurch zu Fall bringen könne, dass er zunächst – gemeinsam mit den übrigen Erben, § 2062 HS 1 – eine Nachlassverwaltung herbeiführe und dann gegen die Pfändung gem §§ 780, 781, 784 Abs 1, 785 ZPO interveniere (so aber BÖRNER JuS 1968, 109; vgl auch BOEHMER, Erbfolge und Erbenhaftung [1927], 44–46, 197 f; dens JW 1932, 1389; RIESENFELD I 187, 193; MUSCHELER 112, 115; ENDRISS 98 bei Fn 419). Gegen diese Annahme spricht sowohl, dass Miterben zur Beantragung der Nachlassverwaltung der Zustimmung des Pfandgläubigers bedürfen (§ 2062 Rn 9), als auch, dass der Erbteil, dessen Pfändung dem Gläubiger bzgl des nachlassfremden Vermögens keinerlei Rechte gewährt, nicht nur iS des § 1975, sondern auch iS des § 784 Abs 1 ZPO als „Nachlass" (bzw als Recht am Nachlass) anzusehen ist (aM MUSCHELER 112 Fn 47; ENDRISS 98 bei Fn 419). **11**

Richtig ist allerdings, dass aufgrund eines auf einen Erbteil zielenden Pfändungs- und Überweisungsbeschlusses nicht die *Auseinandersetzung* verlangt werden kann, solange eine – zB auf Antrag eines anderen Nachlassgläubigers angeordnete, § 1981 Abs 2 – Nachlassverwaltung schwebt (nur darum ging es letztlich auch BOEHMER aaO). Das folgt aber schon daraus, dass aus dem Nachlass vor dessen Teilung zunächst die Verbindlichkeiten zu berichtigen sind (§ 2046) und gerade dies der Hauptzweck auch der Nachlassverwaltung ist (§ 1975). Außerdem kann der Pfändungsgläubiger nicht mehr Rechte haben als der Erbe, und für diesen gilt während der Nachlassverwal- **12** tung die seine Mitwirkung an der Nachlassteilung hindernde Verfügungsbeschränkung des § 1984 (so in Bezug auf den Erben auch ZIMMERMANN, in: KEIDEL/ENGELHARDT/ STERNAL, FamFG[16] § 363 Rn 34).

13 Da auf Grund einer Erbteilspfändung die Auseinandersetzung während der Dauer einer Nachlassverwaltung nicht betrieben werden kann (Rn 12), der Pfändungs- und Überweisungsbeschluss während dieser Zeit also nicht zur Befriedigung des Gläubigers aus den zum Nachlass gehörenden Gegenständen führt, muss es nicht nur den Nachlass-, sondern auch den *Eigengläubigern* der Erben gestattet sein, trotz bestehender Nachlassverwaltung in die Erbteile zu vollstrecken (aM schon bzgl der *Nachlassgläubiger* COSACK § 159 II 3 unter Hinweis auf den – deren Zwangsvollstreckung aber gar nicht ausschließenden – § 1984 Abs 1 S 3).

14 Selbst eine auf Grund des § 857 Abs 5 ZPO erfolgte *Veräußerung* des gepfändeten Erbteils könnte das Recht des Nachlassverwalters, über die zum Nachlass gehörenden Gegenstände zu verfügen, und folglich auch das Recht der Nachlassgläubiger, von dem Verwalter aus dem Nachlass befriedigt zu werden (§§ 1984 Abs 1 S 3, 1985 Abs 1, 1986), nicht beeinträchtigen (vgl auch § 1984 Rn 9: Nachlassverwaltung hindert nicht Verfügungen der Miterben über ihre Anteile). Die §§ 1984 Abs 2 BGB, 784 Abs 2 ZPO sind demnach auf Erbteilspfändungen nicht anzuwenden (zur Begründung dieses Ergebnisses braucht man Erbteile also nicht zum Eigenvermögen der Miterben zu rechnen; so aber in anderem Zusammenhang [vgl Rn 11] BÖRNER JuS 1968, 108 f; HOEPFNER Jura 1982, 173; RIESENFELD I 193).

15 Jedoch kommt als **„Drittschuldner"** iSd § 829 Abs 3 (iVm §§ 857 Abs 1, 859 Abs 2) ZPO auch der Nachlassverwalter in Betracht (so auch das bereits bei STAUDINGER/MAROTZKE [2008] § 1960 Rn 51 aE erwähnte Urteil LG Kassel InVo 1998, 77 f = MDR 1997, 1032 f m insoweit zust Anm AVENARIUS).

16 Bereits andernorts beschrieben sind die verschiedenen **Möglichkeiten zur Beschränkung der Haftung auf das geerbte Vermögen** (vgl Vorbem 10 ff zu §§ 1967 ff, Vorbem 3 ff zu §§ 1975 ff sowie speziell für den Fall der Miterbschaft Vorbem 2 zu §§ 2058 ff, unten Rn 73, § 2060 Rn 2 ff). Die Teilung des Nachlasses kann eine spätere Beschränkung der Haftung uU ausschließen (vgl § 2060 Rn 2 ff, 14).

b) Verlust des Haftungsbeschränkungsrechts

17 Der Verlust des Haftungsbeschränkungsrechts durch Versäumung der Inventarfrist (§§ 1994 Abs 1 S 2, 2005 Abs 1 S 2), Inventaruntreue (§ 2005 Abs 1 S 1), Verweigerung der eidesstattlichen Versicherung (§ 2006 Abs 3), Versäumen des Vorbehalts der beschränkten Haftung (§ 780 ZPO) oder Verzicht (Vorbem 16 zu §§ 1967 ff) trifft immer nur den einzelnen Miterben, in dessen Person die Voraussetzungen vorliegen (§ 425).

18 Jedoch kommt nach § 2063 Abs 1 die Inventarerrichtung durch einen Miterben auch den übrigen Miterben zustatten, soweit diese noch nicht unbeschränkbar haften. Ferner kann sich ein Miterbe gegenüber einem anderen Miterben, der zugleich Nachlassgläubiger ist, auf die Beschränkung seiner Haftung auch dann berufen, wenn er den anderen Nachlassgläubigern gegenüber *unbeschränkbar* haftend geworden ist, § 2063 Abs 2.

Durch *Inventarverfehlungen* (§§ 1994 Abs 1 S 2, 2005 Abs 1, 2006 Abs 3) kann ein **19**
Miterbe sein Haftungsbeschränkungsrecht nur hinsichtlich der seinem ideellen Erbteil entsprechenden Schuldquote verwirken (vgl § 1994 Rn 34, § 2059 Rn 4 ff, § 2060 Rn 10 f, § 2007 Rn 1–4; **anders die hM**; s dazu § 2059 Rn 4 f, 6 ff). Daraus resultieren Besonderheiten bei der Anwendung der §§ 2013 (vgl dort Rn 12, § 2060 Rn 10 f, § 2007 Rn 2–4) und 2016 (vgl dort Rn 3).

5. Die fünf Grundtypen der Miterbenhaftung

Aus dem Vorstehenden ergeben sich folgende fünf mögliche Gestaltungen der Mit- **20**
erbenhaftung:

a) gesamtschuldnerisch und beschränkbar bzw beschränkt,

b) gesamtschuldnerisch und *völlig* unbeschränkbar (Letzteres zB wegen § 780 Abs 1 ZPO oder aufgrund Rechtsgeschäfts),

c) gesamtschuldnerisch und *hinsichtlich eines der Erbquote entsprechenden Teils der Schuld* unbeschränkbar, im übrigen jedoch beschränkbar (vgl oben Rn 3 f, § 1994 Rn 34, § 2059 Rn 4 ff, § 2060 Rn 10 f; **aM** STAUDINGER/LEHMANN[11] Vorbem 3; wohl auch ERMAN/SCHLÜTER Vorbem 15),

d) anteilig (Rn 6 f) und beschränkbar bzw beschränkt (s § 2060 Rn 17 f, 20 ff, 59 f),

e) anteilig und unbeschränkbar (s § 2060 Rn 59).

Eine weitere Unterscheidung ergibt sich daraus, dass der Verlust des Haftungsbe- **21**
schränkungsrechts sowohl gegenüber sämtlichen als auch gegenüber einzelnen Nachlassgläubigern denkbar ist (vgl Vorbem 14 zu §§ 1967 ff).

II. Gemeinschaftliche Nachlassverbindlichkeiten

1. Nachlass- oder Eigenverbindlichkeit?

Die §§ 2058 ff betreffen nur die Haftung der Miterben für die *Nachlass*verbindlich- **22**
keiten (vgl dazu § 1967 Abs 2 nebst zugehöriger Kommentierung). Unanwendbar sind die §§ 1967 ff, 2058 ff auf die Ansprüche der Nachlassgläubiger gegen den bzw die Erben wegen schlechter Verwaltung des Nachlasses (§§ 1978–1980), da es sich hier nicht um Nachlass-, sondern um Eigenverbindlichkeiten handelt (vgl § 1978 Rn 35, § 2060 Rn 31 ff). Dennoch ist auch hier gesamtschuldnerische Haftung denkbar (§ 1978 Rn 38).

Zur Zwangsvollstreckung in den ungeteilten Nachlass bedarf es eines Titels gegen **23**
sämtliche Miterben (§ 747 ZPO) auch dann, wenn die Vollstreckung wegen einer Schuld erfolgen soll, die nicht Nachlassverbindlichkeit ist (BGHZ 53, 110, 114 ff mwNw). Wegen solcher (reiner Eigen-)Verbindlichkeiten kann während einer Nachlassverwaltung oder eines Nachlassinsolvenzverfahrens nicht in den Nachlass vollstreckt werden (s § 1975 Rn 6, 9 f, 12, 42, 46; aber auch § 2058 Rn 13 f zu einer die Erbteilspfändung betreffenden Besonderheit).

2. Nachlass- und Erbteilsverbindlichkeiten

24 Indem § 2058 die Erben für die „gemeinschaftlichen" Nachlassverbindlichkeiten als Gesamtschuldner haften lässt, setzt er konkludent voraus, dass es Nachlassverbindlichkeiten geben kann, für die nur einer oder einige der Miterben haften (vgl auch §§ 2007, 1935, 2095). Treffender wäre es, hier nicht von Nachlass-, sondern von **Erbteilsverbindlichkeiten** zu sprechen (ERMAN/SCHLÜTER Rn 1; MünchKomm/ANN Rn 11). Als Erbteilsverbindlichkeiten kommen nur solche Verpflichtungen in Betracht, die den **Erblasser** noch gar nicht trafen, sondern erstmals mit oder nach dem Erbfall entstehen. Dies ergibt ein Gegenschluss aus der bei Rn 2 genannten ratio legis des § 2058.

25 Nicht allen Miterben gemeinschaftlich sind **zB** Verbindlichkeiten aus Vermächtnissen und Auflagen, die nur einzelnen Miterben auferlegt sind (vgl §§ 2148, 2192, 1935, 2095); ferner die Verpflichtung des Miterben eines pflichtteilsberechtigten Erben, diesem den Pflichtteil zu ergänzen (§§ 2305 S 1, 2326), die auf § 1371 Abs 4 BGB bzw § 6 S 2 LPartG beruhende Verpflichtung des überlebenden Ehegatten bzw Lebenspartners zur Gewährung von Mitteln zu einer angemessenen Ausbildung an Abkömmlinge des Erblassers (dazu § 1967 Rn 31; STAUDINGER/THIELE [2007] § 1371 Rn 123 ff), die Verpflichtung eines einzelnen Miterben, die Kosten einer auf seinen Erbteil beschränkten Nachlasspflegschaft zu tragen (vgl STAUDINGER/MAROTZKE [2008] § 1960 Rn 61).

26 Für derartige Verbindlichkeiten haften die nicht betroffenen Miterben überhaupt nicht. **Wenn zwar nicht alle, aber doch mehrere Miterben beschwert sind**, tritt die in § 2058 vorgeschriebene gesamtschuldnerische Haftung ein, *soweit* die betreffende Verbindlichkeit eine gemeinschaftliche ist (KRETZSCHMAR § 38 IV 1; BGB-RGRK/KREGEL Rn 3; PLANCK/EBBECKE Anm 1; PALANDT/EDENHOFER § 2059 Rn 8; MünchKomm/ANN Rn 11; SOERGEL/WOLF Rn 4; AnwKomm/KICK Rn 15; KIPP/COING § 121 VI; wohl iE ebenso BROX/WALKER Rn 455 [trotz Nichtanwendung des § 2058]; **aM** die ersten beiden Aufl von PLANCK sowie die zweite Aufl des RGRK unter Berufung auf § 2046 Abs 2, der jedoch – vgl KREGEL aaO – nur das Innenverhältnis der Miterben untereinander betrifft).

27 Bei auf **Verfügung von Todes wegen** beruhenden Verbindlichkeiten (Vermächtnissen, Auflagen) kann der Erblasser wirksam anordnen, dass die beschwerten Miterben auch im Außenverhältnis nur teilschuldnerisch haften sollen (vgl STAUDINGER/OTTE [2003] § 2148 Rn 2 f; MünchKomm/SCHLICHTING § 2148 Rn 6 und Abschn 2 d meiner Anm zu BGH LM § 2058 Rn 8). Dann entsteht keine „gemeinschaftliche" Verbindlichkeit, sondern es werden *mehrere* auf die Miterben verteilte Einzelschulden begründet.

28 Nicht bloß Erbteilsschulden, sondern „gemeinschaftliche Nachlassverbindlichkeiten" sind die Kosten einer nur für einen Miterbenanteil angeordneten Testamentsvollstreckung (BGH NJW 1997, 1362 f = ZEV 1997, 116 f m zust Anm vMORGEN; **aM** zuvor OLG Hamburg ZEV 1996, 184 f m abl Anm MUSCHELER; weiterführend MUSCHELER, Testamentsvollstreckung über Erbteile, AcP 195 [1995] 35, 48 ff).

29 Auf Nachlassverbindlichkeiten, für die nicht sämtliche, sondern nur einer oder einige Miterben haften und für die deshalb der Begriff „Erbteilsverbindlichkeiten" vorgeschlagen wurde (Rn 24), sind diejenigen Vorschriften unanwendbar, die eine Haftung *sämtlicher* Miterben bzw des *gesamten* Nachlasses voraussetzen.

So kann ein Gläubiger, dem nur *ein* Miterbe haftet, idR weder **Nachlassverwaltung** 30 noch ein **Nachlassinsolvenzverfahren** beantragen (zust MünchKommInsO/SIEGMANN § 317 Rn 5 aE). Denn damit würde er auch denjenigen Erben, die ihm nicht haften, die Verwaltungs- und Verfügungsbefugnis über den Nachlass entziehen (vgl §§ 1984, 1985 Abs 1 BGB und § 80 Abs 1 InsO) bzw ihnen, soweit ein Nachlassinsolvenzverfahren mit „Eigenverwaltung unter Aufsicht eines Sachwalters" (§ 270 Abs 1 S 1 InsO) in Betracht kommt, erhebliche Beschränkungen auferlegen (§§ 274 ff InsO). Dies darf nur dann zugelassen werden, wenn der antragstellende Gläubiger zugleich der *einzige* für die Verbindlichkeit *nicht* haftende Miterbe ist (zB in Fällen der §§ 2305, 2326) oder wenn er das Verfahren *als Miterbe* beantragen kann (was sich beim Nachlassinsolvenzverfahren ua nach §§ 317, 319, 320 InsO richtet, bezüglich einer Nachlassverwaltung hingegen an § 2062 HS 1 BGB scheitert). Zudem setzt das Nachlassinsolvenzverfahren Zahlungsunfähigkeit (zumindest „drohende", § 320 S 2 InsO) oder Überschuldung des *Nachlasses* voraus (§ 320 S 1 InsO); es kommt deshalb nicht in Betracht, wenn lediglich ein *Erbteil* überschuldet ist (JAEGER/WEBER[8] KO § 235 Rn 2; MünchKomm/ANN Rn 11; DÖBEREINER, in: GOTTWALD [Hrsg] Insolvenzrechts-Handbuch [3. Aufl 2006] § 112 Rn 17). Lediglich in Bezug auf einen *Erbteil* lässt das Gesetz weder ein Nachlassinsolvenzverfahren noch eine Nachlassverwaltung zu (vgl § 316 Abs 3 InsO für das Nachlassinsolvenzverfahren und Prot VI 343 f für die Nachlassverwaltung; zur Gesetzesgeschichte s § 1975 Rn 21, § 2007 Rn 3).

Werden in einem Nachlassinsolvenzverfahren Verbindlichkeiten geltend gemacht, 31 für die nicht *sämtliche* Miterben haften, so müssen uU **Sondermassen** (vgl BGH KTS 1979, 76, 80 f) gebildet werden. Aus den Anteilen der ihm nicht haftenden Miterben kann der Gläubiger keine Befriedigung beanspruchen.

In die Erbteile derjenigen Miterben, die ihm haften, kann ein Nachlassgläubiger auch 32 dann durch Erwirkung eines Pfändungs- und Überweisungsbeschlusses nach §§ 857, 859 Abs 2 ZPO (s Rn 11 f, 53) **vollstrecken**, wenn *andere* Miterben ihm *nicht* haften. Nur von dem Vermögen, das er „außer" seinem Anteil am Nachlass hat, kann ein haftender Miterbe den Gläubiger bis zur Teilung des Nachlasses gem § 2059 Abs 1 abwehren.

Befriedigung aus dem ungeteilten Nachlass kann ein Gläubiger, dem nicht sämtliche 33 Miterben haften, eigentlich nicht verlangen (vgl § 2059 Abs 2 BGB und § 747 ZPO; ENDRISS 144). Aufgrund eines Pfändungs- und Überweisungsbeschlusses in den Erbteil des ihm haftenden Miterben (Rn 32) kann er jedoch von den übrigen Miterben verlangen, dass seine Forderung aus dem berichtigt werde, was dem Inhaber des gepfändeten Erbteils bei der Auseinandersetzung zukommt (vgl § 2046 Abs 2).

Richtet sich ein Anspruch, für den nur einige der Miterben haften, auf *Verschaffung* 34 eines Nachlassgegenstandes (denkbar zB beim Vermächtnis, s Rn 25 ff), so kann er auch schon vor der Teilung des Nachlasses durchgesetzt werden (vgl Rn 57 ff iVm STAUDINGER/OTTE [2003] § 2170 Rn 19).

Der Miterbe, der für eine Nachlassverbindlichkeit allein oder gesamtschuldnerisch 35 mit nur einigen der übrigen Erben haftet, kann sich zum Schutz seines Eigenvermögens bis zur Teilung des Nachlasses auf **§ 2059 Abs 1** berufen (Rn 32). Auch **das Haftungsbeschränkungsmittel (§ 1975) der Nachlassverwaltung** steht ihm zu (allerdings nur gemeinsam mit allen übrigen Erben, § 2062 HS 1); denn § 1981 Abs 1 gewährt es dem *Erben* ohne weiteres.

36 Nach der Teilung des Nachlasses ist sowohl der Schutz des § 2059 Abs 1 („bis") als auch die Anordnung einer Nachlassverwaltung (§ 2062 HS 2) ausgeschlossen. Ein Nachlassinsolvenzverfahren kann der einzelne (§ 317 Abs 1, 2 InsO) Miterbe wegen §§ 320, 316 Abs 3 InsO nur beantragen, wenn nicht bloß sein Erbteil, sondern der gesamte Nachlass zahlungsunfähig oder überschuldet ist. (Entsprechendes gilt für den in § 320 S 2 InsO normierten Eröffnungsgrund der „drohenden" Zahlungsunfähigkeit.) Ist lediglich der Anteil eines Miterben überschuldet, weil nur dieser für bestimmte Vermächtnisse und Auflagen haftet, so bleibt dem Miterben trotz der Unzulässigkeit eines Sonderinsolvenzverfahrens über den *Erbteil* (§ 316 Abs 3 InsO) bzgl *dieser* Verbindlichkeiten noch das Haftungsbeschränkungsrecht aus § 1992. Problematisch ist jedoch angesichts der Unzulässigkeit von Sonderinsolvenzverfahren über Erbteile, wie der Miterbe eines pflichtteilsberechtigten Erben, dem er den Pflichtteil ergänzen muss (§§ 2305, 2326), seine Haftung für diese Verbindlichkeit beschränken kann, wenn der Nachlass geteilt (§ 2062 HS 2) und nicht dieser, sondern nur der für die Verbindlichkeiten aus §§ 2305, 2326 haftende *Erbteil* überschuldet ist. Analogie zu § 1990, weil ein Nachlassinsolvenzverfahren hier zwar nicht mangels Masse (vgl § 1990 Abs 1 S 1), wohl aber wegen §§ 320, 316 Abs 3 InsO nicht in Betracht kommt?

37 Soweit in **§§ 2059 Abs 1 S 2, 2060, 2061 Abs 1 S 2** von einem „seinem Erbteil entsprechenden Teil" einer Verbindlichkeit die Rede ist, wird man darunter bei dem Miterben, der für die Verbindlichkeit allein haftet, die *gesamte* Verbindlichkeit zu verstehen haben. Bei gesamtschuldnerischer Haftung zwar nicht aller, aber doch mehrerer Miterben sind deren Erbteile ins Verhältnis zu ihrer Summe zu setzen (vgl LANGE/KUCHINKE § 50 VI mit Fn 80).

3. Gemeinschaftliche Verbindlichkeiten

a) Vom Erblasser herrührende Schulden

38 Allen Miterben gemeinschaftlich sind sämtliche **Verbindlichkeiten, die bereits den Erblasser trafen** (Rn 24). Für sie haften alle Miterben als Gesamtschuldner. So zB OLG Stuttgart VersR 1959, 117, 119 bzgl des Ausgleichsanspruchs des auf Schadensersatz in Anspruch genommenen Schädigers gegen den am Unfall beteiligten und dabei getöteten Kraftfahrer.

39 Für Ansprüche der Gesellschaft gegen einen verstorbenen Gesellschafter auf Rückzahlung von Entnahmen haften sämtliche Erben auch dann, wenn der Gesellschaftsanteil des Erblassers nur auf einen von ihnen übergegangen ist (BGHZ 68, 225, 239 f; KICK 137).

40 Ein Anspruch auf Rückerstattung einer vor dem Erbfall geleisteten Sozialhilfe ist ebenfalls „gemeinschaftliche Nachlassverbindlichkeit" gem § 2058; er entsteht jedoch erst mit der Rücknahme des den Rechtsgrund der Sozialhilfeleistung darstellenden Verwaltungsakts (dazu STAUDINGER/MAROTZKE [2008] § 1922 Rn 363; vgl auch unten Rn 52).

b) Sonstige Verbindlichkeiten
Auch **nach dem Tod** des Erblassers können noch Nachlassverbindlichkeiten entstehen oder fällig werden, für die alle Erben gesamtschuldnerisch haften (jedenfalls wenn sie zZ der Schuldbegründung noch nicht durch Erbteilsveräußerung oder Teilauseinandersetzung aus der Erbengemeinschaft ausgeschieden waren; vgl EBERL-BORGES 329 ff). Das gilt zB für die Pflicht zur Tragung der Beerdigungskosten (§ 1968), die allerdings dem Grunde nach ohnehin schon mit dem Erbfall entsteht, sowie für Verbindlichkeiten aus Rechtsgeschäften, die durch einen für sämtliche Erben bestellten Nachlasspfleger (vgl STAUDINGER/MAROTZKE [2008] § 1960 Rn 41) oder durch einen Nachlassverwalter (vgl § 1985 Rn 5) abgeschlossen wurden. **41**

Auch **durch Rechtshandlungen der Erben** können unter bestimmten Voraussetzungen (§ 1967 Rn 39 ff, 49, 50 aE) noch Nachlassverbindlichkeiten entstehen, die alle Erben gemeinschaftlich treffen (und die oft zugleich Eigenverbindlichkeiten des bzw der Handelnden sein werden, s § 1967 Rn 40, 41 aE). Vgl OLG Braunschweig (OLGE 26 [1913/I] 289, 290) für „die bis zur Teilung des Nachlasses durch Erhaltung der Nachlassgegenstände erforderlichen Verwaltungskosten". Da ein Erbe aber nicht gesetzlicher Vertreter seiner Miterben ist (zu den Vertretungsverhältnissen *bei Vorliegen eines Notgeschäftsführungsrechts aus § 2038 Abs 1 S 2 HS 2* vgl STAUDINGER/WERNER § 2038 Rn 25, 40; ERMAN/SCHLÜTER § 2038 Rn 13; DAUNER-LIEB 352 f, 457), kann er die übrigen nicht ohne weiteres verpflichten (vgl BGHZ 30, 391, 394 ff; 32, 60, 67 [zu § 27 HGB; vgl auch § 1967 Rn 57–60; BGH LM § 2032 Nr 2 = NJW 1962, 2196, 2197 f [zur Haftung der Miterben aus Rechtsgeschäften, die in Fortführung eines vom Erblasser hinterlassenen Handwerksbetriebes von dem das Geschäft allein führenden Miterben abgeschlossen wurden]). Soweit es lediglich um die *erbrechtliche* Haftung geht, werden Verbindlichkeiten aus Rechtsgeschäften, die der ordnungsgemäßen Verwaltung des Nachlasses dienen, aber auch dann als „gemeinschaftliche" Verbindlichkeiten anerkannt werden dürfen, wenn sie nur durch *einen* der Miterben begründet wurden (§ 1967 Rn 49; vorausgesetzt wohl auch in OLG Hamm OLGZ 1985, 226 f, bei MünchKomm/KÜPPER § 1967 Rn 15 und bei PALANDT/EDENHOFER § 1967 Rn 8; iE übereinstimmend ANN 54 f; DAUNER-LIEB 457; **aM** ERMAN/SCHLÜTER § 2038 Rn 12 ad bb [nur wenn dieser im Namen des Nachlasses und mit Vollmacht sämtlicher Miterben gehandelt habe]; MünchKomm/GERGEN § 2038 Rn 27; SOERGEL/WOLF § 2038 Rn 11 und wohl auch OLG München HRR 1939 Nr 365 Sp 365 f). Denn würde dieser die betreffenden Verbindlichkeiten zunächst aus seinem (idR mitverpflichteten; s § 1967 Rn 40; DAUNER-LIEB 389 ff) Eigenvermögen berichtigen, so könnte er im Fall der Nachlassverwaltung oder des Nachlassinsolvenzverfahrens gem § 1978 Abs 3 Aufwendungsersatz aus dem gesamten Nachlass und nicht etwa nur aus dem eigenen Erbteil verlangen. Im übrigen schließt die Annahme einer Nachlassverbindlichkeit, die im *Außenverhältnis* sämtlichen Erben als Gesamtschuldnern (§§ 2058, 2059) zur Last fällt, nicht aus, einen Erben, der den Vertrag ohne die nach § 2038 Abs 1 erforderliche Abstimmung mit seinen Miterben geschlossen hat, im *Innenverhältnis* (§ 426) überwiegend oder gar allein haften zu lassen. **42**

Gemeinschaftliche Nachlassverbindlichkeiten, für welche die Miterben gem § 2058 als Gesamtschuldner haften, sind auch solche aus einer nach dem Erbfall entstandenen **ungerechtfertigten Bereicherung (§ 812) des Nachlasses** (vgl § 1967 Rn 52; RG JW **43**

1927, 1196, 1197 f [aber: OLG Hamburg NJW 1952, 938 f = MDR 1952, 548 f]; ADERHOLD JA 1980, 136, 139 f; BALZER-WEHR, Bereicherungs- und Erstattungsansprüche gegen Erben [Diss Erlangen-Nürnberg 1998] 44 ff, 100 ff; EBERL-BORGES 334; teilw aM STAUDINGER/LORENZ [2007] § 818 Rn 7). So zB die – allerdings im *öffentlichen* Recht begründete (s zu dieser Streitfrage STAUDINGER/MAROTZKE [2008] § 1922 Rn 362) – Verpflichtung zur Rückgewähr von *Rentenzahlungen,* die irrtümlich auch noch nach dem Tod des Erblassers auf dessen zum ungeteilten Nachlass gehörendes Konto erfolgt sind (vgl BGHZ 71, 180 ff = NJW 1978, 1385 f; ebenso BGH WM 1982, 101 f; AG Kassel NJW-RR 1992, 585 f; wohl nur scheinbar aM KG FamRZ 1977, 349 f [dort war das Erblasserkonto möglicherweise nicht in den Nachlass gelangt; vgl KG FamRZ 1977, 349 aE, 350]). Anknüpfend an die Fortführung des Erblasserkontos durch die Erbengemeinschaft will der BGH für diesen Fall allerdings eine *Nachlasserbenschuld* annehmen (BGHZ 71, 180 ff ad II 1 a; BGH WM 1982, 101 f ad II 1; zustimmend BAMBERGER/ROTH/LOHMANN § 1967 Rn 19; SCHLÜTER Rn 1066; STAUDINGER/LORENZ [2007] § 818 Rn 7; aM STAUDINGER/MAROTZKE § 1967 Rn 7, 52 und MünchKomm/KÜPPER § 1967 Rn 13). Da die Erben in den entschiedenen Fällen aber schon „als solche" (§ 1967 Abs 2), nämlich als Inhaber des Nachlasses, bereichert waren (vgl auch BGHZ 71, 180 ff ad II 1 a aE und OVG Münster NJW 1985, 2438), bedurfte es dieses zusätzlichen Anknüpfungspunktes nicht. Die Annahme einer *Nachlasserbenschuld* (iS des bei § 1967 Rn 5 ff Ausgeführten) ist ohnehin verfehlt, wenn man der zutreffenden Ansicht des BGH folgt, dass die Miterben ihre Haftung auch bzgl derartiger Bereicherungsschulden gem § 2059 Abs 1 auf den Nachlass beschränken können (BGHZ 71, 180 ff ad II 1 b) und dass sie für derartige Schulden nach der Teilung des Nachlasses nur noch teilschuldnerisch haften, falls die Voraussetzungen der §§ 2060, 2061 erfüllt sind (BGH WM 1982, 101 f ad II 2 – im übrigen auch zu § 818 Abs 3). Für reine Nachlassverbindlichkeit auch AG Kassel NJW-RR 1992, 585, 586 (zu diesem Urteil STAUDINGER/MAROTZKE [2008] § 1922 Rn 362); für reine Erbenschuld (Eigenverbindlichkeit) SOERGEL/STEIN § 1967 Rn 13.

44 Das Vorstehende gilt nicht für irrtümliche Rentenfortzahlungen und sonstige rechtsgrundlose Leistungen, die auf das vom Erblasser herrührende Konto erbracht werden, *nachdem dieses bereits in das Einzelvermögen eines Miterben überführt wurde.* Bereichert ist in solchen Fällen von Anfang an nicht die Erbengemeinschaft, sondern nur das Vermögen dieses einen Miterben. Deshalb haften für die Rückzahlung nicht sämtliche Miterben, sondern nur der bereicherte (vgl OLG Dresden NJW 1998, 2609 [LS] = VIZ 1998, 288, 290 f = ZEV 1998, 308, 310 m Anm ANN [zu einem allerdings nur punktuell vergleichbaren Fall]). Und dieser haftet nicht nur „als Erbe" (denn in sein *Einzelvermögen* ist das Konto ja nicht schon kraft Erbrechts, sondern erst durch Rechtsgeschäft gelangt), sondern in gleicher Weise wie jeder andere Empfänger einer ungerechtfertigten Bereicherung. UU haftet in einigen der bei Rn 43 f angesprochenen Fällen sogar die kontoführende Bank (vgl LG Karlsruhe NJW-RR 1988, 818 f; LSG Stuttgart WM 1995, 1876, 1878 f; DÖRR NZS 1993, 150, 151; BSG NZI 2001, 502, 504 [Vorinstanz: BayLSG NZS 2000, 419 f] und STAUDINGER/MAROTZKE [2008] § 1922 Rn 362 Fn).

4. Leistungsstörungen; Begriff der Gesamt„hand"schuld

45 Ein **Alleinerbe**, der eine bestehende Nachlassverbindlichkeit schuldhaft nicht oder nicht ordnungsgemäß erfüllt, haftet für daraus entstehende Ersatzansprüche des Gläubigers (die nach dem bei § 1967 Rn 53 f Gesagten die Rechtsnatur der verletzten Schuld als Nachlassverbindlichkeit teilen) ohne die Möglichkeit, seine Haftung auf den Nachlass zu beschränken (vgl § 1967 Rn 53; aM RIERING 96, der deshalb für den Fall, dass Miterben vorhanden sind, bis zur Nachlassteilung § 2059 Abs 1 S 1 anwenden will).

Für Ersatzansprüche aus **Pflichtverletzungen, die lediglich einer von mehreren Erben zu vertreten hat,** fehlt aber nur *diesem* Erben das Haftungsbeschränkungsrecht (§§ 2058, 425 Abs 2; iE wie hier AnwKomm/KICK Rn 10). **46**

Wegen § 425 scheint es, als würden die übrigen Miterben insoweit *überhaupt nicht* – **47** also nicht einmal beschränkbar – haften (so in der Tat RIERING 97; EBERL-BORGES 441 f). Anders wäre es jedoch, wenn man den Ersatzanspruch des Gläubigers auch dann als eine den gesamten Nachlass (also nicht bloß den Erbteil des Schädigers) belastende Verbindlichkeit qualifizieren könnte, wenn nur einer der Miterben die Pflichtverletzung zu vertreten hat. Denn belastet der Ersatzanspruch den gesamten Nachlass, so lässt sich eine (auf diesen beschränkbare, s Rn 50) Mithaftung der übrigen Erben unmittelbar aus § 2058 begründen. Dass der Gläubiger der von *einem* Miterben verletzten Nachlassverbindlichkeit das Recht zum Zugriff auf den *gesamten* Nachlass haben muss (so auch AnwKomm/KICK Rn 10) folgt mE daraus, dass auch die verletzte Primärschuld auf dem gesamten Nachlass lastete. Zur dogmatischen Begründung dieses der Interessenlage angemessenen Ergebnisses bietet sich eine **Analogie zu § 31** an (vgl in etwas anderem Zusammenhang ADERHOLD JA 1980, 136, 141 f [III 3]; M WOLF AcP 181 [1981] 480, 505 f; LARENZ/WOLF § 10 Rn 87 Fn 94; MünchKomm/REUTER § 31 Rn 17; BALZER-WEHR, Bereicherungs- und Erstattungsansprüche gegen Erben [Diss Erlangen-Nürnberg 1998] 59 ff; ANN 168 ff, 411; aM EBERL-BORGES 441 f [anwendbar sei weder § 31 noch § 278]; STAUDINGER/WEICK [2005] § 31 Rn 3 [Schlusssatz], 5, 43 ff, 48; STAUDINGER/WERNER § 2032 Rn 5; SOERGEL/HADDING § 31 Rn 8; ERMAN/WESTERMANN § 31 Rn 1; STAUDINGER-SYMPOSION 1998/BORK S 181, 191), wobei von einer *Doppelstellung der Miterben* zum einen als Organe des ohne sie nicht handlungsfähigen Nachlasses (des primären Adressaten der „Nachlass"verbindlichkeiten) und zum anderen als für dessen Verbindlichkeiten persönlich mitverpflichtete (vgl § 2058 und Vorbem 6 ff zu §§ 1967 ff) Einzelpersonen auszugehen ist (bei Gesamtvertretung – vgl §§ 2038 Abs 1, 2040 Abs 1 – genügt für die Anwendung des § 31 das Verschulden *eines* Organs; vgl BGH LM § 31 Nr 13 und BGH NJW 1986, 2939 f, 2941 ff). Wer eine Anwendung des § 31 auf *deliktisches* Handeln beschränkt (vgl STAUDINGER/WEICK aaO), kann als Analogiebasis ersatzweise auf § 278 zurückgreifen (P ULMER AcP 198 [1998] 113, 139 – allerdings für die BGB-Gesellschaft).

Die hinter dieser Konstruktion stehende Vorstellung einer **Pflichtsubjektivität des** **48** **Nachlasses** bzw der Erbengemeinschaft (EBERL-BORGES ZEV 2002, 125, 127 ff) mag ungewöhnlich erscheinen (gegen sie zB HENCKEL ZZP 1984, 447, 452; STAUDINGER-SYMPOSION 1998/ BORK S 181 ff, 189), ist aber als argumentative Such- und Denkfigur durchaus legitim (so trotz aller Skepsis wohl auch P ULMER AcP 198 [1998] 113, 132) und von der Rspr in der Sache längst akzeptiert (vgl den vom OLG Neustadt DNotZ 1963, 58 [LS b], 61 verwandten Begriff der „reinen Gesamthandsverbindlichkeit"; ferner BGH NJW 1962, 791, 793: der Anspruch aus § 1968 richte sich gegen die Erbengemeinschaft als ein gegenüber dem einzelnen Miterben selbstständiges Rechtssubjekt [zur eigenen Ansicht s aber § 1968 Rn 19 und § 2058 Rn 48 ff, 52 ff, 65 ff]). Selbst das Gesetz scheut sich nicht, von Ansprüchen zu sprechen, die sich „gegen den Nachlass" richten (vgl §§ 1958, 1961, 1984 Abs 1 S 3 BGB und § 778 Abs 1 ZPO). Es geht allerdings nicht so weit, den Nachlass oder die Erbengemeinschaft als solche (als *ein* Rechtssubjekt) mit der Fähigkeit auszustatten, wegen einer Nachlassverbindlichkeit verklagt zu werden (weshalb der Begriff der Gesamthandklage verfehlt ist; vgl Rn 65 ff).

Stattdessen eröffnet es in §§ 2058, 421 die Möglichkeit, gegen einzelne, mehrere oder sämtliche (vgl auch § 2059 Abs 2) Miterben auf Leistung zu klagen und lässt es für die Vollstreckung in den ungeteilten Nachlass genügen, dass der Gläubiger gegen sämtliche *Erben* einen Titel erlangt hat (§ 747 ZPO; anders hingegen § 124 Abs 1 und 2 HGB bzgl der Klage- und Vollstreckungsmöglichkeiten gegen eine OHG). Daran sollte man trotz des Umstands, dass der BGH vor kurzem die *GbR* (BGHZ 146, 341 ff) und die *Wohnungseigentümergemeinschaft* (BGHZ 163, 154 ff = NJW 2005, 2061 ff = ZIP 2005, 1233 ff) für prozessual parteifähig erklärt hat, auch de lege ferenda nichts ändern (s Rn 67 f und Vorbem 14 ff, 21 zu §§ 2058 ff). P ULMER hat es zu Recht als „durchaus denkbar, wenn nicht sogar naheliegend" bezeichnet, „dass Gesellschaft und Erbengemeinschaft in Blick auf deren (Teil-)Rechtsfähigkeit unterschiedlich behandelt werden" müssen (ULMER AcP 198 [1998] 113, 126 mit ausführlicher Begr; vgl auch HEIL ZEV 2002, 296 ff; REUTER AcP 207 [2007] 763, 704 ff, 715 f sowie BGH NJW 2002, 3389 f = ZEV 2002, 504 ff; BGH NJW 2006, 3715 f = ZIP 2006, 2125 f; für weitgehende Gleichbehandlung jedoch EBERL-BORGES ZEV 2002, 125, 127 ff; zur Grundbuchfähigkeit s § 1985 Rn 12 aE). Dies gilt erst recht für die Frage der prozessualen Parteifähigkeit (s auch Rn 67).

49 Nach OLG Neustadt DNotZ 1963, 58, 61 (vgl auch STAUDINGER/NOACK [2005] Vorbem 27 zu §§ 420 ff) sollten *sämtliche* Miterben für einen Schaden haftbar sein, der daraus entsteht, dass ein einzelner von ihnen mit einer Leistung in **Verzug** gerät, die nach ihrem Inhalt nur von allen gemeinsam erbracht werden kann (dort: Bewilligung der Löschung einer zum Nachlass gehörenden Hypothek). Denn **bei Verbindlichkeiten, die nur von sämtlichen Miterben gemeinsam aus dem Nachlass erfüllt werden könnten**, handele es sich um „reine Gesamthandsverbindlichkeiten", auf die § 425 (der vom Vorhandensein *mehrerer* [Gesamt-] Schuldner ausgeht) nicht anwendbar sei. Mit der angeblichen Unanwendbarkeit des § 425 ist aber noch nicht begründet, weshalb sich die „Gesamthand" das Verschulden eines *einzelnen* Gesamthänders zurechnen lassen muss; zur Ausfüllung dieser Gesetzeslücke bedarf es der bei Rn 47 befürworteten Analogie zu § 31.

50 Diejenigen Miterben, die rechtzeitig getan haben, was ihnen zur Erbringung der Gesamtleistung (Rn 49) ohne Mitwirkung der übrigen Erben möglich war, und die auch nicht mit darüber hinaus evtl (Rn 60 f) geschuldeten Verschaffungsbemühungen in Verzug geraten sind, sollte man für den Ersatzanspruch wie für eine normale Nachlassverbindlichkeit (Rn 46 f) haften lassen, also gem § 2058 gesamtschuldnerisch und unbeschränkt (vgl LARENZ Schuldrecht AT[14] § 36 II c; unklar OLG Neustadt aaO LS b), aber beschränkbar nach §§ 2059 Abs 1, 1975 ff. Wegen § 425 trifft die *unbeschränkbare* Haftung dessen, der die Pflichtverletzung zu vertreten hat (s Rn 45 f und § 1967 Rn 53), nicht auch seine Miterben.

51 Als **Verbindlichkeiten der „Gesamthand"** kann man in gewisser Weise *alle* gemeinschaftlichen „Nachlass"-Verbindlichkeiten ansehen, also auch solche, die eigentlich auch durch **einen** Miterben erfüllt werden könnten (vgl in anderem Zusammenhang BGH NJW 1962, 791, 793 bzgl des Anspruchs aus § 1968). Deshalb darf die Auffassung, dass für den Ersatzanspruch aus der von **einem** Miterben nicht oder nicht ordnungsgemäß erfüllten Nachlassverbindlichkeit auch die übrigen Miterben (als durch § 2058 Mitverpflichtete) haften, nicht auf den Fall beschränkt bleiben, dass die betreffende Verbindlichkeit nur von **sämtlichen** Miterben gemeinsam mit Mitteln des Nachlasses erfüllt werden kann (**aM** wohl das OLG Neustadt aaO).

III. Geltendmachung der gesamtschuldnerischen Haftung

Gem §§ 2058, 421 kann der Nachlassgläubiger seine volle Forderung gegen beliebige 52
– einzelne oder mehrere – Miterben richten und diese wie Alleinerben auf vollständige Erfüllung verklagen. Dieses Recht haben die Nachlassgläubiger bereits vor der Teilung des Nachlasses (RGZ 68, 221 ff). Bei öffentlich-rechtlichen Ansprüchen sind jedoch das Auswahlermessen begrenzende Sondervorschriften des jeweiligen Sachgebiets zu berücksichtigen (vgl zB das zu § 92c Abs 3 BSHG – jetzt § 102 Abs 3 SGB XII – ergangene Urteil HessVGH FamRZ 1999, 1023 [als nicht entscheidungserheblich offen gelassen in OVG Münster NJW 2002, 695, 697; vgl zum selben Thema BVerwGE 118, 313 ff = NJW 2003, 3792 f]; LG Koblenz FamRZ 2007, 2008 Nr 1282 [im konkreten Fall keine Begrenzung des Auswahlermessens]; BFH NJW 2008, 1759 f [Antrag des erbenden überlebenden Ehegatten auf Aufteilung der Steuern gem §§ 268 ff AO] sowie die sich auf die Möglichkeit des Erlasses von Säumniszuschlägen beziehenden Hinweise bei STAUDINGER/MAROTZKE [2008] § 1922 Rn 370). Zudem besteht bei öffentlich-rechtlichen Forderungen meist die Möglichkeit der Rechtsverfolgung durch Leistungsbescheid (STAUDINGER/MAROTZKE [2008] § 1922 Rn 362 ff, 368, 370).

Bis zur Teilung des Nachlasses ist jeder Miterbe berechtigt, die Berichtigung der 53
Nachlassverbindlichkeiten aus dem Vermögen, das er außer seinem Anteil am Nachlass hat, zu verweigern (§ 2059 Abs 1 mit einer Einschränkung zu Lasten des „unbeschränkt" haftenden Miterben in S 2). Das hindert die Nachlassgläubiger aber weder daran, in die Erbteile der verurteilten einzelnen Miterben zu vollstrecken (Pfändungs- und Überweisungsbeschluss nach §§ 857, 859 Abs 2 ZPO; zur praktischen Bedeutung vgl STAUDINGER/WERNER § 2042 Rn 37, 47; BGHZ 52, 99 ff; SCHLÜTER Rn 659; BÖRNER JuS 1968, 108, 109 [dazu aber oben Rn 10 ff]; LIERMANN NJW 1962, 2189; NOACK JR 1969, 8, 9 ff; EICKMANN DGVZ 1984, 1881 ff; STÖBER, Forderungspfändung [15. Aufl 2010], Rn 1664 ff), noch daran, von *sämtlichen* Miterben Befriedigung aus dem ungeteilten Nachlass zu verlangen (§§ 2059 Abs 2 BGB, 747 ZPO).

Da für die Nachlassgläubiger idR kein Grund besteht, auf die Möglichkeit der 54
Erbteilspfändung (Rn 53) zu verzichten, wird eine **Zahlungsklage**, selbst wenn sie vor der Teilung des Nachlasses gegen sämtliche Miterben erhoben ist (vgl § 2059 Abs 2), im Zweifel nicht so ausgelegt werden dürfen, dass Befriedigung nur aus dem ungeteilten Nachlass verlangt werde (vgl RG v 7. 11. 1916 III 208/16 [mitgeteilt bei BGB-RGRK/KREGEL § 2059 Rn 12]; ULMER/SCHÄFER ZHR 160 [1996] 413, 428 f; MünchKomm/ANN § 2059 Rn 20; **aM** KREGEL aaO unter Hinweis auf RG WarnR 1935 Nr 125, wo aber von vornherein nur auf Befriedigung „aus dem Nachlaß" geklagt worden war und das RG entgegen heutiger hM [Rn 43] annahm, dass ein sog „Miterbengläubiger" – aus dem Recht eines solchen war die Klage erhoben worden – nicht „die Gesamtschuldklage aus § 2058", sondern nur „die gegen die Miterbengemeinschaft als solche zu richtende Gesamthandklage" erheben könne).

Beschränkt sich der Nachlassgläubiger dennoch darauf, die Befriedigung seines 55
Zahlungsanspruchs *nur aus dem ungeteilten Nachlass* zu verlangen, so muss er beachten, dass es zur Zwangsvollstreckung in den ungeteilten Nachlass eines Titels gegen *sämtliche* Miterben bedarf (§ 747 ZPO; vgl ferner STAUDINGER/WERNER § 2040 Rn 23). Der Gläubiger wird daher gut daran tun, seine Klage, falls sie lediglich auf Zahlung „aus dem ungeteilten Nachlass" (korrekter, da die Erben selbstverständlich auch mit eigenem Geld erfüllen dürfen: auf Zahlung bei Vermeidung der Zwangsvollstreckung in den Nachlass) lautet, nicht nur gegen einzelne, sondern gegen

sämtliche Miterben zu richten. Tut er dies nicht und könnte deshalb ein stattgebendes Urteil wegen § 747 ZPO nicht vollstreckt werden, so ist die Klage aus denselben Gründen, die eine – gleichfalls nicht zu einem Vollstreckungstitel führende – Feststellungsklage als nur unter besonderen Voraussetzungen zulässig erscheinen lassen (dazu THOMAS/PUTZO/REICHOLD ZPO § 256 Rn 18), mangels Bedürfnisses für einen Rechtsschutz *dieser* Art abzuweisen (vgl LG Hamburg MDR 1976, 668 [nicht speziell zu § 2058, ZPO § 747]; ähnlich, wenn auch letztlich § 62 ZPO anwendend, REINICKE/TIEDTKE, Gesamtschuld und Schuldsicherung [2. Aufl 1988] 90; **aM** RG WarnR 1935 Nr 125 LS 1 und RG JW 1931, 3541, 3542 [m insoweit abl Anm ROSENBERG]: mangels Passivlegitimation [die nur der Erben*gemeinschaft* zustehe; vgl dagegen §§ 2058, 421 S 1 und unten Rn 57 ff]; **gegen** Klageabweisung RGZ 68, 221 ff [Klage auf Zahlung bei Vermeidung der Zwangsvollstreckung aus einer Hypothek auf einem zum ungeteilten Nachlass gehörenden Grundstück]). Etwas anderes gilt nur, wenn der Nachlassgläubiger selbst zu den Miterben gehört (dann genügt ein Vollstreckungstitel gegen alle *übrigen* Erben; vgl Rn 97) oder wenn er gegen die nicht mitverklagten Erben bereits einen Vollstreckungstitel hat (§ 747 ZPO verlangt nicht, dass alle Titel gleichzeitig erworben wurden; vgl STAUDINGER/WERNER § 2040 Rn 23 und BGHZ 53, 110, 113).

56 Nach zwei Gerichtsentscheidungen soll ein Nachlassgläubiger (der in beiden Fällen zugleich Miterbe war) gegen beliebige einzelne Miterben auf „Einwilligung" in die Bezahlung aus dem ungeteilten Nachlass klagen können (RG Gruchot 57 [1913] 158 ff; OLG Karlsruhe BadRPrax 1931, 15 f). Die dafür gegebene Begründung, dass solch eine Einwilligung von jedem Miterben einzeln erteilt werden könne, überzeugt jedoch nicht, da der Gläubiger an der Einwilligung nur einzelner Miterben kein rechtsschutzwürdiges Interesse hat, wenn nicht feststeht, dass auch die übrigen Miterben an der Bezahlung der geltend gemachten Nachlassverbindlichkeit mitwirken werden (vgl § 2040 Abs 1; zu großzügig behandelt RG Gruchot 57 [1913] 158, 160 diesen Gesichtspunkt). Außerdem hätte der Gläubiger in beiden Fällen unmittelbar auf Zahlung klagen können, und zwar auch ohne die Einschränkung „aus dem ungeteilten Nachlass" (vgl Rn 92 ff).

57 Von der bei Rn 54 ff erörterten Problematik einer Klage, die auf Zahlung bei Vermeidung der Zwangsvollstreckung in den ungeteilten Nachlass gerichtet ist, unterscheidet sich der Fall, dass der Nachlassgläubiger eine **Verfügung über einen zum ungeteilten Nachlass gehörenden Gegenstand** (zB die Übereignung eines Nachlassgrundstücks) verlangen kann. Denn hier unterliegt nicht nur der Gegenstand einer etwaigen Zwangsvollstreckung, sondern bereits der Gegenstand der *primären Schuld* der gesamthänderischen Bindung an sämtliche Miterben. Gem § 2040 Abs 1 hat dies zur Folge, dass ein einzelner Miterbe die auf diesen Gegenstand gerichtete Nachlassverbindlichkeit nicht ohne Mitwirkung der übrigen Erben erfüllen kann. Wegen dieser Besonderheit stellt sich schon auf materiell-rechtlicher Ebene die Frage, ob auch hier der Grundsatz gilt, dass der Gläubiger seinen Anspruch gem §§ 2058, 421 S 1 gegen beliebige einzelne Miterben richten kann.

58 Das OLG Neustadt spricht in diesem Zusammenhang von „reinen Gesamt*hands*verbindlichkeiten" (DNotZ 1963, 58, 61), würde also wohl die Anwendbarkeit der Vorschriften über die Gesamt*schuld,* zu denen auch der erwähnte § 421 S 1 gehört, leugnen (im konkreten Fall ging es aber nur um § 425; s oben Rn 49).

59 Auch LARENZ (Schuldrecht AT[14], § 36 II c mwNw) will § 421 S 1 auf Verbindlichkeiten, bei deren Erfüllung mehrere Schuldner notwendig zusammenwirken müssen, nicht anwenden; er bezeichnet derartige Verbindlichkeiten als von Gesamtschulden grundsätzlich zu unterscheidende „gemeinschaftliche Schulden" (ebenso JAUERNIG/ STÜRNER Rn 4 vor § 420; ders §§ 2058–2063 Rn 8; MünchKomm/BYDLINSKI § 421 Rn 6 f; vgl auch STAUDINGER/NOACK [2005] § 431 Rn 3 f und Vorbem 19, 24 ff zu §§ 420 ff; terminologisch anders jedoch das BGB selbst, da § 2058 die Miterben ja gerade für die „gemeinschaftlichen" Nachlassverbindlichkeiten „als Gesamtschuldner" haften lässt; für Anwendung der Vorschriften über die Gesamtschuld auch RIERING 27 ff, 33).

Demgegenüber erkennen das RG und der BGH die Anwendbarkeit der §§ 2058, 421 S 1 auch für die Fälle an, in denen sich die Verbindlichkeit auf Verschaffung (§ 433 Abs 1) des Eigentums an einem zum ungeteilten Nachlass gehörenden Gegenstand (dort: einem Nachlassgrundstück) richtet; der Gläubiger soll dann von beliebigen einzelnen Miterben die „Herbeiführung" der nach § 2040 Abs 1 erforderlichen gemeinschaftlichen Verfügung verlangen können (RGZ 71, 366, 370; BGH NJW 1963, 1611 = JZ 1964, 722 f m insoweit zust Anm BÖTTICHER; vgl auch BGH NJW 1995, 58, 59 f [ad III B 3] = WM 1994, 2124, 2127). **60**

Zu der Frage, *wie* ein einzelner Miterbe die Mitwirkung der übrigen notfalls auch gegen deren Willen „herbeiführen" soll, schweigen die bei Rn 60 zitierten Gerichtsentscheidungen. BÖTTICHER (JZ 1964, 723, 724) verweist den in Anspruch genommenen Miterben auf seinen Anspruch gegen die übrigen aus § 2038 Abs 1 S 2 HS 1. Ferner ist an den – umständlichen – Weg über §§ 2042 Abs 1, 2046 zu denken (vgl LG Saarbrücken NJW-RR 2007, 1659, 1660 – allerdings zugleich mit Blick auf die Verpflichtung einer Vorausvermächtnisnehmerin, auch auf *Erwerberseite* am Vollzug mitzuwirken). Und schließlich folgt aus § 426 Abs 1, dass Gesamtschuldner (§ 2058) einander nicht nur zur Ausgleichung nach bereits erfolgter, sondern auch zur Mitwirkung *bei* der Erfüllung ihrer Gesamtschuld verpflichtet sind (Mot II 169/170; vgl auch STAUDINGER/NOACK [2005] § 426 Rn 73 ff; STAUDINGER/HAAS [2006] § 2318 Rn 2 f; BGH NJW 1986, 978, 979; RIERING 30 f, 34; ENDRISS 53 f; s auch Rn 78). Auch aufgrund des § 426 Abs 1 kann der vom Gläubiger gem § 421 S 1 in Anspruch genommene einzelne Gesamtschuldner also die Mitwirkung der übrigen Gesamtschuldner an der gemeinschaftlichen Verfügung (§ 2040 Abs 1) verlangen. Folgt man dem (zust RIERING 67 f, 84, 87, 90; ENDRISS 53 f), so besteht kein Grund, einem Nachlassgläubiger, dem der Erblasser ein nunmehr zum ungeteilten Nachlass gehörendes Grundstück verkauft hat, das aus den §§ 2058, 421 S 1 folgende Recht zu versagen, die ihm nach § 433 Abs 1 S 1 geschuldete *Verschaffung (!)* des Eigentums von einem beliebigen *einzelnen* Miterben zu verlangen (ebenso wohl die Vorgenannten, wenn sie von einer Klage auf „Herbeiführung" der Auflassung sprechen). **61**

Da die Verpflichtung jedes einzelnen Erben, die zur Übereignung des Nachlassgrundstücks erforderliche Mitwirkung der übrigen Erben „herbeizuführen", idR weder vollstreckbar noch überhaupt einklagbar ist (vgl RIERING 79 ff, 91, 98 f; aM RGZ 71, 366, 370; BGH NJW 1963, 1611 = JZ 1964, 722), sollte der Gläubiger seine Klage nicht nur auf „Herbeiführung" der Übereignung richten, sondern direkt auf „Verschaffung des Eigentums, insbes Erklärung der Auflassung". (Die Verpflichtung zur Auflassung wäre hinsichtlich des Beitrags des verurteilten einzelnen Miterben diesem gegenüber vollstreckbar gem § 894 ZPO; vgl jedoch erg Vorbem 39 zu §§ 1967 ff). Dass dem verklagten *einzelnen* Miterben die nach §§ 433 Abs 1 S 1, 2058 geschuldete Eigentums- **62** verschaffung (subjektiv) unmöglich sei, ist nicht anzunehmen, solange ihm die bei Rn 61 erwähnten rechtlichen Einwirkungsmöglichkeiten auf die übrigen Erben zur Verfügung stehen; nur *feststehende* objektive oder subjektive Unmöglichkeit führt zur Abweisung der Erfüllungsklage (vgl RIERING 73 f m Be:sp).

63 Selbstverständlich steht es dem Nachlassgläubiger frei, sich damit zu begnügen, von jedem Miterben nur den seinerseits erforderlichen Beitrag, also die bloße Mitwirkung an einer gemeinschaftlichen Verfügung aller Miterben (vgl STAUDINGER/WERNER § 2040 Rn 21 f; RGZ 112, 129, 132) oder die Zustimmung (§ 185) zu einer Verfügung (vgl BGHZ 19, 138 f; **aM** RGZ 93, 292, 295/296) eines oder mehrerer Miterben, zu verlangen. Für eine nur auf die einzelnen Mitwirkungsbeiträge gerichtete *Klage* – zB für eine Klage auf „Erklärung der Auflassung" (statt auf „Verschaffung" [oder wenigstens „Übertragung"] des Eigentums) – fehlt aber das erforderliche **Rechtsschutzinteresse** (vgl auch Rn 55), wenn sie nicht gegen *sämtliche* Miterben gerichtet ist und auch nicht feststeht, dass die nicht mitverklagten Erben ihre zu der begehrten Verfügung nötige Mitwirkung bereits geleistet haben oder leisten werden oder zu ihr bereits verurteilt sind (vgl STAUDINGER/WERNER § 2040 Rn 21; BGB-RGRK/KREGEL § 2059 Rn 11; RGZ 93, 292, 295 f; 112, 129, 132; vgl auch BGH NJW 1962, 1722 f; 1982, 441, 442 [ad II 1]; 1995, 58, 59 f [ad III B 3] = WM 1994, 2124, 2127). Die soeben Genannten bezeichnen dies allerdings nicht als eine Frage des Rechtsschutzbedürfnisses, sondern – soweit sie überhaupt eine Einordnung versuchen – als eine solche der **Passivlegitimation** (RGZ 93, 292 ff; BGH NJW 1962, 1722, 1723; vgl auch die bereits erwähnten Entscheidungen RGZ 71, 366, 370 und BGH NJW 1963, 1611 = JZ 1964, 722 f, die eine Klage, mit der nicht die „Herbeiführung", sondern nur der „unmittelbare Vollzug" der Verfügung über den gemeinschaftlichen Nachlassgegenstand begehrt wird, als eine gegen sämtliche Miterben als *notwendige* Streitgenossen zu richtende Gesamt*hand*klage bezeichnen; dazu sogleich Rn 65 ff). In Wirklichkeit handelt es sich jedoch auch hier um eine (nach Art einer Teilschuld verkürzte) Geltendmachung der gesamtschuldnerischen Haftung aus § 2058, für die gem § 421 S 1 jeder Miterbe auch *einzeln* passivlegitimiert ist (**aM** die Vorgenannten und zumindest de lege ferenda auch ANN; s dazu Vorbem 14 ff zu §§ 2058 ff). Die Notwendigkeit, *sämtliche* Miterben (mit Ausnahme der freiwillig erfüllenden und der bereits verurteilten) zu verklagen, ergibt sich hier nicht daraus, dass § 421 S 1 unanwendbar wäre, sondern daraus, dass der Kläger weniger verlangt, als er gem §§ 433 Abs 1, 1967 Abs 2, 2058, 421 S 1 von jedem einzelnen Miterben verlangen könnte (das wäre die – notfalls auch unter Einsatz des Erbteils und [s aber §§ 1975, 2059 Abs 1] des Eigenvermögens zu bewerkstelligende [vgl RGZ 71, 366, 370 f; BÖTTICHER JZ 1964, 723, 724 sowie § 887 ZPO] – Eigentums*verschaffung*; s oben Rn 60 ff), und dass dieses letztlich auf eine nur *teil*schuldnerische Inanspruchnahme hinauslaufende Weniger (nämlich die bloße *Mitwirkung* des Anspruchsgegners an einer gemeinschaftlichen Verfügung iS des § 2040 Abs 1) für ihn ohne rechtsschutzwürdiges Interesse ist, solange nicht feststeht, dass *jeder* der Erben seine nach § 2040 Abs 1 erforderliche Mitwirkung leisten wird.

64 Abgelehnt wird die hier (Rn 63) vertretene Ansicht von RIERING 52 f, 98 (Fn 252), 196 f. Sein auf S 98 angeführtes Argument, das **Rechtsschutzinteresse** für die Verklagung eines *einzelnen* Miterben ergebe sich hier „primär aus der Möglichkeit des Gläubigers, den Schuldner vereinfacht auf Schadensersatz wegen Nichterfüllung in Anspruch nehmen zu können" (es folgt ein Hinweis auf § 893 ZPO und auf den Ende 2001 ohne direkte Nachfolgevorschrift aufgehobenen § 283 aF [vgl nunmehr die keine Verurteilung erfordernden §§ 280 Abs 1, 281] BGB), setzt jedoch voraus, dass die Klage nicht nur auf *Mitwirkung* an einer gemeinschaftlichen Verfügung aller Erben, sondern darüber hinaus auch auf den geschuldeten Verfügungs*erfolg* (den Eigentumsübergang) gerichtet ist. Dieser Fall ist nicht Gegenstand der Ausführungen bei Rn 63, sondern wurde bei Rn 60–62 behandelt.

Es ist üblich geworden, eine Klage, mit der ein Nachlassgläubiger vor der Teilung des **65** Nachlasses die Mitwirkung an einer gemeinschaftlichen Verfügung aller Miterben (§ 2040 Abs 1) über einen Nachlassgegenstand (Rn 57 ff) oder die Zahlung einer Geldsumme bei Vermeidung der Zwangsvollstreckung in den Nachlass (und zwar *nur* in diesen; vgl Rn 55 ff) begehrt, als **Gesamthandklage** – manchmal auch: Gesamthandsklage – zu bezeichnen (so die zT bereits bei Rn 56 kritisierten Entscheidungen RG Gruchot 57 [1913] 158 f; OLG Karlsruhe BadRPrax 1931, 15 f [je zu einer Klage auf „Einwilligung" in die Befriedigung aus dem ungeteilten Nachlass]; RGZ 71, 366, 370; BGH NJW 1963, 1611 f = JZ 1964, 722 f m Anm Bötticher [jeweils für den Fall, dass nur der „unmittelbare Vollzug", nicht die „Herbeiführung" der nötigen Verfügung verlangt wird; vgl Rn 60 ff]; BGH NJW-RR 1988, 710 f; RGZ 93, 196, 198; OLG Naumburg NJW-RR 1998, 308 f; sowie Erman/Schlüter Rn 2 ad b; MünchKomm/Ann § 2058 Rn 25 und § 2059 Rn 19 ff; AnwKomm/Kick Rn 30; Bamberger/Roth/ Lohmann Rn 6; Reinicke/Tiedtke, Gesamtschuld und Schuldsicherung [2. Aufl 1988] 88 ff; Ahner 55 ff, 89 ff; Endriss 71 ff, 142 ff; Brox/Walker Rn 722 ff) und sie von der sog **Gesamtschuldklage** des § 2058 streng zu unterscheiden.

Diese Begriffsbildung erscheint wenig glücklich (vgl auch Jauernig/Stürner Rn 3 vor § 420; **66** Henckel ZZP 84 [1971] 447, 452; Riering 94 f; Raddatz 65 f; Staudinger/Noack [2005] Vorbem 19 zu §§ 420 ff): zum einen, weil sie die in ihrer Pauschalität unzutreffende (vgl Rn 55 aE, 60 ff) Vorstellung suggeriert, dass eine auf Befriedigung aus dem gesamthänderisch gebundenen Nachlass beschränkte Klage nur gegen sämtliche Miterben gemeinsam (die „Gesamthand") erhoben werden könne, und zum anderen, weil sie das Missverständnis fördert, dass eine Schuld, deren Gegenstand einer gesamthänderischen Bindung unterliegt (oder [man denke an Geldschulden] deren Gläubiger sich [idR ohne rechtliche Notwendigkeit, s Rn 54 ff] darauf beschränkt, eine nur in ein Gesamthandvermögen [also zB nicht auch in den Erbteil] vollstreckbare Verurteilung zu beantragen), grundsätzlich nicht Gesamtschuld iS des § 2058 und besonders des § 425 (vgl sogleich Rn 67 f), sondern nur eine davon zu unterscheidende Gesamt*hand*schuld sein könne (vgl zB Rn 49 ff).

Der Terminus „Gesamthandklage" verschleiert, dass der gesamthänderisch gebunde- **67** ne Nachlass bzw **die Erbengemeinschaft als solche überhaupt nicht verklagt werden kann**. Parteifähig im Sinne des Prozessrechts sind nur die – einzeln oder gemeinschaftlich verklagten – Miterben selbst (vgl BGH NJW 1989, 2133, 2134 sowie BGH, NJW 2002, 3389 ff = ZEV 2002, 504 ff m Anm Marotzke; Staudinger-Symposion 1998/Bork S 181, 193 f; Ahner 43, 61 ff, 95, 134 f; Staudinger/Werner § 2032 Rn 4); anders sind auch die Formulierungen in § 2059 Abs 2 BGB und § 747 ZPO nicht zu verstehen, wie ein Gegenschluss aus § 124 HGB erweist (vgl aber RG WarnR 1935 Nr 125: „gegen die Erbengemeinschaft als solche zu richtende Gesamthandklage"; BGH NJW 1978, 1385, 1386 ad II b: „Klage gegen die Gesamthand nach § 2059 Abs 2"; Lange/Kuchinke § 50 IV 2 b; Kipp/Coing § 121 III 1, 2; richtig hingegen Hallstein JW 1929, 584 f: „Der Unterschied zwischen ‚Gesamtschuldklage' und ‚Gesamthandklage' liegt im Vollstreckungsrecht"; ähnlich RGZ 68, 221, 223; BGH NJW-RR 1988, 710 r Sp; Jauernig/Stürner aaO; Henckel ZZP 84 [1971] 447, 452; Larenz, Schuldrecht AT[14] § 36 II c; vgl auch Fischer ZHR 144 [1980], 1, 8 und – zu einem Prozess mit umgekehrten Parteirollen – BFHE 153, 504, 505 = BStBl 1988 II 946, 947). Mittelbar geben das selbst die Vertreter der

Gegenansicht zu, indem sie die **Miterben** im Fall der Gesamthandklage als (notwendige) **Streitgenossen**, also als *mehrere* Beklagte und nicht etwa als Gesamtvertreter *eines* Beklagten bezeichnen (zu den abweichenden Vorschlägen von ANN s Vorbem 14 ff zu §§ 2058 ff). Der Erbengemeinschaft als solcher brauchte das Gesetz schon deshalb keine passive Parteifähigkeit zu verleihen, weil § 747 ZPO zur Vollstreckung in den ungeteilten Nachlass nicht einen Titel gegen die Erbengemeinschaft (Gesamthand) verlangt, sondern Titel gegen sämtliche Erben genügen lässt (anders insoweit § 124 Abs 2 HGB bzgl der Zwangsvollstreckung in das Vermögen der OHG, der deshalb durch § 124 Abs 1 HGB eigens die Fähigkeit verliehen wird, vor Gericht zu klagen und verklagt zu werden). Für *unbekannte* Miterben mag notfalls ein Pfleger nach §§ 1960, 1961 bestellt werden (das übersieht ANN 412 in seinem Plädoyer für eine – dieses Problem wirklich lösende [s für die BGB-Gesellschaft BGHZ 146, 341, 350 ff]? – Parteifähigkeit der Erbengemeinschaft). Dass der BGH eine sehr ähnliche Argumentation in Bezug auf die *GbR* verworfen (s BGHZ 146, 341, 353 ff [der dort näher beleuchtete § 736 ZPO entspricht dem oben erwähnten § 747 ZPO]) und der *GbR-Außengesellschaft* am 29. 1. 2001 die aktive und passive Parteifähigkeit zugesprochen hat (allerdings mit dem Bemerken, dass es gleichwohl „praktisch immer ratsam [sei], neben der Gesellschaft auch die Gesellschafter persönlich zu verklagen"; s BGHZ 146, 341, 357), ist im Zusammenhang mit der Erbenhaftung zwar bemerkenswert, aber nicht präjudizierend (wie hier HEIL ZEV 2002, 296 ff; REUTER AcP 207 [2007] 673, 704 ff, 715 f und, allerdings nicht direkt im Zusammenhang mit Haftungsfragen, BGH NJW 2002, 3389 ff = ZEV 2002, 504 ff m Anm MAROTZKE sowie BGH ZIP 2006, 2125 f = NJW 2006, 3715 f; **aM** EBERL-BORGES ZEV 2002, 125, 127 ff, 130 ff; zur Frage der Übertragbarkeit auf Wohnungseigentümergemeinschaften vgl BGHZ 163, 154 ff = NJW 2005, 2061 ff = ZIP 2005, 1233 ff [die Rechts- und Parteifähigkeit partiell bejahend] m abl Stellungnahme BORK ZIP 2005, 1205 ff). Denn die Haftung von Miterben für die Verbindlichkeiten des Erblassers (also einer einzelnen natürlichen Person!) gehorcht anderen Grundsätzen (vgl zB §§ 2058, 2059 Abs 1 S 2, 2060 ff, 1973 f, 1975 ff, 1989 ff, 1993 ff BGB, §§ 778 ff ZPO, §§ 315, 317 Abs 2, 319, 321 ff InsO und Vorbem 21 zu §§ 2058 ff BGB) als die Haftung der GbR und ihrer Mitglieder für die Schulden der Gesellschaft (vgl zB zur Problematik des Mitgliederwechsels BGHZ 146, 341, 345 ff einerseits und die erbrechtliche Spezialregelung hierzu in §§ 2382 ff [bei Kombination mit Vor- und Nacherbschaft: auch §§ 2115 S 2, 2144 ff BGB, 326, 728 Abs 1 ZPO] andererseits). Auch sind nicht alle Verbindlichkeiten, die sämtliche Miterben „gemeinschaftlich" treffen und für welche die Erben mit dem Nachlass (sowie vielleicht auch mit ihren Eigenvermögen) haften, notwendigerweise *Nachlassverbindlichkeiten* (man denke zB an Verbindlichkeiten aus gemeinschaftlicher, aber nicht ordnungsgemäßer Verwaltung des Nachlasses; s § 1967 Rn 39 ff).

68 Aus den vorgenannten Gründen sollte man auch in Zukunft daran festhalten, dass die „Gesamthand" bzw die „Gemeinschaft" der Miterben als solche nicht verklagt werden kann (vgl FISCHER, HENCKEL, BORK, HEIL und BGH NJW 2002, 3389 ff = ZEV 2002, 504 ff m Anm MAROTZKE; **aM** ANN und EBERL-BORGES, alle aaO [s Rn 67]). **Als Beklagte sind auch bei der sog Gesamthandklage lediglich die einzelnen Gesamthänder anzusehen** (was nur aufgrund ihrer in § 2058 ausgesprochenen gesamt*schuld*nerischen Haftung zur Verurteilung führen kann!). Vor diesem Hintergrund stellt sich die Frage, ob die Streitgenossenschaft der beklagten Miterben eine „notwendige" iS des § 62 ZPO ist, ob also die säumigen Beklagten als durch die nicht säumigen vertreten angesehen werden müssen. Erkennt man an, dass das, was die hM irreführend als „Gesamthandklage" bezeichnet, in Wirklichkeit nichts anderes ist als eine um die Mithaftung des Erbteils und des Eigenvermögens verkürzte Geltendmachung der gesamt*schuld*-

nerischen (§ 2058) Haftung der Miterben (vgl Rn 54 ff, 57 ff; RGZ 68, 221 ff; Baur/Stürner/ Bruns, Zwangsvollstreckungsrecht Rn 20. 27; MünchKomm/Heldrich[4] Rn 24; aM Ann 149; Ahner 89 ff) und dass bei der Gesamt*schuld*klage des § 2058 wegen § 425 Abs 2 (Baumbach/ Hartmann ZPO § 62 Rn 10 Stichwort „Gesamtgläubigerschaft, -schuld") **grundsätzlich keine notwendige Streitgenossenschaft besteht** (unstr; vgl BGH NJW 1963, 1611 f mwNw = JZ 1964, 722 f m Anm Bötticher), so ist diese Frage **auch bei der sog Gesamthandklage** im Prinzip zu verneinen (ebenso, allerdings jeweils zu *Zahlungs*klagen, die bereits bei Rn 55 f erwähnten Entscheidungen RGZ 68, 221, 223 [Zahlung bei Vermeidung der Zwangsvollstreckung aus der ein Nachlassgrundstück belastenden Hypothek]; RG Gruchot 57 [1913] 158 ff und OLG Karlsruhe BadRPrax 1931, 15 f [je zu einer Klage auf „Einwilligung" in Bezahlung aus dem ungeteilten Nachlass]; Rosenberg JW 1931, 3541 ad 1; aM die von Rosenberg aaO besprochene RG-Entscheidung [Feststellungs- und Zahlungsklage]; RGZ 71, 366, 370; BGH NJW 1963, 1611 f = JZ 1964, 722 f m Anm Bötticher [s dazu Rn 60 ff]; BGH LM § 62 ZPO Nr 2; Brox Rn 723 aE; Reinicke/Tiedtke, Gesamtschuld und Schuldsicherung [2. Aufl 1988] 88 ff; Ann 149 und überhaupt die ganz hM).

Dennoch (s Rn 68 aE) geht die **hM** dahin, dass der Nachlassgläubiger die Streitgenossenschaft der von ihm verklagten Miterben schon dadurch zu einer notwendigen iS von § 62 ZPO machen könne, dass er statt der in § 2058 vorgesehenen Gesamtschuldklage die sog Gesamt*hand*klage erhebt (vgl RGZ 71, 366, 370; BGH NJW und JZ aaO [soeben Rn 68]; OLG Naumburg NJW-RR 1998, 308 f; Bayer 181 ff, 199 f; Brox/Walker Rn 723 f). Hiergegen spricht aber nicht nur, dass diese Klage gegenüber jener kein Aliud (zustimmend AK-BGB/Buchholz Vorbem 17 zu § 2058), sondern lediglich ein Minus darstellt (s Rn 68; konkludent aM Bayer 184 ff, 200; Ahner 93 und Brox/Walker Rn 724, indem sie gleichzeitiges Vorgehen mit beiden Klagearten zulassen), sondern ferner, dass es gem § 425 Abs 1 allein von dem fraglichen Schuldverhältnis (nicht von der Art und Weise seiner Geltendmachung) abhängt, inwiefern die grundsätzliche (auch die prozessuale) Unabhängigkeit der einzelnen Gesamtschulden Ausnahmen erleidet (in diesem Sinne auch Rosenberg aaO [Pflichtteilsanspruch] und – allerdings mit den bei Rn 59 angesprochenen terminologischen Besonderheiten und mit zT von Rn 60 ff abweichenden Ergebnissen – Jauernig/Stürner §§ 2058–2063 Rn 8; Staudinger/Noack [2005] Vorbem 19, 24 ff zu §§ 420 ff). **69**

Aus dem Vorstehenden ergibt sich, dass eine Klage, mit der die Auflassung eines zum ungeteilten Nachlass gehörenden Grundstücks begehrt wird, auch dann als Gesamt*schuld*klage erhoben werden kann, wenn sie gegen sämtliche Miterben (Gesamthänder) gerichtet ist (iE ebenso [vgl aber auch Rn 60 ff] BGH NJW 1963, 1611 f = JZ 1964, 722 f m Anm Bötticher; aM wohl Rosenberg/Schwab/Gottwald, Zivilprozessrecht § 49 Rn 24). Bei *dinglichen* Ansprüchen bzgl eines zum ungeteilten Nachlass gehörenden Gegenstandes (Löschung eines im Grundbuch eingetragenen Widerspruchs; Duldung der Zwangsvollstreckung aus einer Hypothek [vgl RGZ 157, 33, 35, aber auch RGZ 68, 221 f und dazu oben Rn 55 f]) scheint der BGH jedoch eine Ausnahme machen zu wollen (BGH aaO [vgl auch OLG Naumburg NJW-RR 1998, 308 f]; hier besteht in der Tat die Besonderheit, dass sich solche Ansprüche nicht gegen den [gesamten] „Nachlass" richten, sondern gegen den [jeweiligen!] Inhaber einer „pflichtbelasteten Rechtsposition", so dass die Erben derartigen Ansprüchen nicht wegen des [von gesamt*schuld*nerischer Haftung sprechenden] § 2058, sondern wegen ihrer Sukzession in die mit dem dinglichen Anspruch „belastete" Eigentümerstellung, Besitzposition oder unberechtigte Grundbucheintragung des Erblassers ausgesetzt sind; vgl schon Staudinger/Marotzke [2008] § 1922 Rn 162, 237, 241–243, 246 aE, 266, § 1967 Rn 36; *für* Anwendung der §§ 2058, 421 jedoch Riering 94; vgl auch VG Braunschweig NJW 2001, 3281, 3282 = ZEV 2001, 442 f m Anm Pabst). Ansonsten **70**

soll der Gläubiger bis zur Teilung des Nachlasses die Wahl haben, „ob er die Gesamtschuldklage des § 2058 BGB oder die Gesamthandklage des § 2059 Abs 2 BGB erheben will" (BGH aaO mwNw; MünchKomm/ANN Rn 25; aM GOTTWALD JA 1982, 64, 69; vgl auch oben Rn 60 ff, 69); die Klageart sei notfalls durch Auslegung zu ermitteln.

71 Der Übergang von der Gesamtschuldklage zur Gesamthandklage gegen dieselben Beklagten soll nach RGZ 93, 196, 198 keine Klageänderung darstellen, sondern unter § 264 Nr 2 ZPO zu subsumieren sein (ebenso für diesen und den umgekehrten Fall BROX/WALKER Rn 724; aM für den umgekehrten Fall OLG Karlsruhe BadRPrax 1931, 15 und für beide Fälle BAYER 187 f).

72 Gemeinschaftliche Verklagung der Miterben ermöglicht § 28 ZPO, der den besonderen **Gerichtsstand der Erbschaft** (§ 27 ZPO) auch für Klagen wegen Nachlassverbindlichkeiten gegen Miterben eröffnet, solange sie noch als Gesamtschuldner haften (vgl Rn 6 f und die dort erwähnten Entscheidungen des BayObLG) oder der Nachlass sich noch ganz oder teilweise im Bezirk des betreffenden Gerichts befindet. Die Teilung des Nachlasses beendet den Gerichtsstand also nicht ohne weiteres. Für Ansprüche aus Vermächtnissen, aus sonstigen Verfügungen von Todes wegen sowie für Pflichtteilsansprüche ist der Gerichtsstand schon nach § 27 ZPO begründet.

73 Nach BGHZ 38, 122 ff (= LM Nr 3 zu § 2058 m Anm MATTERN = JZ 1963, 475 ff m Anm SCHEYHING) kann ein von einem Nachlassgläubiger belangter einzelner Miterbe die Befriedigung verweigern, solange und soweit sich der Gläubiger durch **Aufrechnung** gegen eine fällige Forderung der Erbengemeinschaft befriedigen kann (Rechtsgedanke des § 129 Abs 3 HGB und des § 770 Abs 2 BGB). Bei einer Klage auf künftige Leistung gilt dies auch dann, wenn die Aufrechnungsbefugnis bei der Erbengemeinschaft besteht und beim Gläubiger nur deshalb fehlt, weil seine Forderung noch nicht fällig ist. Die Leistungsverweigerung führt in diesen Fällen nicht zu einer Verurteilung Zug um Zug, sondern in Höhe der Gegenforderung zur Klageabweisung (BGH aaO).

74 Fällt während des Revisionsverfahrens eine *Testamentsvollstreckung* weg, so kann die bisher gegen den Testamentsvollstrecker gerichtete Klage eines Nachlassgläubigers jedenfalls dann gegen einen Miterben fortgeführt werden, wenn dies der bisherige Testamentsvollstrecker ist (BGH WM 1964, 1173 f).

75 Besondere Verfahrensarten: Auch die Klage auf *Feststellung* einer Nachlassverbindlichkeit kann gegen einen einzelnen Miterben, der sie bestreitet, erhoben werden (RG WarnR 1908 Nr 487). Gem §§ 2058, 425 Abs 2 wirkt das Urteil nur zwischen den Prozessparteien (RG aaO). Beides gilt auch für die sog *Gesamthandklage* (vgl ROSENBERG JW 1931, 3541 [zu einer anderslautenden Entscheidung des RG]; ZÖLLER/VOLLKOMMER ZPO § 62 Rn 21 und oben Rn 54 ff, 57 ff, 65 ff; in ersterer Hinsicht aM ROSENBERG/SCHWAB/GOTTWALD, Zivilprozessrecht § 49 Rn 29).

76 Der Antrag von Miterben auf *Herabsetzung einer Nachlassverbindlichkeit nach dem seit 30. 6. 2000 aufgehobenen Vertragshilfegesetz* erforderte keine einheitliche Entscheidung und konnte uU zu einer unterschiedlichen Behandlung der einzelnen Miterben führen (BGH NJW 1962, 636 f, auch zu den Auswirkungen auf das Innenverhältnis der Miterben gem § 426). Entsprechendes gilt in Bezug auf die meisten sonstigen

Abänderungs- oder negativen Feststellungsklagen (s das auch bei § 1967 Rn 8 erwähnte Urt OLG Zweibrücken FamRZ 2007, 1192 f) und im Zusammenhang mit der Haftung für ererbte *Steuerschulden* bezüglich des Anspruchs auf Erlass von Säumniszuschlägen (s STAUDINGER/MAROTZKE [2008] § 1922 Rn 370).

Klagt ein Miterbe auf Feststellung der Nichtigkeit eines Vertrages der Erbengemein- **77** schaft, der den Beklagten zum Ankauf eines Nachlassgegenstandes berechtigt, so bestimmt sich der *Streitwert* nach dem Interesse des Klägers an der Befreiung von den Vertragspflichten, nicht nach dem entsprechenden Interesse der Erbengemeinschaft (BGH Rpfleger 1955, 101).

IV. Das Innen- und Ausgleichsverhältnis der Miterben untereinander

Im Innenverhältnis sind die Miterben einander verpflichtet, nach Maßgabe des **78** § 2046 für die Berichtigung der Nachlassverbindlichkeiten zu sorgen (vgl STAUDINGER/WERNER zu § 2046 [mit Ausführungen zu § 15 HöfeO bei Rn 19]). **Eine interne Pflicht zur Mitwirkung** bei der Berichtigung von Nachlassverbindlichkeiten kann sich auch aus den Regeln über die Gesamtschuld ergeben (vgl Mot II 169/170; STAUDINGER/NOACK [2005] § 426 Rn 73 ff; STAUDINGER/HAAS [2006] § 2318 Rn 2 f; ENDRISS 53 f; BGH NJW 1986, 978, 979; OLG Oldenburg NJW 2009, 3586 = ZEV 2009, 563, 564 m Anm SCHINDLER; s auch oben Rn 61). Wenn eine *aus dem gesamthänderisch gebundenen Nachlass* berichtigte Verbindlichkeit allen Miterben zur Last fällt (was meist, aber nicht ausnahmslos der Fall ist; vgl § 2046 Abs 2 und STAUDINGER/WERNER § 2046 Rn 5 f), ergeben sich unter ihnen keine Ausgleichsansprüche aus § 426; vgl stattdessen § 2047 Abs 1.

Hat ein Miterbe eine gemeinschaftliche Nachlassverbindlichkeit mit Mitteln seines (bis **79** zur Teilung des Nachlasses jedoch durch § 2059 Abs 1 geschützten) **Eigenvermögens oder unter Verwertung seines** (durch § 2059 Abs 1 nicht geschützten) **Erbteils erfüllt, so kann er von den übrigen Erben gem § 426 Ausgleichung verlangen** (natürlich nur vorbehaltlich des auch *diesen* Erben zustehenden Schutzes durch § 2059 Abs 1 [so auch MünchKomm/ANN Rn 31]; zur **Verjährung** des Ausgleichsanspruchs vgl SCHINDLER ZEV 2009, 564 [Anm zu OLG Oldenburg ZEV 2009, 563 f = NJW 2009, 3586]). Die übrigen Erben haften für diese Ausgleichung nicht gesamt-, sondern teilschuldnerisch (vgl STAUDINGER/ NOACK [2005] § 426 Rn 27 ff, 123). Bei unteilbaren Leistungen kann dies zu Problemen führen (vgl STAUDINGER/NOACK [2005] § 426 Rn 123 und unten § 2060 Rn 30).

Im Innenverhältnis sind die Miterben entgegen der Regel des § 426 Abs 1 S 1 nicht zu **80** gleichen Anteilen verpflichtet, sondern – soweit nichts anderes letztwillig verfügt oder vereinbart ist – **entsprechend dem Verhältnis ihrer Erbteile** (RGZ 93, 196, 197; BayObLGZ 1963, 319, 324; 1970, 125, 132 = NJW 1970, 1800, 1802). Das ergibt sich aus der Natur des Erbverhältnisses (PLANCK/EBBECKE Vorbem 3 zu § 2058 unter Hinweis auch auf §§ 2038 Abs 2, 748).

Der Befund, dass im Innenverhältnis eine nur *anteilige* Verpflichtung besteht **81** (Rn 79 f), hindert den Miterben, der mit Mitteln seines Eigenvermögens einen Nachlassgläubiger vor der Teilung des Nachlasses vollständig befriedigt, nicht daran, von den übrigen Miterben *vollen* Ausgleich zu verlangen, sofern er diesen nur aus dem noch ungeteilten Nachlass begehrt (worauf ihn RGZ 93, 196, 198 bis zur Teilung des Nachlasses beschränken will und was – unabhängig von diesem restriktiven Standpunkt des RG – jederzeit, also nicht erst im Zusammenhang mit der Erbauseinandersetzung [aber: STAUDINGER/WERNER § 2046 Rn 13] möglich sein muss, da ja auch der [nun allerdings schon befriedigte] Nachlassgläubiger das ihm Zustehende auf dem Weg des § 2059 Abs 2 hätte suchen können). Denn die *volle* Leistung aus dem *ungeteilten* Nachlass bedeutet für jeden Miterben (einschl des anspruchstellenden!) nur eine Leistung entspr seiner Erbquote und damit entspr der Ausgleichspflicht aus § 426 (vgl auch EBBECKE LZ 1920, 945 f bei Fn 3; ENDRISS 156 f).

82 Dies spricht für die Richtigkeit der Ansicht, dass eine auf einem zum ungeteilten Nachlass gehörenden Grundstück lastende **Hypothek** eines Nachlassgläubigers auf einen Miterben, der sie mit nachlassfremden Mitteln tilgt, in *vollem* Umfang übergeht (vgl STAUDINGER/WOLFSTEINER [2009] § 1163 Rn 60; OLG Freiburg MDR 1950, 484 f mit zustimmender Anm v G und D REINICKE; OLG Celle NdsRpfl 1951, 6 f [die Rückgriffsansprüche gegen die Erbengemeinschaft aus §§ 683, 670 bzw aus § 812 annehmen und dann § 1164 anwenden]; ENDRISS 157 ff, 163; aM KGJ 50 [1918] 206, 208 f; OGHBrZ 1, 42, 44; STRECKER JR 1951, 582 f; BGB-RGRK/KREGEL Rn 9: nur bzgl der Schuldenquoten der anderen Miterben, im Übrigen werde die Hypothek Eigentümergrundschuld der Erbengemeinschaft). Ob dieses Ergebnis aus § 1164 hergeleitet werden kann, mag zweifelhaft sein (vgl STRECKER aaO; ENDRISS 157 ff). Jedenfalls folgt es „zumindest auch" aus den §§ 1153, 401, 412, 426 Abs 2 (vgl § 326 Abs 2 InsO und § 1979 Rn 14 f) unter Berücksichtigung der Besonderheit, dass der regressberechtigte Miterbe an dem ungeteilten Nachlass (einschließlich des Grundstücks) selbst beteiligt ist und dass somit eine aus diesem bewirkte *völlige* Ausgleichung seines Vermögensopfers für die übrigen Miterben nur eine ihrer Erbquote und damit ihrer Ausgleichspflicht aus § 426 entsprechende *Teilleistung* bedeutet.

83 Möglicherweise kann man sogar von einer **Gesamtschuld** zwischen den einzelnen **Miterben** und dem – als selbstständiges Pflichtsubjekt gedachten (vgl Rn 47 ff [„Gesamthandverbindlichkeit"]) – **Nachlass** sprechen, wobei der letztere die „Nachlass"verbindlichkeiten im Innenverhältnis (§ 426) allein zu tragen hätte (vgl zur entspr Frage bei der Haftung für OHG-Verbindlichkeiten GroßKommHGB/HABERSACK[5] § 128 Rn 20, 23, 43, 48, der die cessio legis [gegen eine solche BGHZ 39, 319, 323 f mit Hinweis auf § 110 HGB] aber nicht aus § 426 Abs 2, sondern aus einer Analogie zu § 774 Abs 1 herleitet). Gegen diese Konstruktion jedoch BAYER 170 ff.

84 Da ein Erbe, der eine Nachlassverbindlichkeit als Gesamtschuldner aus dem Eigenvermögen beglichen hat, von seinen Miterben nach § 426 *vollen* Regress verlangen kann, wenn er ihn lediglich aus dem ungeteilten Nachlass begehrt, kann er uU auch *ohne* Zustimmung der Miterben als Nachlassgläubiger (§ 426 Abs 2) die Anordnung einer **Nachlassverwaltung** beantragen (§§ 1981 Abs 2, 2062). Auch am **Nachlassinsolvenzverfahren** kann er sich mit der gem § 426 Abs 2 auf ihn übergegangenen Forderung des befriedigten Nachlassgläubigers beteiligen. Das folgt hier manchmal schon aus § 326 Abs 2 InsO (vgl zu dieser Vorschrift § 1979 Rn 13 ff). Im Ergebnis ebenso BAYER 173 mit dem Unterschied, dass er an die Stelle der hier ohne weiteres möglichen *unmittelbaren* Anwendung des § 426 Abs 2 eine *analoge* Anwendung des § 774 Abs 1 S 1 setzen möchte.

85 Ein **Vollstreckungstitel**, auf den ein Miterbe als Gesamtschuldner geleistet hat, kann auf diesen gegen seine Miterben **umgeschrieben** werden (vgl BayObLGZ 1970, 125, 130 ff = NJW 1970, 1800, 1801 f, wo allerdings eine anteilige Haftung der übrigen Miterben angenommen wird und hohe Beweisanforderungen an die Ausgleichspflicht gestellt werden).

Titel 4 · Mehrheit von Erben § 2058
Untertitel 2 · Rechtsverhältnis zwischen Erben und Nachlassgläubigern 86–89

Macht der Erbe seine Ausgleichsansprüche aus § 426 erst nach der Erbauseinanderset- 86
zung geltend (zB weil er den Nachlassgläubiger erst nach der Teilung des Nachlasses befriedigt hat [Nichteintritt der §§ 2060, 2061 Abs 1 S 2 sei unterstellt!] oder weil er ihn vorher aus seinem *Eigenvermögen* befriedigt und trotz § 2046 nicht darauf bestanden hat, dass die gem § 426 Abs 2 auf ihn übergegangene Nachlassverbindlichkeit aus dem ungeteilten Nachlass berichtigt wird), so können sich die ausgleichspflichtigen Miterben nicht mehr auf § 2059 Abs 1 berufen. Jedoch können sie ihre Haftung unter den bei § 2060 Rn 2 ff genannten Voraussetzungen auch jetzt noch auf das aus dem Nachlass Empfangene beschränken (mE auch gegenüber dem Anspruch aus § 426 *Abs 1*; so auch SCHINDLER ZEV 2009, 564 f [mit zutr Hinweis auf „Schwächen" des von ihm besprochenen Urteils OLG Oldenburg ZEV 2009, 563 f = NJW 2009, 3586] und iE sogar ENDRISS 102 ff, obwohl sie aaO 54 f meint, dass § 426 Abs 1 hier keine Nachlass-, sondern Eigenverbindlichkeiten begründe). Wegen § 425 gilt dies selbst dann, wenn der Miterbe, der den Nachlassgläubiger befriedigt hat, diesem gegenüber das Haftungsbeschränkungsrecht verloren hat (was in den Fällen der §§ 1994 Abs 1 S 2, 2005 Abs 1, 2006 Abs 3 nur bezüglich eines Teils der Verbindlichkeit möglich sein dürfte; vgl § 2059 Rn 4 ff) und den Regressweg des § 426 *Abs 2* wählt. Soweit die Forderung des Nachlassgläubigers nicht erloschen, sondern gem § 426 Abs 2 auf den als Gesamtschuldner in Anspruch genommenen Miterben übergegangen ist, kann ein anderer Miterbe seine Haftung für sie wegen § 2063 Abs 2 auch dann noch beschränken, wenn er den übrigen Gläubigern gem §§ 1994 Abs 1 S 2, 2005 Abs 1 *unbeschränkbar* haftend geworden ist (str, vgl § 2063 Rn 22 f).

Falls einzelne Erben ausgleichungspflichtig iS der §§ 2050 ff sind, würden sie und ihre 87
Miterben bei Berichtigung der Schulden aus dem noch ungeteilten Nachlass (§ 2046) im Innenverhältnis nicht unbedingt im Verhältnis ihrer ideellen Erbteile betroffen, sondern dann, wenn der Nachlass durch die Schuldentilgung völlig aufgezehrt wird, im Verhältnis der Beträge, die ihnen nach Vollzug der Ausgleichung aus der Erbschaft tatsächlich zugekommen wären.

Die hM nimmt deshalb an, dass sich die interne Haftung (§ 426) der Miterben für die 88
Nachlassverbindlichkeiten dann, wenn unter ihnen Ausgleichungspflichten iS der §§ 2050 ff bestehen, durchweg – also auch für einen erst nach der Auseinandersetzung begehrten Gesamtschuldnerregress – nicht allein nach ihren *ideellen* Erbquoten bemesse, sondern nach dem Verhältnis der Beträge, die den einzelnen Miterben unter Berücksichtigung der Ausgleichung *tatsächlich* gebühren (also nach den sog *realen* Quoten am Nachlass; so zB STAUDINGER/LEHMANN[11] Rn 9 und § 2060 Rn 4; BGB-RGRK/KREGEL Rn 14; AK-BGB/BUCHHOLZ Rn 10; PALANDT/EDENHOFER § 2059 Rn 9; AnwKomm/KICK Rn 40; KRETZSCHMAR § 88 IV 3; vgl auch BayObLGZ 1970, 125, 132 = NJW 1970, 1800, 1802).

Dieser Ansicht (Rn 88) ist nicht zuzustimmen (KOWERK ZBlFG 13 [1912/13] 437 ff; Münch- 89
Komm/ANN Rn 33; EBERL-BORGES 332 Fn 133). Sie beruht auf einer unzulässigen Verallgemeinerung des besonderen Falles, dass der Nachlass durch die Berichtigung aller auf ihm lastenden Verbindlichkeiten *völlig* aufgezehrt würde: Nur dann nämlich würden die Miterben bei Befriedigung aller Nachlassgläubiger aus dem noch ungeteilten Nachlass genau im Verhältnis der Beträge betroffen, die sie unter Berücksichtigung der Ausgleichung erhalten hätten, wenn sie den Aktivnachlass *vor* der Schuldentilgung geteilt hätten. Wie KOWERK (ZBlFG 13 [1912/13] 437, 440 f) anhand eines Beispiels überzeugend dargelegt hat, spielt das Ergebnis der Ausgleichung für

die interne Haftung der Miterben (§ 426) grundsätzlich keine Rolle, maßgeblich sind nur die *ideellen* Erbquoten.

90 Eine Ausnahme will KOWERK allerdings machen, wenn der ausgleichungspflichtige Miterbe aus dem Nachlass überhaupt nichts oder jedenfalls weniger erhalten hat, als der seinem nominellen Erbteil entspr Teil der Nachlassverbindlichkeit beträgt: Hier gebiete es der Rechtsgedanke des § 2056, diesen Erben im Innenverhältnis nur bis zum Betrag des aus dem Nachlass Empfangenen haften zu lassen und die interne Haftung seiner Miterben entsprechend zu erhöhen (KOWERK ZBlFG 13 [1912/13] 437, 442; vgl auch KRETZSCHMAR § 88 IV 3: nur bei Maßgeblichkeit der „realen" Erbteile bleibe der ausgleichungspflichtige Miterbe „gegen eine Herauszahlung geschützt"). Diese ausdehnende Anwendung des § 2056 ist sachlich nicht gerechtfertigt. Denn § 2056 beschränkt nicht die im *Außenverhältnis* bestehende gesamtschuldnerische Haftung des ausgleichungspflichtigen Miterben. Auch ein ausgleichungspflichtiger Erbe kann also in eine Lage geraten, in der er für eine Nachlassverbindlichkeit über den Wert seines Erbteils hinaus einstehen muss (vgl §§ 2058, 421, 2059 Abs 1 S 2, § 2060 Rn 1 ff, 780 Abs 1 ZPO) und sich trotz seiner (wie immer auch zu berechnenden) Regressansprüche gegen die übrigen Erben nicht völlig schadlos halten kann, zB weil diese sich auf ihr Haftungsbeschränkungsrecht berufen und der Nachlass zur Berichtigung der betreffenden Verbindlichkeit nicht ausreicht. Und bzgl der *internen* Haftung für die Nachlassverbindlichkeiten verbietet sich eine Privilegierung des nach §§ 2050 ff ausgleichungspflichtigen Miterben schon wegen der Vorempfänge, die er auf Kosten der übrigen Erben bereits zu Lebzeiten des Erblassers erlangt hat und deren Ausgleichung die §§ 2050 ff ja schließlich bezwecken. Da diese Vorempfänge nicht in den Nachlass gelangt sind, kann der Erbe sie meist schon auf Grund seines allgemeinen Haftungsbeschränkungsrechts vor dem Zugriff eines ihn nach §§ 426, 2058 wegen einer Nachlassverbindlichkeit in Regress nehmenden Miterben schützen (vgl oben Rn 86 sowie § 2063 Abs 2). Dieser Gesichtspunkt scheint bislang übersehen worden zu sein.

91 Hatte ein Miterbe ein **Vermächtnis in Reichsmark** erfüllt, so war sein Ausgleichsanspruch gegen die übrigen Miterben im Verhältnis 1:1 in DM umzustellen (OLG Stuttgart NJW 1956, 269).

V. Der Miterbe als Nachlassgläubiger

92 Mit dem Sonderfall, dass ein Miterbe selbst Nachlassgläubiger ist (vgl auch STAUDINGER/WERNER § 2046 Rn 8 ff), befassen sich die Vorschriften über die Erbenhaftung nur in § 2063 Abs 2. Da weitere Sonderregelungen fehlen, liegt der Schluss nahe, dass im Übrigen die allgemeinen Grundsätze gelten.

93 Jedoch soll der sog Miterbengläubiger nach RGZ 93, 196 ff (vgl auch RG JW 1929, 584 Nr 14 [m abl Anm v HALLSTEIN] und WarnR 1935 Nr 125) die übrigen Erben jedenfalls *vor* der Teilung des Nachlasses nicht als Gesamtschuldner, sondern nur entspr dem Verhältnis ihrer Erbteile in Anspruch nehmen können. Der dafür angegebene Grund (RGZ 93, 196, 198), dass der Miterbengläubiger wegen der nur anteiligen Haftung der Miterben untereinander (Rn 79 ff) nicht verlangen könne, dass einer der Miterben die Last, wenn auch nur vorläufig, allein trage, überzeugt aber nicht (anders uU beim Vorausvermächtnis; vgl STAUDINGER/OTTE [2003] § 2150 Rn 7 und Abschn 2 d, e meiner Anm zu

BGH LM § 2058 Nr 8; für „analoge" Anwendung des § 2058 ENDRISS 78 f). Denn der Miterbengläubiger macht, sofern er seine Gläubigerstellung nicht speziell über § 426 Abs 2 erworben hat (s oben Rn 79 ff), einen Anspruch geltend, für den die §§ 2058, 421 das Innenverhältnis der Miterben zueinander als im Außenverhältnis belanglos erklären. Deshalb muss der Miterbe, der selbst Nachlassgläubiger ist, seinen Anspruch grundsätzlich in gleicher Weise geltend machen können wie jeder andere Nachlassgläubiger (so auch ENDRISS 72 ff, 80 ff, 146 ff). Befriedigung wird er auch dann, wenn der Nachlass noch ungeteilt ist, nicht nur aus diesem und damit im Ergebnis von jedem Miterben nur anteilig verlangen können (so aber RG aaO), sondern von jedem beliebigen Miterben als Gesamtschuldner auch aus dessen Eigenvermögen (wogegen dieser sich freilich auf §§ 2059 Abs 1, 2063 Abs 2 berufen kann) sowie aus den Erbteilen. Nur soweit der Miterbengläubiger für seinen Anspruch im Innenverhältnis selbst haftbar ist (also idR für einen seiner Erbquote entsprechenden Teil) und deshalb bei gesamtschuldnerischer Inanspruchnahme eines anderen Miterben dessen Rückgriffsrecht aus § 426 ausgesetzt wäre, wird er sich entsprechend dem Grundsatz „dolo facit, qui petit, quod statim redditurus est" einen Abzug gefallen lassen müssen (vgl Abschn 2 d meiner Anm zu BGH LM § 2058 Nr 8 [auch zu der Frage, ob dies von Amts wegen oder – was jedoch abzulehnen ist – nur auf Einrede berücksichtigt werden muss]; AnwKomm/KICK Rn 36; ENDRISS 85 ff, 170; STAUDINGER/WERNER § 2046 Rn 9 mwNw; OLG Düsseldorf MDR 1970, 766 Nr 55; BGH NJW-RR 1988, 710, 711; BGB-RGRK/KREGEL Rn 7; zum *Streitwert* vgl RGZ 156, 263 f; BGH LM § 6 ZPO Nr 5 = MDR 1958, 676), der sich im Fall der Befriedigung aus dem ungeteilten Nachlass freilich schon daraus ergibt, dass der Anspruchsteller an dem Nachlassvermögen selbst beteiligt ist (BGH LM § 6 ZPO Nr 5 = MDR 1958, 676; ENDRISS 156 f).

Dass auch dem Nachlassgläubiger, der zugleich Miterbe ist, die sog Gesamtschuld- **94** klage (Rn 52 ff, 57 ff, 65 ff) zusteht (Ausnahme: Rn 79), ist heute hM (STAUDINGER/WERNER § 2046 Rn 8, 9; OLG Stuttgart NJW 1959, 1735; BGH NJW 1963, 1611 f = JZ 1964, 722, 723 mwNw; BGH NJW-RR 1988, 710 f; MünchKomm/ANN Rn 27 ff; AnwKomm/KICK Rn 36; ENDRISS 72 ff, 80 ff; BGB-RGRK/KREGEL Rn 7 mit Hinweis auf die damit nicht völlig in Einklang stehende Rspr zum Gesellschaftsrecht [Rechtfertigung dieser Unterschiede bei ERMAN/SCHLÜTER Rn 4; BÖRNER JuS 1968, 111 Fn 51; ENDRISS 147 ff]; rechtspolitische Bedenken und ältere Nachweise bei STAUDINGER/LEHMANN[11] Rn 6).

Nach DÜTZ (NJW 1967, 1105, 1110) sollen die übrigen Miterben die Befriedigung des **95** Miterbengläubigers gem § 273 Abs 1 verweigern können, bis dieser seinen „zZ fälligen" Mitwirkungspflichten bzgl der Auseinandersetzung (vgl § 2042) nachkommt. Die Zuerkennung dieses **Zurückbehaltungsrechts** erscheint jedoch wenig praktisch, da die einzelnen Miterben bzgl der Inanspruchnahme ihres *Eigenvermögens* schon durch § 2059 Abs 1 geschützt sind und aus dem *Nachlass* vor der Teilung „zunächst" die Verbindlichkeiten zu berichtigen sind (§ 2046), also auch der Anspruch des Miterbengläubigers (zust ENDRISS 163 f).

Die in BGH NJW-RR 1988, 710 angesprochene Frage, ob und inwieweit sich aus der **96** Doppelstellung des Miterbengläubigers gewisse Einschränkungen nach Treu und Glauben ergeben können, ist bereits an anderer Stelle behandelt worden (vgl STAUDINGER/WERNER § 2046 Rn 8 ff; ENDRISS 82 ff, 151 ff). Keinesfalls kann ein Miterbe die ihm als Nachlassgläubiger von einem anderen Miterben angebotene Leistung mit der Begründung ablehnen, die Miterben hafteten ihm bis zur Teilung des Nachlasses nur gesamthänderisch und teilschuldnerisch, nicht hingegen gesamtschuldnerisch (OGHBrZ 1, 42, 46 f).

97 **In den ungeteilten Nachlass** kann der Nachlassgläubiger, der zugleich Miterbe ist, trotz § 747 ZPO schon dann **vollstrecken**, wenn er einen Titel gegen die *übrigen* Miterben hat (vgl STAUDINGER/WERNER § 2046 Rn 10; ENDRISS 165 f).

VI. Der Hoferbe

98 Auch der Hoferbe haftet, selbst wenn er an dem übrigen Nachlass nicht als Miterbe beteiligt ist, für die Nachlassverbindlichkeiten als Gesamtschuldner (vgl § 15 Abs 1 HöfeO).

99 Auf dem Hof ruhende dingliche Verwertungsrechte (Grundschulden, Rentenschulden, Hypotheken) richten sich jedoch lediglich gegen den Eigentümer des Hofes, also gegen den Hoferben. Nur wenn der Erblasser zugleich persönlicher Schuldner der gesicherten Forderung war, kann der Gläubiger auch die übrigen Miterben in Anspruch nehmen. Die Abs 2 und 3 des § 15 HöfeO versuchen, das Innenverhältnis des Hoferben zu dem oder den übrigen Erben so zu regeln, dass der Hof auf Kosten des sonstigen Nachlasses entlastet und seine Umsetzung in Geld möglichst vermieden wird.

Vgl zum Zusammenspiel von Höfe- und Erbrecht auch STAUDINGER/WERNER § 2046 Rn 19, ferner § 2059 Rn 44 ff sowie speziell zu § 15 HöfeO die bei STAUDINGER/ MAROTZKE (2008) in der Fn zu § 1922 Rn 224 genannten Kommentare.

VII. Gerichtliche Zuweisung eines landwirtschaftlichen Betriebs an einen Miterben

100 In solchen Fällen (§§ 13 ff GrdstVG) ist bzgl der zZ des Erwerbes noch bestehenden Nachlassverbindlichkeiten die Sondervorschrift des § 16 Abs 2 GrdstVG zu beachten.

VIII. Recht der ehemaligen DDR

101 Vgl zunächst STAUDINGER/OTTE (2000) Einl 111 zu §§ 1922 ff sowie aus dem vorliegenden Band Vorbem 52 ff zu §§ 1967 ff. **Die „Erfüllung der Nachlassverbindlichkeiten durch Miterben"** war in **§ 412 ZGB geregelt**. Die ersten beiden Absätze dieser Vorschrift stimmten im sachlichen Gehalt mit § 2058 BGB überein; sie hatten folgenden Wortlaut:

Abs 1: „Mehrere Erben sind zur Erfüllung gemeinsamer Nachlaßverbindlichkeiten als Gesamtschuldner verpflichtet. Zur Begleichung von Nachlaßverbindlichkeiten, die von einem Erben zu erfüllen sind, ist dieser allein verpflichtet."

Abs 2: „Für gemeinsame Nachlaßverbindlichkeiten sind die Erben untereinander entsprechend ihren Erbteilen zum Ausgleich verpflichtet."

Eine dem § 2059 Abs 1 S 1 BGB entsprechende Vorschrift kannte das ZGB nicht, da **102** der Erbe gem **§ 409 ZGB** ohnehin „*nur mit dem Nachlaß*" zu erfüllen hatte (Ausnahmen in § 411 Abs 2–4 ZGB; vgl Vorbem 52, 54 zu §§ 1967 ff).

Gem **§ 411 Abs 4 ZGB** hatte der Erbe „*Nachlaßverbindlichkeiten ohne Beschränkung* **103** *auf den Nachlaß zu erfüllen, wenn er die Pflicht zur Errichtung eines ordnungsgemäßen Nachlaßverzeichnisses schuldhaft verletzt hat*" (vgl auch §§ 416 ff, 418 ZGB und § 1993 Rn 30 ff).

Für den Fall, dass mehrere Erben vorhanden waren, ergänzte **§ 412 Abs 3 ZGB** diese **104** Regelung wie folgt:

Abs 3: „*Verletzt ein Erbe schuldhaft die Pflicht zur Errichtung des Nachlaßverzeichnisses, wird dadurch die Verpflichtung der übrigen Erben zur Erfüllung von Nachlaßverbindlichkeiten nicht erweitert. Der Erbe hat den seinem Erbteil entsprechenden Teil der Nachlaßverbindlichkeiten ohne Beschränkung auf den Nachlaß zu erfüllen. Haben mehrere Erben diese Pflicht schuldhaft verletzt, sind sie als Gesamtschuldner verpflichtet.*"

Satz 1 des zitierten § 412 Abs 3 ZGB führte zum selben Ergebnis wie § 425 BGB. **105**

Satz 2 entsprach der Rechtslage, die sich im Geltungsbereich des BGB zumindest (vgl **106** § 2059 Rn 4 f, 6 ff) für die Zeit bis zur Teilung des Nachlasses aus § 2059 Abs 1 S 2 ergibt.

Satz 3 enthielt eine Einschränkung des S 1, für die aber kein Bedürfnis bestand (vgl **107** § 1994 Rn 34 aE).

Eine dem § 2063 BGB entsprechende Regelung kannte das ZGB nicht. **108**

§ 412 Abs 4 ZGB lautete: **109**

„*Nach Aufhebung der Erbengemeinschaft ist jeder Erbe verpflichtet, Nachlaßverbindlichkeiten bis zur Höhe des aus der Erbschaft Erlangten zu erfüllen.*"

Indem das ZGB es bei dieser Einschränkung des im § 412 Abs 1 ausgesprochenen Grundsatzes der gesamtschuldnerischen Miterbenhaftung beließ, vermied es den Nachteil einer teilschuldnerischen Haftung (§§ 2060, 2061 Abs 1 S 2 BGB), dass bei ihr uU nicht einmal mehr der gesamte Nachlass für die auf ihm lastenden Verbindlichkeiten haftet (vgl § 2060 Rn 17 ff).

Eine Vorschrift, die sich wie § 2062 BGB mit der **Nachlassverwaltung** bei Miterb- **110** schaft befasst, war dem ZGB fremd. Aus dem bei Rn 102 genannten Grund hatte die Nachlassverwaltung nach dem ZGB (§§ 420–422) keine haftungsbeschränkende Wirkung.

§ 2059
Haftung bis zur Teilung

(1) Bis zur Teilung des Nachlasses kann jeder Miterbe die Berichtigung der Nachlassverbindlichkeiten aus dem Vermögen, das er außer seinem Anteil an dem Nachlass hat, verweigern. Haftet er für eine Nachlassverbindlichkeit unbeschränkt, so steht ihm dieses Recht in Ansehung des seinem Erbteil entsprechenden Teils der Verbindlichkeit nicht zu.

(2) Das Recht der Nachlassgläubiger, die Befriedigung aus dem ungeteilten Nachlass von sämtlichen Miterben zu verlangen, bleibt unberührt.

Materialien: E II § 1933; III § 2034; Prot V 868 ff; Denkschr 730 f; JAKOBS/SCHUBERT ER I 748, 789 ff.

Systematische Übersicht

I. Das Recht der Nachlassgläubiger auf Befriedigung aus dem ungeteilten Nachlass gem Abs 2 1	3. Nachlassteilung durch automatische Singularsukzession? 44
II. Das Leistungsverweigerungsrecht der Miterben aus Abs 1	a) Hof und Personengesellschaftsanteil 44
1. Grundgedanke des Abs 1 S 1 2	b) Personengesellschaftsanteil 52
2. Abs 1 S 2 4	aa) Entwicklung einer Problemlösung ... 52
a) Unmittelbarer Anwendungsbereich . 4	bb) Stellungnahme zu alternativen Lösungsvorschlägen 59
b) Ausstrahlung über § 2059 hinaus ... 6	cc) Weitere Details 61
c) Details 13	c) Anwendbarkeit des Abs 1 auch in Fällen der §§ 2060, 2061 Abs 1 S 2? 71
3. Inhalt und Geltendmachung des Verweigerungsrechts 16	4. Die Haftungsverhältnisse bei planmäßiger Teilungsvermeidung 74
a) Allgemeine Umschreibung 16	a) Fortgesetzte Erbengemeinschaft und Fortführung eines ererbten Handelsgeschäfts 74
b) Zwangsvollstreckung 26	b) Testamentsvollstreckung 78
III. Abs 1 S 1: „Bis zur Teilung des Nachlasses ..."	IV. Die Nachlassteilung als haftungsrechtliche Zäsur
1. Begriff der Nachlassteilung 30	1. Gefahren der Nachlassteilung 81
2. Einzelheiten 36	2. Verhinderung voreiliger Teilungen _ 82

I. Das Recht der Nachlassgläubiger auf Befriedigung aus dem ungeteilten Nachlass gem Abs 2

1 Grundsätzlich steht es jedem Nachlassgläubiger frei, seine Forderung gem §§ 2058, 421 in *voller* Höhe gegen *irgendeinen* der Miterben zu verfolgen (vgl hierzu und zu denkbaren Ausnahmen § 2058 Rn 52 ff, 92 ff). Für die Nachlassgläubiger liegt es jedoch nahe, sich bis zur Teilung des Nachlasses an diesen zu halten und dazu *alle Miterben*

gemeinschaftlich in Anspruch zu nehmen. Dieses Recht wird in § 2059 Abs 2 ausdrücklich anerkannt. Es bleibt unberührt durch die Regelungen des Abs 1 und wurde bereits im Zusammenhang mit § 2058 behandelt (s dort Rn 52 ff, 92 ff). Eine passive Parteifähigkeit der Erbengemeinschaft wird durch Abs 2 nicht begründet (vgl § 2058 Rn 48, 67 f).

II. Das Leistungsverweigerungsrecht der Miterben aus Abs 1

1. Grundgedanke des Abs 1 S 1

Obwohl er gem §§ 2058, 421 für die Nachlassverbindlichkeiten als *Einzelner* in *voller* **2** Höhe haftet (Rn 1), kann ein Miterbe den Antrag auf Nachlassverwaltung, mit deren Anordnung sich seine Haftung auf den Nachlass und den Erbteil (str; vgl § 2058 Rn 11 ff) beschränken würde (§ 1975), nicht allein, sondern nur gemeinschaftlich mit den übrigen Erben beantragen (§ 2062 HS 1). Die Eröffnung eines Nachlass*insolvenz*verfahrens, die ein Miterbe auch allein beantragen kann (§ 317 Abs 2 InsO) und der ebenfalls Haftungsbeschränkungswirkung zukommen würde (§ 1975), hat zu unterbleiben, wenn im konkreten Fall nicht der Nachlass, sondern nur der *Erbteil* des Antragstellers nicht ausreicht, um alle Nachlassverbindlichkeiten zu erfüllen. Denn obwohl nach §§ 2058, 421 jeder einzelne Miterbe als Gesamtschuldner aufs Ganze haftet, definiert § 320 InsO die Eröffnungsgründe „Überschuldung", „Zahlungsunfähigkeit" und „drohende Zahlungsunfähigkeit" nicht in Bezug auf die einzelnen Erbteile, sondern in Bezug auf den Gesamtnachlass (s auch Rn 57 sowie § 2058 Rn 30). Gäbe es § 2059 Abs 1 nicht, so bedürfte ein Miterbe, wenn er nicht wegen Vorliegens eines Eröffnungsgrundes iS von § 320 InsO ein Nachlass*insolvenz*verfahren beantragen kann, zur Beschränkung seiner Haftung (§ 1975) grundsätzlich der Mitwirkung der übrigen Erben bei dem Antrag auf Nachlass*verwaltung* (§§ 1981 Abs 1, 2062 HS 1) bzw der Hilfe eines zu einem solchen Antrag berechtigten (§ 1981 Abs 2) und bereiten Nachlassgläubigers. **Um hier Abhilfe zu schaffen, gewährt § 2059 Abs 1 S 1** jedem *einzelnen* Miterben, ggfls auch neben und unabhängig von sonstigen Verteidigungsmöglichkeiten wie zB §§ 1958, 2014, 2015, 1973–1975, 1989, 1990–1992, **ein ganz besonderes Leistungsverweigerungsrecht**: Bis zur Teilung des Nachlasses (vgl dazu Rn 81 ff) kann er die Berichtigung der Nachlassverbindlichkeiten aus dem Vermögen, das er außer seinem Anteil am Nachlass hat, auch dann verweigern, wenn weder eine Nachlassverwaltung angeordnet noch ein Nachlassinsolvenzverfahren eröffnet wird. Solange der Nachlass in gesamthänderischer Bindung zusammengehalten und vom Eigenvermögen der Erben rechtlich getrennt bleibt, ist die **Beschränkung der Gläubiger auf den Nachlass** (Abs 2 iVm Abs 1 S 1) **und die Erbteile** (Abs 1 S 1; vgl ferner § 2058 Rn 11 f, 53) auch ohne amtliche Fremdverwaltung des Nachlasses verantwortbar (vgl PLANCK/EBBECKE Anm 1; JAN SCHRÖDER JZ 1978, 379, 385; kritisch DAUNER-LIEB 424 f, 437 ff [die aber wohl die sich aus § 1980 BGB und § 319 InsO ergebenden Grenzen dieser Risikoabwägung unterschätzt; s unten Rn 20]).

Durch Zuerkennung des in § 2059 Abs 1 geregelten Leistungsverweigerungsrechts **3** wollte der Gesetzgeber die Miterben vor den Nachteilen schützen, die ihnen daraus zu erwachsen drohen, dass sie einerseits aufgrund der §§ 2058, 421 *einzeln* für die *volle* Verbindlichkeit in Anspruch genommen werden können (s Rn 1), sie andererseits aber *als Einzelne* weder über die gesamthänderisch gebundenen Gegenstände des Nachlasses (§ 2040) noch über ihre Anteile an diesen Gegenständen (§ 2033

Abs 2) verfügen können (weshalb sie auch nicht einzeln den Antrag auf Nachlassverwaltung stellen können; s Rn 2 und § 2062 Rn 1) und somit im Gegensatz zu einem Alleinerben nicht ohne weiteres in der Lage sind, die zur Schuldentilgung erforderlichen Mittel aus dem *Nachlass* zu beschaffen (Prot V 871, 873; Denkschr 730; kritisch DAUNER-LIEB 426, 442). Dieser Schutzzweck des § 2059 Abs 1 wird nicht berührt durch die Zwangsvollstreckung von Nachlassgläubigern in Gegenstände, die bereits vor der eigentlichen „Teilung des Nachlasses" (zum Teilungsbegriff s Rn 30 ff und § 2060 Rn 38 ff) aus der gesamthänderischen Bindung ausgeschieden und in das Einzelvermögen des in Anspruch genommenen Miterben überführt wurden (vgl auch Rn 35, 49, 62). Denn über solche Gegenstände kann der Miterbe, dem sie zugewiesen wurden, genauso leicht verfügen wie ein Alleinerbe (für den § 2059 Abs 1 nicht gilt; vgl § 2007 Rn 2).

2. Abs 1 S 2

a) Unmittelbarer Anwendungsbereich

4 Abs 1 S 2 blickt auf den „unbeschränkt" haftenden Miterben. Gemeint ist ein Miterbe, dessen Haftung **infolge einer Inventarverfehlung** (§ 1993 Rn 28; Prot V 872 ff) **teilweise** (s Rn 6 ff) **unbeschränkbar** (Vorbem 9 zu §§ 1967 ff) geworden ist. Nicht gemeint ist dagegen eine nach § 27 HGB eingetretene „unbeschränkte" Haftung für Geschäftsschulden, da hier eine neben den erbrechtlichen Verpflichtungsgrund getretene Eigenverbindlichkeit vorliegt, für die § 2059 ohnehin nicht gilt (vgl § 1967 Rn 58). Nicht gemeint sind ferner die bei Rn 11 genannten Fälle.

5 Auch ein bereits „unbeschränkt" (Rn 4) haftender Miterbe hat das Recht, die Berichtigung einer Nachlassverbindlichkeit aus dem *Eigenvermögen* bis zur Teilung des Nachlasses zu verweigern, noch nicht *völlig* verloren. Nur in Ansehung eines seiner ideellen Erbquote entsprechenden *Teils* der Verbindlichkeit (s Rn 10 und § 2060 Rn 10 f) schließt Abs 1 S 2 dieses Leistungsverweigerungsrecht aus. Diese differenzierende Regelung erfolgte nach Prot V 874 deshalb, weil „ebenso, wie zum Nachtheile des Alleinerben, welcher das Inventarrecht verloren hat, angenommen werde, daß der Nachlaß solvent gewesen sei (vgl § 1994 Rn 33), ... hier zum Nachtheile der einzelnen Miterben angenommen (werde), dass der auf jeden von ihnen entfallende Erbtheil ausreiche, um den der Erbquote entsprechenden Theil der Forderung zu decken".

b) Ausstrahlung über § 2059 hinaus

6 Konsequent zu Ende gedacht, führt Abs 1 S 2 zu der Annahme, **dass Miterben ihr Haftungsbeschränkungsrecht durch Inventarverfehlungen** (§§ 1994 Abs 1 S 2, 2005 Abs 1, 2006 Abs 3) **nur in Ansehung eines ihrem ideellen Erbteil entspr Teils einer Nachlassverbindlichkeit verlieren können** (vgl § 1994 Rn 34). Das gilt selbst dann, wenn der Nachlass bereits geteilt wurde (vgl zB § 2060 Rn 10 f). Im Zusammenhang mit der hinter Abs 1 S 2 stehenden Fiktion (Rn 5) ist ohne Bedeutung, ob der Nachlass bereits geteilt wurde oder nicht.

7 Ein zusätzliches Argument für die bei Rn 6 vertretene Ansicht folgt aus **§ 2007 S 1**, der im Gegensatz zu § 2059 Abs 1 (Rn 2 f) eine gesamthänderische Bindung des Nachlasses nicht voraussetzt und dennoch durch Verweisung auf die für die Miterbenhaftung geltenden Grundsätze bewirken will, dass **ein zu mehreren Erbteilen berufener Alleinerbe** das Recht zur Beschränkung seiner Haftung durch Inventarverfehlungen nur bezüglich einer dem Erbteil, „in Ansehung dessen er das Inventar-

recht eingebüßt" hat, entsprechenden Schuld*quote* verlieren kann (vgl KRESS, Die Erbengemeinschaft [1903] 197 und oben § 2007 Rn 1–4 [auch dazu, dass § 2013 der Annahme eines nur *anteiligen* Verlusts des Haftungsbeschränkungsrechts nicht entgegensteht]).

Im Hinblick auf die **Gesetzeskraft** der §§ 2007, 2059 Abs 1 S 2 ist es de lege lata ohne **8** Belang (aM BUCHHOLZ JR 1990, 45, 51 Fn 75), dass die in den genannten Vorschriften als zutreffend vorausgesetzte **Theorie des nur anteiligen Verlusts des Haftungsbeschränkungsrechts** in der II. Komm *nach* Beratung und Annahme dieser Vorschriften (Prot V 876 f) nur noch von einer Minderheit vertreten wurde. Bzgl der Haftungsfolgen aus §§ 1994 Abs 1 S 2, 2005 Abs 1, 2006 Abs 3 wird allein diese Theorie den gesetzlichen Leitideen gerecht (vgl § 1994 Rn 34 aE; Erl zu § 2007; § 2060 Rn 10 f, 13, 94 ff). Ihr entsprach übrigens § 412 Abs 3 S 2 ZGB der ehemaligen DDR (dazu § 2058 Rn 104, 106). Für das BGB wurde ihre Richtigkeit anscheinend konkludent vorausgesetzt von BGB-RGRK/JOHANNSEN § 2007 Rn 3 (wonach ein zu mehreren Erbteilen berufener Erbe, der das Haftungsbeschränkungsrecht nur als Inhaber eines der Erbteile verloren hat, trotz § 2013 Abs 1 S 1 [und trotz der unten bei § 2062 Rn 12 kritisierten Auffassung des RGRK] eine seine Haftung als Inhaber des anderen Erbteils beschränkende Nachlassverwaltung soll beantragen können [zustimmend AK-BGB/TEUBNER § 2007 Rn 2]; vgl auch die die Gegenansicht nicht unterstützenden, sondern sie nur kommentarlos referierenden Ausführungen bei BGB-RGRK/JOHANNSEN § 2007 Rn 4).

Der Umstand, dass § 2059 Abs 1 S 2 auf der Tatbestandsseite ohne jede Einschrän- **9** kung von dem „unbeschränkt" haftenden Miterben spricht, zwingt schon in Anbetracht des auf der Rechtsfolgeseite *trotzdem* gewährten Haftungsbeschränkungsmittels nicht zu der Annahme, dass damit ein sich auf die *gesamte* Schuld erstreckender Verlust des Haftungsbeschränkungsrechts vorausgesetzt sei. Zudem ist darauf hinzuweisen, dass dem Gesetzgeber die begriffliche Umschreibung der unbeschränkbar gewordenen Erbenhaftung auch in anderer Hinsicht nicht einwandfrei gelungen ist (vgl Vorbem 9 zu §§ 1967 ff und § 1993 Rn 3, 28). Der Gesetzeswortlaut allein bindet den Rechtsanwender hier also weitaus weniger als sonst.

Nicht gesehen, geschweige denn ausdrücklich anerkannt wird die Möglichkeit, dass **10** Miterben ihr Haftungsbeschränkungsrecht sowohl für die Zeit vor als auch für die Zeit nach der Teilung des Nachlasses (s Rn 6 f) nur bzgl eines ihrer ideellen Erbquote entsprechenden *Teils* einzelner (§ 2006 Abs 3) oder sämtlicher (§§ 1994 Abs 1 S 2, 2005 Abs 1) Nachlassverbindlichkeiten verlieren, **von der hM** (LG Kaiserslautern DAVorm 1973, 325 f; STAUDINGER/LEHMANN[11] Vorbem 4 zu § 2058; SIBER, Haftung für Nachlaßschulden 112; KRETZSCHMAR ZBlFG 15 [1914/15] 325, 339 f; KRESS, Erbengemeinschaft 145 f). Das überrascht, wenn man bedenkt, dass die hM andererseits dafür plädiert, § 2059 Abs 1 S 2 zugunsten des zu mehreren Erbteilen berufenen *Alleinerben* analog und – da ein Alleinerbe den Nachlass nicht mit sich selbst teilen kann – ohne zeitliche Beschränkung anzuwenden (vgl § 2007 Rn 2 sowie zu einem anderen Lösungsvorschlag § 2060 Rn 94 ff). Zu dieser analogen, also ausdehnenden Anwendung des Abs 1 S 2, deren Ungereimtheiten (Haftungsbeschränkung ohne gesamthänderische Bindung oder sonstige Separation des Nachlasses) sich übrigens durch eine *offene* Anwendung des hinter Abs 1 S 2 stehenden Grundsatzes des nur *anteiligen* Verlusts des Haftungsbeschränkungsrechts vermeiden lassen (vgl § 2007 Rn 2 und § 2060 Rn 94 ff), steht freilich in krassem Gegensatz, dass man dieser Vorschrift andererseits rechtspolitische Verfehltheit nachsagt (so zB STAUDINGER/LEHMANN[11] § 2059 Rn 11, ders § 2060 Rn 7; SIBER aaO

111; KRETZSCHMAR ZBlFG 15 [1914/15] 325, 339 f). Letztlich beruht dieser Vorwurf aber darauf, dass diejenigen, die ihn erheben, den Sinn der kritisierten Vorschrift ohne Beachtung der Gesetzesmaterialien (s Rn 5) zu deuten versuchen und sich deshalb der Auslegung verschließen, nach der ein Miterbe sein Haftungsbeschränkungsrecht infolge einer Inventarverfehlung auch für die Zeit *nach* der Teilung des Nachlasses (s Rn 6 ff) nur bzgl eines seinem ideellen Erbteil entsprechenden Teils der Nachlassverbindlichkeit verlieren kann. So meinte zB STAUDINGER/LEHMANN[11] Rn 1 aE ohne jeden Anhalt in den Gesetzesmaterialien, § 2059 Abs 1 S 2 belasse dem „unbeschränkt" haftenden Miterben das Leistungsverweigerungsrecht (außer in Ansehung des seinem Erbteil entspr Teils der Verbindlichkeit) deshalb, „weil die unbeschränkte Haftung die spätere Teilung der Forderung nicht ausschließt". Diese Ansicht ist unzutreffend. Denn das Gesetz (§§ 2060, 2061 Abs 1 S 2) will dem Miterben „die spätere Teilung der Forderung" nur in Ansehung solcher Ansprüche gewähren, die ihm bei der Teilung des Nachlasses noch nicht bekannt waren (vgl § 2060 Rn 16, 53 ff). Gegenüber Forderungen, die er nicht kennt, kann sich der Erbe aber ohnehin nicht auf das – ja nur *bis* zur Teilung des Nachlasses bestehende – Leistungsverweigerungsrecht des § 2059 Abs 1 berufen.

11 Ein **völliger** Verlust des Haftungsbeschränkungsrechts und damit auch des Leistungsverweigerungsrechts aus § 2059 Abs 1 kann freilich herbeigeführt werden durch Rechtsgeschäft (vgl § 1993 Rn 28 und Vorbem 16 zu §§ 1967 ff) oder Versäumen des Urteilsvorbehalts im Fall des § 780 Abs 1 ZPO (vgl auch Rn 26 ff).

12 Zum Einfluss des Abs 1 S 2 **auf die Gesamtschuld der Miterben** vgl § 2058 Rn 4.

c) **Details**
13 Gegenüber einem Nachlassgläubiger, der selbst zu den Miterben zählt, kann die Einschränkung des Abs 1 durch **S 2 nicht durchgreifen** (§ 2063 Abs 2; vgl RGZ 93, 197). Das gilt auch, wenn der Miterbe seine Gläubigerstellung nach § 426 Abs 2 erworben hat (str; vgl § 2063 Rn 22 f).

14 Verpflichtet die Nachlassverbindlichkeit zu einer **unteilbaren Leistung**, so ist eine *anteilige* Inanspruchnahme des Miterben-Eigenvermögens, wie sie Abs 1 S 2 ermöglichen will, nicht nur in der Weise denkbar, dass man dem Gläubiger das Recht zugesteht, seine Forderung auf ihren Geldwert umzustellen (so aber STAUDINGER/LEHMANN[11] Rn 10; PLANCK/EBBECKE Anm 3; MünchKomm/ANN Rn 17; ERMAN/SCHLÜTER Rn 4; BGB-RGRK/KREGEL Rn 9; AnwKomm/KICK Rn 24). Der Gläubiger kann durchaus Leistung in Natur verlangen, aus dem *Eigen*vermögen des sich auf Abs 1 berufenden (vgl Rn 24 ff) „unbeschränkt" (Rn 4) haftenden Miterben allerdings nur gegen Erstattung ihres Geldwertes abzüglich eines der Erbquote des Anspruchsgegners entsprechenden Anteils. Vgl auch § 1991 Rn 23 und § 2060 Rn 30.

15 Beschwert eine Nachlassverbindlichkeit im Innen- und im Außenverhältnis **nur den Erbteil** des „unbeschränkt" haftenden Miterben (vgl § 2058 Rn 24 ff; STAUDINGER/OTTE [2003] § 2148 Rn 2), so versteht Abs 1 S 2 unter einem „seinem Erbteil entsprechenden Teil der Verbindlichkeit" die *gesamte* Schuld (§ 2058 Rn 37).

Titel 4 · Mehrheit von Erben § 2059
Untertitel 2 · Rechtsverhältnis zwischen Erben und Nachlassgläubigern 16–19

3. Inhalt und Geltendmachung des Verweigerungsrechts

a) Allgemeine Umschreibung

Anders als die aufschiebenden Einreden der §§ 2014, 2015 schützt das den einzelnen **16** Miterben durch § 2059 Abs 1 gewährte Leistungsverweigerungsrecht nur das nicht geerbte Vermögen; nur insoweit – nicht hingegen bzgl der Befriedigung aus dem Erbteil (Abs 1) oder dem Nachlass (Abs 2) – hat es **die Kraft einer aufschiebenden Einrede** (zur prozessualen Behandlung vgl Rn 24–29).

§ 2059 Abs 1 gewährt **kein Recht auf Rückforderung** des aus dem Eigenvermögen **17** Geleisteten (KG OLGE 40 [1920] 163, 165). Die allein in Betracht kommende Anspruchsgrundlage des § 813 Abs 1 S 1 greift nicht, weil sie eine Einrede voraussetzt, durch welche die Geltendmachung des Anspruchs „dauernd" (also nicht nur bis zur Teilung des Nachlasses) ausgeschlossen wird.

Die Frage, ob die Erhebung der Einrede den Eintritt des **Schuldnerverzugs** hindert, **18** wird meist verneint (vgl OLG München OLGE 30 [1915/I] 203 f; MünchKomm/Ann Rn 15; AnwKomm/Kick Rn 25; Bamberger/Roth/Lohmann Rn 3). Dem ist für den Fall zuzustimmen, dass der Nachlass, auf den sich das Leistungsverweigerungsrecht des Abs 1 ja nicht erstreckt (Rn 16), zur Befriedigung des Gläubigers ausreicht. Soweit der Nachlass jedoch nicht ausreicht und auch keine persönliche Haftung des Miterben aus §§ 1978–1980 besteht (vgl Rn 19 ff), haben die Miterben wegen des ihnen durch Abs 1 gewährten Rechts, die Leistung aus dem nicht geerbten Vermögen zu verweigern, das Unterbleiben der Leistung nicht zu vertreten, so dass dem Eintritt des Schuldnerverzugs insoweit § 286 Abs 4 entgegensteht (das gilt freilich nur hinsichtlich der Miterben persönlich, nicht auch hinsichtlich des Nachlasses; vgl zu diesem Unterschied § 1990 Rn 36 aE, § 2014 Rn 8). Die hiergegen vorgebrachten Argumente des OLG München (vgl OLGE 30 [1915/I] 203, 204: es könne dem Erben nicht zustehen, „durch einen Aufschub der Teilung die Berichtigung der Nachlaßverbindlichkeiten auch aus dem eigenen Vermögen zu verzögern"; befänden sich im Nachlass keine flüssigen Mittel, so sei es Sache der Erben, für solche zu sorgen) widersprechen nicht nur dem Wortlaut, sondern auch Sinn und Zweck des § 2059 Abs 1 (vgl Rn 2 f) sowie dem Grundanliegen des Gesetzgebers, den Erben vor einer Inanspruchnahme seines Eigenvermögens durch Nachlassgläubiger tunlichst zu schützen (vgl Vorbem 9 zu §§ 1967 ff und – speziell zur persönlichen Haftung für selbst zu verantwortende Pflichtverletzungen [zu denen auch eine Haftung wegen Verzugs gehören würde] – § 2058 Rn 45 ff).

Auch die **Aufrechnung** eines Nachlassgläubigers gegen eine zum Eigenvermögen **19** eines Miterben gehörende Forderung wird durch die Einrede (und zwar schon durch ihr Bestehen, nicht erst durch die Geltendmachung) ausgeschlossen. Dies folgt aus § 390. Die Anwendbarkeit der Vorschrift mit der Begründung zu verneinen, dass die Einrede des § 2059 Abs 1 nur prozessualer Natur sei (s Rn 18, 24), geht nicht an. Denn die Einrede des § 2059 Abs 1 wird jedem einzelnen Miterben als Ausgleich dafür gewährt, dass er das Haftungsbeschränkungsmittel der Nachlassverwaltung nur dann einsetzen kann, wenn alle übrigen Erben mitwirken (s Rn 2 f). Diesem Normzweck entspricht es, die auf das Eigenvermögen eines Miterben übergreifende Aufrechnung eines Nachlassgläubigers wie im Fall der Nachlassverwaltung (s § 1977 Rn 11) als unwirksam zu erachten. Wie § 1990 (zur Aufrechnung s dort Rn 41) ist auch § 2059 Abs 1 Nachlassverwaltungs*surrogat,* nicht lediglich eine *aufschiebende* Einrede wie

§ 2014 (zur Aufrechnung s dort Rn 11). Die Teilung des Nachlasses markiert nicht nur den zeitlichen Endpunkt der Einrede aus § 2059 Abs 1, sondern zugleich auch das Ende der (durch § 2062 HS 1 ohnehin schon sehr erschwerten) Möglichkeit, eine den Anwendungsbereich des § 1977 Abs 1 eröffnende Nachlassverwaltung herbeizuführen (vgl § 2062 HS 2 und zur Alternative des Nachlassinsolvenzverfahrens [das ebenfalls zu § 1977 führen würde] oben Rn 2, § 2060 Rn 3 f).

20 Bei **Zahlungsunfähigkeit oder Überschuldung** des Nachlasses ist der Erbe idR zur Beantragung eines Nachlassinsolvenzverfahrens verpflichtet (§ 1980). Diese Verpflichtung wird durch die Annahme, dass gleichzeitig ein Leistungsverweigerungsrecht nach § 2059 Abs 1 bestehe, nicht notwendig ausgeschlossen (**aM** DAUNER-LIEB 439, 441, 443, die – wohl auch deshalb – den Begriff der Nachlassteilung so weit auslegt, dass bei *überschuldeten* Nachlässen von vornherein kein Leistungsverweigerungsrecht nach Abs 1 besteht [s Rn 33]). Entsprechendes gilt vice versa (**aM** EBERL-BORGES 314 f; vgl dazu auch Rn 21 f, 33, 38). Nicht auf § 2059 Abs 1 berufen kann sich der Erbe aber wohl dann, wenn er eine nach § 1980 bestehende **Insolvenzantragspflicht beharrlich verletzt** (zum eigenen Antragsrecht der Nachlassgläubiger vgl §§ 317, 319 InsO).

21 Im Übrigen bedarf es des § 2059 Abs 1 aber zumindest zur **Überbrückung des Zeitraums zwischen Insolvenzantrag und gerichtlichem Eröffnungsbeschluss**, da § 1975 während dieses Zeitraums noch nicht greift und sichernde Maßnahmen nach § 21 InsO nur zugunsten der potenziellen Insolvenzmasse – beim Antrag auf Nachlassinsolvenzverfahren also nur zugunsten des *Nachlasses* – zulässig sind. Dass ein *Alleinerbe* eine dem § 2059 Abs 1 entsprechende „Überbrückungshilfe" *nicht* erhält (weil § 2059 nur für Miterben gilt), rechtfertigt keine andere Beurteilung (**aM** wohl EBERL-BORGES 315). Denn ein Alleinerbe befindet sich sowohl nach Art und Umfang seiner Nachlassbeteiligung als auch haftungsmäßig nicht in derselben „schadensgeneigten" Position wie ein Miterbe vor der Teilung des Nachlasses (s Rn 2 f, 80).

22 Allerdings wird man dem Miterben das Recht, die Leistung aus dem nicht geerbten Vermögen zu verweigern, analog § 1991 Abs 1 versagen müssen, soweit er den Nachlassgläubigern im Fall der Nachlassverwaltung oder eines Nachlassinsolvenzverfahrens gem § **1978** für einen Ausfall wegen von ihm zu vertretender Verschlechterungen des Aktivnachlasses bzw gem § **1980** wegen Verletzung einer bestehenden Insolvenzantragspflicht (s § 1980 Rn 19, § 1991 Rn 8) verantwortlich wäre.

23 Außerdem wird man den Miterben, der sich auf § 2059 Abs 1 beruft, analog §§ 1991 Abs 1, 1978 Abs 1, 666, 259 ff als zur **Auskunftserteilung über den Bestand des Nachlasses** usw verpflichtet ansehen müssen. Allerdings ist umstritten, ob § 1978 im Rahmen des § 2059 Abs 1 auch dann (analog) anwendbar ist, wenn weder Nachlassverwaltung oder ein Nachlassinsolvenzverfahren eröffnet noch ein Fall des § 1990 oder des § 1992 (vgl § 1991 Abs 1) gegeben ist (für diese Analogie haben sich mit Recht ausgesprochen: JAN SCHRÖDER JZ 1978, 379, 385 Fn 59; SOERGEL/M WOLF Rn 4; wohl auch RGZ 89, 403, 408 und iS einer Hilfsüberlegung selbst DAUNER-LIEB 439; **aM** jedoch BGB-RGRK/KREGEL Rn 13; MünchKomm/ANN Rn 10; BAMBERGER/ROTH/LOHMANN Rn 2; AnwKomm/KICK Rn 18; H P WESTERMANN AcP 173 [1973] 24, 30; MUSCHELER 112 f).

24 Das OLG Dresden (OLGE 4 [1902/I] 120 ff) **hat § 2059 Abs 1 als eine Einrede bezeichnet** (ebenso RG Recht 1912 Nr 885; **aM** jedoch BINDER III 331 f), **die lediglich** (**aM** OLG München

OLGE 30 [1915/I] 203, 205) **die Art der Vollstreckung des Anspruchs betreffe**. In Wirklichkeit ist die Einrede jedoch auch materiell-rechtlicher Natur (s Rn 18 f; aM EBERL-BORGES 301 Fn 51; MünchKomm/ANN Rn 15 Fn 54). Allerdings führt ihre **Geltendmachung im Prozess** idR nur zur Aufnahme eines Haftungsvorbehalts (§ 780 ZPO) in das der Klage stattgebende Urteil (s Rn 26 ff), nicht hingegen zur Klageabweisung (OLG München OLGE 30 [1915/I] 203, 205) oder dazu, dass im Urteil festgestellt wird, dass der beklagte Miterbe nur „nach Kräften des Nachlasses" hafte (OLG Königsberg OLGE 18 [1909/I] 314, 315; **aM** OLG München OLGE 30 [1915/I] 203, 205). Denn mit der späteren Teilung des Nachlasses entfiele die Einrede ja wieder.

Zur **Erhebung der Einrede** des Abs 1 genügt nicht der Hinweis, dass der in Anspruch 25 genommene Erbe Miterben habe. Der Erbe muss außerdem noch die Ungeteiltheit des Nachlasses behaupten (RG Recht 1912 Nr 885) und notfalls **beweisen** (RG WarnR 14 Nr 300; KG OLGE 11 [1905/II] 117; BGB-RGRK/KREGEL Rn 14; SOERGEL/M WOLF Rn 5; PALANDT/EDENHOFER Rn 6; **aM** OLG Breslau Recht 1904 Nr 1724; BINDER III 332; PLANCK/EBBECKE § 2058 Anm 3 mwNw).

b) Zwangsvollstreckung
In der Zwangsvollstreckung richtet sich die Durchsetzung des § 2059 Abs 1 nach 26 **§§ 780–785 ZPO** (Prot V 875; **aM** BINDER III 331 f).

§ 780 ZPO soll nach Auffassung der II. Komm allerdings nur bedingt anwendbar sein 27 (Prot V 875 und VI 714 f mit Gesetzesvorschlägen dahingehend, dass es eines Urteilsvorbehalts außer in Ansehung des dem Erbteil entspr Teils der Nachlassverbindlichkeit nicht bedürfe). Zur Begründung führen die Protokolle (V 875) aus, dass das Recht, den Gläubiger auf den Erbteil zu verweisen, ein von dem „Inventarrecht" (hierzu § 1993 Rn 28) unabhängiges Recht sei, soweit (Abs 1 S 2) es mit dessen Verlust nicht gleichfalls erlösche. Insoweit dürfe es deshalb nicht infolge vorbehaltsloser Verurteilung des Miterben untergehen. Im Gesetz hat sich diese Auffassung jedoch nicht niedergeschlagen. De lege lata folgt die Notwendigkeit eines Urteilsvorbehalts sowohl aus § 780 ZPO selbst als auch – sozusagen hilfsweise – aus der Präklusionswirkung, die sich im Fall einer vorbehaltslosen Verurteilung aus § 767 Abs 2 ZPO ergeben würde (iE ebenso die ganz hM: BGB-RGRK/KREGEL Rn 8; MünchKomm/ANN Rn 14; AnwKomm/KICK Rn 27; ERMAN/SCHLÜTER Rn 5; SOERGEL/M WOLF Rn 5; HAGEN JherJb 42 [1901] 43, 135–139; STAUDINGER/LEHMANN[11] Rn 8 m älteren Nachweisen; OLG Celle OLGE 2 [1901/I] 507, 508; OLG Königsberg OLGE 18 [1909/I] 314, 315; OLG München OLGE 30 [1915/I] 205, 208; wohl auch RGZ 71, 366, 371; **aM** BINDER III 332; OLG Dresden OLGE 4 [1902/I] 120, 122).

Es genügt der **allgemeine** Vorbehalt des § 780 ZPO (RGZ 71, 366, 371), von dem uU – 28 nämlich wenn der Rechtsstreit hinsichtlich des Eingreifens der §§ 1994 Abs 1 S 2, 2005 Abs 1 oder 2006 Abs 3 entscheidungsreif ist (vgl Vorbem 25 zu §§ 1967 ff) – ein dem Erbteil des Beklagten entsprechender Teil der Verurteilung auszunehmen ist (vgl Abs 1 S 2 und LG Kaiserslautern DAVorm 1973, 625, 626).

Klagt der Gläubiger von vornherein nur auf Befriedigung aus dem *Nachlass*, so 29 braucht sich der Miterbe die Beschränkung seiner Haftung nicht vorbehalten zu lassen (§ 308 ZPO).

III. Abs 1 S 1: „Bis zur Teilung des Nachlasses ..."

1. Begriff der Nachlassteilung

30 Schon nach seinem **Wortlaut** schützt § 2059 Abs 1 das Eigenvermögen der einzelnen Miterben nur „bis zur Teilung des Nachlasses". Voreilige Nachlasteilung schadet also und kann deshalb nach Maßgabe der §§ 2045, 2046 verhindert werden (s Rn 81 ff).

31 Entspr dem **Schutzzweck** des Abs 1 (s Rn 2 f) ist als wesentliches Element einer Nachlassteilung die *Aufhebung der gesamthänderischen Bindung* des geerbten Vermögens und damit der Übergang der alleinigen Verfügungsbefugnis über die Nachlassgegenstände auf *einzelne* Miterben anzusehen. Erst dann sind die einzelnen Miterben in der Lage, sich bei der Verschaffung der zur Tilgung der Nachlassverbindlichkeiten erforderlichen Mittel zunächst an die ihnen zugewiesenen Gegenstände des Nachlasses (vgl Rn 3) und erst in zweiter Linie an das Eigenvermögen zu halten. Die Einigung auf einen Teilungs**plan** ist noch keine vollzogene Nachlassteilung iS des Abs 1 (Eberl-Borges 296).

32 Von einer Teilung „des Nachlasses" kann keine Rede sein, solange noch nennenswerte Vermögensstücke der gesamthänderischen Bindung an die Miterben unterliegen (aM Dauner-Lieb und Eberl-Borges, die auf den Gesichtspunkt der Schuldendeckung abstellen wollen [dazu Rn 33, 38]; vgl auch Staudinger/Lehmann[11] Rn 6; BGB-RGRK/Kregel Rn 5: die Fortführung der Gemeinschaft hinsichtlich eines Hauses oder eines Handelsgeschäfts stehe der Annahme einer Nachlassteilung nicht entgegen). Auch solche Miterben, die sich von den übrigen bereits mit demjenigen abfinden ließen, was ihnen bei der Auseinandersetzung zusteht, können sich noch auf § 2059 Abs 1 berufen (Eberl-Borges 329 ff, 335). Nicht unter dem Schutz des § 2059 Abs 1 steht jedoch nach Sinn und Zweck der Vorschrift (s Rn 3, 35) die geleistete Abfindung; mit dieser haftet der Abgefundene den Nachlassgläubigern trotz § 2059 Abs 1 auch dann, wenn sie nicht aus dem Nachlass entnommen wurde, sondern aus anderen Quellen stammt (Eberl-Borges 322 ff, 335 f, 470 [auf § 1975 und §§ 1989 ff darf dies allerdings nicht übertragen werden, weil die den Nachlassgläubigern haftende Masse sonst *auf Dauer* größer wäre als das vererbte Vermögen; vgl insoweit § 2058 Rn 10]). Ein das Leistungsverweigerungsrecht des Abs 1 beendendes Teilungsverhalten (Rn 48) der übrigen Erben muss sich der Abgefundene zurechnen lassen (gute Begründung bei Eberl-Borges 327 f, 335 f; vgl auch § 1978 Rn 12 bei „Veräußerung der Erbschaft"). Ob die abgefundenen Miterben weiterhin gesamtschuldnerisch oder nur noch teilschuldnerisch haften, richtet sich nach §§ 2060, 2061 (s zu den Abfindungsfällen § 2060 Rn 39 ff).

33 Nach hM ist die Teilung als erfolgt anzusehen, wenn ein so erheblicher Teil der Nachlassgegenstände aus der Gesamthand in die Miterben-Einzelvermögen übergeführt worden ist, dass **die Gemeinschaft in ihren wesentlichen Bestandteilen als Ganzes aufgelöst** erscheint (RG HRR 1938 Nr 1602; BGB-RGRK/Kregel Rn 5; MünchKomm/Ann Rn 4; Lange/Kuchinke § 50 IV 1; Schlüter Rn 1202; Ebenroth Rn 1172; Raddatz 57 f; AnwKomm/Kick Rn 6; **krit** Bräcklein NJW 1967, 431 f, der zusätzlich fordert, dass alle Miterben die Absicht oder zumindest das **Bewusstsein** haben, dass der Nachlass geteilt und die Erbengemeinschaft aufgelöst sei; vgl auch Soergel/M Wolf Rn 2; Palandt/Edenhofer Rn 3; Ann 138 f; Dauner-Lieb 427 ff, 430, 441 f, 444; Eberl-Borges 300 ff, 469, die den Nachlass erst dann [so M Wolf] bzw schon dann [DAUNER-LIEB, EBERL-BORGES] als geteilt ansehen wollen, **wenn der noch unverteilte Rest zur Berichtigung der Nachlassverbindlichkeiten nicht ausreicht**; gegen das Abstellen auf den Gesichtspunkt der Schuldendeckung ANN, LANGE/KUCHINKE, EBENROTH und KICK jeweils aaO; vgl auch oben Rn 19 ff und unten Rn 38, § 2062 Rn 22).

Die Verteilung einiger, selbst wertvoller Nachlassgegenstände bedeutet nicht ohne weiteres schon eine Teilung „des Nachlasses" (RGZ 89, 403, 407). **34**

Umstritten ist, ob die derart vorab verteilten Nachlassgegenstände zu dem Vermögen des Erben gehören, „das er außer seinem Anteil an dem Nachlass hat" und **aus dem er die Leistung folglich nach Abs 1 verweigern kann.** RGZ 89, 403, 408 bejaht das, hält aber die Miterben gem §§ 1978 Abs 2, 1991 Abs 1 für verpflichtet, die schon erhaltenen Nachlassgegenstände zum Nachlass zurückzugewähren, und verweist den Gläubiger auf diesen Anspruch (ebenso PALANDT/EDENHOFER Rn 3; SOERGEL/M WOLF Rn 4; wohl auch JAN SCHRÖDER JZ 1978, 379, 385 Fn 59; während BGB-RGRK/KREGEL Rn 13, Münch-Komm/ANN Rn 10 und H P WESTERMANN AcP 173 [1973] 24, 30 meinen, dass für solch einen Rückgewähranspruch kein Raum sei, wenn außer den Voraussetzungen des § 2059 Abs 1, der ja nicht auf § 1978 verweist, nicht auch die des § 1978 – also Nachlassverwaltung oder ein Nachlassinsolvenzverfahren – oder die der §§ 1990 oder 1992 erfüllt seien [vgl dazu oben Rn 22 f]). Praktikabler und keineswegs unzulässig erscheint es jedoch, § 2059 Abs 1 entspr seinem Sinn und Zweck (Rn 2 f) dahingehend einzuschränken, dass dem einzelnen Miterben das gewährte Leistungsverweigerungsrecht hinsichtlich derjenigen Nachlassgegenstände, die bereits seiner alleinigen Verfügungsmacht unterliegen, nicht zusteht. *Das Leistungsverweigerungsrecht des Abs 1 beschränkt sich demnach auf den Schutz solcher Vermögensbestandteile, die dem Erben unabhängig vom Erbfall gehören* (vgl Rn 16; BGB-RGRK/KREGEL Rn 6; MünchKomm/ANN Rn 10; AK-BGB/BUCHHOLZ Rn 4; JAUERNIG/STÜRNER §§ 2058–2063 Rn 3; HAGEN JherJb 42 [1901] 43, 135 Fn 95; KRETZSCHMAR ZBlFG 15 [1914/15] 325, 337; MUSCHELER 490; EBERL-BORGES 317 ff, 322 ff, 335 f, 470; ANN 152 ff; vgl auch DAUNER-LIEB 428 ff; **aM** PALANDT/EDENHOFER Rn 3; SOERGEL/M WOLF Rn 5; BAMBERGER/ROTH/LOHMANN Rn 2; vgl auch H P WESTERMANN AcP 173 [1973] 24, 31). Diese *teleologische Reduktion des Abs 1* ist nicht nur sachgerecht (s Rn 3 aE), sondern auch methodisch unbedenklich, da der Gesetzgeber den Fall der *unvollständigen* Teilung des Nachlasses zwar gesehen (Prot V 871), aber nicht geregelt und somit die Ausfüllung der Regelungslücke der Rechtswissenschaft überlassen hat. **35**

2. Einzelheiten

Wer den Nachlass geteilt hat, scheint nach dem Wortlaut des Abs 1 keine Rolle zu spielen. Dieser Anschein trügt (s Rn 44 ff). **36**

Eine **Zwangsversteigerung** „zum Zwecke der Aufhebung der Gemeinschaft" (§§ 2042 Abs 2, 753 BGB, §§ 180 ff ZVG) stellt selbst dann noch keine Nachlassteilung dar, wenn das versteigerte Grundstück einziger Nachlassbestandteil war (vgl BGHZ 52, 99, 102 f). Denn an die Stelle des versteigerten Grundstücks tritt im Wege erbrechtlicher (§ 2041) und ZVG-rechtlicher Surrogation der erzielte Erlös (vgl BGHZ 52, 99, 102 f; BGH LM § 2058 Nr 8 [Bl 2] sowie Abschn 2 b, c und Abschn 3 meiner Anm zu BGH LM § 2058 Nr 8). **37**

Ob bereits alle **Nachlassverbindlichkeiten** berichtigt sind oder ob die noch offenen **38**

Verbindlichkeiten aus dem Restnachlass gedeckt werden können, ist für die Frage der Nachlassteilung unerheblich (iE wie hier AnwKomm/KICK Rn 6; BAMBERGER/ROTH/LOHMANN Rn 2). Die abweichenden Auffassungen differieren auch untereinander ganz erheblich (vgl Rn 33). Sie finden im Gesetz keine Stütze und machen die Dinge unnötig kompliziert (zutr die Kritik bei MünchKomm/ANN Rn 4; vgl auch unten § 2062 Rn 22). Auch dann, wenn der Nachlass *von vornherein überschuldet* war, müssen sich die Erben zunächst auf § 2059 Abs 1 berufen können (str; s oben Rn 20 ff).

39 Im Schrifttum wird die Ansicht vertreten, dass das **Leistungsverweigerungsrecht des Abs 1 entfalle, sobald der Nachlass** durch Zwangsvollstreckung, Nachlassverwaltung, ein Nachlassinsolvenzverfahren oder durch freiwillige Schuldentilgung **völlig aufgezehrt worden sei** (so STAUDINGER/LEHMANN[11] Rn 6; BGB-RGRK/KREGEL Rn 7 [beide für die *freiwillige* Schuldentilgung]; DAUNER-LIEB 437 ff, 442 f [auch für die *zwangsweise* Schuldentilgung]; EBERL-BORGES 314 f [schon wegen § 1980; s aber oben Rn 20 f]; **aM** RIESENFELD I 291; KRESS, Erbengemeinschaft 29; H P WESTERMANN AcP 173 [1973] 24, 38). Ob das zutrifft, wird angesichts des in solchen Fällen meist eingreifenden § 1989 oder § 1990 (zur Rechtslage bei „unbeschränkter" Haftung vgl Rn 4 f, 6 ff) kaum einmal entscheidungserheblich sein. Jedenfalls iS des – nach restloser Aufzehrung des Nachlasses allerdings ohnehin bedeutungslosen (DAUNER-LIEB 440 Fn 574) – *§ 2062 HS 2* liegt dann *keine* Nachlassteilung vor (**aM** EBERL-BORGES 358 Fn 297), da die Gesetzesverfasser die *vor* der Teilung erfolgende Schuldentilgung ja gerade als Mittel zur Vermeidung der durch § 2062 HS 2 drohenden Härten ansahen (s § 2062 Rn 16, 24; zum Teilungsbegriff der §§ 2060, 2061 Abs 1 S 2 vgl § 2060 Rn 45). Den Teilungsbegriff des § 2059 Abs 1 sollte man auch hier nicht ohne Not anders interpretieren als den des § 2062 HS 2 (s unten Rn 47 f).

40 Eine Teilung iS des § 2059 Abs 1 liegt auch vor, wenn die gesamthänderische Bindung des Nachlasses in der Weise endet, dass die Miterben **alle Nachlassgegenstände schenkweise an Dritte** übereignen (DAUNER-LIEB 427; AnwKomm/KICK Rn 7).

41 Gleiches gilt, **wenn einer der Miterben** infolge der Ausgleichungspflicht (§§ 2050 ff) **den ganzen Nachlass erhält** (BGB-RGRK/KREGEL Rn 7; EBERL-BORGES 316 f; AnwKomm/KICK Rn 7; vgl auch § 2060 Rn 40 ff); ebenso wenn einem Miterben der Aktivnachlass als Ganzes überlassen wird gegen Abfindung der übrigen Miterben durch Zuweisung bestimmter einzelner Nachlassgegenstände (MünchKomm/ANN Rn 6; AK-BGB/BUCHHOLZ Rn 5; **aM** SOERGEL/M WOLF Rn 3).

42 Nach Ansicht des RG (Urt v 27. 9. 1907 VII 504/06 [ergangen zu § 2062, vgl dort Rn 23]) soll es hingegen keine Teilung sein, dass **ein Miterbe die Anteile sämtlicher übriger Miterben gegen** ein nicht aus dem Nachlass entnommenes **Entgelt erwirbt** (§ 2033 Abs 1) und dadurch die Erbschaft als Ganzes in seiner Hand vereinigt. Aber auch damit ist die Erbengemeinschaft weggefallen und haben selbst diejenigen Miterben, die ihre Erbteile veräußert haben, zwar nicht d*araus*, wohl aber d*afür* etwas zu ihrer eigenen Verfügung erlangt (wenn sie auf ein Entgelt verzichtet hätten, wäre aber nicht anders zu entscheiden, da solch ein Verzicht auf ihrem freien Willen beruhen würde). Deshalb ist das Leistungsverweigerungsrecht des Abs 1 durch seinen bei Rn 3 erwähnten Schutzzweck nun nicht mehr gerechtfertigt; es entfällt deshalb (vgl BGB-RGRK/KREGEL Rn 7; EBERL-BORGES 327 ff; iE ebenso AnwKomm/KICK Rn 9; zur Frage einer Umwandlung der gesamtschuldnerischen Miterbenhaftung in eine teilschuldnerische vgl § 2060 Rn 40 ff; zur Nachlassverwaltung § 2062 Rn 8, 23). **Anders** verhält es sich jedoch, wenn nicht alle, sondern nur einige Miterben ihre Anteile auf dieselbe Person übertragen. Denn in diesem Fall (s auch § 2062 Rn 8) ist der Nachlass noch immer gesamthänderisch gebunden. Nicht nur den gegenwärtigen, sondern auch den früheren Anteilsinhabern steht deshalb (Rn 31) im Hinblick auf die fortbestehende Schuldenhaftung (s § 2382 Abs 1 S 1 HS 2) der Schutz des § 2059 Abs 1 zu (RIESENFELD I 236; EBERL-BORGES 470). Dies gilt jedoch nicht in Ansehung einer für die Erbteilsübertragung empfangenen Abfindung bzw eines dafür empfangenen Kaufpreises (vgl in Bezug auf Abfindungen EBERL-BORGES 322 ff, 335 f, 470 [nicht übertragbar auf § 1975 und §§ 1989 ff; s oben Rn 32 und § 1978 Rn 18!]; aM zumindest hinsichtlich des Kaufpreises RIESENFELD I 236). Ein den Schutz des § 2059 Abs 1 beendendes Teilungsverhalten (Rn 48) des Erbteilserwerbers müssen sich die Veräußerer zurechnen lassen (gute Begründung bei EBERL-BORGES 327 f, 335 f; vgl auch § 1978 Rn 12 bei „Veräußerung der Erbschaft").

Einem **Alleinerben**, der alle Erbteile in seiner Hand vereinigt hat, steht die Einrede **43** des ungeteilten Nachlasses iS des § 2059 Abs 1 nicht zu (str; vgl § 2007 Rn 2).

3. Nachlassteilung durch automatische Singularsukzession?

a) Hof und Personengesellschaftsanteil

Umstritten ist, ob von einer Teilung des Nachlasses iS des Abs 1 auch dann gespro- **44** chen werden kann, wenn die Zuweisung von Nachlassgegenständen an einzelne Miterben nicht rechtsgeschäftlich im Wege der Erbauseinandersetzung, sondern *automatisch* erfolgt, wie es gem § 4 HöfeO bei der Erbfolge in einen **Hof** und nach st Rspr uU auch bei der Vererbung des Anteils an einer **Personengesellschaft** (Rn 52 ff) geschieht.

Die Frage ist im Rahmen der – auch hier anwendbaren (str; vgl Vorbem 8 zu §§ 2058 ff) – **45** **§§ 2059 Abs 1, 2062 HS 2 selbst dann zu verneinen, wenn** nach der von selbst erfolgten Einzelzuweisung des Hofes bzw des Gesellschaftsanteils **kein nennenswerter gesamthänderisch gebundener Nachlass mehr verbleibt** (vgl P ULMER ZGR 1972, 195, 203 [Fn 44], 327; **aM** – jedoch nur für § 2059 Abs 1, sonst ebenso – H P WESTERMANN AcP 173 [1973] 24, 37; ANN 140 f; DAUNER-LIEB 439 ff [s zu den Thesen dieser Autorin auch Rn 20, 33, 70]). Dies ergibt sich aus Folgendem:

Jedenfalls § 2062 HS 2 meint mit „Teilung" des Nachlasses nicht allein den *Erfolg* des **46** Geteiltseins, sondern das Geteiltsein *durch Handlungen bzw mit Einverständnis der Miterben* (§ 2062 Rn 24). Denn § 2062 HS 2 ist das Ergebnis einer Interessenabwägung, die als selbstverständlich voraussetzt, dass jeder Miterbe in der Lage ist, die Teilung des Nachlasses bis zur Berichtigung bzw Sicherstellung der Nachlassverbindlichkeiten hinauszuzögern (s § 2062 Rn 16).

Sowohl in § 2059 Abs 1 als auch in § 2062 HS 2 (iVm § 1975) geht es um die Frage, **47** unter welchen Voraussetzungen die Miterben ihre Haftung auf den Nachlass beschränken können (während in *§§ 2060, 2061 Abs 1 S 2* die ganz andere Frage geregelt wird, ob die Haftung eine gesamt- oder eine nur teilschuldnerische ist). Im Hinblick auf diese thematische Verwandtschaft sollte man den Begriff der Nachlassteilung bei § 2059 Abs 1 möglichst im gleichen Sinne verwenden wie bei § 2062 HS 2 (Ausnahme: dort Rn 23).

48 Die §§ 2059 Abs 1 und 2062 HS 2 stimmen auch darin überein, dass sie den Miterben die Teilung des Nachlasses zum *Nachteil* gereichen lassen (insofern anders die §§ 2060, 2061 Abs 1 S 2). Auch dem entspricht es, eine Teilung **is der §§ 2059 Abs 1, 2062 HS 2** nur dann anzunehmen, wenn der eingetretene Zustand auf Handlungen der Miterben oder Vorgängen aus ihrem Einflussbereich beruht (in Bezug auf § 2059 Abs 1 zust AnwKomm/KICK Rn 12; anders aber aaO Rn 11 bei Fn 17).

49 Im Schrifttum ist geltend gemacht worden, die automatische Einzelzuweisung eines Nachlassgegenstandes (Personengesellschaftsanteils), der **das einzige oder das wirtschaftlich wertvollste Nachlassgut** war, müsse schon deshalb als Nachlassteilung iS des § 2059 Abs 1 angesehen werden, weil es in solchen Fällen keinen *sonstigen* Nachlass gebe, auf den die Erben die Nachlassgläubiger nach Abs 1 verweisen könnten (so H P WESTERMANN AcP 173 [1973] 24, 37; zust MünchKomm/ANN Rn 8; vgl auch ANN 140 f ad cc). Dem lässt sich jedoch entgegnen, dass dem einzelnen Miterben das Leistungsverweigerungsrecht des Abs 1 bei sinnentsprechender Auslegung dieser Vorschrift ohnehin nicht zusteht, soweit bereits er die alleinige Verfügungsbefugnis über einzelne ihm zugewiesene Gegenstände des Nachlasses erhalten hat und er dem Nachlassgläubiger *diese* Gegenstände vorenthalten möchte (Rn 3 aE, 35; **aM** H P WESTERMANN AcP 173 [1973] 24, 31).

50 Zuzugeben ist, dass nach einer den *gesamten* Nachlass erfassenden Singularsukzession nichts mehr übrig bleibt, was Gegenstand einer gesamthänderischen Bindung an die Miterben und deshalb auch Gegenstand einer „Nachlassteilung" iS des § 2059 Abs 1 sein könnte (vgl erg Rn 54 f bzgl der mit einem Gesellschaftsanteil verbundenen Vermögensansprüche). Doch wird man diese „Merkwürdigkeit" (ANN 140 f) hinnehmen müssen als Preis dafür, dass man bei der Regelung der Erbfolge in einen Hof bzw in einen Personengesellschaftsanteil von dem Grundsatz der Universalsukzession der Miterben*gemeinschaft,* § 2032 Abs 1, abgewichen ist (vgl auch Rn 70).

51 Die Gegenansicht, die dem Miterben in diesen Fällen (Rn 49 f) das Haftungsbeschränkungsmittel des § 2059 Abs 1 versagt und als Ausgleich (vgl Rn 2) entgegen § 2062 HS 1 jedem *einzelnen* Miterben das Recht zur Beantragung der haftungsbeschränkenden (vgl § 1975, aber auch § 1967 Rn 61 ff) Nachlassverwaltung zuspricht (zur Alternative des *Nachlassinsolvenzverfahrens* s oben Rn 2), bedeutet eine noch gravierendere Durchbrechung des Gesetzes und führt zu erheblichen Folgeproblemen (vgl § 2062 Rn 27 f).

b) Personengesellschaftsanteil
aa) Entwicklung einer Problemlösung

52 Bei Beerbung des Gesellschafters einer Personengesellschaft (dazu STAUDINGER/MAROTZKE [2008] § 1922 Rn 168 [GbR], 169 ff [OHG], 193 ff [KG]) kann es vorkommen, dass der Gesellschaftsanteil des Erblassers, soweit er überhaupt „auf die erbrechtliche Bahn" gerät (dazu § 1922 Rn 168 ff, 172 ff, 175, 193 f) und die Gesellschaft nicht „aufgelöst" wurde (s § 1922 Rn 176 f), „an der Miterbengemeinschaft vorbei" unmittelbar und geteilt an die *einzelnen* Miterben gelangt bzw von einem der Miterben unmittelbar im Zeitpunkt des Erbfalls im Ganzen erworben wird (dazu § 1922 Rn 178 ff, 197).

53 *Soweit sich die Haftung der Gesellschaftererben nach Erbrecht richtet* (dazu § 1967 Rn 61 ff), stellt sich die Frage, ob solch eine automatische Aufsplitterung und/oder

Zuweisung des Gesellschaftsanteils an die (oder: an einen) einzelnen Erben in Fällen, in denen der Verstorbene außer dem Gesellschaftsanteil kein nennenswertes Vermögen hinterlassen hat (s Rn 49 ff), als „Teilung des Nachlasses" iS der §§ 2059 ff anzusehen ist (dazu ausführlich und kontrovers KIESERLING, SPIRITUS, H P WESTERMANN, FINGER [vgl Schrifttum vor § 2058] sowie speziell zu der sehr umstrittenen Vorfrage, ob der Gesellschaftsanteil überhaupt zum „Nachlass" gehört, die bejahende Stellungnahme bei STAUDINGER/ MAROTZKE [2008] § 1922 Rn 102 ff, 186, 198).

Im Sinne einer Eingrenzung des Themas ist zutreffend darauf hingewiesen worden (SPIRITUS 211), dass hier von einer Teilung des Nachlasses höchstens dann die Rede sein könne, wenn **nicht nur der Gesellschaftsanteil selbst, sondern auch der hinter ihm stehende Vermögenswert** keiner gesamthänderischen Bindung an die Erbengemeinschaft (mehr) unterliege. **54**

Dies führt zu der Frage, ob die Singularsukzession der einzelnen Miterben in die Mitgliedschaft so weit geht, dass auch die vermögenswerten Rechte, die gem § 717 S 2 von der Gesellschafterstellung abgespalten werden können, unter Umgehung der Erbengemeinschaft sofort an die einzelnen Miterben fallen. Man wird das wohl bejahen und eine Ausnahme nur hinsichtlich derjenigen Vermögensansprüche (Gewinnansprüche) machen dürfen, deren Entwicklung zur Zeit des Erbfalls bereits völlig abgeschlossen war (vgl STAUDINGER/MAROTZKE [2008] § 1922 Rn 187). Dies ist jedoch ebenso umstritten wie die weitere Frage, welcher Vermögensmasse im Fall einer qualifizierten Nachfolgeklausel etwaige Wertausgleichsansprüche weichender Miterben zuzuordnen sind (dazu STAUDINGER/MAROTZKE [2008] § 1922 Rn 188). **55**

Die angesprochenen dogmatischen Schwierigkeiten lassen es **verführerisch** erscheinen, **die §§ 2058 ff insgesamt für „auf den Gesellschaftsanteil unanwendbar" zu erklären**. Das wäre jedoch ein Irrweg (vgl Vorbem 8 zu §§ 2058 ff). Statt völlig aus dem Anwendungsbereich der §§ 2058 ff auszuscheren, sollte man sich Folgendes in Erinnerung rufen: **56**

Das **Bedürfnis** für ein Leistungsverweigerungsrecht nach Art des § 2059 Abs 1 resultiert im Allgemeinen daraus, dass jeder einzelne Miterbe einerseits gem §§ 2058, 421 als Gesamtschuldner für die *volle* Nachlassverbindlichkeit in Anspruch genommen werden kann und dann auf den – oft unsicheren – Rückgriff gegen die übrigen Erben angewiesen ist, er andererseits aber vor der Teilung des Nachlasses wegen dessen gesamthänderischer Bindung als *Einzelner* nicht in der Lage ist, sich durch Veräußerung von Nachlassgegenständen oder seines Anteils an ihnen die zur Schuldentilgung nötigen Mittel aus dem Nachlass zu beschaffen (Rn 2 f). Da der einzelne Miterbe *ohne* Mitwirkung der übrigen Erben sein Eigenvermögen weder durch Beschaffung der zur Schuldentilgung erforderlichen Mittel aus dem ungeteilten Nachlass noch durch Beantragung einer Nachlassverwaltung (§§ 1975, 2062 HS 1) vor dem Zugriff der Nachlassgläubiger schützen kann, bedarf er des besonderen Schutzes durch § 2059 Abs 1 (das ihm nach § 317 Abs 1 und 2 InsO auch als *Einzelnem* zustehende Mittel der Beantragung eines Nachlassinsolvenzverfahrens setzt gem § 320 InsO die Überschuldung des Nachlasses bzw dessen wirkliche oder drohende Zahlungsunfähigkeit voraus und versagt somit, wenn lediglich der *Erbteil* des in Anspruch genommenen Miterben nicht ausreicht; vgl auch Rn 2 mwNw). Nun ist aber auch das Vermögen der *Gesellschaft,* in die die Miterben durch Erbgang – wenn auch einzeln und getrennt – eingerückt sind, **57** gesamthänderisch gebunden. Wegen § 719 kann der einzelne Miterbe seinen Anteil am *Gesellschafts*vermögen und an den einzelnen Gegenständen dieses Vermögens ebenso schwer in Geld umsetzen wie seinen Anteil an *Nachlass*gegenständen, die noch allen Miterben gesamthänderisch zustehen. **Folglich greift der Schutzzweck des § 2059 Abs 1 in gewisser Weise auch hier ein** (jedoch nur mit Einschränkungen, sobald das „Zu-Geld-Machen" *gelungen* ist [Rn 70], und auch vorher *nicht* beim Alleinerben [Rn 73]). Es wäre deshalb nicht sinnvoll, die automatische Verteilung der Gesellschafterstellung auf die einzelnen Miterben ohne Not als eine diese Vorschrift unanwendbar (!) machende „Teilung des Nachlasses" anzusehen (zustimmend STODOLKOWITZ, in: FS Kellermann [1991] 439, 451 f; MUSCHELER 489 f; ULMER/SCHÄFER ZHR 160 [1996] 413, 424 f; gegen die hier vorgetragene Argumentation jedoch RADDATZ 66 ff). Vgl ferner die bei Rn 47 ff, 60 ff genannten Gründe.

58 **Ergebnis der vorstehenden Überlegungen ist**: Das Leistungsverweigerungsrecht des § 2059 Abs 1 wird nicht dadurch ausgeschlossen, dass der Nachlass im Wesentlichen nur aus einem der Sondererbfolge unterliegenden Personengesellschaftsanteil besteht (iE wie hier AK-BGB/BUCHHOLZ Vorbem 15 f zu § 2058; STODOLKOWITZ [oben Rn 57] 453, 459; M SIEGMANN 216 ff; SPIRITUS 211; P ULMER ZGR 1972, 195, 203 [Fn 44], 327; ders NJW 1984, 1496, 1500; HEHEMANN BB 1995, 1301, 1303, 1311; MUSCHELER 489 f; ULMER/SCHÄFER ZHR 160 [1996] 413, 424 f und mit Einschränkungen auch EMMERICH ZHR 1986, 193, 205 ff; **aM** RADDATZ 65 ff, 73 f; HECKELMANN [s oben Vorbem 8 zu §§ 2058 ff]; KIESERLING 158 ff, 161, 164; H WESTERMANN, Personengesellschaftsrecht [4. Aufl 1979] Rn 526; H P WESTERMANN AcP 173 [1973] 24, 37, 42 f; ders, in: WESTERMANN [Hrsg], Handbuch der Personengesellschaften, Rn I 1318; MünchKomm/ANN Rn 8; KICK 113 f; AnwKomm/KICK Rn 11 [trotz aaO Rn 12!] und MICHALSKI, Gesellschaftsrechtliche Gestaltungsmöglichkeiten zur Perpetuierung von Unternehmen [1980], 153 f; differenzierend WIEDEMANN, Gesellschaftsrecht II [2004] 474 f, 481 f).

bb) Stellungnahme zu alternativen Lösungsvorschlägen

59 **Eine extreme Gegenposition** wird vertreten von MICHALSKI (soeben Rn 58), der bzgl der Haftung für diejenigen Nachlassverbindlichkeiten, die zugleich Gesellschaftsschulden sind, eine Teilung des Nachlasses iSd § 2059 Abs 1 selbst dann annimmt, wenn der Erblasser außer dem Gesellschaftsanteil noch erhebliches anderes Vermögen hinterlassen hat. MICHALSKI will damit erreichen, dass die einzeln in eine OHG nachrückenden Miterben für die bis dahin entstandenen Gesellschaftsschulden unbeschränkbar auch mit dem Eigenvermögen haften. Dazu bedarf es jedoch nicht der Annahme einer Nachlassteilung iSd § 2059 Abs 1 (zumal auf diese Weise nicht *sämtliche* Haftungsbeschränkungsmittel ausgeschaltet werden können); mE genügt es, dass nach fruchtlosem Ablauf der in § 139 Abs 3 HGB bestimmten Frist (arg § 139 Abs 4 HGB) der § 130 HGB eingreift (Konsequenz: eine die Haftung aus §§ 2058 ff überlagernde und deshalb weder nach § 2059 Abs 1 [oder §§ 1973–1975, 1989 ff] auf den Nachlass beschränkbare noch nach §§ 2060, 2061 teilbare *Eigen*verbindlichkeit des einzelnen Miterben-Gesellschafters; vgl auch § 1967 Rn 64 f, 5 ff). Die Annahme, dass die Erben eines OHG-Gesellschafters ihre Chance, die Haftung für die bisherigen Gesellschaftsschulden nach erbrechtlichen Grundsätzen zu beschränken, bereits zZ des Anfalls der Erbschaft verlieren, wäre zudem unvereinbar mit § 139 Abs 4 HGB, der den Erben diese Chance unter gewissen Voraussetzungen (zB fristgerechte Umwandlung des OHG-Anteils in einen Kommanditanteil) erhalten will (vgl § 1967 Rn 63 ff).

Ganz überwiegend wollen denn auch diejenigen Autoren, die den Nachlass im Fall 60 der Singularsukzession von Miterben in einen das einzig nennenswerte Nachlassvermögen darstellenden OHG-Anteil als geteilt iSd § 2059 Abs 1 betrachten, das Eigenvermögen der Miterben nicht etwa schutzlos lassen, sondern diesen Schutz statt über § 2059 Abs 1 dadurch bewerkstelligen, dass sie entgegen § 2062 HS 1 jedem *einzelnen* Miterben das Recht zugestehen, ohne Mitwirkung der übrigen die haftungsbeschränkende (§ 1975) Nachlassverwaltung zu beantragen. Gegen diesen Lösungsweg sprechen jedoch gewichtige Gründe (s § 2062 Rn 25 ff). Da die Erben kaum in der Lage sein werden, den (im Wesentlichen aus dem Gesellschaftsanteil bestehenden!) Nachlass durch Vermengung mit ihren Eigenvermögen zu verschleiern, ist es für die Nachlassgläubiger durchaus tragbar, den Erben die Beschränkung ihrer Haftung auch ohne amtliches Verfahren zu ermöglichen, also die automatische Einzelzuweisung des den einzigen Nachlassgegenstand darstellenden Gesellschaftsanteils *nicht* als eine das Leistungsverweigerungsrecht aus § 2059 Abs 1 beendende „Teilung" anzusehen (ebenso STODOLKOWITZ, in: FS Kellermann [1991] 439, 451 f vor c).

cc) Weitere Details
Einem Nachlassgläubiger, der Wert auf eine Nachlassverwaltung legt, bleibt es unbe- 61 nommen, diese unter den in § 1981 Abs 2 genannten Voraussetzungen zu beantragen (zu § 2062 HS 2 s oben Rn 46).

Er kann aber auch gem §§ 857, 859 Abs 1 ZPO die den Miterben zugefallenen 62 **Gesellschaftsanteile pfänden** und auf diese Weise eine ähnlich wirksame Separation herstellen wie im Fall der Nachlassverwaltung (vgl §§ 859 Abs 1, 857 Abs 1, 829 Abs 1 ZPO, §§ 136, 1276 BGB). Trotz Anwendbarkeit des § 2059 Abs 1 haben die Nachlassgläubiger die Möglichkeit, sich im Wege der Zwangsvollstreckung gem §§ 859 Abs 1 ZPO, 725 BGB, 135 HGB aus dem Gesellschaftsanteil jedes einzelnen Miterben zu befriedigen (vgl Rn 3, 35, 49 [jeweils zur Vollstreckung in vor der Teilung des „Nachlasses" verteilte Gegenstände]; KIESERLING 105 ff; RADDATZ 70 ff; ULMER ZGR 1972, 329 f; ULMER/SCHÄFER ZHR 160 [1996] 413, 425 f; H WESTERMANN, Personengesellschaftsrecht [4. Aufl 1979] Rn 526; H P WESTERMANN, in: Westermann [Hrsg], Handbuch der Personengesellschaften, Rn I 1318; **anders** noch ders in AcP 173 [1973] 24, 32 f, 41–43: dieses Recht habe grundsätzlich nur der Nachlassverwalter [vgl dazu § 1985 Rn 21]). Dass dieser Anteil niemals der gesamthänderischen Bindung an eine Erbengemeinschaft unterlag, ändert nichts daran, dass jedenfalls der hinter ihm stehende Vermögenswert, soweit er übertragbar (§ 717 S 2) bzw pfändbar (§ 859 Abs 1 ZPO) ist, den Gläubigern des Erblassers durch dessen Tod nicht ohne weiteres (ausführl MAROTZKE AcP 184 [1984] 541, 556 ff) entzogen werden darf (diesen Gesichtspunkt betonen auch H P WESTERMANN AcP 173 [1973] 24, 28; JOHANNSEN FamRZ 1980, 1074, 1082; vgl ferner BGH NJW 1986, 2431, 2433 und – trotz zT anderer Sichtweise [dazu MAROTZKE JZ 1986, 457, 459; ULMER JuS 1986, 856, 859 ff] – BGHZ 91, 132, 136 = JZ 1984, 890 ff m Anm BROX).

Freilich bedarf es, wenn man von einer automatischen Aufteilung und Zuordnung 63 des Gesellschaftsanteils an die *einzelnen* Miterben ausgeht, zur Pfändung der durch diese Aufteilung entstandenen kleineren Gesellschaftsanteile nicht eines **Vollstreckungstitels** gegen *alle* Miterben (KIESERLING 107; WIEDEMANN, Die Übertragung und Vererbung von Mitgliedschaftsrechten bei Handelsgesellschaften [1965] 206; ULMER/SCHÄFER ZHR 160 [1996] 413, 427 f, 440). Für eine Anwendung des § 747 ZPO ist mangels gesamthänderischer Bindung kein Raum (ein gegen *sämtliche* Erben gerichteter Titel ist zwar unnötig, aber selbstverständlich ausreichend).

64 Um **Eigengläubiger einzelner Miterben fernzuhalten**, ist vorgeschlagen worden (ULMER/SCHÄFER ZHR 160 [1996] 413, 424, 429 ff), den vererbten Gesellschaftsanteil bis zur Nachlassteilung (dazu Rn 70) „*funktional* so zu behandeln, als gehörte er zum *gesamthänderisch gebundenen* Nachlaß" (Hervorhebungen von mir). Diesem Vorschlag möchte ich nicht folgen. Denn der Abwehr der Eigengläubiger vom Nachlass dienen weder das Gesamthandsprinzip noch § 2059 BGB oder § 747 ZPO, sondern nur die Nachlassverwaltung und das Nachlassinsolvenzverfahren (vgl § 1975 Rn 6, 10, 12, § 1990 Rn 28; STEIN/JONAS/MÜNZBERG ZPO § 747 Rn 2 [Schlusssatz]; BGHZ 53, 110 [LS 1], 114 f). Zudem müsste der Weg über das Gesamthandprinzip scheitern, wenn nur *ein* Erbe vorhanden ist. Wenn ein Nachlassgläubiger den Gesellschaftsanteil dem Zugriff der Eigengläubiger des oder der Erben entziehen will, muss er also entweder schneller zugreifen als diese (§ 804 Abs 3 ZPO) oder dafür sorgen, dass es tatsächlich zu einer Nachlassverwaltung oder einem Nachlassinsolvenzverfahren kommt (vgl zu einer ähnlichen Problematik § 1990 Rn 28 sowie speziell zur Nachlassverwaltung auch § 2062 Rn 25 ff). Dass ein Personengesellschaftsanteil nur beschränkt fremdverwaltungsgeeignet ist (s § 1985 Rn 20 ff), macht derartige Verfahren zwar schwierig, aber nicht entbehrlich.

65 Handelt es sich bei dem vererbten Gesellschaftsanteil um den Anteil an einer **OHG oder KG**, so kann ein Gläubiger, der ihn aufgrund einer Nachlassverbindlichkeit pfänden ließ, die Gesellschaft erst **kündigen**, wenn er zuvor erfolglos die Zwangsvollstreckung in das bewegliche Vermögen des „Gesellschafters" versucht hat (vgl §§ 135, 161 Abs 2 HGB). Bei der GbR gilt § 725.

66 Solange der Nachlass des bisherigen Gesellschafters (des Erblassers) trotz der hinsichtlich des Gesellschaftsanteils stattgefundenen Einzelnachfolge eines oder mehrerer Miterben nicht iS des § 2059 Abs 1 „geteilt" ist (dazu Rn 44 ff, 52 ff, 70) und soweit auch nicht Abs 1 S 2 (dazu Rn 4 ff) oder eine unbeschränkte handelsrechtliche Haftung (s Rn 59 und § 1967 Rn 64 f) eingreift, wird man als „**bewegliches Vermögen des Gesellschafters**" iS von § 135 HGB (s Rn 65) nur den *Nachlass,* nicht auch das übrige Vermögen des in Anspruch genommenen und sich auf seine beschränkte Haftung berufenden einzelnen Miterben in Betracht ziehen dürfen (vgl KIESERLING 115 ff; EMMERICH ZHR 150 [1986] 193, 206; MUSCHELER 491). Der Nachlassgläubiger kann also, solange dieser Zustand andauert, die Gesellschaft bereits dann kündigen, wenn er erfolglos die Zwangsvollstreckung in das übrige bewegliche Vermögen des *Nachlasses* versucht hat, was idR ein Vorgehen gegen sämtliche Miterben voraussetzt (ebenso RADDATZ 72).

67 Ist der Nachlass iS des § 2059 Abs 1 geteilt (Rn 70), wird als bewegliches Vermögen des „Gesellschafters" (§ 135 HGB) von nun an das *Gesamt*vermögen des in Anspruch genommenen *einzelnen* Miterben anzusehen sein. Hat dieser jedoch seine Haftung auf das aus dem Nachlass Empfangene beschränkt (§ 2060 Rn 1), so ist nur noch dieses iS von § 135 HGB „Vermögen des Gesellschafters".

68 Diskutiert wird des Weiteren die Frage, ob den Miterbengesellschaftern gegenüber der Kündigung der Gesellschaft durch Nachlassgläubiger ein **Wertablösungsrecht** zusteht (vgl KIESERLING 119 ff). Praktische Bedeutung hätte solch ein Recht vor allem bei der GbR, da für diese nicht § 135 HGB, sondern § 725 Abs 1 BGB gilt. Entgegen KIESERLING (aaO) dürfte ein Wertablösungsrecht nur unter den Voraussetzungen der §§ 1973 (vgl Abs 2 S 2), 1974, 1989, 1992 anzuerkennen sein (vgl auch RADDATZ 72 f).

Sonstige Ablösungsrechte der Gesellschafter, die allerdings keine *Wert*ablösungsrechte sind, können sich nach Maßgabe der §§ 268, 1249 ergeben. Vgl ferner § 131 Abs 3 S 1 Nr 4 HGB (Fortsetzung der OHG trotz Kündigung durch Privatgläubiger). **69**

Folgt man dem Vorstehenden, so ist nach Beerbung eines Personengesellschafters **70** durch Miterben eine **Teilung des Nachlasses** iS des § 2059 Abs 1 **nur selten** anzunehmen. Zu denken ist jedoch an den Fall, dass außer dem Gesellschaftsanteil noch anderes Nachlassvermögen vorhanden ist; dann kann zumindest *dieses* noch geteilt werden. Fehlt es an solchem zusätzlichen Nachlassvermögen, könnte man vor dem Hintergrund des bei Rn 57 Ausgeführten noch erwägen, eine zum Wegfall des Leistungsverweigerungsrechts (§ 2059 Abs 1) führende Nachlassteilung jedenfalls dann anzunehmen, wenn jeder Miterben-Gesellschafter seinen ererbten Gesellschaftsanteil durch Rechtsgeschäft aufgegeben, insbesondere ihn durch Veräußerung oder Ausscheiden gegen Abfindung „zu Geld gemacht" hat (vgl die bedenkenswerten und zT noch weiter gehenden Hinweise von STODOLKOWITZ, in: FS Kellermann [1991] 439, 453 Mitte, 458 f; ULMER/SCHÄFER ZHR 160 [1996] 413, 426 f, 433; kritisch DAUNER-LIEB 433 f mit dem zutreffenden [s Rn 46 ff] Hinweis, dass man mit *dieser* Argumentation nicht auch diejenigen Miterben ihr Leistungsverweigerungsrecht verlieren lassen darf, die an solchen „teilungsäquivalenten Handlungen" überhaupt nicht mitgewirkt haben [man denke zB an „weichende" Erben im Fall einer qualifizierten Nachfolgeklausel, s STAUDINGER/MAROTZKE (2008) § 1922 Rn 180 ff]). Ansonsten führt die nach der Konzeption des BGB systemwidrige (vgl § 2032 Abs 1) Annahme einer Singularsukzession einzelner oder aller Miterben in den Gesellschaftsanteil zu einer ebenso systemwidrigen Perpetuierung des Leistungsverweigerungsrechts aus § 2059 Abs 1 (das aber ohnehin nur die *erbrechtliche* Haftung betrifft [s Rn 53, 59 sowie § 1967 Rn 58, 63 ff] und selbst hier noch der bei Rn 49 angesprochenen *erheblichen Einschränkung* unterliegt). Wertungsmäßig passt dieses Ergebnis zu den **Reformvorschlägen**, die darauf abzielen, dem Erben die Haftungsbeschränkung auf den Nachlass auch ohne eine Nachlassverwaltung oder ein Nachlassinsolvenzverfahren ganz allgemein – allerdings auch unabhängig von der Existenz von *Miterben* und der *Sondervererbung* unterliegender Nachlaßgegenstände – zu gewähren (vgl Vorbem 46 ff zu §§ 1967 ff). Wer diese Reformvorschläge ablehnt (zB DAUNER-LIEB 71 f), wird auch der hier vertretenen Auslegung des § 2059 Abs 1 mit Skepsis begegnen (konsequent deshalb die ablehnende Stellungnahme von DAUNER-LIEB 432 ff, 435 ff; vgl jedoch Vorbem 51 zu §§ 1967 ff).

c) **Anwendbarkeit des Abs 1 auch in Fällen der §§ 2060, 2061 Abs 1 S 2?**
Obwohl der automatische Zerfall eines den einzigen Nachlassgegenstand bildenden **71** Gesellschaftsanteils keine Nachlassteilung iS der §§ 2059 Abs 1, 2062 HS 2 darstellt, kann er **iS der §§ 2060, 2061 Abs 1 S 2** einer Teilung des Nachlasses gleich zu erachten sein (§ 2060 Rn 44, 46 ff). Man wird einem Miterbengesellschafter die Berufung auf § 2059 Abs 1 auch gegenüber solchen Nachlassgläubigern nicht prinzipiell versagen dürfen, denen er gem § 2060 oder § 2061 Abs 1 S 2 nicht mehr gesamt-, sondern nur noch teilschuldnerisch haftet.

Zwar will § 2059 Abs 1 in erster Linie (aber: § 2058 Rn 32) die *gesamt*schuldnerische **72**

Haftung jedes einzelnen Miterben lindern (vgl Rn 2 f; Prot V 873; Denkschr 730 f), die ja seine Inanspruchnahme auch für die Teile der Verbindlichkeit ermöglicht, die ihm im Verhältnis zu den übrigen Erben nicht zur Last fallen (§§ 421, 426). Daran anknüpfend könnte man argumentieren, dass § 2059 Abs 1 dort, wo eine derartige Ausgangslage nicht besteht *und* der Miterbe das ihm bei der Auseinandersetzung Zukommende bereits erhalten hat (was nach § 2060 Rn 44, 46, 49 Voraussetzung für die Umwandlung der gesamtschuldnerischen Miterbenhaftung in eine teilschuldnerische ist), nach seinem Sinn und Zweck nicht angewandt werden könne. Denn die Vorschrift findet ja auch dann keine Anwendung, wenn ein Gesellschaftsanteil auf einen *Alleinerben* übergeht; und nicht schutzwürdiger als ein Alleinerbe ist – so könnte man meinen – auch ein Miterbe, soweit er nach Empfang der seinem Erbteil entspr Werte nur noch für den seiner Erbquote entspr Bruchteil einer Verbindlichkeit haftet.

73 Bei dieser Argumentation (Rn 72) blieb jedoch unberücksichtigt, dass ein Miterbe durch § 2062 HS 1 gehindert ist, ohne Mitwirkung der übrigen Erben das Haftungsbeschränkungsmittel (§ 1975) der Nachlassverwaltung zu beantragen (vgl aber § 2062 Rn 26 ff). Als Ausgleich (Rn 2 f) bedarf er des Schutzes durch § 2059 Abs 1, auf den ein *Alleinerbe* schon deshalb nicht angewiesen ist, weil *er* eine Nachlassverwaltung *ohne weiteres* beantragen kann (vgl auch die ähnlichen Überlegungen bei Rn 21, 80).

4. Die Haftungsverhältnisse bei planmäßiger Teilungsvermeidung

a) Fortgesetzte Erbengemeinschaft und Fortführung eines ererbten Handelsgeschäfts

74 Eine Untersuchung von SEEMÜLLER (Die fortgesetzte Erbengemeinschaft [Diss Hamburg 1976] 106–114; zustimmend MUSCHELER, Die Haftungsordnung der Testamentsvollstreckung [1994] 111 f; vgl auch DAUNER-LIEB 425 f) kommt zu dem Ergebnis, dass das Leistungsverweigerungsrecht des Abs 1 nicht nur dann entfalle, wenn der Nachlass geteilt wird, sondern auch dann, wenn die Erben darin übereinkommen, den gemeinschaftlichen Nachlass unter Abbedingung des jederzeitigen Auseinandersetzungsanspruchs (§ 2042 Abs 1) für bestimmte oder unbestimmte (SEEMÜLLER 1), zumindest aber „längere" Zeit (SEEMÜLLER 176) ungeteilt zu lassen. Den Grund für diese teleologische Reduktion des § 2059 Abs 1 sieht SEEMÜLLER (111) darin, dass das Leistungsverweigerungsrecht des § 2059 Abs 1 als „vorübergehendes Mittel besonderer Art" gedacht sei.

75 ME bedarf es dieser Einschränkung des Abs 1 nicht (zurückhaltend auch ANN 398 ff; PALANDT/EDENHOFER Rn 3 aE). Solange der Nachlass in gesamthänderischer Bindung zusammengehalten und vom Eigenvermögen der Erben rechtlich getrennt bleibt, ist die Beschränkung der Gläubiger auf den Nachlass (Abs 2) und die Erbteile (Abs 1 S 1) auch ohne amtliche Fremdverwaltung des Nachlasses tragbar (vgl Rn 2). Zudem haben die dem Leistungsverweigerungsrecht des Abs 1 ausgesetzten Nachlassgläubiger auch nach SEEMÜLLER (123; vgl auch DAUNER-LIEB 421, 433) die Möglichkeit, die fortgesetzte Erbengemeinschaft einseitig und vorzeitig zu beenden (vgl §§ 751 S 2, 2044 Abs 1 S 2 BGB, 859 Abs 2 ZPO). Tun sie das, so beenden sie damit zugleich das – nur *bis* zur Teilung des Nachlasses bestehende – Leistungsverweigerungsrecht des § 2059 Abs 1. Keinen solchen Ausweg bietet den Nachlassgläubigern allerdings der bei Rn 77 erwähnte Gesetzgebungsvorschlag von ANN (s auch Vorbem 17 zu §§ 2058 ff).

Titel 4 · Mehrheit von Erben § 2059
Untertitel 2 · Rechtsverhältnis zwischen Erben und Nachlassgläubigern 76–80

Selbst wenn einziger Nachlassgegenstand ein **Handelsgeschäft** ist und die Miterben 76 dieses als **OHG** fortführen, bleibt uU noch Raum für § 2059 Abs 1 (jedenfalls soweit es um solche Nachlassverbindlichkeiten geht, die nicht zugleich Geschäftsschulden sind; andernfalls vgl § 27 HGB und § 1967 Rn 58 f). Denn nach der Rspr setzt der Übergang des Geschäftsvermögens von der Erbengemeinschaft auf die aus ihr hervorgegangene OHG besondere rechtsgeschäftliche Übertragungsakte voraus (BGHZ 92, 259, 263; vgl auch OLG Karlsruhe NJW-RR 1995, 1189 = ZEV 1995, 379 m Anm GOETTE; M WOLF AcP 181 [1981] 480, 486 ff mwNw sowie zu der sehr umstrittenen Frage, *wann* bei Fortführung eines Handelsgeschäfts durch Miterben eine OHG entsteht: BGHZ 92, 259 ff; SEEMÜLLER 134–172; K SCHMIDT NJW 1985, 2785 ff; ASTRID ERNST, Haftung des Erben für neue Geschäftsverbindlichkeiten [1994] 119 ff; DAUNER-LIEB 464 ff, 506 ff, 513 ff, 516 ff; ANN 350). Erst wenn diese erfolgt sind, kann uU von einer „Auseinandersetzung der Erbengemeinschaft" (BGH aaO) und einer das Leistungsverweigerungsrecht aus § 2059 Abs 1 beendenden „Teilung des Nachlasses" die Rede sein (nicht anders wohl auch JOHANNSEN FamRZ 1980, 1074, 1076 f).

Mit einem **Gesetzgebungsvorschlag** will ANN die hier angesprochene Problematik 77 lösen. ANN empfiehlt, die persönliche Haftung von Miterben, die ihr Haftungsbeschränkungsrecht noch nicht verloren haben, in *allen* Fällen erst mit der (wenn auch vielleicht sehr späten; vgl ANN 398 ff) Teilung des Nachlasses beginnen zu lassen und den § 2059 Abs 1 als deshalb *überflüssig* zu streichen. Gegen seine eigene Lösung, die als Anspruchs- und Klagegegner bis zur Nachlassteilung nur die als rechts- und parteifähig gedachte *Erbengemeinschaft* vorsieht, bestehen jedoch erhebliche Bedenken (vgl Rn 75 aE und Vorbem 14 ff zu §§ 2058 ff).

b) Testamentsvollstreckung
Nach Ansicht von MUSCHELER soll § 2059 Abs 1 S 1 unanwendbar sein, wenn der 78 Miterbennachlass von einem Testamentsvollstrecker verwaltet wird (MUSCHELER, Die Haftungsordnung der Testamentsvollstreckung [1994] 108 ff).

MUSCHELER (111) ist zuzugeben, dass „die ratio legis des § 2059 Abs 1 S 1 bei der 79 Testamentsvollstreckung an die Grenzen ihrer Legitimationskraft gerät". Denn im Fall der Testamentsvollstreckung wird der einzelne Miterbe nicht durch die Widerspenstigkeit der übrigen Erben, sondern – nicht anders als ein Alleinerbe! – durch das Verwaltungs- und Verfügungsmonopol des Testamentsvollstreckers gehindert, die zur Gläubigerbefriedigung benötigten Mittel dem *Nachlass* zu entnehmen. Ausgehend von dieser zutreffenden Beobachtung argumentiert MUSCHELER wie folgt: Wenn man sich aus billigenswerten Gründen (MUSCHELER 103 ff) beim Alleinerben dafür entschieden habe, die Testamentsvollstreckung nicht als Mittel der Haftungsbeschränkung anzuerkennen, dann dürfe man diese Entscheidung bei der Miterbengemeinschaft nicht durch Anwendung des § 2059 Abs 1 S 1 desavouieren (MUSCHELER 111). Andernfalls behandle man Miterben und Alleinerben in ungerechtfertigter Weise ungleich.

Gegenüber dieser Argumentation lässt sich jedoch einwenden, dass ein Rechtferti- 80 gungsgrund für die Besserstellung von Miterben darin gesehen werden kann, dass ein Miterbe nicht wie der Alleinerbe zu 100%, sondern nur zu einem geringeren Anteil am Aktivnachlass beteiligt ist. Dennoch haftet er den Nachlassgläubigern jedenfalls bis zur Teilung des Nachlasses nicht nur teilschuldnerisch, sondern wie ein Alleinerbe „aufs Ganze" (§§ 2058, 421). Ausgleichsansprüche gegen die übrigen Erben sind dann zwar vorhanden, aber nicht immer durchsetzbar (s § 2058 Rn 79 ff). Die Schutzbedürftigkeit des Miterben gegenüber Zugriffsversuchen auf sein Eigenvermögen ist deshalb auch im Fall der Testamentsvollstreckung *größer* als die Schutzbedürftigkeit eines in gleicher Situation befindlichen Alleinerben (der immerhin den *ganzen* Aktivnachlass geerbt hat). Dieser Unterschied lässt es gerechtfertigt erscheinen, § 2059 Abs 1 S 1 im ersten Fall trotz der schwebenden Testamentsvollstreckung anzuwenden (iE wie hier EBERL-BORGES 342 f, 471; AnwKomm/KICK Rn 13) und umgekehrt eine *analoge* Anwendung der Vorschrift auf den zweiten Fall gar nicht erst in Betracht zu ziehen. Zudem ist anzumerken, dass es dem hohen Gerechtigkeitswert des § 2059 Abs 1 S 1 (s Rn 2 f) nicht entspricht, in diesem Zusammenhang von einem „Blockadeinstrument" (MUSCHELER 111) mit „für die Gläubiger verhängnisvollen Konsequenzen" (MUSCHELER 112) zu reden. Vgl auch § 2062 Rn 2, 4.

IV. Die Nachlassteilung als haftungsrechtliche Zäsur

1. Gefahren der Nachlassteilung

81 Das Leistungsverweigerungsrecht des Abs 1 steht den Miterben nur „bis zur Teilung des Nachlasses" zu. Es entfällt, sobald der Nachlass geteilt ist (Rn 30 ff). Auch unter einigen anderen Aspekten kann es für die Miterben **sehr gefährlich** sein, den Nachlass ohne vorherige Erfüllung der Verbindlichkeiten zu teilen (dazu ausführlich § 2060 Rn 1 ff; vgl auch meine Anm zu BGH LM § 2058 Nr 8).

2. Verhinderung voreiliger Teilungen

82 Um zu verhindern, dass er durch voreilige Teilungswünsche seiner Miterben in eine ungünstige (Rn 81) Haftungssituation gebracht wird, sollte jeder Erbe wissen, dass er an einer Erbauseinandersetzung (§§ 2042 ff) nur dann mitzuwirken braucht, wenn „zunächst" die Nachlassverbindlichkeiten berichtigt werden. Dies folgt aus **§ 2046 Abs 1 S 1**. Ist eine Nachlassverbindlichkeit noch nicht fällig oder ist sie streitig, so ist das zur Berichtigung Erforderliche zurückzubehalten (§ 2046 Abs 1 S 2). Weitere Details sind in § 2046 Abs 2 und 3 geregelt.

83 § 2046 wird ergänzt durch **§ 2045**. Nach § 2045 Satz 1 kann jeder Miterbe verlangen, dass die Auseinandersetzung bis zur Beendigung des nach § 1970 zulässigen Aufgebotsverfahrens oder bis zum Ablauf einer nach § 2061 bestimmten Anmeldefrist aufgeschoben wird. Ist das Aufgebot noch nicht beantragt oder die öffentliche Aufforderung nach § 2061 noch nicht erlassen, so greift § 2045 Satz 2. Danach kann auch in solchen Fällen Auseinandersetzungsaufschub verlangt werden, „wenn unverzüglich der Antrag gestellt oder die Aufforderung erlassen wird".

§ 2060
Haftung nach der Teilung

Nach der Teilung des Nachlasses haftet jeder Miterbe nur für den seinem Erbteil entsprechenden Teil einer Nachlassverbindlichkeit:

Titel 4 · Mehrheit von Erben
Untertitel 2 · Rechtsverhältnis zwischen Erben und Nachlassgläubigern § 2060

1. wenn der Gläubiger im Aufgebotsverfahren ausgeschlossen ist; das Aufgebot erstreckt sich insoweit auch auf die in § 1972 bezeichneten Gläubiger sowie auf die Gläubiger, denen der Miterbe unbeschränkt haftet;

2. wenn der Gläubiger seine Forderung später als fünf Jahre nach dem in § 1974 Abs. 1 bestimmten Zeitpunkt geltend macht, es sei denn, dass die Forderung vor dem Ablauf der fünf Jahre dem Miterben bekannt geworden oder im Aufgebotsverfahren angemeldet worden ist; die Vorschrift findet keine Anwendung, soweit der Gläubiger nach § 1971 von dem Aufgebot nicht betroffen wird;

3. wenn das Nachlassinsolvenzverfahren eröffnet und durch Verteilung der Masse oder durch einen Insolvenzplan beendigt worden ist.

Materialien: E II § 1934; III § 2035; Prot V 875–877, 879; Denkschr 731; Kommissionsbericht 2102 (zu Nr 2); JAKOBS/SCHUBERT ER I 748, 808 ff.

Neufassung seit 1.1.1999: In Nr 3 wurden die Worte „der Nachlaßkonkurs" durch die Worte „das Nachlaßinsolvenzverfahren" und die Worte „durch Zwangsvergleich" durch die Worte „durch einen Insolvenzplan" ersetzt (Art 33 Nr 44 EGInsO).

Systematische Übersicht

I.	Allgemeines zum Einfluss der Nachlassteilung auf die Miterbenhaftung	
1.	Die Rechtslage de lege lata	1
2.	Rechtspolitische Würdigung des möglichen Fortbestands der Gesamtschuld	13
II.	Allgemeines zu §§ 2060, 2061 Abs 1 S 2	
1.	Die Rechtsfolge	15
2.	Die ratio legis	16
3.	Kritik und Verbesserungsvorschläge	17
III.	Wesen der teilschuldnerischen Haftung	
1.	Bestimmung der Quote	19
2.	Prozessuale Berücksichtigung der Schuldteilung	28
3.	Unteilbare Leistungen	30
4.	Besonderheiten bzgl der Haftung aus §§ 1978–1980	31
5.	Sonstiges	35
IV.	Voraussetzungen der Schuldteilung	
1.	Teilung des Nachlasses	38
a)	Allgemeine Umschreibung	38
b)	Personengesellschaftsanteile	46
2.	Forderungsunkenntnis zur Zeit der Nachlassteilung	53
3.	Beschränkbarkeit der Haftung auf den Nachlass?	59
4.	Die drei Fallgruppen des § 2060	61
a)	Allgemeines	61
b)	Nr 1: Ausschluss des Gläubigers im Aufgebotsverfahren	62
c)	Nr 2: fünfjährige Säumnis des Gläubigers	70
d)	Nr 3: durchgeführtes Nachlassinsolvenzverfahren	78
aa)	Allgemeine Voraussetzungen der Nr 3	78
bb)	Nr 3 Alt 1: Verfahrensbeendigung nach Masseverteilung	81
cc)	Nr 3 Alt 2: Insolvenzplan	88
dd)	Analoge Anwendung auf Nachlassverwaltung?	90
V.	Schicksal der teilschuldnerischen Haftung während eines späteren Nachlassinsolvenzverfahrens	91

| VI. Keine Anwendung auf den zu mehreren Erbteilen berufenen Alleinerben _____ 94 | VII. Beweislast _____ 97 |
| VIII. Recht der ehemaligen DDR _____ 99 |

I. Allgemeines zum Einfluss der Nachlassteilung auf die Miterbenhaftung

1. Die Rechtslage de lege lata

1 Auch für die Zeit nach der Teilung des Nachlasses gilt der in § 2058 ausgesprochene **Grundsatz der gesamtschuldnerischen Haftung** der Miterben (BGH NJW 1998, 682 = LM § 2058 BGB Nr 8 m Anm MAROTZKE; BayObLG NJW-FER 1999, 124 = FamRZ 1999, 1175, 1176 = ZEV 1999, 223; vgl auch den letzten Satz der bei § 2058 Rn 2 wiedergegebenen Passage aus Prot V 871), soweit sich aus den §§ 2060, 2061 Abs 1 S 2 nichts anderes ergibt (s unten Rn 15 ff). Solange die gesamtschuldnerische Miterbenhaftung fortbesteht, ändert die Tatsache, dass der Nachlass inzwischen geteilt wurde, nichts am Schuldinhalt; eine automatische Umwandlung von Nichtgeldschulden in Geldschulden findet grundsätzlich nicht statt (zutr P ULMER AcP 198 [1998] 113, 131; **teilw aM** ANN 411 [bereits de lege lata?]; vgl auch unten Rn 30 für den Fall, dass die gesamtschuldnerische Miterbenhaftung durch § 2060 oder § 2061 Abs 1 S 2 in eine teilschuldnerische verwandelt wurde).

2 Das in **§ 2059 Abs 1** geregelte Recht der einzelnen Miterben, die Gläubiger durch Erhebung der Einrede des ungeteilten Nachlasses auf den Nachlass und die Erbteile zu verweisen, besteht jedoch nur „bis" zur Teilung des Nachlasses (§ 2059 Rn 30 ff, 81).

3 Die Anordnung einer **Nachlassverwaltung**, durch die die Haftung der Erben gem § 1975 auf den Nachlass beschränkt werden könnte, ist nach dessen Teilung gleichfalls ausgeschlossen, § 2062 HS 2 (vgl aber dort Rn 25 ff).

4 **Die Inanspruchnahme seines Eigenvermögens kann der Miterbe jetzt grds** (aber: Rn 5 f) **nur noch dann abwenden, wenn er in der Lage ist, wegen Überschuldung, Zahlungsunfähigkeit oder drohender Zahlungsunfähigkeit des Nachlasses** – nicht: des Erbteils (§ 316 Abs 3 InsO) bzw des aus der Erbschaft Erlangten (s § 2058 Rn 30, § 2059 Rn 2) – **ein Nachlassinsolvenzverfahren herbeizuführen** (vgl §§ 1975, 2062 HS 2 BGB, §§ 316 Abs 2, 317, 320 InsO; Denkschr zum BGB 731; wichtig deshalb die Hinweise bei Rn 14 und § 2059 Rn 82 f). § 1975 macht die haftungsbeschränkende Wirkung des Nachlassinsolvenzverfahrens nicht davon abhängig, dass der Nachlass bei Verfahrenseröffnung noch ungeteilt war (vgl auch Rn 85 und § 2062 Rn 16).

5 UU kann der Miterbe auch nach der Nachlassteilung noch nach **§§ 1990–1992** vorgehen (s § 1990 Rn 45). Jedoch rechtfertigt allein der Umstand, dass der Nachlass inzwischen geteilt wurde, nicht den Schluss auf das Vorliegen der Voraussetzungen des § 1990 Abs 1 S 1 (**aM** das bereits bei § 1990 Rn 45 erwähnte Urteil OLG Düsseldorf FamRZ 1996, 444 f).

6 Auch die haftungsbeschränkenden Einreden aus **§§ 1973, 1974, 1989** kann der Miterbe noch nach der Teilung des Nachlasses erwerben; insbesondere kann er noch das Aufgebot der Nachlassgläubiger beantragen. *Bereits erworbene* Haftungsbeschränkungen (zB nach §§ 1973, 1974, 1989) bleiben ihm erhalten (ERMAN/SCHLÜTER Vorbem 12 ff zu § 2058, der sich mit Recht gegen die Behauptung wendet, dass die Erbteilung *stets* zur endgültig unbeschränkten Haftung der Miterben führe).

Haftet ein Miterbe nach der Teilung des Nachlasses beschränkt, so bezieht sich die 7 Beschränkung auf das, was er aus dem Nachlass erhalten hat (vgl §§ 1990 Rn 45, 2058 Rn 10).

Besondere Wirkungen der Nachlassteilung auf die **Pflichtteilslast** regelt § 2319. **8**

Mit der Auseinandersetzung endet die Haftung des Nachlasses für die **Steuerschuld** 9 der am Erbfall Beteiligten (vgl § 1967 Rn 33, 35).

Selbst wenn er wegen einer Inventarverfehlung „unbeschränkt" (§ 1994 Abs 1 S 2 oder 10 **§ 2005 Abs 1) haftet**, kann ein Miterbe auch noch *nach* der Teilung des Nachlasses ein Nachlassinsolvenzverfahren beantragen (§ 316 Abs 1 und 2 InsO), falls ein Eröffnungsgrund vorliegt (s Rn 4). Gem § 2013 Abs 1 S 1 findet dann allerdings § 1975, die Vorschrift über die haftungsbeschränkende Wirkung, keine Anwendung. Dies kann aber nur gelten, *soweit* der Erbe unbeschränkbar haftet, bei einer gemeinsamen Nachlassverbindlichkeit also nur hinsichtlich der seinem ideellen Erbteil entsprechenden *Quote* (str, vgl aber § 2059 Rn 4 ff).

Zu bedenken ist in diesem Zusammenhang, dass die Teilung des Nachlasses, durch 11 die der „unbeschränkt" haftende Miterbe das (durch § 2059 Abs 1 S 2 beschränkte) Leistungsverweigerungsrecht aus § 2059 Abs 1 zunächst verloren hatte, im Nachlassinsolvenzverfahren rückgängig gemacht und der Nachlass nun wieder zu einer einheitlichen Masse – zur Insolvenzmasse – zusammengefasst wird (§§ 35 Abs 1, 80 Abs 1, 148 InsO). Die Nachlassseparation ist jetzt sogar eine amtliche und somit eine noch strengere als die (für eine Anwendung des § 2059 Abs 1 aber bereits genügende!) Bindung an eine Miterbengemeinschaft. Folgerichtig wird man im Fall des Nachlassinsolvenzverfahrens entweder das Leistungsverweigerungsrecht des § 2059 Abs 1 wieder aufleben lassen und es mit der sich aus S 2 ergebenden Einschränkung auch dem „unbeschränkt" haftenden Erben (wieder) zugestehen müssen oder aber das gleiche Ergebnis über § 1975 anzusteuern haben. Vorzuziehen ist mE die zweite Argumentationsschiene (§ 2059 Rn 6 ff). Dass dies eine sich an § 2059 Abs 1 S 2 orientierende **„berichtigende" Auslegung** (vgl § 1994 Rn 34 und § 2007 Rn 3 f) **des den § 1975 für unanwendbar erklärenden § 2013 Abs 1 S 1** voraussetzt (zur Anwendbarkeit der §§ 1978–1980 in diesen Fällen vgl § 2013 Rn 12), steht nicht entgegen (vgl § 2059 Rn 9).

Gegenüber Nachlassgläubigern, die selbst zu den Miterben gehören, können die übri- 12 gen Erben ihr Haftungsbeschränkungsrecht nicht gem §§ 1994 Abs 1 S 2, 2005 Abs 1, 2006 Abs 3 verlieren (§ 2063 Abs 2; vgl auch RGZ 93, 197 sowie zur Erwägung von Ausnahmen § 2063 Rn 22 f).

2. Rechtspolitische Würdigung des möglichen Fortbestands der Gesamtschuld

Man hat kritisiert, dass sich für den **unbeschränkbar** haftenden Miterben aus dem 13 möglichen Fortbestand der gesamtschuldnerischen Haftung über die Teilung des Nachlasses hinaus unbillige Härten ergeben könnten, da er dann ohne jeden Schutz seines Eigenvermögens (vgl dagegen § 2059 Abs 1 S 2 für die Zeit vor der Teilung) auch für den Teil der Nachlassverbindlichkeiten einstehen müsse, der ihm im Verhältnis zu den anderen Miterben nicht zur Last falle (STAUDINGER/LEHMANN[11] Vorbem 4 zu § 2058; SIBER, Haftung für Nachlaßschulden 112, 115, 117, 119). Dieser Einwand entfällt, wenn man erkennt, dass ein Miterbe sein Haftungsbeschränkungsrecht durch Inventarverfehlungen nur bezüglich einer seinem Erbteil entsprechenden Schuld*quote* verlieren kann (vgl Rn 10 f, § 2059 Rn 4 f, 6 ff und, zu § 412 Abs 3 S 2 ZGB der früheren DDR, § 2058 Rn 104, 106).

14 Allerdings entzieht § 2062 HS 2 auch **beschränkbar** haftenden Miterben das Haftungsbeschränkungsmittel der Nachlassverwaltung, indem es eine solche nach der Teilung des Nachlasses für „ausgeschlossen" erklärt ohne Rücksicht darauf, ob im konkreten Fall ein Nachlassinsolvenzverfahren, das nach § 1975 ebenfalls haftungsbeschränkend wirken würde, zulässig ist. Die Eröffnung eines Nachlassinsolvenzverfahrens wird oft daran scheitern, dass die in § 320 InsO genannten Eröffnungsgründe in Bezug auf den *Gesamtnachlass* zu prüfen sind (s § 2058 Rn 30, § 2059 Rn 2, § 2060 Rn 4). Jedoch können sich die Miterben gegen die Härten, die ihnen hieraus insbesondere bei einem Fortbestand der *gesamt*schuldnerischen Haftung zu erwachsen drohen, schützen, indem sie die ihnen bekannten Nachlassverbindlichkeiten *vor* der Teilung des Nachlasses berichtigen und im Übrigen vor der Teilung alles Erforderliche tun, um ihre gesamtschuldnerische Haftung in eine teilschuldnerische zu verwandeln (vgl §§ 2045, 2060, 2061 Abs 1 S 2 und § 2059 Rn 82 f).

II. Allgemeines zu §§ 2060, 2061 Abs 1 S 2

1. Die Rechtsfolge

15 **Unter den besonderen Voraussetzungen der §§ 2060, 2061 Abs 1 S 2 verwandelt sich die gesamtschuldnerische Haftung der Miterben**, die ansonsten über die Nachlassteilung hinaus fortbestehen würde (s Rn 1), **in eine teilschuldnerische**. Das ist so gemeint, wie es formuliert ist (aM ANN 157 Fn 128). In den Fällen der §§ 2060, 2061 Abs 1 haftet jeder Miterbe nur noch „für den seinem Erbteil entsprechenden Teil einer Nachlassverbindlichkeit". Die Gesamtschuld der Miterben zerfällt in rechtlich selbständige *Teilschulden* mit jeweils nur *einem* Miterben in der Position des Verpflichteten. Es ist behauptet worden, dass die Miterben „auch hier für den geringsten sich ergebenden Teilbetrag" als *Gesamtschuldner* haften würden (ANN 157). Wäre das richtig, müsste man wegen § 422 Abs 1 S 1 zu dem Ergebnis kommen, dass der Nachlassgläubiger in den Fällen der §§ 2060, 2061 auch dann nicht auf 100% seiner Ausgangsforderung kommt, wenn er *sämtliche* Miterben in Anspruch nimmt. Das kann der Gesetzgeber nicht gewollt haben.

2. Die ratio legis

16 Der Gesetzgeber ging davon aus, dass den einzelnen Miterben die strenge gesamtschuldnerische Haftung in den Fällen der §§ 2060, 2061 Abs 1 S 2 nicht mehr zugemutet werden dürfe, da es sich hier um Verbindlichkeiten handele, die ihnen ohne ihr Verschulden unbekannt geblieben seien (Denkschr 731; vgl auch Prot V 877 sowie unten Rn 53 ff) und die sie deshalb vor der Teilung des Nachlasses nicht gem § 2046 berücksichtigen konnten. **Der Zweck der Erbauseinandersetzung verlange die Teilung**

der Haftung für unbekannt gebliebene Forderungen, da das bei einer *gesamtschuldnerischen* Haftung drohende Rückgriffsrecht des in Anspruch genommenen Miterben zu einer Änderung der bereits durchgeführten Auseinandersetzung führen könne (Prot V 877; **aM** EBERL-BORGES 352 f mit dem stark vereinfachenden [s § 2058 Rn 79, 86 ff, § 2060 Rn 20 ff, § 2063 Rn 17 ff, 25 ff] Hinweis in Fn 268, dass auch im Rahmen des § 426 jeder Miterbe „nur in Höhe seines Anteils" in Anspruch genommen werde).

3. Kritik und Verbesserungsvorschläge

Die §§ 2060, 2061 Abs 1 S 2 sind im Prinzip sinnvoll. Einige Details sind jedoch zu kritisieren. Das gilt zum einen für das bei Rn 53 ff angesprochene Redaktionsversehen des Gesetzgebers. Es gilt aber auch in anderer Hinsicht: Eine nur *teil*schuldnerische Haftung auch des *beschränkt* (vgl zB Rn 4 ff, 20 ff, 52, 60) haftenden Miterben begegnet erheblichen Bedenken (STAUDINGER/LEHMANN[11] Rn 1; ders Vorbem 4 zu § 2058; SIBER, Haftung für Nachlaßschulden 112, 116; 3. Denkschr d ErbrA d AkDR 108 ff). Wenn jeder Miterbe ohnehin nur mit dem haftet, was er aus dem Nachlass erhalten hat, dann beeinträchtigt die Teilung *auch der Verbindlichkeiten* die Gläubiger insofern, als sie sich wegen eines Ausfalls, den sie bei einem Miterben erleiden, nicht an die übrigen Miterben halten können, selbst wenn das, was diese aus dem Nachlass erhalten haben, ihren Anteil an den Nachlassverbindlichkeiten übersteigt (vgl die bei § 2058 Rn 2 zitierte Passage aus Prot V 871 sowie das Beispiel bei Rn 21). Die Herabminderung der gesamtschuldnerischen Haftung zu einer teilschuldnerischen kann also dazu führen, dass sogar der *Nachlass* nur noch zum Teil für die auf ihm lastenden Verbindlichkeiten haftet. Mit Recht sah SIBER (aaO 116) darin eine **„unerhörte Entrechtung des Gläubigers".** LEHMANN hat im Anschluss an SIBER (aaO 112) zutreffend darauf hingewiesen, dass die auf den Nachlass beschränkte *gesamt*schuldnerische Haftung der Miterben niemals unbillig sei (STAUDINGER/LEHMANN[11] Vorbem 4 zu § 2058; **aM** BÖRNER JuS 1968, 111).

Gut wäre es, wenn man die §§ 2060, 2061 Abs 1 S 2 BGB vor dem Hintergrund dieser Kritik so **auslegen** dürfte, dass die gesamtschuldnerische Haftung der Miterben in Ansehung des Nachlasses und des aus diesem Empfangenen *fortbesteht* und nur in Ansehung der – in den Fällen des § 2060 meist gem § 1973, § 1974 oder § 1989 vermeidbaren – Haftung der *Miterben-Eigenvermögen* in eine teilschuldnerische verwandelt wird. De lege lata wäre diese Auslegung sicherlich sehr gewagt. **De lege ferenda** ist eine ihr entsprechende Regelung aber nachdrücklich zu empfehlen (vgl zB § 412 Abs 4 ZGB der ehemaligen **DDR** [dazu § 2058 Rn 109]; Nachweise zu anderen Gesetzgebungsvorschlägen in Vorbem 14 f, 19 zu §§ 2058 ff und bei STAUDINGER/LEHMANN[11] Vorbem 4 zu § 2058; was dort zu der angeblich unbilligen gesamtschuldnerischen Haftung des „unbeschränkt" haftenden Miterben gesagt ist, erscheint jedoch angreifbar; s oben Rn 13). Bei dieser Gelegenheit könnte man zugleich das bei Rn 53 ff angesprochene Redaktionsversehen korrigieren.

III. Wesen der teilschuldnerischen Haftung

1. Bestimmung der Quote

Rechtsfolge der §§ 2060, 2061 Abs 1 S 2 ist, dass der Erbe nur noch für den **„seinem Erbteil entsprechenden Teil"** einer Nachlassverbindlichkeit haftet. Zur Bedeutung dieser Formulierung vgl Rn 20 ff und erg Rn 15, 18, 27.

20 Unter „**Erbteil**" versteht man hier (Rn 19) genauso wie bei § 2059 Abs 1 S 2 die ideelle Erbquote (vgl Prot V 877 und zu einem **Sonderfall** unten Rn 27), nicht den durch eine etwaige Ausgleichung (§§ 2050 ff) geänderten Anteil am Überschuss (PLANCK/ EBBECKE Vorbem 2 zu § 2058m ausführlicher Begr; vgl auch STAUDINGER/WERNER § 2055 Rn 15). Das kann dazu führen, dass der Nachlassgläubiger von einem nur *beschränkt* haftenden Miterben, der infolge der Ausgleichung aus dem Nachlass nichts erhalten hat, auch nichts erlangen kann (vgl § 2058 Rn 10), während er gegen einen Miterben, der aufgrund der Ausgleichungspflicht eines anderen Miterben mehr erhalten hat, als seinem ideellen Anteil entspricht, gleichwohl nur einen dem ideellen Erbteil entsprechenden Teil der Verbindlichkeit geltend machen kann.

21 Beispiel (vgl BGB-RGRK/KREGEL Rn 2):

Nachlass DM 30 000. Miterben A, B und C zu je 1/3. C hat bei der Auseinandersetzung wegen hoher Vorempfänge nichts erhalten. A und B erhielten je DM 15 000. Es meldet sich ein im Aufgebotsverfahren ausgeschlossener Gläubiger mit einer Forderung von DM 12 000. Lässt man die *ideelle* Erbquote maßgebend bleiben, so kann der Gläubiger gegenüber jedem Erben nur DM 4 000 geltend machen; er erhält also von A und B nur je DM 4 000 und von C, wenn dieser sich auf § 1973 beruft, nichts. *Obwohl der Nachlass zur Begleichung der Forderung mehr als ausreichend ist, erleidet der Gläubiger also einen Ausfall von DM 4 000!*

22 Die Lösung des Beispielfalls ist unbefriedigend (BGB-RGRK/KREGEL Rn 2; vgl auch Rn 6; aM MünchKomm/ANN Rn 4 aE), **soll aber nach hM hinzunehmen sein** (BGB-RGRK/KREGEL Rn 2; PALANDT/EDENHOFER Rn 1; MünchKomm/ANN Rn 4; SOERGEL/M WOLF Rn 5).

23 STAUDINGER/LEHMANN[11] Rn 4 wollte bei dieser Lösung **nicht** stehen bleiben und wies folgenden Weg: Der Gläubiger könne den Erbteil des C gem § 859 Abs 2 ZPO pfänden (was aber nach der Teilung des Nachlasses ins Leere gehen dürfte; vgl STÖBER, Forderungspfändung [15. Aufl 2010] Rn 1668) und auf Grund dieser Pfändung gem § 2046 von den übrigen Miterben seine Befriedigung *aus dem Nachlass* verlangen (also auch aus dem Betrag, der infolge der Ausgleichungspflicht des C nicht an diesen, sondern an A und B gelangt ist). Soweit die Miterben dieser Pflicht nicht, wie in § 2046 vorgesehen, *vor* der Teilung des Nachlasses nachgekommen seien, müssten sie sie nachträglich erfüllen. Der Gläubiger falle folglich mit dem auf C entfallenden Teil der Nachlassverbindlichkeit nicht aus, sondern könne sie auf dem Umweg über die Inanspruchnahme des C in Höhe von je 2 000 DM gegen A und B realisieren. – Gegen diesen Lösungsvorschlag ist jedoch einzuwenden, dass C *nach* der Teilung des Nachlasses keinen Anspruch auf weitergehende Befriedigung des Nachlassgläubigers mehr haben dürfte (BGB-RGRK/KREGEL Rn 2). Denn dem C kann es gleichgültig sein, ob der Gläubiger 8 000 oder 12 000 DM erhält (KREGEL aaO).

24 Auch PLANCK und STROHAL haben versucht, das als unbefriedigend empfundene Ergebnis zu vermeiden (vgl PLANCK/STROHAL[3] § 2061 Anm 6). PLANCK meinte, wegen des im Innenverhältnis der Miterben zu berücksichtigenden Ergebnisses der Ausgleichung (vgl dazu aber § 2058 Rn 87 ff) sei der leer ausgegangene Miterbe verpflichtet, dem Nachlassgläubiger den Erstattungsanspruch abzutreten, den er gegen seine Miterben hätte, falls er dem Gläubiger einen seinem ideellen Erbteil entsprechenden Betrag zahlen müsste. Solch einen Erstattungsanspruch hat er aber in Wirklichkeit nicht, da er dem Gläubiger wegen seiner Haftungsbeschränkung ja gerade *nichts* zu zahlen braucht (BGB-RGRK/KREGEL Rn 2).

STROHAL (aaO) wollte die Grundsätze über die Schuldenhaftung des Übernehmers **25** eines fremden Vermögens (§§ 419, 1388 [beide inzwischen aufgehoben], §§ 1088, 2382) auf die Haftung der Miterben, die den ganzen Nachlass erhalten haben (vgl zu solchen Fällen auch unten Rn 40 ff), analog anwenden. Dagegen ließ sich jedoch einwenden, dass diese nicht von dem leer ausgegangenen Miterben in der Form des § 2033 Abs 1 dessen Erbteil übernommen, sondern nur *aus* dem Nachlass das erhalten haben, was ihnen zustand (BGB-RGRK/KREGEL Rn 2; vgl auch SOERGEL/M WOLF Rn 10). Andererseits wird aber die Anwendung der §§ 2382, 2385 nach STAUDINGER/ OLSHAUSEN (2004) § 2382 Rn 5 nicht zwingend schon dadurch ausgeschlossen, dass der Vertrag den Gegenstand des Veräußerungsgeschäfts nicht ausdrücklich als „Erbschaft" bzw „Erbteil" bezeichnet (vgl auch RGZ 60, 126, 131, das bzgl des Erwerbers eines Erbteils [Rn 36, 40 ff] offen lässt, ob seine Haftung für die Nachlassverbindlichkeiten voraussetzt, dass dem Erwerb ein Erbteilskauf oder ein anderes auf Veräußerung gerichtetes Rechtsgeschäft iS der §§ 2382, 2385 zugrunde liegt [hierzu weitere Nachweise bei Rn 36]).

Geholfen wäre dem Gläubiger übrigens auch, wenn er trotz § 2062 HS 2 noch eine **26** Nachlassverwaltung herbeiführen könnte. Dann könnte er während der Dauer des Verfahrens wieder auf den *gesamten* Nachlass zugreifen (vgl Rn 91 ff zu der entspr Frage für den Fall des Nachlassinsolvenzverfahrens). § 2062 HS 2 kann also bei wortgetreuer Auslegung (§ 2062 Rn 18 ff) dazu führen, dass der Nachlassgläubiger in dem bei Rn 21 angeführten Beispielsfall besser stünde, wenn der Nachlass um 1 Mark bzw 1 EUR überschuldet oder zumindest zahlungsunfähig wäre und deshalb (§§ 320, 316 Abs 2 InsO) mit Aussicht auf Erfolg die Eröffnung eines Nachlass*insolvenz*verfahrens beantragt werden könnte, und zwar seit der ersatzlosen Streichung des § 219 Abs 1 KO (s § 1975 Rn 36 f) auch von einem nach § 1973 ausgeschlossenen Gläubiger. Alles in allem ist das wenig befriedigend; dies bestätigt die rechtspolitische Würdigung bei Rn 17 f.

Bei Verbindlichkeiten, die im Außenverhältnis nur einem oder einigen der Miterben zur **27** **Last fallen**, gelten für die Bestimmung des dem Erbteil entsprechenden Bruchteils besondere Regeln (dazu § 2058 Rn 37).

2. Prozessuale Berücksichtigung der Schuldteilung

Die Umwandlung der gesamtschuldnerischen Haftung (§ 2058) in eine teilschuld- **28** nerische tritt als materiellrechtliche Folge der §§ 2060, 2061 Abs 1 S 2 kraft Gesetzes ein. Im Prozess ist sie **von Amts wegen zu berücksichtigen, nicht nur auf Einrede** (aM JAEGER, Erbenhaftung 27). Der Richter darf den verklagten Miterben nur als Teilschuldner verurteilen, wenn sich die Umwandlung der gesamtschuldnerischen Haftung in eine teilschuldnerische bis zum Schluss der mündlichen Verhandlung aus dem Parteivorbringen und einer evtl nötigen Beweisaufnahme ergibt (BFH NJW 1960, 1975, 1976).

§ 780 ZPO ist auf die Weichenstellung zwischen gesamt- und teilschuldnerischer Haf- **29** **tung nicht anwendbar** (BFH aaO; **aM** JAEGER aaO), da die Umwandlung einer gesamtschuldnerischen Haftung in eine teilschuldnerische etwas gänzlich anderes ist als die

Beschränkung der Haftung auf den Nachlass (vgl § 2058 Rn 10 und unten Rn 59). Nur wenn sich der die Schuldumwandlung (Teilschuld statt Gesamtschuld) begründende Tatbestand erst nach dem in § 767 Abs 2 ZPO bezeichneten Zeitpunkt ergibt, kann der als Gesamtschuldner verurteilte Miterbe mit der Vollstreckungsgegenklage nach § 767 ZPO vorgehen (STROHAL II § 89 III; KRESS, Miterbengemeinschaft 271; BINDER III 318 Fn 20; PLANCK/EBBECKE Anm 2). Diese Einschränkung gilt jedoch nicht, wenn das Gericht dem Erben die Teilhaftung im Urteil vorbehalten hat (vgl JAEGER aaO), was aber unzulässig ist (s oben Rn 28) und deshalb bei einem Vorbehalt „der beschränkten Haftung" nicht ohne weiteres anzunehmen ist.

3. Unteilbare Leistungen

30 Betrifft die Nachlassverbindlichkeit eine unteilbare Leistung, so ist eine teilschuldnerische Inanspruchnahme eines Miterben nicht nur in der Weise denkbar, dass man dem Gläubiger das Recht zugesteht, seine Anspruchsteile in Geld geltend zu machen (so aber STAUDINGER/LEHMANN[11] Rn 9; PLANCK/STROHAL[3] Anm 4; CROME § 744 Fn 93; MICHALSKI Rn 1010; AnwKomm/KICK Rn 23; sympathisierend auch ANN 162 f, 411; vgl auch STAUDINGER/ NOACK [2005] § 426 Rn 123). Der Gläubiger *kann* zwar so vorgehen, *muss* es jedoch nicht. Er kann durchaus Leistung in Natur verlangen, allerdings nur von dem Erben, der dazu wirklich imstande ist (zB weil ihm der geschuldete Gegenstand bei der Nachlassteilung zugewiesen wurde), und auch das nur Zug um Zug gegen Erstattung ihres Geldwertes abzüglich eines der Erbquote des in Anspruch genommenen Miterben entsprechenden Bruchteils (vgl auch § 1991 Rn 23, § 2059 Rn 14; BALZER-WEHR, Bereicherungs- und Erstattungsansprüche gegen Erben [Diss Erlangen-Nürnberg 1998] 49 ff und Abschn 2 d meiner Anm zu BGH LM § 2058 Nr 8 [dort auch abl Stellungnahme zu der in einem vergleichbaren Zusammenhang anzutreffenden Ansicht, dass es sich um eine Zug-um-Zug-*Einrede* handele]).

4. Besonderheiten bzgl der Haftung aus §§ 1978–1980

31 Unanwendbar sind die §§ **2060, 2061 Abs 1 S 2** auf die Ersatzansprüche der Nachlassgläubiger gegen den bzw die Miterben wegen schlechter Verwaltung des Nachlasses (§§ 1978–1980). Denn hier handelt es sich nicht um Nachlass-, sondern um Eigenverbindlichkeiten (vgl § 1978 Rn 35).

32 Ein Miterbe, der sich nach §§ 1978–1980 verantwortlich gemacht hat, bleibt also den Nachlassgläubigern, denen er wegen **§ 2061 Abs 1 S 2** nur noch teilschuldnerisch haftet, für den *gesamten* Ausfall verantwortlich, den sie im Fall beschränkter Erbenhaftung (zB §§ 1990–1992) dadurch erleiden, dass zwischen ihm und seinen Miterben ein durch sein Verschulden *geminderter* Nachlass geteilt wurde.

33 Das zu § 2061 Abs 1 S 2 Ausgeführte (soeben Rn 32) gilt allerdings nicht in den drei Fällen des § **2060**, da der Erbe den im Aufgebotsverfahren ausgeschlossenen oder ihnen gem §§ 1974, 1989 gleichstehenden Gläubigern überhaupt nicht nach §§ 1978– 1980 verantwortlich ist (vgl § 1973 Rn 20 und zu einer Ausnahme § 1989 Rn 9 f).

34 Das bei Rn 32 Ausgeführte gilt trotz § 2013 Abs 1 S 1 auch dann, wenn der Miterbe gem §§ 1994 Abs 1 S 2, 2005 Abs 1 *unbeschränkbar* haftend geworden ist (vgl PLANCK/ STROHAL[3] Vorbem 8 zu § 2058 mwNw und einem Beispiel; DERNBURG, Das bürgerliche Recht V

[1905] § 187 Fn 3; aM BINDER III 336 ff): In solch einem Fall kann der Gläubiger den Miterben, soweit ihm dessen unbeschränkte Haftung nicht zustatten kommt (weil sie nur eine anteilige ist), für Schädigungen des Nachlasses nach Maßgabe der §§ 1978– 1980 verantwortlich machen (PLANCK/STROHAL aaO; vgl auch oben § 2013 Rn 12). Dies gilt jedoch nicht in den drei Fällen des § 2060 (s Rn 33).

5. Sonstiges

In den Fällen der §§ 2060, 2061 Abs 1 S 2 kann es kraft Gesetzes dazu kommen, dass **35** eine **Hypothek**, die ursprünglich für eine gegen den Erblasser gerichtete Forderung eingetragen war, nun plötzlich der Sicherung von Forderungen gegen mehrere dient, die nicht mehr in einer Verpflichtungsgemeinschaft stehen. Zu der Frage, ob eine solche Hypothek auch gültig *bestellt* werden kann, vgl RGZ 126, 272, 277 ff.

Neben dem **Erwerber eines Erbteils** (§§ 2033 Abs 1, 2382, 2385) bleibt der *veräu-* **36** *ßernde* Miterbe auch in den Fällen der §§ 2060, 2061 Abs 1 S 2 anteilig haftbar; hinsichtlich des dem Erbteil entsprechenden Teils der Forderung sind beide Gesamtschuldner (BGB-RGRK/KREGEL Rn 3). Ob die Übernahmehaftung des Erbteilserwerbers (s auch Rn 41 ff) voraussetzt, dass dem Erwerb ein Erbteilskauf oder ein ähnliches Kausalgeschäft iS der §§ 2382, 2385 zugrunde liegt (verneinend BARTHOLOMEYCZIK, 5. Denkschr d ErbrA d AkDR 227 f [zu den Unterschieden zwischen der Haftung aus § 419 und der aus §§ 2382 ff *ders* aaO 220 ff]; unentschieden RGZ 60, 126, 131), ist seit der Aufhebung des § 419 (vgl Vorbem 5 zu §§ 1967 ff) wieder offen (vgl auch Rn 25). Solange § 419 galt, war sie zu verneinen (ausführlich STAUDINGER/MAROTZKE [1996] § 2060 Rn 13).

Die Eröffnung eines **Nachlassinsolvenzverfahrens** wird nicht dadurch ausgeschlossen, **37** dass sich die gesamtschuldnerische Miterbenhaftung bereits in eine teilschuldnerische verwandelt hat (s dazu Rn 91 ff).

IV. Voraussetzungen der Schuldteilung

1. Teilung des Nachlasses

a) Allgemeine Umschreibung
Unter Teilung des Nachlasses verstehen die §§ 2060, 2061 Abs 1 S 2 die **Erbausein-** **38** **andersetzung** (vgl Rn 16).

Solange die Auseinandersetzung erst bzgl *einzelner* Miterben erfolgt ist, können **39** §§ 2060, 2061 Abs 1 S 2 auf die Haftung der *übrigen* Miterben, die noch in Rechtsgemeinschaft stehen, nicht angewendet werden. Auf die Haftung derjenigen Miterben, mit denen die Auseinandersetzung bereits abgeschlossen ist, wird man die §§ 2060, 2061 Abs 1 S 2 nach ihrem Sinn und Zweck (Rn 16) jedoch anwenden müssen. Da die gegen Abfindung aus der Rechtsgemeinschaft ausgeschiedenen einzelnen Miterben über § 2059 Abs 1 nicht auch die erlangte Abfindung schützen können (s § 2059 Rn 32), bedürfen auch sie des Schutzes durch die §§ 2060, 2061 Abs 1 S 2 (hinsichtlich §§ 2060, 2061 iE übereinstimmend ANN 155; **aM** jedoch EBERL-BORGES 354, deren bei Rn 16 aE angedeutete **aM** zum Gesetzeszweck sich hier anscheinend auswirkt).

Wenn die Erbauseinandersetzung in der Weise erfolgt, dass ein einzelner Miterbe **40**

sämtliche Erbteile der übrigen gegen ein nicht aus dem Nachlass entnommenes Entgelt **erwirbt** (§ 2033 Abs 1) und auf diese Weise die Erbschaft als Ganzes in seiner Hand *vereint,* liegt eine „Teilung" des Nachlasses eigentlich – dh im umgangssprachlichen Wortsinn – nicht vor. Gleichwohl ist *im Sinne der §§ 2060, 2061 Abs 1 S 2* auch hier eine „Teilung des Nachlasses", zumindest jedoch ein der Teilung *gleichwertiger* Tatbestand, anzunehmen. Denn auch hier liegt eine vollzogene Erbauseinandersetzung vor, deren Ergebnis die §§ 2060, 2061 Abs 1 S 2 nach Maßgabe des bei Rn 16 Ausgeführten schützen wollen. Zudem ist auch hier die gesamthänderische Bindung des geerbten Vermögens wirksam beendet worden (vgl ergänzend § 2059 Rn 42, § 2062 Rn 23).

41 Sind in den bei Rn 40 angesprochenen Fällen auch die übrigen Voraussetzungen des § 2060 bzw § 2061 Abs 1 S 2 erfüllt, so ergeben sich folgende Haftungsverhältnisse:

Die *veräußernden* Miterben haften zwar auch weiterhin (das ist selbstverständlich und wird in §§ 2382 Abs 1 S 1 HS 2, 2385 Abs 1 ausdrücklich respektiert), jedoch nur noch teilschuldnerisch gem § 2060 bzw § 2061 Abs 1 S 2.

Wenn sie ihre Haftung noch *gegenständlich* beschränken können (dazu Rn 2 ff), haften sie mit einer für ihre veräußerten Erbteile erlangten Gegenleistung nur, soweit diese aus dem *Nachlass* entnommen wurde (vgl STROHAL II § 92 IV; § 1978 Rn 18; § 2058 Rn 10; STAUDINGER/OLSHAUSEN [2004] § 2383 Rn 36). UU sind sie wegen der Erbteilsveräußerung aber auch persönlich haftbar nach § 1978 (vgl § 1978 Rn 12, § 2060 Rn 31 ff). Besonderheiten gelten auch im Rahmen des § 2059 Abs 1 (s zu den Abfindungsfällen § 2059 Rn 32, 42), der nach Vereinigung *sämtlicher* Erbteile in einer Hand allerdings unanwendbar ist (§ 2059 Rn 42).

Der Miterbe, der die sämtlichen Erbteile in seiner Hand vereinigt hat (Rn 40), haftet gem §§ 2382, 2385 (vgl erg Rn 13) auch für *die* Schuldquoten, für die er wegen § 2060 oder § 2061 Abs 1 S 2 als Inhaber des ihm selbst angefallenen Erbteils *nicht* mehr haftbar wäre (anders aber wohl, wenn die übrigen Miterben für ihre Erbteile durch Zuweisung von *Nachlass*gegenständen abgefunden wurden, weil dann von einem Übergang von Anteilen an der gesamten „Erbschaft" auf ihn nicht die Rede sein kann). Auf die Haftung des Übernehmers findet § 2007 entspr Anwendung (STAUDINGER/OLSHAUSEN [2004] § 2383 Rn 36; STAUDINGER/LEHMANN[11] § 2007 Rn 1 aE; STROHAL II § 92 IV Fn 10). Bezüglich der Schuldquote (§§ 2060, 2061 Abs 1 S 2), für die ein Miterbe als Veräußerer seines Erbteils weiterhaftet, sind er und der Erbteilserwerber Gesamtschuldner (Rn 36).

42 Die Ausführungen zur Haftung der *veräußernden* Miterben (Rn 40 f) sind übertragbar auf den Fall, dass die im Zuge der Erbauseinandersetzung (= Nachlassteilung iS der §§ 2060, 2061 Abs 1 S 2) herbeigeführte Vereinigung des Nachlasses in der Hand eines Miterben nicht in der Weise zustande kommt, dass in der Form des § 2033 Abs 1 die *Erbteile* übertragen werden, sondern dergestalt, dass **ein Miterbe alle Nachlaßgegenstände zugeteilt erhält** (vgl das Beispiel bei Rn 21).

43 Ob aber *der* Erbe, der auf diese (Rn 42) Weise Inhaber des *ganzen* Nachlasses wird, für die Schuldquoten mithaftet, die gem §§ 2060, 2061 Abs 1 S 2 auf die übrigen Miterben entfallen, erscheint fraglich (s Rn 36).

Im Gegensatz zu §§ 2059 Abs 1, 2062 HS 2 (s Rn 1 ff und § 2059 Rn 46 ff) verbinden die **44** §§ 2060, 2061 Abs 1 S 2 mit der Nachlassteilung keinen Rechtsnachteil, sondern nur einen *Vorteil* der Miterben (s Rn 15 ff, 47). Deshalb steht grundsätzlich nichts entgegen, als **Nachlassteilung** iS dieser Vorschriften auch solche Vorgänge in Betracht zu ziehen, die sich **ohne Zutun der Miterben** ereignet haben (Näheres bei Rn 46 ff). Erforderlich ist jedoch stets, dass die einzelnen Miterben aus dem Nachlass (oder für ihn) ebensoviel erhalten haben, wie wenn sie sich wirklich aktiv auseinander gesetzt hätten, oder dass sie im Verhältnis zueinander den ohne ihr Zutun eingetretenen Zustand „wie" eine von ihnen selbst vorgenommene Erbauseinandersetzung als endgültig akzeptieren (wenn auch vielleicht erst nach Zahlung von Abfindungen; vgl zB §§ 4 S 2, 12 HöfeO). Denn Schutzgut der §§ 2060, 2061 Abs 1 S 2 ist ja gerade der befriedete Zustand nach der Auseinandersetzung, der nun möglichst nicht mehr gestört werden soll (Rn 16).

Auch die völlige **Auszehrung des Nachlasses durch Tilgung der auf ihm lastenden** **45** **Schulden** (gleich ob durch die Erben, einen Testamentsvollstrecker, einen Nachlassverwalter, einen Nachlassinsolvenzverwalter [Rn 82] oder im Wege der Zwangsvollstreckung) kann als Teilung iS der **§§ 2060, 2061 Abs 1 S 2** anzusehen sein, da sie die einzelnen Miterben wegen ihrer gemeinsamen Nachlassbeteiligung idR genau entsprechend ihrer Erbquote treffen wird (aM RIESENFELD I 291 mwNw; vgl aber §§ 2046, 2047 Abs 1). Diese Argumentation lässt sich jedoch nicht ohne weiteres auf den Teilungsbegriff der *§§ 2059 Abs 1, 2062 HS 2* übertragen, da diese Vorschriften andere Zwecke verfolgen und auch andere Rechtsfolgen aussprechen (vgl § 2059 Rn 36, 39, 44 ff, § 2062 Rn 24).

b) Personengesellschaftsanteile
Die Vererbung eines Personengesellschaftsanteils an Miterben vollzieht sich meist **46** (Einzelheiten bei § 2059 Rn 52) in der Weise, dass der Gesellschaftsanteil automatisch in mehrere Anteile zerfällt, die nicht zunächst der *Erbengemeinschaft,* sondern entgegen § 2032 Abs 1 unmittelbar und sofort (ohne besonderen Übertragungsakt) den einzelnen Miterben zufallen. Wenn der Erblasser außer dem Gesellschaftsanteil nichts Nennenswertes hinterlassen hat, kann durch diese Singularsukzession der einzelnen Miterben eine Güterzuordnung entstehen, die den Erfolg einer Erbauseinandersetzung vorwegnimmt (§ 2059 Rn 54 f, 70) oder von den Miterben – uU erst nach Zahlung von Abfindungen (vgl BGHZ 68, 225, 238 f) – als eine solche akzeptiert wird. In diesen Fällen wird man den Nachlass als geteilt iS der §§ 2060, 2061 Abs 1 S 2 anzusehen haben (vgl auch Rn 44; **aM** RADDATZ 68 f; P ULMER ZGR 1972, 195, 327; H P WESTERMANN AcP 173 [1973] 24, 33 f, 37 und HECKELMANN, in: FS vLübtow [1980] 619, 632, 641; s dazu STAUDINGER/MAROTZKE Vorbem 8 zu §§ 2058 ff und § 2059 Rn 56).

Dass sich die Verteilung des Nachlasses (zu dem auch ein vererbter Gesellschaftsanteil **47** gehört; vgl § 2059 Rn 54 f und STAUDINGER/MAROTZKE [2008] § 1922 Rn 102 ff, 186, 198) in den bei Rn 46 erwähnten Fällen **ohne Zutun der Erben vollzogen hat, steht einer Anwendung der §§ 2060, 2061 Abs 1 S 2 nicht entgegen** (s Rn 44; **aM** P ULMER, H P WESTERMANN und HECKELMANN [jeweils aaO]; AnwKomm/KICK Rn 5). Denn die §§ 2060, 2061 Abs 1 S 2 lassen den Erben die Nachlassteilung nicht zum Nachteil (**aM** anscheinend H P WESTERMANN und HECKELMANN [jeweils aaO]; AnwKommKICK Rn 3), sondern zum *Vorteil* gereichen; dieser besteht in der Umwandlung ihrer gesamtschuldnerischen Haftung (§§ 2058, 421) in eine teilschuldnerische (s Rn 15 ff, 44).

48 Dass für den hier in Frage stehenden Fall eine Nachlassteilung *iS der §§ 2059 Abs 1, 2062 HS 2* **verneint** wurde, um die Erben vor nicht selbst veranlassten *Nachteilen* zu schützen (§ 2059 Rn 44 ff, 52 ff), bedeutet also entgegen einer im Schrifttum vertretenen Ansicht (AnwKomm/Kick Rn 5) nicht, dass die Teilungsfrage *im Rahmen der §§ 2060, 2061 Abs 1 S 2* gleichfalls negativ entschieden werden müsste (vgl auch § 2059 Rn 71 ff zur Möglichkeit des Zusammentreffens von § 2059 Abs 1 einerseits und §§ 2060, 2061 Abs 1 S 2 andererseits). Die §§ 2059 Abs 1, 2062 HS 2 regeln ja auch nicht, *für welchen Teil* einer Nachlassverbindlichkeit die einzelnen Miterben haften, sondern die ganz andere Frage, *mit welchem Vermögen* die Miterben haften.

49 Für die Annahme einer Nachlassteilung *iS der §§ 2060, 2061 Abs 1 S 2* spricht des Weiteren, dass für eine (nochmalige) Teilung des Nachlasses im Wege der Erbauseinandersetzung kein Raum bleibt, wenn infolge des automatischen Zerfalls des Gesellschaftsanteils eine die Erbauseinandersetzung vorwegnehmende Güterzuordnung bereits entstanden ist. Den Miterben darf die Chance, für gewisse Nachlassverbindlichkeiten nur noch teilschuldnerisch haften zu müssen, nicht dadurch entzogen werden, dass man die *ohne* ihr Zutun eingetretene Vorwegnahme der Erbauseinandersetzung nicht als Teilung iS der §§ 2060, 2061 Abs 1 S 2 gelten lässt.

50 Die Feststellung, dass eine Nachlassteilung iS der §§ 2060, 2061 Abs 1 S 2 vorliegt, bedeutet nicht, dass die Miterbengesellschafter in solchen Fällen *von vornherein nur teilschuldnerisch* für die Nachlassverbindlichkeiten haften würden (was unangemessen wäre; vgl § 2058 Rn 2; § 2060 Rn 15 f, 17 ff, 53 ff; Börner AcP 166 [1966] 426, 449 f; Kieserling [Schrifttum vor § 2058] 147 ff; H P Westermann AcP 173 [1973] 24, 37). Denn die §§ 2060, 2061 Abs 1 S 2 setzen neben einer Teilung des Nachlasses noch voraus, dass der Gläubiger entweder im Aufgebotsverfahren ausgeschlossen (§ 2060 Nr 1) oder säumig iS des § 2060 Nr 2 ist usw. Diese zusätzlichen Voraussetzungen brauchen nicht schon zZ der Teilung des Nachlasses erfüllt zu sein (str; vgl Rn 68 f, 72, 84 ff, § 2061 Rn 10) und können es auch gar nicht, wenn man die Nachlassteilung in dem *sofortigen Zerfall* eines Gesellschaftsanteils erblickt.

51 **Stets ist zu beachten, dass die §§ 2060, 2061 Abs 1 S 2 nur für Nachlassverbindlichkeiten** gelten. Das kann zu Problemen führen bei Schulden, die zugleich solche der Gesellschaft sind, falls es sich bei dieser um eine OHG oder KG handelt und die erbrechtliche Haftung deshalb durch eine handelsrechtliche überlagert wird (vgl § 1967 Rn 61 ff).

52 Nicht völlig ausgeschlossen ist, dass sich ein Miterbengesellschafter gegenüber einem Nachlassgläubiger, dem er gem § 2060 oder § 2061 Abs 1 S 2 nur noch teilschuldnerisch haftet, noch auf **§ 2059 Abs 1** berufen kann (vgl dort Rn 71 ff).

2. Forderungsunkenntnis zur Zeit der Nachlassteilung

53 Die §§ 2060, 2061 Abs 1 S 2 wollen nur die gesamtschuldnerische (§ 2058) Haftung *solcher* Miterben in eine teilschuldnerische Haftung verwandeln, *denen die betr Forderung zZ der Teilung des Nachlasses unbekannt war.* **Dies wird zwar nur in § 2061 Abs 1 S 2 ausdrücklich erwähnt. In den Fällen des § 2060 kann jedoch nichts anderes gelten** (zustimmend AK-BGB/Buchholz Rn 4 und Eberl-Borges 348, 471; **anders die hM**; vgl Rn 67, 71 und Ann 159 f). § 2061 wurde in der II. Komm *vor* § 2060 beraten, und

§ 2060 verdankt seine Existenz der Überlegung, dass, „wenn man der privaten Aufforderung der Miterben die Bedeutung beilege, daß diejenigen Gläubiger, welche sich innerhalb der Frist nicht meldeten, die einzelnen Erben nur nach Verhältniß ihrer Erbquoten belangen können" (hier wird übersehen, dass § 2061 Abs 1 S 2 auch Forderungsunkenntnis voraussetzt!), es „nur konsequent" erscheine, „die gleiche" Beschränkung der Miterbenhaftung auf einen Bruchteil der Schuld auch in den Fällen des heutigen § 2060 eintreten zu lassen (Prot V 879).

Dass das Gesetz die Forderungsunkenntnis nicht auch in § 2060 als Voraussetzung **54** erwähnt, ist ein **Redaktionsversehen**. Der Gesetzgeber hielt es für geradezu selbstverständlich, dass ein Miterbe den Vorteil, künftig nur noch *teilschuldnerisch* haften zu müssen, nicht verdiene, wenn ihm die Forderung bei der Teilung des Nachlasses bekannt war (vgl Prot V 846 [§ k], 877; Denkschr 731). Jedoch war er der Ansicht, dass es nicht genügen (!) dürfe, wenn sich der Erbe einfach nur darauf beruft, dass die Forderung ihm bei der Teilung des Nachlasses unbekannt gewesen sei.

Deshalb begann man, abschließend die Gründe zu normieren, die die Forderungs- **55** unkenntnis als *entschuldbar* erscheinen lassen (Prot V 877; vgl auch Denkschr 731): Nichtanmeldung der Forderung trotz Privataufgebots (§ 2061 Abs 1 S 2), Nichtanmeldung im gerichtlichen Aufgebotsverfahren (§ 2060 Nr 1) und Überflüssigkeit eines Aufgebotsverfahrens wegen 5-jähriger Säumnis des Gläubigers (§ 2060 Nr 2) oder wegen eines durchgeführten Nachlassinsolvenzverfahrens (§ 2060 Nr 3; vgl auch § 457 FamFG [vormals § 993 ZPO], § 28 Abs 1 InsO [Anmeldefrist] und § 30 InsO [öffentl Bekanntmachung und besondere Zustellung]). Bei der Formulierung des § 2060 vergaß man jedoch zu erwähnen, *was* die in Nr 1–3 genannten Gründe entschuldigen sollen.

Dass hier wirklich nur ein Redaktionsversehen und nicht Absicht des Gesetzgebers **56** im Spiele war, zeigt die Denkschr, in der es heißt (731): „Billigerweise kann jedoch diese Haftung (gemeint ist die gesamtschuldnerische) den Erben dann nicht ohne weiteres auferlegt werden, wenn es sich um Verbindlichkeiten handelt, die ihnen *ohne ihr Verschulden unbekannt* geblieben sind. Demgemäß haftet ... nach der Theilung jeder Miterbe nur für den seinem Erbtheile entsprechenden Theil des Nachlasses (gemeint ist wohl: der Verbindlichkeit), wenn der Gläubiger im Aufgebotsverfahren ausgeschlossen ist ..."

Auch in den Fällen des § 2060 soll die Umwandlung der gesamtschuldnerischen **57** Haftung in eine teilschuldnerische also nicht zugunsten desjenigen Miterben eintreten, dem die Forderung zZ der Teilung des Nachlasses bekannt war; insoweit gebieten Sinn und Zweck des § 2060 (s Rn 16, 53 ff) eine **analoge Anwendung der in § 2061 Abs 1 S 2 HS 2 Fall 2 erwähnten Einschränkung**. Die abweichende Auffassung (STAUDINGER/LEHMANN[11] Rn 5; MünchKomm/HELDRICH Rn 7 Fn 23) überzeugt nicht angesichts der zT auch von ihren Vertretern vorgebrachten rechtspolitischen Bedenken *gegen* die teilschuldnerische Haftung (s oben Rn 17 f, 21 ff).

An anderer Stelle zu klären wird die **Frage** sein, welcher Zeitpunkt für die Prüfung **58** der Forderungsunkenntnis maßgeblich ist, **wenn die Erbteilung** nicht nach, sondern – etwas voreilig – **schon vor Erfüllung der übrigen Tatbestandsmerkmale des § 2060 bzw des § 2061 Abs 1 S 2 erfolgte** (vgl Rn 68 ff, 87 sowie § 2061 Rn 9 f).

59 3. Beschränkbarkeit der Haftung auf den Nachlass?

Keine Voraussetzung für die Umwandlung der strengen gesamtschuldnerischen (§ 2058) Haftung in eine teilschuldnerische ist, dass dem Erben noch das Recht zusteht, seine Haftung *auf den Nachlass bzw das aus dem Nachlass Empfangene* zu beschränken (Prot V 879; Denkschr 731; vgl auch § 460 Abs 2 FamFG, § 2060 Nr 1 HS 2 sowie § 2058 Rn 10 ff, 20).

60 Zugunsten des Miterben, der das Haftungsbeschränkungsrecht noch hat, tritt in den drei Fallgruppen des § 2060 oft auch eine gegenständliche Beschränkung der Haftung auf das ein, was er bei der Teilung des Nachlasses aus diesem erlangt hat (vgl §§ 1973, 1974, 1989 und § 2058 Rn 10). Weitere Haftungsbeschränkungsmöglichkeiten sind bei Rn 2 ff erwähnt. Für den Gläubiger kann solch ein Zusammentreffen von gegenständlich beschränkter mit nur teilschuldnerischer Haftung zu bedenklichen Härten führen (vgl Rn 17 f, 20 ff).

4. Die drei Fallgruppen des § 2060

a) Allgemeines
61 In § 2060 und § 2061 Abs 1 S 2 zählt das Gesetz abschließend die Gründe auf, die ein Verschulden des Miterben an der ihm zZ der Nachlassteilung fehlenden Kenntnis der Forderung ausschließen sollen (vgl Rn 53 ff). Im Zusammenhang damit stehen die §§ 2045, 2046. Nach diesen Vorschriften kann jeder Erbe verlangen, dass die Auseinandersetzung bis zur Beendigung des nach § 1970 zulässigen Aufgebotsverfahrens oder bis zum Ablauf der in § 2061 bestimmten Anmeldefrist aufgeschoben wird und dass aus dem Nachlass vor dessen Teilung zunächst die Nachlassverbindlichkeiten berichtigt bzw sichergestellt werden. Vgl auch § 2059 Rn 81 ff.

b) Nr 1: Ausschluss des Gläubigers im Aufgebotsverfahren
62 Zur Beantragung des Aufgebotsverfahrens ist jeder einzelne Miterbe berechtigt (§ 455 Abs 1 FamFG), sobald er die Erbschaft angenommen hat (§ 455 Abs 3 FamFG). Anzudrohen ist den Nachlassgläubigern für den Fall, dass sie sich nicht melden, neben den in § 1973 BGB und § 458 Abs 1 FamFG erwähnten Rechtsnachteilen auch der sich aus § 2060 Nr 1 ergebende (§ 460 Abs 1 S 2 FamFG). Gem § 460 Abs 2 FamFG kann das Aufgebot mit Androhung dieses Rechtsnachteils (und auch desjenigen aus § 1973, vgl § 2013 Rn 3) von jedem Miterben sogar dann beantragt werden, wenn er für die Nachlassverbindlichkeiten „unbeschränkt" (dazu §§ 1994 Rn 34, 2059 Rn 4 ff) haftet. Einem „unbeschränkt" haftenden *Alleinerben* steht ein vergleichbares Antragsrecht *nicht* zu (§ 455 Abs 1 FamFG; jedoch sind Ausnahmen denkbar in Fällen des § 2007, s allerdings unten Rn 94 ff).

63 Gem § 460 Abs 1 S 1 HS 1 FamFG kommen ein von einem Miterben gestellter Aufgebotsantrag und ein von ihm erwirkter Ausschließungsbeschluss auch den übrigen Miterben zustatten. Klarstellend heißt es sodann in § 460 Abs 1 S 1 HS 2 FamFG, dass die Vorschriften des BGB, „über die unbeschränkte Haftung" unberührt bleiben. Das ist selbstverständlich und hindert den Eintritt der Rechtsfolge des **§ 2060** nicht (s Rn 59, 64).

64 Soweit es um die Umwandlung der gesamtschuldnerischen Miterbenhaftung in eine

teilschuldnerische geht, erstreckt sich das Aufgebot gem § 2060 Nr 1 **HS 2** auch auf die ansonsten durch § **1972** verschonten Gläubiger aus **Pflichtteilsrechten, Vermächtnissen** und **Auflagen** sowie auf **Gläubiger, denen der Miterbe unbeschränkt haftet.**

Die in § 1971 bezeichneten dinglichen oder gleichgestellten Rechte bleiben aber auch 65 im Rahmen des § 2060 vom Aufgebot unberührt. § 2060 Nr 1 HS 2 modifiziert zu Recht nur § 1972, nicht auch § 1971 (vgl auch Rn 74).

Dass ein Nachlassgläubiger selbst zu den Miterben gehört (dazu § 2058 Rn 92 ff), schützt 66 ihn nicht vor den Wirkungen des Aufgebotsverfahrens (§ 1970 Rn 17, 18).

Hat ein Miterbe vor der Teilung des Nachlasses **Kenntnis** von der im Aufgebotsver- 67 fahren ausgeschlossenen **Forderung** erlangt, so ist ihm die Herabstufung seiner gesamtschuldnerischen Haftung zu einer teilschuldnerischen analog § 2061 Abs 1 S 2 zu versagen (vgl Rn 53 ff; **aM** KÜNTZEL Gruchot 41 [1897] 839 f; STAUDINGER/LEHMANN[11] Rn 5; PLANCK/EBBECKE Anm 3; BGB-RGRK/KREGEL Rn 5; AnwKomm/KICK Rn 12; BAMBERGER/ ROTH/LOHMANN Rn 4; MünchKomm/ANN Rn 7; SOERGEL/M WOLF Rn 7; PALANDT/EDENHOFER Rn 2; JAEGER, Erbenhaftung 26; ANN 159 f; trotz Bedenken auch STROHAL II § 89 Fn 4). Dass der Erbe *das Leistungsverweigerungsrecht des § 1973* auch gegenüber solchen Gläubigern erwerben kann, deren Forderungen ihm vor Erlass des Ausschließungsbeschlusses bekannt geworden sind (§ 1970 Rn 13), steht dieser Analogie nicht entgegen (vgl aber STAUDINGER/LEHMANN[11] Rn 5; STROHAL aaO). Denn auch sonst hat das Aufgebot, soweit es um die Rechtsfolge des *§ 2060 Nr 1* geht, seine Besonderheiten (s Rn 62 ff). Zudem wirkt sich die Kenntnis auch im Rahmen des *§ 1973* für den Erben nachteilig aus; sie führt zu einer Haftungsverschärfung nach Maßgabe der §§ 1973 Abs 2 S 1, 818 Abs 4, 819. Für eine *teleologische Reduktion des § 2060 Nr 1 in Analogie zu § 2061 Abs 1 S 2* spricht, dass man die letztgenannte Vorschrift bei der Schaffung des § 2060 Nr 1 zum Vorbild genommen hat (Prot V 879) und der Gesetzgeber dabei wie selbstverständlich davon ausging, dass nur derjenige Miterbe in den Genuss der teilschuldnerischen Haftung kommen sollte, dem die betreffende Forderung bei der Teilung des Nachlasses noch nicht bekannt war (vgl Rn 53 ff).

Eine bestimmte zeitliche Reihenfolge von Aufgebot und Nachlassteilung ist gesetzlich 68 nicht vorgeschrieben (vgl auch Rn 84 f). Dass das Aufgebot vor der Teilung des Nachlasses durchgeführt oder zumindest beantragt sein müsste (so noch der in Prot V 877 f mitgeteilte Gesetzesvorschlag zur CPO), folgt weder aus § 2060 Nr 1 noch aus § 460 FamFG (vormals § 997 ZPO). Auch ein Ausschließungsbeschluss, der auf einem erst *nach* der Erbauseinandersetzung eingeleiteten Aufgebotsverfahren beruht, ist bei Vorliegen der übrigen Voraussetzungen (zB Rn 53 ff, 69) geeignet, die gesamtschuldnerische Haftung der Miterben in eine teilschuldnerische zu verwandeln (BGB-RGRK/KREGEL Rn 5; ERMAN/SCHLÜTER Rn 4; KRETZSCHMAR ZBlFG 15 [1914/15] 325, 333 f; EBERL-BORGES 349 ff; ANN 158; **aM** STAUDINGER/LEHMANN[11] Rn 5; KÜNTZEL Gruchot 41 [1897] 841; RIESENFELD I 313; BINDER III 324 Fn 48; MICHALSKI Rn 1009; AK-BGB/TEUBNER Rn 4; SOERGEL/M WOLF Rn 4; MünchKomm/HELDRICH Rn 8; PALANDT/EDENHOFER Rn 2; BAMBERGER/ ROTH/LOHMANN Rn 4; AnwKomm/KICK Rn 9: die Teilung dürfe erst nach Erlass des Ausschlussurteils [seit Inkrafttreten des FamFG: des Ausschließungsbeschlusses] erfolgt sein; vgl auch PLANCK/ EBBECKE Anm 3; KRESS, Erbengemeinschaft 265: für § 2060 Nr 1 genüge, dass die Teilung nach *Einleitung* des Aufgebotsverfahrens erfolgte). Diese Auslegung entspricht nicht nur dem Gesetz, sondern trägt auch der nahe liegenden Überlegung Rechnung, dass sich ein

Nachlassgläubiger, der sich auf ein nach der Teilung des Nachlasses ergangenes Aufgebot nicht meldet, vermutlich auch auf ein früher ergangenes Aufgebot nicht gemeldet hätte (vgl auch Rn 86). Für den Ausgang des Aufgebotsverfahrens ist die erfolgte Teilung des Nachlasses ohne Einfluss. Der Einwand (STAUDINGER/LEHMANN[11] Rn 5), es sei unbillig, den Erben, die *voreilig* zur Teilung schreiten, hinterher noch die Möglichkeit zu eröffnen, sich ihre Bereicherung aus dem Nachlass auf Kosten der Gläubiger zu sichern (s oben Rn 17 f, 20 ff), verliert an Schärfe, wenn man anerkennt, dass § 2060 nicht zugunsten solcher Erben eingreift, die bei der Teilung des Nachlasses von der betreffenden Forderung wussten (vgl Rn 53 ff, 67).

69 **Ergeht der Ausschließungsbeschluss erst nach der Erbteilung** (Rn 68), so wird man die Miterben bzgl des für die Forderungsunkenntnis maßgeblichen Zeitpunktes so zu stellen haben, als sei die Erbteilung (als der eigentlich maßgebliche Zeitpunkt; vgl Rn 53, 67) erst mit Erlass des Ausschließungsbeschlusses erfolgt (zust EBERL-BORGES 349; auf einem abweichenden Standpunkt beruht aber wohl die gegenüber der bei Rn 68 vertretenen Ansicht erhobene Kritik von AK-BGB/BUCHHOLZ Rn 4 aE). Entsprechendes gilt in den Fällen der Nr 2 und 3 sowie dem des § 2061 (vgl dort Rn 9 f).

c) **Nr 2: fünfjährige Säumnis des Gläubigers**

70 Wenn seit dem Tod des Erblassers (§ 1974 Abs 1 S 1) bzw seit dem in § 1974 Abs 1 S 2 bezeichneten Zeitpunkt (betr Todeserklärung, Feststellung der Todeszeit) 5 Jahre verstrichen sind, ohne dass die Forderung vorher geltend gemacht oder dem Miterben bekannt geworden ist, entschuldigt (Rn 55 f) § 2060 Nr 2 die in Unkenntnis der Forderung vollzogene Teilung des Nachlasses und gewährt dem Miterben den Vorteil der nur noch teilschuldnerischen Haftung.

71 Diese Vergünstigung tritt nicht ein zugunsten eines Miterben, der bei der Teilung des Nachlasses von der Forderung wusste, gleich ob er diese Kenntnis vor oder nach Ablauf der 5 Jahre erlangt hat (vgl Rn 53 ff, 67; aM STAUDINGER/LEHMANN[11] Rn 6; Anw-Komm/KICK Rn 15 und ANN 160 bei Fn 138: nur bei Kenntniserlangung vor Ablauf der Fünfjahresfrist). Die fünfjährige Säumnis des Nachlassgläubigers hat bei § 2060 nur die Bedeutung, dass das Gesetz ihm gegenüber keinem Miterben mehr zumutet, noch das Aufgebot (Nr 1, § 2061) zu beantragen.

72 Endet die Fünfjahresfrist *nach* der Teilung des Nachlasses, so verwandelt sich die gesamtschuldnerische Haftung der Miterben erst *mit Fristablauf* in eine anteilige (KRETZSCHMAR ZBlFG 15 [1914/15] 325, 333; KRESS, Erbengemeinschaft 267; MünchKomm/ANN Rn 12; EBERL-BORGES 350; vgl auch oben Rn 68 f zu der entspr Frage bei Nr 1).

73 Wie sich aus dem in § 2060 Nr 2 enthaltenen Es-Sei-Denn-Vorbehalt ergibt, ist die Vorschrift unanwendbar, wenn die Forderung innerhalb der Fünfjahresfrist im Aufgebotsverfahren angemeldet wurde. Die Anmeldung der Forderung auf das Privataufgebot des § 2061 ist in diesem Sinne keine Anmeldung im Aufgebotsverfahren, kann sich aber als Geltendmachung iS des § 2060 Nr 2 darstellen. Nach BGH WM 1982, 101 f (ad III) schließt das in Nr 2 enthaltene „Zeitmoment" die Annahme, dass ein Nachlassgläubiger seinen Anspruch schon vor Ablauf der 5 Jahre durch Untätigkeit ganz oder teilweise verwirke, grundsätzlich aus.

74 Soweit ein Gläubiger nach **§ 1971** von einem *Aufgebot* nicht betroffen würde (weil

sein Recht dinglicher oder quasidinglicher Natur ist), kommt auch eine Anwendung des § *2060 Nr 2* nicht in Betracht (vgl HS 2). Gleiches gilt für § 2060 Nr 1 (s oben Rn 65).

Pflichtteilsrechte, Vermächtnisse und Auflagen sind weder von der Anwendung des § 1974 (s dort Rn 16) noch von der des § 2060 Nr 1 (s Rn 64) ausgeschlossen. Grundsätzlich möglich ist auch eine Anwendung des § 2060 Nr 2. Meist werden solche Verbindlichkeiten dem Erben jedoch vor Ablauf der Fünfjahresfrist bekannt werden. **75**

Soweit es nach Nr 2 und den ergänzenden Überlegungen bei Rn 71 auf die Kenntnis von der Forderung ankommt, entscheidet die persönliche Kenntnis jedes einzelnen Miterben. UU kann also für dieselbe Forderung ein Miterbe gesamtschuldnerisch, der andere nur noch anteilig haften. **76**

Waren Gläubiger und Miterben aufgrund beiderseitigen Rechtsirrtums fünf Jahre lang übereinstimmend der Ansicht, dass die Forderung einen bestimmten Betrag nicht übersteige, so steht dies im Rahmen der Nr 2 der Unkenntnis vom Bestehen der „überschießenden" Forderungsteile gleich (vgl KG OLGZ 1967, 161 f = NJW 1967, 1137). **77**

d)   Nr 3: durchgeführtes Nachlassinsolvenzverfahren
aa)   Allgemeine Voraussetzungen der Nr 3
Infolge der **Beendigung des Nachlassinsolvenzverfahrens „durch"** (ungenau; vgl § 1989 Rn 6) **Verteilung der Masse oder einen „Insolvenzplan"** kann der Miterbe nicht nur die haftungsbeschränkende Einrede des § **1989** erlangen, sondern gem § **2060 Nr 3** auch den Vorzug, nach Teilung des Nachlasses nur noch für einen seinem Erbteil entsprechenden Teil der Nachlassverbindlichkeit zu haften. **78**

Voraussetzung dieser Umwandlung der gesamtschuldnerischen Haftung in eine teilschuldnerische ist, dass der Miterbe zZ der Teilung des Nachlasses keine **Kenntnis** von der betreffenden Forderung hatte (str, vgl Rn 53 ff). **79**

Keine Anwendung findet § 2060 Nr 3 nach Beendigung einer *Nachlassverwaltung* (s Rn 90). **80**

bb)   Nr 3 Alt 1: Verfahrensbeendigung nach Masseverteilung
Streng genommen ist **nach** der in Nr 3 Alt 1 vorausgesetzten **Masseverteilung** eine „Teilung des Nachlasses" nur möglich, wenn trotz § 320 Satz 1 InsO (Überschuldung oder Zahlungsunfähigkeit) **ausnahmsweise** ein **Nachlassüberschuss** verblieben ist (zB im Fall des § 320 Satz 2 InsO). **81**

Hat das Nachlassinsolvenzverfahren hingegen zu einer **restlosen** Verteilung der Masse an die Gläubiger geführt und ist somit nichts übrig geblieben, so kann auch nichts mehr geteilt werden. Die hM stellt jedoch den Fall, dass der Nachlass im Nachlassinsolvenzverfahren vollständig verwertet und restlos zur Gläubigerbefriedigung verwendet wurde, einer „Teilung" gleich (s oben Rn 45; STROHAL II § 89 Fn 10; KNITSCHKY AcP 91 [1901] 281, 300; BGB-RGRK/KREGEL Rn 10; MünchKomm/ANN Rn 15; ERMAN/SCHLÜTER Rn 6; AK-BGB/TEUBNER Rn 7; JAEGER/WEBER[8] KO § 230 Rn 6; BINDER III 326 Fn 57; **aM** KRETZSCHMAR ZBlFG 15 [1914/15] 325, 334 ff und KRESS, Erbengemeinschaft 29, **82**

264 ff, die weiterhin § 2059 Abs 1 anwenden wollen, wogegen jedoch spricht, dass überhaupt kein gesamthänderisch gebundener Nachlass mehr vorhanden ist).

83 Nennenswerte Vorteile bringt die Anwendung des **§ 2060 Nr 3** dem Miterben in dem bei Rn 82 angesprochenen Fall nur, wenn der Miterbe *vor* (Rn 28 f) der Umwandlung seiner gesamtschuldnerischen Haftung in eine teilschuldnerische *ohne* den Vorbehalt des § 780 Abs 1 ZPO als Gesamtschuldner verurteilt wurde und sich deshalb jetzt nicht mehr auf **§ 1989** berufen kann. Ansonsten braucht er wegen der restlosen Aufzehrung des Nachlasses ohnehin nichts mehr zu leisten (§ 1989). Das gilt auch nach einer zum Verlust des Haftungsbeschränkungsrechts führenden Inventarverfehlung iS von § 1994 Abs 1 S 2, § 2005 oder § 2006 Abs 3. Denn einem Miterben, der *infolge einer Inventarverfehlung* unbeschränkbar haftet, fehlt das Leistungsverweigerungsrecht des § 1989 nicht insgesamt, sondern nur bezüglich eines seinem ideellen Erbteil entsprechenden Teils der Nachlassverbindlichkeit (str, vgl aber § 2059 Rn 6 ff). Nach Erschöpfung des Nachlasses haftet *er* also auch ohne § 2060 praktisch nur noch anteilig.

84 Eine bestimmte **zeitliche Reihenfolge** von Nachlassinsolvenzverfahren und Nachlassteilung wird in § 2060 Nr 3 nicht vorausgesetzt (vgl auch Rn 68 f, 72). Auch wenn das Nachlassinsolvenzverfahren erst nach der Teilung des Nachlasses eröffnet wurde (was § 316 Abs 2 InsO ausdrücklich zulässt [unrichtig KLINGER/RUBY NJW-Spezial 2005, 61]), kommen ihm die in § 2060 Nr 3 zugeschriebenen Wirkungen zu (BGB-RGRK/ KREGEL Rn 9; ERMAN/SCHLÜTER Rn 6; EBERL-BORGES 350; ANN 161; KRETZSCHMAR ZBlFG 15 [1914/15] 325, 333 f; BÖRNER JuS 1968, 111; **anders die hM**; vgl STAUDINGER/LEHMANN[11] Rn 7 [dazu sogleich Rn 85]; PLANCK/EBBECKE Anm 5; MünchKomm/ANN Rn 15; AK-BGB/BUCHHOLZ Rn 7; JAEGER/WEBER[8] KO § 230 Rn 6; STROHAL II § 89 II 3; KÜNTZEL Gruchot 41 [1897] 481; KRESS, Erbengemeinschaft 266; EBENROTH Rn 1181; MICHALSKI Rn 1009; PALANDT/EDENHOFER Rn 4; LANGE/KUCHINKE § 50 V 4 a Fn 75; SOERGEL/M WOLF Rn 4, 9; AnwKomm/KICK Rn 17).

85 STAUDINGER/LEHMANN[11] Rn 7 meinte, wenn der Nachlass bereits vor der Eröffnung des Nachlassinsolvenzverfahrens (damals: Nachlasskonkursverfahrens) geteilt worden sei, bestehe kein Anlass, den Miterben die gesamtschuldnerische Haftung noch abzunehmen, weil die Interessen der Nachlassgläubiger nach der Teilung des Nachlasses auch durch einen Nachlasskonkurs nicht mehr ausreichend gewahrt werden könnten. Diese Billigkeitserwägung geht jedoch fehl. Denn § 2060 betrifft nicht die Frage, mit welchem Vermögen der Miterbe haftet, sondern die ganz andere Frage, ob die Haftung des Miterben eine gesamt- oder eine nur teilschuldnerische sein soll (vgl Rn 59 f). Der Einwand von LEHMANN könnte sich allenfalls gegen die (de lege lata aber wohl unbestreitbare und in Denkschr 731 sogar ausdrücklich bejahte) Anwendbarkeit der *§§ 1975, 1989* auf ein erst nach der Teilung eröffnetes Nachlassinsolvenzverfahren richten (vgl jedoch unten § 2062 Rn 16), nicht jedoch gegen die Anwendbarkeit des § 2060 Nr 3 (zutr KRETZSCHMAR ZBlFG 15 [1914/15] 325, 334).

86 *Für* die Anwendung des § 2060 Nr 3 auch auf den Fall, dass das Nachlassinsolvenzverfahren erst nach der Teilung des Nachlasses eröffnet wurde, sprechen sowohl der Wortlaut der Vorschrift (s Rn 84) als auch die Überlegung, dass sich ein Nachlassgläubiger, der sich in einem nach der Erbteilung durchgeführten Nachlassinsolvenzverfahren nicht gemeldet hat (trotz Aufforderung gem §§ 28, 30 InsO), vermutlich auch in einem *früheren* Nachlassinsolvenzverfahren nicht gemeldet hätte (vgl auch Rn 68).

Wird das Nachlassinsolvenzverfahren erst nach der Teilung des Nachlasses eröffnet, **87**
so kommt es für die erforderliche Forderungsunkenntnis des Miterben (Rn 53 ff) auf
den Zeitpunkt der Verfahrensbeendigung an (vgl auch Rn 69 zu der entspr Frage bei
Nr 1).

cc) Nr 3 Alt 2: Insolvenzplan
Wird das Nachlassinsolvenzverfahren durch einen Insolvenzplan beendet (vgl § 1989 **88**
Rn 13 ff), so ist für die Haftung der Miterben gegenüber den vom Insolvenzplan
betroffenen Gläubigern in erster Linie der Planinhalt maßgebend. Die in § 2060 Nr 3
vorgesehene Umwandlung der gesamtschuldnerischen Miterbenhaftung in eine teilschuldnerische findet nur statt, soweit der Insolvenzplan nichts anderes bestimmt
(wie hier EBERL-BORGES 347 Fn 231 sowie zum früheren Zwangsvergleich BINDER III 326 Fn 58;
BGB-RGRK/KREGEL Rn 11; SOERGEL/M WOLF Rn 9), insb also gegenüber den vom Insolvenzplan nicht betroffenen Gläubigern (aber nicht *nur* gegenüber diesen; zutr BINDER
aaO; **aM** STROHAL II 351 [beide noch zum konkursbeendenden Zwangsvergleich der §§ 193 ff KO;
vgl zu den entspr Regelungen der *InsO* oben § 1989 Rn 14 ff, 18 f, 28]).

Zur **Rechtslage vor Inkrafttreten der InsO** vgl STAUDINGER/MAROTZKE (1996) § 2060 **89**
Rn 32 f.

dd) Analoge Anwendung auf Nachlassverwaltung?
Auf die Haftung nach beendeter Nachlassverwaltung (§§ 1975, 1981 ff) ist § 2060 **90**
Nr 3 weder unmittelbar noch entsprechend anwendbar (**aM** LANGE/KUCHINKE § 50 V 4 a
Fn 76; EBENROTH Rn 1181; MünchKomm/ANN Rn 16; AnwKomm/KICK Rn 19; BROX/WALKER
Rn 731). Denn die Nachlassverwaltung bringt, anders als das Nachlassinsolvenzverfahren, nicht notwendig eine Aufforderung der Gläubiger zur Forderungsanmeldung
mit sich und macht deshalb das Aufgebot nicht überflüssig (vgl zum Zusammenhang
zwischen § 2060 Nr 3 BGB auf der einen und §§ 457 FamFG, 28, 30 InsO auf der anderen Seite die
Hinweise bei Rn 55, 61).

V. Schicksal der teilschuldnerischen Haftung während eines späteren Nachlassinsolvenzverfahrens

Da es auch nach der Teilung des Nachlasses noch zu einem Nachlassinsolvenzver- **91**
fahren kommen kann (vgl § 316 Abs 2 InsO; anders § 2062 HS 2 für die Nachlassverwaltung), ist
es nicht ausgeschlossen, dass das Nachlassinsolvenzverfahren erst eröffnet wird,
nachdem sich die gesamtschuldnerische Miterbenhaftung gem § 2060 Nr 1, § 2060
Nr 2 oder § 2061 Abs 1 S 2 in eine teilschuldnerische verwandelt hat. In solchen
Fällen wird man annehmen müssen, dass die Aufteilung der Nachlassverbindlichkeiten für die Dauer des Verfahrens (weitergehend der Gesetzgebungsvorschlag bei Rn 18)
insoweit außer Kraft tritt, als Befriedigung aus dem *Nachlass* zu gewähren ist (ebenso
anscheinend BFH NJW 1965, 1736 LS c bzgl der gem § 67 LAG vorgenommenen Schuldenteilung).
Denn sonst dürften die Nachlassgläubiger wegen der Teilschuld *eines* Miterben nicht
aus dem befriedigt werden, was ein *anderer* Miterbe bei der Teilung des Nachlasses
erhalten hat (was dazu führen könnte, dass nicht einmal der gesamte Nachlass für die
auf ihm lastenden Verbindlichkeiten haftet; s Rn 17 f). Im Nachlassinsolvenzverfahren
müssten dann Sondermassen (vgl BGH KTS 1979, 76, 80 f) gebildet werden. Man hätte
plötzlich so etwas Ähnliches wie ein Erbteilsinsolvenzverfahren, das § 316 Abs 3
InsO für unstatthaft erklärt.

92 Für die Annahme, dass eine bereits eingetretene (Rn 91) Schuldaufteilung im Verhältnis des Gläubigers zur Haftungsmasse „Nachlass" durch die Eröffnung des Nachlassinsolvenzverfahrens suspendiert wird, spricht auch, dass das Ergebnis der Erbauseinandersetzung, welches die §§ 2060, 2061 Abs 1 S 2 perpetuieren wollen (Rn 16), im Nachlassinsolvenzverfahren ohnehin wieder rückgängig gemacht wird (vgl §§ 35 Abs 1, 80 Abs 1, 148, 159 InsO sowie die Begr zur KO-Novelle [1898] 46 f = HAHN, Die gesammten Materialien zu den Reichs-Justizgesetzen VII [1898] 251).

93 Nachlassverbindlichkeiten, für die von vornherein – also unabhängig von §§ 2060, 2061 – nur einer oder einige der Miterben haften, dürfen freilich auch im Nachlassinsolvenzverfahren nicht aus den Anteilen der nicht haftbaren Erben befriedigt werden (vgl § 2058 Rn 29 ff).

VI. Keine Anwendung auf den zu mehreren Erbteilen berufenen Alleinerben

94 **Unanwendbar** sind die §§ 2060, 2061 Abs 1 S 2 auf die Haftung des zu mehreren Erbteilen berufenen *Alleinerben*. Denn die genannten Vorschriften setzen nicht nur das Vorhandensein *mehrerer* Erben voraus (insoweit würde § 2007 S 1 helfen), sondern auch eine Erbauseinandersetzung (Rn 16) oder einen ihr gleichstehenden Sachverhalt (vgl Rn 44 f, 46 ff). Keine Erbauseinandersetzung in diesem Sinne liegt vor, wenn sich der Erbe mit einem Nachlasspfleger „auseinander gesetzt" hat, der für den dem Erben später angefallenen weiteren Erbteil bestellt wurde (aM STAUDINGER/LEHMANN[11] Rn 8; PLANCK/STROHAL[3] Anm 6 [der §§ 2060, 2061 Abs 1 S 2 hier unabhängig von der Teilungsfrage anwenden will]). Denn nachträglich hat sich ja herausgestellt, dass der Nachlasspfleger gerade *den* (damals noch unbekannten oder ungewissen) Erben vertreten hat, mit dem er sich „auseinander gesetzt" zu haben glaubte. Mit sich selbst kann man sich auch durch einen Stellvertreter nicht auseinander setzen (der bei § 1976 Rn 7 erörterte Fall, in dem der Handelnde Inhaber *zweier* potenzieller Sondervermögen ist und die Rechtsbeziehungen zwischen *diesen* neu gestaltet werden sollen, liegt hier idR [zu einigen Sonderfällen vgl BAUMANN, in: FS Otte (2005) 15, 28 f] nicht vor). Auch ein Rückgriffsrecht aus §§ 2058, 426, dessen Entstehung die §§ 2060, 2061 Abs 1 S 2 nach der Teilung des Nachlasses verhindern wollen (Rn 16), kann man nicht gegen sich selbst erwerben. Auf den Alleinerben passen die §§ 2060, 2061 Abs 1 S 2 nach ihrem Sinn und Zweck also nicht.

95 **Die Gegenansicht**, die die §§ 2060, 2061 Abs 1 S 2 für anwendbar hält (STAUDINGER/LEHMANN[11] Rn 8; KNITSCHKY AcP 91 [1901] 281, 300 f; PLANCK/STROHAL[3] aaO; wohl auch BAUMANN, in: FS Otte [2005] 15, 32), ist von dem Bestreben getragen, den zu mehreren Erbteilen berufenen Alleinerben, der das Haftungsbeschränkungsrecht nur hinsichtlich *eines* Erbteils (richtiger: bezüglich der diesem entsprechenden Schuldquote; vgl §§ 2007 Rn 1, 2059 Rn 4 ff) verloren hat, die Haftungsbeschränkung hinsichtlich der dem anderen Erbteil entsprechenden Schuldquote weiterhin zu ermöglichen. Dazu bedarf es jedoch keiner Analogie zu §§ 2060, 2061 Abs 1 S 2 (vgl § 2007 Rn 1–4), zumal diese Vorschriften auch gar nicht die Frage betreffen, *mit welchem Vermögen* der Erbe haftet, sondern die ganz andere Frage, *wofür* er haftet (ob für die ganze Forderung oder nur für einen Bruchteil).

96 KNITSCHKY (AcP 91, 281, 299 [Erbenmehrheit], 300 f [Alleinerbschaft]) meinte allerdings, außer in den Fällen der §§ 2059 Abs 1 S 2, 2060, 2061 Abs 1 S 2 komme eine nur zu einem Bruchteil unbeschränkbare Haftung des zu mehreren Erbteilen berufenen Erben nicht in Betracht, da es dem Erben, der als Inhaber eines Erbteils für die *ganze* Schuld unbeschränkbar hafte, nicht mehr helfe, wenn er für dieselbe Schuld als Inhaber eines später hinzuerworbenen Erbteils nur beschränkt hafte. Diese Argumentation beruht aber auf der unzutreffenden (§ 2059 Rn 4 ff) Prämisse, dass ein Miterbe (vgl die Verweisung in § 2007 S 1) sein Haftungsbeschränkungsrecht infolge einer Inventarverfehlung nicht nur für die seinem Erbteil entsprechende Schuldquote, sondern *insgesamt* verlieren könne.

VII. Beweislast

Die Beweislast dafür, dass er nur noch anteilig hafte, trägt der als Gesamtschuldner in Anspruch genommene Miterbe. Er muss sowohl die erfolgte Teilung des Nachlasses als auch die in Nr 1–3 genannten sonstigen Voraussetzungen dartun. **97**

Jedoch muss der Gläubiger, wenn ihm der Ablauf der Fünfjahresfrist (Nr 2) nachgewiesen ist, seinerseits die früher erlangte Kenntnis des Miterben oder die frühere Anmeldung dartun. Dem Gläubiger obliegt auch die Beweislast dafür, dass seine Forderung dem Miterben bei der Teilung des Nachlasses bzw in den bei Rn 68 ff, 87 bezeichneten Zeitpunkten bekannt war (Analogie zu § 2061 Abs 1 S 2 aE; s oben Rn 53 ff). **98**

VIII. Recht der ehemaligen DDR

Das Recht der ehemaligen DDR enthielt keine Parallelvorschriften zu §§ 2060, 2061 BGB (vgl Rn 13, 18 sowie § 2058 Rn 101 ff, 109). **99**

§ 2061
Aufgebot der Nachlassgläubiger

(1) Jeder Miterbe kann die Nachlassgläubiger öffentlich auffordern, ihre Forderungen binnen sechs Monaten bei ihm oder bei dem Nachlassgericht anzumelden. Ist die Aufforderung erfolgt, so haftet nach der Teilung jeder Miterbe nur für den seinem Erbteil entsprechenden Teil einer Forderung, soweit nicht vor dem Ablauf der Frist die Anmeldung erfolgt oder die Forderung ihm zur Zeit der Teilung bekannt ist.

(2) Die Aufforderung ist durch den Bundesanzeiger und durch das für die Bekanntmachungen des Nachlassgerichts bestimmte Blatt zu veröffentlichen. Die Frist beginnt mit der letzten Einrückung. Die Kosten fallen dem Erben zur Last, der die Aufforderung erlässt.

Materialien: E II § 1935; III § 2036; Prot V 877 ff; Denkschr 731; JAKOBS/SCHUBERT ER I 748, 792 ff.

I. Allgemeines

1 Die Bestimmung ist ALR I 17 §§ 137 ff nachempfunden (Prot V 878; Denkschr 731). Sie regelt neben § 2060 Nrn 1–3 einen weiteren Fall der Umwandlung der gesamtschuldnerischen (§§ 2058, 421) Miterbenhaftung in eine nur teilschuldnerische (Abs 1 S 2).

2 Der Inhalt des § 2061 hätte ohne weiteres als § 2060 Nr 4 präsentiert werden können (s § 2060 Rn 15 f, 53 ff). Das bei § 2060 Rn 1–61, 91–96 Ausgeführte gilt sinngemäß auch für § 2061.

II. Das Privataufgebot des § 2061

3 1. Gem Abs 1 S 1 kann „jeder Miterbe" (auch der bereits unbeschränkbar haftende, vgl § 2060 Rn 59 f) die Nachlassgläubiger öffentlich (Rn 4) auffordern, ihre Forderungen binnen sechs Monaten bei ihm oder bei dem Nachlassgericht anzumelden. Es handelt sich um eine Aufforderung durch den Miterben selbst, nicht – wie beim Aufgebot der §§ 1970 ff, 2060 Nr 1 – um eine Aufforderung durch ein Gericht. Das Nachlassgericht (arg Abs 2 Satz 1; vgl auch Sirko Harder ZEV 2002, 90, 92 f) wirkt lediglich bei der Veröffentlichung der Aufforderung mit (Rn 4) und nimmt Forderungsanmeldungen entgegen. Bei § 2061 spricht man deshalb vom *Privataufgebot* oder – besser aber noch unüblich – vom *privaten Gläubigeraufruf* (vgl Lange/Kuchinke § 48 V; Sirko Harder aaO Fn 29). Anders als im *gerichtlichen* Aufgebot (§ 460 Abs 1 S 2 FamFG) braucht die Umwandlung der gesamtschuldnerischen Miterbenhaftung in eine teilschuldnerische im *privaten* Aufgebot (Gläubigeraufruf) nicht angedroht zu werden (Riesenfeld I 213). Vom gerichtlichen Aufgebot unterscheidet sich das Privataufgebot des § 2061 auch dadurch, dass es nicht zum Erlass eines Ausschließungsbeschlusses und damit weder zu der haftungsbeschränkenden Einrede des § 1973 noch zu der aufschiebenden Einrede des § 2015 führt. Zur Bedeutung des Privataufgebots im Rahmen der §§ 1979, 1980 Abs 2 S 2 vgl § 1980 Rn 11.

4 2. Gem Abs 2 S 1 ist das Privataufgebot durch den Bundesanzeiger (vgl G v 17. 5. 1950 [BGBl 183] § 1) und durch das für die Bekanntmachungen des Nachlassgerichts bestimmte Blatt zu **veröffentlichen**. In welchem Blatt die Bekanntmachungen des Nachlassgerichts zu veröffentlichen sind, bestimmt die jeweilige Landesjustizverwaltung (MünchKomm/Ann Rn 3 aE; Soergel/M Wolf Rn 5).

5 3. Die Anmeldefrist von sechs Monaten (Abs 1 S 1) **beginnt mit der letzten Einrückung der Aufforderung** (Abs 2 S 2). Es handelt sich um eine Ausschlussfrist; ihre Hemmung durch höhere Gewalt (§ 206) ist mithin ausgeschlossen (vgl aber Staudinger/Peters [2004] Vorbem 14 ff zu § 194). Für ihre Berechnung sind die §§ 187, 188, 193 maßgebend.

III. Kosten

6 1. Die Kosten des Privataufgebots fallen gem Abs 2 S 3 dem Erben zur Last, der es erlässt. Daraus folgt nicht zwingend, dass die Kosten des Privataufgebots im Gegensatz zu denen des gerichtlichen Aufgebotsverfahrens (vgl § 324 Abs 1 Nr 4 InsO; § 1970 Rn 3) *reine Eigenverbindlichkeiten des Handelnden* sind (arg § 2046

Abs 2). Dennoch ist dies hM (STAUDINGER/LEHMANN[11] Rn 7; BGB-RGRK/KREGEL Rn 6; MünchKomm/ANN Rn 7; PLANCK/EBBECKE aE seiner Erl). Dem Miterben, der das Privataufgebot erlassen hat, gewährt man allerdings je nach Lage des Falles einen Erstattungsanspruch nach den Grundsätzen der Geschäftsführung ohne Auftrag, § 683. ME sollte man unter der Voraussetzung, dass das Privataufgebot auch im Interesse der Nachlassgläubiger lag (vgl § 1980 Rn 11), eine gemischte Nachlasserbenschuld annehmen (vgl § 1967 Rn 5 ff, 49).

2. Die Gebühr **für die Entgegennahme der Forderungsanmeldung** durch das Nachlassgericht ist in § 112 Abs 1 Nr 3 KostO geregelt. 7

IV. Eintritt der teilschuldnerischen Haftung gem Abs 1 S 2

1. **Das Versäumen der Anmeldefrist** durch den Nachlassgläubiger hat gem Abs 1 8 S 2 zur Folge, dass „jeder" Miterbe, also nicht nur der auffordernde (ähnlich § 460 Abs 1 S 2 FamFG für das *gerichtliche* Aufgebot), nach der **Erbteilung** nur noch für den seinem ideellen Erbteil entsprechenden Teil (vgl § 2060 Rn 19 f, 27) der Schuld haftet. Unerheblich ist wie bei § 2060 (s dort Rn 59 f), ob der Miterbe das Haftungsbeschränkungsrecht noch hat.

Der Erbe, dem die **Forderung** zZ der Nachlassteilung **bekannt** war, kommt nicht in 9 den Genuss der nur teilschuldnerischen Haftung (Abs 1 S 2 aE). Der Zeitpunkt der Erbteilung bleibt für diese Kenntnis auch dann maßgeblich, wenn die Teilung erst lange Zeit nach dem Fristablauf vollzogen wird. Eine vor dem Fristablauf vorgenommene Teilung kommt einem Miterben, der vor Fristablauf von der Forderung erfährt, nicht iS des Abs 1 S 2 zugute (BGB-RGRK/KREGEL Rn 3; vgl auch oben § 2060 Rn 68 f).

§ 2061 setzt nicht voraus, dass das Aufforderungsverfahren vor der Teilung des Nach- 10 **lasses beendet oder zumindest eingeleitet worden ist** (vgl zur Begründung § 2060 Rn 68 f; iE ebenso KRETZSCHMAR ZBlFG 15 [1914/15] 325, 333 f; BGB-RGRK/KREGEL Rn 2; ERMAN/SCHLÜTER Rn 2; BROX/WALKER Rn 731; aM STAUDINGER/LEHMANN[11] Rn 3; PLANCK/EBBECKE zu § 2061; PALANDT/EDENHOFER Rn 2, die zwar den vorherigen Erlass der Aufforderung, nicht aber auch den vorherigen Ablauf der Anmeldefrist für erforderlich halten; noch weitergehend BINDER III 324; EBENROTH Rn 1181; MICHALSKI Rn 1009; SOERGEL/WOLF Rn 2; MünchKomm/ANN Rn 5; BAMBERGER/ROTH/LOHMANN Rn 5; AnwKomm/KICK Rn 12: die Teilung des Nachlasses dürfe erst nach Ablauf der Anmeldefrist erfolgt sein).

Im Rahmen des § 2061 wirkt das Privataufgebot auch gegen die in **§ 1972** erwähnten 11 Pflichtteilsberechtigten usw (str; wie hier mit überzeugender Begründung MünchKomm/ANN Rn 6; vgl auch ENDRISS 181 f). Jedoch lässt es die Stellung der dinglich und in ähnlicher Weise Berechtigten **(§ 1971)** unberührt, soweit es um die Befriedigung aus den ihnen haftenden Gegenständen geht (BGB-RGRK/KREGEL Rn 3; PALANDT/EDENHOFER Rn 2). Beides ist allerdings in § 2061 nicht besonders zum Ausdruck gebracht (vgl aber § 2060 Nr 1 HS 2).

2. Die **Beweislast** für die Umwandlung der gesamtschuldnerischen Haftung in 12 eine teilschuldnerische hat wie bei § 2060 im Ausgangspunkt der Erbe, der sich auf sie beruft. Der Erbe muss außer der Teilung des Nachlasses den ordnungsgemäßen

Erlass der Aufforderung beweisen, der Gläubiger dann die rechtzeitige Anmeldung der Forderung oder die Forderungskenntnis des in Anspruch genommenen Erben zZ der Teilung.

§ 2062
Antrag auf Nachlassverwaltung*

Die Anordnung einer Nachlassverwaltung kann von den Erben nur gemeinschaftlich beantragt werden; sie ist ausgeschlossen, wenn der Nachlass geteilt ist.

Materialien: E II rev § 2039; III § 2037;
Prot VI 342 f; Denkschr 731; JAKOBS/SCHUBERT
ER I 749, 815.

I. Gemeinschaftliche Antragsbefugnis der Miterben (HS 1)

1. Allgemeines

a) Sinn der Vorschrift

1 § 2062 wurde erst bei der Revisionslesung des E II aufgenommen (Prot VI 343). HS 1 bestimmt, dass Miterben eine Nachlassverwaltung nur gemeinschaftlich beantragen können. Diese **Ergänzung des § 1981 Abs 1** trägt dem Umstand Rechnung, dass den *Miterben* das Recht zur Verwaltung des Nachlasses und zur Verfügung über die Nachlassgegenstände nur gemeinschaftlich zusteht (§§ 2038, 2033 Abs 2, 2040). Könnte bereits auf Antrag *eines* Miterben Nachlassverwaltung angeordnet werden, so hätte er es in der Hand, auch den übrigen Miterben die Befugnis zur Verwaltung des Nachlasses und zur Verfügung über ihn zu entziehen (vgl §§ 1984–1986). Das soll § 2062 HS 1 verhindern (Prot aaO; vgl auch Rn 12, 27; kritisch DAUNER-LIEB 420, 442).

2 Fraglich ist, ob die Vorschrift auch dann anzuwenden ist, wenn die Verwaltung des Nachlasses nicht den Erben, sondern einem **Testamentsvollstrecker** zusteht. Wer den Erben in solchen Fällen das Leistungsverweigerungsrecht des § 2059 Abs 1 S 1 abspricht (so MUSCHELER, Die Haftungsordnung der Testamentsvollstreckung [1994] 108 ff), ist gezwungen, die Frage zu verneinen (MUSCHELER 113 ff), um jedem Miterben die Möglichkeit zu eröffnen, sein Eigenvermögen unabhängig von der Zustimmung der übrigen Erben dann wenigstens über §§ 1981 Abs 1, 1975 zu retten. Geht man hingegen davon aus, dass das Vorhandensein eines verwaltenden Testamentsvollstreckers die Anwendung des § 2059 Abs 1 S 1 nicht hindert (§ 2059 Rn 78 ff), so steht nichts entgegen, die Anwendbarkeit des § 2062 HS 1 mit dem (von MUSCHELER 115 f abgelehnten) Argument zu bejahen, dass die ratio legis hier zumindest in dem Sinne einschlägig sei, dass kein Miterbe es sich gefallen lassen müsse, dass ohne seine Mitwirkung ein anderer Miterbe dem vom Erblasser eingesetzten Testamentsvoll-

---

* Die zum 1.1.2002 eingefügte Überschrift des
§ 2062 ist irreführend; die Worte „Antrag auf"
sollten mE gestrichen werden (arg § 2062 HS 2).

strecker willkürlich (insbesondere ohne Vorliegen eines Entlassungsgrundes) die Verwaltungs- und Verfügungsbefugnis entzieht. Solange ein verwaltender Testamentsvollstrecker vorhanden ist, sollte man die Herbeiführung einer Nachlassverwaltung nicht ohne Not fördern. Auch dies spricht gegen eine teleologische Reduktion des § 2062 HS 1 (zust AnwKomm/Kick Rn 7).

Richtig ist allerdings, dass der *Testamentsvollstrecker* die Anordnung einer Nach- 3
lassverwaltung beantragen kann (§ 1981 Rn 14), *ohne* die Miterben auch nur *fragen* zu müssen (Muscheler 116). § 2062 HS 1 gilt nur für das Antragsrecht der Erben, nicht für das des Testamentsvollstreckers.

b) Ergänzung der Vorschrift durch § 2059 Abs 1
Da eine **Einigung** über die Herbeiführung der haftungsbeschränkenden (§ 1975) 4
Nachlassverwaltung oft schwer zu erreichen sein wird und Nachlassverwaltung lediglich über einen *Erbteil* nicht in Betracht kommt (Rn 6), gewährt § 2059 Abs 1 S 1 jedem *einzelnen* Miterben das Recht, die Befriedigung einer Nachlassverbindlichkeit bis zur Teilung des Nachlasses aus seinem sonstigen Vermögen (mit Ausnahme des Erbteils) zu verweigern. Nach der Teilung des Nachlasses sind dieses Verweigerungsrecht wie auch die Anordnung einer Nachlassverwaltung (§ 2062 HS 2) ausgeschlossen. Deshalb sollte jeder Miterbe darauf bedacht sein, dass der Nachlass nicht vor Berichtigung bzw Sicherstellung der auf ihm lastenden Verbindlichkeiten geteilt wird (vgl § 2059 Rn 81 ff).

**c) Die sonstigen Haftungsbeschränkungsmittel kann ein Miterbe ohne Mitwirkung 5
der übrigen Erben ergreifen** (vgl Vorbem 2 zu §§ 2058 ff und soeben Rn 4). Das gilt auch für die Herbeiführung eines Nachlassinsolvenzverfahrens (§ 317 Abs 1 und 2 InsO). Auf dieses Verfahren trifft die ratio legis des § 2062 HS 1 (s Rn 1) zwar ebenfalls zu (jedenfalls wenn nicht gem §§ 270 f InsO „Eigenverwaltung" angeordnet wird). Jedoch besteht hier die Besonderheit, dass die Verfahrenseröffnung nur bei Überschuldung, Zahlungsunfähigkeit oder „drohender" Zahlungsunfähigkeit zulässig ist (§ 320 InsO) und in den beiden erstgenannten Fällen sogar beantragt werden *muss* (§ 1980).

d) Über einen **Erbteil** kann weder Nachlassverwaltung angeordnet (s Rn 28, § 1975 6
Rn 21 mwNw und § 2058 Rn 30) noch ein Nachlassinsolvenzverfahren eröffnet werden (§ 316 Abs 3 InsO; vgl erg § 1975 Rn 31). Auch auf einen ererbten **Gesellschaftsanteil** oder ein **Unternehmen** können diese Verfahren nicht beschränkt werden (s Rn 28; § 1975 Rn 31). Den Nachlassgläubigern steht aber die *Pfändung* des Erbteils offen (§ 2059 Abs 1 BGB, § 859 Abs 2 ZPO). Gleiches gilt in Bezug auf sondervererbte Personengesellschaftsanteile (§ 2059 Rn 62 ff).

2. Einzelheiten

a) § 2062 HS 1 gilt nur für das Antragsrecht, das den Erben als solchen zusteht, 7
modifiziert also lediglich den *ersten* Absatz des § 1981. **Ist ein Miterbe zugleich Nachlassgläubiger**, so kann er die Nachlassverwaltung unter den Voraussetzungen des § 1981 *Abs 2* auch allein beantragen (KGJ 44 [1913] 72, 75 f; Endriss 99 f). Für den **Antrag eines Nachlassgläubigers** genügt, dass die in § 1981 Abs 2 S 1 genannte Vor-

aussetzung hinsichtlich *eines* Miterben vorliegt (KG HRR 1930 Nr 1109; BayObLGZ 1966, 75, 76).

8 b)   Überträgt ein Miterbe seinen Erbteil gem § 2033 Abs 1 **auf eine andere Person** (s dazu auch Rn 23), so gehen die durch die Erbengemeinschaft begründeten Rechte – also auch das Recht auf Beteiligung an der Verwaltung des Nachlasses – auf den Erwerber über (STAUDINGER/WERNER § 2033 Rn 26). Deshalb (Rn 1) bedarf die Anordnung einer Nachlassverwaltung nun nicht mehr (aber: Rn 23) des Einverständnisses des veräußernden Miterben (der weiterhin den Schutz des § 2059 Abs 1 genießt, s § 2059 Rn 42), sondern des Einverständnisses des Erbteilserwerbers (RIESENFELD aaO; EBERL-BORGES 359; wohl auch STAUDINGER/OLSHAUSEN [2004] § 2383 Rn 32).

9 c)   Das bei Rn 8 Ausgeführte gilt entsprechend, wenn ein Gläubiger gem § 859 Abs 2 ZPO einen **Erbteil gepfändet** hat (aM anscheinend BÖRNER JuS 1968, 109 bei I 1 b aa [aE]). Denn dem *Inhaber* des Erbteils ist nunmehr gem §§ 829 Abs 1 S 2, 857 Abs 1, 859 Abs 2 ZPO jede den Pfändungsgläubiger nachteilige Verfügung mit dinglicher Wirkung (§§ 135, 136 BGB) verboten. Spätestens ab Erlass eines Überweisungsbeschlusses (der idR mit dem Pfändungsbeschluss verbunden wird) dürfte auch eine entsprechende Anwendung des § 1258 Abs 1 (iVm § 1273 Abs 2) BGB möglich sein.

10 d)   Ein Nachlassgläubiger, der nicht zugleich Miterbe ist und der weder eine Erbteilspfändung erwirkt (s Rn 9) noch sonst ein Recht „an" einem der Erbteile erlangt hat (s zB Rn 8), steht jedoch *nicht* in einer derart engen Beziehung zum Nachlass, dass zur Anordnung einer Nachlassverwaltung seine Zustimmung erforderlich wäre (BayObLGZ 9 [1909] 339, 342 f für das gemeinrechtliche Nachlassvermächtnis).

11 e)   Ein Erbe, der infolge einer Inventarverfehlung sein Haftungsbeschränkungsrecht allgemein verloren hat (§§ 1994 Abs 1 S 2, 2005 Abs 1), ist gem § 2013 Abs 1 S 1 HS 2 nicht berechtigt, die Anordnung einer Nachlassverwaltung zu beantragen, da deren haftungsbeschränkende Wirkung (§ 1975) ohnehin nicht mehr eintreten könnte.

12   Bei der **Miterbengemeinschaft** soll das Antragsrecht nach hM schon dann verloren gehen, wenn *einer* der Miterben allen Nachlassgläubigern gegenüber unbeschränkbar haftend geworden ist (KG JW 1932, 1389, 1390 = HRR 1932 Nr 956; STAUDINGER/LEHMANN[11] Rn 1; BGB-RGRK/KREGEL Rn 1; ERMAN/SCHLÜTER Rn 1; MünchKomm/ANN Rn 3; SOERGEL/M WOLF Rn 2; PALANDT/EDENHOFER Rn 1; LANGE/KUCHINKE § 50 IV 3 b α; JAUERNIG/STÜRNER Rn 2 zu §§ 2058–2063; BAMBERGER/ROTH/LOHMANN Rn 2; AnwKomm/KICK Rn 13; KNITSCHKY AcP 91 [1901] 281, 299). Dem ist zu widersprechen. Denn der Zweck des § 2062 HS 1 erschöpft sich darin, dem einzelnen Miterben die Rechtsmacht vorzuenthalten, „seine Miterben, wenn sie die Erbschaftsregulierung selbst bewerkstelligen wollten, zu zwingen, den Nachlaß einem Pfleger auszuantworten" (Prot VI 343; vgl auch Rn 1). Die Notwendigkeit der gemeinschaftlichen Antragstellung ist also nur eine Konsequenz des Gemeinschaftsverhältnisses der Miterben untereinander, nicht ihrer Haftung gegenüber den Nachlassgläubigern. Auch wenn ein einzelner Miterbe bereits unbeschränkbar haftet, können die übrigen Miterben deshalb gemeinschaftlich mit ihm (großzügiger RIESENFELD II, 37: sogar *ohne* ihn) noch die Anordnung einer Nachlassverwaltung beantragen (vgl KRETZSCHMAR § 88 III 4 a; BÖRNER JuS 1968, 108, 110; KIPP/COING § 121 II 1; vLÜBTOW II 1186; AK-BGB/BUCHHOLZ Rn 2; MUSCHELER aaO [s Rn 2]

114 f; MICHALSKI Rn 1005; vorausgesetzt übrigens auch bei BGB-RGRK/JOHANNSEN § 2007 Rn 3 trotz seiner Rn 3 zu § 1981). Der Umstand, dass Miterben das – inzwischen abgeschaffte (§ 1975 Rn 2, 4) – Nachlassvergleichsverfahren schon dann nicht mehr beantragen konnten, wenn *einer* von ihnen „unbeschränkt" haftete (vgl § 113 Abs 1 Nr 3 VerglO und zur Notwendigkeit „gemeinschaftlicher" Antragstellung § 113 Abs 1 Nr 1 S 3 VerglO), spricht nicht gegen die hier vertretene Auslegung des § 2062 HS 1. Denn im Nachlassvergleichsverfahren behielten die Erben den Nachlass in der Hand (§ 1975 Rn 9). Deshalb war ein derartiges Verfahren für die Gläubiger schon dann unzumutbar, wenn *einer* der Erben eine Inventarverfehlung iS der §§ 1994 Abs 1 S 2, 2005 Abs 1 begangen und dadurch seine Unzuverlässigkeit unter Beweis gestellt hatte (zur Bedeutung dieses Gedankens für das **neue** Insolvenzrecht vgl § 2013 Rn 4). Die größere Strenge der VerglO zeigte sich auch darin, dass der Erbe, der die eidesstattliche Versicherung des § 2006 Abs 3 verweigert hat, zwar noch Nachlassverwaltung beantragen kann (§ 2013 Abs 2), jedoch am Antrag auf Eröffnung des Nachlassvergleichsverfahrens gehindert war (vgl hierzu und zur Übertragbarkeit dieses Gedankens auf § 270 InsO die Hinweise bei § 2013 Rn 10).

Da ein Miterbe sein Haftungsbeschränkungsrecht durch *Inventarverfehlungen* nur in Bezug auf eine seinem Erbteil entsprechende Schuld*quote* verlieren kann (str; vgl § 2059 Rn 4 ff), wird man im Hinblick auf die *im Übrigen noch beschränkbare* Erbenhaftung zu erwägen haben, ob ein gemeinsamer Antrag auf Anordnung der (haftungsbeschränkenden) Nachlassverwaltung auch dann noch zugelassen werden sollte, wenn *sämtliche* Miterben Inventarverfehlungen iS der §§ 1994 Abs 1 S 2, 2005 Abs 1 begangen haben. Im Ergebnis sollte man das jedoch verneinen. Wegen § 2062 HS 2 kommt ein Antrag auf Nachlassverwaltung ohnehin nur vor der Teilung des Nachlasses in Betracht. Bis zur Nachlassteilung wird das Eigenvermögen jedes „unbeschränkt" haftenden Miterben aber schon durch § 2059 Abs 1 hinreichend geschützt, da dessen S 1 durch S 2 nicht völlig ausgeschlossen, sondern nur angemessen beschränkt wird. Es besteht kein Grund, den Miterben zusätzlich auch dann, wenn *jeder* von ihnen eine ihm persönlich gesetzte Inventarfrist versäumt oder Inventaruntreue begangen hat, die Möglichkeit zu geben, sich durch Herbeiführung einer amtlichen Nachlassverwaltung der Eigenverwaltung des Nachlasses zu entledigen. Wenn Miterben das Recht zur Beantragung der Nachlassverwaltung sogar schon durch bloße *Teilung* des Nachlasses verlieren (HS 2), steht wertungsmäßig nichts entgegen, dieselbe Rechtsfolge gem § 2013 Abs 1 S 1 HS 2 auch dann eintreten zu lassen, wenn sämtliche Miterben eine ihnen gesetzte Inventarfrist versäumen oder sogar Inventaruntreue begehen. **13**

f) Noch zZ der **Entscheidung über den Antrag** auf Anordnung der Nachlassverwaltung muss das nach HS 1 erforderliche Einverständnis aller Miterben (bzw der bei Rn 8 f bezeichneten Personen) vorliegen (KG JW 1932, 1389, 1390 = HRR 1932 Nr 956). Auch die **Beschwerde** gegen die Zurückweisung des Antrags muss von sämtlichen Erben eingelegt werden (str, vgl § 1981 Rn 38). Trotz § 359 Abs 1 FamFG kann die Anordnung der Nachlassverwaltung mit der Beschwerde angefochten werden, wenn sie entgegen § 2062 HS 1 nur auf Antrag *eines* Miterben erfolgt ist (vgl § 1981 Rn 36). **14**

g) Der **Antrag auf Aufhebung der Nachlassverwaltung** wegen Erreichung ihres Zwecks braucht nicht von allen Miterben gemeinsam gestellt zu werden. Denn solch ein „Antrag" ist nur eine Anregung zu einer vom Nachlassgericht von Amts wegen **15**

zu treffenden Maßnahme (OLG Frankfurt JZ 1953, 53; OLG Hamm JMBlNRW 1955, 230 f; aM OLG München JFG 14 [1937] 61, 63). Gegen die Ablehnung einer solchen Anregung kann jeder einzelne Miterbe Beschwerde einlegen (OLG Hamm aaO), ebenso gegen die Aufhebung der Nachlassverwaltung als ungerechtfertigt (str, vgl § 1988 Rn 18).

II. Ausschluss der Nachlassverwaltung nach Teilung des Nachlasses (HS 2)

1. Allgemeines

16 Nach HS 2 ist die Anordnung einer Nachlassverwaltung „ausgeschlossen", wenn der Nachlass geteilt ist. Mit dieser Regelung wird vermieden, dass ein gerichtlich bestellter Nachlassverwalter eine bereits erfolgte **Nachlassteilung rückgängig** machen muss. Einem Nachlass**insolvenz**verwalter bleibt das freilich nicht erspart. Denn nach § 316 Abs 2 InsO wird die Eröffnung eines Nachlassinsolvenzverfahrens, das wie die Nachlassverwaltung sowohl ein Gläubigerbefriedigungs- als auch ein Haftungsbeschränkungsinstrument ist, durch eine vorherige Teilung des Nachlasses nicht ausgeschlossen. Auch macht § 1975 die haftungsbeschränkende Wirkung eines solchen Verfahrens nicht davon abhängig, dass es auf einen noch *ungeteilten* Nachlass trifft (vgl Denkschr 731; § 1975 Rn 31 und § 2060 Rn 4, 85). Für beides lassen sich aber gute Gründe anführen (trotz § 2060 Rn 85): Wenn der Nachlass insolvent iS des § 320 InsO ist, sind die *Nachlassgläubiger* schutzwürdiger (deshalb zB §§ 1979, 1980) und auch für die *Erben* die Rahmenbedingungen schlechter als in Fällen, in denen der Nachlass zur Erfüllung aller Verbindlichkeiten ausreicht. Nur wenn der Nachlass tatsächlich ausreicht, ist es den Erben möglich, „aus dem Nachlass" gem § 2046 Abs 1 S 1 zunächst die Verbindlichkeiten zu berichtigen. (Allerdings dürfen die Miterben auch einen *überschuldeten* Nachlass nicht einfach unter Missachtung des § 2046 teilen, sondern müssen unverzüglich ihrer Insolvenzantragspflicht aus § 1980 genügen.) Miterben, die den Nachlass ohne vorherige Erfüllung oder Sicherstellung der Verbindlichkeiten teilen (was jeder einzelne Erbe mit den bei § 2059 Rn 82 f beschriebenen Mitteln verhindern kann), haben es sich selbst zuzuschreiben, wenn sie dadurch in einer Situation, in der ein Nachlassinsolvenzverfahren wegen Fehlens eines Eröffnungsgrundes (§ 320 InsO) nicht in Betracht kommt, nun auch noch das Haftungsbeschränkungsmittel der Nachlassverwaltung gem § 2062 HS 2 verlieren (vgl Prot VI 343). Die Überlegung, dass die Miterben in der Lage seien, die von § 2062 HS 2 ausgehenden Härten zu vermeiden, indem sie mit der Teilung des Nachlasses bis zur Erfüllung oder Sicherstellung der auf ihm lastenden Verbindlichen warten, gehört bei § 2062 HS 2 zum **Kalkül des Gesetzgebers** (vgl Prot VI 343). Nach der Denkschrift (731) „will" das BGB sogar „durch diese strenge Haftung die Miterben veranlassen, die Nachlaßverbindlichkeiten vor der Theilung zu berichtigen" (krit EBERL-BORGES 356 ff; vgl zu ihrer Interpretation des HS 2 unten Rn 22 f). Dieser Begründungszusammenhang muss bei der Auslegung des § 2062 HS 2 berücksichtigt werden (s Rn 24 ff und § 2059 Rn 39 aE, 45 ff).

17 **Nur wenige Haftungsbeschränkungsmittel „überleben" die Teilung des Nachlasses** (vgl § 2060 Rn 2 ff); deshalb die taktischen Hinweise bei § 2059 Rn 82 f.

18 Nach hM gilt HS 2 auch für den vom Wortlaut mitumfassten Fall, dass der Antrag auf Nachlassverwaltung gem § 1981 Abs 2 von einem **Nachlassgläubiger** gestellt wird (BGB-RGRK/KREGEL Rn 3; PALANDT/EDENHOFER Rn 2; LANGE/KUCHINKE § 50 IV 3 b α; ERMAN/

SCHLÜTER Rn 2; MünchKomm/ANN Rn 8; PLANCK/EBBECKE Anm 2; SOERGEL/M WOLF Rn 3; EBERL-BORGES 355 Fn 281; BAMBERGER/ROTH/LOHMANN Rn 4; AnwKomm/KICK Rn 21; **aM** BÖRNER JuS 1968, 108, 112; AK-BGB/BUCHHOLZ Rn 5). Dies entspricht dem Hinweis in Prot VI 343, dass „das Interesse der Nachlaßgläubiger" eine Ausnahme von HS 2 nicht erfordere, weil, „so lange der Nachlaß solvent" sei, „kein Grund" bestehe, „die Theilung rückgängig zu machen". Bei dieser Argumentation haben die Gesetzesverfasser aber wohl nicht genügend berücksichtigt, dass ein Nachlassgläubiger den Antrag auf Nachlassverwaltung ohnehin nur stellen kann, „wenn Grund zu der Annahme besteht, dass die Befriedigung der Nachlassgläubiger aus dem Nachlass durch das Verhalten oder die Vermögenslage des Erben gefährdet wird" (§ 1981 Abs 2 S 1). Eine solche *Gefährdung* der Gläubigerbefriedigung rechtfertigt den (innerhalb der Zweijahresfrist des § 1981 Abs 2 S 2 zu stellenden) Gläubigerantrag mE auch dann, wenn die Erben den Nachlass bereits geteilt haben. Es wäre zynisch, wenn man den Nachlassgläubigern hier den Rat geben müsste, zunächst abzuwarten, bis der Nachlass „reif" für ein Nachlass**insolvenz**verfahren ist (das gem § 316 Abs 2 InsO auch noch nach der Teilung stattfinden darf, wenn ein Eröffnungsgrund iS des § 320 InsO vorliegt). Eine *voreilige* Erbauseinandersetzung sollte durch § 2062 HS 2 nicht zu Lasten der Gläubiger perpetuiert werden. Der Ruf nach einer teleologischen Reduktion des HS 2 (s BÖRNER und BUCHHOLZ jeweils aaO) erscheint deshalb trotz Prot VI 343 durchaus begründet.

19 Ein *völliger* Ausschluss der Nachlassverwaltung (Rn 18) würde uU auch diejenigen Gläubiger ungerecht belasten, denen ein Miterbe gem §§ 2060, 2061 Abs 1 S 2 nur noch teilschuldnerisch haftet (vgl § 2060 Rn 26). Selbst § 1981 Abs 2 S 1 ist zu eng gefasst, um die Probleme *dieser* Gläubiger (§ 2060 Rn 20 ff, 26) lösen zu können. Deshalb der Gesetzgebungsvorschlag bei § 2060 Rn 18.

20 Kritik an HS 2 üben auch SIBER, Haftung für Nachlaßschulden (1937) 114; BÖRNER JuS 1968, 108, 112; H P WESTERMANN AcP 173 (1973) 24, 38.

2. Teilung des Nachlasses

21 Auch iS des § 2062 HS 2 ist der Nachlass als geteilt anzusehen, wenn ein so erheblicher Teil der Nachlassgegenstände aus der Gesamthand in das Einzelvermögen der Miterben überführt worden ist, dass die Gemeinschaft als **im Großen und Ganzen** aufgelöst erscheint (vgl § 2059 Rn 33 f, 47 f).

22 In solchen Fällen ist § 2062 HS 2 auch dann anwendbar, wenn der ungeteilte Rest ausreicht, um die noch offenen Nachlassverbindlichkeiten zu erfüllen (**aM** EBERL-BORGES 357 f [ua mit dem bei Rn 23 erwähnten Bestandsschutzargument]; vgl zu der entsprechenden Problematik bei § 2059 dort Rn 38). Ob der verbliebene Rest die Verbindlichkeiten wirklich deckt, wird sich oft erst nach langwierigen Ermittlungen klären lassen. Das sollte man dem Nachlassgericht ersparen. Ist die Solvenz des gesamthänderisch gebundenen Restnachlasses hingegen *evident,* so besteht *gerade deshalb* kein dringendes Bedürfnis für eine auf diesen Rest beschränkte Nachlassverwaltung. Die Erben können die Abwicklung in solchen Evidenzfällen ohne nennenswertes Risiko selbst in die Hände nehmen. Dies gilt selbst dann, wenn einzelne Erben noch als Gesamtschuldner auf's Ganze in Anspruch genommen werden können. Denn wenn sogar der noch unverteilte *Rest*nachlass ausreicht, um alle Nachlassverbindlichkeiten zu decken, werden etwaige Rückgriffsansprüche (§ 2058 Rn 78 ff) der in Anspruch genommenen Miterben fast immer werthaltig sein.

23 Jedoch ist die Nachlassverwaltung nicht ausgeschlossen, **wenn die Erbengemeinschaft ohne Verteilung der Nachlassgegenstände aufgehoben wurde**, zB durch Vereinigung sämtlicher Erbteile in der Hand eines Miterben (Urteil d RG v 27. 9. 1907 VII 504/06 [= Nr 1 zu § 2062 im Nachschlagewerk des RG, BGB Erbrecht]; BGB-RGRK/KREGEL Rn 3; PALANDT/EDENHOFER Rn 2; AnwKomm/KICK Rn 22; MünchKomm/ANN Rn 9; **aM** EBERL-BORGES 359 [aber auch 327?]; zur Anwendung des *HS 1* in solchen Fällen s oben Rn 8). Solange der Nachlass noch in Erbenhand „beieinander" ist, kann der Fortbestand der gesamthänderischen Bindung an die Erben**gemeinschaft** keine Zulässigkeitsvoraussetzung der Nachlassverwaltung sein. Denn eine Nachlassverwaltung ist ja auch dann zulässig, wenn der Verstorbene von nur *einer* Person beerbt wurde. Mit Blick auf diesen Vergleichsfall ist der Teilungsbegriff des § 2062 HS 2 also enger zu interpretieren als der Teilungsbegriff des § 2059 Abs 1 S 1 (s dort Rn 41 ff) und der des § 2060 (s dort Rn 40 ff).

Es ist eingewendet worden, dass der Vergleich mit der Situation des Alleinerben (s oben und übrigens auch EBERL-BORGES 327) unzulässig sei, weil § 2062 HS 2 auf den Bestandsschutz einer erfolgten Auseinandersetzung abziele und es dafür beim Alleinerben keine Parallele gebe (EBERL-BORGES 359). Das überzeugt nicht. Denn § 2062 HS 2 bezweckt nicht den „Bestandsschutz einer erfolgten Auseinandersetzung", sondern will nur ein amtliches Abwicklungsverfahren verhindern, das wegen der bereits erfolgten Nachlassteilung mit großen Schwierigkeiten verbunden wäre (s Rn 16). Da Miterben den Antrag auf Nachlassverwaltung ohnehin nur gemeinschaftlich stellen können (die Ausführungen bei Rn 8 wären bei grundsätzlicher Anerkennung des Bestandsschutzarguments nochmals zu überdenken), wäre das Bestandsschutzargument *ihnen* gegenüber nicht überzeugend: Volenti non fit iniuria. Im Verhältnis zu den *Nachlassgläubigern* überzeugt es aus anderen Gründen nicht (Rn 18 f). Zudem ist die Haftung der Miterben in Fällen, in denen es auf HS 2 tatsächlich ankommt (weil der geteilte Nachlass nicht insolvent iS des § 320 InsO ist), meist noch eine gesamtschuldnerische (weil dann jedenfalls die *Nr 3* des § 2060 nicht erfüllt sein kann und die übrigen Schuldaufteilungs-Tatbestände der §§ 2060, 2061 nur sehr selten eingreifen). Dann aber ist der bereits eingetretene Auseinandersetzungserfolg auch *ohne* Hinzutreten einer Nachlassverwaltung gefährdet (vgl § 2060 Rn 16 aE).

24 Wie § 2059 Abs 1 setzt aber auch § 2062 HS 2 voraus, dass die **Teilung** des Nachlasses **durch die Erben** erfolgte (ebenso KRESS, Die Erbengemeinschaft [1903] 28 f und zumindest für § 2062 HS 2 auch RIESENFELD I 291; MUSCHELER AcP 195 [1995] 35, 48) oder zumindest *mit ihrem Einverständnis* geschah (vgl auch § 2059 Rn 39 aE, 45 ff). Auf Teilungsvorgänge, die sich unabhängig vom Willen der Miterben vollziehen und deren Zeitpunkte die Erben nicht beeinflussen konnten, passt das dem § 2062 HS 2 zugrunde liegende Kalkül des Gesetzgebers nicht (s Rn 16). Dies schließt die Anwendung des § 2062 HS 2 in solchen Fällen aus. Deshalb steht eine Nachlassteilung, die ohne Zutun der Miterben durch automatische Singularsukzession (s Rn 25, § 2059 Rn 44 ff) oder durch Handlungen eines Testamentsvollstreckers (MUSCHELER AcP 195 [1995] 35, 48) bewirkt wurde, der Anordnung einer Nachlassverwaltung nicht entgegen (**aM** zumindest hinsichtlich des zweiten Falls EBERL-BORGES 343 ff, 471 [zu § 2059 Abs 1], 360, 472 [zu § 2062 HS 2]). Allerdings sind Teilungshandlungen eines Testamentsvollstreckers, die unabhängig vom Verhalten der auf Empfängerseite stehenden Erben „von selbst" wirken, nur schwer vorstellbar (insoweit zutr EBERL-BORGES 107, 343 f, die allerdings auf 343 f zu sehr die *schuldrechtliche* Ebene in die Argumentation einbezieht). Das bei § 2060 Rn 45 genannte Beispiel ist zwar in diesem Punkte einschlägig, aber gerade deshalb *nicht* auf § 2062 HS 2 übertragbar (aM EBERL-BORGES 360 iVm 358 bei Fn 297).

III. Besonderheiten bei Beerbung des Gesellschafters einer Personengesellschaft

Bei Beerbung des Gesellschafters einer Personengesellschaft durch Miterben lässt **25** die hM entgegen §§ 1922, 2032 eine **Singularsukzession** der einzelnen Miterben **in den sich automatisch aufteilenden Gesellschaftsanteil zu** (dazu schon § 2059 Rn 52 mit Weiterverweisungen). Obwohl der Gesellschaftsanteil auch in diesem Fall zum „Nachlass" gehört (STAUDINGER/MAROTZKE [2008] § 1922 Rn 102 ff, 186, 198 mwN auch zur Gegenansicht), kann in der automatischen Aufsplitterung des Gesellschaftsanteils selbst dann keine Teilung des Nachlasses iS der – grundsätzlich auch hier anwendbaren (str; s § 2059 Rn 56 und Vorbem 8 zu §§ 2058 ff) – §§ 2059 Abs 1, 2062 HS 2 gesehen werden, wenn der Erblasser außer seinem Gesellschaftsanteil kein wesentliches Vermögen hinterlassen hat (§ 2059 Rn 45 ff, 53 ff, 58 ff, 70 ff). Die einzelnen Miterben *behalten* also das ihnen durch **§ 2059 Abs 1** gewährte Recht, die Berichtigung einer Nachlassverbindlichkeit aus anderem als dem geerbten Vermögen zu verweigern (wobei hier wie schon bei § 2059 Rn 53, 59, 70 nochmals zu betonen ist, dass sowohl § 2059 Abs 1 als auch § 1975 ins Leere gehen, soweit die beschränkbare erbrechtliche Haftung durch eine unbeschränkbare gesellschaftsrechtliche überlagert wird; vgl dazu § 1967 Rn 64 ff).

Fast alle Vertreter der Gegenansicht, die den Nachlass als geteilt iS des § 2059 Abs 1 **26** ansehen, erklären wenigstens **§ 2062 HS 2** wegen des bei Rn 16 beschriebenen gesetzgeberischen Kalküls, das bei einer unabhängig vom Willen der Erben eingetretenen Nachlassteilung nicht passt, für unanwendbar (dies zu Recht, s Rn 24 und § 2059 Rn 46) und gewähren entgegen **§ 2062 HS 1** jedem *einzelnen* Miterben das Recht zur Beantragung der haftungsbeschränkenden, § 1975, Nachlassverwaltung (KIESERLING 153 f; BÖRNER AcP 166 [1966] 426, 451 f; H P WESTERMANN AcP 173 [1973] 24, 37; H WESTERMANN, Personengesellschaftsrecht [4. Aufl 1979] Rn 526; H P WESTERMANN, in: WESTERMANN [Hrsg], Handbuch der Personengesellschaften Rn I 1318; WIEDEMANN, Gesellschaftsrecht II [2004] 475, 481 f; MünchKomm/ANN Rn 10; PALANDT/EDENHOFER Rn 2 aE; KICK 115 f; ANN 140 f; vgl auch EMMERICH ZHR 150 [1986] 193, 207; aM LIEBISCH ZHR 116 [1954] 128, 159 f). **Diese Durchbrechung des § 2062 HS 1 ist nicht notwendig** (so auch STODOLKOWITZ, in: FS Kellermann [1991] 439, 452 f), wenn man mit der bei Rn 25 vertretenen Ansicht davon ausgeht, dass das besondere Leistungsverweigerungsrecht, welches **§ 2059 Abs 1** *jedem einzelnen Miterben* gewährt, nicht allein schon deshalb entfällt, weil es zu einer automatischen Singularsukzession in einen Gesellschaftsanteil gekommen ist und sonstige nennenswerte Nachlassgegenstände nicht vorhanden sind.

Von Vertretern der Gegenansicht ist behauptet worden, dass der **Zweck des HS 1** in **27** den Fällen *automatisch* eingetretener Aufteilung des Nachlasses einer Nachlassverwaltung nicht entgegenstehe (KIESERLING 154; krit RADDATZ 74 ff). Das ist unzutreffend. Da es eine *auf einen einzelnen Erb- oder Gesellschaftsanteil beschränkte* Nachlassverwaltung nicht gibt (s oben Rn 6; aM RADDATZ 63, 76 ff; AnwKomm/KICK Rn 6 [beide für den Fall, dass der Nachlass im Wesentlichen nur aus einem Personengesellschaftsanteil besteht] und wohl auch schon HECKELMANN [s zu diesen Autoren Vorbem 8 zu §§ 2058 ff und unten Rn 28]), würde die Anordnung einer Nachlassverwaltung *sämtlichen* Miterben – also nicht nur dem das Verfahren beantragenden – die Verfügung über die einer Nachlassverwaltung zugänglichen Elemente (§ 1985 Rn 20 ff) ihrer Gesellschaftsanteile entziehen. Es ist aber gerade der *Zweck* des HS 1, Übergriffe in die Rechtsstellung der den Antrag auf Nachlassverwaltung nicht mittragenden übrigen Erben zu vermeiden (s Rn 1).

28 Als vermittelnde Lösung ist vorgeschlagen worden, dann und nur dann, wenn der Verstorbene außer einem an mehrere Personen „singularvererbten" Personengesellschaftsanteil nichts Nennenswertes hinterlassen hat (und es an einem *gesamthänderisch gebundenen* Nachlassvermögen nennenswerten Umfangs somit *fehlt*), jedem *einzelnen* Erben das Recht zuzugestehen, ohne Mitwirkung der übrigen **eine auf den eigenen Erbteil (praktisch: Gesellschaftsanteil) beschränkte „Nachlass"-Verwaltung** zu beantragen (so RADDATZ 63, 77 f). Auch das ist jedoch kein überzeugender Vorschlag. Er begegnet nicht nur dogmatischen Bedenken (s Rn 6 und Vorbem 8 zu §§ 2058 ff), sondern führt auch zu **praktischen Problemen**: Die Feststellung, ob außer dem Gesellschaftsanteil kein nennenswertes anderes Vermögen vererbt wurde, müsste dann nämlich als *Zulässigkeitsvoraussetzung* eines solchen Verfahrens bereits von dem über die Verfahrenseröffnung entscheidenden Gericht getroffen werden, obwohl doch die „Sichtung" des Nachlasses eigentlich erst Sache des einzusetzenden Verwalters ist. Was soll geschehen, wenn dieser später zu einem ganz anderen Ergebnis kommt als das Nachlassgericht, das zur Zeit seiner Entscheidung weitgehend auf die Angaben des antragstellenden Erben angewiesen war? Aufhebung der „Gesellschaftsanteils-Erbteilsverwaltung" in analoger Anwendung des (eigentlich aber eine *nachträgliche* wesentliche Änderung der Sach- oder Rechtslage voraussetzenden) § 48 Abs 1 FamFG? Und soll die bei § 1985 Rn 21 mühsam begründete Ansicht, dass der Nachlassverwalter die Gesellschaft **kündigen** könne, wenn das sonstige „Nachlassvermögen" zur Berichtigung der Nachlassverbindlichkeiten nicht ausreicht, nun sogar dahin modifiziert werden, dass es bei einer Erbenmehrheit nicht auf die Zulänglichkeit des sonstigen „Nachlasses", sondern auf die eines einzelnen „Erbteils" ankommt? Es wäre kaum vertretbar, den überlebenden Mitgesellschaftern des Erblassers eine derart radikale Absenkung der Voraussetzungen zuzumuten, unter denen sie mit einer Kündigung zu rechnen haben.

§ 2063
Errichtung eines Inventars, Haftungsbeschränkung

(1) Die Errichtung des Inventars durch einen Miterben kommt auch den übrigen Erben zustatten, soweit nicht ihre Haftung für die Nachlassverbindlichkeiten unbeschränkt ist.

(2) Ein Miterbe kann sich den übrigen Erben gegenüber auf die Beschränkung seiner Haftung auch dann berufen, wenn er den anderen Nachlassgläubigern gegenüber unbeschränkt haftet.

Materialien: E I § 2146; II § 1936; III § 2038; Mot V 676 f; Prot V 741; 747, 805; JAKOBS/ SCHUBERT ER I 310, 421 ff.

Schrifttum

BUCHHOLZ, Der Miterbe als Nachlaßgläubiger – Überlegungen zur Auslegung des § 2063 Abs 2 BGB, JR 1990, 45
ENDRISS, Der Miterbe als Nachlassgläubiger (2003).

I. Inventarerrichtung durch einen Miterben (Abs 1)

1. Die Inventarerrichtung ist in §§ 1993 ff geregelt. Zu dem Unterschied zwischen der „**Aufnahme**" und der „Errichtung" des Inventars vgl § 1993 Rn 7 ff. § 2063 Abs 1 bezieht sich auf die „**Errichtung**". 1

2. § 1993 definiert das Inventar als Verzeichnis „**des Nachlasses**". Diese Definition bleibt auch dann maßgeblich, wenn *mehrere* Erben vorhanden sind und folglich „Erbteile" existieren. Da der Erbteil eine Quote der Erbschaft ist und sich somit aus Quoten an allen Erbschaftsgegenständen zusammensetzt, ist ein Inventar über den Nachlass stets auch ein Inventar über die Erbteile (BINDER II 238; **aM** anscheinend STAUDINGER/LEHMANN[11] Rn 1 bei a). Zu einem Grenzfall s § 2007 Rn 8. 2

3. Das **Recht**, ein Inventar zu errichten, steht jedem Miterben selbstständig und unabhängig davon zu, ob ihm bereits gem § 1994 eine Inventarfrist bestimmt worden ist (KG OLGE 14 [1907/I] 293, 296). Eine gegenseitige Verpflichtung der Miterben, bei der Inventarerrichtung mitzuwirken, besteht idR nicht (vgl BUCHHOLZ JR 1990, 45, 49) und wäre auch nicht erzwingbar (KG aaO 294 f). Jedoch kann ein Miterbe von dem anderen uU (KG aaO 294) die Vorlage eines Verzeichnisses der in seinem Besitz befindlichen Nachlassgegenstände verlangen. Auch kann bereits ein *einzelner* Miterbe die amtliche Aufnahme des Inventars gem § 2003 beantragen (KG aaO 296). 3

4. Inventarverfehlungen (§§ 1994 Abs 1 S 2, 2005 Abs 1, 2006 Abs 3) eines Miterben führen schon wegen § 425 nicht zur „unbeschränkten" Haftung auch der übrigen Miterben. Allerdings kann in der dolosen Bezugnahme (§ 2004) eines Miterben auf das von einem anderen Miterben errichtete falsche Inventar eine eigene Inventaruntreue des Bezug nehmenden liegen (vgl § 2004 Rn 9). Der durch Inventarverfehlungen bewirkte Verlust des Haftungsbeschränkungsrechts bezieht sich nur auf eine dem Erbteil entsprechende Schuld*quote* (str; vgl § 2059 Rn 4 ff). 4

5. Die Inventarerrichtung (Rn 1 f) **durch einen Miterben kommt nach Abs 1 auch den übrigen Erben zustatten, „soweit" sie ihr Haftungsbeschränkungsrecht nicht bereits vorher verloren haben** (vgl zu dieser Einschränkung Rn 4). Hat ein Miterbe das Haftungsbeschränkungsrecht nicht allgemein (zB gem § 1994 Abs 1 S 2 oder § 2005 Abs 1), sondern nur gegenüber *einzelnen* Nachlassgläubigern verloren (zB gem § 2006 Abs 3 BGB, § 780 Abs 1 ZPO oder infolge Verzichts), so kommt ihm das von einem anderen Miterben errichtete Inventar lediglich gegenüber den *übrigen* Nachlassgläubigern zustatten. 5

6. Nicht erforderlich ist in allen Fällen des Abs 1, **dass die Miterben gem § 2004** 6 erklären, dass das bereits errichtete Inventar als von ihnen eingereicht „gelten" solle (KGJ 34 [1907] A 92, 96 f; BGB-RGRK/Kregel Rn 1).

7 7. Obwohl Abs 1 **das Wort „auch"** enthält, hängt die Rechtsfolge, dass das Inventar eines Miterben den übrigen Erben zustatten kommt, nicht davon ab, dass das Inventar zunächst einmal demjenigen Miterben zugute kommt, der es errichtet hat:

8 a) Ein Inventar, das ein Miterbe erst nach Ablauf einer ihm selbst bestimmten Inventarfrist errichtet, ist in gleicher Weise wie ein *rechtzeitig* errichtetes Inventar geeignet, die einem *anderen* Miterben bestimmte Inventarfrist zu wahren, wenn zumindest *diese* Frist im Zeitpunkt der Inventarerrichtung noch nicht abgelaufen war (vgl auch Staudinger/Behrends/Avenarius [2003] Rn 16 zu dem vergleichbar formulierten § 2144 Abs 2 und Staudinger/Marotzke Rn 22 zu dem – das Wort „auch" allerdings nicht enthaltenden – § 2008 Abs 1 S 3; **aM** Kretzschmar § 88 III 5; Palandt/Edenhofer § 2144 Rn 4). Das in Abs 1 enthaltene Wörtchen „auch" sollte in diesem Zusammenhang nicht überbewertet werden, zumal der andere Miterbe das von dem zuerst aktiv gewordenen Erben errichtete Inventar hilfsweise auf dem Umweg des § 2004 für sich nutzen könnte (vgl zB Kretzschmar aaO). Es wäre wenig sinnvoll, die Anwendbarkeit einer Vorschrift (des § 2063 Abs 1) zu leugnen, um dann auf komplizierterem Wege (§ 2004) trotzdem zu einem ihr entsprechenden Ergebnis zu gelangen.

9 b) Selbst ein Inventar, das ein Miterbe ungetreu (§ 2005 Abs 1) errichtet hat, kann den übrigen Miterben gem § 2063 Abs 1 zustatten kommen (vgl auch Staudinger/ Behrends/Avenarius [2003] § 2144 Rn 16, 20; **aM** jedoch Staudinger/Lehmann[11] Rn 1; Staudinger/Olshausen [2004] § 2383 Rn 15; Kretzschmar § 88 III 5; Planck/Ebbecke Anm 1; BGB-RGRK/Kregel Rn 1; Palandt/Edenhofer § 2144 Rn 4 wegen des – mE insoweit belanglosen – Wörtchens „auch"; nach Prot V 806 f [dazu § 2008 Rn 24] soll es darauf ankommen, ob sich der Miterbe auf das von dem anderen Miterben errichtete Inventar gutgläubig gem § 2004 bezogen hat; vgl hiergegen aber Rn 6, 8 aE). Dies gilt jedoch nur in dem Sinne, dass das *ungetreu* errichtete Inventar des einen Miterben die übrigen Miterben davor bewahrt, ihr Haftungsbeschränkungsrecht schon dadurch (anteilig; vgl § 2059 Rn 4 ff sowie § 1994 Rn 34) zu verlieren, dass sie im Vertrauen auf die Richtigkeit dieses Inventars eine ihnen nach § 1994 bestimmte Inventarfrist untätig verstreichen lassen. Da die Inventaruntreue eines Erben seinen Miterben nicht zugerechnet werden kann (Rn 4), kann diesen – da bei *ihnen* ein Fall des § 2005 Abs 1 nicht vorliegt – analog § 2005 Abs 2 auf Antrag eines Nachlassgläubigers eine Frist zur Ergänzung des unvollständigen Inventars bestimmt werden (Kretzschmar aaO; vgl auch KGJ 34 [1907] A 92, 97 und die ähnlichen Rechtsfragen bei Staudinger/Behrends/Avenarius [2003] § 2144 Rn 16, 20; Staudinger/Marotzke § 1993 Rn 16, § 2004 Rn 10). Erst mit Ablauf *dieser* Frist verlieren die sie versäumenden Miterben des Inventarerrichters anteilig (s oben) ihr Haftungsbeschränkungsrecht. Die Errichtung eines völlig neuen Inventars werden die Nachlassgläubiger nicht verlangen können (vgl auch KG aaO). Eine nach § 1994 dennoch dazu bestimmte Frist ist zwar nicht ohne weiteres unwirksam, sie wird aber auch durch Berichtigung des bereits vorhandenen Inventars gewahrt.

10 Die *Vollständigkeitsvermutung* des § 2009 kommt dem ungetreu errichteten Inventar auch zugunsten der Miterben des Errichters nicht zu (vgl § 2009 Rn 7; **aM** Staudinger/ Behrends/Avenarius [2003] § 2144 Rn 16, 20: die Vermutung bestehe, bis [dem Nacherben] eine

Frist zur Ergänzung des [vom Vorerben errichteten] Inventars bestimmt worden sei). Anders jedoch nach Berichtigung durch die Miterben des Inventarerrichters.

8. Da eine **Inventarfrist** (§§ 1994, 2005 Abs 2) auch *einzelnen* Miterben gesetzt 11 werden kann und nicht allen Miterben gegenüber einheitlich bestimmt zu werden braucht (BayObLG OLGE 6 [1903/I] 70 f; KG OLGE 14 [1907/I] 293, 296; OLG Kaiserslautern DAVorm 1973, 625 f), kann es vorkommen, dass das von einem Miterben innerhalb der ihm gesetzten Frist errichtete Inventar einem anderen Miterben nichts mehr nutzt, weil dieser seine Frist bereits versäumt hat (BayObLGZ 3 [1903] 823, 827 = RJA 3 [1903] 176, 178). Ein unterschiedlicher Lauf einer sämtlichen Miterben einheitlich bestimmten Inventarfrist kann sich zB aus § 1995 Abs 1 S 2, Abs 2 ergeben (vgl dort Rn 4 ff).

Analog Abs 1 kann der von einem Miterben gestellte *Antrag auf amtliche Aufnahme* 12 *des Inventars* auch die einem anderen Miterben bestimmte Inventarfrist wahren (vgl § 2003 Abs 1 S 2 und dort Rn 6).

Hat ein Miterbe ein Inventar errichtet, das den übrigen Miterben nach Abs 1 13 zustatten kommt, so kann diesen eine *Inventarfrist* nur noch gem § 2005 Abs 2 *zum Zwecke der Ergänzung* bestimmt werden (KGJ 34 [1907] A 92, 97; vgl auch § 1994 Rn 18).

9. Ein Miterbe verliert die **Dreimonatseinrede** des § 2014 im Allgemeinen nicht 14 schon dadurch, dass ein anderer Miterbe ein ihm gem § 2063 Abs 1 zustatten kommendes Inventar errichtet (vgl § 2014 Rn 3).

10. **Die Bekräftigung des Inventars durch eidesstattliche Versicherung (§ 2006)** kann 15 von einem Miterben auch dann verlangt werden, wenn er das Inventar nicht selbst errichtet hat, sondern es ihm nur nach Abs 1 zustatten kommt (sehr str; vgl zu weiteren Einzelheiten § 2006 Rn 3, 12). *Erzwingbar* ist die eidesstattliche Versicherung ohnehin nicht, jedenfalls nicht aufgrund des § 2006 (vgl dort Rn 2).

Nach RGZ 129, 239, 246 soll ein Nachlassgläubiger auch dann, wenn er in unmittel- 16 barer oder entsprechender Anwendung des § 2314 von den Miterben Auskunft über den Bestand des Nachlasses und die Vorlage eines Nachlassverzeichnisses verlangen kann, nicht berechtigt sein, *im Klagewege gem § 260 Abs 2* von einem Miterben die Bekräftigung des von einem anderen Miterben errichteten Inventars durch eidesstattliche Versicherung zu verlangen. Denn von den Miterben des Inventarerrichters könne nicht gesagt werden, dass sie das Verzeichnis aufgestellt hätten und dass Grund zu der Annahme bestehe, sie hätten es dabei an der erforderlichen Sorgfalt fehlen lassen (vgl § 260 Abs 2). Anders jedoch, wenn das Inventar durch einen Notar angefertigt und eingereicht worden sei, der von sämtlichen Miterben, wenn auch unter Vermittlung eines von ihnen, damit beauftragt war (RGZ 129, 239, 246). Hervorzuheben ist, dass diese Entscheidung des RG nicht zu § 2006 ergangen ist, sondern zu dem im Klageweg verfolgbaren Anspruch aus §§ 2314, 260.

II. Haftungsbeschränkung unter „unbeschränkt" haftbaren Miterben (Abs 2)

1. Allgemeines

17 Abs 2 betrifft den Fall, dass ein Miterbe von einem anderen Miterben auf Erfüllung einer Nachlassverbindlichkeit in Anspruch genommen wird. Das kann zB geschehen, wenn der Erblasser selbst Schuldner eines seiner späteren Erben war, wenn er zugunsten eines seiner Erben ein Vermächtnis ausgesetzt hatte (§ 2150) oder wenn ein Miterbe einem anderen Miterben nach §§ 2305, 2326 den Pflichtteil ergänzen muss. Nachlassgläubiger kann ein Miterbe auch werden, indem er eine Nachlassverbindlichkeit berichtigt, für die er als Gesamtschuldner (§ 2058 einerseits, §§ 2060, 2061 Abs 1 S 2 andererseits) haftet (vgl § 426 Abs 2 und § 2058 Rn 78 ff, 86).

18 Einige Besonderheiten, die sich aus der Doppelstellung des Nachlassgläubigers ergeben, der zugleich Miterbe ist, wurden bereits an anderen Stellen dieses Kommentars behandelt (vgl STAUDINGER/WERNER § 2046 Rn 8 ff; STAUDINGER/MAROTZKE § 2058 Rn 86 [für den gem § 426 Abs 2 übergegangenen Anspruch] und § 2058 Rn 92 ff).

19 Zusätzlich folgt aus **§ 2063 Abs 2**, dass ein Miterbe, der von einem anderen Miterben auf Erfüllung einer Nachlassverbindlichkeit in Anspruch genommen wird, diesem gegenüber seine Haftung auch dann auf den Nachlass bzw auf das hieraus bei der Teilung Empfangene (vgl § 2058 Rn 10) beschränken kann, wenn er das Haftungsbeschränkungsrecht gegenüber allen anderen Nachlassgläubigern verloren hat (vgl §§ 1994 Abs 1 S 2, 2005 Abs 1 sowie zum *Umfang* dieses Verlusts [insgesamt oder nur anteilig?] die Ausführungen bei § 2059 Rn 4 ff). Dieser Regelung liegt der – nicht in allen Fällen überzeugende (s Rn 20) – Gedanke zugrunde, „daß jeder Erbe das Inventar selbst errichten könne, er mithin nicht der Inventarpflicht der übrigen Miterben bedürfe, um Aufschluß über den Bestand des Nachlasses zu erhalten" (Prot V 805; vgl auch Mot V 676 f). Daraus folgt, dass ein Nachlassgläubiger, der zugleich Miterbe ist, den übrigen Miterben *keine Inventarfrist* (§ 1994) setzen lassen kann, während andererseits die Bekräftigung eines dennoch errichteten Inventars durch die *eidesstattliche Versicherung* des § 2006 im Hinblick auf die dem Inventar anhaftende Vollständigkeitsvermutung (§ 2009) verlangt werden kann (**bzgl der Inventarfrist ebenso** KG OLGZ 1979, 276 f; BUCHHOLZ JR 1990, 45, 48 f; ENDRISS 127 ff, 135, 185; BGB-RGRK/KREGEL § 1994 Rn 5; PALANDT/EDENHOFER § 1994 Rn 3; SCHLÜTER Rn 1114; LANGE/KUCHINKE § 48 VI 5 a Fn 126; AK-BGB/TEUBNER § 1994 Rn 4; KRETZSCHMAR § 78 Fn 10; **aM** LG Fürth ZBlFG 10 [1909/10] 539 Nr 487 = BadNotZ 09 Nr 4, 197; STAUDINGER/LEHMANN[11] § 1994 Rn 3; PLANCK/FLAD § 1994 Anm 2; MünchKomm/KÜPPER § 1994 Rn 2; SOERGEL/STEIN § 1994 Rn 2; STROHAL II § 73 Fn 10; zweifelnd BINDER II 223 Fn 7; **bzgl § 2006** vgl die Nachweise bei § 2006 Rn 5 sowie dort Rn 1 f zum Gesetzeszweck).

20 Das Argument, der Miterbe könne ein berechtigtes Interesse haben, die anderen Miterben zur Inventarerrichtung zu drängen (zB wenn nur diese den Nachlass in Besitz haben oder wenn der Miterbe, der zugleich Nachlassgläubiger ist, die Erbschaft noch ausschlagen oder deren Annahme anfechten kann; vgl STAUDINGER/LEHMANN[11] und STROHAL je aaO), ist zwar sachlich zutreffend (zumindest im ersten Beispiel), kollidiert jedoch mit dem bei Rn 19 genannten Grund für die Schaffung des § 2063 Abs 2 (weshalb man die Vorschrift besser streichen sollte; vgl Rn 24).

Analog § 1994 Abs 2 S 2 ist es aber auf die Wirksamkeit einer *bereits erfolgten* 21
Fristbestimmung ohne Einfluss, dass der antragstellende Nachlassgläubiger zugleich
Miterbe ist (vgl STROHAL aaO).

2. Nichtanwendung in bestimmten Fällen?

Unvereinbar mit dem bei Rn 19 genannten Grundgedanken des Abs 2 ist die An- 22
sicht, dass diese Vorschrift trotz ihres Wortlauts nicht anzuwenden sei, **wenn ein Erbe
seine Stellung als Nachlassgläubiger durch Rechtsnachfolge erlangt hat** (so aber STAUDINGER/LEHMANN[11] Rn 2 im Anschluss an CROME, System des Deutschen Bürgerlichen Rechts
[1912] V § 741 Fn 27). Nach Prot V 805 gilt die ratio legis des Abs 2 – so angreifbar
sie in manchen Fällen sein mag (Rn 20) – „für alle Verbindlichkeiten der Miterben
gegeneinander".

Eine Ausnahme wird man auch für den Fall nicht anerkennen dürfen, dass ein 23
Miterbe seine Stellung als Nachlassgläubiger gem **§ 426 Abs 2** infolge Befriedigung
eines anderen Nachlassgläubigers erlangt hat (wie hier BUCHHOLZ JR 1990, 45 ff; ANN
166 f; EBENROTH Rn 1173 aE; AnwKomm/KICK Rn 19; ENDRISS 172 ff; **aM** STROHAL II § 89 VII
[ausführlich mit Beispiel]; BOEHMER, Erbfolge und Erbenhaftung, 201; STAUDINGER/LEHMANN[11]
Rn 2; MünchKomm/ANN Rn 7; CROME [soeben Rn 22] Fn 21; WERNECKE AcP 193 [1993] 240,
254 f, 262). Wenn § 2063 Abs 2 auf diesen Fall, der sich aus dem nur fünf Paragraphen
vorher ausgesprochenen Grundsatz der gesamtschuldnerischen Miterbenhaftung ergibt, nicht anwendbar sein soll, hätte dies besonders zum Ausdruck gebracht werden
müssen.

Am besten wäre es, wenn man Abs 2 ganz streichen würde (zu diesem Vorschlag krit 24
BUCHHOLZ JR 1990, 45, 51). Für einen beachtlichen Teil der in Betracht kommenden
Fälle ist die ratio legis fragwürdig (Rn 20) und die Anwendbarkeit der Vorschrift
zweifelhaft (Rn 22 f). Nicht zu überzeugen vermag vor diesem Hintergrund der Vorschlag von MUSCHELER (Die Haftungsordnung der Testamentsvollstreckung [1994] 126), eine
dem § 2063 Abs 2 entsprechende Bestimmung auch für das Verhältnis des unbeschränkbar haftend gewordenen Erben zum verwaltenden Testamentsvollstrecker zu
schaffen.

3. Kein automatischer Eintritt der Haftungsbeschränkung

Auch gegenüber Nachlassgläubigern, die selbst zu den Miterben gehören, haftet ein 25
Miterbe **nicht ohne weiteres** endgültig beschränkt nur mit dem Nachlass. Auch diesen
Gläubigern gegenüber muss er die Beschränkung seiner Haftung erst *herbeiführen*
(BGB-RGRK/KREGEL Rn 3; MünchKomm/ANN Rn 4; **aM** anscheinend RGZ 93, 196, 198 [aber nur
für die Zeit bis zur Nachlassteilung]; 110, 94, 96).

In Bezug auf „letztwillige" Verbindlichkeiten kann der Erblasser jedoch Abwei- 26
chendes bestimmen. Insbesondere bei Vorausvermächtnissen (§ 2150) wird die Auslegung idR ergeben, dass die Miterben dem ebenfalls eine Miterbenstellung innehabenden Begünstigten von vornherein nur mit dem Nachlass haften sollen (vgl
Abschn 2 e meiner Anm zu BGH LM § 2058 Nr 8).

Abgesehen von solchen Ausnahmen gilt Folgendes: Nur bis zur Teilung des Nach- 27 lasses kann sich der haftende Miterbe zum Schutz seines Eigenvermögens auf § 2059 Abs 1 S 1 berufen. Die in § 2059 Abs 1 S 2 ausgesprochene Einschränkung dieses Leistungsverweigerungsrechts kann wegen § 2063 Abs 2 grundsätzlich (aber: Rn 22 f) nur gegenüber solchen Nachlassgläubigern eingreifen, die nicht zu den Miterben gehören (RGZ 93, 197). Sobald der Nachlass geteilt ist, kann der Miterbe seine Haftung auch gegenüber einem selbst zu den Miterben zählenden Nachlassgläubiger nur noch unter den bei § 2060 Rn 2 ff genannten Voraussetzungen auf den Nachlass beschränken. Auch die §§ 780 ff ZPO werden durch § 2063 Abs 2 nicht verdrängt. Ohne Bedeutung ist § 2063 Abs 2 des Weiteren für die Feststellung, ob die Miterben einem Nachlassgläubiger, der gleichfalls Miterbe ist, gesamt- oder nur teilschuldnerisch haften (vgl dazu § 2058 Rn 92 ff sowie §§ 2060, 2061 Abs 1 S 2).

4. Konvaleszenz von Verfügungen gem § 185 Abs 2 S 1

28 Die **Verfügung eines Nichtberechtigten** wird gem § 185 Abs 2 S 1 ua dann wirksam, wenn der Verfügende „von dem Berechtigten beerbt wird und dieser für die Nachlassverbindlichkeiten unbeschränkt haftet" (vgl auch § 1976 Rn 10). Da Miterben einander gem § 2063 Abs 2 auch dann nur beschränkbar haften (jedenfalls bis zur Teilung des Nachlasses, Rn 27), wenn sie den anderen Nachlassgläubigern gegenüber „unbeschränkt" haften, kann eine Verfügung, die ein Nichtberechtigter zugunsten eines von mehreren miteinander in Rechtsgemeinschaft stehenden Berechtigten vornimmt, nicht dadurch wirksam werden, dass der nichtberechtigt Verfügende von den sämtlichen (Mit-)Berechtigten beerbt wird (vgl RGZ 110, 94 ff; BGH LM § 2113 Nr 1 sowie STAUDINGER/BEHRENDS/AVENARIUS [2003] § 2113 Rn 19) und diese den Nachlassgläubigern unbeschränkbar haftend werden. Denn wenn der Adressat der nichtberechtigten Verfügung des Erblassers einer der Miterben ist, können die übrigen Miterben ihre Haftung ihm gegenüber weiterhin auf den Nachlass – zu dem der Verfügungsgegenstand nicht gehört – beschränken (wenig überzeugend ist dagegen die vom RG und BGH [je aaO] gegebene Begründung; zur Entscheidung des RG beachte auch oben Rn 25 sowie die Nichterwähnung des in RGZ 110, 94, 96 zitierten § 1976 in § 2013 Abs 1 S 1).

Sachregister

Die fetten Zahlen beziehen sich auf die Paragraphen, die mageren Zahlen auf die Randnummern.

abandon
  Nachlassverwaltung **1975** 17
Abgaben
  Nachlassverbindlichkeiten **1967** 36
Abkömmlinge
  Ausgleichungsanspruch
    s Ausgleichung
  Ausgleichungspflicht
    s dort
Agrarfabrik
  Gewerbebetrieb **2049** 3
Aktien
  Aushändigung an Treuhänder **2040** 11
  Vererblichkeit **2032** 22
Aktionärserbengemeinschaft
  Wahl eines gemeinsamen Vertreters **2038** 41
Alleinerbe
  Erbteile, mehrere **2007** 2, 5; **Vorbem 2058–2063** 10
  Feststellung, gerichtliche **Vorbem 2058–2063** 1
  Haftung **2058** 45
  teilschuldnerische Haftung **2060** 94 ff
  Vereinigung aller Anteile in einer Hand **2059** 43
  Verfügung über die Erbschaft **2033** 3
Altenteil
  Nachlassverbindlichkeit **1967** 31
Altenteilsvertrag
  Beerdigungskosten **1968** 22
Altlastenhaftung
  Vererblichkeit **1967** 21, 36
Anerbenrecht
  Sondernachfolge **Vorbem 2032–2057a** 22 f
Anerkenntnis
  Nachlassverbindlichkeiten **1967** 45 ff
    Haftungsbeschränkungsvorbehalt **1967** 47
  prozessuales **1967** 46
  rechtsgeschäftliches Anerkenntnis **1967** 45
Anfechtungsklage, verwaltungsgerichtliche
  Dürftigkeitseinrede **1990** 15
Anglo-amerikanischer Rechtskreis
  Erbenmehrheit **Vorbem 2032–2057a** 8
  Erbschaftsanspruch **Vorbem 2018–2031** 11
Anmeldepflicht
  Vererblichkeit **1967** 12
Anteilskauf
  Vorkaufsrechtsausübung durch die Miterben **Vorbem 1967–2017** 2

Anteilsübertragung
  Anwachsung **2034** 17
  Haftungsbefreiung **2036** 1 ff
  Mitteilungspflicht **2034** 17
  Vorkaufsrecht gegenüber Käufer **2035** 1 ff
  Weiterübertragung **2037** 1 ff
Anteilsveräußerung
  Haftung für Nachlassverbindlichkeiten **2036** 1
Anteilsvererbung
  Anmeldepflicht, Vererblichkeit **1967** 12
Anwachsung
  Haftung des Erben **2007** 17
  Vorkaufsrecht **2034** 19
Anwaltshaftung
  Haftungsbeschränkungsvorbehalt **Vorbem 1967–2017** 19
Aufbaudarlehen
  Rückzahlungspflicht, Vererblichkeit **1967** 16
Aufgebot der Nachlassgläubiger
  s Aufgebotsverfahren
Aufgebotseinrede
  s Aufgebotsverfahren
Aufgebotsverfahren
  Androhung **1970** 3
  Anmeldefrist **2045** 3
  Antrag **1970** 4; **2015** 5
    Jahresfrist **1970** 4, 22; **2015** 3
    Unterlassen **1970** 12
    Zurückweisung **2015** 4 f
  Antragsberechtigung **1970** 4 ff
    Alleinerbe **1970** 5, 16, 18
    Erbe **1970** 4 ff; **1985** 7
    Miterben **1970** 4, 9, 18; **2060** 62 f
    Nachlasspfleger **1970** 4, 7 ff; **2016** 2
    Nachlassverwalter **1970** 4, 8, 16, 21; **1985** 31 f
    Testamentsvollstrecker **1970** 4, 7, 9, 16, 21; **2016** 2
  Arrest in den Nachlass **1971** 4
  Aufforderung zur Forderungsanmeldung **1970** 13
  Aufgebotseinrede **Vorbem 1967–2017** 11; **1970** 4, 22; **1971** 4; **2015** 1, 3 f
    dingliche Ansprüche **2015** 1, 4
    Haftungsbeschränkungsrecht, Verlust **2015** 1; **2016** 1
    Inventarerrichtung **2015** 1
    Inventarverfehlungen **2015** 1
    Jahresfrist **2017** 7 f
    Miterben **Vorbem 2058–2063** 2

Aufgebotsverfahren (Forts)
Nachlasspflegschaft **2017** 2
Aufgebotsfrist **1970** 3, 19
Aufgebotstermin **2015** 6
Auflagen **1972** 1 ff; **1973** 12, 21; **1974** 2, 9, 16, 18; **2060** 64, 75
Auseinandersetzung, Aufschub **Vorbem 1970–1974** 2; **1970** 22
Aushang **1970** 3
ausländisches Aufgebotsverfahren **1970** 23
Ausschließungsbeschluss **1970** 3, 9; **1972** 1; **2015** 2
 Anfechtung **1970** 11
 Beschwerde **1970** 3
 Rechtskraft **1970** 3, 9, 22; **1973** 1 ff, 20; **1974** 2; **2015** 4
Ausschlusseinrede **1973** 1, 27 ff
Ausschlusswirkung **1970** 4, 9, 11
 s a Forderung, ausgeschlossene
Aussonderungsrecht **1971** 3
Beendigung **2015** 4
Bekanntmachung, öffentliche **1970** 3, 19
Beschwerde **2015** 4
Bundesanzeiger, elektronischer **1970** 3
dingliche Rechte **1971** 2; **Vorbem 2014–2017** 4; **2060** 65
Eigengläubiger des Erben **1970** 14
Einrede, aufschiebende Aufgebotseinrede
Einstellung **1970** 9
Erbauseinandersetzung, Aufschubverlangen **2045** 2 ff
Erbenhaftung, unbeschränkbare **1970** 21
Erbenhaftung, unbeschränkte **2013** 11; **2060** 64
Erbenmehrheit **1970** 3 f, 21
Erbersatzansprüche **1972** 7; **1973** 12, 21; **1974** 2, 9, 16, 18
Ersatzansprüche des Erben **1978** 34
Erschöpfungseinrede **1973** 1, 27
Forderung, ausgeschlossene **1973** 5 ff
 Aufrechnung gegen Nachlassforderungen **1973** 6
 Einrede des nichterfüllten Vertrages **1973** 5
 Verjährung **1973** 7
Forderungsanmeldung **1970** 3, 20; **1972** 5
 Aufforderung zur Forderungsanmeldung **Vorbem 1967–2017** 12
 Einsichtsrecht **1970** 3
 Hypothek **1971** 2
 freiwillige Gerichtsbarkeit **1970** 2
Fünfjahresfrist **1972** 5; **2060** 70 ff
Gläubigerausschluss **Vorbem 1970–1974** 1; **2060** 62 ff
Haftungsbeschränkung auf den Nachlass **Vorbem 1967–2017** 12, 42; **Vorbem 1970–1974** 1; **1970** 5; **1973** 4
Haftungsbeschränkungsrecht, Verlust **1970** 9; **1973** 2 f

Aufgebotsverfahren (Forts)
Inventarerrichtung **1970** 1, 10, 13; **1973** 28
Inventarfrist **1973** 10
Jahresfrist **Vorbem 1967–2017** 42
Kosten **1970** 3
Leistungsverweigerungsrecht **1973** 11 ff
Miterben **Vorbem 1970–1974** 2; **1970** 17 f, 22; **1972** 6
Miterbengläubiger **2060** 66
Nachlass, unzulänglicher **1978** 22
Nachlassgläubiger, betroffene **1970** 13 ff; **1992** 4
 Erbfallschulden **1970** 13
 Erblasserschulden **1970** 13
Nachlassgläubiger, nicht betroffene **1971** 1 ff; **1972** 4 f; **1974** 9; **1989** 5
Nachlassinsolvenzverfahren **1970** 3
Nachlassstand **Vorbem 1967–2017** 1, 11; **1970** 1, 5; **1972** 1
Nachlassüberschuss **1973** 14 ff; **1974** 18
 Aufwendungen **1973** 18
 Ersatz **1973** 15
 Herausgabe **1973** 14
 – Abwendung durch Zahlung des Schätzwerts **1973** 19, 26
 – Befriedigung des Gläubigers im Wege der Zwangsvollstreckung **1973** 24
 – Bereicherungsrecht **1973** 14, 17, 20
 – Bestandsverzeichnis **1973** 25
 – Mitwirkung des Erben **1973** 25
 – Rechenschaftslegung **1973** 25
 Lasten **1973** 15
 Nutzungen **1973** 15
 – schuldhaft nicht gezogene Nutzungen **1973** 20
 Schadensersatz **1973** 20
 Schenkungen aus dem Nachlass **1973** 16
 Verbindlichkeiten **1973** 15
 Verwendungen **1973** 20
 Zeitpunkt, maßgeblicher **1973** 17
Pfandgläubiger **1971** 2
Pflichtteilsrechte **1972** 1 ff; **1973** 12, 21; **1974** 2, 9, 16, 18; **2060** 64, 75
Privataufgebot **Vorbem 1970–1974** 2; **2061** 3 ff
 Anmeldefrist **2061** 5, 8
 Bekanntmachung, öffentliche **2061** 4
 Forderungsanmeldung, Entgegennahme **2061** 7
 Kosten **2061** 6 f
 teilschuldnerische Haftung **2061** 8 ff
Realberechtigte **1971** 3
Schadensersatzpflicht **1970** 11 f
schwebendes Aufgebotsverfahren **Vorbem 1967–2017** 11; **2015** 1
Unbekanntheit von Nachlassgläubigern **Vorbem 1967–2017** 11
Unterlassen **1980** 11, 18
Urteilsvorbehalt **1973** 29

Aufgebotsverfahren (Forts)
  Vermächtnisse **1972** 1 ff; **1973** 12, 21; **1974** 2, 9, 16, 18; **2060** 64, 75
  Versäumung des Aufgebotstermins **1970** 3
  Verschweigungseinrede **1974** 1 f
  Verurteilung zur Befriedigung eines ausgeschlossenen Gläubigers **1973** 13, 22
  Verzeichnis der bekannten Nachlassgläubiger **1970** 10 f, 13
    Unvollständigkeit **1970** 11; **1973** 23
  Vormerkung **1971** 3
  Wiedereinsetzungsantrag **1970** 11
  Zulässigkeit **1970** 2
  Zuständigkeit **Vorbem 1967–2017** 2
    funktionelle Zuständigkeit **1970** 3
    internationale Zuständigkeit **1970** 23
    örtliche Zuständigkeit **1970** 3
    sachliche Zuständigkeit **1970** 3
  Zustellung von Amts wegen **1970** 3, 13
  Zwangsversteigerung **1970** 3; **1971** 5
  Zwangsvollstreckung in den Nachlass **1971** 4
Auflagen
  Bestattung des Erblassers **1968** 11
  Verfügungsberechtigung des Verpflichteten **1968** 11
  Erbfallschulden, unmittelbare **1967** 31 f
  Haftungsbeschränkung auf den Nachlass **Vorbem 1975–1992** 5
  Miterben **2046** 5
  Nachlassgegenstand, Zuweisung **2048** 9
  Nachlassüberschwerung **Vorbem 1967–2017** 1, 9, 13; **1992** 1 ff
  Überlastungseinrede **1992** 9 f
  Unzulänglichkeit des Nachlasses **1980** 2
Auflassung
  Nachlassgrundstück **2058** 70
Aufrechnung
  Einreden, aufschiebende **2014** 11
  Erbengemeinschaft **Vorbem 2032–2057a** 15; **2058** 73
Ausbildungsbeihilfe
  Nachlassverbindlichkeit **1967** 31
Auseinandersetzung
  s Erbengemeinschaft
Auseinandersetzungsanspruch
  s Erbengemeinschaft
Auseinandersetzungsguthaben
  s Erbengemeinschaft
Auseinandersetzungsklage
  s Erbengemeinschaft
Auseinandersetzungsplan
  s Erbengemeinschaft
Auseinandersetzungsverfahren
  s Erbengemeinschaft
Auseinandersetzungsverlangen
  s Erbengemeinschaft

Auseinandersetzungsvertrag
  s Erbengemeinschaft
Ausgleichung
  Abkömmlinge **2057a** 6 ff
  Ausgleichsbetrag, Berechnung **2057a** 27 ff
    Leistung, erbrachte **2057a** 28
    Nachlasswert **2057a** 29, 33
  Billigkeit **2057a** 27 f
  Durchführung **2057a** 31 ff
  Einigung **2057a** 5
  Gebrauchsüberlassung **2057a** 16
  Geldleistungen an den Erblasser, erhebliche **2057a** 15
  Leistungen, besondere **2057a** 1, 22
    Dauer **2057a** 19
    Umfang **2057a** 19
    Unentgeltlichkeit **2057a** 22 f
    – teilweise Unentgeltlichkeit **2057a** 24
    Verpflichtung, gesetzliche **2057a** 25
  Mitarbeit **2057a** 2 ff, 9
    Beruf des Erblassers **2057a** 9, 11
    Geschäft des Erblassers **2057a** 9, 12
    Haushalt des Erblassers **2057a** 9 f
    Hilfskräfte **2057a** 13
    persönliche Mitarbeit **2057a** 13
  Pflegeleistungen **2057a** 1
    zugunsten von Familienangehörigen des Erblassers **2057a** 18
  Pflichtteilsberechnung **2057a** 36
  Sachleistungen **2057a** 16
  Sicherheitsleistungen **2057a** 16
  Streitwert **2057a** 30
  Testament, gemeinschaftliches **2057a** 20
  Testierfreiheit **2057a** 4
  Übertragbarkeit **2057a** 35
  Unterhaltspflicht, gesetzliche **2057a** 15
  Vererblichkeit **2057a** 35
  Vermögenserhaltung **2057a** 14
  Vermögensmehrung **2057a** 14, 18, 21
  Vorempfänge **2057a** 34
Ausgleichungsberechtigung
  Abkömmlinge **2050** 14
  Übertragbarkeit **2050** 15
  Vererblichkeit **2050** 15
Ausgleichungspflicht
  Abkömmlinge **2050** 1, 10 f, 38
    angenommene Abkömmlinge **2053** 5
    entferntere Abkömmlinge **2050** 13; **2053** 1 ff, 6
    Wegfall eines Abkömmlings **2051** 1 ff
  Anerkennungsvertrag **2050** 3
  Anordnung **2053** 6
  Anordnung des Erblassers **2050** 1 f, 32
    nachträgliche Anordnung **2050** 33
  Auflage **2052** 4
  Aufwertung **2050** 40
  Ausbildungskosten **2050** 30
    Unterhaltspflicht, gesetzliche **2050** 29
  Auseinandersetzung **2050** 4

Ausgleichungspflicht (Forts)
  Auskunftspflicht **2057** 1 ff
    Form der Auskunft **2057** 8
  Ausschluss **2050** 2
  Ausstattung **2050** 1, 21, 30
  Begünstigung **2052** 4
  Berufsausbildung **2050** 28
  Berufsschulkosten **2050** 28
  Berufsvorbildung **2050** 1, 27 ff
  Beseitigung, nachträgliche **2050** 34
  Beweislast **2050** 35
  condictio indebiti **2050** 37; **2055** 5
  eidesstattliche Versicherung **2057** 7 f, 10 ff
    Kosten **2057** 13
    Verpflichtung, vertragliche **2057** 14
  Einkommenszuschüsse **2050** 30
  Einkünfte **2050** 1
  einstweilige Verfügung **2055** 14
  Erbfolge, gesetzliche **2050** 1
  Erbfolge, testamentarische **2052** 1
    Erbteile **2052** 2 f
  Erbschaftskauf **2050** 4
  Erbteilserhöhung **2056** 8
  Erbteilserwerb **2050** 4
  Erlass **2050** 2
  Ersatzerbe **2050** 12; **2051** 6 ff; **2052** 5; **2053** 4
  Fachschulkosten **2050** 28
  Form **2050** 32
  Gesamtgut, Zuwendungen aus dem **2054** 2 ff
  Geschenke **2050** 31
  Gesellschaftsfortsetzung **2055** 17
  Gläubiger eines Miterben **2055** 16
  Hinwegsetzung, einverständliche **2050** 3
  Idealkollation **2050** 4; **2055** 2
  Kaufkraftschwund **2055** 7 f
  Lernmittelbeschaffung **2050** 28
  Mehrempfang **2056** 1, 3 f
  Miterben **2058** 87 ff
  Pflichtteilsanspruch **2056** 2
  Promotionskosten **2050** 28
  Realkollation **2050** 4
  Rechtsnatur **2050** 4 ff
  Rückgewähr **2055** 3
  Schenkung, gemischte **2050** 31
  Schulbildung **2050** 28
  Sicherungsmaßnahmen **2055** 14
  Sonderausgaben **2050** 31
  Streitwert **2050** 36
  Studienkosten **2050** 28
  Testament, gemeinschaftliches **2052** 6
  Übergangsrecht **2050** 40
  Übermäßigkeit **2050** 22, 26, 30
  Übertragbarkeit **2050** 15
  Untergang der Zuwendung **2055** 10
  Vererblichkeit **2050** 15
  Vollzug der Ausgleichung **2055** 1 ff
  Vorausvermächtnis **2052** 4

Ausgleichungspflicht (Forts)
  Vorempfänge **2050** 4; **2055** 2 f; **2056** 5 ff; **2057a** 34
  Wertanrechnung **2055** 2
  Wertberechnung **2055** 6 ff
  Wertsenkungen **2055** 11
  Wertsteigerungen **2055** 11
  Zuschüsse **2050** 25
  Zuwendungen **2050** 1, 16 ff, 31
  Zuwendungen unter Lebenden **2050** 20
Auskunftpflicht
  Besitzer von Erbschaftssachen **2027** 18 ff
  Erbschaftsbesitzer
    s dort
  Vererblichkeit **1967** 10; **2027** 4 f
Ausschlagung
  Anfechtung **1967** 54
  Erbenhaftung **1978** 24
  Gütergemeinschaft **2008** 4
  Haftung **1978** 4
  Nachlassverbindlichkeiten **Vorbem 1967–2017** 2; **1967** 38, 48
Ausschlusseinrede
  Aufgebotsverfahren **1973** 1, 27 ff
  Durchsetzung, prozessuale **1973** 29
  Eigenvermögen des Erben **1973** 1
  Miterben **Vorbem 2058–2063** 2
  Urteilsvorbehalt **1973** 29
Ausstattung
  Ausgleichungspflicht **2050** 21, 30
  Berufsausübung **2050** 28
  Kapitalzuwendung **2050** 1
  Leistung, einmalige **2050** 23
  Rentenzahlung **2050** 23
  Teilhaberschaft **2050** 24
  Übermäßigkeit **2050** 22
Aussteuer
  Ausgleichungspflicht **2050** 30
  Ausstattung **2050** 21

Bauordnungsrecht
  Pflichtnachfolge **1967** 17
Bayerisches Landrecht
  Realausgleichung **2050** 9
Beerdigung
  Familienangehörige des Erblassers, Verpflichtung **1968** 1, 20
  standesmäßige Beerdigung **1968** 2
  Wille des Verstorbenen **1968** 3
Beerdigungskosten
  Angehörige des Erblassers, Unkosten **1968** 6
  Angemessenheit **1968** 2 f, 5
    Lebensstellung des Verstorbenen **1968** 3
  Anspruch des Erben **1968** 16 f
  Anspruchsgegner **1968** 19
  Anspruchsgrundlage **1968** 1, 13
  Auflage **1968** 11
  Beisetzung, endgültige **1968** 6

Beerdigungskosten (Forts)
  Bestattungsunternehmen, Beauftragung
    1968 13 ff
    durch den Erben **1968** 13
    durch Nachlasspfleger **1968** 15
    durch Nichterben **1968** 14
    durch Testamentsvollstrecker **1968** 15
  Danksagungen **1968** 9
  Doppelgrab **1968** 5, 23
  Ersatzvornahme **1968** 20
  Erstausschmückung des Grabes **1968** 5
  Exhumierung **1968** 6
  Feuerbestattung **1968** 4
  Gedenkfeierlichkeiten **1968** 10
  Gedenkstein **1968** 10
  Grabpflege **1968** 5
  Grabstein **1968** 5, 22 f
  Haftungsbeschränkung auf den Nachlass **1968** 13
  Hofübernehmer **1968** 22
  Inventar **2001** 3
  Kapitäne **1968** 20
  Kind, gemeinsames **1968** 20
  Konto des Erblassers **1968** 24
  Kostentragung **1968** 1
  Leichenfeierlichkeiten **1968** 7
  Leichenmahl **1968** 7
  Leichentransport **1968** 5
  Leistungsfähigkeit des Nachlasses **1968** 3, 8
  Masseverbindlichkeiten **1968** 18
  Nachlassinsolvenzverfahren **1967** 38; **1968** 1, 13, 18, 24
  Nachlassverbindlichkeit **1967** 31, 38; **1968** 1
  Notwendigkeit **1968** 2
  Reisekosten **1968** 8
  Seeleute **1968** 20
  Sozialhilfeträger **1968** 20
  Sterbegeld, Anrechnung **1968** 21
  Todesanzeigen **1968** 9 f
  Tötung des Erblassers, Schadensersatzpflicht **1968** 21
  Trauerkleidung **1968** 7
  Überführung **1968** 6
  Unterhaltspflichtige des Erblassers **1968** 20
  Verdienstausfall **1968** 8
  Vereinbarungen **1968** 12
  Waschung der Leiche, rituelle **1968** 7
Bereicherungsrecht
  Anspruch des Erben **Vorbem 2018–2031** 3
Besitzentziehungsanspruch
  Anspruch des Erben **Vorbem 2018–2031** 3
Bestattung des Erblassers
  Auflagen **1968** 11
  Erbengemeinschaft **2038** 4
Bestattungskosten
  s Beerdigungskosten

Betreuervergütungspflicht
  Vererblichkeit **1967** 9
Beziehungssurrogation
  Handelsgeschäft, Fortführung **2032** 18
  Surrogationserwerb **2041** 2
BGB-Gesellschaft
  Tod eines Gesellschafters **2032** 21
Billigkeitshaftung
  Herrühren der Schuld vom Erblasser **1967** 21
Bürgschaft
  Erbenhaftung **Vorbem 1967–2017** 2; **1967** 26
  Wiederherstellung erloschener Rechtsverhältnisse **1976** 4

condictio possessionis
  Anspruch des Erben **Vorbem 2018–2031** 3

Darlehensschuld
  Vererblichkeit **1967** 9
Dauerschuldverhältnis
  Herrühren der Schuld vom Erblasser **1967** 24
DDR
  Bestattungskosten **Vorbem 1967–2017** 52 f
  Erbauseinandersetzung **2042** 66; **2043** 12
  Erbengemeinschaft **Vorbem 2032–2057a** 30; **2040** 30; **2046** 20
    Forderungsgeltendmachung **2039** 33
    teilschuldnerische Haftung **2060** 99
    Verfügung über Miterbenanteil **2033** 47
    Verwaltung des Nachlasses **2038** 44
    Vorkaufsrecht der Miterben **2034** 22
  Erbenhaftung **Vorbem 2058–2063** 11
    beschränkte Erbenhaftung **Vorbem 1967–2017** 9, 52
  Erbschaftsanspruch **Vorbem 2018–2031** 11, 30
  Fiskus, Haftung **2011** 8
  Kreditzinsen **Vorbem 1967–2017** 52
  Miterben, Haftung **Vorbem 1967–2017** 56
  Nachlassverbindlichkeiten, Berichtigung **Vorbem 1967–2017** 53 f
    durch Miterben **2058** 101 ff
  Nachlassverfahrenskosten **Vorbem 1967–2017** 52 f
  Nachlassverwaltung **Vorbem 1967–2017** 55; **2058** 110
  Nachlassverzeichnis **Vorbem 1967–2017** 47, 54; **1993** 30 ff
  Schriftstücke **2047** 7
  Teilungsanordnung **2048** 18
  Übergangsrecht **Vorbem 1967–2017** 57
  Überschussverteilung **2047** 7
Deliktsrecht
  Schadensersatzanspruch des Erben **Vorbem 2018–2031** 3

Dienstleistungspflicht
  Unvererblichkeit 1967 8
Dreimonatseinrede
  Ausschluss 2014 3 ff
    Haftungsbeschränkungsrecht,
      Verlust 2014 4; 2016 1
    Zulänglichkeit des Nachlasses 2014 6
  Beweislast 2014 15
  dingliche Rechte 2015 1; Vorbem 2014–2017 4
  Dreimonatsfrist 2014 2; 2017 7 f
  Einrede, aufschiebende 2014 1
  Inventarerrichtung 1993 4; 2014 1, 3; 2063 14
  Leistungsverweigerungsrecht 2014 1 f, 7 ff
  Nachlasspflegschaft 2017 2
  Orientierungsphase Vorbem 1967–2017 11
  Pflichtverletzung 2014 9
  Schuldnerverzug 2014 8 f
Dreißigster
  Abwesenheit, vorübergehende 1969 5
  Aufgebot der Nachlassgläubiger 1969 12
  Aufrechnung 1969 13
  Auseinandersetzung der Erbengemeinschaft 2042 49
  Besitzschutz 1969 11
  Bestätigung 1969 15
  Ehegatte 1969 4
    Getrenntleben der Ehegatten 1969 4
    Scheidungsantrag 1969 4
  Einreden, aufschiebende 1969 11; 2014 5
  einstweilige Verfügung 1969 9, 11
  Erbschaftsteuerfreiheit 1969 12
  Erbvertrag 1969 15
  Erfüllungsverweigerung 1969 11
  Erweiterung 1969 15
  Familienangehörige des Erblassers 1969 1, 3 f
    Freunde 1969 4
    Lebenspartner 1969 4
    nichteheliche Lebensgemeinschaft 1969 4
    Pflegekinder 1969 4
    Stiefkinder 1969 4
    Verschwägerte 1969 4
    Verwandte 1969 4
  Forderungsrecht, vermächtnisähnliches 1969 11 f
  Fristberechnung 1969 8
  Geldleistung 1969 9, 13 f
  Haftungsbeschränkung auf den Nachlass 1969 11
  Hausfriedensbruch 1969 11
  Hausgemeinschaft 1969 3
  Haushaltsauflösung 1969 9
  Haushaltsgegenstände, Benutzung 1969 7, 10
  Hausstand, Zugehörigkeit zum 1969 5
  Nachlasspflegschaft 1969 11

Dreißigster (Forts)
  Nachlassverbindlichkeit 1967 31; 1969 11
  Räumungsbegehren des Erben 1969 9
  Selbsthilfe 1969 9
  Todeserklärung 1969 8
  Unpfändbarkeit 1969 13
  Unterhaltsbezug vom Erblasser 1969 6
  Unterhaltsgewährung 1969 1, 7 ff
  Unübertragbarkeit 1969 13
  Vermächtnisrecht 1969 12
  Verringerung 1969 15
  Vorrang 1969 15
  Wohnungsbenutzung 1969 7, 10
  Zugewinnausgleich 1969 12
  Zurückbehaltungsrecht 1969 13
Drittwiderspruchsklage
  Haftungsbeschränkung Vorbem 1967–2017 38
Dürftigkeit des Nachlasses
  Gläubigerbefriedigung 1980 7
  Haftungsbeschränkung auf den Nachlass Vorbem 1967–2017 1, 9, 13, 49; Vorbem 1975–1992 5
Dürftigkeitseinrede
  Ansprüche, Nachlasszugehörigkeit 1991 9 ff
  Aufrechnungsbefugnisse 1990 41 ff
  Aufwendungsersatzanspruch des Erben 1991 1, 12 f
  Aufzeichnungsansprüche 1990 38
  Auskunftsansprüche 1990 38
  Berufung auf die Einrede 1990 13
  Beweislast 1990 6; 1992 8
  Durchsetzung, prozessuale 1990 11 ff
  eidesstattliche Versicherung 1990 34
  Eigenvermögen des Erben 1973 1
  Erbenmehrheit 1990 45
  Geltendmachung 1990 7
  Haftung cum viribus hereditatis 1990 29
  Haftungsbeschränkung 1990 36
  Haftungsbeschränkungsrecht, Verlust 1990 9
  Herausgabe des Nachlasses 1990 29 ff
    Duldung der Zwangsvollstreckung 1990 29
    unpfändbare Gegenstände 1990 32
  Herausgabepflicht 1990 1
  Hypotheken 1990 25
  Insolvenzantragspflicht 1991 8
  Inventarerrichtung 1990 6
  Inventarfrist 1990 6, 35
  Konfusion 1991 14 ff
  Konsolidation 1991 14 ff
  Leistungen, Rückforderung 1990 40
  Miterben 1990 8
  Nachlassinsolvenzverfahren 1990 1, 5
  Nachlasspflegschaft 1990 44
  Nachlassverbindlichkeiten, Berichtigung 1991 5 ff

Dürftigkeitseinrede (Forts)
Nachlassverwaltung **1985** 29 f; **1990** 1, 5
Pfandrechte **1990** 25
Prozesskosten **1990** 16
Schadensersatzpflicht **1980** 19
Schuld, persönliche **1990** 36
Schuldnerverzug **1990** 36
Sicherungsrechte **1990** 10, 25
Surrogationsgrundsatz **1991** 4
Tenorierung **1990** 13
Testamentsvollstreckung **1990** 44
Übereignung im Nachlass vorhandener Gegenstände **1990** 38
Überschuldung des Nachlasses **1990** 2 f; **1991** 9; **1992** 2
Unzulänglichkeit des Nachlasses **1990** 2, 4
Verantwortlichkeit des Erben **1991** 1 ff
Verjährung **1990** 39
Verurteilung des Erben, rechtskräftige **1991** 17 ff
Verzeichnisvorlage **1990** 33 f
Vormerkung **1990** 25
Vorwegbefriedigung aus dem Vollstreckungserlös **1991** 13
Wertermittlungsansprüche **1990** 38
Wiederherstellung erloschener Rechtsverhältnisse **1976** 2; **1991** 14 ff
Zurückbehaltungsrecht des Erben **1991** 13
Zwangsvollstreckung **1990** 24 ff, 37
Eigengläubiger des Erben **1990** 28
Duldung der Zwangsvollstreckung
Eigenverbindlichkeit **1967** 36

Ehegatten
Gütergemeinschaft
s dort
Haftung für Nachlassverbindlichkeiten **2008** 2
Eigentumsherausgabeanspruch
Anspruch des Erben **Vorbem 2018–2031** 3
Eigenvermögen
Beweislast **Vorbem 1967–2017** 46
Eingriffskondiktion
Anspruch des Erben **Vorbem 2018–2031** 3
Einkommensteuer
Nachlassverwaltung **1967** 36
Tod des Steuerpflichtigen **1967** 13
Einlagepflicht
Vererblichkeit **1967** 9
Einreden, aufschiebende
Aufgebotsverfahren, schwebendes **Vorbem 1967–2017** 11
Aufrechnung **2014** 11
Ausschluss **2013** 11
dingliche Ansprüche **Vorbem 2014–2017** 4; **2016** 4
Dreimonatseinrede **Vorbem 1967–2017** 11; **2014** 1
s a dort

Einreden, aufschiebende (Forts)
Erbschaftsannahme **Vorbem 1967–2017** 11
Geltendmachung **Vorbem 2014–2017** 2 f
Haftungsbeschränkung **Vorbem 1967–2017** 2; **Vorbem 2014–2017** 1
Haftungsbeschränkungsrecht, Verlust **Vorbem 2014–2017** 4; **2016** 1
Haftungsbeschränkungsvorbehalt **2014** 13
Klageerhebung, Anlass zur **2014** 14
Nachlass, ungeteilter **Vorbem 1967–2017** 13
Nachlass, unzulänglicher **1978** 22
Nachlassverwaltung **1982** 8
Schonfrist **Vorbem 1967–2017** 1
Sicherungsrechte, dingliche **2016** 4 f
Vollstreckungsmaßnahmen **2014** 13
Zurückbehaltungsrecht **2014** 12
Entnahme aus Gesellschaftsvermögen
Rückzahlungspflicht, Vererblichkeit **1967** 9
Erbauseinandersetzungsvertrag
Auseinandersetzungsvertrag
s Erbengemeinschaft
Erbe
Annahme der Erbschaft
s Erbschaftsannahme
Aufwendungsersatzanspruch **1978** 26 ff, 37; **1979** 1; **2013** 7
Aufrechnung **1978** 33
Fremdgeschäftsführungswille **1978** 26
Zinspflicht **1978** 27
Zurückbehaltungsrecht **1978** 30 f; **1985** 16
Auskunftpflicht **1978** 14
Befreiungsanspruch **1978** 27
Benachrichtigungspflicht **1978** 14
Besitzergreifung **Vorbem 2018–2031** 4
Eigengläubiger des Erben **1967** 7; **1978** 23; **1981** 22
Eigenverbindlichkeiten **1967** 4, 23, 30, 33, 36, 47; **1978** 35 f, 38
Erbschaftsanspruch **2018** 1
Gesamtvermögensinsolvenz **1980** 20; **1981** 9, 22
Haltereigenschaft **1967** 23
Herausgabepflicht **1978** 15
aus der Geschäftsführung Erlangtes **1978** 16 f
Honoraranspruch **1978** 29
Inanspruchnahme, persönliche **2013** 5
Nachlassabwicklung **1975** 23
Prozessführung **1967** 47
Rechenschaftslegung **1978** 14
Schadensersatzpflicht **1980** 1
Schuld, persönliche **Vorbem 1967–2017** 7 f; **Vorbem 1975–1992** 1; **1967** 1; **1979** 1
vorläufiger Erbe **1967** 48, 60
Erbenbesitz
verbotene Eigenmacht **Vorbem 2018–2031** 3

Erbengemeinschaft
  s a Miterben
  Abschichtung **2042** 30
  Abwicklungsgemeinschaft **2042** 1
  Aktien **2032** 22
  Aktivlegitimation **2039** 1
  Aktivprozess **2032** 15
  Anteilserwerb **2036** 5 ff
  Anteilserwerb durch einen Erben **2032** 1
  Aufhebung **2033** 6 f; **2042** 1; **2062** 23
  Auflagen **2046** 5
  Auflassung **2033** 26
  Aufrechnung **Vorbem 2032–2057a** 15; **2058** 73; **2059** 19
  Auseinandersetzung **Vorbem 2032–2057a** 1, 13, 17; **2032** 9; **2038** 4; **2039** 22; **2042** 1
   Aufschub **2042** 46; **2043** 2, 8, 10; **2059** 83
   – Adoption **2043** 6
   – Aufgebotsverfahren, Beendigung **2045** 2
   – Aufschubverlangen **2045** 1 f
   – Ehelicherklärung **2043** 1, 5
   – Geburt eines Miterben, zu erwartende **2043** 2, 4
   – Genehmigung, ausstehende **2043** 2, 10
   – Gerichtsentscheidung, ausstehende **2043** 2
   – Gläubigerermittlung **2045** 1
   – Stiftung, Genehmigung **2043** 7
  Ausgleichungsanspruch **2057a** 31
  Ausgleichungspflicht **2050** 4
   s a dort
  Ausschluss **2042** 29, 46 f
   – letztwillige Verfügung **2044** 1, 10
   – Wiederverheiratung **2044** 7
  de lege ferenda **2042** 21
  Erlösteilung **2042** 54
  Erschwerung **2044** 1
  Gewährleistung **2042** 57
  jederzeitige Auseinandersetzung **Vorbem 2032–2057a** 13, 18; **2032** 9; **2042** 37 ff; **2043** 2; **2044** 3
  Nachlassgegenstand, Beschädigung **2042** 58
  Nachlassgegenstand, Verlust **2042** 58
  Nachlassverbindlichkeiten, Berichtigung **2042** 51
  Pfandgläubiger **2033** 30
  Steuerschulden **2060** 9
  Teilung in Natur **2042** 53
  Teilungsanordnung **2048** 1 ff
   s a dort
  Teilungsregeln, gesetzliche **2042** 5 f, 21, 50 ff
  Teilungsverbot **2044** 1 ff
  Überschussverteilung **2042** 52; **2047** 1, 3
   – Zuteilungsverhältnis **2047** 1
  Unbestimmtheit der Erbteile **2043** 2 f, 11

Erbengemeinschaft (Forts)
  Verfügungen **2042** 17
  Verkauf der Nachlassgegenstände **2042** 54 f
  Vermittlung **2042** 7 ff
   – Antrag **2042** 11
   – Bestätigungsbeschluss **2042** 14, 16 f
   – freiwillige Gerichtsbarkeit **2042** 7 ff
   – Landesrecht **2042** 18
   – Nichterscheinen **2042** 15
   – Notare **2042** 18
   – Verhandlungstermin **2042** 12, 14 ff
   – Widerspruch eines Antragsgegners **2042** 13
  Versteigerung unter den Miterben **2042** 56
  Vollzug **2042** 1, 17, 29, 60 ff; **2048** 3
  wichtiger Grund **2044** 12
  Willensherrschaft der Miterben **2042** 21
Auseinandersetzungsanspruch **2032** 14; **2033** 12
  Grundschuldbestellung **2033** 14
  Hypothekenbestellung **2033** 14
  Unverjährbarkeit **2042** 48
Auseinandersetzungsguthaben **2032** 14; **2033** 12
  Verfügung über Auseinandersetzungsguthaben **2033** 13
Auseinandersetzungsklage **2042** 39 ff
  Aufschubeinwand **2045** 5
  Klagegegner **2042** 42
  Leistungsklage **2042** 43
  Streitwert **2042** 45
  Teilungsreife bei Klageerhebung **2042** 41
Auseinandersetzungsplan **2042** 16 f
  Einwilligung **2042** 19
  Schiedsgericht **2042** 19
Auseinandersetzungsverfahren **Vorbem 2032–2057a** 1, 4, 18 f
  Ausgleichung, Vollzug **2055** 1 ff
  de lege ferenda **Vorbem 2032–2057a** 19
Auseinandersetzungsverlangen **2042** 37 ff
Auseinandersetzungsvertrag **Vorbem 2032–2057a** 18; **2042** 1, 3 f, 22 ff
  Abfindung **2042** 23
  Anfechtung **2042** 36
  Einzelverträge **2042** 26
  engere Erbengemeinschaft **2042** 28
  Form **2042** 31
  Genehmigung, gerichtliche **2042** 32 f
  gesamthänderische Bindung **2042** 29
  Irrtum **2042** 24 f
  Klage auf Zustimmung der Miterben **2042** 40
  minderjährige Erben **2042** 33, 35
  Rechtsnatur **2042** 23
  Teilungsanordnungen **2042** 23
  Übergehung eines Miterben **2042** 25

Erbengemeinschaft (Forts)
  Vergleich **2042** 24
  Vertragsänderung **2042** 23
  Zustimmung des Ehegatten **2042** 34
  Außenverhältnis **2038** 1, 6 f, 9, 20, 40
  Baumaßnahmen **2038** 4
  Beerbung mehrerer Erblasser **2032** 1
  Bestattung des Erblassers **2038** 4
  Beteiligtenfähigkeit **2032** 4
  Bindung der Miterben **Vorbem 2032–2057a** 17; **2032** 9
  Bruchteilsgemeinschaft **Vorbem 2032–2057a** 13; **2032** 5, 9; **2042** 27; **2044** 16
  Einstimmigkeit **2038** 9
  Entstehung kraft Gesetzes **Vorbem 2032–2057a** 1; **2032** 5, 9
  Erbenmehrheit **Vorbem 2032–2057a** 1; **2032** 1
  Erbersatzansprüche **2038** 4
  Erbquoten **2055** 14
  Erbschaftsteuer **1967** 35
    Grundstückswert **1967** 35
  Erbschein, gemeinschaftlicher **2032** 17
  Erhaltung der Gemeinschaft **Vorbem 2032–2057a** 3
  Erhaltungshandlungen **2038** 4; **2040** 19
  Erhaltungsmaßnahmen, notwendige **2038** 2, 25 ff
    Adressat **2038** 29
    Dringlichkeit **2038** 27, 38
    Notwendigkeit **2038** 27, 31
  Feststellungsklage **2032** 15; **2058** 77
  Forderungseinziehung **2038** 4
  fortgesetzte Erbengemeinschaft **2059** 74 f
  Fortsetzungswille **2032** 5
  freiwillige Gerichtsbarkeit **2039** 31
  Früchte **2038** 43
  Gemeinschaftsverhältnis **2032** 1 f, 5
  Gesamthandsgemeinschaft **Vorbem 2032–2057a** 2, 13, 16; **2032** 5 ff; **2033** 2; **2038** 1 f
    Theorie der geteilten Mitberechtigung **2032** 6 f
    Theorie der ungeteilten Gesamtberechtigung **2032** 6
  Gesamthandsklage **2032** 15; **2058** 65 f
  Gesamthandszugehörigkeit, vorübergehende **2036** 5 ff
  gesamtschuldnerische Haftung
    s Miterben, Haftung
  Geschäftsführung **2038** 6, 9
  GmbH-Geschäftsanteil **2032** 23
  Grundbucheintragung **Vorbem 2032–2057a** 14; **2032** 12
  Grundstücksveräußerung **2032** 8
  Haftung für Nachlassverbindlichkeiten **2042** 1, 4
  Handelsgeschäft, Fortführung **2032** 18 ff; **2038** 4, 10; **2059** 76 f
    s a Handelsgeschäft

Erbengemeinschaft (Forts)
  Handelsregistereintragung **2032** 18
  Innenverhältnis **2038** 1, 9, 20, 40; **2046** 1; **2058** 78, 80 f
  Insolvenzfähigkeit **2032** 5
  Insolvenzverwalter **2038** 22
  Instandsetzungsmaßnahmen **2038** 17
  Kapitalanlage **2038** 4
  Konfusion **Vorbem 2032–2057a** 14
  Legitimationsrechte **2032** 12
  Mehrheitsbeschluss **2038** 7, 33 ff, 42; **2044** 1
  Mehrung des Nachlasses **2038** 4
  Mietverträge **2038** 41
  minderjährige Erben **2032** 8
  Mitglieder **Vorbem 2032–2057a** 2
  Nachlass, Herausgabe **2039** 13
  Nachlassansprüche **2032** 9; **2039** 1 ff
    Auseinandersetzung einer Gemeinschaft **2039** 10
    außergerichtliche Geltendmachung **2039** 17
    eidesstattliche Versicherung **2039** 12
    Einreden **2039** 4
    Einwendungen **2039** 4
    Erfüllung **2039** 19
    Feststellungsklage **2039** 15, 25
    Forderungseinziehung **2039** 9
    Gestaltungsrechte **2039** 14
    Klageantrag **2039** 23
    Leistung an alle **2039** 16
    Leistung an sich selbst **2039** 18
    Leistungsklage **2039** 15
    gegen einen Miterben **2039** 20 ff
    Nachlasszugehörigkeit **2039** 6 ff
    Prozesskostenhilfe **2039** 29
    Prozessstandschaft **2039** 25
    Rechtskraft **2039** 25
    Streitgenossenschaft, notwendige **2039** 25
    Streitwert **2039** 30
    Verjährungshemmung **2039** 26
    Widerspruch der übrigen Miterben **2039** 24
    Wiederaufnahme des Verfahrens **2039** 27
    Zwangsvollstreckung **2039** 28
  Nachlassgegenstände, Gebrauch **2038** 43
  Nachlassgegenstände, Lasten **2038** 42
  Nachlassgegenstände, Verteilung **2059** 34
  Nachlassgegenstände, wesentliche Veränderung **2038** 13, 36
  Nachlassinsolvenzverfahren **2032** 17; **2058** 30 f
  Nachlassteilung **2042** 1; **Vorbem 2058–2063** 3, 20 f; **2058** 6 ff, 36; **2059** 1, 30 ff, 81; **2060** 1
    Pflichtteilslast **2060** 8
  Nachlassverbindlichkeiten **2032** 11; **Vorbem 2058–2063** 1; **2058** 22 ff

Erbengemeinschaft (Forts)
Berichtigung **Vorbem 2032–2057a** 17; **2038** 4; **2058** 7; **2059** 82
– Mitwirkungspflicht **2058** 78
Entstehung nach dem Erbfall **2058** 41 f
Fälligkeit **2046** 14; **2059** 82
Feststellungsklage **2058** 75
Forderungen eines Miterben **2046** 8 ff, 13
gemeinschaftliche Nachlassverbindlichkeiten **2058** 28, 38 ff
Herabsetzung **2058** 76
Innenhaftung, anteilige **2046** 7
streitige Nachlassverbindlichkeiten **2046** 14 f; **2059** 82
Versilberung **2046** 16 ff
Vorabtilgung **2046** 1 ff
– moralische Verpflichtungen **2046** 4
– unklagbare Verpflichtungen **2046** 4
Zurückbehaltungsrecht **2046** 14
Nachlassverteilung **2056** 4
Nachlassverwaltung **2032** 16; **2038** 22; **2058** 30, 35; **2060** 3; **2062** 4
Antragsbefugnis, gemeinsame **2062** 1 f, 7, 12
Nachlassverzeichnis **2038** 18
nichteheliche Kinder **Vorbem 2032–2057a** 2
Notgeschäftsführung **2038** 25
Notverfügungsrecht **2040** 19
Notverwaltungsrecht **2038** 7, 12, 27, 40, 42
Vertretungsmacht **2038** 40
nützliche Maßnahmen **2038** 29
Nutzung des Nachlasses **2038** 4, 23, 33
Parteifähigkeit **2032** 4 f
passive Parteifähigkeit **2058** 48, 67 f; **2059** 1
Passivlegitimation **2039** 1
Passivprozess **2032** 15
Personifikation **2032** 7
Pflichtteilsansprüche **2038** 4
Pflichtverletzungen, Vertreten **2058** 46 ff
Prozessführung **2038** 4
Rechtsbeziehungen Gesamthand/Miterben **2032** 1
Rechtsfähigkeit **2032** 5
Rechtsgeschäfte **2032** 4
Rechtsmissbrauch **2038** 43
Rechtsstreitigkeiten **2038** 4
Rentenansprüche des Erblassers **2039** 8
Reparaturmaßnahmen **2038** 17
Schriftstücke **2047** 4 ff
Sicherung des Nachlasses **2038** 4
Sozialhilfe, Rückerstattung **2058** 40
stille Gesellschaft mit Dritten **2038** 4
Stimmabgabe **2038** 35
Stimmberechtigung **2055** 14
Stimmenmehrheit **2038** 36
Streitgenossenschaft, notwendige **2032** 15

Erbengemeinschaft (Forts)
Surrogation, dingliche **2032** 13; **2041** 1 ff
Surrogationserwerb **2032** 18; **2041** 2 ff
Teilauseinandersetzung **2032** 20; **2042** 8, 27, 30, 59
Vollzug **2042** 64
Teilungsvermeidung **2059** 74 ff
Testamentsvollstreckung **2038** 22; **2039** 13; **2062** 2 f
Überschussverteilung
s Auseinandersetzung
Umwandlung, identitätswahrende **2032** 18; **2042** 29
unerlaubte Handlungen eines Miterben **2032** 5
Untererbengemeinschaft **2032** 2; **2033** 8; **2034** 11
Verbindlichkeiten, laufende **2038** 4
Verfügung über Anteil am Nachlassgegenstand **2033** 38 ff
bedingte Verfügung **2033** 43
Unpfändbarkeit **2033** 46
Verfügung über Miterbenanteil **2033** 1 ff
s a Miterbenanteil
Verfügung über Nachlassgegenstände **2032** 5; **2033** 40; **2038** 6; **2040** 1 ff
Anfechtung **2040** 26
Aufrechnung **2040** 10, 25, 27 ff
Begriff **2040** 5 ff
Beschluss zur Vornahme der Verfügung **2040** 18
Einwilligung **2040** 14
Erklärungen **2040** 24 ff
gemeinschaftliche Verfügung **2038** 2; **2040** 2, 13 ff
Genehmigung **2040** 14
– gerichtliche Genehmigung **2040** 20
Gestaltungsrechte **2040** 7, 26
gutgläubiger Erwerb **2033** 45
Klage **2040** 21 f
Kündigung **2040** 6
Leistungsannahme **2040** 9
unkörperliche Gegenstände **2040** 3
Verpflichtung zur Verfügung **2040** 4
Zurückbehaltungsrecht **2040** 27
Verfügung eines Nichtberechtigten **2032** 10; **2063** 28
Verfügungsgeschäfte **2038** 6 f
Verfügungsmacht, Beschränkung **2032** 5 f
Vergleichsschluss **2038** 4
Vermächtnisse **2046** 5
Vermietung **2038** 4
Vermögensminderung **2032** 5
Verpachtung **2038** 4
Verpflichtungsgeschäfte **2038** 6 f, 12
Verschaffungspflicht **2058** 34
Vertragskündigung **2038** 4
Vertragsschluss **2038** 4
Nichtigkeit des Vertrages **2058** 77

Erbengemeinschaft (Forts)
Vertretung **2038** 6f, 9
Verwahrung des Nachlasses **2038** 4
Verwaltung des Nachlasses **2032** 1; **2038** 1, 3; **2055** 14
Begriff **2038** 4
gemeinschaftliche Verwaltung **2032** 9; **2038** 2, 4, 8ff, 20
Inhalt **2038** 4
Kosten **2038** 42
letztwillige Verfügung **2038** 24
Mitwirkungspflicht **2038** 12, 15f, 18f
– Abtretbarkeit **2038** 12
– Erzwingbarkeit **2038** 16
– Prozessstandschaft **2038** 12
Ordnungsmäßigkeit **2038** 2, 12f, 17, 32f
– Erforderlichkeit **2038** 14
Vereinbarung **2038** 23
Verfügungen **2040** 1, 5
Verwaltungsgerichtsbarkeit **2039** 31
Vorempfänge **2038** 43
Zwangsvollstreckung **2059** 26ff
Zwangsvollstreckung in den ungeteilten Nachlass **2040** 23; **2058** 23, 33, 55, 57, 97
Vollstreckungsklausel **2040** 23

Erbenhaftung
Beschränkbarkeit **Vorbem 1967–2017** 24
beschränkte Erbenhaftung **Vorbem 1967–2017** 1, 9, 24
Vorbehalt im Urteil **Vorbem 1967–2017** 19
Breslauer Entwurf **Vorbem 1967–2017** 50f
de lege ferenda **Vorbem 1967–2017** 47, 49ff
Eigenvermögen, Haftungsbeschränkung auf das **1967** 44
vor Erbschaftsannahme **Vorbem 1967–2017** 2, 10
Feststellungsklage **2005** 20
Mehrheit von Erben **Vorbem 1967–2017** 2
Nachlassverbindlichkeiten **Vorbem 1967–2017** 1, 5, 7f; **1967** 1; **Vorbem 2058–2063** 1
Nachlassverwaltung, allgemeine **1973** 20
Rechenschaftslegung **2001** 2
Rückerstattungspflicht **1978** 20; **1979** 10
Schadensersatzpflicht **1978** 20
Übergangsrecht **Vorbem 1967–2017** 57
unbeschränkbare Erbenhaftung **Vorbem 1967–2017** 25; **1979** 3
unbeschränkte, aber beschränkbare Erbenhaftung **Vorbem 1967–2017** 8f, 50; **1967** 1; **1993** 2
unbeschränkte Erbenhaftung **2013** 1ff, 11
Vereinbarungen **Vorbem 1967–2017** 16ff, 35
Verjährung des Anspruchs **1967** 2
Vermögensübernahme, gesetzliche **Vorbem 1967–2017** 5, 7; **1990** 46
Verzinsung **1978** 20

Erbeninsolvenz
Ausfallhaftung **1975** 29
Dürftigkeitseinrede **1990** 44
Nachlassverwaltung **1975** 22
Überlastungseinrede **1992** 15
Unzulänglichkeitseinrede **1990** 44

Erbenschuld
Eigenverbindlichkeiten **1967** 4

Erbensucher
Honorarvereinbarung **1967** 51

Erbersatzansprüche
Ertragswert **2049** 6

Erbfallschulden
Nachlassverbindlichkeiten **1967** 30ff
unmittelbare Erbfallschulden **1967** 31ff

Erbfolge, vorweggenommene
Zuwendung unter Lebenden **2050** 8

Erbhof
Übernahme **2049** 2

Erblasser
Verurteilung nach dem Erbfall **Vorbem 1967–2017** 21; **1967** 20

Erblasserschulden
Herrühren der Schuld vom Erblasser **1967** 3, 19ff
Nachlassverbindlichkeiten **1967** 3, 8ff
Verbindlichkeiten gegenüber dem Erben **1967** 13
Vererblichkeit der Schulden **1967** 8ff
nichtvermögenswerte Schulden **1967** 10, 12
öffentlich-rechtliche Verbindlichkeiten **1967** 14
– Erstattungspflichten, öffentlich-rechtliche **1967** 15
Verpflichtungsgrund **1967** 19

Erbschaftsannahme
Anfechtung **1967** 54
Anspruch gegen den Nachlass **Vorbem 1967–2017** 2, 10
Verjährung **1967** 2
Aufwendungsersatzanspruch des Erben **1978** 26
Einreden, aufschiebende **Vorbem 1967–2017** 11
Erbenhaftung **1975** 8
gesetzlicher Vertreter, Verschulden **1978** 13
– Nachlasspfleger **1978** 13
– Testamentsvollstrecker **1978** 13
Haftungsmaßstab **1978** 12
Geschäftsbesorgung des Erben **1978** 4ff
Gefahrabwendung **1978** 8
Leistungsklage gegen den Erben **Vorbem 1967–2017** 40
Nachlassverwaltung durch den Erben **1967** 39; **1978** 9ff
Vollstreckung in den Nachlass **Vorbem 1967–2017** 10

Erbschaftsanspruch
Abtretbarkeit **Vorbem 2018–2031** 20
Aktivlegitimation **2018** 1 f
Anspruchsgegner **Vorbem 2018–2031** 5; **2018** 4 ff
  Erwerbstitel, anfechtbarer **2018** 16
  Miterbe **2018** 13 f
  Nachlassinsolvenzverwalter **2018** 18 f
  Nachlasspfleger **2018** 18 f
  Nachlassverwalter **2018** 18 f
  Rechtsnachfolger **2018** 21 f
  Testamentsvollstrecker **2018** 18 f
  Vorerbe **2018** 17
Auskunftsanspruch **Vorbem 2018–2031** 4, 8, 25; **2026** 13; **2027** 1
  Auskunftsberechtigte **2027** 8 f
  Gerichtsstand **2027** 7
  Vererblichkeit **2027** 4 f
Aussonderungsrecht **Vorbem 2018–2031** 21
Bereicherungseinwand **2018** 35
Bereicherungshaftung **2021** 1 ff; **2023** 14; **2024** 1; **2030** 12
  s a Herausgabe des Erlangten
  Beweislast **2021** 15
  Bösgläubigkeit **2021** 12, 14
  – Fahrlässigkeit, grobe **2021** 14
  Rechtsfolgenverweisung **2021** 5 ff
  Rechtshängigkeit **2021** 12, 14
  Schuldnerverzug **2021** 13
  unentgeltlicher Erwerb **2021** 11
  Verzinsungspflicht **2021** 12
  Wertersatz **2021** 6, 12, 15; **2023** 14
Beweislast **Vorbem 2018–2031** 5; **2018** 39 ff; **2019** 30
deliktische Haftung **2025** 11 ff
dingliche Komponente **Vorbem 2018–2031** 20 f; **2018** 32; **2020** 2; **2023** 2; **2024** 1
Eigentumsvermutung **2018** 46
Einreden **2018** 35 f; **2026** 12
Einwendungen **2018** 35 f
Einzelanspruchstheorie **Vorbem 2018–2031** 14 f; **2026** 4
Erbenstellung, Feststellung **Vorbem 2018–2031** 23
Erbrechtsanmaßung **2018** 8 ff, 19
Erbschaft **Vorbem 2018–2031** 1, 23
Erbschaftsveräußerung **2030** 8 ff
Ersitzungseinwand, Ausschluss **Vorbem 2018–2031** 6; **2026** 14 ff
Früchte **Vorbem 2018–2031** 21; **2020** 1; **2025** 3
  Kosten der Fruchtgewinnung **2022** 7
Gebrauchsvorteile **2020** 1, 6
Gegenstand **Vorbem 2018–2031** 23
Gerichtszuständigkeit **Vorbem 2018–2031** 5, 24
Gesamtanspruch, erbrechtlicher **Vorbem 2018–2031** 5, 12 ff; **2023** 10; **2026** 2, 4
Gesellschafterstellung **2018** 29

Erbschaftsanspruch (Forts)
Grundstücke **Vorbem 2018–2031** 5
Haftungsverschärfung **2029** 1, 6
Herausgabe des Erlangten **Vorbem 2018–2031** 5, 21; **2018** 23 ff
  s a Bereicherungshaftung
  Anerkenntnis **2018** 27
  aus der Erbschaft erlangt **2018** 31 ff, 45
  Besitzerwerb **2018** 24 f
  Bucheigentum **2018** 25
  Erwerb, rechtsgeschäftlicher **2019** 1, 18 f
  Miteigentum **2021** 2
  Surrogation, dingliche **2021** 2
  Unmöglichkeit der Herausgabe **2021** 2 f; **2023** 6; **2024** 3
  Untergang **2023** 6
  Verarbeitung **2021** 2
  Verbindung **2021** 2
  Vermischung **2021** 2
  Verschlechterung **2023** 6
  Vollmacht **2018** 28
  Wegfall der Bereicherung **2021** 1 f, 7, 10, 15
  Wertersatz **2020** 6; **2021** 6
Herausgabe des Nachlasses **2027** 3
Insolvenzforderung **Vorbem 2018–2031** 21
Miteigentumsanteile **2019** 6
Miterben **2026** 10; **2032** 3
Nachlasszugehörigkeit **2018** 46
Naturalrestitution **Vorbem 2018–2031** 21
Nutzungen **Vorbem 2018–2031** 6; **2018** 34; **2020** 1 f, 6, 11
  schuldhaft nicht gezogene Nutzungen **2023** 8
  versäumte Nutzungen **2020** 10
obligatorische Komponente **Vorbem 2018–2031** 21; **2018** 32; **2020** 2; **2021** 1; **2023** 2
Passivlegitimation **2018** 4 ff, 45
Pfändbarkeit **Vorbem 2018–2031** 20
Recht zum Besitz **2018** 38
Rechtsfrüchte **2020** 1, 3
Rechtshängigkeit **Vorbem 2018–2031** 25; **2023** 1, 4 ff; **2027** 6
Rechtsmissbrauch **2018** 37
Rechtsnatur **Vorbem 2018–2031** 14 ff; **2020** 1 f
Sachfrüchte, mittelbare **2020** 1 f, 4 f
Sachfrüchte, unmittelbare **2020** 1 f, 6 ff
Schadensersatz **Vorbem 2018–2031** 21
Schuldnerverzug **Vorbem 2018–2031** 20
Singularansprüche, konkurrierende **Vorbem 2018–2031** 3, 19; **2020** 1; **2023** 1, 4; **2024** 1; **2025** 4; **2029** 1 ff
  Gerichtsstand **2029** 9
  possessorische Ansprüche **2029** 7
  Verjährung **2029** 6
  Verwendungsersatz **2029** 6
Surrogation **Vorbem 2018–2031** 6, 21; **2018** 47

Sachregister   Erbschaftserwerb

Erbschaftsanspruch (Forts)
  dingliche Surrogation **2019** 1 ff; **2025** 3
  einfache Surrogationsklausel **2019** 20 ff
  Grundpfandrechtsbestellung **2019** 22
  Kaufvertrag, Rückabwicklung **2019** 23
  Veräußerungsentgelt **2030** 8 ff
  Unternehmensfortführung **2018** 29
  Vererblichkeit **Vorbem 2018–2031** 20
  Verjährung **Vorbem 2018–2031** 6, 21;
    2026 1 ff
    Beweislast **2026** 18
  Ersatzanspruch, deliktischer **2025** 13
  Verjährungsbeginn **2026** 2 ff, 8 f
  Verjährungshemmung **2026** 6, 9
  Wertersatz **2018** 47
  Widerspruchsrecht **Vorbem 2018–2031** 21
  Willensfähigkeit **2018** 12
  Zuständigkeit, internationale **Vorbem 2018–2031** 29
Erbschaftsbesitz
  Besitzerwerb **2018** 25
  Beweislast **2018** 45
  Erbschaftskauf **2026** 11
  vorläufiger Erbschaftsbesitz **Vorbem 2018–2031** 9
Erbschaftsbesitzer
  Aufwendungen **2022** 6 f, 14
    Gebühren **2022** 14
    Kosten der Erbschaft **2022** 14
    Nachlassverbindlichkeiten, Berichtigung **2022** 14 f
    Todeserklärung des Erblassers **2022** 15
  Auskunftspflicht **2027** 1, 10 ff; **Vorbem 2018–2031** 4, 8
    eidesstattliche Versicherung **2027** 15 ff
  Vererblichkeit **1967** 9
  Vererblichkeit, aktive **2027** 5
  Vererblichkeit, passive **2027** 4
  Befriedigungsrecht, pfandrechtsähnliches **2022** 12
  Betrug **2025** 6
  Bösgläubigkeit **2022** 1; **2024** 1 ff; **2025** 6
    Minderjährigkeit **2024** 7
    nachträgliche Bösgläubigkeit **2024** 5
    Singulareinrede **2024** 6
    Verzug **2024** 8 ff
  Diebstahl **2025** 6
  Erbschaftsteuer **2022** 6
  Erlösherausgabe **2030** 11
  Erpressung **2025** 6
  falsche Versicherung an Eides Statt **2025** 3, 6
  Fiskus **2018** 30, 42
  Gutgläubigkeit **2025** 8a
  Haftung **Vorbem 2018–2031** 7, 14, 22
    Bösgläubigkeit **Vorbem 2018–2031** 7
    deliktische Haftung
    – Verjährungsfrist **Vorbem 2018–2031** 21; **2025** 13

Erbschaftsbesitzer (Forts)
  Rechtshängigkeit **Vorbem 2018–2031** 7
  Herausgabepflicht **2018** 1 ff
  s a Erbschaftsanspruch
  Vererblichkeit **1967** 9
  Nachlassschuldner **2018** 26
  Recht zum Besitz **2018** 38
  Rückgriffskondiktion **2022** 16
  Schadensersatzpflicht **2023** 6 f; **2025** 11; **2030** 12
  Straftat, Besitzerlangung durch **Vorbem 2018–2031** 7; **2025** 1 f, 4 ff
    Rechtsgrundverweisung **2025** 3, 13
  Tod des Erbschaftsbesitzers **2018** 21
  Unvermögen zur Herausgabe **Vorbem 2018–2031** 7
  Urkundenfälschung **2025** 3, 6
  Veräußerungsentgelt **2030** 8 ff
  verbotene Eigenmacht **Vorbem 2018–2031** 7; **2025** 1 f, 4 f, 7
    Rechtsgrundverweisung **2025** 3, 13
    Verschulden **2025** 7 ff
  Verjährungseinrede **2026** 12; **2029** 6
  Vermächtnis **2030** 14
  Verwendungsersatzanspruch **Vorbem 2018–2031** 7, 22; **2018** 35; **2021** 8; **2022** 1 ff, 16 f; **2023** 1, 9 ff; **2025** 11; **2030** 13
    Ausschlussfrist **2022** 10
    Beweislast **2022** 20
    de lege ferenda **2022** 21
    Grundbuchposition **2022** 2
    Klage **2022** 10
    notwendige Verwendungen **2023** 9
    Rechtshängigkeit **2023** 9 f
    Verwendungsbegriff **2022** 3
    Verzinsungspflicht **2023** 13; **2025** 11
  Verzugshaftung **2023** 15
  Vorerbe **2018** 17
  Wegnahmerecht **2022** 11
  Zufallsrisiko **2025** 11
  Zurückbehaltungsrecht **Vorbem 2018–2031** 7; **2018** 35, 37; **2022** 4, 8 f; **2025** 12
    Pflichtteilsansprüche **2018** 37
    Vermächtnisansprüche **2018** 37
Erbschaftserwerb
  Auskunftspflicht **Vorbem 2018–2031** 4, 8; **2027** 1
  Erbschaftskauf **2030** 3
  Erbunwürdigkeit **Vorbem 2018–2031** 2
  Ersitzungszeit des Veräußerers **2030** 7
  Gerichtsstand **2030** 15
  gutgläubiger Erwerb, Ausschluss **2030** 5 f
  Haftung **2030** 7
  Herausgabepflicht **2030** 7
  Rechtsstellung des Erbschaftserwerbers **2030** 1, 7
  Verjährung **2030** 7
  Vertrag **2030** 2 ff

Erbschaftserwerb (Forts)
  Verwendungsersatzanspruch **2030** 7
Erbschaftskauf
  Ausgleichungspflicht **2050** 4
  Erbschaftsanspruch **2018** 2
  Gläubigeraufgebot **1970** 4
  Nachlassverbindlichkeiten **Vorbem 1967–2017** 2
Erbschaftsklage
  Klageantrag **Vorbem 2018–2031** 25
  Bestimmtheit **2027** 1
  Klagehäufung, objektive **2018** 13 f
  Rechtskraft **2023** 16
  Rechtskraftwirkung **Vorbem 2018–2031** 25
  Streitgenossenschaft **2018** 20
  Stufenklage **Vorbem 2018–2031** 25
  Verbindung mit Anfechtungsklage **Vorbem 2018–2031** 25
  Verbindung mit Feststellungsklage **Vorbem 2018–2031** 23
Erbschaftsteuer
  am Erbfall Beteiligte **1967** 33; **2058** 9
  Dreißigster **1969** 12
  Konfusion **1976** 2
  Konsolidation **1976** 2
  Miterben **1967** 35; **2032** 8
  Nachlassverwaltung, Anordnung **1981** 27
  Verpflichtung des Erben **1967** 33
  Vorerbschaft **1967** 34
Erbschaftsveräußerung
  Nachlassverbindlichkeiten **Vorbem 1967–2017** 2
Erbschaftsverkauf
  Übernahmehaftung **1978** 18
Erbschaftsverwaltungsschulden
  den Erben als solchen treffende Verbindlichkeiten **1967** 30
  Entstehung nach dem Erbfall **1967** 37
Erbschein
  Auskunftspflicht **Vorbem 2018–2031** 4
  Erbteilserwerb **2033** 24 f
  gemeinschaftlicher Erbschein **2032** 17
  Gerichtsgebühr **1967** 37
  Herausgabe an das Nachlassgericht **Vorbem 2018–2031** 4, 23; **2018** 32b
  öffentlicher Glaube **2033** 25
  Verfügungen des Erbschaftsbesitzers **2019** 26 f
Erbteil
  Nachlassinsolvenzverfahren **2062** 6
  Nachlassverwaltung **2062** 6
  Pfändung **2032** 14; **2062** 6, 9
  s a Erbteilspfändung
  Zwangsvollstreckung **1975** 21
Erbteile, mehrere
  Berufung zu mehreren Erbteilen **2007** 16; **2013** 6, 13
  Beschwerde, unterschiedliche **2007** 15
  Haftung des Erben **2007** 1 ff

Erbteile, mehrere (Forts)
  Leistungsverweigerungsrecht **2007** 2
Erbteilserhöhung
  Haftung des Erben **2007** 17
Erbteilserwerb
  Ausgleichungspflicht **2050** 4
  Miterbenhaftung, teilschuldnerische **2060** 36
Erbteilskauf
  Dürftigkeitseinrede **1990** 46
  Unzulänglichkeitseinrede **1990** 46
Erbteilspfändung
  Miterben **2058** 11 ff, 32 f
  Pfändungspfandrecht **2033** 33 ff
Erbteilsübertragung
  durch Miterben **2062** 8
Erbteilsverkauf
  Nachlassverbindlichkeiten **Vorbem 2058–2063** 11
  Vorkaufsrecht der Miterben **2034** 4
Erbunfähigkeit
  relative Erbunfähigkeit **2051** 2
Erbunwürdigkeit
  Erbschaftserwerb, Anfechtung **Vorbem 2018–2031** 2
Erbverzicht
  Anfechtungsrecht **1967** 9
Ersatzerbe
  Ausgleichungspflicht **2051** 6 ff; **2052** 5
Ersatzsurrogation
  Surrogationserwerb **2041** 2
Erschließungsbeitragsschulden
  Vererblichkeit **1967** 16
Erschöpfungseinrede
  Aufgebotsverfahren **1973** 1, 27 f
  Beweiserhebung **1973** 30
  Beweislast **1973** 28
  Erbenhaftung, unbeschränkbare **1989** 5
  Klageabweisung **1973** 30
  Leistung trotz Erschöpfungseinrede **1973** 31
  Leistungsverweigerung **1973** 1; **1990** 2
  Nachlassinsolvenzverfahren **1989** 13
  Nachtragsverteilung **1989** 7 f
Ersitzung
  Erbschaft **2026** 20
  Erbschaftsbesitzer **Vorbem 2018–2031** 6; **2026** 14 ff
Erstattungspflichten, öffentlich-rechtliche
  Vererblichkeit **1967** 15

Fahrnisklage
  Anspruch des Erben **Vorbem 2018–2031** 3
Familienbilder
  Zuteilung **2047** 5
Familienpapiere
  Zuteilung **2047** 5

Familienunterhalt
Tod des Berechtigten/Verpflichteten
1967 8
Fehlbelegungsabgabe
Vererblichkeit **1967** 16
Fehlbelegungsverbot
Pflichtigkeit des Verfügungsberechtigten,
Vererblichkeit **1967** 16
Feststellungsklage
Erbrecht **Vorbem 2018–2031** 4, 23
Herausgabepflicht des Erbschaftsbesitzers
Vorbem 2018–2031 25
Inzidentfeststellung **Vorbem 2018–2031** 23
Nachlassverbindlichkeiten **2058** 75
Rechtskraftwirkung **Vorbem 2018–2031** 26
Verbindung mit Erbschaftsklage **Vorbem
2018–2031** 23
Feststellungsurteil
Haftungsbeschränkungsvorbehalt **Vorbem
1967–2017** 24
Feuerbestattung
Kostentragung **1968** 4
Firma, Erlöschen
Anmeldepflicht, Vererblichkeit **1967** 12
Fiskus
Auskunftspflicht **2011** 6
Erbe, gesetzlicher **Vorbem 1967–2017** 2;
2011 1, 5, 7
Erbschaftsanspruch **2026** 8
Erbschaftsbesitzer **2018** 30, 42
Haftungsbeschränkungsrecht **2011** 4
Inventarerrichtung, freiwillige **2011** 2
Inventarfrist **2011** 1
Inventaruntreue **2011** 3
Testamentserbe **2011** 5
Vertragserbe **2011** 5
Frankreich
Erbengemeinschaft **Vorbem 2032–2057a** 6

Gantverzicht
Nachlassinsolvenzverfahren **1989** 4
Gebäudeeinsturz
Nachlassverbindlichkeit **1967** 23
Exkulpationsbeweis **1967** 23
Gebühren
Eigenverbindlichkeiten **1967** 36
Nachlassverbindlichkeiten **1967** 36
Geldbußen
Unvererblichkeit **1967** 18
Geldstrafen
Unvererblichkeit **1967** 18
Gemeines Recht
Erbengemeinschaft **Vorbem 2032–2057a** 5
Erbschaftsanspruch **Vorbem 2018–2031** 10
Kollationspflicht **2050** 7
Miterbenhaftung **2058** 1
Gemeinschaft
Aufhebungsantrag **2038** 11

Genossenschaftsanteil
Vererbung **2032** 24
Gerichtsstand
Gerichtsstand der Erbschaft **Vorbem
1967–2017** 2, 7
Gesamtgut
Nachlass **Vorbem 1967–2017** 2
Gesamthandsgemeinschaft
s Erbengemeinschaft
Gesamthandsklage
Begriff **2058** 65 ff
Beklagte **2058** 68
Erbengemeinschaft **2032** 15; **2058** 65 f
Forderungen eines Miterben **2046** 9
Klageerhebung **2058** 75
Streitgenossenschaft **2058** 67, 69
Gesamtrechtsnachfolge
Miterbengemeinschaft **Vorbem 2032–
2057a** 20
Gesamtschuldklage
Forderungen eines Miterben **2046** 9;
2058 65 f
Miterbengläubiger **2058** 94
Nachlassgrundstück, Auflassung **2058** 70
Übergang zur Gesamthandsklage **2058** 71
Vollstreckung in den Nachlass **2046** 10
Geschäftsführung ohne Auftrag
Nachlassverbindlichkeit **1967** 51
Geschäftsschulden
Erbe, vorläufiger **1967** 60
Erbenhaftung **Vorbem 1967–2017** 2;
1967 57 ff
s a Handelsgeschäft
Vorerbe **1967** 60
Gesellschaft
Anspruchsgeltendmachung **2039** 32
Gesellschafterausscheiden
Anmeldepflicht, Vererblichkeit **1967** 12
Insolvenzeröffnung **1985** 20
Gesellschafterstellung
Erbschaftsanspruch **2018** 29
Vererblichkeit **Vorbem 2032–2057a** 25 ff
Gesellschafterwechsel
Anmeldepflicht **1967** 12
Gesellschaftsanteile
Gesamtrechtsnachfolge **Vorbem 2032–
2057a** 20
Nachlassinsolvenzverfahren **1975** 31;
2062 6
Nachlassverwaltung **2062** 6
Vereinigung in einer Hand **1991** 16
Wertausgleichsansprüche weichender Miterben **1978** 39
Wiederherstellung erloschener Rechtsverhältnisse **1976** 9
Gesellschaftsschulden
Auflösung der Gesellschaft **1967** 63 f
Dreimonatsfrist **1967** 66, 68
Entstehung nach dem Erbfall **1967** 12

Gesellschaftsschulden (Forts)
  Erbenhaftung **1967** 61 ff
  Fortsetzung der Gesellschaft mit den Erben **1967** 63 f
  Haftungsbeschränkung auf den Nachlass **1967** 63 f
  Kommanditistenstellung, Erlangung **1967** 68 ff
Gesellschaftsvertrag
  Fortsetzung mit den Erben **2032** 21
  unter Miterben **2032** 18
Gläubigeranfechtung
  Anfechtungsrecht **1979** 18 f
Gläubigeraufgebot
  s Aufgebotsverfahren
GmbH
  Insolvenzantragspflicht **1967** 72; **1980** 1
GmbH-Geschäftsanteil
  Miterbengemeinschaft **2032** 23
  Vererblichkeit **2032** 23
Grabpflege
  Erbenhaftung **1968** 5
Grundbuchberichtigungsklage
  Streitwert **2039** 30
Grunderwerbsteuer
  Verfügung über Miterbenanteil **2033** 20
Grundsteuer
  Eigenverbindlichkeit **1967** 36
  Nachlassverbindlichkeit **1967** 36
Grundstückslasten, öffentliche
  Eigenverbindlichkeiten **1967** 36
Grundstücksrechte
  Nachlassverwaltung **1985** 11
Grundstücksverkehrsgesetz
  Ertragswert **2049** 6
  Miterbengemeinschaft **2042** 20
  Nachlassverbindlichkeiten **Vorbem 1967–2017** 2; **2058** 100; **Vorbem 2058–2063** 7
  Vorteilsausgleichungspflicht, Vererblichkeit **1967** 9
Grundurteil
  Haftungsbeschränkungsvorbehalt **Vorbem 1967–2017** 24
Gütergemeinschaft
  Anspruchsgeltendmachung **2039** 31
  Aufgebot der Nachlassgläubiger **2008** 5
  Ausgleichungspflicht **2054** 3
  Ausschlagung **2008** 4
  Beendigung **2008** 32 ff
  Dürftigkeitseinrede **1990** 46
  Einreden, haftungsbeschränkende **2008** 5, 9
  Ersatzansprüche der Nachlassgläubiger **1978** 41
  Gesamtgut, Verwaltung **2008** 7, 11, 14
  Gesamtgut, Zuwendungen aus dem **2054** 2 ff
  Gesamtgutsverbindlichkeiten **2008** 2

Gütergemeinschaft (Forts)
  Gesamtgutszugehörigkeit des Nachlasses **2008** 5, 9, 14
  Gläubigeraufgebot **1970** 4
  Haftungsbeschränkungsrecht **Vorbem 1967–2017** 2; **2008** 2, 15
  Verzicht **2008** 30
  Haftungsbeschränkungsvorbehalt **2008** 31
  Inventaraufnahme, amtliche **2008** 28
  Inventarerrichtung **1993** 18; **2008** 1, 10, 13 f
    eidesstattliche Versicherung, Verweigerung **2008** 29
    durch nicht erbenden Ehegatten **2008** 22 f
  Inventarfrist **1993** 18; **1994** 14; **2008** 1, 11 f, 15 ff
    Beschwerde **2008** 21
    Fristbeginn **2008** 20
    Fristverlängerung **2008** 20 f
    neue Inventarfrist **2008** 20 f
    Versäumung **2008** 11
  Inventaruntreue **2008** 24 ff
  Inventarverfehlungen **2008** 11
  Mithaftungsbeschränkung **2008** 3 f, 8
  Nachlassinsolvenzverfahren **1975** 34; **2008** 5
  Nachlassverwaltung **1981** 7; **2008** 5
  Sondergutszugehörigkeit des Nachlasses **2008** 6
  Unzulänglichkeitseinrede **1990** 46
  Verfügung über Miterbenanteil **2033** 21
  Vorbehaltsgutszugehörigkeit des Nachlasses **2008** 6 f
Gütergemeinschaft, fortgesetzte
  Ausgleichungspflicht **2054** 10 f
  Ausstattung **2054** 11
  Einreden, aufschiebende **Vorbem 2014–2017** 3
  Haftung des überlebenden Ehegatten **Vorbem 2058–2063** 9
  Haftung für Gesamtgutsverbindlichkeiten **Vorbem 1967–2017** 3; **1990** 46
  Inventarerrichtung **2008** 35
  Inventarfrist **2008** 35
Gütertrennung
  Inventarerrichtung **1993** 18

Häusliche Gemeinschaft mit dem Erblasser
  Auskunftspflicht **Vorbem 2018–2031** 4; **2028** 2 ff
    eidesstattliche Versicherung **2028** 16 ff
    Inhalt **2028** 9 ff
    Minderjährigkeit **2028** 7
  Begriff **2028** 5
Haftpflichtversicherung
  Direktanspruch **1967** 21
Haftung
  beschränkte Haftung **Vorbem 1967–2017** 6
  Erbenhaftung **Vorbem 1967–2017** 5 ff

Haftung (Forts)
Nachlassverbindlichkeiten **1967** 1
persönliche Haftung **Vorbem 1967–2017** 6
Sachhaftung **Vorbem 1967–2017** 6
Haftungsbeschränkung auf den Nachlass
Aufgebot der Nachlassgläubiger **Vorbem 1967–2017** 42
Aufgebotsverfahren **Vorbem 1967–2017** 12
beschränkte Haftung **Vorbem 1967–2017** 47
dingliche Ansprüche **Vorbem 1975–1992** 2
Einrede **Vorbem 1967–2017** 8
Einreden, aufschiebende **Vorbem 1967–2017** 2, 37; **Vorbem 2014–2017** 1
Einreden, haftungsbeschränkende **Vorbem 1967–2017** 36
Entscheidungsreife **Vorbem 1967–2017** 25
Geltendmachung, prozessuale **Vorbem 1967–2017** 2, 19 ff
Kontinuität **Vorbem 1967–2017** 46
Nachlassgrundstück, Zwangsversteigerung **Vorbem 1967–2017** 2, 11 f
Nachlassinsolvenzverfahren **Vorbem 1967–2017** 1 ff, 12, 29, 48; **Vorbem 1975–1992** 4; **1975** 4, 6, 8
Nachlassverbindlichkeiten, Berichtigung **Vorbem 1967–2017** 41
Nachlassverwaltung **Vorbem 1967–2017** 1, 12, 28, 48; **Vorbem 1975–1992** 4; **1975** 1, 6, 8
Pflichtverletzungen des Erben **1967** 53 f
Schuld, persönliche **Vorbem 1967–2017** 7 f; **Vorbem 1975–1992** 1
Selbstliquidierung **Vorbem 1967–2017** 41
Sicherungsrechte, dingliche **Vorbem 1975–1992** 2
unbeschränkte Haftung **Vorbem 1967–2017** 48
Vertragsschluss des Erben **1967** 40
Vollständigkeitsvermutung **1993** 1
Zwangsvollstreckung **Vorbem 1967–2017** 25, 38
Haftungsbeschränkungsrecht
Aufgebotsverfahren **1973** 2 f
Geltendmachung, prozessuale **Vorbem 1967–2017** 19 ff, 45
Inventarfrist, Versäumung **Vorbem 1967–2017** 14
unerlaubte Handlung **Vorbem 1967–2017** 16
Verlust **Vorbem 1967–2017** 14; **Vorbem 1975–1992** 8; **2062** 11
Verzicht **Vorbem 1967–2017** 14, 16
durch Miterben **2058** 17
Haftungsbeschränkungsvorbehalt
allgemeiner Vorbehalt **Vorbem 1967–2017** 26
Aufnahme ins Urteil **Vorbem 1967–2017** 26 f; **2014** 13

Haftungsbeschränkungsvorbehalt (Forts)
Einreden, aufschiebende **2014** 13
Erblasser, Verurteilung **Vorbem 1967–2017** 21; **1990** 12
Feststellungsurteil **Vorbem 1967–2017** 24
Fiskus, Verurteilung **Vorbem 1967–2017** 22
Grundurteil **Vorbem 1967–2017** 24
Haftungsbeschränkungsrecht, Berufung auf **Vorbem 1967–2017** 19 f, 25; **1975** 13
Haftungsbeschränkungsrecht, Verlust **Vorbem 1967–2017** 14
Klage gegen den Erben **Vorbem 1967–2017** 19, 42
Kostenfestsetzung **1967** 20
Miterben **2058** 17
Nachlassverbindlichkeiten **1967** 47
Nichterbe, Verurteilung **Vorbem 1967–2017** 23
Präklusion **Vorbem 1967–2017** 38
Prozesskosten **Vorbem 1967–2017** 19
rechtliches Gehör, Nichtgewährung **Vorbem 1967–2017** 19
Rechtskraft **Vorbem 1967–2017** 21
Rechtsmitteleinlegung **Vorbem 1967–2017** 19
Revision **Vorbem 1967–2017** 20
Unzulänglichkeitseinrede **1990** 21
Urteilsergänzung **Vorbem 1967–2017** 19
Willenserklärung, Verurteilung zur Abgabe einer **Vorbem 1967–2017** 39
Handelsgeschäft
Erbenhaftung **Vorbem 1967–2017** 2; **1967** 57 ff
s a Geschäftsschulden
Fortführung **1967** 58; **2032** 18; **2038** 4, 10; **2059** 76 f
Ausscheiden eines Miterben **2032** 20
Beziehungssurrogation **2032** 18
Erbengemeinschaft **2032** 18 ff
Nachfolgezusatz **2032** 18
Prokura **2032** 19
Zwangsvollstreckung **2032** 18
Handelsregister
Anmeldepflicht, Vererblichkeit **1967** 12
Heimstättenerbfolge
Miterbengemeinschaft **2042** 20
Sondernachfolge **Vorbem 2032–2057a** 24
Herausgabeanspruch
des früheren Besitzers **Vorbem 2018–2031** 3
Herausgabepflicht
Vererblichkeit **1967** 9
hereditatis petitio
Erbschaftsanspruch **Vorbem 2018–2031** 10; **2018** 6
hereditatis petitio utilis **2031** 2
Hinterziehungszinsen
Vererblichkeit **1967** 16

Höferecht
Abfindungsergänzungspflicht, Vererblichkeit **1967** 9
Nachlassverbindlichkeiten, Berichtigung **2046** 19
Verwertungsrechte, dingliche **2058** 99
Hoferbe
Ausgleichungsanspruch **2057a** 26
Ausgleichungspflicht **2050** 39
Haftung **Vorbem 1967–2017** 2; **Vorbem 2058–2063** 6; **2058** 98 f
Hoferbfolge
Erben, weichende **Vorbem 2032–2057a** 23
Nachlassgegenstand, Zuweisung **2059** 44 ff
Sondernachfolge **Vorbem 2032–2057a** 22 f
Hofübergabe
Erbfolge, vorweggenommene **2050** 20
Hofübernahme
Beerdigungskosten **1968** 22
Hypothek
Auseinandersetzungsanspruch **2033** 14
Dürftigkeitseinrede **1990** 25
Erbenhaftung, unbeschränkte **Vorbem 1967–2017** 2
Forderungsanmeldung **1971** 2
Miterbenhaftung, teilschuldnerische **2060** 35
Nachlass, ungeteilter **2058** 82
Teilungsanordnung **2046** 6
Unzulänglichkeitseinrede **1990** 25
Wiederherstellung erloschener Rechtsverhältnisse **1976** 4

Idealkollation
Ausgleichungspflicht **2050** 4
Insolvenzgericht
Nachlassinsolvenzverfahren **1975** 33
Insolvenzverfahren über das Vermögen des Erben
s Erbeninsolvenz
Internationales Privatrecht
Auskunftspflicht **2027** 26
Erbschaftsanspruch **Vorbem 2018–2031** 29
Gleichlauftheorie **1975** 51
Nachlassinsolvenzverfahren **1975** 50
Nachlassverwaltung **1975** 51 f
Intertemporales Recht
Erbschaftsanspruch **Vorbem 2018–2031** 30
Inventar
Abschriften **1993** 20; **2010** 3
Aktiva **2001** 2; **2005** 4; **2009** 4
Aufnahme **1993** 7 f, 12 f, 15; **1994** 3; **2001** 5; **2002** 1 f; **2063** 1
amtliche Aufnahme **1993** 9 f; **2001** 1, 5 f; **2002** 1; **2003** 1, 7 ff; **2004** 5; **2005** 6; **2008** 28; **2063** 12
– Antrag **2003** 3 ff
– Antragsrücknahme **2003** 6
– Auskunftspflicht des Erben **2003** 9

Inventar (Forts)
– Auskunftsverweigerung **2005** 6 ff
– Zuständigkeit **2003** 8
Kosten **1993** 23
Mitwirkung, amtliche **2001** 1; **2002** 1 f; **2004** 3, 5
Prozesskostenhilfe **1993** 23
Zuständigkeit der hinzugezogenen Amtsperson **2002** 3
Ausgleichungsposten **2001** 3
Beerdigungskosten **2001** 3
Begriff **1993** 5 f; **2063** 2
Berichtigung **2005** 19
Bestandsveränderungen **2001** 2
Bilanz **2001** 6
Einreichung beim Nachlassgericht **1993** 7, 10, 13, 19 f; **2002** 2; **2003** 2, 10
offene Einreichung **1993** 21
Einsichtsrecht **2010** 1 f
Erbenhaftung, beschränkte **2001** 2
Erbteil **1993** 6
Ergänzung **1994** 3; **2005** 3, 12 ff; **2006** 13
Errichtung **1993** 7 f, 12 f, 15, 19; **2003** 2; **2063** 1
s a Inventarerrichtung
Hinterlegung **1993** 21
Inhalt **2001** 1 f
Inventarurkunde **2002** 4
Nachlassgegenstände **1993** 6; **2001** 2; **2005** 9
Beschreibung **1993** 6; **2001** 4; **2005** 4
Schätzung **2001** 5
Unvollständigkeit **2005** 3 f
– Absicht **2005** 4
Wertangabe **1993** 6; **2001** 4; **2005** 4
Nachlassverbindlichkeiten **1993** 6; **2001** 3; **2004** 4; **2005** 5, 9, 16
Entstehung nach dem Erbfall **2001** 3
durch Vereinigung erloschene Verbindlichkeiten **2001** 3
Nachlassverzeichnis **2063** 2
Passiva **2001** 3; **2005** 5
Personengesellschaftsanteile **2001** 2
Privatinventar **2002** 1 f
Unrichtigkeit **2005** 1 ff
Unterschrift **2002** 2
Unvollständigkeit **2005** 12 ff
Verbindlichkeiten **1970** 1
Vollständigkeitsvermutung **1973** 4; **Vorbem 1975–1992** 8; **1982** 6; **1990** 11, 14; **1993** 1, 16; **2000** 8 f; **2003** 2; **2006** 1, 5, 15, 20; **2009** 1 ff; **2063** 10
Beweis des Gegenteils **2009** 5, 9
Inhalt **2009** 4
mangelhaftes Inventar **2009** 7
Unwiderlegbarkeit **2009** 9 ff
Vorempfänge **2001** 2
Wertausgleichsansprüche weichender Miterben **2001** 2

884

Sachregister

Inventar (Forts)
Zeitpunkt, maßgeblicher **2001** 2 ff
Inventarerrichtung
Aufgebotsverfahren **1970** 1, 10, 13; **1973** 28
Auskunftsverweigerung **1993** 3
Benachteiligungsabsicht **Vorbem 1967–2017** 14; **2005** 5
Bevollmächtigung **1993** 15
Beweislast **2005** 19; **2009** 9 f
Bezugnahme auf vorhandenes Inventar **1993** 10 ff, 17; **2004** 1 ff
Definition **1993** 5
Dreimonatseinrede **1993** 4; **2063** 14
durch Ehegatten **1993** 18
eidesstattliche Versicherung **Vorbem 1967–2017** 2; **1994** 6; **2000** 9 f; **2006** 1, 3; **2009** 8; **2063** 15 f
  Abgabepflicht **2006** 8
  Amtsermittlungsgrundsatz **2006** 9
  Antrag **2006** 6, 9
  Auszahlung des Gläubigers **2006** 18
  falsche Versicherung an Eides Statt **2006** 13, 16, 24
  Inhalt **2006** 10 ff
  Kosten **2006** 25
  Nichterscheinen des Erben **2006** 21
  Rechtsbehelfe **2006** 9
  Rechtshilfeersuchen **2006** 9
  Terminsbestimmung **2006** 9
  Verfahren **2006** 9
  Verlangen der eidesstattlichen Versicherung **2006** 4 ff, 19 f
  Vervollständigung des Inventars **2006** 13
  Verweigerung **Vorbem 1967–2017** 14, 40; **1973** 4; **1974** 14; **2006** 2, 17 ff; **2007** 14; **2008** 29
  – durch Miterben **2058** 17
  Zuständigkeit **2006** 9
Empfangsbestätigung **1993** 20
durch Erben **1993** 13
Erbenhaftung **Vorbem 1975–1992** 7; **2005** 20
  Stellvertreter **2005** 10
  unbeschränkte, aber beschränkbare Erbenhaftung **1993** 2
Erbteile, mehrere **2007** 1 ff
freiwillige Errichtung **1993** 24 ff; **2000** 8
Haftungsbeschränkung auf den Nachlass **Vorbem 1967–2017** 42, 46; **1993** 2, 28; **2005** 20
Haftungsbeschränkungsrecht **Vorbem 1967–2017** 12; **1993** 28
Verlust **1993** 3; **2005** 1 f, 4 ff, 20; **2006** 14, 20; **2013** 1
  – allgemeiner Verlust **2013** 1 ff
  – Beweislast **2013** 14
  – einzelnen Nachlassgläubigern gegenüber **2013** 1, 9 f

Inventarerrichtung (Forts)
Inventarpflicht des Erben **1993** 5, 29; **1994** 1
Inventarrecht **1993** 5, 28
Inventarverfehlungen **2005** 10 f; **2007** 1; **2013** 1, 12; **2062** 11, 13
Erbteile, einzelne **2007** 7 ff
Miterben **2016** 3; **Vorbem 2058–2063** 2; **2058** 19; **2059** 4, 6 ff; **2060** 10; **2063** 3
Kosten **1967** 37; **1993** 22 f; **2001** 3
durch Lebenspartner **1993** 18
durch Miterben **1993** 14; **2001** 7; **2005** 2, 15; **Vorbem 2058–2063** 2; **2058** 17 f; **2063** 1 ff
Mitwirkungspflicht **2063** 3
durch Nacherben **2001** 7
Nachforschungspflicht **2006** 11
Nachlassbestand **Vorbem 1967–2017** 1; **1994** 2 f
Nachlassinsolvenzverfahren **1993** 27; **2000** 1 ff
Nachlasskonkurs **2000** 1 f
durch Nachlasspfleger **1993** 16
Nachlassverbindlichkeit, nicht bestehende **Vorbem 1967–2017** 14
durch Nachlassverwalter **1993** 17
Nachlassverwaltung **1985** 7, 11; **1993** 27; **2000** 3 f
Nachlassverzeichnis **1985** 37; **1993** 12
Recht des Erben **1993** 5; **1994** 1; **2063** 3
Rechtzeitigkeit **1993** 1, 4; **2009** 1, 6
  Beweislast **1994** 32
Staatshaftung **2002** 1
durch Testamentsvollstrecker **1993** 17
Unvollständigkeit, erhebliche **Vorbem 1967–2017** 14, 16
Vertretung ohne Vertretungsmacht **1993** 15
Wissenserklärung **1993** 15
Zuständigkeit, internationale **2003** 11
Zuständigkeit des Nachlassgerichts, örtliche **1993** 20
Inventarfrist
Abänderung **1994** 27; **1995** 3
Amtsermittlung **1994** 10
Antrag **1994** 9 ff
  Zurückweisung **1994** 17 f
Antragsberechtigung **1994** 5 ff
  Auflagenberechtigte **1994** 5
  Miterben **1994** 7; **2039** 11
  Nachlassgläubiger **1994** 5, 8
  Nachlassinsolvenzverwalter **1994** 8; **2000** 2
  Nachlassverwalter **1994** 8; **2000** 2
  Pflichtteilsberechtigte **1994** 5 f
  Vermächtnisnehmer **1994** 5 f
Ausschlagung **1994** 28
Ausschlagungsrecht **1994** 12
Begriff **1994** 4
Beschwerde **1994** 22 f, 29

Inventarfrist

Inventarfrist (Forts)
Frist **1994** 22
Betreuung, rechtliche **1994** 21; **1999** 1 ff
Bezugnahme auf vorhandenes Inventar **2004** 1
Bezugnahmeerklärung **2004** 8
Dauer **1994** 23, 26; **1995** 1 f
Dreimonatsfrist **1995** 1 f
Dürftigkeitseinrede **1990** 6, 35
Einmonatsfrist **1995** 1 f
elterliche Sorge **1994** 21; **1999** 1 ff
Erbeneigenschaft **1994** 25
Erbenmehrheit **1994** 15, 34; **1995** 4
Erbeserbe **1995** 7; **1998** 1 ff
  mehrere Erbeserben **1998** 2
Erbschaftsannahme **1994** 28; **1995** 6
Erbscheinserteilung **1994** 13
Forderung, Nichtbestehen **1994** 24
Fristablauf **1993** 1; **1994** 30
Fristbeginn **Vorbem 1967–2017** 40; **1994** 28; **1995** 4 ff
Fristberechnung **1995** 8
Fristbestimmung **Vorbem 1967–2017** 2, 40; **1973** 10
Fristsetzungsbeschluss **1994** 21
Ersatzzustellung **1995** 5
Zustellung **1994** 21; **1995** 4 f
Genehmigungserfordernisse **1994** 11
Glaubhaftmachung der Forderung **1994** 9 f
Gütergemeinschaft **1993** 18; **1994** 14
Haftungsbeschränkungsrecht **1994** 31
  Verlust **1994** 33, 35 ff
Hemmung **1997** 1 ff
Inventaraufnahme, amtliche **1993** 9; **2002** 1; **2003** 2, 6
Inventarerrichtung, freiwillige **2000** 8
Jahresfrist **1996** 3, 8
Kosten **1994** 30
Miterben **2063** 8, 11, 13
Mitteilungspflicht **1994** 21; **1999** 1 ff
Nachlassbeschaffenheit **1994** 19
Nachlassinsolvenzverfahren **1994** 17, 28; **2000** 1
Nachlassverwaltung **1981** 5; **1985** 26, 37; **1986** 11; **1994** 17, 28; **2000** 4, 7
Nachlasswert **1994** 39
neue Inventarfrist **1996** 1 f, 11; **1998** 3; **2005** 3
  Antrag **1996** 6, 9 f
  Gebühr **1996** 12
  Versäumung **1996** 13
Privatinventar **2002** 1
rechtliches Gehör **1994** 21
Rechtsbehelfe **1994** 22 f
richterliche Frist **1994** 4
Rücknahme **1994** 27
Streit über das Erbrecht **1994** 13
Testamentsvollstreckung **1994** 17
Tod des Erben **1998** 1

Inventarfrist (Forts)
Unwirksamkeit, nachträgliche **1994** 28
Unzulänglichkeitseinrede **1990** 6, 35
Verkürzung **1995** 11
Verlängerung **Vorbem 1967–2017** 2; **1994** 27; **1995** 1, 9 f; **1996** 2; **1998** 3; **2001** 3
Versäumung **Vorbem 1967–2017** 14, 40, 46, 48; **Vorbem 1975–1992** 7; **1994** 33 ff; **2005** 1
  Ausschließungsbeschluss **1973** 3
  geschäftsunfähiger/geschäftsbeschränkter Erbe **1994** 40
  gesetzlicher Vertreter **1997** 5
  höhere Gewalt **1996** 4; **1997** 3
  Verschulden **1994** 33; **1996** 1, 3 ff
Versterben des Erben während des Fristlaufs **1995** 7
Vormundschaft **1994** 21; **1999** 1 ff
Wiedereinsetzung in den früheren Stand **1996** 1, 13
Zuständigkeit, funktionelle **1994** 20
Zuständigkeit, örtliche **1994** 20
Zuständigkeit, sachliche **1994** 20
Zweiwochenfrist **1996** 3, 6 f; **1998** 1
  gesetzlicher Vertreter, Fehlen **1996** 7
  Hemmung **1997** 1
  Tod des Erben **1996** 7

Inventarpflicht
Erbenhaftung, unbeschränkte **Vorbem 1967–2017** 1

Inventaruntreue
Ausschließungsbeschluss **1973** 3
Bezugnahme auf vorhandenes Inventar **2004** 9 f
Erbenhaftung, unbeschränkte **Vorbem 1967–2017** 9, 40, 46, 48
Erbteil **2007** 12
Haftungsbeschränkungsrecht, Verlust **1993** 3; **2000** 8
Miterben **2058** 17; **2063** 8 f
Nachlass **2007** 12
Vollständigkeitsvermutung **2009** 7

Italien
Erbengemeinschaft **Vorbem 2032–2057a** 7
Erbschaftsklage **Vorbem 2018–2031** 11

ius succedendi
Nachfolgerecht des Erben **Vorbem 2018–2031** 2

ius successionis
Rechtsstellung des Erben **Vorbem 2018–2031** 3

Kanzleiabwicklung
Vergütungsanspruch **1967** 38

Klage gegen den Erben
Haftungsbeschränkungsvorbehalt **Vorbem 1967–2017** 19
Leistung, primär geschuldete **Vorbem 1967–2017** 7

Kollation
  Idealkollation **2050** 4; **2055** 2
  Realkollation **2050** 4, 7
Kollisionsrecht
  s Internationales Privatrecht
Kommanditanteil
  Testamentsvollstreckung **1967** 12
Kommanditgesellschaft
  Auflösung **1967** 61 f
  Fortsetzung mit den Erben **1967** 63 f
  Geschäftsschulden **1967** 61 ff
Kommanditistenstellung
  Sondererbfolge **Vorbem 2032–2057a** 26; **2032** 21
Konfusion
  Erbengemeinschaft **Vorbem 2032–2057a** 14
  Erbschaftsteuer **1976** 2
  Nachlassinsolvenzverfahren **1976** 1
  Nachlassverwaltung **1976** 1
  Wiederaufleben erloschener Rechtsverhältnisse **1976** 1 f, 4 f; **1991** 14 ff
Konkurrenzverbote
  Vererblichkeit **1967** 11
Konsolidation
  Erbschaftsteuer **1976** 2
  Nachlassinsolvenzverfahren **1976** 1
  Nachlassverwaltung **1976** 1
  Wiederaufleben erloschener Rechtsverhältnisse **1976** 1 f, 4 f; **1991** 14 ff
Kontokorrent
  Erbenhaftung **1967** 27
Kostenfestsetzungsbeschluss
  Haftungsbeschränkungsrecht **Vorbem 1967–2017** 21
  Haftungsbeschränkungsvorbehalt **1967** 20
Kraftfahrzeug
  Nachlassverbindlichkeit **1967** 23
Kraftfahrzeughalterhaftung
  Nachlassverbindlichkeit **1967** 23

Landgut
  Begriff **2049** 3
  Bodennutzung **2049** 3
  Ertragswert **2049** 1, 4 f
  Teilungsanordnung **2049** 1
  Übernahme **2049** 1
Lastenausgleich
  Miterben **Vorbem 2058–2063** 4
  Vermögensabgabeschuld, Vererblichkeit **1967** 16
Lebenspartner
  Gütergemeinschaft
    s dort
  Haftung für Nachlassverbindlichkeiten **2008** 1 f
Letztwillige Verfügung
  Anfechtung **Vorbem 2018–2031** 2
Liquidationsprozess
  Erbschaft **1975** 17

Luftfahrzeug
  Nachlassverbindlichkeit **1967** 23

Massentierhaltung
  Gewerbebetrieb **2049** 3
Mietverhältnis
  Eigenverbindlichkeiten **1967** 24
  Eintritt des Ehegatten **1969** 10
  Eintritt des Erben **1967** 24
  Eintritt des Lebenspartners **1969** 10
  Fortsetzung durch Familienangehörige **1967** 24; **1969** 3
  Hausfriedensbruch **1969** 11
  Nachlassverbindlichkeiten **1967** 24 f
  Nutzungsentschädigung **1967** 24
  Tod des Mieters **1969** 10
  mehrere Mieter **1969** 10
Minderjährigenhaftungsbeschränkung
  Dürftigkeitseinrede **1990** 46
  Erbe, minderjähriger **Vorbem 1967–2017** 2, 3
  Gesellschafterstellung **Vorbem 2032–2057a** 25
  Inventarfrist **1994** 40
  Unzulänglichkeitseinrede **1990** 46
Miteigentum
  Wiederherstellung erloschener Rechtsverhältnisse **1976** 8
Miteigentumsanteile
  Vereinigung in einer Hand **1991** 16
Miterben
  s a Erbengemeinschaft
  Abriss eines geerbten Hauses **1967** 50
  Aufgebot der Nachlassgläubiger **Vorbem 2058–2063** 2; **2061** 3 ff
  Aufgebotseinrede **Vorbem 2058–2063** 2
  Aufwendungsersatzanspruch **1967** 51; **1978** 40
  Auseinandersetzungsanspruch **2032** 14
  Ausgleichungspflicht **2058** 87 ff
  Auskunftspflicht **2028** 6; **2059** 23
  Auskunftsrecht **2027** 9
  Ausschließungseinrede **Vorbem 2058–2063** 2
  Beerdigungskosten **1968** 19
  Doppelstellung **2046** 9, 11; **2063** 18
  Dreimonatseinrede **Vorbem 2058–2063** 2
  Dürftigkeitseinrede **1990** 8, 45
  Eigenverbindlichkeiten **1967** 49
  Eigenvermögen **2058** 3, 35, 79, 84, 95; **2059** 14, 30; **2060** 4 ff
  Erbschaftsanspruch **2018** 1; **2032** 3
  Erbschaftsteuer **1967** 35
  Erbteile, mehrere **Vorbem 2058–2063** 10
  Erbteilspfändung **2058** 11 ff
  Erbteilsverbindlichkeiten **2058** 24, 29
  Feststellung, gerichtliche **Vorbem 2058–2063** 1

Miterben (Forts)
Gesamthandsverbindlichkeiten **2058** 49, 51, 58
Gesamtrechtsnachfolge **Vorbem 2032–2057a** 20
gesamtschuldnerische Haftung
s Haftung
Gutgläubigkeit **2058** 7
Haftung **1967** 1; **Vorbem 2058–2063** 1 f
anteilige Haftung **2058** 20
beschränkbare Haftung **2058** 20; **2060** 14
beschränkte Erbenhaftung **2058** 20; **2060** 7
de lege ferenda **Vorbem 2058–2063** 14 ff
gesamtschuldnerische Haftung **1972** 6; **1978** 38; **1980** 16; **1989** 30; **1994** 34; **2055** 15; **Vorbem 2058–2063** 3; **2058** 1 f, 4, 20, 24, 41, 68, 84; **2059** 72 f
– Ausgleichsansprüche **2058** 79 ff
– Fortbestand **2060** 13 f
– Geltendmachung **2058** 52 ff
– Gerichtsstand der Erbschaft **2058** 72
– Nachlassteilung **2058** 6 ff
– Umwandlung in teilschuldnerische Haftung **2060** 15 ff, 28, 37, 47, 53, 59; **2061** 1
Beweislast **2061** 12
– ungerechtfertigte Bereicherung des Nachlasses **2058** 43
– Vollstreckungstitel, Umschreibung **2058** 84
Nachlassteilung **2060** 1
Nachlassanteil **2058** 11
Nachlassverbindlichkeiten **2058** 22 ff
teilschuldnerische Haftung **1972** 6; **1989** 30; **2058** 7; **2059** 71; **2060** 14 ff, 28 f; **2061** 1 ff
– Beweislast **2060** 97 f
– Erbauseinandersetzung **2060** 38 ff
– Forderungsunkenntnis **2060** 53 ff, 61, 67, 69, 76; **2061** 9
– fünfjährige Säumnis **2060** 70 ff
– Gläubigerausschluss **2060** 62 ff
– Insolvenzplan **2060** 78, 88
– Masseverteilung **2060** 78, 81 ff
– Nachlassinsolvenzverfahren **2060** 78 ff, 91 ff
– Nachlassteilung **2060** 38
– Nachlassverwaltung **2060** 80, 90
– Privataufgebot **2061** 8 ff
– Quote **2060** 19 ff
– unteilbare Leistungen **2060** 30
unbeschränkbare Erbenhaftung **2058** 3, 20; **2060** 13
unbeschränkte Erbenhaftung **2059** 4 f, 15; **2060** 10 f; **2063** 17 ff
Haftungsbeschränkung **Vorbem 1967–2017** 44, 49; **Vorbem 2058–2063** 2; **2058** 10 ff; **2062** 5

Miterben (Forts)
Haftungsbeschränkung auf den Nachlass **2060** 59 f; **2063** 25 ff
Haftungsbeschränkungsrecht, Verlust **2058** 17 f, 21; **2059** 10 f
Haftungsbeschränkungsrecht, Verzicht **2058** 17
Haftungsbeschränkungsvorbehalt **2058** 17
Inventarerrichtung **1993** 14; **2001** 7; **2005** 2, 15; **Vorbem 2058–2063** 2; **2058** 17 f; **2063** 1 ff
Inventarfrist **2063** 8, 11, 13
Inventarfristversäumung **2058** 17
Inventaruntreue **2058** 17; **2063** 8 f
Inventarverfehlungen **2013** 12; **2016** 3; **Vorbem 2058–2063** 2; **2058** 19; **2059** 4, 6 ff; **2060** 10; **2062** 11, 13; **2063** 3
Lastenausgleich **Vorbem 2058–2063** 4
Leistungsverweigerungsrecht **2007** 5 f; **2058** 3, 5; **2059** 2 f, 11, 16 ff, 81
Wegfall **2059** 74
Nacherbe eines Miterben **2033** 11
Nachlassgläubiger **2046** 9, 11; **Vorbem 2058–2063** 3; **2058** 92 ff
Nachlassinsolvenzverfahren **1975** 34; **1980** 16; **Vorbem 2058–2063** 2; **2058** 84
Nachlassverbindlichkeiten
Begründung **1967** 49
Nachlassverwaltung **Vorbem 2058–2063** 2; **2058** 84
Ordnungsmäßigkeit **1967** 49 f
Notgeschäftsführungsrecht **1967** 49, 51
Rechtsschutzinteresse **2058** 63 f
Rückgewährpflicht zum Nachlass **1978** 39
Schuldnerverzug **2059** 18
Sondernachfolge **Vorbem 2032–2057a** 21
Steuerschulden **Vorbem 2058–2063** 4
teilschuldnerische Haftung
s Haftung
Testamentsvollstreckung **2059** 78 ff
Unzulänglichkeitseinrede **1990** 45; **Vorbem 2058–2063** 2
Verfügungsrecht **2033** 2 ff
Verschweigungseinrede **Vorbem 2058–2063** 2
Verwaltung des Nachlasses **2060** 31 ff
Verzeichnisvorlage **2063** 3
Vorausvermächtnis **2046** 12
Zahlungsklage **2058** 54, 57

Miterbenanteil
Erbschaftsvorschriften **Vorbem 2032–2057a** 1
Gestaltungsrechte **2033** 15
Kauf **2033** 15
Nießbrauch **2033** 15, 32
Pfändbarkeit **Vorbem 2032–2057a** 1
Pfändung **1984** 32; **2032** 14; **2033** 33 ff
Verwertung **2033** 36
Pfändungspfandrecht **2033** 33 f

Miterbenanteil (Forts)
  Schenkung **2033** 15
  Übertragung **2033** 15
  Vereinigung in einer Hand **2033** 6 f; **2042** 2
  Ausgleichszahlung **2033** 17
  Verfügung über Miterbenanteil **Vorbem 2032–2057a** 16; **2032** 9; **2033** 1 ff, 16; **2034** 1
  Abstraktionsprinzip **2033** 15
  Beurkundung, notarielle **2033** 1, 17
  Bruchteil des Anteils **2033** 7
  dingliche Verfügung **2033** 15
  Entgeltlichkeit **2033** 20
  Erbfall **2033** 10
  Erbschein **2033** 24 f
  Form **2033** 1, 17
  Gesamtgut einer Gütergemeinschaft **2033** 21
  Gesamtrechtsnachfolge **2033** 20
  Grundbuchberichtigung **2033** 20
  Grunderwerbsteuer **2033** 20
  Mitbesitz **2033** 23
  Testamentsvollstreckung **2033** 4
  Vollmacht **2033** 18
  Wirkung **2033** 23 ff
  zugunsten eines Miterben **2033** 15
  Verfügungsbeschränkung **2033** 9
  Verkauf an Dritte **2033** 2
  Verpfändung **2033** 15, 22, 27 ff
  Verpflichtung, Übernahme **2033** 44
  Verpflichtungsgeschäft **2033** 15
    Beurkundung, notarielle **2033** 19
    – Hinweis auf Vorkaufsrecht **2034** 13
  Versteigerung, öffentliche **2033** 36 f
  Vorkaufsrecht **2033** 2, 15; **2034** 1 ff
    Anwachsung **2034** 19
    Ausübung **2034** 8, 11 ff; **2035** 5; **2036** 7; **2037** 2, 4
    – Ausübungsfrist **2034** 12, 15, 21
    – gemeinschaftliche Ausübung **2034** 14
    Benachrichtigungspflicht **2034** 12, 16; **2035** 3 f
    Beschlagsfreiheit **2034** 11
    Drittwirkung **2034** 3; **2035** 1; **2037** 4
    Entstehung **2034** 13
    Erbteilsverkauf **2034** 4
    – Bedingung **2034** 4
    – Käufer **2034** 7
    – Rückübertragung **2034** 4
    – Ungültigkeit des Kaufvertrages **2034** 4
    – Verkäufer **2034** 6
    – Weiterübertragung **2034** 6; **2037** 1 ff
    Erlöschen **2034** 21
    Erstreckung gegen Anteilserwerber **2034** 12
    Erwerber des Anteils **2035** 2

Miterbenanteil (Forts)
    Gesamthandsgemeinschaft der vorkaufsberechtigten Miterben **2034** 14
    Insolvenzfreiheit **2034** 11
    Kosten der Übertragung **2034** 20
    Schuldverhältnis, gesetzliches **2034** 18; **2035** 2
    Unübertragbarkeit **2034** 11
    Vererblichkeit **2034** 11
    Verschaffungsanspruch **2034** 18
    Vorkaufsberechtigung **2034** 8 ff
    Zwangsvollstreckung **2033** 33
Miterbengemeinschaft
  s Erbengemeinschaft
Miterbengesellschafter
  Teilschuld **2059** 71
Miterbengläubiger
  Aufgebotsverfahren **2060** 66
  Doppelstellung **2058** 96
  Haftung bis zur Nachlassteilung **2059** 13
  Haftungsbeschränkungsrecht, Verlust **2060** 12
  Miterben als Nachlassgläubiger **2046** 9, 11; **Vorbem 2058–2063** 5; **2058** 92 ff
  Nachlassverwaltung **2062** 7
  Zurückbehaltungsrecht der übrigen Miterben **2058** 95
Mutter, werdende
  Unterhaltsanspruch **Vorbem 1967–2017** 2; **1967** 31
  Dreimonatseinrede **2014** 5

Nacherbe
  Anwartschaftsrecht **2033** 11
  Beerdigungskosten **1968** 19
    Beerdigung des Erblassers **1968** 19
    Beerdigung des Vorerben **1968** 19
  Erbenhaftung **Vorbem 1967–2017** 2; **1967** 1
  Haftungsbeschränkung auf den Nachlass **Vorbem 1967–2017** 44
  Inventarerrichtung **2001** 7
  mehrere Nacherben **Vorbem 1967–2017** 44
  Nachlassverbindlichkeiten des Vorerben **1967** 48
  Pflegschaft für einen Nacherben **1967** 37
Nacherbfolge
  Dürftigkeitseinrede **1990** 46
  Gläubigeraufgebot **1970** 4
  Unzulänglichkeitseinrede **1990** 46
Nachfolgeklausel, einfache
  Gesellschafterstellung, Vererbung **Vorbem 2032–2057a** 25
  Miterben **Vorbem 2032–2057a** 25
Nachfolgeklausel, qualifizierte
  Sonderrechtsnachfolge **Vorbem 2032–2057a** 25, 27
  Ausgleichspflicht **Vorbem 2032–2057a** 27
  Miterben **Vorbem 2032–2057a** 27

Nachlass
auf den Nachlass beschränkte Verurteilung **1990** 11
Dürftigkeit **Vorbem 1967–2017** 1, 9, 13
Sondervermögen **Vorbem 2032–2057a** 14; **2032** 5
Überschwerung **Vorbem 1967–2017** 1, 9, 13
ungeteilter Nachlass **Vorbem 1967–2017** 13
Verwaltung des Nachlasses **1985** 15
Nachlassverwaltung
s dort
Nachlasserbenschulden
Haftung des Erben **1967** 5, 7
Nachlassverbindlichkeiten **1967** 6
Nachlassgericht
Zuständigkeit **Vorbem 1967–2017** 2
Nachlass-Gesamtvollstreckungsverfahren
neue Bundesländer **1975** 3 f
Nachlassgläubiger
Aufgebotsverfahren
s dort
Erbe als Nachlassgläubiger **Vorbem 1967–2017** 43
Säumnis **Vorbem 1967–2017** 1
Nachlassinsolvenzverfahren
Ablehnung mangels Masse **1990** 6 f
Abschlagszahlung **Vorbem 1967–2017** 30
Absonderungsrecht **1975** 46
Anspruch gegen den Nachlass, Verjährung **1967** 2
Antrag **1973** 6; **1975** 30, 37
Unverzüglichkeit **1980** 13
Zweijahresfrist **1981** 20
Antragspflicht **1975** 34; **1978** 22, 26; **1979** 8; **1980** 1 ff, 12; **2059** 20
ausgeschlossene/gleichgestellte Gläubiger **1980** 3
Erbenhaftung, unbeschränkbare **1980** 4
Erlass der Verpflichtung **1980** 6
Gerichtsstand, inländischer **1980** 5
Nachlassverwaltung, bestehende **1980** 14; **1985** 29
Antragsrecht **1975** 30, 34 ff; **1992** 1
Auflageberechtigte **1975** 36, 38
Erbe **1975** 30, 34; **1980** 1, 14
– Erbschaftsannahme **1980** 15
Insolvenzverwalter des Erben **1975** 39
Miterben **1975** 34; **1980** 16; **Vorbem 2058–2063** 2; **2059** 2
Nachlassgericht **1975** 39
Nachlassgläubiger **1975** 35
Nachlasspfleger **1975** 30, 39
Nachlassverwalter **1975** 30, 39; **1980** 14; **1985** 29
Testamentsvollstrecker **1975** 30
Testamentsvollstrecker, verwaltender **1975** 39
Vermächtnisnehmer **1975** 36, 38
Arrest in den Nachlass **1975** 6

Nachlassinsolvenzverfahren (Forts)
Arrestvollziehung **1975** 47
Aufhebung **Vorbem 1967–2017** 29
Aufhebungsbeschluss **1989** 6, 13
Auflagen **1974** 17 f; **1975** 44; **1979** 18 f; **1980** 2, 9; **1989** 22 f; **1992** 1
Aufrechnung **1977** 1 ff
nach Verfahrenseröffnung **1977** 11 ff
Verjährungshemmung **1977** 14
Zustimmung des Erben **1977** 5 f, 8 f
Aufrechnungsbefugnis **1973** 6
Aufwendungen des Erben **1967** 38
Aufwendungsersatzanspruch des Erben **1978** 28
Ausschlussfrist **Vorbem 1967–2017** 40
Beendigung **1973** 32; **Vorbem 1975–1992** 6; **1975** 14; **1989** 1 f, 6 ff; **2060** 78
Beerdigungskosten **1967** 38; **1968** 1, 13, 18, 24
Befriedigung aus dem Überschuss **1989** 12
Beweislast **1980** 18; **1990** 6
den Erben als solchen treffende Verbindlichkeiten **1967** 30
dingliche Surrogation **1975** 8
Dürftigkeitseinrede **1990** 1 ff
Eigengläubiger des Erben **Vorbem 1967–2017** 40; **1967** 7
Eigenverwaltung **Vorbem 1967–2017** 34; **1975** 10 f; **1988** 5; **2000** 3; **2013** 4, 10 f
Einstellung **1975** 14
Zustimmung aller Gläubiger **1989** 4
Einstellung mangels Masse **1989** 1, 3; **1990** 5 f
einstweilige Verfügung **1975** 47
Erbauseinandersetzung **1975** 31
verdeckte Erbauseinandersetzung **1975** 30
Erbe als Nachlassgläubiger **Vorbem 1967–2017** 43
Erbenhaftung **1978** 2; **1989** 1
unbeschränkbare Erbenhaftung **1975** 11; **1978** 3
unbeschränkte Erbenhaftung **1975** 32
Erbenmehrheit **1975** 31; **1989** 30; **Vorbem 2032–2057a** 1; **2032** 17
Erbenstellung, Nachweis **1975** 34
Erbersatzansprüche **1974** 17 f; **1975** 44; **1979** 18 f; **1980** 2, 9; **1989** 22 f
Erblasserwille, mutmaßlicher **1975** 38
Erbschaftsannahme **1975** 32, 35
Erbteil **1975** 31; **2062** 6
Eröffnungsbeschluss, Aufhebung **1989** 2
Eröffnungsgrund **1975** 30
Ersatzanspruch des Nachlassinsolvenzverwalters **1967** 38
Ersatzansprüche gegen den Erben **1978** 4 ff
Erschöpfungseinrede **1989** 7 ff

Nachlassinsolvenzverfahren (Forts)
Forderungsanmeldung zur Tabelle **Vorbem 1967–2017** 29
Forderungsfeststellung zur Tabelle **Vorbem 1967–2017** 30
Fremdverwaltung **Vorbem 1967–2017** 48; **1975** 5; **1988** 5; **2000** 3
Gantverzicht **1989** 4
Gesellschaftsanteile **1975** 31; **2062** 6
Gläubigeraufgebot **1970** 3
Gläubigerbefriedigung **1975** 14
grenzüberschreitende Nachlassinsolvenzverfahren **1975** 50 ff
Haftungsbeschränkung auf den Nachlass **Vorbem 1967–2017** 1 ff, 12, 29, 40; **Vorbem 1975–1992** 4; **1975** 4, 6, 8, 11, 13 f; **1978** 1
Haftungsbeschränkungsrecht, Verlust **2013** 4 f
Insolvenzanfechtung **1979** 18 ff
Insolvenzforderungen **1975** 43
Insolvenzgericht **1975** 33
Insolvenzgläubiger **1975** 43 f
nachrangige Insolvenzgläubiger **1975** 44
Insolvenzmasse **1975** 41
Insolvenzplan **1973** 32; **Vorbem 1975–1992** 6; **1975** 14, 48; **1989** 1, 13 ff, 22; **2000** 5 f; **2013** 8; **2060** 78
Erbenhaftung **1989** 15 ff
Planerfüllung **1989** 13, 15, 22
Wirkung **1989** 18
Inventarerrichtung **1993** 27; **2000** 1 ff
Inventarfrist **1994** 17, 28; **2000** 4
Konfusion **1976** 1
Konsolidation **1976** 1
Kostenhaftung der Staatskasse **1987** 18
Kostenvorschuss **1975** 30
Leistungsklage **Vorbem 1967–2017** 31 f
Masseverbindlichkeiten **Vorbem 1967–2017** 22; **1967** 38; **1975** 45; **1985** 5; **1989** 19
Aufwendungsersatzanspruch des Erben **1978** 28
Beerdigungskosten **1968** 18
Nachlassverwaltung **1975** 27
Masseverteilung **1973** 32; **Vorbem 1975–1992** 6; **1975** 14; **1989** 1, 6 f, 21; **2000** 5 f; **2013** 8; **2060** 78
Miterbenhaftung, teilschuldnerische **2060** 37
Nachlassabsonderung **1975** 5, 7, 12; **1978** 1
Nachlassgläubiger **1975** 42 ff
einziger Nachlassgläubiger **1975** 32
mehrere Nachlassgläubiger **1990** 3
Nachlassinsolvenzverwalter
s dort
Nachlassverwaltung **1975** 22; **1988** 2 f
Nachtragsverteilung **1989** 7 f
Ordnungswidrigkeit, Nebenfolgen **1989** 19
Passivlegitimation **2013** 14

Nachlassinsolvenzverfahren (Forts)
Passivlegitimation des Erben **Vorbem 1967–2017** 32
Personengesellschaftsanteile **1985** 20
Pflichtteilsrechte **1974** 17 f; **1975** 44; **1979** 18 f; **1980** 2, 9; **1989** 22 f
Prozessführungsrecht des Erben **Vorbem 1967–2017** 32
Rechtsschutzbedürfnis **Vorbem 1967–2017** 31 f
Rechtsschutzinteresse **1975** 37
Restschuldbefreiung **1975** 48
Rückschlagsperre **1975** 6, 46; **1978** 7, 23
Schadensersatzpflicht **Vorbem 1967–2017** 11; **1980** 1, 13, 15 ff
Verjährung **1980** 21
Schlussverteilung **1989** 6, 9 f
Sonderinsolvenzverfahren **1975** 29
Sonderungswirkung **Vorbem 1967–2017** 40, 48
Straftat, Nebenfolgen **1989** 19
Surrogation **1978** 2, 15 ff
dingliche Surrogation **1978** 17 ff
schuldrechtliche Surrogation **1978** 17
Tabelleneintrag **Vorbem 1967–2017** 29 f; **1989** 11, 26
Teilnahmeberechtigung **1975** 42
Überschuldung des Nachlasses **Vorbem 1967–2017** 40; **1975** 16, 30, 37; **1979** 8; **1980** 1, 9; **1981** 8; **1990** 2 f; **1992** 1, 4; **2059** 20
Fahrlässigkeit **1980** 10
Kenntnis **1980** 10
Überschussherausgabe **1989** 23 f
Abwendungsbefugnis **1989** 24
Berechnung **1989** 25 ff
Verjährung **1989** 24
Unternehmen **1975** 31
Unternehmensfortführung **1975** 37
Unzulänglichkeit des Nachlasses **1980** 2, 12
Kenntnis **1980** 8
Unzulänglichkeitseinrede **Vorbem 1967–2017** 41
Urteil gegen Nachlassinsolvenzverwalter **Vorbem 1967–2017** 22
Verfügungsbefugnis des Erben **1975** 8, 10; **1976** 10; **1978** 2, 25
Vergütungsanspruch des Nachlassinsolvenzverwalters **1967** 38
Vermächtnisse **1974** 17 f; **1975** 44; **1979** 18 f; **1980** 2, 9; **1989** 22 f; **1992** 1
Verschweigungseinrede **1974** 17 f
Verwaltungsbefugnis des Erben **1978** 25
Verzicht auf die Teilnahme am Verfahren **Vorbem 1967–2017** 32
Vollstreckung in das Eigenvermögen des Erben **Vorbem 1967–2017** 29 ff
Vollstreckungsmaßnahmen **1975** 46 f

Nachlassinsolvenzverfahren (Forts)
  Wiederherstellung erloschener Rechtsverhältnisse **1976** 1, 4 ff; **2013** 6
  Zahlungseinstellung **1980** 10
  Zahlungsunfähigkeit des Nachlasses **Vorbem 1967–2017** 40; **1975** 30, 37; **1979** 8; **1980** 1, 9; **2059** 20
    drohende Zahlungsunfähigkeit **Vorbem 1967–2017** 40; **1975** 30, 37; **1979** 8; **1980** 9; **1990** 3
    Fahrlässigkeit **1980** 10
    Kenntnis **1980** 10
  Zurückbehaltungsrecht des Erben **1978** 30
  Zuständigkeit **1975** 33
  Zwangsvollstreckungsmaßnahmen, Aufhebung **1975** 6
Nachlassinsolvenzverwalter
  Absonderungsverwalter, amtlicher **1975** 5
  Amtstheorie **1985** 2 f
  Aufgaben **1975** 40
  Entlassung **1985** 36
  Erbschaftsanspruch **2018** 3
  Gläubigerbefriedigung **2012** 9
  Haftungsbeschränkungsrecht, Verzicht **2012** 2
  Herausgabeanspruch **1987** 29; **1988** 3
  Inventarfrist **2012** 4 f
  Nachlassverwalter **1987** 14; **1988** 3
  Nachlassverzeichnis, Einreichung **2012** 12
  Rechtsstellung **1975** 40
  Vergütungsanspruch **1975** 40
  Vertretertheorien **1985** 2 f
  vorläufiger Insolvenzverwalter **1988** 5
Nachlasskonkurs
  Abzugseinrede **1990** 1; **1991** 23
  Antragsberechtigung **1975** 36
  Haftungsbeschränkung auf den Nachlass **1975** 1, 4
  Insolvenzrecht **1975** 28, 49
  Inventarerrichtung **2000** 1 f
  Überschuldung des Nachlasses **1975** 16
Nachlasskostenschulden
  den Erben als solchen treffende Verbindlichkeiten **1967** 30
  Entstehung nach dem Erbfall **1967** 37
Nachlasspfleger
  Auskunftspflicht **2012** 10 f
  Bestellung vor Erbschaftsannahme **2017** 6 f
  Einreden, aufschiebende **Vorbem 2014–2017** 3; **2017** 3 f
  Erbschaftsanspruch **2018** 3
  Haftungsbeschränkungsrecht, Verzicht **2012** 2 f
  Inventarerrichtung
    eidesstattliche Versicherung **2012** 7, 11
    freiwillige Errichtung **2012** 6
  Inventarfristbestimmung **2012** 4 f
  Inventaruntreue **2012** 7

Nachlasspfleger (Forts)
  Nachlassverzeichnis, Einreichung **2012** 12
  Rechtsstellung **1985** 1
  Sicherung des Nachlasses **2017** 7
  Verwaltung des Nachlasses **2017** 3, 5
  Verzeichnisvorlage **2012** 11
Nachlasspflegschaft
  Aufgebotsantrag **2017** 3
  Dreimonatseinrede **2017** 3
  Dürftigkeitseinrede **1990** 44
  Einreden, aufschiebende **Vorbem 2014–2017** 3; **2017** 1 ff
  Ersatzanspruch des Nachlasspflegers **1967** 38
  Forderungen, Geltendmachung **Vorbem 1967–2017** 40
  Inventarerrichtung **1993** 16
  Kosten **1967** 37 f
  Nachlassverbindlichkeiten **1967** 52
    Entstehung nach dem Erbfall **1967** 39
    Leistungsstörungen **1967** 55
  Rückgewährpflicht **1967** 52
  Schadensersatzpflicht **1980** 20
  Überlastungseinrede **1992** 15
  Unentgeltlichkeit **1987** 1
  Unzulänglichkeitseinrede **1990** 44
  Urteil gegen Nachlasspfleger **Vorbem 1967–2017** 22
  Verfahren **Vorbem 1967–2017** 2
  Vergütungsanspruch des Nachlasspflegers **1967** 38
  Zurückbehaltungsrecht, Abwendung **1978** 32
Nachlasssicherung
  Kosten **1967** 37
  Verfahren **Vorbem 1967–2017** 2
Nachlassteilung
  Erbanteil, Übertragung **2033** 5
  Erbengemeinschaft **2042** 1; **Vorbem 2058–2063** 3, 20 f; **2058** 6 ff, 36; **2059** 1, 30 ff, 81
  Erbenhaftung, beschränkte **Vorbem 1967–2017** 9
  Nachlassgegenstände, Überführung in Einzelvermögen **2059** 33 f, 47 ff
  Singularsukzession **2059** 44 ff
  Zwangsversteigerung **2059** 37
Nachlassverbindlichkeiten
  Begriff **Vorbem 1967–2017** 1; **1967** 3
  Berichtigung durch den Erben **1978** 21; **1979** 1 ff
  Beweislast **1979** 9
  Eigenvermögen **1979** 1, 14, 17
  Nachlassmittel **1979** 1, 16
  – Gläubigeranfechtung **1979** 18 f
  – Insolvenzanfechtung **1979** 18 ff
  Prüfungspflicht **1979** 5 f
  Sicherungsrechte, akzessorische **1979** 10
  Sicherungsrechte, dingliche **1979** 14
  Testamentsvollstreckung **1979** 4

Nachlassverbindlichkeiten (Forts)
Verurteilung, rechtskräftige **1979** 8
Dreimonatseinrede
  s dort
Entstehung nach dem Erbfall **1967** 3, 37 ff
Erbe, vorläufiger **1967** 48
den Erben als solchen treffende Verbindlichkeiten **1967** 3, 30 ff
Erbenhaftung **Vorbem 1967–2017** 1, 5, 7 f; **1967** 1, 40 f
Erbenmehrheit **Vorbem 2058–2063** 1
Erblasserschulden **1967** 3, 8 ff
Ersatzansprüche **1967** 53
Fälligkeit **2014** 7; **2059** 82
Gefahrenquellen, zum Nachlass gehörende **1967** 23
Leistungsstörungen **1967** 53 ff
Nachlasserbenschulden **1967** 6
Verjährung **2014** 10
Verpflichtung zur Berichtigung **1978** 21
Vertragsschluss des Erben **1967** 40 ff

Nachlassvergleichsverfahren
Antragsrecht **2013** 10
Eigenverwaltung **Vorbem 1967–2017** 34; **1975** 9; **1988** 5; **2013** 4
Erbenhaftung, unbeschränkte **2013** 10
Haftungsbeschränkung **Vorbem 1967–2017** 34; **1975** 2, 4
Haftungsbeschränkungsrecht, Verzicht **Vorbem 1967–2017** 16
Insolvenzrecht **1975** 49
Leistungsklage **Vorbem 1967–2017** 34
Nachlassverwaltung **1987** 27; **1988** 5
Verfügungsbefugnis des Erben **1975** 9

Nachlassverwalter
s a Nachlassverwaltung
Absonderungsverwalter, amtlicher **1975** 5
Alleinerbe **1975** 23
Amtstheorie **1985** 2 f
Anfechtungsrecht **1979** 20
Annahme der Verwalterstelle **1975** 23
Aufgaben **1985** 9, 19 ff
Aufsicht des Nachlassgerichts **1985** 1, 36
Aufwandsentschädigung, pauschale **1987** 24
Aufwendungen **1987** 15
Aufwendungsersatzanspruch **1986** 3; **1987** 20 ff, 28
Ausschlussfrist **1987** 23
Bürokosten **1987** 20
Gewerbe/Beruf des Nachlassverwalters **1987** 20
Auskunftspflicht **2012** 10 f
Auswahl **1981** 28
Beendigung des Amtes **1988** 3
Besitzergreifung **1985** 13
Bestellung **1981** 1, 27, 32; **1985** 14
Bestellung vor Erbschaftsannahme **2017** 6 f

Nachlassverwalter (Forts)
Bestellung zum Nachlassinsolvenzverwalter **1987** 14; **1988** 3
eidesstattliche Versicherung **1985** 26; **2012** 11
Einreden, aufschiebende **Vorbem 2014–2017** 3; **2017** 4
Einziehungsbefugnis **1985** 10
Empfangszuständigkeit **1984** 18
Entlassung **1985** 36; **1988** 6
Entnahmerecht **1987** 25 f
Erbe **1975** 23
Erbe als Nachlassverwalter **1981** 29
Erbschaftsanspruch **2018** 3
Erwerb, rechtsgeschäftlicher **1985** 8
Gegennachlassverwalter **1981** 31
Gläubigerbefriedigung **2012** 9
Haftung **1985** 39 ff
Haftungsbeschränkungsrecht, Verzicht **2012** 2 f
Herausgabeklage **1985** 13
Inbesitznahme des Nachlasses **1985** 13
Inventarfristbestimmung **2012** 4 f
Kostenpflicht **1985** 4
mehrere Nachlassverwalter **1981** 31
Nachlassgläubiger **1981** 30
Nachlassinsolvenzverfahren **1985** 29
Nachlasspfleger **1985** 1, 39; **1987** 1, 16, 20; **1988** 1
Nachlassverbindlichkeiten, Berichtigung
  s Nachlassverwaltung
Nachlassverzeichnis, Einreichung **2012** 12
Offenlegung des Verwalterhandelns **1985** 7 f
Passivlegitimation **1984** 22
Pflichtwidrigkeiten **1985** 10, 36; **1987** 9
Prozessführungsbefugnis **1984** 20, 22
Prozesskostenhilfe **1985** 4
Rechnungslegungspflicht **1985** 38
Rechtsanwalt **1987** 20
Rechtshandlungen **1985** 5 ff; **1988** 4
Rechtsstellung **1975** 25; **1985** 1 f
Schadensersatzpflicht **1980** 20; **1985** 29; **1986** 8; **1987** 9
Testamentsvollstrecker, verwaltender **1981** 30
Tod des Nachlassverwalters **1988** 6
Übernahme des Amtes **1981** 1, 28; **1987** 18, 22
Untreue **1987** 9
Verantwortlichkeit gegenüber Nachlassgläubigern **1975** 19
Verbindlichkeiten, Eingehung **1985** 7
Verfügung über Nachlassgegenstände **1985** 6; **1988** 4
Verfügungsbefugnis **1985** 5 f, 9
Vergütungsanspruch **1967** 38; **1975** 19; **1981** 28; **1986** 3; **1987** 1 ff, 28
  Abschlagszahlungen **1987** 16

Nachlassverwalter (Forts)
Angemessenheit **1987** 3, 5, 9
Ausschlussfrist **1987** 19
Bemessung **1987** 10 ff, 16
Dauer der Verwaltung **1987** 10
Durchsetzung **1987** 17
Ermessensentscheidung **1987** 16
Fachkenntnisse **1987** 5, 10
Festsetzung der Vergütung **1987** 16 f
Höhe **1987** 3 ff, 13, 18
Mittellosigkeit des Nachlasses **1987** 5 f
Nachlassinsolvenzverfahren **1987** 27
Nachlassmasse, Wert **1987** 10
Pauschalhonorar **1987** 6 ff
Pauschalvergütung **1987** 15, 21
Schuldnerschaft **1987** 18
Schwierigkeit der Geschäftsführung **1987** 5, 8, 10
Umfang der Geschäftsführung **1987** 5, 10
Zeithonorar **1987** 6
Vertretertheorien **1985** 2 ff
Verwaltung des Nachlasses **1985** 9; **2017** 5
Personengesellschaftsanteile **1985** 20
Verwaltungsbefugnis **1985** 5
Verwertung des Nachlasses **1985** 9
Verzeichnisvorlage **2012** 11
Wechsel des Verwalters **1985** 17
Zurückbehaltungsrecht **1986** 3; **1987** 26, 29; **1988** 3, 20
Zwangsverwalter **1981** 30
Nachlassverwaltung
s a Nachlassverwalter
Ablehnung mangels Masse **Vorbem 1967–2017** 40; **1975** 20; **1981** 1 f, 13, 35; **1982** 1 ff; **1988** 2; **1990** 6 f
Abzugseinrede **1990** 1; **1991** 23
allgemeine Nachlassverwaltung **1973** 20
Amtsermittlung **1981** 24; **1982** 6
Anordnung **1975** 20; **1981** 1, 6, 26 f; **1982** 7; **1985** 2
Beschluss **1981** 27; **1985** 13
– Anfechtung **1988** 16
– Bekanntgabe **1983** 3; **1985** 2 f
erneute Anordnung nach Aufhebung der Nachlassverwaltung **1986** 11
Wirksamwerden, Zeitpunkt **1985** 2
Antrag **Vorbem 1967–2017** 40; **1975** 20; **1981** 2
Begründung **1981** 13
des Erben **1975** 20 f
Gläubigerantrag **1975** 12, 20 f; **1981** 15 ff
– ausgeschlossener Gläubiger **1973** 8
Inventarfrist **1981** 5
Miterben **1975** 21
Verzichtsvereinbarung **1981** 25
Antragsberechtigung **1975** 12
Antragsrecht **1981** 2
Ehegatte des Erben **1981** 7

Nachlassverwaltung (Forts)
Erbe **1981** 2 f, 7, 9 ff, 14
– Erbschaftsannahme **1981** 11
– Unbefristetheit **1981** 10
Erbeserbe **1981** 14
Erbschaftskäufer **1981** 14
Insolvenzverwalter **1981** 9
Miterben **1981** 4, 18; **2059** 2; **2062** 1 f, 7, 12
Nacherbe **1981** 14
Nachlassgläubiger **1981** 2, 16 ff, 22
– Auflagegläubiger **1981** 18
– ausgeschlossene/gleichgestellte Gläubiger **1981** 17
– einziger Nachlassgläubiger **1981** 19
– Erbschaftsannahme **1981** 21
– Vermächtnisgläubiger **1981** 18
– Zweijahresfrist **1981** 20
Nachlasspfleger **1981** 14
Testamentsvollstrecker, verwaltender **1981** 14
Antragsrücknahme **1981** 2; **1988** 10
Arrest in den Nachlass **1975** 6
Arreste **1984** 27
Aufgebot der Nachlassgläubiger **1985** 31 f
Aufhebung **1975** 26; **1981** 12, 26, 35, 39; **1982** 7; **1984** 25; **1985** 14, 30; **1986** 2, 6 f, 10; **1988** 1, 6 ff, 20
Bekanntgabe **1988** 17
Beschluss **1988** 17
Erbschaftsausschlagung **1988** 12
mangels Masse **1986** 9; **1988** 7 ff; **1990** 5 f
Nacherbfall **1988** 14
von Amts wegen **1981** 44; **1988** 15
Wechsel in der Person des Erben **1988** 13
Zustimmung des Erben **1988** 11
Zustimmung der Nachlassgläubiger **1988** 11
Zweckerreichung der Nachlassverwaltung **1988** 10; **2062** 15
Auflagen **1992** 1
Aufrechnung **1977** 1 ff; **1984** 33
nach Verfahrenseröffnung **1977** 11 ff
Verjährungshemmung **1977** 14
Zustimmung des Erben **1977** 5 f, 8 f
Aufwendungsersatzanspruch des Erben **1978** 31
Ausantwortung des Nachlasses **1986** 1 ff
s a Herausgabe des Nachlasses
Auseinandersetzungsvermittlung, nachlassgerichtliche **1985** 11
Auskunftspflicht des Erben **1985** 15
Auslandsberührung **1975** 51 f
Ausschluss **2062** 16 ff
Ausschlussfrist **Vorbem 1967–2017** 40
Beendigung **1986** 2 f; **1988** 1 f, 6
Befriedigung der Nachlassgläubiger **1975** 18 f; **1985** 1, 10, 26

Nachlassverwaltung (Forts)
Befriedigung einzelner Gläubiger **1981** 22
Bekanntmachung, öffentliche **1981** 1, 27; **1983** 1 ff
de lege ferenda **1986** 10
Erblasser **1983** 1
Nachlassverwalter **1983** 1
Benachteiligungsabsicht **1981** 22
Beschwerde **1981** 34 ff, 41 ff; **1988** 18; **2062** 14
aufschiebende Wirkung **1981** 40
Beschwerderecht **1981** 35 f, 42 f; **1988** 10
Beweislast **1983** 4; **1990** 6
durch den Erben **1967** 39, 43; **1978** 9 ff
dingliche Surrogation **1975** 8
Dürftigkeitseinrede **1985** 29 f; **1990** 1 ff
eidesstattliche Versicherung **1985** 15
Eigengläubiger des Erben **Vorbem 1967–2017** 40
Einkommensteuer **1967** 36; **1985** 9
Einreden, aufschiebende **1982** 8; **1985** 27; **2017** 1
Entschuldungsverfahren **1975** 22
Erbauseinandersetzung **1985** 11
Erbberechtigung, Nachweis **1981** 13
Erbe als Nachlassgläubiger **Vorbem 1967–2017** 43
Erbengemeinschaft **2032** 16; **2060** 3
Erbenhaftung **1978** 2; **1986** 9 f
unbeschränkbare Erbenhaftung **1975** 11; **1978** 3
Erbschaftsannahme **1985** 19
Erbschaftsausschlagung **1985** 19
Erbschaftsteuer **1981** 27
Erbteil **1975** 21; **2062** 6
Erbteilsübertragung **1986** 5
Erinnerung **1981** 41
Eröffnungsgrund **1975** 12
Ersatzanspruch des Nachlassverwalters **1967** 38
Ersatzansprüche **2041** 12
Ersatzansprüche gegen den Erben **1978** 4 ff
Firma des Erblassers **1985** 23
Fremdverwaltung **Vorbem 1967–2017** 48
Geld, verzinsliche Anlegung **1985** 35
Genehmigungsvorbehalte **1985** 9, 33 ff
Generalvollmacht **1985** 24
Gesamtvermögensinsolvenz des Erben **1981** 22
Gesellschaftsanteil **2062** 6
Glaubhaftmachung **Vorbem 1967–2017** 40; **1981** 13, 24
Gleichgültigkeit **1981** 22
GmbH **1985** 25
Grundbucheintragung der Nachlassverwaltung **1984** 13; **1985** 12; **1988** 19
Eintragungsfähigkeit **1984** 12
Löschung **1988** 19

Nachlassverwaltung (Forts)
Grundbucheintragungen **1984** 11; **1985** 8
gutgläubiger Erwerb **1984** 11 ff
Haftungsbeschränkung auf den Nachlass **Vorbem 1967–2017** 1, 12, 28, 40; **Vorbem 1975–1992** 4; **1975** 1, 6, 8, 11, 13 f; **1978** 1; **1985** 5; **1988** 20
Haftungsbeschränkungsrecht, Verlust **1985** 1; **2013** 4 f
Herausgabe des Nachlasses **1985** 13 ff; **1986** 1 ff; **1988** 3, 20
Erbenmehrheit **1986** 4 f
Nachlassrest **1986** 5
Herausgabeanspruch des Erben **1986** 2
höchstpersönliche Rechte **1985** 4
Insolvenzantragsrecht **1985** 25
Insolvenzordnung, entsprechende Anwendung **1984** 17 ff
Insolvenzverfahren über das Vermögen des Erben **1975** 22
Interesse, privates **1987** 18, 22
Inventarerrichtung **1985** 7, 11; **1993** 27; **2000** 3 f
Inventarfrist **1981** 5; **1985** 26, 37; **1986** 11; **1994** 17, 28; **2000** 4, 7
juristische Personen **1985** 25
Klageabweisung **Vorbem 1967–2017** 28; **1984** 24
Konfusion **1976** 1
Konsolidation **1976** 1
Kosten **1967** 37 f; **1975** 27; **1981** 2, 13; **1982** 5; **1985** 30
Kostenhaftung der Staatskasse **1987** 18, 22 f
Legaldefinition **1975** 18
Leistungen nach Anordnung **1984** 18
Nachlassabsonderung **1975** 5, 7, 12; **1978** 1
Nachlassforderungen, Inhaberschaft **1986** 3
Nachlassgegenstände, Veräußerung **1981** 22
Nachlassinsolvenzverfahren **1975** 22, 27; **1986** 2; **1988** 2 f
Abwendung **1975** 20
Nachlassinventar, Wertangaben **1981** 22
Nachlasspflegschaft **1975** 15, 18, 22
Nachlassteilung **2062** 16 ff
Nachlassverbindlichkeiten **1967** 52
bedingte Forderungen **1986** 6
Berichtigung **1979** 21; **1985** 9, 26, 28 f; **1986** 6; **1988** 10
Entstehung nach dem Erbfall **1967** 39
Leistungsstörungen **1967** 55
Sicherstellung **1986** 6; **1988** 10
streitige Nachlassverbindlichkeiten **1986** 6
Nachlassverteilung **1985** 11; **1986** 4
Nachlassverzeichnis **1985** 37
Passivlegitimation **2013** 14

Nachlassverwaltung (Forts)
Personengesellschaften **1985** 20
Kündigung **1985** 21
Tod eines Gesellschafters **1985** 22
Prozessförderungspflicht **1981** 24
Prozessführungsbefugnis des Erben
1984 20, 22, 24
Prozessgegenstand, Nachlasszugehörigkeit
1984 21
Prozessunterbrechung **1984** 21
Rechenschaftslegung **1985** 15
Rechnungsstellung **1985** 15
Rechtsbehelfe **1982** 9
Rechtsbehelfsbelehrung **1981** 33
Rechtsfolgeneintritt **1985** 2
Rechtspflegergeschäft **1981** 26, 34; **1988** 18
Rechtsschutzbedürfnis **1981** 11
Rechtsstreitigkeiten bezüglich des Nachlasses **1985** 4
Richtervorbehalt **1981** 26, 34
Rückgewährpflicht **1967** 52
Schlussrechnung **1985** 38; **1986** 3; **1987** 8; **1988** 20
solventer Nachlass **1985** 20; **1987** 8
Sonderungswirkung **Vorbem 1967–2017** 40, 48
Sparkonten **1985** 34
Staatshaftung **1985** 43
Steuerschulden **1985** 40; **1986** 8
Surrogation **1978** 2, 15 ff; **1985** 8, 42
dingliche Surrogation **1978** 17 ff
schuldrechtliche Surrogation **1978** 17
Testamentsvollstrecker, Kompetenzverlust **1985** 4
Testamentsvollstreckung **1985** 6
Testamentsvollstreckung, Ruhen **1985** 18
Testamentsvollstreckung, verwaltende **1975** 22
Überlastungseinrede **1992** 15
Überschuldung des Nachlasses **1981** 8
unpfändbare Gegenstände **1985** 19
Unternehmensfortführung **1981** 22
Unzulänglichkeitseinrede **1985** 29 f
Urteil gegen Nachlassverwalter **Vorbem 1967–2017** 22
Verfahren **Vorbem 1967–2017** 2
Verfügungen des Erben nach Verfahrenseröffnung **1984** 17
Verfügungsbefugnis des Erben **1975** 8, 19; **1976** 10; **1978** 2, 25; **1984** 20; **1985** 4, 8 ff
Verhalten des Erben **1981** 22, 24
Verhalten des Testamentsvollstreckers **1981** 23
Vermächtnisse **1992** 1
Vermögenslage des Erben **1981** 22, 24
Verschleuderung des Nachlasses **1981** 22
Verschulden **1981** 22
Vertragshilfe **1985** 25
Verwahrlosung **1981** 22

Nachlassverwaltung (Forts)
Verwaltungsbefugnis des Erben **1975** 19; **1978** 25; **1985** 4, 7, 9
Verzeichnisvorlage **1985** 15
Vollmacht **1985** 4
Vorerbschaft **1985** 6
Vorschuss **Vorbem 1967–2017** 40; **1981** 2; **1982** 4, 4 f
Wiederaufleben erloschener Rechtsverhältnisse **1976** 1, 4 ff; **2013** 6
Wirkungen **1975** 24
Zurückbehaltungsrecht des Erben **1978** 31
Zuständigkeit **1975** 18; **1981** 26
örtliche Zuständigkeit **1981** 26
Zuständigkeit des Nachlassgerichts **1987** 16
Zwangsversteigerungsantrag **1985** 32
Zwangsvollstreckung in das Eigenvermögen des Erben **1984** 25
Zwangsvollstreckungsmaßnahmen **1984** 26 ff; **1985** 13
Aufhebung **1975** 6
Eigengläubiger des Erben **1984** 28 ff; **1985** 13
Eigenvermögen des Erben **1984** 31
Nachlassverzeichnis
Gebühren **1993** 21
Haftungsbeschränkung de lege ferenda **Vorbem 1967–2017** 47, 49 f
Inventarerrichtung **1985** 37; **1993** 12
Nachlassverwaltung **1985** 37
Nießbrauch
Kündigungsrecht **1967** 25
Notgeschäftsführung
Verbindlichkeiten, Eingehung **1967** 43

Öffentlich-rechtliche Verbindlichkeiten
Haftungsbeschränkung auf den Nachlass **Vorbem 1967–2017** 45
Österreich
Einantwortung **Vorbem 2032–2057a** 9
Erbenmehrheit **Vorbem 2032–2057a** 9
Erbschaftsanspruch **Vorbem 2018–2031** 11
Idealausgleichung **2050** 9
Verlassenschaftsverfahren **Vorbem 2032–2057a** 9
Offene Handelsgesellschaft
Auflösung **1967** 61 f
Fortsetzung mit den Erben **1967** 63 f
Geschäftsschulden **Vorbem 1967–2017** 2; **1967** 61 ff
Tod eines Gesellschafters **2032** 21

Pachtverhältnis
Nachlassverbindlichkeit **1967** 25
Nutzungsentschädigung **1967** 24
Partikularrechte
Erbschaftsanspruch **Vorbem 2018–2031** 12

Personengesellschaften
Insolvenzeröffnung **1985** 20
Nachlassverwaltung **1985** 20
Vollbeendigung **Vorbem 1975–1992** 4; **1975** 54
Personengesellschaftsanteile
Ablösungsrechte **2059** 69
Haftung **Vorbem 2058–2063** 8
Kündigung der Gesellschaft **2059** 65
Nachfolge **Vorbem 2032–2057a** 25
Nachlassgegenstand, Zuweisung **2059** 44 ff, 52 ff
Nachlassteilung **2059** 67 f, 70 f; **2060** 47 ff; **2062** 25 ff
Nachlassverwaltung **Vorbem 2058–2063** 8
Pfändung **2059** 62 f
Singularsukzession **2032** 21; **Vorbem 2058–2063** 8; **2060** 46; **2062** 25 ff
Pfand
Wiederherstellung erloschener Rechtsverhältnisse **1976** 4
Pfandrecht
Erbenhaftung, unbeschränkte **Vorbem 1967–2017** 2
Pferdepension
Gewerbebetrieb **2049** 3
Pflegeleistungen
Ausgleichung **2057a** 1, 17 f
Pflegschaft für einen Erben
Geschäfte, genehmigungspflichtige **1967** 38
Pflichtteilsrechte
eidesstattliche Versicherung **1994** 6
Erbfallschulden, unmittelbare **1967** 31 f
Pflichtteilsverzicht
Anfechtungsrecht **1967** 9
Präklusion
Haftungsbeschränkungsvorbehalt **Vorbem 1967–2017** 38
Preußisches Allgemeines Landrecht
Erbengemeinschaft **Vorbem 2032–2057a** 12
Idealausgleichung **2050** 9
Privataufgebot
s Aufgebotsverfahren
pro herede possessor
Besitz **Vorbem 2018–2031** 10
pro possessore possessor
Besitz **Vorbem 2018–2031** 10
Erbschaftsanspruch **2018** 6
Prokura
Herrühren der Schuld vom Erblasser **1967** 28
Tod des Geschäftsinhabers **1967** 28
Wiederaufleben **1976** 6
Prozesskosten
Anerkenntnis, sofortiges **2014** 14
Aufnahme des vom Erblasser geführten Rechtsstreits **1967** 20
Dürftigkeitseinrede **1990** 16

Prozesskosten (Forts)
Eigenverbindlichkeiten **1967** 47
Haftung des Erben **1967** 47
Haftungsbeschränkungsvorbehalt **Vorbem 1967–2017** 19; **1967** 20, 47
Herrühren der Schuld vom Erblasser **1967** 20
Kostenerstattungsanspruch, prozessualer **1967** 56
Nachlassverbindlichkeiten **1967** 47
Unzulänglichkeitseinrede **1990** 16
Vererblichkeit **1967** 18
Prozesskostenvorschuss
Rückgewährpflicht, Vererblichkeit **1967** 9
Prozessvergleich
Haftungsbeschränkungsvorbehalt **Vorbem 1967–2017** 19

Realkollation
Ausgleichungspflicht **2050** 4
Reallasten
Eigenverbindlichkeiten **1967** 36
Realsteuern
Eigenverbindlichkeiten **1967** 36
Nachlassverbindlichkeiten **1967** 36
Rechtliches Gehör
Haftungsbeschränkungsvorbehalt **Vorbem 1967–2017** 19
Rechtsanwalt
Nachlassverwaltung **1987** 20
Rechtssurrogation
Surrogationserwerb **2041** 2
Rentenzahlungen
Erstattungsanspruch **1967** 52; **2058** 44
Römisches Recht
Deszendenten-Kollation **2050** 7
Erbengemeinschaft **Vorbem 2032–2057a** 5
Erbschaftsanspruch **Vorbem 2018–2031** 10
Kollation **2050** 7
Realkollation **2050** 7

Sächsisches BGB
Realausgleichung **2050** 9
Schadensersatzpflicht
Nachlassverbindlichkeit **1967** 21
Vererblichkeit **1967** 9
Scheinerbe
Haltereigenschaft **1967** 23
Schenkungsversprechen
Unvererblichkeit **1967** 8
Schonfrist
Einreden, aufschiebende **Vorbem 1967–2017** 1
Erbschaftsannahme **Vorbem 1967–2017** 1
Schriftstücke
Gemeinschaftlichkeit **2047** 4 ff
Urheberrechte **2047** 5
Zuteilung **2047** 5
de lege ferenda **2047** 6

Schuld
Einstandspflichten **Vorbem 1967–2017** 6
Erbenhaftung **Vorbem 1967–2017** 5 f
Erfüllungspflicht **Vorbem 1967–2017** 6
persönliche Schuld des Erben **Vorbem 1967–2017** 5 ff; **Vorbem 1975–1992** 1; **1967** 1; **1979** 1
Schuldnerverzug
Dreimonatseinrede **2014** 8 f
Schweiz
Erbengemeinschaft **Vorbem 2032–2057a** 10
Erbschaftsklage **Vorbem 2018–2031** 11
Singularsukzession
Nachlassbestandteil, Anfall **Vorbem 2032–2057a** 20
Nachlassteilung **2059** 44 ff
Soforthilfeabgabeschulden
Vererblichkeit **1967** 16
Sozialhilfe
Beerdigungskosten **1968** 20
Ersatzpflicht, Vererblichkeit **1967** 16, 31
erweiterte Sozialhilfe **1967** 16
Rückerstattung **2058** 40
Rückzahlungspflicht, Vererblichkeit **1967** 16
Sozialrecht
Sonderrechtsnachfolge Familienangehörige **1969** 3
Sonderrechtsnachfolger Haftung **1967** 16
Sterbegeld
Beamte **1968** 21
Steuerschulden
Dürftigkeitseinrede **1990** 15
Erbenhaftung **Vorbem 2058–2063** 4
Miterbengemeinschaft **2060** 9
Herrühren der Schuld vom Erblasser **1967** 19
Vererblichkeit **1967** 16
Stiftung
Genehmigung **2043** 7
Stimmrechtsbindung
Vererblichkeit **1967** 11
Störungsbeseitigungspflicht
Nachlassverbindlichkeit **1967** 21, 50
Surrogation, dingliche
Beweislast **2019** 30
Erbengemeinschaft **2032** 13; **2041** 1 ff
Erbschaftsanspruch **Vorbem 2018–2031** 6, 21; **2018** 47; **2019** 1 ff; **2025** 3
gutgläubiger Erwerb **2019** 25 ff
höchstpersönliche Rechte **2019** 9
Kettensurrogation **2019** 7; **2041** 1
Kommanditistenstellung **2019** 16
Mittel der Erbschaft **2019** 11 ff
Ursächlichkeit **2019** 15
Nachlassinsolvenzverfahren **1975** 8
Nachlassverwaltung **1975** 8
Rechtserlangung **2019** 10

Surrogation, dingliche (Forts)
rechtsgeschäftlicher Erwerb **2019** 18 f
Surrogationserwerb
Beziehungssurrogation **2032** 18; **2041** 2, 5 ff
Ersatzsurrogation **2041** 2, 4
Mittelsurrogation **2041** 6
Rechtssurrogation **2041** 2 f

Teilungsanordnung
Abfindung **2048** 8
Abgrenzung **2048** 7
Auseinandersetzung, Vollzug **2048** 3
Ausschlagung des Erbteils **2048** 5
beschwerende Teilungsanordnung **2044** 2
Betrag, bestimmter **2048** 8
billiges Ermessen eines Dritten **2048** 11 ff
Form **2048** 2
Grundstück, hypothekenbelastetes **2046** 6
Hinwegsetzung, einverständliche **2048** 3
Landgut, Übernahme **2049** 1
Leistungsklage **2042** 43
letztwillige Verfügung **2048** 1 ff
Nachlassgegenstand, Zuweisung **Vorbem 2032–2057a** 20; **2042** 3; **2048** 4, 6 f
Pflichtteilsrecht **2048** 5
schiedsrichterliches Verfahren **2048** 4
schuldrechtliche Verpflichtung **2048** 3
Testierfreiheit **2048** 1
Verwaltungsanordnung **2048** 4, 10
Teilungsplan
Auseinandersetzungsvollzug **2042** 60 ff
Einwilligung **Vorbem 2032–2057a** 18; **2042** 19
Schiedsgericht **2042** 19
Teilungsverbot
Auflage **2044** 8
Auseinandersetzungsvermittlung, nachlassgerichtliche **2044** 9
Auslegung **2044** 5
Erbauseinandersetzung, Ausschluss **2044** 1 ff
Erbteilspfändung **2044** 15
letztwillige Verfügung **2044** 1, 10
Rechtsnatur **2044** 5
Schranken **2044** 11 ff, 17
schuldrechtliche Wirkung **2044** 3
Tod eines Miterben **2044** 13
Vermächtnis **2044** 6
Testament
Feststellung der Nichtigkeit **2039** 30, 32
Testamentsvollstreckeramt
Annahme vor Erbschaftsannahme **2017** 4
Kosten **1967** 37
Testamentsvollstreckung
Anerkenntnisse des Testamentsvollstreckers **1967** 38
Aufgebotsantrag **2017** 2
Auseinandersetzung der Erbengemeinschaft **2042** 6

Testamentsvollstreckung (Forts)
culpa in contrahendo des Testamentsvollstreckers **1967** 38
Delikte des Testamentsvollstreckers **1967** 38
Dürftigkeitseinrede **1990** 44
Einreden, aufschiebende **Vorbem 2014–2017** 3; **2017** 1
Entlassung des Testamentsvollstreckers **1981** 23
Erbschaftsanspruch **2018** 3
Ersatzansprüche **2041** 12
Inventarfrist **1994** 17
Miterbennachlass **2059** 78 ff
Nachlassverbindlichkeiten **1967** 38, 52
Leistungsstörungen **1967** 55
Nachlassverwaltung **1985** 4
Rückgewährpflicht **1967** 52
Schadensersatzpflicht des Testamentsvollstreckers **1980** 20
Überlastungseinrede **1992** 15
Unzulänglichkeitseinrede **1990** 44
Urteil gegen Testamentsvollstrecker **Vorbem 1967–2017** 22
Verwaltung des Nachlasses, Ordnungsgemäßheit **1967** 38
Verwaltungstestamentsvollstreckung **1976** 2
Tierhalterhaftung
Nachlassverbindlichkeit **1967** 23
Exkulpationsbeweis **1967** 23
Todesannahme, irrtümliche
Herausgabeanspruch **2031** 3 f
Verjährung **2031** 9
Todeserklärung
Dreißigster **1969** 8
Herausgabeanspruch des für tot Erklärten **2031** 1, 4 ff
Verjährung **2031** 9
Kosten **1967** 38; **1968** 10
Todesvermutung **1974** 4
Todeszeitpunkt, abweichender **2031** 7 f
Verschweigungswirkung **1974** 4
Todeszeitfeststellung
Herausgabeanspruch des für tot Erklärten **2031** 1, 4 ff
Verjährung **2031** 9
Verschweigungswirkung **1974** 5
Trennungsunterhalt
Tod des Berechtigten/Verpflichteten **1967** 8

Übergabevertrag
Ertragswert **2049** 6
Überlastungseinrede
Abwendungsbefugnis **1992** 11
Abzugsbetrag **1992** 10
Auflagen **1992** 1 ff
Aufrechnung **1992** 14

Überlastungseinrede (Forts)
Aufwendungsersatzanspruch des Erben **1992** 13
Beweislast **1992** 8
Erbersatzansprüche **1992** 6
Haftungsbeschränkungsrecht, Verlust **1992** 7
Herausgabepflicht des Erben **1992** 11 f
Pflichtteilsansprüche **1992** 6
Überschuldung des Nachlasses **1992** 2, 8
Vermächtnisse **1992** 1 ff
Vollstreckungsmaßnahmen **1992** 9
Überschwerung des Nachlasses
Haftungsbeschränkung auf den Nachlass **Vorbem 1967–2017** 1, 9, 13
Unerlaubte Handlung
Herrühren der Schuld vom Erblasser **1967** 21
Unterlassung **1967** 22
Ungerechtfertigte Bereicherung
Erberwartung, enttäuschte **1967** 52
Nachlassverbindlichkeiten **1967** 9, 52
Rentenzahlungen **1967** 52; **2058** 44
Universalsukzession
Miterbengemeinschaft **Vorbem 2032–2057a** 20
Unterhalt, nachehelicher/nachpartnerschaftlicher
Vererblichkeit **1967** 8
Unterhaltsanspruch zwischen Verwandten
Tod des Berechtigten/Verpflichteten **1967** 8
Unterhaltspflicht
Vererblichkeit **1967** 9
Unterlassungspflicht
Vererblichkeit **1967** 10, 18, 21
Unternehmen
Erbschaftsanspruch **2018** 29
Nachlassinsolvenzverfahren **1975** 31
Überschuldung des Nachlasses **1980** 9
Unternehmensfortführung **1975** 37; **1978** 16 f, 26, 29; **1980** 8 f
Nachlassverwaltung **1981** 22
Unzulänglichkeitseinrede
Abzugsbetrag **1990** 21 ff
Ansprüche, Nachlasszugehörigkeit **1991** 9 ff
Auflagen **1990** 18; **1991** 21 ff; **1992** 10
Aufrechnungsbefugnisse **1990** 41 ff
Aufzeichnungsansprüche **1990** 38
Auskunftsansprüche **1990** 38
Beweislast **1992** 8
Durchsetzung, prozessuale **1990** 20 f
eidesstattliche Versicherung **1990** 34
Erbenmehrheit **1990** 45
Erbersatzansprüche **1990** 18; **1991** 21 ff
Geltendmachung **1990** 7, 19
Haftung cum viribus hereditatis **1990** 29
Haftungsbeschränkung **1990** 36

Unzulänglichkeitseinrede (Forts)
  Haftungsbeschränkungsvorbehalt **1990** 21
  Herausgabe des Nachlasses **1990** 29 ff
    Duldung der Zwangsvollstreckung **1990** 29
    unpfändbare Gegenstände **1990** 32
  Hinterlegung **1991** 21
  Hypotheken **1990** 25
  Inventarerrichtung **1990** 6
  Inventarfrist **1990** 6, 35
  Klageabweisung **1990** 21 f
  Leistungen, Rückforderung **1990** 40
  Leistungsverweigerungsrecht **1973** 1; **1990** 2, 17
  Miterben **1990** 45; **Vorbem 2058–2063** 2
  Nachlassbestand, Veränderungen **1990** 19
  Nachlasserschöpfung, vollständige **1990** 22
  Nachlassinsolvenzverfahren **Vorbem 1967–2017** 41
  Nachlasspflegschaft **1990** 44
  Nachlassverwaltung **1985** 29 f
  Pfandrechte **1990** 25
  Pflichtteilsergänzungsansprüche **1991** 21 ff
  Pflichtteilsrechte **1990** 18; **1991** 21 ff
  Prozesskosten **1990** 16
  Schuld, persönliche **1990** 36
  Schuldnerverzug **1990** 36
  Sicherungsrechte **1990** 10, 25
  Testamentsvollstreckung **1990** 44
  Übereignung im Nachlass vorhandener Gegenstände **1990** 38
  Überschuldung des Nachlasses **1990** 17; **1991** 9
  Verjährung **1990** 39
  Vermächtnisse **1990** 18; **1991** 21 ff; **1992** 10
  Verzeichnisvorlage **1990** 33 f
  Vormerkung **1990** 25
  Wertermittlungsansprüche **1990** 38
  Zahlungsklagen **1990** 21
  Zwangsvollstreckungsmaßnahmen **1990** 19, 24 ff, 37
    Eigengläubiger des Erben **1990** 28
Urteilsergänzung
  Haftungsbeschränkungsvorbehalt **Vorbem 1967–2017** 19

Verbotene Eigenmacht
  Erbschaftsbesitzer
  s dort
Vererblichkeit
  Erblasserschulden **1967** 8 ff
Verfügung über Miterbenanteil
  s Miterbenanteil
Verfügung von Todes wegen
  Eröffnung, Kosten **1967** 37 f
Verjährung
  Ablaufhemmung in Nachlassfällen **Vorbem 1967–2017** 2; **2014** 10
  Anspruch, erbrechtlicher **1967** 2

Verjährung (Forts)
  Erbschaftsannahme **1967** 2
  Erbschaftsanspruch **Vorbem 2018–2031** 6, 21; **2026** 1 ff
    Ersatzanspruch, deliktischer **2025** 13
  Ersatzpflicht des Erben **1978** 42
  Hemmung durch Rechtsverfolgung **2014** 10
  Nachlassinsolvenzverfahren **1967** 2
  Nachlassverbindlichkeiten **2014** 10
  Nachlassverwalter **1985** 4
  Schadensersatzpflicht des Erben **1980** 21
  Verjährungsfrist **1967** 2
Verkehrsunfall
  Nachlassverbindlichkeit **1967** 23
Vermächtnisse
  Dürftigkeitseinrede **1990** 46
  eidesstattliche Versicherung **1994** 6
  Erbfallschulden, unmittelbare **1967** 31 f
  Ersatzansprüche **2041** 12
  Haftungsbeschränkung auf den Nachlass **Vorbem 1975–1992** 5
  Miterben **2046** 5
  Nachlassüberschwerung **Vorbem 1967–2017** 1, 9, 13; **1992** 1 ff
  Überlastungseinrede **1992** 9 f
  Unzulänglichkeit des Nachlasses **1980** 2
  Unzulänglichkeitseinrede **1990** 46
Vermögensverzeichnis
  eidesstattliche Versicherung **Vorbem 1967–2017** 38, 40
  Eigenvermögen **Vorbem 1967–2017** 38
  titulierte Forderung **Vorbem 1967–2017** 40
Verschweigungseinrede
  Aufgebotsverfahren **1974** 1 f
  Auflagen **1974** 16 ff
  Beweislast **1974** 19
  Erbenhaftung, unbeschränkbare **1974** 13
  Erbersatzansprüche **1974** 16 ff
  Forderungen, bedingte **1974** 7
  Forderungen, betagte **1974** 7
  Fünfjahresfrist **Vorbem 1967–2017** 13; **1974** 1, 3 ff
    Ausschlussfrist **1974** 3
    Forderungsanmeldung **1974** 6, 12
    Forderungsgeltendmachung **1974** 8 ff
    Kenntnis der Forderung **1974** 10 f
    Todeserklärung **1974** 4
    Todeszeitfeststellung **1974** 5
  Miterben **Vorbem 2058–2063** 2
  Pflichtteilsrechte **1974** 16 ff
  Vermächtnisse **1974** 16 ff
  Verschweigungswirkung **1974** 2, 7, 15; **Vorbem 2058–2063** 2
Versorgungsausgleich
  Vererblichkeit **1967** 9
Versorgungszusage
  Vererblichkeit **1967** 9

Verstoßbeseitigungspflichten, öffentlich-rechtliche
Vererblichkeit **1967** 21
Vertragsanpassung
Vererblichkeit **1967** 24
Vertragsauflösung
Vererblichkeit **1967** 24
Verwaltungsrecht
Dürftigkeitseinrede **1990** 15
Rechtsnachfolgefähigkeit **1967** 14
Verwendungsersatzanspruch
s Erbschaftsbesitzer
Vollmacht, über den Tod hinaus erteilte
Bevollmächtigter Alleinerbe des Vollmachtgebers **1967** 29
Herrühren der Schuld vom Erblasser **1967** 28
Vollstreckungsgegenklage
Haftungsbeschränkung **Vorbem 1967–2017** 38
Haftungsbeschränkung, vereinbarte **Vorbem 1967–2017** 16
Voraus
Nachlassverbindlichkeit **1967** 31
Vorausvermächtnis
Abgrenzung **2048** 7
Nachlassgegenstand, Zuweisung **Vorbem 2032–2057a** 20; **2048** 6 f
Nachlassverbindlichkeit **1967** 31
Vorwegbefriedigung **2046** 12
Vorerbe
Erbenhaftung **Vorbem 1967–2017** 2; **1967** 1
Erbschaftsteuer **1967** 34
Geschäftsschulden **1967** 60
Haftungsbeschränkung auf den Nachlass **Vorbem 1967–2017** 44
Herausgabepflicht, Vererblichkeit **1967** 9
Kreditaufnahme **1967** 50
mehrere Vorerben **Vorbem 1967–2017** 44
Mietverträge **1967** 48
Nachlassverbindlichkeiten **1967** 48, 50
Pachtverträge **1967** 48
Schadensersatzpflicht, Vererblichkeit **1967** 9
Vorkaufsrecht
Miterbenanteil
s dort
Vormerkung
Erbenhaftung, unbeschränkte **Vorbem 1967–2017** 2

Vormerkung (Forts)
Wiederherstellung erloschener Rechtsverhältnisse **1976** 4

Willenserklärung
Haftungsbeschränkungsvorbehalt **Vorbem 1967–2017** 39
Verpflichtung zur Abgabe, Vererblichkeit **1967** 10
Wohngeld
Eigenverbindlichkeit **1967** 36
Nachlassverbindlichkeit **1967** 36
Wohnraummiete
Nachlassverbindlichkeiten **1967** 24

Zugewinnausgleich
Auskunftspflicht, Vererblichkeit **1967** 9
Dreißigster **1969** 12
Vererblichkeit **1967** 9
Zugewinngemeinschaft
Inventarerrichtung **1993** 18
Zurückbehaltungsrecht
Einreden, aufschiebende **2014** 12
Zusatzversorgungskasse, kommunale
Rückerstattungspflicht, Vererblichkeit **1967** 9
Zuständigkeit, internationale
Nachlasssachen **1975** 51 f
Zwangsgelder
Vererblichkeit **1967** 16
Zwangsversteigerung
Antragsrecht **1971** 5; **2013** 11
Aufgebotsverfahren **1970** 3; **1971** 5; **1974** 9
Haftungsbeschränkung **1974** 9
Nachlassgrundstück **Vorbem 1967–2017** 2, 11 f; **1985** 32; **1989** 29
Zwangsvollstreckung
Beschränkung auf bestimmte Gegenstände **1990** 14
des Eigengläubigers in den Nachlass **1978** 7
Einwendungen **Vorbem 1967–2017** 38 f, 42
in einen Erbteil **1975** 21
Fortsetzung durch Nachlassgläubiger **Vorbem 1967–2017** 40
Haftungsbeschränkung auf den Nachlass **Vorbem 1967–2017** 38; **1990** 11
Sicherungsmaßnahmen **Vorbem 1967–2017** 40

J. von Staudingers
Kommentar zum Bürgerlichen Gesetzbuch
mit Einführungsgesetz und Nebengesetzen

Übersicht vom 10. September 2010
Die Übersicht informiert über die Erscheinungsjahre der Kommentierungen in der 13. Bearbeitung und deren Neubearbeitungen (= Gesamtwerk STAUDINGER). *Kursiv* geschriebene sind die geplanten Erscheinungsjahre.

Die Übersicht ist für die 13. Bearbeitung und für deren Neubearbeitungen zugleich ein Vorschlag für das Aufstellen des „Gesamtwerk STAUDINGER" (insbesondere für solche Bände, die nur eine Sachbezeichnung haben). Es wird empfohlen, die Austauschbände chronologisch neben den überholten Bänden einzusortieren, um bei Querverweisungen auf diese schnell Zugriff zu haben. Bei Platzmangel sollten die ausgetauschten Bände an anderem Ort in gleicher Reihenfolge verwahrt werden.

	13. Bearb.	Neubearbeitungen		
Buch 1. Allgemeiner Teil				
Einl BGB; §§ 1–12; VerschG	1995			
Einl BGB; §§ 1–14; VerschG		2004		
§§ 21–79		2005		
§§ 21–89; 90–103 (1995)	1995			
§§ 90–103 (2004); 104–133; BeurkG	2004	2004		
§§ 134–163	1996	2003		
§§ 139–163			2010	
§§ 164–240	1995	2001	2004	2009
Buch 2. Recht der Schuldverhältnisse				
§§ 241–243	1995	2005	2009	
§§ 244–248	1997			
§§ 249–254	1998	2005		
§§ 255–292	1995			
§§ 293–327	1995			
§§ 255–314		2001		
§§ 255–304			2004	2009
AGBG	1998			
§§ 305–310; UKlaG		2006		
§§ 311, 311a, 312, 312a–f		2005		
§§ 311b, 311c		2006		
§§ 315–327		2001		
§§ 315–326			2004	2009
§§ 328–361	1995			
§§ 328–361b		2001		
§§ 328–359			2004	
§§ 328–345				2009
§§ 362–396	1995	2000	2006	
§§ 397–432	1999	2005		
§§ 433–534	1995			
§§ 433–487; Leasing		2004		
Wiener UN-Kaufrecht (CISG)	1994	1999	2005	
§§ 488–490; 607–609			*2010*	
VerbrKrG; HWiG; § 13a UWG	1998			
VerbrKrG; HWiG; § 13a UWG; TzWrG		2001		
§§ 491–507			2004	
§§ 516–534		2005		
§§ 535–563 (Mietrecht 1)	1995			
§§ 564–580a (Mietrecht 2)	1997			
2. WKSchG; MÜG (Mietrecht 3)	1997			
§§ 535–562d (Mietrecht 1)		2003	2006	
§§ 563–580a (Mietrecht 2)		2003	2006	
§§ 581–606	1996	2005		
§§ 607–610 (siehe §§ 488–490; 607–609)	./.			
§§ 611–615	1999	2005		
§§ 616–619	1997			
§§ 620–630	1995			
§§ 616–630		2002		
§§ 631–651	1994	2000	2003	2008
§§ 651a–651l	2001			
§§ 651a–651m		2003		
§§ 652–704	1995			
§§ 652–656		2003	2010	
§§ 657–704		2006		
§§ 705–740	2003			
§§ 741–764	1996	2002	2008	
§§ 765–778	1997			
§§ 779–811	1997	2002	2009	
§§ 812–822	1994	1999	2007	
§§ 823–825	1999			
§§ 823 E–I, 824, 825		2009		
§§ 826–829; ProdHaftG	1998	2003	2009	
§§ 830–838	1997	2002	2008	
§§ 839, 839a	2002	2007		
§§ 840–853	2002	2007		
Buch 3. Sachenrecht				
§§ 854–882	1995	2000	2007	
§§ 883–902	1996	2002	2008	
§§ 903–924; UmweltHR	1996			
§§ 903–924		2002		

	13. Bearb.	Neubearbeitungen		
§§ 905–924				2009
UmweltHR		2002		2010
§§ 925–984; Anh §§ 929 ff	1995	2004		
§§ 985–1011	1993	1999		2006
ErbbVO; §§ 1018–1112	1994	2002		
ErbbauRG; §§ 1018–1112				2009
§§ 1113–1203	1996	2002		2009
§§ 1204–1296; §§ 1–84 SchiffsRG	1997	2002		2009
§§ 1–64 WEG	2005			

Buch 4. Familienrecht

§§ 1297–1320; Anh §§ 1297 ff; §§ 1353–1362	2000	2007		
LPartG		2010		
§§ 1363–1563	1994	2000		2007
§§ 1564–1568; §§ 1–27 HausratsVO	1999	2004		
§§ 1569–1586b	*2010*			
§§ 1587–1588; VAHRG	1998	2004		
§§ 1589–1600o	1997			
§§ 1589–1600e		2000		2004
§§ 1601–1615o	1997	2000		
§§ 1616–1625	2000	2007		
§§ 1626–1633; §§ 1–11 RKEG	2002	2007		
§§ 1638–1683	2000	2004		2009
§§ 1684–1717	2000	2006		
§§ 1741–1772	2001	2007		
§§ 1773–1895; Anh §§ 1773–1895 (KJHG)	1999	2004		
§§ 1896–1921	1999	2006		

Buch 5. Erbrecht

§§ 1922–1966	1994	2000		2008
§§ 1967–2086	1996			
§§ 1967–2063		2002		2010
§§ 2064–2196		2003		
§§ 2087–2196	1996			
§§ 2197–2264	1996	2003		
§§ 2265–2338a	1998			
§§ 2265–2338		2006		
§§ 2339–2385	1997	2004		
§§ 2346–2385				2010

EGBGB

Einl EGBGB; Art 1, 2, 50–218	1998	2005		
Art 219–222, 230–236	1996			
Art 219–245		2003		

EGBGB/Internationales Privatrecht

Einl IPR; Art 3–6	1996	2003		
Art 7, 9–12	2000			
Art 7, 9–12, 47		2007		
IntGesR	1993	1998		
Art 13–18	1996			
Art 13–17b		2003		
Art 18; Vorbem A + B zu Art 19		2003		
Vorbem C–H zu Art 19		2009		
IntVerfREhe		2005		
Kindschaftsrechtl Ü; Art 19	1994			
Art 19–24		2002		2008
Art 20–24	1996			
Art 25, 26	1995	2000		2007
Art 27–37	2002			
Art 38	1998			
Art 38–42		2001		
IntWirtschR	2000	2006		2010
IntSachenR	1996			

Vorläufiges Abkürzungsverzeichnis	1993			
Das Schuldrechtsmodernisierungsgesetz	2002	2002		
Eckpfeiler des Zivilrechts		2005		2008
BGB-Synopse 1896–1998	1998			
BGB-Synopse 1896–2000		2000		
BGB-Synopse 1896–2005				2006
100 Jahre BGB – 100 Jahre Staudinger (Tagungsband 1998)	1999			

Demnächst erscheinen

§§ 346–359				2010
§§ 1564–1568; §§ 1568 a+b	1999	2004	2010	
§§ 2303–2345			2010	
Art 13–17b		2003	2010	
Eckpfeiler des Zivilrechts		2005	2008	2010

Dr. Arthur L. Sellier & Co. KG – Walter de Gruyter GmbH & Co. KG oHG, Berlin
Postfach 30 34 21, D-10728 Berlin, Telefon (030) 2 60 05-0, Fax (030) 2 60 05-222